Burhoff (Hrsg.)
Handbuch für die strafrechtliche Nachsorge

Handbuch für die strafrechtliche Nachsorge

2. Auflage 2026

herausgegeben von

Detlef Burhoff
Rechtsanwalt, Richter am OLG a.D., Leer

unter Mitarbeit von:

Dr. Heiko Artkämper (†)
Staatsanwalt als Gruppenleiter a.D. bei der Staatsanwaltschaft Dortmund

Henning J. Bahr, LL.M.
Rechtsanwalt, Fachanwalt für Verwaltungsrecht, Fachanwalt für Migrationsrecht, Fachanwalt für Agrarrecht, Osnabrück

Thomas Bößem
Rechtsanwalt, Bonn

Ulrike Hahn-Oleownik
Oberstaatsanwältin bei der Generalstaatsanwaltschaft München

Thomas Hillenbrand
Richter am OLG, Stuttgart

Carola Jakobs
Oberstaatsanwältin bei der Staatsanwaltschaft Dortmund

Volker Kalus
Dipl.-Verwaltungswirt, Ottersheim

Anika Klein
Rechtsanwältin, Fachanwältin für Strafrecht, zertifizierte Beraterin für Wirtschaftsstrafrecht (DAA), Erfurt

Steffen Kuch
Oberstaatsanwalt bei der Staatsanwaltschaft Nürnberg

Michael Küppers
Ministerialrat, Bundesministerium der Justiz und für Verbraucherschutz, Berlin

Dr. Harald Lemke-Küch
Rechtsanwalt, Fachanwalt für Strafrecht, Hannover

Jochen Lober
Rechtsanwalt, Fachanwalt für Strafrecht, Köln

Dr. Tobias Lubitz
Rechtsanwalt, Fachanwalt für Strafrecht, Berlin

Dr. Toralf Nöding
Rechtsanwalt, Berlin

Benedikt Pauka
Rechtsanwalt, Fachanwalt für Strafrecht, Bonn

Dr. Michael Pießkalla, LL.M.Eur.
Rechtsanwalt, Fachanwalt für Verwaltungsrecht, München

Thomas Röth, M.Sc.
Rechtsanwalt in Berlin und Avvocato in Siena und Treviso, Fachanwalt für Strafrecht, Fachanwalt für Arbeitsrecht, zugelassen am Internationalen Strafgerichtshof in Den Haag (Niederlande)

Kerstin Rueber-Unkelbach, LL.M.
Rechtsanwältin, Fachanwältin für Strafrecht, Koblenz

Roland Schmidt-Clarner
Richter am OLG, Celle

Dr. Philipp Schulz-Merkel
Rechtsanwalt, Fachanwalt für Strafrecht, Fachanwalt für Versicherungsrecht, Fachanwalt für Verkehrsrecht, Nürnberg

Roman Sommer
Rechtsanwalt, Dresden

Patrick Vogt, LL.M.
Rechtsanwalt, Fachanwalt für Strafrecht, Fachanwalt für Verkehrsrecht, Fachanwalt für Versicherungsrecht, Duisburg

Joachim Volpert
Dipl.-Rechtspfleger, Bezirksrevisor beim LG Düsseldorf, Düsseldorf

Marc N. Wandt
Rechtsanwalt, Fachanwalt für Strafrecht, Fachanwalt für Verkehrsrecht, Freilassing

Patrick Welke
Rechtsanwalt, Fachanwalt für Strafrecht, Heidelberg

ZAP

Zitiervorschlag:
Burhoff/Bearbeiter, Nachsorge, Teil A Rn 1

Hinweis
Die Ausführungen in diesem Werk wurden mit Sorgfalt und nach bestem Wissen erstellt. Sie stellen jedoch lediglich Arbeitshilfen und Anregungen für die Lösung typischer Fallgestaltungen dar. Die Eigenverantwortung für die Formulierung von Verträgen, Verfügungen und Schriftsätzen trägt der Benutzer. Herausgeber, Autoren und Verlag übernehmen keinerlei Haftung für die Richtigkeit und Vollständigkeit der in diesem Buch enthaltenen Ausführungen.

Benutzer-Hinweis für Muster
Für den Download der Mustertexte gehen Sie auf
https://www.zap-verlag.de/Nachsorge
Dort erhalten Sie Zugriff auf das zip-Archiv: zap.0041_Musterdownload.zip

Anregungen und Kritik zu diesem Werk senden Sie bitte an

service@zap-verlag.de

Autoren und Verlag freuen sich auf Ihre Rückmeldung.

Satz: Reemers Publishing Services GmbH, Krefeld
Druck: CPI books GmbH, Leck
Umschlaggestaltung: gentura, Holger Neumann, Bochum
ISBN 978-3-7508-0041-0

Bibliografische Information der Deutschen Nationalbibliothek
Die Deutsche Nationalbibliothek verzeichnet diese Publikation in der Deutschen Nationalbibliografie; detaillierte bibliografische Daten sind im Internet abrufbar über http://dnb.d-nb.de.

Vorwort

Sie halten als Verteidiger/Rechtsanwalt[1] mit diesem Werk ein *„Handbuch für die strafrechtliche Nachsorge“* in den Händen und fragen sich vielleicht dann doch: Strafrechtliche Nachsorge? Was ist das? Nun, wer sich intensiv mit Strafverteidigung befasst, weiß bzw. kann an vielen Stellen in Rechtsprechung oder Literatur lesen: Der Verteidiger ist nicht Vertreter, sondern Beistand des Beschuldigten, der die Rechte des Beschuldigten in allen Verfahrensabschnitten in vollem Umfang zu wahren hat. Das gilt aber nicht nur im „Ermittlungsverfahren“, im Verfahrensstadium „Hauptverhandlung“ und im Rechtsmittel- und/oder Rechtsbehelfsverfahren, sondern vor allem eben auch noch in danach liegenden Verfahrensstadien, die wir als den Bereich der „strafrechtlichen Nachsorge“ ansehen. Gemeint ist also alles das, was nach „dem Urteil kommt“. Gerade hier ist und wird der Rechtsanwalt, der für den Mandanten – als Verteidiger – in den vorhergehenden Verfahrensstadien tätig geworden ist, aber auch der Rechtsanwalt, der vom Mandanten, gegen den ein strafverfahrensrechtliches Erkenntnisverfahren anhängig war, erst jetzt beauftragt wird, besonders gefordert. Denn gerade im Bereich der „strafrechtlichen Nachsorge“ fühlen sich die Mandanten mit den Folgen einer Verurteilung aber auch eines Freispruchs allein gelassen. Sie finden nur selten Antwort auf die Frage, was nun noch alles kommt bzw. kommen kann.

Und das ist der Ansatz für das vorliegende Handbuch: Es will dem Rechtsanwalt einen Ratgeber bzw. eine Hilfestellung an die Hand geben, mit dem bzw. mit der er seinen Mandanten auch noch nach dem Erkenntnis- oder Rechtsmittelverfahren unterstützen und damit Beistand sein kann. Dieses Handbuch tritt also neben *„Burhoff (Hrsg.), Handbuch für das strafrechtliche Ermittlungsverfahren“* und *„Burhoff (Hrsg.), Handbuch für die strafrechtliche Hauptverhandlung“*, die 2025 in 10. bzw. 11. Aufl. erschienen sind, und neben *„Burhoff (Hrsg.), Handbuch für die strafrechtlichen Rechtsmittel und Rechtsbehelfe“*, das 2024 in 3. Aufl. erscheinen ist. Nachdem 2012/2013 mit der 1. Auflage des Rechtsmittel-Handbuchs aus dem „Duo ein Trio“ geworden war, lag mit der 1. Auflage dieses Handbuchs ein „Quartett“ vor, mit dem die Reihe aber auch abgeschlossen ist.

Die Idee zu diesem vierten Band der Handbuchreihe stammte vom Kollegen Rechtsanwalt Dr. *Peter Kotz*. Leider ist *Peter Kotz* im Frühjahr 2017 recht plötzlich verstorben. Das habe ich sehr bedauert, vor allem, weil ich/wir mit ihm einen Kollegen recht bzw. zu früh verloren haben, der ebenfalls als Autor und Herausgeber vieler juristischer Bücher und zahlreicher rechtswissenschaftlicher Publikationen bekannt war und so unserem Werk mit das Gepräge gegeben hatte. Wir haben uns dann länger nicht entscheiden können, ob wir bzw. vor allem, ob ich, das Werk allein fortsetzen würde. Nachdem aber immer wieder Anfragen aus dem Kollegenkreis gekommen sind, ob eine 2. Auflage beabsichtigt sei und wann sie kommen würde, hat sich der Verlag dann doch entschlossen, das Werk fortzusetzen und dass ich als „Alleinherausgeber“ tätig sein soll. Dies tue ich im Gedenken an den verstorbenen Kollegen gern. Mit mir hoffen alle Kollegen, dass wir seinen immer recht hohen Ansprüchen gerecht werden. Wir werden sein Andenken in Ehren halten.

Peter Kotz hatte auch vor der 1. Auflage dieses Werks die Mühen der Stoffsammlung und die Suche nach geeigneten Mitautoren auf sich genommen hat. Von vornherein war aber auch hier – ebenso wie beim „Rechtsmittel-Handbuch“ – klar, dass die komplexen und schwierigen, teilweise wenig bekannten Fragen und Probleme, die die strafverfahrensrechtliche Nachsorge mit sich bringt, nicht von nur zwei Autoren gemeistert werden konnten. Deshalb haben wir uns auch hier von Anfang an zur Teamarbeit entschlossen. Es ist dann gelungen, Mitautoren aus dem richterlichen, dem staatsanwaltlichen und dem anwaltlichen Bereich, ergänzt durch einen Rechtspfleger, zu finden, von denen jeder Einzelne auf seinem (Fach-)Gebiet ein ausgewiesener Kenner der von ihm bearbeiteten Materie ist. Daraus ist dann ein Team von (Mit-)Autoren

1 Soweit nachfolgend männliche Begriffe verwendet werden, gelten diese für Personen weiblichen, männlichen und diversen Geschlechts gleichermaßen.

geworden, von denen jeder in dem von ihm bearbeiteten Bereich über umfassende Fachkenntnisse verfügt und aus seiner täglichen Arbeit weiß, was in der Praxis im Bereich der strafverfahrensrechtlichen Nachsorge erforderlich ist und was der Verteidiger/Rechtsanwalt wissen muss. Dieses Handbuch wird also gestaltet von Praktikern für Praktiker.

Wie überall im Leben gilt allerdings auch bei einem Buch, das von einem Team erstellt wird: Nichts ist so beständig wie der Wandel. Das bedeutet an dieser Stelle: Auch ein Autorenteam ist dem Wandel unterlegen mit der Folge, dass Autoren ausscheiden und damit für eine neue Auflage nicht mehr zur Verfügung stehen. Das habe ich auch mit dieser **2. Auflage** erfahren.

- Denn aus dem **Autorenteam** der 1. Auflage sind leider aus Altersgründen und/oder wegen anderweitiger Belastung **ausgeschieden**
  - Prof. *Dr. Stephan Barton*, Bielefeld,
  - Rechtsanwalt und Fachanwalt für Strafrecht *Arno Glauch*,
  - Oberstaatsanwalt *Gunnar Herrmann*, Hamm,
  - Richter am OLG *Dr. Daniel Hunsmann*, Oldenburg,
  - Rechtsanwalt und Fachanwalt für Familienrecht *Dr. Lambert Krause*, Waldshut-Tiengen und Wurmlingen,
  - Rechtsanwalt und Fachanwalt für Strafrecht *Dr. Frank Nobis*, Iserlohn,
  - Staatsanwältin *Dr. Silke Noltensmeier*, Bremen,
  - Rechtsanwältin und Fachanwältin für Strafrecht *Dr. Dominique Schimmel*, Berlin,
  - Rechtsanwalt und Fachanwalt für Strafrecht *Christian Steffgen*, Augsburg,
  - Rechtsanwalt und Fachanwalt für Strafrecht *Nico Werning*, München.

Teilweise sind die von den ausgeschiedenen Autoren bearbeiteten Bereichen von anderen Teamkollegen übernommen worden. Teilweise sind die Bereiche aber auch von **neu eingetretenen Kollegen** bearbeitet worden.

- Neu eingetreten sind:
  - Rechtsanwalt *Thomas Bößem*, Bonn, der den Teil D: Daten übernommen hat,
  - Oberstaatsanwältin *Ulrike Hahn-Oleownik*, München, die die die StrEG betreffenden Fragen von *Peter Kotz* übernommen,
  - Rechtsanwältin und Fachanwältin für Strafrecht *Anika Klein*, Erfurt, die die familienrechtlichen Fragen bearbeitet hat,
  - Oberstaatsanwalt *Steffen Kuch*, Nürnberg, der den Bereich der Führungsaufsicht bearbeitet hat,
  - Rechtsanwalt und Fachanwalt für Strafrecht *Jochen Lober*, Köln, der gemeinsam mit *Kerstin Rueber-Unkelbach*, die Nachsorge im Bereich der Beamten darstellt,
  - Rechtsanwalt und Fachanwalt für Strafrecht Dr. *Tobias Lubitz*, der die Nachsorge im Bereich der akademischen Heilberufe darstellt,
  - Rechtsanwalt *Dr. Toralf Nöding*, Berlin, der die in der 1. Auflage von Frau Rechtsanwältin *Dr. Dominique Schimmel*, Berlin, bearbeiteten Stichwörter zu den Besonderheiten zum JGG-Verfahren weitergeführt hat,
  - Rechtsanwalt *Roman Sommer*, Dresden, der den Bereich der Sicherungsverwahrung bearbeitet hat,
  - Rechtsanwältin und Fachanwältin für Strafrecht *Kerstin Rueber-Unkelbach*, Koblenz, die gemeinsam mit *Jochen Lober* die Nachsorge im Bereich der Beamten darstellt,
  - Rechtsanwalt und Fachanwalt für Strafrecht und Verkehrsrecht *Marc N. Wandt*, München, der die Nachsorge für Soldaten dargestellt hat,
  - Rechtsanwalt und Fachanwalt für Strafrecht *Patrick Welke*, Heidelberg, der die mit § 35 BtMG zusammenhängenden Fragen von Rechtsanwalt Dr. *Frank Nobis* übernommen und bearbeitet hat.

Unmittelbar vor Druckfreigabe hat uns zudem die traurige Nachricht erreicht, dass unser Mitautor *Dr. Heiko Artkämper*, der während seiner aktiven Dienstzeit als Staatsanwalt als Gruppenleiter bei der

Staatsanwaltschaft Dortmund tätig gewesen ist, verstorben ist. Er war dem ZAP Verlag weit über 20 Jahre als Herausgeber und Autor eng verbunden. Wir werden Herrn Dr. *Artkämper* als zuverlässigen Coautor in dankbarer Erinnerung behalten.

Die Ausführungen der 1. Auflage sind dann in dieser 2. Auflage erweitert und selbstverständlich hinsichtlich Literatur und Rechtsprechung aktualisiert und überarbeitet worden. Das Werk hat den Stand von **März 2026**.

Unser Anliegen war/ist es, nachdem es mit dem *„Handbuch für das strafrechtliche Ermittlungsverfahren“*, dem *„Handbuch für die strafrechtliche Hauptverhandlung“* und auch mit dem *„Handbuch für die strafrechtlichen Rechtsmittel und Rechtsbehelfe“* darum geht, dazu beizutragen, die „richtige“ Wahrheitsfindung im Strafprozess zu sichern, dem Mandanten auch danach dem Verteidiger/Rechtsanwalt einen verlässlichen Partner zur Seite zu stellen. Deshalb hoffen wir, dass dieses Handbuch weiterhin ebenso viel Zuspruch von Verteidigern, Rechtsanwälten, Richtern und Staatsanwälten erfährt, wie ihn die drei anderen Handbücher erfahren haben und erfahren. Das Handbuch soll allen Benutzern eine praktische Arbeitshilfe sein. Es wendet sich in erster Linie – ebenso wie die drei anderen Bücher aus der Reihe – an den Strafverteidiger, und zwar sowohl an den erfahrenen Strafverteidiger als auch an den Berufsanfänger bzw. den Rechtsanwalt, der nicht so häufig mit Strafsachen zu tun hat. Es wendet sich aber auch an den Rechtsanwalt, der nicht Verteidiger ist/war, aber nach Abschluss des Verfahrens vom Beschuldigten mit einer Frage konfrontiert wird, wie es denn nun in bestimmten Bereich weiter geht. Darüber hinaus werden aber auch Richter oder Staatsanwälte hier hoffentlich die Lösung eines in der täglichen Praxis auftretenden Problems finden, wenn es um die verfahrensrechtliche Nachsorge geht. Weil das Handbuch allen Benutzern eine praktische Arbeitshilfe sein soll, haben wir die Darstellung in ABC-Form fortgesetzt. Dies wiederum, weil diese Darstellungsform bei den anderen Handbüchern von Anfang an positiv aufgenommen worden ist. Grund ist zudem auch, dass unter dem jeweiligen Stichwort i.d.R. alle damit zusammenhängenden (Rechts-)Fragen und Probleme geschlossen dargestellt werden können. Damit ist ein schnellerer Zugriff auf die gesuchte Antwort möglich als bei den sonst üblichen Darstellungsformen.

Die strafverfahrensrechtliche Nachsorge ist i.Ü. auf mehrere große Abschnitte aufgeteilt: In Teil A findet man die Ausführungen zu Bewährungs- und Fahrerlaubnisfragen sowie zur Sicherungsverwahrung. Der Teil B enthält Ausführungen zur Vollstreckung von Strafen und Maßregeln, die ergänzt werden durch in Teil C enthaltenen Stichwörter zu Vollzugsfragen. Einen Schwerpunkt bilden hier die Rechtsmittel im Strafvollzug. Teil D behandelt Datenfragen, Teil E beinhaltet die wichtigen Ausführungen zu den Registern, Teil F zum Umgang mit Medien und Teil G die mit dem Gnadenverfahren zusammenhängenden Probleme. Teil H ist den Auswirkungen auf bestimmten Personen- und Berufsgruppen und dem Fahrerlaubnisrecht vorbehalten. In Teil I sind schließlich die Fragen der Opferentschädigung, die Ansprüche gegen den Beschuldigten und die Entschädigungsfragen nach dem StrEG dargestellt. Abgerundet wird das Ganze im Teil J mit einer Darstellung der vergütungsrechtlichen Aspekte und Fragen aus dem Bereich der Kosten-/Vergütungsfestsetzung. Ein besonderes Anliegen war – wie in allen Handbüchern der Reihe – eine praxisnahe Darstellung der Probleme. Deshalb sind die Ausführungen jeweils um Praxishilfen und -hinweise, Formulierungshilfen sowie Checklisten und Arbeitshilfen ergänzt.

Anregungen und Kritik nehmen wir gern entgegen, beides kann helfen, eine nächste Auflage noch besser zu gestalten. Wer uns künftig Vorschläge oder Hinweise geben möchte, kann sich kann sich an mich unter meiner Kanzleianschrift „Stettenstraße 12, 86150 Augsburg“ wenden, mir unter 0821-5091760 ein Fax bzw. unter praxis@burhoff.de eine E-Mail zukommen lassen. Das gilt ganz besonders dann, wenn – trotz allem Bemühen um Richtig- und Vollständigkeit – an der einen oder anderen Stelle vielleicht doch (noch) ein Zitatfehler festgestellt werden sollte.

Zum Schluss möchte ich danken. Besonderer Dank gebührt zunächst den Mitautoren, die neben ihrer täglichen Arbeit die Manuskripte fristgerecht erstellt und damit maßgeblich dazu beigetragen haben, dass wir das Werk nun vorlegen können. Zu danken ist aber auch den Lektoren beim ZAP-Verlag, Frau *Christiane*

Göhring und Herrn Rechtsanwalt *Dennis Flohr*, die das Werk lektoriert und mich bei der Erstellung des Stichwort-, Abkürzungs- und Literaturverzeichnisses unterstützt haben. Neben ihnen danke ich allen anderen Mitarbeitern des ZAP-Verlags bei der Erstellung des Werkes aktiv mitgeholfen hat. Und „last but not least" danke ich meiner Familie, die während der Arbeiten an dieser Neuauflage erneut manche Stunde haben auf mich verzichten müssen.

Leer/Augsburg, im April 2026 *Detlef Burhoff*

Hinweise zur Benutzung des Handbuchs

1. Dieses Handbuch erhebt nicht den Anspruch, ein (weiterer) Querschnitts-Kommentar zur behandelten Thematik zu sein. Es soll vielmehr eine **praktische Arbeitshilfe** für die strafrechtliche Nachsorge sein. Deshalb ist i.d.R. auch für die Rechtsfragen zunächst die sog. h.M. dargelegt, wie sie für die StPO insbesondere z.B. bei *Schmitt/Köhler* bzw. den Standardkommentaren zur jeweiligen Thematik aufgeführt ist, diese jedoch durch weiterführende Hinweise – auch auf kritische Literatur und Rechtsprechung – ergänzt. Auftauchende Fragen können und müssen also gegebenenfalls (dort) vertieft werden. Ergänzt ist die Darstellung um praktische Hinweise zur **Verteidigungstaktik**.

2. Ich habe bewusst von einem sonst allgemein üblichen, i.d.R. meist sehr **umfangreichen Literaturverzeichnis abgesehen**. Das Literaturverzeichnis enthält nur die Hinweise auf die gängigen Standard- und Großkommentare sowie auf häufiger herangezogene Fundstellen/Kommentare.

Die von den jeweiligen Bearbeitern notwendig angesehenen weiterführenden Hinweise auf Spezialkommentare, auf Monografien oder auf Aufsätze zu bestimmten Themen sind an den Stellen eingeordnet, an denen die Fragen bei den einzelnen Stichwörtern behandelt werden. Sie sind in dem vor den einzelnen Stichwörtern aufgenommenen Abschnitt **„Literaturhinweise“** zusammengefasst, und zwar alphabetisch nach dem Namen des Autors unter Nennung des (Aufsatz-)Titels geordnet. Der Benutzer kann durch die Nennung des Titels eines Aufsatzes oder einer Monografie an dieser Stelle besser und schneller erkennen, ob eine angeführte Belegstelle eine zu vertiefende Frage nur mitbehandelt oder ob sie gegebenenfalls die Hauptthematik eines Literaturbeitrags darstellt. Die „Literaturhinweise“ enthalten aber nicht nur die jeweils zitierten Aufsätze und sonstigen Veröffentlichungen. Sie beinhalten außerdem zum Teil auch andere weiterführende Literatur. Mithilfe dieser weiterführenden Hinweise auf in der einschlägigen Fachliteratur sonst noch erschienene Aufsätze zu den anschließend behandelten Stichwörtern können über die angeführten Zitate hinaus die behandelten Fragen vertieft werden.

Ich bin mir bewusst, dass diese Verfahrensweise zu der ein oder anderen Doppelnennung führt, obwohl ich versucht habe, das teilweise dadurch zu vermeiden, dass die Literatur zum Teil bei den sog. Verteilerstichwörtern (s. dazu unten **7.**) zusammengefasst worden ist. Das war jedoch nicht in allen Fällen möglich. Der verbliebene Anteil von Doppelnennungen kann u.E. hingenommen werden. Der durch die Doppelnennungen entstehende Platzbedarf wird zudem dadurch aufgewogen, dass derjenige, der eine Frage an anderer Stelle vertiefen will, nicht in einem umfangreichen Literaturverzeichnis nachsuchen muss, ob und gegebenenfalls wo zu der Frage Vertiefendes zu finden ist. Durch das gewählte Verfahren erhält er diese Information vielmehr unmittelbar bei dem jeweiligen Stichwort.

3 Die veröffentlichte Literatur und Rechtsprechung ist weitgehend bis **einschließlich März 2026** berücksichtigt und soweit möglich eingearbeitet.

4. Für die Benutzung des Handbuchs ist zu beachten, dass **Verweisungen** auf andere Stichwörter mit einem „→“ angegeben werden. Zunächst genannt wird dann der Teil, in dem das Stichwort aufgeführt ist. Beispielsweise heißt „→ *Teil A: Bewährung, Allgemeines*“, dass weitere oder (allgemeine) Ausführungen zur Bewährung unter diesem Stichwort zu finden sind.

5. Trotz der Darstellung in ABC-Form sind in den Teilen fortlaufende **Randnummern** gesetzt, da diese ein noch schnelleres Auffinden der jeweils gesuchten Stelle ermöglichen. Dabei ist darauf hinzuweisen, dass die in einer Verweisung enthaltene Randnummer nicht immer nur auf den Beginn des genannten Stichworts verweist. Das ist i.d.R. nur der Fall, wenn es sich um eine allgemeine Verweisung handelt. Geht es hingegen um die Verweisung auf ein spezielles Problem/besondere Ausführungen, wird auf diese(s) i.d.R. durch Nennung der entsprechenden Randnummer(n) direkt verwiesen. Die Randnummern beginnen in jedem der zehn Teile mit der Rn 1.

6. Für einige Stichwörter werden die teilweise ausführlichen **Erläuterungen** unter der Überschrift **„Das Wichtigste in Kürze“** in mehreren **„Leitsätzen“ zusammengefasst** und so zusätzliche Möglichkeiten zur schnellen und schwerpunktmäßigen Information geboten. Innerhalb der Stichwörter wird das Auffinden von gesuchten Erläuterungen dann dadurch erleichtert, dass die den Inhalt wiedergebenden Begriffe durch Fettdruck hervorgehoben sind und damit den Charakter von ins Auge fallenden Zwischenüberschriften erhalten. Die einzelnen Erläuterungen zu „Leitsätzen“ finden sich zudem i.d.R. unter der Ziffer, die der des Leitsatzes entspricht.

7. Für die wichtigsten oder sehr umfangreichen Fragenkomplexe sind sog. „**Verteilerstichwörter**“ gebildet worden, bei denen dann auch die zu dem jeweiligen Komplex gebildeten Stichwörter zusammengestellt sind. Die Verteilerstichwörter sind i.d.R. dadurch zu erkennen, dass sie in der Überschrift den Zusatz „**Allgemeines**“ tragen, wie z.B. „Bewährung, Allgemeines“ oder „Maßregelvollzug, Allgemeines“.

8. Unter der Überschrift „**Hinweise für den Verteidiger**“ ist das dargestellt, was der Verteidiger in dem jeweiligen Zusammenhang besonders beachten sollte oder was für seinen Mandanten besonders wichtig ist. Ich hoffe, dass auch die bei den jeweiligen Stichwörtern ggf. angeordneten Mustertexte dem Verteidiger eine Hilfe sein werden.

9. Am Schluss des Buches befindet sich ein stark differenziertes **Stichwortverzeichnis**, das den Benutzer hoffentlich bei keiner Frage im Stich lässt. Dieses Verzeichnis enthält als Fundstellenhinweis die jeweilige Randnummer, unter der die mit der aufgetauchten Frage zusammenhängenden Probleme dargestellt sind.

Inhaltsverzeichnis

	Seite
Vorwort	V
Hinweise zur Benutzung des Handbuchs	IX
Musterverzeichnis	XXIII
Allgemeines Literaturverzeichnis	XXV
Abkürzungsverzeichnis	XXIX

	Rdn
Teil A: Bewährung, Fahrerlaubnis und Sicherungsverwahrung	
Bewährung, Allgemeines	1
Bewährung, Auflagen	9
Bewährung, Bewährungsbeschluss	39
Bewährung, Bewährungshilfe	61
Bewährung, Bewährungszeit	72
Bewährung, Jugendliche, Allgemeines	84
Bewährung, Jugendliche, Bewährungsvorbehalt	113
Bewährung, Jugendliche, Straferlass	125
Bewährung, Jugendliche, Weisungen, Auflagen	130
Bewährung, Jugendliche, Widerruf der Bewährung	145
Bewährung, Jugendliche, Zeit	176
Bewährung, nachträgliche Entscheidungen	190
Bewährung, Straferlass	202
Bewährung, Überwachung	226
Bewährung, Verwarnung mit Strafvorbehalt	236
Bewährung, Weisungen	249
Bewährung, Widerruf, Absehen	286
Bewährung, Widerruf, Allgemeines	298
Bewährung, Widerruf, Anrechnung von Leistungen	328
Bewährung, Widerruf, Auflagenverstoß	340
Bewährung, Widerruf, neuerliche Straffälligkeit	351
Bewährung, Widerruf, notwendige Verteidigung	387
Bewährung, Widerruf, vorläufige Maßnahmen	403
Bewährung, Widerruf, Weisungsverstoß	426
Fahrerlaubnis, Entziehung, Allgemeines	444
Fahrerlaubnis, Sperrfrist, Abkürzung	449
Fahrerlaubnis, Sperrfrist, Allgemeines	454
Fahrerlaubnis, Sperrfrist, Aufhebung	459
Fahrerlaubnis, Sperrfrist, Berechnung	481
Fahrerlaubnis, Sperrfrist, nachträgliche Ausnahme	491
Fahrerlaubnis, Sperrfrist, nachträgliche Gesamtstrafenbildung	504
Fahrverbot, Allgemeines	517
Fahrverbot, Fristberechnung	526
JGG-Verfahren, nachträgliche Entscheidungsergänzung	542
Sicherungsverwahrung, Abstandsgebot	559
Sicherungsverwahrung, Allgemeines	562

Rdn

Sicherungsverwahrung, Fortdauer der Unterbringung . . . 566
Sicherungsverwahrung, Gefahrenprognose . . . 581
Sicherungsverwahrung, Grundsätze . . . 589
Sicherungsverwahrung, nachträgliche . . . 594
Sicherungsverwahrung, Pflichtverteidigung . . . 610
Sicherungsverwahrung, Therapieunterbringung, Allgemeines . . . 621
Sicherungsverwahrung, Therapieunterbringung, Zulässigkeit . . . 627
Sicherungsverwahrung, Vollzug, Allgemeines . . . 631
Sicherungsverwahrung, Vollzug, Antrag auf gerichtliche Entscheidung . . . 635
Sicherungsverwahrung, Vollzug, Außenkontakte . . . 639
Sicherungsverwahrung, Vollzug, Entlassungsvorbereitung . . . 646
Sicherungsverwahrung, Vollzug, Grundsätze . . . 648
Sicherungsverwahrung, Vollzug, landesrechtliche Vollzugsgesetze . . . 653
Sicherungsverwahrung, Vollzug, Unterbringung . . . 658
Sicherungsverwahrung, Vollzug, Unterbringung, Einzelfragen . . . 663
Sicherungsverwahrung, Vollzug, vollzugsöffnende Maßnahmen . . . 668
Sicherungsverwahrung, Vollzug, Vollzugsplankonferenz . . . 672
Sicherungsverwahrung, vorbehaltene . . . 681

Teil B: Vollstreckung von Strafen und Maßregeln

Berufsverbot, Allgemeines . . . 1
Berufsverbot, Aufschub/Aussetzung (§ 456c StPO) . . . 19
Berufsverbot, Berufsgruppen, Auswirkungen . . . 37
Berufsverbot, Bewährungsaussetzung . . . 56
Berufsverbot, Nebenfolgen . . . 78
Berufsverbot, Voraussetzungen . . . 88
BtM-Verfahren, Zurückstellung, Allgemeines . . . 97
BtM-Verfahren, Zurückstellung, Anrechnung von Therapiezeiten . . . 102
BtM-Verfahren, Zurückstellung, Antragsmuster . . . 127
BtM-Verfahren, Zurückstellung, Antragsvoraussetzungen . . . 130
BtM-Verfahren, Zurückstellung, Aussetzung des Strafrestes zur Bewährung . . . 170
BtM-Verfahren, Zurückstellung, Mitteilungs- und Nachweispflichten . . . 185
BtM-Verfahren, Zurückstellung, Rechtsmittel . . . 191
BtM-Verfahren, Zurückstellung, Verfahren . . . 212
BtM-Verfahren, Zurückstellung, Widerruf . . . 226

Erwachsene, Freiheitsstrafe ohne Bewährung, Ablehnung Rechtspfleger . . . 248
Erwachsene, Freiheitsstrafe ohne Bewährung, Absehen bei Auslieferung/Ausweisung . . . 252
Erwachsene, Freiheitsstrafe ohne Bewährung, Allgemeines . . . 263
Erwachsene, Freiheitsstrafe ohne Bewährung, Aussetzung der Reststrafe, Allgemeines . . . 270
Erwachsene, Freiheitsstrafe ohne Bewährung, Aussetzung der Reststrafe, Halbstrafe . . . 276
Erwachsene, Freiheitsstrafe ohne Bewährung, Aussetzung der Reststrafe, lebenslang . . . 287
Erwachsene, Freiheitsstrafe ohne Bewährung, Aussetzung der Reststrafe, Zweidrittel . . . 293
Erwachsene, Freiheitsstrafe ohne Bewährung, Pflichtverteidiger . . . 304
Erwachsene, Freiheitsstrafe ohne Bewährung, Strafaufschub/-unterbrechung . . . 306
Erwachsene, Freiheitsstrafe ohne Bewährung, Strafzeitberechnung . . . 321
Erwachsene, Geldsanktionen, ausländische, Allgemeines . . . 328
Erwachsene, Geldsanktionen, ausländische, Beistand . . . 333

Rdn
Erwachsene, Geldsanktionen, ausländische, Halterhaftung . . . 339
Erwachsene, Geldsanktionen, ausländische, Verfahrensgang . . . 343
Erwachsene, Geldsanktionen, ausländische, Zulässigkeitsvoraussetzungen . . . 354
Erwachsene, Geldsanktionen, ausländische, Zuständigkeiten . . . 369
Erwachsene, Geldstrafen, Absehen von der Vollstreckung . . . 373
Erwachsene, Geldstrafen, Allgemeines . . . 375
Erwachsene, Geldstrafen, Beitreibung, Allgemeines . . . 383
Erwachsene, Geldstrafen, Beitreibung, Ausländer . . . 390
Erwachsene, Geldstrafen, Beitreibung, Gefangenengelder . . . 395
Erwachsene, Geldstrafen, Ersatzfreiheitsstrafe, Allgemeines . . . 401
Erwachsene, Geldstrafen, Ersatzfreiheitsstrafe, freie Arbeit . . . 409
Erwachsene, Geldstrafen, Zahlungserleichterungen . . . 417
Erwachsene, Vollstreckung, Aktenführung und -einsicht . . . 423
Erwachsene, Vollstreckung, Allgemeines . . . 432
Erwachsene, Vollstreckung, Mitteilungspflichten . . . 442
Erwachsene, Vollstreckung, Vollstreckungshindernisse . . . 450

Fahrerlaubnis, Einziehung, Vollstreckung . . . 468
Fahrverbot, Vollstreckung . . . 476
Führungsaufsicht, Allgemeines . . . 483
Führungsaufsicht, Beendigung/Ruhen . . . 490
Führungsaufsicht, Dauer . . . 507
Führungsaufsicht, Eintritt . . . 531
Führungsaufsicht, Jugendliche/Heranwachsende . . . 558
Führungsaufsicht, Rechtsschutz . . . 565
Führungsaufsicht, Strafbarkeit (§ 145a StGB) . . . 582
Führungsaufsicht, Verfahren . . . 600
Führungsaufsicht, Verfahrensbeteiligte . . . 616
Führungsaufsicht, Weisungen . . . 637

Internationale Vollstreckung, Allgemeines . . . 681
Internationale Vollstreckung, Vollstreckung ausländischer Entscheidungen . . . 687
Internationale Vollstreckung, Vollstreckung im Ausland . . . 712

Jugendliche, Vollstreckung, Allgemeines . . . 738
Jugendliche, Vollstreckung, Erziehungsmaßregel/Zuchtmittel . . . 773
Jugendliche, Vollstreckung, Jugendarrest . . . 805
Jugendliche, Vollstreckung, Jugendstrafe . . . 825
Jugendliche, Vollstreckung, Rechtsschutz . . . 880
Jugendliche, Vollstreckung, Sicherungsverwahrung . . . 888
Jugendliche, Vollstreckung, Strafmakel, Beseitigung . . . 908
Jugendliche, Vollstreckung, Verhängung der Jugendstrafe . . . 928
Jugendliche, Vollstreckung, Zuständigkeit . . . 951

Maßregeln, Erwachsene, Allgemeines . . . 969
Maßregeln, Erwachsene, Anrechnung . . . 987
Maßregeln, Erwachsene, Aufsichtsstellen . . . 1004
Maßregeln, Erwachsene, Bewährung . . . 1014
Maßregeln, Erwachsene, Entziehungsanstalt . . . 1051
Maßregeln, Erwachsene, Erledigterklärung . . . 1064

Rdn
Maßregeln, Erwachsene, Krisenintervention 1092
Maßregeln, Erwachsene, Organisationshaft 1115
Maßregeln, Erwachsene, Pflichtverteidigung 1121
Maßregeln, Erwachsene, psychiatrisches Krankenhaus 1135
Maßregeln, Erwachsene, Rechtsschutz 1155
Maßregeln, Erwachsene, Überprüfung 1162
Maßregeln, Erwachsene, Überweisung 1189
Maßregeln, Erwachsene, Vollstreckungsreihenfolge 1197
Maßregeln, Erwachsene, Zuständigkeit und Verfahren 1240
Maßregeln, Jugendliche 1269

Teil C: Vollzug

Maßregelvollzug, Erwachsene, Allgemeines 1
Maßregelvollzug, Erwachsene, Arbeit 21
Maßregelvollzug, Erwachsene, Behandlungsplan 30
Maßregelvollzug, Erwachsene, Besitz 36
Maßregelvollzug, Erwachsene, Besuch. 43
Maßregelvollzug, Erwachsene, Bildung 48
Maßregelvollzug, Erwachsene, Datenschutz 53
Maßregelvollzug, Erwachsene, Disziplinarsachen 60
Maßregelvollzug, Erwachsene, Durchsuchung 65
Maßregelvollzug, Erwachsene, Geld 71
Maßregelvollzug, Erwachsene, Gesundheitsfürsorge 82
Maßregelvollzug, Erwachsene, Kleidung 89
Maßregelvollzug, Erwachsene, Post. 94
Maßregelvollzug, Erwachsene, Rechtsschutz 100
Maßregelvollzug, Erwachsene, Religionsausübung 109
Maßregelvollzug, Erwachsene, Sicherungsmaßnahmen und Unmittelbarer Zwang. 116
Maßregelvollzug, Erwachsene, Telekommunikation 123
Maßregelvollzug, Erwachsene, Unterbringung 128
Maßregelvollzug, Erwachsene, Verlegung. 136
Maßregelvollzug, Erwachsene, Verpflegung 142
Maßregelvollzug, Erwachsene, Vollzugsform 147
Maßregelvollzug, Erwachsene, Vollzugslockerungen 152
Maßregelvollzug, Jugendliche 161

Strafvollzug, Erwachsene, Allgemeines 169
Strafvollzug, Erwachsene, Antrag auf gerichtliche Entscheidung, Allgemeines. 190
Strafvollzug, Erwachsene, Antrag auf gerichtliche Entscheidung, Antragsarten. 215
Strafvollzug, Erwachsene, Antrag auf gerichtliche Entscheidung, Antragsgegenstand. 236
Strafvollzug, Erwachsene, Antrag auf gerichtliche Entscheidung, Beteiligte des Verfahrens. . 262
Strafvollzug, Erwachsene, Antrag auf gerichtliche Entscheidung, Checkliste 277
Strafvollzug, Erwachsene, Antrag auf gerichtliche Entscheidung, Einstweiliger Rechtsschutz 280
Strafvollzug, Erwachsene, Antrag auf gerichtliche Entscheidung, Erledigung. 291
Strafvollzug, Erwachsene, Antrag auf gerichtliche Entscheidung, formelle und inhaltliche Anforderungen 321
Strafvollzug, Erwachsene, Antrag auf gerichtliche Entscheidung, Frist. 336
Strafvollzug, Erwachsene, Antrag auf gerichtliche Entscheidung, Kosten und Streitwert. . . . 351
Strafvollzug, Erwachsene, Antrag auf gerichtliche Entscheidung, PKH/Beiordnung. 361

Rdn
Strafvollzug, Erwachsene, Antrag auf gerichtliche Entscheidung, Zuständigkeit des Gerichts . 371
Strafvollzug, Erwachsene, Arbeit . . . 383
Strafvollzug, Erwachsene, Besitz . . . 396
Strafvollzug, Erwachsene, Besuch . . . 413
Strafvollzug, Erwachsene, Bildung . . . 421
Strafvollzug, Erwachsene, Datenschutz . . . 426
Strafvollzug, Erwachsene, Disziplinarsachen . . . 446
Strafvollzug, Erwachsene, Durchsuchung . . . 458
Strafvollzug, Erwachsene, Entlassung . . . 466
Strafvollzug, Erwachsene, Geld . . . 473
Strafvollzug, Erwachsene, Gesundheitsfürsorge . . . 493
Strafvollzug, Erwachsene, Kleidung . . . 504
Strafvollzug, Erwachsene, Post . . . 510
Strafvollzug, Erwachsene, Rechtsbeschwerde, Allgemeines . . . 522
Strafvollzug, Erwachsene, Rechtsbeschwerde, Beschwer/Erledigung . . . 540
Strafvollzug, Erwachsene, Rechtsbeschwerde, Beteiligte . . . 552
Strafvollzug, Erwachsene, Rechtsbeschwerde, Checkliste . . . 557
Strafvollzug, Erwachsene, Rechtsbeschwerde, Einstweiliger Rechtsschutz . . . 560
Strafvollzug, Erwachsene, Rechtsbeschwerde, Form . . . 570
Strafvollzug, Erwachsene, Rechtsbeschwerde, Frist . . . 582
Strafvollzug, Erwachsene, Rechtsbeschwerde, inhaltliche Anforderungen . . . 590
Strafvollzug, Erwachsene, Rechtsbeschwerde, Zulässigkeit . . . 607
Strafvollzug, Erwachsene, Religionsausübung . . . 617
Strafvollzug, Erwachsene, Sicherungsmaßnahmen . . . 626
Strafvollzug, Erwachsene, Soziale Hilfen . . . 635
Strafvollzug, Erwachsene, Sozialtherapie . . . 642
Strafvollzug, Erwachsene, Strafvollzug mit angeordneter oder vorbehaltener Sicherungsverwahrung . . . 650
Strafvollzug, Erwachsene, Telekommunikation . . . 677
Strafvollzug, Erwachsene, Unmittelbarer Zwang . . . 685
Strafvollzug, Erwachsene, Unterbringung . . . 691
Strafvollzug, Erwachsene, Verlegung . . . 704
Strafvollzug, Erwachsene, Verpflegung . . . 716
Strafvollzug, Erwachsene, Vollzugsform . . . 722
Strafvollzug, Erwachsene, Vollzugslockerungen . . . 732
Strafvollzug, Erwachsene, Vollzugsplan . . . 748
Strafvollzug, Jugendliche, Allgemeines . . . 760
Strafvollzug, Jugendliche, Jugendarrest . . . 823
Strafvollzug, Jugendliche, Rechtsschutz . . . 860

Teil D: Daten

Daten, Allgemeines, Begriff . . . 1
Daten, Allgemeines, genetische Daten . . . 6
Daten, Allgemeines, medizinische Daten . . . 13
Daten, Allgemeines, soziale Daten . . . 18
Daten, Datenabgleich, Anordnungsvoraussetzungen . . . 25
Daten, Datenabgleich, Verwendungsbeschränkungen . . . 47
Daten, Datengewinnung, Einwilligung . . . 53

Rdn
Daten, Datengewinnung, präventive 64
Daten, Datengewinnung, repressive, genetische Daten 71
Daten, Datengewinnung, repressive, medizinische Daten 78
Daten, Datengewinnung, repressive, soziale Daten 83
Daten, Datengewinnung, Strafvollzug, Landesrecht 103
Daten, Datenlöschung, Allgemeines, Aufbewahrungsfristen 112
Daten, Datenlöschung, Dokumentations- und Benachrichtigungspflichten 119
Daten, Datenlöschung, Strafverfahrensdateien und Verfahrensregister 136
Daten, Datenlöschung, weitere spezielle Löschungsregelungen 157
Daten, Datenrückgabe 168
Daten, Datenschutz, Regelungen, international 177
Daten, Datenschutz, Regelungen, national, Bundesrecht 185
Daten, Datenschutz, Regelungen, national, Landesrecht 193
Daten, Datenschutz, Überwachung 197
Daten, Datenübermittlung, automatische 204
Daten, Datenübermittlung, Verarbeitung für künftige Strafverfahren und Übermittlung zu Forschungszwecken 210
Daten, Datenumwidmung, genetische Daten 219
Daten, Datenumwidmung, personenbezogene Daten 229
Daten, Rechtsschutz, Allgemeines 241
Daten, Rechtsschutz, Antrag auf gerichtliche Entscheidung gem. § 101 Abs. 7 StPO 248
Daten, Rechtsschutz, Antrag auf gerichtliche Entscheidung gem. § 98 Abs. 2 S. 2 StPO 256
Daten, Rechtsschutz, Antrag auf gerichtliche Entscheidung gem. §§ 23 ff. EGGVG 264
Daten, Rechtsschutz, Beschwerde 276
Daten, Rechtsschutz, Verfassungsbeschwerde 286
Daten, Rechtsschutz, verwaltungsgerichtliche Klage 298

Teil E: Register

Bundeszentralregister, Allgemeines 1
Bundeszentralregister, Auskunft, Allgemeines 16
Bundeszentralregister, Auskunft, Behördenauskunft 29
Bundeszentralregister, Auskunft, Selbstauskunft 40
Bundeszentralregister, Eintragungen, Allgemeines 51
Bundeszentralregister, Eintragungen, ausländische Verurteilungen 72
Bundeszentralregister, Eintragungen, Entfernung 90
Bundeszentralregister, Eintragungen, Registervergünstigungen 105
Bundeszentralregister, Eintragungen, Tilgung, Allgemeines 123
Bundeszentralregister, Eintragungen, Tilgung, Fristen 138
Bundeszentralregister, Eintragungen, Tilgung, Verwertungsverbot 156
Bundeszentralregister, Führungszeugnis, Allgemeines 175
Bundeszentralregister, Führungszeugnis, Behördenführungszeugnis 199
Bundeszentralregister, Führungszeugnis, einfaches 218
Bundeszentralregister, Führungszeugnis, erweitertes 238
Bundeszentralregister, Führungszeugnis, europäisches 255
Bundeszentralregister, Internationaler Strafnachrichtenaustausch 268
Bundeszentralregister, Maßnahmen der Registerbehörden, Rechtsschutz 279

Erziehungsregister, Allgemeines 292
Erziehungsregister, Auskunft 306

Rdn

Erziehungsregister, Löschung 318
Erziehungsregister, Rechtsschutz 326

Fahreignungsregister, Allgemeines 332
Fahreignungsregister, Auskunft 347
Fahreignungsregister, Fahreignungs-Bewertungssystem 358
Fahreignungsregister, Rechtsschutz 390
Fahreignungsregister, Tilgung und Löschung von Eintragungen 400
Fahrerlaubnisregister 429

Teil F: Medien

Medien, Allgemeines 1
Medien, Einfluss auf das Strafverfahren 9
Medien, Handlungsmöglichkeiten des Verteidigers 31
Medien, Öffentlichkeitsarbeit der Justiz 53
Medien, Risiken der Öffentlichkeitsarbeit der Verteidigung 67

Teil G: Gnade

Gnade, Allgemeines 1
Gnade, Entscheidung 16
Gnade, formelle Fragen 26
Gnade, materielle Fragen 83

Teil H: Personen- und Berufsgruppen, Fahrerlaubnisrecht

Akademische Heilberufe, Allgemeines 1
Apotheker, Allgemeines 7
Apotheker, berufsrechtliches Verfahren 11
Apotheker, Entziehung der Betriebserlaubnis 20
Apotheker, hochschulrechtliche Folgen 24
Apotheker, Rücknahme/Widerruf bzw. Ruhen der Approbation 27
Apotheker, Schadensersatz des Patienten/Geschädigten 42
Arzt, Humanmediziner, Allgemeines 45
Arzt, Humanmediziner, berufsrechtliches Verfahren 50
Arzt, Humanmediziner, Entzug der Kassenzulassung u.a. 60
Arzt, Humanmediziner, Erstattungsverfahren 73
Arzt, Humanmediziner, hochschulrechtliche Folgen 76
Arzt, Humanmediziner, Rücknahme/Widerruf bzw. Ruhen der Approbation 80
Arzt, Humanmediziner, Schadensersatz des Patienten/Geschädigten 95
Arzt, Humanmediziner, Schließung der Praxis 98
Ausländer, Abschiebung, Allgemeines 101
Ausländer, Abschiebung, Kosten 111
Ausländer, Abschiebungshaft, Allgemeines 125
Ausländer, Abschiebungshaft, Verfahren/Vollzug 140
Ausländer, Allgemeines 155
Ausländer, Asyl- und Flüchtlingsrecht, Asylantrag 173
Ausländer, Aufenthaltsrecht, Assoziationsabkommen Türkei 183
Ausländer, Aufenthaltsrecht, Aufenthaltstitel 195
Ausländer, Aufenthaltsrecht, Auflagen und Nebenbestimmungen 227
Ausländer, Aufenthaltsrecht, Ausweisung 244

Rdn

Ausländer, Aufenthaltsrecht, Besonderheiten des Verfahrens 289
Ausländer, Aufenthaltsrecht, Duldung 302
Ausländer, Aufenthaltsrecht, Verlust des Aufenthaltstitels 314
Ausländer, Einbürgerung, Staatsangehörigkeit 327
Ausländer, Einreise- und Aufenthaltsverbot, Allgemeines 339
Ausländer, Einreise- und Aufenthaltsverbot, Befristung 358
Ausländer, Freizügigkeitsrecht/Unionsbürger, Allgemeines 385
Ausländer, Freizügigkeitsrecht/Unionsbürger, Verlustfeststellung 397
Ausländer, Gesetzesnovellen 420
Ausländer, Rechtsschutz, Allgemeines 427
Ausländer, Rechtsschutz, Eilverfahren 438
Ausländer, Rechtsschutz, Rechtsmittel und Rechtsbehelfe 449

Beamte, Allgemeines 462
Beamte, Disziplinarverfahren, formelle Fragen 475
Beamte, Disziplinarverfahren, materielle Fragen 504
Beamte, Statusverlust durch Gesetz 525

Fahrerlaubnisrecht, Allgemeines 537
Fahrerlaubnisrecht, Einzelfälle, Allgemeines 543
Fahrerlaubnisrecht, Einzelfälle, Besitz von Drogen nach dem BtMG (außer Cannabis) 546
Fahrerlaubnisrecht, Einzelfälle, Erhebliche oder wiederholte Straftaten mit Bezug zum Straßenverkehr 549
Fahrerlaubnisrecht, Einzelfälle, Erhebliche oder wiederholte Verstöße gegen verkehrsrechtliche Vorschriften 552
Fahrerlaubnisrecht, Einzelfälle, Erreichen von 8 Punkten (§ 4 Abs. 10 StVG) 555
Fahrerlaubnisrecht, Einzelfälle, Fahrt unter Alkohol ≥ 1,6 ‰ (§ 13 Nr. 2c FeV) 558
Fahrerlaubnisrecht, Einzelfälle, Fahrt unter Alkohol unter 1,1 ‰ (§ 24a StVG) 561
Fahrerlaubnisrecht, Einzelfälle, Fahrt unter Alkohol zwischen 1,1 und 1,59 ‰ (§ 13 Nr. 2a 2. Alt. FeV) 564
Fahrerlaubnisrecht, Einzelfälle, Fahrt unter anderen berauschenden Mitteln 567
Fahrerlaubnisrecht, Einzelfälle, Fahrt unter Cannabis 570
Fahrerlaubnisrecht, Einzelfälle, Fahrt unter Betäubungsmittel nach dem BtMG 573
Fahrerlaubnisrecht, Einzelfälle, Konsum von Betäubungsmitteln nach dem BtMG (außer Cannabis) 576
Fahrerlaubnisrecht, Einzelfälle, Straftaten mit Hinweisen auf ein erhöhtes Aggressionspotenzial 579
Fahrerlaubnisrecht, Gutachten, Anordnungsanforderungen 582
Fahrerlaubnisrecht, Interventions-/Beratungsmöglichkeiten 599
Fahrerlaubnisrecht, Verwaltungsrechtliche Maßnahmen, Allgemeines 615
Fahrerlaubnisrecht, Verwaltungsrechtliche Maßnahmen, Eignungsherstellung 626
Fahrerlaubnisrecht, Verwaltungsrechtliche Maßnahmen, Verfahrenstaktik 634
Fahrerlaubnisrecht, Verwertungsregelungen, Allgemeines 661
Fahrerlaubnisrecht, Verwertungsregelungen, altes Recht bis zum 30.4.2014 680
Fahrerlaubnisrecht, Verwertungsregelungen, FAER 698
Fahrerlaubnisrecht, Verwertungsregelungen, Überführung des Punktesystems in Fahreignungs-Bewertungssystem 709
Familie, Allgemeines 732
Familie, Ehegatte, Eheaufhebung 737
Familie, Ehegatte, Ehewohnung 747

Rdn
Familie, Ehegatte, Feststellung des Bestehens der Ehe ... 763
Familie, Ehegatte, Gewaltschutz ... 766
Familie, Ehegatte, Güterrecht ... 777
Familie, Ehegatte, Haushaltssache ... 798
Familie, Ehegatte, Scheidung ... 810
Familie, Ehegatte, Unterhalt ... 826
Familie, Ehegatte, Versorgungsausgleich ... 834
Familie, Kinder, Gewaltschutz ... 842
Familie, Kinder, Sorgerecht ... 846
Familie, Kinder, Umgangsrecht ... 858
Familie, Kinder, Unterhalt ... 863
Familie, Lebenspartner ... 877

Gewerbetreibende, Allgemeines ... 880
Gewerbetreibende, Haftung zivil- und steuerrechtlich ... 883
Gewerbetreibende, Inhabilität bei Geschäftsführern/Vorständen ... 891
Gewerbetreibende, vergabe- und wettbewerbsrechtliche Folgen ... 897
Gewerbetreibende, Widerruf/Rücknahme der Gewerbeerlaubnis bzw. Untersagung ... 901

Jäger, Allgemeines ... 912
Jäger, Jagdschein, Allgemeines ... 934
Jäger, Jagdschein, Entziehung und Einziehung ... 951
Jäger, Jagdschein, Versagung ... 972

Rechtsanwälte, Allgemeines ... 994
Rechtsanwälte, Berufsrechtliche Verfahren, Allgemeines ... 999
Rechtsanwälte, Berufsrecht, anwaltsgerichtliches Verfahren, Prozessuales und Materielles ... 1037
Rechtsanwälte, Berufsrecht, Verfolgungsverjährung ... 1061
Rechtsanwälte, Folgen anwaltsgerichtlicher Verfahren für Vorstandmitglieder der Anwaltskammer u.a. ... 1067
Rechtsanwälte, Haftung, Pflichten ... 1072
Rechtsanwälte, Haftungsrechtliche Grundlagen ... 1090
Rechtsanwälte, Rechtsverhältnis Mandant/Rechtsanwalt ... 1116
Rechtsanwälte, Strafverteidigung und Haftung, Allgemeines ... 1126
Rechtsanwälte, Vollstreckung anwaltsgerichtlicher Maßnahmen ... 1131
Rechtsanwälte, Weisungen ... 1136

Soldaten, Dienstvergehen ... 1144
Soldaten, Disziplinarverfahren, Allgemeines ... 1151
Soldaten, Disziplinarverfahren, Pflichtverteidiger ... 1169
Soldaten, Disziplinarverfahren, Rechtsmittel ... 1173
Soldaten, Durchsuchung und Beschlagnahme ... 1178
Soldaten, einfache Disziplinarmaßnahmen ... 1199
Soldaten, Entlassung, Berufssoldaten ... 1204
Soldaten, Entlassung, Dienstleistungspflichtige ... 1219
Soldaten, Entlassung, Reservisten ... 1225
Soldaten, Entlassung, Soldaten auf Zeit ... 1230
Soldaten, gerichtliche Disziplinarmaßnahmen ... 1235
Soldaten, Verlust der Rechtsstellung ... 1253
Soldaten, Wehrstrafrecht ... 1258

	Rdn
Steuerberater, Allgemeines	1264
Steuerberater, Berufsrechtliche Verfahren, Allgemeines	1268
Steuerberater, Haftung, Allgemeines	1275
Steuerberater, Haftung, Pflichten	1291
Tierarzt, Allgemeines	1302
Tierarzt, berufsrechtliches Verfahren	1306
Tierarzt, hochschulrechtliche Folgen	1316
Tierarzt, Rücknahme/Widerruf bzw. Ruhen der Approbation	1320
Tierarzt, Schadensersatz des geschädigten Halters	1334
Waffenbesitzer, Allgemeines	1337
Waffenbesitzer, Waffenbesitzkarte, Widerruf und Rücknahme	1370
Waffenbesitzer, waffenrechtliche Zuverlässigkeit	1381
Waffenbesitzer, Waffenschein, kleiner	1416
Wirtschaftsprüfer, Allgemeines	1432
Wirtschaftsprüfer, Berufsrechtliche Verfahren, Allgemeines	1436
Wirtschaftsprüfer, Haftung, Allgemeines	1442
Zahnarzt, Allgemeines	1457
Zahnarzt, berufsrechtliches Verfahren	1462
Zahnarzt, Entzug der Kassenzulassung u.a.	1473
Zahnarzt, Erstattungsverfahren	1485
Zahnarzt, hochschulrechtliche Folgen	1488
Zahnarzt, Rücknahme/Widerruf bzw. Ruhen der Approbation	1492
Zahnarzt, Schadensersatz des Patienten/Geschädigten	1507
Zahnarzt, Schließung der Praxis	1510

Teil I: Opferentschädigung, Ansprüche gegen den Beschuldigten, Entschädigungsfragen nach dem StrEG

Ansprüche, Opferentschädigung, Allgemeines	1
Ansprüche, Opferentschädigung, „tätlicher Angriff“	20
Ansprüche, Opferentschädigung, Versagung	63
Ansprüche, Opferentschädigung, Verfahrensrecht	74
Ansprüche, Zivilrecht, Allgemeines	96
Ansprüche, Zivilrecht, Ansprüche von Tatbeteiligten gegeneinander	107
Ansprüche, Zivilrecht, Erwerbsschaden	118
Ansprüche, Zivilrecht, Heilbehandlungskosten	134
Ansprüche, Zivilrecht, Mitverschulden des Geschädigten	155
Ansprüche, Zivilrecht, Regress der Kfz-Haftpflicht- und Kaskoversicherung	179
Ansprüche, Zivilrecht, Regress der Rechtsschutzversicherung	229
Ansprüche, Zivilrecht, Sachschaden	265
Ansprüche, Zivilrecht, Schmerzensgeld	275
StrEG-Entschädigung, Allgemeines	307
StrEG-Entschädigung, Anspruchsanmeldung	318
StrEG-Entschädigung, Anwendungsbereich	336
StrEG-Entschädigung, Ausschluss, Obliegenheitsverletzungen	348
StrEG-Entschädigung, Ausschluss, Verfahrensbezug	358

Rdn
StrEG-Entschädigung, Ausschluss, Verhalten . . . 374
StrEG-Entschädigung, Billigkeitsentscheidung nach Sanktionierung . . . 408
StrEG-Entschädigung, Billigkeitsentscheidung nach Verfahrenseinstellung . . . 436
StrEG-Entschädigung, Bußgeldverfahren . . . 457
StrEG-Entschädigung, Deliktsspezifika . . . 471
StrEG-Entschädigung, Entschädigungsklage . . . 500
StrEG-Entschädigung, Fristen . . . 516
StrEG-Entschädigung, Grundentscheidung, Allgemeines . . . 535
StrEG-Entschädigung, Grundentscheidung, Anfechtung . . . 558
StrEG-Entschädigung, Grundentscheidung, staatsanwaltschaftliche Verfahrenseinstellung . . . 571
StrEG-Entschädigung, Schaden . . . 594
StrEG-Entschädigung, Strafverfolgungsmaßnahmen, andere . . . 627
StrEG-Entschädigung, Unterhaltsberechtigte . . . 656
StrEG-Entschädigung, Urteilsfolgen . . . 666
StrEG-Entschädigung, Verfügung/Vererbung . . . 684
StrEG-Entschädigung, Versagung, Allgemeines . . . 691
StrEG-Entschädigung, Versagung, Aussageverhalten . . . 696
StrEG-Entschädigung, Versagung, JGG-Verfahren . . . 708
StrEG-Entschädigung, Versagung, Nichtverurteilung wegen Schuldunfähigkeit oder Verfahrenshindernis . . . 714
StrEG-Entschädigung, Verzicht . . . 729

Verfahrensverzögerung, Entschädigung . . . 739

Teil J: Vergütung und Kosten

Allgemeine Gebührenfragen, Allgemeines . . . 1
Allgemeine Gebührenfragen, Besonderheiten Pflichtverteidiger . . . 4
Allgemeine Gebührenfragen, Wahlverteidiger . . . 26

Beschwerde, Gebühren . . . 41

Einzeltätigkeiten, Allgemeines . . . 45
Entschädigungsverfahren, Abrechnung . . . 54

Fahrerlaubnisfragen, Abrechnung . . . 69

Gerichts- und Verfahrenskosten, Aktenversendungspauschale . . . 79
Gerichts- und Verfahrenskosten, Allgemeines . . . 98
Gerichts- und Verfahrenskosten, Auslagen . . . 114
Gerichts- und Verfahrenskosten, Gerichtsgebühren . . . 149
Gerichts- und Verfahrenskosten, Kostenverteilung bei Teileinstellungen . . . 167
Gerichts- und Verfahrenskosten, Kostenverteilung bei wechselseitigen Rechtsmitteln . . . 175
Gerichts- und Verfahrenskosten, Teilfreispruch . . . 180

Kostenfestsetzung gem. § 464b StPO, Abrechnung . . . 190
Kostenfestsetzung gem. § 464b StPO, Allgemeines . . . 200
Kostenfestsetzung gem. § 464b StPO, Besonderheiten beim Teilfreispruch . . . 226
Kostenfestsetzung gem. § 464b StPO, Umfang der Erstattungspflicht . . . 240
Kostenfestsetzung gem. § 464b StPO, Verfahren . . . 283

	Rdn
Strafvollstreckung, Allgemeines	319
Strafvollstreckung, Beschwerde	334
Strafvollstreckung, Einzeltätigkeiten	344
Strafvollstreckung, Grundgebühr	352
Strafvollstreckung, Terminsgebühr	357
Strafvollstreckung, Verfahrensgebühr	371
Verfahrensverzögerung/Verzögerungsrüge, Abrechnung	395
Vergütung im Strafvollzug	400
Vergütung in Verfahren nach §§ 23 ff. EGGVG	419
Vergütungsfestsetzung gem. § 55 RVG	427
Verwaltungsverfahren, Abrechnung	467
Wertfestsetzung gem. §§ 32, 33 RVG	480
Zivilverfahren, Abrechnung	510
	Seite
Stichwortverzeichnis	1389
Benutzerhinweise für den Download	1401

Musterverzeichnis

Rdn

Teil A: Bewährung, Fahrerlaubnis und Sicherungsverwahrung

Muster A.1: Antrag auf nachträgliche Änderung einer Bewährungsauflage ... 201

Muster A.2: Aufhebungsantrag ... 480

Teil B: Vollstreckung von Strafen und Maßregeln

Muster B.1: Antrag auf Zurückstellung gem. § 35 BtMG ... 129

Muster B.2: Vorschaltbeschwerde ... 202

Muster B.3: Antrag auf gerichtliche Entscheidung ... 206

Muster B.4: Antrag, die Zurückstellung nicht zu widerrufen ... 233

Teil H: Personen- und Berufsgruppen, Fahrerlaubnisrecht

Muster H.1: Klageerhebung ... 434

Teil I: Opferentschädigung, Ansprüche gegen den Beschuldigten, Entschädigungsfragen nach dem StrEG

Muster I.1: Belehrung über die Anspruchsanmeldung auf Entschädigung ... 325

Muster I.2: Anmeldung Ansprüche auf Entschädigung für Strafverfolgungsmaßnahmen ... 335

Muster I.3: Entschädigungsklage ... 515

Muster I.4: Entschädigungsantrag ... 557

Muster I.5: Sofortige Beschwerde gegen die Ablehnung einer Entschädigung ... 564

Muster I.6: Belehrung durch die StA/Verfahrenseinstellung ... 584

Muster I.7: Antrag des/der ehemaligen Beschuldigten auf Feststellung der Entschädigungspflicht (§ 9 StrEG) ... 593

Teil J: Vergütung und Kosten

Muster J.1: Vergütungsvereinbarung ... 39

Allgemeines Literaturverzeichnis

Ahlmann/Kapischke/Pankatz/Rech/Schneider/Schütz, RVG Rechtsanwaltsvergütung, 11. Aufl. 2024, zitiert: *Ahlmann u.a./Bearbeiter*, (Paragraf/Nr. des VV, Rn)

Apfel/Strittmatter, Praxiswissen Strafverteidigung im Betäubungsmittelrecht, 2010; zitiert: *Apfel/Strittmatter*, (Rn)

Arloth/Krä, Strafvollzugsgesetze von Bund und Ländern: StVollzG, 5. Aufl. 2021; zitiert: *Arloth/Krä*, (Paragraf und Rn)

Arnold, Grenzüberschreitende Strafverfolgung in Europa, 2015; zitiert: *Arnold*, (Rn)

Artkämper/Esders/Jakobs/Sotelsek, Praxiswissen Strafverfahren bei Tötungsdelikten, 2012, zitiert: *Artkämper/Esders/Jakobs/Sotelsek*, (Rn)

Artkämper/Herrmann/Jakobs/Kruse, Aufgabenfelder der Staatsanwaltschaft, 2008; zitiert: *Artkämper/Herrmann/Jakobs/Kruse*, (Rn)

Beck Online-Kommentar zum Gesetz über Ordnungswidrigkeiten, 49. Edition 2026; zitiert: BeckOK-OWiG/*Bearbeiter*, (Paragraf und Rn)

Beck Online-Kommentar zum Niedersächsischen Justizvollzugsgesetz, 24. Edition 2025; zitiert: BeckOK-NJVollzG/*Bearbeiter*, (Paragraf und Rn)

Beck Online-Kommentar zum Strafvollzugsgesetz, 27. Edition 2025; zitiert: BeckOK-StVollzG/*Bearbeiter*, (Paragraf und Rn)

Brunner/Dölling, Jugendgerichtsgesetz, 14. Aufl. 2023; zitiert: *Brunner/Dölling*, (Paragraf und Rn)

Burhoff (Hrsg.), Handbuch für das strafrechtliche Ermittlungsverfahren, 10. Aufl. 2025; zitiert: *Burhoff*, EV, (Rn)

ders., Handbuch für die strafrechtliche Hauptverhandlung, 11. Aufl. 2025; zitiert: *Burhoff*, HV, (Rn)

ders., Handbuch für die strafrechtlichen Rechtsmittel und Rechtsbehelfe, 3. Aufl., 2024; zitiert: Burhoff/*Bearbeiter*, RM, (Teil und Rn)

ders., Handbuch für das straßenverkehrsrechtliche OWi-Verfahren, 7. Aufl. 2024

Burhoff/Volpert, RVG Straf- und Bußgeldsachen, 7. Aufl. 2026; zitiert: Burhoff/Volpert/*Autor*, RVG, (Paragraf/Nr. des VV, Rn)

Dahs, Handbuch des Strafverteidigers, 8. Aufl. 2015; zitiert: *Dahs*, (Rn)

Dau, Wehrbeschwerdeordnung, 8. Auf. 2024; zitiert: *Dau*, WBO, (Paragraf und Rn)

Diemer/Schoreit/Sonnen, Jugendgerichtsgesetz mit Jugendstrafvollzugsgesetzen, 8. Aufl. 2020; zitiert: D/S/S/*Bearbeiter*, (Paragraf und Rn)

Eisenberg, Beweisrecht der StPO, 10. Aufl. 2017; zitiert: *Eisenberg*, (Rn)

Eisenberg/Kölbel, Jugendgerichtsgesetz, 27. Aufl. 2026; zitiert: *Eisenberg*, (Paragraf und Rn)

Eyermann, Verwaltungsgerichtsordnung, 17. Aufl. 2026; zitiert: Eyermann/*Bearbeiter*, (Paragraf und Rn)

Feest/Lesting/Lindemann (Hrsg.), Strafvollzugsgesetze, 8. Aufl. 2021; zitiert: FFL/*Bearbeiter*, (Paragraf und Rn)

Feuerich/Weyland, Kommentar zur Bundesrechtsanwaltsordnung, 11. Aufl. 2024; zitiert: *Feuerich/Weyland*, BRAO, (Paragraf und Rn)

Fischer, Strafgesetzbuch und Nebengesetze, 73. Aufl. 2026; zitiert: *Fischer*, (Paragraf und Rn)

Freyschmidt/Krumm, Verteidigung in Verkehrsstrafsachen, 12. Aufl. 2024; zitiert: *Freyschmidt/Krumm*, (Rn)

Gade, Waffengesetz, 3. Aufl. 2022; zitiert: *Gade*, (Paragraf und Rn)

Gaier/Wolf/Göken (Hrsg.), Anwaltliches Berufsrecht, Kommentar, 4. Aufl. 2026; zitiert: Gaier/Wolf/Göken/*Bearbeiter*, (Paragraf und Rn)

Gansen, Kommentar zum Disziplinarrecht in Bund und Ländern, Loseblattwerk mit 72. Aktualisierung 2025; zitiert: Gansen/*Bearbeiter*, (Paragraf und Rn)

Gerold/Schmidt, RVG, 27. Aufl. 2025; zitiert: Gerold/Schmidt/*Bearbeiter*, (Paragraf/Nr. des VV, Rn)

Göhler, Ordnungswidrigkeitengesetz, 19. Aufl. 2024; zitiert: *Göhler*, (Paragraf und Rn)

Graf (Hrsg.), Strafprozessordnung, 5. Aufl. 2025; zitiert: Graf/*Bearbeiter*, (Paragraf und Rn)

Grüneberg, Bürgerliches Gesetzbuch, 85. Aufl. 2026; zitiert: Grüneberg/*Bearbeiter*, (Paragraf und Rn)

Handbuch des Fachanwalts Familienrecht, herausgegeben von *Gerhardt/v. Heintschel- Heinegg/Klein*, 10. Aufl. 2015; zitiert: FA-Familienrecht/*Bearbeiter*, (Teil, Kapitel und Rn)

Handbuch des Fachanwalts Strafrecht, herausgegeben von *Bockemühl*, 9. Aufl. 2024; zitiert: FA-Strafrecht/*Bearbeiter*, Teil, Kapitel und Rn)

Handbuch für die staatsanwaltliche Tätigkeit, herausgegeben von *Vordermayer/von Heintschel-Heinegg/Schnabl / Beckstein, 7.* Aufl. 2022; zitiert: HBStA-*Bearbeiter*, (Teil, Kapitel und Rn)

Hase, Bundeszentralregistergesetz, 2. Aufl. 2014; zitiert: *Hase*, (Paragraf und Rn)

Heghmanns, Verteidigung in Strafvollstreckung und Strafvollzug, 2. Aufl. 2012; zitiert: Heghmanns/*Bearbeiter*, (Kapitel und Rn)

Heidelberger Kommentar zur Strafprozessordnung, herausgegeben von *Gercke//Temming/Zöller*, 7. Aufl. 2023; zitiert: HK-*Bearbeiter*, (Paragraf und Rn)

Henssler/Prütting (Hrsg.), Kommentar zur Bundesrechtsanwaltsordnung, 6. Aufl. 2024; zitiert: Henssler/Prütting/*Bearbeiter*, BRAO, (Paragraf und Rn)

Hentschel/König/Dauer, Straßenverkehrsrecht, 48. Aufl. 2025; zitiert: *Hentschel/König/Dauer*, (Paragraf und Rn)

Herrmann/Sandkuhl, Beamtendisziplinarrecht – Beamtenstrafrecht, 2. Aufl. 2021; zitiert: *Herrmann/Sandkuhl*, (Rn)

Höflich/Schriever/Bartmeier, Grundriss Vollzugsrecht, 4. Aufl. 2014; zitiert: *Höflich/Schriever/Bartmeier*, (Rn)

Junker, Beweisantragsrecht im Strafprozess, 3. Aufl. 2019; zitiert: *Junker*, (Rn)

Kaiser/Schöch, Strafvollzug, 5. Aufl. 2002; zitiert: *Kaiser/Schöch*, (Rn)

Kamann, Handbuch für die Strafvollstreckung und den Strafvollzug, 2. Aufl. 2008; zitiert: *Kaman*, (Rn)

Kammeier/Pollähne, Maßregelvollzugsrecht, 4. Aufl. 2018; zitiert: *Kammeier/Pollähne/Bearbeiter*, (Paragraf und Rn)

Karlsruher Kommentar zum Gesetz über die Ordnungswidrigkeiten, herausgegeben von *Mitsch*, 6. Aufl. 2025; zitiert: KK-OWiG/*Bearbeiter*, (Paragraf und Rn)

Karlsruher Kommentar zur Strafprozessordnung und zum Gerichtsverfassungsgesetz mit Einführungsgesetz, herausgegeben von *Barthe* und *Gericke*, 9. Aufl. 2023; zitiert: KK-*Bearbeiter*, (Paragraf und Rn)

Keidel (Hrsg.), FamFG, Kommentar, 21. Aufl. 2023; zitiert: Keidel/*Bearbeiter*, FamFG, (Paragraf und Rn)

Kilian/Offermann-Burckart/vom Stein (Hrsg.), Praxishandbuch Anwaltsrecht, 3. Aufl. 2018; zitiert: Kilian/Offermann-Burckart/vom Stein/*Bearbeiter*, (Paragraf und Rn)

Kissel/Mayer, Gerichtsverfassungsgesetz, Kommentar, 11. Aufl. 2025; zitiert: *Kissel/Mayer*, (Paragraf und Rn)

Kleine-Cosak, Kommentar zur Bundesrechtsanwaltsordnung, 9. Aufl. 2022; zitiert: *Kleine-Cosak*, BRAO, (Paragraf und Rn)

Kleinknecht/Müller/Reitberger, Loseblattkommentar zur Strafprozessordnung, herausgegeben von *von Heintschel-Heinegg/Bockemühl*; zitiert: KMR/*Bearbeiter*, (Paragraf und Rn)

Kopp/Schenke, Verwaltungsgerichtsordnung, 32. Aufl. 2026; zitiert: *Kopp/Schenke*, VwGO, (Paragraf und Rn)

Kotz/Rahlf (Hrsg.), Praxis des Betäubungsmittelstrafrechts, 2012; zitiert: Kotz/Rahlf/*Bearbeiter*, (Kapitel und Rn)

Lackner/Kühl/Heger, Strafgesetzbuch, 31. Aufl. 2025; zitiert: *Lackner/Kühl/Heger*, (Paragraf und Rn)

Laubenthal/Nestler/Neubacher/Verrel/Baier, Strafvollzugsgesetze, 13. Aufl. 2024; zitiert: LNNVB/*Bearbeiter*, (Kapitel und Rn)

Laufs/Kern/Rehborn, Handbuch des Arztrechts, 5. Aufl. 2019; zitiert: *Laufs/Kern/Rehborn*, (Paragraf und Rn)

Leipziger Kommentar zum Strafgesetzbuch, herausgegeben von Herb/Krauß/Krehl/Krüger/Mayer, 13. Aufl. 2020 ff.; zitiert: LK-*Bearbeiter*, (Paragraf und Rn)

Löwe/Rosenberg, Die Strafprozessordnung und das Gerichtsverfassungsgesetz, herausgegeben von *Gärtner/Geneuss/Gless/Lind/Valerius*, 27. Aufl. 2024 ff.; zitiert: LR-*Bearbeiter*, (Paragraf und Rn)

Malek, Betäubungsmittelstrafrecht, 4. Aufl. 2014; zitiert: *Malek*, (Rn)

Meyer, Kommentar zum StrEG (Entschädigung für andere Strafverfolgungsmaßnahmen), 11. Aufl. 2020; zitiert: *Meyer*, StrEG, (Paragraf und Rn)

Müller-Isberner/Eucker, Praxishandbuch Maßregelvollzug, 3. Aufl. 2018; zitiert: *Müller-Isberner*, (Rn)

Münchener Anwaltshandbuch Strafverteidigung, herausgegeben von *Müller/Schlothauer/Knauer*, 3. Aufl. 2022; zitiert: MAH-Strafverteidigung/*Bearbeiter*, (Paragraf und Rn)

Münchener Anwaltshandbuch Verteidigung in Wirtschafts- und Steuerstrafsachen, , herausgegeben von *Volk/Beukelmann*, 3. Aufl. 2020; zitiert: MAH-Wirtschaftsstrafrecht/*Bearbeiter*, (Paragraf und Rn)

Münchener Kommentar zum Strafgesetzbuch, herausgegeben von *Erb/Schäfer*, 5. Aufl.; zitiert: MüKo-StGB/*Bearbeiter*, (Paragraf und Rn)

Niemöller/Schlothauer/Weider, Gesetz zur Verständigung im Strafverfahren, 2010; zitiert: N/W/S/*Bearbeiter*, (Paragraf und Rn)

Nedopil/Müller, Forensische Psychiatrie, 5. Auf. 2017; zitiert: *Nedopil/Müller*, Forensische Psychiatrie, (Seite)

Ostendorf (Hrsg.), Jugendgerichtsgesetz, 12. Aufl. 2026; zitiert: Ostendorf/*Bearbeiter*, (Paragraf und Rn)

Pollähne/Woynar, Verteidigung in Vollstreckung und Vollzug, 5. Aufl. 2014; zitiert: *Pollähne/Woynar*, (Rn)

Quaas/Zuck/Clemens, Medizinrecht, 4. Aufl. 2018; zitiert: *Quaas/Zuck/Clemens*, Medizinrecht, (Paragraf und Rn)

Röttle/Wagner/Theurer, Strafvollstreckung, 9. Aufl. 2023; zitiert: *Röttle/Wagner*, Strafvollstreckung, (Rn)

Radtke/Hohmann (Hrsg.), Strafprozessordnung, 2. Aufl. 2025; zitiert: Radtke/Hohmann/*Bearbeiter*, (Paragraf und Rn)

Sanne/Weniger, Soldatengesetz, 3. Aufl. 2020; zitiert: *Sanne/Weniger*, Soldatengesetz, (Paragraf und Rn)

Satzger/Schluckebier/Werner (Hrsg.), StGB-Kommentar, 6. Aufl. 2024; zitiert: SSW-StGB/*Bearbeiter*, (Paragraf und Rn)

Satzger/Schluckebier/Werner (Hrsg.), StPO-Kommentar, 6. Aufl. 2025; zitiert: SSW-StPO/*Bearbeiter*, (Paragraf und Rn)

Schmitt/Köhler, StPO, 68. Aufl. 2025; zitiert: *Schmitt/Köhler*, (Paragraf und Rn)

Schneider/Volpert (Hrsg.), Rechtsanwaltsvergütungsgesetz, 9. Aufl. 2021; zitiert: AnwKomm/Bearbeiter, (Paragraf/Nr. des VV, Rn)

Schomburg/Lagodny, Internationale Rechtshilfe in Strafsachen, 6. Aufl. 2020; zitiert: Schomburg/Lagodny/*Bearbeiter*, IRG, (Paragraf und Rn)

Schuck, Bundesjagdgesetz, 4. Aufl. 2025; zitiert: *Schuck*, (Paragraf und Rn)

Schwind/Böhm/Jehle/Laubenthal, Strafvollzugsgesetze – Bund und Länder, 7. Aufl. 2020; zitiert: SBJL/*Bearbeiter*, (Kapitel, Paragraf und Rn)

Systematischer Kommentar zum Strafgesetzbuch, herausgegeben von *Wolter*, Loseblattkommentar; zitiert: SK-StGB/*Bearbeiter*, (Paragraf und Rn)

Systematischer Kommentar zur Strafprozessordnung mit GVG und EMRK, herausgegeben von *Wolter*, 6. Aufl.; zitiert: SK-StPO/*Bearbeiter*, (Paragraf und Rn)

Tettinger/Wank/Ennuschat, Kommentar zur Gewerbeordnung, 8. Aufl. 2011; zitiert: *Tettinger/Wank/Ennuschat*, GewO, (Paragraf und Rn)

Toussaint, Kostenrecht, 55. Aufl. 2025, zitiert *Toussaint,* (Paragraf und Rn)*Tolzmann*, Bundeszentralregistergesetz, 5. Aufl. 2015; zitiert: Tolzmann/*Bearbeiter*, BZRG, (Paragraf und Rn)

Tübinger Kommentar Strafgesetzbuch, 31. Aufl. 2025; zitiert TK-StGB/Bearbeiter, (Paragrag und Rn)

Ulsenheimer/Gaede, Arztstrafrecht in der Praxis, 6. Aufl. 2020; zitiert: *Ulsenheimer/Gaede*, Arztstrafrecht, (Rn)

Volckart/Grünebaum, Maßregelvollzug: Das Recht des Vollzuges der Unterbringung nach §§ 63, 64 StGB in einem psychiatrischen Krankenhaus und in einer Entziehungsanstalt, 8. Aufl. 2015; zitiert: *Volckart/Grünebaum*, (Rn)

Volckart/Pollähne/Wagner, Verteidigung in Vollstreckung und Vollzug, 5. Aufl. 2014; zitiert: *Volckart/Pollähne/Wagner*, (Teil und Rn)

Zöller, Zivilprozessordnung. 36. Aufl. 2026; zitiert: *Zöller/Bearbeiter*, (Paragraf und Rn)

Abkürzungsverzeichnis

(Die Gesetze sind im Text in der jeweils gültigen Fassung zitiert.)

A

a.	auch
a.A.	anderer Ansicht
a.a.O.	am angegebenen Ort
a.D.	außer Dienst
a.E.	am Ende
a.F.	alte Fassung
AAK	Atemalkoholkonzentration
abgedr.	abgedruckt
abl.	ablehnend
ABMG	Autobahnmautgesetz
Abs.	Absatz
Abschn.	Abschnitt
abw.	abweichend
ADHS	Aufmerksamkeitsdefizit-/Hyperaktivitätssyndrom
AE	Akteneinsicht
AentG	Gesetz über zwingende Arbeitsbedingungen für grenzüberschreitend entsandte und für regelmäßig im Inland beschäftigte Arbeitnehmer und Arbeitnehmerinnen
ÄAppO	Approbationsordnung für Ärzte
AER	Akteneinsichtsrecht
AG	Amtsgericht/Aktiengesellschaft/Arbeitsgemeinschaft
AG GVG	AGGVG – Gesetz zur Ausführung des Gerichtsverfassungsgesetzes und von Verfahrensgesetzen der ordentlichen Gerichtsbarkeit
AGS	Anwaltsgebühren Spezial (Zs.) (Jahr und Seite)
ähnl.	ähnlich
allg. Meinung	allgemeine Meinung
Alt.	Alternative
Anh.	Anhang
Anlg.	Anlage
Anm.	Anmerkung
AnwBl.	Anwaltsblatt (Zs.) (Jahr und Seite)
AnwGH	Anwaltsgerichtshof
AO	Abgabenordnung
AO-StB	Der-AO-Steuerberater (Zs.) (Jahr und Seite)

arg. e.	argumentum ex
Art.	Artikel
ArztR	ArztRecht (Zs.) (Jahr und Seite)
AtomG	Atomgesetz
AÜG	Arbeitnehmerüberlassungsgesetz
AufEnthG	Aufenthaltsgesetz
Aufl.	Auflage
Ausf.	ausführlich
AuslG	Ausländergesetz
AVR	Auskunftsverweigerungsrecht
AWaffV	Allgemeine Waffengesetz-Verordnung
Az.	Aktenzeichen
AZR	Ausländerzentralregister
AZRG	Ausländerzentralregistergesetz

B

B	Rechtsprechungsübersicht zum Jugendstrafrecht von Böhm in NStZ bzw. NStZ-RR
BA	Blutalkohol, Wissenschaftliche Zeitschrift für die medizinische und juristische Praxis (Jahr und Seite)
BAB	Bundesautobahn
BAG	Bundesarbeitsgericht
BAK	Blutalkoholkonzentration
BÄO	Bundesärzteordnung
BAT	Bundesangestelltentarif
BayGZVJu	Bayerische Gerichtliche Zuständigkeitsverordnung Justiz
BayMRVG	Bayerisches Maßregelvollzugsgesetz
BayObLG	Bayerisches Oberstes Landesgericht
BayObLGSt	Sammlung von Entscheidungen des Bayerischen Obersten Landesgerichts in Strafsachen (alte Folge Band und Seite, neue Folge Jahr und Seite)
BayStVollzG	Bayerisches Gesetz über den Vollzug der Freiheitsstrafe und der Jugendstrafe
BayVwVfG	Bayerisches Verwaltungsverfahrensgesetz
BB	Betriebs-Berater (Zs.) (Jahr und Seite)
BBG	Bundesbeamtengesetz
BbgPJMDSG	Brandenburgisches Polizei-, Justizvollzugs- und Maßregelvollzugsdatenschutzgesetz
BbgJVollzG	Brandenburgisches Justizvollzugsgesetz

BbgPsychKG	Gesetz über Hilfen und Schutzmaßnahmen sowie über den Vollzug gerichtlich angeordneter Unterbringung für psychisch kranke und seelisch behinderte Menschen im Land Brandenburg
BDSG	Bundesdatenschutzgesetz
Be	Rechtsprechungsübersicht von Becker in NStZ-RR
BeckRS	beck-online Datenbank (Fundstelle)
Beil.	Beilage
BerlVerfGH	Berliner Verfassungsgerichtshof
Beschl.	Beschluss
BeschV	Verordnung über die Beschäftigung von Ausländerinnen und Ausländern
BetrVG	Betriebsverfassungsgesetz
BezG	Bezirksgericht
BFH	Bundesfinanzhof
BfJ	Bundesamt für Justiz
BFStRMG	Gesetz über die Erhebung von streckenbezogenen Gebühren für die Benutzung von Bundesautobahnen und Bundesstraßen
BGB	Bürgerliches Gesetzbuch
BGBl.	Bundesgesetzblatt
BGH	Bundesgerichtshof
BGHR	Rechtsprechung des Bundesgerichtshofes (systematische Entscheidungssammlung) (Paragraf und Stichwort)
BGHSt	Entscheidungen des Bundesgerichtshofes in Strafsachen (Band und Seite)
BinSchVfG	Gesetz über das gerichtliche Verfahren in Binnenschifffahrtssachen
BJagdG	Bundesjagdgesetz
BKA	Bundeskriminalamt
BKAG	Gesetz über das Bundeskriminalamt und die Zusammenarbeit des Bundes und der Länder in kriminalpolizeilichen Angelegenheiten (Bundeskriminalamtgesetz)
Bl.	Blatt
BlnVwVfG	Gesetz über das Verfahren der Berliner Verwaltung
BMG	Bundesmeldegesetz
BMJ	Bundesministerium der Justiz
BMJV	Bundesministerium der Justiz und für Verbraucherschutz
BND	Bundesnachrichtendienst
BNotO	Bundesnotarordnung
Bo	Rechtsprechungsreport von Bothge in ZfStrVo
BORA	Berufsordnung-Rechtsanwälte
BR	Bundesrat
BRAGO	Bundesgebührenordnung für Rechtsanwälte

BRAK	Bundesrechtsanwaltskammer
BRAK-Mitt.	Mitteilungen der Bundesrechtsanwaltskammer (Jahr und Seite)
BRAO	Bundesrechtsanwaltsordnung
BRD	Bundesrepublik Deutschland
BR-Drucks	Bundesrat-Drucksache
BremJVollzDSG	Bremisches Gesetz zum Schutz personenbezogener Daten im Justizvollzug
BremPsychKG	Bremisches Gesetz über Hilfen und Schutzmaßnahmen bei psychischen Krankheiten
BremStVollzG	Bremisches Strafvollzugsgesetz
BremVwVfG	Bremisches Verwaltungsverfahrensgesetz
BRRG	Beamtenrechtsrahmengesetz
BSDG	Bundesdatenschutzgesetz
BSG	Bundessozialgericht
Bsp.	Beispiel(e)
BStatG	Bundesstatistikgesetz
BStBl.	Bundessteuerblatt
BTA	Bild-Ton-Aufzeichnung
BT-Drucks	Bundestag-Drucksache
BtM	Betäubungsmittel
BtMG	Gesetz über den Verkehr mit Betäubungsmitteln (Betäubungsmittelgesetz)
BtPrax	Betreuungsrechtliche Praxis (Zs.) (Jahr und Seite)
Bu	Rechtsprechungsübersicht von Burhoff zur Rechtsprechung des OLG Hamm in Verkehrsstraf- und Verkehrsordnungswidrigkeitensachen in DAR
Buchst.	Buchstabe
BVA	Bundesverwaltungsamt
BVerfG	Bundesverfassungsgericht
BVerfGE	Entscheidungen des Bundesverfassungsgerichts (Band und Seite)
BVerfGG	Gesetz über das Bundesverfassungsgericht (Bundesverfassungsgerichtsgesetz)
BVerfGK	Kammerentscheidungen des Bundesverfassungsgerichts (Band und Seite)
BVerwG	Bundesverwaltungsgericht
BVV	Beweisverwertungsverbot
BW	Baden-Württemberg
BWAGGVG	Baden-Württembergisches Gesetz zur Ausführung des Gerichtsverfassungsgesetzes und von Verfahrensgesetzen der ordentlichen Gerichtsbarkeit
bzgl.	bezüglich
BZR	Bundeszentralregister
BZRG	Bundeszentralregistergesetz

BZRGVwV	Allgemeine Verwaltungsvorschrift zur Durchführung des Bundeszentralregistergesetzes
bzw.	beziehungsweise

C

CCZ	Corporate Compliance Zeitschrift (Zs.) (Jahr und Seite)
CD-ROM	Compact Disc Read-Only Memory
Ci	Rechtsprechungsübersicht von Cierniak in NStZ-RR
cl	Zentiliter
CR	Computer und Recht (Zs.) (Jahr und Seite)

D

D	Rechtsprechungsübersicht von Dallinger in MDR
d.A.	der Akte
d.h.	das heißt
DAR	Deutsches Autorecht (Zs.) (Jahr und Seite)
DAV	Deutscher Anwaltverein
DB	Der Betrieb (Zs.) (Jahr und Seite)
ders.	derselbe
dies.	dieselbe/n
diff.	differenzierend
DM	Deutsche Mark
DNA	Desoxyribonukleinsäure
Dö/Dr	Rechtsprechungsübersicht von Döllel und Dreßen zur Rechtsprechung des OLG Schleswig in SchlHA
DÖD	Der öffentliche Dienst (Zs.) (Jahr und Seite)
DRB	Deutscher Richterbund
DRiG	Deutsches Richtergesetz
DRiZ	Deutsche Richterzeitung (Zs.) (Jahr und Seite)
Drucks	Drucksache
DSGVO	Datenschutz-Grundverordnung
DStR	Deutsches Steuerrecht (Zs.) (Jahr und Seite)
DVBl.	Deutsches Verwaltungsblatt (Zs.) (Jahr und Seite)

E

ED	Erkennungsdienstliche Maßnahme
e.V.	eingetragener Verein
E/J	Rechtsprechungsübersicht von Ernesti/Jürgensen zur Rechtsprechung des OLG Schleswig in SchlHA

E/L	Rechtsprechungsübersicht von Ernesti/Lorenzen zur Rechtsprechung des OLG Schleswig in SchlHA
EDV	Elektronische Datenverarbeitung
EGE	Ehrengerichtliche Entscheidungen (bis 1963 Bände arabisch beziffert, ab 1963 Bände römisch beziffert)
EGGVG	Einführungsgesetz zum Gerichtsverfassungsgesetz
EGMR	Europäischer Gerichtshof für Menschenrechte
EGStGB	Einführungsgesetz zum Strafgesetzbuch
EGWStG	Einführungsgesetz zum Wehrstrafgesetzbuch
EichG	Eichgesetz
EichO	Eichordnung
Einl.	Einleitung
einschr.	einschränkend
Einzelh.	Einzelheiten
EMRK	Konvention zum Schutze der Menschenrechte und Grundfreiheiten (Europäische Menschenrechtskonvention)
EN	Eilnachrichten
EÖB	Eröffnungsbeschluss
Erg.-Heft	Ergänzungsheft
Erl.	Erläuterung
EU	Europäische Union
EuGH	Europäischer Gerichtshof
EuGRZ	Europäische Grundrechte Zeitschrift (Jahr und Seite)
EUR	Euro
EuRHÜbk	Europäisches Übereinkommen über die Rechtshilfe in Strafsachen
EuRhÜbk	Übereinkommen – gemäß Artikel 34 des Vertrags über die Europäische Union vom Rat erstellt – Rechtshilfe in Strafsachen zwischen den Mitgliedstaaten der Europäischen Union
EV	Ermittlungsverfahren
evtl.	eventuell

F

F.	Fach
f.	folgende
FA	Fachanwalt
FAER	Fahreignungsregister
FamFG	Gesetz über das Verfahren in Familiensachen und in den Angelegenheiten der freiwilligen Gerichtsbarkeit vom 17.12.2008
FamFR	Familenrecht und Familienverfahrensrecht (Zs.) (Jahr und Seite)

FEB	Fahrerlaubnisbehörde(n)
FeV	Fahrerlaubnis-Verordnung
ff.	fortfolgende
FG	Festgabe
Fn	Fußnote
FPR	Familie Partnerschaft Recht (Zs.) (Jahr und Seite)
Fr	Rechtsprechungsübersicht von Franke in NStZ
FS	Festschrift
FS	Forum Strafvollzug (Zs.) (Jahr und Seite)

G

g	Gramm
G 10-Gesetz	Gesetz zur Beschränkung des Brief-, Post- und Fernmeldegeheimnisses (Artikel 10-Gesetz – G10)
GA	Goltdammer's Archiv für Strafrecht (Zs.) (bis 1933 nach Band und Seite, ab 1953 nach Jahr und Seite)
GBA	Generalbundesanwalt
gem.	gemäß
GESTA	Stand der Gesetzgebung des Bundes (Informationssystem)
GewO	Gewerbeordnung
GG	Grundgesetz
ggf.	gegebenenfalls
ggü.	gegenüber
GKG	Gerichtskostengesetz
GmbH	Gesellschaft mit beschränkter Haftung
GmbHG	Gesetz betreffend die Gesellschaften mit beschränkter Haftung
GoA	Geschäftsführung ohne Auftrag
grds.	Grundsätzlich
GRUR	Gewerblicher Rechtsschutz und Urheberrecht (Zs.) (Jahr und Seite)
GS	Gedächtnisschrift
GStA	Generalstaatsanwalt/Generalstaatsanwaltschaft
GVG	Gerichtsverfassungsgesetz
GVGA	Geschäftsanweisung für Gerichtsvollzieher
GVP	Geschäftsverteilungsplan
GWB	Gesetz gegen Wettbewerbsbeschränkung
GwG	Gesetz über das Aufspüren von Gewinnen aus schweren Straftaten (Geldwäschegesetz)
GZR	Gewerbezentralregister

H

H	Rechtsprechungsübersicht von Holtz in MDR
h.M.	herrschende Meinung
HandwO	Handwerksordnung
HB	Haftbefehl
He	Rechtsprechungsübersicht von Herlan in MDR
hess.	Hessische
HESt	Höchstrichterliche Entscheidungen (Band und Seite)
Hinw.	Hinweis
HmbStVollzG	Hamburgisches Strafvollzugsgesetz
HmbJVollzDSG	Hamburgisches Gesetz zum Schutz personenbezogener Daten im Justizvollzug
HMaßrVollzG	Gesetz über den Vollzug von Maßregeln der Besserung und Sicherung in einem psychiatrischen Krankenhaus und in einer Entziehungsanstalt (Hessen)
HmbStVollzG	Gesetz über den Vollzug der Freiheitsstrafe (Hamburgisches Strafvollzugsgesetz – HmbStVollzG)
HmbVwVfG	Hamburgisches Verwaltungsverfahrensgesetz
HRN	Hamburger Rechtsnotizen (Online-Zs.) (Jahr und Seite)
HRRS	Höchstrichterliche Rechtsprechung Strafrecht (Online-Zs.) (Jahr und Nummer)
Hrsg.	Herausgeber
Hs.	Halbsatz
HStVollzG	Hessisches Gesetz über den Vollzug der Freiheitsstrafe und der Sicherungsverwahrung
HV	Hauptverhandlung
HVwVfG	Hessisches Verwaltungsverfahrensgesetz

I

i.d.F.	in der Fassung
i.d.R.	in der Regel
i.d.R.	in der Regel
i.e.S.	im engeren Sinne
i.S.d.	im Sinne der/des
i.S.d.	im Sinne des
i.S.e.	im Sinne einer/s
i.S.v.	im Sinne von
i.Ü.	im Übrigen
i.V.m.	in Verbindung mit
IFG	Informationsfreiheitsgesetz

IMSI	International Mobile Subscriber Identity
INF	Information über Steuer und Wirtschaft (Zs.) (Jahr und Seite)
Info also	Informationen zum Arbeitslosenrecht und Sozialhilferecht (Zs.) (Jahr und Seite)
InfSG	Infektionsschutzgesetz
INPOL	Informationssystem der Landespolizeien
InsO	Insolvenzordnung
IRG	Gesetz über die internationale Rechtshilfe in Strafsachen
IStGHG	Gesetz über die Zusammenarbeit mit dem Internationalen Strafgerichtshof

J

JA	Juristische Arbeitsblätter für Ausbildung und Examen (Zs.) (Jahr und Seite)
JBl. RP	Justizblatt Rheinland-Pfalz (Jahr und Seite)
jew.	Jeweils
JGG	Jugendgerichtsgesetz
JGH	Jugendgerichtshilfe
JI-RL	Richtlinie (EU) 2016/680 zum Schutz natürlicher Personen bei der Verarbeitung personenbezogener Daten durch die zuständigen Behörden zum Zwecke der Verhütung, Ermittlung, Aufdeckung oder Verfolgung von Straftaten oder der Strafvollstreckung sowie zum freien Datenverkehr und zur Aufhebung des Rahmenbeschlusses 2008/977/JI des Rates
JM NRW	Justizministerium des Landes Nordrhein-Westfalen
JMBl. NW	Justizministerialblatt für das Land Nordrhein-Westfalen
JR	Juristische Rundschau (Zs.) (Jahr und Seite)
JStG	Journal für Strafrecht (Zs.) (Jahr und Seite)
JStG 2009	Jahressteuergesetz 2009
JuMoG	Justizmodernisierungsgesetz
Jura	Juristische Ausbildung (Zs.) (Jahr und Seite)
JurBüro	Juristisches Büro (Zs.) (Jahr u. Seite)
JuS	Juristische Schulung (Zs.) (Jahr und Seite)
Justiz	Die Justiz – Amtsblatt des Justizministeriums Baden-Württemberg (Jahr und Seite)
JVA	Justizvollzugsanstalt
JVEG	Justizvergütungs- und -entschädigungsgesetz
JVollzDSG Bln	Justizvollzugsdatenschutzgesetz Berlin
JVollzDSG M-V	Gesetz zum Schutz personenbezogener Daten im Justizvollzug des Landes Mecklenburg-Vorpommern
JVollzDSG NRW	Gesetz zum Schutz personenbezogener Daten im Justizvollzug in Nordrhein-Westfalen

JVollzDSG SH	Schleswig-Holsteinisches Gesetz zum Schutz personenbezogener Daten im Justizvollzug
JVollzGB BW	Gesetzbuch über den Justizvollzug in Baden-Württemberg (Justizvollzugsgesetzbuch)
JVollzGB I BW	Gesetzbuch über den Justizvollzug in Baden-Württemberg Buch 1 (Gemeinsame Regelungen und Organisation)
JVollzGB III BW	Gesetzbuch über den Justizvollzug in Baden-Württemberg Buch 3 (Strafvollzug)
JVollzGB I LSA	Erstes Buch Justizvollzugsgesetzbuch Sachsen-Anhalt
JVollzGB IV LSA	Viertes Buch Justizvollzugsgesetzbuch Sachsen-Anhalt – Datenschutz –
JW	Juristische Wochenschrift (Zs.) (Jahr und Seite)
JZ	Juristenzeitung (Zs.) (Jahr und Seite)

K

K	Rechtsprechungsübersicht von Kusch in NStZ bzw. NStZ-RR
K&R	Kommunikation und Recht (Zs.) (Jahr und Seite)
Kap.	Kapitel
KCanG	Konsumcannabisgesetz
Kfz	Kraftfahrzeug
KG	Kammergericht
kg	Kilogramm
KJ	Kritische Justiz (Zs.) (Jahr und Seite)
KK	Karlsruher Kommentar
Komm.	Kommentierung(en)
KrGer	Kreisgericht
Krim	Kriminalistik (Zs.) (Jahr und Seite)
krit.	Kritisch(er)
KronzG	Gesetz zur Änderung des Strafgesetzbuches, der Strafprozessordnung und des Versammlungsgesetzes und zur Einführung einer Kronzeugenregelung bei terroristischen Straftaten
KrWaffKontrG	Kriegswaffenkontrollgesetz
KUG	Gesetz betreffend das Urheberrecht an Werken der bildenden Künste und der Fotografie
KURS	Konzeption zum Umgang mit rückfallgefährdeten Sexualstraftätern
KV	Kassenärztliche Vereinigung
KV GKG	Kostenverzeichnis des Gerichtskostengesetzes
KZV	Kassenzahnärztliche Vereinigung

L

L	Rechtsprechungsübersicht von Lorenzen zur Rechtsprechung des OLG Schleswig in SchlHA
l	Liter
L/M	Lindenmaier/Möhring – Nachschlagewerk des Bundesgerichtshofs (Nummer und Paragraf)
L/Sch	Rechtsprechungsübersicht von Lorenzen/Schiemann zur Rechtsprechung des OLG Schleswig in SchlHA
L/T	Rechtsprechungsübersicht von Lorenzen/Thamm zur Rechtsprechung des OLG Schleswig in SchlHA
LAG	Landesarbeitsgericht
LG	Landgericht
Lit.	Literatur
Lit.- Hinw.	Literaturhinweise
LJVollzDSG RhPf	Landesjustizvollzugsdatenschutzgesetz (Rheinland-Pfalz)
LJVollzG RhPf	Landesjustizvollzugsgesetz (Rheinland-Pfalz)
LKA	Landeskriminalamt
LPartG	Lebenspartnerschaftsgesetz
Ls.	Leitsatz
LSG	Landessozialgericht
LStVollzG SH	Gesetz über den Vollzug der Freiheitsstrafe in Schleswig-Holstein
LVwG SH	Allgemeines Verwaltungsgesetz für das Land Schleswig-Holstein
LVwVfG BW	Verwaltungsverfahrensgesetz für Baden-Württemberg
LVwVfG RhPf	Landesverwaltungsverfahrensgesetz (Rheinland-Pfalz)

M

M	Rechtsprechungsübersicht von Miebach in NStZ bzw. NStZRR
m.	mit
m. abl. Anm.	mit ablehnender Anmerkung
m. Bsp.	Mit Beispiel
m. zahlr. Weit.	Nachw. Mit zahlreichen weiteren Nachweisen
m. zust. Anm.	mit zustimmender Anmerkung
m.E.	meines Erachtens
m.w.N.	mit weiteren Nachweisen
M/K	Rechtsprechungsübersicht von Miebach/Kusch in NStZ bzw. NStZ-RR
Ma	Rechtsprechungsübersicht von Matzke in NStZ
MAD	Militärischer Abschirmdienst
MDR	Monatsschrift für Deutsches Recht (Zs.) (Jahr und Seite)

MedR	Medizinrecht (Zs.) (Jahr und Seite)
MfS	Ministerium für Staatssicherheit
MFunkVG Bln	Mobilfunkverhinderungsgesetz Berlin
MinBl. NW	Ministerialblatt für das Land Nordrhein-Westfalen
MiStra	Anordnung über Mitteilungen in Strafsachen
ml	Milliliter
MMR	MultiMedia und Recht (Zs.) (Jahr und Seite)
MoMiG	Gesetz zur Modernisierung des GmbH-Rechts und zur Bekämpfung von Missbräuchen
MPU	Medizinisch-Psychologische Untersuchung
MRK	Konvention zum Schutz der Menschenrechte und Grundfreiheiten (Menschenrechtskonvention)
MschrKrim	Monatsschrift für Kriminologie und Strafrechtsreform (Zs.) (Jahr und Seite)
MüKo	Münchener Kommentar
MuSchG	Gesetz zum Schutz der erwerbstätigen Mutter
MVollzG RhPf	Landesgesetz über den Vollzug freiheitsentziehender Maßregeln (Rheinland-Pfalz)
MVollzG LSA	Maßregelvollzugsgesetz Sachsen-Anhalt
MVollzKostZustVO BR	Verordnung über die Zuständigkeit für die Erhebung von Kosten der Unterbringung im Maßregelvollzug in Bremen

N

n.F.	neue Fassung
n.v.	nicht veröffentlicht
Nachw.	Nachweis
Nds.Rpfl.	Niedersächsische Rechtspflege (Zs.) (Jahr und Seite)
NdsAGGVG	Niedersächsisches Ausführungsgesetz zum Gerichtsverfassungsgesetz
NdsMVollzG	Niedersächsisches Maßregelvollzugsgesetz
NJ	Neue Justiz (Zs.) (Jahr und Seite)
NJVollzG	Niedersächsisches Justizvollzugsgesetz
NJW	Neue Juristische Wochenschrift (Zs.) (Jahr und Seite)
NJW-Spezial	Schnell-Information der Neuen Juristischen Wochenschrift (Beilage zur NJW) (Jahr und Seite)
NK	Neue Kriminalpolitik (Zs.) (Jahr und Seite)
npS	Neue Psychogene Stoffe
Nr.	Nummer(n)
NRW	Nordrhein-Westfalen
NstE	Neue Entscheidungssammlung für Strafrecht (Zs.) (Vorschrift und laufende Nummer)

NStZ Neue Zeitschrift für Strafrecht (Jahr und Seite)
NStZ-RR Neue Zeitschrift für Strafrecht Rechtsprechungs-Report (Zs.) (Jahr und Seite)
NVwZ Neue Zeitschrift für Verwaltungsrecht (Jahr und Seite)
NVwZ-RR Neue Zeitschrift für Verwaltungsrecht Rechtsprechungs-Report (Zs.) (Jahr u. Seite)
NWVBl Nordrhein-Westfälische Verwaltungsblätter (Zs.) (Jahr und Seite)
NVwVfG Niedersächsisches Verwaltungsverfahrensgesetz
NWB Steuer-und Wirtschaftsrecht (Zs.) (Fach und Seite)
NZI Neue Zeitschrift für das Recht der Insolvenz und Sanierung (Zs.) (Jahr und Seite)
NZS Neue Zeitschrift für Sozialrecht (Zs.) (Jahr und Seite)
NZV Neue Zeitschrift für Verkehrsrecht (Zs.) (Jahr und Seite)

O

o. oben/obige
o.a. oben angeführt
o.Ä. oder Ähnliche/s
OLG Oberlandesgericht
OLG-NL OLG-Rechtsprechung Neue Länder (Zs.) (Jahr und Seite)
OLGR OLG-Report
OLGSt Entscheidungen der Oberlandesgerichte zum Straf-und Strafverfahrensrecht (Paragraf und Seite; ab 1983 Paragraf und Nummer)
OpferRRG Opferrechtsreformgesetz
OpferschutzG Opferschutzgesetz
OrgKG Gesetz zur Bekämpfung des illegalen Rauschgifthandels und anderer Erscheinungsformen der Organisierten Kriminalität
Öst.VerfGH Verfassungsgerichtshof Österreich
OVG Oberverwaltungsgericht
OWi Ordnungswidrigkeit
OWiG Gesetz über Ordnungswidrigkeiten

P

PA Prozessrecht Aktiv (Zs.) (Jahr undSeite)
PAO Patentanwaltsordnung
PC Personal Computer
Pf Rechtsprechungsübersicht von Pfeiffer in NStZ
PflR Pflegerecht (Zs) (Jahr und Seite)
Pf/M Rechtsprechungsübersicht von Pfeiffer/Miebach in NStZ
PKH Prozesskostenhilfe

PKHFV	Verordnung zur Verwendung eines Formulars für die Erklärung über die persönlichen und wirtschaftlichen Verhältnisse bei Prozess- und Verfahrenskostenhilfe
Pkw	Personenkraftwagen
PM	Pressemitteilung
POLAS	PolizeiAuskunftsSystem
Polizei	Die Polizei (Zs.) (Jahr und Seite)
PostG	Postgesetz
PStR	Praxis Steuerstrafrecht (Zs.) (Jahr und Seite)
PsychKG Bln	Gesetz über Hilfen und Schutzmaßnahmen bei psychischen Krankheiten (Berlin)
PsychKG M-V	Gesetz über Hilfen und Schutzmaßnahmen mit psychischen Krankheiten (Mecklenburg-Vorpommern)
PsychKHG BW	Gesetz über Hilfen und Schutzmaßnahmen bei psychischen Krankheiten (Baden-Württemberg)

R

R&P	Recht und Psychiatrie (Zs.) (Jahr und Seite)
RA	Rechtsanwalt
rd.	Rund
Rdn	Randnummer (interner Verweis)
RDG	Rechtsdienstleistungsgesetz
RDV	Recht der Datenverarbeitung (Zs.) (Jahr und Seite)
Recht	Das Recht (Zs.) (Jahr und Nummer)
ResG	Gesetz über die Rechtsstellung der Reservisten
RG	Reichsgericht
RGSt	Entscheidungen des Reichsgerichts in Strafsachen (Band und Seite)
RhPf	Rheinland-Pfalz
RiLi	Grundsätze des anwaltlichen Standesrechts (Richtlinien für die Ausübung des Anwaltsberufs)
RiStBV	Richtlinien für das Strafverfahren und das Bußgeldverfahren
RL	Richtlinie
RMB	Rechtsmittelbelehrung
Rn	Randnummer (externer Verweis)
Ro	Rechtsprechungsübersicht von Roth in NStZ
RP	Rheinland-Pfalz
R&P	Recht und Psychiatrie (Zs.; Jahr und Seite)
Rpfleger	Der Deutsche Rechtspfleger (Zs.) (Jahr und Seite)
RpflEntlG	Gesetz zur Entlastung der Rechtspflege (Rechtspflegeentlastungsgesetz)

RPflG	Rechtspflegergesetz
Rspr.	Rechtsprechung
Rspr.-Nachw.	Rechtsprechungs-Nachweise
RuP	Recht und Politik (Zs.) (Jahr und Seite)
RuP	Recht und Psychiatrie (Zs.) (Jahr und Seite)
Rüth	Rechtsprechungsübersicht von Rüth zur Rechtsprechung des BayObLG in DAR
RVG	Rechtsanwaltsvergütungsgesetz
RVGreport	RVGreport (Zs.) (Jahr und Seite)

S

S.	Satz/Seite
s.	siehe
s.a.	siehe auch
s.o.	siehe oben
s.u.	siehe unten
SaarJVollzDSG	Saarländisches Justizvollzugsdatenschutzgesetz
SaarMRVG	Gesetz über den Vollzug von Maßregeln der Besserung und Sicherung in einem psychiatrischen Krankenhaus und in einer Entziehungsanstalt (Saarland)
SächsJVollzDSG	Gesetz zum Schutz personenbezogener Daten im Justizvollzug (Sachsen)
SächsPsychKHG	Sächsisches Gesetz über Hilfen und Schutzmaßnahmen bei psychischen Erkrankungen
SächsVwVfZG	Gesetz zur Regelung des Verwaltungsverfahrens- und des Verwaltungszustellungsrechts für den Freistaat Sachsen
SächsStVollzG	Sächsisches Strafvollzugsgesetz
SächsVerfGH	Sächsischer Verfassungsgerichtshof
SBJL	Schwind/Böhm/Jehle/Laubenthal
SchlHA	Schleswig-Holsteinische Anzeigen (Zs.) (Jahr und Seite)
SchwarzArbG	Schwarzarbeitsbekämpfungsgesetz
SDÜ	Schengener Durchführungsübereinkommen
sen.	Senior
SG	Soldatengesetz
SGB I	Sozialgesetzbuch
SGB-III	Sozialgesetzbuch Drittes Buch – Arbeitsförderung
SGB-IV	Sozialgesetzbuch Viertes Buch – Gemeinsame Vorschriften für die Sozialversicherung –
SGB-XII	Sozialgesetzbuch Zwölftes Buch – Sozialhilfe
SH	Sonderheft

SigG	Gesetz über Rahmenbedingungen für elektronische Signaturen
SIM	Subscriber Identity Module
SJStVollzG	Saarländisches Jugendstrafvollzugsgesetz
SJZ	Süddeutsche Juristenzeitung (Zs.) (Jahr und Seite)
SLStVollzG	Saarländisches Strafvollzugsgesetz
SMS	Short Message Service
sog.	sogenannte/r/s
Sp	Rechtsprechungsübersicht von Spiegel in DAR
SprengG	Sprengstoffgesetz
SSW	Satzger/Schluckebier/Werner
st. Rspr.	ständige Rechtsprechung
StA	Staatsanwalt/Staatsanwaltschaft
StAG	Staatsangehörigkeitsgesetz
StB	Strafbefehl
Stbg	Steuerberatung (Zs.) (Jahr und Seite)
StGB	Strafgesetzbuch
StORMG	Gesetz zur Stärkung der Rechte von Opfern sexuellen Missbrauchs
StPO	Strafprozessordnung
Str.	Straße
str.	streitig
StraFo	StrafverteidigerForum (Zs.) (Jahr und Seite)
StrEG	Gesetz über die Entschädigung für Strafverfolgungsmaßnahmen
StRR	StrafRechtsReport (Zs.; Monat/Jahr und Seite oder Jahr und Seite)
StrUG NRW	Gesetz zur Durchführung strafrechtsbezogener Unterbringungen in einem psychiatrischen Krankenhaus und einer Entziehungsanstalt in Nordrhein-Westfalen
StrVollstrO	Strafvollstreckungsordnung
StUG	Gesetz über die Unterlagen des Staatssicherheitsdienstes der ehemaligen Deutschen Demokratischen Republik
StV	Strafverteidiger (Zs.) (Jahr und Seite)
StV-S	Strafverteidiger Spezial (Zs.) (Jahr und Seite)
StVG	Straßenverkehrsgesetz
StVK	Strafvollstreckungskammer/Strafvollstreckungskammern
StVollzG	Gesetz über den Vollzug der Freiheitsstrafe und der freiheitsentziehenden Maßregeln der Besserung und Sicherung
StVollzG Bln	Gesetz über den Vollzug der Freiheitsstrafe in Berlin
StVollzG BR	Bremisches Strafvollzugsgesetz
StVollzG M-V	Strafvollzugsgesetz Mecklenburg-Vorpommern

StVollzG NRW	Strafvollzugsgesetz Nordrhein-Westfalen
SV	Sachverständige(r)
SVwVfG	Saarländisches Verwaltungsverfahrensgesetz

T

T	Rechtsprechungsübersicht von Tolksdorf zur Rechtsprechung des BGH in DAR
teilw.	teilweise
THC	Tetrahydrocannabinol
ThürJVollzDSG	Thüringer Justizvollzugsdatenschutzgesetz
ThürJVollzGB	Thüringer Justizvollzugsgesetzbuch
ThürMRVG	Thüringer Maßregelvollzugsgesetz
ThürVerfGH	Thüringer Verfassungsgerichtshof
ThürVwVfG	Thüringer Verwaltungsverfahrensgesetz
TKEntschNeuOG	Gesetzes zur Neuordnung der Entschädigung von Telekommunikationsunternehmen für die Heranziehung im Rahmen der Strafverfolgung
TKG	Telekommunikationsgesetz
TKÜErwG	Gesetz zur Neuregelung der Telekommunikationsüberwachung und anderer verdeckter Ermittlungsmaßnahmen sowie zur Umsetzung der Richtlinie 2006/24/EG vom 21.12.2007
TKÜV	Verordnung über die technische und organisatorische Umsetzung von Maßnahmen zur Überwachung der Telekommunikation (Telekommunikations-Überwachungsverordnung)
TOA	Täter-Opfer-Ausgleich
TÜ	Telefonüberwachung
TÜV	Technischer Überwachungs-Verein

U

u.	unten
u.a.	unter anderem/und andere/unten angegebenen
u.Ä.	und Ähnlichem/Ähnliches
u.U.	unter Umständen
U-Haft	Untersuchungshaft
umstr.	umstritten
Urt.	Urteil
usw.	und so weiter
UVollzO	Untersuchungshaftvollzugsordnung

V

v.	vom/von/vor
VA	Verkehrsrecht Aktuell (Zs.) (Jahr und Seite)
VB	Vorführungsbefehl
VBlBW	Verwaltungsblätter für Baden-Württemberg (Zs.) (Jahr und Seite)
VD	Verkehrsdienst (Zs.) (Jahr und Seite)
VE	Verdeckter Ermittler
Verbrechens-bekämpfungsG	Gesetz zur Änderung des Strafgesetzbuches, der Strafprozessbekämpfungs-ordnung und anderer Gesetze (Verbrechensbekämpfungsgesetz)
Verf.	Verfasser
VerfGH	Verfassungsgerichtshof
Vfg.	Verfügung
VG	Verwaltungsgericht
VGH	Verwaltungsgerichtshof
vgl.	vergleiche
Visa-WarndateiG	Visa-Warndateigesetz
VM	Verkehrsrechtliche Mitteilungen (Zs.) (Jahr und Nummer)
VO	Verordnung
vol.	Volumen
Vorbem.	Vorbemerkung
VO MRVG NRW	Verordnung zur Umsetzung des Maßregelvollzugsgesetzes (Nordrhein-Westfalen)
VOÜE-StVollzG	Verordnung zur Übertragung von Entscheidungen nach den §§ 116, 117, 138 Abs. 2 des Strafvollzugsgesetzes auf das Oberlandesgericht Hamm
VP	Vertrauensperson
VRR	VerkehrsRechtsReport (Zs.) (Band und Seite)
VRS	Verkehrsrechtssammlung (Zs.) (Band und Seite)
VSSAR	Vierteljahresschrift für Sozial- und Arbeitsrecht (Zs.) (Jahr und Seite)
VuR	Verbraucher und Recht (Zs.) (Jahr und Seite)
VV RVG	Vergütungsverzeichnis zum Rechtsanwaltsvergütungsgesetz
VwGO	Verwaltungsgerichtsordnung
VwVfG	Verwaltungsverfahrensgesetz des Bundes
VwVfGBbg	Verwaltungsverfahrensgesetz für das Land Brandenburg
VwVfG LSA	Verwaltungsverfahrensgesetz Sachsen-Anhalt
VwVfG M-V	Verwaltungsverfahrens-, Zustellungs- und Vollstreckungsgesetz des Landes Mecklenburg-Vorpommern
VwVfG NRW	Verwaltungsverfahrensgesetz für das Land Nordrhein-Westfalen

VwVG	Verwaltungs-Vollstreckungsgesetz
VZR	Verkehrszentralregister

W

WaffG	Waffengesetz
WaffVwV	Allgemeine Verwaltungsvorschrift zum Waffengesetz
WBK	Waffenbesitzkarte
WDO	Wehrdisziplinarordnung
weit.	weitere
wistra	Zeitschrift für Wirtschaft, Steuer und Strafrecht (Zs.) (Jahr und Seite)
WPO	Wirtschaftsprüferordnung
WStG	Wehrstrafgesetz
WÜK	Wiener Übereinkommen über konsularische Beziehungen
WSFPP	Werkstattschriften für Forensische Psychiatrie und Psychotherapie (Zs.) (Jahr und Seite)

Z

z.B.	zum Beispiel
z.T.	zum Teil
zahlr.	zahlreich(en)
ZAP	Zeitschrift für die Anwaltspraxis (Fach und Seite; aber 2025 Jahr und Seite)
ZD	Zeitschrift für Datenschutz (Zs.) (Jahr und Seite
ZevKR	Zeitschrift für evangelisches Kirchenrecht (Jahr und Seite)
ZFE	Zeitschrift für Familien- und Erbrecht (Jahr und Seite)
ZfF	Zeitschrift für das Fürsorgewesen (Zs.) (Jahr und Seite)
zfs	Zeitschrift für Schadensrecht (Jahr und Seite)
ZfStrVo	Zeitschrift für Strafvollzug (Jahr und Seite)
Ziff.	Ziffer
ZInsO	Zeitschrift für das gesamte Insolvenzrecht (Zs.) (Jahr und Seite)
ZIS	Zeitschrift für Internationale Strafrechtsdogmatik (Online-Zs.) (Jahr und Seite)
ZJJ	Zeitschrift für Jugendkriminalrecht und Jugendhilfe (Zs.) (Jahr und Seite)
ZJS	Zeitschrift für das Juristische Studium(Zs.) (Jahr und Seite)
ZMGR	Zeitschrift für das gesamte Medizin- und Gesundheitsrecht (Zs.) (Jahr und Seite)
ZPO	Zivilprozessordnung
ZRP	Zeitschrift für Rechtspolitik (Zs.) (Jahr und Seite)
Zs.	Zeitschrift

ZSchG	Zeugenschutzgesetz
ZSEG	Gesetz über die Entschädigung von Zeugen und Sachverständigen
ZSHG	Zeugenschutz-Harmonisierungsgesetz
ZStV	Zentrales Staatsanwaltschaftliches Verfahrensregister
ZStW	Zeitschrift für die gesamte Strafrechtswissenschaft (Zs.) (Band und Seite)
ZUM	Zeitschrift für Urheber und Medienrecht (Zs.) (Jahr und Seite)
zust.	zustimmend
ZustVO-Justiz	Verordnung zur Regelung von Zuständigkeiten in der Gerichtsbarkeit und der Justizverwaltung (Niedersachsen)
zutr.	zutreffend
ZVI	Zeitschrift für Verbraucherinsolvenz (Zs.) (Jahr und Seite)
ZVR	Zeugnisverweigerungsrecht
zw.	zweifelhaft
zzgl.	zuzüglich
ZZP	Zeitschrift für Zivilprozess (Zs.) (Jahr, Seite und Band)

Teil A: Bewährung, Fahrerlaubnis und Sicherungsverwahrung

Bewährung, Allgemeines 1

Literaturhinweise: **Allstadt**, Das Verhältnis von Führungsaufsicht und parallellaufender Bewährungsstrafe gem. § 68g StGB, NStZ 2025, 588; **Boetticher**, Zum Widerruf der Strafaussetzung zur Bewährung, NStZ 1991, 1; **Bohlander**, Widerruf früherer Strafaussetzung durch das erkennende Gericht – Eine Anregung zur Verfahrensbeschleunigung, NStZ 1999, 493; **Detter**, Zum Strafzumessungsrecht, NStZ 2024, 655; **Doleisch von Dolsperg**, Strafaussetzung zur Bewährung – Probleme aus der Praxis, StraFo 2005, 45; **Dünkel/Flügge/Lösch/Pörksen**, Plädoyer für verantwortungsbewusste und rationale Reformen des strafrechtlichen Sanktionssystems und des Strafvollzugs, ZRP 2010, 175; **Grube**, Die Strafaussetzung zur Bewährung, Jura 2010, 759; **Heydenreich**, Zwingt die Umsetzung der EU-Rahmenbeschlüsse Freiheitsstrafen und Bewährungsüberwachung zur Vollstreckung unverhältnismäßiger oder auf rechtsstaatswidrigen Verfahren beruhender Sanktionen in Deutschland?, StraFo 2015, 8; **Hillenbrand**, Widerruf der Strafaussetzung zur Bewährung – Voraussetzungen und Verfahren, ZAP F.22, S. 799; **Kropp**, Das Rechtsinstitut der Bewährung, JA 1999, 500; *ders.*, Heilung von Auflagen- und Weisungsverstößen im Bewährungsrecht, NJ 2005, 397; **Lembert**, Die Beachtung des Grundsatzes der Verhältnismäßigkeit bei der Entscheidung über einen Bewährungswiderruf, NJW 2001, 3528; **Meyer/Stahlmecke**, Die Strafaussetzung zur Bewährung, NJW 2022, 3765; **Peglau**, Prognose (§§ 56, 64 StGB) bei Aburteilung einer in laufender Bewährungszeit begangenen neuen Straftat und Widerrufsentscheidung nach § 56f Abs. 1 Nr. 1 StGB, GA 2004, 288; **Schäfer/Sander**, Strafaussetzung zur Bewährung in der Rechtsprechung des Bundesgerichtshofs, BewH 2000, 186; **Schneider**, Verständigung in der Berufungsinstanz, NZWiSt 2015, 1; **van Endern**, Tod des Verurteilten im Bewährungsverfahren, NStZ 2019, 442. 2

1. Die nachfolgenden Ausführungen behandeln die Strafaussetzung zur Bewährung gegen **Erwachsene**. Die Besonderheiten im Verfahren gegen Jugendliche werden unter → *Bewährung, Jugendliche,* Teil A Rdn 84 ff. dargestellt. 3

2. Bei knapp 75 % aller Freiheitsstrafen von nicht mehr als zwei Jahren wird die Vollstreckung zur **Bewährung** ausgesetzt (SSW-StGB/*Mosbacher*, § 56 Rn 1). Die Strafaussetzung ist aber weder ein „Freispruch zweiter Klasse“, noch stellt sie eine Garantie für fortwährende Freiheit dar: Im Jahr 2011 (seither hat das Statistische Bundesamt keine Zahlen mehr erhoben) endeten 22,8 % der Unterstellungen unter die Aufsicht und Leitung eines Bewährungshelfers nicht durch Straferlass, sondern durch den **Widerruf** der Strafaussetzung (MüKo-StGB/*Groß/Kett-Straub*, § 56f Rn 5). 4

3. Schon aufgrund dieses nach wie vor recht hohen Widerrufsrisikos sollte sich die Prüfung, ob gegen die im Erkenntnisverfahren ergangenen Entscheidungen ein Rechtsmittel eingelegt werden soll oder nicht, nicht nur auf das Urteil selbst beschränken, sondern sich auch auf den Bewährungsbeschluss erstrecken. Ergeben sich hierbei Anhaltspunkte für die Rechtswidrigkeit einzelner oder mehrerer Regelungen, kann mit der **Beschwerde** gem. § 305a Abs. 1 gegen den Beschluss vorgegangen werden, auch wenn die Entscheidung des Gerichts im Übrigen akzeptiert werden soll (→ *Bewährung, Bewährungsbeschluss,* Teil A Rdn 53). 5

☝ Zwar kann ein Widerruf der Strafaussetzung nicht auf einen Verstoß gegen rechtswidrige Auflagen oder Weisungen gestützt werden, und die Rechtsmäßigkeit der Anordnungen wird im Widerrufsverfahren auch dann nochmals geprüft, wenn der Verurteilte insoweit keine Beanstandungen vorträgt (→ *Bewährung, Widerruf, Auflagenverstoß,* Teil A Rdn 342; → *Bewährung, Widerruf, Weisungsverstoß,* Teil A Rdn 429), Dennoch ist ein **frühzeitiges Handeln vorzugswürdig**, denn nur so kann **zeitnah** Rechtsklarheit und damit auch Rechtssicherheit für den Verurteilten geschaffen werden.

4. Erweisen sich Auflagen und Weisungen zunächst als nicht zu beanstanden, zeichnet sich dann aber im Laufe der Bewährungszeit ab, dass der Verurteilte,[1] z.B. wegen einer **nach Urteilsrechtskraft** eingetre- 6

1 Soweit nachfolgend männliche Begriffe verwendet werden, gelten diese für Personen weiblichen, männlichen und diversen Geschlechts gleichermaßen.

tenen **Verschlechterung** in seinen Lebensverhältnissen, zu ihrer Erfüllung nicht in der Lage sein wird, sollte **nicht abgewartet** werden, ob es zu einem Widerrufsantrag der StA kommt oder nicht. Denn aus einem bloßen Zuwarten des Gerichts wird sich häufig kein dem Widerruf entgegenstehender Vertrauensschutz ableiten lassen, und der Ausgang eines Widerrufsverfahrens ist oftmals ungewiss. Darüber hinaus führt eine langanhaltende Untätigkeit ggf. auch zu einer **Verringerung der Reaktionsmöglichkeiten**: hält das Widerrufsgericht bspw. eine Arbeitsauflage trotz neu hinzugetretener Umstände weiterhin für rechtmäßig, wird sich ein Widerruf – wenn überhaupt – allenfalls noch durch eine **nachträgliche Erfüllung** der Auflage vermeiden lassen (→ *Bewährung, Widerruf, Auflagenverstoß,* Teil A Rdn 350. Bleibt der Verurteilte zu lange untätig, wird diese Möglichkeit aber oftmals schon aus Zeitgründen ausscheiden.

☝ **Vorzugswürdig** erscheint es daher, **alsbald** nach dem Auftreten eines Problems bei der Auflagenerfüllung auf eine **Abänderung** des Bewährungsbeschlusses gem. § 56e StGB hinzuwirken (→ *Bewährung, nachträgliche Entscheidungen*, Teil A Rdn 190). Oftmals lassen sich so **Zahlungserleichterungen** oder eine Reduzierung von Geld- oder Arbeitsauflagen und damit **Sicherheit** für den Verurteilten erreichen.

7 **5.** Kommt es zum **Widerruf** der Strafaussetzung, ist das weitere Vorgehen **mehrstufig** zu prüfen, und zwar in folgenden Schritten:

a) Im Falle neuerlicher Straffälligkeit: Steht die neue Tat bereits hinreichend sicher fest, etwa aufgrund eines **rechtskräftigen Urteils** oder eines **Geständnisses vor einem Richter** (→ *Bewährung, Widerruf, neuerliche Straffälligkeit*, Teil A Rdn 361)?

b) Im Falle eines Verstoßes gegen Auflagen oder Weisungen: Ist die **Auflage/Weisung rechtmäßig** (→ *Bewährung, Auflagen*, Teil A Rdn 9 ff.; → *Bewährung, Weisungen*, Teil A Rdn 249 ff.)?

c) Begründet die neue Straftat/der Weisungsverstoß eine **negative Kriminal- und Sozialprognose** (**Achtung**: Bei einem Verstoß gegen Auflagen **entfällt** dieser Prüfungsschritt; → *Bewährung, Widerruf, Auflagenverstoß,* Teil A Rdn 340 ff.; → *Bewährung, Widerruf, neuerliche Straffälligkeit,* Teil A Rdn 351 ff.; → *Bewährung, Widerruf, Weisungsverstoß,* Teil A Rdn 426 ff.)?

d) Wenn die neue Straftat bzw. der Verstoß gegen Auflagen und/oder Weisungen feststeht: Reichen **mildere Maßnahmen** i.S.d. § 56f Abs. 2 StGB aus (→ *Bewährung, Widerruf, Absehen,* Teil A Rdn 286 ff.)?

e) Wurde der Verurteilte **ordnungsgemäß angehört** und war die Vorgehensweise des Gerichts auch sonst **frei von Verfahrensfehlern** (→ *Bewährung, Widerruf, Allgemeines,* Teil A Rdn 311 ff.)?

f) Wenn sich der Widerruf nicht vermeiden lässt: Wurden erbrachte Leistungen des Verurteilten gem. § 56f Abs. 3 StGB korrekt **angerechnet** (→ *Bewährung, Widerruf, Anrechnung von Leistungen,* Teil A Rdn 328 ff.)?

8 **6.** Kann sich der Verurteilte **nicht selbst verteidigen**, kann er in **entsprechender** Anwendung des § 140 Abs. 2 StPO die Beiordnung eines **Pflichtverteidigers** beantragen. Bei der Prüfung der Beiordnungsvoraussetzungen sind **ausschließlich** die **Gegebenheiten** des **Vollstreckungsverfahrens** maßgebend, auf etwaige Schwierigkeiten im Erkenntnisverfahren kommt es nicht an. Eine im Erkenntnisverfahren vorgenommene Beiordnung entfaltet im Vollstreckungsverfahren **keine Fortwirkung** (→ *Bewährung, Widerruf, notwendige Verteidigung,* Teil A Rdn 375).

Siehe auch: → *Bewährung, Auflagen,* Teil A Rdn 9; → *Bewährung, Bewährungsbeschluss,* Teil A Rdn 39; → *Bewährung, Bewährungshilfe,* Teil A Rdn 61; → *Bewährung, Bewährungszeit,* Teil A Rdn 72; → *Bewährung, nachträgliche Entscheidungen,* Teil A Rdn 190; → *Bewährung, Straferlass,* Teil A Rdn 202; → *Bewährung, Überwachung,* Teil A Rdn 226; → *Bewährung, Verwarnung mit Strafvorbehalt,* Teil A Rdn 236; → *Bewährung, Weisungen,* Teil A Rdn 249; → *Bewährung, Widerruf, Absehen,* Teil A Rdn 286; → *Bewährung, Widerruf, Allgemeines,* Teil A Rdn 298; → *Bewährung, Widerruf, Anrechnung von Leistungen,* Teil A Rdn 328; → *Bewährung, Widerruf, Auflagenverstoß,* Teil A Rdn 340; → *Bewährung, Widerruf, neuerliche Straffälligkeit,* Teil A Rdn 351; → *Bewährung, Widerruf,* *notwendige Verteidigung,* Teil A Rdn 387; → *Bewährung, Widerruf, vorläufige Maßnahmen,* Teil A Rdn 403; → *Bewährung, Widerruf, Weisungsverstoß,* Teil A Rdn 426; → *Allgemeine Gebührenfragen, Allgemeines,* Teil J Rdn 1 m.w.N.

Bewährung, Auflagen 9

Das Wichtigste in Kürze:

1. Bewährungsauflagen haben Sanktionscharakter. Sie dienen der Genugtuung für das vom Verurteilten begangene Unrecht.
2. Der Katalog des § 56b Abs. 2 StGB ist abschließend.
3. Festsetzung und Ausgestaltung der Auflagen liegen im pflichtgemäßen Ermessen des Gerichts.
4. Allen Auflagen gemein ist, dass an den Verurteilten keine unzumutbaren Anforderungen gestellt werden dürfen.
5. Die Bewährungsauflagen müssen klar, hinreichend bestimmt und in ihrer Einhaltung überprüfbar sein. Der Verurteilte muss dem Bewährungsbeschluss unmissverständlich entnehmen können, unter welchen Umständen die „rote Linie" überschritten ist, also der Widerruf der Strafaussetzung droht.
6. Der Bestimmtheitsgrundsatz verlangt jedoch nicht, dass Auflagen und Weisungen durch das Gericht bis ins Letzte präzisiert werden.
7. Kommt es zu Gesprächen mit dem Ziel einer Verständigung i.S.d. § 257c StPO, muss das Gericht den Angeklagten auch über mögliche Bewährungsauflagen in Kenntnis setzen.

Literaturhinweise: **Albrecht/Schädler**, Die gemeinnützige Arbeit auf dem Weg zur eigenständigen Sanktion?, ZRP 1988, 278; **Böhm**, Gemeinnützige Arbeit als Strafe, ZRP 1998, 360; **Cordes/Reichling**, Zur „richtigen" Bemessung von Geldauflagen nach § 153a Abs. 1 S. 2 Nr. 2 StPO, NStZ 2024, 5; **Engler**, Sollen sich Verbrechen lohnen?, VersR 1994, 1036; **Feuerhelm**, Gemeinnützige Arbeit als strafrechtliche Sanktion – Bilanz und Perspektiven, BewH 1998, 323; **Groß**, Zum Postulat der Bestimmtheit bei strafrechtlichen Auflagen und Weisungen, Festschrift Heintschel-Heinegg, 162; **Hillenbrand**, Widerruf der Strafaussetzung zur Bewährung – Voraussetzungen und Verfahren, ZAP F.22, S. 799; **Horn**, Die Bemessung der Geldauflage nach § 56b Abs. 2 Nr. 2 StGB – tatsächlich ein Rechtsproblem, StV 1992, 537; **Kaetzler**, Absprachen im Strafverfahren und Bewährungsauflagen, wistra 1999, 253; **Kintzi**, Verbesserung des Opferschutzes im Strafverfahren, DRiZ 1998, 65; **Peglau**, Der Opferschutz im Vollstreckungsverfahren, ZRP 2004, 39; **Piehler/Weiß**, Das Verhältnis zwischen strafrechtlicher Bewährungsauflage und zivilrechtlichem Schadenersatzanspruch, JR 2021, 616; **Schneider**, Verständigung in der Berufungsinstanz, NZWiSt 2015, 1; s.a. die Hinweise in → *Bewährung, Allgemeines*, Teil A Rdn 2. 10

1. Bewährungsauflagen haben **Sanktionscharakter**. Sie dienen der Genugtuung für das vom Verurteilten begangene Unrecht (MüKoStGB/*Groß/Kett-Straub*, § 56b Rn 2) und sollen ein **spürbares Übel** darstellen (OLG Köln, Beschl. v. 8.3.2005 – 2 Ws 60/05, NJW 2005, 1671; abw. KG, Beschl. v. 20.11.2015 – 2 Ws 234/15 [Auflagen dienen nicht nur der Sanktionierung des begangenen Unrechts]). Festgesetzt werden sie durch den mit dem Urteil zu verkündenden **Bewährungsbeschluss** oder, wenn die Voraussetzungen des § 56e StGB oder des § 56f Abs. 2 Nr. 1 StGB vorliegen, **nachträglich** durch Beschluss gem. § 453 Abs. 1 StPO (→ *Bewährung, Bewährungsbeschluss,* Teil A Rdn 39 ff.; → *Bewährung, nachträgliche Entscheidungen,* Teil A Rdn 190 ff.; → *Bewährung, Widerruf, Absehen,* Teil A Rdn 286 ff., zu **Jugendlichen** → *Bewährung, Jugendliche, Weisungen, Auflagen*, Teil A Rdn 130 ff.). 11

2.a) Der **Katalog** des § 56b Abs. 2 StGB ist **abschließend** (*Fischer*, § 56 Rn 5; *Lackner/Kühl/Heger*, § 56b Rn 3). Dem Verurteilten kann auferlegt werden, 12

1. nach Kräften den durch die Tat verursachten **Schaden wiedergutzumachen,**
2. einen **Geldbetrag zugunsten einer gemeinnützigen Einrichtung** zu zahlen, wenn dies im Hinblick auf die Tat und die Persönlichkeit des Täters angebracht ist,
3. **sonst gemeinnützige Leistungen** zu erbringen,
4. einen **Geldbetrag zugunsten der Staatskasse** zu zahlen.

13 **b) Weitergehende** Regelungen sind vom Gesetz **nicht gedeckt**. Der Verurteilte darf deshalb nicht im Wege der Auflage verpflichtet werden, **Wertersatz** zu leisten, eine **Geldstrafe** (*Fischer*, § 56b Rn 8b) oder einen **Einziehungsbetrag** (OLG Jena, Beschl. v. 6.3.2025 – 1 Ws 80/25, NZWiSt 2025, 412) zu bezahlen oder **das Bundesgebiet zu verlassen** (LG Landshut StV 2008, 83). Ferner darf er ebenso wie im Erkenntnisverfahren **nicht zur Selbstbezichtigung** gezwungen werden. Auch eine Mitwirkung bei der Feststellung seiner Einkommensverhältnisse oder gar deren vollständige Offenlegung darf nicht verlangt werden (BVerfG NStZ 1995, 25). Nicht von einer Ermächtigungsgrundlage umfasst und überdies mit Art. 12 Abs. 1 GG unvereinbar ist ferner die Anordnung, zur Ermöglichung einer Schadenswiedergutmachungsauflage unverzüglich ein Arbeitsverhältnis zu beginnen (BVerfGE 58, 358).

14 Trifft das Gericht eine von § 56b Abs. 2 StGB nicht gedeckte Anordnung, ist die „Auflage" **rechtswidrig** mit der Folge, dass ein Verstoß hiergegen **nicht** als Grundlage für einen Widerruf der Strafaussetzung herangezogen werden kann (BVerfG NStZ 1995, 25; OLG Dresden StV 2013, 393; OLG Frankfurt NStZ-RR 2003, 199; Tübinger Kommentar/*Kinzig*, § 56b Rn 8).

☝ Das Gericht hat die Rechtmäßigkeit der Auflage im Widerrufsverfahren **von Amts wegen** zu prüfen. Eine rechtswidrige Anordnung rechtfertigt den Widerruf der Strafaussetzung daher auch dann nicht, wenn sich der Verurteilte selbst nicht auf die Unzulässigkeit beruft (OLG Frankfurt NStZ-RR 2003, 199; → *Bewährung, Widerruf, Auflagenverstoß*, Teil A Rdn 342).

15 **3.** Festsetzung und Ausgestaltung der Auflagen liegen im **pflichtgemäßen Ermessen** des Gerichts. Es können **mehrere Auflagen nebeneinander** verhängt werden, und auch eine **Kombination von Auflagen und Weisungen** ist möglich.

☝ In derartigen Fällen ist jedoch ein besonderes Augenmerk darauf zu richten, dass die Erfüllung der erteilten Auflagen bzw. Weisungen für den Verurteilten nicht **unzumutbar** wird. Eine Unzumutbarkeit kann sich auch aus dem Zusammentreffen von für sich genommen jeweils unbedenklichen Auflagen und Weisungen ergeben.

16 **a)** Das Gericht kann dem Verurteilten auferlegen, den durch die Tat verursachten **Schaden wiedergutzumachen** (§ 56b Abs. 2 Nr. 1 StGB). Unter Schaden ist die vom Geschädigten erlittene **Vermögenseinbuße** zu verstehen. Auch ein Anspruch auf **Schmerzensgeld** ist umfasst, nicht aber Gerichtskosten (*Fischer*, § 56b Rn 6).

17 **aa)** Der Schadenswiedergutmachungsauflage gebührt gegenüber den anderen Auflagen der **Vorrang** (§ 56b Abs. 2 S. 2 StGB; *Fischer*, a.a.O.; LK-*Hubrach*, § 56b Rn 12). Dieser Vorrang wird in der Praxis nicht selten zugunsten einer zusätzlichen Sanktion in Form einer Arbeitsauflage oder durch die Bestimmung anderer Zahlungsempfänger (gemeinnützige Einrichtung, Staatskasse) **vernachlässigt**. Dahinter steckt regelmäßig der Gedanke, dass der Verurteilte doch ohnehin zivilrechtlich zur Schadenswiedergutmachung verpflichtet sei und es daher an einem eigenständigen Sanktionscharakter fehle. Eine solche Wertung ist jedoch mit der Grundentscheidung des Gesetzgebers **nicht vereinbar**.

☝ Der **Geschädigte** hat aber trotz des Vorrangs der Schadenswiedergutmachung **keinen Anspruch** darauf, dass eine entsprechende Auflage verhängt wird und kann dementsprechend ein solches Begehren auch nicht durchsetzen (BeckOK StGB/*von Heintschel-Heinegg*, § 56c Rn 5).

18 **bb)** Mit der Auflage soll ein Ausgleich des **zivilrechtlichen** Schadens herbeigeführt werden. Die Höhe der Auflage ist deshalb nach h.M. an die zivilrechtliche Lage **gekoppelt** (*Fischer*, StGB, § 56b Rn 6; a.A. *Piehler/Weiß*, JR 2021, 616: die Höhe der Auflage könne den zivilrechtlichen Anspruch übersteigen, es sei insbesondere bei Vorsatztaten ein „Sühne- und Präventionszuschlag" möglich). Dies schließt die Berücksichtigung eines **Mitverschuldens** des Geschädigten ein (*Fischer*, a.a.O.; MüKo-StGB/*Groß/Kett-Straub*, § 56b Rn 12). Es besteht aber **keine Bindung** des Strafrichters an ein Zivilurteil (OLG Brandenburg

NStZ 1998, 196; TK StGB/*Kinzig*, § 56b Rn 9; *Fischer*, a.a.O.). Erweist sich allerdings der durch die Auflage festgelegte Betrag aufgrund eines **späteren** Zivilurteils als zu hoch, kann dies eine Herabsetzung der Auflage nach § 56e StGB erforderlich machen (LK-*Hubrach*, § 56b Rn 7; TK StGB/*Kinzig*, a.a.O.).

☝ Die **Verjährungseinrede** steht der Erteilung einer Schadenswiedergutmachungsauflage **nicht entgegen** (*Fischer*, a.a.O.).

Auch wenn sich die Höhe der Schadenswiedergutmachungsauflage am zivilrechtlichen Schaden zu orientieren hat, ist dessen Begleichung **nicht Hauptzweck** der Auflage. Vielmehr dient auch die Schadenswiedergutmachungsauflage der **Einwirkung auf den Täter**, damit er dem Geschädigten **Genugtuung für das begangene Unrecht** leistet (LK-*Hubrach*, § 56b Rn 5). 19

cc) In Betracht kommen nur Zahlungen an den **unmittelbar** Geschädigten, denn nur diesem kann Genugtuung für erlittenes Unrecht zuteilwerden. Zuwendungen an mittelbare „Opfer", etwa an eine Versicherung oder an den Rechtsnachfolger des Geschädigten, sind dagegen unzulässig (OLG Hamm NJW 2013, 2695). Gleiches gilt für Zahlungen an Mittäter im Rahmen eines Gesamtschuldnerausgleichs (OLG Hamburg StV 2004, 657). 20

b)aa) Dem Verurteilten kann gem. § 56b Abs. 2 Nr. 2 StGB auch die Zahlung eines Geldbetrages **zugunsten einer gemeinnützigen Einrichtung** auferlegt werden, wenn dies im Hinblick auf die Tat und die Persönlichkeit des Täters angebracht ist. Steht im Einzelfall nicht der Vorrang der Schadenswiedergutmachung entgegen, kann die Zahlung an eine gemeinnützige Einrichtung auch als **zusätzliche** Auflage verhängt werden (*Fischer*, § 56b Rn 7). 21

bb) Als Zahlungsempfänger kommt jede **öffentliche oder private** Einrichtung in Betracht, die **gemeinnützige Zwecke** verfolgt. Die Auswahl der Einrichtung ist Aufgabe und Befugnis des Gerichts; der Verurteilte hat **keinen Anspruch** darauf, dass ein vom ihm gewünschter Zahlungsempfänger bedacht wird (OLG Köln NJW 2005, 1671). 22

☝ Für die Höhe des zu zahlenden Betrages existiert **keine festgelegte Höchstgrenze**. Sie darf aber nicht **außer Verhältnis** zur Tatschuld oder zu den wirtschaftlichen Verhältnissen des Verurteilten stehen (LK-*Hubrach*, § 56b Rn 16; *Fischer*, § 56b Rn 7; *Cordes/Reichling* NStZ 2024, 5). Bei der Bemessung der Auflagenhöhe können die im Rahmen des § 40 StGB für die Festsetzung der **Tagessatzhöhe** entwickelten Grundsätze als Anhaltspunkt herangezogen werden (OLG Frankfurt StV 1989, 250; *Lackner/Kühl/Heger*, § 56b Rn 4), eine **Bindung** an § 40 StGB besteht aber **nicht** (LK-*Hubrach*, § 56b Rn 16).

c) Kommen Zahlungsauflagen nicht in Betracht, weil der Verurteilte – insbesondere aufgrund von **Arbeitslosigkeit** – in **beengten wirtschaftlichen** Verhältnissen lebt, kann auf § 56b Abs. 2 Nr. 3 StGB zurückgegriffen werden, wonach dem Verurteilten aufgegeben werden kann, **sonst gemeinnützige Leistungen** zu erbringen. Die Vorschrift ermöglicht insbesondere, ihm die Erbringung **gemeinnütziger Arbeit** aufzuerlegen und ist **verfassungsrechtlich unbedenklich** (BVerfG NJW 1991, 1043). 23

☝ Der **Umfang** der zu erbringenden Arbeitsleistungen ist **gesetzlich nicht begrenzt**. Gleichwohl ist zu beachten, dass die Auflagenerfüllung nicht unzumutbar sein darf (s. Teil A Rdn 27).

d) Sofern dies der Schadenswiedergutmachung nicht entgegensteht, kommt als weiterer Empfänger von Zahlungen des Verurteilten neben gemeinnützigen Einrichtungen auch die **Staatskasse** in Betracht (§ 56b Abs. 2 Nr. 4 StGB). Auch insoweit besteht hinsichtlich der Auflagenhöhe **keine festgelegte Obergrenze**. Es darf jedoch kein Betrag festgesetzt werden, der in einem **krassen** Missverhältnis zur Tatschwere steht. 24

4. Allen Auflagen gemein ist, dass an den Verurteilten **keine unzumutbaren Anforderungen** gestellt werden dürfen (§ 56b Abs. 1 S. 2 StGB). 25

☝ Unzumutbarkeit ist gegeben, wenn die Auflage einen **zu tief einschneidenden** Eingriff in die Lebensführung des Verurteilten enthält (OLG Köln NStZ 1999, 97; LK-*Hubrach*, § 56b Rn 3). Maßgeblich sind die Umstände des **Einzelfalles**.

26 **a)** Die Zahlung eines Geldbetrages zur **Schadenswiedergutmachung** ist **grds. zumutbar**. Unzumutbarkeit ist hier erst gegeben, wenn eine Zahlungsauflage in **krassem** Missverhältnis zur wirtschaftlichen Situation des Verurteilten steht und daher **rechtsmissbräuchlich** erscheint (OLG Düsseldorf NStZ 1993, 136; *Lackner/Kühl/Heger*, StGB, § 56b Rn 3a).

☝ Fehlt es an einem solchen **krassen** Missverhältnis, so macht der Umstand, dass die Zahlungsauflage die wirtschaftliche Leistungsfähigkeit des Verurteilten übersteigt, die Auflage **nicht per se rechtswidrig** (OLG Düsseldorf, a.a.O.). Im Rahmen eines Widerrufsverfahrens wird sich der Verurteilte aber häufig erfolgreich darauf berufen können, dass der Verstoß gegen die Auflage jedenfalls **nicht schuldhaft** begangen wurde, denn es fehlt dann an der Widerrufsvoraussetzung der **Leistungsfähigkeit** (→ *Bewährung, Widerruf, Auflagenverstoß*, Teil A Rdn 346).

27 **b)** Auch bei der Festsetzung einer **Arbeitsauflage** ist zu beachten, dass deren Erfüllung den Verurteilten nicht vor **unzumutbare** Anforderungen darf. Bei der Bemessung des Auflagenumfangs müssen die konkreten Lebensumstände des Verurteilten in ausreichendem Maße berücksichtigt werden (BVerfG NJW 1991, 1043). Es dürfen mithin keine Auflagen erteilt werden, die der Verurteilte aufgrund **gesundheitlicher Beeinträchtigungen** oder sonst eingeschränkter körperlicher Leistungsfähigkeit nicht oder nur mit unverhältnismäßigem Aufwand oder gar unter Inkaufnahme medizinischer Risiken erbringen kann.

28 **aa)** Hiervon ausgehend muss bei einem **berufstätigen** Verurteilten dessen Erwerbstätigkeit und dem Erholungsbedürfnis, das auch der straffällig gewordene Arbeitnehmer hat, **in ausreichendem Maße** Rechnung getragen werden (BVerfG NJW 1991, 1043). Dieser Anforderung ist genüge getan, wenn die **Anzahl** der Arbeitsstunden so angesetzt wird, dass die Erholung nicht gefährdet wird oder die **Frist** zur Auflagenerfüllung entsprechend großzügig bemessen wird. Wird dagegen eine Auflage festgesetzt, die den Verurteilten über etliche Wochen oder gar Monate hinweg zu regelmäßiger und intensiver Wochenendarbeit zwingt oder dazu führt, dass er einen Großteil seines Erholungsurlaubs zur Auflagenerfüllung aufbringen muss, ist die Zumutbarkeitsgrenze auch unter Berücksichtigung dessen, dass die Auflage ein spürbares Übel sein soll, **überschritten**.

29 **bb)** Bei der Prüfung der Zumutbarkeit einer Arbeitsauflage ist ferner ggf. auch die Ausübung des **Sorgerechts** für Kinder zu berücksichtigen (BVerfGE 83, 119; LK-*Hubrach*, § 56b Rn 22). Kann der Verurteilte etwa nur vormittags Arbeitsstunden leisten, weil es nachmittags an einer Möglichkeit zur Kinderbetreuung fehlt, ist dies bei der Festlegung der Stundenanzahl oder bei der Bemessung der Frist zur Auflagenerfüllung zu berücksichtigen.

30 **5.** Die Bewährungsauflagen müssen **klar, hinreichend bestimmt und in ihrer Einhaltung überprüfbar** sein. Der Verurteilte muss dem Bewährungsbeschluss **unmissverständlich** entnehmen können, unter welchen Umständen die „**rote Linie**" überschritten ist, also der **Widerruf der Strafaussetzung droht** (BVerfG, Beschl. v. 24.9.20211 – 2 BvR 1165/11, StV 2012, 481; OLG Bamberg NStZ-RR 2014, 205; OLG Braunschweig StV 2007, 257; OLG Dresden StV 2009, 531; OLG Hamm StV 2004, 657; Beschl. v. 12.5.2020 – 1 Ws 147/20). Dem Bestimmtheitsgebot kommt hier **freiheitsgewährleistende Funktion** zu (BVerfG, Beschl. v. 2.9.2015 – 2 BvR 2343/14; OLG Stuttgart, Beschl. v. 21.5.2014 – 4 Ws 158/14, Justiz 2014, 256).

☝ Das Bestimmtheitsgebot ist nicht nur bei der Abfassung des Bewährungsbeschlusses, sondern **auch während der Überwachung** des Verurteilten in der Bewährungszeit zu beachten. Weicht der Verurteilte eigenmächtig von den Bestimmungen des Bewährungsschlusses ab, etwa indem er an einer anderen als der ihm zugewiesenen Arbeitsstelle tätig wird und wird dieses Verhalten vom Gericht **geduldet**, ist objektiv nicht mehr nachvollziehbar, welche Einsatzstelle letztlich gelten soll, sodass dem Bestimmtheitserfordernis nicht (mehr) genüge getan ist (LG Bad Kreuznach NStZ 2013, 349).

a) Unproblematisch ist die Bestimmtheit bei Zahlungsauflagen zugunsten gemeinnütziger Einrichtungen 31
bzw. zugunsten der Staatskasse gem. § 56b Abs. 2 Nr. 2 und Nr. 4 StGB. Hier ergibt sich bereits aus dem Gesetzeswortlaut, dass „ein Geldbetrag" festzusetzen, mithin die Höhe der zu erbringenden Leistungen **konkret** zu beziffern ist.

b)aa) § 56b Abs. 2 Nr. 1 StGB sieht dagegen lediglich vor, dass der Verurteilte den durch die Tat ver- 32
ursachten Schaden **nach Kräften** wiedergutzumachen hat. Diese Formulierung, obwohl ersichtlich **praxisuntauglich**, wird immer noch in zahlreichen Bewährungsbeschlüssen verwendet, was dann regelmäßig für Bestimmtheitsprobleme sorgt (MüKo-StGB/*Groß/Kett-Straub*, § 56b Rn 14). Denn der Verurteilte kann aus dem Beschlusswortlaut das genaue Ausmaß seiner Zahlungsverpflichtung nicht ersehen. Es ist aber **nicht seine Aufgabe**, den gegen ihn ergangenen Bewährungsbeschluss **selbst zu konkretisieren** und eine eigene Berechnung dessen, was er zu zahlen hat, anzustellen.

bb) Darüber hinaus wird durch die Formulierung dem Widerrufsgericht die Prüfung, ob ein etwaiger Ver- 33
stoß als **gröblich oder beharrlich** i.S.d. § 56f Abs. 1 Nr. 3 StGB zu qualifizieren ist, ebenso unnötig wie erheblich erschwert. Die Offenlegung der Einkommens- und Vermögensverhältnisse des Verurteilten kann nicht verlangt werden (BVerfG NStZ 1995, 25), sodass sich der Verurteilte regelmäßig darauf zurückziehen kann, dass seine Kräfte für eine weitergehende Schadenswiedergutmachung eben nicht ausgereicht hätten (SSW-StGB/*Mosbacher*, § 56b Rn 11).

☝ Es ist daher sachgerecht, auch bei Schadenswiedergutmachungsauflagen ganz **konkrete** Zahlungsverpflichtungen **nach Summe und Terminen** festzusetzen (SSW-StGB/*Mosbacher*, a.a.O.). Regelmäßig sind auch die Höhe einzelner Raten und deren Fälligkeit **exakt festzulegen**.

c) Auch bei der Festsetzung einer **Arbeitsauflage** ist zu beachten, dass diese hinreichend bestimmt ist. 34
Die inhaltliche Ausgestaltung der Auflage obliegt dabei **ausschließlich** dem **Gericht**, nur ihm hat der Gesetzgeber die Befugnis eingeräumt, dem Verurteilten besondere Pflichten aufzuerlegen (BVerfG StV 2012, 481; Beschl. v. 2.9.2015 – 2 BvR 2343/14, NJW 2016, 148). Das Gericht darf daher die wesentliche Ausgestaltung der Auflage hinsichtlich der zu erbringenden Leistung **nicht auf Dritte**, etwa den Bewährungshelfer oder eine gemeinnützige Einrichtung, übertragen (BVerfG, a.a.O.; → *Bewährung, Bewährungshilfe*, Teil A Rdn 69).

6.a) 5Der Bestimmtheitsgrundsatz verlangt jedoch **nicht**, dass Auflagen und Weisungen durch das Ge- 35
richt **bis ins Letzte** präzisiert werden (BVerfG, a.a.O.; OLG Bamberg NStZ-RR 2014, 205). Eine detaillierte Einzelanordnung ist oft nicht möglich und auch **nicht erforderlich**. Vielmehr genügt es, wenn die Arbeitsleistung **ihrer allgemeinen Art nach** hinreichend bestimmt ist (*Fischer*, § 56b Rn 8). Gewisse **Konkretisierungen** können dagegen dem **Bewährungshelfer** überlassen werden, wobei auch berücksichtigt werden darf, wenn eine Konkretisierung durch das Gericht im Hinblick auf organisatorische oder durch legitime Interessen des Verurteilten bedingte Flexibilitätserfordernisse nicht sinnvoll praktikabel ist (BVerfG, a.a.O.). Darüber hinaus können dem Verurteilten nach der Rspr. im Einzelfall auch eigene Bemühungen abverlangt werden, etwa wenn im Bewährungsbeschluss zwar der Empfänger einer Geldauflage genannt ist, nicht aber dessen Anschrift und dessen Bankverbindung. Zwar ist es zweckmäßig, diese bereits in den Bewährungsbeschluss aufzunehmen; es soll jedoch nicht gegen den Bestimmtheitsgrundsatz verstoßen, wenn eine entsprechende Mitteilung erst im Nachgang formlos erfolgt oder es dem Verurteilten selbst überlassen wird, die Möglichkeiten der Zahlungsvornahme in Erfahrung zu bringen (so LG Trier, Beschl. v. 19.1.2026 – 1 Qs 54/25). Dies kann jedoch nur dann gelten, wenn die fehlenden Informationen ohne weiteres erlangt werden können, etwa durch eine simple Internetrecherche oder

durch eine Nachfrage beim (klar bezeichneten) Zahlungsempfänger. Größere Recherchetätigkeiten obliegen dem Verurteilten dagegen nicht.

36 **b)** Bei Arbeitsauflagen **zwingend** vom Gericht selbst festzulegen sind Art und Umfang der geforderten Arbeitsleistung, also insbesondere die **Zahl** der zu leistenden Stunden und der **Zeitpunkt**, bis zu dem die Auflage erfüllt sein muss. Dagegen darf die **Auswahl des Arbeitsorts** oder **der Institution, bei der die Arbeitsauflage zu erfüllen ist**, z.B. dem **Bewährungshelfer** übertragen werden (OLG Hamm, Beschl. v. 12.5.2020 – 1 Ws 147/20). Insoweit hat das BVerfG vor einigen Jahren Klarheit geschaffen und einen langwierigen Streit **beendet**; eine **Konkretisierung** der Auflage hinsichtlich **des Ortes/der Arbeitsstelle** durch das Gericht ist **verfassungsrechtlich nicht geboten** (BVerfG, Beschl. v. 2.9.2015 – 2 BvR 2343/14, NJW 2016, 148). Bereits zuvor hatten etwa KG StRR 2014, 306; OLG Bamberg NStZ-RR 2014, 205; OLG Hamm NStZ 1998, 56; SSW-StGB/*Mosbacher*, § 56b StGB, Rn 18; LK-*Hubrach*, § 56b Rn 19 eine Übertragung z.B. auf den Bewährungshelfer für zulässig erachtet; dagegen u.a. OLG Braunschweig StV 2007, 257; OLG Hamm NStZ-RR 2004, 657.

☝ Fehlt es im Bewährungsbeschluss an einer Frist zur Erfüllung der Auflage, ist die Auflagenerfüllung **bis zum Ablauf der Bewährungszeit** möglich (KG, Beschl. v. 13.4.2005 – 5 Ws 157/05). Vorher kann ein Widerruf nicht auf die Nichterfüllung gestützt werden, und zwar auch dann nicht, wenn der Bewährungshelfer oder eine eingeschaltete Vermittlungsstelle den Verurteilten zur Arbeitsleistung bis zu einem bestimmten, **nicht vom Gericht** festgelegten Zeitpunkt auffordert.

37 **7.** Kommt es zu Gesprächen mit dem Ziel einer **Verständigung** i.S.d. § 257c StPO, muss das Gericht den Angeklagten auch über mögliche Bewährungsauflagen in Kenntnis setzen. Von dieser **Mitteilungspflicht** des § 243 Abs. 4 StPO sind nicht nur der letztlich angenommene Vorschlag des Gerichts, sondern auch die von den Verfahrensbeteiligten im Rahmen eines Verständigungsgesprächs geäußerten Vorstellungen zu Bewährungsauflagen bzw. zu deren Höhe **umfasst** (BGH, Beschl. v. 31.8.2021 – 2 StR 339/20). Dies gilt **auch im Berufungsverfahren** (OLG Brandenburg, Beschl. v. 13.1.2020 – (1) 53 Ss 152/19 (83/19), NStZ 2020, 759; *Schneider* NZWiSt 2015, 1).

38 Nur wenn das Gericht über **alle** in Betracht kommenden Rechtsfolgen informiert, ist der Angeklagte in der Lage, die volle Tragweite einer geständigen Einlassung zu übersehen. Wird er dagegen **erstmals** bei der Verkündung des Bewährungsbeschlusses mit zuvor unerwähnten sanktionsartigen Auflagen konfrontiert, liegt ein Verstoß gegen den **Grundsatz des fairen Verfahrens** vor (BGHSt 59, 172 m. Anm. *Deutscher* StRR 2014, 301; BGH NJW 2014, 3173; NStZ 2015, 179 m. Anm. *Burhoff* StRR 2015, 139; Beschl. v. 8.9.2016 – 1 StR 346/16, NStZ-RR 2016, 379; Beschl. v. 9.1.2018 – 1 StR 368/17, NStZ 2018, 420). Eine während der Verständigungsgespräche unerwähnte Auflage ist daher **rechtswidrig** (BGH, a.a.O., s. auch OLG Köln NStZ 1999, 97; OLG Saarbrücken NJW 2014, 238).

☝ Für **Weisungen** gibt es dagegen nach der Rspr. **keine Hinweispflicht** (BGH NStZ 2015, 179 m. Anm. *Burhoff* StRR 2015, 139; → *Bewährung, Weisungen*, Teil A Rdn 252).

Siehe auch: → *Bewährung, Bewährungsbeschluss*, Teil A Rdn 39; → *Bewährung, Bewährungshilfe*, Teil A Rdn 61; → *Bewährung, Jugendliche, Allgemeines*, Teil A Rdn 84; → *Bewährung, Jugendliche, Weisungen, Auflagen*, Teil A Rdn 130; → *Bewährung, nachträgliche Entscheidungen*, Teil A Rdn 190; → *Bewährung, Widerruf, Allgemeines*, Teil A Rdn 298; → *Bewährung, Widerruf, Absehen*, Teil A Rdn 286; → *Bewährung, Widerruf, Auflagenverstoß*, Teil A Rdn 340.

Bewährung, Bewährungsbeschluss 39

Das Wichtigste in Kürze:

1. In dem mit dem Urteil zu verkündenden Bewährungsbeschluss trifft das Gericht die Entscheidung über die Dauer der Bewährungszeit, die Unterstellung unter die Aufsicht und Leitung eines Bewährungshelfers sowie über die Erteilung von Auflagen und Weisungen.
2. Nach Verkündung des Bewährungsbeschlusses ist der Angeklagte über die Bedeutung der Strafaussetzung, über die Auflagen und Weisungen sowie über die Möglichkeit des Widerrufs zu belehren.
3. § 268a Abs. 1 StPO gilt auch im Berufungsverfahren, selbst wenn die Berufung als unbegründet verworfen wird.
4. Der Bewährungsbeschluss des Berufungsgerichts kann im Vergleich zur ersten Instanz für den Angeklagten auch nachteilig ausfallen. Das Schlechterstellungsverbot gilt insoweit nicht.
5. Das Revisionsgericht überlässt die Entscheidung über den Inhalt des Bewährungsbeschlusses dem Tatrichter.
6. Unterbleibt im Verfahren 1. Instanz versehentlich der Erlass eines Bewährungsbeschlusses, kann dies im Berufungsverfahren nachgeholt werden.
7. Unterlässt dagegen das Berufungsgericht seinerseits den Erlass eines Bewährungsbeschlusses oder erwächst das erstinstanzliche Urteil in Rechtskraft, kommt eine Nachholung nach richtiger Ansicht nicht in Betracht.
8. Gegen den Bewährungsbeschluss ist die Beschwerde zulässig.
9. Die Beschwerde kann nur darauf gestützt werden, dass eine getroffene Anordnung gesetzeswidrig ist.

Literaturhinweise: S. die Hinw. bei → *Bewährung, Allgemeines*, Teil A Rdn 2. 40

1.a) In dem **mit dem Urteil** zu verkündenden Bewährungsbeschluss trifft das Gericht die Entscheidung über die Dauer der Bewährungszeit, die Unterstellung unter die Aufsicht und Leitung eines Bewährungshelfers sowie über die Erteilung von Auflagen und Weisungen (§ 268a Abs. 1 StPO). Der Beschluss muss grds. **nicht mit einer Begründung** versehen werden, es sei denn das Gericht ist nicht auf Anerbieten und Zusagen des Angeklagten i.S.d. §§ 56b Abs. 3, 56c Abs. 4 StGB eingegangen (BGHSt 34, 392; *Schmitt/Köhler*, § 268a Rn 7; a.A. KK-StPO/*Bartel*, § 268a Rn 8; SSW-StPO/*Güntge*, § 268a Rn 1). 41

b) Die Verkündung des Bewährungsbeschlusses, die **nicht** zur Urteilsverkündung gehört (BGHSt 25, 333), erfolgt in der Hauptverhandlung **im Anschluss an das Urteil**, wobei es dem Vorsitzenden freisteht, ob er nach Verlesung des Tenors zunächst die Urteilsgründe erläutert und dann den Bewährungsbeschluss verkündet oder umgekehrt (BGHSt 25, 333; *Schmitt/Köhler*, § 268a Rn 6). 42

2. Nach Verkündung des Bewährungsbeschlusses ist der Angeklagte über die Bedeutung der Strafaussetzung, über die Auflagen und Weisungen sowie über die Möglichkeit des Widerrufs zu **belehren** (§ 268a Abs. 3 StPO). Unterbleibt die Belehrung, wird sie gem. § 453a StPO **nachgeholt**. Dies erfolgt zwar grds. **mündlich**, die Anwesenheit des Verurteilten kann aber **nicht erzwungen** werden. Erscheint er nicht, muss er abweichend vom Grundsatz des § 453a Abs. 2 StPO schriftlich belehrt werden (*Schmitt/Köhler*, § 453a Rn 2). 43

☝ **Unterbleibt** die in § 268a Abs. 3 StPO vorgeschriebene Belehrung und wird diese auch nicht gem. § 453a StPO nachgeholt, steht dies dem Bestand des Bewährungsbeschlusses **nicht** entgegen (OLG Düsseldorf VRS 91, 115; KK-StPO/*Bartel*, § 268a Rn 11). Auch hindert eine unterbliebene oder unvollständige Belehrung den Widerruf der Strafaussetzung nicht (OLG Hamm, Beschl. v. 6.5.2021 –

4 Ws 77/21). Dies gilt insbesondere in Fällen **neuerlicher Straffälligkeit**, denn die Bedingung der straffreien Führung ist auch ohne entsprechende Belehrung **selbstverständlich** (BVerfG NJW 1992, 2877; OLG Düsseldorf StV 2008, 512; OLG Köln, Beschl. v. 26.9.2011 – 2 Ws 601/11; OLG Oldenburg, Beschl. v. 1.11.2011 –1 Ws 574/11). Bei der Würdigung der Schwere eines Verstoßes gegen **Auflagen und Weisungen** ist die Frage des Unterbleibens der Belehrung dagegen im Rahmen der Beurteilung der Intensität und der Beharrlichkeit des Verstoßes von Bedeutung (OLG Dresden, Beschl. v. 4.2.2019 – 2 Ws 39/19). Im Einzelfall kann es zugunsten des Verurteilten ins Gewicht fallen, wenn er nicht ordnungsgemäß belehrt worden ist (LR-*Stuckenberg*, § 268a Rn 25; KK-StPO/*Bartel*, a.a.O.).

44 **3.** § 268a Abs. 1 StPO gilt über die Verweisung in § 332 StPO **auch im Berufungsverfahren,** selbst wenn die Berufung als **unbegründet** verworfen wird (OLG Dresden NJ 2001, 323; OLG Düsseldorf NJW 1956, 1889; OLG Hamm StV 1993, 121; KK-StPO/*Bartel*, § 268a Rn 1). Das Berufungsgericht hat einen **eigenen** Bewährungsbeschluss zu erlassen, der Beschluss des erstinstanzlichen Gerichts wird **gegenstandslos** (KK-StPO/*Bartel*, a.a.O.). Eines eigenen Beschlusses des Berufungsgerichts bedarf es lediglich dann nicht, wenn eine Verwerfung der Berufung als **unzulässig** gem. § 322 Abs. 1 S. 2 StPO oder wegen unentschuldigten Fernbleibens des Angeklagten gem. § 329 Abs. 1 S. 1 StPO erfolgt (*Schmitt/Köhler*, § 268a Rn 2).

☝ Hält das Berufungsgericht den erstinstanzlich ergangenen Bewährungsbeschluss für zutreffend, genügt es aber, wenn es diesen Beschluss **bestätigt** (OLG Hamm StV 1993, 121; LG Osnabrück NStZ-RR 1985, 378; MüKo-StPO/*Moldenhauer*, § 268a Rn 5; LR-*Stuckenberg*, § 268a Rn 19).

45 **4.** Der Bewährungsbeschluss des Berufungsgerichts kann im Vergleich zur ersten Instanz für den Angeklagten auch **nachteilig** ausfallen. Das **Schlechterstellungsverbot gilt insoweit nicht** (KG NStZ-RR 2010, 344; OLG Düsseldorf NStZ 1994, 198; OLG Karlsruhe, Beschl. v. 11.5.2016 – 2 (10) Ss 138/16 – AK 47/16; OLG Oldenburg NStZ-RR 1997, 9; *Schmitt/Köhler*, § 268a Rn 3; MüKo-StPO/*Moldenhauer*, § 268a Rn 6; LR-*Stuckenberg*, § 268a Rn 20 m.w.N.). Das Berufungsgericht ist folglich nicht gehindert, z.B. eine **längere Bewährungszeit** festzusetzen als das Amtsgericht oder **Geldauflagen zu erhöhen**.

46 **5.** Das **Revisionsgericht** überlässt die Entscheidung über den Inhalt des Bewährungsbeschlusses dem **Tatrichter**. Lediglich die Bewährungszeit kann es selbst festsetzen, aber **nur**, wenn es in Übereinstimmung mit der Staatsanwaltschaft die gesetzliche Mindestdauer für ausreichend hält (KK-StPO/*Bartel*, § 268a Rn 2). Die Entscheidung über Auflagen und Weisungen dagegen obliegt **in jedem Fall** dem Tatrichter.

47 **6. Unterbleibt** im Verfahren 1. Instanz der Erlass eines Bewährungsbeschlusses versehentlich, kann dies im Berufungsverfahren **nachgeholt** werden (OLG Düsseldorf MDR 1982, 1042), denn das Berufungsverfahren zielt auf eine **erneute** Beurteilung des Falles in tatsächlicher und rechtlicher Hinsicht ab (KK-StPO/*Bartels*, § 268a Rn 1). Dies schließt eine **eigenständige**, vom Ergebnis des erstinstanzlichen Verfahrens unabhängige Entscheidung über Bewährungsauflagen usw. auch dann ein, wenn das Gericht 1. Instanz keinen Bewährungsbeschluss erlässt.

48 **7.a)** Unterlässt dagegen das Berufungsgericht seinerseits den Erlass eines Bewährungsbeschlusses oder erwächst das erstinstanzliche Urteil in **Rechtskraft**, kommt eine **Nachholung** nach richtiger Ansicht **nicht in Betracht** (SSW-StPO/*Güntge*, § 268a Rn 2; MüKo-StPO/*Moldenhauer*, § 268a Rn 19). Der v.a. früher vertretenen Auffassung, es könne in entsprechender Anwendung des § 453 StPO eine Nachholung erfolgen, da das bloße Unterlassen eines Bewährungsbeschlusses keinen Vertrauenstatbestand schaffe (LG Osnabrück NStZ 1985, 378; LR-*Stuckenberg*, § 268a Rn 22), steht bereits der Wortlaut des § 268a StPO entgegen, der die Verkündung des Bewährungsbeschlusses **„mit dem Urteil"** verlangt. Auch steht der Bewährungsbeschluss in einem **unlösbaren inneren Zusammenhang** mit dem Urteil selbst, weil die Art der Bewährungsauflagen häufig erst die Möglichkeit einer Strafaussetzung eröffnet

(OLG Düsseldorf StV 2008, 512; OLG Dresden NJ 2001, 323; OLG Hamm NStZ-RR 2000, 126). Die Festsetzung der Bewährungszeit und die erteilten Auflagen und Weisungen bilden deshalb mit dem Urteil eine **notwendige innere Einheit** (OLG Brandenburg, Beschl. v. 4.10.2021 – 1 Ws 114/21).

b)aa) Ferner ist bei der Festsetzung von Auflagen und Weisungen die Situation des Verurteilten **zum Zeitpunkt der Hauptverhandlung** maßgebend. An einer vergleichbaren Entscheidungsgrundlage fehlt es, wenn erst später entschieden wird und keine ausreichenden Informationen über die aktuellen Lebensumstände des Verurteilten zur Verfügung stehen. Der Verurteilte ist zu einer Mitwirkung bei der Ermittlung seiner wirtschaftlichen Verhältnisse nicht verpflichtet, auch nicht über eine „Auflage", seine Finanzen offen zu legen (BVerfG NStZ 1995, 25; s.a. → *Bewährung, Auflagen*, Teil A Rdn 13). 49

bb) Ferner kann auch nicht auf die Möglichkeit der nachträglichen Entscheidung gemäß § 56e StGB (→ *Bewährung, nachträgliche Entscheidungen*, Teil A Rdn 190 ff.) zurückgegriffen werden. Denn diese Vorschrift setzt einen **bestehenden** Bewährungsbeschluss voraus; nur ein solcher kann bei einer nachträglichen Änderung der tatsächlichen Verhältnisse des Verurteilten abgeändert werden. Die „Nachholung" eines Bewährungsbeschlusses stellt jedoch **keine Änderung**, sondern einen **Neuerlass** dar, für den **keine gesetzliche Grundlage** existiert. Darüber hinaus würden die in § 56e StGB normierten Voraussetzungen für eine Änderung von Bewährungsbeschlüssen unterlaufen, ließe man eine Nachholung zu. 50

c) Eine **Ausnahme** von der grundsätzlichen Unzulässigkeit der Nachholung eines Bewährungsbeschlusses kommt nur in Betracht, wenn sich der vom erkennenden Gericht vorgesehene Inhalt des Bewährungsbeschlusses zweifelsfrei **aus den Urteilsgründen** ergibt (OLG Brandenburg, a.a.O.). In diesem Fall handelt es sich nicht um eine Neuentscheidung, sondern um die Dokumentation einer **bereits getroffenen** gerichtlichen Entscheidung (OLG Frankfurt StV 1983, 24; OLG Dresden NJ 2001, 323; KK-StPO/*Bartel*, § 268a Rn 9). In der Praxis dürften solche Fälle jedoch nur **selten** vorkommen, insbesondere wenn die schriftlichen Urteilsgründe gem. § 267 Abs. 4 StPO abgekürzt wurden oder lediglich die Feststellung enthalten, dem Verurteilten könne eine günstige Kriminalprognose gestellt werden. 51

d) Teilweise wird vertreten, dass in Fällen eines versehentlich unterbliebenen Bewährungsbeschlusses aus Gründen der Klarheit im Beschlusswege festzustellen sei, dass die Bewährungszeit zwei Jahre beträgt (OLG Dresden NJ 2001, 323; OLG Hamm NStZ-RR 2000, 126). Dies ist indes nicht erforderlich, da die Mindestbewährungszeit in § 56a Abs. 1 S. 2 StGB bereits unmittelbar **aus dem Gesetz folgt** (OLG Brandenburg, a.a.O.). 52

8.a) Gegen den Bewährungsbeschluss ist die **Beschwerde** zulässig (§ 305a Abs. 1 StPO; Burhoff/*Hillenbrand*, RM, Teil A Rn 400 ff. u. Rn 439 ff.). Von praktischer Relevanz ist die Beschwerde aber nur, wenn gegen das Urteil **keine Berufung** eingelegt wird, da das Berufungsgericht ohnehin einen **eigenen** Bewährungsbeschluss zu erlassen hat (s. Rdn 44). 53

b) Beschwerdeberechtigt sind nach §§ 296 ff. StPO der Verurteilte, der Verteidiger, der gesetzliche Vertreter und die StA, die sowohl zugunsten als auch zu Ungunsten des Verurteilten Beschwerde einlegen kann. 54

> ☝ Der **Geschädigte** dagegen ist **nicht** beschwerdebefugt, ebenso wenig der **Nebenkläger** (*Schmitt/Köhler*, § 305a Rn 2). Ist der Geschädigte/Nebenkläger im Bewährungsbeschluss nicht als Zahlungsempfänger vorgesehen oder berühmt er sich weiterreichender Ansprüche, so muss er zu deren Durchsetzung den **Zivilrechtsweg** beschreiten.

c) Voraussetzung für die **Zulässigkeit** der Beschwerde ist, dass der Bewährungsbeschluss noch eine Rechtswirkung entfaltet. Hieran fehlt es, wenn die Strafaussetzung zur Bewährung **rechtskräftig widerrufen** ist, denn mit der Rechtskraft des Widerrufsbeschlusses werden die im Bewährungsbeschluss erteilten Auflagen und Weisungen **gegenstandslos** (OLG Frankfurt NStZ-RR 2010, 187). 55

☝ Ist der Widerruf nicht rechtskräftig, überprüft das für die sofortige Beschwerde gegen den Widerrufsbeschluss zuständige Gericht die Rechtmäßigkeit der dem Widerruf zugrunde liegenden Auflage oder Weisung (→ *Bewährung, Widerruf, Auflagenverstoß*, Teil A Rdn 342). Dies kann ggf. **auch ohne einen entsprechenden Antrag** zur Aufhebung der Anordnung führen (→ *Bewährung, Widerruf, Allgemeines*, Teil A Rdn 320).

56 **d)** Wird der Beschwerde **nicht abgeholfen**, hat der Tatrichter einen mit Gründen versehenen Nichtabhilfebeschluss gem. § 306 Abs. 2 StPO zu erlassen, wenn der Strafaussetzungsbeschluss nicht begründet ist und das Beschwerdevorbringen erhebliche Tatsachenbehauptungen enthält (BGHSt 34, 392).

57 **e)** Im Falle einer Revision ist gem. § 305a Abs. 2 StPO **das Revisionsgericht** auch für die Entscheidung über die Beschwerde gegen den Bewährungsbeschluss zuständig. Bei dieser Zuständigkeit bleibt es auch, wenn über die Beschwerde versehentlich nicht mitentschieden wird (BGH NStZ 1986, 423), nicht aber, wenn die Revision unzulässig oder durch Rücknahme oder Entscheidung bereits erledigt ist (*Schmitt/Köhler*, § 305a Rn 5). Hat die Revision dagegen Erfolg, führt die Aufhebung des Urteils **automatisch** zur **Gegenstandslosigkeit** des Bewährungsbeschlusses (KK-StPO/*Bartel*, § 268a Rn 16).

58 **9.a)** Die Beschwerde kann nur darauf gestützt werden, dass eine getroffene Anordnung **gesetzeswidrig** ist (§ 305a Abs. 1 S. 2 StPO; Burhoff/*Hillenbrand*, RM, Teil A Rn 441). Die Entscheidung hierüber richtet sich nach sachlichem Recht (§§ 56a ff. StGB; *Schmitt/Köhler*, § 305a Rn 1).

59 **b)** Gesetzeswidrig sind Auflagen und Weisungen, wenn sie nicht auf einer gesetzlichen Grundlage ergehen, gegen Verfahrensrecht oder den Grundsatz der Verhältnismäßigkeit verstoßen, weil ein **unzumutbarer Eingriff** in die Lebensführung des Verurteilten (hierzu → *Bewährung, Auflagen*, Teil A Rdn 25; → *Bewährung, Weisungen*, Teil A Rdn 281) erfolgt, oder wenn das Gericht sein Ermessen überschritten oder gar missbraucht hat (*Schmitt/Köhler*, a.a.O.). Unterhalb dieser Schwelle ist dem Beschwerdegericht dagegen eine Überprüfung der Ermessensausübung des Tatgerichts **verwehrt** (OLG Köln NJW 2005, 1671; OLG Stuttgart NStZ-RR 2004, 89).

☝ Die **unzureichende Bestimmtheit** einer grds. zulässigen Auflage (z.B. Schadenswiedergutmachung) kann vom für die Bewährungsüberwachung zuständigen Gericht durch eine nachträgliche **Präzisierung** der Auflage **beseitigt** werden (KG, Beschl. v. 27.3.2013 – 4 Ws 38/13; s.a. OLG Hamm, Beschl. v. 12.5.2020 – 1 Ws 147/20).

60 **c)** Ob das **Verschlechterungsverbot** im Beschwerdeverfahren Anwendung findet oder nicht, ist umstritten (gegen die generelle Unzulässigkeit einer Schlechterstellung *Schmitt/Köhler*, § 305a Rn 4; ausführlich zum Streitstand KK-StPO/*Zabeck*, § 305a Rn 12).

☝ Aufgrund des nur eingeschränkten Prüfungsumfangs des Beschwerdegerichts wird eine Schlechterstellung des Verurteilten jedoch auch dann kaum einmal in Betracht kommen, wenn man nicht von einem Verbot der reformatio in peius ausgeht (*Schmitt/Köhler*, § 305 Rn 4). Hält etwa das Beschwerdegericht eine Auflage zur Sanktionierung des begangenen Unrechts für zu niedrig bemessen, ergibt sich hieraus grds. noch keine Gesetzeswidrigkeit, die zu einer Verschärfung der Auflage ermächtigen würde, es sei denn es liegen im Einzelfall Ermessensfehler vor.

Siehe auch: → *Bewährung, Auflagen*, Teil A Rdn 9; → *Bewährung, nachträgliche Entscheidungen*, Teil A Rdn 190; → *Bewährung, Überwachung*, Teil A Rdn 226; → *Bewährung, Weisungen*, Teil A Rdn 249; → *Bewährung, Widerruf, Allgemeines*, Teil A Rdn 298.

Bewährung, Bewährungshilfe 61

Das Wichtigste in Kürze:

1. Der Verurteilte wird der Aufsicht und Leitung eines Bewährungshelfers unterstellt, wenn dies angezeigt ist, um ihn von weiteren Straftaten abzuhalten.
2. Die Unterstellung kann für die gesamte Dauer der Bewährungszeit erfolgen oder nur für einen Teil.
3. Ob die Unterstellung angezeigt ist, entscheidet das Gericht anhand der Umstände des jeweiligen Einzelfalles. Ist der Verurteilte noch nicht 27 Jahre alt und beträgt die verhängte Freiheitsstrafe mehr als neun Monate, ist die Unterstellung i.d.R. vorzunehmen.
4. Der Bewährungshelfer steht dem Verurteilten helfend und betreuend zur Seite.
5. Der Bewährungshelfer überwacht aber im Einvernehmen mit dem Gericht auch die Erfüllung der Auflagen und Weisungen. Er hat insoweit eine Funktion in der Strafrechtspflege inne und ist weder Verteidiger noch Bevollmächtigter des Verurteilten.
6. Außerdem berichtet der Bewährungshelfer in vom Gericht zu bestimmenden zeitlichen Abständen über die Lebensführung des Verurteilten.
7. Der Bewährungshelfer ist gegenüber dem Gericht weisungsgebunden.

Literaturhinweise: **Bringewat**, Bewährungshilfe und Strafverteidigung – ein Rollenkonflikt?, MDR 1988, 617; **Damian**, Geheimnisschutz und Offenbarungspflichten in der Bewährungshilfe, BewH 1992, 325; **Foth**, Grenzen der Berichtspflicht des Bewährungshelfers, BewH 1987, 194; **Kolkmeyer/Schaffeld/Baur**, Robuste Hilfe: zum Auftrag des Strafrechts eine die Bewährungshilfe, BewHi 2025, 113; **Krauß**, Alltägliches eines Bewährungshelfers, SchlHA 2006, 345; **Mann**, Bewährungshilfe aus gerichtlicher Perspektive – rechtliche Rahmenbedingungen – Anforderungen – Erwartungen, BewHi 2025, 97; **Pohl**, Professionelle Beziehungsgestaltung zwischen Hilfe und Kontrolle: eine Exploration der Perspektiven aus der Bewährungshilfe, BewHi 2024, 33; **Schenkel**, Keine berufsbezogene Schweigepflicht hauptamtlicher Bewährungshelfer nach § 203 Abs. 1 Nr. 5 StGB, NStZ 1995, 67; **Schiphołt**, Der Umgang mit dem zweischneidigen Schwert – zu den Aufgaben der Bewährungshilfe, NStZ 1993, 470; **Schöch**, Bewährungshilfe und Führungsaufsicht in der Strafrechtspflege, NStZ 1992, 364; **Seifert/Möller-Mussavi**, Führungsaufsicht und Bewährungshilfe – Erfüllung gesetzlicher Aufgaben oder elementarer Bestandteil forensischer Nachsorge?, NStZ 2006, 131; **Sindlinger**, Zur Berichtspflicht des Bewährungshelfers, insbesondere bei neuen Straftaten, BewH 1992, 365; s.a. → *Bewährung, Allgemeines*, Teil A Rdn 2. 62

1. Der Verurteilte wird der Aufsicht und Leitung eines Bewährungshelfers unterstellt, wenn dies **angezeigt** ist, um ihn **von weiteren Straftaten abzuhalten** (OLG Stuttgart Die Justiz 2004, 488). Dies ist insbesondere der Fall, wenn weniger einschneidende Maßnahmen eine günstige Sozialprognose nicht erlauben (*Fischer*, § 56d Rn 2; *Lackner/Kühl/Heger*, § 56d Rn 2). Der Sache nach handelt es sich um eine **Weisung** i.S.d. § 56c StGB mit **spezialpräventivem** Charakter (SSW-StGB/*Mosbacher*, § 56d Rn 2). 63

2. Die Unterstellung kann für die gesamte Dauer der Bewährungszeit erfolgen oder nur für einen Teil. I.a.R. ist es jedoch sachgerecht, den Bewährungshelfer **jedenfalls zunächst** für die gesamte Bewährungszeit zu bestellen (wie hier SSW-StGB/*Mosbacher*, § 56d Rn 11; a.A. *Lackner/Kühl/Heger*, § 56d Rn 4: im Regelfall nicht mehr als zwei Jahre). Denn eine Vielzahl von Verurteilten hat in der Lebensführung Probleme, die so komplex und vielschichtig sind, dass sie für die gesamte Bewährungszeit und nicht nur zu deren Anfang der Hilfe bedürfen, um sich straffrei führen zu können; eine nur kurze Unterstellung liefe in diesen Fällen dem spezialpräventiven Zweck der Weisung zuwider. Überdies besteht auch kein praktischer Bedarf für kurze Unterstellungszeiträume: Entwickeln sich nämlich die Lebensumstände des Verurteilten besser als erwartet, kann die Unterstellung gem. § 56e StGB unproblematisch auch **vorzeitig aufgehoben** werden (→ *Bewährung, nachträgliche Entscheidungen*, Teil A Rdn 190 ff.). 64

☝ Die Annahme, dass der Verurteilte der Unterstützung durch den Bewährungshelfer nicht mehr bedarf, muss auf **konkreten Tatsachen** beruhen. Sein bloßer Wunsch, den Bewährungshelfer vorzeitig

„loszuwerden“, genügt nicht. Gleichwohl ist im Einzelfall zu überlegen, ob die Aufrechterhaltung der Bestellung um ihrer selbst willen trotz einer verfestigten Verweigerungshaltung des Verurteilten wirklich sachgerecht ist oder ob die begrenzten Ressourcen der Bewährungshilfe nicht anderweitig besser eingesetzt werden können (→ *Bewährung, Widerruf, Weisungsverstoß*, Teil A Rdn 443).

65 **3.** Ob die Unterstellung angezeigt ist, entscheidet das Gericht anhand der Umstände des jeweiligen **Einzelfalles**. Ist der Verurteilte **noch nicht 27 Jahre alt** und beträgt die verhängte Freiheitsstrafe **mehr als neun Monate**, ist die Unterstellung i.d.R. vorzunehmen (§ 56d Abs. 2 StGB).

66 **a)** Eine Unterstellung kann **insbesondere** angezeigt sein, wenn

- der Verurteilte in **schwierigen/unübersichtlichen wirtschaftlichen** Verhältnissen lebt, insbesondere bei **erheblicher Verschuldung**,
- **Wohnungslosigkeit** besteht oder droht,
- eine **Alkohol-, Drogen- oder sonstige Suchtproblematik** (z.B. Spielsucht, Kaufsucht) vorhanden ist,
- der Verurteilte **arbeitslos** ist und zu befürchten steht, dass er die Arbeitslosigkeit ohne fremde Hilfe nicht wird überwinden können,
- die **strafrechtliche Vorbelastung** des Verurteilten trotz der Strafaussetzung eine **erhöhte Rückfallgefahr** nahelegt,
- **Probleme in der täglichen Lebensführung** vorhanden sind oder
- die **sozialen Umstände**, in denen der Verurteilte lebt, **labil** erscheinen.

67 **b)** Demgegenüber wird bei Tätern, die in **geordneten** wirtschaftlichen und sozialen Verhältnissen leben und deren Tat den Charakter einer **einmaligen** Verfehlung trägt, i.d.R. von der Bestellung eines Bewährungshelfers **abgesehen** werden können.

68 **4.** Der Bewährungshelfer steht dem Verurteilten **helfend und betreuend** zur Seite. Sein Aufgabenbereich umfasst die fürsorgerische Betreuung, Lebenshilfe und Resozialisierung (*Fischer*, § 56d Rn 4). Die Einlegung von **Rechtsmitteln** für den Verurteilten ist ihm dagegen **verwehrt** (KG, Beschl. v. 12.9.2000 – 1 Ss 107/00; OLG Düsseldorf NStZ 1987, 340; OLG Koblenz NStZ-RR 1996, 300; *Fischer*, § 56d Rn 4).

69 **5.** Der Bewährungshelfer **überwacht** aber im Einvernehmen mit dem Gericht auch die Erfüllung der Auflagen und Weisungen. Er ist **weder Verteidiger noch Bevollmächtigter** des Verurteilten, sondern hat insoweit eine **Funktion in der Strafrechtspflege** inne.

☝ **Nicht** zu seinen Aufgaben bzw. Befugnissen gehört es zudem, dem Verurteilten Auflagen oder Weisungen **zu erteilen** oder sie **inhaltlich auszugestalten** (OLG Stuttgart Die Justiz 2004, 488), der Bewährungshelfer darf dem Verurteilten gegenüber keine selbstständigen Anordnungen treffen (OLG Saarbrücken, Beschl. v. 17.1.2023 – 4 Ws 387/22). Die Befugnis hierzu hat vielmehr **ausschließlich das Gericht** (→ *Bewährung, Auflagen*, Teil A Rdn 35; → *Bewährung, Weisungen*, Teil A Rdn 285).

70 **6.** Außerdem **berichtet** der Bewährungshelfer in vom Gericht zu bestimmenden zeitlichen Abständen über die Lebensführung des Verurteilten. Hierbei ist er verpflichtet, **vollständig, wahrheitsgemäß und frei von Beschönigungen** zu berichten, insbesondere wenn es um dem Verurteilten nachteilige Umstände geht (OLG Düsseldorf NStZ 1987, 340). Der Bericht beinhaltet eine Darstellung der persönlichen und sozialen Situation und derjenigen Veränderungen, die besondere **Risiken für die Begehung neuer Straftaten** mit sich bringen wie Arbeitsplatzverlust, Wohnungslosigkeit, Suchtprobleme/Rückfälle, Therapieverlauf, familiäre Probleme oder neue Strafverfahren (SSW-StGB/*Mosbacher*, § 56d Rn 7). Weiter teilt der Bewährungshelfer dem Gericht gröbliche oder beharrliche **Verstöße gegen Auflagen und Weisungen** mit.

☝ Steht eine Entscheidung über den Widerruf der Strafaussetzung oder den Straferlass an, hat das Gericht den Bewährungshelfer **zu unterrichten** (§ 453 Abs. 1 S. 5 StPO; → *Bewährung, Widerruf, Allgemeines*, Teil A Rdn 318).

7. Der Bewährungshelfer ist gegenüber dem Gericht **weisungsgebunden** (§ 56d Abs. 4 S. 2 StGB). Dies gilt auch, wenn er organisatorisch nicht in die Justiz eingegliedert ist (*Fischer*, § 56d Rn 3). Die richterlichen Weisungen gehen den Betreuungskonzeptionen der Bewährungshilfeträger **immer** vor. 71

Siehe auch: → *Bewährung, Auflagen*, Teil A Rdn 9; → *Bewährung, Weisungen*, Teil A Rdn 249; → *Bewährung, Widerruf, Allgemeines*, Teil A Rdn 298.

Bewährung, Bewährungszeit 72

Das Wichtigste in Kürze:

1. Die Bewährungszeit beträgt mindestens zwei und höchstens fünf Jahre ab Rechtskraft des Urteils, in dem die Strafaussetzung bewilligt wird.
2. Die Länge der Bewährungszeit bestimmt das Gericht nach pflichtgemäßem Ermessen.
3. Die Bewährungszeit kann nachträglich bis auf das Mindestmaß verkürzt oder bis auf das Höchstmaß verlängert werden, in den Fällen des § 56f Abs. 2 Nr. 2 StGB auch darüber hinaus.
4. Die nachträgliche Verkürzung oder Verlängerung der Bewährungszeit kommt nur in Betracht, wenn neu eingetretene oder neu bekannt gewordene Umstände in der Person, dem Verhalten oder im Umfeld des Verurteilten für eine Anpassung Anlass bieten.
5. Die Entscheidung über die nachträgliche Verkürzung/Verlängerung der Bewährungszeit trifft das Gericht nach pflichtgemäßem Ermessen ohne mündliche Verhandlung durch Beschluss.
6. Gegen den Beschluss ist die Beschwerde zulässig.

Literaturhinweise: Hein, Verlängerung der Bewährungszeit nach deren Ablauf?, NStZ 1983, 252; **Horn**, Der Beginn der Bewährungszeit bei der Aussetzung des Strafrests, JZ 1981, 14; *ders.*, Wann beginnt die nach § 56f Abs. 2 StGB verlängerte Bewährungszeit?, NStZ 1986, 356; **Stahlmecke**: Immer heiter weiter? – Ein Beitrag zur Bestimmung der absoluten Höchstgrenze der Bewährungsdauer gemäß § 56f Abs. 2 S. 2 StGB, NStZ 2022, 585; s.a. die Hinw. bei → *Bewährung, Allgemeines*, Teil A Rdn 2. 73

1.a) Die Bewährungszeit beträgt **mindestens zwei und höchstens fünf Jahre** ab Rechtskraft des Urteils, in dem die Strafaussetzung bewilligt wird (§ 56a Abs. 1 S. 2, Abs. 2 S. 1 StGB). 74

☝ Die Strafaussetzung kann aber auch wegen einer **neuen Straftat** widerrufen werden, die der Verurteilte **noch vor Urteilsrechtskraft** begangen hat (§ 56f Abs. 1 S. 2 Alt. 1 StGB; → *Bewährung, Widerruf, neuerliche Straffälligkeit*, Teil A Rdn 355).

b) Die Entscheidung über die Dauer der Bewährungszeit trifft das Gericht im **Bewährungsbeschluss** gem. § 268a StPO (→ *Bewährung, Bewährungsbeschluss*, Teil A Rdn 41). 75

2.a) Die Länge der Bewährungszeit bestimmt das Gericht nach **pflichtgemäßem Ermessen**. Bei der Ermessensausübung ist in den Blick zu nehmen, wie lange der Verurteilte voraussichtlich der Hilfe, Weisungen und Aufsicht bedarf (*Fischer*, § 56a Rn 1) bzw. welcher Zeitraum zur Einwirkung auf ihn erforderlich ist, um ein straffreies Leben erwarten zu können (LK-*Hubrach*, § 56a Rn 2). Zudem soll berücksichtigt werden, wie lange der Verurteilte benötigt, um die ihm erteilten Auflagen zu erfüllen (LK-*Hubrach*, a.a.O.). Unzulässig ist es dagegen, bei der Festsetzung der Bewährungszeit darauf abzustellen, dass sich der Verurteilte den späteren Straferlass gem. § 56g StGB erst durch eine lange Straffreiheit „verdienen“ müsse (MüKo-StGB/*Groß/Kett-Straub*, § 56a Rn 11). 76

☝ Aus Verhältnismäßigkeitsgesichtspunkten ist bei der Bemessung der Bewährungszeit auch die **Höhe** der verhängten Freiheitsstrafe zu berücksichtigen Die Dauer der Bewährungszeit darf zur Strafhöhe **nicht außer Verhältnis** stehen (*Fischer*, § 56a Rn 1; SSW-StGB/*Mosbacher*, § 56a Rn 5).

77 **b)** In der Praxis wird in einfach gelagerten Fällen mittlerer Kriminalität häufig eine **dreijährige** Bewährungszeit festgesetzt (sog. „**Regelbewährungszeit**", SSW-StGB/*Mosbacher*, § 56a Rn 7). Bei eher **geringen** Verfehlungen, die mit einer relativ **kurzen** Freiheitsstrafe geahndet werden können oder bei einer überdurchschnittlich guten Sozialprognose kann indes auch die **Mindestbewährungszeit** genügen, während in Fällen einer problematischen Sozialprognose eine längere Bewährungszeit angebracht ist. Insbesondere bei **mehrfach vorbelasteten Tätern**, früheren **Bewährungsbrüchen**, **erheblichen Straftaten** oder bei sonstigen problematischen Umständen wird oftmals eine Bewährungszeit von vier oder fünf Jahren festgesetzt werden müssen (SSW-StGB/*Mosbacher*, § 56a Rn 7).

78 **3.** Die Bewährungszeit kann **nachträglich** bis auf das Mindestmaß **verkürzt** oder **vor ihrem Ablauf** bis auf das Höchstmaß **verlängert** werden, in den Fällen des § 56f Abs. 2 Nr. 2 StGB **auch darüber hinaus.** Eine Verlängerung nach dieser Vorschrift setzt aber ein **Bewährungsversagen** in Form einer neuen Straftat oder eines Verstoßes gegen Auflagen und/oder Weisungen voraus (hierzu → *Bewährung, Widerruf, Absehen*, Teil A Rdn 292).

☝ **Bis zur Höchstgrenze** ist unabhängig von der Dauer der ursprünglichen Bewährungszeit auch eine **mehrfache** Verlängerung zulässig (*Fischer*, StGB, § 56a Rn 3).

79 **4.a)** Die nachträgliche Verkürzung oder Verlängerung der Bewährungszeit kommt nur in Betracht, wenn **neu eingetretene oder neu bekannt gewordene** Umstände in der Person, dem Verhalten oder im Umfeld des Verurteilten für eine Anpassung Anlass bieten. Es muss eine **Veränderung der Prognose** eingetreten sein (OLG Düsseldorf NStZ 1991, 53; OLG Köln, Beschl. v. 28.3.2006 – 2 Ws 123/06; *Fischer*, § 56a Rn 3; LK-*Hubrach*, § 56a Rn 5). Unzulässig ist eine Bewährungszeitverlängerung dagegen, wenn sie bei **unveränderter** Sachlage ausschließlich der Korrektur der im Nachhinein als fehlerhaft erachteten ursprünglichen Entscheidung dient (*Fischer*, § 56a Rn 3).

80 **b)** Eine **Verkürzung** der Bewährungszeit kommt insbesondere bei einer **positiven Entwicklung** der Lebensumstände des Verurteilten in Betracht. Dagegen ist sie nicht schon deshalb angebracht, weil zwischen der Tatbegehung und dem Ablauf der Bewährungszeit ein langer Zeitraum liegt und der Verurteilte sich seither straffrei geführt hat (MüKo-StGB/*Groß/Kett-Straub*, § 56a Rn 14; TK StGB/*Kinzig*, § 56a Rn 4).

81 **c)** § 56a Abs. 2 S. 2 StGB bezweckt, durch geeignete Maßnahmen die Lebensführung des Verurteilten zu beeinflussen, um dadurch zu seiner **Resozialisierung** beizutragen (OLG Oldenburg NStZ 2008, 461). Zeichnet sich ab, dass er länger als zunächst angenommen der Unterstützung bedarf, etwa durch den Bewährungshelfer, kann eine **Verlängerung** der Bewährungszeit angezeigt sein. Eine Verlängerung kann auch dann erfolgen, wenn sich herausstellt, dass die Schadenswiedergutmachung durch Ratenzahlung **in der vorgesehenen Bewährungszeit nicht möglich** ist (TK StGB/*Kinzig*, a.a.O.).

82 **5.** Die Entscheidung über die nachträgliche Verkürzung/Verlängerung der Bewährungszeit trifft das Gericht **nach pflichtgemäßem Ermessen** ohne mündliche Verhandlung durch **Beschluss**. Vor Beschlusserlass sind die StA und der Verurteilte zu hören (§ 453 Abs. 1 StPO). Eine Pflicht zur Unterrichtung des **Bewährungshelfers** besteht dagegen **nicht**, denn eine solche verlangt § 453 Abs. 1 S. 5 StPO nur, wenn über einen **Widerruf** der Strafaussetzung oder über einen Straferlass zu entscheiden ist (→ *Bewährung, Widerruf, Allgemeines*, Teil A Rdn 318).

☝ Gleichwohl wird die Beteiligung des Bewährungshelfers aber i.d.R. **zweckmäßig** sein. Denn dieser hat üblicherweise einen erheblich engeren Kontakt zum Verurteilten als das Gericht und verfügt deshalb auch über bessere und aktuellere Informationen zu dessen Lebensumständen. Diesbezügliche Informationen sind wesentlich, um eine sachgerechte Entscheidung treffen zu können. Das Gericht sollte deshalb hierauf nicht verzichten.

6. Gegen den Beschluss ist die **Beschwerde** zulässig (§ 453 Abs. 1 StPO). 83

Siehe auch: → *Bewährung, Bewährungsbeschluss*, Teil A Rdn 39; → *Bewährung, Bewährungshilfe*, Teil A Rdn 61; → *Bewährung, Überwachung*, Teil A Rdn 226; → *Bewährung, Widerruf, Allgenmeines*, Teil A Rdn 298.

Bewährung, Jugendliche, Allgemeines 84

Das Wichtigste in Kürze:

1. Im Jugendstrafverfahren existieren verschiedene Arten von „Bewährungsentscheidungen".
2. § 60 JGG bzw. § 64 JGG sehen im Fall der (rechtskräftig angeordneten) Bewährung die Erstellung eines Bewährungsplanes vor.
3. Die nachträgliche Aussetzung der Vollstreckung einer rechtskräftig verhängten Jugendstrafe ist möglich.
4. Die Anfechtung von Bewährungsentscheidungen richtet sich nach § 59 Abs. 2 JGG.

Literaturhinweise: Heinz, Sekundäranalyse empirischer Untersuchungen zu jugendkriminalrechtlichen Maßnahmen, deren Anwendungspraxis, Ausgestaltung und Erfolg (Gutachten im Auftrag des Bundesministeriums für Justiz und Verbraucherschutz) 2019; **Nöding,** Verteidigung in Jugendstrafsachen, 8. Aufl., 2023; **Nix,** Anmerkung zu OLG Celle, NStZ 1993, 401; **Weigelt** Bewähren sich Bewährungsstrafen?, 2009; s.a. die Hinw. bei → *Bewährung, Allgemeines*, Teil A Rdn 2. 85

1.a) Im Jugendstrafverfahren existieren verschiedene Arten von **„Bewährungsentscheidungen"**. Aus erzieherischen Gründen ist diese Reaktionsmöglichkeit flexibler gestaltet als bei Erwachsenen. Als direkte Folge einer Verurteilung können folgende Bewährungsentscheidungen getroffen werden: 86

Überblick 87

- **Aussetzung der Vollstreckung der Jugendstrafe zur Bewährung (§ 21 JGG)**
  Dies ist die Bewährungsentscheidung, die der des allgemeinen Strafrechts (§ 56 StGB) entspricht. Sofern eine Jugendstrafe von nicht mehr als einem Jahre verhängt wird, wird die Vollstreckung zur Bewährung ausgesetzt, sofern eine positive Legalprognose vorliegt (§ 21 Abs. 1 JGG). Dabei werden im Jugendstrafrecht geringere Anforderungen an die Zubilligung der Bewährung gestellt als im Erwachsenenstrafrecht. Die Jugendstrafe soll schon dann nach § 21 Abs. 1 JGG zur Bewährung ausgesetzt werden, wenn zu erwarten ist, dass der Jugendliche „unter der erzieherischen Einwirkung der Bewährungszeit" künftig einen rechtschaffenden Lebenswandel führen wird. Es sind damit prognostisch auch die erzieherischen Einwirkungsmöglichkeiten während der Bewährungszeit zu seinen Gunsten zu berücksichtigen. Diese Erwartung muss mehr als eine „Hoffnung", braucht aber nicht „Gewissheit" zu sein; ausreichend ist vielmehr – ähnlich wie bei § 56 StGB – eine auf Tatsachen gestützte überwiegende Wahrscheinlichkeit der Legalbewährung (BGH NStZ-RR 2005, 38; D/S/S-*Sonnen*, § 21 Rn 11). Bei Jugendstrafen von mehr als einem, aber nicht mehr als zwei Jahren sind – anders als im Erwachsenenstrafrecht, wo § 56 Abs. 2 StGB gilt – besondere Umstände nicht erforderlich; vielmehr muss lediglich die Vollstreckung nicht „im Hinblick auf die Entwicklung des Jugendlichen geboten sein" (§ 21 Abs. 2 JGG).

- **Aussetzung der Verhängung der Jugendstrafe zur Bewährung (§ 27 JGG)**
  Wenn in der Hauptverhandlung zwar schädliche Neigungen festgestellt werden, es aber trotz Ausschöpfung aller Ermittlungsmöglichkeiten nicht mit Sicherheit beurteilt werden kann, ob wegen des Umfangs die Verhängung einer Jugendstrafe erforderlich ist, kann der Jugendrichter es beim Schuldspruch belassen und die Entscheidung über die Verhängung einer Jugendstrafe für eine von ihm zu bestimmende Zeit Bewährungszeit aussetzen. Eine Anwendung von § 27 JGG erfolgt jedoch nicht, wenn das Vorliegen schädlicher Neigungen selbst zweifelhaft ist (§ 27 JGG); → *Jugendliche, Vollstreckung, Verhängung der Jugendstrafe*, Teil B Rdn 928 ff.).
- Zurückstellung der Entscheidung über die Aussetzung der Vollstreckung der Jugendstrafe („**Vorbehalt der Bewährungsaussetzung**" § 61 JGG; → *Bewährung, Jugendliche, Bewährungsvorbehalt*, Teil A Rdn 113 ff.).
  Unter den Voraussetzungen des § 61 JGG (wichtigster Anwendungsfall: Ansätze für eine positive Entwicklung sind vorhanden, jedoch noch nicht ausreichend, um zum Zeitpunkt der Entscheidung schon eine positive Legalprognose zu begründen) kann eine Verurteilung zu Jugendstrafe erfolgen. Die Entscheidung, ob die Vollstreckung zur Bewährung ausgesetzt wird, wird jedoch für höchstens sechs Monate vorbehalten (sog. Bewährungsvorbehalt).

88 **b)** Bei allen drei Bewährungsentscheidungen ist die Verhängung eines zusätzlichen Arrests nach § 16a JGG (sog. „**Koppelungsarrest**") möglich. Im Falle der späteren Vollstreckung der Jugendstrafe wird der verbüßte Arrest auf die Jugendstrafe angerechnet (§ 26 Abs. 3 S. 3 JGG).

89 Zusätzlich gibt es noch die **Aussetzung der Restjugendstrafe** nach **§ 88 JGG** (→ *Jugendliche, Vollstreckung, Jugendstrafe*, Teil B Rdn 825 ff.).

90 **c)** Die Vollstreckung eines **Jugendarrests** nach **§ 16 JGG** kann nicht zur Bewährung ausgesetzt werden (§ 87 Abs. 1 JGG; → *Jugendliche, Vollstreckung, Jugendarrest*, Teil B Rdn 805 ff.).

91 **d)** Die Vorschriften sind **anwendbar** auf:

- Jugendliche, auch wenn sie von einem allgemeinen Gericht verurteilt werden (§ 104 Abs. 1 Nr. 8 JGG)
- Heranwachsende dann, wenn materielles Jugendstrafrecht auf sie angewendet wird (§ 109 Abs. 2 S. 1 JGG)

Die Widerrufsquote bei Jugendstrafen ist – im Vergleich zu Erwachsenen – relativ niedrig. Sie liegt bei ca. 16 % (*Heinz*, Gutachten, S. 1205 ff.; s. auch *Weigelt*, S. 23). Dabei ist allerdings zu beachten, dass wegen dem Grundsatz der Einheitsstrafenbildung (zur Einheitsstrafe Burhoff/*Nöding*, RM, Teil A Rn 754 ff.) Widerrufsentscheidungen oft unterbleiben und stattdessen eine neue, „einheitliche" Jugendstrafe verhängt wird, die dann möglicherweise nicht mehr zur Bewährung ausgesetzt wird (*Nöding*, Rn 155).

92 **e)** Eine „bloße" Bewährung wie bei Erwachsenen ist bei Anwendung des Jugendstrafrechts nicht möglich. Vielmehr soll der Richter für die Dauer der Bewährungszeit die Lebensführung des Jugendlichen durch Weisungen erzieherisch beeinflussen. Er kann auch Auflagen erteilen (§ 23 Abs. 1 S. 1, 2 JGG). Die Unterstellung unter einen Bewährungshelfer ist obligatorisch (§ 24 JGG). Es besteht lediglich die Möglichkeit der nachträglichen Verkürzung der Bewährungszeit, der Unterstellungsdauer bzw. einer Änderung der Weisungen bzw. Auflagen (→ *Bewährung, Jugendliche, Weisungen, Auflagen*, Teil A Rdn 130 ff.; → *Bewährung, Jugendliche, Zeit*, Teil A Rdn 184).

Übersicht

	§ 21 JGG	§ 27 JGG	§ 61 JGG	§ 88 JGG
Dauer der Bewährungszeit	2 – 3 Jahre (§ 22 Abs. 1 JGG)	1 – 2 Jahre (§ 28 Abs. 1 JGG)	6 Mo; (bei anschließender Bewährungsaussetzung wird die Zeit auf die Bewährungszeit angerechnet § 61b Abs. 3 JGG)	2 – 3 Jahre (§ 88 Abs. 6 S. 1 JGG i.V.m. § 22 Abs. 1 JGG); auch wenn Vollstreckung an StA abgegeben
Beginn	Mit RK der Entscheidung über die Aussetzung der Jugendstrafe (§ 22 Abs. 2 S. 1 JGG)	Mit RK des Urteils, in dem die Schuld festgestellt wurde (§ 28 Abs. 2 S. 1 JGG)	mit RK des Urteils	Mit RK der Entscheidung (§ 88 Abs. 6 S. 1 JGG i.V.m. § 22 Abs. 2 S. 1 JGG)
Verkürzung/ Verlängerung	Verkürzung auf 1 Jahr (bei Jugendstrafe von mehr als 1 Jahr Verkürzung nur auf 2 Jahre) und vor Ablauf Verlängerung auf 4 Jahre möglich (§ 22 Abs. 2 S. 2 JGG)	Verkürzung bis 1 Jahr, vor Ablauf Verlängerung auf 2 Jahre möglich (§ 28 Abs. 2 S. 2 JGG)	Verlängerung aus besonderen Gründen und mit Einverständnis auf 9 Mo möglich (§ 61a Abs. 1 S. 3 JGG); Verkürzung nicht geregelt, aber möglich	Verkürzung auf 1 Jahr (nur, wenn Reststrafe nicht mehr als 1 J beträgt); vor Ablauf Verlängerung auf 4 J möglich (§ 88 Abs. 6 S. 1 JGG i.V.m § 22 Abs. 2 S. 2 JGG)
Weisungen/ Auflagen	§ 23 Abs. 1 S. 1, 2; Abs. 2 JGG	§ 29 S. 2 JGG i.V.m. § 23 JGG	§ 61b Abs. 1 S. 1 JGG	§ 88 Abs. 6 S. 1 JGG i.V.m § 23 JGG
Bewährungshelfer	(+) §§ 24, 25 JGG für höchstens 2 Jahre, kann aber nachträglich überschritten werden (§ 24 Abs. 2 S. 2 JGG)	(+); § 29 JGG i.V.m. §§ 24, 25 JGG	Grds. (+), wenn nicht ausreichend Betreuung und Überwachung durch JGH (§ 61b Abs. 1 S. 2 JGG)	(+) § 88 Abs. 6 S. 1 JGG i.V.m. §§ 24, 25 JGG
nachträgliche Änderung	§ 23 Abs. 1 S. 3 JGG	§ 29 JGG i.V.m § 23 Abs. 1 S. 3 JGG	§ 61b Abs. 1 S. 1 JGG i.V.m. § 23 Abs. 1 S. 3 JGG	§ 88 Abs. 6 S. 1 JGG i.V.m. § 23 Abs. 1 S. 3 JGG
Anfechtung des „wie“ der Bewährung	§ 59 Abs. 2 JGG	§ 63 Abs. 2 JGG i.V.m. § 59 Abs. 2 JGG („singgemäß“)	§ 61b Abs. 1 S. 6 JGG i.V.m. § 59 Abs. 2 JGG („entsprechend“)	§ 88 Abs. 6 S. 3 JGG i.V.m. § 59 Abs. 2 JGG („singgemäß“)

	§ 21 JGG	**§ 27 JGG**	**§ 61 JGG**	**§ 88 JGG**
Ungehorsams-arrest	§ 23 Abs. 1 S. 4 JGG (Verweis auf § 11 Abs. 3 JGG)	§ 29 S. 2 JGG i.V.m. § 23 Abs. 1 S. 4 JGG	Nicht möglich! Kein Verweis in § 61b Abs. 1 S. 1 JGG	theoretisch möglich (§ 88 Abs. 6 S. 1 JGG i.V.m. § 23 Abs. 1 S. 4 JGG), aber kommt praktisch nicht vor
Widerruf	§ 26 JGG	§ 30 JGG (Nachverfahren)	Ablehnung der nachträglichen Aussetzung (§ 57 Abs. 1 JGG)	§ 88 Abs. 6 S. 1 JGG i.V.m. § 26 JGG

93 **2.a)** § 60 JGG bzw. § 64 JGG sehen im Fall der (rechtskräftig angeordneten) Bewährung die Erstellung eines **Bewährungsplanes** vor. Zweck des Bewährungsplanes ist es, dem Verurteilten die Bedeutung der Bewährung und der in diesem Rahmen bestehenden Pflichten besonders vor Augen zu führen (*Eisenberg/Kölbel*, § 60 Rn 2). Der Bewährungsplan ist unverzüglich nach Rechtskraft der Entscheidung zu erstellen.

94 Der Bewährungsplan hat folgenden **Inhalt**:

- Hinweis auf die **Bedeutung** der Strafaussetzung
- Benennung der erteilten **Weisungen / Auflagen**
- Name des **Bewährungshelfers**
- Hinweis auf die Pflicht, jeden **Wechsel** des Aufenthalts-, Ausbildungs- oder Arbeitsplatzes dem Bewährungshelfer bzw. dem Gericht während der Bewährungszeit anzuzeigen
- **Dauer** der Unterstellungszeit
- Dauer der **Bewährungszeit**
- Hinweis auf die möglichen **Rechtsfolgen** eines **Verstoßes** gegen Weisungen/Auflagen
- **Hinweis** auf die **Möglichkeit** des **Widerrufs** der Bewährung bzw. der Festsetzung von Jugendstrafe bei schlechter Führung.

95 Der **Verurteilte** und seine **Erziehungsberechtigten** sollen die Kenntnisnahme des Inhalts des Bewährungsplanes durch ihre Unterschrift bestätigen (§ 60 Abs. 3 JGG). Der Bewährungsplan soll dem Verurteilten persönlich vom Jugendrichter bzw. dem Vorsitzenden des Jugendschöffengerichts in einem besonderen Termin ausgehändigt werden, wobei dieser nicht den Förmlichkeiten einer Hauptverhandlung gleichen, sondern in einer zwangloseren Atmosphäre stattfinden sollte (D/S/S-*Sonnen*, § 60 Rn 7). Der Verurteilte ist dabei zu belehren (§ 60 Abs. 1 S. 2 JGG). Es besteht keine Möglichkeit, das Erscheinen des Verurteilten bzw. seines Erziehungsberechtigten zu diesem Termin zu erzwingen (*Eisenberg/Kölbel*, § 60 Rn 8; D/S/S-*Sonnen*, § 60 Rn 8).

96 **b) Zuständig** ist der Richter, dem die Bewährungsaufsicht gemäß § 58 Abs. 3 JGG obliegt bzw. der die zugrunde liegende 27er-Entscheidung (→ *Jugendliche, Vollstreckung, Verhängung der Jugendstrafe*, Teil B Rdn 924 ff.) getroffen hat (§ 62 Abs. 4 JGG i.V.m. § 58 Abs. 3 S. 1 JGG).

97 **c)** Die Erstellung des Bewährungsplanes ist **nicht anfechtbar** (HK-JGG/*Meier*, § 59 Rn 10; D/S/S-*Sonnen*, § 60 Rn 10). Insofern bleiben Verfahrensfehler im Zusammenhang mit dem Bewährungsplan und sogar das gänzliche Unterbleiben seiner Aufstellung folgenlos. (*Eisenberg/Kölbel*, § 60 Rn 14). Allerdings könnte einem gröblichen oder beharrlichen Verstoß gegen die Anordnung der Erbringung von Arbeitsleistungen entgegenstehen, dass der Verurteilte nicht ordnungsgemäß über die Folgen von Weisungsverstößen belehrt worden ist und auch ein Bewährungsplan gem. §§ 60 i.V.m. 109 Abs. 2 JGG nicht erstellt worden ist (OLG Hamm, Beschl. v. 20.12. 2016 – III-3 Ws 408/16).

3.a) Selbst, wenn der Richter die Aussetzung im Urteil abgelehnt hat, kann die **Aussetzung der Vollstreckung** der **Jugendstrafe** zur Bewährung noch **nachträglich angeordnet** werden. Hierfür gibt es drei Möglichkeiten: 98

1. Die Ablehnung der Aussetzung kann **isoliert durch sofortige Beschwerde gem. § 59 Abs. 1 JGG** angefochten werden. Nachteil dieses Rechtsmittels ist jedoch, dass die Entscheidung dann ohne mündliche Verhandlung auf Aktengrundlage ergeht, und das zur Entscheidung berufene Gericht sich keinen eigenen Eindruck vom Verurteilten verschaffen kann.
2. Mittels **Berufung** oder **Revision** gegen das die Bewährung versagende Urteil kann gezielt – u.U. auf den Rechtsfolgenausspruch beschränkt – die versagte Aussetzung angegriffen werden. Dabei eröffnet vor allem der zwangsläufig eintretende Zeitablauf zwischen erstinstanzlichem Urteil und Berufungshauptverhandlung die Chance, mit Hilfe der Jugendgerichtshilfe und der Eltern positiv auf die Lebensumstände des jungen Verurteilten einzuwirken. Eine zwischenzeitlich erfolgte Verbesserung der Lebensumstände – und damit der Legalprognose – kann dann in der Berufungshauptverhandlung als tragendes Argument für eine Aussetzungsentscheidung vorgebracht werden.
   Dass das Rechtsmittelziel einzig die Strafaussetzung zur Bewährung ist, sollte durch den Verteidiger jedoch gegenüber dem Gericht nicht offengelegt werden, da ansonsten eine Umdeutung der Berufung nach § 300 StPO in eine sofortige Beschwerde nach § 59 Abs. 1 JGG droht (D/S/S-*Schatz*, § 59 Rn 5, 9). Aus diesem Grunde sollte im Regelfall auch auf eine Beschränkung der Berufung auf die Frage der Strafaussetzung verzichtet werden (*Nöding*, Rn 169).
3. Ist rechtskräftig Jugendstrafe ohne Bewährung verhängt worden, hat der Strafvollzug aber noch nicht begonnen, kann noch immer **nachträglich eine Bewährungsaussetzung nach § 57 Abs. 2 JGG** beantragt werden. Eine solche nachträgliche Aussetzung ist also nur in der – zumeist kurzen – Zeit zwischen Eintritt der Rechtskraft der (negativen) Aussetzungsentscheidung und dem Antritt des Jugendlichen zum Vollzug der Strafe in der Jugendstrafanstalt zulässig.

☝ § 57 Abs. 2 JGG ist auch anwendbar, wenn die Ablehnung der Aussetzung nicht schon im Urteil, sondern erst in einem **nachträglichen Beschluss** erfolgte (*Eisenberg/Kölbel*, § 57 Rn 13; D/S/S-*Sonnen*, § 57 Rn 17; s. auch → *Bewährung, Jugendliche, Bewährungsvorbehalt*, Teil A Rdn 113 ff.).

b) Die nachträgliche Anordnung nach § 57 Abs. 2 JGG ist nur zulässig, wenn **seit Erlass des Urteils Umstände hervorgetreten** sind, die allein oder in Verbindung mit den bereits bekannten Umständen eine Aussetzung der Jugendstrafe zur Bewährung rechtfertigen. Umstände sind Tatsachen und Beweismittel, die für eine Aussetzung bestimmend sein könnten, z.B. das Verhalten des Jugendlichen nach der Tat, das eine günstige Prognose begründen kann. Die Umstände müssen zeitlich nach Erlass des ablehnenden Urteils oder des Beschlusses **zur Kenntnis des Gerichts** gelangt sein. Es kommt daher nicht darauf an, ob sie vorher schon bestanden haben. Sie müssen dem Gericht, das letztmalig die Umstände rechtlich und tatsächlich berücksichtigen durfte, unbekannt gewesen oder geblieben sein (*Eisenberg/Kölbel*, § 57 Rn 17). Neue Umstände können z.B. die Absolvierung einer Therapie eines drogenabhängigen Verurteilten oder eines Anti-Aggressions-Trainings eines wegen eines Gewaltdelikts Verurteilten sein. 99

Die hervorgetretenen Umstände müssen dem bekannten Sachverhalt ein so bedeutsames Teilstück hinzufügen, dass die Entscheidung über die Aussetzung nicht als Korrektur bei gleichbleibendem Sachverhalt erscheint, sondern einer modifizierten Beurteilungsgrundlage Rechnung trägt (*Eisenberg/Kölbel*, § 57 Rn 17; *Brunner/Dölling*, § 57 Rn 4; Ostendorf/*Drenkhahn*, § 57 Rn 9). 100

☝ Werden dem Verteidiger solche Umstände nachträglich bekannt, so hat er einen Antrag auf Abänderung der Entscheidung zu stellen und die bisher nicht bekannten Tatsachen zu benennen. Faktische Voraussetzung dafür ist jedoch, dass der Verurteilte in Freiheit ist. Ansonsten geht mit Rechtskraft des

Urteils die Untersuchungshaft in Strafhaft über. Gegen den Beschluss, der die nachträgliche Strafaussetzung ablehnt, kann sofortige Beschwerde gem. § 59 Abs. 1 JGG erhoben werden (Burhoff/*Nöding*, RM, Teil A Rn 692).

101 **c)** Eine nachträgliche Strafaussetzung zur Bewährung ist jedoch **nicht möglich**, wenn eine bereits angeordnete Aussetzung gem. § 26 JGG **widerrufen** wurde, auch nicht in entsprechender Anwendung von § 57 Abs. 2 JGG; *Brunner/Dölling*, § 57 Rn 4; Ostendorf/*Drenkhahn*, § 57 Rn 7).

102 **4.a)** Die **Anfechtung von Bewährungsentscheidungen** richtet sich nach § 59 Abs. 2 JGG (Modalitäten der Strafaussetzung [„wie"]; zu Anfechtungsmöglichkeiten hinsichtlich des „Ob" der Bewährung wird auf Rn 99 sowie Burhoff/*Nöding*, RM, Teil A Rn 662 ff. verwiesen.

103 Gem. § 59 Abs. 2 JGG ist die **(einfache) Beschwerde zulässig** gegen Entscheidungen über

- die Dauer der Bewährungszeit, auch ihre nachträgliche Verlängerung (§ 22 JGG),
- die Dauer der Unterstellungszeit (§ 24 Abs. 1 JGG),
- die erneute Anordnung der Unterstellung in der Bewährungszeit (§ 24 Abs. 2 JGG),
- Weisungen oder Auflagen einschließlich ihrer nachträglichen Änderung (§ 23 JGG),
- die Anordnung von Ungehorsamsarrest bei Nichterfüllung von Bewährungsauflagen (§ 23 Abs. 1 S. 4 JGG i.V.m. § 11 Abs. 3 JGG).

104 **b)** § 59 Abs. 2 JGG schließt die Beschwerde gegen andere Bewährungsentscheidungen nicht aus; **§ 304 bleibt anwendbar.** Daher ist auch z.B. die Auswahl und Benennung des Bewährungshelfers (§ 25 S. 1 JGG) nach h.M. (Ostendorf/*Drenkhahn*, § 59 Rn 3; *Brunner/Dölling*, § 59 Rn 7; D/S/S-*Schatz*, § 59 Rn 20; a.A. HK-JGG/*Meier*, § 59 Rn 10) mit der Beschwerde anfechtbar, unabhängig davon, ob es sich um einen haupt- oder ehrenamtlichen Bewährungshelfer handelt (*Eisenberg/Kölbel*, § 59 Rn 19).

☝ Entgegen der Formulierung in § 59 Abs. 2 S. 2 JGG braucht die Beschwerde **nicht begründet** zu werden. Es handelt sich nicht um eine Zulässigkeitsvoraussetzung, sondern lediglich um eine Beschränkung des Umfangs der Nachprüfung durch das Beschwerdegericht (*Eisenberg/Kölbel*, § 59 Rn 18; Ostendorf/*Drenkhahn*, § 59 Rn 13; *Brunner/Dölling*, § 59 Rn 6; D/S/S-*Schatz*, § 59 Rn 23). Eine Begründung **empfiehlt sich jedoch**.

105 **c)** Eine **Teilanfechtung** ist möglich, wenn der angefochtene Teil losgelöst und getrennt von dem nicht angefochtenen Teil eine in sich selbstständige Prüfung und Beurteilung zulässt (D/S/S-*Schatz*, § 59 Rn 21; *Brunner/Dölling*, § 59 Rn 6).

106 **d)** Die Beschwerde kann **nur darauf gestützt** werden, dass

- die Bewährungs- oder die Unterstellungszeit nachträglich verlängert,
- die Unterstellung erneut angeordnet worden oder
- eine getroffene Anordnung **gesetzwidrig** ist.

107 **Gesetzeswidrigkeit** (dazu Burhoff/*Nöding*, RM, Teil A Rn 682 ff.) liegt vor, wenn vom Gesetz nicht gedeckte oder überhaupt nicht vorgesehene Maßnahmen angeordnet werden oder der dem Gericht vorbehaltene Ermessensspielraum missbräuchlich überschritten wird (OLG Düsseldorf NStZ 1994, 198).

☝ Gesetzeswidrigkeit liegt vor, wenn die Anordnungen **gegen** das **sachliche Recht** verstoßen (D/S/S-*Schatz*, § 59 Rn 22; HK-JGG/*Meier*, § 59 Rn 12).

108 **Überblick: Gesetzeswidrigkeit**

Gesetzeswidrigkeit ist immer gegeben, wenn

- die **gesetzlichen Grenzen** der **Bewährungszeit** nicht beachtet werden (→ *Bewährung, Jugendliche, Zeit*, Teil A Rdn 176 ff.).

- **unzulässige Weisungen** (§ 10 JGG) oder **Auflagen** (§ 15 JGG) festgesetzt werden, z.B. eine Weisung erteilt wird, dem Gericht alle zwei Wochen schriftlich die konkreten Aufenthaltsorte zu jeder Tages- und Nachtzeit aufzulisten, da sie der bloßen Überwachung des Verurteilten während der Bewährungszeit dient und nicht geeignet ist, den jugendlichen Verurteilten erzieherisch zu beeinflussen und ihn zukünftig von der Begehung von Straftaten abzuhalten (LG Cottbus, Beschl. v. 9.3.2009 – 24 jug Qs 4/09; → *Bewährung, Jugendliche, Weisungen, Auflagen,* Teil A Rdn 130 ff.; → *Bewährung, Auflagen*, Teil A Rdn 9 ff.; → *Bewährung, Weisungen*, Teil A Rdn 249 ff.).
- die Anordnung unter **Verletzung verfahrensrechtlicher Vorschriften**, insbesondere unter Missachtung rechtlichen Gehörs getroffen wurde (D/S/S-*Schatz*, § 59 Rn 22) oder
- die **Verhältnismäßigkeit** und **Zumutbarkeit** der Anordnung gem. §§ 10 Abs. 1 S. 2, 15 Abs. 1 S. 2 JGG nicht gegeben ist (*Eisenberg/Kölbel*, § 59 Rn 17; Ostendorf/*Drenkhahn*, § 59 Rn 12).

☝ Die Einschränkung der „Gesetzeswidrigkeit" bezieht sich ausdrücklich **nicht** darauf, dass die **Bewährungs-** oder **Unterstellungszeit nachträglich verlängert** oder die Unterstellung erneut angeordnet wurde. In diesen Fällen kann die Beschwerde auch darauf gestützt werden, dass die Voraussetzungen für die betreffende Maßnahmen nicht vorgelegen haben oder das Gericht das ihm eingeräumte Ermessen fehlerhaft ausgeübt hat (*Eisenberg/Kölbel*, § 59 Rn 17; HK-JGG/*Meier*, § 59 Rn 12).

e) Das **Beschwerdegericht** ist gem. § 2 Abs. 2 JGG i.V.m. § 309 Abs. 2 StPO befugt, eine eigene, neue Entscheidung zu treffen. Es soll jedoch von der Möglichkeit Gebrauch gemacht werden, die Entscheidung an den vorhergehenden Richter zurückzuverweisen, da dieser die größere Sachnähe aufweist (D/S/S-*Schatz*, § 59 Rn 23; HK-JGG/*Meier*, § 59 Rn 13; *Brunner/Dölling*, § 59 Rn 6; *Eisenberg/Kölbel*, § 59 Rn 30; Ostendorf/*Drenkhahn*, § 59 Rn 14). **109**

f) Die durch § 55 Abs. 2 JGG bestimmte **instanzielle Rechtsmittelbeschränkung** (Burhoff/*Nöding*, RM, Teil A, Rn 685) findet im Rahmen des § 59 Abs. 2 JGG keine Anwendung. § 55 Abs. 2 JGG verhindert nach seinem Wortlaut allein einen weiteren Angriff gegen das auf die Berufung hin ergangene Urteil. Bei einer Beschwerde nach § 59 Abs. 2 JGG wird dagegen nicht das Urteil, sondern der neben diesem verkündete Bewährungsbeschluss angegriffen (OLG Düsseldorf, Beschl. v. 2.11.1993 – 3 Ws 596–597/93, NStZ 1994, 198; OLG Celle, Beschl. v. 1.9.1992 – 1 Ws 257/92, NStZ 1993, 400 mit Anm. *Nix* NStZ 1993, 401; *Brunner/Dölling*, § 59 Rn 9; D/S/S-*Schatz*, § 59 Rn 24, § 55 Rn 95). **110**

☝ Gegen die Entscheidung des Berufungsgerichts über die Modalitäten der Bewährung kann noch **Beschwerde** eingelegt werden.

g) Das **Verschlechterungsverbot** (s. dazu eingehend Burhoff/*Nöding*, RM, Teil A, Rn 686) kommt nicht zur Anwendung, so dass das Berufungsgericht in einem neuen Bewährungsbeschluss die vom vorinstanzlichen Gericht getroffenen Anordnungen auch zu Ungunsten des Angeklagten ändern kann (OLG Düsseldorf, Beschl. v. 2.11.1993 – 3 Ws 596–597/93, NStZ 1994, 198; *Brunner/Dölling*, § 59 Rn 10). **111**

h) Die Entscheidung, die auf die Beschwerde hin ergangen ist, ist der **weiteren Anfechtung entzogen**. Insbesondere ist eine weitere Beschwerde gem. § 310 unzulässig (D/S/S-*Schatz*, § 59 Rn 29; allgemein dazu Burhoff/*Nöding*, RM, Teil A Rn 687). **112**

Siehe auch: → *Bewährung, Allgemeines*, Teil A Rdn 1 m.w.N.; → *Bewährung, Jugendliche, Straferlass*, Teil A Rdn 125; → *Bewährung, Jugendliche, „Bewährungsvorbehalt"*, Teil A Rdn 113; → *Bewährung, Jugendliche, Weisungen, Auflagen*, Teil A Rdn 130; → *Bewährung, Jugendliche, Widerruf der Bewährung*, Teil A Rdn 145; → *Bewährung, Jugendliche, Zeit*, Teil A Rdn 176; → *Strafvollzug, Jugendliche, Allgemeines*, Teil C Rdn 760; → *Strafvollzug, Jugendliche, Rechtsschutz*, Teil C Rdn 860; → *Allgemeine Gebührenfragen, Allgemeines*, Teil J Rdn 1 m.w.N.

113 Bewährung, Jugendliche, Bewährungsvorbehalt

Das Wichtigste in Kürze:

1. Im Jugendstrafverfahren kann die Entscheidung über eine Strafaussetzung zur Bewährung zurückgestellt und zu einem späteren Zeitpunkt nach dem Urteil über die Frage der Strafaussetzung entschieden werden (Bewährungsvorbehalt).
2. Die nachträgliche Entscheidung über die vorbehaltene Bewährungsaussetzung erfolgt im Beschlussverfahren.

114 **Literaturhinweise:** **Eisenberg**, Das Gesetz zur Erweiterung jugendgerichtlicher Handlungsmöglichkeiten vom 4.9.2012, StV 2013, 44; s.a. die Hinw. bei → *Bewährung, Jugendliche, Allgemeines*, Teil A Rdn 84.

115 **1.a)** Im Jugendstrafverfahren müssen Verurteilung zu einer Jugendstrafe und die Entscheidung über die Aussetzung der Vollstreckung der Strafe zur Bewährung nicht gleichzeitig getroffen werden (§ 57 Abs. 1 JGG). Werden die Entscheidungen zu unterschiedlichen Zeitpunkten getroffen, führt dies zum sog. Bewährungsvorbehalt (früher: „Vorbewährung"), also einer **Bewährungsmöglichkeit vor der endgültigen Entscheidung über die Aussetzung zur Bewährung.**

☝ Mit dem Gesetz vom 4.9.2012 wurde die Möglichkeit geschaffen, die Entscheidung über die Aussetzung einer Jugendstrafe zur Bewährung einem nachträglichen Beschluss vorzubehalten (§§ 61 bis 61b JGG). Dies soll nach Intention des Gesetzgebers verhindern, dass ein junger Verurteilter bei noch unsicherer Prognose vorschnell inhaftiert und damit den mit der Haft verbundenen „schädlichen Nebenwirkungen" ausgesetzt wird, „wenn die Legalbewährung auch auf anderem Wege erreicht werden kann". Gleichzeitig soll das Gericht aber auch nicht aus falsch verstandener Milde Entscheidungen „ohne greifbaren Anhalt für eine mögliche Verbesserung der Situation" aufschieben (BT-Drucks. 17/9389, S. 8). Damit hat der Gesetzgeber die Voraussetzungen für den Aussetzungsvorbehalt enger gefasst als dies in der vor der Gesetzeseinführung geltende Rechtspraxis üblich war.

116 § 61 JGG sieht zwei Alternativen für die Anordnung eines Bewährungsvorbehalts vor:

- **§ 61 Abs. 1 JGG**: Das Gericht hat seine Ermittlungsmöglichkeiten erschöpft und sieht beim Jugendlichen positive Ansätze, die zwar noch keine ausreichend günstige Prognose i.S.d. § 21 Abs. 1 S. 1 JGG begründen, es aber in „absehbarer Zeit" erwartet werden kann, dass sich die „günstige Prognose" aufgrund der bereits vorhandenen positiven Lebensansätze einstellt.
- **§ 61 Abs. 2 JGG**: Die Ermittlungsmöglichkeiten hat das Gericht in der Hauptverhandlung noch nicht vollständig ausgeschöpft, aber es bestehen dennoch Anhaltspunkte, die – nach Ausschöpfung der Ermittlungsmöglichkeiten – geeignet wären, eine günstige Prognose i.S.d. § 21 Abs. 1 S. 1 JGG zu begründen. Eine Unterbrechung oder Aussetzung der Hauptverhandlung, um die diesbezüglichen Ermittlungen erschöpfend durchzuführen, würden aber entweder zu „erzieherisch nachteiligen oder unverhältnismäßigen Verzögerungen führen".

117 **b)** Die vorbehaltene Entscheidung ergeht **spätestens sechs Monate** nach Eintritt der Rechtskraft des Urteils (§ 61a Abs. 1 JGG). Die **Frist** kann ausnahmsweise und nur mit Einverständnis des Verurteilten auf neun Monate verlängert werden.

118 **c)** Während der Vorbehaltszeit können **Weisungen und Auflagen** erteilt werden. Ebenso soll die Unterstellung unter einen **Bewährungshelfer** erfolgen (§ 61b Abs. 1 JGG). Ein „**Koppelungsarrest**" ist ebenfalls möglich (§ 61 Abs. 3 S. 1 JGG; → *Bewährung, Jugendliche, Allgemeines,* Teil A Rdn 84 ff.).

119 **2.a)** Die **nachträgliche Entscheidung über die vorbehaltene Bewährungsaussetzung** kann durch **Beschluss** erfolgen, also ohne mündliche Anhörung. Dies ist nach §§ 57 Abs. 1, 61a Abs. 1 JGG zulässig und in der Praxis auch eher die Regel. Grundlage für die nachträgliche Entscheidung bildet i.d.R. ein weiterer

Bericht der Jugendgerichtshilfe ggf. der Bewährungshilfe (OLG Hamburg, Beschl. v. 9.9.2014 – 1 Ws 92/14, ZJJ 2015, 71; OLG Hamm, Beschl. v. 19.11.2015 – 3 Ws 413/15).

☝ Aber auch der Verteidiger kann und sollte die Entwicklung seines Mandanten schriftlich dem Gericht mitteilen. Zumindest dann, wenn eine negative Entscheidung droht, soll der **Verteidiger** auf eine **mündliche Anhörung hinwirken**. So kann der Jugendliche etwaigen negativen Feststellungen aus dem Bericht der Jugendgerichtshilfe oder des Bewährungshelfers selbst entgegentreten (*Eisenberg/Kölbel*, § 57 Rn 19).

Die Bestellung zum **Pflichtverteidiger** wirkt im Verfahren über die Aussetzung der Jugendstrafe fort (OLG Hamm, Beschl. v. 11.8.2015 – 3 Ws 275/15; OLG Köln, Beschl. v. 28.9.2022 – 2 Ws 484/22).

b) Bei einer **positiven Prognose** wird die **Vollstreckung** der Jugendstrafe **nachträglich ausgesetzt.** Die Erfüllung der erteilten Auflagen und/oder Weisungen allein reicht nicht aus; erforderlich ist, dass sich die für die Vorbehaltsentscheidung entscheidenden positiven Umstände so verfestigt haben, dass nunmehr eine positive Legalprognose gestellt werden kann (*Nöding*, Rn 166). Die Zeit der Vorbewährung wird auf die Bewährungszeit angerechnet (§ 61b Abs. 3 JGG). Die „eigentliche" Bewährung richtet sich dann nach den §§ 21 ff. JGG. 120

c) Ergeben sich bereits vor Ablauf der Vorbehaltsfrist „hinreichende Gründe" für die Annahme, dass die Aussetzung letztendlich abgelehnt wird, kann das Jugendgericht vorläufige Maßnahmen zur Einleitung der Vollstreckung der Jugendstrafe anordnen; insbesondere kann ein **Vollstreckungshaftbefehl** nach § 453c ergehen (§ 61b Abs. 2 JGG). 121

d) Zuständig für die Entscheidung über die Aussetzung ist gem. § 61a Abs. 2 JGG immer das **Gericht der letzten Tatsacheninstanz**. Wenn also das Berufungsgericht erstmals einen Vorbehalt ausgesprochen hat, so trifft es auch die nachträgliche Entscheidung. 122

e) Im Falle der Versagung der Aussetzung können nach § 61b Abs. 4 S. 1 JGG Leistungen, die der Verurteilte in der Vorbehaltszeit zur Erfüllung von Auflagen oder Weisungen erbracht hat, auf die zu vollstreckende Jugendstrafe angerechnet werden; im Fall des § 61b Abs. 4 S. 2 JGG ist die Anrechnung zwingend. Verbüßter Kopplungsarrest ist nach § 61b Abs. 4 S. 3 JGG immer anzurechnen. 123

f) Gegen den Beschluss, mit dem die Aussetzung angeordnet oder abgelehnt wurde, ist nach § 59 Abs. 1 JGG die sofortige Beschwerde zulässig (BGH StV 2020, 697; D/S/S-*Schatz*, § 61a Rn 19). 124

Siehe auch: → *Bewährung, Jugendliche, Allgemeines*, Teil A Rdn 84 ff.; → *Bewährung, Jugendliche, Weisungen, Auflagen*, Teil A Rdn 130 ff.; → *Bewährung, Jugendliche, Zeit*, Teil A Rdn 176 ff.

Bewährung, Jugendliche, Straferlass 125

1. Nach Ablauf der Bewährungszeit wird – sofern kein Widerruf erfolgt und ein Grund zur Verlängerung nicht gegeben ist – die **Jugendstrafe** vom Richter **erlassen** (§ 26a JGG). Aus erzieherischen Gründen soll die Entscheidung über den Erlass möglichst zeitnah zum Ablauf der Bewährungszeit erfolgen. 126

☝ Die **Wirkung des Erlasses** tritt erst mit Verkündung oder Zustellung des den Erlass aussprechenden Beschlusses, nicht mit dem Ablauf der Bewährungszeit ein.

Der Beschluss über den Straferlass ist gem. § 59 Abs. 4 JGG **nicht anfechtbar**, wird demnach sofort rechtskräftig. Eine § 56g Abs. 2 StGB entsprechende Möglichkeit des **Widerrufs des Straferlasses** existiert im Jugendstrafrecht **nicht**. 127

2. Mit dem Erlass muss der **Strafmakel** als beseitigt erklärt werden (§ 100 JGG; → *Jugendliche, Vollstreckung, Strafmakel, Beseitigung*, Teil B Rdn 908 ff.). 128

129 **3.** Eine Verurteilung zu einer Jugendstrafe von nicht mehr als zwei Jahren wird nicht in ein **Führungszeugnis** aufgenommen, wenn die Strafaussetzung zur Bewährung bewilligt und nicht widerrufen wurde (§ 32 Abs. 2 Nr. 3 BZRG). Dies gilt jedoch nicht für Verurteilungen u.a. wegen Sexualdelikten wie §§ 171, 180a, 181a, 183 bis 184g, 184i bis 184l, 201a Abs. 3 StGB (§ 32 Abs. 5 BZRG) (→ *Bundeszentralregister, Führungszeugnis, Allgemeines,* Teil E Rdn 175 ff.).

Siehe auch: → *Bewährung, Allgemeines*, Teil A Rdn 1 ff.; → *Bewährung, Jugendliche, Allgemeines,* Teil A Rdn 84 m.w.N.; → *Bewährung, Straferlass*, Teil A Rdn 202; → *Jugendliche, Vollstreckung, Strafmakel, Beseitigung,* Teil B Rdn 908 ff.

130 Bewährung, Jugendliche, Weisungen, Auflagen

Das Wichtigste in Kürze:

1. Nach § 23 Abs. 1 JGG soll der Richter für die Dauer der Bewährungszeit die Lebensführung des Jugendlichen durch Weisungen (§ 10 JGG) beeinflussen.
2. Die Unterstellung unter die Aufsicht eines Bewährungshelfers ist obligatorisch.
3. Gem. § 23 Abs. 1 S. 3 JGG ist die nachträgliche Anordnung, Änderung oder Aufhebung von Weisungen und Auflagen möglich.
4. Bei Nichterfüllung der Weisungen und Auflagen kann Ungehorsamsarrest verhängt werden.

131 **Literaturhinweise: Mrozynski**, Jugendhilfe und Jugendstrafrecht, 1988; **Schipholt**, Der Umgang mit einem zweischneidigen Schwert. Zu den Aufgaben der Bewährungshilfe, NStZ 1993, 470; s.a. die Hinw. bei → *Bewährung, Auflagen*, Teil A Rdn 9, und bei → *Bewährung, Weisungen,* Teil A Rdn 249.

132 **1.** Nach § 23 Abs. 1 JGG soll der Richter **für** die **Dauer der Bewährungszeit** die Lebensführung des Jugendlichen durch Weisungen (§ 10 JGG) beeinflussen. Er kann auch Auflagen (§ 15 JGG) erteilen.

☝ Die **Überwachung** der Weisungen und Auflagen obliegt dem Gericht, wird in der Praxis aber allein von der Bewährungshilfe wahrgenommen (§ 24 Abs. 3 S. 2 JGG).

133 **a) Weisungen** sollen gem. § 23 Abs. 1 JGG ausgesprochen werden (anders § 56c StGB; dort Ermessen → *Bewährung, Weisungen*, Teil A Rdn 249 ff.). Das heißt, sie sind regelmäßig anzuordnen, wenn keine Ausnahme vorliegt (z.B. bei „freiwilligen" Zusagen oder Angeboten nach § 23 Abs. 2 JGG). Zweck der Weisungen ist die **erzieherische Beeinflussung** des Jugendlichen. Ebenso wie die isoliert verhängbaren Weisungen nach § 10 JGG (→ *Jugendliche, Vollstreckung, Erziehungsmaßregeln/Zuchtmittel*, Teil B Rdn 773 ff.) haben die Bewährungsweisungen die Aufgabe, durch Eingriffe in die Lebensführung des Jugendlichen die Entwicklung zu einem straffreien Verhalten zu fördern und zu sichern. Die in § 10 JGG geregelten Weisungen sind nicht abschließend; es können also auch andere, dort nicht bezeichnete Weisungen angeordnet werden (HK-JGG/*Meier,* § 23 Rn 2).

134 **b)** Die in § 15 JGG abschließend geregelten **Auflagen** kommen erst sekundär nach den Weisungen in Betracht: Sie können erteilt werden. Trotz dieses unterschiedlichen Anordnungsmaßstabes und des sich aus § 13 JGG ergebenden, **eher ahndenden Charakters** der Auflagen geht die h.M. **nicht** von einem **funktionellen Unterschied** zwischen Weisungen und Auflagen i.S.d. § 23 JGG aus (*Eisenberg/Kölbel*, § 23 Rn 5; D/S/S-*Sonnen*, § 23 Rn 2; Ostendorf/*Drenkhahn*, § 23 Rn 2; a.A. HK-*Meier*, § 23 Rn 1, 5). Ein Unterschied liegt praktisch in der Anrechnungsmöglichkeit für Auflagen bei einem dann erfolgenden Widerruf (§ 26 Abs. 3 S. 2 JGG). Während der Katalog möglicher Weisungen in § 10 JGG nur exemplarischen Charakter hat (das Gericht darf also Art und Umfang der Weisung selbst konkret bestimmen), ist der Katalog für Auflagen in § 15 JGG abschließend. Eine Urinkontrolle könnte demnach nicht als Auflage, aber sehr wohl als Weisung auferlegt werden (D/S/S-*Sonnen,* § 23 Rn 3, 7 m.w.N.).]

c)aa) Unzumutbare Leistungen dürfen dem Jugendlichen nicht abverlangt werden. Weisungen und Auflagen müssen klar, bestimmt und in ihrer Einhaltung überprüfbar sein, damit Verstöße einwandfrei festgestellt werden können (HK-JGG/*Buhr/Bartsch*, § 10 Rn 10 ff.; *Ostendorf*, § 15 Rn 9, 17 [zur Bestimmtheit einzelner Auflagen]). Maßgeblich ist, dass der Verurteilte ihnen unmissverständlich entnehmen kann, unter welchen Umständen ihm der Widerruf der Strafaussetzung zur Bewährung droht („**Bestimmtheitsprinzip**"; BVerfG StV 2012, 481; KG Beschl. v. 18.3.2014 – 4 Ws 23/14, StV 2014, 746); die zu § 56b StGB entwickelten Grundsätze zu Bestimmtheit sind daher für Auflagen und Weisungen nach dem JGG entsprechend anzuwenden (→ *Bewährung, Auflagen*, Teil A Rdn 37; → *Bewährung, Weisungen*, Teil A Rdn 249, 260). 135

Zulässig sind: 136

- **Drogenscreening** (LG Detmold, Beschl. v. 1.9.1998 – 4 Qs 109/98, StV 1999, 662),
- die **Ausgestaltung** der **Durchführung** einer (**Bewährungs-)Weisung** im Einzelnen im Hinblick auf inhaltliche kleine und technisch organisatorische Vorgaben dem **Bewährungshelfer** überlässt, wozu nicht Art, Umfang, Zeit, Ort sowie die Stelle, bei der die Leistung zu erbringen ist, zählt (*Eisenberg/Kölbel*, § 23 Rn 14),
- die (Bewährungs-)Weisung, mindestens alle sechs Monate ein entsprechendes Negativattest über eine **Urinkontrolle** beizubringen (LG Cottbus, Beschl. v. 9.3.2009 – 24 jug Qs 4/09 [anders bei Blutentnahme]),
- eine **werdenden Mutter** anzuweisen, sich unmittelbar nach der Entbindung um eine versicherungspflichtige Tätigkeit zu bemühen (BVerfG, Beschl. v. 13.10.1982 – 1 BvR 955/82, JurBüro 1983, 63),
- die Auswahl und Bestimmung der konkreten Stelle, bei der **Freizeitarbeiten** als Auflage nach dem JGG abzuleisten sind, gehört nicht mehr zu den Regelungen, die schon zwingend der Richter zu treffen hat; dies kann vielmehr der Bewährungs- bzw. Jugendgerichtshilfe übertragen werden (KG, Beschl. v. 18.3.2014 – 4 Ws 23/14, StV 2014, 746).

Unzulässig sind: 137

- die in Vordrucken häufig aufgeführte (Bewährungs-)Weisung, **Anordnungen** durch den **Bewährungshelfer** allgemein oder für bezeichnete Lebensbereiche **nachzukommen** (*Ostendorf*, § 23 Rn 3; *Eisenberg/Kölbel*, § 23 Rn 14), da sie nicht nur zu unbestimmt ist, sondern die Delegation der Weisungskompetenz auf den Bewährungshelfer auch mit der richterlichen Verantwortung für die Sanktion nicht vereinbar ist (HK-JGG/*Meier*, § 23 Rn 3).
- die (Bewährungs-)Weisung, mindestens **einmal monatlich** ein **Negativattest** über eine Blutuntersuchung zur Frage eines eventuellen Alkoholkonsums unaufgefordert vorzulegen. Zwar ist die Weisung geeignet, den Verurteilten durch die Abkehr vom Alkoholkonsum zu einem straftatenfreien Leben zu führen, jedoch bedarf es für die Durchführung der Blutuntersuchung der Zustimmung des Betroffenen. Fehlt diese, ist die Weisung gesetzeswidrig (LG Cottbus, Beschl. v. 9.3.2009 – 24 jug Qs 4/09).
- die (Bewährungs-)Weisung, dem Gericht **alle zwei Wochen** schriftlich die **konkreten Aufenthaltsorte** zu jeder Tages- und Nachtzeit aufzulisten, da sie der bloßen Überwachung des Verurteilten während der Bewährungszeit dient und nicht geeignet ist, den jugendlichen Verurteilten erzieherisch zu beeinflussen und ihn zukünftig von der Begehung von Straftaten abzuhalten (LG Cottbus, Beschl. v. 9.9.2009 – 24 jug Qs 4/09).
- die (Bewährungs-)Weisung, die Bundesrepublik Deutschland zu verlassen und während der Bewährungszeit nicht zu betreten (OLG München, Beschl. v. 18.9.2017 – 5 OLG 15 Ss 276/17).
- eine (Bewährungs-)Weisung, die im Wesentlichen auf den Schutz der Allgemeinheit abstellt und keinen Bezug zum Erziehungsgedanken herstellt, ist unzulässig (OLG München, Beschl. v. 18.9.2017 – 5 OLG 15 Ss 276/17).

- die (Bewährungs-)Auflage, „**innerhalb von vier Monaten 120 Stunden** Freizeitarbeiten abzuleisten und die Erbringung der Kammer zum Fristablauf unaufgefordert nachzuweisen" ist nicht bestimmt genug, da der Verurteilte der Auflage nicht entnehmen kann, wer für die Auswahl und Vermittlung der Stelle zuständig ist (JGH oder Bewährungshilfe), nach wessen Weisung er die gerichtliche Auflage zu erfüllen hat (KG, Beschl. v. 18.3.2014 – 4 Ws 23/14, StV 2014, 746); ebenso „nach Entlassung aus dem Strafvollzug insgesamt 250 Stunden gemeinnütziger unentgeltlicher Arbeit nach näherer Weisung des Bewährungshelfers abzuleisten", da weder die genaue Arbeitsstelle noch der Zeitraum zur Ableistung genannt ist (LG Kaiserslautern, Beschl. v. 26.1.2015 – 5 Qs 101/14, ZJJ 2015, 327).
- die (Bewährungs-)Auflage, einen **Betrag** an die **Landeskasse** zu **zahlen**, weil der Staat keine gemeinnützige Einrichtung ist (OLG Zweibrücken, Beschl. v. 29.4.1991 – 1 Ws 61/91, NStZ 1992, 84).

138 **bb)** Die dem Jugendlichen im Rahmen der Aussetzung der Jugendstrafe zur Bewährung erteilte Weisung der **Heimunterbringung** gem. § 10 Abs. 1 JGG ist nur dann zumutbar, wenn dem Jugendlichen hierfür Eingliederungshilfe nach SGB VIII gewährt wird (OLG Hamm, Beschl. v. 13.10.2003 – 3 Ws 513/03, NStZ-RR 2004, 151).

> ☝ Der Verteidiger sollte – insbesondere bei **unbenannten Weisungen** – immer überprüfen, ob diese **bestimmt genug** sind, sie zu erfüllen und auch, ob sie verhältnismäßig sind. Falls nicht, ist Beschwerde gem. § 59 Abs. 2 JGG wegen einer gesetzeswidrigen Weisung einzulegen. Bei Verstößen gegen zu unbestimmte oder unverhältnismäßige Weisungen darf weder ein Ungehorsamsarrest verhängt noch ein Bewährungswiderruf darauf gestützt werden.
>
> In der Praxis wird gegen den Grundsatz der Bestimmtheit häufig verstoßen.

139 **2.a)** Die Unterstellung unter einen **(hauptamtlichen) Bewährungshelfer** ist nach § 24 Abs. 1 JGG obligatorisch. Die Unterstellung erfolgt für höchstens zwei Jahre. Sie kann jedoch vor ihrem Ablauf aufgehoben oder geändert werden. Dabei kann auch die Höchstfrist überschritten werden (§ 24 Abs. 2 JGG), jedoch nicht die Höchstdauer der Bewährungszeit von vier Jahren (§ 22 Abs. 2 S. 2 JGG, → *Bewährung, Jugendliche, Zeit*, Teil A Rdn 176 ff.).

140 **b)** Aus erzieherischen Gründen kann auch die Unterstellung unter einen **ehrenamtlichen Bewährungshelfer** erfolgen, wobei hier der Jugendliche Vorschläge einbringen kann.

> ☝ Falls der Aufbau einer Beziehung zwischen Bewährungshelfer und Mandanten nicht gelingt, so kann u.U. die Unterstellung unter einen ehrenamtlichen Bewährungshelfer angeregt werden.

141 **c)** Der Bewährungshelfer **berichtet über die Lebensführung** des Jugendlichen in Zeitabständen, die der Richter bestimmt (§ 25 S. 3 JGG). Der Bewährungshelfer soll zum einen dem Jugendlichen helfend und unterstützend zur Seite stehen. Andererseits überwacht er auch die Erfüllung von Weisungen, Auflagen, Zusagen und Anerbieten und teilt gröbliche oder beharrliche Verstöße mit (→ *Bewährung, Jugendliche, Widerruf der Bewährung*, Teil A Rdn 145 ff.). Eine Mitteilung über solche Verstöße macht der Bewährungshelfer gem. § 25 S. 4 JGG auch außerhalb der vom Jugendrichter angeordneten Zeitabständen. Andere Verstöße gegen Weisungen, Auflagen, Zusagen oder Anerbieten hingegen sind dem Jugendrichter nach pflichtgemäßem Ermessen mitzuteilen (*Eisenberg/Kölbel*, § 24 Rn 16).

> ☝ Der Verteidiger sollte regelmäßigen Kontakt zum Jugendbewährungshelfer halten. So erhält er frühzeitig Informationen, die ohne Intervention zu Ungehorsamsarrest oder gar zu einem Bewährungswiderruf führen können.

142 **3.** Gem. § 23 Abs. 1 S. 3 JGG ist die **nachträgliche Anordnung, Änderung** oder **Aufhebung** von Weisungen und Auflagen möglich. Die Änderung ist auch ohne das Vorliegen von Widerrufsgründen möglich (→ *Bewährung, Jugendliche, Widerruf der Bewährung*, Teil A Rdn 145 ff.; → *JGG-Verfahren, nachträg-*

liche Entscheidungsergänzung, Teil A Rdn 542 ff.). Passt eine angeordnete Bewährungsweisung oder -auflage nicht mehr zur aktuellen Lebenssituation eines Jugendlichen (z.B., weil der Jugendliche inzwischen eine Vollzeitausbildung angetreten hat und eine Weisung bzw. Auflage, eine erhebliche Anzahl von Freizeitarbeiten innerhalb einer bestimmten Zeit zu erbringen, nicht mehr erfüllen kann), so muss auf eine Änderung der Weisung/Auflage hingewirkt werden.

☝ Der Verteidiger sollte daher, wenn der Jugendliche die Weisungen und Auflagen nicht erfüllt, möglichst noch vor einem Widerrufsverfahren die Änderung oder Aufhebung der Weisungen beim Gericht anregen. Am sinnvollsten ist es, gemeinsam mit dem Jugendlichen und der Bewährungshilfe konkrete (neue oder geänderte) Weisungen bzw. Auflagen zu erarbeiten und diese anzuregen.

Nach h.M. kommt eine **Verschärfung** der Weisungen und Auflagen nur bei Vorliegen von Widerrufsgründen in Betracht. Ändert sich die objektive Situation oder der Informationsstand des Gerichts nicht, so ist eine nachträgliche Änderung, in der eine zusätzliche Beschwer liegt, unzulässig (*Ostendorf*, § 23 Rn 11; HK-JGG/*Meier,* § 23 Rn 6; a.A. *Eisenberg/Kölbel*, § 23 Rn 10: spätere Verschärfung jedenfalls durch Auflagen grds. unzulässig). 143

4. Bei schuldhafter Nichterfüllung der Weisungen oder Auflagen kann **Ungehorsamsarrest** verhängt werden (§ 23 Abs. 1 S. 4 i.V.m. § 11 Abs. 3 JGG; krit. *Eisenberg/Kölbel*, § 23 Rn 11; D/S/S-*Sonnen*, § 23 Rn 11: *„veraltetes Repressionsinstrument“*). Dies gilt jedoch nicht für Weisungen und Auflagen im Rahmen einer Vorbehaltsentscheidung gem. §§ 61 ff. JGG (fehlende Verweisung in § 61b Abs. 1 S. 1 JGG; → *Jugendliche, Vollstreckung, Erziehungsmaßregeln/Zuchtmittel*, Teil B Rdn 773 ff.). Voraussetzung für die Verhängung von Ungehorsamsarrest ist, dass der Jugendlichen über die Konsequenzen eines Verstoßes belehrt wurde. Die Belehrung findet sich entweder im Protokoll oder – jedenfalls – im Bewährungsplan. 144

☝ Hat der Richter von der Erteilung von Weisungen und Auflagen **abgesehen**, weil der Jugendliche Zusagen für seine künftige Lebensführung gemacht oder sich zu angemessenen Leistungen bereit erklärt hat (§ 23 Abs. 2 JGG) ist bei Nichterfüllung die Verhängung von **Ungehorsamsarrest unzulässig**.

Siehe auch: → *Bewährung, Allgemeines*, Teil A Rdn 1 ff.; → *Bewährung, Auflagen*, Teil A Rdn 9 ff.; → *Bewährung, Bewährungsbeschluss*, Teil A Rdn 39 ff.; → *Bewährung, Jugendliche, Allgemeines*, Teil A Rdn 84 ff.; → *Bewährung, Jugendliche, Straferlass*, Teil A Rdn 125 ff.; → *Bewährung, Jugendliche, Widerruf*, Teil A Rdn 145 ff.; → *Bewährung, Jugendliche, Zeit*, Teil A Rdn 176 ff.; → *Bewährung, Weisungen*, Teil A Rdn 249 ff.; → *Bewährung, Widerruf, Absehen*, Teil A Rdn 286 ff.; → *Bewährung, Widerruf, Allgemeines*, Teil A Rdn 298 ff.; → *Bewährung, Widerruf, Auflagenverstoß*, Teil A Rdn 340 ff.; → *Bewährung, Widerruf, Weisungsverstoß*, Teil A Rdn 426 ff.

Bewährung, Jugendliche, Widerruf der Bewährung 145

Das Wichtigste in Kürze:

1. Der Widerruf der Bewährung ist im Jugendstrafrecht ultima ratio.
2. Der Widerruf kann auch noch nach Ablauf der Bewährungszeit erfolgen. Allerdings ist dabei das Beschleunigungsgebot zu beachten.
3. § 26 Abs. 1 JGG zählt abschließend die materiellen Widerrufsgründe auf.
4. Vom Widerruf kann gem. § 26 Abs. 2 JGG jedoch abgesehen werden.
5. Bei Nichterfüllung von Weisungen und Auflagen kommt statt eines Widerrufs auch die Verhängung von Ungehorsamsarrest in Betracht.

6. Leistungen, die der Jugendliche bisher erbracht hat, werden bei einem Widerruf der Strafaussetzung nicht erstattet.
7. Das Verfahren über den Widerruf ist in §§ 58, 59 JGG geregelt.
8. Gegen den Widerruf der Aussetzung der Jugendstrafe (§ 26 Abs. 1 JGG) ist gem. § 59 Abs. 3 JGG die sofortige Beschwerde zulässig.
9. § 58 Abs. 2 JGG i.V.m. § 453c Abs. 2 StPO lässt bis zur Rechtskraft des Widerrufbeschlusses einen Sicherungshaftbefehl zu.

146 **Literaturhinweise:** s.a. die Hinweise bei → *Bewährung, Widerruf, Allgemeines*, Teil A Rdn 298.

147 **1.** Kriminologisch ist es keineswegs selbstverständlich, dass der Jugendliche die Bewährungszeit problemlos durchsteht. Dass er die ihm erteilten bzw. von ihm übernommenen Pflichten erfüllt, regelmäßigen Kontakt zum Bewährungshelfer hält und keine Straftaten mehr begeht, ist in der Praxis keineswegs der Regelfall. Das Austesten von Grenzen, das Missachten von Autoritäten und auch das Begehen von Straftaten gehört zu den entwicklungs- und damit jugendtypischen Erscheinungen. Insofern dürfen an den Jugendlichen während der Bewährungszeit auch **keine übertriebenen Erwartungen** gestellt werden (HK-JGG/*Maier*, § 26 Rn 3). Der Widerruf der Strafaussetzung kommt daher nur als **ultima ratio** in Betracht.

☝ Diese Grundsätze sind dem Gericht vom Verteidiger immer wieder vor Augen zu führen, um einen „Automatismus“ bei der Entscheidung über den Widerruf zu verhindern.

148 Ein Bewährungswiderruf erfolgt überwiegend wegen Straftaten: Hierbei schneiden die jüngeren, d.h. die 14- bis 15-Jährigen, aber auch die 16- bis 17-Jährigen gegenüber den Heranwachsenden und auch den Erwachsenen erheblich besser ab (*Ostendorf*, Grundlagen zu den §§ 21 – 26a, Rn 6). Dabei ist allerdings zu beachten, dass wegen dem Grundsatz der Einheitsstrafenbildung Widerrufsentscheidungen oft unterbleiben und stattdessen eine neue, „einheitliche“ Jugendstrafe verhängt wird, die dann möglicherweise nicht mehr zur Bewährung ausgesetzt wird (*Nöding*, Rn 155).

149 **2.** Die Entscheidung über den Widerruf der Bewährung ist **auch noch nach Ablauf der Bewährungszeit** möglich. Allerdings sind die zeitlichen Grenzen umstritten. Sie reichen von „jederzeit“ (*Brunner/Dölling*, § 26 Rn 1), über „3 ½ Jahre rechtfertigen noch keinen Vertrauensschutz“ (KG Beschl. v. 15.1.1999 – 1 AR 8/99, 5 Ws 19/99),„10 Monate sind nicht mehr zeitnah“ (LG München, Beschl. v. 24.5.2002 – JK Qs 30/02,StV 2002, 434) und „hat innerhalb einer angemessenen Frist zu erfolgen“ (LG Trier, Beschl. v. 21.6.2018 – 2a Qs 16/18 jug) bis zu „maximal 30 Tagen“ (Ostendorf/*Drenkhahn*, §§ 26, 26a Rn 3; D/S/S-*Sonnen*, § 26a Rn 4). Bei der Dauer ist jedenfalls das im Jugendstrafrecht herrschende **Beschleunigungsgebot** ebenso zu beachten wie die Tatsache, dass Zeit für Jugendliche eine andere Bedeutung hat als für Erwachsene. Ein schutzwürdiges Vertrauen des Verurteilten dahin, wegen der neuen Taten werde ein Widerruf nicht mehr erfolgen, kann sich jedoch dann nicht bilden, wenn ihm zeitnah zum Ablauf der Bewährungszeit von der Jugendkammer mitgeteilt wird, dass die Entscheidung über den Straferlass bis zum rechtskräftigen Abschluss eines noch anhängigen Verfahrens zurückgestellt werde (KG, Beschl. v. 26.4.2013 – 4 Ws 44/13; zum Widerruf bei Erwachsenen → *Bewährung, Widerruf, Allgemeines*, Teil A Rdn 308 m.w.N.).

150 **3.** § 26 Abs. 1 JGG zählt **abschließend** (*Eisenberg/Kölbel*, §§ 26, 26a Rn 2; D/S/S-*Sonnen*, § 26a Rn 5) die **materiellen Widerrufsgründe** auf.

151 **a)** Sämtliche Anlässe beziehen sich auf ein Verhalten **in der Bewährungszeit** (bei Nr. 1 ausdrücklich, bei Nr. 2, 3 ergibt sich dies aus § 23 Abs. 1 JGG („*für die Dauer der Bewährungszeit*“). Neue Straftaten in der „bewährungsfreien“ Zeit zwischen dem Ende der ursprünglich bestimmten Bewährungszeit und deren Verlängerung vermögen einen Widerruf jedenfalls dann nicht zu begründen, wenn der Verurteilte nicht zuvor auf die Möglichkeit einer Verlängerung der Bewährungszeit hingewiesen worden war (KG, Beschl. v. 31.3.2011 – 4 Ws 29/11, StV 2012, 484). Hat ein jugendlicher Verurteilter nach der Rechtskraft zweier

Urteile, aber vor Bildung der Einheitsjugendstrafe gem. § 66 JGG (→ *JGG-Verfahren, nachträgliche-Entscheidungsergänzungen,* Teil A Rdn 542 ff.) eine erneute Straftat begangen, so liegt die neue Straftat nicht „in der Bewährungszeit", so dass eine Verlängerung der Bewährungszeit unzulässig ist (AG Tiergarten, Beschl. v. 22.11.2011 – 404 AR 3/10 Jug, ZJJ 2012, 89; hierzu auch *Eisenberg/Kölbel,* §§ 26, 26a Rn 7).

b) Widerrufsgründe liegen vor, wenn der Jugendliche 152

- in der Bewährungszeit eine neue **Straftat** begeht und dadurch zeigt, dass er die Erwartung, die der Strafaussetzung zugrunde lag, nicht erfüllt hat. Dies gilt auch, wenn die Tat zwischen der Entscheidung über die Strafaussetzung und deren Rechtskraft begangen wurde (§ 26 Abs. 1 Nr. 1 JGG). Wurde die Jugendstrafe nachträglich durch Beschluss ausgesetzt (Bewährungsvorbehalt), können auch Taten zwischen der Verurteilung mit Vorbehalt und der tatsächlichen Bewährungsentscheidung zu einem Widerruf führen, wenn sie das Gericht aus tatsächlichen Gründen nicht berücksichtigen konnte (Verweis auf § 57 Abs. 5 S. 2 StGB in § 26 Abs. 1 S. 3 JGG; → *Bewährung, Jugendliche, Bewährungsvorbehalt,* Teil A Rdn 113),
- gegen **Weisungen** gröblich oder beharrlich verstößt oder sich der Aufsicht und Leitung des Bewährungshelfers beharrlich entzieht und dadurch Anlass zur Besorgnis gibt, dass er erneut Straftaten begehen wird (§ 26 Abs. 1 Nr. 2 JGG),
- gegen **Auflagen** gröblich oder beharrlich verstößt (§ 26 Abs. 1 Nr. 3 JGG).

c)aa) Bei einem Verdacht wegen einer **neuen Straftat** gilt die **Unschuldsvermutung** selbstverständlich auch im Jugendstrafverfahren. Insofern reicht der bloße Verdacht der Begehung einer Straftat für einen Widerruf nicht aus (dazu ausführlich → *Bewährung, Widerruf, neuerliche Straffälligkeit,* Teil A Rdn 351 ff.) Daher gebietet der Widerruf einer Strafaussetzung zur Bewährung in der Regel, dass der Jugendliche wegen einer neuen Straftat von einem Gericht in erster Instanz rechtskräftig verurteilt worden ist (D/S/S-*Sonnen,* § 26a Rn 7; weitergehend auch für nicht rechtskräftige erstinstanzliche Entscheidungen VerfGH Berlin, Beschl. v. 25.4.2013 – 180/12, NStZ-RR 2013, 242) oder jedenfalls ein glaubhaftes Geständnis vor einem Richter (HK-JGG/*Maier,* § 26 Rn 5; Ostendorf/*Drenkhahn,* §§ 26, 26a Rn 8 nur im Beisein eines Verteidigers) abgelegt hat; ein Geständnis bei der Polizei oder eigene Feststellungen des für die Widerrufsentscheidung zuständigen Gerichts reichen nicht (D/S/S-*Sonnen,* § 26a Rn 7). 153

> ☝ Bei drohendem Widerruf wegen einer neuen Straftat sollte der Verteidiger frühzeitig anregen, die Entscheidung über den Widerruf bis zum Abschluss des neuen Strafverfahrens zurückzustellen. Dies kann durch einen entsprechenden Hinweis auf die Notwendigkeit gesicherter Feststellungen zur neuen Tat oder auf die im neuen Strafverfahren zu erwartende Einheitsstrafenbildung nach § 31 Abs. 2 JGG erfolgen. Der taktische Vorteil liegt darin, dass im neuen Verfahren trotz ggf. höherer Gesamtstraferwartung bessere Chancen auf eine erneute Strafaussetzung zur Bewährung bestehen. Das liegt daran, dass der nun zuständige Jugendrichter nicht derjenige ist, der die ursprüngliche Bewährung ausgesprochen hat – dieser fühlt sich somit nicht durch enttäuschte Erwartungen beeinflusst. Zudem kann die Zeit bis zur Hauptverhandlung genutzt werden, um die Lebensumstände des Jugendlichen gezielt zu verbessern, was die Erfolgsaussichten auf eine erneute Bewährung erhöht.

bb) Nicht jede neue Tat eines Jugendlichen führt zu einem Widerruf. Vielmehr muss sich in der Begehung neuer Straftaten zeigen, dass die Erwartung, die der Strafaussetzung zugrunde lag, sich nicht erfüllt hat. Dies wird nur der Fall sein, wenn durch die erneute Tatbegehung die ursprünglich gestellte Legalprognose erschüttert ist, was nicht zwangsläufig der Fall sein muss. Hierbei sind Feststellungen zu Tatsituation, Tatumstände, Motiv und Schwere der neuen Straftat zu treffen. Die erneute Straftat muss nach ihrer Art, den Umständen oder Beweggründen als die „Fortsetzung einer Linie" erscheinen, um einen Bewährungswiderruf rechtfertigen zu können (HK-JGG/*Maier,* § 26 Rn 6; Ostendorf/*Drenkhahn,* §§ 26, 26a Rn 5 „kriminologischer Zusammenhang"; s. aber → *Bewährung, Widerruf, neuerliche Straffälligkeit,* Teil A Rdn 370 ff.). 154

155 **cc)** Durch die Begehung von Straftaten muss zusätzlich noch die positive **Legalprognose entfallen** sein. Zwischenzeitliche Änderungen in der persönlichen Lebenssituation, wie z.B. eine feste Beziehung oder ein Ausbildungs- bzw. Arbeitsplatz können die negative Indizwirkung der Straftat entkräften. Dabei ist auch immer zu berücksichtigen, dass sich der Jugendliche/Heranwachsende in der Entwicklung befindet und entwicklungsbedingter Veränderungen schneller eintreten und bedeutsamer sind als im allgemeinen Strafrecht (BGH, Beschl. v. 18.6.2009 – 3 StE 4/04–5, NStZ 2010, 83). Die erneute Straftat kann lediglich Ausdruck einer vorübergehenden und nunmehr bewältigten krisenhaften Entwicklung sein (LG Hamburg, Beschl. v. 8.8.1983 – (83) Qs 21/83, StV 1984, 32). Bei einer Tat kurz nach der Verurteilung können auch die verhängten Bewährungsmaßnahmen noch nicht gegriffen haben (Ostendorf/*Drenkhahm*, §§ 26, 26a Rn 7).

156 **dd)** Allerdings ist Grundlage der Widerrufsentscheidung das **gesamte Verhalten** des Verurteilten während der Bewährungszeit. Taten, die bereits Anlass zur Verlängerung der Bewährungszeit gegeben haben, sind **nicht** als Widerrufsgrund **verbraucht**, sondern können bei erneuter Straffälligkeit des Verurteilten für die Gesamtbewertung seines Verhaltens herangezogen werden (*Eisenberg/Kölbel*, §§ 26, 26a Rn 8; KG, Beschl. v. 26.4.2013 – 4 Ws 44/13 – 141 AR 156/13).

157 **ee)** Der Widerruf der Strafaussetzung zur Bewährung kann allein auf einen rechtskräftigen **Strafbefehl** gestützt werden, wenn ihm entweder eine nach den vorhandenen Beweismitteln mögliche richterliche Überzeugung zugrunde liegt oder der Verurteilte den Strafbefehl willentlich akzeptiert hat (KG, Beschl. v. 11.9.2014 – 4 Ws 79/14, ZJJ 2015, 75).

> ☝ **Droht** ein **Widerruf** wegen einer erneuten Straftat, empfiehlt es sich, zu beantragen, die **Entscheidung** bis zum **Abschluss** des **neuen Verfahrens** zu **verschieben**. Sollte in dem neuen Verfahren ein Schuldspruch ergehen, wird regelmäßig eine Einheitsstrafe gem. § 31 JGG unter Einbeziehung der Bewährungsverurteilung verhängt werden. Erfahrungsgemäß ist dort die Chance höher, noch einmal eine Strafaussetzung zur Bewährung zu erhalten. Jedenfalls ist in einer neuen Hauptverhandlung mehr Raum für eine umfassende Persönlichkeitsdarstellung des Mandanten als in einer bloßen Anhörung.

158 **d)** Der Widerruf darf nicht auf eine **rechtswidrige Weisung oder Auflage** gestützt werden (→ *Bewährung, Jugendliche, Weisungen, Auflagen*, Teil A Rdn 130 ff.).

159 **aa)** „**Gröblich**" ist ein Verstoß, wenn es sich um eine objektiv schwerwiegende Zuwiderhandlung handelt und sich der Jugendliche subjektiv dieses Verstoßes nicht nur bewusst ist, sondern auch von seiner Motivation her gewollt die Weisung nicht beachtet (D/S/S-*Sonnen*, § 26a Rn 11; Ostendorf/*Drenkhahn*, §§ 26, 26a Rn 10; *Brunner/Dölling*, § 26 Rn 5; *Eisenberg/Kölbel*, §§ 26, 26a Rn 13). Dabei sind die Hintergründe für die Verstöße gegen die Weisungen zu klären. Dabei ist auch zu überprüfen, ob Weisungen sinnvoll und zielgerichtet angeordnet wurden. Gelingt es aber bspw. dem Bewährungshelfer nicht, einen persönlichen Kontakt zum Verurteilten aufzubauen und beruht dies unter anderem auf einer mangelhaften Kommunikation der Jugendgerichtshilfe und des Einzelbetreuers einerseits sowie des Bewährungshelfers andererseits, liegt kein Widerrufsgrund vor (LG Magdeburg, Beschl. v. 12.8.2009 – 22 BRs 16/08).

160 **bb)** Wird ein einzelner Wohnungswechsel entgegen einer gerichtlichen Weisung dem Gericht nicht mitgeteilt, so begründet dies noch keinen „**beharrlichen** Verstoß" gegen diese Weisung, der zu einem Widerruf der Strafaussetzung führen könnte (LG Saarbrücken, Beschl. v. 11.5.2005 – 4 Qs 21/05 I, ZJJ 2005, 449).

161 **cc)** Bei Verstößen gegen **Auflagen** ist nach dem Wortlaut des § 26 Abs. 1 JGG **keine Änderung** der **Legalprognose**, sondern lediglich ein gröblicher oder beharrlicher Verstoß notwendig. Die Änderung der Legalprognose wird teilweise aber als weitere Voraussetzung eingefordert (Ostendorf/*Drenkhahn*, §§ 26, 26a Rn 10; *Eisenberg/Kölbel*, §§ 26, 26a Rn 15), zum Teil der Widerruf nur „in gravierenden Ausnahmefällen" (HK-JGG/*Maier*, § 26 Rn 9; *Brunner/Dölling*, §§ 26, 26a Rn 6) für zulässig erachtet. In der Praxis wird hier überwiegend mit der Verhängung von Ungehorsamsarrest reagiert. Es erscheint zwar unverhält-

nismäßig, einen Jugendlichen mit einer (gleichbleibend) positiven Prognose nur wegen der Nichterfüllung von Bewährungsauflagen dem Jugendstrafvollzug auszusetzen (zum Weisungs- / Auflagenverstoß s.a. → *Bewährung, Widerruf, Auflagenverstoß*, Teil A Rdn 342; → *Bewährung, Widerruf, Weisungsverstoß*, Teil A Rdn 428), der Gesetzgeber hat hier aber bewusst nicht zusätzlich auf die Legalprognose abgestellt, da eine verhängte Auflage (anders als eine Weisung) primär der Sühne/Ahndung dient (*Nöding*, Rn 156).

d) Die **Belehrung** über die Folgen eines Widerrufs wegen **neuer Straftaten** ist keine materielle Voraussetzung (wie im allgemeinen Recht: BVerfG, Beschl. v. 27.1.1992 – 2 BvR 294/91, StV 1992, 283). 162

4. Vom **Widerruf** wird gem. § 26 Abs. 2 JGG jedoch **abgesehen**, wenn es ausreicht, 163

- weitere Auflagen oder Weisungen zu erteilen (§ 26 Abs. 2 Nr. 1 JGG),
- die Bewährungs- oder Unterstellungszeit bis zu einem Höchstmaß von 4 Jahren zu verlängern (§ 26 Abs. 2 Nr. 2 JGG),
- den Jugendlichen vor Ablauf der Bewährungszeit erneut einem Bewährungshelfer zu unterstellen (§ 26 Abs. 2 Nr. 3 JGG).

☝ Hat der Jugendliche **Zusagen für seine künftige Lebensführung** abgegeben oder erbietet er sich zu angemessenen Leistungen, die der Genugtuung für das begangene Unrecht dienen, und hat der Richter daher von entsprechenden Weisungen oder Auflagen abgesehen (§ 23 Abs. 2 JGG), so kann bei Nichteinhaltung der Zusagen weder Ungehorsamsarrest verhängt werden noch ein Bewährungswiderruf erfolgen (D/S/S-*Sonnen*, § 23 Rn 14; HK-JGG/*Meier*, § 23 Rn 9). In der Praxis wird eine solche Zusage jedoch eher selten abgegeben, obwohl nach § 57 Abs. 3 S. 1 JGG der Jugendliche in geeigneten Fällen zu befragen ist, ob er Zusagen für seine künftige Lebensführung macht oder sich zu Leistungen erbietet, die der Genugtuung für das begangene Unrecht dienen.

Die **Voraussetzungen** für Maßnahmen nach § 26 Abs. 2 JGG sind mit denjenigen für einen Widerruf der Strafaussetzung zur Bewährung identisch (AG Tiergarten, Beschl. v. 22.11.2011 – 404 AR 3/10 Jug, ZJJ 2012, 89), d.h. diese kommen ohne Anlass nicht in Betracht. 164

Mildere Maßnahmen i.S.d. § 26 Abs. 2 JGG kommen jedoch nur dann in Betracht, wenn im Entscheidungszeitpunkt objektiv eine durch neue Tatsachen belegte hohe Wahrscheinlichkeit dafür besteht, dass der Verurteilte zukünftig keine Straftaten mehr begehen wird. Die **günstige Prognose** setzt dabei mehr voraus als den Willen des Verurteilten, sich künftig straffrei zu führen. Für die Annahme einer solchen günstigen Prognose müssen **Tatsachen** vorliegen, die die Fähigkeit des Verurteilten belegen, diesen Willen auch in die Tat umzusetzen (KG, Beschl. v. 26.4.2013 – 4 Ws 44/13; LG Aurich, Beschl. v. 4.12.2019 – 13 Qs 39/19).

☝ Im Widerrufsverfahren sollten daher **möglichst Tatsachen** (mit Belegen) **vorgetragen** werden, um eine (weitere) positive Legalprognose begründen zu können.

5. Bei Nichterfüllung von Bewährungsweisungen und -auflagen kommt statt des Wiederrufs – als milderes Mittel – auch die Verhängung von **Ungehorsamsarrest** in Betracht (→ *Bewährung, Jugendliche, Weisungen, Auflagen*, Teil A Rdn 144). Dies soll nicht zu einer Doppelbestrafung hinsichtlich der Jugendstrafe bei einem Widerruf führen. Die Verhängung von Jugendarrest wegen einer Zuwiderhandlung gegen richterliche Weisungen, die für die Bewährungszeit erteilt wurden, ist nämlich keine Bestrafung i.S.v. Art. 103 Abs. 3 GG, sondern eine spezifische Maßnahme der Bewährungsaufsicht, die einer späteren strafrechtlichen Ahndung nicht entgegensteht (BVerfG, Beschl. v. 7.6.1989 – 2 BvR 804/89, NJW 1989, 2529). Zum Absehen der Vollstreckung des Arrests im Falle des Widerrufs → *Jugendliche, Vollstreckung, Jugendarrest*, Teil B Rdn 818). 165

166 **6.a) Leistungen**, die der Jugendliche bisher erbracht hat werden bei einem Widerruf der Strafaussetzung nicht erstattet (§ 26 Abs. 3 S. 1 JGG). Leistungen aufgrund von Auflagen können jedoch auf die Jugendstrafe **angerechnet** werden (§ 26 Abs. 3 S. 2 JGG). Wie bei Erwachsenen scheidet jedoch die Anrechnung von Therapiezeiten, die aufgrund einer Weisung absolviert wurde, aus. Solche Therapiezeiten können nur im Einzelfall nach §§ 36 Abs. 3, 38 Abs. 1 S. 1 BtMG ganz oder teilweise auf die Jugendstrafe angerechnet werden (LG Offenburg, NStZ-RR 2004, 58; → *Bewährung, Widerruf, Anrechnung von Leistungen*, Teil A Rdn 330).

167 **b)** Nach h.M. wird auch der vollstreckte **Ungehorsamsarrest** (s.o. Rdn 163) i.d.R. auf eine letztendlich widerrufene Jugendstrafe **angerechnet**, obwohl er in § 26 Abs. 3 JGG nicht erwähnt ist (mit unterschiedlicher Begründung: *Eisenberg/Kölbel*, §§ 26, 26a Rn 25 „Einheitsprinzips“; HK-JGG/*Meier*, § 23 Rn 7 „Gleichbehandlung“; *Ostendorf*, § 26a Rn 18 [Analogie zu § 52a JGG]; D/S/S-*Sonnen*, §§ 26, 26a Rn 20; a.A. *Brunner/Dölling*, §§ 26, 26a JGG Rn 13 [keine Anrechnung möglich]).

168 **c)** Die Anrechnung eines „**Koppelungssarrests**“ nach § 16a JGG ist zwingend (§ 26 Abs. 3 S. 3 JGG).

169 **7.** Das **Verfahren über den Widerruf** ist in §§ 58, 59 JGG geregelt.

170 **a) Zuständig** für den Widerruf ist der **Richter, der die Aussetzung angeordnet hat**, also ggf. auch das Berufungsgericht. Er kann die Entscheidungen auf den Jugendrichter übertragen, in dessen Bezirk sich der Jugendliche aufhält (§ 58 Abs. 3 S. 2 JGG). Hierin unterscheidet sich das Jugendstrafrecht vom allgemeinen Recht, wo die Zuständigkeit für den Widerruf regelmäßig beim Gericht des ersten Rechtszuges liegt (§ 462a Abs. 2). Befindet sich der Verurteilte in Strafhaft, ist für den Widerruf einer zur Bewährung ausgesetzten Jugendstrafe der Vollstreckungsrichter, nicht das erkennende Gericht zuständig (OLG Naumburg, Beschl. v. 19.10.2000 – 1 Ws 483/00).

171 **b)** Dem Jugendlichen ist bei einer Entscheidung über den Widerruf oder die Verhängung von Ungehorsamsarrest Gelegenheit zur **mündlichen Äußerung** vor dem Richter zu geben (§ 58 Abs. 1 S. 3 JGG). Es ist also vor einer Entscheidung ein Anhörungstermin anzuberaumen. Als Anhörung genügt es nicht, dem Verurteilten lediglich Gelegenheit zur Äußerung zu geben; er ist vielmehr schriftlich zu laden (LG Heidelberg, Beschl. v. 23.4.2007 – 3 Qs 4/07 jug, StV 2008, 119; OLG Hamm, Beschl. v. 8. 11.2016 – III-3 Ws 396/16). Allerdings soll bei einem Verurteilten, der zum Zeitpunkt des Widerrufsverfahrens das 24. Lebensjahr vollendet, eine mündliche Anhörung nicht mehr zwingend erforderlich sein, wenn der Widerruf allein wegen erneuter Straffälligkeit erfolgen soll (KG, Beschl. v. 11.9.2012 – 4 Ws 77/12; a.A. LG Saarbrücken, Beschl. v. 18.5.2020 – 3 Qs 29/20). Außerdem soll das Beschwerdegericht – jedenfalls dann, wenn es sich bei dem Verurteilten um einen Jugendlichen oder Heranwachsenden handelt – die mündliche Anhörung aus Gründen der Verfahrensbeschleunigung selbst nachholen können (OLG Hamm, Beschl. v. 20.5.2008 – 3 Ws 187/08, ZJJ 2008, 387).

172 **8.a)** Gegen den Widerruf der Aussetzung der Jugendstrafe (§ 26 Abs. 1 JGG) ist gem. § 59 Abs. 3 JGG **sofortige Beschwerde** zulässig (Burhoff/*Nöding*, RM, Teil A Rn 694). Beschwerdeberechtigt sind sowohl der Verurteilte als auch – zu seinen Gunsten – die Staatsanwaltschaft (Burhoff/*Nöding*, RM, Teil A Rn 696).

173 **b)** Nach h.M. (KG, Beschl. v. 29.6.1998 – 1 AR 362/98 – 3 Ws 227/98, JR 1998, 389; LG Krefeld, Beschl. v. 28.11.1973 – 8 Qs 556/73, NJW 1974, 1476; LG Potsdam, Beschl. v. 22.5.1996 – 22 Qs 17/96, NStZ-RR 1996, 285; LG Magdeburg, Beschl. v. 11.12.2012 – 22 Qs 81/12, StV 2013, 777; *Eisenberg/Kölbel*, § 59 Rn 22; Ostendorf/*Drenkhahn*, § 59 Rn 15; D/S/S-*Schatz*, § 59 Rn 25; *Brunner/Dölling*, § 26a Rn 14; § 59 Rn 5) ist der Beschluss, durch den der **Widerruf abgelehnt** wurde, für die Staatsanwaltschaft, also zuungunsten des Verurteilten, nicht anfechtbar. Die **Unanfechtbarkeit** kann der Sache nach auch hingenommen werden, weil die Ablehnung des Widerrufs bei neuen Straftaten im Jugendstrafverfahren wegen des Einheitsstrafenprinzips (§ 31 Abs. 2 S. 1 JGG) bei Weitem nicht die Bedeutung zukommt, die eine vergleichbare Ablehnungsentscheidung im Erwachsenenstrafrecht hat, wo nur die Möglichkeit des Widerrufs oder die Anordnung von milderen Maßnahmen zur Verfügung steht (D/S/S-*Schatz*, § 59 Rn 25). Die Gegenmeinung (LG Osnabrück, Beschl. v. 12.6. 1991 – 20 Qs III 30/91, NStZ 1991, 533 [einfache

Beschwerde]; LG Hamburg, Beschl. v. 4.1.1995 – 634 Qs 46/94, NStZ 1996, 250 [sofortige Beschwerde] mit abl. Anm. *Sieveking/Eisenberg,* NStZ 1996, 251; LG Bückeburg, Beschl. v. 22.1.2003 – Qs 5/03, NStZ 2005, 168 [sofortige Beschwerde]; LG Aurich, Beschl. 4.12.2019 – 13 Qs 39/19; zust. *Heinrich,* NStZ 2006, 417; HK-JGG/*Meier,* § 59 Rn 14) beruft sich auf eine planwidrige Regelungslücke, die durch die Anwendung von § 453 Abs. 2 geschlossen werden soll (ausführlich dazu Burhoff/*Nöding*, RM, Teil A Rn 697ff.).

c) Die sofortige Beschwerde des Verurteilten gegen die Widerrufsentscheidung hat zwar nach dem Wortlaut des § 307 **keine aufschiebende Wirkung**; vielmehr muss die Aussetzung der Vollziehung gem. § 307 Abs. 2 im Einzelfall angeordnet werden. Da der Widerrufsbeschluss jedoch als urteilvertretender Beschluss gilt (*Schmitt/Köhler*, § 307 Rn 1) darf bei sofortiger Beschwerde die **Vollstreckung nicht eingeleitet** werden, sondern erst ab materieller Rechtskraft (D/S/S-Schatz, § 59 Rn 26; *Brunner/Dölling,* § 26a Rn 14; *Eisenberg/Kölbel*, §§ 26, 26a Rn 30; § 59 Rn 21; Ostendorf/*Drenkhahn*, § 59 Rn 16; HK-JGG/*Meier*, § 59 Rn 15). 174

9. § 453c StPO lässt bis zur Rechtskraft des Widerrufbeschlusses einen **Sicherungshaftbefehl** zu. Die in der Praxis gelegentlich anzutreffende Vorgehensweise, einen Sicherungshaftbefehl zu erlassen, den Termin zur Anhörung jedoch erst mehrere Wochen nach vollzogener U-Haft durchzuführen, sodann den U-Haftvollzug als „Denkzettel“ zu bewerten und unter Hinweis auf diesen von einem Widerruf abzusehen, begegnet – trotz der nachvollziehbaren Intention, so den drohenden Widerruf zu vermeiden – Bedenken (Ostendorf/*Drenkhahn*, §§ 26, 26a Rn 12; D/S/S-*Sonnen*, § 26a Rn 24; Brunner/Dölling, § 26a Rn 10). 175

Siehe auch: → *Bewährung, Allgemeines,* Teil A Rdn 1 ff.; → *Bewährung, Auflagen*, Teil A Rdn 9 ff.; → *Bewährung, Jugendliche, Allgemeines,* Teil A Rdn 84 ff.; → *Bewährung, Jugendliche, Straferlass,* Teil A Rdn 125 ff.; → *Bewährung, Jugendliche, Weisungen, Auflagen*, Teil A Rdn 130 ff.; → *Bewährung, Jugendliche, Zeit*, Teil A Rdn 176 ff.; → *Bewährung, Weisungen*, Teil A Rdn 249 ff.; → *Bewährung, Widerruf, Absehen*, Teil A Rdn 286 ff.; → *Bewährung, Widerruf, Allgemeines*, Teil A Rdn 298 ff.; → *Bewährung, Widerruf, Anrechnung von Leistungen*, Teil A Rdn 328 ff.; → *Bewährung, Widerruf, Auflagenverstoß*, Teil A Rdn 340 ff.; → *Bewährung, Widerruf, neuerliche Straffälligkeit*, Teil A Rdn 351 ff.; → *Bewährung, Widerruf, notwendige Verteidigung,* Teil A Rdn 387 ff.; → *Bewährung, Widerruf, vorläufige Maßnahmen,* Teil A Rdn 403 ff.; → *Bewährung, Widerruf, Weisungsverstoß*, Teil A Rdn 426 ff.; → *Jugendliche, Vollstreckung, Allgemeines,* Teil B Rdn 738 ff.; → *Jugendliche, Vollstreckung, Jugendstrafe,* Teil B Rdn 825 ff.; → *Jugendliche, Vollstreckung, Zuständigkeit,* Teil B Rdn 951 ff.

Bewährung, Jugendliche, Zeit 176

Das Wichtigste in Kürze:

1. Die Dauer der jeweiligen Bewährungszeit richtet sich nach der „Bewährungsart“.
2. Nach § 28 JGG beträgt die Bewährungszeit, wenn die Verhängung der Jugendstrafe nach § 27 JGG ausgesetzt wird, mindestens ein Jahr und höchstens zwei Jahre.
3. Wird die Jugendstrafe nach § 21 JGG zur Bewährung ausgesetzt, beträgt die Dauer der Bewährungszeit mindestens zwei und höchstens drei Jahre (§ 22 Abs. 1 JGG).
4. Nach § 61a JGG (Bewährungsvorbehalt) ergeht die Entscheidung, ob die Vollstreckung der Jugendstrafe zur Bewährung ausgesetzt wird oder nicht spätestens sechs (ausnahmsweise neun) Monate nach Rechtskraft des Urteils.
5. Die kürzeren Fristen nach § 22 JGG gelten ebenfalls bei einer Reststrafenaussetzung nach § 88 JGG; dies auch dann, wenn die Vollstreckung nach § 85 Abs. 6 JGG an die StA abgegeben wurde.

177 **Literaturhinweise: Ostendorf**, Die Bewährungszeit im Jugendstrafrecht und ihre Abänderung, StV 1987, 320; s.a. die Hinw. bei → *Bewährung, Bewährungszeit*, Teil A Rdn 72 ff.

178 **1.** Die **Dauer** der jeweiligen Bewährungszeit richtet sich nach der „Bewährungsart", also danach, ob es um eine Bewährungsaussetzung nach § 21 JGG, eine Aussetzung der Verhängung von Jugendstrafe nach § 27 JGG oder eine Bewährungsvorbehaltsentscheidung nach §§ 61 ff. JGG handelt (→ *Bewährung, Bewährungszeit*, Teil A Rdn 72 ff.).

179 **2.** Nach § 28 Abs. 1 JGG beträgt die Bewährungszeit, wenn die Verhängung der Jugendstrafe nach **§ 27 JGG** ausgesetzt wird, **mindestens ein Jahr** und **höchstens zwei Jahre**. Sie kann gem. § 28 Abs. 2 S. 2 JGG nachträglich auf ein Jahr verkürzt oder vor ihrem Ablauf auf zwei Jahre verlängert werden. Die nachträgliche Verlängerung setzt neue, nachträglich bekannt gewordene Umstände voraus, die die Verlängerung erzieherisch notwendig erscheinen lassen. Das bloße Fortbestehen der Unsicherheit im Hinblick auf Umfang der hervorgetretenen schädlichen Neigungen und die erzieherische Notwendigkeit der Verhängung einer Jugendstrafe reicht nicht aus (HK-JGG/*Meier*, § 28 Rn 2; D/S/S-*Diemer*, § 28 Rn 3; *Eisenberg/Kölbel*, § 28 Rn 3; a.A. *Brunner/Dölling*, § 28 Rn 1). Nach Ablauf der Bewährungszeit ist eine Verlängerung nicht mehr möglich (D/S/S-*Diemer*, § 28 Rn 4). Die Bewährungszeit beginnt mit der Rechtskraft des Urteils.

180 **3.a)** Wird die Jugendstrafe nach **§ 21 JGG** zur Bewährung ausgesetzt, beträgt die Dauer der Bewährungszeit **mindestens zwei** und **höchstens drei Jahre** (§ 22 Abs. 1 JGG). Sie kann nachträglich auf **ein Jahr verkürzt** (allerdings nicht bei Jugendstrafe von über einem Jahr) oder vor ihrem Ablauf auf **vier Jahre verlängert** werden (§ 22 Abs. 2 JGG).

181 **b)** Die **zeitlichen Grenzen** für die Bemessung der Bewährungszeit sind **enger gefasst** als im Erwachsenenstrafrecht. Der Gesetzgeber trägt damit dem Umstand Rechnung, dass Zeit im Leben von Jugendlichen einen anderen Stellenwert hat als im Leben von Erwachsenen. Die wesentlichen für die weitere Entwicklung prägenden Veränderungen (Ablösung vom Elternhaus, Bindung an Gleichaltrige, Beendigung der schulischen Ausbildung, Eintritt in das Erwerbsleben) finden meist innerhalb kurzer Phasen statt, so dass es unverhältnismäßig wäre, straffällig gewordene Jugendliche über verhältnismäßig lange Zeiträume hinweg der staatlichen Aufsicht zu unterwerfen wie Erwachsene (HK-JGG/*Meier*, § 22 Rn 1).

182 **c)** Die **konkrete Dauer** der Bewährungszeit bemisst sich zum einen nach dem **Sanktionsziel**, d.h. es ist zu entscheiden, wie viel Zeit zur Erreichung des Ziels für angemessen angesehen wird sowie nach dem **Verhältnismäßigkeitsprinzip**. Daher wird sie sich in der Regel am Mindestmaß der zweijährigen Bewährungszeit zu orientieren haben (HK-JGG/*Meier*, § 22 Rn 2, *Ostendorf*, § 22 Rn 5; D/S/S-*Sonnen*, § 22 Rn 2). Eine längere Bewährungszeit ist nur verhältnismäßig, wenn besondere Gründe, die in der Entwicklung des Jugendlichen liegen, dies gebieten (*Ostendorf*, § 22 Rn 2).

183 **d)** Soweit der Endtermin nicht durch ein bestimmtes Datum festgelegt ist, berechnet sich die **Beendigung** durch entsprechende Anwendung des § 188 BGB (D/S/S-*Sonnen*, § 22 Rn 3).

184 **e)** Die **nachträgliche Verkürzung** der Bewährungszeit kommt bei einer positiven Entwicklung des Jugendlichen in Betracht. Bei Jugendstrafen von mehr als einem Jahr darf die Bewährungszeit nur bis auf zwei Jahre verkürzt werden (§ 22 Abs. 2 S. 3 JGG).

> ✐ Bei einer positiven Entwicklung des Jugendlichen sollte der Verteidiger einen Antrag auf Verkürzung der Bewährungszeit stellen.

185 **f)** Die **Verlängerung** der Bewährungszeit setzt nachträglich bekannt gewordene Umstände voraus, die die Verlängerung zur Einwirkung auf die Entwicklung des Jugendlichen notwendig werden lassen. Dies sind insbesondere Umstände, die zu einem Widerruf der Bewährung führen können (§ 26 JGG), wobei die Verlängerung das mildere Mittel darstellt (§ 26 Abs. 2 Nr. 2 JGG).

☝ Die Verlängerung ist aus Gründen der Verhältnismäßigkeit vor einem Widerruf vom Gericht zu prüfen und vom Verteidiger daher vorrangig anzuregen.

Nach dem Gesetzeswortlaut (§ 22 Abs. 2 S. 2 JGG) muss eine nachträgliche Verlängerung vor dem Ablauf der Bewährungszeit erfolgen. Da die zur Verlängerung führenden Umstände (z.B. eine erneute Straftat) jedoch auch erst am letzten Tag der Bewährungszeit auftreten können, kann der förmliche Verlängerungsbeschluss auch noch **nach Ablauf der Bewährungszeit** ergehen (wie bei Erwachsenen § 56f StGB; → *Bewährung, Bewährungszeit*, Teil A Rdn 78; HK-JGG/*Meier*, § 22 Rn 4; *Brunner/Dölling*, § 22 Rn 4; *Eisenberg/Kölbel*, §§ 26, 26 a Rn 18), allerdings nur dann, wenn andernfalls widerrufen werden müsste (LG Hamburg, Beschl. v. 26.9.1994 – 634 Qs 37/94). In diesem Fall erfolgt die Verlängerung „ex tunc", d.h. die Bewährungszeit wird unmittelbar fortgesetzt (*Ostendorf*, StV 1987, 321); Straftaten zwischen dem Ablauf der Bewährungszeit und dem Verlängerungsbeschluss dürfen jedenfalls dann nicht zu einem Widerruf der Bewährung führen, wenn der Verurteilte nicht zuvor auf die Möglichkeit einer Verlängerung der Bewährungszeit hingewiesen worden war (KG, Beschl. v. 31.3.2011 – 4 Ws 29/11, StV 2012, 484; KG Berlin, Beschl. v. 13.8.2015 – 4 Ws 52/15). 186

g) Mit der **Einbeziehung einer Vorverurteilung** nach § 31 Abs. 2 JGG entfällt die in dieser Entscheidung verhängte Rechtsfolge, so als wäre diese Entscheidung nicht ergangen. Auch Entscheidungen der Strafaussetzung zur Bewährung aus einem früheren Urteil verlieren formell ihren Bestand. Aus diesem Grund ist auch eine Anrechnung der früheren Bewährungszeit auf eine durch die neue Entscheidung erneut gewährte Bewährung auf die neue Bewährungszeit ausgeschlossen; der Mindestzeitraum von zwei Jahren (§ 22 Abs. 1 JGG) darf nicht unterschritten werden (AG Tiergarten, Beschl. v. 22.11.2011 – 404 AR 3/10 Jug, ZJJ 2012, 89). 187

4. Nach § 61a JGG **(Bewährungsvorbehalt)** ergeht die Entscheidung, ob die Vollstreckung der Jugendstrafe zur Bewährung ausgesetzt wird oder nicht spätestens **sechs Monate** nach Rechtskraft des Urteils. Aus besonderen Gründen und nur mit Einverständnis des Verurteilten kann diese Frist durch Beschluss auf **höchsten neun Monate** seit Rechtskraft verlängert werden (§ 61a Abs. 2 S. 3 JGG). Ein besonderer Grund kann z.B. eine noch nicht beendete Therapie sein. 188

5. Die kürzeren Fristen aus § 22 JGG gelten ebenfalls bei einer **Reststrafenaussetzung** nach § 88 JGG; auch dann, wenn die Vollstreckung nach § 85 Abs. 6 JGG an die StA abgegeben wurde (OLG Celle, Beschl. v. 13.3.2012 – 2 Ws 59/12, NStZ-RR 2012, 293) oder auch wenn zugleich der Rest einer, nach allgemeinem Strafrecht verhängten Sanktion ausgesetzt wird (LG Hildesheim, Beschl. v. 23.9.2009 – 27 StVK 86/09, Nds.Rpfl 2010, 180). 189

Siehe auch: → *Bewährung, Jugendliche, Allgemeines*, Teil A Rdn 84 ff.; → *Bewährung*, → *Bewährung, Jugendliche, „Bewährungsvorbehalt"*, Teil A Rdn 113 ff.; *Jugendliche, Straferlass*, Teil A Rdn 125 ff.; → *Bewährung, Jugendliche, Weisungen, Auflagen*, Teil A Rdn 130 ff.; → *Jugendliche, Vollstreckung, Allgemeines*, Teil B Rdn 738 ff.; → *Jugendliche, Vollstreckung, Jugendstrafe*, Teil B Rdn 825 ff.; → *Jugendliche, Vollstreckung, Zuständigkeit*, Teil B Rdn 951 ff.

Bewährung, nachträgliche Entscheidungen 190

Das Wichtigste in Kürze:

1. Entscheidungen über Auflagen, Weisungen und die Bestellung eines Bewährungshelfers können während der Bewährungszeit nachträglich getroffen, geändert oder aufgehoben werden.
2. Änderungen sind sowohl zugunsten als auch zuungunsten des Verurteilten zulässig.
3. Voraussetzung für eine Neufassung von Auflagen und Weisungen ist eine nachträgliche Änderung der tatsächlichen Lebensverhältnisse des Verurteilten.

4. Zuständig ist das Gericht des 1. Rechtszuges, sofern dieses die Bewährungsüberwachung nicht abgegeben hat.
5. Gegen den Abänderungsbeschluss ist die Beschwerde zulässig. Sie kann nur darauf gestützt werden kann, dass die getroffene Anordnung gesetzeswidrig ist.

191 **Literaturhinweise:** S. die Hinw. bei → *Bewährung, Auflagen*, Teil A Rdn 9; → *Bewährung, Bewährungshilfe*, Teil A Rdn 61; → *Bewährung, Bewährungszeit*, Teil A Rdn 72; → *Bewährung, Weisungen*, Teil A Rdn 249.

192 **1.** Entscheidungen über Auflagen, Weisungen und die Bestellung eines Bewährungshelfers können während der Bewährungszeit **nachträglich** getroffen, geändert oder aufgehoben werden (§ 56e StGB). Zweck der Regelung ist es, dem Gericht eine Reaktion auf eingetretene **Veränderungen der prognoserelevanten Verhältnisse** zu ermöglichen. Ob es von dieser Möglichkeit Gebrauch macht, steht in seinem pflichtgemäßen **Ermessen** (MüKo-StGB/*Groß/Kett-Straub*, § 56e Rn 9; *Fischer*, § 56e Rn 2). Bei dessen Ausübung dürfen allein solche **neuen oder neu hervorgetretenen Tatsachen** berücksichtigt werden, die eine geänderte Bewertung des Genugtuungsbedürfnisses oder der Zumutbarkeit der Auflage für den Verurteilten rechtfertigen, nicht aber personelle Engpässe bei Gericht oder eine Überlastung des zur Entscheidung berufenen Richters (BGH, Urt. v. 21.1.2021 – 4 StR 83/20, NStZ 2021, 365).

☝ Für eine **Verkürzung/Verlängerung der Bewährungszeit** geht § 56a Abs. 2 S. 2 StGB vor (s. hierzu → *Bewährung, Bewährungszeit*, Teil A Rdn 72 ff.).

193 **2.** Änderungen sind sowohl **zugunsten als auch zuungunsten** des Verurteilten zulässig (*Fischer*, § 56e Rn 1).

194 **a)** So kommen bspw. bei einer im Laufe der Bewährungszeit eingetretenen Verschlechterung der wirtschaftlichen Verhältnisse die **Absenkung** einer Zahlungsauflage, die Bewilligung einer **Ratenzahlungsbefugnis** oder die **Verlängerung der Zahlungsfrist** in Betracht.

☝ Für die Verteidigung **empfiehlt** sich in solchen Fällen, zur Vermeidung einer späteren Einleitung des Widerrufsverfahrens **frühzeitig** auf eine entsprechende Änderung **hinzuwirken** (→ *Bewährung, Widerruf, Auflagenverstoß*, Teil A Rdn 349).

195 **b)** Eine Abänderung **zum Nachteil** des Verurteilten kann in Betracht kommen, wenn Umstände hervortreten, die speziell im Hinblick auf die abgeurteilte Straftat ein erhöhtes Genugtuungsbedürfnis ergeben (LK-*Hubrach*, § 56e Rn 7; *Lackner/Kühl/Heger*, § 56e Rn 3).

196 **3.a)** Voraussetzung für eine Neufassung von Auflagen und Weisungen ist eine **nachträgliche Änderung der objektiven Situation** des Verurteilten oder seiner **wirtschaftlichen Verhältnisse** (OLG Brandenburg, Beschl. v. 20.8.2018 – 1 Ws 134/18). Strebt der Verurteilte eine Abänderung von Auflagen und Weisungen zu seinen Gunsten an, hat er die Verschlechterung seiner wirtschaftlichen Verhältnisse nicht nur zu behaupten, sondern **substantiiert zu belegen** (OLG Zweibrücken, Beschl. v. 19.12.2024 – 1 Ws 286/24).

☝ Nicht zwingend erforderlich ist es, dass die Änderung erst nach Verkündung des ursprünglichen Bewährungsbeschlusses eingetreten ist. Vielmehr genügt es, wenn die Veränderungen dem Gericht erst nachträglich **bekannt werden** (LK-*Hubrach*, § 56e Rn 3).

197 **b)aa)** Eine andere Bewertung von Rechtsfragen, eine andere Beurteilung des Genugtuungsbedürfnisses anhand neuer Bewertungsmaßstäbe oder ein Fehlverhalten des Verurteilten im Hinblick auf andere Auflagen oder Weisungen rechtfertigt die Abänderung dagegen nicht, selbst wenn sich durch die neue Bewertung der Schuldumfang ändert (OLG Stuttgart NStZ-RR 2004, 89; NStZ-RR 2004, 362). Es kann also der Verurteilte nicht geltend machen, das Tatgericht habe sich beim Erlass des Bewährungsbeschlusses geirrt.

Allerdings kann eine Auflage zur Schadenswiedergutmachung herabzusetzen sein, wenn sich der ursprünglich festgelegte Betrag aufgrund eines späteren Zivilurteils als zu hoch erweist (→ *Bewährung, Auflagen*, Teil A Rdn 18).

bb) Umgekehrt kann das Gericht seine ursprüngliche Entscheidung nicht nachträglich „korrigieren" und ohne neu aufgetretene bzw. nachträglich bekannt gewordene Änderungen in den persönlichen Verhältnissen des Verurteilten eine im Nachhinein für zu milde erachtete Auflage **verschärfen** oder zunächst nicht festgesetzte Auflagen **nachschieben.** 198

☝ Anders kann nur verfahren werden, wenn ein **Widerrufsgrund** i.S.d. § 56f StGB vorliegt, der Widerruf aber durch die nachträgliche Erteilung oder Verschärfung von Auflagen **vermieden** werden kann (KG, Beschl. v. 20.11.2015 – 2 Ws 234/15; → *Bewährung, Widerruf, Absehen,* Teil A Rdn 286 ff.). Aus § 56f Abs. 2 S. 1 Nr. 1 StGB ergibt sich, dass die Erteilung bislang nicht angeordneter Auflagen in derartigen Fällen möglich ist. Auch können neue Auflagen erteilt werden, wenn das Gericht aufgrund eines **Anerbietens** des Verurteilten gem. § 56b Abs. 3 StGB vorläufig von der Auflagenerteilung abgesehen hat und der Verurteilte das Anerbieten nicht erfüllt (SSW-StGB/*Mosbacher*, § 56e Rn 5).

4. Zuständig ist das **Gericht des 1. Rechtszuges**, sofern dieses die Bewährungsüberwachung nicht abgegeben hat (→ *Bewährung, Überwachung*, Teil A Rdn 230 ff.). Die Entscheidung ergeht gem. § 453 Abs. 1 StPO **ohne mündliche Verhandlung** durch **Beschluss**, die Staatsanwaltschaft und der Verurteilte sind zu hören. Eine Anhörung des Bewährungshelfers ist gesetzlich nicht vorgeschrieben, aber **zweckmäßig** (SSW-StGB/*Mosbacher*, § 56e Rn 7). 199

5. Gegen den Abänderungsbeschluss ist die **Beschwerde** zulässig. Sie kann nur darauf gestützt werden kann, dass die getroffene Anordnung **gesetzeswidrig** ist (§ 453 Abs. 2 S. 2). Insbesondere ein **Ermessensmissbrauch oder -fehlgebrauch** kann zur Gesetzeswidrigkeit führen (OLG Stuttgart NStZ-RR 2004, 89), aber auch eine nicht hinreichende Ermittlung der Tatsachengrundlage für den Abänderungsbeschluss (LG-Nürnberg-Fürth, Beschl. v. 11.7.2025 – 12 Qs 23/25). Das Rechtsmittel ist **nicht fristgebunden**, kann im Einzelfall aber **verwirkt** werden. Ein bloßer Zeitablauf von einem Jahr und vier Monaten zwischen Beschlusserlass und der Einlegung der Beschwerde begründet eine Verwirkung jedoch noch nicht (OLG Bamberg, Beschl. v. 21.2.2022 – 1 Ws 70/22). 200

6. Muster: Antrag auf nachträgliche Änderung einer Bewährungsauflage 201

▼

An das A.1

Amtsgericht Musterstadt

In der Bewährungssache

pp.

wird beantragt,

den im Verfahren AG X, Az. , ergangenen Bewährungsbeschluss vom unter Ziff. 3 dahingehend abzuändern, dass die monatliche Rate auf 100,00 EUR reduziert wird.

Begründung:

Gegen den Verurteilten wurde im o.g. Verfahren mit Urteil vom wegen gefährlicher Körperverletzung die Freiheitsstrafe von zehn Monaten verhängt, deren Vollstreckung zur Bewährung ausgesetzt wurde. Mit Bewährungsbeschluss vom selben Tage wurde die Bewährungszeit auf vier Jahre festgesetzt und dem Verurteilten u.a. auferlegt, an den gemeinnützigen Y e.V. den Betrag von 2.000,00 EUR zu bezahlen, wobei ihm gestattet wurde, diesen Betrag in monatlichen Raten zu je 200,00 EUR zu erbringen.

Diese Auflage ist der Verurteilte bislang ordnungsgemäß nachgekommen, die entsprechenden Nachweise liegen dem Gericht vor. Nunmehr ist jedoch eine Änderung eingetreten, die die Abänderung der Auflage in dem beantragten Umfang gebietet: Denn der Verurteilte hat aufgrund arbeitgeberseitiger, betriebsbedingter Kündigung unverschuldet seinen Arbeitsplatz verloren und muss deshalb bis auf Weiteres seinen Lebensunterhalt sowie den seiner unterhaltsberechtigten Ehefrau und seiner minderjährigen Kinder mit Arbeitslosengeld bestreiten. Dies bedeutet eine Reduzierung des der Familie monatlich zur Verfügung stehenden Geldbetrages um EUR. Über weitere Einnahmequellen verfügt der Verurteilte, dessen Ehefrau nicht berufstätig ist, derzeit nicht, und Vermögenswerte, die zur Auflagenerfüllung eingesetzt werden könnten, sind nicht vorhanden.

Mithin ist der Verurteilte momentan nur noch eingeschränkt leistungsfähig, eine Monatsrate von 200,00 EUR ist nicht mehr leistbar. Eine sachgerechte Absenkung der monatlichen Rate ist deshalb angezeigt.

Kopien des Kündigungsschreibens des Arbeitgebers sowie des aktuellen ALG-Bescheides sind beigefügt.

Rechtsanwalt

▲

Siehe auch: → *Bewährung, Auflagen*, Teil A Rdn 9; → *Bewährung, Bewährungshilfe*, Teil A Rdn 61; → *Bewährung, Bewährungszeit,* Teil A Rdn 72; → *Bewährung, Weisungen*, Teil A Rdn 249; → *Bewährung, Widerruf, Absehen,* Teil A Rdn 286.

202 Bewährung, Straferlass

Das Wichtigste in Kürze:

1. Widerruft das Gericht die Strafaussetzung zur Bewährung nicht, so erlässt es die Strafe nach Ablauf der Bewährungszeit.
2. Das Gericht ist gehalten, nach dem Ablauf der Bewährungszeit ohne ungebührliche Verzögerung so bald wie möglich über einen Straferlass zu entscheiden. Eine feste Frist, innerhalb derer es zum Straferlass oder zum Widerruf der Strafaussetzung kommen muss, besteht aber nicht.
3. Sind gegen den Verurteilten neue Strafverfahren anhängig, wird die Entscheidung über den Straferlass zurückgestellt.
4. Der Erlass der Strafe erfolgt durch Beschluss. Für den Verurteilten ist der Straferlass mangels Beschwer nicht anfechtbar. Die StA dagegen kann mit der sofortigen Beschwerde gegen den Erlass vorgehen.
5. Nicht nur die ursprüngliche Strafaussetzung, sondern auch der Straferlass selbst kann widerrufen werden (§ 56g Abs. 2 StGB).
6. Der Widerruf des Straferlasses führt nach zutreffender Ansicht nicht unmittelbar zur Vollstreckung der Freiheitsstrafe. Hierfür bedarf es darüber hinaus einer Entscheidung nach § 56f StGB.
7. Die Entscheidung über den Widerruf des Straferlasses ergeht nach Anhörung der Staatsanwaltschaft und des Verurteilten durch Beschluss.
8. Statthaftes Rechtsmittel gegen den Widerruf des Straferlasses ist die sofortige Beschwerde.

Literaturhinweise: S. die Hinweise bei → *Bewährung, Bewährungszeit*, Teil A Rdn 72; → *Bewährung, Widerruf, Allgemeines*, Teil A Rdn 298. 203

1. Widerruft das Gericht die Strafaussetzung zur Bewährung nicht, so **erlässt** es die Strafe nach Ablauf der Bewährungszeit (§ 56g Abs. 1 S. 1 StGB). Vom Verurteilten zur Erfüllung von Auflagen und Weisungen erbrachte Leistungen werden gem. §§ 56g Abs. 1 S. 2, 56f. Abs. 3 S. 1 StGB **nicht erstattet**. 204

2. Das Gericht ist gehalten, nach dem Ablauf der Bewährungszeit ohne ungebührliche Verzögerung **so bald wie möglich** über einen Straferlass zu entscheiden (BGH NStZ 1993, 235). Eine **feste Frist**, innerhalb derer es zum Straferlass oder zum Widerruf der Strafaussetzung kommen muss, besteht aber **nicht** (BGH NStZ 1993, 235; SSW-StGB/*Mosbacher*, § 56g Rn 2). 205

☝ Einem Widerruf nach Ablauf der Bewährungszeit können jedoch **Vertrauensschutzgesichtspunkte** entgegenstehen (→ *Bewährung, Widerruf, Allgemeines*, Teil A Rdn 306).

3.a) Sind gegen den Verurteilten **neue Strafverfahren** anhängig, wird die Entscheidung über den Straferlass **zurückgestellt**. In diesem Fall teilt das Gericht dem Verurteilten die Zurückstellung mit, sofern hierdurch die neuen Ermittlungen nicht gefährdet werden. Eine solche Unterrichtung **hindert** die Entstehung eines Vertrauenstatbestands (→ *Bewährung, Widerruf, Allgemeines*, Teil A Rdn 308). 206

b) Problematisch sind Konstellationen, in denen **sowohl der Erlass der Strafe als auch deren Einbeziehung in eine nachträgliche Gesamtstrafe** in Betracht kommen. Der Umstand, dass eine neu zu bildende Gesamtstrafe nicht mehr aussetzungsfähig ist und die Bewährungszeit aus den früheren Strafen abgelaufen ist, hindert die Einbeziehung der im früheren Urteil verhängten Strafe nicht (BGH NStZ 1993, 235; NStZ-RR 2009, 205). Vielmehr gebührt regelmäßig der **Einbeziehung** der **Vorrang** (OLG Karlsruhe, Beschl. v. 5.12.2016 – 2 Ws 360/16, NStZ 2017, 95). 207

In diesem Fall ist das Gericht aber gehalten, bei der Gesamtstrafenbildung die Härten **besonders** zu bedenken und zu gewichten, die sich für den Angeklagten daraus ergeben, dass er noch nach Ablauf der bereits überstandenen Bewährungszeit durch die Einbeziehung in eine nicht mehr aussetzungsfähige Gesamtstrafe so gestellt wird, als ob die Strafaussetzung widerrufen worden wäre (BGH NStZ 1991, 330; NStZ 1993, 235; Beschl. v. 15.12.2015 – 1 StR 562/15; s.a. OLG Karlsruhe, a.a.O.). 208

4.a) Der Erlass der Strafe erfolgt durch **Beschluss** (§ 453 Abs. 1 StPO). **Zuständig** ist das für die Bewährungsüberwachung zuständige Gericht, also grds. das **Gericht des 1. Rechtszugs** (→ *Bewährung, Überwachung*, Teil A Rdn 230). Vor der Entscheidung ist gem. § 453 Abs. 1 S. 4 StPO der Bewährungshelfer zu unterrichten, der dem Gericht vor dem Ablauf der Bewährungszeit einen **Schlussbericht** vorlegen sollte (*Fischer*, § 56d Rn 5). 209

b) Für den Verurteilten ist der Straferlass mangels einer Beschwer nicht anfechtbar. Die **StA** kann dagegen mit der **sofortigen Beschwerde** gegen den Erlass vorgehen (§ 453 Abs. 2 S. 3 StPO). 210

5.a) Nicht nur die ursprüngliche Strafaussetzung, sondern auch der **Straferlass** selbst **kann** widerrufen werden (§ 56g Abs. 2 StGB). Dies kommt in Betracht, wenn gegen den Verurteilten wegen einer **in der Bewährungszeit** begangenen **vorsätzlichen** Straftat eine Freiheitsstrafe von **mindestens sechs Monaten** verhängt wird. Die neuerliche Tat muss nicht im Inland begangen worden sein; vielmehr kommen auch ausländische Verurteilungen in Betracht, sofern diese in einem rechtsstaatlich unbedenklichen Verfahren zustande gekommen sind (MüKo-StGB/*Groß/Kett-Straub*, § 56g StGB Rn 11) und die Tat auch nach deutschem Recht eine **vorsätzliche** Straftat wäre (TK StGB/*Kinzig*, § 56g StGB Rn 9). 211

b) Die neue Verurteilung muss **rechtskräftig** sein (*Fischer*, § 56g Rn 3). Wird eine Gesamtstrafe verhängt, so muss zumindest eine **Einzelstrafe von sechs Monaten** oder mehr festgesetzt werden (MüKo-StGB/*Groß*, § 56g Rn 13; SSW-StGB/*Mosbacher*, § 56g Rn 6). 212

☝ Darüber hinaus setzt der Widerruf des Straferlasses voraus, dass die neue Tat bei Erlass der Strafe **unbekannt oder noch nicht festgestellt** war (*Fischer*, StGB, § 56g, Rn 6).

213 **c)** In **zeitlicher Hinsicht** unterliegt der Widerruf des Straferlasses gem. § 56g Abs. 2 S. 2 StGB **zwei Einschränkungen**:

1. Der Widerruf muss innerhalb **eines Jahres nach Ablauf** der Bewährungszeit **und**
2. innerhalb von **sechs Monaten ab Rechtskraft** des neuen Urteils erfolgen.

214 ☝ War vor dem Straferlass die Entscheidung hierüber zurückgestellt (s.o. Rdn 206), stellt dies **keine konkludente Verlängerung** der Bewährungszeit dar. Es ist weiterhin an den Ablauf der im Bewährungsbeschluss festgelegten Bewährungszeit anzuknüpfen, es sei denn es erfolgt eine gesetzeskonforme Verlängerung (BVerfG NJW 2009, 3570).

215 Auch wenn die normativen Voraussetzungen des § 56g Abs. 2 StGB vorliegen, hat das Widerrufsgericht den **Ausnahmecharakter** eines Widerrufs des Straferlasses zu berücksichtigen. Der Widerruf kommt deshalb dann nicht in Betracht, wenn dem Gericht bei Ausspruch des Straferlasses Umstände bekannt waren, die entweder Anlass zu einem Widerruf bereits der Strafaussetzung oder zumindest zu einer Rückstellung der Erlassentscheidung hätten geben müssen (OLG Dresden, Beschl. v. 12.10.2018 – 2 Ws 522/18).

216 **d)aa)** Der Entscheidung über einen Widerruf des Erlasses hat eine Prüfung der Erwartungsformel des § 56f Abs. 1 S. 1 Nr. 1 StGB vorauszugehen (LK-*Hubrach*, § 56g Rn 11).

217 **bb)** Ob der Widerruf des Straferlasses beim Vorliegen der Voraussetzungen des § 56f Abs. 1 Nr. 1 StGB **zwingend** ist oder ob es sich um eine in das **Ermessen** des Gerichts gestellte Entscheidung handelt (so *Lackner/Kühl/Heger*, § 56g Rn 2), ist aus praktischer Sicht **kaum von Bedeutung** (LK-*Hubrach*, § 56g, Rn. 11; *Fischer*, § 56g Rn 6). Denn ist die neue Straftat so gewichtig, dass sie einer günstigen Sozialprognose entgegensteht, wird auch ein etwaiges Ermessen kaum einmal fehlerfrei dahingehend ausgeübt werden können, dass der Erlass nicht widerrufen wird. Kommt das Gericht dagegen unter Berücksichtigung der Gesamtumstände **trotz der neuen Tat** zu dem Ergebnis, dass ein Widerruf nach § 56f Abs. 1 StGB nicht gerechtfertigt wäre, was insbesondere der Fall sein kann, wenn wegen der neuen Tat nochmals Strafaussetzung bewilligt wurde (MüKo-StGB/*Groß/Kett-Straub*, § 56g Rn 17) oder wenn seit der Tatbegehung ein langer Zeitraum vergangen ist, ist im Ergebnis nach beiden Auffassungen vom Widerruf des Straferlasses abzusehen (LK-*Hubrach*, § 56g, Rn. 11). Ein Widerruf trotz einer nach wie vor positiven Prognose liegt fern (*Fischer*, § 56g Rn 6).

218 **e)** Gem. § 56g Abs. 2 S. 3 StGB gilt § 56f Abs. 1 S. 2 StGB entsprechend. Zum Widerruf des Straferlasses kann hiernach auch eine Tat führen, die in der Zeit zwischen der Entscheidung über den Straferlass und deren Rechtskraft oder bei nachträglicher Gesamtstrafenbildung in der Zeit zwischen der Entscheidung über die Strafaussetzung in einem einbezogenen Urteil und der Rechtskraft der Entscheidung über die Gesamtstrafe begangen worden sind. Ferner kommt auch eine Verurteilung **vor Rechtskraft** des **Straferlasses** als Grund für dessen Widerruf in Betracht (*Fischer*, § 56g Rn 5).

219 **6.** Der Widerruf des Straferlasses führt nicht **unmittelbar** zur Vollstreckung der Freiheitsstrafe. Hierfür bedarf es **darüber hinaus** einer Entscheidung nach § 56f StGB.

220 Dies ist allerdings umstritten, mehrere Oberlandesgerichte und Teile des Schrifttums sind der Ansicht, dass der Widerruf des Straferlasses **auch** den **Widerruf** der **Strafaussetzung** beinhaltet (OLG Stuttgart Die Justiz 1998, 536; OLG Zweibrücken NStZ 1995, 206; LK-*Hubrach*, § 56g Rn 14, 15; MüKo-StGB/*Groß/Kett-Straub*, § 56g Rn 16). Nach der Gegenauffassung (OLG Düsseldorf MDR 1992, 506; OLG Hamm NStZ 1989, 323; *Fischer*, § 56g Rn 8) bedarf es dagegen einer **gesonderten Entscheidung** über den Widerruf auch der Strafaussetzung. Die Wirkung des Widerrufs bestehe in der **Wiederherstellung des Zustands vor dem Straferlass** (TK StGB/*Kinzig*, § 56g Rn 14).

Der Vorzug gebührt der letztgenannten Ansicht. Hierfür spricht schon der Wortlaut des § 56g Abs. 2 S. 1 StGB, der vom Widerruf **des Straferlasses**, nicht aber zugleich auch vom Widerruf der Strafaussetzung spricht. Der Widerruf des Erlasses beseitigt daher zunächst **nur diesen**. Die Gegenauffassung versperrt zudem ohne triftigen Grund den Anwendungsbereich des § 56f Abs. 2 StGB und steht damit auch der weiteren spezialpräventiven Einwirkung auf den Verurteilten insbesondere durch (neue) Weisungen entgegen (SSW-StGB/*Mosbacher*, § 56g Rn 11). 221

Allerdings führen die gegensätzlichen Ansichten häufig nicht zu unterschiedlichen Ergebnissen. Hält das Gericht im Einzelfall trotz der neuerlichen Straffälligkeit eine Strafvollstreckung für entbehrlich, unterbleibt nach der erstgenannten Ansicht bereits der Widerruf des Straferlasses (OLG Zweibrücken, a.a.O., OLG Stuttgart, a.a.O.; LK-*Hubrach*, § 56g Rn 14), eines Rückgriffs auf § 56f Abs. 2 StGB bedarf es dann nicht. 222

☝ Folgt man dagegen der hier vertretenen Auffassung (Rdn 221), hat das Gericht **zusätzlich** zum Widerruf des Straferlasses auch über den Widerruf der Strafaussetzung gem. § 56f Abs. 1 Nr. 1 StGB zu entscheiden. Hieraus folgt insbesondere, dass dem Widerrufsgericht die Möglichkeit eröffnet wird, gem. § 56f Abs. 2 StGB vom Widerruf der Strafaussetzung **abzusehen** (→ *Bewährung, Widerruf, Absehen*, Teil A Rdn 286 ff.). Eine Verurteilung zu mindestens sechs Monaten Freiheitsstrafe wegen einer Vorsatztat wird allerdings ohne das Hinzutreten **besonderer** Umstände oftmals zu schwerwiegend sein, um Maßnahmen nach § 56f Abs. 2 StGB als ausreichend erscheinen zu lassen. Ein Absehen vom Widerruf auch der Strafaussetzung wird daher nur in Betracht kommen, wenn hierfür **besonders gewichtige Gründe** vorliegen.

7.a) Die Entscheidung über den Widerruf des Straferlasses ergeht gem. § 453 Abs. 1 StPO nach Anhörung der Staatsanwaltschaft und des Verurteilten durch **Beschluss**. Eine Unterrichtung des **Bewährungshelfers** ist **nicht vorgeschrieben**, die Unterstellung des Verurteilten unter dessen Aufsicht und Leitung endet mit dem Straferlass (*Fischer*, § 56d Rn 6). Das Gericht ist jedoch nicht gehindert, den Bewährungshelfer zu beteiligen. Dies kann im Einzelfall zweckmäßig sein, insbesondere wenn geprüft werden muss, ob nach dem Straferlass auch die Strafaussetzung widerrufen werden muss oder ob insoweit mildere Maßnahmen nach § 56f Abs. 2 StGB ausreichen. 223

b) Werden sowohl der Straferlass als auch die Strafaussetzung widerrufen, sind **beide Rechtsfolgen** in den Beschlusstenor aufzunehmen (SSW-StGB/*Mosbacher*, § 56g Rn 14). 224

☝ Auch muss sich die **Anhörung** des Verurteilten auf beide Rechtsfolgen beziehen (SSW-StGB/*Mosbacher*, § 56g Rn 14).

8. Statthaftes Rechtsmittel gegen den Widerruf des Erlasses ist die **sofortige Beschwerde** (§ 453 Abs. 2 S. 3 Alt. 2 StPO). 225

Siehe auch: → *Bewährung, Bewährungshilfe*, Teil A Rdn 61; → *Bewährung, Bewährungszeit*, Teil A Rdn 72; → *Bewährung, Jugendliche, Straferlass*, Teil A Rdn 125; → *Bewährung, Überwachung*, Teil A Rdn 226; → *Bewährung, Widerruf, Allgemeines*, Teil A Rdn 298; → *Bewährung, Widerruf, neuerliche Straffälligkeit*, Teil A Rdn 351.

226 Bewährung, Überwachung

Das Wichtigste in Kürze:
1. Während der Bewährungszeit überwacht das Gericht die Lebensführung des Verurteilten, insbesondere die Erfüllung von Auflagen und Weisungen.
2. Zuständig ist das Gericht des 1. Rechtszugs.
3. Bei Wegzug des Verurteilten kann die Bewährungsüberwachung ganz oder teilweise an das AG abgegeben werden, in dessen Bezirk der Verurteilte einen neuen Wohnsitz oder gewöhnlichen Aufenthaltsort hat.
4. Wird der Verurteilte zur Vollstreckung einer Freiheitsstrafe in eine Justizvollzugsanstalt aufgenommen, wird die Strafvollstreckungskammer zuständig, in deren Bezirk die JVA liegt.
5. Bei der Überwachung wird das Gericht vom Bewährungshelfer unterstützt.

227 **Literaturhinweise:** S. die Hinw. bei → *Bewährung, Bewährungshilfe*, Teil A Rdn 61, → *Bewährung, Widerruf, Allgemeines*, Teil A Rdn 298.

228 **1.a)** Während der Bewährungszeit **überwacht** das **Gericht** die Lebensführung des Verurteilten, insbesondere die **Erfüllung** von **Auflagen** und **Weisungen** sowie von Anerbieten und Zusagen (§ 453b Abs. 1 StPO).

☝ § 453b Abs. 1 StPO enthält **lediglich eine Aufgabenzuweisung** an das Gericht, Eingriffe gegenüber dem Verurteilten erlaubt die Vorschrift dagegen nicht (BVerfG NJW 1995, 2279). Auch auf die im Ermittlungsverfahren vorgesehenen Eingriffsermächtigungen kann im Rahmen der Bewährungsüberwachung nicht zurückgegriffen werden (KG NJW 1999, 2979; KK-StPO/*Appl*, § 453b Rn 1a)

229 **b) Lebensführung** ist das gesamte Verhalten des Verurteilten, jedoch **nur insoweit**, als es für den Widerruf der Strafaussetzung oder Maßnahmen nach § 56e StGB von Bedeutung sein kann (KK-StPO/*Appl*, § 453b Rn 1a; zu § 56e StGB → *Bewährung, nachträgliche Entscheidungen*, Teil A Rdn 190 ff.). Neben **erneuter Straffälligkeit** sind vor allem **Verstöße gegen Auflagen und Weisungen** relevant (*Schmitt/Köhler*, § 453b Rn 3).

230 **2. Zuständig** ist grds. das **Gericht des 1. Rechtszugs** (§§ 453b Abs. 2, 462a Abs. 2 StPO). Sind mehrere Entscheidungen verschiedener Gerichte ergangen und liegen die Voraussetzungen für eine nachträgliche Gesamtstrafenbildung nicht vor, so ist, sofern keine Zuständigkeit des OLG oder der StVK besteht, ist gem. § 462a Abs. 4, Abs. 3 S. 2 StPO das Gericht zuständig, das auf die höchste Strafart, bei gleicher Strafart auf die **höchste Strafe**, bei gleichen Strafen mit dem zeitlich letzten Urteil erkannt hat (BeckOK-StPO/*Coen*, § 462a Rn. 14).

231 **3.** Bei **Wegzug** des Verurteilten **kann** die Bewährungsüberwachung ganz oder teilweise an das AG abgegeben werden, in dessen Bezirk der Verurteilte einen **neuen Wohnsitz oder gewöhnlichen Aufenthaltsort** hat (§ 462a Abs. 2 S. 2 StPO). Die Abgabe ist für das Gericht, an das abgegeben wird, grds. **bindend**, **Ausnahmen** kommen nur bei Unzuständigkeit des abgebenden Gerichts oder bei **willkürlicher** Abgabe in Betracht. Das Fehlen besonderer Gründe, die eine Abgabe zweckmäßig erscheinen lassen, rechtfertigt aber die Annahme von Willkür noch nicht (*Schmitt/Köhler*, § 462a Rn 23). Das abgebende Gericht ist an seine Entscheidung dagegen nicht gebunden, es kann die Abgabe rückgängig machen und die Sache wieder an sich ziehen (*Schmitt/Köhler*, a.a.O.).

☝ Das Gericht, an das die Bewährungsüberwachung abgegeben wird, darf die Sache **nicht weiter übertragen** (BGH NStZ 1997, 379). Dies gilt auch dann, wenn sich der Wohnsitz bzw. der Aufenthaltsort des Verurteilten abermals ändert; die Überwachung ist dann vom Gericht des ersten Rechtszugs **rückgängig** zu machen. **Anschließend** kann die Bewährungsüberwachung **erneut abgegeben** werden.

4.a) Wird der Verurteilte zur Vollstreckung einer **Freiheitsstrafe** in eine **Justizvollzugsanstalt** aufgenommen, wird die **Strafvollstreckungskammer** zuständig, in deren Bezirk die JVA liegt. Der Zuständigkeitsübergang findet auch dann statt, wenn das Gericht des ersten Rechtszuges davor schon mit dem Bewährungswiderruf befasst war (BGH NStZ-RR 2009, 187; OLG Jena NStZ-RR 2012, 94). 232

Dagegen **bleibt** die **einmal zuständig gewordene StVK** für das Widerrufsverfahren **örtlich** zuständig, wenn der Verurteilte vor ihrer Entscheidung in eine andere JVA verlegt wird. Dies gilt nicht erst ab dem Moment, in dem ein förmlicher Widerrufsantrag gestellt wird, sondern die StVK gilt bereits dann als i.S.d. § 462a Abs. 1 S. 1 StPO mit der Sache befasst, wenn Tatsachen **aktenkundig** werden, die den Widerruf rechtfertigen können. Eine solche Aktenkundigkeit liegt schon dann vor, wenn der StVK eine neue Verurteilung, aber auch nur eine Anklageschrift oder ein Haftbefehl in der neuen Sache oder ein Bericht des Bewährungshelfers, aus dem sich Widerrufsgründe ergeben, mitgeteilt werden (OLG Hamm, Beschl. v. 28.1.2025 – 3 Ws 463/24 m.w.N.). In einem solchen Fall ist das Gericht auch dann mit der Sache befasst, wenn es zunächst nichts veranlasst, sondern den Ausgang eines neuen Strafverfahrens gegen den Verurteilten abwartet, aus dem sich Widerrufsgründe ergeben können (BGH, Beschl. v. 18.9.2025 – 2 ARs 231/25).

b) Die Zuständigkeit der StVK **endet** erst mit der **vollständigen** Erledigung der Strafvollstreckung und nicht etwa bereits dann, wenn die Vollstreckung unterbrochen oder die Vollstreckung eines Strafrests nach § 57 StGB zur Bewährung ausgesetzt wird (*Schmitt/Köhler*, § 462a Rn 3). 233

c) Gem. § 463 Abs. 1 StPO gilt bei der Vollstreckung von **Maßregeln der Besserung und Sicherung** § 462a StPO entsprechend. Das psychiatrische Krankenhaus oder die Entziehungsanstalt tritt an die Stelle der JVA. Entscheidet dennoch anstelle der StVK das Amtsgericht, führt dies zur Aufhebung des Beschlusses und zur Zurückverweisung der Sache (LG Kempten, Beschl. v. 11.12.2025 – 2 Qs 182/25). 234

5. Bei der Überwachung wird das Gericht vom Bewährungshelfer **unterstützt** (§ 56d Abs. 3 S. 2 StGB). Dieser hat insoweit eine Funktion in der Strafrechtspflege inne. Er ist weder Verteidiger noch Bevollmächtigter des Verurteilten, sondern dem Gericht gegenüber **weisungsgebunden** (*Fischer*, StGB, § 56d Rn 4; → *Bewährung, Bewährungshilfe*, Teil A Rdn 71). 235

Siehe auch: → *Bewährung, Bewährungshilfe*, Teil A Rdn 61; → *Bewährung, Widerruf, Allgemeines*, Teil A Rdn 298.

Bewährung, Verwarnung mit Strafvorbehalt 236

Das Wichtigste in Kürze:

1. In Fällen aus dem unteren Kriminalitätsbereich kann das Gericht eine Verwarnung mit Strafvorbehalt aussprechen, sofern nicht Geldstrafe von mehr als 180 Tagessätzen verwirkt ist und zu erwarten ist, dass der Täter künftig auch ohne Verurteilung zu Strafe keine Straftaten mehr begehen wird.
2. Die Bewährungszeit ist gegenüber § 56a StGB abgekürzt und beträgt mindestens ein und maximal zwei Jahre.
3. Die in Betracht kommenden Auflagen und Weisungen sind in § 59a Abs. 2 StGB abschließend aufgezählt.

4. Übersteht der Verwarnte die Bewährungszeit und erfüllt er zudem die ihm erteilten Auflagen und Weisungen, so stellt das Gericht nach Ablauf der Bewährungszeit fest, dass es bei der Verwarnung sein Bewenden hat.
5. Verstößt der Verwarnte gegen Auflagen und Weisungen oder wird er erneut straffällig, gilt § 56f StGB entsprechend. Es erfolgt jedoch, anders als bei einer Freiheitsstrafe, kein Widerruf, sondern das Gericht verurteilt den Verwarnten zu der vorbehaltenen Geldstrafe.
6. Im Falle der Verurteilung darf der Strafrichter weder die Anzahl noch die Höhe der Tagessätze ändern.
7. Die Entscheidung ergeht ohne mündliche Verhandlung durch Beschluss, zuständig ist das erkennende Gericht erster Instanz.
8. Statthaftes Rechtsmittel ist die sofortige Beschwerde.

237 **Literaturhinweise:** **Baur,** Das Gesetz zur Überarbeitung des Sanktionenrechts – Eine erste Einordnung und Folgerungen für die Praxis NStZ 2024, 74; **Busch**, Gesetz zur Stärkung der Täterverantwortung, JR 2013, 402; **Füglein/Lagardère**, „Geld habe ich keines, aber arbeiten kann ich" – Die Verwarnung mit Strafvorbehalt, ZRP 2013, 48; **Dencker**, Ein Plädoyer für § 59 StGB, StV 1986, 399; **Hänle**, Die Verwarnung mit Strafvorbehalt als ungenutzte Chance der Verteidigung, StV Spezial 2023, 122; **Kropp**, Ist die Verwarnung mit Strafvorbehalt noch zeitgemäß?, ZRP 2004, 241; **Krumm**, Die Verwarnung mit Strafvorbehalt – „Geldstrafe auf Bewährung", NJW 2024, 3198; **Legat**, Kann und soll der Anwendungsbereich der Verwarnung mit Strafvorbehalt erweitert werden?, DAR 1985, 105; **E. Müller**, Noch ein Plädoyer für die Verwarnung mit Strafvorbehalt, Jung-FS (2007), 621; **Timm**, Zur rechtlichen Unmöglichkeit eines Fahrverbots (§ 44 StGB) neben einer Verwarnung mit Strafvorbehalt (§ 59 StGB), NZV 2014, 112; **Wiss**, Verwarnung mit Strafvorbehalt, Jura 1989, 622; s.a. die Hinweise bei → *Bewährung, Allgemeines*, Teil A Rdn 2.

238 **1.a)** In Fällen aus dem **unteren Kriminalitätsbereich** kann das Gericht eine **Verwarnung mit Strafvorbehalt** aussprechen, sofern nicht Geldstrafe von mehr als 180 Tagessätzen verwirkt ist **und** zu erwarten ist, dass der Täter künftig auch ohne Verurteilung zu Strafe keine Straftaten mehr begehen wird. Hiervon kann ausgegangen werden, wenn nach der Gesamtwürdigung von Tat und Persönlichkeit des Täters **besondere Umstände** vorliegen, die eine Verhängung von Strafe entbehrlich machen und auch die Verteidigung der Rechtsordnung die Verurteilung zu Strafe nicht gebietet (§ 59 Abs. 1 S. 1 StGB; zu den Einzelheiten MüKo-StGB/*Groß/Kulhanek,* § 59 Rn 1ff.).

☝ Wird in der Hauptverhandlung die Verhängung einer Verwarnung mit Strafvorbehalt beantragt und kommt das Gericht dem nicht nach, sind die hierfür ausschlaggebenden Gründe im Urteil darzulegen (§ 267 Abs. 3 S. 4 Hs. 2 StPO). Verstöße gegen diese Begründungspflicht können nicht nachträglich durch Erwägungen des Revisionsgerichts ersetzt werden und zwingen deshalb zur Aufhebung des Urteils (BGH, Beschl. v. 17.11.2025 – 5 StR 566/25).

239 **b)** Geregelt ist die Verwarnung mit Strafvorbehalt in den §§ 59 ff. StGB. Die Vorschriften weisen starke Ähnlichkeiten zu den Regelungen über die Aussetzung einer Freiheitsstrafe gem. § 56 ff. StGB auf, es gibt jedoch auch **Abweichungen**.

240 **2.** Die **Bewährungszeit** ist gegenüber § 56a StGB **abgekürzt** und beträgt **mindestens ein und maximal zwei** Jahre. Eine nachträgliche Verlängerung oder Verkürzung der Bewährungszeit ist grds. **unzulässig**, da es an einer § 56a Abs. 2 S. 2 StGB entsprechenden Regelung fehlt (*Fischer*, § 59a Rn 2). Die Gegenansicht, die eine Verkürzung oder Verlängerung gleichwohl für zulässig hält, da der Ausschluss einer Verkürzungsmöglichkeit nicht hinreichend begründbar sei (*Lackner/Kühl/Heger*, § 59a Rn 1), verkennt die Entscheidung des Gesetzgebers, der eine Verlängerungs- bzw. Verkürzungsmöglichkeit gerade nicht geschaffen hat. Auch eine entsprechende Anwendung des § 56a Abs. 2 S. 2 StGB scheidet aus, denn eine planwidrige Regelungslücke ist nicht ersichtlich (MüKo-StGB/*Groß/Kulhanek*, § 59a Rn 4). Eine Verlängerung ohne gesetzliche Grundlage würde zudem zu einer Benachteiligung des Verwarnten führen (TK StGB/*Kinzig*, § 59a Rn 3).

☝ **Anders** verhält es sich im Falle **neuerlicher Straffälligkeit**: hier besteht durchaus die Möglichkeit, die Bewährungszeit zu verlängern. Denn gem. § 59b Abs. 1 StGB gilt für die Verurteilung zu der vorbehaltenen Strafe **§ 56f StGB entsprechend**, der als mögliche mildere Maßnahme die Verlängerung der Bewährungszeit vorsieht (SSW-StGB/*Mosbacher*, § 59b Rn 4, → *Bewährung, Widerruf, Absehen*, Teil A Rdn 286 ff.).

3.a) Die in Betracht kommenden **Auflagen und Weisungen** sind in § 59a Abs. 2 S. 1 StGB **abschließend** aufgezählt. Sie können gem. § 59a Abs. 2 S. 3 StGB i.V.m. § 56e StGB **nachträglich geändert** werden (→ *Bewährung, nachträgliche Entscheidungen*, Teil A Rdn 190 ff.). 241

☝ Ebenso wie bei Auflagen und Weisungen gem. §§ 56b und 56c StGB dürfen an die Lebensführung des Verwarnten **keine unzumutbaren Anforderungen** gestellt werden (§ 59a Abs. 2 S. 2 StGB). Auch dürfen die Auflagen und Weisungen nach S. 1 **nicht außer Verhältnis** zur Bedeutung der Tat stehen. Unzulässig ist es daher, in einem Betrugsfall mit nur geringfügigem Schaden eine Auflage festzusetzen, die nahezu das gesamte Einkommen des Verwarnten für die nächsten anderthalb Jahre beansprucht (LG Marburg NStZ-RR 2006, 337).

b) Im Zuge der Neufassung des § 59a StGB durch das Gesetz zur Überarbeitung des Sanktionenrechts v. 26.7.2023 (BGBl 2023 I Nr. 203, hierzu *Baur*, NStZ 2024, 74) zum 1.10.2023 hat der Gesetzgeber insbesondere die im Schrifttum (*Kropp* ZRP 2004, 241; *Füglein/Lagardère* ZRP 2013, 48) geäußerte Kritik an der früheren Rechtslage, die keine Möglichkeit vorsah, den Verwarnten zur Ableistung gemeinnütziger Arbeit zu verpflichten, aufgegriffen und nunmehr eine solche Möglichkeit geschaffen (§ 59a Abs. 2 Nr. 4). Zudem wurde, ähnlich wie in § 56c StGB, die Möglichkeit zur Erteilung einer Therapieweisung ausdrücklich geregelt (§ 59a Abs. 2 Nr. 5). 242

Nunmehr kann das Gericht das Gericht kann den Verwarnten **anweisen**, 243

1. sich zu bemühen, einen **Ausgleich mit dem Verletzten** zu erreichen oder sonst den durch die Tat entstandenen **Schaden wiedergutzumachen**,
2. seinen **Unterhaltspflichten** nachzukommen,
3. einen **Geldbetrag** zugunsten einer **gemeinnützigen Einrichtung** oder der **Staatskasse** zu zahlen,
4. **sonst gemeinnützige Leistungen** zu erbringen,
5. sich einer **ambulanten** Heilbehandlung oder einer **ambulanten** Erziehungskur zu unterziehen, einschließlich sich psychiatrisch, psycho- oder sozialtherapeutisch betreuen und behandeln zu lassen (Therapieweisung)
6. an einem **sozialen Trainingskurs** teilzunehmen oder
7. an einem **Verkehrsunterricht** teilzunehmen.

☝ Für eine Weisung nach § 59a Abs. 1 **Nr. 5** StGB ist ggf. die **Einwilligung** des Verwarnten erforderlich, wenn die ambulante Heilbehandlung mit einem körperlichen Eingriff verbunden ist (§ 59a Abs. 2 S. 3 i.V.m. § 56c Abs. 3 StGB; → *Bewährung, Weisungen*, Teil A Rdn 257). Der Begriff körperlicher Eingriff ist **weit** auszulegen, er umfasst insbesondere auch die Einnahme von Medikamenten (OLG Naumburg NJW 2009, 3314).

4. Übersteht der Verwarnte die Bewährungszeit und **erfüllt** er zudem die ihm erteilten Auflagen und Weisungen, stellt das Gericht nach Ablauf der Bewährungszeit fest, dass es **bei der Verwarnung** sein **Bewenden hat** (§ 59b Abs. 2 StGB). Die Entscheidung ergeht durch Beschluss. Eine Widerrufsmöglichkeit wie beim Straferlass (§ 56g Abs. 2 StGB) gibt es **nicht**. 244

5. Verstößt der Verwarnte gegen Auflagen und Weisungen oder wird **er erneut straffällig**, gilt § 56f StGB entsprechend (§ 59b Abs. 1 StGB). Es erfolgt jedoch, anders als bei einer Freiheitsstrafe, kein 245

Widerruf, sondern das Gericht **verurteilt** den Verwarnten **zu der vorbehaltenen Geldstrafe**. Die Entscheidung wird im Bundeszentralregister eingetragen (§ 12 Abs. 2 S. 1 BZRG).

☝ Vor der Verurteilung zu der vorbehaltenen Strafe hat das Gericht gem. §§ 59b Abs. 1, 56f Abs. 2 StGB zu prüfen, ob nicht **mildere Maßnahmen**, insbesondere die Erteilung weiterer Auflagen oder Weisungen oder die Verlängerung der Bewährungszeit, ausreichen. Ist dies der Fall, muss **zwingend** von der Verurteilung abgesehen werden (SSW-StGB/*Mosbacher*, § 59b Rn 4).

246 **6.** Im Falle der Verurteilung darf der Strafrichter **weder die Anzahl noch die Höhe** der Tagessätze ändern. Insbesondere hat er keine Möglichkeit, auf etwaige zwischenzeitlich eingetretene nachteilige Veränderungen der wirtschaftlichen Verhältnisse des Verwarnten einzugehen. Allenfalls können **Zahlungserleichterungen** gem. § 42 StGB gewährt werden (*Fischer*, § 59 Rn 12).

247 **7.** Die Entscheidung ergeht ohne mündliche Verhandlung durch Beschluss, der Verwarnte und die Staatsanwaltschaft sind zu hören. **Zuständig** ist das erkennende Gericht **erster Instanz**, sofern keine Abgabe gemäß § 462a Abs. 2 S. 2 StPO erfolgt ist (MüKo-StPO/*Groß/Kulhanek*, § 59b Rn 6). Ist der Verwarnte unbekannten Aufenthalts, kann das Gericht den Beschluss **öffentlich zustellen**. Der Erlass eines Sicherungshaftbefehls kommt dagegen nicht in Betracht (MüKo-StPO/*Nestler*, § 453c Rn 2).

248 **8.** Statthaftes Rechtsmittel ist die **sofortige Beschwerde** (§ 453 Abs. 1, Abs. 2 S. 3 StPO; → *Bewährung, Widerruf, Allgemeines*, Teil A Rdn 319).

Siehe auch: → *Bewährung, Auflagen*, Teil A Rdn 9; → *Bewährung, nachträgliche Entscheidungen*, Teil A Rdn 190; → *Bewährung, Weisungen*, Teil A Rdn 249; → *Bewährung, Widerruf, Allgemeines*, Teil A Rdn 298.

249 Bewährung, Weisungen

Das Wichtigste in Kürze:

1. Das Gericht erteilt Weisungen, wenn der Verurteilte der Hilfe bedarf, um keine Straftaten mehr zu begehen. Sie haben spezialpräventiven Charakter und dienen im Gegensatz zu den Auflagen nicht der Genugtuung für das begangene Unrecht, sondern der Stabilisierung und Resozialisierung des Verurteilten.
2. Das Gericht kann mehrere Weisungen erteilen oder Auflagen und Weisungen kombinieren.
3. Die Aufzählung in § 56c Abs. 2 und Abs. 3 StGB ist nicht abschließend.
4. Bei der Festsetzung nicht ausdrücklich geregelter Weisungen ist zu beachten, dass sie ebenso wie die im Gesetz erwähnten Weisungen spezialpräventiven Zwecken dienen müssen.
5. Durch die Weisungen dürfen an die Lebensführung des Verurteilten keine unzumutbaren Anforderungen gestellt werden.
6. Die Weisungen müssen stets klar, bestimmt und in ihrer Einhaltung überprüfbar sein.
7. Weisungen hat ausschließlich das Gericht zu erteilen. Es darf seine diesbezügliche Befugnis nicht auf Dritte übertragen.

250 **Literaturhinweise: Baur,** Das Gesetz zur Überarbeitung des Sanktionenrechts – Eine erste Einordnung und Folgerungen für die Praxis NStZ 2024, 74; **Boetticher**, Neue Aufgaben für die Bewährungshilfe – zum Umgang mit Sexualstraftätern, BewH 2000, 196; **Groß**, Zum Postulat der Bestimmtheit bei strafrechtlichen Auflagen und Weisungen, Festschrift Heintschel-Heinegg, 162; **Hillenbrand**, Widerruf der Strafaussetzung zur Bewährung – Voraussetzungen und Verfahren, ZAP F.22, 799; **Jäger**, Sicherheit durch Therapie – Alibifunktion der Strafgesetzgebung?, ZRP 2001, 28; **Kropp**, Drogen-Screening-Tests als Heilbehandlung i.S.v. § 56c Abs. 3 StGB, StV 2002, 284; **Krumm**, „Gelegenheit macht …“ oder: Zur Notwendigkeit eines Internetverbots, ZRP 2011, 152; **Lutz**, Handy-Verbot für organisierte Straftäter?, NStZ 2000, 127; **Mrozynski**, Zur Problematik

strafrechtlicher Weisungen, JR 1983, 397, **Nicolai**, Internetverbot als Weisung i.S.d. § 56c StGB – Rechtliche Voraussetzungen und generelle Nützlichkeitserwägungen, NStZ 2021, 136; **Stiebig**, Die Vereinbarkeit aufenthaltsbeschränkender Vollstreckungsmaßnahmen mit europäischem Recht, ZAR 2000, 127; s.a. die Hinweise bei → *Bewährung, Allgemeines*, Teil A Rdn 2.

1.a) Das Gericht erteilt Weisungen, wenn der Verurteilte der **Hilfe** bedarf, um **keine Straftaten mehr** zu begehen. Sie haben **spezialpräventiven** Charakter und dienen im Gegensatz zu den Auflagen nicht der Genugtuung für das begangene Unrecht (BGH NStZ 2015, 179 m. Anm. *Burhoff* StRR 2015, 139), sondern der **Stabilisierung und Resozialisierung** des Verurteilten. 251

☝ Eines Bezugs oder gar einer Vergleichbarkeit zwischen der der Verurteilung zugrunde liegenden Tat und den mit der Erteilung von Weisungen zu verhindernden neuen Straftaten bedarf es **nicht**. Denn Zweck einer Weisung ist die Vermeidung **jedweder** neuen Straftat und nicht nur die Vermeidung einschlägiger Rückfalltaten (MüKo-StGB/*Groß/Kett-Straub*, § 56c Rn 8).

b) Aufgrund ihres spezialpräventiven Charakters dürfen Weisungen **nicht ausschließlich repressiv** wirken. Der Verurteilte darf deshalb bspw. nicht angewiesen werden, eine Geldstrafe zu bezahlen. Auch darf ihm – abgesehen vom gesetzlich geregelten Ausnahmefall für Unterhaltszahlungen (§ 56c Abs. 2 Nr. 5 StGB) – nicht aufgegeben werden, Zahlungen zu leisten, zu denen er bereits anderweitig verpflichtet ist (OLG Jena, Beschl. v. 6.3.2025 – 1 Ws 80/25, NZWiSt 2025, 412). Die Weisung, Wertersatz zu leisten, Verfahrenskosten zu begleichen oder im Urteil getroffene Einziehungsanordnungen zu befolgen (OLG Jena, a.a.O.), ist daher rechtswidrig. Auch andere, nicht spezialpräventive Ziele wie etwa die Überwachung des Verurteilten, rechtfertigen die Erteilung von Weisungen nicht (SSW-StGB/*Widmaier*, § 56c Rn 2; TK StGB/*Kinzig*, § 56c Rn 1). Ein auf einen Verstoß gegen eine solche „Weisung" gestützter Widerruf der Strafaussetzung ist **unzulässig**, und zwar auch dann, wenn sich der Verurteilte selbst nicht auf die Unzulässigkeit der vermeintlichen Weisung beruft (OLG Frankfurt NStZ-RR 2003, 199; → *Bewährung, Widerruf, Weisungsverstoß*, Teil A Rdn 429). 252

☝ Im Rahmen von **Verständigungsgesprächen** gem. § 257c StPO muss das Gericht anders als bei der beabsichtigten Erteilung von Auflagen (→ *Bewährung, Auflagen*, Teil A Rdn 37) nach der Rspr. des BGH **nicht** auf in Betracht kommende Weisungen hinweisen. Bei der Erteilung von Weisungen sei nicht von der Vorstellung auszugehen, dass der Tatrichter erst mit deren Kombination mit der verhängten Strafart und der Strafhöhe das Genugtuungsbedürfnis für die begangene Straftat vollständig bestimmt (BGH NStZ 2015, 179 m. Anm. *Burhoff* StRR 2015, 139; zur Absprache/Verständigung *Burhoff*, EV, Rn 198; *Burhoff*, HV, Rn 125).

2. Das Gericht kann **mehrere** Weisungen erteilen oder Auflagen und Weisungen **kombinieren**. Wie auch bei der Kombination mehrerer Auflagen ist dann allerdings darauf zu achten, dass die Anordnungen für den Verurteilten **in ihrer Gesamtheit** nicht **unzumutbar** sind. 253

3.a) Die Aufzählung in § 56c Abs. 2 und Abs. 3 StGB ist **nicht abschließend. Namentlich** kann das Gericht den Verurteilten anweisen, 254

1. Anordnungen zu befolgen, die sich auf **Aufenthalt, Ausbildung, Arbeit oder Freizeit** oder auf die **Ordnung seiner wirtschaftlichen Verhältnisse** beziehen,
2. sich zu bestimmten Zeiten bei Gericht oder einer anderen Stelle zu **melden**,
3. zu der verletzten Person oder bestimmten Personen einer bestimmten Gruppe, die ihm Gelegenheit oder Anreiz zu weiteren Straftaten bieten können, **keinen Kontakt** aufzunehmen, mit ihnen nicht zu verkehren, sie nicht zu beschäftigen, auszubilden oder zu beherbergen,
4. bestimmte Gegenstände, die ihm Gelegenheit oder Anreiz zu weiteren Straftaten bieten können, **nicht zu besitzen**, bei sich zu führen oder verwahren zu lassen oder
5. **Unterhaltspflichten** nachzukommen,
6. sich psychiatrisch, psycho- oder sozialtherapeutisch betreuen und behandeln zu lassen (Therapieweisung).

255 b) **Darüber hinaus** kann nach § 56c Abs. 3 StGB die Weisung erteilt werden,

1. sich einer Heilbehandlung, die mit einem **körperlichen Eingriff** verbunden ist, oder einer **Entziehungskur** zu unterziehen oder
2. in einem geeigneten Heim oder einer geeigneten Anstalt **Aufenthalt** zu nehmen.

256 **aa)** Auch diese Weisungen dienen der **Spezialprävention**. Eine Heilbehandlung darf deshalb nur angeordnet werden, wenn sie sich auf ein Leiden bezieht, das den Verurteilten für Straftaten anfällig macht (LK-*Hubrach*, § 56c Rn 16).

257 **bb)** Weisungen nach § 56c Abs. 3 StGB sind nur mit **Einwilligung des Verurteilten** zulässig. Diese muss bereits **bei der Erteilung** der Weisung vorliegen. Formbedürftig ist die Einwilligung jedoch nicht, sondern es genügt, wenn für das Gericht hinreichend deutlich wird, dass der Verurteilte in dem Bewusstsein, eine Einwilligung zu einer entsprechenden Weisung zu erteilen, das als Einwilligung gewertete Verhalten an den Tag legt (OLG Hamm, Beschl. v. 6.5.2021 – 4 Ws 77/21; TK StGB/*Kinzig*, § 56c Rn 21).

☝ Die **Rücknahme** der Einwilligung macht die Weisung **nicht nachträglich unzulässig** (*Fischer*, § 56c Rn 11 m.w.N.). Auch führt eine Rücknahme der Einwilligung nicht dazu, dass die Weisung zwangsweise durchgesetzt werden könnte (BGH NJW 1989, 1556). Hat der Verurteilte die Einwilligung aber nur **vorgetäuscht** und sich so die Strafaussetzung zur Bewährung **erschlichen**, kann im Falle einer Rücknahme der „Einwilligung" das **Widerrufsverfahren** eingeleitet werden (→ *Bewährung, Widerruf, Weisungsverstoß*, Teil A Rdn 434).

258 **c)aa)** Der Verurteilte kann angewiesen werden, Anordnungen zu befolgen, die sich auf seinen **Aufenthalt** beziehen. Derartige Regelungen können sowohl als **Gebot** als auch als **Verbot** ausgestaltet werden. So kann dem Verurteilten aufgegeben werden, bestimmte Orte, an denen ein **erhöhter Anreiz zur Begehung von Straftaten** besteht, zu meiden, etwa einen Rotlichtbezirk, ein Fußballstadion (SSW-StGB/*Widmaier*, § 56c Rn 8) oder Spielkasinos (TK StGB/*Kinzig*, § 56c Rn 14). Ebenso kann ihm untersagt werden, Örtlichkeiten aufzusuchen, an denen er auf **potentielle Opfer** träfe, so z.B. bei bestimmten Sexualstraftaten die Umgebung von Schulen oder Kinderspielplätzen (KG, Beschl. v. 22.1.2014 – 2 Ws 14/14; MüKo -StGB/*Groß*, § 56c Rn 20).

☝ Die von einem Aufenthaltsverbot betroffenen Bereiche müssen im Hinblick auf das Bestimmtheitsgebot **möglichst konkret** bezeichnet werden, es bedarf einer für den Verurteilten **ohne weiteres** nachvollziehbaren örtlichen Abgrenzung. Allerdings kann es genügen, bestimmte Örtlichkeiten lediglich ihrer Art nach zu bezeichnen, insbesondere wenn eine Aufzählung aller denkbaren Orte, die dem Verurteilten Gelegenheit oder Anreiz zu weiteren Straftaten bieten können, praktisch nicht möglich ist (KG, a.a.O.).

259 Grundsätzlich zulässig ist die Weisung, sich **nicht an Orten aufzuhalten**, an denen **Betäubungsmittel** konsumiert werden. Diese Orte müssen aber im Hinblick auf das Bestimmtheitsgebot **konkret bezeichnet** werden (OLG Dresden NStZ-RR 2008, 326 [für die Führungsaufsicht]). Es genügt nicht, dem Verurteilten lediglich aufzugeben, sich von „Treffpunkten der BtM-Szene in der Stadtmitte" fernzuhalten. Vielmehr bedarf es einer für den Verurteilten **ohne Erkundigungsaufwand** nachvollziehbaren örtlichen Abgrenzung.

260 Zudem sind **unverhältnismäßige** Einschränkungen der Lebensführung des Verurteilten **zu vermeiden**. So kann einem Ladendieb nicht allgemein verboten werden, Warenhäuser oder Selbstbedienungsläden zu betreten, andernfalls verlöre er nahezu jede Einkaufsmöglichkeit (LK-*Hubrach*, § 56c Rn 6). Auch wird man einem Betäubungsmittelstraftäter, der in einer Großstadt lebt, deren Hauptbahnhof als Drogenumschlagplatz bekannt ist, nicht aufgeben können, während der mehrjährigen Bewährungszeit den kompletten Bahnhofsbereich zu meiden, denn dies käme einem Ausschluss von der Teilnahme am öffentlichen Personenverkehr gleich.

☝ In geeigneten Fällen ist aus Verhältnismäßigkeitsgründen auch an die **zeitliche** Begrenzung von Aufenthaltsverboten zu denken. So wird es genügen, einem Verurteilten aus dem Bereich „Gewalttäter Sport" den Aufenthalt in einem Fußballstadion, in dessen unmittelbarer Umgebung und an bestimmten Fan-Treffpunkten nur an den jeweiligen Spieltagen zu untersagen, ggf. kombiniert mit der Weisung, sich an diesen Tagen bei einer bestimmten Stelle zu melden (§ 56c Abs. 2 Nr. 2 StGB).

bb) Lange umstritten war die Frage, ob die in nahezu jedem Bewährungsbeschluss zu findende Anordnung, „dem Gericht während der Bewährungszeit jeden **Wohnsitzwechsel** mitzuteilen", eine Weisung i.S.d. § 56c StGB darstellt. Dies wurde teils verneint, da die Anordnung gerade **nicht** der Lebenshilfe für den Verurteilten und damit der Verhinderung neuer Straftaten diene, **sondern der Erleichterung der Bewährungsüberwachung** durch die Sicherstellung seiner Erreichbarkeit; nach dieser Auffassung handelte es sich wegen eines nicht von § 56c StGB erfassten Zwecks der Anordnung **nicht** um eine Weisung (so noch OLG Frankfurt StraFo 2007, 383; OLG Oldenburg NStZ 2008, 461; AG Backnang StV 2015, 47; s. Vorauflage, Rn 256). Allerdings war anerkannt, dass die Anordnung den Charakter einer Weisung jedenfalls dann erlangt, wenn mit ihr **mehr** erstrebt wird als nur eine bessere Überwachung des Verurteilten, etwa eine **stabilisierende Einflussnahme auf seine Lebensführung** (BGH NStZ 2015, 179; OLG Celle NStZ 2004, 627; OLG Frankfurt, a.a.O.; OLG Rostock, Beschl. v. 13.12.2017 – 20 Ws 309/17; LK-*Hubrach*, § 56c Rn 21). 261

Zwischenzeitlich hat sich der **BGH** nochmals positioniert und entschieden, dass es sich um eine **zulässige Weisung** handelt. Die Meldeauflage habe regelmäßig eine spezialpräventive Intention (BGH, Beschl. v. 7.9.2022 – 3 StR 261/22; dem BGH unter Aufgabe der bisherigen dortigen Rspr. folgend OLG Frankfurt, Beschl. v. 25.2.2025 – 3 Ws 44/25). Zu beachten ist allerdings, dass die praktisch häufig erteilte Weisung, den Wohnsitzwechsel „unverzüglich" anzuzeigen, in der Rspr. vereinzelt als **in zeitlicher Hinsicht** nicht hinreichend bestimmt angesehen worden ist (OLG Saarbrücken, Beschl. v. 17.1.2023 – 4 Ws 387/22). 262

☝ Ein Widerruf der Strafaussetzung kommt aber auch hier dann nur in Betracht, wenn **gerade der Verstoß** Anlass zu der Besorgnis gibt, dass der Verurteilte erneut Straftaten begehen werde (LG Bremen StRR 2008, 70). Für sich alleine genommen lässt ein Verstoß gegen eine Weisung **keinen** Rückschluss auf eine negative Prognose zu (BVerfG NStZ-RR 2007, 338; → *Bewährung, Widerruf, Weisungsverstoß*, Teil A Rdn 435).

cc) Im Bereich **Arbeit** und **Ausbildung** kann der Verurteilte angewiesen werden, sich um einen nach Neigung und Fähigkeiten geeigneten Ausbildungsplatz oder um eine mit festen Einkünften verbundene Arbeitsstelle **zu bemühen** (OLG Hamm NStZ 1985, 310; OLG Jena NStZ-RR 2004, 138). Ebenso kann ihm aufgegeben werden, einen Arbeitsplatz nicht ohne vorherige Rücksprache mit dem Bewährungshelfer aufzugeben (OLG Hamm, a.a.O.). Bei entsprechendem Tatbezug kann die Berufstätigkeit des Verurteilten dahingehend **eingeschränkt** werden, dass er jeglichen Kontakt zu Kindern zu unterlassen hat (KG NStZ-RR 2006, 137). 263

☝ Zu einer **bestimmten** Arbeit darf der Verurteilte aber **nicht gezwungen** werden (OLG Jena NStZ-RR 2004, 138; LK-*Hubrach*, § 56c Rn 7).

Ob die Weisungen die Berufstätigkeit des Verurteilten so weitreichend einschränken dürfen, dass sie im Ergebnis einem **Berufsverbot** gleichkommen, ist umstritten. Der BGH hat es in einer älteren Entscheidung akzeptiert, einem Verurteilten, der sich anfällig gegenüber den Versuchungen krimineller Natur zeigt, die sein Beruf mit sich bringt, aufzugeben, einen bestimmten Beruf nicht auszuüben, wenn auch mit der **Einschränkung**, dass die Lebensführung des **Verurteilten nicht unzumutbar** beeinflusst werden darf (BGHSt 9, 258). Dem folgend halten Teile der Rspr. und des Schrifttums derartige Weisungen im Rahmen der Bewährungsüberwachung oder in der Führungsaufsicht für jedenfalls **nicht grds. unzulässig** 264

(OLG Hamburg StraFo 2008, 481; OLG Hamm NStZ-RR 2009, 44; OLG Hamm NStZ-RR 2010, 90; OLG Nürnberg OLGSt StGB § 57 Nr. 30; LK-*Hubrach*, § 56c Rn 7).

265 Die Gegenansicht tritt dem u.a. mit dem Hinweis, dass einem Berufsverbot kein spezialpräventiver Zweck innewohne, sowie unter dem Verweis auf **Verhältnismäßigkeitsgesichtspunkte** entgegen (KG NStZ-RR 2006, 137; TK StGB/*Kinzig*, § 56c Rn 14).

266 Der Gegenansicht ist zuzugeben, dass es vor allem in Zeiten hoher Arbeitslosigkeit insbesondere älteren und/oder gering qualifizierten Arbeitnehmern kaum gelingen wird, in einem anderen Berufsfeld einen adäquaten Ersatz für die bisherige Arbeitsstelle zu erlangen. Auch eine Rückkehr in den erlernten Beruf wird nach Ablauf der mehrjährigen Bewährungszeit oftmals nur schwer möglich sein, sodass die Rechtsfolgen der Tat sich noch **weit über den Ablauf der Bewährungszeit hinaus** auswirken können.

267 Für einen kompletten Ausschluss derart weitreichender Weisungen besteht jedoch gleichwohl **kein Anlass:** Die Weisung hat, wenn der Bezug zwischen der beruflichen Tätigkeit und den ohne die Weisung drohenden Straftaten des Verurteilten entsprechend eng ist, durchaus (auch) den Zweck, eben solche Taten zu verhindern, sodass die erforderliche **spezialpräventive** Zielsetzung durchaus vorhanden ist. Zudem erscheint die Weisung jedenfalls dann nicht unverhältnismäßig, **wenn erst durch ihre Erteilung** die Voraussetzungen einer Strafaussetzung sichergestellt werden können (OLG Frankfurt NStZ-RR 2012, 390; LK-*Hubrach*, § 56c Rn 7). Auch eine weit in die Lebensführung des Verurteilten eingreifende Weisung stellt gegenüber einer zu vollstreckenden Freiheitsstrafe das **geringere Übel** dar.

268 **dd)** Weisungen können sich auch auf die **Freizeit** des Verurteilten beziehen. So kann nicht nur beruflich der Umgang mit Kindern eingeschränkt oder untersagt werden, sondern **auch im privaten Bereich**. Für zulässig gehalten wird auch die Anordnung, vorübergehend in einer **gemeinnützigen** Tätigkeit zu **arbeiten** (SSW-StGB/*Widmaier*, § 56c Rn 8). Dabei darf jedoch das Erfordernis eines spezialpräventiven Zwecks nicht außer Acht gelassen werden, andernfalls kommt eine solche Anordnung allenfalls als Auflage i.S.d. § 56c Abs. 2 Nr. 3 StGB in Betracht.

269 **ee)** Zur **Ordnung der wirtschaftlichen Verhältnisse** kann der Verurteilte angewiesen werden, nicht lebensnotwendige **Ausgaben einzuschränken** (wobei sich eine rechtskonforme Ausgestaltung solcher Weisungen im Hinblick auf das Bestimmtheitsgebot hier als durchaus anspruchsvoll gestaltet), einen **Schuldentilgungsplan** zu erstellen oder in bestimmten zeitlichen Abständen über seine Einnahmen und Ausgaben zu **berichten** (s. aber LK-*Hubrach*, § 56c Rn 9: Pflicht zur täglichen Abrechnung unzulässig). Ferner kann ihm aufgegeben werden, die Hilfe einer **Schuldnerberatungsstelle** in Anspruch zu nehmen. Da dort allerdings häufig lange Wartezeiten gegeben sind, muss ihm hierfür im Bewährungsbeschluss ausreichend Zeit eingeräumt werden, andernfalls wäre ein Verstoß gegen die Weisung unverschuldet.

> Bei Weisungen zur Ordnung der wirtschaftlichen Verhältnisse ist zu beachten, dass ihr Ziel **nur darin** bestehen darf, **künftige Straftaten zu vermeiden**. Andere Zwecke wie etwa die Erleichterung der Durchsetzung von Schadenersatzansprüchen des Geschädigten oder eine verbesserte Möglichkeit zur Kontrolle der Auflagenerfüllung für das Gericht rechtfertigen derartige Weisungen daher nicht (MüKo-StGB/*Groß*, § 56c Rn 24).

270 **d)** Dem Verurteilten kann weiter auferlegt werden, sich zu bestimmten Zeiten bei Gericht oder einer anderen Stelle **zu melden** (§ 56c Abs. 2 Nr. 2 StGB). Als Meldestelle kommt auch eine **nicht-staatliche** Einrichtung in Betracht (*Fischer*, § 56c Rn 7). Besonderer Beachtung bedürfen bei Meldeweisungen aber die Zumutbarkeit sowie das Bestimmtheitsgebot. Insbesondere muss feststehen, **bei wem** sich der Verurteilte **persönlich** zu melden hat (OLG Jena NStZ-RR 2009, 134). Auf berufliche und sonstige Verpflichtungen des Verurteilten ist **angemessen Rücksicht** zu nehmen (LK-*Hubrach*, § 56c Rn 10).

271 **e)** § 56c Abs. 3 StGB ermöglicht ein **Kontaktverbot** gegenüber dem Geschädigten und weiteren Personen oder Personengruppen. Auch kann dem Verurteilten untersagt werden, diese Personen zu beschäf-

tigen, auszubilden oder zu beherbergen. Die Weisung kommt etwa bei Tätern in Betracht, die ihre Taten unter dem Einfluss gruppendynamischer Strukturen, z.B. in der Neonazi- oder linksautonomen Szene, begangen haben, aber auch bei Sexualstraftätern (*Fischer*, § 56c Rn 8).

☝ Auch bei dieser Auflage ist das **Bestimmtheitsgebot** von großer Bedeutung, insbesondere wenn der Kontakt zu Personengruppen untersagt werden soll. Dem Bestimmtheitsgebot ist nicht genüge getan, wenn der Umgang mit Personen aus der „Betäubungsmittelszene", der „rechten Szene" oder der „Hooligan- und Ultra-Szene" verboten wird. Es handelt sich insoweit nicht um hinreichend konkret eingegrenzte Gruppen (OLG Jena NStZ 2006, 39). Die namentliche Benennung sämtlicher Mitglieder einer konkret eingrenzbaren Gruppierung ist dagegen nicht erforderlich und meist auch gar nicht möglich.

f) Geht die Gefahr weiterer Straftaten nicht von Personen, sondern von bestimmten Gegenständen aus, kann das Gericht dem Verurteilten den **Besitz** hieran **verbieten** (§ 56c Abs. 2 Nr. 4 StGB). Ein solches Besitzverbot kann faktisch als Verpflichtung zur Weggabe wirken (*Fischer*, § 56c Rn 9). Voraussetzung ist, dass die Gegenstände Gelegenheit oder Anreiz zu weiteren Taten bieten. In Betracht kommen insbesondere Waffen und sonstige Tatmittel wie z.B. Einbruchswerkzeug, Fälscherutensilien oder Gerätschaften zum BtM-Konsum oder -Handel (*Fischer*, a.a.O.). 272

☝ **Problematisch** sind Weisungen, kein **Mobiltelefon** oder keinen **PC/Laptop** zu besitzen (Burhoff/*Hillenbrand*, RM, Teil A Rn 460; *Nicolai* NStZ 2021, 136). Eine solche Weisung dürfte sich zum einen **kaum überwachen lassen**, zum anderen begegnet sie im Hinblick auf die Zumutbarkeit **erheblichen Bedenken**. Nicht nur der Kommunikationsweg über das Telefon, sondern auch jener über das Internet bzw. dessen Nutzung allgemein ist heutzutage für jedermann von derart hoher Bedeutung, dass es kaum verhältnismäßig erscheint, den Verurteilten hiervon über Jahre (!) hinweg auszuschließen (a.A. OLG Frankfurt NStZ-RR 2010, 389 für das Verbot der Internetnutzung; differenzierend OLG Hamm, Beschl. v. 10.11.2015, NJW 2016, 582 [„Internetverbot" grds. zulässig, aber Ausnahme für eine für eine berufliche Qualifizierungsmaßnahme unerlässliche Internetnutzung]).

g) Insbesondere bei einer Verurteilung wegen Verletzung der Unterhaltspflicht gem. § 170 StGB kann der Verurteilte gem. § 56c Abs. 2 Nr. 5 StGB angewiesen werden, **Unterhaltszahlungen** zu leisten. Hierbei dürfen die **familienrechtlichen** Unterhaltspflichten **nicht überschritten** werden, und es sind die **Pfändungsfreigrenzen** zu beachten (LK-*Hubrach*, § 56c Rn 13). 273

☝ Bevor nach einer Verurteilung wegen Verletzung der Unterhaltspflicht Beschwerde gegen den Bewährungsbeschluss eingelegt wird, etwa mit dem Ziel, die Höhe der Zahlungen zu reduzieren, empfiehlt sich für den Verteidiger die Prüfung eines Rechtsmittels gegen das Urteil insgesamt. § 170 StGB ist eine ausgesprochen schwierig zu handhabende Vorschrift, was oftmals dazu führt, dass die Feststellungen des Tatgerichts den Schuldspruch nicht tragen (hierzu *Deutscher* StRR 2012, 327 u. *Hillenbrand* NZFam 2020, 545).

h) Durch das Gesetz zur Überarbeitung des Sanktionenrechts v. 26.7.2023 (BGBl 2023 I Nr. 203) wurde mit Wirkung zum 1.10.2023 die sog. **Therapieweisung** in das Gesetz eingefügt (§ 56c Abs. 2 Nr. 6 StGB). Hiernach kann das Gericht den Verurteilten anweisen, sich **psychiatrisch, psycho- oder sozialtherapeutisch betreuen und behandeln** zu lassen. Zwar waren derartige Weisungen bereits zuvor möglich (*Fischer*, § 56c StGB, Rn 10a); der Gesetzgeber wollte jedoch Möglichkeit und Bedeutung von ambulanten Therapieweisungen im Gesetz noch deutlicher hervorheben und so dazu beitragen, dass die Gerichte seltener als bisher die Erteilung einer solchen Weisung bzw. deren Prüfung unterlassen (BT-Drucks 20/5913, S. 22). 274

☝ Bezieht sich die Anklage auf eine in § 181b StGB genannte Straftat zum Nachteil eines Minderjährigen und kommt die Erteilung einer Therapieweisung in Betracht, soll das Gericht über den Zustand des Angeklagten und die Behandlungsaussichten einen Sachverständigen hören, soweit dies erforderlich ist, um festzustellen, ob der Angeklagte einer solchen Betreuung und Behandlung bedarf (§ 246a Abs. 2 StPO).

275 **4.a)** Bei der Festsetzung nicht ausdrücklich geregelter Weisungen ist zu beachten, dass sie ebenso wie die im Gesetz erwähnten Weisungen **spezialpräventiven** Zwecken dienen müssen. Wird dagegen nur dessen **Überwachung oder eine Arbeitserleichterung des Gerichts** bezweckt, ist die „Weisung" **rechtswidrig**. Der Verurteilte darf deshalb nicht angewiesen werden, behandelnde Therapeuten von der Schweigepflicht zu entbinden, um so dem Gericht Informationen über seinen Gesundheitszustand zu verschaffen (OLG Nürnberg NStZ-RR 1999, 175), es sei denn, er willigt in die Erteilung einer solchen Weisung ein (SSW-StGB/*Widmaier*, § 56c Rn 3).

276 **b)aa)** Unzulässig sind auch Weisungen, die **gesetzlich besonders geregelte Maßnahmen ersetzen** sollen. Es dürfen keine Weisungen erteilt werden, die einer in den Zuständigkeitsbereich der **Ausländerbehörden** fallenden Maßnahme gleichkommen (Burhoff/*Hillenbrand*, RM, Teil A, Rn 459); die Weisung, das Bundesgebiet zu verlassen oder es bis zum Ablauf der Bewährungszeit nicht mehr zu betreten, ist folglich **unzulässig** (OLG Nürnberg StV 2014, 529). Nach der Rspr. des BGH unbedenklich ist dagegen die einem im Ausland lebenden Verurteilten erteilte Weisung, künftige Einreisen in die Bundesrepublik Deutschland unter Mitteilung des beabsichtigten Aufenthaltsorts in Deutschland anzuzeigen. Insoweit handele es sich nicht um ein faktisches Einreiseverbot, weshalb auch die allgemeine Freizügigkeit des Verurteilten als EU-Bürger nicht berührt sei. Die durch eine solche Regelung auferlegten Pflichten seien marginal und stellten deshalb keine Belastung dar, die geeignet erscheinen könnte, den Verurteilten von einem Aufenthalt in Deutschland abzuhalten (BGH, Beschl. v. 7.9.2022 – 3 StR 261/22; a.A. OLG Rostock, Beschl. v. 13.12.2017 – 20 Ws 309/17, wonach es sich um einen Eingriff in die unionsrechtlich verbürgte Freizügigkeit handele, der nur unter den Voraussetzungen des § 6 Abs. 1 FreizügG/EU und in dem dort vorgesehenen Verwaltungsverfahren möglich sei, was nicht durch die Erteilung einer Bewährungsweisung umgangen werden dürfe).

☝ Der Umstand, dass der mit einer Weisung verfolgte Zweck auch durch die Verhängung einer **Maßregel der Besserung und Sicherung** erreicht werden könnte (z.B. Tierhaltungsverbot gem. § 20 TierSchG), steht der Zulässigkeit einer Weisung dagegen nicht per se entgegen. Aus dem Gesetz lässt sich ein uneingeschränkter Grundsatz dahingehend, dass die Vorschriften über die Maßregeln der Besserung und Sicherung abschließende Sonderregelungen darstellen, die in ihrem Regelungsbereich die Anordnung von Maßnahmen im Wege einer Weisung gem. § 56c StGB nicht zulassen, nicht entnehmen (OLG Hamm NStZ-RR 2009, 44).

277 **bb)** Weisungen dürfen auch nicht gegen **uneingeschränkte Grundrechte** verstoßen (OLG Nürnberg, a.a.O.). Eine Verpflichtung zum Kirchenbesuch oder zum Beitritt zu oder Austritt aus einem Verein kommt daher nicht in Betracht (SSW-StGB/*Widmaier*, § 56c Rn 3). Ebenso unzulässig ist es, dem Verurteilten aufzugeben, eine eheliche Lebensgemeinschaft wiederherzustellen (*Fischer*, § 56c Rn 3) oder umgekehrt den Abbruch der Verbindungen zu **nahen** Familienangehörigen zu verlangen.

278 **c)** Ist dagegen der Zweck der Spezialprävention gewahrt, ist die Weisung zulässig. Insbesondere **kann** dem Verurteilten **aufgegeben** werden,

- seinen Aufenthaltsort mittels einer sogenannten „elektronischen Fußfessel" überwachen zu lassen (MüKo-StGB/Groß/*Kett-Straub*, § 56c Rn 36),
- eine bereits begonnene **Gesprächstherapie** fortzusetzen (KG, Beschl. v. 29.3.2001 – 5 Ws 159/01),

- an einer Therapie zur Aufarbeitung einer **Sexualproblematik** teilzunehmen (OLG Hamm NStZ 2000, 373),
- für einen geregelten **Schulbesuch** seines Kindes zu sorgen (TK StGB/*Kinzig*, § 56c Rn 27),
- keine Kinder unter 14 Jahren mit Ausnahme der eigenen mit in die Wohnung zu nehmen (BGH StV 1998, 658),
- auf eigene Kosten eine **Fahrerlaubnis** zu erwerben (OLG Stuttgart Justiz 2013, 116; MüKo-StGB/*Groß*, § 56c Rn 35),
- keine Tiere zu halten oder zu betreuen (OLG Hamm NStZ-RR 2009, 44),
- an einem Verkehrsunterricht teilzunehmen oder sich einer verkehrspsychologischen Beratung zu unterziehen (OLG Jena NStZ-RR 2004, 139).

d)aa) Praktisch häufig sind Weisungen, **jeglichen Alkohol- und/oder Drogenkonsum zu unterlassen**. 279
Derartige Anordnungen verstoßen für sich genommen nicht gegen Grundrechte (BVerfG, Beschl. v. 30.3.2016 – 2 BvR 496/12, NJW 2016, 2170; OLG Frankfurt, Beschl. v. 11.9.2023 – 7 Ws 168/23) und sind deshalb grds. zulässig, sofern **aufgrund bestimmter Tatsachen** Gründe für die Annahme vorhanden sind, der Substanzkonsum werde zur Begehung weiterer Straftaten **beitragen** (Burhoff/*Hillenbrand*, RM, Teil A Rn 463; *Fischer*, § 56c Rn 3a, der freilich deren praktischen Wert in Zweifel zieht). Dabei muss es sich nicht zwingend um Betäubungsmittel- oder Cannabisdelikte handeln; sofern ein symptomatische Zusammenhang mit dem Konsum besteht darf die Weisung auch erteilt werden, um Gewaltdelikte zu verhindern (OLG Celle, Beschl. v. 7.11.2025 – 3 Ws 78/25). Auch steht es der Erteilung einer solchen Weisungen nicht entgegen, wenn der Betäubungsmittelmissbrauch nur ein **mittelbarer** Beitrag zur erneuten Straffälligkeit sein kann, da ein Abgleiten in einen erheblichen Substanzmittelmissbrauch frühzeitig erkannt und verhindert werden soll (OLG Köln NStZ-RR 2008, 190). Das im Wege der Weisung verhängte Konsumverbot kann **nur ein absolutes** sein; alles andere wäre sinnwidrig (OLG Frankfurt NStZ-RR 2011, 290). Eine Einschränkung gilt nach Auffassung des OLG Dresden (NJW 2009, 3315) bei **alkoholkranken** Tätern; hier soll ein Konsumverbot erst nach erfolgreichem **Abschluss einer Therapie** zulässig sein.

☝ Bei einem Verstoß gegen ein Konsumverbot ist im Widerrufsverfahren die Frage der **Schuldhaftigkeit** besonders sorgfältig zu prüfen, es gibt keinen Automatismus dahingehend, dass jeder Verstoß zum Widerruf führt (OLG Hamm, Beschl. v. 16.12.2025 – 3 Ws 405/25). Oftmals wird der Verstoß nicht Ausdruck einer gleichgültigen oder gar ablehnenden Einstellung gegenüber den sich aus dem Bewährungsbeschluss ergebenden Verpflichtungen sein, sondern **Krankheitsfolge** (→ *Bewährung, Widerruf, Weisungsverstoß*, Teil A Rdn 432).

bb) Regelmäßig werden solche Weisungen mit der Anordnung verbunden, sich zum Nachweis der Drogenfreiheit **Urinkontrollen oder Drogenscreenings** zu unterziehen (BVerfG NJW 1993, 3315). Die Kosten für die Durchführung dieser Kontrollen können dem Verurteilten auferlegt werden, **jedoch nur**, sofern er zur Kostentragung in der Lage ist. Ist er hierzu **unverschuldet** außer Stande, hat subsidiär die **Staatskasse** die Kosten zu übernehmen (OLG Dresden, Beschl. v. 31.8.2022 – 2 Ws 144/22; OLG Karlsruhe NStZ-RR 2011, 30; OLG Stuttgart NStZ 2013, 346). Verschlechtert sich die finanzielle Situation des Verurteilten, der bislang zur Kostentragung in der Lage war, im Laufe der Bewährungszeit, kann der Bewährungsbeschluss nach § 56e StGB zu seinen Gunsten dahingehend abgeändert werden, dass die Kosten für die noch ausstehenden Screenings der Staatskasse zur Last fallen. Eine solche Änderung wird jedoch lediglich **für die Zukunft**, für eine rückwirkende Änderung des Beschlusses besteht keine Rechtsgrundlage (OLG Zweibrücken, Beschl. v. 19.12.2024 – 1 Ws 286/24). 280

5. Durch die Weisungen dürfen an die Lebensführung des Verurteilten **keine unzumutbaren Anforderungen** gestellt werden (§ 56c Abs. 1 S. 2 StGB). Der **höchstpersönliche** Lebensbereich muss **verschont** bleiben, und der Eingriff in die Lebensführung des Verurteilten darf **nicht zu weitgehend** sein (BGH StV 1998, 658). Unzumutbar ist es etwa, einem im Ausland lebenden Verurteilten aufzugeben, sich alle vier 281

Wochen in Deutschland bei der Bewährungshilfe zu melden (OLG Jena NStZ-RR 2009, 134), und von einem Berufstätigen darf nicht verlangt werden, sich während der Arbeitszeit **oft** und in **nur kurzen Abständen** bei einer Behörde zu melden (TK StGB/*Kinzig*, § 56c Rn 7).

282 **6.** Die Weisungen müssen **klar, bestimmt und in ihrer Einhaltung überprüfbar** sein. Für den Verurteilten muss aufgrund der **vom Gericht** und nicht etwa erst vom Bewährungshelfer formulierten Vorgaben eindeutig erkennbar sein, welches Tun oder Unterlassen von ihm erwartet wird und wann er mit dem Widerruf der Strafaussetzung zu rechnen hat (sog. „Rote-Linie-Rechtsprechung" des BVerfG, s. Beschl. v. 24.9.2011 – 2 BvR 1165/11, StV 2012, 481). Weisungsverstöße müssen zweifelsfrei feststellbar sein (OLG Stuttgart, Beschl. v. 21.5.2014 – 4 Ws 158/14). Insoweit gelten bei Weisungen dieselben Grundsätze wie bei Auflagen. Auf die dortigen Ausführungen (→ *Bewährung, Auflagen*, Teil A Rdn 30) wird verwiesen.

283 **a)** Ist ein **Bewährungshelfer** bestellt, so muss das Gericht die regelmäßige Frequenz der Einbestellungen selbst festlegen. Es genügt nicht, wenn der Verurteilte angewiesen wird, „engen Kontakt" zur Bewährungshilfe zu halten; lediglich die Bestimmung der konkreten Einzeltermine darf dem Bewährungshelfer überlassen werden (OLG Hamm, Beschl. v. 12.6.2025 – 1 Ws 160/25). Fehlt es insoweit an konkreten Vorgaben, kann der Widerruf der Strafaussetzung nicht auf den Vorwurf gestützt werden, der Verurteilte habe sich der Aufsicht und Leitung der Bewährungshilfe beharrlich entzogen (OLG Saarbrücken, Beschl. v. 17.1.2023 – 4 Ws 387/22; im Ausnahmefall a.A. OLG Hamm, Beschl. v. 12.6.2025 – 1 Ws 160/25, wenn der Weisung zumindest entnommen werden kann, dass der Verurteilte ungeachtet der Art des Kontakts und eines konkreten Meldeintervalls überhaupt Kontakt zu seiner Bewährungshelferin aufnehmen musste). Von der h.M. wird sogar verlangt, dass das Gericht den Bewährungshelfer namentlich bestellt (OLG Celle, Beschl. v. 22.6.2021 – 2 Ws 154/21, NStZ-RR 2021, 243 m. abl. Anm. *Greiner*; *Fischer*, § 56d Rn 3). Hierfür besteht jedoch auch im Hinblick auf den Bestimmtheitsgrundsatz kein rechtliches Bedürfnis, denn der Verurteilte weiß unabhängig vom Namen des Bewährungshelfers, welches Verhalten von ihm erwartet wird und wann ihm der Widerruf der Strafaussetzung droht. Zudem erscheint ein solches Vorgehen auch wenig praktikabel (*Greiner*, a.a.O.).

284 **b)** Eine **Therapieweisung** muss regelmäßig Angaben zur Art und zur stationären oder ambulanten Durchführung der Behandlung, zur Therapieeinrichtung oder zum Therapeuten, zur Dauer der Therapie und zur Art und Häufigkeit der Termine enthalten (KG, Beschl. v. 30.10.2020 – 5 Ws 198/199/20 – 161 AR 198/20; OLG Celle, Beschl. v. 26.2.2024 – 1 Ws 69/24, StV 2024, 461; OLG Frankfurt NStZ-RR 2003, 199; OLG Hamm, Beschl. v. 6.5.2021 – 4 Ws 77/21), und eine wirksame Weisung zur Kontrolle der dem Verurteilten aufgegebenen Drogenabstinenz setzt nach der Rspr. einiger OLG voraus, dass das Gericht die die Kontrolle durchführende Einrichtung selbst ausdrücklich bezeichnet (OLG Frankfurt, Beschl. v. 11.9.2023 – 7 Ws 168/23). Auch kann dem Verurteilten nicht lediglich aufgegeben werden, Kontakt zu einer Drogenberatungsstelle zu halten, auch wenn diese namentlich bezeichnet wird. Vielmehr muss das Gericht auch das Meldeintervall und die Art der Kontakthaltung bestimmen (OLG Hamm, Beschl. v. 11.11.2025 – 5 Ws 450/25).

285 **7.** Weisungen hat **ausschließlich** das Gericht zu erteilen. Es darf seine diesbezügliche Befugnis nicht auf Dritte übertragen. Auch insoweit sind bei der Erteilung von Weisungen dieselben Grundsätze zu beachten wie bei der Festsetzung von Auflagen (→ *Bewährung, Auflagen*, Teil A Rdn 35). Eine Präzisierung bis ins Letzte ist auch bei Weisungen nicht erforderlich.

Siehe auch: → *Bewährung, Auflagen*, Teil A Rdn 9; → *Bewährung, Jugendliche, Weisungen, Auflagen*, Teil A Rdn 130; → *Bewährung, Widerruf, Weisungsverstoß*, Teil A Rdn 426.

Bewährung, Widerruf, Absehen 286

Das Wichtigste in Kürze:

1. Das Gericht sieht vom Widerruf der Strafaussetzung ab, wenn es ausreicht, dem Verurteilten weitere Auflagen oder Weisungen zu erteilen, ihn einem Bewährungshelfer zu unterstellen oder die Bewährungs- oder Unterstellungszeit zu verlängern.
2. Liegen die Voraussetzungen des § 56f Abs. 2 StGB vor, ist das Absehen vom Widerruf zwingend. Umgekehrt ist allerdings bei deren Fehlen der Widerruf ebenso zwingend.
3. Die milderen Maßnahmen sind nur ausreichend, wenn sie trotz des Bewährungsversagens objektiv eine hohe Wahrscheinlichkeit dafür bieten, dass der Verurteilte künftig ein straffreies Leben führen wird.
4. Bei einer Verlängerung der Bewährungszeit ist § 56f Abs. 2 S. 2 StGB zu beachten, der den Umfang der Verlängerung auf die Hälfte der zunächst bestimmten Bewährungszeit begrenzt. Hierbei handelt es sich um die im ersten Bewährungsbeschluss festgesetzte Bewährungszeit, spätere Änderungen bleiben außer Betracht.
5. Die Bewährungszeit kann auch über die Fünf-Jahres-Grenze hinaus verlängert werden.
6. Die Verlängerung kann auch nach dem Ablauf der ursprünglichen Bewährungszeit erfolgen.
7. Statthaftes Rechtsmittel gegen den Beschluss, in dem Maßnahmen nach § 56f Abs. 2 StGB verhängt werden ist die (einfache) Beschwerde. Der Staatsanwaltschaft steht gegen Entscheidungen, mit denen ein Antrag auf Verlängerung der Bewährungszeit abgelehnt wird, nach richtiger Auffassung ebenfalls die einfache und nicht die sofortige Beschwerde zur Verfügung.

Literaturhinweise: **Doleisch von Dolsperg**, Strafaussetzung zur Bewährung – Probleme aus der Praxis, StraFo 2005, 45; **Dölling**, Die Verlängerung der Bewährungszeit nach § 56f Abs. 2 StGB, NStZ 1989, 345; **Hein**, Verlängerung der Bewährungszeit nach deren Ablauf? – Zur Neufassung des § 56f Abs. 2 StGB, NStZ 1983, 252; **Hillenbrand**, Widerruf der Strafaussetzung zur Bewährung: Voraussetzungen und Verfahren, ZAP F. 22, 799; **Horn**, Der Aussetzungswiderruf und das Absehen hiervon, JR 1981, 5; *ders.*, Wann beginnt die nach § 56f Abs. 2 StGB verlängerte Bewährungszeit?, NStZ 1986, 356; **Kropp**, Heilung von Auflagen- und Weisungsverstößen im Bewährungsrecht, NJ 2005, 397; **Lembert**, Die Beachtung des Grundsatzes der Verhältnismäßigkeit bei der Entscheidung über einen Bewährungswiderruf, NJW 2001, 3528; **Schrader**, Die Verlängerung der Bewährungszeit (zum Verständnis des § 56 Abs. 2 StGB, MDR 1990, 391); **Stahlmecke**, Immer heiter weiter? – Ein Beitrag zur Bestimmung der absoluten Höchstgrenze der Bewährungsdauer gemäß § 56f Abs. 2 S. 2 StGB, NStZ 2022, 585; s.a. die Hinweise in → *Bewährung, Widerruf, Allgemeines*, Teil A Rdn 299. 287

1. Das Gericht sieht vom Widerruf der Strafaussetzung ab, wenn es **ausreicht**, dem Verurteilten weitere Auflagen oder Weisungen zu erteilen, ihn einem Bewährungshelfer zu unterstellen oder die Bewährungs- oder Unterstellungszeit zu verlängern. Praktisch häufigster Fall ist die Verlängerung der Bewährungszeit. 288

2. Liegen die Voraussetzungen des § 56f Abs. 2 StGB vor, ist das Absehen vom Widerruf **zwingend** (MüKo-StGB/*Groß/Kett-Straub*, § 56f Rn 24; SSW-StGB/*Mosbacher*, § 56f Rn 25). **Umgekehrt** ist allerdings bei deren Fehlen der Widerruf **ebenso zwingend** (OLG Dresden, Beschl. v. 20.1.2022 – 2 Ws 373/22; *Fischer*, § 56f Rn 14). 289

☝ Neben dem Vorliegen eines Widerrufsgrunds ist stets auch sorgfältig zu prüfen, ob nach 56f Abs. 2 StGB vom Widerruf abgesehen werden kann. Denn der **Grundsatz der Verhältnismäßigkeit** gebietet es, den verfassungsrechtlichen Anforderungen an **Sachverhaltsaufklärung und Begründungstiefe** Rechnung zu tragen (BVerfG, Beschl. v. 16.1.2020 – 2 BvR 252/19, NJW 2020, 1501). Von diesen verfassungsrechtlichen Anforderungen ausgehend wird es außer in ganz eindeutigen Fällen oftmals problematisch sein, wenn sich das Widerrufsgericht auf die pauschale Behauptung, dass eine Verlängerung der Bewährungszeit oder eine Erweiterung der Auflagen nicht ausreichend und der Widerruf der Strafaussetzung auch verhältnismäßig sei, beschränkt (BVerfG, a.a.O.).

290 Eine zusätzliche, neben § 56f Abs. 2 StGB durchzuführende allgemeine Verhältnismäßigkeitsprüfung findet aber **nicht statt** (→ *Bewährung, Widerruf, Allgemeines*, Teil A Rdn 302).

291 **3.** Die milderen Maßnahmen sind nur ausreichend, wenn sie trotz des Bewährungsversagens **objektiv** eine **hohe** Wahrscheinlichkeit dafür bieten, dass der Verurteilte künftig ein straffreies Leben führen wird (SSW-StGB/*Mosbacher*, § 56f Rn 26). Dies muss aufgrund **konkreter neuer Tatsachen** erwartet werden können, der bloße Wille des Verurteilten hierzu genügt nicht (KG NStZ-RR 2000, 170; LG Nürnberg-Fürth, Beschl. v. 2.7.2024 – 18 Qs 22/24). Hieran fehlt es, wenn der Verurteilte im Laufe der Bewährungszeit zahlreiche Hilfsangebote abgelehnt hat und auch engmaschige Kontrollen etwa seines Drogenkonsums nicht zu einer dauerhaften Verhaltensänderung geführt haben (OLG Celle, Beschl. v. 7.11.2025 – 3 Ws 78/25). In einem solchen Fall fehlt es einer tragfähigen tatsächlichen Grundlage für die Annahme, dass mildere Maßnahmen genügen könnten, was zum Widerruf der Strafaussetzung zwingt. Die Befähigung zu künftig straffreiem Verhalten darf nicht zu Gunsten des Verurteilten unterstellt werden (KG, Beschl. v. 16.2.2023 – 2 Ws 1/23; LG Halle, Beschl. v. 15.7.2019 – 10a Qs 76/19).

☝ Im Falle neuerlicher Straffälligkeit können mildere Maßnahmen etwa dann als ausreichend angesehen werden, wenn die neue Tat **geringfügig** ist oder **gänzlich anderer Art** als die Ursprungstat (OLG Brandenburg, Beschl. v. 26.8.2024 – 1 Ws 109/24: die neue Tat musste lediglich mit einer Geldstrafe von 50 Tagessätzen geahndet werden), da es dann an einer hinreichenden Aussagekraft im Hinblick auf die Veränderung der Prognose fehlt oder wenn der Verurteilte durch Auflagen und Weisungen **besonders** beeindruckbar oder durch einen Bewährungshelfer beeinflussbar erscheint (SSW-StGB/*Mosbacher* § 56f Rn 27). In einem solchen Fall kann die grds. widerlegte Aussetzungsprognose wiederhergestellt werden (OLG Brandenburg, a.a.O.).

Weiter können dem Widerruf entgegenstehen:

- **nachträgliche Erfüllung einer Auflage**, deren Nichtbeachtung Anlass für die Einleitung des Widerrufsverfahrens gewesen war (OLG Braunschweig, Beschl. v. 20.9.2023 – 1 Ws 166/23; OLG Jena, Beschl. v. 30.1.2025 – 3 Ws 479/25; LG Rottweil, Beschl. v. 26.1.2025 – 3 Qs 65/25);
- zwischenzeitlich eingetretene **Stabilisierung der Lebensverhältnisse** des Verurteilten (OLG Düsseldorf NStZ-RR 1997, 323),
- positive **Einschätzung des Bewährungshelfers** (OLG Nürnberg StV 1998, 213),
- **erfolgversprechende** Therapiemöglichkeit bei Drogenabhängigkeit (OLG Jena StV 2007, 194; OLG Hamm StRR 2008, 397),
- erstmalige ernsthaft betriebene **Suchttherapie** (OLG Schleswig StraFo 2008, 344; AG Backnang BewH 2013, 101).

292 **4.** Bei einer **Verlängerung der Bewährungszeit** ist § 56f Abs. 2 S. 2 StGB zu beachten, der den Umfang der Verlängerung auf die Hälfte der **zunächst** bestimmten Bewährungszeit begrenzt. Hierbei handelt es sich um die im **ersten** Bewährungsbeschluss festgesetzte Bewährungszeit, spätere Änderungen bleiben außer Betracht (*Fischer*, § 56f Rn 17a). Die verlängerte Bewährungszeit beginnt nach richtiger Auffassung nicht mit dem Erlass des Verlängerungsbeschlusses, sondern mit dem Ende der **zunächst bestimmten** Frist, und zwar auch dann, wenn diese im Zeitpunkt der Verlängerungsentscheidung bereits abgelaufen war (OLG Bamberg NStZ-RR 2010, 60; OLG Braunschweig, Beschl. v. 29.3.20222 – 1 Ws 192/21; OLG Hamm NStZ-RR 2010, 127; a.A. OLG München, Beschl. v. 14.2.2020 – 2 Ws 130/20).

☝ Durch die Regelung des § 56f Abs. 2 S. 2 StGB soll die nicht mit zeitlichen Begrenzung versehene Verlängerungsmöglichkeit des § 56a Abs. 2 S. 2 StGB **nicht eingeschränkt** werden, sodass einer – **ggf. mehrfachen** – Verlängerung der Bewährungszeit bis zur Obergrenze von fünf Jahren nichts entgegensteht (ganz h.M., statt aller TK StGB/*Kinzig*, StGB, § 56f Rn 20). Dies gilt unabhängig von der Dauer der ursprünglichen Bewährungszeit (OLG Hamm NStZ-RR 2011, 387) So kann etwa eine zunächst auf drei Jahre festgesetzte Bewährungszeit zwei Mal um jeweils ein Jahr verlängert werden (TK StGB/*Kinzig, a.a.O.*).

5.a) Die Bewährungszeit kann auch **über die Fünf-Jahres-Grenze hinaus** verlängert werden. § 56a Abs. 1 StGB steht einer solchen Verlängerung nicht entgegen, da § 56f Abs. 2 S. 2 StGB eine hiervon abweichende, den Verurteilten **begünstigende** Regelung darstellt (OLG Karlsruhe Die Justiz 2014, 113). 293

b) Eine Verlängerung über fünf Jahre hinaus ist allerdings nach richtiger Ansicht **nur bis zum Anderthalbfachen** der im ersten Bewährungsbeschluss bestimmten Bewährungszeit möglich, d.h. diese muss **mindestens drei Jahre und vier Monate** betragen (OLG Hamm NStZ-RR 2011, 387; OLG Stuttgart NStZ 2000, 478; Beschl. v. 11.12.2017 – 3 Ws 85/17; *Stahlmecke* NStZ 2022, 585; LK-*Hubrach*, § 56f Rn 38). Betrug die ursprüngliche Bewährungszeit vier Jahre, kann eine Verlängerung auf bis zu sechs Jahre erfolgen, bei fünfjähriger Bewährungszeit ist eine Verlängerung auf bis zu siebeneinhalb Jahre möglich (TK StGB/*Kinzig*, § 56f Rn 20). 294

c) Die **Gegenauffassung** orientiert sich an dem durch § 56a vorgegebenen Höchstmaß von fünf Jahren und hält **dessen** Überschreitung um die Hälfte der ursprünglich bestimmten Bewährungszeit für zulässig (OLG Celle StV 1990, 117; OLG Frankfurt StV 1989, 25; OLG Hamburg NStZ-RR 1999, 330). Eine solche Auslegung führt jedoch regelmäßig zu im Vergleich mit der ersten Bewährungszeit **übermäßig langen Bewährungszeiten** (*Fischer*, § 56f Rn 17b), für die kein Bedarf besteht. Wer sich in einer zunächst auf zwei oder drei Jahre festgesetzten und dann – womöglich mehrmals – verlängerten Bewährungszeit nicht bewährt hat, wird regelmäßig auch durch eine nochmalige Verlängerung der Bewährungszeit nicht zu beeindrucken sein (LK-*Hubrach*, § 56f Rn 39). 295

6. Die Verlängerung kann **auch nach dem Ablauf** der ursprünglichen Bewährungszeit erfolgen (BVerfG NStZ 1995, 437; TK StGB/*Kinzig*, § 56f Rn 19). Begeht der Verurteilte in der Zeit zwischen dem Ablauf der ursprünglichen Bewährungsfrist und der Entscheidung über deren Verlängerung eine neue Straftat, kann dies den Widerruf der Strafaussetzung rechtfertigen, wenn er bei der Begehung der neuen Tat mit bewährungsverlängernden Maßnahmen rechnen musste (OLG Braunschweig, Beschl. v. 29.3.2022 – 1 Ws 192/21; → *Bewährung, Widerruf, neuerliche Straffälligkeit*, Teil A Rdn 356). Ist dagegen auch der in einem bereits ergangenen Verlängerungsbeschluss bestimmte Zeitraum verstrichen, kommt eine weitere Verlängerung nicht mehr in Betracht (*Fischer*, § 56f Rn 16). 296

7. Statthaftes **Rechtsmittel** gegen den Beschluss, in dem Maßnahmen nach § 56f Abs. 2 StGB verhängt werden, ist die (einfache) **Beschwerde**. Der Staatsanwaltschaft steht gegen Entscheidungen, mit denen ein Antrag auf Verlängerung der Bewährungszeit abgelehnt wird, nach richtiger Auffassung ebenfalls die einfache und nicht die sofortige Beschwerde zur Verfügung. Der Auffassung, wonach die sofortige Beschwerde zulässig sei, kann schon mit Blick auf den Wortlaut des § 453 Abs. 2 S. 3 StPO, der die Verlängerung der Bewährungszeit gerade nicht erwähnt, nicht gefolgt werden (→ *Bewährung, Widerruf, Allgemeines*, Teil A Rdn 325). 297

☝ Hat die Staatsanwaltschaft aber den **Widerruf** der Strafaussetzung beantragt und erfolgt **stattdessen** lediglich eine Verlängerung der Bewährungszeit, steht ihr die **sofortige Beschwerde** zu (→ *Bewährung, Widerruf, Allgemeines*, Teil A Rdn 322).

Siehe auch: → *Bewährung, Jugendliche, Allgemeines*, Teil A Rdn 84; → *Bewährung, Widerruf, Allgemeines*, Teil A Rdn 298; → *Bewährung, Widerruf, Auflagenverstoß*, Teil A Rdn 340; → *Bewährung, Widerruf, neuerliche Straffälligkeit*, Teil A Rdn 351; → *Bewährung, Widerruf, Weisungsverstoß*, Teil A Rdn 426.

298 Bewährung, Widerruf, Allgemeines

Das Wichtigste in Kürze:

1. Die Gründe für einen Widerruf der Strafaussetzung sind in § 56f Abs. 1 S. 1 StGB abschließend aufgezählt.
2. Das Vorliegen eines Widerrufsgrunds muss zur Überzeugung des Gerichts feststehen. Ist dies der Fall und steht im Einzelfall nicht § 56f Abs. 2 StGB entgegen, ist der Widerruf zwingend.
3. Sobald das Vorliegen eines Widerrufsgrundes feststeht, ist das Gericht verpflichtet, die Entscheidung über den Widerruf zu treffen. Ein Zuwarten ist grds. nicht zulässig.
4. Der Widerruf kann auch noch nach Ablauf der Bewährungszeit erfolgen, es sei denn er ist aus Gründen der Rechtssicherheit und des Vertrauensschutzes nicht mehr vertretbar.
5. Zuständig für die Entscheidung über den Widerruf ist das Gericht des 1. Rechtszuges, sofern keine Abgabe an das Wohnsitzgericht oder die StVK erfolgt ist.
6. Das Verfahren richtet sich nach § 453 Abs. 1. Das Gericht entscheidet ohne mündliche Verhandlung durch Beschluss, die Staatsanwaltschaft und der Verurteilte sind zu hören.
7. Ist der Verurteilte der Aufsicht und Leistung eines Bewährungshelfers unterstellt, so ist dieser gem. § 453 Abs. 1 S. 5 zu unterrichten, wenn eine Entscheidung über den Widerruf der Strafaussetzung in Betracht kommt.
8. Statthaftes Rechtsmittel gegen den Beschluss über den Widerruf der Strafaussetzung ist die sofortige Beschwerde.

299 **Literaturhinweise:** **Arnoldi**, Bewährungswiderruf und Zeitablauf, StRR 2008, 84; **Bohlander**, Widerruf früherer Strafaussetzung durch das erkennende Gericht – Eine Anregung zur Verfahrensbeschleunigung, NStZ 1999, 493; **Boetticher**, Zum Widerruf der Strafaussetzung zur Bewährung, NStZ 1991, 1; **Doleisch von Dolsperg**, Strafaussetzung zur Bewährung – Probleme aus der Praxis, StraFo 2005, 45; **Frank**, Strafaussetzung zur Bewährung – Widerruf und Mindestverbüßungsdauer, NJW 1981, 1341; **Frommeyer**, Aus der Rechtsprechung zum Widerruf der Strafaussetzung, StraFo 2023, 78; **Hillenbrand**, Widerruf der Strafaussetzung zur Bewährung: Voraussetzungen und Verfahren, ZAP F.22, 799; **Krumm**, Verteidigung im Bewährungswiderrufsverfahren, NJW 2023, 1557; **Lembert**, Die Beachtung des Grundsatzes der Verhältnismäßigkeit bei der Entscheidung über einen Bewährungswiderruf, NJW 2001, 3528; s.a. die Hinweise in → *Bewährung, Allgemeines*, Teil A Rdn 2.

300 **1.** Die Gründe für einen Widerruf der Strafaussetzung sind in § 56f Abs. 1 S. 1 StGB **abschließend** aufgezählt (zum Widerruf nach dem JGG → *Teil A: Bewährung, Jugendliche, Widerruf der Bewährung* Rdn 145).

301 Der **Widerruf erfolgt**, wenn der Verurteilte

1. in der Bewährungszeit oder in dem der Bewährungszeit gem. § 56f Abs. 1 S. StGB gleichgestellten Zeitraum eine **Straftat** begeht **und dadurch** zeigt, dass die Erwartung, die der Strafaussetzung zugrunde lag, sich nicht erfüllt hat (→ *Bewährung, Widerruf, neuerliche Straffälligkeit*, Teil A Rdn 351),
2. gegen **Weisungen gröblich oder beharrlich verstößt** oder sich der Aufsicht und Leitung des Bewährungshelfers beharrlich entzieht **und dadurch** Anlass zu der Besorgnis gibt, dass er erneut Straftaten begehen wird (→ *Bewährung, Widerruf, Weisungsverstoß*, Teil A Rdn 426), oder
3. gegen **Auflagen gröblich oder beharrlich verstößt** (→ *Bewährung, Widerruf, Auflagenverstoß*, Teil A Rdn 340).

302 **2.a)** Das Vorliegen eines Widerrufsgrunds muss **zur Überzeugung des Gerichts** feststehen. Ist dies der Fall und kommen auch mildere Maßnahmen gem. § 56f Abs. 2 StGB nicht in Betracht, ist der Widerruf **zwingend.** Das Gericht hat dann **keinen Ermessensspielraum** (OLG Dresden, Beschl. v. 20.1.2022 – 2 Ws 373/21), und es findet an dieser Stelle auch **keine weitere allgemeine Verhältnismäßigkeitsprüfung** statt (OLG Braunschweig, Beschl. v. 14.5.2020 – 1 Ws 49/20; *Fischer*, § 56f Rn 14a). Stattdessen erfolgt eine solche erst bei der Frage, ob § 56f Abs. 2 StGB Anwendung findet (OLG Dresden, a.a.O.).

☝ Es ist deshalb **nicht vertretbar**, den Widerruf der Strafaussetzung bei sog. **Bagatelltaten** ohne die gebotene Einzelfallprüfung generell für unverhältnismäßig zu erklären oder vom Widerruf allein deshalb abzusehen, weil die Verlängerungsmöglichkeiten des § 56f Abs. 2 Nr. 2 StGB ausgeschöpft sind. Der Verurteilte kann sich auch nicht darauf berufen, dass er, etwa wegen bereits erfolgter Widerrufsentscheidungen, in anderen Verfahren **langfristige Haftaufenthalte** zu erwarten hat (OLG Oldenburg NStZ-RR 2006, 189; LK-*Hubrach*, § 56f Rn 29).

b) In der Praxis leiden etliche Widerrufsbeschlüsse daran, dass **allzu schnell** das Vorliegen eines Widerrufsgrunds bejaht wird, insbesondere wenn ein Verstoß gegen **Weisungen und Auflagen** im Raum steht. Häufig fehlt es dann bereits an einer hinreichend sorgfältigen Prüfung, ob überhaupt eine dem Verurteilten **vorwerfbare** Pflichtverletzung vorliegt, und auch mit dessen Einlassungen im Widerrufsverfahren setzen sich die Gerichte nicht selten nicht hinreichend auseinander. Eine solche Verfahrensweise ist jedoch mit der Rspr. des BVerfG, wonach die freiheitssichernde Funktion des Art. 2 Abs. 2 GG und der Grundsatz des fairen Verfahrens auch bei den im Vollstreckungsverfahren zu treffenden Entscheidungen ein **Mindestmaß an zuverlässiger Wahrheitserforschung** verlangen, unvereinbar. Das für das Widerrufsverfahren zuständige Gericht muss sich vielmehr um eine möglichst breite Tatsachenbasis bemühen und seine Entscheidung auf einen möglichst umfassend ermittelten Sachverhalt stützen (**Gebot bestmöglicher Sachaufklärung**, BVerfG, Beschl. v. 16.1.2020 – 2 BvR 252/19, NJW 2020, 1501). 303

☝ Darüber hinaus hat das Gericht in seinem Beschluss die Widerrufsvoraussetzungen in sich schlüssig und nachvollziehbar darzulegen. Floskelhafte Wendungen oder gar nur die Wiedergabe des Gesetzeswortlauts genügen insoweit nicht (**Gebot der hinreichenden Begründungstiefe**, BVerfG, a.a.O.).

3.a) Sobald das Vorliegen eines Widerrufsgrundes feststeht, ist das Gericht **verpflichtet**, die Entscheidung über den Widerruf zu treffen, ein **Zuwarten** ist grds. **nicht zulässig** (OLG Braunschweig, Beschl. v. 29.3.2022 – 1 Ws 192/21; OLG Naumburg, Beschl. v. 22.12.2021 – 1 Ws (s) 356/21, NJ 2022, 276; OLG Oldenburg StV 2010, 312; LG Köln, Beschl. v. 1.10.2024 – 101 Qs 51/24, StraFo 2025, 38). Dies gilt auch dann, wenn die Strafaussetzung wegen neuerlicher Straffälligkeit widerrufen werden soll und der Verurteilte im Hinblick auf die abgeurteilten Anlasstaten die Stellung eines Wiederaufnahmeantrags angekündigt hat; ein solcher Antrag hindert den Widerruf nur dann, wenn aufgrund nachträglich hervorgetretener Umstände, insbesondere etwaiger Wiederaufnahmegründe, begründete Zweifel an der Tatbegehung bestehen. Ist dies nicht der Fall, gibt der bloße Antrag auf Wiederaufnahme keinen Anlass zur Zurückstellung der Entscheidung über den Widerruf (OLG Saarbrücken, Beschl. v. 8.5.2025 – 1 Ws 77/25). 304

☝ Der Umstand, dass das Gericht bereits längere Zeit von einem Fehlverhalten des Verurteilten Kenntnis hatte und dennoch bis kurz vor Ablauf der Bewährungszeit mit seiner Entscheidung zuwartet, soll für sich alleine dem Widerruf nicht generell entgegenstehen (KG NJW 2003, 2468).

b) Nicht nur bloßes Zuwarten, sondern auch eine förmliche „Aussetzung" oder Zurückstellung der Entscheidung über einen von der Staatsanwaltschaft gestellten Widerrufsantrag durch Beschluss ist **unzulässig** (OLG Bamberg, Beschl. v. 12.4.2023 – 1 Ws 149/23). Derartige Entscheidungen stellen in der Sache eine Ablehnung des Widerrufsantrags dar und können von der StA mit der **sofortigen Beschwerde** angefochten werden (OLG Bamberg, a.a.O.; OLG Hamburg NStZ-RR 2005, 221; zur sofortigen Beschwerde *Burhoff*, EV, Rn 4289; Burhoff/*Hillenbrand*, RM, Teil A: Rn 550 ff.). 305

☝ Eine bei der Verteidigung von **Betäubungsmitteltätern** wichtige **Ausnahme** vom Gebot zeitnaher Entscheidung kommt nach richtiger Auffassung allerdings in Betracht, wenn eine Strafvollstreckung nach **§ 35 BtMG zurückgestellt** ist. In diesen Fällen **kann** es zulässig oder sogar geboten sein, den Therapieverlauf **abzuwarten** (OLG Celle, Beschl. v. 14.2.2012 – 1 Ws 54/12, StV 2012, 485; OLG

Hamm, Beschl. v. 27.7.2012 – 1 Ws 322/12, StRR 2012, 434; AG Eilenburg, Beschl. v. 15.11.2024 – 8 uVRJs 91/22; s.a. *Fischer*, § 56f Rn 19 m.w.N.; gegen eine Zurückstellung bis zum möglicherweise erfolgreichen Abschluss einer Suchtbehandlung aber OLG Braunschweig, Beschl. v. 17.5.2023 – 1 Ws 92/22 u. OLG Naumburg, Beschl. v. 22.12.2021 – 1 Ws (s) 356/21, NJ 2022, 276). Dies gilt insbesondere dann, wenn die Drogenabhängigkeit des Verurteilten noch nicht lange andauert, die Verbüßung von Freiheitsstrafe erstmalig bevorsteht und stationäre Langzeittherapiemaßnahmen bislang noch nicht stattgefunden haben (OLG Hamm, a.a.O. m.w.N.) oder wenn das Widerrufsverfahren so verzögert betrieben wurde, dass deswegen eine Entscheidung vor Beginn der Therapiemaßnahme nicht mehr ergehen konnte (OLG Koblenz, Beschl. v. 8.7.2015 – 2 Ws 336/15).

306 **4.a)** Der Widerruf kann grds. auch noch **nach Ablauf der Bewährungszeit** erfolgen, es sei denn er ist aus Gründen der **Rechtssicherheit** und des **Vertrauensschutzes** nicht mehr vertretbar (KG, Beschl. v. 23.11.2022 – 2 Ws 161/22; OLG Celle, Beschl. v. 7.11.2025 – 3 Ws 78/25; s. auch → *Bewährung, Straferlass*, Teil A Rdn 206).

☝ **Vertrauensschutzgesichtspunkte** stehen einem Widerruf erst dann entgegen, wenn der Verurteilte aufgrund **erheblichen** Zeitablaufs nicht mehr mit einem Widerruf rechnen musste (OLG Hamm, Beschl. v. 19.2.2019 – 1 Ws 80/19; OLG Naumburg, Beschl. v. 20.8.2025 – 1 Ws 229/25). Dies ist etwa dann der Fall, wenn ein Widerruf wegen erneuter Straffälligkeit erst zweieinhalb Jahre nach Aburteilung der Anlasstat erfolgt, ohne dass der Verurteilte zuvor mit der Möglichkeit des Widerrufs konfrontiert wurde (OLG Hamm StRR 2013, 354; ähnl. OLG Köln, Beschl. v. 30.1.2024 – 2 Ws 28/24: kein Widerruf, wenn die vermeintliche Anlasstat seit 2 Jahren und 2 Monaten rechtskräftig abgeurteilt ist).

307 **b)** Einen allgemein festgelegten Zeitpunkt, bei dessen Erreichen stets Vertrauensschutz eintritt, gibt es allerdings nicht, maßgebend sind stattdessen immer die **Umstände des Einzelfalls** (OLG Köln, a.a.O.; OLG München, Beschl. v. 7.8.2023 – 2 Ws 435/23; LG Köln, Beschl. v. 1.10.2024 – 101 Qs 51/24, StraFo 2025, 38). In Teilen der Praxis wird als **Faustregel** eine **Zeitgrenze von einem Jahr** vorgeschlagen. Deren Ablauf schaffe einen Vertrauenstatbestand, sofern der Verurteilte bis dahin nicht mit der Möglichkeit eines Widerrufs konfrontiert wurde (*Artkämper*, StRR 2013, 354). Einige Gerichte halten bereits den Ablauf von neun Monaten für problematisch, s. die Nachw. bei *Fischer*, § 56f Rn 19a).

308 **c)** Hat das Gericht aber wegen eines neuen, noch anhängigen Strafverfahrens die Entscheidung über einen Straferlass **zurückgestellt** und den Verurteilten hierüber **unterrichtet**, kann dieser sich auch nach Ablauf der Bewährungszeit **nicht** auf Vertrauensschutz berufen (OLG Dresden, Beschl. v. 12.10.2018 – 2 Ws 522/18 m.w.N.). Ebenso steht es einem Vertrauenstatbestand entgegen, wenn während der Bewährungszeit diverse Anklagen gegen den Verurteilten erhoben werden und auch nach Ablauf der Bewährungszeit fortlaufend gegen ihn ermittelt wird (OLG Brandenburg, Beschl. v. 4.10.2021 – 1 Ws 114/21) oder wenn sich der Verurteilte über längere Zeit sowohl der Aufsicht der Bewährungshilfe entzogen als auch die Kontaktaufnahme durch das Gericht unterbunden hat; hier kann sich ein schutzwürdiges Vertrauen darauf, dass es nicht mehr zu Maßnahmen der Bewährungsaufsicht kommen wird, nicht entwickeln, da die Ursachen für die Verzögerungen allein in der Sphäre des Verurteilten liegen (OLG Celle, Beschl. v. 7.11.2025 – 3 Ws 78/25).

309 Besteht hiernach kein Vertrauensschutz, kann das Widerrufsgericht ungeachtet seiner Verpflichtung, nach Ablauf der Bewährungszeit zeitnah über Straferlass oder Widerruf zu befinden, die Entscheidung hierüber auch noch **weit (!) über das Ende der Bewährungszeit hinaus** zurückstellen (BVerfG NJW 2009, 3570; vgl. a. OLG Dresden, a.a.O.). Denn dem Verurteilten ist dann klar, dass er ggf. **auch nach dem Ablauf** der Bewährungszeit mit einem Widerruf rechnen muss (MüKo-StGB/*Groß/Kett-Straub*, § 56f Rn 38; vgl. a. SSW-StGB/*Mosbacher*, § 56g Rn 2). Die Zurückstellung der Entscheidung ist aber nicht mit einer (konkludenten) Verlängerung der Bewährungszeit gleichzusetzen (BVerfG, a.a.O.).

5. Zuständig für die Entscheidung über den Widerruf ist das **Gericht des 1. Rechtszuges**. Eine hiervon abweichende Zuständigkeit besteht, wenn das erstinstanzliche Gericht die Bewährungsüberwachung gem. § 462a Abs. 2 S. 2 StPO an das Amtsgericht des Wohnsitzes bzw. Aufenthaltsorts überträgt oder die Zuständigkeit der StVK eingetreten ist (→ *Bewährung, Überwachung*, Teil A Rdn 230). 310

6.a) Das Verfahren richtet sich nach § 453 Abs. 1 StPO. Das Gericht entscheidet ohne mündliche Verhandlung durch **Beschluss**, die StA und der Verurteilte sind zu hören. Unterbleibt die Anhörung, ist das Recht des Verurteilten auf die Gewährung rechtlichen Gehörs verletzt (HessStGH. Beschl. v. 12.8.2015 – P.St. 2482). Für die Durchführung des Widerrufsverfahrens ist ggf. ist in entsprechender Anwendung des § 140 Abs. 2 StPO ein Pflichtverteidiger zu bestellen (→ *Bewährung, Widerruf, notwendige Verteidigung*, Teil A Rdn 387 ff.). 311

☝ Die Anhörung muss sich grds. auf **sämtliche** in Betracht kommenden Widerrufsgründe stützen. Bei einem mehrfach unter Bewährung stehenden Verurteilten ist zudem hinreichend deutlich zu machen, in welchem konkreten Verfahren ein Bewährungswiderruf droht. Es genügt nicht, wenn ihm lediglich die entsprechenden Aktenzeichen mitgeteilt werden, aber in der Anhörung selbst nur eine bestimmte Strafe thematisiert wird (OLG Hamm NStZ-RR 2015, 182 für eine schriftliche Anhörung wegen neuerlicher Straffälligkeit).

aa) Ist wegen eines **Verstoßes gegen Auflagen und Weisungen** über einen Widerruf zu befinden, so soll dem Verurteilten gem. § 453 Abs. 1 S. 4 Gelegenheit zur **mündlichen** Äußerung gegeben werden. Hiervon kann **nur ausnahmsweise** abgewichen werden, etwa wenn der Auflagen- oder Weisungsverstoß gegenüber einer neuen Straftat nicht ins Gewicht fällt (OLG Brandenburg, Beschl. v. 26.2.2025 – 1 Ws 3/25). Durch die mündliche Anhörung soll der Verurteilte die Möglichkeit erhalten, den Vorwurf eines gröblichen oder beharrlichen Verstoßes zu entkräften (*Schmitt/Köhler*, § 453 Rn 7). Hierfür genügt es nicht, wenn er lediglich anlässlich der Verkündung eines Sicherungshaftbefehls nach § 453c StPO durch den nur dazu beauftragten Richter angehört wird (OLG Koblenz, Beschl. v. 23.3.2016 – 2 Ws 150/16). 312

☝ Anders als es die Ausgestaltung des § 453 Abs. 1 S. 4 als Soll-Vorschrift nahezulegen scheint ist die mündliche Anhörung **zwingend**, wenn eine weitere Aufklärung möglich erscheint oder ihrer Durchführung nicht **schwerwiegende** Gründe entgegenstehen (KG, Beschl. v. 6.3.2017 – 5 Ws 25/17; OLG Brandenburg, Beschl. v. 26.8.2024 – 1 Ws 109/24 u. Beschl. v. 26.2.2025 – 1 Ws 3/25; OLG Hamm, Beschl. v. 28.3.2017 – 2 Ws 38/17). Ein Spielraum des Gerichts besteht nicht, vielmehr kommt ein Absehen von der mündlichen Anhörung nur beim Vorliegen **besonderer Umstände** in Betracht (OLG Bremen StV 2010, 311; OLG Köln NStZ-RR 2011, 220; OLG München StV 2009, 540). Die mündliche Anhörung kann auch nicht durch die Einräumung einer schriftlichen Stellungnahmemöglichkeit ersetzt werden. Zudem genügt es für ein Absehen von der Anhörung nicht, dass vorangegangene Versuche, den Verurteilten mündlich anzuhören, gescheitert sind, es sei denn er selbst vereitelt die Gewährung rechtlichen Gehörs dadurch, dass er entgegen bestehender Bewährungsauflagen einen Wohnsitzwechsel nicht anzeigt und so dafür verantwortlich ist, dass sein Aufenthalt nicht zu ermitteln ist oder wenn er sich – ggf. erst nach Einlegung eines Rechtsmittels gegen einen Widerrufsbeschluss – absetzt (OLG Hamm, Beschl. v. 16.12.2025 – 3 Ws 405/25; LG Hannover, Beschl. v. 28.10.2014 – 20 Qs 34/14).

bb) Dem Verurteilten ist in der mündlichen Anhörung Gelegenheit zu geben, zu **allen** gegen ihn erhobenen Vorwürfen Stellung zu nehmen. Hieran fehlt es, wenn ihm nach einer Anhörung wegen unerfüllter Arbeitsauflage zunächst eine „Nachfrist" zur Auflagenerfüllung eingeräumt wird und nach deren Ablauf ohne **nochmalige** Anhörung der Widerruf erfolgt. Der Verurteilte kann sich dann nicht mündlich zu den Gründen erklären, die zur Versäumung **auch der Nachfrist** geführt haben (OLG Jena, Beschl. v. 313

14.5.2009 – 1 Ws 183/09; OLG Köln NStZ-RR 2011, 220; LG Heilbronn, Beschl. v. 20.10.2016 – 8 Qs 42/16; LG Nürnberg-Fürth, Beschl. v. 25.4.2022 – 12 Qs 22/22).

314 Darüber hinaus bedarf es einer **neuerlichen Anhörung** auch dann, wenn das Gericht nach der ersten Anhörung **weitere entscheidungserhebliche Informationen** einholt, z.B. durch ein Telefonat mit der zuständigen Bewährungshelferin (OLG Celle, Beschl. v. 26.2.2024 – 1 Ws 69/24, StV 2024, 461), oder wenn es derartige Informationen von Dritten erhält (OLG Stuttgart, Beschl. v. 29.1.2019 – 4 Ws 12/19, NStZ 2020, 119). Kann sich der Verurteilte vor dem Erlass der Widerrufsentscheidung zu den neuen Erkenntnissen nicht äußern, verletzt dies seinen Anspruch auf rechtliches Gehör (KG, Beschl. v. 6.3.2017 – 5 Ws 25/17).

☝ Allerdings kann auf eine nochmalige Anhörung verzichtet werden, wenn der Verurteilte nach dem Termin genau jene Auflagen- oder Weisungsverstöße, zu denen er sich äußern konnte, **unverändert** fortsetzt; in diesem Fall wäre eine erneute Anhörung eine bloße Förmelei (OLG München, Beschl. v. 14.6.2023 – 2 Ws 387/23).

315 **b)** Der Verurteilte kann auf sein Anhörungsrecht **verzichten** (OLG Brandenburg, Beschl. v. 26.2.2025 – 1 Ws 3/25). Es muss dann aber **eindeutig** sein, dass er **bewusst** verzichtet, etwa indem er ausdrücklich erklärt, sich nicht äußern zu wollen oder wenn er sich ernsthaft weigert, sich zum Anhörungstermin vorführen zu lassen (BGH, Beschl. v. 12.8.2015 – StB 6/15). Die Entscheidungsfreiheit über das Anhörungsrecht muss in jedem Fall beim Verurteilten verbleiben (LG Saarbrücken StV 2011, 169). **Unzureichend** ist es daher, wenn dem Verurteilten ein Schreiben des Gerichts übersandt wird, mit dem ihm lediglich Gelegenheit gegeben wird, innerhalb einer bestimmten Frist eine mündliche Anhörung zu erbitten (OLG Hamburg StV 2015, 230). Denn die Anberaumung eines Termins darf nicht von vornherein von einem entsprechenden Wunsch des Verurteilten abhängig gemacht werden (OLG Jena, Beschl. v. 7.6.2006 – 1 Ws 197/06; LG Frankfurt, StRR 2008, 3 [Ls.]); es obliegt nicht dem Verurteilten, etwas zu erbitten, was ihm gesetzlich **zusteht**. Auch darf das Gericht die Einhaltung der Verfahrensvorschriften nicht von einem entsprechenden Wunsch des Angeklagten abhängig machen. Ebenso wenig genügt es für die Annahme eines wirksamen Verzichts auf die mündliche Anhörung, wenn der Verurteilte auf die ihm eingeräumte Möglichkeit einer Terminvereinbarung nicht reagiert (OLG Hamburg StV 2015, 230 [Ls.]; OLG Karlsruhe StV 2003, 344; LG Kleve, Beschl. v. 20.8.2012 – 120 Qs 71/12). Erklärt er, den Anhörungstermin krankheitsbedingt nicht wahrnehmen zu können, rechtfertigt es der bloße Verdacht, dass dieser Entschuldigungsgrund nur vorgeschoben sei, ohne weitergehende Ermittlungen nicht, von der Anhörung des Verurteilten abzusehen (OLG Hamm, Beschl. v. 28.2.2017 – 1 Ws 111–113/17).

☝ Nimmt der Verurteilte aus freien Stücken den Anhörungstermin nicht wahr, verwirkt er sein Anhörungsrecht; das Gericht entscheidet dann **nach Aktenlage** über den Widerruf. Das Erscheinen des Verurteilten bei Gericht kann **nicht erzwungen** werden. Insbesondere ist eine **zwangsweise Vorführung unzulässig** (KG, Beschl. v. 20.11.2015 – 2 Ws 234/15; *Schmitt/Köhler*, § 453 Rn 7).

316 **c)** Von einem bewussten Verzicht auf eine Anhörung durch bloßes Ausbleiben im Anhörungstermin kann aber nur ausgegangen werden, wenn **zweifelsfrei belegt** ist, dass der Verurteilte die Terminsladung auch tatsächlich erhalten hat. Eine **förmliche** Ladung des Verurteilten ist zwar aufgrund der fehlenden Erzwingbarkeit seines Erscheinens nicht erforderlich (OLG Jena. Beschl. v. 7.6.2006 – 1 Ws 197/06). Wird allerdings hierauf verzichtet und trägt der ausgebliebene Verurteilte nach Erlass eines Widerrufsbeschlusses vor, er habe von dem Termin keine Kenntnis gehabt, ist, sofern seine Einlassung nicht auf andere Weise widerlegt werden kann, **mangels eines Ladungsnachweises** zu seinen Gunsten davon auszugehen, dass seine Nichtanhörung **objektiv verfahrensfehlerhaft** war (OLG Koblenz, Beschl. v. 29.1.2007 – 1 Ws 49/07). Es ist daher trotz des Fehlens einer entsprechenden Verpflichtung sachgerecht, den Verurteilten im Wege der förmlichen Zustellung von dem Anhörungstermin in Kenntnis zu setzen.

d) Wenngleich § 453 Abs. 1 S. 3 StPO die mündliche Anhörung nur für die Fälle vorschreibt, in denen der Widerruf auf Verstöße gegen Auflagen und Weisungen gestützt werden soll, kann die Durchführung einer solchen im Einzelfall auch dann sachgerecht sein, wenn eine **neue Straftat** als Widerrufsgrund im Raume steht. Der **persönliche Eindruck**, den das Gericht vom Verurteilten im Rahmen eines Anhörungstermins gewinnen kann, wird sich oftmals durch rein schriftsätzliches Vorbringen nicht ersetzen lassen. Erzwungen werden kann eine mündliche Anhörung in diesen Konstellationen aber freilich nicht, der Verteidiger kann sie lediglich anregen. Kommt das Gericht einer solchen Anregung nicht nach oder erwägt es eine mündliche Anhörung gar nicht erst, ist dies insbesondere bei vielfacher neuerlicher Straffälligkeit nicht zu beanstanden, auch nicht aus Aufklärungsgesichtspunkten (OLG Naumburg, Beschl. v. 20.8.2025 – 1 Ws 229/25). 317

7. Ist der Verurteilte der Aufsicht und Leistung eines **Bewährungshelfers** unterstellt, so ist dieser gem. § 453 Abs. 1 S. 5 StPO zu **unterrichten**, wenn eine Entscheidung über den Widerruf der Strafaussetzung in Betracht kommt. Dies dient nicht nur der Information, sondern bezweckt auch, eine Stellungnahme des mit der Person und der Lebensführung des Verurteilten i.d.R. besonders vertrauten Bewährungshelfers herbeizuführen, damit diese bei der Entscheidung über den Widerruf berücksichtigt werden kann (OLG Bremen StV 2010, 311). Ein Recht auf Anhörung hat der Bewährungshelfer zwar nicht, sie ist aber i.d.R. zur Gewinnung eines vollständigen Bildes über den Bewährungsverlauf **zweckmäßig** (*Schmitt/Köhler*, § 453, Rn 8; KK-StPO/*Appl*, § 453 Rn 10). 318

☝ Ist ein Bewährungshelfer nicht bestellt, **soll** das Gericht vor der Entscheidung über den Widerruf der Strafaussetzung die **Gerichtshilfe** einbeziehen (§ 463d S. 2 Nr. 1 StPO). Unterbleibt dies, **kann** dies einen **Ermessensfehler** begründen mit der Folge, dass der Widerrufsbeschluss aufgehoben und die Sache zurückverwiesen wird (BeckOK StPO/*Coen*, § 463d, Rn 4). **Unschädlich** ist die Nichteinschaltung allerdings dann, wenn **sie keinerlei zusätzliche Erkenntnisse** verspricht oder ihr zwingende Gründe entgegenstehen (LG Nürnberg-Fürth, Beschl. v. 2.7.2024 – 18 Qs 22/24) oder wenn der Verurteilte sich von vornherein unkooperativ zeigt (BeckOK StPO/Coen, a.a.O.). Auch ist keine Zurückverweisung an das Widerrufsgericht oder eine Nachholung der Einbeziehung der Gerichtshilfe durch das Beschwerdegericht veranlasst, wenn der Verurteilte durch seinen Verteidiger ausführlich zum Widerrufsantrag und zu seinen persönlichen Verhältnissen vortragen konnte und es deshalb insoweit keiner weiteren Ermittlungen oder Darlegungen der Gerichtshilfe bedurfte (LG Regensburg, Beschl. v. 9.10.2024 – 8 Qs 63/24).

8. Statthaftes **Rechtsmittel** gegen den Beschluss über den Widerruf der Strafaussetzung ist die **sofortige Beschwerde** (§ 453 Abs. 2 S. 3 StPO). Sie kann auf einzelne Beschwerdepunkte **beschränkt** werden. Es ist also z.B. möglich, nur die Entscheidung über die Anrechnung erbrachter Leistungen gem. § 56f Abs. 3 StGB anzugreifen (KG StraFo 2013, 523; OLG Stuttgart NStZ-RR 2012, 190). Beschwerdebefugt sind der Verurteilte, der Verteidiger und die Staatsanwaltschaft, nicht jedoch der Betreuer, sofern ihm die Vertretung des Verurteilten in Strafverfahren nicht ausdrücklich vom Betreuungsgericht als Aufgabenkreis übertragen wurde (OLG Celle, Beschl. v. 18.7.2025 – 2 Ws 178/25). 319

☝ Die Wochenfrist des § 311 Abs. 2 StPO ist auch von **sprachunkundigen Verurteilten** einzuhalten. Wird die Frist versäumt, ist die Beschwerde auch dann unzulässig, wenn der Verurteilte keine Übersetzung des Widerrufsbeschlusses erhalten hat. Hieran ändert nach einer in der Rspr. vertretenen Auffassung auch die durch das Gesetz zur Stärkung der Verfahrensrechte von Beschuldigten im Strafverfahren vom 2.7.2013 (BGBl I, S. 1938) neu gefasste Vorschrift des § 187 Abs. 2 GVG nichts, da sie lediglich das Erkenntnis-, nicht aber das Vollstreckungsverfahren betrifft (LG Frankfurt, Beschl. v. 5.11.2014 – 5/08 Qs 19/14). Richtigerweise wird aber regelmäßig **Wiedereinsetzung in den vorigen Stand** zu gewähren sein.

320 **a)** Die sofortige Beschwerde hat **aufschiebende Wirkung** (LG Regensburg, Beschl. v. 2.10.2024 – 8 Qs 58/24) und führt zu einer **vollumfänglichen** Überprüfung der Entscheidung durch das Beschwerdegericht. Dieses entscheidet regelmäßig in der Sache selbst. Sofern dem Verurteilten zuvor **rechtliches Gehör** gewährt wird, kann das Beschwerdegericht den **Widerrufsgrund austauschen** (*Schmitt/Köhler*, § 453 Rn 14). Gegen die Entscheidung des Beschwerdegerichts ist eine weitere Beschwerde nicht statthaft (OLG Celle, Beschl. v. 6.11.2024 – 2 Ws 303/24).

☝ Erweist sich die Auflage, auf die das Widerrufsgericht den Widerruf der Strafaussetzung gestützt hat, als rechtswidrig, kann im Beschwerdeverfahren deren **Aufhebung** erfolgen, selbst wenn der Verurteilte einen entsprechenden **Antrag nicht gestellt** hat (OLG Dresden StV 2013, 393). Eines (weiteren) Beschwerdeverfahrens nach § 305a StPO bedarf es dann nicht.

321 **b)** Eine **Zurückverweisung** wegen eines **schwerwiegenden Verfahrensmangels** erfolgt dagegen **ausnahmsweise** dann, wenn in Fällen des § 453 Abs. 1 S. 4 StPO die vorgeschriebene **mündliche Anhörung unterbleibt** (OLG Brandenburg, Beschl. v. 26.2.2025 – 1 Ws 3/25; OLG Celle, Beschl. v. 26.2.2024 – 1 Ws 69/24, StV 2024, 461; OLG Hamm, Beschl. v. 28.3.2017 – 2 Ws 38/17; OLG München StV 2009, 540; LG Bremen, Beschl. v. 17.2.2021 – 1 Qs 57/21; LG Saarbrücken StV 2011, 169; LG Heilbronn, Beschl. v. 20.10.2016 – 8 Qs 42/16; a.A. LG Kleve, Beschl. v. 20.8.2012 – 120 Qs 71/12), ein notwendiges Sachverständigengutachten nicht eingeholt wurde (OLG Karlsruhe NStZ 2011, 92) oder wenn das erstinstanzliche Widerrufsgericht eine Entscheidung in der Sache gar nicht vorgenommen hat (LG Chemnitz, Beschl. v. 1.8.2023 – 4 Qs 272/23 für eine unterbliebene Vorlage des unzuständigen AG an die zuständige StVK). Auch wird die Sache zurückverwiesen, wenn anstelle der StVK das Amtsgericht entschieden hat (LG Kempten, Beschl. v. 11.12.2025 – 2 Qs 182/25). Ein großer zeitlicher Abstand zwischen der erstinstanzlichen Entscheidung und dem Widerrufsbeschluss allein führt dagegen nicht zur Zurückverweisung, da das Beschwerdegericht bei seiner eigenen Sachentscheidung auch die bis dahin vorgebrachten weiteren Umstände berücksichtigt (OLG Hamm, Beschl. v. 21.4.2015 – 1 Ws 148/15).

322 **c)aa)** Der **Staatsanwaltschaft** steht gegen die Ablehnung des Widerrufsantrags ebenfalls die **sofortige Beschwerde** zu (OLG Bamberg, Beschl. v. 12.4.2023 – 1 Ws 149/23; OLG Hamm NStZ-RR 2011, 387; KK-StPO/*Appl*, StPO, § 453 Rn 16). Hier soll aus Gründen der Rechtssicherheit möglichst zeitnah Klarheit geschaffen werden, die Bestandskraft der ablehnenden Entscheidung über den Widerruf der Strafaussetzung kann nicht längere Zeit in der Schwebe bleiben (*Schmitt/Köhler*, § 453, Rn 13 m.w.N.).

☝ Dies gilt nicht nur bei vollständiger Ablehnung des Antrags, etwa wenn das Gericht einen Widerrufsgrund nicht für gegeben erachtet, sondern auch dann, wenn **anstelle des Widerrufs** die Bewährungszeit verlängert oder eine andere Maßnahme nach § 56f Abs. 2 StGB ergriffen wird (KG, Beschl. v. 27.7.2020 – 5 Ws 91/20; OLG Celle, Beschl. v. 27.1.2025 – 2 Ws 14/25; *Schmitt/Köhler*, a.a.O.). Auch dann geht es darum, eine **rechtskräftige** Entscheidung darüber herbeizuführen, ob gegen den Verurteilten eine Freiheitsstrafe zu vollstrecken ist oder nicht (LR-*Gralmann-Scheerer*, § 453 Rn 43).

323 Auch in dieser Konstellation entscheidet das Beschwerdegericht **in der Sache selbst** (§ 309 Abs. 2 StPO). Dabei kann es dem Verurteilten ergänzende Weisungen erteilen, wenn dies dazu führt, dass ein Absehen vom Widerruf vertretbar erscheint (OLG Hamm, Beschl. v. 18.1.2022 – 5 Ws 387/21 für das Reststrafenaussetzungsverfahren nach § 57 StGB).

324 **bb) Strittig** ist dagegen, welches Rechtsmittel statthaft ist, wenn seitens der StA von vornherein nur die Verlängerung beantragt wurde und dieser Antrag abgelehnt wird. In diesen Fällen wird teils die **einfache** Beschwerde für statthaft erachtet (OLG Hamm NStZ-RR 2011, 387; OLG Köln, Beschl. v. 28.3.2006 – 2 Ws 123/06; OLG Nürnberg, Beschl. v. 2.12.2024 – Ws 1006/24; OLG Stuttgart NStZ 2000, 500; SSW-StPO/*Hanft*, § 453 Rn 6), wohingegen andere die **sofortige** Beschwerde für gegeben halten (OLG Düsseldorf NStZ-RR 2–002, 28; *Schmitt/Köhler*, a.a.O. m.w.N).

Richtigerweise ist von der Statthaftigkeit der **einfachen Beschwerde** auszugehen. Hierfür spricht insbesondere der **eindeutige** Wortlaut des § 453 Abs. 2 S. 3 StPO, der Entscheidungen über eine bloße Verlängerung der Bewährungszeit nicht aufführt (→ *Bewährung, Bewährungszeit*, Teil A Rdn 84). Hat die StA von vornherein nur die Verlängerung der Bewährungszeit beantragt, muss das Interesse des Verurteilten, alsbald und verbindlich geklärt zu wissen, ob ein in Rede stehendes Fehlverhalten zu nachteiligen Folgen führt, zurückzutreten (OLG Hamm NStZ-RR 2011, 387; OLG Stuttgart NStZ 2000, 500). 325

☝ Allerdings unterliegt das Beschwerderecht der StA der **Verwirkung**, wenn nach einer erneuten Verurteilung zunächst **auf ihren Antrag** lediglich eine Verlängerung der Bewährungszeit erfolgt und diese Entscheidung drei Monate später mit dem Ziel des Widerrufs angegriffen wird (OLG Oldenburg StraFo 2007, 33).

c) Für infolge eines später aufgrund einer erfolgreichen sofortigen Beschwerde des Verurteilten aufgehobenen Widerrufsbeschlusses erlittenen Freiheitsentzug durch die zwischenzeitliche (teilweise) Vollstreckung der verhängten Strafe wird eine **Entschädigung** nach dem StrEG **nicht gewährt** (LG Nürnberg-Fürth, Beschl. v. 28.8.2024 – 18 Qs 15/24 m.w.N.; MüKo-StPO/*Kunz/Grommes*, § 1 StrEG Rn 29). Dies gilt selbst dann, wenn die Strafvollstreckungsbehörde unzutreffend davon ausging, dass der Verurteilte die Rechtsmittelfrist gegen den Widerrufsbeschluss versäumt hat und deshalb die Vollstreckung eingeleitet hat (LG Nürnberg-Fürth, a.a.O.). 326

d) Eine **Wiederaufnahme** des Widerrufsverfahrens nach Rechtskraft der ergangenen Entscheidung ist **ausgeschlossen**, denn die §§ 359 ff. StPO sind weder direkt noch analog anwendbar (OLG Saarbrücken, Beschl. v. 3.12.2024 – 1 Ws 236/24 m.w.N.). 327

Siehe auch: → *Bewährung, Bewährungszeit*, Teil A Rdn 72; → *Bewährung, Überwachung*, Teil A Rdn 226; → *Bewährung, Widerruf, Auflagenverstoß*, Teil A Rdn 340; → *Bewährung, Widerruf, neuerliche Straffälligkeit*, Teil A Rdn 351; → *Bewährung, Widerruf, notwendige Verteidigung*, Teil A Rdn 387; → *Bewährung, Widerruf, Weisungsverstoß*, Teil A Rdn 426.

Bewährung, Widerruf, Anrechnung von Leistungen 328

Das Wichtigste in Kürze:

1. Leistungen, die der Verurteilte zur Erfüllung von Auflagen erbracht hat, werden im Falle des Widerrufs nicht erstattet, sondern regelmäßig auf die zu vollstreckende Strafe angerechnet.
2. Die Anrechnungsmöglichkeit besteht aber nur bei Auflagen nach § 56b Abs. 2 S. 1 Nr. 2 bis 4 StGB, nicht dagegen bei einer Schadenswiedergutmachungsauflage.
3. Das Gericht entscheidet über die Anrechnung von Leistungen nach pflichtgemäßem Ermessen. Dieses ist allerdings dahingehend eingeschränkt, dass die Anrechnung regelmäßig der Billigkeit entspricht.
4. Die Frage, in welchem Maßstab erbrachte Leistungen des Verurteilten anzurechnen sind, ist gesetzlich nicht geregelt.
5. Die Anrechnungsentscheidung kann nach h.M. mit der sofortigen Beschwerde angefochten werden.
6. Ist im Widerrufsbeschluss versehentlich nicht über die Anrechnung erbrachter Leistungen entschieden worden, überprüft das Beschwerdegericht die Anrechnungsvoraussetzungen in eigener Zuständigkeit und holt die Entscheidung ggf. nach.

Literaturhinweis: Hillenbrand, Widerruf der Strafaussetzung zur Bewährung – Voraussetzungen und Verfahren, ZAP F.22, S. 799; s.a. die Hinweise bei → *Bewährung, Allgemeines*, Teil A Rdn 2. 329

330 **1.a)** Leistungen, die der Verurteilte zur Erfüllung von **Auflagen** erbracht hat, werden im Falle des Widerrufs **nicht erstattet**, sondern regelmäßig auf die zu vollstreckende Strafe **angerechnet**. Dies ergibt sich aus § 56f Abs. 3 StGB, der in Fällen, in denen sich ein Widerruf der Strafaussetzung nicht vermeiden lässt, einen im Einzelfall nicht zu unterschätzenden Verteidigungsansatz zur **Schadensbegrenzung** bietet, insbesondere wenn eine Auflage schon zu großen Teilen oder gar vollständig erfüllt ist. Denn über die Anrechnung kann sich eine **spürbare Haftzeitverkürzung** erreichen lassen, wenngleich die Anrechnung nicht zu einer vollständigen Erledigung der Strafe führen darf (OLG Hamm NStZ 2001, 165).

Wird eine **frühere** Bewährungsstrafe in eine **Gesamtstrafe**, deren Vollstreckung nicht mehr zur Bewährung ausgesetzt wird, **einbezogen**, gilt § 56f Abs. 3 StGB entsprechend (§ 58 Abs. 2 S. 2 StGB).

331 **b)** Leistungen zur Erfüllung von **Weisungen** werden dagegen nicht angerechnet. Denn im Gegensatz zu Auflagen dienen Weisungen nicht der Genugtuung, sondern der resozialisierenden Einwirkung auf den Verurteilten (TK StGB/*Kinzig*, § 56f Rn 23; → *Bewährung, Weisungen*), Teil A Rdn 251).

332 **2.** Die Anrechnungsmöglichkeit besteht aber nur bei Auflagen nach § 56b Abs. 2 S. 1 Nr. 2 bis 4 StGB, **nicht dagegen bei einer Schadenswiedergutmachungsauflage** gem. § 56b Abs. 2 S. 1 Nr. 1 StGB. Leistungen an den Geschädigten, die dieser zum Ausgleich des durch die Tat erlittenen Schadens erhalten hat, bleiben bei einer etwaigen Anrechnung immer **außer Betracht**. Dies gilt auch für **Schmerzensgeldzahlungen** (TK StGB/*Kinzig*, § 56f Rn 23).

Erfolgt versehentlich doch eine Anrechnung, kommt eine Korrektur des Beschlusses aufgrund eines nur vom Verurteilten eingelegten Rechtsmittels durch das Beschwerdegericht nicht in Betracht. Es gilt insoweit das **Verschlechterungsverbot** (OLG Nürnberg, Beschl. v. 20.4.2011 – 1 Ws 147–149/11, NStZ-RR 2011, 289; *Fischer*, § 56f Rn 18d).

333 **3.** Das Gericht entscheidet über die Anrechnung von Leistungen nach **pflichtgemäßem Ermessen**. Dieses ist allerdings dahingehend **eingeschränkt**, dass die Anrechnung **regelmäßig** der Billigkeit entspricht. Die Anrechnung hat daher grds. zu erfolgen (BGH, Beschl. v. 2.4.2009 – 2 StR 11/09, NStZ-RR 2009, 201). Der Grund für diese Ermessenseinschränkung liegt darin, dass der Genugtuungszweck der Auflagenerfüllung bei einem späteren Widerruf der Strafaussetzung bereits durch die Strafvollstreckung erfüllt wird (KG StraFo 2013, 523). Dem Verurteilten soll mit dem Widerruf der Strafaussetzung regelmäßig **kein zusätzliches Übel** für die Nichtbewährung auferlegt werden (TK StGB/*Kinzig*, § 56f Rn 24).

Ausnahmen gelten aber, wenn **besondere Umstände** gegeben sind, etwa die Erfüllung der Bewährungsauflage mit Geldern aus **neuen Straftaten** (BGH NStZ-RR 2002, 137), eine Auflagenerfüllung in **nur geringem Umfang** oder ein **krass** bewährungswidriges Verhalten (OLG Hamm, Beschl. v. 4.4.2016 – 4Ws 73/26, NStZ-RR 2016, 168). Ein solches krasses Bewährungsversagen kann auch bei vollständiger Auflagenerfüllung insbesondere dann gegeben sein, wenn der Verurteilte während der Bewährungszeit **schwer straffällig** wird (KG, a.a.O. für neue Taten, die mit einer Freiheitsstrafe von sechs Jahren und neun Monaten geahndet wurden).

334 **4.** Die Frage, in welchem Maßstab erbrachte Leistungen des Verurteilten anzurechnen sind, ist gesetzlich nicht geregelt. Das Gericht hat hierüber **nach pflichtgemäßem Ermessen** zu befinden (*Lackner/Kühl/Heger*, § 56f Rn 15). Das Tagessatzsystem ist dabei nach h.M. **kein** unmittelbar geeigneter Maßstab (*Fischer*, § 56f Rn 18c), sondern gibt **allenfalls Anhaltspunkte** (MüKo-StGB/*Groß/Kett-Straub*, § 56f Rn 35). Sachgerechter ist hingegen eine Orientierung an den Landesverordnungen über die Abwendung der Vollstreckung von Ersatzfreiheitsstrafe durch freie Arbeit (BGH, Beschl. v. 2.4.2009 – 2 StR 11/09, NStZ-RR 2009, 201). Bei der Anrechnung erbrachter Leistungen auf Zahlungsauflagen können diese Maßstäbe berücksichtigt werden, wenn zuvor die erbrachten Zahlungen in ein Äquivalent erbrachter ge-

meinnütziger Arbeit umgerechnet werden; hierbei ist der zum Zeitpunkt der Umrechnungsentscheidung geltende gesetzliche Mindestlohn in Ansatz zu bringen (OLG Braunschweig, Beschl. v. 3.9.2021 – 1 Ws 199/21; OLG Dresden, Beschl. v. 30.11.2022 – 2 Ws 310/22).

5.a) Die Anrechnungsentscheidung kann nach ganz **h.M.** mit der **sofortigen** Beschwerde angefochten werden (*Fischer*, § 56f Rn 18d). Das Beschwerdegericht überprüft sie **in vollem Umfang** und nicht nur auf ihre Gesetzmäßigkeit oder auf Ermessensfehler, der eingeschränkte Prüfungsmaßstab des § 453 Abs. 2 StPO gilt hier nicht (KG StraFo 2013, 523; OLG Stuttgart NStZ-RR 2012, 190). 335

b)aa) Der vereinzelt vertretenen Gegenansicht, wonach die einfache Beschwerde statthaft sei mit der Folge, dass der Prüfungsmaßstab des Beschwerdegerichts gem. § 453 Abs. 2 S. 2 StPO eingeschränkt wäre (LG Marburg NStZ-RR 2012, 190), ist nicht zu folgen. Denn die Entscheidung über die Anrechnung von Leistungen ist **eng** mit der Widerrufsentscheidung **verknüpft**: sie hängt in ihrer Entstehung vom Widerruf ab, wird im Falle der Aufhebung des Widerrufs gegenstandslos und vor allem ergibt sich **nur aus ihr** die Länge der zu vollstreckenden Freiheitsstrafe (OLG Düsseldorf NStZ 2001, 278; OLG Jena NStZ-RR 2011, 324). Nur so ist gewährleistet, dass die Dauer der noch zu vollstreckenden Strafe **vor Vollstreckungsbeginn** feststeht (OLG Stuttgart NStZ-RR 2012, 190; KK-StPO/*Appl*, § 453 Rn 17). 336

bb) Dem **steht nicht entgegen**, dass die Anfechtung der Anrechnungsentscheidung in § 453 Abs. 2 S. 3 StPO unerwähnt bleibt. Alle Entscheidungen, die Aussagen über das Ob oder die Höhe der zu vollstreckenden Strafe enthalten, sind der formellen Rechtskraft zugänglich und über das Rechtsmittel der sofortigen Beschwerde der vollen Überprüfbarkeit des Beschwerdegerichts unterstellt (OLG Jena NStZ-RR 2011, 324; OLG Stuttgart NStZ-RR 2012, 190). 337

6.a) Ist im Widerrufsbeschluss versehentlich nicht über die Anrechnung erbrachter Leistungen entschieden worden, überprüft das **Beschwerdegericht** die Anrechnungsvoraussetzungen **in eigener Zuständigkeit** und holt die Entscheidung ggf. nach (KG StraFo 2013, 523). 338

☝ **Nach Eintritt der Rechtskraft** scheidet die Nachholung einer versehentlich unterbliebenen Anrechnung dagegen aus (OLG Frankfurt NStZ-RR 2006,353; *Lackner/Kühl/Heger*, § 56f Rn 14). Schweigt die Widerrufsentscheidung zur Anrechnung, ist von der Nichterstattung und Nichtanrechnung erbrachter Leistungen auszugehen (KG, a.a.O.). Dies gilt auch, wenn eine auf eine frühere Strafe geleistete Zahlung bei der Bildung einer neuen Gesamtstrafe nicht wiederholt oder übernommen worden ist; andernfalls läge ein nicht von einer gesetzlichen Grundlage gedeckter und damit unzulässiger Eingriff in die materielle Rechtskraft der Gesamtstrafenbildung vor (OLG Dresden, Beschl. v. 20.3.2025 – 2 Ws 45/25).

b) Das **Revisionsgericht** kann im Falle einer nachträglichen Bildung einer nicht zur Bewährung ausgesetzten Gesamtfreiheitsstrafe entsprechend § 354 Abs. 1 eine unterbliebene Anrechnungsentscheidung nachholen (*Fischer*, § 56f Rn 18d) oder eine fehlerhafte Entscheidung korrigieren (OLG Oldenburg NStZ-RR 2009, 201), es sei denn die vom Instanzgericht festgestellte Tatsachengrundlage ist unvollständig (BGH NStZ-RR 2002, 137). 339

Siehe auch: → *Bewährung, Widerruf, Allgemeines*, Teil A Rdn 298.

Bewährung, Widerruf, Auflagenverstoß 340

Das Wichtigste in Kürze:

1. Das Gericht widerruft die Strafaussetzung, wenn der Verurteilte gegen Bewährungsauflagen gröblich oder beharrlich verstößt.
2. Der Verstoß führt unmittelbar zum Widerruf der Strafaussetzung, einer (zusätzlichen) negativen Kriminalprognose bedarf es nicht.

3. Das Vorliegen des gröblichen oder/und beharrlichen Verstoßes muss vom Widerrufsgericht positiv festgestellt werden.
4. Die nachträgliche Erfüllung einer Auflage lässt den gröblichen oder beharrlichen Verstoß nicht entfallen und steht deshalb dem Widerruf der Strafaussetzung grds. nicht entgegen. Bei zeitnaher Nacherfüllung lässt sich jedoch im Beschwerdeverfahren oft eine Verlängerung der Bewährungszeit anstelle des Widerrufs erreichen.

341 **Literaturhinweise:** **Boetticher**, Zum Widerruf der Strafaussetzung zur Bewährung, NStZ 1991, 1; **Doleisch von Dolsperg**, Strafaussetzung zur Bewährung – Probleme aus der Praxis, StraFo 2005, 45; **Hillenbrand**, Widerruf der Strafaussetzung zur Bewährung: Voraussetzungen und Verfahren, ZAP F.22, 799; **Kropp**, Heilung von Auflagen- und Weisungsverstößen im Bewährungsrecht, NJ 2005, 397; **Peglau**, Der Opferschutz im Vollstreckungsverfahren, ZRP 2004, 39; s.a. die Hinw. in → *Bewährung, Auflagen*, Teil A Rdn 10; → *Bewährung, Widerruf, Allgemeines*, Teil A Rdn 299.

342 **1.a)** Das Gericht widerruft die Strafaussetzung, wenn der Verurteilte gegen Bewährungsauflagen **gröblich oder beharrlich** verstößt (§ 56f Abs. 1 Nr. 3 StGB).

☝ Bevor der vermeintliche Verstoß geprüft wird muss immer zuerst die Auflage selbst in den Blick genommen werden. **Erste Voraussetzung** für einen Widerruf ist nämlich deren **Rechtmäßigkeit** (KG, Beschl. v. 20.11.2015 – 2 Ws 234/15). Fehlt es hieran, scheidet ein Widerruf unabhängig von der Frage, ob tatsächlich ein gröblicher oder beharrlicher Verstoß vorliegt, aus, und zwar auch dann, wenn sich der Verurteilte im Widerrufsverfahren auf die Rechtswidrigkeit der Anordnung nicht beruft (OLG Frankfurt NStZ-RR 2003, 199). Ihn trifft insoweit **keine Darlegungslast**.

343 **b)** Ein **gröblicher** Verstoß ist die **schuldhafte**, nach **objektivem** Gewicht und Vorwerfbarkeit **schwerwiegende** Zuwiderhandlung gegen die Bewährungsauflage (BVerfG, Beschl. v. 16.1.2020 – 2 BvR 252/19, NJW 2020, 1501). In subjektiver Hinsicht kann im Einzelfall **Fahrlässigkeit** ausreichend sein (OLG Hamburg NStZ-RR 2004, 364).

344 **c) Beharrlich** verstößt der Verurteilte gegen die Auflage, wenn er **wiederholt oder andauernd** deren Erfüllung verweigert und so zeigt, dass ihm die Auflage **gleichgültig** ist. Auch insoweit ist **schuldhaftes** Handeln erforderlich.

☝ Bei Zahlungsauflagen wird oftmals eine erfolglose **Mahnung** verlangt. Dies sei **in der Regel** Voraussetzung für die Bewertung eines Verstoßes als gröblich oder beharrlich (MüKo-StGB/*Groß/Kett-Straub*, § 56f Rn 18; SSW-StGB/*Mosbacher*, § 56f Rn 23). Dem ist jedenfalls bei **Ratenzahlungsverpflichtungen** zuzustimmen. Gehen über einen längeren Zeitraum die Zahlungen ebenso pünktlich wie vollständig ein, kann nicht schon bei der ersten Unregelmäßigkeit von einer gleichgültigen oder auch nur nachlässigen Einstellung des Verurteilten gegenüber seinen Pflichten ausgegangen werden. Auch wird bei der erstmaligen Versäumung des Zahlungstermins für den Gesamtbetrag ohne das Hinzutreten weiterer Umstände ohne vorherige Mahnung regelmäßig noch nicht von einem beharrlichen Verstoß ausgegangen werden können. Dagegen kann sich der Verurteilte nicht auf das Fehlen einer Mahnung berufen, wenn ihn eine solche nicht erreichen konnte, weil er, ohne dies dem Gericht mitzuteilen, den Wohnsitz gewechselt hat (LG Trier, Beschl. v. 19.1.2026 – 1 Qs 54/25).

345 **2.** Der Verstoß führt **unmittelbar** zum Widerruf der Strafaussetzung, einer negativen Kriminalprognose bedarf es – anders als beim Weisungsverstoß oder bei neuerlicher Straffälligkeit – **nicht**. Der Widerruf dient der **Sanktionierung** fehlender Genugtuung für das begangene Unrecht und hat damit **strafenden Charakter**. Durch die Nichterfüllung der Auflage entzieht der Verurteilte der früheren Bewährungsentscheidung die Grundlage (SSW-StGB/*Mosbacher*, § 56f Rn 23).

3.a) Das Vorliegen des gröblichen oder/und beharrlichen Verstoßes muss vom Widerrufsgericht **positiv festgestellt** werden (*Fischer*, § 56f Rn 13). Insbesondere ist zu prüfen, ob der Verurteilte überhaupt **leistungsfähig** war. 346

☝ Die **Leistungsfähigkeit** muss in den Gründen des Widerrufsbeschlusses **dargelegt** werden (OLG Düsseldorf, NStZ-RR 97, 323; OLG Hamm StV 93, 259; Beschl. v. 20.11.2003 – 2 Ws 293/03; LG Koblenz StraFo 2003, 208). Es reicht nicht aus, den Widerruf lediglich damit zu begründen, eine Geldauflage sei nur schleppend oder überhaupt nicht erfüllt worden (OLG Düsseldorf, a.a.O.; OLG Karlsruhe StRR 2007, 314). Zu beachten ist weiter, dass den **Verurteilten keine Beweislast** für seine Leistungsunfähigkeit trifft (OLG Düsseldorf StV 1995, 595; OLG Hamm StV 1993, 259; OLG Jena, Beschl. v. 20.9.2005 – 1 Ws 358/05).

b) Bei der Prüfung der Leistungsfähigkeit kann das Gericht gehalten sein, **eigene Ermittlungen** anzustellen, etwa durch eine Nachfrage beim Bewährungshelfer. Dabei hat es jedoch zu beachten, dass die Eingriffsermächtigungen im Ermittlungsverfahren in der Bewährungsüberwachung nicht greifen (KG NJW 1999, 2979; KK-StPO/*Appl*, § 453b Rn 1a; → *Bewährung, Überwachung*, Teil A Rdn 228). Das Gericht kann daher nicht die Beschlagnahme von Unterlagen, die über die finanziellen Verhältnisse des Verurteilten geben könnten, anordnen oder einen Durchsuchungsbeschluss erlassen. 347

☝ Anlass für Aufklärungsbemühungen besteht aber **nur**, wenn **konkrete Anhaltspunkte** für eine fehlende Leistungsfähigkeit des Verurteilten ersichtlich sind, sei es aus dem Akteninhalt oder aufgrund seines Vorbringens (OLG Düsseldorf VRS 91, 115; LK-*Hubrach*, § 56f Rn 25).

c) An der Leistungsfähigkeit kann es fehlen, wenn sich die finanziellen Verhältnisse des Verurteilten **verschlechtert** haben, etwa infolge eines Arbeitsplatzverlustes oder durch neu hinzugekommene Unterhaltspflichten. Auch kann es dem Verurteilten im Widerrufsverfahren nicht angelastet werden, wenn er aufgrund längerer **Arbeitsunfähigkeit** nicht in der Lage ist, ein Einkommen zu erzielen, das ihn zur Auflagenerfüllung befähigen würde (OLG Karlsruhe StRR 2007, 314). Ein gröblicher oder beharrlicher Verstoß scheidet weiter auch dann aus, wenn der Verurteilte etwa wegen Eröffnung eines Insolvenzverfahrens über sein Privatvermögen über seine Einkünfte und sein Vermögen nicht mehr ohne weiteres verfügen kann (SSW-StGB/*Mosbacher*, § 56f Rn 24). Der Leistungsfähigkeit **gleichgestellt** werden kann aber u.U. eine **selbstverschuldete** Leistungsunfähigkeit (OLG Düsseldorf NStZ-RR 1997; 323, SSW-StGB/*Mosbacher*, a.a.O.). Der Verurteilte darf deshalb nicht in Kenntnis einer Zahlungsauflage ohne triftigen Grund seinen Arbeitsvertrag kündigen oder in verschwenderischer Weise Vermögenswerte aufgeben. 348

d) Auch bei der **Nichterfüllung** einer **Arbeitsauflage** ist die Leistungsfähigkeit **positiv festzustellen**. Fehlt es hieran, etwa weil der Verurteilte aus gesundheitlichen Gründen nicht einsatzfähig ist, kann der Widerruf der Strafaussetzung nicht auf eine ausgebliebene bzw. unvollständige Auflagenerfüllung gestützt werden. 349

☝ Zeichnet sich ab, dass der Verurteilte die ihm erteilten Auflagen **aus von ihm nicht zu vertretenden** Gründen nicht wird erfüllen können, ist es aus Verteidigersicht trotz der Pflicht des Gerichts, die Leistungsfähigkeit positiv festzustellen und trotz des Umstands, dass den Verurteilten keine Beweislast trifft, sinnvoll, zur Leistungsunfähigkeit nicht erst im Widerrufsverfahren Stellung zu nehmen, sondern bereits **vorher** zeitnah auf eine **Änderung oder Aufhebung** der Auflagen gem. § 56e StGB **hinzuwirken** (→ *Bewährung, nachträgliche Entscheidungen*, Teil A Rdn 194). Hierdurch kann ein Bewährungswiderruf bzw. ein Beschwerdeverfahren mit häufig ungewissem Ausgang frühzeitig verhindert werden.

350 **4.** Die **nachträgliche** Erfüllung einer Auflage lässt den gröblichen oder beharrlichen Verstoß **nicht entfallen** und steht deshalb dem Widerruf der Strafaussetzung grds. nicht entgegen (OLG Hamburg NStZ-RR 2004, 364). Dennoch sollte, wenn gegen den Widerrufsbeschluss noch sofortige Beschwerde eingelegt werden kann, parallel hierzu der Versuch der nachträglichen Erfüllung unternommen werden. Wird die Bewährungsauflage **zeitnah (!)** doch noch erfüllt, heben etliche Beschwerdegerichte den Widerrufsbeschluss auf, und anstelle des Widerrufs erfolgt dann i.d.R. eine Verlängerung der Bewährungszeit (OLG Braunschweig, Beschl. v. 20.9.2023 – 1 Ws 166/23; OLG Hamburg, a.a.O.; OLG Jena, Beschl. v. 30.1.2025 – 3 Ws 479/25; LG Rottweil, Beschl. v. 26.1.2025 – 3 Qs 65/25; s. aber auch *Kropp* NJ 2005, 397, der zusätzlich zur nachträglichen Erfüllung eine plausible Entschuldigung für die Fristversäumnis verlangt).

Siehe auch: → *Bewährung, Auflagen*, Teil A Rdn 9; → *Bewährung, nachträgliche Entscheidungen*, Teil A Rdn 190; → *Bewährung, Widerruf, Allgemeines*, Teil A Rdn 298; → *Bewährung, Widerruf, Anrechnung von Leistungen*, Teil A Rdn 328.

351 Bewährung, Widerruf, neuerliche Straffälligkeit

Das Wichtigste in Kürze:

1. Das Gericht widerruft die Strafaussetzung, wenn der Verurteilte in der Bewährungszeit eine neue Straftat begeht und dadurch zeigt, dass die Erwartung, die der Strafaussetzung zugrunde lag, sich nicht erfüllt hat.
2. Als Widerrufsgrund kommt jede Straftat von einigem Gewicht in Betracht. Eine kriminologische Vergleichbarkeit zwischen der früheren und der neuen Tat nach Art und Schwere oder ein kriminologischer Zusammenhang ist nicht erforderlich.
3. Unter Bewährungszeit ist der Zeitraum zwischen der Rechtskraft der Entscheidung über die Strafaussetzung und dem Ende der Bewährungszeit zu verstehen.
4. Auch im Ausland begangene Taten sind geeignet, die bei der Strafaussetzung angenommene günstige Kriminalprognose zu erschüttern.
5. Ob der neuen Tat einiges Gewicht beizumessen ist bestimmt sich nicht nur anhand des Ausmaßes des verwirklichten neuerlichen Unrechts oder anhand der verhängten Rechtsfolge. Auch der strafrechtlichen Vorbelastung des Verurteilten und der Einschlägigkeit der neuen Tat kann maßgebliche Bedeutung zukommen.
6. Auch Fahrlässigkeitsdelikte können zum Widerruf führen, jedoch nur, sofern sie mit den Taten, die der Strafaussetzung zugrunde lagen, in einem inneren Zusammenhang stehen.
7. Die neuerliche Straftat und deren schuldhafte Begehung müssen zur Überzeugung des Gerichts feststehen.
8. Der Widerruf dient nicht der Ahndung der neuen Straftat. Er ist keine „zweite Strafe", sondern dient der Berichtigung der ursprünglichen, positiven Kriminalprognose.
9. Für die zu treffende Kriminalprognoseentscheidung ist zunächst insbesondere von Bedeutung, mit welcher Sanktion die Anlasstat geahndet wurde.
10. Bei der Entscheidung über den Widerruf der Strafaussetzung ist auch die zwischen der Anlasstat und dem Entscheidungszeitpunkt im Widerrufsverfahren eingetretene Entwicklung zu beachten.

352 **Literaturhinweise: Boetticher**, Zum Widerruf der Strafaussetzung zur Bewährung, NStZ 1991, 1; **Doleisch von Dolsperg**, Strafaussetzung zur Bewährung – Probleme aus der Praxis, StraFo 2005, 45; **Esser**, Widerruf der Strafaussetzung zur Bewährung nach widerrufenem Geständnis im Lichte der Unschuldsvermutung (Art. 6 Abs. 2 EMRK) – Plädoyer für eine Reform von § 56f StGB und § 26 JGG – Zugleich Besprechung von EGMR, El Kaada vs. Deutschland, Urt. v. 12.11.2015, NStZ 2016, 697; **Frommeyer**, Aus der Rechtsprechung zum Widerruf der Strafaussetzung, StraFo 2018, 493; StraFo 2020, 474; StraFo 2023, 78; **Hillenbrand**, Widerruf der Strafaussetzung zur Bewährung: Voraussetzungen und Verfahren, ZAP F. 22, 799; **Krawczyk**, Der

Widerruf der Strafaussetzung wegen einer neuen Straftat, StRR 2010, 451; **Krumm**, Bewährungswiderruf trotz Unschuldsvermutung, NJW 2005, 1832; **Lembert**, Die Beachtung des Grundsatzes der Verhältnismäßigkeit bei der Entscheidung über einen Bewährungswiderruf, NJW 2001, 3528; **Neubacher**, Der Bewährungswiderruf wegen einer neuen Straftat und die Unschuldsvermutung, GA 2004, 402; **Ostendorf**, Unschuldsvermutung und Bewährungswiderruf, StV 1990, 230; *ders.*, Bewährungswiderruf bei eingestandenen, aber nicht rechtskräftig verurteilten neuen Straftaten?, StV 1992, 288; **Peglau**, Unschuldsvermutung und Widerruf der Strafaussetzung zur Bewährung, ZRP 2003, 242; *ders.*, Bewährungswiderruf und Unschuldsvermutung, NStZ 2004, 248; **Seher**, Bewährungswiderruf wegen Begehung einer neuen Straftat, ZStW 118 (2006), 101; **Seifert**, § 56 I Nr. 1 StGB – Der Bewährungswiderruf infolge einer neuerlichen Straftat in der Praxis, Jura 2008, 684; **Stree**, Probleme des Widerrufs einer Strafaussetzung wegen einer Straftat, NStZ 1992, 153.

1. Das Gericht widerruft die Strafaussetzung, wenn der Verurteilte **in der Bewährungszeit** eine neue Straftat begeht **und dadurch** zeigt, dass die Erwartung, die der Strafaussetzung zugrunde lag, sich nicht erfüllt hat. Bei mehraktigen Taten reicht es aus, wenn ein Teilakt in die Bewährungszeit fällt (*Fischer*, § 56f Rn 3). 353

☝ Die neue Straftat darf jedoch nur einmal zum Anlass für Sanktionen gegen den Verurteilten genommen werden. Wird wegen der neuerlichen Verurteilung die Bewährungszeit verlängert, so ist dieser potentielle Widerrufsgrund „verbraucht", sodass ein späterer Bewährungswiderruf nicht auf dieselbe Tat gestützt werden kann. Dies folgt aus den Grundsätzen des verfassungsrechtlich geschützten Vertrauensschutzes (OLG München, Beschl. v. 20.5.2025 – 1 Ws 160/25). Dagegen kann ein Widerruf dann auch auf eine vor dem Verlängerungsbeschluss begangenen neue Tat gestützt werden, wenn das Gericht von dieser bei der Entscheidung über die Verlängerung der Bewährungszeit noch keine Kenntnis hatte (OLG Celle, Beschl. V. 23.1.2018 – 2 Ws 47/18; OLG Karlsruhe, Beschl. v. 9.3.2020 – 3 Ws 34/20).

2. Als Widerrufsgrund kommt **jede** Straftat **von einigem Gewicht** in Betracht. Eine kriminologische Vergleichbarkeit zwischen der früheren und der neuen Tat nach Art und Schwere oder ein kriminologischer Zusammenhang ist **nicht** erforderlich (KG, Beschl. v. 23.6.2006 – 5 Ws 215/06; Beschl. v. 16.2.2023 – 2 Ws 1/23; OLG Jena, Beschl. v. 30.1.2025 – 3 Ws 479/24; OLG Naumburg, Beschl. v. 11.12.2024 – 1 Ws 495/24; LG Neuruppin, Beschl. v. 11.8.2022 – 17 StVK 103/22; *Fischer*, § 56f Rn 8a; *Lackner/Kühl/Heger*, § 56f Rn 4). Denn die Strafaussetzung beruht auf der Erwartung **vollständiger Straffreiheit** (BGH, Beschl. v. 19.9.2024 – StB 42/24, NStZ-RR 2025,7). 354

☝ Das in vielen Schriftsätzen vorzufindende Argument, die Rückfalltat sei doch nicht einschlägiger Natur, verspricht daher ohne das Hinzutreten weiterer für den Verurteilten sprechender Umstände regelmäßig keinen Erfolg, insbesondere wenn die neue Tat **schwerer** wiegt als die der früheren Tat zugrundeliegende Verfehlung.

3.a)aa) Unter Bewährungszeit ist der Zeitraum zwischen der Rechtskraft der im Erkenntnisverfahren ergangenen Entscheidung über die Strafaussetzung und dem Ende der Bewährungszeit zu verstehen (*Fischer*, § 56f Rn 3). Dem **gleichgestellt** ist gem. § 56f Abs. 1 S. 2 Alt. 1 StGB der Fall, in dem die neue Tat in der Zeit zwischen der Entscheidung über die Strafaussetzung und deren Rechtskraft, also **noch vor** dem eigentlichen Beginn der Bewährungszeit, begangen wird. 355

bb) Selbstverständlich sind auch neue Straftaten erfasst, die der Verurteilte in einer **verlängerten** Bewährungszeit begeht, es sei denn der Verlängerungsbeschluss beruht auf keiner bzw. einer rechtswidrigen Grundlage (OLG Hamm, Beschl. v. 27.8.2024 – 3 Ws 295/24). Fällt die Tat in eine „bewährungsfreie" Zeit zwischen dem Ablauf der ursprünglichen Bewährungszeit und der Entscheidung über deren Verlängerung, kann der Widerruf gerechtfertigt sein, wenn die neue Tat nicht nur rückwirkend in die Bewährungszeit fällt, sondern der Verurteilte bei deren Begehung **zudem** trotz des Ablaufs der zunächst festgesetzten Bewährungszeit mit bewährungsverlängernden Maßnahmen rechnen musste, etwa weil ihm zuvor mitgeteilt worden war, dass vor einem Straferlass der Ausgang weiterer anhängiger 356

Verfahren abgewartet werden wird (OLG Bamberg, Beschl. v. 12.8.2021 – 1 Ws 477/21; OLG Braunschweig, Beschl. v. 29.3.2022 – 1 Ws 192/21 m.w.N.; a.A. OLG Karlsruhe, Beschl. v. 6.3.2019 – 3 Ws 35/19).

357 **b)** § 56f Abs. 1 Nr. 1 StGB gilt ferner auch dann entsprechend, wenn im Falle der Bildung einer **nachträglichen Gesamtstrafe**, in welche eine zur Bewährung ausgesetzte frühere Strafe einbezogen wurde, eine neue Tat in der Zeit zwischen der früheren Aussetzungsentscheidung und der Rechtskraft der Gesamtstrafenentscheidung begangen wird (§ 56f Abs. 1 S. 2 Alt. 2 StGB; s. hierzu *Fischer*, § 56f Rn 3c). Auch kann die durch einen nachträglichen Gesamtstrafenbeschluss bewilligte Strafaussetzung zur Bewährung wegen der Begehung einer weiteren Straftat widerrufen werden, wenn die Tatzeit der neuen Tat lediglich in die Bewährungszeit der zeitlich ersten, später in die Gesamtstrafe einbezogenen Verurteilung fällt (OLG Celle, Beschl. v. 26.8.2022 – 2 Ws 181/22).

358 **4.** Auch **im Ausland begangene Taten** sind geeignet, die bei der Strafaussetzung angenommene günstige Kriminalprognose zu erschüttern (*Lackner/Kühl/Heger*, § 56f StGB, Rn 4). Die mit der Strafaussetzung zur Bewährung verbundene Erwartung, dass der Verurteilte sich auch ohne die Einwirkung durch den Strafvollzug künftig straffrei führt, wird durch eine neue Tat **unabhängig von dem auf sie anwendbaren Recht** und **unabhängig vom Tatort** in Frage gestellt (KG StraFo 2014, 431; *Fischer*, § 56f Rn 3). Die Anwendbarkeit des deutschen Strafrechts nach §§ 4 ff. StGB ist zwar keine Widerrufsvoraussetzung, die im Ausland begangene Tat muss aber **auch nach deutschem Strafrecht strafbar** und verfolgbar sein (SSW-StGB/*Mosbacher*, StGB, § 56f Rn 9).

☝ **Voraussetzung** ist ferner, dass die im Ausland erfolgte Verurteilung auf einem **rechtsstaatlichen Verfahren** beruht, in dem die maßgeblichen Feststellungen durch ein unabhängiges Gericht unter Wahrung insbesondere der in **Art. 6 EMRK** garantierten Rechte des Angeklagten getroffen worden sind (KG StraFo 2014, 431). Diese Voraussetzungen dürften insbesondere bei Verurteilungen in **EU-Mitgliedsstaaten** i.d.R. erfüllt sein. Ausnahmen hiervon kommen aber insbesondere dann in Betracht, wenn das Urteil in Abwesenheit des Verurteilten erging, es sei denn er ist trotz ordnungsgemäßer Ladung und Belehrung über die Folgen nicht zur Hauptverhandlung erschienen oder er hat sich dem Verfahren durch Flucht entzogen. Insoweit wird man sich an den in § 83 Abs. 2 IRG, der in solchen Fällen die Zulässigkeit einer Auslieferung regelt, aufgestellten Grundsätzen orientieren können.

359 **5.** Ob der neuen Tat **einiges Gewicht** beizumessen ist, bestimmt sich nicht nur anhand des Ausmaßes des verwirklichten neuerlichen Unrechts oder anhand der verhängten Rechtsfolge. Auch der **strafrechtlichen Vorbelastung** des Verurteilten und der **Einschlägigkeit** der neuen Tat kann maßgebliche Bedeutung zukommen. Begeht etwa eine in der Vergangenheit **wiederholt** wegen Eigentumsdelikten aufgefallene Person in der Bewährungszeit erneut eine **einschlägige** Straftat, steht der Umstand, dass der Wert des Diebesguts mit 25,32 EUR nur gering ist, dem Widerruf nicht entgegen (KG StRR 2014, 192). Zudem können mehrere in laufender Bewährungszeit begangene **neue Straftaten**, die zwar für sich alleine jeweils nur gering wiegen, den Widerruf rechtfertigen, wenn sie **alle zusammengenommen** nach Unrecht und Schuld nicht mehr als bedeutungslos bezeichnet werden können (KG, Beschl. v. 16.2.2023 – 2 Ws 1/23; OLG Jena, Beschl. v. 30.1.2025 – 3 Ws 479/24; OLG Karlsruhe, Beschl. v. 9.3.2020 – 3 Ws 34/20).

☝ Es gibt folglich **keine allgemeine „Bagatellgrenze“**, unterhalb derer der Widerruf stets ausgeschlossen wäre (MüKo-StGB/*Groß/Kett-Straub*, § 56f Rn 9). Zudem erfolgt auch bei eher geringfügigen Neutaten keine allgemeine, über § 56f Abs. 2 StGB hinausgehende Verhältnismäßigkeitsprüfung (s. → *Bewährung, Widerruf, Allgemeines*, Teil A Rdn 302).

360 **6.** Auch **Fahrlässigkeitsdelikte** können zum Widerruf führen, jedoch nur, sofern sie mit den Taten, die der Strafaussetzung zugrunde lagen, in einem **inneren Zusammenhang** stehen (KG StRR 2014, 353, MüKo-StGB/*Groß*, a.a.O.) oder eine Wiederholung der zuerst abgeurteilten Tat darstellen (LG Nürnberg-

Fürth, Beschl. v. 11.8.2022 – 12 Qs 42/22). Fehlt es dagegen an einem solchen innerem Zusammenhang, schließen Fahrlässigkeitsdelikte eine günstige Kriminalprognose regelmäßig **nicht aus** (KG, Beschl. v. 20.3.2002 – 5 Ws 46/02; LG Nürnberg-Fürth, a.a.O.).

7.a) Die neuerliche Straftat und deren schuldhafte Begehung müssen zur Überzeugung des Gerichts **feststehen.** Die **Unschuldsvermutung** beansprucht auch im Widerrufsverfahren Geltung, weshalb für den Widerruf **grds.** zu verlangen ist, dass der Täter wegen der neuen Straftat **rechtskräftig** verurteilt ist (OLG Jena StV 2003, 574; LG Potsdam StV 2009, 369, weitere Nachw. bei *Fischer*, StGB, § 56f Rn 6). Nach a.A. soll es dagegen genügen, dass der Verurteilte **in erster Instanz** bzw. nach Abschluss der Tatsacheninstanzen verurteilt worden ist (VerfGH Berlin NStZ-RR 2013, 242). 361

Ferner kann ein Widerruf u.U. auch schon erfolgen, wenn die neue Tat zwar noch nicht abgeurteilt, aber glaubhaft – i.a. R. vor einem **Richter** – **gestanden** ist (OLG Dresden, Beschl. v. 4.2.2019 – 2 Ws 39/19; weitergehend OLG Koblenz, Beschl. v. 15.7.2022 – 4 Ws 326/22 u. OLG Saarbrücken, Beschl. v. 6.2.2024 – 1 Ws 17/24: u.U. auch polizeiliches Geständnis ausreichend). Keinesfalls genügt es, wenn wegen der mutmaßlichen neuen Tat bislang lediglich Anklage erhoben ist, auch wenn der dort erhobene Vorwurf schwer wiegt (OLG Saarbrücken, Beschl. v. 17.1.2023 – 4 Ws 387/22). 362

b)aa) Liegt hinsichtlich der neuen Tat eine **rechtskräftige Verurteilung** vor, kann die Überzeugung des Widerrufsgerichts von der neuerlichen Straffälligkeit i.d.R. auf diese Entscheidung gestützt werden (OLG Saarbrücken, Beschl. v. 8.5.2025 – 1 Ws 77/25). Eine rechtskräftige Verurteilung verschafft dem Widerrufsgericht einen so **hohen Grad an Verlässlichkeit**, dass es seine Überzeugung von der Tatbegehung **ohne weiteres** auf diese Verurteilung zu stützen vermag. Die neue Tat muss im Widerrufsverfahren grds. **nicht noch einmal aufgeklärt** und bewiesen werden (KG NStZ-RR 2001, 136;). Dies gilt auch für ausländische Verurteilungen (KG StraFo 2014, 431, s. Rdn 358). 363

bb) Anders kann nur in den – seltenen – Fällen verfahren werden, in denen die Verurteilung auf materiellrechtlich **offensichtlich fehlerhafter Rechtsanwendung** beruht, etwa wenn die Gründe des Urteils den Schuldspruch nicht tragen oder dem Widerrufsgericht aufgrund anderer Beweismittel die Unschuld des Verurteilten bekannt ist (KG NStZ-RR 2005, 94; OLG Düsseldorf StV 1996, 45; LG Frankfurt StV 2004, 554; *Fischer*, § 56f Rn 4). 364

☝ Als Fälle offensichtlich fehlerhafter Rechtsanwendung dürften auch Verstöße gegen die **Verständigungsvorschriften** des § 257c StPO in Betracht kommen. Ein entgegen dieser Vorschrift und unter Außerachtlassung der Vorgaben des Bundesverfassungsgerichts (s. BVerfG NJW 2013, 1058) ohne Überprüfung als Grundlage der Verurteilung herangezogenes inhaltsleeres **Formalgeständnis** genügt nicht nur im strafrechtlichen Erkenntnisverfahren nicht zur richterlichen Überzeugungsbildung, sondern entfaltet darüber hinaus auch **keine rechtliche Bindung** in anderen Verfahren (so BVerwG NVwZ-RR 2013, 559 für das beamtenrechtliche Disziplinarverfahren). Im Widerrufsverfahren wird nichts anderes gelten können (zur Absprache/Verständigung *Burhoff*, EV, Rn 125 ff., *Burhoff*, HV, Rn 198 ff.).

c) Nach der zutreffenden h.M. ist es für die Überzeugungsbildung des Widerrufsgerichts auch ausreichend, wenn die neue Tat mit einem **Strafbefehl** geahndet wird, jedenfalls wenn der Verurteilte anwaltlich beraten war und den Strafbefehl **willentlich** rechtskräftig werden ließ, indem er über seinen Verteidiger erklären ließ, dass er auf die Einlegung eines Einspruchs verzichte (KG, Beschl. v. 23.11.2022 – 2 Ws 161/22). Der hin und wieder erhobene Einwand, der Strafbefehl sei keine taugliche Grundlage für die Überzeugungsbildung, da er aufgrund einer nur summarischen Überprüfung ergehe (so LK-*Hubrach*, § 56f Rn 13), überzeugt nicht: Denn § 410 Abs. 3 StPO stellt den Strafbefehl einem rechtskräftigen Urteil gleich, er ist eine **reguläre** Art der Verurteilung in einem rechtsstaatlichen Verfahren (OLG Hamm NStZ-RR 2008, 25; *Krumm* NJW 2005, 1832; einschränkend KG ZJJ 2015, 75 [dem Strafbefehl muss eine nach den vorhandenen Beweismitteln mögliche richterliche Überzeugung zugrunde liegen oder vom Verurteilten willentlich, also **nicht allein aufgrund** eines **Versäumens** der **Einspruchsfrist**, akzep- 365 tiert worden sein]). Das Widerrufsgericht ist zudem **außer** in **Fällen offenkundig unrichtiger Entscheidungen** zu einer gesetzlich nicht vorgesehenen nachträglichen „Korrektur“ rechtskräftiger Entscheidungen nicht befugt, eine „freibeweisliche Hauptverhandlung“ vor dem Widerrufsgericht findet im Gesetz keine Stütze (OLG Hamm NStZ-RR 2008, 25; *Fischer*, § 56f Rn 5a). Auch das Nachholen einer gerichtlichen Beweisaufnahme durch das Widerrufsgericht kommt nicht in Betracht, was freilich durchdringende Zweifel an der neuerlichen Schuld des Verurteilten nicht ausschließt, sofern sich diese aus dem Akteninhalt ergeben (OLG Celle, Beschl. v. 7.11.2025 – 3 Ws 78/25).

366 **d)** Ist die **rechtskräftig angeordnete Wiederaufnahme** des Anlassverfahrens angeordnet, so steht dies dem Widerruf zunächst entgegen (KG, Beschl. v. 12.12.2013 – 2 Ws 477–478/13). Die Stellung eines Wiederaufnahmeantrags oder gar lediglich dessen Ankündigung hindert den Widerruf dagegen nicht (OLG Saarbrücken, Beschl. v. 8.5.2025 – 1 Ws 77/25).

367 **e)** Ist die neue Straftat **nicht rechtskräftig** abgeurteilt und ist im neuen Erkenntnisverfahren die **Beweis- oder Rechtslage unklar**, etwa weil der Tatvorwurf bestritten wird, kann ein Bewährungswiderruf grds. noch nicht erfolgen. Gleiches gilt, wenn die Überzeugung von der (neuerlichen) Schuld des bestreitenden Verurteilten nur im Freibeweis gewonnen wurde (*Fischer*, § 56f Rn 4). Auch ist es nach der Rspr. des EGMR (NJW 2004, 43) mit der Unschuldsvermutung nicht vereinbar, wenn sich das Widerrufsgericht vom Vorliegen einer neuen Straftat aufgrund selbst vorgenommener Zeugenvernehmungen überzeugt; die Feststellung der Schuld ist dem **neuen Tatrichter** vorbehalten.

☝ Besteht lediglich der **Verdacht** einer neuen Straftat, ist die Entscheidung über den Widerruf bzw. nach Ablauf der Bewährungszeit bis zum Abschluss des neuen Verfahrens **zurückzustellen** (LG Bremen, Beschl. v. 17.2.2021 – 1 Qs 57/21). Wird der Verurteilte hierüber in Kenntnis gesetzt, **hindert** dies die Entstehung eines **Vertrauenstatbestands**, und der Widerruf kann ggf. noch **lange nach Ablauf** der Bewährungszeit erfolgen (→ *Bewährung, Widerruf, Allgemeines*, Teil A Rdn 306).

368 **f)** Nach h.M. ist der Widerruf aber dann auch vor einer rechtskräftigen Verurteilung möglich, wenn hinsichtlich der neuen Tat ein **glaubhaftes Geständnis vor dem Richter** abgelegt wird, jedenfalls sofern es nicht ersichtlich von prozesstaktischen Erwägungen bestimmt und **nicht widerrufen** ist (BVerfG NStZ 1991, 30; 2005, 817; BVerfGK 14, 144; OLG Düsseldorf NJW 2004, 790; OLG Hamburg, Beschl. v. 17.10.2017 – 1 Ws 118/17; OLG Karlsruhe NStZ 2012, 702; OLG Oldenburg StV 2010, 311; OLG Stuttgart NJW 2005, 85; *Fischer*, § 56f Rn 7a; a.A. LG Potsdam StV 2009, 369 unter Hinweis auf die Gefahr falscher Geständnisse). Beim Vorliegen eines glaubhaften Geständnisses ist ein Zuwarten mit dem Widerruf bis zum möglicherweise Jahre dauernden rechtskräftigen Abschluss des neuen Verfahrens in der Regel **nicht zwingend geboten**. Im Einzelfall widerspräche dies auch dem Resozialisierungsgedanken, etwa wenn der Verurteilte sich über die Unvermeidlichkeit eines Widerrufs im Klaren ist und die umgehende Verbüßung der zu widerrufenden Strafe anstrebt (OLG Stuttgart, a.a.O.). Ein später erklärter Widerruf des Geständnisses hindert jedoch den Bewährungswiderruf vor rechtskräftigem Abschluss des Verfahrens, andernfalls wird die Unschuldsvermutung verletzt (EGMR, Urt. v. 12.11.2015 – 2130/10, NJW 2016, 703).

☝ Von einem den Schuldspruch tragenden Geständnis wird mitunter auch ausgegangen, wenn die gegen ein erstinstanzliches Urteil eingelegte Berufung **auf den Rechtsfolgenausspruch** beschränkt wird (OLG Hamm StV 2007, 195). Diese Rspr. hat der Verteidiger bei der Vertretung von Bewährungsbrechern im Hinterkopf zu behalten: Zwar verspricht die Taktik, eine vom AG versagte Strafaussetzung in der zweiten Instanz u.a. dadurch zu erreichen, das Berufungsgericht durch eine Berufungsbeschränkung milde zu stimmen, häufig Erfolg. Droht aber der Widerruf einer früheren Strafaussetzung, sollte eine Beschränkung nicht vorschnell erfolgen, zumal das Widerrufsgericht nicht in jedem Fall an die Einschätzung des neuen Tatrichters gebunden ist (s.u. Rdn 376). Wird bereits in erster Instanz eine geständige Einlassung erwogen, so ist hierbei zu beachten, dass dies einen Widerruf selbst dann rechtfertigen kann, wenn unbeschränkt Berufung gegen das später ergangene Urteil eingelegt wird, ohne das abgelegte Geständnis zu widerrufen (OLG Hamburg, Beschl. v. 17.10.2017 – 1 Ws 118/17).

g) Im Einzelfall kann nach einer in der Rspr. vertretenen Auffassung auch ein **außergerichtliches** Geständnis den Widerruf rechtfertigen, wenn es nach seinem Inhalt und der Art des Zustandekommens geeignet ist, dem Widerrufsgericht die erforderliche Überzeugung von der Begehung der neuen Tat zu vermitteln (OLG Hamm, Beschl. v. 2.12.2020 – 1 Ws 479/20, StV 2021, 600; OLG Koblenz, Beschl. v. 19.5.2005 – 1 Ws 213/05 u. Beschl. v. 15.7.2022 – 4 Ws 326/22; OLG Saarbrücken, Beschl. v. 6.2.2024 – 1 Ws 17/24. NStZ 2024, 362; OLG Saarbrücken StRR 2010, 43; s.a. *Fischer*, § 56f, Rn 7b m.w.N.). Diese Voraussetzung soll erfüllt sein, wenn das Geständnis nicht nur eine pauschale Einräumung der Tatvorwürfe beinhaltet, sondern eine **detaillierte** Einlassung darstellt und zudem nicht nur von rein prozesstaktischen Erwägungen getragen ist. Allerdings ist eine **in Abwesenheit** eines Verteidigers im Rahmen polizeilicher Vernehmungen erfolgte geständige Einlassung **unzureichend**, wenn später bei einer Haftbefehlseröffnung – nunmehr in Gegenwart eines Verteidigers – vom Schweigerecht Gebrauch gemacht wird (OLG Karlsruhe NStZ 2012, 702). 369

8. Der Widerruf dient **nicht der Ahndung** der neuen Straftat. Er ist **keine „zweite Strafe"**, sondern dient der Berichtigung der ursprünglichen, positiven Kriminalprognose, sofern sich diese im Nachhinein als unrichtig herausgestellt hat (LVerfG LSA, Beschl. v. 8.6.2020 – LVG 25/19; OLG Jena, Beschl. v. 30.1.2025 – 3 Ws 479/24; OLG Stuttgart StV 2003, 346; OLG Zweibrücken, Beschl. v. 3.12.2024 – 1 Ws 40/24; *Fischer*, § 56f Rn 8). 370

a) Es ist daher neben der Feststellung der erneuten Straffälligkeit **zusätzlich** erforderlich, dass eine **neue, in die Zukunft gerichtete Kriminalprognose** gestellt wird und diese ungünstig ausfällt (OLG Jena, Beschl. v. 30.1.2025 – 3 Ws 479/24). Dies ist **nicht bei jeder neuen Straftat** der Fall (LG Nürnberg-Fürth, Beschl. v. 11.8.2022 – 12 Qs 42/22). Vielmehr kommt der Widerruf der Strafaussetzung nur anlässlich solcher Neutaten in Betracht, in denen angesichts der aktuellen Lebensumstände des Verurteilten zum Ausdruck kommt, dass er seine kriminelle Lebensführung **nicht geändert** hat (LK-*Hubrach*, § 56f Rn 14). Insbesondere einschlägigen Straftaten während der Bewährungszeit kommt zwar eine **Indizwirkung** für eine ungünstige Kriminalprognose zu, stehen aber einer günstigen Kriminalprognose **nicht zwangsläufig** entgegen (OLG Jena, a.a.O.). 371

b) Die die negative Kriminalprognose tragenden Gründe hat das Gericht **darzulegen**, der Widerrufsbeschluss darf sich nicht darauf beschränken, lediglich die Begehung einer weiteren Straftat festzustellen (OLG Stuttgart StV 2003, 346). Stattdessen müssen die aktuellen Lebensumstände des Verurteilten deutlich machen, dass die Erwartung eines künftig straffreien Lebens nicht aufrechterhalten werden kann (OLG Zweibrücken, a.a.O.). 372

9. Für die zu treffende Kriminalprognoseentscheidung ist zunächst insbesondere von Bedeutung, **mit welcher Sanktion** die Anlasstat geahndet wurde. Je schwerwiegender die Rechtsfolge, desto größer ist die Widerrufsgefahr. 373

a) Wird wegen der neuen Straftat eine Freiheitsstrafe **ohne Bewährung** verhängt, zieht dies i.d.R. den Widerruf der Strafaussetzung nach sich. Verneint der neue Tatrichter eine günstige Kriminalprognose, kann das Widerrufsgericht hiervon i.d.R. nicht abweichen. Denn es gilt insoweit der Grundsatz, dass sich das Widerrufsgericht der zeitnahen Kriminalprognose des neuen Tatrichters **anschließen** soll, weil diesem aufgrund der neuen Hauptverhandlung **bessere Erkenntnismöglichkeiten** zur Verfügung stehen (KG StRR 2014, 353). 374

b)aa) Wird die neue Tat dagegen **abermals** mit einer **Bewährungsstrafe** geahndet, **reduziert** sich die Widerrufsgefahr in aller Regel **deutlich**. Denn auch hier gilt, dass dem neuen Tatrichter in der Regel **bessere Erkenntnismöglichkeiten** für eine sachgerechte Beurteilung der Kriminalprognose des Verurteilten zur 375

Verfügung stehen (KG, Beschl. v. 23.11.2022 – 2 Ws 161/22; LG Nürnberg-Fürth, Beschl. v. 2.7.2024 – 18 Qs 22/24). Oftmals wird von der StA in solchen Fällen der Widerruf schon gar nicht beantragt, es bleibt dann i.d.R. bei einer **Verlängerung der Bewährungszeit**.

376 Eine erneute Bewährung schützt aber **nicht zwingend** vor dem Widerruf früherer Strafaussetzungen (VerfG Brandenburg, Beschl. v. 18.11.2022 – 13/22 EA; OLG Naumburg, Beschl. v. 13.12.2024 – 1 Ws 494/24). So greift der Grundsatz, dass sich das für den Widerruf der Strafaussetzung zuständige Gericht der zeitnahen Kriminalprognose des neuen Tatrichters anschließen soll, jedenfalls dann nicht, wenn die neuerliche Strafaussetzung **inhaltlich nicht nachvollziehbar** ist oder **lediglich formelhaft** begründet wird (VerfG Brandenburg, a.a.O.; KG StRR 2014, 353; OLG Düsseldorf NVZ 1998, 163; OLG München, Beschl. v. 7.8.2023 – 2 Ws 435/23; OLG Naumburg, a.a.O).

☝ Diese Rspr. birgt für den Verurteilten **nicht unerhebliche Risiken**, da eine formelhafte Begründung in der Praxis häufig vorkommt, insbesondere wenn der Tatrichter bei der Abfassung der Urteilsgründe von der weitreichenden Abkürzungsmöglichkeit des § 267 Abs. 4 StPO Gebrauch machen kann. Dies führt oftmals dazu, dass auch gewichtige Gründe, die die erneute Strafaussetzung stützen, keinen Eingang in die schriftlichen Urteilsgründe finden. Zwar soll allein der Umstand, dass die Urteilsgründe gem. § 267 Abs. 4 StPO abgekürzt wurden, nicht auf eine unzureichende und damit nicht überzeugende Kriminalprognose geschlossen werden können (OLG Köln StV 1993, 492; LG Bonn StRR 2014, 446). Gleichwohl entfällt die Möglichkeit, sich im Widerrufsverfahren auf aktuelle gerichtliche Erkenntnisse zu stützen. Für den Verteidiger empfiehlt es sich deshalb, gegenüber dem für das Widerrufsverfahren zuständigen Gericht **vorsorglich** sämtliche trotz der erneuten Straffälligkeit für eine günstige Kriminalprognose sprechenden Umstände **vorzutragen**, auch im Hinblick auf mögliche Rechtsmittel gegen eine ungünstige Entscheidung des Widerrufsgerichts. Dieses ist verpflichtet, sich mit allen prognoseerheblichen Umständen auseinanderzusetzen. Kommt es dieser Pflicht nicht nach oder verkennt es solche Umstände ihrem Gewicht nach grds., verletzt es das Grundrecht der Freiheit der Person (LVerfG Sachsen-Anhalt, Beschl. v. 8.6.2020 – LVG 25/19).

377 **bb)** Kommt das **neue Tatgericht** zu dem Ergebnis, dass dem Verurteilten trotz der erneuten Straffälligkeit eine **günstige Kriminalprognose** gestellt werden kann, hat es seine Auffassung auf **konkrete Tatsachen** zu stützen, andernfalls kann eine wie auch immer geartete „Bindungswirkung" für das Widerrufsgericht nicht entstehen, und vom Widerruf kann dann auch nicht mit dem Verweis auf die neuerliche Strafaussetzung abgesehen werden. Ist der Täter etwa einschlägig vorbestraft und (ggf. sogar mehrfacher) Bewährungsversager, kann i.d.R. nicht mit ausreichender Wahrscheinlichkeit erwartet werden, dass er sich im Falle einer erneuten Bewährungschance anders als bisher verhalten wird, denn er hat durch seine neuerliche Straffälligkeit gezeigt, dass er **nicht willens oder nicht fähig** ist, sich frühere Verurteilungen zur Warnung dienen zu lassen (OLG Braunschweig NStZ-RR 2015, 19 [Ls.]). Eine trotz Bewährungsbruchs gestellte abermalige günstige Kriminalprognose setzt daher **deutlich mehr** voraus als den bloßen Willen des Verurteilten, sich künftig straffrei zu führen. Es muss auch zu erwarten sein, dass der Verurteilte tatsächlich **in der Lage** ist, einen solchen Willen auch umzusetzen (OLG Naumburg, Beschl. v. 11.12.2024 – 1 Ws 495/24). Eine solche Befähigung darf nicht zu seinen Gunsten **unterstellt** werden (KG Berlin StRR 2014, 353). Das Gericht hat vielmehr **besondere** Gesichtspunkte darzulegen, die es trotz der bisherigen schlechten Erfahrungen mit dem Angeklagten zu der Annahme bewegen, der Verurteilte habe seine kriminelle Lebensführung geändert oder es sei mit einer solchen Änderung **höchstwahrscheinlich** zu rechnen (KG StV 2012, 483; OLG Braunschweig NStZ-RR 2015, 19 [Ls.]).

378 **c)** Handelt es sich bei der neuen Tat um ein Delikt aus dem unteren Kriminalitätsbereich, ist auch bei Bewährungsbrechern **nicht stets** von der Unerlässlichkeit einer kurzen Freiheitsstrafe i.S.d. § 47 Abs. 1 StGB auszugehen, es kommt ggf. auch dann eine **Geldstrafe** in Betracht. Die Widerrufsgefahr ist aber auch dann nicht zwingend gebannt, denn auch Straftaten, die nur mit Geldstrafen geahndet wurden, sind grds. als Widerrufsgrund geeignet (KG, Beschl. v. 16.2.2023 – 2 Ws 1/23). In der Praxis bleibt es

in solchen Fällen aber gleichwohl meist bei einer Verlängerung der Bewährungszeit (→ *Bewährung, Widerruf, Absehen,* Teil A Rdn 291).

aa) Zwingend ist dies jedoch nicht. Die Erwägung des neuen Tatrichters, die Verhängung einer kurzen Freiheitsstrafe sei nicht unerlässlich, bietet i.d.R. **keinen Anlass** für die Annahme, er habe sich intensiv mit der gegenwärtigen Prognoselage befasst (*Fischer*, § 56f Rn 8b). Auch unterliegt die Entscheidungsfindung, die das neue Tatgericht dazu veranlasst hat, trotz der strafrechtlichen Vorbelastung des Bewährungsbruchs nochmals eine Geldstrafe zu verhängen, nicht der Überprüfung der für die Frage des Bewährungswiderrufs zuständigen Stellen (OLG Naumburg, Beschl. v. 20.8.2025 – 1 Ws 229/25). Die vereinzelt vertretene Gegenauffassung, wonach es einen Widerruf nicht rechtfertigen soll, wenn das neue Tatgericht von der Verhängung einer kurzen Freiheitsstrafe absieht (so LG Bonn StRR 2014, 446), vermengt die unterschiedlichen Voraussetzungen der §§ 47 Abs. 1 StGB und 56f StGB und verkennt überdies, dass mit der Verhängung einer Geldstrafe gerade **keine Einschätzung bezüglich der Kriminalprognose** verbunden ist. Der neue Tatrichter, der eine Geldstrafe verhängt, stellt eine solche Prognose nicht und muss sie auch nicht stellen (KG StRR 2014, 192; OLG Hamm NStZ-RR 2008, 25; OLG Köln, Beschl. v. 8.1.2014 – 2 Ws 671/13). Auch bindet die Bewertung des neuen Tatrichters im Hinblick auf die von diesem für angemessen angenommene Rechtsfolge das für das Widerrufsverfahren zuständige Gericht nicht; vielmehr ist im dortigen Verfahren in eigener Verantwortung eine Prognoseentscheidung zu treffen (OLG Naumburg, Beschl. v. 15.8.2025 – 1 Ws 245/25). 379

bb) Der Umstand, dass das Tatgericht im Hinblick auf die strengen Anforderungen des § 47 Abs. 1 StGB von der Verhängung einer Freiheitsstrafe absieht, rechtfertigt daher **nicht** die Annahme, das Gericht gehe trotz des Bewährungsbruchs von einer weiterhin günstigen Kriminalprognose aus. Anders kann allenfalls dann argumentiert werden, wenn sich dem neuen Urteil entnehmen lässt, dass der Tatrichter die Kriminalprognose des Verurteilten als günstig angesehen hat (KG StRR 2014, 192). Dies kann bspw. der Fall sein, wenn das Absehen von einer kurzen Freiheitsstrafe ausführlich mit einer positiven Entwicklung in den Lebensverhältnissen begründet wird. 380

d) Wird die dem Verurteilten zur Last gelegte neue Tat nicht mit einem Urteil geahndet, sondern erfolgt eine **Verfahrenseinstellung** gem. §§ 153 ff. StPO, scheidet ein Widerruf der Strafaussetzung aus, alles andere wäre ein **Verstoß** gegen die **Unschuldsvermutung**. Insbesondere ist zu beachten, dass die Zustimmung zu einer Einstellung gem. § 153a StPO **kein Schuldeingeständnis** darstellt und nicht als Beweis für eine Täterschaft gewertet werden darf (*Schmitt/Köhler*, § 153a Rn 10). 381

10.a) Bei der Entscheidung über den Widerruf der Strafaussetzung ist auch die zwischen der Anlasstat und dem Entscheidungszeitpunkt im Widerrufsverfahren eingetretene **Entwicklung** von Bedeutung. Haben sich die Lebensumstände des Verurteilten zwischenzeitlich **stabilisiert** oder sind weitere neue Anhaltspunkte für eine günstige Kriminalprognose vorhanden, kann dies dem Widerruf entgegenstehen (OLG Jena, Beschl. v. 30.1.2025 – 3 Ws 479/24). So kann es insbesondere bei **Erstverbüßern** für eine günstige Kriminalprognose sprechen, wenn der Verurteilte zwischenzeitlich in anderer Sache **Strafhaft** verbüßt hat. Sofern im Einzelfall keine gegenteiligen Anhaltspunkte entgegenstehen, ist davon auszugehen, dass die Hafterfahrung den Verurteilten **hinreichend beeindruckt**, um ihn von der Begehung weiterer Straftaten **abzuhalten** (OLG Naumburg StRR 2013, 472; s.a. LG Regensburg, Beschl. v. 2.10.2024 – 8 Qs 58/24). Zu einem anderen Ergebnis kann es allerdings führen, wenn der Verurteilte mehrfach bewährungsbrüchig geworden ist (KG, Beschl. v. 16.2.2023 – 2 Ws 1/23). 382

Ebenfalls relevant sein können **stabilisierende Entwicklungen** im privaten Lebensumfeld des Verurteilten, insbesondere die Erlangung eines Arbeitsplatzes oder der Beginn eines Ausbildungsverhältnisses. Auch das Eingehen einer neuen Beziehung (sofern der neue Partner bzw. die neue Partnerin nicht selbst über eine erhebliche strafrechtliche Vorbelastung verfügt bzw. sich in einem kriminellen Umfeld bewegt) oder die Geburt eines Kindes können positiven Einfluss auf die Lebensführung des Verurteilten haben. 383

b) Allen **potentiell stabilisierenden Faktoren** gemein ist jedoch, dass sie zu den **Taten** des Verurteilten und zu seiner Persönlichkeitsstruktur einen gewissen **Bezug** aufweisen müssen. Wer sich etwa durch sei- 384 nen Jähzorn schon häufig zu Misshandlungen naher Angehöriger hat hinreißen lassen, obwohl er sonst in gesicherten sozialen Verhältnissen lebt, für den sind diese Verhältnisse von weniger ausschlaggebender Bedeutung als bei demjenigen, der aus finanzieller Not Vermögens- oder Eigentumsdelikte begangen hat.

385 c) Bei **Lebensumständen**, denen eine stabilisierende Wirkung grds. zugesprochen werden kann, ist ferner zu prüfen, ob es sich tatsächlich um eine Neuentwicklung handelt oder ob die Lebensverhältnisse des Verurteilten nicht unverändert geblieben sind. Fehlt es an einer Veränderung und haben die Lebensverhältnisse **schon früher** bestanden, ohne den Verurteilten von der Begehung von Straftaten abzuhalten, spricht dies **gegen** eine weiterhin günstige Kriminalprognose. Wurden z.B. trotz geordneter wirtschaftlicher Verhältnisse bereits in der Vergangenheit Eigentums- oder Vermögensdelikte begangen, wird eine günstige Kriminalprognose kaum auf das Vorhandensein eines Arbeitsplatzes gestützt werden können. Auch wird einem Haftaufenthalt ohne das Hinzutreten weiterer Umstände keine hinreichend stabilisierende Wirkung zugesprochen werden können, wenn der Verurteilte bereits früher **mehrfach** Haftstrafen verbüßt hat und nach der Entlassung **wiederholt** zeitnah rückfällig wurde. Gleiches gilt für die familiären Verhältnisse des Verurteilten: Hat er bereits in der Vergangenheit als Familienvater Straftaten begangen, wird der Umstand, dass er Kinder zu versorgen hat, eine günstige Kriminalprognose regelmäßig nicht rechtfertigen. Denn er hat dann durch sein eigenes Verhalten belegt, dass ihn dieser Umstand gerade nicht von der Begehung weiterer Straftaten abhält.

386 d) Im **Betäubungsmittelstrafrecht** sind insbesondere Therapiebestrebungen und -erfolge von Bedeutung. Der unmittelbar bevorstehende Abschluss einer Betäubungsmitteltherapie kann dem Widerruf entgegenstehen; manche Gerichte sind hier recht großzügig und lassen u.U. sogar schon den ernsthaften Beginn einer Behandlung genügen (OLG Hamm StRR 2012, 434; OLG Schleswig StV 2008, 592; a.A. OLG Braunschweig, Beschl. v. 17.5.2023 – 1 Ws 92/23 u. OLG Naumburg, Beschl. v. 22.12.2021 – 1 Ws (s) 356/21 [nur wenn die Therapie mindestens so weit gediehen ist, dass eine begründete Aussicht auf Erfolg besteht). Therapeutische Maßnahmen zur Heilung der Abhängigkeit sind i.d.R. als günstige Möglichkeit zur Wiedereingliederung in die Gesellschaft anzusehen, wenn die Drogenabhängigkeit noch nicht lange andauert, die Verbüßung von Freiheitsstrafe **erstmalig** bevorsteht und stationäre Langzeittherapien bislang nicht stattgefunden haben (OLG Jena StV 2007, 194). Gab es dagegen in der Vergangenheit erfolglose Therapieversuche, wird eine günstige Kriminalprognose nur in Betracht kommen, wenn durch entsprechende **konkrete** Therapiefortschritte erkennbar wird, dass diesmal die begründete Hoffnung auf einen erfolgreichen Abschluss besteht.

Siehe auch: → *Bewährung, Widerruf, Allgemeines*, Teil A Rdn 298; → *Bewährung, Widerruf, Absehen*, Teil A Rdn 286.

387 Bewährung, Widerruf, notwendige Verteidigung

Das Wichtigste in Kürze:

1. Im Verfahren über den Widerruf der Strafaussetzung gilt § 140 Abs. 2 entsprechend.
2. Für das Widerrufsverfahren ist eine gesonderte Beiordnung erforderlich.
3. Pflichtverteidigerbestellungen im Strafvollstreckungsverfahren sind nach wie vor die Ausnahme.
4. Die Beiordnungsvoraussetzungen sind ausschließlich anhand der Gegebenheiten des Widerrufsverfahrens festzustellen, etwaige Schwierigkeiten der Sache im Erkenntnisverfahren sind nicht von Belang.
5. Eine schwierige Sach- oder Rechtslage liegt vor, wenn im Widerrufsverfahren in tatsächlicher und/oder rechtlicher Hinsicht Fragen aufgeworfen werden, die über die Probleme hinausgehen, die in einem solchen Verfahren regelmäßig zu beurteilen sind.
6. Der Verurteilte ist zur Selbstverteidigung unfähig, wenn aus Gründen, die in seiner Person liegen oder die sich aus den Umständen des jeweiligen Einzelfalles ergeben, nicht sicher gewährleistet ist,

dass er in der Lage ist, dem Verfahren zu folgen, seine Interessen zu wahren und alle seiner Verteidigung dienenden Handlungen vorzunehmen.

7. Voraussetzung für eine Beiordnung im Widerrufsverfahren ist weiter, dass eine konkrete gerichtliche Entscheidung in naher Zukunft bevorsteht.

8. Für das Verfahren, die Auswahl des Pflichtverteidigers und die Rechtsmittel gelten die allgemeinen Regeln der Verteidigerbestellung. Die Beiordnung gilt aber nach h.M. nur für den jeweiligen Verfahrensabschnitt und nicht für das gesamte Vollstreckungsverfahren.

Literaturhinweise: **Burhoff**, Rechtsprechungsübersicht zum Recht der Pflichtverteidigung, StRR 11/2025, 5; **Hillenbrand**, Die notwendige Verteidigung gemäß § 140 StPO im Strafverfahren vor dem Amtsgericht – Teil 2, StRR 2014, 44; *ders.*, Widerruf der Strafaussetzung zur Bewährung: Voraussetzungen und Verfahren, ZAP F.22, 799; **Labusga**, Die notwendige Verteidigung im Strafvollstreckungsverfahren, NStZ 2023, 641; **Lehmann**, Notwendige Verteidigung im Vollstreckungsverfahren, StraFo 2023, 259; **Schütz**, Beiordnung eines Prozessbevollmächtigten oder Bestellung eines Pflichtverteidigers in Verfahren nach §§ 56 f., 57, 57a StGB?, NStZ 1985, 347; s.a. die Hinweise bei **Burhoff**, EV, Rn 3491 ff. 388

1. Im Verfahren über den Widerruf der Strafaussetzung gilt **§ 140 Abs. 2 StPO entsprechend** (*Burhoff*, EV, Rn 3493). Die Bestellung eines Verteidigers ist hiernach erforderlich, wenn die **Schwierigkeit der Sach- und Rechtslage** oder die **Unfähigkeit des Angeklagten zur Selbstverteidigung** dies gebietet. Von der Schaffung einer speziell auf das Strafvollstreckungsverfahren zugeschnittenen Regelung hat der Gesetzgeber auch bei der Reform des Beiordnungsrechts 2019 (hierzu *Hillenbrand* StRR 2/2020, 4 u. StRR 3/2020, 4) abgesehen. 389

2. Für das Widerrufsverfahren ist eine **gesonderte Beiordnung** erforderlich (zum Verfahren s. Rdn 402). Eine etwaige Bestellung im Erkenntnisverfahren **endet** mit dessen rechtskräftigem Abschluss (§ 143 Abs. 1 StPO), eine Erstreckung auf das Vollstreckungsverfahren gibt es **nicht** (*Burhoff*, EV, a.a.O.). 390

3.a) Pflichtverteidigerbestellungen im Strafvollstreckungsverfahren sind nach wie vor die **Ausnahme** (BGH, Beschl. v. 8.1.2025 – StB 71/24, NStZ-RR 2025, 92; *Burhoff*, EV, Rn 3491 m.w.N.). Die Voraussetzungen für eine Beiordnung werden hier von den Gerichten **erheblich** enger bzw. einschränkend ausgelegt als im Erkenntnisverfahren (s. die Nachw. bei *Schmitt/Köhler*, § 140 Rn 34). Im Vollstreckungsverfahren bestehe in **weitaus** geringerem Maße als in dem kontradiktorisch ausgestalteten Erkenntnisverfahren ein Bedürfnis nach der Mitwirkung eines Verteidigers, da der Verurteilte sich nicht gegen einen Tatvorwurf wehren müsse (OLG Koblenz, Beschl. v. 21.7.2025 – 4 Ws 367/25; OLG Naumburg, Beschl. v. 11.12.2024 – 1 Ws 495/24). Zudem stünden der StA keine so weitreichenden Befugnisse zu wie im Erkenntnisverfahren, und auch die Strafhöhe stehe bereits fest (vgl. u.a. BVerfG NJW 2002, 2773; KG StV 2007, 96; NStZ-RR 2006, 211; Beschl. v. 5.11.2020 – 5 Ws 217/1). Die Prüfung der Voraussetzungen für den Widerruf einer Strafaussetzung zur Bewährung sei ferner i.d.R. nicht so schwierig, dass dem Verurteilten ein Verteidiger beigeordnet werden müsste (LG Potsdam NStZ 2003, 331). 391

b) Trotz dieser gegenüber dem Erkenntnisverfahren **deutlich** strengeren Maßstäbe darf aber nicht aus dem Blick geraten, dass die Bestellung eines Pflichtverteidigers überall, wo die Beiordnungsvoraussetzungen vorliegen, zu den verfahrensrechtlichen Absicherungen des **Freiheitsgrundrechts** gehört (BVerfG StV 2006, 426), und der verfassungsrechtlich garantierte **Grundsatz des fairen Verfahrens**, der ebenfalls die Bestellung eines Pflichtverteidigers verlangt, wenn sich der Verurteilte nicht selbst verteidigen kann, gilt **auch im Vollstreckungsverfahren** (BVerfG, a.a.O.; LG Bremen StV 2014, 39). 392

☝ Solange es bei der zurückhaltenden Beiordnungspraxis bleibt, ist im Beiordnungsantrag zu den die Bestellung erforderlich machenden Umständen **vorzutragen**, mit Beiordnungen von Amts wegen kaum einmal gerechnet werden können. Bei der Antragstellung kann ggf. auf die im **Erkenntnisverfahren** getroffenen Feststellungen zurückgegriffen werden, wenn sich aus ihnen die **Unfähigkeit des**

Verurteilten zur Selbstverteidigung ergibt, etwa wegen überdauernder gesundheitlicher Beeinträchtigungen, einer intellektuellen Minderbegabung, Sprachschwierigkeiten oder aufgrund ähnlich gewichtiger Umstände (OLG Frankfurt NStZ-RR 2003, 252; s.a. *Labusga* NStZ 2023, 461). Auch die **Berichte des Bewährungshelfers** können im Einzelfall weiterhelfen.

393 **4.a)** Die Beiordnungsvoraussetzungen sind **ausschließlich** anhand der **Gegebenheiten** des **Vollstreckungsverfahrens** festzustellen, etwaige Schwierigkeiten der Sache im Erkenntnisverfahren sind nicht von Belang (KG NStZ-RR 2006, 211; OLG Koblenz, Beschl. v. 21.7.2025 – 4 Ws 367/25; weitere Nachw. bei *Burhoff*, EV, Rn 3501). Ein Beiordnungsantrag kann daher **nicht** darauf gestützt werden, dass die Sach- und Rechtslage **im Erkenntnisverfahren** besonders schwierig gewesen sei oder dass eine umfangreiche Beweisaufnahme durchgeführt wurde.

394 **b)** Auch die **Dauer** der im Widerrufsfalle zu verbüßenden Haftzeit rechtfertigt eine Verteidigerbestellung grds. nicht. Ein Beiordnungsantrag kann daher i.d.R. nicht damit begründet werden, dass der Verurteilte im Fall des Widerrufs eine **Freiheitsstrafe von einem Jahr** oder mehr zu verbüßen hätte (OLG Hamm StV 2002, 92; Beschl. v. 29.4.2013 – 5 Ws 113 – 115/13; OLG Naumburg, Beschl. v. 11.12.2024 – 1 Ws 495/24,OLG Zweibrücken, Beschl. v. 22.11.2021 – 1 Ws 278/21; LG Berlin VRS 110, 117; LG Halle, Beschl. v. 19.9.2022 – 3 Qs 104/22; a.A. wohl OLG Schleswig SchlHA 2002, 151; OLG Celle StV 2007, 375; LG Dessau-Roßlau, Beschl. v. 17.6.20219 – 6 Qs 615 Js 26541/14, StV 2020, 164 [Ls.]; *Burhoff*, EV, Rn 3505).

☝ Vereinzelt wird vertreten, dass hiervon eine **Ausnahme** in Betracht komme, wenn eine **sehr lange Haftzeit** droht, etwa weil mehrere Straf- bzw. Strafrestaussetzungen offen sind (LG Kiel StRR 2014, 322, für eine drohende Gesamtstrafzeit von vier Jahren und drei Monaten, wobei allerdings **zusätzlich** auch auf die in der Praxis häufig Schwierigkeiten bereitende Prüfung der Voraussetzungen des § 56f Abs. 1 Nr. 2 StGB verwiesen wird (→ *Bewährung, Widerruf, Weisungsverstoß*, Teil A Rdn 435). Durchgesetzt hat sich dies bislang aber nicht.

395 **5.** Eine **schwierige Sach- oder Rechtslage** liegt vor, wenn im Widerrufsverfahren in tatsächlicher und/oder rechtlicher Hinsicht Fragen aufgeworfen werden, die über die Probleme **hinausgehen**, die in einem solchen Verfahren **regelmäßig** zu beurteilen sind (KG StV 2007, 96; NStZ-RR 2006, 211; OLG Naumburg, Beschl. v. 11.12.2024 – 1 Ws 495/24; vgl. a. die Zusammenstellung der Rspr. bei *Burhoff*, EV, Rn 3504 ff.). Entscheidender Zeitpunkt ist der Moment der **Antragstellung** (LG Nürnberg-Fürth StRR 2015, 813).

396 **a)** Soll der Widerruf der Strafaussetzung auf einen Verstoß gegen Auflagen und Weisungen gestützt werden und gibt der Sachverhalt insoweit begründeten Anlass zur Überprüfung der Rechtmäßigkeit der Anordnungen, gegen die verstoßen worden sein soll, etwa hinsichtlich der erforderlichen **Bestimmtheit** oder der **Zumutbarkeit/Verhältnismäßigkeit** oder kann die **Leistungsfähigkeit** des Verurteilten nur schwer festgestellt werden, wird er sich in Ermangelung entsprechender Rechtskenntnisse häufig nicht selbst verteidigen können.

397 **b)** Auch gebietet es eine Beiordnung, wenn das Gericht im Widerrufsverfahren die Widerrufsgründe **massiv verkannt** hat oder von einer **unzutreffenden Rechtsansicht** ausgeht und der Verurteilte rechtskundigen Beistand benötigt, um sich gegen den Widerruf zu wehren (KG StV 2007, 96; *Burhoff*, EV, Rn 3506). Ferner kann es eine Beiordnung erforderlich machen, wenn die **Rechtslage umstritten** ist (OLG Hamm, Beschl. v. 9.12.2014 – 3 Ws 431/12 [beabsichtigter Widerruf wegen neuerlicher Straftat vor deren rechtskräftiger Aburteilung]) oder das Gericht und die StA bzw. zwei Gerichtsinstanzen **unterschiedliche Rechtsauffassungen** hinsichtlich des Vorliegens eines Widerrufsgrunds vertreten (LG Nürnberg-Fürth StRR 2015, 183; AG Backnang StV 2015, 47).

☝ Häufig wird im Widerrufsverfahren übersehen, dass allein der beharrliche und gröbliche **Verstoß** des Verurteilten gegen ihm erteilte **Weisungen** oder das beharrliche Sich-Entziehen der Aufsicht und Leitung eines Bewährungshelfers schon nach dem Gesetzeswortlaut den Widerruf der Strafaussetzung **nicht** rechtfertigt (BVerfG NStZ-RR 2007, 338; OLG Hamm StRR 2013, 392; → *Bewährung, Widerruf, Weisungsverstoß*, Teil A Rdn 440 f.). Wird dies bei der Stellung des Widerrufsantrags **verkannt**, kann zur Vermeidung eines rechtswidrigen Bewährungswiderrufs die Hinzuziehung eines Verteidigers geboten sein, denn der Verurteilte selbst wird die einschlägige Rspr. kaum kennen (AG Backnang StV 2014, 39 m. Anm. *Burhoff* StRR 2013, 428).

6.a) Der Verurteilte ist **zur Selbstverteidigung unfähig**, wenn aus Gründen, die in seiner **Person** liegen oder die sich aus den **Umständen** des jeweiligen Einzelfalles ergeben, **nicht sicher** gewährleistet ist, dass er in der Lage ist, dem Verfahren zu folgen, seine Interessen zu wahren und alle seiner Verteidigung dienenden Handlungen vorzunehmen. Die Unfähigkeit des Verurteilten, sich selbst zu verteidigen, muss dabei nicht zweifelsfrei zur Überzeugung des Gerichts feststehen. Vielmehr reicht es aus, wenn **erhebliche Zweifel** an der Selbstverteidigungsfähigkeit vorhanden sind (*Schmitt/Köhler*, § 140 Rn 30a; MüKoStPO/*Kämpfer/Travers*, § 140 Rn 47). Derartige Zweifel ergeben sich allerdings nicht bereits daraus, dass sich der Verurteilte in Haft befindet (OLG Naumburg, Beschl. v. 11.12.2024 – 1 Ws 495/24). Außerdem gilt im Widerrufsverfahren weder § 140 Abs. 1 Nr. 4 noch Nr. 5 StPO (LG Hildesheim, Beschl. v. 11.8.2025 – 21 Qs 21/25, StRR 11/2025, 28). 398

☝ Wird dagegen **in anderer Sache** gegen den Verurteilten ermittelt, so ist **dort** wegen des Beiordnungsgrunds der Anstaltsunterbringung (§ 140 Abs. 1 Nr. 5 StPO) ein Verteidiger zu bestellen. Dies gilt nicht nur bei Straf- und Untersuchungshaft, sondern auch im Falle der Vollstreckung eines Sicherungshaftbefehls nach § 453c StPO (LG Hildesheim, a.a.O.; zur Sicherungshaft → *Bewährung, Widerruf, vorläufige Maßnahmen,* Teil A Rdn 414 ff.).

b) Relevant sind hier insbesondere **gesundheitliche Einschränkungen**, sofern diese sich negativ auf die Selbstverteidigungsfähigkeit auswirken. 399

☝ Sind derartige Umstände nicht aktenkundig, etwa weil sich der Gesundheitszustand des Verurteilten erst nach dem Abschluss des Erkenntnisverfahrens verschlechtert hat, ist bei der Antragstellung auf **ausreichenden Vortrag** zu achten.

In folgenden Beispielsfällen hat die Rspr. das Vorliegen der Beiordnungsvoraussetzungen bejaht: 400

- bereits zweimalige **Aufhebung** von Widerrufsentscheidungen wegen **Verfahrensfehlern** (OLG Köln StV 2017, 157 [Ls.]),
- wenn der **Widerruf** einer zur Bewährung ausgesetzten **Jugendstrafe** droht (LG München I, Beschl. v. 19.8.2019 – 3 Qs 16/19; in dieser Pauschalität freilich zweifelhaft, denn für eine extensive Auslegung des § 140 Abs. 2 im Jugendverfahren besteht kein Anlass, KK-StPO/*Willnow*, § 140 Rn 30),
- **keine rechtskräftige** Entscheidung über einen in einem **neuen** Verfahren erhobenen Vorwurf, der Anlass für den Widerruf sein soll (OLG Celle StV 2003, 575),
- wenn es sich um mehrere Bewährungszeiten handelt, die in einem Verfahren verlängert werden sollen und/oder weil Bewährungsfristen teilweise bereits mehrfach verlängert wurden (OLG Schleswig, Beschl. v. 31.8.2021 – 1 Ws 146/21),
- für die Beurteilung der Sozialprognose ist ein **psychotherapeutischer Bericht** auszuwerten (OLG Köln, Beschl. v. 26.7.2002 – 2 Ws 349/02),
- **Sprachprobleme** des Verurteilten und erörterungsbedürftige, weil **umstrittene Rechtslage** (OLG Hamm, Beschl. v. 9.12.2014 – 3 Ws 431/12),

- erforderliche Auseinandersetzung mit einem **Sachverständigengutachten** (OLG Celle StV 2007, 375),
- **ungewöhnlicher und verworrener Verlauf** der **Bewährungszeit** (KG NStZ-RR 2006, 211),
- **fehlerhafte Bearbeitung** des Vollstreckungsverfahrens (KG StV 2007, 96),
- **Unfähigkeit** des Verurteilten, einer Anhörung zu folgen (OLG Frankfurt NStZ-RR 2003, 252),
- krankheitsbedingte **Unfähigkeit zur sachgerechten Verteidigung** (LG Koblenz StraFo 2006, 257),
- bei **unterschiedlicher rechtlicher Beurteilung** von **Widerrufsgründen** durch StA, LG und OLG (SächsVerfGH, Beschl. v. 30.8.2018 – Vf 73-IV 18 (HS),
- wenn beim Verurteilten eine **leichte Intelligenzminderung mit** einer **Verhaltensstörung** vorliegt (LG Bremen, Beschl. v. 3.3.2023 – 80 StVK 658/22),
- vorübergehende **psychiatrische Unterbringung** des Verurteilten (OLG Celle StV 2007, 375),
- **Haftaufenthalt** in einer JVA im **Ausland** (LG Bremen StV 2014, 39),
- **Minderbegabung** des Angeklagten und dessen Unfähigkeit, einer Anhörung zu folgen (OLG Frankfurt NStZ-RR 2003, 252),
- **unterschiedliche Rechtsauffassungen** zwischen StA und Gericht (AG Backnang StV 2015, 47),
- **unterschiedliche Ansichten zweier Gerichtsinstanzen** zum Vorliegen eines Widerrufsgrunds (LG Nürnberg-Fürth StRR 2015, 183),
- wenn die **Zuständigkeit** des AG für eine ergangene Widerrufsentscheidung in Frage steht und deshalb im Beschwerdeverfahren einer Prüfung unterzogen werden muss (LG Braunschweig, Beschl. v. 24.3.2021 – 9 Qs 68/21).

401 **7.** Voraussetzung für eine Beiordnung im Widerrufsverfahren ist weiter, dass eine **konkrete** gerichtliche Entscheidung **in naher Zukunft** bevorsteht. Dies ist **spätestens** dann der Fall, wenn die StA den Widerruf der Strafaussetzung beantragt (etwas vorverlagert wurde dieser Zeitpunkt in AG Backnang StV 2014, 39 m. Anm. *Burhoff*, StRR 2013, 428 für den Fall, dass die StA einen Widerrufsantrag zwar noch nicht angebracht, aber unter Benennung eines konkreten Vorwurfs [hier: Verstoß gegen Weisungen] bereits in Aussicht gestellt hat).

402 **8.** Für das **Verfahren** und die **Auswahl** des Pflichtverteidigers sowie für die **Rechtsmittel** gelten die allgemeinen Regeln der Verteidigerbestellung (hierzu *Burhoff*, EV, Rn 3429 ff., 3510 ff.). Die Beiordnung gilt aber nach h.M. nur für den **jeweiligen Verfahrensabschnitt** und nicht für das gesamte Vollstreckungsverfahren (KG NStZ-RR 2002, 63; OLG Frankfurt NJW 2003, 3501; OLG Hamburg, Beschl. v. 19.3.2020 – 2 Ws 16/20, StraFo 2020, 198; OLG Zweibrücken, Beschl. v. 28.1.2010 – 1 Ws 17/10, NStZ 2010, 470; *Lehmann* StraFo 2023, 259; a.A. OLG Stuttgart NJW 2000, 3367; zum Ganzen *Burhoff*, EV, Rn 3512).

☝ Wird der Verteidiger im Laufe einer Bewährungszeit **mehrfach** für den Verurteilten tätig, so hat er deshalb jeweils zu prüfen, ob eine einmal erfolgte Pflichtverteidigerbestellung noch **„aktuell"** ist. Bestehen hieran Zweifel, kann es ratsam sein, vorsorglich **erneut** eine Beiordnung zu beantragen.

Siehe auch: → *Bewährung, Widerruf, Allgemeines*, Teil A Rdn 298; → *Bewährung, Widerruf, Weisungsverstoß*, Teil A Rdn 426; → *Allgemeine Gebührenfragen, Allgemeines,* Teil J Rdn 1 m.w.N.; → *Allgemeine Gebührenfragen, Besonderheiten, Pflichtverteidiger*, Teil J Rdn 4; → *Strafvollstreckung, Allgemeines*, Teil J Rdn 319 m.w.N.

Bewährung, Widerruf, vorläufige Maßnahmen 403

Das Wichtigste in Kürze:

1. Sind hinreichende Gründe für die Annahme vorhanden, dass die Strafaussetzung widerrufen wird, kann das Gericht vorläufige Maßnahmen treffen, um sich der Person des Verurteilten zu versichern.
2. Hinreichende Gründe liegen vor, wenn mit hoher Wahrscheinlichkeit vom Vorliegen eines Widerrufsgrunds und damit vom Widerruf der Strafaussetzung auszugehen ist.
3. Die Notwendigkeit, sich der Person des Verurteilten zu versichern, besteht, wenn er für die Anhörung nach § 453 Abs. 1 nicht erreichbar ist und damit gerechnet werden muss, dass er sich der Strafvollstreckung entziehen werde.
4. Als vorläufige Maßnahmen kommen insbesondere die Ausschreibung zur Aufenthaltsermittlung und sonstige Fahndungsmaßnahmen sowie die Auferlegung einer Meldepflicht in Betracht.
5. Der Erlass eines Sicherungshaftbefehls ist ultima ratio.
6. Die hohe Wahrscheinlichkeit eines Bewährungswiderrufs alleine rechtfertigt die Sicherungshaft nicht. Hinzukommen muss der Haftgrund der Flucht, der Fluchtgefahr oder die Gefahr, dass der Verurteilte neue erhebliche Straftaten begehen wird.
7. Die durch den Vollzug des Sicherungshaftbefehls erlittene Haft wird auf die zu vollstreckende Freiheitsstrafe angerechnet.
8. Zuständig für den Erlass des Sicherungshaftbefehls ist das zur Entscheidung über den Widerruf berufene Gericht.
9. Statthaftes Rechtsmittel ist die (einfache) Beschwerde gem. § 304 StPO. Die weitere Beschwerde gem. § 310 Abs. 1 StPO ist ausgeschlossen.
10. Anstelle eines Sicherungshaftbefehls kann das Gericht auch direkt einen Widerrufsbeschluss erlassen und diesen öffentlich zustellen.

Literaturhinweise: **Hillenbrand**, Widerruf der Strafaussetzung zur Bewährung: Voraussetzungen und Verfahren, ZAP F. 22, S. 799; **Katzenstein**, Der Widerruf der Strafaussetzung in Abwesenheit des Verurteilten und die nachträgliche Überprüfung der Widerrufsentscheidung nach erfolgter Festnahme, StV 2003, 359; **Klinger**, Der Sicherungshaftbefehl gem. § 453c StPO im Lichte der Rechtsprechung des EGMR zum Widerruf der Strafaussetzung, NStZ 2012, 70. 404

1. Sind **hinreichende Gründe** für die Annahme vorhanden, dass die Strafaussetzung widerrufen wird, **kann** das Gericht **vorläufige Maßnahmen** treffen, um sich der Person des Verurteilten zu versichern. Diese durch § 453c Abs. 1 StPO eröffnete Möglichkeit sichert den Vollzug einer Freiheitsstrafe, einer Jugendstrafe oder eines Strafrests. Zudem gilt die Vorschrift auch bei der Aussetzung von freiheitsentziehenden Maßregeln der Besserung und Sicherung (MüKo-StPO/*Nestler*, § 453c Rn 2). **Nicht anwendbar** ist § 453c dagegen auf die **Verwarnung mit Strafvorbehalt** (KK-StPO/*Appl*, § 453c Rn 1; → *Bewährung, Verwarnung mit Strafvorbehalt*, Teil A Rdn 247). 405

☝ Der zeitliche Anwendungsbereich des § 453c StPO reicht bis zum Eintritt der **Rechtskraft des Widerrufsbeschlusses**. Später kommen nur noch strafvollstreckungsrechtliche Maßnahmen nach § 457 StPO in Betracht (MüKo-StPO/*Nestler*, § 453c Rn 4).

2.a) Hinreichende Gründe gem. § 453c Abs. 1 StPO liegen vor, wenn mit **hoher Wahrscheinlichkeit** vom Vorliegen eines Widerrufsgrunds und damit vom Widerruf der Strafaussetzung auszugehen ist. Die Fassung der Vorschrift ist an die Interpretation des **hinreichenden Tatverdachts** i.S.d. § 203 StPO angelehnt (KK-StPO/*Appl*, § 453c Rn 3; zum Begriff *Burhoff*, EV, Rn 2393). Ein derartiger „Verdacht" des Widerrufs genügt, der erforderliche Wahrscheinlichkeitsgrad liegt nicht erst dann vor, wenn ein 406

Widerrufsbeschluss bereits erlassen oder gar in Rechtskraft erwachsen ist (*Schmitt/Köhler*, § 453c Rn 14; MüKo-StPO/*Nestler*, § 453c Rn 4).

407 Weiter hat das Gericht zu prüfen, ob damit zu rechnen ist, dass anstelle des Widerrufs eine **mildere Maßnahme** i.S.d. § 56f Abs. 2 StGB verhängt werden wird, insbesondere ob voraussichtlich die Verlängerung der Bewährungszeit ausreichend sein wird. Ist dies der Fall, ist § 453c StPO **nicht anwendbar** (*Schmitt/Köhler*, § 453c Rn 3). Gleiches gilt, wenn die Unterbringung des Verurteilten in einem psychiatrischen Krankenhaus nach § 63 StGB zur Bewährung ausgesetzt worden war und dann eine Krisenintervention nach § 67h StGB angeordnet wird, denn dies lässt hinreichende Gründe für die Annahme eines Widerrufs entfallen (KG, Beschl. v. 30.8.2021 – 5 Ws 183/21, StV 2023, 261 [Ls.]).

408 **b)** Kommt als Widerrufsgrund eine **neuerliche Straftat** in Betracht, muss das Gericht vor dem Erlass des Sicherungshaftbefehls die **zweifelsfreie Überzeugung** erlangen, dass der Verurteilte die ihm zur Last gelegte Tat tatsächlich begangen hat (OLG Zweibrücken StV 1983, 511). **Hinzukommen** muss ferner eine **neue, negative Kriminalprognose** (→ *Bewährung, Widerruf, neuerliche Straffälligkeit*, Teil A Rdn 370).

409 Ein **rechtskräftiges Urteil** ist hierfür aber nicht zwingend erforderlich. Vielmehr genügt es, wenn die neue Straftat für das Widerrufsgericht in einer **jeden vernünftigen Zweifel ausschließenden** Weise feststeht (KG, Beschl. v. 2.10.2001 – 5 Ws 647/01; OLG Düsseldorf NStZ 1992, 131). Dies kann nach hM bereits der Fall sein, wenn hinsichtlich der neuen Tat ein glaubhaftes **Geständnis vor dem Richter** abgelegt wird (→ *Bewährung, Widerruf, neuerliche Straffälligkeit*, Teil A Rdn 362).

> ☝ **Bestreitet** der Verurteilte dagegen die neue Tat, kann ein Sicherungshaftbefehl nicht erlassen werden, und zwar auch dann nicht, wenn nach dem Stand des neuen Strafverfahrens eine Verurteilung wahrscheinlicher ist als ein Freispruch (OLG Zweibrücken StV 1983, 511). Auch die Schwere des Tatvorwurfs spielt insoweit keine Rolle.

410 **c)** Verstöße gegen **Auflagen und Weisungen** kommen nur dann als Widerrufsgrund in Betracht, wenn die Anordnungen selbst rechtmäßig sind. Ist dies nicht der Fall, bleiben Zuwiderhandlungen **folgenlos** (→ *Bewährung, Widerruf, Auflagenverstoß*, Teil A Rdn 342; → *Bewährung, Widerruf, Weisungsverstoß*, Teil A Rdn 429).

411 Darüber hinaus muss mit hoher Wahrscheinlichkeit festgestellt werden können, dass der Verstoß **gröblich oder beharrlich** begangen wurde. Hieran fehlt es insbesondere, wenn **greifbare** Anhaltspunkte für eine **fehlende Leistungsfähigkeit** vorliegen, etwa weil begründete Zweifel an der Zahlungsfähigkeit des Verurteilten bestehen oder weil konkrete gesundheitliche Gründe der Erfüllung einer Arbeitsauflage entgegenstehen könnten (→ *Bewährung, Widerruf, Auflagenverstoß*, Teil A Rdn 346 f.).

> ☝ Bei Zahlungs- oder Arbeitsauflagen darf zudem die **Frist** zur Auflagenerfüllung noch **nicht abgelaufen** sein. Ist im Bewährungsbeschluss keine Frist gesetzt, kann die Auflage bis zum Ablauf der Bewährungszeit noch erfüllt werden, ein vorheriger Widerruf kommt dann nicht in Betracht.

412 **3.** Die Notwendigkeit, sich der Person des Verurteilten zu versichern, besteht, wenn er für die Anhörung nach § 453 Abs. 1 nicht erreichbar ist und damit gerechnet werden muss, dass er sich der Strafvollstreckung **entziehen** werde (*Schmitt/Köhler*, § 453c Rn 5). Vor allem ein unbekannter Aufenthaltsort kann ein **Indiz** dafür sein, dass sich der Verurteilte der weiteren Überwachung seiner Lebensführung entziehen will (KK-StPO/*Appl*, § 453c Rn 3). Ähnlich verhält es sich, wenn der Verurteilte die Weisung, Wohnsitzwechsel anzuzeigen, nicht befolgt (OLG Celle NStZ 2004, 627).

413 **4.** Als vorläufige Maßnahmen stehen insbesondere die **Ausschreibung** zur Aufenthaltsermittlung und sonstige **Fahndungsmaßnahmen** sowie die Auferlegung einer **Meldepflicht** zur Verfügung (*Schmitt/Köhler*, § 453c Rn 6). Ebenso möglich ist die Einholung von Behördenauskünften, etwa bei den Einwohnermeldeämtern oder beim Ausländerzentralregister (OLG Celle NStZ 2004, 627). Nicht von § 453c

gedeckt ist dagegen die Anordnung einer Telekommunikationsüberwachung, um den Aufenthaltsort des Verurteilten zu ermitteln (OLG Celle NStZ 2010, 107).

5. Der Erlass eines **Sicherungshaftbefehls** ist **ultima ratio** (MüKo-StPO/*Nestler*, § 453c Rn 11). Reichen mildere Maßnahmen aus, hat er zu unterbleiben (OLG Celle, a.a.O). Der Sicherungshaftbefehl muss inhaltlich dem Untersuchungshaftbefehl (§ 114 StPO) entsprechen, auch gelten §§ 114a, 114c, 115, 115a StPO (dazu *Burhoff*, EV, Rn 4280). 414

☝ Eine **Außervollzugsetzung** gem. §§ 116, 116a StPO ist dagegen **nicht möglich** (*Schmitt/Köhler*, § 453c Rn 16).

6. Die hohe Wahrscheinlichkeit eines Bewährungswiderrufs alleine rechtfertigt die Sicherungshaft nicht. **Hinzukommen** muss der Haftgrund der **Flucht**, der **Fluchtgefahr** oder die Gefahr, dass der Verurteilte **neue erhebliche Straftaten** begehen wird. 415

a) Hinsichtlich der Haftgründe der Flucht und der Fluchtgefahr gelten § 112 Abs. 2 Nr. 1 und Nr. 2 StPO über § 453c Abs. 1 StPO entsprechend (zu diesen Haftgründen *Burhoff*, EV, Rn 4717 ff.). 416

b) Auf die Gefahr neuer Straftaten darf der Erlass eines Sicherungshaftbefehls nur gestützt werden, wenn die zu befürchtenden Straftaten **erheblich** sind (MüKo-StPO/*Nestler*, § 453c Rn 10). Diese Schwelle ist überschritten, wenn die drohenden Taten **mindestens** dem Bereich der **mittleren Kriminalität** zuzuordnen sind (*Schmitt/Köhler*, § 453c Rn 10 i.V.m. § 112a Rn 12). Ferner muss die Gefahr durch **bestimmte Tatsachen** belegt sein. Dabei sind insbesondere Vorstrafen, die Abstände zwischen den Taten, die Persönlichkeitsstruktur des Verurteilten und sein soziales Umfeld von Bedeutung (*Schmitt/Köhler*, § 112a Rn 14; zum Haftgrund des § 112a StPO *Burhoff*, EV, Rn 4747 ff.). 417

☝ Sofern diese Schwelle erreicht wird, genügt für die Anordnung der Sicherungshaft aber **grds. jede Straftat**, eine Beschränkung auf den in § 112a StPO aufgeführten Katalog existiert nicht (*Schmitt/Köhler*, § 453c Rn 10). Auch müssen die zu befürchtenden Taten **nicht derselben Art** sein wie die der Verurteilung zugrundeliegende Tat (LR/*Graalmann-Scheerer*, § 453c Rn 11).

7. Die durch den Vollzug des Sicherungshaftbefehls erlittene Haft wird auf die zu vollstreckende Freiheitsstrafe **angerechnet**. Die Anrechnung ist **zwingend** und erfolgt in der Weise, dass der Zeitpunkt der Festnahme als Strafzeitbeginn angesetzt wird (KK-StPO/*Appl*, § 453c Rn 11). 418

a) Die **Dauer** der Sicherungshaft darf die zu **verbüßende Strafhaft nicht übersteigen**. Erreicht die Dauer der Sicherungshaft die Dauer der zu vollstreckenden Strafe bzw. des noch zu vollstreckenden Strafrests, ist der Sicherungshaftbefehl **aufzuheben**, und zwar auch dann, wenn noch kein rechtskräftiger Widerrufsbeschluss vorliegt. Führt der Vollzug der Sicherungshaft zu einer vollständigen Verbüßung der Freiheitsstrafe, ist die Bewährungszeit nachträglich gem. § 56a Abs. 2 StGB abzukürzen und sodann die Strafe zu erlassen (OLG Celle NStZ-RR 2011, 122). 419

b) Wird der Widerrufsbeschluss **rechtskräftig**, verliert der Sicherungshaftbefehl seine Bedeutung und die Sicherungshaft geht in die Vollstreckung des Urteils über (*Schmitt/Köhler*, § 453c Rn 14). 420

c) Unterbleibt entgegen der ursprünglichen Annahme der Widerruf der Strafaussetzung, wird eine **Entschädigung** für die erlittene Haft **nicht gewährt** (MüKo-StPO/*Nestler*, § 453c Rn 22). Bei der Sicherungshaft handelt es sich trotz der entsprechenden Anwendbarkeit einiger untersuchungshaftrechtlicher Vorschriften nicht um Untersuchungshaft i.S.d. § 2 Abs. 1 StrEG (*Schmitt/Köhler*, § 2 StrEG Rn 2; zu den Entschädigungsfragen *Teil I*). 421

8. **Zuständig** für den Erlass des Sicherungshaftbefehls ist das zur Entscheidung über den Widerruf berufene Gericht. Dies ist das Gericht des ersten Rechtszugs oder, wenn zwischenzeitlich eine entsprechende Abgabe erfolgt ist, das Wohnsitzgericht des Verurteilten oder die StVK (→ *Bewährung, Überwachung*, Teil A Rdn 230). 422

423 **9.** Statthaftes Rechtsmittel ist die **(einfache) Beschwerde** gem. § 304 (zur Beschwerde *Burhoff*, EV, Rn 1164; Burhoff/*Hillenbrand*, RM, Teil A Rn 400). Die **weitere Beschwerde** gem. § 310 Abs. 1 StPO ist nach zutreffender h.M. **ausgeschlossen** (*Schmitt/Köhler*, § 453c Rn 17; KK-StPO/*Appl*, § 453c Rn 10; MüKo-StPO/*Nestler*, § 453c Rn 20; a.A. OLG Braunschweig StV 1993, 596; *Paeffgen* NStZ 1990, 531). Denn die Inhaftierung aufgrund eines Sicherungshaftbefehls stellt **keine Verhaftung i.S.d. § 310 StPO** dar (OLG Köln, Beschl. v. 23.12.2010 – 2 Ws 845/10). So erfolgt die Inhaftierung anders als bei der U-Haft nicht lediglich aufgrund eines Tatverdachts, sondern die Tatbegehung ist bereits **rechtskräftig festgestellt**. Zweck der weiteren Beschwerde ist aber der Schutz des Angeklagten vor falscher Würdigung der Verdachtsmomente in einem summarischen Verfahren, eine solche Gefahr besteht im Widerrufsverfahren gerade nicht (KK-StPO/*Appl*, § 453c Rn 10 m.w.N.).

424 Soweit die Gegenauffassung auf die Eingriffsintensität verweist, die ebenso massiv sei wie bei der Untersuchungshaft, ist ihr entgegenzuhalten, dass die Intensität eines Grundrechtseingriffs nichts über die Statthaftigkeit eines Rechtsmittels aussagt (OLG Köln, a.a.O.). Auch lässt sich dem Verweis auf §§ 119, 119a StPO, die den **Vollzug** der Haft, nicht aber die Rechtsbehelfe gegen ihre Anordnung regeln, nicht entnehmen, dass die weitere Beschwerde statthaft sein soll (KK-StPO/*Appl*, a.a.O.).

425 **10.** Anstelle eines Sicherungshaftbefehls kann das Gericht nach h.M. auch direkt einen Widerrufsbeschluss erlassen und diesen **öffentlich zustellen,** wenn es dies für zweckmäßig hält (*Schmitt/Köhler*, § 453c Rn 11 m.w.N. auch zur Gegenauffassung; *Katzenstein* StV 2003, 359). Das Gericht hat lediglich die **Möglichkeit**, anstelle der öffentlichen Zustellung eines Widerrufsbeschlusses einen Sicherungshaftbefehl zu erlassen; zwingend vorgeschrieben ist dieser Weg aber nicht (KK-StPO/*Schneider-Glockzin*, § 40 Rn 2 m.w.N.). Erwächst der so zugestellte Widerrufsbeschluss in Rechtskraft, scheiden ab diesem Moment Maßnahmen nach § 453c StPO aus. Stattdessen muss die Strafvollstreckungsbehörde ggf. nach § 457 StPO verfahren (MüKo-StPO/*Nestler*, § 453c Rn 4).

☝ Die öffentliche Zustellung eines Widerrufsbeschlusses ist aber nur zulässig, wenn der Aufenthalt des Verurteilten **allgemein unbekannt** ist. Nicht ausreichend ist es, wenn nur das die Bewährung überwachende Gericht keine Kenntnis vom Aufenthaltsort hat (LG Bremen StRR 2008, 70). Ferner setzt die öffentliche Zustellung auch voraus, dass **sämtliche Möglichkeiten**, dem Verurteilten ein Schriftstück zukommen zu lassen, **ausgeschöpft** sind; es müssen **alle** zumutbaren Versuche der Aufenthaltsermittlung gescheitert sein (BVerfG NStZ-RR 2006, 344; LG Bochum, Beschl. v. 30.9.2014 – 9 Qs-35 Js 81/10). Besteht die Möglichkeit, an den Verteidiger zuzustellen (§ 145a StPO), ist hiervon Gebrauch zu machen (LG Bremen, a.a.O.; LG Frankfurt StV 2004, 554).

Siehe auch: → *Bewährung, Widerruf, Allgemeines*, Teil A Rdn 298; → *Bewährung, Widerruf, Auflagenverstoß*, Teil A Rdn 340 → *Bewährung, Widerruf, neuerliche Straffälligkeit*, Teil A Rdn 351.

426 Bewährung, Widerruf, Weisungsverstoß

Das Wichtigste in Kürze:

1. Das Gericht widerruft die Strafaussetzung, wenn der Verurteilte gröblich oder beharrlich gegen Weisungen verstößt oder sich der Aufsicht und Leitung des Bewährungshelfers beharrlich entzieht und dadurch Anlass zu der Besorgnis gibt, dass er erneut Straftaten begehen wird.
2. Der Verstoß alleine führt noch nicht zum Widerruf der Strafaussetzung. Auch dient der Widerruf nicht der Ahnung einer disziplinlosen Lebensführung des Verurteilten. Stattdessen ist erforderlich, dass der Verstoß zu einer neuen, negativen Kriminalprognose führt, die der Strafaussetzung zugrunde liegende positive Kriminalprognose also der Korrektur bedarf.

3. Das Gericht muss im Rahmen einer Gesamtwürdigung des Verhaltens des Verurteilten während der Bewährungszeit, seines sozialen Umfelds sowie der Art und des Gewichts der Verstöße konkret darlegen, dass objektivierbare Anhaltspunkte vorliegen, die die Befürchtung rechtfertigen, der Verurteilte werde erneut Straftaten begehen. Maßgeblich ist, ob unter Berücksichtigung der gesamten Umstände der Verstoß zu der kriminellen Neigung oder Auffälligkeit des Verurteilten so in einer kausalen Beziehung steht, dass die Gefahr weiterer Straftaten besteht.

Literaturhinweise: **Boetticher**, Zum Widerruf der Strafaussetzung zur Bewährung, NStZ 1991, 1; **Doleisch von Dolsperg**, Strafaussetzung zur Bewährung – Probleme aus der Praxis, StraFo 2005, 45; **Hillenbrand**, Widerruf der Strafaussetzung zur Bewährung: Voraussetzungen und Verfahren, ZAP F.22, 799; s.a. die Hinw. in → *Bewährung, Widerruf, Allgemeines,* Teil A Rdn 2; → *Bewährung, Weisungen,* Teil A Rdn 250. 427

1.Das Gericht widerruft die Strafaussetzung, wenn der Verurteilte **gröblich** oder **beharrlich** gegen Weisungen verstößt oder sich der Aufsicht und Leitung des Bewährungshelfers beharrlich entzieht **und dadurch** Anlass zu der Besorgnis gibt, dass er **erneut Straftaten** begehen wird (§ 56f Abs. 1 Nr. 2 StGB). 428

Dies gilt freilich nur, wenn es sich um Anordnungen nach § 56c StGB handelt. Wurden die Regelungen dagegen, etwa im Rahmen der Aussetzung der weiteren Vollstreckung der Unterbringung des Verurteilten in einer Entziehungsanstalt und eines Strafrests, auf § 68b StGB gestützt, kommt ein Widerruf der Reststrafenaussetzung nach § 56f Abs. 1 Nr. 2 StGB nicht in Betracht (LG Leipzig, Beschl. v. 5.12.2018 – BwR II StVK 605/16). 429

☝ Bevor die Qualität des vermeintlichen Verstoßes geprüft wird, muss zunächst die Weisung selbst in den Blick genommen werden. Deren Rechtmäßigkeit ist nämlich **erste Voraussetzung** für den Widerruf (KG, Beschl. v. 30.10.2020 – 5 Ws 198/199/20 – 161 AR 198/20; OLG Frankfurt, Beschl. v. 11.9.2023 – 7 Ws 168/23). Zuwiderhandlungen gegen unzulässige Auflagen oder Weisungen rechtfertigen den Widerruf der Strafaussetzung nicht (KG, Beschl. v. 30.10.2020 – 5 Ws 198–199/20). Dies gilt unabhängig davon, ob sich der Verurteilte im Widerrufsverfahren auf die Rechtswidrigkeit der Anordnung beruft oder nicht (OLG Frankfurt NStZ-RR 2003, 199). Ihm obliegt insoweit keine Darlegungslast.

a) Ein **gröblicher** Verstoß liegt vor, wenn der Verurteilte der Weisung **schuldhaft** in **nicht unerheblichem** Umfang zuwiderhandelt. Der Verstoß muss **objektiv und subjektiv schwerwiegend** sein, bloße Formalverstöße sind genügen nicht (*Fischer*, § 56f Rn 10a). 430

Schwerwiegend ist der Verstoß etwa, wenn eine stationäre Therapie **aus disziplinarischen Gründen** beendet werden muss (OLG Düsseldorf NStZ 2002, 53), der Verurteilte sich **bewusst** in einer Art und Weise verhält, die eine Entlassung aus der Therapieeinrichtung zur Folge hat (OLG Hamm, Beschl. v. 6.5.2021 – 4 Ws 77/21), oder wenn er in dem Wissen, dass dies seine disziplinarische Entlassung aus der Therapieeinrichtung bedeuten wird, **vorsätzlich** gegen den mit ihm abgeschlossenen Abstinenzvertrag verstößt und er daraufhin von der Einrichtung entlassen wird (LG Nürnberg-Fürth, Beschl. v. 10.1.2022 – 12 Qs 81/21, NStZ-RR 2022, 69). 431

In solchen Fällen kann dem Widerruf allenfalls noch entgegenstehen, dass sich der Verurteilte unmittelbar im Anschluss an die Entlassung einer anderen Behandlungsmaßnahme unterzieht, die den angestrebten Therapieerfolg ebenfalls erreichen kann (OLG Düsseldorf StV 1986, 25). Die Aufnahme einer Behandlung bei einer anderen Therapeutin über ein halbes Jahr nach dem schuldhaften Abbruch einer Therapie genügt hierfür allerdings nicht (BGH, Beschl. v. 28.4.2024 – StB 50/24). Dagegen kann ein Widerruf ausscheiden, wenn der Therapieabbruch von der Justiz längere Zeit **hingenommen** wurde und der Verurteilte seither dennoch eine insgesamt positive Entwicklung zeigt (OLG Oldenburg StV 2011, 556). 432

☝ Bei Straftätern mit **Suchtproblematik** sind häufig Weisungen anzutreffen, wonach sich der Verurteilte des Konsums von Alkohol und/oder Betäubungsmitteln zu enthalten habe. Solche **Abstinenzweisungen** sind zwar **grds. zulässig** (→ *Bewährung, Weisungen*, Teil A Rdn 279), im Widerrufsverfahren ist dann aber die Frage der **Schuldhaftigkeit** eines Verstoßes **besonders sorgfältig** zu prüfen. Denn bei einer Suchterkrankung ist ein Rückfall **häufig** nicht Ausdruck einer Verweigerungshaltung gegenüber der Weisung, sondern **Krankheitsfolge** und selbst innerhalb einer Therapie oftmals unvermeidbar (OLG München, Beschl. v. 20.5.2025 – 1 Ws 160/25). Der Widerruf der Strafaussetzung setzt deshalb voraus, dass der Verurteilte unter Berücksichtigung seiner persönlichen Verhältnisse, des Grades seiner Abhängigkeit und des Verlaufs und des Erfolgs der bisherigen Therapiebemühungen überhaupt zu nachhaltiger Abstinenz **in der Lage war** (OLG Celle, Beschl. v. 26.2.2024 – 1 Ws 69/24, StV 2024, 461; vgl. a. OLG Hamm, Beschl. v. 1.12.2016 – 3 Ws 370/16). Anhaltspunkte hierfür können sich etwa daraus ergeben, dass der Verurteilte im Laufe der Bewährungszeit zunächst negative Drogenscreenings vorgelegt und somit gezeigt hat, dass ihm eine Abstinenz durchaus möglich ist (OLG Hamm, Beschl. v. 16.12.2025 – 3 Ws 405/25; s. auch OLG Celle, Beschl. v. 7.11.2025 – 3 Ws 78/25 für eine Abstinenzphase nach Entlassung aus der Unterbringung in einer Entziehungsanstalt). Kann der Verurteilte dagegen aufgrund seiner Erkrankung seinen Alkohol- oder Drogenkonsum **nicht steuern** bzw. verfügt er nicht über die nötige Willenskraft und Durchhaltefähigkeit, um die Weisung einzuhalten, fehlt es an einem **schuldhaften Verhalten** und damit auch an einem gröblichen Verstoß (OLG Bamberg, Beschl. v. 3.5.2021 – 1 Ws 83/21; OLG Hamm NStZ-RR 2008, 220).

433 **b) Beharrlich** ist der Verstoß, wenn er sich durch eine **besondere Hartnäckigkeit** auszeichnet und hierdurch eine **gesteigerte Gleichgültigkeit** des Verurteilten belegt, die zugleich die **Gefahr weiterer Verstöße** indiziert. Eine vorherige **Abmahnung** ist nicht **zwingend erforderlich** (SSW-StGB/*Mosbacher*, § 56f Rn 19), allerdings wird die Beharrlichkeit des Verstoßes ohne Abmahnung **in der Regel nicht beweisbar** sein (BVerfG, Beschl. v. 16.1.2020 – 1 StR 252/19, NJW 2020, 1501).

434 **c)** Wird die **Einwilligung** in eine Weisung gem. § 56c Abs. 3 StGB nach Bewilligung der Strafaussetzung **zurückgenommen**, macht dies die Weisung **nicht nachträglich unzulässig**. Jedoch rechtfertigt die Rücknahme der Einwilligung auch nicht ohne weiteres die Annahme eines gröblichen Verstoßes (BGH NJW 1986, 1556; SSW-StGB/*Mosbacher*, § 56f Rn 21). Hat sich der Verurteilte allerdings die Strafaussetzung **erschlichen**, indem er ein **tatsächlich nicht vorhandenes** Einverständnis im Erkenntnisverfahren **nur vorgespiegelt** hat, kann dies zum Widerruf führen (SSW-StGB/*Mosbacher*, a.a.O.; s.a. *Fischer*, § 56f Rn 10b; → *Bewährung, Weisungen*, Teil A Rdn 257).

435 **2.** Der Verstoß alleine führt **noch nicht** zum Widerruf der Strafaussetzung (OLG Koblenz, Beschl. v. 9.7.2019 – 4 Ws 407/19). Insoweit **unterscheidet** sich der Weisungsverstoß vom Auflagenverstoß. Auch dient der Widerruf **nicht** der Ahnung einer disziplinlosen Lebensführung des Verurteilten (OLG Jena, Beschl. v. 30.1.2025 – 3 Ws 479/24). Stattdessen ist erforderlich, dass der Verstoß zu einer neuen, **negativen Kriminalprognose** führt, die der Strafaussetzung zugrundeliegende positive Kriminalprognose also der **Korrektur** bedarf.

☝ **Nicht erforderlich** ist es aber, dass die zu befürchtenden neuen Straftaten mit den früheren Taten des Verurteilten **vergleichbar bzw. gleichartig** sind (MüKo-StGB/*Groß/Kett-Straub*, § 56f Rn 16).

436 **3.a)aa)** Das Gericht muss im Rahmen einer **Gesamtwürdigung** des Verhaltens des Verurteilten während der Bewährungszeit, seines sozialen Umfelds sowie der Art und des Gewichts der Verstöße **konkret** darlegen, dass **objektivierbare** Anhaltspunkte vorliegen, die die Befürchtung rechtfertigen, der Verurteilte werde **erneut Straftaten** begehen (OLG Hamm StRR 2013, 392). Maßgeblich ist, ob unter Berücksichtigung **der gesamten Umstände** der Verstoß zu der kriminellen Neigung oder Auffälligkeit des Verurteilten so in einer **kausalen Beziehung** steht, dass die Gefahr weiterer Straftaten besteht (KG, Beschl. v. 30.10.2020 – 5 Ws 198/199/20 – 161 AR 198/20). Dies setzt eine **erneute Kriminalprognosestellung**

voraus, welche auf **konkreten und objektivierbaren** Anhaltspunkten zu beruhen hat. Dabei ist eine ungünstige Kriminalprognose umso eher anzunehmen, je mehr es an flankierenden Maßnahmen bedurfte, um zum Zeitpunkt der Hauptverhandlung überhaupt eine positive Kriminalprognose stellen zu können (OLG Jena, Beschl. v. 30.1.2025 – 3 Ws 479/25).

☝ Die für die Prognosestellung maßgeblichen Gesichtspunkte hat das Gericht aufzuklären. Dem Verurteilten obliegt **keine Nachweispflicht** dahingehend, dass er bspw. ihm auferlegte Termine bei einer Drogenberatungsstelle auch ordnungsgemäß wahrgenommen hat (OLG Hamm, Beschl. v. 11.11.2025 – 5 Ws 450/25).

Für die Stellung dieser Kriminalprognose verfügt das Widerrufsgericht in der Regel über **eigene Sachkunde**, sodass es der Hinzuziehung eines **Sachverständigen** grds. **nicht bedarf**. Anders verhält es sich lediglich dann, wenn konkrete Hinweise darauf vorliegen, dass eine ergänzende Befunderhebung oder wissenschaftliche Bewertung erforderlich sein könnte, für die dem Gericht die Sachkunde fehlt. Dies ist mit Blick auf psychiatrische oder psychologische Sachverständigengutachten nur dann der Fall, wenn Anhaltspunkte für eine **entscheidungserhebliche** psychische Fehlhaltung oder gar Erkrankung vorliegen (BGH, Beschl. v. 17.10.2019 – StB 25/19, NStZ 2020, 83). 437

bb) Die Gefahr neuer Straftaten kommt **bspw.** in Betracht, wenn der Verurteilte 438

- Anordnungen zur Ordnung seiner wirtschaftlichen Verhältnisse nicht befolgt und trotz weiterhin schlechter finanzieller Situation ein im Hinblick auf Betrugsdelikte bedenkliches Konsumverhalten an den Tag legt, etwa durch fortlaufende Bestellungen bei Versandhändlern trotz seiner nicht vorhandenen Zahlungsfähigkeit bzw. Zahlungswilligkeit,
- entgegen einer Weisung gem. § 56c Abs. 2 Nr. 1 und/oder Nr. 3 StGB bekannte Drogenumschlagplätze aufsucht oder Kontakte mit Betäubungsmittelhändlern aufnimmt oder unterhält und so die Gefahr neuer Rauschgiftdelikte schafft,
- erneut illegale Rauschmittel konsumiert (OLG Hamm, Beschl. v. 16.12.2025 – 3 Ws 405/25); hier drohen neben Verstößen gegen das BtMG sowie ggf. das KCanG auch Beschaffungsdelikte,
- **schuldhaft (!)** gegen die Weisung verstößt, den Konsum von Alkohol oder Betäubungsmitteln zu unterlassen, obwohl er unter dem Einfluss von Rauschmitteln zur Begehung von Straftaten neigt (OLG Celle, Beschl. v. 7.11.2025 – 3 Ws 78/25 für im Zustand akuten Suchtdrucks begangene Gewaltdelikte),
- trotz vorhandener pädophiler Neigung entgegen einer entsprechenden Weisung Kinder und Jugendliche in seine Wohnung einlässt oder gezielt Kinderspielplätze aufsucht oder entgegen einer Anordnung nach § 56c Abs. 2 Nr. 3 StGB Jugendliche beschäftigt oder
- trotz wirtschaftlicher Leistungsfähigkeit entgegen § 56c Abs. 2 Nr. 5 StGB Unterhaltspflichten nicht nachkommt.

cc) Umgekehrt kann es im Einzelfall **gegen** eine negative Kriminalprognose sprechen, wenn die Bewährungszeit schon länger läuft und der Verurteilte sich während dieser Zeit bislang straffrei geführt hat (AG Backnang StRR 2014, 322 für zweijährige Straffreiheit seit der Verurteilung). Gleiches gilt, wenn zum Zeitpunkt der Entscheidung über einen Bewährungswiderruf der Weisungsverstoß selbst schon **längere Zeit zurückliegt**, ohne dass neue Straftaten gefolgt wären (OLG Nürnberg StV 2010, 314). 439

b)aa) In der Praxis relativ häufig sind Widerrufsanträge, die darauf gestützt werden, dass der Verurteilte sich der Aufsicht und Leitung des **Bewährungshelfers** beharrlich entzogen habe. Dies kommt etwa dann in Betracht, wenn der Verurteilte den Einfluss der Bewährungshilfe **mit Nachdruck immer wieder oder auf längere Dauer**, vor allem durch Ortswechsel, **unmöglich macht** und so **willentlich** die Einflussmöglichkeiten des Bewährungshelfers ausschaltet, wobei es bereits genügen kann, wenn der Verurteilte die erste unmittelbare mündlich vereinbarte Terminsabsprache mit dem Bewährungshelfer nicht einhält und sodann für diesen nicht mehr erreichbar ist (OLG Jena, Beschl. v. 6.3.2025 – 1 Ws 80/25). 440

441 Allerdings liegt noch kein beharrlicher Verstoß vor, wenn der Verurteilte einer einmaligen Einbestellung der Bewährungshelferin zum persönlichen Gespräch keine Folge leistet, ansonsten aber mit ihrem Einverständnis und mit Duldung des Gerichts durch turnusmäßige Telefonate und postalische Erreichbarkeit Kontakt ermöglicht und einhält (OLG Saarbrücken, Beschl. v. 17.1.2023 – 4 Ws 387/22), oder wenn er in anderer Sache Strafhaft verbüßt (OLG Saarbrücken, Beschl. v. 3.11.2021 – 4 Ws 162/21). Auch genügt es für einen Widerruf noch nicht, wenn sich der Verurteilte zeitweise lediglich „sporadisch" Kontakt mit dem Bewährungshelfer hält (OLG Hamm, Beschl. v. 20.12.2016 – 3 Ws 408/16) bzw. zunächst zwar Kommunikation mit der Bewährungshilfe vermeidet, sich später aber wieder dort meldet (KG, Beschl. v. 30.10.2020 – 5 Ws 198/199/20 – 161 AR 198/20).

☝ Ein auf unzureichende Kontakteinhaltung zur Bewährungshilfe gestützter Widerruf kommt freilich nur dann in Betracht, wenn das Gericht die regelmäßige Frequenz der Einbestellung selbst festgelegt und nicht etwa dem Bewährungshelfer überlassen hat (OLG Saarbrücken, Beschl. v. 17.1.1023 – 4 Ws 387/22; → *Bewährung, Weisungen*, Teil A Rdn 283).

442 Auch dann gilt jedoch, dass der Verstoß alleine nicht zum Widerruf führt. Stattdessen bedarf es **auch hier** zusätzlich einer negativen Kriminalprognose (BVerfG NStZ-RR 2007, 338; OLG Hamm StRR 2013, 392; OLG Oldenburg StRR 2014, 154). Ein unzureichender Kontakt zur Bewährungshilfe vermag daher für sich alleine den Widerruf nicht zu rechtfertigen, und das Verhalten des Verurteilten muss Ausdruck einer **ablehnenden Haltung** gegenüber der Aufsicht der Bewährungshilfe sein (OLG Saarbrücken, a.a.O.). Dies wird in zahlreichen Widerrufsanträgen verkannt.

☝ Erfolgte die Unterstellung wegen wirtschaftlicher Probleme des wegen Vermögensdelikten belangten Verurteilten, kann die Gefahr neuerlicher Straffälligkeit dann nicht auf eine mangelnde Zusammenarbeit mit dem Bewährungshelfer gestützt werden, wenn sich der Verurteilte zwischenzeitlich im Insolvenzverfahren befindet und dort seinen Pflichten ordnungsgemäß nachkommt. Ist der Bewährungshelfer wegen einer **Suchtproblematik** bestellt worden, scheidet eine negative Kriminalprognose dann aus, wenn **andere Maßnahmen** ergriffen wurden, die der Gefahr neuer, von der Suchtproblematik verursachter Straftaten entgegenstehen, etwa wenn der Verurteilte sich erfolgreich einer therapeutischen Behandlung unterzieht oder durch Screenings o.ä. eine fortdauernde Abstinenz belegt ist.

443 **bb)** Entzieht sich der Verurteilte hartnäckig der Aufsicht und Leitung des Bewährungshelfers, **ohne** dass deshalb die Voraussetzungen für einen Widerruf vorliegen, und wird der Bewährungshelfer auch nicht mehr für die Überwachung anderer Auflagen und Weisungen benötigt, empfiehlt sich im Einzelfall die **vorzeitige Aufhebung der Unterstellung** gem. § 56e StGB. Eine Aufrechterhaltung der Unterstellung „aus Prinzip" oder zur Vermeidung einer „Belohnung" des Verurteilten für sein Verhalten ist regelmäßig nicht sachgerecht (AG Backnang StRR 2014, 322), und die begrenzten Ressourcen der Bewährungshilfe können besser für Verurteilte eingesetzt werden, die nicht nur der Hilfe bedürfen, sondern auch bereit sind, diese anzunehmen.

☝ Risikolos ist die Verweigerung der Zusammenarbeit für den Verurteilten auch bei einer Aufhebung der Unterstellung dennoch nicht: Im Falle neuerlicher Straffälligkeit wird er sich nicht darauf berufen können, dass eine nochmalige Bewährungshelferbestellung zu einer günstigen Sozial- und Kriminalprognose führen würde, und im Falle eines Verstoßes gegen andere Auflagen oder Weisungen wird ein Absehen vom Widerruf der Strafaussetzung gem. § 56f Abs. 2 Nr. 1 StGB regelmäßig ausscheiden, wenn der Verurteilte zuvor gezeigt hat, dass er zu einer Zusammenarbeit mit der Bewährungshilfe nicht bereit ist (→ *Bewährung, Widerruf, Absehen*, Teil A Rdn 286 ff.).

Siehe auch: → *Bewährung, Allgemeines*, Teil A Rdn 1; → *Bewährung, Bewährungshilfe*, Teil A Rdn 61; → *Bewährung, Jugendliche, Weisungen, Auflagen*, Teil A Rdn 130; → *Bewährung, Widerruf, nachträgliche Entscheidungen*, Teil A Rdn 190; → *Bewährung, Weisungen*, Teil A Rdn 249; → *Bewährung, Widerruf, Absehen*, Teil A Rdn 286.

Fahrerlaubnis, Entziehung, Allgemeines 444

Das Wichtigste in Kürze:

1. Die zu den Maßregeln der Sicherung und Besserung gehörende Entziehung der Fahrerlaubnis (§ 69 StGB) spielt in der Praxis eine erhebliche Rolle
2. Die Ausführungen hier befassen sich nicht mit den Voraussetzungen für die Anordnung der Entziehung der Fahrerlaubnis nach § 69 StGB im Erkenntnisverfahren.
3. Behandelt werden hier nur die sich nach dem Erkenntnisverfahren in Zusammenhang mit der Entziehung der Fahrerlaubnis stellenden Fragen und Probleme.

Literaturhinweise: **Balke/Frese/Koehl**, Aktuelle Entwicklungen im Verkehrsrecht 2023 – 2024, NJW 2024, 241; **Bellardita**, Gesetzesänderung: Verlängerung des Fahrverbots auf sechs Monate – Verhältnis von § 44 zu § 69 StGB: „Wird hier eine Lücke geschlossen?", DAR 2017, 739; **Birnbaum/Biehl/Sage/Scheffel**, Evaluation des Nachschulungskursus „Mainz 77", NZV 2002, 164; **Blum/Weber**, Zuweisung zur Medizinisch-Psychologischen Untersuchung, NZV 1997, 256; *ders.*, Ärztliche oder medizinisch-psychologische Untersuchung zur Prüfung der Kraftfahreignung von erstmals alkoholauffälligen Kraftfahrern, NZV 1998, 442; *ders.*, Einmaliger Konsum „harter" Drogen und Kraftfahreignung, BA 2006, 81; **Britz**, Trunkenheitsfahrt mit E-Scooter (?) – BayObLG, Beschl. v. 24.7.2020 – 205 StRR 216/20, jM 2021, 126; **Burhoff**, Vorzeitige Aufhebung der Sperrfrist (§ 69a Abs. 7 StGB), VA 2002, 74; *ders.*, Entziehung der Fahrerlaubnis: Was kann man einwenden?, VA 2012, 123; *ders.*, Entziehung der Fahrerlaubnis – Auswirkungen einer langen Verfahrensdauer und Sperrfrist, VA 2012, 142; *ders.*, Rechtsprechungsübersicht zum Unerlaubten Entfernen vom Unfallort (§ 142 StGB) – Teil 1, VRR 2/2016, 4; *ders.*, Rechtsprechungsübersicht zum Unerlaubten Entfernen vom Unfallort (§ 142 StGB) – Teil 1, VRR 2/2016, 4; *ders.*, Rechtsprechungsübersicht zum E-Scooter im Straf- und Bußgeldrecht, VA 2024, 15; *ders.*, Rechtsprechungsübersicht zum unerlaubten Entfernen vom Unfallort aus den Jahren 2019–2024, StRR 3/2025, 6; **Burhoff** (Hrsg.), Handbuch für das straßenverkehrsrechtliche OWi-Verfahren, 7. Aufl. 2024; **Cierniak**, Beschwerde gegen die vorläufige Entziehung der Fahrerlaubnis und Revision, NZV 1999, 324; **Danner/Gräfe**, Sperrzeitverkürzung nach § 69a Abs. 7 StGB (§ 69a Abs. 7 StGB), DAR 2022, 711; **Deutscher**, VRR-Arbeitshilfe: Rechtsprechung zu Nachschulungsmaßnahmen nach Trunkenheitsfahrten bei §§ 69, 69a StGB, VRR 2010, 247; **Gebhardt**, Verwaltungsrechtliche Folgen eines strafrechtlichen Führerscheinverfahrens, StraFo 1997, 41; **Gehrmann**, Die medizinisch-psychologische Untersuchung im Straßenverkehrsrecht, NZV 1997, 10; *ders.*, Drogendelikte im Straßenverkehr, NZV 2011, 6; **Gehrmann/Undeutsch**, Das Gutachten der MPU und Kraftfahreignung, 1995; **Geiger**, Anforderungen an medizinisch-psychologische Gutachten aus verwaltungsrechtlicher Sicht, NZV 2002, 20; **Geppert**, Auswirkungen einer früheren strafgerichtlichen Entziehung der Fahrerlaubnis und der dort festgesetzten Sperrfrist auf die Bemessung einer neuen Sperrfrist, MDR 1972, 280; **Gößling/Plambeck**, Grundrechtsschutz durch Verfahren: Eine kritische Bestandsaufnahem der staatsanwaltlichen Praxis in Verfahren nach § 111a StPO, StV-S 2024, 87; **Hafke**, Der Grundsatz der Verhältnismäßigkeit und die Entziehung der Fahrerlaubnis, in: Festschrift für **Rainer Hamm** zum 65. Geburtstag, S. 137; **Heinrich**, Zur nachträglichen Abkürzung der Sperrfrist bei Teilnahme am Nachschulungskurs nach dem Modell Freyung, NZV 2004, 102; **Hentschel**, Schwächen und Unklarheiten der strafgesetzlichen Regelung der Fahrerlaubnis, DAR 1976, 289; **Hentschel/König/Dauer**, Straßenverkehrsrecht, 42. Aufl. 2013; **Hillenbrand**, Vorläufige Entziehung der Fahrerlaubnis – Voraussetzungen und Verteidigungsmöglichkeiten, ZAP F. 9, S. 933; **Himmelreich**, Nachschulung, Aufbau-Seminar, Wieder-Eignungs-Kurs und Verkehrs-Therapie zur Abkürzung der strafrechtlichen Fahrerlaubnis-Sperre bei einem Trunkenheitsdelikt, DAR 2004, 8; *ders.*, Psychologische oder therapeutische Schulungs-Maßnahmen zwecks Reduzierung oder Aufhebung der Fahrerlaubnis-Sperre (§ 69a StGB) – ein Irrgarten für Strafrichter? Ersetzt eine positive schriftliche begründete strafrichterliche Fahr-Eignungs-Beurteilung eine verwaltungsrechtliche MPU?, DAR 2005, 134; *ders.*, Bindungswirkung einer strafgerichtlichen Eignungs-Beurteilung gegenüber der Fahrerlaubnisbehörde bei einem Trunkenheitsdelikt mit einer BAK ab 1,6 Promille, NZV 2005, 337; *ders.*, Unfallflucht (§ 142 StGB): Wegfall oder Verkürzung von Fahrerlaubnis-Entzug (§§ 69, 69a StGB) und Fahrverbot (§ 44 StGB) bei Nachschulung und Therapie, DAR 2008, 69; *ders.*, Abkürzung oder Aufhebung einer lebenslangen Fahrerlaubnis-Sperre gem. § 69a Abs. 7 StGB – Eine unzutreffende Gesetzes-Auslegung durch ein OLG, SVR 2010, 1; **Himmelreich/Staub/Krumm/Nissen**, Verkehrsunfallflucht, 7. Aufl. 2019; **Iffland/Müller-Wickop/Fehling/Jansen/Berghaus/Utzelmann**, Vorschläge zur Neuformulierung der Eignungsrichtlinien für alkoholauffällige Kraftfahrer sowie zu einer ver- 445 änderten Einbindung der MPU in das Verfahren zur Neuerteilung einer Fahrerlaubnis, NZV 1995, 95; **Kerkmann**, Trunkenheitsfahrt mit E-Scooter – Aktuelle Rechtsprechung zur (vorläufigen) Entziehung der Fahrerlaubnis, NZV 2020, 161; *ders.*, Trunkenheitsfahrt mit E-Scooter (II) – Aktuelle Rechtsprechung zur (vorläufigen) Entziehung der Fahrerlaubnis, NZV 2020, 560; *ders.*, Die Trunkenheitsfahrt mit dem E-Scooter (III) – Aktuelle obergerichtliche Rechtsprechung, NZV 2022, 413; *ders.*, Auf der Suche nach geltenden und erforderlichen Grenzen für E-Scooter, Fahrräder & Co., NZV 2023, 25; **Kotz**, Entschädigung für die (vorläufige) Entziehung der Fahrerlaubnis bzw. Sicherstellung oder Beschlagnahme des Führerscheins, VRR 2009, 367; **Krenberger**, Rechtsprechungsübersicht Verkehrsstrafrecht und Verkehrsordnungswidrigkeitenrecht 2022/23, NStZ 2024, 19; **Kruse**, „Unfallflucht" – eine evidenzbasierte Systematisierung der Rechtsprechung, NJW 2023, 1786; **Krumm**, Beschränkung von strafrechtlichen Führerscheinmaßnahmen auf einzelne Fahrzeugarten, zfs 2022, 424; **Larsen**, Die Bedeutung der Nachschulung für die Verteidigung in Strafsachen wegen Trunkenheit im Verkehr mit hoher Blutalkoholkonzentration mit Blick auf die Vermeidung und/oder Vorbereitung auf die MPU, StraFo 1997, 298; **Michel**, Probleme mit der Dauer der Sperre, DAR 1999, 539; **Mitsch**, Entkriminalisierung des unerlaubten Entfernens vom Unfallort, DAR 2024, 30; **Müller/Rebler**, Konsum „Harter Drogen" = Entziehung der Fahrerlaubnis, SVR 2021, 165; **Rädler**, Rechtzeitige Vorbereitung auf die MPU – was kann der Anwalt seinem Mandanten raten?, DAR 1999, 489; **Scheucher/Fontes**, Zusammenarbeit des Verteidigers mit dem Verkehrspsychologen, zfs 2002, 2; *ders.*, Strategien bei Entziehung der Fahrerlaubnis und bei Beschlagnahme des Führerscheins – zugleich Anmerkung des LG Düsseldorf, Beschl. v. 6.4.2020, DAR 2020, 407; **Ternig**, Weniger Strafe bei Unfallflucht?, NZV 2024, 30; *ders.*, Die sieben Todsünden des § 315c StGB auf dem Prüfstand, zfs 2025, 185; **Ternig/Krenberger**, Der getunte E-Scooter, zfs 2024, 64; **Zeitler**, Auswirkungen des geänderten Straßenverkehrsrechts auf die Vollstreckung des Fahrerlaubnisentzuges, Rpfleger 2000, 486; s.a. die Hinw. bei den das Fahrerlaubnisrecht betreffenden Ausführungen ab → *Fahrerlaubnisrecht, Allgemeines*, Teil H Rdn 537.

446 **1.** Die zu den **Maßregeln** der **Sicherung** und **Besserung** gehörende Entziehung der Fahrerlaubnis (§ 69 StGB) spielt in der Praxis eine erhebliche Rolle. Nicht nur wegen der großen Anzahl von Verfahren, in denen es zur Verhängung diese Maßregel kommt (vgl. die Zahlen bei SSW-StGB/*Jehle/Harrendorf*, § 69 Rn 2 m.w.N.), sondern vor allem auch wegen der erheblichen praktischen Auswirkungen für den Angeklagten/Verurteilten. Denn durch kaum eine andere Maßnahme fühlt er sich so in seinem alltäglichen Leben getroffen wie durch die Entziehung der Fahrerlaubnis. Daher wird nicht nur im (Erkenntnis)Verfahren selbst um/gegen die Entziehung gekämpft, sondern häufig auch noch nach dessen Abschluss. Dann stehen aber i.d.R. die Fragen der Abkürzung und/oder ggf. vollständigen Aufhebung der Maßregel im Vordergrund.

447 **2.** Die Ausführungen an dieser Stelle befassen sich **nicht** mit den **Voraussetzungen** für die Anordnung der Entziehung der Fahrerlaubnis nach § 69 StGB im Erkenntnisverfahren. Insoweit wird verwiesen auf die Kommentierungen des § 69 StGB in den **StGB-Kommentaren** und die o.a. Literaturhinweise bei Teil A Rdn 445. Zur vorläufigen Entziehung der Fahrerlaubnis und zu insoweit ggf. bestehenden Verteidigungsansätzen verweise ich auf *Burhoff*, EV, Rn 55113 ff.

448 **3.** Behandelt werden **hier nur** die sich **nach** dem **Erkenntnisverfahren** in Zusammenhang mit der Entziehung der Fahrerlaubnis stellenden Fragen und Probleme. Das ist einmal die Frage nach der richtigen Berechnung einer ggf. verhängten (isolierten) Sperrfrist (→ *Fahrerlaubnis, Sperrfrist, **Berechnung***, Teil A Rdn 481). Eine große Rolle spielt in der Praxis die Frage der Abkürzung einer Sperrfrist (→ *Fahrerlaubnis, Sperrfrist, **Abkürzung***, Teil A Rdn 449) oder die der vollständigen Aufhebung (→ *Fahrerlaubnis, Sperrfrist, **Aufhebung***, Teil A Rdn 459). Ggf. kommen auch nachträgliche Ausnahmen von einer verhängten Sperrfrist in Betracht (→ *Fahrerlaubnis, Sperrfrist, **nachträgliche Ausnahme***, Teil A Rdn 491). Die mit der **Wiedererlangung** der (entzogenen) Fahrerlaubnis zusammenhängenden Fragen sind dargestellt bei → *Fahrerlaubnisrecht, Allgemeines*, Teil H Rdn 537 ff. m.w.N.

Siehe auch: → *Fahrerlaubnis, Sperrfrist, Abkürzung*, Teil A Rdn 449; → *Fahrerlaubnis, Sperrfrist, Aufhebung*, Teil A Rdn 459; → *Fahrerlaubnis, Sperrfrist, Berechnung*, Teil A Rdn 481; → *Fahrerlaubnis, Sperrfrist, nachträgliche Ausnahme*, Teil A Rdn 491; → *Fahrerlaubnis, Sperrfrist, nachträgliche Gesamtstrafenbildung*, Teil A Rdn 504; → *Fahrverbot, Allgemeines*, Teil A Rdn 517 m.w.N.; → *Fahrerlaubnis, Einziehung, Vollstreckung*, Teil B Rdn 468; → *Fahrerlaubnisrecht, Allgemeines*, Teil H Rdn 537 m.w.N.; → *Strafvollstreckung, Allgemeines*, Teil J Rdn 319 m.w.N.

Fahrerlaubnis, Sperrfrist, Abkürzung 449

450 **Literaturhinweise: Himmelreich**, Abkürzung oder Aufhebung einer lebenslangen Fahrerlaubnis-Sperre gem. § 69a Abs. 7 StGB – Eine unzutreffende Gesetzes-Auslegung durch ein OLG, SVR 2010, 1; s.a. die Hinw. bei → *Fahrerlaubnis, Entziehung, Allgemeines*, Teil A Rdn 445.

451 **1.** Eine „Abkürzung" der Sperrfrist i.e.S. kommt **nicht** in Betracht. Dies käme nämlich einer (nachträglichen) Befristung der Sperrfrist gleich, die im Gesetz jedoch nicht vorgesehen ist (vgl. aber AG Leipzig NZV 2015, 404). Ein Antrag auf Verkürzung der Sperrfrist kann aber als Antrag auf Aufhebung der Sperrfrist ausgelegt werden (AG Schmallenberg, Beschl. v. 29.7.2019 – 5 Cs – 180 Js 97/19 – 33/19, BA 57, 55 [2020]).

452 Etwas **anderes** folgt auch **nicht** aus **§ 69a Abs. 7 StGB**. Denn auch § 69a Abs. 7 StGB lässt Sperrfristverkürzungen vor Erreichung des Maßregelziels nicht zu. Es handelt sich vielmehr um eine eng auszulegende Ausnahmeregelung, die ausnahmsweise aus Gründen der Verhältnismäßigkeit eine Rechtskraftdurchbrechung in Form der Aufhebung der Sperrfrist zulässt. Voraussetzung dafür ist, dass der Sicherungszweck erreicht ist, weil die Eignung zum Führen von Kraftfahrzeugen wieder hergestellt ist (OLG Celle VRS 115, 410 [für lebenslange Sperre]; LG Berlin VRS 120, 199; LG Ellwangen BA 2002, 223, 224; LG Fulda, Beschl. v. 8.11.2017 – 2 Qs 125/17, BA 55, 162 (2018) = SVR 2018, 115; LG Heilbronn, Beschl. v. 27.4.2018 – 3 Qs 17/18, BA 55, 310 [2018]; AG Kehl VRR 2014, 190; LK-*Valerius*, § 69a Rn 78; Tübinger Kommentar/*Kinzig*, § 69a Rn 19; ähnlich auch *Fischer*, StGB, § 69a Rn 41; krit. *Himmelreich* SVR 2010, 1). Das bedeutet, dass für eine Sperrfristverkürzung bei Fortbestehen des Maßregelgrundes kein Raum ist (möglicherweise andere Ansicht LG Aachen BA 2007, 262 f.; AG Leipzig NZV 2015, 404; vgl. a. *Himmelreich*, a.a.O.).

☞ Ist also der Maßregelzweck erreicht, der Verurteilte also nicht mehr „ungeeignet" i.S. des § 69 StGB, muss die Sperre für die Wiedererteilung der Fahrerlaubnis sofort (ganz) aufgehoben werden, weil andernfalls der Verhältnismäßigkeitsgrundsatz verletzt ist (wegen der Einzelh. → *Fahrerlaubnis, Sperrfrist, **Aufhebung***, Teil A Rdn 459).

453 **2.** Eine **analoge Anwendung** des § 69a Abs. 7 StGB **scheidet** ebenfalls **aus**. Dagegen spricht schon der Ausnahmecharakter der Vorschrift infolge ihrer rechtskraftdurchbrechenden Wirkung weshalb die Normen, die Rechtskraftdurchbrechungen zulassen, restriktiv auszulegen sind (LG Berlin VRS 120, 199; LG Ellwangen BA 2002, 223, 224).

Siehe auch: → *Fahrerlaubnis, Entziehung, Allgemeines,* Teil A Rdn 444 m.w.N.; → *Fahrerlaubnis, Sperrfrist, Aufhebung*, Teil A Rdn 459.

Fahrerlaubnis, Sperrfrist, Allgemeines 454

455 **Literaturhinweise:** S. die Hinw. bei → *Fahrerlaubnis, Entziehung, Allgemeines*, Teil A Rdn 445 und den u.a. Stichwörtern.

456 **1.** Nach § 69a Abs. 5 S. 1 StGB **beginnt** der Lauf der Sperrfrist mit Eintritt der Rechtskraft der Entscheidung, durch die sie angeordnet worden ist. Die Sperrfrist beginnt also zum gleichen Zeitpunkt, in dem gem. § 69 Abs. 3 S. 1 StGB die Fahrerlaubnis erlischt (Tübinger Kommentar/*Kinzig*, § 69a Rn 18). Von Bedeutung ist dieser Zeitpunkt jedoch nur, wenn die Fahrerlaubnis nicht schon während des Verfahrens vorläufig gem. § 111a StPO entzogen war. War die Fahrerlaubnis vorläufig entzogen, beginnt die Sperrfrist wegen der automatischen Anrechnung nach § 69a Abs. 5 S. 2 StGB bereits mit Verkündung des Urteils in der letzten Tatsacheninstanz (→ *Fahrerlaubnis, Sperrfrist, Berechnung*, Teil A Rdn 481).

457 **2.** Die Sperrfrist **endet** mit Ablauf der im Urteil/Gesamtstrafenbeschluss bestimmten Frist (zur Bemessung der Sperrfrist *Fischer*, § 69 Rn 15 ff.; SSW-StGB/*Harrendorf*, § 69a Rn 5 ff.; Tübinger Kommentar/

Kinzig, § 69a Rn 7 ff.). Wegen der Berechnung der Sperrfrist wird verwiesen auf → *Fahrerlaubnis, Sperrfrist, Berechnung*, Teil A Rdn 458.

458 **3.** Ggf. stellt sich die Frage einer **Abkürzung** oder **Aufhebung** der gerichtlichen verhängten Sperrfrist (§ 69a Abs. 7 StGB). Die damit zusammenhängenden Fragen sind dargestellt bei → *Fahrerlaubnis, Sperrfrist, Abkürzung*, Teil A Rdn 449 und bei → *Fahrerlaubnis, Sperrfrist, Aufhebung*, Teil A Rdn 459. In Betracht kommen kann ggf. auch eine **nachträgliche Ausnahme**. Dazu wird verwiesen auf → *Fahrerlaubnis, Sperrfrist, nachträgliche Ausnahme*, Teil A Rdn 491.

Siehe auch: → *Fahrerlaubnis, Sperrfrist, Abkürzung*, Teil A Rdn 449; → *Fahrerlaubnis, Sperrfrist, Aufhebung*, Teil A Rdn 459; → *Fahrerlaubnis, Sperrfrist, Berechnung*, Teil A Rdn 481; → *Fahrerlaubnis, Sperrfrist, nachträgliche Ausnahme*, Teil A Rdn 491; → *Fahrerlaubnis, Sperrfrist, nachträgliche Gesamtstrafenbildung*, Teil A Rdn 504; → *Strafvollstreckung, Allgemeines,* Teil J Rdn 319 m.w.N.

459 Fahrerlaubnis, Sperrfrist, Aufhebung

Das Wichtigste in Kürze:

1. Die Möglichkeit, eine im Urteil angeordnete Sperrfrist (vorzeitig) aufzuheben, ist in § 69a Abs. 7 StGB vorgesehen.
2. Die Möglichkeit der Aufhebung der Sperrfrist besteht nach dem Wortlaut des § 69a Abs. 7 S. 1 StGB nicht nur für befristete Sperren, sondern auch für eine lebenslange Sperre.
3. Formelle Voraussetzung für die Aufhebung der Sperre ist nach § 69a Abs. 7 S. 2 StGB, dass die Sperre mindestens drei Monate, im Wiederholungsfall des § 69a Abs. 3 StGB mindestens ein Jahr gedauert hat.
4. Materielle Voraussetzung für die (vorzeitige) Aufhebung einer Sperrfrist ist nach § 69a Abs. 7 S. 1 StGB, dass neue Tatsachen vorliegen, die hinreichenden Grund zu der Annahme ergeben, dass der Verurteilte zum Führen von Kfz nicht mehr ungeeignet ist.
5. Erhebliche praktische Bedeutung im Hinblick auf die Aufhebung einer Sperrfrist haben die mit sog Nachschulungsmaßnahmen des Verurteilten zusammenhängenden Fragen.
6. Die Entscheidung über den Antrag erfolgt durch Beschluss, gegen den ggf. sofortige Beschwerde eingelegt werden kann.

460 **Literaturhinweise:** **Bandemer**, Gesucht wird – Eine Aufhebungsursache, NZV 1991, 300; **Birnbaum/Biehl/Sage/Scheffel**, Evaluation des Nachschulungskursus „Mainz 77", NZV 2002, 164; **Burhoff**, Vorzeitige Aufhebung der Sperrfrist (§ 69a Abs. 7 StGB), VA 2002, 74; *ders.*, Entziehung der Fahrerlaubnis – Auswirkungen einer langen Verfahrensdauer und Sperrfrist, VA 2012, 142; Die Rechtsprechung zur Entziehung der Fahrerlaubnis im Verkehrsstrafrecht in den Jahren 2010 – 2012, VRR 2014, 208; **Deutscher**, VRR-Arbeitshilfe: Rechtsprechung zu Nachschulungsmaßnahmen nach Trunkenheitsfahrten bei §§ 69, 69a StGB, VRR 2010, 247; **Danner/Gräfe**, Sperrzeitverkürzung nach § 69a Abs. 7 StGB (§ 69a Abs. 7 StGB), DAR 2022, 711; **Fromm**, Gnadenanträge bei Entziehung der Fahrerlaubnis und Fahrverbot, NZV 2011, 329; **Eisenberg/Dickhaus**, Zu Fragen vorzeitiger Aufhebung der Sperre für die Erteilung einer Fahrerlaubnis im Jugendstrafverfahren, NZV 1990, 455; **Graw**, Alkohol-Interlock – Einsatzmöglichkeiten aus rechtsmedizinischer Sicht, NZV 2019, 15; **Heinrich**, Zur nachträglichen Abkürzung der Sperrfrist bei Teilnahme am Nachschulungskurs nach dem Modell Freyung, NZV 2004, 102; **Himmelreich**, Auswirkungen von Nachschulung und Therapie bei Trunkenheitsdelikten im deutschen Strafrecht, DAR 1997, 465; *ders.*, Sperrfrist-Abkürzung für die Wiedererteilung der Fahrerlaubnis (§ 69a Abs. 7 Satz 1 StGB) durch eine Verkehrstherapie, DAR 2003, 110; *ders.*, Nachschulung, Aufbau-Seminar, Wieder-Eignungs-Kurs und Verkehrs-Therapie zur Abkürzung der strafrechtlichen Fahrerlaubnis-Sperre bei einem Trunkenheitsdelikt, DAR 2004, 8; *ders.*, Psychologische oder therapeutische Schulungs-Maßnahmen zwecks Reduzierung oder Aufhebung der Fahrerlaubnis-Sperre (§ 69a StGB) – ein Irrgarten für Strafrichter? Ersetzt eine positive schriftliche begründete strafrichterliche Fahr-Eignungs-Beurteilung eine verwaltungsrechtliche MPU?, DAR 2005, 130; *ders.*, Bindungswirkung einer strafgerichtlichen Eignungs-Beurteilung gegenüber der Fahrerlaubnisbehörde bei einem Trunkenheitsdelikt mit einer BAK ab 1,6 Promille, NZV 2005, 337; *ders.*, Unfallflucht (§ 142 StGB): Wegfall oder Verkürzung von Fahrerlaubnis-Entzug (§§ 69, 69a StGB) und Fahrverbot (§ 44 StGB) bei Nachschulung und Therapie, DAR 2008, 69; *ders.*, Abkürzung oder Aufhebung einer lebenslangen Fahrerlaubnis-Sperre gem. § 69a Abs. 7 StGB – Eine

unzutreffende Gesetzes-Auslegung durch ein OLG, SVR 2010, 1; **Himmelreich/Karbach**, Wegfall oder Verkürzung von Fahrerlaubnisentzug und Fahrverbot bei Nachschulung und Therapie im Strafrecht, SVR 2009, 1; **Larsen**, Die Bedeutung der Nachschulung für die Verteidigung in Strafsachen wegen Trunkenheit im Verkehr mit hoher Blutalkoholkonzentration mit Blick auf die Vermeidung und/oder Vorbereitung auf die MPU, StraFo 1997, 298; s.a. die Hinw. bei → *Fahrerlaubnis, Entziehung, Allgemeines*, Teil A Rdn 445.

1. Bei der Entziehung der Fahrerlaubnis nach § 69 StGB handelt es sich um eine Maßregel der Sicherung und Besserung. Bei der Anordnung der Entziehung und der Festsetzung einer Sperrfrist für die Wiedererteilung der Fahrerlaubnis nach § 69a StGB stehen **präventive** (Anordnungs)Gründe im Vordergrund; es kommt auf die „Ungeeignetheit" des Kraftfahrzeugführers an. Das führt dazu, dass das Gericht (Rdn 472 ff.) – wenn die Maßnahme nicht unverhältnismäßig sein/werden soll – die Möglichkeit haben muss, die festgesetzte Sperre vorzeitig aufzuheben. Diese Möglichkeit ist in § 69a Abs. 7 StGB vorgesehen (OLG Celle VRS 115, 410 [für lebenslange Sperre]; LG Berlin VRS 120, 199; LG Ellwangen BA 2002, 223, 224; Tübinger Kommentar/*Kinzig*, § 69a Rn 19; ähnlich auch *Fischer*, § 69a Rn 40 ff.; *Danner/Greefe* DAR 2022, 711; zur Aufhebung im Jugendstrafverfahren *Bandemer* NZV 1991, 300; *Eisenberg/Dickhaus* NZV 1990, 455). In der Lit. wird die Frage diskutiert, ob eine Verkürzung der Sperrfrist durch ein sog. Alkohol-Interlock-System (Alkohol-Wegfahrsperre), welche den Atemalkohol misst und das Starten des Autos verhindert, in Betracht kommt (Graw NZV 2019, 15 f.). 461

☝ Daneben kann ggf. ein **Gnadenantrag** gestellt werden (dazu *Fromm* NZV 2011, 329 ff.; → *Gnade, Allgemeines*, Teil G Rdn 1 ff. m.w.N.).

2. Die Möglichkeit der Aufhebung der Sperrfrist besteht nach dem Wortlaut des § 69a Abs. 7 S. 1 StGB nicht nur für befristete Sperren, sondern **auch** für eine **lebenslange Sperre** (OLG Celle VRS 115, 410; OLG Düsseldorf NZV 1991, 477; OLG Karlsruhe NStZ-RR 2002, 54; OLG Koblenz VRS 66, 447; *Fischer*, § 69a Rn 40; SSW-StGB/*Harrendorf*, § 69a Rn 13). Auch insoweit würde nämlich ein Festhalten an der Sperrfrist trotz wiedererlangter Eignung zum Führen eines Kfz dem Maßregelzweck widersprechen und wäre daher mit dem Verhältnismäßigkeitsgrundsatz unvereinbar (Tübinger Kommentar/*Kinzig*, § 69a Rn 27). 462

☝ In Betracht kommt aber **nur** eine (**vollständige**) **Aufhebung** der Sperrfrist. Eine bloße Abkürzung scheidet aus (→ *Fahrerlaubnis, Sperrfrist, Abkürzung*, Teil A Rdn 449).

3. Formelle Voraussetzung für die Aufhebung der Sperre ist nach § 69a Abs. 7 S. 2 StGB, dass die Sperre **mindestens drei Monate**, im Wiederholungsfall des § 69a Abs. 7 StGB mindestens ein Jahr gedauert hat. Auf die Mindestsperrfristen werden nach § 69a Abs. 7 S. 2 letzter Halbs. i.V.m. Abs. 5 S. 2, Abs. 6 StGB die zwischen Verkündung und Rechtskraft der Anordnung verstrichene Zeit angerechnet, in der die Fahrerlaubnis vorläufig entzogen bzw. der Führerschein verwahrt, sichergestellt oder beschlagnahmt war. Dagegen kommt eine Anrechnung der vor der letzten tatrichterlichen Prüfung liegenden Zeit i.S.d. § 69a Abs. 4 StGB nicht (mehr) in Betracht, da diese im Zweifel bereits bei der Bemessung der Sperrfrist berücksichtigt worden ist (OLG Koblenz VRS 71. 27; LG Berlin DAR 1965, 303; *Fischer*, § 69a Rn 41; Tübinger Kommentar/*Kinzig*, § 69a Rn 29). 463

4.a) Materielle Voraussetzung für die (vorzeitige) Aufhebung einer Sperrfrist ist nach § 69a Abs. 7 S. 1 StGB, dass **neue Tatsachen** vorliegen, die hinreichenden Grund zu der Annahme ergeben, dass der Verurteilte zum Führen von Kfz nicht mehr ungeeignet ist (u.a. *Fischer*, § 69a Rn 42 m.w.N.; SSW-StGB/*Harrendorf*, § 69a Rn 28). Eine lediglich andere Beurteilung der bei der Bemessung der Sperrfrist verwerteten Tatsachen rechtfertigt die vorzeitige Aufhebung der Sperre nicht (SSW StGB/*Harrendorf*, a.a.O.). Der bloße Ablauf einer längeren Zeit genügt daher nicht (OLG Düsseldorf NZV 1991, 478; OLG Hamburg DAR 2004, 660; OLG Jena VRS 108, 361). Voraussetzung ist also, dass die Gründe, aus denen auf den Eignungsmangel geschlossen wurde, nicht mehr bestehen. Nicht erforderlich ist, dass das Gericht positiv von der wieder erlangten Geeignetheit des Verurteilten zum Führen von Kfz wieder überzeugt ist. Es 464 genügt, wenn Umstände vorliegen, die die zur Entziehung der Fahrerlaubnis führenden Umstände/Feststellungen so relativieren, dass nunmehr die Teilnahme des Verurteilten am Kfz-Verkehr wieder verantwortet werden kann (LG Aachen BA 2007, 262; LG Hof NZV 2001, 93; LK-*Valerius*, § 69a Rn 82 m.w.N.; SSW-StGB/*Harrendorf*, a.a.O.). Ausreichend ist, wenn die neuen Tatsachen mit hinreichender Wahrscheinlichkeit belegen, dass der Verurteilte nicht mehr gefährlich ist (LK-*Valerius*, § 69a Rn 82; so wohl auch AG Schmallenberg, Beschl. v. 29.7.2019 – 5 Cs – 180 Js 97/19 – 33/19, BA 57, 55 [2020]). Ist allerdings zweifelhaft, ob die Ungeeignetheit nicht mehr besteht, kommt es nicht zur vorzeitigen Aufhebung der Sperre (OLG Celle VRS 115, 410 für lebenslange Sperre; OLG Düsseldorf NZV 1990, 238; 1991, 478; LK-*Valerius*, § 69a Rn 82; a.A. *Himmelreich* SVR 2010, 1, 2; *Himmelreich/Karbach* SVR 2009, 1, 2). Eine Pflicht zur Vorlage einer Unbedenklichkeitsbescheinigung der Führerscheinbehörde besteht nicht (LG Offenburg BA 2016, 55; AG Kehl NStZ-RR 2016, 57).

☝ Liegen die Voraussetzungen des § 69a Abs. 7 StGB vor, ist die Sperrfrist aufzuheben. Formuliert ist zwar mit „kann", dem Gericht ist jedoch **kein Ermessen** eingeräumt (LK-*Valerius* § 69a Rn 81; SSW-StGB/*Harrendorf*, § 69a Rn 29; AG Kehl VRR 2014, 190).

465 **b)** Für die Beurteilung der Frage, ob der Verurteilte „nicht mehr gefährlich" für die Teilnahme am Straßenverkehr ist, ist eine sorgfältige **Gesamtwürdigung aller Umstände** erforderlich (OLG Karlsruhe NStZ-RR 2002, 54; OLG Köln VRS 21, 111; LG Berlin VRS 120, 199; AG Schmallenberg, Beschl. v. 29.7.2019 – 5 Cs – 180 Js 97/19 – 33/19, BA 57, 55 (2020); LK-*Valerius*, § 69a Rn 82; SSW-StGB/*Harrendorf*, § 69a Rn 29). Zu berücksichtigen sind dabei nur neue Tatsachen, d.h. solche, die dem Gericht im Erkenntnisverfahren (noch) nicht bekannt waren, die also noch „nicht verbraucht" sind (*Deutscher* VRR 2010, 247).

☝ Die **bloße Neubewertung** dem Gericht bereits bekannter Tatsachen reicht **nicht** (OLG Hamburg DAR 2004, 660; OLG Koblenz VRS 68, 353; LG Koblenz NZV 2008, 103; AG Schmallenberg, Beschl. v. 29.7.2019 – 5 Cs – 180 Js 97/19 – 33/19, BA 57, 55 (2020); *Fischer*, § 69a Rn 42 m.w.N.; vgl. aber OLG Düsseldorf NZV 1991, 477). Dem würde die Rechtskraft der eigenen Entscheidung entgegenstehen.

466 Bei der erforderlichen Abwägung ist abzustellen auf folgende

Abwägungskriterien

- Abzustellen ist zunächst auch auf die **allgemeinen Erwägungen** zur Entziehung der Fahrerlaubnis und der Verhängung einer Sperrfrist (SSW-StGB/*Harrendorf*, § 69a Rn 29 und § 69 Rn 32 ff.; *Fischer*, § 69 Rn 13 ff., jeweils m.w.N.).
- Die **Schuldform** kann eine Rolle spielen, allerdings kommt die Aufhebung auch nach einem vorsätzlichen Delikt in Betracht (OLG Düsseldorf DAR 1991, 466; LG Hildesheim, Beschl. v. 20.12.2011 – 26 Qs 179/11).
- Allein **längerer Zeitablauf** reicht nicht, um eine hinreichende Wahrscheinlichkeit für eine Beseitigung der Ungeeignetheit zu belegen (OLG Düsseldorf NZV 1991, 477; Hamburg DAR 2004, 660: OLG Jena VRS 108, 361; AG Bochum DAR 2011, 97 m. Anm. *Deutscher* VRR 2011, 32). Das gilt auch bei einer lebenslangen Sperre (OLG München NJW 1981, 2424 für mehr als 24 Jahre; OLG Düsseldorf NZV 1991, 477 für Zeitablauf von 26 Jahren; AG Bochum, a.a.O.).
- Bei **wirtschaftlichen**, **sozialen** und **beruflichen Konsequenzen**, die sich aus der Anordnung der Sperrfrist ergeben, ist zu **unterscheiden** (OLG Celle NZV 2007, 250; OLG Jena VRS 108, 361; OLG Koblenz VRS 71, 26; LG Kassel DAR 1992, 32; *Fischer*, § 69a Rn 43):
  - Diese haben als solche für die Abwägung – wenn überhaupt – nur **untergeordnete Bedeutung** (z.B. OLG Düsseldorf NZV 1990, 238; OLG Koblenz zfs 1982, 348; OLG München NJW 1981, 2424; OLG Saarbrücken VRS 19, 31; LG Berlin, Beschl. v. 5.5.2022 – 506 Qs 27/22).

– Etwas **anderes** gilt, wenn sie **nach** der letzten **tatrichterlichen Entscheidung** bekannt geworden/aufgetreten sind. Dann können sie Bedeutung haben, wenn insbesondere die wirtschaftlichen Auswirkungen als Warnung einen Wandel beim Betroffenen bewirkt und den Eignungsmangel behoben haben (OLG Jena VRS 108, 361; AG Wuppertal DAR 2004, 169; *Fischer*, a.a.O.; LK-*Valerius*, § 69a Rn 86).

- Die bloße **Verbüßung** einer **Freiheitsstrafe** soll ebenfalls nicht ausreichend sein (OLG Düsseldorf NZV 1990, 238; a.A. *Eisenberg/Dickhaus* NZV 1990, 455; vgl. a. *Bandemer* NZV 1991, 300).
- Ggf. können die für die **Aussetzung** des **Strafrestes** nach § 57 StGB genannten Gründe die Aufhebung der Sperre rechtfertigen, zwingend ist das aber nicht (OLG Celle NZV 2007, 251; OLG Düsseldorf NZV 1990, 238; OLG Karlsruhe NStZ-RR 2002, 54; OLG München NJW 1981, 2424).
- Erhebliche praktische Bedeutung habe im Rahmen des § 69a Abs. 7 StGB **Nachschulungskurse** für alkoholauffällige Straftäter. Die damit zusammenhängenden Fragen sind eingehend dargestellt bei Rdn 469 ff. Eine erfolgreiche Kursteilnahme ist aber nur ein (weiteres) Indiz für den Fortfall des Eignungsmangels, so dass die Vorlage einer Kursbescheinigung nicht automatisch zur Aufhebung der Sperre führt (KG DAR 2004, 657; LG Berlin VRS 120, 199; Beschl. v. 5.5.2022 – 506 Qs 27/22; LG Heilbronn, Beschl. v. 27.4.2018 – 3 Qs 17/18, BA 55, 310 [2018]; LG Hof NSZ 1991, 91; AG Hof NZV 2004, 101). Das gilt vor allem bei höheren BAK ab ca. 1,6 ‰ (OLG Naumburg DAR 2001, 379; LG Flensburg DAR 2005, 409; vgl. aber LG Berlin DAR 2010, 712 für BAK von 2,82 ‰, LG Erfurt VRR 2011, 389 für BAK von 2,04 ‰, LG Leipzig NZV 2010, 105 für BAK von 2,18 ‰; AG Schmallenberg, Beschl. v. 29.7.2019 – 5 Cs – 180 Js 97/19 – 33/19, BA 57, 55 [2020] für BAK von 1,74 ‰).

☝ Die Aufhebung einer rechtskräftigen Sperrfrist nach § 69a Abs. 7 StGB ist, da die Rechtskraft der gerichtlichen Entscheidung durchbrochen wird, die **Ausnahme** (OLG Celle NZV 2007, 250). Es ist daher zulässig, wenn das Gericht den Nachweis der tatsächlichen und nachhaltigen Bewältigung eines Alkoholproblems durch ein geeignetes Verhalten des Betroffenen über einen **längeren Zeitraum** verlangen (BVerfG DAR 2007, 80 m. Anm. *Himmelreich*).

5. Hinweise für den Verteidiger! 467

a) Erhebliche praktische Bedeutung im Hinblick auf die Aufhebung einer Sperrfrist haben die mit sog **Nachschulungsmaßnahmen** des Verurteilten zusammenhängenden Fragen. Das gilt insbesondere, wenn im Erkenntnisverfahren Verurteilungen wegen einer Trunkenheitsfahrten u.Ä. (§§ 315c Abs. 1 Nr. 1a, 316 StGB) erfolgt sind. Dann stellt sich für den Verurteilten/seinen Verteidiger nach Abschluss des Verfahrens immer die Frage, ob nicht ggf. durch die Teilnahme an einer Nachschulungsmaßnahme eine Aufhebung der Sperrfrist erreicht werden kann.

Während für das Erkenntnisverfahren in Rspr. und Lit. noch nicht abschließend geklärt, ob und wenn ja, 468 wie und in welchem Umfang die Teilnahme an einer Nachschulungsmaßnahme die Regelvermutung des § 69 Abs. 2 StGB widerlegen kann (dazu *Fischer*, § 69 Rn 36 m.w.N.; zur Berücksichtigung der erfolgreichen Teilnahme an einem Nachschulungskurs bei der Frage der Ungeeignetheit zum Führen von Kfz BayObLG, Beschl. v. 3.5.2021 – 204 StRR 167/21, DAR 2022, 279), ist für die Frage der Abkürzung der Sperrfrist hingegen in Rspr. und Lit. **grds. anerkannt**, dass die Teilnahme an einer Nachschulungsmaßnahme ausreichen kann, eine Sperrfrist aufzuheben (*Fischer*, § 69a Rn 44 m.w.N.; *Deutscher* VRR 2010, 247, 251 und insbesondere *Himmelreich* DAR 2004, 8; *ders.*, DAR 2005, 134; *ders.*, DAR 2008, 69; vgl. a. noch *Himmelreich/Karbach* SVR 2009, 1 und die o.a. Lit.-Nachw. sowie die bei Teil A Rdn 469 zusammengestellte Rspr.

☝ Der Verteidiger sollte zur Begründung seines Aufhebungsantrags auf die amtliche Begründung zu der am 1.1.1999 in Kraft getretenen Änderung des § 69a Abs. 7 S. 2 StGB hinweisen (BR-Drucks 821/96, S. 96). Denn die frühere Mindestsperrfrist ist gerade deshalb von sechs auf drei Monate gesenkt worden, um für die Verurteilten einen **Anreiz** zur Teilnahme an einem Aufbauseminar zu schaffen.

Bei einer erfolgreichen Nachschulung benötigt das Gericht aber **nicht** noch zusätzlich ein **medizinisch-psychologisches Gutachten** (*Himmelreich/Karbach* SVR 2009, 1, 2).

469 Der Verteidiger muss auf Folgendes **achten**:

b)aa) Grds. kommen alle **Arten** von **„Nachschulungen"** für eine Berücksichtigung im Rahmen von § 69a Abs. 7 StGB in Betracht. Im Wesentlichen lassen sich folgende **Typen** unterscheiden (u.a. *Bode* NZV 2004, 7; *Deutscher* VRR 2010, 247; *Himmelreich* DAR 1997, 465 f.; *ders.* DAR 2003, 111; *ders.*, DAR 2004, 9 ff.; *ders.*, DAR 2005, 131 ff.; *ders.*, NZV 2005, 338 f.):

- Von der Rspr. **anerkannte,** aber **nicht extern valuierte verkehrspsychologische** oder **verkehrstherapeutische Nachschulungen** für alkoholauffällige Kraftfahrer. Kurse für Ersttäter sind etwa „Mainz 77" (TÜV Rheinland; näher *Birnbaum/Biehl/Sage/Scheffel* NZV 2002, 164), „Hamburg 79", „LEER-E" (TÜV Nord), „Freyung" (TÜV Süddeutschland); „Kreuzbund e.V. (Dortmund), „avanti" (TÜV Nord). Für Wiederholungstäter sind einschlägig „IFT" (IFS), „I.R.A.K.-S" (AFN), „Control-S" (Impuls). Diese Kurse sind in der Regel ausgerichtet für Täter mit einer BAK zur Tatzeit von bis zu 1,99 ‰.
- **Extern valuierte**, erheblich zeitaufwendigere **Verkehrstherapien** für Täter mit einer BAK von 2,0 ‰ oder mehr oder für Betroffene, bei denen bloße Nachschulungen im genannten Sinne nicht genügen. Hierzu zählen die Angebote „IVT-Hof", „I.R.A.K.- L" (AFN) und „Impuls" (z.B. OLG Oldenburg zfs 2002, 354; LG Dresden DAR 2002, 280; AG Hof DAR 2002, 328).
- Zu den **Sonderfällen** zählen:
  - **Individuelle** verkehrspsychologische (Einzel-)Therapien.
  - Besondere, kürzer gestaltete **Aufbauseminare** zur Erhaltung der Fahreignung bei Inhabern einer Fahrerlaubnis auf Probe (§§ 2b Abs. 2 S. 2 StVG; 36 FeV) oder nach Alkoholauffälligkeit im Rahmen des Punktesystems (§§ 4 Abs. 8 S. 4 StVG; 43 FeV; zu beiden *Himmelreich* DAR 2004, 10).
  - Im Verwaltungsrecht **amtlich anerkannte Kurse** zur Wiederherstellung der Kraftfahreignung für alkoholauffällige Fahrer nach § 70 FeV (eingehend *Himmelreich*, a.a.O.). Diese Kurse sind teilweise identisch mit den oben zu 1. und 2. genannten Angeboten,
  - Im **Ausland** durchgeführte Nachschulungen (AG Eggenfelden NZV 2005, 545; NStZ-RR 2008, 77; DAR 2011, 421).

470 **bb)** In welchem Umfang eine Nachschulung Auswirkungen auf die Aufhebung einer Sperrfrist hat, ist letztlich eine **Frage** der **richterlichen Beurteilung** (OLG Köln VRS 59, 25; *Deutscher* VRR 2010, 247, 248). Aus den unterschiedlichen Formen von Nachschulungen ergeben sich aber **Folgerungen** für die jeweiligen **Anforderungen** an die vom Verurteilten vorzulegenden **Bescheinigungen** über die (erfolgreiche) Teilnahme und damit an die gerichtlichen Entscheidungen. Bei allgemein anerkannten Kursen wird insoweit dessen Bezeichnung genügen, besonders bei bloßer unwesentlicher Verkürzung der Sperrfrist (OLG Köln VRS 61, 118). Bei neuen Schulungen, insbesondere solchen ohne externe Evaluation oder auf privatwirtschaftlich-gewerblicher Basis ist größere Vorsicht geboten. Insoweit wird es als erforderlich angesehen, Konzept und Inhalt der Maßnahme darzulegen, ggf. auch durch Erklärungen des Kursleiters sowie die (erfolgreiche) Auswirkung auf den Betroffenen (OLG Hamburg VRS 60, 192; LG Erfurt VRR 2011, 389). Dies gilt verstärkt bei individuellen verkehrstherapeutischen Maßnahmen, bei denen gesonderte Feststellungen zur Fachkompetenz des Therapeuten erforderlich sind (LG Münster zfs 2005, 623; LG Oldenburg DAR 1996, 470; vgl. a. LG Fulda, Beschl. v. 8.11.2017 – 2 Qs 125/17, BA 55, 162 (2018) = SVR 2018, 115; LG Görlitz, Beschl. v. 6.6.2018 – 13 Qs 48/18, NZV 2019, 268; AG Kehl VRR 2014, 190). Das LG Hildesheim (NStZ-RR 2003, 312; anders noch DAR 2003, 88; zfs 2002,

548; ähnl. *Fischer*, § 69 Rn 36) verlangt im Rahmen des § 69a Abs. 7 StGB sogar, dass die Nachschulung von einem nach **§ 36 Abs. 7 FeV anerkannten Kursleiter** abgehalten wird. Diese Entscheidung ist aber – wohl zu Recht – vereinzelt geblieben, da die Vorschrift nur die „besonderen Aufbauseminare" für Inhaber einer Fahrerlaubnis auf Probe betrifft (*Himmelreich* DAR 2004, 12; *Deutscher* VRR 201, 247, 248; vgl. aber LG Hildesheim, Beschl. v. 20.-12.2011 – 26 Qs 179/11).

cc) Die Rspr. aus den letzten Jahren ist zusammengestellt in folgender **Rechtsprechungsübersicht** (teilweise entnommen *Deutscher* VRR 2010, 247, 251; weitere auch unveröffentlichte Entscheidungen in den o.a. Lit-Beiträgen von *Himmelreich*): 471

Fundstelle	**Kurs**	**Umstände**	**Sperrfrist**
KG NZV 2005, 162	Selbsthilfegruppe für ehemals Suchtmittelabhängige	6 einschlägige Vorbelastungen	Unverändert
OLG Celle VRS 115, 410	Günstige Sozialprognose, die die Aussetzung von Straf- und Unterbringungsvollstreckung rechtfertigte.	Aufhebung einer lebenslangen Führerscheinsperre	Unverändert; kommt nur ausnahmsweise dann in Betracht
OLG Düsseldorf VRS 66, 347	TÜV-Nachschulung	Wiederholungstäter, Sperrfrist: 3 Jahre	Aufgehoben (= Länge der Verkürzung nicht mitgeteilt)
LG Berlin, Beschl. v. 29.9.2017 – 520 Qs 72/17, BA 54, 386 (2017) = SVR 2018, 114	Aufbauseminar der DEKRA	BAK: 1,24 ‰; fahrlässige Straßenverkehrsgefährdung, Ersttäter	Aufgehoben; Verkürzung drei Monate
LG Berlin, Beschl. v. 5.5.2022 – 506 Qs 27/22	Teilnahmebescheinigung der TÜV Nord Group, aus der sich ergibt, dass im Zeitraum von einem Monat an dem online- Gruppenprogramm avanti SPV im Umfang von 16 Stunden teilgenommen wurde	BAK: 1,01 ‰	Unverändert, da Teilnahmebescheinigung „inhaltsleer" ist
LG Dresden DAR 2002, 280	AFN	–	2 Monate verkürzt
LG Erfurt VRR 2011, 389	Verkehrspsychologische Intervention der DEKRA	BAK 2,04 ‰	Aufgehoben
LG Flensburg DAR 2005, 409	LEER-E	BAK: 1,73 ‰	Unverändert
LG Fulda, Beschl. v. 8.11.2017 – 2 Qs 125/17, BA 55, 162 (2018) = SVR 2018, 115	Nur allgemein gehaltenes Teilnahmezertifikat über eine Verkehrstherapie bzw. die Teilnahme an einem Aufbauseminar	BAK 1,19 ‰	1 Monat durch das AG verkürzt; weitere Verkürzung abgelehnt

Fundstelle	Kurs	Umstände	Sperrfrist
LG Görlitz, Beschl. v. 6.6.2018 – 13 Qs 48/18, NZV 2019, 268	Innerhalb eines Monats Teilnahme an einer verkehrspsychologischen Maßnahme der AFN; diese bestand aus zwei Einzelgesprächen von jeweils einer Stunde sowie einem AFN-Kurs (ALFA) mit insgesamt zehn Gruppenstunden	BAK: 1,38 ‰; Fahrt auf einer BAB	4 Monate verkürzt
LG Heilbronn, Beschl. v. 27.4.2018 – 3 Qs 17/18, BA 55, 310 (2018)	Mainz 77	BAK: 1,25 ‰	3 Monate verkürzt
LG Kleve DAR 2004, 470	Nicht abgeschlossene verkehrstherapeutische Nachschulung	BAK: 1,97 ‰	Nach 3 Monaten aufgehoben
LG Köln DAR 2005, 702	IVT-Hö	–	Aufgehoben
LG Leipzig NZV 2010, 105	VIB (TÜV Süd)	BAK: 2,18 ‰	4 Monate verkürzt
LG Münster zfs 2005, 623	Verkehrstherapeutische Schulung über 1 Jahr	16 Monate Sperre verstrichen	2 Monate verkürzt
LG Potsdam zfs 2005, 100	IVT-Hö	2 Taten, BAK: 2,05 und 1,8 ‰	Aufgehoben
AG Adelsheim zfs 2009, 468	Dekra mobil	–	3 Monate verkürzt
AG Eggenfelden NZV 2005, 545; DAR 2007, 408	Institut für Verkehrskultur Gute Fahrt, *Österreich*	BAK: 1,43 ‰	1 Monat verkürzt
AG Hof DAR 2002, 328; NZV 2004, 101	Freyung	–	1 Monat verkürzt
AG Kehl VRR 2014, 190	Dekra mobil	BAK 1,21 ‰	Aufgehoben
AG Leipzig NZV 2015, 404	Leipzig 2000	Haaranalyse weist nur noch gelegentlichen Alkoholkonsum nach	Verkürzt von 18 auf 12 Monate
AG Lüdinghausen NZV 2004, 424	Verkehrstherapeutische Schulung des Kreuzbund e.V., Dortmund	BAK: 0,53 ‰	Aufgehoben
AG Lüdinghausen NZV 2005, 333	Avanti 16 plus	BAK: mehr als 1,62‰	Aufgehoben

Fundstelle	Kurs	Umstände	Sperrfrist
AG Schmallenberg, Beschl. v. 29.7.2019 – 5 Cs – 180 Js 97/19 – 33/19, BA 57, 55 (2020)	Teilnahme an einer Maßnahme zur Förderung der Fahreignung und zur Vorlage bei Antrag auf Verkürzung oder Bemessung der Führerschein-Sperrfrist in Zus. mit § 69a StGB	BAK: 1,74 ‰	Aufgehoben
AG Stendal DAR 2006, 108	IVT-Hö	–	2 Monate verkürzt

6. Für das **Verfahren** ist auf folgendes zu achten: 472

a) Die Entscheidung ergeht auf **Antrag** des Verurteilten/seines Verteidigers. Den Antrag muss der Verteidiger eingehend und unter konkreter Darlegung der positiven Umstände, die die Aufhebung der Sperrfrist nach seiner Auffassung rechtfertigen, begründen. Ein Antrag auf Verkürzung der Sperrfrist kann als Antrag auf Aufhebung der Sperrfrist ausgelegt werden (AG Schmallenberg, Beschl. v. 29.7.2019 – 5 Cs – 180 Js 97/19 – 33/19, BA 57, 55 [2020]). 473

☝ Es ist auf jeden Fall **konkret** zu den Änderungen **Stellung** zu nehmen. Bloß allgemeine und pauschale Auswirkungen reichen nicht aus (z.B. LG Berlin VRS 120, 199). Dem Antrag sind zudem entsprechende Bescheinigungen über die erfolgreiche Teilnahme des Mandanten an einer Nachschulungsmaßnahme beizufügen (zur Qualität und zum Inhalt Rdn 469 ff. m.w.N., vor allem die bei Teil A Rdn 470 zitierte Rspr.).

Der Antrag kann schon vor Ablauf der Mindestfrist nach § 69a Abs. 7 S. 2 (Rdn 463) gestellt werden. Allerdings geht die Rspr. davon aus, dass der Antrag **nicht zu früh** gestellt werden sollte (LG Düsseldorf NJW 1966, 897 [i.d.R. nicht früher als ein Monat vor Ablauf]; LG Fulda, Beschl. v. 8.11.2017 – 2 Qs 125/17, BA 55, 162 (2018) = SVR 2018, 115). 474

☝ Ein abgelehnter Antrag kann jederzeit **wiederholt** werden. Die Möglichkeit der Anordnung einer „Sperrfrist" i.S.d. §§ 57 Abs. 7, 67e Abs. 3 S. 2, 68e Abs. 2 S. 3 besteht nicht.

b) Die Entscheidung über den Aufhebungsantrag wird gem. § 463 Abs. 6 S. 1 StPO im Beschlussverfahren gem. § 462 StPO ohne mündliche Verhandlung getroffen. **Zuständig** ist grds. nach § 462a Abs. 2 S. 1 StPO das Gericht des ersten Rechtszugs. Während der Vollstreckung einer Freiheitsstrafe und nach Strafrestaussetzung ist nach § 462a Abs. 1 S. 1 und 2 StPO die Strafvollstreckungskammer zuständig, bei Jugendstrafe statt dieser gem. § 82 Abs. 1 S. 2 JGG der Jugendrichter. 475

Die Entscheidung ergeht gem. §§ 463 Abs. 6 S. 1, 462 StPO durch **Beschluss**. Die Aufhebung der Sperre muss sich auf den Entscheidungszeitpunkt beziehen; sie darf nicht für einen in der Zukunft liegenden Zeitpunkt angeordnet werden (LG Berlin VRS 120, 199; LG Ellwangen BA 2002, 223; LG Heilbronn, Beschl. v. 27.4.2018 – 3 Qs 17/18, BA 55, 310 [2018]; *Fischer*, § 69a Rn 41; LK-*Valerius*, § 69a Rn 80). 476

☝ Im Beschluss wird nur die Aufhebung der Sperre angeordnet. Die **Verwaltungsbehörde** muss dann dem Betroffenen auf Antrag einen neuen Führerschein erteilen. Bei der Entscheidung ist sie grds. frei, hat aber den Gerichtsbeschluss entsprechend § 3 Abs. 4 StVG zu berücksichtigen (Tübinger Kommentar/*Kinzig*, § 69a Rn 31). Der Ablauf einer Sperrfrist nach § 69a StGB führt also nicht automatisch zur

Wiedererteilung der Fahrerlaubnis nach Entziehung durch ein Strafgericht (VG Bremen, Beschl. v. 2.4.2025 – 5 V 245/25, BA 62, 363 [2025]).

477 Nach dem Rechtsgedanken des § 69a Abs. 2 StGB kann die vorzeitige Aufhebung der Sperre auf **bestimmte Fahrzeugarten beschränkt** werden (OLG Köln NJW 1960, 2255; *Fischer*; § 69a Rn 40, LK-*Valerius,* § 69a Rn 89; SSW-StGB/*Harrendorf*, § 69a Rn 27, *Krumm* ZRP 2010, 11, 12; → *Fahrerlaubnis, Sperrfrist, nachträgliche Ausnahme*, Teil A Rdn 491).

478 **c)** Gegen den **Beschluss** können der Verurteilte und die StA gem. § 462 Abs. 3 S. 1 StPO binnen einer Woche **sofortige Beschwerde** einlegen (zur sofortigen Beschwerde Burhoff/*Kotz/Hillenbrand*, RM, Teil A Rn 550 ff.; *Burhoff*, EV, Rn 4289 ff.).

479 **d) Gebührenrechtlich** handelt es sich bei vom Verteidiger in Zusammenhang mit einer nachträglichen Aufhebung der Sperrfrist erbrachten Tätigkeiten um Tätigkeiten in der „Strafvollstreckung", für die Gebühren nach Teil 4 Abschnitt 2 VV RVG anfallen (→ *Strafvollstreckung, Allgemeines*, Teil J Rdn 319 ff. m.w.N.).

480 **7. Muster eines Aufhebungsantrages**

▼

A.2 An das Amtsgericht

Musterstadt

In dem Strafverfahren gegen H. Mustermann

beantrage ich, die durch das Urteil des AG Musterstadt vom 15.10.2025 festgesetzte Sperrfrist für die Wiedererteilung der Fahrerlaubnis gem. § 69a Abs. 7 StGB vorzeitig aufzuheben.

Gründe:

Das Urteil des AG Musterstadt durch das gegen meinen Mandanten eine Sperrfrist von einem Jahr festgesetzt worden ist, ist seit dem 15.10.2025 rechtskräftig. Damit ist die Mindestsperrfrist verstrichen. Mein Mandant hat inzwischen erfolgreich an einem Aufbauseminar für alkoholauffällige Kraftfahrer bei Herrn Dipl. Psych. teilgenommen. Der Umfang betrug 20 Stunden zu 45 Minuten, verteilt auf 10 Sitzungen. Die Bestätigung über die erfolgreiche Teilnahme füge ich bei.

Nach der (obergerichtlichen) Rspr. (vgl. die Nachweise bei Fischer, StGB, 73. Aufl. 2026, § 69a Rn 44 m.w.N.) kann eine Nachschulung bzw. Teilnahme an einem Aufbaukursus besonders dazu beitragen, den in der Tat zu Tage getretenen Eignungsmangel zu beseitigen. Das gilt besonders bei einer Einzelmaßnahme. Nach dem Inhalt der Bescheinigung hat sich das Trinkverhalten meines Mandanten seit der Anlasstat auch nachhaltig verändert. Mein Mandant konsumiert, wenn er am Straßenverkehr teilnimmt, überhaupt keinen Alkohol mehr. Dies alles rechtfertigt, die vorzeitige Aufhebung der Sperre für die Wiedererteilung der Fahrerlaubnis, auf die mein Mandant aus beruflichen Gründen dringend angewiesen ist.

Rechtsanwalt

▲

Siehe auch: → *Fahrerlaubnis, Sperrfrist, Abkürzung*, Teil A Rdn 449; → *Fahrerlaubnis, Sperrfrist, Berechnung*, Teil A Rdn 481; → *Fahrerlaubnis, Sperrfrist, nachträgliche Ausnahme*, Teil A Rdn 491; → *Fahrerlaubnis, Sperrfrist, nachträgliche Gesamtstrafenbildung*, Teil A Rdn 504.

Fahrerlaubnis, Sperrfrist, Berechnung 481

Das Wichtigste in Kürze:

1. Der Lauf der Sperrfrist beginnt nach § 69a Abs. 5 S. 1 StGB i.d.R. mit der Rechtskraft des Urteils.
2. Nach § 69a Abs. 5 S. 2 StGB kommt die Anrechnung der Zeit einer wegen der Tat angeordneten vorläufigen Entziehung der Fahrerlaubnis in Betracht.
3. Die Vorschrift des § 69a Abs. 5 S. 2 StGB wird nach h.M. auf eine nach § 69a Abs. 1 S. 3 StGB verhängte isolierte Sperrfrist nicht entsprechend angewendet.
4. Wird bei einer bereits laufenden Sperre eine zweite oder weitere Sperre angeordnet, läuft diese nicht als sog. Anschlusssperrfrist.
5. Ist der Verurteilte mit der Berechnung der Sperrfrist nicht einverstanden, kann er Einwendungen erheben und ggf. mit dem Rechtsbehelf nach § 458 StPO vorgehen.

Literaturhinweise: Wittig, Zweifelsfragen bei der Berechnung der Sperrfrist nach § 69a StGB, Rpfleger 1978, 245; s.a. die Hinw. bei → *Fahrerlaubnis, Entziehung, Allgemeines*, Teil A Rdn 445, und bei → *Fahrerlaubnis, Sperrfrist, Allgemeines*, Teil A Rdn 455. 482

1. Der **Lauf** der Sperrfrist **beginnt** nach § 69a Abs. 5 S. 1 StGB grds. mit der Rechtskraft des Urteils (LG Berlin VRS 122, 118; → *Fahrerlaubnis, Sperrfrist, Allgemeines*, Teil A Rdn 454). Ab diesem Zeitpunkt berechnet sich die (Rest)Dauer und/oder das Ende der Sperrfrist. War die Fahrerlaubnis vorher schon nach § 111a StPO entzogen, beginnt die Sperrfrist wegen der automatischen Anrechnung nach Abs. 5 S. 2 (dazu → *Fahrerlaubnis, Sperrfrist, Berechnung*, Teil A Rdn 481) schon mit der Verkündung des Urteils in der letzten Tatsacheninstanz. Für den Lauf der Sperrfrist gilt im Übrigen: 483

2.a) Auf den Lauf/die Dauer der Sperrfrist angerechnet wird nach **§ 69a Abs. 5 S. 2, Abs. 6 StGB** die Zeit einer wegen der Tat angeordneten **vorläufigen Entziehung** der Fahrerlaubnis nach § 111a StPO oder einer Verwahrung, Sicherstellung oder Beschlagnahme des Führerscheins eingerechnet, soweit sie nach Verkündung des **Urteils** verstrichen ist, in dem die der Maßregel zugrunde liegenden tatsächlichen Feststellungen letztmals geprüft werden konnten (Abs. 5 S. 2, Abs. 6; LG Berlin VRS 122, 118). Grund für diese Anrechnung ist, dass hier eine Anrechnung geboten ist, weil diese Zeit sonst nicht mehr berücksichtigt werden kann. Das Revisionsgericht prüft nur die Rechtmäßigkeit der vom Tatgericht angeordneten Sperrfrist und deren Dauer. Maßgeblich ist also der Zeitpunkt des Erlasses des erstinstanzlichen oder des Berufungsurteils, und zwar auch dann, wenn die Berufung auf das Strafmaß beschränkt war (LG Aachen DAR 1968, 330; LK/*Valerius*, § 69a Rn 73; *Fischer*, § 69a Rn 36). Angerechnet wird demnach die Zeit zwischen der Verkündung eines solchen Urteils und dem Eintritt der Rechtskraft durch Revisionsurteil, Beschluss gem. §§ 349, 322 Abs. 1 S. 1 StPO, durch Rücknahme eines Rechtsmittels oder bloßen Ablauf der Rechtsmittelfrist (SSW-StGB/*Jehle/Harrendorf*, § 69a Rn 24; zum Lauf der Sperrfrist bei Revisionseinlegung s. auch LG Oldenburg DAR 67, 50). Die Dauer der vorläufigen Entziehung der Fahrerlaubnis wird aber nicht voll angerechnet, sondern nur, soweit sie nach Verkündung des Urteils verstrichen ist (BGH v. 11.4.2023 – 4 StR 47/23, BA 61, 68 ([2024]). 484

☝ Ist ein Urteil durch das Revisionsgericht aufgehoben und das Verfahren zurückverwiesen worden, ist auf das **erneute tatrichterliche Urteil** abzustellen. Die Berücksichtigung der während des Revisionsverfahrens andauernden vorläufigen Entziehung der Fahrerlaubnis nach § 111a StPO hat in einem solchen Fall im Rahmen der Ausübung des tatrichterlichen Ermessens bei der Bestimmung der neu zu bemessenden Sperrfrist sowie nach § 69 Abs. 4 StGB zu erfolgen (OLG Celle, Beschl. v. v. 18.1.1965 – 2 Ss 532/64, VRS 28, 188, 190 zu den Vorgängerregelungen in § 42n Abs. 4–6 StGB a.F.; OLG Karlsruhe, Beschl. v. 4.10.1974 – 3 Ss 150/74, NJW 1975, 455, 456; Tübinger Kommentar/*Kinzig*, § 69a Rn 23 m.w.N.).

485 **b)** Ist die Sperrfrist in einem **Strafbefehl** festgesetzt, wird die Zeit ab Erlass und nicht erst ab Zustellung angerechnet (zum Strafbefehlsverfahren *Burhoff*, EV, Rn 4382 ff.; *Burhoff*, HV, Rn 3070). Denn der Zeitpunkt des Erlasses ist der letzte Zeitpunkt, zu dem letztmals eine tatrichterliche Prüfung i.S. § 69a Abs. 5 S. 2 vorgenommen werden konnte (LG Freiburg NJW 1968, 1791; *Fischer*, § 69a Rn 36, SSW-StGB/*Harrendorf*, § 69a Rn 24; a.A. LG Düsseldorf NJW 1966, 897).

486 Wird gegen den Strafbefehl **Einspruch** eingelegt (Burhoff/*Kotz/Hillenbrand*, RM, Teil B Rn 756 ff.; *Burhoff*, HV, Rn 3070 ff.) und findet danach eine Hauptverhandlung im Strafbefehlsverfahren statt, gilt nicht § 69a Abs. 5 S. 2 StGB, sondern die allgemeine Regel für die Bemessung der Sperrfrist nach § 69a Abs. 4 StGB (*Fischer*, § 69a Rn 36). Entsprechendes gilt, wenn im Strafbefehlsverfahren Berufung eingelegt wird. Im Fall eines wirksam auf die **Tagessatzhöhe beschränkten Einspruchs** gegen den Strafbefehl (§ 411 Abs. 3 StPO) wird § 69a Abs. 5 StGB dahingehend ausgelegt, dass die Entziehung der Fahrerlaubnis dann wirksam wird, wenn die Entscheidungen zum Schuld- und Strafausspruch insgesamt rechtskräftig und vollstreckbar sind (AG Buchen, Beschl. v. 27.3.2025 – 1 Cs 25 Js 7639/24, NStZ-RR 2025, 152). Wird der Einspruch gegen einen Strafbefehl auf die **Anordnung** der **Dauer** der **Sperrfrist beschränkt**, hängt die Beurteilung der Frage, auf welchen Zeitpunkt für den Beginn der Berechnung der Sperrfrist des § 69a Abs. 1, Abs. 5 S. 2 StGB abzustellen ist, entscheidend von der Frage ab, ob die isolierte Beschränkung des Einspruchs gegen einen Strafbefehl auf die Anordnung der Dauer der Sperrfrist zulässig und damit wirksam ist oder nicht. Denn nur im Falle der Wirksamkeit einer isolierten Anfechtbarkeit der Anordnung der Dauer der Sperrfrist und der Rücknahme des Einspruchs nach §§ 410 Abs. 1 S. 1, 302 Abs. 1 S. 1 StPO im Übrigen, lebt die Wirkung des Strafbefehls als aufschiebend bedingtes Strafanerkenntnis wieder auf und steht der Strafbefehl nach § 410 Abs. 3 StPO einem rechtskräftigen Urteil gleich mit der Folge, dass für die Bemessung der Sperrfrist auf den Erlasszeitpunkt des Strafbefehls abzustellen ist. Andernfalls ist bei Unwirksamkeit der isolierten Anfechtbarkeit der Anordnung der Dauer der Sperrfrist auf den Zeitpunkt der Verhandlung über den Einspruch – dem Zeitpunkt der letzten tatrichterlichen Entscheidung nach § 69a Abs. 5 S. 5 StGB – abzustellen (OLG Frankfurt, Beschl. v. 21.5.1996 – 3 Ss 114/96, NZV 1996, 414 = NStZ-RR 1997, 46; OLG Jena, Beschl. v. 27.11.2009 – 1 Ss 314/09, VRS 118, 279; LG Aachen, Beschl. v. 9.12.2020 – 60 Qs 56/20).

487 **c)** Für das **Verfahren** gilt: Wird ein Rechtsmittel **zurückgenommen**, wenn die nach § 69a Abs. 5 S. 2 StGB anzurechnende Zeit bereits abgelaufen ist, ist die Sperre abgelaufen. Im **Revisionsverfahren** wird allerdings die Entziehung der Fahrerlaubnis auch dann bestätigt und die **Revision verworfen,** wenn zum Zeitpunkt der Entscheidung des Revisionsgerichts die Sperrfrist bereits abgelaufen ist (*Fischer*, § 69a Rn 38 m.w.N.).

☝ Fraglich ist, ob allein der Umstand, dass während des Revisionsverfahrens die **Sperrfrist abgelaufen** ist, zur Aufhebung einer vorläufigen Entziehung der Fahrerlaubnis nach § 111a StPO führt. Das wird von der h.M. verneint (BGH, Beschl. v. 14.5.1998 – 4 StR 211/98; zfs 1998, 353 = NZV 1998, 418 = VRS 95, 215; OLG Düsseldorf VRS 64, 262; OLG Frankfurt NStZ-RR 1998, 76; OLG Hamburg NJW 1981, 2590 = DAR 1981, 27; OLG Hamm JMBl NW 1981, 238; OLG Koblenz VRS 65, 371; OLG Stuttgart VRS 63, 364; *Fischer*, § 69a Rn 39 m.w.N.).

488 **3.** Die Vorschrift des § 69a Abs. 5 S. 2 StGB wird nach h.M. auf eine nach § 69a Abs. 1 S. 3 StGB verhängte **isolierte Sperrfrist nicht entsprechend** angewendet (OLG Düsseldorf VRS 39, 259; OLG Nürnberg DAR 1987, 28; OLG Zweibrücken NJW 1983, 1007 = StV 1983, 22; OVG Saarlouis zfs 2009, 714; LG Berlin VRS 122, 118; AG Idstein NStZ-RR 2005, 89; *Fischer*, § 69a Rn 37 m.w.N: SSW-StGB/*Harrendorf*, § 69a Rn 26; Tübinger Kommentar/*Kinzig*, § 69a Rn 20; a.A. LG Heilbronn NStZ 1984, 263 m. zust. Anm. *Valerius*; LG Stuttgart BA 2001, 384; VRS 100, 20 = NZV 2001, 180; LK/*Valerius* § 69a Rn 74a). Nach Auffassung des LG Nürnberg-Fürth wird § 69a Abs. 5 S. 2 StGB entsprechend angewendet, wenn ein Angeklagter, gegen den eine isolierte Sperre verhängt wurde, seinen Einspruch gegen den Strafbefehl zurücknimmt (LG Nürnberg-Fürth Rpfleger 1981, 494; a.A. OLG Düsseldorf VRS 39, 259).

4. Hinzuweisen ist noch auf die Frage, wie in den Fällen einer bereits laufenden Sperre eine zweite oder weitere Sperre zu berechnen ist. Möglich ist es, diese bereits von der Rechtskraft des zweiten Urteils an oder erst als sog. **Anschlusssperrfrist** laufen zu lassen. Die h.M. lehnt eine Anschlusssperrfrist zutreffend unter Hinweis auf den Wortlaut des § 69a Abs. 5 S. 1 StGB ab und berechnet die zweite Sperrfrist ab Rechtskraft des zweiten Urteils (so BGHR StGB § 55 Abs. 2 Aufrechterhalten 2; BayObLG NJW 1966, 896; OLG Hamm NJW 1964, 1285, OLG Stuttgart DAR 1963, 274; OLG Zweibrücken NJW 1983, 1007; *Fischer*, § 69a Rn 25, SSW-StGB/*Harrendorf*, § 69a Rn 25; dazu eingehend Tübinger Kommentar/*Kinzig*, § 69a Rn 21 m.w.N.). **Unerheblich** ist es, dass nach beiden Interpretationen bei mehreren nacheinander laufenden Sperrfristen die **Höchstsperrfrist** von fünf Jahren **überschritten** werden kann (BayObLG NJW 1966, 896; OLG Hamburg NJW 1964, 876; OLG Koblenz VRS 52, 273, da es sich bei der zusätzlichen Sperrfrist nicht um eine Verlängerung der alten Frist handelt, sondern um eine neue, auf einer anderen Tat beruhende selbstständige Sperrfrist (Tübinger Kommentar/*Kinzig*, § 69a Rn 22). 489

5. Ist der Verurteilte mit der Berechnung der Sperrfrist nicht einverstanden, kann er **Einwendungen** erheben und ggf. mit dem Rechtsbehelf nach § 458 StPO vorgehen, da diese Vorschrift auch bei der Vollstreckung von Maßregeln anzuwenden ist (LG Coburg, VRS 29, 269). Die Ausführungen bei → *Fahrverbot, Fristberechnung*, Teil A Rdn 526, gelten entsprechend. 490

Siehe auch: → *Fahrerlaubnis, Entziehung, Allgemeines*, Teil A Rdn 444, m.w.N.

Fahrerlaubnis, Sperrfrist, nachträgliche Ausnahme 491

Das Wichtigste in Kürze:

1. § 69a Abs. 2 StGB lässt bei der Anordnung der Sperre für die Wiedererteilung der Fahrerlaubnis Ausnahmen zu.
2. Die Zulässigkeit einer nachträglichen Ausnahme von einer Sperrfrist ist in Rspr. und Lit. umstritten.
3. Eine (nachträgliche) Beschränkung ist nur zulässig im Hinblick auf bestimmte Kraftfahrzeugarten, wenn besondere Umstände die Annahme rechtfertigen, dass der Zweck der Maßregel durch die (nachträgliche) Ausnahme nicht gefährdet wird.
4. Die nachträgliche Ausnahme erfolgt auf Antrag des Verurteilten durch Beschluss des Gerichts.

Literaturhinweise: **Backmann**, Ausnahmen vom Entzug der Fahrerlaubnis und vom Fahrverbot – Europarechtlicher Rahmen, SVR 2010, 281; **Burhoff/Möller**, Ausnahmen vom vorläufigen Entzug der Fahrerlaubnis, VA 2003, 136; **Buschbell**, Ausnahmen vom Entzug der Fahrerlaubnis und vom Fahrverbot, SVR 2010, 3; **Hentschel**, Ausnahme von der Fahrerlaubnissperre für Lkw und Busse?, NZV 2004, 285; **Krumm**, Keine wirkliche Ausnahme – Das Ausnehmen bestimmter Arten von Kraftfahrzeugen von der Sperre gem. § 69a I, II StGB, DAR 2004, 56; *ders.*, Die (Regel-)Beschränkung der vorläufigen Fahrerlaubnisentziehung auf „anlasstatbezogene" Kraftfahrzeugarten, NZV 2006, 234; *ders.*, Ausnahmen vom Entzug der Fahrerlaubnis und vom Fahrverbot, ZRP 2010, 11; **Valerius**, Totale oder teilweise Entziehung der Fahrerlaubnis, NJW 1971, 2154; **Wölfl**, Nachträgliche Ausnahmen von der Fahrerlaubnissperre nach § 69a Abs. 2 StGB, NZV 2001, 369; s.a. die Hinw. bei → *Fahrerlaubnis, Entziehung, Allgemeines*, Teil A Rdn 445. 492

1. § 69a Abs. 2 StGB lässt bei der Anordnung der Sperre für die Wiedererteilung der Fahrerlaubnis Ausnahmen zu (dazu *Fischer*, § 69a Rn 68 ff.; SSW-StGB/*Harrendorf*, § 69a Rn 15 ff.). Voraussetzung ist, dass besondere (objektive oder subjektive) Umstände die Annahme rechtfertigen, dass der **Zweck** der **Maßregel** dadurch **nicht gefährdet** wird. Voraussetzung einer Ausnahme ist immer, dass der Täter in Bezug auf die ausgenommene Kfz-Art nicht gefährlich ist (SSW-StGB/*Harrendorf*, § 69a Rn 15; *Krumm* DAR 2004, 56; BayObLG DAR 1983, 27; OLG Hamm VRS 62, 124). Die Regelung ist letztlich Ausfluss des Verhältnismäßigkeitsgrundsatzes. 493

494 **2.a)** In der Praxis wird von der Möglichkeit einer Ausnahme schon bei Anordnung der Sperrfrist im Hinblick auf die Gefährlichkeit der Verurteilten für den Straßenverkehr **nur wenig Gebrauch** gemacht (BayObLG NZV 2005, *Krumm* DAR 2004, 56; vgl. a. *Fischer*, § 69a Rn 33). Für die Zeit nach der Anordnung der Maßnahme ist in Rspr. und Lit. umstritten, ob überhaupt eine nachträgliche Ausnahme zulässig ist. Das wird von der wohl. h.M. verneint (LG Coburg, Beschl. v. 9.6.1982, Qs 61/82; LG Koblenz DAR 1977, 193; AG Alsfeld DAR 1981, 27; LK-*Valerius*, § 69a Rn 13; *Fischer*, § 69a Rn 34, 40 m.w.N. auch zur a.A.; **a.A.** SSW-StGB/*Harrendorf*, § 69a Rn 27; AG Pirmasens DAR 1976, 193; AG Wismar DAR 1998, 32; vgl. a. *Wölfl* NZV 2011, 369). M.E. sind die Argumente der h.M. nicht von der Hand zu weisen. Denn nach Eintritt der Rechtskraft kann das Gericht deshalb keine nachträgliche Entscheidung gem. § 69a Abs. 2 StGB mehr treffen, weil das ein Eingriff in die Rechtskraft seiner Entscheidung ist. Nachträgliche Abänderungen einer rechtskräftigen Entscheidung sind aber nur möglich sind, wenn dies im Gesetz ausdrücklich vorgesehen ist. Letzteres ist aber in § 69a StGB nicht vorgesehen (s.a. *Fischer*, a.a.O. – [insoweit klaren Regelung des Abs. 7 S. 2]). Geregelt ist dort nur die Aufhebung der Sperrfrist, ein Verweis auf Abs. 2 ist nicht erfolgt.

> ☝ Als zulässig angesehen wird von der h.M. jedoch eine **teilweise vorzeitige Aufhebung** der Sperrfrist nach § 69a Abs. 7 StGB, wenn die Fristen des § 69a Abs. 7 S. 2 StGB beachtet werden (LG Coburg, Beschl. v. 9.6.1982 – Qs 61/82; → *Fahrerlaubnis, Sperrfrist, Aufhebung*, Teil A Rdn 459).

495 **b)** Die Problematik hat sich i.Ü. seit der Neufassung des **§ 9 Abs. 1 FeV** durch die „Vierte Verordnung zur Änderung der Fahrerlaubnis-Verordnung und anderer straßenverkehrsrechtlicher Vorschriften v. 18.7.2008“ (BGBl I, S. 1338) dadurch entschärft, dass nunmehr auch im Fall des § 69a Abs. 2 StGB gilt, dass eine Fahrerlaubnis der Klassen C, C1, D oder D1 nur erteilt werden darf, wenn der Bewerber bereits die Fahrerlaubnis der Klasse B besitzt oder die Voraussetzungen für deren Erteilung erfüllt hat. Dadurch ist eine Ausnahme für Lkw oder Omnibusse und damit für (Berufs-)Kraftfahrer praktisch ausgeschlossen. Das hat dann auch Auswirkungen auf eine nachträgliche Ausnahme (SSW-StGB/*Harrendorf*, § 69a Rn 18).

496 **3.** Will der Verteidiger entgegen der o.a. h.M. eine nachträgliche Ausnahme von der Sperrfrist **beantragen**, muss er Folgendes **beachten**:

497 **a) Allgemein** wird er zunächst darauf **hinweisen** müssen, dass entgegen der h.M. aufgrund des „argumentum a majore ad minore“ auch eine nachträgliche Ausnahme von der Sperrfrist möglich sein muss. Denn wenn die Sperrfrist insgesamt aufgehoben werden kann, muss auch eine teilweise Aufhebung in Form einer auf bestimmte Kraftfahrzeugarten bezogenen (nachträglichen) Ausnahme zulässig sein. Insofern ist die Rspr. nicht konsequent, wenn sie zulässt, dass die vorzeitige Aufhebung der Sperrfrist nach § 69a Abs. 7 StGB teilweise beschränkt werden kann (→ *Fahrerlaubnis, Sperrfrist, Aufhebung*, Teil A Rdn 459). Im Übrigen gilt:

498 **b)** Die Beschränkung ist nur für **bestimmte Arten** von **Kfz** zulässig. Ausgenommen werden können alle von einer FE-Klasse i.S.v. § 6 FeV erfassten Fahrzeuge sowie innerhalb einer Klasse Fahrzeuge mit einem bestimmten objektiv-konstruktiven Verwendungszweck (*Fischer*, § 69a Rn 29).

> ☝ Die Beschränkung kann **nicht** ausgesprochen werden für bestimmte **Zeiten, Orte, Anlässe** und **Gebiete** (BayObLG NZV 2005, 592; OLG Hamm NJW 1971, 1193; OLG Frankfurt NJW 1973, 815; *Fischer*, § 69a Rn 29; *Hentschel/König/Dauer/König*, § 69a StGB Rn 6 m.w.N. aus der Rspr.; *Schmitt/Köhler*, § 111a Rn 4; LR-*Hauck*, § 111a Rn 28; Burhoff/*Deutscher*, OWi, Rn 1586 ff., 1594 m.w.N. für die vergleichbare Problematik beim Fahrverbot nach § 25 StVG; Tübinger Kommentar/*Kinzig* § 69a Rn 17; s.a. OLG Celle Nds.Rpfl. 1996, 14; OLG Naumburg; Beschl. v. 28.12.2021 – 1 Ws 219/21, DAR 2022, 644 = zfs 2022, 412; unzutreffend a.A. für Fahrzeuge ab einer bestimmten Motorleistung AG Dortmund, Urt. v. 7.11.2017 – 729 OWi 264 Js 1906/17, 300/17, DAR 2018, 218 [Ls.]).

Nicht als „Arten" von Kfz zu bezeichnen sind: 499

- **Lieferwagen** sowie
- **Dienstfahrzeuge** eines bestimmten Eigentümers (OLG Naumburg; Beschl. v. 28.12.2021 – 1 Ws 219/21, DAR 2022, 644 = zfs 2022, 412 [Bundeswehr]; s. aber AG Lüdinghausen NStZ 2004, 318 [Ls. – zum Zwecke dienstlicher Fahrten genutzte Kfz der Bundeswehr können ausgenommen werden]).
- Pkw eines **bestimmten Fabrikats** (OLG Hamm NJW 1971, 1193) oder Pkw-Gespanne (LG Hamburg DAR 1991, 470),
- **Taxen** (OLG Hamm VRS 62, 1114; OLG Stuttgart DAR 1975, 305).

Als „Arten" angesehen worden sind (vgl. zu allem die Rspr.-Nachw. bei *Fischer*, § 69a Rn 30): 500

- landwirtschaftliche **Betriebsfahrzeuge** (OLG Karlsruhe NZV 2004, 653; LG Frankenthal DAR 1999, 374),
- auch Fahrzeuge der **früheren Klasse** 4 (s.a. OLG Celle Nds.Rpfl. 1996, 14, zur Ausnahme von einem Fahrverbot für „*Transporte, die mit einer Ausnahmegenehmigung gem. § 70 StVZO genehmigt sind, betreffend Fahrgeschäfte*"),
- **Feuerlöschfahrzeuge** der **früheren Klasse 3** (BayObLG NZV 1991, 397),
- Einsatzfahrzeugen der Feuerwehr und **Krankenwagen** (OLG Bamberg, Beschl. v. 9.11.20217 – 3 Ss OWi DAR 2018, 91 m. Anm. *Krenberger* NZV 2018, 91 und *Deutscher* VRR 3/2018, 17; OLG Düsseldorf NZV 2008, 104; ähnlich LG Hamburg DAR 1992, 191),
- **Motorräder** (OLG Bamberg NStZ-RR 2008, 119),
- bestimmte Arten von **Müllfahrzeugen** (AG Frankfurt NJW 2007, 312 [Ls.]),
- **Rettungswagen** der Feuerwehr bis zu 7,5 t,
- **landwirtschaftliche** Zugmaschinen (Klasse L; s. z.B. LG Saarbrücken zfs 2002, 307),
- **Lkw** der Klasse 3 t – 7,5 t (s. z.B. LG Zweibrücken NZV 1996, 252) und der früheren Klasse 2/jetzt Klasse CE,
- **Omnibusse**,
- **Panzer** (LG Detmold NZV 1989, 366),
- Fahrzeuge der Fahrerlaubnisklassen **L** und **T** (AG Lüdinghausen NStZ 2004, 318 (Ls.]),
- Fahrzeuge der Fahrerlaubnisklassen **D1, D, D 1 E, DE** (AG Lüdinghausen NStZ-RR 2015, 26 für Busfahrer).

c) Es müssen **besondere Umstände** die Annahme rechtfertigen, dass der **Zweck** der **Maßregel** durch die (nachträgliche) Ausnahme **nicht gefährdet** wird. Dabei muss es sich um solche Umstände handeln, die den Schluss zulassen, dass eine Gefährdung der Allgemeinheit nicht gegeben ist, wenn der zum Führen von Kfz an sich ungeeignete Beschuldigte nur bestimmte Fahrzeuge benutzt (z.B. für landwirtschaftliche Traktoren LG Dessau zfs 1998, 484; LG Saarbrücken zfs 2002, 307; AG Bitterfeld zfs 1999, 474; zu allem auch *Fischer*, § 69a Rn 33 m.w.N.). Bei der Anordnung der Sperrfrist zugrundeliegenden **Alkoholtaten** geht die Rspr. davon aus, die Voraussetzungen für eine Beschränkung von der Anordnung einer Sperre nach § 69a Abs. 2 StGB i.d.R. nicht gegeben sind (u.a. OLG Hamm NJW 1971, 1618; OLG Koblenz VRS 60, 44; 60; 76, 369; LG Saarbrücken, a.a.O.; AG Lüdinghausen NJW 2010, 310; s. auch *Fischer*, § 69a Rn 33, m.w.N.; zu Ausnahmen AG Alsfeld zfs 2010, 168 [Führen eines Traktors für die Fortführung des Ausbildungsverhältnisses notwendig]; AG Bitterfeld zfs 1999, 474 [Ausnahme bei Ersttrunkenheitsfahrt bejaht]; AG Frankfurt NStZ-RR 2007, 25. 501

Auch **wirtschaftliche Gründe allein** reichen grds. **nicht** für eine Beschränkung aus (OLG Düsseldorf VRS 66, 43, AG Lüdinghausen NZV 2012, 501), sodass sich der Verteidiger Ausführungen über die Notlage, in die der Verurteilte durch die Entziehung der Fahrerlaubnis gerät bzw. geraten ist, i.d.R. ersparen kann. 502

☝ Davon sollte man m.E. häufiger eine **Ausnahme** zulassen: Dann nämlich, wenn der **wirtschaftliche Druck** auf den Beschuldigten, der dazu neigt, im privaten Bereich mit seinem Pkw Trunkenheitsfahrten zu begehen, so **gewichtig** ist, dass er seinen Beruf, z.B. als Omnibus- oder Lkw-Fahrer, nach aller Wahrscheinlichkeit ohne Beanstandungen ausüben wird (LR-*Hauck*, § 111a Rn 28; LG Hamburg DAR 1996, 108 [für Berufskraftfahrer]; s. aber LG Osnabrück zfs 1998, 273 [nur ganz ausnahmsweise Ausnahme von Klasse 2/CE]; a.A. AG Rockenhausen zfs 2001, 474). Häufig hilft hier ein Kontakt mit dem sachbearbeitenden StA oder Richter.

503 **4.** Hinsichtlich des einzuhaltenden **Verfahrens** gelten die Ausführungen bei → *Fahrerlaubnis, Sperrfrist, Aufhebung*, Teil A Rdn 459, entsprechend. Die nachträgliche Ausnahme erfolgt also auf Antrag des Verurteilten durch Beschluss des Gerichts.

Siehe auch: → *Fahrerlaubnis, Sperrfrist, Allgemeines*, Teil A Rdn 444, m.w.N.

504 Fahrerlaubnis, Sperrfrist, nachträgliche Gesamtstrafenbildung

Das Wichtigste in Kürze:

1. Bei der nachträglichen Gesamtstrafenbildung im Verfahren nach § 460 StPO kann es im Hinblick auf eine Sperrfrist zu Problemen kommen.
2. Hinsichtlich der anzuwendenden Regeln gelten grds. die für die nachträgliche Gesamtstrafenbildung durch Urteil nach § 55 StGB geltenden Regeln entsprechend.
3. Es sind verschiedene Fallgestaltungen zu unterscheiden.
4. Das zuständige Gericht entscheidet durch Beschluss, gegen den sofortige Beschwerde eingelegt werden kann.

505 **Literaturhinweise:** **Geppert**, Auswirkungen einer früheren strafgerichtlichen Entziehung der Fahrerlaubnis und der dort festgesetzten Sperrfrist auf die Bemessung einer neuen Sperrfrist, MDR 1972, 280; **Hentschel**, Die Führerscheinsperre bei nachträglicher Gesamtstrafenbildung, Rpfleger 1977 283; s.a. die Hinw. bei → *Fahrerlaubnis, Entziehung, Allgemeines*, Teil A Rdn 445.

506 **1.** Im Strafverfahren kommt eine nachträgliche Gesamtstrafenbildung einmal während des Erkenntnisverfahrens nach § 55 StGB in Betracht. Ist das unterblieben, muss ggf. im Verfahren nach **§ 460 StPO** nachträgliche eine Gesamtstrafe gebildet werden. Dabei kann es im Hinblick auf eine Sperrfrist zu Problemen kommen.

☝ Hier werden **nur** die mit der **nachträglichen Gesamtstrafenbildung** im **Beschlussweg** nach § 460 StPO zusammenhängenden Fragen dargestellt (i.Ü. *Fischer*, § 55 Rn 29 ff. m.w.N.; LK-*Valerius*, § 69a Rn 58 ff.).

507 Insoweit gilt:

2. Hinzuweisen ist zunächst darauf, dass hinsichtlich der anzuwendenden Regeln grds. die für die nachträgliche Gesamtstrafenbildung durch Urteil nach § 55 StGB geltenden **Regeln entsprechend** gelten (SSW-StGB/*Harrendorf*, § 69a Rn 20 ff.; LK-*Valerius*, § 69a Rn 58 ff., 57 ff.). Das bedeutet, dass der Verurteilte auch unter den Voraussetzungen des § 460 StPO nur so gestellt werden soll/darf, als habe bereits der letzte erkennende Tatrichter die Gesamtstrafenentscheidung getroffen. Es ist also sowohl eine Besser- als auch Schlechterstellung ausgeschlossen (LK-*Valerius*, § 69a Rn 67; BGHSt 32 193).

3. Zu unterscheiden sind folgende **Fallgestaltungen** (LK-*Valerius*, § 69a Rn 67 ff.; *Fischer*, § 55 Rn 29 ff.): 508

Bisher überhaupt keine Sperre 509

- Ordnet keine der gesamtstrafenfähigen Entscheidungen eine Entziehung der Fahrerlaubnis mit Sperrfrist für die Wiedererteilung an, kann die Maßregel im Gesamtstrafenbeschluss nicht nachgeholt und erstmalig angeordnet werden (so schon OLG Hamm NJW 1964 1285 [zur früheren Gesetzeslage]); LK-*Valerius*, § 69a Rn 67 m.w.N.; Tübinger Kommentar/*Kinzig*, § 69a Rn 75; *Meyer-Goßner/Schmitt* § 460 Rn 18).

Sperrfrist nur in einer der einzubeziehenden Entscheidungen 510

- Ist nur in einer der einzubeziehenden Entscheidungen die Entziehung der Fahrerlaubnis mit einer – noch nicht erledigten – Sperrfrist angeordnet, muss die Maßregel im Gesamtstrafenbeschluss **ausdrücklich aufrechterhalten** bleiben (BGH NStZ 1992, 231; NStZ-RR 2004, 247 f.; KG, Beschl. v. 20.5.2020 – (5) 161 Ss 59/20 (22/20) m.w.N.; *Fischer*, § 55 Rn 33 m.w.N.).

  ☝ Geschieht das nicht, **entfällt** die Maßregel.

- Es wird eine **neue einheitliche Sperre festgesetzt**, die dann die alte Sperre gegenstandslos werden lässt, aber bereits mit der Rechtskraft der früheren Entscheidung zu laufen beginnt (BGH, Beschl. v. 19.9.2000 – 4 StR 320/00, NStZ 2001, 245 m.w.N.; Beschl. v. 27.4.2017 – 2 StR 9/17, StV 2018, 415; Beschl. v. 8.7. 2020 – 4 StR 72/20, NStZ-RR 2020, 384; *Hentschel/König/Dauer/König*, § 69a Rn 12).

  ☝ Die noch nicht verstrichene alte Sperrfrist **läuft** in diesem Fall ab **Rechtskraft** der **früheren Entscheidung** weiter (BGH, a.a.O.).

- Ist die Sperrfrist abgelaufen, wird ggf. nur die **Entziehung** der Fahrerlaubnis **aufrechterhalten** (BGH NJW 2002, 1813, 1814; StRR 2008, 203; KG, Beschl. v. 20.5.2020 – (5) 161 Ss 59/20 (22/20) m.w.N.; vgl. aber BGHSt 42, 308; BGH DAR 2004, 229). Des Ausspruchs, dass die Entziehung der Fahrerlaubnis aufrechterhalten wird, nicht, wenn die Maßnahme unmittelbar mit der Rechtskraft der früheren Entscheidung wirksam geworden und damit „erledigt" ist (BGH, Beschl. v. 11.9.2019 – 2 StR 325/19; NStZ-RR 2020, 155; Beschl. v. 7.12.2021 – 4 StR 387/21, BA 59, 46 [2022]).

Mehrere der einzubeziehenden Entscheidungen enthalten Maßregeln nach §§ 69, 69a Abs. 1 S. 3 StGB 511

- Enthalten mehrere der einzubeziehenden Entscheidungen eine Entziehung der Fahrerlaubnis mit Sperrfrist wird im Gesamstrafenbeschluss ohne Bindung an die Rechtskraft der früheren Entscheidungen eine einheitliche **neue Sperrfrist** festgesetzt (BGH NStZ 2011, 245; LK-*Valerius*, § 69a Rn 68 i.V.m. Rn 62 ff. m.w.N.). Die alte Sperre wird gegenstandslos.
- Für die erforderliche Dauer kommt es auf die **Sachlage** und Gesamtprognose zum **Zeitpunkt** der **neuen Entscheidung** an (u.a. BGH NJW 2003, 1613, 1615; 2003, 2841; *Fischer*, § 69a Rn 27 m.w.N.). Eine „Anrechnung" der bereits verstrichenen Sperrfrist(en) aus den früheren Entscheidungen kommt nicht in Betracht. Die Dauer der schon verstrichenen früheren Sperrfrist ist bei der Bemessung der neuen Sperre jedoch prognostisch mitzuberücksichtigen (*Fischer*, a.a.O.; LK-*Valerius*, § 69a Rn 68).
- Die **Mindestfrist** der neuen Sperre darf nicht kürzer bemessen werden als der noch nicht verstrichene Rest der früheren Sperre (BGH NStZ 1992, 231; *Fischer*, § 55 Rn 31). Die **Höchstdauer** der neuen Sperrfrist darf im Fall des § 69a Abs. 1 S. 1 StGB fünf Jahre nicht überschreiten (BGHSt 24, 205; BGH NJW 2003, 1613, 1615; teilweise a.A. LK-*Valerius*, § 69a Rn 65).

- Die **neue Sperrfrist beginnt** nach h.M. mit der Rechtskraft des Urteils in dem die frühere Sperrfrist festgesetzt worden (BGHSt 24, 205, 207; BGH NStZ 1992, 231; *Fischer*, § 69a Rn 27 m.w.N. aus der Rspr. der Instanzgerichte und zur a.A., wie z.B. LK-*Valerius*, § 69a Rn 64 m.w.N.; *Hentschel/König/Dauer/Hentschel*, § 69a Rn 12).

☝ Die bereits verstrichene **frühere Sperrfrist** ist **anzurechnen** (BGH NJW 2000, 3654).

512 **Sperrfristen aus allen einzubeziehenden Entscheidungen sind bereits verstrichen**

- Sind die Sperrfriste aus allen einzubeziehen Entscheidungen im Zeitpunkt der neuen Entscheidung bereits verstrichen, wird eine neue Sperrfrist nicht festgesetzt, wenn der Zweck der Maßregel(n) nach Überzeugung des den Gesamtstrafenbeschluss erlassenden Richters im Zeitpunkt seiner Entscheidung erreicht ist (LK-*Valerius*, § 69a Rn 68; *Hentschel* DAR 1976, 289, 291). Anderenfalls kann eine Sperrfrist festgesetzt werden.

513 4. Für das **Verfahren** gilt (→ *Fahrerlaubnis, Sperrfrist, Aufhebung*, Teil A Rdn 459):

514 **Zuständig** für das Verfahren nach § 460 StPO ist nach § 462a Abs. 3 S. 1 StPO das Gericht des ersten Rechtszuges. Bei Verurteilungen verschiedener Gerichte entscheidet nach § 462a Abs. 3 S. 2 StPO das Gericht, das auf die schwerste Strafart oder bei Strafen gleicher Art auf die höchste Strafe erkannt hat, und, falls hiernach mehrere Gerichte zuständig wären, das Gericht, dessen Urteil zuletzt ergangen ist.

515 Die Entscheidung ergeht durch **Beschluss**. Gegen diesen können der Verurteilte und die StA gem. § 462 Abs. 3 S. 1 StPO binnen einer Woche **sofortige Beschwerde** einlegen (zur sofortigen Beschwerde Burhoff/*Kotz/Hillenbrand*, RM, Teil A Rn 550 ff.; *Burhoff*, EV, Rn 4289 ff.).

516 **Gebührenrechtlich** handelt es sich bei vom Verteidiger in Zusammenhang mit einer nachträglichen Gesamtstrafenbildung erbrachten Tätigkeiten um Tätigkeiten in der „Strafvollstreckung", für die Gebühren nach Teil 4 Abschnitt 2 VV RVG anfallen (→ *Strafvollstreckung, Allgemeines*, Teil J Rdn 319, m.w.N.).

Siehe auch: → *Fahrerlaubnis, Entziehung, Allgemeines*, Teil A Rdn 444 m.w.N.; → *Fahrerlaubnis, Sperrfrist, Berechnung*, Teil A Rdn 481.

517 Fahrverbot, Allgemeines

Das Wichtigste in Kürze:

1. Dargestellt werden hier nur die mit einem Fahrverbot nach § 44 StGB zusammenhängenden-Fragen.
2. Eine nachträgliche Beschränkung des Fahrverbotes auf bestimmte Arten von Kfz ist nicht zulässig.
3. Auch die Zulässigkeit der Abkürzung eines nach § 44 StGB verhängten Fahrverbotes ist zu verneinen.
4. Wird gegen ein Fahrverbot nach § 44 StGB verstoßen, kommt eine Strafbarkeit nach § 21 StVG in Betracht.

518 **Literaturhinweise: Bode**, Das Fahrverbot als allgemeine Nebenstrafe, NZV 2017, 1; **Busemann/Meyer**, Fahrverbot als Sanktion?, ZRP 2010, 239; **S. Cramer**, Fahren trotz Fahrverbots – Verfassungswidrigkeit von § 21 Abs. 1 Nr. 1 StVG im Falle des § 44 StGB?, DAR 1998, 464; **Deutscher**, Fahrverbot als Nebenstrafe bei allgemeiner Kriminalität?, VRR 1/2017, 4; **Fehl**, Empfiehlt sich eine Vier-Monats-Frist für das Wirksamwerden von Fahrverboten (§ 25 II a StVG) auch bei § 44 StGB?, NZV 1998, 439; **Fromm**, Gnadenanträge bei Entziehung der Fahrerlaubnis und Fahrverbot, NZV 2011, 329; **Janker**, Das Fahrverbot als Nebenstrafe bei allgemeiner Kriminalität? – oder: Die Suche nach einer (weiteren) schuldangemessenen und präventiv wirkenden Sanktion, DAR 2017, 8; **König**, Das strafrechtliche Fahrverbot neuer Prägung, DAR 2018, 604; **Krumm**, Das strafrechtliche Fahrverbot, SVR 2009, 136; **Mitsch**, Die Strafbarkeit der Fahrverbotsübertretung – ein Unikum, NZV 2007, 66; **Schöch**, Zur Auslegung und Anwendung des neuen § 44 StGB, NStZ 2018, 15; s.a. die Hinw. bei → *Fahrerlaubnis, Entziehung, Allgemeines*, Teil A Rdn 445, und bei → *Fahrverbot, Fristberechnung*, Teil A Rdn 526.

1. Das Fahrverbot nach § 44 StGB ist eine sog. **Nebenstrafe**. Vorgesehen ist, dass dem Verurteilten vom Gericht das Führen von Kfz jeder oder einer bestimmten Art für die Dauer von einem bis zu sechs Monaten verboten werden kann. Nach der Reform des § 44 StGB kann ein Fahrverbot auch verhängt werden, wenn die Straftat nicht bei oder im Zusammenhang mit dem Führen eines Kraftfahrzeugs oder unter Verletzung der Pflichten eines Kraftfahrzeugführers begangen wurde. Es kommt die Anordnung eines Fahrverbots dann namentlich in Betracht, wenn sie zur Einwirkung auf den Täter oder zur Verteidigung der Rechtsordnung erforderlich erscheint oder hierdurch die Verhängung einer Freiheitsstrafe oder deren Vollstreckung vermieden werden kann. Das Fahrverbot ist im Grunde eine Vorstufe der Entziehung der Fahrerlaubnis nach § 69 StGB, die als Maßregel der Sicherung und Besserung allerdings dann die Ungeeignetheit des Verurteilten zur (weiteren) Verkehrsteilnahme voraussetzt. Dies erfordert das Fahrverbot nicht. Die Anordnung eines Fahrverbots setzt aber voraus, dass der mit ihm angestrebte spezialpräventive Zweck mit der Hauptstrafe allein nicht erreicht werden kann (zum alten Recht BGHSt 29, 58; 24, 348; OLG Karlsruhe NStZ-RR 2006, 23). 519

Die nachfolgenden Ausführungen befassen sich **nicht** näher mit den **Voraussetzungen** für die **Verhängung** eines Fahrverbotes nach § 44 StGB. Insoweit wird auf die **Kommentierungen** zu § 44 StGB bei *Fischer*, a.a.O.; SSW-StGB/*Mosbacher* und/oder Tübinger Kommentar/*Kinzig*, a.a.O. verweisen. Ebenfalls nicht dargestellt werden die mit einem Fahrverbot nach § 25 StVG zusammenhängenden Fragen. Insoweit wird verwiesen auf Burhoff/*Deutscher*, OWi, Rn 1376 ff. m.w.N. 520

☝ **Dargestellt** werden **hier** nur die mit (nachträglichen) Beschränkung (dazu Rdn 522 ff.), der Fristberechnung (dazu → *Fahrverbot, Fristberechnung*, Teil A Rdn 526) und der Abkürzung (Rdn 524) zusammenhängende Fragen. Hinzuweisen ist schließlich noch auf § 21 StVG.

2.a) Nach § 44 Abs. 1 S. 1 StGB kann das Fahrverbot – ebenso wie die Sperrfrist nach § 69a StGB (→ *Fahrerlaubnis, Sperrfrist, Allgemeines*, Teil A Rdn 454, m.w.N.) auf **bestimmte Arten** von Kfz **beschränkt** werden (Tübinger Kommentar/*Kinzig*, § 44 Rn 17). Insoweit gelten für die Anordnung im Wesentlichen dieselben Grundsätze wie bei der Beschränkung der Sperrfrist (→ *Fahrerlaubnis, Sperrfrist, nachträgliche Ausnahme*, Teil A Rdn 491; Tübinger Kommentar/*Kinzig*, a.a.O.). 521

b) Fraglich ist, ob eine **nachträgliche Beschränkung** des Fahrverbots, z.B. durch eine Herausnahme bestimmter Fahrzeugarten aus dem Anordnungsbereich, **zulässig** ist. Das ist zu verneinen. Dem steht die Rechtskraft der gerichtlichen Entscheidung und der Umstand entgegen, dass bei § 44 StGB – anders als bei der Sperre nach § 69a StGB in § 69a Abs. 7 StGB nicht die Möglichkeit einer vorzeitigen Aufhebung des Fahrverbotes vorgesehen ist (LG Aschaffenburg DAR 1978, 277; LK-*König*, § 44 Rn 46; Tübinger Kommentar/*Kinzig*, § 44 Rn 17 m.w.N. aus der Lit.). 522

c) Für insoweit ggf. dennoch entstehende **Verfahrensfragen** wird verwiesen auf die Ausführungen bei → *Fahrerlaubnis, Sperrfrist, nachträgliche Ausnahme*, Teil A Rdn 491). 523

3. Auch die Zulässigkeit der **Abkürzung** eines nach § 44 StGB verhängten Fahrverbotes ist zu **verneinen**. Die Argumente gegen eine nachträgliche Beschränkung des Fahrverbotes (Rdn 499) und bei → *Fahrerlaubnis, Sperrfrist, Abkürzung*, Teil A Rdn 449, gelten entsprechend. 524

4. Wird gegen ein Fahrverbot nach § 44 StGB verstoßen, kommt eine Strafbarkeit nach **§ 21 StVG** in Betracht, und zwar sowohl für denjenigen, gegen den sich das Fahrverbot richtet (§ 21 Abs. 1 Nr. 1 StVG), als auch ggf. gegen den Halter, der angeordnet oder zugelassen hat, dass sein Fahrzeug von jemandem geführt wird, gegen den gem. § 44 StGB ein Fahrverbot verhängt ist (§ 21 Abs. 2 Nr. 1 StVG). 525

Siehe auch: → *Fahrerlaubnis, Entziehung, Allgemeines*, Teil A Rdn 444, m.w.N.; → *Fahrverbot, Fristberechnung*, Teil A Rdn 526; → *Fahrverbot, Vollstreckung*, Teil B Rdn 476.

526 Fahrverbot, Fristberechnung

Das Wichtigste in Kürze:

1. Gem. § 44 Abs. 2 S. 1 StGB wird das Fahrverbot mit Rechtskraft des Urteils/Strafbefehl wirksam.
2. Für die Berechnung der Verbotsfrist ist nach § 44 Abs. 3 S. 1 StGB der Tag maßgebend, an dem der Führerschein zwecks Vollstreckung des Fahrverbots in amtliche Verwahrung gelangt.
3. Gem. § 51 Abs. 5 StGB wird die Dauer einer vorläufigen Fahrerlaubnisentziehung auf die Fahrverbotsdauer angerechnet.
4. Die Zeit, in der der Verurteilte aufgrund behördlicher Anordnung in einer Anstalt verwahrt wird, wird nach § 44 Abs. 3 S. 2 StPO in die Fahrverbotsfrist nicht eingerechnet.
5. Die Fahrverbotsfrist endet mit Ablauf der festgesetzten Dauer.
6. Bei Zweifeln über die Fristberechnung ist das Verfahren nach § 458 StPO einzuschlagen.

527 **Literaturhinweise:** **Burhoff**, Vollstreckung mehrerer Fahrverbote, VRR 2008, 409; **Buschbell**, Ausnahmen vom Entzug der Fahrerlaubnis und vom Fahrverbot, SVR 2010, 3; **Deutscher**, Fahrverbot als Nebenstrafe bei allgemeiner Kriminalität?, VRR 1/2017, 4; **Grohmann**, Besondere Anrechnungs- und Berechnungsprobleme beim Fahrverbot, DAR 1988, 45; **Hentschel**, Wann beginnt die Frist für das Fahrverbot nach §§ 44 StGB, 25 StVG, wenn amtliche Verwahrung eines Führerscheins aus rechtlichen oder tatsächlichen Gründen nicht möglich ist?, DAR 1988, 156; **Karl**, Fahrverbote aufgrund verschiedener Verfahre, NJW 1987, 1063; **Schäpe**, Probleme der Praxis bei der Vollstreckung von Fahrverboten, DAR 1998, 10; s.a. die Hinw. bei → *Fahrverbot, Allgemeines*, Teil A Rdn 517.

528 **1.** Nach § 44 Abs. 2 S. 1 StGB wird das Fahrverbot **mit Rechtskraft** des Urteils oder des Strafbefehls wirksam. Für die Fristberechnung gilt:

529 **2.a)** Für die Berechnung der Verbotsfrist ist nach § 44 Abs. 3 S. 1 StGB nicht der Zeitpunkt **maßgebend**, in dem das Fahrverbot nach § 44 Abs. 2 S. 1 StGB wirksam wird, sondern erst der Tag, an dem der Führerschein zwecks Vollstreckung des Fahrverbots in **amtliche Verwahrung** gelangt (SSW-StGB/*Mosbacher*, § 44 Rn 23; Tübinger Kommentar/*Kinzig*, § 44 Rn 21 m.w.N.; *Fischer*, § 44 Rn 17a; *Hentschel* DAR 1988, 156; krit. *Deutscher* VRR 1/2017, 4, 8).

☝ Die **Abgabe** bei der Polizei oder dem Gericht genügt (Tübinger Kommentar//*Kinzig*, a.a.O.).

530 Mit dieser Regelung sollen **Manipulationen verhindert** werden, dass nämlich der Verurteilte mit der Verweigerung der Herausgabe des Führerscheins das Fahrverbot praktisch umgeht (LK-*König*, § 44 Rn 59). Dadurch verlängert sich allerdings ggf. das Fahrverbot um die Zeit zwischen der Rechtskraft und dem Beginn der Verwahrung mit der Folge einer möglichen Strafbarkeit nach § 21 StVG (*Fischer*, § 44 Rn 17b).

☝ Der Verteidiger muss den Verurteilten auf die sich ggf. ergebende **Verlängerung** der Fahrverbotsfrist, wenn der Führerschein nicht schnell in amtliche Verwahrung kommt, **hinweisen**.

531 I. Ü. ist nach **§ 268c StPO** der Verurteilte in der HV über den Beginn der Fahrverbotsfrist zu belehren. Dabei handelt es sich nach allgemeiner Meinung jedoch nur um eine Ordnungsvorschrift, so dass eine unterlassene Belehrung den Fristbeginn unberührt lässt (LK-*König*, § 44 Rn 59; Tübinger Kommentar/*Kinzig*, § 44 Rn 21).

532 **b)** Wird der Führerschein des Verurteilten **bereits amtlich verwahrt**, z.B. weil bereits ein anderes Fahrverbots nach § 44 StGB vollstreckt wird (→ *Fahrverbot, Vollstreckung*, Teil B Rdn 476), beginnt die Verbotsfrist des (neuen) Fahrverbotes schon mit der Rechtskraft dieses Fahrverbotes zu laufen (Tübinger Kommentar/*Kinzig*, § 44 Rn 21). Es beginnt nicht erst mit Ablauf der anderen Fahrverbotsfrist zu laufen, da die Fahrverbote **nebeneinander** und nicht nacheinander vollstreckt werden (BayObLG VRS 51, 223; DAR 1994, 74; LG Münster NJW 1990, 2481; *Fischer*, § 44 Rn 18a; a.A. Tübinger Kommentar/*Kinzig*, § 44 Rn 21 m.w.N.; LG Osnabrück, Beschl. v. 6.11.2020 – 10 Qs/530 Js 65617/19–58/20; zur Vollstre-

ckung mehrerer Fahrverbote – auch in Kombination mit einem Fahrverbot nach § 25 StVG – *Burhoff* VRR 2008, 409; Burhoff/*Gübner*, OWi, Rn 1802 ff.).

c) Hat der Verurteilte seinen **Führerschein verloren** bzw. behauptet er das, muss er nach § 463b Abs. 3 S. 1 StPO bei Nichtvorfinden des Führerscheins auf Antrag der Vollstreckungsbehörde eine eidesstattliche Versicherung über dessen Verbleib abzugeben hat. Im Übrigen wird für den Beginn der Verbotsfrist wie folgt unterschieden: 533

- Erfolgte der Verlust des Führerscheins **nach Rechtskraft** des Urteils, wird auf den Tag des Verlustes abgestellt (AG Viechtach NStZ-RR 2006, 352; *Fischer*, § 44 Rn 17a; Tübinger Kommentar/*Kinzig*, § 44 Rn 21a m.w.N.; *Schäpe* DAR 1998, 10, 13).
- Ist der Führerschein hingegen schon **vor Rechtskraft** des Urteils verloren gegangen, ist es zutreffend für den Beginn der Verbotsfrist auf den Eingang der Mitteilung über den Verlust bei Gericht oder der Vollstreckungsbehörde abzustellen (so auch LG Essen NZV 2006, 166; LK-*Geppert*, § 44 Rn 65a, SSW-StGB/*Claus*, § 44 Rn 23; Tübinger Kommentar/*Kinzig*, a.a.O.). Würde man in diesem Fall für den Fristbeginn auch auf das Wirksamwerden des Fahrverbots abstellen (so LG Hamburg DAR 2003, 327; *Grohmann* DAR 1988, 45, 47; Hentschel/*Krumm*, Rn 761), würde das zu einer ungerechtfertigten Besserstellung des Verurteilten gegenüber demjenigen führen, dessen Führerschein gefunden und beschlagnahmt wird (zutreffend Tübinger Kommentar/*Kinzig*, a.a.O.). Würde man hingegen den Beginn der Verbotsfrist auf den Zeitpunkt der Abgabe der eidesstattlichen Versicherung legen (so OLG Düsseldorf NZV 1999, 521; AG Bremen NZV 2011, 151; *Schäpe* DAR 1998, 10, 13), könnte das zu einer Benachteiligung des Verurteilten führen, der dann vom Ablauf des Verfahrens der Abgabe der eidesstattlichen Versicherung abhängig wäre.

3. Gem. § 51 Abs. 5 StGB wird die Dauer einer **vorläufigen Fahrerlaubnisentziehung** gem. § 111a StPO bzw. die einer Verwahrung, Sicherstellung oder Beschlagnahme des Führerscheins gem. § 94 StPO auf die Fahrverbotsdauer angerechnet (*Fischer*, § 44 Rn 18 m.w.N.; Tübinger Kommentar/*Kinzig*, § 44 Rn 23; LK-*König*, § 44 Rn 66 ff.). Hat nach dem Urteil eine Verwahrung, Sicherstellung oder Beschlagnahme des Führerscheins aufgrund des § 111a Abs. 5 S. 2 StPO fortgedauert, so ist diese Zeit nach § 450 Abs. 2 StPO unverkürzt auf das Fahrverbot anzurechnen. 534

4. Die Zeit, in der der Verurteilte aufgrund behördlicher Anordnung in einer (in- oder ausländischen) **Anstalt verwahrt** wird, z.B. zur Verbüßung einer Freiheitsstrafe, wird nach § 44 Abs. 3 S. 2 StPO in die Fahrverbotsfrist nicht eingerechnet. Anderenfalls würde der Zweck des Fahrverbots vereitelt werden (Tübinger Kommentar/*Kinzig*, § 44 Rn 22). Das gilt nach Tübinger Kommentar/*Kinzig* (a.a.O.) nicht nur für die Zeit nach Rechtskraft des Fahrverbots, sondern sinngemäß auch bei Anrechnung einer vorläufigen Fahrerlaubnisentziehung gelten. 535

☝ Zur Anstaltsverwahrung zählt auch die Zeit des **Urlaubs** aus der Anstalt und des **Freigangs** (OLG Frankfurt NJW 1984, 812; OLG Köln NStZ-RR 2008, 213; OLG Stuttgart NStZ 1983, 573; vgl. a. BGH NStZ 2005, 265 f.; Tübinger Kommentar/*Kinzig*, § 44 Rn 22 m.w.N.; *Fischer*, § 44 Rn 18, SSW-StGB/*Claus*, § 44 Rn 21).

5. Die Fahrverbotsfrist **endet** mit Ablauf der festgesetzten Dauer. Das ist unabhängig davon, ob ggf. früher oder später der Führerschein wieder ausgehändigt wird (LK-*König*, § 44 Rn 58; Tübinger Kommentar/*Kinzig*, § 44 Rn 21b m.w.N.). Für die Berechnung des genauen Fristendes gilt § 59a Abs. 5 StVollstrO; auf das Ende der Frist ist der Täter bei Aushändigung des Führerscheins hinzuweisen (§ 59a Abs. 2 S. 2 StVollstrO; LK-König, § 44 Rn 58. 536

☝ Nimmt also der Verurteilte nach Ablauf der Fahrverbotsfrist, aber vor Aushändigung des Führerscheins wieder am Straßenverkehr teil, macht er sich nicht nach § 21 StVG strafbar, sondern begeht lediglich eine **Ordnungswidrigkeit** gem. §§ 4 Abs. 2 S. 2, 75 Nr. 4 FeV).

537 **6.a)** Grds. ist die **Berechnung** der Fahrverbotsfrist **Aufgabe** der **StA** als Vollstreckungsbehörde (§§ 37 ff, StVollstrO, insbesondere § 59a StVollstrO). Wenn die StA Zweifel hat, ist das Verfahren nach § 458 StPO zu wählen. Die StA legt dann ihre Berechnung dem Gericht vor, das dann an ihrer Stelle die Fahrverbotszeit berechnen muss (BVerfG NStZ-RR 2003, 379; OLG Koblenz NStZ 2007, 720; *Schmitt/Köhler*, § 458 Rn 3; KK-*Appl,* § 463b Rn 2).

☝ Ist die Frage streitig, ob das verhängte das Fahrverbot ggf. durch die Zeit der Anrechnung der vorläufigen Entziehung der Fahrerlaubnis nach § 111a StPO, muss ebenfalls das Verfahren nach § 458 StPO gewählt werden (OLG Koblenz, a.a.O.). Es empfiehlt sich dann ein entsprechender **Feststellungsantrag**.

538 **b) Zuständig** für die Entscheidung nach § 458 StPO ist nach § 462a Abs. 2 S. 1 StPO grds. das Gericht des ersten Rechtszuges. Wird gegen den Verurteilten eine Freiheitsstrafe vollstreckt, ist nach § 462a Abs. 1 S. 1 StPO die Strafvollstreckungskammer zuständig, in deren Bezirk die Strafanstalt liegt, in die der Verurteilte zu dem Zeitpunkt, in dem das Gericht mit der Sache befasst wird, aufgenommen ist. Die Strafvollstreckungskammer kann jedoch nach § 462a Abs. 1 S. 3 StPO die Entscheidung über die Berechnung der Frist mit bindender Wirkung an das Gericht des ersten Rechtszuges abgeben.

539 **c)** Die ergeht auf Vorlage/Antrag der StA oder des Verurteilten. Das zuständige Gericht entscheidet nach § 462 Abs. 1 S. 1 StPO durch **Beschluss**, vor dessen Erlass die StA und/oder der Verurteilte zu hören sind.

540 **d)** Gegen den **Beschluss** können der Verurteilte und/oder die StA gem. § 462 Abs. 3 S. 1 StPO binnen einer Woche **sofortige Beschwerde** einlegen (zur sofortigen Beschwerde Burhoff/*Kotz/Hillenbrand*, RM, Teil A Rn 550 ff.; *Burhoff*, EV, Rn 4389 ff.).

541 **e) Gebührenrechtlich** handelt es sich bei vom Verteidiger in Zusammenhang mit der Fristberechnung erbrachten Tätigkeiten um Tätigkeiten in der „Strafvollstreckung“, für die Gebühren nach Teil 4 Abschnitt 2 VV RVG anfallen (→ *Strafvollstreckung, Allgemeines*, Teil J Rdn 319 m.w.N.).

Siehe auch: → *Fahrverbot, Allgemeines*, Teil A Rdn 517 m.w.N.

542 JGG-Verfahren, nachträgliche Entscheidungsergänzung

Das Wichtigste in Kürze:

1. An die Stelle der Regeln über die Gesamtstrafenbildung im Erwachsenenstrafrecht (§§ 54, 55 StGB) treten im Jugendstrafrecht die Sondervorschriften der §§ 31, 66 JGG. Auch bei einer weiteren Straftat nach Rechtskraft einer Verurteilung wird ein vorangegangenes Urteil einbezogen, sofern die im vorangegangenen Urteil verhängte Sanktion noch nicht erledigt ist; auch dann wird auf eine einheitliche Rechtsfolge erkannt.
2. Die Vorschriften der §§ 31 und § 66 JGG sind anwendbar auf Jugendliche und Heranwachsende.
3. Ist die einheitliche Festsetzung von Maßnahmen oder Jugendstrafe gem. § 31 JGG unterblieben, so trifft der Richter eine solche Entscheidung gem. § 66 Abs. 1 JGG nachträglich.
4. Das aufgrund einer HV nach § 66 JGG ergangene Urteil ist mit der Berufung oder Revision (nach Maßgabe der sachlichen Rechtsmittelbeschränkung nach § 55 Abs. 1 JGG) anfechtbar.
5. Wird ohne HV entschieden, ergeht ein Beschluss. Hiergegen ist das Rechtsmittel der sofortigen Beschwerde gegeben.

543 **Literaturhinweise: Schweckendieck**, Zur Anwendbarkeit von § 31 II JGG in der Berufungsinstanz, NStZ 2005, 141; **Streng**, Jugendstrafrecht, 6. Aufl. 2024; s.a. die Hinw. bei → *Bewährung, Jugendliche, Allgemeines*, Teil A Rdn 84 ff.

1. Eine Gesamtstrafenbildung – wie im allgemeinen Strafrecht – ist im Jugendstrafverfahren nicht zulässig. Vielmehr gilt das Prinzip der einheitlichen Maßnahme (**Einheitsstrafenprinzip**; § 31 JGG). Auch wenn ein Jugendlicher mehrere Straftaten begangen hat, setzt der Richter nur einheitlich Erziehungsmaßregeln, Zuchtmittel oder eine Jugendstrafe fest (§ 31 Abs. 1 JGG). Die Festsetzung von Einzelstrafen – wie im Erwachsenenstrafrecht – findet nicht statt, wobei insoweit auch mehrere Rechtsfolgen kombiniert festgesetzt werden können („Maßnahmenbündel"). Ist gegen den Jugendlichen wegen eines Teils der Straftaten bereits rechtskräftig die Schuld festgestellt oder eine Erziehungsmaßregel, ein Zuchtmittel oder eine Jugendstrafe festgesetzt worden, aber noch nicht vollständig erledigt, so wird unter Einbeziehung des Urteils in gleicher Weise nur einheitlich auf Maßnahmen oder Jugendstrafe erkannt (§ 31 Abs. 2 JGG). Sinn und Zweck ist es, hierdurch nicht an in der Vergangenheit verhängten, eventuell dem aktuellen Entwicklungsstand des Jugendlichen nicht mehr gerecht werdenden Sanktionen festhalten zu müssen, sondern bei einer neuen einheitlichen Entscheidung die Maßnahmen sinnvoll aufeinander abzustimmen (*Nöding*, Rn 179). Ist diese einheitliche Festsetzung von Maßnahmen unterblieben, kann dies nach **§ 66 JGG noch nachträglich** geschehen. 544

2. Die Vorschriften der **§§ 31** und **§ 66 JGG** sind **anwendbar** auf: 545

- Jugendliche, nach pflichtgemäßem Ermessen des Richters auch dann, wenn sie von einem allgemeinen Gericht verurteilt werden (§ 104 Abs. 2 JGG),
- Heranwachsende dann, wenn materielles Jugendstrafrecht auf sie angewendet wird (§ 105 Abs. 2 S. 1 JGG).

3.a) Ist die einheitliche Festsetzung von Maßnahmen oder Jugendstrafe gem. § 31 JGG unterblieben, so trifft der Richter eine solche Entscheidung gem. § 66 JGG **nachträglich**. Die **Entscheidung** ergeht entweder 546

- aufgrund einer Hauptverhandlung durch **Urteil**, wenn der Staatsanwalt die Durchführung einer Hauptverhandlung beantragt oder der Vorsitzende sie für angemessen hält oder
- ohne Hauptverhandlung durch **Beschluss**.

☝ Wegen des Einheitsstrafenprinzips setzt die nachträgliche Festsetzung i.S.d. § 66 JGG **nicht voraus**, dass der Jugendliche die Tat, für die er die zweite Sanktion erhalten hat, **vor** der **ersten Verurteilung begangen** hat.

b) Das Gericht ist bei seiner Entscheidung an die jeweiligen Schuldsprüche und die sie tragenden Gründe gebunden. Es bemisst jedoch eine **neue einheitliche Rechtsfolge**, die von den früheren Beurteilungen unabhängig ist und auf einer Gesamtwürdigung aller einzubeziehenden Straftaten beruhen muss. Es besteht keine Bindung an Sanktionsart und Sanktionsniveau der einzubeziehenden Entscheidung (Ostendorf/*Drenkhahn,* § 31 Rn 28). Die Rechtsfolgen der einbezogenen Entscheidungen entfallen – als wären sie nicht ergangen – mit der Rechtskraft der Entscheidung nach § 66 JGG. 547

☝ §§ 31 Abs. 2 und 66 JGG eröffnen damit faktisch die **Möglichkeit**, bereits rechtskräftige Urteile im Nachhinein durch die Einbeziehung in eine neue einheitliche Jugendstrafe **zugunsten** des **Jugendlichen** zu **korrigieren** (*Nöding*, Rn 183).

Nach **h.M.** soll bei der Findung der neuen Rechtsfolge gemäß § 66 JGG das **Verschlechterungsverbot** (dazu Burhoff/*Nöding*, RM, Teil A Rn 762 ff.) **nicht** gelten, da das Nachtragsverfahren gem. § 66 JGG kein Rechtsmittelverfahren darstellt; mit der nachträglichen Entscheidung ist keine andere Instanz im Rechtszug befasst. Da auch § 54 Abs. 2 S. 1 StGB keine Anwendung finden soll, dürfen ggf. auch die bisher angeordneten Rechtsfolgen insgesamt überschritten werden (D/S/S-*Schatz*, § 66 Rn 15; *Brunner/Dölling*, § 66 Rn 5; HK-JGG/*Meier*, § 66 Rn 9; *Streng*, Rn 283; *Laubenthal/Baier/Nestler*, Rn 521; a.A. Ostendorf/*Drenkhahn*, § 66 Rn 11: § 54 Abs. 2 S. 1 StGB analog zugunsten des Verurteilten; zw. *Eisenberg/Kölbel*, 548

§ 66 Rn 12). So soll auch im Wege der nachträglichen Entscheidung gem. § 66 JGG bei einer Häufung von Straftaten, die die Voraussetzungen für die Annahme von schädlichen Neigungen ergeben, erstmalig eine Jugendstrafe verhängt werden können (D/S/S-*Schatz*, § 66 Rn 15; *Brunner/Dölling*, § 66 Rn 5; zur erstmaligen Einbeziehung in der Berufungsinstanz *Schweckendieck,* NStZ 2005, 141). Jedoch dürfen die neuen Maßnahmen auch milder ausfallen, so z.B., wenn in dem einbezogenen Urteil eine Jugendstrafe verhängt wurde, nunmehr jedoch nicht mehr vom Vorliegen schädlicher Neigungen auszugehen ist (BGH, Beschl. v. 10.3.1992 – 1 StR 105/92, StV 1992, 432; BGH, Beschl. v. 15.10.2015 – 2 StR 274/15, StraFo 2016, 36; AG Bernau, Urt. v. 3.8.2007 – 5 Ls 212 Js 18621/06 (21/07), ZJJ 2007, 418).

549 Wegen § 109 Abs. 2 S. 2 JGG und § 105 Abs. 2 JGG kann auch ein nach **Erwachsenenstrafrecht** ergangenes Urteil in ein neues Urteil, das nur jugendstrafrechtliche Reaktionen beinhaltet, **einbezogen** werden (OLG Celle, Beschl. v. 22.9.2009 – 2 Ws 206/09, NStZ-RR 2010, 27).

550 **Ausgeschlossen** ist eine nachträgliche Entscheidung,

- wenn die einheitliche Sanktionierung gem. § 31 Abs. 3 JGG, d.h. aus **erzieherischen Gründen unterblieben** ist; auch dann, wenn die erzieherischen Gründe für nicht zweckmäßig gehalten werden (Ostendorf/*Drenkhahn*, § 66 Rn 4).
- bei der **Einbeziehung** einer **Schuldfeststellung** nach § 27 JGG (s. Burhoff/*Nöding*, RM, Teil A Rn 764), da diese keine noch nicht vollständig erledigte Entscheidung i.S.d. § 66 Abs. 1 S. 1 JGG darstellt. Vielmehr hat der im Nachverfahren nach §§ 30, 62 JGG zuständige Richter zu prüfen, ob die Voraussetzungen für den Ausspruch einer Jugendstrafe vorliegen und die spätere Entscheidung einzubeziehen ist (BGH, Beschl. v. 25.10.2006 – 2 ARs 428/06–, BGHSt 51, 136–139, NStZ 2008, 693; *Eisenberg/Kölbel*, § 66 Rn 10; a.A. *Brunner/Dölling*, § 66 Rn 2; Ostendorf/*Drenkhahn*, § 66 Rn 7; *Dölling*, NStZ 2008, 694).

551 Die **Ablehnung** einer rechtlich möglichen Einbeziehung durch eine Ergänzungsentscheidung nach § 66 Abs. 1 JGG darf nicht stillschweigend erfolgen, sondern ist ausdrücklich durch Beschluss auszusprechen (BGH, Beschl. v. 25.10.2006 – 2 ARs 428/06, BGHSt 51, 136–139, StV 2008, 116; OLG Celle, Beschl. v. 22.9.2009 – 2 Ws 206/09, NStZ-RR 2010, 27).

552 **c)** Für das **Verfahren** gilt:

553 **aa)** Eine **HV** wird nur dann durchgeführt, wenn

- die StA dies **beantragt** (dann insoweit bindend) oder
- der Vorsitzende die Durchführung einer HV für **angemessen** hält.

554 **bb)** Die StA soll nach der RLJGG Nr. 2 zu § 66 JGG eine HV **immer dann beantragen**, wenn zu erwarten ist, dass die ergänzende Entscheidung von den früheren Entscheidungen **erheblich abweicht**. Der Jugendliche oder Heranwachsende sowie dessen Erziehungsberechtigter oder gesetzlicher Vertreter können eine HV nicht beantragen. Sie haben lediglich das Recht, eine HV anzuregen (Bedenken wegen Ungleichbehandlung bei D/S/S-*Schatz*, § 66 Rn 22).

☝ Der Verteidiger sollte **immer** die Durchführung einer HV **anregen**.

555 Die **Entscheidung** des **Vorsitzenden** dazu, ob eine HV anberaumt wird, ist nicht angreifbar (LG Zweibrücken, Beschl. v. 2. 4.1993 – 1 Qs 12/93, MDR 1993, 679; D/S/S-*Schatz*, § 66 Rn 22; *Brunner/Dölling*, § 66 Rn 7; Ostendorf/*Drenkhahn*, § 66 Rn 23). Allerdings wird der Vorsitzende bei einer Anregung bei der von Amts wegen vorzunehmender Prüfung dann zu der Entschließung kommen, dass sich die Durchführung einer HV empfiehlt, wenn begründete Anregungen vorgetragen wurden (*Eisenberg/Kölbel*, § 66 Rn 18).

556 **cc)** Soll ohne mündliche Verhandlung durch **Beschluss** entschieden werden, müssen vor der Entscheidung **angehört** werden (§ 462 Abs. 2 S. 1 StPO, § 67 Abs. 1 JGG; auch Rdn 556):

- der Verurteilte,
- der Verteidiger,

- der Erziehungsberechtigte und der gesetzliche Vertreter,
- die StA,
- die Jugendgerichtshilfe hat jedenfalls Gelegenheit zur Stellungnahme nach § 38 Abs. 6 S. 1 JGG.

4. Das aufgrund einer HV ergehende **Urteil** ist mit der **Berufung** oder **Revision** (nach Maßgabe der sachlichen Rechtsmittelbeschränkung nach § 55 Abs. 1 JGG (Burhoff/*Nöding*, RM, Teil A, Rn 769) anfechtbar. Da die Schuldsprüche in Rechtskraft erwachsen sind, wird in der Rechtsmittelinstanz allerdings nur der neue Rechtsfolgenausspruch überprüft (D/S/S-*Schatz*, § 66 Rn 25; *Brunner/Dölling*, § 66 Rn 7; *Eisenberg/Kölbel*, § 66 Rn 22; Ostendorf/*Drenkhahn*, § 66 Rn 21). 557

5. Wird **ohne HV** entschieden, ergeht ein Beschluss. Der **Beschluss** ist immer zu **begründen**. Gegen den Beschluss ist das Rechtsmittel der **sofortigen Beschwerde** gegeben (§ 66 Abs. 2 S. 3 JGG i.V.m. § 462 Abs. 3; Ausnahme für Beschlüsse des BGH oder OLG, s. § 304 Abs. 4). Da der Beschluss urteilsgleichen Charakter hat, gilt auch hier die sachliche Rechtsmittelbeschränkung des § 55 Abs. 1 JGG (Burhoff/*Nöding*, RM, Teil A, Rn 770.; D/S/S-*Schatz*, § 66 Rn 25; *Brunner/Dölling*, § 66 Rn 7; HK-JGG/*Meier*, § 66 Rn 15; *Eisenberg/Kölbel*, § 66 Rn 22; Ostendorf/*Drenkhahn*, § 66 Rn 22). 558

Siehe auch: → *Jugendliche, Vollstreckung, Allgemeines*, Teil B Rdn 738 ff.; → *Jugendliche, Vollstreckung, Jugendstrafe*, Teil B Rdn 825 ff.;→ *Jugendliche, Vollstreckung, Zuständigkeit*, Teil B Rdn 951 ff.

Sicherungsverwahrung, Abstandsgebot 559

Literaturhinweise: s. Hinweise bei → *Sicherungsverwahrung, Allgemeines*, Teil A Rdn 562 m.w.N. 560

Die bei → *Sicherungsverwahrung, Grundsätze*, Teil A Rdn 589, genannten Prinzipien werden auch als **Ausgestaltung eines primären Abstandsgebotes** angesehen. Das BVerfG hatte bereits im Jahr 2004 (NJW 2004, 739) mit Blick auf die unterschiedlichen Ziele des Straf- und Maßregelvollzuges klargestellt, dass ein Abstand gewahrt werden muss, der den spezialpräventiven Charakter der Sicherungsverwahrung sowohl dem Untergebrachten als auch der Allgemeinheit verdeutlicht. Dieses Abstandsgebot wurde sodann durch die weitere Entscheidung des BVerfG vom 4.5.2011 (BVerfGE 128, 326 = NJW 2011, 1931) konkretisiert, wobei sowohl der Bundes- als auch die Landesgesetzgeber konkrete Vorgaben zur Umsetzung des Abstands zwischen Maßregel- und Strafvollzug erhielten. Diese betreffen die Gebote der Individualisierung und Intensivierung, der Motivierung des Untergebrachten, der Trennung, der Minimierung sowie des Rechtsschutzes und Unterstützung. So sollen den auf lange Zeit Untergebrachten **„zusätzliche Vergünstigungen"** und ein **„Rest an Lebensqualität"** gewährt werden (BVerfGE 109, 133, 167). Dem **Gebot der Resozialisierung** kommt eine sehr hohe Bedeutung zu. Die Perspektive der Wiedererlangung der Freiheit muss deshalb in der Praxis im Vordergrund stehen (→ *Sicherungsverwahrung, Grundsätze*, Teil A Rdn 559). Der Bundesgesetzgeber hat mit dem Gesetz zur Umsetzung des Abstandsgebotes im Recht der Sicherungsverwahrung vom 5.12.2012 (BGBl I, S. 2425), welches zum 1.6.2023 in Kraft trat, den verfassungsrechtlichen Auftrag zur Umsetzung wahrgenommen (dazu *Pollähne* StV 2013, 249 ff.) Die Vorgaben des § 66c StGB werden dabei durch die Aussetzungsgründe in § 67c Abs. 1 S. 1 Nr. 2 und § 67d Abs. 2 S. 2 StGB abgesichert, um dem Ultima-Ratio-Prinzip gerecht zu werden. Danach ist die Vollstreckung der Unterbringung aus Gründen der Verhältnismäßigkeit nicht mehr gerechtfertigt und **zwingend** zur Bewährung auszusetzen, wenn ihr Zweck erreicht ist oder wenn dem Strafgefangenen oder dem Untergebrachten eine abstandsgebotsgemäße Betreuung auch nach einer **gerichtlichen Abhilfe-Fristsetzung** nicht gewährt wurde. Dabei ist das Gericht gem. § 119a Abs. 7 StVollzG an die vorausgegangenen regelmäßigen Kontrollentscheidungen der Strafvollstreckungskammer gebunden. Auch die Bundesländer haben die Vorgaben des BVerfG umgesetzt (z.B. Sicherungsverwahrungsvollzugsgesetz NRW SVVollzG NRW, Sächsisches Sicherungsverwahrungsvollzugsgesetz – SächsSVVollzG usw.). 561

Siehe auch: → *Sicherungsverwahrung, Allgemeines*, Teil A Rdn 562 m.w.N.

562 Sicherungsverwahrung, Allgemeines

563 **Literaturhinweise:** **Anders**, Kritik der nachträglichen Therapieunterbringung, JZ 2012, 498; **Baier**, Vollstreckung und Vollzug der Sicherungsverwahrung, StraFO 2014, 397; **Bartsch**, Neue bundes- und landesrechtliche Vorschriften über Vollstreckung und den Vollzug der Sicherungsverwahrung, FS 2013, 208; *ders.*, Anmerkung zum Beschluss des OLG Köln vom 17.9.2012 – 2 Ws 653/12 –, StV 2014, 156; **Detter**, Zum Maßregelrecht, NStZ 2014, 22; **Feltes**, Rückfallprognose und Sicherungsverwahrung: Die Rolle des Sachverständigen, StV 2000, 281; **Foth**, Kritische Anmerkungen zum BVerfG-Beschluss zur nachträglichen Sicherungsverwahrung, NStZ 2010, 267; **Hassemer**, Sicherheit durch Strafrecht, StV 2006, 321 = HRRS 2006,130; **Hörnle**, Der Streit um die Sicherungsverwahrung – Anmerkungen zum Urteil des 2. Senats des BVerfG vom 4.5.2011, NStZ 2011, 450, *dies.*, Der Streit um die Sicherungsverwahrung Anmerkung zum Urteil des 2. Senats des BVerfG vom 4.5.2011 – NStZ 2011, 450, NStZ 2011, 488; *dies.*, Verteidigung und Sicherungsverwahrung, StV 2006, 383; **Kett-Straub/Schuster**, Zu gefährlich für die Sicherungsverwahrung? – Zum Verhältnis zwischen primärer und nur vorbehaltener Anordnung der Maßregel, Zugleich Entscheidungsbesprechung BGH, Urt. V. 22.11.2028 – 4 StR 253/18, NStZ 2021, 19; **Kinzig**, Die Neuordnung des Rechts der Sicherungsverwahrung, NJW 2011, 177; *ders.*, Stand und Zukunft der Sicherungsverwahrung, StraFo 2011, 429; *ders.*, Therapieunterbringung: „Nur für Eingeweihte in glücklichen Stunden verständlich“, LTO v. 9.8.2013; *ders.* Mysterium nachträgliche Sicherungsverwahrung nach § 66b StGB, ZSTW 2024 136(3): 413–432; **Köhne**, Die „neue“ Sicherungsverwahrung – eine schon jetzt gescheiterte Reform?, KJ 2013, 336; **Kuhn/Uwer/von Schlieffen**, hrsg. v. Organisationsbüro Strafverteidigungen, „Sicher ist Sicher“. Ein Policy Paper zur Sicherungsverwahrung, 2010; **Kräh**, Gesetzliche Normierung der Mindestgröße der Zimmer im Vollzug der Sicherungsverwahrung, FS 2014, 179; **Krieg**, Erfahrungen mit der Sicherungsverwahrung, Vorgänge Nr. 205 (Heft 1/2014), 17; **Kreuzer/Bartsch**, Sicherungsverwahrung und Sicherungsüberhang, StV 2011, 472; **Kröber**, Der Hang: Comeback als psychische Störung, StV Heft 1/2012, I; **Lakotta**, Die Auswilderung, Der Spiegel Nr. 28/2015, S. 44; **Lau**, Zum Umgang mit gefährlichen Menschen, MschrKrim 2004, 451; **Lesting/Feest**, Die Neuregelungen des StVollzG durch das Gesetz zur bundesrechtlichen Umsetzung des Abstandsgebotes im Recht der Sicherungsverwahrung, StV 2013, 278; **Nedopil**, Forensische Psychiatrie: Klinik, Begutachtung und Psychiatrie und Recht, 4. Aufl. 2012; *ders.*, Prognosegutachten bei zeitlich begrenzten Freiheitsstrafen – Eine sinnvolle Lösung für problematische Fragestellungen, NStZ 2002, 344; **Nußstein**, Das Therapieunterbringungsgesetz – Erste Erfahrungen aus der Praxis, NJW 2011, 1194; **Peglau**, Das Gesetz zur bundesrechtlichen Umsetzung des Abstandsgebotes im Recht der Sicherungsverwahrung, JR 2013, 249; *ders.*, Das Gesetz zur Einführung der vorbehaltenen Sicherungsverwahrung, JR 2002, 449; **Pollähne**, Zur Erledigung der Sicherungsverwahrung gem. Art. 316e Abs. 3 EGStGB, ZJS 2011, 216; *ders.*, Vollstreckung und Vollzug der Sicherungsverwahrung nach Inkrafttreten des Gesetzes zur bundesrechtlichen Umsetzung des Abstandsgebotes im Recht der Sicherungsverwahrung, StV 2013, 249; **Renzikowski**, Abstand halten! – Die Neuregelungen der Sicherungsverwahrung, NJW 2013, 1638; **Streng**, Die Zukunft der Sicherungsverwahrung nach der Entscheidung des BVerfG, JZ 2011, 827; **Schäferskϋpper/Gote**, Vollzug der Sicherungsverwahrung, Aktuelle Entwicklungen, NJW 2013, 447; **Schöch**, Das Urteil des Bundesverfassungsgerichts zur Sicherungsverwahrung, GA 2012, 14; **Ullenbruch**, Walter H. in den Rückfängen des ThUG – Aktuellster Spaltpilz zwischen EGMR und BVerfG?, StV 2012,44; *ders.*, Walter H. ist frei, Das ThUG ist tot – raffinierte Entsorgung eines europavölkerrechtlichen Spaltpilzes in letzter Sekunde – Teil III, StV 2014, 174; **Wischka**, Sozialtherapie für Sicherungsverwahrung, FS 2014, 227; **Wolf**, Sicherungsverwahrung – Neue Regelungen für Rechtspfleger, Rspfleger 2013, 65; **Zimmermann**, Das neue Recht der Sicherungsverwahrung (ohne JGG), HRRS 2013, 16;

564 Als **schärfster Eingriff in das Freiheitsrecht eines Bürgers** kommt der freiheitsentziehenden Maßregel der Sicherungsverwahrung (§ 66 ff. StGB) in verfassungsrechtlicher Sicht größte Bedeutung zu. Dies betrifft neben der Anordnung auch die Ausgestaltung und das Schaffen der Voraussetzungen für ihre Beendigung. In kaum einem anderen Lebensbereich werden zugleich die für einen Rechtsstaat elementaren Werte **Freiheit und Sicherheit** (dazu *Hassemer* HRRS 2006 130 = StV 2006, 321) derart massiv betroffen. Denn der in der Sicherungsverwahrung Untergebrachte hat die ihm auferlegte **Strafe bereits vollständig verbüßt**. Bei der Sicherungsverwahrung steht daher die Abwägung des Freiheitsgrundrechts des Untergebrachten mit dem Sicherheitsinteresse der Allgemeinheit aufgrund einer möglichen Gefährlichkeit des Straftäters für die Allgemeinheit, die eine Berechtigung zum Freiheitsentzug geben kann, im Mittelpunkt.

565 Weite Teile des alten Rechts der Sicherungsverwahrung wurden durch das **BVerfG** durch die Entscheidungen v. 4.5.2011 (2 BvR 2365/09 u.a.) für mit dem GG unvereinbar erklärt und lediglich unter sehr restriktiven Voraussetzungen für längstens bis Ende Mai 2013 als weiterhin anwendbar erklärt (BVerfGE 128, 326 = NJW 2011, 1931). Dort wurden unter besonderer Betonung des **Sonderopfers** durch den Verwahrten im Kern die Vorgaben für ein verfassungskonformes neues Recht der Sicherungsverwahrung un-

ter Einhaltung eines Abstandsgebotes zu Strafgefangenen entwickelt. Daraufhin hat der Bundesgesetzgeber das Recht der Sicherungsverwahrung in den §§ 66 ff. StGB zum 1.6.2013 (BGBl I, S. 2425 v. 5.12.2012) im Wesentlichen neu gestaltet (für das JGG-Verfahren → *Jugendliche, Vollstreckung, Sicherungsverwahrung*, Teil B Rdn 896). Für die Fragen des Vollzuges haben die Bundesländer jeweils entsprechende Sicherungsverwahrungsvollzugsgesetze geschaffen. Seit Juni 2013 ist deshalb von einer umfassenden neuen Gesetzeslage auszugehen. Die Wiedererlangung der Freiheit steht im Mittelpunkt der detaillierten verfassungsgerichtlichen Vorgaben. Diese Perspektive muss in der Praxis der Unterbringung stets sichtbar sein. Es gilt der Grundsatz eines freiheits- und therapiegeleiteten Vollzuges.

Siehe auch: → *Sicherungsverwahrung, Abstandsgebot*, Teil A Rdn 559; → *Sicherungsverwahrung, Fortdauer der Unterbringung*, Teil A Rdn 566; → *Sicherungsverwahrung, Gefahrenprognose*, Teil A Rdn 581; → *Sicherungsverwahrung, Grundsätze*, Teil A Rdn 589; → *Sicherungsverwahrung, nachträgliche*, Teil A Rdn 594; → *Sicherungsverwahrung, Pflichtverteidigung*, Teil A Rdn 610; → *Sicherungsverwahrung, Therapieunterbringung, Allgemeines*, Teil A Rdn 621; → *Sicherungsverwahrung, Therapieunterbringung, Zulässigkeit*, Teil A Rdn 627; → *Sicherungsverwahrung, Vollzug, Allgemeines*, Teil A Rdn 631; → *Sicherungsverwahrung, Vollzug, Antrag auf gerichtliche Entscheidung*, Teil A Rdn 635; → *Sicherungsverwahrung, Vollzug, Außenkontakte*, Teil A Rdn 639; → *Sicherungsverwahrung, Vollzug, Entlassungsvorbereitung*, Teil A Rdn 646; → *Sicherungsverwahrung, Vollzug, Grundsätze*, Teil A Rdn 648; → *Sicherungsverwahrung, Vollzug, landesrechtliche Vollzugsgesetze*, Teil A Rdn 653; → *Sicherungsverwahrung, Vollzug, Unterbringung*, Teil A Rdn 658; → *Sicherungsverwahrung, Vollzug, Unterbringung, Einzelfragen*, Teil A Rdn 663; → *Sicherungsverwahrung, Vollzug, vollzugsöffnende Maßnahmen*, Teil A Rdn 668; → *Sicherungsverwahrung, Vollzug, Vollzugsplankonferenz*, Teil A Rdn 672; → *Sicherungsverwahrung, vorbehaltene*, Teil A Rdn 681; → *Jugendliche, Vollstreckung, Sicherungsverwahrung*, Teil B Rdn 888; → *Maßregeln, Erwachsene, Allgemeines*, Teil B Rdn 969 m.w.N.; → *Maßregelvollzug, Erwachsene, Allgemeines*, Teil C Rdn 1 m.w.N.

Sicherungsverwahrung, Fortdauer der Unterbringung 566

Das Wichtigste in Kürze:

1. § 67e Abs. 2 StGB schreibt die jährliche Überprüfung der Unterbringungsanordnung durch die Große StVK fest.
2. Jede vermeidbare Fristüberschreitung führt zu Verletzung des Freiheitsrechts, spätestens bei einer Verzögerung von mehr als einem Monat.
3. Nach Lage des Einzelfalls kann auch ein Vollstreckungshindernis vorliegen.
4. Die Notwendigkeit der rechtzeitigen Beiordnung eines Pflichtverteidigers ergibt sich aus § 463 Abs. 8 StPO.
5. Es gilt das Gebot umfassender Sachaufklärung. Der Untergebrachte und der Sachverständige sind vor einer Entscheidung durch die StVK persönlich anzuhören.
6. Die StVK muss immer auch prüfen, ob eine ausreichende Betreuung i.S.d. § 66c Abs. 1 Nr. 1 StGB angeboten wird.
7. Zur Frage der Gefährlichkeitsprognose ist ein Sachverständigengutachten einzuholen.

Literaturhinweise: s. die Hinweise bei → *Sicherungsverwahrung, Allgemeines*, Teil A Rdn 562 m.w.N. 567

1. § 67e StGB regelt die Überprüfungsristen für alle Arten der Unterbringung, innerhalb derer die etwaige Fortdauer zu prüfen ist. Die jeweilige Prüfung hat vor Ablauf der in § 67e Abs. 2 StGB bestimmten Fristen zu erfolgen, § 67e Abs. 1 S. 2 StGB (KG NStZ-RR 2015, 323). Für die Sicherungsverwahrung gilt gemäß § 67e Abs. 2 StGB die Frist von einem Jahr, womit eine **jährliche Überprüfung** der **Unterbringungs-** 568

anordnung zu erfolgen hat. Bei mehr als seit zehn Jahren Untergebrachten verkürzt sich diese Überprüfungsfrist auf neun Monate (§ 67e Abs. 2 StGB). Der **Fristbeginn** richtet sich nach § 67e Abs. 4 StGB. Danach beginnt die Frist mit der tatsächlichen Aufnahme in den Vollzug, bei einer ablehnenden Entscheidung am Tag des Erlasses derselben, nicht ab deren Rechtskraft (Fischer/*Fischer*, StGB § 67e Rn 2a). Die Frist ist gewahrt, wenn der Beschluss innerhalb der Frist schriftlich zu den Akten gelangt. Ein mündlich gefasster Beschluss ist auch dann nicht ausreichend, wenn er in einem schriftlichen Vermerk festgehalten wurde (KG NStZ-RR 2015, 323). Unabhängig von den Fristen des § 67e Abs. 2 StGB muss eine Überprüfung auch auf Antrag erfolgen, sofern keine Sperrfrist nach § 67e Abs. 3 S. 2 StGB festgesetzt worden ist. StA und StVK sind verpflichtet, durch organisatorische Maßnahmen die Einhaltung der Fristen sicherzustellen (OLG Köln StV 2014, 155). Zuständig ist die Große Strafvollstreckungskammer.

569 **2.** Eine Überschreitung der turnusmäßigen **Überprüfungsfrist** gemäß § 67e StGB kann das Freiheitsgrundrecht des Untergebrachten aus Art. 2 Abs. 2 GG verletzen. Es ist i.d.R. dann verletzt, wenn die Fristüberschreitung auf einer nicht mehr vertretbaren Fehlhaltung gegenüber dem das Freiheitsgrundrecht sichernden Verfahrensgrundrecht beruht (OLG Frankfurt NStZ-RR 2019, 359 m.w.N.). Auf Grundlage der EMRK ist jedenfalls eine Verzögerung von mehr als einem Monat als rechtswidrig anzusehen (OLG Dresden, Beschl. v. 23.1.2015 – 2 Ws 35/15). Das Gericht muss eine grundrechtswidrige Verfahrensverzögerung auch dann ausdrücklich feststellen, wenn diese nicht zur Entlassung des Untergebrachten führt (*BVerfG*, Beschl. v. 10.10.2016 – 2 BvR 1103/16, NStZ-RR 2016, 389; v. 13.8.2018 – 2 BvR 20171/16, StV 2020, 43; OLG Hamm NStZ-RR 2017, 32; OLG Frankfurt, Beschl. v. 21.3.2019 – 3 Ws 95/19; Beschl. v. 18.7.2019 – 3 Ws 456/19, 457/19, NStZ-RR 2019, 359). Nicht jede Fristüberschreitung führt zu einem Vollstreckungshindernis.

570 **3.** Ein **Vollstreckungshindernis** ergibt sich nicht allein aus der rechtswidrigen Fristüberschreitung (BerlVerfGH NStZ-RR 2014, 292), kommt aber unter Berücksichtigung des Sicherungsbedürfnisses der Allgemeinheit anhand der **Umstände des Einzelfalls** in Betracht, wenn die Fristüberschreitung erheblich ist. Ist dies der Fall, führt dies zu einem Vollstreckungshindernis bis zur Entscheidung über die Fortdauer der Sicherungsverwahrung (VerfGH Berlin NStZ-RR 2014, 292; KG NStZ 2015, 323). Eine erhebliche und vom Gericht zu verantwortende Überschreitung der Prüfungsfristen, welche zu einer materiellen Unzulässigkeit der Vollstreckung führt, wurde bei einer Überschreitung von einem Jahr angenommen (KG NStZ-RR- 2015, 323). Das Vollstreckungshindernis entfällt mit der Fortdauerentscheidung, sobald diese in schriftlicher Form zu den Akten gereicht wird (KG NStZ-RR 2015, 323).

571 Zivilrechtlich kann der Verurteilten bei Überschreitung der Prüfungsfrist gem. Art. 5 Abs. 5 EMRK einen Schadensersatzanspruch haben (OLG Braunschweig MDR 2020, 222; OLG Koblenz MDR 2018, 866 [500,00 EUR/Monat]).

572 **4.** Für das Überprüfungsverfahren ist gem. § 463 Abs. 8 StPO rechtzeitig (Rdn 615) ein **Pflichtverteidiger beizuordnen** (Rdn 610 ff.).

573 **5.** Es gilt das Gebot **umfassender Aufklärung des Sachverhalts** und der Kenntnis der für die Abwägung im Einzelfall notwendigen Umstände. Deshalb ist zur Prüfung der Fortdauer der Unterbringung eine möglichst frühe bzw. zeitnah aktualisierte Stellungnahme der Anstalt gem. § 67e StGB erforderlich (OLG Nürnberg NStZ RR 2014, 122). Die Begründung der Anordnung einer Fortdauer der Sicherungsverwahrung darf sich nicht allein auf Stellungnahmen des Leiters der Vollzugseinrichtung stützen. (OLG Brandenburg Beschl. v. 31.7.2019 – 1 Ws 110/19).

574 Der Untergebrachte muss durch die StVK vor einer Entscheidung im Beisein seines (bestellten) Verteidigers **persönlich angehört** werden. Die mündliche Anhörung des Untergebrachten hat durch alle drei zur Entscheidung berufenen Mitglieder der Strafvollstreckungskammer einschließlich des Vorsitzenden zu erfolgen (OLG Dresden Beschl. v. 23.1.2017 – 2 Ws 41/17); die Anhörung durch den beauftragten Richter genügt nicht. Die Durchführung der mündlichen Anhörung in vorschriftswidriger Besetzung stellt einen nicht behebbaren Verfahrensmangel dar, der in Abweichung von den Grundsätzen der §§ 308 Abs. 2, 309 Abs. 2 StPO im Beschwerdeverfahren zur Aufhebung des angefochtenen Beschlusses und

zur Zurückverweisung der Sache an die Strafvollstreckungskammer führt (OLG Dresden, Beschl. v. 23.1.2017 – 2 Ws 41/17; *Schmitt/Köhler,* § 309 Rn 8; § 453 Rn 15, § 454 Rn 48, jeweils m.w.N.).

Der **Sachverständige** ist ebenfalls durch die StVK **persönlich** gem. §§ 463 Abs. 1, S. 1; 454 Abs. 2, S. 3 StPO anzuhören, wenn darauf nicht ausdrücklich durch **alle** Verfahrensbeteiligten verzichtet wurde (KG StraFo 2014, 36). Verzichten nur der Verteidiger und die Staatsanwaltschaft, während der Verurteilte auf eine entsprechende Nachfrage des Verteidigers oder des Gerichts lediglich schweigt oder mitteilt, dass er an der Anhörung des Sachverständigen nicht teilnehme, ist der Sachverständige gleichwohl anzuhören (OLG Braunschweig Beschl. v. 5.10.2023 – 1 Ws 206/23, StV 2024, 258 [Ls]). In der Ablehnung der Teilnahme eines Verurteilten an einem Anhörungstermin kann ein ausdrücklicher Verzicht i.S.d. § 454 Abs. 2 S. 4 StPO nicht erblickt werden (OLG Braunschweig, Beschl. v. 28.9.2023 – 1 Ws 165/23). 575

Es ist gemäß § 463e Abs. 2 i.V.m. Abs. 1 S. 3 StPO unzulässig, die mündliche Anhörung des Sachverständigen im Wege der **Bild- und Tonübertragung** durch Zuschaltung zum Termin über Videokonferenztechnik durchzuführen (OLG Zweibrücken Beschl. v. 13.6.2023 – 1 Ws 87/23). 576

Die Einholung eines zusätzlichen, **ergänzenden medizinischen Sachverständigengutachtens** fällt nicht in den Anwendungsbereich des § 454 Abs. 2 S. 3 StPO, sofern das eigentliche Prognosegutachten vom Gericht eingeholt und bereits erstattet worden ist (OLG Hamm, Beschl. v. 24.9.2024 – 3 Ws 168/24, StV 2025, 55). 577

6. Der **Prüfungsgegenstand** der StVK gem. § 67d Abs. 2 StGB ist nicht auf die Frage der Gefährlichkeit (Legalprognose) beschränkt. Stets ist auch zu prüfen, ob dem Untergebrachten eine **ausreichende Betreuung** i.S.d. 66c Abs. 1 Nr. 1 StGB angeboten und ob es einer Fristsetzung gem. § 67d Abs. 2 S. 2 StGB unter der Angabe der konkret anzubietenden Maßnahmen zur künftigen Einhaltung des Betreuungsgebotes bedarf. Das Gesetz verlangt ein geeignetes Betreuungsangebot, nicht die „bestmögliche Geeignetheit“. Soweit entsprechende Angebote unterbreitet werden, steht dem Verurteilten kein Wahlrecht zu. Bei fehlender Mitwirkungs- bzw. Therapiebereitschaft des Verurteilten ist es ausreichend, wenn die Einrichtung regelmäßig motivierend einwirkt, wobei sie für die Annahme des Angebots nicht verantwortlich ist (BVerfG NStZ-RR 2024, 229; OLG Hamm, Beschl. v. 13.2.2025 – 3 Ws 471/24). Einer Fristsetzung bedarf es in einem solchen Fall nicht. 578

Der gegenwärtige Stand des Behandlungsvollzuges muss aus dem Vollzugs- und Eingliederungsplan ersichtlich sein (OLG Hamburg StraFo 2014, 84). 579

7. Regelmäßig ist zur Frage der prognostizierten Gefährlichkeit ein **SV-Gutachten** durch einen von der Anstalt externen Sachverständigen zu erstellen (Rdn 581 ff.). Dieser nimmt auch zur Angemessenheit der Betreuung und angebotenen bzw. durchgeführten Therapiemaßnahmen Stellung. Der Sachverständige ist durch die StVK anzuhören, wenn darauf nicht durch alle Verfahrensbeteiligten jeweils ausdrücklich verzichtet wird. 580

Siehe auch: → *Sicherungsverwahrung, Allgemeines*, Teil A Rdn 562 m.w.N.; → *Maßregeln, Erwachsene, Überprüfung*, Teil B Rdn 1162.

Sicherungsverwahrung, Gefahrenprognose 581

Literaturhinweise: s. die Hinweise bei → *Sicherungsverwahrung, Allgemeines*, Teil A Rdn 562 m.w.N. 582

1. Eines der Kernprobleme der Sicherungsverwahrung ist, dass es bislang **keine prognostische Sicherheit** über das Verhalten eines Sicherungsverwahrten nach Entlassung in die Freiheit gibt (Rückfallprognose). Kriminologische Schätzungen gehen davon aus, dass in mindestens 40 bis 70 % der Fälle fehlerhaft eine hohe Gefährlichkeit der begutachteten Personen prognostiziert wurde. Als gesichert soll gelten: Die **Hälfte** der auf Grundlage von Gutachten als gefährlich eingestuften Personen sind untergebracht, obwohl bei ihnen tatsächlich ein solcher **Rückfall nicht eintreten würde** (*Kuhn/Uwer/von Schlieffen*, S. 1). Die 583

Erfahrungen mit den auf Grundlage der Gerichtsentscheidungen des EGMR und des BVerfG – zumeist unvorbereitet – Entlassenen sollen diese Annahme bestätigen.

584 **2.** Es handelt sich um erfahrungswissenschaftliche kriminalprognostische Wahrscheinlichkeitsaussagen. Über künftiges kriminelles Verhalten sind keine eindeutig sicheren Aussagen möglich. Auch bei einer hohen Anzahl von Risikofaktoren gibt es keine Sicherheit, dass ein Straftäter rückfällig werden muss (*Nedopil* NStZ 2002, 344, 347). Es ist deshalb um so unverzichtbarer, dass die sich aus Art. 2 Abs. 2 S. 2 GG ergebenden Mindestanforderungen für eine Entscheidung des Gerichts auf zureichender richterlicher Sachaufklärung beruhen und eine in tatsächlicher Hinsicht genügende Grundlage haben (BVerfG, Beschl. v. 28.9.2020 – 2 BvR 1235/17, NStZ-RR 2020, 387; Beschl. v. 22.4.2021 – 2 BvR 320/20, NStZ-RR 2021, 261 [Ls] m.w.N.; Beschl. v. 9.3.2022 – 2 BvR 1419/18, NStZ-RR 2022, 229). Diese durch das BVerfG aufgestellten Prinzipien gelten auch für den Vollzug der Sicherungsverwahrung (BVerfG, a.a.O.).

585 Aus dem Gebot der **bestmöglichen Sachaufklärung** (Art. 2 Abs. 2 S. 2 GG) folgt, dass die Anforderungen auch für die Einholung des Sachverständigengutachtens sowie die Auswahl des Gutachters gelten. Gerade bei einer bereits langjährigen Sicherungsverwahrung hat das Gericht der Gefahr einer **repetitiven Routinebeurteilung** durch die sorgfältige Auswahl des Gutachters entgegenzuwirken (BVerfG, a.a.O.). Ob eine erneute Beauftragung eines Sachverständigen diese Gefahr birgt, ist nach den Umständen des Einzelfalls zu beurteilen. Als Indiz wird bspw. angenommen, dass ein Sachverständiger mehrere Gutachten in enger zeitlicher Abfolge erstattete. Verstärkt wird die Gefahr der Routinebeurteilung, wenn der Verurteilte zur Exploration durch den Sachverständigen nicht bereit ist und das Gutachten nach Aktenlage erstellt werden muss (BVerfG, a.a.O.). In einem solchen Fall ist die Einholung eines externen Sachverständigengutachtens nicht verzichtbar (BVerfG NStZ-RR 2014, 222; OLG Naumburg, Beschl. v. 17.11.2017 – 1 Ws (s) 328/17). Der Grundsatz der bestmöglichen Sachaufklärung kann es gebieten, bei demjenigen Sachverständigen ein (ergänzendes) Gutachten einzuholen, bei dem der Untergebrachte zur Mitwirkung bereit ist (OLG Karlsruhe, Beschl. v. 23.11.2015 – 2 Ws 502/15, NStZ-RR 2016, 61).

☝ Die Prognose und die Prognosemethodik des Sachverständigen und der Sachverständige selbst müssen immer kritisch geprüft und hinterfragt werden. Die Gefahr falscher Prognosen ist hoch. Da sich die StVK zumeist dem Sachverständigen anschließt, muss der Sachverständige bezüglich der von ihm festgestellten Risikofaktoren kritisch in der Anhörung befragt werden.

586 **3.** Neben dem häufigen Problem mangelnder **Qualifikation** einiger beauftragter Sachverständiger stellt sich insbesondere die **Angst des Gutachters vor Fehlentscheidungen** häufig als Grund für dessen ungünstige Prognose dar. Nicht selten befürchten die Sachverständigen eine mediale Kampagne bei einer Rückfalltat nach einer günstigen Prognose, Auch deshalb wird die Schwelle für günstige Prognosegutachten in der Regel zu hoch angesetzt (*Kuhn/Uwer/von Schlieffen*, S. 14).

☝ Das Gericht und der Sachverständige sollten immer auf die **Problematik falscher positiver Prognoseentscheidungen** hingewiesen werden (Stichwort: „False Positive“).

587 **4.** Die StVK muss durch das Gutachten in die Lage versetzt werden, nach erfolgter bestmöglicher Sachaufklärung eigenverantwortlich über die Fortdauer der Unterbringung zu entscheiden. Deshalb bedarf es der Einhaltung der Mindeststandards. Das Gutachten muss nachvollziehbar und transparent sein, die Anknüpfungspunkte für Befundtatsachen und die Untersuchungsmethoden klar und vollständig erläutern sowie seine Hypothesen offen legen (BVerfGK 5, 40).

588 Auf die Frage der Gefährlichkeit kommt es gem. § 67d Abs. 2 S. 2 StGB nicht an, wenn der Verwahrte nicht ausreichend i.S.d. § 66c StGB betreut wurde und die Vollzugsanstalt trotz gerichtlicher Fristsetzung keine Abhilfe geschaffen hat (Rdn 678 f.).

Siehe auch: → *Sicherungsverwahrung, Allgemeines*, Teil A Rdn 562 m.w.N.

Sicherungsverwahrung, Grundsätze 589

Literaturhinweise: s. die Hinweise bei → *Sicherungsverwahrung, Allgemeines*, Teil A Rdn 562 m.w.N. 590

Aus der vorausgegangenen Praxis eines weitgehenden Verwahrvollzuges heraus fordert das BVerfG (BVerfGE 128, 326 = NJW 2011, 1931), dass erhebliche **therapeutische Anstrengungen** zur Minderung der Gefährlichkeit eines Verwahrten unternommen werden müssen. Dazu hat es ein umfassendes Konzept einer freiheitsorientierten und therapiegerechten Unterbringung entwickelt und sieben umzusetzende Prinzipien genannt: 591

Prinzipien des BVerfG 592

- **Ultima-Ratio**: Die Anordnung der Sicherungsverwahrung ist nur als letztes Mittel zulässig, wenn alle Möglichkeiten zur Reduzierung der Gefährlichkeit des Täters erschöpft sind und auch bereits während des Strafvollzuges ausgeschöpft wurden.
- **Individualisierung und Intensivierung**: Spätestens zu Beginn der Sicherungsverwahrung muss eine umfassende und wissenschaftlichen Anforderungen genügende Behandlungsuntersuchung stattfinden und ein Vollzugsplan erstellt werden, der eine Entlassungsperspektive beinhaltet. Ein individuell zugeschnittenes Therapieangebot ist zu unterbreiten. Dabei sind alle therapeutischen Möglichkeiten auszuschöpfen.
- **Motivierung**: Die unbestimmte Dauer der Sicherungsverwahrung führt bei den Untergebrachten häufig zu einer Situation der Lethargie und Passivität. Dem ist durch ein dem Individuum entsprechendes Behandlungs- und Betreuungsangebot entgegenzuwirken.
- **Trennung**: Ein deutlicher Abstand zum regulären Strafvollzug muss in der Gestaltung des äußeren Vollzugsrahmens erkennbar sein. Einer vollständigen räumlichen Trennung vom Strafvollzug bedarf es dabei jedoch nicht.
- **Minimierung**: Im Behandlungsplan müssen Vollzugslockerungen vorgesehen werden und Vorgaben zur Entlassungsvorbereitung enthalten sein. Dabei sind planmäßige Hilfen für die Zeit nach der Entlassung zu integrieren. Der Vollzug ist den allgemeinen Lebensverhältnissen anzupassen.
- **Rechtsschutz und Unterstützung**: Der Untergebrachte hat einen effektiv durchsetzbaren Anspruch auf Maßnahmen auf Reduzierung seiner Gefährlichkeit. Dabei ist er zu unterstützen. Dazu dient auch die Beiordnung eines Pflichtverteidigers zur Wahrnehmung und Durchsetzung seiner Interessen.
- **Kontrolle**: Mindestens einmal jährlich ist die Fortdauer der Sicherungsverwahrung gerichtlich zu überprüfen. Sobald Anhaltspunkte für eine schnellere Aussetzungsmöglichkeit bestehen, bedarf es einer unverzüglichen gesonderten Überprüfung.

Diese verfassungsrechtlichen Vorgaben hat der Bundesgesetzgeber mit Schaffung des **§ 66c Abs. 1 StGB** im Wesentlichen umgesetzt. Die Länder haben zum Stichtag 1.6.2013 ergänzend entsprechend neue Gesetze zum Vollzug der Sicherungsverwahrung geschaffen (→ *Sicherungsverwahrung, Vollzug, landesrechtliche Vollzugsgesetze*, Teil A Rdn 653 ff.). 593

Siehe auch: → *Sicherungsverwahrung, Allgemeines*, Teil A Rdn 562 m.w.N.

Sicherungsverwahrung, nachträgliche 594

Das Wichtigste in Kürze:

1. Wenn die Sicherungsverwahrung in der die Anlasstat betreffenden Entscheidung weder angeordnet noch vorbehalten war, besteht die Möglichkeit der nachträglichen Sicherungsverwahrung nach § 66b StGB. Es ist zwischen Taten, die vor und nach dem 1.1.2011 begangen wurden, zu unterscheiden (Altfälle, Neufälle).

> **2.** Auf Grundlage des § 66b StGB kann für Taten ab dem 1.1.2011 eine nachträgliche Sicherungsverwahrung angeordnet werden, wenn die Unterbringung in einem psychiatrischen Krankenhaus gem. § 67d Abs. 6 StGB mangels Vorliegens eines die Schuldfähigkeit gem. §§ 20, 21 StGB vermindernden Zustandes für erledigt erklärt wurde und die Gefährlichkeit des Betroffenen festgesellt wird.
>
> **3.** Für vor dem 1.1.2011 begangene Taten sind die Anforderungen an eine nachträgliche Anordnung der Sicherungsverwahrung komplex.

595 **Literaturhinweise: Kinzig,** Mysterium nachträgliche Sicherungsverwahrung nach § 66b StGB, ZSTW 2024; 136(3): 413–432; s.a. die Hinweise bei → *Sicherungsverwahrung, Allgemeines*, Teil A Rdn 562 m.w.N.

596 **1.** § 66b StGB regelt die Möglichkeit der **nachträglichen Sicherungsverwahrung**, die unter bestimmten Voraussetzungen angeordnet werden kann, wenn die Sicherungsverwahrung in der die Anlasstat betreffenden Entscheidung weder primär angeordnet noch vorbehalten war. Hierbei ist zwischen Altfällen (für vor dem 1.1.2011 begangene Taten) und Neufällen (nach diesem Stichtag begangene Taten) zu **unterscheiden** (zum **JGG-Verfahren,** → *Jugendliche, Vollstreckung, Sicherungsverwahrung*, Teil B Rdn 888). Das „neue" Recht der Sicherungsverwahrung ist gemäß Art. 316e EGStGB nur anzuwenden, wenn mindestens eine Tat nach dem 31.12.2010 begangen wurde.

597 Praktisch sind Fälle der Anordnung der nachträglichen Sicherungsverwahrung sehr selten. *Kinzig* (ZSTW 2024; 136 (3): 413–432 [416]) geht davon aus, dass die Fälle *„(vermutlich) an zwei Händen abgezählt werden"* könnten.

598 **2.a)** Auf Grundlage des § 66b StGB kann für Taten ab dem 1.1.2011 (**„Neufälle"**) eine nachträgliche Sicherungsverwahrung angeordnet werden, wenn die Unterbringung in einem psychiatrischen Krankenhaus gem. § 67d Abs. 6 StGB mangels Vorliegens eines die Schuldfähigkeit gem. §§ 20, 21 StGB vermindernden Zustandes für erledigt erklärt wurde. Die **weiteren formellen Voraussetzungen** ergeben sich in zwei Alternativen aus § 66b S. 1 Nr. 1 StGB, wonach der vorangegangenen Unterbringung des Betroffenen nach § 63 StGB mindestens zwei Straftaten aus dem Katalog des § 66 Abs. 3 S. 1 StGB zugrunde gelegen haben müssen (Alt. 1) oder eine Vorverurteilung oder Vorunterbringung wegen einer entsprechenden Katalogtat gegeben war (Alt. 2).

599 **b) Materiellrechtlich** muss die Gefährlichkeit des Verurteilten festgestellt werden. Es bedarf hierfür einer umfassenden Gesamtwürdigung des Betroffenen, seiner Taten und ergänzend seiner Entwicklung bis zum Zeitpunkt der Entscheidung, wobei diese Gesamtwürdigung ergeben muss, dass der Betroffene mit hoher Wahrscheinlichkeit erhebliche Straftaten i.S.d. § 66b S. 1 Nr. 2 StGB begehen wird, durch welche die Opfer seelisch oder körperlich schwer geschädigt werden. Das Gericht hat Gutachten von zwei verschiedenen Sachverständigen einzuholen, die im Rahmen des Vollzuges oder der Unterbringung nicht mit der Behandlung des Verurteilten befasst gewesen sein dürfen (§ 275a Abs. 4 S. 2, 3 StPO). In die Gesamtwürdigung einzubeziehen ist auch das Vollzugsverhalten, sofern dieses Hinweise darauf geben kann, dass der Betroffene Straftaten i.S.d. § 66b S. 1 Nr. 2 StGB begehen werde (*Fischer,* § 66b Rn 11 m.w.N.). Ebenso sind die bisherigen (kriminellen) Verhaltensweisen sowie die Art und Ausführung der Anlasstat (BGH NStZ-RR 2020, 16) in die Würdigung einzubeziehen. Zu berücksichtigen ist ferner, ob und mit welchem Erfolg sich der Betroffene mit seiner Tat auseinandergesetzt hat. Dabei kann sich das Gericht auf die fehlende Einsicht und das leugnende Verhalten des Verurteilten im Vollzug stützen, was – anders als im Erkenntnisverfahren – als ungünstiger Prognosefaktor berücksichtigt werden kann (BGH, Beschl. v. 11.2.2025 – 4 StR 122/24).

600 Da die nachträgliche Anordnung der Sicherungsverwahrung **Ausnahmecharakter** hat und im pflichtgemäßen Ermessen des Gerichts steht, hat die Beachtung des Grundsatzes der Verhältnismäßigkeit besondere Bedeutung – das Ermessen muss tatsächlich ausgeübt werden, die maßgeblichen Gründe sind darzulegen (BGH, Beschl. v. 7.7.2021 – 4 StR 546/20, StV 2022, 305).

c) Das **Verfahren** richtet sich nach § 275a StPO. Die Staatsanwaltschaft soll den Antrag unverzüglich stellen, nachdem sie die Akten von der Vollstreckungsbehörde vorgelegt bekommen und eine Vorprüfung ergeben hat, dass die formellen Voraussetzungen der Maßregel vorliegen und Hinweise auf eine erhebliche Gefährlichkeit des Betroffenen für die Allgemeinheit bestehen (BGH NStZ-RR 2006, 145). Die Stellung des Antrages erfolgt durch Vorlage einer Antragsschrift an das zuständige Gericht des ersten Rechtszuges, § 275a Abs. 1 StPO. Sie muss eine Begründung und vor allem die Angabe der Variante des § 66b S. 1 Nr. 1 StGB enthalten, auf welche die Staatsanwaltschaft den Antrag stützt. 601

Nach § 275a Abs. 6 S. 1 StPO ist auch eine **einstweilige Unterbringung** in der Sicherungsverwahrung möglich, wenn dringende Gründe für die Annahme vorliegen, dass die nachträgliche Sicherungsverwahrung angeordnet werden wird. Dringende Gründe sind dann anzunehmen, wenn nach dem bisherigen Ermittlungsstand eine hohe Wahrscheinlichkeit für die endgültige Verhängung der Maßregel besteht (OLG Nürnberg, Beschl. vom 16.8.2011 – 2 Ws 365/11; OLG Karlsruhe, Beschl. v. 9.8.2019 – 2 Ws 257/19 – NStZ-RR 2020, 16). 602

Überwiegend bestehen nach wie vor Bedenken, dass § 66b StGB mit dem GG und der EMRK vereinbar ist (ausführlich *Kinzig* ZSTW 2024; 136(3): 413 [430 f.]). Art. 5 Abs. 1 S. 2 lit. a. EMRK setzt als Grundlage für eine Freiheitsentziehung grds. die gerichtliche Feststellung einer schuldhaft begangenen Tat voraus. Wenn die ursprüngliche Anordnung einer Unterbringung im psychiatrischen Krankenhaus gem. § 63 StGB auf einer ausgeschlossenen Schuldfähigkeit i.S.d. § 20 StGB beruhte, liegt **gerade keine Verurteilung wegen** einer **schuldhaft begangenen Tat** vor. Art. 5 Abs. 1 S. 2 lit. e EMRK scheidet in diesen Fällen in aller Regel aus, weil eine **psychische Erkrankung nicht** (mehr) besteht (EGMR NJW 2010, 2495; JR 2013, 78). Zudem wird eine solche in § 66b StGB nicht vorausgesetzt. 603

Unter dem Eindruck dieser Rspr. des EGMR hat auch das BVerfG seine Rspr. geändert und die Verletzung des Vertrauensschutzgebotes gem. Art. 2 Abs. 2 S. 2 i.V.m. 104 Abs. 1, 20 Abs. 3 GG erwogen (BVerfG StV 2013, 626). Im Ergebnis wird unter Berücksichtigung der mit Urteil des BVerfG v. 4.5.2011 gemachten Vorgaben und § 62 StGB eine verfassungskonforme Auslegung des § 66b StGB erfolgen müssen. 604

3. Für vor dem 1.1.2011 begangene Taten (**„Altfälle"**) sind die Anforderungen an eine nachträgliche Anordnung der Sicherungsverwahrung sehr komplex und sollen an dieser Stelle nicht im Einzelnen dargestellt werden. Neben den Voraussetzungen für „Neufälle" (oben Rdn 567 f.) muss zusätzlich eine psychische Störung vorliegen und aus konkreten Umständen in der Person oder dem Verhalten des Mandanten eine hochgradige Gefahr abzuleiten sein, dass infolge dieser Störung schwerste Gewalt- oder Sexualstraftaten begangen werden (Art. 316e Abs. 1 S. 2 i.V.m. Art. 316 f. Abs. 2 S. 2 EGStGB). Zu den zahlreichen Problemen s. *Anders* JZ 2012, 498. 605

Die Übergangsvorschriften zum Recht der Sicherungsverwahrung im EGStGB beziehen sich nicht nur auf das materielle Recht, sondern auch auf die daran anknüpfenden verfahrensrechtlichen Regelungen im allgemeinen Strafprozessrecht (BGH NStZ-RR 2020, 325; BGH, Beschl. v. 2.6.2021 – 1 StR 111/21, NStZ-RR 2021, 280 [Ls]; Beschl. v. 7.7.2021 – 4 StR 546/20, StV 2022, 305). 606

Aus dieser Sachlage kommt dem **Vorliegen einer psychischen Störung** in Art. 316 f. Abs. 2 S. 2 EGStGB dieselbe Bedeutung zu wie in § 1 Abs. 1 Nr. 1 ThUG (BT-Drucks 17/9874, S. 31). Daraus wird gefolgert, dass es nun nach der Vorstellung des Gesetzgebers **fünf Täterkategorien** gibt, die sich wie folgt beschreiben lassen: 607

1. **Schuldunfähige,**
2. **vermindert Schuldfähige,**
3. **Schuldfähige, die zugleich psychisch gestört sind,**
4. **„bloße" Hangtäter** und
5. **„gewöhnliche" Straftäter**

(*Zimmermann* HRRS 2013, 164, 173).

608 Wegen des **Bestimmtheitsgebotes** des Art. 103 Abs. 2 GG ist der **Begriff der psychischen Störung** problematisiert worden (*Nußstein* NJW 2011, 1194; *Ullenbruch* StV 2012, 44, 49; *Kinzig* ZSTW 2024; 136(3): 413 ff.). Noch problematischer dürfte allerdings die Frage sein, ob die Anordnung der nachträglichen Sicherungsverwahrung noch mit **Art. 5 Abs. 1 S. 2 lit. e EMRK** zu vereinbaren ist. Zum Meinungsstand *Zimmermann* HRRS 2013, 164, 175; *Kinzig* ZSTW 2024; 136(3), 413 ff.

609 Dabei stellt sich in besonderer Weise die **Frage** einer **zulässigen Rückwirkung** in den Fällen, in denen zum Zeitpunkt der Anlasstat das zugrunde liegende Gesetz noch nicht bestanden hat. Das BVerfG hat dazu Folgendes ausgeführt:

„*Wird im Urteil des Tatgerichts die Sicherungsverwahrung weder angeordnet noch vorbehalten und existiert im Urteilszeitpunkt keine Norm, welche die nachträgliche Sicherungsverwahrung ermöglicht, darf der Betroffene grundsätzlich darauf vertrauen, dass ihm diese Maßregel dauerhaft erspart bleibt.*“ (StV 2013, 626).

☝ In diesen Fällen haben wir es überwiegend mit Sachverhalten zu tun, die auf Grundlage des **Therapieunterbringungsgesetzes** zu beurteilen sind (→ *Sicherungsverwahrung, Therapieunterbringung, Allgemeines*, Teil A Rdn 621).

Siehe auch: → *Sicherungsverwahrung, Allgemeines*, Teil A Rdn 562 m.w.N.; → *Sicherungsverwahrung, Therapieunterbringung, Allgemeines*, Teil A Rdn 621, m.w.N.; → *Maßregeln, Erwachsene, Allgemeines*, Teil B Rdn 969 m.w.N.; → *Jugendliche, Vollstreckung, Sicherungsverwahrung*, Teil B Rdn 888; → *Maßregelvollzug, Erwachsene, Allgemeines*, Teil C Rdn 1 m.w.N.

610 Sicherungsverwahrung, Pflichtverteidigung

Das Wichtigste in Kürze:

1. § 463 StPO gewährleistet die zwingende Bestellung eines Pflichtverteidigers für zu treffende Vollstreckungsentscheidungen.
2. Mit der Regelung des § 463 StPO haben sich die früheren Auseinandersetzungen wegen des Vorliegens der Voraussetzungen des § 140 Abs. 2 StPO in analoger Form erledigt.
3. Die Auswahl des Pflichtverteidigers richtet sich nach den Kriterien des § 142 Abs. 6 StPO.
4. Die Bestellung des Pflichtverteidigers/der Pflichtverteidigerin muss rechtzeitig vor der ersten gerichtlichen Entscheidung erfolgen.
5. Die Beiordnung im Vollstreckungsverfahren dauert fort, solange sie nicht aufgehoben wird.
6. Der Untergebrachte hat nun dauerhaft einen anwaltlichen Beistand und Ansprechpartner auch für die Dauer und damit für Fragen des Vollzuges.
7. Im Umgang mit Medien ist Zurückhaltung geboten.

611 **Literaturhinweise:** s. die Hinweise bei → *Sicherungsverwahrung, Allgemeines*, Teil A Rdn 562 m.w.N.

612 **1.** Der zum 1.6.2013 in § 463 StPO eingefügte Absatz 8 gewährleistet die zwingende Bestellung eines Pflichtverteidigers für zu treffende Vollstreckungsentscheidungen. Gemäß § 463 Abs. 3 S. 5 StPO erfolgt die Bestellung für die noch während des Strafvollzuges zu treffende Entscheidung nach § 67c Abs. 1 StGB. Das OLG Dresden stellte nach der Einführung des § 463 Abs. 8 StPO die neue gesetzliche Regelung klar, dass die Bestellung des Verteidigers gem. § 463 Abs. 8 S. 2 StPO auch für jedes weitere Verfahren gilt, in welchem auf dem Gebiet der Vollstreckung eine Entscheidung zu treffen ist (OLG Dresden NStZ-RR 2014, 357).

2. Mit der Regelung des § 463 StPO haben sich die **früheren Auseinandersetzungen** wegen des Vorliegens der Voraussetzungen des § 140 Abs. 2 StPO in analoger Form (BVerfG NJW 2009, 3153 [Ls.]) **erledigt**. Dies gilt dann auch für das Nachverfahren bei vorbehaltener Sicherungsverwahrung. 613

3. Die **Auswahl** des **Pflichtverteidigers** richtet sich nach den Kriterien des § 142 Abs. 6 StPO. Innerhalb der Vorgaben nach § 142 Abs. 6 S. 2 StPO sind die zu § 142 Abs. 1 StPO a.F. entwickelten Grundsätze weiterhin von Bedeutung. Eine restriktiv zu handhabende Ausnahme kann bestehen, wenn der zu bestellende Verteidiger nicht Fachanwalt für Strafrecht ist, sondern ein Rechtsanwalt, der sein Interesse an der Übernahme von Pflichtverteidigung bekundet hat und Zweifel an seiner Eignung bestehen (BT-Drucks 19/13829, 43). Dies wurde bspw. angenommen, weil der Verteidiger den Untergebrachten in seiner Krankheitsuneinsichtigkeit bestärkt habe (KG StRR 2013, 402 [Ls.]). 614

4. Die Bestellung des Pflichtverteidigers hat gemäß § 463 Abs. 8 S. 2 StPO **rechtzeitig vor der ersten gerichtlichen Entscheidung** zu erfolgen. Das Wort „rechtzeitig" weist dabei darauf hin, dass die Bestellung des Pflichtverteidigers so frühzeitig erfolgen muss, dass er die Interessen des Verurteilten im Verfahren angemessen wahrnehmen kann (*Schmitt/Köhler*, § 463 Rn 13a), insbesondere muss der Verteidiger die Möglichkeit haben, sich vor einer Entscheidung die notwendige Aktenkenntnis zu verschaffen und auf die **Person** des zu **bestellenden Sachverständigen Einfluss nehmen** können (BT-Drucks 17/9874, S. 27). Die Bestellung ist deshalb nur dann rechtzeitig, wenn sie **vor** der Beauftragung eines Sachverständigen erfolgt (OLG Nürnberg NStZ 2017, 118; StV 2018, 139). 615

5. Gemäß § 463 Abs. 8 S. 2 StPO gilt die Beiordnung **für jedes weitere Verfahren fort**, solange die Bestellung nicht entsprechend § 143a StPO aufgehoben wird. Mithin gilt sie für die gesamte Dauer der Unterbringung. Vor Beginn eines jeden Prüfungsverfahrens ist einem Antrag auf Auswechslung des Pflichtverteidigers i.d.R. stattzugeben (KG StraFo 2020, 30; OLG Karlsruhe NStZ 2020, 247; OLG Nürnberg NStZ 2017, 118). 616

6. Der **Fortdauer** der **Bestellung** im Vollstreckungsverfahren kommt auch **erhebliche Bedeutung für den Vollzug** zu. Denn der Untergebrachte verfügt über einen dauerhaften anwaltlichen Ansprechpartner und Beistand. Ebenfalls zum 1.6.2013 sind auch in den §§ 109 Abs. 3, 119a Abs. 6 S. 1 StVollzG Regelungen zur obligatorischen Beiordnung des Pflichtverteidigers eingefügt worden. 617

Dem Untergebrachten ist in Angelegenheiten des **Vollzuges** gem. **§ 109 Abs. 3 S. 1 StVollzG** immer ein Pflichtverteidiger beizuordnen, wenn das Verfahren auf gerichtliche Entscheidung eine von ihm begehrte oder angefochtene Maßnahme der Umsetzung des § 66c Abs. 1 StGB (Rdn 625) betrifft. Ausgenommen von der Pflicht zur Bestellung eines Pflichtverteidigers sind danach nur Fälle, die wegen der Einfachheit der Sach- und Rechtslage die Mitwirkung eines Rechtsanwaltes nicht geboten erscheinen lassen oder ersichtlich ist, dass der Antragsteller seine Rechte selbst ausreichend wahrnehmen kann. Damit wird das Regel-Ausnahme-Verhältnis des § 140 Abs. 2 StPO bezüglich der dort erforderlichen Schwierigkeit der Sach- oder Rechtslage umgekehrt (KG StV 2015, 57 m. Anm. *Neumann* StRR 2015, 73). Die Beiordnung des Pflichtverteidigers verwirklicht das vom BVerfG geforderte **Rechtsschutzgebot** (→ *Sicherungsverwahrung, Grundsätze*, Teil A Rdn 589) und erfolgt **unabhängig von der Bedürftigkeit** des Untergebrachten, § 109 Abs. 3 StVollzG (OLG Hamm NStZ-RR 2014, 294). Damit haben Untergebrachte in der Sicherungsverwahrung und **Strafgefangene mit vorbehaltener und angeordneter Sicherungsverwahrung** stets die Möglichkeit, einen Pflichtverteidiger beigeordnet zu bekommen. Bei Vorliegen der persönlichen Voraussetzungen und bei einem Streit über die in § 66c Abs. 1 StGB genannten Maßnahmen ist die Beiordnung eines Pflichtverteidigers der Regelfall (BT-Drucks 17/9874, S. 27, KG, a.a.O.). 618

Unterlässt die Strafvollstreckungskammer die Beiordnung eines Rechtsanwalts trotz Vorliegens der Voraussetzung nach § 109 Abs. 3 StVollzG, stellt dies einen **Verfahrensfehler** dar, der auf die Rechtsbeschwerde hin zur Aufhebung der Entscheidung führt (KG Beschl. v. 14.9.2020 – 2 Ws 119/20 – StV 2023, 112). 619

☝ Die Bestellung scheidet (nur) dann aus, wenn wegen der **Einfachheit** der **Sach-** und **Rechtslage** die Mitwirkung eines Rechtsanwalts nicht geboten erscheint oder es ersichtlich ist, dass der Antragsteller seine Rechte selbst ausreichend wahrnehmen kann (KG StV 2015, 5).

Über die **Bestellung** und einen Widerruf **entscheidet** nach § 109 Abs. 3 S. 2 StVollzG der **Vorsitzende** des nach § 110 StVollzG zuständigen Gerichts.

620 **7.** Im Umgang mit Medien ist in Fällen der Sicherungsverwahrung große Zurückhaltung der Verteidigung empfehlenswert. Nur selten kann eine positive Begleitung des Mandanten durch die Presse erreicht werden. Dafür ist das Risiko einer die Entscheidungsfindung der Fachleute negativ beeinflussenden Berichterstattung erheblich (s. hierzu die Ausführungen in Teil F).

Siehe auch: → *Sicherungsverwahrung, Allgemeines*, Teil A Rdn 562 m.w.N.; → *Allgemeine Gebührenfragen, Besonderheiten, Pflichtverteidiger,* Teil J Rdn 4 m.w.N.

621 Sicherungsverwahrung, Therapieunterbringung, Allgemeines

622 Aufgrund der Entscheidung des EGMR v. 17.12.2009 Nr. 193359/04 (EGMR NJW 2010, 2495) wurde mit Wirkung zum 1.1.2011 das ThUG (Therapieunterbringungsgesetz) geschaffen. Zweck des Gesetzes ist die Vermeidung zukünftiger Straftaten durch weiterhin als gefährlich eingestufte Straftäter, die vor dem Hintergrund der Entscheidung des EGMR entlassen werden müssen oder bereits entlassen wurden (BT-Drucks 17/3403, 2 f., 14).

623 Die Therapieunterbringung kann angeordnet werden, wenn eine **qualifizierte strafrechtliche Verurteilung** vorliegt, die Sicherungsverwahrung ursprünglich angeordnet worden war, aber aus bestimmten Gründen nicht mehr vollstreckt werden darf und mildere Mittel (bspw. elektr. Aufenthaltsüberwachung) nicht gegeben sind. Weitere Voraussetzung ist neben dem Vorliegen einer psychischen Störung eine Gefahrenprognose, dass die Person infolge der Störung mit hoher Wahrscheinlichkeit Leib, Leben, persönliche Freiheit oder die sexuelle Selbstbestimmung eines anderen erheblich beeinträchtigt (§ 1 Abs. 1 Nr. 1 ThUG).

624 Vor einer Therapieunterbringung sind im Rahmen einer förmlichen Beweisaufnahme **zwei Gutachten** einzuholen, die durch zwei unterschiedliche Gutachter, die den Betroffenen bisher nicht behandelt haben dürfen und diesen unabhängig voneinander zu untersuchen und zu befragen haben, zu erstellen sind, § 9 ThUG.

625 Für die **Beiordnung** eines **Rechtsanwalts** im Verfahren zur Therapieunterbringung gilt die Spezialvorschrift des § 7 ThUG i.V.m. § 78 ZPO. Hiernach hat das Gericht dem Betroffenen zur Wahrnehmung seiner Rechte im Verfahren und für die Dauer der Therapieunterbringung einen Rechtsanwalt beizuordnen. Der beigeordnete Rechtsanwalt hat die Stellung eines Beistands (§ 7 Abs. 2 S. 1 ThUG).

626 Das Verfahren ist vorrangig durch die Bestimmungen des ThUG geregelt. Es gelten ergänzend die Verfahrensvorschriften des **FamFG** (§ 3 ThUG), soweit nichts Abweichendes bestimmt ist. Für die Unterbringungsanordnung sind die **Zivilkammern** der Landgerichte sachlich **zuständig** (§ 4 Abs. 1 S. 1 ThUG). Die örtliche Zuständigkeit ergibt sich daraus, in welchem Bezirk das Bedürfnis für die Therapieunterbringung entsteht bzw. in welchem Bezirk sich die Einrichtung befindet, in der die Sicherungsverwahrung vollstreckt wird (§ Abs. 2 ThUG).

Siehe auch: → *Sicherungsverwahrung, Allgemeines*, Teil A Rdn 562 m.w.N.; → *Sicherungsverwahrung, Therapieunterbringung, Zulässigkeit,* Teil A Rdn 627.

Sicherungsverwahrung, Therapieunterbringung, Zulässigkeit 627

628 **Literaturhinweise:** s. die Hinweise bei → *Sicherungsverwahrung, Allgemeines*, Teil A Rdn 562 m.w.N.

629 Entgegen zahlreicher Bedenken (z.B. *Kreuzer/Bartsch* StV 2011, 472, 474) hat das BVerfG die Regelungen für Fälle einer **hochgradigen Gefahr schwerster Gewalt- oder Sexualstraftaten**, die aus konkreten Umständen in der Person oder dem Verhalten abgeleitet werden, für zulässig angesehen (Beschl. v. 11.7.2013 – 2 BvR 230/11; 2 BvR 1279/12). Die Entscheidung erfolgte mit einer Mehrheit von 5:3 Stimmen. Die Bedenken richten sich neben der problematischen Gesetzgebungskompetenz des Bundes inhaltlich u.a. gegen die **Bestimmtheit des Begriffes** der **„psychischen Störung"**. Besonders kritisiert wird, dass dem Begriff keine psychiatrische Diagnostik zugrunde liegt und entgegen dem expliziten Gesetzestext in § 1 Abs. 1 Nr. 1 ThUG der Betroffene auch nicht unter einer psychischen Störung **„leiden"** müsse. Wegen ihrer Wesensart könne von einem „Leiden" bei Dissozialen und Pädophilen gerade nicht gesprochen werden (*Kröber* StV Heft 1/2012, I). Auch der BGH stellte mit Beschl. v. 23.5.2013 fest, dass das ThUG verfassungsgemäß sei (BGH, Beschl. v. 23.5.2013 – V ZB 201/12, FGPrax 2013, 185).

630 Die Therapieunterbringung betrifft – ebenso wie die Sicherungsverwahrung – schuldfähige Straftäter. Dies führt zu einer Vermischung der strafrechtlichen Kategorien der Schuldfähigkeit mit dem Begriff der „psychischen Störung". Insoweit wird nun faktisch von fünf verschiedenen Täterkategorien ausgehen sein (dazu Rdn 607). Die Therapieunterbringung wird weitgehend als **systemfremd**, **hochkompliziert** und dem Grunde nach als **nicht erforderlich** angesehen (*Kinzig* LTO v. 9.8.2013). Das ThUG wurde schon als „irrläufiges nationales Gesetz" bezeichnet, welches in Bezug auf die Entscheidungen des BVerfG auch durch den EGMR kritisch geprüft werden müsse (*Ullenbruch* StV 2014, 174,184).

Siehe auch: → *Sicherungsverwahrung, Allgemeines*, Teil A Rdn 562 m.w.N.; → *Sicherungsverwahrung, Therapieunterbringung, Allgemeines*, Teil A Rdn 621.

Sicherungsverwahrung, Vollzug, Allgemeines 631

632 **Literaturhinweise:** s. die Hinweise bei → *Sicherungsverwahrung, Allgemeines*, Teil A Rdn 562 m.w.N.

633 Durch die Entscheidung des BVerfG v. 4.5.2011 (NJW 2011, 1931; dazu → *Sicherungsverwahrung, Grundsätze*, Teil A Rdn 589) änderten sich nicht nur die Voraussetzungen über die Anordnung der Sicherungsverwahrung, sondern auch deren Ausgestaltung. Bis zum Ablauf des 31.5.2013 mussten auch die **landesrechtlichen Regelungen zum Vollzug der Sicherungsverwahrung** dem neuen Bild eines **freiheits- und therapiegeleiteten Vollzuges** angepasst werden (Rdn 653).

Die Grundsätze der Ausgestaltung des Vollzuges der Sicherungsverwahrung sind bundesgesetzlich in § 66c StGB geregelt. Wenn der Bundesgesetzgeber sich für eine derart einschneidende Maßnahme wie die Sicherungsverwahrung entscheide, müsse er auch die wesentlichen Leitlinien der Vollzugsgestaltung selbst festlegen (BVerfG NJW 2011, 1931, 1941).

634 § 66c StGB trägt den Vorgaben des BVerfG zum Abstandsgebot (→ *Sicherungsverwahrung, Abstandsgebot*, Teil A Rdn 559); dem Individualisierungs- und Intensivierungs- sowie dem Motivierungsgebot (Abs. 1 Nr. 1), dem Trennungsgebot (Abs. 1 Nr. 2), dem Minimierungsgebot (Abs. 1 Nr. 3) und dem Ultima-Ratio-Prinzip (Abs. 2) Rechnung. Diese Gebote betreffen die Ausgestaltung der Sicherungsverwahrung, Absatz 2 betrifft die Ausgestaltung der vorangehenden Freiheitsstrafe. Die Bundesländer haben Sicherungsverwahrungsvollzugsgesetze (StVollzG) erlassen, über die die organisatorische Ausgestaltung geregelt wird.

Siehe auch: → *Sicherungsverwahrung, Allgemeines*, Teil A Rdn 562 m.w.N.

635 Sicherungsverwahrung, Vollzug, Antrag auf gerichtliche Entscheidung

636 Soweit im Vollzugs- und Eingliederungsplan Entscheidungen getroffen oder abgelehnt wurden, kann dagegen mit einem Antrag auf gerichtliche Entscheidung gem. § 109 ff. StVollzG i.V.m. den jeweiligen landesrechtlichen Vollzugsgesetzen (→ *Sicherungsverwahrung, Vollzug, landesrechtliche Vollzugsgesetze,* Teil A Rdn 653) vorgegangen werden. Bei der StVK kann die Verpflichtung zum Erlass einer abgelehnten oder unterlassenen Maßnahme beantragt werden. Dabei muss die **Maßnahme so genau wie möglich** bezeichnet und eine Verletzung der Rechte des Untergebrachten dargelegt werden.

637 Der Antrag ist **innerhalb** von **zwei Wochen** nach schriftlicher Bekanntgabe der Entscheidung bei Gericht einzureichen. Dabei ist der Fristbeginn zu beachten, da dem Verteidiger die Fortschreibung des Vollzugs- und Eingliederungsplanes nach der Vollzugsplankonferenz durch die Anstalt häufig nicht unmittelbar übersandt wird. In der Regel wird der Plan dem Untergebrachten einige Wochen nach der Konferenz gegen Quittung ausgehändigt. Ab diesem Zeitpunkt beginnt die Rechtsmittelfrist. Der Mandant ist deshalb anzuhalten, dem Verteidiger alsbald nach Aushändigung des Vollzugs- und Eingliederungsplans diesen oder eine Abschrift zu übersenden. Gegenüber der Anstalt ist darauf hinzuweisen, dass dem Verteidiger der Plan gleichzeitig zu übersenden ist. Dies ergibt sich aus dem Gebot des Rechtsschutzes und der Unterstützung (→ *Sicherungsverwahrung, Vollzug, Grundsätze*, Teil A Rdn 589).

638 Der Antrag auf gerichtliche Entscheidung kann auch im Wege **des einstweiligen Rechtsschutzes** mit einem Antrag auf einstweilige Anordnung verbunden werden (§ 144 StVollzG).

> ☝ Dem Untergebrachten ist in Angelegenheiten des **Vollzuges** gem. § 109 Abs. 3 S. 1 StVollzG immer ein Pflichtverteidiger beizuordnen, wenn das **Verfahren auf gerichtliche Entscheidung** eine von ihm begehrte oder angefochtene Maßnahme der **Umsetzung des § 66c Abs. 1 StGB**, (→ *Sicherungsverwahrung, Gefahrenprognose,* Teil A Rdn 618; → *Sicherungsverwahrung, Therapieunterbringung, Allgemeines,* Teil A Rdn 663 ff.) betrifft, es sei denn, die Mitwirkung eines Rechtsanwalts erscheint wegen der Einfachheit der Sach- und Rechtslage nicht geboten.

639 Sicherungsverwahrung, Vollzug, Außenkontakte

640 **Literaturhinweise:** s. die Hinweise bei → *Sicherungsverwahrung, Allgemeines*, Teil A Rdn 562 m.w.N.

641 Das **Recht** zum **Empfang** von **Besuch** wurde wesentlich erhöht. Begleitausgänge mit seiner Familie dürfen dem Untergebrachten nur bei konkreten Anhaltspunkten für eine Flucht- oder Missbrauchsgefahr oder Gefährdungen des Vollzugsziels versagt werden; liegen die Tatbestandsvoraussetzungen für vollzugsöffnende Maßnahmen (wie Begleitausgänge) vor, ist die Rechtsfolge der Gewährung zwingend (OLG Hamm NStZ 2015, 110). Bei der Prüfung der Gewährung von Langzeitbesuchen ist zu beurteilen, ob diese zur Förderung familiärer, partnerschaftlicher oder ihnen gleichzusetzender Kontakte geboten erscheinen und ob diese Langzeitbesuche verantwortet werden können (OLG Hamm, Beschl. V. 7.1.2026 – 1 Vollz 237/25).

642 Es besteht Anspruch auf Gestattung von **Telefongesprächen**, die von der Anstalt vermittelt werden. Der Untergebrachte hat zwar keinen Anspruch auf Telefongespräche zu einem festgesetzten beliebigen Zeitpunkt, es muss aber der **hohe Stellenwert** von Telefongesprächen für die Kommunikation mit der Außenwelt berücksichtigt werden. Die **Zeitdauer** von bis zu zwei Stunden zwischen Antragstellung und Vermittlung sei noch als ausreichend anzusehen, wenn kein besonderer Eilfall nachgewiesen ist; ebenso die **durchschnittliche Verfügbarkeit** von einer Stunde pro Tag für Telefonate soll ausreichend sein (OLG Hamm FS 2015, 67 [Ls.]). Der Untergebrachte hat darüber hinaus ein Recht auf die Gestattung

der **Entgegennahme von externen Anrufen** durch Gestattung von **Rückrufen** durch die Vermittlung der Anstalt (OLG Hamm, Beschl. v. 11.9.2014 – 1 Vollz (Ws) 295/14). Der Hinweis auf der vorangeschalteten Bandansage auf die Möglichkeit einer Gesprächsüberwachung ist unzulässig (OLG Karlsruhe, Beschl. v. 18.4.2024 – 2 Ws 403/24, NStZ 2024, 704).

Auch die Regelungen zum **Paketempfang** wurden im Vergleich zu Strafgefangenen ausgeweitet (OLG Hamm FS 2014, 65). 643

Weiterhin besteht noch ein erheblicher Klärungsbedarf im Zusammenhang mit anderen Formen der Telekommunikation, insbesondere **Internet** und **E-Mail-Verkehr**. In der Praxis wird dies bislang weitestgehend versagt. Dies dürfte mit den Vorgaben des BVerfG zur Anpassung des Vollzugs der Sicherungsverwahrung an die allgemeinen Lebensverhältnisse nicht vereinbar sein (BVerfG NJW 2011, 1931). Denn diese Methoden zur Kommunikation und Information haben sich im Leben der Bevölkerung allgemein durchgesetzt. Befürchtete **Missbrauchsrisiken** sind durch die Anstalt durch hinreichende technische Sicherheitsvorkehrungen zu verhindern. Es gibt **erhebliche Unterschiede der landesgesetzlich geschaffenen Regelungen** in Bezug auf Möglichkeiten zur Untersagung von Außenkontakten. 644

Der SächsVerfGH hat sich im Rahmen einer erfolgreichen Verfassungsbeschwerde eingehend mit den Voraussetzungen (der Versagung) eines Zugangs zum Internet zu Weiterbildungszwecken im Vollzug der Sicherungsverwahrung befasst, aber eine Entscheidung zur Thematik selbst nicht getroffen. Er erklärte jedoch die **pauschale** Untersagung eines Internetzugangs für Sicherungsverwahrte für mit der sächsischen Landesverfassung unvereinbar (SächsVerfGH, Beschl. v. 27.6.2019 – Vf. 64-IV-18, NStZ 2020, 105). Dass OLG Karlsruhe zeigt sich weniger modern und geht pauschal davon aus, dass die von einer unkontrollierten Internetnutzung ausgehenden Gefahren für Sicherheit und Ordnung der Anstalt das Interesse eines Sicherungsverwahrten an der Einrichtung eines Internetanschlusses in seinem Zimmer bereits grds. überwiegen (OLG Karlsruhe, Beschl. v. 30.4.2024 – 2 Ws 107/24). 645

Siehe auch: → *Sicherungsverwahrung, Allgemeines*, Teil A Rdn 562 m.w.N.

Sicherungsverwahrung, Vollzug, Entlassungsvorbereitung 646

Die Anstalt ist jederzeit verpflichtet, sich um **Ausbildung, Arbeit** und **Unterkunft des Untergebrachten** zu kümmern (z.B. § 16 HSVVollzG). Die Führungsaufsicht, forensische Ambulanzen und Einrichtungen der Entlassenenhilfe sowie Ämter und Behörden sind zu beteiligen. Bislang nicht abgeschlossene Behandlungsmaßnahmen sind fortzusetzen sowie nachsorgende Maßnahmen zu vermitteln. In der Praxis stellt sich häufig heraus, dass die Unterbringung zu wenig auf die Perspektive einer Wiedererlangung der Freiheit hin durchgeführt worden ist und die Entlassung einer allmählichen Vorbereitung bedarf (*Lakotta*, Der Spiegel, Nr. 28/2015, S. 44). 647

Bei der Vorbereitung der Entlassung eines vollziehbar ausreispflichtigen Sicherungsverwahrten kann von der Justizvollzugsanstalt nicht die gleiche Intensität der Vorbereitung verlangt werden wie bei inländischen Sicherungsverwahrten (OLG Frankfurt, Beschl. v. 8.1.2026 – 3 Ws 600/25).

Siehe auch: → *Sicherungsverwahrung, Vollzug, Vollzugsplankonferenz*, Teil A Rdn 672.

Sicherungsverwahrung, Vollzug, Grundsätze 648

Literaturhinweise: s. die Hinweise bei → *Sicherungsverwahrung, Allgemeines*, Teil A Rdn 562 m.w.N. 649

§ 66c StGB regelt die Ausgestaltung der Unterbringung in der Sicherungsverwahrung sowie des vorhergehenden Strafvollzugs. In § 66c Abs. 1 StGB sind die verfassungsrechtlichen Vorgaben zur Gestaltung des Vollzugs der Sicherungsverwahrung (→ *Sicherungsverwahrung, Vollzug, Allgemeines*, Teil A Rdn 631) teilweise wortgleich übernommen worden. 650

651 Das BVerfG hat mit Urt. v. 4.5.2011 (BVerfGE 128, 326 = NJW 2011, 1931) verdeutlicht, dass die Sicherungsverwahrung nur dann zu rechtfertigen ist, *„wenn der Gesetzgeber bei ihrer Ausgestaltung dem besonderen Charakter des in ihr liegenden Eingriffs hinreichend Rechnung und dafür Sorge trägt, dass über den unabdingbaren Entzug der ‚äußeren' Freiheit hinaus weitere Belastungen vermieden werden"*. Dem ist *„durch einen freiheitsorientierten und therapiegerichteten Vollzug"* Rechnung zu tragen, der den rein präventiven Charakter der Maßregel deutlich mache. Die Sicherungsverwahrung müsse in deutlichem Abstand zum Strafvollzug so auszugestalten werden, dass die Perspektive der Wiedererlangung der Freiheit sichtbar die Praxis der Unterbringung bestimme („Abstandsgebot"). Es bedürfe in diesem Rahmen eines freiheitsorientierten Gesamtkonzepts der Sicherungsverwahrung mit klarer therapeutischer Ausrichtung auf das Ziel, die vom Untergebrachten ausgehende Gefahr zu minimieren und auf diese Weise die Dauer der Freiheitsentziehung auf das unbedingt erforderliche Maß zu reduzieren (BVerfGE 128, 326 (374 f.)). Diese Leitlinien hat der Gesetzgeber durch das am 1.6.2013 in Kraft getretene Gesetz zur bundesrechtlichen Umsetzung des Abstandsgebotes im Recht der Sicherungsverwahrung (Gesetz v. 5.12.2012, BGBl I 2425) verankert, was wiederum in § 66c StGB umgesetzt wurde.

☝ Der **Rechtsschutz** bei angeordneter oder vorbehaltener Sicherungsverwahrung richtet sich nach **§§ 109 ff. StVollzG**. Dem Gefangenen ist gem. § 109 Abs. 3 S. 1 StVollzG regelmäßig ein **Rechtsanwalt beizuordnen**. Wird dies abgelehnt, ist das Rechtsmittel der Beschwerde gemäß § 120 Abs. 1 S. 2 StVollzG i.V.m. § 304 StPO eröffnet (KG StraFo 2015, 33). Über § 119a StVollzG soll eine ausreichende Betreuung des Verurteilten schon während des Vollzugs der Freiheitsstrafe sichergestellt werden, indem durch die SVK von Amts wegen in periodischen Abständen geprüft wird, ob die bisherigen Betreuungsangebote den gesetzlichen Vorgaben entsprechen. Die Vollzugsbehörde kann bei Vorliegen eines berechtigten Interesses die Überprüfung beantragen, § 119a Abs. 2 StVollzG. Der Verurteilte hat hier jedoch kein eigenes Antragsrecht.

652 Von Bedeutung ist die Regelung des **§ 67d Abs. 2 S. 2 StGB**, einem zweistufigen Verfahren. Wenn die Vollstreckungskammer nach Beginn und während der Unterbringung feststellt, dass dem Untergebrachten keine ausreichende Betreuung zu Teil geworden ist, setzt sie eine Frist von max. sechs Monaten zur Abhilfe des Betreuungsmangels. Die Nachfristsetzung kann nur im Vollzug der Sicherungsverwahrung erfolgen. Wenn der Mangel nach Ablauf der Frist nicht behoben ist, hat die Vollstreckungskammer die Sicherungsverwahrung zur Bewährung auszusetzen. Abs. 2 S. 2 ist auf Versäumnisse bei der Behandlung im bisherigen Vollzug der Sicherungsverwahrung in der Zeit vor dem 1.6.2013 nicht anwendbar (OLG Frankfurt NStZ-RR 2013, 359). Eine **Prüfung der Gefährlichkeit** findet in diesem Fall **nicht** statt. Auf diese Weise soll die Vollzugsanstalt zur Umsetzung notwendiger Betreuungs- und Therapiemaßnahmen veranlasst werden.

Siehe auch: → *Sicherungsverwahrung, Allgemeines*, Teil A Rdn 562 m.w.N.

653 Sicherungsverwahrung, Vollzug, landesrechtliche Vollzugsgesetze

654 **Literaturhinweise:** s. die Hinweise bei → *Sicherungsverwahrung, Allgemeines*, Teil A Rdn 562 m.w.N.

655 Die Bundesländer haben sich bei Schaffung der neuen Gesetze zum 1.6.2013 zur Ausgestaltung der Sicherungsverwahrung an einem gemeinsam erarbeiteten **Grundlagenentwurf eines Sicherungsverwahrungsvollzugsgesetzes** orientiert (www.mj.niedersachsen.de/69093). Dort werden die Bereiche „Vollzugsgrundsätze", „Aufnahme und Behandlung", „Unterbringung", „Außenkontakte", „Arbeit und Vergütung", „Gelder der Untergebrachten", „vollzugsöffnende Maßnahmen", „Entlassung" und „Organisation der Einrichtungen" behandelt. Bei der **Ausgestaltung** der gesetzlichen Regelungen haben sie hinsichtlich der

Einzelheiten durchaus **unterschiedliche Wege** beschritten, so z.B. bei der Mindestgröße der „Zimmer" und der Anzahl der in jedem Falle zu gewährenden Ausführungen. Als **Vollzugsziele** sind weitgehend einheitlich die „Beendigung der Unterbringung", eine „Resozialisierung" und der „Schutz der Allgemeinheit" benannt. Der Vollzug ist **freiheitsorientiert** und **therapiegeleitet** zu gestalten.

Auf folgende **Landesgesetze** ist hinzuweisen: 656

- **Baden-Württemberg**: Gesetzbuch über den Justizvollzug in Baden-Württemberg (Justizvollzugsgesetzbuch – JVollzGB) v. 10.11.2009 (GBl 2009, 545);
- **Bayern**: Gesetz über den Vollzug der Sicherungsverwahrung und der Therapieunterbringung (Bayerisches Sicherungsverwahrungsvollzugsgesetz – BaySvVollzG) v. 22.5.2013 (GVBl. 2013, 275);
- **Berlin**: Gesetz über den Vollzug der Sicherungsverwahrung in Berlin (Berliner Sicherungsverwahrungsvollzugsgesetz – SVVollzG Bln) v. 27.3.2013 (GVBl. 2013, 71);
- **Brandenburg**: Gesetz über den Vollzug der Unterbringung in der Sicherungsverwahrung im Land Brandenburg (Brandenburgisches Sicherungsverwahrungsvollzugsgesetz – BbgSVVollzG) v. 16.5.2013 (GVBl. I 2013, Nr. 17);
- **Bremen**: Bremisches Sicherungsverwahrungsvollzugsgesetz v. 21.5.2013 (BremGBl 2013, 172);
- **Hamburg**: Gesetz über den Vollzug der Sicherungsverwahrung (Hamburgisches Sicherungsverwahrungsvollzugsgesetz – HmbSVVollzG) v. 21.5.2013 (HmbGVBl. 2013, 211);
- **Hessen**: Hessisches Sicherungsverwahrungsvollzugsgesetz (HSVVollzG) v. 5.3.2013 (GVBl. 2013, 46);
- **Mecklenburg-Vorpommern**: Gesetz über den Vollzug der Sicherungsverwahrung in Mecklenburg-Vorpommern (Sicherungsverwahrungsvollzugsgesetz Mecklenburg – Vorpommern – SVVollzG M-V) v. 7.5.2013 (GVOBl. M-V 2013, 348 (430));
- **Niedersachsen**: Niedersächsisches Sicherungsverwahrungsvollzugsgesetz (Nds.SVVollzG) v. 12.12.2012 (Nds. GVBl. 2012, 566);
- **Nordrhein-Westfalen**: Gesetz zur Regelung des Vollzuges der Sicherungsverwahrung in Nordrhein-Westfalen (Sicherungsverwahrungsvollzugsgesetz Nordrhein-Westfalen – SVVollzG NRW) v. 30.4.2013 (GV. NRW 2013, 212);
- **Rheinland-Pfalz**: Landessicherungsverwahrungsvollzugsgesetz (LSVVollzG) v. 8.5.2013 (GVBl. 2013, 79);
- **Saarland**: Gesetz Nr. 1807 zum Vollzug der Sicherungsverwahrung im Saarland (Saarländisches Sicherungsverwahrungsvollzugsgesetz – SLSVVollzG) v. 15.5.2013, Amtsbl. I 2013, 146);
- **Sachsen**: Gesetz über den Vollzug der Unterbringung in der Sicherungsverwahrung im Freistaat Sachsen (Sächsisches Sicherungsverwahrungsvollzugsgesetz- SächsSVVollzG) v. 16.5.2013 (SächsGVBl. 201, 294);
- **Sachsen-Anhalt**: Gesetz über den Vollzug der Sicherungsverwahrung in Sachsen-Anhalt (Sicherungsverwahrungsvollzugsgesetz Sachsen-Anhalt – SVVollzG LSA) v. 13.5.2013 (GVBl LSA 2013, 206);
- **Schleswig-Holstein**: Gesetz über den Vollzug der Sicherungsverwahrung in Schleswig-Holstein (SVVollzG SH) v. 15.5.2013 (GVOBl. 2013, 169);
- **Thüringen**: Thüringer Sicherungsverwahrungsvollzugsgesetz (ThürSVVollzG) v. 23.5.2013 (GVBl. 2013, 121, 122).

Dabei geht es um die **Umsetzung** folgender 657

Grundsätze:

- **Angleichung des Vollzugs an übliche Lebensumstände.** Rein organisatorische Erwägungen können danach Beschränkungen nicht in gleicher Weise rechtfertigen wie im Strafvollzug.
- **Öffnung zum Leben außerhalb der Anstalt.** Bezüge zum Leben außerhalb des Vollzuges sollen erhalten bleiben.

- **Berücksichtigung individueller Bedürfnisse** (Lebenssituation, Alltag) z.B. bei der Ausgestaltung und Zusammensetzung der Wohngruppen.
- **Fortwährende Motivierung zu Behandlungsmaßnahmen**. Untergebrachte dürfen nicht aufgegeben werden, sondern müssen in regelmäßigen Abständen zur Teilnahme an Behandlungsmaßnahmen motiviert werden. Das BVerfG hat ein Anreizsystem für die Untergebrachten vorgeschlagen, welches durch die Länder unterschiedlich ausgestaltet wurde, z.B. Gewährung finanzieller Vergünstigungen.

Siehe auch: → *Sicherungsverwahrung, Allgemeines*, Teil A Rdn 562 m.w.N.; → *Sicherungsverwahrung, Vollzug, Unterbringung, Einzelfragen*, Teil A Rdn 663; → *Sicherungsverwahrung, Vollzug, Außenkontakte*, Teil A Rdn 639; → *Sicherungsverwahrung, Vollzug, vollzugsöffnende Maßnahmen*, Teil A Rdn 668; → *Sicherungsverwahrung, Vollzug, Entlassungsvorbereitung*, Teil A Rdn 646.

658 Sicherungsverwahrung, Vollzug, Unterbringung

659 **Literaturhinweise:** s. die Hinweise bei → *Sicherungsverwahrung, Allgemeines*, Teil A Rdn 562 m.w.N.

660 **1.** Das **Abstandsgebot** (→ *Sicherungsverwahrung, Abstandsgebot*, Teil A Rdn 559) ist auch bei Entscheidungen bzgl. der **Ausstattung** der **Verwahrräume** zu berücksichtigen. Bei Abwägung der Interessen von Sicherungsverwahrten und dem Kontrollaufwand der Anstalt sind höhere Anstrengungen der Anstalt im Vergleich zum Strafvollzug erforderlich. Daraus ergibt sich auch ein Anspruch auf eine „wohnliche Ausstattung des Wohnraums" (OLG Naumburg NStZ-RR 2012, 325 [Ls.]).

661 **2.** Die **Unterbringung in der Sicherungsverwahrung** erfolgt in **einzelnen Zimmern**. Das BVerfG macht keine konkreten Vorgaben zur Zimmergröße (BVerfG NJW 2011, 1931). In einigen Ländern wurde eine **Mindestgröße** festgelegt (Bayern, Hamburg: 15 m^2; Hessen: 18 m^2). In den anderen Ländern wird lediglich bestimmt, dass den Untergebrachten ausreichender Raum zum Schlafen und Wohnen zur Verfügung gestellt werden muss. Das OLG Naumburg hatte am 30.11.2011 (FS 2012, 55, 57) entschieden, dass Zimmer mind. eine Größe von 20 m^2 haben müssen, wobei zusätzlich der Raum für eine eigene Nasszelle mit Dusche und eine eigene Kochgelegenheit mit Kühlschrank dazu kommen müssten. Es bestehen erhebliche Zweifel, ob dies aus den insoweit allgemein gehaltenen Vorgaben des BVerfG abgeleitet werden kann, die einen deutlichen qualitativen Unterschied (Abstand) zur Größe von Hafträumen in der Strafhaft fordern. Ein Verstoß gegen das Abstandsgebot wird jedenfalls nicht anzunehmen sein, wenn die Größe des Zimmers eines Sicherungsverwahrten nicht bei 20 m^2 liegt. Größe und Ausstattung der Hafträume stellen lediglich einen Randbereich des Abstandsgebotes dar (LG Aachen, Beschl. v. 9.9.2013 – 33i StVK 537/13).

662 **3.** In den meisten Ländern wurde auch ein **baulich abgetrennter Sanitärbereich** des Untergebrachten festgeschrieben (Ausnahme: Hessen, Hamburg). Eigene Kleidung, unterstützende Selbstverpflegung, Einkaufsmöglichkeiten aus freien Eigengeldern, die Genehmigung eigener Gegenstände und Bewegungsfreiheit auf der Station zwischen 6 und 22 Uhr sind überwiegend zulässig.

Siehe auch: → *Sicherungsverwahrung, Allgemeines*, Teil A Rdn 562 m.w.N.; *Sicherungsverwahrung, Vollzug, Unterbringung, Einzelfragen*, Teil A Rdn 663

663 Sicherungsverwahrung, Vollzug, Unterbringung, Einzelfragen

664 **Literaturhinweise:** s. die Hinweise bei → *Sicherungsverwahrung, Allgemeines*, Teil A Rdn 562 m.w.N.

665 Die Ausgestaltung des Vollzuges der Sicherungsverwahrung ist über die Vorgaben des **§ 66c StGB** hinaus **landesgesetzlich geregelt** (→ *Sicherungsverwahrung, Vollzug, landesrechtliche Vollzugsgesetze*, Teil A

Rdn 653). Die meisten Landesgesetze beruhen bereits systematisch auf den Vorgaben des BVerfG und setzen diese um. Auf Grundlage eines des gemeinsamen Entwurfs der Länder (→ *Sicherungsverwahrung, Vollzug, landesrechtliche Vollzugsgesetze*, Teil A Rdn 653) ist **kein föderaler Flickenteppich** entstanden, obgleich die Vollzugsgesetze in den Einzelheiten unterschiedlich ausgestaltet sind.

Der Untergebrachte und Gefangene mit angeordneter oder vorbehaltener Sicherungsverwahrung ist in besonderer Weise zu betreuen und es ist ihm die **bestmögliche – auch individuelle Behandlung** – anzubieten. Das Abstandsgebot gebietet bspw. auch eine großzügigere Handhabung hinsichtlich der Überlassung des Besitzes von motivationsförderlichen Gegenständen als bei Strafgefangenen. 666

Ausgestaltung der Unterbringung: 667

- **Ausreichend große Unterkunftsbereiche**, einschließlich baulich abgetrennter Sanitärbereiche (→ *Sicherungsverwahrung, Vollzug, Unterbringung*, Teil A Rdn 658): In vielen Vollzugsgesetzen ist eine Mindestgröße der Zimmer nach m² gesetzlich festgelegt (*Kräh* FS 2014, 179, 181). Aus der gesetzlichen Forderung nach einem „baulich abgetrennten Sanitärbereich" ergibt sich jedoch kein Anspruch auf Einbau einer Dusche in den Sanitärbereich, wenn die Intimsphäre des Untergebrachten durch hinreichend sichernde Duschmöglichkeiten außerhalb seines Zimmers gewahrt werden (OLG Hamm, Beschl. v. 2.6.2014 – 1 Vollz (Ws) 170/14).
- **Bewegungsfreiheit** innerhalb der Anstalt und außerhalb der Nachtruhe: grds. besteht Bewegungsfreiheit in den für die Sicherungsverwahrten vorgesehenen Bereichen (*Grote*, NStZ 2016, 197), z.B. im Bereich der Wohngruppe. Hinsichtlich des Vorliegens von Gründen für Ausnahmen vom Nachteinschluss besteht ein weiter Beurteilungsspielraum der Vollzugsanstalt (KG, Beschl. v. 23.1.2024 – 2 Ws 148/23).
- **Recht zur Selbstverpflegung**: Es ist weitestgehend gestattet, sich selbst zu verpflegen. Es besteht in diesem Zusammenhang eine Unterstützungspflicht der Vollzugsbehörde, welche in der Zurverfügungstellung von Lebensmitteln oder der Gewährung eines Zuschusses liegen kann. Die Höhe des zu gewährenden **Zuschusses** ist unterschiedlich ausgestaltet. Er ist mindestens in Höhe der **ersparten Aufwendungen** durch die Ausnahme von der Gemeinschaftsverpflegung zu bemessen; nicht an der Höhe des Verpflegungsanteils im Haftkostenbeitrag (KG, Beschl. v. 21.1.2025 – 2 Ws 177/24 Vollz; OLG Hamm NStZ-RR 2014, 157; Beschl. v. 23.9.2014, 1 Vollz (Ws) 181/14; Beschl. v. 28.7.2015 – 1 Vollz (Ws) 260/15;). Dies soll grds. ausreichend sein, um eine **gesunde Ernährung** zu gewährleisten. Voraussetzung für einen darüberhinausgehenden Zuschuss aufgrund eines ernährungsbedingten Mehrbedarfs in analoger Anwendung von § 30 Abs. 5 S. 1 SGB XII ist eine gesundheitliche Beeinträchtigung, die eine besondere Ernährung erforderlich macht, deren Kosten höher sind als dies für Personen ohne eine solche Einschränkung der Fall ist. (KG, a.a.O.). Zöliakie bringt besondere Ernährungsbedürfnisse mit sich, weshalb ein entsprechender Zuschuss zu gewähren ist (OLG Hamm, Beschl. v. 26.5.2023 – 1 Vollz(Ws) 15 + 16/23). Bzgl. Halal-Frischfleisch: OLG Hamm, Beschl. v. 21.10.2019 – III-1 Vollz (Ws) 500/19; Beschl. v. 30.12.2019 – 1 Vollz (W/s) 556/19.
- **Unterbreitung geeigneter Arbeitsangebote** und **Motivierung zur Arbeitsaufnahme**: Die Arbeitspflicht ist weggefallen, welche zumindest im Hinblick auf die Strukturierung des Tages Vorteile entfaltet hatte. Mit Zustimmung des Untergebrachten kann er auch Arbeit gemeinsam mit Strafgefangenen durchführen. Insoweit verzichtet er dann auf die Einhaltung des Abstandsgebotes (→ *Sicherungsverwahrung, Abstandsgebot*, Teil A Rdn 559). Wenn der Untergebrachte während seiner Arbeitszeit an Therapie- oder sonstigen wesentlichen Behandlungsmaßnahmen teilnimmt, soll ihm sein Vergütungsanspruch weitgehend erhalten bleiben. Damit soll verhindert werden, dass der Untergebrachte wegen des finanziellen Anreizes der Arbeit auf die Durchführung von Behandlungsmaßnahmen verzichtet. Sicherungsverwahrte sind keine Arbeitnehmer, weshalb es sich um ein besonderes Arbeitsverhältnis öffentlich-rechtlicher Natur handelt und kein Anspruch auf den gesetzlichen

Mindestlohn besteht (OLG Hamburg StV 2016, 586). Zur Besteuerung der Tätigkeit eines in Sicherungsverwahrung befindlichen Steuerpflichtigen FG Münster, Urt. v. 20.9.2023 – 14 K 1227/21.

- **Taschengeld** ist eine gesetzliche Sozialleistung für Bedürftige und wird in der Regel am Anfang des Monats gewährt (siehe Ländergesetze). Bei der Beurteilung der Bedürftigkeit hat das gepfändete Eigengeld ebenso wie das zweckgebundene Überbrückungsgeld außer Betracht zu bleiben (OLG Karlsruhe, Beschl. v. 17.10.2023 – 2 Ws 282/23). Dabei kommt je nach Ausgestaltung des Vollzugsgesetzes auch eine **Erhöhung bei der Teilnahme an wesentlichen Behandlungsmaßnahmen** in Betracht. Auch dies gilt als eine Maßnahme zur Motivierung.
- **Spielmöglichkeiten:** Beschäftigungsmöglichkeiten auf dem Zimmer sind für viele Mandanten nachvollziehbar von herausragender Bedeutung. Auf Grund zunehmender Internetfähigkeit von Computerspielen („Playstation“) kommt es häufig zu Ablehnungen wegen vermeintlicher Missbrauchsgefahr. Das OLG Koblenz sieht in einer Spielkonsole aufgrund ihrer Spielfunktion grds. keine von ihr ausgehenden erhebliche Gefahr für die Sicherheit der Anstalt (OLG Koblenz, Beschl. v. 13.12.2021 – 2 Ws 563/21). Gegenteilig sieht dies für die Playstation 4 das BayObLG (BayObLG, Beschl. v. 30.8.2021 – 203 StObWs 338/21). Deutlich modernere Überlegungen führt das LG Görlitz, aus dessen Sicht mindestens hinsichtlich der Sicherungsverwahrung eine Verwahrung gegen einen technischen Fortschritt (z.B. auch bezüglich neuerer Spielekonsolen) nicht mehr ohne weiteres nur mit allgemeinen und speziellen Sicherheitsbedenken unter Hinweis auf den Kontrollaufwand akzeptabel sei, wenn nicht aus Verhältnismäßigkeitsgesichtspunkten die Möglichkeiten des § 31 SächsSVVollzG mitbedacht würden; es seien technische Möglichkeiten vorhanden, den Kontrollaufwand auf ein leistbares Maß zu reduzierten, so dass diese Möglichkeiten zu nutzen wären (LG Görlitz, Beschl. v. 15.10.2020 – 14b StVK 290/17).
- **Sozialtherapie** wird in der Sicherungsverwahrung durchgeführt werden müssen, da aufgrund des Abstandsgebotes (→ *Sicherungsverwahrung, Abstandsgebot*, Teil A Rdn 559) eine Rückverlegung in die sozialtherapeutische Abteilung des Strafvollzuges nicht mehr in Betracht kommt (*Wischka* FS 2014, 227).
- **Kleintierhaltung** kann nicht ohne weiteres versagt werden. Liegt kein Versagungsgrund vor, besteht ein gebundener Anspruch auf die Gestattung. Die Haltung eines Wellensittichs kann möglich sein, wenn keine Gesundheitsgefahren, Belästigungen (Geruch, Geräusche) und/oder Tierschutzgesichtspunkte etc. entgegenstehen (LG Regensburg, Beschl. v. 15.2.2022 – SR StVK 654/19; Beschl. v. 11.1.2021 – SR StVK 654/19).
- **Waschmaschinen** und **Wäschetrockner** gehören nicht zur angemessenen Zimmerausstattung und sind deshalb nicht zulässig (OLG Hamm NStZ-RR 2014, 294).

Siehe auch: → *Sicherungsverwahrung, Allgemeines*, Teil A Rdn 562 m.w.N.

668 Sicherungsverwahrung, Vollzug, vollzugsöffnende Maßnahmen

669 Unter den Begriff der vollzugsöffnenden Maßnahmen fallen insbesondere der **Begleitausgang**, der **Ausgang**, der **Langzeitausgang** von bis zu zwei Wochen, die **Außenbeschäftigung**, der **Freigang** und die Unterbringung im **offenen Vollzug**. Sie dienen der Erreichung der Vollzugsziele (OLG Nürnberg NStZ-RR 2016, 191). Die an eine Gewährung zu setzenden Anforderungen sind geringer als im Strafvollzug. Die Maßnahmen dürfen nur verwehrt werden, wenn zwingende Gründe entgegenstehen, z.B., wenn konkrete Anhaltspunkte die Gefahr begründen, der Untergebrachte werde sich der Sicherungsverwahrung entziehen oder die Maßnahmen zur Begehung erheblicher Straftaten i.S.d. § 66 Abs. 1 S. 1 Nr. 4 StGB missbrauchen, durch die die Opfer seelisch oder körperlich schwer geschädigt werden (MüKo-StGB/*Morgenstern/Drenkhahn*, StGB § 66c Rn 60). Bei Flucht- und Missbrauchsgefahr kommt es nicht auf

eine allgemeine Gefährlichkeit an, sondern auf die Gefahren in der konkreten vollzugsöffnenden Maßnahme (BVerfG NJW 2011, 1931 [1939]).

Die Rechtmäßigkeit der Ablehnung von vollzugsöffnenden Maßnahmen kann durch den **Antrag** auf **gerichtliche Entscheidung** nach **§§ 109 ff. StVollzG** überprüft werden. Bei Feststellungs- oder Fortsetzungsfeststellungsklagen ist das Feststellungsinteresse (§ 115 Abs. 3 StVollzG) in Form des Rehabilitierungsinteresses in der Regel gegeben. 670

Zu den vollzugsöffnenden Maßnahmen im weiteren Sinne kann man auch **Ausführungen** zählen, die in den meisten Ländern mind. vier Mal im Jahr gewährt werden müssen (Niedersachsen: zwölf Mal jährlich). Sie können als gefesselte oder als ungefesselte Ausführungen gewährt werden. Die **Ausführung ohne Fesselung** wird im Rahmen eines **Stufenprozesses** in der Regel als erste „Lockerung" aus Gründen der Belohnung und des Anreizes gewährt. Im Vollzugs- und Eingliederungsplan werden die Ziele der jeweiligen Ausführungen (Einkauf, Kultur, Natur) näher festgelegt. 671

Siehe auch: → *Sicherungsverwahrung, Vollzug, Vollzugsplankonferenz*, Teil A Rdn 672.

Sicherungsverwahrung, Vollzug, Vollzugsplankonferenz 672

Das Wichtigste in Kürze:

1. Im Abstand von sechs Monaten wird zur Fortschreibung des Vollzugs- und Eingliederungsplanes eine Konferenz mit sämtlichen Beteiligten in der Anstalt durchgeführt. Der Verteidiger hat ein Anwesenheitsrecht.
2. Die Teilnahme an der Konferenz ist außerhalb des Verfahrens zur Fortdauer der Unterbringung die wichtigste Tätigkeit des Verteidigers.
3. Auf Grundlage einer zu erstellenden Diagnose sind sämtliche Probleme, Möglichkeiten und Maßnahmen zu erörtern.
4. Zentrale Elemente der Vollzugsplanungskonferenz sind die Festlegung der vollzugsöffnenden Maßnahmen in einem gestuften Lockerungsprozess, die Ausgestaltung und Förderung von Außenkontakten sowie Entlassungsvorbereitungen.
5. Maßnahmen zur Förderung der finanziellen Verantwortung sind zu klären und Maßnahmen zur Vorbereitung einer Entlassung sind mit Blick auf Eingliederung und Nachsorge festzulegen.
6. Da es gem. § 67d Abs. 2 S. 2 StGB bei einer nicht ausreichenden Betreuung durch die Anstalt auch gegen den Willen der Anstalt zu einer Aussetzung der Unterbringung zur Bewährung kommen kann, müssen konkrete Entlassungsvorbereitungen Bestandteil jedes Vollzugsplans sein.

Literaturhinweise: s. die Hinweise bei → *Sicherungsverwahrung, Allgemeines*, Teil A Rdn 562 m.w.N. 673

1. Im Abstand von sechs Monaten wird zur **Fortschreibung des Vollzugs- und Eingliederungsplanes** eine **Konferenz** mit sämtlichen Beteiligten in der Anstalt durchgeführt. Dazu zählen in der Regel der zuständige Abteilungsleiter, der psychologische Dienst und der Sozialdienst. Auch der Untergebrachte ist anwesend, wobei er auf seine Anwesenheit verzichten kann. Der Verteidiger hat ein Anwesenheitsrecht. Bei **Beiordnung des Pflichtverteidigers** im Vollstreckungsverfahren ist diesem die Teilnahme an der Vollzugsplankonferenz zu gestatten (OLG Dresden NStZ-RR 2014, 357). Die **Absprache von Terminen zur Vollzugsplankonferenz mit dem Verteidiger** stößt in der Praxis immer wieder auf Probleme. Die Anstalten sind mit der Anwesenheit von Verteidigern und mit der daraus folgenden Notwendigkeit von Terminabsprachen weniger vertraut. Auch Terminmitteilungen erfolgen selten. Dies häufig mit dem Argument, es sei Aufgabe des Untergebrachten, seinen Verteidiger von der Konferenz zu unterrichten. Dem ist mit der Begründung entgegenzutreten, dass dem Verteidiger aus eigenem Recht eine Information über den Termin der Konferenz zusteht. Ansonsten liefe das ihm zustehende Recht zur Teilnahme an der Kon- 674 ferenz leer. Auch verstößt es gegen das Gebot der Angleichung des Vollzuges an die **üblichen Lebensumstände** (→ *Sicherungsverwahrung, Grundsätze*, Teil A Rdn 589), wenn der Untergebrachte seinen Rechtsanwalt selbst über alles Wichtige informieren soll. Üblicherweise wird der rechtliche Verkehr mit dem Bürger im Zivil- und Strafrecht immer über den Rechtsanwalt geführt.

675 **2.** Tatsächlich handelt es sich bei der Konferenz zur Fortschreibung des Vollzugs- und Eingliederungsplanes um die **wichtigste Tätigkeit des** Verteidigers außerhalb des Prüfungsverfahrens zur Fortdauer der Unterbringung in der Sicherungsverwahrung. Vor allem dort hat der Verteidiger die Möglichkeit, sich einen persönlichen Eindruck über den Alltag in der Unterbringung, die dort tätigen Personen und die tatsächlichen Probleme zu verschaffen.

676 **3. Probleme und Möglichkeiten** bei Arbeit, Ausbildung und Therapie werden in der Konferenz angesprochen. Der Verteidiger bekommt Kenntnis von Ereignissen, die ihm anderenfalls erst im Rahmen der Stellungnahme der Anstalt im Verfahren zur Fortdauer der Unterbringung bekannt würden. Der Verteidiger hat die Möglichkeit, durch **Fragen und Anmerkungen** auf die Teilnehmer der Konferenz (auch den Mandanten) einzuwirken. Die **Ergebnisse des Diagnoseverfahrens** werden festgeschrieben. Maßnahmen zur Förderung der Mitwirkungsbereitschaft werden ebenso besprochen wie die **Teilnahme an psychiatrischen, psychotherapeutischen und sozialtherapeutischen Maßnahmen**. Gleiches gilt für das Feld der Förderung **schulischer** und **beruflicher** Aus- und Fortbildung und Maßnahmen zur strukturierten Gestaltung der Freizeit. Auch die Unterbringung in der **Wohngruppe** und die Teilnahme am Wohngruppenvollzug werden erörtert.

677 **4.** Zentrales Element ist die **Festlegung der vollzugsöffnenden Maßnahmen** (→ *Sicherungsverwahrung, Vollzug, vollzugsöffnende Maßnahmen*, Teil A Rdn 668). Dabei werden der Verlauf und die Probleme bei vorausgegangenen Ausführungen oder Ausgängen besprochen. Zugleich werden die Maßnahmen für den Verlauf der nächsten sechs Monate festgelegt. **Ausgangspunkt** sind die kraft Gesetzes in der Regel mindestens zu gewährenden vier Ausführungen im Jahr, wobei diese zunächst als gefesselte Ausführungen gewährt werden. Bei **„Bewährung"** folgen später **ungefesselte Ausführungen**.

678 Dabei wird zwischen Ausführungen zum **Erhalt der Lebenstüchtigkeit** (Einkauf) und Ausführungen mit behandlerischem **Schwerpunkt zur Freizeitgestaltung** (Kultur, Natur) unterschieden. Zu den vollzugsöffnenden Maßnahmen gehören auch **Gruppenausführungen**, **Ausgänge mit und ohne Begleitung**, **Langzeitausgänge** und der **offene Vollzug**. Sie werden im Verlauf eines gestuften Lockerungsprozesses weiter gewährt, wenn es nicht zu Problemen und Beanstandungen kommt. In der Regel versucht die Anstalt aus ihrer jeweiligen Sicht, stufenweise ein Verhältnis des Gebens und Nehmens sowie ein Vertrauensverhältnis aufzubauen. So wird z.B. von der Anstalt die regelmäßige Einnahme von Medikamenten und die Teilnahme an Urinkontrollen sowie die Vor- und Nachbereitung von Lockerungen mit dem Sozialdienst oder in psychologischen Gesprächen erwartet. Des Weiteren werden in der Konferenz die Förderung und Gestaltung von Außenkontakten erörtert. Dazu gehören die Kontakte zu Angehörigen und die Vermittlung von Kontakten zu Ehrenamtlichen. Auch **Schriftverkehr**, **Telefongespräche** und **Langzeitbesuche** sind in diesem Zusammenhang zu besprechen.

679 **5.** Des Weiteren werden **Maßnahmen zur Förderung der finanziellen Verantwortung** geklärt, die häufig in der Erarbeitung eines Finanzplanes mit dem Sozialdienst und Maßnahmen der Schuldnerberatung münden. **Maßnahmen zur Vorbereitung einer Entlassung** sind festzulegen, die im Zusammenhang mit der Eingliederung und Nachsorge stehen. Dabei sind regelmäßig Unterkunft, Arbeit und Ausbildung, Kontakte zu Ämtern und Behörden, zur Führungsaufsicht und forensischen Ambulanzen und Einrichtungen der Entlassenenhilfe von Bedeutung. Noch ist durch die Rspr. nicht geklärt, ob **konkrete Entlassungsvorbereitungen** in jedem Vollzugsplan benannt werden müssen. In der Praxis verzichten die Anstalten darauf, solange aus ihrer Sicht keine konkrete Entlassungsperspektive besteht. Dies ist m.E. jedoch mit den verfassungsrechtlichen Vorgaben zur Minimierung nicht in Übereinstimmung zu bringen. Die Gesamtkonzeption muss Vollzugslockerungen und Vorgaben zur Entlassungsvorbereitung enthalten, wobei **planmäßige Hilfen für die Phase nach der Entlassung zu verzahnen** sind (*Köhne* ZRP 2012, 89).

6. Da es gem. § 67d Abs. 2 S. 2 StGB bei einer **nicht ausreichenden Betreuung** durch die Anstalt auch **gegen den Willen der Anstalt** zu einer Aussetzung der Unterbringung zur Bewährung kommen kann, müssen konkrete Entlassungsvorbereitungen Bestandteil jedes Vollzugsplan sein. § 67d Abs. 2 S. 2 StGB ist als **zwingende Vorschrift** ausgestaltet, sodass selbst die StVK keinen Spielraum hat, ob sie die Unterbringung aussetzt. Unter diesen Voraussetzungen ist es nicht zu verantworten, einen Vollzugsplan ohne konkrete Entlassungsvorbereitungen zu erstellen. Abschließend ist der ins Auge gefasste Termin zur Fortschreibung des Vollzugs- und Eingliederungsplanes zu benennen. 680

☝ Da es auch zu einer von der Anstalt nicht vorhergesehenen Entlassung aus der Sicherungsverwahrung gem. § 67d Abs. 2 S. 2 StGB kommen kann, sind konkrete Entlassungsvorbereitungen in jeder Fortschreibung des Vollzugs- und Eingliederungsplans zu berücksichtigen.

Siehe auch: → *Sicherungsverwahrung, Allgemeines*, Teil A Rdn 562 m.w.N.

Sicherungsverwahrung, vorbehaltene 681

Das Wichtigste in Kürze:

1. Gem. § 66a StGB kann das Gericht im Rahmen einer pflichtgemäßen Ermessensausübung mit der Verurteilung die Anordnung der Sicherungsverwahrung vorbehalten, wenn die hangbedingte Gefährlichkeit des Täters nicht mit der erforderlichen Sicherheit festgestellt werden kann, aber wahrscheinlich ist. § 66 StGB und § 66a StGB stehen in einem strengen Ausschließlichkeitsverhältnis, wobei § 66 StGB stets vorrangig ist.
2. § 66a StGB unterscheidet in den Abs. 1 und 2 zwei Fälle mit unterschiedlichen formellen Voraussetzungen – Verurteilung wegen einer Katalogtat nach § 66 Abs. 3 S. 1 StGB (Abs. 1) und Verurteilung zu einer Freiheitsstrafe von mindestens fünf Jahren wegen eines in § 66a Abs. 2 Nr. 1 StGB aufgeführten Verbrechens (Abs
3. Über die Anordnung der oder das Absehen von der vorbehaltenen Sicherungsverwahrung entscheidet das erkennende Gericht des ersten Rechtszuges durch Urteil im Nachverfahren.
4. Vor Vollzugsbeginn der Maßregel ist die Erforderlichkeit derselben sowie deren Verhältnismäßigkeit zu prüfen, § 67c StGB. Die Vollstreckung der vorbehaltenen Sicherungsverwahrung kann dann nicht mehr verhältnismäßig sein, wenn dem Strafgefangenen im vorausgegangenen Strafvollzug keine ausreichende Betreuung zuteil geworden ist.
5. Für die Entscheidung nach § 67c StGB ist dem Verurteilten rechtzeitig ein Verteidiger/eine Verteidigerin zu bestellen. Dies gilt ebenso für Fragen der angemessenen Betreuung des Strafgefangenen mit vorbehaltener Sicherungsverwahrung.

Literaturhinweise: Kett-Straub/Schuster: Zu gefährlich für die Sicherungsverwahrung? – Zum Verhältnis zwischen primärer und nur vorbehaltener Anordnung der Maßregel, NStZ 2021, 19; s.a. die Hinweise bei → *Sicherungsverwahrung, Allgemeines*, Teil A Rdn 562 m.w.N. 682

1. § 66a StGB ermöglicht den Gerichten, im Rahmen einer pflichtgemäßen Ermessensausübung und unter Beachtung des Grundsatzes der Verhältnismäßigkeit (BGH, Beschl. v. 19.7.2017 – 4 StR 245/17, StV 2020, 15; Beschl. v. 30.6.2022 – 1 StR 176/22, NStZ-RR 2023, 45) die Anordnung der Sicherungsverwahrung im Urteil vorzubehalten, wenn die für die Anordnung der Sicherungsverwahrung nach § 66 StGB hangbedingte Gefährlichkeit des Täters nicht mit der erforderlichen Sicherheit festgestellt werden kann. Es handelt sich im Gegensatz zu § 66 StGB um eine Ermessensvorschrift. Primäre und vorbehaltene Sicherungsverwahrung stehen in einem strengen Ausschließlichkeitsverhältnis, wobei § 66 StGB im Verhältnis zu § 66a StGB vorrangig ist. Der Vorrang spielt allerdings überhaupt erst eine Rolle, wenn § 66 683

StGB zur Disposition seht (zum Verhältnis von vorbehaltloser und vorbehaltener Sicherungsverwahrung BGH, Urt. v. 22.11.2018 – 4 StR 253/18; *Kett-Straub/Schuster* NStZ 2021, 19). Zum Ende der Strafvollstreckung hat das erkennende Gericht des ersten Rechtszuges gem. § 66a Abs. 3 StGB in einem gesonderten Verfahren (§ 275a Abs. 1 StPO) über die Anordnung der Sicherungsverwahrung zu entscheiden. Gegenüber Jugendlichen und Heranwachsenden kann die Anordnung der Sicherungsverwahrung gem. § 7 Abs. 2 JGG bzw. § 7 Abs. 2 JGG i.V.m. § 105 Abs. 1 JGG oder § 106 Abs. 3 S. 2, Abs. 4 JGG vorbehalten werden (zu den formellen und materiellen Voraussetzungen BGH, Beschl. v. 12.1.2021 – 4 StR 280/20, BGHSt 65, 221–231, BGHSt 65, 221 = NStZ 2021, 677 = NJW 2021, 1687 m. Anm. *Prof. Dr. Jörg Kinzig*; zum JGG-Verfahren → *Teil B: Jugendliche, Vollstreckung, Sicherungsverwahrung*, Teil B Rdn 888). Der Vorbehalt der Sicherungsverwahrung ist mit dem Grundgesetz vereinbar (BVerfG NJW 2012, 3357).

684 **2.a)** § 66a StGB unterscheidet in den Absätzen 1 und 2 zwei Fälle mit unterschiedlichen **formellen Voraussetzungen**. Gemäß § 66a Abs. 1 StGB muss der Täter wegen einer der in § 66 Abs. 3 S. 1 StGB genannten Katalogtaten verurteilt werden (§ 66a Abs. 1 Nr. 1 StGB). Zu beachten ist in diesem Zusammenhang, dass mit der Neufassung des § 184b Abs. 1, 3 StGB (28.6.2024) die Mindeststrafe von einem Jahr auf drei Monate abgesenkt wurde und die rechtswidrigen Taten als nunmehr Vergehen nicht mehr unter § 66 Abs. 3 S. 1 StGB fallen (BGH, Beschl. v. 4.7.2024 – 2 StR 111/24). Zudem müssen zum Zeitpunkt der Verurteilung alle weiteren formellen Voraussetzungen des § 66 Abs. 3 StGB – mit Ausnahme der Voraussetzungen des § 66 Abs. 1 Nr. 4 StGB – erfüllt sein.

685 Nach **§ 66a Abs. 2 StGB** kann auch einem Ersttäter der Vorbehalt der Sicherungsverwahrung ausgesprochen werden, der zu einer Freiheitsstrafe von mindestens fünf Jahren wegen eines in § 66a Abs. 2 Nr. 1 StGB aufgeführten Verbrechens verurteilt wird, wobei die Vorschrift nicht auf Ersttäter beschränkt ist. Es genügt dabei die Verurteilung zu einer Gesamtfreiheitsstrafe von fünf Jahren, sofern ihr ausschließlich Katalogtaten zugrunde liegen (BGH, Beschl. v. 17.8.2021 – 5 StR 250/21).

686 **b)** Sowohl § 66a Abs. 1 StGB als auch Abs. 2 der Norm richten sich **materiellrechtlich** auf die Prüfung der Wahrscheinlichkeit des Vorliegens der hangbedingten Gefährlichkeit nach § 66 Abs. 1 Nr. 4 StGB aus. Während diese bei § 66a Abs. 1 Nr. 3 StGB nicht mit hinreichender Sicherheit feststellbar ist oder sein darf, aber wahrscheinlich sein muss (BGH StV 2020, 15), muss die hangbedingte Gefährlichkeit nach § 66a Abs. 2 Nr. 3 StGB mit hinreichender Sicherheit feststellbar, zumindest wahrscheinlich sein. In beiden Fällen ist dementsprechend die Wahrscheinlichkeit notwendig, dass der Täter einen Hang zur Begehung erheblicher Straftaten hat und deshalb für die Allgemeinheit gefährlich sein wird (BGH NStZ-RR 2019, 140). Bei Vorliegen der formellen Voraussetzungen für die Anordnung der Maßregel gegen einen Ersttäter kann bereits aus den abgeurteilten Taten ein Hang ableitbar sein (BGH, Beschl. v. 26.3.2025 – 4 StR 579/24, NStZ-RR 2025, 169 m.w.N.).

687 Bejaht das Gericht das Vorliegend der Voraussetzungen des § 66 Abs. 1 Nr. 4 StGB, ist die Anwendung des § 66 StGB zwingend gegeben, weshalb die Prüfung des § 66 StGB stets Vorrang hat.

688 **c)** Die Anordnung eines Vorbehalts der Sicherungsverwahrung nach § 66a Abs. 2 StGB ist auch neben der Verhängung einer lebenslangen Freiheitsstrafe möglich (BGH NStZ 2019, 266 m.w.N.; NStZ-RR 2023, 45). In einem solchen Fall muss das Tatgericht dem Ausnahmecharakter der Vorschrift in besonderer Weise gerecht werden, indem die Urteilsgründe erkenn lassen, dass das Gericht sein Ermessen ausgeübt hat und welche Erwägungen dabei leitend waren und weshalb die kumulative Anordnung der Maßregel dem Grundsatz der Verhältnismäßigkeit entspricht (BGH, Beschl. v. 30.6.2022 – 1 StR 176/22, NStZ-RR 2023, 45 m.w.N.).

689 **3.a)** Über die **Anordnung der vorbehaltenen Sicherungsverwahrung** im Nachverfahren entscheidet das erkennende Gericht des ersten Rechtszuges durch Urteil (§ 66a Abs. 3 StGB, § 275a Abs. 1 StPO) – unabhängig davon, ob es von der Anordnung absieht oder die Maßregel anordnet. Die Entscheidung ist nur bis zur vollständigen Vollstreckung der Freiheitsstrafe möglich (§ 66a Abs. 3 S. 1 StGB), sofern der Verurteilung Taten zugrunde liegen, die nach dem 31.12.20210 begangen worden sind (Art. 316e Abs. 1 EGStGB). Das

Versäumnis der Frist des § 66a Abs. 3 S. 1 StGB hat ein Verfahrenshindernis zur Folge (BGH, Beschl. v. 4.2.2021 – 4 StR 448/20, BGHSt 65, 319 = NStZ 2022, 155; NStZ 2013, 100; 2022, 155; NStZ-RR 2017, 7). Die Verletzung der Ordnungsvorschrift des § 275a Abs. 5 StPO, wonach das Gericht über die vorbehaltene Anordnung spätestens sechs Monate vor der vollständigen Vollstreckung der Freiheitsstrafe entscheiden soll, begründet hingegen kein Verfahrenshindernis (BGH, Beschl. v. 4.2.2021 – 4 StR 448/20, BGHSt 65, 319 = NStZ 2022, 155).

b) Ebenso wie die primäre Anordnung erfordert die Anordnung der vorbehaltenen Sicherungsverwahrung 690 eine Gefährlichkeitsprognose unter Gesamtwürdigung des Verurteilten, seiner Tat/Taten und ergänzend seiner Entwicklung bis zum Zeitpunkt der Entscheidung (hierzu BGH, Beschl. v. 4.2.2021 – 4 StR 448/20, BGHSt 65, 319 = NStZ 2022, 155; NStZ-RR 2018, 305; NStZ-RR 2020, 341), wobei die Prognose auf der Grundlage aller prognostisch relevanten Umstände zu entwickeln ist. So ist bspw. eine umfassende Analyse der Persönlichkeit des Verurteilten und seiner bisherigen Legalbiographie erforderlich; auch eine mögliche Haltungsänderung durch fortschreitendes Lebensalter, Erkrankungen, die Wirkung des langjährigen Strafvollzuges sowie die Auswirkungen der Behandlungsangebote sind in die Prognose einzubeziehen (BGH, Beschl. v. 4.2.2021 – 4 StR 448/20, BGHSt 65, 319 = NStZ 2022, 155 m.w.N.; NStZ-RR 2023, 42; NStZ-RR 2024, 241; Urt. v. 17.4.2024 – 1 StR 371/23, NStZ-RR 2024, 241; NStZ-RR 2024, 340).

Eine Anordnung der vorbehaltenen Sicherungsverwahrung im Nachverfahren kommt nicht in Betracht, 691 wenn sich das von dem Verurteilten ausgehende Risiko seit dem Vorbehalt der Sicherungsverwahrung deutlich gesenkt hat (BGH, Beschl. v. 17.5.2021 – 1 StR 90/21, NStZ-RR 2021, 278 m.w.N.; BGH, Urt. v. 17.4.2024 – 1 StR 371/23, NStZ-RR 2024, 241). Es ist stets auch zu prüfen, ob einer noch bestehenden Gefährlichkeit mit milderen Mitteln begegnet werden kann, um die Gefahr für die Allgemeinheit auf ein vertretbares Maß zu reduzieren (BGH NStZ-RR 2021, 27; Urt. v. 17.4.2024 – 1 StR 371/23, NStZ-RR 2024, 241).

4.a) Unabhängig vom Zeitpunkt der Anordnung der Sicherungsverwahrung ist gem. § 67c StGB, der auch 692 für die vorbehaltene oder nachträgliche Sicherungsverwahrung Anwendung findet, im Anschluss an den Strafvollzug vor Vollzugsbeginn der Maßregel deren Erforderlichkeit zu prüfen (BT-Drucks 17/9874, 19 f.). Es ist prüfen, ob der Zweck der Maßregel die Unterbringung noch erfordert (§ 67c Abs. 1 Nr. 1 StGB) und ob ausreichend Betreuungsangebote gemacht wurden (§ 67c Abs. 1 Nr. 2 StGB). Der Prüfung nach Nr. 1 bedarf es jedoch nicht, wenn die Unterbringung in der Sicherungsverwahrung im ersten Rechtszug weniger als ein Jahr vor dem Ende des Vollzugs der Strafe angeordnet worden ist (§ 67c Abs. 1 S. 2 StGB).

Die Regelung des § 67c StGB beruht darauf, dass das Gericht zum Zeitpunkt des Urteils nicht prognos- 693 tizieren kann, wie sich der Strafvollzug mit all seinen Angeboten auf den Verurteilten auswirken werde. Dies soll am **Ende** des **Strafvollzuges** geprüft werden.

b) Die **Prüfungspflicht** nach § 67c Abs. 1 SGB setzt voraus, dass eine Freiheitsstrafe vor einer wegen 694 derselben Tat/Taten angeordneten Unterbringung vollzogen wird. Neben der Erforderlichkeit der Unterbringung hat das Gericht auch die Verhältnismäßigkeit derselben umfassend zu prüfen.

aa) Erforderlichkeit ist gegeben, wenn zum maßgeblichen **Prüfungszeitpunkt** die für die Anordnung 695 der Maßregel erforderliche Gefährlichkeit des Täters prognostisch vorliegt und nicht zu erwarten ist, dass der Zweck der Maßregel auch durch die Aussetzung der Vollstreckung erreicht werden kann (OLG Hamm NStZ-RR 2016, 230; OLG Köln StV 2020, 40). Es kommt nicht auf eine günstige Legalprognose an; Prüfungsmaßstab ist die Frage, ob eine ungünstige Prognose aufrechterhalten bzw. erneut erstellt werden kann oder nicht (OLG Hamm, a.a.O., m.w.N.).

bb) Unverhältnismäßigkeit kann z.B. anzunehmen sein, wenn dem Verurteilten während des Strafvoll- 696 zuges keine ausreichenden Betreuungsangebote i.S.d. § 66c Abs. 1 Nr. 1 StGB gemacht worden sind, was der Fall sein kann, wenn die Behandlungsmaßnahmen grds. ungeeignet oder im jeweils konkreten Fall nicht sachgerecht waren (BGH NStZ-RR 2020, 341). Allerdings ist das Gericht gemäß § 119a Abs. 7 StVollzG an rechtskräftige Feststellungen der Strafvollstreckungskammer gebunden und kann keine eigene Neubewertung vornehmen, es hat jedoch eine Gesamtbetrachtung vorzunehmen. In diesem Zusammenhang ist zu beachten, dass das Verfahren nach § 119a StVollzG nicht vorrangig gegenüber einer Entscheidung nach § 67c Abs. 1 S. 1 Nr. 2 StGB ist, weshalb die periodischen Entscheidungen nach § 119a Abs. 1 StVollzG nicht abgewartet werden müssen (OLG Hamm NStZ-RR 2016, 230).

697 **cc)** Auf **Altfälle**, in denen keine der Anlasstaten nach dem 31.5.2013 begangen wurde, ist § 67c Abs. 1 S. 1 Nr. 2 StGB gem. Art. 316f Abs. 3 S. 1 EGStGB nur anwendbar, wenn dem Verurteilten nach dem 31.5.2013 keine ausreichende Betreuung i.S.d. § 66c StGB angeboten wurde.

698 **dd)** Die Prüfung und deren Einleitung muss so **rechtzeitig vor Ende** des **Strafvollzugs** erfolgen, dass die Entscheidung noch während des Vollzugs rechtskräftig werden kann (Fischer/*Fischer*, § 67c Rn 4).

699 **5.** Für die Entscheidung nach § 67c Abs. 1 StGB ist dem Verurteilten rechtzeitig ein **Verteidiger**/eine Verteidigerin zu **bestellen**, § 463 Abs. 3 S. 5 StPO. Für Fragen der angemessenen Betreuung des Strafgefangenen mit vorbehaltener Sicherungsverwahrung erfolgt die Beiordnung gem. § 109 Abs. 3 S. 1 StVollzG. (→ *Sicherungsverwahrung, Pflichtverteidigung*, Teil A Rdn 610).

Siehe auch: → *Sicherungsverwahrung, Allgemeines*, Teil A Rdn 562 m.w.N.

Teil B: Vollstreckung von Strafen und Maßregeln

Berufsverbot, Allgemeines 1

Das Wichtigste in Kürze:

1. Ein Strafgericht kann unter bestimmten Voraussetzungen gegen einen Angeklagten ein Berufsverbot oder das Verbot einer Gewerbeausübung aussprechen.
2. Ein Berufsverbot nach §§ 70 ff. StGB wird in der strafrichterlichen Spruchpraxis eher selten angeordnet.
3. Wirksam wird das Berufsverbot mit Rechtskraft des Urteils (§ 70 Abs. 4 S. 1 StGB).
4. Auch wenn das Strafverfahren im Allgemeinen vorrangig ist, können Berufsgerichte wie Verwaltungsbehörden nach anderen Vorschriften selbstständig und unabhängig von einer strafgerichtlichen Ahndung die Berufsausübung untersagen.

Literaturverzeichnis: **Arconada**, Anforderungen an die Anordnung des Berufsverbots gemäß § 70 StGB, StBp 2025, 89; **Dahns**, Das strafrechtliche Berufsverbot, NJW-Spezial 2020, 382; **Hampe/Kangarani**, Das Berufsverbot des § 70 I StGB in einem Vergleich zu dem Entzug der Approbation nach § 5 BÄO, MedR 2014, 797; **Kotz/Rahlf**, Praxis des Betäubungsmittelstrafrechts (Kap. 8, H. Anordnung eines Berufsverbots), 2012; **Kretschmer**, Die Reichweite des strafrechtlichen Berufsverbots für Rechtsanwälte, NStZ 2002, 576; **Lemke-Küch**, Die Bindungswirkung strafgerichtlicher Entscheidungen für die Anordnung berufsgerichtlicher, verwaltungs- oder disziplinarrechtlicher Maßnahmen, StRR 2015, 48; **Meyer**, Kommentar zum StrEG (Entschädigung für andere Strafverfolgungsmaßnahmen), 11. Aufl. 2020; **Müller/Schlothauer/Knauer**, Münchener Anwaltshandbuch Strafverteidigung, 3. Aufl. 2022; **Neuhaus/Putzke**, Rechtsschutz in der Strafvollstreckung, Teil 1, ZAP F. 22, S. 435; *ders.*, Rechtsschutz in der Strafvollstreckung, Teil 2, ZAP F. 22, S. 447; **Parriger**, Urteilsfolgen neben der Strafe, StraFo 2011, 447; **Röth**, Nebenfolgen strafrechtlicher Verurteilung, StraFo 2012, 354; **Röttle/Wagner/Theurer**, Strafvollstreckung, 9. Aufl. 2023, **Tornow**, Berufsrechtliche Konsequenzen einer Verurteilung – Nebenfolgen außerhalb des Strafgesetzbuches, StRR 1/2026, 6; s.a. die Hinw. bei den Stichwörtern in → *Teil H: Personen- und Berufsgruppen, Fahrerlaubnisrecht.* 2

1. Ein Strafgericht kann unter bestimmten Voraussetzungen gegen einen Angeklagten ein **Berufsverbot** oder das **Verbot einer Gewerbeausübung** aussprechen. Erforderlich dafür ist gemäß § 70 StGB die Verurteilung wegen einer rechtswidrigen Tat, die ein Angeklagter unter **Missbrauch seines Berufs oder Gewerbes** oder **unter grober Verletzung der mit ihnen verbundenen Pflichten** begangen hat. Ein Missbrauch von Beruf oder Gewerbe i.S.d. § 70 StGB liegt vor, wenn der Täter unter bewusster Missachtung der ihm gerade durch seinen Beruf oder sein Gewerbe gestellten Aufgaben seine Tätigkeit ausnutzt, um einen diesen Aufgaben zuwiderlaufenden Zweck zu verfolgen. Dazu genügt nicht ein bloß äußerer Zusammenhang in dem Sinne, dass der Beruf dem Täter lediglich die Möglichkeit gibt, Straftaten zu begehen. Die strafbare Handlung muss vielmehr **Ausfluss der jeweiligen Berufs- oder Gewerbetätigkeit selbst** sein und einen **berufstypischen Zusammenhang** erkennen lassen; sie muss symptomatisch für die Unzuverlässigkeit des Täters im Beruf erscheinen (BGH NStZ-RR 2024, 242/243 = NJW 2025, 383 (Ls.) „Berufsverbot – berufstypischer Zusammenhang";). Das Berufsverbot ist keine Strafe, sondern **reine Sicherungsmaßregel** (NK-*Pollähne*, § 70 Rn 1). Als solche darf es nur auf präventive Gesichtspunkte gestützt werden (OLG Karlsruhe StV 1993, 403). Eine Anordnung im Hinblick auf Sühne- oder Vergeltungsbedürfnisse, Schuldgesichtspunkte oder generalpräventive Gesichtspunkte ist unzulässig (NK-*Pollähne*, a.a.O.; MüKo-StGB/*Bockemühl*, § 70 Rn 2). 3

2. Ein Berufsverbot nach §§ 70 ff. StGB, das grds. **für jedes Gewerbe und sämtliche Berufe gilt** (*Fischer/Lutz*, § 70 Rn 2) wird in der strafrichterlichen Spruchpraxis relativ selten angeordnet (so verhängten Strafgerichte z.B. im Jahr 2021 gegen 165 Personen ein Berufsverbot, SSW-StGB/*Harrendorf*, § 70 Rn 2: zu den Voraussetzungen → *Berufsverbot, Voraussetzungen,* Teil B Rdn 88 ff.). 4

3. Wirksam wird ein Berufsverbot mit **Rechtskraft des Urteils** (§ 70 Abs. 4 S. 1 StGB). Für den Betroffenen sind damit regelmäßig existenzgefährdende bis vernichtende Folgen verbunden. 5

☝ Dies bedeutet zugleich, dass bereits im Ermittlungs- und Hauptverfahren die Verteidigung bei entsprechender Sachverhaltskonstellation die §§ 70ff. StGB im Blick haben muss. Über das strafrechtliche Berufsverbot hinaus drohen – auch parallel zu einem noch laufenden Strafverfahren – **verwaltungs- und berufsrechtliche Anordnungen** mit ihren zur Strafgerichtsbarkeit konkurrierenden Befugnissen. Deren Reichweite und Auswirkungen sind für einen davon Betroffenen nicht minder gravierend, manchmal sogar einschneidender (vgl. unten Rdn 37 ff. und die Ausführungen bei den Stichwörtern in Teil H: Personen-, Berufsgruppen, Fahrerlaubnisrecht.

6 Ein Berufsverbot kann zur **Bewährung** ausgesetzt werden (§ 70a StGB). Die damit und mit dem Widerruf zusammenhängenden Fragen sind dargestellt bei → *Berufsverbot, Bewährungsaussetzung*, Teil B Rdn 56. Die Vollstreckungsbehörde kann den **Aufschub** eines Berufsverbots anordnen. Die Ausführungen dazu finden sich bei → *Berufsverbot, Aufschub/Aussetzung (§ 456c StPO)*, Teil B Rdn 19.

7 **4.** Auch wenn dem **Strafverfahren im Allgemeinen der Vorrang** gebührt (BGHSt 33, 155), können Berufsgerichte wie Verwaltungsbehörden nach anderen Vorschriften **selbstständig und unabhängig** von einer strafgerichtlichen Ahndung gemäß § 70 StGB die Berufsausübung untersagen (*Fischer/Lutz*, § 70 Rn 17; s.a. die Ausführungen bei den Stichwörtern in Teil H: Personen-, Berufsgruppen, Fahrerlaubnisrecht zu den jeweiligen Berufsgruppen).

8 Angesichts unterschiedlicher Schutzzwecke von strafgerichtlichem Berufsverbot und verwaltungsrechtlichen/berufsrechtlichen Ahndungsmöglichkeiten gibt es nur in **begrenztem Umfang wechselseitige Abhängigkeiten**.

9 Sieht z.B. ein Strafgericht von der Anordnung eines Berufsverbots ab, steht der Verwaltungsbehörde oder einem Berufsgericht gleichwohl das den jeweiligen verwaltungsrechtlichen bzw. berufsrechtlichen Vorgaben unterliegende Recht zu, die Ausübung eines Gewerbes zu untersagen, die Genehmigung zur Ausübung bestimmter Berufe (z.B. Arzt oder Apotheker) zu widerrufen oder eine Betriebsschließung vorzunehmen (vgl. a. → *Berufsverbot, Berufsgruppen, Auswirkungen,* Teil B Rdn 37). Dafür gelten folgende

10 **Grundsätze**

- Auf die **Feststellungen** des **Strafgerichts** kann dabei **zurückgegriffen** werden, wenn nicht gewichtige Anhaltspunkte für die Unrichtigkeit der strafgerichtlichen Tatsachenfeststellung gegeben sind (BVerwG, Beschl. v. 6.3.2003 – 3 B 10/03 –).
- In einem Urt. v. 26.9.2002 (3 C 37.01, NJW 2003, 913) hat das BVerwG entschieden (s. auch VG Oldenburg, Urt. v. 23.6.2020 – 7 A 461/19 –), dass bei Approbationswiderrufen die in einem rechtskräftigen **Strafbefehl** enthaltenen – summarischen – tatsächlichen und rechtlichen Feststellungen regelmäßig zur Grundlage einer behördlichen oder gerichtlichen Beurteilung der betroffenen Persönlichkeit gemacht werden dürfen, soweit sich nicht gewichtige Anhaltspunkte für die Unrichtigkeit solcher Feststellungen ergeben.

11 Umgekehrt ist ein Strafgericht nicht gehindert, ein Berufsverbot selbst dann noch auszusprechen, wenn z.B. ein Rechtsanwalt auf seine Zulassung oder ein Arzt auf seine Approbation zuvor bereits **verzichtet** hat.

12 **b)** Für das **Zivilverfahren** entfaltet das Strafurteil **keine Bindungswirkung** (BGH NJW-RR 2005, 1024; BGH NJW 2015, 1382 Rn 12). Der Zivilrichter muss sich aber mit den Feststellungen im Strafurteil auseinandersetzen, die für seine eigene Würdigung relevant sind (BGH, a.a.O.). Die **Bindungswirkung** eines Berufsverbotes nach § 70 StGB für Verwaltungsbehörden oder Berufsgerichte ist unterschiedlich zu beurteilen.

13 **aa)** Eine **unmittelbare gesetzliche Bindungswirkung** ist in § 35 Abs. 3 S. 1 Nr. 1–3 GewO vorgesehen. Für gewerberechtliche Untersagungsverfahren wegen Unzuverlässigkeit gilt die Bindungswirkung eines Strafurteils in Bezug auf die Feststellung des Sachverhalts, die Beurteilung der Schuldfrage und die Beur-

teilung der Frage, ob bei weiterer Ausübung des Gewerbes die Begehung erheblicher rechtswidriger Taten droht und zur Abwehr die Untersagung angebracht ist (*Graf/Jäger/Wittig/Waßmer*, StGB, § 70 Rn 63).

Nur ein Urteil oder ein Strafbefehl bindet die Verwaltungsbehörde, nicht aber Einstellungen des Strafverfahrens nach § 170 Abs. 2 StPO oder nach §§ 153 ff. StPO. Von ihnen geht keine Bindungswirkung aus (*Graf/Jäger/Wittig/Waßmer*, StGB, § 70 Rn 63). 14

Die Verwaltungsbehörde **darf** nicht zum Nachteil des **Gewerbetreibenden** – wohl aber zu dessen Vorteil – von dem Inhalt eines gegen ihn gerichteten strafgerichtlichen Urteils abweichen. Für die Frage, ob jemand sein Gewerbe künftig ordnungsgemäß betreiben wird, kommt es ohnehin nicht auf die strafrechtliche Verurteilung als solche, sondern auf das ihr zugrundeliegende Verhalten des Gewerbetreibenden an. Nicht das Strafurteil, sondern das Verhalten des Gewerbetreibenden, das zur Verurteilung geführt hat, kann die Gewerbeuntersagung erfordern (VGH München (22. Senat), Beschl. v. 17.10.2022 – 22 ZB 22.856). 15

Aus Gründen der Rechtsklarheit und Rechtssicherheit beschränkt sich die Bindungswirkung auf den Urteilstenor und die schriftlichen Urteilsgründe (Bay VGH, Beschl. v. 23.2.1990 – 22 B 89.3787, GewArch 1990, 172; Nds.OVG, Beschl. v. 13.5.2003 – 7 LA 140/02). Auf mündliche Äußerungen des Gerichts oder die sonstige Aktenlage darf nicht zurückgegriffen werden. Vielmehr müssen die Urteilsgründe selbst erkennen lassen, dass sich das Gericht ausdrücklich mit den drei in § 35 Abs. 3 S. 1 Nr. 1 bis 3 GewO vorgegebenen Tatbeständen auseinandergesetzt hat. Schweigt sich das Urteil darüber aus, tritt keine Bindungswirkung ein (Nds.OVG, Beschl. v. 13.5.2003 – 7 LA 140/02). 16

bb) Anders bei berufsgerichtlichen Verfahren oder Disziplinarmaßnahmen 17

Eine über das Berufsverbot nach § 70 StGB hinausgehende **nachteilige Ahndung** für den Betroffenen ist nicht grds. auszuschließen.

Die **Bindungswirkung** des Strafurteils tritt **nur** dann ein, wenn die Bindung an die strafgerichtliche Entscheidung ausdrücklich **geregelt** ist.

So bestimmen z.B. § 118 Abs. 3 S. 1 BRAO oder § 109 Abs. 3 S. 1 StBerG, dass für Entscheidungen in berufsgerichtlichen Verfahren gegen Anwälte oder Steuerberater die tatsächlichen Feststellungen des Urteils im Straf- oder Bußgeldverfahren bindend sind, auf denen die Entscheidung des Gerichts beruht.

Dazu gehören auch die vom Strafgericht verwerteten Tatumstände und Tatmotive (Weyland/*Reelsen*, BRAO, § 118 Rn 31).

Bindend für das Berufsgericht sind etwa die tatsächlichen Feststellungen im Strafverfahren (oder im Bußgeldverfahren) gegen einen Steuerberater wegen versuchter Steuerhinterziehung, auf denen die Entscheidung des Strafgerichts beruht (BGHSt 61, 92 = StV 2016, 777 [Ls.]).

Bei **Fehlen** von Regelungen, wie bspw. den in § 118 BRAO bzw. § 109 StBerG, **scheidet eine Bindung hingegen aus** (*Graf/Jäger/Wittig/Waßmer*, StGB, § 70 Rn 64).

Insoweit gilt u.a.: 18

- Das strafrechtliche Berufsverbot soll die Allgemeinheit vor weiterer Gefährdung schützen, während die Ausschließung aus der **Rechtsanwaltschaft** nach § 114 Abs. 1 Nr. 5 BRAO nicht nur diesen Zweck hat, sondern zugleich wesentlich der Reinhaltung des Anwaltsstandes von untragbaren Mitgliedern dient (*Weyland/Reelsen*, BRAO, § 114 Rn 43). Eine Ausschließung kommt aber nur in Betracht, wenn sie zur Erhaltung der Funktionsfähigkeit der Rechtspflege, also zum Schutz der Rechtssuchenden und der übrigen Beteiligten erforderlich ist (BVerfG NJW 1984, 2341 (2343)).
- Ähnliches gilt für das **Recht der Heilberufe**. Zwar ist eine entsprechende Anwendung des § 35 Abs. 3 S. 2 GewO auf das Recht der Heilberufe nicht zulässig (BVerwG NJW 1963, 875). Auch ist eine strafrechtliche Verurteilung nicht Voraussetzung der Entziehung der Approbation (VGH Mannheim NJW 2010, 692 (695)). Jedoch dürfen bei Entscheidungen über den Widerruf einer Approbation, die in einem rechtskräftigen Strafurteil oder auch Strafbefehl enthaltenen tatsächlichen und rechtlichen Feststellungen regelmäßig zur Grundlage einer behördlichen oder gerichtlichen Beurteilung

der betroffenen Persönlichkeit gemacht werden (BVerwG, Beschl. v. 18.8.2011 – 3 B 6.11; OVG Lüneburg Beschl. v. 28.7.2014 – 8 LA 145/13). Erschöpft aber die Verhängung eines Berufsverbots nach § 70 StGB berufsrechtlich den Sachverhalt nicht, so kann die Verwaltungsbehörde im Sinne eines „Überhangs" (BVerwG, Urt. v. 28.4.2010 – 3 C 22/09 = NJW 2010, 2901) tätig werden. Maßgeblich wird es in derartigen Fällen darauf ankommen, ob das Strafgericht bei Darlegung der Gründe für die Verhängung eines Berufsverbots den Sachverhalt auch unter berufsrechtlichen Gesichtspunkten erschöpfend gewürdigt; also alle bedeutsamen Aspekte bereits geprüft und damit die maßgeblichen berufsrechtlichen Erwägungen im Kern vorweggenommen hat (BVerwG, a.a.O.; OVG Lüneburg Beschl. v. 28.7.2014 – 8 LA 145/13). Angesichts der Schwere des mit dem Widerruf einhergehenden (fortlaufenden) Eingriffs in die Berufsfreiheit des Betroffenen ist dabei strikt der **Grundsatz der Verhältnismäßigkeit** zu beachten (OVG Magdeburg, Beschl. v. 19.2.2024 – 1 M 5/24),

- Anders als für gewerberechtliche Untersagungen wegen Unzuverlässigkeit gilt für eine berufsrechtliche Ahndung, dass i.d.R. eine Bindungswirkung der strafgerichtlichen Entscheidung entfällt. Ausnahmen können sich aus bestimmten Einzelnormen, wie z.B. § 118 BRAO, ergeben. Erkennt die Verwaltungsbehörde oder das Berufsgericht im Sinne eines „Überhangs" weitere tatübergreifende Aspekte, die eine zusätzliche berufsrechtliche Reaktion erfordern, können sich für den Betroffenen daraus mögliche, über das Berufsverbot des § 70 StGB hinausgreifende Nachteile ergeben. Dies gilt allerdings nicht, wenn das Strafgericht im Rahmen der Prüfung des Berufsverbots den Sachverhalt unter berufsrechtlichen Gesichtspunkten erschöpfend gewürdigt, alle bedeutsamen Aspekte bereits geprüft und damit die maßgeblichen berufsrechtlichen Erwägungen im Kern vorweggenommen hat.

Siehe auch: → *Berufsverbot, Allgemeines*, Teil B Rdn 1 m.w.N.; → *Berufsverbot, Aufschub/Aussetzung (§ 456c StPO)*, Teil B Rdn 19; → *Berufsverbot, Berufsgruppen, Auswirkungen*, Teil B Rdn 37; → *Berufsverbot, Bewährungsaussetzung*, Teil B Rdn 56; → *Berufsverbot, Nebenfolgen*, Teil B Rdn 78; → *Strafvollstreckung, Allgemeines*, Teil J Rdn 267 m.w.N.

19 Berufsverbot, Aufschub/Aussetzung (§ 456c StPO)

Das Wichtigste in Kürze:

1. Ein Berufsverbot kann aufgeschoben oder ausgesetzt werden.
2. Auf andere Maßregeln ist § 456c StPO nicht entsprechend anwendbar.
3. Im Regelfall wird erst auf Antrag des Verurteilten entschieden.
4. Bei Entscheidungen über den Aufschub oder die Aussetzung eines Berufsverbots können Einwendungen gegen Entscheidungen der Vollstreckungsbehörde erhoben werden, Gerichtsbeschlüsse sind mit der (sofortigen) Beschwerde anfechtbar.

20 **Literaturverzeichnis:** S. die Hinw. bei → *Berufsverbot, Allgemeines*, Teil B Rdn 2 m.w.N.

21 **1.** Ein Berufsverbot kann **aufgeschoben** oder **ausgesetzt** werden (§ 456c StPO; *Schmitt/Köhler*, § 456c Rn 1 ff.). Darüber entscheidet in **der Hauptverhandlung** spätestens mit „Erlass des Urteils" (§ 456c Abs. S. 1 StPO) das erkennende **Gericht**. Die Entscheidung ergeht gem. §§ 463 Abs. 6 S. 1, 462 Abs. 1 S. 1 StPO durch **Beschluss. Nach Rechtskraft** des Urteils bzw. der Berufsverbotsanordnung ist die Vollstreckungsbehörde zuständig. Mit Anträgen usw. muss sich der Verteidiger an die **StA** (§ 456c Abs. 2 StPO) wenden, die die alleinige Befugnis hat, die Vollstreckung auszusetzen oder zu unterbrechen. Funktionell zuständig ist grds. ein Rechtspfleger (§ 31 Abs. 2 S. 1 RPflG; KK-StPO/*Appl*, § 451 Rn 7).

22 **2.** § 456c StPO enthält einen allein auf einen Aufschub oder eine Aussetzung des Berufsverbots **beschränkten Regelungsgehalt**.

☝ Auf andere Maßregeln nach §§ 69, 69a StGB oder auf Fahrverbote (§ 44 StGB, § 25 StVG) ist § 456c StPO auch dann **nicht entsprechend anwendbar**, wenn die mit Rechtskraft der Anordnung verbundenen Rechtsfolgen sich praktisch wie ein Berufsverbot auswirken, wie z.B. bei einem Berufskraftfahrer, der infolge des Fahrverbots seinen Arbeitsplatz verliert (KMR/*Schrott*, § 456c Rn 2; SK-StPO/*Paeffgen/Greco*, § 456c Rn 3; *Schmitt/Köhler*, § 456c Rn 1; sowie zu § 44 StGB: OLG Köln NJW 1987, 80).

3.a) Von Amts wegen, auf Anregung der Staatsanwaltschaft oder – als Regelfall – auf **Antrag des Angeklagten/Verurteilten** bzw. eines Verteidigers wird geprüft, ob eine Aussetzung oder ein Aufschub des Berufsverbots **bis zu sechs Monaten** (456c Abs. 3 S. 2 StPO) nach Rechtskraft (§ 70 Abs. 4 S. 1 StGB) in Betracht kommen (*Schmitt/Köhler*, § 456c Rn 2, 7). 23

b)aa) Voraussetzung für den Erfolg eines solchen Antrags ist, dass das sofortige Wirksamwerden des Berufsverbots für den Verurteilten oder seine Angehörigen eine **erhebliche, außerhalb seines Zweckes liegende, durch späteres Wirksamwerden vermeidbare Härte** bedeuten würde (§ 456c Abs. 1 S. 1 StPO). 24

☝ Erforderlich ist die Feststellung einer besonderen, mit der sofortigen Vollstreckung des. Berufsverbots verbundenen, Härte für den Verurteilten oder/und seine Angehörigen. Begrifflich entspricht die **„erhebliche Härte"** des **§ 456c Abs. 1 StPO** im Wesentlichen derjenigen der **„erheblichen Nachteile" i.S.d. § 456 StPO** (KK-*Appl*, § 456c Rn 4; SSW-StPO/*Hanft*, § 456c Rn 3).

cc) Die entstehenden **Belastungen** persönlicher/wirtschaftlicher Art müssen **über** die mit dem Berufsverbot **ohnehin funktional gewollten Belastungen hinausgehen** und sind beschränkt auf die Person des Verurteilten sowie dessen Angehörige (SK-StPO/*Paeffgen/Greco*, § 456c Rn 4). Private Nachteile Dritter (z.B. Arbeitgeber oder Arbeitnehmer des Verurteilten) sind nicht zu berücksichtigen, wohl aber das öffentliche Interesse an einer weiteren Berufsausübung, § 55 Abs. 2 S. 1 StVollstrO, (BeckOK-StPO/*Coen*, StPO § 456c Rn 2; KK-StPO/*Appl*, § 456c Rn 4). 25

☝ Die Aussetzung des Berufsverbots kommt auch dann noch in Betracht, wenn das Gericht einen Aufschub des Berufsverbots abgelehnt hatte. Voraussetzung für eine entsprechende Anordnung der Vollstreckungsbehörde ist jedoch, dass **neue Tatsachen vorliegen oder einem öffentlichen Interesse an der vorübergehenden weiteren Berufsausübung** Rechnung getragen werden kann (KK-StPO/*Appl*, StPO § 456c Rn 5; *Röttle/Wagner/Theurer*, Strafvollstreckung, 4. Kap. Rn 260). Eine nachträgliche Korrektur der gerichtlichen Entscheidung ist – selbst, wenn sie fehlerhaft gewesen sein sollte – unzulässig (allg.M.: vgl. SK-StPO/*Paeffgen/Greco*, § 456c Rn 9).

bb) Denkbar ist ein Aufschub bei **drohendem Existenzverlust**, zur **Suche** eines **Nachfolgers** oder Vertreters oder, bei Selbstständigen, zur geordneten Auflösung des bislang betriebenen Geschäfts (KK-StPO/*Appl* StPO § 458 Rn 4; s. dazu auch OLG Frankfurt NStZ 1989, 93). Dies gilt jedoch nicht, wenn die Nachteile vom Verurteilten selbst herbeigeführt wurden (OLG Schleswig NStZ 1989, 93; SSW-StPO/*Hanft*, § 456 Rn 3). Ob – wie bei § 456 StPO – auch Krankheiten, bspw. die Erkrankung des Ehepartners bei zu versorgenden Kindern (SSW-StPO/*Hanft*, §§ 456c Rn 3, 456 Rn 3) eine „erhebliche Härte" bedeuten können, wird eine Frage des Einzelfalls sein. 26

c) Die Vollstreckungsbehörde entscheidet nach **pflichtgemäßem Ermessen** (BeckOK-StPO/*Klein*, § 456c Rn 4). Sie kann eine positive Aussetzungsentscheidung an die Leistung einer **Sicherheit** oder an andere Bedingungen knüpfen, § 55 Abs. 2 S. 2 StrVollstrO. Dazu kann gehören, dass etwa bestimmte Tätigkeiten erlaubt, untersagt oder Auflagen angeordnet werden. Eine Geldauflage als Sicherheitsleistung dürfte aber ungeeignet sein. Ebenso wenig dürfen Gericht oder Vollstreckungsbehörde Geldbußen für Zuwiderhandlungen auferlegen (SK-StPO/*Paeffgen/Greco*, § 456c Rn 11). Darüber hinaus **soll** die 27

Vollstreckungsbehörde vor einer Aussetzung die zuständigen **Verwaltungsbehörden** oder **berufsständischen Organisationen anhören** (§ 55 Abs. 3 StrVollstrO).

28 **4.** Bei Entscheidungen über den Aufschub oder die Aussetzung eines Berufsverbots können u.a. **Einwendungen** gegen Entscheidungen der Vollstreckungsbehörde erhoben werden (Rdn 29 ff.), Gerichtsbeschlüsse sind mit der **(sofortigen) Beschwerde** anfechtbar (Rdn 36).

29 **a)aa)** Ist das Berufsverbot rechtskräftig und lehnt die StA eine Aussetzung oder Unterbrechung der Vollstreckung ab, kann der Betroffene bzw. sein Verteidiger dagegen **Einwendungen** erheben.

30 Einwendungen können **formlos** erhoben werden (KK-StPO/*Appl,* § 458 Rn 11) und sich gegen einzelne Entscheidungen der Vollstreckungsbehörde richten (KK-StPO/*Appl,* § 458 Rn 18).

31 **Neue Einwendungen** nach rechtskräftigem Verfahrensabschluss sind bis zum Ende des Strafvollstreckungsverfahrens möglich, wenn sie auf neue Tatsachen oder Beweismittel gestützt werden (KK-StPO/*Appl*, § 458 Rn 22). An eine bestimmte Form oder Fristen sind die Einwendungen nicht gebunden.

> ☝ **Daneben** sind **Gegenvorstellungen** und **Dienstaufsichtsbeschwerde** zulässig (*Schmitt/Köhler*, § 456c Rn 9; dazu *Burhoff*, EV, Rn 1656 ff., 2521 ff.; Burhoff/*Hunsmann/Burhoff*, RM, Teil B: Rn 276 ff.; 288 ff.).

32 **bb)** Über die Einwendungen **entscheidet** nach § 458 Abs. 2 StPO das **Gericht**. **Zuständig** ist nach § 462a Abs. 2 StPO i.d.R. das **Gericht des ersten Rechtszugs**; andernfalls die **Strafvollstreckungskammer**.

33 Das Gericht darf die Entscheidung der Vollstreckungsbehörde nach § 456c Abs. 2 StPO nur auf **Ermessensfehler überprüfen** (vgl. KK-StPO/*Appl*, § 458 Rn 3; BeckOK-StPO/*Coen,* § 458 Rn 6; KMR/*Bieber*, § 458 Rn 33). Soweit der Vollstreckungsbehörde Ermessen zusteht (§ 454b Abs. 1 und 3, § 455 Abs. 3, Abs. 4, § 456 StPO), übt das Gericht nur eine **Rechtmäßigkeitskontrolle** aus, die **Ermessensentscheidung der Vollstreckungsbehörde hat es zu akzeptieren** (BeckOK-StPO/*Coen*, StPO § 458 Rn 7; KK-StPO/*Appl*, Rn 3).

34 **cc)** Einwendungen haben **keinen Suspensiveffekt**, so dass der Fortgang der Vollstreckung dadurch nicht gehemmt wird (§ 458 Abs. 3 S. 1 1. Halbs. StPO). Auf Antrag oder von amts wegen jedoch kann das Gericht nach § 458 Abs. 3. S. 2 StPO eine **einstweilige Anordnung** treffen, z.B. bei einer erheblichen Verzögerung der Entscheidung (KG StV 2018, 369 [Ls.]).

35 **dd)** Setzt das Gericht die Vollstreckung des Berufsverbots vorläufig aus, steht der StA dagegen das Recht der **sofortigen Beschwerde** zu (OLG Düsseldorf StV 1993, 87). Lehnt das Gericht eine vorläufige Anordnung nach § 458 Abs. 3 StPO ab, ist die Entscheidung im Hinblick auf § 310 Abs. 2 StPO nicht anfechtbar (OLG Nürnberg NStZ 2003, 390; KK-StPO/*Appl*, § 458 Rn 22 m.w.N.; *Schmitt/Köhler*, § 458 Rn 16).

36 **b)** Unabhängig davon, ob das Urteil selbst angefochten wird, stehen Staatsanwaltschaft und Verteidigung das Recht der **sofortigen Beschwerde** gegen gerichtliche Entscheidungen nach § 456c Abs. 1 StPO zu (§§ 456c Abs. 1 S. 3, 462 Abs. 3 S. 1, 311 StPO; zur sofortigen Beschwerde *Burhoff*, EV, Rn 3366; Burhoff/*Kotz/Hillenbrand*, RM, Teil A: Rn 556 ff.). Die sofortige Beschwerde ist **binnen Wochenfrist** nach Bekanntgabe der Entscheidung einzulegen (§ 311 Abs. 2 StPO).

Dem Verurteilten steht sowohl gegen die Ablehnung eines Aufschubs des Berufsverbots als auch gegen die Anordnung von Bedingungen durch das Gericht ein Beschwerderecht zu (KK-StPO/*Appl*, § 456c Rn 8).

> ☝ Eine **weitere Beschwerde** ist **ausgeschlossen**, (§ 310 Abs. 2 StPO).

Siehe auch: → *Berufsverbot, Allgemeines*, Teil B Rdn 1 m.w.N.

Berufsverbot, Berufsgruppen, Auswirkungen 37

Das Wichtigste in Kürze:

1. Obwohl ein als Folge strafrechtlicher Sanktion verhängtes Berufsverbot nach §§ 70 ff. StGB grds. für jeden Beruf in Betracht kommen kann, sind bei bestimmten Berufsgruppen die Auswirkungen regelmäßig weiterreichend. Enthält die Tat zugleich eine Berufspflichtverletzung, besteht regelmäßig ein über die strafrechtliche Verurteilung hinausgehendes Ahndungsbedürfnis.
2. Häufige Folge von Berufsverboten ist die Anordnung verwaltungs- oder disziplinarrechtlicher Maßnahmen sowie die Einleitung berufsgerichtlicher Verfahren.
3. Die Verhängung eines Berufsverbots nach § 70 StGB setzt bei Rechtsanwälten, Patentanwälten, Steuerberatern und Wirtschaftsprüfern wie bei jedem Täter voraus, dass die ihm durch seinen Beruf gegebenen Möglichkeiten planmäßig zur Begehung einer Straftat eingesetzt wurden.
4. Zwischen einem strafrechtlichen Berufsverbot für Ärzte/Apotheker/Tierärzte/Zahnärzte und einem daraus möglicherweise folgenden Approbationswiderruf besteht ein Sachzusammenhang.
5. Besonderheiten gelten für Amtsträger (Beamte/Richter/Soldaten usw.).
6. Ähnliches gilt für Notare (§ 49 BNotO).
7. Bei dem Geschäftsführer einer GmbH oder dem Vorstandsmitglied einer AG ist § 70 Abs. 3 StGB zu beachten.
8. Für Gewerbetreibende hat die Anordnung eines vorläufigen Berufsverbots (§ 132a Abs. 1 StPO) Bedeutung, da diese Anordnung einem strafgerichtlichen Urteil gleichgestellt ist (§ 35 Abs. 3 S. 3 GewO).

Literaturverzeichnis: **Tornow**, Berufsrechtliche Konsequenzen einer Verurteilung – Nebenfolgen außerhalb des Strafgesetzbuches, StRR 1/2026, 6; s.a. die Hinw. bei → *Berufsverbot, Allgemeines*, Teil B Rdn 2 m.w.N. und den Stichwörtern in *Teil H: Personen- und Berufsgruppen, Fahrerlaubnisrecht*. 38

1. Ein als Folge strafrechtlicher Sanktion verhängtes Berufsverbot nach §§ 70 ff. StGB kommt grds. für jeden Beruf in Betracht. Allerdings können **bestimmte Berufsgruppen** durch einen „Überhang", der von dem strafgesetzlichen Unrechts- und Schuldgehalt nicht vollständig abgedeckt wird, besonders betroffen sein. Gemeint sind neben Rechtsanwälten, Steuerberatern und Wirtschaftsprüfern auch Ärzte, Apotheker, Amtsträger sowie z.B. Geschäftsführer einer GmbH oder Vorstandsmitglieder einer AG. 39

☝ Die **Verteidigung** eines Mandanten in einem Strafverfahren, in dem die Verhängung eines Berufsverbots droht, muss **frühzeitig** die Folgen beachten, die den Mandanten in einem (nachfolgenden) Disziplinarverfahren oder in einem verwaltungs- bzw. berufsgerichtlichen Verfahren treffen können.

Schon nach Einleitung eines **Strafverfahrens** gegen einen Arzt kann z.B. das Ruhen der Approbation durch die zuständige Behörde angeordnet werden, § 6 Abs. 1 Nr. 1 BÄO.

Der Verteidiger sollte daher zumindest **Grundkenntnisse** der jeweiligen verwaltungs-, disziplinarrechtlichen oder berufsrechtsspezifischen Materie besitzen. Mögliche arbeitsrechtliche wie beamtenrechtliche (z.B. § 41 BBG) Nebenfolgen sind dabei zu berücksichtigen.

2. Häufige Folge von Berufsverboten ist die Anordnung **verwaltungs- oder disziplinarrechtlicher Maßnahmen** sowie die Einleitung **berufsgerichtlicher Verfahren**. Bei einigen Berufsgruppen (z.B. Rechtsanwälten, Steuerberatern, Ärzten, Apothekern) verbleibt zudem ein **berufsrechtlicher Überhang**, der unabhängig von der strafgerichtlichen Beurteilung bei schwerwiegenden Berufspflichtverletzungen die Verhängung eines (vorläufigen) Berufs- und Vertretungsverbots ermöglicht (vgl. die Ausführungen bei der jeweiligen Berufsgruppe in Teil H und den Überblick bei *Tornow* StRR 1/2026, 6 ff.). Berufsgerichte wie Verwaltungsbehörden können (daher) nach anderen Vorschriften **selbstständig und unabhängig** 40

von einer strafgerichtlichen Ahndung gem. § 70 StGB die Berufsausübung untersagen (*Fischer/Lutz*, § 70 Rn 17). Das Strafverfahren hat aber im Einzelfall Vorrang und entfaltet eine Bindungswirkung (*Fischer/Lutz*, a.a.O.; vgl. a. BGHSt 33, 155).

41 **3.a)** Die Verhängung eines Berufsverbots nach § 70 StGB setzt bei **Rechtsanwälten, Patentanwälten, Steuerberatern und Wirtschaftsprüfern** wie bei jedem Täter voraus, dass die ihm durch seinen Beruf gegebenen Möglichkeiten planmäßig zur Begehung einer Straftat eingesetzt wurden. Ein Missbrauch anwaltlicher, steuerberaterlicher oder vergleichbarer Berufstätigkeit i.S.d. § 70 StGB liegt allerdings nur dann vor, wenn der Täter unter **bewusster Missachtung** der ihm gerade durch seinen **Beruf gestellten Aufgaben** seine Tätigkeit ausnutzt, um einen diesen Aufgaben zuwiderlaufenden Zweck zu verfolgen. Dazu genügt nicht ein bloß äußerer Zusammenhang in dem Sinne, dass der Beruf dem Täter lediglich die Möglichkeit gibt, Straftaten zu begehen. Die strafbare Handlung muss vielmehr Ausfluss der jeweiligen Berufs- oder Gewerbetätigkeit selbst sein und einen **berufstypischen Zusammenhang** erkennen lassen; sie muss **symptomatisch für die Unzuverlässigkeit des Täters im Beruf** erscheinen. Eine Verletzung der mit dem Beruf oder Gewerbe verbundenen Pflichten ist nur zu bejahen, wenn der Täter bei Tatbegehung gegen eine der speziellen Pflichten verstößt, die ihm bei der Ausübung seines Berufs oder Gewerbes auferlegt sind. Auch hierfür bedarf es eines berufstypischen Zusammenhangs der Tat zu der ausgeübten beruflichen Tätigkeit (BGH StV 2008, 80; BGH, Beschl. v. 19.11.2019 – 1 StR 364/19, NStZ-RR 2020, 75 = StV 2020, 472 [Ls.]; BGH, Beschl. v. 10.4.2024 – 5 StR 578/23, NStZ-RR 2024, 242; vgl. a. die Ausführungen bei der jeweiligen Berufsgruppe in Teil H).

42 **b)** Die Rechtsanwälte, Patentanwälte, Steuerberater und Wirtschaftsprüfer treffenden **Berufspflichten** sowie die Voraussetzungen für ihre mögliche Ausschließung aus dem Beruf sind überwiegend parallel geregelt. Sie decken sich weitgehend, einschließlich der Bestimmungen über den Widerruf der Zulassung bzw. der Bestellung, (§ 14 Abs. 2 Nr. 2 BRAO, § 21 Abs. 2 Nr. 2 PAO, § 46 Abs. 2 Nr. 2 StBerG, § 20 Abs. 2 Nr. 2 WPO). Insoweit lassen sich die vom BGH für die **Rechtsanwaltschaft** entwickelten Maßstäbe auf die **übrigen Berufsgruppen übertragen** (→ *Rechtsanwälte, Strafrecht, Allgemeines*, Teil H Rdn 994 ff. m.w.N.).

43 Strafrechtliches Berufsverbot und berufsgerichtliche Rspr. verfolgen **unterschiedliche Ziele**: Während das Berufsverbot die Allgemeinheit vor weiterer Gefährdung schützen soll, dient die Ausschließung aus der Rechtsanwaltschaft nicht nur diesem Zweck, sondern wesentlich der Reinhaltung des Anwaltstandes von nicht tragbaren Mitgliedern (BGH NJW 1975, 1712; Weyland/*Reelsen*, BRAO, § 114 Rn 43). Im Hinblick darauf hindert ein Berufsverbot im Strafverfahren nicht die Ausschließung aus der Anwaltschaft im berufsgerichtlichen Verfahren (BGHSt 20, 73; BGH NJW 1975, 1712; KK-StPO/*Glaser*, § 132a Rn 6); umgekehrt kann ein strafrechtliches Berufsverbot selbst noch nach Rückgabe der Anwaltszulassung verhängt werden.

44 **c)** Unabhängig von einem strafgerichtlichen Berufsverbot gibt es einen weiteren zwingenden Widerrufsgrund: Ein **Widerruf der Zulassung** (bei Rechtsanwälten und Patentanwälten) bzw. der **Bestellung** (bei Steuerberatern und Wirtschaftsprüfern) ist **zwingend**, wenn sie infolge strafgerichtlicher Verurteilung die **Fähigkeit zur Bekleidung öffentlicher Ämter verloren** haben. Die Voraussetzungen hierfür sind in § 45 Abs. 1 StGB geregelt. Wer wegen eines **Verbrechens zu Freiheitsstrafe von mindestens einem Jahr** – gleichgültig, ob mit oder ohne Bewährungsaussetzung – verurteilt wird, verliert für die **Dauer von fünf Jahren** die Fähigkeit, öffentliche Ämter zu bekleiden und Rechte aus öffentlichen Wahlen zu erlangen.

45 **4.a)** Zwischen einem strafrechtlichen Berufsverbot für **Ärzte/Apotheker/Tierärzte/Zahnärzte** und einem daraus möglicherweise folgenden Approbationswiderruf besteht ein Sachzusammenhang (→ *Akademische Heilberufe, Allgemeines,* Teil H Rdn 1 m.w.N.; → *Apotheker, Allgemeines,* Teil H Rdn 7 ff. m.w.N.; → *Tierarzt, Allgemeines*, Teil H Rdn 1302).

46 **b)** Zwar bindet eine strafgerichtliche Entscheidung die **Approbationsbehörde grds. nicht** (MAH/*Bracher*, § 33 Rn 50). Dennoch darf ein zur Entscheidung über den Widerruf der Approbation berufenes Verwaltungsgericht von dem durch das Strafurteil rechtskräftig festgestellten Sachverhalt ausgehen

(OVG Hamburg, Urt. v. 13.8.2021 – 3 Bf 154/19, bestätigt durch BVerwG NVwZ 2022, 646). Etwas Anderes gilt allenfalls dann, wenn gewichtige Anhaltspunkte für die Unrichtigkeit der tatsächlichen Feststellungen im strafgerichtlichen Urteil bestehen. Verwaltungsgerichte orientieren sich regelmäßig an dem Ergebnis eines Strafverfahrens im Sinne eines „**berufsrechtlichen Überhangs**" (bspw. OVG Münster MedR 2004, 327; OVG Saarland MedR 2006, 661; VG Göttingen, Urt. v. 23.8.2010 – 1 A 65/09; VG Münster, Urt. v. 17.4.2024 – 16 K 1372/23.T). Das strafrechtliche Berufsverbot und die in einem berufsgerichtlichen Verfahren in Frage stehenden verwaltungsbehördlichen Maßnahme des Widerrufs einer Approbation verfolgen unterschiedliche Zwecke. (OVG Nordrhein-Westfalen NJW 2004, 2034, 2035).

c) Eine Approbation ist zu widerrufen, wenn sich der Berufsträger „eines Verhaltens schuldig gemacht hat, aus dem sich seine **Unwürdigkeit** oder **Unzuverlässigkeit** zur Ausübung des … Berufs ergibt" (so jeweils inhaltlich gleichlautend § 5 Abs. 2 S. 1 i.V.m. § 3 Abs. 1 S. 1 Nr. 2 BÄO; § 4 Abs. 1 S. 1 Nr. 2 i.V.m. § 6 Abs. 2 BApO; § 6 Abs. 2 i.V.m. § 4 Abs. 1 Nr. 2 BTÄO; § 4 Abs. 2 S. 1 i.V.m. § 2 Abs. 1 S. 1 Nr. 2 ZHG). 47

d) Der **Approbationswiderruf** wegen Unzuverlässigkeit und/oder Unwürdigkeit als Arzt ist eine personenbezogene, auf die Einhaltung der ärztlichen Pflichten und die Wahrung des Ansehens des Arztberufs schlechthin zielende Maßnahme; er kann nicht befristet werden und ist einer Aussetzung zur Bewährung nicht zugänglich, auch wenn der Betroffene Zeit seines Lebens vom Arztberuf ausgeschlossen sein und andererseits die Zuverlässigkeit und Würdigkeit aufgrund veränderter Umstände und nach Ablauf einer gewissen Zeit zurückgewonnen werden kann. Das Berufsverbot des § 70 StGB hingegen ist eine tatbezogene Maßregel der Besserung und Sicherung zur Verhinderung einer Wiederholung der abgeurteilten Tat; sie ist grds. zeitlich befristet ist und kann überdies zur Bewährung ausgesetzt werden. (OVG Nordrhein-Westfalen NJW 2004, 2034, 2035). 48

Schon deshalb, weil der Approbationswiderruf weiter reicht als das i.d.R. befristete und darüber hinaus einer Bewährungsaussetzung zugängliche Berufsverbot nach § 70 StGB, kommt ein **Widerruf** auch in Betracht, wenn der Strafrichter von einem **Berufsverbot absieht**. Ähnlich ist Rechtslage z.B. bei dem Widerruf einer Apothekenbetriebserlaubnis zu beurteilen. Sieht das Strafgericht von einem Berufsverbot ab, so kann die Verwaltungsbehörde dennoch eine zur Berufsausübung erforderliche Genehmigung zurücknehmen (VG Berlin, Urt. v. 19.5.2010 – 14 K 45.09 [Widerruf der Apothekenbetriebserlaubnis]). 49

5. Besonderheiten gelten für **Amtsträger (Beamte/Richter/Soldaten** usw.) (→ *Beamte, Allgemeines*, Teil H Rdn 462 m.w.N.; → *Soldaten, Dienstvergehen*, Teil H Rdn 1144 m.w.N.). § 70 StGB tritt zwar grds. hinter der Bestimmung des § 45 StGB über den Verlust der Amtsfähigkeit und den einschlägigen Bestimmungen des Beamtengesetzes über den Verlust der Beamtenrechte zurück (BGH NJW 1987, 2686; NStZ 2002, 198). Dies gilt jedoch nur hinsichtlich der Beamtenstellung als solcher und muss sich nicht auf berufsfachliche Fähigkeiten erstrecken, aufgrund derer ein Beamter tätig geworden ist. Hat ein Beamter bei der Begehung einer rechtswidrigen Tat die Möglichkeit einer speziellen fachlichen Qualifikation genutzt, von der er auch in nichtamtlicher Eigenschaft in gefährlicher Weise Gebrauch machen könnte, so sind darauf gerichtete Berufsverbote zulässig (BGH, a.a.O.; MüKo-StGB/*Krick*, StGB, § 299 Rn 681). 50

Unabhängig von den Bestimmungen der §§ 45, 70 StGB gilt darüber hinaus: Wird ein Beamter, Richter oder Soldat wegen einer **vorsätzlichen Tat** – ein Vergehen reicht – zu einer **Freiheitsstrafe** von **mindestens einem Jahr** verurteilt, **endet** das **Dienstverhältnis zwingend** mit der Rechtskraft des Urteils. 51

☝ Eine etwaige Strafaussetzung zur **Bewährung** ändert daran nichts (§ 41 Abs. 1 Nr. 1 BBG, § 24 Nr. 1 DRIG, §§ 48 Abs. 1 Nr. 2, 54 Abs. 2 Nr. 2 SG).

6. Ähnliches gilt für **Notare (§ 49 BNotO)**. Notare sind unabhängige Träger eines öffentlichen Amtes und unterstehen, soweit nichts anderes bestimmt ist, ausschließlich den Vorschriften der BNotO (§§ 1,2 BNotO). Deshalb gilt **§ 70 StGB nicht** für das Amt des Notars; insoweit gehen §§ 45 StGB; 49 BNotO 52 als Spezialgesetze vor (BGH DNotZ 2001, 566; BGH wistra 1987, 60). Unter **denselben Voraussetzungen wie** bei **Beamten** endet das Notaramt im Falle entsprechender strafgerichtlicher Verurteilung **kraft Gesetzes** (§ 49 BnotO). Ein **Anwaltsnotar**, gegen den ein strafgerichtliches Urteil ergeht, das das Erlöschen des Notaramts zur Folge hat, verliert dadurch nicht zugleich seine Zulassung zur Rechtsanwaltschaft. Anders allerdings im Disziplinarrecht: ein Anwaltsnotar, gegen den im Disziplinarverfahren gemäß § 97 Abs. 1 S. 1 Nr. 3 BNotO die Entfernung aus dem Amt verhängt worden ist, verliert damit automatisch gemäß § 97 Abs. 5 BNotO auch die Zulassung zur Anwaltschaft (BeckOK-BNotO/*Eschwey*, 13. Ed. 1.2.2026, § 97 Rn 22; BeckNotar-HdB/*Sandkühler*, § 33 Rn 18; → *Beamte, Allgemeines*, Teil H Rdn 461 m.w.N.).

53 **7.** Bei dem **Geschäftsführer** einer **GmbH** oder dem **Vorstandsmitglied** einer **AG** ist **§ 70 Abs. 3 StGB** zu beachten. § 70 Abs. 3 StGB regelt, dass der Täter bei Anordnung eines Berufsverbots seinen Beruf usw. auch nicht für einen anderen ausüben oder durch eine von seinen Weisungen abhängige Person für sich ausüben lassen darf. Schon die Bestellung zum Geschäftsführer ist von diesem Verbot umfasst, so dass die **Eintragung der Bestellung vom Registergericht abgelehnt** werden muss (NK-StGB/*Pollähne*, § 70 Rn 31; Tübinger Kommentar/*Kinzig*, § 70 Rn 28 m.w.N.). Eine **bereits erfolgte Bestellung** wäre darüber hinaus **nichtig**. Allerdings darf der von einem Berufsverbot Betroffene das Gewerbe oder den Beruf von einem Dritten selbstständig betreiben lassen, auch wenn die Gewinne aus der Tätigkeit dem Betroffenen zufließen (Tübinger Kommentar/*Kinzig*, a.a.O.; MüKo-StGB/*Bockemühl*, § 70 Rn 31, *Fischer/Lutz*, § 70 Rn 16, Graf/Jäger/Wittig/*Waßmer*, StGB, § 70 Rn 56; SSW-StGB/*Harrendorf*, § 70 Rn 23 SK-StGB/*Sinn*, § 70 Rn 13). Zu bedenken ist aber immer, dass ein **Verstoß gegen das Berufsverbot nach § 145c StGB strafbar** ist.

54 **8.** Für **Gewerbetreibende** hat die Anordnung eines **vorläufigen Berufsverbots** (§ 132a Abs. 1 StPO) Bedeutung, da diese Anordnung einem strafgerichtlichen Urteil gleichgestellt ist (§ 35 Abs. 3 S. 3 GewO). Der Rechtskraft einer strafgerichtlichen Entscheidung bedarf es für die Bindungswirkung gegenüber der Verwaltungsbehörde nicht (Erbs/Kohlhaas/*Ambs/Lutz*, GewO, § 35 Rn 19). Wegen der Einzelh. → *Gewerbetreibende, Allgemeines*, Teil H Rdn 880 m.w.N.). Insoweit gilt folgender

55 **Überblick:**

- Ein vorläufiges Berufsverbot kann bereits im **EV** durch den Ermittlungsrichter (§§ 162, 169 StPO) angeordnet werden, später durch das mit der Sache befasste Gericht.
- Ordnet ein Gericht ein vorläufiges Berufsverbot gegen einen Gewerbetreibenden an, **bindet** dies die **Verwaltungsbehörde**, soweit entsprechende Feststellungen
  - zum **Sachverhalt**,
  - zur Beurteilung der **Schuldfrage** oder
  - zur Beurteilung der Frage, ob bei weiterer Ausübung des Gewerbes **erhebliche rechtswidrige Taten** i.S.d. § 70 StGB durch den Gewerbetreibenden zu erwarten sind und ob zur **Abwehr dieser Gefahren** die Untersagung des Gewerbes angebracht ist,

  getroffen werden (§ 35 Abs. 3 S. 1 Nr. 1 – 3 GewO).
- Enthält die Entscheidung des Gerichts **keinerlei Feststellungen** zu diesen in § 35 Abs. 3 S. 1 GewO gesetzlich vorgegebenen drei Beurteilungskriterien, tritt eine verwaltungsbehördliche Bindungswirkung nicht ein (OVG Niedersachsen GewA 2003, 383).
- Die **Bindungswirkung** soll bereits mit Erlass einer straf- oder bußgeldgerichtlichen Entscheidung und nicht erst mit deren Rechtskraft eintreten (so z.B. VGH Bayern GewArch 1990, 172; VGH Hessen GewArch 1991, 28 ff.; Erbs/Kohlhaas/*Ambs/Lutz*, GewO, § 35 Rn 19). Abweichungen zum Nachteil des Betroffenen darf die Verwaltungsbehörde grds. nicht vornehmen, zu seinen Gunsten sind sie aber erlaubt (Erbs/Kohlhaas/*Ambs/Lutz*, a.a.O.).

Siehe auch: → *Berufsverbot, Allgemeines*, Teil B Rdn 1 m.w.N.

Berufsverbot, Bewährungsaussetzung 56

Das Wichtigste in Kürze:

1. Ein Berufsverbot kann nach § 70a StGB zur Bewährung ausgesetzt werden.
2. Ist ein Berufs- oder Gewerbeverbot rechtskräftig verhängt, kann es nicht zugleich mit der Anordnung ausgesetzt werden.
3. Zuständig für eine Entscheidung über die Aussetzung ist grds. das Gericht erster Instanz.
4. In materieller Hinsicht wird für eine Bewährungsaussetzung eine günstige Prognose vorausgesetzt.
5. Wie bei einer Strafaussetzung zur Bewährung kann die Aussetzung des Berufsverbots widerrufen werden.
6. Ein Berufsverbot kann aufgeschoben oder ausgesetzt werden.
7. Bei Entscheidungen über den Aufschub oder die Aussetzung eines Berufsverbots können Einwendungen gegen Entscheidungen der Vollstreckungsbehörde erhoben werden, Gerichtsbeschlüsse sind mit der (sofortigen) Beschwerde anfechtbar.
8. Obwohl ein als Folge strafrechtlicher Sanktion verhängtes Berufsverbot nach §§ 70 ff. StGB grds. für jeden Beruf in Betracht kommen kann, sind bei bestimmten Berufsgruppen die Auswirkungen regelmäßig weiterreichend und gehen über die infolge der strafgerichtlichen Ahnung ohnehin schon eingetretenen Belastungen hinaus.
9. Ein Berufsverbot kann zu weiteren Nebenfolgen führen.

Literaturverzeichnis: S. die Hinw. bei → *Berufsverbot, Allgemeines*, Teil B Rdn 2 m.w.N. und den Stichwörtern in → *Teil H: Personen- und Berufsgruppen, Fahrerlaubnisrecht.* 57

1. Ein Berufsverbot kann zur **Bewährung ausgesetzt** werden. Mit dieser in § 70a StGB geregelten Möglichkeit, das Berufsverbot zur Bewährung auszusetzen, sorgt der Gesetzgeber dafür, dass das Berufsverbot **stets der gerichtlichen Kontrolle unterliegt** und eine regelmäßige Prüfung dahingehend erfolgen kann, ob eine ehemals festgestellte Gefährdung der Allgemeinheit durch eine Berufstätigkeit des Täters noch besteht, ob also das **Berufsverbot im Laufe seines Vollzugs weiterhin verhältnismäßig** ist (VerfGH Berlin NJW-RR 2005, 1294). 58

Zu den Nachsorgeaufgaben des Verteidigers gehört es, dem Mandanten nach Vollstreckung des Berufsverbots möglichst zeitnah die Wiederaufnahme und Fortführung seiner beruflichen Existenz zu ermöglichen. Maßgebliche Bedeutung kommt dabei der Mitwirkung an einer positiven Entscheidung über die Bewährungsaussetzung nach § 70a StGB zu. 59

☝ Zu § 70a StGB gibt es relativ wenig Rspr. (z.B. BGH, Urt. v. 30.9.2019 – AnwZ (Brfg) 32/18, auch zur Frage der Verhältnismäßigkeitsgebots bei Versagung einer Zulassung zur Anwaltschaft nach § 7 Nr. 3 BRAO; OLG Koblenz, Beschl. v. 15.2.2000 – 2 Ws 79/00 – zu den Anforderungen an eine positive Prognose für eine Aussetzung des Berufsverbots), dafür aber eine im Kern übereinstimmende Kommentarliteratur, auf die sich der Verteidiger berufen kann.

2.a) Ist ein Berufs- oder Gewerbeverbot rechtskräftig verhängt, kann es **nicht zugleich mit der Anordnung** ausgesetzt werden. Die Aussetzung des Berufsverbots zur Bewährung ist vielmehr erst zulässig, wenn es **mindestens ein Jahr,** nachdem es wirksam geworden ist, gedauert hat (§ 70a Abs. 2 S. 1 i.V.m. § 70 Abs. 4 S. 1 StGB). In diesen Jahreszeitraum einbezogen wird die Dauer des vorläufigen Berufsverbots nach § 132a StGB (§ 70a Abs. 2 S. 2 StGB). Befindet sich allerdings der Verurteilte bei Wirksamwerden des Berufsverbots nicht auf freiem Fuß, ist er also inhaftiert oder untergebracht, scheidet eine Anrechnung auf die Jahresfrist aus (§ 70a Abs. 2 S. 3 StGB). 60

61 Der Verurteilte selbst oder sein Verteidiger kann bereits vor Ablauf der **Mindestfrist** von einem Jahr einen **Antrag** auf Aussetzung nach § 70a StGB stellen; allerdings unter Berücksichtigung des Zeitraums, den das Gericht voraussichtlich benötigen wird, um die Aussetzungsmöglichkeit mit Ablauf der Mindestfrist zu klären (Tübinger Kommentar/*Kinzig*, § 70a Rn 8; NK-StGB/*Pollähne,* StGB, § 70a Rn 9).

☝ Ein abgelehnter Antrag kann **jederzeit erneuert** werden, da eine zeitliche Beschränkung für die Wiederholung eines abgelehnten Antrags gesetzlich nicht vorgesehen ist.

62 **b)** Eine **von Amts wegen zu beachtende Überprüfungsfrist**, ob die Voraussetzungen einer möglichen Bewährungsaussetzung des Berufsverbots vorliegen, ist – anders als bei den freiheitsentziehenden Maßregeln (§ 67e Abs. 1, 2 StGB) – gesetzlich **nicht vorgesehen**.

63 Jedoch statuiert der **Verhältnismäßigkeitsgrundsatz** aufgrund der einschneidenden (grund-)rechtlichen Folgen eines Berufsverbots eine Verpflichtung des Gerichts, nach Ablauf der Jahresfrist des § 70a Abs. 2 S. 1 StGB laufend darauf zu achten, ob eine Aussetzung angezeigt ist (allgemeine Auffassung: SSW-StGB/*Harrendorf*, § 70a Rn 9; NK-*Pollähne*, § 70a Rn 9; LK-*Valerius*, § 70a Rn 19; Tübinger Kommentar/*Kinzig*, § 70a Rn 8; SK-StGB/*Sinn*, § 70a Rn 5; MüKo-StGB/*Bockemühl*, § 70a Rn 7).

64 Teilweise wird darüber hinaus in der Lit. eine (zumindest) **analoge Anwendung** des **§ 67e Abs. 2 StGB** befürwortet. D.h., bei einem zeitigen Berufsverbot wäre spätestens alle sechs Monate zu überprüfen, ob eine weitere berufsspezifische Gefährlichkeit des Verurteilten noch besteht (SK-StGB/*Sinn*, § 70a Rn 7; MüKo-StGB/*Bockemühl*, § 70a Rn 7; BeckOK-StGB/*Stoll*, StGB § 70a Rn 3).

65 **3. Zuständig** für eine Entscheidung über die Aussetzung ist grds. das Gericht erster Instanz. Es besteht jedoch nach § 463 Abs. 5 i.V.m. §§ 462, 462a Abs. 2 StPO die Möglichkeit einer Abgabe an das Amtsgericht des Wohnsitzes oder des gewöhnlichen Aufenthaltsorts (SSW-StGB/*Harrendorf*, § 70a Rn 13; MüKo-StGB/*Bockemühl*, § 70a Rn 11; zu den Möglichkeiten der Vollstreckungsbehörde → *Berufsverbot, Aufschub/Aussetzung (§ 456c StPO)*, Teil B Rdn 19).

66 **4.** In **materieller Hinsicht** wird für eine Bewährungsaussetzung des Berufsverbots eine **günstige Prognose** vorausgesetzt. Dafür gilt:

67 **a)** Ergibt sich nach Anordnung des Berufsverbots Grund zu der Annahme, dass die Gefahr, der Täter werde **erhebliche** rechtswidrige Taten der in § 70 Abs. 1 StGB bezeichneten Art begehen, nicht mehr besteht, so kann das Gericht das Verbot zur Bewährung aussetzen, § 70a Abs. 1 StGB. Unter „Taten" sind dabei **berufsspezifische Delikte** zu verstehen (SSW-StGB/*Harrendorf*, § 70a Rn 2). Straftaten allgemeiner Art, selbst wenn sie als erheblich gelten, zählen hingegen nicht, wenn sie keinerlei Bezug zu der beruflichen Tätigkeit des Täters aufweisen (SK-StGB/Wolter/Hoyer/*Sinn*, § 70a Rn 4).

68 **b)** Die im Urteilszeitpunkt negative Prognose muss sich zur Überzeugung des Richters aufgrund konkreter **neuer** Umstände in eine **positive Prognose gewandelt** haben (OLG Koblenz, Beschl. v. 15.2.2000 – 2 Ws 79/00; SSW-StGB/*Harrendorf*, a.a.O.; Graf/Jäger/Wittig/*Waßmer*, StGB § 70a Rn 5; MüKo-StGB/*Bockemühl,* StGB, § 70a Rn 2,3).

Dies ist erst der Fall, wenn der Richter aufgrund dieser Umstände überzeugt ist, der Täter werde in seinem Beruf keine erheblichen Rechtsverletzungen mehr begehen. Die allgemeine Erwartung, es werde nicht mehr zu derartigen Taten kommen, reicht dafür nicht aus (OLG Koblenz, a.a.O.; SSW-StGB/*Harrendorf*, a.a.O.). Ebenso wenig kommt es darauf an, ob ein mit der Aussetzung der Maßnahme verbundenes Erprobungsrisiko verantwortbar ist oder nicht. Denn ein solches Risiko lässt das Gesetz nicht zu.

☝ Der Grundsatz „**in dubio pro reo**" findet bei der Überzeugungsbildung des Gerichts – anders als bei der Anordnungsprognose – nach Wortlaut und Zweck des § 70a StGB keine Anwendung; verbleibende Zweifel gehen vielmehr zu Lasten des Verurteilten (NK-StGB/*Pollähne,* StGB § 70a Rn 3; MüKo-StGB/*Bockemühl,* StGB, § 70a Rn 2; OLG Koblenz, a.a.O.).

c) Die der positiven Prognose zugrundeliegenden Umstände müssen nicht zwingend neu entstanden sein, auch **nachträglich bekannt gewordene Umstände** können **berücksichtigt** werden (SSW-StGB/*Harrendorf*, § 70a Rn 3; MüKo-StGB/*Bockemühl*, § 70a Rn 5). Anerkannt ist allerdings ebenso, dass verfassungsrechtlich nicht zu beanstanden ist, wenn die Vollstreckungsgerichte bei der Entscheidung über die Aussetzung eines Berufsverbots gem. § 70a StGB die im Erkenntnisverfahren bekannten und berücksichtigten oder die wegen Beschränkung des Rechtsmittels nicht berücksichtigten Tatsachen nicht neu bewerten dürfen (BerlVerfGH NJW-RR 2005, 1294; MüKo-StGB/*Bockemühl,* StGB, § 70a Rn 5). 69

d) Als **Anknüpfungstatsachen** für eine positive Prognose kommen bspw. in Betracht (NK-StGB/*Pollähne*, StGB, § 70a Rn 5): 70

- Das Nachholen beruflicher Aus- und Fortbildung,
- eine Umschulung,
- die von der Verbüßung einer Freiheitsstrafe ausgehenden Wirkungen oder auch
- eine zur Bewährung ausgesetzte (Rest-)Freiheitsstrafe.

e) Auch die Anordnung von Maßnahmen i.S.v. § 70a Abs. 3 S. 1 StGB, wie die Erteilung bestimmter Weisungen (§ 56c StGB) und/oder die Wirkung der Aufsicht eines Bewährungshelfers (§ 56d StGB) oder positive Entwicklungen im Strafvollzug können im Einzelfall die Gefährlichkeit entfallen lassen (SSW-StGB/*Harrendorf*, § 70a Rn 4; MüKo-StGB/*Bockemühl*, § 70a Rn 4). 71

g) Erfolgt die Aussetzung, gelten mit Ausnahme der §§ 56b, 56d StGB die Vorschriften über die Strafaussetzung zur Bewährung **(§§ 56a, 56c und 56e StGB) entsprechend** (§ 70a Abs. 3 S. 1 StGB). Wie bei Freiheitsstrafen beträgt die vom Gericht zu bestimmende Bewährungszeit mindestens zwei, höchstens fünf Jahre. Beabsichtigt das Gericht, Weisungen gem. § 56c StGB zu erteilen, hat der Betroffene die Möglichkeit, dies ggf. zu verhindern. Macht er zur Überzeugung des Gerichts glaubhafte, seine künftige Lebensführung betreffende Zusicherungen (§ 56c Abs. 4 StGB), kann das Gericht von Weisungen absehen (*Fischer/Lutz*, § 70a Rn 5). 72

5.a) Die **Aussetzung** des **Berufsverbots** kann – wie eine Strafaussetzung zur Bewährung (→ *Bewährung, Widerruf, Allgemeines*, Teil A Rdn 390) **widerrufen** werden. § 70b StGB enthält **Widerrufsgründe**, die in den Abs. 1 und 2 **abschließend aufgezählt** sind (Rdn 75 ff.). Inhaltlich unterscheiden sie sich von denen, die bei einem Strafaussetzungswiderruf (56f StGB) oder bei freiheitsentziehenden Maßregeln (§ 67g StGB) Anwendung finden. Anders als in § 56f Abs. 2 StGB ist dem Gericht darüber hinaus schon nach dem Wortlaut des Gesetzes in § 70b Abs. 1 StGB („*Das Gericht widerruft...*") bei der Entscheidung über einen Widerruf der Aussetzung eines Berufsverbots **kein Ermessensspielraum** eingeräumt. Der Aussetzungswiderruf ist eine **gebundene Entscheidung** (Graf/Jäger/Wittig/*Waßmer,* StGB, § 70b Rn 16; NK-*Pollähne*, § 70b Rn 10; SSW StGB/*Harrendorf*, Rn 9), so dass bei Vorliegen Voraussetzungen des § 70b Abs. 1 oder 2 StGB und negativer Gefährlichkeitsprognose ein Widerruf zwingend ist (Graf/Jäger/Wittig/*Waßmer,* StGB, § 70b Rn 16). 73

Nach allgemeiner Auffassung ist jedoch aus **Gründen der Verhältnismäßigkeit von einem Widerruf abzusehen**, wenn es trotz Vorliegens von Widerrufsgründen bei Abwägung sämtlicher Umstände ausreichend erscheint, die **Bewährungszeit zu verlängern oder weitere Weisungen zu erteilen** (BeckOK-StGB/*Stoll*, § 70b Rn 1; MüKo-StGB/*Bockemühl,* Rn 4; NK-*Pollähne,* § 70b Rn 5; SSW StGB/*Harrendorf,* Rn 4; SK-StGB/*Sinn*, § 70b Rn 2, 3). **Zweifel** des Gerichts am Vorliegen der Widerrufsvoraussetzungen wirken sich daher zugunsten des Verurteilten aus (BeckOK-StGB/*Stoll*, § 70b Rn 1). 74

☝ Insbesondere angesichts fehlender anderslautender Rspr. zu der Geltung des Subsidiaritätsprinzips bei der Frage des Widerrufs kann die Verteidigung mit der nahezu übereinstimmenden herrschenden Meinung **argumentieren**, vor einer Widerrufsentscheidung sei zwingend zu prüfen, ob nicht mildere Maßnahmen in Betracht zu ziehen sind.

75 b) Die **vier Widerrufsgründe** des § 70b StGB sind:

- **Begehung** einer **berufsspezifischen rechtswidrigen Tat** des Verurteilten **während** der **Bewährungszeit** (§ 70b Abs. 1 Nr. 1 StGB). Der Gesetzeswortlaut verlangt zwar lediglich die Rechtswidrigkeit der Wiederholungstat; nicht als „allgemeine", sondern berufsspezifische, gewerbebezogene Tat. Die **Erheblichkeit** dieser Tat ist jedoch nach einhelliger Ansicht Voraussetzung eines Widerrufs nach § 70b Abs. 1 Nr. 1 (NK-*Pollähne* § 70b Rn 4; MüKo-StGB/*Bockemühl*, § 70b Rn 3; Tübinger Kommentar/*Kinzig*, § 70b Rn 3; SK-StGB/*Wolter*, § 70b Rn 4; *SSW-StGB/Harrendorf*, § 70b Rn 4; Graf/Jäger/Wittig/*Waßmer*, StGB, § 70b Rn 5; Matt/Renzikowski/*Eschelbach*, StGB, § 70b Rn 3; LK-*Valerius*, § 70b Rn 9). Durch die neue Tat muss ein **Zusammenhang** mit der vom Verurteilten nach wie vor bzw. erneut ausgehenden berufsspezifischen Gefährlichkeit seines Handelns erkennbar werden. Eine geringfügige Tat reicht für diese Feststellung zumindest dann nicht aus, wenn Gründe vorliegen, die der vom Täter ausgehenden Gefahr entgegenstehen, und die die mit der Aussetzung verknüpften Erwartungen trotz ungünstiger Täterprognose erfüllen (Tübinger Kommentar/*Kinzig*, § 70b Rn 3; NK-*Pollähne*, § 70b Rn 4; MüKo-StGB/*Bockemühl*, § 70b Rn 3; SK-StGB/*Sinn* § 70b Rn 3, 4). Die **Tat** muss zur Überzeugung des Gerichts **lediglich feststehen**. § 70b Abs. 1 Nr. 1 StGB setzt nicht voraus, dass der Täter wegen der neuen Tat verurteilt, bzw. nur deswegen nicht verurteilt worden ist, weil er schuldunfähig war. (vgl. nur NK-*Pollähne*, § 70b Rn 6).

> ☝ Da es hierzu keine gesetzliche Regelung gibt, bietet sich für die Vereidigung die Berufung auf Kommentarmeinungen an, die eine (rechtskräftige) Verurteilung des Täters wegen der neuen Symptomtat vor einem Widerruf befürworten, (SK/*Sinn* § 70b Rn 4; NK-*Pollähne*, § 70b Rn 6; Matt/Renzikowski/*Eschelbach*, StGB, § 70b Rn 3; LK-StGB/*Valerius*, Rn 8; **a.A.** MüKo-StGB/*Bockemühl*, StGB, § 70b Rn 3; Graf/Jäger/Wittig/*Waßmer*, StGB, § 70b Rn 6). Die eine (rechtskräftige) Verurteilung fordernden Autoren weisen auf Probleme mit der Unschuldsvermutung des Art. 6 Abs. 2 EMRK hin. Insbesondere die Auffassung des EGMR in seinem Urt. v. 3.10.2002 (NJW 2004, 43), wonach es gegen die Unschuldsvermutung verstoße, wenn das über den Widerruf der Strafaussetzung nach § 56f I Nr. 1 StGB entscheidende Gericht feststellt, dass der Verurteilte in der Bewährungszeit eine neue Straftat begangen hat, bevor er wegen dieser verurteilt worden ist, rechtfertige eine **analoge Anwendung** bei einem Widerruf nach **§ 70b StGB** (SK-StGB/*Sinn*, § 70b Rn 4).

- der Verurteilte **verstößt grob** oder **beharrlich gegen** eine **Weisung** (§ 70b Abs. 1 Nr. 2 StGB). Vergleichbar dem Verstoß nach § 56f Abs. 1 S. 1 Nr. 2 StGB (vgl. dazu → *Bewährung, Widerruf, Weisungsverstoß,* Teil A Rdn 409) wird als **gröblich** eine objektiv erhebliche und vorwerfbare Zuwiderhandlung zu verstehen sein (Matt/Renzikowski/*Eschelbach*, StGB, § 70b Rn 5). **Beharrlich** ist ein Verstoß, wenn die verurteilte Person durch wiederholtes Handeln oder andauerndes Verhalten ihre endgültige Weigerung, die Weisungen zu befolgen, zum Ausdruck bringt oder trotz einer Mahnung den Weisungen nicht nachkommt (Matt/Renzikowski/*Eschelbach*, StGB § 70b Rn 6). Der Verstoß muss „symptomatisch" für die Gefahr der Begehung neuer erheblicher Rechtsverstöße i.S.v. § 70 StGB sein (MüKo-StGB/*Bockemühl*, § 70b Rn 5; SK-StGB/*Sinn*, § 70b Rn 5).

> ☝ Der Verteidiger sollte versuchen, die Erteilung von **Weisungen** als Bewährungsauflage zu **verhindern** und stattdessen Zusagen des Mandanten für sein künftiges Verhalten ins Gespräch bringen. Würde der Mandant dagegen später verstoßen, läge allein in der Nichteinhaltung von Zusagen kein Widerrufsgrund (NK-*Pollähne*, § 70b Rn 9; MüKo-StGB/*Bockemühl*, § 70b Rn 5).

- der Verurteilte **entzieht** sich **beharrlich** der **Aufsicht** und **Leitung** eines **Bewährungshelfers**, (§ 70b Abs. 1 Nr. 3 StGB). In der Praxis kommen Fälle, in denen einen vom Berufsverbot Betroffenen ein Bewährungshelfer bestellt wird, selten vor. Darüber hinaus würde ein Verstoß nur unter eng begrenzten

Voraussetzungen zu einem Widerruf führen. Zum einen müsste die gezielte Vermeidung jeglicher Kontaktaufnahme seitens des Verurteilten konkret gewollte Einwirkungsmöglichkeiten des Bewährungshelfers vereitelt haben. Zum anderen muss sich gerade aus diesem Verhalten des Verurteilten dessen weitere Gefährlichkeit ableiten lassen (MüKo-StGB/*Bockemühl*, § 70b Rn 6).

- **nachträglich bekannt gewordene tatsächliche Umstände,** die zur Versagung der Aussetzung zur Bewährung geführt hätten (§ 70b Abs. 2 StGB).

☝ Angesichts der mit einer nachträglichen Anordnung des Berufsverbots nach § 70b Abs. 2 StGB verbundenen einschneidenden Folgen hat der Gesichtspunkt des **Vertrauensschutzes** für den Betroffenen besondere Bedeutung mit der Folge, dass die Anordnung auf **Ausnahmefälle** zu beschränken ist (SSW-StGB/*Harrendorf*, § 70b Rn 7; MüKo-StGB/*Bockemühl*, Rn 8; LK-*Valerius*, § 70b Rn 12).

c) Ein Widerruf hat **zwingend** zu erfolgen, wenn dem Gericht während der Bewährungszeit tatsächliche Umstände bekannt werden, die die Versagung der Aussetzung zur Bewährung zur Folge gehabt hätten und aus denen sich ergibt, dass der Maßregelzweck die weitere Verbotsanwendung erfordert. Nicht ausreichend für den Widerruf nach Abs. 2 ist eine lediglich abweichende Beurteilung von Umständen, die bereits bei der Aussetzungsentscheidung bekannt waren (SSW-StGB/*Harrendorf*, § 70b Rn 7; MüKo-StGB/*Bockemühl*, § 70b Rn 7; LK-*Valerius*, § 70b Rn 12). 76

Für die Beurteilung entscheidend ist die Frage eines Fortbestands hoher Gefährlichkeit im Zeitpunkt der Prognoseentscheidung (*LK-Valerius*, § 70b Rn 13.; SSW-StGB//*Harrendorf*, § 70b Rn 8). 77

☝ Dabei können bspw. **berufsspezifische Straftaten**, die **vor** der **Strafaussetzung** begangen und nachträglich bekannt geworden sind, an Bedeutung verlieren, wenn sich der Verurteilte während der Bewährungszeit durch sein Verhalten zeigt, dass von ihm keine erheblichen Rechtsverletzungen unter Missbrauch seines Berufs mehr zu erwarten sind (NK-StGB/*Pollähne*, StGB § 70b Rn 7; SSW-StGB//*Harrendorf*, § 70b Rn 8).

Siehe auch: → *Berufsverbot, Allgemeines*, Teil B Rdn 1 m.w.N.; → *Berufsverbot, Aufschub/Aussetzung (§ 456c StPO)*, Teil B Rdn 19.

Berufsverbot, Nebenfolgen 78

Das Wichtigste in Kürze:

1. Unter bestimmten Voraussetzungen wird ein Berufsverbot in ein Führungszeugnis eingetragen.
2. Bei bestimmten Berufsgruppen besteht eine Mitteilungspflicht nach der Mistra.
3. Mittelbare Auswirkungen kann die Anordnung eines Berufsverbots im Zusammenhang mit einem entsprechenden Strafausspruch bei der Beurteilung der Zuverlässigkeit nach Waffenrecht (§ 5 WaffG) oder Jagdrecht (§ 17 BJagdG) haben.
4. Derjenige, der durch die Anordnung eines vorläufigen Berufsverbots einen Schaden erlitten hat, wird aus der Staatskasse entschädigt.

Literaturverzeichnis: S. die Hinw. bei → *Berufsverbot, Allgemeines*, Teil B Rdn 2 m.w.N. 79

Das **Berufsverbot** kann zu **sonstigen Auswirkungen** führen. Insoweit kommen in Betracht (→ *Berufsverbot, Berufsgruppen, Auswirkungen,* Teil B Rdn 37): 80

81 **1.** Als Maßregel der Besserung und Sicherung i.S.d § 32 Abs. 2 Nr. 8 BZRG wird ein Berufsverbot unter bestimmten Voraussetzungen in ein **Führungszeugnis** eingetragen. Dies gilt zum einen bei einem behördlichen Führungszeugnis gemäß § 32 Abs. 4 BZRG, soweit es für die in § 149 Abs. 2 Nr. 1 GewO bezeichneten Entscheidungen bestimmt ist. Zum anderen ist bei den in § 32 Abs. 5 BZRG genannten Fällen das Berufsverbot in ein erweitertes Führungszeugnis nach §§ 30a, 31 Abs. 2 BZRG aufzunehmen.

☝ Die **Tilgungsfrist** für ein Berufsverbot beträgt **regelmäßig 5 Jahre** (§§ 45 Abs. 2, 46 Abs. 1 Nr. 1, 4 Buchst. g BZRG). Davon ausgenommen ist das Berufsverbot für immer. Hier beträgt die Tilgungsfrist 15 Jahre, § 46 Abs. 1 Nr. 4 BZRG. Die Tilgungsfrist von 5 Jahren gilt nicht für Entscheidungen von Verwaltungsbehörden und Gerichten nach § 10 BZRG. Wird dem Betroffenen bspw. wegen Unzuverlässigkeit, Ungeeignetheit oder Unwürdigkeit durch nicht mehr anfechtbare Entscheidung einer Verwaltungsbehörde oder eine rechtskräftige gerichtliche Entscheidung die Ausübung seines Berufes untersagt (§ 10 Abs. 2 S. 1 Nr. 2 BZRG), gilt die Tilgungsfrist nicht. In ein Führungszeugnis für Behörden (§ 30 Abs. 5, 31 BZRG) sind Eintragungen nach § 10 BZRG aufzunehmen, wenn die Entscheidung nicht länger als zehn Jahre zurückliegt (§ 32 Abs. 3 Nr. 2 BZRG).

Maßgeblich für den **Fristbeginn** ist der **Tag** des **ersten** Urteils, § 5 Abs. 1 Nr. 4 BZRG.

82 **2.** Soweit ein Berufs- oder Vertretungsverbot angeordnet wird, besteht bei bestimmten Berufsgruppen eine **Mitteilungspflicht** nach der **Mistra**. Dies betrifft zum einen Strafsachen gegen Notarinnen, Notare und Angehörige der rechtsberatenden Berufe (Nr. 23 Mistra), zum anderen Strafsachen gegen Angehörige bestimmter Berufe des Wirtschaftslebens (Nr. 24 Mistra). Bei Notarinnen/Notaren und Angehörigen rechtsberatender Berufe besteht die Besonderheit, dass Entscheidungen, durch die ein vorläufiges Berufsverbot (§ 132a StPO) angeordnet oder ein solches aufgehoben worden ist, mitzuteilen sind (Nr. 23 Abs. 1 Nr. 2 Mistra).

83 Dasselbe gilt zwar auch für Strafsachen gegen Angehörige bestimmter Berufe des Wirtschaftslebens nach Nr. 24 Abs. 1 Nr. 2 Mistra. Jedoch setzt jedoch die Mitteilung über einen gegen sie erhobenen Tatvorwurf darüber hinaus voraus, dass der Tatvorwurf auf eine Verletzung von Pflichten schließen lässt, die bei der Ausübung des Berufs oder bei der aufgrund des Berufs ausgeübten besonderen Tätigkeit zu beachten sind, oder er in anderer Weise geeignet ist, Zweifel an der Eignung, Zuverlässigkeit oder Befähigung hervorzurufen.

84 In Strafsachen gegen Angehörige der Heil- und Gesundheitsfachberufe bestimmt Nr. 26 Mistra, dass Entscheidungen, durch die ein vorläufiges Berufsverbot angeordnet oder ein solches aufgehoben worden ist, mitzuteilen sind, wenn der Tatvorwurf auf eine Verletzung von Pflichten schließen lässt, die bei der Ausübung des Berufes zu beachten sind, oder er in anderer Weise geeignet ist, Zweifel an der Eignung, Zuverlässigkeit oder Befähigung hervorzurufen (Nr. 26 Abs. 1 Nr. 2 Mistra).

85 Die Mitteilungen sind je nach Berufsgruppe z.B. an die obersten Landesbehörden, die Staatsanwaltschaften, die Berufskammern oder an den Präsidenten/die Präsidentin des Landgerichts oder des Oberlandesgerichts zu richten (Nr. 23 Abs. 4, Nr. 24 Abs. 4, Nr. 26 Abs. 3 Mistra).

86 **3.** Mittelbare Auswirkungen kann die Anordnung eines Berufsverbots im Zusammenhang mit einem entsprechenden Strafausspruch bei der Beurteilung der Zuverlässigkeit nach **Waffenrecht** (§ 5 WaffG) oder **Jagdrecht** (§ 17 BJagdG) haben (→ *Jäger, Allgemeines,* Teil H Rdn 912; → *Waffenbesitzer, Allgemeines*, Teil H Rdn 1337).

87 **4.** Derjenige, der durch die Anordnung eines **vorläufigen Berufsverbots** (§ 132a StPO) einen Schaden erlitten hat, wird aus der **Staatskasse entschädigt**, soweit er freigesprochen oder das Verfahren gegen ihn eingestellt wird oder soweit das Gericht die Eröffnung des Hauptverfahrens gegen ihn ablehnt (§ 2 Abs. 1, 2 Nr. 6 StrEG). Eine Entschädigung ist allerdings ausgeschlossen, wenn das Berufsverbot endgültig angeordnet wird oder von einer solchen Anordnung nur deshalb abgesehen worden ist, weil ihre Voraussetzungen nicht mehr vorlagen (§ 5 Abs. 1 Nr. 3 StrEG). Dasselbe gilt, wenn und soweit

der Beschuldigte die Strafverfolgungsmaßnahme vorsätzlich oder grob fahrlässig verursacht hat (§ 5 Abs. 2 S. 1 StrEG). Ein Entschädigungsanspruch scheitert auch dann, wenn und soweit eine andere Strafverfolgungsmaßnahme die faktischen Auswirkungen eines vorläufigen Berufsverbots nach sich zieht (*Meyer*, StrEG § 2 Rn 73; → *StrEG-Entschädigung, Allgemeines,* Teil I Rdn 307 m.w.N.).

Siehe auch: → *Berufsverbot, Allgemeines*, Teil B Rdn 1 m.w.N.

Berufsverbot, Voraussetzungen 88

Das Wichtigste in Kürze:

1. Anlass für die Verhängung eines Berufsverbots nach § 70 Abs. 1 S. 1 Alt. 1 StGB besteht, wenn jemand wegen einer rechtswidrigen Tat, die er unter Missbrauch seines Berufs oder Gewerbes oder unter grober Verletzung der mit ihnen verbundenen Pflichten begangen hat, verurteilt wird.
2. Die Rspr. stellt strenge Anforderungen an den Nachweis eines Missbrauchs.
3. Vergleichbares gilt hinsichtlich der Prognose eines weiteren strafbaren Missbrauchs des Berufs, dessen Ausübung untersagt wurde (Gefahrenprognose).

Literaturverzeichnis: S. die Hinw. bei → *Berufsverbot, Allgemeines*, Teil B Rdn 2 m.w.N. 89

Zum besseren Verständnis der mit Rechtskraft eines Berufsverbots entstehenden **Nachsorgeaufgaben** 90
werden dessen **wesentliche Voraussetzungen** im Folgenden kurz erläutert:

1. Anlass für die Verhängung eines Berufsverbots nach § 70 Abs. 1 S. 1 Var. 1 StGB besteht, wenn je- 91
mand wegen einer **rechtswidrigen Tat**, die er unter **Missbrauch** seines Berufs oder Gewerbes oder unter grober Verletzung der mit ihnen verbundenen Pflichten begangen hat, verurteilt wird.

Hinzukommen muss die **Gefahr weiterer erheblicher rechtswidriger Taten**, also die Missbrauchspro- 92
gnose künftigen strafbaren Verhaltens in Beruf oder Gewerbe oder entsprechend strafbarer grober Pflichtverletzungen (§ 70 Abs. 1 S. 1 StGB).

Der **Verhältnismäßigkeitsgrundsatz**, insbesondere der mit der Verhängung eines Berufsverbots regel- 93
mäßig verbundene Eingriff in die durch Art. 12 GG geschützte Berufsfreiheit, setzt dem Tatgericht enge Grenzen bei der Ermessensausübung. Selbst bei Vorliegen der formellen und materiellen Voraussetzungen für die Anordnung eines Berufsverbots unterliegt das erkennende Gericht dem Gebot **pflichtgemäßer Ermessensausübung** (Tübinger Kommentar/*Kinzig*, § 70 Rn 17; BGH wistra 1982, 68). Dazu gehört auch die Prüfung, ob die Anordnung der Maßregel erforderlich ist und ob ggf. ein milderes Mittel, eine weniger einschneidende Rechtsfolge, ausreichen kann (BGH wistra 2008, 60; MüKo-StGB/*Bockemühl*, § 70 Rn 26; SSW-StGB/*Harrendorf*, § 70 Rn 17).

2. Die Rspr. stellt **strenge Anforderungen** an den Nachweis eines **Missbrauchs**. Ein Täter muss unter 94
bewusster Missachtung der ihm gerade durch seinen Beruf oder sein Gewerbe gestellten Aufgaben seine Tätigkeit dazu ausnutzen, um einen diesen Aufgaben zuwiderlaufenden Zweck zu verfolgen. Dazu genügt nicht ein bloß äußerer Zusammenhang in dem Sinne, dass der Beruf des Täters lediglich die Möglichkeit gibt, Straftaten zu begehen (BGH, Beschl. v. 19.11.2019 – 1 StR 364/19NStZ-RR 2020, 75). Die strafbare Handlung muss vielmehr

- **Ausfluss der jeweiligen Berufs- oder Gewerbetätigkeit** selbst sein
- und einen **berufstypischen Zusammenhang** erkennen lassen; sie muss symptomatisch für die Unzuverlässigkeit des Täters im Beruf erscheinen (BGH, Beschl. v. 10.4.2024 – 5 StR 578/23, NStZ-RR 2024, 242). Es reicht bspw. nicht aus, wenn ein Fahrschullehrer, ohne seinen Beruf als solchen zu missbrauchen oder spezielle Berufspflichten zu verletzen, lediglich Gelegenheiten, die ihm seine Tätigkeit bot, ausnutzte, um von seinen Schülern betrügerisch Geld zu erlangen (BGH wistra 2003, 423).

95 **3.** Ähnlich streng sind die **Voraussetzungen** für eine **Gefahrenprognose**. Bei einem Täter, der **erstmalig** wegen einer Anlasstat straffällig geworden ist, gelten für die Annahme seiner weiteren Gefährlichkeit besonders strenge Maßstäbe. Insbesondere ist zu prüfen, ob nicht bereits die Verurteilung zu Strafe den Täter von weiteren Taten abhalten wird (BGH StV 2013, 699; SSW-StGB/*Harrendorf*, § 70 Rn 15).

96 Ein Berufsverbot darf somit nur verhängt werden, wenn die **Gefahr** besteht,

- dass der Täter auch in **Zukunft** den **Beruf**, dessen Ausübung ihm verboten werden soll,
- zur **Verübung erheblicher Straftaten missbrauchen** wird (BGH, Beschl. v. 22.6.2023 – 2 StR 144/23, NStZ-RR 2023, 370 = StV 2024, 722 [Ls.]; OLG Oldenburg NJW-RR 1997, 1287).
- Die vom Tatrichter auf den Zeitpunkt der Urteilsverkündung abzustellende **Gesamtwürdigung von Tat und Täterpersönlichkeit** muss zu der Überzeugung führen, dass die Gefahr, d.h. die Wahrscheinlichkeit künftiger ähnlicher Rechtsverletzungen gegeben ist (BGH, Beschl. v. 25.1.2017 – 1 StR 570/16, StV 2018, 219 = StraFo 2017, 116; Beschl. v. 9.10.2018 – 1 StR 418/18,; BGH NStZ 2019, 273 = StV 2020, 474).

Siehe auch: → *Berufsverbot, Allgemeines*, Teil B Rdn 1 m.w.N.

97 BtM-Verfahren, Zurückstellung, Allgemeines

98 **Literaturhinweise:** **Adams/Eberth**, Die Therapievorschriften des Betäubungsmittelgesetzes in der Praxis, NStZ 1983, 193; **Apfel/Strittmatter**, Praxiswissen Strafverteidigung im Betäubungsmittelrecht, 2010; **Baumgart**, Illegale Drogen – Strafjustiz – Therapie, 1994; **Eberth/Müller/Schütrumpf/Just**, Verteidigung in Betäubungsmittelsachen, 8. Aufl., 2025; **Endriß**, Zu den Voraussetzungen einer Zurückstellung gem. § 35 BtMG, StraFo 1997, 350; **Hügel/Junge/Lander/Winkler**, Deutsches Betäubungsmittelrecht, Kommentar, Loseblatt, 8. Aufl., 2008, 12. Ergänzungslieferung, 2013; **Jensen**, Therapie statt Strafe?, HRN 2024, 20; **Katholnigg**, Aus der Rechtsprechung zu den Vorschriften über betäubungsmittelabhängige Straftäter (§§ 35 ff. BtMG), NJW 1995, 1327; **Körner**, Die Zurückstellung der Strafvollstreckung, die Therapieanrechnung und Reststrafenaussetzung im Zurückstellungsverfahren, NStZ 1998, 227; **Patzak/Fabricius**, Betäubungsmittelgesetz, Kommentar, 11. Aufl., 2024; **Krumdiek**, Nachsorge und Vollstreckung in Betäubungsmittelsachen, in: Kotz/Rahlf, Praxis des Betäubungsmittelstrafrechts, 2013; **Kornprobst**, in: Erb/Schäfer, MüKo-StGB, Bd. 7, Nebenstrafrecht I, 4. Aufl. 2022; **Malek**, Betäubungsmittelstrafrecht, 4. Aufl., 2014; *Ostmeyer*, Therapie statt Strafe – die Anwendung des § 35 Abs. 1 BtMG, NJ 2020, 490; **Pfeil/Hempel/Schiedermair/Slotty**, Betäubungsmittelgesetz, 2. Aufl. 1984, 1987; **Weber/Kornprobst/Maier/Dietsch**, Betäubungsmittelgesetz, Kommentar, 7. Aufl. 2025; **Weichert**, Aus der Rechtsprechung zu den Vorschriften über betäubungsmittelabhängige Straftäter (§§ 35 ff. BtMG), NJW 1999, 827.

99 **1.** Eine **Sonderform** des Vollstreckungsaufschubs und der Vollstreckungsunterbrechung (→ *Erwachsene, Freiheitsstrafe ohne Bewährung, Strafaufschub/-unterbrechung*, Teil B Rdn 306), nach dem Konzept **„Therapie statt Strafvollstreckung“** ist in den **§§ 35, 36 BtMG** für die Gruppe der betäubungsmittelabhängigen Verurteilten vorgesehen. Die §§ 35 ff. BtMG stellen Sonderbestimmungen für therapiewillige Betäubungsmittelabhängige dar, durch die die Möglichkeiten zur Heilung von Sucht durch eine Therapie anstelle der Strafverbüßung erheblich erweitert sind, namentlich wenn die Höhe der Strafe oder eine ungünstige Sozialprognose eine Strafaussetzung zur Bewährung gemäß § 56 StGB nicht zulassen. Nach der Herausnahme von Cannabis aus dem BtMG zum 1.4.2024 finden über § 39 KCanG bzw. § 30 MedCanG die §§ 35–38 BtMG auch bei cannabisbezogner Abhängigkeitserkrankung Anwendung. Durch die Möglichkeit der Zurückstellung der Strafvollstreckung (§ 35 BtMG; → *BtM-Verfahren, Zurückstellung, Antragsvoraussetzungen*, Teil B Rdn 130; → *BtM-Verfahren Zurückstellung, Verfahren*, Teil B Rdn 212), und die **Anrechnung von Therapiezeiten,** auf die Strafe (§ 36 BtMG; → *BtM-Verfahren, Zurückstellung, Anrechnung von Therapiezeiten*, Teil B Rdn 102) und die weit über § 57 StGB hinausgehenden Möglichkeiten der **Reststrafenaussetzung zur Bewährung** gem. §§ 36 Abs. 1 S. 3 BtMG und § 36 Abs. 2 BtMG (→ *BtM-Verfahren, Zurückstellung, Aussetzung des Strafrestes zur Bewährung*, Teil B Rdn 170, ergeben sich für den betäubungsmittelabhängigen Verurteilten im Rahmen der Vollstreckung große **Möglichkeiten der Haftverkürzung und sogar vollständigen Haftvermeidung**. Durch diese Regelungen räumt das Gesetz im Interesse der Rehabilitation des Verurteilten und der Beseitigung der Ursachen der Delinquenz einer therapeutischen Behandlung grds. den Vorrang gegenüber dem Vollzug der Strafe ein (MüKo-StGB/*Kornprobst*,

§ 35 BtMG Rn 136). Die Vorschriften gelten auch bei einer **Jugendstrafe** (→ *Jugendliche, Vollstreckung, Jugendstrafe*, Teil B Rdn 825).

☝ **Genaue Kenntnisse** der Voraussetzungen (→ *Zurückstellung, Antragsvoraussetzungen der Zurückstellung*, Teil B Rdn 130) der §§ 35 ff. BtMG sind für den Verteidiger bereits im Erkenntnisverfahren zwingend **notwendig**, um nach Möglichkeit bereits dort weit gehend die Voraussetzungen zur Zurückstellung der Strafvollstreckung zu schaffen. So ist es z.B. wesentlich einfacher, die Voraussetzungen der Betäubungsmittelabhängigkeit und deren Kausalität für die Straftat bereits im Erkenntnisverfahren feststellen zu lassen, anstatt den dann unter Umständen schwierigen Nachweis erst im Vollstreckungsverfahren zu erbringen.

2. Das Rechtsinstitut der Zurückstellung der Strafvollstreckung wurde 1982 in das BtMG eingefügt, um dem Rehabilitationsgedanken stärker als bis dahin Geltung zu verschaffen aufgrund der Erkenntnis, dass strafrechtliche Sanktionen keine Therapie ersetzen können, und dass **Verbrechensprophylaxe** in erster Linie Beseitigung der Verbrechensursachen heißt (BT-Drucks 8/4283, S. 1 ff.; *Jensen* HRN 2024, 21). 100

Nach rechtskräftiger Verurteilung eines Drogenabhängigen zu einer Freiheitsstrafe unter Versagung der Strafaussetzung zur Bewährung ermöglichen es die **Spezialvorschriften** der §§ 35, 36 BtMG deshalb sofort oder nach Teilverbüßung die Vollstreckung einer Strafe oder eines Strafrestes von nicht mehr als zwei Jahren oder einer neben einer Freiheitsstrafe angeordneten Maßregel der Unterbringung zurückzustellen, wenn der Verurteilte die Tat aufgrund seiner Betäubungsmittelabhängigkeit begangen hat und sich wegen seiner Abhängigkeit in Behandlung befindet oder zusagt, sich einer bereits gewährleisteten Therapie zu unterziehen (§ 35 Abs. 1 BtMG). 101

Siehe auch: → *BtM-Verfahren, Zurückstellung, Anrechnung von Therapiezeiten*, Teil B Rdn 102; → *BtM-Verfahren, Zurückstellung, Antragsmuster*, Teil B Rdn 127; → *BtM-Verfahren, Zurückstellung, Antragsvoraussetzungen*, Teil B Rdn 130; → *BtM-Verfahren, Zurückstellung, Aussetzung des Strafrestes zur Bewährung*, Teil B Rdn 170; → *BtM-Verfahren, Zurückstellung, Mitteilungs- und Nachweispflichten*, Teil B Rdn 185; → *BtM-Verfahren, Zurückstellung, Rechtsmittel*, Teil B Rdn 191; → *BtM-Verfahren, Zurückstellung, Verfahren*, Teil B Rdn 212; → *BtM-Verfahren, Zurückstellung, Widerruf*, Teil B Rdn 226; → *Erwachsene, Freiheitsstrafe ohne Bewährung, Allgemeines*, Teil B Rdn 263 m.w.N.; → *Erwachsene, Vollstreckung, Allgemeines*, Teil B Rdn 427 m.w.N.; → *Jugendliche, Vollstreckung, Allgemeines*, Teil B Rdn 738 m.w.N.; → *Jugendliche, Vollstreckung, Jugendstrafe*, Teil B Rdn 819.

BtM-Verfahren, Zurückstellung, Anrechnung von Therapiezeiten 102

Das Wichtigste in Kürze:

1. § 36 Abs. 1 und 3 BtMG regeln die Anrechnung der abgeleisteten Therapiezeit auf die Strafe.
2. Die obligatorische Anrechnung ist in § 36 Abs. 1 BtMG geregelt.
3. Die fakultative Anrechnung ist in § 36 Abs. 3 BtMG geregelt.
4. Zuständigkeit und Verfahren sind in § 36 Abs. 5 BtMG geregelt.

Literaturhinweise: s. die Hinweise bei → *Zurückstellung, Allgemeines*, Teil B Rdn 98. 103

1. § 36 Abs. 1 und 3 BtMG regeln die Anrechnung der abgeleisteten Therapiezeit auf die Strafe. Zu unterscheiden ist die **obligatorische Anrechnung** von Behandlungszeiten in einer staatlich anerkannten Einrichtung gem. § 36 Abs. 1 BtMG (Rdn 106 ff.) und die **fakultative Anrechnung** von Behandlungszeiten gem. 104

§ 36 Abs. 3 BtMG, in Fällen, bei denen die Voraussetzungen des § 36 Abs. 1 S. 1 BtMG nicht vorliegen (Rdn 115 ff.; zum JGG-Verfahren → *Jugendliche, Vollstreckung, Jugendstrafe*, Teil B Rdn 825).

105 Die Anrechnungsmöglichkeiten werden **ergänzt** durch die Vorschriften der **§§ 36 Abs. 1 S. 3 und Abs. 2 BtMG**, die die Aussetzung des Strafrestes zur Bewährung der verbleibenden Strafe regeln. Diese Anrechnungs- und Aussetzungsmöglichkeiten ergänzen die Regelungen des § 35 BtMG und das gesetzgeberische Anliegen des Prinzips „Therapie statt Strafe". Durch die Möglichkeiten der Anrechnung abgeleisteter Therapiezeit und Bewährungsaussetzung des Strafrestes soll ein Anreiz zur Förderung der Therapiebereitschaft des Verurteilten gesetzt werden und zugleich verhindert werden, dass ein erfolgreicher Therapieabschluss durch eine sich anschließende Strafvollstreckung ggf. wieder gefährdet oder zunichte gemacht wird (MüKo-StGB/*Kornprobst*, § 36 BtMG Rn 1).

106 **2.a)** Die **obligatorische Anrechnung** ist in § 36 Abs. 1 BtMG geregelt. § 36 Abs. 1 S. 1 BtMG **setzt voraus**, dass die Strafvollstreckung gem. § 35 BtMG **zurückgestellt** war (Rdn 107), die **Behandlung** des Verurteilten in einer **staatlich anerkannten Einrichtung** stattfand (Rdn 108) und er die **Behandlungszeiten nachweist** (Rdn 112). Liegen die Voraussetzungen vor, ist der Aufenthalt in der Einrichtung auf die Strafe zwingend anzurechnen, bis infolge der Anrechnung **zwei Drittel der Strafe** erledigt sind. Dies gilt unabhängig vom Therapieerfolg, auch wenn die Behandlung gescheitert ist und seitens des Verurteilten oder durch die Einrichtung abgebrochen wurde sind die bis dato verwirklichten Behandlungszeiten anzurechnen (OLG Düsseldorf StV 1997, 542).

107 **b)** Die Anrechnung knüpft an eine **förmliche Zurückstellung der Strafvollstreckung** durch die Vollstreckungsbehörde an, so dass nach dem Gesetzeswortlaut des § 36 Abs. 1 S. 1 BtMG Behandlungszeiten, die vor einer Zurückstellungsentscheidung liegen, etwa weil die Therapie bereits vor Einleitung der Strafvollstreckung vollständig durchgeführt (OLG Hamm, Beschl. v. 19.1.2015 – 1 VAs 87/14 m.w.N.) oder die Zurückstellungsentscheidung erst während einer laufenden Therapie getroffen worden ist, nicht obligatorisch anzurechnen sind. Zum Teil wird vertreten, § 36 Abs. 1 S. 1 BtMG sei in solchen Fällen analog anzuwenden, um den Verurteilten nicht schlechter zu stellen als den erst nach einer Verurteilung therapiewilligen Täter (OLG Düsseldorf NStZ 1992, 244). Dem steht indes der eindeutige Wortlaut des § 36 Abs. 1 S. 1 BtMG entgegen sowie die Tatsache, dass § 36 Abs. 3 BtMG derartige Fälle im Rahmen der fakultativen Anrechnung erfasst, so dass mangels Regelungslücke eine analoge Anwendung ausscheidet (MüKo-StGB/*Kornprobst*, § 36 BtMG Rn 9). Im Ergebnis ist die Streitfrage freilich auch ohne praktische Bedeutung, da eine fakultative Anrechnung über § 36 Abs. 3 BtMG möglich und in aller Regel auch geboten ist (so auch *Malek*, 5. Kap. Rn 109; LG Magdeburg StV 2005, 284).

108 **c)aa)** Die Behandlung muss in einer **staatlich anerkannten Einrichtung** stattgefunden haben. Über die staatliche Anerkennung entscheiden die Länder. Die staatlich anerkannten ambulanten und stationären Therapieeinrichtungen werden **regelmäßig veröffentlicht** (vgl. z.B. für NRW: Bek. d. Ministeriums für Gesundheit, Emanzipation, Pflege und Alter zur Anerkennung von Einrichtungen zur Behandlung Drogenabhängiger nach dem 7. Abschnitt des Betäubungsmittelgesetzes v. 16.1.2015, MBl NRW 3/2015, S. 65).

> ☝ Hat die Therapie in einer **nicht staatlich anerkannten Einrichtung** stattgefunden, kommt lediglich die fakultative Anrechnung gem. § 36 Abs. 3 BtMG in Betracht (Rdn 115 ff.).

109 **bb)** Als „Behandlung" ist nur die äußerliche Teilnahme des Verurteilten einer Therapie zu verstehen, ohne dass eine inhaltliche Prüfung stattfindet. Der **Erfolg** der **Behandlung** ist für die Anrechnung **ohne Bedeutung**, ebenso, ob der Verurteilte an den therapeutischen Maßnahmen aktiv mitgewirkt oder sich destruktiv verhalten hat (OLG Düsseldorf StV 1997, 542; AG Neuwied StV 2001, 468).

110 Eine Anrechnung nach § 36 Abs. 1 BtMG **findet auch bei ambulanten staatlich anerkannten Einrichtungen** statt. Die vereinzelt vertretene Auffassung, aus der Gesetzesformulierung der Behandlung „in" einer staatlich anerkannten Einrichtung sei zu schließen, dass nur stationäre Therapien anrechnungsfähig

seien (LG Heidelberg Beschl. v. 12.12.2004 –1 Qs 7/04; Weber/Kornprobst/Maier/Dietsch/*Weber/Dietsch*, § 36 Rn 21) ist kaum haltbar, weil der Gesetzgeber ambulante Therapieformen auch in Bezug auf die Anrechnungsfähigkeit stationären Therapien gleichstellen wollte (BT-Drucks 12/934, S. 6; MüKo-StGB/*Kornprobst*, § 36 BtMG Rn 14). Auch ambulante Therapien finden „in der Einrichtung" statt, entscheidend ist nicht die Einschließung sondern die Einbindung des Verurteilten in das Therapieprogramm (Patzak/Fabricius/*Fabricius*, § 36 Rn 14).

Streitig ist ferner, **in welchem Umfang Therapiezeiten ambulanter Therapien anzurechnen** sind. 111
Zum Teil wird vertreten, ambulante Behandlungsmaßnahmen, die ggf. nur stundenweise oder an wenigen Tagen des Monats stattfinden, seien für den Verurteilten weniger belastend als eine stationäre Therapie, so dass die konkreten Therapiezeiten zu prüfen und lediglich die konkreten Therapietage anzurechnen seien (OLG Köln NStZ 2001, 55; Weber/Kornprobst/Maier/Dietsch/*Weber/Dietsch*, § 36 Rn 22; Patzak/Fabricius/*Fabricius*, § 36 Rn 23). Diese Auffassung findet im Gesetz jedoch keine Stütze, da der Gesetzgeber die ambulanten Therapien den stationären in vollem Umfang gleichgestellt hat (BT-Drucks 12/934, S. 6). Auch übersieht die Auffassung, dass der Kampf gegen die Sucht unabhängig von der Therapieform „rund um die Uhr" stattfindet und der aktive Teilnehmer einer ambulanten Therapie, der sich neben der Behandlung den Herausforderungen an seine Lebenstüchtigkeit rund um Beruf, Wohnen, Ernährung und Familie stellt, möglicherweise weitaus mehr belastet ist, als der ggf. kaum mitarbeitende, möglicherweise sogar destruktiv agierende Verurteilte in einer stationären Therapie (Apfel/Strittmatter/*Apfel*, Rn 1053), dem aber ohne inhaltliche Prüfung die volle Therapiezeit angerechnet wird. Zudem besteht zumindest in Bezug auf stationäre Therapien Einigkeit, dass eine inhaltliche Kontrolle gerade nicht stattfinden soll und es für die Anrechnung ohne Bedeutung ist, ob der Verurteilte an den therapeutischen Maßnahmen aktiv mitgewirkt oder sich destruktiv verhalten hat (OLG Düsseldorf StV 1997, 542; AG Neuwied StV 2001, 468). Über die Prüfung und Bewertung der Therapieteile ambulanter Therapien würde ein solcher inhaltlicher Maßstab aber doch wieder eingeführt, obwohl das Gesetz ihn gerade nicht vorsieht. Anzurechnen ist deshalb auch für ambulante Therapien stets die volle Dauer der nachgewiesenen Therapiezeiten (so auch: OLG Hamm NStZ 1990, 605; *Malek*, 5. Kap. Rn 114; Kotz/Rahlf/*Krumdiek*, 11. Kap. Rn 130; Apfel/Strittmatter/*Apfel*, Rn 1053).

d) Der Verurteilte muss den **Nachweis über die Dauer seines Aufenthalts** in der Therapieeinrichtung 112
erbringen. Es handelt sich um eine „Bringschuld", das Gericht ist nicht verpflichtet, Amtsermittlungen anzustellen (MüKo-StGB/*Kornprobst*, § 36 BtMG Rn 18). Im Regelfall erfolgt der Nachweis durch eine schriftliche Bestätigung der Therapieeinrichtung. Hat das Gericht bzw. die Vollstreckungsbehörde aus anderen Erkenntnisquellen Kenntnis zur Aufenthaltszeit in der Therapieeinrichtung, ist ein Nachweis durch den Verurteilten entbehrlich, eine Anrechnung hat dann trotzdem zu erfolgen (Weber/Kornprobst/Maier/Dietsch/*Weber/Dietsch*, § 36 Rn 34).

e) Angerechnet werden die Behandlungszeiten, bis infolge der Anrechnung **zwei Drittel der ursprüng-** 113
lich erkannten Strafe erledigt sind. Nach diesem Zeitpunkt kommt zwar weiterhin eine Zurückstellung, aber keine Anrechnung gem. § 36 Abs. 1 S. 1 BtMG in Betracht.

Sind **mehrere Strafvollstreckungen** zurückgestellt worden, so richtet sich die Anrechnung nicht danach, 114
welche Strafe (ggf. nur zufällig) zuerst zurückgestellt worden ist, sondern nach den allgemeinen Regelungen der Vollstreckungsreihenfolge gem. § 43 StVollstrO (MüKo-StGB/*Kornprobst*, § 36 BtMG Rn 30; Weber/Kornprobst/Maier/Dietsch/*Weber/Dietsch*, § 36 Rn 38).

3.a) Die **fakultative Anrechnung** ist in **§ 36 Abs. 3 BtMG** geregelt. Hat der Verurteilte sich nach der Tat 115
einer Behandlung seiner Abhängigkeit unterzogen und liegen die Voraussetzungen der obligatorischen Anrechnung von Therapiezeiten gem. § 36 Abs. 1 S. 1 BtMG nicht vor (Rdn 106 ff.), so ist **subsidiär** die im Ermessen des Gerichts stehende fakultative Anrechnungsmöglichkeit gem. § 36 Abs. 3 BtMG zu prüfen. § 36 Abs. 3 BtMG ist **Auffangtatbestand** für **Ausnahme- und Härtefälle**, mit dem Unbilligkeiten des obligatorischen Anrechnungsverfahrens ausgeglichen werden sollen (OLG Celle StV 1993, 318).

116 **b)** Die Konzeption der Vorschrift gilt allgemein als **missglückt** (Apfel/Strittmatter/*Apfel*, Rn 1067). Einerseits ist nach dem weiten Wortlaut des § 36 Abs. 3 BtMG Voraussetzung der Anrechnungsmöglichkeit lediglich eine Behandlung der Abhängigkeit des Verurteilten nach der Tat sowie das Fehlen der Voraussetzungen des § 36 Abs. 1 S. 1 BtMG, andererseits wird der begründete Einwand erhoben, dass die Anrechnung nach § 36 Abs. 3 BtMG den Verurteilten aus Gleichbehandlungsgründen nicht besser stellen könne als die nach § 36 Abs. 1 S. 1 BtMG. Höchstrichterliche Entscheidungen des BGH zur Auslegung des § 36 Abs. 3 BtMG gibt es bislang nicht, so dass nahezu sämtliche Fragen zu erforderlichen Einschränkungen des § 36 Abs. 3 BtMG entweder auf Tatbestandsebene und/oder im Rahmen der Ermessensausübung umstritten sind (MüKo-StGB/*Kornprobst*, § 36 BtMG Rn 62) und in der Handhabung erheblichen regionalen Unterschieden unterliegen.

☝ Zur **professionellen Beratung** des Mandanten wird sich der **Verteidiger** deshalb **erkundigen** müssen, welche Auslegung des § 36 Abs. 3 BtMG in seinem Gerichtsbezirk üblich ist (Apfel/Strittmatter/*Apfel*, Rn 1068).

117 Unzweifelhaft kommt eine Anrechnung **nur** in Betracht, soweit sich der Verurteilte **nach** der der Verurteilung zugrunde liegenden **abhängigkeitsbedingten Tat** einer **Behandlung** unterzogen hat. Die Therapie kann folglich in dem Zeitraum zwischen Tat und Hauptverhandlung, zwischen Urteil und Rechtskraft oder zwischen Rechtskraft und Zurückstellungsentscheidung stattgefunden haben (OLG Düsseldorf NStZ 1992,244; LG Magdeburg StV 2005,284).

118 Ebenso unstreitig findet § 36 Abs. 3 BtMG auf stationäre und ambulante **Einrichtungen** Anwendung, die **nicht** über eine **staatliche Anerkennung verfügen** (MüKo-StGB/*Kornprobst*, § 36 BtMG Rn 68, 69), sofern die Behandlung darauf gerichtet ist, die Abhängigkeit des Verurteilten zu beheben oder einer erneuten Abhängigkeit entgegenzuwirken und ihn zu befähigen, ein drogenfreies Leben zu führen (→ *Zurückstellung, Antragsvoraussetzungen*, Teil B Rdn 131).

119 **Streitig** ist aber bereits, ob und wenn ja, welche weiteren materiell-rechtlichen Zurückstellungsvoraussetzungen des § 35 BtMG vorliegen müssen. So wird zum Teil vertreten, die **2-Jahres-Grenze** (→ *BtM-Verfahren, Zurückstellung, Antragsvoraussetzungen*, Teil B Rdn 130) sei zu berücksichtigen, so dass die Anrechnung der Zeit einer bereits durchgeführten Therapie erst möglich sei, wenn nach Teilverbüßung nur noch ein Strafrest von zwei Jahren zu vollstrecken sei, da der Gesetzgeber insoweit in § 35 Abs. 1 BtMG eine Grundentscheidung getroffen habe, dass bei Strafen von über zwei Jahren wenigstens eine teilweise Vollstreckung erforderlich sei (OLG Zweibrücken NStZ 1991, 92; OLG Hamburg StV 1989, 258, OLG Jena v. 7.1.2015 – 1 Ws 57/15). Demgegenüber wird von der Gegenmeinung, die eine Anrechnung auch bei höheren Strafen/Strafresten zulässt, jedoch zu Recht eingewandt, dass nach dem Grundgedanken des § 35 BtMG eine Strafvollstreckung in Fällen erfolgreicher Behandlung von Drogenabhängigen gerade vermieden werden soll (OLG Stuttgart NStZ 1987, 246; LG Tübingen StV 1988, 214; *Malek*, 5. Kap. Rn 122).

120 **Streitig** ist ferner die Anrechnungsmöglichkeit einer Therapie, der sich der Verurteilte im Rahmen einer **Strafaussetzung** zur **Bewährung** unterzogen hat. Zum Teil wird eine Anwendung des § 36 Abs. 3 BtMG abgelehnt mit dem Argument, eine solche Interpretation widerspräche dem Vorrang des § 56 StGB vor den vollstreckungsrechtlichen Vorschriften der §§ 35 ff. BtMG (LG Saarbrücken MDR 1989, 763; MüKo-StGB/*Kornprobst*, § 36 BtMG Rn 67; Patzak/Fabricius/*Fabricius*, § 36 Rn 30). Auch hier scheint die Gegenmeinung, die eine solche Einschränkung nicht vornimmt, vorzugswürdig, da § 36 Abs. 3 BtMG gerade Unbilligkeiten des obligatorischen Anrechnungsverfahrens ausgleichen soll und so eine nicht gerechtfertigte Ungleichbehandlung von Therapien bei Zurückstellung der Vollstreckung und solchen bei Strafaussetzung zur Bewährung vermieden werden kann (LG Bochum StV 1997, 316; LG Hamburg StV 1989, 354; Kotz/Rahlf/*Krumdiek*, 11. Kap. Rn 141; *Malek*, 5. Kap. Rn 121).

Streitig ist schließlich auch, bis zu welcher Höhe die Therapie auf die Strafe angerechnet werden kann. Während in § 36 Abs. 1 S. 1 BtMG eine **Begrenzung** der **Anrechnung** auf **zwei Drittel** der **Strafe** normiert ist, fehlt eine entsprechende Begrenzung in § 36 Abs. 3 BtMG. Zum Teil wird vertreten, dass es sich dabei um ein Redaktionsversehen des Gesetzgebers handele, da eine Schlechterstellung des Verurteilten bei dem die Voraussetzungen der obligatorischen Anrechnung nach § 36 Abs. 1 BtMG gegeben sein, schlicht nicht gewollt sein könne (OLG Celle StV 1993, 318; LG München NStZ 1988, 559; Patzak/Fabricius/*Fabricius*, § 36 Rn 43). Demgegenüber wird eingewandt, dass das Fehlen einer Begrenzung der Anrechnung in § 36 Abs. 3 BtMG nicht auf ein Redaktionsversehen, sondern dem Willen des Gesetzgebers beruhe, dem Gericht bezüglich des über die obligatorische Anrechnung hinausgehenden Strafrestes eine flexiblere Handhabung zu ermöglichen. Damit sei auch keine Schlechterstellung des Verurteilten verbunden, bei dem die Voraussetzungen nach § 36 Abs. 1 BtMG vorliegen, weil bei diesen das letzte Drittel der Strafe, das nicht unter die obligatorische Anrechnung fällt, ebenfalls fakultativ gem. § 36 Abs. 3 BtMG angerechnet werden könne (LG Offenburg StV 1996, 218; *Malek*, 5. Kap. Rn 126). 121

c) Unabhängig von der unterschiedlichen Beurteilung einzelner Gerichtsbezirke der konkreten Voraussetzungen der Anrechnungsmöglichkeit des § 36 Abs. 3 BtMG steht dem **Gericht** bei der Entscheidung ob und in welchem Umfang anzurechnen ist ein **Ermessensspielraum** zu, der allerdings durch den Gleichbehandlungsgrundsatz eingeschränkt ist (*Malek*, 5. Kap. Rn 125) und sich insoweit an den Wertungen der §§ 35, 36 Abs. 1 BtMG zu orientieren hat (Apfel/Strittmatter/*Apfel*, Rn 1070). Anders als im Rahmen der obligatorischen Anrechnung lässt der Wortlaut des § 36 Abs. 3 BtMG es allerdings auch zu, die **Therapiezeit nur teilweise** auf die Strafe **anzurechnen**. Das Gericht darf deshalb in den Grenzen fehlerfreier Ermessensausübung auch Gesichtspunkte berücksichtigen, die bei der obligatorischen Anrechnung gem. § 36 Abs. 1 S. 1 BtMG keine Rolle spielen, um so den Besonderheiten des Einzelfalls Rechnung zu tragen. Der Umfang der Anrechnung bemisst sich dabei vorrangig danach, inwieweit die durch die Therapie an den Verurteilten gestellten Anforderungen mit denen einer nach § 36 Abs. 1 S. 1 BtMG zwingend anzurechnen Behandlung vergleichbar sind (MüKo-StGB/*Kornprobst*, § 36 BtMG Rn 76). 122

4. Zuständigkeit und **Verfahren** sind in **§ 36 Abs. 5 BtMG** geregelt. 123

Zuständig zur Entscheidung über die Anrechnungsentscheidungen ist das Gericht des ersten Rechtszuges (§ 36 Abs. 5 S. 1 BtMG). Abweichend von § 88 Abs. 1 JGG gilt dies auch im Jugendverfahren (BGHSt 32, 58). 124

Das Gericht entscheidet durch **Beschluss** ohne mündliche Verhandlung. Gem. § 36 Abs. 5 S. 2 BtMG sind die Vollstreckungsbehörde, der Verurteilte und die behandelnden Personen oder Einrichtungen jedoch zu hören. 125

Gem. § 36 Abs. 5 S. 3 BtMG ist gegen die Entscheidung des Gerichtes die **sofortige Beschwerde** statthaft, die binnen einer Woche nach Bekanntmachung der Entscheidung einzulegen ist (§ 311 Abs. 2 StPO, § 35 BtMG; zur sofortigen Beschwerde *Burhoff*, EV, Rn 3366; Burhoff/Kotz/*Kotz*, RM, Teil A Rn 612 ff.). 126

Siehe auch: → *BtM-Verfahren, Zurückstellung, Rechtsmittel*, Teil B Rdn 191; → *BtM-Verfahren, Zurückstellung, Verfahren*, Teil B Rdn 212.

127 BtM-Verfahren, Zurückstellung, Antragsmuster

128 **Literaturhinweise:** s. die Hinweise bei → *BtM-Verfahren, Zurückstellung, Allgemeines*, Teil B Rdn 98.

▼

129 An die

Staatsanwaltschaft

Musterstadt

Vollstreckungsbehörde –

In dem Strafvollstreckungsverfahren

gegen H. Muster

Az:

wird beantragt,

1. die Vollstreckung der Freiheitsstrafe aus dem Urteil des Amtsgerichts Musterstadt vom , Az: , gemäß § 35 BtMG zurückzustellen.
2. die vom Antragsteller nachgewiesene Zeit seines Therapieaufenthalts in der staatlich anerkannten Therapieeinrichtung DROGENFREI auf die Strafe anzurechnen, bis in Folge der Anrechnung zwei Drittel der Strafe erledigt sind.

Gründe:

Der Antragsteller ist durch seit dem rechtskräftiges Urteil des Amtsgerichts Musterstadt vom zu einer Freiheitsstrafe von 2 Jahren und 3 Monaten verurteilt worden.

Er befindet sich seit dem in Untersuchungshaft, so dass durch Anrechnung (§ 51 Abs. 1 StGB) weniger als 2 Jahre zu vollstrecken sind.

Die Taten wurden aufgrund seiner Betäubungsmittelabhängigkeit begangen, was in den in Kopie beigefügten Urteilsgründen ausdrücklich festgestellt ist.

Der Antragsteller ist bereit, sich wegen seiner Drogensucht einer Behandlung in der staatlich anerkannten Therapieeinrichtung DROGENFREI, A-Straße, Musterstadt zu unterziehen.

Die Bestätigung des Aufnahmetermins in der Einrichtung DROGENFREI und die Kostenzusage des zuständigen Versicherungsträgers ABC füge ich in der Anlage bei.

Rechtsanwalt

▲

Siehe auch: → *Teil B, BtM-Verfahren, Zurückstellung, Antragsvoraussetzungen*, Rdn 130.

BtM-Verfahren, Zurückstellung, Antragsvoraussetzungen 130

Das Wichtigste in Kürze:

1. Die Zurückstellung der Vollstreckung nach § 35 BtMG setzt einen Antrag des Verurteilten voraus.
2. Die Strafvollstreckung kann nur zurückgestellt werden, wenn die zurückzustellende Verurteilung rechtskräftig ist.
3. Eine Zurückstellung kommt in Betracht, wenn die zu vollstreckende Freiheits -oder Jugendstrafe oder der Strafrest nicht mehr als zwei Jahre betragen.
4. Zurückstellungsfähig sind nur Strafen, die der Täter aufgrund einer Betäubungsmittelabhängigkeit oder (über § 39 KCanG bzw. § 30 MedCanG) cannabisbezogener Abhängigkeitserkrankung begangen hat.
5. Gem. § 35 Abs. 1 BtMG muss der Verurteilte sich entweder bereits in Behandlung befinden oder seine Therapiebereitschaft bekunden.
6. Der Behandlungsbeginn, d.h. verbindliche Therapieplatzzusage und fester Aufnahmetermin einer Therapieeinrichtung und verbindliche Kostenzusage eines Kostenträgers, muss gewährleistet sein.
7. Weitere zwingende Voraussetzung vor der Entscheidung der Vollstreckungsbehörde ist die Zustimmung des Gerichtes des ersten Rechtszuges.

Literaturhinweise: s. die Hinweise bei → *BtM-Verfahren, Zurückstellung, Allgemeines*, Teil B Rdn 98. 131

1. Die Zurückstellung der Vollstreckung nach § 35 BtMG setzt einen **Antrag** des **Verurteilten** voraus, 132
eine Prüfung von Amts wegen, ob die Strafvollstreckung zurückgestellt werden kann, findet nicht statt (*Ostmeyer* NJ 2020, 491). Das ergibt sich zwar nicht aus dem Wortlaut des § 35 BtMG, aber aus dem Inhalt der materiellen Voraussetzungen der Zurückstellung, namentlich der Zusage des Verurteilten, sich einer Therapie unterziehen zu wollen (MüKo-StGB/*Kornprobst*, § 35 BtMG Rn 110). Es obliegt deshalb dem Verurteilten, der Vollstreckungsbehörde die in seiner Sphäre liegenden materiellen Voraussetzungen einer Zurückstellung darzulegen. Der Zurückstellungsantrag bedarf keiner besonderen Form, es empfiehlt sich jedoch, den Antrag schriftlich bei der Vollstreckungsbehörde einzureichen oder – sofern die Voraussetzungen bereits vorliegen – schon in der HV zu Protokoll des Gerichts zu erklären.

☝ Die Erklärung des Antrages unmittelbar zu **Protokoll** in der **HV** kann sich etwa bei einem unmittelbar bevorstehenden Aufnahmetermin in die Therapieeinrichtung und allseitigem Rechtsmittelverzicht anbieten. Dann kann mit Zustimmung des Gerichtes die Zurückstellung sofort nach der Urteilsverkündung erfolgen (Weber/Kornprobst/Maier/Dietsch/*Weber/Dietsch*, § 35 Rn 4; MüKo-StGB/*Kornprobst*, § 35 BtMG Rn 24).

2. Die Strafvollstreckung kann nur zurückgestellt werden, wenn sie ohne die Zurückstellung zulässig 133
wäre, so dass die zurückzustellende **Verurteilung rechtskräftig** sein muss (§§ 449, 410 Abs. 3 StPO). Nicht erforderlich ist hingegen, dass das Urteil bereits schriftlich vorliegt. Ein vor Rechtskraft gestellter Antrag ist nicht unzulässig, es fehlt ihm dann aber an einer materiellen Voraussetzung der Zurückstellung. Ob die Vollstreckungsbehörde aufgrund eines solchen, nur vorübergehenden Zurückstellungshindernisses den Antrag ablehnt oder mit ihrer Entscheidung bis zum Wegfall des Hindernisses abwartet, hängt von den Umständen des Einzelfalles und von der insoweit uneinheitlichen Praxis der Vollstreckungsbehörden ab (MüKo-StGB/*Kornprobst*, § 35 BtMG Rn 111). Muss ein Antrag aus zeitlichen Gründen frühzeitig gestellt werden, um einen geplanten Aufnahmetermin in einer Therapieeinrichtung zu halten, empfiehlt es sich deshalb für den Verteidiger, auf diesen Umstand gesondert hinzuweisen und/oder gegebenenfalls telefonischen Kontakt mit der Vollstreckungsbehörde aufzunehmen oder – sofern verteidigungstaktisch möglich – gleichzeitig mit dem Antrag das bereits eingelegte Rechtsmittel

zurückzunehmen. Sollte der Antrag gleichwohl einmal wegen fehlender Rechtskraft abgelehnt werden, kann er jederzeit erneut gestellt werden.

☝ Befindet sich der Verurteilte in **U-Haft und liegen die Zurückstellungsvoraussetzungen des Therapieplatzes und der Kostenzusage** nach Urteilsverkündung **noch nicht** vor, kann es sich oftmals empfehlen, die **Rechtskraft** der Entscheidung noch **hinauszuzögern** und ggf. trotz Einverständnis mit dem Urteil gleichwohl zunächst „pro forma" ein Rechtsmittel einzulegen. Denn die Erfüllung der Voraussetzungen der vorzulegenden Therapieplatzzusage und einer Kostenzusage bedürfen in der Regel der Mithilfe eines (örtlichen) Drogenberaters, der bei der Vermittlung der passenden Einrichtung sowie beim Ausfüllen der notwendigen Anträge hilft. Da die meisten Drogenberatungen nur ortsgebunden arbeiten, kann so verhindert werden, dass der Verurteilte durch den Übergang von Untersuchungshaft in Strafhaft in eine andere JVA verlegt wird und dort gegebenenfalls eine bereits begonnene Therapieplatzsuche mit einer anderen Drogenberatung neu beginnen muss. Das Rechtsmittel kann dann gleichzeitig mit dem Antrag zur Zurückstellung gem. § 35 BtMG zurückgenommen werden, sobald Therapieplatz und Kostenzusage vorliegen.

134 **3.a)** Eine Zurückstellung kommt in Betracht, wenn die zu vollstreckende **Freiheits- oder Jugendstrafe oder der Strafrest nicht mehr** als **zwei Jahre** betragen (zum JGG-Verfahren → *Jugendliche, Vollstreckung, Jugendstrafe*, Teil B Rdn 825 ff.). Gem. § 35 Abs. 3 Nr. 1 und Nr. 2 BtMG gilt § 35 Abs. 1 BtMG entsprechend, wenn auf eine Gesamtfreiheitsstrafe von nicht mehr als zwei Jahren erkannt wurde. Ist neben einer Freiheitsstrafe eine Unterbringung in einer Entziehungsanstalt gem. § 64 StGB angeordnet, ist auch diese zurückstellungsfähig. Jedoch soll die Zurückstellung nach § 35 BtMG abgelehnt werden können, wenn die Unterbringung nach § 64 StGB bereits vollzogen wird (BayObLG, Beschl. v. 16.8.2023 – 203 VAs 88/23). Lediglich die selbstständige Unterbringungsanordnung in einer Entziehungsanstalt nach § 71 StGB kann nicht zurückgestellt werden (BT-Drucks 8/4283, S. 8; Weber/Kornprobst/Maier/Dietsch/*Weber/Dietsch*, § 35 Rn 8).

135 **b) Zurückstellungsfähig** sind grds. Verurteilungen zu Freiheits- oder Jugendstrafen wegen aller **Straftaten, sofern diese auf die Betäubungsmittelabhängigkeit bzw. cannabisbezogene Abhängigkeitserkrankung des Täters zurückzuführen** sind. D.h., dass nicht nur Verurteilungen wegen Verstößen unmittelbar gegen das Betäubungsmittelgesetz oder Konsumcannabisgesetz zurückgestellt werden können, sondern grds. alle Straftaten, sofern sie auf die Betäubungsmittelabhängigkeit bzw. cannabisbezogene Abhängigkeit des Täters zurückzuführen sind, wie z.B. drogenbedingte Straßenverkehrsdelikte, Rauschtaten nach § 323a StGB oder Taten direkter oder indirekter Beschaffungskriminalität (*Ostmeyer* NJ 2020, 490).

136 Sind im Rahmen einer **Gesamtstrafe** nicht sämtliche Taten zurückstellungsfähig, ist nach § 35 Abs. 3 BtMG darauf abzustellen, ob der seiner Bedeutung nach überwiegende Teil der abgeurteilten Taten auf einer Betäubungsmittelabhängigkeit beruhte (OLG Stuttgart NStZ-RR 2001, 343). Bei der gebotenen zusammenfassenden Bewertung kommt dabei der Art und Höhe einer Einzelstrafe maßgebliche Bedeutung zu, es sind aber auch Anzahl, Art, Begehungsweise, Umfang und Auswirkungen, mithin der Unrechts- und Schuldgehalt aller Taten, in die Würdigung einzubeziehen (BayObLG, Beschl. v. 21.10.2024 – 203 VAs 397/24). Zurückstellungsfähig ist auch die **neben der Freiheitstrafe angeordnete Unterbringung** in einer Entziehungsanstalt (dies gilt nicht für die isolierte Anordnung der Maßregel!). In diesem Fall können sowohl die Strafvollstreckung als auch der Maßregelvollzug zurückgestellt werden (MüKo-StGB/*Kornprobst*, § 35 BtMG Rn 35). Wird die Unterbringung nach § 64 StGB bereits längere Zeit vollzogen, soll die Vollstreckungsbehörde die Zurückstellung nach § 35 BtMG ablehnen können, wenn sie bei ausreichender Tatsachengrundlage zu der Einschätzung gelangt, dass eine Rehabilitationsmaßnahme im Sinne von § 35 Abs. 1 BtMG geringere Erfolgsaussicht bietet als die Fortsetzung der Therapie im Maßregelvollzug (BayObLG, Beschl. v. 16.8.2023 – 203 VAs 88/23; OLG Stuttgart; Beschl. v. 3.4.2020, 4 VAs 4/20). Dies erscheint aufgrund des klaren Wortlauts des § 35 Abs. 1 BtMG, der die Zurückstellung der Unterbringung ausdrücklich vorsieht, problematisch.

Nicht zurückstellungsfähig sind andere freiheitsentziehende Rechtsfolgen wie etwa ein Jugendarrest oder eine isoliert angeordnete Maßregel der Unterbringung gem. § 64 StGB sowie Geldstrafen und Ersatzfreiheitsstrafen. Ebenso findet § 35 BtMG auch bei Ordnungswidrigkeiten keine Anwendung. Ist eine **Ersatzfreiheitsstrafe** zu vollstrecken, kommt aber eine Zurückstellung gem. § 459f StPO in Betracht, weil die Verweigerung einer Therapie bei Therapiebereitschaft und Vorliegen einer Kostenzusage und eines Therapieplatzes eine unbillige Härte darstellen kann (OLG Schleswig StV 1998, 673; LG Osnabrück StV 1999, 444). 137

c) Die zurückzustellende Freiheitsstrafe oder der Strafrest dürfen **nicht mehr als zwei Jahre** betragen. Als zu vollstreckender Rest der Strafe im Sinne von § 35 Abs. 2 Nr. 2 BtMG gilt der gesamte noch nicht verbüßte Teil der erkannten Strafe, also die Zeit bis zur Endstrafe (BGH NStZ 1987, 292) und nicht lediglich der Rest, der sich ggf. unter Berücksichtigung der Aussetzungsmöglichkeiten gem. § 57 StGB ergibt. 138

Liegen **mehrere Strafen/Verurteilungen** vor, die nicht gesamtstrafenfähig sind, findet § 35 BtMG Anwendung, wenn der jeweils zu verbüßende Strafrest die 2-Jahres-Grenze nicht überschreitet. Eine Zurückstellung ist – entgegen früher bei den Vollstreckungsbehörden weit verbreiteter Auffassung – nicht etwa dann ausgeschlossen, wenn die Addition der Strafen zwei Jahre übersteigt (BGH NStZ 1985, 126). Eine solche Zusammenrechnung sieht das Gesetz nicht vor (Weber/Kornprobst/Maier/Dietsch/*Weber/Dietsch*, § 35 Rn 20). Es ist dann vielmehr für **jede Strafe/Verurteilung getrennt** zu prüfen, ob die Voraussetzungen für die Zurückstellung vorliegen. Handelt es sich letztlich um jeweils zurückstellungsfähige Verurteilungen, so können alle Strafen zurückgestellt werden. 139

Ist aber auch **nur eine** der Freiheitsstrafen **zu vollstrecken**, etwa weil sie nicht auf eine Betäubungsmittelabhängigkeit zurückzuführen ist, entfaltet diese eine **Sperrwirkung** und es kann entsprechend § 35 Abs. 6 Nr. 2 BtMG auch die Vollstreckung aller anderen Strafen nicht zurückgestellt werden. Es sind zunächst die nicht zurückstellungsfähigen Strafen so weit zu verbüßen, bis die Voraussetzungen des § 57 Abs. 1 StGB geschaffen sind (OLG München StV 2000, 264). Der in der Praxis häufig vorgenommenen Lösung über eine Änderung der Vollstreckungsreihenfolge, um die nicht zurückstellungsfähige Strafe zunächst vollständig zu verbüßen und dem Verurteilten eine schnellstmögliche Therapieaufnahme zu ermöglichen, hatte der BGH einen Riegel vorgeschoben, da § 454b Abs. 2 S. 1 Nr. 2 StPO eine solche Umkehrung der Vollstreckungsreihenfolge ausdrücklich ausschließe (BGH StRR 2011, 75). Der Gesetzgeber hat darauf im Jahr 2017 mit der **Einführung des neuen § 454b Abs. 3 StPO** reagiert. Nach diesem kann die Vollstreckungsbehörde auf Antrag des Verurteilten von der Unterbrechung der Vollstreckung von Freiheitsstrafen in den Fällen des Abs. 2 S. 1 Nr. 1 oder Nr. 2 absehen, wenn zu erwarten ist, dass nach deren vollständiger Verbüßung die Voraussetzungen einer Zurückstellung der Strafvollstreckung nach § 35 des Betäubungsmittelgesetzes für eine weitere zu vollstreckende Freiheitsstrafe erfüllt sein werden. Entsprechend der Gesetzesbegründung (BT-Drucks 18/11272, S. 35) ist dem Verurteilten analog nach § 140 Abs. 2 StPO ein **Pflichtverteidiger** beizuordnen, wenn im Strafvollstreckungsverfahren Fragen zur Durchführung des Verfahrens nach § 454b Abs. 3 StPO von Relevanz sind, da dann eine Konstellation vorliegt, die aufgrund der rechtlichen Schwierigkeit der Sache die Mitwirkung eines Verteidigers erfordert (LG Mannheim, Beschl. v. 8.11.2017 – R 19 StVK 306/17). Nach einer Gegenansicht soll dies nur bei konkreter Schwierigkeit der Sach- und/oder Rechtslage der Fall sein (LG Oldenburg, Beschl. v. 10.9.2024 – 50 StVK 137/24). 140

☝ Weitere, noch **nicht abgeschlossene Ermittlungsverfahren** oder **neue Anklagen** sind kein Zurückstellungshindernis, es sei denn, es ist bereits offensichtlich, dass die künftige Verurteilung nicht zurückstellungsfähig ist und zur Vollstreckung führen wird (OLG Hamm StV 2006, 587).

4.a) Zurückstellungsfähig sind nur **Strafen**, die der Täter **aufgrund einer Betäubungsmittelabhängigkeit begangen** hat, d.h. zwischen der Abhängigkeit und der ausgeurteilten Straftat muss eine **Kausalität im Sinne der Conditio-sine-qua-non-Formel** vorliegen (BayObLG, Beschl. v. 10.3.2025 – 203 VAs 656/24; 141

OLG Hamm NStZ-RR 2011, 91; OLG Rostock NStZ 2010, 524). Ausreichend ist, wenn die Abhängigkeit mitursächlich war (OLG Saarbrücken NStZ-RR 1996, 246; Patzak/Fabricius/*Fabricius*, § 35 Rn 96).

142 **b)aa)** Nach der Definition der Weltgesundheitsorganisation (WHO) wird Drogenabhängigkeit/ **Betäubungsmittelabhängigkeit** bzw. cannabisbezogene Abhängigkeit beschrieben als „psychischer und zuweilen auch physischer Zustand, der sich aus der Wechselwirkung zwischen einem lebenden Organismus und einer Droge ergibt und sich äußert im Verhalten und den anderen Reaktionen, die stets den Zwang einschließen, die Droge dauernd oder in Abständen zu nehmen, um deren psychische Wirkungen zu erleben und das durch ihr Fehlen auftretende Unbehagen zu vermeiden" (zit. nach *Hügel/Junge/Lander/Winkler*, § 35 Rn 4.1.2.). Nicht jeder Konsument von Drogen ist drogenabhängig, allein aus einem regelmäßigen BtM-Missbrauch kann noch nicht auf eine Abhängigkeit i.S.d. § 35 BtMG geschlossen werden. Nach dem Zweck der Vorschrift muss vielmehr eine Behandlungsbedürftigkeit festgestellt sein (MüKo-StGB/*Kornprobst*, § 35 BtMG Rn 39). Inwiefern eine solche behandlungsbedürftige Abhängigkeit vorliegt, richtet sich nach den international entwickelten Klassifikationssystem (ICD-10, DSM-IV). Eine Abhängigkeit liegt danach vor, wenn eine Mindestzahl zu fordernder Kriterien der Klassifikationslisten vorliegt.

143 Als **wesentliche Kriterien** werden beschrieben (WHO Expert Committee on Addition, Producting Drugs: 13th Report, WHO Technical Report Series No. 116, S. 9):

- Verstärkter Wunsch oder Zwang, die Substanz erneut einzunehmen
- Schwierigkeiten bei der Konsumskontrolle
- Tendenz zur Dosissteigerung
- Toleranzentwicklung
- Auftreten von **Entzugssymptomen** nach Absetzen der Substanzeinnahme
- mangelnde Prioritätensetzung/Vorrang des Konsums vor anderen Aktivitäten und Verpflichtungen des täglichen Lebens

144 Eine Zurückstellung nach § 35 BtMG ist allerdings nur bei Vorliegen einer Betäubungsmittelabhängigkeit von **Stoffen** i.S.d **Anlagen I-III zu § 1 BtMG** oder über § 39 KCanG bzw. § 30 MedCanG bei einer cannabisbezogenen Abhängigkeitserkrankung möglich. Eine solche Abhängigkeit ist aber auch anzunehmen, wenn zwar nicht das konsumierte Mittel, aber sein Wirkstoff in den genannten Anlagen gelistet ist (*Malek*, 5. Kap. Rn 22 m.w.N.). Andere Abhängigkeiten, etwa Spiel- oder Arbeitssucht, sind unbeachtlich. Auch **Alkohol- und Medikamentenabhängigkeit** reichen grds. nicht aus (OLG Hamm, Beschl. v. 22.6.2002 – 1 VAs 14/02), es sei denn, es liegt ein Fall der Polytoxikomanie vor, d.h. der gleichzeitigen Abhängigkeit von mehreren Drogen, die zumindest teilweise Betäubungsmittel i.S.d. § 1 BtMG sind (BGH StV 1992, 569). Die Anwendung des § 35 BtMG kommt aber auch dann in Betracht, wenn der betäubungsmittelabhängige Verurteilte nur phasenweise auf legale Ersatzdrogen zurückgreift, um Versorgungslücken zu schließen oder sich nicht strafbar zu machen. In diesem Fall ist die Zurückstellung selbst dann möglich, wenn der Verurteilte zum Zeitpunkt der Tat nicht unter dem Einfluss von Drogen i.S.d. § 1 BtMG oder Cannabis stand (OLG Stuttgart NStZ 1999, 626).

145 **bb)** Es genügt entweder körperliche oder psychische Abhängigkeit (OLG Frankfurt NStZ-RR 2009, 214), so dass grds. eine **Zurückstellung** auch bei einer **Abhängigkeit** von **„weichen Drogen"** wie Cannabis in Betracht kommt, auch wenn diese nicht mit körperlichen Abhängigkeitserscheinungen verbunden ist (BGH StV 1998, 198). Zwar ist das Suchtpotenzial von Cannabisprodukten auch bezüglich einer psychischen Abhängigkeit als eher gering einzuschätzen (BVerfG NJW 1994, 1577; MüKo-StGB/*Kornprobst*, § 35 BtMG Rn 40; allgemein zum aktuellen Meinungsstand der Gefährlichkeitseinschätzung von Cannabis: *Malek*, 2. Kap. Rn 19), so dass selbst bei regelmäßigem Konsum eine Zurückstellung der Strafvollstreckung im Regelfall nicht in Betracht kommt. Bei Dauermissbrauch von Cannabis in erheblichen Mengen (BGH NStZ 1993, 339) oder ungewöhnlicher Konsumsart kann jedoch ausnahmsweise eine Behandlungsbedürftigkeit i.S.d. § 35 BtMG vorliegen (MüKo-StGB/*Kornprobst*, § 35 BtMG Rn 40). Dies ergibt sich seit dem 1.4.2024 erst recht durch die ausdrücklich in § 39 KCanG und

§ 30 MedCanG geregelte entsprechende Anwendung der §§ 35–38 BtMG bei Vorliegen einer cannabisbezogenen Abhängigkeit.

cc) Die **Abhängigkeit** muss **zur Tatzeit** bestanden haben und **zum Zeitpunkt der Antragstellung und Entscheidung** über die Zurückstellung noch andauern (OLG Frankfurt NStZ-RR 2009, 214), da ansonsten die Therapiebedürftigkeit logischerweise entfallen ist. Nach erfolgreichem Abschluss einer bereits durchgeführten Therapie ist deshalb kein Raum mehr für eine Zurückstellung gem. § 35 BtMG; es kommt aber gleichwohl eine Anrechnung von Therapiezeiten und der Behandlungszeit und eine Aussetzung des Strafrestes zur Bewährung, des Strafrestes gem. der §§ 36 Abs. 3 und Abs. 1 S. 3 BtMG in Betracht (OLG Hamm, Beschl. v. 19.1.2015 – 1 VAs 87/14; → *BtM-Verfahren, Zurückstellung, Anrechnung von Therapiezeiten*, Teil B Rdn 102; → *BtM-Verfahren, Zurückstellung, Aussetzung des Strafrestes zur Bewährung*, Teil B Rdn 170). Die Therapiebedürftigkeit entfällt aber nicht, wenn der Verurteilte zwischenzeitlich (nur) einen körperlichen Entzug erreicht und einige Zeit drogenfrei gelebt hat, da die Therapie das weitergehende Ziel der psychischen Entwöhnung anstrebt (MüKo-StGB/*Kornprobst*, BtMG, § 35 Rn 43). 146

c) Die Straftat, die zu der Freiheitsstrafe geführt hat, muss aufgrund der Abhängigkeit begangen worden sein, d.h. es muss **Kausalität** zwischen **Betäubungsmittelabhängigkeit** und **Straftat** bestehen. Die Abhängigkeit darf entsprechend **der Conditio-sine-qua-non-Formel** nicht hinweggedacht werden können, ohne dass die Straftat entfiele (OLG Hamm NStZ-RR 2011, 91). Die Abhängigkeit muss aber nicht der alleinige Grund der Tatbegehung sein, es reicht aus, wenn sie mitursächlich war. Allein das Zusammentreffen von Straftat und Abhängigkeit reicht jedoch nicht, vielmehr muss die Abhängigkeit immer auch Bedingung der Straffälligkeit sein. So kann es am Kausalzusammenhang fehlen, wenn der Verurteilte die Tat auch ohne Abhängigkeit begangen hätte, weil sie nicht der Suchtbefriedigung, sondern anderweitigen Motiven wie etwa der Verbesserung des Lebensstandards, Profitstreben, zur Befriedigung eines sexuellen Verlangens oder sonstigen nicht abhängigkeitsbedingten Neigungen oder Lebensumständen dient (MüKo-StGB/*Kornprobst*, § 35 BtMG Rn 47 m.w.N.). Begeht ein suchtkranker Angeklagter eine Vergewaltigung nach dem Konsum von Alkohol und Betäubungsmitteln, so versteht es sich nicht von selbst, dass die Betäubungsmittelabhängigkeit kausal für die Tat war (BayObLG, Beschl. v. 21.10.2024 – 203 VAs 397/24). 147

Insoweit gilt: 148

Kausalzusammenhang

- Ein Kausalzusammenhang kann i.d.R. **unproblematisch** bei allen Tatalternativen des § 29 Abs. 1 BtMG oder § 34 KCanG angenommen werden, die auf den Konsum von BtM bzw. Cannabis abzielen, wie u.a. Besitz, Erwerb oder sonstigem Verschaffen. Gleiches gilt regelmäßig auch für alle Delikte der Beschaffungskriminalität, und zwar sowohl dann, wenn der Verurteilte sich durch die Straftat unmittelbar in den Besitz von BtM bzw. Cannabis bringt (direkte Beschaffungskriminalität) als auch, wenn er sich durch eine Straftat Geld für den Erwerb von Drogen verschafft (indirekte Beschaffungskriminalität). Aus letzterem ergibt sich auch, dass ein Kausalzusammenhang nicht nur bei Straftatbeständen des BtMG oder KCanG, sondern auch bei solchen des allgemeinen Strafrechts bestehen kann. Bei Delikten der Tatalternative des Handeltreibens mit Betäubungsmitteln oder Cannabis kommt es darauf an, ob die Tat begangen wurde, um zumindest mittelbar die bestehende Sucht zu befriedigen (KG NStZ-RR 2008, 185).
- Unabhängig vom Deliktstypus ist ein Kausalzusammenhang regelmäßig auch dann problemlos zu bejahen, wenn der Täter das **Delikt** im **akuten Rauschzustand** oder aufgrund der Belastungen einer **Entzugsphase** begangen hat oder wenn langjähriger Drogenkonsum bereits zu einer **erheblichen Minderung** der **Steuerungsfähigkeit** geführt hat und diese bei der Tatbegehung zum Tragen kam (MüKo-StGB/*Kornprobst*, § 35 BtMG Rn 46). Dies können im Einzelfall auch andere Delikte als Beschaffungstaten sein, so dass stets eine konsequente Erforschung der Ursächlichkeit notwendig ist (*Malek*, 5. Kap. Rn 25).

149 **d)** Der Verurteilte muss den **Nachweis** der **Kausalität** der Betäubungsmittelabhängigkeit für die Straftat erbringen (BGH StV 1981, 237). Dass die Tat aufgrund von Betäubungsmittelabhängigkeit begangen wurde, muss sich deshalb gem. § 35 Abs. 1 S. 1 BtMG aus den **Urteilsgründen** ergeben oder in **sonstiger Weise** feststehen.

☝ Sofern es **verteidigungtaktisch** möglich ist, empfiehlt es sich, zur Feststellung des Kausalzusammenhangs bereits in der HV darauf hinzuwirken, dass entsprechende Formulierungen in das Urteil aufgenommen werden. Dies gilt besonders, wenn keine Straftat nach dem BtMG, sondern Beschaffungsdelikte nach allgemeinem Strafrecht angeklagt sind, die einen Zusammenhang nicht unmittelbar offenbaren. Nach praktischer Erfahrung sind die Gerichte oftmals bereit, ohne umständliche Nachweise eine Abhängigkeit im Urteil festzustellen, während der erst spätere Nachweis im Vollstreckungsverfahren sich häufig umständlich und schwieriger gestaltet.

150 Die **Anforderungen** an den Nachweis von BtM-Abhängigkeit und Kausalzusammenhang zur Straftat dürfen **nicht überspannt** werden (OLG Saarbrücken NStZ-RR 1996, 246), in der Praxis genügt regelmäßig schon eine entsprechende, glaubhafte Einlassung des Angeklagten in der HV oder die Ausführungen eines Sachverständigen z.B. im Rahmen eines Schuldfähigkeitsgutachtens. Hinzuweisen ist auf folgende

151 **Nachweisanforderungen**

- Enthalten bereits die **schriftlichen Urteilsgründe** Feststellungen zur Betäubungsmittelabhängigkeit und des Kausalzusammenhangs (KG StV 1988, 213) so entfaltet das Urteil eine **weitgehende Bindungswirkung** für die Vollstreckungsbehörde (OLG Rostock StraFo 2009, 470). Ob der in der Liste der angewandten Vorschriften enthaltene Hinweis auf die Registervergünstigung des § 17 Abs. 2 BZRG ebenfalls eine Bindungswirkung entfaltet (so OLG Stuttgart NStZ-RR 2001, 343), ist umstritten. Nach anderer Ansicht ergibt sich daraus keine Bindungswirkung für die Vollstreckungsbehörde (BayObLG, Beschl. v. 21.10.2024 – 203 VAs 397/24; KG, Beschl. v. 15.2.2016 – 1 VAs 1/16). Bei bestehen einer Bindungswirkung kommt eine abweichende Beurteilung durch die Vollstreckungsbehörde nur in Betracht, wenn durch eindeutige und beweiskräftige Tatsachen neue Erkenntnisse vorliegen, die die gerichtlichen Feststellungen erschüttern (KG StV 1988, 213) oder wenn im Rahmen der HV die Frage der Betäubungsmittelabhängigkeit keine entscheidende Rolle gespielt hat und entsprechende Behauptungen nicht überprüft wurden und beachtliche Anhaltspunkte bestehen, dass die Tat des Verurteilten entgegen den Urteilsfeststellungen nicht auf einer Betäubungsmittelabhängigkeit beruhen könnte (OLG Oldenburg StV 2004,385). Der floskelhaften Aussage im **Hauptverhandlungsprotokoll**, das Gericht gehe davon aus, dass der Angeklagte die Tat aufgrund Betäubungsmittelabhängigkeit begangen hat, kommt dann keine Bindungswirkung zu, wenn sich das Tatgericht weder mit der Frage einer Betäubungsmittelabhängigkeit zur Tatzeit noch mit der Frage einer Kausalität substantiiert befasst hat (BayObLG, Beschl. v. 10.3.2025 – 203 VAs 656/24). Aus einer bestehenden **Therapieweisung** nach § 56c Abs. 2 Nr. 6 StGB können dagegen keine Rückschlüsse auf eine Betäubungsmittelabhängigkeit gezogen werden, da für eine solche Therapieweisung gerade nicht das Bestehen einer Abhängigkeit Voraussetzung ist und auch ohne Abhängigkeit ein Präventionsbedürfnis bestehen kann (BayObLG, Beschl. v. 8.4.2024 – 204 Vas 62/24).
- Enthält das **Urteil keine** oder **ablehnende Ausführungen** zu Betäubungsmittelabhängigkeit und Kausalzusammenhang, ist ein **Nachweis** gem. § 35 Abs. 1 S. 1 BtMG **auch nachträglich** über **andere Erkenntnisquellen** als das Urteil möglich. Dies gilt selbst dann, wenn der Verurteilte im Erkenntnisverfahren seinen Drogenkonsum ausdrücklich verneint und eine Abhängigkeit gezielt verheimlicht hat, da ein solches Einlassungsverhalten auf taktischen Erwägungen beruhen kann, etwa um einer ansonsten drohenden Unterbringung gem. § 64 StGB zu entgehen (OLG Karlsruhe StraFo 2012, 206). Der Täter soll durch § 35 BtMG nicht zu einer vorzeitigen Aufgabe seiner Verteidigungsrechte und -strategien gezwungen werden (*Hügel/Junge/Lander/Winkler*, § 35 Rn 4.2.5).

☝ Eigene Feststellungen dazu muss die Vollstreckungsbehörde aber nur dann treffen, wenn ausreichender Anlass für die Annahme besteht, dass die Tat des Verurteilten entgegen den Urteilsfeststellungen auf seiner Abhängigkeit beruhen könnte (OLG Frankfurt NStZ-RR 1996, 314). Primär ist es Aufgabe des Verurteilten, geeignete Nachweise seiner Betäubungsmittelabhängigkeit zur Tatzeit beizubringen und der Vollstreckungsbehörde damit eine entsprechende Entscheidung zu ermöglichen. Ein solcher Nachweis kann gegebenenfalls über **ärztliche Atteste, Stellungnahmen von Drogenberatungsstellen, Ergebnisse von führerscheinrechtlich angeordneten Drogentests, Personalakten einer Haftanstalt, frühere Verurteilungen, Sachverständigengutachten oder Blut-, Haar- oder Urinproben** geführt werden. In Fällen, in denen solche schriftlichen Belege oder Möglichkeiten nicht existieren, kann die Abhängigkeit ggf. auch mittels eidesstattlicher Versicherung aus dem beruflichen, familiären oder sonstigen Umfeld nachgewiesen werden (OLG Hamburg StV 2003, 290; OLG Oldenburg StV 2001, 467).

5.a) Gem. § 35 Abs. 1 BtMG muss der Verurteilte sich entweder bereits in Behandlung befinden oder seine **Therapiebereitschaft** bekunden, indem er zusagt, sich einer der Rehabilitation dienenden Behandlung zu unterziehen. **152**

☝ Bei **Jugendlichen** muss gem. § 38 Abs. 1 S. 3 BtMG neben der Therapiezusage die Einwilligung des Erziehungsberechtigten und gesetzlichen Vertreters vorliegen.

b)aa) Die **Behandlung** muss gem. § 35 Abs. 1 BtMG der **Rehabilitation dienen**. Des BtMG enthält keine Legaldefinition des Begriffs. Nach allgemeiner Ansicht muss die der Rehabilitation dienende Behandlung eines Betäubungsmittelabhängigen i.S.d. § 35 BtMG darauf gerichtet sein, dessen Abhängigkeit zu beheben oder einer erneuten Abhängigkeit entgegenzuwirken und den Verurteilten zu befähigen, ein drogenfreies Leben zu führen und ihn dauerhaft in die Gesellschaft, in das Berufs- und das Arbeitsleben wieder einzugliedern (BSG NJW 1981, 2535), d.h., **Ziel** ist grds. die **Abstinenz** (§ 5 Abs. 2 Nr. 3 BtMVV). Der Begriff der Behandlung ist deshalb weit auszulegen (BT-Drucks 8/4283, S. 8), eine einheitliche Methode oder Form zur Behandlung von Betäubungsmittelabhängigkeit gibt es nicht. Es kommen sowohl ärztliche als auch nicht ärztliche Behandlungen in Betracht (Patzak/Fabricius/*Fabricius*, § 35 Rn 136), die **stationär, teilstationär** oder auch **ambulant** erfolgen können (Patzak/Fabricius/*Fabricius*, § 35 Rn 141). Im Einzelfall kommt auch eine Durchführung der Therapie in einer im Ausland befindlichen Therapieeinrichtung in Betracht, wenn es sich um eine Einrichtung im (angrenzenden) europäischen Ausland handelt, die betroffene Person Staatsangehöriger dieses Staates ist, ihren Lebensmittelpunkt vor der Inhaftierung in diesem Land hatte und sowohl Therapieantritt als auch die Überwachung der Therapie durch eine Kooperationsvereinbarung ausreichend gesichert erscheinen (BayObLG v. 24.10.2025 – 203 VAs 316/25). Auch eine staatliche Anerkennung der Therapieeinrichtung (§ 35 Abs. 1 S. 2 BtMG) ist nicht erforderlich, sondern spielt lediglich bei der Frage der Anrechnung der Therapiezeit auf die Strafe gem. § 36 Abs. 1 BtMG eine Rolle, weshalb in der Praxis die Wahl staatlich anerkannter Einrichtungen nahezu zum Regelfall geworden ist (Patzak/Fabricius/*Fabricius*, § 35 Rn 145; → *BtM-Verfahren, Zurückstellung, Anrechnung von Therapiezeiten*, Teil B Rdn 102). **153**

☝ Über die staatliche Anerkennung **entscheiden** die **Länder**. Die staatlich anerkannten ambulanten und stationären Therapieeinrichtungen werden regelmäßig veröffentlicht (z.B. für NRW: Bek. d. Ministeriums für Gesundheit, Emanzipation, Pflege und Alter zur Anerkennung von Einrichtungen zur Behandlung Drogenabhängiger nach dem 7. Abschnitt des Betäubungsmittelgesetzes v. 16.1.2015, MBl NRW 3/2015, S. 65).

154 **bb)** Die **Vollstreckungsbehörde** hat gleichwohl **kein Recht**, einem therapiewilligen Verurteilten die **Therapieform vorzuschreiben** bzw. die Zurückstellung von einer bestimmten Therapieform oder -einrichtung abhängig zu machen (Patzak/Fabricius/*Fabricius*, § 35 Rn 150).

☝ In der Praxis lehnen einige StA häufig eine **ambulante Therapieform** ab mit dem Argument, der Verurteilte sei nicht therapiewillig und wolle ausschließlich weitere Haft vermeiden. Dem muss der Verteidiger die insoweit eindeutige Rspr. entgegenhalten, wonach auch eine ambulante Therapie grds. dem Gesetzeswortlaut und den Anforderungen des § 35 BtMG genügt (OLG Düsseldorf StV 1993, 476; OLG Hamburg StV 2004, 290; OLG Karlsruhe StV 2000, 631; OLG Oldenburg NStZ 1994, 347; OLG Stuttgart StV 1994, 30; OLG Zweibrücken StV 1983, 249).

Hilfreich kann es insoweit oftmals auch sein, zur Beurteilung der Therapiechancen einer ambulanten Therapie die **Auskunft** eines **behandelnden Arztes** oder die Stellungnahme eines betreuenden Drogenberaters vorzulegen. Denn häufig verkennt die Vollstreckungsbehörde, dass gerade die im Rahmen ambulanter Therapien mögliche Beibehaltung sozialer und familiärer Kontakte sowie gegebenenfalls der Erhalt eines Arbeitsplatzes Motivation zur und Erfolg der Therapie besonders positiv beeinflussen können.

Entscheidend ist ausschließlich, ob es sich um ein erfolgversprechendes **Therapiekonzept** mit dem Ziel der Abstinenz handelt.

155 **cc)** Auch **Substitutionsbehandlungen** unter Verantwortung eines Arztes mit Polamidon bzw. Methadon können eine der Rehabilitation dienende Behandlung i.S.d. § 35 BtMG darstellen, sofern das Therapieziel nicht lediglich in einer Leidenslinderung besteht, sondern der Patient auch durch intensive psychosoziale Betreuung befähigt werden sollen, ein drogenfreies Leben zu führen (OLG Oldenburg NStZ 1994, 347).

156 Die **konkreten Anforderungen** an die Ausgestaltung der Rehabilitationsbehandlung sind in § 5 BtMVV normiert. Danach genügt für die Annahme einer Rehabilitationsbehandlung i.S.d. § 35 Abs. 1 BtMG nicht allein die Verschreibung von Methadon oder Polamidon, sondern es ist die Einbeziehung einer psychiatrischen, psychotherapeutischen oder psychosozialen Behandlung im Rahmen eines umfassenden Therapiekonzeptes erforderlich; wobei diese auf das Ziel der Abstinenz gerichtet sein muss (Patzak/Fabricius/*Fabricius, § 35, Rn 167; Jensen,* HRN 2024, 22).

☝ Die **Auswahl** der für den Verurteilten geeigneten Therapieform und Therapieeinrichtung setzt **umfassendes Fachwissen** voraus und ist deshalb i.d.R. vom Verteidiger nicht alleine leistbar, sondern bedarf regelmäßig der **Mithilfe** eines Drogenberaters, der bei Auswahl und Vermittlung der passenden Einrichtung hilft. Der Verteidiger sollte **sein** Engagement deshalb im Regelfall darauf beschränken, die örtlichen Drogenberatungsstellen und die in fast jeder Haftanstalt tätigen Drogenberater zu kennen, um den Kontakt zum Mandanten herzustellen und die Auswahl und Form der geeigneten Einrichtung diesen Fachleuten überlassen.

157 **c)aa)** Wenn sich der Verurteilte zum Zeitpunkt der Entscheidung über die Zurückstellung der Strafvollstreckung schon in einer Therapieeinrichtung befindet, bedarf es keiner besonderen Zusage, sondern es kann ohne weiteres von seiner **Therapiebereitschaft** ausgegangen werden (Weber/Kornprobst/Maier/Dietsch/*Weber/Dietsch*, § 35 Rn 108).

158 **bb)** Weitaus häufiger sind in der Praxis jedoch die Fälle, in denen die Behandlung noch nicht begonnen hatte, sondern sich der Täter in Strafhaft oder U-Haft befindet. In diesem Fall muss der Verurteilte gem. § 35 Abs. 1 BtMG seine Therapiebereitschaft mit seiner Zusage, sich der Behandlung zu unterziehen, bekunden. Die **Bekundung** der **Therapiebereitschaft** muss sich auf eine konkret bezeichnete Einrichtung und auf den gesamten vorgesehenen Therapieumfang erstrecken und darf als Prozesshandlung nicht an Bedingungen geknüpft sein (MüKo-StGB/*Kornprobst*, § 35 BtMG Rn 93).

☝ Eine solche Zusage ist regelmäßig schon **konkludent** in dem Antrag auf Zurückstellung der Strafvollstreckung zu sehen (*Malek*, § 35 Rn 42).

Eine über eine solche **Zusage hinausgehende Therapiemotivation** zu **verlangen** oder zu prüfen ist regelmäßig **nicht** zulässig (OLG Karlsruhe StV 2007, 308). Zweifel der Vollstreckungsbehörde an einer hinreichenden **Therapiebereitschaft** rechtfertigen keine Versagung der Zurückstellung, da eine tragfähige Motivation gerade das erstrebte Ergebnis, nicht aber die Voraussetzung therapeutischer Bemühungen ist (BGH NStZ-RR 2013, 239; BayObLG, Beschl. v. 9.12.2024 – 203 VAs 529/24; OLG Zweibrücken StV 2000, 157). Die Zurückstellung darf deshalb nicht mit dem Argument abgelehnt werden, die erklärte Therapiebereitschaft sei nur unter dem Druck der Strafvollstreckung erklärt, denn es ist gerade Intention des § 35 BtMG, die Drohung mit dem Strafübel zur Motivationsförderung einzusetzen (OLG Hamm StV 2000, 429). Auch das bloße **Scheitern vorangegangener Therapieversuche** darf nicht zu der Schlussfolgerung fehlenden Therapiewillens des Verurteilten führen, denn Therapieabbrüche sind regelmäßig nicht Ausdruck fehlender Therapiemotivation, sondern häufig ein Symptom der Sucht, so dass oftmals zahlreiche Therapieversuche für einen Therapieerfolg einkalkuliert werden müssen (OLG Koblenz StV 2003, 288). Auch die einmalig geäußerte Ablehnung einer Unterbringung nach § 64 StGB rechtfertigt es nicht, dem Verurteilten zukünftig eine Zurückstellung nach § 35 BtMG zu versagen (BayObLG, Beschl. v. 9.12.2024 – 203 VAs 529/24). 159

Eine **Motivationsüberprüfung** durch die Vollstreckungsbehörde ist deshalb im Allgemeinen **nicht veranlasst**. § 35 BtMG soll gerade auch für **Risikopatienten** Anwendung finden und ihnen **Therapiechancen eröffnen** (OLG Frankfurt StraFo 2013, 351). Anderes gilt lediglich dann, wenn aufgrund konkreter Anhaltspunkte gewichtige Zweifel an der Ernsthaftigkeit der behaupteten Therapiebereitschaft bestehen oder zu erwarten ist, dass der Verurteilte eine Zurückstellung der Strafvollstreckung missbrauchen könnte (OLG Karlsruhe NStZ-RR 2005, 57). Solche Anhaltspunkte können bspw. darin zu sehen sein, dass der Verurteilte wiederholt nach vorangegangenen Zurückstellungen der Strafvollstreckung die Therapie gar nicht erst angetreten hat oder Beweise dafür vorliegen, dass der Verurteilte die Zurückstellung für eine Flucht oder ein Untertauchen nutzen will (Patzak/Fabricius/*Fabricius*, § 35 Rn 214, 215 m.w.N.). Auch wenn eine Ablehnung der Zurückstellung nach § 35 BtMG wegen fehlender Therapiewilligkeit Ausnahmecharakter hat, soll es für eine fehlende Therapiewilligkeit sprechen, dass ein Verurteilter in einer besonders verantwortungslosen und leichtfertigen Weise Therapiechancen vergab, etwa indem er bereits therapieerfahren im Maßregelvollzug verschiedene Regelverstöße beging, sich der Fortsetzung der Therapie verschloss und aus dem Vollzug floh (BayObLG, Beschl. v. 11.3.2025 – 203 VAs 3/25). Andererseits darf die Vollstreckungsbehörde früheres, länger zurückliegendes Fehlverhalten eines Drogenabhängigen nicht schlechthin einer neuerlichen Therapiewilligkeit entgegen halten. In der Regel bedarf es auch dann einer Erwägung und Erörterung, ob und aus welchen Gründen eine mangelnde Therapiewilligkeit weiterhin andauert (OLG Hamm JMBl. NRW 1983, 222). 160

6.a) Sofern der Verurteilte zum Zeitpunkt der Zurückstellung die Behandlung noch nicht begonnen hat, darf die Zurückstellung nur erfolgen, wenn **Behandlungsbeginn gewährleistet** ist, indem eine verbindliche Zusage einer Therapieeinrichtung zur Aufnahme des Verurteilten in Behandlung vorliegt und die Übernahme der Kosten verbindlicher Klärung zugeführt ist. 161

b) Die Therapieeinrichtung muss die **Aufnahme unbedingt erklären** und einen **festen Aufnahmetermin mitteilen** (*Ostmeyer* NJ 2020, 492). Die bloße Aussicht auf eine Therapie genügt ebenso wenig, wie der Kontakt zu einer Drogenberatungsstelle oder Schriftwechsel mit einer Therapieeinrichtung ohne konkrete Therapieplatzzusage (Patzak/Fabricius/*Fabricius*, § 35 Rn 243). 162

☝ In allen Bundesländern fehlen Entzugs- und Therapieplätze für Drogenabhängige. Zudem verlangen die meisten Therapieeinrichtungen vor einer Therapieplatzzusage unterschiedliche, teils zeitaufwändige Aufnahmevoraussetzungen, wie z.B. eine körperliche Entgiftung und Zahnsanierung, ärztliche Zeugnisse und/oder Aufnahmegespräche. Der Verurteilte muss deshalb i.d.R. mit **erheblichen Wartefristen** bei den Therapieeinrichtungen rechnen, so dass es sich **empfiehlt**, sich bereits **frühzeitig** um ein **Therapieplatz** zu **bemühen**.

163 **c)** Darüber hinaus muss – sofern nicht ausnahmsweise eine private Kostenübernahme durch den Verurteilten oder dessen Familie und Freunde gewährleistet ist – eine **verbindliche Kostenübernahmeerklärung des Kostenträgers** vorliegen. Da Drogensucht Krankheit ist hat der Verurteilte einen Anspruch auf Kostenübernahme gegen die gesetzliche Krankenversicherung gem. §§ 11 Abs. 2, 27 Abs. 1, 40 SGB V und /oder gem. §§ 9 ff., 15 SGB VI gegen den zuständigen Rentenversicherungsträger sowie subsidiär auch über die Vorschriften der Sozialhilfe nach dem SGB XII. Ist die konkrete Zuständigkeit unklar, können gem. §§ 14, 15 SGB I Auskunfts- und Beratungsansprüche gegenüber den Leistungsträgern geltend gemacht werden und gegebenenfalls vorläufige Leistungen gem. § 43 SGB I in Anspruch genommen werden. Das BSG hat 2021 jedoch entschieden, dass der Aufenthalt in einer Einrichtung zum Vollzug einer richterlich angeordneten Freiheitsentziehung auch dann vorliegt, wenn die Vollstreckung der Freiheitsstrafe wegen der Behandlung eines Betäubungsmittelabhängigen in einer stationären Therapieeinrichtung unter Anrechnung auf die Strafe mit richterlicher Zustimmung zurückgestellt wird (BSG, Urt. v. 5.8.2021 – B 4 AS 58/20 R). Damit würde ein Anspruch auf Leistungen zur Sicherung des Lebensunterhalts nach dem SGB II nicht bestehen. In der Folge haben nun auch Sozialhilfeträger unter Berufung auf das BSG-Urteil die Übernahme der Behandlungskosten abgelehnt (BR-Drucks 687/22, S. 2). Gesetzliche Krankenversicherungsträger gehen teilweise sogar von einem Ruhen des Anspruchs auf die Übernahme der Therapiekosten gem. § 16 Abs. 1 Nr. 4 SGB V aus und sehen die Justizkassen als zuständig an (ebd.). Ein durch den Bundesrat eingebrachter Gesetzesentwurf, nach dem vom Leistungsausschluss des § 7 Abs. 4 SGB II eine Ausnahme zugunsten von Therapien nach § 35 BtMG geregelt werden sollte (BT-Drucks 20/10749, S. 7), setzte sich nicht durch.

164 Bei **einigen selbstfinanzierten Selbsthilfe**-Therapie-Einrichtungen (z.B. in Berlin „Synanon" www.synanon-aktuell.de oder in Cölbe/Frankfurt „Hof Fleckenbühl" www.diefleckenbuehler.de) bedarf es **keiner Kostenzusage**, da diese Einrichtungen Süchtige auch ohne Kostenzusage aufnehmen.

165 ☝ Ebenso wie bei der Auswahl der für den Verurteilten geeigneten Therapieform und Therapieeinrichtung setzt auch das Prozedere um den **Erhalt** einer **Kostenzusage umfassendes Fachwissen** voraus, das die Drogenberater und Sozialarbeiter inner- und außerhalb der JVA am besten kennen, so dass dem Verteidiger auch hier zu empfehlen ist, sich der professionellen Mithilfe der Drogenberatung zu bedienen und das eigene Engagement in der Regel darauf zu beschränken, die örtlichen Drogenberatungsstellen und die in fast jeder Haftanstalt tätigen Drogenberater zu kennen, um den Kontakt zum Mandanten herzustellen und lediglich vermittelnd tätig zu werden.

166 **7.a)** Weitere **zwingende Voraussetzung** vor der Entscheidung der Vollstreckungsbehörde ist die **Zustimmung** des **Gerichtes** des **ersten Rechtszuges**. Dies gilt auch, wenn die Freiheitsstrafe erst in der Rechtsmittelinstanz verhängt und/oder rechtskräftig wird (MüKo-StGB/*Kornprobst*, § 35 BtMG Rn 113). Das Gericht hat bei seiner Entscheidung über die Zustimmung die gleichen Kriterien anzulegen, wie die Vollstreckungsbehörde bei der Entscheidung über die Zurückstellung. Ohne Zustimmung kann die Vollstreckungsbehörde einem Zurückstellungsantrag nicht entsprechen (OLG Hamm NStZ 1990, 407), aber ihn ohne Einholung der Stellungnahme des Gerichtes nach h.M. auch nicht ablehnen, selbst wenn sie die Zurückstellung nicht zu genehmigen beabsichtigt, da sie sonst in Kauf nimmt, auf der Grundlage möglicherweise unvollständiger Erkenntnismöglichkeiten zu entscheiden (KG StV 1988, 24; OLG Karlsruhe NStZ 1986, 288; *Malek*, 5. Kap. Rn 49; Kotz/Rahlf/*Krum-*

diek, 11. Kap. Rn 59; a.A. OLG Hamm NStZ-RR 198, 315; MüKo-StGB/*Kornprobst*, § 35 BtMG Rn 121; *Weber*, § 35 Rn 132).

Die gerichtliche Zustimmung kann **bereits** in der **HV** durch das Gericht zu Protokoll erklärt oder in die Urteilsgründe aufgenommen werden, sie entfaltet aber erst mit der Rechtskraft des Urteils rechtliche Wirkung (OLG Frankfurt NStZ 1987, 42).

Verweigert das Gericht die Zustimmung zur Zurückstellung, so steht dem Verurteilten kein eigenes Beschwerderecht gegen die Versagung der Zustimmung zu, ihm steht lediglich gem. § 35 Abs. 2 S. 2 BtMG die Möglichkeit offen, die Versagung der Zurückstellung später insgesamt anzufechten. (→ *BtM-Verfahren, Zurückstellung, Rechtsmittel*, Teil B Rdn 191).

Hat das Gericht des ersten Rechtszuges die **Zustimmung erteilt**, so ist diese aus Gründen des Vertrauensschutzes **bindend** und kann im Nachhinein nur dann abgeändert oder widerrufen werden, wenn die für die Zurückstellung maßgeblichen Umstände sich wesentlich geändert haben (OLG Frankfurt NStZ 1987, 42). 167

Gem. § 36 Abs. 1 S. 2 BtMG trifft das Gericht zugleich mit der Zustimmung eine Entscheidung über die grds. Anrechnungsfähigkeit (→ *Zurückstellung, **Anrechnung** von **Therapiezeiten***, Teil B Rdn 102) der Therapiezeiten auf die zurückgestellte Strafe. 168

Ist der Verteidiger des betäubungsmittelabhängigen bzw. cannabisabhängigen Mandanten bereits im ersten Rechtszug tätig und kommt ein Freispruch oder eine Strafaussetzung zur Bewährung nicht in Betracht, so sollte er sich zur Regel machen, bereits eingeleitete **Therapiemaßnahmen unbedingt schon in** der **HV** zu **thematisieren** und auf die Erteilung der Zustimmung des Gerichtes bereits im Urteil hinzuwirken. Dies führt nicht nur zu erheblicher Zeitersparnis, sondern häufig lässt sich dadurch auch die Strafzumessung dahingehend beeinflussen, dass das Gericht „nur" eine Freiheitsstrafe in der Höhe verhängt, die einen umgehenden Beginn einer bereits geplanten Therapie ermöglicht.

b) Neben vorgenannter Anfechtungsmöglichkeit der Widerrufsentscheidung (Rdn 166) stellt § 35 Abs. 5 S. 3 BtMG klar, dass der Widerruf der Zurückstellung einer **erneuten Zurückstellungsentscheidung** nicht entgegensteht. Alternativ zur Anfechtung des Widerrufs kann deshalb auch jederzeit und ohne einschränkende Voraussetzungen – wie sie z.B. nach einem Bewährungswiderruf gegeben sind – ein erneuter Zurückstellungsantrag gestellt werden. Die Regelung trägt der Erkenntnis Rechnung, dass die Überwindung von Drogensucht selten geradlinig verläuft und ein dauerhafter Erfolg oftmals erst nach mehreren Therapieversuchen erreicht wird (OLG Hamm StV 2010, 147; MüKo-StGB/*Kornprobst*, § 35 BtMG Rn 222). Dementsprechend ist eine erneute Zurückstellung auch unabhängig von Anzahl und Dauer früherer Zurückstellungen und/oder zwischenzeitlicher Inhaftierungen. Maßgebend für den Erfolg eines erneuten Zurückstellungsantrages ist ausschließlich, ob erneut die Antragsvoraussetzungen der §§ 35 Abs. 1, Abs. 3 BtMG erfüllt sind. 169

Siehe auch: → *BtM-Verfahren, Zurückstellung, Allgemeines*, Teil B Rdn 97 m.w.N.; → *BtM-Verfahren, Zurückstellung, Anrechnung von Therapiezeiten*, Teil B Rdn 102; → *BtM-Verfahren, Zurückstellung, Antragsmuster*, Teil B Rdn 127; → *BtM-Verfahren, Zurückstellung, Aussetzung des Strafrestes zur Bewährung*, Teil B Rdn 170; → *BtM-Verfahren, Zurückstellung, Rechtsmittel*, Teil B Rdn 191; → *BtM-Verfahren, Zurückstellung, Verfahren*, Teil B Rdn 212.

170 BtM-Verfahren, Zurückstellung, Aussetzung des Strafrestes zur Bewährung

Das Wichtigste in Kürze:

1. § 36 Abs. 1 S. 3 BtMG und § 36 Abs. 2 BtMG regeln die Möglichkeiten, die (Rest-) Strafen nach einer Therapie zur Bewährung auszusetzen.
2. Sind durch die Anrechnung von Therapiezeiten zwei Drittel der Strafe erledigt oder ist eine Behandlung in der Einrichtung zu einem früheren Zeitpunkt nicht mehr erforderlich, so ist die Vollstreckung des Restes der Strafe zu Bewährung auszusetzen, sobald dies unter Berücksichtigung des Sicherheitsinteresses der Allgemeinheit verantwortet werden kann (§ 36 Abs. 1 S. 3 BtMG).
3. § 36 Abs. 2 BtMG ermöglicht eine Strafrestaussetzung zur Bewährung auch in den Fällen, in denen zwar die Strafvollstreckung gem. § 35 BtMG förmlich zurückgestellt war, die Therapie jedoch nicht obligatorisch auf die Strafe angerechnet wird.
4. Für die Aussetzung des Vollzugs der Unterbringung enthält § 36 BtMG keine ausdrückliche Regelung, nach unterschiedlicher Auffassung findet in diesen Fällen aber § 67d Abs. 2 S. 1 StGB entweder direkte oder analoge Anwendung.
5. Zuständigkeit und Verfahren sind in § 36 Abs. 4 und 5 BtMG geregelt.

171 **Literaturhinweise:** s. die Hinweise bei → *BtM-Verfahren, Zurückstellung, Allgemeines*, Teil B Rdn 98.

172 **1.** § 36 Abs. 1 S. 3 BtMG und § 36 Abs. 2 BtMG regeln die Möglichkeiten, die (Rest-) Strafen nach einer Therapie zur Bewährung auszusetzen (zur Anwendung im JGG-Verfahren → *Jugendliche, Vollstreckung, Jugendstrafe*, Teil B Rdn 825). Die Regelungen des BtMG sind **lex specialis** zu § 57 Abs. 1 S. 1 Nr. 1 StGB und § 57 Abs. 2 StGB. Eine Strafaussetzung kann deshalb **schon vor dem Halbstrafenzeitpunkt** erfolgen (OLG Celle StV 1986, 113; OLG Düsseldorf StV 1990, 214; OLG Stuttgart NStZ 1986, 187; MüKo-StGB/*Kornprobst*, § 36 BtMG Rn 43; Weber/Kornprobst/Maier/Dietsch/*Weber/Dietsch*, § 36 Rn 73; a.A. OLG München MDR 1984, 513; OLG Nürnberg MDR 1984, 513), wodurch sich für den betäubungsmittelabhängigen Verurteilten im Rahmen der Vollstreckung große Möglichkeiten der Haftverkürzung und unter Umständen sogar der vollständigen Haftvermeidung ergeben. Mit § 36 BtMG soll durch die Anrechnung von Therapiezeiten auf die Strafe und durch die Möglichkeiten einer Strafaussetzung zur Bewährung nach erfolgreicher Therapie der BtM-Abhängige motiviert werden, sich einer Behandlung zu unterziehen und es soll verhindert werden, dass ein etwaiger Erfolg der Therapie durch anschließende Strafvollstreckung gefährdet oder zunichte gemacht wird (MüKo-StGB/*Kornprobst*, BtMG, § 36 Rn 1; → *BtM-Verfahren, Zurückstellung, Anrechnung von Therapiezeiten*, Teil B Rdn 102).

173 **§ 36 BtMG unterscheidet** – gesetzessystematisch wenig überzeugend – zwischen der **Strafrestaussetzung** nach Durchführung einer obligatorisch anzurechnenden Therapie **gem. § 36 Abs. 1 S. 3 gem. § 36 Abs. 2 BtMG** in den Fällen, in denen trotz Zurückstellung eine obligatorische Anrechnung nicht erfolgen kann, weil z.B. der Therapieeinrichtung die staatliche Anerkennung fehlt. Die Unterscheidung erscheint gesetzestechnisch überflüssig, da die Voraussetzungen und Wirkungen bei der Anrechnung identisch sind und der einzige dogmatische Unterschied darin besteht, dass nach § 36 Abs. 2 BtMG auch die **gesamte Strafe zu Bewährung** ausgesetzt werden kann, während sich § 36 Abs. 1 S. 3 BtMG angesichts der obligatorisch vorzunehmenden Anrechnung zwangsläufig auf einen **Strafrest** bezieht (MüKo-StGB/*Kornprobst*, § 36 BtMG Rn 57).

174 **2.a)** Sind durch die Anrechnung von Therapiezeiten **zwei Drittel** der Strafe **erledigt** (→ *BtM-Verfahren, Zurückstellung, Anrechnung von Therapiezeiten*, Teil B Rdn 102) oder ist eine Behandlung in der Einrichtung zu einem früheren Zeitpunkt nicht mehr erforderlich, so ist die Vollstreckung des Restes der Strafe zu Bewährung auszusetzen, sobald dies unter Berücksichtigung des Sicherheitsinteresses der Allgemeinheit

verantwortet werden kann (**Aussetzung der Reststrafe** nach § 36 Abs. 1 S. 3 BtMG). Die Aussetzung der Reststrafe ist danach unter dem gemeinsamen Erfordernis der „**positiven Sozialprognose**" in zwei Alternativen, namentlich der „**Erledigung von zwei Drittel der Strafe**" und der „**Entbehrlichkeit weiterer Behandlung**" möglich.

b) Voraussetzung beider Alternativen ist eine **positive Sozialprognose**. Die Prognoseformel des § 36 Abs. 1 S. 3 BtMG entspricht im Wesentlichen dem Maßstab des § 57 Abs. 1 S. 1 Nr. 2 StGB. Die insoweit vorzunehmende **Gesamtwürdigung aller Umstände** orientiert sich im Unterschied zu § 57 Abs. 1 StGB jedoch weniger am Vorleben des Verurteilten und den Tatumständen, sondern vielmehr an der aus der vorausgegangenen Behandlung zu erwartenden Legalbewährung, der Persönlichkeit des Verurteilten, dem Verhalten während der Therapie und dem aufgrund der Therapie zu erwartenden Verhalten des Verurteilten. Dabei schließt weder das Fortbestehen der Betäubungsmittelabhängigkeit (BayObLG StV 1992, 15), so z.B., wenn der Verurteilte (weiter) an einer Therapie, einem Substitutions- und/oder Nachsorgeprogramm teilnimmt, noch die Unsicherheit eines evtl. Rückfalls die Aussetzung ohne weiteres aus; eine **berechtigte Chance**, dass der Betroffene eine drogenfreie Lebensführung einschlägt und beibehält, **reicht** aus (Patzak/Fabricius/*Fabricius*, § 36 Rn 70). Anzeichen für eine günstige Prognose können deshalb bereits vorliegen, wenn der Verurteilte eine Berufstätigkeit aufnimmt, seine Aus- oder Fortbildung betreibt, den Umgang mit „der Szene" aufgegeben hat, Kontakt zu einer Drogenberatungsstelle oder Nachsorgeeinrichtung unterhält, eine feste Beziehung aufgenommen hat (OLG Stuttgart StV 1986, 111; Patzak/Fabricius/*Fabricius* § 36 Rn 71), aufgrund einer HIV-Infektion sein Leben mit der notwendigen Unterstützung grundlegend geändert hat (LG Berlin StV 1988, 23) oder nach einem Rückfall und erneuten Verstoß gegen das BtMG eine (weitere) Drogenlangzeittherapie antritt (OLG Frankfurt, Beschl. v. 9.10.1990 – 3 Ws 765/90). 175

c) Die **1. Alternative** des § 36 Abs. 1 S. 3 BtMG stellt darauf ab, dass **durch** die **Anrechnung zwei Drittel** der **Strafe erledigt** sind. Es kommt nicht darauf an, ob die Behandlung bereits abgeschlossen ist. Liegt eine günstige Sozialprognose vor, so hat die Aussetzung der Strafe gem. § 36 Abs. 1 S. 3 1. Alt. BtMG auch dann zu erfolgen, wenn die Therapie noch nicht oder nicht erfolgreich abgeschlossen worden ist. Vor Abschluss der Therapie wird über die Strafaussetzung jedoch nur auf Antrag des Verurteilten entschieden (MüKo-StGB/*Kornprobst*, § 36 BtMG Rn 90). 176

d) Die **2. Alternative** des § 36 Abs. 1 S. 3 BtMG kommt in Betracht, wenn eine **Behandlungsbedürftigkeit** in der Einrichtung **bereits vor Erledigung** von **zwei Drittel der Strafe nicht mehr** gegeben ist, die Therapie also erfolgreich abgeschlossen wurde. Durch diese Regelung soll verhindert werden, dass der Verurteilte nach erfolgreich abgeschlossener Therapie nochmals in den Strafvollzug muss, bis zwei Drittel der Strafe erreicht sind (Weber/Kornprobst/Maier/Dietsch/*Weber/Dietsch*, § 36 Rn 71). Die Aussetzung setzt deshalb auch nicht voraus, dass mindestens die Hälfte der Strafe verbüßt ist oder durch Anrechnung von Therapiezeiten oder sonstiger Erledigung als verbüßt gilt, so dass eine Aussetzung zur Bewährung abweichend von den §§ 57 Abs. 1 und 2 StGB **auch vor** dem **Halbstrafenzeitpunkt** liegen kann (OLG Celle StV 1986, 113; OLG Düsseldorf StV 1990, 214; OLG Stuttgart NStZ 1986, 187; MüKo-StGB/*Kornprobst*, § 36 BtMG Rn 43; Weber/Kornprobst/Maier/Dietsch/*Weber/Dietsch*, § 36 Rn 73; a.A. OLG München MDR 1984, 513; OLG Nürnberg MDR 1984, 513). 177

Wird die Behandlung schon vor dem Zweidrittelzeitpunkt erfolgreich abgeschlossen, so kann in der Regel von einer positiven Sozialprognose ausgegangen werden (Eberth/Müller/Schütrumpf/Just, Rn 359).

e) Ggf. kommt eine **analoge Anwendung** des **§ 36 Abs. 1 S. 3 BtMG in Betracht:** Durch den gesetzessystematischen Zusammenhang mit § 36 Abs. 1 S. 1 BtMG setzt die Strafrestaussetzung nach § 36 Abs. 1 S. 3 BtMG grds. voraus, dass zuvor eine Zurückstellung der Strafvollstreckung gem. § 35 BtMG erfolgt ist. Um Unbilligkeiten und eine grundlose Schlechterstellung des schon vor bzw. ohne eine Zurückstellung zur Therapie motivierten Drogenabhängigen zu vermeiden, findet § 36 Abs. 1 S. 3 BtMG deshalb in solchen Fällen **analoge Anwendung,** in denen die **Therapie** in einer **Einrichtung** i.S.d. § 36 Abs. 1 S. 1 BtMG **schon vor** der **Entscheidung** über die **Zurückstellung** der **Vollstreckung erfolgreich** beendet 178 worden ist (OLG Celle StV 1986, 113; OLG Düsseldorf NStZ 1992, 244) oder eine Zurückstellung ausscheidet, weil bereits vor dem Beginn der erfolgreichen Therapie zwei Drittel der Strafe vollstreckt waren (BGH NStZ 2004, 400).

179 **3. § 36 Abs. 2 BtMG** ermöglicht eine Strafrestaussetzung zur Bewährung auch in den Fällen, in denen zwar die Strafvollstreckung gem. § 35 BtMG förmlich zurückgestellt war, die Therapie jedoch nicht obligatorisch auf die Strafe angerechnet wird, weil z.B. der Therapieeinrichtung die staatliche Anerkennung oder sonstige Voraussetzungen i.S.d. § 36 Abs. 1 S. 1 BtMG fehlen. § 36 Abs. 2 BtMG betrifft deshalb die Fälle, in denen nach einer Zurückstellung entweder eine **fakultative Anrechnung** gem. § 36 Abs. 3 BtMG (→ *BtM-Verfahren, Zurückstellung, Anrechnung von Therapiezeiten*, Teil B Rdn 102) oder gar **keine Anrechnung** stattgefunden haben (MüKo-StGB/*Kornprobst*, § 36 BtMG Rn 58). Die Anrechnung der Therapiezeiten beeinflusst jedoch lediglich den Umfang der auszusetzenden (Rest-) Strafe, ist aber für die Frage nach der Aussetzung an sich unerheblich. § 36 Abs. 2 BtMG erfordert deshalb wie § 36 Abs. 1 S. 3 BtMG neben der vorherigen Zurückstellung der Strafvollstreckung gem. § 35 BtMG unterschiedslos das Vorliegen einer **günstigen Sozialprognose**, so dass auf die obigen Ausführungen verwiesen werden kann (Rdn 175 ff.).

> ☝ Ist die Therapie bereits vor Beginn der Strafvollstreckung erfolgreich abgeschlossen, so kann die **gesamte Strafe** zur **Bewährung** ausgesetzt werden (OLG Celle StV 1986, 113; OLG Düsseldorf StV 1990, 214; OLG Stuttgart NStZ 1986, 187; MüKo-StGB/*Kornprobst*, § 36 BtMG Rn 57; a.A. OLG München MDR 1984, 513; OLG Nürnberg MDR 1984, 513).

180 **4.** Nach § 35 Abs. 1 BMG kann auch der Vollzug einer neben einer Freiheitsstrafe angeordneten **Unterbringung** in einer Entziehungsanstalt zurückgestellt werden (→ *BtM-Verfahren, Zurückstellung, Antragsvoraussetzungen*, Teil B Rdn 130). Für die Aussetzung des Vollzugs der Unterbringung enthält § 36 BtMG zwar keine ausdrückliche Regelung, nach unterschiedlicher Auffassung findet in diesen Fällen aber § 67d Abs. 2 S. 1 StGB entweder direkte (BT-Drucks 10/843, S. 36; MüKo-StGB/*Kornprobst*, § 36 BtMG Rn 60) oder analoge Anwendung (LG München I NStZ 1988, 559; Patzak/Fabricius/*Fabricius*, § 36 Rn 79). Jedoch soll die Zurückstellung nach § 35 BtMG abgelehnt werden können, wenn die Unterbringung nach § 64 StGB bereits längere Zeit vollzogen wird und die Vollstreckungsbehörde bei ausreichender Tatsachengrundlage zu der Einschätzung gelangt, dass eine Rehabilitationsmaßnahme im Sinne von § 35 Abs. 1 BtMG geringere Erfolgsaussicht bietet als die Fortsetzung der Therapie im Maßregelvollzug (BayObLG, Beschl. v. 16.8.2023 – 203 VAs 88/23; OLG Stuttgart, Beschl. v. 3.4.2020 – 4 VAs 4/20). Dies erscheint aufgrund des klaren Wortlauts des § 35 Abs. 1 BtMG, der die Zurückstellung der Unterbringung ausdrücklich vorsieht, problematisch.

181 **5.a) Zuständig** zur Entscheidung über die Aussetzungsentscheidungen ist das **Gericht des ersten Rechtszuges** (§ 36 Abs. 5 S. 1 BtMG). Abweichend von § 88 Abs. 1 JGG gilt dies auch im Jugendverfahren (BGHSt 32, 58).

182 **b)** Das Gericht entscheidet durch **Beschluss** ohne mündliche Verhandlung. Gem. § 36 Abs. 5 S. 2 BtMG sind die Vollstreckungsbehörde, der Verurteilte und die behandelnden Personen oder Einrichtungen jedoch zu hören. Vor Abschluss der Therapie wird über eine Strafaussetzung nur auf Antrag des Verurteilten entschieden; danach ergeht die Entscheidung hingegen von Amts wegen (MüKo-StGB/*Kornprobst*, § 36 BtMG Rn 90). Spätestens mit der Entscheidung über eine Strafaussetzung muss auch über die Anrechnung von Therapiezeiten (Rdn 103), entschieden werden, da ansonsten die Höhe der auszusetzenden Reststrafe nicht feststünde (OLG Frankfurt NStZ-RR 1998,77).

183 Gem. § 36 Abs. 4 BtMG geltend zur **Ausgestaltung** der **Bewährung**, insbesondere zur Bewährungszeit sowie zur Erteilung von Auflagen und Weisungen die §§ 56a–56g StGB entsprechend; im Jugendstrafrecht gelten über § 38 BtMG die §§ 22–26a JGG.

Gem. § 36 Abs. 5 S. 3 BtMG ist gegen die Entscheidung des Gerichtes die **sofortige Beschwerde** statthaft, die binnen einer Woche nach Bekanntmachung der Entscheidung einzulegen ist (§ 311 Abs. 2, § 35 StPO; zur sofortigen Beschwerde *Burhoff*, EV, Rn 4289; Burhoff/*Kotz/Hillenbrand*, RM, Teil A Rn 550 ff.). 184

Siehe auch: → *BtM-Verfahren, Zurückstellung, Allgemeines*, Teil B Rdn 97 m.w.N.

BtM-Verfahren, Zurückstellung, Mitteilungs- und Nachweispflichten 185

Das Wichtigste in Kürze:

1. § 35 Abs. 4 BtMG normiert sowohl für den Verurteilten als auch für die behandelnden Personen und Einrichtungen besondere Mitteilungs- und Nachweispflichten.
2. Der Verurteilte ist gem. § 35 Abs. 4 Hs. 1 BtMG verpflichtet, zu Zeitpunkten, die die Vollstreckungsbehörde nach ihrem Ermessen festsetzt, den Nachweis über die Aufnahme und über die Fortführung der Behandlung zu erbringen.
3. Im Gegensatz zu den Mitteilungspflichten des Verurteilten sind die behandelnden Personen oder Einrichtungen gem. § 35 Abs. 4 Hs. 2 BtMG nur verpflichtet, einen Therapieabbruch mitzuteilen, nicht hingegen den Nichtantritt der Therapie.

Literaturhinweise: s. die Hinweise bei → *BtM-Verfahren, Zurückstellung, Allgemeines*, Teil B Rdn 98. 186

1. § 35 Abs. 4 BtMG normiert sowohl für den Verurteilten (Rdn 188) als auch für die behandelnden Personen und Einrichtungen besondere Mitteilungs- und Nachweispflichten (Rdn 189 ff.). 187

2. Der **Verurteilte** ist gem. § 35 Abs. 4 Hs. 1 BtMG verpflichtet, zu Zeitpunkten, die die Vollstreckungsbehörde nach ihrem Ermessen festsetzt, den Nachweis über die Aufnahme und über die Fortführung der Behandlung zu erbringen. Die Nachweispflicht soll den ordnungsgemäßen Ablauf der Behandlung gewährleisten und rechtzeitige Interventionen der Vollstreckungsbehörde bei Unregelmäßigkeiten ermöglichen (BT-Drucks 8/4283, S. 8). Die Nachweispflicht besteht nur, wenn die Vollstreckungsbehörde bestimmte Zeitpunkte dafür festgesetzt hat; von sich aus muss der Verurteilte nicht tätig werden (MüKo-StGB/*Kornprobst*, § 35 BtMG Rn 182). Auch wenn der Nachweis nach dem Gesetzeswortlaut von dem Verurteilten zu erbringen ist, reicht in der Regel eine schriftliche Bestätigung der Therapieeinrichtung aus. Der Inhalt der Nachweispflicht wird in § 35 Abs. 4 Hs. 1 BtMG abschließend beschrieben. Danach sind lediglich die Aufnahme und die Fortführung der Behandlung nachzuweisen. Ein Nachweis über die Fortschritte der Therapie oder sonstige Interna der Behandlung sind nicht vorgeschrieben. Es genügt, wenn die äußere Fortsetzung der Behandlung belegt wird (Weber/Kornprobst/Maier/Dietsch/*Weber/Dietsch*, § 35 Rn 230). 188

☝ Davon zu **unterscheiden** sind aber weitere ggf. angeordnete Auskunfts- und Mitteilungspflichten im Rahmen zulässiger Auflagen und Bedingungen des Zurückstellungsbescheides, die die Erfüllung der gesetzlichen Voraussetzungen der Zurückstellung sicherstellen sollen (→ *BtM-Verfahren, Zurückstellung, Verfahren,* Teil B Rdn 212).

Erbringt der Verurteilte den Nachweis über die Aufnahme und die Fortführung der Behandlung nicht zu den festgesetzten Zeitpunkten, so kann die Zurückstellung der Vollstreckung gem. § 35 Abs. 5 S. 1 BtMG widerrufen werden (→*BtM-Verfahren, Zurückstellung, Widerruf*, Teil B Rdn 226).

3. Im Gegensatz zu den Mitteilungspflichten des Verurteilten sind die **behandelnden Personen** oder **Einrichtungen** gem. § 35 Abs. 4 Hs. 2 BtMG nur verpflichtet, einen Therapieabbruch mitzuteilen, nicht hin- 189 gegen den Nichtantritt der Therapie. Diese Mitteilungspflicht der behandelnden Personen durchbricht ihre berufliche Schweigepflicht gem. § 203 StGB, so dass sie sich durch die Mitteilung nicht strafbar machen (Weber/Kornprobst/Maier/Dietsch/*Weber/Dietsch*, § 35 Rn 252). Durch die Kollision zwischen betäubungsmittelrechtlicher Meldepflicht und beruflicher Schweigepflicht ergibt sich aber, dass der Umfang der Meldepflicht eng auszulegen ist (*Malek*, 5. Kap. Rn 64) und der Vollstreckungsbehörde nur die Tatsache, nicht aber die Gründe des Behandlungsabbruchs in der Regel mitzuteilen sind (*Malek*, 5. Kap. Rn 64). Der Gegenansicht (Patzak/Fabricius/*Fabricius*, § 35 Rn 424; MüKo-StGB/*Kornprobst*, § 35 BtMG Rn 195), die vertreten, es sei auch eine Mitteilung der Hintergründe des Abbruchs notwendig, um sachgerecht und differenziert über die Möglichkeiten des Widerrufs und/oder den Erlass eines Vollstreckungshaftbefehls oder eben mildere Maßnahmen entscheiden zu können, ist nicht zu folgen. Weitergehende Mitteilungspflichten zu den Hintergründen des Abbruchs lassen sich schon dem Wortlaut des § 35 Abs. 4 Hs. 2 BtMG, der eben aufgrund der o.g. Kollision mit der Schweigepflicht eng auszulegen ist, nicht entnehmen.

190 **Mitzuteilen** ist zudem auch **nur** ein **endgültiger Abbruch** der **Therapie**, nicht aber jeder Rückfall und jedes kurzfristige Verlassen der Behandlungseinrichtung gegen den Willen der behandelnden Personen. Wann ein solch endgültiger Abbruch vorliegt, ist im Gesetz nicht definiert. Als endgültige Abbruch ist nach allgemeiner Ansicht aber erst ein Verhalten zu verstehen, aus dem der Schluss gezogen werden kann, dass der Proband die Therapie nicht fortsetzen bzw. die Therapieeinrichtung die Behandlung des Patienten nicht fortsetzen will (OLG Koblenz NStZ 1995, 294; LG Mannheim StraFo 2005, 523). Dies ist nicht anhand einer schematischen Abwesenheitsdauer (*Adams-Eberth* NStZ 1983, 197 nennen eine 7-Tage-Frist; *Pfeil/Hempel/Schiedermair/Slotty*,§ 35 Rn 51 nennen im Falle ambulanter Therapie das Fernbleiben an drei aufeinanderfolgenden Behandlungstagen), sondern flexibel anhand der Umstände des Einzelfalls zu bewerten (MüKo-StGB/*Kornprobst*, § 35 BtMG Rn 190), so dass dem Therapeuten im Zweifelsfall ein Ermessen für die Beurteilung zusteht, ob bei eigenmächtiger Entfernung des Patienten noch ein Fortsetzungswille vorliegt oder ein mitteilungsbedürftiger Abbruch der Behandlung.

☝ Erhält der **Verteidiger Kenntnis** von einem Rückfall, einer Abwesenheit von der Therapieeinrichtung oder gar einem **Abbruch** der **Therapie**, so ist **Eile geboten** und umgehend die Motivation mit dem Mandanten abzuklären. Denn oftmals wird das Verhalten des Mandanten seitens der Therapieeinrichtung und/oder der Vollstreckungsbehörde vorschnell als Abbruch der Therapie gewertet, obwohl der Mandant weiter therapiemotiviert ist. Neben einem (kurzfristigen) Rückfall sind oftmals Probleme mit Mitpatienten oder dem konkreten Therapeuten Hintergrund einer kurzfristigen Unterbrechung oder eines Abbruchs. Um in solchen Fällen einen Widerruf der Zurückstellung zu verhindern, muss der Verteidiger umgehend Kontakt zur Vollstreckungsbehörde und gegebenenfalls zur Therapieeinrichtung und/oder örtlichen Drogenberatung aufnehmen und darlegen, dass der Mandant die Therapie wieder aufnimmt oder alsbald mit einer erneuten Behandlung begonnen wird. Denn ein Widerruf der Zurückstellung gem. § 35 Abs. 5 BtMG ist nur unter den kumulativen Voraussetzungen des Therapieabbruchs **und** der Erwartung, dass der Verurteilte nicht „alsbald eine Behandlung derselben Art beginnt oder wieder aufnimmt" zulässig. Teilweise bestehen auch Absprachen zwischen der örtlichen Drogenberatung und der Staatsanwaltschaft dahingehend, dass bei nachgewiesener zeitnaher Kontaktaufnahme zur erneuten Therapievermittlung und nachgewiesener ständiger Kontakthaltung, von einem Widerruf abgesehen wird.

Siehe auch: → *BtM-Verfahren, Zurückstellung, Allgemeines*, Teil B Rdn 97 m.w.N.; → *BtM-Verfahren, Zurückstellung, Verfahren*, Teil B Rdn 212; → *BtM-Verfahren, Zurückstellung, Widerruf*, Teil B Rdn 226.

BtM-Verfahren, Zurückstellung, Rechtsmittel 191

Das Wichtigste in Kürze:

1. Die Rechtsmittel im Zusammenhang mit den Zurückstellungs- und Widerrufsverfahren sind in den §§ 35 Abs. 2 und 35 Abs. 7 S. 2 BtMG geregelt.
2. Weigert sich das Gericht des ersten Rechtszuges die Zustimmung zur Zurückstellung der Strafe zu erteilen, so steht gem. § 35 Abs. 2 S. 1 BtMG nur der Vollstreckungsbehörde das Recht zur unbefristeten Beschwerde zu.
3. Gem. § 35 Abs. 2 S. 2 BtMG ist für den Verurteilten gegen die Versagung der Zurückstellung durch die Vollstreckungsbehörde der (umständliche) Rechtsweg nach §§ 23 ff. EGGVG zum OLG eröffnet.
4. Gem. § 35 Abs. 7 S. 2 BtMG kann der Verurteilte gegen die Widerrufsentscheidung der Vollstreckungsbehörde die Entscheidung des Gerichts des ersten Rechtszuges herbeiführen.

Literaturhinweise: s. die Hinweise bei → *BtM-Verfahren, Zurückstellung, Allgemeines*, Teil B Rdn 98. 192

1. Die Rechtsmittel im Zusammenhang mit den Zurückstellungs- und Widerrufsverfahren sind in den **§§ 35 Abs. 2 und 35 Abs. 7 S. 2 BtMG** geregelt (zum JGG-Verfahren → *Jugendliche, Vollstreckung, Jugendstrafe*, Teil B Rdn 825). 193

2. Für die **Rechtsmittel** gegen die **Verweigerung** der **Zustimmung** des **Gerichtes** zur **Zurückstellung** gilt nach § 35 Abs. 2 S. 1 BtMG: 194

a) Weigert sich das Gericht des ersten Rechtszuges die Zustimmung zur Zurückstellung der Strafe zu erteilen, so steht gem. § 35 Abs. 2 S. 1 BtMG nur der **Vollstreckungsbehörde** das Recht zur **unbefristeten Beschwerde** zugunsten des Verurteilten zu. Gleiches gilt, wenn das Gericht eine Stellungnahme verweigert, sich nicht eindeutig äußert (Patzak/Fabricius/*Fabricius*, § 35 Rn 268) oder eine bereits erteilte Zustimmung zurücknimmt (KG, Beschl. v. 27.11.2001 – 1 AR 1449/01). Der Verurteilte selbst hat keine unmittelbare Möglichkeit, gegen die verweigerte Zustimmung vorzugehen, sondern kann diese nur gem. § 35 Abs. 2 S. 2 BtMG später insgesamt mit der Ablehnung der Zurückstellung durch die Vollstreckungsbehörde anfechten. Gelangt die Vollstreckungsbehörde aber zu der Auffassung, die Versagung der Zustimmung des Gerichtes sei rechtswidrig, so darf sie den Zurückstellungsantrag nicht ohne weiteres ablehnen, sondern ist grds. verpflichtet, zunächst von Ihrer Beschwerdemöglichkeit (→ *BtM-Verfahren, Zurückstellung, Verfahren*, Teil B Rdn 212) gem. §§ 35 Abs. 2 S. 1 BtMG; 304 StPO Gebrauch zu machen (OLG Celle NStZ 1996, 304). 195

☝ Verweigert das Gericht die Zustimmung zur Zurückstellung, empfiehlt es sich für den Verteidiger deshalb in geeigneten Fällen durch **Kontaktaufnahme** mit der **Vollstreckungsbehörde** dort eine unverzügliche Beschwerdeeinlegung zu bewirken.

b) Ist im Verfahren nach **Jugendstrafrecht** der erstinstanzliche Jugendrichter auch Vollstreckungsbehörde (→ *BtM-Verfahren, Zurückstellung, Verfahren*, Teil B Rdn 212), steht das Beschwerderecht der GStA zu, da er verständlicherweise nicht Rechtsmittel bei sich selbst einlegen kann (OLG München NStZ 1993, 45). 196

c) Verfahren und Zuständigkeitsregelungen der Beschwerde der Vollstreckungsbehörde richten sich nach den allgemeinen Regeln der §§ 304 ff. StPO (zur Beschwerde *Burhoff*, EV, Rn 1164, und Burhoff/*Kotz/Hillenbrand*, RM, Teil A Rn 400 ff.). 197

3.a) Gem. § 35 Abs. 2 S. 2 BtMG ist für den Verurteilten gegen die Versagung der Zurückstellung durch die Vollstreckungsbehörde der (umständliche) **Rechtsweg nach §§ 23 ff. EGGVG** zum OLG eröffnet. Anfechtbar sind neben der Versagung der Zurückstellung auch die Untätigkeit der Vollstreckungsbehörde sowie die mit einem stattgebenden Zurückstellungsbescheid verbundenen, belastenden Nebenbestimmungen (→ *BtM-Verfahren, Zurückstellung, Verfahren*, Teil B Rdn 212; MüKo-StGB/*Kornprobst*, 198

§ 35 BtMG Rn 160; zum Antrag nach §§ 23 ff. EGGVG auch *Burhoff*, EV, Rn 622; Burhoff/*Schmitz-Clarner*, RM Teil B Rn 438 ff.).

199 **b)** Bevor das Gericht angerufen wird, ist die sog. **Vorschaltbeschwerde** gem. § 24 Abs. 2 EGGVG bei der zuständigen GStA durchzuführen (OLG Oldenburg StV 2000, 325). Dieser umständliche Weg ist insbesondere wenig hilfreich und **therapiefeindlich** in den Fallkonstellationen, in denen die Anfechtung lediglich wegen der versagten Zustimmung des Gerichtes des ersten Rechtszuges erfolgt. Da die GStA die gerichtliche Zustimmung nicht ersetzen, sondern höchstens zur eigenen Abhilfe auffordern kann, führt dies zu einer überflüssigen Verzögerung des Verfahrens. Sachgerecht ist es deshalb, dem Verurteilten den „Umweg" über die Vorschaltbeschwerde zu ersparen und ihm zu ermöglichen, das OLG unmittelbar anzurufen (s.a. KG, Beschl. v. 7.10.1998 – 4 VAs 21/98; MüKo-StGB/*Kornprobst*, § 35 BtMG Rn 162; *Malek*, 5. Kap. Rn 70; *Körner* NStZ 1995, 63). Die überwiegende Rspr. der Oberlandesgerichte hält aber dennoch an der Auffassung fest, dass auch in solchen Fällen das Vorschaltverfahren durchzuführen ist (OLG Hamm NStZ 1999, 626; OLG München NStZ 1993, 455; OLG Stuttgart StV 1994, 30; OLG Zweibrücken NStZ-RR 1999, 59). Die vorfristige Antragstellung auf gerichtliche Entscheidung ist jedoch unschädlich, wenn jedenfalls zum Zeitpunkt der obergerichtlichen Entscheidung über die Vorschaltbeschwerde entschieden ist (OLG Brandenburg, Beschl. v. 24.3.2025 – 1 Ws 135/24 (S)).

> Die Vorschaltbeschwerde kann sowohl bei der Vollstreckungsbehörde selbst als auch bei der GStA eingelegt werden. Sie ist **weder** an eine **Frist** gebunden, **noch** bedarf sie einer besonderen Form oder Begründung (MüKo-StGB/*Kornprobst*, § 35 BtMG Rn 163).

200 Hält die GStA die **Vorschaltbeschwerde** für **begründet**, so wird der Vorschaltbeschwerde entsprochen, der Vollstreckungsbescheid aufgehoben und die Vollstreckungsbehörde verpflichtet, nach Maßgabe des Beschwerdebescheides den Antragsteller neu zu bescheiden (Patzak/Fabricius/*Fabricius*, § 35 Rn 364). Ist nur einer der Ablehnungsgründe fehlerhaft, kann die GStA auch lediglich die Akten mit Bitte um Überprüfung der dortigen Entscheidung an die Staatsanwaltschaft zurücksenden (Patzak/Fabricius/*Fabricius*, § 35 Rn 365). Die GStA ist befugt, die angegriffene Entscheidung einer umfassenden Prüfung zu unterziehen und ist nicht darauf beschränkt, lediglich die Einhaltung der Ermessensgrenzen zu beurteilen (MüKo-StGB/*Kornprobst*, § 35 BtMG Rn 163).

201 Hält die GStA die **Vorschaltbeschwerde** für **unbegründet**, erlässt sie einen Verwerfungsbeschluss, der mit einer Rechtsmittelbelehrung zu versehen ist.

▼

202 An die

Generalstaatsanwaltschaft

Musterstadt

In der Strafvollstreckungssache

gegen M. Muster

Az.:

lege ich gem. §§ 24 Abs. 2 EGGVG, 21 Abs. 1 Nr. 1 StrVollstrO gegen die Verfügung der Staatsanwaltschaft Musterdorf vom

(Vorschalt-) Beschwerde

ein mit dem Antrag,

die angefochtene Verfügung der Staatsanwaltschaft Musterdorf vom aufzuheben und dem Zurückstellungsantrag des Verurteilten vom zu entsprechen.

Gründe:

Mit Antrag vom hat der Verurteilte gem. § 35 BtMG die Zurückstellung der Strafvollstreckung der Freiheitsstrafe i.H.v. 2 Jahren wegen Besitzes von Betäubungsmitteln in nicht geringer Menge aus dem Urteil des Landgerichts X vom beantragt (Anlage).

Die Voraussetzungen der Zurückstellung liegen vor, die abgeurteilten Straftaten sind aufgrund von Betäubungsmittelabhängigkeit begangen worden, ein Therapieplatz liegt vor, die Kostenzusage wurde erteilt und der Verurteilte hat seine Therapiebereitschaft erklärt.

Die Staatsanwaltschaft Musterdorf hat mit der angefochtenen Verfügung trotzdem die Zurückstellung abgelehnt mit der Begründung, angesichts der vielen Vorstrafen des Verurteilten stehe die nun verwirklichte Tatschuld einer Zurückstellung der der Strafvollstreckung entgegen. (Anlage)

Die Ablehnung der Zurückstellung ist ermessensfehlerhaft. Erwägungen zum Ausmaß der Tatschuld, insbesondere zu Anzahl und Schwere der der Verurteilung zugrunde liegenden Taten, rechtfertigen keine Ablehnung. Mit der 2-Jahres-Grenze hat der Gesetzgeber eine abschließende Regelung zum Unrechts- und Schuldgehalt der Taten getroffen (OLG Karlsruhe StV 1983, 112).

Rechtsanwalt

▲

c) Gegen den (ablehnenden) Beschluss der Vorschaltbeschwerde kann sodann gem. § 23 EGGVG **Antrag** 203
auf **gerichtliche Entscheidung** gestellt werden. Zuständig ist gem. § 25 Abs. 1 EGGVG das OLG, in dessen Bezirk die Vollstreckungsbehörde ihren Sitz hat. Der Antrag ist gem. § 26 Abs. 1 EGGVG binnen einer **Frist** von **einem Monat** nach Zustellung der Entscheidung der GStA **schriftlich** oder zur Niederschrift zu Protokoll der Geschäftsstelle zu erheben und mit einer **Begründung** unter Darlegung der Rechtsverletzung zu versehen. Die bloße Behauptung einer Rechtsverletzung reicht jedoch nicht aus. Notwendig ist eine die Schlüssigkeitsprüfung ermöglichende Sachdarstellung, aus der sich eine Rechtsverletzung durch den angegriffenen Bescheid ergeben kann (OLG Brandenburg, Beschl. v. 24.3.2025 – 1 Ws 135/24 (S); OLG Frankfurt, Beschl. v. 19.8.2005 – 3 VAs 36/05).

Im Gegensatz zur GStA im Rahmen der Vorschaltbeschwerde kann das **OLG** im Rahmen des Antrags auf 204
gerichtliche Entscheidung gem. § 28 Abs. 3 EGGVG die angefochtene Entscheidung der Vollstreckungsbehörde lediglich daraufhin überprüfen, ob die gesetzlichen Grenzen des **Ermessens überschritten** wurden oder die Vollstreckungsbehörde in einer dem Zweck der Ermächtigung nicht entsprechenden Weise Gebrauch gemacht hat (OLG Frankfurt NStZ-RR 2000, 152; OLG Karlsruhe StV 2010, 148). Dabei überprüft das Rechtsbeschwerdegericht auch, ob die Vollstreckungsbehörde ihrem Bescheid einen zutreffend und vollständig ermittelten Sachverhalt zugrunde gelegt und die maßgebenden Tatsachen und Erwägungen mitgeteilt hat. Bei unzureichender bzw. lückenhafter Begründung muss der Bescheid aufgehoben werden (BayObLG v. 23.9.2025 – 203 VA 198/25). Eine **Ermessensreduzierung** auf **Null** ist regelmäßig anzunehmen, wenn sämtliche Voraussetzungen der Zurückstellung gem. § 35 BtMG erfüllt sind (OLG Karlsruhe NStZ 2008,576).

☝ Obwohl in vielen anderen Bereichen des Rechts angesichts der eingeschränkten Überprüfungsmöglichkeit von Ermessensentscheidungen oftmals Erfolglosigkeit vorherrscht, ist angesichts der Vielzahl der veröffentlichten, für den Verurteilten positiven Entscheidungen festzustellen, dass die Ablehnung der Zurückstellung der Strafvollstreckung häufig ermessensfehlerhaft ist (Apfel/Strittmatter/*Apfel*, Rn 1038; zu den in der Praxis häufig vorkommenden Ermessensfehlern → *BtM-Verfahren, Zurückstellung, Verfahren,* Teil B Rdn 212.

Erkennt das **OLG** einen **(Ermessens-)Fehler**, der eine andere Beurteilung der Entscheidung gebietet, 205
weist es die Vollstreckungsbehörde an, unter Berücksichtigung der Rechtsauffassung des Gerichtes neu zu entscheiden (OLG Stuttgart NStZ-RR 2001, 343).

▼

206 An das

B.3

Oberlandesgericht

Musterstadt

in der Strafvollstreckungssache

gegen

H. Muster

Az.:

stelle ich den Antrag auf

gerichtliche Entscheidung

und beantrage gem. § 23 EGGVG

1. die Verfügung der Staatsanwaltschaft Musterdorf vom sowie der hierzu von der Generalstaatsanwaltschaft Musterstadt erlassene Bescheid vom werden aufgehoben.
2. Die Staatsanwaltschaft Musterdorf wird verpflichtet, den Antragsteller unter Beachtung der Rechtsauffassung des erkennenden Senats erneut zu bescheiden.

Gründe:

Mit Antrag vom hat der Verurteilte gem. § 35 BtMG die Zurückstellung der Strafvollstreckung der Freiheitstrafe i.H.v. 2 Jahren wegen Besitzes von Betäubungsmitteln in nicht geringer Menge aus dem Urteil des Landgerichts X vom beantragt (Anlage).

Die Voraussetzungen der Zurückstellung liegen vor, die abgeurteilten Straftaten sind aufgrund von Betäubungsmittelabhängigkeit begangen worden, ein Therapieplatz liegt vor, die Kostenzusage wurde erteilt und der Verurteilte hat seine Therapiebereitschaft erklärt.

Die Staatsanwaltschaft Musterdorf hat mit der angefochtenen Verfügung trotzdem die Zurückstellung abgelehnt mit der Begründung, angesichts der vielen Vorstrafen des Verurteilten stehe die nun verwirklichte Tatschuld einer Zurückstellung der der Strafvollstreckung entgegen. (Anlage)

Mit Bescheid vom , eingegangen beim Unterzeichner am hat die Generalstaatsanwaltschaft Musterstadt es im Rahmen des Vorschaltbeschwerdeverfahrens abgelehnt, die Verfügung der Staatsanwaltschaft aufzuheben und dem Zurückstellungsantrag des Verurteilten zu entsprechen. (Anlage)

Die Ablehnung der Zurückstellung ist ermessensfehlerhaft. Erwägungen zum Ausmaß der Tatschuld, insbesondere zu Anzahl und Schwere der der Verurteilung zugrunde liegenden Taten, rechtfertigen keine Ablehnung. Mit der 2-Jahres-Grenze hat der Gesetzgeber eine abschließende Regelung zum Unrechts- und Schuldgehalt der Taten getroffen (OLG Karlsruhe StV 1983, 112).

Die Ablehnung der Zurückstellung verletzt den Antragsteller deshalb in seinen Rechten.

Rechtsanwalt

▲

4.a) Gem. § 35 Abs. 7 S. 2 BtMG kann der Verurteilte gegen die **Widerrufsentscheidung** der Vollstreckungsbehörde die **Entscheidung** des **Gerichts** des **ersten Rechtszuges** herbeiführen. In Jugendsachen ist für die gerichtliche Entscheidung gem. § 38 Abs. 1 BtMG, § 83 Abs. 2 Nr. 1, Abs. 3 S. 2 JGG die Jugendkammer zuständig (→ *Zurückstellung, Widerruf*, Teil B Rdn 226). 207

☝ Der Antrag auf gerichtliche Entscheidung entfaltet keinen Suspensiveffekt, so dass die Strafvollstreckung fortgesetzt werden kann (§ 35 Abs. 7 S. 3 BtMG).

Der Antrag ist an **keine Form** oder **Frist** gebunden. Das Gericht entscheidet nach Anhörung des Verurteilten und der Staatsanwaltschaft ohne mündliche Verhandlung durch Beschluss (§ 35 Abs. 7 S. 4 BtMG, § 462 StPO). Gleichwohl ist das Gericht nicht gehindert, die Beteiligten noch mündlich anzuhören, wenn es auf den persönlichen Eindruck ankommt (Weber/Kornprobst/Maier/Dietsch/*Weber/Dietsch,* § 35 Rn 299). Wenn jedoch die Therapiewilligkeit des Verurteilten im Rahmen einer Gesamtbetrachtung nach Aktenlage nicht eindeutig zu bewerten ist, kann der persönliche Eindruck des Verurteilten anlässlich einer Anhörung so erforderlich sein, dass auf diese zur Beurteilung der Therapiewilligkeit nicht verzichten werden kann. Die ermessensfehlerhaft unterlassene persönliche Anhörung stellt dann einen nicht behebbaren Verfahrensmangel dar, der zur Aufhebung des angefochtenen Beschlusses und Zurückverweisung der Sache durch das Beschwerdegericht führt (OLG Hamm, Beschl. v. 28.4.2025 – III-1 Ws 110/25). 208

b) Gegen die gerichtliche Entscheidung kann nochmals **sofortige Beschwerde** gem. § 35 Abs. 7 S. 4 BtMG i.V.m. §§ 461 Abs. 3, 311 StPO eingelegt werden, die nur bei Einlegung durch die Vollstreckungsbehörde aufschiebende Wirkung entfaltet (zur sofortigen Beschwerde *Burhoff*, EV, Rn 4289 ff.; Burhoff/*Kotz/Hillenbrand*, RM, Teil A Rn 550 ff.). 209

Im Fall des Widerrufsgrundes der **Verletzung** von **Nachweispflichten** ist der Vollstreckungsbehörde für den Fall der nachträglichen Erbringung von Behandlungsnachweisen gem. § 35 Abs. 5 S. 2 BtMG ein Ermessen zum Widerruf eingeräumt, so dass das Gericht in Bezug auf diesen Widerrufsgrund die Entscheidung nur beschränkt auf Ermessensfehler hin überprüft. 210

Da **alle anderen Widerrufsgründe** der §§ 35 Abs. 5 und 6 BtMG zwingend zum Widerruf führen, entscheidet das Gericht in diesen Fällen in vollem Umfang, ob die Voraussetzungen des Widerrufs vorlagen. Dabei ist stets nach aktueller Sach- und Rechtslage zu entscheiden, so dass zwischenzeitliche Veränderungen zu berücksichtigen sind (Apfel/Strittmatter/*Apfel*, Rn 1048). 211

☝ Für den **Verteidiger empfiehlt** es sich deshalb in solchen Fällen unbedingt, den Antrag auf gerichtliche Entscheidung zu begründen, sofern seit dem Widerruf positive Umstände vorliegen, wie z.B. das Bemühen um einen Therapieplatz, Stabilisierung der Lebensverhältnisse, durch Screenings nachgewiesene Abstinenz, situative Erklärung für einen Abbruch, sprich Umstände, die, hätten sie früher vorgelegen, einen Widerruf verhindert hätten (Apfel/Strittmatter/*Apfel*, Rn 1048).

Siehe auch: → *BtM-Verfahren, Zurückstellung, Allgemeines*, Teil B Rdn 97 m.w.N.; → *Beschwerde, Gebühren*, Teil J Rdn 41; → *Vergütung in Verfahren nach §§ 23 ff. EGGVG*, Teil J Rdn 419.

212 BtM-Verfahren, Zurückstellung, Verfahren

Das Wichtigste in Kürze:

1. Voraussetzung, das Zurückstellungsverfahren in Gang zu bringen, ist stets ein **Antrag des** Verurteilten.
2. Der Antrag ist bei der für die Zurückstellung der Strafvollstreckung zuständigen Vollstreckungsbehörde zu stellen.
3. Ist die Zustimmung des Gerichts des ersten Rechtszugs nicht bereits vorab in der HV oder im Urteil erteilt worden, hat die Vollstreckungsbehörde die Stellungnahme des Gerichtes einzuholen.
4. Liegen mehrere (rückstellungsfähige) Freiheitsstrafen unterschiedlicher Vollstreckungsbehörden vor, muss die Vollstreckungsbehörde prüfen, ob auch diese einer Sachbehandlung nach § 35 BtMG zugänglich sind.
5. Liegen nicht sämtliche Voraussetzungen der Zurückstellung vor, so hat die Vollstreckungsbehörde den Antrag abzulehnen, ohne dass ihr insoweit ein Ermessensspielraum zusteht.
6. Gibt die Vollstreckungsbehörde der beantragten Zurückstellung statt, so ist die Dauer der Zurückstellung auf einen Zeitraum von längstens zwei Jahren begrenzt.
7. Die Vollstreckungsbehörde kann bei positiver Zurückstellungsentscheidung die Zurückstellung analog § 36 VwVfG mit Nebenbestimmungen versehen.

213 **Literaturhinweise:** s. die Hinweise bei → *BtM-Verfahren, Zurückstellung, Allgemeines*, Teil B Rdn 98.

214 **1.** Voraussetzung, das Zurückstellungsverfahren in Gang zu bringen, ist stets ein **Antrag des Verurteilten** (→*BtM-Verfahren, Zurückstellung, Antragsvoraussetzungen,* Teil B Rdn 130); eine Prüfung der Zurückstellungsvoraussetzungen mittels eines Verfahrens von Amts wegen ist nicht vorgesehen (MüKo-StGB/*Kornprobst*, § 35 BtMG Rn 110; zum JGG-Verfahren → *Jugendliche, Vollstreckung, Jugendstrafe*, Teil B Rdn 825).

215 **2.** Der Antrag ist bei der für die Zurückstellung der Strafvollstreckung **zuständigen Vollstreckungsbehörde** zu stellen. Dies ist bei Verurteilungen nach allgemeinem Strafrecht gem. § 451 StPO, § 4 StVollstrO unabhängig vom Aufenthalt des Verurteilten die **StA**, die für das Strafverfahren örtlich zuständig war. Bei einer Verurteilung nach Jugendstrafrecht ist gem. § 82 Abs. 1 JGG der **Jugendrichter** als **Vollstreckungsleiter** zuständig. Ist der Verurteilte bereits in eine Jugendstrafanstalt aufgenommen, geht die Zuständigkeit auf den Jugendrichter eines in der Nähe der Jugendstrafanstalt gelegenen Amtsgerichts über (§ 85 Abs. 2 JGG). Sind der Jugendrichter des ersten Rechtszuges und der Vollstreckungsleiter identisch, entfällt die Zurückstellungsvoraussetzung der „Zustimmung des Gerichtes" (→*BtM-Verfahren, Zurückstellung, Antragsvoraussetzungen,* Teil B Rdn 130). Letzteres gilt jedoch nicht, wenn die Jugendkammer Gericht des ersten Rechtszuges war (OLG Karlsruhe NStZ 1986, 288) oder ein Zuständigkeitsübergang gem. § 85 Abs. 2 JGG stattgefunden hat. Dann hat der Vollstreckungsleiter ebenfalls die Zustimmung des Gerichts des ersten Rechtszuges einzuholen (*Malek*, 5. Kap. Rn 51).

216 **3.** Ist die **Zustimmung** des **Gerichts** des **ersten Rechtszugs** nicht bereits vorab in der HV oder im Urteil erteilt worden (→*BtM-Verfahren, Zurückstellung, Antragsvoraussetzungen,* Teil B Rdn 130), hat die Vollstreckungsbehörde die Stellungnahme des Gerichtes einzuholen. Verweigert das Gericht die Zustimmung zur Zurückstellung, so steht der Vollstreckungsbehörde gem. § 35 Abs. 2 S. 1 BtMG dagegen die Beschwerde gem. § 304 StPO zu. Dem Verurteilten selbst steht kein eigenes Beschwerderecht gegen die Versagung der Zustimmung zu, ihm steht lediglich gem. § 35 Abs. 2 S. 2 BtMG die Möglichkeit offen, die Versagung der Zurückstellung später insgesamt anzufechten. (→*BtM-Verfahren, Zurückstellung, Rechtsmittel,* Teil B Rdn 191).

217 **4.** Liegen **mehrere (rückstellungsfähige) Freiheitsstrafen unterschiedlicher Vollstreckungsbehörden** vor, muss die Vollstreckungsbehörde prüfen, ob auch diese einer Sachbehandlung nach § 35

BtMG zugänglich sind. Gegebenenfalls soll sie den Verurteilten auf die Möglichkeit hinweisen, auch dort eine Zurückstellung zu beantragen. Sofern die Strafen von verschiedenen Staatsanwaltschaften bzw. Jugendrichtern vollstreckt werden, bedarf es der gegenseitigen Information und Abstimmung, um zu vermeiden, dass in einem Verfahren die Vollstreckung zurückgestellt und in einem anderen die Zurückstellung verweigert wird (MüKo-StGB/*Kornprobst*, § 35 BtMG Rn 126). Es empfiehlt sich insoweit, bei mehreren gestellten Zurückstellungsanträgen jeweils unter Nennung des Aktenzeichens auf die Parallelverfahren bei anderen Vollstreckungsbehörden hinzuweisen.

☝ Um unterschiedliche Entscheidungen unterschiedlicher Behörden zu vermeiden, sollte der Verteidiger ggf. schon vor oder gleichzeitig mit dem Zurückstellungsantrag gem. § 451 Abs. 3 StPO die **Abgabe** der Vollstreckungszuständigkeit an eine einheitliche Behörde **anregen**.

5.a) Liegen **nicht sämtliche Voraussetzungen** der Zurückstellung (→ *BtM-Verfahren, Zurückstellung, Antragsvoraussetzungen*, Teil B Rdn 130) vor, so hat die Vollstreckungsbehörde den **Antrag abzulehnen**, ohne dass ihr insoweit ein Ermessensspielraum zusteht. Lediglich das Fehlen bzw. die Verweigerung der Zustimmung des Gerichtes des ersten Rechtszuges stellt keinen hinreichenden Ablehnungsgrund dar. Gelangt die Staatsanwaltschaft zu der Auffassung, die Versagung der Zustimmung des Gerichtes sei rechtswidrig, so darf sie den Zurückstellungsantrag nicht ohne weiteres ablehnen, sondern ist grds. verpflichtet, zunächst von Ihrer Beschwerdemöglichkeit (→ *BtM-Verfahren, Zurückstellung, Rechtsmittel*, Teil B Rdn 191) gem. §§ 35 Abs. 2 S. 1 BtMG; 304 StPO Gebrauch zu machen (OLG Celle NStZ 1996, 304). 218

b) Liegen die Voraussetzungen der Zurückstellung sämtlich vor, steht die Entscheidung über die **Zurückstellung im Ermessen** der Vollstreckungsbehörde. Einen Anspruch auf die Zurückstellung der Strafvollstreckung hat der Verurteilte nicht, sondern lediglich auf ermessensfehlerfreie Entscheidung (OLG Hamm NStZ 1982, 483). Es ist jedoch regelmäßig eine **Ermessensreduzierung auf null** anzunehmen, wenn sämtliche Voraussetzungen der Zurückstellung gem. § 35 BtMG erfüllt sind (OLG Karlsruhe NStZ 2008,576). 219

☝ In der Praxis kommt es immer wieder zu einem dem Sinn der §§ 35 ff. BtMG zuwiderlaufenden Ermessensfehlgebrauch der Vollstreckungsbehörden, so dass der Verteidiger sich mit den typischen Ermessensfehlern auseinandersetzen muss.

Eine ablehnende Entscheidung ist regelmäßig dann ermessensfehlerhaft, wenn Gesichtspunkte berücksichtigt werden, die nach Sinn und Zweck des § 35 BtMG unberücksichtigt bleiben müssen oder umgekehrt maßgebliche Aspekte außer Acht gelassen werden oder die Entscheidung von unzutreffenden tatsächlichen oder rechtlichen Voraussetzungen ausgeht (OLG Karlsruhe StV 2003, 287).

c) Typisch und häufiger vorkommend sind insbesondere folgende **Ermessensfehler**: 220

Beispielsfälle:

- Erwägungen zum **Ausmaß der Tatschuld**, insbesondere zu Anzahl und Schwere der der Verurteilung zugrunde liegenden Taten, rechtfertigen keine Ablehnung. Mit der Zweijahresgrenze (→ *BtM-Verfahren, Zurückstellung, Antragsvoraussetzungen*, Teil B Rdn 130) hat der Gesetzgeber eine abschließende Regelung zum Unrechts-und Schuldgehalt der Taten getroffen (OLG Karlsruhe StV 1983, 112).
- Ermessensfehlerhaft ist es zudem, die Vollstreckung allein deswegen zu versagen, weil aus **mehreren Freiheitsstrafen** insgesamt noch Freiheitsstrafe von mehr als zwei Jahren nicht vollstreckt ist. Weder Anzahl noch Höhe der noch zu vollstreckenden Strafen bzw. Strafreste dürfen als eigenständige Gesichtspunkte in die Ermessensentscheidung einfließen, da auch solche Erwägungen an das Ausmaß der Tatschuld anknüpfen (OLG Karlsruhe StV 2003, 287).

- Ebenso steht das Vorliegen **neuer Ermittlungsverfahren und/oder Anklageschriften** einer Zurückstellung nicht ohne weiteres entgegen, wenn in diesen Verfahren auch eine Zurückstellung in Betracht kommt (OLG Hamm StV 2006, 587; → *BtM-Verfahren, Zurückstellung, Antragsvoraussetzungen*, Teil B Rdn 130). Bei Anwendung von Jugendstrafrecht ist die Möglichkeit des § 31 Abs. 3 JGG zu beachten, auf eine gesonderte Rechtsfolge ohne Einbeziehung der schon abgeurteilten Straftaten zu erkennen, um eine Einheitsjugendstrafe von mehr als 2 Jahren zu vermeiden (AG Eilenburg, Beschl. v. 15.11.2024 – 8 VRJs 91/22).
- Eine **ungünstige Sozialprognose** kann keinen Versagungsgrund darstellen, denn bei rechtskräftigen Freiheitsstrafen bis zu zwei Jahren ist die ungünstige Sozialprognose quasi Voraussetzung der Zurückstellung, § 35 BtMG ist gerade für Fälle gedacht, in denen die Voraussetzungen einer Strafaussetzung zur Bewährung nicht erfüllt sind und soll auch „Risikopatienten" eine Therapiechance eröffnen (OLG Karlsruhe NStZ 2008, 576; OLG Zweibrücken StV 2000, 157).
- Zweifel der Vollstreckungsbehörde an einer hinreichenden und **ernsthaften Therapiebereitschaft** (→*BtM-Verfahren, Zurückstellung, Antragsvoraussetzungen*, Teil B Rdn 130) rechtfertigen keine Versagung der Zurückstellung, da eine tragfähige Motivation gerade das erstrebte Ergebnis, nicht aber die Voraussetzung therapeutischer Bemühungen ist (BGH NStZ-RR 2013, 239; OLG Zweibrücken StV 2000, 157). So können Verhaltensweisen wie etwa Arbeitsscheu, Passivität oder Verwahrlosung, die als Krankheitssymptome der Drogensucht anzusehen sind, nicht gegen eine ernsthafte Therapiebereitschaft herangezogen werden (*Malek*, 5. Kap. Rn 57).
- Ermessensfehlerhaft ist auch die Begründung einer Ablehnungsentscheidung mit dem Argument, der Verurteilte habe **erst unter** dem **Druck** der sonst **drohenden Freiheitsstrafe Bereitschaft** zur **Therapie** gezeigt (OLG Hamm NStZ 1982, 485), weil die (zunächst) fehlende Behandlungsmotivation geradezu charakteristisch für Betäubungsmittelabhängigkeit ist (OLG Karlsruhe StV 1999, 443).
- Regelmäßig darf die Zurückstellung auch **nicht** von **den Erfolgsaussichten** der **beabsichtigten Therapie** abhängen (OLG Hamburg StV 1998, 390). Die Gefahr des Misserfolgs einer Therapie ist in der Regel hinzunehmen, da das Gesetz die Zurückstellung der Strafvollstreckung – etwa im Gegensatz zu den Regelungen der Reststrafaussetzung (§§ 57, 57a StGB) gerade nicht auf Fälle günstiger Therapieprognosen beschränkt (OLG Frankfurt NStZ-RR 2000, 152; BT-Drucks 8/4283, S. 7). Nur wenn aufgrund zwingender Tatsachen kein vernünftiger Zweifel an der fehlenden Therapieaussicht besteht, kann deswegen die Zurückstellung abgelehnt werden (OLG Karlsruhe NStZ 2008, 576); dann aber müssen die dieser Beurteilung zugrunde liegenden Erwägungen und Tatsachen im Ablehnungsbescheid mitgeteilt werden (OLG Karlsruhe StV 1983, 112).

☝ **Nicht** zu **verwechseln** mit der Beurteilung der individuellen Erfolgsaussichten der Therapie ist aber die Frage, ob die vorgesehene **Behandlung grds. geeignet** erscheint, den angestrebten Erfolg zu fördern (→ *BtM-Verfahren, Zurückstellung, Antragsvoraussetzungen*, Teil B Rdn 130). Die grds. Eignung einer Therapie ist von der Vollstreckungsbehörde zu prüfen, wobei hier ein gewisser Beurteilungsspielraum eingeräumt ist (OLG Karlsruhe NStZ-RR 2005, 57).

- Ebenso wenig darf aus **vorangegangenen Therapieabbrüchen** auf eine fehlende Therapiefähigkeit und/oder -willigkeit geschlossen werden. Es herrscht vielmehr Einigkeit, dass sich der Weg aus der Sucht als ein langes, auch von Rückschlägen begleitetes prozesshaftes Geschehen darstellt, so dass sich ein Behandlungserfolg häufig erst nach mehreren Therapieversuchen einstellt. Deshalb lassen auch wiederholte Therapieabbrüche nicht ohne Weiteres den Schluss auf einen fehlenden Therapiewillen zu (OLG Karlsruhe StV 2014, 629).
- Da schon die Anforderungen an die Therapiefähigkeit nicht überspannt werden dürfen, kommt es auch auf das **Sicherheitsinteresse der Allgemeinheit** nicht wesentlich an (OLG Karlsruhe NStZ 2008, 576; OLG Zweibrücken, Beschl. v. 17.9.2024 – 1 VAs 3/24). Im Interesse der Therapie ist ein gewisses Maß an Risiko in Kauf zu nehmen (OLG Hamm NStZ 1982,485); nur bei einer auf er-

heblichen Tatsachen begründeten konkreten Gefahr, dass der Verurteilte die Zurückstellung zur Begehung weiterer schwerer Straftaten nutzen wird, darf die Vollstreckungsbehörde die Zurückstellung ablehnen (MüKo-StGB/*Kornprobst*, § 35 BtMG Rn 143).

- Allein aus dem Umstand einer **drohenden Abschiebung eines ausländischen Verurteilten** lässt sich die Ablehnung der Zurückstellung in der Regel ebenfalls nicht ermessensfehlerfrei begründen. Eine Abschiebung verbietet sich regelmäßig, solange der staatliche Strafanspruch noch nicht erloschen ist und von der weiteren Strafvollstreckung gem. § 456a StPO nicht abgesehen wurde, weil eine Abschiebung vor Beendigung der Therapie nur im Einvernehmen mit der Vollstreckungsbehörde möglich ist (OLG Düsseldorf StV 1999, 444; OLG Karlsruhe StV 2001,467; a.A. OLG Hamm NStZ 1999, 591; MüKo-StGB/*Kornprobst*, § 35 BtMG Rn 146). Kommen indes weitere Umstände hinzu, namentlich dass zu erwarten oder zu befürchten ist, dass der ausländische Verurteilte während der Zurückstellung „untertaucht" und sich der Anordnung der Abschiebung entzieht, kann die Vollstreckungsbehörde eine Zurückstellung ermessensfehlerfrei ablehnen (OLG Frankfurt NStZ-RR 2000, 152).

6.a) Gibt die Vollstreckungsbehörde der beantragten Zurückstellung statt, so ist die **Dauer** der **Zurückstellung** auf einen **Zeitraum** von **längstens zwei Jahren** begrenzt. Die Vollstreckungsbehörde kann – muss aber nicht – die Zurückstellungsdauer auf einen kürzeren Zeitraum befristen, um nach Fristablauf die Sache neu zu prüfen. Viele Vollstreckungsbehörden orientieren sich dabei an der voraussichtlichen Therapiezeit, andere sehen von einer Befristung ab und stellen die Strafvollstreckung für „längstens zwei Jahre" zurück. Tritt im letzteren Fall der Behandlungserfolg bereits früher ein, kann die Zurückstellung nachträglich verkürzt und sodann unmittelbar die gerichtliche Entscheidung über eine Aussetzung des Strafrestes zur Bewährung gem. § 36 Abs. 1 S. 3, Abs. 2 BtMG herbeigeführt werden (MüKo-StGB/*Kornprobst,* § 35 BtMG Rn 148; → *BtM-Verfahren, Zurückstellung, Aussetzung des Strafrestes zur Bewährung*, Teil B Rdn 170). 221

b) Ist die **Höchstfrist** von zwei Jahren **abgelaufen** und ein **Therapieerfolg** noch nicht eingetreten, etwa weil sich die Therapie aufgrund zwischenzeitlicher Abbrüche oder sonstiger Rückschläge unplanmäßig in die Länge zieht, steht dies nach h.M. einer erneuten Zurückstellungsentscheidung jedoch nicht entgegen. Mit jeder erneuten Zurückstellungsentscheidung beginnt die gesetzte Frist von bis zu zwei Jahren erneut zu laufen, da die Zweijahresfrist keine Zurückstellungsvoraussetzung, sondern lediglich eine Frist zur Überwachung der getroffenen Entscheidung ist (OLG Düsseldorf StraFo 2001, 57; Patzak/Fabricius/*Fabricius*, § 35 Rn 324; MüKo-StGB/*Kornprobst*, § 35 BtMG Rn 149; a.A. OLG Nürnberg StraFo 1997, 349 m. abl. Anm. *Endriß*). 222

7.a) Die Vollstreckungsbehörde kann bei positiver Zurückstellungsentscheidung die Zurückstellung analog § 36 VwVfG mit **Nebenbestimmungen** versehen, die geeignet sind, die Erfüllung der gesetzlichen Voraussetzung der Zurückstellung sicherzustellen (§ 36 Abs. 1 VwVfG). In der Praxis wohl am häufigsten vorkommende Auflage ist die Sicherstellung eines begleiteten Transportes des Verurteilten von der Justizvollzugsanstalt in die Therapieeinrichtung, um damit den Beginn der Behandlung zu gewährleisten (z.B. OLG Karlsruhe NStZ 1999, 253). Gelegentlich werden – vor allem bei ambulanten oder teilstationären Therapieformen – auch **Weisungen** oder **Auflagen** erteilt, Orte der BtM-Szene zu meiden, keine Betäubungsmittel zu konsumieren, Urinproben abzugeben (BVerfG NJW 1993, 3315), Berufs- oder Ausbildungstätigkeiten fortzusetzen, an therapeutischen Maßnahmen teilzunehmen oder jeden Wohnsitzwechsel anzuzeigen (Weber/Kornprobst/Maier/Dietsch/*Weber/Dietsch*, § 35 Rn 170, 171). Solche Auflagen und Bedingungen sind zulässig, wenn damit erreicht werden soll, dass die gesetzlichen Voraussetzungen der Zurückstellung erfüllt werden (Weber/Kornprobst/Maier/Dietsch/*Weber/Dietsch*, § 35 Rn 169). 223

b) Unzulässig können hingegen solche Auflagen sein, die das Vertrauensverhältnis zwischen dem Verurteilten und dem Therapeuten berühren könnten. So ist etwa die Bedingung einer umfassenden Entbindung des Therapeuten von der Schweigepflicht, die die Offenlegung therapeutischer Interna beinhaltet, 224 nicht mehr zulässig (BVerfG MedR 2006, 586; Weber/Kornprobst/Maier/*Weber/Dietsch*, § 35 Rn 175). Eine eingeschränkte Schweigepflichtsentbindungserklärung, durch die der Therapeut lediglich befugt ist, Auskunft über Verlauf und Ergebnis der Therapie sowie über Umstände und Hintergründe eines eventuellen Abbruchs der Behandlung zu geben, soll hingegen zulässig sein. Die Vollstreckungsbehörde werde damit lediglich in die Lage versetzt, die Informationen zu gewinnen, die sie zur Erfüllung ihrer Aufgaben, insbesondere zur Prüfung des Widerrufs der Vollstreckung, brauche, so dass sich eine derart eingeschränkte Entbindung deshalb ohnehin in den Grenzen der Mitteilungspflicht des Therapeuten gem. § 35 Abs. 4 BtMG bewege (OLG Hamm StV 1988, 24; MüKo-StGB/*Kornprobst*, § 35 BtMG Rn 152; a.A. *Malek*, 5. Kap. Rn 61).

225 **c)** Gegen unzulässige Auflagen eines Zurückstellungsbescheides kann Vorschaltbeschwerde beim GStA und später Antrag auf gerichtliche Entscheidung gem. §§ 23 ff. EGGVG beim OLG eingereicht werden (Patzak/Fabricius/*Fabricius*, § 35 Rn 327; → *BtM-Verfahren, Zurückstellung, Rechtsmittel*, Teil B Rdn 191).

Siehe auch: → *BtM-Verfahren, Zurückstellung, Allgemeines*, Teil B Rdn 97 m.w.N.; → *BtM-Verfahren, Zurückstellung, Anrechnung von Therapiezeiten*, Teil B Rdn 102; → *BtM-Verfahren, Zurückstellung, Antragsmuster*, Teil B Rdn 127; → *BtM-Verfahren, Zurückstellung, Antragsvoraussetzungen*, Teil B Rdn 130; → *BtM-Verfahren, Zurückstellung, Rechtsmittel*, Teil B Rdn 191.

226 BtM-Verfahren, Zurückstellung, Widerruf

Das Wichtigste in Kürze:

1. In den §§ 35 Abs. 5 und Abs. 6 BtMG sind die Widerrufsgründe abschließend aufgezählt, unter deren Voraussetzungen die Vollstreckungsbehörde die Zurückstellung widerruft.
2. Die Zurückstellung ist zu widerrufen, wenn der verurteilte Drogenabhängige die Behandlung gar nicht erst begonnen (§ 35 Abs. 5 S. 1 1. Alt. BtMG) oder nicht fortgeführt hat (§ 35 Abs. 5 S. 1 2. Alt. BtMG) – sog. Therapiebezogene Widerrufsgründe.
3. Gem. § 35 Abs. 5 S. 1 3. Alt. BtMG ist der Widerruf ferner möglich, wenn der Verurteilte seinen Mitteilungs- und Nachweispflichten gem. § 35 Abs. 4 BtMG über die Aufnahme und die Fortführung der Behandlung nicht nachkommt.
4. In § 35 Abs. 6 Nr. 1 und 2 BtMG sind weitere Widerrufsgründe vorgesehen.
5. Zuständig für die Widerrufsentscheidung ist die Vollstreckungsbehörde, die beim Vorliegen eines Widerrufsgrundes widerrufen muss.

227 **Literaturhinweise:** s. die Hinweise bei → *BtM-Verfahren, Zurückstellung, Allgemeines*, Teil B Rdn 98.

228 **1.** In den §§ 35 Abs. 5 und Abs. 6 BtMG sind die **Widerrufsgründe abschließend** aufgezählt, unter deren Voraussetzungen die Vollstreckungsbehörde die Zurückstellung widerruft (MüKo-StGB/*Kornprobst*, § 35 BtMG Rn 197). Die Zurückstellung ist danach zu widerrufen, wenn einer der **therapiebezogenen Widerrufsgründe** des § 35 Abs. 5 S. 1 BtMG (Nichtantritt oder Abbruch der Therapie, Verstoß gegen Nachweispflichten) oder ein **nachträgliches Zurückstellungshindernis** nach § 35 Abs. 6 BtMG (nachträgliche Gesamtstrafe oder neue Freiheitsstrafen, die zu vollstrecken sind) eingetreten ist (zum JGG-Verfahren → *Jugendliche, Vollstreckung, Jugendstrafe*, Teil B Rdn 825).

229 **2.a)** Die Zurückstellung ist zu widerrufen, wenn der verurteilte Drogenabhängige die Behandlung gar nicht erst begonnen (§ 35 Abs. 5 S. 1 1. Alt. BtMG; Rdn 230 ff.) oder nicht fortgeführt hat (§ 35 Abs. 5 S. 1 2. Alt. BtMG) – sog. **Therapiebezogene Widerrufsgründe** – und nicht zu erwarten ist, dass er eine entsprechende Behandlung derselben Art alsbald beginnt oder wieder aufnimmt (sog. „Erwartens-

klausel“), oder wenn der Verurteilte seinen gem. § 35 Abs. 4 BtMG nicht nachkommt (§ 34 Abs. 5 S. 1 3. Alt. BtMG; Rdn 235).

b)aa) Für **Nichtantritt oder -fortführung der Therapie** gilt: Die Behandlung ist nicht begonnen, wenn der Verurteilte den für ihren Beginn vorgesehenen Termin nicht unerheblich überschreitet (MüKo-StGB/*Kornprobst*, § 35 BtMG Rn 199). Was konkret unter einer „nicht unerheblichen Überschreitung“ zu verstehen ist, ist nach den **Umständen** des **Einzelfalls** zu betrachten. Das Gleiche gilt für den Abbruch/die Nichtfortführung einer begonnenen Therapie. Auch hier sind die Einzelfallumstände entscheidend. Nicht jede kurzfristige (unbefugte) Abwesenheit aus der Therapieeinrichtung stellt ein „Nichtfortführen“ der Behandlung dar, das Abstellen auf eine schematische Abwesenheitsdauer verbietet sich (siehe ausführlich: → *Teil B: BtM-Verfahren, Zurückstellung, Mitteilungs- und Nachweispflichten* Rdn 185). Als Abbruch ist nach allgemeiner Ansicht deshalb erst ein Verhalten zu verstehen, aus dem der Schluss gezogen werden kann, dass der Proband die Therapie endgültig nicht fortsetzen bzw. die Therapieeinrichtung die Behandlung des Patienten nicht fortsetzen will (OLG Koblenz NStZ 1995, 294; LG Mannheim StraFo 2005, 523). 230

bb) Bei der Entscheidung der Frage, ob ein Nichtantritt oder eine Nichtfortführung der Behandlung vorliegen, ist deshalb immer gleichzeitig auch die **stets kumulativ** zu **prüfende Erwartensklausel** einer alsbaldigen Behandlungsaufnahme in den Blick zu nehmen. So kann einerseits ein sofortiger Widerruf gerechtfertigt sein, wenn der Verurteilte nicht therapiewillig ist und bereits den Weg von der JVA zur Therapieeinrichtung zur Flucht nutzt (OLG Koblenz StV 2006, 588). Andererseits können selbst dann, wenn der Nichtantritt oder Therapieabbruch auf ein Fehlverhalten des Verurteilten zurückgehen, zwischen Abbruch und Fortsetzung der Behandlung mehrere Monate liegen, wenn der Verurteilte Kontakt zur Vollstreckungsbehörde hält und ernsthafte Bemühungen unternimmt, die Behandlung in einer anderen Einrichtung alsbald (wieder) zu beginnen (OLG Karlsruhe StV 2003, 630). Denn zwischenzeitliche Rückschläge sind bei einer Therapie bis zu deren Erfolg eher die Regel als die Ausnahme, so dass auch zwischenzeitlicher Konsum, Erwerb oder Besitz zum Eigenverbrauch, vorübergehende Abwesenheit und/oder disziplinarische Probleme in der Therapieeinrichtung und gegebenenfalls auch Beschaffungskriminalität nicht automatisch mit einem Abbruch der Behandlung gleichzusetzen sind (MüKo-StGB/*Kornprobst*, § 35 BtMG Rn 205). 231

Entscheidend ist stets, dass der Verurteilte sich **alsbald**, d.h. ohne schuldhaftes Zögern um eine **Fortsetzung** oder einen **neuen Therapieplatz** bemüht. Der Begriff „alsbald“ ist dabei nicht mit „unverzüglich“ gleichzusetzen (Weber/Kornprobst/Maier/Dietsch/*Weber/Dietsch*, § 35 Rn 268), sondern hat sich am Maßstab des § 35 Abs. 1 BtMG zu orientieren (OLG Karlsruhe NStZ-RR 2003, 311), so dass neben der weiteren Therapiewilligkeit des Verurteilten die Voraussetzungen für die baldige Fortsetzung oder ggf. Aufnahme einer neuen Therapie, also insbesondere eine (neue) Therapieplatzzusage und (neue) Kostenübernahmeerklärung des Kostenträgers, immer noch oder bereits wieder vorliegen müssen (OLG Koblenz NStZ 1995, 294) oder aber kurzfristig mit ihrem Vorliegen zu rechnen sein muss (MüKo-StGB/*Kornprobst*, § 35 BtMG Rn 208). Dabei sind allerdings auch die zum Teil erheblichen Wartezeiten zumindest bei stationären Therapieplätzen zu berücksichtigen, so dass der Begriff des alsbaldigen Beginns oder der alsbaldigen Wiederaufnahme der Behandlung zeitlich nicht zu kurzfristig bemessen werden darf (so auch: Kotz/Rahlf/*Krumdiek*, 11. Kap. Rn 94; *Eberth/Müller/Schütrumpf*/Just, Rn 353). 232

☝ Erfährt der Verteidiger von einem **Abbruch** der **Therapie** bei gleichzeitig weiterer Therapiemotivation des Verurteilten, so ist **Eile geboten** und umgehend die Vollstreckungsbehörde zu informieren. Denn oftmals wird das Verhalten des Mandanten seitens der Therapieeinrichtung und/oder der Vollstreckungsbehörde vorschnell als Abbruch der Therapie gewertet, obwohl der Mandant weiter therapiemotiviert ist. Neben einem (kurzfristigen) Rückfall sind oftmals Probleme mit Mitpatienten oder dem konkreten Therapeuten Hintergrund einer kurzfristigen Unterbrechung oder eines Abbruchs. Um in solchen Fällen einen Widerruf der Zurückstellung zu verhindern, muss der Verteidiger umgehend Kontakt zur Vollstreckungsbehörde und gegebenenfalls zur Therapieeinrichtung und/oder örtlichen Drogenberatung aufnehmen und darlegen, dass der Mandant die Therapie wieder aufnimmt oder alsbald mit einer erneuten Behandlung begonnen wird. Denn ein Widerruf der Zurückstellung gem. § 35 Abs. 5 BtMG ist nur unter den kumulativen Voraussetzungen des Therapieabbruchs und der Erwartung, dass der Verurteilte nicht „alsbald eine Behandlung derselben Art beginnt oder wieder aufnimmt" zulässig. Teilweise bestehen auch Absprachen zwischen der örtlichen Drogenberatung und der Staatsanwaltschaft dahingehend, dass bei nachgewiesener zeitnaher Kontaktaufnahme zur erneuten Therapievermittlung und nachgewiesener ständiger Kontakthaltung, von einem Widerruf abgesehen wird.

▼

233 An die

Staatsanwaltschaft Musterstadt

In der Strafvollstreckungssache

gegen M. Muster

Az.:

beantrage ich,

von einem Widerruf der Zurückstellung der Strafvollstreckung vorerst abzusehen.

Gründe:

Die Voraussetzung für einen Widerruf der Zurückstellung der Strafvollstreckung liegen nicht vor, da zu erwarten ist, dass mein Mandant alsbald eine neue Therapie zur Überwindung seiner Drogensucht antreten wird.

Ich teile mit, dass mein Mandant die im Rahmen der Strafzurückstellung angetretene stationäre Entwöhnungsbehandlung in der Therapieeinrichtung „DROGENFREI" gestern abgebrochen hat. Hintergrund waren unüberbrückbare persönliche Schwierigkeiten zu einem Mitpatienten und früheren Mittäter meines Mandanten, den mein Mandant im Rahmen des damaligen Ermittlungsverfahrens schwer belastet hatte und der ihn nun in der Therapieeinrichtung bedroht.

Mein Mandant hat sich sofort nach Verlassen der Therapieeinrichtung mit mir und Herrn XY von der Drogenberatung in Musterstadt in Verbindung gesetzt. Herr XY ist bereits bemüht, kurzfristig eine andere Therapieeinrichtung zur Fortsetzung der Behandlung zu finden. Herr XY kann jederzeit Auskunft erteilen. Er ist unter der Telefonnummer zu erreichen.

Der Kostenträger ist ebenfalls bereits informiert. Die Deckungszusage hat weiter Gültigkeit und kann auf eine neue Einrichtung umgeschrieben werden.

Unser Mandant hat zwischenzeitlich Wohnsitz genommen bei seiner Mutter unter folgender Adresse:

Sobald eine neue Therapiezusage vorliegt, werde ich diese umgehend übersenden.

Rechtsanwalt

▲

234 Die **Aufnahme** bzw. **Fortsetzung** muss sich auf eine **„Behandlung derselben Art"** beziehen. Teilweise wird darunter verstanden, dass nach dem Abbruch einer stationären Therapie auch nur erneut eine statio-

näre Einrichtung in Betracht komme (OLG Koblenz NStZ 1995,294; MüKo-StGB/*Kornprobst*, § 35 BtMG Rn 209). Eine solche Differenzierung findet im Gesetz jedoch keine Stütze. Richtigerweise ist auf den Sinn des § 35 BtMG abzustellen und eine Behandlung derselben Art nach dem Maßstab zu beurteilen, der bereits bei der Zurückstellung der Strafvollstreckung anzulegen war (→ *BtM-Verfahren, Zurückstellung, Antragsvoraussetzungen*, Teil B Rdn 130), d.h. entscheidend kann nur sein, ob der Behandlung ein für den Verurteilten individuell passendes Therapiekonzept mit dem Ziel der Abstinenz zugrunde liegt, das geeignet ist, einen Therapieerfolg herbeizuführen, so dass es auch möglich ist, dass eine abgebrochene stationäre Behandlung ambulant fortgeführt wird (OLG Nürnberg StV 2004, 385; OLG Köln StV 1995, 649).

☝ Um in solchen Fällen unnötigen Auseinandersetzungen aus dem Weg zu gehen **empfiehlt** es sich, der Vollstreckungsbehörde die **Beweggründe** für den **Wechsel** der **Therapieform ausführlich** darzulegen und Vorteile des neu gewählten Therapiekonzeptes für den Verurteilten mittels einer **Stellungnahme** der Drogenberatung oder der Therapieeinrichtung darzulegen.

3. Gem. **§ 35 Abs. 5 S. 1 3. Alt. BtMG** ist der Widerruf ferner möglich, wenn der Verurteilte seinen Mitteilungs- und Nachweispflichten gem. § 35 Abs. 4 BtMG über die Aufnahme und die Fortführung der Behandlung nicht nachkommt (→ *BtM-Verfahren, Zurückstellung, Mitteilungs- und Nachweispflichten*, Teil B Rdn 185). Dies soll entsprechend gelten bei nicht rechtzeitiger oder unvollständiger Vorlage der Nachweise (MüKo-StGB/*Kornprobst*, § 35 BtMG Rn 212). Nach allgemeiner Ansicht ist ein Widerruf jedoch nur gerechtfertigt, wenn das Versäumnis auf einem **Verschulden** des **Verurteilten** beruht, so dass ihm eine Nachfrist zur Erbringung der Nachweise zu setzen ist (MüKo-StGB/*Kornprobst*, § 35 BtMG Rn 212; Kotz/Rahlf/*Krumdiek*, 11. Kap. Rn 96; *Malek*, 5. Kap. Rn 85). 235

☝ Der **Widerruf** kann gem. § 35 Abs. 5 S. 2 BtMG **abgewendet** werden, wenn der Verurteilte die **Nachweise nachträglich erbringt**. Wegen der bei Suchtkranken häufig anzutreffenden Unzuverlässigkeit und Antriebsschwäche soll hierbei tendenziell großzügig verfahren werden (MüKo-StGB/*Kornprobst*, § 35 BtMG Rn 213).

4. In § 35 Abs. 6 Nr. 1 und 2 BtMG sind **weitere Widerrufsgründe** vorgesehen. 236

a) Gem. **§ 35 Abs. 6 Nr. 1 BtMG** ist ein Widerruf auch dann vorgesehen, wenn die der Zurückstellung zugrunde liegende Strafe in eine **nachträglich gebildete Gesamtstrafe** einbezogen wird, deren Vollstreckung nicht zurückgestellt werden kann, weil die Voraussetzungen der §§ 35 Abs. 1, Abs. 3 BtMG nicht vorliegen. Sind im Rahmen dieser neu gebildeten Gesamtstrafe nicht sämtliche Taten aufgrund einer Betäubungsmittelabhängigkeit begangen, ist darauf abzustellen, ob der seiner Bedeutung nach überwiegende Teil der abgeurteilten Taten auf einer Betäubungsmittelabhängigkeit beruhte (OLG Stuttgart NStZ-RR 2001, 343; → *BtM-Verfahren, Zurückstellung, Antragsvoraussetzungen*, Teil B Rdn 131). 237

Für den Widerruf ist die Vollstreckungsbehörde **zuständig**, die gem. §§ 460, 462a Abs. 3, 451 StPO die Gesamtstrafe zu vollstrecken hat (Weber/Kornprobst/Maier/*Weber*, § 35 Rn 289). Voraussetzung für den Widerruf ist, dass die Gesamtstrafe rechtskräftig ist. 238

b) Nach **§ 35 Abs. 6 Nr. 2 BtMG** hat ein Widerruf auch zwingend zu erfolgen, wenn eine **weitere** gegen den Verurteilten erkannte **Freiheitsstrafe** oder eine **freiheitsentziehende Maßregel** zu **vollstrecken** ist. Hintergrund dafür ist, dass Therapien grds. auf ein straffreies Leben in Freiheit vorbereiten sollen und es deshalb möglichst zu vermeiden ist, dass der Therapieerfolg des Verurteilten nach erfolgreichem Abschluss der Therapie durch die anschließende Vollstreckung weiterer Sanktion wieder gefährdet wird (OLG Frankfurt NStZ-RR 2010, 185). 239

Der Widerrufsgrund liegt allerdings erst dann vor, wenn das zugrunde liegende **Strafverfahren rechtskräftig** abgeschlossen ist (OLG Hamm StV 2006, 587) und sicher feststeht, dass die dort erkannte Freiheitsstrafe oder freiheitsentziehende Maßregel zu vollstrecken ist. Ist die weitere Freiheitsstrafe zur Be- 240 währung ausgesetzt oder kann ihre Vollstreckung ebenfalls gem. § 35 BtMG zurückgestellt werden, ist der Widerrufsgrund nach § 35 Abs. 6 Nr. 2 BtMG nicht gegeben (OLG Karlsruhe NStZ-RR 2003, 311). Bei Anwendung von Jugendstrafrecht ist die Möglichkeit des § 31 Abs. 3 JGG zu beachten, auf eine gesonderte Rechtsfolge ohne Einbeziehung der schon abgeurteilten Straftaten zu erkennen, um eine Einheitsjugendstrafe von mehr als 2 Jahren zu vermeiden (AG Eilenburg, Beschl. v. 15.11.2024 – 8 VRJs 91/22). Teilweise wird vertreten, Droht in einer weiteren Sache der Widerruf der Strafaussetzung zur Bewährung nach § 56f Abs. 1 StGB, so soll nach einer Ansicht die dortige Widerrufsentscheidung bis zur Beendigung der Therapie zurückgestellt werden können, um einen Widerruf nach § 36 Abs. 6 Nr. 2 BtMG und damit einen vorzeitigen Therapieabbruch zu vermeiden (OLG Celle v. 14.2.2012 – 1 Ws 54/12). Nach anderer Ansicht soll es der bloße Beginn einer Entwöhnungsbehandlung nicht erlauben, die Entscheidung über den Widerruf einer Strafaussetzung zurückzustellen, jedenfalls nicht solange der Behandlungserfolg noch ungewiss ist (OLG Braunschweig, Beschl. v. 29.3.2022 – 1 Ws 192/21; OLG Naumburg, Beschl. v. 22.12.2021 – 1 Ws (s) 356/21; OLG Saarbrücken, Beschl. v. 30.4.2024 – 1 Ws 60/24).

241 Ist eine **Ersatzfreiheitsstrafe** zu vollstrecken, so stellt auch dies **keinen Widerrufsgrund** i.S. des §§ 35 Abs. 6 Nr. 2 BtMG dar, weil dieser der Charakter einer Geldstrafe zugrunde liegt. Es kommt dann statt eines Widerrufs eine Zurückstellung gem. § 459f StPO in Betracht, weil die Verweigerung einer Therapie bei Therapiebereitschaft und Vorliegen einer Kostenzusage und eines Therapieplatzes eine unbillige Härte darstellen kann (OLG Schleswig StV 1998, 673; LG Osnabrück, StV 1999, 444). Die Vollstreckungsbehörde hat in einem solchen Fall auf eine Entscheidung des Gerichtes gem. § 459f StPO hinzuwirken oder gem. § 43 Abs. 4 StrVollstrO die Vollstreckungsreihenfolge aus wichtigem Grund zu ändern (OLG Karlsruhe NStZ-RR 2006, 287).

5. Für das **Widerrufsverfahren** ist Folgendes zu **beachten:**

242 **a) Zuständig** für die Widerrufsentscheidung ist die Vollstreckungsbehörde, ohne dass es einer Zustimmung des Gerichts bedarf, in Jugendsachen ist der Jugendrichter als Vollstreckungsleiter zuständig (MüKo-StGB/*Kornprobst*, § 35 BtMG Rn 216).

243 **b)** Der Widerruf ist beim Vorliegen einer der gesetzlichen Widerrufsgründe des § 35 Abs. 6 BtMG zwingend, ein **Ermessen** steht der Vollstreckungsbehörde nur insoweit zu, als sie bei Erbringung nachträglicher Behandlungsnachweise gem. § 35 Abs. 5 S. 2 BtMG vom Widerruf absehen kann (MüKo-StGB/*Kornprobst* § 35 Rn 197). Einen gewissen **Beurteilungsspielraum** zum Widerruf hat die Vollstreckungsbehörde in den Fällen des §§ 35 Abs. 1 S. 1 BtMG, wenn die Behandlung nicht begonnen oder nicht fortgeführt wird, da dies allein den Widerruf nicht rechtfertigt, sondern stets **kumulativ** die sog. **„Erwartensklausel"** geprüft werden muss, nämlich ob zu erwarten ist, dass der Verurteilte eine Behandlung derselben Art alsbald beginnt oder wieder aufnimmt (*Ebert/Müller/Schütrumpf*/Just, Rn 353).

244 **c)** Eine vorherige **Anhörung des Verurteilten** soll im Widerrufsverfahren gleichwohl nach h.M. nicht erforderlich sein (MüKo-StGB/*Kornprobst*, § 35 BtMG Rn 216; Weber/Kornprobst/Maier/Dietsch/*Weber/Dietsch*, § 35 Rn 280),da es dem Verurteilten obliege, von sich aus Gründe für den Nichtantritt oder Abbruch der Therapie vorzutragen (Patzak/Fabricius/*Fabricius*, § 35 Rn 474). Dem kann jedoch nicht gefolgt werden, da die von der Vollstreckungsbehörde vorzunehmende Prüfung der Erwartung, ob der Verurteilte eine Behandlung derselben Art alsbald beginnt oder wieder aufnimmt in der Regel ohne eine Anhörung des Verurteilten kaum möglich erscheint und die erst durch Gesetz vom 9.9.1992 (BGBl I, S. 1593) zusätzlich eingefügte Erwartensklausel der Vollstreckungsbehörde gerade eine flexible und dem oft vielgestaltigen und wechselhaften Geschehen einer Therapie entsprechende Entscheidung ermöglichen soll (Weber/Kornprobst/Maier/Dietsch/*Weber/Dietsch,* § 35 Rn 263). Jedenfalls dürfte eine vorherige Anhörung des Verurteilten durch die Vollstreckungsbehörde deshalb in aller Regel zweckmäßig sein, um die Hintergründe der Probleme aufzuklären (so auch: MüKo-StGB/*Kornprobst*, § 35 BtMG Rn 216; Apfel/Strittmatter/*Apfel*, Rn 1042). Wenn die Therapiewilligkeit des Verurteilten im Rahmen einer Gesamtbetrachtung nach Aktenlage nicht eindeutig zu bewerten ist, kann der persönliche Ein-

druck des Verurteilten anlässlich einer Anhörung so sehr erforderlich sein, dass auf diese zur Beurteilung der Therapiewilligkeit nicht verzichten werden kann. Die ermessensfehlerhaft unterlassene persönliche Anhörung stellt dann einen nicht behebbaren Verfahrensmangel dar, der zur Aufhebung des angefochtenen Beschlusses und Zurückverweisung der Sache durch das Beschwerdegericht führt (OLG Hamm, Beschl. v. 28.4.2025 – III-1 Ws 110/25).

☝ Dem **Verteidiger** ist wegen der fehlenden Verpflichtung zur Anhörung des Verurteilten in solchen Fällen zur Vermeidung eines vorschnellen Widerrufs der Zurückstellung zu **empfehlen**, eiligst selbst mit der **Vollstreckungsbehörde Kontakt aufzunehmen** und die weitere Therapiemotivation des Verurteilten und dessen Bemühungen, die Behandlung in einer anderen Einrichtung alsbald zu beginnen oder fortzusetzen, umgehend darzulegen. Denn oftmals wird das (ungeprüfte) Verhalten des Mandanten seitens der Vollstreckungsbehörde vorschnell als Widerrufsgrund gewertet, obwohl der Mandant weiter therapiemotiviert ist. Neben einem (kurzfristigen) Rückfall sind oftmals Probleme mit Mitpatienten oder dem konkreten Therapeuten Hintergrund einer kurzfristigen Unterbrechung oder eines Abbruchs. Hält der Verurteilte aber weiter Kontakt, teilt der Vollstreckungsbehörde seinen Aufenthalt mit und unternimmt ernsthafte Bemühungen – z.B. in Zusammenarbeit mit einer örtlichen Drogenberatung – eine (neue) Therapie aufzunehmen, kann so ggf. ein vorschneller Widerruf vermieden werden.

d) Hat die Vollstreckungsbehörde die Zurückstellung widerrufen, so ist sie gem. § 35 Abs. 7 S. 1 BtMG befugt, zur Vollstreckung der Freiheitsstrafe oder der Unterbringung in einer Entziehungsanstalt einen **Vollstreckungshaftbefehl** zu erlassen. Der Erlass eines Vollstreckungshaftbefehls steht im Ermessen der Vollstreckungsbehörde, sollte aber nicht die Regel sein. Der in der Praxis häufig zu beobachtende starre Automatismus des justiziellen Sicherheitssystems „Abbruch-Widerruf-Vollstreckungshaftbefehl" (Patzak/Fabricius/*Fabricius*, § 35 Rn 471) entspricht nämlich weder dem Sinn der §§ 35 ff. BtMG noch der **Pflicht der Vollstreckungsbehörde zur ermessensfehlerfreien Prüfung**. Nach der Konzeption der Ermessensvorschrift dient der Haftbefehl dazu, die Strafvollstreckung zu sichern und ein Abtauchen in das Drogenmilieu zu verhindern. Ist ein solches Abtauchen nicht zu befürchten, weil der Verurteilte in seine Wohnung oder zu seiner Familie zurückgekehrt ist und/oder weil die Therapie weit fortgeschritten war und ein Rückfall unwahrscheinlich ist, so ist vorrangig zu prüfen, ob nicht mildere Mittel Anwendung finden können (Apfel/Strittmatter/*Apfel*, Rn 1042). Auch kann die Vollstreckungsbehörde zunächst versuchen, den Verurteilten durch Zustellung der Widerrufsentscheidung zur Rückkehr in die Therapieeinrichtung zu bewegen (Patzak/Fabricius/*Fabricius*, § 35 Rn 471). 245

e) Gegen die Widerrufsentscheidung der Vollstreckungsbehörde kann der Verurteilte gem. § 35 Abs. 7 S. 2 BtMG **gerichtliche Entscheidung** beantragen (ausführlich: → *BtM-Verfahren, Zurückstellung, Rechtsmittel*, Teil B Rdn 191). 246

Neben vorgenannter Anfechtungsmöglichkeit der Widerrufsentscheidung stellt § 35 Abs. 5 S. 3 BtMG klar, dass der Widerruf der Zurückstellung einer **erneuten Zurückstellungsentscheidung** nicht entgegensteht. Alternativ zur Anfechtung des Widerrufs kann deshalb auch jederzeit und ohne einschränkende Voraussetzungen – wie sie z.B. nach einem Bewährungswiderruf gegeben sind – ein erneuter Zurückstellungsantrag gestellt werden. Die Regelung trägt der Erkenntnis Rechnung, dass die Überwindung von Drogensucht selten geradlinig verläuft und ein dauerhafter Erfolg oftmals erst nach mehreren Therapieversuchen erreicht wird (OLG Hamm StV 2010, 147; MüKo-StGB/*Kornprobst*, § 35 BtMG Rn 222). Dementsprechend ist eine erneute Zurückstellung auch unabhängig von Anzahl und Dauer früherer Zurückstellungen und/oder zwischenzeitlicher Inhaftierungen. Maßgebend für den Erfolg eines erneuten Zurückstellungsantrages ist ausschließlich, ob erneut die Antragsvoraussetzungen, der §§ 35 Abs. 1, Abs. 3 BtMG erfüllt sind (→ *BtM-Verfahren, Antragsvoraussetzungen*, Teil B Rdn 131). 247

Siehe auch: → *BtM-Verfahren, Zurückstellung, Allgemeines*, Teil B Rdn 97 m.w.N.; → *BtM-Verfahren, Zurückstellung, Rechtsmittel*, Teil B Rdn 191; → *BtM-Verfahren, Antragsvoraussetzungen*, Teil B Rdn 130.

248 Erwachsene, Freiheitsstrafe ohne Bewährung, Ablehnung Rechtspfleger

249 **Literaturhinweise:** S. die Hinw. bei → *Erwachsene, Freiheitsstrafe ohne Bewährung, Allgemeines*, Teil B Rdn 264.

250 **1.** Aufgrund der Vorschrift des § 10 RpflG, nach der für die **Ausschließung** und **Ablehnung** des Rechtspflegers die für den Richter geltenden Vorschriften gem. § 22 ff. StPO entsprechend gelten, stellt sich die Frage, inwieweit der im Rahmen der Strafvollstreckung tätig werdende Rechtspfleger wegen **Befangenheit** oder **Besorgnis der Befangenheit** abgelehnt werden kann. Da die Bestimmungen aus dem allgemeinen Teil des RpflG jedoch nur Anwendung finden, wenn der Rechtspfleger richterliche Aufgaben wahrnimmt, kommt eine analoge Anwendung der §§ 22 ff. StPO auf den Vollstreckungsrechtspfleger nicht in Betracht. Genauso wenig sind nach ganz herrschender Auffassung die §§ 22 ff. StPO auf die Beamten der StA anwendbar (vgl. dazu *Burhoff*, EV, Rn 111).

251 Allerdings sind in einigen Bundesländern (z.B. in **Niedersachen** und **Baden-Württemberg**) in den jeweiligen **AGGVG** Fälle für eine Ausschließung der Beamten der StA (also auch des Rechtspflegers) normiert, die sich allerdings im Wesentlichen auf die Fälle beschränken, in denen der Beamte selbst Verletzter oder Partei ist oder eine familiäre Bindung dazu besteht. Das bedeutet jedoch nicht, dass in allen anderen Ländern ein Rechtspfleger mitwirken darf oder sogar muss, wenn er selbst Verletzter ist oder ein nur auf Richter anwendbarer Ausschlussgrund des § 22 StPO vorliegt; in diesen Fällen ist der Rechtspfleger bereits aus seiner Verpflichtung zu objektivem, unparteiischem Handeln gehalten, Amtshandlungen generell zu unterlassen.

☝ Der Verurteilte hat **keinen Rechtsanspruch** auf **Ablösung** des **Rechtspflegers** der **StA** bei Besorgnis der Befangenheit; ein Antrag auf gerichtliche Entscheidung nach § 23 EGGVG ist unzulässig (vgl. für den Staatsanwalt *Schmitt/Köhler*, § 22 Rn 5, vor § 22 Rn 3; *Burhoff*, EV, Rn 111). Insbesondere in den Fällen, in denen ein Richter gem. § 22 StPO von der Ausübung seines Amtes ausgeschlossen wäre, sollte aber der Verurteilte bei dem Dienstvorgesetzten des Rechtspflegers (also der Behördenleitung der StA) einen Antrag auf Ablösung des Beamten stellen. Wird allerdings lediglich die Fehlerhaftigkeit einer Entscheidung gerügt, erscheint die Einlegung des gesetzlich vorgesehenen Rechtsbehelfs anstelle einer **Dienstaufsichtsbeschwerde** – insbesondere bei Ermessensentscheidungen – zumeist taktisch klüger und erfolgversprechender (zur Dienstaufsichtsbeschwerde *Burhoff*, EV, Rn 1656 ff.; Burhoff/*Hunsmann/Burhoff*, Teil B: Rn 276 ff.).

Siehe auch:→*Erwachsene, Freiheitsstrafe ohne Bewährung, Allgemeines*, Teil B Rdn 263 m.w.N.

252 Erwachsene, Freiheitsstrafe ohne Bewährung, Absehen bei Auslieferung/Ausweisung

Das Wichtigste in Kürze:

1. § 456a StPO ermöglicht es, bei ausländischen Staatsangehörigen unter bestimmten Voraussetzungen von der Vollstreckung einer Freiheitsstrafe oder Maßregel abzusehen.
2. Eine Entscheidung gem. § 456a StPO kann auf Antrag des Verurteilten oder von Amts wegen ergehen; einer Zustimmung des Verurteilten bedarf es nicht.
3. Mit dem Absehen von der weiteren Vollstreckung und der Abschiebung erlässt der Rechtspfleger i.d.R. einen Haftbefehl und veranlasst eine Ausschreibung zur Festnahme, wobei die Vollstreckungsverjährung zu beachten ist.
4. Gegen das Absehen von der Vollstreckung steht dem Verurteilten kein Rechtsmittel zu.

Literaturhinweise: **Artkämper/Herrmann/Jakobs/Kruse**, Aufgabenfelder der Staatsanwaltschaft 2008, Rn 882 ff.; **Kamann**, Handbuch für die Strafvollstreckung und den Strafvollzug, 2. Aufl. 2008, Rn 7 ff.; **Röttle/Wagner/Theurer**, Strafvollstreckung, 9. Aufl. 2023, 2. Kap. Rn 511 ff.; **Volckart/Pollähne/Wagner**, Verteidigung in Vollstreckung und Vollzug, 5. Aufl. 2014, Rn 96 ff.; 253

1. Von der Vorschrift des § 456a StPO, die es ermöglicht, bei **ausländischen Staatsangehörigen** unter bestimmten Voraussetzungen von der Vollstreckung einer Freiheitsstrafe oder Maßregel abzusehen, wird in der Praxis oftmals Gebrauch gemacht. Zweck dieser Regelung ist in erster Linie die Entlastung des Vollzuges. Im europäischen Raum wird allerdings insbesondere bei Ausländern, die ihren Wohnsitz nicht in Deutschland haben, immer häufiger im Rechtshilfeweg eine Überstellung des Verurteilten an sein Heimatland zur dortigen weiteren Strafvollstreckung praktiziert. Dies erscheint – insbesondere bei Verhängung längerer Freiheitsstrafen – hinsichtlich einer **Vollstreckungsgerechtigkeit** im Vergleich zu deutschen Staatsangehörigen – durchaus wünschenswert. 254

2.a) Eine Entscheidung gem. § 456a StPO kann auf **Antrag des Verurteilten** oder **von Amts wegen** ergehen; einer Zustimmung des Verurteilten bedarf es nicht (OLG Karlsruhe, Beschl. v. 17.2.2022 – 2 VAs 1/22). 255

b) Voraussetzung für eine Vorgehensweise nach § 456a StPO ist entweder eine Auslieferung an einen ausländischen Staat, eine Überstellung an einen internationalen Strafgerichtshof oder eine bestandskräftige und vollziehbare Ausweisungsverfügung der Ausländerbehörde. Da letztgenannte Variante den in der Praxis relevantesten Fall darstellt, sollen sich die nachfolgenden Ausführungen im Wesentlichen auf die Ausweisung beschränken; i.Ü. wird auf → *Personen und Berufsgruppen, Ausländer, Abschiebung, Allgemeines*, Teil H Rdn 101 ff. verwiesen. 256

Liegt eine **bestandskräftige Ausweisungsverfügung** vor, steht es im Ermessen der StA (konkret: des Rechtspflegers), ob ein Absehen von der Vollstreckung erfolgen soll. Insoweit ist eine Abwägung der Gründe vorzunehmen, die für und gegen ein Absehen von der (weiteren) Vollstreckung sprechen. Zu berücksichtigen sind insbesondere die Umstände der Tat, die Schwere der Schuld, die Höhe des bisher verbüßten Teils der Strafe, das öffentliche Interesse an einer nachhaltigen Vollstreckung sowie auch die familiären und sozialen Verhältnisse des Verurteilten (OLG Hamm, Beschl. v. 26.11.2019 – III – 1 VAs 96/19; BayObLG, Beschl. v. 17.10.2024 – 203 VAs 380/24; BayObLG, Beschl. v. 28.10.2024 – 203 VAs 424/24). 257

> ✍ Die Justizverwaltungen der Länder haben **Richtlinien** erlassen, die ein Absehen von der Vollstreckung im Regelfall erst nach Verbüßung der Hälfte der Strafe vorsehen. In den meisten Fällen bietet sich eine Entscheidung gem. § 456a StPO zwischen dem Halbstrafen- und dem – bei mehreren Vollstreckungen gemeinsamen – Zweidritteltermin an. Die Richtlinien enthalten ferner ggf. Ermessensdeterminanten, an denen sich der Rechtspfleger im Rahmen seiner Entscheidungsfindung zu orientieren hat.

c) Sind **weitere Verfahren** gegen den Verurteilten **anhängig**, oder wird bekannt, dass er in anderen Verfahren als Zeuge in Betracht kommt, wird das Absehen von der weiteren Vollstreckung ggf. bis zum Abschluss der Verfahren zurückgestellt. 258

Bevor nach § 456a StPO verfahren wird, holt der Rechtspfleger ferner eine **Stellungnahme der JVA** sowie eine aktuelle Vollstreckungsübersicht ein. Ergibt sich, dass gegen den Verurteilten weitere Freiheitsstrafen zu vollstrecken sind, ist ggf. eine Abstimmung der Vollstreckungsbehörden erforderlich. 259

3. Mit dem Absehen von der weiteren Vollstreckung und der Abschiebung erlässt der Rechtspfleger i.d.R. einen **Haftbefehl** und veranlasst eine Ausschreibung zur Festnahme, wobei die Vollstreckungsverjährung zu beachten ist. Die Vollstreckung des Restes der Strafe kann gem. § 456a Abs. 2 StPO bis zu diesem Zeitpunkt nachgeholt werden, wenn der Verurteilte später freiwillig in das Bundesgebiet zurückkehrt. Vo- 260 raussetzung dafür ist allerdings, dass der Verurteilte zuvor in einer ihm verständlichen Sprache über die Folgen einer Wiedereinreise belehrt wurde.

261 **4.a)** Gegen die Entscheidung der StA, gem. § 456a StPO von der Vollstreckung abzusehen, steht dem Verurteilten **kein Rechtsmittel** zu.

> ☝ Versagt die Vollstreckungsbehörde das Absehen von der weiteren Vollstreckung, kann der Verurteilte nach einem durchzuführenden Vorschaltverfahren einen Antrag auf gerichtliche Entscheidung nach den **§§ 23 ff. EGGVG** stellen. Das OLG darf allerdings lediglich prüfen, ob die StA eine ermessensfehlerfreie Entscheidung getroffen hat (zum Antrag nach §§ 23 ff. EGGVG *Burhoff*, EV Rn 622 ff.; Burhoff/*Hunsmann/Burhoff*, Teil B Rn 266; OLG Hamm, Beschl. v. 8.3.2021 – III-1 VAs 3/21; KG Berlin, Beschl. v. 9.3.2012 – 4 VAs 10/12).

262 **b)** Ein **Rechtsmittel** gegen die **Nachholung** der **Vollstreckung** findet sich für den Verurteilten in § 458 Abs. 2 StPO. Es können Einwendungen erhoben werden.

Siehe auch: → *Erwachsene, Freiheitsstrafe ohne Bewährung, Allgemeines*, Teil B Rdn 263 m.w.N.; → *Personen und Berufsgruppen, Ausländer, Abschiebung, Allgemeines*, Teil H Rdn 101 ff.

263 Erwachsene, Freiheitsstrafe ohne Bewährung, Allgemeines

264 **Literaturhinweise:** **Artkämper/Herrmann/Jakobs/Kruse**, Aufgabenfelder der Staatsanwaltschaft 2008, Rn 882 ff.; **Kamann**, Handbuch für die Strafvollstreckung und den Strafvollzug, 2. Aufl. 2008, Rn 46 ff.; **Röttle/Wagner/Theurer**, Strafvollstreckung, 9. Aufl. 2023, 2. Kap. Rn 1 ff.

265 **1.a)** Die **Vollstreckung** darf erst eingeleitet werden, wenn das Urteil rechtskräftig ist. Bestehen seitens der Vollstreckungsbehörde Zweifel an der Rechtskraft bzw. deren Zeitpunkt, hat sie gem. § 458 StPO eine Entscheidung des Gerichts herbeizuführen. Auch dem Verurteilten ist es nicht verwehrt, durch eine entsprechende Einwendung einen Gerichtsbeschluss herbeizuführen. Hiergegen ist gem. § 462 Abs. 3 StPO die sofortige Beschwerde statthaft.

> ☝ Der Verurteilte hat keinen Anspruch darauf, vor **Einleitung der Vollstreckung** einer rechtskräftig verhängten Freiheitsstrafe **angehört** zu werden (KG, Beschl. v. 1.11.2010 – 2 Ws 551/10).

266 **b)** Ist das **Urteil rechtskräftig und** liegen die **Vollstreckungsvoraussetzungen vor**, leitet der Rechtspfleger bei der StA als Vollstreckungsbehörde die Strafvollstreckung ein. Dem auf freiem Fuß befindlichen Verurteilten wird eine Ladung zum Strafantritt zugestellt, mit der er aufgefordert wird, sich innerhalb einer bestimmten Frist in der angegebenen JVA zur Strafverbüßung einzufinden (§ 27 Abs. 2 StVollstrO). Zeitgleich erhält die nach dem Vollstreckungsplan der jeweiligen Landesjustizverwaltung zuständige JVA ein entsprechendes Aufnahmeersuchen.

> ☝ Für die **Einweisung** in die örtlich und sachlich zuständige JVA ist zunächst gem. §§ 28 f. StVollstrO die Vollstreckungsbehörde, also die StA, **zuständig**. Demgegenüber ist ein Antrag auf Verlegung in eine andere JVA nach Einweisung an die Vollzugsbehörde zu richten, die allein über ein etwaiges Abweichen vom Vollstreckungsplan, z.B. aus Resozialisierungsgründen, entscheidet (→ *Strafvollzug, Erwachsene, Allgemeines*, Teil C Rdn 169 ff.).

267 Befindet sich der Verurteilte bei Rechtskraft des Urteils in **U-Haft** oder in **Strafhaft**, ergeht ggf. ein Überführungsersuchen an die derzeitige Haftanstalt sowie ein Aufnahmeersuchen an die nunmehr zuständige Einrichtung.

2. Wenn sich der Verurteilte innerhalb der gesetzten Frist trotz ordnungsgemäßer Ladung **nicht freiwillig stellt**, erlässt der Rechtspfleger unter den Voraussetzungen der §§ 457 Abs. 2 StPO; 33 StVollstrO einen **Vorführungs-** oder **Haftbefehl**. Gleiches gilt, wenn dem Verurteilten eine **Ladung nicht zugestellt** werden konnte und Fluchtverdacht besteht, oder auch im Falle eines Entweichens während des Strafvollzuges (§ 33 Abs. 2 StVollstrO). Sodann wird der Verurteilte zur Fahndung ausgeschrieben, wobei grds. alle Maßnahmen statthaft sind, die auch im Erkenntnisverfahren zur Ergreifung des Beschuldigten zulässig sind (BT-Drucks 12/989, S. 44 f.). 268

☝ Gegen den Erlass eines Vorführungs- oder Haftbefehls kann der Verurteilte zwar **Einwendungen** erheben, über die gem. § 31 Abs. 6 RpflG, § 21 StVollstrO, §§ 23 ff. EGGVG zu entscheiden ist. Zumeist dürfte sich die Maßnahme zu diesem Zeitpunkt allerdings durch eine Festnahme bereits erledigt haben. Nach h.M. wäre in diesem Fall ein Feststellungsantrag nach § 28 Abs. 1 S. 4 EGGVG statthaft (OLG Hamm, Beschl. v. 14.6.2005 – 1 VAs 17/05; OLG Koblenz, Beschl. v. 24.10.2005 – 2 VAs 10/05; *Schmitt/Köhler*, § 457 Rn 16; zum Antrag nach §§ 23 ff. EGGVG *Burhoff*, EV, Rn 622 ff.; Burhoff/Kotz/*Schmidt-Clarner*, Teil B: Rn 438 ff.).

3. Sollen über die herkömmlichen Fahndungshilfsmittel (wie z.B. Suchvermerk an das BZR, Mitteilung an die Polizei pp.) hinaus gezielte **Fahndungsmaßnahmen** – Telekommunikationsüberwachung, Observation, Kontrollstellen – durchgeführt werden, gilt der in den jeweiligen Vorschriften der StPO enthaltene **Richtervorbehalt**. Zuständig ist gem. § 457 Abs. 3 S. 3 StPO das Gericht des ersten Rechtszuges. 269

Siehe auch: → *Erwachsene, Freiheitsstrafe ohne Bewährung, Ablehnung Rechtspfleger, Befangenheit*, Teil B Rdn 250; → *Erwachsene, Freiheitsstrafe ohne Bewährung, Absehen bei Auslieferung/Ausweisung*, Teil B Rdn 254; → *Erwachsene, Freiheitsstrafe ohne Bewährung, Aussetzung der Reststrafe, Allgemeines*, Teil B Rdn 270; → *Erwachsene, Freiheitsstrafe ohne Bewährung, Aussetzung der Reststrafe, Halbstrafe*, Teil B Rdn 276; → *Erwachsene, Freiheitsstrafe ohne Bewährung, Aussetzung der Reststrafe, lebenslang*, Teil B Rdn 287; → *Erwachsene, Freiheitsstrafe ohne Bewährung, Aussetzung der Reststrafe, Zweidrittel*, Teil B Rdn 293; → *Erwachsene, Freiheitsstrafe ohne Bewährung, Pflichtverteidiger*, Teil B Rdn 304; → *Erwachsene, Freiheitsstrafe ohne Bewährung, Strafaufschub/-unterbrechung*, Teil B Rdn 306; → *Erwachsene, Freiheitsstrafe ohne Bewährung, Strafzeitberechnung*, Teil B Rdn 321; → *Strafvollstreckung, Allgemeines*, Teil J Rdn 319.

Erwachsene, Freiheitsstrafe ohne Bewährung, Aussetzung der Reststrafe, Allgemeines 270

Literaturhinweise: **Artkämper/Herrmann/Jakobs/Kruse**, Aufgabenfelder der Staatsanwaltschaft, 2008, Rn 920 ff. 271

1. Dass eine Freiheitsstrafe von dem Verurteilten voll verbüßt wird, stellt nicht den Regelfall dar. Die **Vollstreckung einer zeitigen Freiheitsstrafe** kann nach **Verbüßung von zwei Dritteln** – mindestens jedoch zwei Monaten – unter den Voraussetzungen des § 57 Abs. 1 StGB zur Bewährung ausgesetzt werden. Unter besonderen Umständen ist gem. § 57 Abs. 2 StGB eine **bedingte Strafaussetzung** bereits nach **Verbüßung der Hälfte** der erkannten Strafe möglich. Auch die Vollstreckung des Restes einer lebenslangen Freiheitsstrafe kann unter den Voraussetzungen des § 57a StGB zur Bewährung ausgesetzt werden. Die Prüfung einer Strafaussetzung erfolgt auf Antrag des Verurteilten oder von Amts wegen. 272

☝ **Zuständig** für die Entscheidung über die Strafaussetzung betreffend des sich in Strafhaft befindlichen Verurteilten ist die **StVK** des LG, in dessen Bezirk der Verurteilte einsitzt (§ 462a StPO).

2. Die **Überwachung der Fristen** erfolgt bei der StA als Vollstreckungsbehörde durch den Rechtspfleger (§ 36 Abs. 2 StVollstrO). Dieser fordert auch fristgemäß Stellungnahmen der Vollzugseinrichtung an. Für 273 die Antragstellung bei Gericht ist jedoch gem. § 31 Abs. 2 S. 1 RpflG nicht der Rechtspfleger, sondern der Staatsanwalt zuständig, da die StA ihre Stellungnahme als Strafverfolgungsbehörde, nicht als Strafvollstreckungsbehörde abgibt.

274 **3.** Gar nicht so selten erklärt sich der **Verurteilte** mit einer bedingten Strafaussetzung **nicht einverstanden**. In diesen Fällen kann eine vorzeitige Entlassung nicht erfolgen, wobei umstritten ist, ob es nach h.M. eines förmlichen Beschlusses über die Nichtaussetzung nicht bedarf und das Vollstreckungsheft der StVK lediglich zur Kenntnisnahme vorgelegt wird.

275 **4. Verfahrensfragen** sind in §§ 454, 454a StPO geregelt: Vor einer Beschlussfassung des Gerichts sind die **StA**, die **JVA** und der **Verurteilte anzuhören**; letztgenannter grds. mündlich, es sei denn, es liegt einer der Ausnahmetatbestände des § 454 Abs. 1 S. 4 Nrn. 1 bis 3 StPO vor. Ein beauftragter Sachverständiger ist ebenfalls mündlich anzuhören, wenn nicht alle Beteiligten darauf verzichten.

Siehe auch: → *Erwachsene, Freiheitsstrafe ohne Bewährung, Allgemeines*, Teil B Rdn 263 m.w.N.; → *Erwachsene, Freiheitsstrafe ohne Bewährung, Aussetzung der Reststrafe, Halbstrafe*, Teil B Rdn 276; → *Erwachsene, Freiheitsstrafe ohne Bewährung, Aussetzung der Reststrafe, lebenslang*, Teil B Rdn 287; → *Erwachsene, Freiheitsstrafe ohne Bewährung, Aussetzung der Reststrafe, Zweidrittel*, Teil B Rdn 293; → *Erwachsene, Freiheitsstrafe ohne Bewährung, Pflichtverteidiger*, Teil B Rdn 304; → *Erwachsene, Freiheitsstrafe ohne Bewährung, Strafzeitberechnung*, Teil B Rdn 321.

276 Erwachsene, Freiheitsstrafe ohne Bewährung, Aussetzung der Reststrafe, Halbstrafe

Das Wichtigste in Kürze:

1. Unter den Voraussetzungen des § 57 Abs. 2 StGB ist eine Strafaussetzung zur Bewährung nach Verbüßung der Hälfte der Strafe – mindestens sechs Monaten – möglich
2. Im Fall des § 57 Abs. 2 Nr. 1 StGB ergeht die Entscheidung nach wohl h.M. von Amts wegen.
3. Voraussetzung für eine Strafaussetzung gem. § 57 Abs. 2 Nr. 1 StGB ist u.a., dass es sich bei dem Verurteilten um einen Erstverbüßer handelt.
4. § 57 Abs. 2 Nr. 1 StGB setzt ferner voraus, dass die Freiheitsstrafe zwei Jahre nicht übersteigt.
5. Für eine Strafaussetzung gem. § 57 Abs. 2 Nr. 1 StGB müssen zusätzlich die übrigen Voraussetzungen des § 57 Abs. 1 StGB vorliegen.
6. Eine Strafaussetzung zum Halbstrafentermin kommt gem. § 57 Abs. 2 Nr. 2 StGB auch in Betracht, wenn die Gesamtwürdigung von Tat, Persönlichkeit des Verurteilten und seiner Entwicklung während des Strafvollzuges ergibt, dass besondere Umstände vorliegen.

277 **Literaturhinweise: Artkämper/Herrmann/Jakobs/Kruse**, Aufgabenfelder der Staatsanwaltschaft, 2008, Rn 938 ff.

278 **1.** Unter den Voraussetzungen des § 57 Abs. 2 StGB ist eine **Strafaussetzung zur Bewährung** nach Verbüßung der Hälfte der Strafe – mindestens sechs Monaten – möglich. Im Unterschied zu der Entscheidung gem. § 57 Abs. 1 StGB, die bei Vorliegen der Voraussetzungen zwingend zur Strafaussetzung führt, steht die **Entscheidung zur Halbstrafenaussetzung** im pflichtgemäßen Ermessen des Gerichts (zu allem a. *Röttle/Wagner/Theurer*, Strafvollstreckung, Rn 908 ff.).

279 **2.** Im Fall des § 57 Abs. 2 **Nr. 1** StGB ergeht die Entscheidung nach wohl h.M. von Amts wegen (*Fischer*, § 57 Rn 31 m.w.N.). Der Rechtspfleger hat daher entsprechende Fristen zu notieren und das Vollstreckungsheft dem Staatsanwalt zur Antragstellung rechtzeitig vorzulegen.

280 **3. Voraussetzung** für eine Strafaussetzung gem. § 57 Abs. 2 Nr. 1 StGB ist zunächst, dass es sich bei dem Verurteilten um einen **Erstverbüßer** handelt. Dieser Begriff ist in mehrfacher Hinsicht umstritten.

Einigkeit dürfte bestehen, dass **Jugendarrest** und die **Verbüßung von Ersatzfreiheitsstrafe** insoweit keine Berücksichtigung finden, wohl aber Jugendstrafe, Strafarrest nach § 14a WStG sowie Strafhaft im Ausland.

Streitig ist allerdings, ob die **vorherige Verbüßung** von **U-Haft** – im selben, aber auch in anderen Verfahren – einer Strafaussetzung gem. § 57 Abs. 2 Nr. 1 StGB entgegensteht. Nach zutreffender h.M. ist dies nicht der Fall, so dass auch bei einem Verurteilten, der bereits Untersuchungshaft erlitten hat, von einem Erstverbüßer auszugehen ist (OLG Bremen, Beschl. v. 8.12.2008 – Ws 173/08; OLG Düsseldorf, Beschl. v. 30.11.1995 – 3 Ws 655–656/25; OLG Zweibrücken, Beschl. v. 21.7.1998 – 1 Ws 347–349/98; a.A. OLG Karlsruhe StV 1990, 119). 281

Uneinigkeit besteht ferner bei **Vollstreckung mehrerer Strafen** gem. § 43 Abs. 2 StVollstrO. Nach überwiegender Auffassung kommt es nur darauf an, dass sich der Verurteilte erstmals im Strafvollzug befindet, so dass die unmittelbare Anschlussvollstreckung mehrerer Strafen insgesamt als Erstverbüßung gewertet wird (OLG Bremen, Beschl. v. 8.12.2008 – Ws 173/08; OLG Düsseldorf StV 1989, 215; OLG Hamm, Beschl. v. 9.6.2011 – III-3 Ws 164/11; OLG Köln, Beschl. v. 16.3.2007 – 2 Ws 101–103/07). 282

4. § 57 Abs. 2 Nr. 1 StGB setzt ferner voraus, dass die **Freiheitsstrafe zwei Jahre nicht übersteigt**. Ausgehend von der h.M., die eine Erstverbüßung auch im Fall der unmittelbaren Anschlussvollstreckung mehrerer Freiheitsstrafen annimmt, wird teilweise die Auffassung vertreten, bei Berechnung der Zwei-Jahres-Frist müssten die Strafen zusammengerechnet werden, so dass immer dann, wenn die Summe der Strafen zwei Jahre übersteige, keine Aussetzung nach § 57 Abs. 2 Nr. 1 StGB in Betracht komme. Nach h.M. kommt es im Hinblick auf die Zwei-Jahres-Grenze auf die einzelnen zu vollstreckenden Freiheitsstrafen an (*Fischer*, § 57 Rn 26 f.). 283

5. Für eine Strafaussetzung gem. § 57 Abs. 2 Nr. 1 StGB reicht es nicht aus, dass der Verurteilte erstmalig eine Freiheitsstrafe von bis zu zwei Jahren verbüßt. Zusätzlich müssen die übrigen Voraussetzungen des § 57 Abs. 1 StGB – positive Sozialprognose und Einwilligung des Verurteilten – vorliegen (→ *Erwachsene, Freiheitsstrafe ohne Bewährung, Aussetzung der Reststrafe, Zweidrittel*, Teil B Rdn 293). 284

6. Eine **Strafaussetzung** zum **Halbstrafentermin** kommt gem. § 57 Abs. 2 Nr. 2 StGB auch in Betracht, wenn die Gesamtwürdigung von Tat, Persönlichkeit des Verurteilten und seiner Entwicklung während des Strafvollzuges ergibt, dass besondere Umstände vorliegen (und die Voraussetzungen des § 57 Abs. 1 StGB erfüllt sind). In Betracht kommen bspw. eine schwere Erkrankung des Verurteilten oder eine umfangreiche, unter persönlichen Anstrengungen unternommene Schadenswiedergutmachung. 285

> ☝ Eine **günstige Sozialprognose allein** reicht zur Begründung besonderer Umstände **nicht** aus. Im Rahmen einer Gesamtwürdigung müssen weitere Faktoren hinzutreten, die eine Strafaussetzung nach Verbüßung der Hälfte ausnahmsweise gerechtfertigt erscheinen lassen.

7. Hinsichtlich der **verfahrensrechtlichen Fragen** wird auf die Ausführungen unter → *Erwachsene, Freiheitsstrafe ohne Bewährung, Aussetzung der Reststrafe, Zweidrittel*, Teil B Rdn 293, Bezug genommen. 286

Siehe auch: → *Erwachsene, Freiheitsstrafe ohne Bewährung, Allgemeines*, Teil B Rdn 263; → *Erwachsene, Freiheitsstrafe ohne Bewährung, Aussetzung der Reststrafe, Halbstrafe*, Teil B Rdn 276; → *Erwachsene, Freiheitsstrafe ohne Bewährung, Aussetzung der Reststrafe, lebenslang*, Teil B Rdn 287; → *Erwachsene, Freiheitsstrafe ohne Bewährung, Aussetzung der Reststrafe, Zweidrittel*, Teil B Rdn 293.

287 Erwachsene, Freiheitsstrafe ohne Bewährung, Aussetzung der Reststrafe, lebenslang

288 **Literaturhinweise:** **Artkämper/Esders/Jakobs/Sotelsek**, Praxiswissen Strafverfahren bei Tötungsdelikten, 2012, S. 1000 f.

289 **1.** Unter den Voraussetzungen des **§ 57a StGB** kann auch die Vollstreckung des Restes einer lebenslangen Freiheitsstrafe zur Bewährung ausgesetzt werden, wenn **mindestens 15 Jahre** der Strafe verbüßt sind, die besondere Schwere der Schuld des Verurteilten die weitere Vollstreckung nicht gebietet und die Voraussetzungen des § 57 Abs. 1 S. 1 Nr. 2 und Nr. 3 StGB vorliegen (wegen weit. Einzelh. *Kamann*, Rn 187 f. *Röttle/Wagner/Theurer*, Rn 987 ff.; *Volckart/Pollähne/Wagner*, Rn 465 ff.).

290 Mit seiner Entscheidung vom 3.6.1992 hat das BVerfG (BVerfGE 86, 288 ff.) festgelegt, dass die **Feststellung der besonderen Schuldschwere** bereits durch das erkennende Gericht in seinem Urteil zu erfolgen hat (sog. Schwurgerichtslösung). Die besondere Schwere der Schuld ist im Tenor festzustellen. Im Übrigen ist es Aufgabe der StVK, im Wege einer Gesamtwürdigung unter Bindung an die Feststellungen des erkennenden Gerichts zu entscheiden, ob eine weitere Vollstreckung nach 15 Jahren geboten ist.

291 **2.** Die **StVK** hat **von Amts wegen** die Voraussetzungen einer Strafaussetzung frühzeitig zu prüfen und eine Mindestverbüßungsdauer festzusetzen, damit die bedingte Entlassung vorbereitet werden kann. Sofern keine anderslautenden Anordnungen der Landesjustizverwaltungen existieren, sollte **spätestens nach 13 Jahren** mit der Prüfung und Festsetzung der Mindestverbüßungsdauer begonnen werden.

292 **3.** Auch bei **guter Prognose** tritt nach Ablauf der Mindestverbüßungsdauer keine Entlassungsautomatik ein. Die Entscheidung, ob eine weitere Vollstreckung geboten ist, ist von der Strafvollstreckungskammer im Rahmen einer vollstreckungsrechtlichen Gesamtwürdigung zu entscheiden, wobei sie eine eigene, auf den Entscheidungszeitpunkt bezogene Wertung vorzunehmen hat. In diese Betrachtung sind durchaus auch nicht tatrelevante Umstände mit einzubeziehen, bspw. der Gesundheitszustand des Verurteilten und seine Persönlichkeitsentwicklung (BVerfGE 72, 116; auch *Fischer*, § 57a Rn 16 f. m.w.N.).

☝ Kommt die Aussetzung einer lebenslangen Freiheitsstrafe in Betracht, ist zur Beurteilung der fortbestehenden Gefährlichkeit des Verurteilten vom Gericht **zwingend** ein **SV-Gutachten** gem. § 454 Abs. 2 StPO einzuholen. Eine Aussetzung kommt nur in Betracht, wenn sie unter Berücksichtigung des Sicherheitsinteresses der Allgemeinheit verantwortet werden kann. Verweigert der Verurteilte eine Begutachtung, scheidet eine Strafaussetzung regelmäßig aus (*Fischer*, § 57a Rn 20). Allerdings darf das Gericht im Falle der erstmaligen Prognoseentscheidung nach der Mindestverbüßungsdauer die Einholung eines Gutachtens regelmäßig nicht allein mit der Begründung verweigern, dass es eine Strafaussetzung nicht beabsichtige (BVerfG StraFo 2009, 413 ff.).

Siehe auch: → *Erwachsene, Freiheitsstrafe ohne Bewährung, Allgemeines*, Teil B Rdn 263.

293 Erwachsene, Freiheitsstrafe ohne Bewährung, Aussetzung der Reststrafe, Zweidrittel

Das Wichtigste in Kürze:

1. Rechtzeitig vor dem sog. (ggf. gemeinsamen) Zweidritteltermin findet von Amts wegen eine Prüfung statt, ob die Voraussetzungen des § 57 Abs. 1 StGB vorliegen.
2. Der Rechtspfleger der StA berechnet bei Einleitung der Vollstreckung den Zweidritteltermin.
3. Im Fall mehrerer, nacheinander zu vollstreckender Freiheitsstrafen regelt § 454b Abs. 2 StPO, dass die Vollstreckung der zunächst zu vollstreckenden Strafe nach Verbüßung von zwei Dritteln – mindestens zwei Monaten – zu unterbrechen ist.

4. Gem. § 57 Abs. 1 S. 1 Nr. 2 StGB kommt eine Strafaussetzung nur in Betracht, wenn sie unter Berücksichtigung des Sicherheitsinteresses der Allgemeinheit verantwortet werden kann.
5. § 454 Abs. 1 StPO regelt eine Anhörungspflicht der Vollzugseinrichtung.
6. Sofern eine zeitige Freiheitsstrafe von mehr als zwei Jahren wegen der in § 66 Abs. 3 S. 1 StGB genannten schweren Straftaten verhängt wurde, ist gem. § 454 Abs. 2 S. 1 Nr. 2 StPO durch das Gericht grds. das Prognosegutachten eines – in der Regel externen – SV einzuholen.
7. Liegen die Voraussetzungen des § 57 Abs. 1 StGB vor, ist das Gericht zur Aussetzung verpflichtet.
8. Gegen den Beschluss des Gerichts ist gem. § 454 Abs. 3 StPO die sofortige Beschwerde statthaft

Literaturhinweise: Artkämper/Herrmann/Jakobs/Kruse, Aufgabenfelder der Staatsanwaltschaft, 2008, Rn 882 ff. 294

1. Rechtzeitig vor dem sog. (ggf. gemeinsamen) **Zweidritteltermin** findet von Amts wegen eine Prüfung statt, ob die Voraussetzungen des § 57 Abs. 1 StGB vorliegen und damit die Reststrafe nach Verbüßung von zwei Dritteln zur Bewährung auszusetzen ist. Grds. – immer dann, wenn sich der Verurteilte in Haft befindet – entscheidet die StVK. Es kommt aber durchaus vor, dass sich der Verurteilte, dessen angerechnete Untersuchungshaft bereits mindestens zwei Drittel der Strafe beträgt, auf freiem Fuß befindet. In diesem Fall ist das Gericht des ersten Rechtszuges für die Reststrafenaussetzung zuständig (wegen der Einzelh. *Kamann*, Rn 50 ff. *Röttle/Wagner/Theurer*, Rn 71 ff.; *Volckart/Pollähne/Wagner*, 5. Aufl. 2014, Rn 443 ff. 295

2. Der **Rechtspfleger** der StA **berechnet** bei Einleitung der Vollstreckung den **Zweidritteltermin** (s.a. → *Erwachsene, Freiheitsstrafe ohne Bewährung, Strafzeitberechnung*, Teil B Rdn 321), den er im Fall nachträglicher Veränderungen entsprechend korrigiert, und setzt sich eine Wiedervorlagefrist, um rechtzeitig die Stellungnahme der JVA einzuholen. Hinsichtlich des Aussetzungstermins kommt es auf die verhängte Strafe an. Soweit U-Haft oder Therapiezeiten angerechnet wurden, gilt die Strafe insoweit als verbüßt. Anders verhält es sich nach h.M. allerdings bei Gnadenerweisen (*Fischer*, § 57 Rn 9 m.w.N.). 296

3. Im Fall mehrerer, **nacheinander** zu **vollstreckender Freiheitsstrafen** regelt § 454b Abs. 2 StPO, dass die Vollstreckung der zunächst zu vollstreckenden Strafe nach Verbüßung von zwei Dritteln – mindestens zwei Monaten – zu unterbrechen ist, um sodann mit der Vollstreckung der weiteren Freiheitsstrafe zu beginnen (→ *Erwachsene, Freiheitsstrafe ohne Bewährung, Strafzeitberechnung*, Teil B Rdn 321). Liegen die Voraussetzungen des § 57 Abs. 2 StGB vor, wird bereits nach dem Halbstrafentermin unterbrochen. 297

Eine **Prüfung der Strafaussetzung** findet von Amts wegen in der Regel allerdings erst zum gemeinsamen Zweidritteltermin statt, d.h. wenn nach den jeweiligen Unterbrechungen zwei Drittel der letzten zu vollstreckenden Freiheitsstrafe verbüßt sind (§ 454b Abs. 3 StPO).

4. Gem. § 57 Abs. 1 S. 1 Nr. 2 StGB kommt eine Strafaussetzung nur in Betracht, wenn sie unter **Berücksichtigung** des **Sicherheitsinteresses** der **Allgemeinheit** verantwortet werden kann. Insoweit ist eine Prognoseentscheidung erforderlich, also eine Abwägung zwischen den zu erwartenden Wirkungen des bereits erlittenen Vollzuges und den Sicherheitsinteressen der Allgemeinheit (BGH, Beschl. v. 25.4.2003 – StB 4/03; Brandenburgisches OLG, Beschl. v. 1.6.2023 – 2 Ws 62/23; OLG Bamberg, Beschl. v. 16.3.2016 – 1 Ws 107/16). Die wesentlichen Entscheidungskriterien finden sich in § 57 Abs. 1 S. 2 StGB. Pauschale Aussagen, wann eine Strafaussetzung in Betracht kommt, sind nicht möglich. Erforderlich ist immer eine Abwägung im **Einzelfall**. 298

☝ Zu beachten ist, dass eine Strafaussetzung **keine Gewissheit künftiger Straffreiheit** voraussetzt; es **reicht** aus, wenn eine **naheliegende Chance** für ein positives Ergebnis besteht (BVerfG, Beschl. v. 18.10.2011 – 2 BvR 259/11; BGH, Beschl. v. 19.4.2018 – StB 3/18; Schleswig-Holsteinisches OLG, Beschl. v. 30.6.2025 – 1 Ws 89/25). Bei schwereren Taten sind jedoch höhere Anforderungen an die Erfolgswahrscheinlichkeit zu stellen. Allerdings kommt auch bei besonders gefährlichen Delikten, z.B. vorsätzlichen Tötungsdelikten sowie Sexualdelikten, grds. eine Strafaussetzung in Betracht.

Im Gegensatz zum Widerrufsverfahren findet die **Unschuldsvermutung** des **Art. 6 MRK keine Anwendung** (Brandenburgisches OLG, Beschl. v. 23.6.2021 – 1 Ws 66/21; Beschl. v. 20.2.2023 – 1 Ws

11/23; OLG Hamm, Beschl. v. 13.12.2004 – 3 Ws 314/04; KG, Beschl. v. 9.12.2020 – 5 Ws 188/20). Das bedeutet, dass ein gegen den Verurteilten anhängiges Ermittlungsverfahren auch vor einer rechtskräftigen Entscheidung die Prognose negativ beeinflussen kann.

Problematisch ist, wenn der **Verurteilte** die dem Urteil zugrundeliegende Tat während der Vollstreckung **weiterhin bestreitet**. Das Leugnen der Tat steht einer positiven Prognose zwar nicht grds. entgegen (BVerfG, Beschl. v. 24.2.2023 – 2 BvR 117/20; OLG Hamm, Beschl. v. 20.04.2017 – 1 Ws 157/17;KG, Beschl. v. 26.5.2021 – 5 Ws 88/21; *Fischer*, § 57 Rn 17b m.w.N.). Allerdings tun sich die StVK in diesen Fällen mit einer Aussetzung eher schwer und begründen eine Ablehnung häufig damit, das Bestreiten von Verantwortung für die frühere Tat stelle sich als Symptom allgemeiner Rückfallgefahr dar.

299 **5.** Da Staatsanwalt und Gericht die Entwicklung des Verurteilten während des Vollzuges ohne Informationen durch die JVA nicht beurteilen können, regelt § 454 Abs. 1 StPO eine entsprechende Anhörungspflicht der Vollzugseinrichtung; insoweit holt der Rechtspfleger vor der Entscheidung eine Stellungnahme der JVA zur Frage der Strafaussetzung ein.

☝ Die **Stellungnahme** der **JVA** wird allzu oft von der StA und vom Gericht ohne Weiteres übernommen. Sie sollte zumindest **kritisch** auf Schlüssigkeit und Nachvollziehbarkeit **überprüft** werden; insoweit sind auch etwaige vorangegangene Stellungnahmen und Gutachten einzubeziehen.

300 **6.** Sofern eine **zeitige Freiheitsstrafe von mehr als zwei Jahren** wegen der in § 66 Abs. 3 S. 1 StGB genannten schweren Straftaten verhängt wurde, ist gem. § 454 Abs. 2 S. 1 Nr. 2 StPO durch das Gericht grds. das **Prognosegutachten** eines – in der Regel externen – SV einzuholen. Davon kann allerdings abgesehen werden, wenn einerseits offenkundig aufgrund anderer Umstände eine Strafaussetzung nicht in Betracht kommt (BGH NStZ-RR 2023, 29). Andererseits kann die bedingte Entlassung ohne Einholung eines Gutachtens erfolgen, wenn zweifelsfrei feststeht, dass von dem Verurteilten keine Gefahr für die öffentliche Sicherheit mehr ausgeht.

301 **7.** Liegen die Voraussetzungen des § 57 Abs. 1 StGB vor, ist das **Gericht zur Aussetzung verpflichtet**. Setzt es die Reststrafe zur Bewährung aus, beinhaltet der entsprechende Beschluss etwaige Auflagen und Weisungen. Die festzusetzende Bewährungszeit darf die Dauer des Strafrestes nicht unterschreiten (§ 57 Abs. 3 S. 1 StGB). Im Übrigen gelten die §§ 56a bis 56g StGB entsprechend (→ *Bewährung, Allgemeines*, Teil A Rdn 9 ff., Teil A Rdn 249 ff. m.w.N.). Anderenfalls lehnt das Gericht die Strafaussetzung ab. Die Entscheidung ist zu begründen.

302 **8.a)** Gegen den Beschluss ist gem. § 454 Abs. 3 StPO die **sofortige Beschwerde** statthaft. Da das von der Staatsanwaltschaft eingelegte Rechtsmittel nach § 454 Abs. 3 S. 2 StPO im Falle einer angeordneten Strafaussetzung aufschiebende Wirkung hat, kann die Entlassung des Verurteilten erst nach Rechtsmittelverzichtserklärung des Staatsanwaltes oder fruchtlosem Ablauf der Rechtsmittelfrist erfolgen (zur sofortigen Beschwerde *Burhoff*, EV, Rn 4289; Burhoff/Kotz/*Hillenbrand*, RM, Teil A Rn 550 ff.).

303 **b)** Hat der Verurteilte sofortige Beschwerde eingelegt, wird die StA das Vollstreckungsheft unverzüglich über die GStA, die eine Stellungnahme abgibt, an das **OLG** als **Beschwerdegericht** weiterleiten. Hat die StVK ihren Nichtaussetzungsbeschluss ordentlich begründet und sich insbesondere auch auf den persönlichen Eindruck von dem Verurteilten im Rahmen der Anhörung gestützt, sind die Erfolgsaussichten für den Verurteilten allerdings nicht sehr hoch.

☝ Nach einem ablehnenden Beschluss kann der Verurteilte grds. **jederzeit** einen Antrag auf **erneute Prüfung** der Strafaussetzung stellen.

Siehe auch: → *Erwachsene, Freiheitsstrafe ohne Bewährung, Allgemeines*, Teil B Rdn 259 m.w.N.; → *Erwachsene, Freiheitsstrafe ohne Bewährung, Strafzeitberechnung*, Teil B Rdn 316.

Erwachsene, Freiheitsstrafe ohne Bewährung, Pflichtverteidiger 304

Die **Beiordnung eines Pflichtverteidigers** im Erkenntnisverfahren endet nach ganz überwiegender Auffassung mit der Rechtskraft des Urteils und bezieht sich nicht mehr auf das sich anschließende Vollstreckungsverfahren, § 143 Abs. 1 StPO. Allerdings ist die Mitwirkung eines Verteidigers in entsprechender Anwendung von § 140 Abs. 2 StPO in bestimmten Fällen geboten (zur Pflichtverteidigerbestellung im EV eingehend m.w.N. aus der Rspr. *Burhoff*, EV, Rn 3419 ff., zum Strafvollstreckungsverfahren bei Rn 3491 ff.). 305

☝ Die **Rspr.** (z.B. OLG Hamm, Beschl. v. 3.1.2008 – 3 Ws 704/07) ist hier jedoch wesentlich **restriktiver** als im Erkenntnisverfahren. Zwar kommt im Rahmen der Entscheidung über eine Aussetzung der Reststrafe eine Beiordnung in Betracht; es kommt insoweit aber grds. nicht auf die Schwere der Tat an, und es ist auch kein Pflichtverteidiger allein deshalb beizuordnen, wenn die noch zu verbüßende Freiheitsstrafe ein Jahr übersteigt. Die Bestellung kann aber andererseits insbesondere geboten sein, wenn zur Vorbereitung einer bedeutsamen Entscheidung (z.B. Aussetzung einer langen Freiheitsstrafe oder freiheitsentziehenden Maßregel) ein Gutachten eingeholt wird, zu dem sachgerecht nur nach Akteneinsicht Stellung genommen werden kann (z.B. BGH, Beschl. v. 29.6.2022 – StB 26/22, NStZ-RR 2022, 357, OLG Frankfurt, Beschl. v. 7.10.2014 – 3 Ws 861/14, NStZ-RR 2015, 229; wegen der Einzelh. und Rspr.-Nachw. *Burhoff*, EV, Rn 3491 ff: → *Bewährung, Widerruf, notwendige Verteidigung*, Teil A Rdn 387).

Siehe auch: → *Bewährung, Widerruf, notwendige Verteidigung*, Teil A Rdn 387; → *Erwachsene, Freiheitsstrafe ohne Bewährung, Allgemeines*, Teil B Rdn 263 m.w.N.

Erwachsene, Freiheitsstrafe ohne Bewährung, Strafaufschub/-unterbrechung 306

Das Wichtigste in Kürze:

1. Unter den Begriff „Strafausstand“ fällt zum einen der Strafaufschub (für den Verurteilten, der noch nicht einsitzt) sowie zum anderen die Strafunterbrechung (für den Verurteilten, der sich bereits in der JVA befindet).
2. § 455 Abs. 1 bis 3 StPO regelt die Voraussetzungen für einen Strafaufschub wegen sog. Vollzugsuntauglichkeit.
3. Nach § 455 Abs. 3 StPO ist nach pflichtgemäßem Ermessen der Strafvollstreckungsbehörde die Vollstreckung auch dann aufzuschieben, wenn sich der Verurteilte in einem körperlichen Zustand befindet, bei dem eine sofortige Vollstreckung mit der Einrichtung der Strafanstalt unverträglich ist.
4. Die Voraussetzungen für eine Strafunterbrechung sind in § 455 Abs. 4 StPO sind geregelt.
5. Abgesehen von § 455 und § 455a StPO kann eine Strafunterbrechung i.Ü. nur im Gnadenwege erfolgen.
6. Einen Vollstreckungsaufschub in Härtefallen ermöglicht die Vorschrift des § 456 StPO.
7. Gegen die Entscheidung der Vollstreckungsbehörde kann der Verurteilte Einwendungen erheben, über die gem. § 458 StPO das Gericht zu befinden hat.

Literaturhinweise: Artkämper/Herrmann/Jakobs/Kruse, Aufgabenfelder der Staatsanwaltschaft 2008, Rn 883 ff. 307

308 **1.a)** Unter den Begriff „**Strafausstand**“ fällt zum einen der **Strafaufschub** (für den Verurteilten, der noch nicht einsitzt) sowie zum anderen die **Strafunterbrechung** (für den Verurteilten, der sich bereits in der JVA befindet). Regelungen hierzu finden sich in den §§ 455 f. StPO sowie in den jeweiligen Gnadenordnungen der Länder. Mittlerweile sind diese Entscheidungen, die früher der Staatsanwalt getroffen hat, gem. § 31 Abs. 2 S. 1 RpflG dem Rechtspfleger übertragen (s.a. *Kamann*, Rn 247; *Röttle/Wagner/Theurer*, Rn 673 ff.; *Volckart/Pollähne/Wagner*, Rn 68 ff.).

☝ Während der Zeit des Strafaufschubes **ruht** die **Verjährung** (§ 79a Nr. 2a StGB).

309 **b)** Der besseren **Veranschaulichung** über Zuständigkeiten und Rechtsbehelfe dient folgender

310 **Überblick: Zuständigkeiten/Rechtsmittel**

Norm	Anlass	Zuständigkeit	Rechtsmittel
§ 455 StPO	Strafausstand bei schwerer Erkrankung § 65 StVollzG	Rechtspfleger	Gerichtliche Entscheidung § 458 Abs. 2 StPO
§ 455a StPO	Strafausstand aus organisatorischen Gründen § 46a StVollstrO (Erfordernis der Zustimmung des JM)	Rechtspfleger	kein Rechtsmittel
§ 456 StPO	Strafaufschub max. 4 Monate ab Strafantritt, zu dem geladen wurde	Rechtspfleger	gerichtliche Entscheidung § 458 Abs. 2 StPO
§ 456a StPO	Absehen von Vollstreckung bei Auslieferung und Ausweisung	Rechtspfleger	gerichtliche Entscheidung nach Vorverf. § 21 StVollstrO
§ 456c StPO	Ausstand bei Berufsverbot	Rechtspfleger	gerichtliche Entscheidung § 458 Abs. 2 StPO
§ 45 StVollstrO	Unterbrechung bei allg. Vollzugsuntauglichkeit	Rechtspfleger	Erinnerung an StA § 21 StVollstrO § 23 EGGVG
Gnadenentscheidungen nach jew. Gnadenordnung (z.B. § 41 GnO NW)	Strafausstand	StA ggf. AL z.K.	Einwendungen an GStA z.B. § 21 GnO NW

311 **2.** § 455 Abs. 1 bis 3 StPO regelt die **Voraussetzungen für einen Strafaufschub** wegen sog. **Vollzugsuntauglichkeit**. Diese liegt vor, wenn der Verurteilte in eine – für einen Behandlungsvollzug ungeeignete – Geisteskrankheit verfällt (Abs. 1) oder anderweitig derart schwer erkrankt, dass von der Vollstreckung eine nahe Lebensgefahr für den Verurteilten zu besorgen ist (Abs. 2). Dabei ist zu berücksichtigen, dass die häufig von Verurteilten angeführte **Suizidgefahr** keinen Grund für einen Strafaufschub darstellt (OLG Koblenz, Beschl. v. 21.04.2015 – 2 Ws 122/15; vgl. a. *Röttle/Wagner/Theurer*, 10. Kap. Rn 61 ff.).

312 **3.** Nach **§ 455 Abs. 3 StPO** ist nach pflichtgemäßem Ermessen der Strafvollstreckungsbehörde die Vollstreckung auch dann aufzuschieben, wenn sich der Verurteilte in einem körperlichen Zustand befindet, bei dem eine sofortige Vollstreckung mit der Einrichtung der Strafanstalt unverträglich ist (vgl. z.B. BVerfG, Beschl.

v. 21.12.2017 – 2 BvR 2772/17; OLG Celle, Beschl. v. 12.01.2026 – 1 Ws 181/25; Schleswig-Holsteinisches OLG, Beschl. v. 12.11.2024 – 2 Ws 139/24; OLG Koblenz, Beschl. v. 17.2.2014 – 2 Ws 22/14). Weder eine Selbstmordgefahr noch eine Schwangerschaft ist ein Grund, die Strafvollstreckung aufzuschieben, sofern der Vollzug Mittel zur Abhilfe wie Behandlungsangebote/Mutter-Kind-Vollzug bereithält (OLG Koblenz, Beschl. v. 21.4.2015 – 2 Ws 122/15).

☝ Anträge auf Strafaufschub wegen angeblicher Erkrankung werden vom Verurteilten oder Verteidigern häufig gestellt. Dabei ist zu berücksichtigen, dass ein dem Antrag auf Strafaufschub beigefügtes **hausärztliches Attest allein nur** in **evidenten Fällen** unmittelbar zu einer Bewilligung, sondern allenfalls dazu führen wird, dass die Vollstreckungsbehörde eine amtsärztliche Untersuchung anordnet.

Die Vollstreckungsbehörde wird anhand des Ergebnisses der **amtsärztlichen Untersuchung** sodann abklären, ob eine Unterbringung in einem Justizvollzugskrankenhaus möglich ist. Ist dies nicht der Fall und liegen die Voraussetzungen für einen Strafaufschub vor, wird dieser gewährt, wobei sich die Frist nach der Art und Schwere der Erkrankung richtet. Nach Ablauf einer gewissen Zeit werden Überprüfungen vorgenommen und eine amtsärztliche Nachuntersuchung des Verurteilten veranlasst. Fällt die Vollzugsuntauglichkeit weg, erfolgt nunmehr eine Ladung zum Strafantritt. 313

4. Die Voraussetzungen für eine **Strafunterbrechung** sind in **§ 455 Abs. 4 StPO** geregelt. Sie sind insoweit enger gefasst, als der Verurteilte auch in den Fällen der Geisteskrankheit oder einer zu besorgenden Lebensgefahr keinen Rechtsanspruch auf Strafunterbrechung hat, sondern lediglich die fehlerfreie Ausübung des Ermessens der Vollstreckungsbehörde verlangen kann. Bei einer – schweren – Erkrankung ist ferner erforderlich, dass diese in einer Vollzugsanstalt oder einem Anstaltskrankenhaus nicht erkannt oder behandelt werden kann. 314

☝ **Ausgeschlossen** ist eine Strafunterbrechung immer dann, wenn **überwiegende Gründe**, insbesondere der öffentlichen Sicherheit, entgegenstehen. In Betracht kommen insoweit vor allem die Gefahr weiterer erheblicher Straftaten oder auch Fluchtgefahr. Die Strafunterbrechung ist damit der absolute Ausnahmefall!

5. Abgesehen von § 455 und § 455a StPO – letztgenannte Vorschrift hat in den Zeiten der Corona-Pandemie Bedeutung erlangt – kann eine Strafunterbrechung i.Ü. nur im **Gnadenwege** erfolgen (zur Gnade → *Gnade, Allgemeines*, Teil G Rdn 1 ff.). 315

6.a) Einen Vollstreckungsaufschub in **Härtefallen** ermöglicht die Vorschrift des **§ 456 StPO**. Neben einem entsprechenden **Antrag** des Verurteilten setzt ein Aufschub voraus, dass dem Verurteilten oder seiner Familie anderenfalls erhebliche, außerhalb des Strafzwecks liegende **Nachteile** erwachsen. 316

☝ Bei den häufigen Anträgen auf Strafaufschub nach § 456 StPO werden regelmäßig zur Begründung lediglich Umstände geltend gemacht, die nahezu jeden Verurteilten gleichermaßen treffen und quasi in der Natur der Vollstreckung einer Freiheitsstrafe liegen. So ist die Trennung von den Familienangehörigen oder der Verlust eines Arbeitsplatzes in der Regel kein Grund für die Gewährung eines Strafaufschubs. **Erforderlich** ist vielmehr der Eintritt von Nebenfolgen, die über das gewöhnliche Strafübel hinausgehen und – wichtig – bei später (nach spätestens vier Monaten) einsetzender Strafvollstreckung überhaupt vermeidbar wären.

Insbesondere in folgenden Fällen kommt ein Strafaufschub **in Betracht**: 317

- Betriebsinhaber, der zunächst noch einen **Vertreter einarbeiten** muss (OLG Düsseldorf NJW 1966, 1767),
- Geordnete Übergabe der betrieblichen Tätigkeit an einen Nachfolger (OLG Stuttgart, Beschl. v. 5.3.2012 – 1 Ws 24/12),

- Wiedererlangung der Fahrerlaubnis zum Erhalt des Arbeitsplatzes (LG Waldshut-Tiengen, Beschl. v. 8.1.2015 – 1 KLs 22 Js 547/12),
- Kindesvater, der im Fall eines Krankenhausaufenthaltes der Ehefrau die **Betreuung** der **Kinder** sicherstellen muss (OLG Zweibrücken NJW 1974, 70),
- **Beendigung** einer **Ausbildung** innerhalb der nächsten vier Monate (*Schmitt/Köhler*, § 456 Rn 3).
- Demgegenüber stellt aber z.B. die **psychische Belastung** des Strafgefangenen mit dem Gedanken, einer ihm nahestehenden unterstützungsbedürftigen Person während der Haft nicht helfen zu können, **keinen** außerhalb des Strafzwecks liegenden Nachteil dar (OLG Rostock, Beschl. v. 22.07.2014 – 20 Ws 178/14, StRR 2014, 499).

318 **b)** Kommt eine positive Entscheidung der **Vollstreckungsbehörde** ausnahmsweise in Betracht, wird sie die von dem Verurteilten angegebenen Gründe, z.B. durch Einschaltung der Gerichtshilfe, ggf. **überprüfen** lassen.

☝ Offensichtlich unbegründete oder unbelegte Anträge auf Vollstreckungsaufschub hindern eine Vollstreckung nicht (§ 2 Abs. 2 StVollstrO). Selbst der Erlass eines Vollstreckungshaftbefehls durch den Rechtspfleger ist ohne weiteres möglich, auch wenn weitere Nachforschungen noch keine Ablehnung des Antrags des Verurteilten ermöglichen. Im Falle eines gut begründeten und nachvollziehbaren Vorbringens wird der Rechtspfleger aber in aller Regel zuwarten.

319 Zu beachten ist, dass § 456 StPO lediglich einen Strafaufschub von **maximal vier Monaten** vorsieht, so dass auch außerhalb des Strafzwecks liegende Nachteile keinen Strafaufschub nach dieser Vorschrift begründen, wenn sie nach Ablauf von vier Monaten weiterhin bestehen. Nach ganz h.M. beginnt die Vier-Monats-Frist an dem Tag, zu dem der Verurteilte zum Strafantritt geladen wurde (OLG Düsseldorf, Beschl. v. 15.11.1991 – 1 Ws 1029/91, JR 1992, 435 m.w.N.).

☝ Über vier Monate hinausgehender Strafaufschub kann nur im **Gnadenwege** gewährt werden; hier sind die Gnadenordnungen der Länder heranzuziehen (→ *Gnade, Allgemeines*, Teil G Rdn 1 ff.).

320 **7.** Gegen die Entscheidung der Vollstreckungsbehörde kann der Verurteilte **Einwendungen** erheben, über die gem. § 458 StPO das Gericht zu befinden hat. Die gerichtliche Überprüfung eines versagten Vollstreckungsaufschubes gem. § 455 Abs. 3 und § 456 StPO ist (auch im Beschwerdeverfahren) auf eine reine Rechtmäßigkeitskontrolle beschränkt (OLG Rostock StRR 2014, 499); das Gericht prüft lediglich die fehlerfreie Ermessensausübung der Staatsanwaltschaft. Bei nicht erfolgter Ermessensausübung trifft das Gericht grds. keine eigene Sachentscheidung (OLG Celle, Beschl. v. 12.1.2026 – 1 Ws 181/25; OLG Dresden, Beschl. v. 13.9.2013 – 2 Ws 483/13; OLG Koblenz, Beschl. v. 17.2.2014 – 2 Ws 22/14; OLG Zweibrücken, Beschl. v. 10.10.2024 – 1 Ws 233/24).

Siehe auch: → *Erwachsene, Freiheitsstrafe ohne Bewährung, Allgemeines*, Teil B Rdn 263 m.w.N.; → *Gnade, Allgemeines*, Teil G Rdn 1 ff.

321 Erwachsene, Freiheitsstrafe ohne Bewährung, Strafzeitberechnung

322 **1.** Die – teilweise durchaus komplizierte – Strafzeitberechnung **obliegt** dem **Rechtspfleger** bei der StA, der hierzu ein Computerprogramm nutzt. Für jede selbstständige Strafe ist die Strafzeit getrennt zu berechnen; Grundsätze zur Berechnungsweise finden sich in den §§ 37 StVollstrO (vgl. die Berechnungsbeispiele bei *Röttle/Wagner/Theurer*, 2. Kap. Rn 146 ff.).

2. Der Rechtspfleger hat bei der Berechnung insbesondere auch darauf zu achten, dass etwaig verbüßte U-Haft und andere freiheitsentziehende Maßnahmen in derselben Sache **angerechnet** werden. Hierzu gehören etwa 323

- **Unterbringung** gem. §§ 81, 126 a StPO,
- **HV-Haft** gem. § 230 StPO,
- Auslieferungshaft,
- im **Ausland** vollstreckte Strafe wegen derselben Tat, § 51 Abs. 3 StGB (mit Ausspruch des Anrechnungsmaßstabes im zugrundeliegenden Urteil; ggf. Nachholung gem. § 458 StPO im Beschlusswege möglich),
- **Disziplinararrest** gem. § 15 WDO.

3. Die Strafzeitberechnung kann während laufender Vollstreckung immer wieder korrekturbedürftig sein, so etwa bei nachträglicher Gesamtstrafenbildung oder einem Krankenhausaufenthalt des Verurteilten nach Beginn des Vollzuges (§ 461 StPO). 324

> Im Falle eines **Krankenhausaufenthaltes** ist zu unterscheiden: Anrechenbar ist die Zeit, wenn ein Verurteilter in ein außerhalb des Vollzuges befindliches Krankenhaus verbracht wurde. Keine Anrechnung findet statt, wenn der Klinikaufenthalt nach zuvor gewährter Strafunterbrechung wegen schwerer Erkrankung erfolgte (OLG Hamm, Beschl. v. 26.2.2008 – 3 Ws 65/08).

4. Sind **mehrere Freiheitsstrafen** bzw. freiheitsentziehende Maßnahmen zu vollstrecken, ist gem. § 43 StVollstrO die **Reihenfolge** zu **bestimmen**. Danach gilt, dass kürzere Freiheitsstrafen grds. vor den längeren, wobei allerdings zunächst Strafen bis zwei Monate und sodann widerrufene Strafreste zu vollstrecken sind. Bei gleichlangen Strafen geht es chronologisch nach Datum der Rechtskraft. Ersatzfreiheitsstrafen werden immer zuletzt vollstreckt, da sich der Verurteilte durch Zahlung befreien kann. 325

> Der **Verurteilte** kann ein evidentes Interesse an einer **Abweichung** von der grds. vorgesehenen Vollstreckungsreihenfolge haben, so wenn er z.B. neben einer zweijährigen Freiheitsstrafe, deren Zurückstellung gem. § 35 BtMG er begehrt, noch eine oder mehrere Ersatzfreiheitsstrafen zu verbüßen hat. In einem solchen Fall sollte er einen entsprechenden **Antrag** an die zuständige Vollstreckungsbehörde stellen, da diese die angeordnete Reihenfolge aus wichtigem Grund ändern kann (§ 43 Abs. 4 StVollstrO).

5. I.Ü. hat der Rechtspfleger bei mehreren zu verbüßenden Strafen dafür Sorge zu tragen, dass er nach Maßgabe des § 454b StPO eine jeweilige **Unterbrechung** zum **Halbstrafen-** bzw. **Zweidritteltermin** veranlasst. Hier hat die Vollstreckungsbehörde bereits vorab zu prüfen, ob die formellen Voraussetzungen des § 57 Abs. 2 Nr. 1 StGB vorliegen, der Verurteilte also Erstverbüßer ist. Im Übrigen wird für jede zu vollstreckende Strafe ein Halbstrafen- bzw. Zweidritteltermin berechnet mit der Folge, dass nach Erreichung des Zeitpunktes die erste Strafe unterbrochen und sodann die nächstfolgende Strafe – ebenfalls nur bis zum genannten Termin – verbüßt wird (zu den unterschiedlichen Berechnungsmethoden *Röttle/Wagner/Theurer*, 2. Kap. Rn 146 ff.). Ist der gemeinsame Halbstrafen- oder Zweidritteltermin erreicht, erfolgt die Prüfung einer bedingten Entlassung unter den Voraussetzungen des § 57 StGB. 326

6. Bei Zweifeln über oder Einwendungen gegen die Strafzeitberechnung entscheidet das Gericht (§ 458 StPO). 327

Siehe auch: → *Erwachsene, Freiheitsstrafe ohne Bewährung, Allgemeines*, Teil B Rdn 263 m.w.N.; → *Erwachsene, Freiheitsstrafe ohne Bewährung, Aussetzung der Reststrafe, Allgemeines*, Teil B Rdn 271; → *Erwachsene, Freiheitsstrafe ohne Bewährung, Aussetzung der Reststrafe, Halbstrafe*, Teil B Rdn 276; → *Erwachsene, Freiheitsstrafe ohne Bewährung, Aussetzung der Reststrafe, Zweidrittel*, Teil B Rdn 293.

328 Erwachsene, Geldsanktionen, ausländische, Allgemeines

329 **Literaturhinweise: Burhoff**, Die Vollstreckung ausländischer Geldsanktionen, ZAP Fach 22, S. 530; *ders.*, StRR 2010, 444 ff.; *ders.*, Die Vergütung des Verteidigers in Verfahren betreffend die Vollstreckung ausländischer Geldsanktionen, RVGreport 2018, 122 ff.; **Hackner/Trautmann**, Die Vollstreckung ausländischer Geldstrafen und Geldbußen nach dem Gesetzentwurf der Bundesregierung zu einem Europäischen Geldsanktionsgesetz, DAR 2010, 71; **Hering**, Die Halterhaftung in Europa, SVR 2010, 17 ff.; **Johnson/Loroch**, Wo steht der Rahmenbeschluss Geldsanktionen und wohin geht es mit der neuen CBE-Richtlinie, DAR 2025, 285 ff.; **Krumm**, Verteidigung gegen die Vollstreckung ausländischer Geldsanktionen, NJW 2021, 3767 ff.; **Krumm/Lempp/Trautmann**, Das Europäische Geldsanktionsgesetz, Baden-Baden 2010; **J. Schmidt**, Die transnationale Vollstreckung von Geldstrafen nach dem Europäischen Geldsanktionsgesetz, NZWiSt 2012, 95 ff.; **Schomburg/Lagodny/Gleß/Hackner**, Internationale Rechtshilfe in Strafsachen, 6. Aufl. 2020; **Trautmann**, Das neue Europäische Geldsanktionsgesetz – Vollstreckung ausländischer Geldsanktionen zur Ahndung von Verkehrsverstößen, NZV 2011, 57 ff.; *ders.*, Beitreibung von Geldsanktionen aus Verkehrsverstößen im Ausland durch Inkassounternehmen – Grenzen der innerstaatlichen Amts- und Rechtshilfe, NZV 2018, 49 ff.; **Volpert**, Die Anwaltsvergütung in Verfahren betreffend die Vollstreckung ausländischer Geldsanktionen, AGS 2010, 573 ff.; vgl. i.Ü. auch die Nachw. bei Burhoff/*Burhoff*, OWi, Rn 4072 ff.

330 **1.** Seit der Existenz des Rahmenbeschlusses des Rates der Europäischen Union über die Anwendung des Grundsatzes der gegenseitigen Anerkennung von Geldstrafen und Geldbußen vom 24.2.2005 (2005/214/JI; im Internet abrufbar über die Seite des Bundesamtes für Justiz – www.bundesjustizamt.de.; im Folgenden **RbGeld**), der im Jahre 2010 jedenfalls zum Teil in nationales Recht umgesetzt worden ist, hat sich die **Vollstreckung** von **Geldsanktionen** innerhalb der **EU vereinheitlicht** und auch vereinfacht. Dies hat zur Folge, dass sich die Anzahl der Vollstreckungen insbesondere von ausländischen Geldbußen aus dem Verkehrsrecht in den letzten Jahren erheblich erhöht hat. Dementsprechend suchen in diesem zunächst wenig bekannten Rechtsgebiet der Vollstreckungshilfe immer mehr Menschen Rat bei ihrem Rechtsanwalt (zu verkehrsrechtlichen Geldbußen bei Burhoff/*Burhoff*, OWi, Rn 4072 ff.).

331 **2.** Für die **Vollstreckung ausländischer Erkenntnisse außerhalb** der **EU** gelten weiterhin die in §§ 48 ff. IRG normierten Regelungen (zur Vollstreckung ausländischer Freiheitsstrafen → *Internationale Vollstreckung, Vollstreckung ausländischer Entscheidungen,* Teil B Rdn 687). Vollstreckt wird hier das ausländische Erkenntnis in der Form, die es durch die deutsche **Exequaturentscheidung** (also Umwandlungsentscheidung) gefunden hat. Demgegenüber sind für die Vollstreckungshilfe innerhalb der EU die im Zuge der Umsetzung des Rahmenbeschlusses getroffenen gesetzlichen Regelungen der §§ 86 ff. IRG vorrangig. Da Vollstreckungen von Geldsanktionen aus dem außereuropäischen Raum äußerst selten sind, soll im Folgenden im Wesentlichen nur auf die in der Praxis relevante innereuropäische Vollstreckungshilfe eingegangen werden.

332 **3.** Der **Begriff** der **vollstreckbaren ausländischen Geldsanktion** ist in § 87 Abs. 2, 3 IRG näher erläutert. Erfasst werden grds. Geldsanktionen, also **Geldstrafen** und **Geldbußen**, die im ersuchenden Mitgliedsstaat rechtskräftig wegen einer Straftat bzw. einer Ordnungswidrigkeit angeordnet worden sind, wobei in dem ersuchenden Staat ein gewisser gerichtlicher Rechtsschutz gegen die Entscheidungen nicht gerichtlicher Stellen gewahrt sein muss (vgl. § 87 Abs. 2 IRG). Vollstreckbar ist ferner nicht nur die Geldstrafe bzw. -buße als solche, sondern auch die auferlegten Verfahrenskosten sowie eine neben der Geldsanktion festgesetzte Opferentschädigung, wobei in Bezug auf die Entschädigung eine Umwandlung durch ein deutsches Gericht erforderlich ist (s.a. bei Burhoff/*Burhoff*, OWi, Rn 4072 ff.).

Siehe auch: → *Erwachsene, Geldsanktionen, ausländische, Beistand*, Teil B Rdn 333; → *Erwachsene, Geldsanktionen, ausländische, Halterhaftung*, Teil B Rdn 339; → *Erwachsene, Geldsanktionen, ausländische, Verfahrensgang*, Teil B Rdn 343; → *Erwachsene, Geldsanktionen, ausländische, Zulässigkeitsvoraussetzungen*, Teil B Rdn 354; → *Erwachsene, Geldsanktionen, ausländische, Zuständigkeiten*, Teil B Rdn 369; → *Internationale Vollstreckung, Allgemeines,* Teil B Rdn 681 m.w.N.; → *Internationale Vollstreckung, Vollstreckung ausländischer Entscheidungen,* Teil B Rdn 687.

Erwachsene, Geldsanktionen, ausländische, Beistand 333

Literaturhinweise: s. die Hinweise bei → *Erwachsene, Geldsanktionen, ausländische, Allgemeines*, Teil B Rdn 328. 334

1. Der Betroffene hat selbstverständlich die Möglichkeit, sich in jeder Lage des Vollstreckungsverfahrens eines **anwaltlichen Beistandes** zu bedienen. Hier verweist § 87e IRG auf § 53 IRG (vgl. a. Burhoff/*Burhoff*, OWi, Rn 4072 ff.) 335

2. Die **Bestellung** eines **Pflichtbeistandes** sieht § 53 IRG insbesondere dann vor, wenn wegen der Schwierigkeit der Sach- und Rechtslage die Mitwirkung eines Beistandes geboten erscheint oder der Betroffene seine Rechte nicht selbst hinreichend wahrnehmen kann. Insofern ist zu berücksichtigen, dass allein der Umstand der grenzüberschreitenden Vollstreckung noch kein Anlass für die Beiordnung ist. I.Ü. dürfte gelten, dass die Bestellung eines Pflichtbeistandes bei sehr geringen Geldbußen selbst bei schwieriger Rechtslage kaum in Betracht kommen dürfte. 336

Demgegenüber ist die **Bestellung** insbesondere **denkbar**, 337

- wenn eine ganz erhebliche Geldsanktion zu vollstrecken ist,
- wenn Zweifel an der Einordnung der zugrunde liegenden Tat als Katalogtat gemäß Art. 5 Abs. 1 RbGeld bestehen,
- bei Abwesenheitsentscheidungen i.S.v. § 87b Abs. 3 Nr. 4 IRG über einen nicht unerheblichen Geldbetrag,
- in Fällen der Halterhaftung.

3. Zuständig für die Beiordnung im Bewilligungsverfahren ist das **Bundesamt** für Justiz als Bewilligungsbehörde, im gerichtlichen Verfahren das zuständige **Gericht**. 338

Siehe auch: → *Erwachsene, Geldsanktionen, ausländische, Allgemeines*, Teil B Rdn 328 m.w.N.

Erwachsene, Geldsanktionen, ausländische, Halterhaftung 339

Literaturhinweise: S. die Hinw. bei → *Erwachsene, Geldsanktionen, ausländische, Allgemeines*, Teil B Rdn 324. 340

1. In einigen Mitgliedsstaaten der EU werden Geldsanktionen gegen Betroffene unabhängig von der Feststellung eines individuellen Verschuldens verhängt. So werden insbesondere Halter von Kraftfahrzeugen in Anspruch genommen, wenn der verursachende Fahrer nicht ermittelt werden kann, oder der Halter wird dann belangt, wenn er nicht nachweisen kann, dass er zum Tatzeitpunkt nicht gefahren ist. Bei entsprechenden Ersuchen aus z.B. den Niederlanden, Frankreich, Portugal, Ungarn oder auch Österreich, Spanien und Großbritannien ist deshalb Vorsicht geboten. Es dürfen aufgrund des in der Bundesrepublik Deutschland geltenden Schuldgrundsatzes nämlich solche ausländischen Entscheidungen grds. nicht vollstreckt werden, in denen der Betroffene sanktioniert wird, obgleich er für die der Sanktion zugrunde liegende Rechtsgutverletzung nicht verantwortlich ist (BVerfGE 123, 267, 364; OLG Düsseldorf, Beschl. v. 9.2.2012 – III – 3 AR 6/11; vgl. a. EuGH, Urt. v. 5.12.2019 – C-671/18, Schomburg/Lagodny/*Trautmann*, § 87b IRG Rn. 47 m.w.N. zur Rspr). Problematisch ist, dass die Bewilligungsbehörde anhand den von der ausländischen Behörde übersandten Unterlagen kaum zu der Prüfung in der Lage ist, ob sich die Geldsanktion auf ein verschuldensunabhängiges Verhalten des Betroffenen bezieht (eingehend zur Halterhaftung Burhoff/*Burhoff*, OWi, Rn 4072 ff.). 341

☝ **§ 87b Abs. 3 Nr. 9 IRG** regelt daher, dass eine Ablehnung des ausländischen Ersuchens nur in Betracht kommt, wenn der Betroffene einerseits bereits im ausländischen Verfahren auf die fehlende Verantwortlichkeit für die ihm vorgeworfene Tat hingewiesen hat und keine Gelegenheit hatte, diesen Einwand (mit Erfolg) geltend zu machen sowie andererseits der Betroffene diesen Einwand auch gegenüber der Bewilligungsbehörde geltend macht. Er muss den Einwand also im Rahmen des Bewilligungsverfahrens erheben (vgl. a. OLG Braunschweig, Beschl. v. 5.12.2012 – SS (OwiZ) 193/12; OLG Düsseldorf, Beschl. v. 20.6.2012, III – 3 AR 1/12; OLG Jena, Beschl. v. 4.9.2013 – 1 Ss Rs 61/13). Insoweit empfiehlt es sich für den Beistand, das ausländische Verfahren im Einzelnen zu schildern (*Burhoff* ZAP F. 22, S. 530 ff.; Burhoff/*Burhoff*, OWi, Rn 4072 ff.).

342 **2.** Die Entscheidungen der OLG (OLG Braunschweig NZV 2013, 148; OLG Celle, Beschl. v. 22.10.2018 – 2 Ws 409/18, DAR 2019, 280; OLG Düsseldorf ZIS 2012, 77; DAR 2012, 476; OLG Hamburg ZIS 2015, 119; OLG Koblenz ZIS 2012, 77; OLG Köln NZV 2012, 450) zu den §§ 86 ff. IRG setzen sich

- mit der Zulässigkeit der Anerkennung und Vollstreckung ausländischer Entscheidungen mit Halterhaftung,
- mit der Frage, ob die Geldstrafe oder Geldbuße auf die nach deutschem Recht zulässige Sanktionshöhe angepasst werden kann und
- der Problematik, ob Geldsanktionen bei Jugendlichen pp. in eine beliebige Auflage nach § 15 JGG umgewandelt werden können,

auseinander.

Siehe auch: → *Erwachsene, Geldsanktionen, ausländische, Allgemeines*, Teil B Rdn 328 m.w.N.

343 Erwachsene, Geldsanktionen, ausländische, Verfahrensgang

Das Wichtigste in Kürze:

1. Das Verfahren zur Vollstreckung einer ausländischen Geldsanktion innerhalb der EU richtet sich nach den §§ 87c ff. IRG.
2. Das Bundesamt für Justiz als zuständige Bewilligungsbehörde prüft bei Eingang eines ausländischen Vollstreckungsersuchens zunächst, ob die in §§ 87a, b IRG genannten Unterlagen vollständig vorliegen.
3. Muss kein Umwandlungsantrag gestellt werden und bejaht die Bewilligungsbehörde die Zulässigkeitsvoraussetzungen, werden die Unterlagen dem Betroffenen gem. § 87c IRG unter Beifügung einer Belehrung zur Gewährung rechtlichen Gehörs zugestellt.
4. Gegen die Bewilligung kann der Betroffene gem. § 87f Abs. 4 IRG innerhalb von wiederum zwei Wochen Einspruch einlegen.
5. Gegen die Entscheidung des AG ist die Rechtsbeschwerde zum OLG statthaft (§ 87j IRG).
6. Liegt eine rechtskräftige Entscheidung des Gerichts vor oder hat der Betroffene bereits gegen die Bewilligung kein Rechtsmittel eingelegt, wird die ausländische Geldsanktion nach Maßgabe der Vorschriften des OWiG bzw. der JBeitrO vollstreckt.

344 **Literaturhinweise:** S. die Hinweise bei → *Erwachsene, Geldsanktionen, ausländische, Allgemeines*, Teil B Rdn 328.

345 **1.a)** Das **Verfahren** zur Vollstreckung einer ausländischen Geldsanktion innerhalb der EU richtet sich nach den **§§ 87c ff. IRG**. Insoweit gilt (i.Ü. Burhoff/*Burhoff*, OWi, Rn 4072 ff.):

346 **b)** Das **Bundesamt** für Justiz als zuständige Bewilligungsbehörde **prüft** bei Eingang eines ausländischen Vollstreckungsersuchens zunächst, ob die in §§ 87a, b IRG genannten **Unterlagen vollständig** vorliegen und sodann die übrigen Zulässigkeitsvoraussetzungen (dazu im Einzelnen unter → *Erwachsene, Geldsanktionen, ausländische, Zulässigkeitsvoraussetzungen*, Teil B Rdn 354). Genügen schon die eingereichten Unterlagen nicht den in §§ 87a, b IRG genannten Anforderungen, wird das Vollstre-

ckungshilfeersuchen – vorbehaltlich einer möglichen Konsultation des ersuchenden Mitgliedsstaates und ggf. eingeräumten Gelegenheit zur Nachbesserung – abgelehnt. Auch wenn nach Aktenlage eine der sonstigen Zulässigkeitsvoraussetzungen nicht vorliegt oder Bewilligungshindernisse bestehen, wird die Bewilligungsbehörde das Ersuchen als unzulässig zurückweisen, ohne dass der Betroffene von dem gegen ihn gerichteten Verfahren Kenntnis erlangen muss.

c) In diesem Verfahrensstadium **unterbleibt** regelmäßig eine **Unterrichtung** des **Betroffenen** zunächst 347
auch dann, wenn die Bewilligungsbehörde eine Umwandlungsentscheidung gem. § 87i IRG beim zuständigen AG beantragt, denn in diesem Fall erhält der Betroffene ohnehin Gelegenheit zur Stellungnahme in dem sich anschließenden gerichtlichen Verfahren.

Ein **Antrag** auf **Umwandlung** durch das zuständige AG ist insbesondere zu stellen, wenn eine **Geldsank-** 348
tion gegen einen **Jugendlichen** oder **Heranwachsenden** verhängt wurde (dann erfolgt eine Umwandlung in eine nach dem JGG zulässige Sanktion) oder es sich bei dem Betroffenen um eine juristische Person handelt (§ 87i Abs. 1 IRG; OLG Düsseldorf NStZ-RR 2012, 346 f.; OLG Jena NZV 2014, 421 f. vgl. a. EuGH, Urt. v. 4.3.2020 – C-183/18). Ferner ist eine Umwandlung erforderlich, wenn der ersuchende Staat eine Sanktion verhängt hat, die das deutsche Recht nicht kennt.

3.a) Muss kein Umwandlungsantrag gestellt werden und **bejaht** die Bewilligungsbehörde die **Zulässig-** 349
keitsvoraussetzungen, werden die Unterlagen dem Betroffenen gem. § 87c IRG unter Beifügung einer Belehrung zur **Gewährung rechtlichen Gehörs** zugestellt.

> ✍ Nunmehr läuft eine **Zwei-Wochen-Frist**, innerhalb derer der Betroffene seine Einwände gegen die Zulässigkeit der Vollstreckung vortragen kann. Weiterer Vortrag nach Ablauf dieser Frist ist jedoch möglich, solange die Bewilligungsbehörde noch nicht entschieden hat. Zahlt der Betroffene, ist das Verfahren beendet.

b) Ist das **ausländische Ersuchen zulässig**, ist die Bewilligungsbehörde grds. zur Bewilligung verpflich- 350
tet. Sie hat gem. § 87d IRG allerdings ein Ermessen, wenn die zugrunde liegende Tat ganz oder teilweise im Inland begangen wurde (Territorialitätsvorbehalt) oder eine im Ausland begangene Tat in Deutschland nicht straf- oder bußgeldbewehrt wäre (Extraterritorialität bei fehlender beiderseitiger Strafbarkeit).

4. Gegen die Bewilligung kann der Betroffene gem. §§ 87g ff. IRG innerhalb von wiederum zwei Wochen 351
Einspruch einlegen. Die Bewilligungsbehörde legt die Akten – soweit sie von ihrer Abhilfebefugnis keinen Gebrauch macht – dem zuständigen Amtsgericht (grds. das Gericht am Wohnort des Betroffenen, § 87g Abs. 2 IRG) zur Entscheidung vor. Das Gericht entscheidet gem. § 87h IRG durch Beschluss, kann jedoch zur weiteren Sachaufklärung auch eine mündliche Verhandlung durchführen (§ 87g Abs. 4 S. 6 IRG).

> ✍ Das Gericht prüft – neben der Zulässigkeit des Einspruchs – hinsichtlich der Vollstreckbarkeit der ausländischen Geldsanktion ausschließlich die Zulässigkeitsvoraussetzungen bzw. -hindernisse (s.u.) und die fehlerfreie Ermessensausübung der Bewilligungsbehörde sowie ggf., ob eine fehlerfreie Anpassung der Geldsanktion erfolgt ist. Insoweit können auch noch Einwendungen nachgeschoben werden, die bereits gegenüber der Bewilligungsbehörde hätten angebracht werden können. Präklusionsvorschriften existieren insoweit nicht. **Angemessenheit** und **Verhältnismäßigkeit** der zu **vollstreckenden Sanktion** und die zugrunde liegende Tat sind allerdings **nicht Gegenstand** der **Prüfung**, so dass diesbezügliche Einwände des Betroffenen nicht erfolgversprechend sind.

5. Gegen die Entscheidung des AG – dies gilt auch im Falle einer auf Antrag der Bewilligungsbehörde er- 352
folgten Umwandlungsentscheidung gem. § 87i IRG – ist die **Rechtsbeschwerde** zum **OLG** statthaft (§ 87j IRG). In Anlehnung an die §§ 79 ff. OWiG ist die Rechtsbeschwerde – allerdings unabhängig von Wertgrenzen – nur zuzulassen, wenn es geboten ist, die Nachprüfung des Beschlusses zur Fortbildung des Rechts oder zur Sicherung einer einheitlichen Rspr. zu ermöglichen oder der Beschluss wegen Versagung des recht-

lichen Gehörs aufzuheben ist. Hinsichtlich des Zulassungsantrages gelten die allgemeinen Regeln. Die Erfolgsaussichten einer Zulassung zur Fortbildung des Rechts dürften jedenfalls derzeit erheblich größer sein als im allgemeinen Ordnungswidrigkeitenrecht, da bislang zur Thematik noch nicht sehr viele obergerichtliche Entscheidungen existieren.

353 **6.** Liegt eine **rechtskräftige Entscheidung** des **Gerichts** vor oder hat der Betroffene bereits gegen die Bewilligung kein Rechtsmittel eingelegt, wird die ausländische Geldsanktion nach Maßgabe der Vorschriften des OWiG bzw. der JBeitrO **vollstreckt**. Nunmehr können zwar noch Einwendungen gegen die Art und Weise der Vollstreckung – insoweit gelten die Rechtsbehelfe der ZPO, auf die § 6 Abs. 1 JBeitrO verweist –, nicht jedoch Einwände gegen die Zulässigkeit der Vollstreckung erhoben werden. Das Verfahren richtet sich nach § 87n IRG. Die Anordnung von Erzwingungshaft ist möglich, § 87n Abs. 2 S. 1 IRG i.V.m. § 96 OWiG. Für die Vollstreckungsverjährung gilt § 34 OWiG, auf den § 87n Abs. 2 S. 1 IRG verweist.

Siehe auch: → *Erwachsene, Geldsanktionen, ausländische, Allgemeines*, Teil B Rdn 328 m.w.N.

354 Erwachsene, Geldsanktionen, ausländische, Zulässigkeitsvoraussetzungen

Das Wichtigste in Kürze:

1. Das Vollstreckungshilfeersuchen ist zwingend abzulehnen, wenn die in § 87b IRG genannten Zulässigkeitsvoraussetzungen nicht vorliegen.
2. Voraussetzung für die Vollstreckung einer ausländischen Geldsanktion ist ferner das Vorliegen der in § 87a IRG genannten Unterlagen.
3. Um den Vollstreckungshilfeverkehr von Bagatellverstößen freizuhalten, ist in § 87b Abs. 3 Nr. 2 IRG normiert, dass die Vollstreckung bei Unterschreitung einer 70-Euro-Grenze oder des entsprechenden Gegenwertes in anderer Währung unzulässig ist.
4. § 87b Abs. 3 Nr. 3 IRG normiert im Hinblick auf das in Art. 6 Abs. 1 EMRK niedergelegte Recht auf Zugang zu einem Gericht.
5. Ist die ausländische Entscheidung in Abwesenheit des Betroffenen ergangen, ist die Vollstreckung der Geldsanktion u.a. nur zulässig, wenn der Betroffene oder ein befugter Vertreter über das Verfahren unterrichtet worden ist.
6. § 87b Abs. 3 Nr. 5 IRG enthält eine ne-bis-in-idem-Regelung.
7. Nach der Regelung des § 87b Abs. 3 Nr. 6 IRG ist die Vollstreckung abzulehnen, wenn die der ausländischen Entscheidung zugrunde liegende Tat nach Maßgabe der §§ 3 ff. StGB, § 5 OWiG bzw. nach landesrechtlichen Vorschriften auch in der Bundesrepublik Deutschland hätte verfolgt werden können und zudem nach deutschem Recht Vollstreckungsverjährung eingetreten wäre.
8. Die Vollstreckung ausländischer Geldsanktionen gegen in Deutschland strafunmündige Kinder verbietet § 87b Abs. 3 Nr. 7 IRG.
9. Nach § 87b Abs. 3 Nr. 8 IRG kommt die Vollstreckung ausländischen Geldsanktionen ferner nicht in Betracht kommt, sofern im Falle einer (auch) im Inland begangenen Tat diese in Deutschland nicht straf- oder bußgeldbewehrt ist.
10. Nach § 87b Abs. 3 Nr. 9 IRG ist die Vollstreckung unzulässig, wenn der Betroffene in dem ausländischen Verfahren keine Gelegenheit hatte einzuwenden, für die der Entscheidung zugrunde liegende Handlung nicht verantwortlich zu sein,

355 **Literaturhinweise:** S. die Hinweise bei → *Erwachsene, Geldsanktionen, ausländische, Allgemeines*, Teil B Rdn 328.

1.a) Das **Vollstreckungshilfeersuchen** ist zwingend abzulehnen, wenn die in § 87b IRG genannten Zulässigkeitsvoraussetzungen nicht vorliegen (vgl. dazu Burhoff/*Burhoff*, OWi, Rn 4072 ff.). 356

b) Auch nach dem Rahmenbeschluss zur Vollstreckung ausländischer Geldstrafen und Geldbußen wird an dem **Grundsatz** der **beiderseitigen Sanktionierbarkeit** der Tat als Zulässigkeitsvoraussetzung festgehalten (§ 87b Abs. 1 IRG). Es ist daher grds. erforderlich, dass für die der ausländischen Entscheidung zugrunde liegenden Tat auch in Deutschland eine Strafe oder Geldbuße hätte verhängt werden können. Allerdings wird von diesem Grundsatz insoweit eine **Ausnahme** gemacht, als die beiderseitige Sanktionierbarkeit nicht zu prüfen ist, wenn die in Art. 5 Abs. 1 RbGeld abschließend aufgeführten und definierten Straftaten und Verwaltungsübertretungen (Ordnungswidrigkeiten) vorliegen („Listenlösung"). Von den in der Liste genannten 39 Straftaten und Verwaltungsübertretungen kommt in der Praxis insbesondere dem 33. Punkt – „gegen die den Straßenverkehr regelnden Vorschriften verstoßende Verhaltensweise, einschließlich Verstößen gegen Vorschriften über Lenk- und Ruhezeiten und des Gefahrgutrechts" – besondere Bedeutung zu. Ein auf die **Vollstreckung** einer **Verkehrsordnungswidrigkeit** oder einer **Verkehrsstraftat** gerichtetes ausländisches Ersuchen kann danach nicht mit der Begründung abgelehnt werden, dass die zugrunde liegende Tat in Deutschland nicht straf- oder bußgeldbewehrt wäre. Allerdings hat die Bundesregierung bei Annahme des Rahmenbeschlusses dazu folgende – vom Rechtscharakter her allerdings zweifelhafte (*Schomburg/Lagodny/Gleß/Hackner*, § 87b Rn 12) – Erklärung abgegeben: „Als entsprechende Zuwiderhandlungen werden nur Verstöße gegen Verkehrsregeln und Regelungen zum Schutz von Verkehrsanlagen angesehen, nicht hingegen allgemeine Straftatbestände oder Verstöße gegen allgemeine Ordnungsvorschriften. Als den Straßenverkehr regelnde Vorschriften sind insoweit nur solche zu verstehen, deren Schutzzweck die Sicherheit des Straßenverkehrs oder der Erhalt der Verkehrsanlagen ist." (Rats-Dok. 5871/05). Es sollen also keine Taten erfasst werden, die zwar mit dem Straßenverkehr in Zusammenhang stehen, deren Schutzgut jedoch nicht die Sicherheit des Straßenverkehrs, sondern darüber hinausgehende Zwecke sind. Dies hat nicht nur bedeutsame Auswirkungen auf die in vielen europäischen Ländern bestehende weitgehende **Halterhaftung** (vgl. dazu im Einzelnen → *Erwachsene, Geldsanktionen, ausländische, Halterhaftung*, Teil B Rdn 339), sondern bedeutet auch, dass die Prüfung der beiderseitigen Sanktionierbarkeit bei Delikten wie Unerlaubtes Entfernen vom Unfallort oder Verstößen gegen die Versicherungspflicht bestehen bleibt. 357

2. Voraussetzung für die Vollstreckung einer ausländischen Geldsanktion ist ferner das **Vorliegen** der in **§ 87a IRG** genannten **Unterlagen** (Burhoff/*Burhoff*, OWi, Rn 4072 ff.). 358

a) Das ausländische Ersuchen muss zunächst das **Original** oder eine **beglaubigte Abschrift** der zu **vollstreckenden Entscheidung** enthalten, wobei der Begriff der beglaubigten Abschrift nicht i.S.d. deutschen Rechtsverständnisses zu sehen ist; entscheidend ist allein, dass über die Authentizität des Dokuments keine Zweifel bestehen (*Schomburg/Lagodny/Gleß/Hackner*, § 87b Rn 2; OLG Köln NZV 2012, 450, 451). 359

☝ Nachteilig für den Betroffenen kann der Umstand sein, dass die Beifügung einer deutschen Übersetzung der Entscheidung nicht erforderlich ist. Um substantiierte Einwände gegen das ausländische Erkenntnis erheben zu können, bleibt dem Betroffenen nur die Wahl, entweder auf eigene Kosten Übersetzungen in Auftrag zu geben oder aber Einspruch einzulegen und das gerichtliche Verfahren, in dem grds. eine Übersetzung vorgenommen wird, abzuwarten, wobei auch bei der zweiten Alternative im Falle des Unterliegens die Kosten zu tragen sind (*Schomburg/Lagodny/Gleß/Hackner*, § 87b Rn 3). Allerdings kann die Bewilligungsbehörde die Vollstreckung ablehnen, wenn die Entscheidung dem Adressaten ohne Übersetzung der wesentlichen Bestandteile übersandt worden ist und ihm nicht die Möglichkeit gegeben wurde, auf Anfrage eine solche Übersetzung zu erhalten (EuGH, Urt. v. 16.2.2021 – C-338/20).

Ferner ist die von der zuständigen Behörde des ersuchenden Staates ausgefüllte und unterzeichnete Bescheinigung entsprechend dem **Formblatt**, das im Anhang des Rahmenbeschlusses 2005/214/JI vom 360

24.2.2005 abgedr. ist, im Original beizufügen. Neben den erforderlichen Daten und Formalitäten sind in dieser Bescheinigung auch Angaben zu den Grundlagen der zu vollstreckenden Entscheidung sowie zum Sachverhalt und der rechtlichen Würdigung vorgesehen. Für den Betroffenen ist insoweit von Vorteil, dass die Bundesrepublik Deutschland bislang keine Erklärung nach Art. 16 RbGeld abgegeben hat, so dass eine beglaubigte Übersetzung der Bescheinigung in deutscher Sprache beizufügen ist. Liegt die Entscheidung oder das Formblatt den deutschen Behörden nicht oder nicht vollständig vor, ist das Ersuchen als unzulässig zurückzuweisen.

361 **3.** Um den Vollstreckungshilfeverkehr von **Bagatellverstößen** freizuhalten, ist in § 87b Abs. 3 Nr. 2 IRG normiert, dass die Vollstreckung bei **Unterschreitung** einer **70-Euro-Grenze** oder des entsprechenden Gegenwertes in anderer Währung unzulässig ist. Allerdings gilt die Schwelle als erreicht, wenn die Summe der verhängten Sanktion und der Verfahrenskosten zusammen den Betrag von mind. 70,00 EUR ergibt.

362 **4.** § 87b Abs. 3 Nr. 3 IRG normiert im Hinblick auf das in Art. 6 Abs. 1 EMRK niedergelegte **Recht auf Zugang zu einem Gericht**, dass ein Vollstreckungsersuchen abzulehnen ist, wenn im ersuchenden Mitgliedsstaat ein schriftliches Verfahren stattgefunden hat und darin die Informationspflicht im Hinblick auf ein Rechtsmittel verletzt worden ist. Das bedeutet zum einen, dass eine im schriftlichen Verfahren ergangene Entscheidung dem Betroffenen überhaupt zugegangen sein muss – dies ist ggf. von dem ersuchenden Staat nachzuweisen – und dass die Möglichkeit einer gerichtlichen Überprüfung des ausländischen Erkenntnisses gegeben ist, worüber der Betroffene wiederum belehrt werden muss (*Hackner/Trautmann* DAR 2010, 71, 75; *Schomburg/Lagodny/Gleß/Hackner*, § 87b Rn 27).

363 **5.** Ist die **ausländische Entscheidung** in **Abwesenheit** des **Betroffenen** ergangen, ist die Vollstreckung der Geldsanktion zur Gewährleistung der Verteidigungsrechte nur zulässig, wenn der Betroffene oder ein befugter Vertreter über das Verfahren unterrichtet worden ist und die Möglichkeit hatte, sich in einem mündlichen Termin zu der Beschuldigung zu äußern, es sei denn, der Betroffene hat erklärt, die Entscheidung nicht anzufechten, § 87b Abs. 3 Nr. 4 IRG.

364 **6. § 87b Abs. 3 Nr. 5 IRG** enthält eine **ne-bis-in-idem-Regelung**. Die Vollstreckung einer ausländischen Geldsanktion ist abzulehnen, wenn gegen den Betroffenen wegen derselben Tat in der Bundesrepublik Deutschland bereits eine Entscheidung gemäß § 9 Nr. 1 IRG (d.h. eine verfahrensabschließende Entscheidung – auch von einer Verwaltungsbehörde –, die eine weitere Strafvollstreckung im Inland hindert) ergangen ist. Eine **vorangegangene Einstellung des Verfahrens** im Inland hindert indes die Vollstreckung der ausländischen Geldsanktion grds. nicht (*Schomburg/Lagodny/Gleß/Hackner*, § 87b Rn 27). Vergleichbar mit Art. 54 SDÜ normiert § 87b Abs. 3 Nr. 5 IRG ferner eine Unzulässigkeit der Vollstreckung, wenn in einem Drittstaat, der nicht notwendig EU-Mitgliedsstaat sein muss, wegen derselben Tat eine Entscheidung ergangen **und** vollstreckt worden ist.

365 **7.** Nach der Regelung des **§ 87b Abs. 3 Nr. 6 IRG** ist die Vollstreckung ferner abzulehnen, wenn die der ausländischen Entscheidung zugrunde liegende Tat nach Maßgabe der §§ 3 ff. StGB, § 5 OWiG bzw. nach landesrechtlichen Vorschriften auch in der Bundesrepublik **Deutschland** hätte **verfolgt** werden können und zudem nach deutschem Recht **Vollstreckungsverjährung** eingetreten wäre. Problematisch ist insoweit häufig die Berechnung der Verjährungsfrist im Hinblick auf den Umstand, dass die ausländische Geldstrafe regelmäßig nicht nach Tagessätzen, sondern als Summe ausgeurteilt wird, jedoch für die Berechnung der Verjährung gemäß § 79 Abs. 3 StPO die Anzahl der Tagessätze entscheidend ist. Auszugehen ist in solchen Fällen nach dem Meistbegünstigungsprinzip von einer Anwendung der für den Betroffenen günstigsten Verjährungsregelung. Für Geldbußen gilt insoweit unproblematisch § 34 OWiG.

366 **8.** Die **Vollstreckung ausländischer Geldsanktionen** gegen in Deutschland strafunmündige **Kinder** verbietet **§ 87b Abs. 3 Nr. 7 IRG**. Gegen Jugendliche darf die Vollstreckung lediglich bewilligt werden, wenn keine Zweifel an der erforderlichen Verantwortungsreife bestehen. Soweit sich aus der dem Ersuchen zugrundeliegenden Sachverhaltsdarstellung Anhaltspunkte nicht ergeben, ist es ggf. an dem Betroffenen, entsprechend vorzutragen.

9. Die **Territorialitätsklausel** des **§ 87b Abs. 3 Nr. 8 IRG** besagt, dass eine Vollstreckung der ausländischen Geldsanktion ferner nicht in Betracht kommt, sofern im Falle einer (auch) im Inland begangenen Tat diese in Deutschland nicht straf- oder bußgeldbewehrt ist. In solchen Fällen gilt der Grundsatz der beiderseitigen Sanktionierbarkeit also wieder uneingeschränkt. 367

10. Eine praktisch bedeutsame Zulässigkeitsvoraussetzung normiert **§ 87b Abs. 3 Nr. 9 IRG**. Nach dieser Klausel ist die Vollstreckung unzulässig, wenn der Betroffene in dem ausländischen Verfahren keine Gelegenheit hatte einzuwenden, für die der Entscheidung zugrunde liegende Handlung nicht verantwortlich zu sein, und sie dies gegenüber der Bewilligungsbehörde geltend macht. Hier geht es um die Frage, in welcher Form ausländische Erkenntnisse zu behandeln sind, in denen der Betroffene unabhängig von seinem individuellen Verschulden in Anspruch genommen wird (→ *Erwachsene, Geldsanktionen, ausländische, Halterhaftung*, Teil B Rdn 339). 368

Siehe auch: → *Erwachsene, Geldsanktionen, ausländische, Allgemeines*, Teil B Rdn 328.

Erwachsene, Geldsanktionen, ausländische, Zuständigkeiten 369

Literaturhinweise: S. die Hinweise bei → *Erwachsene, Geldsanktionen, ausländische, Allgemeines*, Teil B Rdn 324. 370

1. Zuständige Behörde ist das **Bundesamt** für **Justiz** mit Sitz in **Bonn**, eine Bundesoberbehörde, die seit 2007 als Zentralstelle Registeraufgaben und Aufgaben im Rahmen des internationalen Rechtshilfeverkehrs wahrnimmt. Die ausländischen Behörden reichen die Unterlagen beim Bundesamt für Justiz ein, die das Ersuchen prüft und ggf. bewilligt. Im Falle eines gerichtlichen Verfahrens leitet es die Akten mit einem entsprechenden Antrag dem Gericht zu und hat das Recht (nicht die Pflicht), an einer etwaigen mündlichen Verhandlung teilzunehmen (§ 87g IRG). 371

2. Grds. ist das Bundesamt für Justiz **auch** für die sich anschließende **Vollstreckung** der ausländischen Geldsanktion zuständig (§ 87n Abs. 1 IRG). Dies gilt allerdings nicht, wenn eine gerichtliche Entscheidung vorliegt. In diesem Fall erfolgt die Vollstreckung durch die StA bei dem LG, in dessen Bezirk das zuständige AG seinen Sitz hat. Für die Vollstreckung jugendstrafrechtlicher Sanktionen gilt § 82 JGG. 372

Siehe auch: → *Erwachsene, Geldsanktionen, ausländische, Allgemeines*, Teil B Rdn 328 m.w.N.; → *Jugendliche, Vollstreckung, Allgemeines*, Teil B Rdn 738 ff.

Erwachsene, Geldstrafen, Absehen von der Vollstreckung 373

Unter den Voraussetzungen des § 459d StPO kann das Gericht anordnen, dass die Vollstreckung einer Geldstrafe (und der Verfahrenskosten) zur **Erleichterung** der **Wiedereingliederung** des Verurteilten unterbleibt. Voraussetzung ist, dass in demselben Verfahren eine Freiheitsstrafe vollstreckt oder zur Bewährung ausgesetzt worden ist oder in einem anderen Verfahren eine Freiheitsstrafe verhängt worden ist und die Voraussetzungen des § 55 StGB nicht vorliegen (zu allem *Röttle/Wagner/Theurer*, Rn 247; *Kamann*, Rn 138; *Volckart/Pollähne/Wagner*, Rn 223 ff.). 374

> ☝ Es handelt sich hier allerdings um eine **Ermessensentscheidung** des Gerichts mit Ausnahmecharakter (*Schmitt/Köhler*, § 459d Rn 6 ff. m.w.N.).

Siehe auch: → *Erwachsene, Geldstrafen, Allgemeines*, Teil B Rdn 375 m.w.N.

375 Erwachsene, Geldstrafen, Allgemeines

376 **Literaturhinweise:** **Artkämper/Herrmann/Jakobs/Kruse**, Aufgabenfelder der Staatsanwaltschaft, 2008, Rn 857 ff.

377 **1.a)** Liegt eine **rechtskräftige Verurteilung** zu einer **Geldstrafe** oder ein entsprechender **rechtskräftiger Strafbefehl** vor und ist noch keine **Vollstreckungsverjährung** eingetreten, erfolgt die **Vollstreckung. Zuständige Behörde** ist gem. § 2 Abs. 1 EBAO, § 1 Abs. 1, § 4 StrVollstrO, § 2 Abs. 1 JBeitrO, § 451 StPO die Staatsanwaltschaft. Gem. § 31 Abs. 2 S. 1 RpflG ist mit der Vollstreckung von Geld- und Ersatzfreiheitsstrafen der Rechtspfleger betraut (zu allem *Kamann*, Rn 138 ff.; *Röttle/Wagner/Theurer*, Rn 231 ff.; *Volckart/Pollähne/Wagner*, Rn 215 ff.).

378 Mit **Rechtskraft** des Straferkenntnisses werden Geldstrafe und Verfahrenskosten **fällig** und der Rechtspfleger ordnet die Einforderung an.

> ☝ Die Vollstreckung ist nur zulässig, wenn in dem zugrundeliegenden Urteil oder Strafbefehl die **Anzahl und Höhe der Tagessätze** angegeben ist; ein Urteil, in dem die Bestimmung der Tagessatzhöhe unterblieben ist, kann nicht nachträglich ergänzt werden (BGHSt 30, 93).

379 **b)** Im Falle eines Urteils obliegt die **Berechnung** der **Verfahrenskosten** dem Kostenbeamten der Staatsanwaltschaft, der die Kostenrechnung nebst Zahlungsaufforderung an den Verurteilten übersendet; die Zahlungsfrist beträgt in aller Regel zwei Wochen (§ 459c StPO; → *Gerichts- und Verfahrenskosten, Allgemeines,* Teil J Rdn 98 m.w.N.).

380 **2. Zahlt** der **Verurteilte** innerhalb der ihm eingeräumten Frist **nicht**, soll er vor der Anordnung der Beitreibung eine **Mahnung** erhalten (§ 7 Abs. 1 EBAO, § 5 Abs. 2 JBeitrO).

> ☝ Der Verurteilte hat allerdings keinen Rechtsanspruch auf eine Mahnung, da § 459c Abs. 1 StPO die Beitreibung nach Ablauf von zwei Wochen seit Fälligkeit zulässt. Eine **sofortige Beitreibung** vor **Ablauf** der **Zwei-Wochen-Frist** ist gem. § 459c Abs. 1 StPO zulässig, wenn aufgrund bestimmter Tatsachen erkennbar ist, dass sich der Verurteilte der Zahlung entziehen will, bspw. durch Beiseiteschaffen von Vermögensbestandteilen.

381 Zu beachten ist ferner, dass gem. § 459c Abs. 3 StPO in den **Nachlass nicht vollstreckt** werden darf, da ein Strafzweck dann nicht mehr zu erreichen ist. Dies gilt allerdings nicht für die Verfahrenskosten, wenn der Verurteilte nach Eintritt der Rechtskraft verstorben ist (§ 465 Abs. 3 StPO).

382 **3.** Zahlt der Verurteilte nur einen **Teilbetrag**, erfolgt die Anrechnung gem. § 459b StPO. Maßgebend ist danach zunächst die Bestimmung des Verurteilten. Trifft er eine solche nicht, ist die Zahlung – auch bei mehreren Verfahren – zunächst auf die Geldstrafe, dann auf die Nebenfolgen und erst zuletzt auf die Verfahrenskosten anzurechnen. Im Falle einer zwangsweisen Beitreibung gilt § 459b StPO entsprechend (*Schmitt/Köhler*, § 459b Rn 4 m.w.N.).

Siehe auch: → *Erwachsene, Geldstrafen, Allgemeines*, Teil B Rdn 375 m.w.N.; → *Erwachsene, Vollstreckung, Allgemeines*, Teil B Rdn 432 m.w.N.

Erwachsene, Geldstrafen, Beitreibung, Allgemeines 383

Das Wichtigste in Kürze:

1. Nach fruchtlosem Fristablauf zur Zahlung der Geldstrafe erfolgt – grds. frühestens zwei Wochen nach Eintritt der Fälligkeit – die Beitreibung gem. § 8 EBAO.
2. Zur Verhinderung überflüssiger Vollstreckungsversuche kann die Vollstreckung der Geldstrafe ggf. gem. § 459c Abs. 2 StPO unterbleiben.
3. Kommt eine Vollstreckung in bewegliche Sachen in Betracht, erteilt die Vollstreckungsbehörde dem Vollziehungsbeamten unmittelbar oder über die Geschäftsstelle des AG einen Vollstreckungsauftrag.
4. Zur Zwangsvollstreckung in Forderungen oder andere Vermögensrechte bedarf es eines Pfändungs- und Überweisungsbeschlusses.
5. Es kann auch die Zwangsvollstreckung in das unbewegliche Vermögen des Verurteilten erfolgen (§ 6 Abs. 1 Nr. 1 JBeitrO, §§ 864 ff. ZPO).

Literaturhinweise: Artkämper/Herrmann/Jakobs/Kruse, Aufgabenfelder der Staatsanwaltschaft, 2008, Rn 857 ff. 384

1. Nach **fruchtlosem Fristablauf** zur **Zahlung der Geldstrafe** erfolgt – grds. frühestens zwei Wochen nach Eintritt der Fälligkeit – die **Beitreibung gem. § 8 EBAO**, wenn keine Zahlungserleichterungen gewährt worden sind (→ *Erwachsene, Geldstrafen, Zahlungserleichterungen*, Teil B Rdn 417). Beitreibung bedeutet die zwangsweise Vollstreckung durch Anwendung von Vollstreckungsmaßnahmen (s.a. *Röttle/Wagner/Theurer*, 3. Kap. Rn 18 ff.). 385

2. Zur Verhinderung **überflüssiger Vollstreckungsversuche** kann die Vollstreckung der Geldstrafe ggf. gem. § 459c Abs. 2 StPO **unterbleiben**, wenn zu erwarten ist, dass sie in absehbarer Zeit zu keinem Erfolg führen wird. 386

☝ Die Vorschrift des § 459c Abs. 2 StPO ist **eng auszulegen**. Es muss mit Wahrscheinlichkeit erwartet werden, dass die Vollstreckung auf unabsehbare Zeit erfolglos bleiben wird, was insbesondere der Fall ist, wenn Beitreibungsversuche in anderer Sache vergeblich waren oder das Einkommen des Verurteilten die Pfändungsgrenze des § 850c ZPO nicht übersteigt (*Schmitt/Köhler*, § 459c Rn 4 f.).

3. Kommt eine **Vollstreckung in bewegliche Sachen** in Betracht, erteilt die Vollstreckungsbehörde dem Vollziehungsbeamten unmittelbar oder über die Geschäftsstelle des AG einen Vollstreckungsauftrag (im Einzelnen *Röttle/Wagner/Theurer*, 3. Kap. Rn 48; zur Vollstreckung in Gefangenengelder → *Erwachsene, Geldstrafen, Beitreibung, Gefangenengelder*, Teil B Rdn 395). Eine **Durchsuchung der Wohnung** des Verurteilten gegen dessen Willen bedarf – außer bei Gefahr im Verzug – eines richterlichen Beschlusses (BVerfG NJW 1979, 1539). Dies gilt jedoch nicht, wenn die Vollstreckungsbehörde vorab einen **Antrag** auf **Abgabe einer eidesstattlichen Versicherung** gestellt hat, der Verurteilte nicht zum Termin erschienen ist und ein entsprechender Haftbefehl existiert. 387

4. Zur **Zwangsvollstreckung in Forderungen** oder **andere Vermögensrechte** bedarf es eines Pfändungs- und Überweisungsbeschlusses, der an den Verurteilten sowie den Drittschuldner zugestellt werden muss (§ 6 Abs. 2 JBeitrO). Die Vollstreckungsbehörde genießt gegenüber anderen Gläubigern allerdings keine bevorzugte Rangstelle bei der Pfändung. 388

5. Es kann auch die **Zwangsvollstreckung** in das **unbewegliche Vermögen** des Verurteilten erfolgen (§ 6 Abs. 1 Nr. 1 JBeitrO, §§ 864 ff. ZPO). Die Zwangsvollstreckung in ein Grundstück kann bei **Forderungen** von **über 750,00 EUR** durch Eintragung einer Zwangshypothek gem. § 866 ZPO erfolgen. Ferner ist unter bestimmten Umständen eine Zwangsversteigerung oder Zwangsverwaltung möglich. 389

Siehe auch: → *Erwachsene, Geldstrafen, Allgemeines*, Teil B Rdn 375 m.w.N.

390
Erwachsene, Geldstrafen, Beitreibung, Ausländer

391 **Literaturhinweise:** **Artkämper/Herrmann/Jakobs/Kruse**, Aufgabenfelder der Staatsanwaltschaft, 2008, Rn 857 ff.

392 **1.** Hat der **ausländische Staatsbürger** seinen **Wohnsitz** in der **Bundesrepublik** Deutschland, bestehen hinsichtlich der Beitreibung der Geldstrafe und ggf. Vollstreckung einer Ersatzfreiheitsstrafe **keine Besonderheiten** (→ *Erwachsene, Geldstrafen, Beitreibung, Allgemeines*, Teil B Rdn 383 m.w.N.; *Röttle/Wagner/Theurer*, 3. Kap. Rn 1 ff.).

393 **2.** Schwierigkeiten können sich allerdings ergeben, wenn der **Verurteilte** im **Ausland wohnt.** Dazu folgender

394 **Überblick**

- Dass **Vollstreckungsmaßnahmen** im **Ausland** durch deutsche Behörden **nicht zulässig** sind, versteht sich von selbst.
- Allerdings kann eine gem. § 132 Abs. 1 StPO geleistete **Sicherheit** mit einer rechtskräftig verhängten Geldstrafe verrechnet oder beschlagnahmte Gegenstände können bei Nichtzahlung der Geldstrafe **verwertet** werden.
- Ferner kann dem Verurteilten bei bekanntem Auslandswohnsitz – unter Einhaltung des in den RiVASt angeordneten Geschäftsweges – eine **Zahlungsaufforderung** und ggf. eine **Ladung** zum **Strafantritt** übermittelt, bei unbekanntem Auslandsaufenthalt letztlich auch ein Haftbefehl erlassen werden, wobei eine Auslieferung aus dem Ausland aufgrund der Höhe der zu verbüßenden Ersatzfreiheitsstrafe in aller Regel nicht in Betracht kommt.
- Ansonsten hilft im innereuropäischen Raum der Rahmenbeschluss des Rates der Europäischen Union vom 24.2.2005 (2005/214/JI), der eine **Vollstreckung** von **Geldsanktionen innerhalb** der **EU** relativ problemlos ermöglicht. So hat die StA als Vollstreckungsbehörde lediglich die Bescheinigung nach Art. 4 Abs. 2 RB-Geld auszufüllen und unter Beifügung der zugrundeliegenden Entscheidung gem. Nr. 176 Abs. 2 RiVASt dem Bundesamt für Justiz zu übersenden, der das Ersuchen an den entsprechenden ausländischen Staat übermittelt. Die Voraussetzungen finden sich in § 87o IRG. Solange das ausgehende Rechtshilfeersuchen läuft, sind weitere Vollstreckungsversuche im Inland allerdings unzulässig (§ 87p IRG).

Siehe auch: → *Erwachsene, Geldstrafen, Allgemeines*, Teil B Rdn 375 m.w.N.

395
Erwachsene, Geldstrafen, Beitreibung, Gefangenengelder

396 **Literaturhinweise:** **Ahrens**, Zwangsvollstreckung in die Einkünfte von Strafgefangenen, NJW-Spezial 2011, 725 f.

397 **1.** Befindet sich der Verurteilte, gegen den eine Geldstrafe vollstreckt werden soll, in **Haft**, kann nicht ohne Weiteres in seine gesamten Einkünfte vollstreckt werden (s. *Kamann*, Rn 710 ff.; *Röttle/Wagner/Theurer*, 3. Kap. Rn 54 ff.). Bei Gefangenen ist zu **unterscheiden** zwischen

- Eigengeld (freies oder zweckgebundenes),
- Hausgeld und
- Überbrückungsgeld.

398 **2.** Als **Hausgeld** werden die Einkünfte eines Gefangenen bezeichnet, die dieser nach den im StVollzG geregelten Einkünften bezieht, z.B. das Arbeitsentgelt für Arbeitsleistungen innerhalb der JVA, Ausbildungsbeihilfe oder Taschengeld (= wenn der bedürftige Gefangene unverschuldet kein Arbeitsentgelt erhält). Aus den Bezügen einer Beschäftigung außerhalb der Anstalt wird ein angemessenes Hausgeld festgesetzt. Das dem Verurteilten verbleibende Hausgeld, über das der Gefangene grds. frei verfügen kann, ist

nach h.M. unpfändbar (OLG Düsseldorf, Beschl. v. 28.3.2014 – 3 UF 291/13; OLG Hamm, Beschl. v. 22.3.2001 – 28 W 98/00).

3. Von diesem Hausgeld werden allerdings 4/7 dem **Überbrückungsgeldkonto** zugeschrieben; dieses wird gebildet aus den Bezügen des Gefangenen für den notwendigen Lebensunterhalt für die ersten vier Wochen nach der Entlassung. Über dieses Geld kann der Gefangene während seiner Haftzeit weder frei verfügen noch ist es innerhalb der ersten vier Wochen nach der Entlassung pfändbar. 399

4. Eigengeld (also der nach Abzug des Hausgeldes und des Überbrückungsgeldes verbleibende Betrag) ist zumindest dann nach Maßgabe der ZPO grds. pfändbar, wenn der festgesetzte Überbrückungsgeldbetrag erreicht ist. Wird von Dritten Eigengeld an den Gefangenen überwiesen (zweckgebundenes Eigengeld), ist dieses zwar grds. nicht pfändbar, bedarf aber der Zustimmung der JVA. 400

Siehe auch: → *Erwachsene, Geldstrafen, Beitreibung, Allgemeines*, Teil B Rdn 383 m.w.N.

Erwachsene, Geldstrafen, Ersatzfreiheitsstrafe, Allgemeines 401

Literaturhinweise: Artkämper/Herrmann/Jakobs/Kruse, Aufgabenfelder der Staatsanwaltschaft, 2008, Rn 859 ff. 402

1. Verläuft die **Beitreibung erfolglos** oder ist sie nach § 459c Abs. 2 StPO als **aussichtslos** unterblieben, prüft der Rechtspfleger, ob die gesetzlichen Voraussetzungen für die Verbüßung einer Ersatzfreiheitsstrafe vorliegen und ordnet diese ggfs. an (§ 459e StPO). Die Anordnung muss förmlich erfolgen (OLG Frankfurt NStZ-RR 2013, 292) Dem Verurteilten muss zuvor **kein rechtliches Gehör** gewährt werden, da er von der Vollstreckungsanordnung durch die Ladung zum Strafantritt erfährt und sodann noch Einwendungen geltend machen kann (zur Möglichkeit der Abwendung durch „freie Arbeit" → *Erwachsene, Geldstrafen, Ersatzfreiheitsstrafe, freie Arbeit*, Teil B Rdn 409). 403

☝ Zu **beachten** ist, dass in jeder Lage des Verfahrens ein **Vollstreckungshindernis** entsteht, sobald der Verurteilte den **Geldstrafenbetrag bezahlt**. Befindet er sich bereits im Vollzug der Ersatzfreiheitsstrafe, ist er sofort zu entlassen. Geht ein Teilbetrag ein, so verkürzt sich die Dauer der Ersatzfreiheitsstrafe entsprechend. Wegen eines Teilbetrages, der keinem vollen Tag Freiheitsstrafe entspricht, darf die Vollstreckung der Ersatzfreiheitsstrafe nicht angeordnet werden (§ 459e Abs. 3 StPO).

2. Bei der **Berechnung der Ersatzfreiheitsstrafe** entspricht einem Tagessatz ein Tag Freiheitsstrafe (§ 43 StGB); etwaig verbüßte U-Haft wird 1:1 angerechnet. 404

3. Gegen die Vollstreckungsanordnung kann der Verurteilte **Einwendungen** gem. **§ 31 Abs. 6 RpflG** erheben. 405

4.a) Die **Härteklausel** des **§ 459f StPO** gebietet, dass die Vollstreckung der Ersatzfreiheitsstrafe unterbleibt, wenn diese für den Verurteilten eine unbillige Härte wäre. Das Vollstreckungsheft wird dem Gericht von der StA in diesem Fall – auf Antrag des Verurteilten oder von Amts wegen – mit einem begründeten Antrag zur Entscheidung vorgelegt. 406

☝ Zu beachten ist, dass eine **unbillige Härte** nach h.M. nicht schon bei – verschuldeter oder unverschuldeter – Vermögenslosigkeit des Verurteilten vorliegt (BVerfG, Beschl. v. 24.8.2006 – 2 BvR 1552/06). Es müssen **besondere Umstände** hinzutreten, aufgrund derer die Vollstreckung der Ersatzfreiheitsstrafe mit einer außerhalb des Strafzwecks liegenden zusätzlichen Härte verbunden wäre, die dem Verurteilten nicht zugemutet werden kann (BGHSt 27, 90, 93; OLG Düsseldorf MDR 1985, 76).

b) Besondere Umstände kommen z.B. in Betracht, wenn minderjährige Kinder während der Verbüßung der Ersatzfreiheitsstrafe in einem Heim untergebracht werden müssten (BVerfG NStZ 1985, 357). Ferner kann 407 eine unbillige Härte vorliegen, wenn die Zurückstellung einer Freiheitsstrafe gem. § 35 BtMG allein an der mangelnden Zurückstellungsfähigkeit der anschließend zu vollstreckenden Ersatzfreiheitsstrafe scheitern würde (OLG Karlsruhe, Beschl. v. 6.4.2006 – 2 VAs 37/05). Allerdings muss zusätzlich bei dem Verurteilten eine **günstige Prognose** dahingehend bestehen, dass der Strafzweck auch durch die bloße Verhängung der Geldstrafe erreicht werden kann. An einer solchen positiven Prognose dürfte es daher auch in einem ansonsten vorliegenden Härtefall fehlen, wenn der Verurteilte nach der in Rede stehenden rechtskräftigen Verurteilung erneut einschlägig strafrechtlich in Erscheinung getreten ist (LG Saarbrücken, Beschl. v. 15.7.2010 – 2 Qs 19/10). I.Ü. bewirkt die Anordnung gem. § 459f StPO lediglich einen Aufschub der Vollstreckung der Ersatzfreiheitsstrafe, so dass das Gericht sie bei Wegfall der Voraussetzungen nachträglich widerrufen kann; ferner ist die Beitreibung der Geldstrafe weiterhin zulässig.

408 c) **Zuständig** für die Anordnung gem. § 459f StPO ist das Gericht des ersten Rechtszuges (§§ 462, 462a StPO). Gegen den Beschluss ist die **sofortige Beschwerde** statthaft (§ 462 Abs. 3 StPO; zur sofortigen Beschwerde *Burhoff*, EV, Rn 4289; Burhoff/Kotz/*Hillenbrand*, RM, Teil A Rn 550 ff.).

Siehe auch: → *Erwachsene, Geldstrafen, Allgemeines*, Teil B Rdn 375 m.w.N.; → *Erwachsene, Geldstrafen, Ersatzfreiheitsstrafe, freie Arbeit*, Teil B Rdn 409; → *Erwachsene, Geldstrafen, Ersatzfreiheitsstrafe, Zahlungserleichterungen*, Teil B Rdn 417; → *Erwachsene, Vollstreckung, Allgemeines*, Teil B Rdn 432 m.w.N.

409 Erwachsene, Geldstrafen, Ersatzfreiheitsstrafe, freie Arbeit

410 **1.** In § 293 EGStGB werden die Bundesländer ermächtigt, durch Rechtsverordnung zu bestimmen, dass die Vollstreckung der Ersatzfreiheitsstrafe durch **freie**, **unentgeltliche** und **nicht erwerbswirtschaftlichen Zwecken** dienende Arbeit abgewendet werden kann. Von dieser Möglichkeit haben mittlerweile alle Länder – sicherlich auch aufgrund der begrenzten Anzahl von Haftplätzen und der enormen Vollzugskosten – Gebrauch gemacht und entsprechende **Tilgungsverordnungen** erlassen (s.a. *Artkämper/Herrmann/Jakobs/Kruse*, Rn 859 ff.; *Röttle/Wagner/Theurer*, 3. Kap. Rn 125 ff.).

411 **2.** Der Verurteilte wird von dem Rechtspfleger spätestens bei der **Ladung** zum Antritt der Ersatzfreiheitsstrafe über die **Möglichkeit** der **freien Arbeit** und das Recht zur Benennung einer Beschäftigungsstelle unter Hinweis auf die Erforderlichkeit einer Antragstellung, für die ihm eine angemessene Frist einzuräumen ist, **belehrt**. Die Unterrichtung unterbleibt, wenn der Verurteilte unbekannten Aufenthalts ist. **Nicht zulässig** ist es, dem Verurteilten von vornherein die Wahl zwischen einer Zahlung der Geldstrafe und der Ableistung gemeinnütziger Arbeit zu lassen; die Möglichkeit „Schwitzen statt Sitzen" besteht ausschließlich zur Abwendung einer Ersatzfreiheitsstrafe.

> ☝ Die **Vollstreckungsbehörde** sollte dem Verurteilten – ggf. unter Einschaltung der Gerichtshilfe – bei der **Vermittlung** eines **Beschäftigungsverhältnisses behilflich** sein.
>
> Sofern keine geeignete Tätigkeit zur Verfügung steht und auch der Verurteilte keine geeignete Einrichtung benennt, besteht **keine Verpflichtung** der Vollstreckungsbehörde, von der Verbüßung der Ersatzfreiheitsstrafe **abzusehen**.

412 **3.** Durch einen **fristgerechten Antrag** des **Verurteilten** wird die weitere Vollstreckung gehemmt. Bei Stattgabe bestimmt der Rechtspfleger die Beschäftigungseinrichtung, die Art und Dauer der Tätigkeit sowie den Anrechnungsmaßstab. Während der Dauer der freien Arbeit darf die Ersatzfreiheitsstrafe nicht vollstreckt werden; die Vollstreckungsverjährung ruht (§ 79a Nr. 2a StGB).

> ☝ Der Antrag kann z.B. abgelehnt werden, wenn der Verurteilte durch früheres Verhalten seine fehlende Leistungsbereitschaft gezeigt hat (OLG Hamm NStZ-RR 2014, 95 [Ls.]). Allerdings ist unab-

hängig von im Vorfeld aufgetretener Zahlungsunfähigkeit oder mangelnder Leistungsbereitschaft der Hinweis an den Verurteilten gem. § 459e Abs. 2 S. 2 StPO, dass ihm Zahlungserleicherungen bewilligt werden können und die Möglichkeit freier Arbeit besteht, nicht entbehrlich (LG Memmingen, Beschl. v. 2.5.2024 – 4 StVK 96/24).

4. Die **Ablehnung** der Abwendung der Vollstreckung einer Ersatzfreiheitsstrafe durch freie Arbeit ist im Verfahren nach §§ 459o, 462 Abs. 1 StPO **anfechtbar** (Brandenburgisches OLG, Beschl. v. 29.5.2017 – 1 Ws 46/17; OLG Hamm NStZ-RR 2014, 95 [Ls]). 413

5. Sofern der Verurteilte seine **Arbeit nicht antritt** oder es zu schweren Arbeitsstörungen kommt, wird die Gestattung von der Vollstreckungsbehörde widerrufen und der Verurteilte zum Strafantritt geladen, wobei der Widerruf einer Begründung bedarf. 414

Gegen den Widerruf kann der Verurteilte **Einwendungen** gem. § 459o StPO erheben; eine aufschiebende Wirkung entfaltet der Antrag an das Gericht jedoch nicht, so dass unmittelbar die Vollstreckung der Ersatzfreiheitsstrafe erfolgen kann. 415

6. Nur **teilweise geleistete freie Arbeit** wird auf die Strafe angerechnet, Krankheits- oder sonstige Fehlzeiten jedoch nicht. Hat der Verurteilte die freie Arbeit vollständig abgeleistet hat, ist die Ersatzfreiheitsstrafe (und die zugrundeliegende Geldstrafe) erledigt. 416

Siehe auch: → *Erwachsene, Geldstrafen, Allgemeines*, Teil B Rdn 375 m.w.N.; → *Erwachsene, Geldstrafen, Ersatzfreiheitsstrafe, Allgemeines*, Teil B Rdn 401.

Erwachsene, Geldstrafen, Zahlungserleichterungen 417

1. Ist bereits im Rahmen der Verurteilung absehbar, dass der Verurteilte nicht in der Lage sein wird, die zu verhängende Geldstrafe sofort zu zahlen, hat ihm das erkennende Gericht im Rahmen des Urteils/Strafbefehls gem. § 42 StGB Zahlungserleichterungen, insbesondere eine Ratenzahlung, zu gewähren. Obwohl eine unterlassene Anordnung von Zahlungserleichterungen eine Revision begründen kann (BGH, Beschl. v. 20.2.2018 – 2 StR 348/17; OLG Hamm, Beschl. v. 23.12.2025 – III-2 ORs 67/25), wird diese jedoch oft unterbleiben. Dem Verurteilten gereicht ein solches Versäumnis jedoch regelmäßig nicht zum Nachteil, da auch die **Vollstreckungsbehörde nach Rechtskraft** des Erkenntnisses in eigener Zuständigkeit von Amts wegen oder auf Antrag des Verurteilten nach billigem Ermessen Ratenzahlung oder Stundung gewähren kann (§ 459a StPO), wobei sich die Rechtspfleger in der Praxis hier häufig recht großzügig zeigen (s.a. *Artkämper/Herrmann/Jakobs/Kruse*, Rn 857 ff.; *Röttle/Wagner/Theurer*, 3. Kap. Rn 29 ff.). 418

2.a) Über **Einwendungen des Verurteilten** gegen die Anordnung des Rechtspflegers, Zahlungserleichterungen abzulehnen oder nicht entsprechend dem Antrag zu gewähren, entscheidet gem. § 31 Abs. 6 S. 1 RPflG nach § 459o StPO grds. das Gericht des ersten Rechtszuges durch **Beschluss**. Bei Verurteilten, die sich in anderer Sache in Strafhaft befinden, entscheidet die StVK. 419

b) Gegen den Gerichtsbeschluss kann der Verurteilte gem. § 462 Abs. 3 StPO **sofortige Beschwerde** einlegen (zur sofortigen Beschwerde *Burhoff*, EV, Rn 4289; Burhoff/*Kotz/Hillenbrand*, RM, Teil A Rn 550 ff.). 420

3. Verläuft die **Beitreibung erfolglos** oder ist sie nach § 459c Abs. 2 StPO als aussichtslos unterblieben, prüft der Rechtspfleger, ob die gesetzlichen Voraussetzungen für die Verbüßung einer Ersatzfreiheitsstrafe vorliegen und ordnet diese ggfs. an (§ 459e StPO; → *Erwachsene, Geldstrafen, Ersatzfreiheitsstrafe, Allgemeines*, Teil B Rdn 401). 421

Nach fruchtlosem Fristablauf zur Zahlung der Geldstrafe erfolgt – grds. frühestens zwei Wochen nach Eintritt der Fälligkeit – die Beitreibung gem. § 8 EBAO, wenn keine Zahlungserleichterungen gewährt worden sind (→ *Erwachsene, Geldstrafen, Beitreibung, Allgemeines*, Teil B Rdn 383 m.w.N.). 422

Siehe auch: → *Erwachsene, Geldstrafen, Allgemeines*, Teil B Rdn 375 m.w.N.

423 Erwachsene, Vollstreckung, Aktenführung und -einsicht

Das Wichtigste in Kürze:

1. Die geschäftliche Behandlung der Vollstreckung und deren Überwachung erfolgt regelmäßig aus neuen Sonderheften.
2. Regelmäßig wird – jedenfalls in umfangreichen Verfahren – vom Rechtspfleger ein Vollstreckungsheft angelegt.
3. Die Vergabe eines neuen Aktenzeichens erfolgt grds. nach RegisterzeichenVO.
4. Sofern die Vollstreckung einer Strafe oder Reststrafe zur Bewährung ausgesetzt wird, legt das Gericht ein Bewährungsheft an.
5. Eine Einsichtnahme in das Vollstreckungsheft wird zumeist nur auf der Geschäftsstelle der Staatsanwaltschaft gewährt; bei auswärtigen Verteidigern kommt ggf. die Anlegung eines Doppel-Vollstreckungsheftes in Betracht.
6. Über die Gewährung von Auskünften aus den Akten bzw. Akteneinsicht entscheidet im Vollstreckungsverfahren funktional die StA.

424 **1.** Nach der **Rechtskraft** des **Urteils** und der **Rückkehr** der **Ermittlungsakte** (nebst Beiakten, Sonderheften pp.) zur StA hat diese regelmäßig ihre eigentliche Funktion erfüllt: Beiakten werden getrennt, Zweit- und Drittakten von Originalen befreit und sodann vernichtet. Die geschäftliche Behandlung der Vollstreckung und deren Überwachung erfolgt in der Regel aus neuen Sonderheften (s.a. *Artkämper/Herrmann/Jakobs/Kruse*, 853 ff.; *Röttle/Wagner/Theurer*, 1. Kap. Rn 125 ff.).

425 **2.** Regelmäßig wird – jedenfalls in umfangreichen Verfahren – vom Rechtspfleger ein **Vollstreckungsheft** angelegt, aus dem alle die Vollstreckung betreffenden Entscheidungen getroffen werden; gelegentlich erfolgt die Vollstreckung, z.B. von Geldstrafen. allerdings auch aus den Sachakten. Ist die Vollstreckung einer Freiheitsstrafe zur Bewährung ausgesetzt, legt das bewährungsaufsichtführende Gericht daneben in aller Regel ein **Bewährungsheft** an, in dem sich die die Bewährung betreffenden Entscheidungen wiederfinden. Daneben existieren gelegentlich weitere **Sonderhefte** (z.B. bzgl. Rückgewinnungshilfe, Gewinnabschöpfung oder Verwertung eingezogener Gegenstände) sowie – häufiger – Gnaden- und Führungsaufsichtshefte.

426 Die StA legt für jeden Verurteilten ein eigenes **Vollstreckungsheft** (VH) an, aus dem fortan sämtliche Entscheidungen vorbereitet und beantragt werden; dieses VH beginnt mit dem Urteil, ggfs. – bei abgekürzten Urteilen – der Anklageschrift und den weiteren instanzlichen Entscheidungen (§§ 15 f. StVollstrO).

427 **3.** Grds. muss das Verfahren entsprechend der RegisterzeichenVO als VRs-Sache eingetragen werden und ein neues **Aktenzeichen** erhalten. Dieser Vorgehensweise wird jedoch teilweise (z.B. in NRW) nicht gefolgt, sondern aus computertechnischen Gründen dem ursprünglich vergebenen Js-Aktenzeichen nur ein V (für Vollstreckung) angehängt.

428 **4.** Sofern die **Vollstreckung** einer Strafe oder **Reststrafe zur Bewährung** ausgesetzt wird, legt das Gericht ein **Bewährungsheft** an; die Überwachung der Bewährung sowie die sie betreffenden Fragen werden dann parallel vom Gericht aus dem Bewährungsheft und von der Staatsanwaltschaft aus dem Vollstreckungsheft überwacht.

429 **5.** Das **Vollstreckungsheft** wird – außer an das zuständige Gericht – i.d.R. **nicht versandt**. Meldet sich für den Verurteilten ein Rechtsanwalt, ist ihm Einsichtnahme in das Vollstreckungsheft auf der Geschäftsstelle zu gestatten und Gelegenheit zu geben, sich Kopien zu fertigen. Bei auswärtigen Anwälten kann ausnahmsweise ein Zweit-Vollstreckungsheft angelegt und übersandt werden.

430 **§§ 474 ff. StPO** i.V.m. den Nrn. 182 ff. der RiStBV regeln die Möglichkeiten, Auskünfte aus den Akten bzw. Akteneinsicht zu erhalten. Die Auffassung, die das Vollstreckungsheft – entsprechend den Handakten – als rein behördeninternen Vorgang begreift und damit eine Akteneinsicht des Verteidigers generell ausschließt,

dürfte mit diesen Normen kaum vereinbar sein, zumal jedenfalls die Überlassung von Ablichtungen nicht ernsthaft verwehrt werden kann. Gleiches gilt für die Gestattung von Akteneinsicht nur auf der Geschäftsstelle. Zutreffenderweise enthält das Vollstreckungsheft keine Behördeninterna der StA. Das zeigt sich auch daran, dass in den Fällen, in denen eine gerichtliche Entscheidung beantragt (oder angegriffen) wird, das Vollstreckungsheft an die Gerichte übersandt wird. Somit kann aus rechtlicher Sicht auch ein Doppel-Vollstreckungsheft angelegt werden, das sämtliche Vorgänge enthält und das dann – insbesondere bei nicht ortsansässigen Verteidigern – versendet werden kann. Mittlerweile hat sich in der Strafjustiz allerdings in weitem Umfang die elektronische Akte etabliert, so dass Akteneinsicht vielfach problemlos elektronisch gewährt werden kann.

6. Über die **Gewährung** von **Auskünften** aus den **Akten** bzw. **Akteneinsicht** entscheidet im Vollstre- 431
ckungsverfahren funktional die StA (§§ 147 Abs. 5, 406e Abs. 4, 487 Abs. 1 StPO). Neben die grds. Zuständigkeit des staatsanwaltlichen Dezernenten tritt hier eine solche des Rechtspflegers, soweit diesem bspw. nach § 31 Abs. 2 RpflG die Wahrnehmung der Geschäfte übertragen worden ist. Liegt der Auskunft eine Sachentscheidung zugrunde (sog. qualifizierte Auskünfte), erfolgt die Entscheidung mithin durch den Sachbearbeiter; über Auskunftsersuchen formeller Art und Sachstandsanfragen – etwa von Versicherungsgesellschaften – sowie Aktenübersendungsgesuchen durch Behörden und Gerichte in abgeschlossenen Verfahren entscheidet teilweise die Servicekraft (z.B. AV des JM NRW vom 12.9.1983 (3013 – III A.1) – JMBl. NW S. 229; zur Akteneinsicht von Dritten s.a. *Burhoff*, EV, Rn 378 ff.; zur Akteneinsicht nach Abschluss des Verfahrens *Burhoff*, EV, Rn 543).

Siehe auch: → *Erwachsene, Vollstreckung, Allgemeines*, Teil B Rdn 432 m.w.N.

Erwachsene, Vollstreckung, Allgemeines 432

Das Wichtigste in Kürze:

1. Ist ein Verfahren mit einer Verurteilung rechtskräftig abgeschlossen, beginnt die Phase der Strafvollstreckung.
2. Zuständiges Organ ist grds. der Rechtspfleger bei der StA; nur in bestimmten Fällen ist der Staatsanwalt mit Vollstreckungstätigkeiten befasst.
3. Die wesentlichen Vorschriften zur Strafvollstreckung finden sich in den §§ 449 ff. StPO, §§ 38 ff., 56 ff., 67 ff. StGB.
4. In entsprechender Anwendung der §§ 140 ff. StPO kommt auch im Vollstreckungsverfahren die Bestellung eines Pflichtverteidigers in Betracht.
5. In Vollstreckungsverfahren gegen Jugendliche und Heranwachsende, in denen Jugendstrafrecht Anwendung gefunden hat, wird gem. §§ 82 ff. JGG der Jugendrichter als Vollstreckungsleiter tätig.
6. Ggf. hat auch eine Entscheidung darüber zu ergehen, wie mit sichergestellten Gegenständen/Asservaten zu verfahren ist.

Literaturhinweise: **Kamann**, Handbuch für die Strafvollstreckung und den Strafvollzug, 2. Aufl. 2008; **Röttle/Wagner/** 433
Theurer, Strafvollstreckung, 9. Aufl. 2023; **Volckart/Pollähne/Wagner**, Verteidigung in Vollstreckung und Vollzug, 5. Aufl. 2014.

1. Ist ein Verfahren mit einer Verurteilung rechtskräftig abgeschlossen, beginnt die **Phase der Strafvoll-** 434
streckung. Hierbei handelt es sich nicht um Justizgewährung i.e.S., sondern um eine exekutive Vollstreckungstätigkeit, die kraft Gesetzes der StA grds. übertragen ist (§ 451 StPO). Etwas anderes gilt im Bereich der Jugendkriminalität, da hier gem. §§ 82 ff. JGG die Jugendgerichte als Vollstreckungsbehörden tätig werden. Die StA ist im Übrigen lediglich Vollstreckungsbehörde; sie hat auf den Strafvollzug und dessen Ausgestaltung grds. keine Einwirkungsmöglichkeiten.

435 **2.a)** Im Wesentlichen wird die Vollstreckung der verhängten Strafen und Geldbußen gem. § 31 Abs. 2 S. 1 RPflG durch den **Rechtspfleger** betrieben. Der Staatsanwalt ist – jedenfalls bei Vollstreckung einer Geldstrafe – i.d.R. nur insoweit befasst, als er spätestens nach Rechtskraft des Urteils oder Strafbefehls eine Entscheidung über noch vorhandene Asservate trifft und die Akte sodann dem Rechtspfleger zur Einleitung der Vollstreckung zuschreibt. Die Maßnahmen, die der Realisation einer strafgerichtlichen Verurteilung dienen, sind von der faktischen Umsetzung freiheitsentziehender Strafen – ihrem Vollzug – strikt zu trennen: Im Vollzug dominiert der Resozialisierungsgedanke und die Wiedereingliederung zum primären Vollzugsziel; der Gedanke eines reinen Verwahrvollzuges wird immer stärker in den Hintergrund gedrängt.

436 **b) Vorlagepflichten** innerhalb der StA sind in § 32 Abs. 2a und 2b RpflG geregelt. In den Fällen des Abs. 2b kann, in denen des Abs. 2a muss der Rechtspfleger die Sache dem Staatsanwalt vorlegen. Die Missachtung der Beteiligungspflicht wirkt sich allerdings nicht auf die Wirksamkeit der Maßnahme aus. Etwas anderes gilt nur bezüglich solcher Aufgabenkreise, die dem Rechtspfleger nicht übertragen worden sind oder nicht übertragen werden können: Hier ordnet § 8 Abs. 4 S. 1 RpflG deren Unwirksamkeit an; bei der umgekehrten Fallkonstellation – Staatsanwalt nimmt Rechtspflegerfunktionen wahr – wirkt sich dies gem. § 8 Abs. 1 RpflG nicht auf die Wirksamkeit der Entscheidung aus.

437 **3.** Die **wesentlichen Vorschriften** zur Strafvollstreckung finden sich in den **§§ 449 ff. StPO**. Regelungen zur Berechnung der Strafen, zur Strafaussetzung sowie zur Maßregelvollstreckung enthalten die §§ 38 ff., §§ 56 ff. sowie §§ 67 ff. StGB. Wichtige weitere Rechtsquellen stellen das Straf- und das Maßregelvollzugsgesetz sowie die Justizbeitreibungsordnung dar. Der Staatsanwalt ist gefragt, wenn Einwendungen gegen die Entscheidungen des Rechtspflegers erhoben werden. Gem. § 31 Abs. 6 RPflG entscheidet der Staatsanwalt in den Fällen, in denen ein anderer Rechtsbehelf gegen die Maßnahme des Rechtspflegers nach den allgemeinen verfahrensrechtlichen Vorschriften (z.B. § 23 EGGVG) nicht gegeben ist.

☝ Erfahrungsgemäß bereitet das Vollstreckungsrecht dem noch unerfahrenen Strafjuristen häufig erhebliche Schwierigkeiten. In Problemfällen ist es **ratsam, zunächst** den **Rechtspfleger anzusprechen**, der auf diesem Gebiet Spezialwissen besitzt, bevor bspw. zeitaufwändige Recherchen zur Klärung einer Zuständigkeitsfrage durchgeführt werden.

438 **4.** Das Gesetz sieht die **Bestellung eines Pflichtverteidigers** im Vollstreckungsverfahren nicht vor. Das ursprüngliche Mandat endet nach § 143 Abs. 1 StPO – von wenigen Eilmaßnahmen abgesehen – regelmäßig mit der Rechtskraft der Entscheidung. Nach herrschender Auffassung kann zwar die Mitwirkung eines Verteidigers in entsprechender Anwendung von § 140 Abs. 2 StPO z.B. dann geboten sein, wenn zur Vorbereitung einer bedeutsamen Entscheidung (z.B. Aussetzung einer lebenslangen Freiheitsstrafe oder einer freiheitsentziehenden Maßregel) ein Sachverständigengutachten eingeholt werden muss, zu dem sachgerecht nur nach Akteneinsicht Stellung genommen werden kann, die dem Verteidiger vorbehalten ist (OLG Hamm, Beschl. v. 15.9.2016 – III-4 Ws 299/16). Der Grundsatz des fairen Verfahrens gebietet hier, dass – wird nicht ein Verteidiger von sich aus tätig – auch von Amts wegen ein Antrag auf Beiordnung eines Pflichtverteidigers gestellt wird. Allerdings wird das Bedürfnis für die Bestellung eines Pflichtverteidigers im Vollstreckungsverfahren als deutlich geringer angesehen als im Erkenntnisverfahren (z.B. auch BGH, Besch. v. 29.6.2022 – StB 26/22; OLG Frankfurt, Beschl. v. 7.10.2014 – 3 Ws 861/14) und hängt weitgehend vom Einzelfall ab (→ *Bewährung, Widerruf, notwendige Verteidigung*, Teil A Rdn 387; wegen der Einzelh. eingehend *Burhoff*, EV, Rn 3491 ff.).

439 **5.** In **Vollstreckungsverfahren** gegen **Jugendliche** und **Heranwachsende**, in denen **Jugendstrafrecht** Anwendung gefunden hat, ist die StA nicht Vollstreckungsbehörde. Hier wird gem. §§ 82 ff. JGG der Jugendrichter als Vollstreckungsleiter tätig. Zu beachten ist insoweit, dass der Jugendrichter im Hinblick auf Entscheidungen zum technischen Ablauf der Vollstreckung weisungsgebunden ist und nach h.M. insoweit der dienstrechtlichen Aufsicht der GStA untersteht. Die §§ 22 ff. StPO und die richterliche Unabhängigkeit aus Art. 97 GG gelten hier nicht. Die Aufgabe des Staatsanwaltes beschränkt sich im Wesentlichen

darauf, zu den vom Jugendrichter zu treffenden Entscheidungen begründete Stellungnahmen abzugeben (→ *Jugendliche, Vollstreckung, Allgemeines*, Teil B Rdn 738 m.w.N.).

6. Ggf. hat auch eine Entscheidung darüber zu ergehen, wie mit **sichergestellten Gegenständen/Asservaten** zu verfahren ist. Diese ist insbesondere in Umfangsverfahren sehr zeitraubend und dementsprechend unbeliebt. Jetzt rächt es sich für den zuständigen Dezernenten, wenn nicht spätestens im Rahmen der HV eine – ggf. auch außergerichtliche – Einziehung der Asservate erfolgt ist. Dies gilt speziell für Waffen und Betäubungsmittel, die nicht ohne Weiteres an den Verurteilten herausgegeben werden dürfen. Sofern solche Asservate ausnahmsweise nicht der Einziehung unterliegen – bspw., weil im Vorfeld hinsichtlich bestimmter Taten nach § 154 StPO verfahren wurde – wird der sachbearbeitende Staatsanwalt zugleich mit der Einleitung der Vollstreckung über die verbliebenen Asservate entscheiden und sie bei entsprechender Zustellungsvollmacht eventuell auch dem Verteidiger übersenden. 440

7. Einen **Überblick** bietet folgendes 441

Schaubild: Vollstreckung von Geldstrafen und Freiheitsstrafen ohne Bewährung

Strafvollstreckung

Geldstrafe	**Freiheitsstrafe**
Feststellung der Rechtskraft und Berechnung der Höhe nebst Kosten	Feststellung der Rechtskraft und Strafzeitberechnung
↓	↓
Zahlungsaufforderung	Ladung zum Strafantritt
↓	↓
(ggfs. Zahlungserleichterungen)	Aufnahmeersuchen an JVA
↓	↓
Beitreibung	Strafantritt
↓	↓
Ggfs. Ersatzfreiheitsstrafe	Strafverbüßung

Siehe auch: → *Erwachsene, Freiheitsstrafe ohne Bewährung, Allgemeines*, Teil B Rdn 263 m.w.N.; → *Erwachsene, Geldsanktionen, ausländische, Allgemeines*, Teil B Rdn 328 m.w.N.; → *Erwachsene, Geldstrafen, Allgemeines*, Teil B Rdn 375 m.w.N.; → *Erwachsene, Vollstreckung, Aktenführung und -einsicht*, Teil B Rdn 423; → *Erwachsene, Vollstreckung, Mitteilungspflichten*, Teil B Rdn 442; → *Erwachsene, Vollstreckung, Vollstreckungshindernisse*, Teil B Rdn 450; → *Fahrerlaubnis, Einziehung, Vollstreckung*, Teil B Rdn 468; → *Fahrverbot, Vollstreckung*, Teil B Rdn 478; → *Führungsaufsicht, Allgemeines*, Teil B Rdn 484; → *Internationale Vollstreckung, Allgemeines*, Teil B Rdn 681 m.w.N.; → *Jugendliche, Vollstreckung, Allgemeines*, Teil B Rdn 738 m.w.N.; → *Maßregeln, Erwachsene, Allgemeines*, Teil B Rdn 969 m.w.N.; → *Maßregeln, Jugendliche*, Teil B Rdn 1269; → *Allgemeine Gebührenfragen, Allgemeines*, Teil J Rdn 1 m.w.N.

Erwachsene, Vollstreckung, Mitteilungspflichten 442

Literaturhinweise: Küppers, Die Bedeutung des Bundeszentralregisters in der anwaltlichen Beratungspraxis – Teil 1, StRR 2014, 128; *ders*, Die Bedeutung des Bundeszentralregisters in der anwaltlichen Beratungspraxis –Teil 2, StRR 2014, 164; s.a. die Hinweise bei → *Bundeszentralregister, Allgemeines*, Teil E Rdn 2. 443

1. Mit der **Einleitung der Vollstreckung** geht eine Vielzahl von **Mitteilungspflichten** einher. Die meisten ergeben sich aus der **MiStra**; ihre vollständige Aufzählung würde den vorliegenden Rahmen spren- 444 gen, zumal sie sich teilweise an den persönlichen Eigenschaften des Verurteilten orientieren. Besonders häufig und **praxisrelevant** sind Mitteilungen an

- die Polizeibehörde, Nr. 11 MiStra,
- die in anderer Sache bewährungsführende Stelle, Nr. 13 MiStra,
- die Jugendgerichtshilfe, Nr. 32 MiStra,
- die Ausländerbehörde, Nr. 42 MiStra,
- die Straßenverkehrsbehörde, Nr. 45 MiStra,
- den Leiter der JVA bei Haft in anderer Sache, Nr. 43 MiStra.

445 **2.** Auch **Mitteilungen** an das **Bundeszentralregister** sind zu fertigen (→ *Bundeszentralregister, Allgemeines,* Teil E Rdn 1 ff. m.w.N.; → *Erziehungsregister, Allgemeines,* Teil E Rdn 292).

446 **3.** Bestimmte rechtskräftige Verurteilungen zu einer Geldstrafe, Freiheitsstrafe oder Jugendstrafe, die nach dem 1.6.2013 erfolgt sind, sind der beim Bundesverwaltungsamt geführten **Visa-Warndatei** mitzuteilen. Nach § 2 Abs. 1 S. 1 Nr. 1 und § 3 Abs. 4 Nr. 2 Visa-Warndateiengesetz (VWDG) i.V,m. mit der Anlage Nr. 5 der Verordnung zur Durchführung des Visa-Warndateiengesetzes (VWDG-DV) besteht die Mitteilungspflicht – losgelöst von der Staatsangehörigkeit des Verurteilten – u.a. bei Verurteilungen wegen eines Verstoßes gegen

- §§ 95, 96, 97 des Aufenthaltsgesetzes,
- §§ 10, 11 des Schwarzarbeiterbekämpfungsgesetzes,
- § 30a Abs. 1, Abs. 2 des Betäubungsmittelgesetzes und den
- §§ 232 bis 233, 236 Abs. 2 S. 3 StGB.

447 Die Mitteilung erfolgt hier **stets** durch die **StA**, da den Gerichten in § 4 Nr. 4 VMDG keine derartige Pflicht auferlegt ist, so dass bei einer Jugendstrafe die Katalogtat dem Bundesverwaltungsamt durch die StA mitgeteilt wird, während der Jugendrichter die Mitteilung an das BZR veranlassen muss.

448 **4.** Die Existenz diverser Mitteilungspflichten wirft die Frage nach dem **Rechtsschutz** auf. Da es sich bei den Mitteilungen um die Übermittlung personenbezogener Daten handelt, stellen sie Justizverwaltungsakte im Sinne der §§ 23 ff. EGGVG dar; sie bedürfen einer Rechtsgrundlage im formellen Recht, die die mitteilende Stelle zu ihrer Weitergabe berechtigt. Für einen Antrag auf gerichtliche Entscheidung ist das **OLG** am Ort der mitteilenden Stelle zuständig (zum Antrag nach §§ 23 ff. EGGVG *Burhoff,* EV, Rn 622 ff.; Burhoff/*Schmidt-Clarner*, RM Teil B Rn 266 ff.).

449 Sofern der Empfänger den Inhalt der Mitteilung bereits in seiner Zuständigkeit verwertet – etwa eine Maßnahme getroffen hat – **ändert** sich diese **Zuständigkeit**: Fortan ist gem. § 22 Abs. 1 S. 2 EGGVG ausschließlich das Gericht zuständig, das für die Empfangsbehörde zuständig ist; dies gilt auch für die Beurteilung der Frage der Rechtmäßigkeit der Übermittlung der Daten. Das Verfahren soll einen lückenlosen Rechtsschutz gewährleisten und richtet sich nach den §§ 23 – 30 EGGVG (zum Antrag nach §§ 23 ff. EGGVG *Burhoff,* EV, Rn 622 ff.; Burhoff/*Schmidt-Clarner*, RM Teil B Rn 266 ff.).

> ☝ Wichtig sind die in § 22 Abs. 3 EGGVG geregelten **Rechtsfolgen** für den **Fall einer rechtswidrigen Datenübermittlung**: War die Übermittlung rechtswidrig, so spricht das Gericht dies aus. Die Entscheidung ist auch für den Empfänger bindend und ist ihm bekannt zu machen. Die Verwendung der übermittelten Daten ist unzulässig, wenn die Rechtswidrigkeit der Übermittlung festgestellt worden ist.

Siehe auch: → *Erwachsene, Vollstreckung, Allgemeines*, Teil B Rdn 432 m.w.N.

Erwachsene, Vollstreckung, Vollstreckungshindernisse 450

Das Wichtigste in Kürze:

1. Über Einwendungen gegen die Zulässigkeit der Vollstreckung entscheidet das Gericht (§ 458 Abs. 1 StPO).
2. Bei einer Doppelbestrafung kommen Wiederaufnahme des Verfahrens, Verfassungsbeschwerde und ein Antrag des Verurteilten, die Vollstreckung für unzulässig zu erklären, in Betracht; die wohl überwiegende Rspr. präferiert die „Vollstreckungslösung".
3. Amnestien können auf die in einem Urteil festgesetzten Rechtsfolgen Einfluss haben und wirken sich auf rechtskräftig abgeschlossene Verfahren aus.
4. Personen, die Immunität genießen, sind im Wesentlichen die Mitglieder des Bundestages, des Europäischen Parlaments und der gesetzgebenden Körperschaften der Bundesländer.
5. Auch die durch rechtskräftiges Urteil festgelegten Sanktionen unterliegen einer Verjährung, deren Fristablauf zu einem Vollstreckungshindernis führt.
6. Der Grundsatz der Spezialität besagt, dass gegen ausgelieferte Personen Vollstreckungsmaßnahmen nur bezüglich solcher Straftaten zulässig sind, die sie vor ihrer Auslieferung begangen haben und auf die sich die Auslieferung bezieht.

Literaturhinweise: **Röttle/Wagner/Theurer**, Strafvollstreckung, 9. Aufl. 2023; **Kamann**, Handbuch für die Strafvollstreckung und den Strafvollzug, 2. Aufl. 2008; **Volckart/Pollähne/Wagner**, Verteidigung in Vollstreckung und Vollzug, 5. Aufl. 2014. 451

1. Über **Einwendungen** gegen die **Zulässigkeit** der **Vollstreckung** entscheidet das Gericht (§ 458 Abs. 1 StPO). Damit ist allerdings nicht gemeint, dass ausschließlich den Richter Vollstreckungshindernisse interessieren. Zuvor werden diese selbstständig von der Vollstreckungsbehörde geprüft, die regelmäßig bei Vorliegen eines solchen Hindernisses die Sanktion nicht vollstrecken wird. 452

2. Eine **Doppelbestrafung** – mehrfache Verurteilungen regelmäßig durch deutsche Strafgerichte wegen derselben (prozessualen) Tat i.S. des § 261 StPO – kommt durchaus vor, wenn Polizeibehörden, Staatsanwälte und Richter den prozessualen Tatbegriff verkennen. 453

a) Ist ein **Strafklageverbrauch** durch eine Verurteilung eingetreten, verstößt eine nachfolgende Verurteilung und Vollstreckung gegen Art. 103 GG. Da aber das nachfolgende Urteil nicht nichtig ist, kommt im Rahmen der Vollstreckung nur der Antrag des Verurteilten in Betracht, die Vollstreckung aus dem späteren Urteil für unzulässig zu erklären (§ 458 StPO). 454

b) Auch **internationale Übereinkommen** regeln das Verbot der doppelten Strafverfolgung und sind als **von Amts wegen** zu berücksichtigende Strafverfolgungshindernisse zu beachten. Gemeint sind damit Fälle einer Entscheidung eines ausländischen Gerichts, die dieselbe Tat aburteilt. Das verfassungsrechtliche Verbot des ne bis in idem aus Art. 103 Abs. 3 GG bezieht sich nach überwiegender Lesart nur auf inländische Strafurteile und es stellt auch keinen allgemeinen Grundsatz des Völkerrechts dar (BVerfG StraFo 2008, 151 ff.; → *Internationale Vollstreckung, Allgemeines,* Teil B Rdn 681 m.w.N.). 455

Einschlägige **völkerrechtliche Übereinkommen** im Rahmen der Europäischen Union sind 456

- das Übereinkommen vom 25.5.1987 zwischen den Mitgliedstaaten der Europäischen Gemeinschaften über das Verbot der doppelten Strafverfolgung (BGBl 1998 II, S. 2226, 2002 II, S. 600 – ne bis in idem – Übk.),
- Das Schengener Durchführungsübereinkommen (SDÜ) vom 19.6.1990, in Deutschland seit dem 26.3.1995 in Kraft.

Art. 54 SDÜ greift das allgemeine Verbot der Doppelbestrafung auf; Probleme wirft hier häufig die Definition der rechtskräftigen Aburteilung auf (*Fischer*, § 51 Rn 16 a). Die Rspr. lässt nur abschließende gerichtliche Entscheidungen gelten (u.a. EuGH NJW 2003, 1173; 2011, 983; BGH NStZ 1998, 149, 152). Ferner stellt sich nicht selten die Frage, ob dieselbe prozessuale Tat abgeurteilt wurde (vgl. dazu z.B. BGH, Urt. v. 12.12.2013 – 3 StR 531/12; Beschl. v. 4.6.2019 – 5 StR 96/19.; Beschl. v. 2.2.2021 – 2 StR 302/19).

457 **c)** Häufiger beschäftigt die Praxis der Fall einer **fehlerhaften Gesamtstrafenbildung**; im neuen Gesamtstrafenbeschluss werden die Auflösung und der Wegfall des ursprünglichen Gesamtstrafenbeschlusses nicht erwähnt, mit der Folge, dass nunmehr zwei vollstreckbare, teilidentische Titel vorliegen. Die drohende erneute Vollstreckung ist durch die Berichtigung des letzten Beschlusses – analog einer solchen bei der Urteilsformel – zu verhindern.

458 **3. Amnestien** können auf die in einem Urteil festgesetzten Rechtsfolgen Einfluss haben und wirken sich auf rechtskräftig abgeschlossene Verfahren aus: Normen bewirken die Erledigung von Maßregeln und den (teilweisen) Erlass von Strafen. Es bestehen Mitteilungspflichten gem. § 14 BZRG. Die bekannteste und regelmäßig wiederkehrende Amnestie ist die **Weihnachtsamnestie** (→ *Gnade, Allgemeines*, Teil G Rdn 14), die eine vorzeitige Entlassung unter engen Voraussetzungen ermöglicht. Da diese voraussetzt, dass der eigentliche Entlassungstermin in ein gewisses Zeitfenster fällt, ist ihr schon beim Strafantritt gedanklich Beachtung zu schenken: (Erfolgreiche) Strafaufschubgesuche (→ *Erwachsene, Freiheitsstrafe ohne Bewährung, Strafaufschub/-unterbrechung*, Teil B Rdn 302) können hier eine vorzeitige Entlassung ermöglichen.

Zum Rechtsweg gegen die Versagung der Entlassung aufgrund einer Amnestie vgl. die Ausführungen in Teil G.

459 **4.** Personen, die **Immunität** genießen, sind im Wesentlichen die Mitglieder des Bundestages, des Europäischen Parlaments und der gesetzgebenden Körperschaften der Bundesländer. Art. 46 GG, die Landesverfassungen und die Nrn. 191 ff., 298 RiStBV treffen detaillierte Regelungen. Bundestagsabgeordnete dürfen nur mit der Genehmigung des Bundestages, die sich allerdings nicht auf die Vollstreckung verhängter Sanktionen erstreckt, strafrechtlich verfolgt werden. Hierzu bedarf es gem. Nr. 192 Abs. 1 RiStBV einer zusätzlichen Vollstreckungsgenehmigung, sofern freiheitsentziehende Maßnahmen vollstreckt werden sollen; dies gilt nicht bei der Vollstreckung von Geldsanktionen, Kosten, Nebenstrafen und Nebenfolgen.

460 Auch hier gilt gem. Nr. 191 Abs. 2 RiStBV der **Grundsatz** der **Diskontinuität**, mit der Folge, dass eine bereits begonnene, aber noch nicht beendete Vollstreckungsmaßnahme nach einer Neuwahl des Bundestages der Vollstreckungsgenehmigung des neuen Parlaments bedarf. Das Verfahren zur Erteilung der Vollstreckungsgenehmigung regelt Nr. 192 Abs. 2 und 3 RiStBV: Der Antrag ist auf dem offiziellen Dienstweg dem Präsidenten des Deutschen Bundestages zuzuleiten, der dann eine Entschließung des Deutschen Bundestages über die Erteilung der Vollstreckungsgenehmigung herbeiführt.

461 **5.a)** Auch die durch rechtskräftiges Urteil festgelegten Sanktionen unterliegen einer Verjährung, deren Fristablauf zu einem Vollstreckungshindernis führt. Die sog. **Vollstreckungsverjährung** ist gem. § 79 StGB an die Höhe der verhängten Sanktion gekoppelt. Sie beginnt mit der Rechtskraft der Entscheidung im Strafausspruch. Eine – früher geregelte – Unterbrechung ist nicht mehr vorgesehen.

462 Allerdings kann die Vollstreckungsverjährung **ruhen**, mit der Folge, dass der Ablauf der Verjährungsfrist gehemmt ist. **Wichtigste Fälle** dürften hier sein:

- die Durchführung einer Maßnahme nach **§ 35 BtMG** (LG Ellwangen NStZ-RR 1998, 274; → *BtM-Verfahren, Zurückstellung, Allgemeines*, Teil B Rdn 97 m.w.N.),
- die Gewährung von **Strafaufschub** oder Strafunterbrechung nach den §§ 455, 456 StPO (→ *Erwachsene, Freiheitsstrafe ohne Bewährung, Strafaufschub/-unterbrechung*, Teil B Rdn 306),
- die Einräumung von Zahlungserleichterungen nach § 459a StPO (→ *Erwachsene, Geldstrafen, Ersatzfreiheitsstrafe, Zahlungserleichterungen*, Teil B Rdn 417).

b) Einen **Sonderfall** enthält § **79b StGB** für solche Verurteilte, die sich in einem anderen Land aufhalten, aus dem eine **Überstellung** oder **Auslieferung nicht möglich** ist: Hier kann auf Antrag der Vollstreckungsbehörde das Gericht die Vollstreckungsverjährungsfrist einmal um die Hälfte verlängern; zuständig ist das nach § 462a StPO zuständige Gericht (OLG Hamm NStZ 1991, 186), dessen Beschluss mit der sofortigen Beschwerde angreifbar ist (§ 462 StPO). Inhaltlich ist im Rahmen einer Gesamtabwägung zu prüfen, ob weiterhin – über die normale Vollstreckungsverjährungsfrist hinaus – ein Interesse und Bedürfnis an der Vollstreckung der Sanktion besteht. 463

6. Der **Grundsatz** der **Spezialität** besagt, dass gegen ausgelieferte Personen Vollstreckungsmaßnahmen nur bezüglich solcher Straftaten zulässig sind, die sie vor ihrer Auslieferung begangen haben und auf die sich die Auslieferung bezieht. Anders als bei der Immunität liegt hier in der Auslieferung zum Zwecke der Strafverfolgung auch die Berechtigung zur nachfolgenden Strafvollstreckung in selber Sache. Regelungen enthalten Nr. 100 RiVaSt und § 11 IRG. 464

Ein bestehendes Vollstreckungshindernis steht der Vollstreckung **nicht mehr** entgegen, wenn 465

- die Schutzfrist (ein Monat bzw. 45 Tage) abgelaufen ist, oder
- dies ausdrücklich zugelassen ist, oder
- der ersuchte Staat zustimmt.

Die **Schutzfrist** wird nicht bereits durch die Außervollzugsetzung eines Haftbefehls in Gang gesetzt (BGH MDR 1980, 684), sondern erst durch eine endgültige – wenn ggfs. auch nur bedingte – Entlassung des Verurteilten. 466

7. Weitere Vollstreckungshindernisse, die an anderer Stelle abgehandelt werden, sind 467

- mangelnde Rechtskraft des Urteils/Widerrufsbeschlusses (Rdn 265),
- Gnadenmaßnahmen (→ *Gnade, Allgemeines*, Teil G Rdn 1 ff.),
- Strafaussetzung zur Bewährung,
- Strafausstand (Rdn 308 ff.) und
- (Teil-)Verbüßung der Strafe durch Anrechnung von Untersuchungs- und/oder Auslieferungshaft, §§ 450, 450a StPO (Rdn 323 ff.).

Siehe auch: → *Erwachsene, Vollstreckung, Allgemeines*, Teil B Rdn 432 m.w.N.

Fahrerlaubnis, Einziehung, Vollstreckung 468

Literaturhinweise: Zeitler, Auswirkungen des geänderten Straßenverkehrsrechts auf die Vollstreckung des Fahrerlaubnisentzuges, Rpfleger 2000, 486; s.a. die Hinw. bei → *Fahrerlaubnis, Entziehung, Allgemeines*, Teil A Rdn 445. 469

1. Nach § 69 Abs. 3 StGB **erlischt** die Fahrerlaubnis mit der **Rechtskraft** des **Urteils**. Ein von einer deutschen Behörde ausgestellter Führerschein muss nach Abs. 3 S. 2 im Urteil eingezogen werden. Für die Vollstreckung der Einziehung eines inländischen Führerscheins gelten § 459g StPO, § 56 Abs. 1 StVollstrO (dazu Rdn 471 ff.). Für eine ausländische Fahrerlaubnis gilt 56 Abs. 2 StVollstrO (s. Rdn 474 f.). 470

2.a) Nach § 459g Abs. 1 StPO wird der Führerschein, wenn er vom Verurteilten nicht freiwillig herausgegeben wird, nach § 459 Abs. 1 StPO **weggenommen**, es sei denn er befindet sich, z.B. aufgrund einer vorläufigen Entziehung der Fahrerlaubnis nach § 111a StPO bereits bei der Akte. Für die Vollstreckung gelten nach § 459g Abs. 1 S. 2 StPO die Vorschriften JustizBeitreibungsVO. 471

Der inländische Führerschein wird dann gem. § 56 Abs. 1 StVollstrO von der Vollstreckungsbehörde/StA der **Behörde übersandt**, die für die Erteilung der Fahrerlaubnis am Wohnsitz des Verurteilten zuständig ist. Hat dieser im räumlichen Geltungsbereich der StPO keinen Wohnsitz, so wird der Führerschein zu den Strafakten genommen. Ist der Führerschein von einer Dienststelle der Bundeswehr, des Bundesgrenzschutzes oder der Polizei ausgestellt worden, wird er der Stelle übersandt, die nach Nr. 45 Abs. 4 MiStra Nachricht erhält. 472

473 Bei der Übersendung des Führerscheins wird der Behörde, die für die Erteilung der Fahrerlaubnis zuständig ist, die **Dauer** der **Sperrfrist mitgeteilt** (→ *Fahrerlaubnis, Sperrfrist, Berechnung,* Teil A Rdn 481).

☝ Der Führerschein wird von der Behörde durch **Einschneiden** unbrauchbar gemacht.

474 **2.** Wurde eine **ausländische Fahrerlaubnis** entzogen, die von einer Behörde eines Mitgliedstaates der Europäischen Union oder eines anderen Vertragsstaates des Abkommens über den Europäischen Wirtschaftsraum erteilt worden ist, und hat die Inhaberin oder der Inhaber ihren oder seinen ordentlichen Wohnsitz im Inland, gilt § 56 Abs. 2 StVollStrO. Danach wird der Führerschein mit den nach der MiStra zu übermittelnden Daten dem Kraftfahrt-Bundesamt zur Weiterleitung an die ausstellende Behörde übersandt (§ 69b Abs. 2 S. 1 StGB) (OLG Stuttgart, Urt. v. 6.2.2012 – 6 Ss 605/11, DAR 2012, 221, 222).

475 Bei der Entziehung **sonstiger ausländischer Fahrerlaubnisse** werden die Entziehung und die Sperre im Führerschein vermerkt (§ 56 Abs. 2 S. 2 StVollStrO; § 69b Abs. 2 S. 2 StGB) (Tübinger Kommentar/*Kinzig*, § 69b Rn 6.

☝ Befindet der Führerschein sich noch nicht in behördlichem Gewahrsam, wird er gem. § 463 Abs. 2 StPO für die Eintragung des Vermerks beschlagnahmt, wenn der Verurteilte die Vorlage verweigert (→ *Fahrverbot, Vollstreckung,* Teil B Rdn 478).

Siehe auch: → *Fahrerlaubnis, Entziehung, Allgemeines,* Teil A Rdn 421 m.w.N.

476 Fahrverbot, Vollstreckung

Das Wichtigste in Kürze:

1. Das nach § 44 StGB verhängte Fahrverbot wird dadurch vollstreckt, dass der Führerschein während der Fahrverbotsdauer in amtliche Verwahrung genommen wird.
2. Rechtsgrundlage für die Anordnung der Beschlagnahme ist das rechtskräftige Urteil, in dem das Fahrverbot nach § 44 StGB angeordnet worden ist.
3. Im Verfahren kann ggf. vom Verurteilten eine eidesstaatliche Versicherung verlangt werden.
4. Für ausländische Fahrerlaubnisse gelten die Regelungen entsprechend.
5. Ein Vollstreckungsaufschub ist ausgeschlossen.

477 **Literaturhinweise: Zeitler**, Auswirkungen des geänderten Straßenverkehrsrechts auf die Vollstreckung des Fahrerlaubnisentzuges, Rpfleger 2000, 486; s.a. die Hinw. bei → *Fahrverbot, Allgemeines*, Teil A Rdn 518.

478 **1.** Der nach § 69 Abs. 3 S. 2 StGB eingezogene Führerschein wird dem Verurteilten nach § 459g Abs. 1 StPO weggenommen (→ *Fahrerlaubnis, Einziehung, Vollstreckung*, Teil A Rdn 148). Das nach § 44 StGB verhängte Fahrverbot wird dadurch vollstreckt, dass der Führerschein während der Fahrverbotsdauer in **amtliche Verwahrung** genommen wird (§ 44 Abs. 2 S. 2, 3 StGB). Wird der Führerschein dazu nicht freiwillig herausgegeben, ist er nach § 463b Abs. 1 StPO zu beschlagnahmen. **Zuständig** ist die **Vollstreckungsbehörde** (§ 451 StPO bzw. §§ 82 Abs. 1 S. 1, 110 Abs. 1 JGG). Funktionell zuständig ist gem. § 31 Abs. 2 S. 1 RPflG der Rechtspfleger.

479 **2. Rechtsgrundlage** für die Anordnung der **Beschlagnahme** ist das rechtskräftige Urteil, in dem das Fahrverbot nach § 44 StGB angeordnet worden ist (KK-*Appl*, § 463b Rn 1; *Schmitt/Köhler*, § 463b Rn 1). Dieses rechtfertigt aber nicht nur die Anordnung der Beschlagnahme, sondern die dazu zur praktischen Durchführung ggf. erforderlich **Durchsuchung** der Wohnung des Verurteilten (KK-*Appl*, a.a.O.; *Schmitt/Köhler*, a.a.O.; a.A. LR-*Graalmann-Scheerer*, § 463b Rn 1).

☝ Die Durchsuchung **fremder Wohnungen** wird hingegen als unverhältnismäßig/unzulässig angesehen (KK-*Appl*, a.a.O. unter Hinw. darauf, dass die Fahrverbotsfrist erst vom Tage der amtlichen Gewahrsamserlangung an läuft (→ *Fahrverbot, Fristberechnung*, Teil A Rdn 526).

3. Bei der Vollstreckung ist folgendes **Verfahren** zu beachten (vgl. a. KK-*Appl*, § 463b Rn 2, *Schmitt/Köhler*, § 463b Rn 2). 480

- Vor der Anordnung der Beschlagnahme **fordert** der Rechtspfleger der Vollstreckungsbehörde (§ 31 Abs. 2 S. 1 RPflG) den Verurteilten zur **Herausgabe auf.**
- Ggf. **belehrt** er ihn über den Beginn der Fahrverbotsfrist, sofern dies noch nicht nach § 268c StPO geschehen ist.
- Bleibt die Aufforderung erfolglos, ergeht die Anordnung der **Beschlagnahme**. Für die die gelten die §§ 94 ff., 98 StPO nicht.
- Mit der **Durchführung** der Maßnahme wird die **Polizei** beauftragt (KK-*Appl*, a.a.O.).
- Wird der Führerschein beim Verurteilten oder in seiner Wohnung nicht vorgefunden, kann gem. § 463b Abs. 3 S. 1 StPO, § 883 Abs. 2 ZPO eine **eidesstattliche Versicherung** des Verurteilten dahin verlangt werden, dass er den Führerschein nicht besitze und auch nicht wisse, wo er sich befinde.
- Der beschlagnahmte Führerschein wird nach **§ 59a Abs. 1 StVollstrO verwahrt.**

☝ Der Führerschein muss dem Verurteilten, wenn er ihn nicht abholt, nach § 59a Abs. 2 S. 1 StVollstrO so **rechtzeitig zurückgesandt** werden, dass er spätestens am letzten Tag der Verbotsfrist bei ihm eintrifft. Nach § 59a Abs. 2 S. 2 StVollstrO muss dem Verurteilten bei der Rückgabe mitgeteilt werden, zu welchem Zeitpunkt ein Fahrverbot endet.

4. Ausländische Führerscheine, deren Inhaber keinen ordentlichen Wohnsitz in der Bundesrepublik haben oder die nicht von einem EU- oder EWR-Staat ausgestellt wurden, dürfen nach § 463b Abs. 2 StPO zu dem Zweck beschlagnahmt werden, um in ihnen das Fahrverbot oder die Entziehung der Fahrerlaubnis und die Sperre zu vermerken (§§ 44 Abs. 2 S. 4, 69b Abs. 2 S. 2 StGB; Einzelheiten bei *Schmitt/Köhler*, § 463b Rn 3; KK-*Appl*, § 463b Rn 3). 481

5. Ein **Vollstreckungsaufschub** gem. § 456 StPO ist für das Fahrverbot nach § 44 StGB **ausgeschlossen** (*Schmitt/Köhler*, § 456 Rn 2 m.w.N.). Aufhebungen, Abkürzungen und Unterbrechungen des Fahrverbots können ggf. im **Gnadenwege** gewährt werden (Fromm NZV 2011, 329). 482

Siehe auch: → *Fahrverbot, Allgemeines*, Teil A Rdn 517 m.w.N.

Führungsaufsicht, Allgemeines 483

Das Wichtigste in Kürze:

1. Die Führungsaufsicht stellt eine Maßregel zur Besserung und Sicherung dar. Obwohl sie verfassungsrechtlich unbedenklich ist, war und ist ihre Ausgestaltung sowie praktische Wirksamkeit umstritten.
2. Der Führungsaufsicht kommt eine Doppelfunktion zu: Sie soll Tätern mit einer vielfach schlechten Sozialprognose einerseits eine Resozialisierungshilfe bieten, andererseits aber die Allgemeinheit vor deren erneuten Straffälligkeit schützen.
3. Im Unterschied zu den Bewährungsfällen nach § 56 StGB ist gem. § 68a StGB nicht nur die Bestellung eines Bewährungshelfers, sondern auch die Einschaltung einer Führungsaufsichtsstelle zwingend.

484 **Literaturhinweise:** **Baur/Groß**, Die Führungsaufsicht, JuS 2010, 404; **Beukelmann**, Elektronische Fußfessel, NJW-Spezial 2011, 632; **Brauneisen**, Die elektronische Überwachung des Aufenthaltsortes als neues Instrument der Führungsaufsicht, StV 2011, 311; **Bräuchle**, Die elektronische Aufenthaltsüberwachung im Rahmen der Führungsaufsicht. Eine Studie zur Rechtsdogmatik und Rechtswirklichkeit, 2016; **Bräuchle/Kinzig**, Rechtspolitische Perspektiven der elektronischen Aufenthaltsüberwachung, 2017; **Fiebrandt**, Führungsaufsicht kraft Gesetzes nach vollständiger Verbüßung von Jugendstrafe, ZJJ 2008, 278; **Groth**, Die verfassungsrechtliche Zulässigkeit der Pönalisierung während der Führungsaufsicht begangener Weisungsverstöße, NJW 1979, 743; **Herrmann**, Die Führungsaufsicht, StRR 2013, 408; **Kinzig**, Die elektronische Aufenthaltsüberwachung: verfassungsmäßig, aber unter Beobachtung NStZ 2021, 467; **Maier**, Zur Mindestdauer der Führungsaufsicht, NJW 1977, 371; **Mainz**, Vollstreckungsverjährung bei Führungsaufsicht, NStZ 1989, 61; **Nißl**, Die Führungsaufsicht 20 Jahre in der Kritik – hier eine Laudatio, NStZ 1995, 525; **Maltry**, Gerichtliche Weisungen im Rahmen der Führungsaufsicht beim Einsatz der elektronischen Aufenthaltsüberwachung, BewHi 2013, 117; **Peglau**, Das Gesetz zur Reform der Führungsaufsicht und zur Änderung der Vorschriften über die nachträgliche Sicherungsverwahrung, NJW 2007, 1558; **Pollähne**, Bestimmte Voraussetzungen der Strafbarkeit von Weisungsverstößen (§ 145a StGB), StV 2014, 161; *ders.*, Führungsaufsicht nach Vollverbüßung einer Jugendstrafe?, ZJJ 2008, 4; **Ruderich**, Führungsaufsicht. Die Entwicklung und Ausgestaltung des Instituts der Führungsaufsicht auch im Hinblick auf die einzelnen Bundesländer sowie die Darstellung und Bewertung der Übergangskonzepte zum Umgang mit rückfallgefährdeten Straftätern, Diss. Würzburg 2014; **Schmitz**, Gnadenbringende Weihnachtszeit … auch für sog. „Vollverbüßer"!, StV 2007, 608; **Schneider**, Die Reform der Führungsaufsicht, NStZ 2007, 441; **Schöch**, Bewährungshilfe und Führungsaufsicht in der Strafrechtspflege, NStZ 1992, 364; **Schüddekopf**, Zum Gesetz zur Reform der Führungsaufsicht vom 13.4.2007 (BGBl I, 513 ff.), StraFo 2008, 141; **Seifert/Möller-Mussavi**, Führungsaufsicht und Bewährungshilfe – Erfüllung gesetzlicher Aufgaben oder elementarer Bestandteil forensischer Nachsorge?, NStZ 2006, 131; **Simons**, Unterschreitung der Mindestdauer der Führungsaufsicht, NJW 1978, 984; **Sommerfeld**, Führungsaufsicht nach vollständiger Vollstreckung einer Einheitsjugendstrafe – Zugleich eine Besprechung von BVerfG, Beschl. v. 26.2.2008 – 2 BvR 2143/07 –, NStZ 2009, 247; **Weigelt**, Was kann eine reformierte Führungsaufsicht leisten?, ZRP 2006, 253; **Wolf**, Reform der Führungsaufsicht, Rpfleger 2007, 293; s.a. die Hinw. bei den nachstehenden weiterführenden Stichwörtern.

485 **1.** Das Institut der Führungsaufsicht ist entstehungsgeschichtlich (zur Entstehungsgeschichte s.a. MüKo-StGB/*Kretschmann*, Vor §§ 68 ff. Rn 4) als **Maßregel** der **Besserung** und **Sicherung** durch das 2. Strafrechtsreformgesetz vom 4.7.1969 (BGBl I 1969, S. 717) in das Strafgesetzbuch eingefügt worden; in Kraft trat sie indes erst im Jahr 1975. Sie ersetzte die bis dahin im Strafgesetzbuch enthaltene Polizeiaufsicht, die aber mit dieser nicht vergleichbar ist (vgl. Tübinger Kommentar/*Kinzig*, § 68 Rn 1).

486 Die Führungsaufsicht sollte auf die Wiedereingliederung von Entlassenen aus dem Straf- und Maßregelvollzug abzielen. Die Führungsaufsicht ist zwar **keinen verfassungsrechtlichen Bedenken** ausgesetzt (BVerfGE 55, 28, 29 = NStZ 1981, 21). Gleichwohl waren von Beginn an Sinn und Zweck sowie die Organisation dieses Instituts **umstritten** (eingehend zur rechtspolitischen Diskussion MüKo-StGB/*Kretschmann*, Vor §§ 68 ff. Rn 5; *Groth* NJW 1979, 743 ff.; *Nißl* NStZ 1995, 525 ff.; *Schöch* NStZ 1992, 364 ff.; *Weigelt* ZRP 2006, 253 ff.). Insbesondere in der Lit. wurde im Hinblick auf die zahlenmäßig größte Gruppe der nach Vollverbüßung aus dem Vollzug Entlassenen (§ 68f StGB) angesichts deren mangelnden Kooperation der praktische Nutzen der Führungsaufsicht in Frage gestellt oder gar gänzlich verneint, zumal die Bewährungshelfer derart überlastet seien, dass eine ausreichende Betreuung gerade dieses Probandenkreises nicht gewährleistet sei. Zudem wurde bemängelt, dass an der Durchführung der Führungsaufsicht zu viele Institutionen beteiligt seien, was komplizierte Abstimmungsverfahren nach sich ziehe (zur Kritik siehe auch *Schöch* NStZ 1992, 364, 371).

487 Trotz dieser monierten Unzulänglichkeiten ist das Recht der Führungsaufsicht erst durch das Gesetz zur **Reform** der **Führungsaufsicht** vom 13.4.2007 (BGBl I 2007, S. 513) umfassend überarbeitet worden (eingehend hierzu *Peglau* NJW 2007, 1558 ff.; *Schneider* NStZ 2007, 441 ff.; *Schüddekopf* StraFo 2008, 141 ff.; *Wolf* Rpfleger 2007, 293 ff.). Mit der Novellierung der Regelungen zur Führungsaufsicht sollte eine „effizientere praktische Handhabung" der Maßregel ermöglicht und zugleich ein „**Kriseninterventionsinstrumentarium**" geschaffen werden, mit dessen Hilfe kritischen Entwicklungen noch besser als bisher begegnet werden kann (BT-Drucks 16/1993, S. 1). Vor diesem Hintergrund wurden die rechtlichen Regeln vereinfacht und vereinheitlicht sowie die durch den Weisungskatalog des § 68b StGB bereits bestehenden Einwirkungsmöglichkeiten erweitert bzw. konkretisiert (*Schneider* NStZ 2007, 441 ff.;

Weigelt ZRP 2006, 253 ff.). Eine erneute Erweiterung erfuhr die Führungsaufsicht durch das Gesetz zur Neuordnung der Sicherungsverwahrung vom 22.12.2010 (BGBl I 2010, S. 2300), in Kraft seit dem 1.1.2011. Mit ihr wurde durch Ergänzung des gesetzlichen Weisungskatalogs um die Vorschrift des § 68b Abs. 1 S. 1 Nr. 12 StGB die Möglichkeit einer **elektronischen Aufenthaltsüberwachung** während der Dauer der Führungsaufsicht eingeführt. Zudem wurden in § 68e StGB die Beendigungsregeln für eine Führungsaufsicht, die infolge der Aussetzung einer freiheitsentziehenden Maßregel eingetreten war, geändert. Mit dem Dreiundfünfzigsten Gesetz zur Änderung des Strafgesetzbuches – Ausweitung des Maßregelrechts bei extremistischen Straftätern vom 11.6.2017 (BGBl I 2017, S. 1612) wurde die Maßregel für extremistische Straftäter erweitert. Hierbei wurde § 68b Abs. 1 S. 3 StGB geändert und § 68b Abs. 1 S. 5 StGB eingefügt.

2. Der vorrangige **Zweck** der Führungsaufsicht besteht darin, durch Maßnahmen der Betreuung und Überwachung eine erneute Straffälligkeit der verurteilten Person nach Entlassung zu vermeiden (BT-Drucks 17/3403, S. 13; *Herrmann* StRR 2013, 408). Da die Führungsaufsicht nur im Zusammenhang mit einer Freiheitsstrafe oder einer freiheitsentziehenden anderen Maßregel entstehen kann (MüKo StGB/*Groß/Kretschmann*, Vor §§ 68 ff. Rn 2), soll sie eine nachsorgende Betreuung von Tätern gewährleisten, deren gesellschaftliche Wiedereingliederung nach ihrer Entlassung aus dem Straf- oder Maßregelvollzug gefährdet erscheint und die daher im Besserungs- und Sicherungsinteresse in besonderem Maße kontrollierender Begleitung und Unterstützung bedürfen (BT-Drucks 16/1993, S. 1). Ihr kommt somit eine **Doppelfunktion** zu: Gefährliche oder gefährdete Täter sollen einerseits bei der Gestaltung ihres Lebens in der (wiedergewonnenen) Freiheit über gewisse Zeiträume **unterstützt** und **betreut** („Resozialisierung“) und andererseits zum Schutz der Allgemeinheit **überwacht** und **geführt** werden („Prävention“), um sie von künftig erwarteten Straftaten abzuhalten (KG, Beschl. v. 16.1.2019, 5 Ws 221/18; OLG Dresden NStZ 2010, 153, 154; Tübinger Kommentar/*Kinzig*, § 68 Rn 3; *Groth* NJW 1979, 743, 744). 488

3. Da es sich – im **Unterschied** zu den **Bewährungsfällen** nach § 56 StGB – regelmäßig um Täter mit ungünstiger Sozialprognose handelt, ist gem. § 68a StGB für die Dauer der Maßregel nicht nur die Bestellung eines **Bewährungshelfers**, sondern auch die Einschaltung einer **Führungsaufsichtsstelle** zwingend **erforderlich** (*Fischer*, § 68a Rn 2; MüKo-StGB/*Kretschmann*, Vor §§ 68 ff. Rn 3). Ein wesentlicher Unterschied zu den Weisungen nach § 56c StGB besteht – unter den Voraussetzungen des § 145a StGB – auch in der **Strafbewehrung** der in § 68b Abs. 1 StGB aufgeführten Weisungen im Fall ihrer Nichtbeachtung. Diese Strafbewehrung ist nicht nur als Sanktionsersatz dafür zu verstehen, dass die Möglichkeit zum Bewährungswiderruf – insbesondere in den Fällen des § 68f StGB – fehlt; sie ist vielmehr Ausdruck der Strenge der Maßregel und des besonderen Gewichts des Schutzauftrags der Führungsaufsicht (so MüKo-StGB/*Kretschmann*, Vor §§ 68 ff. Rn 3). 489

Siehe auch: → *Führungsaufsicht, Beendigung/Ruhen*, Teil B Rdn 491; → *Führungsaufsicht, Dauer*, Teil B Rdn 507; → *Führungsaufsicht, Eintritt*, Teil B Rdn 531; → *Führungsaufsicht, Jugendliche/Heranwachsende*, Teil B Rdn 558; → *Führungsaufsicht, Rechtsschutz*, Teil B Rdn 565; → *Führungsaufsicht, Strafbarkeit (§ 145a StGB)*, Teil B Rdn 582; → *Führungsaufsicht, Verfahren*, Teil B Rdn 600; → *Führungsaufsicht, Verfahrensbeteiligte*, Teil B Rdn 616; → *Führungsaufsicht, Weisungen*, Teil B Rdn 637; → *Allgemeine Gebührenfragen, Allgemeines*, Teil J Rdn 1 m.w.N.; → *Allgemeine Gebührenfragen, Besonderheiten, Pflichtverteidiger*, Teil J Rdn 4; → *Strafvollstreckung, Allgemeines*, Teil J Rdn 319 m.w.N.

490 **Führungsaufsicht, Beendigung/Ruhen**

Das Wichtigste in Kürze:

1. Nach § 68e Abs. 1 S. 1 StGB endet eine befristete, nicht nach Aussetzung einer Maßregel eingetretene Führungsaufsicht mit Beginn des Vollzuges einer freiheitsentziehenden Maßregel, mit Beginn des Vollzugs einer Freiheitsstrafe, neben der eine freiheitsentziehende Maßregel angeordnet ist, und mit Eintritt einer neuen Führungsaufsicht.
2. Aus § 68e Abs. 1 S. 2 StGB ergibt sich, dass in allen von S. 1 nicht umfassten Fällen die Führungsaufsicht während eines Freiheitsentzuges nur ruht und erst mit dessen Beendigung weiterläuft.
3. § 68e Abs. 1 S. 4 StGB eröffnet in solchen Fällen, in denen zu einer fortbestehenden unbefristeten Führungsaufsicht oder einer nach Aussetzung einer freiheitsentziehenden Maßregel eingetretenen Führungsaufsicht eine weitere (befristete oder unbefristete) Führungsaufsicht hinzutritt, regelmäßig die Möglichkeit, das Entfallen der neu hinzukommenden Führungsaufsicht anzuordnen.
4. Nach § 68e Abs. 2 S. 1 StGB hebt das Gericht bei günstiger Sozialprognose die Führungsaufsicht schon vor deren zeitlichen Ablauf auf, indes nicht vor Ablauf der gesetzlichen Mindestdauer von zwei Jahren.
5. § 68e Abs. 3 StGB erlegt dem Gericht von Amts wegen bestimmte Überprüfungspflichten hinsichtlich einer etwaigen Aufhebung der Führungsaufsicht auf.
6. Gegen Entscheidungen nach § 68e StGB ist die sofortige Beschwerde statthaft.

491 **Literaturhinweise:** **Baur/Groß**, Die Führungsaufsicht, JuS 2010, 404; **Herrmann**, Die Führungsaufsicht, StRR 2013, 408; **Mainz**, Vollstreckungsverjährung bei Führungsaufsicht, NStZ 1989, 61; **Nißl**, Die Führungsaufsicht 20 Jahre in der Kritik – hier eine Laudatio, NStZ 1995, 525; **Peglau**, Das Gesetz zur Reform der Führungsaufsicht und zur Änderung der Vorschriften über die nachträgliche Sicherungsverwahrung, NJW 2007, 1558; **Schneider**, Die Reform der Führungsaufsicht, NStZ 2007, 441; **Schöch**, Bewährungshilfe und Führungsaufsicht in der Strafrechtspflege, NStZ 1992, 364; **Schüddekopf**, Zum Gesetz zur Reform der Führungsaufsicht vom 13.4.2007 (BGBl I, 513 ff.), StraFo 2008, 141; **Weigelt**, Was kann eine reformierte Führungsaufsicht leisten?, ZRP 2006, 253; **Wolf**, Reform der Führungsaufsicht, Rpfleger 2007, 293; s.a. die Hinw. bei → *Führungsaufsicht, Allgemeines*, Teil B Rdn 483.

492 **1.a)** Die befristete Führungsaufsicht **endet** regelmäßig ohne Weiteres mit dem Ablauf der gesetzlichen (§ 68c Abs. 1 S. 1 StGB) bzw. gerichtlich ausdrücklich verkürzten (§ 68c Abs. 1 S. 2 StGB) Höchstdauer (*Fischer*, § 68e Rn 3). Schon vor Ablauf der Höchstdauer endet die Führungsaufsicht – soweit sie nicht unbefristet oder nach einer freiheitsentziehenden Maßregel gem. §§ 67b Abs. 2, 67c Abs. 1 S. 1, Abs. 2 S. 4, 67d Abs. 2 S. 3 StGB eingetreten ist – bei Eintritt eines in § 68e Abs. 1 S. 1 Nrn. 1 – 3 StGB geregelten Beendigungsereignissen.

493 **b) § 68e Abs. 1 S. 1 Nr. 1 StGB** regelt, dass eine **befristete Führungsaufsicht** mit Beginn des **Vollzuges** jeder **freiheitsentziehenden Maßregel**, mithin bei Unterbringung in einer Entziehungsanstalt nach § 64 StGB, in einem psychiatrischen Krankenhaus nach § 63 StGB oder in der Sicherungsverwahrung nach § 66 StGB, endet, auch wenn die Maßregel in einer anderen Sache verhängt worden ist, da es dann keiner Einwirkung auf den Verurteilten durch Maßnahmen der Führungsaufsicht bedarf (Tübinger Kommentar/*Kinzig*, § 68e Rn 4).

☝ Dies gilt aus Gründen der Rechtsklarheit **auch** bei einer zu **Unrecht angeordneten Unterbringung**, mithin bei einer sog. „Fehleinweisung von Anfang an“ (OLG Dresden NStZ-RR 2012, 191).

494 Diese Vorschrift soll für den Regelfall einer befristeten Führungsaufsicht eine unnötige **Doppelbetreuung** innerhalb der Strafvollzugsanstalt bzw. Maßregelvollzugsklinik sowie durch die Führungsaufsichtsstelle und den Bewährungshelfer **vermeiden** helfen (Tübinger Kommentar/*Kinzig*, § 68e Rn 1; *Fischer*, § 68e Rn 5; *Schneider* NStZ 2007, 441, 446). Bereits während des Vollzuges der Maßregel als eingriffs-

intensivere Maßnahme bedarf es einer weiteren Einwirkung auf den Betroffenen durch die Führungsaufsicht nicht mehr (MüKo-StGB/*Kretschmann*, § 68e Rn 5). Nach Entlassung des Untergebrachten aus der freiheitsentziehenden Maßregel tritt erneut Führungsaufsicht nach § 67d StGB ein; letztere besteht losgelöst von der bisherigen Führungsaufsicht, so dass sich deren Dauer unabhängig von der früher verhängten Führungsaufsicht bestimmt (Tübinger Kommentar/*Kinzig*, § 68e Rn 4).

☝ Lediglich eine Unterbringung im Rahmen der **Krisenintervention** gem. § 67h StGB stellt wegen ihres temporären Charakters keinen Vollzug i.S. des § 68e Abs. 1 S. 1 Nr. 1 StGB dar (MüKo-StGB/*Kretschmann*, § 68e Rn 5), zumal ansonsten mangels einschlägiger Bestimmungen in § 67h StGB nach deren Ende keine erneute Führungsaufsicht möglich wäre (LG Marburg NStZ-RR 2007, 356, 357).

c) Nach **§ 68e Abs. 1 S. 1 Nr. 2 StGB** endet eine **befristete Führungsaufsicht** außerdem mit Beginn des **Vollzugs** einer **Freiheitsstrafe**, neben der eine freiheitsentziehende Maßregel angeordnet ist. Hierbei handelt es sich insbesondere um Fälle des Vorwegvollzugs gem. § 67 Abs. 2 StGB, bei denen eine gleichzeitig mit einer angeordneten freiheitsentziehenden Maßregel verhängte Freiheitsstrafe oder ein Teil der Freiheitsstrafe vor der Maßregel vollstreckt wird. Um ebenfalls eine Doppelbetreuung innerhalb der Strafvollzugsanstalt und anschließend in der Maßregelvollzugsanstalt zu vermeiden, endet die Führungsaufsicht dann bereits mit Antritt der Freiheitsstrafe und nicht erst mit dem späteren Vollzug der Maßregel. Gleiches gilt mit dem Beginn einer Freiheitsstrafe, nach deren Vollzug Sicherungsverwahrung zu vollstrecken ist (*Fischer*, § 68e Rn 6). 495

d) Das Ziel, Doppelbetreuungen zu vermeiden, findet ebenfalls in **§ 68e Abs. 1 S. 1 Nr. 3 StGB** ihren Niederschlag. Danach endet eine **befristete Führungsaufsicht** mit **Eintritt** einer **neuen Führungsaufsicht**. Die Beendigung tritt kraft Gesetzes ein, so dass eine gerichtliche Entscheidung allenfalls deklaratorische Wirkung entfaltet (OLG Jena NStZ 2010, 217; *Fischer*, § 68e Rn 7). Die nach Vollverbüßung gesetzlich eintretende Führungsaufsicht gem. § 68f Abs. 1 StGB stellt gegenüber einer zuvor in gleicher Sache infolge eines Maßregelabbruchs eingetretenen Führungsaufsicht nach § 67d Abs. 5 S. 2 StGB gleichfalls eine „neue" Führungsaufsicht dar (BGH, Beschl. v. 16.5.2012 – 2 ARs 167/12, NStZ-RR 2013, 59; OLG Dresden NStZ-RR 2012, 159; ferner OLG Stuttgart NStZ-RR 2012, 61; siehe auch Tübinger Kommentar/*Kinzig*, § 68f Rn 7). Gem. § 68b Abs. 4 StGB hat das Gericht erteilte Weisungen aus der beendeten Führungsaufsicht zu berücksichtigen und ggf. in die neue Führungsaufsicht einzubeziehen. Bei gleichzeitig eintretenden Führungsaufsichten gilt diejenige Führungsaufsicht als „neu" i.S.d. § 68e Abs. 1 S. 1 Nr. 3 StGB, deren Eintrittsgrund zeitlich zuletzt zurückliegt; die übrigen Führungsaufsichten entfallen (OLG Nürnberg NStZ-RR 2008, 262, 263; Tübinger Kommentar/*Kinzig*, § 68e Rn 6). Die „neue" Führungsaufsicht – etwa im Rahmen einer Haftentlassung nach Anschlussvollstreckung – ist dann die wegen der letzten vollständigen Vollstreckung eintretende Führungsaufsicht (OLG Hamm NStZ-RR 2011, 64; OLG Jena NStZ-RR 2012, 325; ferner OLG Nürnberg NStZ-RR 2008, 262, 263; *Fischer*, § 68e Rn 7). Hierbei ist es grds. unbeachtlich, ob die neuerliche Führungsaufsicht kraft Gesetzes oder auf richterliche Anordnung eintritt (Tübinger Kommentar/*Kinzig*, § 68e Rn 6). Weisungen, die wegen der nicht eingetretenen Führungsaufsicht hätten erteilt werden können, können nach § 68b Abs. 4 StGB in der neu eingetretenen Führungsaufsicht berücksichtigt werden (OLG Nürnberg NStZ-RR 2008, 262, 263). 496

e) Die auf Abs. 1 S. 1 bezogene Regelung des **§ 68e Abs. 1 S. 3 StGB** verpflichtet das **Gericht** in Fällen ausgesetzter freiheitsentziehender Maßregeln **das Entfallen der Führungsaufsicht** zwecks Vermeidung unnötigen Verwaltungsaufwandes **anzuordnen**, wenn aus den in § 68e Abs. 1 S. 1 Nr. 1 bis 3 StGB angeordneten, neu hinzu getretenen Umständen eine ausreichende Überwachung gewährleistet ist (*Fischer*, § 68e Rn 8a). 497

f) Ein weiterer Fall der **vorzeitigen Beendigung** der (befristeten) Führungsaufsicht ist in **§ 68g Abs. 3 S. 1 StGB** geregelt, wonach eine wegen derselben Tat angeordnete Führungsaufsicht mit Erlass einer Strafe oder Erledigung des Berufsverbots entfällt (MüKo-StGB/*Kretschmann*, § 68e Rn 8). 498

☝ Die Führungsaufsicht **endet** mit dem Erlass der in dieser Sache zur Bewährung ausgesetzten (restlichen) Strafe auch dann, wenn in einer anderen Sache noch eine Bewährungsfrist läuft; dies gilt auch für eine kraft Gesetzes eingetretene Führungsaufsicht (OLG Oldenburg NStZ-RR 2009, 260, 261).

499 **g)** Weitere **Beendigungsgründe** der befristeten Führungsaufsicht ergeben sich schließlich aus dem **Widerruf** der Aussetzung einer Unterbringung (§ 67g Abs. 1 bis Abs. 3 StGB) sowie der **Verjährung** (§ 79 Abs. 4 S. 2 StGB) (zu Letzterem *Mainz* NStZ 1989, 61 f.).

500 **2.** Aus **§ 68e Abs. 1 S. 2 StGB** ergibt sich, dass in allen von S. 1 nicht umfassten Fällen die Führungsaufsicht während eines Freiheitsentzuges **nur ruht** und erst mit dessen Beendigung weiterläuft. Dies dient ebenfalls der Vermeidung von Doppelbetreuungen, indem klargestellt wird, dass eine Betreuung durch Führungsaufsichtsstelle und Bewährungshelfer während des Vollzuges regelmäßig unterbleibt (*Fischer*, § 68e Rn 8), was jedoch die Bewährungshilfe insbesondere bei der Vollstreckung kürzerer Freiheitsstrafen nicht daran hindern soll, schon während des Strafvollzuges den Verurteilten entlassungsvorbereitend zu betreuen (BT-Drucks 16/1993, S. 22; Tübinger Kommentar/*Kinzig*, § 68e Rn 7; ferner MüKo-StGB/*Kretschmann*, § 68e Rn 19), um einen bereits langwierig aufgebauten, nunmehr guten Kontakt zwischen dem Verurteilten und dem Bewährungshelfer nicht zu gefährden. Angesichts des Zwecks, die Führungsaufsicht so lange zu suspendieren, bis sie sich als ambulante Behandlung sinnvoll durchführen lässt (KG NStZ 2006, 580, 581), erfasst § 68e Abs. 1 S. 2 StGB sämtliche Fälle unbefristeter Führungsaufsicht und Fälle, in denen Führungsaufsicht nach § 68f StGB eintritt, jedoch eine weitere Freiheitsstrafe während einer laufenden Führungsaufsicht vollstreckt wird, sowie Führungsaufsichtsfälle nach Vollzug einer Maßregel (Tübinger Kommentar/*Kinzig*, § 68e Rn 7; ferner MüKo-StGB/*Kretschmann*, § 68e Rn 9).

501 **3. § 68e Abs. 1 S. 4 StGB** eröffnet in solchen Fällen, in denen zu einer fortbestehenden unbefristeten Führungsaufsicht oder einer nach Aussetzung einer freiheitsentziehenden Maßregel eingetretenen Führungsaufsicht eine weitere (befristete oder unbefristete) Führungsaufsicht hinzutritt, regelmäßig die Möglichkeit, das **Entfallen** der neu hinzukommenden Führungsaufsicht **anzuordnen**, wenn es dieser nicht bedarf. Ausweislich des Gesetzeswortlauts wird das Gericht vor der Anordnung des Wegfalls den Bedarf der neuen Maßregel zu prüfen haben (MüKo-StGB/*Kretschmann*, § 68e Rn 11). Dabei wird es darauf ankommen, ob sämtlichen absehbaren Gefahren der weiteren Begehung von Straftaten durch den Verurteilten allein durch die bestehende Führungsaufsicht begegnet werden kann. Sollte dies nicht der Fall sein, ist die neue Führungsaufsicht notwendig und kann damit nicht entfallen.

502 **4.a)** Nach **§ 68e Abs. 2 S. 1 StGB hebt** das Gericht bei günstiger Sozialprognose die Führungsaufsicht schon **vor** deren **zeitlichen Ablauf auf**. Die Aufhebung ist unter den Voraussetzungen des Absatzes 2 zwingend (BeckOK-StGB/*Heuchemer/Kett-Straub*, § 68e Rn 9); ein Ermessen besteht insoweit nicht (Tübinger Kommentar/*Kinzig*, § 68e Rn 13). So muss die Maßregel der befristeten – aber auch der unbefristeten (§ 68e Abs. 3 S. 1 StGB a.E.) – Führungsaufsicht unverzüglich aufgehoben werden, wenn nachträglich Umstände eintreten, die mit hoher Wahrscheinlichkeit erwarten lassen, dass der Verurteilte auch ohne die Führungsaufsicht keine Straftaten mehr begehen wird (*Fischer*, § 68e Rn 9; BeckOK-StGB/*Heuchemer/Kett-Straub*, § 68e Rn 9ff; MüKo-StGB/Kretschmann, § 68e Rn 12). Diese günstige Prognose kann ihre Ursache zum einen in der Person des Verurteilten selbst (etwa schwere, nicht nur vorübergehende Erkrankung etc.) als auch in dessen geänderten persönlichen Umfeld und Lebensbedingungen haben (Tübinger Kommentar/*Kinzig*, § 68e Rn 12). Erforderlich ist ein hohes Maß an Wahrscheinlichkeit. Nicht nur völlig unbedeutende Zweifel gehen grds. zulasten des Untergebrachten. Dies gilt insbesondere dann, wenn nicht nur Bagatellstraftaten zu befürchten sind. Vielmehr wachsen mit steigender Erheblichkeit der befürchteten Straftaten die Anforderungen an die Prognosesicherheit (OLG Nürnberg, Beschl. v. 18.3.2022 – Ws 101/22). Die pauschale Annahme, dass die Führungsaufsicht, die allgemein üblichen und bei fast jedem Menschen vorhandenen Kriminalitätsrisiken noch weiter senken könne, steht ihrer Aufhebung jedoch nicht entgegen (Tübinger Kommentar/*Kinzig*, § 68e Rn 12). Da die Maßregel der Führungsaufsicht nicht allein die Unterstützung des Verurteilten bei der sozialen Eingliederung, sondern

auch dessen Überwachung bezwecken soll, wird eine die Aufhebung der Führungsaufsicht rechtfertigende Prognose dann nicht abgegeben werden können, wenn feststeht, dass der Verurteilte sich durch die Führungsaufsicht nicht davon abhalten lassen wird, weitere Straftaten zu begehen (einschränkend im Hinblick auf den Begriff der „Straftat“ MüKo-StGB/*Kretschmann*, § 68e Rn 14). Insofern kommt auch bei Aussichtslosigkeit dieser Maßregel nicht deren Aufhebung in Betracht (BeckOK-StGB/*Heuchemer/Kett-Straub*, § 68e Rn 10; MüKo-StGB/*Kretschmann*, § 68e Rn 13). Nach dem eindeutigen Wortlaut des § 68e Abs. 2 StGB kann nur die Zweckerreichung, nicht aber die Zweckverfehlung der Führungsaufsicht deren Aufhebung begründen (OLG Nürnberg, Beschl. v. 18.3.2022 – Ws 101/22).

☝ Der Grundsatz in **dubio pro reo** kommt in diesem Zusammenhang – wie auch bei der Strafaussetzung zur Bewährung – **nicht** zum Tragen (MüKo-StGB/*Kretschmann*, § 68e Rn 15).

b) Durch die Regelung in **§ 68e Abs. 2 S. 2 StGB** wird klargestellt, dass eine Aufhebung der Führungsaufsicht **nicht vor Ablauf** der **gesetzlichen Mindestdauer** von zwei Jahren nach § 68c Abs. 1 StGB möglich ist. Die Zweijahressperre gilt sowohl für die Fälle der **gerichtlich angeordneten** wie auch für jene der **gesetzlich eingetretenen** Führungsaufsicht, zumal die gegenteilige Auffassung im Gesetzeswortlaut keine Stütze findet. Zwar kann die starre Mindestfristregelung in Einzelfällen dazu führen, dass auch ein nicht (mehr) gefährlicher Straftäter unter Führungsaufsicht steht (BeckOK-StGB/*Heuchemer/Kett-Straub*, § 68e Rn 11); dies ist jedoch hinzunehmen (MüKo-StGB/*Kretschmann*, § 68e Rn 16; Tübinger Kommentar/*Kinzig*, § 68e Rn 13). Insofern kann dem Grundsatz der Verhältnismäßigkeit dadurch Rechnung getragen werden, dass das Gericht bei der Ausgestaltung der Führungsaufsicht äußerste Zurückhaltung übt und etwa von der Erteilung von Weisungen absieht (MüKo-StGB/*Kretschmann*, § 68e Rn 16; Tübinger Kommentar/*Kinzig*, § 68e Rn 13). **503**

c) Nach **§ 68e Abs. 2 S. 3 StGB** kann das Gericht zugleich mit seiner ablehnenden Entscheidung über den Antrag, die Führungsaufsicht vorzeitig abzukürzen, eine **Frist von** max. **sechs Monaten festsetzen**, vor deren Ablauf ein erneuter **Antrag** auf Aufhebung **unzulässig** ist. Die Sperrfrist dient der Vermeidung des Missbrauchs des Antragsrechts und des damit einhergehenden Verwaltungsaufwands. Zudem erscheint eine wesentliche Veränderung der Prognose binnen kurzer Zeit eher unwahrscheinlich (*Fischer*, § 68e Rn 9). Ein während der Sperrfrist gestellter Antrag ist zwar unzulässig; eine Heilung dieses Mangels ist gleichwohl durch das Verstreichen der Frist während des gerichtlichen Verfahrens bis zur Sachentscheidung möglich (Tübinger Kommentar/*Kinzig*, § 68e Rn 15). Antragsberechtigt sind der Verurteilte und die Staatsanwaltschaft (MüKo-StGB/*Kretschmann*, § 68e Rn 20). **504**

5. § 68e Abs. 3 StGB ergänzt die Regelungen des § 68c Abs. 2 und 3 StGB dergestalt, als diese Vorschrift dem Gericht von Amts wegen bestimmte **Überprüfungspflichten** hinsichtlich einer etwaigen Aufhebung der **unbefristeten Führungsaufsicht** auferlegt. Nach § 68e Abs. 3 S. 1 Nr. 1 StGB hat das Gericht bei einer von vornherein unbefristet angeordneten Führungsaufsicht im Sinne von § 68c Abs. 2 StGB **spätestens** nach Ablauf der Höchstfrist der zeitigen Führungsaufsicht, also nach **fünf Jahren**, zu prüfen, ob eine günstige Sozialprognose eine Aufhebung rechtfertigt. In den von § 68e Abs. 3 S. 1 Nr. 2 StGB erfassten Fälle, in denen eine nach § 68c Abs. 3 StGB zunächst befristete Führungsaufsicht nachträglich unbefristet verlängert wurde, beträgt die Frist für die (erstmalige) gerichtliche Überprüfung **höchstens zwei Jahren** nach dem Zeitpunkt der Verlängerung. Im Fall einer Ablehnung der Aufhebung bestimmt § 68e Abs. 3 S. 2 StGB für beide Fälle des Absatzes 3 einheitlich eine erneute Überprüfung innerhalb der nächsten zwei Jahre. Eine Mindestfrist besteht zwar nicht (*Fischer*, § 68e Rn 12); gleichwohl wird § 68e Abs. 2 S. 3 StGB entsprechend heranzuziehen sein (Tübinger Kommentar/*Kinzig*, § 68e Rn 16). Obwohl das Gesetz weitergehend keine regelmäßige Prüfungspflichten vorsieht, hat sich das Gericht aus Gründen der Verhältnismäßigkeit unabhängig von den jeweiligen Höchstfristen grds. ständig zu vergewissern, ob Aufhebungsreife eingetreten ist (*Fischer*, § 68e Rn 12; MüKo-StGB/*Kretschmann*, § 68e Rn 23 [„nobile officium“]). Auf diese Weise wird eine engmaschige Überprüfung von bereits über die Höchstfrist des § 68c Abs. 1 S. 1 StGB hinaus andauernden Führungsaufsichten gewährleistet. Aufhebungsanträge vor **505**

Ablauf der in Abs. 3 S. 1 genannten Höchstfristen dürften indes unzulässig sein (*Fischer*, § 68e Rn 12; a.A. Tübinger Kommentar/*Kinzig*, § 68e Rn 16).

506 **6.** Gegen Entscheidungen nach § 68e StGB ist gemäß §§ 463 Abs. 3 S. 1, 454 Abs. 3 S. 1 StPO die **sofortige Beschwerde** statthaft.

Siehe auch: → *Führungsaufsicht, Allgemeines*, Teil B Rdn 483.

507 Führungsaufsicht, Dauer

Das Wichtigste in Kürze:

1. Nach § 68c Abs. 1 S. 1 StGB dauert die Führungsaufsicht grds. höchstens fünf Jahre.
2. Das Gericht kann nach § 68c Abs. 1 S. 2 StGB diese Höchstdauer bis zur Mindestdauer von zwei Jahren abkürzen.
3. Bei gemeingefährlichen Tätern kann gem. § 68c Abs. 2 StGB die unbefristete Führungsaufsicht angeordnet werden.
4. § 68c Abs. 3 StGB gibt dem Gericht die Möglichkeit der Verlängerung der Führungsaufsicht über die Höchstdauer hinaus, wenn andernfalls der Therapieerfolg sowie der Schutz der Allgemeinheit vor Gewalt- und Sexualdelikten gefährdet wäre.
5. In § 68c Abs. 4 StGB werden der Beginn der Führungsaufsicht und die Nichtanrechnung von Zeiten, in denen die verurteilte Person flüchtig ist, sich verborgen hält oder auf behördliche Anordnung in einer Anstalt verwahrt wird, geregelt.
6. Gegen Entscheidungen nach § 68c StGB ist die Beschwerde statthaft.

508 **Literaturhinweise:** S.a. die Hinw. bei → *Führungsaufsicht, Allgemeines*, Teil B Rdn 484.

509 **1.** Nach **§ 68c Abs. 1 S. 1 StGB** ist der **zeitliche Rahmen** sowohl bei richterlich angeordneter wie bei gesetzlich eintretender Führungsaufsicht (OLG Düsseldorf NStZ 1995, 34) grds. auf eine Zeitspanne zwischen **zwei** und **fünf Jahren** begrenzt. Im Gegensatz zur Regelung in § 56a StGB ist allerdings das Gericht wegen der Formulierung in § 68c Abs. 1 S. 2 StGB („kann die Höchstdauer abkürzen") im Normalfall nicht gehalten, von vornherein die Dauer der Führungsaufsicht festzusetzen. Denn die **Höchstdauer** von fünf Jahren stellt – vorbehaltlich vorzeitiger Aufhebungen und früherer Beendigungen gem. § 68e Abs. 1, Abs. 3 StGB oder § 68g Abs. 3 StGB – den gesetzlich bestimmten **Regelzeitraum** dar (Tübinger Kommentar/*Kinzig*, StGB § 68c Rn 1).

510 Die Höchstdauer kann sich **verlängern**, wenn die Führungsaufsicht nach § 68g Abs. 1 S. 2 StGB mit einer länger dauernden Bewährungszeit einhergeht. Eine (faktische) Verlängerung der Führungsaufsichtszeit über die Höchstdauer hinaus ergibt sich ferner dadurch, dass in die Fünfjahresfrist gem. § 68c Abs. 4 S. 2 StGB nicht diejenigen Zeiten eingerechnet werden, in denen die verurteilte Person flüchtig ist, sich verborgen hält oder auf behördlicher Anordnung in einer Anstalt verwahrt ist.

☝ **Außer Betracht** bleibt ebenso die Zeitspanne während des **Ruhens** der Führungsaufsicht gem. § 68g Abs. 2 StGB.

511 **2.** Das Gericht kann nach **§ 68c Abs. 1 S. 2 StGB** diese **Höchstdauer** durch einen Beschluss nach § 268a Abs. 2 StPO bis zur Mindestdauer von **zwei Jahren** bereits bei der Anordnung der Führungsaufsicht oder nachträglich über § 68d StGB **abkürzen**. Die Mindestgrenze von zwei Jahren darf jedoch grds. nicht unterschritten werden, es sei denn, die zur Bewährung ausgesetzte Strafe wird erlassen (BeckOK-StGB/*Heuchemer/Kett-Straub*, § 68c Rn 5). Ob regelmäßig Zurückhaltung bei der insoweit in das **Ermessen des Gerichts** gestellten Fristabkürzung schon bei Beginn der Maßregel geboten ist und eine solche grds.

einer Nachtragsentscheidung nach § 68d StGB überlassen bleiben soll (so etwa OLG Koblenz NStZ 2000, 92; OLG Nürnberg, Beschl. v. 10.2.2022 – Ws 73/22), ist umstritten (Tübinger Kommentar/*Kinzig*, § 68c Rn 1; *Fischer*, § 68c Rn 3). Jedoch gebietet es der **Verhältnismäßigkeitsgrundsatz** immer dort von der gesetzlichen Regeldauer von fünf Jahren abzuweichen, wo sie jedenfalls erkennbar nicht angebracht (MüKo-StGB/*Kretschmann*, § 68c Rn 4) oder von vornherein verfehlt erscheint (OLG Dresden NStZ 2008, 572; Tübinger Kommentar/*Kinzig*, § 68c Rn 1). Möglich ist daneben eine bis zur Mindestfrist reichende Verkürzung der Dauer entweder durch eine nachträgliche Entscheidung nach § 68d StGB oder durch Aufhebung der Führungsaufsicht nach § 68e Abs. 2 StGB (Tübinger Kommentar/*Kinzig*, § 68c Rn 1). Liegt kein Fall gerichtlicher Fristbestimmung nach § 68c Abs. 1 S. 2 StGB oder § 68d StGB vor, so hat die Vollstreckungsbehörde nach § 451 StPO über das gesetzliche Fristende zu befinden; eine Entscheidung nach § 458 StPO ist unzulässig (OLG Düsseldorf, NStZ-RR 1997, 220; *Fischer*, § 68c Rn 3; BeckOK-StGB/*Heuchemer/Kett-Straub*, § 68c Rn 5.2). Die Bindung an die Mindestfrist entfällt, wenn die Anordnung nach § 68f Abs. 2 StGB zunächst versehentlich unterblieben ist, später aber nachgeholt wird (Tübinger Kommentar/*Kinzig*, § 68c Rn 1).

☝ Eine nachträgliche Verlängerung der nach § 68c Abs. 1 S. 2 StGB abgekürzten Führungsaufsicht kommt nur bis zum Ablauf der zunächst verkürzten Frist in Betracht. Danach ist die Führungsaufsicht ohne weiteres beendet. Eine bereits beendete Führungsaufsicht kann nicht mehr verlängert werden (OLG Hamm NStZ-RR 2014, 245; OLG Rostock StV 2012, 425; BeckOK-StGB/*Heuchemer/Kett-Straub*, § 68c Rn 5.3).

Die Frage der **Dauer** entscheidet sich danach, in welchem Umfang die Einwirkung auf den Verurteilten **512**
erforderlich und angemessen ist, um dem Maßregelzweck zu genügen. Maßgeblich ist deshalb allein die Prognose anhand der **Gefährlichkeit** der verurteilten Person sowie der Dauer und **Erforderlichkeit** der **Resozialisierung** (Tübinger Kommentar /*Kinzig*, § 68c Rn 1). Unrechtsbezogene Kriterien wie Art und Schwere der Straftat oder die Strafhöhe können deshalb nur insoweit Einfluss auf die Fristbestimmung haben, als sie begründete Tatsachen für die Gefährlichkeit des Verurteilten liefern; andererseits kann eine Verkürzung der Führungsaufsichtsdauer angesichts der geringen Strafhöhe aus Gründen der Verhältnismäßigkeit geboten sein (Tübinger Kommentar/*Kinzig*, § 68c Rn 1).

3.a) Mit dem am 26.1.1998 in Kraft getretene „Gesetz zur Bekämpfung von Sexualdelikten und anderen **513**
gefährlichen Straftaten“ (BGBl I S. 160) wurde die **unbefristete Führungsaufsicht** gem. **§ 68c Abs. 2 StGB** eingeführt und durch das Gesetz zur Reform der Führungsaufsicht und zur Änderung der Vorschriften über die nachträgliche Sicherungsverwahrung vom 13.4.2007 (BGBl I S. 513) auf Verstöße gegen eine Therapieweisung erweitert. Diese Regelung verfolgt den kriminalpolitischen Zweck, gefährliche Straftäter auch außerhalb des Maßregelvollzugs dazu zu veranlassen, sich einer Heilbehandlung zu unterziehen (*Schöch* NJW 1998, 1257, 1260; BeckOK-StGB/*Heuchemer/Kett-Straub*, § 68c Rn 7; kritisch *Fischer*, § 68c Rn 7 [„Zwangstherapie“]).

Mit ihr ist die Möglichkeit geschaffen worden, die **Höchstdauer** von fünf Jahren für eine **unbefristete** **514**
Dauer zu **überschreiten**, wenn die verurteilte Person

- in eine Weisung gem. § 56c Abs. 3 Nr. 1 StGB nicht einwilligt (Nr. 1; Rdn 515 f.) **oder**
- einer Weisung, sich einer Heilbehandlung oder Entziehungskur zu unterziehen, oder einer Therapieweisung gem. § 68b Abs. 2 S. 2 StGB nicht nachkommt (Nr. 2, Rdn 517) **und**
- die Befürchtung besteht, dass die Allgemeinheit durch die Begehung weiterer erheblicher Straftaten gefährdet wird (Rdn 518).

b)aa) Im Rahmen des **§ 68c Abs. 2 Nr. 1 StGB** handelt es sich ausschließlich um Weisungen, die nach **515**
§ 68b Abs. 2 StGB ergehen und unter dem **Einwilligungsvorbehalt** des § 56c Abs. 3 StGB stehen (MüKo-StGB/*Kretschmann*, § 68c Rn 9). Dementsprechend ist die Anordnung der unbefristeten Führungsaufsicht zunächst in den Fällen möglich, in denen der Verurteilte einer mit **körperlichen Eingriffen**

verbundenen Heilbehandlung oder einer Entziehungskur, nicht zustimmt (*Fischer*, § 68c Rn 5). Da insoweit eine Einwilligung nicht erzwingbar ist und ohne diese auch keine Weisung nach § 56c Abs. 3 Nr. 1 StGB erteilt werden darf (BeckOK-StGB/*Heuchemer/Kett-Straub*, § 68c Rn 8), wird auf diese Weise „Druck“ auf den Verurteilten ausgeübt, die Zustimmung letztlich doch zu erklären, um tatsächlich eine Heilbehandlung, eine Entziehungskur oder eine Therapie durchführen zu können. Die Vorschrift ist aber dahingehend **einschränkend auszulegen**, dass die Anordnung nur erfolgen darf, wenn die Versagung ohne triftigen Grund erfolgt. Verweigert der Verurteilte sie aus nachvollziehbaren Gründen, wie z.B. aus Angst vor Schmerzen oder wahrscheinlichen Nebenwirkungen, so darf die Anordnung nicht erfolgen (MüKo-StGB/*Kretschmann*, § 68c Rn 9).

516 Für das **Fehlen** der **Einwilligung** i.S. dieser Regelung kommt es auf den Zeitpunkt der Anordnung nach § 68c Abs. 2 StGB an. Sofern die verurteilte Person die **Einwilligung nachträglich** erklärt, ist gem. **§ 68c Abs. 2 S. 2 StGB** anstelle der unbefristeten Führungsaufsicht eine solche von bestimmter Dauer vom Gericht konkret festzusetzen. Diese Dauer muss sich regelmäßig an die in § 68c Abs. 1 S. 1 StGB genannten Zeiten halten, da kein Unterschied zwischen einer sofort erteilten und einer nachträglichen Einwilligung besteht (Tübinger Kommentar/*Kinzig*, § 68c Rn 3a). Für die Höchstdauer gilt § 68c Abs. 1 StGB mit der Maßgabe, dass die bis zur Einwilligung abgelaufene Zeit nicht zu berücksichtigen ist, weil sonst einer wegen § 68c Abs. 2 Nr. 1 StGB unbefristet unterstellten Person die Möglichkeit eröffnet würde, durch die bloße nachträgliche und nicht ernst gemeinte Erklärung einer Einwilligung die Führungsaufsicht sofort zu beenden (so auch Tübinger Kommentar/*Kinzig*, § 68c Rn 3a; *Fischer*, § 68c Rn 10; MüKo-StGB/*Kretschmann*, § 68c Rn 18). Kommt die verurteilte Person der Weisung nach erfolgter nachträglicher Einwilligung und ihr folgender Festsetzung einer bestimmten Dauer nunmehr erneut nicht nach oder bricht sie die Heilbehandlung, die Entziehungskur oder Therapieweisung vorzeitig ab, kann das Gericht (erneut) unbefristete Führungsaufsicht – diesmal allerdings nach § 68c Abs. 2 Nr. 2 StGB – anordnen (Tübinger Kommentar/*Kinzig*, § 68c Rn 3a).

517 **bb)** Aufgrund des insoweit eindeutigen Wortlauts in **§ 68c Abs. 2 Nr. 2 StGB** genügt hinsichtlich der Nichtbefolgung einer Weisung in Abgrenzung zur ersten tatbestandlichen Variante auch eine Heilbehandlung **ohne** einen **körperlichen Eingriff**, für die es **keiner Einwilligung** bedarf. Der Verstoß gegen diese Weisung, sich einer Heilbehandlung bzw. Entziehungskur zu unterziehen oder einer Therapieweisung nachzukommen, muss indes – als ungeschriebenes Merkmal – **schuldhaft und ohne triftigen Grund** sein, indem der Verurteilte einer insoweit nach § 56c Abs. 3 StGB zulässig erteilten Weisung nicht nachkommt (Tübinger Kommentar/*Kinzig*, § 68c Rn 3; SK-StGB/*Sinn*, § 68c Rn 4; MüKo-StGB/*Kretschmann*, § 68c Rn 10).

> ☝ Wie zu verfahren ist, wenn der Verurteilte einer Weisung gem. § **68c** Abs. 2 Nr. 2 StGB zunächst nicht nachgekommen ist, dieser aber **nachträglich** nachkommt, ist nicht ausdrücklich geregelt. Hier dürfte aber S. 2 entsprechend anzuwenden sein (Fischer, § 68c Rn 10; MüKo-StGB/*Kretschmann*, § 68c Rn 19), da dann die unbefristete Aufsicht nicht mehr gerechtfertigt ist.

518 **c)** Aus Gründen der Verhältnismäßigkeit ist weitere Voraussetzung für die Verhängung einer unbefristeten Führungsaufsicht ein **qualifiziertes Rückfallrisiko**. Nach dem Zweck dieser Vorschrift wird in der Weise ein Ursachenzusammenhang zu verlangen sein, dass gerade die Weigerungshaltung des Betroffenen gem. § 68c Abs. 2 S. 1 Nr. 1 oder Nr. 2 StGB die Erwartung begründet, dass er weitere erhebliche Straftaten begehen und hierdurch die Allgemeinheit gefährden wird (Tübinger Kommentar/*Kinzig*, § 68c Rn 3). Die Erfolgsaussichten der angeordneten Therapie vermögen hierbei allerdings nur im Rahmen der Ermessensausübung von Relevanz sein. Die Begrifflichkeit einer **„Gefahr“** zu befürchtender Straftaten ist zwar aus Gründen der Rechtssicherheit derjenigen in **§ 68 Abs. 1 StGB** gleichzusetzen. Gleichwohl dürften die **Anforderungen** an die Anordnung unbefristeter Führungsaufsicht aus Gründen der Verhältnismäßigkeit **strenger** sein (*Fischer*, § 68c Rn 8), zumal die zu erwarten-

den Straftaten „erheblich" sein müssen, worunter **Delikte** im Bereich **mindestens mittlerer Qualität** zu verstehen sein dürften (MüKo-StGB/*Kretschmann*, § 68c Rn 14 m.w.N.).

d) Die **Entscheidung** über die Unbefristung der Führungsaufsicht steht im **pflichtgemäßen Ermessen** des Gerichts („kann"), wobei im Hinblick auf die Schwere des grundrechtsrelevanten Eingriffs eine restriktive Anwendung dieser Vorschrift geboten ist. Die Prognoseentscheidung ist **individuell** zu **begründen**; alle hierzu relevanten Tatsachen sind festzustellen (Tübinger Kommentar/***Kinzig***, § 68c Rn 3g). Das Gericht muss seine diesbezüglichen Feststellungen auf eine von ihm hinreichend ermittelte Tatsachengrundlage stützen (OLG Nürnberg, Beschl. v. 11.1.2019 – 2 Ws 855/18). Ein pauschaler Hinweis auf das „strafrechtliches Vorleben" der verurteilten Person reicht insoweit nicht aus (OLG Dresden NStZ-RR 2010, 126). Entsprechendes gilt auch bei der Verlängerung der Führungsaufsicht nach § 68c Abs. 3 StGB. 519

☝ Um bei der unbefristeten Führungsaufsicht nach § 68c Abs. 2 StGB – wie auch in den Fällen des § 68c Abs. 3 StGB (s.u.) – dem Verhältnismäßigkeitsgrundsatz gerecht zu werden, sieht § 68e Abs. 3 StGB eine regelmäßige **Überprüfung** vor, ob die Führungsaufsicht im Hinblick auf die Gefährlichkeit des Verurteilten weiterhin erforderlich ist.

4.a) Der durch das Gesetz zur Reform der Führungsaufsicht (BGBl I 2007, S. 513) eingefügte und durch das Gesetz zur Neuordnung des Rechts der Sicherungsverwahrung (BGBl I 2010, S. 2300) neu gefasste **§ 68c Abs. 3 StGB** gibt dem Gericht die Möglichkeit der **Verlängerung** der Führungsaufsicht **über die Höchstdauer** hinaus. Bereits aus dem Wortlaut („Verlängerung") ergibt sich, dass eine solche Entscheidung nur nachträglich nach § 68d StGB und in der Regel erst gegen Ende ergehen kann (Tübinger Kommentar/*Kinzig*, § 68c Rn 3b). Die Führungsaufsicht kann dabei auch noch nach Ablauf der ursprünglich bestimmten Dauer der Führungsaufsicht unbefristet verlängert werden, wenn jedenfalls das Verlängerungsverfahren noch vor Ablauf der ursprünglichen Frist begonnen, der Verurteilte hiervon informiert und das Verfahren ohne wesentliche Verzögerungen betrieben wurde (OLG Karlsruhe, Beschl. v. 17.3.2009, 2 Ws 20/09; OLG Nürnberg, Beschl. v. 12.7.2024 – Ws 538/24). 520

b) Bei der Verlängerung geht es in **§ 68c Abs. 3 S. 1 Nr. 1 StGB** um die Fälle der **ausgesetzten Unterbringung** in einem **psychiatrischen Krankenhaus** (§ 67d Abs. 2 StGB). Liegen bestimmte Tatsachen vor, die befürchten lassen, dass die verurteilte Person alsbald in den Zustand der Schuldunfähigkeit (§ 20 StGB) oder verminderten Schuldfähigkeit (§ 21 StGB) gerät, so kann das Gericht die Führungsaufsicht unbefristet verlängern, wenn eine Gefährdung der Allgemeinheit durch die Begehung weiterer erheblicher rechtswidriger Taten zu befürchten ist. Die Annahme einer solchen Gefahr erfordert eine umfassende Prognosebeurteilung, die auch das Verhalten der verurteilten Person während der Führungsaufsicht und die erzielten Resozialisierungserfolge berücksichtigt. Grund für diese Neuregelung war das Bedürfnis der Praxis auf Fälle zu reagieren, in denen sich gegen Ende der Bewährungs- und Führungsaufsichtszeit bereits abzeichnet, dass nach Wegfall eines strafrechtlichen (Behandlungs-)Drucks bis dahin erzielte **Therapieerfolge gefährdet** werden, indem etwa das Absetzen zur Stabilisierung des seelischen Gesundheitszustands erforderlicher Medikamente angekündigt wird (Tübinger Kommentar/*Kinzig*, § 68c Rn 3c; MüKo-StGB/*Kretschmann*, § 68c Rn 11). In diesen Fällen scheidet nämlich die Anordnung nach § 68c Abs. 2 StGB aus, da die verurteilte Person der ihr erteilten Weisung, sich einer Heilbehandlung durch Einnahme der Medikamente zu unterziehen, während der Dauer der Führungsaufsicht nachkommt. Durch die Verlängerung der Führungsaufsicht kann hier künftig eine dauerhafte, **ggf. lebenslängliche Überwachung** und Betreuung sichergestellt werden, ohne die der Klient wieder rückfällig zu werden droht (MüKo-StGB/*Kretschmann*, § 68c Rn 15). 521

c) Die unbefristete Verlängerung der Führungsaufsicht nach **§ 68c Abs. 3 Nr. 2 StGB** soll den **Schutz** der **Allgemeinheit** vor gravierenden **Gewaltdelikten** und erheblichen **Sexualstraftaten** verbessert (BT-Drucks 16/1993, S. 21), da insbesondere die Rückfallgefährdung der Sexualstraftäter oft über erhebliche Zeiträume hinweg bestehen bleibt (*Schneider* NStZ 2007, 441, 445). 522

523 Insoweit werden von der **Verlängerungsmöglichkeit erfasst**

- durch den ausdrücklichen Verweis auf § 181b StGB nur **Sexualdelinquenten**, soweit eine (Gesamt-)Freiheitsstrafe von mehr als zwei Jahren verhängt oder die Unterbringung in einem psychiatrischen Krankenhaus bzw. in einer Entziehungsanstalt angeordnet wurde (unter a])

oder

- **Gewalttäter**, gegen die eine (Gesamt-)Freiheitsstrafe von mindestens drei Jahren verhängt oder eine Unterbringung wegen eines Gewaltverbrechens der in dieser Vorschrift explizit genannten Art angeordnet wurde (unter b]).

524 **Des Weiteren** muss anhand konkreter Anhaltspunkte eine **Gefährdung** der **Allgemeinheit** durch die Begehung weiterer erheblicher Straftaten zu befürchten sein. Konkrete Anhaltspunkte für die Gefährdung können sich hierbei insbesondere aus dem **Verstoß gegen Weisungen** nach § 68b Abs. 1 oder Abs. 2 StGB ergeben (siehe dazu → *Führungsaufsicht, Weisungen,* Teil B Rdn 637). Daher kommt auch ein Verstoß gegen die nicht strafbewehrte Therapieweisung (§ 68b Abs. 2 S. 2 StGB) in Betracht (Tübinger Kommentar/*Kinzig*, § 68c Rn 3d). Andererseits muss nicht jeder Verstoß eine solche Gefährdung indizieren. So reichen hierfür in der Regel Verstöße gegen Weisungen, die bloßen Ungehorsam darstellen (wie etwa § 68b Abs. 1 Nr. 1, 7, 8, 9 StGB), nicht aus (Tübinger Kommentar/*Kinzig*, § 68c Rn 3d). Indizcharakter können dagegen Verstöße gegen Weisungen nach § 68b Abs. 1 Nr. 2 bis 4 StGB besitzen (Tübinger Kommentar/*Kinzig*, § 68c Rn 3d). Dabei darf das Merkmal der „**Allgemeinheit**" nicht dazu verleiten, Straftaten, die der Verurteilte nur gegenüber einer bestimmten Person oder einem eng begrenzten Personenkreis begeht, von der Prognosebetrachtung auszuschließen, da auch der Einzelne Teil der Allgemeinheit ist und die allgemeine Schutzfunktion des Strafrechts gegenüber einem potentiellen Opfer keine Einschränkung erfahren darf (so bereits MüKo-StGB/*Kretschmann*, § 68c Rn 14). Dabei bedarf es – anders als für den Widerruf einer Strafaussetzung zur Bewährung – für die Entfristung der Führungsaufsicht keines rechtskräftigen Schuldnachweises oder glaubhaften richterlichen Geständnisses (KG, Beschl. v. 16.1.2019 – 5 Ws 221/18; OLG Nürnberg, Beschl. v. 4.12.2024 – Ws 800/24).

525 **5.a)** In **§ 68c Abs. 4 StGB** werden der Beginn der Führungsaufsicht und die Nichtanrechnung von Zeiten, in denen die verurteilte Person flüchtig ist, sich verborgen hält oder auf behördliche Anordnung in einer Anstalt verwahrt wird, geregelt. In den Fällen des § 68 Abs. 1 StGB beginnt die Führungsaufsicht gem. **§ 68c Abs. 4 S. 1 StGB** mit der **Rechtskraft** des anordnenden **Urteils**, nicht des Führungsaufsichts-Beschlusses nach § 268a Abs. 2 StPO (BT-Drucks 16/1993, S. 21; Tübinger Kommentar/*Kinzig*, § 68c Rn 4; *Fischer*, § 68c Rn 15). Bei Eintritt der Führungsaufsicht kraft Gesetzes nach § 68 Abs. 2 StGB beginnt sie mit dem diese Maßregel auslösenden Umstand, mithin mit der **Bestandskraft** der **Aussetzungsentscheidungen** gem. §§ 67b Abs. 2, 67c Abs. 1 S. 1 und Abs. 2 S. 4, 67d Abs. 2 S. 3 StGB, sofern das Gericht keinen späteren Zeitpunkt anordnet (BeckOK-StGB/*Heuchemer/Kett-Straub*, § 68c Rn 17). In den übrigen Fällen tritt Führungsaufsicht mit **Entlassung** aus dem **Maßregelvollzug** gem. § 67d Abs. 3 bis Abs. 6 StGB und § 68f Abs. 1 StGB ein.

526 **b)** Da die Führungsaufsicht ihrem Wesen nach hilfreiche Lenkung und/oder Überwachung des Verurteilten in der Freiheit ist, werden gem. **§ 68c Abs. 4 S. 2StGB** in die Dauer der Führungsaufsicht diejenigen Zeiten **nicht eingerechnet**, in denen es entweder an der Freiheit des Verurteilten oder an einer Möglichkeit zur Einflussnahme auf ihn durch Betreuung und Überwachung fehlt (so MüKo-StGB/*Kretschmann*, § 68c Rn 22), jene Zeiten also, in denen er flüchtig ist, sich verborgen hält oder auf behördliche Anordnung in einer Anstalt verwahrt wird.

527 Insoweit gilt:

- **Flüchtig** ist der Verurteilte, der seine Wohnung verlässt und den neuen Aufenthaltsort nicht mitteilt, oder einen Aufenthaltsort – insbesondere das Ausland – aufsucht, wo ein Zugriff durch die Organe der Führungsaufsicht nicht möglich ist. Zwar kommt es nicht auf eine Geheimhaltung des Aufenthaltsorts an. Gleichwohl ist ein Bewusstsein, sich durch Flucht den zuständigen Führungsaufsichtsorganen zu entziehen, erforderlich (Tübinger Kommentar/*Kinzig*, § 68c Rn 6).

- **Verborgen** ist jemand, der seinen Aufenthalt den Organen der Führungsaufsicht bewusst für eine längere, die Durchführung der Führungsaufsicht beeinträchtigende Zeitdauer vorenthält, indem er zusätzliche Verschleierungsmaßnahmen ergreift und etwa einen falschen Namen annimmt (Tübinger Kommentar/*Kinzig*, § 68c Rn 7).

Für die **behördlich angeordnete Verwahrung** in einer Anstalt gilt: 528

- Dazu gehören in erster Linie der Vollzug in einer Straf-, Untersuchungs- und Auslieferungshaft sowie die Unterbringung in psychiatrischen Krankenhäusern nach dem Unterbringungsrecht der Länder (OLG Düsseldorf VRS 82, 340 f.; LK-**Baur**, § 68c Rn 50; MüKo-StGB/*Kretschmann*, § 68c Rn 22; *Fischer*, § 68c Rn 17; Tübinger Kommentar/*Kinzig*, § 68c Rn 8).
- Auch die Zeiten der stationären Unterbringung im Rahmen der **Krisenintervention** nach **§ 67h StGB** sowie die Zeiträume einer **Verwahrung im Ausland** und des **offenen Vollzuges** sind nicht einzurechnen (KG NStZ-RR 2009, 61, 62; Tübinger Kommentar/*Kinzig*, § 68c Rn 8; BeckOK-StGB/*Heuchemer/Kett-Straub*, § 68c Rn 18; MüKo-StGB/*Kretschmann*, § 68c Rn 22), da dann der dem Institut der Führungsaufsicht zugrundeliegende Gedanke der „Bewährung in Freiheit" (MüKo-StGB/*Kretschmann*, § 68c Rn 22; BeckOK-StGB/*Heuchemer/Kett-Straub*, § 68c Rn 18) nicht erreicht wird. Die Frist der Führungsaufsicht läuft also in diesen Fällen nicht weiter.
- **Nicht aufgrund behördlicher Anordnung verwahrt** wird dagegen der Verurteilte, der von seinem Betreuer (§ 1896 BGB) mit Genehmigung des Vormundschaftsgerichtes nach § 1906 BGB in einem Krankenhaus oder einer anderen freiheitsentziehenden Einrichtung untergebracht worden ist (Tübinger Kommentar/*Kinzig*, § 68c Rn 8; MüKo-StGB/*Kretschmann*, § 68c Rn 22; *Fischer*, § 68c Rn 17; LG Mönchengladbach, NStZ 1992, 51; a.A. LG Hamburg NStZ 1987, 187, 188). Denn der Betreuer besorgt zivilrechtlich die Angelegenheiten des Betreuten; das Gericht ordnet nicht an, sondern genehmigt sie nur (NK-*Ostendorf*, § 68c Rn 20). Weder die Bestellung des Betreuers noch die Genehmigung der Unterbringung durch das Gericht schafft einen öffentlich-rechtlichen Charakter. Zudem ist eine Gleichbehandlung mit § 120 Abs. 4 StGB geboten, der nach herrschender Meinung keine Anwendung auf zivilrechtlich untergebrachte Personen findet.

> ☝ **Berücksichtigungsfähig**, mithin einzurechnen, sind ferner Zeiten, in denen sich der Verurteilte aufgrund einer Weisung nach **§ 68b Abs. 2 StGB** in einer **Anstalt** oder freiwillig in einer **Therapieeinrichtung** nach **§ 35 BtMG** aufhält (Tübinger Kommentar/*Kinzig*, § 68c Rn 8; *Fischer*, § 68c Rn 17). Denn alles, was der Verurteilte von sich aus unternimmt, um dem Maßregelziel zu entsprechen, kann nicht zu einer Verlängerung dieser Maßregel führen.

c) Die **Nichtanrechnung** führt zu **keiner Unterbrechung** der Führungsaufsicht (BeckOK-StGB/ 529
Heuchemer/Kett-Straub, § 68c Rn 18), sondern – wie beim Ruhen der Verjährung gem. § 78b StGB – nur zur Verschiebung um die außer Betracht bleibende Zeit (MüKo-StGB/*Kretschmann*, § 68c Rn 22). Insoweit **verlängert** sich der **Lauf der Frist** der Führungsaufsicht um die nicht einzurechnenden Zeiten, in denen die Betreuung und Überwachung nicht zur Wirkung kommen kann, weil sich der Verurteilte entzieht oder in amtlicher Verwahrung befindet. Während dieser Nichtanrechnungszeiten bleibt die Führungsaufsicht gleichwohl weiter wirksam; auch während der Inhaftierung des Verurteilten hat der Bewährungshelfer die Resozialisierungshilfe fortzusetzen, die sich insbesondere bei der Entlassungsvorbereitung verdichten muss (so NK/*Ostendorf*, § 68c Rn 20).

> ☝ **Zweifel** über das Vorliegen und die Dauer der anzurechnenden Zeiten gehen **zugunsten** des Betroffenen (MüKo-StGB/*Kretschmann*, § 68c Rn 26; Tübinger Kommentar/*Kinzig*, § 68c Rn 9).

530 **6.** Gegen Entscheidungen nach § 68c StGB ist gemäß §§ 463 Abs. 2, 453 Abs. 2 StPO die **Beschwerde** statthaft. Dabei beschränkt §§ 463 Abs. 2, 453 Abs. 2 S. 2 Alt. 1 StPO die Überprüfung von Anordnungen auf die Frage, ob sie gesetzeswidrig sind. Dies ist der Fall, wenn sie im Gesetz nicht vorgesehen, unverhältnismäßig oder unzumutbar ist oder sonst die Grenzen des dem erstinstanzlichen Gericht eingeräumten Ermessens überschritten werden (OLG Bamberg, StV 2012, 737–740, Rn 13). Von dieser Einschränkung ausgenommen ist gemäß §§ 463 Abs. 2, 453 Abs. 2 S. 2 Alt. 2 StPO allerdings explizit der Sonderfall einer – ggf. auch unbefristeten – Verlängerung der Dauer der Führungsaufsicht (OLG Nürnberg, Beschl. v 11.1.2019 – 2 Ws 855/18; OLG Rostock, Beschl. v. 2.5.2013 – Ws 119/13; OLG Stuttgart, Beschl. v. 2.12.1999 – 3 Ws 252/99). Einzig diese den Verurteilten besonders belastende Entscheidung – nicht hingegen eine Ablehnung der Verlängerung oder dergleichen – stellt das Gesetz zur umfassenden Überprüfung des Beschwerdegerichts (KG, Beschl. v. 24.11.2020 – 5 Ws 209/20; OLG Nürnberg, Beschl. v 11.1.2019 – 2 Ws 855/18; OLG Stuttgart, Beschl. v. 2.12.1999 – 3 Ws 252/99; *Schmitt/Köhler*, § 453 Rn 11). Auch die Ablehnung des Antrags auf (nachträgliche) Verkürzung der Dauer der Führungsaufsicht ist lediglich mit der (fristlosen) Beschwerde anfechtbar (OLG Frankfurt a. Main, Beschl. v. 22.2.2005, 3 Ws 151/05 m.w.N.; OLG Nürnberg, Beschl. v. 2.12.2024 – Ws 1006/24 in Abkehr von seiner bisherigen gegenteiligen Rspr.; *Schmitt/Köhler*, § 453 Rn 11).

Siehe auch: → *Führungsaufsicht, Allgemeines*, Teil B Rdn 484 m.w.N.

531 Führungsaufsicht, Eintritt

Das Wichtigste in Kürze:

1. Die Führungsaufsicht kann zum einen gem. § 68 Abs. 1 StGB richterlich angeordnet werden und zum anderen über § 68 Abs. 2 StGB kraft Gesetzes eintreten.
2. Der weit überwiegende Anteil gesetzlich eintretender Führungsaufsicht ergibt sich aus § 68f Abs. 1 StGB, also in den Fällen der Vollverbüßung. Führungsaufsicht kraft Gesetzes tritt ferner in den Fällen des § 67b Abs. 2 StGB, § 67c Abs. 1 S. 1 Hs. 2 StGB, § 67c Abs. 2 S. 4 StGB, 67d Abs. 2 S. 3 StGB, § 67d Abs. 4 S. 3, Abs. 5 S. 2, Abs. 6 S. 4 StGB und § 67d Abs. 3 S. 2 StGB ein.
3. Der Eintritt der Führungsaufsicht kraft richterlicher Anordnung setzt gem. § 68 Abs. 1 StGB voraus, dass das angewandte Strafgesetz Führungsaufsicht besonders vorsieht, der Angeklagte wegen dieser Tat zu einer zeitigen Freiheitsstrafe von mindestens sechs Monaten verurteilt wurde und es wahrscheinlich ist, dass dieser weitere Straftaten begehen wird.

532 **Literaturhinweise:** S.a. die Hinw. bei → *Führungsaufsicht, Allgemeines*, Teil B Rdn 484.

533 **1.** Die Führungsaufsicht betrifft **verschiedenartige Anwendungsfälle**. Sie kann zum einen gem. § 68 Abs. 1 StGB bei bestimmten Deliktsgruppen und bei einem bestimmten Strafmaß kraft richterlicher Anordnung bereits im Strafurteil angeordnet werden. Zum anderen tritt diese Maßregel – rechtstatsächlich bedeutsamer, da viel häufiger (*Schneider* NStZ 2007, 441, 442) – gem. § 68 Abs. 2 StGB kraft Gesetzes ein.

534 **2.a)aa)** Den weit überwiegenden Anteil **gesetzlich** eintretender Führungsaufsicht machen die Fälle des **§ 68f Abs. 1 StGB** aus. Danach tritt Führungsaufsicht bei **Vollverbüßung** ein, wenn

- der Täter wegen vorsätzlicher Straftaten zu einer Freiheitsstrafe oder Gesamtfreiheitsstrafe von mindestens **zwei Jahren**

oder

- wegen einer in **§ 181b StGB** genannten Straftaten zu einer Freiheitsstrafe oder Gesamtfreiheitsstrafe von mindestens **einem Jahr** verurteilt worden ist

und

- die Strafe **vollständig vollstreckt** worden ist.

☝ Auf die **Art** der **Vorsatztat kommt** es **nicht an**; es genügt auch die Verurteilung zu einer Straftat, derentwegen eine Führungsaufsicht nicht nach § 68 Abs. 1 StGB angeordnet werden kann (MüKo-StGB/*Kretschmann*, § 68f Rn 8). Ebenso ist es unerheblich, ob Täterschaft oder Teilnahme vorgelegen hat oder ob die Tat vollendet oder nur versucht wurde (Tübinger Kommentar/*Kinzig*, § 68f Rn 3).

bb) Durch das Gesetz zur Reform der Führungsaufsicht vom 13.4.2007 (BGBl I 2007, S. 513) hat sich der Gesetzgeber mit Blick auf die seinerzeitige Streitfrage, ob es bei der Verbüßung einer Gesamtfreiheitsstrafe ausreicht, dass die **Gesamtstrafe** und nicht erst eine Einzelstrafe die genannte **Dauer** erreicht haben muss (OLG Düsseldorf NStZ-RR 1999, 138; OLG Hamburg NStZ-RR 1996, 262; OLG München NStZ-RR 2002, 183; OLG Nürnberg NStZ-RR 1998, 124 f.), für die erste Alternative entschieden und klargestellt, dass auch die vollständige Vollstreckung einer Gesamtfreiheitstrafe von mindestens einem Jahr wegen der in § 181b StGB genannten Straftaten bzw. zwei Jahren bei Vorsatztaten den Eintritt der Führungsaufsicht begründet (so auch jetzt OLG Bamberg NStZ-RR 2007, 94). Die unterschiedliche Dauer der vollstreckten Strafen bzw. die Differenzierung hinsichtlich Sexualstraftätern ist dabei dem Umstand geschuldet, dass letztere einem höheren Rückfallrisiko ausgesetzt sind und deren Taten stärkere Auswirkungen für die Allgemeinheit haben (BT-Drucks 13/7559, S. 12; ferner MüKo-StGB/*Kretschmann*, § 68f Rn 9). 535

Setzt sich die Gesamtstrafe sowohl aus **Vorsatz-** als auch aus **Fahrlässigkeitstaten** zusammen, muss die Vollstreckungsbehörde nach den Grundsätzen der §§ 458 Abs. 1, 463 Abs. 1 StPO gerichtlich klären lassen, ob der **Strafanteil** für die Vorsatztat(en) mindestens zwei Jahre bzw. – in Fällen des § 181b StGB – ein Jahr beträgt (BT-Drucks 16/1993, S. 23 mit Verweis auf OLG München NStZ 1984, 314; kritisch hierzu *Schüddekopf* StraFo 2008, 141 ff.; s. ferner OLG Frankfurt NStZ-RR 2008, 391). Da insoweit nach den Zumessungsgrundsätzen des § 54 StGB nicht einfach auf die Summe der Einzelstrafen abgestellt werden kann, hat das für die Führungsaufsicht zuständige Gericht nachträglich in eigener Strafzumessungskompetenz unter Anlehnung an die im Urteil zum Ausdruck kommenden Zumessungsgesichtspunkte für die Gesamtstrafe eine „**fiktive**", sich ausschließlich aus den Einzelstrafen für die Vorsatztaten zusammensetzende **Gesamtfreiheitsstrafe** zu bilden (OLG Jena NStZ-RR 2010, 262; OLG Frankfurt NStZ-RR 2008, 391; Tübinger Kommentar/*Kinzig*, § 68f Rn 3; ferner MüKo-StGB/*Kretschmann*, § 68f Rn 8; *Fischer*, § 68f Rn 4; *Peglau* NJW 2007, 1558, 1561). Entsprechende Anwendung findet dies bei der Vollstreckung der Einheitsjugendstrafe (BVerfG NStZ-RR 2008, 217 f.; OLG München NStZ-RR 2002, 183 f.; OLG Zweibrücken NStZ-RR 2005, 246; siehe auch → *Führungsaufsicht, Jugendliche/Heranwachsende,* Teil B Rdn 563) sowie für den Fall, dass zu klären ist, ob innerhalb einer Gesamtstrafe die notwendige Strafhöhe von einem Jahr bei Delikten nach § 181b StGB überschritten ist (Tübinger Kommentar/*Kinzig*, § 68f Rn 3). 536

cc) Da der Eintritt der Führungsaufsicht eine **vollständige Strafvollstreckung** voraussetzt, kommt diese Maßregel bei **lebenslanger Freiheitsstrafe** nicht in Betracht (Tübinger Kommentar/*Kinzig*, § 68f Rn 5; MüKo-StGB/*Kretschmann*, § 68f Rn 10). 537

dd) Eine vorzeitige Entlassung durch **Gnadenerweis** oder **Amnestie** schließt den gesetzlichen Eintritt der Führungsaufsicht gem. § 68f StGB ebenfalls grds. aus (KG NStZ-RR 2005, 42, 43; NStZ-RR 2007, 340; *Fischer*, § 68f Rn 6; Tübinger Kommentar/*Kinzig*, § 68f Rn 5; *Herrmann* StRR 2013, 408, 410). 538

☝ **Ausnahmsweise** tritt Führungsaufsicht jedoch bei den sog. **Weihnachtsamnestien** ein, da insofern keine prognostische Überprüfung erfolgt und daher auch risikobehaftete Verurteilte entlassen werden (OLG Celle StraFo 2008, 262; OLG Hamm NStZ-RR 2009, 357; LG Kiel NStZ-RR 2011, 31; SSW-StGB/*Jehle/Harrendorf*, § 68f Rn 6; MüKo-StGB/*Kretschmann*, § 68f Rn 10; Tübinger Kommentar/*Kinzig*, § 68f Rn 5; eingehend auch *Schmitz* StV 2007, 608 ff.; a.A. KG NStZ 2004, 228).

539 Für die Annahme einer vollständigen Strafvollstreckung ist dagegen deren **Unterbrechung unschädlich**, wenn etwa eine **Behandlung** nach **§ 35 BtMG** erfolgt (KG NStZ 2006, 580, 581; OLG München NStZ 1990, 454, 455; *Fischer*, § 68f Rn 6) oder eine **Reststrafe** nach Bewährungswiderruf **vollstreckt** wird (OLG Düsseldorf NStZ-RR 2002, 190; OLG Hamm NStZ 2011, 40, 41; OLG Köln NStZ-RR 1997, 4, 5; *Fischer*, § 68f Rn 6; SK-StGB/*Sinn*, § 68f Rn 3; MüKo-StGB/*Kretschmann*, § 68f Rn 10; Tübinger Kommentar/*Kinzig*, § 68f Rn 5; *Herrmann* StRR 2013, 408, 410; a.A. OLG Hamm NStZ-RR 1996, 31). Auch wenn der Verurteilte vor der notierten Höchststrafzeit entlassen wird, weil sich der **Entlassungszeitpunkt** etwa aufgrund vollstreckungsrechtlicher Vorschriften nach § 16 Abs. 2, Abs. 3 StVollZG oder § 43 StVollzG **nach vorne verschiebt**, ist die Strafe i.S.d. § 68f Abs. 1 StGB vollständig vollstreckt (KG NStZ 2004, 228; NStZ-RR 2005, 42, 43; *Fischer*, § 68f Rn 6; Tübinger Kommentar/*Kinzig*, § 68f Rn 5). Eine durch **Anrechnung** (§§ 51, 56f Abs. 3 S. 2, 67 Abs. 4 StGB, § 36 Abs. 1 BtMG) anderer Haft- bzw. Behandlungszeiten **verkürzte Strafdauer** steht dem Eintritt der Führungsaufsicht ebenfalls nicht entgegen (MüKo-StGB/*Kretschmann*, § 68f Rn 10) – angesichts des Sicherungszwecks der Führungsaufsicht auch dann nicht, wenn die Anrechnung die Strafvollstreckung vollständig entfallen lässt (*Fischer*, § 68f Rn 5; Tübinger Kommentar/*Kinzig*, § 68f Rn 5; MüKo-StGB/*Kretschmann*, § 68f Rn 10). Denn die Anrechnung soll den von Untersuchungshaft Betroffenen gegenüber demjenigen, der von dieser Maßnahme verschont geblieben ist, gleichstellen, indes nicht begünstigen (dagegen ausdrücklich offengelassen KG NStZ-RR 2005, 42, 43). Insoweit auftretende Härten lassen sich dadurch vermeiden, dass das Gericht das Entfallen der Maßregel gem. § 68f Abs. 2 StGB anordnen kann (so MüKo-StGB/*Kretschmann*, § 68f Rn 10).

540 **ee)** Die gesetzliche Führungsaufsicht **tritt automatisch** mit der Entlassung aus dem Strafvollzug ein und bedarf keiner besonderen richterlichen Anordnung (OLG Hamm NStZ 1996. 337; *Fischer*, § 68f Rn 7; Tübinger Kommentar/*Kinzig*, § 68f Rn 6; MüKo-StGB/*Kretschmann*, § 68f Rn 11). Im Fall der Anschlussvollstreckung greift die Maßregel allerdings erst mit der (tatsächlich) **endgültigen Entlassung** in die Freiheit und nicht bereits mit dem Ende der ersten Strafe ein (OLG München NStZ-RR 1998, 125; KG NStZ 2006, 580, 581; OLG Hamm NStZ-RR 2001, 59; *Fischer*, § 68f Rn 7; Tübinger Kommentar/*Kinzig*, § 68f Rn 6; a.A. wohl MüKo-StGB/*Kretschmann*, § 68f Rn 12f). Bei Zurückstellung einer Anschlussvollstreckung gem. § 35 Abs. 1 BtMG genügt indes die Entlassung aus dem Strafvollzug, da hier die Strafvollstreckung „im engeren Sinn" erledigt ist (KG NStZ 2006, 580, 581; Tübinger Kommentar/*Kinzig*, § 68f Rn 6). Angesichts dessen wird in § 68f Abs. 1 S. 2 StGB der gesetzliche **Eintritt ausgeschlossen**, wenn im Anschluss an die Vollstreckung eine freiheitsentziehende **Maßregel** der Besserung und Sicherung (tatsächlich) **vollzogen** wird. Hauptanwendungsfall ist dabei die Sicherungsverwahrung, bei der stets zunächst die Strafe vollzogen wird (so *Fischer*, § 68f Rn 8). Dies hat nunmehr im Hinblick auf den neugefassten § 68e Abs. 1 Nr. 1 StGB nur noch klarstellenden Charakter.

541 Die Vorschrift geht davon aus, dass eine **Nichtaussetzung des Strafrestes** zur Bewährung die weiterhin bestehende **Gefährlichkeit** des Täters **indiziert** (KG, Beschl. v. 25.3.2014 – 2 Ws 54/14 m.w.N.; *Baur/Groß* JuS 2010, 404, 405; vgl. ferner Tübinger Kommentar/*Kinzig*, § 68f Rn 1; MüKo-StGB/*Kretschmann*, § 68f Rn 1), welches wiederum eine ambulante Überwachung und Betreuung im Rahmen der Führungsaufsicht rechtfertigt. Deshalb kommt es in diesem Kontext auch nicht darauf an, ob die Wahrscheinlichkeit gegeben ist, der Täter werde künftig weitere Straftaten begehen. Dementsprechend sieht das Gesetz in **§ 68f Abs. 2 StGB** – als Ausdruck der Verhältnismäßigkeit (*Fischer*, § 68 Rn 3; MüKo-StGB/*Kretschmann*, § 68f Rn 2) – vor, die Führungsaufsicht ausnahmsweise entfallen zu lassen, sollte einem Verurteilten trotz Vollverbüßung eine **positive Sozialprognose** attestiert werden können, die die mit der Vollverbüßung verbundene Indizwirkung entkräftet. Aufgrund des **Ausnahmecharakters** (KG, Beschl. v. 25.3.2014 – 2 Ws 54/14; OLG Düsseldorf NStZ 2006, 580, 581; OLG Hamm NStZ-RR 2010, 355; OLG Köln NStZ-RR 2013, 58; OLG Frankfurt NStZ-RR 2002, 283; OLG Nürnberg, Beschl. v. 12.12.2024 – Ws 1034/24; kritisch MüKo-StGB/*Kretschmann*, § 68f Rn 15) dürfte allerdings bei der Prognose **mehr zu verlangen** sein als die zur Reststrafenaussetzung nach § 57 Abs. 1 StGB ausreichende **Wahrscheinlichkeit künftiger Straffreiheit** (KG NStZ 2006, 580, 581; OLG Düsseldorf NStZ-RR

2000, 347, 348; OLG Frankfurt NStZ-RR 2002, 283; OLG Hamm NStZ-RR 2010, 355; NStZ-RR 2013, 31; OLG Köln NStZ-RR 2013, 58; OLG Nürnberg, Beschl. v. 12.12.2024 – Ws 1034/24; *Fischer*, § 68f Rn 9; Tübinger Kommentar/*Kinzig*, § 68f Rn 11; MüKo-StGB/*Kretschmann*, § 68f Rn 14; *Herrmann* StRR 2013, 408, 410). Selbst eine vorzeitige Entlassung in anderer Sache aufgrund einer günstigen Prognose gem. § 57 Abs. 1 S. 1 Nr. 2 StGB führt nicht automatisch auch zum Entfallen der Führungsaufsicht (KG, Beschl. v. 25.3.2014 – 2 Ws 54/14; OLG Düsseldorf NStZ-RR 2000, 347, 348). **Zweifel** gehen daher **zu Lasten** des **Verurteilten** (OLG Düsseldorf NStZ-RR 2000, 347, 348; OLG Köln NStZ-RR 2013, 58; OLG Nürnberg, Beschl. v. 12.12.2024 – Ws 1034/24; OLG Oldenburg NStZ-RR 2011, 189; Tübinger Kommentar/*Kinzig*, § 68f Rn 11). Insoweit wird es sich bei § 68f Abs. 2 StGB um an sich gut prognostizierte **Fälle** handeln, bei denen eine Strafaussetzung allein an der **fehlenden Einwilligung** des Verurteilten nach § 57 Abs. 1 Nr. 3 StGB gescheitert ist (*Fischer*, § 68f Rn 9; Tübinger Kommentar/*Kinzig*, § 68f Rn 9 und Rn 11).

☝ Da die **Zweijahressperre nach § 68e Abs. 2 S. 2 StGB** sowohl für die Fälle der gerichtlich angeordneten wie auch für jene der gesetzlich eingetretenen Führungsaufsicht gilt, ist das Gericht auch in diesem Kontext an die Mindestfrist gebunden (a.A. MüKo-StGB/*Kretschmann*, § 68f Rn 18); unbilligen Härten ist durch eine „zurückhaltende“ Ausgestaltung der Führungsaufsicht Rechnung zu tragen (MüKo-StGB/*Kretschmann*, § 68e Rn 16).

Die Entscheidung nach § 68f Abs. 2 StGB **verpflichtet** das Gericht zu einer vorherigen **Prüfung**, ob es der Führungsaufsicht nach dem Strafvollzug noch bedarf (MüKo-StGB/*Kretschmann*, § 68f Rn 16). Es hat also schon vor Entlassung **von Amts wegen** zu klären, ob dieser auch ohne Führungsaufsicht voraussichtlich keine Straftaten mehr begehen wird (OLG Celle NStZ 1986, 238; OLG Zweibrücken MDR 1992, 1166; Tübinger Kommentar/*Kinzig*, § 68f Rn 10; *Fischer*, § 68f Rn 10). 542

b) Führungsaufsicht kraft Gesetzes tritt ferner ein, wenn eine freiheitsentziehende **Maßregel** wie eine Unterbringung in einem psychiatrischen Krankenhaus oder in einer Entziehungsanstalt gem. **§ 67b Abs. 2 StGB zur Bewährung** rechtskräftig **ausgesetzt** wird. Da das erkennende Gericht diese Anordnung zugleich mit dem Urteil ausspricht, handelt es sich hierbei um den einzigen Fall, in dem Führungsaufsicht ohne vorausgegangenen Vollzug einer Freiheitsstrafe oder einer freiheitsentziehenden Maßregel eintritt. 543

c) Entsprechendes gilt für solche Fallkonstellationen, in denen sich **nach Vorwegvollzug** (eines Teils) der Freiheitsstrafe ergibt, dass der Zweck der Maßregel die Unterbringung nicht mehr erfordert bzw. die Unterbringung in der Sicherungsverwahrung unverhältnismäßig wäre (**§ 67c Abs. 1 S. 1 Hs. 2 StGB**) oder der zwar noch nicht erreichte Maßregelzweck auch durch die Aussetzung der Vollstreckung erreicht werden kann (**§ 67c Abs. 2 S. 4 StGB**). Dann tritt mit **Aussetzung** der Unterbringungsvollstreckung **zur Bewährung** automatisch Führungsaufsicht ein. 544

d) Auch mit **Aussetzung** der **weiteren Vollstreckung zur Bewährung** nach **67d Abs. 2 S. 3 StGB** geht der gesetzliche Eintritt der Führungsaufsicht einher, wenn entweder zu erwarten ist, dass der Untergebrachte außerhalb des Maßregelvollzugs keine weiteren Straftaten mehr begehen wird, oder die weitere Unterbringung in der Sicherungsverwahrung unverhältnismäßig wäre. 545

e) Gleiches gilt, wenn eine freiheitsentziehende **Maßregel** wie die Unterbringung in einem psychiatrischen Krankenhaus oder in einer Entziehungsanstalt gem. **§ 67d Abs. 4 S. 3, Abs. 5 S. 2, Abs. 6 S. 4 StGB erledigt** ist bzw. für erledigt erklärt **und der Betroffene entlassen wird**. Dies ist nach Ablauf der Höchstfristen für eine Unterbringung, bei Aussichtslosigkeit der Suchtbehandlung, bei Unverhältnismäßigkeit oder – allerdings bei nur zweifelhafter Legalprognose – nach Erledigung der Unterbringung in einem psychiatrischen Krankenhaus der Fall. Dies gilt gerade unabhängig davon, ob ein Betroffener von der Maßregel unmittelbar in den Strafvollzug überführt wird (KG, Beschl. v. 10.7.2001 – 5 Ws 291/01, NStZ-RR 2002, 138, 139; BeckOK-StGB/*Ziegler*, § 67d Rn 14; Tübinger Kommentar/*Kinzig*, § 67d Rn 14). Dem liegt die Annahme des Gesetzgebers zugrunde, dass Personen, bei denen wegen fehlender Erfolgsaussicht der Unterbringung die Maßregel für erledigt erklärt wird, als 546 besonders gefährlich einzustufen sind, da ihre Sucht in therapeutisch resistenter Weise fortbesteht (*Ruderich*, Führungsaufsicht, S. 66).

☝ Ausnahmsweise kann nach **§ 67d Abs. 6 S. 5 StGB** der **Nichteintritt** der **Führungsaufsicht** angeordnet werden, wenn zu erwarten steht, dass der Betroffene auch ohne sie keine Straftaten mehr begehen wird; Zweifel gehen insoweit zu Lasten des Täters (Tübinger Kommentar/*Kinzig*, § 67d Rn 26). Letzteres soll indes nicht gelten, wenn schon die Anordnung der Unterbringung auf einer Fehldiagnose beruhte (OLG Bamberg, Beschl. 18.5.2018 – 1 Ws 183/18; OLG Dresden NStZ-RR 2005, 338; OLG Jena NStZ 2010, 217 f.; 2011, 61; SSW-StGB/*Jehle/Harrendorf*, § 67d Rn 31; BeckOK-StGB/*Ziegler*, § 67d Rn 19; *Fischer*, § 67d Rn 25; a.A. MüKo-StGB/*Veh*, § 67d Rn 45).

547 Wurde der Verurteilte allerdings bereits zuvor aufgrund einer Aussetzung der restlichen Freiheitsstrafe und der Unterbringung in einer Entziehungsanstalt zur Bewährung, welche selbst eine Führungsaufsicht nach § 67d Abs. 2 S. 3 StGB ausgelöst hatte, aus der Unterbringung entlassen und aufgrund neuer Straftaten nachträglich die Aussetzung der restlichen Freiheitsstrafe widerrufen sowie gleichzeitig die Maßregel nach § 67d Abs. 5 StGB für erledigt erklärt, tritt keine neue Führungsaufsicht nach § 67d Abs. 5 S. 2 StGB ein: Eine direkte Anwendung von § 67d Abs. 5 S. 2 StGB scheidet aus, da der Verurteilte bereits vor der Erledigterklärung aus dem Vollzug der Unterbringung entlassen war. In einem solchen Fall, in dem bereits aufgrund Aussetzung der Maßregel Führungsaufsicht eingetreten ist, die nicht nach § 68e Abs. 1 S. 1 StGB durch das Eintreten einer neuen Führungsaufsicht oder den Vollzug einer neuen Freiheitsstrafe oder freiheitsentziehender Maßregeln beendet wird, besteht auch kein Bedarf für eine analoge Anwendung des § 67d Abs. 5 S. 2 StGB (so auch OLG München, Beschl. v. 31.7.2023 – 3 Ws 292/23, 3 Ws 293/23; OLG Nürnberg, Beschl. v. 3.9.2024 – Ws 685/24; OLG Saarbrücken, Beschl. v. 25.1.2023 – 4 Ws 374/22 – 4 Ws 375/22; Tübinger Kommentar/*Kinzig*, § 67d Rn 14).

548 **f)** Schließlich tritt gem. **§ 67d Abs. 3 S. 2 StGB** Führungsaufsicht kraft Gesetzes bei **Entlassung** des Verurteilten aus dem Vollzug der Unterbringung in der **Sicherungsverwahrung** ein.

549 **3.a)** Seltener ist die **richterliche** Anordnung der Führungsaufsicht. Grund hierfür ist zum einen, dass die Prognose, ob nach dem Einwirken auf den Verurteilten im Strafvollzug eine weitere strafrechtliche Betreuung und Überwachung notwendig sein wird, zum Zeitpunkt der Urteilsfällung nicht einfach zu treffen ist; zum anderen bleibt Führungsaufsicht unter den Voraussetzungen des § 68f Abs. 1 StGB möglich, wenn sich im Strafvollzug zeigt, dass vom Verurteilten künftig strafrechtliches Handeln zu gewärtigen ist (*Baur/Groß* JuS 2010, 404, 405). Insoweit wird die richterliche Anordnung nur in solchen Konstellationen praktisch bedeutsam, in denen sichergestellt werden soll, dass nach einer Freiheitsstrafe von unter zwei Jahren bzw. einem Jahr bei Delikten nach § 181b StGB Führungsaufsicht eintritt (*Baur/Groß* JuS 2010, 404, 405).

550 Der Eintritt der Führungsaufsicht kraft richterlicher Anordnung setzt gem. **§ 68 Abs. 1 StGB** voraus, dass

- der Täter wegen einer Straftat verurteilt wird, für die das **Gesetz Führungsaufsicht** besonders **vorsieht** (Rdn 551),

und

- der Angeklagte wegen der Tat, für die das Gesetz die Führungsaufsicht vorsieht, zu einer zeitigen Freiheitsstrafe von mindestens **sechs Monaten** verurteilt worden ist (Rdn 552 ff.)

und

- es nach der Überzeugung des Tatrichters **wahrscheinlich** – und nicht nur möglich – ist, dass der Angeklagte weitere – nicht zwingend erhebliche – **Straftaten begehen** wird (Rdn 555 ff.).

551 **b)** Das Gesetz sieht die (fakultative) Unterstellung **namentlich** für die Vorbereitung einer schweren staatsgefährdenden Gewalttat (§ 89a Abs. 6 StGB), die Bildung terroristischer Vereinigungen (§ 129a Abs. 9 StGB), für bestimmte Straftaten gegen die sexuelle Selbstbestimmung (§ 181b StGB) sowie gegen die persönliche Freiheit § 233b StGB), in Fällen des erpresserischen Menschenraubs und der Geiselnahme (§ 239c StGB), für Diebstahlsdelikte (§ 245 StGB), Raub- und Erpressungstaten (§ 256 StGB), für Hehlereidelikte und Geldwäsche (§ 262 StGB), für Betrug und Computerbetrug (§§ 263 Abs. 6, 263a Abs. 2 StGB), bei bestimmten schweren gemeingefährlichen Straftaten (§ 321 StGB) sowie schweren Verstößen gegen das Betäubungsmittelgesetz (§ 34 BtMG) und gegen das Konsumcannabisgesetz (§ 38 KCanG) vor. Dieser Katalog ist abschließend; eine **analoge Anwendung** auf andere Straftaten **verbietet** sich (MüKo-StGB/*Kretschmann*, § 68 Rn 4). Die in Rede stehenden Delikte müssen nicht vollendet sein; der **Versuch** der Tatbegehung und die **strafbare Vorbereitungshandlung** reichen aus (Tübinger Kommentar/*Kinzig*, § 68 Rn 5). Eine Täterschaft wird ebenfalls nicht vorausgesetzt, so dass bereits **Anstiftung** oder **Beihilfe** genügt (Tübinger Kommentar/*Kinzig*, § 68 Rn 5). Gelangen mehrere Taten zur Verurteilung, ist es sowohl in Fällen der Tatmehrheit als auch der Tateinheit ausreichend, dass zumindest eine davon die Maßregel vorsieht (§ 52 Abs. 4 StGB, § 53 Abs. 4 StGB; SSW-StGB/*Jehle*, § 68 Rn 5; Tübinger Kommentar/*Kinzig*, § 68 Rn 5; MüKo-StGB/*Kretschmann*, § 68 Rn 4).

c) Im Hinblick auf die – nicht nur verwirkte, sondern auch tatsächlich verhängte (*Fischer*, § 68 Rn 4) – 552
Freiheitsstrafe von sechs Monaten ist eine **Gesamtfreiheitsstrafe** ausreichend (*Baur/Groß* JuS 2010, 404, 405). In den Fällen der Gesamtstrafenbildung muss jedoch ausweislich des Gesetzeswortlauts („wegen der Tat") mindestens die **Einzelstrafe** des die Führungsaufsicht auslösenden Delikts das **Mindestmaß** von **sechs Monaten** erreichen (ganz einhellige Meinung; vgl. nur BGHSt 12, 85, 87; *Fischer*, § 68 Rn 4; Tübinger Kommentar/*Kinzig*, § 68 Rn 5).

☝ Eine **gnadenweise Verkürzung** der Strafhaft **wirkt** sich **nicht** auf die Anordnung nach § 68 Abs. 1 StGB aus (KG NStZ-RR 2007, 340; *Fischer*, § 68 Rn 4).

Es ist nach h.M. **unerheblich**, ob die (Gesamt-)Freiheitsstrafe auch zur **Bewährung** ausgesetzt wird (vgl. 553
etwa Tübinger Kommentar/*Kinzig*, § 68 Rn 5a). Allerdings wird in solchen Fällen die Unterstellung besonders begründungsbedürftig sein, da eine Strafaussetzung mit einer positiven Sozialprognose einhergeht (so Tübinger Kommentar/*Kinzig*, § 68 Rn 5a; einschränkend *Fischer*, § 68 Rn 5). Insofern dürfte eine Anordnung der Maßregel nur dann möglich sein, wenn dargelegt wird, dass es gerade die im Rahmen der Führungsaufsicht angeordneten Maßnahmen sind, die trotz der in § 68 StGB angelegten ungünstigen Prognose eine Rückfallprävention i.S.v. § 56 StGB bewirken (Tübinger Kommentar/*Kinzig*, § 68 Rn 5a).

Demgegenüber kommt es auf die Frage, ob die Anordnung der Führungsaufsicht **aussichtsreich** sein muss, 554
mithin zu erwarten steht, dass der Verurteilte künftig – auch nach Ablauf der Unterstellungszeit – ein straffreies Leben führen wird, **nicht an**. Denn auch bei einer insoweit schlechten Prognose lässt sich die Anordnung der Maßregel mit deren Sicherungszweck rechtfertigen, wonach der Verurteilte wenigstens überwacht und dadurch von der Begehung weiterer Straftaten abgehalten wird. Für die Anordnung der Führungsaufsicht neben der Verurteilung zu einer **lebenslangen Freiheitsstrafe** bleibt dagegen **ebensowenig** Raum wie für die **selbstständige Anordnung** der Maßregel (§ 71 StGB).

d) Die **Gefahr weiterer Straftaten** ist dann gegeben, wenn aufgrund einer Gesamtwürdigung von 555
Anlasstat und Täter „handfeste" Anhaltspunkte (BGH, Beschl. v. 6.5.2014 – 3 StR 131/14 Rn 5) dafür vorliegen, dass die Begehung neuer Straftaten **wahrscheinlich** ist. Die bloße Möglichkeit erneuter Straffälligkeit oder die Befürchtung kriminellen Verhaltens reichen demgegenüber nicht aus (Tübinger Kommentar/*Kinzig*, § 68 Rn 6). Bleiben insofern **Zweifel** am Gefährdungspotential des Täters, darf die Führungsansicht **nicht** angeordnet werden. Es wird indes **nicht** zu fordern sein, dass die zu erwartenden Straftaten **erheblich** und **einschlägig** sein müssen (so auch *Fischer*, § 68 Rn 5; Tübinger Kommentar/*Kinzig*, § 68 Rn 6; MüKo-StGB/*Kretschmann*, § 68 Rn 6). Sofern dagegen verlangt wird, dass diese eine „bestimmte kriminelle Kontinuität" aufweisen oder in einem „symptomatischen Zusammenhang" mit der Tat stehen müssen, derentwegen die Führungsaufsicht angeordnet wurde, findet dieses Erfordernis im Wortsinn des Gesetzes keine Stütze. Vielmehr spielt die Qualität und Bedeutung der zu erwartenden Straftat allenfalls im Rahmen der Ausübung pflichtgemäßen Ermessens eine Rolle.

556 **Umstr**. ist schließlich die Frage, auf welchen **Zeitpunkt** bei der **Prognoseentscheidung** abzustellen ist (eingehend Tübinger Kommentar/*Kinzig*, § 68 Rn 7 f.). Nach richtiger Ansicht kommt es insoweit stets auf den Zeitpunkt der Entscheidung (so auch BeckOK-StGB/*Heuchemer/Kett-Straub*, § 68 Rn 8; *Fischer*, § 68 Rn 5; Tübinger Kommentar/*Kinzig*, § 68 Rn 7 f. und MüKo-StGB/*Kretschmann*, § 68 Rn 9).

557 **e)** Die Anordnung der Führungsaufsicht ist **fakultativ** und steht im **pflichtgemäßen Ermessen** des Gerichts (allg. Meinung; MüKo-StGB/*Kretschmann*, § 68 Rn 11), das nach § 62 StGB den Grundsatz der Verhältnismäßigkeit und Subsidiarität zu wahren hat. Das Ermessen wird sich danach richten, in welchem Maße Führungsaufsicht im konkreten Fall geeignet und notwendig ist, den Zweck dieser Maßregel zu erfüllen, wobei der **Schwere** der begangenen **Tat** und dem Maß der **Gefahrenintensität** entscheidende Bedeutung zukommt (eingehend MüKo-StGB/*Kretschmann*, § 68 Rn 11 ff.). Dementsprechend wird das Gericht trotz Vorliegens der Voraussetzungen nach § 68 Abs. 1 StGB auf die Maßregel verzichten, wenn weniger einschneidende Maßnahmen auf den Täter einwirken, um die Gefahr beseitigen zu können. Die nähere Ausgestaltung der Maßregel liegt ebenfalls im Ermessen des Gerichts, wobei dies zugleich mit der Anordnung nach §§ 68a bis 68c StGB geschehen (§ 268a Abs. 2 StGB) oder einer späteren Entscheidung überlassen bleiben (§ 68d Abs. 1 StGB) kann (→ *Führungsaufsicht, Verfahren,* Teil B Rdn 604).

☝ Ist **nur** mit **Bagatelldelikten** zu **rechnen**, ist die Anordnung der Führungsaufsicht in der Regel unter Berücksichtigung von § 62 StGB unzulässig (*Fischer*, § 68 Rn 5; Tübinger Kommentar/*Kinzig*, § 68 Rn 6; *Herrmann* StRR 2013, 408, 409). Auch eine **Strafaussetzung** zur **Bewährung** mit Maßnahmen nach den §§ 56a ff. StGB und eine Bewährungshilfeunterstellung nach § 56d StGB kann das Absehen von der Anordnung der Führungsaufsicht rechtfertigen (Tübinger Kommentar/*Kinzig*, § 68 Rn 9). Selbst bei der Verhängung mehrjähriger Freiheitsstrafen kann die Anordnung der Führungsaufsicht entbehrlich sein, weil dann entweder bei einer Strafaussetzung nach § 57 StGB Bewährungsmaßnahmen nach den §§ 56a ff. StGB greifen oder bei Vollverbüßung gem. § 68f StGB die Führungsaufsicht schon von Gesetzes wegen eintritt (BGHR StGB § 256 Führungsaufsicht 1; *Fischer*, § 68 Rn 6).

Siehe auch: → *Führungsaufsicht, Allgemeines,* Teil B Rdn 484 m.w.N.

558 Führungsaufsicht, Jugendliche/Heranwachsende

Das Wichtigste in Kürze:

1. Sämtliche Regeln des Führungsaufsichtsrechts finden auch im Jugendstrafrecht Anwendung, wobei jedoch dem im Jugendstrafrecht vorherrschenden Erziehungsgedanken im Rahmen der Verhältnismäßigkeit besonders Rechnung zu tragen ist.
2. Im Fall der Vollverbüßung genügt für die Anordnung der Führungsaufsicht eine Einheitsjugendstrafe von einem bzw. zwei Jahren.
3. Zuständig für Vollstreckungsmaßnahmen im Zusammenhang mit der Führungsaufsicht ist grds. der Jugendrichter als Vollstreckungsleiter.

559 **Literaturhinweise:** S.a. die Hinw. bei → *Führungsaufsicht, Allgemeines*, Teil B Rdn 484.

560 **1.a)** Sämtliche **Regeln des Führungsaufsichtsrechts** finden auch im **Jugendstrafrecht Anwendung**. So normiert § 7 Abs. 1 JGG, dass als Maßregeln der Besserung i.S.d. allgemeinen Strafrechts u.a. die Führungsaufsicht angeordnet werden kann. Vor diesem Hintergrund ist die gerichtliche Anordnung nach § 68 Abs. 1 StGB sowie die kraft Gesetzes eintretende Führungsaufsicht, insbesondere nach Entlassung aus der psychiatrischen Klinik oder der Entziehungsanstalt, auch bei Jugendlichen und Heranwachsenden möglich, zumal § 7 JGG die §§ 67b Abs. 2, 67c, 67d Abs. 2 bis Abs. 6 und § 68f StGB unberührt lässt

(Tübinger Kommentar/*Kinzig*, § 68 Rn 15; MüKo-StGB/*Laue*, § 7 JGG Rn 17). Die Vorschriften über Eintritt, Beendigung, Ruhen sowie Dauer der Führungsaufsicht gelten ebenfalls für Jugendliche und Heranwachsende; insofern bestehen **keine Besonderheiten**.

b) Die Vorschrift des **§ 7 Abs. 1 JGG** bezieht sich trotz seines missverständlichen Wortlauts (**„angeordnet werden"**) nicht ausschließlich auf die richterliche Anordnung nach § 7 Abs. 1 JGG, sondern umfassend auf § 61 Nr. 4 StGB (BVerfG NStZ-RR **2008**, 217 f.; LG Berlin NStZ 2009, 46, 47; Tübinger Kommentar/*Kinzig*, § 68 Rn 15). Daher kann auch nach **Vollverbüßung** einer Einheitsjugendstrafe **Führungsaufsicht eintreten**. 561

c) Sofern in § 7 Abs. 1 JGG weiter davon die Rede ist, dass Maßregeln angeordnet werden **„können"**, dient dies lediglich der Klarstellung, dass nur diese Maßregeln angeordnet werden dürfen (so MüKo-StGB/*Laue*, § 7 JGG Rn 7). Ob im Einzelfall eine Maßregel zu verhängen ist, bestimmt sich also gem. § 7 Abs. 1 JGG ausschließlich nach den Regeln des allgemeinen Strafrechts. Ein Ermessen kommt dem Gericht nur dort zu, wo es im allgemeinen Strafrecht vorgesehen ist. Soweit also kein Ermessen besteht, erlaubt auch § 7 JGG dem Richter nicht, von der Anordnung von Maßregeln und damit von der Führungsaufsicht abzusehen, obwohl deren im StGB genannten Voraussetzungen erfüllt sind. Gleichwohl ist im Jugendstrafverfahren besonders eingehend und sorgfältig zu prüfen, ob diese Maßregeln erforderlich sind oder eine weniger einschneidende Maßnahme ausreicht. Dies folgt aus dem **Verhältnismäßigkeitsgrundsatz** (MüKo-StGB/*Laue*, § 7 JGG Rn 8) sowie aus dem im Jugendstrafrecht vorherrschenden und an den Zielen von Schutz, Förderung und Integration des Jugendlichen ausgerichteten **Erziehungsgedanken** (BVerfG NStZ-RR 2008, 217, 218; LG Berlin NStZ 2010, 286; Tübinger Kommentar/*Kinzig*, § 68 Rn 15). Das jugendliche Alter des Täters und seine spezifische Lebenssituation wirken sich insbesondere bei Prognoseentscheidungen im Rahmen der Ausgestaltung der Führungsaufsicht aus (BVerfG NStZ-RR 2008, 217, 218; LG Berlin NStZ 2010, 286). Insbesondere sollte eine **Gefährlichkeitsprognose zurückhaltend** ausfallen, weil aufgrund der kurzen Biografie Voraussagen über zukünftige Entwicklung des Jugendlichen weniger valide sind (MüKo-StGB/*Laue*, § 7 JGG Rn 8). So ist etwa bei einer zur Bewährung ausgesetzten Freiheitsstrafe zu prüfen, ob nicht schon durch die Unterstellung unter die Aufsicht und Leitung eines Bewährungshelfers (§ 24 JGG) und durch Weisungen (§ 23 JGG) der Gefahr weiterer Straftaten wirksam begegnet werden kann (LG Berlin NStZ 2010, 286). Auch soweit Jugendstrafen nicht zur Bewährung ausgesetzt werden, ist zu prüfen, ob statt der Führungsaufsicht etwa die Weisung ausreicht, sich der Betreuung oder Aufsicht einer bestimmten Person zu unterstellen (§ 10 Abs. 1 S. 3 Nr. 5 JGG; so MüKo-StGB/*Laue*, § 7 JGG Rn 18). 562

2. Soweit die Führungsaufsicht von der Verwirkung einer Freiheitsstrafe von **mindestens sechs Monaten** abhängig ist (§ 68 Abs. 1 StGB), können auch entsprechende Jugendstrafen diese Voraussetzung erfüllen. Hinsichtlich der Voraussetzungen der **Vollverbüßung** eines **mindestens zweijährigen Freiheitsentzugs** wegen vorsätzlicher Straftaten oder von **mindestens einem Jahr** wegen Sexualstraftaten (§ 68f StGB) bei Jugendlichen **genügt** gem. § 31 JGG eine **Einheitsjugendstrafe** von einem bzw. zwei Jahren (BVerfG NStZ-RR 2008, 217, 218 m. Anm. *Sommerfeld*, NStZ 2009, 247; LG Berlin NStZ 2009, 46; ferner zum früheren Streitstand *Fiebrandt*, ZJJ 2008, 278; *Neubacher*, ZJJ 2010, 378, 381; *Ostendorf*, ZJJ 2010, 199, 200; *Pollähne*, ZJJ 2008, 4). Entscheidend ist hierbei, dass der Verurteilte aufgrund der Vollverbüßung und der infolge ausgebliebener Strafrestaussetzung ungünstigen Prognose nach der Entlassung der Hilfe bedarf (*Ostendorf*, § 7 Rn 14). 563

3. Zuständig für Vollstreckungsmaßnahmen im Zusammenhang mit der Führungsaufsicht ist gem. **§ 82 Abs. 1 JGG, § 54a StrVollstrO** grds. der für die Vollzugseinrichtung jeweils zuständige Jugendrichter als **Vollstreckungsleiter** (*Eisenberg/Kölbel*, § 7 Rn 62), da dieser nach § 83 Abs. 1 JGG auch im Bereich des Maßregelvollzuges die Aufgaben wahrnimmt, die gem. § 463 StPO der Strafvollstreckungskammer zugewiesen sind – mithin auch die Vollstreckung der Maßregeln wie der Führungsaufsicht. 564

Siehe auch: → *Führungsaufsicht, Allgemeines*, Teil B Rdn 484 m.w.N.; → *Jugendliche, Vollstreckung, Allgemeines*, Teil B Rdn 739 m.w.N.

565 # Führungsaufsicht, Rechtsschutz

Das Wichtigste in Kürze:

1. Gegen die in den Fällen der § 68a bis § 68d StGB zu treffenden Entscheidungen ist die Beschwerde nach § 463 Abs. 2 StPO i.V.m. § 453 Abs. 2 StGB und im Hinblick auf die Entscheidungen nach §§ 68e, 68f StGB gem. § 463 Abs. 3 S. 1 StPO i.V.m. § 454 Abs. 3 S. 1 StPO die sofortige Beschwerde das statthafte Rechtsmittel.
2. Inhaltlich kann eine Beschwerde, die sich gegen die Ausgestaltung der Führungsaufsicht richtet, im Hinblick auf die Regelung in § 453 Abs. 2 S. 2 StPO nur darauf gestützt werden, dass die vom Gericht getroffenen Regelungen gesetzeswidrig, nicht indes zweckwidrig sind.
3. Gegen einzelne Maßnahmen der Aufsichtsstelle oder des Bewährungshelfers kann der Verurteilte das Gericht anrufen, welches durch Beschluss nach §§ 463 Abs. 2 i.V.m. § 453 Abs. 1 StPO entscheidet.

566 **Literaturhinweise:** S.a. die Hinw. bei → *Führungsaufsicht, Allgemeines*, Teil B Rdn 484.

567 **1.a)** Die **richterliche Anordnung** der **Führungsaufsicht** nach **§ 68 Abs. 1 StGB** erfolgt im Urteil neben der Verhängung der Strafe und ist zu begründen. Sie ist mit dem gegen das Urteil statthaften Rechtsmittel – etwa der Berufung oder Revision – **selbstständig anfechtbar;** dabei gilt das Verbot der reformatio in peius (MüKo-StGB/*Kretschmann*, § 68 Rn 18).

568 **b)** Im Rahmen der nach **§ 68a StGB** zu treffenden Entscheidungen ergeht die **Bestellung eines Bewährungshelfers** durch **Beschluss** nach § 268a Abs. 2 StPO. Da diese zwingend vorgeschrieben ist, kann sie als solche niemals „gesetzwidrig" i.S.v. § 305a Abs. 1 StPO sein.

569 **c)** Gegen **Weisungen**, die gem. **§ 68b StGB** innerhalb der Führungsaufsicht – auch nachträglich – erteilt werden (→ *Führungsaufsicht, Weisungen,* Teil B Rdn 637), ist die **Beschwerde** nach **§§ 463 Abs. 2, 453 Abs. 2 StPO** zulässig (OLG Bamberg NStZ 2013, 531; OLG Köln, Beschl. v. 14.11.2011 – 2 Ws 688/11, Rn 9). Der Verurteilte hat dabei das Gericht anzurufen, das mit der Führungsaufsicht befasst ist und die Weisung erteilt hat. **Lehnt** die Strafvollstreckungskammer in einer Entscheidung über die Führungsaufsicht die Erteilung der von der Staatsanwaltschaft beantragten **Weisungen** nach § 68b StGB **ab**, so kann ebenfalls die **Staatsanwaltschaft** Beschwerde einlegen (OLG Karlsruhe StV 2011, 296; zur Beschwerde *Burhoff*, EV, Rn 1164ff, und Burhoff/Kotz/*Hillenbrand*, RM, Teil A: Rn 400 ff.).

570 **d)** Die die **Dauer** der Führungsaufsicht betreffenden Entscheidungen gem. § 68c StGB (siehe dazu → *Führungsaufsicht, Dauer,* Teil B Rdn 507) sind im Falle ihrer Gesetzwidrigkeit ebenfalls mit der **Beschwerde** im Rahmen der **§§ 463 Abs. 2, 453 Abs. 2 StPO** anfechtbar (OLG Dresden, Beschl. v. 12.12.2008 – 2 Ws 380/08; OLG Jena, Beschl. v. 23.4.2013 – 1 Ws 106/13; zur Beschwerde *Burhoff*, EV, Rn 1164ff, und Burhoff/Kotz/*Hillenbrand*, RM, Teil A: Rn 400 ff.). Auch die Ablehnung des Antrags auf (nachträgliche) Verkürzung der Dauer der Führungsaufsicht ist lediglich mit der (fristlosen) Beschwerde anfechtbar (OLG Frankfurt, Beschl. v. 22.2.2005, 3 Ws 151/05 m.w.N.; OLG Nürnberg, Beschl. v. 2.12.2024 – Ws 1006/24 in Abkehr von seiner bisherigen gegenteiligen Rspr.; *Schmitt/Köhler*, § 453 Rn 11).

571 **e)** Auch **nachholende Entscheidungen** gem. **§ 68d StGB** sind mit der Beschwerde im Umfange der §§ 463 Abs. 2, 453 Abs. 2 StPO anfechtbar (OLG Frankfurt NStZ-RR 2011, 63; Tübinger Kommentar/*Kinzig*, § 68d Rn 8). Ebenso wie bei den Weisungen nach § 68b StGB und den Entscheidungen nach § 68c StGB kann die Beschwerde nur darauf gestützt werden, dass die getroffene Anordnung gem. § 453 Abs. 2 S. 2 StPO mit dem Gesetz nicht im Einklang steht (zur Beschwerde *Burhoff*, EV, Rn 1164ff, und Burhoff/Kotz/*Hillenbrand*, RM, Teil A: Rn 400 ff.).

f) Gegen **Entscheidungen** nach **§ 68e StGB** (→ *Führungsaufsicht, Beendigung/Ruhen,* Teil B Rdn 490) – insbesondere gegen die Ablehnung der vorzeitigen Aufhebung – ist gem. § 463 Abs. 3 S. 1 StPO i.V.m. § 454 Abs. 3 S. 1 StPO die **sofortige Beschwerde** eröffnet (MüKo-StGB/*Kretschmann*, § 68e Rn 25; Tübinger Kommentar/*Kinzig*, § 68e Rn 17; zur sofortigen Beschwerde *Burhoff*, EV, Rn 4289ff; Burhoff/Kotz/*Hillenbrand*, RM, Teil A Rn 550 ff.). Der in § 454 Abs. 3 S. 2 StPO normierte Suspensiveffekt ist bei der Führungsaufsicht bedeutungslos, da die Wirkungen einer Aufhebung von Maßregeln erst mit Rechtskraft der Entscheidung eintreten. 572

g) Im Hinblick auf die im Rahmen des **§ 68f StGB** getroffenen **Entscheidungen** (→ *Führungsaufsicht, Eintritt,* Teil B Rdn 534) ist wie folgt zu **differenzieren**: 573

aa) Trifft das Gericht **keine Anordnung** zum Entfallen der Maßregel nach § 68f Abs. 2 StGB, tritt unter den Voraussetzungen des § 68f Abs. 1 StGB Führungsaufsicht von Gesetzes wegen ein. Dennoch ist es angezeigt, dass das Gericht einen Beschluss fasst, in dem der Eintritt der Führungsaufsicht festgestellt wird. Dieser ist zwar im Hinblick auf die festgestellte Rechtsfolge nur deklaratorisch; damit stellt jedoch das Gericht zugleich klar, dass es eine Anordnung nach § 68f Abs. 2 StGB ablehnt (OLG Hamm NStZ 1996, 337; MüKo-StGB/*Kretschmann*, § 68f Rn 20). Hiergegen – nicht indes gegen die Ausgestaltung der Führungsaufsicht (siehe oben Rdn 568–571) – ist gem. §§ 463 Abs. 3 S. 1, 454 Abs. 3 S. 1 StPO das Rechtsmittel der **sofortigen Beschwerde** statthaft; ausgenommen sind Entscheidungen des OLG (BGHSt 30, 250; OLG Hamm, Beschl. v. 21.6.2012 – 2 Ws 190/12; Tübinger Kommentar/*Kinzig*, § 68f Rn 14; zur sofortigen Beschwerde *Burhoff*, EV, Rn 4289 ff.; Burhoff/Kotz/*Hillenbrand*, RM, Teil A Rn 550 ff.). 574

Zur Wirksamkeit eines Rechtsmittelverzichts in diesem Zusammenhang vgl. OLG Hamm, Beschl. v. 17.1.2013 – 3 Ws 349/12.

bb) Ergeht demgegenüber im Beschlusswege entsprechend den §§ 463 Abs. 3, 454 Abs. 1 StPO die **Anordnung** zum Entfallen der Maßregel, kann die Staatsanwaltschaft den – nicht von einem OLG erlassenen – Beschluss gem. §§ 463 Abs. 3 S. 1, 454 Abs. 3 S. 1 StPO mit der **sofortigen Beschwerde** anfechten (MüKo-StGB/*Kretschmann*, § 68f Rn 21, zur sofortigen Beschwerde *Burhoff*, EV, Rn 4289ff; Burhoff/Kotz/*Hillenbrand*, RM, Teil A Rn 550 ff.). 575

2.a) Inhaltlich kann eine Beschwerde, die sich gegen die Ausgestaltung der Führungsaufsicht richtet, im Hinblick auf die Regelung in §§ 463 Abs. 2, 453 Abs. 2 S. 2 Alt. 1 StPO nur darauf gestützt werden, dass die vom Gericht getroffenen Regelungen **gesetzeswidrig** sind (OLG Bamberg StV 2012, 737; OLG Dresden StV 2010, 642; OLG Frankfurt NStZ-RR 2006, 327 f.; OLG Nürnberg NStZ 1999, 158 f.; *Schmitt/Köhler*, § 463 Rn 5). Das Beschwerdegericht hat daher **nur** die **Recht-** und **nicht** die **Zweckmäßigkeit** einer Weisung prüfen; es darf sein Ermessen nicht an die des Ausgangsgerichts stellen (OLG Jena StV 2008, 88; MüKo-StGB/*Kretschmann*, § 68b Rn 37 m.w.N.). Somit existiert ein nur eingeschränktes Nachprüfungsrecht (OLG Dresden StV 2010, 642; NStZ-RR 2008, 27), was auch im Hinblick auf Weisungen nach § 68b Abs. 2 StGB gilt (Tübinger Kommentar/*Kinzig*, § 68b Rn 26). Eine getroffene Anordnung ist dann gesetzeswidrig, wenn sie im Gesetz nicht vorgesehen, unverhältnismäßig oder unzumutbar ist oder sonst die Grenzen des eingeräumten Ermessens überschreitet (OLG Bamberg, StV 2012, 737–740). Außerdem kann eine Weisung gesetzeswidrig sein, wenn sie dem Bestimmtheitsgrundsatz nicht entspricht. Gleiches muss für den Fall gelten, dass eine Ausübung des Ermessens überhaupt nicht ersichtlich ist. Das Beschwerdegericht kann nur prüfen, ob die Weisungen in den tatbestandlich zutreffend angewendeten Vorschriften eine ausreichende Rechtsgrundlage haben, ob ein Ermessensmissbrauch vorliegt sowie ob der Verhältnismäßigkeitsgrundsatz und der Bestimmtheitsgrundsatz eingehalten wurden (*Schmitt/Köhler*, § 453 Rn 12 m.w.N.). Jede erteilte Weisung bedarf grds. einer auf den Einzelfall bezogenen Begründung, denn deren Anordnung belastet den Verurteilten. Ansonsten verbleibt es bei dem Grundsatz, die mit den Führungsaufsichtsanordnungen verbundene Ermessensentscheidung der ersten Instanz zu überlassen. Für die **Ablehnung einer Weisung** ist derselbe Prüfungsmaßstab einzusetzen, sodass 576 diese dann gesetzeswidrig ist, wenn eine Weisung im Gesetz vorgesehen, verhältnismäßig und zumutbar wäre und durch die Ablehnung die Grenzen des eingeräumten Ermessens überschritten werden.

577 Die Beschwerde kann vor diesem Hintergrund vor allem

- mit einer **unzureichenden Rechtsgrundlage** sowie mit **mangelnder Bestimmtheit** und **Unzumutbarkeit** (OLG Dresden StV 2010, 642; OLG Hamm MDR 1975, 1041; OLG Frankfurt NStZ-RR 2009, 27 f.) oder
- **Unverhältnismäßigkeit** einer Weisung (OLG Celle NStZ-RR 2010, 91, 92; OLG Dresden NStZ-RR 2008, 27; StV 2010, 642; OLG Jena StV 2008, 88) begründet werden (ferner *Schmitt/Köhler*, § 453 Rn 12).
- Zudem kann die Beschwerde auf **fehlerhafte** bzw. **unterlassene Ermessensausübung** bei der Auswahl und Ausgestaltung der Weisungen gestützt werden; fehlt diese, kann das Beschwerdegericht die Rechtmäßigkeit der Anordnung nicht prüfen (OLG Dresden NStZ 2008, 572).

☝ Im Übrigen kommen die Vorschriften und **Grundsätze** des **einfachen Beschwerdeverfahrens** uneingeschränkt zur Anwendung (OLG Karlsruhe StV 2010, 643; zur Beschwerde *Burhoff*, EV, Rn 1164ff, und Burhoff/Kotz/*Hillenbrand*, RM, Teil A: Rn 400 ff.).

Greift die Staatsanwaltschaft die Aussetzung einer Maßregel zur Bewährung mit der Begründung an, nur bei Erteilung bestimmter Auflagen oder Weisungen seien die Voraussetzungen für die Aussetzung erfüllt, und teilt das **Beschwerdegericht** diese Beurteilung, so kann es die Auflagen oder Weisungen **ohne** die **Beschränkung** nach §§ 453 Abs. 2 S. 2, 463 Abs. 2 StPO erteilen, da es insoweit um die Aussetzungsfrage selbst geht (OLG Hamm NStZ-RR 2022, 263;).

578 **b)** Die **nachträgliche Verlängerung der Führungsaufsicht** kann hingegen mit der Beschwerde **im vollen Umfange** zur Überprüfung des Beschwerdegerichts gestellt werden: Denn §§ 463 Abs. 2, 453 Abs. 2 S. 2 Alt. 2 StPO sieht explizit für die – ggf. auch unbefristete – Verlängerung der Führungsaufsicht eine Ausnahme von der beschränkten Nachprüfung durch das Beschwerdegericht vor (OLG Nürnberg, Beschl. v. 11.1.2019 – 2 Ws 855/18; OLG Stuttgart, Beschl. v. 2.12.1999 – 3 Ws 252/99). Einzig diese den Verurteilten besonders belastende Entscheidung – nicht hingegen eine Ablehnung der Verlängerung oder dergleichen – stellt das Gesetz zur umfassenden Überprüfung durch das Beschwerdegericht (KG Berlin, Beschl. v. 24.11.2020 – 5 Ws 209/20; OLG Nürnberg, Beschl. v 11.1.2019 – 2 Ws 855/18; OLG Stuttgart, Beschl. v. 2.12.1999 – 3 Ws 252/99; *Schmitt/Köhler*, § 453 Rn 11). Damit ist dem Beschwerdegericht z.B. im Rahmen einer Beschwerde gegen eine nachträgliche unbefristete Verlängerung der Führungsaufsicht nach § 68c Abs. 3 S. 1 StGB ein eigenes Ermessen eröffnet; denn angesichts des unbeschränkten Prüfungsumfangs tritt an die Stelle der von der Strafvollstreckungskammer getroffenen Ermessensentscheidung eine eigene Ermessensentscheidung des Beschwerdegerichts.

579 **3.a)** Gegen einzelne **Maßnahmen** der **Aufsichtsstelle** oder des **Bewährungshelfers** kann der Verurteilte das **Gericht anrufen**, welches durch Beschluss nach § 463 Abs. 2 i.V.m. § 453 Abs. 1 StPO entscheidet.

580 **b)** Die Anordnung der **polizeilichen Beobachtung** gem. **§ 463a Abs. 2 StPO** betrifft die Ausgestaltung der Führungsaufsicht, so dass für Entscheidungen über die Anfechtung dieser Anordnung mittels **Beschwerde** das nach § 68a StGB zur Durchführung der Führungsaufsicht berufene Gericht zuständig ist (OLG Brandenburg, Beschl. v. 30.4.2008 – 1 Ws 89/09; OLG München NStZ-RR 2007, 287; *Schmitt/Köhler*, § 463a Rn 11).

581 **c)** Der Verurteilte kann indes **Anweisungen** des Gerichts gem. **§ 68a Abs. 5 StPO** an die Aufsichtsstelle oder den Bewährungshelfer **nicht** mit der **Beschwerde** angreifen, da jene keine Entscheidungen i.S.d. § 453 StPO sind, sondern deren Vorbereitung dienen (OLG Köln, Beschl. v. 18.11.2005 – 2 Ws 576/05; Tübinger Kommentar/*Kinzig*, § 68a Rn 11). Es bleibt lediglich die Möglichkeit der Gegenvorstellung (zur Gegenvorstellung *Burhoff*, EV, Rn 2521ff; Burhoff/ *Hunsmann/Burhoff*, RM, Teil B; Rn 288ff).

Siehe auch: → *Führungsaufsicht, Allgemeines,* Teil B Rdn 484 m.w.N.

Führungsaufsicht, Strafbarkeit (§ 145a StGB) 582

Das Wichtigste in Kürze:

1. § 145a StGB soll sicherstellen, dass bestimmte Weisungen im Rahmen der Führungsaufsicht befolgt werden.
2. Der objektive Tatbestand verlangt, dass der Verurteilte während der Führungsaufsicht gegen eine qualifizierte Weisung der in § 68b Abs. 1 StGB bezeichneten Art verstößt und dadurch den Zweck der Maßregel gefährdet.
3. Eine Strafbarkeit nach § 145a StGB setzt nicht voraus, dass gem. § 268a Abs. 3 S. 2 StPO die Weisung mit der Belehrung über die Strafbewehrung versehen wurde.
4. Der subjektive Tatbestand erfordert vorsätzliches Handeln; bedingter Vorsatz reicht aus.
5. § 145a StGB ist ein Sonderdelikt; nur die unter Führungsaufsicht stehende Person, der die nichtbefolgte Weisung erteilt worden ist, kann Täter sein.
6. Orientierungsmaßstab bei der Strafbemessung ist die Schwere des Verstoßes gegen die Weisung sowie das Maß der hierdurch für den Maßregelzweck verursachten Gefahr.
7. Für die Verfolgung der Tat ist ein Strafantrag der Aufsichtsstelle (§ 68a StGB) erforderlich.
8. Verstöße gegen mehrere, voneinander verschiedene Weisungen stellen konkurrenzrechtlich grds. jeweils eigenständige Taten dar.

Literaturhinweise: Pollähne, Bestimmte Voraussetzungen der Strafbarkeit von Weisungsverstößen (§ 145a StGB), StV 2014, 161; s.a. die Hinw. bei → *Führungsaufsicht, Allgemeines*, Teil B Rdn 483 und bei → *Führungsaufsicht, Weisungen*, Teil B Rdn 637. 583

584 1. **Zweck** des Straftatbestandes nach § 145a StGB ist, **sicherzustellen**, dass bestimmte **Weisungen** im Rahmen der Führungsaufsicht **befolgt** werden (OLG Hamburg NJW 1985, 1232, 1233; *Groth* NJW 1979, 743). Ohne eine Strafsanktion für Verstöße gegen Weisungen würde die Führungsaufsicht entwertet, weil der Täter sie nicht ernst nähme (so Tübinger Kommentar/*Sternberg-Lieben/Steinberg*, § 145a Rn 1). Der Vorschrift liegt der Gedanke zugrunde, dass bereits die Gefährdung des Maßregelzwecks eine Gefahr für Rechtsgüter Dritter darstelle und insoweit ein Strafbedürfnis begründe (OLG Hamburg NJW 1985, 1232, 1233). Da die Norm insoweit tatbestandlich eine Gefährdung des Maßregelzwecks voraussetzt, stellt sie ein **konkretes Gefährdungsdelikt** dar (h.M. *Fischer*, § 145a Rn 2; a.A. SK-StGB/*Wolters*, § 145a Rn 2 f.). Ihre genaueren Konturen erhält die Vorschrift erst aufgrund der Weisung, die das Gericht einem Verurteilten gem. § 68b Abs. 1 StGB erteilt hat; § 145a StGB erweist sich demzufolge als eine **Blankettvorschrift** (BGHSt 58, 72, 75 m. Anm. *Deutscher* StRR 2013, 149; OLG Dresden StV 2010, 642; NStZ-RR 2008, 27, 28; 2008, 326, 327; Beschl. v. 10.9.2014 – 23 Ss 557/14; OLG Frankfurt NStZ-RR 2009, 27, 28; *Fischer*, § 145a Rn 6; MüKo-StGB/*Anstötz*, § 145a Rn 4; *Groth* NJW 1979, 743, 748; *Pollähne* StV 2014, 161, 162).

585 2. Der **objektive Tatbestand** verlangt, dass der Verurteilte während der Führungsaufsicht gegen eine qualifizierte Weisung der in § 68b Abs. 1 StGB bezeichneten Art verstößt und dadurch den Zweck der Maßregel gefährdet.

586 **a)** Der Verstoß muss sich **gegen** eine **bestimmte Weisung** richten (*Führungsaufsicht, Weisungen,* Teil B Rdn 637), die das Gericht gem. § 68b Abs. 1 S. 1 Nr. 1 bis Nr. 12 StGB erteilt hat. Verstöße gegen Weisungen nach § 68b Abs. 2 StGB unterliegen nicht der Strafbewehrung (OLG München NStZ 2010, 218, 219; Tübinger Kommentar/*Sternberg-Lieben/Steinberg*, § 145a Rn 4; *Fischer*, § 145a Rn 5; *Herrmann* StRR 2013, 408). Die betreffende Weisung muss wirksam ausgesprochen und noch gültig sein. Sie müssen in Ansehung des Bestimmtheitsgebots nach Art. 103 Abs. 2 GG zudem **inhaltlich eindeutig** gefasst und genauso umrissen sein wie der Tatbestand einer Strafnorm (BGHSt 58, 72, 74; 58, 136, 138 m. Anm. *Deutscher* StRR 2013, 268; KG JR 1987, 124; Tübinger Kommentar/*Sternberg-Lieben/Steinberg*, § 145a

Rn 4; *Lackner/Kühl/Heger/Heger*, § 145a Rn 2; *Fischer*, § 145a Rn 6). Der Betroffene muss exakt wissen und nicht erst aus dem Weisungszweck herleiten, was er zu tun und zu lassen hat, um abschätzen zu können, wann er die Verbotsgrenzen überschreitet (BGHSt 58, 136, 138; OLG München NStZ 2010, 218, 219; Tübinger Kommentar/*Sternberg-Lieben/Steinberg*, § 145a Rn 4; *Lackner/Kühl/Heger/Heger*, § 145a Rn 2). Weisungen, die diesen Anforderungen nicht gerecht werden, sind schon nicht geeignet, den objektiven Tatbestand des § 145a StGB in der erforderlichen Weise auszufüllen (KG JR 1987, 124; OLG München NStZ 2010, 218, 219; *Fischer*, § 145a Rn 6). So reicht es aufgrund der Vielgestaltigkeit der Lebensverhältnisse nicht aus, dass die Weisung nur den Gesetzeswortlaut des § 68b StGB wiedergibt, ohne sie individuell auf das jeweilige Verhalten und Lebensumstände des Betroffenen zuzuschneiden (MüKo-StGB/*Anstötz*, § 145a Rn 9).

587 **Unbestimmtheit** ist vor diesem Hintergrund etwa angenommen worden in folgenden

Beispielsfällen:

- Zu unbestimmt ist etwa die Verpflichtung nach **§ 68b Abs. 1 S. 1 Nr. 1 StGB**, den Wohn- oder Aufenthaltsort nicht ohne Erlaubnis der Führungsaufsichtsstelle zu verlassen, ohne den Aufenthaltsort konkret zu begrenzen (OLG Dresden, Beschl. v. 12.2.2008 – 2 Ws 12/08), und ohne genaue Festlegung, ab welcher Abwesenheitsdauer eine solche Erlaubnis einzuholen ist (OLG Jena NStZ-RR 2010, 189, 190).
- Nicht ausreichend ist zudem nach **§ 68b Abs. 1 S. 1 Nr. 2 StGB** die nur pauschale Umschreibung der zu meidenden Orte, etwa das Verbot, sich an „erfahrungsgemäß" straftatanreizenden Orten aufzuhalten (OLG Dresden StV 2010, 642; NStZ-RR 2008, 326, 327) oder sich bestimmten Personen oder Örtlichkeiten „räumlich zu nähern" (OLG Hamm, Beschl. v. 6.3.2014 – 2 Ws 38/14). Vielmehr müssen konkret umschriebene – wenn auch allgemein bezeichnete – Örtlichkeiten (z.B. „Kinderspielplatz", „Kindergarten", „Schule") benannt werden (BGHSt 58, 136, 139; BGH NStZ-RR 2014, 78; s.a. KG NStZ-RR 2014, 263).
- Gleiches gilt auch hinsichtlich der Weisung nach **§ 68b Abs. 1 S. 1 Nr. 3 StGB**, keinen Kontakt zu Angehörigen der „rechten Szene" aufzunehmen (OLG Jena, Beschl. v. 26.10.2009 – 1 Ws 431/09). Hinreichend bestimmt ist demgegenüber das Verbot, Kontakt zu Kindern und Jugendlichen (unter 16 Jahren) aufzunehmen (BGHSt 58, 136, 138; BGH NStZ-RR 2014, 78; OLG Dresden, Beschl. v. 10.9.2014 – 23 Ss 557/14).
- Zu unbestimmt sind Weisungen nach **§ 68b Abs. 1 S. 1 Nr. 5 StGB**, die nur von „Betäubungsmitteln i.S.d. BtMG" und von „Gegenständen zu deren Aufbereitung" sprechen, ohne letztere näher zu konkretisieren (OLG Dresden StV 2010, 642, 643).
- Soweit es – wie bei den Meldepflichten nach **§ 68b Abs. 1 S. 1 Nr. 7 StGB** – auf bestimmte Zeiten ankommt, müssen sie aus der Weisung klar hervorgehen und zumindest ein bestimmter Zeitraum oder der genaue Meldeturnus gerichtlich festgelegt sein (KG JR 1987, 124, 125; OLG Naumburg NStZ-RR 2010, 324; vgl. ferner *Pollähne* StV 2014, 161, 163). Die Anweisung, sich regelmäßig in der Sprechstunde des Bewährungshelfers einzufinden (OLG Bamberg StV 2012, 737 f.; OLG Jena StV 2008, 88; OLG Stuttgart NStZ 1990, 279 [wohl als Weisung nach § 68b Abs. 2 StGB]) genügt diesen Bestimmtheitsanforderungen ebenso wenig wie eine dahingehende Delegation einzelner Weisungsbefugnisse an den Bewährungshelfer (auch BGHSt 58, 72, 74; OLG München NStZ 2010, 218, 219; OLG Stuttgart, Beschl. v. 14.3.2014 – 5 Ss 89/14).

☝ Dagegen hat der 1. Strafsenat des BGH offengelassen, ob die Nichterfüllung einer Meldeweisung zu einem bestimmten, mit dem Bewährungshelfer abgesprochenen Zeitpunkt **außerhalb** des vom Gericht bestimmten Zeitraums tatbestandlich sein kann (BGHSt 58, 72, 75 f. m. Anm. *Deutscher* StRR 2013, 149; vgl. hierzu *Pollähne* StV 2014, 161, 163 f.).

- Nicht vereinbar mit dem Bestimmtheitsgebot ist gem. **§ 68b Abs. 1 S. 1 Nr. 8 StGB** die Weisung, bei jedem Wechsel der Wohnung oder des Arbeitsplatzes „vorher mit dem Bewährungshelfer Rücksprache zu nehmen" (OLG Hamm NStZ-RR 2011, 141).
- Bei der Kontrollweisung nach **§ 68b Abs. 1 S. 1 Nr. 10 StGB** ist es erforderlich, dass die Umstände der angeordneten Suchtmittelkontrolle wie etwa die Kontrollstelle, Art, Umfang, Häufigkeit, Kostentragungspflicht und der zeitliche Abstand der Kontrollen mitgeteilt werden (KG, Beschl. v. 22.1.2014 – 2 Ws 605/13; OLG Hamm, Beschl. v. 21.6.2012 – 2 Ws 190/12 und 191/12; Beschl. v. 8.5.2014 – 1 Ws 176/14; OLG München NJW 2010, 3527, 3528; OLG Koblenz NStZ-RR 2012, 61;OLG Rostock NStZ-RR 2011, 220; LG Bad Kreuznach, Urt. v. 1.10.2012 – 1044 Js 7523/11 Ds Ns).
- Entsprechendes gilt auch bei einer Kontaktweisung nach **§ 68b Abs. 1 S. 1 Nr. 11 StGB**. Insoweit muss genau festgelegt werden, zu welchen Zeiten sich der Klient bei welchem Arzt/Psychotherapeuten oder bei welcher bestimmten Stelle vorstellen muss (KG NStZ-RR 2008, 278).

☝ Dagegen steht eine Weisung noch nicht deswegen im Widerspruch zum Bestimmtheitsgebot, weil die **Dauer**, für die sie gelten soll, nicht angegeben worden ist. In einem solchen Fall ist davon auszugehen, dass sie für die ganze Dauer der Führungsaufsicht erteilt worden ist (so bereits Tübinger Kommentar/*Sternberg-Lieben/Steinberg*, § 145a Rn 4). Etwas anderes dürfte wohl im Hinblick auf § 68b Abs. 1 S. 1 Nr. 12 StGB [„elektronische Fußfessel"] gelten (OLG Rostock NStZ 2011, 521, 522 f.).

Schließlich muss die Erfüllung der Weisung **zumutbar** sein. Dementsprechend dürfen an die Lebensführung des Verurteilten keine überspannten Anforderungen gestellt werden, da sie ansonsten nicht mit § 68b Abs. 3 StGB vereinbar sind. Dies ist bei Weisungen der Fall, die gegen **uneinschränkbare Grundrechte verstoßen** oder sonst einen unzumutbaren Eingriff in die Lebensführung des Verurteilten enthalten (BGHSt 58, 136, 139 = BGH NJW 2013, 1894, 1895), wie etwa bei unangemessener Einschränkung der Fortbewegungsfreiheit oder überzogenen Kontaktverboten zu nächsten Angehörigen. Nicht tatbestandsrelevant sind außerdem untaugliche Weisungen, die von vornherein **rechtlich** oder **tatsächlich Unmögliches** von dem Betroffenen verlangen. Strittig war insoweit, ob bei einer unbehandelten oder nicht erfolgreich behandelten Alkohol- bzw. Drogensucht die Verhängung eines Konsumverbots gegenüber einem **langjährig suchtkranken** Verurteilten **unzumutbar** ist. Von der Zumutbarkeit einer Abstinenzweisung gemäß § 68b Abs. 1 S. 1 Nr. 10 StGB kann regelmäßig dann ausgegangen werden, wenn diese gegenüber einer ohne weiteres zum Verzicht auf den Konsum von Suchtmitteln fähigen Person angeordnet wird und im Falle des erneuten Alkohol- oder Suchtmittelkonsums mit der Begehung erheblicher, die Sicherheitsinteressen der Allgemeinheit betreffender Straftaten zu rechnen ist. (BVerfG, Beschl. v. 30.3.2016 – 2 BvR 496/12). Keine Bedenken bestehen somit gegen eine Abstinenzweisung, wenn lediglich mangelnde Willensstärke oder charakterliche Labilität einen Weisungsverstoß befürchten lassen (OLG Hamm, Beschl. v. 10.1.2013, III-5 Ws 358/12 unter Verweis auf OLG München, Beschl. v. 9.7.2010, 2 Ws 571/10; OLG Nürnberg, Beschl. v. 6.12.2024 – Ws 838/24). Demgegenüber beinhaltet die Abstinenzweisung für einen nicht- oder erfolglos therapierten langjährigen Suchtkranken eine deutlich schwerere Belastung. In diesen Fällen ist eine Abwägung unter Berücksichtigung der besonderen Umstände des jeweiligen Einzelfalls erforderlich. Dabei sind insbesondere die Fragen, in welchem Umfang überhaupt die Aussicht besteht, die mit einer Abstinenzweisung verfolgten Zwecke zu erreichen, ob und inwieweit der Suchtkranke sich (wenn auch erfolglos) Therapieangeboten geöffnet hat und welche Straftaten im Falle weiteren Suchtmittelkonsums zu erwarten sind, in die Abwägung einzustellen (BVerfG, Beschl. v. 30.3.2016, 2 BvR 496/12; eingehend hierzu MüKo-StGB/*Kretschmann*, § 68b Rn 22 m.w.N.; Tübinger Kommentar/*Kinzig*, § 68b Rn 14a). Rechtlich unmöglich ist ferner die Verpflichtung des Probanden zur Teilnahme an einem „Runden Tisch" mit einer im Bundesland bislang nicht eingerichteten „Forensischen Ambulanz" (OLG Dresden, Beschl. v. 8.6.2011 – 2 Ws 282/11). 588

☝ Bloße **Unzweckmäßigkeit** von Weisungen nimmt ihnen dagegen **nicht** die Tatbestandsqualität; in solchen Fällen kann jedoch die weitere Strafbarkeitsvoraussetzung der Gefährdung des Maßregelzwecks entfallen (OLG Dresden, Beschl. v. 10.9.2014 – 23 Ss 557/14; OLG Rostock NStZ-RR 2014, 79; Tübinger Kommentar/*Sternberg-Lieben/Steinberg*, § 145a Rn 5).

589 **b)** Ein **Verstoß** gegen Weisungen liegt vor, wenn der Verurteilte die ihm auferlegten **Weisungen nicht** oder nur **unvollkommen erfüllt** (BGHSt 58, 72, 74; Tübinger Kommentar/*Sternberg-Lieben/Steinberg*, § 145a Rn 7; *Herrmann* StRR 2013, 408). Dies kann auch durch ein pflichtwidriges **Unterlassen** geschehen, wobei § 13 StGB nicht gilt (MüKo-StGB/*Anstötz*, § 145a Rn 13).

590 Nur ein Verstoß **während der laufenden Führungsaufsicht** ist tatbestandsrelevant. Das eine Weisung nicht beachtende Verhalten vor Beginn der Führungsaufsicht reicht damit ebenso wenig aus wie ein Verhalten nach ihrer Beendigung. Bezieht sich die Weisung auf eine kürzere Zeit als die Dauer der Führungsaufsicht, so ist der erstgenannte Zeitraum maßgebend (Tübinger Kommentar/*Sternberg-Lieben/Steinberg*, § 145a Rn 7; zum tatbestandlichen Zeitraum vgl. ferner BGHSt 58, 72, 75 f. = BGH NJW 2013, 710, 711). Dagegen kann die Zuwiderhandlung gegen eine Weisung auch in einer Zeit begangen werden, die gem. § 68c Abs. 4 S. 2 StGB nicht in die Dauer der Führungsaufsicht eingerechnet wird (zutreffend MüKo-StGB/*Anstötz*, § 145a Rn 14). Wird allerdings der Verurteilte zusätzlich aufgrund behördlicher Anordnung in einer Anstalt verwahrt, ruhen die spezifischen Einwirkungsmöglichkeiten der Führungsaufsicht (§ 68e Abs. 1 S. 2 StGB), weshalb ein etwaiger **Verstoß** in der **Zeit** der **Anstaltsverwahrung**, soweit er überhaupt möglich ist, **nicht** unter **§ 145a StGB** fallen kann (*Fischer*, § 145a Rn 4; MüKo-StGB/*Anstötz*, § 145a Rn 14; Tübinger Kommentar/*Sternberg-Lieben/Steinberg*, § 145a Rn 7). Gleiches gilt für das Nebeneinander von Führungsaufsicht und Bewährungsaufsicht wegen derselben Tat, wenn nach § 68g Abs. 2 StGB gerichtlich das **Ruhen** der **Führungsaufsicht** angeordnet worden ist (*Fischer*, § 145a Rn 4; MüKo-StGB/*Anstötz*, § 145a Rn 14).

591 **c)** Der Verstoß gegen eine Weisung muss den **Zweck** der Maßregel **konkret gefährden** (OLG Rostock NStZ-RR 2012, 222; *Fischer*, § 145a Rn 8). Da dieser Zweck darin besteht, gefährliche oder gefährdete Täter von weiteren Straftaten abzuhalten, ist für die Gefährdungsfrage darauf abzustellen, ob Tatsachen die **Wahrscheinlichkeit erhöhen**, dass der Betreffende **weitere Straftaten** begeht (BGHSt 58, 72, 76; OLG Stuttgart, Beschl. v. 14.3.2014 – 5 Ss 89/14; ähnlich *Lackner/Kühl/Heger/Heger*, § 145a Rn 3; *Groth* NJW 1979, 743, 746). Es muss – im Sinne eines Kausalzusammenhangs („dadurch") – nachgewiesen werden, dass die **Befolgung** der betreffenden **Weisung** im konkreten Fall **geeignet** gewesen wäre, die **Gefährdung** des Maßregelzwecks zu **verringern** oder gar ganz abzuwenden (*Fischer*, § 145a Rn 9; ähnlich Tübinger Kommentar/*Sternberg-Lieben/Steinberg*, § 145a Rn 8; noch weitergehend MüKo-StGB/*Anstötz*, § 145a Rn 15, wonach es ausreicht, dass der Täter durch den Weisungsverstoß in die Versuchung zur Begehung neuer Straftaten geraten könnte). Bei dieser Feststellung ist der **Zweifelssatz** zu **beachten** (OLG Stuttgart, Beschl. v. 14.3.2014 – 5 Ss 89/14). Nicht ausreichend ist hingegen die (abstrakte) Besorgnis bzw. Gefahr weiterer Weisungsverstöße (KG StRR 2008, 231). Andernfalls erschöpfte sich die Strafbarkeit nach § 145a StGB in dem bloßen Weisungsverstoß.

592 Weil der Weisungsverstoß den Zweck der Führungsaufsicht gefährden muss, ist ein tatbestandliches Verhalten bereits dann **nicht** gegeben, wenn der Täter aus anerkennenswerten Gründen handelt, insbesondere ein **Rechtfertigungs-** oder **Entschuldigungsgrund** vorliegt (*Fischer*, § 145a Rn 11; Tübinger Kommentar/*Sternberg-Lieben/Steinberg*, § 145a Rn 8): Wer angewiesen worden ist, sich von Kinderspielplätzen fernzuhalten, gefährdet nicht den Zweck der Führungsaufsicht, wenn er einen Kinderspielplatz betritt, um sein dort in Gefahr geratenes Kind fortzubringen (so etwa Tübinger Kommentar/*Sternberg-Lieben/Steinberg*, § 145a Rn 8). An der erforderlichen Gefährdung durch Missachtung einer Weisung fehlt es aus Gründen der Verhältnismäßigkeit ferner in der Regel bei **geringfügigen Verstößen** (OLG Rostock NStZ-RR 2012, 222; *Fischer*, § 145a Rn 8; § 145a Rn 9; MüKo-StGB/*Anstötz*, § 145a Rn 16; Tübinger Kommentar/*Sternberg-Lieben/Steinberg*, § 145a Rn 8), etwa bei „formalen Gehorsamsverstößen"

(BGH NStZ-RR 2008, 277) oder einmaliger Zuwiderhandlung aus menschlicher Schwäche (*Herrmann* StRR 2013, 408, 409). Handelt es sich demgegenüber um einen **gröblichen** oder **beharrlichen Verstoß**, so geht damit zumeist eine **Gefährdung** des **Maßregelzwecks** einher (*Fischer*, § 145a Rn 7), es sei denn, die nicht befolgte Weisung war zur Erreichung des Maßregelzwecks unzweckmäßig (Tübinger Kommentar/*Sternberg-Lieben/Steinberg*, § 145a Rn 8). Auch bei Nichtbeachtung der Weisung, einen **Wohnortwechsel** zu **melden**, kann sich eine Gefährdung des Maßregelzwecks ergeben, vor allem dann, wenn der Verurteilte sich zugleich seinem **Bewährungshelfer entzieht** oder sich hierdurch die **sozialen Rahmenbedingungen nachteilig** verändern (LG Bielefeld, Beschl. v. 26.11.1991 – 6 Ns 27 Ds 41 Js 758/89).

Es ist keine Schuldspruchvoraussetzung, dass die Gefährdung des Maßregelzweckes noch im Zeitpunkt der Verurteilung besteht; **maßgebend** für das **Gefährdungsmoment** ist allein die **Tatzeit** (*Fischer*, § 145a Rn 8; Tübinger Kommentar/*Sternberg-Lieben/Steinberg*, § 145a Rn 8; *Groth* NJW 1979, 743, 746; a.A. SK-StGB/*Wolters*, § 145a Rn 14). Sein Wegfall kann aber die Rücknahme des Strafantrags nahelegen (Tübinger Kommentar/*Sternberg-Lieben/Steinberg*, § 145a Rn 8).

3. Nicht erforderlich ist, dass die Weisung richtig ausgesprochen wurde. Eine **Strafbarkeit** nach § 145a StGB setzt also **nicht voraus**, dass gem. § 268a Abs. 3 S. 2 StPO die Weisung mit der **Belehrung** über die Strafbewehrung versehen wurde (*Fischer*, § 145a Rn 7; MüKo-StGB/*Anstötz*, § 145a Rn 12). Unterbleibt diese Belehrung, so kann dies allenfalls Bedeutung für einen etwaigen **Verbotsirrtum** erlangen (*Herrmann* StRR 2013, 408, 409). 593

4.a) Der **subjektiveTatbestand** erfordert vorsätzliches Handeln; bedingter Vorsatz reicht aus (*Fischer*, § 145a Rn 10; Tübinger Kommentar/*Sternberg-Lieben/Steinberg*, § 145a Rn 9). Die Zuwiderhandlung gegen eine **tatbestandsausfüllende Weisung** muss ebenso vom Vorsatz umfasst sein wie die **Gefährdung** des **Maßregelzwecks** (KG StRR 2008, 231; OLG Hamburg NJW 1985, 1232, 1233). Letztere ist damit nicht bloße objektive Bedingung der Strafbarkeit (so aber *Pollähne* StV 2014, 161, 165). Der Täter muss nicht nur zumindest bedingt wissen, dass er gegen eine qualifizierte Weisung im angegebenen Sinne verstößt, sondern auch billigend in Kauf nehmen und sich in laienhafter Parallelwertung (*Groth* NJW 1979, 743, 748) bewusst sein, ohne Befolgung der Weisung erneut in Versuchung zu geraten, weitere Straftaten zu begehen (OLG Hamburg NJW 1985, 1232, 1233; Tübinger Kommentar/*Sternberg-Lieben/Steinberg*, § 145a Rn 9). Andererseits ist es nicht erforderlich, dass der Täter die Hintergründe kennt, weshalb das Gericht ihm gerade die Weisung, der er zuwiderhandelt, erteilt hat (OLG Hamburg NJW 1985, 1232, 1233; Tübinger Kommentar/*Sternberg-Lieben/Steinberg*, § 145a Rn 9). 594

b) Geht der Täter davon aus, dass der Verstoß gegen Weisungen einem Handeln aus anerkennenswerten Gründen zugrunde liegt, handelt er in einem **Tatbestandsirrtum**, der den Vorsatz entfallen lässt. Dagegen kommt ein – in der Regel vermeidbarer – **Verbotsirrtum** in Betracht, wenn der Täter nicht weiß (z.B. mangels Belehrung gem. § 268a Abs. 3 S. 2 StPO), dass ein Verstoß gegen die Weisung strafrechtlich verboten ist. 595

5. § 145a StGB ist ein **Sonderdelikt** (MüKo-StGB/*Anstötz*, § 145a Rn 8). Nur die unter Führungsaufsicht stehende Person, der die nichtbefolgte Weisung erteilt worden ist, kann Täter sein (*Fischer*, § 145a Rn 4; Tübinger Kommentar/*Sternberg-Lieben/Steinberg*, § 145a Rn 3). Die Beschränkung des Täterkreises ergibt sich hierbei nicht aus personalen Momenten, sondern aus den besonderen Gefahren eines bestimmten anfälligen Täterkreises, mithin aus rechtsgutsbezogenen Erwägungen, so dass **Teilnahme** nach allgemeinen Regeln **möglich** ist; § 28 Abs. 1 StGB gilt insoweit nicht (str., wie hier Tübinger Kommentar/*Sternberg-Lieben/Steinberg*, § 145a Rn 3; *Lackner/Kühl/Heger/Heger*, § 145a Rn 1; a.A. *Fischer*, § 145a Rn 4; MüKo-StGB/*Anstötz*, § 145a Rn 8). 596

6. Orientierungsmaßstab bei der **Strafbemessung** ist die **Schwere** des **Verstoßes** gegen die Weisung sowie das **Maß** der hierdurch für den Maßregelzweck verursachten **Gefahr** (*Fischer*, § 145a Rn 12). Allerdings ist in der Praxis festzustellen, dass auch bei schweren bzw. mehrfachen Verstößen das gesetzliche Höchstmaß nicht annähernd ausgeschöpft wird. 597

598 **7.** Für die Verfolgung der Tat ist ein **Strafantrag** der **Aufsichtsstelle** (§ 68a StGB) erforderlich. Diese Bestimmung soll sicherstellen, dass die Strafverfolgung nur als letztes Mittel zur Anwendung kommt, um auf den unter Führungsaufsicht stehenden Verurteilten, der sich den Resozialisierungsbemühungen entgegenstellt, einzuwirken (OLG Rostock NStZ-RR 2012, 222; Tübinger Kommentar/*Sternberg-Lieben/Steinberg*, § 145a Rn 10). Um eine sachgerechte Entscheidung treffen zu können, hat die Aufsichtsstelle vor Antragstellung den **Bewährungshelfer** gem. § 68a Abs. 6 StGB zu **hören** (Tübinger Kommentar/*Sternberg-Lieben/Steinberg*, § 145a Rn 10). Für die Wirksamkeit des Strafantrags ist es jedoch ohne Belang, ob mit dem Bewährungshelfer ein Einvernehmen über die Notwendigkeit des Antrags hergestellt worden ist; sie hängt nicht einmal davon ab, dass die Aufsichtsstelle den Bewährungshelfer überhaupt gehört hat (str., wie hier Tübinger Kommentar/*Sternberg-Lieben/Steinberg*, § 145a Rn 10; ferner *Fischer*, § 145a Rn 13; MüKo-StGB/***Anstötz***, § 145a Rn 23; a.A. KG StV 2014, 144; *Polláhne* StV 2014, 161, 163 m.w.N.). Im Übrigen sind für den Antrag die §§ 77 ff. StGB maßgebend (*Fischer*, § 145a Rn 13). Er kann gem. § 77d StGB bis zum rechtskräftigen Abschluss des Strafverfahrens zurückgenommen werden.

599 **8.** Im Hinblick auf das **Konkurrenzverhältnis** stellen Verstöße gegen mehrere, voneinander **verschiedene Weisungen** grds. jeweils **eigenständige Taten** dar und sind nicht bereits nach § 145a StGB zu einer Tat zusammenzufassen (Tübinger Kommentar/*Sternberg-Lieben/Steinberg*, § 145a Rn 12; differenzierend MüKo-StGB/*Anstötz*, § 145a Rn 21), insbesondere wenn diese zeitlich auseinander liegen (OLG Stuttgart, Beschl. v. 14.3.2014 – 5 Ss 89/14). Erfüllt der Verstoß gegen eine Weisung **zugleich** den **Tatbestand** einer **anderen Strafvorschrift**, so besteht zwischen ihr und § 145a StGB **Idealkonkurrenz**; ist die andere Straftat jedoch nur **gelegentlich** einer andauernden Zuwiderhandlung gegen eine Weisung begangen worden, so ist **Realkonkurrenz** anzunehmen (so bereits Tübinger Kommentar/*Sternberg-Lieben/Steinberg*, § 145a Rn 12).

Siehe auch: → *Führungsaufsicht, Allgemeines,* Teil B Rdn 484 m.w.N.; → *Führungsaufsicht, Weisungen,* Teil B Rdn 637.

600 Führungsaufsicht, Verfahren

Das Wichtigste in Kürze:

1. Die richterliche Anordnung der Führungsaufsicht gem. § 68 Abs. 1 StGB erfolgt durch das erkennende Gericht im Urteil; über ihre Ausgestaltung nach den §§ 68a bis 68e StGB wird durch gesonderten, nach § 34 StPO zu begründenden Beschluss entschieden. Im Hinblick auf die gesetzlich eintretende Führungsaufsicht nach § 68 Abs. 2 StGB ist für die Ausgestaltung der Führungsaufsicht bzw. die Prüfung, ob die Führungsaufsicht nach § 68f Abs. 2 StGB entfallen kann, grds. die StVK zuständig.
2. Die gerichtliche Zuständigkeit für die Ausgestaltung der Führungsaufsicht folgt regelmäßig aus § 462a StPO. Im Hinblick auf die nach den §§ 68a bis 68d StGB zu treffenden Entscheidungen gilt für das Verfahren selbst § 463 Abs. 2 StPO i.V.m. § 453 StPO, für Entscheidungen nach § 68e StGB insoweit § 463 Abs. 3 i.V.m. § 454 StPO.

601 **Literaturhinweise:** S.a. die Hinw. bei → *Führungsaufsicht, Allgemeines*, Teil B Rdn 485 und bei → *Führungsaufsicht, Rechtschutz*, Teil B Rdn 566.

602 **1.a)** Bezüglich des **Eintritts** der **Führungsaufsicht** ist zunächst in prozessualer und vollstreckungsrechtlicher Hinsicht zwischen den beiden Unterstellungsarten zu **unterscheiden**, wobei das zuständige Gericht jeweils deren tatbestandlichen Voraussetzungen von Amts wegen und unter Berücksichtigung des Beweisgrundsatzes „in dubio pro reo“ zu prüfen hat (MüKo-StGB/*Kretschmann*, § 68 Rn 18; BeckOK-StGB/*Heuchemer/Kett-Straub*, § 68 Rn 22):

b)aa) Die **richterliche Anordnung** der Führungsaufsicht gem. **§ 68 Abs. 1 StGB** erfolgt durch das **erkennende Gericht** im **Urteil**, aus dessen Begründung sich ergeben muss, warum das Gericht die Führungsaufsicht angeordnet oder, falls die formellen Voraussetzungen vorliegen, nicht angeordnet hat (MüKo-StGB/*Kretschmann*, § 68 Rn 18). Über ihre **Ausgestaltung** nach den §§ 68a bis 68e StGB wird durch gesonderten, nach § 34 StPO zu begründenden **Beschluss** entschieden, der gem. § 268a Abs. 2 StPO zusammen mit dem Urteil zu verkünden ist (Tübinger Kommentar/*Kinzig*, § 68 Rn 10; MüKo-StGB/*Kretschmann*, § 68 Rn 19). Sodann ist der Verurteilte nach § 268a Abs. 3 StPO über die Implikationen der Führungsaufsicht, insbesondere die Strafdrohung des § 145a StGB zu **belehren**. 603

bb) Das Gericht kann sich aber auch auf die Anordnung der Führungsaufsicht beschränken und die genaue Ausgestaltung **nachträglichen Entscheidungen** gemäß § 68d StGB im Vollstreckungsverfahren **überlassen** (OLG Hamm NStZ 1982, 260; Tübinger Kommentar/*Kinzig*, § 68 Rn 10). Dies wird insbesondere anzuraten sein, wenn die Strafe nicht ausgesetzt, sondern zunächst vollstreckt werden soll. Für die sachgerechte und täterangepasste Ausgestaltung ist dann nach § 462a StPO in der Regel die StVK zuständig. 604

c) Im Hinblick auf die **gesetzlich eintretende** Führungsaufsicht nach **§ 68 Abs. 2 StGB** ist für die Ausgestaltung der Führungsaufsicht bzw. die Prüfung, ob die Führungsaufsicht nach **§ 68f Abs. 2 StGB** entfallen kann, gem. §§ 463 Abs. 7, 462a StPO regelmäßig die **StVK**, gem. § 462a Abs. 5 StPO ausnahmsweise das OLG **prozessual zuständig. Örtlich** bestimmt sich die Zuständigkeit nach dem Bezirk, in dem die verurteilte Person zu dem Zeitpunkt, in welchem das Gericht mit der Sache befasst wird, aufgenommen ist, §§ 462a Abs. 1 S. 1, 463 Abs. 7 StPO, und zwar ohne Rücksicht darauf, ob die Vollstreckungsbehörde, also die Staatsanwaltschaft, die Akten nach § 54a Abs. 2 StrVollstrO tatsächlich vorgelegt hat (BGH NStZ 1984, 332). Das „Befasstsein“ im vorgenannten Sinne endet erst, wenn in der Sache abschließend entschieden worden ist (*Schmitt/Köhler*, § 462a Rn 12). Die Zuständigkeit der erstmals mit der Sache befassten Strafvollstreckungskammer für die abschließende Entscheidung über die Ausgestaltung der Führungsaufsicht wird auch durch eine spätere Verlegung des Verurteilten nicht beseitigt (OLG München, Beschl. v. 18.8.2021 – 1 Ws 467/21). Bis zu dem Zeitpunkt der abschließenden Entscheidung über die Gestaltung der Führungsaufsicht kann sich eine StVK der örtlichen Zuständigkeit auch nicht dadurch „entledigen“, indem sie die weitere Entscheidung, insbesondere die Erteilung weiterer Weisungen, einer anderen (bspw. der dann für den Haftort zuständigen) Strafvollstreckungskammer überträgt. Eine Übertragung der Zuständigkeit für eine noch nicht abschließend getroffene Sachfrage an eine andere StVK durch richterliche Anordnung sieht das Gesetz nicht vor (OLG Nürnberg, Beschl. v. 19.7.2024 – Ws 555/24; *Schmitt/Köhler*, § 462a Rn 13). Sind den Beschlussgründen der ursprünglich zuständigen Strafvollstreckungskammer keine Anhaltspunkte dafür zu entnehmen, dass die Führungsaufsicht weiter ausgestaltet werden soll, liegt damit eine abschließende Entscheidung vor und das Befasstsein endet (BGH, Beschl. v. 22.10.2025 – 2 ARs 418/25, 2 AR 270/25). Wird der Verurteilte nach Entlassung und während einer Unterstellung wegen einer anderen Sache in einem anderen Bezirk inhaftiert, so geht die örtliche Zuständigkeit auf die für dieses Verfahren zuständige StVK über (BGH NStZ-RR 2004, 124). 605

☝ Demgegenüber entscheidet das **Gericht** des **ersten Rechtszuges** in den Fällen des § 67b Abs. 1 StGB durch Beschluss über die Ausgestaltung der Führungsaufsicht. Für die Aussetzungsentscheidung im Falle verzögerter Unterbringung nach § 67c Abs. 2 S. 4 StGB ist ebenfalls das Gericht des ersten Rechtszuges zuständig, sofern der Verurteilte sich in Freiheit befindet.

d) Für den **Verfahrensablauf** selbst gilt Folgendes: 606

- Die Vollstreckungsbehörde hat gem. § 54a Abs. 2 StVollstrO drei Monate vor der Entlassung des Verurteilten der zuständigen StVK die **Akten vorzulegen.**
- Letztere entscheidet sodann durch nach § 34 StPO zu begründenden **Beschluss** ebenso über die **nachträgliche Ausgestaltung** der Führungsaufsicht wie in allen übrigen, die Führungsaufsicht später aus-

lösenden Fällen der **Aussetzung** der stationären **Maßregel** (§§ 67c, 67d Abs. 2, Abs. 3, Abs. 5 StGB) sowie des **Entfallens** der **Führungsaufsicht** gem. § 68f Abs. 2 StGB (*Fischer*, § 68f Rn 10).

- Der Verurteilte ist in diesem Zusammenhang nach den § 463 Abs. 3 StPO, § 454 Abs. 1 S. 3 StPO **mündlich anzuhören**; eine schriftliche Anhörung ist nicht ausreichend (OLG Celle NStZ 1986, 238; OLG Koblenz NStZ 1984, 189). Nur in besonders gelagerten Fällen – etwa wenn sich der Verurteilte der Anhörung entzieht – darf von einer solchen abgesehen werden (KG StraFo 2008, 483 f.; OLG Düsseldorf NStZ 1987, 524; VRS 88, 369 f.; OLG Hamm MDR 1988, 74 f.; OLG Karlsruhe Justiz 1994, 24; *Fischer*, § 68f Rn 10). § 463e Abs. 1 StPO ermöglicht hierbei, die mündliche Anhörung im Wege der **Bild- und Tonübertragung** durchzuführen.
- Der Verurteilte ist zum **Anhörungstermin rechtzeitig** zu **laden** (KG, Beschl. v. 21.2.2002 – 1 AR 171/02 – 5 Ws 96/02; OLG Düsseldorf StV 2003, 684).

607 **2.** Bei der **konkreten Ausgestaltung** der Führungsaufsicht ist im Einzelnen wie folgt zu differenzieren:

608 **a)** Die **gerichtliche Zuständigkeit** für die im Rahmen des **§ 68a StGB** zu treffenden Entscheidungen oder das Einvernehmen mit der Aufsichtsstelle folgt aus den in § 462a StPO enthaltenen Abgrenzungskriterien zwischen erkennendem und vollstreckendem Gericht (MüKo-StGB/*Kretschmann*, § 68a Rn 30). Dabei ergeht die **Bestellung** eines **Bewährungshelfers** durch Beschluss nach § 268a Abs. 2 StPO bzw. § 463 Abs. 2 i.V.m. 453 Abs. 1 StPO (BeckOK-StGB/*Heuchemer/Kett-Straub*, § 68a Rn 13; MüKo-StGB/*Kretschmann*, § 68a Rn 31).

609 **b)** Die **Anordnung** einer **Weisung** gem. **§ 68b StGB** steht im Ermessen des Gerichts (OLG Jena NStZ-RR 2010, 189, 190; OLG Nürnberg NStZ-RR 1999, 175). Nur das Gericht, nicht die Aufsichtsstelle ist zur Erteilung von Weisungen befugt (MüKo-StGB/*Kretschmann*, § 68b Rn 34). Die **Zuständigkeit** des Gerichts und die Erteilung einer Weisung bestimmen sich wie im Rahmen des § 68a StGB, wobei gem. § 268a Abs. 3 S. 2 StPO der Verurteilte auch über die Möglichkeit einer Bestrafung nach § 145a StGB **belehrt** werden muss (MüKo-StGB/*Kretschmann*, § 68b Rn 35).

610 **c)** Aus **§ 68c StGB** ergibt sich, dass es zur **Bestimmung** der **Frist** für die *befristete* **Führungsaufsicht** keiner gerichtlichen Entscheidung bedarf (MüKo-StGB/*Kretschmann*, § 68c Rn 24). Allerdings hat das Gericht zu prüfen, ob es von einer auf den konkreten Fall bezogenen Bestimmung nach § 68c Abs. 1 S. 2 StGB Gebrauch macht (BeckOK-StGB/*Heuchemer/Kett-Straub*, § 68c Rn 19).

611 **Zuständig** dafür ist das Gericht, das die Führungsaufsicht anordnet; tritt Führungsaufsicht nach § 68 Abs. 2 StGB von Gesetzes wegen ein, ist das aussetzende Gericht bzw. die StVK zuständig (MüKo-StGB/*Kretschmann*, § 68c Rn 25; BeckOK-StGB/*Heuchemer/Kett-Straub*, § 68c Rn 19).

612 Für das **Verfahren** selbst gilt § 463 Abs. 2 StPO i.V.m. § 453 StPO. Bei der Prüfung, ob die Umstände eine Abkürzung der Höchstdauer gebieten, gilt der Grundsatz „in dubio pro reo" nicht. Die Abkürzung – ebenso wie deren Ablehnung trotz Antrages – ergeht durch Beschluss. Die Dauer der Führungsaufsicht ist von der Vollstreckungsbehörde (§ 451 StPO) zu berechnen und nach § 54a Abs. 4 StrVollstrO der Führungsaufsichtsstelle mitzuteilen (BeckOK-StGB/*Heuchemer/Kett-Straub*, § 68c Rn 19; MüKo-StGB/*Kretschmann*, § 68c Rn 26).

> ☝ Bestehen **Zweifel** an der **Rechtslage** – etwa bezüglich einer etwaigen Anrechnung – kann die Vollstreckungsbehörde keine gerichtliche Entscheidung der StVK nach § 458 Abs. 1 StPO herbeiführen (OLG Düsseldorf NStZ-RR 1997, 220); auf Einwendungen des Betroffenen entscheidet jedoch gem. § 458 Abs. 1 StPO i.V.m. § 463 Abs. 1 StPO das Vollstreckungsgericht (MüKo-StGB/*Kretschmann*, § 68c Rn 26).

613 **d)** Im Rahmen des **§ 68d StGB** gilt im Hinblick auf die gerichtliche **Zuständigkeit** regelmäßig § 462a StPO, für das **Verfahren** § 463 Abs. 2 StPO i.V.m. § 453 StPO (BeckOK-StGB/*Heuchemer/Kett-Straub*, § 68d Rn 11; MüKo-StGB/*Kretschmann*, § 68d Rn 6). Die Entscheidung trifft das Gericht ohne mündliche Verhandlung durch Beschluss (Tübinger Kommentar/*Kinzig*, § 68d Rn 8). Das Gericht kann zwar von

Amts wegen jederzeit prüfen, ob eine **nachträgliche Entscheidung** nach § 68d StGB angezeigt ist; ihm sind hierfür aber keine Prüfungsfristen vorgegeben (MüKo-StGB/*Kretschmann*, § 68d Rn 7). Anderes gilt nur für den Fall der elektronischen Aufenthaltsüberwachung nach § 68b Abs. 1 S. 1 Nr. 12 StGB. Da das Gesetz diese Weisung als besonders intensiven Eingriff versteht, ist hier ist nach § 68d Abs. 2 StGB spätestens nach zwei Jahren zu prüfen, ob diese noch weiter Bestand haben muss.

☝ Die **Anwendung** des § 68d StGB kommt i.d.R. nur dann in Betracht, wenn sich die objektive Situation oder der **Kenntnisstand** des Gerichts in tatsächlicher Hinsicht **geändert** hat, also entweder neue Umstände eingetreten oder dem Gericht bekannt geworden sind (so OLG Frankfurt NStZ-RR 2011, 63 im Hinblick auf die Änderung von Weisungen; vgl. ferner OLG Köln, Beschl. v. 14.11.2011 – 2 Ws 688/11).

e) Anders als bei Entfallen und Aufheben einer bestehenden Führungsaufsicht bedarf es im Falle des **Endes** der **Führungsaufsicht** nach § 68e Abs. 1 S. 1 StGB und des **Ruhens** nach § 68e Abs. 1 S. 2 StGB keiner (ohnehin nur deklaratorischen) gerichtlichen Entscheidung (OLG Bamberg NStZ-RR 2008, 356, 357, OLG Jena NStZ 2010, 217; Tübinger Kommentar/*Kinzig*, § 68e Rn 17). Die gerichtliche **Zuständigkeit** richtet sich nach §§ 463 Abs. 1, 462a StPO (MüKo-StGB/*Kretschmann*, § 68e Rn 24; Tübinger Kommentar/*Kinzig*, § 68e Rn 17). Nach § 463 Abs. 3 StPO gilt für das **Verfahren** die Vorschrift des § 454 StPO (BeckOK-StGB/*Heuchemer/Kett-Straub*, § 68e Rn 17; MüKo-StGB/*Kretschmann*, § 68 Rn 24). Wird ein Aufhebungsantrag gestellt sind der Verurteilte und die Aufsichtsstelle zu hören; es bedarf indes nach § 463 Abs. 3 S. 2 StPO keiner mündlichen Anhörung des Verurteilten (BeckOK-StGB/*Heuchemer/Kett-Straub*, § 68e Rn 17; MüKo-StGB/*Kretschmann*, § 68e Rn 24; Tübinger Kommentar/*Kinzig*, § 68e Rn 17). 614

f) In den Fällen des **§ 68g Abs. 1 StGB** bleiben die **Zuständigkeiten** des für die Führungsaufsicht und des für die Bewährungsaufsicht zuständigen Gerichts im Rahmen ihrer jeweiligen Entscheidungsbefugnis **unberührt** (MüKo-StGB/*Kretschmann*, § 68g Rn 17f). Dem Interesse nicht zuletzt des Verurteilten an Klarheit und Rechtssicherheit bzgl. der Geltung von bereits nach § 56c StGB ergangenen Weisungen ist dadurch Rechnung zu tragen, dass das Gericht bei Eintritt der **Koinzidenz** von **Führungsaufsicht** und **Bewährungsaussetzung** oder alsbald danach eine Entscheidung darüber trifft, ob und welchen Weisungen der Verurteilte künftig unterworfen sein soll, und dabei ggf. auch feststellt, welche der bisherigen Weisungen weiterlaufen (zutreffend MüKo-StGB/*Kretschmann*, § 68g Rn 17). Hierbei räumt § 68g Abs. 1 S. 1 StGB den Regelungen des § 68a und 68b StGB den Vorrang ein. Steht der Verurteilte wegen derselben oder einer anderen Tat zugleich unter Führungsaufsicht, gelten daher für die Aufsicht und Erteilung von Bewährungsweisungen nur §§ 68a und § 68b StGB und nicht § 56c StGB (*Fischer*, § 68g Rn 6). Dadurch soll eine Harmonisierung der Weisungen erreicht werden. Dies gilt nach dem Wortlaut des § 68g Abs. 1 S. 1 StGB unabhängig davon, ob die Führungsaufsicht infolge derselben oder infolge verschiedener (prozessualer) Taten und unterschiedliche Verurteilungen nebeneinander getreten sind. Es kommt auch nicht darauf an, welcher Eintrittsgrund der Führungsaufsicht zugrunde liegt. Die **Anordnung** des **Ruhens** der Führungsaufsicht nach **§ 68g Abs. 2 StGB** obliegt dem für die Maßregel zuständigen Gericht, also entweder dem erkennenden Gericht (Fälle des § 56 StGB oder des § 67b Abs. 1 StGB) oder dem Vollstreckungsgericht (§§ 463 Abs. 1, 462a StPO). Das gilt auch für die Aufhebung dieser Anordnung. Macht das Gericht von § 68g Abs. 2 StGB keinen Gebrauch, so bedarf dies keiner Feststellung. Mit der Anordnung hat das Gericht zugleich darüber zu entscheiden, ob und welchen Weisungen der Verurteilte nach den Regeln der Bewährungsaufsicht unterworfen sein soll und dabei ggf. zugleich festzustellen, dass im Rahmen der Führungsaufsicht ergangene Weisungen als solche hinfällig sind. Wird die Ruhens-Anordnung wieder aufgehoben, leben früher im Rahmen der Führungsaufsicht ergangene Weisungen nicht wieder auf, vielmehr bedarf es hierfür einer gerichtlichen Entscheidung mit Belehrung (so bereits MüKo-StGB/*Kretschmann*, § 68g Rn 18). 615

☝ Sind die Fragen des Eintritts und der Ausgestaltung der Führungsaufsicht schwierig zu beantworten, ist die Beiordnung eines **Pflichtverteidigers** analog § 140 Abs. 2 StPO in Betracht zu ziehen (OLG Schleswig, Beschl. v. 27.12.2006 – 2 Ws 495/06; s.a. LG Nürnberg-Fürth, Beschl. v. 18.1.2025 – FA 318/24).

Siehe auch: → *Führungsaufsicht, Allgemeines,* Teil B Rdn 483 m.w.N.; → *Führungsaufsicht, Rechtsschutz,* Teil B Rdn 565.

616 Führungsaufsicht, Verfahrensbeteiligte

Das Wichtigste in Kürze:

1. Das Gericht ist gegenüber der Aufsichtsstelle und dem Bewährungshelfer weisungsberechtigt und insofern das übergeordnete Organ der Führungsaufsicht. Es hat u.a. die Aufgabe, die Führungsaufsicht anzuordnen, den Bewährungshelfer zu bestellen und dem Verurteilten Weisungen erteilen.
2. Die Aufsichtsstelle überwacht im Einvernehmen mit dem Gericht und mit Unterstützung der Bewährungshilfe sowie ggf. der forensischen Ambulanz das Verhalten des Verurteilten und die Erfüllung der Weisungen.
3. Bei der Erfüllung dieser Aufgabe hat der Bewährungshelfer die Aufsichtsstelle zu unterstützen und überdies der verurteilten Person helfend und betreuend zur Seite zu stehen.
4. Die forensische Ambulanz soll im Einvernehmen mit der Bewährungshilfe und der Führungsaufsichtsstelle eine ambulante psychiatrische, sozial- oder psychotherapeutische Betreuung und Behandlung des Probanden gewährleisten.

617 **Literaturhinweise:** S.a. die Hinw. bei → *Führungsaufsicht, Allgemeines*, Teil B Rdn 484.

618 **1.a)** Das **Gericht** hat zunächst die Aufgabe, die **Führungsaufsicht anzuordnen**, wobei entweder das erkennende Gericht, die StVK oder ausnahmsweise das OLG für deren Anordnung – und weiteren Ausgestaltung – zuständig ist (näheres zur Zuständigkeit siehe → *Führungsaufsicht, Verfahren,* Teil B Rdn 601ff.).

619 **b)** Das jeweils zuständige Gericht ist ferner gem. § 68a Abs. 5 StGB gegenüber Aufsichtsstelle und Bewährungshelfer, nicht aber gegenüber der forensischen Ambulanz **weisungsberechtigt** und insofern das **übergeordnete Organ** der Führungsaufsicht (Tübinger Kommentar/*Kinzig*, § 68a Rn 11; MüKo-StGB/*Kretschmann*, § 68a Rn 18; *Fischer*, § 68a Rn 5). Da der Bewährungshelfer mit der Aufsichtsstelle zusammenarbeiten muss und die **Aufsichtsstelle** wiederum dem Gericht gegenüber weisungsgebunden ist und stets im Einvernehmen zu handeln hat, kommt diesem eine **koordinierende Aufgabe** zu. Es ist zur **Entscheidung** nach § 68a Abs. 4 StGB verpflichtet, wenn zwischen Aufsichtsstelle und Bewährungshelfer in Bezug auf Hilfe oder Betreuung kein Einvernehmen erzielt werden kann.

620 **c)** Das Gericht **bestellt** gem. § 68a Abs. 1 **Hs. 2** StGB den **Bewährungshelfer** und kann diese Bestellung nachträglich ändern.

621 **d)** Soweit es erforderlich ist, kann das Gericht dem Verurteilten für die Dauer der Führungsaufsicht oder für eine kürzere Zeit nach § 68b StGB **Weisungen erteilen** (siehe dazu → *Führungsaufsicht, Weisungen,* Teil B Rdn 637). Kommt der Verurteilte einer Weisung nach § 68b Abs. 1 Nr. 7 oder Nr. 11 StGB unentschuldigt nicht nach, kann es nach § 463a Abs. 3 StPO unter bestimmten Voraussetzungen auf Antrag der Aufsichtsstelle einen **Vorführungsbefehl erlassen**.

e) Das Gericht kann des Weiteren die **Höchstdauer** für die Führungsaufsicht nach § 68c Abs. 1 S. 2 StGB **abkürzen** bzw. gem. § 68c Abs. 3 StGB **verlängern** und die **Führungsaufsicht** nach § 68e Abs. 2 StGB ganz **aufheben**. Außerdem ist es befugt, **nachträgliche Entscheidungen** gem. § 68d StGB zu treffen. 622

f) Im Übrigen kann sich das Gericht innerhalb seiner Aufgaben über die verurteilte Person in einem Umfang **informieren** lassen, der es ihm erlaubt, die ihm vorbehaltenen flexiblen Gestaltungsmöglichkeiten in Bezug auf Weisungen, Dauer und Aufhebung der Führungsaufsicht (§§ 68d, 68e StGB) angemessen zu handhaben. 623

2.a) Mit der Rechtskraft der Anordnung der Führungsaufsicht oder der sie auslösenden Aussetzungsentscheidung untersteht der Verurteilte während der Führungsaufsicht einer **Aufsichtsstelle**. Einer besonderen Anordnung hierzu bedarf es nicht, weil die Zuständigkeit der Aufsichtsstelle kraft Gesetzes nach § 68a Abs. 1 StPO feststeht. Deren **örtliche Zuständigkeit** folgt aus § 463a Abs. 5 StPO und richtet sich nach dem **Wohnort** oder **Aufenthaltsort** des **Verurteilten**. 624

b) Die Aufsichtsstellen sind nach Art. 295 Abs. 1 EGStGB Teil der **Landesjustizverwaltungen**, selbst aber weder Strafvollstreckungs- noch Strafverfolgungsbehörden. Ihr **Leiter** muss nach Art. 295 Abs. 2 S. 2 EGStGB die Befähigung zum Richteramt besitzen oder ein Beamter des höheren Dienstes sein. Zulässig ist es aber auch, nach Art. 295 Abs. 2 S. 3 EGStGB die Leitung der Aufsichtsstelle einem **Richter** zu übertragen (Tübinger Kommentar/*Kinzig*, § 68a Rn 3). Werden Richter in der Aufsichtsstelle eingesetzt, so handeln sie ohne richterliche Unabhängigkeit (OLG Zweibrücken NStZ 2002, 279; MüKo-StGB/*Kretschmann*, § 68a Rn 4; Tübinger Kommentar/*Kinzig*, § 68a Rn 3). Die Aufgaben der Aufsichtsstelle werden nach Art. 295 Abs. 2 S. 1 EGStGB von Beamten des höheren bzw. gehobenen Dienstes oder von staatlich anerkannten Sozialarbeitern und Sozialpädagogen wahrgenommen. 625

c) Nach § 68a Abs. 3 StGB **überwacht** die Aufsichtsstelle im Einvernehmen mit dem Gericht und mit Unterstützung der Bewährungshilfe sowie ggf. der forensischen Ambulanz (§ 68a Abs. 7 S. 2 i.V.m. Abs. 3 StGB) das **Verhalten** des **Verurteilten** und die **Erfüllung** der **Weisungen** (MüKo-StGB/*Kretschmann*, § 68a Rn 7; Tübinger Kommentar/*Kinzig*, § 68a Rn 5 m.w.N.). Zur Überwachung (hierzu eingehend MüKo-StGB/*Kretschmann*, § 68a Rn 7) kann die Aufsichtsstelle nach § 463a Abs. 1 S. 1 StPO von allen öffentlichen Behörden **Auskunft verlangen** und **Ermittlungen** jeder Art – ausgenommen eidliche Vernehmungen – entweder selbst **vornehmen** oder durch andere Behörden im Rahmen ihrer Zuständigkeit vornehmen lassen. Weiterhin kann der Leiter der Aufsichtsstelle die verurteilte Person zur **Aufenthaltsermittlung** (§ 463a Abs. 1 S. 2 i.V.m. § 131a Abs. 1 StPO) sowie zur **polizeilichen Beobachtung** ausschreiben lassen (§ 463a Abs. 2 StPO). Daneben kann die Aufsichtsstelle nach § 463a Abs. 3 S. 1 StPO den Erlass eines **Vorführungsbefehls** beim zuständigen Gericht **beantragen**. 626

aa) Zweck der **Überwachung** des **Verhaltens** der verurteilten Person ist es, auf die erneute Begehung einer einschlägigen Straftat hindeutende **Entwicklungen** rechtzeitig **festzustellen** und erforderlichenfalls für **Abhilfe** zu **sorgen** (Tübinger Kommentar/*Kinzig*, § 68a Rn 5). Als Maßnahmen der Einwirkung kommen intensivierte Zuwendung des Bewährungshelfers, Ermahnungen, Änderungen oder Neuerteilungen von Weisungen (§ 68d StGB) und im Falle der Maßregelaussetzung der Aussetzungswiderruf (§ 67g StGB) in Betracht. Hierbei sind dem Gericht von der Aufsichtsstelle Grundlagen für notwendige Änderungen seiner Anordnungen oder für eine erforderliche Kriseninterventión (§ 67h StGB) zu liefern (Tübinger Kommentar/*Kinzig*, § 68a Rn 5). 627

bb) Daneben **überwacht** die Aufsichtsstelle die **Erfüllung** der vom Gericht gem. § 68b StGB erteilten **Weisungen**. Bei Verstößen gegen Weisungen steht der Aufsichtsstelle das Strafantragsrecht nach § 145a S. 2 StGB zu. Sie hat vor Stellung des Antrags gem. § 68a Abs. 6 StGB den Bewährungshelfer und ggf. die zuständigen Bediensteten der forensischen Ambulanz zu **hören**, um die Zusammenarbeit der beteiligten Organe zu fördern und unnötigen Belastungen im Betreuungsprozess zu vermeiden. Da es sich bei der Antragstellung jedoch um Überwachungsmaßnahmen handelt und die Aufsichtsstelle insoweit in ihrer Entscheidungsbefugnis vom Bewährungshelfer und von der forensischen Ambulanz unabhängig ist, behält die Aufsichtsstelle – wie § 68a Abs. 6 **Hs. 2** StGB ausdrücklich klarstellt – ihre Befugnis zur Stellung 628 eines Strafantrags auch bei fehlendem Einvernehmen mit der Bewährungshilfe oder den Bediensteten der forensischen Ambulanz (so zutreffend Tübinger Kommentar/*Kinzig*, § 68a Rn 5).

☝ Ein Strafantrag ist auch dann **wirksam**, wenn Bewährungshilfe bzw. die forensische Ambulanz nicht gehört worden sind (str., wie hier Tübinger Kommentar/*Sternberg-Lieben/Steinberg*, § 145a Rn 11; ferner *Fischer*, § 145a Rn 13; MüKo-StGB/*Anstötz* § 145a Rn 23; a.A. KG StV 2014, 144; SK-StGB/*Wolters*, § 145a Rn 18; *Polláhne* StV 2014, 161, 163 m.w.N.).

629 **d)** Neben der Überwachungstätigkeit obliegt der Aufsichtsstelle nach § 68a Abs. 2 StGB die **Hilfe** und **Betreuung** des Unterstellten. Insoweit ist eine **einvernehmliche Zusammenarbeit** mit der Bewährungshilfe bzw. der forensischen Ambulanz vonnöten, damit eine kontraproduktive Doppelbetreuung der Person durch Aufsichtsstelle und den übrigen Organen vermieden wird (Tübinger Kommentar/*Kinzig*, § 68a Rn 7). In diesem Aufgabenbereich kommt der Aufsichtsstelle – im Gegensatz zur Überwachung – **keine vorrangige Stellung** gegenüber dem Bewährungshelfer oder der forensischen Ambulanz zu (so Tübinger Kommentar/*Kinzig*, § 68a Rn 7).

☝ Ist in Fragen der Hilfe und der Betreuung ein Einvernehmen zwischen Aufsichtsstelle und Bewährungshilfe nicht zu erzielen, so entscheidet nach § 68a Abs. 4 StGB das Gericht; anderes gilt für die forensische Ambulanz (§ 68a Abs. 7 S. 2 StGB).

630 Als **Hilfestellung** kommen in Betracht die Vermittlung von Arbeits- oder Ausbildungsstellen und sonstiger Berufsförderungsmaßnahmen, Heimplätzen, Schulungen oder therapeutischen Behandlungen, die Unterstützung bei der Geltendmachung von Ansprüchen auf Sozialleistungen, die Regelung der finanziellen Verhältnisse und die Beschaffung notwendiger Papiere (Tübinger Kommentar/*Kinzig*, § 68a Rn 7; *Fischer*, § 68a Rn 6).

631 **3.a)** Der **Bewährungshelfer** wird vom Gericht nach § 68a Abs. 1 Hs. 2 StGB für die Dauer der Führungsaufsicht **bestellt**. Sofern der Verurteilte zunächst Freiheitsstrafe zu verbüßen hat, empfiehlt es sich, die Bestellung der nachträglichen Entscheidung (§ 68d StGB) der StVK zu überlassen (MüKo-StGB/*Kretschmann*, § 68a Rn 11); spätester Zeitpunkt hierfür ist die Entlassung. Die Bestellung sollte so rechtzeitig erfolgen, dass hinreichender Spielraum für entlassungsvorbereitende Kontaktaufnahme und Vorkehrungen bleibt. Die Bestellung eines Bewährungshelfers kann nachträglich geändert, aber nicht vor Ende der Führungsaufsicht aufgehoben werden (OLG Hamm JMBl. NW 1981, 227).

632 **b)** Der Bewährungshelfer hat nach § 68a Abs. 2 StGB vorrangig der verurteilten Person **helfend** und **betreuend** zur Seite zu stehen. Er hat in diesem Rahmen mit der Aufsichtsstelle zusammenzuarbeiten, wobei ihm insbesondere der persönliche, betreuende Kontakt mit der verurteilten Person zufällt. Weisungsrechte können dem Bewährungshelfer indes nicht übertragen werden (Tübinger Kommentar/*Kinzig*, § 68a Rn 9).

633 **c)** Der Bewährungshelfer hat daneben gem. § 68a Abs. 3 StGB die Aufsichtsstelle bei ihrer **Überwachungstätigkeit** zu **unterstützen** und im Einvernehmen mit ihr zu handeln hat; er ist insofern ein **Hilfsorgan** (MüKo-StGB/*Kretschmann*, § 68a Rn 16, 17). Hält er Maßnahmen der Aufsichtsstelle für nicht vertretbar oder kann sonst kein Einvernehmen herbeigeführt werden, entscheidet das Gericht. Die Tätigkeit der Bewährungshilfe hat aber auch die **Interessen** der **Allgemeinheit** zu **wahren** und ist insoweit darauf ausgerichtet, einem sozialschädlichen Verhalten entgegenzuwirken. In diesem Rahmen hat der Bewährungshelfer – ähnlich wie im Fall der Bewährungshilfe bei der Strafaussetzung – **Berichtspflichten**, wenn – sofern er nicht selbst Abhilfe schaffen kann – der Zweck der Führungsaufsicht ernstlich gefährdet erscheint oder die Missachtung von Weisungen zu besorgen ist (so Tübinger Kommentar/*Kinzig*, § 68a Rn 10; *Fischer*, § 68a Rn 7). Aber auch unterhalb dieser Schwelle dürfte es angezeigt sein, dass der Bewährungshelfer im Rahmen turnusmäßiger oder angeforderter Berichte negative Verläufe und Zugangsschwierigkeiten offenbart, um die Aufsichtsstelle frühzeitig zur Abänderung etwaiger Weisun-

gen und Maßnahmen zu veranlassen. Umgekehrt wird die Aufsichtsstelle ihrerseits den Bewährungshelfer über alle Überwachungsmaßnahmen zu informieren haben, um das Einvernehmen zwischen den Beteiligten zu fördern.

4.a) In § 68a Abs. 7 StGB werden die Mitarbeiter der **forensischen Ambulanz** als weitere Organe der Führungsaufsicht genannt und den Bewährungshelfern gleichgestellt (BT-Drucks 16/1993, S. 18; Tübinger Kommentar/*Kinzig*, § 68a Rn 10b; *Schneider* NStZ 2007, 445). Die **Bestellung** der forensischen Ambulanz hat der Gesetzgeber zwar nicht ausdrücklich geregelt; gleichwohl wird – in Parallele zu der Bestellung eines Bewährungshelfers (§ 68a Abs. 1 Hs. 2 StGB) – das Gericht die Betreuung und Behandlung durch eine forensische Ambulanz bestimmen. 634

b) Die forensische Ambulanz soll eine ambulante Betreuung und Behandlung im Anschluss an die Unterbringung im Maßregelvollzug oder die Behandlung im Strafvollzug gewährleisten (MüKo-StGB/*Kretschmann*, § 68a Rn 20). Insoweit hat die forensische Ambulanz im Einvernehmen mit der Bewährungshilfe und der Führungsaufsichtsstelle nicht nur gem. § 68a Abs. 7 S. 1 StGB **helfend** und **betreuend** mitzuwirken (Tübinger Kommentar/*Kinzig*, § 68a Rn 10b). Vielmehr hat sie gem. § 68a Abs. 7 S. 2 i.V.m. Abs. 3 StGB auch die Aufsichtsstelle in deren **Kontroll-** und **Überwachungstätigkeit** zu **unterstützen**, indem ärztliche Erkenntnisse darüber, ob der Verurteilte eine Entwicklung erkennen lässt, die auf eine erneute kriminelle Gefahr hindeutet, den Organen der Führungsaufsicht frühzeitig zur Kenntnis gebracht werden, um ggf. darauf reagieren zu können (MüKo-StGB/*Kretschmann*, § 68a Rn 20). In diesen Kontext sind auch die **Offenbarungspflichten** nach § 68a Abs. 8 S. 1 und 2 StGB einzuordnen, wonach Angehörige der forensischen Ambulanz **Geheimnisse**, die ihnen während dieser Tätigkeit anvertraut werden, untereinander sowie gegenüber der Aufsichtsstelle und dem Gericht offenbaren müssen. 635

c) Der **Aufgabenbereich** der forensischen Ambulanz ist in § 68b Abs. 2 S. 2 und S. 3 StGB bestimmt: Forensische Ambulanzen können im Rahmen der Therapieweisung zur **psychiatrischen, psycho- oder sozialtherapeutischen Betreuung** und **Behandlung** eingesetzt werden. Es soll eine qualifizierte forensische Nachsorge (BT-Drucks 16/1993, S. 17) eingerichtet werden. Im Bereich der Hilfe und Betreuung, mithin in ihrem **therapeutischen Vorgehen**, sind die Bediensteten der forensischen Ambulanz – im Unterschied zur Bewährungshilfe – autonom und **nicht** an **Weisungen** der Aufsichtsstelle oder des Gerichts **gebunden** (BT-Drucks 16/1993 S. 18; Tübinger Kommentar/*Kinzig*, § 68a Rn 10b). Denn aus dem Umkehrschluss zu § 68a Abs. 7 S. 2 StGB ergibt sich, dass § 68a Abs. 4 und Abs. 5 StGB auf sie keine Anwendung finden. Unter Wahrung ihrer therapeutischen Unabhängigkeit hat die forensische Ambulanz ihr Vorgehen jedoch mit der Aufsichtsstelle und der Bewährungshilfe einvernehmlich abzustimmen (Tübinger Kommentar/*Kinzig*, § 68a Rn 10b). 636

Siehe auch: → *Führungsaufsicht, Allgemeines,* Teil B Rdn 483 m.w.N.; → *Führungsaufsicht, Verfahren,* Teil B Rdn 600.

Führungsaufsicht, Weisungen 637

Das Wichtigste in Kürze:

1. Weisungen nach § 68b StGB sollen das Maßregelziel unterstützen, weiteren Straftaten des Verurteilten entgegenzuwirken und dessen Lebensverhältnisse zu stabilisieren.
2. Die Weisungen nach § 68b Abs. 1 StGB müssen alle Merkmale einer der Nummern des Abs. 1 erfüllen und in Ansehung des Art. 103 Abs. 2 GG genau bestimmt sein, da Weisungsverstöße insoweit nach § 145a StGB strafbewehrt sind.
3. Da die in § 68b Abs. 1 Nr. 1 bis Nr. 12 StGB normierten Weisungen spezialpräventiven Zwecken dienen, müssen sie einen inneren Bezug zur jeweils zugrundeliegenden Straftat haben und individuell auf die Person des Verurteilten und dessen Lebenssituation zugeschnitten sein.

4. § 68b Abs. 2 StGB lässt weitere denkbare Gebote und Verbote zu, sofern diese die allgemeinen Voraussetzungen einer Weisung erfüllen. Sie sind indes nicht strafbewehrt.
5. Die Erteilung von Weisungen liegt im pflichtmäßigen Ermessen des Gerichts.
6. Durch § 68b Abs. 4 StGB wird sichergestellt, dass die Weisungen aus einer nach § 68e Abs. 1 S. 1 Nr. 3 StGB entfallenen früheren Führungsaufsicht bei Erteilung der Weisungen der neuen Führungsaufsicht geprüft und berücksichtigt werden.
7. Über § 68b Abs. 5 StGB sollen sich die in § 68a Abs. 6 StGB normierten Offenbarungspflichten auch auf solche Ärzte und Therapeuten erstrecken, die die verurteilte Person behandeln, aber nicht in einer forensischen Ambulanz arbeiten.
8. Gegen gerichtliche Entscheidungen nach § 68b StGB ist die Beschwerde statthaft.

638 **Literaturhinweise:** S.a. die Hinw. bei → *Führungsaufsicht, Allgemeines*, Teil B Rdn 484 und bei → *Führungsaufsicht, Strafbarkeit (§ 145a StGB)*, Teil B Rdn 583.

639 **1.** Die Befugnis zur Erteilung von Weisungen nach § 68b StGB soll das Maßregelziel unterstützen, weiteren **Straftaten** des Verurteilten **entgegenzuwirken** und dessen **Lebensverhältnisse** zu **stabilisieren** (Tübinger Kommentar/*Kinzig*, § 68b Rn 1). Sie sollen zudem bezwecken, der Aufsichtsstelle die notwendigen **Überwachungsmöglichkeiten** zu verschaffen (*Lackner/Kühl/Heger/Heger*, § 68b Rn 1). Die Weisungen müssen auch spezialpräventiven Zwecken dienen und einen inneren Bezug zur jeweils zugrundeliegenden Straftat haben (BGH NStZ-RR 2011, 244; OLG Dresden NStZ 2010, 153; Tübinger Kommentar/*Kinzig*, § 68b Rn 1), da nur so eine sinnvolle Resozialisierungshilfe und Überwachung der verurteilten Person möglich ist (OLG Dresden NStZ 2008, 572; OLG Hamm NStZ-RR 2009, 260). Insofern müssen die Weisungen individuell auf die Person des Verurteilten und dessen Lebenssituation zugeschnitten sein. Es verbieten sich grds. die Erteilung schematisierter Weisungen (OLG Jena NStZ-RR 2010, 189, 190) oder lediglich die Wiedergabe des Gesetzeswortlauts (OLG Dresden NStZ-RR 2008, 326, 327; StV 2010, 642, 643; Beschl. v. 12.2.2008 – 2 Ws 12/08). Hierbei ist zu unterscheiden zwischen dem abschließenden Katalog der in **§ 68b Abs. 1 StGB** aufgeführten, allein nach § 145a StGB **strafbewehrten Weisungen** sowie den weiteren **unbestimmten Weisungen** nach **§ 68b Abs. 2 StGB**, wobei die letztgenannten wiederum mit der Therapieweisung gem. § 68b Abs. 2 S. 2 StGB konkretisiert werden („insbesondere") (OLG Rostock NStZ 2011, 521, 522). Jede erteilte Weisung bedarf grds. einer auf den Einzelfall bezogenen Begründung, denn deren Anordnung belastet den Verurteilten (OLG Nürnberg, Beschl. v. 21.1. 2011 – 1 Ws 713/10 – und v. 8.5.2014 – 2 Ws 37–38/14). Die Beschlussgründe müssen es im Falle einer Beschwerde dem Beschwerdegericht im Rahmen der nach § 453 Abs. 2 S. 2 StPO vorzunehmenden Würdigung ermöglichen, die Ausübung und Einhaltung des Ermessens zu prüfen. Dabei gilt: je einschneidender eine Anordnung ist, desto höher ist das Begründungserfordernis (OLG Nürnberg, Beschl. v. 3.12.2024 – Ws 1090/24). Im Einzelfall kann jedoch von der Begründung einer Weisung abgesehen werden, wenn sich deren Anordnung aufdrängt. Der Grundsatz der Zumutbarkeit (§ 68b Abs. 3 StGB) und der verfassungsrechtliche Grundsatz der Verhältnismäßigkeit und Bestimmtheit sind zu beachten.

640 **2.** Da die Bedrohung des Weisungsverstoßes mit Strafe nach § 145a StGB sich nur auf **§ 68b Abs. 1 StGB** bezieht, müssen die dort **katalogisierten Gebote** und **Verbote** alle Merkmale einer der Nummern des § 68b Abs. 1 StGB erfüllen und durch den zu erlassenden Führungsaufsichtsbeschluss nach Art, Zeit, Ort, Umfang und Gegenstand **genau umschrieben** sein (OLG Frankfurt NStZ 1998, 318, 319), weil nur bei genauer **Bestimmtheit** des die Blankettnorm ausfüllenden Tatbestandes des § 145a StGB eine Bestrafung in Ansehung von Art. 103 Abs. 2 GG zulässig ist (OLG Dresden NStZ-RR 2008, 27 f.; *Lackner/Kühl/Heger/Heger*, § 68b Rn 2). Vor diesem Hintergrund ist die **Übertragung** der näheren Ausgestaltung von **Weisungen auf Dritte** (OLG Frankfurt NStZ 1998, 318, 319) ebenso **unzulässig** wie die Erteilung **alternativer Weisungen** (OLG Frankfurt NStZ-RR 2009, 27, 28) oder eine fehlende Klarstellung, ob eine

Weisung auf § 68b Abs. 1 oder Abs. 2 StGB gestützt wird (vgl. a. OLG Hamm JMBl. NW 1982, 153; OLG Jena StV 2008, 88).

Aber auch ohne die Klarstellung des § 68b Abs. 1 S. 2 StGB gebietet das **Rechtsstaatsprinzip** die Vorhersehbarkeit, Bestimmtheit und Klarheit gerade bei Maßnahmen im Bereich des Strafrechts (OLG Frankfurt NStZ-RR 2009, 27, 28; OLG Jena StV 2008, 88; Tübinger Kommentar/*Kinzig*, § 68b Rn 3). Für den Verurteilten ist es daher nicht ausreichend bestimmt, wenn das geforderte Verhalten nur aus dem Weisungszweck heraus erkennbar wird oder sich nur denknotwendig ergibt (OLG München NStZ 2010, 218, 219; Tübinger Kommentar/*Kinzig*, § 68b Rn 3). So genügt es etwa nicht, wenn er nur pauschal auf bestehende Betreuungs- oder Überwachungskonzepte verwiesen wird (Oldenburg StV 2009, 542 für das polizeiliche Programm „K.U.R.S.“). 641

☝ Von **Bedeutung** ist das **Bestimmtheitsgebot** schließlich für den möglichen **Widerruf** der Aussetzung einer Unterbringung. Entspricht eine Weisung nicht diesem Erfordernis, so ist ein **Widerruf** nach § 67g Abs. 1 Nr. 2 StGB **unzulässig** (Tübinger Kommentar/*Kinzig*, § 68b Rn 3).

3. Im Einzelnen: 642

Nr. 1: Wohn- und Aufenthaltsort

a)aa) Die Weisung, den **Wohn- oder Aufenthaltsort** oder einen bestimmten Bereich **nicht ohne Erlaubnis der Aufsichtsstelle zu verlassen**, soll verhindern, dass sich der Klient der Überwachung entzieht (KG, Beschl. v. 11.6.2015 – 2 Ws 124/15). Eine solche Weisung kann deswegen nicht nur ergehen, um die kriminelle Gefährdung zu vermeiden, der ein Verurteilter außerhalb seines Wohn- oder Aufenthaltsortes ausgesetzt sein könnte, sondern auch um den Verurteilten besser kontrollieren zu können (OLG Nürnberg, Beschl. v. 3.6.2024 – Ws 382/24; MüKo-StGB/*Kretschmann*, § 68b Rn 12, 13 m.w.N.). Die Weisung, **einen bestimmten (örtlichen) Bereich nicht zu verlassen**, bezweckt, der Aufsichtsstelle die planmäßige Überwachung des Verurteilten zu erleichtern. Die verurteilte Person soll sich dieser Aufsicht nicht dadurch entziehen, dass sie den Bereich, in dem die Aufsicht wirksam ausgeübt werden kann, ohne Wissen der Führungsaufsichtsstelle verlässt (KG, Beschl. v. 23.1.2014 – 2 Ws 592/13). Da es bei dieser Weisung nicht darum geht, bei einem gänzlichen Wegzug die Erlaubnis der Führungsaufsichtsstelle einzuholen – dies fällt unter § 68b Abs. 1 S. 1 Nr. 8 StGB –, regelt § 68b Abs. 1 S. 1 Nr. 1 StGB das bloß **vorübergehende Verlassen** des Wohn- oder Aufenthaltsortes (OLG Jena NStZ-RR 2010, 189, 190). Zwar wird vom Wortlaut auch ein kurzzeitiges Sich-Entfernen erfasst. Gleichwohl ist aus Gründen der Verhältnismäßigkeit bzw. Zumutbarkeit i.S.d. § 68b Abs. 3 StGB der Begriff des „Verlassens“ grds. einschränkend dahingehend auszulegen, dass es der Erlaubnis **nicht** schon bei **kurzfristiger**, bspw. eintägiger Entfernung bedarf (str., wie hier KG, Beschl. v. 11.6.2015 – 2 Ws 124/15; OLG Jena NStZ-RR 2010, 189, 190; ferner SK-StGB/*Sinn*, § 68b Rn 7; *Fischer*, § 68b Rn 4; a.A. MüKo-StGB/*Kretschmann*, § 68b Rn 12). Nur in **Ausnahmefällen** kann die extreme Einschränkung der Freizügigkeit durch Erstreckung der Weisung auch auf kurzzeitiges Verlassen verhältnismäßig sein, etwa bei einem vielfach vorbestraften Drogenkurier oder einem Sexualverbrecher mit bestimmten Tatortpräferenzen (OLG Jena NStZ-RR 2010, 189, 190; ferner KG NStZ-RR 2014, 175; KG, Beschl. v. 11.6.2015 – 2 Ws 124/15; *Fischer*, § 68b Rn 4), insbesondere im Kontext der Überwachung durch die sog. „elektronische Fußfessel“ (OLG Hamm, Beschl. v. 21.6.2012 – 2 Ws 190/12 und 2 Ws 191/12; OLG Nürnberg, Beschl. v. 11.3.2013 – 1 Ws 307/12). Im Hinblick auf eine etwaige spätere Strafbarkeit nach § 145a StGB sollte die zeitliche Grenze vom Gericht im Beschluss hinreichend genau bestimmt werden (OLG Jena, NStZ-RR 2010, 188; *Fischer*, § 68b Rn 4).

bb) Unter **Wohn- oder Aufenthaltsort** ist die Gemeinde als unterste Gebietskörperschaft zu verstehen (MüKo-StGB/*Kretschmann*, § 68b Rn 12). Der „Bereich“, der nicht verlassen werden darf, ist demgegenüber durch das Gericht exakt zu bezeichnen (*Fischer*, § 68b Rn 4). Als solcher kommt sowohl ein größeres 643

Gebiet (Landkreis, Bundesland) als auch ein kleineres (Teil einer Großstadt) in Betracht (OLG Jena NStZ-RR 2012, 158 zur Weisung, Wohnsitz im Inland zu nehmen; Tübinger Kommentar/*Kinzig*, § 68b Rn 5). Die Bereichsgrenzen dürfen indes nicht zu eng gezogen werden (Tübinger Kommentar/*Kinzig*, § 68b Rn 5), da – schon allein in Ansehung des Gesetzeswortlauts – § 68b Abs. 1 S. 1 Nr. 1 StGB nur die Möglichkeit einer **Mobilitätsbeschränkung** regelt, dem Gericht also **nicht gestattet**, einem Verurteilten gegen dessen Willen einen bestimmten **Wohnort** nach Haftentlassung („Hausarrest") **zuzuweisen** (OLG München NStZ 2012, 98; OLG Jena NStZ-RR 2012, 158; *Fischer*, § 68b Rn 4; Tübinger Kommentar/*Kinzig*, § 68b Rn 5) oder ihm aufzugeben, in einer geschlossenen Therapieeinrichtung zu wohnen (OLG Rostock, Beschl. v. 23.11.2011 – I Ws 345/11; a.A OLG Düsseldorf MDR 1990, 743 für den Verbleib auf einer offenen Station eines psychischen Krankenhauses; ferner *Lackner/Kühl/Heger/Heger*, § 68b Rn 2). Vielmehr müssen die Lebens- und Versorgungsbezüge, insbesondere die arbeitsbedingten Freizügigkeiten erhalten bleiben (Tübinger Kommentar/*Kinzig*, § 68b Rn 5; ferner KG, Beschl. v. 11.6.2015 – 2 Ws 124/15, bzgl. der Einkaufs-, Arbeits-, Erholungs- und Beschäftigungsmöglichkeit im Berliner Stadtgebiet).

☝ Die Aufsichtsstelle erteilt die **Erlaubnis** zum Verlassen des Bereichs. Verweigert sie dies, ist das Gericht anzurufen, das die Aufsichtsstelle nach § 68a Abs. 5 StGB **anweisen** kann (MüKo-StGB/*Kretschmann*, § 68b Rn 13; Tübinger Kommentar/*Kinzig*, § 68b Rn 5).

644 **Nr. 2: Aufenthaltsgebot**

b) Die – mit dem Grundrecht auf Unverletzlichkeit der Wohnung nach Art. 13 GG zu vereinbarende (BVerfG NJW 2008, 2493) – **Weisung,** sich **nicht an bestimmten Orten aufzuhalten**, die Gelegenheit oder Anreiz zu weiteren Straftaten bieten können, dient unmittelbar der Straftatverhütung, indem der Verurteilte an dem Aufsuchen solcher Örtlichkeiten gehindert werden soll, von denen kriminogene Reize ausgehen (Tübinger Kommentar/*Kinzig*, § 68b Rn 6).

645 Dem **Bestimmtheitsgrundsatz** ist dabei insoweit Rechnung zu tragen, als die Örtlichkeit durch das Gericht ihrer Art nach genau zu bezeichnen ist (*Fischer*, § 68b Rn 5). In Betracht kommt etwa das Verbot des Aufenthalts auf Kinderspielplätzen, in öffentlichen Bädern, Spielhallen, Spielcasinos, Stadien, Bahnhöfen, Grenzbereichen, Freihäfen, Prostitutions- und Vergnügungsvierteln oder in sonstigen „Milieu-Lokalitäten" im Bereich von Sexualität, Drogenhandel und (alkoholbedingten) Gewalttätigkeiten (OLG Hamm, Beschl. v. 30.8.2012 – 1 Ws 396/12; Tübinger Kommentar/*Kinzig*, § 68b Rn 6). Die Weisung kann sogar dann erteilt werden, wenn sich diese auf den Aufenthalt in der bisher genutzten Wohnung bezieht (OLG Nürnberg, Beschl. v. 29.11.2007 – 1 Ws 716/07). Demgegenüber ist ein Verbot, sich in „Clubs, Diskotheken, Bars und Nachtlokalen" aufzuhalten, bereits sprachlich zu unbestimmt, so dass aufgrund der Vielzahl der in Betracht kommenden Örtlichkeiten und mangelnder Abgrenzbarkeit ein Verstoß gegen das Bestimmtheitsgebot und auch gegen das Übermaßverbot vorliegt (OLG Nürnberg, Beschl. v. 28.10.2022 – Ws 586/22).

646 Die Weisung an den Probanden, sich während der Dauer der Führungsaufsicht **nicht** im **Bundesgebiet** aufzuhalten, ist indessen **ungeeignet** und mit dem Zweck der Führungsaufsicht nicht vereinbar, da die Unterstellung unter einer Führungsaufsichtsstelle damit praktisch leerläuft (OLG Köln NStZ 2010, 153; ferner OLG München NStZ-RR 2013, 211 zur Ausgestaltung von Weisungen bei einem Aufenthalt im Ausland). Gleichwohl dürfen bestimmte Orte i.S.v. § 68b Abs. 1 Nr. 2 StGB auch **größere Gebiete, z.B. einen Stadtbezirk,** umfassen, sofern deren Grenzen klar umrissen sind (KG NStZ-RR 2014, 263; Tübinger Kommentar/*Kinzig*, § 68b Rn 6). Schließlich kann ausweislich des Gesetzeswortlauts nur der **Aufenthalt**, nicht also das bloße Betreten und Durchqueren oder die ordnungsgemäße Benutzung (Briefmarkenkauf, Antritt einer Bahnreise) der Örtlichkeit, verboten werden (MüKo-StGB/*Kretschmann*, § 68b Rn 14).

Nr. 3: Kontaktverbot 647

c) Diese Weisung beinhaltet nicht nur das Verbot, Personen, die kriminogene Reize auslösen könnten, zu beschäftigen, auszubilden oder zu beherbergen. Vielmehr hat der Gesetzgeber § 68b Abs. 1 Nr. 3 StGB zu einem **umfassenden Kontakt- und Verkehrsverbot** ausgeweitet, um das Spektrum der Reaktionsmöglichkeiten nunmehr durch die Strafbewehrung zu verbessern (BT-Drucks 16/1993, S. 18). Das Kontaktverbot zielt auf den **Opferschutz** und auf die präventive **Ausschaltung** kriminogener **personengebundener Reize** ab (OLG Hamm NStZ-RR 2014, 263). Letzterem unterfällt insbesondere das Verbot der Kontaktaufnahmen sowie der Umgang mit Kindern und Jugendlichen nach Verurteilungen wegen sexuellen Missbrauchs von Kindern (*Fischer*, § 68b Rn 6a), wobei unter **„Kontakt"** nicht nur die unmittelbare, physische Begegnung, sondern auch die briefliche oder elektronische Kommunikation – auch die über einen Mittelsmann – zu verstehen ist (MüKo-StGB/*Kretschmann*, § 68b Rn 15). Voraussetzung für die Erteilung einer solchen Weisung Ist, dass das Verbot dem Opferschutz dienen und einen inneren Bezug zur zugrunde liegenden Tat haben muss (*Fischer*, § 68b Rn 6). Dass der Verurteilte pädophil sein muss, ist nicht Voraussetzung für die Verhängung des Kontaktverbotes zu Minderjährigen (OLG Nürnberg, Beschl. v. 3.6.2024 – Ws 382/24). Die Weisung, „keinen Kontakt mit der islamistischen Szene aufzunehmen" ist nicht hinreichend bestimmt (OLG München, StV 2020, 29; *Fischer*, § 68b Rn 6a)

Bei der Benennung einer Personengruppe (Frauen, Kinder) gilt es allerdings zu bedenken, dass **Familienangehörige ausgenommen** sind, weil dies bei Ehegatten einen Verstoß gegen Art. 6 Abs. 1 GG darstellt und bezüglich der eigenen Kinder dazu führen könnte, dass andere zivilrechtliche oder familiengerichtliche Zuständigkeiten gemäß § 1666 Abs. 1 BGB, Art. 6 Abs. 3 GG für Maßnahmen, die ebenfalls ein Kontaktverbot ermöglichen, unterlaufen würden (OLG Jena, Beschl. v. 2.3.2006 – 1 Ws 66/06; OLG Karlsruhe StV 2010, 643; OLG Koblenz, Beschl. v. 13.2.2017 – 2 Ws 56/17; OLG Nürnberg, Beschl. v. 12.12.2024 – Ws 1034/24; einschränkend OLG Bamberg NJW 2011, 2151 f. hinsichtlich eines Kontaktverbotes zu der alleinerziehenden Mutter bei gemeinsamem Sorgerecht; zum Zivilrechtsstreit in diesem Zusammenhang OLG Dresden NStZ 2010, 153, 154; ferner Tübinger Kommentar/*Kinzig*, § 68b Rn 7). 648

> ☝ Im Fall der Erteilung dieser Kontakt- und Verkehrsverbotsweisung ist dies dem **Opfer** nach § 406d Abs. 2 Nr. 1 StPO **auf Antrag mitzuteilen** (*Peglau* NJW 2007, 1558, 1559; *Herrmann* StRR 2013, 408, 412).

Nr. 4: Tätigkeitsgebot 649

d) Diese Weisung betrifft das **Verbot, bestimmte Tätigkeiten**, die unter Umständen zu Straftaten missbraucht werden können, **auszuüben**. Anordnungsvoraussetzungen ist die notwendige Verbindung zwischen beruflicher Tätigkeit und der durch deren Ausübung zu erwartenden Missbrauchsgefahr aufgrund der Begehung von Straftaten (OLG Karlsruhe NStZ 1995, 291). Ein solcher Missbrauch liegt nur dann vor, wenn der Täter unter bewusster Missachtung der ihm gerade durch seinen Beruf gestellten Aufgaben seine Tätigkeit **ausnutzt**, um einen diesen Aufgaben zuwiderlaufenden Zweck zu verfolgen; die strafbare Handlung muss Ausfluss der jeweiligen Berufstätigkeit sein, ein bloß äußerer Zusammenhang in dem Sinn, dass der Beruf des Täters lediglich die Möglichkeit gibt, strafbare Handlungen zu begehen, genügt daher – wie bei der Verhängung eines Berufsverbots im Erkenntnisverfahren – nicht für die Erteilung einer entsprechenden Weisung im Rahmen der Ausgestaltung der Führungsaufsicht (OLG Karlsruhe NStZ 1995, 291).

Problematisch ist in diesem Kontext die **Abgrenzung** dieser Weisungsanordnung zur eigenständigen Maßregel des **Berufsverbotes** nach § 70 StGB (→ *Berufsverbot, Allgemeines*, Teil B Rdn 1 m.w.N.). Zwar ist ein Tätigkeitsverbot, das zugleich die Voraussetzungen eines Berufsverbots erfüllt, nicht zwingend ausgeschlossen (OLG Hamburg StraFo 2008, 481; OLG Hamm NStZ-RR 2010, 90; *Lackner/Kühl/* 650

Heger/Heger, § 68b Rn 2; a.A. OLG Dresden NStZ 2008, 572 f.; offengelassen OLG Karlsruhe NStZ 1995, 291), zumal Führungsaufsicht und Berufsverbot nach § 72 StGB auch nebeneinander bestehen können. Gleichwohl dürfen Maßnahmen, die einem Berufsverbot gleichkommen, **nicht ohne weiteres** angeordnet werden (OLG Frankfurt NStZ-RR 2011, 140; MüKo-StGB/*Kretschmann*, § 68b Rn 16; *Herrmann* StRR 2013, 408, 412). Dies ist insbesondere dann der Fall, wenn das Gericht im **Erkenntnisverfahren** von der Maßregel nach § 70 StGB **gerade keinen Gebrauch** gemacht hat und damit nicht nur dessen eigenständige Voraussetzungen unterlaufen und die rechtsstaatlich gebotene Verfahrensweise umgangen, sondern dem Verurteilten auch die Verschonungsmöglichkeit des § 70a StGB abgeschnitten würde (KG StraFo 2008, 483 f.; OLG Dresden NStZ 2008, 572, 573; OLG Frankfurt NStZ-RR 2011, 140; OLG Jena, Beschl. v. 2.3.2006 – 1 Ws 66/06; SK-StGB/*Sinn*, § 68b Rn 10; NK-*Ostendorf/Bartsch*, § 68b Rn 12; SSW-StGB/Harrendorf/*Jehle*, § 68b Rn 8; *Fischer*, § 68b Rn 7; Tübinger Kommentar/*Kinzig*, § 68b Rn 8).

651 **Schranken** bei der Anordnung von einem Berufsverbot gleichkommenden Weisungen gebieten auch **Grundrechte** des Probanden (SSW-StGB/*Jehle*, § 68b Rn 8). So verletzt ein für fünf Jahre auferlegtes Verbot der Publikation nationalsozialistischen und rechtsextremistischen Gedankenguts die in Art. 5 Abs. 1 S. 1 GG statuierte Meinungsfreiheit des Verurteilten (BVerfG EuGRZ 2011, 88 ff.). Vor diesem Hintergrund bleibt jedenfalls Raum für entsprechende Weisungen nach § 68b Abs. 1 S. 1 Nr. 4 StGB im Hinblick auf **außerberufliche Tätigkeiten** sowie **spezifische Tätigkeiten innerhalb** der **Berufsausübung** (OLG Frankfurt NStZ-RR 2011, 140; Tübinger Kommentar/*Kinzig*, § 68b Rn 8f) wie etwa verbotene Schwangerschaftsabbrüche im Rahmen eines medizinischen Heilgewerbes, Tätigkeiten, die Zugang zu Informationen über günstige Einbruchsgelegenheiten verschaffen, Tätigkeiten in einem Handelsgewerbe, die zu Hehlerei, im Kreditgewerbe, die zu Betrügereien missbraucht werden können (MüKo -StGB/*Kretschmann*, § 68b Rn 16).

☝ Eine Weisung nach § 68b Abs. 1 Nr. 4 StGB sperrt weder eine (erweiterte) **Gewerbeuntersagung** noch sind damit die zugrunde liegenden Verurteilungen im Gewerbeuntersagungsverfahren unbeachtlich (OVG Lüneburg GewArch 2011, 440 f.)

652 **Nr. 5: Besitz- und Nutzungsverbot**

e) Die am Wortlaut des § 56c Abs. 1 Nr. 4 StGB angelehnte Weisung beinhaltet ein Besitz- und Nutzungsverbot bestimmter – und im Führungsaufsichtsbeschluss **konkret zu bezeichnender** (OLG Dresden StV 2010, 642, 643) – **Gegenstände**, die kriminogene Reize auslösen könnten. Dieses Verbot beschränkt sich damit im Fall des § 68b Abs. 1 StGB auf Gegenstände, die überhaupt führungsaufsichtsfähige Straftaten betreffen (NK-*Ostendorf, 5.Aufl. 2017*, § 68b Rn 13; a.A. MüKo-StGB/*Kretschmann*, § 68b Rn 17; Tübinger Kommentar/*Kinzig*, § 68b Rn 10). Zudem ist bei der Anordnung dieser Weisung im Hinblick auf Gegenstände, die der Verurteilte zugleich zu **legaler** privater (Haushalt, Freizeit) oder **beruflicher Tätigkeit** – solange ihm diese nicht nach § 68b Abs. 1 Nr. 4 StGB oder § 70 StGB untersagt ist – benutzt, aus Gründen der Verhältnismäßigkeit Zurückhaltung zu üben bzw. eine **strenge Einzelfallprüfung** nötig (OLG Hamm, Beschl. v. 8.5.2014 – 1 Ws 176/14; OLG Koblenz,Beschl. v. 8.5.2017 – 2 Ws 226/17 u. 2 Ws 227/17; ferner Tübinger Kommentar/*Kinzig*, § 68b Rn 10). So ist die Weisung, „weder Messer noch Scheren oder vergleichbare Gegenstände bei sich zu führen", wegen Verstoßes gegen das rechtsstaatliche Bestimmtheitsgebot sowie aufgrund übermäßiger Einschränkung des Verurteilten unzulässig (OLG Nürnberg, Beschl. v. 10.2.2022 – Ws 73/22).

653 **Nr. 6: Kraftfahrzeuge betreffende Anordnungen**

f) Das Verbot, **Kraftfahrzeuge** oder bestimmte Arten von Kraftfahrzeugen oder von anderen Fahrzeugen zu **halten** oder zu **führen**, die nach den Umständen zu Straftaten missbraucht werden können, steht – ähnlich wie bei § 68b Abs. 1 Nr. 4 StGB – in einem **Spannungsverhältnis** zur **Entziehung** der **Fahrerlaubnis** nach den §§ 69 ff. StGB. Insofern wird eine Umgehung der Maßregelvoraussetzungen im Wege der

Weisung als unzulässig anzusehen sein, wenn eine solche der Entziehung der Fahrerlaubnis gleichkäme und damit die Regelung des § 69 StGB unterlaufen würde, so dass (grds.) nur eine punktuelle Weisung auf § 68b Abs. 1 Nr. 6 StGB gestützt werden kann (KG, Beschl. v. 8.10.1998 – 5 Ws 572/98; LK-*Schneider* § 68b Rn 29; *Fischer* § 68b Rn 9; MüKo-StGB/*Kretschmann*, § 68b Rn 18; SSW-StGB/*Jehle*, § 68b Rn 10; Tübinger Kommentar/*Kinzig*, § 68b Rn 11; a.A. OLG Frankfurt NStZ-RR 2011, 60 ff. und KG, Beschl. v. 22.6.2015 – 2 Ws 136/15 unter Aufgabe seiner früheren Rspr.).

☝ Eine solche Anordnung dürfte zudem nur dann ergehen, wenn **zugleich** die **Voraussetzungen** für die **Entziehung** einer Fahrerlaubnis gegeben wären (KG, Beschl. v. 8.10.1998 – 5 Ws 572/98).

Eine dahingehende Weisung kommt vor allem unter folgenden **Einschränkungen** in Betracht: 654

- Das Führungsverbot ist auf bestimmt benannte Regionen, Zeiten, Fahrzeugarten oder Lebensbereiche **beschränkt** (zu Letzterem KG, Beschl. v. 8.10.1998 – 5 Ws 572/98).
- Obwohl die Fahrerlaubnis bereits entzogen ist, kann per Weisung noch das **„Halten"** eines Kraftfahrzeuges untersagt werden, wenn die Gefahr besteht, dass der Täter andere fahren lässt (Tübinger Kommentar/*Kinzig*, § 68b Rn 11).
- Auch in solchen Fällen, in denen das **erkennende Gericht** die Voraussetzungen der **§§ 69, 69a StGB bejaht** hat und/oder eine Entziehung der Fahrerlaubnis nur deshalb nicht in Betracht kam, weil der Verurteilte nicht im Besitz einer Fahrerlaubnis gewesen ist, ist Raum für eine Anordnung eines – dann sogar **uneingeschränkten** – **Fahrverbots** gem. 68b Abs. 1 S. 1 Nr. 6 StGB.

Nr. 7: Meldegebot 655

g) Dem Verurteilten kann auferlegt werden, sich in **bestimmten Abständen** bei einer **bestimmten Stelle** zu **melden**. Sie dient in erster Linie der Überwachung. Die Weisung muss allerdings wegen des Bestimmtheits- und Zumutbarkeitserfordernisses nähere Bestimmungen insbesondere zur **Meldestelle** und über den genauen **Meldeturnus** beinhalten; der Meldestelle können nur Einzelheiten der Terminsbestimmung zur Vereinbarung überlassen werden (KG JR 1987, 124, 125; OLG Naumburg NStZ-RR 2010, 324; ferner ***Fischer*, § 68b Rn 10;** MüKo-StGB/*Kretschmann*, § 68b Rn 19; *Pollähne* StV 2014, 161, 163). Die Anweisung, sich regelmäßig in der Sprechstunde des Bewährungshelfers einzufinden (OLG Stuttgart NStZ 1990, 279 [wohl als Weisung nach § 68 Abs. 2 StGB]; OLG Jena StV 2008, 88; OLG Bamberg StV 2012, 737 f.; Tübinger Kommentar/*Kinzig*, § 68b Rn 12) genügt diesen **Bestimmtheitsanforderungen** ebenso wenig wie eine dahingehende Delegation einzelner Weisungsbefugnisse an den Bewährungshelfer (vgl. a. BGHSt 58, 72, 74; OLG München NStZ 2010, 218, 219; OLG Stuttgart, Beschl. v. 14.3.2014 – 5 Ss 89/14; *Herrmann* StRR 2013, 408, 412). Auch eine Kombination einer Meldeweisung bei Bewährungshilfe und Polizeidienststelle kann zulässig sein (OLG Celle, BeckRS 2019, 13006; LG Berlin, BeckRS 2017, 148458; Tübinger Kommentar/*Kinzig*, § 68b Rn 12). Eine mindestens einmal, höchstens viermal monatliche persönliche – oder auch telefonische – Meldung beim Bewährungshelfer belastet den Verurteilten nicht übermäßig, selbst wenn er in der Gesamtschau der Weisungen noch einen weiteren monatlichen Meldetermin (Meldung beim polizeilichen HEADS-Ansprechpartner) und einen weiteren höchstens einmal wöchentlichen Termin bei der Fachambulanz für Sexual- und Gewaltstraftäter wahrzunehmen hat (OLG Nürnberg, Beschl. v. 12.12.2024 – Ws 1034/24).

Nr. 8: Wohnungswechsel/Arbeitsplatz 656

h) Mit dieser praktisch bedeutsamsten Weisung, **jeden Wechsel** der Wohnung oder des Arbeitsplatzes **unverzüglich** der Aufsichtsstelle **anzuzeigen**, soll sichergestellt werden, dass der Kontakt zum Verurteilten nicht verloren geht. Dabei empfiehlt es sich, den Begriff „unverzüglich" im Weisungsbeschluss durch die Angabe einer bestimmten Frist zu konkretisieren (Tübinger Kommentar/*Kinzig*, § 68b Rn 13). Die Meldepflicht kann nur gegenüber der Aufsichts-, nicht aber gegenüber anderen Dienststellen angeordnet werden (LK-Schneider, § 68b Rn 34; *Lackner/Kühl/Heger/Heger*, § 68b Rn 2).

657 Nicht vereinbar mit dem **Bestimmtheitsgebot** ist indes die Weisung, bei jedem Wechsel der Wohnung oder des Arbeitsplatzes „vorher mit dem Bewährungshelfer Rücksprache zu nehmen" (OLG Hamm NStZ-RR 2011, 141) – wohl aber als nicht strafbewehrte Weisung nach § 68b Abs. 2 StGB (OLG Hamm, Beschl. v. 21.6.2012 – 2 Ws 190/12 und 2 Ws 191/12; ferner MüKo-StGB/*Kretschmann*, § 68b Rn 20; Tübinger Kommentar/*Kinzig*, § 68b Rn 13; *Herrmann* StRR 2013, 408, 413). Durch den Verstoß gegen die Weisung wird allerdings nur ausnahmsweise die **Gefahr** der **Begehung** weiterer **Straftaten** vergrößert bzw. die Wahrscheinlichkeit straffreien Lebens verschlechtert, etwa wenn durch den Wechsel der Wohnung sich auch die sozialen Rahmenbedingungen nachteilig verändern (LG Bielefeld, Beschl. v. 26.11.1991 – 6 Ns 27 Ds 41 Js 758/89). Nur nach **§ 68b Abs. 2 StGB** möglich ist die Weisung, sich um einen **Arbeitsplatz** zu **bemühen** oder diesen nicht ohne Erlaubnis zu **wechseln**, weil sie inhaltlich nicht so eindeutig gefasst ist, dass erkennbar wäre, ob ein Verstoß gegen die damit verbundenen Verpflichtungen die Strafandrohung des § 145a StGB auslösen kann (OLG Hamm JMBl. NW 1982, 153; *Lackner/Kühl/Heger/Heger*, § 68b Rn 2; Tübinger Kommentar/*Kinzig*, § 68b Rn 13).

658 **Nr. 9: Meldegebot bei Erwerbslosigkeit**

i) Diese Weisung statuiert die Pflicht, sich im Fall der **Erwerbslosigkeit** bei der **zuständigen Agentur für Arbeit oder einer anderen zur Arbeitsvermittlung zulässigen Stelle** zu **melden**. Sie ist verhältnismäßig (OLG Schleswig SchlHA 2002, 145) und zielt auf Resozialisierung des Unterstellten durch Förderung geregelter Arbeit. Die Weisung, eine Meldung „unverzüglich" zu machen, ist hinreichend bestimmt, wenngleich eine konkrete Frist in der Weisung zu bevorzugen ist (OLG Nürnberg, Beschl. v. 8.12.2021 – Ws 1134/21). Der Verurteilte ist nur gehalten, sich gegenüber der Agentur für Arbeit etc. zu melden. Eine strafbewehrte Verpflichtung, eine angebotene **Arbeit** auch **anzunehmen**, ist hiermit indes **nicht** verbunden (so auch *Lackner/Kühl/Heger/Heger*, § 68b Rn 2). Die Weisung, sich um einen Arbeitsplatz zu bemühen oder diesen nicht ohne Erlaubnis zu wechseln, ist aus Gründen der Bestimmtheit ebenfalls nur nach § 68b Abs. 2 StGB möglich (OLG Hamm JMBl. NW 1982, 153; *Fischer*, § 68b Rn 12; *Herrmann* StRR 2013, 408, 413). Auch kann eine (strafbewehrte) Weisung, die Meldung bei der Arbeitsagentur dem Bewährungshelfer nachzuweisen, nicht auf § 68b Abs. 1 S. 1 Nr. 9 StGB gestützt werden (OLG Nürnberg, Beschl. v. 18.10.2022 – Ws 850/22).

659 **Nr. 10: Alkohol- und Drogenverbot**

j) Durch das Gesetz zur Reform der Führungsaufsicht vom 13.4.2007 (BGBl I 2007, S. 513) wurde die Möglichkeit eines strafbewehrten **Alkohol- und Drogenverbotes** in § 68b Abs. 1 S. 1 Nr. 10 StGB eingefügt. Mit dieser Weisung soll bei Taten, die im Zusammenhang mit Alkohol oder Suchtmittelkonsum begangen wurden, einer Kriminalitätsstimulanz durch Alkohol oder Suchtmittel begegnet werden (BT-Drucks 16/1993, S. 19). Vor diesem Hintergrund wird ein **symptomatischer Zusammenhang** zwischen Alkohol- bzw. Suchtmittelmissbrauch und den konkret drohenden Straftaten zu verlangen sein (OLG Hamm NStZ-RR 2010, 262; 2010, 355; Beschl. v. 21.6.2012 – 2 Ws 190/12 und 2 Ws 191/12; OLG Nürnberg StRR 2011, 247), was in der Regel nur in Fällen der Beschaffungskriminalität (*Peglau* NJW 2007, 1558, 1559) und bei wiederholten Alkohol- oder Suchtmittelexzessen gegeben sein wird, die in der Vergangenheit zu ähnlichen Straftaten wie die jetzt verurteilte Straftat geführt haben (OLG Hamm, Beschl. v. 21.6.2012 – 2 Ws 190/12 und 2 Ws 191/12; OLG Köln, Beschl. v. 22.11.2012 – 2 Ws 776/12). Dass der Verurteilte die Anlasstat unter Alkohol- oder Rausmitteleinfluss begangen hat, ist jedoch nicht erforderlich (OLG Nürnberg, Beschl. v. 15.2.2022 – Ws 85/22). Auf § 68b Abs. 1 S. 1 Nr. 10 StGB kann nur die Anordnung eines **absoluten Suchtmittelverbot**, also das Verbot jeglichen Konsums der im Beschluss untersagten berauschenden Mittel (OLG Frankfurt NStZ-RR 2011, 290; OLG Nürnberg, Beschl. v. 27.5.2010 – 2 Ws 273/10 – und v. 15.2.2022 – Ws 85/22 -; *Fischer*, § 68b Rn 13; MüKo-StGB/*Kretschmann*, § 68b Rn 22), gestützt werden. Die Anordnung relativer Suchtmittelverbote dahingehend, dass dem Verurteilten der Genuss von berauschenden Mitteln „im Übermaß" untersagt wird, ist nicht möglich. Eine solche – oder eine vergleichbare – Formulierung der Weisung ließe Spekulationen über die Auslegung der noch zulässigen Konsummenge möglich erscheinen, was mit einer strafbewehrten Weisung jedoch unvereinbar ist (OLG Nürnberg, Beschl. v. 27.5.2010 – 2 Ws 273/10 – und v. 15.2.2022 – Ws 85/22; MüKo-StGB/*Kretschmann*, § 68b Rn 22). Die Weisung „keine Medikamente einzunehmen, die nicht vom Arzt verordnet wurden", kann ebenfalls nicht auf § 68b Abs. 1 S. 1 Nr. 10 StGB gestützt werden (OLG Bremen, StV 2020, 27).

Insbesondere im Hinblick auf die Zumutbarkeit der Erfüllung der Abstinenzweisung war umstritten, ob bei einer unbehandelten oder nicht erfolgreich behandelten Alkohol- bzw. Drogensucht die **Verhängung eines Konsumverbots gegenüber einem langjährig Suchtkranken** Verurteilten **unzumutbar** und daher unzulässig ist (bejahend OLG Celle NStZ-RR 2010, 91, 92; OLG Dresden NJW 2009, 3315, 3316; Beschl. v. 10.9.2014 – 23 Ss 557/14; MüKo-StGB/*Kretschmann*, § 68b Rn 22; *Fischer*, § 68b Rn 13a; a.A. OLG Köln NStZ-RR 2011, 62, 63; OLG Rostock NStZ-RR 2012, 222; differenzierend OLG Hamm NStZ-RR 2013, 158 f.; Beschl. v. 22.1.2013 –5 Ws 342/12; *Herrmann* StRR 2013, 408, 414; eingehend auch OLG Bamberg, Beschl. v. 18.6.2014 – 3 Ss 76/14). Insoweit wurde vom BVerfG entschieden, dass von der Verhältnismäßigkeit einer Abstinenzweisung gemäß § 68b Abs. 1 S. 1 Nr. 10 StGB regelmäßig dann ausgegangen werden kann, wenn diese gegenüber einer ohne Weiteres zum Verzicht auf den Konsum von Suchtmitteln fähigen Person angeordnet wird und im Falle des erneuten Alkohol- oder Suchtmittelkonsums mit der Begehung erheblicher, die Sicherheitsinteressen der Allgemeinheit betreffender Straftaten zu rechnen ist. (BVerfG, Beschl. v. 30.3.2016 – 2 BvR 496/12). Wenn der Verzicht auf den Konsum von Suchtmitteln lediglich vom Willen und der charakterlichen Festigkeit des Weisungsunterworfenen abhängt, ist es ohne weiteres zumutbar, für die Dauer der Führungsaufsicht zur Vermeidung weiterer Straftaten einen solchen Verzicht einzufordern. Keine Bedenken bestehen somit gegen eine Abstinenzweisung, wenn lediglich mangelnde Willensstärke oder charakterliche Labilität einen Weisungsverstoß befürchten lassen (OLG Hamm, Beschl. v. 10.1.2021 – III-5 Ws 358/12 unter Verweis auf OLG München, Beschl. v. 9.7.2010 – 2 Ws 571/10; OLG Nürnberg, Beschl. v. 6.12.2024 – Ws 838/24). Für einen nicht- oder erfolglos therapierten langjährigen Suchtkranken beinhaltet die Abstinenzweisung zwar eine deutlich schwerere Belastung. Dennoch wird auch in diesen Fällen nicht ausnahmslos davon ausgegangen werden können, dass die Weisung, auf den Konsum von Suchtmitteln zu verzichten, unzumutbar ist. Vielmehr ist auch insoweit eine Abwägung unter Berücksichtigung der besonderen Umstände des jeweiligen Einzelfalls erforderlich. Dabei sind insbesondere die Fragen, in welchem Umfang überhaupt eine Aussicht besteht, die mit einer Abstinenzweisung verfolgten Zwecke zu erreichen, ob und inwieweit der Suchtkranke sich (wenn auch erfolglos) Therapieangeboten geöffnet hat und welche Straftaten im Falle weiteren Suchtmittelkonsums zu erwarten sind, in die Abwägung einzustellen (BVerfG, Beschl. v. 30.3.2016 – 2 BvR 496/12; eingehend hierzu MüKo-StGB/*Kretschmann*, § 68b Rn 22 m.w.N.; Tübinger Kommentar/*Kinzig*, § 68b Rn 14a). 660

Auf der Grundlage des § 68b Abs. 1 S. 1 Nr. 10 StGB kann unterstellte Person auch angewiesen werden, sich **Alkohol- und Suchtmittelkontrollen** zu unterziehen. Zwar begründet diese Weisung eine Mitwirkungspflicht, lässt jedoch die Aussagefreiheit unberührt. Nachweise aus einer mit dieser Weisung erzwungenen Kontrolle dürfen daher im Verfahren wegen Verdachts des § 145a StGB verwertet werden (BayObLG medstra 2023, 256; *Fischer*, § 68b Rn 13; Tübinger Kommentar/*Kinzig, § 68b Rn 14a*). Die Kontrollen dürfen allerdings – mit Blick auf die Strafbewehrung – **nicht** mit einem **körperlichen Eingriff** verbunden sein (OLG Dresden NStZ-RR 2008, 27; OLG Frankfurt NStZ-RR 2009, 27, 28). In der Praxis kommen insoweit **Urinkontrollen** und **Atemalkoholmessungen** in Betracht (Tübinger Kommentar/*Kinzig*, § 68b Rn 14a; *Schneider* NStZ 2007, 441, 443). Umstritten ist, ob auf der Grundlage des § 68b Abs. 1 S. 1 Nr. 10 StGB auch die **Entnahme** einer **Haarprobe** angeordnet werden kann (verneinend: OLG München NStZ 2011, 94 f; Tübinger Kommentar/*Kinzig*, § 68b Rn 14a [nur nach § 68b Abs. 2 S. 4 StGB mit Einwilligung zulässig]). Nach vorzugswürdiger Ansicht bedürfen auch Haarentnahmen nicht der Einwilligung des Verurteilten, da die Entnahme einer Haarprobe keine Maßnahme ist, die gem. § 68b Abs. 2 S. 4, 56 c Abs. 3 Nr. 1 StGB mit einem körperlichen Eingriff verbunden ist, vielmehr 661 ein derartiger Eingriff unterhalb der Erheblichkeitsschwelle liegt (OLG München NJW 2010, 3527, 3528 f.; Beschl. v. 8.4.2014 – 2 Ws 278/14 und 279/142; OLG Nürnberg, Beschl. v. 14.1.2025 – Ws 1047/24 unter gleichzeitiger Aufgabe seiner früheren Rspr.). In dem die Suchtmittelkontrollen anordnenden Beschluss ist die die Kontrollen durchführende Stelle vom Gericht zu bestimmen (OLG Hamm, Beschl. v. 27.2.2018 – II-5 Ws 35–37/18; OLG Nürnberg, Beschl. v. 18.10.2022 – Ws 850/22; OLG Rostock, Beschl. v. 22.2.2011 – I Ws 39/11).

662 **Darüber hinaus** kann auch zu Kontrollen mit körperlichen Eingriffen (Blutentnahmen) angewiesen werden, wenn die Klienten damit **einverstanden** sind. Eine solche, allein nach § 68b Abs. 2 S. 4 StGB zulässige Weisung (*Fischer*, § 68b Rn 16) ist allerdings nicht gem. § 145a StGB strafbewehrt.

663 Dabei kann eine **Kontrollweisung auch** dann (**isoliert**) angeordnet werden, **wenn** wegen einer nicht überwundenen Suchterkrankungen des Verurteilten von einer strafbewehrten Abstinenzweisung abzusehen ist. Denn auch eine bestehende Suchterkrankung hindert den Verurteilten nicht, die geforderten Kontrollen durchzuführen. Die Kontrollweisung dient in solchen Fällen dann dem Zweck, ein Abgleiten des Verurteilten in einen zügellosen Konsum – mit der damit verbundenen Gefahr der Begehung neuer Straftaten – festzustellen und diesem rechtzeitig entgegenzuwirken zu können. Dies entspricht dem Sinn der Führungsaufsicht, rückfallgefährdete und deshalb für die Allgemeinheit gefährliche Täter in ihrer Lebensführung über kritische Zeiträume hinweg zu unterstützen und zu überwachen, um sie von der Begehung weiterer Straftaten abzuhalten (OLG Nürnberg, Beschl. v. 28.10.2022 – Ws 586/22 – und v. 17.12.2024 – Ws 1103/24; Tübinger Kommentar/*Kinzig*, § 68b Rn 14a).

☝ Die **Kosten** für Alkohol- oder Drogenkontrollen – wie auch für Therapieweisungen nach § 68b Abs. 2 StGB (s.u. Rdn 674) – hat grds. der **Verurteilte** selbst zu **tragen**, es sei denn, dies ist mit Blick auf seine finanzielle Leistungsfähigkeit (Vermögenslosigkeit etc.) unzumutbar (OLG Bremen NStZ 2011, 216, 217; OLG Jena NStZ-RR 2011, 296; OLG München NStZ-RR 2012, 324, 325; MüKo-StGB/*Kretschmann*, § 68b Rn 22; *Herrmann* StRR 2013, 408, 413; Tübinger Kommentar/*Kinzig*, § 68b Rn 14a; a.A. wohl OLG Dresden NStZ 2009, 268 [grds. Kostentragungspflicht durch die Staatskasse]).

664 **Nr. 11: Kontaktaufnahme zum Therapeuten**

k) Mit dieser 2007 ebenfalls aufgenommen sog. **Vorstellungsweisung** (*Lackner/Kühl/Heger/Heger*, § 68b Rn 2) sollte die diesbezügliche Strafbewehrung nachdrücklich dazu veranlassen, Kontakt zu einem Therapeuten aufzunehmen und damit einen Schritt in Richtung Therapie zu unternehmen. Durch den regelmäßigen Kontakt soll bei dem Verurteilten ein Therapiewunsch erzeugt werden. In Ausübung des verfassungsrechtlich noch zulässigen Initialzwanges ist es dabei auch erlaubt, innerhalb der Vorstellungsweisung auf den Verurteilten mit der Zielsetzung der Therapieaufnahme einzuwirken. Gleichzeitig soll mit dieser Weisung den Fachleuten ermöglicht werden, sich von der verurteilten Person einen regelmäßigen Eindruck zu verschaffen und Krisen schneller zu erkennen. Einen bestehenden Therapiewillen setzt die Weisung somit gerade nicht voraus und kann daher auch gegen den erklärten Willen des Verurteilten angeordnet werden (OLG Nürnberg, Beschl. v. 12.12.2024 – Ws 1034/24). Der Gesetzgeber will die Unterstellten „in das Behandlungszimmer“ zwingen, damit mögliche riskante Entwicklungen frühzeitig erkannt werden und diesen entgegengewirkt werden kann; eine strafbewehrte Anweisung, sich auch therapieren zu lassen, ist damit nicht verbunden (BT-Drucks 16/1993, S. 19; Tübinger Kommentar/*Kinzig*, § 68b Rn 14b; *Peglau* NJW 2007, 1558, 1559). § 68b Abs. 1 Nr. 11 StGB statuiert mithin nur eine **Vorstellungspflicht, nicht** indes eine **Behandlungspflicht** (OLG Dresden NStZ-RR 2008, 27, 28). Letzteres bzw. weitergehende Weisungen zur allgemeinen Lebensführung unterfallen vielmehr § 68b Abs. 2 StGB (OLG Rostock NStZ-RR 2012, 368; OLG Köln, Beschl. v. 10.8.2007 – 2 Ws 392/07; MüKo-StGB/*Kretschmann*, § 68b Rn 23; *Herrmann* StRR 2013, 408, 414; *Peglau* NJW 2007, 1558, 1559). Insoweit muss in Ansehung des Bestimmtheitsgebots eine Unterscheidung von strafbewehrter Vorstellungsweisung und strafloser Vorgabe zur Lebensführung auch für den Probanden klar und einsichtig sein (OLG Dresden NStZ-RR 2008, 27, 28). Hierbei sieht § 68b Abs. 1 S. 1 Nr. 11 StGB die Möglichkeit der Anordnung einer Vorstellungspflicht beim **Arzt, Psychotherapeuten oder einer forensischen Ambulanz** vor. Die Verpflichtung zur Vorstellung bei anderen Stellen, bspw. bei Stadtmissionen, ermöglicht diese Vorschrift nicht.

Gleichwohl kann es sinnvoll sein, die **Vorstellungsweisung** mit einer (nicht strafbewehrten) **Therapieweisung** nach § 68b Abs. 2 S. 2 StGB (s.u. Rdn 674) zu **verbinden**, um eine vorhandene Therapiebereitschaft nachhaltig abzusichern und um den Therapeutenkontakt bei einer nachlassenden Therapiebereitschaft zu Kontrollzwecken – gegebenenfalls über den Erlass eines Vorführungsbefehls gem. § 463a Abs. 3 StPO – zwangsweise durchsetzbar zu machen (so Tübinger Kommentar/*Kinzig*, § 68b Rn 14b). Schließlich erfordert der **Bestimmtheitsgrundsatz** eine genaue Festlegung, zu welchen Zeiten sich der Klient bei welchem Arzt/Psychotherapeuten oder bei welcher bestimmten Stelle vorstellen muss (KG NStZ-RR 2008, 278; Tübinger Kommentar/*Kinzig*, § 68b Rn 14b). Sofern der Proband die Fahrtkosten zu den Vorstellungsterminen nicht aufbringen kann, muss die Staatskasse hierfür aufkommen (OLG Karlsruhe NStZ-RR 2011, 30). 665

Nr. 12: „Elektronische Fußfessel“ 666

I) Nach dem durch das Gesetz zur Neuordnung des Rechts der Sicherungsverwahrung vom 22.12.2010 (BGBl I 2010, S. 2300) eingefügten § 68b Abs. 1 S. 1 Nr. 12 StGB kann das Gericht einen Verurteilten für die Dauer der Führungsaufsicht oder kürzer anweisen, die für eine elektronische Überwachung seines Aufenthaltsortes erforderlichen technischen Mittel ständig in betriebsbereitem Zustand bei sich zu führen und deren Funktionsfähigkeit nicht zu beeinträchtigen (eingehend hierzu *Brauneisen* StV 2011, 311 ff.). In der Praxis wird es sich bei derartigen technischen Mitteln zumeist um die sog. **„elektronische Fußfessel“** handeln, die um das Fußgelenk befestigt wird und über GPS die Ortung des Verurteilten ermöglicht. Der Gesetzgeber erhofft sich von der elektronischen Überwachung neben ihrer **Kontrollfunktion** auch eine **spezialpräventive Wirkung**: Durch die Weisung nach § 68b Abs. 1 S. 1 Nr. 12 StGB soll die verurteilte Person im Sinne einer positiven und negativen Spezialprävention von der Begehung weiterer Straftaten abgehalten werden. Zum anderen soll ein deutlich erhöhtes Entdeckungsrisiko begründet werden, so dass die unter Führungsaufsicht stehende Person von Zuwiderhandlungen gegen Weisungen ebenso wie von der Begehung weiterer schwerer Straftaten unmittelbar abgeschreckt und damit abgehalten wird (BT-Drucks 17/3403, S. 17; *Herrmann* StRR 2013, 408, 415; *Brauneisen* StV 2011, 311, 312; ferner KG NStZ-RR 2014, 175; OLG Hamm, Beschl. v. 21.6.2012 – 2 Ws 190/12 und 2 Ws 191/12; OLG Nürnberg, Beschl. v. 11.3.2013 – 1 Ws 307/12, v. 18.2.2022 – Ws 109/22 und v. 17.3.2023 – Ws 123/23; OLG Rostock NStZ 2011, 521, 522).

Die **Zulässigkeit** der hier geregelten „elektronischen Fußfessel“ hängt vom Vorliegen der formellen (Nr. 1 und Nr. 2) und materiellen (Nr. 3 und Nr. 4) Voraussetzungen in § 68b Abs. 1 S. 3 StGB ab (ausführlich zu den Voraussetzungen OLG Saarbrücken, Beschl. v. 2.10.2013 – 1 Ws 160/13 und 1 Ws 194/13). Insoweit gilt: 667

- **Formell** muss die Führungsaufsicht aufgrund der vollständigen Vollstreckung einer (Gesamt-)Freiheitsstrafe von mindestens drei Jahren oder aufgrund einer erledigten Maßregel, die wegen einer Tat der in § 66 Abs. 3 S. 1 StGB genannten Art verhängt oder angeordnet wurde, eingetreten sein. Erfasst werden damit Vollverbüßer einer mindestens dreijährigen (Gesamt-)Freiheitsstrafe sowie Entlassene aus dem Maßregelvollzug. Bei der Einbeziehung von Katalogtaten und Nichtkatalogtaten in eine Gesamtfreiheitsstrafe ist es allerdings erforderlich, dass die für die **Katalogtaten hypothetisch** zu bildende **Gesamtfreiheitsstrafe** die Drei-Jahres-Höhe erreicht (OLG Frankfurt NStZ-RR 2013, 60 f.). Die Anforderungen nach § 68b Abs. 1 S. 3 Nr. 1 und 2 StGB werden für eine Konstellation durch § 68b Abs. 1 S. 4 StGB erweitert. Demnach liegen die Voraussetzungen, welche in den Nummern 1 und 2 normiert sind, auch dann vor, wenn die dort genannte Führungsaufsicht nach § 68e Abs. 1

S. 1 StGB beendet worden ist und die nachfolgende Führungsaufsicht diese Voraussetzungen nicht erfüllt (OLG Nürnberg, Beschl. v. 4.8.2022 – Ws 608/22). Für bestimmte staatsgefährdende oder terroristische Taten sind in § 68b Abs. 1 S. 5 StGB die formellen Voraussetzungen des § 68b Abs. 1 S. 3 Nr. 1 StGB gelockert.

- Materiell muss die **Gefahr** bestehen, dass der Betreffende weitere, namentlich **Gewalt-** und **Sexualstraftaten** (OLG Hamm, Beschl. v. 21.6.2012 – 2 Ws 190/12 und 2 Ws 191/12) begehen wird und diese Weisung erforderlich erscheint, ihn davon abzuhalten. Eine bloß abstrakte, auf die statistische Rückfallwahrscheinlichkeit gestützte Gefahrenprognose reicht nicht aus; andererseits ist auch keine nahe liegende konkrete Gefahr erforderlich (KG NStZ-RR 2014, 175, 176; OLG Rostock NStZ 2011, 521, 522; OLG Saarbrücken, Beschl. v. 2.10.2013 – 1 Ws 160/13 und 1 Ws 194/13). Mit dem in § 68b Abs. 1 S. 2 Nr. 3 StGB verwendeten Gefahrenbegriff knüpft das Gesetz an die Gefährlichkeitsschwelle an, wie sie auch für die Anordnung einer freiheitsentziehenden Maßregel nach § 64 StGB und – dem Grunde nach – § 66 StGB sowie im Rahmen der Führungsaufsicht gemäß § 68c Abs. 3 Nr. 2 StGB für die Anordnung der unbefristeten Führungsaufsicht gilt. Es muss also eine Gefahr bestehen, die als begründete Wahrscheinlichkeit bezeichnet werden kann (OLG Nürnberg, Beschl. v. 17.3.2023 – Ws 123/23). Die Gefahr einer wiederholten Straffälligkeit darf sich nicht auf irgendeine Straftat beziehen, sondern nur auf die dort genannten schweren Delikte. Die **Weisung** muss zudem **erforderlich** erscheinen, um die verurteilte Person durch die Möglichkeit der Datenverwendung nach § 463a Abs. 4 S. 2 StPO, insbesondere durch die Überwachung der Einhaltung der nach § 68b Abs. 1 S. 1 Nr. 1 und Nr. 2 StGB erteilten Weisungen, von der Begehung weiterer Straftaten der oben benannten Art abzuhalten (§ 68b Abs. 1 S. 3 Nr. 4 StGB). Durch die letztgenannte Voraussetzung wird die Verhältnismäßigkeit dieser Maßnahme gewahrt und auf die spezialpräventive Wirkung dieser Weisung abgestellt (OLG Nürnberg, Beschl. v. 4.8.2022 – Ws 608/22; MüKo-StGB/*Kretschmann*, § 68b Rn 27 m.w.N.).

☝ Bei der hiernach vorzunehmenden Prognoseentscheidung hat sich das zuständige Gericht im Rahmen einer **Gesamtwürdigung** mit der Persönlichkeit des Verurteilten, seinem Vorleben, der Anlasstat, seinem Verhalten im Strafvollzug und insbesondere mit seiner Entwicklung während des bisherigen Verlaufs der Führungsaufsicht auseinanderzusetzen sowie die protektiven und kriminogenen Faktoren konkret zu benennen und zu gewichten (OLG Nürnberg, Beschl. v. 8.5.2014 – 2 Ws 37/14 und 38/14; ferner KG NStZ-RR 2014, 175, 176; OLG Hamm, Beschl. v. 21.6.2012 – 2 Ws 190/12 und 2 Ws 191/12; OLG Rostock NStZ 2011, 521, 522; OLG Saarbrücken, Beschl. v. 2.10.2013 – 1 Ws 160/13 und 1 Ws 194/13).

668 Die Einholung eines auf diese Fragestellung bezogenen **Prognosegutachtens** ist gesetzlich **nicht vorgeschrieben**. Auch im Hinblick auf die Amtsaufklärungspflicht ist sie entbehrlich, wenn im Einzelfall ohne ein solches Gutachten eine hinreichende Prognosegrundlage besteht (BVerfGE 70, 297; OLG Hamm, Beschl. v. 21.6.2012 – III–2 Ws 190/12; OLG München, Beschl. v. 24.6.2015 – 4 Ws 405/15; OLG Nürnberg, Beschl. v. 17.3.2023 – Ws 123/23). Dies entspricht dem ausdrücklichen Willen des Gesetzgebers (BT-Drucks 17/3403, S. 37). Insoweit kann die für diese Einschätzung erforderliche Gesamtwürdigung des Täters und seiner Taten unter Berücksichtigung der Erkenntnisse des Verlaufs der Führungsaufsicht auf der Grundlage der Erkenntnisse des Ausgangsgutachtens sowie der polizeilichen Ermittlungsberichte, der Berichte der Bewährungshilfe und der Fachambulanz getroffen werden (OLG Nürnberg, Beschl. v. 4.12.2024 – Ws 800/24).

669 Da es nach § 68b Abs. 1 S. 4 StGB unerheblich ist, ob die Führungsaufsicht nach § 68e Abs. 1 S. 1 StGB beendet ist, kommt eine Weisung nach § 68b Abs. 1 S. 1 Nr. 12 StGB insbesondere zur gleichzeitigen **Absicherung** von **Weisungen** nach **§ 68b Abs. 1 Nr. 1** und **Nr. 2 StGB** bei hochgefährlichen Tätern in Betracht (*Lackner/Kühl/Heger/Heger*, § 68b Rn 2; *Fischer*, § 68b Rn 20; vgl. a. OLG Hamm, Beschl. v. 21.6.2012 – 2 Ws 190/12 und 2 Ws 191/12; OLG Nürnberg, Beschl. v. 11.3.2013 – 1 Ws 307/12), so

dass insbesondere Sexualstraftäter von Orten, an denen sich vorwiegend Kinder aufhalten, wie Kinderspielplätze, Umgebung von Kindertagestätten und Kindergärten, ferngehalten werden.

Die „**technischen Mittel**" müssen den Probanden mit einer klaren Einweisung ***zur Verfügung gestellt*** werden. Sie müssen zur Vermeidung von Bloßstellung und Stigmatisierung so tragbar sein, dass sie äußerlich nicht erkennbar sind. Die zwingenden Einschränkungen für bestimmte Sportarten, bspw. Mannschaftssport, und für Freizeitbeschäftigung, bspw. Baden, müssen bei der **Erforderlichkeitsprüfung** gem. § 68b Abs. 1 S. 3 Nr. 4 StGB mit abgewogen werden (OLG Nürnberg, Beschl. v. 11.3.2013 – 1 Ws 307/12; ferner OLG Hamburg NStZ 2012, 325 f.). Die Weisung darf sich im Ergebnis **nicht** in reinen Überwachungsinteressen („**Rundumüberwachung**") erschöpfen, nicht die gesamte Lebensführung des Verurteilten nachhaltig beeinträchtigen (OLG Nürnberg, Beschl. v. 11.3.2013 – 1 Ws 307/12; vgl. a. *Brauneisen* StV 2011, 311, 314) und auch nicht die Resozialisierung und damit den Gesetzeszweck konterkarieren (OLG Saarbrücken, Beschl. v. 2.10.2013 – 1 Ws 160/13 und 1 Ws 194/13). 670

☝ Über die **Dauer** der elektronischen Überwachung bestimmt die StVK; dies darf nicht etwa der Führungsaufsichtsstelle, dem Bewährungshelfer oder der forensischen Ambulanz überlassen werden (OLG Rostock NStZ 2011, 521, 522 f.).

4.a) § 68b Abs. 2 StGB lässt **weitere denkbare Gebote** und Verbote zu, sofern diese die allgemeinen Voraussetzungen einer Weisung (s.o. Rdn 639 f.) erfüllen (*Lackner/Kühl/Heger/Heger*, § 68b Rn 3). Der Hinweis auf Ausbildung, Arbeit etc. ist insoweit nur beispielhaft und nicht abschließend (*Lackner/Kühl/Heger/Heger*, § 68b Rn 3; MüKo-StGB/*Kretschmann*, § 68b Rn 31). Die auf **§ 68b Abs. 2 S. 1 StGB** gestützten Weisungen dürfen indes **nicht** den Charakter einer **Auflage**, d.h. schuldahndende Intentionen haben, die der Genugtuung für begangenes Unrecht dienen (OLG Karlsruhe StV 2010, 643). Die Erteilung einer Arbeitsauflage ist daher ausgeschlossen (OLG Jena StraFo 2010, 218; *Fischer*, § 68b Rn 22). Die Weisungen nach § 68b Abs. 2 StGB sind auch **nicht strafbewehrt** (Tübinger Kommentar/*Kinzig*, § 68b Rn 17), was namentlich auch für die Weisung gilt, sich einer Heilbehandlung, Entziehungskur, Gesprächs- (KG, Beschl. v. 29.3.2001 – 1 AR 351/01 und 5 Ws 159/01) oder Verhaltenstherapie (OLG Naumburg NStZ-RR 2010, 324) zu unterziehen. Auch bildet § 68b Abs. 2 S. 1 StGB keine hinreichende Ermächtigungsgrundlage für repressive Eingriffe in das Grundrecht aus Art. 13 Abs. 1 Grundgesetz (OLG Nürnberg, Beschl. v. 27.02. 2024 – Ws 1127/24; OLG Zweibrücken, Beschl. v. 4.8.2016 – 1 Ws 144/16). 671

Gleichwohl kann sich ihre Missachtung in anderer Hinsicht **nachteilig** auswirken, und zwar: 672

- Im Falle der Aussetzung einer Unterbringung kann der gröbliche oder beharrliche Weisungsverstoß gem. § 67g Abs. 1 S. 1 Nr. 2 StGB zum Widerruf führen (MüKo-StGB/*Kretschmann*, § 68b Rn 33; Tübinger Kommentar/*Kinzig*, § 68b Rn 17; *Herrmann* StRR 2013, 408, 415).
- Im Falle der Strafaussetzung, Aussetzung des Strafrestes oder eines Berufsverbotes können diese auch bei Verletzung einer gemäß § 68g Abs. 1 StGB an die Stelle des § 56c StGB tretenden Weisung des § 68b Abs. 2 StGB gem. § 56f Abs. 1 S. 1 Nr. 2 StGB bzw. § 70b Abs. 1 Nr. 2 StGB widerrufen werden (Tübinger Kommentar/*Kinzig*, § 68b Rn 17).
- Wenn der Verurteilte Weisungen nicht nachkommt, so kann dies zu einer unbefristeten Führungsaufsicht nach § 68c Abs. 2 StGB bzw. im umgekehrten Fall zu einer Abkürzung gem. § 68c Abs. 1 S. 2 StGB führen (KG, Beschl. v. 29.3.2001 – 1 AR 351/01 und 5 Ws 159/01).
- Wenn Weisungen nach § 68b Abs. 2 StGB nicht „greifen", kann das Gericht gem. § 68d StGB nachträglich zu Weisungen nach § 68b Abs. 1 StGB übergehen (KG, Beschl. v. 29.3.2001 – 1 AR 351/01 und 5 Ws 159/01; MüKo-StGB/*Kretschmann*, § 68b Rn 33).

Die genaue **Bestimmtheit** ist ebenfalls bei den unbenannten Weisungen nach § 68b Abs. 2 StGB zu verlangen (OLG Frankfurt NStZ 1998, 318 f.), weil der Proband präzise wissen muss, was von ihm verlangt wird. Eine Konkretisierung darf weder der Aufsichtsstelle noch dem Bewährungshelfer noch der foren- 673 sischen Ambulanz überlassen werden. Darüber hinaus müssen die Weisungen **verhältnismäßig** sein und die Grundrechte des Verurteilten wahren (OLG Bamberg NStZ 2013, 531, 532; Tübinger Kommentar/*Kinzig*, § 68b Rn 23).

☝ Die Weisung, die Anordnungen des Bewährungshelfers gewissenhaft zu befolgen, genügt nicht dem Bestimmtheitsgebot aus Art. 103 Abs. 2 GG. Eine Weisung, die eine Generalbevollmächtigung zur Erteilung jeglicher Anordnung für die Bewährungshilfe beinhaltet, ist gesetzlich nicht vorgesehen und damit unzulässig (OLG Bamberg StV 2012, 737). Ebenso ist eine auf § 68b Abs. 1 oder auch Abs. 2 StGB gestützte Weisung, aufgrund derer der Wechsel von Arbeitsplatz oder Wohnung letztlich von der Zustimmung des Bewährungshelfers abhängig gemacht wird, gesetzeswidrig und deshalb unzulässig (OLG Hamm, Beschl. v. 21.6.2012 – 111–2 Ws 190/12; OLG Nürnberg, Beschl. v. 5.4.2022 – Ws 156/22). Anders liegt der Fall bei Erteilung einer Weisung, vor Aufgabe der Wohnung oder des Arbeitsplatzes mit dem Bewährungshelfer Rücksprache zu halten, da dem Verurteilten hierdurch nur auferlegt würde, mit dem Bewährungshelfer im Rahmen der Unterstützung in der Lebensführung das Gespräch zu suchen, ohne verpflichtet zu sein, dessen Ratschlag auch zu befolgen (OLG Nürnberg, Beschl. v. 5.4.2022 – Ws 156/22). Ebenso widerspricht die Weisung, alle Anordnungen des behandelnden Therapeuten gewissenhaft zu befolgen, dem Bestimmtheitsgebot und ist daher aufzuheben (OLG Bamberg StV 2012, 737; OLG Nürnberg, Beschl. v. 18.10.2022 – Ws 850/22).

674 **b)** Mit **§ 68b Abs. 2 S. 2 StGB** hat der Gesetzgeber die **Therapieweisung** eingeführt und die Möglichkeit geschaffen, diese Therapie durch eine forensische Ambulanz durchführen zu lassen. Die Klienten der Führungsaufsicht können somit angewiesen werden, sich psychiatrisch, psycho- oder sozialtherapeutisch betreuen und behandeln zu lassen. Eine Therapieweisung kann dabei auch ohne Einwilligung des Verurteilten erteilt werden. Eine solche Weisung wird sich bei fehlender Einwilligung aber allenfalls dann erwägen lassen, wenn die begründete Hoffnung besteht, die fehlende Motivation des Verurteilten könne im Rahmen der Therapie geweckt werden. Anderenfalls fehlt es mangels realistischer Erfolgsaussichten bereits an der Eignung der Weisung. Soweit die Therapie mit einem **körperlichen Eingriff** verbunden ist, worunter auch die Einnahme von Medikamenten zu subsumieren sein dürfte (OLG Schleswig SchlHA 2007, 278), kann sie nach § 68b Abs. 2 S. 4 StGB – ebenso wie die Weisung, in einem geeigneten Heim oder einer geeigneten Anstalt Aufenthalt zu nehmen – **nur** auf **freiwilliger** Basis geschehen (OLG Hamm NStZ 2000, 373; OLG Oldenburg, Beschl. v. 9.8.2007 – 1 Ws 443/07). Deren Befolgung kann auch nicht über § 145a StGB erzwungen werden. Dies gilt auch für Alkohol- und Suchtmittelkontrollen, sofern sie die Weisung nach § 68b Abs. 1 S. 1 Nr. 10 StGB übersteigen und körperliche Eingriffe erfordern, etwa die Entnahme von Blutproben zur Feststellung von Alkohol- und Drogenkonsum. Im Hinblick auf den **Bestimmtheitsgrundsatz** bedürfen auch im Rahmen des § 68b Abs. 2 StGB angeordnete Therapieweisungen der genauen Bestimmung der Einrichtung, sowie der Art und Häufigkeit der wahrzunehmenden Termine sowie der Gesamtdauer der Maßnahme durch das Gericht (OLG Frankfurt NStZ-RR 2009, 27, 28; OLG Hamm, Beschl. v. 21.6.2012 – 2 Ws 190/12 und 2 Ws 191/12; OLG Oldenburg, Beschl. v. 9.8.2007 – 1 Ws 443/07; OLG Naumburg NStZ-RR 2010, 324). Gleiches gilt auch im Hinblick auf die **Suchtmittelkontrollen** nach § 68b Abs. 2 S. 4 StGB, deren Art und Anzeige genau umschrieben sein muss (OLG Frankfurt NStZ-RR 2009, 27, 28).

675 Da eine Therapieweisung einen erheblichen Eingriff in das allgemeine Persönlichkeitsrecht nach Art. 2 Abs. 1 i.V.m. Art. 1 Abs. 1 GG darstellt, ist sie nur dann angezeigt, wenn sie zum **Schutz öffentlicher Interessen unerlässlich** ist. Mithin ist eine **strenge Prüfung** geboten (so auch BT-Drucks 16/1993, S. 19). Der konkreten Darlegung einer Therapie bedarf es allerdings nicht; es reicht aus, wenn der Richter die aufzuarbeitende Problematik in den Grundzügen dargelegt und daraus den Schluss auf die Notwendigkeit einer Therapie gezogen hat (OLG Hamm NStZ 2000, 373). Steht jedoch von vornherein fest, dass eine Therapieweisung als geeignete Maßnahme ausscheidet, kann eine dahingehende Weisung schon deshalb

keinen Bestand haben (OLG Hamm, Beschl. v. 6.3.2014 – 2 Ws 38/14; s.a. OLG Nürnberg NStZ 1999, 158; Tübinger Kommentar/*Kinzig*, § 68b Rn 22).

☝ Eine auf § 68b Abs. 2 StGB gegründete Weisung an die unterstellte Person, Ärzte gegenüber dem Gericht von der **Schweigepflicht** zu entbinden, ist nicht zulässig (BVerfG MedR 2006, 586; KG NStZ-RR 2007, 169 f.; OLG Nürnberg NStZ-RR 1999, 157;) und mit Blick auf die Regelung des § 68a Abs. 8 StGB nunmehr wohl ohnehin nicht mehr notwendig.

5.a) Nach ihrem Wortlaut sind § 68b Abs. 1 und Abs. 2 StGB **Kann-Vorschriften**, so dass an sich die Erteilung von Weisungen im pflichtmäßigen Ermessen steht (MüKo-StGB/*Kretschmann*, § 68b Rn 4). Im richterlichen Ermessen steht die Auswahl der Weisungen; das Gericht kann auch mehrere Verbote und Gebote zugleich aussprechen sowie Weisungen nach § 68b Abs. 1 StGB mit denen nach § 68b Abs. 2 StGB verbinden (Tübinger Kommentar/*Kinzig*, § 68b Rn 15). Jedoch dürfte hier § 56c Abs. 1 S. 1 StGB entsprechend anwendbar sein, nach dem Weisungen obligatorisch sind, wenn der Verurteilte dieser Hilfe bedarf; hier das Gericht freier zu stellen als bei der Strafaussetzung, wäre widersprüchlich (so *Lackner/Kühl/Heger/Heger*, § 68b Rn 4). Im Hinblick auf die sehr verschiedenen Tätergruppen ist eine differenzierende Handhabung besonders wichtig (*Lackner/Kühl/Heger/Heger*, § 68b Rn 4; MüKo-StGB/*Kretschmann*, § 68b Rn 4). Im Einzelfall kann es angezeigt sein, die dynamischen Handhabungsmöglichkeiten zu nutzen und Weisungen nur für kürzere Zeit (§ 68b Abs. 1 S. 1 StGB) oder nachträglich zu erteilen, je nach Maßregelverlauf zu ändern und vorzeitig aufzuheben (§ 68d StGB), um so auch den Veränderungen von Entwicklungsverläufen Rechnung zu tragen. 676

☝ Die Erteilung einer im Rahmen der Führungsaufsicht erteilten Weisung bedarf einer auf den **Einzelfall bezogenen Begründung**, wenn diese nicht offensichtlich geboten ist – etwa dann, wenn Anhaltspunkte dafür ersichtlich sind, dass die getroffenen Anordnungen unverhältnismäßig sein könnten und den Rahmen des Üblichen übersteigen. Auf diese Weise wird dem Beschwerdegericht die Möglichkeit zur Prüfung zu geben, ob überhaupt eine Ermessensausübung stattgefunden hat und deren Grenzen eingehalten wurden (OLG Köln NStZ-RR 2012, 94 f.; a.A. OLG Nürnberg, Beschl. v. 21.1.2011 – 1 Ws 713/10).

b) Eine besondere Ermessensregel stellt in diesem Zusammenhang **§ 68b Abs. 3 StGB** dar, wonach bei den Weisungen an die Lebensführung der verurteilten Person **keine unzumutbaren Anforderungen** gestellt werden dürfen. Im Maßregelrecht und damit auch in ihrer weisungsmäßigen Ausgestaltung gilt deshalb das verfassungsrechtlich aus dem Übermaßverbot herzuleitende Subsidiaritätsprinzip; die Einschränkung der Lebensführung eines Betroffenen hat sich stets daran zu orientieren, nur das zur Zweckerreichung Unerlässliche anzuordnen (OLG Dresden NStZ 2010, 153, 154). Die Weisungen müssen zudem inhaltlich in einem sinnvollen Zusammenhang mit dem Gesetzeszweck stehen (*Fischer*, § 68b Rn 23). Erforderlich ist unter besonderer Beachtung des Verhältnismäßigkeitsgrundsatzes eine Gesamtabwägung, bei der die Umstände des Einzelfalles sowie die besonderen Verhältnisse des Verurteilten und dessen Interessen zu berücksichtigen sind, wobei sich die erteilten Weisungen nicht in reinen Überwachungsinteressen erschöpfen dürfen; die Weisungen dürfen nicht die ganze Lebensführung des Verurteilten beeinträchtigen, wenn der Verurteilte nur eine geringfügige Straftat begangen hat oder von der Begehung nur unbedeutender Straftaten abgehalten werden soll (OLG Bamberg, StV 2012, 737; OLG Nürnberg, Beschl. v. 3.6.2024 – Ws 382/24; OLG Rostock, NStZ-RR 2011, 521). In Ansehung dessen erweist sich etwa eine auf § 68b Abs. 2 S. 1 StGB gestützte Weisung, wonach der Verurteilte die Aufnahme eines Intimverhältnisses seinem Bewährungshelfer binnen Wochenfrist mitzuteilen habe, unbeschadet des mit ihr verbundenen Eingriffs in den Kernbereich privater Lebensführung schon deshalb als rechtswidrig, weil sie in ihrer konkreten Form weder für eine Gefährder- oder Gefährdetenansprache geeignet, noch kontrollierbar ist (OLG Bamberg NStZ 2013, 531, 532; zur Unzumutbarkeit einer Abstinenzweisung an einen Alkoholkranken s. Rdn 660; zu weiteren Beispielen Tübinger Kommentar/*Kinzig*, § 68b Rn 25). 677

Ebenso verstößt eine auf § 68b Abs. 2 S. 1 StGB gestützte Weisung, unangekündigte Hausbesuche von Mitarbeitern der Forensischen Ambulanz zu dulden, gegen § 68b Abs. 3 StGB, wenn nicht ersichtlich ist, welchen Zweck diese unangekündigten Hausbesuche für die erforderlichen Nachbehandlung des Verurteilten haben sollen, keine Anzahl der mindestens bzw. höchstens zu duldenden Besuche festgelegt ist und nicht ersichtlich ist, ob die Anordnung die Duldung von Hausbesuchen zu jeder Tages- oder Nachtzeit erfasst (KG Berlin, Beschl. v. 13.1.2020 – 2 Ws 202–203/19; OLG Nürnberg, Beschl. v. 27.12.2024 – Ws 1127/24).

678 **6.** Durch § 68e Abs. 1 S. 1 Nr. 3 StGB sollen parallel laufende Führungsaufsichten vermieden werden, indem mit Eintritt einer neuen Führungsaufsicht eine frühere Führungsaufsicht grds. endet. In Konsequenz stellt **§ 68b Abs. 4 StGB** sicher, dass das für die neue Führungsaufsicht zuständige Gericht in Vorbereitung seiner Entscheidung über die Erteilung von Weisungen die **frühere** Führungsaufsicht und die damit verbundenen **Weisungen** mit **einbezieht** (BT-Drucks 16/1993, S. 21; MüKo-StGB/*Kretschmann*, § 68b Rn 6). Der Begriff **„einbeziehen“** ist hierbei aber nicht formell i.S. einer zwingenden Übernahme der früheren Weisungen zu verstehen. Vielmehr sind in den Überlegungen für die erneut nach § 68b SGB zu treffende Entscheidung Erfolg, Stand und Zweckmäßigkeit der bisherigen Weisungen zu prüfen und bei der Abwägung mit zu berücksichtigen (*Fischer*, § 68b Rn 24).

679 **7.** Über **§ 68b Abs. 5 StGB** betreffen die in § 68a Abs. 8 StGB geregelten **Offenbarungspflichten** (siehe → *Führungsaufsicht, Verfahrensbeteiligte,* Teil B Rdn 635) auch niedergelassene Ärzte und Therapeuten, die die verurteilte Person im Rahmen von Weisungen der Führungsaufsicht nach § 68b Abs. 1 Nr. 11 bzw.§ 68b Abs. 2 StGB sehen oder behandeln, aber außerhalb einer forensischen Ambulanz nach 68a Abs. 7 StGB arbeiten (*Fischer*, § 68b Rn 25).

680 **8.** Gegen die gerichtliche Auferlegung von Weisungen nach § 68b StGB ist gemäß §§ 463 Abs. 2, 453 Abs. 2 StPO die **Beschwerde** statthaft. Diese kann nach §§ 463 Abs. 2, 453 Abs. 2 S. 2 StPO nur darauf gestützt werden, dass die Anordnung gesetzeswidrig ist. Eine erteilte Weisung ist gesetzeswidrig, wenn sie im Gesetz nicht vorgesehen, unverhältnismäßig oder unzumutbar ist, oder wenn sie sonst die Grenzen des dem erstinstanzlichen Gericht eingeräumten Ermessens überschreitet. Außerdem kann eine Weisung gesetzeswidrig sein, wenn sie dem Bestimmtheitsgrundsatz nicht entspricht. Für die Ablehnung einer Weisung ist derselbe Prüfungsmaßstab einzusetzen, sodass diese dann gesetzeswidrig ist, wenn eine Weisung im Gesetz vorgesehen, verhältnismäßig und zumutbar wäre und durch die Ablehnung die Grenzen des eingeräumten Ermessens überschritten werden (KK-*Appl*, § 453 Rn 13).

Siehe auch: → *Führungsaufsicht, Allgemeines,* Teil B Rdn 484 m.w.N.

681 Internationale Vollstreckung, Allgemeines

Das Wichtigste in Kürze:

1. Das Recht der internationalen Vollstreckung ist von zahlreichen Rechtsquellen aus dem Völkerrecht und nationalem Recht geprägt.
2. Rechtsquellen für die internationale Vollstreckung sind im Wesentlichen bilaterale und multilaterale Verträge.
3. Die Suche nach der einschlägigen Rechtsvorschrift kann sich wegen der zahlreichen Möglichkeiten des internationalen Rechts als mühsam erweisen.

682 **Literaturhinweise: Böhm,** Aktuelle Entwicklungen im Auslieferungsrecht, NStZ 2021, 209; **Hass,** Die Schengener Abkommen und ihre strafprozessualen Implikationen, 2001; **Arnold,** Grenzüberschreitende Strafverfolgung in Europa, 2015; **Rüther,** Strafverteidigung von Ausländern, 1999, S. 114 ff.; **Schomburg/Lagodny,** Internationale Rechtshilfe in Strafsachen, 6. Aufl. 2020; Teichmann, Rechtsschutz gegen Internationale sowie Europäische Haftbefehle in Deutschland, Liechtenstein, Österreich und der Schweiz, NZWiSt 2023, 92; s.a. die Hinw. bei → *Ausländer, Allgemeines*, Teil H Rdn 156.

1. Das Recht der internationalen Vollstreckung hat sich im Rahmen der Rechtshilfe im Völkerrecht entwickelt und ist inzwischen in verschiedenen **völkerrechtlichen Verträgen** sowie im **„Gesetz** über die **internationale Rechtshilfe** in **Strafsachen** v. 27.6.1994 **(IRG)“** (BGBl I S. 1537). Für die strafrechtliche Nachsorge sind zwei Konstellationen von besonderem Interesse, nämlich: 683

- einerseits die Vollstreckung eines deutschen Urteils in einem anderen Staat (i.d.R. gegen einen Staatsangehörigen dieses Landes) (→ *Internationale Vollstreckung, Vollstreckung im Ausland*, Teil B Rdn 712),
- andererseits die Vollstreckung eines ausländischen Urteils (Erkenntnis) in Deutschland (→ *Internationale Vollstreckung, Vollstreckung ausländischer Entscheidungen*, Teil B Rdn 687).

☝ Die **Vorgehensweise** bei der Anwendung dieser Normen **unterscheidet** sich freilich je nachdem, welche Verträge zwischen der Bundesrepublik Deutschland und dem betreffenden Staat bestehen. Besondere Vorschriften gelten daher insbesondere, wenn Rechtshilfe innerhalb der Europäischen Union geleistet werden soll.

2.a) Rechtsquellen für die internationale Rechtshilfe, die jeweils im Einzelfall geprüft werden müssen, sind: 684

- multilaterale Verträge, insbesondere das Übereinkommen über die Überstellung verurteilter Personen vom 21.3.1983 (ÜberstÜbk), die Europäische Menschenrechtskonvention (EMRK), Art. 67–69 des Durchführungsübereinkommens zum Schengener Abkommen (SDÜ) und Art. 82–86 des Vertrages über die Arbeitsweise der EU (AEUV).
- bilaterale Verträge, die auch nur der Interpretation und Konkretisierung multilateraler Übereinkommen dienen können (sog. isolierte bilaterale Übereinkommen)
- nationale Gesetze zur Umsetzung völkerrechtlicher Bindungen, insbesondere das Gesetz über die internationale Rechtshilfe in Strafsachen (IRG) und das Überstellungsausführungsgesetz (ÜAG)
- Richtlinien für den Auslandsverkehr in Strafsachen (RiVASt), insbesondere die Nrn. 105 ff.

b) Dabei genießen **multilaterale Übereinkommen gegenüber bilateralen Verträgen Anwendungsvorrang**. Allerdings sind neben den isolierten bilateralen Übereinkommen Ergänzungsverträge, Zusatzprotokolle sowie Vorbehalte oder Erklärungen zu bestimmten Regelungen anzuwenden, die die Geltung des multilateralen Übereinkommens beeinflussen können. Soweit keine internationalen Regelungen getroffen sind, hat das **IRG** mit seinen nationalen Regelungen **Auffangfunktion**, insbesondere hinsichtlich Zuständigkeiten und Verfahrensregelungen. Dies gilt auch, wenn keine völkerrechtlichen Abkommen zwischen Deutschland und dem betreffenden Staat bestehen. 685

☝ Die **Regelungen** des **IRG treten** i.Ü. gegenüber internationalen Regelungen **zurück**, wenn diese – wie z.B. das ÜberstÜbk – unmittelbar anwendbares nationales Recht geworden sind (§ 1 Abs. 3 IRG) (BGH, Urt. v. 10.4.2014 – III ZR 335/13, NJW 2014, 2209).

3. Die Suche nach der einschlägigen Rechtsvorschrift kann sich wegen der zahlreichen Möglichkeiten des internationalen Rechts als **mühsam** erweisen. 686

☝ Übersichten und Tabellen für die einzelnen Länder sind im Fundstellennachweis B des Bundesgesetzblatt II, Anhang 2 (Länderteil) oder den RiVASt zu finden.

Sehr hilfreich sind auch die folgenden Aufstellungen im Internet:

- Bundesministeriums der Justiz und für Verbraucherschutz http://www.links-fuer-juristen.de/
- Max-Planck-Institut https://www.mpicc.de/de/organisation/wissenschaft/referat/sachreferate/europarecht.html
- Bundesamt für Justiz https://www.bundesjustizamt.de/DE/Themen/Gerichte_Behoerden/IRS/Rechtshilfe_node.html

Siehe auch: → *Erwachsene, Vollstreckung, Allgemeines*, Teil B Rdn 427 m.w.N.; → *Internationale Rechtshilfe, Vollstreckung ausländischer Entscheidungen*, Teil B Rdn 687; → *Internationale Rechtshilfe, Vollstreckung im Ausland*, Teil B Rdn 712; → *Ausländer, Allgemeines*, Teil H Rdn 155.

687 Internationale Vollstreckung, Vollstreckung ausländischer Entscheidungen

Das Wichtigste in Kürze:

1. Ausländische strafrechtliche Urteile (Erkenntnisse) können in Deutschland vollstreckt werden.
2. Erforderlich ist grds. eine gerichtliche Entscheidung, die die Vollstreckbarkeit der Sanktion feststellt, das sog. Exequaturverfahren.
3. Bestehen keine völkerrechtlichen Bindungen, werden die im für vollstreckbar erklärten ausländischen Erkenntnis verhängten Sanktionen nach Maßgabe der §§ 54, 54a IRG in Sanktionen nach deutschem Recht umgewandelt.
4. Aufgrund der intensiven Einbindung Deutschlands in multilaterale zwischenstaatliche Beziehungen sind von erheblicher praktischer Relevanz die Konstellationen, in denen internationale Verträge bestehen. Von besonderer Bedeutung sind das ÜberstÜbk und die Mitgliedschaft in der EU.
5. Besondere Regelungen gelten für die Vollstreckung von Erkenntnissen aus EU-Staaten gem. §§ 84 ff. IRG.
6. Die Vollstreckung der Sanktionen erfolgt nach Maßgabe des § 57 IRG und der zulässigen Bedingungen des Urteilsstaates durch die StA.

688 **Literaturhinweise:** S. die Hinw. bei → *Internationale Vollstreckung, Allgemeines*, Teil B Rdn 682.

689 **1.** Die internationale Rechtshilfe in Strafsachen beinhaltet auch die Möglichkeit der **Vollstreckung ausländischer Entscheidungen in Deutschland.** Es wird begrifflich von **„Erkenntnissen"** gesprochen, weil nicht allein Verurteilungen durch Strafgerichte, sondern auch Einziehung und Verfall betroffen sind, wenn diese zwar nicht von Strafgerichten verhängt, aber auf einer strafrechtlichen Verurteilung beruhen (§ 48 S. 2 IRG).

690 Grds. sind auch bei der Vollstreckung ausländischer Erkenntnisse im Inland die **verschiedenen völkerrechtlichen Konstellationen** zu beachten, ob also die Bundesrepublik mit dem Urteilsstaat vertraglich verbunden ist oder dieser sogar der EU angehört. Das **Verfahren** richtet sich im Wesentlichen nach den Vorschriften der **§§ 48 ff. IRG.**

691 **2.a)** Die Vollstreckung ausländischer Erkenntnisse in Deutschland setzt zunächst in jeder Konstellation eine **gerichtliche Entscheidung** über die **Zulässigkeit der Vollstreckung** in Gestalt der Vollstreckbarerklärung, die Durchführung des sog. **Exequaturverfahrens**, voraus.

692 Diese Entscheidung ist gem. §§ 50, 51 IRG regelmäßig dem **LG** am **(letzten) Wohnsitz** des **Verurteilten,** hilfsweise am Sitz der Bundesregierung, zugewiesen und ergeht gem. § 55 Abs. 1 IRG durch Beschluss. Gegen den Beschluss kann gem. § 55 Abs. 2 IRG **sofortige Beschwerde** eingelegt werden (zur sofortigen Beschwerde *Burhoff*, EV, Rn 3366; Burhoff/Kotz/*Hillenbrand*, RM, Teil A Rn 550 ff.).

693 **c)** Der Verurteilte sowie betroffene Dritte mit eigenen Rechten im Verfahren können sich gem. § 53 Abs. 1 IRG eines **Beistandes** bedienen, der in den Fällen des Abs. 2 zu bestellen ist. Das Verfahren ist inzwischen in den Abs. 3–5 geregelt. Mit Ausnahme der §§ 139, 140, 141, 141a, 142 Abs. 2 und 3, von § 143 Abs. 1 und 2 S. 2 bis 4, § 143a Abs. 3 sowie § 144 StPO gelten die Vorschriften für die Pflichtverteidigung nach Maßgabe des Abs. 6 entsprechend.

b) Voraussetzungen für die **Zulässigkeit** der **Vollstreckung** sind gem. § 49 IRG insbesondere: 694

- ein **vollständiges rechtskräftiges** und grds. **vollstreckbares Erkenntnis**, das in einem der EMRK entsprechenden Verfahren ergangen ist,
- **Strafbarkeit**, **Maßregeleignung** oder **Nebenfolgenfähigkeit** der Handlung nach **deutschem Recht**,
- **keine Verjährung** nach deutschem Recht (mit Ausnahmen für Einziehung und Verfall),
- bei Freiheitsstrafen gegen einen im Urteilsstaat befindlichen **Verurteilten** dessen **Zustimmung** vor einem Richter oder ermächtigten Konsularbeamten,
- **Kongruenz** der nach deutschem Recht vorgesehenen Sanktionen mit dem ausländischen Urteil.

3. Bestehen keine völkerrechtlichen Bindungen, werden die im für vollstreckbar erklärten ausländischen Erkenntnis verhängten **Sanktionen** nach Maßgabe der **§§ 54, 54a IRG** in **Sanktionen** nach **deutschem Recht umgewandelt**, wobei das nach deutschem Recht für die Tat zulässige Höchstmaß zu beachten ist, § 54 Abs. 1 IRG. Die bereits vollstreckten Anteile sind gem. § 54 Abs. 4 IRG anzurechnen. 695

4.a) Aufgrund der intensiven Einbindung Deutschlands in multilaterale zwischenstaatliche Beziehungen sind von erheblicher praktischer Relevanz die Konstellationen, in denen **internationale Verträge** bestehen. Von besonderer Bedeutung sind das **ÜberstÜbk und die Mitgliedschaft in der EU**, die daher näher dargestellt werden sollen. 696

b)aa) Art. 3 Abs. 1 ÜberstÜbk bestimmt die Überstellungsvoraussetzungen (→ *Internationale Vollstreckung, Vollstreckung im Ausland*, Teil B Rdn 712) wie folgt: 697

- Die verurteilte Person muss **Staatsangehöriger** des **ersuchten Staates** sein.
- Das Urteil muss **rechtskräftig** sein.
- Zum Zeitpunkt des Ersuchens müssen **noch mindestens 6 Monate** zu verbüßen oder die Sanktion muss **„von unbestimmter Dauer“** sein.
- Die zu überstellende Person oder ihr gesetzlicher Vertreter müssen der Überstellung **zustimmen**.

> Hierzu findet eine **Anhörung** vor dem für die JVA zuständigen **AG** statt, weil gem. § 2 ÜAG ist die Zustimmung des Verurteilten (Art. 3 Abs. 1d ÜberstÜbk) nach Belehrung zu Protokoll vor einem Richter zu erklären ist.

- Die Handlungen oder Unterlassungen, wegen derer verurteilt wurde, müssen im **Hoheitsgebiet der Vollstreckungsstaates ebenfalls strafbar** sein.
- Urteils- und Vollstreckungsstaat müssen sich auf die Überstellung **einigen**.

bb) Das **innerstaatliche Verfahren** zur **Feststellung** der **Vollstreckbarkeit** ist in diesem Zusammenhang Teil der erforderlichen Einigung der Staaten. Denn Deutschland hat im Rahmen des Beitritts zum Abkommen die folgende **Erklärung** gem. **Art. 3 Abs. 2 ÜberstÜbk** abgegeben: 698

> *„Die Bundesrepublik Deutschland wird die Vollstreckung von Sanktionen nur unter der Voraussetzung übernehmen, dass ein deutsches Gericht das im Urteilsstaat ergangene Urteil für vollstreckbar erklärt hat. Für die Prüfung, ob die Voraussetzungen für die Übernahme der Vollstreckung erfüllt sind, legt das Gericht die im Urteil enthaltenen Tatsachenfeststellungen und rechtlichen Schlussfolgerungen zugrunde.“ (BGBl II (1992), S. 97).*

c) Außerdem sieht **Art. 9 Abs. 1 ÜberstÜbk zwei verschiedene Möglichkeiten** der Vollstreckungsübernahme vor, nämlich 699

- das **Fortsetzungsverfahren** gem. Art. 10 ÜberstÜbk und
- das **Umwandlungsverfahren** gem. Art. 11 ÜberstÜbk.

aa) Das **Fortsetzungsverfahren** zeichnet sich dadurch aus, dass der Vollstreckungsstaat an Art und Dauer der Sanktionen gebunden sind, wie sie im ausländischen Erkenntnis festgelegt sind. Eine Anpas- 700 sung darf nur vorgenommen werden, wenn die Sanktionen im Vollstreckungsstaat nicht vorgesehen sind oder eine nationale Ermächtigung dies erlaubt.

701 **bb)** Demgegenüber ist der Vollstreckungsstaat im **Umwandlungsverfahren** nur gebunden an

- die tatsächlichen Feststellungen des Urteils,
- die Wahl zwischen Freiheitsentziehung und Geldsanktion,
- die Anrechnung des bereits vollstreckten Teils.

702 Weiter ist eine Verschlechterung der Vollzugssituation nicht zulässig. Der Vollstreckungsstaat ist an Mindeststrafen des Urteilsstaats nicht gebunden. Die Wahl des Umwandlungsverfahrens sichert dem Vollstreckungsstaat eine **höhere Flexibilität**, erfordert aber auch sorgfältigere und umfangreichere Vollstreckbarkeitsentscheidungen.

703 **cc)** In der **Rspr**. war bzw. ist **umstr**., für welches Verfahren sich Deutschland entschieden hat, ob für das Fortsetzungs-, das Umwandlungs- oder ein Verfahren eigener Art entschieden hat (vgl. die Darstellung des Streitstandes bei OLG Hamm, Beschl. v. 4.4.2013 – 2 Ws 65/13). Anlass war die Anrechnung von U-Haft aus einem japanischen Strafverfahren. Der BGH hat dann aber Anfang 2014 auf Vorlage des OLG Hamm (a.a.O.) klargestellt, dass die o.g. Erklärung gem. Art. 3 Abs. 3 ÜberstÜbk so zu verstehen ist, dass für die Vollstreckungsübernahme das **Umwandlungsverfahren** gelten soll und Art. 11 ÜberstÜbk nicht durch das nationale Recht im IRG verdrängt wird. Insofern habe sich Deutschland für die flexible Alternative entschieden, weswegen es auch möglich sei, eine vom zu vollstreckenden Erkenntnis abweichende Entscheidung z.B. über die Anrechnung von U-Haft zu treffen (BGH, Urt. v. 13.1.2014 – 4 ARs 9/13, BGHSt 59, 136). Dies steht auch im Einklang mit der Rspr. des BVerfG (BVerfG, Beschl. v. 15.5.1999 – 2 BvR 116/99, BVerfGK 15, 24).

704 Die Festlegung auf das Umwandlungsverfahren führt allerdings nicht dazu, dass die Instanzgerichte zwingend von den Vorgaben des Urteilsstaates abweichen müssen. Es besteht keine verfassungsrechtliche Veranlassung, z.B. eine nach deutschem Recht gem. § 56 StGB evtl. sogar naheliegende, aber im ausländischen Erkenntnis nicht vorgesehene Aussetzung zur Bewährung im Rahmen der **Vollstreckbarerklärung** vorzunehmen (BVerfG, Beschl. v. 14.1.2009 – 2 BvR 1492/08, EuGRZ 2009, 46).

705 **5.a)** Besondere Regelungen gelten für die **Vollstreckung** von **Erkenntnissen** aus **EU-Staaten** gem. **§§ 84 ff. IRG**. Die Vollstreckungshilfe richtet sich grds. nach dem Rahmenbeschluss 2008/909/JI des Rates in der Gestalt des Rahmenbeschlusses 2009/299/JI (**Rahmenbeschluss Freiheitsstrafen**).

706 **b)** Gegenüber § 49 IRG sind in **§ 84a IRG abweichende Zulässigkeitskriterien** für die Vollstreckung geregelt. Demnach ist eine Vollstreckung nur zulässig bei

- **Rechtskraft**, **Vollstreckbarkeit** und ggf. **Umwandlungsfähigkeit** der Sanktion,
- **Straf-**, **Maßregel-** oder **Bußbarkeit** des **Verhaltens** nach deutschem Recht
- **deutsche Staatsangehörigkeit** oder **gewöhnlicher Aufenthalt** in Deutschland ohne Verwaltungsverfahren zu dessen Beendigung,
- **aktueller Aufenthalt in Deutschland** oder im **Urteilsstaat**, im letzteren Fall Zustimmung zur Vollstreckung in Deutschland.

> ☝ Die **Zustimmung** ist im Falle eines Vollstreckungsersuchens nach dem Rahmenbeschluss Freiheitsstrafen **entbehrlich**, wenn die verurteilte Person Deutscher ist und in Deutschland seinen Lebensmittelpunkt in Deutschland hat oder durch den Urteilsstaat rechtskräftig der Verlust des Aufenthaltsrechts festgestellt wurde, so dass nach der Vollstreckung eine Ausweisung oder Abschiebung stattfinden kann.

707 Ergänzend ist die Vollstreckung gem. **§ 84b IRG nicht zulässig**, bei

- **Schuldunfähigkeit** gem. § 19 StGB oder **fehlender strafrechtlicher Verantwortlichkeit** gem. § 3 JGG gegeben ist

- **in Abwesenheit Verurteilten**, es sei denn,
  - es bestand Kenntnis von der Verhandlung und der Möglichkeit der Verurteilung in Abwesenheit,
  - die Person war untergetaucht,
  - in Abwesenheit von einem bevollmächtigten Verteidiger tatsächlich vertreten oder
  - sie hat in Kenntnis der Folgen Rechtsmittelverzicht erklärt oder keines eingelegt.
- **Mehrfachverurteilung** in mehreren Mitgliedsstaaten und bereits erfolgter, gerade erfolgender Vollstreckung oder unmöglicher Vollstreckung
- **Verjährung** nach deutschem Recht.

☝ Auf **Antrag** der verurteilten Person können bestimmte **Vollstreckungshindernisse** gem. **§ 84b Abs. 2 IRG überwunden werden**. Der Antrag ist an dort geregelte Formvorschriften gebunden und unwiderruflich.

c) Das **Verfahren** sieht vor, dass der ersuchende Staat an die Formvorschriften des § 84c IRG über **Gestalt** und **Inhalt** der **Antragsunterlagengebunden** ist. 708

Die **StA** kann eine zulässige Übernahme der Vollstreckung unter den Voraussetzungen des § 84d IRG nach Ermessen **ablehnen**: 709

- unvollständige Unterlagen (§ 84c Abs. 1 IRG),
- deutsche Staatsangehörigkeit und weder Lebensmittelpunkt in Deutschland noch Ausreisepflicht aus dem Urteilsstaat,
- Tatort innerhalb Deutschlands oder in einem Verkehrsmittel gem. § 4 StGB,
- weniger als 6 Monate Sanktion zu vollstrecken,
- nur teilweise Vollstreckbarkeit des ausländischen Erkenntnisses,
- fehlende Zustimmung des Urteilsstaates zur anderweitigen Verfolgung, Verurteilung oder Vollstreckung.

Wenn die gem. § 84e i.V.m. §§ 50 S. 2, 51 IRG zuständige StA von der Möglichkeit der Ablehnung keinen Gebrauch macht, richtet sie einen **Antrag auf Vollstreckbarerklärung** an das gem. § 84f Abs. 1 IRG zuständige **LG**. Erklärt das Gericht die Vollstreckung für zulässig, bewilligt die StA die Vollstreckung nach Maßgabe der Entscheidung (§ 84h Abs. 2 IRG). 710

☝ Gegen eine **ablehnende Entscheidung** der StA steht der Rechtsweg gem. § 84e Abs. 3 IRG mit dem **Antrag** auf **gerichtliche Entscheidung** offen.

6. Die **Vollstreckung** der **Sanktionen** erfolgt nach Maßgabe des § 57 IRG und der zulässigen Bedingungen des Urteilsstaates **durch** die **StA**. 711

Siehe auch: → *Erwachsene, Geldsanktionen, ausländische, Allgemeines*, Teil B Rdn 323 m.w.N.; → *Internationale Vollstreckung, Allgemeines*, Teil B Rdn 681 m.w.N.

Internationale Vollstreckung, Vollstreckung im Ausland 712

Das Wichtigste in Kürze:

1. Das Verfahren zur Überstellung zum Zwecke der Verbüßung in einem anderen Staat richtet sich nach der völkerrechtlichen Verbundenheit Deutschlands mit dem Zielstaat.
2. Ohne vertragliche Bindungen gelten die Vorschriften des IRG, insbesondere § 71 IRG unmittelbar. Zuständig für die Entscheidung ist das OLG.
3. Bestehen zwischenstaatliche Vereinbarungen wie das ÜberstÜbk oder Vorschriften des Gemeinschaftsrechts gelten diese vorrangig.

713 **Literaturhinweise:** **Stange/Rilinger**, Überstellung Strafgefangener in Theorie und Praxis, StV 2002, 109; s.a. die Hinw. bei → *Internationale Vollstreckung, Allgemeines*, Teil B Rdn 682.

714 **1.** Die **Überstellung** zur **Vollstreckung** einer Strafe in das **Heimatland** des Verurteilten bedeutet, dass die Vollstreckung eines inländischen Urteils auf der Grundlage des internationalen Rechtshilfeverkehrs auf die Behörden des Heimatstaates des Verurteilten übertragen wird.

☝ Im Heimatstaat werden die Sanktionen **nach dessen Recht** vollstreckt.

715 **Kommt** es zu einer **Übertragung** der Vollstreckung einer Strafe in das Heimatland des Verurteilten, so **erlischt** der **Strafanspruch** für diese Tat durch das **Heimatland**, so dass das Risiko einer erneuten Bestrafung dort praktisch ausgeschlossen ist. Da andernfalls durchaus das Risiko besteht, dass wegen einer in Deutschland begangenen und abgeurteilten Tat im Heimatland erneut strafrechtliche Konsequenzen drohen, die auch erheblich schwerer wiegen können als in Deutschland, haben viele ausländische Verurteilte gerade deshalb ein Interesse an der Vollstreckung im Heimatland.

716 Es gibt allerdings noch immer **erhebliche praktische Probleme** bei deren Umsetzung. Eine dieser Schwierigkeiten beginnt bereits bei der schon geschilderten Ermittlung der einschlägigen Rechtslage. Der Verfahrensablauf unterscheidet sich je nach der anzuwendenden rechtlichen Regelung.

717 **2.a)** Bestehen **keine zwischenstaatlichen Verträge** über die Überstellung von Verurteilten zur Auslandsvollstreckung eines deutschen Urteils, gilt für die Überstellung **§ 71 IRG**. Danach steht dem Verurteilten **kein unmittelbares Antragsrecht** zu, jedoch kann er – auch durch einen Verteidiger – die Überstellung gegenüber der für die Vollstreckung zuständigen StA **anregen**.

☝ Es **empfiehlt** sich, zur Unterstützung der Anregung eine **Stellungnahme** einer **Behörde einzuholen**, die sich zum Vollzugsverhalten des Verurteilten und seinen Resozialisierungschancen bei weiterer Inlandsvollstreckung im Vergleich zur Vollstreckung im Heimatland äußern kann. Bei Verbüßung einer Freiheitsstrafe ist das die JVA, im Falle einer Bewährungsstrafe die Gerichtshilfe oder der Bewährungshelfer.

718 **b)** Die **inhaltliche Prüfung** des **Überstellungsersuchens** umfasst die folgenden Punkte (§ 71 Abs. 1, 2 IRG):

- **Wohnsitz oder gewöhnlicher Aufenthalt** in dem Land, das um Vollstreckungshilfe ersucht wird,
- **keine Auslieferung** vorgesehen,
- Vollstreckung im ersuchten Staat liegt im **Interesse des Verurteilten oder im öffentlichen Interesse,**
- Prüfung, ob **politische Verfolgung im ersuchten Staat** wahrscheinlich ist; dann wäre die Überstellung unzulässig (§§ 6 Abs. 2 IRG, 73 IRG),
- **Spezialitätsgrundsatz** wird beachtet, d.h. über das zu vollstreckende Urteil hinausgehende Strafmaßnahmen gegen den Überstellten dürfen nur mit Zustimmung der Bundesrepublik Deutschland erfolgen (§ 11 IRG).

719 **c)** Die Entscheidung trifft das OLG gem. § 71 Abs. 4 S. 2 IRG durch Beschluss. Bei Verurteilten in Freiheit ist das für den Sitz des Gerichts der Hauptsache zuständige **OLG** zur Entscheidung berufen. Verbüßt der Verurteilte eine Freiheitsstrafe, so ist gem. § 462a Abs. 1 StPO für die Zustimmungserklärung, die Belehrung, sowie für die Festsetzung der eventuellen Nachholung der Vollstreckung das für den Standort der JVA zuständige OLG örtlich zuständig. Das Gericht kann im schriftlichen Verfahren, aber auch aufgrund mündlicher Verhandlung entscheiden, wenn es diese für geboten hält (§ 71 Abs. 4 S. 4 i.V.m. §§ 30, 31 IRG).

☝ Der Verurteilte kann sich gem. § 53 i.V.m. § 71 Abs. 4 IRG eines **Beistandes** bedienen, der gem. § 53 Abs. 2 IRG auch nach den Voraussetzungen des § 140 StPO beigeordnet werden kann.

Erklärt das Gericht die Vollstreckung im Ausland für zulässig, trägt die Vollstreckungsbehörde, also die StA, der gem. **§ 74 IRG** zuständigen **Behörde** vor und schlägt ein **Vollstreckungshilfeersuchen** vor. Auf diplomatischem Wege mit den notwendigen Übersetzungen wird sodann die Zustimmung des ersuchten Staates eingeholt. Liegt die Bewilligung vor, so hat die Vollstreckungsbehörde die Überstellung in den ersuchten Staat zu veranlassen.

☝ Bei **Flucht des Verurteilten** aus dem Vollzug des ersuchten Staates lebt der Vollstreckungsanspruch des Urteilsstaates, also der Bundesrepublik Deutschland wieder auf, § 71 Abs. 5 IRG.

d) Die **Zurückweisung** der **Anregung** ist nur im Hinblick auf **Ermessensfehler anfechtbar**. Da auch aus Resozialisierungsgründen die Vollstreckung im Heimatland betrieben werden soll, ist es ein überprüfbarer Ermessensfehler, wenn die StA ohne Angabe von Gründen der Anregung der Vollstreckung im Ausland nicht folgt. **720**

Ein **Beschwerderecht** ergibt sich aus der **Rspr.** des **BVerfG** (BVerfG, Beschl. v. 18.6.1997 – 2 BvR 483/95, 2 BvR 2501/95 u. 2 BvR 2990/95, NJW 1997, 3013). Es spricht vieles dafür, dass der Rechtsweg über die Beschwerde zur GStA und den Antrag gem. **§§ 23 ff. EGGVG** einschlägig ist (so in st. Rspr. auch OLG Hamm, Beschl. v. 9.1.2007 – 1 Vas 95/06, StV 2001, 523; zum Antrag nach §§ 23 ff. EGGVG Burhoff/*Schmidt-Clarner*, RM, Teil B Rn 323 ff.). **721**

Die **Entscheidung** des **OLG** über die Zulässigkeit der Vollstreckung im Ausland ist gem. § 71 Abs. 4 S. 4 i.V.m. § 13 Abs. 1 S. 2 IRG **unanfechtbar**. Wie gegen jede dem Gesetz nach unanfechtbare Entscheidung besteht allenfalls die Möglichkeit der **Verfassungsbeschwerde** zum BVerfG (zum außerordentlichen Rechtsbehelf der Verfassungsbeschwerde siehe Burhoff/*Geipel*, RM, Teil C Rn 729 ff.). **722**

Entgegen der Rspr. des BVerfG (BVerfGE 107, 395) hat der Gesetzgeber in der Verfahrensordnung des IRG die Möglichkeit einer **Anhörungsrüge** nicht geschaffen. Diese wäre Voraussetzung für die Erschöpfung des Rechtsweges als Ausdruck des Subsidiaritätsgrundsatzes der Verfassungsbeschwerde, bevor ein Verstoß gegen den Anspruch auf rechtliches Gehör beim BVerfG geltend gemacht werden kann. Das BVerfG hatte in der o.g. Entscheidung festgehalten, dass die Sicherung des Rechts auf rechtliches Gehör vor allem bei den Instanzgerichten liegen soll. Da eine Anhörungsrüge im IRG nicht vorgesehen ist, stellt sich die Frage, ob der Weg über andere außerordentliche Rechtsbehelfe wie Gegendarstellung oder Remonstration erforderlich ist, um den Rechtsweg auszuschöpfen und den Weg zum BVerfG offen zu halten. Problematisch dabei ist, dass ein nicht vorgesehener und damit möglicherweise unstatthafter Rechtsbehelf nicht die Monatsfrist für die Erhebung der Verfassungsbeschwerde verlängert oder aufschiebt. **723**

☝ Für den Verteidiger empfiehlt sich aus **anwaltlicher Vorsicht** ein **mehrgleisiges Vorgehen**: Zum einen sollte gegen die Entscheidung des OLG unter ausdrücklichem Hinweis auf die Außerordentlichkeit des Rechtsbehelfes „Gegenvorstellung" o.Ä. erhoben werden, um den Rechtsweg sicher auszuschöpfen. Zum anderen sollte zugleich die Monatsfrist für die Verfassungsbeschwerde überwacht und diese ggf. **vollständig begründet** eingelegt werden mit dem Hinweis, dass eine Gegenvorstellung erhoben, hierüber aber noch nicht entschieden sei.

Hält das BVerfG die Entscheidung über die Gegenvorstellung für erforderlich für die Erschöpfung des Rechtsweges, wird die Verfassungsbeschwerde zunächst ein Aktenzeichen des Allgemeinen Registers („AR") erhalten, bis die Entscheidung über die Gegenvorstellung ergangen und mit weiterer Begründung nachgereicht werden kann. Hält das BVerfG die Gegenvorstellung nicht für erforderlich, wird es die Beschwerde in den regulären Geschäftsgang geben. Die Entscheidung über die Gegenvorstellung kann dann zu Informationszwecken nachgereicht werden. In jedem Fall ist die Verfassungsbeschwerde fristgerecht eingereicht.

Um diese Situation aber möglichst zu vermeiden, sollte der Verteidiger das OLG anhalten, über die Gegenvorstellung **innerhalb** der **Monatsfrist** für die **Verfassungsbeschwerde** zu **entscheiden**.

724 **3.a)** Existieren internationale Abkommen, kann sich der Verfahrensgang anders darstellen. Dies soll hier für die praktisch bedeutsamen Fälle des **Überstellungsabkommens** (ÜberstÜbk) und für Vollstreckungshilfe in einem anderen **Mitgliedsstaat** der **EU** dargestellt werden.

Über die Möglichkeiten der Überstellung ist der ausländische Verurteilte zu **informieren** (Art. 4 ÜberstÜbk).

725 **b)aa) Für die Überstellung nach Art. 3 Abs. 1 ÜberstÜbk** gelten die folgenden **Anwendungsvoraussetzungen**:

- Die verurteilte Person muss **Staatsangehöriger des ersuchten Staates** sein.
- Das Urteil muss **rechtskräftig** sein.
- Zum Zeitpunkt des Ersuchens müssen **noch mindestens 6 Monate zu verbüßen** oder die Sanktion muss „**von unbestimmter Dauer**" sein.
- Die zu überstellende Person oder ihr gesetzlicher Vertreter müssen der Überstellung **zustimmen**. Hierzu findet eine Anhörung vor dem für die JVA zuständigen Amtsgericht statt, weil gem. § 2 ÜAG ist die Zustimmung des Verurteilten (Art. 3 Abs. 1d ÜberstÜbk) nach **Belehrung** zu Protokoll vor einem **Richter** zu erklären ist.

Die **Zustimmungserklärung** gem. Art. 3 Abs. 1d ÜberstÜbk ist **unwiderruflich** und sollte daher nicht ohne anwaltliche Beratung abgegeben werden.

- Urteils- und Vollstreckungsstaat müssen sich auf die **Überstellung einigen**.
- Die Handlungen oder Unterlassungen, wegen derer verurteilt wurde, müssen im **Hoheitsgebiet** des **Vollstreckungsstaates ebenfalls strafbar** sein.

Sind die Voraussetzungen der Strafbarkeit im Zielstaat der Überstellung unklar, sollte vorab eine **Stellungnahme** z.B. des **Max-Planck-Instituts** für ausländisches und internationales Strafrecht in Freiburg eingeholt werden, um die Voraussetzungen des Art. 3 Abs. 1e ÜberstÜbk zu klären.

726 **bb)** Auch nach dem ÜberstÜbk hat der **Verurteilte kein Antragsrecht.** Er kann lediglich einen **Überstellungswunsch** mitteilen. Der Überstellungswunsch wird an die Vollstreckungsbehörde gerichtet, meist über die JVA oder den Verteidiger. Zulässig ist ebenfalls, ein Überstellungsgesuchen in dem Empfängerstaat über die Botschaft oder einen im Heimatland des Verurteilten tätigen Rechtsanwalt anzuregen. Die Botschaften betreuen ihre Landsleute und übernehmen für ein solches Verfahren im Einzelfall auch die Übersetzungskosten.

Sollte das Überstellungsinteresse schon in der laufenden HV klar sein, kann es nützlich sein dass bereits im **Urteil** eine **Empfehlung** zur späteren Überstellung erfolgt.

Hinsichtlich der Möglichkeit der Überstellung können vom jeweiligen Justizministerium des Bundeslandes, in dem die Strafe vollstreckt wird oder werden soll, Merkblätter in der jeweiligen Muttersprache angefordert werden.

cc) Die **Vollstreckungsbehörde** entscheidet nach **pflichtgemäßem Ermessen**, ob sie auf den Überstellungswunsch hin einen förmlichen Überstellungsantrag an den zuständigen Bundesminister der Justiz richtet. Zu beachten ist, dass gem. § 2 Abs. 1 des Überstellungsausführungsgesetz (ÜAG) die Anwendung von § 71 Abs. 3 und 4 IRG ausgeschlossen ist. Eine gerichtliche Entscheidung über die Zulässigkeit der Vollstreckung ist bei einer Überstellung nach Art. 2 des ÜberstÜbk nicht vorgesehen. Im Rahmen des Ermessensentscheidung sind die Interessen des Verurteilten und die des öffentlichen Interesses der deutschen Strafrechtspflege gegeneinander **abzuwägen**. Das führt dazu, dass eine schnelle Entlassung im ersuchten Staat oft als Überstellungshindernis angesehen wird, weil behauptet wird, es habe keine sorgfältige Abwägung gegeben. 727

☝ Gegen eine negative Entscheidung der Vollstreckungsbehörde ist wie bei Geltung des IRG der Rechtsweg gem. **§§ 23 ff. EGGVG** eröffnet (s. Rdn 721).

dd) Gegen die **Ablehnung** der **Überstellung** durch die **Bewilligungsbehörde** soll nach der Rspr. der OLG kein **Rechtsmittel** möglich sein (OLG Hamm, Beschl. v. 25.9.1995 – 1 Vas 97/95, NStZ-RR 1996, 62; OLG Stuttgart, Beschl. v. 12.9.1989 – 4 Vas 9/89, NJW 1990, 3100, das allerdings ausdrücklich lediglich den Rechtsweg gem. § 23 ff. EGGVG ausschließt). Die Rspr. des BVerfG (Beschl. v. 18.6.1997 – 2 BvR 483/95, 2 BvR 2501/95 u. 2 BvR 2290/95, NJW 1997, 3013) legt aber nahe, dass das Recht auf effektiven Rechtsschutz gem. Art. 19 Abs. 4 GG gebietet, jedenfalls eine Möglichkeit gerichtlicher Überprüfung einzuräumen. In eine ähnliche Richtung geht auch die Rspr. des EGMR für Menschenrechte, der festgehalten hat, dass ein tatsächlicher Zugang zu gerichtlichem Rechtsschutz auch im Bereich der Überstellung zur Auslandsvollstreckung bestehen muss (EGMR, Urt. v. 1.12.2011 – 8080/08 u. 8577/08, Schwabe und M.G. ./. Deutschland, StRR 2011, 58). 728

Da es sich um eine Entscheidung der Exekutive handelt, kommt der **Verwaltungsrechtsweg** gem. **§ 40 VwGO** in Betracht (s.a. *Rüther*, Rn 337; *Schomburg/Lagodny* StV 1992, 239, 242 m.w.N.). Es handelt sich zweifellos um ein Über-Unterordnungsverhältnis zwischen der entscheidenden Behörde und dem Betroffenen, was aber auf jede Norm des Strafvollstreckungsrechts zutrifft. Insofern ist aber im Hinblick auf die nach h.M. relevante Frage nach der Zuordnung der streitentscheidenden Norm fraglich, ob die Vorschriften zum internationalen Rechtsverkehr in Strafsachen, denen das ÜberstÜbk zuzuordnen ist, i.S.d. § 40 Abs. 1 VwGO dem öffentlichen Recht zuzuordnen sind. Außerdem könnte es gesetzgeberisch gewollt sein, die auch auf diplomatischem Wege zu klärende Frage der Überstellung wegen der Bedeutung für die außenpolitischen Interessen der gerichtlichen Kontrolle zu entziehen. Für den Verwaltungsrechtsweg spricht aber, dass mit der o.a. obergerichtlichen Rspr. eine abdrängende Sonderzuweisung zu den ordentlichen Gerichten nicht erfolgt und andernfalls der Betroffene rechtsschutzlos gestellt wäre. Da gerade letzteres im Hinblick auf einen möglichst effektiven Rechtsschutz verfassungsrechtlich nicht hinnehmbar ist, ist die Eröffnung des Verwaltungsrechtsweges zu befürworten. 729

☝ **Ungeklärt** ist auch die **Reichweite** des **Rechtsschutzes**. Die Überprüfung durch die Gerichte dürfte auf die Kontrolle von Ermessensfehlern und Willkür beschränkt sein.

Auch auf diese Risiken und deren Vermeidung sollte der Verurteilte im Rahmen der Beratung in einem Überstellungsverfahren unbedingt hingewiesen werden.

ee) Die Vollstreckung kann, wie bei Anwendung der Vorschriften des IRG, **nachgeholt** werden, wenn sich der Verurteilte der Vollstreckung in seinem Heimatland durch **Flucht entzogen** hat. Dazu heißt es in § 4 ÜAG, dass die verurteilte Person festgenommen werden kann (mit der Folge einer gerichtlichen Festhalteanordnung gem. §§ 5 und 6 ÜAG), sofern sie vor Ablauf der Hälfte der zu vollstreckenden Strafe im Bundesgebiet angetroffen wird, ohne einen Entlassungsschein oder ein Dokument gleichen Inhaltes vorweisen zu können. 730

731 **c)aa)** Bei der **Überstellung** in **EU-Mitgliedsstaaten** gelten die besonderen Vorschriften der **Art. 67 – 69 SDÜ** und **§§ 85 ff. IRG**. Die Vorschriften des SDÜ gelten gem. Art. 67 SDÜ als Ergänzung des ÜberstÜbk unter den Mitgliedsstaaten.

☝ Die Anwendung der Vorschriften ist gem. § 98b IRG gegenüber einigen EU-Staaten für Urteile **vor** dem **5.12.2011 ausgeschlossen**.

732 **bb)** Gem. **Art. 68 Abs. 1 SDÜ** kann ein Übernahmeersuchen durch den Urteilsstaat auch ausgesprochen werden, wenn der **Verurteilte in** seinen **Heimatstaat geflohen** ist, um der Vollstreckung zu entgehen. Der Regelfall des ÜberstÜbk sieht die Vollstreckung im Urteilsstaat vor.

☝ Diese Übernahme bedarf – in Abweichung von Art. 3 Abs. 1d ÜberstÜbk – gem. Art. 69 SDÜ **nicht** der **Zustimmung** des **Verurteilten**.

733 **cc)** Für die Überstellung in einen **anderen** EU-**Staat** ist gem. § 85 Abs. 1 S. 3 IRG ein **Antragsrecht** des **Verurteilten** vorgesehen. § 85 Abs. 2 IRG stellt die Zustimmung des Verurteilten zur Überstellung mit der Zulassung der Überstellung durch gerichtliche Entscheidung in ein Alternativverhältnis. Die **gerichtliche Zulässigkeitsentscheidung** kann demnach eine **fehlende Zustimmung ersetzen.**

734 Der weitere Verfahrensablauf ergibt sich dann aus den §§ 85a ff. IRG. Zur Entscheidung berufen ist gem. § 85a Abs. 1 IRG ebenfalls das **OLG**. Dessen Entscheidung ist wegen des Verweises auf § 13 Abs. 1 S. 2 IRG unanfechtbar. Es gelten hinsichtlich des Verfahrens die gleichen Verweisungen wie in § 71 Abs. 4 S. 4 IRG, so dass auf die Ausführungen oben verwiesen werden kann.

735 § 85 Abs. 5 IRG sieht ausdrücklich den **Rechtsweg** durch **Antrag** auf **gerichtliche Entscheidung** des **OLG** gegen eine Entscheidung der Vollstreckungsbehörde vor, die einen Überstellungsantrag des Verurteilten ablehnt. Diese Entscheidung muss auch **zugestellt** werden. Die Antragsfrist beträgt von zwei Wochen.

☝ Damit ist die **Vorschaltbeschwerde** zur GStA **nicht** erforderlich, weil die Regelung direkt den Antrag auf gerichtliche Entscheidung vorsieht.

736 **dd)** Eine weitere Möglichkeit der Überstellung in das Ausland zur Vollstreckung besteht gem. **Art. 3** des **Zusatzprotokolls** zum **Überstellungsübereinkommen** (ZP-ÜberstÜbk). Die **Voraussetzungen** für diese Überstellung gleichen im Wesentlichen denjenigen nach Art. 3 ÜberstÜbk, so dass auf die Ausführungen verwiesen wird. Der entscheidende Unterschied ist, dass eine **Zustimmung des Betroffenen nicht erforderlich** ist, wenn er in dem Urteilsstaat **kein Aufenthaltsrecht** (z.B. wegen einer Ausweisung) hat, Art. 3 Abs. 1 ZP-ÜberstÜbk.

737 Gem. § 2 Abs. 2 ÜAG ist bei dieser Überstellung § 71 Abs. 4 IRG anwendbar, so dass eine **Entscheidung** des **OLG** mit den bereits geschilderten Maßgaben über die Zulässigkeit der Vollstreckung im Ausland herbeigeführt werden muss. Die Situation im Vollstreckungsstaat steht der Zulässigkeit nur entgegen, wenn z.B. völkerrechtliche Mindeststandards nicht eingehalten werden oder keine Resozialisierungsmaßnahmen stattfinden (hierzu und zu den Voraussetzungen der Überstellung gem. Art. 3 ZP-ÜberstÜbk allgemein OLG Nürnberg, Beschl. v. 13.7.2011 – 2 OLG Ausl 1/11).

Siehe auch: → *Internationale Vollstreckung, Allgemeines*, Teil B Rdn 681.

Jugendliche, Vollstreckung, Allgemeines 738

Das Wichtigste in Kürze:

1. Bei der Jugendstrafvollstreckung steht der Erziehungsgedanke im Vordergrund.
2. Voraussetzung für die Einleitung der Vollstreckung ist – wie im allgemeinen Vollstreckungsrecht – grds. die Rechtskraft des Urteils.
3. Für die Strafvollstreckung im Jugendstrafverfahren ist nicht die Staatsanwaltschaft als Vollstreckungsbehörde zuständig, sondern der Jugendrichter als Vollstreckungsleiter.
4. Im jugendrichterlichen Verfahren können dieselben Anträge wie im allgemeinen Vollstreckungsverfahren gestellt werden.
5. Die Vollstreckung richterlicher Entscheidungen ist grds. keine Spruchrichtertätigkeit, sondern der Justizverwaltung zuzurechnen.
6. Auch im Vollstreckungsverfahren des JGG-Verfahrens kann ggf. die Bestellung eines Pflichtverteidigers in Betracht kommen.
7. § 74 JGG, der die Möglichkeit eröffnet, von der Auferlegung der Kosten abzusehen, ist auch im Vollstreckungsverfahren anwendbar.
8. Der Jugendrichter als Vollstreckungsleiter vollstreckt auch im OWi-Verfahren, wenn Einspruch eingelegt wird oder Bußgelder nicht bezahlt werden.
9. In einigen Bundesländern ist der Jugendrichter als Vollstreckungsleiter auch zuständige Gnadenbehörde.
10. Dem Jugendrichter obliegt auch die Führungsaufsicht.

Literaturhinweise: *Deutsche Vereinigung für Jugendgerichte und Jugendgerichtshilfen e.V. (DVJJ)*, „Kölner Richtlinien" zur notwendigen Verteidigung in Jugendstrafverfahren – Erläuterungen des geltenden Rechts, NJW 1989, 1024; **Hartman-Hilter**, Notwendige Verteidigung im jugendgerichtlichen Vollstreckungsverfahren § 83 Abs. 3 S 2 JGG – eine vergessene Vorschrift, StV 1988, 312; **Linnartz/Sütterlin-Müsse**, Jung, weiblich, schwanger, inhaftiert – und nun? Über die (Un-)Möglichkeiten des Jugendstrafvollzugs von Schwangeren, ZJJ 2013, 407; **Lissner**, Die Jugendstrafvollstreckung – das Mysterium, StraFo 2013, 485; **Nöding**, Verteidigung in Jugendstrafsachen, 8. Aufl. 2023; **Ostendorf**, Neue Rechtsprobleme bei der Entlassung auf Bewährung aus dem Jugendstrafvollzug, NJW 2000, 1090; **Radbruch**, Zur Reform der Verteidigung in Jugendstrafsachen, StV 1993, 553; **Wagner**, Aufgaben und Stellung des Vollstreckungsleiters nach dem Jugendgerichtsgesetz, ZfJ 1991, 334; **Walter**, Einführung in die „Kölner Richtlinien" zur notwendigen Verteidigung in Jugendstrafverfahren, NJW 1989, 1022; **Zieger**, Verteidigung in Jugendstrafsachen, 6. Aufl. 2013. 739

1.a) Die **Rechtsfolgen** des **Jugendstrafverfahren** sind vielfältiger und flexibler als die des allgemeinen Strafrechts (*Burhoff*, HV, Rn 2251 ff.; *Nöding*, Rn 65 ff.). Insofern gestaltet sich die Vollstreckung auch anders als bei Erwachsenen. Während die Erwachsenenstrafvollstreckung – neben der Resozialisierung – vor allem dem Schutz der Allgemeinheit dient und den Sanktionscharakter betont, steht bei Jugendlichen der **Erziehungsgedanke** im Vordergrund (*Lissner,* StraFo 2013, 486). Dieser ist bei Auslegung und Anwendung (auch) der Vollstreckungsvorschriften zu beachten. 740

b) Durch die unterschiedliche Zielrichtung unterscheiden sich auch die anzuwendenden Vorschriften. Abweichend vom allgemeinen Strafverfahrensrecht, nach dem die Strafvollstreckung gem. § 451 durch die StA als Vollstreckungsbehörde bzw. gem. § 462a durch die Strafvollstreckungskammer erfolgt, ist der **Jugendrichter** nach § 82 Abs. 1 JGG **einheitlich Vollstreckungsleiter**. Ein besonderes Strafvollstreckungsgericht – vergleichbar den Strafvollstreckungskammern im allgemeinen Vollstreckungsrecht – existiert nicht (→ *Jugendliche, Vollstreckung, Zuständigkeit*, Teil B Rdn 953). 741

c) Die Vorschriften über die Vollstreckung **gelten auch** für 742

- nach Jugendstrafrecht verurteilte Heranwachsende (§ 110 Abs. 1 JGG)
- von allgemeinen Gerichten verurteilte Jugendliche (§ 84 Abs. 2 JGG).

743 d) **Regelungen zur Vollstreckung** jugendstrafrechtlicher Verurteilungen finden sich in den §§ 82 ff. JGG und den RLJGG zu §§ 82 – 85 JGG, die durch die §§ 449 – 463d StPO ergänzt werden, soweit diese nicht durch das JGG ausgeschlossen sind. Die StVollstrO gilt ebenfalls nur subsidiär (§ 1 Abs. 3 StVollstrO).

744 **2. Voraussetzung** für die **Einleitung** der **Vollstreckung** ist – wie im allgemeinen Vollstreckungsrecht – grds. die Rechtskraft des Urteils. Diese Voraussetzung kann bei der Vollstreckung von Jugendstrafe durch die Möglichkeit der Teilvollstreckung nach § 56 JGG durchbrochen werden (→ *Jugendliche, Vollstreckung, Jugendstrafe*, Teil B Rdn 825 ff.). Wenn sich der Tatrichter ausdrücklich vorbehält, vor der Einleitung der Strafvollstreckung erneut die Voraussetzungen einer Strafaussetzung zu prüfen, so ist diese Sachprüfung neben der Rechtskraft des Schuld- und Strafausspruchs Voraussetzung für die Einleitung der Strafvollstreckung (KG, Beschl. v. 1.12.1986 – 4 Ws 266/86, NStZ 1988, 182; a.A. OLG Stuttgart, Beschl. v. 15.10.1985 – 4 Ss 650/85, NStZ 1986, 219 mit abl. Anm. *Eisenberg/Wolski* NStZ 1986, 220).

745 **3. Grundsätze** der Vollstreckung nach Jugendstrafrecht:

- Vollstreckungsorgan ist der Jugendrichter als **Vollstreckungsleiter** (§ 82 Abs. 1 JGG).
- Bei erstinstanzlich vor dem Jugendrichter oder dem Jugendschöffengericht verhandelten Strafsachen leitet der erkennende Jugendrichter die Vollstreckung ein (§ 84 Abs. 1 JGG), auch wenn nachfolgend noch das Rechtsmittelgericht entschieden haben sollte. Hat erstinstanzlich eine Jugendkammer oder ein Erwachsenengericht entschieden, so leitet derjenige (Jugend-)Richter am Amtsgericht die Vollstreckung ein, dem nach § 34 Abs. 3 JGG die familiengerichtlichen Erziehungsaufgabe obliegen (§ 84 Abs. 2 JGG).
- Der Jugendrichter, der die Vollstreckung eingeleitet hat, soll grds. nachfolgend auch als Vollstreckungsleiter für die weiteren Durchführung der Vollstreckung zuständig sein (§ 84 Abs. 3 JGG), um so die Wirkung der Sanktionen selbst durchsetzen und notfalls korrigieren zu können (§§ 11 Abs. 2 und 3, 15 Abs. 3, 57 JGG). Bei der Vollstreckung von Jugendstrafe geht dabei nach der Aufnahme in die Jugendstrafanstalt die Vollstreckungszuständigkeit auf den Jugendrichter des Amtsgerichts über, in dessen Bezirk die Jugendstrafanstalt liegt (§ 85 Abs. 2 JGG); der Vollstreckungsleiter soll dem Vollzug möglichst nahe sein. Hintergrund ist hier (vor allem in Flächenländern), dass der Kontakt zwischen Verurteiltem und dem Vollstreckungsleiter so besser hergestellt und aufrechterhalten werden kann.
- Der als Vollstreckungsleiter tätige Jugendrichter wird in der Strafvollstreckung vom Rechtspfleger unterstützt (→ *Jugendliche, Vollstreckung, Zuständigkeit*, Teil B Rdn 964 ff.)

746 **4.a)** Im jugendrichterlichen Verfahren können **dieselben Anträge** wie im **allgemeinen Vollstreckungsverfahren** gestellt werden. Ebenso sind Gnadenanträge möglich.

747 **b)** Die **besonderen Lebenslagen** von **Jugendlichen und Heranwachsenden** sind bei der Auslegung der allgemeinen Vorschriften ebenso zu beachten wie der auch im Vollstreckungsverfahren geltende **Erziehungsgedanke** des JGG. Hierzu zählt insbesondere die Möglichkeit des **Vollstreckungsaufschubs** nach § 456, um außerhalb des Zwecks der Jugendstrafe liegende, ggf. irreparable Nachteile für den Verurteilten zu vermeiden. Dies betrifft z.B. den bevorstehenden Ausbildungsabschluss (LG Stralsund, Beschl. v. 29.12.2009 – 23 Qs 50/09, ZJJ 2010, 81, zudem zur Fortsetzung der Ausbildung im offenen Vollzug), ggf. auch Schwangerschaft (*Linnartz/Sütterlin-Müsse,* ZJJ 2013, 407). Auch kommt ggf. ein Vollstreckungsaufschub gem. § 455a in Betracht, wenn die Vollzugsorganisation keine Alternativen anbietet, um eine Trennung der Verurteilten von ihren Kleinkindern (am gleichen Tag geborene Säuglinge) zu vermeiden (LG Leipzig, Beschl. v. 23.1.2012 – 2 Qs 53/11, StV 2013, 39).

748 **5.** Für die **Entscheidungen** des **Jugendrichters** als **Vollstreckungsleiter** gilt: Die Vollstreckung richterlicher Entscheidungen ist grds. keine Spruchrichtertätigkeit, sondern der Justizverwaltung zuzurechnen. Entsprechend wird der Vollstreckungsleiter als **Organ** der **Justizverwaltung** tätig. Hierbei ist er weisungsgebunden und nach h.M. der Dienstaufsicht der GStA (BVerfG, Beschl. v. 4.5.1994 – 2 BvL 22/91, NJW 1994, 2750; OLG Hamm, Beschl. v. 17.7.2001 – 3 (s) Sbd 1 – 2/01, NStZ-RR 2002, 21; *Brunner/*

Dölling, § 83 Rn 1; *Eisenberg/Kölbel*, § 83 Rn 2), nach a.A. des Gerichtspräsidenten (Ostendorf/*Rose*, JGG § 83 Rn 2; D/S/S-*Sonnen*, § 83 Rn 3) unterstellt. Allerdings bestimmt § 83 Abs. 1 JGG wesentliche Ausnahmen von diesem Grundsatz (sog. „**jugendrichterliche Entscheidungen**"). Die dort aufgeführten Entscheidungen trifft der Jugendrichter als Vollstreckungsleiter in richterlicher Unabhängigkeit gem. § 97 Abs. 1 GG.

☝ Die Unterscheidung der einzelnen Entscheidungen ist höchst **relevant**, da sich nach der jeweiligen Entscheidungsform das statthafte Rechtsmittel bestimmt.

a)aa) Die in richterlicher Unabhängigkeit zu treffendenden **jugendrichterlichen Entscheidungen** sind folgende (§ 83 Abs. 1 JGG): 749

- die **Umwandlung** des Freizeitarrestes in Kurzarrest (§ 86 JGG),
- das vollständige oder teilweise **Absehen** von der (Rest-)Vollstreckung eines **Jugendarrestes** (§ 87 Abs. 3 JGG),
- die **Aussetzung des Restes der Jugendstrafe zur Bewährung** (§ 88 Abs. 1 bis 4 JGG),
- die Verhängung einer **Sperrfrist** (§ 88 Abs. 5 JGG),
- die **Aussetzung der Unterbringung zur Bewährung** und die weiteren in §§ 67c, 67d, 67e StGB genannten Entscheidungen,
- den **Widerruf der Reststrafenaussetzung** (§ 88 Abs. 6 JGG),
- den **Widerruf** der Aussetzung der **Unterbringung** zur Bewährung (§ 67g StGB),
- die **Unterbrechung** der Vollstreckung bei der Verbüßung von **Jugendstrafe neben Freiheitsstrafe** (§ 89a JGG),
- die **(Her)Ausnahme vom Jugendstrafvollzug** (§ 89b JGG),
- Entscheidungen, die nach §§ 462a, 463 StPO sonst der **Strafvollstreckungskammer** obliegen,
- Erledigungsentscheidung über eine **Erziehungsmaßregel** bei **Soldaten** (§ 112c Abs. 1, 3 JGG),
- Absehen von der **Arrestvollstreckung** bei **Soldaten** (§ 112c Abs. 1, 3 JGG).

bb) Für die gerichtlichen Verfahren zur Vorbereitung der jugendrichterlichen Entscheidung bestehen weitreichende **Anhörungspflichten hinsichtlich des Verurteilten, dessen Erziehungsberechtigter, der Staatsanwaltschaft, Vollzugsleiter und der JGH** (§§ 83 Abs. 3 S. 2, 87 Abs. 3 S. 4 JGG, 88 Abs. 4 JGG, § 38 Abs. 6 S. 1 JGG; s auch § 2 Abs. 2 JGG, § 33 Abs. 2 und 3 StPO). 750

cc) Die Entscheidungen werden ohne HV – ggf. nach einer mündlichen Anhörung – durch **Beschluss** getroffen. Der Beschluss ist in allen Fällen mit Gründen zu versehen (§ 2 Abs. 2 JGG, § 34 StPO), die erkennen lassen müssen, auf welchen tatsächlichen und rechtlichen Erwägungen die Entscheidung beruht. 751

dd) Der statthafte Rechtsbehelf gegen diese in richterlicher Unabhängigkeit getroffenen jugendrichterliche Entscheidungen ist nach § 83 Abs. 3 S. 1 JGG die **sofortige Beschwerde** (zur sofortigen Beschwerde *Burhoff*, EV, Rn 4289; Burhoff/*Kotz/Hillenbrand*, RM, Teil A Rn 550 ff.). 752

b)aa) Alle nicht ausdrücklich in § 83 Abs. 1 JGG genannten Entscheidungen des Vollstreckungsleiters sind keine richterlichen, so dass der Vollstreckungsleiter insoweit als Organ der Justizverwaltung tätig wird und **Justizverwaltungsakte** erlässt. Diese sind u.a.: 753

- die **Abgabe der Vollstreckung** an einen anderen Jugendrichter oder an die StA (§ 85 Abs. 5, 6 JGG),
- die Entscheidung über das Absehen von der weiteren Vollstreckung bei gleichzeitiger **Abschiebung** (§ 456a StPO),
- die **Zurückstellung** der Vollstreckung zur Durchführung einer Therapie nach **§§ 35, 36, 38 BtMG.**
- Entscheidung über einen **Vollstreckungsaufschub** nach § 456 StPO (LG Kaiserslautern, Beschl. v. 6.4.2005 – 8 Qs 7/05; ebenso beim Arrest OLG Hamm, Beschl. v. 3.8.2004 – 3 Ws 382/04).
- die förmliche **Einleitung der Strafvollstreckung** (BGH, Beschl. v. 13.8.2014 – 2 ARs 225/14, StraFo 2014, 523).

- Die (Nicht-)Verlegung eines Verurteilten aus der Untersuchungshaft in den Jugendstrafvollzug (*Nöding*, Rn 461, 492).

754 **bb)** Die **Rechtsbehelfe** richten sich bei Justizverwaltungsakten nach dem **allgemeinen Recht.** Nach Durchführung des Vorschaltverfahrens (§ 24 Abs. 2 EGGVG, § 21 Abs. 1 StVollstrO) sind Einwendungen gegen die Vollstreckung über den Rechtsweg nach §§ 23 EGGVG beim Oberlandesgericht zu erheben (zum Antrag nach §§ 23 ff. EGGVG *Burhoff*, EV, Rn 622; Burhoff/ *Schmidt-Clarner*, RM, Teil B Rn 323 ff.).

755 **cc)** Zweifel an der **Vollstreckungsfähigkeit** eines zu vollstreckenden Urteils kann der Vollstreckungsleiter nicht gerichtlich klären lassen. Stattdessen muss er eine eigene Entscheidung über die Vollstreckungsfähigkeit treffen. Ggf. hat er eine Weisung der GStA einzuholen. Es bleibt dem Betroffenen überlassen, ob er eine Entscheidung nach § 458 Abs. 2 StPO verlangt (OLG Hamm, Beschl. v. 17.7.2001 – 3 (s) Sbd 1 – 2/01, NStZ-RR 2002, 21).

☝ Das statthafte Rechtsmittel gegen jugendrichterliche Entscheidungen i.S.d. § 83 Abs. 1 JGG ist die **sofortige Beschwerde** (§ 83 Abs. 3 S. 1 JGG). Diese hat keine aufschiebende Wirkung (§ 2 Abs. 2 JGG, § 307), es sei denn, sie richtet sich gegen die Aussetzung der Vollstreckung des Strafrestes (§ 88 Abs. 6 S. 4 JGG; zur sofortigen Beschwerde *Burhoff*, EV, Rn 4289 ff.; Burhoff/*Kotz/Hillenbrand*, RM, Teil A Rn 550 ff.).

Nimmt der Jugendrichter Aufgaben der Justizverwaltung wahr, so richtet sich der Rechtsschutz – wie bei Erwachsenen – nach §§ 23 EGGVG. Somit ist zunächst gem. § 24 Abs. 2 EGGVG, § 21 Abs. 1 Nr. 1 StVollstrO eine (Vorschalt-)Beschwerde einzulegen. Die GStA ist Beschwerdeinstanz nach § 21 StrVollstrO (Ostendorf/*Rose*, § 83 Rn 7; *Brunner/Dölling*, § 83 Rn 4; *Eisenberg/Kölbel*, § 83 Rn 7). Danach ist Antrag auf Entscheidung des zuständigen Senats des übergeordneten OLG zu beantragen. Ggf. kommen auch Einwendungen gegen die Vollstreckung z.B. nach §§ 458 Abs. 1, 2, 462 Abs. 1 in Betracht (zum Antrag nach §§ 23 ff. EGGVG *Burhoff*, EV, Rn 622 ff.; Burhoff/*Schmidt-Clarner*, Teil B Rn 323 ff.).

756 **6.a)** In Fällen der **notwendigen Verteidigung** endet das Mandat des Pflichtverteidigers grds. nach Rechtskraft des Urteils. Das Wahlverteidigermandat bleibt zwar formell bis zum Abschluss der Strafvollstreckung bestehen, intern wird der Verteidiger jedoch zumeist nur bis zur Rechtskraft beauftragt. Daher stellt sich die Frage, wie eine Verteidigung im Vollstreckungsverfahren von den zumeist mittellosen Jugendlichen doch in Anspruch genommen werden kann.

☝ Auch für die Frage, ob eine Beiordnung als **Pflichtverteidiger** erfolgt oder **PKH** beantragt werden muss, ist die Entscheidungsform des Jugendrichters relevant.

757 **b)** Für das Verfahren zur Anfechtung von Justizverwaltungsakten gem. §§ 23 ff. EGGVG sieht § 29 Abs. 4 EGGVG die entsprechende Anwendung der Vorschriften über die Bewilligung von **PKH** (§§ 114 ff. ZPO) vor. Neben den Vorschriften über die PKH finden die §§ 140 ff. keine Anwendung. § 29 Abs. 4 EGGVG ist insoweit eine die Regelungen über die notwendige Verteidigung verdrängende Spezialvorschrift, wie dies auch für die Parallelbestimmung des § 120 Abs. 2 StVollzG, die ebenfalls auf das Prozesskostenhilferecht verweist, angenommen wird (OLG Bremen, Beschl. v. 16.2.1983 – Ws 9 u. 10/83, NStZ 1984, 92). Soweit der Jugendrichter als Vollstreckungsleiter Verwaltungsakte erlässt, gibt es also keine notwendige Verteidigung (*Hartman-Hilter* StV 1988, 314; Ostendorf/*Rose* § 83 Rn 6).

758 **c)aa)** Anders gestaltet sich die Rechtslage bei den jugendrichterlichen Entscheidungen. **§ 83 Abs. 3 S. 2 JGG** verweist bei diesen ausdrücklich auf die §§ 67 bis 69 JGG – also auch auf die Vorschriften über die **notwendige Verteidigung** (§ 68 JGG i.V.m. § 140 StPO) – welche „sinngemäß“ gelten. Die Vorschrift ist auf das gesamte Vollstreckungsverfahren anzuwenden, also sowohl für das Beschluss- als auch das sich anschließende Beschwerdeverfahren (*Hartman-Hilter* StV 1988, 314; D/S/S-*Sonnen,* § 83 Rn 8).

☝ § 83 Abs. 3 S. 2 JGG ist eine in der Praxis – auch von den Jugendrichtern – häufig übersehene Vorschrift. Der Verteidiger sollte sich **ausdrücklich** darauf **berufen**.

bb) Allerdings beschränkt die Praxis den Anwendungsbereich des § 140 Abs. 1 StPO auf das Erkenntnisverfahren. Insofern ist vor allem **§ 140 Abs. 2 i.V.m. §§ 83 Abs. 3 S. 2, 68 JGG relevant** (zur Pflichtverteidigerbestellung im JGG-Erkenntnisverfahren *Burhoff*, EV, Rn 2819 ff.; zu den Beiordnungsgründen beim Erwachsenen *Burhoff*, EV, Rn 3491 ff.). **759**

cc) Uneinigkeit besteht darüber, was unter **„Schwere der Tat"** i.S.d. § 140 Abs. 2 StPO im Vollstreckungsverfahren zu verstehen ist. Hiernach wird vertreten, dass in jedem Verfahren, im dem über eine Reststrafenaussetzung oder den Widerruf einer solchen entschieden wird, ein Fall der notwendigen Verteidigung vorliegt (*Hartman-Hilter* StV 1988, 316). Es wird jedoch auch auf „gravierende Reststrafen" abgestellt (*Radbruch,* StV 1993, 557) bzw. „wenn die Entlassung auf Bewährung gem. § 88 JGG nicht oder nicht rechtzeitig gewährt wird" (Ostendorf/*Rose*, § 83 Rn 6). Vertreten wird auch, dass ein Fall der notwendigen Verteidigung immer dann vorliegt, wenn durch die wahrscheinliche Entscheidung des Vollstreckungsleiters eine Verlängerung des Vollzuges um ein Jahr oder mehr eintritt (HK-JGG/*Kern*/*Buckolt,* § 88 Rn 12; D/S/S-*Sonnen,* § 83 Rn 10). **760**

dd) Die Notwendigkeit der Verteidigung ergibt sich unter dem Gesichtspunkt **„Schwierigkeit der Sach- und Rechtslage"** möglicherweise dann, wenn entweder der Verurteilte intellektuell nicht in der Lage ist, auf die ihm bekannte Stellungnahme des Vollzugsleiters einzugehen oder weil sie auf aktenkundig gemachte Vorgänge im Vollzug Bezug nimmt, zu denen der Verurteilte mangels Akteneinsichtsrecht keinen Zugang hat (*Hartman-Hilter* StV 1988, 315). Rechtliche Schwierigkeiten bestehen auch immer dann, wenn bestimmte konkret relevante Rechtsfragen unter Juristen uneinheitlich beantwortet werden. So ist es im Zusammenhang mit der Reststrafenaussetzung nach wie vor umstritten, ob neben der Bewährungsprognose Tatschuldgesichtspunkte mitberücksichtigt werden dürfen (→ *Jugendliche, Vollstreckung, Jugendstrafe*, Teil B Rdn 835) und wenn ja, in welchem Umfang (*Hartman-Hilter,* StV 1988, 315). Auch in diesem Fall liegen die Voraussetzungen einer notwendigen Verteidigung vor. Ein Fall der notwendigen Verteidigung ist jedenfalls dann gegeben, wenn die formellen Voraussetzungen des § 88 Abs. 2 JGG vorliegen, da jedenfalls dann die Sach- und Rechtslage als schwierig anzusehen ist (LG Berlin, Beschl v. 7.4.2006 – 524 Qs 19/06). Das gilt auch, sofern ein Sachverständigengutachten zur Prognose eingeholt wird (LG Saarbrücken, Beschl. v. 5.10.2009 – 3 Qs 79/09, ZJJ 2010, 80). Auch die Aufhebungsentscheidung nach § 88 Abs. 3 S. 2 JGG (→ *Jugendliche, Vollstreckung, Jugendstrafe*, Teil B Rdn 825 ff.) kann Anlass für eine Verteidigerbeiordnung sein (*Eisenberg/Kölbel*, § 88 Rn 29). **761**

ee) Die Fallgruppe der **mangelnden Fähigkeit,** sich **selbst verteidigen** zu können (§ 140 Abs. 2 Alt. 3 StPO), dürfte insbesondere bei 14- und 15-jährigen Inhaftierten vorliegen. **762**

ff) Von der DVJJ (Deutschen Vereinigung für Jugendgerichte und Jugendgerichtshilfen e.V.) wurden die sog. **„Kölner Richtlinien"** (NJW 1989, 1026) zur notwendigen Verteidigung im Jugendstrafverfahren entwickelt. Diese Richtlinien sind leider von der Justiz nicht im selben Maß übernommen worden wie die „Marburger Richtlinien" zu den Voraussetzungen des § 105 JGG. **763**

☝ Es ist daher auch Aufgabe der Verteidigung durch **vermehrte Beiordnungsanträge** im Vollstreckungsverfahren mit Hinweis auf die „Kölner Richtlinien" diese zu verbreiten.

gg) Hiernach sind insbesondere folgende weitere **Fälle notwendiger Verteidigung** im Vollstreckungsverfahren zu beachten (D/S/S-*Sonnen*, § 83 Rn 9): **764**

- **drohender Widerruf** einer zur Bewährung ausgesetzten Jugendstrafe, insbesondere wenn die StA einen entsprechenden Antrag gestellt hat
- **drohende Ablehnung** des **Antrages auf Aussetzung** des Strafrestes zur Bewährung, jedenfalls sofern die Voraussetzungen des § 88 Abs. 2 JGG vorgelegen haben

- **drohender Widerruf einer Reststrafenbewährung**
- **Verfahren** über das **Unterbleiben** der **Vollstreckung** von **Einziehungsentscheidungen** nach § 459g Abs. 5 JGG (*Nöding*, Rn 458).

765 **7. § 74 JGG**, der die Möglichkeit eröffnet, von der Auferlegung der **Kosten** abzusehen, ist auch im Vollstreckungsverfahren anwendbar (Ostendorf/*Sommerfeld*, § 74 Rn 2; D/S/S-*Schatz,* § 74 Rn 3).

766 **8.a)** Bußgeldentscheidungen der Verwaltungsbehörden werden durch die Verwaltungsbehörden vollstreckt, auch wenn die Entscheidungen Jugendliche oder Heranwachsende betreffen (§§ 92, 91 OWiG). Der **Jugendrichter** als **Vollstreckungsleiter** vollstreckt jedoch im **OWi-Verfahren**, sofern Einspruch eingelegt oder das Bußgeld nicht bezahlt wurde (§ 97 Abs. 1 OWiG i.V.m. § 82 Abs. 1 JGG). Grds. ist auch im Verfahren gegen Jugendliche und Heranwachsende gem. § 96 OWiG die Anordnung von Erzwingungshaft möglich. Ihre Anordnung ist jedoch gegen Jugendliche in der Regel, gegen Heranwachsende häufig nicht angebracht i.S.d. § 98 Abs. 1 S. 1 OWiG (Göhler/*Bauer*, § 96 Rn 35; § 98 Rn 4 ff.; s. auch Burhoff/*Nöding*, RM, Teil A Rn 716 ff.; vgl. a. Burhoff/*Krenberger*, OWi, Rn 1150 ff.).

767 **b)** Für die Vollstreckung der **Erzwingungshaft** gelten gem. § 97 Abs. 1 OWiG die § 82 Abs. 1, § 83 Abs. 2 sowie die §§ 84 und 85 Abs. 5 JGG sinngemäß, d.h. auch hierfür ist der Jugendrichter zuständig. Die **Zuständigkeit** für die Vollstreckung von Erzwingungshaft liegt auch im Verfahren gegen Heranwachsende beim Jugendrichter. Dies ergibt sich aus § 97 Abs. 1 OWiG i.V.m. § 82 Abs. 1 S. 1 JGG. Etwas anderes kann nicht aus § 110 JGG entnommen werden, da diese Vorschrift in § 97 Abs. 1 OWiG gegen Heranwachsende nicht in Bezug genommen worden ist (BGH, Beschl. v. 24.7.2002 – 2 ARs 178/02, NStZ-RR 2002, 347). Nur Entscheidungen nach § 100 Abs. 1 Nr. 2 OWiG (nachträgliche Entscheidung über die Einziehung) fallen in die Zuständigkeit des Jugendrichters des 1. Rechtszuges, da sie keine Vollstreckungsentscheidungen sind.

768 **c)** Neben der Beitreibung und der Erzwingungshaft, besteht für Jugendliche und Heranwachsende **zusätzlich** noch die **Reaktionsmöglichkeit** nach **§ 98 OWiG**. Nach § 98 Abs. 1 OWiG kann der Jugendrichter dem Jugendlichen auferlegen,

- Arbeitsleistungen zu erbringen,
- nach Kräften den durch die Handlung verursachten Schaden wiedergutzumachen,
- bei einer Verletzung von Verkehrsvorschriften an einem Verkehrsunterricht teilzunehmen,
- sonst eine bestimmte Leistung zu erbringen,

wenn die Bewilligung einer Zahlungserleichterung, die Beitreibung der Geldbuße oder die Anordnung der Erzwingungshaft nicht möglich oder angebracht erscheint. Der Jugendrichter kann die Anordnungen nebeneinander treffen und nachträglich ändern. Die Vorschrift gilt gem. § 98 Abs. 4 OWiG auch für die Vollstreckung der gegen einen Heranwachsenden festgesetzten Geldbuße. Allerdings muss der Betroffene im Zeitpunkt der Entscheidung noch Heranwachsender sein (OLG Köln, Beschl. v. 24.1.1984 – 3 Ss 816/83 Bz (393), ZfJ 1984, 378; Ostendorf/*Rose*, § 82 Rn 13; *Eisenberg/Kölbel*, § 82 Rn 32). Es kommt also nicht auf das Alter zum Tatzeitpunkt, sondern auf das Alter zum Zeitpunkt der Entscheidung an. Die Auflagen treten dann anstelle der Geldbuße und ersetzen diese.

769 **d)** Kommt der Jugendliche einer Anordnung nach § 98 Abs. 1 OWiG schuldhaft nicht nach und zahlt er auch nicht die Geldbuße, so kann **Jugendarrest** (§ 16 JGG) gegen ihn verhängt werden, wenn er entsprechend belehrt worden ist. Hiernach verhängter Jugendarrest darf bei einer Bußgeldentscheidung eine Woche nicht übersteigen. Vor der Verhängung von Jugendarrest ist dem Jugendlichen Gelegenheit zur **mündlichen Äußerung** vor dem Richter zu geben. Wegen desselben Betrags darf Jugendarrest nicht wiederholt angeordnet werden. Der Richter sieht von der Vollstreckung des Jugendarrestes ab, wenn der Jugendliche nach Verhängung des Arrests der Weisung nachkommt oder die Geldbuße zahlt. Ist Jugendarrest vollstreckt worden, so kann der Jugendrichter die Vollstreckung der Geldbuße ganz oder zum Teil für erledigt erklären.

☝ Der Verteidiger sollte bei verhängtem, aber noch nicht vollstrecktem Arrest dem Jugendlichen raten, die Weisung zu erfüllen oder die Geldbuße zu zahlen.
Nach vollstrecktem Arrest ist ein **Antrag** auf **Erledigung** der **Vollstreckung** der Geldbuße zu stellen.

e) Die Anordnung des Jugendrichters, Auflagen anstatt Erzwingungshaft anzuordnen ist **nicht anfechtbar** (§ 104 Abs. 3 S. 2 OWiG). Dies gilt auch für die Ablehnung des Antrages, die Vollstreckung der Geldbuße nach Vollstreckung des Jugendarrests für erledigt zu erklären. Die Verhängung des Arrests selbst kann mit der **sofortigen Beschwerde** angefochten werden (§ 104 Abs. 3 S. 1 Nr. 1 OWiG; zur sofortigen Beschwerde *Burhoff*, EV, Rn 4289 ff.; Burhoff/*Nöding*, RM, Teil A Rn 719). 770

9. In einigen Bundesländern ist der Jugendrichter als Vollstreckungsleiter auch zuständige **Gnadenbehörde** (*Eisenberg/Kölbel, § 82 Rn 13;* krit. dazu Ostendorf/*Rose*, § 82 Rn 2 „*Eindruck der Voreingenommenheit*"; zur Gnade → *Gnade, Allgemeines*, Teil G Rdn 1 m.w.N.). 771

10. Dem Jugendrichter obliegt auch die **Führungsaufsicht** (OLG Koblenz, Beschl. v. 27.2.1975 – 1 AR 4/75 Str., GA 1975, 285; Ostendorf/*Rose*, § 82 Rn 2; *Brunner/Dölling*, § 82 Rn 3; RLJGG I 6 d) zu §§ 82 bis 85). Jede vollständig verbüßte (Einheits-)Jugendstrafe von mindestens zwei Jahren löst den Eintritt von Führungsaufsicht aus (§ 68f Abs. 1 StGB). Das BVerfG hat im Jahr 2008 entschieden, dass keine verfassungsrechtlichen Bedenken bestehen, auch nach vollständiger Verbüßung von Jugendstrafe Führungsaufsicht anzuordnen, in diesem Zusammenhang aber ausdrücklich darauf hingewiesen, den bestehenden Unterschieden zwischen Jugend- und Erwachsenenstrafrecht bei der Ausübung des Ermessens Rechnung zu tragen und insbesondere bei der konkreten Ausgestaltung der Führungsaufsicht den im Jugendstrafrecht geltenden Erziehungsgedanken zu berücksichtigen (BVerfG, Beschl. v. 1.8.2008 – 2 BvR 969/08). Bei der Dauer der Führungsaufsicht sind daher die kürzeren Bewährungszeiten des § 22 JGG anzuwenden, weil eine längere Führungsaufsicht erzieherisch eher schädlich, weil demotivierend wirkt (LG Berlin, Beschl. v. 30.6.2009 – 524 Qs 32/09, NStZ 2010, 286 [„Führungsaufsicht sollte in aller Regel drei Jahre nicht überschreiten"]; zur Führungsaufsicht eingehend → *Führungsaufsicht, Allgemeines*, Teil B Rdn 483 m.w.N.). 772

Siehe auch: → *Erwachsene, Vollstreckung, Allgemeines*, Teil B Rdn 432 m.w.N.; → *Führungsaufsicht, Allgemeines*, Teil B Rdn 483 ff.; → *Internationale Vollstreckung, Allgemeines*, Teil B Rdn 681 m.w.N.; → *Jugendliche, Vollstreckung, Erziehungsmaßregel/Zuchtmittel*, Teil B Rdn 773; → *Jugendliche, Vollstreckung, Jugendarrest*, Teil B Rdn 805; → *Jugendliche, Vollstreckung, Jugendstrafe*, Teil B Rdn 825; → *Jugendliche, Vollstreckung, Rechtsschutz*, Teil B Rdn 880; → *Jugendliche, Vollstreckung, Sicherungsverwahrung*, Teil B Rdn 888; → *Jugendliche, Vollstreckung, Strafmakel, Beseitigung*, Teil B Rdn 908; → *Jugendliche, Vollstreckung, Verhängung der Jugendstrafe*, Teil B Rdn 928; → *Jugendliche, Vollstreckung, Zuständigkeit*, Teil B Rdn 951; → *Strafvollzug, Jugendliche, Allgemeines*, Teil C Rdn 760; → *Strafvollzug, Jugendliche, Rechtsschutz*, Teil C Rdn 860; → *Gnade, Allgemeines*, Teil G Rdn 1 m.w.N.

Jugendliche, Vollstreckung, Erziehungsmaßregel/Zuchtmittel 773

Das Wichtigste in Kürze:

1. Die häufigsten Rechtsfolgen im Jugendstrafverfahren sind Weisungen als Erziehungsmaßregel und Auflagen als Zuchtmittel.
2. Weisungen und Auflagen können nachträglich geändert werden.
3. Das Verfahren über die nachträglichen Entscheidungen richtet sich nach § 65 JGG.
4. Der Beschluss, durch den die Änderung einer Weisung abgelehnt wird, ist gem. § 65 Abs. 2 S. 1 JGG unanfechtbar.

5. Kommt ein Jugendlicher Weisungen oder Auflagen schuldhaft nicht nach, so kann Ungehorsamsarrest verhängt werden.
6. Nach § 12 JGG kann der Richter dem Jugendlichen auferlegen, Hilfe zur Erziehung nach dem SGB VIII in Anspruch zu nehmen.
7. Eine Verwarnung wird in der Praxis im Regelfall unmittelbar nach der Urteilsverkündung erteilt.

774 **Literaturhinweise: Brandt**, Zukunft ambulanter jugendstrafrechtlicher Maßnahmen vor dem Hintergrund von § 36a SGB VIII, NStZ 2007, 190; **Böhm/Feuerhelm**, Einführung in das Jugendstrafrecht. 4. Aufl. 2004; *Boehm/Feuerhelm*, Einführung in das Jugendstrafrecht, 4. Aufl. 2004; **Böttcher/Weber**, Erstes Gesetz zur Änderung des Jugendgerichtsgesetzes NStZ 1990, 561; **Eisenberg**, Jugendarrest wegen schuldhafter Nichtbefolgung von Weisungen und Auflagen, ZfJ 1989, 16; *Laubenthal/Baier/Nestler*, Jugendstrafrecht, 3. Aufl. 2015; **Ostendorf**, Flexibilität versus Rechtsstaatlichkeit im Jugendstrafrecht GA 2006, 513; *ders.*, Wider die Verselbstständigung des sog Ungehorsamsarrestes zu einer zusätzlichen jugendgerichtlichen Sanktion, ZfJ 1983, 563; **Wedler**, Die Erteilung von Weisungen nach § 10 I JGG gegen den Willen der Eltern, NStZ 2012, 293; **Wohlfahrt**, Zur Rechtsnatur des Beschlussarrestes nach § 11 Abs. 3 JGG, ZJJ 2012, 392; s.a. die Hinweise bei → *Jugendliche, Vollstreckung, Allgemeines*, Teil B Rdn 738 m.w.N.

775 **1.** Die häufigsten im Jugendstrafverfahren im Urteilsweg verhängten Rechtsfolgen sind **Weisungen** als Erziehungsmaßregel und **Auflagen** als Zuchtmittel (*Eisenberg/Kölbel*, § 5 Rn 13).

776 **a)** Die Jugendgerichte ordnen „aus Anlass der Straftat eines Jugendlichen" **Erziehungsmaßregeln** an (§ 5 Abs. 1 JGG). Erziehungsmaßregeln sind u.a. die in § 10 JGG nicht abschließend genannten Weisungen. Weisungen sind Gebote und Verbote, welche die Lebensführung des Jugendlichen regeln und dadurch seine Erziehung fördern und sichern sollen. Dabei dürfen an die Lebensführung des Jugendlichen keine unzumutbaren Anforderungen gestellt werden. Die Laufzeit einer Weisung darf zwei Jahre nicht überschreiten; sie soll bei einer Weisung nach § 10 Abs. 1 S. 3 Nr. 5 JGG (Betreuungsweisung) nicht mehr als ein Jahr, bei einer Weisung nach § 10 Abs. 1 S. 3 Nr. 6 JGG (sozialer Trainingskurs) nicht mehr als sechs Monate betragen (§ 11 Abs. 1 S. 2 JGG). Als Erziehungsmaßregeln kann auch Hilfe zur Erziehung (§ 12 JGG) angeordnet werden. Die verhängten Weisungen müssen klar und bestimmt genug sein, um ihre Einhaltung überprüfen und ihre Ausführung sicherstellen zu können (ausführlich zu Erziehungsmaßregeln *Nöding*, Rn 69 ff.).

777 **b) Zuchtmittel** sind die Verwarnung (§ 14 JGG), die Verhängung von in § 15 JGG abschließend aufgezählten Auflagen sowie Jugendarrest (§ 16 JGG). Zuchtmittel haben nicht die Rechtswirkung einer Strafe, sollen dem Jugendlichen jedoch eindringlich zum Bewusstsein bringen, dass er für das von ihm begangene Unrecht einzustehen hat (§ 13 JGG). Im Gegensatz zu den Weisungen haben Zuchtmittel einen eher ahndenden Charakter. Der Anwendungsbereich der Zuchtmittel wird daher dadurch bestimmt, dass einerseits Erziehungsmaßregeln nicht ausreichen (§ 5 Abs. 2 JGG), andererseits aber die Verhängung von Jugendstrafe (noch) nicht geboten ist (§ 13 Abs. 1 JGG, ausführlich zur Verhängung von Zuchtmittel *Nöding*, Rn 87 ff.).

778 **c)** Sowohl Weisungen als auch Auflagen können **originär** durch **Urteil** oder auch im Rahmen einer **Bewährungsentscheidung** (§§ 21 ff.; 27 ff.; 61 ff; 88 JGG) erteilt werden (→ *Bewährung, Jugendliche, Allgemeines*, Teil A Rdn 98).

779 **d)** Grds. überwacht im Falle der durch Urteil verhängten Weisungen und Auflagen die **Jugendgerichtshilfe** (§ 38 Abs. 5 S. 1 JGG) die Einhaltung, bei Bewährungsentscheidungen die **Bewährungshilfe** (§ 25 S. 3 und 4JGG). Diese sind auch jeweils für die Vermittlung der jeweiligen Arbeitsstelle oder Kurses zuständig. Bei § 61 JGG (Bewährungsvorbehalt) arbeiten Jugendgerichtshilfe und Bewährungshilfe eng zusammen (§ 61b Abs. 1 S. 4 JGG). Es handelt sich um verschiedene Institutionen. Die Jugendgerichtshilfe ist organisatorisch nicht Teil der Justiz, sondern Teil der **Jugendhilfe** (§ 38 Abs. 1 JGG). Die Durchführung der Bewährungshilfe ist nach § 113 S. 3 JGG Ländersache. Dies ist der Grund dafür, dass die Bewährungshilfen in der Bundesrepublik Deutschland den unterschiedlichsten Organisationsformen zugeordnet

sind. Eine **spezialisierte Jugendbewährungshilfe** gibt es nur in den Stadtstaaten Hamburg und Berlin sowie im Flächenland Niedersachsen.

e) Sowohl für die originäre Verhängung von Weisungen und Auflagen durch Urteil als auch im Rahmen einer Bewährungsentscheidung gelten sowohl 780

- die **Abänderungsbefugnis**
- die Möglichkeit, **Ungehorsamsarrest** zu verhängen (Ausnahme: Weisungen und Auflagen im Rahmen des Bewährungsvorbehaltes, fehlender Verweis in § 61b Abs. 1 S. 1 JGG).

f) Sind Weisungen oder Auflagen erteilt worden, so übersendet der Vollstreckungsleiter der Jugendgerichtshilfe oder in Bewährungsfällen dem Bewährungshelfer eine beglaubigte Abschrift des Urteils mit dem Ersuchen, die Befolgung der Weisungen zu überwachen, erhebliche Zuwiderhandlungen mitzuteilen (§ 38 Abs. 5 2. 2 JGG) und, falls eine Änderung der Weisungen oder ihrer Laufzeit oder die Befreiung von ihnen angebracht erscheint (§ 11 Abs. 2 JGG), solche Maßnahmen anzuregen (RLJGG III Nr. 2, IV Nr. 1 zu §§ 82–85). 781

2.a)aa) Weisungen und Auflagen sind **nicht endgültig.** Gem. § 11 Abs. 2 JGG bzw. § 15 Abs. 3 S. 1 JGG kann der Richter nach der Rechtskraft des Urteils Weisungen oder Auflagen 782

- **ändern,**
- von ihnen **befreien** oder
- ihre Laufzeit vor Ablauf bis auf drei Jahre **verlängern**

wenn dies aus Gründen der Erziehung **geboten** ist.

> ☝ Aus **erzieherischen Gründen** kann hier in eine rechtskräftige Entscheidung eingegriffen werden. Falls sich die **Lebensumstände** des Jugendlichen **positiv verändert** haben oder die verhängte Weisung nicht mehr erzieherisch wirkt, sollte der Verteidiger einen Antrag auf Änderung oder Aufhebung der Weisung stellen. So können z.B. Arbeitsweisungen abgeändert oder aufgehoben werden, wenn der Jugendliche einen Arbeits- oder Ausbildungsplatz gefunden hat.

bb) Unerheblich ist, ob die Umstände, die zur Anpassung führen, erst nach dem **Zeitpunkt** der Entscheidung eingetreten sind. Eine Veränderung ist auch dann zulässig, wenn die dazu führenden Verhältnisse zwar schon vor der ursprünglichen Entscheidung bestanden, dem Gericht aber erst nachträglich bekannt geworden sind. Allerdings sind solche Änderungen ausgeschlossen, die bei im Übrigen unveränderten Umständen lediglich auf einer abweichenden Beurteilung desselben Sachverhalts beruhen. Ohne neu hinzugetretene oder bekannt gewordenen Umstände ist eine Veränderung nach § 11 Abs. 2 JGG daher unzulässig (*Eisenberg/Kölbel*, § 11 Rn 6; HK-JGG/*Buhr/Bartsch*, § 11 Rn 10; D/S/S-*Diemer*, § 11 Rn 5; *Brunner/Dölling*, § 11 Rn 2). 783

cc) Eine Änderung der Weisung kommt auch in Betracht, wenn der Jugendliche bei einer Weisung gem. § 10 Abs. 2 JGG (**heilerzieherische Behandlung** oder **Entziehungskur**) sein Einverständnis widerruft, denn eine Erzwingung der Befolgung der Weisung ist dann nicht zulässig (*Nöding*, Rn 82). 784

dd) Die zusätzliche Anordnung völlig neuer Weisungen oder Auflagen, die keine Ergänzung der Bestehenden darstellen, ist unzulässig. Anders als bei § 56e StGB, wonach das Gericht Entscheidungen nach § 56c StGB nachträglich treffen, ändern oder aufheben kann, ermächtigen §§ 11 Abs. 2 und 15 Abs. 3 S. 1 JGG nur zur Änderung oder Befreiung von Weisungen oder Auflagen (D/S/S-*Diemer*, § 11 Rn 7). 785

> ☝ Eine bestehende Weisung oder Auflage kann **lediglich** durch weitere **ergänzt** werden. Die zusätzliche Anordnung einer völlig neuen Weisung oder Auflage scheidet aus.

Weisungen und Auflagen sind bei der Abänderung **nicht austauschbar**, da Auflagen eine andere (nämlich auch ahndende) Funktion als Weisungen haben. Sie können nicht im Nachhinein angeordnet werden, ohne dass ihre Voraussetzungen in der Hauptverhandlung festgestellt worden sind (*Brunner/Dölling*, § 11 786

Rn 4; *Eisenberg/Kölbel*, § 11 Rn 5; D/S/S-*Diemer*, § 11 Rn 6; HK-JGG/*Buhr/Bartsch*, § 11 Rn 11; a.A. *Böttcher/Weber* NStZ 1990, 561, 566).

787 Nach h.M. dürfen entsprechend abgeänderte Weisungen und Auflagen einen stärkeren Eingriff und eine stärkere Belastung für den Jugendlichen darstellen; das Verschlechterungsverbot gilt nach wohl h.M. nicht (*Brunner/Dölling*, § 11 Rn 4; D/S/S-*Diemer*, § 11 Rn 8; *Streng*, Rn 367; *Laubenthal/Baier/Nestler*, Rn 618; a.A. *Ostendorf*, § 11 Rn 4, *Ostendorf*, GA 2006, 523; *Böhm/Feuerhelm*, S. 204; zur Zurückhaltung mahnend *Eisenberg/Kölbel*, § 11 Rn 7; hierzu auch Burhoff/*Nöding*, RM, Teil A Rn 594).

788 Eine gesetzliche **Spezialregelung** existiert für **Wehrpflichtige**. Gem. § 112a Nr. 3 S. 2 JGG soll der Richter bei Wehrpflichtigen Weisungen und Auflagen, die bereits erteilt sind, diesen Besonderheiten anpassen. Bei Wehrpflichtigen soll infolge dieser Regelung daher ein nachträglicher Austausch von Weisungen und Auflagen zulässig sein (*Ostendorf*, § 11 Rn 4; a.A. *Brunner/Dölling*, § 11 Rn 4; *Eisenberg/Kölbel*, § 112a Rn 21; D/S/S-*Diemer*, § 11 Rn 6; § 112a Rn 5).

789 **b)** Gegen eine allzu lange **Verlängerung** sprechen erzieherische Gründe, da eine zu lange Dauer demotivierend wirkt. Der Bezug zum Anlass der Sanktionierung geht verloren (*Ostendorf*, § 11 Rn 3; *Brunner/Dölling*, § 11 Rn 1).

790 **c)** Eine **Befreiung** kommt von einzelnen oder sämtlichen Anordnungen in Betracht, wenn bei Durchführung von Weisungen oder anderen Sanktionen keine Einwirkungsmöglichkeit mehr besteht oder sich die Ungeeignetheit der Weisung herausgestellt hat. Ein Grund für eine Befreiung von einer Weisung kann bspw. darin gesehen werden, dass eine Stabilisierung der Lebensverhältnisse bereits früher als erwartet eingetreten ist, und daher eine Weisung ins Leere läuft (*Eisenberg/Kölbel*, § 11 Rn 4; ausführlich zur Abänderung s. die Ausführungen in Burhoff/*Nöding*, RM, Teil A Rn 582 ff.).

791 **3.** Das **Verfahren** über die **nachträglichen Entscheidungen** richtet sich nach § 65 JGG. Es entscheidet der Richter des ersten Rechtszuges durch Beschluss.

792 Vor der Beschlussfassung sind **zwingend anzuhören** (§ 65 Abs. 1 S. 1 JGG):

- die StA,
- der Jugendliche und ggf. sein Verteidiger und der
- Erziehungsberechtigte bzw. gesetzliche Vertreter (§ 67 Abs. 2 JGG).

Soweit erforderlich, sind anzuhören (§ 65 Abs. 1 S. 2 JGG)

- der Vertreter der Jugendgerichtshilfe. Die Anhörung der JGH soll zumindest immer dann erforderlich sein, wenn sie die abzuändernde Erziehungsmaßregel überwacht und vorgeschlagen hat (*Brunner/Dölling*, § 11 Rn 3; *Eisenberg/Kölbel*, § 11 Rn 8),
- der nach § 10 Abs. 1 S. 3 Nr. 5 JGG bestellte Betreuungshelfer,
- der nach § 10 Abs. 1 S. 3 Nr. 6 JGG tätige Leiter eines sozialen Trainingskurses.

> Einer **mündlichen Anhörung** bedarf es nicht (Umkehrschluss aus § 65 Abs. 1 S. 3 JGG); ist aber i.d.R. empfehlenswert (*Brunner/Dölling*, § 11 Rn 3) und sollte vom Verteidiger angeregt werden.

793 **4.** Der Beschluss, durch den die **Änderung** einer Weisung **abgelehnt** wird, ist gem. § 65 Abs. 2 S. 1 JGG **unanfechtbar**. Gegen die Änderung von Weisungen ist dagegen die **einfache Beschwerde** gem. § 2 Abs. 2 JGG, § 304 statthaft (*Streng*, Rn 369; *Laubenthal/Baier/Nestler*, Rn 620). Allerdings wendet die h.M. die **sachliche Rechtsmittelbeschränkung** des § 55 Abs. 1 JGG (Burhoff/*Nöding*, RM, Teil A Rn 601) entsprechend an, sodass die richterlichen Entscheidungen im Regelfall dennoch einer Anfechtung entzogen sind (*Eisenberg/Kölbel*, § 65 Rn 15), es sei denn es liegt eine gesetzeswidrige Anordnung vor.

794 **5.a)** Kommt ein Jugendlicher Weisungen oder Auflagen schuldhaft nicht nach, so kann **Ungehorsamsarrest** verhängt werden (§§ 11 Abs. 3, 15 Abs. 3 S. 2 JGG). Der Verstoß gegen die Weisung muss jedoch

schuldhaft, d.h. vorwerfbar sein. Die Schuld kann fehlen, wenn die Weisung wegen einer entgegenstehenden Anordnung der Erziehungsberechtigten nicht befolgt wurde (*Eisenberg* ZfJ 1989, 20; vgl. a. VerfGH Rheinland-Pfalz, Beschl. v. 13.7.2012 – VGH B 10/12). Bei der Nichterfüllung von Bewährungsauflagen kann ebenfalls Ungehorsamsarrest verhängt werden (§ 23 Abs. 1 S. 4 i.V.m. § 11 Abs. 3 JGG; → *Bewährung, Jugendliche, Weisungen, Auflagen*, Teil A Rdn 142. Dies gilt jedoch nicht für Weisungen und Auflagen im Rahmen eines Bewährungsvorbehalts gem. §§ 61 ff. JGG (fehlende Verweisung in § 61b Abs. 1 S. 1 JGG).

☝ Der Jugendliche muss über die Folgen des Verstoßes gem. § 11 Abs. 3 JGG belehrt worden sein. Ohne **Belehrung** ist die Verhängung von Ungehorsamsarrest unzulässig. Die Belehrung gem. § 11 Abs. 3 JGG muss protokolliert worden sein. Dies ist vom Verteidiger zu überprüfen.

b) Die erteilte Weisung muss **bestimmt** und **erfüllbar** sein, damit Verstöße einwandfrei festgestellt werden können und dem Betroffenen unmissverständlich vor Augen geführt wird, wann die Verhängung eines Jugendarrests droht (LG Kaiserslautern, Beschl. v. 20.10.2010 – 8 Qs 17/10, ZJJ 2010, 431). Bei einer Arbeitsweisung ist mindestens erforderlich, dass das Gericht neben der Zahl der abzuleistenden Arbeitsstunden auch die Frist, bis wann die Weisung spätestens erfüllt sein muss, ausdrücklich angibt (OLG Braunschweig, Urt. v. 13.6.2012 – Ss 19/12, Nds.Rpfl 2012, 289). Die Weisung, „an drei Drogenberatungsgesprächen teilzunehmen" und dort „mitzuarbeiten", ist nicht bestimmt genug (OLG Hamm, Beschl. v. 6.1.2021 – III-4 RVs 131/20; HK-JGG/*Meier*, § 10 Rn 10). **795**

c) Vor der Verhängung von Ungehorsamsarrest muss dem Jugendlichen und seinem Erziehungsberechtigten oder gesetzlichem Vertreter **Gelegenheit** zur **mündlichen Äußerung** vor dem Richter gegeben werden (§§ 65 Abs. 1 S. 3, 67 Abs. 1 JGG). Eine Aufforderung zur schriftlichen Stellungnahme reicht nicht aus (LG Arnsberg, Beschl. v. 31.1.2006 – 2 Qs 5/06 jug, StV 2007, 1). Wegen des Verhältnismäßigkeitsgrundsatzes ist die Verhängung von Jugendarrest nur bei erheblichen Verstößen angebracht (*Eisenberg/Kölbel*, § 11 Rn 19). Ein erheblicher Verstoß liegt nicht vor, wenn ein großer Teil der Weisung bereits abgeleistet ist (KG Berlin, Beschl. v. 18.10.2001 – 5 Ws 673/01). Unzulässig ist der Arrest auch, wenn die Weisung – z.B. Teilnahme an einer Therapie – die Zustimmung des Jugendlichen voraussetzt, dieser aber nicht einwilligt. Ungehorsamsarrest ist auch unzulässig, wenn die (nicht befolgte) Weisung nicht mehr dem aktuellen erzieherischen Bedarf entspricht oder der junge Verurteilte aufgrund von Fehlverhalten nicht mehr zur Arbeitsleistung zugelassen wird und die Weisung aus diesem Grunde nicht zu Ende führen kann (*Nöding*, Rn 82). **796**

d) Der Ungehorsamsarrest darf die **Dauer** von 4 Wochen nicht überschreiten. Er darf auch wiederholt – aber eben nur bis zu einer Gesamtlänge von vier Wochen – verhängt werden (BeckOK-JGG/*Gertler*, § 11 Rn 26). Umstritten ist, ob die Dauer eines bereits im Urteil verhängten Arrestes in diese maximal zulässige Gesamtdauer einzuberechnen ist (bejahend: LG Zweibrücken, Beschl. v. 4.7.2011 – Qs 63/11, ZJJ 2012, 88; *Streng*, Rn 371; *Eisenberg/Kölbel*, § 11 Rn 21; a.A. LG Mühlheim, Beschl. v. 2.3.2008 – 3 Qs 38/09; AG Pirmasens, Beschl. v. 4.9.2018 – 1 VRJs 129/17 jug; BeckOK-JGG/*Gertler*, § 11 Rn 26; *Brunner/Dölling*, § 11 Rn 9). **797**

e) Der Ungehorsamsarrest ist ein reiner „**Beugearrest**", d.h. er ersetzt nicht (wie die Ersatzfreiheitsstrafe) die Weisung oder Auflage (a.A. *Ostendorf*, GA 2006, 523; *Ostendorf*, ZblJugR 1983, 575). Der Jugendliche ist daher auch nach Verbüßung des Arrests weiterhin verpflichtet, der Weisung oder Auflage nachzukommen, es sei denn, der Richter befreit ausdrücklich von ihr. Der Richter **sieht** jedoch **von der Vollstreckung ab**, wenn der Jugendliche nach Verhängung des Arrests der Weisung nachkommt. **798**

☝ Der Verteidiger sollte auch bei **bereits verhängtem Arrest** dem Jugendlichen **raten**, die Weisung noch zu **erfüllen**, um die Verbüßung des Arrests zu vermeiden.

Im Falle der nachträglichen Erfüllung müsste der Richter sodann zwingend nach § 11 Abs. 3 S. 3 JGG durch Beschluss von der Vollstreckung absehen – unabhängig davon, ob die Vollstreckung bereits eingeleitet wurde.

799 Die Vorschrift ist als „**Kann-Vorschrift**" ausgestaltet, sodass auch bei Vorliegen der Voraussetzungen des § 11 Abs. 3 JGG die Verhängung von Arrest im **Ermessen** des Gerichts liegt (Burhoff/*Nöding*, RM, Teil A Rn 917).

☝ Der Verteidiger sollte darauf hinweisen, dass es sich um eine **Ermessensvorschrift** handelt und keine „Automatismus" zur Arrestverhängung besteht.

800 **f)** Die Entscheidung ergeht durch Beschluss, der mit der **sofortigen Beschwerde** angefochten werden (§ 65 Abs. 2 S. 2 JGG) kann. Eine weitere Beschwerde ist nicht statthaft (OLG München, Beschl. v. 22.7.2011 – 1 Ws 598/11, StV 2011, 596 = NStZ 2012, 166; zur sofortigen Beschwerde *Burhoff*, EV, Rn 4289 ff.; Burhoff/*Nöding*, RM, Teil A Rn 918).

☝ Die sofortige Beschwerde gegen den Beschluss, durch den Ungehorsamsarrest verhängt wurde hat **aufschiebende Wirkung** (§ 65 Abs. 2 S. 3 JGG).

801 **6.** Nach § 12 JGG kann der Richter dem Jugendlichen auferlegen, **Hilfe zur Erziehung** nach dem SGB VIII in Anspruch zu nehmen. Bei der Hilfe zur Erziehung handelt es sich entweder um eine Erziehungsbeistandschaft nach § 30 SGB VIII oder die Auflage, in einer Einrichtung über Tag und Nacht oder in einer sonstigen betreuen Wohnform nach § 34 SGB VII zu wohnen. Die Maßnahme steht unter dem Finanzierungsvorbehalt des § 36a SGB VIII (*Brandt*, NStZ 2007, 190) und hat in der jugendstrafrechtlichen Praxis nur eine geringe Bedeutung (ausführlich *Nöding*, Rn 83 ff.).

802 Nach § 82 Abs. 2 JGG richtet sich die Zuständigkeit für die Vollstreckung dieser Erziehungsmaßregel nach den Vorschriften des SGB **VIII**. Der Vollstreckungsleiter übersendet daher die Akten mit Rechtskraftvermerk an das **Jugendamt**. Die Zuständigkeit richtet sich dann nach §§ 86, 89 SGB VIII, wonach grds. der örtliche Träger zuständig ist, in dessen Bereich die Eltern ihren gewöhnlichen Aufenthalt haben.

803 **7.** Durch die **Verwarnung** nach § 14 JGG soll dem Jugendlichen das Unrecht der Tat eindringlich vorgehalten werden.

804 Die Verwarnung wird in der Praxis meist unmittelbar im Anschluss an die Hauptverhandlung erteilt, sobald das Urteil rechtskräftig geworden ist. Erfolgt nicht unmittelbar nach der Verkündung des Urteils ein beidseitiger Rechtsmittelverzicht, so wäre an sich ein weiterer Termin zur Vollstreckung der Verwarnung anzuberaumen (*Eisenberg/Kölbel*, § 14 Rn 9; *Ostendorf*, § 14 Rn 6). Erscheint der Verurteilte zu einem solchen „Verwarnungstermin" nicht, so stehen dem Gericht Mittel zur Durchsetzung der Verwarnung nicht zur Verfügung (*Ostendorf*, § 14 Rn 7; *Brunner/Dölling*, § 14 Rn 6). Die Verwarnung kann auch schriftlich erfolgen.

Siehe auch: → *Bewährung, Jugendliche, Allgemeines*, Teil A Rdn 84 ff.; → *Bewährung, Jugendliche, Weisungen, Auflagen*, Teil A Rdn 130 ff.; → *Vollstreckung, Erwachsene, Allgemeines*, Teil B Rdn 427 ff.; → *Vollstreckung, Erwachsene, Mitteilungspflichten*, Teil B Rdn 442 ff.; → *Vollstreckung, Erwachsene, Vollstreckungshindernisse*, Teil B Rdn 450 ff.; → *Jugendliche, Vollstreckung, Jugendarrest*, Teil B Rdn 798 ff.; → *Jugendliche, Vollstreckung, Rechtsschutz*, Teil B Rdn 880 ff.; → *Jugendliche, Vollstreckung, Zuständigkeit*, Teil B Rdn 951 ff.; → *Strafvollzug, Jugendliche, Jugendarrest*, Teil C Rdn 823 ff.

Jugendliche, Vollstreckung, Jugendarrest 805

Das Wichtigste in Kürze:

1. Die Vollstreckung des Jugendarrests ist in den §§ 86, 87 JGG geregelt; der Vollzug richtet sich nach § 90 JGG.
2. Die Vollstreckung des Jugendarrests kann nicht zur Bewährung ausgesetzt werden.
3. Nach § 87 Abs. 3 JGG besteht auch nach Eintritt der Rechtskraft die Möglichkeit, ganz oder zum Teil von der Vollstreckung des Arrests abzusehen.
4. Bei Ungehorsamsarrest (§ 11 Abs. 3 JGG) sieht der Richter von der Vollstreckung ab, wenn der Jugendliche nach Verhängung des Arrests der Weisung oder Auflage nachkommt.
5. Daneben ist ein Antrag auf Vollstreckungsaufschub nach § 455, 456 StPO möglich.

Literaturhinweise: **Domzalski**, Jugendarrestaussetzung zu Bewährung. Wird Potrykus Recht behalten?, ZJJ 2012, 51; **Eisenhard**, Der Jugendarrest, 2010; **Feltes**, Der Jugendarrest – Aktuelle Probleme der „kurzen Freiheitsstrafe" im Jugendstrafrecht, NStZ 1993, 105; *ders.*, Jugendarrest – Renaissance oder Abschied von einer umstrittenen jugendstrafrechtlichen Sanktion?, ZStW 100 (1988), 159; **Hinrichs**, Zur Unzulässigkeit einer polizeilichen Zuführung zum Jugendarrest, StV 1990, 380; **Hügel**, Quo vadis Jugendarrest?, in: Hilgendorf/Rengier (Hrsg.). Festschrift für *Wolfgang Heinz*, 2012, 415; **Kamann**, Vollstreckung und Vollzug der Jugendstrafe, 2009; **Kobes/Pohlmann**, Jugendarrest – zeitgemäßes Zuchtmittel?, ZJJ 2003, 370; **Rinio**, Zur Frage der Zulässigkeit einer polizeilichen Zuführung zum Antritt des Jugendarrestes, ZblJugR 2000, 300; **Seidl/Holthusen/Hoops**, Ungehorsam? – Arrest! Ungehorsamsarrest als vergessene Herausforderung im Jugendstrafverfahren, ZJJ 2013, 292; **Thalmann**, Jugendarrest – Eine kritische Bestandsaufnahme. In: DVJJ (Hrsg.). Achtung (für) Jugend!, 2012, 159; **Wohlfahrt**, Die Vollstreckung jugendrichterlicher Arrestentscheidungen, StraFo 2017, 438; s.a. die Hinweise bei → *Jugendliche, Vollstreckung, Allgemeines*, Teil B Rdn 739 m.w.N. und bei → *Strafvollzug, Jugendliche, Jugendarrest*, Teil C Rdn 824. 806

1.a) Die Vollstreckung des Jugendarrests ist in den **§§ 86, 87 JGG** geregelt; der Vollzug richtet sich nach § 90 JGG (→ *Strafvollzug, Jugendliche, Jugendarrest*, Teil C Rdn 823 ff.). 807

Für die Vollstreckung ist es grds. **unerheblich**, ob der Jugendarrest 808

- als **Zuchtmittel** gem. § 16 JGG in Form des Freizeitarrests (Bemessung: ein oder zwei Wochenenden – § 16 Abs. 2 JGG), Kurzarrest (zwei bis vier Tage – § 16 Abs. 3 S. 2 JGG) oder Dauerarrest (eine bis vier Wochen – § 16 Abs. 4 JGG) verhängt oder
- in Form des sog. „**Koppelungsarrestes**" nach § 16a JGG oder
- als **Ungehorsamsarrest** nach §§ 11 Abs. 3, 15 Abs. 3 S. 2, 23 Abs. 1 S. 3 JGG verhängt wurde.

b) Nach § 86 JGG kann der Vollstreckungsleiter **Freizeitarrest** in **Kurzarrest umwandeln**, wenn der zusammenhängende Vollzug aus Gründen der Erziehung zweckmäßig erscheint und weder die Ausbildung noch die Arbeit des Jugendlichen beeinträchtigt werden. Dabei stehen zwei Tage Kurzarrest einer Freizeit gleich. Es können also nur zwei oder vier Tage Kurzarrest verhängt werden (§ 16 Abs. 2, Abs. 3 S. 2 JGG), nicht ein, drei oder fünf Tage. Die Voraussetzungen für die Umwandlung müssen nachträglich eingetreten sein (*Eisenberg/Kölbel*, § 86 Rn 3). Es kann nur Freizeitarrest in Kurzarrest umgewandelt werden, nicht umgekehrt (zu kriminalpolitischen Forderungen: *Eisenberg/Kölbel*, § 86 Rn 3a). Eine Umwandlung von Dauerarrest in Kurzarrest ist ebenfalls nicht möglich (D/S/S-*Diemer*, § 86 Rn 2). 809

c) Die Umwandlung i.S.d. § 86 JGG ist eine **jugendrichterliche Entscheidung** nach § 83 Abs. 1 JGG und kann mit der sofortigen Beschwerde angefochten werden (→ *Jugendliche, Vollstreckung, Allgemeines*, Teil B Rdn 749 ff.). Gerügt werden kann – mit Blick auf § 55 Abs. 1 JGG (Burhoff/*Nöding*, RM, Teil A Rn 601) – nur, dass die Voraussetzungen der Umwandlung nicht vorgelegen haben oder der Umwandlungsmaßstab verkannt wurde (D/S/S-*Diemer*, § 86 Rn 7, *Eisenberg/Kölbel*, § 86 Rn 7, Ostendorf/*Rose*, § 86 Rn 11). 810

d) Der originär zuständige **Vollstreckungsleiter** (§ 84 Abs. 1 JGG; → *Jugendliche, Vollstreckung, Zuständigkeit*, Teil B Rdn 955 ff.) gibt die Vollstreckung an den **für die Arrestanstalt als Vollzugsleiter zuständigen Jugendrichter** ab (§ 85 Abs. 1 JGG). Mit der Abgabe wird dieser Jugendrichter neuer Voll- 811 streckungsleiter; er ist demnach Vollzugs- und Vollstreckungsleiter in Personalunion. Die Ladung zum Arrestantritt erfolgt üblicherweise durch den nun zuständigen Vollstreckungsleiter, da dieser die Kapazitäten der Jugendarrestanstalt am besten kennt. Grds. ist ein Verurteilter zum Arrestantritt unter Einhaltung einer angemessenen Frist zu laden.

☝ Da der Verteidiger über eine Abgabe nicht informiert wird, sollte er sich vorher immer **erkundigen**, ob sie bereits stattgefunden hat.

812 **e)** Kommt der Verurteilte der Ladung zum Arrestantritt unentschuldigt nicht nach, erfolgt in der Praxis eine **polizeiliche Vorführung** (s. RLJGG Nr. V 4 zu §§ 82 – 85 JGG; *Rinio,* ZblJugR 2000, 300; Ostendorf/*Rose*, § 87 Rn 19: Rechtsgrundlage ist unmittelbarer Zwang nach VwVG; *Brunner/Dölling*, § 16 Rn 26, die die polizeiliche Vorführung allerdings für erzieherisch zweifelhaft erachten; BeckOK-JGG/*Pütz*, § 87 Rn 54 ff.; D/S/S-*Diemer,* § 16 Rn 26 hält die polizeiliche Zuführung zum Arrest hingegen für unzulässig; ebenso *Hinrichs,* StV 1990, 380, nach dem die polizeiliche Vorführung mangels Rechtsgrundlage unzulässig ist). Ein **Haftbefehl** nach § 457 Abs. 2 StPO scheidet jedoch aus, da dieser nur zur Vollstreckung einer „Freiheitsstrafe" erlassen werden kann und dieses ist der Jugendarrest als Zuchtmittel gerade nicht (Ostendorf/*Rose* § 87 Rn 19; *Hinrichs,* StV 1990, 380; a.A., jedoch ohne Begründung, *Kamann*, Rn 32; BeckOK-JGG/*Pütz*, § 87 Rn 54).

813 **f)** Für die **Anrechnung** von **Untersuchungshaft** gilt § 450 StPO sinngemäß (§ 87 Abs. 2 JGG). Sie ist auf die Zeit nach Eintritt der „relativen" Rechtskraft beschränkt. Bei der Anrechnungsentscheidung handelt es sich um eine bloße Arrestzeitberechnung, nicht um eine jugendrichterliche Entscheidung (*Kamann*, Rn 33; D/S/S-*Diemer*, § 87 Rn 3). Die Vorschrift hat jedoch nur geringe praktische Bedeutung, da spätestens bei Verhängung von Jugendarrest im Erkenntnisverfahren aus Verhältnismäßigkeitsgründen ein Haftbefehl aufzuheben ist (HK-JGG/*Kern/Buckolt*, § 87 Rn 4).

814 **2.a)** Die Vollstreckung des Jugendarrests kann **nicht** zur **Bewährung** ausgesetzt werden (§ 87 Abs. 1 JGG). Der Verteidiger muss sich daher auf die unten dargestellten Möglichkeiten des Absehens von der Vollstreckung oder Vollstreckungsverbote konzentrieren.

815 **b)** Nach § 87 Abs. 4 S. 1JGG besteht ein **Vollstreckungsverbot**, wenn seit Eintritt der Rechtskraft der Entscheidung **ein Jahr** verstrichen ist. Dabei ist unerheblich, ob der Arrest durch Urteil oder durch Beschluss (Ungehorsamsarrest) verhängt wurde. Ein Ruhen oder eine Verlängerung der Frist ist ausgeschlossen; § 79a StGB ist nicht anwendbar (Ostendorf/*Rose* § 87 Rn 15). Ein begonnener Arrest ist nach Ablauf der Jahresfrist abzubrechen. Die Frist beginnt mit der Rechtskraft der Ursprungsentscheidung zu laufen, nicht erst mit der Umwandlungsentscheidung nach § 86 JGG (*Kamann,* Rn 34; D/S/S-*Diemer,* § 87 Rn 10). Im Unterschied zu § 187 Abs. 1 BGB ist analog § 79 Abs. 6 StGB der Fristbeginn der Tag der Rechtskraft (Ostendorf/*Rose,* § 87 Rn 16; *Brunner/Dölling,* § 87 Rn 1). Die Frist endet gem. § 188 Abs. 2 BGB.

Beispiel:

Rechtskraft des Arresturteils: 31.3.2025. An diesem Tag beginnt die Frist. Ablauf am 30.3.2026 Tagesende.

816 **c)** Im Falle des § 16a JGG (**Koppelungssarrest**) entsteht das Vollstreckungsverbot bereits **drei Monate** nach Eintritt der Rechtskraft (§ 87 Abs. 4 S. 2 JGG). Allerdings gilt hier das Verbot nicht absolut, sondern betrifft nur den Beginn der Vollstreckung. Mit der Vollstreckung darf mehr als drei Monaten nach Rechtskraft nicht mehr begonnen werden. Ein vor Ablauf der Frist begonnener Arrestvollzug wird jedoch abgeschlossen.

Koppelungsarrest, der nach § 16a JGG verhängt wurde und noch nicht verbüßt ist, wird nach § 87 Abs. 4 S. 3JGG auch dann **nicht mehr vollstreckt,** 817

- wenn das Gericht entweder die Aussetzung der Jugendstrafe widerruft (§ 26 Abs. 1 JGG), auf eine Jugendstrafe erkennt, deren Verhängung zur Bewährung ausgesetzt worden war (§ 30 Abs. 1 S. 1 JGG) oder
- die Aussetzung der Jugendstrafe in einem nachträglichen Beschluss ablehnt (§ 61a Abs. 1 JGG) wurde.

3.a) Nach § 87 Abs. 3 JGG besteht die Möglichkeit, ganz oder zum Teil von der Vollstreckung des Arrests abzusehen. Das **Absehen von der Vollstreckung** kann unterteilt werden in **drei** 818

Fallgruppen: 819

- Der Vollstreckungsleiter sieht von der Vollstreckung des Jugendarrestes ganz oder, ist Jugendarrest teilweise verbüßt, von der Vollstreckung des Restes ab, wenn seit Erlass des Urteils **Umstände hervorgetreten sind**, die allein oder in Verbindung mit den bereits bekannten Umständen ein Absehen von der Vollstreckung aus **Gründen der Erziehung** rechtfertigen (§ 87 Abs. 3 S. 1 JGG). Gründe der Erziehung liegen dann vor, wenn sich herausstellt, dass die erstrebte Wirkung erreicht oder aus Gründen, die in der Person des Jugendlichen liegen, nicht zu erreichen ist (Ostendorf/*Rose,* § 87 Rn 9). Das kann dann der Fall sein, wenn sich die Lebensverhältnisse des Verurteilten entscheidend verbessert haben, z.B. weil er jetzt einer Arbeit nachgeht. Eine gewaltsame Trennung einer 22 Jahre alten verheirateten Mutter von ihren beiden Kleinkindern während des Arrestvollzugs unterbricht wesentliche soziale Bindungen und hat eher schädliche Nebenwirkungen, sicher aber keine positiven erzieherischen Effekte (AG Wiesloch, NStE Nr. 1 zu § 87 JGG). Die Umstände müssen jedoch „neu" sein, also erst nach Urteilserlass bekannt werden (D/S/S-*Diemer*, § 87 Rn 4 f.); eine andere Rechtsauffassung genügt nicht (LG München I, Beschl. v. 8.9.2014 – 20 JQs 4/14, ZJJ 2014, 398). Die Voraussetzungen eines Absehens von der Vollstreckung nach § 87 Abs. 3 S. 1 JGG liegen jedoch nicht schon deshalb vor, weil die Erfüllung der im jugendrichterlichen Urteil ausgesprochenen Weisung inzwischen nicht mehr möglich ist (LG Berlin, Beschl. v. 29.6.2017 – 509 Qs 16/17).
- Sind seit **Eintritt der Rechtskraft sechs Monate** verstrichen, sieht er von der Vollstreckung ganz ab, wenn dies aus Gründen der Erziehung geboten ist (§ 87 Abs. 3 S. 2 JGG). Hintergrund ist die Annahme, dass die Aussichten, aus erzieherischer Sicht erfolgreich auf den Jugendlichen einwirken zu können, desto geringer werden, je größer der zeitliche Abstand zwischen Urteil und Vollstreckungsbeginn wird und stattdessen eher negative Auswirkungen hat (BT-Drucks 11/5829, S. 35). Das ist der Fall, wenn kein Tatbezug mehr gegeben ist.
- Von der Vollstreckung des Jugendarrestes kann er ganz absehen, wenn zu erwarten ist, dass der Jugendarrest neben einer **Strafe**, die gegen den Verurteilten wegen einer **anderen Tat verhängt** worden ist oder die er wegen einer **anderen Tat zu erwarten** hat, seinen erzieherischen Zweck nicht mehr erfüllen wird (§ 87 Abs. 3 S. 3 JGG). Diese Voraussetzung wird regelmäßig bei einer Verurteilung zu einer unbedingten Jugendstrafe oder Freiheitsstrafe, aber auch bei einer freiheitsentziehenden Maßregel der Besserung und Sicherung vorliegen (Ostendorf/*Rose*, § 87 Rn 8). Allerdings ist Strafe i.S.d. Norm jede gerichtlich ausgesprochene Rechtsfolge, also auch Zuchtmittel (D/S/S-*Diemer*, § 87 Rn 7). Die Vorschrift ist § 154 StPO nachgebildet und greift den dortigen Rechtsgedanken auf (HK-JGG/*Kern/Buckolt*, § 87 Rn 8).

☝ Der Verurteilte sollte also die **Zeit** zwischen Verurteilung und Ladung **zum Arrestantritt nutzen**, um Tatsachen für ein Absehen von der Vollstreckung zu schaffen. Kommt eine der Möglichkeiten des Absehens von der Vollstreckung in Betracht, so sollte der Verteidiger unbedingt einen entsprechenden Antrag stellen.

820 **b)** Vor einem Absehen von der Vollstreckung **hört** der Vollstreckungsleiter – nach Möglichkeit –

- die Staatsanwaltschaft des erkennenden Gerichts (§ 85 Abs. 7 JGG i.V.m. § 451 Abs. 3 StPO; AG Wiesloch NStZ-RR 1996, 153),
- den erkennenden Jugendrichter,
- die Jugendgerichtshilfe,
- den Verurteilten – nicht unbedingt mündlich – an.

821 **c)** Wird ein Antrag auf Absehen von der Vollstreckung abgelehnt, so handelt es sich um eine **jugendrichterliche Entscheidung** nach § 83 JGG (→ *Jugendliche, Vollstreckung, Allgemeines*, Teil B Rdn 764). Der statthafte Rechtsbehelf ist daher die sofortige Beschwerde (§ 83 Abs. 3 JGG).

822 **4.** Bei **Ungehorsamsarrest** (§ 11 Abs. 3 JGG) sieht der Richter von der Vollstreckung ab, wenn der Jugendliche nach Verhängung des Arrests der Weisung nachkommt (§ 11 Abs. 3 S. 3 JGG).

☝ Der Verteidiger sollte daher auch bei bereits verhängtem Arrest dem Jugendlichen raten, die Weisung noch zu erfüllen, um die Verbüßung des Arrests zu vermeiden.

823 Ungehorsamsarrest darf nicht mehr vollstreckt werden, wenn das zugrundeliegende Urteil durch **Einbeziehung (§ 31 Abs. 2 JGG)** weggefallen ist (LG Berlin, Beschl. v. 28.9.1988 – 507 Qs 44/88).

824 **5.** Daneben ist natürlich ein **Antrag auf Vollstreckungsaufschub** nach § 455, 456 StPO möglich (Ostendorf/*Rose*, § 87 Rn 4, D/S/S-*Diemer*, § 87 Rn 2). Gründe hierfür können im gesundheitlichen Bereich, aber auch zur Vermeidung von Beeinträchtigungen im Leistungsbereich (Schulbesuch, Lehr- oder Arbeitsverhältnis) liegen. Bei Ungehorsamsarrest kann ein Aufschub zur Erfüllung der zugrunde liegenden Weisungen und Auflagen beantragt werden (*Eisenberg/Kölbel*, § 87 Rn 3).

Siehe auch: → *Erwachsene, Freiheitsstrafe ohne Bewährung, Strafaufschub/-unterbrechung*, Teil B Rdn 306 ff.;→ *Jugendliche, Vollstreckung, Allgemeines*, Teil B Rdn 738 ff.; → *Jugendliche, Vollstreckung, Erziehungsmaßregeln, Zuchtmittel*, Teil B Rdn 773 ff.; → *Jugendliche, Vollstreckung, Jugendstrafe*, Teil B Rdn 825 ff.; → *Jugendliche, Vollstreckung, Rechtsschutz*, Teil B Rdn 880 ff.; → *Jugendliche, Vollstreckung, Zuständigkeit*, Teil B Rdn 951 ff.; → *Strafvollzug, Jugendliche, Jugendarrest*, Teil C Rdn 823 ff.

825 Jugendliche, Vollstreckung, Jugendstrafe

Das Wichtigste in Kürze:

1. Eine der wichtigsten Vollstreckungsentscheidungen ist die Aussetzung des Strafrests einer Jugendstrafe zur Bewährung. Die Aussetzung des Strafrests einer Jugendstrafe ist bereits nach der Verbüßung von einem Drittel der Strafe möglich.
2. Die Vollstreckung von Freiheitsstrafe neben Jugendstrafe regelt § 89a JGG.
3. Bei Verurteilten unter 18 Jahren ist die Jugendstrafe stets nach den Vorschriften für den Jugendstrafvollzug zu vollziehen.
4. Bei über 24-Jährigen kann der Jugendrichter die Vollstreckung an die StA abgeben. Durch die Abgabe werden die StA und die StVK zuständig.
5. Die Zurückstellung der Vollstreckung nach §§ 35, 36 BtMG ist auch bei Jugendstrafen möglich.
6. Bei Einheitsjugendstrafen kann im Rechtsmittelverfahren ein Teil der Strafe vor Rechtskraft als vollstreckbar erklärt werden (Teilvollstreckung).

826 **Literaturhinweise:** **Claasen**, Möglichkeiten der vorzeitigen Entlassung im Jugendstrafrecht, in: Gerken/Schumann (Hrsg.), Ein trojanisches Pferd im Rechtsstaat, 1988, 126; **Frank/Neubacher**, Die Aussetzung des Strafrestes zur Bewährung nach Abgabe der Vollstreckung gem. § 85 VI JGG, GA 2006, 737; **Heinrich**, Die Strafrestaussetzung nach Abgabe der Vollstreckung

gem. § 85 VI JGG, NStZ 2002, 182; **Hoffmann**, Restaussetzung der Jugendstrafe und Schwere der Schuld – zugl. Bspr. OLG Düsseldorf StV 2001, 183, StV 2001, 184, StV 2002, 449; **Immel**, Die Einholung und Verwertung von Prognosegutachten gem. § 454 II StPO, JR 2007, 185; **Kamann**, Vollstreckung und Vollzug der Jugendstrafe, 2009; **Kühn**, Vollstreckung nach Herausnahme aus dem Jugendvollzug, NStZ 1992, 526; **Nöding**, Verteidigung in Jugendstrafsachen, 2023; **Maaß**, Vollstreckung einer Jugendstrafe neben einer Freiheitsstrafe: Zuständigkeitskonzentration bei StA und StVK? NStZ 2008, 129; **Nothacker**, Zur Teilvollstreckung einer einheitlichen Jugendstrafe (§ 56 JGG), MDR 1982, 278; **Ostendorf**, Neue Rechtsprobleme bei der Entlassung auf Bewährung aus dem Jugendstrafvollzug, NJW 2000, 1090; **Schönberger**, Anmerkung zu LG Berlin, NStZ 1999, 103; **Sonnen**, Schwere der Schuld und Aussetzung des Strafrestes zur Bewährung in: Festschrift für Lieselotte Pongratz 1986, 289; **Stelzel/Kerner**, Die Anwendung der Ausnahme vom Jugendstrafvollzug nach § 89b JGG, ZJJ 2014, 246; s.a. die Hinweise bei → *Jugendliche, Vollstreckung, Allgemeines*, Teil B Rdn 739 m.w.N.

1. Eine der **wichtigsten Vollstreckungsentscheidungen** ist die Aussetzung des Strafrests einer Jugendstrafe zur Bewährung. 827

a) Die materiell-rechtliche Voraussetzungen richten sich nach **§ 88 JGG**. Diese gelten auch bei Heranwachsenden, die zu einer Jugendstrafe verurteilt wurden. Zur Anwendung von § 88 JGG bei der Abgabe der Vollstreckung nach § 85 Abs. 6 JGG s. die Ausführungen unter Rdn 845 ff. 828

Voraussetzungen für eine Reststrafenaussetzung nach § 88 JGG sind: 829

- Teilverbüßung,
- positive Legalprognose,
- Ermessen des Vollstreckungsleiters.

☝ Eine Einwilligung bzw. **Antrag** des Verurteilten i.S.d. § 57 Abs. 1 Nr. 3 StGB ist – im Gegensatz zu erwachsenen Verurteilten – **nicht Voraussetzung** für eine Strafaussetzung (OLG Dresden, Beschl. v. 28.7.2006 – 2 Ws 364/06). Allerdings sollte eine vorzeitige Entlassung nicht gegen den Willen des Verurteilten angeordnet werden (*Eisenberg/Kölbel*, § 88 Rn 17; → *Erwachsene, Freiheitsstrafe ohne Bewährung, Aussetzung der Reststrafe, Allgemeines*, Teil B Rdn 270 ff.).

b)aa) Die Mindestverbüßungsgrenzen des allgemeinen Rechts nach § 57 StGB sind nicht anwendbar. 830
§ 88 JGG unterscheidet **zwei Fälle** der **Teilverbüßung**:

- **Sechs Monate** sollen bereits verbüßt sein (§ 88 Abs. 1 JGG). Vor Ablauf dieser Teilverbüßung ist eine Reststrafenaussetzung nur aus besonders wichtigen Gründen möglich (§ 88 Abs. 2 S. 1 JGG). Diese können vorliegen, z.B. bei
  - außergewöhnlichen Leistungen
  - schweren Schicksalsschlägen
  - einmaliger Gelegenheit zur Resozialisierung in Freiheit
  - Versorgung naher Angehöriger
  - schädlichen Einwirkungen des Vollzuges auf die Persönlichkeitsentwicklung
  - nachträgliche Feststellungen, die Zweifel an der Richtigkeit des Urteils entstehen und eine weitere Vollstreckung als Verletzung des Gerechtigkeitsempfindens erscheinen lassen (OLG Schleswig, Beschl. v. 22.10.2003 – 1 Ws 392/03 (146/03), SchlHA 2004, 262; *Brunner/Dölling*, § 88 Rn 2)
  - Der vor Vollstreckung der Jugendstrafe erfolgte siebenmonatige Vollzug einer Freiheitsstrafe kann ebenfalls ein besonders wichtiger Grund i.S.d. § 88 Abs. 2 JGG sein (OLG Stuttgart, Beschl. v. 15.11.2010 – 5 Ws 200/10, Justiz 2011, 106).
- Bei einer Jugendstrafe von **mehr als einem Jahr** muss **mindestens ⅓ der Strafe** vollstreckt sein (§ 88 Abs. 2 S. 2 JGG). Ein Unterschreiten der Grenze ist auch aus besonders wichtigen Gründen nicht möglich.

Die Aussetzungsvoraussetzungen des § 88 Abs. 2 S. 1 und S. 2 gelten **nebeneinander:** Bei einer Jugendstrafe von 15 Monaten müssen also mindestens fünf Monate vollstreckt sein, bevor ausgesetzt werden kann (§ 88 Abs. 2 S. 2 JGG). Eine Entlassung nach fünf Monaten wäre allerdings nur möglich, wenn be- 831 sonders wichtige Gründe (§ 88 Abs. 2 S. 1 JGG) vorlägen. Ab Jugendstrafen von 18 Monaten und mehr spielt die 6-Monats-Grenze aus § 88 Abs. 2 S. 1 dann keine Rolle mehr (*Brunner/Dölling,* § 88 Rn 2).

☝ Die Reststrafenaussetzung eine Jugendstrafe ist bereits nach ⅓ der Strafdauer möglich.

832 Da bei § 88 JGG weder ein „**Halbstrafen-**" noch ein „**Zweidrittel"-Zeitpunkt** existiert, darf die Justiz sich daher auch **nicht** an diesen Zeitpunkten orientieren (OLG Dresden, Beschl. v. 28.7.2006 – 2 Ws 364/06). In der Rechtspraxis sind Reststrafenaussetzungen vor dem Erreichen des Halbstrafenzeitpunktes dennoch die (absolute) Ausnahme; auch Erstverbüßer „sitzen" oft mehr als die Hälfte der Strafe ab, bevor sie eine Vollstreckungschance erhalten (HK-JGG/*Kern/Buckolt,* § 88 Rn 23, nach dem bei Erstverbüßern von einer Mindestverbüßungsdauer von 7/12 und bei den anderen von ⅔ ausgegangen werden soll; s. auch Ostendorf/*Rose*, Grdl. z. §§ 88–89a Rn 4).

833 **bb)** Die **Strafzeit berechnet** sich wie bei Erwachsenen mit folgenden Besonderheiten (→ *Erwachsene, Freiheitsstrafe ohne Bewährung, Strafzeitberechnung*, Teil B Rdn 321 ff.):

- **U-Haft** wird (nur dann) nicht angerechnet, wenn die Nichtanrechnung im Urteil ausdrücklich aus erzieherischen Gründen angeordnet wurde (§ 52a Abs. 1 S. 2 JGG). Die Anordnung gilt jedoch nur für den Zeitraum bis zum Urteil. Eine danach erlittene Freiheitsentziehung wird in jedem Fall angerechnet. Schweigt das Urteil zur Anrechnung, dann wird die Dauer der U-Haft auf die Jugendstrafe angerechnet (ausführlich zu dieser Problematik und sich daraus ergebenden Verteidigungsoptionen in der Tatsacheninstanz *Nöding*, Rn 140).
- Die Frage der Anrechnung des **Zeitraums** vom nicht rechtskräftigen **Urteil** bis zur relativen **Rechtskraft** (§ 450 Abs. 1) ist gesetzlich nicht geregelt; hier wird überwiegend – mit unterschiedlichen dogmatischen Begründungen – von einer **Anrechnung** ausgegangen (§ 52 JGG analog: *Eisenberg/Kölbel*, § 52a Rn 5 f.; *Brunner/Dölling*, § 52a Rn 5 f.; § 52 JGG i.V.m. § 458 StPO: Ostendorf/*Schady/Ernst/Plich*, § 52a Rn 1, § 52 Rn 3).
- Die Dauer der Unterbringung zur Beobachtung über den Entwicklungszustand (**§ 73 JGG**) wird angerechnet.
- Die Unterbringung in einem Heim der Jugendhilfe zur **U-Haft-Vermeidung** (§ 72 Abs. 4 JGG), nicht jedoch nach § 71 JGG wird **angerechnet (***Eisenberg/Kölbel,* **§ 73 Rn 22)**.
- **Leistungen**, die der Jugendliche zur Erfüllung von **Auflagen** (nicht von Weisungen; a.A. *Ostendorf/Drenkhahn* §§ 26, 26a Rn 19: auch bei repressiven Weisungen) erbracht hat und deren Anrechnung der Jugendrichter beim Widerruf der Strafaussetzung angeordnet hat (§ 26 Abs. 3 S. 2 JGG), werden ebenfalls angerechnet.
- **Koppelungsarrest**, der nach § 16a JGG verhängt wurde, wird in dem Umfang, in dem er verbüßt wurde, auf die Jugendstrafe angerechnet (§ 26 Abs. 3 S. 3 JGG).

834 Die Aussetzung des Strafrestes setzt nicht voraus, dass der Verurteilte sich **schon im Strafvollzug** befunden hat. Z.B. kann die Mindestverbüßungsdauer durch Anrechnung der Untersuchungshaft bereits erreicht sein (BVerfG, Beschl. v. 8.4.2013 – 2 BvR 2567/10, ZJJ 2013, 317; *Eisenberg/Kölbel*, § 88 Rn 7; Ostendorf/*Rose,* § 88 Rn 4; *Brunner/Dölling*, § 88 Rn 4).

835 **c)** Neben der Teilverbüßung ist weitere Voraussetzung, dass die vorzeitige Entlassung im Hinblick auf die **Entwicklung** des **Jugendlichen**, auch unter Berücksichtigung des Sicherheitsinteresses der Allgemeinheit, **verantwortet** werden kann. Durch das Gesetz zur Bekämpfung von Sexualdelikten und anderen gefährlichen Straftaten vom 26.1.1998 wurde die frühere Formulierung „verantwortet werden kann zu erproben, ob er außerhalb des Jugendstrafvollzugs einen rechtschaffenen Lebenswandel führen wird" ersetzt. Damit sollte jedoch keine Verschärfung des Prognosemaßstabes einhergehen (OLG Düsseldorf, Beschl. v. 4.4.2003 – III-3 Ws 117/03, ZJJ 2003, 306; *Brunner/Dölling*, § 88 Rn 6). Voraussetzung ist daher weiterhin (nur) eine **günstige Legalprognose**. Das Sicherheitsinteresse der Allgemeinheit wird dahingehend berücksichtigt, dass die Anforderungen an eine günstige Prognose umso höher anzusetzen

sind, je schwerer die in Betracht kommenden Taten sind. Eine Gewissheit künftiger Straffreiheit ist jedoch nicht notwendig (OLG Karlsruhe, Beschl. v. 24.7.2006 – 3 Ws 213/06, StV 2007, 12). Hintergrund hierfür ist, dass Prognosen bei Jugendlichen und Heranwachsenden tendenziell mit noch höherer Unsicherheit behaftet sind als bei Erwachsenen, zumal ein „Abbruch" der Delinquenz häufiger und eine etwaige „Perservanz im Delikt" seltener ist (*Eisenberg/Kölbel*, § 88 Rn 16).

Die Prognose bestimmt sich aus einer **Gesamtwürdigung** (OLG Jena, Beschl. v. 15.1.2004 – 1 Ws 396/03, NStZ 2005, 167; D/S/S-*Sonnen*, § 88 Rn 14; Ostendorf/*Rose*, § 88 Rn 5 f.). Dabei sind insbesondere folgende Faktoren zu beachten: 836

- die Persönlichkeit des Verurteilten,
- seines Vorlebens,
- der Umstände seiner Tat,
- seines Verhaltens und seiner Entwicklung im Vollzug,
- seiner Lebensverhältnisse,
- Erfahrungen, die die Vollzugsanstalt, aber auch der Verurteilte selbst aus ihm gewährten Vollzugslockerungen gewonnen haben,
- der Wirkungen, die von der Aussetzung der Reststrafe für ihn zu erwarten sind,
- Gewicht des bei einem Rückfall bedrohten Rechtsgutes.

I.Ü. ist abzustellen auf folgende 837

weitere Kriterien

- Die **Entwicklung** im **Vollzug spielt** eine wesentlich größere Rolle als bei Erwachsenen (OLG Düsseldorf, Beschl. v. 15.12.2000 – 6 Ws 1/2000, StV 2001, 183). Insofern ist – insbesondere bei zeitlich länger zurückliegenden Straftaten – immer zu berücksichtigen, dass die Entwicklung im jugendlichen Alter beschleunigt und gelegentlich überraschend verlaufen kann und muss (*Eisenberg/Kölbel*, § 21 Rn 24).
- Im Falle einer zur Tatzeit gegebenen, die Anlasstat auslösenden Störung der Persönlichkeitsreifung eines noch einem Jugendlichen gleichstehenden Heranwachsenden kommt dem Umstand, dass die **Reifeverzögerung** während des Vollzugs mit der Folge weitgehender persönlicher Stabilisierung **aufgearbeitet** worden ist, besonderes Gewicht zu (OLG Karlsruhe, Beschl. v. 24.7.2006 – 3 Ws 213/06, StV 2007, 12).
- Bei der Prognose ist auch der **erzieherische Einfluss von Weisungen und Auflagen während der Bewährungszeit** einzubeziehen (Ostendorf/*Rose*, § 88 Rn 2).

☝ Wie im allgemeinen Vollstreckungsverfahren muss sich die Prognose auf **Tatsachen stützen**. Die **Tatsachengrundlage** ist vom Verteidiger immer zu überprüfen und ggf. richtig zu stellen.

d) Liegt eine günstige Legalprognose vor, so steht eine vorzeitige Entlassung (dennoch) im **Ermessen** des **Vollstreckungsleiters**. Von der Rspr. wird, wenn eine Jugendstrafe wegen **„Schwere der Schuld"** verhängt wurde, teilweise angenommen, es sei zulässig, den Gedanken des Schuldausgleichs zu Lasten des Angeklagten bei der (Aussetzungs-)Entscheidung zu berücksichtigen (OLG Düsseldorf, Beschl. v. 15.12.2000 – 6 Ws 1/2000, StV 2001, 183; OLG Frankfurt, Beschl. v. 2.2.1984 – 3 VAs 49/83, NStZ 1984, 382 mit abl. Anm. *Böhm*; LG Berlin, Beschl. v. 20.4.1998 – 509 Qs 15–98, NStZ 1999, 102 mit abl. Anm. *Schönberger*; LG Bonn, Beschl. v. 5.11.1976 – 13 Qs 146/76 II, NJW 1977, 2226; Beschl. v. 27.12.1983 – 32 Qs 153/83, StV 1984, 255: [„eine Aussetzung der Vollstreckung kommt auch bei günstiger Sozialprognose vor Verbüßung von ⅔ der Jugendstrafe nur dann in Betracht, wenn besondere Umstände in der Tat und in der Persönlichkeit des Verurteilten vorliegen oder die Aussetzung aus besonders wichtigen Gründen geboten erscheint"]; s. auch BGH NStZ 2021, 374, Rn 32). Diese Auffassung wird in der Lit. zu Recht abgelehnt. § 88 JGG sieht eine nur den dort genannten Kriterien und dem **Resozialisierungsgedanken** 838 verpflichtete Prüfung vor. Schuldausgleichs-Gesichtspunkte sind dort nicht erwähnt und dürfen daher bei der Ermessensentscheidung des Vollstreckungsleiters keine Rolle spielen (*Hoffmann,* StV **2002**, 449). **Nur** das **Sicherheitsinteresse**, nicht das Sühnebedürfnis der Allgemeinheit darf berücksichtigt werden (Ostendorf/*Rose*, § 88 Rn 7). Außerdem dürfte die Öffentlichkeit kein Interesse daran haben, dass der Verurteilte erst entlassen wird, wenn er „lebensuntüchtig, abgestumpft und verbittert" (*Schönberger,* NStZ 1999, 103, 104) ist, da dies die Bewährungschancen gerade nicht erhöht. Dieser Sichtweise nähern sich Teile der Rspr. nunmehr insoweit an, als der Schuldgedanke zwar zu berücksichtigen sein soll, er aber hinter dem Erziehungsgedanken regelmäßig zurückzutreten hat und nur in Extremfällen eine frühere Reststrafenaussetzung verhindern darf (OLG Hamm, Beschl. v. 2.5.2015 – III-2 Ws 33/15; *Nöding*, Rn 465).

☝ Dass die Strafe zunächst zur **Bewährung** ausgesetzt war, aber **widerrufen** wurde, oder dass bereits früher eine vorzeitige Entlassung nach § 88 JGG erfolgte, diese aber widerrufen wurde, hindert eine erneute Reststrafenaussetzung nicht.

839 **e)** Nach § 88 Abs. 3 S. 2 JGG kann der Vollstreckungsleiter seine **Entscheidung** bis zur Entlassung des Verurteilten **wieder aufheben**, wenn die Aussetzung aufgrund neu eingetretener oder bekanntgewordener Tatsachen nicht mehr verantwortet werden kann. Es muss sich um neue Tatsachen, nicht neue Bewertungen desselben Sachverhalts handeln (HK-JGG/*Kern/Buckolt,* § 88 Rn 57).

840 **f)** Das **Verfahren** über die **Reststrafenaussetzung** soll **von Amts** wegen eingeleitet werden; ein Antrag des Verurteilten ist nicht erforderlich (BVerfG, Beschl. v. 8.4.2013 – 2 BvR 2567/10, ZJJ 2013, 315; HK-JGG/*Kern/Buckolt*, § 88 Rn 7; *Eisenberg/Kölbel*, § 88 Rn 24). Rechtstatsächlich werden jedoch nur eine geringe Anzahl von Entscheidungen über die Reststrafenaussetzung von Amts wegen eingeleitet (21 % zu 79 % auf Antrag des Verurteilten, *Claasen*, Möglichkeiten der vorzeitigen Entlassung im Jugendstrafrecht, S. 126 – 132).

☝ Auch wenn ein Antrag des Verurteilten nicht Voraussetzung für die Einleitung des Verfahrens über die Reststrafenaussetzung ist, **empfiehlt** sich ein solcher **Antrag**.

841 **g)** Für den **Ablauf** des Verfahrens der Reststrafenaussetzung gilt:

- Die **Entscheidung** über die vorzeitige Entlassung trifft der **Jugendrichter** als **Vollstreckungsleiter (§ 83 Abs. 1 JGG)** (→ *Jugendliche, Vollstreckung, Zuständigkeit,* Teil B Rdn 951 ff.).
- Örtlich ist der jeweilige Vollstreckungsleiter für die im Bezirk seines AG liegende Jugendstrafanstalt **zuständig** (§ 85 Abs. 2, 3 oder § 84 Abs. 1, 2 JGG); → *Jugendliche, Vollstreckung, Zuständigkeit,* Teil B Rdn 955 f.).
- **Anzuhören** sind StA, Vollzugleiter sowie der Verurteilte (§ 88 Abs. 4 JGG).
- Dem Verurteilten ist Gelegenheit zur **mündlichen Äußerung** zu geben (§ 88 Abs. 4 JGG). Hat der Verurteilte einen Verteidiger, steht diesem ein Anwesenheitsrecht während des gesamten Anhörungstermins zu. Er ist auch rechtzeitig von einem Termin zu benachrichtigen (LG Berlin, Beschl. v. 7.4.2006 – 524 Qs 19/06; Ostendorf/*Rose*, § 88 Rn 12).
- Bei dem Anhörungszeitpunkt Jugendlichen haben **Erziehungsberechtigte** und gesetzliche Vertreter die gleichen Anhörungsrecht wie der Verurteilte selbst (§ 83 Abs. 3 S. 2 JGG i.V.m. § 67 JGG). Sie müssen jedoch nicht mündlich angehört werden (D/S/S-*Sonnen*, § 88 Rn 21; Ostendorf/*Rose*, § 88 Rn 11; *Eisenberg/Kölbel*, § 88 Rn 30; *Brunner/Dölling*, § 88 Rn 12).
- Die Anhörung selbst ist zwar **nicht öffentlich**, allerdings kann weiteren Personen die Teilnahme gestattet werden.

☝ Es empfiehlt sich, die **Personen** des **sozialen Empfangsraums** (Eltern, Geschwister, Mitarbeiter von Wohngruppen, Betreuer etc.) zu bitten, an dem Termin **teilzunehmen**. Dies kann die Prognose und die Ermessenentscheidung des Vollstreckungsleiters positiv beeinflussen.

- Der **Beschluss** über die Aussetzung der restlichen Jugendstrafe zur Bewährung ist eine jugendrichterliche Entscheidung (§ 83 Abs. 1 JGG). Insofern ist das statthafte Rechtsmittel die **sofortige Beschwerde** (§ 83 Abs. 1, 3 JGG). Die **StA** kann gegen den Beschluss, der die Aussetzung des Strafrests anordnet, ebenfalls sofortige Beschwerde einlegen. Ihre Beschwerde hat aufschiebende Wirkung (§ 88 Abs. 6 S. 4 JGG; zur sofortigen Beschwerde *Burhoff*, EV, Rn 4289 ff.), was das Bedürfnis nach einer möglichst frühzeitigen Entscheidung (§ 88 Abs. 3 S. 1 JGG) noch einmal unterstreicht (*Eisenberg/Kölbel*, § 88 Rn 37; D/S/S-*Sonnen*, § 88 Rn 25).

h) Ein **Sachverständigengutachten** zur Prognose (§ 454 Abs. 2 StPO) ist **nicht erforderlich** (OLG Frankfurt, Beschl. v. 21.12.1998 – 3 Ws 1070–98, NStZ-RR 1999, 91; *Brunner/Dölling*, § 88 Rn 12; *Ostendorf*, NJW 2000, 1091; a.A. HK-JGG/*Kern/Buckolt*, § 88 Rn 18 [analoge Anwendung von § 454 Abs. 2 StPO, da der Vollstreckungsleiter bei den dort genannten Straftaten zu einer „besonders sorgfältigen Überzeugungsbildung" angehalten ist; OLG Celle, Beschl. v. 6.5. 2008 – 1 Ws 206/08, NStZ 2010, 95 und OLG Dresden, Beschl. v. 17.6. 2009 – 2 Ws 203/09, NStZ-RR 2010, 156 [jedenfalls dann, wenn die Vollstreckung gem. § 85 Abs. 6 JGG an die StA abgegeben wurde; s. Rdn 859 ff.]). Ein solches Gutachten kann jedoch eingeholt werden. 842

☝ Erwägt der Vollstreckungsleiter ein Gutachten zur Prognose einzuholen, sollte der **Verteidiger** zum einen darauf **hinweisen**, dass dies bei nach Jugendstrafrecht Verurteilten keine notwendige Voraussetzung für eine vorzeitige Entlassung ist. Zum anderen sollte er auch darauf hinweisen, dass im Jugendalter in einem überdurchschnittlich hohen Anteil der Taten Gewalt eingesetzt wird und Gewalteinsatz kein Indikator für „Gefährlichkeit" ist.

Wird ein Sachverständigengutachten eingeholt, so ist die Sach- und Rechtslage schwierig, so dass ein Fall der **notwendigen Verteidigung** nach §§ 83 Abs. 3 S. 2, 68 JGG i.V.m. § 140 Abs. 2 vorliegt (LG Saarbrücken, Beschl. v. 5.10.2009 – 3 Qs 79/09, ZJJ 2010, 80; → *Jugendliche, Vollstreckung, Allgemeines*, Teil B Rdn 755 ff.).

i) Ordnet der Vollstreckungsleiter die Aussetzung der Vollstreckung des Restes der Jugendstrafe an, gelten § 22 Abs. 1, 2 S. 1 und 2 JGG sowie die §§ 23 bis 26a JGG sinngemäß, wobei an die Stelle des erkennenden Richters der Vollstreckungsleiter tritt (§ 88 Abs. 6 S. 1, 2 JGG), die Grundsätze bleiben jedoch dieselben (D/S/S-*Sonnen*, § 88 *Rn* 24; → *Bewährung, Jugendliche, Allgemeines*, Teil A Rdn 84 ff.). 843

Bei der **Gestaltung** der **Bewährungsauflagen** und der **Erteilung von Weisungen** gegenüber dem Verurteilten ist der Ausgleich der Tatschuld kaum mehr zu berücksichtigen (HK-JGG/*Kern/Buckolt*, § 88 Rn 41). Vielmehr geht es um die Stärkung der positiven Entwicklung des Verurteilten im Vollzug und die Schaffung eines sozialen Umfelds, in dem seine Legalbewährung möglichst gelingen kann. Die Unterstellung unter einen **Bewährungshelfer** ist obligatorisch. Die Bewährungszeit beginnt mit der Rechtskraft der Aussetzungsentscheidung (§ 88 Abs. 6 S. 1 i.V.m. § 22 Abs. 2 S. 2 JGG). 844

Auch wenn der Vollstreckungsleiter die weitere Vollstreckung gem. § 85 Abs. 6 S. 1 JGG an die zuständige Vollstreckungsbehörde abgegeben und die StVK die Vollstreckung des Strafrests gem. § 88 JGG zur Bewährung aussetzt, sind für die Berechnung und Verlängerung der **Bewährungszeit** allein die Vorschriften des JGG anzuwenden. Auch in diesen Fällen sind die **Höchstgrenzen nach § 22 JGG** einzuhalten (OLG Celle, Beschl. v. 13.3.2012 – 2 Ws 59/12, NStZ-RR 2012, 293; → *Bewährung, Jugendliche, Zeit*, Teil A Rdn 179 ff.). 845

j) Wird vom Vollstreckungsleiter die **Aussetzung** der Restjugendstrafe zur **Bewährung abgelehnt**, kann er nach § 88 Abs. 5 JGG **Sperrfristen** von höchstens sechs Monaten festsetzen, vor deren Ablauf ein An- 846 trag des Verurteilten, den Strafrest zur Bewährung auszusetzen, unzulässig ist. Die Setzung einer Sperrfirst steht im Ermessen des Vollstreckungsleiters. Sie gilt nur für den Verurteilten, nicht für die StA (*Brunner/Dölling*, § 88 Rn 9; § 57 Abs. 7 StGB). Zwar ist ein während der Sperrfrist gestellter Antrag unzulässig, der Vollstreckungsleiter ist jedoch nicht gehindert, das Verfahren dennoch von Amts wegen weiterzuführen, so dass der Vollstreckungsleiter trotz der Sperre auf günstige Sozialisierungsmöglichkeiten jederzeit flexibel reagieren kann (*Brunner/Dölling*, § 88 Rn 9; D/S/S-*Sonnen*, § 88 Rn 23; *Eisenberg/Kölbel*, § 88 Rn 35).

☝ Die **Fristsetzung** ist **selbstständig** mit der sofortigen Beschwerde nach § 83 Abs. 1, 3 JGG **anfechtbar** (HK-JGG/*Kern/Buckolt* § 88 Rn 65; zur sofortigen Beschwerde *Burhoff*, EV, Rn 4289 ff.; → *Jugendliche, Vollstreckung, Allgemeines*, Teil B Rdn 752 ff.).

847 **2.** Die **Vollstreckung von Freiheitsstrafe neben Jugendstrafe** regelt **§ 89a JGG**. Die Vorschrift betrifft jedoch nur den Fall, dass Jugend- mit Freiheitsstrafe zusammentrifft. Treffen mehrere Jugendstrafen zusammen gilt das Prinzip der Einheitsstrafenbildung (§§ 31, 66 JGG, → *JGG-Verfahren, nachträgliche Entscheidungsergänzung*, Teil A Rdn 542 ff.).

848 **a)** § 89a Abs. 1 JGG regelt die **Reihenfolge** der **Vollstreckung**. Ist gegen den zu Jugendstrafe Verurteilten auch Freiheitsstrafe zu vollstrecken, so wird die **Jugendstrafe** in der Regel **zuerst vollstreckt**. Der Vollstreckungsleiter **unterbricht** die Vollstreckung der Jugendstrafe, wenn die **Hälfte**, mindestens jedoch sechs Monate, der Jugendstrafe verbüßt sind (ist die Vollstreckung nach § 85 Abs. 6 JGG an die StA abgegeben (s. Rdn 859 ff.) obliegt dieser die Unterbrechung (OLG Karlsruhe, Beschl. v. 11.3.2008 – 2 Ws 374/07, NStZ 2009, 46). Der Unterbrechungszeitpunkt beruht auf § 88 JGG. „In der Regel" bedeutet, dass der Vollstreckungsleiter die Reihenfolge der Vollstreckung in atypischen Situationen flexibel handhaben kann (Z.B. kann während der Vollstreckung einer Freiheitsstrafe die Strafaussetzung einer Jugendstrafe widerrufen werden. Dann ist es nicht immer angebracht, die Freiheitsstrafe sofort zu unterbrechen (s. BT-Drucks 11/5829, S. 45). Eine **rückwirkende Unterbrechung** ist möglich (LG München I, Beschl. v. 4.3.1999 – JK Qs 50/98, StV 1999, 664; D/S/S-*Sonnen*, § 89a Rn 4).

849 Dass die Aussetzung des Rests der Jugendstrafe **schon einmal widerrufen** wurde, steht einer erneuten Entlassung zur Bewährung ebenso wenig entgegen wie einer erneuten Unterbrechung der Vollstreckung. Insofern kann ein Strafrest, der aufgrund des Widerrufs seiner Aussetzung vollstreckt wird, unterbrochen werden, wenn die Hälfte, mindestens jedoch sechs Monate, des Strafrestes verbüßt sind und eine erneute Aussetzung in Betracht kommt (§ 89a Abs. 1 S. 4 JGG). Eine Ausnahme von der Mindestverbüßungszeit von sechs Monaten ist im Falle eines Widerrufs der Reststrafenbewährung jedoch nicht vorgesehen (D/S/S-*Sonnen*, § 89a Rn 4).

850 **b)** Bei dem Zusammentreffen einer **lebenslangen Freiheitsstrafe** und einer Jugendstrafe wird allein die lebenslange Freiheitsstrafe vollstreckt, sofern die Verurteilung zu einer Jugendstrafe eine Straftat betrifft, die vor der Verurteilung zu der lebenslangen Freiheitsstrafe begangen wurde. Wird die Vollstreckung des Restes der lebenslangen Freiheitsstrafe zur Bewährung ausgesetzt, so wird die Vollstreckung der Jugendstrafe für erledigt erklärt (§ 89a Abs. 2 JGG).

851 **c)** Ist gegen den zu Jugendstrafe Verurteilten **auch Freiheitsstrafe** zu **vollstrecken**, gilt § 85 Abs. 6 JGG (Abgabe der Vollstreckung an die StA) entsprechend mit der Maßgabe, dass der Vollstreckungsleiter die **Vollstreckung** der **Jugendstrafe abgeben** kann (Rdn 859 ff.), wenn der **Verurteilte** das **21. Lebensjahr vollendet** hat (§ 89a Abs. 3 JGG). So sollen divergierende Entscheidungen (der StVK einerseits und des Jugendrichters als Vollstreckungsleiter andererseits) vermieden werden. Voraussetzung ist jedoch die Herausnahme aus dem Jugendstrafvollzug nach § 89b JGG (s. Rdn 853 ff.).

852 Wurde die Vollstreckung **nicht** an die StA **abgegeben**, so enthält das Gesetz keine besondere Zuständigkeitsregelung für die jeweilige Reststrafenaussetzung. Die Entscheidungen können daher unabhängig voneinander getroffen werden oder aufgrund eines formlosen Einvernehmens (OLG Frankfurt, Beschl.

v. 30.11.1999 – 3 Ws 1048/99, NStZ-RR 2000, 95; OLG Jena, Beschl. v. 15.1. 2004 – 1 Ws 396/03, NStZ 2005, 167; HK-JGG/*Kern/Buckolt,* § 89a Rn 7; Ostendorf/*Rose*, § 89a Rn 6; *Eisenberg/Kölbel*, § 89a Rn 9). § 454b Abs. 3 StPO (gleichzeitige Entscheidung) gilt entsprechend (§ 89a Abs. 1 S. 4 JGG).

☝ In diesem Fall sollte der **Verteidiger** darauf **hinwirken**, dass das **Einvernehmen** zustande kommt und die unterschiedliche Zuständigkeit nicht zu Verzögerungen führt.

3.a)aa) Bei **Verurteilten unter 18 Jahren** ist die Jugendstrafe stets nach den Vorschriften für den Jugendstrafvollzug zu vollziehen. Bei **18 bis 23-jährigen** kann die Jugendstrafe nach den Vorschriften des Strafvollzuges für Erwachsene vollzogen werden, sofern sich der Verurteilte nicht für den Jugendstrafvollzug eignet. Bei Verurteilten, die das **24. Lebensjahr** vollendet haben, soll die Jugendstrafe nach den Vorschriften des Strafvollzuges für Erwachsene vollzogen werden. Diese sog. **„Ausnahme vom Jugendstrafvollzug"** ist in § 89b JGG geregelt. 853

Eine **fehlende Eignung für den Jugendstrafvollzug** ist dann anzunehmen, wenn die erzieherische Einwirkung bei dem zu Jugendstrafe Verurteilten keinen Erfolg verspricht, oder wenn dieser aktiv oder passiv den Jugendstrafvollzug so erheblich stört, dass die Erziehung der Mitgefangenen gefährdet wird. Im Hinblick darauf, dass durch die Herausnahme aus dem Jugendstrafvollzug die ursprüngliche richterliche Entscheidung in ihren Zielsetzungen verändert wird, darf nur in **engen Ausnahmefällen** die fehlende Eignung angenommen werden (*Eisenberg/Kölbel*, § 89b Rn 3). Dies gilt auch für „schwierige" Heranwachsende (LG Berlin, Beschl. v. 7.11.2002 – 539 Qs 39/02, StV 2003, 462). Unerlässlich für die Ausnahme vom Jugendstrafvollzug ist die Zugrundelegung feststehender Tatsachen. Es muss eine **zuverlässige Prognose** vorliegen. Diese ist jedoch nur äußerst schwer zu erstellen (D/S/S-*Sonnen*, § 89b Rn 2). 854

Kommunikationsstörungen und Konflikte sind vor Ort, also im Jugendstrafvollzug aufzuarbeiten, statt den jungen Gefangenen in den allgemeinen Strafvollzug abzuschieben (D/S/S-*Sonnen*, § 89b Rn 2). Bei **„Vollzugsstörern"** sind in der Regel andere Mittel als die Verlegung einzusetzen. Die empirischen Erhebungen bieten hingegen keine Aufklärung darüber, inwieweit Jugendstrafvollzugsanstalten die Vorschrift auch dazu nutzen, „störende" Insassen zu verlegen oder gar zu sanktionieren (HK-JGG/*Wulf/Bartsch*, § 89b Rn 4). Dabei ist zu prüfen, inwieweit zulässige Gründe mitunter vorgeschoben werden (*Eisenberg/Kölbel*, § 89b Rn 4). Eine passive Störung des Jugendstrafvollzuges muss derart schwer wiegen, dass eine Erziehung der übrigen Gefangenen gänzlich unmöglich ist (LG Berlin, Beschl. v. 7.11.2002 – 539 Qs 39/02, StV 2003, 462). Da die Ausnahme vom Jugendstrafvollzug nur sehr restriktiv gehandhabt werden soll, ist stets eine sorgfältige Vorbereitung der Entscheidung geboten. Dazu gehört grds. eine Begutachtung, die Anhörung der JGH sowie – mit Einverständnis des Verurteilten – ggf. des vormaligen gesetzlichen Vertreters und Erziehungsberechtigten (*Eisenberg/Kölbel*, § 89b Rn 7).

Es sind allerdings durchaus auch Konstellationen vorstellbar, in denen die Herausnahme aus dem Jugendstrafvollzug im Interesse des Verurteilten liegt (z.B., wenn – wie im Bundesland Berlin – im Erwachsenenvollzug der Offene Vollzug die Regelvollzugsform darstellt (hierzu, auch mit einem entsprechenden Musterantrag *Nöding*, Rn 530).

bb) Bei Verurteilten, die das **24. Lebensjahr** bereits vollendet haben, ist gem. § 89b Abs. 1 S. 2 JGG – außer in begründeten Ausnahmefällen – davon auszugehen, dass diese sich nicht mehr für den Jugendstrafvollzug eignen. Ein solcher Ausnahmefall kann z.B. vorliegen bei nur noch geringem zu vollstreckendem Strafrest oder bei noch laufender Therapie (*Eisenberg/Kölbel*, § 89b Rn 5; *Brunner/Dölling*, § 89b *Rn* 2). 855

b) Der Vollzug von Jugendstrafe nach den Vorschriften des **Strafvollzugs** für **Erwachsene** bedarf eines entsprechenden **Beschlusses** des **Vollstreckungsleiters** (§ 89b Abs. 2 JGG). Dies gilt auch für die Fälle des § 89b Abs. 1 S. 2 JGG, d.h. in denen der Verurteilte bereits das 24. Lebensjahr erreicht hat (LG Rottweil, Beschl. v. 8.11.2000 – 3 Qs 168/00 Hw, StV 2001, 185; *Brunner/Dölling,* § 89b Rn 2). Dieser Beschluss ist eine **jugendrichterliche Entscheidung** nach § 83 Abs. 1 JGG und kann daher gem. § 83 Abs. 3 JGG mit der sofortigen Beschwerde angefochten werden. 856

857 Die Anordnung über den Vollzug der Jugendstrafe nach den Vorschriften des Erwachsenenvollzuges gem. § 89b Abs. 2 JGG und die Aufnahme in der entsprechenden Vollzugsanstalt führen **allein nicht** zur **Änderung** der **Zuständigkeit** des **Vollstreckungsleiters**. Dies gilt auch, wenn noch Freiheitsstrafe zu vollstrecken ist. Insbesondere wird hier nicht die StVK zuständig; auch § 462a Abs. 4 StPO findet in solchen Fällen keine Anwendung (BGH, Beschl. v. 15.1.1997 – 2 ARs 481/96, NStZ 1997, 255; Beschl. v. 28.9.1984 – 2 ARs 260/84, NStZ 1985, 92; BGHSt 28, 351; *Eisenberg/Kölbel*, § 89b Rn 334). Eine Abgabe nach § 85 Abs. 5 JGG bzw. § 85 Abs. 6 JGG (dazu gleich, Rn 468) bleibt allerdings weiterhin möglich.

☝ Die Ausnahme aus dem Jugendstrafvollzug nach § 89b JGG darf nicht mit der Abgabe der Vollstreckung an die StA nach § 85 Abs. 6 JGG **verwechselt** werden!

858 Ungefähr ein Viertel aller nach Jugendstrafrecht Verurteilten wird im Laufe des Vollzuges nach § 89b Abs. 2 JGG aus dem Jugendstrafvollzug herausgenommen (HK-JGG/*Wulf/Bartsch*, § 89b Rn 4). Die höchste Quote an **Herausnahmen** aus dem **Jugendstrafvollzug** hat Bayern mit deutlich über 40 % Herausnahmen (*Stelzel/Kerner* ZJJ 2014, 247).

Den umgekehrten Fall, also quasi die **„Hereinnahme in** den **Jugendstrafvollzug"** regelt § 114 JGG. Hiernach dürfen an Verurteilten, die das vierundzwanzigste Lebensjahr noch nicht vollendet haben und sich für den Jugendstrafvollzug eignen, auch Freiheitsstrafen in Jugendstrafanstalten vollzogen werden, die nach allgemeinem Strafrecht verhängt worden sind.

859 **4.a)** Wird die Jugendstrafe gem. § 89b JGG im Erwachsenenvollzug vollzogen (s. Rdn 853 ff.) und hat der Verurteilte sein **24. Lebensjahr vollendet**, so kann der Vollstreckungsleiter die **Vollstreckung** gem. § 85 Abs. 6 JGG an die **StA abgegeben**, wenn die Vollstreckung voraussichtlich noch länger dauern wird und die besonderen Grundgedanken des Jugendstrafrechts unter Berücksichtigung der Persönlichkeit des Verurteilten nicht mehr maßgeblich sind.

☝ Die Abgabe steht im **Ermessen** des Jugendrichters („kann").

860 Die Abgabe ist bei Vorliegen dieser Voraussetzungen **bindend**. Hat der Verurteilte das 24. Lebensjahr noch nicht vollendet oder befindet er sich schon gar nicht im Vollzug, ist die Abgabe nicht bindend (Ostendorf/*Rose,* § 85 Rn 7). Gleiches gilt, wenn nicht feststeht, dass der Verurteilte das 24. Lebensjahr vollendet hat (OLG Koblenz, Beschl. v. 13.1.2004 – 2 Ws 6/04, StraFo 2004, 179; *Eisenberg/Kölbel*, § 85 Rn 24). Nur die bindende Abgabe (nicht die bloße Übernahme durch die StA) begründet die Zuständigkeit der StVK (OLG Dresden, Beschl. v. 10.11.1997 – 2 Ws 518/97, NStZ-RR 1998, 60; OLG Jena, Beschl. v. 14.3.2000 – 1 Ws 84/00, NStZ-RR 2000, 221; s. Rdn 862).

861 Eine Abgabe ist **schon mit Vollendung** des **21. Lebensjahres** möglich, wenn Jugendstrafe neben Freiheitsstrafe zu vollstrecken ist (§ 89a Abs. 3 JGG; Ostendorf/*Rose,* § 89a Rn 6; s. Rdn 848). Nach Abgabe ist die StA auch für die Festlegung des Unterbrechungszeitpunktes nach § 89a Abs. 1 JGG zuständig (OLG Dresden, Beschl. v. 14.10.1999 – 2 Ws 596/99, NStZ-RR 2000, 381; OLG Karlsruhe, Beschl. v. 11.3.2008 – 2 Ws 374/07, ZJJ 2008, 194; OLG Schleswig, Beschl. v. 13.11.2008 – 2 Ws 439/08 (282/08), ZJJ 2009, 59; vgl. a. *Kühn,* NStZ 1992, 527).

☝ Der Verteidiger sollte **möglichst** die **Abgabe** der **Vollstreckung verhindern**. Er sollte darlegen, dass die weitere Vollstreckung und der weitere Vollzug in einer Jugendstrafanstalt nach der Persönlichkeit der Verurteilten sinnvoll ist.

Auch wenn die Strafvollstreckungskammer weiter nach § 88 JGG entscheiden sollte, so legt sie erfahrungsgemäß doch einen **strengeren Maßstab** an als Jugendrichter.

b) Die (bindende) Abgabe der Vollstreckung an die StA führt zu einem **Zuständigkeitswechsel** (BeckOK-JGG/*Sengbusch*, § 85 Rn 19). Mit der Abgabe gelten dann die Vorschriften über die **Strafvollstreckung für Erwachsene** (§ 85 Abs. 6 S. 2 JGG), d.h. die **StA** ist allein **Vollstreckungsbehörde** und nicht – auch – die StVK (zu allem D/S/S-*Sonnen*, § 85 Rn 16). Die StVK ist nur dazu berufen, über Einwendungen gegen die Entscheidung der StA zu entscheiden (§§ 458, 462 StPO; OLG Düsseldorf, Beschl. v. 28.8.1992 – 4 Ws 291/92, MDR 1993, 171). 862

Die **StVK** ist jedoch nur dann zuständig, wenn sich der Verurteilte im Vollzug der Jugendstrafe oder der freiheitsentziehenden Maßregel befindet oder befand. Wenn der maßgebende Straf- und Maßregelausspruch bislang auch nicht teilweise vollstreckt wurde, so verbleibt es für die Bewährungsüberwachung und nachfolgender Entscheidungen bei der „allgemeinen Zuständigkeit" (BGH, Beschl. v. 12.6.1996 – 2 ARs 130/96, NStZ 1997, 100; KG, Beschl. v.12.6.2001 – 1 AR 499/01; HK-JGG/*Kern/Buckolt*, § 85 Rn 39). 863

☝ **Beachte**: Der Vollzug einer Jugendstrafe in einer Erwachsenenstrafanstalt gem. § 89b JGG (Ausnahme vom Jugendstrafvollzug) allein führt nicht zu einem Zuständigkeitswechsel zur StA. Die StA wird erst nach Abgabe der Vollstreckung nach § 85 Abs. 6 JGG zuständig. Bis dahin bleibt der Jugendrichter Vollstreckungsleiter, auch wenn die Jugendstrafe in einer JVA für Erwachsene vollzogen wird.

Ohne Abgabe nach § 85 Abs. 6 S 1 JGG wird die Zuständigkeit der StVK für den Widerruf der Strafaussetzung auch nicht dadurch begründet, dass sie – als unzuständiges Gericht – die Restfreiheitsstrafe während des Erwachsenenvollzugs zur Bewährung ausgesetzt hat (KG, Beschl. v. 18.9.2000 – 1 AR 979/00 – 5 Ws 592/00; HK-JGG/*Kern/Buckolt*, § 85 Rn 12). 864

c) Str. war lange Zeit, ob die Abgabe der Vollstreckung lediglich die Zuständigkeiten betrifft oder **auch** die **materiellen Voraussetzungen**. So wurde einerseits vertreten, dass sich die Reststrafenaussetzung nach bindender Abgabe der Vollstreckung an die StA nunmehr gem. § 57 StGB ggf. i.V.m. § 454 Abs. 2 (Erwachsenenmodell; *Heinrich,* NStZ 2002, 188); die Gegenansicht ging davon aus, dass weiterhin § 88 JGG einschlägig sei (Jugendmodell; *Böhm,* JR 1997, 213; *Rose,* NStZ 2010, 95; *Frank/Neubacher,* GA 2006, 737; *Kühn,* NStZ 1992, 526). Auch die einzelnen Oberlandesgerichte vertraten hierzu unterschiedliche Auffassungen (Anwendung § 88 JGG: OLG Dresden ZJJ 2006, 442; OLG Frankfurt NStZ-RR 1999, 91; OLG Hamburg StraFo 2013, 349; OLG Hamm StV 1996, 277; OLG Jena StraFo 2012, 242; OLG Karlsruhe NStZ-RR 2018, 30; OLG Stuttgart Justiz 2011, 106; Anwendung § 57 StGB: KG StraFo 2011, 372; OLG Düsseldorf StV 1998, 348 mit. abl. Anm. *Rzepka;* LG Kleve ZJJ 2015, 76). Diese Frage ist nach der Entscheidung des BGH aus dem Jahr 2020 (BGH NJW 2020, 1152) nun zugunsten der verurteiltenfreundlicheren Anwendung des **§ 88 JGG entschieden**. 865

d) Bei der Entscheidung des Jugendrichters, das Vollstreckungsverfahren nach § 85 Abs. 6 JGG an die StA abzugeben, handelt es sich nicht um eine jugendrichterliche Entscheidung i.S.v. § 83 Abs. 1 JGG, sondern um einen **Justizverwaltungsakt**, so dass dagegen keine sofortige Beschwerde erhoben werden kann, sondern nach der Vorschaltbeschwerde gem. § 21 StVollstrO der Rechtsweg nach §§ 23 EGGVG gegeben ist (D/S/S-*Sonnen*, § 85 Rn 16; Ostendorf/*Rose*, § 85 Rn 17; *Brunner/Dölling*, § 85, Rn 14; LG Koblenz, Beschl. v. 27.8.1996 – 2 Qs 57/96, NStZ-RR 1997, 53; zum Antrag nach §§ 23 ff. EGGVG *Burhoff*, EV, Rn 622 ff.; Burhoff/*Schmidt-Clarner*, RM, Teil B Rn 376 ff. und 388 ff.; → *Jugendliche, Vollstreckung, Allgemeines*, Teil B Rdn 738 ff.). 866

5. Bei Verurteilung zu Jugendstrafe gelten die **§§ 35, 36 BtMG** sinngemäß (§ 38 Abs. 1 S. 1 BtMG; dazu eingehend → *BtM-Verfahren, Zurückstellung, Allgemeines*, Teil B Rdn 97 m.w.N.; zu einem Antragsmuster → *BtM-Verfahren, Zurückstellung, Antragsmuster*, Teil B Rdn 127). 867

a) Neben der **Zusage des Jugendlichen** nach § 35 Abs. 1 S. 1 BtMG bedarf es auch der **Einwilligung** des **Erziehungsberechtigten** und des gesetzlichen Vertreters (§ 38 Abs. 1 S. 2 BtMG). Die verweigerte Einwilligung der Erziehungsberechtigten und gesetzlichen Vertreter kann gem. § 1666 BGB ersetzt werden 868

(Ostendorf/*Rose,* § 82 Rn 12; jedenfalls dann, wenn die Einwilligung grundlos und gegen das Interesse des Jugendlichen versagt wird (*Brunner/Dölling,* § 17 Rn 49).

869 **b)** Die **weiteren Voraussetzungen** für eine **Zurückstellung** (→ *BtM-Verfahren, Zurückstellung, Antragsvoraussetzungen*, Teil B Rdn 130 ff.) müssen ebenfalls vorliegen. Dabei ist wegen des **Entwicklungsprozesses** von jugendlichen Angeklagten noch mehr als bei Erwachsenen zu beachten, dass die Zurückstellung der Strafvollstreckung gerade auch dann in Betracht kommt, wenn dem Verurteilten aufgrund von gescheiterten Therapien keine uneingeschränkt günstige **Prognose** gestellt werden kann (Ostendorf/*Rose*, § 82 Rn 11).

870 **c)** Der **Jugendrichter** als **Vollstreckungsleiter** (→ *Jugendliche, Vollstreckung, Zuständigkeit*, Teil B Rdn 951) ist für die Entscheidung über die Zurückstellung der Strafvollstreckung **zuständig** (*Eisenberg/Kölbel*, § 82 Rn 20). Diese Aufgabe darf nicht an den Rechtspfleger delegiert werden. Auch in diesem Fall ist das **Gericht** des **ersten Rechtszuges** gem. § 35 Abs. 1 S. 1 BtMG zu beteiligt. Treffen Vollstreckungsleiter und das Gericht des ersten Rechtszuges in einer Person zusammen, lässt dies das Zustimmungserfordernis nicht entfallen (OLG Stuttgart, Beschl. v. 21.11.1985 – 4 VAs 53/85, NStZ 1986, 141).

☝ Gegen die Entscheidung des Jugendrichters als Vollstreckungsbehörde, die Strafvollstreckung nicht gem. § 35 BtMG zurückzustellen, ist der **Rechtsweg** nach **§§ 23 ff. EGGVG** gegeben. Es bedarf der Durchführung eines Vorschaltverfahrens nach § 21 StVollstrO (→ *BtM-Verfahren, Zurückstellung, Rechtsmittel*, Teil B Rdn 191; zum Antrag nach §§ 23 ff. EGGVG *Burhoff*, EV, Rn 622 ff.; Burhoff/*Schmidt-Clarner*, RM, Teil B Rn 388 ff.).

871 **d)** Der Jugendrichter ist auch zuständig für den **Widerruf der Zurückstellung** (→ *BtM-Verfahren, Zurückstellung, Widerruf*, Teil B Rdn 226 ff.; *Eisenberg/Kölbel,* § 82 Rn 20). Hiergegen kann die Entscheidung des Gerichts des ersten Rechtszuges herbeigeführt werden (§ 35 Abs. 7 S. 2 BtMG). Falls der Vollstreckungsleiter selbst oder unter seinem Vorsitz das Jugendschöffengericht im ersten Rechtszug erkannt hat, so entscheidet die Jugendkammer (§ 83 Abs. 2 Nr. 1 JGG).

872 Eine gesetzliche Regelung, dass insoweit zusätzlich auch noch die **StA** beteiligt wäre, besteht demgegenüber nicht. Die StA kann daher allenfalls im Rahmen einer Anhörung Stellung nehmen. Ihrer Zustimmung zur Zurückstellung bedarf es nicht. Insofern kann die Entscheidung des Jugendrichters als Vollstreckungsleiter, die Zurückstellung der Vollstreckung der Jugendstrafe nicht zu widerrufen, durch die StA nicht mit der Beschwerde angefochten werden; eine Entscheidung des Gerichts des ersten Rechtszuges kann sie ebenfalls nicht herbeiführen *Eisenberg/Kölbel,* § 82 Rn 28). Sie hat lediglich die Möglichkeit, eine sachliche Weisung des Generalstaatsanwaltes zu veranlassen (LG Offenburg, Beschl. v. 18.7.2002 – 8 AR 3/02, NStZ-RR 2002, 347).

873 **e)** Für die Entscheidung über die **Anrechnungsfähigkeit** der **Therapiezeiten** (→ *BtM-Verfahren, Zurückstellung, Anrechnung von Therapiezeiten*, Teil B Rdn 102 ff.), die Anrechnung und die **Aussetzung der Vollstreckung** der Reststrafe zur Bewährung ist nach § 36 Abs. 5 S. 1 BtMG das **Gericht des ersten Rechtszugs** zuständig. Die Bestimmungen des § 88 JGG wird durch diese Sonderregelung verdrängt (BGHSt 32, 58; BGH, Beschl. v. 11.4.2001 – 2 ARs 67/01). Konsequenz hieraus ist auch, dass die Aussetzung des Strafrestes zur Bewährung schon vor Vollstreckung eines Drittels der Jugendstrafe zulässig ist, wenn eine weitere Therapie nicht erforderlich ist (§ 36 Abs. 1 S. 3 BtMG; *Eisenberg/Kölbel*, § 88 Rn 29). Abweichend von § 36 Abs. 4 BtMG gelten die **§§ 22 – 26a JGG** (Bewährungsentscheidung, Widerruf der Bewährung; siehe § 38 Abs. 1 BtMG) entsprechend (→ *Bewährung, Jugendliche, Weisungen, Auflagen*, Teil A Rdn 130 ff.; → *Bewährung, Jugendliche, Widerruf der Bewährung*, Teil A Rdn 145 ff.).

874 **f)** Für die Entscheidung über den **Widerruf** einer **bewilligten Bewährungsaussetzung** einer Restjugendstrafe nach Beendigung einer Drogentherapie ist wiederum der Jugendrichter als **Vollstreckungsleiter** zuständig (OLG Jena, Beschl. v. 28.6.2011 – 1 Ws 226/11; vgl. a. → *BtM-Verfahren, Zurückstellung, Widerruf*, Teil B Rdn 226).

6.a) Teilvollstreckung nach § 56 JGG (s. ausführlich Burhoff/*Nöding*, RM, Teil A Rn 897 ff.): § 449 StPO, wonach Urteile nicht vollstreckt werden können, bevor sie rechtskräftig sind, gilt im Jugendstrafverfahren nicht uneingeschränkt. Ist ein Jugendlicher zu einer Einheitsjugendstrafe (Burhoff/*Nöding*, RM, Teil A Rn 753 ff.; aber auch hier § 66; → *JGG-Verfahren, nachträgliche Entscheidungsergänzung*, Teil A Rdn 542 ff.) verurteilt worden, kann das **Rechtsmittelgericht** gem. § 56 Abs. 1 JGG vor der Hauptverhandlung Teile der Jugendstrafe für vollstreckbar erklären, sofern sie nicht mit einem Rechtsmittel angegriffen wurden. Dies gilt jedoch nur für Jugendstrafen. Die Anordnung einer Teilvollstreckung bei Zuchtmitteln (z.B. Jugendarrest) ist nicht zulässig. 875

Die Teilvollstreckung ist insbesondere dann **zulässig**, wenn nur die Rechtsfolgen angefochten wurden, d.h. sämtliche Schuldfeststellungen in Rechtskraft erwachsen sind (*Brunner/Dölling*, § 56 Rn 3; a.A. *Streng*, Rn 592 [bereits dann, wenn von mehreren Taten zumindest eine in Rechtskraft erwachsenen ist]). 876

☝ Im Rechtsmittelverfahren muss sich der **Verteidiger** über die Möglichkeit der Teilvollstreckung bewusst sein.

Die Entscheidung ergeht durch **Beschluss** des Rechtsmittelgerichts. Dagegen ist das Rechtsmittel der **sofortigen Beschwerde** gegeben (§ 56 Abs. 2 JGG; zur sofortigen Beschwerde *Burhoff*, EV, Rn 4289 ff.; Burhoff/*Nöding*, RM, Teil A Rn 903). Eine weitere Beschwerde gem. § 310 StPO ist unzulässig. 877

Nach ganz h.M. hat die sofortige Beschwerde entgegen § 307 Abs. 1 **aufschiebende Wirkung** (D/S/S-*Schatz*, § 56 Rn 20; *Eisenberg/Kölbel*, § 56 Rn 14; Ostendorf/*Drenkhahn*, § 56 Rn 12; *Brunner/Dölling*, § 56 Rn 8; HK-JGG/*Laue*, § 56 Rn 11; *Schmitt/Köhler*, § 307 Rn 1). Dies wird aus dem Grundgedanken des § 449 abgeleitet. 878

☝ Trotz der h.M. sollte der Verteidiger immer einen **Antrag** nach **§ 307 Abs. 2 StPO stellen**.

b) Auch ohne Beschluss nach § 56 Abs. 1 JGG ist die **Vollstreckung** bei der **Einbeziehung von rechtskräftigen Verurteilungen** nach § 31 Abs. 2 JGG möglich (Burhoff/*Nöding*, RM, Teil A Rn 905). Die einbezogenen Jugendstrafen sind bereits rechtskräftig und isoliert so lange vollstreckbar, bis die Entscheidung über die Einheitsjugendstrafe selbst rechtskräftig ist (BVerfG, Beschl. v. 19.3.2001 – 2 BvR 430/01, NStZ 2001, 447; OLG Karlsruhe, Beschl. v. 13.1.1981 – 3 Ws 346/80, MDR 1981, 519; *Eisenberg/Kölbel*, § 56 Rn 11). 879

Siehe auch: → *Erwachsene, Vollstreckung, Allgemeines*, Teil B Rdn 432 m.w.N.; → *Jugendliche, Vollstreckung, Allgemeines*, Teil B Rdn 738 m.w.N.; → *BtM-Verfahren, Zurückstellung, Allgemeines*, Teil B Rdn 97 m.w.N.

Jugendliche, Vollstreckung, Rechtsschutz 880

Literaturhinweise: s. die Hinweise bei → *Jugendliche, Vollstreckung, Allgemeines*, Teil B Rdn 738 m.w.N. 881

1. Der Rechtsschutz im jugendgerichtlichen Vollstreckungsverfahren ist – bedingt durch das Institut des **einheitlichen Vollstreckungsleiters** (→ *Jugendliche, Vollstreckung, Allgemeines*, Teil B Rdn 738 ff.) – abweichend vom allgemeinen Vollstreckungsrecht geregelt. 882

Wesentlich für die Wahl des Rechtsmittels ist die **Art der Entscheidung** durch den Vollstreckungsleiter (→ *Jugendliche, Vollstreckung, Allgemeines*, Teil B Rdn 738 ff.). Dazu folgenden 883

884 **Überblick: Rechtsmittel**

Entscheidungen des Jugendrichters als Vollstreckungsleiter	
Jugendrichterliche Entscheidungen nach § 83 Abs. 1 JGG	**Entscheidung als Vollstreckungsorgan**
unabhängig (Art. 97 GG)	weisungsgebunden
RM: sofortige Beschwerde nach § 83 Abs. 3 S. 1 JGG	**RM:** wie bei Erwachsenen Verfahren nach §§ 23 ff. EGGVG oder Einwendung gegen Vollstreckung (z.B. §§ 458 Abs. 2, 459g StPO)
Frist: 1 Woche (§ 2 JGG i.V.m. § 311)	**Frist:** 1 Monat nach Zustellung des (Beschwerde-)Bescheids (§ 26 Abs. 1 EGGVG)
ggf. Beiordnung eines Pflichtverteidigers nach § 83 Abs. 3 S. 2 JGG	ggf. PKH

885 **2.** Für **gerichtliche Entscheidungen** gegen eine vom Vollstreckungsleiter getroffene Anordnung ist die **Jugendkammer** zuständig. Dadurch sollen Kollisionen zwischen der Tätigkeit als erkennender Richter und Vollstreckungsleiter vermieden werden (D/S/S-*Sonnen*, § 83 Rn 6).

> Der Vollstreckungsleiter darf nicht über die Rechtmäßigkeit von Anordnungen entscheiden, bei denen er selbst beteiligt war.

886 Nach **§ 83 Abs. 2 JGG** gilt dies für:

- Fälle, in denen er selbst oder unter seinem Vorsitz das Jugendschöffengericht entschieden hat (§ 83 Abs. 2 Nr. 1 JGG)
- Fälle, in denen er Aufgaben der Strafvollstreckungskammer wahrgenommen hat (§ 83 Abs. 2 Nr. 2 JGG).

887 **3.** Gegen die Entscheidung der Jugendkammer ist gem. § 462 Abs. 3 S. 1 StPO die **sofortige Beschwerde** zum **OLG** statthaft (LG Kaiserslautern, Beschl. v. 6.4.2005 – 8 Qs 7/05, zur sofortigen Beschwerde *Burhoff*, EV, Rn 4289 ff.).

Siehe auch: → *Erwachsene, Vollstreckung, Allgemeines*, Teil B Rdn 432 ff.; → *Jugendliche, Vollstreckung, Allgemeines*, Teil B Rdn 738 ff.; → *Jugendliche, Vollstreckung, Erziehungsmaßregeln/Zuchtmittel*, Teil B Rdn 773 ff.; → *Jugendliche, Vollstreckung, Jugendarrest*, Teil B Rdn 805 ff.; → *Jugendliche, Vollstreckung, Jugendstrafe*, Teil B Rdn 825 ff.; → *Jugendliche, Vollstreckung, Sicherungsverwahrung*, Teil B Rdn 888 ff.; → *Jugendliche, Vollstreckung, Strafmakel, Beseitigung*, Teil B Rdn 908 ff.; → *Jugendliche, Vollstreckung, Zuständigkeit*, Teil B Rdn 951 ff.; → *Jugendliche, Vollstreckung, Verhängung der Jugendstrafe*, Teil B Rdn 928 ff.; → *Strafvollstreckung, Allgemeines*, Teil J Rdn 319 ff.; → *Strafvollstreckung, Beschwerde*, Teil J Rdn 334 ff.; → *Strafvollstreckung, Einzeltätigkeiten*, Teil J Rdn 344 ff.; → *Strafvollstreckung, Grundgebühr*, Teil J Rdn 352 ff.; → *Strafvollstreckung, Verfahrensgebühr*, Teil J Rdn 371 ff.; → *Strafvollstreckung, Terminsgebühr*, Teil J Rdn 357 ff.; → *Vergütung in Verfahren nach §§ 23 ff. EGGVG*, Teil J Rdn 419 ff.

Jugendliche, Vollstreckung, Sicherungsverwahrung 888

Das Wichtigste in Kürze:

1. Bei der Sicherungsverwahrung ist zu unterscheiden, ob es sich zum Tatzeitpunkt um einen Jugendlichen oder Heranwachsenden handelt, auf den Jugendstrafrecht angewendet wurde (§ 7 JGG) oder um einen Heranwachsenden, der nach allgemeinem Recht verurteilt wurde (§ 106 JGG).
2. Gegen Jugendliche oder Heranwachsende gilt das Verbot der Anordnung originärer Sicherungsverwahrung.
3. Zulässig ist jedoch die vorbehaltene Sicherungsverwahrung gem. § 7 Abs. 2 JGG.
4. Zudem ist die Anordnung nachträglicher Sicherungsverwahrung zulässig, wenn eine Unterbringung nach § 63 StGB für erledigt erklärt wurde. Für Heranwachsende, die nach allgemeinem Strafrecht verurteilt wurden, regelt dies § 106 Abs. 7 JGG, bei nach Jugendstrafrecht Beurteilte § 7 Abs. 4 JGG.
5. Die regelmäßige Überprüfungsfrist nach § 67e StGB beträgt sechs Monate.
6. Die Vollstreckung der Unterbringung in der Sicherungsverwahrung und die Zuständigkeit hierfür richtet sich nach den Vorschriften der StPO, wenn der Betroffene das 21. Lebensjahr vollendet hat (§ 82 Abs. 3 JGG).
7. Für den Vollzug von Sicherungsverwahrung gegen die nach allgemeinem Strafrecht Verurteilten gelten auch die allgemeinen Vorschriften.

Literaturhinweise: **Bartsch**, Eine verpasste Chance?! Zur Reform der Vorschriften über die Sicherungsverwahrung, JGG, ZJJ 2013, 182; **Brettel**, Anmerkung zu BGH Urt. v. 12.6.2013, StV 2013, 768; **Guérdion/Suhling**, Sozialtherapie im Jugendstrafvollzug: Was ist das, was soll das und was bringt das?, ZJJ 2015, 130; **Renzikowski**, Abstand halten! – Die Neuregelung der Sicherungsverwahrung, NJW 2013, 1638; **Wüstenhagen**, Sicherungsverwahrung gegen Heranwachsende und Jugendliche, 2008; s.a. die Hinweise bei → *Sicherungsverwahrung, Allgemeines*, Teil A Rdn 562 m.w.N., bei → *Jugendliche, Vollstreckung, Allgemeines*, Teil B Rdn 738 m.w.N. und bei → *Maßregeln, Erwachsene, Allgemeines*, Teil B Rdn 969 m.w.N. 889

1. Bei der Sicherungsverwahrung ist zu unterscheiden, ob es sich zum Tatzeitpunkt um einen Jugendlichen oder Heranwachsenden handelt, auf den **Jugendstrafrecht** angewendet wurde (§ 7 JGG) oder um einen Heranwachsenden, der nach **allgemeinem Recht** verurteilt wurde (§ 106 JGG; zum Erwachsenen → *Sicherungsverwahrung, Allgemeines*, Teil A Rdn 562 m.w.N.; → *Maßregeln, Erwachsene, Allgemeines*, Teil B Rdn 969 m.w.N.). 890

2. Für Jugendliche oder Heranwachsende (unabhängig davon, ob sie nach Jugendrecht oder allgemeinem Recht verurteilt wurden) gilt das **Verbot** der Anordnung **originärer Sicherungsverwahrung.** 891

3.a) Zulässig ist jedoch die **vorbehaltene Sicherungsverwahrung** gem. § 7 Abs. 2 JGG (bei nach Jugendstrafrecht Verurteilten) bzw. § 106 Abs. 3, 4 JGG (bei nach allgemeinem Strafrecht verurteilten Heranwachsenden). 892

☝ Die **Realisierung** des **Vorbehalts** richtet sich nach § 7 Abs. 2 S. 2 JGG bzw. § 106 Abs. 6 JGG.

Das Gericht **ordnet** die Sicherungsverwahrung **an**, wenn 893

- die Gesamtwürdigung des Verurteilten
- seiner Tat oder seiner Taten und
- ergänzend seiner Entwicklung bis zum Zeitpunkt der Entscheidung

ergibt, dass von ihm **Straftaten** folgender Art zu **erwarten** sind:

- Verbrechen gegen das Leben, die körperliche Unversehrtheit oder die sexuelle Selbstbestimmung oder

- Verbrechen nach § 251 StGB, auch in Verbindung mit § 252 oder § 255 StGB, durch welche das Opfer seelisch oder körperlich schwer geschädigt oder einer solchen Gefahr ausgesetzt worden ist oder
- Vergehen nach §§ 176a, 176b StGB (§ 106 Abs. 4 Nr. 1 JGG: nur bei Heranwachsenden, die nach allgemeinem Strafrecht verurteilt wurden, da die Bezugnahme in § 7 Abs. 2 JGG fehlt).

894 Die Realisierung des Vorbehalts kann **bis** zum **Ende** der **Strafvollstreckung** durch eine weitere Entscheidung des Gerichts des ersten Rechtszugs vor dem Zeitpunkt der vollständigen Vollstreckung der Freiheitsstrafe im sog. Nachverfahren erfolgen (§ 106 Abs. 6 JGG a.E. i.V.m. § 66a Abs. 3 S. 1 StGB bzw. § 7 Abs. 2 S. 2 JGG a.E. i.V.m. § 66a Abs. 3 S. 1 StGB).

895 Bei nach Jugendstrafrecht Verurteilten gilt § 67c Abs. 1 StGB (Prüfung, ob die Unterbringung auszusetzen ist, weil **geeignete Betreuung** fehlte) entsprechend (§ 7 Abs. 2 S. 3 JGG).

896 **b) Voraussetzung** für die **Anordnung im Nachverfahren** ist eine **Gefährlichkeitsprognose** (→ *Sicherungsverwahrung, Gefahrenprognose*, Teil A Rdn 581 ff.). Ein Unterschied zu § 66a Abs. 3 S. 2 StGB besteht darin, dass die Erwartung *„erheblicher Straftaten“* nicht ausreicht, sondern sich die Prognose auf die in §§ 7, 106 JGG genannten Taten beziehen muss (*Brunner/Dölling*, § 7 Rn 19 und § 106 Rn 12). Die Sicherungsverwahrung wird angeordnet, wenn „die Gesamtwürdigung des Verurteilten und seiner Tat oder seiner Taten“ ergibt, dass von ihm erneut Straftaten aus dem Katalog der Anknüpfungstaten „zu erwarten sind“. Hierbei sind zum einen die Entwicklung des Verurteilten im Vollzug und zum anderen die aktuelle Gesamtwürdigung aller bis dahin vorliegenden Tatsachen zu berücksichtigen. Es ist demnach eine **individuelle Gefährlichkeitsprognose** anzustellen. Bedeutend sind hierbei auch das Vorhandensein eines gesicherten sozialen Empfangsraumes sowie die weitere therapeutischen Anbindung. Die **Jugendgerichtshilfe** ist bei der Tatsachenerhebung und -beurteilung zu beteiligen. Fällt die Gesamtwürdigung negativ aus, wird die vorbehaltene Sicherungsverwahrung angeordnet, sonst wird von der Anordnung abgesehen (*Nöding*, Rn 202).

897 **c)** Das **Verfahren** richtet sich nach § 81a JGG. Dieser gilt über § 109 Abs. 1 S. 1 JGG auch für Heranwachsende und verweist für das Verfahren und die Entscheidung auf § 275a StPO, §§ 74f und 120a GVG; die erstinstanzliche Entscheidung soll nach § 81a JGG i.V.m. § 275a Abs. 5 StPO spätestens sechs Monate vor vollständiger Vollstreckung der verhängten Jugendstrafe vorliegen.

898 **d)** Wird neben der (Jugend)Strafe die Anordnung der Sicherungsverwahrung vorbehalten und hat der Verurteilte das 27. Lebensjahr noch nicht vollendet, so ordnet das Gericht an, dass bereits die (Jugend)Strafe in einer **sozialtherapeutischen Einrichtung** zu vollziehen ist, es sei denn, dass die Resozialisierung des Verurteilten dadurch nicht besser gefördert werden kann (§ 7 Abs. 3 S. 1 JGG bzw. § 106 Abs. 5 S. 1 JGG). Diese Ausnahme ist jedoch restriktiv anzuwenden (HK-JGG/*Rössner/Bannenberg,* § 106 Rn 13). Die Anordnung kann auch nachträglich erfolgen.

899 Solange der Vollzug in einer sozialtherapeutischen Einrichtung noch nicht angeordnet oder der Gefangene noch nicht in eine sozialtherapeutische Einrichtung verlegt worden ist, ist darüber jeweils nach sechs Monaten neu zu entscheiden (§ 7 Abs. 3 S. 3 JGG bzw. § 106 Abs. 5 S. 3 JGG).

900 Für die nachträgliche Anordnung der vorbehaltenen Sicherungsverwahrung ist die **StVK** zuständig, wenn der Betroffene das 24. Lebensjahr vollendet hat oder nach allgemeinem Strafrecht verurteilt wurde (§ 7 Abs. 3 S. 4 JGG bzw. § 106 Abs. 5 S. 4 JGG). Für nach Jugendstrafrecht Verurteilte bis zur Vollendung des 24. Lebensjahres ist die **Jugendkammer** zuständig (§ 7 Abs. 3 S. 4 JGG).

901 Im Übrigen gelten § 66c Abs. 2 StGB (Behandlung und Betreuung im Vollzug) und § 67a Abs. 2 bis 4 StGB (Überweisung in den Vollzug einer anderen Maßregel) entsprechend (§ 7 Abs. 3 S. 5 JGG bzw. § 106 Abs. 5 S. 5 JGG; → *Sicherungsverwahrung, Allgemeines*, Teil A Rdn 562 m.w.N.).

902 **4.a) Die Anordnung nachträglicher Sicherungsverwahrung gegenüber Jugendlichen und Heranwachsenden ist nur dann zulässig, wenn der Verurteilte wegen einer Anlasstat i.S.d. § 7 Abs. 2 JGG nach § 63 StGB untergebracht war,** die **Unterbringung** dann jedoch nach § 67d Abs. 6 StGB wegen Nicht-(mehr)-Bestehens eines die Schuldfähigkeit beeinträchtigenden Zustandes **für erledigt er-**

klärt worden ist und der Untergebrachte nun trotz **Gefährlichkeitsprognose** (→ *Sicherungsverwahrung, Gefahrenprognose*, Teil A Rdn 581 ff.) in Freiheit zu entlassen wäre.

b) Für Heranwachsende, die nach allgemeinem Strafrecht beurteilt wurden, regelt dies § 106 Abs. 7 JGG, für nach Jugendstrafrecht Verurteilte § 7 Abs. 4 JGG. **903**

Die Einschränkung dieser Möglichkeit der Anordnung nachträglicher Sicherungsverwahrung gegenüber der Regelung bei Erwachsenen liegt darin, dass es sich um die gravierenden Katalogtaten des § 7 Abs. 2 JGG bzw. § 106 Abs. 3 JGG sowohl hinsichtlich der Anlasstat als auch der zu befürchtenden künftigen Straftaten handeln muss. Die Unterbringung muss wegen mehrerer solcher Taten nach § 63 StGB erfolgt sein oder wegen einer (bzw. mehrerer) solcher Taten vor der für erledigt erklärten Unterbringung schon einmal eine Verurteilung zu einer Jugend- bzw. Freiheitsstrafe von mindesten drei Jahren oder zu einer Unterbringung nach § 63 StGB vorgelegen haben. Letztlich entscheidend ist die Gefährlichkeitsfeststellung, die hier die gleichen Anforderungen zu erfüllen hat wie in § 7 Abs. 2 JGG, wobei jedoch eine „hohe Wahrscheinlichkeit" der erneuten Begehung von Straftaten aus dem Katalog der Anlasstaten (§ 7 Abs. 2 JGG) festgestellt werden muss. Auf die Unterscheidung zwischen bekannten und neuen Tatsachen als Grundlage der Gesamtwürdigung kommt es hinsichtlich der Erstbeurteilung für eine Sicherungsverwahrung nicht an (BGHSt 52, 31). **904**

☝ Es bestehen verfassungsrechtliche Zweifel an der Regelung des § 7 Abs. 4 JGG zur nachträglichen Anordnung der Sicherungsverwahrung bei Jugendlichen. Das BVerfG hat zwar in einer Entscheidung zu der Parallelregelung des § 66b StGB (BVerfG StraFo 2013, 213) anerkannt, dass ein legitimer Zweck – nämlich der Schutz der Allgemeinheit vor schweren Straftaten – die Anordnung rechtfertigen kann. Jedoch darf die nachträgliche Anordnung nur erfolgen, wenn im Anordnungszeitpunkt eine konkrete Gefährlichkeitsprognose gestützt auf eine psychische Störung vorliegt. Kritisch ist dabei zu hinterfragen, ob diese Anforderungen bei jungen Straftätern überhaupt erfüllt werden können, da die Prognosemethoden aufgrund ihres Alters und eines kürzeren Beurteilungszeitraums unsicherer sind. Damit stellt sich auch die Frage, ob die Maßnahme mit dem Verhältnismäßigkeitsgrundsatz vereinbar ist (*Nöding*, Rn 204).

5. Die regelmäßige **Überprüfungsfrist** nach § 67e StGB beträgt **sechs Monate**, wenn die untergebrachte Person bei Beginn des Fristlaufs das **24. Lebensjahr** noch nicht vollendet hat (§ 7 Abs. 5 JGG). Die verkürzte Überprüfungsfrist gilt nicht für Heranwachsende, die nach allgemeinem Strafrecht verurteilt wurden. Bei diesen Personen bleibt es bei der Frist von einem Jahr nach § 67e Abs. 2 StGB. **905**

6. Die **Vollstreckung der Unterbringung** in der Sicherungsverwahrung und die **Zuständigkeit** hierfür richtet sich nach den **Vorschriften der StPO**, wenn der Betroffene das 21. Lebensjahr vollendet hat (§ 82 Abs. 3 JGG). Dies wird bei der Vollstreckung von Sicherungsverwahrung praktisch immer der Fall sein (da Voraussetzung die Verhängung einer mindestens siebenjährigen Jugendstrafe ist). Insofern wird das System des JGG mit dem Jugendrichter als Vollstreckungsleiter bei der Vollstreckung der Sicherungsverwahrung systemwidrig (*Eisenberg/Kölbel,* § 82 Rn 16) durchbrochen. Zuständige Vollstreckungsbehörde ist daher die **Staatsanwaltschaft.** **906**

7. Für den **Vollzug** von Sicherungsverwahrung gegen die nach allgemeinem Strafrecht Verurteilten gelten auch die **allgemeinen Vorschriften**. Bei den nach Jugendstrafrecht Verurteilten wird die Sicherungsverwahrung ebenfalls nach den allgemeinen Vorschriften vollzogen, da jedenfalls in der Praxis immer vor Vollstreckung der SV eine Herausnahme aus dem Jugendstrafvollzug stattfinden wird (§ 89b JGG). Der Vollzug der Sicherungsverwahrung kann frühestens (bei einer Verurteilung mit 14 Jahren) mit 21 Jahren beginnen. In der Praxis sind die (wenigen) sicherungsverwahrten jungen Männer bei Beginn der Sicherungsverwahrung alle älter als 24 Jahre gewesen. **907**

Siehe auch: → *Sicherungsverwahrung, Allgemeines*, Teil A Rdn 562 ff.; → *Sicherungsverwahrung, Abstandsgebot*, Teil A Rdn 559 ff.; → *Sicherungsverwahrung, Fortdauer der Unterbringung*, Teil A

Rdn 566 ff.; → *Sicherungsverwahrung, Gefahrenprognose*, Teil A Rdn 581 ff.; → *Sicherungsverwahrung, Grundsätze*, Teil A Rdn 589 ff.; → *Sicherungsverwahrung, nachträgliche*, Teil A Rdn 594 ff.; → *Sicherungsverwahrung, Pflichtverteidigung*, Teil A Rdn 610 ff.; → *Sicherungsverwahrung, Therapieunterbringung, Allgemeines*, Teil A Rdn 621 ff.; → *Sicherungsverwahrung, Therapieunterbringung, Zulässigkeit*, Teil A Rdn 627 ff.; → *Sicherungsverwahrung, Vollzug, Allgemeines*, Teil A Rdn 631 ff.; → *Sicherungsverwahrung, Vollzug, Antrag auf gerichtliche Entscheidung*, Teil A Rdn 635 ff.; → *Sicherungsverwahrung, Vollzug, Außenkontakte*, Teil A Rdn 639 ff.; → *Sicherungsverwahrung, Vollzug, Entlassungsvorbereitung*, Teil A Rdn 646 ff.; → *Sicherungsverwahrung, Vollzug, Grundsätze*, Teil A Rdn 648 ff.; → *Sicherungsverwahrung, Vollzug, landesrechtliche Vollzugsgesetze*, Teil A Rdn 653 ff.; → *Sicherungsverwahrung, Vollzug, Unterbringung*, Teil A Rdn 658 ff.; → *Sicherungsverwahrung, Vollzug, Unterbringung, Einzelfragen*, Teil A Rdn 663 ff.; → *Sicherungsverwahrung, Vollzug, vollzugsöffnende Maßnahmen*, Teil A Rdn 668 ff.; → *Sicherungsverwahrung, Vollzug, Vollzugsplankonferenz*, Teil A Rdn 677 ff.; → *Sicherungsverwahrung, vorbehaltene*, Teil A Rdn 681 ff.; → *Jugendliche, Vollstreckung, Allgemeines,* Teil B Rdn 738 ff.; → *Jugendliche, Vollstreckung, Jugendstrafe*, Teil B Rdn 825 ff.; → *Jugendliche, Vollstreckung, Rechtsschutz*, Teil B Rdn 880 ff.; → *Jugendliche, Vollstreckung, Zuständigkeit*, Teil B Rdn 951 ff., → *Strafvollzug, Jugendliche, Allgemeines*, Teil C Rdn 760 ff.; → *Strafvollzug, Jugendliche, Rechtsschutz*, Teil C Rdn 860 ff.

908 Jugendliche, Vollstreckung, Strafmakel, Beseitigung

Das Wichtigste in Kürze:

1. Die §§ 97 bis 101 JGG regeln die Beseitigung des Strafmakels. Im Erwachsenenstrafrecht findet sich dazu keine Parallele. Die Beseitigung des Strafmakels ist eine Besonderheit des Jugendstrafrechts.
2. Die Beseitigung des Strafmakels führt nicht zur Tilgung der Eintragung im Bundeszentralregister. Sie hat jedoch Auswirkungen auf das Führungszeugnis und die Tilgungsfristen.
3. Der Jugendrichter erklärt nach § 97 JGG den Strafmakel u.a. für beseitigt, wenn die Strafe verbüßt oder gem. § 88 Abs. 6 i.V.m. § 26a JGG erlassen wurde.
4. Antragsberechtigt ist u.a. der Verurteilte. Die Entscheidung ergeht durch Beschluss, gegen den sofortige Beschwerde eingelegt werden kann.
5. Bei Jugendstrafen von unter zwei Jahren, bei denen zumindest ein Teil der Vollstreckung zur Bewährung ausgesetzt wurde, wird mit dem Erlass der Jugendstrafe gem. § 100 JGG auch gleichzeitig der Strafmakel als beseitigt erklärt.
6. Die Beseitigung des Strafmakels kann widerrufen werden.

909 **Literaturhinweise: Desseker**, Kriminalitätsbekämpfung durch Jugendstrafrecht?, StV 1999, 683; **Morgenstern**, Der ewige Makel – Straftheorie, Grundrechte und das Strafregister, ZStW 2019, 625; s.a. die Hinweise bei → *Jugendliche, Vollstreckung, Allgemeines*, Teil B Rdn 738 m.w.N;

910 **1.a)** Die §§ 97 bis 101 JGG regeln die Beseitigung des Strafmakels. Im Erwachsenenstrafrecht findet sich dazu keine Parallele. Statistische Erhebungen oder sozialwissenschaftliche Arbeiten zur Praxis der Beseitigung des Strafmakels sind – soweit ersichtlich – nicht vorhanden.

911 Es handelt sich um eine durch **richterliche Entscheidung** bewirkte **registerrechtlichen Besserstellung** von zu Jugendstrafe verurteilten Tätern (HK-JGG/*Verrel,* § 97 Rn 1). Die Vorschrift gilt für Jugendliche, aber auch für Heranwachsende, die zu einer Jugendstrafe verurteilt wurden (§ 111 JGG); s. dazu ausführlich bei Burhoff/*Nöding*, RM, Teil A Rn 889 ff.

Die Beseitigung des Strafmakels kommt in **zwei Varianten** vor: 912

- **automatische**, aber besonders auszusprechende Folge in bestimmten Fällen des Straferlasses (§ 100 JGG) oder
- durch Richterspruch (**von Amts wegen** oder auf **Antrag**) nach Prüfung der „Rechtschaffenheit" (§ 97 JGG).

☝ Die Voraussetzungen sind unterschiedlich, die **registerrechtlichen Folgen** jedoch dieselben.
Ausgenommen von der Beseitigung des Strafmakels sind Verurteilungen wegen eines Sexualdelikts gem. §§ 174–180 oder 182 StGB (§ 100 S. 2 JGG).

b) In den §§ 97 – 101 JGG sind die **Voraussetzungen** und das Verfahren geregelt. Die Rechtsfolgen ergeben sich aus dem BZRG. Die jeweilige Variante richtet sich nach der **Höhe** der **Jugendstrafe** sowie der (Rest)Strafenaussetzung zur Bewährung. 913

Jugendstrafe < 2 Jahren; Bewährung o. Teilverbüßung	→ § 100 JGG
Jugendstrafe < 2 Jahren; Vollverbüßung	→ § 97 JGG
Jugendstrafe > 2 Jahren; Teil- oder Vollverbüßung	→ § 97 JGG

2. Beseitigung des Strafmakels führt zu folgenden **registerrechtlichen Wirkungen**: 914

- die Beseitigung wird im Register vermerkt (§ 13 Abs. 1 Nr. 5 BZRG),
- die Verurteilung bleibt weiterhin im Zentralregister, wird jedoch nicht mehr in ein **Führungszeugnis** eingetragen (§ 32 Abs. 2 Nr. 4 BZRG; → *Bundeszentralregister, Führungszeugnis, einfaches*, Teil E Rdn 218 ff.),
- allerdings bleibt die Verurteilung von bestimmten Delikten in einem erweiterten Führungszeugnis nach § 30a BZRG (§ 32 Abs. 5 BZRG; → *Bundeszentralregister, Führungszeugnis, erweitertes*, Teil E Rdn 238 ff.),
- die Eintragung in ein Führungszeugnis erfolgt auch dann nicht, wenn von mehreren Verurteilungen nur eine eintragungspflichtig ist (§ 38 Abs. 2 Nr. 2 BZRG),
- die Verurteilung darf nur noch den **Strafgerichten** und **Staatsanwälten** für eine **Strafverfolgung** des Verurteilten mitgeteilt werden (§ 41 Abs. 3 S. 1 BZRG). Die Mitteilung erfolgt nur auf ein ausdrückliches Ersuchen, wobei der Zweck des Auskunftsverlangen anzugeben ist. Die Auskunft darf auch nur für diesen Zweck verwendet werden (§ 41 Abs. 3 S. 2 BZRG),
- der Betroffene muss weder die Verurteilung selbst noch den zugrunde liegenden Sachverhalt **offenbaren** (§ 53 Abs. 1 Nr. 1 BZRG), außer gegenüber der Staatsanwaltschaft und Strafgerichten, sofern er darüber belehrt wurde (§ 53 Abs. 2 i.V.m. § 41 Abs. 3 BZRG),
- Die **Tilgungsfrist beträgt fünf Jahre** (§ 46 Abs. 1 Nr. 1f BZRG).

☝ Die Beseitigung des Strafmakels darf nicht mit der Tilgung verwechselt werden. Sie führt **nicht** zu einem **Verwertungsverbot**!
Insofern kann die Jugendstrafe bei einer **Einbürgerungsentscheidung** berücksichtigt werden, wenn die Einbürgerungsbehörde Kenntnis von der Verurteilung aus den Ausländerakten hat (BVerwG, Urt. v. 5.6.2014 – 10 C 4/14, BVerwGE 150, 17, ZJJ 2014, 293; VG Koblenz, Urt. v. 8.3.2013 – 4 K 563/12.KO,). Die Beseitigung des Strafmakels beschränkt auch nicht das Tilgungsverbot des § 47 Abs. 3 S. 1 BZRG (BGH, Beschl. v. 21.4.2009 – 1 StR 144/09, StraFo 2009, 243).

915 **3.a)** Der Jugendrichter erklärt nach **§ 97 JGG** den Strafmakel für beseitigt, wenn

- die Strafe verbüßt oder gem. § 88 Abs. 6 i.V.m. § 26a JGG erlassen wurde, wozu auch der Erlass durch eine Amnestie zählt (Ostendorf/*Rose*, § 97 Rn 4; → *Bewährung, Jugendliche, Straferlass*, Teil A Rdn 125 ff.), und
- er die Überzeugung erlangt, dass sich der Jugendliche durch einwandfreie Führung als rechtschaffener Mensch erwiesen hat.

916 **b)** Nach h.M. reicht ein **straffreies Leben** hierfür **nicht** aus (*Eisenberg/Kölbel*, § 97 Rn 11; *Brunner/Dölling*, § 97 Rn 7; a.A. Ostendorf */Rose*, § 97 Rn 7; HK-JGG/*Verrel,* § 97 Rn 13: *„in der Regel ausreichend"*). Vielmehr wird verlangt, dass die sich in der Straftat offenbarenden erzieherischen oder charakterlichen Mängel überwunden sind.

917 **c)** Grds. ist die Beseitigung des Strafmakels nach § 97 JGG erst nach **Ablauf von 2 Jahren seit Verbüßung oder Erlass** möglich. Allerdings kann der Strafmakel auch vor Ablauf der 2-Jahres-Frist beseitigt werden, wenn „der Verurteilte sich der Beseitigung des Strafmakels **besonders würdig** gezeigt hat" (§ 97 Abs. 2 S. 1 JGG). Reine Straffreiheit reicht dazu nicht aus. Es wird ein darüber hinausgehendes Verhalten gefordert, z.B. aktive Mitarbeit in einem gemeinnützigen Verein (Ostendorf */Rose*, § 97 Rn 6) oder besondere Anstrengungen im Rahmen eines Ausgleichs mit dem Verletzten (HK-JGG/*Verrel*, § 97 Rn 11).

918 **4.** Für das **Verfahren** gilt:

919 **a) Antragsberechtigt** sind

- der Verurteilte und seine Verteidigung
- die Staatsanwaltschaft
- bei Minderjährigen die gesetzlichen Vertreter, die Erziehungsberechtigten und auch die JGH (§ 97 Abs. 1 S. 2 JGG)

920 **b)** Die **Zuständigkeit** richtet sich nach § 98 JGG. Sachlich ist der **Jugendrichter** zuständig, auch wenn die Verurteilung durch ein Erwachsenengericht erfolgte (*Eisenberg/Kölbel*, § 98 Rn 2, HK-JGG/*Verrel,* § 98 Rn 1). Bei Minderjährigen ist örtlich der Jugendrichter zuständig, dem die familiengerichtlichen Erziehungsaufgaben für den Verurteilten obliegen (§ 98 Abs. 1 S. 1 JGG). Nach § 152 Abs. 2 FamFG richtet sich die Zuständigkeit nach dem gewöhnlichen Aufenthalt. Bei Volljährigen ist der Jugendrichter zuständig, in dessen Bezirk der Verurteilte seinen Wohnsitz hat (§ 98 Abs. 1 S. 2 JGG). Entscheidend ist der Zeitpunkt Antragstellung bzw. der Einleitung des Verfahrens, d.h. der zwischenzeitliche Eintritt der Volljährigkeit verändert nicht die örtliche Zuständigkeit (Ostendorf */Rose*, § 98 Rn 3; *Brunner/Dölling,* § 98 Rn 2; *Eisenberg/Kölbel*, § 98 Rn 3, D/S/S-*Schatz*, § 98 Rn 2).

921 Wird wegen einer Jugendstrafe die Anordnung der **Nichtaufnahme** in ein **Führungszeugnis** nach § 39 BZRG oder die vorzeitige Tilgung nach § 49 BZRG **erbeten**, so ist das Gesuch in der Regel zunächst dem nach § 98 JGG zuständigen Jugendgericht vorzulegen, damit dieses prüfen kann, ob die Beseitigung des Strafmakels durch Richterspruch angebracht ist. Wird der Strafmakel als beseitigt erklärt, so ist dem Verurteilten zu eröffnen, dass sein Gesuch damit als erledigt angesehen wird (RL 1 zu § 97 JGG).

922 **c)** Die Entscheidung erfolgt durch **Beschluss** (§ 99 Abs. 1 JGG), also ohne HV oder mündliche Verhandlung. Gegen den Beschluss, durch den die Strafmakelbeseitigung zurückgewiesen oder die Entscheidung aufgeschoben wurde, ist das Rechtsmittel der **sofortigen Beschwerde** gegeben (§ 99 Abs. 3 JGG; zur sofortigen Beschwerde *Burhoff*, EV, Rn 4289 ff.; Burhoff/*Nöding*, RM, Teil A Rn 895).

923 **d) Kosten** und **Auslagen** werden nicht erhoben, da dieses Verfahren eine prozessuale Besonderheit des JGG darstellt, so dass die in den §§ 464ff StPO geregelten Fälle weder unmittelbar noch entsprechend anwendbar sind (Ostendorf */Rose*, § 99 Rn 5; *Brunner/Dölling*, § 99 Rn 7; *Eisenberg/Kölbel*, § 99 Rn 11).

924 **e)** Die Bestellung eines **Pflichtverteidigers** ist möglich (D/S/S-*Schatz*, § 99 Rn 8).

925 **5.** Bei **Jugendstrafen von unter zwei Jahren**, bei denen zumindest ein Teil der Vollstreckung zur Bewährung ausgesetzt wurde, wird mit dem Erlass der Jugendstrafe gem. **§ 100 JGG** auch gleichzeitig

der Strafmakel als beseitigt erklärt. Dies gilt auch, wenn die Vollstreckung einer anderen Strafe noch zur Bewährung ausgesetzt ist; § 97 Abs. 2 S 2 JGG findet weder direkt noch entsprechend Anwendung (AG Höxter, Beschl. v. 17.7.1987 – 4 Ls 74/83 Hw Bew, ZfJ 1988, 97).

Für das Führungszeugnis ergeben sich keine **Folgen**, da die Strafen sowieso nicht in ein Führungszeugnis 926
aufgenommen werden (§ 32 Abs. 2 Nr. 3 BZRG). Aber die Auskunftserteilung aus dem Zentralregister ist eingeschränkt (§ 41 Abs. 3 BZRG) und die Tilgungsfrist wird verkürzt (§ 46 Abs. 1 Nr. 1f BZRG).

6. Die Beseitigung des Strafmakels kann **widerrufen** werden, wenn vor Tilgung der Eintragung eine er- 927
neute Verurteilung wegen eines Verbrechens oder eines Vergehens zu einer Freiheitsstrafe erfolgt. Dies geschieht entweder in dem Urteil oder nachträglich durch Beschluss (§ 101 S. 1 JGG). In besonderen Fällen kann jedoch von dem Widerruf abgesehen werden (§ 101 S. 2 JGG). Der Widerruf kann sowohl bei einer Strafmakelbeseitigung nach § 97 JGG als auch nach § 100 JGG erfolgen. Zuständig für den Widerruf ist das Gericht, das die neue Verurteilung ausspricht, also i.d.R. ein Erwachsenengericht.

Siehe auch: → *Bewährung, Jugendliche, Straferlass,* Teil A Rdn 125 ff.; → *Jugendliche, Vollstreckung, Jugendstrafe,* Teil B Rdn 825 ff.; → *Bundeszentralregister, Allgemeines,* Teil E Rdn 1 ff.; → *Bundeszentralregister, Eintragungen, Allgemeines,* Teil E Rdn 51 ff.; → *Bundeszentralregister, Eintragungen, Entfernung,* Teil E Rdn 90 ff.; → *Bundeszentralregister, Eintragungen, Registervergünstigungen,* Teil E Rdn 105 ff.; → *Bundeszentralregister, Eintragungen, Tilgung, Allgemeines,* Teil E Rdn 123 ff.; → *Bundeszentralregister, Eintragungen, Tilgung, Fristen,* Teil E Rdn 138 ff.; → *Bundeszentralregister, Eintragungen, Tilgung, Verwertungsverbot,* Teil E Rdn 156 ff.; → *Bundeszentralregister, Führungszeugnis, Allgemeines,* Teil E Rdn 175 ff.; → *Bundeszentralregister, Führungszeugnis, Behördenführungszeugnis,* Teil E Rdn 199 ff.; → *Bundeszentralregister, Führungszeugnis, einfaches,* Teil E Rdn 218 ff.; → *Bundeszentralregister, Führungszeugnis, erweitertes,* Teil E Rdn 238 ff.; → *Bundeszentralregister, Führungszeugnis, europäisches,* Teil E Rdn 255 ff.; → *Bundeszentralregister, Maßnahmen der Registerbehörde, Rechtsschutz,* Teil E Rdn 279 ff.; → *Erziehungsregister, Allgemeines,* Teil E Rdn 292 ff.; → *Erziehungsregister, Auskunft,* Teil E Rdn 306 ff.; → *Erziehungsregister, Löschung,* Teil E Rdn 318 ff.; → *Erziehungsregister, Rechtsschutz,* Teil E Rdn 326 ff.

Jugendliche, Vollstreckung, Verhängung der Jugendstrafe 928

Das Wichtigste in Kürze:

1. Ist die Verhängung der Jugendstrafe zur Bewährung ausgesetzt worden (§ 27 JGG), so wird in einem Nachverfahren entschieden, ob eine Verurteilung erfolgt oder der Schuldspruch getilgt wird.
2. Bei Nichtbefolgung der erteilten Weisungen und Auflagen kann auch Ungehorsamsarrest verhängt werden (§ 29 S. 2 i.V.m. § 23 Abs. 1 S. 4 JGG).
3. Stellt sich im Laufe der Bewährungszeit („vor allem durch schlechte Führung des Jugendlichen") heraus, dass die in dem Schuldspruch missbilligte Tat auf (so umfangreiche) schädliche Neigungen zurückzuführen ist, die eine Jugendstrafe erforderlich machen, so erkennt das Gericht auf die Jugendstrafe, die es im Zeitpunkt des Schuldspruchs verhängt hätte (§ 30 Abs. 1 JGG).
4. Das während der Bewährungszeit gezeigte Verhalten darf bei der Bemessung der Dauer der Jugendstrafe nicht berücksichtigt werden.
5. Zuständig für das Nachverfahren ist der Richter, der die Aussetzung der Verhängung angeordnet hat. Es findet ggf. eine neue Hauptverhandlung statt, die mit einem Urteil abschließt.
6. Das Urteil kann mit den allgemeinen Rechtsmitteln (Berufung oder Revision) angefochten werden.
7. Wenn der Umfang der schädlichen Neigungen weiterhin nicht sicher zu bestimmen ist und die Bewährungszeit noch läuft, ergeht ein Beschluss, dass die Entscheidung über die Verhängung der Strafe weiterhin ausgesetzt bleibt (§ 62 Abs. 3 JGG). Dieser Beschluss ist nicht anfechtbar (§ 63 Abs. 1 JGG).
8. Der Schuldspruch nach § 27 JGG wird zwar in das BZR aufgenommen, jedoch nicht in ein Führungszeugnis (§ 32 Abs. 1 Nr. 2 BZRG).

929 **Literaturhinweise: Jaglarz**, Vorhandensein schädlicher Neigungen im Zeitpunkt der Nachverfahrensentscheidung als Verhängungsvoraussetzung der Jugendstrafe gemäß §§ 30, 62 JGG?, NStZ 2015, 191; **Neubacher/Bachmann**, Person oder Amt? – Wer ist im Nachverfahren zuständig für die Verhängung einer Jugendstrafe wegen schädlicher Neigungen gemäß §§ 30 I, 62 I JGG?, NStZ 2013, 386; *Nöding*, Verteidigung in Jugendstrafsachen, 8. Aufl., 2023; **Wenger**, Steht die Aussetzung der Verhängung der Jugendstrafe nach § 27 JGG vor der „Re-Naissance?", in: Festschrift für *Härringer Pfaffenweiler* 1995, 64, **Wohlfahrt**, Registerrechtliche Folgen jugendstrafrechtlicher Sanktionen – Teil 1, StraFo 2024, 362.

930 **1.a)** Ist gem. § 27 JGG die Entscheidung über die Verhängung der Jugendstrafe zur Bewährung ausgesetzt worden („Bewährung ohne Strafe"), so wird in einem **Nachverfahren** während oder nach Ablauf der Bewährungszeit über die tatsächliche Verhängung entschieden. Die materiellen Voraussetzungen hierfür finden sich in § 30 JGG, das Verfahren ist in den §§ 62 ff. JGG geregelt (**Bewährungszeit**; zur Dauer → *Bewährung, Jugendliche, Zeit*, Teil A Rdn 176 ff.; zu den gebührenrechtlichen Fragen Burhoff/*Burhoff*, RVG, Teil A Rn 162 ff.).

☝ Die Entscheidung zur Dauer der Bewährungszeit ist mit der einfachen **Beschwerde** anfechtbar (§ 63 Abs. 2 i.V.m. § 59 Abs. 2 JGG; zur Beschwerde *Burhoff*, EV, Rn 1164 ff., und Burhoff/*Nöding*, RM, Teil A Rn 634).

931 Der Jugendrichter, der die Entscheidung nach § 27 JGG getroffen hat, ist auch zuständig für die **Überwachung** der Einhaltung verhängter **Bewährungsauflagen** (BGH, Beschl. v. 9.3.1998 – 2 ARs 44/98 –, StV 1998, 348). Er kann die in § 28 JGG geregelte Bewährungsüberwachung ebenso wenig wie die Entscheidung nach § 30 JGG auf den Jugendrichter des Aufenthaltsorts übertragen werden. Es verbleibt bei der alleinigen Zuständigkeit des erkennenden Jugendrichters (BGH, Beschl. v. 11.3.1999 – 2 ARs 33/99, NStZ 1999, 361).

932 Bei einer Verurteilung durch ein Erwachsenengericht sind die Bewährungsentscheidungen (§§ 28, 29 JGG), nicht aber die Entscheidungen gem. § 30 JGG, auf den Jugendrichter zu übertragen, in dessen Bezirk sich der Verurteilte aufhält (§§ 104 Abs. 5 Nr. 2, 112 S. 1 JGG).

933 Kommt der Jugendliche den Weisungen und Auflagen nicht nach oder entzieht er sich der Aufsicht des Bewährungshelfers, so kann dies Anlass für die Durchführung des **Nachverfahrens** nach **§ 30 JGG** – auch schon vor Ablauf der Bewährungszeit – geben. Sie können dann ein Indiz für die Feststellung schädlicher Neigungen in einem, Jugendstrafe erfordernden Umfang, aber nie alleiniger Grund für die Verhängung von Jugendstrafe sein (dazu noch unten Rdn 937). Gesetzlich fehlt eine ausdrückliche Regelung wie in § 26 Abs. 2 JGG, wonach vor einem Widerruf mildere Maßnahmen zu prüfen sind. Allerdings muss aus Verhältnismäßigkeitsgründen vor der Einleitung des Nachverfahrens geprüft werden, ob nicht besser mit der **Verlängerung** der **Bewährungs- oder Unterstellungszeit** oder mit der Erteilung weiterer Weisungen und Auflagen zu reagieren ist (HK-JGG/*Meier*, § 29 Rn 2).

934 **b)** In der **Praxis** kommt es eher **selten zu Nachverfahren**, da aufgrund des Einheitsprinzips des § 31 JGG der Schuldspruch nach § 27 JGG in die neue Verurteilung einbezogen wird (BGHSt 39, 92; BGHSt 31, 255). Das gilt jedoch nur für die **Einbeziehung des Schuldspruchs.** Umgekehrt darf im Nachverfahren (§§ 30, 62 JGG) eine anderweitige Verurteilung nicht nach § 31 Abs. 2 JGG einbezogen werden, da im Nachverfahren ausschließlich darüber zu befinden ist, ob in der abgeurteilten Straftat schädliche Neigungen in einem, Jugendstrafe erforderlichen Umfang vorliegen (D/S/S-*Diemer*, § 30 Rn 12).

☝ Eine Einbeziehung des Schuldspruchs nach § 27 JGG in einem Nachtragsverfahren nach § 66 Abs. 1 S. 1 JGG ist jedoch **nicht möglich**, da die Schuldfeststellung nach § 27 JGG keine noch nicht vollständig erledigte Entscheidung i.S. des § 66 Abs. 1 S. 1 JGG ist (BGHSt 51, 136).

935 **2.** Bei Nichtbefolgung der erteilten Weisungen und Auflagen kann auch **Ungehorsamsarrest** verhängt werden (§ 29 S. 2 i.V.m. § 23 Abs. 1 S. 4 JGG; → *Bewährung, Jugendliche, Widerruf der Bewährung*, Teil A Rdn 165).

3. Stellt sich im Laufe der Bewährungszeit („vor allem durch schlechte Führung des Jugendlichen") heraus, dass die in dem Schuldspruch missbilligte Tat auf (so umfangreiche) **schädliche Neigungen** zurückzuführen ist, die eine Jugendstrafe erforderlich machen, so erkennt das Gericht auf die **Jugendstrafe**, die es im Zeitpunkt des Schuldspruchs verhängt hätte (§ 30 JGG). Dazu gelten im Wesentlichen folgende 936

Kriterien 937

- Die Neubeurteilung der Voraussetzungen der schädlichen Neigungen muss auf **neue**, erst während der Bewährungszeit bekannt gewordenen **Tatsachen** gestützt werden (*Eisenberg/Kölbel*, § 30 Rn 11, weitergehend D/S/S-*Diemer*, § 30 Rn 7: nur Tatsachen, die während der Bewährungszeit geschaffen worden sind). Lediglich eine Neubewertung der bereits bekannten Tatsachen ist nicht ausreichend (HK-JGG/*Meier* § 30 Rn 3).
- Allein die Nichterfüllung der Weisungen und Auflagen, also eine **„schlechte Führung"**, rechtfertigt die Verhängung von Jugendstrafe nicht. Die Verhängung von Jugendstrafe dient nicht der Disziplinierung des Jugendlichen, sondern ist allein die Reaktion auf die bereits missbilligte Tat (HK-JGG/*Meier*, § 30 Rn 5, *Eisenberg/Kölbel*, § 30 Rn 12: „allein ein Indiz").
- **Bedeutsam** sind vor allem **weitere Straftaten** des Jugendlichen in der Bewährungszeit. Aber auch hier ist die Verhängung von Jugendstrafe kein Automatismus, sondern es muss geprüft werden, ob neuerliche Taten eine Indizwirkung für das Vorliegen von schädlichen Neigungen haben, die in der Tat hervorgetreten sind. Das ist bei einschlägigen Delikten anders zu beurteilen als bei nichteinschlägigen. Da die Verhängung von Jugendstrafe an die „schlechte Führung" und nicht wie die Widerrufsentscheidung an eine neue „Straftat" anknüpft, soll eine rechtskräftige Verurteilung nicht Voraussetzung sein (HK-JGG/*Meier*, § 30 Rn 6).

4. Das während der Bewährungszeit gezeigte Verhalten darf bei der Bemessung der **Dauer der Jugendstrafe** nicht einfließen. Vielmehr erkennt der Richter auf die Strafe, die er im Zeitpunkt des Schuldspruchs bei sicherer Beurteilung der schädlichen Neigungen des Jugendlichen ausgesprochen hätte (OLG Hamm, Beschl. v. 1.7.2010 – III-3 RVs 55/10, NStZ 2011, 527; *Eisenberg/Kölbel*, § 30 Rn 13; D/S/S-*Diemer*, § 30 Rn 12; *Brunner/Dölling*, § 30 Rn 9; a.A. Ostendorf/*Drenkhahn*, § 30 Rn 5 u. HK-JGG/*Meier*, § 30 Rn 7, der jedoch zu Recht darauf hinweist, dass dies in der Praxis sowieso nicht kontrolliert werden könne, da das Gericht zum Zeitpunkt des Schuldspruchs die ggf. zu verhängende Strafe nicht bekannt gibt). 938

Koppelungsarrest, der nach § 16a JGG verhängt wurde, wird in dem Umfang, in dem er verbüßt wurde, auf die Jugendstrafe angerechnet (§ 30 Abs. 1 S. 2 JGG i.V.m. § 26 Abs. 3 S. 3 JGG); ebenso im Verfahren erlittene **U-Haft** oder sonstige Freiheitsentziehung (§ 52a JGG). Für andere Leistungen aus der Bewährungszeit besteht keine Anrechnungsmöglichkeit, auch nicht für Ungehorsamsarrest (*Eisenberg/Kölbel*, § 30 Rn 15; D/S/S-*Diemer*, § 30 Rn 12). 939

5. Für das **Nachfahren** gelten folgende **Verfahrensregeln**: 940

a) Zuständig für das **Nachverfahren** ist der Richter, der die Aussetzung der Verhängung angeordnet hat (§ 62 Abs. 4 JGG i.V.m. § 58 Abs. 3 S. 1 JGG; BGH, Beschl. v. 5.8. 2010 – 2 ARs 260/10, NStZ 2011, 524; *Neubacher/Bachmann*, NStZ 2013, 386). Daran ändert auch die geänderte Formulierung („das Gericht" statt „der Richter") nichts. Sieht ein gerichtlicher Geschäftsverteilungsplan unterschiedliche Zuständigkeiten für die Entscheidungen nach § 27 JGG und § 30 JGG vor und gewährleistet er somit Personenidentität nicht, ist er fehlerhaft. Derartige Mängel, die die Rechtmäßigkeit der Aufstellung von Geschäftsverteilungsplänen betreffen, können im ggf. Wege der Revision gerügt werden, und zwar gestützt auf § 338 Nr. 1 StPO (s. Burhoff/*Junker*, RM, Teil A Rn 2355 ff.). 941

Die durch ein Urteil nach § 27 JGG begründete jugendgerichtliche Zuständigkeit wirkt über § 47a JGG im Nachverfahren gem. §§ 62, 30 JGG auch dann fort, wenn sich vor oder im Zuge des Nachverfahrens herausstellt, dass der als Jugendlicher Angeklagte im Zeitpunkt der Tatbegehung bereits Erwachsener war (OLG Hamm, Beschl. v. 1.7.2010 – 3 RVs 55/10, NStZ 2011, 527; D/S/S-*Diemer*, § 30 Rn 16). 942

943 **b)** Das Nachverfahren wird **eingeleitet** durch einen **Beschluss** über die **Weiterführung** des **Verfahrens,** in dem die für die Weiterführung nach § 30 JGG maßgeblichen Tatsachen und Beweismittel angegeben werden (D/S/S-*Schatz,* § 62 Rn 10, *Eisenberg/Kölbel,* § 62 Rn 7; HK-JGG/*Meier,* § 62 Rn 4).

☝ Der Erlass eines **Sicherungshaftbefehls** nach § 453c StPO ist unzulässig (D/S/S-*Diemer*, § 28 Rn 6; HK-JGG/*Meier,* § 62 Rn 8).

944 Die nachträglichen Entscheidungen ergehen dann aufgrund einer **HV** durch **Urteil** (§§30, 62 Abs. 1 S. 1 JGG). Ist die Bewährung erfolgreich verlaufen und soll der Schuldspruch getilgt werden, so wird dagegen regelmäßig im Beschlussverfahren – also ohne mündliche Verhandlung – entschieden (*Nöding*, Rn 176).

☝ Kommt es nach Ablauf der Bewährungszeit zu einer erneuten Hauptverhandlung, muss der Verteidiger damit rechnen, dass Jugendstrafe verhängt werden soll.

945 Die **innerprozessuale Bindungswirkung** umfasst den Schuldspruch und die ihn tragenden Feststellungen (bei Heranwachsenden auch die Entscheidung nach § 105 Abs. 1 JGG). Die Prüfung der tatsächlichen und rechtlichen Feststellungen des Schuldspruchs ist dem Gericht im Nachverfahren daher verwehrt. Hinsichtlich aller sonstigen Feststellungen tritt keine Bindungswirkung im Nachverfahren ein (*Eisenberg/Kölbel*, § 27 Rn 21: „Darin nicht eingeschlossen sind die übrigen Feststellungen – namentlich jene, welche sich auf die prinzipielle Annahme von „schädlichen Neigungen" und die bestehende Ungewissheit ihres Ausmaßes beziehen."). Eine Bindung an den Schuldspruch besteht dagegen dann nicht, wenn sich ein Verfahrenshindernis herausstellt oder die Hauptverhandlung ergibt, dass die strafrechtliche Verantwortung (§ 3 JGG) nicht vorlag (h.M.; *Eisenberg/Kölbel*, § 30 Rn 7; *Brunner/Dölling*, § 30 Rn 12; a.A. D/S/S-*Diemer*, § 30 Rn 5 f.).

946 Die Vollstreckung der in einem Nachverfahren verhängten **Jugendstrafe** kann nach § 21 JGG durchaus auch zur **Bewährung** ausgesetzt werden. Eine frühere Regelung, die dies ausgeschlossen hatte (§ 30 Abs. 1 S. 2 JGG a.F.), wurde 1990 aufgehoben. Allerdings wird in der Praxis oft Jugendstrafe ohne Bewährung verhängt, weil die Gerichte wegen des negativen Bewährungsverlaufes im Nachverfahren häufig nicht zu einer positiven Legalprognose kommen. Die Anordnung von Erziehungsmaßregeln oder Zuchtmittel statt Jugendstrafe im Nachverfahren ist jedoch ausgeschlossen (BGHSt 18, 211; *Brunner/Dölling,* § 30 Rn 3).

947 **c)** Die **Tilgung des Schuldspruchs** kann nach Ablauf der Bewährungszeit auch ohne Hauptverhandlung mit Zustimmung der Staatsanwaltschaft durch **Beschluss** angeordnet werden (§ 62 Abs. 2 JGG). Die Tilgung durch Beschluss ist unanfechtbar (§ 63 Abs. 1 JGG). Bei erfolgreichem Bewährungsverlauf wird der Schuldspruch regelmäßig im Beschlussweg getilgt.

948 **6.** Das **Urteil** kann mit den **allgemeinen Rechtsmitteln** (Berufung oder Revision) angefochten werden. Die instanzielle Rechtsmittelbeschränkung des § 55 Abs. 2 JGG ist dabei zu beachten (Burhoff/*Nöding*, RM, Teil A Rn 812 ff.).

949 **7.** Wenn der Umfang der schädlichen Neigungen weiterhin nicht sicher zu bestimmen ist und die Bewährungszeit noch läuft, ergeht ein Beschluss, dass die Entscheidung über die Verhängung der Strafe **weiterhin ausgesetzt bleibt** (§ 62 Abs. 3 JGG). Dieser Beschluss ist nicht anfechtbar (§ 63 Abs. 1 JGG).

950 **8.** Der Schuldspruch nach § 27 JGG wird zwar in das BZR und in das Erziehungsregister aufgenommen (§ 60 Abs. 1 Nr. 3 BZRG, *Wohlfahrt*, StraFo 2024, 362), jedoch nicht in ein **Führungszeugnis** (§ 32 Abs. 1 Nr. 2 BZRG), auch nicht bei Sexualstraftaten.

Siehe auch: → *Bewährung, Jugendliche, Allgemeines*, Teil A Rdn 84 m.w.N.; → *Jugendliche, Vollstreckung, Allgemeines*, Teil B Rdn 738 m.w.N.

Jugendliche, Vollstreckung, Zuständigkeit 951

Das Wichtigste in Kürze:

1. Anders als im allgemeinen Strafrecht ist nicht die StA (§ 451 StPO) bzw. die Strafvollstreckungskammer (§ 462a StPO) sachlich zuständig, sondern gem. § 82 Abs. 1 JGG ist der Jugendrichter einheitlicher Vollstreckungsleiter.
2. Die Einleitung der Vollstreckung obliegt nach § 84 Abs. 1 JGG dem erkennenden Jugendrichter. Die örtliche Zuständigkeit richtet sich nach der zu vollstreckenden Sanktion. Bei stationären Maßnahmen geht die örtliche Zuständigkeit auf den Jugendrichter über, in dessen Bezirk die Anstalt liegt.
3. Der Rechtspfleger ist nur unterstützend tätig. Die Entscheidungen sind alle dem Jugendrichter vorbehalten.

Literaturhinweise: **Reiß**, Der Rechtspfleger in der Jugendstrafvollstreckung. Ist der Erlaß einer Rechtsverordnung nach § 31 Abs. 5 S 3 RPflG erforderlich?, Rpfleger 1987, 54; **Franze**, Probleme des Vollzugs der Jugendstrafe nach Erwachsenenrecht, Jura 1997, 72; **Kühn**, Vollstreckung nach Herausnahme aus dem Jugendvollzug, NStZ 1992, 526; *Pohlmann/Jabel/Wolf/Kempfer*, Strafvollstreckungsordnung, 10. Aufl. 2024; s.a. die Hinweise bei → *Jugendliche, Vollstreckung, Allgemeines*, Teil B Rdn 738 m.w.N. 952

1. Anders als im allgemeinen Strafrecht ist nicht die StA (§ 451 StPO) bzw. die Strafvollstreckungskammer (§ 462a StPO) **sachlich zuständig**, sondern gem. § 82 Abs. 1 JGG ist der **Jugendrichter einheitlicher Vollstreckungsleiter**. Er nimmt also auch Aufgaben war, die die StPO der Strafvollstreckungskammer zugewiesen hat (→ *Jugendliche, Vollstreckung, Allgemeines*, Teil B Rdn 745 ff.; → *Erwachsene, Freiheitsstrafe ohne Bewährung, Aussetzung der Reststrafe, Allgemeines*, Teil B Rdn 270 ff.). 953

Im Übrigen gelten folgende 954

Zuständigkeitszuweisungen

- Der Jugendrichter vollstreckt seine **eigenen Entscheidungen**, aber auch Entscheidungen, die von der **Jugendkammer im ersten Rechtszug** oder von einem für **allgemeine Strafsachen** zuständigen Gericht getroffen wurden. Dies gilt auch, wenn erstinstanzlich ein OLG entschieden hat; § 462a Abs. 5 findet keine Anwendung. Das OLG ist dann für Beschwerden gegen Entscheidungen des Jugendrichters als Vollstreckungsleiter zuständig (OLG Düsseldorf, Beschl. v. 18.2.1999 – VI 13/93, NStZ 2001, 616).
- In den Fällen, in denen der Vollstreckungsleiter über seine eigene Anordnung zu entscheiden hätte, tritt die **Jugendkammer** an die Stelle des Vollstreckungsleiters (§ 83 Abs. 2 JGG). Z.B. ist gegen die Entscheidung des Jugendrichters als Vollstreckungsleiter über die Ablehnung einer Unterbrechung der Vollstreckung die sofortige Beschwerde zulässig, über die die Jugendkammer zu entscheiden hat (OLG Karlsruhe, Beschl. v. 17.9.1992 – 2 VAs 15/92, NStZ 1993, 104; → *Jugendliche, Vollstreckung, Rechtsschutz*, Teil B Rdn 880 ff.).
- Die **StA** und die **StVK** sind nur nach bindender Abgabe der Vollstreckung nach § 85 Abs. 6 JGG zuständig (→ *Jugendliche, Vollstreckung, Jugendstrafe*, Teil B Rdn 859).
- Sind **Jugendstrafe und Freiheitsstrafe** gegen denselben Verurteilten zu vollstrecken, so sind für die Vollstreckung der Jugendstrafe der Jugendrichter als Vollstreckungsleiter und für die Vollstreckung der Freiheitsstrafe die StA und die StVK zuständig (BGH, Beschl. v. 16.3.1979 – 2 ARs 70/79, BGHSt 28, 351). Der in § 462a Abs. 4 enthaltene **Konzentrationsgrundsatz** erstreckt sich nicht auf die Vollstreckung von Jugendstrafen (BGH, Beschl. v. 26.1.2007 – 2 ARs 2/07, StraFo 2007, 258; → *Jugendliche, Vollstreckung, Jugendstrafe*, Teil B Rdn 848).
- Zur Entscheidung über **Maßnahmen** zur **Festnahme** eines **Verurteilten** nach § 457 Abs. 3 S. 3 StPO (hier: Überwachung der Telekommunikation zur Ergreifung des Verurteilten) ist auch bei der Vollstreckung von Jugendstrafe das Gericht des ersten Rechtszuges zuständig (OLG Celle, Beschl. v. 6.1.2014 – 2 Ws 366/13, StraFo 2014, 172).

955 **2.a)** Für die **örtliche Zuständigkeit** gilt: Die Einleitung der Vollstreckung obliegt nach § 84 Abs. 1 JGG dem erkennenden Jugendrichter. Der **erkennende Jugendrichter** ist demnach **primärer Vollstreckungsleiter**. Der Jugendrichter leitet die Vollstreckung in allen Verfahren ein, in denen er selbst oder unter seinem Vorsitz das Jugendschöffengericht im ersten Rechtszuge erkannt hat (§ 84 Abs. 1 JGG). Er bleibt auch dann zuständig, wenn ein Rechtsmittelgericht die Sanktion bestimmt hat. Im Falle einer nachträglichen Entscheidung gem. § 66 JGG (→ *JGG-Besonderheiten, Entscheidungsergänzungen, nachträgliche*, Teil A Rdn 542 ff.) ist der Richter zuständig, der die Entscheidung getroffen hat (Ostendorf/*Rose* § 84 Rn 2).

956 Soweit die Entscheidung eines der **Jugendkammer** oder eines **Erwachsenengerichts** zu vollstrecken ist, richtet sich die örtliche Zuständigkeit nach den **familienrechtlichen Zuständigkeitsvorschriften** des FamFG (§ 84 Abs. 2 JGG i.V.m. § 151 Nr. 8 FamFG), insbesondere nach § 152 FamFG. Insofern ist der Jugendrichter örtlich zuständig, in dessen Bezirk der Jugendliche bzw. Heranwachsende seinen gewöhnlichen Aufenthalt hat. Hierbei ist der tatsächliche Aufenthalt entscheidend. Es kommt nicht darauf an, ob dieser Ort frei gewählt wurde (BGH, Beschl. v. 1.7.2005 – 2 ARs 179/05, StraFo 2005, 480). Hat der Jugendliche keinen inländischen gewöhnlichen Aufenthalt, ist das Gericht zuständig, in dessen Bezirk das Bedürfnis der Fürsorge bekannt wird (§ 152 Abs. 3 FamFG; BGH, Beschl. v. 13.8.2014 – 2 Ars 225/14, StraFo 2014, 523).

957 **b)** Die **weitere örtliche Zuständigkeit** ist abhängig von der zu **vollstreckenden Sanktion**. Die Zuständigkeitsregelungen bzw. Änderungen der Zuständigkeit gelten immer nur für ein bestimmtes Verfahren bzw. für eine bestimmte Sanktion; es findet keine generelle Konzentration der Vollstreckungszuständigkeit statt.

958 **aa)** Bei der Vollstreckung von **ambulanten Erziehungsmaßregeln** oder **Zuchtmitteln** bleibt der erkennende Jugendrichter für die weitere Vollstreckung zuständig (§ 84 Abs. 3 JGG; → *Jugendliche, Vollstreckung, Erziehungsmaßregeln, Zuchtmittel*, Teil B Rdn 773 ff.

959 **bb)** Bei der Vollstreckung von **Jugendarrest** gibt der Vollstreckungsleiter die Vollstreckung an den Jugendrichter ab, der nach § 90 Abs. 2 S.2 als Vollzugsleiter für die Jugendarrestanstalt zuständig ist (§ 85 Abs. 1 JGG; → *Jugendliche, Vollstreckung, Jugendarrest*, Teil B Rdn 811).

960 **cc)** Bei der **Vollstreckung** von **Jugendstrafe** (→ *Jugendliche, Vollstreckung, Jugendstrafe*, Teil B Rdn 825 ff.) geht nach Aufnahme in die Jugendstrafanstalt die Zuständigkeit auf den Jugendrichter über, in dessen **Bezirk** die **Jugendstrafanstalt** liegt (§ 85 Abs. 2 S. 1 JGG). Die Zuständigkeit wechselt am Tag der Aufnahme in den Jugendstrafvollzug. Unterhält die Anstalt Außenstellen, so ist der Sitz der Hauptanstalt maßgeblich (BGH, Beschl. v. 17.12.1993 – 2 ARs 426/93, NStZ 1994, 204). Falls die Jugendstrafanstalt eines Landes auf dem Gebiet eines anderen Landes liegt (z.B. die Hamburger JVA Hahnöfersand), können die beteiligten Länder vereinbaren, dass der Jugendrichter eines Amtsgerichts des Landes, das die Einrichtung für den Vollzug der Jugendstrafe unterhält, zuständig sein soll (§ 85 Abs. 3 JGG). Dieser hat dann dieselben Befugnisse wie der Vollstreckungsleiter nach § 85 Abs. 2 JGG. Wird der Jugendliche dauerhaft (fünf Tage reichen jedenfalls nicht; BGHR JGG § 85 Abs. 2 Aufnahme 1) in eine andere Jugendstrafanstalt verlegt, wechselt kraft Gesetzes erneut der zuständige Vollstreckungsleiter nach § 85 Abs. 2 JGG. Der nach § 85 Abs. 2, 3 JGG zuständige Vollstreckungsleiter entscheidet auch über eine vorzeitige Entlassung zur Bewährung (→ *Jugendliche, Vollstreckung, Jugendstrafe*, Teil B Rdn 827 ff.). Verliert der ursprünglich zuständige allgemeine Vollstreckungsleiter seine Zuständigkeit gemäß § 85 Abs. 2 JGG an den für die Jugendvollzugsanstalt zuständigen besonderen Vollstreckungsleiter, so lebt diese ursprüngliche Zuständigkeit weder durch die Entlassung des Jugendlichen oder Heranwachsenden aus der Haftanstalt noch dessen Ausnahme aus dem Jugendstrafvollzug (§ 89b JGG; → *Jugendliche, Vollstreckung, Jugendstrafe*, Teil B Rdn 853 ff.) wieder auf (OLG Hamm, Beschl. v. 14.9.1983 – 3 (s) Sbd 18 – 15/83, MDR 1984, 166).

✍ Alle Maßnahmen bis zur Aufnahme in die Jugendstrafanstalt trifft der nach § 84 JGG zuständige Vollstreckungsleiter, alle späteren der Vollstreckungsleiter nach § 85 Abs. 2, 3 JGG. Alle Anträge, die auf Aufschub der Vollstreckung gerichtet sind, sind daher an den primären Vollstreckungsleiter zu richten. Alle Anträge, die auf eine Verkürzung des Vollzuges gerichtet sind, an den besonderen Vollstreckungsleiter.

Nach § 85 Abs. 5 JGG kann der Vollstreckungsleiter die Vollstreckung widerruflich an einen anderen Jugendrichter abgeben. Ein **wichtiger Grund** zur **Abgabe** ist in der Regel gegeben bei einer Herausnahme aus dem Jugendstrafvollzug (§ 89b JGG; → *Vollstreckung, Jugendstrafe*, Teil B Rdn 853 ff.) und nach Reststrafenbewährung (§ 88 JGG; → *Vollstreckung, Jugendstrafe*, Teil B Rdn 827 ff.), wenn der Verurteilte seinen Wohnsitz nach Entlassung in einem anderen Gerichtsbezirk nimmt (BGH, Beschl. v. 3.9.2003 – 2 ARs 253/03, NStZ-RR 2004, 58; OLG Frankfurt, Beschl. v. 26.7.2002 – 3 Ws 778/02, NStZ-RR 2002, 380; *Eisenberg/Kölbel*, § 85 Rn 32 f.). Dieser Jugendrichter darf die Vollstreckung dann jedoch nicht mehr abgeben (BGH, Beschl. v. 19.4.1972 – 2 ARs 79/72, BGHSt 24, 332; BGH, Beschl. v. 24.11.1982 – 2 ARs 337/82, NStZ 1983, 139; Besch. v. 9.10.2002 – 2 ARs 259/02, NStZ-RR 2003, 29; Beschl. v. 21.4.2005 – 2 ARs 64/05 + 2 ARs 84/05, 2005, 246 [Rücknahme der Vollstreckung möglich]). 961

dd) Für die örtliche Zuständigkeit bei der Vollstreckung einer **Unterbringung in einem psychiatrischen Krankenhaus** bzw. in einer **Entziehungsanstalt** gem. § 61 Nr. 1, 2 StGB gilt § 85 Abs. 2 JGG entsprechend (§ 85 Abs. 4 JGG), so dass nach Aufnahme des Verurteilten in der Anstalt Vollstreckungsleiter der Jugendrichter des Amtsgerichts wird, in dessen Bezirk sich die Anstalt befindet. Bei Außenstellen ist der Ort der Hauptstelle maßgeblich (BGH, Beschl. v. 17.12.1993 – 2 ARs 426/93, NStZ 1994, 204; *Eisenberg/Kölbel*, § 85 Rn 16; Ostendorf/*Rose*, § 85 Rn 6; → *Maßregeln, Jugendliche*, Teil B Rdn 1269 ff.). 962

ee) Bei **Abgabe** der **Vollstreckung** an die **StA** nach § 85 Abs. 6 JGG richtet sich die örtliche Zuständigkeit der StA nach § 85 Abs. 7 JGG i.V.m. § 451 Abs. 3 StPO. 963

3. Funktionelle Zuständigkeit: Der **Jugendrichter** wird in der Strafvollstreckung vom **Rechtspfleger** unterstützt. Allerdings ist eine gesetzlich klare Trennung der Zuständigkeiten nicht vorgenommen worden. Gem. § 31 Abs. 5 RPflG werden dem Rechtspfleger die Geschäfte der Vollstreckung übertragen, durch die eine richterliche Vollstreckungsanordnung oder eine die Leitung der Vollstreckung nicht betreffende allgemeine Verwaltungsvorschrift ausgeführt wird. 964

Der Bundesminister der Justiz wird ermächtigt, durch **Rechtsverordnung** mit Zustimmung des Bundesrates auf dem Gebiet der Vollstreckung im Jugendstrafverfahren dem **Rechtspfleger nichtrichterliche Geschäfte** zu **übertragen**, soweit nicht die Leitung der Vollstreckung durch den Jugendrichter beeinträchtigt wird oder das Vollstreckungsgeschäft wegen seiner rechtlichen Schwierigkeit, wegen der Bedeutung für den Betroffenen, vor allem aus erzieherischen Gründen, oder zur Sicherung einer einheitlichen Rechtsanwendung dem Vollstreckungsleiter vorbehalten bleiben muss. Nach § 33a RPflG gelten bis zum Inkrafttreten der aufgrund der Ermächtigung in § 31 Abs. 5 RPflG zu erlassenden Rechtsverordnung die Bestimmungen zur Entlastung des Jugendrichters in Strafvollstreckungsgeschäften weiter. Eine Verordnung nach § 31 Abs. 5 S. 3 RPflG ist nach wie vor nicht erlassen. Bis dahin gelten nach § 33a RPflG die bisherigen Bestimmungen über die Entlastung des Jugendrichters in Strafvollstreckungsgeschäften weiter (Nr. III 5 der Richtlinie zu §§ 82 – 85 JGG i.V.m der bundeseinheitlich erlassenen Anordnung der Landesjustizverwaltungen vom 1.12.1962, zul. geändert am 16.2.1982). Die funktionelle Zuständigkeit für Vollstreckungsentscheidungen verbleibt jedoch stets beim Jugendrichter (RL III 5 zu §§ 82–85), der den Rechtspfleger allein für deren Realisierung einsetzen kann; zum Ganzen: *Eisenberg/Köbel*, § 82 Rn 14; BeckOK-JGG/*Sengbusch*, § 82 Rn 7). 965

Im Übrigen kann der Jugendrichter den Rechtspfleger zur **Mitwirkung** bei den ihm vorbehaltenen Geschäften der Vollstreckung **heranziehen**. Die Übertragung insbesondere formaler Teile der Vollstreckung (s. Rdn 968) hat praktisch eine erhebliche Bedeutung, da hierdurch nicht nur der Jugendrichter ent- 966 lastet und ihm mehr Raum, für die unmittelbare erzieherische Wirkung eingeräumt, sondern auch das Vollstreckungsverfahren erheblich beschleunigt wird (Ostendorf/*Rose*, § 82 Rn 3).

967 Der Jugendrichter kann dem Rechtspfleger bindende Anweisungen erteilen und gemäß § 31 Abs. 5 S. 4 RPflG die Vorlage übertragener Vollstreckungsgeschäfte anordnen. Handelt der **Rechtspfleger** trotz **Unzuständigkeit** bei einem ihm nicht übertragenen Geschäft, so ist dieses nichtig. Der Jugendrichter hat die Handlung dann selbstständig nachzuholen (*Eisenberg/Kölbel*, § 82 Rn 15; Ostendorf/*Rose*, § 82 Rn 3 a.E; BeckOK-JGG/*Sengbusch*, § 82 Rn 7).

☝ Der Verteidiger sollte immer **prüfen, wer** die **Entscheidung getroffen** hat. Hat der Rechtspfleger z.B. die Zurückstellung nach §§ 35, 38 BtMG versagt, so ist das Vollstreckungsgeschäft unwirksam.

968 Die wichtigsten Geschäfte, für die der Rechtspfleger zuständig ist, sind folgende:

Rechtspflegergeschäfte:

- die Ausführung einer richterlichen Vollstreckungsanordnung (Anordnung der Ladung zum Arrest- oder Strafantritt, Aufnahme- und Überführungsersuchen und Strafzeitberechnung),
- der Erlass eines Vollstreckungshaft- oder -vorführungsbefehls und die Zwangszuführung zum Jugendarrest auf richterliche Anordnung sowie die Maßnahmen zu ihrer Vollziehung,
- die Anordnung über das Anlegen von Vollstreckungsheften,
- die Ausführung von richterlichen Anordnungen über Fahndungsmaßnahmen,
- die Rücknahme erledigter Fahndungsmaßnahmen,
- die Ausführung von richterlichen Anordnungen nach § 61 Abs. 1 S. 1 StVollstrO,
- die nach den §§ 56, 59 und 63 – 86 StVollstrO erforderlichen Maßnahmen der Vollstreckungsbehörde (zum Ganzen siehe auch *Pohlmann/Jabel/Wolf/Kempfer*, § 10 StVollstrO Rn 23).

☝ Jedoch darf der Rechtspfleger bei jugendrichterlichen Entscheidungen i.S. des **§ 83 Abs. 1 JGG nicht** mitwirken.

Im **Jugendstrafverfahren** ist daher immer der **Jugendrichter** als Vollstreckungsleiter der **Ansprechpartner**, nicht der Rechtspfleger.

Siehe auch: → *Jugendliche, Vollstreckung, Allgemeines*, Teil B Rdn 738 m.w.N.

969 Maßregeln, Erwachsene, Allgemeines

Das Wichtigste in Kürze:

1. Das deutsche Schuldstrafrecht stößt an seine Grenzen, wenn es darum geht, die Allgemeinheit vor gefährlichen Straftätern zu schützen, denen kein oder nur ein geringer Schuldvorwurf zu machen ist. Für derartige Fälle sieht das deutsche Strafrecht das zweispurige System von Strafen und Maßregeln vor.
2. Über die (überwiegend präventiven) Zwecke der Maßregeln besteht weitgehend Einigkeit.
3. Mit dem Novellierungsgesetz vom 8.7.2016 wurden insbesondere die Voraussetzungen für die Anordnung und die Fortdauer einer Unterbringung nach § 63 StGB sowohl in materieller als auch in verfahrensrechtlicher Hinsicht enger gefasst
4. Durch das Gesetz zur Überarbeitung des Sanktionenrechts vom 26.7.2023 wurden insbesondere die Voraussetzungen für die Anordnung der Unterbringung in einer Entziehungsanstalt nach § 64 StGB verschärft.

5. Bei der Betreuung verurteilter Personen wird vor allem der Verteidiger immer wieder mit den Gründen für die Anordnung der Unterbringung konfrontiert werden und sich mit ihnen auseinandersetzen müssen. Das gilt insbesondere, wenn über die Fortdauer einer Unterbringung, die Aussetzung zur Bewährung oder den Bewährungswiderruf, die Erledigterklärung und die Ausgestaltung der Führungsaufsicht zu entscheiden ist.
6. Die Unterbringung in einem psychiatrischen Krankenhaus knüpft an die Schuldunfähigkeit bzw. verminderten Schuldfähigkeit aufgrund einer länger dauernden Beeinträchtigung der geistigen oder seelischen Gesundheit des Täters an, während die Unterbringung in einer Entziehungsanstalt einen Hang zum Konsum berauschender Mittel im Sinne einer Substanzkonsumstörung voraussetzt.
7. Alle Maßregeln der Besserung und Sicherung erfordern als in die Zukunft gerichtete „Sanktionen" eine Prognose über die zukünftige Gefährlichkeit des Täters.
8. Eine Maßregel der Besserung und Sicherung darf nicht angeordnet werden, wenn sie zur Bedeutung der vom Täter begangenen und zu erwartenden Taten sowie zu dem Grad der von ihm ausgehenden Gefahr außer Verhältnis steht (§ 62 StGB).

Literaturhinweise: **Bae**, Der Grundsatz der Verhältnismäßigkeit im Maßregelrecht des StGB, 1985; **Bock**, Das Elend der klinischen Kriminalprognose, StV 2007, 269; **Böhm/Boetticher**, Unzureichende Begutachtung gefährlicher Gewalt- und Sexualstraftäter im Strafverfahren, ZRP 2009, 134; **Boetticher/Kröber/Müller-Isberner/Böhm/Müller-Metz/Wolf**, Mindestanforderungen für Prognosegutachten, NStZ 2006, 537; **Boetticher/Nedopil/Bosinski/Saß**, Mindestanforderungen für Schuldfähigkeitsgutachten, NStZ 2005, 57; **Dessecker**, Straftäter und Psychiatrie – eine empirische Untersuchung zur Praxis der Maßregel nach § 63 StGB im Vergleich mit der Maßregel nach § 64 StGB und sanktionslosen Verfahren, 1997; **Dessecker**, Gefährlichkeit und Verhältnismäßigkeit: Eine Untersuchung zum Maßregelrecht, 2004; **Dimmek**, Legalbewährung forensisch-psychiatrischer Patienten nach der Entlassung aus dem Vollzug der Maßregel gem. § 63 StGB, 2012; **Egg** (Hrsg.), „Gefährliche Straftäter": Eine Problemgruppe der Kriminalpolitik?, 2006; **Eisenberg**, Die Maßregel der Unterbringung in einem psychiatrischen Krankenhaus gem. § 63 StGB und sog. „Nicht-Therapiegeeignetheit", NStZ 2004, 240; **Grünebaum**, Zur Konkurrenz der Maßregeln, R&P 2004, 187; **Häßler/Nedopil/Dudeck**, Praxishandbuch Forensische Psychiatrie: Grundlagen, Begutachtung, Interventionen im Erwachsenen-, Jugendlichen- und Kindesalter, 3. Aufl. 2022; **Heghmanns**, Verteidigung in Strafvollstreckung und Strafvollzug, 7. Aufl. 2012; **Heinz**, Wie weiland Phönix aus der Asche – die Renaissance der freiheitsentziehenden Maßregeln der Besserung und Sicherung in rechtstatsächlicher Betrachtung, R&P 2011, 63; **Jehle**, Grenzen der Spezialprävention am Beispiel der Maßregeln, FS Streng, 2017, 295; **Kamann**, Handbuch für die Strafvollstreckung und den Strafvollzug, 2. Aufl. 2009; **Kammeier/Pollähne**, Maßregelvollzugsrecht, 4. Aufl. 2018; **Kammeier**, Der Schutzanspruch vor gefährlichen Personen und die Möglichkeiten und Grenzen staatlicher Schutzgewährleistung, Forensische Psychiatrie und Psychotherapie 19 (2012), 149; **Koller**, Weggeschlossen für immer?, Forensik 2004, 181; **Konrad**, Die Versorgungssituation psychisch Kranker im Justizvollzug, R&P 2004, 5; **Konrad**, Perspektiven der forensischen Psychiatrie: Flexibilisierung und Durchlässigkeit, Forensische Psychiatrie und Psychotherapie 19 (2012), 189; **Kröber/Dölling/Leygraf/Sass** (Hrsg.), Handbuch der Forensischen Psychiatrie, Band 1: Strafrechtliche Grundlagen der Forensischen Psychiatrie (2007), Band 2: Psychopathologische Grundlagen und Praxis der forensischen Psychiatrie im Strafrecht (2011), Band 3: Psychiatrische Kriminalprognose und Kriminaltherapie (2006), Band 4: Kriminologie und forensische Psychiatrie (2009); **Kröber** (Hrsg.), Psychologische Begutachtung im Strafverfahren: Indikationen, Methoden und Qualitätsstandards, 2. Aufl. 2005; **Kruis**, Die Vollstreckung freiheitsentziehender Maßregeln und die Verhältnismäßigkeit, StV 1998, 94; **Leipold**, Die Unterbringung in einem psychiatrischen Krankenhaus, NJW-Spezial 2005, 279; **Meier**, Strafrechtliche Sanktionen, 5. Aufl. 2019; **Nedopil/Müller**, Forensische Psychiatrie: Klinik, Begutachtung und Behandlung zwischen Psychiatrie und Recht, 5. Aufl. 2017; **Peglau**, Das Gesetz zur Reform der Führungsaufsicht und zur Änderung der Vorschriften über die nachträgliche Sicherungsverwahrung, NJW 2007, 1558; **Pollähne/Rode** (Hrsg.), Probleme unbefristeter Freiheitsentziehungen: Lebenslange Freiheitsstrafe, psychiatrische Unterbringung, Sicherungsverwahrung, 2009; **Rasch/Konrad**, Forensische Psychiatrie: Rechtsgrundlagen, Begutachtung und Praxis, 5. Aufl. 2018; **Röttle/Wagner**, Strafvollstreckung, 9. Aufl. 2023; **Royen**, Die Unterbringung als kleine Sicherungsverwahrung?, StV 2005, 411; **Saimeh** (Hrsg.), Das Böse behandeln, 2013; **Schalast/Seifert/Leygraf**, Patienten des Maßregelvollzugs gem. § 63 StGB mit geringen Entlassungsaussichten, Forens Psychiatr Psychol Kriminol 2007, 34; **Seifert/Möller-Mussavi/Bolten/Losch**, Wegweiser aus dem Maßregelvollzug (gem. § 63 StGB): Welche Verhaltensweisen und Einstellungsänderungen muss ein Patient vorweisen, um frühzeitig entlassen zu werden?, StV 2003, 301; **Seifert**, Zur Gefährlichkeit ehemaliger Patienten des Maßregelvollzugs (§ 63 StGB), Forens Psychiatr Psychol Kriminol 2010, 60; **Venzlaff/Foerster/Dreßing/Habermeyer** (Hrsg.), Psychiatrische Begutachtung: Ein praktisches Handbuch für Ärzte und Juristen, Aufl. 2020; **Volbert/Dahle**, Forensisch-psychologische Diagnostik im Strafverfahren, 2010; **Volckart/Grünebaum**, Maßregelvollzug: Das Recht des Vollzuges der Unterbringung nach §§ 63, 64 StGB in einem psychiatrischen Krankenhaus und in einer Entziehungsanstalt, 8. Aufl. 2015; **Volbert/Steller**, Handbuch der Rechtspsychologie, 2008; vor allem a. die Hinweise bei → *Maßregelvollzug, Allgemeines*, Teil C Rdn 2. 970

971 **1.** Das deutsche Strafrecht ist ein **Schuldstrafrecht**: Nach § 46 Abs. 1 S. 1 StGB ist die Schuld des Täters Grundlage für die Zumessung der Strafe. Nur innerhalb der „schuldangemessenen Strafe" sind die Wirkungen, die von der Strafe auf das künftige Leben des Täters in der Gesellschaft zu erwarten sind (die präventiven Wirkungen), zu berücksichtigen (§ 46 Abs. 1 S. 2 StGB). Dieses Schuldstrafrecht stößt an seine Grenzen, wenn es darum geht, die Allgemeinheit vor gefährlichen Straftätern zu schützen, denen kein oder nur ein geringer Schuldvorwurf zu machen ist. Für derartige Fälle sieht das deutsche Strafrecht das zweispurige System von Strafen und Maßregeln vor.

972 Die **Maßregeln** übernehmen hierbei diejenigen insbesondere **individualpräventiven Funktionen**, die die Strafe wegen ihrer Bindung an die Schuld des Täters gerade nicht übernehmen kann, und unterliegen statt dem Schuldprinzip dem **Übermaßverbot** (§ 62 StGB). Das Übermaßverbot fordert vor diesem Hintergrund, im Rahmen der Entscheidung über den Beginn oder die Fortdauer des Maßregelvollzuges eine **Abwägung im Einzelfall** zwischen den Sicherungsbelangen der Allgemeinheit auf der einen und dem Freiheitsanspruch des Untergebrachten auf der anderen Seite (BVerfG, Beschl. v. 1.8.2008 – 2 BvR 1001/08). Der Richter hat im Rahmen der erforderlichen **Gesamtwürdigung** die von dem Täter ausgehenden Gefahren zur Schwere des mit der Maßregel verbundenen Eingriffs ins Verhältnis zu setzen. Dabei kommt es insbesondere darauf an, ob und welche Art rechtswidriger Taten von dem Untergebrachten drohen, wie ausgeprägt das Maß der Gefährdung ist und welches Gewicht den bedrohten Rechtsgütern zukommt. Je länger die Unterbringung andauert, umso strenger sind die Anforderungen an die **Verhältnismäßigkeit** des **Freiheitsentzugs**. Der Einfluss des gewichtiger werdenden Freiheitsanspruchs stößt jedoch dort an Grenzen, wo es nach Art und Maß der von dem Untergebrachten drohenden Gefahren vor dem **staatlichen Schutzauftrag** für die Rechtsgüter des Einzelnen und der Allgemeinheit unvertretbar erscheint, den Untergebrachten in Freiheit zu entlassen. Das gilt insbesondere für die Maßregeln nach den **§§ 63, 64 StGB**, die im nachfolgenden behandelt werden, aber auch für die **Sicherungsverwahrung** nach § 66 StGB (→ *Sicherungsverwahrung, Allgemeines,* Teil A Rdn 562 m.w.N.).

973 **2.** Über den **Zweck der Maßregeln** besteht demnach weitgehend Einigkeit: Er besteht in der „Verhütung künftiger Rechtsbrüche des Täters unabhängig davon, ob seine Schuld für sich genommen einen solchen Eingriff rechtfertigen würde" (BVerfGE 109, 174), in der „Gefahrenabwehr", der „Vorbeugung gegenüber künftigen Straftaten" oder „dem Schutz der Allgemeinheit vor dem gefährlichen Täter" (BVerfG NJW 2012, 1785). Vom Zweck der Maßregeln ist ihre Rechtfertigung zu unterscheiden (Tübinger Kommentar/*Kinzig*, Vorb. zu den §§ 61 ff. Rn 4): Freiheitsentziehende Maßregeln sind nur dann legitimiert, wenn der durch sie bewerkstelligte Schutz der Allgemeinheit das Freiheitsrecht des Verurteilten überwiegt (BVerfGE 128, 376).

974 **3.a)** Nicht zuletzt die **breite öffentliche Diskussion** mehrerer Einzelfälle (insbesondere des „Falles Mollath") sowie mehrere Entscheidungen des BVerfG, in welchen eine zu großzügige Anordnungspraxis bemängelt und eine stärkere Beachtung des Verhältnismäßigkeitsprinzips angemahnt wurden, veranlassten den Gesetzgeber mit dem Gesetz zur Novellierung der Unterbringung in einem psychiatrischen Krankenhaus gemäß § 63 des Strafgesetzbuchs und zur Änderung anderer Vorschriften vom 8.7.2016 (BGBl I S. 1610) nicht unwesentliche Änderungen der Anordnungsregelungen der §§ 63 und 64 StGB, der §§ 67 und 67d StGB sowie des § 463 StPO vorzunehmen.

975 Das vorgenannte Änderungsgesetz vom 8.7.2016 verfolgte **drei Ziele**: Stärkere (wenngleich maßvolle) Beschränkung der Anordnungen auf gravierende Fälle, zeitliche Limitierung der Dauer der Unterbringung bei weniger schwerwiegenden Gefahren und Ausbau der prozessualen Sicherungen, um unverhältnismäßig lange Unterbringungen zu vermeiden.

976 **b)** Hierzu sah das Änderungsgesetz im Wesentlichen **folgende Änderungen** vor:

- **Konkretisierung** der **Anordnungsvoraussetzungen** nach § 63 StGB, insbesondere
  - Anhebung der Voraussetzungen, soweit Taten drohen, durch die nur wirtschaftlicher Schaden entsteht.

- Konkretisierung der Voraussetzungen, soweit Taten drohen, durch welche die Opfer seelisch oder körperlich geschädigt oder gefährdet werden.
- Normierung der Darlegungsanforderungen, wenn aus nicht erheblichen Anlasstaten auf die Gefahr erheblicher Taten geschlossen wird.

■ **Konkretisierung** der **Anforderungen** an die **Fortdauer** der Unterbringung über sechs und zehn Jahre hinaus nach § 67d Abs. 6 StGB, insbesondere:
- Fortdauer über sechs Jahre grds. nur noch, wenn Taten drohen, durch die die Opfer körperlich oder seelisch schwer geschädigt werden oder in die Gefahr einer schweren seelischen oder körperlichen Schädigung gebracht werden; insbesondere die Gefahr rein wirtschaftlicher Schäden reicht für eine Fortdauer in der Regel nicht mehr aus.
- Fortdauer über zehn Jahre nur noch – wie bei der Sicherungsverwahrung – bei der Gefahr von Taten, durch welche die Opfer seelisch oder körperlich schwer geschädigt werden.

■ **Ausbau** der **prozessualen Sicherungen** zur Vermeidung unverhältnismäßig langer Unterbringungen in § 463 Abs. 4 und 6 StPO:
- Konkretisierung der Anforderungen an die jährlichen gutachterlichen Stellungnahmen der Klinik.
- Erhöhung der Frequenz für externe Gutachten von fünf auf drei Jahre und für Unterbringungen ab sechs Jahren auf zwei Jahre.
- Pflicht zum Wechsel der externen Gutachter: Der Gutachter darf nicht das letzte vorangegangene externe Gutachten im Erkenntnis- oder Vollstreckungsverfahren erstellt haben.
- Klarstellung, dass mit der Begutachtung nur ärztliche oder psychologische Sachverständige beauftragt werden sollen, die über forensisch-psychiatrische Sachkunde und Erfahrung verfügen.
- Zwingende mündliche Anhörung des Untergebrachten vor jeder Entscheidung, in der es um die Fortdauer bzw. Beendigung der Unterbringung geht, also auch bei der Entscheidung über die Erledigung der Unterbringung.

4. Mit dem Gesetz zur Überarbeitung des Sanktionenrechts – Ersatzfreiheitsstrafe, Strafzumessung, Auflagen und Weisungen sowie Unterbringung in einer Entziehungsanstalt – vom 26.7.2023 (BGBl 2023 I Nr. 203 vom 2.8.2023) wurden die Anordnungsvoraussetzungen für die Unterbringung in einer Entziehungsanstalt im Sinne von § 64 StGB in mehrfacher Hinsicht **enger gefasst**: Zum einen wurde die Anordnungsvoraussetzung „Hang" vom Bestehen einer Substanzkonsumstörung abhängig gemacht, deren Behandlungsbedürftigkeit in einer dauernden und schwerwiegenden Beeinträchtigung der Gesundheit oder der Lebensgestaltung, der Arbeits- oder Leistungsfähigkeit des Angeklagten zum Ausdruck gekommen sein muss (§ 64 S. 1 Halbs. 2 StGB). Ferner wurde das Kausalitätserfordernis (symptomatischer Zusammenhang) zwischen Hang und Anlasstat geschärft, indem die Anlasstat künftig „überwiegend" auf den Hang zurückzuführen sein muss. Des Weiteren wurde die Anordnung der Unterbringung durch die Änderung von § 64 S. 2 StGB auf diejenigen Fälle begrenzt, in denen das Erreichen des Behandlungsziels aufgrund tatsächlicher Anhaltspunkte zu erwarten ist. Der regelmäßige Zeitpunkt für eine Reststrafenaussetzung nach Vollzug von Maßregeln wurde, auch für die Berechnung eines etwaigen Vorwegvollzugs der Freiheitsstrafe, an den bei der (ausschließlichen) Freiheitsstrafenvollstreckung gemäß § 57 Abs. 1 StGB üblichen Zweidrittelzeitpunkt angepasst (§ 67 Abs. 2 und 5 StGB). In § 463 Abs. 6 S. 3 StPO wurde klarstellend die sofortige Vollziehbarkeit von Entscheidungen nach § 67d Abs. 5 S. 1 StGB normiert, mit denen die Behandlung wegen Erfolglosigkeit für erledigt erklärt wird. 977

5.a) Bei der Betreuung verurteilter Personen, deren Unterbringung angeordnet worden ist, – sei es als Verteidiger, Bewährungshelfer, Betreuer oder Arzt/Psychologe – wird man immer wieder mit den **Gründen für die Anordnung der Unterbringung** konfrontiert werden und sich mit ihnen auseinandersetzen müssen. Das gilt insbesondere, wenn über die Fortdauer einer Unterbringung, die Aussetzung zur Bewährung oder den Bewährungswiderruf, die Erledigterklärung und die Ausgestaltung der Führungsaufsicht zu entscheiden ist (→ *Maßregeln, Erwachsene, Anrechnung*, Teil B Rdn 987; → *Maßregeln, Erwachsene, Be-* 978 *währung*, Teil B Rdn 1014; → *Maßregeln, Erwachsene, Erledigterklärung*, Teil B Rdn 1064; → *Maßregeln, Erwachsene, Krisenintervention*, Teil B Rdn 1092; → *Maßregeln, Erwachsene, Organisationshaft*, Teil B Rdn 1115; → *Maßregeln, Erwachsene, Pflichtverteidiger*, Teil B Rdn 1121; → *Maßregeln, Erwachsene, Rechtsschutz*, Teil B Rdn 1155; → *Maßregeln, Erwachsene, Überprüfung*, Teil B Rdn 1162; → *Maßregeln, Erwachsene, Vollstreckungsreihenfolge*, Teil B Rdn 1197).

979 **b)** Bei der **(zwangsweisen) Behandlung** untergebrachter Personen ist zudem Folgendes zu berücksichtigen: Freiheitsgrundrechte schließen das Recht ein, von der Freiheit einen Gebrauch zu machen, der – jedenfalls in den Augen Dritter – den wohlverstandenen Interessen des Grundrechtsträgers zuwiderläuft. Daher ist es grds. Sache des Einzelnen, darüber zu entscheiden, ob er sich therapeutischen oder sonstigen Maßnahmen unterziehen will, die ausschließlich seiner „Besserung" dienen. Die grundrechtlich geschützte Freiheit schließt auch die **„Freiheit zur Krankheit"** und damit das Recht ein, auf Heilung zielende Eingriffe abzulehnen, selbst wenn diese nach dem Stand des medizinischen Wissens dringend angezeigt sind (BVerfG NJW 2011, 2113). Jedoch besteht auch dieses Grundrecht **nicht schrankenlos**: Der Gesetzgeber ist vielmehr berechtigt, unter engen Voraussetzungen Behandlungsmaßnahmen gegen den natürlichen Willen des Grundrechtsträgers ausnahmsweise zu ermöglichen, wenn dieser zur Einsicht in die Schwere seiner Krankheit und die Notwendigkeit von Behandlungsmaßnahmen oder zum Handeln gemäß solcher Einsicht krankheitsbedingt nicht fähig ist (BVerfG, a.a.O.). Bei der Rechtsanwendung und der Gesetzesauslegung ist eine Abwägung zwischen den Grundrechten des Betroffenen und den (Sicherheits-) Interessen der Allgemeinheit vorzunehmen.

980 **6.a)** Die **Unterbringung in einem psychiatrischen Krankenhaus** knüpft an die **Schuldunfähigkeit bzw. verminderten Schuldfähigkeit des Täters** zur Tatzeit an. Ohne Schuld handelt, wer bei Begehung der Tat aufgrund eines psychischen Defekts unfähig ist, das Unrecht der Tat einzusehen oder nach dieser Einsicht zu handeln (§ 20 StGB).

981 Als **Auswirkung/Folge** der **Störung** muss die Einsichts- oder Steuerungsfähigkeit – im Zeitpunkt der Tat – aufgehoben (§ 20 StGB) oder erheblich vermindert gewesen sein (§ 21 StGB). Es bleibt also immer zu prüfen, in welcher Weise sich der festgestellte Defekt bei Begehung der Tat auf die Handlungsmöglichkeiten des Täters in der konkreten Tatsituation und damit auf die Einsichts- oder Steuerungsfähigkeit ausgewirkt hat. § 63 StGB erfordert dabei einen **länger dauernden Zustand** der Beeinträchtigung der geistigen oder seelischen Gesundheit.

982 Diese Voraussetzungen behalten auch im Vollstreckungsverfahren Relevanz: Sollte sich im Rahmen des Vollstreckungsverfahrens, insbesondere im Rahmen der Überprüfung nach § 67e StGB, nachträglich herausstellen, dass bei Anordnung der Maßregel des § 63 StGB durch das erkennende Gericht fehlerhaft die Schuldunfähigkeit bzw. verminderte Schuldunfähigkeit des Verurteilten zur Tatzeit angenommen wurde, so ist die Maßregel gemäß § 67d Abs. 6 S. 1 StGB durch die Strafvollstreckungskammer für erledigt zu erklären.

983 **b)** Demgegenüber erfordert eine **Unterbringung in einer Entziehungsanstalt** nach § 64 StGB keine verminderte Schuldfähigkeit oder Schuldunfähigkeit im Sinne von §§ 20, 21 StGB. Vielmehr wird das Vorliegen eines **Hangs**, alkoholische Getränke oder andere berauschende Mittel im Übermaß zu sich zu nehmen, im Sinne einer **Substanzkonsumstörung**, infolge derer eine dauernde und schwerwiegende Beeinträchtigung der Lebensgestaltung, der Gesundheit, der Arbeits- oder der Leistungsfähigkeit eingetreten ist und fortdauert, vorausgesetzt. Ferner ist im Sinne eines **symptomatischen Zusammenhangs** erforderlich, dass eine rechtswidrige Tat im Sinne von § 11 Abs. 1 Nr. 5 StGB begangen wird, die überwiegend auf den Hang zurückgeht. Gleichwohl wird in der Praxis, insbesondere vor dem Hintergrund der Voraussetzung eines symptomatischen Zusammenhangs zwischen der rechtswidrigen Tat und dem Hang des Täters, in einem Großteil der Fallgestaltungen zur Tatzeit eine erhebliche verminderte Schuldfähigkeit bzw. Schuldunfähigkeit im Sinne §§ 20, 21 StGB vorliegen. Liegen die Voraussetzungen für beide Maßregeln nach § 63 StGB und § 64 StGB vor, so erfordert der Schutz der Allgemeinheit grds. die gleichzeitige Anordnung beider Maßregeln (§ 72 Abs. 2 StGB); denkbar ist in solchen Konstellationen jedoch auch, gem.

§ 72 Abs. 1 StGB allein die Unterbringung nach § 63 StGB anzuordnen, weil im Vollzug dieser Maßregel ein Hang i.S.d. § 64 S. 1 StGB in der Regel mitbehandelt werden kann (BGH, Urt. v. 13.12.2023 – 6 StR 142/23).

7. Alle Maßregeln der Besserung und Sicherung erfordern als in die Zukunft gerichtete „Sanktionen" eine Prognose über die **zukünftige Gefährlichkeit des Täters**. Auch hierfür werden die Gerichte sachverständige Hilfe in der Regel in Anspruch nehmen müssen (zu den Mindestanforderungen für Prognosegutachten *Boetticher/Kröber/Müller-Isberner/Böhm/ Müller-Metz/Wolf* NStZ 2006, 537). Die Erstattung solcher **Gutachten** entbindet den Richter jedoch nicht davon, eine eigenständige Prognoseentscheidung zu treffen und den sachverständigen Ausführungen eine **richterliche Kontrolle** entgegenzusetzen (vgl. u.a. BGH, Beschl. v. 13.2.2024 – 5 StR 561/23). Diese Kontrolle hat sich nicht nur auf das Prognoseergebnis, sondern auch auf die Qualität der gesamten Prognosestellung zu beziehenzum richtigen Umgang mit Prognoseinstrumenten durch psychiatrische und psychologische Sachverständige und Gerichte vgl. *Boetticher/Dittmann/Nedopil/Nowara/Wolf* NStZ 2009, 478). Hierbei ist das Gericht nicht daran gehindert, die Frage, für deren Beantwortung es sachverständige Hilfe in Anspruch genommen hat, im Widerspruch zu dem Gutachten zu beantworten (vgl. zu den Anforderungen u.a. BGH, Beschl. v. 27.6.2024 – 1 StR 162/24). Der Sachverständige hat eine Wahrscheinlichkeitsaussage über das künftige Legalverhalten des Verurteilten zu treffen, die das Gericht in die Lage versetzt, die Rechtsfrage der fortbestehenden Gefährlichkeit **eigenverantwortlich** zu beantworten (BVerfGE 109, 165; vgl. zu den Anforderungen an SV – Gutachten zur Schuldfähigkeit *Burhoff*, EV, Rn 4271 ff. m.w.N. aus Rspr. u. Lit. und *Nedopil/ Müller*, S. 416 ff.). 984

8. Eine Maßregel der Besserung und Sicherung darf nicht angeordnet werden, wenn sie zur Bedeutung der vom Täter begangenen und zu erwartenden Taten sowie zu dem Grad der von ihm ausgehenden Gefahr **außer Verhältnis** steht (§ 62 StGB). Der Grundsatz der Verhältnismäßigkeit nach **§ 62 StGB** gilt auch **in Vollstreckung** (BVerfGE 70, 297 ff.; *Kruis* StV 1998, 94) und **Vollzug**, wenn Fortdauerentscheidungen getroffen werden müssen (*Fischer*, § 62 Rn 6; BVerfGE 70, 312; 3048; BVerfGE 109, 133; NJW 1995, R&P 2010, 163; BVerfG NStZ-RR 2013, 72). Letztlich bietet das Gesetz naturgemäß aber nur eine **vage Richtschnur**. 985

☝ Das übergeordnete Prinzip der Verhältnismäßigkeit wirkt immer dann als **Korrektiv**, wenn die tatsächliche Dauer der Freiheitsentziehung in einem krassen Missverhältnis zur Schwere der vom Täter begangenen und zu erwartenden Taten steht, gleichwohl aber die Gefährlichkeit weiterhin bejaht wurde.

Bei der Verhältnismäßigkeitsprüfung ist danach zu fragen, ob eine Maßregel/Maßnahme **geeignet, erforderlich und angemessen** ist. Eine Maßregel/Maßnahme ist geeignet, wenn mit ihr der angestrebte Zweck tatsächlich erreicht werden kann. Erforderlich ist sie, wenn sie unter mehreren für die Verwirklichung des angestrebten Zwecks in Betracht kommenden, gleichermaßen geeigneten Maßnahmen die am geringsten belastende Maßnahme darstellt. Und bei der Verhältnismäßigkeit im engeren Sinne (Angemessenheit) wird geprüft, ob die mit dem geringstmöglichen Eingriff verbundene Belastung außer Verhältnis zu dem damit verfolgten Zweck steht und damit unzumutbar ist. 986

Siehe auch: → *Sicherungsverwahrung, Allgemeines*, Teil A Rdn 562 m.w.N.; → *Maßregeln, Erwachsene, Anrechnung*, Teil B Rdn 987; → *Maßregeln, Erwachsene, Aufsichtsstellen*, Teil B Rdn 1004; → *Maßregeln, Erwachsene, Bewährung*, Teil B Rdn 1014; → *Maßregeln, Erwachsene, Entziehungsanstalt*, Teil B Rdn 1051; → *Maßregeln, Erwachsene, Erledigterklärung*, Teil B Rdn 1064; → *Maßregeln, Erwachsene, Krisenintervention*, Teil B Rdn 1092; → *Maßregeln, Erwachsene, Organisationshaft*, Teil B Rdn 1115; → *Maßregeln, Erwachsene, Pflichtverteidiger*, Teil B Rdn 1121; → *Maßregeln, Erwachsene, psychiatrisches Krankenhaus*, Teil B Rdn 1135; → *Maßregeln, Erwachsene, Rechtsschutz*, Teil B Rdn 1155; → *Maßregeln, Erwachsene, Überprüfung*, Teil B Rdn 1162; → *Maßregeln, Erwachsene, Überweisung*, Teil B Rdn 1189; → *Maßregeln, Erwachsene, Vollstreckungsreihenfolge*, Teil B

Rdn 1197; → *Maßregeln, Erwachsene, Zuständigkeit und Verfahren*, Teil B Rdn 1240; → *Maßregeln, Jugendliche*, Teil B Rdn 1269; → *Maßregelvollzug, Allgemeines*, Teil C Rdn 1 m.w.N.; → *Strafvollzug, Erwachsene, gerichtliche Entscheidung, Allgemeines*, Teil C Rdn 190 m.w.N; → *Strafvollstreckung, Allgemeines*, Teil J Rdn 319 m.w.N.

987 Maßregeln, Erwachsene, Anrechnung

Das Wichtigste in Kürze:

1. Das Gesetz bestimmt in § 67 StGB, dass die Unterbringung grds. zuerst vollzogen wird (§ 67 Abs. 1 StGB), und dass in diesem Fall die Zeit des Vollzugs der Maßregel auf eine Freiheitsstrafe angerechnet wird, bis ⅔ der Strafe erledigt sind (§ 67 Abs. 4 StGB).
2. Der Zweck der Anrechnung des Maßregelvollzugs besteht in der Verhinderung einer Doppelbelastung und der drohenden Vereitelung erreichter Therapieerfolge im Strafvollzug.
3. Die Anrechnung nach § 67 Abs. 4 StGB hat auch zu erfolgen, wenn die Unterbringung nach § 67d Abs. 5, Abs. 6 StGB für erledigt erklärt wird.
4. Für die Berechnung der Vollzugsdauer ist insbesondere § 67d StGB zu beachten.
5. Eine „Härtefallanrechnung" auf „verfahrensfremde" Freiheitsstrafen ist unter den Voraussetzungen des § 67 Abs. 6 StGB vorzunehmen.
6. Wird der Maßregelvollzug beendet, ermöglicht die Anrechnung auf eine (im gleichen Verfahren) ebenfalls verhängte Freiheitsstrafe nach § 67 Abs. 4 StGB die Aussetzung der Reststrafe zur Bewährung.

988 **Literaturhinweise:** S. die Hinweise bei → *Maßregeln, Erwachsene, Allgemeines*, Teil B Rdn 970 m.w.N.

989 **1.** Dem **Vollzug** der **Unterbringung** in einem psychiatrischen Krankenhaus (Rdn 1135 ff. und Rdn 1111 ff.) und der Unterbringung in einer Entziehungsanstalt (s. Rdn 1051 ff.) ist grds. der **Vorrang** vor dem Vollzug der Strafe eingeräumt worden, weil diese Maßregeln in besonderer Weise auf die **Besserung des Täters** ausgerichtet sind und ein Bedürfnis besteht, den Täter zwecks Resozialisierung so bald wie möglich der erforderlichen Behandlung zuzuführen. Demgemäß bestimmt das StGB, dass die Unterbringung grds. zuerst vollzogen wird (§ 67 Abs. 1 StGB), und dass in diesem Fall die Zeit des Vollzugs der Maßregel auf die Freiheitsstrafe **angerechnet** wird, bis ⅔ **der Strafe** erledigt sind (§ 67 Abs. 4 StGB). Diese Regelungen gelten auch dann, wenn die Freiheitsstrafe zur Bewährung ausgesetzt worden und ein Bewährungswiderruf erfolgt ist (*Fischer*, § 67 Rn 21).

☝ **Verfassungsrechtliche** Bedenken bestehen gegen die Anrechnungsregeln **nicht** (BVerfG NStZ 1994, 578).

990 **2.** Die Anrechnung nach § 67 Abs. 4 StGB soll **verhindern**, dass der Vollzug der Unterbringung neben einer Freiheitsstrafe den Verurteilten **doppelt belastet** und dass im Maßregelvollzug erreichte Therapieerfolge durch eine sich anschließende langjährige Strafvollstreckung zunichte gemacht werden. Dass auch nach der Anrechnung ⅓ der verhängten Freiheitsstrafe bestehen bleiben, soll beim Verurteilten die Bereitschaft bewirken, am Erfolg der Behandlung mitzuwirken, damit das letzte Strafdrittel zur Bewährung ausgesetzt werden kann. Zudem ermöglicht eine Reststrafenaussetzung die Erteilung von Auflagen und Weisungen nach den §§ 56b, 56c i.V.m. § 57 Abs. 3 StGB.

991 **3.** Die Anrechnung nach § 67 Abs. 4 StGB tritt automatisch ein und hat **auch** zu erfolgen, wenn die Unterbringung nach § 67d Abs. 5, Abs. 6 StGB für erledigt erklärt wird (BVerfG NJW 1995, 2405; → *Maßregeln, Erwachsene, Erledigterklärung*, Teil B Rdn 1064). Nach § 67 Abs. 4 StGB sind hingegen U-Haft und andere Freiheitsentziehungen (z.B. die „Organisationshaft") nicht anzurechnen (→ *Maßregeln,*

Erwachsene, Organisationshaft, Teil B Rdn 1115). Solche Zeiten sind beim nicht von § 67 Abs. 4 StGB erfassten Teil der Strafe anzurechnen (*Fischer*, § 67 Rn 23a); auch ist der aus organisatorischen Gründen erfolgende vorübergehende Verbleib in einer Maßregeleinrichtung, nachdem die Maßnahme bereits für erledigt erklärt wurde, auf das restliche Drittel der Freiheitsstrafe anzurechnen (OLG Celle NStZ 2007, 407). Übersteigt die verbüßte Untersuchungs- oder Organisationshaft das Restdrittel der Strafe, ist aufgrund des Übermaßverbots die überbleibende Zeit von der Höchstfrist für die Unterbringung abzuziehen (OLG Celle NStZ-RR 2006, 388). Anzurechnen nach § 67 Abs. 4 StGB ist schließlich auch die aufgrund einer Krisenintervention nach § 67h StGB im Maßregelvollzug verbrachte Zeit (zu den Einzelheiten der Berechnung der Anrechnung nach § 67 Abs. 4 StGB *Röttle/Wagner*, Rn 355 ff.).

☝ Die **kraft Gesetzes** nach § 67 Abs. 4 StGB eintretende Anrechnung hat die Vollstreckungsbehörde bei der Strafzeitberechnung zu berücksichtigen, und zwar unabhängig davon, ob der mit der Maßregel verfolgte Behandlungserfolg eintritt oder ausbleibt (BVerfG NStZ 1995, 174).

Die **Berechnungen** werden von der Strafvollstreckungsbehörde vorgenommen und geprüft. Entsprechende Vermerke hierüber befinden sich im Vollstreckungsheft. Es empfiehlt sich, **Akteneinsicht** in das Vollstreckungsheft zu nehmen und die Berechnungen zu prüfen. An der Berechnung müssen sich im Folgenden die Wiedervorlagefristen zur Überwachung der Folgeentscheidungen orientieren.

4. Für die Berechnung der **Vollzugsdauer** einer Unterbringung im Übrigen gilt Folgendes: 992

a)aa) Die **Unterbringung** in einer **Entziehungsanstalt** darf grds. **zwei Jahre** nicht übersteigen (§ 67d 993
Abs. 1 S. 1 StGB). Das Gericht kann diese gesetzliche Höchstdauer nicht von vornherein verkürzen (OLG Düsseldorf NStZ-RR 1996, 293).

bb) Wird gegen einen Untergebrachten **erneut** eine Unterbringung in einer Entziehungsanstalt angeord- 994
net, ist die frühere Anordnung mit der Folge erledigt (§ 67f StGB), dass die neue Höchstfrist wieder zwei Jahre beträgt; die „Restfrist" der erledigten Unterbringung ist nicht zu addieren (BGH NStZ-RR 2007, 38). Die bisherige Vollzugszeit wird nicht auf die neue Frist angerechnet. War die erste Unterbringung zur Bewährung ausgesetzt, kann es aufgrund der Erledigung nach § 67f StGB nicht zu einem Widerruf nach § 67g StGB kommen. Hiervon abweichend wird bei einer nachträglichen **Gesamtstrafenbildung** die ursprüngliche Unterbringung aufrechterhalten, so dass der Vollzug unter Anrechnung seiner bisherigen Dauer weiterläuft. Auch die **Überweisung** in eine andere Maßregel nach § 67a StGB ändert an der ursprünglich bestehenden Höchstfrist nichts (§ 67a Abs. 4 StGB): Die Fristen für die Dauer der Unterbringung und die Überprüfung richten sich auch nach der Überweisung nach den Vorschriften, die für die im Urteil angeordnete Unterbringung gelten.

b) Für die **Verlängerung der Höchstfrist** nach **§ 67d Abs. 1 S. 3 StGB** gilt: Wird vor einer **Freiheits-** 995
strafe eine **daneben** – also zugleich – angeordnete freiheitsentziehende Maßregel vollzogen, so **verlängert** sich die Höchstfrist der Maßregel um die Dauer der Freiheitsstrafe, soweit die Zeit des Maßregelvollzugs auf die Strafe angerechnet wird (§ 67d Abs. 1 S. 3 StGB). Das bedeutet: Die Höchstdauer der Unterbringung ergibt sich aus der Summe von der gesetzlichen Höchstdauer nach § 67d Abs. 1 S. 1 StGB (zwei Jahre) zuzüglich zwei Drittel der verhängten Strafe (ggf. abzüglich anderweitig – z.B. nach § 51 Abs. 1 StGB – anzurechnender Freiheitsentziehung).

> *Beispiel:*
> Der Angeklagte wird zu einer Freiheitsstrafe von vier Jahren verurteilt und daneben wird seine Unterbringung in einer Entziehungsanstalt (§ 64 StGB) angeordnet: Zur gesetzlichen Höchstfrist von 2 Jahren (§ 67d Abs. 1 S. 1 StGB) werden ⅔ von 4 Jahren (= 32 Monate = 2 Jahre 8 Monate) addiert = 56 Monate (4 Jahre 8 Monate).

Bei **lebenslanger Freiheitsstrafe** soll eine Verlängerung um 15 Jahre erfolgen (Tübinger Kommentar/ 996
Kinzig, StGB, § 67d Rn 12).

997 **c)** Die **Frist läuft** vom **Beginn der Unterbringung** an (§ 67d Abs. 1 S. 2 StGB). Im Fall einer vorherigen einstweiligen Unterbringung nach § 126a StPO ist dies der Zeitpunkt der Rechtskraft des Urteils, welches die Unterbringung anordnet (*Fischer*, § 67d Rn 4). Vor Eintritt der Rechtskraft erlittene **U-Haft** ist gem. § 51 Abs. 1 StGB vor der Anrechnung nach § 67 Abs. 4 StGB zu berücksichtigen: Sie ist auf die zu verbüßende Freiheitstrafe anzurechnen, so dass die tatsächliche Anrechnung der Zeit der Unterbringung entsprechend eingeschränkt wird (OLG Zweibrücken NStZ 1996, 357; detailliert zur Berechnung der Höchstfristen *Röttle/Wagner*, Rn 342 ff.; zur Berücksichtigung von Organisationshaft. → *Maßregeln, Erwachsene, Organisationshaft*, Teil B Rdn 1115).

Beispiel:

Der Angeklagte wird zu einer Freiheitsstrafe von 3 Jahren und 6 Monaten verurteilt und daneben wird seine Unterbringung in einer Entziehungsanstalt (§ 64 StGB) angeordnet; er hat sich vor Eintritt der Rechtskraft für 6 Monate in Untersuchungshaft befunden: Zur gesetzlichen Höchstfrist von 2 Jahren (§ 67d Abs. 1 S. 1 StGB) wird ⅔ von (3 Jahren 6 Monaten abzüglich 6 Monate (Anrechnung nach § 51 Abs. 1 StGB) = 2 Jahre) addiert = 4 Jahre.

998 **5.a)** Eine Anrechnung vollzogener Unterbringung erfolgt nach § 67 Abs. 4 StGB grds. nur auf eine in demselben Verfahren neben der Unterbringung verhängten Freiheitsstrafe. Eine Anrechnung auf **„verfahrensfremde" Freiheitsstrafen** erfolgte nach der bis zum 31.7.2016 geltenden gesetzlichen Regelung nicht. Indes hat das BVerfG § 67 Abs. 4 StGB für verfassungswidrig erklärt (BVerfG NJW 2012, 1784), soweit die Vorschrift „es ausnahmslos – ohne eine Möglichkeit der Berücksichtigung von Härtefällen – ausschließt, die Zeit des Vollzugs einer freiheitsentziehenden Maßregel der Besserung und Sicherung auf Freiheitsstrafen aus einem anderen Urteil als demjenigen, in welchem diese Maßregel angeordnet worden ist, oder das bezüglich des die Maßregel anordnenden Urteils gesamtstrafenfähig ist („verfahrensfremde Freiheitsstrafen"), anzurechnen."

Beispiel:

Der Entscheidung des BVerfG (a.a.O.) lag im Wesentlichen folgender Sachverhalt zugrunde:

Der Verurteilte litt langjährig an einer schizophrenen Psychose. Er war wiederholt verurteilt worden, und zwar im Jahr 1992 zu einer Freiheitsstrafe von 1 Jahr, im Jahr 1993 zu einer Freiheitsstrafe von 3 Jahren und 6 Monaten, im Jahr 2000 zu einer Freiheitsstrafe von 10 Monaten und im Jahr 2004 wurde neben einer Freiheitsstrafe von 6 Monaten die Unterbringung des Verurteilten in einem psychiatrischen Krankenhaus nach § 63 StGB angeordnet. Im Zeitpunkt der Entscheidung des BVerfG waren noch Restfreiheitsstrafen zu vollstrecken; der Maßregelvollzug war zur Vollstreckung der verfahrensfremden Freiheitsstrafen unterbrochen worden. Die gesetzliche Regelung hätte dazu geführt, dass der Verurteilte sich etwa 8 Jahre und 10 Monate in Unfreiheit befunden hätte, während Freiheitsstrafen von insgesamt 5 Jahren und 10 Monaten verhängt worden waren. Weiterhin hätte die Gefahr bestanden, dass Therapieerfolge durch den Strafvollzug verhindert oder zunichte gemacht werden.

Für derartige Fälle („Härtefälle") hat das BVerfG (a.a.O.) entschieden, dass eine Unterbringung auch auf verfahrensfremde Freiheitsstrafen erfolgen kann.

999 **b)** Nach der Entscheidung des BVerfG (NJW 2012, 1784) sprach für die Annahme eines **Härtefalls** eine **erheblich** über die **verhängten Freiheitsstrafen hinausgehende Dauer** der Freiheitsentziehung, die mögliche Entwertung eines bereits erzielten Therapieerfolges und der (positive) Beitrag, den der Betroffene zur konkreten Gestaltung des Vollstreckungsverfahrens geleistet hat. Für die Annahme eines Härtefalls ist eine **Gesamtwürdigung** der **konkreten Umstände** des **Einzelfalles** erforderlich. Der Ausschluss einer Anrechnung ist nach der Entscheidung des BVerfG hingegen gerechtfertigt, wenn die Behandlung im Maßregelvollzug scheitert und dies eindeutig und nachweislich auf eine Therapieunwilligkeit des Betroffenen ohne achtbare Gründe zurückzuführen ist, wenn die Gefährdung/Verzögerung des Resozialisie-

rungserfolgs der Maßregel dem Verurteilten zurechenbar ist oder wenn der Ausschluss der Anrechnung zur Wahrung der präventiven Wirkung von Strafdrohungen erforderlich ist.

☝ Im Ergebnis dürfte ein **Härtefall insbesondere dann** vorgelegen haben, wenn die Therapie erfolgreich war und durch die Anrechnung der Therapiezeit auf verfahrensfremde Freiheitsstrafen die Aussetzung aller Strafreste gem. §§ 67 Abs. 5 S. 1; 57 StGB ermöglicht wird (OLG Düsseldorf, Beschl. v. 18.2.2014 – III-2 Ws 69–71/14; OLG Nürnberg, Beschl. v. 22.11.2012 – 2 Ws 460–461/12).

Demgegenüber dürfte ein Härtefall **eher ferngelegen haben**, wenn ein zu erwartender Therapieerfolg nicht erreicht wurde und dies dem Betroffenen zugerechnet werden kann (OLG Celle, Beschl. v. 12.3.2013 –1 Ws 91/13; OLG Hamburg, Beschl. v. 8.5.2014 – 1 Ws 48–52/14).

c) Mit dem Gesetz zur Novellierung der Unterbringung in einem psychiatrischen Krankenhaus gemäß 1000
§ 63 des Strafgesetzbuches und zur Änderung anderer Vorschriften vom 8.7.2016 (BGBl Teil I Seite 1610) wurde mit Wirkung ab 1.8.2016 in § 67 Abs. 6 StGB die Möglichkeit der „Härtefallanrechnung" des Vollzuges der Maßregel im Sinne von § 67 Abs. 4 StGB auf verfahrensfremde Strafen geschaffen. Hierbei setzt § 67 Abs. 6 StGB für die Anrechnung des Vorwegvollzugs der Maßregel auf eine verfahrensfremde Strafe voraus, dass der Vollzug der Strafe für den Verurteilten eine unbillige Härte darstellen würde (BT-Drucks 18/7244,27). Entscheidend ist dabei die Vollstreckungs- und Vollzugssituation im konkreten Einzelfall. Hierbei bestimmt § 67 Abs. 6 S. 2 StGB, dass eine Anrechnung wegen unbilliger Härte in der Regel dann ausgeschlossen ist, wenn die der verfahrensfremden Strafe zugrunde liegende Tat nach der Anordnung der Maßregel begangen worden ist. Denn in diesem Fall kannte der Täter bei Tatbegehung seine Gesamt-Vollstreckungslage bzw. konnte diese erkennen, so dass die nachteiligen Folgen aus der Begehung der weiteren Straftat für ihn keine unbillige Härte darstellen (*Fischer*, § 67 Rn 29).

6.a) Wird der Maßregelvollzug (erfolgreich) beendet, ermöglicht die Anrechnung auf eine ebenfalls ver- 1001
hängte Freiheitsstrafe nach § 67 Abs. 4 StGB die **Aussetzung** der **Reststrafe** zur **Bewährung gemäß § 67 Abs. 5 S. 1 StGB**, soweit die Voraussetzungen des § 57 Abs. 1 StGB (positive Legalprognose und Einwilligung des Verurteilten) gegeben sind (→ *Erwachsene, Freiheitsstrafe ohne Bewährung, Aussetzung der Reststrafe, Allgemeines*, Teil B Rdn 270 m.w.N.). Bis zum 30.9.2023 war die Aussetzung der restlichen Freiheitsstrafe unter den Voraussetzungen des § 67 Abs. 5 S. 1 StGB – und damit ohne die Einschränkungen des § 57 Abs. 2 StGB – auch bereits dann möglich, wenn die Hälfte der Strafe erledigt ist. Diese zwingende Aussetzung bereits zum Halbstrafenzeitpunkt wurde mit Wirkung vom 1.10.2023 durch das Gesetz zur Überarbeitung des Sanktionenrechts – Ersatzfreiheitsstrafe, Strafzumessung, Auflagen und Weisungen sowie Unterbringung in einer Entziehungsanstalt vom 26.7.2023 (BGBl I Nr. 203 v. 2.8.2023) gestrichen, da diese aus kriminologischen Erwägungen und praktischen Erfahrungen als „nicht mehr sachgerecht" erschien (*Fischer*, § 67, Rn 25).

Gemäß § 67 Abs. 5 S. 1 Halbs. 1 StGB in der seit dem 1.10.2023 geltenden Fassung hat die Strafvollstreckungskammer die Vollstreckung des Strafrestes zwingend zur Bewährung auszusetzen, wenn **2/3 der Strafe** durch die Anrechnung erledigt sind. Nur wenn die zusätzlichen Voraussetzungen des § 57 Abs. 2 StGB vorliegen („Erstverbüßer" und „besondere Umstände" im Sinne von § 57 Abs. 2 Nr. 2 StGB), kann das Gericht gemäß § 67 Abs. 5 S. 1 HS 2 StGB die Aussetzung der Reststrafe auch schon nach Erledigung der Hälfte der Strafe bestimmen.

b) Wird hingegen die Vollstreckung des Strafrestes **nicht** zur **Bewährung ausgesetzt**, so wird nach § 67 1002
Abs. 5 S. 2 Halbs. 1 StGB grds. der Vollzug der Maßregel fortgesetzt. Insbesondere soll hierdurch vermieden werden, dass bereits **erreichte Therapieerfolge** durch einen Strafvollzug beeinträchtigt werden. Das Verbleiben im Maßregelvollzug kann dann eine sonst hierfür bestehende Höchstfrist überschreiten (Tübinger Kommentar/*Kinzig*, StGB, § 67 Rn 7). Eine solche Anordnung eines **Weitervollzugs** nach § 67 Abs. 5 S. 2 StGB setzt jedoch voraus, dass der Untergebrachte zu diesem Zeitpunkt „erfolgreich behandelt" ist bzw. das „Therapieziel erreicht" hat mit der Folge, dass die Unterbringung zur Bewährung aus-

gesetzt bzw. für erledigt erklärt werden kann, während einer Entlassung in die Freiheit allein die noch nicht aussetzbare Restfreiheitsstrafe entgegensteht (OLG Karlsruhe, Beschl. v. 2.11.2009 – 2 Ws 389/09).

1003 c) **Abweichend** hierzu kann das Gericht auch den **Vollzug** der **Strafe** anordnen (§ 67 Abs. 5 S. 2 2. Halbs. StGB). Voraussetzung hierfür ist, dass Umstände in der Person des Verurteilten es angezeigt erscheinen lassen, von einer Fortsetzung des Maßregelvollzugs abzusehen und den Verurteilten dem Strafvollzug zuzuführen. Der Strafvollzug ist in der Regel jedoch nicht angezeigt, wenn der weitere Unterbringungsvollzug noch einen über die reine Sicherung hinausgehenden Erfolg verspricht oder wenigstens zur Erhaltung schon eingetretener Behandlungserfolge geeignet erscheint (OLG Koblenz NStZ-RR 11, 387). Andere Gründe, etwa generalpräventive Gesichtspunkte, berechtigen nicht zur Anordnung des Strafvollzugs (Tübinger Kommentar/*Kinzig*, StGB, § 67 Rn 8). Eine Überweisung in den Strafvollzug kann jedoch angezeigt sein, wenn neben einer mehrjährigen Freiheitsstrafe die Unterbringung in einer Entziehungsanstalt angeordnet worden und eine Weiterbehandlung in ihr wenig sinnvoll ist (KG NStZ 2001, 166; OLG Celle NStZ 83, 384;).

Die Anordnung des Strafvollzugs kann **auch noch** erfolgen, wenn **zunächst** der **Maßregelvollzug fortgesetzt** worden ist: So ist der Verurteilte dem Strafvollzug zuzuführen, wenn sich jegliche Weiterbehandlung im Maßregelvollzug als aussichtslos erweist (Tübinger Kommentar/*Kinzig*, StGB, § 67 Rn 8). Die zusätzliche Zeit im Maßregelvollzug ist dann auf die Strafe anzurechnen.

Siehe auch: → *Maßregeln, Erwachsene, Allgemeines*, Teil B Rdn 969 m.w.N.

1004 Maßregeln, Erwachsene, Aufsichtsstellen

1005 **Literaturhinweise:** S. die Hinweise bei → *Maßregeln, Erwachsene, Allgemeines*, Teil B Rdn 970 m.w.N.

1006 **1.** In der Behandlung von Untergebrachten kommt der **Nachsorge** im Anschluss an die stationäre Behandlungsphase eine zentrale **rückfallpräventive Bedeutung** zu. Strafrechtlicher Anknüpfungspunkt hierfür ist die mit der (bedingten) Entlassung aus der Unterbringung eintretende **Führungsaufsicht** (→ *Führungsaufsicht, Allgemeines*, Teil B Rdn 483). Die Führungsaufsicht soll eine nachsorgende Betreuung von Täterinnen und Tätern gewährleisten, deren gesellschaftliche Wiedereingliederung nach ihrer Entlassung aus dem Straf- oder Maßregelvollzug gefährdet erscheint und die daher im Besserungs- und im Sicherungsinteresse in besonderem Maße kontrollierender Begleitung und Unterstützung bedürfen (BT-Drucks 16/1993). Sie hat also eine Doppelfunktion: Gefährliche oder gefährdete Täter sollen einerseits bei der Gestaltung ihres Lebens in der Freiheit über gewisse kritische Zeiträume unterstützt und betreut (**„Resozialisierungshilfe“**) und andererseits zum **Schutz der Allgemeinheit** überwacht werden, um sie von künftigen Straftaten abzuhalten (Tübinger Kommentar/*Kinzig*, § 68 Rn 3).

1007 **2. Ziel der Nachsorge** ist mithin eine positive wie negative Spezialprävention: Durch Maßnahmen der Betreuung und Überwachung soll eine erneute Straffälligkeit der verurteilten Person nach ihrer Entlassung vermieden werden (BT-Drucks 17/3403, S. 13).

1008 In dieser Phase sind **zahlreiche Personen** und **Institutionen tätig**:

- Maßregelvollzugseinrichtung,
- ggf. Justizvollzugsanstalt,
- StA (als Vollstreckungsbehörde und ggf. als Strafverfolgungsbehörde),
- Gericht (insbesondere StVK),
- Führungsaufsichtsstelle (§ 68a StGB, § 463a StPO),
- Bewährungshelferin/Bewährungshelfer (§ 68a StGB, § 463a StPO),
- forensische Ambulanz (§ 68a Abs. 7 und Abs. 8 StGB),
- Therapieeinrichtung,

- Polizei/Ordnungsbehörde,
- Betreuer.

3.a) Dem (rechtlich vorgesehenen – vgl. zu § 68a Abs. 2, 8 StGB) **Informationsaustausch** kommt erhebliche Bedeutung für die nachsorgende Betreuung zu (*Kamann*, Rn 128; → *Führungsaufsicht, Allgemeines*, Teil B Rdn 483 m.w.N. 1009

☝ Die Begleitung und **Koordinierung** der **Resozialisierungshilfe** ist zwar nicht originäre Aufgabe eines Verteidigers, steht jedoch im **Interesse** des **Verurteilten**, damit es nicht wieder zu einem „Verteidigungsfall" kommt.

b) Die beteiligten Institutionen haben im Wesentlichen folgende **Aufgaben**: 1010

Führungsaufsichtsstelle 1011

- Nach Eintritt der Führungsaufsicht betreut die Führungsaufsichtsstelle den Verurteilten im Einvernehmen mit der Bewährungshilfe, wobei die eigentliche Betreuungsarbeit die Bewährungshilfe leistet. Der Führungsaufsichtsstelle obliegt primär die **Aufsicht** über die Probanden und die **Überwachung** der Weisungen. Die Befugnisse der Führungsaufsichtsstelle ergeben sich aus § 463a StPO.

Bewährungshilfe 1012

- Die Unterstellung des Verurteilten unter die Leitung und Aufsicht eines Bewährungshelfers ist in § 68a Abs. 1 StGB vorgesehen; der Bewährungshelfer ist für die Betreuung des Verurteilten erster Ansprechpartner. Dass der Verurteilte seiner Pflicht nachkommt, Kontakt zur Bewährungshilfe zu halten, ist Grundlage der Resozialisierungshilfe.

Forensische Ambulanz: 1013

- Für die Überleitung von der stationären Unterbringung in Nachsorgemaßnahmen ist in erster Linie die bisher behandelnde Maßregelvollzugseinrichtung zuständig. Danach ist die Forensische Nachsorge-Ambulanz das **Bindeglied** zwischen der Maßregelvollzugseinrichtung und den an der Nachsorge beteiligten Personen und Einrichtungen.
- Die Forensische Ambulanz hat die **Aufgabe**, deliktfördernde, personelle, situative bzw. soziale Veränderungen bei dem Verurteilten – ggf. durch Kontrollen, aufsuchende Kontakte und durch wiederkehrende Risikoeinschätzungen – zu erkennen. Sofern konkrete Anhaltspunkte für einen drohenden Deliktrückfall vorliegen, wird die Forensische Ambulanz die zuständigen Stellen der Justiz informieren. Die **Hauptaufgaben** der forensischen Nachsorge bestehen darin, die Entlassenen bei ihrer weiteren Verselbstständigung zu unterstützen, krisenhafte Entwicklungen frühzeitig zu erkennen und entsprechende Maßnahmen einzuleiten, um der Gefahr erneuter Straftaten entgegenzuwirken. Im Rahmen von **Helferkonferenzen** werden alle relevanten Informationen zusammengetragen, notwendige Interventionen veranlasst und verbindliche Absprachen auch mit den Verurteilten getroffen. Ggf. wird die Betreuung von einem Fallkoordinator „Case-Management" koordiniert.
- Die Grundlagen und rechtlichen Voraussetzungen für Nachsorgekonzepte ergeben sich aus den Maßregelvollzugsgesetzen der Länder (z.B. Art. 35 Abs. 2 BayMRVG, § 1 Abs. 3 MRVG NRW).

☝ Die **Teilnahme** an Fall- oder Helferkonferenzen kann – soweit diese gestattet wird – es ermöglichen, Einfluss auf die beabsichtigten Maßnahmen zu nehmen, die Beteiligten aus Sicht der Verteidigung zu informieren und sich konstruktiv einzubringen.

Siehe auch: → *Führungsaufsicht, Allgemeines*, Teil B Rdn 483 m.w.N.; → *Maßregeln, Erwachsene, Allgemeines*, Teil B Rdn 969 m.w.N.

1014 Maßregeln, Erwachsene, Bewährung

Das Wichtigste in Kürze:

1. Wie bei der Vollstreckung von Freiheitsstrafen kann es bei der Betreuung von Maßregelvollzugspatienten sowohl um eine bedingte Entlassung aus der freiheitsentziehenden Maßnahme – Unterbringung – wie auch um die (Abwendung) des Widerrufs einer Aussetzung zur Bewährung gehen.
2. Die Unterbringung in einem psychiatrischen Krankenhaus und in einer Entziehungsanstalt ist – zwingend – bereits von dem erkennenden Gericht zur Bewährung auszusetzen, wenn besondere Umstände die Erwartung rechtfertigen, dass der Zweck der Maßregel auch dadurch – durch die Aussetzung – erreicht werden kann (§ 67b Abs. 1 S. 1 StGB).
3. Der Widerruf der Aussetzung zur Bewährung ist in § 67g StGB geregelt.
4. Im Falle des Bewährungswiderrufes darf die Vollstreckung erst mit Rechtskraft des Widerrufsbeschlusses beginnen; bis dahin kann jedoch ein Sicherungsunterbringungsbefehl nach §§ 453c Abs. 1, 463 Abs. 1 StPO erlassen werden.
5. Nach § 67d Abs. 2 S. 1 StGB hat das Gericht die weitere Vollstreckung der Unterbringung zur Bewährung auszusetzen, wenn zu erwarten ist, dass der Untergebrachte außerhalb des Maßregelvollzugs keine Straftaten mehr begehen wird.
6. Die sachliche Gerichtszuständigkeit für Aussetzungsentscheidungen hängt maßgeblich davon ab, ob sich der Verurteilte in Freiheit oder im Vollzug von Strafhaft bzw. Maßregelvollzug befindet, §§ 462a Abs. 1 S. 1, 463 Abs. 1 StPO.
7. Sowohl die Aussetzung der Unterbringung zur Bewährung als auch der Widerruf der Aussetzung sind jeweils mit der sofortigen Beschwerde anfechtbar.

1015 **Literaturhinweise:** S. die Hinweise bei → *Maßregeln, Erwachsene, Allgemeines*, Teil B Rdn 970 m.w.N.

1016 **1.** Wie bei der Vollstreckung von Freiheitsstrafen (→ *Erwachsene, Vollstreckung, Allgemeines*, Teil B Rdn 432 m.w.N.) kann es bei der Betreuung von Maßregelvollzugspatienten sowohl um eine **bedingte Entlassung** aus der freiheitsentziehenden Maßnahme – Unterbringung – wie auch um die **Abwendung** des Widerrufs einer Strafaussetzung zur Bewährung und/oder einer Aussetzung der Maßregel zur Bewährung gehen (→ *Bewährung, Allgemeines*, Teil A Rdn 1 m.w.N.; → *Erwachsene, Freiheitsstrafe ohne Bewährung, Aussetzung der Reststrafe, Allgemeines*, Teil B Rdn 270). Im Rahmen von Bewährungsaussetzungen werden Auflagen und Weisungen den Verurteilten vielfach beschweren.

1017 **2.a)** Die Unterbringung in einem psychiatrischen Krankenhaus und in einer Entziehungsanstalt ist – **zwingend** – **bereits** von dem **erkennenden Gericht im Strafurteil** in einem mit dem Urteil gemäß § 268a Abs. 2 StPO zu verkündenden Beschluss zur Bewährung auszusetzen, wenn **besondere Umstände** die Erwartung rechtfertigen, dass der **Zweck der Maßregel** auch dadurch – durch die Aussetzung – erreicht werden kann **(§ 67b Abs. 1 S. 1 StGB).** Dies erscheint auf den ersten Blick widersprüchlich, da die Anordnung der Unterbringung in einem psychiatrischen Krankenhaus bzw. in einer Entziehungsanstalt die Gefährlichkeit des Angeklagten voraussetzt. Indes setzt die Aussetzung einer Vollstreckung der Unterbringung zur Bewährung voraus, dass der – grds. fortbestehenden – Gefährlichkeit durch andere Maßnahmen **wirksam begegnet** werden kann; reichen die Feststellungen zur Gefährlichkeit des Angeklagten für die Anordnung einer Unterbringung nicht aus, darf sie nicht – auch nicht zur Bewährung – angeordnet werden.

1018 Andererseits wird im Falle der Gefährlichkeit des Täters für die Allgemeinheit die Notwendigkeit einer Unterbringung gemäß § 63 StGB nicht durch minder einschneidende Maßnahmen außerhalb des Bereichs der strafrechtlichen Maßregeln aufgehoben. Bei den freiheitsentziehenden Maßregeln ist das **Subsidiaritätsprinzip** nur für die Frage der Vollstreckung, nicht aber für die Frage der Anordnung zu beachten (BGH NStZ 2000, 300): Für die Entscheidung, ob die Unterbringung in einem psychiatrischen Krankenhaus anzuordnen ist, ist es unbeachtlich, dass die von einem Angeklagten ausgehende Gefahr für die Allgemeinheit durch eine konsequente medizinische Behandlung, für die ein Betreuer bestellt ist, abgewendet werden kann.

☝ Auch **nach rechtskräftiger Verurteilung** sollte stets geprüft werden, ob **Maßnahmen außerhalb** des **Maßregelvollzugs** zur Erreichung des Zwecks der Maßregel gleich geeignet, aber weniger einschneidend sind. In diesem Fall kann die weitere Vollstreckung zur Bewährung auszusetzen sein (§ 67d Abs. 2 StGB).

b) Die Vollstreckung der Unterbringung **ist** bei ihrer Anordnung zur Bewährung **auszusetzen**, wenn **zu erwarten** ist, dass der Zweck der Maßregel auch durch die Aussetzung erreicht wird (§ 67b StGB). Der Begriff des „Erwartens" meint die begründete Erwartung, nicht eine bloße Hoffnung, aber auch keine sichere Gewähr: Es muss die **durch Tatsachen begründete Wahrscheinlichkeit** bestehen, dass der Zweck der Maßregel auch durch die Aussetzung erreicht werden kann (zu dem Begriff des Erwartens s.u. Rdn 1044). Besondere Umstände sind solche in der Tat, in der Person des Täters, seiner gegenwärtigen oder zukünftigen Lage, die erwarten lassen, dass die von ihm ausgehende Gefahr weiterer Taten abgewendet oder abgeschwächt wird und deshalb (zunächst) ein Verzicht auf den Vollzug der Maßregel gewagt werden kann (BGH NStZ 2000, 470; NStZ-RR 2010, 171). 1019

☝ Die Aussetzung der Unterbringung zur Bewährung unterbleibt, wenn der Angeklagte noch **Freiheitsstrafe** zu verbüßen hat, die **gleichzeitig** mit der Maßregel verhängt und **nicht** zur **Bewährung ausgesetzt** wird (§ 67b Abs. 1 S. 2 StGB).

Als derartige **besondere Umstände** kommen – unter Berücksichtigung des Umstands, dass mit einer Bewährungsaussetzung Führungsaufsicht eintritt (§ 67b Abs. 2 StGB), der Verurteilte der Aufsicht der Führungsaufsichtsstelle untersteht (§ 68a Abs. 1 StGB) und ein Bewährungshelfer zu bestellen ist (§ 68a Abs. 1 StGB) – insbesondere in Betracht: 1020

- **Behandlung** in einer **Allgemeinpsychiatrie** oder die ambulante Behandlung (BGH NStZ 1988, 309).
- Eine **bereits vollzogene Unterbringung** nach Landesgesetz, wenn diese sich als günstiger erweist und eine gezieltere Behandlung des Angeklagten ermöglicht (*Fischer*, § 67b Rn 4). Eine Unterbringung nach Landesgesetz kann jedoch nicht Gegenstand einer Bewährungsauflage sein (BGH NStZ 2007, 465).
- **Betreuung** und Weisung einer (zivilrechtlichen) **Unterbringung** in einer **Einrichtung** oder in einem **Heim** (BGH NStZ-RR 2008, 8; 2010, 171).
- Gravierende **Veränderungen** der **persönlichen Lebensumstände** (Arbeit, Ehe, Familie)

Die **Möglichkeit**, **Weisungen** zu erteilen, sowie der Eintritt der **Führungsaufsicht** (§ 67b Abs. 2 StGB) sind für sich **allein** jedoch noch **keine** eine Bewährungsaussetzung rechtfertigenden **besonderen Umstände**, sondern nur dann, wenn die damit gegebenen Überwachungsmöglichkeiten und das dem Beschuldigten zu verdeutlichende Risiko, bei Nichterfüllung anzuordnender Weisungen (§ 68b StGB) mit dem Vollzug der Unterbringung rechnen zu müssen, im konkreten Fall die Erwartung rechtfertigen, der Zweck der Maßregel werde auch ohne Vollzug der Unterbringung erreicht werden (BGH NStZ 2007, 465). 1021

c)aa) Mit der Aussetzung der Vollstreckung einer Unterbringung zur Bewährung ist zugleich die **Führungsaufsicht auszugestalten**: Es ist ein Bewährungshelfer zu bestellen (§ 68a Abs. 1 StGB), Weisungen nach § 68b StGB sind anzuordnen und die Dauer der Führungsaufsicht ist festzulegen (§ 68c StGB; vgl. a. die Ausführungen zur Führungsaufsicht unter Rdn 483 ff.). Eines gesonderten Bewährungsbeschlusses bedarf es nur bezüglich einer etwaigen neben der Maßregel verhängten Freiheitsstrafe. 1022

☝ Die Verteidigung muss stets auf die Einhaltung des **Subsidiaritätsprinzips** drängen: Je effektiver die Bewährungsauflagen und die Führungsaufsicht ausgestaltet sind, umso eher kann der Zweck der Maßregel mit milderen Mitteln erreicht und damit die Maßregel zur Bewährung ausgesetzt werden.

Bei der **Betreuung** einer **verurteilten Person**, deren Unterbringung zur Bewährung angeordnet worden ist, muss der **Ausgangspunkt** für jede **Beratung** und etwaige rechtliche Maßnahmen das Urteil, der Bewährungsbeschluss und der Beschluss sein, mit dem die Führungsaufsicht ausgestaltet worden ist. Soweit der Verteidiger den Verurteilten nicht bereits im Strafverfahren verteidigt hat, sollte **Akteneinsicht** genommen werden, um Urteils- und Beschlussabschriften zu den eigenen Handakten zu nehmen.

1023 **bb)** Mit dem Ende der **Führungsaufsicht** ist eine zur Bewährung ausgesetzte Maßregel **erledigt** (§ 67g Abs. 5 StGB); einer Erledigungserklärung mit konstitutiver Wirkung bedarf es nicht. Der Widerruf der Aussetzung zur Bewährung ist von dem Zeitpunkt des Endes der Führungsaufsicht ab nicht mehr zulässig (OLG Celle NStZ-RR 2011, 222, OLG Düsseldorf NStZ 1986, 525). Ein Widerruf muss somit während der Aufsichtszeit ergehen, wenn er auch in dieser Zeit nicht zwingend rechtskräftig werden muss (KG NStZ-RR 2010, 28).

1024 **3.** Der **Widerruf** der Aussetzung zur Bewährung ist in **§ 67g StGB** geregelt. Während die Erledigung nach § 67d StGB unwiderruflich ist (arg. ex. § 67g Abs. 5 StGB; → *Maßregeln, Erwachsene, Erledigterklärung*, Teil B Rdn 1064), ist die **Aussetzung** der Maßregel zur Bewährung **widerruflich** und ist insoweit weitgehend ähnlich zur Strafaussetzung (→ *Bewährung, Widerruf, Allgemeines,* Teil A Rdn 298 m.w.N.

1025 **a)aa)** Das **Gericht widerruft** die Aussetzung einer Unterbringung (§ 67g Abs. 1 StGB), **wenn** die verurteilte Person

- während der Dauer der Führungsaufsicht eine rechtswidrige Tat begeht (Rdn 1031),
- gegen Weisungen nach § 68b StGB gröblich oder beharrlich verstößt (Rdn 1033) **oder**
- sich der Aufsicht und Leitung der Bewährungshelferin oder des Bewährungshelfers oder der Aufsichtsstelle beharrlich entzieht (Rdn 1034)
- **und** sich daraus ergibt, dass der Zweck der Maßregel ihre Unterbringung erfordert.

1026 Das Gericht widerruft die Aussetzung einer Unterbringung nach den §§ 63, 64 StGB **auch** dann, wenn sich während der Dauer der Führungsaufsicht ergibt,

- dass von der verurteilten Person infolge ihres Zustands **rechtswidrige Taten** zu erwarten sind und deshalb der Zweck der Maßregel ihre Unterbringung erfordert (§ 67g Abs. 2 StGB; Rdn 1035),
- oder wenn Umstände, die dem Gericht während der Dauer der Führungsaufsicht bekannt werden und zur Versagung der Aussetzung geführt hätten, zeigen, dass der Zweck der Maßregel die Unterbringung der verurteilten Person erfordert (§ 67g Abs. 3 StGB; Rdn 1038).

☝ Die Voraussetzungen für den Widerruf müssen nach der **Überzeugung** des **Gerichts** feststehen. Zweifel gehen zugunsten der verurteilten Person und stehen einem Widerruf entgegen (OLG Celle NJW 1958, 33).

Liegt ein Widerrufsgrund vor, **muss** das Gericht die Aussetzung widerrufen, es sei denn, der Widerruf wäre als nicht verhältnismäßig anzusehen.

1027 **bb)** Ist **neben** der **Unterbringung** eine Freiheitsstrafe verhängt worden, kann die **Strafaussetzung** zur **Bewährung** der Freiheitsstrafe ebenfalls zu widerrufen sein, muss es aber nicht, da sich die Voraussetzungen für den Widerruf nicht vollständig decken (§ 67g Abs. 2 und 3, § 56f Abs. 1 StGB). Ist sowohl über den Widerruf der Strafaussetzung zur Bewährung wie auch der Unterbringungsaussetzung zu entscheiden, sind zur Vermeidung unterschiedlicher Bewertungen in derselben Sache zu den Eingangsvoraussetzungen des Widerrufes und den wesentlichen prognostischen Prüfungsabschnitten in der Regel beide Entscheidungen **von demselben Gericht zeitgleich** zu treffen (OLG Hamburg NStZ-RR 2007, 250). Wegen Besonderheiten im Einzelfall kann aber auch eine getrennte Entscheidung sachgerecht sein: Ein Ausnahmefall kann vorliegen, wenn vor dem Widerruf der Maßregelaussetzung die Frage des Vorliegens eines symptomatischen Zusammenhangs des neuen Delikts mit der der Anordnung der Maßregel zugrunde liegenden Tat durch Einholung eines Sachverständigengutachtens abzuklären ist (KG NStZ-RR 2009, 62, OLG Rostock, Beschl. v. 3.2.2012 – I Ws 395/11).

b)aa) Gemeinsame Voraussetzung eines Widerrufs nach § 67g Abs. 1 bis 3 StGB ist, dass der **Zweck der Maßregel** die Unterbringung erfordert. Das ist der Fall, wenn die Unterbringung zur Verhütung neuer, erheblicher rechtswidriger Taten im Hinblick auf den jeweiligen Unterbringungszweck der §§ 63, 64 (und 66) StGB gerechtfertigt ist (*Fischer*, § 67g Rn 3). Ein Widerruf darf nur erfolgen, wenn aus dem Widerrufsgrund (Nr. 1 bis 3) die Notwendigkeit der Unterbringung folgt: Es ist unter Abwägung des Verstoßes und des gesamten Verhaltens der verurteilten Person in der Zeit der Führungsaufsicht sowie unter Berücksichtigung der zur Verfügung stehenden Mittel, auf den Verurteilten einzuwirken, eine **neue Prognose** zu stellen. Soll der Widerruf erfolgen, muss Anlass zu der Besorgnis bestehen, dass die verurteilte Person ohne die Unterbringung erhebliche rechtswidrige Taten begehen wird. Die Erforderlichkeit hat dabei auch die Funktion, dem in § 62 StGB ausdrücklich genannten Grundsatz der Verhältnismäßigkeit Rechnung zu tragen: Das gilt zunächst für die Erheblichkeit der zu erwartenden Taten. Was für die Anordnung der Unterbringung gilt, muss genauso dann gelten, wenn die Maßregel ausgesetzt war und diese Aussetzung widerrufen werden soll. Es müssen also diejenigen Taten drohen, deren Gefahr auch schon die Anordnung gem. § 63, 64 oder 66 StGB gerechtfertigt hätte. Die Erforderlichkeit der Unterbringung und damit der Widerruf hängen also ab von der Schwere der von dem Verurteilten jetzt ausgehenden Gefahr. Je länger dieser bereits untergebracht war, umso schwerer müssen unter Verhältnismäßigkeitsgesichtspunkten die drohenden Gefahren wiegen (OLG Nürnberg, Beschl. v. 5.2.2024 – Ws 1160/23; MüKo-StGB/*Groß/Veh*, § 67g Rn 8–11 m.w.N.). Die Erheblichkeit beurteilt sich im Wesentlichen nach dem Rang des jeweils betroffenen Rechtsguts, dem Umfang und der Gefährlichkeit seiner Verletzung und dem äußeren Erscheinungsbild der Tat (BGHSt. 24, 153, 160). Sie ist zwar nicht auf Fälle der schweren Kriminalität beschränkt (BGHSt. 27, 246, 248). Der anzulegende Maßstab ist bei der Unterbringung in der Entziehungsanstalt auch nicht so streng wie bei der Unterbringung in einem psychiatrischen Krankenhaus oder in der Sicherungsverwahrung. Es muss sich aber um Taten handeln, die einen symptomatischen Zusammenhang mit der jener Ursprungstat aufweisen, welche der Unterbringung zugrunde liegt (OLG Karlsruhe NStE § 67g StGB Nr. 4), und über Verfehlungen geringeren Gewichts hinausgehen (*Fischer*, § 67g Rn 3 ff. m.w.N.). 1028

✍ Droht ein Widerruf, sollten schnellstmöglich alle Maßnahmen ergriffen werden, die den Verurteilten stabilisieren können. Hierbei empfiehlt sich eine enge Zusammenarbeit insbesondere mit der Bewährungshilfe, einem Betreuer und den Einrichtungen, in denen der Verurteilte behandelt wird.

bb) Der Widerruf der Aussetzung der Unterbringung muss zur Erreichung des Maßregelzwecks **geeignet** sein. Dies wäre z.B. dann nicht der Fall, wenn die Unterbringung in einer Entziehungsanstalt keine hinreichend konkrete Erfolgsaussicht bietet. In diesem Fall dürfte ein Widerruf nicht erfolgen (OLG Düsseldorf NStZ 1996, 408); vielmehr wäre die Maßregel dann für erledigt zu erklären (OLG Frankfurt NStZ-RR 1996, 91), und zwar mit der Folge, dass erneut Führungsaufsicht einträte. Damit würde eine weitere Möglichkeit zur Einwirkung auf die verurteilte Person bestehen. Jedoch wäre der Widerruf einer neben der Maßregel verhängten Freiheitsstrafe mit Bewährung nicht ausgeschlossen. 1029

Im Verhältnis zum Widerruf dürfen keine gleich geeigneten, milderen Mittel zur Verfügung stehen. Reichen **andere Mittel**, die **weniger schwer** wiegen als der Widerruf, zur Förderung des Maßregelzwecks aus, darf ein **Widerruf nicht** erfolgen. Weniger einschneidende Maßnahmen können z.B. sein: 1030

- eine andere Ausgestaltung der Führungsaufsicht: mögliche Heimunterbringung, zivilrechtliche Unterbringung,
- Krisenintervention nach § 67h StGB.

☝ Das Vorliegen der Voraussetzungen des **§ 67h StGB** schließt einen Widerruf der Aussetzung und den Erlass eines Sicherungshaftbefehls bzw. Sicherungsunterbringungsbefehls nach § 453c StPO aus (Tübinger Kommentar/*Kinzig* StGB § 67g Rn 2).

1031 **c)aa)** Der Widerruf nach **§ 67g Abs. 1 S. 1 Nr. 1 StGB** setzt voraus, dass die verurteilte Person während der Dauer der Führungsaufsicht eine rechtswidrige Tat begangen hat. § 67g Abs. 1 S. 1 Nr. 1 StGB ist entsprechend anzuwenden, wenn der Widerrufsgrund zwischen der Entscheidung über die Aussetzung und dem Beginn der Führungsaufsicht (§ 68c Abs. 4 StGB) entstanden ist (§ 67g Abs. 1 S. 2 StGB; vgl. die ähnliche Regelung des § 56f Abs. 1 S. 2 StGB für die Strafaussetzung). Die Begehung dieser neuerlichen Straftat muss zur Überzeugung des Gerichts feststehen. Es gilt der gleiche Maßstab wie für den Widerruf nach § 56f Abs. 1 S. 1 Nr. 1 StGB (MüKo-StGB/*Groß/Veh*, § 67g Rn 4, 5; MüKo-StGB/*Kett-Straub*, § 56f Rn 9, 10 und Rn 40–42 m.w.N.), so dass die neue Tat in einer rechtskräftigen Verurteilung festgestellt oder der Verurteilte ein glaubhaftes Geständnis abgelegt haben muss. Dies ist nicht der Fall, wenn der Verurteilte den Tatvorwurf bestreitet bzw. sich auf eine Notwehr- bzw. Nothilfelage beruft (EGMR, NJW 2004, 43, 45; BVerfG, NJW 2005, 817; *Fischer*, § 56f Rn 4f. m.w.N).

1032 Zum Widerruf führt die rechtswidrige Tat aber nur, wenn sich aus ihr ergibt, dass der Zweck der Maßregel die **Unterbringung** der verurteilten Person **erfordert**: Aufgrund der begangenen Tat(en) müssen mithin von der verurteilten Person erhebliche Rechtsverletzungen zu befürchten sein. Die bloße Möglichkeit solcher Delikte oder die Gefahr geringfügiger Taten reicht nicht aus (Tübinger Kommentar/*Kinzig*, § 67g Rn 4). Die erneut begangene rechtswidrige Tat muss im Hinblick auf künftige rechtswidrige Taten eine **schlechte Prognose begründen**, die in ihrer Qualität, d.h. im Hinblick auf Art und Schwere der befürchteten Taten, der Anordnungsprognose entspricht (*Fischer,* § 67g Rn 5). Bei einer süchtigen Person, deren Unterbringung deswegen angeordnet worden war, hat der Widerruf zu unterbleiben, wenn die Tat lediglich auf die Gefahr suchtunabhängiger Delikte schließen lässt, und zwar selbst dann, wenn wegen dieser Tat eine Strafaussetzung widerrufen wird.

1033 **bb)** Die Aussetzung ist nach **§ 67g Abs. 1 S. 1 Nr. 2 StGB** zu widerrufen, wenn die verurteilte Person gegen **Weisungen** im Rahmen der Führungsaufsicht nach § 68b StGB **gröblich** oder **beharrlich** verstößt und sich daraus ergibt, dass der Zweck der Maßregel ihre Unterbringung erfordert (insoweit ist zu beachten, dass Weisungsverstöße nach § 145a StGB auch strafbar sein können). **Gröblich** ist ein Verstoß, wenn die verurteilte Person in **objektiv erheblicher Weise** dem ihr nach § 68b StGB Auferlegten zuwiderhandelt. Schuldhaftes Verhalten ist hier anders als beim Widerruf der Strafaussetzung nicht unbedingt erforderlich (Tübinger Kommentar/*Kinzig*, § 67g Rn 5). Auch kommt es für einen gröblichen Verstoß auf eine vorherige Mahnung nicht an. **Beharrlich** ist ein Verstoß, wenn die verurteilte Person durch **wiederholtes Handeln oder andauerndes Verhalten** (Flucht, Verbergen usw.) ihre **endgültige Weigerung**, die Weisungen zu befolgen, zum Ausdruck bringt oder trotz Mahnung den Weisungen nicht nachkommt. Voraussetzung ist in beiden Fällen, dass die nicht befolgten Weisungen hinreichend bestimmt gewesen sind (Tübinger Kommentar/*Kinzig*, § 68b Rn 3; → *Bewährung, Widerruf, Weisungsverstoß*, Teil A Rdn 426).

1034 **cc)** Die Bewährung ist auch dann zu widerrufen, wenn sich die verurteilte Person der **Aufsicht und Leitung** der Bewährungshelferin oder des Bewährungshelfers oder der Aufsichtsstelle **beharrlich entzieht** und sich daraus die Notwendigkeit der Unterbringung ergibt (**§ 67g Abs. 1 S. 1 Nr. 3 StGB**). Unter einem beharrlichen Entziehen ist – wie auch bei § 56f Abs. 1 S. 1 Nr. 2 StGB – ein Verhalten zu verstehen, durch das immer wieder oder auf längere Zeit der **Einfluss** durch den **Bewährungshelfer** oder die **Führungsaufsichtsstelle** unmöglich gemacht wird. Hierfür reicht ein Widerstand gegen einzelne Maßnahmen nicht aus. Ein Widerruf wird aber – auch nach § 67g Abs. 1 S. 1 Nr. 2 StGB – vor allem dann erforderlich sein, wenn die verurteilte Person die Führungsaufsicht sabotiert oder sich so der Kontrolle entzieht, dass eine zuverlässige Beurteilung seines Verhaltens in der Freiheit unmöglich wird.

d) Die Aussetzung der Unterbringung in einem psychiatrischen Krankenhaus oder einer Entziehungs- 1035
anstalt ist weiterhin zu widerrufen, wenn sich während der Dauer der Führungsaufsicht ergibt, dass von der verurteilten Person infolge ihres Zustands **rechtswidrige Taten** zu **erwarten** sind und deshalb der Zweck der Maßregel ihre Unterbringung erfordert (**§ 67g Abs. 2 StGB**). § 67g Abs. 2 StGB ist im Verhältnis zu den Widerrufsgründen nach § 67g Abs. 1 StGB **subsidiär** (OLG Saarbrücken, Beschl. v. 18.9.2007 – 1 Ws 150/07; *Fischer*, § 67g Rn 8).

☝ Der relativ unbestimmte Widerrufsgrund nach § 67g Abs. 2 StGB, welcher – anders als der Widerruf nach § 67g Abs. 1 S. 1 Nr. 1 bis Nr. 3 StGB – nicht an ein Verhalten des Probanden, sondern allgemein an dessen Zustand anknüpft – ist **restriktiv auszulegen** (OLG Saarbrücken, Beschl. v. 18.9.2007 – 1 Ws 150/07). Insbesondere kann ein Widerruf nicht auf § 67g Abs. 2 StGB gestützt werden, wenn dem Widerruf ein Verhalten der verurteilten Person zugrunde liegt, dessen Eignung als rechtswidrige Tat i.S.d. § 67g Abs. 1 Nr. 1 StGB erst noch festgestellt werden muss (OLG Saarbrücken, a.a.O.).

Allerdings können im Freibeweisverfahren festgestellte Umstände bei der Begehung einer neuen Tat, we- 1036
gen derer der Verurteilte nicht verurteilt werden konnte, bei der Würdigung des Zustands des Verurteilten in einer Zusammenschau so wie alle anderen relevanten Umstände herangezogen werden. Denn die Begehung neuerlicher Straftaten kann dabei ein maßgebliches Zeichen dafür sein, dass sich der Zustand des Verurteilten verschlechtert und von ihm weitere rechtswidrige Taten zu erwarten sind (OLG Nürnberg, Beschl. v. 26.12.2023 – Ws 1075/23).

Gemäß § 67g Abs. 2 StGB muss sich während der Führungsaufsicht herausstellen, dass der **körperliche** 1037
oder **seelische Zustand** der verurteilten Person – nicht auch ein sonstiger Umstand, wie eine Veränderung der häuslichen Verhältnisse oder der Tod eines Betreuers – zu der ernsthaften Besorgnis Anlass gibt, sie werde erneut mit dem Strafgesetz in Konflikt geraten (OLG Hamm, Beschl. v. 24.3.2009 – 3 Ws 88/09, zum Begriff des Erwartens s.a. Rdn 1019 und 1044). So kommt ein Widerruf nach § 67g Abs. 2 StGB insbesondere dann in Betracht, wenn sich der Krankheitszustand der verurteilten Person nach Aussetzung der Unterbringung verschlimmert oder es – ggf. in Folge eines Therapieabbruchs – zu erneutem Alkohol- oder Rauschmittelmissbrauch kommt (Tübinger Kommentar/*Kinzig*, § 67g Rn 8). Eine neue Beurteilung eines unveränderten Zustands oder der Gefährlichkeit kann den Widerruf der Aussetzung nach § 67g Abs. 2 StGB nur dann rechtfertigen, wenn verbesserte wissenschaftliche Erkenntnisse vorhanden sind; sonst überwiegt der **Vertrauensschutz** (Tübinger Kommentar/*Kinzig*, § 67g Rn 8).

e) Nach **§ 67g Abs. 3 StGB** ist die Aussetzung der Unterbringung zur Bewährung zu widerrufen, wenn das 1038
Gericht während der Dauer der Führungsaufsicht Kenntnis von Umständen erlangt, die zur Zeit der Aussetzung bereits vorgelegen haben und zur **Versagung** der **Aussetzung** geführt hätten (zu den Voraussetzungen der Bewährungsaussetzung s. die Ausführungen unter Rdn 1017 ff. und Rdn 1043 ff.); diese Umstände müssen zudem zeigen, dass der Maßregelzweck die Unterbringung erfordert.

☝ Dagegen **scheiden** alle Umstände aus, die dem Gericht **schon bei der Aussetzung bekannt** waren; ebenso wenig genügt das Bekanntwerden von Versagungsgründen nach dem Ende der Führungsaufsicht.

§ 67g Abs. 3 StGB findet jedoch Anwendung, wenn dem Gericht die Umstände bereits **vor** der **Entlassung** der verurteilten Person in die Freiheit **bekannt** werden (OLG Bamberg NJW 1969, 564), nicht jedoch dann, wenn die Umstände vor Beginn der Führungsaufsicht bekannt werden.

1039 Auch die Widerrufsmöglichkeit nach § 67g Abs. 3 StGB besteht im Verhältnis zu einem Widerruf nach § 67g Abs. 1 StGB nur **subsidiär**. Eine lediglich abweichende Beurteilung solcher Umstände rechtfertigt den Widerruf nicht (Tübinger Kommentar/*Kinzig*, § 67g Rn 9).

1040 Den Widerruf **rechtfertigende Umstände** können z.B. sein:

- **Vorstrafen**,
- psychische Erkrankungen und andere frühere Maßnahmen sein,
- allerdings nicht Bewertungen oder wissenschaftliche Schlussfolgerungen (*Fischer*, § 67g Rn 9).
- Nach der Rspr. soll auch eine **ärztliche Fehlbeurteilung** einen Widerruf nach § 67g Abs. 3 StGB rechtfertigen können, wobei unerheblich sei, ob sie auf nicht richtig erkannten Befundtatsachen oder auf falschen Schlussfolgerungen beruht (OLG Stuttgart OLGSt Nr. 2).

Erforderlich ist eine **Gesamtwürdigung** der bekannt gewordenen Umstände und des gesamten Verhaltens der verurteilten Person während der Führungsaufsicht: Lässt das Verhalten der verurteilten Person während der Führungsaufsicht darauf schließen, dass trotz der nachträglich bekanntgewordenen Umstände von ihr keine erheblichen Rechtsverletzungen mehr zu befürchten sind, so bedarf es der Unterbringung nicht und ein Widerruf darf nicht erfolgen.

1041 **f)** Für das **Widerrufsverfahren** gilt: Ist die Vollstreckung einer Unterbringung bereits mit dem Urteil, durch das die Unterbringung angeordnet worden ist, zur Bewährung ausgesetzt worden, entscheidet über einen etwaigen Bewährungswiderruf i.d.R. das erkennende Gericht, in den übrigen Fällen die StVK (→ *Maßregeln, Erwachsene, Zuständigkeit und Verfahren*, Teil B Rdn 1240). Die StA ist in jedem Fall zu hören. Vorläufige Maßnahmen – wie der Erlass eines Sicherungsunterbringungsbefehls nach §§ 453c, 463 Abs. 1 StPO – sind möglich (zu den Rechtsmitteln → *Maßregeln, Erwachsene, Rechtsschutz*, Teil B Rdn 1155).

1042 **4.** Zu den **Folgen** des **Widerrufs** ist auf Folgendes **hinzuweisen**:

- Im Falle des Bewährungswiderrufes darf die **Vollstreckung** erst mit Rechtskraft des Widerrufsbeschlusses beginnen; bis dahin kann jedoch ein Sicherungsunterbringungsbefehl nach §§ 453c Abs. 1, 463 Abs. 1 StPO erlassen werden.
- Nach § 67g Abs. 6 StGB sind **Leistungen**, die die verurteilte Person zur Erfüllung von Weisungen erbracht hat, nicht zu erstatten.
- Ein Widerruf berührt die **gesetzlichen Höchstfristen** nach § 67d StGB nicht, und zwar auch dann nicht, wenn die verurteilte Person nach dem Widerruf der Aussetzung erneut untergebracht wird. Nach § 67g Abs. 4 StGB darf die Dauer der Unterbringung vor und nach dem Widerruf insgesamt die Höchstfrist der Maßregel nicht übersteigen. Dies gilt auch für den Fall, dass die verurteilte Person in den Vollzug einer anderen Maßregel überwiesen wird (§ 67a Abs. 4 StGB).

Beispiel:

Ist die Unterbringung in einer Entziehungsanstalt nach einem Jahr ausgesetzt worden, so darf die erneute Unterbringung nach dem Widerruf nur für die Dauer eines Jahres erfolgen.

- Ein Widerruf **schließt** eine **erneute Aussetzung** der Unterbringung **nicht aus**. Sie kann aufgrund neuer Tatsachen sogar schon erfolgen, wenn der Betroffene noch nicht wieder in Verwahrung ist (OLG Frankfurt StV 1985, 25).

Ein Antrag auf eine **abermalige Aussetzung**, der sich auf **neue Tatsachen** stützt – z.B. eine günstige Veränderung der Prognose nach längerer Zeit im Strafvollzug **vor** Beginn einer Unterbringung – ist vor der weiteren Unterbringung zulässig (OLG Hamm NStZ 1990, 251).

5.a)aa) Die Aussetzung der weiteren Vollstreckung der Unterbringung zur Bewährung **nach begonnener Vollstreckung der Maßregel** gem. **§ 67d Abs. 2 StGB** ist 1043

- **formal** daran geknüpft, dass eine Maßregel – unabhängig davon, ob sie befristet oder unbefristet ist – bereits **vollzogen wird.** Andere Möglichkeiten der Aussetzung folgen aus § 67b (Aussetzung mit Urteil) und § 67c StGB (späterer Beginn der Unterbringung).
- **Materiell zu erwarten** sein muss, dass der Verurteilte außerhalb des Maßregelvollzugs keine rechtswidrigen Taten mehr **begehen** wird.

☝ Bei **Unverhältnismäßigkeit** ist die Maßregel für erledigt zu erklären (→ *Maßregeln, Erwachsene, Erledigterklärung*, Teil B Rdn 1064).

„**Erwarten**" bedeutet auch i.S. dieser Vorschrift keine unbedingte Gewähr, sondern eine durch Tatsachen begründete Wahrscheinlichkeit straffreier Führung des Verurteilten (zu dem Begriff des Erwartens s.o. Rdn 1019). Welches **Maß** an **Erfolgswahrscheinlichkeit** für eine Aussetzung der Bewährung zu verlangen ist, hängt von dem Gewicht des bei einem Rückfall bedrohten Rechtsguts und dem Sicherungsbedürfnis der Allgemeinheit ab. Bei der Beurteilung dessen ist festzustellen, ob und welche Art rechtswidrige Taten von dem Untergebrachten drohen, wie ausgeprägt das Maß der Gefährdung ist (Häufigkeit, Rückfallfrequenz) und welches Gewicht den bedrohten Rechtsgütern zukommt (BVerfGE 70, 313). Die Annahme, bestimmte Deliktsgruppen seien von vornherein von einer Aussetzung ausgeschlossen, wäre jedoch unzutreffend. Mithin kann durch die Aussetzung einer Unterbringung zur Bewährung ein „**vertretbares Risiko**" eingegangen werden (BVerfG NStZ-RR 2004, 76). Vertretbar dürfte ein solches Risiko in der Regel dann sein, wenn die Wahrscheinlichkeit künftigen straffreien Verhaltens größer ist als diejenige des Rückfalls (KG NStZ-RR 2002, 138): Es muss die realistische Erwartung bestehen, der Verurteilte werde in Freiheit keine erheblichen Straftaten mehr begehen (OLG Frankfurt NStZ-RR 2001, 311). 1044

☝ Der **soziale Empfangsraum** spielt bei der Beurteilung eine nicht unerhebliche Rolle. Die mögliche Aufnahme eines Untergebrachten in eine Einrichtung, in der seine weitere Behandlung und Betreuung sichergestellt ist, kann seine bedingte Entlassung als vertretbares Risiko erscheinen lassen.

Die **Feststellung**, der Untergebrachte werde künftig wahrscheinlich (**irgendwelche**) **rechtswidrige Taten** begehen, reicht zur Ablehnung der bedingten Entlassung **nicht** aus. Nur die fortbestehende Gefahr erheblicher Taten – das sind Taten, die ihrer Art und ihrem Gewicht nach ausreichen, auch die Anordnung der Maßregel zu tragen – rechtfertigt die Fortsetzung des Maßregelvollzugs (BVerfG NStZ-RR 2004, 76; OLG Karlsruhe NStZ 1999, 37): Sind nur noch geringfügige Rechtsverletzungen zu erwarten, ist die Vollstreckung der Unterbringung auszusetzen (BVerfGE 70, 312). 1045

bb) Das Gericht hat also bei seiner Entscheidung über die Aussetzung der Unterbringung zur Bewährung eine **Prognoseentscheidung** zu treffen. Der Zweifelsgrundsatz findet keine Anwendung. Für die Prognose sind die Kriterien, die bereits für die Anordnung der stationären Maßregeln zu berücksichtigen sind, heranzuziehen: Wie bei der Strafrestaussetzung zur Bewährung (→ *Erwachsene, Freiheitsstrafe ohne Bewährung, Aussetzung der Reststrafe, Allgemeines*, Teil B Rdn 271 m.w.N.) ist das Verhalten im Vollzug für die Prognose nur bedingt aussagekräftig. Von Bedeutung sind vor allem das Anlassdelikt, die prädeliktische Persönlichkeit, die postdeliktische Persönlichkeitsentwicklung sowie der soziale Empfangsraum. Dabei kann es der verurteilten Person nicht zum Nachteil gereichen, wenn seitens der zuständigen staatlichen Stellen keine hinreichende Vorsorge für eine genügende Ausstattung mit Einrichtungen des strukturierenden und kontrollierten betreuten Wohnens getroffen worden ist (OLG Hamm NStZ-RR 2013, 224). Ein besonderes Augenmerk ist darüber hinaus darauf zu richten, wie sich der Verurteilte bei etwaigen Vollzugslockerungen verhält (OLG Karlsruhe NStZ-RR 2006, 90; OLG Köln StV 12, 222; zum weiteren Verfahren s. → *Maßregeln, Erwachsene, Zuständigkeit und Verfahren*, Teil B Rdn 1240; zu den Rechtsmitteln → *Maßregeln, Erwachsene, Rechtsschutz*, Teil B Rdn 1155. 1046

1047 Nach früherer Rechtslage war das Gericht, wenn es die bedingte Entlassung nicht erwägt, nur in Ausnahmefällen zur Beauftragung einer **externen Begutachtung** gehalten (OLG Dresden R&P 2007, 92): Im Hinblick auf das **Gebot bestmöglicher Sachverhaltsaufklärung** konnte es schon damals angezeigt sein, nach einer längeren Zeitspanne, bei neueren Entwicklungen oder aus sonstigen Gründen ein (neues) Gutachten einzuholen (BVerfG StV 09, 37). Nach neuer Rechtslage muss das Gericht gemäß § 463 Abs. 3 S. 3 StPO in den Fällen des § 67d Abs. 2 und Abs. 3 StGB sowie des § 72 Abs. 3 StGB unabhängig von den dort genannten Straftaten ein externes Sachverständigengutachten bei der Entscheidung über die Vollstreckung der Sicherungsverwahrung auch dann einholen, wenn es eine Aussetzung nicht in Betracht zieht. Hintergrund ist, dass die gerichtliche Entscheidung kein bloßer „Durchlaufposten" in Richtung Vollstreckung sein soll (BT-Drucks 17/9874, 39). Bei Unterbringung in einem psychiatrischen Krankenhaus nach § 63 StGB bzw. in einer Entziehungsanstalt nach § 64 StGB ist die Einholung eines Sachverständigengutachtens (nur) dann erforderlich, **wenn die Maßregel wegen einer in § 66 Abs. 3 S. 1 StGB genannten Tat angeordnet worden ist**. Die dort in § 454 Abs. 2 S. Nr. 1 und 2 StPO getroffene einschränkende Regelung, wonach bei einer Verurteilung zu weniger als zwei Jahren Freiheitsstrafe die Erholung eines Gutachtens entfallen kann, soll von § 463 Abs. 3. S. 3 StPO aber gerade nicht erfasst sein (OLG Nürnberg, Beschl. v. 31.8.2015 – 1 Ws 397/15). Darüber hinaus kann die Strafvollstreckungskammer ein Sachverständigengutachten einholen, wenn sie dies trotz der im Maßregelvollzug gewonnenen Erkenntnisse ausnahmsweise für notwendig hält (*Schmitt/Köhler*, § 463, Rn 6d m.w.N.). Als Sachverständige kommen zur Vorbereitung einer Entscheidung über die Aussetzung einer Maßregel insbesondere qualifizierte Psychiater und/oder Psychologen in Betracht. Das Gericht hat dem (ärztlichen) Gutachten **richterliche Kontrolle** entgegenzusetzen, die sich nicht nur auf das Prognoseergebnis, sondern auch auf die Qualität der gesamten Prognosestellung zu beziehen hat (BVerfGE 109, 164). Das Gericht muss also prüfen, ob das Gutachten wissenschaftlichen **Mindeststandards** genügt, und das Ergebnis der Begutachtung einer kritischen Prüfung unterziehen (OLG Karlsruhe NStZ-RR 2006, 91; zu den Anforderungen an Gutachten vgl. a. *Boetticher/Kröber/Müller-Isberner* u.a., NStZ 2006, 537).

1048 **6.** Je nach dem, wann die Maßregel zur Bewährung ausgesetzt wird, ändert sich die **sachliche Zuständigkeit** (→ *Maßregeln, Erwachsene, Zuständigkeit und Verfahren*, Teil B Rdn 1240). Insoweit gelten folgende

1049 **Zuständigkeiten**

- **Bis** zum Eintritt der **Rechtskraft** des Urteils, das die Maßregel anordnet (§ 67b Abs. 1 StGB), ist das **Tatgericht** zuständig.
- **Nach** Eintritt der **Rechtskraft und dem Beginn des (Vorweg-)Vollzugs einer neben der Maßregel angeordneten Freiheitsstrafe** (§ 67c Abs. 1 bzw. § 67c Abs. 2 S. 4 StGB; vgl. a. § 72 Abs. 3 StGB), aber **vor** Beginn der **Vollstreckung der Maßregel** (§ 67d Abs. 2 StGB), ist die StVK zuständig, §§ 462a Abs. 1 S. 1, 463 Abs. 1 StPO.
- **Nach Beginn** der **Vollstreckung** der Maßregel (§ 67d Abs. 2 StGB) ist ebenfalls die StVK zuständig, §§ 462a Abs. 1 S. 1, 463 Abs. 1 StPO.

1050 **7.** Die (Nicht-)Aussetzung der Unterbringung zu Bewährung nach § 67d Abs. 2 StGB ist gemäß §§ 463 Abs. 3 S. 1, 454 Abs. 3 S. 1 StPO mit der **sofortigen Beschwerde** anfechtbar. Gegen den Widerruf der Aussetzung zur Bewährung nach § 67g StGB ist gem. §§ 463 Abs. 6 S. 1, 462 Abs. 3 S. 1 StPO die **sofortige Beschwerde** statthaft.

Siehe auch: → *Bewährung, Allgemeines*, Teil A Rdn 1 m.w.N.; → *Maßregeln, Erwachsene, Allgemeines*, Teil B Rdn 969 m.w.N.; → *Strafvollstreckung, Allgemeines,* Teil J Rdn 319 m.w.N.

Maßregeln, Erwachsene, Entziehungsanstalt 1051

Literaturhinweise: **Bezzel**, Können Patienten aus dem Maßregelvollzug (§ 64 StGB) resozialisiert werden?, Forens Psychiatr Psychol Kriminol 2010, 264; **Dannhorn**, Zur Unterbringung in einer Entziehungsanstalt (§ 64 StGB), NStZ 2012, 414; **Kemper**, Die Unterbringung in der Entziehungsanstalt zwischen Fehleinweisung und Fehlkonstruktion, 2009; *ders.*, Erfolgreiches Krisenmanagement für die Entziehungsanstalt? Eine erste Bilanz zu den Auswirkungen der Maßregelrechtsreform, R&P 2010, 81; **Kreicker**, Die Unterbringung in einer Entziehungsanstalt neben lebenslanger Freiheitsstrafe, NStZ 2010, 239; **Krumm**, Die strafrechtliche Neuregelung zur Unterbringung in einer Entziehungsanstalt, NJ 2023, 442 ff.; **Kulhanek**, Die aktualisierte Unterbringung nach § 64 StGB, NStZ 2024, 129; **Müller**, Replik zur Debatte um die Reform der Unterbringung in der Entziehungsanstalt, FPPK 2021, 284; **Pollähne**, Effektivere Sicherheit der Bevölkerung und schärfere Kontrolle der Lebensführung. Zur Reform des Maßregelrechts und der Führungsaufsicht, KritV 2007, 387; **Schalast**, Drogenabhängige Patienten im Maßregelvollzug gemäß § 64 StGB, Forens Psychiatr Psychol Kriminol 2009, 294; *ders.*, Die gesetzliche Neuregelung der Unterbringung gemäß § 64 StGB und die Kapazitätsprobleme der Entziehungsanstalten, R&P 2012, 81; *ders.*, Missbrauch der Entziehungsanstalt, NStZ 2017, 433; *ders.*, Letzte Ausfahrt § 64 StGB (?), StraFo 2023, 167 ff.; *ders.*, Zur Debatte um die Reform der gesetzlichen Voraussetzungen einer Unterbringung in einer Entziehungsanstalt, FPPK 2021 (Replik **Müller** FPPK 2021, 284); **Schalast/Palaschke/Dönisch-Seidel**, Evaluation des Maßregelvollzugs gem. § 64 StGB, R&P 2009, 183; **Schneider**, Die Reform des Maßregelrechts, NStZ 2008, 68; **Spiess**, Das Gesetz zur Sicherung der Unterbringung in einem psychiatrischen Krankenhaus und in einer Entziehungsanstalt, StV 2008, 160; **Trenckmann**, Zur Verweildauer im Maßregelvollzug einer Entziehungsanstalt gemäß § 64 StGB, NStZ 2011, 322. 1052

1. Die Unterbringung in einer Entziehungsanstalt (§ 64 StGB) ist auf **Heilung** des Verurteilten **von stoffgebundenen Abhängigkeiten** ausgerichtet: Der Verurteilte soll künftige Abstinenz einüben und / oder vor einem Rückfall in akute Sucht für eine gewisse Dauer bewahrt werden (*Fischer,* § 64 Rn 2). Zugleich hat die Unterbringung auch – aber nicht allein – sichernden Charakter. 1053

☝ Auf **nicht stoffgebundene Abhängigkeiten** („Spielsucht", „Kaufsucht" usw.) findet § 64 StGB keine (entsprechende) Anwendung (BGH NJW 2005, 230).

2.a) Voraussetzungen für die **Anordnung** sind: 1054

- **Hang**, alkoholische Getränke oder andere berauschende Mittel im Übermaß zu sich zu nehmen (Rdn 1055), im Sinne einer Substanzkonsumstörung. Hierbei muss der Hang sicher festgestellt sein; dass sein Vorliegen und das Beruhen der Anlasstat hierauf lediglich nicht auszuschließen sind, reicht nicht aus (*Fischer,* § 64 Rn 4 m.w.N.),
- überwiegend auf den Hang zurückgehende rechtswidrige Tat (symptomatischer Zusammenhang) (Rdn 1056),
- **Gefahr**, dass die Person in Folge des Hanges erhebliche rechtswidrige Taten begehen wird (Rdn 1057),
- hinreichend **konkrete Aussicht**, dass die Person durch die Behandlung in einer Entziehungsanstalt innerhalb der Frist des § 67d Abs. 1 S. 1 oder 3 StGB geheilt oder erhebliche Zeit vor dem Rückfall in den Hang bewahrt und von der Begehung erheblicher rechtswidriger Taten, die auf den Hang zurückgehen, abgehalten wird (Rdn 1060).

b) Unter einem **Hang**, der vom Tatgericht sicher festgestellt worden sein muss, war nach der Rspr. zu der bis zum 30.9.2023 geltenden Fassung des § 64 StGB eine den Täter **treibende oder beherrschende Neigung** zu verstehen, das Rauschmittel **im Übermaß** zu konsumieren. Konsum im Übermaß meint einen Umfang (Maß und Häufigkeit), durch welchen die Gesundheit, Arbeits- und Leistungsfähigkeit erheblich beeinträchtigt werden (BGH NStZ-RR 2003, 106; NStZ 2004, 494; NStZ-RR 2006, 103; NStZ-RR 2008, 198). Diese Neigung besteht jedenfalls bei **körperlicher Abhängigkeit**. Nach der mit Gesetz zur Überarbeitung des Sanktionenrechts – Ersatzfreiheitsstrafe, Strafzumessung, Auflagen und Weisungen sowie Unterbringung in einer Entziehungsanstalt vom 26.07. 2023 (BGBl Teil I, Nr. 203 vom 2.8.2023) mit Wirkung vom 1.10.2023 eingefügten **Legaldefinition in § 64 S. 1 Halbsatz 2 StGB** erfordert der Begriff des „Hangs" nunmehr eine Substanzkonsumstörung, infolge derer eine dauernde und schwerwiegende Beeinträchtigung der Lebensgestaltung, der Gesundheit, der Arbeits- oder der Leistungsfähigkeit einge- 1055 treten ist und fortdauert. Mit dieser Legaldefinition bezweckte der Gesetzgeber eine engere Auslegung des bisherigen Begriffes („stärkere, wenngleich maßvolle Beschränkung"; BT-Drucks 20/5913, S. 43) um die Einweisung von Personen zu verhindern, bei welchen keine eindeutige Abhängigkeitserkrankung vorliegt (BT-Drucks 20/5913, S. 23). Vielmehr wird der Anwendungsbereich durch das Tatbestandsmerkmal **„Substanzkonsumstörung"** auf bestimmte medizinisch definierte Kategorien schwerer – und deshalb behandlungsbedürftiger – Formen des übermäßigen Konsums berauschender Mittel, nämlich substanzbezogene Abhängigkeitserkrankungen und schwere Formen des „Schädlichen Gebrauchs" begrenzt (näher BT-Drucks 20/5913, S. 69 mit S. 44f.). Vor dem Hintergrund, dass die Substanzkonsumstörung nach der gesetzlichen Definition überdies zu einer **dauernden und schwerwiegenden Beeinträchtigung der Lebensgestaltung, der Gesundheit, der Arbeits- oder Leistungsfähigkeit** geführt haben muss, wird bspw. die häufig vorkommende Einweisung von Drogendealern, bei denen der Betäubungsmittelkonsum zwar Teil des allgemein Lebensstil ist, aber nicht den Schweregrad erreicht, der tatsächlich eine Behandlung und Unterbringung erfordert, regelmäßig nicht (mehr) in Betracht kommen. Erforderlich sind insoweit vielmehr äußere, überprüfbare Veränderungen in mindestens einem der genannten Bereiche der Lebensführung. Hier muss sich die Störung schwerwiegend auswirken, also das Funktionsniveau in gravierender Weise beeinträchtigen, und im Tatzeitpunkt für längere Zeit vorhanden gewesen sein; eine lediglich vorübergehende konsumbedingte Aufhebung oder Verringerung der „sozialen Funktionsfähigkeit" genügt nicht (BGH, Beschl. v. 23.1.2024 – 3 StR 455/23). Beide Merkmale – schwerwiegend und dauernd – müssen im betroffenen Lebensbereich kumulativ erfüllt sein (s. BT-Drucks 20/5913, S. 45 f., 69; vgl. a. BGH, Beschl. v. 13.12.2023 – 3 StR 304/23, Rn 15 m.w.N.; Urt. v. 29.4.2024 – 3 StR 286/23) und zum Zeitpunkt der Hauptverhandlung noch gegeben sein (BGH, Beschl. v. 4.10.2023 – 3 StR 295/23). Zu einem Kontrollverlust über den Konsum, d.h. die Unfähigkeit, die Zufuhr im Einzelfall zu begrenzen, muss es jedoch nicht gekommen sein. Ebenso bedarf es keines täglichen Konsums und auch kurzfristige Abstinenz oder die Substitution stehen der Feststellung des Hangs nicht entgegen (*Fischer,* § 64 Rn 7–7c m.w.N.; vgl auch BGH, Beschl. v. 22.4.2025 – 5 StR 38/25 für den Verzicht auf Konsum während der wenige Monate dauernden Untersuchungshaft).

☝ Einerseits reicht die bloße **Neigung** zum **Rauschmittelmissbrauch**, die noch nicht handlungsleitend ist, zur Feststellung eines Hanges **nicht** aus. Andererseits sind nicht nur Täter mit einer substanzbezogenen Abhängigkeitserkrankung im medizinischen Sinne (ICD-10-GM F10 bis F19, Erweiterung. 2: „Abhängigkeitssyndrom"), sondern auch Fälle eines Substanzmissbrauchs erfasst, dessen Schweregrad unmittelbar unterhalb einer Abhängigkeit einzuordnen ist. Damit ist ein Missbrauch gemeint, der nach ICD-10 als eine schwere Form des schädlichen Gebrauchs (ICD-10-GM F10 bis F19, Erweiterung .1: „Schädlicher Gebrauch") einzustufen ist. Bei einem lediglich „einfachen" (oder „episodenhaften") schädlichen Gebrauch, auch wenn er unter ICD-10-GM F10 bis F19, Erweiterung. 1 fällt, soll dagegen eine Unterbringung nicht (mehr) möglich sein (s. BT-Drucks 20/5913, S. 44 f., 69 [überdies zum ICD-11 6C40 ff.]; vgl. a. BGH, Beschl. v. 12.12.2023 – 3 StR 343/23, Rn. 8 f.; Beschl. v. 23.1.2024 – 3 StR 455/23; Beschl. v. 3.12.2024 – 5 StR 549/24).

1056 c) Es muss ein **symptomatischer Zusammenhang** zwischen dem **Hang** des Täters und der von ihm begangenen **Anlasstat** dergestalt bestehen, dass die Anlasstat nach der Neufassung von § 64 S. 1 StGB „überwiegend" auf den Hang zurückzuführen ist. Dabei ist der Hang dann **„überwiegend"** ursächlich für die Anlasstat, wenn dieser mehr als andere Umstände für die Begehung der Tat ausschlaggebend war (so BT-Drucks 20/5913, S. 69). Durch diese Schärfung des Kausalitätserfordernisses zwischen „Hang" und „Anlasstat" erstrebt der Gesetzgeber, dass Personen, bei denen die Straffälligkeit auf andere Ursachen zurückzuführen ist, künftig nicht mehr die Voraussetzungen für eine Unterbringung nach § 64 StGB erfüllen (BT-Drucks 20/5913, S. 26). Bloße Mitursächlichkeit des Hangs für die Tat reicht deshalb nur noch dann aus, wenn sie andere Ursachen quantitativ überwiegt (BGH, Beschl. v. 25.10.2023 – 5 StR 246/23, Beschl. v. 2.11.2023 – 6 StR 316/23, Beschl. v. 7.11.2023 – 5 StR 345/23, Beschl. v. 20.11.2023 –

5 StR 407/23 und Beschl. v. 10.1.2024 – 6 StR 549/23). Dies wird insbesondere in Fällen abzulehnen sein, in denen Straftaten begangen werden, um – neben dem Drogenkonsum – den eigenen, womöglich aufwendigen Lebensbedarf zu finanzieren, oder bei einem „Großdealer", der selbst auch die gehandelte Droge oder ein anderes Suchtmittel konsumiert, und solchen, bei denen suchtunabhängiges dissoziales Verhalten für die Tatbegehung wesentlich war (BT-Drucks 20/5913, S. 47). Hingegen wird ein überwiegender Zusammenhang regelmäßig anzunehmen sein, wenn das delinquente Verhalten seine Motivation etwa im Craving, also im Drogenhunger, oder in der Notwendigkeit zum Erwerb der Substanz hat, um Entzugssymptome zu vermeiden, oder wenn aggressive Handlungen infolge der Abhängigkeit bzw. einer Intoxikation begangen worden sind (BT-Drucks 20/5913, S. 47; BGH, Beschl. v. 28.05.2024 – 6 StR 144/24; Beschl. v. 14.08.2024 – 2 StR 269/24). Bei „Konflikttaten" kommt es somit darauf an, inwieweit der tatauslösende Konflikt symptomatischer Ausdruck des Hangs ist (*Fischer,* § 64 Rn 13c). Bei Sexualdelikten ist ein symptomatischer Zusammenhang zwar nicht von vorneherein ausgeschlossen; seine Annahme bedarf jedoch besonderer Anhaltspunkte (Tübinger Kommentar/*Kinzig*, § 64 Rn 10). In der Praxis treffen häufig ein chronischer Rauschmittelmissbrauch und **(andere) psychische Defekte** zusammen. Beruht jedoch die Abhängigkeit auf einer psychischen Erkrankung oder einer gleichwertigen Persönlichkeitsstörung oder ist diese ursächlich für den Fortbestand der Sucht, kommt auch die Unterbringung in einem psychiatrischen Krankenhaus nach § 63 StGB in Betracht, so dass die Überweisung in jene Maßregel angezeigt sein kann. Das Vorliegen dieses Kausalzusammenhangs ist durch das Tatgericht – unter sachverständiger Beratung (§ 246a Abs. 1 S. 2 StPO) – festzustellen (BT-Drucks 20/5913, S. 69 f.; vgl. hierzu bereits BGH, Beschl. v. 25.10.2023 – 5 StR 246/23, Beschl. v. 7.11.2023 – 5 StR 345/23, Beschl. v. 20.11.2023 – 5 StR 407/23 und Beschl. v. 10.1.2024 – 6 StR 549/23). Die Symptomtat und der symptomatische Zusammenhang müssen **positiv feststehen.** Der Zweifelssatz gilt insoweit nicht, da die Unterbringung nach § 64 StGB eine belastende Maßnahme darstellt (BGH NStZ-RR 2023, 138; BGH NStZ-RR 2024, 45; *Kulhanek* NStZ 2024, 129; Tübinger Kommentar/*Kinzig*, § 64 Rn 10).

d) Es muss die **Gefahr** bestehen, dass der Täter zumindest auch infolge seines Hanges **(weitere) erheb-** 1057
liche rechtswidrige Taten begehen wird (u.a. BGH NStZ-RR 2004, 78). Dies muss im Einzelfall festgestellt werden. Ob die Anforderungen an Wahrscheinlichkeit und Erheblichkeit der zu befürchtenden Taten geringer oder gleichlaufend zu der Unterbringung im Sinne von § 63 StGB sind, ist dabei im Einzelnen umstritten (vgl. insoweit zum Streitstand Tübinger Kommentar/*Kinzig*, § 64 Rn 12 w.w.N.). Die Gefahr weiterer Taten kann jedenfalls nur angenommen werden, wenn die begründete Wahrscheinlichkeit besteht, dass der Täter infolge seines Hanges rückfällig wird. Eine bloße Wiederholungsmöglichkeit oder eine nur geringe Wahrscheinlichkeit genügen daher nicht (Tübinger Kommentar/*Kinzig*, § 64 Rn 12 m.w.N.).

> Es gibt keinen Erfahrungssatz, dass bei einem **Drogenabhängigen** regelmäßig die Gefahr neuer erheblicher Straftaten besteht (*Fischer,* § 64 Rn 15; Tübinger Kommentar/*Kinzig*, § 64 Rn 12).

Es reicht grds. die Gefahr beliebiger hangbedingter Taten, wenn diese **erheblich** sind (BGH NStZ-RR 1058
1996, 257).

> Die Gefahr der Begehung reiner **Bagatelltaten** – z.B. gewalt- und drohungsfreie Beleidigungen, Hausfriedensbruch in öffentlichen Gebäuden, geringfügige Diebstähle, Erwerb kleiner Rauschgiftmengen zum Eigenkonsum – reicht **nicht** aus (BGH NStZ 1994, 280; Tübinger Kommentar/*Kinzig*, § 64 Rn 12).

In Bezug auf die Prüfung der Gefährlichkeit des Angeklagten wird die Verwendung **statistischer Pro-** 1059
gnoseinstrumente vom BGH nicht beanstandet (BGH, Beschl. v. 6.12.2007 – 3 StR 355/07).

e) Es muss eine **hinreichend konkrete Erfolgsaussicht** dergestalt bestehen, dass aufgrund tatsächlicher 1060
Anhaltspunkte zu erwarten ist, dass die verurteilte Person durch die Behandlung in einer Entziehungs-

anstalt innerhalb der Frist nach § 67d Abs. 1 S. 1 oder 3 StGB geheilt oder erhebliche Zeit vor dem Rückfall in den Hang bewahrt wird und dadurch von der Begehung erheblicher rechtswidriger Taten, die auf den Hang zurückgehen, abgehalten wird. Mit der Änderung des § 64 S. 2 StGB durch das Gesetz zur Überarbeitung des Sanktionenrechts -Ersatzfreiheitsstrafe, Strafzumessung, Auflagen und Weisungen sowie Unterbringung in einer Entziehungsanstalt -vom 2.8.2023 (BGBI. 2023 I Nr. 203) hat der Gesetzgeber eine restriktivere Anwendungspraxis bezweckt, die gewährleistet, dass die Kapazitäten des Maßregelvollzugs zielgerichteter genutzt werden als bisher. Für eine Unterbringung genügt es nun nicht mehr, dass eine „hinreichend konkrete Aussicht" besteht, die Person durch die Behandlung in einer Entziehungsanstalt innerhalb der Frist nach § 67d Abs. 1 S. 1 oder 3 StGB zu heilen oder über eine erhebliche Zeit vor dem Rückfall in den Hang zu bewahren und von der Begehung erheblicher rechtswidriger Taten abzuhalten, die auf ihren Hang zurückgehen. In der Neufassung setzt § 64 S. 2 StGB vielmehr voraus, dass ein solcher Effekt **„aufgrund tatsächlicher Anhaltspunkte zu erwarten ist"**. In Anlehnung etwa an die Regelung des § 63 S. 1 StGB soll dafür **eine durch Tatsachen belegte „Wahrscheinlichkeit höheren Grades"** erforderlich sein. Wie schon nach früherer Rechtslage genügt die bloße Möglichkeit eines Behandlungserfolges nicht (BGH, Beschl. v. 18.3.2025 – 6 StR 622/24). Der Gesetzgeber hat damit vielmehr bewusst erhöhte prognostische Anforderungen statuiert, wodurch sich der Einfluss ungünstiger Risikofaktoren wie der Therapieunwilligkeit erhöht (BGH, Beschl. v. 16.7.2024 – 5 StR 227/24 unter Verweis auf BT-Drucks 20/5913, S. 48, 49 und auf BGH, Beschl. v. 17.1.2024 – 5 StR 509/23, StV 2024, 436). Je mehr Faktoren gegen den Therapieerfolg eines Beschuldigten sprechen, umso gewichtiger müssen die Anhaltspunkte dafür sein, dass die Hindernisse im Therapieverlauf gleichwohl überwunden werden können. Insbesondere stellt die Therapiemotivation zwar einen günstigen Faktor dar, vermag die Annahme einer hinreichend konkreten Erfolgsaussicht aber allein nicht zu belegen, wenn nach den Feststellungen auch gewichtige ungünstige Umstände bestehen. Es bedarf in einem solchen Fall einer **Gesamtwürdigung der Täterpersönlichkeit und aller sonstigen prognoserelevanten Umstände** (BGH, Beschl. v. 16.7.2024 – 5 StR 227/24; OLG Nürnberg, Beschl. v. 10.1.2025 – Ws 1108/24). Die Prüfung erfordert nach dem Willen des Gesetzgebers eine **Gesamtabwägung**, die namentlich Behandlungsfähigkeit und Behandlungsbereitschaft des Angeklagten in den Blick nimmt und bei der es damit in erster Linie um in der Person und Persönlichkeit des Täters liegende Umstände geht, insbesondere solche, die seine Sucht und deren Behandlungsfähigkeit unmittelbar kennzeichnen, vor allem Art und Stadium der Sucht, bereits eingetretene physische und psychische Veränderungen und Schädigungen, frühere Therapieversuche sowie eine aktuelle Therapiebereitschaft (BGH, Urt. v. 3.4.2025 – 3 StR 497/24).

1061 Erforderlich ist die **Prognose**, dass bei erfolgreichem Verlauf der Behandlung die Gefährlichkeit aufgehoben oder deutlich herabgesetzt wird (BGH NStZ 2003, 86); in der Persönlichkeit des Täters und seinen Lebensumständen müssen sich **konkrete Anhaltspunkte** finden, die einen solchen Verlauf erwarten lassen (BGH NStZ-RR 2009, 48). In Anlehnung an vergleichbare Regelungen, z.B. in § 63 S. 1 StGB, ist für eine solche Erwartung eine „Wahrscheinlichkeit höheren Grades" erforderlich, die durch Tatsachen belegt sein muss (BT-Drucks 20/5913, S. 48,70).

> ✍ Bei dieser Prognose ist auf die (verlängerte) **Unterbringungsfrist** (§ 67d Abs. 1 S. 1, S. 3 StGB) **abzustellen** (*Fischer*, § 64 Rn 19a). Keine hinreichende Erfolgsaussicht besteht, wenn die voraussichtliche Therapiedauer diese Frist überschreitet (BGH NJW 2012, 2292; NStZ-RR 2013, 7).

1062 Voraussetzung für den Eintritt eines Behandlungserfolgs sind die **Therapiefähigkeit und Therapiewilligkeit** des Untergebrachten. Eine Therapiefähigkeit besteht nur, wenn mindestens minimale Fähigkeiten zur Introspektion und zur Empathie sowie eine zumindest geringe Frustrationstoleranz und Ansprechbarkeit bestehen (*Dannhorn* NStZ 2012, 414). Eine aktuell oder nur zeitweilig fehlende Therapiewilligkeit ist zwar ein gewichtiges Indiz gegen die Erfolgsaussicht, steht der Anordnung der Unterbringung in einer Entziehungsanstalt aber nicht zwingend entgegen (*Fischer*, § 64 Rn 20). Vielmehr kann eine konkrete Erfolgsaussicht in diesem Fall damit begründet werden, dass eine Therapiebereitschaft für eine Erfolg versprechende Behandlung noch geweckt werden kann (BGH, Beschl. v. 19.3.2025 – 3 StR 603/24; *Fischer*, § 64 Rn 20; Tübinger Kommentar/*Kinzig*, § 64 Rn 16). In diesem Zusammenhang kann auch dem Vorwegvollzug einer Freiheitsstrafe (→ *Maßregeln, Erwachsene, Vollstreckungsreihenfolge*, Teil B Rdn 1203 ff) – ggf. mit der Möglichkeit einer Sozialtherapie – Bedeutung zukommen. Vor dem Hintergrund, dass mit der Änderung des § 64 StGB die Anforderungen an eine günstige Behandlungsprognose „moderat angehoben" werden sollten (BT-Drucks 20/5913, S. 70) dürfte die Unterbringung jedoch in Fällen ausscheiden, in welchen der Angeklagte eine Behandlung nachdrücklich ablehnt und nicht zu erwarten steht, dass sich der Angeklagte im Maßregelvollzug nach einer gewissen Anpassungszeit der Notwendigkeit der Behandlung öffnen und an ihr mitwirken wird. Lehnt ein Angeklagter die Therapie im Maßregelvollzug ab, ist für eine positive Anordnungsentscheidung im Urteil konkret darzulegen, welche Instrumente im Maßregelvollzug zur Verfügung stehen, mit denen diese Haltung überwunden und eine Therapiemotivation geweckt werden kann (BGH, Beschl. v. 27.7.2024 – 5 StR 282/24; Beschl. v. 28.8.2024 – 4 StR 480/23; Beschl. v. 12.2.2025 – 4 StR 56/24). Andererseits spricht zwar eine ausdrücklich (ernstlich) erklärte Therapiebereitschaft in der Regel für eine Erfolgsaussicht. Wenn jedoch zugleich gewichtige ungünstige Umstände vorliegen, kann auch bei einer ausdrücklich erklärten Therapiebereitschaft noch nicht ohne weiteres auf die nach § 64 S. 2 StGB erforderliche Erwartung erfolgreicher Behandlung geschlossen werden (BGH, Beschl. v. 6.3.2024 – 3 StR 429/23; Tübinger Kommentar/*Kinzig*, § 64 Rn 17). Dass der Angeklagte bereits erfolglose Therapieversuche oder eigene Entgiftungsversuche unternommen hat oder für längere Zeit bereits substituiert worden ist, steht der Annahme einer hinreichend konkreten Erfolgsaussicht grds. nicht entgegen (BGH NStZ-RR 1997, 131; 2001, 12). Auch steht einer Unterbringung in einer Entziehungsanstalt bei Vorliegen der Voraussetzungen nicht entgegen, dass die Maßregel schon in einem früheren Verfahren angeordnet worden ist (BGH, Beschl. v. 28.8.2024-2 StR 169/24). Mehrere erfolglose Therapieversuche in der Vergangenheit sprechen jedoch gegen die Erfolgsaussicht. Darüber hinaus steht eine konkret drohende Abschiebung dem Erreichen des Therapieziels entgegen (*Fischer*, § 64, Rn 20 m.w.N.; BGH, Urt. v. 7.2.2024 – 6 StR 348/23 für die Aberkennung der Freizügigkeit). Auch stellen nach der Neufassung des § 64 S. 2 StGB bereits fehlende Deutschkenntnisse einen gewichtig gegen einen Therapieerfolg sprechenden Umstand dar (BGH, Urt. v. 10.1.2024 – 2 StR 438/23; anders, wenn ausnahmsweise eine qualifizierte Teilnahme an der Therapie über Sprachmittler oder auch fremdsprachige Therapeuten sichergestellt werden kann, BT-Drucks 20/7026, S. 19 sowie BT-Drucks 20/5913, S. 71). An einem wahnhaften Störungsbild (Psychose, Schizophrenie) oder einer (dissozialen) Persönlichkeitsstörung leidende Täter, bei denen die Störung in Wechselwirkung zur Rauschmittelabhängigkeit steht bzw. bei denen sich eine sekundäre Abhängigkeit von Alkohol oder Betäubungsmitteln ausgebildet hat, sind in der Regel in einer Entziehungsanstalt nicht erfolgreich behandelbar (BGH, Beschl. v. 16.11.2023 – 6 StR 452/23) bzw. haben eine verminderte Erfolgsaussicht für eine Therapie (Tübinger Kommentar/*Kinzig*, § 64 Rn 16).

3. Gemäß § 67c Abs. 2 S. 5 StGB ist die Unterbringung bereits vor Beginn des Maßregelvollzugs **für erledigt zu erklären**, wenn der Vollzug der Unterbringung drei Jahre nach Rechtskraft ihrer Anordnung noch nicht begonnen wurde und das Maßregelziel anderweitig erreicht wurde. Dabei ist die Unterbringung nach § 64 StGB im Falle des Erreichens des Therapieziels auch dann nach § 67c Abs. 2 S. 5 StGB für erledigt zu erklären, wenn eine neben der Sucht bestehende, für die Anlasstat ebenfalls ursächliche Persönlichkeitsstörung fortbesteht (OLG Karlsruhe, R & P 2006, 43; *Fischer*, § 67c Rn 11 m.w.N.; Tübinger Kommentar/*Kinzig*, § 64 Rn 1). Wird die Suchtbehandlung im Maßregelvollzug (vor Ablauf der Höchstfrist des § 67d Abs. 1 StGB) **erfolgreich abgeschlossen**, muss die weitere Vollstreckung der Unterbringung unter den Voraussetzungen des § 67d Abs. 2 S. 1 StGB **zur Bewährung ausgesetzt** werden. Ist die (verlängerte) Höchstfrist des § 67d Abs. 1 S. 1, 3 StGB für eine Unterbringung in einer Entziehungsanstalt ohne Erreichen des Maßregelzieles abgelaufen, so ist die Unterbringung gemäß § 67d Abs. 4 StGB **erledigt** und der Untergebrachte ist zu entlassen. **Wenn** die Voraussetzungen des § 64 S. 2 StGB nicht mehr vorliegen, ist die Unterbringung nach § 67d Abs. 5 S. 1 StGB für erledigt zu erklären (→ *Maßregeln, Erwachsene, Erledigterklärung*, Teil B Rdn 1064). Hierbei ist mit Wirkung ab dem 1.10.2023 1063 auch für nachträgliche Entscheidungen nach § 67d Abs. 5 S. 1 1 StGB über die Erledigung von Unterbringungen, welche vor dem 1.10.2023 rechtskräftig angeordnet wurden, die Neufassung des § 64 StGB anzuwenden (BGH, Urt. v. 12.10.2023 – 4 StR 136/23 m.w.N.; OLG Bremen, Beschl. v. 8.3.2024 – 1 Ws 17/24 m.w.N.).

Siehe auch: → *Maßregeln, Erwachsene, Allgemeines*, Teil B Rdn 969 m.w.N.

1064 Maßregeln, Erwachsene, Erledigterklärung

Das Wichtigste in Kürze:

1. Die verschiedenen Voraussetzungen für eine Erledigung bzw. Erledigterklärung sind überwiegend in § 67d StGB geregelt,
2. Von einer sog. echten Erledigung wird gesprochen, wenn nach Erledigung der Maßregel keine weiteren Folgen eintreten. Eine sog. unechte Erledigung liegt dagegen vor, wenn nach der Erledigung der Maßregel noch weitere Sanktionen angeordnet werden.
3. Mit Ablauf der Höchstfrist der Unterbringung nach § 64 StGB tritt kraft Gesetzes Erledigung ein, § 67d Abs. 4 S. 2 StGB.
4. Mit der von der StVK auszusprechenden Erledigterklärung wird eine Unterbringung beendet und der Untergebrachte ist aus der Maßregelvollzugseinrichtung zu entlassen.
5. Die Unterbringung in einer Entziehungsanstalt ist gemäß § 67d Abs. 5 StGB für erledigt zu erklären, wenn die Voraussetzungen des § 64 S. 2 StGB nicht (mehr) gegeben sind.
6. Die Unterbringung in einem psychiatrischen Krankenhaus (§ 63 StGB) ist gemäß § 67d Abs. 6 StGB für erledigt zu erklären, wenn das Gericht nach Beginn der Vollstreckung der Unterbringung feststellt, dass die Voraussetzungen der Maßregel nicht (mehr) vorliegen oder die weitere Vollstreckung der Unterbringung unverhältnismäßig ist.
7. Mit der Entlassung aus dem Vollzug der Unterbringung tritt nach § 67d Abs. 5 S. 2 bzw. Abs. 6 S. 4 StGB Führungsaufsicht ein.
8. Regelmäßig kann nach Erledigterklärung der Maßregel eine etwaige Begleitstrafe nicht zur Bewährung ausgesetzt werden.
9. Gegen die gerichtliche Erledigterklärung ist die sofortige Beschwerde statthaft.

1065 **Literaturhinweise:** **Baur,** Das neue Recht der Unterbringung in einem psychiatrischen Krankenhaus und seine Konsequenzen für die Praxis, JR 2017, 413; **Coldewey,** Die Aussetzung der Unterbringung zur Bewährung – Eine normativ-empirische Studie zur Auslegung des § 67d Abs. 2 StGB im Rahmen der Unterbringung in einem psychiatrischen Krankenhaus, 2008; **Geyer/Haussmann/Steinböck/Tilmann**, Fortdauer der Unterbringung in einem psychiatrischen Krankenhaus gemäß § 63 StGB, NStZ 2017, 185; **Hofstetter/Rohner**, „Wenn der Zustand nicht (mehr) vorliegt …". Die Praxis der Erledigung der Maßregel in Hessen vor dem Hintergrund der §§ 67d Abs. 6 und 66b Abs. 3 StGB, R&P 2007, 51; **Kaspar**, Aussetzung und Erledigung der Unterbringung in einem psychiatrischen Krankenhaus nach §§ 67b und d StGB, Forens Psychiatr Psychol Kriminol 2007, 217; **Neßeler**, Die Berechnung der „bedingten Höchstfristen" des § 67d Absatz 6 Satz 2 und 3 StGB, R & P 2018, 206; **Peglau**, Zulässigkeit des Hinausschiebens des Entlassungszeitpunkts zur Entlassungsvorbereitung (usw.), JR 2018, 371; **Schneider**, Beendigung der Unterbringung in einem psychiatrischen Krankenhaus bei „Zweckerreichung" – Eine kriminalpolitische Herausforderung –, NStZ 2004, 649; **Westendarp**, § 67d StGB – Erledigung der Unterbringung in einer Entziehungsanstalt – Gedanken zum Thema, Forensische Psychiatrie und Psychotherapie 19 (2012), 318.; **Willhardt/Rohner**, Entlassungen aus dem, Maßregelvollzug (§ 63 StGB) wegen fehlender Verhältnismäßigkeit, R & P 2018, 213; s.a. die Hinweise bei → *Maßregeln, Erwachsene, Allgemeines*, Teil B Rdn 969 m.w.N.

1066 **1.a)** Die **verschiedenen Voraussetzungen für** eine Erledigung bzw. Erledigterklärung der Maßregeln nach §§ 63, 64 und 66 StGB sind überwiegend in **§ 67d StGB** geregelt, wobei zwischen Erledigung kraft Gesetzes und kraft gerichtlicher Entscheidung unterschieden wird. Die Erledigungsformen sind weiter zu unterscheiden nach „echter" und „unechter" Erledigung:

b) Eine **Erledigung kraft Gesetzes** tritt in folgenden Konstellationen ein: 1067

- Durch **Ablauf der Höchstfrist** bei einer Unterbringung nach § 64 StGB (§ 67d Abs. 4 S. 2 i.V.m. Abs. 1 S. 1, S. 3 StGB.
- Eine **frühere Unterbringung** nach § 64 StGB ist erledigt bei **erneuter Anordnung** der Unterbringung nach § 64 StGB (§ 67f StGB).
- Nach **widerrufsfreiem Verlauf** der **Bewährungszeit**/Führungsaufsicht (§ 67g Abs. 5 StGB).

c) Die **Erledigung kraft gerichtlicher Entscheidung** tritt ein 1068

- bei **Erreichen** des **Zwecks** der Maßregel, wenn nach drei Jahren seit rechtskräftiger Anordnung mit dem Vollzug der Unterbringung nicht begonnen wurde (§ 67c Abs. 2 S. 5 StGB),
- wenn die **Voraussetzungen** der **Unterbringung in einer Entziehungsanstalt** nach **§ 64 S. 2 StGB nicht (mehr)** vorliegen (§ 67d Abs. 5 StGB),
- wenn die **Voraussetzungen** der **Unterbringung** nach **§ 63 StGB nicht (mehr)** vorliegen oder die **weitere Vollstreckung** der Maßregel **unverhältnismäßig** wäre (§ 67d Abs. 6 S. 1 StGB).

2. Von einer sog. **echten Erledigung** wird gesprochen, wenn nach Erledigung der Maßregel keine weiteren Folgen eintreten (so z.B. bei § 67c Abs. 2 S. 5 StGB). Eine sog. **unechte Erledigung** liegt dagegen vor, wenn nach der Erledigung der Maßregel noch weitere Sanktionen, wie die nachträgliche Sicherungsverwahrung (§ 66b StGB) oder z.B. ambulante Nachsorge oder Führungsaufsicht angeordnet wird (→ *Führungsaufsicht, Eintritt*, Teil B Rdn 531). 1069

3. Mit **Ablauf** der **Höchstfrist** der Dauer der Unterbringung nach § 64 StGB tritt **kraft Gesetzes Erledigung** ein, § 67d Abs. 4 S. 2 StGB, und der Untergebrachte ist zu entlassen, § 67d Abs. 4 S. 1 StGB, unabhängig davon, ob die Therapie erfolgreich war oder nicht. Mit der Entlassung aus dem Maßregelvollzug tritt gem. § 67d Abs. 4 S. 3 StGB Führungsaufsicht ein. Für die Höchstfrist gilt: Die Unterbringung in einer Entziehungsanstalt ist grds. auf zwei Jahre begrenzt (§ 67d Abs. 1 S. 1 StGB). Gemäß § 67d Abs. 1 S. 3 StGB verlängert sich die Höchstfrist im Falle eines Vollzugs der Unterbringung vor einer daneben angeordneten Freiheitsstrafe um die Dauer der Freiheitsstrafe, soweit die Zeit des Maßregelvollzugs gemäß § 67 Abs. 4 StGB auf die Strafe angerechnet wird. Die Unterbringung nach § 63 StGB ist unbefristet (→*Maßregeln, Erwachsene, Allgemeines*, Teil B Rdn 969 m.w.N). 1070

4. Mit der von der StVK in den Fällen der §§ 67c Abs. 2 S. 5, 67d Abs. 3, Abs. 5, Abs. 6 StGB auszusprechenden Erledigterklärung wird eine Unterbringung beendet und der Untergebrachte ist aus der **Maßregelvollzugseinrichtung** zu **entlassen**. Indes kann eine neben der Unterbringung verhängte Freiheitsstrafe noch zu vollstrecken sein, § 67 Abs. 4, Abs. 5 S. 2 Halbs. 2 StGB. 1071

5. a) Die Unterbringung in einer Entziehungsanstalt ist für erledigt zu erklären, wenn die **Voraussetzungen des § 64 S. 2 StGB** (→ *Maßregeln, Erwachsene, Entziehungsanstalt*, Teil B Rdn 1051) nicht mehr gegeben sind (§ 67d Abs. 5 S. 1 StGB). Hierbei ist mit Wirkung ab dem 1.10.2023 auch für nachträgliche Entscheidungen über die Erledigung von vor jenem Datum rechtskräftig angeordneten Unterbringungen in einer Entziehungsanstalt nach § 67d Abs. 5 S. 1 StGB die **Neufassung des § 64 StGB anzuwenden** (BGH, Urt. v. 12.10.2023 – 4 StR 136/23 m.w.N.; OLG Bremen, Beschl. v. 8.3.2024 -1 Ws 17/24 m.w.N.; OLG Celle, Beschl. v. 20.11.2023 – 2 Ws 317/23; OLG Nürnberg, Beschl. v. 3.6.2024 – Ws 328/24 und v. 21.11.2024 – Ws 1058/24; OLG Saarbrücken, Beschl. v. 29.1.2024 – 1 Ws 298/23; Tübinger Kommentar/*Kinzig*, § 67d Rn 14). Demnach ist die Unterbringung für erledigt zu erklären, wenn sich im Verlauf der Unterbringung herausstellt, dass für den Untergebrachten **keine hinreichend konkrete Aussicht auf einen Behandlungserfolg** dergestalt mehr besteht, den Verurteilten durch eine weitere Behandlung in einer Entziehungsanstalt zu heilen oder zumindest für eine erhebliche Zeit vor einem Rückfall in den Hang zu bewahren und von der Begehung rechtswidriger Taten abzuhalten, die auf den Hang zurückgehen. Dies gilt auch dann, wenn schon zum Zeitpunkt der Aburteilung keine hinreichend konkrete Aussicht auf den Behandlungserfolg bestand, sich dies jedoch erst nachträglich herausstellt (Tübinger Kommentar/*Kinzig*, § 67d Rn 14). Zwar führt nicht jeder Rückfall, jeder Verstoß gegen Regeln oder jeder Rückschlag im The- 1072 rapieprozess zu einem Abbruch der Therapie. Vielmehr sind auftretende Probleme bei der Therapie Teil der vorhandenen Erkrankung. Entscheidend ist, dass die Therapie aus Gründen, die in der Person des Verurteilten liegen, nicht mehr erfolgreich fortgeführt werden kann. Dabei sind mildere Mittel der Erledigung der Maßregel vorzuziehen, wenn tatsächliche Anhaltspunkte dafür bestehen, dass diese geeignet sind, die Bereitschaft und Fähigkeit zu einer Therapie (wieder) herzustellen. Insoweit kommen ein Therapeutenwechsel oder die Verlegung in eine andere Einrichtung einerseits bzw. das Wecken einer nachhaltigen Therapiemotivation durch einen Zwischenvollzug andererseits in Betracht (Tübinger Kommentar/*Kinzig*, § 67d Rn 14; zum Zwischenvollzug bzw. Vorwegvollzug (→ *Maßregeln, Erwachsene, Vollstreckungsreihenfolge*, Teil B Rdn 1206 ff.).

1073 **b)** Die Erledigung kann **jederzeit** erklärt werden – das Abwarten einer Mindestverbüßungsdauer ist vom BVerfG für verfassungswidrig erklärt worden. Das Gericht kann die Unterbringung in einer Entziehungsanstalt nach § 67d Abs. 5 S. 1 StGB sogar bereits vor Beginn des Vollzugs der Unterbringung für erledigt erklären (OLG Jena, Beschl. v. 5.3.2007 – 1 Ws 75/07 und Beschl. v. 31.5.2016 – 1 Ws 173/16.; OLG München, Beschl. v. 4.5.2012 – 1 Ws 331–334/12; so auch MüKo-StGB/*Veh*, § 67d Rn 52; a.A.: Lackner/Kühl/*Heger/Pohlreich*, § 67d Rn 8–10). Indes dürfte man erst nach einer gewissen Dauer, die für den ernsthaften Versuch einer therapeutischen Arbeit mit der untergebrachten Person benötigt wird, beurteilen können, ob der Eintritt eines Behandlungserfolgs möglich ist (vgl.Tübinger Kommentar/*Kinzig*, § 67d Rn 14).

1074 **c)aa)** Allein mit dem **Sicherungsinteresse der Allgemeinheit** kann die Fortdauer der Unterbringung in einer Entziehungsanstalt nicht begründet werden. Vielmehr ist die Maßregel für erledigt zu erklären, wenn eine hinreichend konkrete Erfolgsaussicht nicht mehr besteht (zur Erledigungserklärung nach § 67d Abs. 5 StGB, ihre Rahmenbedingungen und Folgen vgl. *Westendarp/Hollenberg*, Forensische Psychiatrie und Psychotherapie (2012), 19, 321 f.). Die Feststellung der (fehlenden) Erfolgsaussicht hat auf einer **zuverlässigen Erkenntnisgrundlage** zu erfolgen, muss sich also ausreichend durch Tatsachen untermauern lassen (BGH NStZ-RR 2002, 298; Tübinger Kommentar/*Kinzig*, § 67d Rn 14). Voraussetzung für die Feststellung der Aussichtslosigkeit ist, dass in der Gesamtschau des bisherigen Verhaltens des Verurteilten einschließlich der in der Klinik verbrachten Zeit im Rahmen einer zu stellenden **Prognose** aller Voraussicht nach nicht mehr mit einem Therapieerfolg gerechnet werden kann (OLG Frankfurt NStZ-RR 2002, 299; OLG Schleswig NStZ-RR 2011, 388). Eine absolute Sicherheit muss nicht gegeben sein, da es sich um eine Prognoseentscheidung handelt (OLG Hamm NStZ 2009, 39). Hierbei sind die Berichte und Stellungnahmen der Therapeuten in der Einrichtung des Maßregelvollzugs einer kritischen Würdigung zu unterziehen und zu prüfen, ob sie eine ausreichende Erkenntnisgrundlage für einen Behandlungsabbruch vermitteln (KG NStZ 2007, 228).

> ☝ Gelegentlich hinterlassen Stellungnahmen von Maßregelvollzugseinrichtungen den Eindruck, dass die Erklärung der Erledigung insbesondere deswegen empfohlen wird, weil ein Patient als „zu anstrengend" oder „lästig" empfunden wird. Insbesondere dann sind die **Stellungnahmen kritisch** zu **hinterfragen.**

1075 **bb) Unerheblich** ist, ob eine **Behandlungsunwilligkeit** oder eine **Behandlungsunfähigkeit** einer aussichtsvollen Therapie entgegenstehen. Bei einer Behandlungsunwilligkeit ist jedoch zu prüfen, ob durch einen etwaigen Vorwegvollzug (§ 67 Abs. 3 StGB) beim Untergebrachten die Einsicht in die Erforderlichkeit der Suchtbehandlung und damit die Behandlungsbereitschaft geweckt werden kann (OLG Frankfurt NStZ-RR 2002, 299; OLG Hamm NStZ 2009, 39, OLG Schleswig NStZ-RR 2011, 388; zum Zwischenvollzug bzw. Vorwegvollzug (→ *Maßregeln, Erwachsene*, Vollstreckungsreihenfolge, Teil B Rdn 1206 ff.). Verweigert der Untergebrachte aufgrund von Differenzen mit dem Personal die Teilnahme an einzelnen Therapieangeboten, kann hieraus nicht generell auf eine Therapieunwilligkeit geschlossen werden (OLG Hamm, Beschl. v. 11.9.2007 – 3 Ws 533/07). Auch allein der **Missbrauch von Vollzugslockerungen** rechtfertigt nicht die Annahme, es bestehe keine Aussicht auf einen Therapieerfolg mehr.

Dies kann nur dann anders zu beurteilen sein, wenn der Missbrauch von Lockerungen konkreten Anlass zu der Annahme gibt, dass auch das Maßregelziel, zumindest für eine erhebliche Zeit suchtfrei zu sein, nicht zu erreichen sein wird (OLG Celle R&P 2011, 117). Defizite bei der Integration in die Abläufe des Klinikbetriebs sind ebenfalls noch nicht für sich allein geeignet, eine Feststellung der Erledigung zu rechtfertigen, während das Einbringen von Suchtstoffen in die Klinik oder auch das Mitwirken am Einbringen durch andere in der Regel ein starkes Indiz für eine mangelnde Bereitschaft zur Therapie enthält (OLG Schleswig NStZ-RR 2011, 388).

Befindet sich der Verurteilte in einer Entziehungsanstalt und empfiehlt die Maßregelvollzugseinrichtung die Erklärung der Erledigung, da der Verurteilte aufgrund einer vorrangigen psychischen Erkrankung nicht therapiefähig sei, ist eine **Überweisung** in ein psychiatrisches Krankenhaus nach § 67a StGB in **Erwägung** zu **ziehen**. Für die Beurteilung dessen bedarf es ggf. externer sachverständiger Beratung.

d) Für die Entscheidung nach § 67d Abs. 5 StGB ist unerheblich, ob die Unterbringung neben der Strafe 1076
oder selbstständig angeordnet und ob sie vor oder nach der Strafe vollzogen worden ist.

e) Unklar bleibt, wie Fallgestaltungen zu behandeln sind, in welchen sich nachträglich im Rahmen des 1077
Maßregelvollzugs herausstellt, dass bereits zum Zeitpunkt der Anordnung der Unterbringung in einer Entziehungsanstalt die **Voraussetzungen des § 64 S. 1 StGB**, insbesondere ein die Voraussetzungen des § 64 S. 1 Halbs. 2 StGB erfüllender Hang **niemals** vorgelegen hat. In diesem Zusammenhang stellt sich insbesondere auch die Frage, wie mit jenen Unterbringungen umzugehen ist, bei denen noch vor dem 1.10.2023 nach damals geltender Fassung des § 64 StGB ein Hang in diesem Sinne bejaht und die Maßregel rechtskräftig angeordnet wurde, ohne dass die Substanzkonsumstörung zu einer dauernden und schwerwiegenden Beeinträchtigung von Lebensgestaltung, Gesundheit, Arbeits- oder Leistungsfähigkeit im Sinne der erst seit 1.10.2023 geltenden Regelung des § 64 S. 1 Halbs. 2 StGB geführt hat. **Nach teilweise vertretener Ansicht ist** auch in solchen Fallgestaltungen die Unterbringung gemäß § 67d Abs. 5 S. 1 StGB für erledigt zu erklären (OLG Bremen, Beschl. v. 8.3.2024 –1 Ws 17/24; OLG Naumburg, Beschl. v. 19.12.2024 – 1 Ws 492/24; OLG Saarbrücken, Beschl. v. 29.1.2024 – 1 Ws 298/23, NStZ-RR 2024, 258; *Fischer*, § 67c Rn 12; § 67d Rn 21; MüKo-StGB/*Veh*, § 67d Rn. 53: so im Ergebnis nach alter Rechtslage Matt/Renzikowski/*Eschelbach*, StGB, § 67d StGB Rn 16). Begründet wird dies damit, dass aufgrund der Verwendung des in § 64 S. 1 Halbs. 2 StGB näher definierten Begriff des „Hangs" auch in der Vorschrift des § 64 S. 2 StGB zwischen diesen beiden Regelungen ein untrennbarer systematischer Zusammenhang bestehe. Aus diesem Grund sei auch nur dann im Sinne der §§ 67d Abs. 5 S. 1, 64 S. 2 StGB zu erwarten, dass der Verurteilte von seinem Hang geheilt oder über eine Zeit vor einem Rückfall in diesen bewahrt werden kann, wenn bei ihm überhaupt ein „Hang" i.S.d. § 64 S. 1 Halbs. 2 StGB besteht bzw. bestanden hat. Ferner wird auf die Intention des Gesetzgebers, den Maßregelvollzug von denjenigen Verurteilten zu entlasten, deren übermäßiger Konsum berauschender Mittel nicht zu einer dauernden und schwerwiegenden Beeinträchtigung ihrer Lebensgestaltung, Gesundheit, Arbeits- oder Leistungsfähigkeit, sondern „nur" zu Delikten der Beschaffungskriminalität, geführt hat oder führt, verwiesen (OLG Bremen, Beschl. v. 8.3.2024 –1 Ws 17/24; OLG Saarbrücken, a.a.O.). Die Gegenabsicht verweist jedoch auf den Wortlaut des § 67d Abs. 5 S. 1 StGB, welcher voraussetzt, dass die Voraussetzungen des § 64 S. 2 StGB „nicht mehr" vorliegen und damit einen nachträglichen Wegfall der ursprünglich vorhandenen Voraussetzungen des § 64 S. 2 StGB voraussetzt. Im Gegensatz zu § 67d Abs. 6 S. 1 StGB für die Unterbringung in einem psychiatrischen Krankenhaus mache die Vorschrift des § 67d Abs. 5 S. 1 StGB die Fortdauer der Unterbringung in einer Entziehungsanstalt ausweislich ihres Wortlautes nicht vom Fortbestand sämtlicher Voraussetzungen der Maßregelanordnung abhängig (KG, Beschl. v. 23.1.2025 – 2 Ws 166/24 – 161 GWs 164/24). Nach anderer Ansicht ist die Unterbringung in derartigen Fällen analog § 67c Abs. 2 S. 5 StGB für erledigt zu erklären (hierzu BeckOK-StGB/*Ziegler*, § 67c Rn 8).

1078 **f)** Ist das **Therapieziel** und damit der Zweck der Unterbringung nach Ablauf von drei Jahren nach Rechtskraft ihrer Anordnung **erreicht**, obwohl mit ihrem Vollzug noch nicht begonnen wurde, ist die Maßregel nach **§ 67c Abs. 2 S. 5 StGB** für erledigt zu erklären, und zwar selbst dann, wenn neben dem erreichten Therapieziel (die Suchtbehandlung) noch eine dissoziale Persönlichkeitsstörung des Untergebrachten besteht (Tübinger Kommentar/*Kinzig*, § 67d Rn 14; zu der Erledigungserklärung nach § 67d Abs. 5 StGB, ihre Rahmenbedingungen und Folgen vgl. *Westendarp/Hollenberg*, a.a.O., S. 19, 321 f.).

1079 **6.a)** Die **Unterbringung in einem psychiatrischen Krankenhaus (§ 63 StGB)** ist gemäß § 67d Abs. 6 StGB für erledigt zu erklären, wenn das Gericht nach Beginn der Vollstreckung der Unterbringung feststellt, dass die Voraussetzungen der Maßregel entweder von Anfang nicht bestanden haben („Fehleinweisung"; Rdn 1080) oder nicht mehr vorliegen („Wegfall des ‚Defektes'/der Gefährlichkeit"; Rdn 1082) oder die weitere Vollstreckung der Maßregel unverhältnismäßig wäre (Rdn 1083 ff.). Die **Voraussetzungen** der Maßregel liegen nicht mehr vor, wenn mit Sicherheit feststeht, dass der i.S.d. § 20 StGB krankhafte Zustand (→ *Maßregeln, Erwachsene, psychiatrisches Krankenhaus*, Teil B Rdn 1141 ff.) nicht mehr besteht oder nicht mehr zu erwarten ist, dass der Untergebrachte in Folge dieses Zustands erhebliche rechtswidrige Taten begeht und er deswegen für die Allgemeinheit gefährlich ist. Die Regelung erfasst nicht nur diejenigen Fälle, in denen im Laufe der Unterbringung die Unterbringungsvoraussetzungen in Fortfall geraten sind, sondern auch die – auf fehlerhafte Tatsachengrundlage gestützte – Fehleinweisung durch das erkennende Gericht.

1080 **b)** Eine **Fehleinweisung** in diesem Sinne liegt vor, wenn sich während der Vollstreckung ergibt, dass bei der Verurteilung aufgrund einer Fehldiagnose zu Unrecht ein Defekt i.S.d. § 20 StGB angenommen wurde, mithin die Voraussetzungen der Maßregelanordnung von Anfang an nicht bestanden. Die **Fehldiagnose** muss allerdings **im Tatsächlichen** liegen: Eine falsche rechtliche Bewertung genügt nicht, da die Vorschrift keine Kompetenz dazu begründet, die Unterbringung wegen lediglich anderer bzw. veränderter rechtlicher Bewertung des nach wie vor bestehenden Zustandes für erledigt zu erklären und auf diese Weise Subsumtionsfehler des erkennenden Gerichts zu korrigieren (BVerfG NStZ-RR 07, 30; OLG Dresden NStZ 2008, 630; OLG Frankfurt NStZ-RR 2008, 324; OLG Jena NStZ-RR 2011, 61; *Fischer*, § 67d Rn 23b; BeckOK-StGB/*Ziegler*, § 67d Rn 15). Ein Rechtsfehler liegt z.B. vor, wenn das erkennende Gericht den Tatbestand der §§ 20, 21, 63 StGB fehlerhaft bejaht hat, etwa, weil der Zusammenhang zwischen der psychischen Störung und der Gefahr zu erwartender erheblicher rechtswidriger Taten infolge einer irrigen Subsumtion bejaht wurde (LG Marburg NStZ-RR 07, 356) oder weil eine „andere seelische Störung" im Sinne von § 20 StGB unzutreffend als „schwer" eingestuft wurde (LG Berlin NStZ-RR 11, 223). Ebenso genügt eine lediglich veränderte diagnostische Bewertung eines bezüglich Ausprägungsgrad und Auswirkungen der Störung unveränderten Zustand nicht (MüKo-StGB/*Veh*, § 67d Rn 36 m.w.N.). Vielmehr kommt es darauf an, ob sich das Krankheitsbild und die Gefährlichkeit des Verurteilten im Vollstreckungsverfahren anders darstellen als im Einweisungsurteil. Art, Ausmaß und Wirkungen eines psychopathologischen Zustandsbilds sind Tatsachenfragen, die nicht von der Rechtskraft der Anlassentscheidung erfasst sind (OLG Zweibrücken, Beschl. v. 11.12.2018 – 1 Ws 266/17).

Die Fortdauer der Unterbringung kann nicht auf eine andere Störung i.S.d. §§ 20, 21 StGB gestützt werden, als ursprünglich bei der Erstanordnung der Unterbringung festgestellt wurde (OLG Rostock NStZ-RR 2012, 143), außer es handelt sich letztlich um dieselbe „Defektquelle" (OLG Köln NStZ-RR 2010, 325; Tübinger Kommentar/*Kinzig*, § 67d Rn 24).

Liegt es zwar nahe, dass die Maßregelvoraussetzungen nicht mehr vorliegen, weigert der Untergebrachte sich jedoch, sich untersuchen zu lassen, wirkt sich die **Weigerung** zu **seinen Lasten** aus (KG StV 2007, 432).

Wenn die für eine **Unterbringung nach § 63 StGB erforderliche Anordnungsvoraussetzung** des die Schuldfähigkeit ausschließenden oder vermindernden Zustand **wegfällt** (§ 67d Abs. 6 S. 1 Alt. 1 StGB), kann das Tatgericht (§ 74f GVG) die **nachträgliche Sicherungsverwahrung** anordnen (§ 66b

StGB; → *Sicherungsverwahrung, nachträgliche*, Teil A Rdn 594; s. aber auch OLG Oldenburg StraFo 2005, 80, wonach bei Wegfall des symptomatischen Zusammenhangs zwischen Zustand und Tatbegehung keine nachträgliche Sicherungsverwahrung angeordnet werden kann.

Stellt sich heraus, dass die Voraussetzungen des § 63 SGB bereits zu den Talzeitpunkten nicht vorlagen, ist die Unterbringung in einem psychiatrischen Krankenhaus **zwingend** für erledigt zu erklären (*Fischer*, StGB, § 67d Rn 24). Dies gilt auch dann, wenn beim Verurteilen zusätzlich ein Hang nach § 64 StGB vorliegt und dieser deshalb unbehandelt gefährlich ist. Im letztgenannten Fall kommt auch eine Überweisung in die Unterbringung in einer Entziehungsanstalt nach § 64 StGB nach § 67a Abs. 1 StGB nicht in Betracht, da diese voraussetzt, dass die Voraussetzungen der Unterbringung nach § 63 StGB vorlagen und weiterhin vorliegen und lediglich die Resozialisierung durch den Vollzug in der anderen Maßregel besser gefördert werden kann. 1081

☝ Wird eine Maßregel nach § 63 StGB wegen einer anfänglichen Fehldiagnose für erledigt erklärt, so ist **bereits verbüßter Maßregelvollzug** nicht nach § 67 Abs. 4 StGB, sondern analog § 51 Abs. 1 S. 1 StGB vollständig – und damit ohne die Begrenzung auf zwei Drittel – auf die im gleichen Erkenntnisverfahren verhängte Strafe anzurechnen (str., wie hier: KG, StraFo 2015, 128; OLG Bamberg, Beschl. v. 20.12.2017 – 1 Ws 735/17; OLG Hamm, Beschl. v. 18.7.2017 – 4 Ws 305/16, 4 Ws 206/17; OLG Karlsruhe, StV 2019, 23; OLG Rostock, Beschl. v. 16.1.2017 – 20 Ws 173/16; a.A.: OLG Hamburg, Beschl. v. 5.2.2018, NStZ-RR 2018, 229; zum Meinungsstand: *Fischer*, § 67 Rn 22, § 67d Rn 24a).

c) Die Unterbringung in einem psychiatrischen Krankenhaus ist ferner dann für erledigt zu erklären, wenn eine **vollständige Heilung** oder ein **vollständiger Wegfall der Gefährlichkeit** des Täters eingetreten ist. Andernfalls kommt unter den Voraussetzungen des § 67d Abs. 2 StGB eine Aussetzung zur Bewährung in Betracht (→ *Maßregeln, Erwachsene, Bewährung*, Teil B Rdn 1014). 1082

☝ Eine **nicht** auf seiner **psychischen Erkrankung beruhende Drogenabhängigkeit** des Verurteilten reicht für die weitere Unterbringung in einem psychiatrischen Krankenhaus indes nicht aus (OLG Oldenburg StraFo 2005, 80). Eine weitere Unterbringung ist ferner dann unzulässig, wenn aufgrund anderer Umstände ohne einen Defektzustand i.S.d. § 20 StGB erneute Straftaten des Untergebrachten in der Freiheit zu befürchten sind (OLG Frankfurt NJW 1978, 2347, OLG Karlsruhe MDR 1983, 151).

d) Die Unterbringung ist auch dann für erledigt zu erklären, wenn ihre **weitere Vollstreckung unverhältnismäßig** wäre. Gesetzlich geregelt ist der Grundsatz der Verhältnismäßigkeit bezogen auf die Maßregeln der Besserung und Sicherung in **§ 62 StGB**, der auch **in Vollstreckung** (BVerfGE 70, 297 ff.; *Kruis* StV 1998, 94) und **Vollzug** gilt, wenn Fortdauerentscheidungen getroffen werden müssen (BVerfGE 70, 312; NJW 1995, 3048; BVerfGE 109, 133; BVerfG R&P 2010, 163; NStZ-RR 2013, 72; *Fischer*, § 62 Rn 6). Der Grundsatz der Verhältnismäßigkeit gebietet es, die Unterbringung in einem psychiatrischen Krankenhaus nur so lange zu vollstrecken, wie der Zweck der Maßregel es unabweisbar erfordert und weniger belastende Maßnahmen nicht genügen. Das Spannungsverhältnis zwischen dem Freiheitsanspruch des betroffenen Einzelnen und dem Sicherungsbedürfnis der Allgemeinheit vor zu erwartenden erheblichen Rechtsgutverletzungen verlangt nach gerechtem und vertretbarem Ausgleich. Dieser lässt sich für die Entscheidung über die Aussetzung der Maßregelvollstreckung nur dadurch bewirken, dass die Sicherungsbelange der Allgemeinheit und der Freiheitsanspruch des Untergebrachten als wechselseitiges Korrektiv gesehen und im Einzelfall gegeneinander abgewogen werden (BVerfGE 70, 297, 311). Der Grundsatz der Verhältnismäßigkeit ist in die Prüfung der Aussetzungsreife der Maßregel nach 67d Abs. 2 StGB einzuziehen (integrative Betrachtung). Die darauf aufbauende Gesamtwürdigung hat die von dem Täter ausgehenden Gefahren zur Schwere des mit der Maßregel verbundenen Eingriffs in Verhältnis zu setzen 1083

(BVerfG, Beschl. v. 26.8.2013 – 2 BvR 371/12 m.w.N.). Letztlich bietet das Gesetz naturgemäß aber nur eine **vage Richtschnur**.

1084 Nach der gefestigten Rspr. des **BVerfG** hat sich im Rahmen der gebotenen **Abwägung** zwischen dem Freiheitsanspruch des Einzelnen und den Sicherungsinteressen der Allgemeinheit die Beurteilung darauf zu erstrecken, ob und welche Art rechtswidriger Taten von dem Untergebrachten drohen, wie ausgeprägt das Maß der Gefährdung ist (Häufigkeit und Rückfallfrequenz) und welches Gewicht den bedrohten Rechtsgütern zukommt. Dabei ist die von dem Untergebrachten ausgehende Gefahr hinreichend zu konkretisieren; die Art und der Grad der Wahrscheinlichkeit zukünftiger rechtswidriger Taten sind zu bestimmen; deren bloße Möglichkeit vermag die weitere Maßregelvollstreckung nicht zu rechtfertigen. Bei allem ist auf die **Besonderheiten** des **jeweiligen Einzelfalles** einzugehen. Zu erwägen sind das frühere Verhalten des Untergebrachten und bislang von ihm begangene Taten. Abzuheben ist aber auch auf das Vollzugsverhalten und die seit der Anordnung der Maßregel veränderten Umstände, die für die künftige Entwicklung bestimmend sind (BVerfG NJW 1986, 767; BVerfGK 16, 501, 506).

1085 Hierbei gilt nach gefestigter Rspr. des BVerfG (BVerfGE 70, 297 ff.): **Mit wachsender Dauer** der **Unterbringung steigen** die **Anforderungen** an die Bedeutung der Anlasstaten und der zu erwartenden Taten bzw. an den Grad der Gefahr, die vom Untergebrachten ausgeht. Hierbei müssen die einzelnen, die Fortdauer der Unterbringung tragenden Umstände **in der Entscheidung der StVK substantiiert dargelegt** und gewichtet werden, um festzustellen, ob diese das Freiheitsgrundrecht des Untergebrachten auch künftig aufwiegen können (BVerfG StV 2014, 148 ff.). Der Grundsatz der Verhältnismäßigkeit gebietet es zudem, die Unterbringung in einem psychiatrischen Krankenhaus nach § 63 StGB nur so lange zu vollstrecken, wie der Zweck der Maßregel dies unabweisbar erfordert und zu seiner Erreichung den Untergebrachten weniger belastende Maßnahmen nicht genügen. Bei der Prüfung der Verhältnismäßigkeit kann es daher auf die voraussichtlichen Wirkungen der im Falle der Aussetzung der Maßregelvollstreckung zur Bewährung kraft Gesetzes eintretenden Führungsaufsicht (§ 67d Abs. 2 S. 3 StGB) und der damit verbindbaren weiteren Maßnahmen der Aufsicht und Hilfe (§§ 68a, 68b StGB), insbesondere also die Tätigkeit eines Bewährungshelfers und die Möglichkeit bestimmter Weisungen, ankommen (BVerfGE 70, 297, 313).

1086 Der mit der Dauer der Unterbringung gewichtiger werdende **Freiheitsanspruch** stößt jedoch dort an seine **Grenzen**, wo es im Hinblick auf die **Art der drohenden Taten**, deren Bedeutung und Wahrscheinlichkeit vor dem **staatlichen Schutzauftrag** für die Rechtsgüter des Einzelnen und der Allgemeinheit **unvertretbar** erscheint, einen Untergebrachten in Freiheit zu entlassen, wenn also **erhebliche Straftaten** drohen (BVerfG, Beschl. v. 26.8.2013 – 2 BvR 371/12; BVerfGE 70, 297 ff.; OLG Braunschweig, Beschl. v. 20.1.2015 – 2 Ws 379/14 unter Verweis auf OLG Stuttgart R&P 2008, 176 [Ls] und BVerfG R&P 2010, 162 ff.).

1087 Die Rspr. des BVerfG veranlasste den Gesetzgeber im Rahmen des Gesetzes zur Novellierung der Unterbringung in einem psychiatrischen Krankenhaus gemäß § 63 des Strafgesetzbuchs und zur Änderung anderer Vorschriften vom 8.7.2016 (BGBl I S. 1610) zur Schaffung der Regelungen des **§ 67d Abs. 6 S. 2 und S. 3 StGB für langandauernde Unterbringungen nach § 63 StGB**: Demnach ist nach einer **Unterbringungsdauer von 6 Jahren** in der Regel von Unverhältnismäßigkeit der Unterbringung auszugehen, wenn nicht die Gefahr besteht, dass der Untergebrachte infolge seines Zustands erhebliche rechtswidrige Taten begehen wird, durch welche die Opfer seelisch oder körperlich schwer geschädigt oder in die Gefahr einer schweren körperlichen oder seelischen Schädigung gebracht werden. Ab einer **Unterbringungsdauer von 10 Jahren** ist im Gleichklang zu den für die Unterbringung in der Sicherungsverwahrung geltenden Regelung des § 67d Abs. 3 S. 1 StGB die Maßregel für erledigt zu erklären, wenn nicht die Gefahr besteht, dass der Untergebrachte erhebliche Straftaten begehen wird, durch welche die Opfer seelisch oder körperlich schwer geschädigt werden. Die Negativformulierung „wenn nicht die Gefahr besteht" begründet dabei ein Regel-Ausnahme-Verhältnis, welches die Erledigung der Maßregel nicht von einer positiven Prognose, sondern ihre Fortdauer von einer negativen Prognose abhängig macht

(BT-Drucks 18/7244 S. 33; BVerfGE 109, 133; *Fischer*, § 67d Rn 15; Tübinger Kommentar/*Kinzig*, § 67d Rn 25b). Straftaten sind als **„erheblich"** in diesem Sinne anzusehen, wenn schwere Störungen des Rechtsfriedens drohen, die Taten somit zumindest in den Bereich der mittleren Kriminalität hineinreichen (*Fischer*, § 63 Rn 26 ff. m.w.N.). Hierfür ist erforderlich, dass die Begehung der Taten mit einer **„Wahrscheinlichkeit höheren Grades"** droht (→ *Maßregeln, Erwachsene, psychiatrisches Krankenhaus*, Teil B Rdn 1148 ff.). Ausreichend ist in diesem Zusammenhang nicht, wenn weitere Taten nur möglich erscheinen. Notwendig ist vielmehr, dass neue Taten mit überwiegender Wahrscheinlichkeit drohen, also ihre Begehung wahrscheinlicher ist als das Gegenteil. Dabei sind die Anforderungen an den Grad der Wahrscheinlichkeit höher, wenn nur mittelschwere Taten drohen, und niedriger, wenn besonders schwere Straftaten drohen (MüKo-StGB/*van Gemmeren*, § 63, Rn 67 ff. m.w.N.).

7. Mit der **Entlassung** aus dem Vollzug der Unterbringung tritt nach § 67d Abs. 5 S. 2 bzw. Abs. 6 S. 4 1088
StGB **Führungsaufsicht** ein (→ *Führungsaufsicht, Allgemeines,* Teil B Rdn 483 m.w.N.).

☝ Etwas **anderes** gilt im Fall der Entlassung aus einem psychiatrischen Krankenhaus in folgenden Fällen:

- Wenn zu **erwarten** ist, dass der Betroffene auch ohne Führungsaufsicht **keine Straftaten mehr** begehen wird, so hat das Gericht nach § 67d Abs. 6 S. 5 StGB den Nichteintritt der Führungsaufsicht anzuordnen (→ *Führungsaufsicht*, Teil B Rdn 483 ff.). Zweifel an der Erwartung gehen zu Lasten des Betroffenen: Es verbleibt dann bei der Führungsaufsicht (Tübinger Kommentar/*Kinzig*, § 67d Rn 26).
- Wird die Erledigung infolge einer **Fehleinweisung** erklärt, tritt entgegen § 67d Abs. 6 S. 4 StGB keine Führungsaufsicht ein (OLG Dresden NStZ 2008, 630, NStZ-RR 2005, 338; OLG Jena NStZ 2010, 217, NStZ-RR 2011, 61; *Fischer*, § 67d Rn 25; Tübinger Kommentar/*Kinzig*, § 67d Rn 24; a.A.: MüKo-StGB/*Veh*, § 67d Rn 45).

Wurde der Verurteilte **bereits zuvor aufgrund einer Aussetzung** der restlichen Unterbringung in einer 1089
Entziehungsanstalt zur Bewährung aus der Unterbringung **entlassen** und dann im weiteren Verlauf nachträglich die Aussetzung widerrufen sowie gleichzeitig die Unterbringung nach § 67d Abs. 5 StGB für erledigt erklärt, tritt **keine neue Führungsaufsicht nach § 67d Abs. 5 S. 2 StGB** ein, da der Verurteilte bereits vor der Erledigterklärung aus dem Vollzug der Unterbringung entlassen worden war. In einem solchen Fall, in dem bereits aufgrund der früheren Aussetzung der Maßregel gemäß § 67d Abs. 2 S. 3 StGB Führungsaufsicht eingetreten ist, die auch nicht nach § 68e Abs. 1 S. 1 StGB durch das Eintreten einer neuen Führungsaufsicht oder den Vollzug einer neuen Freiheitsstrafe oder freiheitsentziehender Maßregeln beendet wird, besteht auch kein Bedarf für eine analoge Anwendung des § 67d Abs. 5 S. 2 StGB (so auch OLG München, Beschl. v. 31.7.2023 – 3 Ws 292/23, 3 Ws 293/23).

8. Sollte eine Begleitstrafe verhängt worden sein, kann diese im Falle einer Erledigterklärung der Maß- 1090
regel mangels günstiger Prognose regelmäßig nicht zur Bewährung ausgesetzt werden.

9. Gegen die Erledigterklärung nach §§ 67c Abs. 1, Abs. 2, 67 d Abs. 3, Abs. 5 und Abs. 6 StGB ist gemäß 1091
§ 463 Abs. 3 S. 1, 454 Abs. 3 StPO, bzw. §§ 463 Abs. 6 S. 1, 462 Abs. 3 S. 1 StPO jeweils die **sofortige Beschwerde** statthaft. Der Verurteilte ist mit der Erledigterklärung der Maßregel der Unterbringung in einer Entziehungsanstalt jedenfalls dann beschwert, wenn zugleich die Aussetzung des Strafrests zur Bewährung abgelehnt wird (OLG Nürnberg, Beschl. v. 25.5.2024 – Ws 428/24).

Siehe auch: → *Führungsaufsicht, Allgemeines,* Teil B Rdn 483; → *Maßregeln, Erwachsene, Allgemeines*, Teil B Rdn 969; → *Maßregeln, Erwachsene, psychiatrisches Krankenhaus*, Teil B Rdn 1135; → *Maßregeln, Erwachsene, Entziehungsanstalt*, Teil B Rdn 1051 m.w.N.

1092 Maßregeln, Erwachsene, Krisenintervention

Das Wichtigste in Kürze:

1. § 67h StGB ermöglicht es dem Gericht, eine ausgesetzte Unterbringung wieder in Vollzug zu setzen, wenn eine akute Verschlechterung des Zustands der aus der Unterbringung entlassenen Person oder ein Rückfall in ihr Suchtverhalten eingetreten ist und die Maßnahme erforderlich ist, um einen Widerruf nach § 67g StGB zu vermeiden.
2. Voraussetzung ist u.a., dass die Unterbringung nach § 63 StGB oder § 64 StGB zur Bewährung ausgesetzt worden war.
3. Liegen die Voraussetzungen des § 67h Abs. 1 S. 1 StGB vor, kann das Gericht die Wiederinvollzugsetzung der Unterbringung für eine Dauer von höchstens drei Monaten anordnen.
4. Das Verfahren richtet sich nach § 463 Abs. 6 StPO in Verbindung mit § 462 StPO.
5. Gegen die Anordnung der Krisenintervention ist die sofortige Beschwerde statthaft, § 463 Abs. 6, 462 Abs. 3 S. 1 StPO.

1093 **Literaturhinweise:** **Edinger**, Reform der Führungsaufsicht, DRiZ 2006, 346; **Lau/Peters**, Anwendung des § 67h StGB in der Praxis, R&P 2008, 75; **Schneider**, Die Reform der Führungsaufsicht, NStZ 2007, 441; **Schuster**, Neues von der Krisenintervention, StV 2011, 506; **Wolf**, Reform der Führungsaufsicht, Rpfleger 2007, 293; **Zeitler**, Die befristete Krisenintervention nach § 67h StGB, Rpfleger 2011, 469.

1094 **1.** § 67h StGB ermöglicht es dem Gericht, eine **ausgesetzte Unterbringung** in einem psychiatrischen Krankenhaus (§ 63 StGB) oder in einer Entziehungsanstalt (§ 64 StGB) für eine Dauer von höchstens drei Monaten wieder in Vollzug zu setzen, wenn eine **akute Verschlechterung** des Zustands der aus der Unterbringung entlassenen Person oder ein Rückfall in ihr Suchtverhalten eingetreten ist und die Maßnahme erforderlich ist, um einen Widerruf nach § 67g StGB zu vermeiden.

1095 Die Wiederinvollzugsetzung nach § 67h StGB ist kein eigenständiges Sanktions- oder Gefahrenabwehrinstrument (OLG Hamm NStZ-RR 2008, 220 [Maßnahme der Gefahrenabwehr im Rahmen der Führungsaufsicht]). Vielmehr handelt es sich um eine **unselbstständige Vollstreckungsmodalität** einer zur Bewährung ausgesetzten Unterbringung. Die Krisenintervention unterliegt den allgemeinen Vorschriften zum Maßregelvollzug (LG Marburg NStZ-RR 2007, 357).

2. Die Wiederinvollzugsetzung hat folgende Voraussetzungen:

1096 **a)** Die **Unterbringung** muss nach § 63 StGB oder § 64 StGB **zur Bewährung** ausgesetzt worden sein (→ *Maßregeln, Erwachsene, Bewährung*, Teil B Rdn 1014). Keine Anwendung findet die Vorschrift bei einer vorangegangenen Erledigung einer Maßregel. Auch für die Fälle einer vorangegangenen Unterbringung in der Sicherungsverwahrung ist die Vorschrift nicht (entsprechend) anwendbar.

☝ Eine Anordnung ist **nur** während der **Dauer** einer **Führungsaufsicht** möglich. Ruht die Führungsaufsicht, scheidet eine Anordnung nach § 67h Abs. 1 S. 1 StGB aus (→ *Führungsaufsicht, Beendigung/Ruhen*, Teil B Rdn 490 m.w.N.).

1097 **b)** Der Verurteilte muss aus einer Unterbringung nach § 63 StGB oder § 64 StGB **entlassen** sein. Im Rechtssinne aus der Maßregel entlassen ist auch diejenige Person, bei der die Vollstreckung der Unterbringung von vornherein außer Vollzug gesetzt war und noch nicht vollstreckt worden ist (*Fischer*, § 67h Rn 3). **Entscheidend** ist das **Entlassensein** aus dem **Maßregelvollzug**. Dass die verurteilte Person sich in anderer Sache in einer freiheitsentziehenden Maßnahme (z.B. aufgrund landesrechtlicher Vorschriften) befindet, ist unschädlich. Gegenüber einer landesrechtlichen Unterbringung ist § 67h StGB allerdings dann als subsidiär anzusehen, wenn der mit der Anordnung der Krisenintervention verfolgte

Zweck durch eine Unterbringung nach Landesrecht effektiver bzw. schonender erreichbar ist (OLG Naumburg R&P 2007, 37).

c) Es muss ferner eine **akute Zustandsverschlechterung** der Person oder, wenn der Verurteilte in einer Entziehungsanstalt untergebracht war, ein **Rückfall** in das **Suchtverhalten eingetreten** sein. Dass eine Zustandsverschlechterung oder ein Rückfall nur drohen, reicht nicht aus. Auf ein Verschulden kommt es nicht an (*Fischer,* § 67h Rn 3). 1098

☝ Zur Beurteilung der Frage, ob eine akute Zustandsverschlechterung oder Rückfall in das Suchtverhalten eingetreten ist, wird das Gericht i.d.R. **sachverständige Hilfe** in Anspruch nehmen müssen. Die Verteidigung kann hierauf hinwirken, wenn sie rechtzeitig Kenntnis von entsprechenden Umständen erlangt (→ *Maßregeln, Erwachsene, Aufsichtsstellen,* Teil B Rdn 1004).

Für die Annahme einer die Krisenintervention rechtfertigenden **Zustandsverschlechterung** reicht es bereits aus, wenn die Verschlechterung des gesundheitlichen Zustands ein Maß erreicht hat, das bei ungehinderter Weiterentwicklung mit interventionsbedürftiger psychischer Dekompensation rechnen lässt (BT-Drucks 16/1993, S. 16, LG Göttingen R&P 2008, 65, LG Wuppertal R&P 2008, 172). Das ist noch nicht der Fall, wenn sich ein psychisches Störungsbild zwar intensiviert, dies aber ohne relevanten Einfluss auf den Sicherungszweck der verhängten Maßregel bleibt (*Fischer,* § 67h Rn 3). **Akut** ist die Zustandsverschlechterung, wenn sie nicht Teil eines langfristig-chronischen Krankheitsverlaufes ist, sondern sich als temporäre und krisenhafte Zuspitzung darstellt, auf die mit einer kurzfristigen Intervention sinnvoll reagiert werden kann (OLG Hamburg, Beschl. v. 25.7.2008 – 2 Ws 124/08). 1099

Ein **Rückfall** in ein **früheres Suchtverhalten** ist noch nicht bei einem einmaligen Fehlverhalten gegeben, sondern liegt dann vor, wenn die Person erneut ein Verhaltensmuster aufnimmt, das zur Unterbringung Anlass gegeben hat (*Fischer,* § 67h Rn 3). 1100

d) Die Krisenintervention muss zudem zur Vermeidung eines Widerrufs nach § 67g StGB **erforderlich** sein (zum Widerruf zu → *Maßregeln, Erwachsene, Bewährung,* Teil B Rdn 1014). Das ist dann der Fall, wenn zu erwarten ist, dass sich bei einer ungehinderten Weiterentwicklung der Zustand der verurteilten Person so weit verschlechtern wird, dass ein Widerruf der Aussetzung insbesondere wegen zu erwartender neuer erheblicher Straftaten erforderlich werden wird (BT-Drucks 16/4740 S. 23; *Peglau* NJW 2007, 1561). Ausreichend ist jedoch bereits, wenn durch die Wiederinvollzugsetzung ein bereits erforderlicher Widerruf vermieden werden kann (OLG Dresden NStZ-RR 2012, 326, *Fischer,* § 67h Rn 4). 1101

☝ Eine Krisenintervention anstatt eines Widerrufs kommt hingegen **nicht** in Betracht, wenn sich aus den konkreten Umständen ergibt, dass eine **maximal dreimonatige Intervention nicht ausreicht** und nur ein längerfristiges Einwirken auf die Person zur psychischen Stabilisierung erfolgversprechend ist (LG Marburg NStZ-RR 2007, 357). Die Verlängerungsmöglichkeit nach § 67h Abs. 1 S. 2 StGB hat innerhalb dieser ersten Prognose außer Betracht zu bleiben (andere Auffassung wohl OLG Stuttgart NStZ 2010, 152).

e) Die Krisenintervention muss schließlich **verhältnismäßig** sein. 1102

☝ **Unverhältnismäßig** kann eine Wiederinvollzugsetzung insbesondere dann sein, wenn sich die Person auf eigenen Wunsch bereits in eine Maßregelvollzugsklinik hat aufnehmen lassen (BT-Drucks 16/1993, S. 17).

3.a) Liegen die Voraussetzungen des § 67h Abs. 1 S. 1 StGB vor, kann das Gericht die Wiederinvollzugsetzung der Unterbringung für eine **Dauer** von **höchstens drei Monaten** anordnen. Eine kürzere Bemessung der Dauer ist möglich, dürfte jedoch für eine effektive Krisenintervention in der Regel nicht sinnvoll sein. Bestimmt das Gericht keine abweichende Höchstfrist, gilt die Wiederinvollzugsetzung für drei Monate (*Fischer,* § 67h Rn 6). 1103

1104 Da die Krisenintervention kein Aliud zur Maßregel, sondern eine befristete Invollzugsetzung der ausgesetzten Maßregel zur Vermeidung des Bewährungswiderrufs darstellt, kann mit der Anordnung der Krisenintervention der Untergebrachte in Anwendung des § 67a StGB auch **gleichzeitig** in den **Vollzug** einer **anderen Maßregel** überwiesen werden (OLG Nürnberg, Beschl. v. 9.8.2022 – Ws 627/22).

1105 Sobald der **Zweck** der Krisenintervention **erreicht** ist, **hebt** das Gericht die Maßnahme **auf** (§ 67h Abs. 2 StGB). Unabhängig davon ist die Maßnahme auch dann aufzuheben, wenn sich die prognostizierte Interventionsdauer als zu lange oder die Intervention selbst als aussichtslos erweist (*Fischer,* § 67h Rn 8).

☝ Für die Krisenintervention nach § 67h StGB sieht das Gesetz obligatorische Prüffristen nicht vor. Dass die Maßregelvollzugseinrichtung ihrer **Berichtspflicht** und dass das Gericht seiner fortlaufenden **Prüfungspflicht** (*Fischer,* § 67h Rn 9) nachkommen, sollte von der Verteidigung überwacht werden. Ggf. ist vom **Verteidiger** durch entsprechende **Anträge** darauf hinzuwirken.

1106 **b)** Unter den Voraussetzungen des § 67h Abs. 1 S. 1 StGB kann das Gericht die Maßnahme **erneut anordnen** oder ihre **Dauer verlängern**; die Dauer der Maßnahme darf jedoch (jeweils) insgesamt sechs Monate nicht überschreiten (§ 67h Abs. 1 S. 2 StGB). In seiner Prognose hat das Gericht die erfolgten therapeutischen Fortschritte des ersten Interventionsteils zu berücksichtigen und es muss festzustellen sein, dass die therapeutischen Fortschritte des ersten Interventionsteiles noch nicht ausreichend gewesen sind, um einen Rückfall in früheres Verhalten und die damit einhergehende Gefahr der Begehung weiterer erheblicher Taten zu verhindern (OLG München StraFo 2014, 35). Liegen keine Therapieerfolge vor oder lässt sich nicht absehen, dass sie nach der Neuanordnung oder Verlängerung der Wiederinvollzugsetzung mit ausreichender Wahrscheinlichkeit erzielt werden können, scheidet eine Neuanordnung oder Verlängerung aus (Tübinger Kommentar/*Kinzig,* § 67h Rn 10).

1107 **c)** Ist die Krisenintervention **fehlgeschlagen**, wird ein Widerruf der Bewährungsaussetzung nach § 67g StGB zu prüfen sein (→ *Maßregeln, Erwachsene, Bewährung,* Teil B Rdn 1014).

1108 Wurde hingegen eine vorhergehende Krisenintervention **erfolgreich abgeschlossen**, kann im Falle einer **neuen Krise**, die sich als selbstständig und unabhängig darstellt, eine erneute Wiederinvollzugsetzung nach § 67h StGB angeordnet werden, die bis zu sechs Monate dauern kann. Indiz für diese Unabhängigkeit der Krise kann vor allem eine zeitliche Zäsur zwischen den Kriseninterventionen in Form einer Phase relativer psychischer Stabilität der Person sein (OLG Stuttgart NStZ 2011, 93).

1109 **d)** Die aufgrund der Wiederinvollzugsetzung im Maßregelvollzug verbrachte Zeit kann nach § 67 Abs. 4 StGB auf die Strafe **angerechnet** werden (→ *Maßregeln, Erwachsene, Anrechnung,* Teil B Rdn 987).

1110 Auf die **Führungsaufsicht** hat eine Anordnung der Krisenintervention keinen Einfluss (Tübinger Kommentar/*Kinzig,* § 67h Rn 12). Im Rahmen der Führungsaufsicht erteilte Weisungen bleiben insoweit in Kraft, soweit sie trotz stationärer Unterbringung erfüllbar sind (LG Wuppertal R&P 2008, 174).

1111 **4.** Das **Verfahren** richtet sich nach § 463 Abs. 6 StPO in Verbindung mit § 462 StPO. Bei einer Aussetzung der Maßregel nach § 67b Abs. 1 StGB ist nach § 462a Abs. 2 S. 1 StPO das Gericht des ersten Rechtszugs (LG Saarbrücken NStZ-RR 2009, 222), im Übrigen die StVK **zuständig**. Für Folgeentscheidungen innerhalb der Führungsaufsicht nach Abschluss der Krisenintervention ist die StVK am Ort des Vollzugs der Krisenintervention zuständig.

1112 Die Anordnung der Krisenintervention setzt **keinen förmlichen Antrag** durch die Strafverfolgungsbehörde voraus und kann von jeder an der Führungsaufsicht beteiligten Stelle angeregt werden. Insbesondere die **Offenbarungspflichten** der Mitarbeiterinnen und Mitarbeiter der forensischen Ambulanz bzw. der niedergelassenen Therapeuten nach § 68a Abs. 8 S. 2 Nr. 2 StGB können dem Gericht Anlass zu Maßnahmen geben (Tübinger Kommentar/*Kinzig,* § 67h Rn 15). Dem Betroffenen ist vor der Entscheidung rechtliches Gehör zu gewähren (§§ 463 Abs. 6, 462 Abs. 2 StPO). Kann der Verurteilte – bspw. wegen unbekannten Aufenthalts – nicht angehört werden, kommt die Anordnung einer

Krisenintervention nicht in Betracht, da dann nicht verlässlich festgestellt werden kann, ob tatsächlich eine Krise im Sinne der Norm vorliegt.

Wenn **erhebliche rechtswidrige Taten drohen**, hat das Gericht die Anordnung nach § 67h Abs. 1 StGB für **sofort vollziehbar** zu erklären. Voraussetzung hierfür ist, dass die Krisenintervention unaufschiebbar ist, weil die bei ungehinderter Entwicklung zu erwartenden Straftaten derart schwer wiegen, dass das Interesse der Person an effektivem Rechtschutz hinter das Allgemeinwohlinteresse an der sofortigen Vollziehung zurücktritt (BT-Drucks 16/1993, S. 24, LG Göttingen R&P 2008, 66, LG Wuppertal R&P 2008, 174; *Fischer,* § 67h Rn 10; Tübinger Kommentar/*Kinzig*, § 67h Rn 15). 1113

5. Gegen die Anordnung der Krisenintervention nach § 67h StGB ist gemäß §§ 463 Abs. 6 S. 1, 462 Abs. 3 S. 1 StPO die sofortige Beschwerde statthaft. Demgegenüber ist eine gegen die Aufhebung der Krisenintervention eingelegte sofortige Beschwerde des Verurteilten mangels Beschwer auch dann unzulässig, wenn ein Bewährungswiderruf als drohende Folge im Raum steht (BGH, Beschl. v. 15.9.2010 – 2 ARs 293110; OLG Nürnberg, Beschl. v. 11.3.2024 – Ws 140/24 und v. 25.5.2024 – Ws 428/24). 1114

Siehe auch: → *Führungsaufsicht, Allgemeines*, Teil B Rdn 483 m.w.N.; → *Maßregeln, Erwachsene, Allgemeines*, Teil B Rdn 969 m.w.N.

Maßregeln, Erwachsene, Organisationshaft 1115

Das Wichtigste in Kürze:

1. Die Organisationshaft ist nur so lange rechtmäßig, wie die Vollstreckungsbehörde unter Berücksichtigung des in Haftsachen geltenden Beschleunigungsgrundsatzes realistischerweise benötigt, um in einem unmittelbaren zeitlichen Zusammenhang mit der Rechtskraft des Urteils einen Vollzugsplatz – ggf. auch in einem anderen Bundesland – zu finden und den Verurteilten dorthin zu überführen.
2. Steht ein solcher Platz (in angemessener Zeit) nicht zur Verfügung, muss der Verurteilte freigelassen werden.
3. Die vor Beginn des Maßregelvollzugs vollstreckte Untersuchungs- und Organisationshaft ist in der Regel nur auf die Reststrafe, nicht aber auf die Maßregel anzurechnen.

Literaturhinweise: S. die Hinweise bei → *Maßregeln, Erwachsene, Allgemeines*, Teil B Rdn 969 m.w.N. 1116

1. Der Zeitpunkt des Beginns der Vollstreckung eines Urteils, mit dem die Unterbringung in einem psychiatrischen Krankenhaus (§ 63 StGB) oder in einer Entziehungsanstalt (§ 64 StGB) angeordnet wird, ist für die Vollstreckungsbehörde in der Regel nicht (sicher) vorhersehbar. Der Eintritt der Rechtskraft hängt von einigen – von ihr nicht zu beeinflussenden – Umständen wie dem Zeitpunkt der Entscheidung des Rechtsmittelgerichts und einer etwaigen Rechtsmittelrücknahme durch den Angeklagten ab. 1117

Die Vollstreckungsbehörde ist nicht verpflichtet, gleichwohl einen für den jeweiligen Verurteilten geeigneten **Platz** in einer Maßregelvollzugseinrichtung **vorzuhalten** (BVerfG NJW 2006, 427). Verfassungsrechtlich geboten ist es indes, dass die Vollstreckungsbehörde auf den konkreten, von der Rechtskraft des jeweiligen Urteils abhängigen Behandlungsbedarf **unverzüglich** reagiert und **in beschleunigter Weise** die Überstellung des Verurteilten in eine geeignete Einrichtung herbeiführt (BVerfG NJW 2006, 427). Die Strafvollstreckungsbehörde ist dann gehalten, sich aktiv darum zu bemühen, eine beschleunigte Unterbringung des Verurteilten im Maßregelvollzug zu erreichen (OLG Naumburg, Beschl. v. 25.10.2021 – 1 Ws 325/21). Bis dahin ist der Verbleib des Verurteilten in Haft („**Organisationshaft**“) zulässig. Eine gesetzwidrige und dem zu vollstreckenden Urteil widersprechende **Umkehrung** der **Vollstreckungsreihenfolge** liegt bei der „Organisationshaft“ jedoch dann vor, wenn die Vollstreckungsbehörde in Umsetzung des gerichtlichen Rechtsfolgenausspruchs nicht unverzüglich die Überstellung des Verurteilten in eine geeignete Ein- 1118 richtung des Maßregelvollzugs, welche sich unter Umständen auch außerhalb des jeweiligen Bundeslandes befinden kann, einleitet und herbeiführt (BVerfG NJW 2006, 427; OLG Bamberg, Beschl. v. 7.11.2022 – 1 Ws 629/22; OLG Düsseldorf, Beschl. v. 18.3.2021 – II-2 Ws 37/21, NStZ 2021, 442):

☝ Das bloße **Zuwarten** auf einen frei werdenden Vollzugsplatz ist **unzulässig** (OLG Hamm NStZ-RR 2004, 381).

1119 **2.** Welche **Dauer Organisationshaft** haben darf, ist nicht generell, sondern im Einzelfall zu bestimmen (OLG Hamm NStZ-RR 2004, 381; 2014, 358). Rechtmäßig ist die Vollstreckung nur so lange, wie die Vollstreckungsbehörde unter Berücksichtigung des in Haftsachen geltenden Beschleunigungsgrundsatzes **realistischer Weise** benötigt, um in einem unmittelbaren zeitlichen Zusammenhang mit der Rechtskraft des Urteils einen Vollzugsplatz – ggf. auch in einem anderen Bundesland – zu finden und den Verurteilten dorthin zu überführen (BVerfG – 2 BvR 1019/01, NJW 2006, 427ff; OLG Bamberg, Beschl. v. 7.11.2022 – 1 Ws 629/22; OLG Düsseldorf, Beschl. v. 18.3.2021 – II-2 Ws 37/21, NStZ 2021, 442; OLG Hamm NStZ-RR 2004, 381; 2014, 358).

☝ Steht ein solcher Platz (in angemessener Zeit) nicht zur Verfügung, muss der Verurteilte **freigelassen** werden (OLG Brandenburg NStZ 2000, 500; OLG Celle NStZ-RR 2002, 349; OLG Dresden NStZ 1993, 511; OLG Hamm NStZ-RR 2004, 381; OLG Oldenburg, Beschl. v.7.5.2019 – III – 1 Ws 209/19 und Beschl. v. 18.9.2020 – 1 Ws 357/20 m.w.N.).

1120 **3.** Indes kann der **Vorwegvollzug** einer (Ersatz-)Freiheitsstrafe auch während der sogenannten „Organisationshaft" angeordnet werden (OLG Hamm NStZ-RR 2014, 358; → *Maßregeln, Erwachsene, Vollstreckungsreihenfolge*, Teil B Rdn 1197). Ist der Vorwegvollzug nicht angeordnet, gilt für eine **Anrechnung** nach § 67 Abs. 4 StGB Folgendes: Die vor Beginn des Maßregelvollzugs vollstreckte Untersuchungs- und sog. Organisationshaft ist in der Regel nur auf die Reststrafe, nicht aber auf die Maßregel anzurechnen. Übersteigt die verbüßte Untersuchungs- und/oder Organisationshaft allerdings das Restdrittel der Strafe, ist wegen des Übermaßverbotes die überschießende Zeit von der Höchstfrist für die Unterbringung abzuziehen (OLG Celle NStZ-RR 2006, 388; OLG Düsseldorf NStZ-RR 2006, 251; zu vgl. a. BVerfG NStZ 1998, 77; zur Anrechnung i.Ü. → *Maßregeln, Erwachsene, Anrechnung*, Teil B Rdn 987 ff.).

Siehe auch: → *Maßregeln, Erwachsene, Allgemeines*, Teil B Rdn 969 m.w.N.; → *Maßregeln, Erwachsene, Vollstreckungsreihenfolge*, Teil B Rdn 1197.

1121 Maßregeln, Erwachsene, Pflichtverteidigung

Das Wichtigste in Kürze:

1. Die Rechtswirkung einer Verteidigerbestellung im Ermittlungs-/Strafverfahren endet grds. mit der Rechtskraft des Urteils, § 143 Abs. 1 StPO.
2. Im Vollstreckungsverfahren ist die Beiordnung eines Pflichtverteidigers nur in wenigen Ausnahmefällen gesetzlich ausdrücklich vorgesehen. Im Übrigen kommt die Beiordnung eines Pflichtverteidigers in entsprechender Anwendung von § 140 Abs. 2 StPO in Betracht.
3. Bei der Prüfung, ob die Schwierigkeit der Sach- oder Rechtslage oder die Unfähigkeit des Verurteilten, seine Rechte sachgemäß wahrzunehmen, die Pflichtverteidigerbeiordnung in analoger Anwendung von § 140 Abs. 2 StPO gebieten, ist auf die Schwere des Vollstreckungsfalles oder eine besondere Schwierigkeit der Sach- und Rechtslage oder die Unfähigkeit des Verurteilten, seine Rechte sachgemäß wahrzunehmen, im Vollstreckungsverfahren abzustellen.
4. Die Pflichtverteidigerbeiordnung im Vollstreckungsverfahren gilt in der Regel nur für den jeweiligen Vollstreckungsabschnitt, nicht für das gesamte Vollstreckungsverfahren.

Literaturhinweise: Heghmanns, Verteidigung in Strafvollstreckung und Strafvollzug, 7. Aufl. 2012; **Labusga**, Die notwendige Verteidigung im Strafvollstreckungsverfahren, NStZ 2023, 461; **Rotthaus**, Die Pflichtverteidigung im Verfahren zur Strafrestaussetzung, NStZ 2000, 350; **Steck-Bromme**, Verteidigung im Maßregelvollzug des § 63 StGB, abrufbar unter http://www.strafverteidigervereinigungen.org/Material/Themen/Haft%20&%20Sicherungsverwahrung/33_steckbromme.html; s.a. die Hinweise bei → *Maßregeln, Erwachsene, Allgemeines*, Teil B Rdn 969 m.w.N. und bei *Burhoff/Hillenbrand*, EV, Rn 3491 ff. 1122

1. Die Rechtswirkung einer Verteidigerbestellung im Ermittlungs-/Strafverfahren **endet** grds. mit der Rechtskraft des Urteils; sie gilt nur für Nachtragsentscheidungen nach § 460 StPO – die nachträgliche Gesamtstrafenbildung – und für das Wiederaufnahmeverfahren fort, § 143 Abs. 1 StPO (*Schmitt/Köhler*, § 140 Rn 33; *Burhoff*, EV, Rn 3491ff). Die Beiordnung im Erkenntnisverfahren erstreckt sich damit nicht auf das Vollstreckungsverfahren. 1123

2.a) Im Vollstreckungsverfahren sieht die **gesetzliche Regelung** des § 463 Abs. 3 S. 5 und Abs. 8 StPO für die Unterbringung in der Sicherungsverwahrung in bestimmten Fällen die Beiordnung eines Pflichtverteidigers vor (s.a. *Burhoff/Hillenbrand*, EV, Rn 3497). Darüber hinaus ist einer in einem psychiatrischen Krankenhaus untergebrachten Person ein Verteidiger zu bestellen, wenn das Gericht nach jeweils drei Jahren (bzw. ab einer Dauer der Unterbringung von sechs Jahren nach jeweils zwei Jahren) vollzogener Unterbringung in einem psychiatrischen Krankenhaus ein Sachverständigengutachten einholt (§ 463 Abs. 4 S. 8 i.V.m. § 463 Abs. 4 S. 2 StPO. Zudem sieht § 109 Abs. 3 StVollzG in den Fällen eines Antrags auf gerichtliche Entscheidung im Regelfall die Beiordnung eines Pflichtverteidigers durch den Vorsitzenden des nach § 110 StVollzG zuständigen Gerichts vor, wenn die vom Antragsteller begehrte oder angefochtene Maßnahme der Umsetzung des § 66c Abs. 1 StGB im Vollzug der Sicherungsverwahrung oder der ihr vorausgehenden Freiheitsstrafe dient (s.a. *Burhoff*, EV, Rn 3498). 1124

b) I.Ü. fehlt es auch nach Inkrafttreten des Gesetzes zur Neuregelung des Rechts der notwendigen Verteidigung vom 10.12.2019 (BGBl I S. 2128) an weiteren gesetzlichen Regelungen im Vollstreckungsverfahren und die Bestellung eines Pflichtverteidigers kommt insoweit weiterhin (nur) in **entsprechender Anwendung** von **§ 140 Abs. 2 StPO** in Betracht (BGH, Beschl. v. 29.6.2022 – StB 26/22, NStZ-RR 2022, 357). Verfassungsrechtlich ist die Beiordnung eines Pflichtverteidigers im Vollstreckungsverfahren jedenfalls dann geboten, wenn es **nach der konkreten Fallgestaltung** wegen Besonderheiten und Schwierigkeiten im Diagnose- und Prognosebereich evident erscheint, dass der Untergebrachte sich angesichts seiner Erkrankung nicht selbst verteidigen kann; es ist von Verfassungs wegen aber – auch im Hinblick auf die komplexe Regelung des § 463 StPO – nicht zu beanstanden, wenn nicht jedem Untergebrachten für die Überprüfungsentscheidung, soweit dies nicht von § 463 Abs. 4 S. 8 StPO angeordnet ist, ein Verteidiger bestellt wird (BVerfG, Beschl. v. 6.7.2009 – 2 BvR 703/09). Vielmehr ist es geboten, aber auch ausreichend, von Fall zu Fall zu entscheiden, ob die Bestellung erforderlich ist. Vor dem Hintergrund der unterschiedlichen Ausgestaltung des jeweiligen Verfahrens führt die Notwendigkeit der Bestellung im Erkenntnisverfahren nicht zwingend zu einer solchen im Vollstreckungsverfahren (BVerfG, Beschl. v. 2.5.2002 – 2 BvR 613/02, NJW 2002, 2773, 2774; *Schmitt/Köhler*, § 140 Rn 34). 1125

3.a) Ein Pflichtverteidiger ist hiernach dann zu bestellen, wenn die **Schwierigkeit** der **Sach- oder Rechtslage** oder die **Unfähigkeit** des **Verurteilten**, seine Rechte sachgemäß wahrzunehmen, dies gebieten (BVerfG NJW 2002, 2773; OLG Hamburg, Beschl. v. 7.7.2021 – 2 Ws 49/21; OLG Köln NStZ-RR 2010, 326; OLG Schleswig NStZ-RR 2008, 253). Bei der Prüfung dessen ist nicht auf die Schwere der abgeurteilten Tat oder auf die Schwierigkeit der Sach- und Rechtslage im Erkenntnisverfahren, sondern ausschließlich auf die **Schwere** des **Vollstreckungsfalles** oder eine **besondere Schwierigkeit** der Sach- und Rechtslage im **Vollstreckungsverfahren** abzustellen (BVerfG NJW 2002, 2773; BGH NStZ-RR 2022, 357; OLG Dresden, Beschl. v. 6.4.2022 – 2 Ws 93/22; OLG Hamm NStZ-RR 2008, 219; OLG Naumburg, Beschl. v. 25.9.2023 – 1 Ws 309/23; OLG Nürnberg NStZ-RR 2009, 125; StraFo 2021, 71; OLG Saarbrücken, Beschl. v. 22.11.2021 – 1 Ws 278/21; OLG Stuttgart, StV 2018, 379), wobei zu berücksichtigen ist, dass im Vollstreckungsverfahren in weitaus geringerem Maße als in dem kontradiktorisch ausgestalteten 1126

Erkenntnisverfahren ein Bedürfnis nach Mitwirkung eines Verteidigers auf Seiten des Verurteilten besteht (BVerfG NJW 2002, 2773; BGH, Beschl. v. 5.11.2020 – 5 Ws 217/19; Beschl. v. 8.1.2025 – StB 71/24 m.w.N.; OLG Hamm NStZ-RR 2008, 219). Daher sind im Vollstreckungsverfahren die abschließend genannten Merkmale des § 140 Abs. 2 StPO einschränkend zu beurteilen (vgl. nur OLG Brandenburg, Beschl. v. 17.11.2021 – 1 Ws 123/21; OLG Köln, NStZ-RR 2010, 326; Beschl. v. 9.5.2016 – Az. III-2 Ws 294 – 295/16;). Gerade für den Fall des Vollzugs einer Unterbringung ergibt sich dies zusätzlich im Umkehrschluss aus § 463 Abs. 4 S. 8 StPO, wonach einem nach § 63 StGB Untergebrachten, der keinen Wahlverteidiger hat, für die Überprüfung der Unterbringung ein Verteidiger (nur dann) bestellt wird, wenn nach § 462 Abs. 4 S. 2 StPO das Gutachten eines Sachverständigen eingeholt werden soll. Mithin ist selbst im Vollzug der Unterbringung in einem psychiatrischen Krankenhaus nicht zwingend für jede Fortdauerprüfung die Beiordnung eines Pflichtverteidigers vorgeschrieben. Maßgeblich ist somit, ob die **vollstreckungsrechtliche Lage schwierig** ist. Dies ist dann der Fall, wenn das Beschwerdeverfahren in tatsächlicher und rechtlicher Hinsicht Fragen aufwirft, die Aktenkenntnis erfordern und über die regelmäßig auftretenden Probleme hinausgehen (vgl. nur KG NStZ-RR 2006, 211; KG, Beschl. v. 10.8.2016 – Az. 5 Ws 105/16). Nichts anderes gilt auch nach Inkrafttreten des Gesetzes zur Neuregelung des Rechts der notwendigen Verteidigung vom 10.12.2019 (BGBl I S. 2128), mit welchem der Gesetzgeber die Richtlinie (EU) 2016/1919 des Europäischen Parlaments und des Rates vom 26.10.2016 über Prozesskostenhilfe für verdächtige und beschuldigte Personen in Strafverfahren sowie für gesuchte Personen in Verfahren zur Vollstreckung eines Europäischen Haftbefehls („PKH-Richtlinie") umgesetzt hat (BGH, Beschl. v. 29.6.2022 – StB 26/22). Letztlich ist weiterhin in hohem Maße einzelfallabhängig zu entscheiden (vgl. zu den Einzelfällen auch *Burhoff/Hillenbrand*, EV, Rn 3503 ff). Es gelten folgende

1127 **Grundsätze:**

- Die Rechtslage ist schwierig, wenn es bei der Anwendung des materiellen oder formellen Rechts auf die Entscheidung **nicht ausgetragener Rechtsfragen** ankommt oder wenn die **Subsumtion** voraussichtlich aus sonstigen Gründen Schwierigkeiten bereiten wird, etwa bei schwierigen Abgrenzungsfragen (OLG Hamm NStZ-RR 2008, 219).
- Je nach Lage des einzelnen Falles kann auch die Einholung eines Gutachtens durch die Strafvollstreckungskammer zur Frage einer fortbestehenden Gefährlichkeit des Verurteilten die Bestellung eines Pflichtverteidigers gebieten, vor allem dann, wenn das **Gutachten zahlreiche psychiatrisch-neurologische Fachbegriffe** enthält, die das Verständnis des konkreten Verurteilten und seine konkreten Fähigkeit übersteigen, sich damit angemessen auseinanderzusetzen (KG, Beschl. v. 10.2.2006 – 5 Ws 61/06; OLG Celle StraFo 2012, 523; OLG Frankfurt, Beschl. v. 7.10.2014 – 3 Ws 861/14; OLG Nürnberg, StV 2018, 340; vgl. zum Zeitpunkt der Beiordnung OLG Zweibrücken NStZ-RR 2006, 355 [spätestens im Stadium der Gutachterauswahl; zu unterschiedlichen Auffassungen zur Kriminalprognose OLG Karlsruhe NStZ-RR 2002, 336; differenzierend: OLG Dresden NStZ-RR 2005, 318). Die Erörterung eines **Gutachtens im Sinne von § 454 Abs. 2 StPO** kann, insbesondere bei divergierenden Prognoseentscheidungen, die Bestellung eines Pflichtverteidigers erfordern (BGH NStZ-RR 2022, 357).
- Eine bereits eingetretene **Verzögerung** der Entscheidung über eine Reststrafenaussetzung und die Ankündigung des sachbearbeitenden Staatsanwalts, er werde ebenfalls an dem Termin teilnehmen, können eine Pflichtverteidigerbeiordnung gebieten (OLG Hamm NStZ-RR 2008, 219).
- Wird über die Frage der Aussetzung einer Unterbringung – insbesondere in einem psychiatrischen Krankenhaus – zur **Bewährung** nach §§ 67c Abs. 1, 67d Abs. 2, 3 und 67e StGB oder über die **Erledigterklärung** zu entscheiden sein, wird in der Regel ein Pflichtverteidiger beizuordnen sein (BVerfG NJW 1986, 767, 771; OLG Brandenburg NStZ-RR 1997, 96; OLG Celle, StraFo 2023, 232; OLG Hamm StV 2001, 20; OLG Karlsruhe NStZ 2006, 416; OLG Köln NStZ 2005, 466).
- Soll die Maßregel gem. **§ 64 StGB abgebrochen** werden, ist ebenfalls von einem Fall notwendiger Verteidigung auszugehen (OLG Celle, StraFo 2023, 232; OLG Karlsruhe StraFo 2005, 423).

- Soll über die **Fortdauer** der **befristeten Maßregel** gem. **§ 64 StGB** entschieden werden, muss eine Einzelfallentscheidung getroffen werden (KG StV 2015, 230).
- Liegt ein Fall der **unverhältnismäßig langen Unterbringung** vor, ist nach BVerfG StV 2006, 426 [Freiheitsentzug von 19 Jahren, davon 13 Jahre im Maßregelvollzug]) ebenfalls ein Pflichtverteidiger beizuordnen.
- Überprüft das Gericht die **weitere Vollstreckung** der **Unterbringung gem. § 63 StGB**, ist regelmäßig von einem Fall notwendiger Verteidigung auszugehen (st. Rspr.; vgl. KG StV 2015, 230).
- Auch bei der Entscheidung über den **Widerruf** einer zur Bewährung ausgesetzten Unterbringung wird es in der Regel der Mitwirkung eines Verteidigers bedürfen (→ *Bewährung, Widerruf, notwendige Verteidigung,* Teil A Rdn 387).
- Ist über die Fortdauer einer **unbefristete Führungsaufsicht im Sinne von § 68e Abs. 2, Abs. 3 StGB** nach einer Aussetzung der Unterbringung nach § 63 StGB zu entscheiden, ist regelmäßig ein Pflichtverteidiger zu bestellen (OLG Celle, Beschl. v. 15.6.2018 – 2 Ws 231/18).
- Für das behördliche Zurückstellungsverfahren nach **§ 35 BtMG** ist hingegen die Bestellung eines Pflichtverteidigers **nicht** erforderlich (OLG Dresden, StraFo 2022, 280; a.A.: OLG Jena, NStZ 2010, 525).
- Die bloße Tatsache, dass sich der **Verurteilte derzeit** in anderer Sache zur Verbüßung einer Freiheitsstrafe **in Strafhaft** befindet, ebenso ein drohender Widerruf eines zu vollstreckenden **Strafrestes von über einem Jahr** lassen den Vollstreckungsfall (noch) **nicht** als so schwerwiegend erscheinen, dass eine Verteidigung notwendig im Sinne von § 140 Abs. 2 StPO wäre.
- Im Falle der Entscheidung über die Frage eines Widerrufs einer Strafaussetzung hat die **Dauer** der nach einem Bewährungswiderruf **zu vollstreckenden Strafe außer Betracht** zu bleiben (OLG Celle, Beschl. v. 3.12.2019 – 2 Ws 352/19, 2 Ws 355/19; Beschl. v. 10.9.2019 – 2 Ws 258/19, 2 Ws 273/19; OLG Hamm, Beschl. v. 17.4.2001 – 2 Ws 85/01; OLG Zweibrücken, Beschl. v. 22.11.2021 – 1 Ws 278/21).

b) Die Grundsätze zur Pflichtverteidigerbestellung bei drohendem Widerruf einer ausgesetzten Unter- **1128**
bringung (OLG Bremen NStZ 1986, 379; OLG Celle StV 1987, 400) wird man auch anwenden müssen, wenn das Gericht eine **Krisenintervention** nach **§ 67h StGB** beabsichtigt (→ *Maßregeln, Erwachsene, Krisenintervention*, Teil B Rdn 1092). Zwar wird man entgegenhalten können, dass die Krisenintervention gerade zur Vermeidung des Bewährungswiderrufs dienen soll und deshalb ein Minus im Vergleich zum Widerruf darstellt. Insoweit ist aber neben den grds. verfassungsrechtlichen Überlegungen im Hinblick auf den gravierenden Eingriff in das Freiheitsgrundrecht des Betroffenen zu sehen, dass die Krisenintervention letztlich ohne Weiteres in den Bewährungswiderruf führen kann und der Mandant deshalb von Anfang an einen Verteidiger an seiner Seite benötigt: Denn die Krisenintervention greift in Fällen, in denen sich der die Maßregelanordnung rechtfertigende Zustand oder die Suchterkrankung eines Verurteilten akut so verschlechtert, dass die Voraussetzungen für die günstige Prognose, die der Maßregelaussetzung zugrunde liegt, entfallen (oder jedenfalls konkret gefährdet) sind. In diesen Fällen käme – ungeachtet des § 67h StGB – nur ein (zeitlich dann nicht befristeter) Widerruf der Aussetzung wegen Wegfalls ihrer Voraussetzungen in Betracht. Die sozialfürsorgerische Terminologie der Interventionsmaßnahme darf deshalb nicht den Blick darauf verstellen, dass es sich bei ihr um eine gravierende, freiheitsbeschränkende strafrechtliche Maßnahme handelt und Vollstreckung einer Maßregel i.S. des § 463 StPO ist (OLG Dresden NStZ-RR 2012, 326 m. Anm. *Burhoff* StRR 2012, 477 unter Verweis auf BGHSt 56, 1). Dafür spricht auch, dass das Verfahren nach § 67h StGB kostenrechtlich als Teil des Widerrufsverfahrens nach § 67g StGB anzusehen ist (OLG Dresden, a.a.O.).

c) Zur Entscheidung über die Bestellung eines Pflichtverteidigers im Vollstreckungsverfahren ist die für **1129**
den Haft-/Unterbringungsort **zuständige StVK** als Gericht i.S. des § 142 Abs. 3 StPO unter dem Gesichtspunkt einer (lückenlosen) vollstreckungsrechtlichen Zuständigkeit berufen (§ 462a StPO analog) (OLG Nürnberg NStZ-RR 2009, 125 zu § 141 Abs. 4 StPO a.F.). Ein Anspruch auf Beiordnung eines nicht

im Gerichtsbezirk ansässigen Rechtsanwalts soll grds. nicht bestehen (*Schmitt/Köhler*, § 140 Rn 34; zur Auswahl *Burhoff*, EV, Rn 3429 ff.).

☝ Die Beiordnung des Pflichtverteidigers muss **rechtzeitig** – insbesondere vor Erstattung eines Gutachtens – erfolgen (OLG Zweibrücken NStZ-RR 2006, 355).

1130 **4.a)** Die Pflichtverteidigerbeiordnung im Vollstreckungsverfahren gilt in der Regel nur für den **jeweiligen Vollstreckungsabschnitt**, nicht für das ganze Vollstreckungsverfahren (KG, NStZ-RR 2002, 63; OLG Celle, Beschl. v. 31.7.2020 – 2 Ws 122/20, StV 2021, 258; OLG Frankfurt, NStZ-RR 2003, 252; OLG Hamburg, Beschl. v. 19.3.2020 – 2 Ws 16/20, StraFo 2019, 198; OLG Zweibrücken NStZ 2010, 470; *Schmitt/Köhler*, § 140 Rn 33, 35a). Nach anderer Auffassung (OLG Naumburg NJOZ 2010, 2429; OLG Stuttgart NJW 2000, 3367) gilt die Bestellung – ohne eine Beschränkung auf den jeweils zu entscheidenden Vollstreckungsabschnitt – für das gesamte Verfahren bis zum Vollstreckungsende, wenn der Vorsitzende im Verfahren nach § 67e StGB einen Verteidiger „für das Vollstreckungsverfahren" bestellt.

1131 **b)** Ist hingegen von dem Gericht oder der Strafvollstreckungskammer im Vollstreckungsverfahren bereits entschieden worden, ohne dass ein Pflichtverteidiger beigeordnet worden war, wird im **Beschwerdeverfahren** die Beiordnung eines Pflichtverteidigers nur noch für dieses unter den Voraussetzungen des § 140 Abs. 2 StPO zu prüfen sein (OLG Karlsruhe NStZ 2006, 416): Die **rückwirkende Beiordnung** eines Pflichtverteidigers soll **nicht** möglich sein (u.a. KG NJOZ 2014, 22; OLG Bamberg NJW 2007, 3796; OLG Hamm, Beschl. v. 10.2.2009 – 2 Ws 14/09; vgl. dazu a. *Burhoff*, EV, Rn 3740 ff. m.w.N.).

1132 **5.** Für die Rücknahme der Bestellung gelten die allgemeinen Grundsätze (*Schmitt/Köhler*, § 143 Rn 1 ff.; *Burhoff*, EV, Rn 3644ff).

1133 **6.** Entsprechend § 144 Abs. 1 StPO kann zur Sicherung der Durchführung des Verfahrens ein **zusätzlicher Pflichtverteidiger** bestellt werden, bspw. wenn mit dem bestellten (ersten) Pflichtverteidiger ein fristgerechter Prüfungstermin nach § 67e StGB nicht gefunden werden kann (OLG Nürnberg, Beschl. v. 31.3.2023 – Ws 244/23).

1134 **7.** Gegen die gerichtlichen Entscheidungen über die Bestellung eines Pflichtverteidigers ist gemäß § 142 Abs. 7 StPO die **sofortige Beschwerde** statthaft. Hierbei ist die Beschwerde des Verurteilten gegen die Bestellung eines Pflichtverteidigers nur dann zulässig, wenn auch eine **eigene Beschwer** vorliegt (BT-Drucks 19/13829, S. 44). Durch die Bestellung eines Pflichtverteidigers als solche ist der Verurteilte im Regelfall nicht beschwert; er kann diese daher grds. nicht anfechten (BGH, Beschl. v. 15.11.2022 – StB 51/22, NStZ 2023,115 m.w.N.). In diesem Fall liegt nur ausnahmsweise eine Beschwer vor, wenn der bestellte Verteidiger wegen mangelnder Eignung oder wegen Interessensgegensatzes unfähig erscheint, die Verteidigung ordnungsgemäß zu führen oder der Verurteilte in seinem Recht auf Bezeichnung des bestellten Verteidigers und dessen Beiordnung aus § 142 Abs. 5 S. 1 und 3 StPO betroffen ist (BGH, Beschl. v. 15.11.2022 – StB 51/22, NStZ 2023,115 m.w.N.). Die Bestellung des bisherigen Wahlverteidigers beschwert weder den Verurteilten noch dessen Anwalt (OLG Köln, Beschl. v. 1.2.2010, 2 Ws 55–58/10; KK-StPO/Willnow, § 141 Rn 13). Ebenso hat auch der nicht beigeordnete Rechtsanwalt kein eigenes Beschwerderecht gegen die Ablehnung der Bestellung als Pflichtverteidiger, so dass eine von diesem im eigenen Namen eingelegte Beschwerde unzulässig ist (*Schmitt/Köhler*, § 142 Rn 63 m.w.N.).

Siehe auch: → *Maßregeln, Erwachsene, Allgemeines*, Teil B Rdn 969 m.w.N.; → *Allgemeine Gebührenfragen, Besonderheiten, Pflichtverteidiger*, Teil J Rdn 4; → *Strafvollstreckung, Allgemeines*, Teil J Rdn 319 m.w.N.

Maßregeln, Erwachsene, psychiatrisches Krankenhaus 1135

Das Wichtigste in Kürze:

1. Die Unterbringung in einem psychiatrischen Krankenhaus dient in erster Linie dem Schutz der Allgemeinheit. Sie dient regelmäßig aber auch dazu, entweder die untergebrachte Person von der vorliegenden psychischen Störung jedenfalls so weit zu heilen, dass von ihrem Zustand keine unvertretbare Gefahr für fremde Rechtsgüter mehr ausgeht, oder die untergebrachte Person in ihrem Zustand zu pflegen.
2. Die Unterbringung in einem psychiatrischen Krankenhaus knüpft an die Schuldunfähigkeit bzw. verminderten Schuldfähigkeit aufgrund einer länger dauernden Beeinträchtigung der geistigen oder seelischen Gesundheit des Täters an.
3. Die Annahme der Gefährlichkeit des Täters für die Allgemeinheit setzt eine Wahrscheinlichkeit höheren Grades voraus, dass der Täter infolge seines Zustands in Zukunft erhebliche rechtswidrige Taten begehen wird, die zumindest in den Bereich der mittleren Kriminalität hineinreichen.
4. Liegen die Voraussetzungen des § 63 StGB im Vollstreckungsverfahren nicht (mehr) vor, so hat StVK die Unterbringung gem. § 67d Abs. 6 S. 1 StGB für erledigt zu erklären.
5. Die Vollstreckungsbehörde bestimmt, in welcher Anstalt die Unterbringung nach § 63 StGB vollzogen wird.
6. Die Unterbringung dauert so lange, wie ihr Zweck es erfordert: Unter Umständen kann die Unterbringung in einem psychiatrischen Krankenhaus lebenslang vollzogen werden. Je länger die Unterbringung in einem psychiatrischen Krankenhaus anhält, umso strenger sind die Voraussetzungen für die Verhältnismäßigkeit des Freiheitsentzuges.

1. § 63 StGB überträgt den Strafgerichten den Schutz der Allgemeinheit vor schuldunfähigen oder vermindert schuldfähigen Straftätern durch die Anordnung der Unterbringung in einem psychiatrischen Krankenhaus für die Fälle, in denen der Betreffende eine **rechtswidrige Tat begangen** hat. Daneben bleiben jedoch die Verwaltungsbehörden verpflichtet, die erforderlichen Maßnahmen der Gefahrabwehr – ggf. die Unterbringung nach den Landesgesetzen – in eigener Zuständigkeit zu prüfen und zu veranlassen. 1136

Die **unter Umständen lebenslange** Unterbringung in einem psychiatrischen Krankenhaus nach § 63 StGB dient in erster Linie dem **Schutz** der **Allgemeinheit** und der **Gefahrenabwehr**. Sie dient regelmäßig auch dazu, entweder die untergebrachte Person von der vorliegenden psychischen Störung jedenfalls so weit zu **heilen**, dass von ihrem Zustand keine unvertretbare Gefahr für fremde Rechtsgüter mehr ausgeht, oder die untergebrachte Person in ihrem Zustand zu **pflegen** (BGH NJW 1992, 1570; NStZ 1986, 572; 1990, 122). 1137

Anders als bei der Unterbringung in einer Entziehungsanstalt (§ 64 S. 2 StGB) steht eine **fehlende Heilungsaussicht** der Unterbringung in einem psychiatrischen Krankenhaus nicht entgegen (BVerfG, Beschl. v. 5.7.2013 – 2 BvR 708/12; Urt. v. 1.2.2024 – 5 StR 419/23; NStZ 1990, 122; *Eisenberg* NStZ 2004, 240 ff.; *Fischer*, § 63 Rn 3; → *Maßregeln, Erwachsene, Entziehungsanstalt*, Teil B Rdn 1051). 1138

☝ Jedoch rechtfertigt auch das bloße Fortbestehen einer psychischen Störung und deren Behandlungsbedürftigkeit weder die Anordnung noch die Fortdauer der Unterbringung nach § 63 StGB, wenn die Voraussetzungen einer **negativen Gefahrenprognose nicht** (**mehr**) gegeben sind (*Fischer*, § 63 Rn 3).

1139 **2.** Die Anordnung der Unterbringung in einem psychiatrischen Krankenhaus hat folgende **Voraussetzungen**:

- Begehung einer rechtswidrigen Tat im Zustand der Schuldunfähigkeit (§ 20 StGB) oder der verminderten Schuldfähigkeit (§ 21 StGB) aufgrund einer länger dauernden Beeinträchtigung der geistigen oder seelischen Gesundheit des Täters (Rdn 1140 ff.)
- Erwartung, dass der Täter infolge seines Zustands erhebliche rechtswidrige Taten begehen wird und er deshalb für die Allgemeinheit gefährlich ist (Rdn 1148 ff.)

1140 **a)** Der Täter muss eine rechtswidrige Tat im Sinne von § 11 Abs. 1 Nr. 5 StGB (Anlasstat) im **Zustand der möglichen Schuldunfähigkeit oder sicher erheblich verminderten Schuldfähigkeit** begangen und die Tatbegehung hierauf beruht haben. Dies erfordert prinzipiell eine mehrstufige Prüfung. Zunächst ist die Feststellung erforderlich, dass bei dem Täter eine psychische Störung vorliegt, die ein solches Ausmaß erreicht hat, dass sie unter eines der psychopathologischen Eingangsmerkmale des § 20 StGB zu subsumieren ist. Sodann sind der Ausprägungsgrad der Störung und deren Einfluss auf die soziale Anpassungsfähigkeit des Täters zu untersuchen. Durch die festgestellten psychopathologischen Verhaltensmuster muss die psychische Funktionsfähigkeit des Täters bei der Tatbegehung beeinträchtigt worden sein. Beurteilungsgrundlage ist das konkrete Tatgeschehen, wobei neben der Art und Weise der Tatausführung auch die Vorgeschichte, der Anlass der Tat, die Motivlage und das Verhalten nach der Tat von Bedeutung sein können (BGH, Beschl. v. 27.2.2025 – 2 StR 546/24). Die Anordnung der Maßregel ist nur zulässig, wenn der Täter **allein wegen mangelnder Schuldfähigkeit** nicht bestraft werden kann; nicht jedoch, wenn er gerechtfertigt handelt oder mit strafbefreiender Wirkung vom Versuch zurückgetreten ist (BGH, Beschl. v. 3.7.2025 – 4 StR 169/25). Das Vorliegen der Voraussetzungen des **§ 20 StGB** oder des **§ 21 StGB** zum Zeitpunkt der Anlasstat muss vom Tatgericht **zweifelsfrei** festgestellt und der Zustand genau bestimmt werden (st. Rspr.; vgl. etwa BGH, Beschl. v. 19.10.2022 – 6 StR 320/22 m.w.N.; *Fischer*, § 63 Rn 11, 15). Hierbei ist zu berücksichtigen, dass es eine eingeschränkte oder verminderte Unrechtseinsicht nicht gibt (BGH, Beschl. v. 19.9.2023 – 3 StR 229/23). Eine verminderte Einsichtsfähigkeit ist daher erst dann von Bedeutung, wenn sie das Fehlen der Unrechtseinsicht zur Folge hat und dem Täter dies vorzuwerfen ist (BGH, Beschl. v. 26.6.2025 – 6 StR 222/25; *Fischer*, § 63 Rn 11 m.w.N.). In diesen Fällen ist § 21 StGB als Sonderregelung des Verbotsirrtums (§ 17 StGB) einschlägig, wenn das Fehlen der Unrechtseinsicht vorwerfbar ist; kann ein solcher Vorwurf nicht erhoben werden, greift § 20 StGB ein. Erkennt der Täter dagegen das Unrecht seiner Tat, handelt er – unbeschadet seiner eingeschränkten Einsichtsfähigkeit – voll schuldhaft. Die bloße Feststellung, die Einsichtsfähigkeit sei bei Tatbegehung sicher erheblich vermindert gewesen, reicht daher nicht (st. Rspr.; u.a. BGH, Beschl. v. 26.6.2025 – 6 StR 222/25). Ohne Schuld handelt, wer bei Begehung der Tat aufgrund eines psychischen Defekts unfähig ist, das Unrecht der Tat einzusehen oder nach dieser Einsicht zu handeln (§ 20 StGB). Es müssen mithin sog. **„Eingangsmerkmale"** vorliegen aufgrund derer der Täter im Tatzeitpunkt der Tat nicht einsichts- oder steuerungsfähig war. Dazu folgender **Überblick**:

1141 **Psychischer „Defekt" („Eingangsmerkmale" des § 20 StGB)**:

- Die Aufnahme eines bestimmten Krankheits- und Symptombildes in eines der anerkannten **medizinischen Klassifikationssysteme** – wie das ICD-10 oder das DSM-IV – ist für die rechtliche Beurteilung **nicht verbindlich** (*Fischer*, § 20 Rn 7a). Vielmehr sind die in § 20 StGB niedergelegten psychischen Störungen unabhängig vom psychiatrisch-medizinischen Krankheitsbegriff auszulegen. Die Diagnose einer paranoiden Schizophrenie führt für sich genommen nicht zur Feststellung einer generellen oder zumindest längere Zeiträume überdauernden gesicherten erheblichen Beeinträchtigung der Schuldfähigkeit (BGH, Beschl. v. 28.6.2021 – 1 StR 190/21). Erforderlich sind vielmehr konkretisierende und widerspruchsfreie Darlegungen dazu, in welcher Weise sich die festgestellte psychische Störung bei Begehung der Tat auf die Handlungsmöglichkeiten des Beschuldigten in der konkreten Tatsituation und damit auf die Steuerungsfähigkeit ausgewirkt hat; Beurteilungsgrundlage ist das konkrete Tatgeschehen, wobei neben der Art und Weise der Tatausführung auch die Vorgeschichte, der Anlass der Tat, die Motivlage des Beschuldigten und sein Verhalten nach der Tat von Bedeutung sein können (st. Rspr.; BGH, Urt. v. 25.5.2022 – 2 StR 257/21; Urt. v. 28.6.2021 – 1 StR 190/21, jeweils m.w.N.). Gleichwohl wird das Gericht für die Feststellung psychischer Störungen wie auch von deren Auswirkungen auf die Einsichts- und Steuerungsfähigkeit regelmäßig sachverständige Hilfe benötigen (zu den Mindestanforderungen für Schuldfähigkeitsgutachten vgl. *Boetticher/ Nedopil/Bosinski/Saß* NStZ 2005, 57). Hierbei hat das Gericht dem Sachverständigen die Anknüpfungstatsachen – also den Sachverhalt, von dem im Gutachten auszugehen ist – mitzuteilen. Dies kann durch die Gewährung von Akteneinsicht geschehen. Bei der Begutachtung erheben die Sachverständigen sodann die sogenannten „Befundtatsachen“: Die Krankheitsanamnese, den körperlichen, neurologischen und psycho-pathologischen Befund, also die Informationen, die er aufgrund seiner Sachkenntnis und unter Anwendung seiner spezifischen Untersuchungstechnik gewinnt (*Nedopil*, S. 408). Anknüpfungs- und Befundtatsachen sind in den Urteilsgründen im Wesentlichen wiederzugeben (BGH NStZ-RR 2009, 45; 2014, 244). Für das Vollstreckungsverfahren gilt nichts anderes.

Krankhafte seelische Störungen/endogene Psychosen/exogene Psychosen, tiefgreifende Bewusstseinsstörung: 1142

- Zu den krankhaften seelischen Störungen werden **zwei Gruppen** gezählt: Endogene Psychosen und Exogene Psychosen (*Fischer*, § 20 Rn 8 ff.).
- Endogene Psychosen sind Störungen aus dem Formenkreis der **Schizophrenie** sowie **Bipolare Störungen**. Auch der „Eifersuchtswahn“ und der „Querulantenwahn“ kann Ausdruck einer endogenen Psychose sein, wenn er Züge wahnhaften Erlebens aufweist. „Akute Schübe“ einer Schizophrenie dürften – anders als die allgemeine Diagnose – in der Regel die Annahme der Schuldunfähigkeit rechtfertigen (BGH NStZ-RR 2008, 39; MDR 1995, 1090).
- Die sog. **bipolaren Störungen** (früher: manisch-depressive Erkrankung) weisen eine große Bandbreite auf (*Fischer*, § 20 Rn 9c). In manischen Phasen können „Größenwahn“, „Verfolgungswahn“ und „Allmachtsgefühle“ Einfluss auf die Einsichts- und Steuerungsfähigkeit haben. Depressive Episoden erhöhen die Suizidalität und es kann zu „Mitnahmesuiziden“ bei aufgehobener oder herabgesetzter Einsichtsfähigkeit kommen.
- **Abzugrenzen** sind derartige Erkrankungen von **bloßen Persönlichkeitsstörungen**, die – wie z.B. die paranoide Persönlichkeitsstörung – ggf. unter den Begriff der schweren anderen seelischen Störung i.S.d. § 20 StGB zu subsumieren sein können (BGH NStZ-RR 2004, 8).
- Exogene Psychosen sind **Störungen** mit einer **hirnorganischen Ursache**, z.B. in Folge eines Hirn-Traumas, einer Infektion, eines Krampfleidens oder einer chronisch degenerativen Erkrankung des Zentralnervensystems wie Alzheimer oder seniler Demenz. Auch eine chronische Alkohol-, Drogen- oder Medikamentenabhängigkeit kann zu einer exogenen Psychose führen. Häufig vorkommend sind akute Intoxikationspsychosen in Folge eines Alkohol- oder Drogenrausches; insoweit wird auch vertreten, dass diese den tiefgreifenden Bewusstseinsstörungen zuzuordnen sind (*Fischer*, § 20 Rn 11).
- Unter einer **„tiefgreifenden“ Bewusstseinsstörung** ist nur eine solche zu verstehen, die von einer solchen **Intensität** ist, dass „das seelische Gefüge des Betroffenen zeitweise zerstört oder erschüttert ist“. Das ist der Fall, wenn die Beeinträchtigung eine **vergleichbare Schwere wie die krankhafte seelische Störung** aufweist (BGH NStZ 1983, 280; 1990, 231). Hierhin gehört der **hochgradige Affekt**, also ein Zustand der höchsten Erregung.

Intelligenzminderung: 1143

- Als Intelligenzminderung (vormals „Schwachsinn“) wird eine **angeborene Intelligenzschwäche ohne nachweisbare Ursache** bezeichnet (z.B. „Debilität“, „Imbezillität“ oder „Idiotie“). Nur die Intelligenzminderung ohne Organbefund unterfällt dem Eingangsmerkmal der Intelligenzminderung. Die Folgen einer intra-uterinen, geburtstraumatischen, frühkindlichen Hirnschädigung oder eines hirnorganischen Krankheitsprozesses (z.B. Hirnhautentzündung = Meningitis oder die Hirnentzündung = Enzephalitis) fallen hingegen unter den Begriff der krankhaften seelischen Störung (BGH, Beschl. v. 8.1.2025 – 6 StR 654/24). Wichtiger Anhaltspunkt für die Feststellung der Intelligenzminderung ist der **Intelligenzquotient**, der bei Debilität im Bereich von 50 bis 69, bei Imbezillität im Bereich von 30 bis 49 und bei Idiotie unter 30 liegt. Einen unmittelbaren Schluss auf die Schuldfähigkeit lässt die Feststellung der Intelligenzminderung nicht zu (*Fischer*, § 20 Rn 35 a.E.).

1144 **Schwere andere seelische Störung:**

- Die Gruppe der schweren anderen seelischen Störung (vormals „Abartigkeit“) erfasst **Veränderungen der Persönlichkeit**, die **keine krankhaften seelischen Störungen** darstellen. Sie betrifft (mehr als vorübergehende) seelische Fehlanlagen und Fehlentwicklungen, wenn diese Störungen in ihrer Gesamtheit das Leben des Täters **vergleichbar schwer** und mit **ähnlichen Folgen** beeinträchtigen wie **krankhafte seelische Störungen. Es muss ein Dauerzustand vorliegen, der nach seiner Art und Ausprägung geeignet ist, das Einsichts- oder Hemmungsvermögen einer Person zu beeinträchtigen** (s. BT-Drucks 19/19869, S. 49; *Fischer*, § 20 Rn 37, 39). Allein die Diagnose „dissoziale Persönlichkeitsstörung“ lässt für sich genommen keine Aussage über die Frage der Schuldfähigkeit eines Täters nicht zu. Selbst die Diagnose einer schweren Persönlichkeitsstörung ist nicht gleichbedeutend mit derjenigen einer schweren anderen seelischen Störung im Sinne der §§ 20, 21 StGB. Eine solche Störung kann immer auch als – möglicherweise extreme – Spielart menschlichen Wesens einzuordnen sein, die sich noch innerhalb der Bandbreite des Verhaltens voll schuldfähiger Menschen bewegt (BGH, Beschl. v. 23.10.2007 – 4 StR 358/07 m.w.N.). Entscheidend für die Beurteilung sind der Ausprägungsgrad der Störung und der Einfluss auf die soziale Anpassungsfähigkeit. Hierfür sind die Beeinträchtigung der Leistungsfähigkeit (etwa hinsichtlich der Wahrnehmung der eigenen und dritter Personen, der emotionalen Reaktionen, der Gestaltung zwischenmenschlicher Beziehungen und Impulskontrolle) durch die festgestellten pathologischen Verhaltensmuster im Vergleich mit jenen krankhaft seelischer Störungen zu untersuchen. Für die Bewertung der Schwere der Persönlichkeitsstörung ist maßgebend, ob es im Alltag außerhalb des angeklagten Deliktes zu Einschränkungen des beruflichen und sozialen Handlungsvermögens gekommen ist (BGH, Urt. v. 31.1.2004 – 1 StR 346/03). Dem Begriff der schweren anderen seelischen Störung können Suchtstörungen (Alkohol-, Betäubungsmittel- und Medikamentenabhängigkeit aber auch „Spielsucht“, „Kaufsucht“, „Kleptomanie“ und „Pyromanie“), Triebstörungen (z.B. Pädophilie) und sonstige Persönlichkeitsstörungen unterfallen.

1145 **b)** Als **Auswirkung/Folge** der **Störung:** muss die Einsichts- oder Steuerungsfähigkeit – im Zeitpunkt der Tat – nicht ausschließbar aufgehoben (§ 20 StGB) oder sicher erheblich vermindert gewesen sein (§ 21 StGB). Es bleibt also immer zu prüfen und zweifelsfrei festzustellen, in welcher Weise sich der festgestellte Defekt bei Begehung der Tat auf die Handlungsmöglichkeiten des Täters in der konkreten Tatsituation und damit auf die Einsichts- oder Steuerungsfähigkeit ausgewirkt hat (*Fischer*, § 63 Rn 21). Nach der gesetzlichen Konzeption kann dabei die Anwendung des § 20 StGB nicht auf beide Varianten gestützt werden. Erst wenn sich ergeben hat, dass der Täter in der konkreten Tatsituation Unrechtseinsicht hatte, kann sich die Frage nach seiner Steuerungsfähigkeit stellen (BGH, Beschl. v. 3.9.2024 – 6 StR 155/24).

1146 **c)** § 63 StGB erfordert einen **länger dauernden Zustand** der Beeinträchtigung der geistigen oder seelischen Gesundheit. Ein nur vorübergehender Defekt reicht nicht aus (BGH, Beschl. v. 19.10.2022 – 6 StR 320/22 = NStZ-RR 2023, 7; *Fischer*, § 63 Rn 12). Denn § 63 StGB dient dazu, den Täter von einem andauernden Zustand zu heilen oder ihn in seinem Zustand zu pflegen. Ist der Defektzustand lediglich vorübergehender Natur, ist der mit der unbefristeten Unterbringung verbundene schwere Eingriff in das Freiheitsrecht unverhältnismäßig (MüKo-StGB/*van Gemmeren*, § 63 Rn 32). Die Mitwirkung eines aktuellen **Substanzkonsums** an dem bei der Tatbegehung bestehenden psychotischen Zustand schließt das Bestehen eines Dauerzustands i.S.d. § 63 StGB nicht von vornherein aus. Die Unterbringung in einem psychiatrischen Krankenhaus kommt in einem solchen Fall dann in Betracht, wenn der Täter in krankhafter Weise alkohol- oder betäubungsmittelüberempfindlich ist, an einer krankhaften Sucht leidet und aufgrund eines psychischen Defekts süchtig ist, der, ohne pathologisch zu sein, in seinem Schweregrad einer krankhaften seelischen Störung im Sinne der §§ 20, 21 StGB gleichsteht (BGH, Beschl. v. 13.9.2023 – 4 StR 208/23, NStZ-RR 2023,107 m.w.N.). Einer Überempfindlichkeit in diesem Sinne kann im Einzelfall auch eine wiederholt auftretende massive psychotische Überreaktion auf den Substanzkonsum gleichstehen (BGH, Urt. v. 1.2.2005 – 5 StR 540/04). Ein Zustand i.S.d. § 63 StGB liegt ferner dann vor, wenn der Täter an einer länger dauernden geistig-seelischen Störung leidet, bei der bereits geringer Alkoholkonsum oder andere alltägliche Ereignisse die akute erhebliche Beeinträchtigung der Steuerungsfähigkeit auslösen können und dies getan haben, wenn tragender Grund seines Zustands mithin die länger andauernde geistig-seelische Störung und die Alkoholisierung lediglich der auslösende Faktor war und ist (BGH, Beschl. v. 5.6.2024 – 2 StR 508/23). Bei einer drogeninduzierten Psychose handelt es sich grds. um einen vorübergehenden und keinen Dauerzustand i.S.d. § 63 StGB, da deren Symptomatik durch die bloße Drogenabstinenz sistiert. Ein Dauerzustand i.S.d. § 63 StGB kann jedoch dann angenommen werden, wenn die drogeninduzierte Psychose nach immer wieder geübtem Betäubungsmittelmissbrauch, namentlich aufgrund einer Betäubungsmittelsucht, wiederholt auftreten würde (BGH, Urt. v. 1.2.2005 – 5 StR 540/04).

d) Des Weiteren erfordert § 63 StGB einen **symptomatischen Zusammenhang** dergestalt, dass die Tatbege- **1147**
hung durch die (nicht nur vorübergehende) psychische Störung zumindest mitausgelöst worden ist und dass auch die für die Zukunft zu erwartenden Taten sich als Folgewirkung dieses Zustands darstellen (BGH, Beschl. v. 28.3.2012 – 2StR 614/11). Letzteres ist der Fall, wenn der festgestellte, für die Schuldfähigkeit bedeutsame Zustand des Täters für die Anlasstat kausal geworden ist, wobei Mitursächlichkeit genügt. Die bloße Feststellung einer Koinzidenz zwischen dem für die Schuldfähigkeit relevanten Zustand und der Tatbegehung reicht dafür regelmäßig nicht aus. Erforderlich ist vielmehr eine konkretisierende Darlegung, in welcher Weise sich die festgestellte psychische Störung bei Begehung der Tat auf die Handlungsmöglichkeiten des Täters in der konkreten Tatsituation und damit auf die Einsichts- oder Steuerungsfähigkeit ausgewirkt hat. Dabei können sich besondere Darlegungsanforderungen ergeben, wenn als Tatauslöser auch normalpsychologisch erklärbare Beweggründe in Betracht kommen (BGH, Beschl. v. 18.6.2025 – 4 StR 252/25).

3.a) Die **Gesamtwürdigung** des Täters und seiner Anlasstat (BGH, Urt. v. 12.12.2023 – 6 StR 326/23; **1148**
NStZ-RR 2024, 44, und Beschl. v. 11.10.2018 – 4 StR 195/18) muss zu einer negativen Gefährlichkeitsprognose führen: Es muss eine **Wahrscheinlichkeit höheren Grades** bestehen, dass der Täter infolge seines Zustands in Zukunft **erhebliche** rechtswidrige **Taten** begehen wird, durch welche die Opfer seelisch oder körperlich erheblich geschädigt oder erheblich gefährdet werden oder schwerer wirtschaftlicher Schaden angerichtet wird und er deshalb für die Allgemeinheit gefährlich ist. Waren die Anlasstaten nicht erheblich im Sinne von § 63 S. 1 StGB, müssen besondere Umstände vorliegen, die die Erwartung rechtfertigen, dass der Täter infolge seines Zustands erhebliche Taten begehen wird (§ 63 S. 2 StGB). Anders als für die Feststellung der Schuldeinschränkungen kommt es hierbei auf den **Zeitpunkt des Urteils** an (st. Rspr, vgl. BGH, Beschl. v. 19.5.2021 – 6 StR 199/21, NStZ-RR 2021, 278; *Fischer* § 63 Rn 24). Die notwendige Prognose ist auf der Grundlage einer **umfassenden Würdigung der Persönlichkeit des Täters, seines Vorlebens (namentlich Art, Häufigkeit und Rückfallfrequenz früherer Taten) sowie der von ihm begangenen Anlasstat(en)** zu entwickeln und hat sich darauf zu erstrecken, ob und welche rechtswidrigen Taten von dem Täter infolge seines Zustands drohen, wie ausgeprägt das Maß der Gefährdung ist und welches Gewicht den bedrohten Rechtsgütern zukommt (st. Rspr.; vgl. u.a. BGH, Urt. v. 6.3.2025 -3 StR 515/24, Rn. 19). Neben der konkreten Krankheits- und Kriminalitätsentwicklung sind die auf die Person des Täters und seine konkrete Lebenssituation bezogenen Risikofaktoren einzustellen, die eine individuelle krankheitsbedingte Disposition zur Begehung künftiger Straftaten jenseits der Anlasstaten belegen können (BGH, Beschl. v. 6.8. 2025 – 6 StR 84/25). Bei den zu erwartenden Taten muss es sich um solche handeln, die geeignet erscheinen, den Rechtsfrieden schwer zu stören sowie das Gefühl

der Rechtssicherheit erheblich zu beeinträchtigen, und damit zumindest dem **Bereich der mittleren Kriminalität** zuzuordnen sind (st. Rspr.; BGH, Urt. v. 11.10.2018 – 4 StR 195/18, NStZ-RR 2019, 41; und Beschl. v. 26.7.2018 – 3 StR 174/18). Die zu erwartenden Taten müssen auf derselben psychischen Störung wie die Anlasstat beruhen und sich als Folgewirkung dieses Zustands darstellen (BGH NStZ 1991, 528; NStZ-RR 2003, 168; NStZ-RR 2004, 331). Die notwendige Prognose ist auf der Grundlage einer umfassenden Würdigung der Persönlichkeit des Täters, seines Vorlebens und der von ihm begangenen Anlasstaten zu entwickeln. Sie muss sich darauf erstrecken, welche rechtswidrige Taten drohen und wie ausgeprägt das Maß der Gefährdung ist (st. Rspr.; BGH, Beschl. v. 7.9.2021 – 1 StR 255/21; v. 9.3.2021 – 1 StR 15/21; v. 2.9.2020 – 1 StR 273/20; v. 6.8.2020 – 1 StR 93/20 und v. 15.1.2015 – 4 StR 419/14; je m.w.N). Nicht verfahrensgegenständliche Taten dürfen bei der Gefährlichkeitsprognose nur dann berücksichtigt werden, wenn sie ihrerseits in einem Zusammenhang mit der Erkrankung des Täters stehen (st. Rspr.; BGH, Beschl. v. 7.9.2021 – 1 StR 255/21; Beschl. v. 9.3.2021 – 1 StR 15/21; Beschl. v. 19.1.2021 – 4 StR 449/20 und Beschl. v. 3.12.2020 – 4 StR 371/20; jeweils m.w.N.).

1149 **b)** Weitere Taten dürfen nicht nur möglich, sondern sie müssen – mit einem **höheren Grad – wahrscheinlich** sein (*Fischer*, § 63 Rn 35). Wenn der Täter die Begehung weiterer Taten androht, muss die objektive Ernstlichkeit dieser Drohung festgestellt werden (BGH NStZ-RR 2006, 338). Eine ständige Gefahr ist nicht vorausgesetzt; eine länger dauernde Straffreiheit ist jedoch gewichtiges Indiz gegen eine negative Gefahrenprognose (BGH, Beschl. v. 6.8. 2025 – 6 StR 84/25; *Fischer*, § 63 Rn 35). Zur Begründung der Gefährlichkeitsprognose können frühere Taten ohne Weiteres (nur) herangezogen werden, wenn auch sie auf der Erkrankung des Angeklagten beruhen und ihnen daher Symptomcharakter zukommt (BGH, Beschl. v. 6.11.2024 – 6 StR 564/24). Frühere Straftaten ohne solchen Symptombezug können nur einen Aufschluss über die Persönlichkeit des Täters im Allgemeinen geben (BGH, Urt. v. 20.10.2023 – 2 StR 359/23). Der Verlauf einer einstweiligen Unterbringung (§ 126a StPO), insbesondere ob und ggf. wie sich der Angeklagte auf eine Behandlung eingelassen hat, ist für die Prognose relevant (BGH, Beschl. v. 27.5.2025 – 6 StR 133/25). Aggressives Verhalten bei der Exploration oder in der Hauptverhandlung ist nur von eingeschränktem indiziellem Gewicht (BGH NStZ-RR 2012, 107). Ebenfalls nicht ausreichend ist die nicht näher ausgeführte Annahme, es werde künftig zu „impulshaftem Verhalten" kommen (BGH NStZ-RR 2003, 232); auch die Feststellung, der Täter neige zu Regelverstößen, reicht für sich genommen nicht aus. Nur mögliche positive Entwicklungen bei der auf den Urteilszeitpunkt zu beziehenden Gefährlichkeitsprognose haben außer Betracht zu bleiben (BGH, Urt. v. 23.11.2023 – 4 StR 140/23).

1150 **c)** Die zu erwartende Tat muss **erheblich** sein. Es muss sich also um solche Taten handeln, die eine schwere Störung des Rechtsfriedens zur Folge haben (BVerfG NJW 1995, 3049; NStZ-RR 2013, 72; BGH NStZ-RR 2011, 202). Die Annahme einer gravierenden Störung des Rechtsfriedens setzt nach der ständigen Rspr. des BGH voraus, dass die zu erwartenden Delikte wenigstens in den **Bereich der mittleren Kriminalität** hineinreichen, den Rechtsfriedens empfindlich stören und geeignet sind, das Gefühl der Rechtssicherheit der Bevölkerung erheblich zu beeinträchtigen (BGH, Beschl. v. 18.7.2013 – 4 StR 168/13, NJW 2013, 3383 m.w.N.; Urt. v. 18.09.2024 – 6 StR 154/24). Die Unterbringung darf nicht außer Verhältnis zum Gewicht der zu erwartenden Taten stehen (§ 62 StGB; BGH NJW 2013, 2043). Die Erheblichkeit drohender zukünftiger Taten kann sich im Einzelfall bereits aus der Erheblichkeit der Anlasstat (BGH NStZ-RR 2005, 71) oder aus der Art der drohenden Delikte (z.B. Verbrechen; BGH NStZ 2009, 689; NStZ-RR 2011, 271) ergeben, ohne dass es weiterer Darlegungen in dem Urteil bedarf. Straftaten, die mit einer erhöhten Mindeststrafe und im Höchstmaß mit mindestens fünf Jahren Freiheitsstrafe geahndet werden können, gehören regelmäßig zum Bereich der mittleren Kriminalität (BGH, Urt. v. 18.9.2024 – 6 StR 154/24). Auch wenn dem Gesetz in diesem Zusammenhang eine Beschränkung auf bestimmte Tatbestände nicht entnommen werden kann, können wegen des außerordentlich beschwerenden Charakters der Maßregel nach § 63 StGB und mit Blick darauf, dass deren Anordnung und Fortdauer vom Grundsatz der Verhältnismäßigkeit beherrscht werden (§ 62 StGB), Straftaten, die im Höchstmaß mit Freiheitsstrafe unter 5 Jahren bedroht sind, nicht ohne Weiteres dem Bereich der Taten von erheblicher Bedeutung zugerechnet werden (BVerfG, Beschl. v. 24.7.2013 – 2 BvR 298/12, RuP 2014, 31 m.w.N.). Ergibt sich die Erheblichkeit drohender Taten nicht aus dem Delikt selbst, wie etwa bei Verbrechen, kommt es in der Regel maßgeblich auf die zu befürchtende **konkrete Ausgestaltung** der zu erwartenden Tat an (BGH, Urt. v. 12.6.2008 – 4 StR 140/08, NStZ 2008, 563, 564; BGH NStZ-RR 2012, 39).

☝ Insbesondere **Gewalt- und Aggressionsdelikte** zählen regelmäßig zu den erheblichen Straftaten i.S.d. § 63 S. 1 StGB (st. Rspr., vgl. u.a. BGH, Urt. v. 17.2.2022 – 4 StR 380/21, NStZ-RR 2022, 173, 174), **Bagatelldelikte** i.d.R. **nicht** (*Fischer*, § 63 Rn 27 m.w.N.).

Die Erheblichkeitsschwelle ist insbesondere überschritten, wenn sich die Taten gegen Zufallsopfer im öffentlichen Raum richten und zu erheblichen Einschränkungen in der Lebensführung der Opfer oder sonst schwerwiegenden Folgen führen (st. Rspr, vgl. u.a. BGH, Urt. v. 6.12.2023 – 2 StR 276/23, Rn 20; Urt. v. 17.2.2022 – 4 StR 380/21, NStZ-RR 2022, 173, 174; jeweils m.w.N.). Anders kann es zwar bei einfachen Körperverletzungen i.S.d. § 223 Abs. 1 StGB liegen, wenn diese mit nur geringer Gewaltanwendung verbunden sind und die Erheblichkeitsschwelle der tatbestandlich vorausgesetzten Beeinträchtigung der körperlichen Unversehrtheit nur unwesentlich überschreiten (BGH, Urt. v. 17.2.2022 – 4 StR 380/21, NStZ-RR 2022, 173, 174; Urt. v. 6.2.2019 – 5 StR 495/18 m.w.N.). Gleiches muss im Ergebnis auch für Versuchstaten gelten, die von den anvisierten Opfern mit einfachen Mitteln abgewehrt werden können (BGH, Beschl. v. 5.6.2025 – 4 StR 11/25). Nicht erforderlich ist hingegen, dass Straftaten zu erwarten sind, durch welche die Opfer körperlich oder seelisch „schwer" geschädigt werden. Dementsprechend sind etwa Faustschläge ins Gesicht in der Regel bereits mittlerer Kriminalität zuzurechnen, insbesondere wenn sie Platzwunden zur Folge haben, die ärztlich versorgt werden müssen (BGH, Urt. v. 26.7.2018 – 3 StR 174/18; Urt. v. 17.2.2022 – 4 StR 380/21; BGH, Beschl. v. 16.7.2025 – 5 StR 299/25). Hierbei können auch Angriffe gegen Polizeibeamte erheblich i.S.d. § 63 S. 1 StGB sein (BGH, Urt. v. 12.7.2023 – 1 StR 106/23, Rn 17; Urt. v. 13.12.2021 – 5 StR 115/21, Rn 27), wenngleich Polizeibeamte darin ausgebildet sind, professionell mit Konfliktsituationen umzugehen und zumeist über besondere Hilfs- und Schutzmittel verfügen (BGH, Beschl. v. 22.11.2022 – 5 StR 464/22, NStZ-RR 2023, 7; Beschl. v. 14.2.2017 – 4 StR 565/16, Rn 10). Auch Nachstellungen nach § 238 Abs. 1 StGB können erhebliche Anlasstaten sein, wenn die Tatumstände hinreichend gravierend sind (BGH, Beschl. v. 06.11.2024 – 6 StR 564/24). Exhibitionistische Handlungen und andere unterschwellige Sexualdelikte können eine Unterbringung nach § 63 StGB nach den Umständen des Einzelfalls durchaus rechtfertigen. Eine Gefahr erheblicher Straftaten liegt insbesondere nahe, wenn zu besorgen ist, dass der Täter auf Kinder zugehen wird (BGH, Urt. v. 11.7.2024 – 3 StR 65/24). Ernst zu nehmende Bedrohungen mit schweren Verbrechen können als erheblich i.S.v. § 63 StGB angesehen werden (BGH, Urt. v. 6.12.2023 – 2 StR 278/23). Für die Auslegung des Begriffs des **schweren wirtschaftlichen Schadens** hat die Rspr. – als Ausgangswert – den durch den Gesetzgeber hierfür im Jahr 2016 für vertretbar erachteten Betrag von 5.000 Euro übernommen, betont jedoch in weiterer Übereinstimmung mit der Gesetzesbegründung, dass die konkreten Umstände des Einzelfalls zu berücksichtigen sind (BT-Drucks 18/7244, S. 21; BGH, Beschl. v. 5.6.2025 – 4 StR 11/25).

d) Schließlich muss der Täter **für** die **Allgemeinheit gefährlich** sein, weil aufgrund seines Zustands er- 1151
hebliche Taten von ihm zu erwarten sind. Auch Vorfälle in der Familie können eine Gefährdung der Allgemeinheit begründen (BGH, Urt. v. 18.9.2024 – 6 StR 154/24). Richten sich Anlasstaten allein gegen eine bestimmte Person und haben sie eine Ursache einzig in dem konkreten persönlichen Verhältnis des Beschuldigten zu dieser Person, so bedarf die Feststellung, dass der Täter auch für die Allgemeinheit gefährlich ist, weiterer konkreter tatsächlicher Feststellungen (BGH NZV 1990, 77; BGH, Beschl. v. 20.7.2023 – 4 StR 90/23; *Fischer*, § 63 Rn 40). Bei Straftaten eines Beschuldigten im Rahmen von Unterbringungen in Betreuungseinrichtungen fehlt es entgegen früher vertretenen Ansichten nicht regelmäßig an der Gefährlichkeit im Sinne von § 63 StGB. Vielmehr müssen nach den konkreten Umständen der Tat(en) Besonderheiten in der Unterbringungssituation vorliegen, welche einer allgemeinen Gefährlichkeit des Beschuldigten entgegen stehen. Das kann etwa bei Delikten zum Nachteil besonders geschulter

Pflegekräfte im oben genannten Sinne der Fall sein oder auch bei Überreaktionen in Belastungssituationen, etwa im Zuge von Disziplinarmaßnahmen (vgl. a. BGH, Beschl. v. 13.12.2011 – 5 StR 422/11, NStZ-RR 2012, 107; Beschl. v. 24.10.2019 – 5 StR 410/19; OLG Nürnberg, Beschl. v. 29.1.2025 – Ws 20/25). Bei Taten gegenüber Mitpatienten wird in aller Regel kein Anlass zur Verneinung der Gefährlichkeit bestehen (BGH Beschl. v. 24.10.2019 – 5 StR 410/19).

1152 **4.** Die vorgenannten Voraussetzungen gelten nicht nur für die Anordnung der Unterbringung in einem psychiatrischen Krankenhaus durch das erkennende Gericht, sondern behalten auch im **Vollstreckungsverfahren** Relevanz: Sollte sich im Rahmen des Vollstreckungsverfahrens, insbesondere im Rahmen der Überprüfung nach § 67e StGB, herausstellen, dass die Voraussetzungen des § 63 StGB nicht (mehr) vorliegen, so ist die Maßregel gemäß § 67d Abs. 6 S. 1 Halbs. 1 StGB durch die Strafvollstreckungskammer für erledigt zu erklären (*Fischer*, § 67d Rn 23ff; → *Maßregeln, Erwachsene, Erledigterklärung*, Teil B Rdn 1064 ff.).

1153 **5.** In **welcher Anstalt** die Maßregel vollstreckt wird, ist **Sache** der **Vollstreckungsbehörde** (§§ 463, 451 StPO); das Gericht kann nur die Unterbringung in einem psychiatrischen Krankenhaus an sich anordnen. Die Anordnung der Unterbringung in einer bestimmten Anstalt durch das Gericht ist nicht zulässig.

1154 **6.** Die Unterbringung **dauert** so lange, wie ihr **Zweck** es **erfordert**: Unter Umständen kann die Unterbringung in einem psychiatrischen Krankenhaus lebenslang vollzogen werden. Der Grundsatz der Verhältnismäßigkeit gebietet es, die Unterbringung in einem psychiatrischen Krankhaus nur so lange zu vollstrecken, wie der Zweck der Maßregel es unabweisbar erfordert und weniger belastende Maßnahmen nicht genügen. Das Spannungsverhältnis zwischen dem Freiheitsanspruch des betroffenen Einzelnen und dem Sicherungsbedürfnis der Allgemeinheit vor zu erwartenden erheblichen Rechtsgutverletzungen verlangt nach gerechtem und vertretbarem Ausgleich. Dieser lässt sich für die Entscheidung über die Aussetzung der Maßregelvollstreckung nur dadurch bewirken, dass die allgemeinen Sicherungsbelange und der Freiheitsanspruch des Untergebrachten als wechselseitiges Korrektiv gesehen und im Einzelfall gegeneinander abgewogen werden. Der Grundsatz der Verhältnismäßigkeit ist in die Prüfung der Aussetzungsreife der Maßregel nach 67d Abs. 2 StGB einzuziehen (integrative Betrachtung). Die darauf aufbauende Gesamtwürdigung hat die von dem Täter ausgehenden Gefahren zur Schwere des mit der Maßregel verbundenen Eingriffs in Verhältnis zu setzen (BVerfG, Beschl. v. 26.8.2013 – 2 BvR 371/12 m.w.N.). Je länger die Unterbringung in einem psychiatrischen Krankenhaus anhält, umso strenger sind jedoch die Voraussetzungen für die **Verhältnismäßigkeit** des Freiheitsentzuges (BVerfG NJW 1986, 767; → *Maßregeln, Erwachsene, Erledigterklärung*, Teil B Rdn 1064 ff.). Bei der Prüfung der Verhältnismäßigkeit kann es daher auf die voraussichtlichen Wirkungen der im Falle der Aussetzung der Maßregelvollstreckung zur Bewährung kraft Gesetzes eintretenden Führungsaufsicht (§ 67d Abs. 2 S. 3 StGB) und der damit verbindbaren weiteren Maßnahmen der Aufsicht und Hilfe (§§ 68a, 68b StGB), insbesondere also die Tätigkeit eines Bewährungshelfers und die Möglichkeit bestimmter Weisungen, ankommen (BVerfGE 70, 297, 313). Vor Ablauf bestimmter Fristen ist zu prüfen, ob die weitere Vollstreckung auszusetzen ist (§ 67e StGB) (→ *Maßregeln, Erwachsene, Überprüfung*, Teil B Rdn 1162; zur Aussetzung zur Bewährung → *Maßregeln, Erwachsene, Bewährung*, Teil B Rdn 1014). Erweist sich die weitere Vollstreckung der Maßregel als unverhältnismäßig, so ist die Unterbringung nach § 67d Abs. 6 S. 1 Halbs. 2 StGB für erledigt zu erklären.

Siehe auch: → *Maßregeln, Erwachsene, Allgemeines*, Teil B Rdn 969 m.w.N.; → *Maßregeln, Erwachsene, Bewährung*, Teil B Rdn 1014 ff.

1155 Maßregeln, Erwachsene, Rechtsschutz

1156 **Literaturhinweise:** S. die Hinweise bei → *Maßregeln, Erwachsene, Allgemeines*, Teil B Rdn 969 m.w.N.

1157 **1. Rechtsmittel** gegen Entscheidungen des Gerichts sind grds. **nur dann statthaft**, wenn diese von der **StPO** explizit **vorgesehen** sind. Im Vollstreckungsverfahren gilt hinsichtlich der Anfechtbarkeit gerichtlicher Entscheidungen das Enumerationsprinzip. § 304 StPO gilt nicht für Entscheidungen, die dem Gericht des ersten Rechtszuges im Rahmen der Strafvollstreckung zugewiesen sind, und auch nicht für Entscheidungen der StVK (OLG Hamm NStZ 1989, 443.

☝ Mithin sind Rechtsmittel im Vollstreckungsverfahren nur statthaft, wenn diese im Gesetz **ausdrücklich zugelassen** sind.

2.a) Aufgrund der **Verweisung in § 463 Abs. 1 StPO** auf die (übrigen) Vorschriften über die Vollstreckung sind der Widerruf einer Aussetzung der Unterbringung zur Bewährung und die Entscheidung über die (bedingte) Entlassung eines Untergebrachten bzw. die Erledigterklärung mit der sofortigen Beschwerde anfechtbar (§§ 453 Abs. 2 S. 3, 454 Abs. 3 StPO bzw. §§ 463 Abs. 6 S. 1, 462 Abs. 3 StPO; zur sofortigen Beschwerde *Burhoff*, EV, Rn 4289 ff.; Burhoff/Kotz/*Hillenbrand*, RM, Teil A Rn 550 ff.). 1158
Mit der **sofortigen Beschwerde** sind insbesondere **ferner anfechtbar**:

- Entscheidungen nach § 67c StGB über den späteren Beginn der Unterbringung (§§ 463 Abs. 3 S. 1, 454 Abs. 3 StPO; 463 Abs. 6 S. 1, 462 Abs. 3 StPO),
- die Abänderung der **Prüffristen** nach § 67e Abs. 3 StGB (§ 463 Abs. 3 S. 1, 454 Abs. 3 StPO),
- die nachträgliche Änderung der **Vollstreckungsreihenfolge** nach § 67 Abs. 3 StGB (§§ 463 Abs. 6 S. 1, 462 Abs. 3 StPO),
- Entscheidungen über den Fortgang der Vollstreckung nach § 67 Abs. 5 S. 2 StGB (§§ 463 Abs. 6 S. 1, 462 Abs. 3 StPO),
- die **Überweisung** in den Vollzug einer anderen Maßregel nach § 67a StGB (§§ 463 Abs. 6 S. 1, 462 Abs. 3 StPO),
- die Anordnung der **Krisenintervention** nach § 67h StGB (§§ 463 Abs. 6 S. 1, 462 Abs. 3 StPO),
- nach der ständigen Rspr. des BG (vgl. u.a. BGH, Urt. v. 21.3.1979 – 2 StR 743/78; Beschl. v. 2.12.2010 – 4 StR 459/10) ist im Fall der **Nichtanordnung einer Maßregel** eine (sofortige) Beschwerde des Verurteilten **mangels eigener Beschwer** unzulässig. Ebenso beschwert auch die **Aufhebung einer Krisenintervention** als unselbstständiger Vollstreckungsmöglichkeit einer Maßregel nach § 63 oder § 64 StGB (BGH, Beschl. v. 15.9.2010 – 2 ARs 293110) den Betroffenen auch dann regelmäßig nicht, wenn ein Bewährungswiderruf als drohende Folge im Raum steht (OLG Nürnberg, Beschl. v. 11.3.2024, – Ws 140/24 und Beschl. v. 25.5.2024 – Ws 428/24).

b) Die **nachträgliche Erteilung** von **Weisungen** unterliegt nur einer eingeschränkten **einfachen Beschwerde** (zur Beschwerde *Burhoff*, EV, Rn 1164 ff., und Burhoff/Kotz/*Hillenbrand*, RM, Teil A: Rn 400 ff.). Das Beschwerdegericht überprüft nur die Gesetzmäßigkeit der getroffenen Entscheidung (§§ 463 Abs. 2, 453 Abs. 2 S. 1 und 2 StPO. Das Beschwerdegericht darf sein eigenes Ermessen nicht an die Stelle des nach § 462a StPO zur Entscheidung berufenen Gerichts setzen (OLG Frankfurt NStZ-RR 1998, 126; OLG München NStZ 2011, 94). Die getroffene Anordnung ist gesetzwidrig, wenn sie im Gesetz nicht vorgesehen, unverhältnismäßig oder unzumutbar ist oder sonst die Grenzen des eingeräumten Ermessens überschreitet (OLG München NStZ-RR 2012, 221; OLG Rostock NStZ 2011, 521). 1159

☝ Aus dem Wortlaut des § 453 Abs. 2 S. 2 StPO ergibt sich nicht, dass der Beschwerdeführer eine Gesetzwidrigkeit der angefochtenen Entscheidung vortragen und die Beschwerde begründen muss; es wird also in der Regel nur eine **Nachprüfungsgrenze** aufgestellt (OLG Frankfurt NStZ-RR 2006, 327). Eine Begründung wird sich aber empfehlen.

Reine **Zweckmäßigkeitsrügen** sind nach § 453 Abs. 2 S. 2 StPO **unzulässig** (OLG Rostock NStZ 2011, 521).

3. Für die – mit der sofortigen Beschwerde anfechtbaren (§§ 463 Abs. 6 S. 1, 462 Abs. 3 S. 1 StPO) – Anordnung der **Krisenintervention** besteht die **Besonderheit**, dass das Gericht die sofortige Vollstreckbarkeit von Kriseninterventionsmaßnahmen anordnen kann, wenn erhebliche rechtswidrige Taten des Verurteilten drohen (§ 463 Abs. 6 S. 3 StPO; → *Maßregeln, Erwachsene, Krisenintervention*, Teil B 1160

Rdn 1092). Die sofortige Beschwerde des Verurteilten hat in diesem Fall keine aufschiebende Wirkung (zur sofortigen Beschwerde *Burhoff,* EV, Rn 4289 ff.; Burhoff/Kotz/*Hillenbrand,* RM, Teil A Rn 550 ff.).

1161 **4.** Im Vollstreckungsverfahren ist die Vorschrift des **§ 305 S. 1 StPO entsprechend** anzuwenden. Demnach ist die Beschwerde ausgeschlossen gegen Entscheidungen, die sachlich der noch zu treffenden Sachentscheidung vorangehen, mit dieser also in einem engen inneren Zusammenhang stehen, nur ihrer Vorbereitung dienen und keine weiteren Verfahrenswirkungen beinhalten, sondern nur auf das konkrete Verfahren selbst bezogen sind (OLG Düsseldorf NStZ-RR 1999, 29). So ist z.B. die vom Gericht vorgenommene Auswahl des Sachverständigen nicht selbstständig anfechtbar. Vielmehr ist die Anordnung eines weiteren Sachverständigengutachtens sowie die Auswahl des Sachverständigen in der Sachentscheidung selbst zu thematisieren, weil bei der Hauptsacheentscheidung die Beweistauglichkeit der ausschließlich zur Vorbereitung der Entscheidung erstellten Gutachten prüfen ist, hierbei ist auch die Geeignetheit des Sachverständigen umfassend zu überprüfen (OLG Nürnberg, NStZ-RR 2013, 29).

Siehe auch: → *Maßregeln, Erwachsene, Allgemeines,* Teil B Rdn 969 m.w.N.; → *Maßregelvollzug, Erwachsene, Allgemeines,* Teil C Rdn 1 m.w.N.; → *Strafvollzug, Erwachsene, Antrag auf gerichtliche Entscheidung, Allgemeines,* Teil C Rdn 190 m.w.N; → *Beschwerde, Gebühren,* Teil J Rdn 41 m.w.N.; → *Strafvollstreckung, Beschwerde,* Teil J Rdn 334 m.w.N.

1162 Maßregeln, Erwachsene, Überprüfung

Das Wichtigste in Kürze:

1. Eine Unterbringung darf als freiheitsentziehende Maßregel nicht länger als notwendig dauern. Hieraus folgt die Pflicht des Gerichts zur Überwachung der Unterbringungsdauer.
2. Nach § 67e Abs. 1 S. 1 StGB kann die StVK jederzeit prüfen, ob die weitere Vollstreckung einer Unterbringung zur Bewährung auszusetzen oder für erledigt zu erklären ist.
3. Die Fortdauer von Unterbringungen nach § 63 StGB muss mindestens jährlich, die einer Unterbringung nach § 64 StGB mindestens halbjährlich überprüft werden, § 67e Abs. 1 S. 2, Abs. 2 StGB.
4. Da die StVK jederzeit über eine bedingte Entlassung entscheiden kann, kann auch ein Aussetzungsantrag jederzeit gestellt werden.
5. Bei der Überprüfung hat das Gericht nicht nur zu prüfen, ob die Maßregel zur Bewährung auszusetzen (§ 67d Abs. 2 StGB) oder für erledigt zu erklären (§ 67d Abs. 5 und 6 StGB) ist, sondern es hat zudem zu prüfen, ob eine Überweisung in den Vollzug einer anderen Maßregel (§ 67a StGB) oder eine Änderung der Vollstreckungsreihenfolge (§ 67 Abs. 3 StGB) angezeigt sind.
6. Voraussetzung für die Anordnung der Fortdauer der Unterbringung ist die fortbestehende Gefährdung der Allgemeinheit.
7. Den Fristen des § 67e Abs. 1 S. 2, Abs. 2 StGB kommt grundrechtsschützende Wirkung zu. Das Verfahren zur Überprüfung der Fortdauer der Unterbringung ist in §§ 463 Abs. 3 i.V.m. 454, 463 Abs. 4 StPO geregelt.
8. Gegen den gerichtlichen Beschluss ist das Rechtsmittel der sofortigen Beschwerde (§§ 463 Abs. 3 S. 1, 454 Abs. 3 StPO bzw. § 463 Abs. 6 S. 1, 462 Abs. 3 S. 1 StPO) zulässig.

1163 **Literaturhinweise:** S. die Hinweise bei → *Maßregeln, Erwachsene, Allgemeines,* Teil B Rdn 969 m.w.N.

1164 **1.** Eine Unterbringung darf als freiheitsentziehende Maßregel nicht länger als notwendig dauern. Hieraus folgt die **Pflicht** des Gerichts zur Überwachung der Unterbringungsdauer.

1165 **2.** Nach § 67e Abs. 1 S. 1 StGB kann die StVK **jederzeit** – insbesondere auf Antrag des Verteidigers – prüfen, ob die weitere Vollstreckung einer Unterbringung zur Bewährung auszusetzen ist.

☝ Sobald **Anhaltspunkte** vorliegen, die eine Prüfung nach § 67d Abs. 2 StGB angezeigt erscheinen lassen, ist das Gericht zur Prüfung verpflichtet (OLG Hamm NStZ 1990, 252; *Fischer*, § 67e Rn 2). Dies gilt selbst dann, wenn eine vom Gericht zuvor nach § 67e Abs. 3 S. 2 StGB gesetzte Sperrfrist noch nicht abgelaufen ist (OLG Nürnberg, Beschl. v. 4.2.2025 – Ws 59/25).

3.a) Spätestens rechtzeitig vor Ablauf der nachfolgenden **Fristen** muss die Prüfung von Amts wegen erfolgen (§ 67e Abs. 1 S. 2, Abs. 2 StGB): 1166

- bei der Unterbringung in einer Entziehungsanstalt (§ 64 StGB): nach sechs Monaten,
- bei der Unterbringung in einem psychiatrischen Krankenhaus (§ 63 StGB): nach einem Jahr,
- bei der Unterbringung in der Sicherungsverwahrung (§ 66 StGB)
  - nach einem Jahr,
  - nach dem Vollzug von zehn Jahren der Unterbringung: nach neun Monaten.

Das Gericht kann diese **Prüffristen verkürzen** (§ 67e Abs. 3 S. 1 StGB). Das wird insbesondere dann in 1167
Betracht kommen, wenn das Gericht zwar im Zeitpunkt seiner Entscheidung die Voraussetzungen für eine bedingte Entlassung noch nicht gegeben sieht, eine Änderung der Sachlage aber vor Ablauf der nächsten (gesetzlichen) Prüffrist für wahrscheinlich hält.

b) Die **Frist beginnt** mit Beginn der Unterbringung bzw. mit der vorherigen Entscheidung der StVK, mit 1168
dem eine Aussetzung abgelehnt worden war (§ 67e Abs. 4 StGB). Im Fall der Ablehnung einer bedingten Entlassung kommt es für den Beginn der neuen Prüffrist nicht auf den Eintritt der Rechtskraft, sondern auf den Zeitpunkt der Entscheidung an (OLG Hamm NJW 1971, 949; OLG Karlsruhe StraFo 2007, 125; *Fischer*, § 67e Rn 5 m.w.N.). Denn käme es auf den Zeitpunkt der Rechtskraft an, würden die Fristen des § 67e StGB wegen des mit der Durchführung eines Beschwerdeverfahrens verbundenen Zeitaufwands erheblich und im Laufe einer langen Unterbringung möglicherweise mehrfach gelockert und damit im Ergebnis verlängert. Es muss aber Rechtssicherheit für den Untergebrachten dadurch gewährleistet werden, dass die Überprüfung der Unterbringungsvoraussetzungen in regelmäßigen, zeitlich eindeutig festliegenden Zeitabständen erfolgt (OLG Hamm, NJW 1971, 949).

c) Ob im Falle eines **Entweichens** aus der **Unterbringung** die Dauer des Entweichens den **Fristlauf** 1169
hemmt, ist umstritten: Die Rspr. und Teile der Lit. **bejahen** dies (OLG Karlsruhe NStZ 1992, 456 = MDR 1992, 690; *Fischer*, § 67e Rn 4; MüKo-StGB/*Veh*, § 67e Rn 7; Tübinger Kommentar/*Kinzig*, § 67e Rn 5). Nach **a.A.** wird argumentiert, dass das Entweichen **in aller Regel keine prognostisch ungünstige Bedeutung** hat und die Untergebrachten **meist selbstständig in die Einrichtung zurückkehren**, so dass **kein Anlass** bestünde, sie durch eine Fristverlängerung zu „**disziplinieren**" (NK-*Pollähne*, § 67e Rn 13 m.w.N.).

4. Da die StVK jederzeit über eine bedingte Entlassung entscheiden kann, kann auch ein **Aussetzungs-** 1170
antrag jederzeit gestellt und hierdurch eine Entscheidung des Gerichts vor Ablauf der Prüffrist herbeigeführt werden.

☝ Insoweit ist jedoch zu beachten, dass das Gericht hierauf – bei aus seiner Sicht offensichtlich unbegründeten Anträgen – mit einer **Sperrfrist** reagieren könnte: Nach § 67e Abs. 3 S. 2 StGB kann die StVK innerhalb der gesetzlichen Prüffrist eine Frist festsetzen, vor deren Ablauf ein Antrag auf Prüfung unzulässig ist. Gegen die Festsetzung einer Frist ist die sofortige Beschwerde zulässig (§§ 67e Abs. 3 StGB, 463 Abs. 3 S. 1, 454 Abs. 3 StPO; → *Maßregeln, Erwachsene, Rechtsschutz*, Teil B Rdn 1155; zur sofortigen Beschwerde *Burhoff*, EV, Rn 4289 ff.; Burhoff/Kotz/*Hillenbrand*, RM, Teil A Rn 550 ff.).

5. Bei der **Überprüfung** hat das Gericht nicht nur zu prüfen, ob die Maßregel zur **Bewährung** auszusetzen 1171
(§ 67d Abs. 2 StGB) oder für **erledigt** zu erklären (§ 67d Abs. 5 und 6 StGB) ist, sondern es hat zudem zu prüfen, ob eine **Überweisung** in den Vollzug einer anderen Maßregel (§ 67a StGB) oder eine Änderung

der **Vollstreckungsreihenfolge** (§ 67 Abs. 3 StGB) angezeigt sind (→ *Maßregeln, Erwachsene, Bewährung*, Teil B Rdn 1014; → *Maßregeln, Erwachsene, Erledigterklärung*, Teil B Rdn 1064; → *Maßregeln, Erwachsene, Überweisung*, Teil B Rdn 1189).

1172 Die StVK prüft im Wege des **Freibeweises**, ob die Voraussetzungen für die Anordnung der Fortdauer der Unterbringung vorliegen. Die Prüfung erfordert eine **verantwortungsbewusste, eingehende Erhebung** und **Abwägung aller** für die Entscheidung **wesentlichen Umstände** (OLG Koblenz MDR 1974, 246). Im Überprüfungsverfahren nach § 67e StGB gilt das **Gebot der bestmöglichen Sachaufklärung** (OLG München, Beschl. v. 24.2.2017 – 1 Ws 105/17), denn die freiheitssichernde Funktion des Art. 2 Abs. 2 S. 2 GG hat nach ständiger Rspr. des BVerfG auch verfahrensrechtliche Bedeutung. Der Umfang der notwendigen Sachaufklärung hängt dort, wo keine zwingenden gesetzlichen Vorgaben bestehen, von den konkreten Umständen des Einzelfalles ab, wobei immer eine für den Einzelfall hinreichende Gründlichkeit für die Entscheidungsfindung zu gewährleisten ist (BVerfG, Beschl. v. 11.7.2014 – 2 BvR 689/14; Beschl. v. 22.1.2015 – 2 BVR 2049/13, 2 BvR 2445/14 m.w.N.). Die Feststellungen im Rahmen der Überprüfung dürfen sich nicht allein auf eine Legalprognose beschränken; es ist vielmehr stets auch zu prüfen, ob die Voraussetzungen der jeweiligen Maßregel (noch) vorliegen (OLG Rostock, Beschl. v. 16.11.2011 – I Ws 287/11; Beschl. v. 2.12.2011 – I Ws 372/11).

☝ Je **länger** die Unterbringung **andauert**, umso strenger sind die **Anforderungen** an die Sachverhaltsaufklärung sowie die Begründungstiefe der Überprüfungsentscheidung (BVerfG NStZ-RR 2010, 122).

1173 **6.** Die Fortdauer der Unterbringung im Maßregelvollzug erfordert eine **fortbestehende Gefährdung der Allgemeinheit**; die **bloße ungünstige Krankheitsprognose ist insoweit nicht ausreichend**. Denn längst nicht jeder psychisch kranke Mensch ist gefährlich. Ob die Aussetzung der Maßregel zur Bewährung oder ihre Erledigterklärung erfolgt, hängt bei der unbefristeten Unterbringung gem. § 63 StGB im Wesentlichen von der **Legalprognose** ab (s.a. → *Maßregeln, Erwachsene, Bewährung*, Teil B Rdn 1014; → *Maßregeln, Erwachsene, Erledigterklärung*, Teil B Rdn 1064). Die Legalprognose ist die **prognostische Einschätzung** der **Gefährlichkeit** (Einzelheiten → *Maßregeln, Erwachsene, Zuständigkeit und Verfahren*, Teil B Rdn 1263 f.).

1174 **7.** Für das **Verfahren** gilt:

a)aa) Den Fristen kommt grundrechtsschützende Wirkung zu (Tübinger Kommentar/*Kinzig*, § 67e Rn 5): Die Einhaltung der gesetzlichen Prüffrist steht auch nicht zur Disposition des Verurteilten (OLG Nürnberg, Beschl. v. 31.3.2023 – Ws 244/23; MüKo-StGB//*Veh*, § 67e Rn 9). Die Strafvollstreckungsbehörde – die StA – hat die Akten daher **rechtzeitig** vor Ablauf der Frist der StVK **vorzulegen**. Spätestens **bis** zum **Zeitpunkt** der **Entscheidung** müssen alle für die Entscheidung **wesentlichen Informationen vorliegen**. Um dies sicherzustellen, werden von der StA im Vollstreckungsheft die entsprechenden Fristen notiert. Frühzeitig vor Fristablauf wird die Maßregelvollzugseinrichtung um Stellungnahme gebeten. I.d.R. nach Eingang der Stellungnahme übersendet die StA die Akten (jedenfalls das Vollstreckungsheft) mit einem Antrag der StVK.

1175 Nicht selten kommt es vor, dass die **Stellungnahme** der Maßregelvollzugseinrichtung **nicht rechtzeitig vorliegt**. In diesem Fall wird die StA die Akten gleichwohl der StVK übersenden und sich eine abweichende/weitergehende Stellungnahme für den Fall vorbehalten, dass sich aus der Stellungnahme der Maßregelvollzugseinrichtung neue Erkenntnisse ergeben. Erforderlichenfalls hat die StVK auf eine rechtzeitige Aktenvorlage durch die StA hinzuwirken.

1176 **bb)** Ist vor der Fortdauerentscheidung ein **externes Gutachten** einzuholen, wird es sich i.d.R. empfehlen, die Akten **mindestens sechs Monate vor** dem **Prüftermin** vorzulegen (OLG Dresden StraFo 2005, 391). Die Einholung des Gutachtens erst nach Abschluss des Prüfungsverfahrens ist nicht zulässig (OLG Braunschweig StraFo 2009, 40).

☝ Bei ärztlichen Stellungnahmen von „Behandlern" ist zu berücksichtigen, dass es zu „**Routinebeurteilungen**" kommen kann und dass anstaltsinterne Belange oder die Beziehung zwischen Untergebrachtem und Therapeuten das Gutachten beeinflussen.

cc) Im Fall einer **Überschreitung der Frist des § 67e Abs. 2 StGB** ist eine genaue Prüfung geboten, ob die Fristüberschreitung rechtsstaatswidrig war (OLG Frankfurt, Beschl. v. 18.7.2019 – 3 Ws 456/19). Dabei führt nicht jede zu einer Fristüberschreitung führende Verzögerung des Geschäftsablaufs automatisch auch zu einer Grundrechtsverletzung, weil es zu solchen Verzögerungen auch bei sorgfältiger Führung des Verfahrens kommen kann (BVerfG, Beschl. v. 29.11.2011 – 2 BvR 1665/10). Bleibt das Gericht jedoch untätig und wird dadurch die Prüfungsfrist überschritten, kann hierdurch das **Freiheitsgrundrecht** der Untergebrachten (Art. 2 Abs. 2 S. 2 GG i.V.m. Art. 20 Abs. 3 GG) **verletzt** werden, wenn es sich um eine nicht mehr vertretbare Fehlhaltung gegenüber dem das Grundrecht sichernden Verfahrensrecht handelt, die auf eine grds. unrichtige Anschauung von der Bedeutung des Grundrechts schließen lässt (BVerfG NJW 2012, 517; NStZ-RR 2005, 92; BVerfG v. 10.10.2016 – 2 BvR 1103/16, NStZ-RR 2016, 389). „Zur verfahrensrechtlichen Absicherung" von Art. 2 Abs. 2 S. 2 GG sind die Gründe für ein Verzögerung zwingend darzulegen (BVerfG, Beschl. v. 19.7.2021 – 2 BvR 1317/20, NJW 2021, 3041; Beschl. v. 3.7.2019 – 2 BvR 2256/17, StV 2020, 525; Tübinger Kommentar/*Kinzig*, § 67e Rn 8) und festzustellen, ob und in welchem Umfang eine Fristüberschreitung rechtsstaatswidrig war (OLG Frankfurt, Beschl. v. 18.7.2019 – 3 Ws 456/19, NStZ-RR 2019, 359). Entscheidend ist, ob Anhaltspunkte für eine willkürliche, sachlich nicht zu vertretende Überschreitung der Prüffrist gegeben sind. In einem solchen Fall hat der Untergebrachte einen Anspruch auf Feststellung, ob die Überschreitung der Prüfungsfrist im Verantwortungsbereich der Justizbehörden liegt und damit rechtswidrig war (OLG Frankfurt, a.a.O.). 1177

☝ Ob hieraus eine Verpflichtung folgen kann, den **Untergebrachten** in die **Freiheit** zu **entlassen**, ist **umstritten** (zum Streitstand Tübinger Kommentar/Kinzig, § 67e Rn 8). Nach der Rspr. des BVerfG (BVerfG, Beschl. v. 29.11.2011 – 2 BvR 1665/10) wird der sachliche Inhalt der von der Strafvollstreckungskammer getroffenen Fortdauerentscheidung durch eine etwaige Grundrechtsverletzung durch verzögerte Sachbehandlung nicht berührt. Jedenfalls ist die Prüfung unverzüglich nachzuholen (BVerfG NStZ-RR 2005, 94).

Bei einer Verzögerung um wenige Monate tritt das mit dem Maßregelvollzug verfolgte Sicherungsbedürfnis der Allgemeinheit vor zu erwartenden erheblichen Rechtsgutsverletzungen noch nicht zurück (BVerfG NStZ-RR 2005, 92, 94; KG, Beschl. v. 21.2.2022 – 5 Ws 266/21; OLG Hamm, Beschl. v. 18.7.2017 – 4 Ws 305 u. 306/16; OLG Jena, Beschl. v. 13.3.2012 – 2 Ws 37/12; OLG Nürnberg, Beschl. v. 20.12.2016 – 2 Ws 651/16). Dies gilt auch für die inzwischen nur noch neun Monate währende Überprüfungsfrist für die Fortdauer der Sicherungsverwahrung über zehn Jahre hinaus, wenn die Fortdauerprognose nach § 67d Abs. 3 StGB gestellt werden kann. Es ist nämlich zu berücksichtigten, dass es sich bei den Verurteilten, denen in derartigen Fallgestaltungen die Fortdauerprognose gestellt werden kann, um besonders gefährliche Straftäter handelt. Das Sicherungsbedürfnis der Allgemeinheit liegt hier also höher (OLG Nürnberg, Beschl. v. 22.6.2023 – Ws 481/23).

dd) Ob bei Überschreitung der Höchstfristen des § 67e StGB allerdings **in Ausnahmefällen** ein zumindest **vorübergehendes Vollstreckungshindernis** gegeben ist, bis über die Fortdauer der Maßregel entschieden worden ist, wird kontrovers diskutiert (zum Streitstand Tübinger Kommentar/Kinzig, § 67e Rn 8). Nach der **Rspr.** kann ein Vollstreckungshindernis in **Ausnahmefällen gegeben** sein (so bei **„mehr als sechs Monaten"** VerfGH Berlin, Beschl. v. 14.5.2014 – 85/12 = NStZ-RR 2014, 292 f. = R&P 2014, 170, bzw. bei **mehr als 1 Jahr",** KG, Beschl. v. 9.6.2015 – 2 Ws 105/15 u. 2 Ws 122/15; vgl. hierzu auch NK-*Pollähne*, § 67e Rn 15). Das Vollstreckungshindernis entfällt jedenfalls in dem Moment, in welchem die ausstehende Sachentscheidung getroffen und in schriftlicher Form zur Akte gereicht wird (KG, Beschl. v. 26.6.2015 – 2 Ws 133/15). 1178

1179 **b)** Die gerichtliche **Zuständigkeit** für die Überprüfung nach §§ 67d, 67e StGB ergibt sich aus §§ 463 Abs. 1, 462a StPO. **Zuständig** ist bei einem Erwachsenen demnach die **große StVK**, in deren Bezirk die Anstalt liegt, in welcher der Verurteilte untergebracht ist. Hinsichtlich des Verfahrens wird in § 463 Abs. 3, Abs. 4 StPO auf § 454 StPO verwiesen.

1180 **c)** Der Verurteilte ist im Überprüfungsverfahren i.d.R. vor dem gesamten Spruchkörper **zwingend mündlich anzuhören**, §§ 463 Abs. 3 S. 1, 454 Abs. 1 S. 3 StPO (BVerfG R&P 2009, 58; OLG Frankfurt NStZ-RR 2010, 188). Neben der Gewährung rechtlichen Gehörs dient dies der Vermittlung eines unmittelbaren Kontaktes zwischen Verurteiltem und Gericht und damit der Gewinnung eines persönlichen Eindrucks als Grundlage für die anstehende Entscheidung. Die Anhörung muss dem Verurteilten daher die Möglichkeit bieten, sich inhaltlich zu seiner Situation im Maßregelvollzug zu äußern. Gemäß § 463e StPO kann die Anhörung auch im Wege der Videokonferenztechnik erfolgen.

☝ **Fehlt** es an einer **rechtzeitigen Benachrichtigung** der Verteidigung oder wurde ein begründeter Verlegungsantrag abgelehnt ist der ohne Anwesenheit des Verteidigers ergangene Beschluss wegen eines unheilbarer Verfahrensmangels aufzuheben und die Sache zur neuerlichen Entscheidung an die StVK **zurückzuverweisen** (OLG Oldenburg StraFo 2007, 68; entgegen § 309 Abs. 2 StPO auch OLG Karlsruhe StraFo 1997, 125 [Zurückverweisung, wenn der Anhörungstermin ohne die notwendige Verteidigung durchgeführt wurde).

1181 In der **Anhörung** ist dem Untergebrachten die **ärztliche Stellungnahme der Klinik** (bei einer Unterbringung nach § 63 StGB ist gem. § 463 Abs. 4 S. 1 StPO eine **„gutachterliche Stellungnahme“** der Vollzugseinrichtung erforderlich; zu den inhaltlichen Anforderungen hieran BT-Drucks 18/7244, S. 40; OLG Hamburg, Beschl. v. 19.10.2020 – 2 Ws 131/20, NStZ-RR 2021, 93; *Schmitt/Köhler*, § 463 Rn 10a) und soweit vorhanden das **externe SV-Gutachten zur Kenntnis** zu bringen. Er muss **Gelegenheit** haben, sich dazu **zu äußern**.

☝ Die vorausschauende Verteidigung muss sich deshalb schon im Vorfeld um die ärztliche Stellungnahme bzw. das Gutachten bemühen und zu diesem Zweck die entsprechende **Übersendung** bei der **StVK beantragen**.

Die Verteidigung wird in diesem Zusammenhang regelmäßig auch mit dem Problem konfrontiert werden, die **tatsächlichen Grundlagen** für die Stellungnahme nur **schwerlich überprüfen** zu können (ausf. *Pollähne*, StraFo 2007, 404, 411)).

1182 Die Anhörung erfolgt durch das **Gericht**; eine Übertragung auf die JVA ist unzulässig (BeckOK-StPO/*Coen*, § 454 Rn 6). **Uneinheitlich** wird in jüngerer Zeit jedoch die Frage behandelt, wie die sich Besetzung des Gerichts gestalten muss, ob also **nur** der **Berichterstatter bzw. ein beauftragter oder ersuchter Richter** oder der **gesamte Spruchkörper** an der Anhörung teilnehmen muss. Nach der Grundkonzeption des § 78b Abs. 1 Nr. 1 GVG muss der Untergebrachte vom gesamten Spruchkörper der StVK angehört werden (vgl. dazu insb. OLG Frankfurt StraFo 2009, 303 f. für den Fall, dass die Kammer eine „Fehleinweisung“ gegeben sieht; vgl. a. OLG Frankfurt NStZ-RR 2010, 188 f. zu verschiedenen Fallkonstellationen, in welchen der gesamte Spruchkörper an der Anhörung teilnehmen muss; zum Meinungsstand BeckOK-StPO/*Coen*, § 454 Rn 6; *Schmitt/Köhler*, § 463 Rn 6).

1183 **d)aa)** Für die Unterbringung in einem **psychiatrischen Krankenhaus** sieht **§§ 463 Abs. 3 S. 3 Halbs. 2, 454 Abs. 2 StPO** die Erholung eines **externen Sachverständigengutachtens** vor, wenn die Maßregel aufgrund einer rechtswidrigen Tat der in § 66 Abs. 3 S. 1 StGB genannten Art angeordnet ist und das Gericht eine Aussetzung der Unterbringung erwägt (*Schmitt/Köhler*, § 463 Rn 6d). Zudem regelt **§ 463 Abs. 4 S. 2 StPO**, dass nach jeweils **drei Jahren** vollzogener Unterbringung, **ab einer Dauer der Unterbringung von sechs Jahren nach jeweils zwei Jahren** vollzogener Unterbringung das **Gutachten** eines **externen SV** eingeholt werden soll. § 463 Abs. 4 S. 2 StPO ist zwar als „Soll-Regelung“ ausgestaltet, das externe Gutachten ist in den genannten Zeitabständen als Grundlage der Überprüfungsentscheidung aber **nur in sehr begrenzten Ausnahmefällen entbehrlich**. Dies ist etwa der Fall, wenn bereits (z.B. aufgrund landesgesetzlicher Vorschriften) in kürzeren Zeitintervallen eine externe Begutachtung erfolgt ist und damit bereits ein neueres externes Sachverständigengutachten vorliegt oder wenn sich der zu begutachtende Straftäter bereits aufgrund einer früheren Regelüberprüfung im Stadium der Entlassungsvorbereitung befindet. Ein weiterer Ausnahmefall kann auch gegeben sein, wenn konkrete Aspekte des Behandlungsverlaufes es im Einzelfall geboten erscheinen lassen, eine externe Begutachtung vorübergehend zu verschieben, um aktuell erzielte Therapieerfolge nicht zu konterkarieren (BT-Drucks 18/7244 S. 38; Tübinger Kommentar/*Kinzig*, § 67e Rn 9; *Schmitt/Köhler*, § 463 Rn 10d).

☝ Bereits **vor Ablauf** von **drei Jahren** kann es sich empfehlen oder gar geboten sein, ein externes SV-Gutachten einzuholen, um der **Pflicht zur umfassenden Sachaufklärung** bei Überprüfung der Fortdauer der Maßregel zu genügen (BVerfG NStZ-RR 2010, 122; OLG Zweibrücken NStZ-RR 2008, 291 jeweils zur früheren Fassung, wonach die Frist noch fünf Jahre betrug; OLG Karlsruhe NStZ-RR 2016, 357). Dies kann etwa dann nötig sein, wenn eine Erledigung nach § 67d Abs. 6 StGB in Betracht kommt oder bei einem Untergebrachten eine gravierende Zustandsverschlechterung festzustellen ist (Tübinger Kommentar/*Kinzig*, § 67e Rn 9).

Gem. § 463 Abs. 4 S. 5 StPO muss der externe Sachverständige über **forensisch-psychiatrische Sachkunde und Erfahrung** verfügen. Er darf weder im Rahmen des Vollzugs der Unterbringung mit der Behandlung des Untergebrachten befasst gewesen sein noch in dem psychiatrischen Krankenhaus arbeiten, in dem sich die untergebrachte Person befindet, noch soll er das letzte Gutachten bei der vorangegangenen Überprüfung erstellt haben (§ 463 Abs. 4 S. 3 StPO). Hierunter fallen auch Sachverständige, deren Arbeitsbereich und die die Unterbringung vollstreckende Abteilung des psychiatrischen Krankenhauses zu einer betrieblichen Einheit mit einer gemeinsamen Leitungs- und Verwaltungsebene gehören (BVerfG, Beschl. v. 14.1.2021 – 2 BvR 2032/19, NStZ-RR 2021,148). Ziel ist eine objektivere bzw. ergebnisoffene Beurteilung der Unterbringung (BT-Drucks 18/7244, S. 41). Ausnahmsweise kann von dem in § 463 Abs. 4 S. 3 StPO angeordneten **Prinzip des wechselnden Gutachters** abgewichen werden, wenn es bei der anstehenden Begutachtung gerade um die Entwicklung des Verurteilten mit Rücksicht auf Entlassungsperspektiven geht, die bereits im vorangegangenen Gutachten angesprochen worden waren (BT-Drucks 18/7244, S. 39). Gem. § 463 Abs. 4 S. 4 StPO soll der Sachverständige, der für das erste Gutachten im Rahmen einer Überprüfung der Unterbringung herangezogen wird, auch nicht das Gutachten in dem Verfahren erstellt haben, in welchem die Unterbringung oder deren späterer Vollzug angeordnet worden ist. Damit soll eine objektive und ergebnisoffene Begutachtung gewährleistet werden (BT-Drucks 18/7244, 41; OLG Naumburg NStZ 2013, 183). Nach der Gesetzesbegründung gilt § 463 Abs. 4 S. 4 StPO nicht für Sachverständige, die an dem vorhergehenden Gutachten lediglich unterstützend bzw. vorbereitend mitgewirkt haben (BT-Drucks 18/7244, S. 39). Auch der Beauftragung von Sachverständigen, die Mitangeklagte begutachten haben, steht § 463 Abs. 4 S. 4 StPO nicht entgegen (*Glauch*, StraFo 2016, 407). **Dem SV** ist nach § 463 Abs. 4 S. 6 StPO **Einsicht in die Patientendaten** des Krankenhauses über die untergebrachte Person zu gewähren. 1184

bb) Die **Auswahl der Sachverständigen** ist ebenso wie die Anordnung eines (weiteren) Sachverständigengutachtens **nicht isoliert anfechtbar**, eine hiergegen eingelegte Beschwerde ist in entsprechender Anwendung des § 305 S. 1 StPO unzulässig (KG, Beschl. v. 19.2.2002 – 5 Ws 104/02; OLG Düsseldorf NStZ 1999, 29; OLG Nürnberg NStZ-RR 2013, 29; OLG Schleswig SchlHA 2002, 144; KK-StPO/*Appl*, § 454 Rn 13). Die Beauftragung eines anderen Sachverständigen lässt sich auch nicht durch eine Verweigerung der Mitwirkung des Untergebrachten beim gerichtlich bestellten Sachverständigen erzwingen. Auch ein Gutachten, welches ohne Exploration des Betroffenen allein auf der Grundlage der Akten, der Vorgutachten sowie der Unterbringungsunterlagen erstellt worden ist, hat ausreichende Bedeutung, da ein neuer Gutachter die Feststellungen und Stellungnahmen der Unterbringungseinrichtung einer ei- 1185 genständigen Bewertung zuführen wird, bei der sich seine gesteigerte Unvoreingenommenheit- und kritische Distanz entfalten können (BVerfG, Beschl. v. 28.9.2020 – 2 BvR 1235/17; OLG Nürnberg, Beschl. v. 15.8.2024 – Ws 537/24).

1186 **cc)** Wird ein Gutachten nach § 463 Abs. 4 S. 2 StPO eingeholt, bestellt das Gericht dem Untergebrachten, der keinen Verteidiger hat, einen **Pflichtverteidiger** (§ 463 Abs. 4 S. 8 StPO). Dies hat so **rechtzeitig** zu erfolgen, dass der Verteidiger auf die Auswahl des SV ggf. noch Einfluss nehmen kann (OLG Braunschweig StV 2008, 590, OLG Zweibrücken NStZ-RR 2006, 355; → *Maßregeln, Erwachsene, Pflichtverteidiger*, Teil B Rdn 1121).

1187 **dd)** Der **Sachverständigen** ist vom Gericht **mündlich anzuhören**, soweit der Verurteilte, sein Verteidiger und die StA hierauf nicht verzichten (§§ 463 Abs. 4 S. 7, 454 Abs. 2 S. 3 und S. 4 StPO). Von der mündlichen Anhörung des Sachverständigen kann nicht abgesehen werden, wenn die Behandler der Maßregelvollzugeinrichtung und der externe Sachverständige zu unterschiedlichen Diagnosen gelangen (OLG Karlsruhe NStZ-RR 2016, 355; *Schmitt/Köhler*, § 454 Rn 37b, d). Die mündliche Anhörung des Sachverständigen kann dabei auch im Wege der Bild- und Tonübertragung gemäß § 463e Abs. 1 S. 1, Abs. 2 StPO erfolgen. Es besteht hingegen keine Verpflichtung, die behandelnden Ärzte der Maßregelvollzugsanstalt, welche die gutachterliche Stellungnahme abgegeben haben, mündlich anzuhören (OLG Hamburg StraFo 2020, 467).

1188 **8.** Gegen die gerichtlichen Entscheidungen am Ende der Überprüfung nach § 67e StGB ist das **Rechtsmittel** der **sofortigen Beschwerde** (§§ 463 Abs. 3 S. 1, 454 Abs. 3 StPO bzw. § 463 Abs. 6 S. 1, 462 Abs. 3 S. 1 StPO) zulässig; das gilt auch für **Sperrfristfestsetzungen** (OLG Nürnberg NStZ 2003, 390). → *Maßregeln, Erwachsene, Rechtsschutz*, Teil B Rdn 1155).

Siehe auch: → *Maßregeln, Erwachsene, Allgemeines*, Teil B Rdn 969 m.w.N.; → *Maßregeln, Erwachsene, Bewährung*, Teil B Rdn 1014 ff; → *Maßregeln, Erwachsene, Entziehungsanstalt*, Teil B Rdn 1051 ff.; → *Maßregeln, Erwachsene, Erledigterklärung*, Teil B Rdn 1064 ff.; → *Maßregeln, Erwachsene, Pflichtverteidigung*, Teil B Rdn 1121 ff.; → *Maßregeln, Erwachsene, psychiatrisches Krankenhaus*, Teil B Rdn 1135 ff.; → *Maßregeln, Erwachsene, Rechtsschutz*, Teil B Rdn 1155 ff.; → *Maßregeln, Erwachsene, Zuständigkeit und Verfahren*, Teil B Rdn 1240 ff.; → *Maßregeln, Erwachsene, Zuständigkeit und Verfahren*, Teil B Rdn 1263 f.

1189 Maßregeln, Erwachsene, Überweisung

1190 **Literaturhinweise:** S. die Hinweise bei → *Maßregeln, Erwachsene, Allgemeines*, Teil B Rdn 969 m.w.N.

1191 **1.** Stellt sich erst im Vollzug der Maßregeln heraus, welche Art der Behandlung für die Resozialisierung der untergebrachten Person am geeignetsten ist, kann das Gericht den in einem psychiatrischen Krankenhaus bzw. in einer Entziehungsanstalt Untergebrachten nach § 67a Abs. 1 StGB **nachträglich** in den **Vollzug** der **anderen Maßregel** überweisen. Voraussetzung für eine derartige Überweisung ist, dass die Resozialisierung der untergebrachten Person dadurch besser gefördert werden kann. Insoweit setzt § 67a StGB die besondere Situation voraus, bei welcher der Verurteilte nicht nur einen „Hang" zu berauschenden Mittel i.S.d. § 64 StGB, sondern auch eine psychiatrische Problematik im Sinne von §§ 20, 21, 63 StGB aufweist, die beide für die Erwartung zukünftiger erheblicher rechtswidriger Taten eine Rolle spielen, und dass sich die maßgebliche Gewichtung beider im Vergleich zur erstmaligen Anordnung der Maßregel nach § 63 oder § 64 StGB so geändert hat, dass nunmehr die andere Maßregel bessere Erfolgsaussichten für die Resozialisierung bietet (OLG Nürnberg, Beschl. v. 9.8.2022 – Ws 627/22).

☝ Für eine solche Prognose wird regelmäßig die entsprechende Stellungnahme eines SV benötigt (OLG Frankfurt NStZ-RR 2007, 221; OLG Hamm NStZ 1987, 93; *Fischer*, § 67a Rn 3).

2. Die Überweisung nach § 67a StGB kann bereits vor Vollzug der angeordneten Maßregel erfolgen (Tübinger Kommentar/*Kinzig*, § 67a Rn 3). Zu dem Zeitpunkt der Überweisung muss die durch das erkennende Gericht angeordnete (ursprüngliche) Maßregel jedoch vollstreckbar und zu vollstrecken sein. Sie darf also nicht für erledigt erklärt oder zu erklären, zur Bewährung ausgesetzt oder auszusetzen sein (MüKo-StGB/*Veh*, 67a Rn 7 m.w.N.). Deshalb scheidet eine nachträgliche Überweisung im Sinne von § 67a StGB aus, wenn eine – auf fehlerhafte Tatsachengrundlage gestützte – „Fehleinweisung" dergestalt gegeben ist, dass vom erkennenden Gericht fehlerhaft die Voraussetzungen der ursprünglich vollstreckten Maßregel angenommen wurde; in derartigen Fällen ist vielmehr die angeordnete Maßregel gemäß § 67d Abs. 5 S. 1 StGB bzw. § 67d Abs. 6 S. 1 Alt. 1 StGB für erledigt zu erklären und der Verurteilte aus dem Maßregelvollzug zu entlassen. 1192

3. Eine Überweisung in den Vollzug einer anderen Maßregel nach § 67a StGB ist auch gleichzeitig mit der Anordnung der Krisenintervention im Sinne von § 67h StGB möglich, da die Krisenintervention kein Aliud zur Maßregel, sondern eine befristete Invollzugsetzung der ausgesetzten Maßregel zur Vermeidung des Bewährungswiderrufs darstellt (OLG Nürnberg, Beschl. v. 9.8.2022 – Ws 627/22). 1193

4. Die Überweisung nach § 67a Abs. 1 StGB kann **abgeändert oder aufgehoben** werden, wenn sich während des (weiteren) Vollzugs herausstellt, dass die Resozialisierung der untergebrachten Person in einer anderen Anstalt, sei es in der ursprünglich vorgesehenen oder in einer sonstigen, besser gefördert werden kann, § 67a Abs. 3 StGB. Der Gesetzeswortlaut setzt für eine Abänderung oder Aufhebung voraus, dass durch die angeordnete Änderung oder Rücküberweisung die Resozialisierung des Verurteilten besser gefördert werden kann. Entscheidend ist, wo und wie der Resozialisierungserfolg im Sinne der sogenannten „Entlassreife" besser und schneller erreicht werden kann (MüKo-StGB/*Veh*, § 67a Rn 19; BeckOK-StGB/*Ziegler*, § 67a Rn 4; NK-StGB/*Pollähne*, § 67a Rn 11–18). Die Vollzugsalternative muss real besser geeignet und erforderlich sein; dass sie gleich gut (oder schlecht) ist, rechtfertigt die Überweisung – jedenfalls gegen den Willen Untergebrachter – nicht, ebenso wenig nur normativ-theoretische Vorzüge. Bei Gleichwertigkeit der Maßregeln verbleibt es bei der bisherigen Lage (OLG Nürnberg, Beschl. v. 6.5.2024 – Ws 256/24; NK/*Pollähne*, § 67a Rn 13 m.w.N.; a.A. *Fischer*, § 67a Rn 7, wonach es nach dem Gesetzeszweck ausreiche, dass der Vollzug der Maßregel, in welche in Abweichung von dem zugrunde liegenden Urteil zunächst überwiesen worden ist, entgegen der Annahme zur Zeit der Überweisung, nicht besser geeignet ist als die ursprünglich angeordnete). 1194

☝ Insoweit ist jedoch auch zu berücksichtigen, dass ein **mehrfacher Anstaltswechsel** ebenfalls **nachteilig** für die Resozialisierung sein kann.

5. Die Rechtsnatur der mit Urteil angeordneten Maßregel bleibt bestehen, auch wenn der Untergebrachte gemäß § 67 Abs. 1 oder 2 StGB in eine andere Unterbringung überwiesen wurde. Die Überweisung in den Vollzug der anderen Maßregel wirkt sich auf die Fristen für die Dauer der Unterbringung (§ 67d Abs. 1 StGB) (**„Höchstfristen"**) und deren Überprüfung (§ 67e Abs. 2 StGB) **nicht** aus: Es gelten die Fristen nach den Vorschriften, die für die im Urteil angeordnete Unterbringung gelten (§ 67a Abs. 4 S. 1 StGB). 1195

6. Gegen die Entscheidung nach § 67a StGB ist gemäß §§ 463 Abs. 6 S. 1, 462 Abs. 3 S. 1 StPO die sofortige Beschwerde statthaft. 1196

Siehe auch: → *Maßregeln, Erwachsene, Allgemeines*, Teil B Rdn 969 m.w.N.; → *Maßregeln, Erwachsene, Entziehungsanstalt*, Teil B Rdn 1051; → *Maßregeln, Erwachsene, Überprüfung*, Teil B Rdn 1162.

1197 Maßregeln, Erwachsene, Vollstreckungsreihenfolge

Das Wichtigste in Kürze:

1. Grds. wird eine neben einer Freiheitsstrafe angeordnete Unterbringung in einem psychiatrischen Krankenhaus (§ 63 StGB) und in einer Entziehungsanstalt (§ 64 StGB) vor der Strafe vollzogen (§ 67 Abs. 1 StGB).
2. Die Ausnahme zur Regel bildet der (teilweise) Vorwegvollzug der Strafe, der vom Tatgericht in dem Urteil, mit dem neben der Unterbringung eine Freiheitsstrafe verhängt wird, oder auch vom Gericht nachträglich (§ 67 Abs. 3 StGB) angeordnet werden kann.
3. Der Vorwegvollzug ist anzuordnen, wenn der Zweck der Maßregel dadurch leichter erreicht wird (§ 67 Abs. 2 S. 1 StGB).
4. Der Vorwegvollzug der Strafe soll angeordnet werden, wenn der Angeklagte neben der Unterbringung in einer Entziehungsanstalt zu einer Freiheitsstrafe von über drei Jahren verurteilt wird (§ 67 Abs. 2 S. 2 StGB).
5. Der Vorwegvollzug soll angeordnet werden, wenn der Verurteilte vollziehbar zur Ausreise verpflichtet und zu erwarten ist, dass sein Aufenthalt im räumlichen Geltungsbereich dieses Gesetzes während oder unmittelbar nach Verbüßung der Strafe beendet wird (§ 67 Abs. 2 S. 4 StGB).
6. Auf eine veränderte Sachlage kann das Gericht reagieren und die Vollstreckungsreihenfolge nach § 67 Abs. 3 StGB (nachträglich) abändern.
7. Hat das Gericht gem. § 67 Abs. 2 StGB den teilweisen Vorwegvollzug der Strafe angeordnet, sieht das Gesetz in § 67c Abs. 1 StGB eine weitere Prüfpflicht vor.
8. § 67c Abs. 2 StGB sieht zudem eine Prüfpflicht für den Fall, vor, dass der Vollzug der Unterbringung drei Jahre nach Rechtskraft ihrer Anordnung noch nicht begonnen hat.

1198 **Literaturhinweise:** **Jung**, Die Reihenfolge der Vollstreckung von Strafe und Maßregel bei Ausländern, StV 2009, 212; **Kaspar/Schmidt**, Engere Grenzen nur in engen Grenzen – Zur Novellierung des Rechts der Unterbringung gem. § 63 StGB, ZIS 2016, 756; **Lissner**, Die Unterbringung – aktuelle Umsetzungsprobleme sowie Verfassungswidrigkeit der Organisationshaft, StraFo 2019, 489; **Müller-Dietz**, Rechtsfragen der Unterbringung nach § 63 StGB, NStZ 1983, 145; **Ostermann**, Missbrauch der Entziehungsanstalt, NStZ 2017, 433; **Zeitler**, Vollstreckungsreihenfolge bei Freiheitsstrafen und freiheitsentziehenden Maßregeln, RPfleger 2011, 10; s.a. die Hinweise bei → *Maßregeln, Erwachsene, Allgemeines*, Teil B Rdn 970 m.w.N.

1199 **1.a)** Wird eine freiheitsentziehende Maßregel **neben** einer Freiheitsstrafe angeordnet, stellt sich die Frage, in welcher Reihenfolge diese vollstreckt werden sollen, um eine optimale Wirkung beider Sanktionen zu erzielen. Das Gesetz sieht in § 67 StGB folgende Regelung vor: **Grds.** wird eine neben einer Freiheitsstrafe angeordnete **Unterbringung** in einem psychiatrischen Krankenhaus (§ 63 StGB) und in einer Entziehungsanstalt (§ 64 StGB) **vor der Strafe** vollzogen (§ 67 Abs. 1 StGB). Diese Maßregeln sind in besonderer Weise auf die Besserung des Täters ausgerichtet und der Täter soll zwecks Resozialisierung so bald wie möglich der seiner Eigenart Rechnung tragenden besonderen Behandlung zugeführt werden (BT-Drucks V/4095, S. 31).

1200 **b)** § 67 StGB findet Anwendung, wenn die Freiheitsstrafe und die Unterbringung nebeneinander in einem Urteil angeordnet werden. Die Vorschrift findet auch Anwendung, wenn wegen Eintritts einer **Zäsurwirkung** einer früheren Verurteilung mehrere (Gesamt-) Strafen zu verhängen sind: Dann gilt § 67 StGB für sämtliche Strafen (BGH NStZ-RR 2010, 307). Die Vollstreckungsreihenfolge des § 67 Abs. 1 StGB gilt auch im Fall des Widerrufs einer Straf- und Maßregelaussetzung. Die Unterbringung in einer Einrichtung des Maßregelvollzugs muss unverzüglich erfolgen und der Verurteilte in beschleunigter Weise in geeignete Einrichtungen überstellt werden. Ansonsten liegt eine gesetzwidrige Umkehrung der Vollstreckungsreihenfolge vor (BVerfG NJW 2006, 427). Als Ausnahme hierzu kann das Gericht nach § 67 Abs. 2 StGB auch den (teilweisen) Vorwegvollzug der Freiheitsstrafe anordnen, soweit die Voraussetzungen hierfür vorliegen (→ *Maßregeln, Erwachsene, Organisationshaft*, Teil B Rdn 1115).

c) Beim Zusammentreffen von Freiheitsstrafe mit Unterbringungsanordnungen **in verschiedenen Verfahren** bestimmt die Vollstreckungsbehörde die Reihenfolge der Vollstreckung (§ 44b Abs. 2 StVollstrO; *Fischer*, § 67 Rn 3): Ein Abweichen von der Regel des § 44b Abs. 1 S. 1 StVollstrO – **„Maßregel vor Strafe"** – ist dann gerechtfertigt, wenn durch den Vorwegvollzug der Strafe der Zweck der Maßregel leichter erreichbar ist, d.h. die Rehabilitation gefördert wird (OLG Hamm NStZ 1999, 535; OLG Stuttgart NStZ 1989, 344). § 44b StVollstrO gilt dabei über § 50 Abs. 1 StVollstrO auch für Ersatzfreiheitsstrafen. Im Hinblick darauf kann die Anordnung der Staatsanwaltschaft, vor der Vollstreckung der Unterbringung in einer Entziehungsanstalt zunächst eine **Ersatzfreiheitsstrafe** zu vollstrecken, nicht zu beanstanden sein, wenn dies damit begründet wird, der Verurteilte werde stärker motiviert, an der Behebung seiner langjährigen Suchterkrankung mitzuwirken, sofern er nach (erfolgreichem) Abschluss der Therapie in die Freiheit entlassen werden kann. Zu berücksichtigen ist hierbei, dass **der Entlassung** in die Freiheit **eine Behandlung in der Maßregeleinrichtung unmittelbar vorausgehen sollte**, weil ein sich anschließender Strafvollzug die positiven Auswirkungen des Maßregelvollzugs wieder gefährden würde (BGH, NJW 1986, 143; OLG Frankfurt NStZ-RR 2005, 324; OLG Nürnberg StraFo 2013, 36). Die Vollstreckungsreihenfolge sollte also – in Orientierung am Leitmotiv des § 67 Abs. 2 StGB – derart gestaltet werden, dass nach erfolgreicher Behandlung in der Unterbringung die Möglichkeit besteht, alle zur Verbüßung anstehenden Strafen zur Bewährung auszusetzen. Anders als im Rahmen der Vollstreckung von ausschließlich Freiheitsstrafen zueinander (vgl. dort § 454b Abs. 2 S. 2 StPO) sind **widerrufene Restfreiheitstrafen** grds. nicht vor der Maßregel vorweg zu vollstrecken, sondern können (nach erfolgreicher Therapie) grds. erneut zur Bewährung ausgesetzt werden. Somit hat auch im Hinblick auf die Frage des Vorwegvollzug von widerrufenen Restfreiheitsstrafen stets eine an den Zwecken des Maßregelvollzugs ausgerichtete Ermessensabwägung, insbesondere des Prinzips des möglichst frühen Beginns des Maßregelvollzugs einerseits und der Frage der Erforderlichkeit einer Steigerung der Therapiemotivation durch den Vorwegvollzug von Freiheitsstrafen andererseits, durch die Vollstreckungsbehörde stattzufinden (BayObLG, Beschl. v. 18.2.2021 – 204 VAs 448/20). 1201

d) Wird eine Unterbringung in einem psychiatrischen Krankenhaus oder in einer Sicherungsverwahrung **mehrfach in verschiedenen Entscheidungen angeordnet**, behalten diese Anordnungen bei deren Vollstreckung ihre Selbstständigkeit bei. Diese Unterbringungen sind dann nicht parallel, sondern nacheinander zu vollstrecken. Dabei hat die Staatsanwaltschaft gemäß § 54 Abs. 1 S. 1 StVollstrO anzuordnen, in welcher Reihenfolge die Maßregeln zu vollstrecken sind (OLG Hamm, NStZ 1988, 34; OLG Karlsruhe, Beschl. v. 3.4.2018 – 2 Ws 329/17, 5142; OLG Nürnberg, Beschl. v. 27.11.2013 – 2 Ws 625/13). Sind in mehreren Entscheidungen verschiedener Vollstreckungsbehörden freiheitsentziehende Maßregeln angeordnet, hat eine Absprache zwischen den beteiligten Vollstreckungsbehörden stattzufinden § 54 Abs. 2 S. 1 StVollstrO. Bei der Berechnung der Frist des § 67d Abs. 6 S. 2 StGB ist auf die Dauer des Vollzugs der jeweiligen Unterbringungsanordnung abzustellen, wobei allerdings eine weitere Unterbringungsanordnung und die damit verbundene Unterbrechungsdauer bei der Verhältnismäßigkeitsprüfung zu berücksichtigen sind (OLG Karlsruhe, Beschl. v. 3.4.2018 – 2 Ws 329/17). Eine getrennte Vollstreckung ist auch erforderlich, damit durch Unterbrechung der Vollstreckung einer früher angeordneten Maßregel für eine weitere, mit der gleichzeitig eine Freiheitsstrafe verhängt wurde, der mögliche Aussetzungszeitpunkt nach § 67 Abs. 5 StGB eintreten kann. Daher ist die Vollstreckung der ersten Anordnung wegen § 67d Abs. 3 StGB bzw. § 67d Abs. 6 S. 2 StGB nach 6 Jahren bzw. 10 Jahren zum Zweck der Anschlussvollstreckung der nachfolgenden Anordnung zu unterbrechen (OLG Karlsruhe, Beschl. v. 3.4.2018 – 2 Ws 329/17). 1202

2.a) Die **Ausnahme** zur Regel, dass erst die Maßregel zu vollstrecken ist, bildet der **(teilweise) Vorwegvollzug der Strafe**, der vom Tatgericht in dem Urteil, mit dem neben der Unterbringung eine Freiheitsstrafe verhängt wird, oder auch vom Gericht nachträglich (§ 67 Abs. 3 StGB) angeordnet werden kann. 1203

1204 **b)** Das Gesetz sieht in § 67 Abs. 2 StGB hierfür folgende **Systematik** vor:

- **„Strafe als Vorstufe einer Behandlung"** – Nach § 67 Abs. 2 S. 1 StGB bestimmt das Gericht, dass die Strafe oder ein Teil der Strafe vor der Maßregel zu vollziehen ist, wenn der Zweck der Maßregel dadurch leichter erreicht wird (Rdn 1206 ff.).
- **Ermöglichung einer Entlassung in die Freiheit nach erfolgreicher Behandlung** – Bei Anordnung der Unterbringung in einer Entziehungsanstalt neben einer zeitigen Freiheitsstrafe von über drei Jahren soll das Gericht bestimmen, dass ein Teil der Strafe vor der Maßregel zu vollziehen ist (§ 67 Abs. 2 S. 2 StGB); dieser Teil der Strafe ist so zu bemessen, dass nach seiner Vollziehung und einer anschließenden Unterbringung eine Entscheidung nach § 67 Abs. 5 S. 1 StGB (die Reststrafenaussetzung) möglich ist (§ 67 Abs. 2 S. 3 StGB; Rdn 1209 ff.).
- **Ausreisepflichtiger Ausländer** – Ist die verurteilte Person vollziehbar zur Ausreise verpflichtet und ist zu erwarten ist, dass ihr Aufenthalt im räumlichen Geltungsbereich dieses Gesetzes während oder unmittelbar nach Verbüßung der Strafe beendet wird, soll das Gericht ebenfalls den Vorwegvollzug der Strafe anordnen (§ 67 Abs. 2 S. 4 StGB; Rdn 1217 ff.).

1205 **c)** Der Vorwegvollzug kann **nur** in den im StGB **genannten Fällen** angeordnet werden: Aus anderen Gründen, etwa Platzmangel in einer Anstalt (LG Dortmund NJW 1975, 2251, NStZ 1989, 340), Fehlen einer geeigneten Therapiestätte (BGH NStZ 1981, 492; OLG Dresden NStZ 1993, 511; OLG Hamburg NStZ 1988, 242; OLG Hamm NStZ-RR 2005, 251), unzureichenden Sicherungsmöglichkeiten in einer Anstalt, besseren Überwachungsmöglichkeiten in der JVA (BGH NStZ-RR 1999, 44), Sühnebedürfnis, Schuldvergeltung oder aus generalpräventiven Erwägungen darf der Vorwegvollzug der Strafe nicht angeordnet werden. Bei fehlenden Behandlungsformen ist nicht ersichtlich, wie es durch einen Vorwegvollzug eines Teils der Freiheitsstrafe zu besseren Voraussetzungen für einen späteren Therapieversuch kommen soll (OLG Hamm NStZ-RR 2005, 251). Auch die beabsichtigte Zurückstellung der Vollstreckung gem. § 35 BtMG genügt nicht (BGH NStZ 1984, 573), es sei denn, die freiwillige Therapie bietet bessere Erfolgsaussichten als die Behandlung in einer Entziehungsanstalt und der vorweggenommene Strafvollzug fördert die freiwillige Therapie zusätzlich (BGH NStZ 1985, 571; → *BtM-Verfahren, Zurückstellung, Allgemeines*, Teil B Rdn 97 m.w.N.).

1206 **3.** Der Vorwegvollzug ist anzuordnen, wenn der Zweck der Maßregel dadurch leichter erreicht wird (**§ 67 Abs. 2 S. 1 StGB**).

1207 Ein Vorwegvollzug der **Strafe** kommt in Betracht, wenn er als **Vorstufe** der **Behandlung** für deren Zweck erforderlich ist. Ob dieser Zweck die Abweichung von der gesetzlichen Reihenfolge der Vollstreckung erfordert, richtet sich nach den Umständen des Einzelfalls, insbesondere nach der Persönlichkeit des Täters, der Länge der Freiheitsstrafe und der Art der notwendigen Behandlung (BGH NJW 1983, 240; NStZ 1986, 332). Für einen Vorwegvollzug zum Zweck der Erleichterung späterer Behandlung kann sprechen, dass dem Verurteilten hierdurch zunächst die Schwere seiner Tat vor Augen geführt werden soll, damit er auf die besondere Behandlung im Maßregelvollzug hinreichend anspricht. Es reicht hiernach aus, wenn durch eine Art „Leidensdruck" günstigere Voraussetzungen für die besondere Behandlung geschaffen werden: Der Vorwegvollzug soll bei einer verurteilten Person, die an sich behandlungsfähig ist, eine Behandlungswilligkeit herbeiführen (BGH NJW 1983, 350; NStZ 1988, 216).

> ✍ Diese Rspr. wird von der **Lit.** mit **beachtlichen Argumenten** vermehrt **kritisiert** (vgl. bereits *Müller-Dietz* NStZ 1983, 145). Denn es gehört auch zu den Aufgaben des Maßregelvollzugs, eine Therapiemotivation zu begründen (BGH NStZ 2010, 85; NStZ-RR 1999, 11; 2002, 26). Zudem ist es gerade nicht Aufgabe des Strafvollzugs, Leidensdruck zu erzeugen (Tübinger Kommentar/*Kinzig*, § 67 Rn 11).

1208 Auch nach der Rspr. genügt für eine **Umkehr** der Vollstreckungsreihenfolge aber noch nicht, dass der Vorwegvollzug der Strafe zweckmäßig ist; er muss vielmehr **notwendig** sein, um der Maßregel zum Erfolg zu verhelfen oder jedenfalls den Täter dem Maßregelziel näher zu bringen (BGH StV 1986, 489; BayObLG NJW 1981, 1522). Ebenso wenig genügt für den Vorwegvollzug der Strafe die Gefahr der Behandlungsunwilligkeit (BGH NStZ 1984, 428).

☝ Wenn die verurteilte Person sich nach einer Anordnung des Vorwegvollzugs ernsthaft **therapiewillig** zeigt, ist der Vorwegvollzug zu beenden und der Verurteilte ist dem Maßregelvollzug zuzuführen (BGH NStZ-RR 1998, 272).

4.a) Der Vorwegvollzug der Strafe soll angeordnet werden, wenn der Angeklagte neben der **Unterbringung** in einer **Entziehungsanstalt** zu einer **zeitigen Freiheitsstrafe** von **über drei Jahren** verurteilt wird (**§ 67 Abs. 2 S. 2 StGB**). Hierdurch soll verhindert werden, dass in der Maßregelvollstreckung erreichte Therapieerfolge durch den anschließenden Vollzug von Strafhaft wieder zunichte gemacht werden. Aus diesem Grund sieht § 67 Abs. 4 StGB die Anrechnung des Maßregelvollzugs auf die ebenfalls verhängte Freiheitsstrafe vor (→ *Maßregeln, Erwachsene, Anrechnung*, Teil B Rdn 987). Bei einer mehrjährigen Freiheitsstrafe kann es gleichwohl dazu kommen, dass nach erfolgreich abgeschlossener Therapie noch eine Reststrafe zu verbüßen ist. Um eine **sofortige Entlassung** des Verurteilten in die Freiheit **nach erfolgreichem Therapieabschluss** zu ermöglichen, sieht § 67 Abs. 2 S. 2 StGB die Möglichkeit vor, den teilweisen Vorwegvollzug der Freiheitsstrafe anzuordnen. Ein Vorwegvollzug eines Teils der Strafe nach § 67 Abs. 2 S. 2 StGB ist auch im Rahmen einer nachträglichen Gesamtstrafenbildung anzuordnen, wenn nach § 55 Abs. 2 StGB eine bereits bestehende Unterbringungsanordnung aus einer früheren Entscheidung lediglich aufrechterhalten wird und die daneben gem. § 55 Abs. 1 StGB gebildete nachträgliche Gesamtfreiheitsstrafe drei Jahre übersteigt (BGH, Urt. v. 22.8.2024 – 3 StR 121/24). 1209

Bei **lebenslanger Freiheitsstrafe** kann ein teilweiser Vorwegvollzug (nur) in Ausnahmefällen angeordnet werden. Die Regelung des § 67 Abs. 2 S. 2 StGB gilt ausweislich ihres eindeutigen Wortlautes nur für zeitige Freiheitsstrafen. Aus diesem Grund gilt vielmehr der Grundsatz des § 67 Abs. 1 StGB, wonach die Maßregel vor der lebenslangen Freiheitsstrafe zu vollstrecken ist. Denn bei der Verhängung einer lebenslangen Freiheitsstrafe mit einer Mindestverbüßungsdauer von 15 Jahren (§ 57a Abs. 1 S. 1 Nr. 1 StGB) muss es darum gehen, den Betroffenen so schnell wie möglich von seinem Hang zu befreien, zumal eine frühzeitige Therapie am ehesten einen dauerhaften Erfolg verspricht (MüKo-StGB/*Maier*, § 67 Rn 57 m.w.N.). Ein Vorwegvollzug eines Teils einer lebenslangen Freiheitsstrafe kann nur dann angeordnet werden, wenn der Zweck der Maßregel im Sinne von § 67 Abs. 2 S. 1 StGB hierdurch leichter erreicht wird. Insoweit sind konkrete, auf den Einzelfall bezogener Feststellungen dafür erforderlich, dass das Therapieziel der Unterbringung in einer Entziehungsanstalt nach § 64 StGB, nämlich den Betroffenen zu heilen oder zumindest über eine erhebliche Zeit vor einem Rückfall in seinen Hang zu bewahren, durch einen Vorwegvollzug eines Teils der Strafe besser erreicht werden kann. Für den Fall, dass ein Vorwegvollzug eines Teils der lebenslangen Freiheitsstrafe angeordnet wird, darf der vorweg vollzogene Strafteil maximal so bemessen werden, dass – soweit keine besondere Schwere der Schuld angeordnet wurde – nach einer Gesamtdauer von vorwegvollzogener Strafe und anschließender Unterbringung nach § 64 StGB von maximal 15 Jahren eine bedingte Entlassung möglich ist (LG Göttingen R&P 2008, 171). 1210

Bei der Anordnung des Vorwegvollzugs ist andererseits zu berücksichtigen, dass es – gerade bei längerer Strafdauer – darum gehen muss, den Angeklagten schon frühzeitig von seinem Hang zu befreien, damit er in der Strafanstalt an der Verwirklichung des Vollzugsziels der Strafe arbeiten kann. Anlass zum Absehen von der Möglichkeit des Vorwegvollzug nach § 67 Abs. 2 S. 2 StGB) besteht u.a. dann, wenn sich der Angeklagte im Urteilszeitpunkt aufgrund einer früheren Unterbringungsentscheidung bereits im Maßregelvollzug befindet und eine bereits begonnene Behandlung in einer Entziehungsanstalt eine aktuell dringende Therapiebedürftigkeit begründet, um die schon angelaufenen therapeutischen Maßnahmen durch eine Verlegung in den Strafvollzug nicht wieder zunichtezumachen (BGH, Beschl. v. 28.5.2024 – 6 StR 52/24). 1211

1212 ☝ Die Notwendigkeit der Entlassung in die Freiheit nach dem Maßregelvollzug muss **begründet** werden, da durch die Anordnung des Vorwegvollzugs von dem in § 67 Abs. 1 StGB bestimmten Regelfall abgewichen wird.

1213 **b)** Mit denselben Erwägungen kann auch bei der **Unterbringung** in einem **psychiatrischen Krankenhaus** ein teilweiser Vorwegvollzug der Strafe angeordnet werden. Wenn der Anordnung der Maßregel von § 63 StGB eine schwere andere seelische Störung zugrunde liegt, kann die Umkehrung der gesetzlichen Reihenfolge der Vollstreckung von Maßregel und Strafe grds. auch damit gerechtfertigt werden, dass der Entlassung in die Freiheit die Behandlung unmittelbar vorausgehen sollte (BGH NJW 1990, 1124).

1214 **c)** Bei der **Bemessung** des vorweg zu verbüßenden Teils hat sich das Gericht gem. **§ 67 Abs. 2 S. 3 StGB** am **Zweidrittelzeitpunkt** zu orientieren.

1215 **d)** Zur Bemessung des vorweg zu vollziehenden Teils der Freiheitsstrafe ist eine **Prognose** darüber notwendig, wie lange genau die Unterbringung in der Maßregel zur Durchführung der Therapie voraussichtlich erforderlich sein wird (BGH NStZ 2009, 88; NStZ-RR 2009). Die **Therapiedauer** muss **individuell** festgelegt werden und hat sich an der voraussichtlichen Dauer der Therapie bis zur Erzielung eines Behandlungserfolgs zu orientieren. Es genügt nicht, dass der Tatrichter nur eine Mindest- und eine Höchstdauer – also einen Zeitraum – prognostiziert (BGH, Beschl. v. 24.9.2008 – 1 StR 478/08; Beschl. v. 13.1.2010 – 3 StR 532/09; Beschl. v. 31.8.2010 – 3 StR 309/10; Beschl. v. 8.4.2010 – 4 StR 53/10; Beschl. v. 27.3.2013 – 4 StR 60/13).

☝ Die Behandlung im Rahmen einer Unterbringung in einer Entziehungsanstalt dürfte durchschnittlich zwischen ein und zwei Jahren dauern. Für eine genauere Bestimmung wird das **Gericht i.d.R. sachverständige Hilfe** benötigen. Kommen für die Therapiedauer im Ergebnis unterschiedliche Zeiträume in Betracht, ist es ungeachtet der Möglichkeit späterer Entscheidungen nach § 67 Abs. 3 StGB nach dem Zweifelssatz geboten, die für den Angeklagten im Urteilszeitpunkt konkret günstigere Möglichkeit zu wählen (BGH, Beschl. v. 21.09.2021 – 6 StR 433/21).

Müssen im Rahmen einer nachträglichen Gesamtstrafenbildung infolge der Zäsurwirkung einer Vorverurteilung zwei Gesamtfreiheitsstrafen gebildet werden, ist die Vorschrift über die Reihenfolge der Vollstreckung (§ 67 StGB) auf beide Strafen anzuwenden, so dass die Sollvorschrift des § 67 Abs. 2 S. 2 StGB für beide Strafen nicht getrennt, sondern einheitlich gilt und bei der Berechnung der Vorwegvollzugsdauer somit die Summe der verhängten Gesamtstrafen zugrunde zu legen ist (BGH, Beschl. v. 5.3.2024 – 3 StR 23/24; Beschl. v. 8.7.2025 – 3 StR 207/25).

1216 **e)** Für die Berechnung der Dauer des Vorwegvollzugs gem. § 67 Abs. 2 S. 2 und 3, Abs. 5 S. 1 StGB ist dabei nur die Dauer der im gleichen Urteil ausgesprochenen Freiheitsstrafe maßgeblich und **erlittene Untersuchungshaft** hat **außer Betracht** zu bleiben, weil die nach § 51 Abs. 1 S. 1 StGB anzurechnende U-Haft im Vollstreckungsverfahren auf den vor der Unterbringung zu vollziehenden Teil der Strafe angerechnet wird (BGH, NStZ 2008, 213; NStZ-RR 2010, 171, 172; BGH, Beschl. v. 16.7.2024 – 5 StR 227/24). Gleiches gilt für den zur Kompensation einer konventionswidrigen (rechtsstaatswidrigen) Verfahrensdauer als vollstreckt geltenden Teil der Strafe (BGH, Beschl. v. 10.6.2021 – 2 StR 104/21) Hat sich der zulässige Vorwegvollzug durch die von dem Angeklagten erlittene Untersuchungshaft bereits vollständig erledigt, so ist für eine Anordnung des Vorwegvollzugs der Strafe kein Raum mehr (BGH NStZ-RR 2009, 233; BGH, Urt. v. 11.1.2024 – 3 StR 280/23 → *Maßregeln, Erwachsene, Anrechnung*, Teil B Rdn 987).

1217 **5.** Der Vorwegvollzug soll angeordnet werden, wenn der **Verurteilte vollziehbar zur Ausreise verpflichtet** und zu erwarten ist, dass sein Aufenthalt im räumlichen Geltungsbereich dieses Gesetzes während oder unmittelbar nach Verbüßung der Strafe beendet wird (**§ 67 Abs. 2 S. 4 StGB)**. Ausweislich des eindeutigen Wortlauts des § 67 Abs. 2 S. 4 StGB („soll“) ist der Vorwegvollzug der Strafe regelmäßig anzuordnen, wenn die Tatbestandsvoraussetzungen der Norm vorliegen. Dies folgt auch aus dem Regelungszweck des § 67 Abs. 2 S. 4 StGB. Die Unterbringung dient dem Schutz der Öffentlichkeit vor gefährlichen Tätern (MüKo-StGB/*van Gemmeren*, § 64 Rn 1). Die Behandlung in der Entziehungsanstalt soll die Gefährlichkeit des Untergebrachten mindestens reduzieren. Dieser Schutzzweck greift nicht, wenn zu erwarten ist, dass der Untergebrachte das Gebiet der Bundesrepublik Deutschland zu verlassen hat. Der „Vollzug der Unterbringung in einer Entziehungsanstalt neben der Strafe zur Gewährleistung der Sicherheit der Bevölkerung in der Bundesrepublik Deutschland“ ist „nicht erforderlich, wenn ohnehin aufenthaltsbeendigende Maßnahmen anstehen“ (BT-Drucks 16/1110, S. 15). Der Anwendungsbereich des § 67 Abs. 2 S. 4 StGB ist dabei nicht auf durchreisende, straffällige Ausländer beschränkt. Entscheidend ist vielmehr die jeweilige konkrete Bleibeperspektive des Einzelnen. Das gesetzgeberische Ziel, die Maßregelvollzugseinrichtungen von ausreisepflichtigen Ausändern zu entlasten, trifft auch auf langjährig in der Bundesrepublik lebende Ausländer zu, wenn diese die Bundesrepublik Deutschland verlassen müssen. Die mit einer mehrjährigen Wiedereinreisesperre verbundene Ausweisung eines Verurteilten unmittelbar nach Ende seines Freiheitsentzuges steht dem Vollzug der Maßregel entgegen.

Ein Verurteilter ist vollziehbar zu Ausreise verpflichtet, wenn eine entsprechende, **ausländerrechtlich vollziehbare Verpflichtung** ergangen ist; bestandskräftig muss sie (noch) nicht sein (OLG Celle NStZ-RR 2009, 63). Die Vollziehbarkeit entfällt auch nicht durch die erhobene Anfechtungsklage oder den Antrag auf Anordnung der aufschiebenden Wirkung nach § 80 Abs. 5 VwGO. Auf die Bestandskraft der Ausweisung kommt es nicht an. Maßgeblich ist nach dem Gesetzeswortlaut des § 67 Abs. 2 S. 4 StGB allein das Bestehen einer vollziehbaren Ausreisepflicht, welche sich nach den Regeln des Aufenthaltsrechts beurteilt (OLG Celle StV 2009, 194). Danach ist der Verurteilte nach § 58 Abs. 2 S. 2 AufenthG vollziehbar ausreisepflichtig, d.h. eine Klage hat keine aufschiebende Wirkung. Eine sichere Ausweisung in naher Zukunft ist nicht Voraussetzung für die Umkehrung der Vollstreckungsreihenfolge, es reicht aus, wenn die Ausweisung wahrscheinlich ist, ein Termin zur Ausreise muss nicht bestimmt sein (MüKo-StGB/*Maier*, § 67 Rn 101). 1218

☝ Die Erfolgsaussichten einer **Klage oder eines möglichen Antrages nach § 80 Abs. 5 VwGO** sind von den Strafvollstreckungsgerichten **nicht** zu prüfen. Dies muss – abgesehen von der immer gebotenen Kontrolle auf offensichtliche Willkür und greifbare Gesetzwidrigkeiten – der zuständigen Fachgerichtsbarkeit vorbehalten bleiben (OLG Celle StV 2009, 194, OLG Nürnberg, Beschl. v. 5.2.2024 – Ws 1108/23; OLG Saarbrücken, Beschl. v. 16.1.2023 – 4 Ws 377/22 m.w.N.). An einer vollziehbaren Ausreisepflicht i.S.d. § 67 Abs. 2 S. 4 StGB würde es erst fehlen, wenn nach Anordnung der sofortigen Vollziehbarkeit ein Antrag nach § 80 Abs. 5 VwGO oder eine Klage Erfolg hätte. Im Fall eines erfolgreichen Klageverfahrens kann die bisherige Vollstreckungsreihenfolge wiederhergestellt werden, § 67 Abs. 3 S. 3 StGB (*Fischer*, § 67 Rn 14).

Bei der **Ermessensausübung** durch das Gericht kann zu berücksichtigen sein, ob der Gesundheitszustand des Verurteilten eine Behandlung gebietet: 1219

☝ Hiervon dürfte insbesondere dann auszugehen sein, wenn die Behandlung zur **Abwehr unmittelbarer gesundheitlicher Gefahren** notwendig ist.

Im Rahmen des Vorwegvollzugs der Freiheitsstrafe im Sinne von § 67 Abs. 2 S. 4 StGB wird regelmäßig die **Möglichkeit** des **Absehens** von **Vollstreckung i.S.d. § 456a StPO** zu prüfen sein. Denn auch im Rahmen der Vollstreckung von Maßregeln ermöglicht es § 456a StPO, bei ausländischen Staatsangehörigen, welche das Bundesgebiet aufgrund einer Ausweisungsverfügung oder einer gleichstehenden Ausreisepflicht verlassen müssen bzw. ausgeliefert oder überstellt werden, von der weiteren Vollstreckung abzusehen. Auch beim Vollzug von Maßregeln kommt der Gedanke zum Tragen, dass eine weitere Vollstre- 1220 ckung im Hinblick auf Resozialisierung und Prävention nicht mehr sinnvoll ist, da der Verurteilte nach der Entlassung aus der Maßregel nicht mehr im Bundesgebiet aufhältig sein wird (zu den Voraussetzungen des § 456a StPO → *Erwachsene, Freiheitsstrafe ohne Bewährung, Absehen bei Auslieferung/Ausweisung*, Teil B Rdn 252). Im Rahmen der Ermessensentscheidung sind dabei insbesondere die Umstände der Tat, etwaige familiäre und soziale Belange des Verurteilten, die Frage des Vorhandenseins einer ausreichenden Möglichkeit zur Einwirkung auf die Gefährlichkeit des Untergebrachten in ausreichendem Maße und die voraussichtliche Rückführungssituation miteinander abzuwägen. Die Gefährlichkeit des Verurteilten ist nur dann als entgegenstehender Gesichtspunkt von Gewicht, wenn tatsächliche und konkrete Anhaltspunkte bestehen, dass der Verurteilte in das Bundesgebiet zurückkehren wird. Hierbei ist nach aktueller Rspr. das bloße Vorhandensein von Verwandten im Inland nicht ausreichend. Das Risiko für die Bevölkerung im Abschiebeland ohne weitergehende Behandlung oder Therapie ist rechtlich ohne Belang.

1221 **6.a)** Auf eine veränderte Sachlage kann das Gericht reagieren und die Vollstreckungsreihenfolge nach § 67 Abs. 3 StGB (nachträglich) abändern. Zuständig ist hierfür die StVK (§ 462a Abs. 1 S. 1 StPO i.V.m. §§ 463 Abs. 6 S. 1, 462 StPO).

☝ Für eine Änderung der Vollstreckungsreihenfolge nach § 67 Abs. 3 S. 1 StGB reicht nicht aus, dass der Untergebrachte in der Maßregelvollzugsanstalt Schwierigkeiten bereitet (Tübinger Kommentar/*Kinzig*, § 67 Rn 22); ebenso darf eine an sich gebotene Überstellung in den Maßregelvollzug nicht mit dem Fehlen eines Unterbringungsplatzes begründet werden.

1222 **b)** Wenn **Umstände** in der **Person** des Verurteilten es angezeigt erscheinen lassen **(§ 67 Abs. 3 S. 1 StGB)**,

- kann das Gericht den (teilweisen) Vorwegvollzug der Strafe anordnen, wenn die Maßregel – entsprechend der gesetzlichen Regel in § 67 Abs. 1 StGB – zunächst vollzogen,
- kann das Gericht die Anordnung des Vorwegvollzugs ändern oder aufheben, wenn Strafe vorwegvollzogen wird.

1223 Die nachträgliche Entscheidung darf **nur** auf **(neue) Umstände in der Person des Verurteilten** gestützt werden, nicht auf sonstige Umstände. Diese Umstände müssen nachträglich – also nach der die Unterbringung anordnenden Entscheidung – in Erscheinung getreten sein. Hierbei soll es ausreichen, dass bereits Bekanntes aufgrund neuer Umstände anders zu beurteilen ist (Tübinger Kommentar/*Kinzig*, § 67 Rn 23; BeckOK-*Ziegler*, § 67 Rn 13) bzw. Umstände, welche eine Änderung der Vollstreckungsreihenfolge rechtfertigen, bei der ursprünglichen Anordnung noch unbekannt waren (OLG Nürnberg, Beschl. v. 21.12.2023 – Ws 1071/23, Beschl. v. 23.2.2024 – Ws 1151/23 und v. 14.4.2025 – Ws 149/25). Eine lediglich abweichende Auffassung des Gerichts von der gleich gebliebenen Beurteilungsgrundlage rechtfertigt eine Entscheidung nach § 67 Abs. 3 StGB dagegen nicht, da sich ansonsten die StVK bei einer Entscheidung ohne Vorliegen neuer Erkenntnisse zum Rechtsmittelgericht aufschwingen würde (OLG Düsseldorf, Beschl. v. 10.5.1989 – 2 Ws 214/89; Tübinger Kommentar/*Kinzig*, § 67 Rn 23; MüKo-StGB/*Maier*, § 67 Rn 109; BeckOK-*Ziegler*, § 67 Rn 13).

1224 Weiterhin muss durch eine Veränderung der Vollstreckungsreihenfolge der **Zweck** der **Maßregel leichter erreicht** werden können (OLG Frankfurt NStZ-RR 2002, 28; s. Rdn 1206 ff.). Ist anzunehmen, dass eine festgestellte Aussichtslosigkeit der begonnenen Suchtbehandlung auch nach einem Vorwegvollzug von Strafe unvermindert andauert, so ist die Maßregel für erledigt zu erklären (§ 67d Abs. 5 StGB) und es ist allein die Freiheitsstrafe zu vollstrecken (Tübinger Kommentar/*Kinzig*, § 67, Rn 24). Bei einer Unterbringung nach § 63 StGB verbietet sich aus demselben Grund eine Anordnung nach § 67 Abs. 3 S. 1 StGB, wenn der Untergebrachte mit Sicherheit nicht (mehr) an einer Störung i.S.d. § 20 StGB leidet (OLG Frankfurt NStZ-RR 2002, 27).

Beim Vorwegvollzug der Strafe ist die Anordnung nach § 67 Abs. 2 S. 1 StGB **aufzuheben**, wenn bereits 1225
die Teilverbüßung die leichtere Erreichbarkeit des Maßregelzwecks bewirkt hat. Ebenso ist zu verfahren, wenn das Ziel eines teilweisen Vorwegvollzugs erreicht worden ist. Dagegen ist der Vorwegvollzug bei Beschränkung auf einen Teil der Strafe zu verlängern, wenn er noch nicht die Erwartungen erfüllt hat, ein weiteres Verbleiben im Strafvollzug aber das leichtere Erreichen des Maßregelzwecks erwarten lässt (Tübinger Kommentar/*Kinzig*, § 67, Rn 24). Eine nachträgliche Überstellung in den Strafvollzug in Abänderung des tatrichterlichen Urteils kommt auch in Betracht, wenn aufgrund einer akuten erheblichen Fluchtgefahr eine sinnvolle Suchttherapie nicht möglich ist und sich dies erst im Lauf der Therapie herausgestellt hat (MüKo-StGB/*Maier*, § 67 Rn 118). Fraglich ist dies in Fällen, in denen die Fluchtgefahr allein aus der Höhe der Begleitstrafe abgeleitet wird (vgl. hierzu ablehnend OLG München, StV 2002, 494). Eine solche (nachträgliche) akute Fluchtgefahr kann sich z.B. aus einem nachträglich hinzugekommenen neuen weiteren anhängigen Strafverfahren ergeben.

c) Auch Anordnungen nach § 67 Abs. 2 S. 4 StGB, die einen **ausreisepflichtigen Ausländer** betreffen, 1226
können nachträglich getroffen oder aufgehoben werden (§ 67 Abs. 3 S. 2 und 3 StGB). Angesichts der Bezugnahme auf § 67 Abs. 2 S. 4 StGB („soll") ist der Vorwegvollzug der Strafe regelmäßig anzuordnen, liegen die Tatbestandsvoraussetzungen der Norm vor (Tübinger Kommentar/*Kinzig*, § 67 Rn 25). Zwar spricht der Gesetzeswortlaut des § 67 Abs. 3 S. 2 StGB davon, dass das Gericht eine nachträgliche Anordnung treffen „kann". Dies führt aber nicht dazu, dass die Ermessensvorgabe des § 67 Abs. 2 S. 4 StGB verändert wird. Vielmehr verbleibt es beim Regel-Ausnahme-Verhältnis des § 67 Abs. 2 S. 4 StGB (*Fischer*, § 67 Rn 19). Die Formulierung „kann" in § 67 Abs. 3 S. 2 StGB stellt klar, dass (auch) eine nachträgliche Entscheidung zulässig ist. Dabei setzt die nachträgliche Änderung der Vollstreckungsreihenfolge nach § 67 Abs. 3 S. 2 StGB nicht notwendig voraus, dass die Umstände erst nach der Verurteilung eingetreten sind. Ausreichend ist vielmehr, wenn das Vorhandensein einer Ausweisungsverfügung dem erkennenden Gericht bei Urteilsbildung nicht bekannt war und daher bei seiner Entscheidung nicht berücksichtigt werden konnte bzw. das erkennende Gericht eine Umkehr der Vollstreckungsreihenfolge nach § 67 Abs. 2 S. 4 StGB nicht geprüft hat (OLG Nürnberg, Beschl. v. 21.12.2023 – Ws 1071/23, Beschl. v. 23.2.2024 – Ws 1151/23 und Beschl. v. 14.4.2025 – Ws 149/25). Ausnahmsweise besteht Anlass von der Sollregelung des § 67 Abs. 2 S. 4, Abs. 3 S. 2 StGB abzuweichen, wenn der Verurteilte den Maßregelvollzug erfolgreich nahezu bis in das Stadium der Aussetzungsreife absolviert und die Dauer des Maßregelvollzugs nahezu die Regeldauer von 2 Jahren erreicht hat, sodass das gesetzgeberische Ziel, die Maßregelvollzugseinrichtungen von ausreisepflichtigen Ausländern zu entlasten, nicht mehr verwirklicht werden kann (KG, Beschl. v. 6.7.2020 – 5 Ws 204/19; OLG Nürnberg, Beschl. v. 23.3.2018 – 1 Ws 100/18; Beschl. v. 6.12.2024 – Ws 1048/24; NK-StGB/*Pollähne*, § 67 Rn 52).

7.a) Hat das Gericht gem. § 67 Abs. 2 StGB den teilweisen Vorwegvollzug der Strafe angeordnet, sieht 1227
das Gesetz in § 67c Abs. 1 StGB eine **weitere Prüfpflicht** vor: Vor dem Ende des Vollzugs der Strafe hat die StVK zu prüfen, ob der Zweck der Maßregel die Unterbringung noch erfordert. Erfordert der Zweck der Maßregel die Unterbringung nicht mehr, setzt das Gericht die Vollstreckung der Maßregel zur Bewährung aus. § 67c StGB findet jedoch nur Anwendung, wenn die Strafe vor einer Unterbringung vollzogen wird, die zugleich verhängt worden sind.

☝ Einer gesonderten Entscheidung nach § 67c Abs. 1 StGB soll es **ausnahmsweise nicht** bedürfen, wenn das Gericht kurze Zeit vor Strafende eine Aussetzung der Unterbringung gem. § 67d Abs. 2 StGB zusammen mit einer Aussetzung des Strafrests zur Bewährung abgelehnt hat (OLG Frankfurt NStZ-RR 1999, 348).

b) Eine Unterbringung ist nur dann **noch erforderlich**, wenn im gegenwärtigen Zeitpunkt die für die Maß- 1228
regelanordnung erforderliche Gefährlichkeit des Täters festgestellt werden kann und nicht zu erwarten ist, dass der Maßregelzweck auch durch die Aussetzung der Vollstreckung erreicht werden kann. Es muss also in der Regel die **Wahrscheinlichkeit weiterer rechtswidriger Taten** bestehen, und zwar solcher Taten,

wie sie für die Anordnung der Maßregel vorausgesetzt werden. Eine bloß mögliche Gefährlichkeit genügt nicht. Bei dieser Prüfung dürfte der für die Anordnung maßgebliche Maßstab (§§ 63, 64 StGB) anzuwenden, nicht der des § 67d StGB (BVerfG NStZ-RR 2003, 252; anders BVerfG NStZ-RR 2005, 188; OLG Frankfurt NStZ-RR 1999, 349; Tübinger Kommentar/*Kinzig*, § 67c Rn 7).

☝ Kann das Gericht die Erforderlichkeit **nicht sicher feststellen**, ist die Unterbringung zur Bewährung auszusetzen (→ *Maßregeln, Erwachsene, Bewährung*, Teil B Rdn 1014).

1229 Darüber hinaus erfordert der Zweck der Maßregel die Unterbringung auch **dann nicht**, wenn **mildere Mittel** (z.B. Weisungen im Rahmen der Führungsaufsicht) die Erwartung rechtfertigen, dass der Zweck auch durch die Aussetzung der Vollstreckung erreicht werden kann.

1230 **c)** Nach § 67c Abs. 1 Nr. 2 StGB hat das Gericht, wenn eine Freiheitsstrafe vor einer zugleich angeordneten Unterbringung in der Sicherungsverwahrung vollzogen wird, vor dem Ende des Vollzugs der Strafe zu prüfen, ob dem Verurteilten während des Vollzugsverlaufs ausreichende Betreuung i.S.d. § 66c Abs. 2 i.V.m. § 66c Abs. 1 Nr. 1 StGB angeboten worden ist. Ist dies nicht der Fall, so setzt es die Vollstreckung der Unterbringung zur Bewährung aus. Hierbei ist die Bindungswirkung des § 119a Abs. 7 StVollzG aus Entscheidungen im Rahmen vorheriger gerichtlicher Kontrollverfahrens nach § 119a StVollzG zu beachten (*Fischer*, § 67c Rn 9).

1231 **d)** Die nach § 67c Abs. 1 StGB erforderliche Prüfung muss so **rechtzeitig** durchgeführt werden, dass die daraufhin zu treffende Entscheidung bis zum Ende des Vollzugs der Freiheitsstrafe rechtskräftig werden kann: Es soll nicht zu früh vor dem Ende der Strafe entschieden werden, weil sonst möglicherweise ein Teil der Entscheidungsgrundlage fehlt (BVerfG NStZ-RR 2003, 169), und es soll nicht zu spät entschieden werden mit der Folge, dass die Entscheidung nicht mehr rechtzeitig vor dem vorgesehenen Strafende getroffen werden kann (KG StV 2008, 203).

☝ In der Regel wird mit der Prüfung **sechs Monate vor Vollzugsende** zu beginnen sein (OLG Stuttgart NStZ 1988, 45). Ein zu früh gestellter Antrag auf Prüfung ist als unzulässig zurückzuweisen (KG NStZ 1990, 54; OLG Düsseldorf StV 2000, 270).

1232 Liegt bei Vollzugsende noch keine rechtskräftige Entscheidung vor, so ist jedenfalls dann, wenn sie eingeleitet und in angemessener Zeit zu erwarten ist, die Maßregel zunächst zu vollstrecken (BVerfG NJW 1976, 1736; OLG Düsseldorf NJW 1993, 1087). Die Vollstreckung der Maßregel ist jedoch unzulässig, wenn die Erforderlichkeitsprüfung bis Ende des Strafvollzuges nicht eingeleitet wurde oder sich monatelang sachwidrig **verschleppt** (OLG Düsseldorf NJW 1993, 1087; KG StV 2008, 204).

1233 **e)** Für die Entscheidung nach § 67c Abs. 1 StGB ist die **StVK zuständig** (§§ 463 Abs. 1, 462a Abs. 1 StPO). Der Verurteilte, die Vollzugsanstalt und die StA sind zuvor zu **hören** (§§ 463 Abs. 3, 454 Abs. 1 StPO). Unter den Voraussetzungen des § 454 Abs. 2 StPO muss das Gericht zur Vorbereitung seiner Entscheidung ein **SV-Gutachten** einholen (§ 463 Abs. 3 S. 3 StPO).

1234 **8.a) § 67c Abs. 2 StGB** sieht zudem eine **Prüfpflicht** für den Fall, vor, dass der **Vollzug** der **Unterbringung drei Jahre** nach **Rechtskraft** ihrer Anordnung noch **nicht begonnen** hat. Liegt ein Fall von § 67c Abs. 1 Nr. 1 StGB oder des § 67b StGB nicht vor, darf die Unterbringung nur noch vollzogen werden, wenn das Gericht dies anordnet (§ 67c Abs. 2 S. 1 StGB); das Gericht ordnet den Vollzug an, wenn der Zweck der Maßregel die Unterbringung noch erfordert (§ 67c Abs. 2 S. 3 StGB). Ist der Zweck der Maßregel nicht erreicht, rechtfertigen aber besondere Umstände die Erwartung, dass der Zweck auch durch die Aussetzung erreicht werden kann, setzt das Gericht die Unterbringung zur Bewährung aus (§ 67c Abs. 2 S. 4 StGB). Ist der Zweck der Maßregel erreicht, erklärt das Gericht die Maßregel für erledigt (§ 67c Abs. 2 S. 5 StGB).

§ 67c Abs. 2 StGB findet **keine Anwendung**, wenn der Vorwegvollzug einer in derselben Sache verhängten Strafe angeordnet worden oder wenn die Unterbringung nach § 67b StGB zur Bewährung ausgesetzt worden ist. Diese Fälle sind ausschließlich nach § 67c Abs. 1 StGB zu beurteilen. 1235

b) In die 3-Jahres-Frist des § 67c Abs. 2 S. 1 StGB fällt die Zeit nicht, in welcher der Täter auf behördliche Anordnung in einer Anstalt verwahrt worden ist (§ 67c Abs. 2 S. 2 StGB). Hierunter fallen nur Freiheitsentziehungen mit Zwangscharakter (OLG Hamm NStZ-RR 2009, 151). Zur Anstaltsverwahrung aufgrund behördlicher Anordnung gehört etwa die Verbüßung einer Freiheitsstrafe oder Untersuchungshaft, nicht hingegen die betreuungsrechtliche Unterbringung (Tübinger Kommentar/*Kinzig*, § 67c Rn 13). 1236

c) Das StGB sieht folgende **Entscheidungsmöglichkeiten** vor: 1237

- Ergibt die Prüfung, dass der Maßregelzweck die Unterbringung noch erfordert, so hat das Gericht den Vollzug der **Unterbringung** anzuordnen (§ 67c Abs. 2 S. 3 StGB). Ohne eine entsprechende Anordnung darf mit Ablauf der Dreijahresfrist die Maßregel nicht mehr vollstreckt werden: Es besteht ein Vollstreckungshindernis (Tübinger Kommentar/*Kinzig*, § 67c Rn 15).
- Ist der Maßregelzweck zwar noch nicht erreicht, lassen aber besondere Umstände erwarten, dass er auch durch die Aussetzung der Vollstreckung erreicht werden kann, so ist die Vollstreckung der Unterbringung zur **Bewährung** auszusetzen (§ 67c Abs. 2 S. 4 StGB); mit der Aussetzung tritt Führungsaufsicht ein.
- Stellt das Gericht hingegen fest, dass der Maßregelzweck bereits (vollständig) erreicht ist, so hat es die Maßregel für **erledigt** zu erklären (§ 67c Abs. 2 S. 5 StGB). Die Erledigung ist auch dann zu erklären, wenn Zweifel bestehen, ob der Zweck der Maßregel erreicht ist (Tübinger Kommentar/*Kinzig*, § 67c Rn 17).

d) Zuständig für diese Entscheidung ist das Gericht des ersten Rechtszugs, wenn die gleichzeitig angeordnete Strafe noch nicht vollstreckt werden, und im Übrigen die StVK (§§ 463 Abs. 6 S. 1, 462, 462a Abs. 1 und Abs. 2 S. 1 StPO). 1238

9. Gegen Entscheidungen nach §§ 67 Abs. 3, 67c Abs. 2 StGB ist gemäß §§ 463 Abs. 6 S. 1, 462 Abs. 3 S. 1 StPO die sofortige Beschwerde statthaft. 1239

Siehe auch: → *Maßregeln, Erwachsene, Bewährung*, Teil B Rdn 1014 m.w.N.; → *Maßregeln, Erwachsene, Entziehungsanstalt*, Teil B Rdn 1051; → *Maßregeln, Erwachsene, Erledigterklärung*, Teil B Rdn 1064; → *Maßregeln, Erwachsene, Krisenintervention*, Teil B Rdn 1092; → *Maßregeln, Erwachsene, Pflichtverteidigung*, Teil B Rdn 1121; → *Maßregeln, Erwachsene, psychiatrisches Krankenhaus*, Teil B Rdn 1135; → *Maßregeln, Erwachsene, Rechtsschutz*, Teil B Rdn 1155; → *Maßregeln, Erwachsene, Überprüfung*, Teil B Rdn 1162; → *Maßregeln, Erwachsene, Zuständigkeit und Verfahren*, Teil B Rdn 1240.

Maßregeln, Erwachsene, Zuständigkeit und Verfahren 1240

Das Wichtigste in Kürze:

1. Nach § 463 Abs. 1 StPO gelten für die Vollstreckung von Maßregeln der Besserung und Sicherung die Vorschriften über die Strafvollstreckung sinngemäß, soweit nichts anderes bestimmt ist.
2. Aus §§ 462a, 463 Abs. 1 StPO ergibt sich die sachliche und örtliche Zuständigkeit derjenigen StVK, in deren Bezirk die Maßregelvollzugseinrichtung sich befindet, in welcher der Untergebrachte aufgenommen ist.
3. Abweichungen zu den §§ 450 ff StPO können sich aus dem Verfahrensrecht aber auch aus dem materiellen Recht ergeben.
4. Gem. §§ 463 Abs. 3 S. 3, 454 Abs. 2 StPO ist ein externes SV-Gutachten einzuholen, wenn die Maßregel wegen einer rechtswidrigen Tat der in § 66 Abs. 3 S. 1 StGB genannten Art angeordnet

worden ist und das Gericht erwägt, die Unterbringung zur Bewährung auszusetzen. Nach § 463 Abs. 4 S. 2 StPO soll alle drei Jahre bzw. zwei Jahre ein externes SV-Gutachten über den nach § 63 StGB Untergebrachten eingeholt werden.

5. Für die Vollstreckung der Unterbringung in einer Entziehungsanstalt (§ 64 StGB) kann grds. unter den Voraussetzungen des § 455 StPO Aufschub und Unterbrechung gewährt werden.
6. Für eine nachträgliche Entscheidung über die **Änderung** der **Reihenfolge** der **Vollstreckung** einer freiheitsentziehenden Maßregel und einer in demselben Verfahren verhängten Freiheitsstrafe nach § 67 Abs. 3 StGB ist nach Beginn des Vollzugs der Unterbringung oder der Freiheitsstrafe die StVK zuständig (§§ 463 Abs. 1, 462a Abs. 1 StPO).
7. Neben den Vorschriften über die Anrechnung von U-Haft (und der Organisationshaft) besteht mit § 67 Abs. 4 StGB eine besondere Vorschrift über die Anrechnung des Maßregelvollzugs auf eine daneben verhängte Freiheitsstrafe.

1241 **Literaturhinweise:** S. die Hinweise bei → *Maßregeln, Erwachsene, Allgemeines*, Teil B Rdn 969 m.w.N.

1242 **1.a)** Nach § 463 Abs. 1 StPO gelten für die Vollstreckung von Maßregeln der Besserung und Sicherung die Vorschriften über die Strafvollstreckung (→ *Erwachsene, Vollstreckung, Allgemeines*, Teil B Rdn 432) **sinngemäß**, soweit nichts anderes bestimmt ist.

1243 Somit **gelten** insbesondere **folgende Vorschriften:**

- § 449 StPO (Vollstreckbarkeit)
- § 450 StPO (Anrechnung von Untersuchungshaft)
- § 450a StPO (Anrechnung einer im Ausland erlittenen Freiheitsentziehung)
- § 451 StPO (Vollstreckungsbehörden)
- § 453 StPO (Nachträgliche Entscheidung über Strafaussetzung zur Bewährung)
- § 453c StPO (Sicherungshaftbefehl)
- § 454 StPO (Aussetzung des Strafrests)
- § 454a StPO (Beginn der Bewährungszeit)
- § 455 StPO (Aufschub der Vollstreckung)
- § 456 StPO (Vorübergehender Aufschub der Vollstreckung)
- § 457 StPO (Vollstreckungshaftbefehl)
- § 458 StPO (Gerichtliche Entscheidung bei Strafvollstreckung)
- § 463e StPO (Mündliche Anhörung im Wege der Bild- und Tonübertragung)

1244 **b)** Hieraus ergibt sich: Mit Eintritt der formellen Rechtskraft sind Urteile, mit denen eine Maßregel verhängt worden ist, zu vollstrecken, soweit der Vollstreckung keine Vollstreckungshindernisse entgegenstehen (§ 449 StPO). Vollstreckungsbehörde ist die StA, bei der für die Maßregelvollstreckung besonders geschulte Rechtspfleger zuständig sein können.

1245 Sollten **Zweifel** an der **materiellen Richtigkeit** der Entscheidung bestehen, steht dies zwar grds. einer Vollstreckung nicht entgegen, indes ist dann zu prüfen, ob Entscheidungen nach §§ 67, 67a, 67d StGB (z.B. Änderung der Vollstreckungsreihenfolge, Überweisung in eine andere Maßregel, Aussetzung zur Bewährung oder Erledigterklärung) herbeizuführen sind (→ *Maßregeln, Erwachsene, Erledigterklärung*, Teil B Rdn 1064; → *Maßregeln, Erwachsene, Überweisung*, Teil B Rdn 1189; → *Maßregeln, Erwachsene, Vollstreckungsreihenfolge*, Teil B Rdn 1197). I.Ü. wären auch die übrigen strafprozessualen Maßnahmen zur Korrektur unrichtiger Entscheidungen (z.B. die Wiederaufnahme, § 359 Nr. 5 StPO) zu prüfen (Burhoff/*Amelung*, Teil B Rn 1102 ff.).

1246 **2.** Aus den **Zuständigkeitsvorschriften** des anwendbaren § 462a StPO ergibt sich: Entscheidungen sind von der StVK zu treffen, in deren Bezirk die Maßregelvollzugseinrichtung sich befindet, in die der Untergebrachte aufgenommen ist. **Befasst** mit der Sache im Sinne von § 462a Abs. 1 S. 1 StPO wird ein Gericht, wenn ein Antrag eines Verfahrensbeteiligten vorliegt oder das Gericht von sich aus im Hinblick auf eine bestimmte Entscheidung das Erforderliche veranlasst bzw. unabhängig davon, ob ein Antrag gestellt ist oder das Gericht schon etwas veranlasst hat, sobald eine nachträgliche Entscheidung erforderlich wird (OLG Bamberg, Beschl. v. 11.10 2016 – 22 Ws 84/16; OLG Nürnberg, Beschl. v. 20.11.2024 – Ws 967/24; *Schmitt/Köhler*, § 462a Rn 11 m.w.N.). Eine nachträgliche Entscheidung kann hierbei dann von Amts wegen erforderlich sein, weil Tatsachen offenkundig sind, die einen Widerruf der Aussetzung zur Bewährung erfordern können; eine solche Tatsache kann bereits der Eingang einer neuen Anklageschrift sein (BGH, Beschl. v. 9.6.2015 – 2 ARs 113/15). Dass diese Tatsachen nicht bei der tatsächlich zuständigen Strafvollstreckungskammer, sondern zunächst beim nunmehr unzuständigen Gericht erster Instanz bekannt geworden sind, ist unschädlich (BGH, Beschl. v. 21.12.2010 – 2 ARs 441/10; OLG Bamberg, Beschl. v. 11.10.2016 – 22 Ws 84/16; OLG Nürnberg, Beschl. v. 20.11.2024 – Ws 967/24). Befasst sich ein nicht mehr zuständiges Gericht mit einer Sache, etwa indem es mit Blick auf den Widerruf einer von ihm gewährten Aussetzung zur Bewährung eine Stellungnahme der Staatsanwaltschaft anfordert, so wird hierdurch zwar nicht seine eigene Zuständigkeit begründet; diese Befassung wirkt aber für die zu diesem Zeitpunkt tatsächlich zuständige StVK (OLG Bamberg, Beschl. v. 11.10.2016 – 22 Ws 84/16). Zuständig ist die StVK dann auch bei Unterbrechung oder bedingter Entlassung (§ 462a Abs. 1 S. 2 StPO). Die einmal begründete Zuständigkeit der Strafvollstreckungskammer wirkt fort und endet erst dann, wenn die Vollstreckung hinsichtlich aller Verurteilungen, für welche die Strafvollstreckungskammer infolge des Konzentrationsprinzip zuständig geworden ist, vollständig erledigt ist. Demgegenüber endet mit der Aufnahme des Verurteilten in der Justizvollzugsanstalt bzw. der Maßregeleinrichtung die Zuständigkeit des Gerichts des ersten Rechtszugs und lebt auch nach seiner Entlassung aus dem Vollzug nicht wieder auf (BGH, Beschl. v. 14.11.2007 – 2 ARs 446/07m.w.N.; OLG Nürnberg, Beschl. v. 20.11.2024 – Ws 967/24). Die Zuständigkeit einer mit einer konkreten Entscheidung befassten StVK bleibt auch bei Aufnahme des Verurteilten in eine Anstalt im Bezirk einer anderen StVK bis zur endgültigen Entscheidung erhalten (BGH NStZ 1993, 100).

3. Abweichungen zu den §§ 450 ff StPO können sich aus dem Verfahrensrecht aber auch aus dem materiellen Recht ergeben. 1247

a) Für die Anwendung der **§§ 453, 454 StPO** gilt Folgendes: 1248

aa) Wurde eine Unterbringung gem. § 67b StGB zur Bewährung ausgesetzt, entscheidet das Gericht des ersten Rechtszuges über einen **Bewährungswiderruf** nach § 67g StGB. Hiervon abweichend kann auch die StVK zuständig sein, wenn die verurteilte Person sich bereits in einer freiheitsentziehenden Maßnahme oder im Strafvollzug befindet (§ 462a Abs. 1 S. 1 StPO). Wurde die (weitere) Unterbringung zur Bewährung nach zwischenzeitlichem Vollzug einer Freiheitsstrafe oder einer Maßregel ausgesetzt (z.B. nach § 67c Abs. 1 StGB oder § 67d Abs. 1 StGB), entscheidet die StVK über einen Bewährungswiderruf nach § 67g StGB (§ 462a Abs. 1 S. 2 StPO); die StVK führt auch die Bewährungsaufsicht. 1249

bb) Die nach § 453 StPO zu treffenden Entscheidungen ergehen durch **Beschluss**, der zu begründen ist (OLG Hamm NStZ-RR 2009, 260) Enthält der Beschluss keinerlei Begründung, ist der Beschluss aufzuheben und die Sache zurückzuverweisen (OLG Hamm, a.a.O.). 1250

Nach § 453 Abs. 1 S. 2 StPO sind die StA und der Verurteilte zu **hören.** Ihnen ist Gelegenheit zur Äußerung zu geben; auch der Bewährungshelfer ist zu beteiligen (§ 453 Abs. 1 S. 5 StPO). Da die StA hierbei als Strafverfolgungsbehörde – nicht Strafvollstreckungsbehörde – tätig wird, ist für die Abgabe einer Stellungnahme und einen ggf. zu stellenden Antrag der Staatsanwalt, nicht der Rechtspfleger, zuständig. Die verurteilte Person soll im Falle der Entscheidung über einen Bewährungswiderruf wegen Verstoßes gegen Auflagen und Weisungen **mündlich angehört** werden (§ 453 Abs. 1 S. 4 StPO); im Falle des Widerrufs nach § 67g Abs. 1 Nr. 1 StGB genügt grds. die schriftliche Anhörung. Gemäß § 463e Abs. 1 StPO kann die mündliche Anhörung des Verurteilten auch im Wege der Bild- und Tonübertragung erfolgen. 1251

☝ Die **Anhörung** ist **zwingend**, wenn eine weitere Aufklärung des Sachverhalts möglich erscheint (OLG Köln NStZ-RR 2011, 220) und wenn ihr keine schwerwiegenden Gründe entgegenstehen (OLG Frankfurt NStZ-RR 1996, 92; OLG Hamm NStZ 1987, 247).

Erfolgt die vorgeschriebene Anhörung des Verurteilten **nicht**, führt dies regelmäßig zur **Aufhebung** eines Beschlusses, da die Anhörung nicht durch das Beschwerdegericht nachgeholt werden kann (OLG Nürnberg, Beschl. v. 10.5.2023 – Ws 379/23; OLG Saarbrücken, Beschl. v. 23. 9. 2010 – I Ws 137/10, NStZ 2011, 478 m.w.N.).

1252 Ist Gegenstand der Verurteilung eine der in § 181b StGB bezeichneten Taten (i.e. **Sexualstraftaten**, insbesondere nach §§ 174, 176ff und 177) zum Nachteil eines Minderjährigen, soll ein **SV-Gutachten** eingeholt werden, wenn eine nachträgliche Therapieweisung im Rahmen einer laufenden Bewährung oder im Hinblick auf eine bestehende Führungsaufsicht in Betracht kommt (§§ 463 Abs. 1, 453 Abs. 1 S. 3, 246a Abs. 2 StGB); von der mündlichen Anhörung des Sachverständigen kann unter den Voraussetzungen des § 454 Abs. 2 S. 4 StPO abgesehen werden (§§ 463 Abs. 1, 453 Abs. 1 S. 3 StPO). Gemäß § 463e Abs. 1, Abs. 2 StPO kann die mündliche Anhörung des Sachverständigen auch im Wege der Bild- und Tonübertragung erfolgen.

1253 **b)aa)** Für **Entscheidungen** nach **§§ 67d, 67e StGB** ist **§ 454 StPO** anwendbar. Zuständig ist die StVK, in deren Bezirk die Maßregelvollzugseinrichtung liegt, in der der Verurteilte untergebracht ist (§ 462a Abs. 1 StPO).

☝ Bei der von der StA als Strafverfolgungsbehörde abzugebenden Stellungnahme ist eine Übertragung auf den **Rechtspfleger nicht zulässig**. Wird eine bedingte Entlassung befürwortet, sollte die Stellungnahme der StA sich auch zur Ausgestaltung der Führungsaufsicht – insbesondere zu Weisungen – verhalten.

1254 **bb)** Nach **§ 53 Abs. 4 S. 1 StVollstrO** hat die Vollstreckungsbehörde während der Vollstreckung einer freiheitsentziehenden Maßregel der Besserung und Sicherung jeweils rechtzeitig vor dem Ablauf

- von sechs Monaten bei der Unterbringung in einer Entziehungsanstalt,
- von einem Jahr bei der Unterbringung in einem psychiatrischen Krankenhaus,
  (...)
- der von dem Gericht nach § 67e Abs. 3 S. 1 StGB festgesetzten Frist.

die **Prüfung** zu veranlassen, ob die weitere Vollstreckung der Unterbringung zur **Bewährung** auszusetzen ist (§ 67e StGB).

1255 Gem. § 36 Abs. 2 i.V.m. § 53 Abs. 2 Nr. 1 StVollstrO hat die Vollstreckungsbehörde darüber zu wachen, dass die Maßregelvollzugsanstalt sich **rechtzeitig vor Ablauf** der **Prüffrist** gegenüber der Vollstreckungsbehörde oder, wenn die Vollstreckung von einer ersuchten StA betrieben wird, dieser gegenüber zur Aussetzung der Unterbringung äußert. Die Vollstreckungsbehörde muss darauf achten, dass die Akten dem Gericht so rechtzeitig vorgelegt werden können, dass bei Bewilligung der Strafaussetzung die erforderlichen Maßnahmen zur Vorbereitung der Entlassung des Verurteilten durchgeführt werden können (§ 36 Abs. 2 S. 5 i.V.m. § 53 Abs. 2 Nr. 1 StVollstrO).

1256 **cc)** Die Maßregelvollzugsanstalt ist **stets zu hören**: Ihre Stellungnahme wird nicht durch das Vorliegen eines Prognosegutachtens überflüssig, da sich schon aus ihr ergeben kann, ob eine Strafrestaussetzung überhaupt in Betracht kommt (OLG Celle NStZ-RR 1999, 179; OLG Hamm NStZ-RR 2000, 316; OLG Zweibrücken NStZ 2000, 446). Die Stellungnahme der Einrichtung soll sich über das Verhalten des Verurteilten im Vollzug und dazu verhalten, ob seitens der Einrichtung die bedingte Entlassung bzw. die Erledigung der Maßregel befürwortet oder ob ihr entgegengetreten wird. Zuständig ist diejenige Vollzugsanstalt, in der sich der Verurteilte zum Zeitpunkt des Verfahrens nach § 454 StPO befindet. Hat erst kurz vor dem Beurteilungszeitpunkt ein Wechsel der Maßregelvollzugseinrichtung stattgefunden, so ist gegebenenfalls eine Äußerung der früheren Anstalt einzuholen. Eine ungünstige Stellungnahme der Anstalt ist dem Untergebrachten bekannt zu geben (BVerfG NJW 1964, 293).

dd) Der **Verurteilte** ist grds. **mündlich anzuhören** (§§ 454 Abs. 1 S. 3, 463 Abs. 1, Abs. 3 S. 1 StPO; 1257 OLG Frankfurt NStZ-RR 1997, 28). Die Anhörung kann in eng begrenzten Ausnahmefällen entfallen, wenn der Verurteilte sie ausdrücklich ablehnt (OLG Hamburg NStZ 2012, 325), eine Beeinflussung der Entscheidung durch die Anhörung von vornherein ausgeschlossen erscheint oder wenn erst kurz zuvor nach mündlicher Anhörung ein Antrag des Verurteilten auf bedingte Entlassung abgelehnt wurde. Ohne jede Bedeutung für die Entscheidung können persönlicher Eindruck und Kontakt zu dem Verurteilten dabei aber allein dann sein, wenn das entscheidende Gericht bereits kurz zuvor in nahem zeitlichem Zusammenhang die Gelegenheit hatte, sich einen persönlichen Eindruck vom Verurteilten zu verschaffen, dieser Eindruck bis zur Entscheidung über die Aussetzung fortwirkt und keine Umstände gegeben sind, die seine Ergänzung oder Auffrischung erforderlich notwendig machen. Des Weiteren darf keine Notwendigkeit für eine Erneuerung oder Auffrischung des anlässlich der vorangegangenen Anhörung gewonnenen Eindrucks bestehen und der Verurteilte darf nichts Neues zur Sache vortragen (MüKo-StPO/*Nestler*, § 454 Rn 24). Treten nach einer Anhörung neue für die Prognoseentscheidung erhebliche Tatsachen zutage, so kann dies die Ergänzung und Auffrischung des von dem Verurteilten gewonnenen Eindrucks erforderlich machen, so dass eine erneute mündliche Anhörung durchzuführen ist (KG, Beschl. v. 24.9.2021 – 5 Ws 185/21 m.w.N.). Der für das Verfahren nach § 67d Abs. 2 StGB beigeordnete Pflichtverteidiger darf von der mündlichen Anhörung nicht ausgeschlossen werden (OLG Düsseldorf NJW 1989, 2338; NStZ 1996, 152). § 454 Abs. 1 S. 4 StPO regelt, in welchen Fällen von einer mündlichen Anhörung abgesehen werden kann: Das ist insbesondere dann der Fall, wenn das Gericht – im Einvernehmen mit der Einrichtung und der StA – beabsichtigt, den Untergebrachten bedingt zu entlassen. Gemäß § 463e Abs. 1 StPO kann die mündliche Anhörung des Verurteilten auch im Wege der Bild- und Tonübertragung erfolgen.

☝ Rechtzeitig vor Beauftragung eines SV ist dem Untergebrachten ein **Pflichtverteidiger** beizuordnen (§ 463 Abs. 4 S. 8 StPO); die Beiordnung hat so früh zu erfolgen, dass der Verteidiger noch Einfluss auf die Auswahl des SV nehmen kann (OLG Braunschweig StV 2008, 590).

4.a) Nach **§ 463 Abs. 3 S. 3 Halbs. 2 StPO findet § 454 Abs. 2 StPO** entsprechende Anwendung. Bei der 1258 Unterbringung in einem psychiatrischen Krankenhaus (§ 63 StGB) und in einer Entziehungsanstalt (§ 64 StGB) ist die **Einholung** eines **SV-Gutachtens** nur erforderlich, wenn die Maßregel wegen einer rechtswidrigen Tat der in § 66 Abs. 3 S. 1 StGB genannten Art angeordnet worden ist. Das sind insbesondere Verbrechen, die sich gegen das Leben, die körperliche Unversehrtheit, die persönliche Freiheit oder die sexuelle Selbstbestimmung richten, und Vergehen nach den §§ 174 bis 174c, 176a, 176b, 177 Abs. 2 Nr. 1, Abs. 3 und 6, 180, 182, 224, 225 Abs. 1 und 2 StGB. Ferner muss das Gericht erwägen, die Unterbringung zur Bewährung auszusetzen §§ 454 Abs. 2 S. 1 Nr. 2, 463 Abs. 3 S. 3 Halbs. 2 StPO.

☝ Kommt eine Aussetzung der Unterbringung von vornherein nicht in Betracht, ist die Einholung eines Sachverständigengutachtens grds. **entbehrlich** (u.a. BVerfG NStZ-RR 2003, 251; BGH NJW 2000, 1663; KG NStZ-RR 2006, 252; OLG Frankfurt NStZ-RR 2009, 221; OLG Rostock NJW 2003, 1334).

Ergänzend bestimmt **§ 463 Abs. 4 S. 2 StPO für Unterbringungen in einem psychiatrischen Kran-** 1259 **kenhaus nach § 63 StGB**, dass das Gericht im Rahmen der Überprüfungen nach § 67e StGB **nach jeweils drei Jahren** vollzogener Unterbringung, ab einer Dauer der Unterbringung von sechs Jahren **nach jeweils zwei Jahren** vollzogener Unterbringung ein SV-Gutachten einholen soll.

☝ Dieser SV darf **nicht** im Rahmen des Vollzugs der Unterbringung mit der **Behandlung** der untergebrachten Person befasst gewesen sein und auch nicht in dem **psychiatrischen Krankenhaus** arbeiten, in dem sich die untergebrachte Person befindet, noch soll er das letzte Gutachten bei einer vorangegangenen Unterbringung erstellt haben, § 463 Abs. 4 S. 3 StPO. Hierdurch soll der Gefahr repetitiver Routinebeurteilungen vorgebeugt und ausgeschlossen werden, dass Belange der Anstalt oder der Beziehung zwischen Untergebrachtem und Therapeuten das Gutachten beeinflussen.

1260 Von der Sollvorschrift des § 463 Abs. 4 S. 2 StPO kann nur **ausnahmsweise abgewichen** werden (BVerfG NStZ-RR 2010, 122),

- wenn bereits in kürzeren Zeitintervallen eine externe Begutachtung (z.B. nach dem Maßregelvollzugsgesetz des Landes) erfolgt ist und damit **bereits** ein **neueres externes SV-Gutachten vorliegt**,
- wenn sich der zu begutachtende Straftäter bereits aufgrund früherer Regelüberprüfungen in der **Entlassungsvorbereitung** befindet,
- wenn konkrete Aspekte des Behandlungsverlaufes es im Einzelfall geboten erscheinen lassen, eine externe Begutachtung vorübergehend zu verschieben, **um aktuell erzielte Therapieerfolge nicht zu konterkarieren**.

1261 **b)** Die **Auswahl** des **SV** steht im Ermessen des **Gerichts** (§ 73 Abs. 1 S. 1 StPO), dessen Entscheidung entsprechend § 305 S. 1 StPO **nicht** mit der Beschwerde **angreifbar** ist (KK-StPO/*Appl*, § 454 Rn 13; OLG Düsseldorf NStZ 1999, 29; OLG Nürnberg NStZ-RR 2013, 29). Wenngleich Nr. 70 Abs. 1 RiStBV vorsieht, dass dem Verteidiger Gelegenheit zu geben sei, vor der Auswahl des SV Stellung zu nehmen, wird dies in der Praxis häufig nicht umgesetzt (vgl. a. *Burhoff*, EV, Rn 4252 ff.).

☝ Der Verteidiger muss deshalb gleich zu Beginn des Mandats die StA und das Gericht **darauf hinweisen**, dass er an der **Auswahl mitwirken möchte**. Häufig lassen sich so Überraschungserfolge erzielen. Die Beauftragung eines anderen Sachverständigen lässt sich jedoch auch nicht durch eine Verweigerung der Mitwirkung des Untergebrachten beim gerichtlich bestellten Sachverständigen erzwingen. Auch ein Gutachten, welches ohne Exploration des Betroffenen allein auf der Grundlage der Akten, der Vorgutachten sowie der Unterbringungsunterlagen erstellt worden ist, hat ausreichende Bedeutung, da ein neuer Gutachter die Feststellungen und Stellungnahmen der Unterbringungseinrichtung einer eigenständigen Bewertung zuführen wird, bei der sich seine gesteigerte Unvoreingenommenheit- und kritische Distanz entfalten können (BVerfG, Beschl. v. 28.9.2020 – 2 BvR 1235/17; OLG Nürnberg, Beschl. v. 15.8.2024 – Ws 537/24).

1262 **Verweigert** der Untergebrachte die **Exploration**, muss sich die StVK die nötige Sachaufklärung durch Zuhilfenahme anderer Erkenntnisquellen, insbesondere der Vorgutachten, verschaffen:

☝ Sie ist nicht verpflichtet, einen anderen Gutachter, demgegenüber der Untergebrachte möglicherweise zur Untersuchung bereit ist, zu bestellen, solange der Untergebrachte den gerichtlich bestellten Gutachter nicht aus berechtigten Gründen (§ 74 StPO) ablehnt (OLG Karlsruhe NStZ-RR 2006, 90).

1263 **c)** Das **BVerfG** hat – wenngleich eingedenk des Umstandes, dass jeder Fall individuell zu betrachten ist – in BVerfG NJW 2013, 3228 einige **wesentliche Mindestanforderungen an Prognosegutachten** (erneut) aufgelistet, die hier nur summarisch dargestellt werden können (vgl. aber schon BVerfG NJW 1986, 767; s.a. *Walter*, ZRP 2014, 103, 106; insoweit ist auch der ausführliche Beitrag von *Boetticher* et al., NStZ 2006, 537 ff. instruktiv und sehr lesenswert).

1264 Es gelten folgende

Anforderungen an Prognosegutachten

- **Drohen überhaupt rechtswidrige Taten vom Untergebrachten** und **welcher Art** wären sie? Abzustellen ist auf die Gefahr solcher rechtswidrigen Taten, die ihrer Art und ihrem Gewicht nach **ausreichend** sein müssen, **auch die Anordnung der Maßregel zu tragen** (für eine Anhebung dieser „Grenze“ mit plausiblen Argumenten *Walter* ZRP 2014, 103, 106).

- **Berücksichtigt** werden müssen auch die in der **Vergangenheit** vom Untergebrachten verübten Taten und Veränderungen seit der Anordnung der Maßregel, **soweit** sie **für die künftige Entwicklung bestimmend** sind.
- Wie ausgeprägt ist mithin das **Maß** der **Gefährdung** (Häufigkeit und Rückfallfrequenz)? Das Maß der Gefährdung ist **hinreichend** zu **konkretisieren**, Art und Grad der Wahrscheinlichkeit zukünftiger rechtswidriger Taten sind zu bestimmen. Die **bloße Möglichkeit** zukünftiger rechtswidriger Taten reicht gerade **nicht** aus.
- Welches **Gewicht** kommt den **bedrohten Rechtsgütern** zu?
- Einbeziehung des **Grundsatzes** der **Verhältnismäßigkeit** (sog. integrative Betrachtung): Die Gefährlichkeit des Untergebrachten ist mit dem mit dem Vollzug der Maßregel verbundenen Eingriff in die Freiheitsrechte des Verurteilten in Verhältnis zu setzen. Die Maßregel ist deshalb nur so lange zu vollstrecken, wie der Zweck der Maßregel es erfordert und zur Erreichung dieses Ziels weniger belastende Maßnahmen nicht genügen. Je länger die Unterbringung andauert, desto strenger sind die Anforderungen an die Verhältnismäßigkeit.
- Maßnahmen für ein **individuelles Risikomanagement**

5. Für die Vollstreckung der Unterbringung in einer **Entziehungsanstalt** (§ 64 StGB) kann grds. unter den **1265**
Voraussetzungen des § 455 StPO **Aufschub** und **Unterbrechung** gewährt werden. Auf die Vollstreckung der Unterbringung in einem psychiatrischen Krankenhaus (§ 63 StGB) findet § 455 StPO keine Anwendung (§ 463 Abs. 5 S. 1 StPO).

6.a) Für eine nachträgliche Entscheidung über die **Änderung** der **Reihenfolge** der **Vollstreckung** einer **1266**
freiheitsentziehenden Maßregel und einer in demselben Verfahren verhängten Freiheitsstrafe nach § 67 Abs. 3 StGB ist bei einem in Freiheit befindlichen Verurteilten das Gericht des ersten Rechtszugs zuständig, die StVK erst, wenn der Vollzug der Unterbringung oder der Freiheitsstrafe begonnen hat (§§ 463 Abs. 1, 462a Abs. 1 StPO). Über die Reihenfolge der Vollstreckung von Freiheitsstrafe und freiheitsentziehender Maßregel der Besserung und Sicherung aus verschiedenen Strafurteilen entscheidet die Vollstreckungsbehörde (§ 44b Abs. 2 S. 1 StVollstrO; OLG Celle NStZ 1983, 188; OLG Düsseldorf NStZ 1983, 383; OLG München NStZ 1988, 93).

b) Einwendungen gegen die Entscheidung der Vollstreckungsbehörde sind bei dem für die Entscheidung **1267**
nach § 462 StPO zuständigen Gericht zu erheben (§§ 463 Abs. 1, 454b Abs. 1, 458 Abs. 2 StPO).

7. Neben den Vorschriften über die Anrechnung von U-Haft (und der Organisationshaft) besteht mit § 67 **1268**
Abs. 4 StGB eine besondere Vorschrift über die Anrechnung des Maßregelvollzugs auf eine daneben verhängte Freiheitsstrafe (→ *Maßregeln, Erwachsene, Anrechnung*, Teil B Rdn 987; → *Maßregeln, Erwachsene, Organisationshaft*, Teil B Rdn 1115).

Siehe auch: → *Maßregeln, Erwachsene, Bewährung*, Teil B Rdn 1014, m.w.N.; → *Maßregeln, Erwachsene, Erledigterklärung*, Teil B Rdn 1064; → *Maßregeln, Erwachsene, Krisenintervention*, Teil B Rdn 1092; → *Maßregeln, Erwachsene, Organisationshaft*, Teil B Rdn 1115; → *Maßregeln, Erwachsene, Pflichtverteidiger*, Teil B Rdn 1121; → *Maßregeln, Erwachsene, Rechtsschutz*, Teil B Rdn 1155; → *Maßregeln, Erwachsene, Überprüfung*, Teil B Rdn 1162; → *Maßregeln, Erwachsene, Überweisung*, Teil B Rdn 1189; → *Maßregeln, Erwachsene, Vollstreckungsreihenfolge*, Teil B Rdn 1197.

Maßregeln, Jugendliche 1269

Das Wichtigste in Kürze:

1. Für die Vollstreckung der Unterbringung in einem psychiatrischen Krankenhaus oder einer Entziehungsanstalt gelten über § 2 JGG die allgemeinen Vorschriften der §§ 67 ff. StGB.
2. Zuständig für die Vollstreckung ist nach § 82 JGG grds. der Jugendrichter als Vollstreckungsleiter.

1270 **Literaturhinweise:** S. die Hinweise bei → *Jugendliche, Vollstreckung, Allgemeines*, Teil B Rdn 738 m.w.N. → *Maßregeln, Erwachsene, Allgemeines*, Teil B Rdn 970 m.w.N.

1271 **1.a)** Für die Vollstreckung der Unterbringung in einem psychiatrischen Krankenhaus oder einer Entziehungsanstalt fehlen gesonderte Vorschriften im JGG (Ausnahme: § 93a JGG). Insofern gelten über § 2 JGG die **allgemeinen Vorschriften der §§ 67 ff. StGB**. D.h. es gelten dieselben Anrechnungs- und Berechnungsfristen, auch die Überprüfungsfristen des § 67e StGB (*Lissner* StraFo 2013, 489); ebenso der Vorwegvollzug nach § 67 Abs. 2 S. 2 StGB (BGH, Beschl. v. 26.5. 2009 – 4 StR 134/09, NStZ 2010, 93; → *Maßregeln, Erwachsene, Erledigterklärung*, Teil B Rdn 1064; → *Maßregeln, Erwachsene, Überprüfung*, Teil B Rdn 1162; → *Maßregeln, Erwachsene, Überweisung*, Teil B Rdn 1189; → *Maßregeln, Erwachsene, Vorwegvollzug*, Teil B Rdn 1197).

1272 Bei der Vollstreckung einer Maßregel nach § 63 StGB hat der Jugendrichter nach **landesrechtlichen Regeln** grds. dafür Sorge zu tragen, dass die Maßregel in einer **speziellen** geschlossenen psychiatrischen **Einrichtung für Jugendliche** erfolgt (Ostendorf/*Rose* § 82 Rn 2). Für die Maßregel der Unterbringung in einer Entziehungsanstalt (§ 64 StGB) bestimmt § 93a JGG, dass diese in einer Einrichtung zu vollziehen ist, in der die für die Behandlung suchtkranker Jugendlicher erforderlichen besonderen therapeutischen Mittel und sozialen Hilfen zur Verfügung stehen (→ *Maßregelvollzug, Jugendliche*, Teil C Rdn 161).

1273 **b)** Wird im Fall einer stationären Maßregel diese **vor der Strafe vollzogen** (§ 67 Abs. 1 StGB; → *Maßregeln, Erwachsene, Vollstreckungsreihenfolge*, Teil B Rdn 1197), so gelten aufgrund der Anrechnung dieser Maßregelvollzugszeit auf die Jugendstrafe (§ 67 Abs. 4 StGB) die **Voraussetzungen** des **§ 88 JGG** einheitlich für die **Aussetzung** zur **Bewährung**, die für beide Sanktionen nur zusammen getroffen werden kann (Ostendorf/*Rose,* § 88 Rn 14). Der umgekehrte Fall, in dem die Strafe vor der Maßregel vollzogen wird, ist in § 67c StGB geregelt.

1274 **2.** Zuständig für die Vollstreckung ist nach § 82 JGG der **Jugendrichter** als Vollstreckungsleiter (→ *Jugendliche, Vollstreckung, Zuständigkeit*, Teil B Rdn 953).

1275 Mit **Aufnahme** in einem **psychiatrischen Krankenhaus** oder einer **Entziehungsanstalt ändert** sich die **örtliche Zuständigkeit** (§ 85 Abs. 4, Abs. 2 JGG). Danach wird – wie bei einer Aufnahme in eine Jugendstrafanstalt – der Vollstreckungsleiter desjenigen Gerichts zuständig, in dessen Zuständigkeitsbereich sich die Anstalt befindet.

1276 § 85 Abs. 6 JGG (**Abgabe der Vollstreckung** an die Staatsanwaltschaft; s. → *Jugendliche, Vollstreckung, Jugendstrafe,* Teil B Rdn 855 ff.) gilt entsprechend.

1277 Wird bei einem **Heranwachsenden** die Unterbringung in einem psychiatrischen Krankenhaus angeordnet, ist die Erörterung der Voraussetzungen des § 105 JGG an sich entbehrlich. Für die vollstreckungsrechtliche Zuständigkeit kommt es darauf an, ob sich aus dem Urteil ergibt, dass bei einer Schuldfeststellung Jugendstrafrecht anzuwenden gewesen sein wäre. Ergibt sich dies aus den Gründen, so ist der Jugendrichter als Vollstreckungsleiter nach § 82 Abs. 1 JGG zuständig. Ist dies nicht der Fall, so richtet sich die Zuständigkeit für Folgeentscheidungen nach dem Erwachsenenrecht (OLG Hamm, Beschl. v. 20.3.2008 – 3 (s) Sbd I – 7/08, 3 (s) Sbd 1 – 7/08).

Siehe auch: → *Jugendliche, Vollstreckung, Allgemeines*, Teil B Rdn 738 ff.; → *Maßregeln, Erwachsene, Allgemeines*, Teil B Rdn 969 m.w.N.

Teil C: Vollzug

Maßregelvollzug, Erwachsene, Allgemeines 1

Das Wichtigste in Kürze:

1. Maßregelvollzugsrecht regelt das Verhältnis einer von einer Unterbringung nach § 63 StGB oder § 64 StGB betroffenen Person zu der Unterbringungseinrichtung.
2. Es findet seine Grundlage in §§ 136 ff. StVollzG i.V.m. landesrechtlichen Vorschriften.
3. Die Maßregelvollzugsgesetze der Länder erreichen zumeist nicht die Differenziertheit der für Gefangene geltenden Strafvollzugsregelungen.
4. Die Maßregelvollzugsgesetze unterscheiden bei ihren Regelungen nicht zwischen Personen, die nach § 63 StGB in einem psychiatrischen Krankenhaus und Personen, die nach § 64 StGB in einer Entziehungsanstalt untergebracht sind.
5. Ergänzend finden die allgemeinen Regelungen des jeweiligen Verwaltungsverfahrensgesetzes der Länder Anwendung.

Literaturhinweise: **Baer,** Gefahrenabwehrrechtliche Denkfiguren im Straf- und Maßregelvollzugsrecht, NStZ 2009, 529; **Baur,** Die bundesrechtlichen Neuregelungen für Fixierungen im Straf- und Maßregelvollzug, NJW 2019, 2273; *ders.*, Zwangsmaßnahmen im privatisierten Maßregelvollzug, R&P 2012, 128; **Grottkopp,** Medizinische Zwangsbehandlung untergebrachter Personen – in Grenzen – wieder möglich, BtPrax 2013, 83; **Hinne,** Das Einsichtsrecht in Patientenakten, NJW 2005, 2270; **Kammeier,** Lockerungen und Entlassungen aus der psychiatrischen Maßregel, R&P 2013, 3; **Lindemann,** Die Bedeutung der Grund- und Menschenrechte für den Straf- und Maßregelvollzug, ZStW 137, 881; *ders.*, Die Sanktionierung unbotmäßigen Patientenverhaltens. Disziplinarische Aspekte des psychiatrischen Maßregelvollzugs; **Olzen/Metzmacher,** Zulässigkeit der Zwangsbehandlung untergebrachter Personen, BtPrax 2011, 233; **Mushoff,** Zum Anspruch auf Leistungen der Grundsicherung für Arbeitssuchende bei einer Dauerbeurlaubung aus dem Maßregelvollzug, NZS 2021, 72; **Pollähne,** Lockerungen im Maßregelvollzug, 1994; *ders.*, Verteidigung in Maßregelvollstreckung und -vollzug, StraFo 2007, 404; StraFo 2007, 486; **Steinböck,** Ein Jahr Bayerisches Maßregelvollzugsgesetz, R&P 2017, 131; **Thar,** Die Einwilligung des Betreuers in die Zwangsbehandlung, BtPrax 2013, 91; **Volckart,** Rechtsanspruch auf Lockerungen und Urlaub im Maßregelvollzug, 1984. 2

1.a) Erfolgt eine Unterbringung eines Beschuldigten in einem psychiatrischen Krankenhaus nach § 63 StGB oder in einer Entziehungsanstalt nach § 64 StGB schließt sich die Vollstreckung der Maßregel an, die in §§ 67 ff. StGB normiert ist und die Fragen nach dem „Ob" bzw. dem „Ob noch" beinhaltet. Vielfach wird diese Materie bereits unter dem Stichwort „Maßregelvollzugsrecht" beschrieben, obgleich es sich dabei tatsächlich um **Maßregelvollstreckungsrecht** handelt (→ *Maßregeln, Erwachsene, Überprüfung,* Teil B Rdn 1162 ff). In Abgrenzung dazu geht es beim **Maßregelvollzugsrecht** i.e.S. um das „**Wie**" und damit die eigentliche Durchführung der Maßregel. Damit verbunden sind zahlreiche denkbare Sachverhalte, bei denen es um Eingriffe in die Rechtssphäre der untergebrachten Person durch oder mögliche Ansprüche des Patienten gegen die Einrichtung gehen kann. Wie bei jeder staatlichen Maßnahme, die sich gegen grundrechtlich geschützte Positionen richtet, bedürfen auch solche im Maßregelvollzug einer gesetzlichen **Ermächtigungsgrundlage**. Ein besonderes Gewaltverhältnis im weißen Kittel gibt es nicht (*Volckart/Grünebaum*, III. Teil, Rn 2). 3

b) Die Gestaltung des Vollzugs hat dem spezialpräventiven Charakter der Unterbringungsanordnung Rechnung zu tragen. Über den unabdingbaren Entzug der „äußeren" Freiheit hinausgehende weitere Belastungen sind zu vermeiden. Dem muss durch eine freiheits- und therapiegerichtete Zielsetzung des Vollzugs Rechnung getragen werden. Das Leben im Maßregelvollzug ist **den allgemeinen Lebensverhältnissen anzupassen**, soweit Sicherheitsbelange dem nicht entgegenstehen (BVerfG, Urt. v. 4.5.2011 – 2 BvR 2333/08). 4

2.a) Der Vollzug freiheitsentziehender Maßregeln nach §§ 63, 64 StGB richtet sich nach den §§ 136 – 138 StVollzG und den Vollzugsvorschriften der Länder. Die **Zweiteilung der gesetzlichen Regelungen zum** 5

Maßregelvollzug beruht darauf, dass das BVerfG einerseits den Maßregelvollzug als Strafvollzug im weiteren Sinne angesehen hat (Beschl. v. 12.12.1991 – 2 BvL 8/89, NJW 1992, 1555), so dass die Materie vor der Föderalismusreform 2006 in den Anwendungsbereich der konkurrierenden Gesetzgebung fiel. Gleichwohl meinte der Bundesgesetzgeber andererseits, mit Ausnahme der nur rudimentären Regelungen in §§ 136 – 138 StVollzG zu generellen Zielen und Aufgaben der Unterbringung die weitere Ausgestaltung der Unterbringung den Ländern vorbehalten zu lassen, um eine gewisse Harmonisierung mit den Vorschriften zur Unterbringung von Personen auf der Grundlage anderer Gesetze, für die den Ländern bereits die Gesetzgebungskompetenz zustand, erreichen zu können. Infolge der Föderalismusreform haben einige Länder die in §§ 136 – 138 StVollzG geregelte Materie – teils durch Anordnung der Weitergeltung, teils inhaltlich – übernommen. Aber auch in den Ländern, die darauf verzichtet haben, gelten die Grundsätze von §§ 136, 137 StVollzG weiter, da sie sich unmittelbar aus §§ 63, 64 StGB ableiten lassen (*Volckart/Grünebaum*, III. Teil, Rn 9).

6 **b)** Als Patient in einem **psychiatrischen Krankenhaus** hat der nach § 63 StGB Untergebrachte einen **Rechtsanspruch auf Therapie** (Arloth/Krä/*Arloth*, § 136 StVollzG, Rn 2; BeckOK-StVollzG/*Beck*, § 136, Rn 4; LNNVB/*Laubenthal*, Kap. Q, Rn 5). Der untergebrachten Person ist die nach ärztlichen Gesichtspunkten (§ 136 S. 1 StVollzG) erforderliche Aufsicht, Betreuung und Pflege zuteilwerden zu lassen (§ 136 S. 3 StVollzG). Gleichzeitig soll die Behandlung darauf ausgerichtet werden, dass die untergebrachte Person nicht mehr **gefährlich** ist (§ 136 S. 2 StVollzG). Dies begründet ein **Spannungsverhältnis**, bei dem dem Sicherheitsaspekt nach dem Wortlaut („soweit möglich, soll") der Vorrang eingeräumt wird (LNNVB/Laubenthal, a.a.O.). Therapiemaßnahmen sind daher nur erlaubt, wenn dadurch die Sicherheit der Allgemeinheit nicht gefährdet wird. Soweit aber gegen eine nach § 63 StGB untergebrachte Person Maßnahmen ergriffen werden, die in dessen rechtlich geschützte Sphäre eingreifen, bedarf es hierzu einer speziellen Ermächtigungsgrundlage (BVerfG, Beschl. v. 12.11.2007 – 2 BvR 9/06, NStZ-RR 2007, 92). Sie ergibt sich nicht bereits aus § 136 StVollzG (OLG München, Beschl. v. 6.6.2008 – 4 Ws 59/08). Soweit teilweise die Rspr. eine Eingriffsgrundlage unmittelbar aus der einer Vollzugseinrichtung übertragenen Aufgabe, die untergebrachten Personen durch Behandlung und Therapie so weit wie möglich zu heilen, annimmt (OLG Schleswig, Beschl. v. 28.8.2025 – 1 Ws 14/25 Vollz), ist dem aus verfassungsrechtlichen Gründen nicht zu folgen.

7 **c)** Für den Fall der Unterbringung in einer **Entziehungsanstalt** nach § 64 StGB sieht § 137 StVollzG die Verpflichtung dieser vor, Maßnahmen zur Heilung der untergebrachten Person von ihrem Hang und zur Behebung der diesem zugrundeliegenden Fehlhaltung vorzunehmen. Auch hierdurch wird somit ein Anspruch des Untergebrachten auf Durchführung einer Therapie, gerichtet auf Behandlung seiner Sucht, begründet (OLG Celle, Beschl. v. 10.11.1994 – 1 VAs 4/94). Ein Sicherungsauftrag wie in § 136 S. 2 StVollzG ist gesetzlich nicht vorgesehen, wird aber, solange nicht wegen der Aussichtslosigkeit auf einen Behandlungserfolg die Maßregel abzubrechen ist (→ *Maßregeln, Erwachsene, Erledigterklärung,* Teil B Rdn 1064) von der h.M. bejaht (Arloth/Krä/*Arloth,* § 137 StVollzG, Rn 1; BeckOK-StVollzG/*Beck,* § 137, Rn 5; LNNVB/*Laubenthal,* Kap. Q, Rn 7; SBJL/*Jehle,* 15. Kap., Rn 21; a.A. FFL/*Pollähne,* § 137 StVollzG, Rn 3; *Volckart/Pollähne*, III. Teil, Rn 527).

8 **3.a)** Die nähere Ausgestaltung der Durchführung des Maßregelvollzuges nach §§ 63, 64 StGB richtet sich im Übrigen hauptsächlich nach den **Vorschriften der Länder** (§ 138 Abs. 1 StVollzG). Anwendbar bleiben ergänzend die Regelungen zur Unpfändbarkeit von Überbrückungsgeld und Entlassungsbeihilfe nach §§ 51 Abs. 4, 5 und § 75 Abs. 3 StVollzG (§ 138 Abs. 1 S. 2 StVollzG) sowie – modifiziert – zum Unterbringungskostenbeitrag nach § 50 StVollzG (§ 138 Abs. 2 StVollzG).

9 **b)** Ein Vergleich der Landesvorschriften zum Maßregelvollzug mit denen zum Strafvollzug macht deutlich, dass die dortigen Regelungen viel weniger detailreich und teilweise sogar lückenhaft sind. Erst allmählich haben die Landesgesetzgeber damit begonnen, ausführliche Regelungen zu erlassen. Soweit Regelungen derzeit vorhanden sind, weichen diese teilweise gravierend voneinander ab. Für eine Darstellung im Einzelnen muss daher auf die einschlägige Kommentarliteratur verwiesen werden. Wie für die

Anwendung des jeweiligen Landesstraf- bzw. justizvollzugsgesetzes bietet sich aber für den jeweiligen Bearbeiter an, sich zunächst mit der Materie durch einfaches Lesen des Gesetzestextes einen ersten Eindruck zu verschaffen. Die folgende **Tabelle** soll dem Anwender im jeweiligen Bundesland einen schnellen Zugriff auf die anzuwendenden Normen bieten. In der Spalte ganz links sind die Bundesländer in alphabetischer Reihenfolge aufgeführt. Die übrigen 20 Hauptüberschriften decken die Untergebrachte hauptsächlich betreffenden Gebiete in allgemein gehaltener Form ab. Sie sind durch Lesen schnell zu erfassen und geben dem Nutzer einen ersten Anhaltspunkt, in welchen Vorschriften er fündig werden kann. Die unterhalb der Hauptüberschriften vorgenommene Unterteilung dient dazu, das konkret gesuchte Stichwort auffinden zu können, welches in den darunter genannten Normen – soweit vorhanden – behandelt wird. Alle dort genannten Vorschriften beziehen sich auf den Stand 1.2.2026. Ergänzende inhaltliche Ausführungen finden sich dann in weiteren Kapiteln, deren Fundstellen sich jew. am unteren Ende der einzelnen Tabellenspalten befinden. Zudem kann auch ein vorsichtiger Vergleich mit den Ausführungen zu den einzelnen spiegelbildlichen Begriffen der Kapitel zum Strafvollzug hilfreich sein.

☝ Auf länderspezifische Besonderheiten kann darin im Hinblick auf die nicht nur im Detail teilweise gravierenden Unterschiede nicht weiter eingegangen werden. Soweit sich dort Formulierungen finden wie etwa „In einigen Ländern“ o.ä., ist durch ein Lesen der in der Tabelle angegebenen Normen zu erkennen, ob das betreffende Land darunter fällt.

10

	Arbeit	**Behandlungsplan**	**Besitz**
	Arbeitsentgelt, Arbeitstherapie, Arbeitstraining, externe Arbeit, Motivationsgeld	Eingliederungsplan, Therapieplan, Vollzugsplan	Einkauf, Gewahrsam, Hörfunk und TV, Sport, Zeitungsbezug, Zimmerausstattung
Baden-Württemberg	§§ 39, 45, 46 PsychKHG BW	§ 38 Abs. 3 PsychKHG BW	§§ 41, 42 PsychKHG BW
Bayern	Art. 10 BayMRVG	Art. 5 BayMRVG	Art. 9, 15 BayMRVG
Berlin	§§ 61, 76 PsychKG Bln	§ 55 PsychKG Bln	§§ 63, 64, 65, 67 PsychKG Bln
Brandenburg	§ 46 BbgPsychKG	§ 37 BbgPsychKG	§§ 22, 27, 45 BbgPsychKG
Bremen	§§ 60, 77 BremPsychKG	§ 55 BremPsychKG	§§ 62, 64, 66 BremPsychKG
Hamburg	§§ 12, 36 HmbMVollzG	§ 9 HmbMVollzG	§ 14 HmbMVollzG
Hessen	§ 6 Abs. 1 HMaßrVollzG	§ 6 HMaßrVollzG	§§ 13, 14, 16, 25, 26 HMaßrVollzG
Mecklenburg-Vorpommern	§§ 39, 40 PsychKG M-V	§§ 17, 38 PsychKG M-V	§§ 27, 38, 42 Abs. 4 u. 6 PsychKG M-V
Niedersachsen	§ 9 Nds. MVollzG	§ 7 Nds. MVollzG	§§ 17, 19, 21 Nds. MVollzG
Nordrhein-Westfalen	§ 14 StrUG NRW	§ 8 StrUG NRW	§§ 19, 20 StrUG NRW, 5 VO MRVG NRW
Rheinland-Pfalz	§§ 19, 34, 35 MVollzG RhPf	§ 13 MVollzG RhPf	§§ 22, 23 MVollzG RhPf
Saarland	§§ 15, 30 SaarMRVG	§§ 9, 10 SaarMRVG	§§ 19, 22 SaarMRVG
Sachsen	§ 64 SächsPsychKHG	§ 53 SächsPsychKHG	§§ 57, 60 SächsPsychKHG
Sachsen-Anhalt	§§ 12, 14 MVollzG LSA	§ 13 MVollzG LSA	§ 22 MVollzG LSA

	Arbeit	**Behandlungsplan**	**Besitz**
	Arbeitsentgelt, Arbeitstherapie, Arbeitstraining, externe Arbeit, Motivationsgeld	Eingliederungsplan, Therapieplan, Vollzugsplan	Einkauf, Gewahrsam, Hörfunk und TV, Sport, Zeitungsbezug, Zimmerausstattung
Schleswig-Holstein	§ 25 MVollzG SH	§ 7 MVollzG SH	§§ 12, 18 MVollzG SH
Thüringen	§§ 14, 31 ThürMRVG	§ 11 ThürMRVG	§ 15 ThürMRVG
Ausführungen dazu	(→ *Maßregelvollzug, Erwachsene, Arbeit,* Teil C Rdn 21)	(→ *Maßregelvollzug, Erwachsene, Behandlungsplan,* Teil C Rdn 30)	(→ *Maßregelvollzug, Erwachsene, Besitz, Einkauf und Freizeit,* Teil C Rdn 36)

11

	Besuch	**Bildung**	**Datenschutz**
	Besuchsempfang, Besuchsüberwachung	Ausbildung, Ausbildungsbeihilfe, Schule, Weiterbildung, Zeugnis	Akteneinsicht, Auskunft, Datenerhebung, -löschung, -speicherung, -verarbeitung, -weitergabe, ED
Baden-Württemberg	§ 40 PsychKHG BW	*Keine Regelung*	§ 53 PsychKHG BW
Bayern	Art. 12, 13 BayMRVG	Art. 10 BayMRVG	Art. 28, 34, 34a BayMRVG
Berlin	§ 66 PsychKG Bln	§§ 60, 75 PsychKG Bln	§§ 82, 83, 84, 85, 86, 87, 88, 89, 90, 91, 92, 93, 94, 95, 96, 97, 98, 99, 100, 101 PsychKG Bln,
Brandenburg	§§ 24, 45 BbgPsychKG	§ 46 BbgPsychKG	§§ 20 Abs. 5, 42, 45 BbgPsychKG, §§ 1 ff. BbgPJMDSG
Bremen	§§ 65, 66 BremPsychKG	§§ 60, 77 BremPSychKG	§§ 67, 69, 90, 91, 92, 93, 94, 95, 96, 97, 98, 99, 100, 101 BremPsychKG
Hamburg	§ 15 HmbMVollzG	§§ 12, 13 HmbMVollzG	§§ 19, 29, 40, 40a, 41, 43, 44, 45, 46, 47 HmbMVollzG
Hessen	§§ 17, 18, 19 HMaßrVollzG	*Keine Regelung*	§ 36 HMaßrVollzG
Mecklenburg-Vorpommern	§§ 29, 31, 38, 42 Abs. 3 PsychKG M-V	§ 39 PsychKG M-V	§§ 41, 47 PsychKG M-V
Niedersachsen	§ 20 Nds. MVollzG	§ 9 Nds. MVollzG	§§ 21a, 21b, 21c Nds. MVollzG
Nordrhein-Westfalen	§ 22 StrUG NRW, 6 VO MRVG NRW	§ 13 StrUG NRW	§§ 20, 36, 37, 38, 39, 40, 41, 42, 43, 44, 45, 46 StrUG NRW
Rheinland-Pfalz	§ 24 MVollzG RhPf	§ 18 MVollzG RhPf	§ 41, 42, 43, 44 MVollzG RhPf
Saarland	§ 21 SaarMRVG	§ 15, 30 SaarMRVG	§§ 36, 37, 38, 39, 40, 41, 42 SaarMRVG
Sachsen	§ 58 SächsPsychKHG	§ 64 SächsPsychKHG	§§ 51 Abs. 3, 70, 73, 91, 92 SächsPsychKHG
Sachsen-Anhalt	§ 22 MVollzG LSA	§ 12 MVollzG LSA	§§ 32, 33, 34, 35, 36, 37, 38 MVollzG LSA

	Besuch	Bildung	Datenschutz
	Besuchsempfang, Besuchsüberwachung	Ausbildung, Ausbildungsbeihilfe, Schule, Weiterbildung, Zeugnis	Akteneinsicht, Auskunft, Datenerhebung, -löschung, -speicherung, -verarbeitung, -weitergabe, ED
Schleswig-Holstein	§ 13 MVollzG SH	*Keine Regelung*	§§ 27, 37, 38, 39, 40, 41, 42, 43, 44 MVollzG SH
Thüringen	§ 17 ThürMRVG	§ 14 ThürMRVG	§§ 19, 34, 35, 36, 37, 38, 39, 40, 41 ThürMRVG
Ausführungen dazu	(→ *Maßregelvollzug, Erwachsene, Besuch,* Teil C Rdn 43)	(→ *Maßregelvollzug, Erwachsene, Bildung,* Teil C Rdn 48)	(→ *Maßregelvollzug, Erwachsene, Datenschutz,* Teil C Rdn 53)

12

	Disziplinarsachen	Durchsuchung	Geld
			Barbetrag, Eigengeld, Hausgeld, Taschengeld, Überbrückungsgeld, Unterbringungskosten
Baden-Württemberg	*Keine Regelung*	§§ 50, 64 PsychKHG BW	§§ 43, 47, 48 PsychKHG BW
Bayern	Art. 22 BayMRVG	Art. 24 BayMRVG	Art. 29, 30, 31 BayMRVG
Berlin	§ 43 Abs. 3 S. 2 PsychKG Bln	§ 71 PsychKG Bln	§§ 64 Abs. 5, 74, 75, 77, 78, 79 PsychKG Bln
Brandenburg	*Keine Regelung*	§§ 21 Abs. 2 Nr. 3, 22, 45 BbgPsychKG	§§ 47, 51 BbgPsychKG
Bremen	*Keine Regelung*	§ 70 BremPSychKG	§§ 76, 78, 104 BremPsychKG
Hamburg	*Keine Regelung*	§ 31 HmbMVollzG	§§ 35, 37, 38 HmbMVollzG
Hessen	§ 32 HMaßrVollzG	§ 31 HMaßrVollzG	§§ 11, 12 HMaßrVollzG
Mecklenburg-Vorpommern	*Keine Regelung*	§§ 23, 24, 38, 42 Abs. 2 PsychKG M-V	§§ 19, 38, 44, 45 PsychKG M-V
Niedersachsen	*Keine Regelung*	§ 22 Nds. MVollzG	§§ 11, 12, 13, 25 Nds. MVollzG
Nordrhein-Westfalen	*Keine Regelung*	§§ 30, 31 StrUG	§§ 27, 28, 29, 56, 57 StrUG NRW, 8 VO MRVG NRW
Rheinland-Pfalz	*Keine Regelung*	§ 28 MVollzG RhPf	§§ 33, 36, 37, 38 MVollzG RhPf
Saarland	§ 25 SaarMRVG	§ 20 SaarMRVG	§§ 29, 31, 35 SaarMRVG
Sachsen	§ 71 SächsPsychKHG	§§ 36, 72 SächsPsychKHG	§§ 57, 61, 62, 63, 65, 66 SächsPsychKHG
Sachsen-Anhalt	§ 21 MVollzG LSA	§ 24 MVollzG LSA	§§ 30, 39 MVollzG LSA
Schleswig-Holstein	*Keine Regelung*	§ 28 MVollzG SH	§§ 23, 24, 26, 45, 46 MVollzG SH
Thüringen	§ 21 ThürMRVG	§ 28 ThürMRVG	§§ 15, 30, 31, 32, 33 ThürMRVG
Ausführungen dazu	(→ *Maßregelvollzug, Erwachsene, Disziplinarsachen,* Teil C Rdn 60)	(→ *Maßregelvollzug, Erwachsene, Durchsuchung,* Teil C Rdn 65)	(→ *Maßregelvollzug, Erwachsene, Geld,* Teil C Rdn 71)

13

	Gesundheitsfürsorge	Kleidung	Post
	Ärztliche Behandlung, Hilfsmittel, Psychotherapie, Zwangsbehandlung	Anstaltskleidung, Privatkleidung	Behördenpost, Schriftwechsel, Pakete, Verteidigerpost
Baden-Württemberg	§§ 20, 38, 42, 44 PsychKHG,	§ 41 PsychKHG BW	§§ 22, 41 PsychKHG BW
Bayern	Art. 6, 11 Abs. 2, 15 BayMRVG	*Keine Regelung*	Art. 13 BayMRVG,
Berlin	§§ 56, 57, 59, 67 Abs. 2 PsychKG Bln	§ 64 PsychKG Bln	§§ 64 Abs. 2 S. 3, 65 PsychKG Bln
Brandenburg	§§ 28, 40, 41, 45 BbgPsychKG	§§ 20 Abs. 4, 45 BbgPsychKG	§§ 25, 26, 45 PsychKG
Bremen	§§ 26, 27, 56, 57, 58 BremPsychKG	§ 62 BremPsychKG	§§ 63, 66 BremPsychKG
Hamburg	§§ 10, 11, 20 Abs. 3 HmbMVollzG	§ 14 HmbMVollzG	§§ 16, 18 HmbMVollzG
Hessen	§§ 7, 7a, 27 HMaßrVollzG	§ 15 HMaßrVollzG	§§ 20, 21, 22, 24 HMaßrVollzG
Mecklenburg-Vorpommern	§§ 25, 26, 38 PsychKG M-V	§§ 27, 38 PsychKG M-V	§§ 30, 31, 38, 42 Abs. 5 PsychKG M-V
Niedersachsen	§§ 8, 8a, 8b Nds. MVollzG	§ 19 Abs. 2 Nds. MVollzG	§ 21 Nds. MVollzG
Nordrhein-Westfalen	§§ 3 Abs. 2, 7, 9, 10, 11, 12, 23 Abs. 3 StrUG NRW	§ 19 StrUG	§ 21 StrUG NRW, § 5 VO MRVG NRW
Rheinland-Pfalz	§§ 14, 15, 25 Abs. 2 MVollzG RhPf	*Keine Regelung*	§ 23 MVollzG RhPf
Saarland	§§ 11, 12 SaarMRVG	§ 19 Abs. 1 SaarMRVG	§ 23 SaarMRVG
Sachsen	§§ 50 Abs. 3, 52, 67 SächsPsychKHG	§ 57 Abs. 1 Sächs-PsychKHG	§ 59 SächsPsychKHG
Sachsen-Anhalt	§§ 8, 9, 9a, 10, 15 MVollzG LSA	§ 22 Abs. 1 MVollzG LSA	§ 23 MVollzG LSA
Schleswig-Holstein	§§ 6, 9, 10, 21 MVollzG SH	§ 12 Abs. 3 MVollzG SH	§§ 14, 15, 18 MVollzG SH
Thüringen	§§ 11, 12, 13 Abs. 3 S. 4, 29 ThürMRVG	§ 15 ThürMRVG	§ 18 ThürMRVG
Ausführungen dazu	(→ *Maßregelvollzug, Erwachsene, Gesundheitsfürsorge,* Teil C Rdn 82)	(→ *Maßregelvollzug, Erwachsene, Kleidung,* Teil C Rdn 89)	(→ *Maßregelvollzug, Erwachsene, Post,* Teil C Rdn 94)

14

	Religionsausübung	Sicherungsmaßnahmen und unmittelbarer Zwang	Telekommunikation
	Religiöse Schriften, Gegenstände und Veranstaltungen, Seelsorge	Absonderung, Beobachtung, Einschluss, Fesselung, Festhalten, Fixierung, Isolierung, Nachschau, Ruhigstellung, Vorenthaltung, Wegnahme	E-Mail, Mobilfunk, Telefonerlaubnis
Baden-Württemberg	§§ 24, 37 PsychKHG BW	§§ 25, 26, 49, 50 PsychKHG BW	§ 41 PsychKHG BW
Bayern	Art. 14 BayMRVG	Art. 25, 27 BayMRVG	Art. 13 BayMRVG,
Berlin	§ 68 PsychKG Bln	§§ 72, 80, 98 PsychKG Bln	§ 65 PsychKG Bln
Brandenburg	§§ 23, 45 BbgPsychKG	§§ 20, 21, 45 BbgPsychKG	§§ 26, 45 BbgPsychKG
Bremen	§§ 38, 68 BremPsychKG	§§ 40, 42, 71, 72, 73, 75 BremPsychKG	§§ 64, 66 BremPsychKG
Hamburg	§ 21 HmbMVollzG	§§ 32, 33, 34, 40a HmbMVollzG	§ 17 HmbMVollzG
Hessen	§§ 28, 29, 30 HMaßrVollzG	§§ 7b, 34, 35 HMaßrVollzG	§ 23 HMaßrVollzG
Mecklenburg-Vorpommern	§§ 28, 38 PsychKG M-V	§§ 21, 22, 38, 42, 48 PsychKG M-V	§§ 29, 31. 38, 42 Abs. 3 PsychKG M-V
Niedersachsen	§ 10 Nds. MVollzG	§§ 18, 23, 23a, 23b Nds. MVollzG	§ 21 Nds. MVollzG
Nordrhein-Westfalen	§ 24 StrUG NRW, 7 VO MRVG NRW	§§ 32, 33, 35, 44, 45 StrUG NRW, 9 VO MRVG NRW	§§ 21 StrUG NRW, 6 VO MRVG NRW
Rheinland-Pfalz	§ 26 MVollzG RhPf	§§ 29, 31 MVollzG RhPf	§ 23 MVollzG RhPf
Saarland	§ 24 SaarMRVG	§§ 26, 27, 28 SaarMRVG	§ 22 SaarMRVG
Sachsen	§§ 30, 56 SächsPsychKHG	§§ 34, 68, 69, 74 SächsPsychKHG	§ 59 SächsPsychKHG
Sachsen-Anhalt	§ 16 MVollzG LSA	§§ 20, 20a, 33 MVollzG LSA	§ 23 MVollzG LSA
Schleswig-Holstein	§ 11 MVollzG SH	§§ 29, 30, 31, 41 MVollzG SH	§§ 16, 17, 18 MVollzG LSA
Thüringen	§ 16 ThürMRVG	§§ 26, 27, 35 ThürMRVG	§ 18 ThürMRVG
Ausführungen dazu	(→ *Maßregelvollzug, Erwachsene, Religionsausübung,* Teil C Rdn 109)	(→ *Maßregelvollzug, Erwachsene, Sicherungsmaßnahmen und Unmittelbarer Zwang,* Teil C Rdn 116)	(→ *Maßregelvollzug, Erwachsene, Telekommunikation,* Teil C Rdn 123)

15

	Unterbringung	Verlegung	Verpflegung
	Ausstattung, Belegung, Freizeit	Ausantwortung, Überstellung, Vorführung	Selbstverpflegung
Baden-Württemberg	§§ 37, 39 PsychKHG BW	*Keine Regelung*	*Keine Regelung*
Bayern	Art. 8, 11, 47 Abs. 2 BayMRVG	Art. 25 Abs. 5, 45 Abs. 4 BayMRVG	*Keine Regelung*
Berlin	§§ 43, 67 PsychKG Bln	§§ 45 Abs. 4, 46 PsychKG Bln	*Keine Regelung*
Brandenburg	§§ 28, 45 BbgPsychKG	§ 36 Abs. 4 BbgPsychKG	*Keine Regelung*
Bremen	§§ 30, 47, 59 BremPsychKG	§ 50 BremPsychKG	*Keine Regelung*
Hamburg	§§ 4 Abs. 2, 20 HmbMVollzG	*Keine Regelung*	*Keine Regelung*
Hessen	*Keine Regelung*	§§ 4, 4a HMaßrVollzG	*Keine Regelung*
Mecklenburg-Vorpommern	§§ 18, 38 PsychKG M-V	*Keine Regelung*	*Keine Regelung*
Niedersachsen	*Keine Regelung*	§ 5 Nds. MVollzG	*Keine Regelung*
Nordrhein-Westfalen	§§ 23, 47, 48 StrUG NRW, 3 VO MRVG NRW	§ 55 StrUG NRW	§ 18 StrUG NRW
Rheinland-Pfalz	§§ 6, 25 MVollzG RhPf	§ 5 MVollzG RhPf	*Keine Regelung*
Saarland	§§ 5, 6, 16 SaarMRVG	§ 8 Abs. 3 SaarMRVG	*Keine Regelung*
Sachsen	§§ 47, 48 Abs. 2 SächsPsychKHG	§ 55 SächsPsychKHG	*Keine Regelung*
Sachsen-Anhalt	§§ 4, 15 MVollzG LSA	§§ 5, 20 Abs. 3 MVollzG LSA	*Keine Regelung*
Schleswig-Holstein	§ 10 Abs. 2 MVollzG SH	§ 5 Abs. 5 MVollzG SH	*Keine Regelung*
Thüringen	§ 13 ThürMRVG	§ 3 Abs. 2 ThürMRVG	*Keine Regelung*
Ausführungen dazu	(→ *Maßregelvollzug, Erwachsene, Unterbringung,* Teil C Rdn 128)	(→ *Maßregelvollzug, Erwachsene, Verlegung,* Teil C Rdn 136)	(→ *Maßregelvollzug, Erwachsene, Verpflegung,* Teil C Rdn 142)

16

	Vollzugsform	Vollzugslockerungen
	Geschlossener Vollzug, Offener Vollzug	Ausführung, Ausgang, Begleitausgang, Langzeitausgang, Probewohnen, Urlaub
Baden-Württemberg	*Keine Regelung*	§ 51 PsychKHG BW
Bayern	*Keine Regelung*	Art. 16, 18, 21 BayMRVG
Berlin	§§ 48 Abs. 3, 69 PsychKG Bln	§§ 69, 70 PsychKG Bln
Brandenburg	*Keine Regelung*	§ 39 BbgPsychKG
Bremen	§ 79 Abs. 2 Nr. 5 BremPsychKG	§§ 79, 80, 81 BremPsychKG
Hamburg	§ 23 HmbMVollzG	§§ 23, 24, 25, 26 HmbMVollzG
Hessen	§ 8 HMaßrVollzG	§§ 8, 9, 10 HMaßrVollzG

	Vollzugsform	Vollzugslockerungen
	Geschlossener Vollzug, Offener Vollzug	Ausführung, Ausgang, Begleitausgang, Langzeitausgang, Probewohnen, Urlaub
Mecklenburg-Vorpommern	§ 34 PsychKG M-V	§§ 32, 38 PsychKG M-V
Niedersachsen	§ 5 Nds. MVollzG	§ 15 Nds. MVollzG
Nordrhein-Westfalen	§ 4 StrUG NRW	§ 4 StrUG NRW
Rheinland-Pfalz	§ 27 MVollzG RhPf	§ 27 MVollzG RhPf
Saarland	§§ 6 Abs. 2, 17 SaarMRVG	§ 17 SaarMRVG
Sachsen	*Keine Regelung*	§ 82 SächsPsychKHG
Sachsen-Anhalt	§§ 25, 27 MVollzG LSA	§§ 25, 26, 28 MVollzG LSA
Schleswig-Holstein	§§ 32, 33 MVollzG SH	§§ 32, 33 MVollzG SH
Thüringen	§§ 23, 24 ThürMRVG	§§ 13 Abs. 5, 23, 24 ThürMRVG
Ausführungen dazu	(→ *Maßregelvollzug, Erwachsene, Vollzugsform,* Teil C Rdn 147)	(→ *Maßregelvollzug, Erwachsene, Vollzugslockerungen,* Teil C Rdn 152)

4. **Trotz der unterschiedlichen Hintergründe**, die zu einer Unterbringung nach § 63 StGB einerseits und nach § 64 StGB andererseits führen (→ *Maßregeln, Erwachsene, Allgemeines,* Teil B Rdn 980 ff.), sehen die Maßregelvollzugsgesetze der Länder insoweit **keine Unterschiede**, was Möglichkeiten an Ordnungsmaßnahmen und die Lebensbedingungen untergebrachter Personen angeht, vor. Schon wegen des grds. deutlich kürzeren Zeitraums, den eine untergebrachte Person in einer Entziehungsanstalt im Vergleich zu dem in einem psychiatrischen Krankenhaus verbleibt, drängt sich indessen auf, dass von vielen Eingriffsmöglichkeiten bei einer Unterbringung nach § 64 StGB zurückhaltender Gebrauch zu machen ist (*Volckart/Grünebaum*, III. Teil, Rn 531 ff). 17

5.a) Soweit die aufgezeigten Landesregelungen bestimmte Sachverhalte nicht erfassen, stellt sich die Frage nach der **Anwendbarkeit anderer Regelungen**, auf die zurückgegriffen werden kann, um dem Gesetzesvorbehalt Genüge zu tun. Der Rückgriff auf die den Strafvollzug regelnden Normen verbietet sich dabei mangels Vergleichbarkeit von Straf- und Maßregelvollzug (OLG Hamm, Beschl. v. 17.1.1989 – 1 Vollz (Ws) 347/88, NStZ 1989, 590), wird aber in der Rspr. gleichwohl stellenweise praktiziert (KG, Beschl. v. 29.8.2011 – 2 Ws 326/11 Vollz [Verpflegung]). Ergänzend anwendbar ist aber das jeweilige Verwaltungsverfahrensgesetz des Landes (OLG Celle, Beschl. v. 17.1.2020 – 3 Ws 291/19 (MVollz); BeckOK-StVollzG/*Arloth*, § 138, Rn 2), so dass etwa **Rücknahme und Widerruf** begünstigender Maßnahmen auf die §§ 48, 49 VwVfG entsprechenden Vorschriften gestützt werden können, wenn das Gesetz – wie vor allem bei Lockerungen – keine spezielle Eingriffsmöglichkeit vorsieht. 18

b) In manchen Ländern findet sich zudem eine gesetzliche **Auffangklausel**, die Maßnahmen zur Aufrechterhaltung der Sicherheit oder Ordnung in der Klinik bzw. zur Abwendung einer schwerwiegenden Störung des geordneten Zusammenlebens in der Maßregelvollzugseinrichtung dann zulässt, wenn sie unerlässlich sind (§§ 37 i.V.m. 19 Abs. 2 PsychKHG BW, Art. 3 Abs. 2 S. 2 BayMRVG, § 3 Abs. 3 HmbMVollzG, § 3 Abs. 5 S. 2 StrUG NW, § 4 Abs. 1 S. 2 SaarMRVG). Hierauf kann indessen nur zurückgegriffen werden, wenn mit einer speziellen Regelung zu einem bestimmten Sachbereich keine abschließende gesetzliche Regelung existiert (OLG Hamm, Beschl. v. 24.11.2016 – 1 Vollz (Ws) 302/16) und wegen der besonderen Bedeutung des Grundrechtseingriffs keine spezielle Regelung erforderlich wäre. Inwieweit auch die gesetzliche Formulierung in §§ 45, 20 Abs. 1 S. 2 BbgPsychKG bzw. §§ 38 Abs. 8, 20 Abs. 1 S. 2 PsychKG MV eine Generalklausel für nicht konkret geregelte Eingriffsbefugnisse darstellt, ist str. (bejahend für die früher gleichlautende Regelung in Berlin KG, Beschl. v. 29.9.2014 – 2 Ws 324/14, 19

NStZ 2015, 113; verneinend Kammeier/Pollähne/*Lesting*, Rn G18). Die anderen Länder verzichten auf eine Generalklausel (HMaßrVollzG, § 18 Abs. 1 Nds. MVollzG, § 3 MVollzG RhPf, MVollzG LSA) bzw. ordnen sogar ausdrücklich an, dass nur die im Gesetz vorgesehenen Beschränkungen der Freiheit der untergebrachten Person auferlegt werden dürfen (§ 43 PsychKG Bln, § 53 i.V.m. § 22 BremPsychKG, § 50 SächsPsychKHG, § 4 Abs. 3 MVollzG SH, § 9 Abs. 2 ThürMRVG).

20 **c)** Soweit Gesetze eine **Gehorsamspflicht** der Patienten gegenüber Anordnungen des Krankenhauspersonals vorsehen (§§ 45, 20 Abs. 1 S. 3 BbgPsychKG, § 17 Abs. 1 S. 2 Nds. MVollzG, § 17 S. 2 MVollzG LSA), müssen diese selbst auf einer gesetzlichen Grundlage erfolgt sein (*Volckart/Grünebaum*, III. Teil, Rn 25). **Hausordnungen** dürfen gesetzliche Regelungen in verwaltungstechnisch organisatorischer Hinsicht konkretisieren, nicht aber weitergehende Einschränkungen enthalten (*Kammeier/Pollähne/Lesting*, Rn G54). Fehlt es an gesetzlichen Grundlagen, kommt bei besonderer Grundrechtsbetroffenheit auch ein Rückgriff auf Grundrechtsnormen in Betracht (OLG Celle, Beschl. v. 25.7.2018 – 3 Ws 109/18 (MVollz) [Art. 5 Abs. 1 GG]).

Siehe auch: → *Maßregelvollzug, Erwachsene, Arbeit,* Teil C Rdn 21 ff.; → *Maßregelvollzug, Erwachsene, Behandlungsplan,* Teil C Rdn 30 ff.; → *Maßregelvollzug, Erwachsene, Besitz,* Teil C Rdn 36 ff.; → *Maßregelvollzug, Erwachsene, Besuch,* Teil C Rdn 43 ff.; → *Maßregelvollzug, Erwachsene, Bildung,* Teil C Rdn 48 ff.; → *Maßregelvollzug, Erwachsene, Datenschutz,* Teil C Rdn 53 ff.; → *Maßregelvollzug, Erwachsene, Disziplinarsachen,* Teil C Rdn 60 ff.; → *Maßregelvollzug, Erwachsene, Durchsuchung,* Teil C Rdn 65 ff.; → *Maßregelvollzug, Erwachsene, Geld,* Teil C Rdn 71 ff.; → *Maßregelvollzug, Erwachsene, Gesundheitsfürsorge,* Teil C Rdn 82 ff.; → *Maßregelvollzug, Erwachsene, Kleidung,* Teil C Rdn 89 ff.; → *Maßregelvollzug, Erwachsene, Post,* Teil C Rdn 94 ff.; → *Maßregelvollzug, Erwachsene, Rechtsschutz,* Teil C Rdn 100 ff.; → *Maßregelvollzug, Erwachsene, Religionsausübung,* Teil C Rdn 109 ff.; → *Maßregelvollzug, Erwachsene, Sicherungsmaßnahmen und Unmittelbarer Zwang,* Teil C Rdn 116 ff.; → *Maßregelvollzug, Erwachsene, Telekommunikation,* Teil C Rdn 123 ff.; → *Maßregelvollzug, Erwachsene, Unterbringung,* Teil C Rdn 128 ff.; → *Maßregelvollzug, Erwachsene, Verlegung,* Teil C Rdn 136 ff.; → *Maßregelvollzug, Erwachsene, Verpflegung,* Teil C Rdn 142 ff.; → *Maßregelvollzug, Erwachsene, Vollzugsform,* Teil C Rdn 147 ff.; → *Maßregelvollzug, Erwachsene, Vollzugslockerungen,* Teil C Rdn 152 ff.; → *Maßregelvollzug, Jugendliche,* Teil C Rdn 161; → *Vergütung im Strafvollzug,* Teil J Rdn 400.

21 Maßregelvollzug, Erwachsene, Arbeit

Das Wichtigste in Kürze:

1. Eine Arbeitspflicht gibt es im Maßregelvollzug nicht.
2. Maßregelpatienten haben einen Anspruch auf Zuweisung einer Beschäftigung, die ihren Fertigkeiten und Fähigkeiten entspricht.
3. Wird Arbeit geleistet, entsteht ein Anspruch auf Arbeitsentgelt.
4. Durch Arbeitstherapie und Arbeitstraining sollen Maßregelpatienten befähigt werden, Arbeit nachgehen zu können.

22 **Literaturhinweise:** S. die Hinw. bei → *Maßregelvollzug, Erwachsene, Allgemeines*, Teil C Rdn 2 m.w.N.

23 Zum Verständnis der folgenden Ausführungen und zu den zugrundeliegenden Normen siehe zunächst → *Maßregelvollzug, Erwachsene, Allgemeines*, Teil C Rdn 8 f.

24 **1.** Eine **Arbeitspflicht** gibt es im Maßregelvollzug nicht. Die Teilnahme an Arbeits- und Beschäftigungsangeboten der Klinik ist **freiwillig**. Dem entsprechend können auch – soweit überhaupt vorgesehen – keine disziplinarischen Maßnahmen an die Weigerung, einer Arbeit nachzugehen, erfolgen. Die Weige-

rung kann allenfalls die Verpflichtung, einen Beitrag für die Unterbringungskosten leisten zu müssen, auslösen (→ *Maßregelvollzug, Erwachsene, Geld,* Teil C Rdn 80).

2. Andererseits besteht auch ohne ausdrückliche landesrechtliche Regelung wegen des Gebots, den Maßregelvollzug so weit wie möglich den allgemeinen Lebensverhältnissen anzupassen (BVerfG, Urt. v. 4.5.2011 – 2 BvR 2333/08), ein **Anspruch** auf Zuweisung einer der Fähigkeiten der untergebrachten Person entsprechenden Beschäftigung (Kammeier/Pollähne/*Marschner,* Rn E33). Hinsichtlich der Einschätzung der Fähigkeiten und Fertigkeiten besteht für die Klinik ein nur eingeschränkt überprüfbarer Beurteilungsspielraum (OLG Hamm, Beschl. v. 25.6.2025 – III-1 Vollz 57/25; → *Strafvollzug, Erwachsene, Antrag auf gerichtliche Entscheidung, Allgemeines,* Teil C Rdn 208). Arbeit kann sowohl krankenhausintern in speziellen Arbeitsbetrieben als auch krankenhausextern in Fremdunternehmen geleistet werden. Ein Anspruch der untergebrachten Person auf eine konkrete Arbeitsstelle besteht dabei nicht. Die Entscheidung der Klinik, welche Arbeitsstelle dem Patienten angeboten wird, steht im Ermessen des Leiters und kann gerichtlich daher nur eingeschränkt überprüft werden (→ *Strafvollzug, Erwachsene, Antrag auf gerichtliche Entscheidung, Allgemeines,* Teil C Rdn 209). 25

3. Soweit Arbeit geleistet wird, entsteht ein Anspruch auf **Arbeitsentgelt**, auch wenn in manchen Ländern keine ausdrückliche Entlohnung vorgesehen ist (Kammeier/Pollähne/*Marschner,* Rn E43 ff). Nach § 26 Abs. 1 Nr. 4 SGB-III begründet der Erhalt von Arbeitsentgelt Versicherungspflicht. 26

4. Von Arbeit zu **unterscheiden** sind Arbeitstherapie und Arbeitstraining. 27

a) Als **Arbeitstherapie** bezeichnet man die stufenweise Heranführung von Patienten an die arbeitsweltlichen Grundanforderungen. In Abgrenzung zur auf die Erzielung eines wirtschaftlich verwertbaren Ergebnisses gerichteten Arbeit, steht bei der Arbeitstherapie die therapeutische Indikation im Vordergrund (OLG Hamm, Beschl. v. 25.6.2025 – III-1 Vollz 57/25). Die Weigerung, sich dieser Maßnahme zu unterziehen, hat auf die Verpflichtung, einen Beitrag für die Unterbringungskosten zu leisten, keinen Einfluss (Kammeier/Pollähne/*Marschner,* Rn E32). Teilweise wird in den Ländern für die Leistungen in der Arbeitstherapie ein sog. Motivationsgeld gewährt. Arbeitstherapeutische Beschäftigung begründet keine Beitragspflicht in die Arbeitslosenversicherung, folglich entsteht auch kein Anspruch auf Arbeitslosenhilfe für diesen Zeitraum (BSG, Urt. v. 6.11.1997 – 11 RAr 33/97, NStZ-RR 1998, 218). 28

b) Arbeitstraining zielt dem gegenüber nicht auf die Beseitigung der krankhaften Störung, sondern auf die Vermittlung von Fähigkeiten und Fertigkeiten, die eine Eingliederung in das Arbeitsleben fördern. 29

Siehe auch: → *Maßregelvollzug, Erwachsene, Allgemeines,* Teil C Rdn 1 ff.

Maßregelvollzug, Erwachsene, Behandlungsplan 30

Das Wichtigste in Kürze:

1. Der Behandlungs- und Eingliederungsplan ist das zentrale Element des Maßregelvollzugs, um die für die Resozialisierung der untergebrachten Person erforderlichen Maßnahmen festzulegen.
2. Der Behandlungsplan ist regelmäßig fortzuschreiben und den geänderten Verhältnissen anzupassen.

Literaturhinweise: s.a. die Hinweise bei → *Maßregelvollzug, Erwachsene, Allgemeines,* Teil C Rdn 2. 31

Zum Verständnis der folgenden Ausführungen und zu den zugrundeliegenden Normen siehe zunächst → *Maßregelvollzug, Erwachsene, Allgemeines,* Teil C Rdn 8 f. 32

1. Das Ziel des Maßregelvollzugs, nämlich die Resozialisierung der untergebrachten Person, erfordert hierauf gerichtete Maßnahmen, die von Beginn des Aufenthaltes in der Anstalt aufeinander abgestimmt und geänderten Verhältnissen immer wieder angepasst werden müssen. Hierfür ist als **zentrales Element** ein mit dem Patienten aufzustellender oder zu erörternder Behandlungs- und Eingliederungsplan er- 33 forderlich (OLG Karlsruhe, Beschl. v. 21.11.2011 – 2 Ws 15/11, StraFo 2012, 81). Dessen Erstellung ist daher in allen Landesgesetzen vorgesehen.

34 **2.** Der Behandlungsplan ist innerhalb der gesetzlich festgelegten zeitlichen Grenze **aufzustellen** und regelmäßig **fortzuschreiben**. Eine Verlegung des Patienten hat keine Auswirkungen auf den Behandlungsplan. Inhaltlich sind eine Anamnese, eine Diagnose, eine Behandlungsplanung, eine Vollzugsplanung und eine gesonderte Planung zur Rehabilitation und Eingliederung aufzunehmen (Kammeier/Pollähne/*Lindemann,* Rn D96).

35 **3.** Für **Rechtsschutz** im Zusammenhang mit dem Behandlungs- und Eingliederungsplan wird auf die Ausführungen zum Rechtsschutz im Zusammenhang mit dem Vollzugsplan im Strafvollzug verwiesen (→ *Strafvollzug, Erwachsene, Vollzugsplan* Teil C Rdn 748 ff.).

Siehe auch: → *Maßregelvollzug, Erwachsene, Allgemeines,* Teil C Rdn 1 ff.

36 Maßregelvollzug, Erwachsene, Besitz

Das Wichtigste in Kürze:

1. Der Besitz von Gegenständen im Maßregelvollzug kann nur durch gesetzliche Regelungen eingeschränkt werden.
2. Das Recht zum Besitz umfasst das Recht auf Bezug.

37 **Literaturhinweise:** S. die Hinw. bei → *Maßregelvollzug, Erwachsene, Allgemeines*, Teil C Rdn 2 m.w.N.

38 Zum Verständnis der folgenden Ausführungen und zu den zugrundeliegenden Normen siehe zunächst → *Maßregelvollzug, Erwachsene, Allgemeines*, Teil C Rdn 8 f.

39 **1.a)** Der **Besitz persönlicher Gegenstände** im Maßregelvollzug ist keine Vergünstigung, die sich der Untergebrachte erst durch Wohlverhalten verdienen muss, sondern ein auf Art. 2 Abs. 1 GG beruhendes Recht, das ihm unabhängig von seinem Verhalten zusteht (OLG Hamburg, Beschl. v. 16.3.2007 – 3 Vollz (Ws) 1/07, StraFo 2007, 259). **Einschränkungen** bedürfen daher einer ausdrücklichen gesetzlichen Ermächtigung. Die Landesgesetze sehen das Recht, persönliche Gegenstände im Zimmer haben zu dürfen, unter verschiedenen Voraussetzungen vor. Soweit eine Gefährdung des Zwecks der Unterbringung als Versagungsgrund herangezogen wird, kommt es darauf an, dass der Behandlungserfolg gerade durch den Besitz des Gegenstandes gefährdet ist (OLG Hamburg, a.a.O.). Die Berufung auf allgemeine therapeutische Erwägungen ohne Bezug zum konkreten Patienten genügt nicht (OLG Karlsruhe, Beschl. v. 6.3.2000 – 2 Ws 203/99, NStZ-RR 2000, 351). Kommt eine Versagung wegen der Gefährdung der Sicherheit der Einrichtung in Frage, ist vor einem Besitzverbot zu prüfen, ob einer sicherheitsgefährdenden Verwendung durch die Erteilung von Auflagen an den Patienten oder durch technische Vorkehrungen (z.B. Verplombung bei Elektrogeräten) ausreichend begegnet werden kann (Kammeier/Pollähne/*Lesting,* Rn G26).

40 **b)** Genehmigte Gegenstände unterfallen dem **Bestandsschutz**. Das Recht zum Gewahrsam an ihnen kann nur aufgrund gesetzlicher Ermächtigung oder hilfsweise über die Regelungen des allgemeinen Verwaltungsverfahrensrechts zu Rücknahme und Widerruf aufgehoben werden (→ *Maßregelvollzug, Erwachsene, Allgemeines*, Teil C Rdn 18). Dies gilt auch bei einer Verlegung, es sei denn, die Genehmigung selbst oder das Gesetz beschränkt die Erlaubnis auf die jeweilige Einrichtung (OLG Hamm, Beschl. v. 15.1.2024 – III-1 Vollz 593/23).

41 **c)** Regelungen dazu, wie mit **nicht erlaubten Gegenständen** weiter zu verfahren ist, sind nur in wenigen Landesgesetzen vorhanden. Regelmäßig hat der Untergebrachte die Wahl, die Gegenstände versenden oder in den Gewahrsam der Klinik zu geben. Teilweise ist vorgesehen, dass die Einrichtung die Gegen-

stände verwerten oder vernichten darf. Fehlt eine gesetzliche Regelung, greifen analog die zivilrechtlichen Regelungen über die GoA und den Verwahrungsvertrag ein (Kammeier/Pollähne/*Lesting,* G38; *Volckart/Grünebaum*, III. Teil, Rn 83).

2. Ein Recht zum **Einkauf** ist nur in wenigen Landesgesetzen vorgesehen und ansonsten allenfalls den Hausordnungen überlassen. Das Recht zum Besitz an eigenen Gegenständen begründet indessen auch die freie Bezugsmöglichkeit (Kammeier/Pollähne/*Lesting,* Rn G13). Einschränkungen bedürfen daher einer gesetzlichen Grundlage. Die Hausordnung genügt insoweit nicht. Regelungen zur organisatorischen Abwicklung, die das Einkaufsrecht nicht einschränken, sind indessen auch ohne gesetzliche Ermächtigung zulässig (Kammeier/Pollähne/*Lesting,* Rn G15). 42

Siehe auch: → *Maßregelvollzug, Erwachsene, Allgemeines,* Teil C Rdn 1 ff.

Maßregelvollzug, Erwachsene, Besuch 43

> **Das Wichtigste in Kürze:**
> 1. Untergebrachte Personen haben einen Anspruch auf Empfang von Besuchen. Einschränkungen können nur durch das Gesetz und unter Beachtung des Grundsatzes der Verhältnismäßigkeit erfolgen.
> 2. Verteidigerbesuche unterliegen im Rahmen des organisatorisch Zumutbaren vorbehaltlich einer Durchsuchung keiner Beschränkung.

Literaturhinweise: S. die Hinw. bei → *Maßregelvollzug, Erwachsene, Allgemeines*, Teil C Rdn 2 m.w.N. 44

Zum Verständnis der folgenden Ausführungen und zu den zugrundeliegenden Normen siehe zunächst → *Maßregelvollzug, Erwachsene, Allgemeines*, Teil C Rdn 8 f. 45

1. Besuche bei der untergebrachten Person sind nach allen Landesgesetzen grds. gestattet. Einschränkungen können nur aufgrund einer gesetzlichen Ermächtigung erfolgen und unterliegen einer Verhältnismäßigkeitskontrolle, die der Bedeutung sozialer Kontakte und insbesondere der Pflege von Familienbeziehungen Rechnung tragen muss (OLG Karlsruhe, Beschl. v. 12.5.2017 – 2 Ws 80/17, R&P 2017, 245). Die Voraussetzungen für die Beschränkung und Überwachung des Besuchs sind in den Ländern an unterschiedliche Voraussetzungen geknüpft. Organisation und Ablauf von Besuchen sind häufig nur in Hausordnungen geregelt. 46

2. Für Besuche von **Verteidigern** wird auf die Ausführungen → *Strafvollzug, Erwachsene, Besuch,* Teil C Rdn 419 verwiesen. 47

Siehe auch: → *Maßregelvollzug, Erwachsene, Allgemeines,* Teil C Rdn 1 ff.

Maßregelvollzug, Erwachsene, Bildung 48

> **Das Wichtigste in Kürze:**
> 1. Das Vorhalten von Schuldbildungsmaßnahmen ist nur in den wenigsten Ländern uneingeschränkt vorgesehen.
> 2. Berufliche Förderung findet derzeit allenfalls bei Freigängern statt.

Literaturhinweise: S. die Hinw. bei → *Maßregelvollzug, Erwachsene, Allgemeines*, Teil C Rdn 2 m.w.N. 49

Zum Verständnis der folgenden Ausführungen und zu den zugrundeliegenden Normen siehe zunächst → *Maßregelvollzug, Erwachsene, Allgemeines*, Teil C Rdn 8 f. 50

51 **1.** Die Möglichkeit untergebrachter Personen, sich durch schulische Maßnahmen aus- oder weiterbilden zu lassen, ist in den Ländern unterschiedlich geregelt. Nur selten ist die **Schulbildung** als Anspruch ausgestaltet. In den meisten Maßregelvollzugsgesetzen der Länder ist sie hingegen nur sehr zurückhaltend oder gar nicht vorgesehen. Teilweise steht sie auch unter dem Vorbehalt der organisatorischen Möglichkeiten der Einrichtung. Wegen des Angleichungsgrundsatzes ist es jedoch geboten, jedenfalls ein Mindestmaß an Schulmöglichkeiten vorzusehen.

52 **2.** Die Möglichkeit untergebrachter Personen, sich durch **berufliche Maßnahmen** aus- oder weiterbilden zu lassen, ist in den Maßregelvollzugsgesetzen der Länder – wenn überhaupt – meist nicht mehr als ein Programmsatz ohne Inhalt. Denn da den Einrichtungen regelmäßig keine betrieblichen Ausbildungsstätten angegliedert sind, kommen solche Maßnahmen von vornherein nur für Freigänger in Betracht (Kammeier/Pollähne/*Lesting*, Rn E27). Wegen des Angleichungsgrundsatzes ist es jedoch ebenfalls geboten, jedenfalls ein Mindestmaß an Ausbildungsmöglichkeiten vorzusehen. Rspr. hierzu ist soweit ersichtlich bislang aber nicht ergangen.

Siehe auch: → *Maßregelvollzug, Erwachsene, Allgemeines,* Teil C Rdn 1 ff.

53 Maßregelvollzug, Erwachsene, Datenschutz

Das Wichtigste in Kürze:

1. Für die Sicherung des Datenschutzes sehen die Maßregelvollzugsgesetze der Länder nur überwiegend nur rudimentäre Regelungen vor. Ergänzend sind die Datenschutzgesetze der Länder anzuwenden.
2. Erkennungsdienstliche Maßnahmen und Videoüberwachungen erfordern eine gesetzliche Grundlage.
3. Untergebrachte Personen und ihre Verteidiger haben einen Anspruch auf Einsicht in die Krankenakte.

54 **Literaturhinweise:** **Baier**, Einfluss des europäischen Rechts auf den Justizvollzugsdatenschutz, ZD 2019, 545; **Hinne**, Das Einsichtsrecht in Patientenakten, NJW 2025, 2270; s.a. die Hinw. bei → *Maßregelvollzug, Erwachsene, Allgemeines*, Teil C Rdn 2 m.w.N.

55 Zum Verständnis der folgenden Ausführungen und zu den zugrundeliegenden Normen siehe zunächst → *Maßregelvollzug, Erwachsene, Allgemeines*, Teil C Rdn 8 f.

56 **1. Datenschutz** spielt auch im Maßregelvollzugsrecht eine immer größer werdende Rolle. Zwar findet die DSGVO keine unmittelbare Anwendung (FFL/*Goerdeler,* Teil III. Rn 10), nahezu alle Maßregelvollzugsgesetze der Länder sehen aber datenschutzrechtliche Regelungen vor. Die gesetzliche Konzeptionierung ist je nach Land nicht leicht zu durchschauen, da sich die Materie neben den Vorschriften im Landesmaßregelvollzugsrecht auch in Krankenhausgesetzen und Datenschutzgesetzen wiederfindet. Teilweise wird auch auf die Regelungen aus dem jeweiligen Justizvollzugsgesetz des Landes verwiesen. Für die Anwendung der jeweiligen Vorschriften gilt der Vorrang der spezielleren Regelung (Kammeier/Pollähne/*Lesting,* Rn G246). Zu Erhebung, Verarbeitung und Löschung von Daten wird auf die Anmerkungen in → Straf*vollzug, Erwachsene, Datenschutz,* Teil C Rdn 426 ff. Bezug genommen.

57 **2.a) Erkennungsdienstliche Maßnahmen** sind in der überwiegenden Zahl der Länder u.a. zur Sicherung des Maßregelvollzugs, teilweise aber auch aus anderen Gründen, ausdrücklich erlaubt. Wegen des damit verbundenen Eingriffs in die informationelle Selbstbestimmung ist eine ED ohne entsprechende Ermächtigungsgrundlage hingegen nicht zulässig (Kammeier/Pollähne/*Rzepka,* Rn H76). Gegen die Durchführung einer ED ist mit dem Anfechtungsantrag vorzugehen (a.A. Kammeier/Pollähne/*Rzepka,* Rn 88 [Feststellungsantrag]), der im Erfolgsfall auch zur Folgenbeseitigung in Form der Vernichtung der Unterlagen führt (→ *Strafvollzug, Erwachsene, Antragsarten,* Teil C Rdn 219 ff.).

58 **b) Videoüberwachungen** stellen erhebliche Eingriffe in das Recht auf informationelle Selbstbestimmung dar und sind nur zulässig, wenn diese vom Landesgesetz ausdrücklich erlaubt sind (Kammeier/Pollähne/*Lesting,* Rn G249).

59 **3.** Von besonderer Bedeutung insb. im Zusammenhang mit dem weiteren Verlauf der Maßregelvollstreckung ist die **Akteneinsicht in die Krankenakten**. Nur so lassen sich die tatsächlichen Grundlagen für ein Gutachten oder eine ärztliche Stellungnahme durch die behandelnden Ärzte überprüfen. Dem Patienten – wie auch seinem Verteidiger – steht daher ein grds. Akteneinsichtsrecht in die Krankenunterlagen des Maßregelvollzugs zu (BVerfG, Beschl. v. 9.1.2006 – 2 BvR 443/02, NJW 2006, 1116), welches sich aus dem jeweiligen Maßregelvollzugsgesetz oder Datenschutzgesetz des Landes, hilfsweise aber auch dem VwVfG des jeweiligen Landesgesetzes entsprechend § 29 VwVfG ergibt. Die effektive Ausübung des auch durch Art. 8 EMRK garantierten Zugangs zu Informationen über den eigenen Gesundheitszustand umfasst dabei auch das Recht auf Übermittlung bzw. Fertigung von Kopien aus den Akten (OLG Frankfurt, Beschl. v. 29.6.2023 – 3 Ws 165/23; OLG Hamm, Beschl. v. 30.11.2020 – 1 Vollz (Ws) 322/20).

☝ In diesem Zusammenhang ist darauf hinzuweisen, dass es zwischen der untergebrachten und der behandelnden Person zu Erörterungen kommt, die der **ärztlichen Schweigepflicht** unterfallen und daher nicht Gegenstand der Krankenakte werden dürfen, wenn diesen Gerichten, Gutachtern oder sonstigen Personen zur Verfügung gestellt werden soll. Eine Offenbarung solcher Inhalte, die regelmäßig nur für die Handakten des Therapeuten bestimmt sind, bedarf einer Schweigepflichtsentbindung des Patienten. Im Verfahren nach §§ 463, 454 StPO unterfallen jedenfalls Tatsachen zum Unterbringungsverlauf, zum Vollzugs- und Sozialverhalten und zum Umgang in Konfliktsituationen mit anderen Untergebrachten oder dem Betreuungspersonal nicht der ärztlichen Schweigepflicht (BVerfG, Beschl. v. 22.1.2015 – 2 BvR 2049/13, StV 2018, 309).

Siehe auch: → *Maßregelvollzug, Erwachsene, Allgemeines,* Teil C Rdn 1 ff.

Maßregelvollzug, Erwachsene, Disziplinarsachen 60

Das Wichtigste in Kürze:

1. Die Möglichkeit von Disziplinarmaßnahmen im Maßregelvollzug ist nur in wenigen Ländern gesetzlich vorgesehen.
2. Soweit gesetzliche Regelungen vorhanden sind, sind diese nicht zu Lasten des Untergebrachten erweiterbar. Für das Verfahren ist ergänzend auf das jeweilige LandesVwVfG zurückzugreifen.

61 **Literaturhinweise:** **Lindemann**, Die Sanktionierung unbotmäßigen Patientenverhaltens. Disziplinarische Aspekte des psychiatrischen Maßregelvollzugs, 2004; s.a. die Hinw. bei → *Maßregelvollzug, Erwachsene, Allgemeines*, Teil C Rdn 2.

62 Zum Verständnis der folgenden Ausführungen und zu den zugrundeliegenden Normen siehe zunächst → *Maßregelvollzug, Erwachsene, Allgemeines*, Teil C Rdn 8 f.

63 **1. Disziplinarmaßnahmen** sehen nur wenige Länder in ihren gesetzlichen Regelungen vor. In den Ländern, die hierzu keine Regelungen getroffen haben, sind diese daher unzulässig. Sie lassen sich auch nicht auf § 136 StVollzG stützen, da solche Maßnahmen weder der Heilung bzw. Pflege des Untergebrachten noch der Sicherung der Allgemeinheit dienen. Versuche, disziplinarisch unter dem Deckmantel etwa von Therapie- oder Sicherungsmaßnahmen auf die untergebrachte Person einzuwirken, werden von der Rspr. zurecht als unzulässig gewertet (OLG Frankfurt, Beschl. v. 7.4.2009, R&P 2009, 155; OLG Hamburg, Beschl. v. 16.3.2007 – 3 Vollz (Ws) 1/07, StraFo 2007, 259; OLG Jena, Beschl. v. 3.7.2003 – 1 Ws 49/03, NStZ-RR 2003, 348; LG Koblenz, Beschl. v. 1.12.2005 – StVK (Vollz) 743/05, StraFo 2006, 87).

64 **2.** Soweit in den Landesregelungen Disziplinarmaßnahmen vorgesehen sind (→ *Maßregelvollzug, Erwachsene, Allgemeines*, Teil C Rdn 12), sind die dort benannten **Arten** sowie die **Voraussetzungen** für ihre Anordnung abschließend. Soweit die Maßregelvollzugsgesetze nur rudimentäre Regelungen

für das **Verfahren** vorsehen, ist auf das jeweilige LandesVwVfG ergänzend zurückzugreifen. Insbesondere ist dem Patienten rechtliches Gehör zu gewähren.

Siehe auch: → *Maßregelvollzug, Erwachsene, Allgemeines,* Teil C Rdn 1 ff.

65 Maßregelvollzug, Erwachsene, Durchsuchung

Das Wichtigste in Kürze:

1. Sowohl die untergebrachte Person als auch ihr Zimmer und ihre Sachen können durchsucht werden.
2. Die mit einer Entkleidung verbundene Durchsuchung einer Person bedarf des Vorliegens konkreter Umstände und unterliegt besonderen Verfahrensvoraussetzungen.
3. Suchtmittelkontrollen bedürfen einer eigenen Ermächtigungsgrundlage.

66 **Literaturhinweise:** S. die Hinw. bei → *Maßregelvollzug, Erwachsene, Allgemeines*, Teil C Rdn 2 m.w.N.

67 Zum Verständnis der folgenden Ausführungen und zu den zugrundeliegenden Normen siehe zunächst → *Maßregelvollzug, Erwachsene, Allgemeines*, Teil C Rdn 8 f.

68 **1.** In allen Landesmaßregelvollzugsgesetzen werden **Durchsuchungen** der untergebrachten Person und ihres Zimmers erlaubt. Die Voraussetzungen variieren, teilweise sind nach dem Gesetzeswortlaut gar keine Tatbestandsvoraussetzungen erforderlich, was verfassungsrechtlichen Bedenken unterliegt (Kammeier/Pollähne/*Rzepka*, Rn H44). Ansonsten sind die im Vergleich zum Umfang des jeweiligen Gesetzes äußerst ausführlich formulierten Vorschriften nahezu selbsterklärend. Durchsuchungen sind demnach nicht nur im Einzelfall, sondern auch stichprobenartig möglich.

69 **2.** Die mit einer **Entkleidung** verbundene Durchsuchung eines Patienten bedarf des Vorliegens konkreter Umstände und unterliegt besonderen Verfahrensvoraussetzungen.

70 **3.** Keine Durchsuchung stellt die Untersuchung des Patienten zur Feststellung von **Suchtmittelkonsum** dar. Eine solche bedarf einer gesonderten Ermächtigung.

Siehe auch: → *Maßregelvollzug, Erwachsene, Allgemeines,* Teil C Rdn 1 ff.

71 Maßregelvollzug, Erwachsene, Geld

Das Wichtigste in Kürze:

1. Der Besitz von Bargeld ist im Maßregelvollzug grds. gestattet.
2. Die Verwaltung des Geldes einer untergebrachten Person erfolgt auf Haus-, Eigen- und Überbrückungsgeldkonten. Bedürftige Patienten haben einen Anspruch auf Taschengeld.
3. Untergebrachte Personen können an den Kosten des Maßregelvollzugs beteiligt werden.

72 **Literaturhinweise:** S. die Hinw. bei → *Maßregelvollzug, Erwachsene, Allgemeines*, Teil C Rdn 2 m.w.N.

73 Zum Verständnis der folgenden Ausführungen und zu den zugrundeliegenden Normen siehe zunächst → *Maßregelvollzug, Erwachsene, Allgemeines*, Teil C Rdn 8 f.

74 **1.** Anders als im Strafvollzug ist der Besitz von **Bargeld** im Maßregelvollzug grds. gestattet. Beschränkungen sind nur entweder durch spezielle Regelungen oder durch die Vorschriften, mit denen auch der Besitz an Sachen im Maßregelvollzug eingeschränkt werden kann (→ *Maßregelvollzug, Erwachsene, Besitz*, Teil C Rdn 36), möglich (OLG Hamm, Beschl. v. 19.9.2025 – III-1 Vollz 153/25).

2. Die **Verwaltung** der dem Patienten zustehenden Geldbeträge durch die Einrichtung erfolgt in üblicher Weise durch die Aufteilung der Vermögenswerte auf drei verschiedene Konten: 75

a) Hausgeld ist das der untergebrachten Person frei zur Verfügung stehende Geld, was dieser als Vergütung für geleistete Arbeit erzielt, soweit es nicht als Überbrückungsgeld anzusparen ist. Teilweise fließen die Beträge auch auf das Eigengeldkonto und ein gesondertes Hausgeldkonto wird nicht eingerichtet. 76

b) Eigengeld setzt sich – soweit ein Hausgeldkonto existiert – nur aus vollzugsfreien Einkünften und Ansparungen während des Vollzugs zusammen. Ist Hausgeld nicht vorgesehen, fließen Einkünfte aus Arbeit auch auf das Eigengeldkonto. Es gleicht einem privaten Sparkonto (Kammeier/Pollähne/*Marschner*, Rn E70). Die Einrichtung kann eigene Ansprüche gegen die untergebrachte Person mit dem Eigengeldguthaben aufrechnen. Der Betrag ist durch Gläubiger des Patienten pfändbar. Über das Eigengeld kann der Patient grds. unbeschränkt verfügen, die Landesgesetze sehen jedoch Einschränkungsmöglichkeiten vor. 77

c) Überbrückungsgeld dient der Zeit nach der Entlassung und soll den Lebensunterhalt für einen Zeitraum von vier Wochen abdecken. Hierüber kann die untergebrachte Person grds. nicht verfügen. Der Anspruch auf Auszahlung gegen die Einrichtung ist unpfändbar und kann auch nicht Gegenstand einer Aufrechnung mit Ansprüchen der Einrichtung gegen die untergebrachte Person sein. Zu beachten ist aber, dass nicht in allen Ländern die Verpflichtung zur Bildung von Überbrückungsgeld besteht. 78

d) Bedürftige Patienten, die über kein Einkommen verfügen, haben Anspruch auf ein **Taschengeld**, dessen Höhe sich regelmäßig nach § 27b Abs. 2 S. 2 SGB-XII richtet. 79

☝ Liegt der gesetzlich vorgesehene Barbetragsanspruch unter dem Satz nach dem SGB XII kommt ein Anspruch der untergebrachten Person auch gegen den Sozialhilfeträger in Betracht, da das SGB-XII Ansprüche zum Lebensunterhalt auch im Maßregelvollzug im staatlich garantierten Mindestmaß voraussieht (BVerfG, Beschl. v. 24.7.2008 – 2 BvR 840/06).

3.a) Nur vereinzelt findet sich in den jeweiligen Landesgesetzen eine Rechtsgrundlage für die Heranziehung der untergebrachten Person für die **Kosten der Unterbringung**. Überwiegend erfolgt dies auf der Grundlage von § 138 Abs. 2 i.V.m. § 50 StVollzG, wonach der Betrag erhoben wird, der nach § 17 Abs. 1 Nr. 4 SGB-IV zur Bewertung der Sachbezüge festgesetzt ist und damit auf die Aufwendungen, die durch den Lebensunterhalt, die Unterkunft und die Verpflegung der untergebrachten Person verursacht werden (Kammeier/Pollähne/*Baur*, Rn C132). Soweit abweichende Normen den Anforderungen des Bestimmtheitsgebots nicht entsprechen, begründen sie keine Verpflichtung zum Tragen der Kosten (OLG Jena, Beschl. v. 23.8.2019 – 1 Ws 196/17 zu § 32 ThürMRVG). Die Verpflichtung zum Kostenbeitrag wird durch Selbstbehalte und vorangehende Unterhaltsleistungen eingeschränkt. Geht die untergebrachte Person einer Arbeit nach oder ist in Arbeitstherapie, entfällt die Pflicht vollständig, es sei denn, das Landesgesetz sieht gleichwohl einen Kostenbeitrag vor. Zudem darf die Wiedereingliederung durch die Erhebung eines Kostenbeitrages nicht gefährdet werden. Dies eröffnet der Behörde einen Beurteilungsspielraum, der gerichtlich nur eingeschränkt überprüfbar ist (OLG Celle, Beschl. v. 13.11.2007 – 1 Ws 377/07; → *Strafvollzug, Erwachsene, Antrag auf gerichtliche Entscheidung, Allgemeines*, Teil C Rdn 208). Die Zuständigkeit für die Erhebung des Kostenbeitrages ist in den Ländern unterschiedlich geregelt (vgl. z.B. für Bremen § 1 MVollzKostZustVO BR: Senatorin für Arbeit, Soziales, Jugend und Integration; für Schleswig-Holstein OLG Schleswig, Beschl. v. 16.4.2024 – 2 Ws 16/24 Vollz: Vollstreckungsbehörde). Im Fall eines gerichtlichen Streits ist diese Behörde dann richtige Antragsgegnerin(→ *Strafvollzug, Erwachsene, Antrag auf gerichtliche Entscheidung, Beteiligte des Verfahrens,* Teil C Rdn 262 ff.). 80

b) Für die **Nutzung** von Strom für den Betrieb eigener Elektrogeräte, Schrift- und Telekommunikationsverkehr, ärztliche Leistungen, Kleidung etc. kann die untergebrachte Person an den **Kosten beteiligt** werden, wenn dies gesetzlich vorgesehen ist. 81

Siehe auch: → *Maßregelvollzug, Erwachsene, Allgemeines,* Teil C Rdn 1 ff.

82 Maßregelvollzug, Erwachsene, Gesundheitsfürsorge

Das Wichtigste in Kürze:

1. Untergebrachte Personen haben einen Anspruch auf Behandlung sowohl der Anlasserkrankung als auch sonstiger Krankheiten.
2. Der Anspruch richtet sich nicht auf konkrete Behandlungsmaßnahmen, sondern auf eine dem Stand der Wissenschaft entsprechende Behandlung nach den anerkannten Regeln der ärztlichen Kunst.
3. Zwangsbehandlungen bedürfen einer gesetzlichen Ermächtigung, die den verfassungsrechtlichen Vorgaben entspricht.

83 **Literaturhinweise:** **Höffler,** Strafrechtliche Aspekte der Zwangsbehandlung – zugleich Überlegungen zur objektiven Zurechnung beim Garanten, ZStW 2023, 489; **Keppler/Lesting/Stöver,** Medizin in Haft. Gesundheitsversorgung im Justiz- und Maßregelvollzug, 2024; **Lesting/Steinböck,** Die rechtlichen Grundlagen der medizinisch-therapeutischen Versorgung im deutschen Maßregelvollzug, MedR 2025, 783; **Mehlhorn,** Krankenversicherung – Krankenversorgung bei Inhaftierung – Maßregelvollzug, ZfF 2024, 101; **Olzen/Metzmacher,** Zulässigkeit der Zwangsbehandlung untergebrachter Personen, BtPrax 2013, 83; **Thar,** Die Einwilligung des Betreuers in die Zwangsbehandlung, BtPrax 2013, 91; s.a. die Hinw. bei → *Maßregelvollzug, Erwachsene, Allgemeines,* Teil C Rdn 2.

84 Zum Verständnis der folgenden Ausführungen und zu den zugrundeliegenden Normen siehe zunächst → *Maßregelvollzug, Erwachsene, Allgemeines*, Teil C Rdn 8 f.

85 **1.** Im Maßregelvollzug untergebrachte Personen haben einen Anspruch auf Untersuchung und **Behandlung der Anlasskrankheit**. Dabei besteht kein Anspruch auf eine einzelne konkrete Maßnahme, sondern nur auf eine dem Stand der Wissenschaft entsprechende Behandlung (Kammeier/Pollähne/*Lindemann,* Rn D112). Auch eine freie Arztwahl findet nicht statt.

86 **2.** Daneben besteht ein Anspruch der untergebrachten Person auch auf **allgemeine Gesundheitsfürsorge**, die die Behandlung sonstiger Krankheiten erfasst. Der Leistungsumfang entspricht dem der gesetzlichen Krankenversicherung. Eine freie Arztwahl findet auch hier nicht statt. Ärztlich anvertraute oder in Ausübung des Berufs bekanntgewordene Tatsachen unterfallen dabei der Schweigepflicht auch gegenüber der Einrichtungsleitung (s.a. → *Maßregelvollzug, Erwachsene, Datenschutz,* Teil C Rdn 53). In der Einrichtung ist **Nichtraucherschutz** zu gewährleisten (OLG Hamm, Beschl. v. 24.3.2025 – III-1 Vollz 494/24).

87 **3.a) Zwangsbehandlungen** sind nur bei Vorliegen entsprechender gesetzlicher Vorschriften, die sich an den Vorgaben des BVerfG (Beschl. v. 23.3.2011 – 2 BvR 882/09, NJW 2011, 2113; Beschl. v. 12.10.2011 – 2 BvR 633/11, NJW 2011, 3571) orientieren müssen, zulässig. Die untergebrachte Person muss krankheitsbedingt zur Einsicht in die Behandlungsbedürftigkeit oder zum Handeln gemäß dieser **Einsicht nicht fähig** sein. Maßnahmen der Zwangsbehandlung dürfen nur als **letztes Mittel** und nur dann eingesetzt werden, wenn sie im Hinblick auf das Behandlungsziel, das ihren Einsatz rechtfertigt, Erfolg versprechen und für den Betroffenen nicht mit Belastungen verbunden sind, die außer Verhältnis zu dem erwartbaren Nutzen stehen (OLG Celle, Beschl. v. 16.5.2024 – 1 Ws 131/24 (MVollz)). Nach Vergehen eines erheblichen Zeitraums kann ohne weitere Überprüfung und sachverständige Beratung nicht mehr davon ausgegangen werden, dass die Erfolgsaussichten immer noch bestehen und die Maßnahme noch verhältnismäßig ist (OLG Rostock, Beschl. v. 24.10.2023 – 20 Ws 193/23). Zum Schutz der Grundrechte des Untergebrachten sind besondere verfahrensmäßige Sicherungen geboten. Eine wirksame Patientenverfügung schließt die Rechtfertigung einer Zwangsbehandlung durch staatliche Schutzpflichten für Gesundheit und Freiheit des Patienten aus (BVerfG, Beschl. v. 8.6.2021 – 2 BvR 1866/17). Ob eine Zwangsbehandlung bei Vorliegen einer Fremdgefährdung unabhängig von einer entgegenstehenden Patientenverfügung zulässig ist, hängt von der landesrechtlichen Ausgestaltung ab (BGH, Beschl. v. 25.9.2024 – XII ZB 327/24).

b) Soweit Landesgesetze die Zwangsbehandlung unter Richtervorbehalt stellen, hat dies Auswirkungen auf den **Rechtsweg** (→ *Strafvollzug, Erwachsene, Antrag auf gerichtliche Entscheidung, Antragsgegenstand,* Teil C Rdn 241). 88

Siehe auch: → *Maßregelvollzug, Erwachsene, Allgemeines,* Teil C Rdn 1.

Maßregelvollzug, Erwachsene, Kleidung 89

> **Das Wichtigste in Kürze:**
> 1. Überwiegend sehen die Länder die Erlaubnis zum Tragen eigener Kleidung vor.
> 2. Verfügt die untergebrachte Person nicht über Kleidung in ausreichendem Maß, ist ihr diese von der Einrichtung zur Verfügung zu stellen.

Literaturhinweise: S. die Hinw. bei → *Maßregelvollzug, Erwachsene, Allgemeines,* Teil C Rdn 2 m.w.N. 90

Zum Verständnis der folgenden Ausführungen und zu den zugrundeliegenden Normen siehe zunächst → *Maßregelvollzug, Erwachsene, Allgemeines,* Teil C Rdn 8 f. 91

1. In den meisten Bundesländern ist das **Tragen eigener Kleidung**, teilweise unter gewissen Vorbehalten, erlaubt. Soweit keine gesetzliche Regelung besteht, sind Einschränkungen unzulässig. Die von wenigen Ländern vorgesehene Verpflichtung zum Tragen von Anstaltskleidung wird in der Lit. als verfassungswidrig angesehen (Kammeier/Pollähne/*Lesting,* Rn G43; *Volckart/Grünebaum,* III. Teil, Rn 59). 92

2. Soweit die untergebrachte Person nicht über eigene Kleidung im ausreichenden Maße verfügt, besteht ein **Anspruch** gegen die Einrichtung **auf Beschaffung** ausreichender Zivilkleidung (OLG Hamm, Beschl. v. 17.1.1989 – 1 Vollz (Ws) 347/88, NStZ 1989, 590). Zu denken ist dabei auch an Ansprüche auf Bekleidungsbeihilfe nach § 27b Abs. 2 SGB-XII, die allerdings nicht nach §§ 109 ff. StVollzG, sondern vor den Sozialgerichten einklagbar sind (LSG Niedersachsen-Bremen, Beschl. v. 6.8.2020 – L 8 SF 3/20 B (SO)). 93

Siehe auch: → *Maßregelvollzug, Erwachsene, Allgemeines,* Teil C Rdn 1 ff.

Maßregelvollzug, Erwachsene, Post 94

> **Das Wichtigste in Kürze:**
> 1. Untergebrachte Personen haben Anspruch auf unüberwachten und unbeschränkten Schriftwechsel und Empfang von Paketen.
> 2. Einschränkungen bedürfen einer gesetzlichen Legitimation. Besondere Einschränkungsmöglichkeiten knüpfen dabei an den Gesundheitszustand des Patienten an.

Literaturhinweise: S. die Hinw. bei → *Maßregelvollzug, Erwachsene, Allgemeines,* Teil C Rdn 2 m.w.N. 95

Zum Verständnis der folgenden Ausführungen und zu den zugrundeliegenden Normen siehe zunächst → *Maßregelvollzug, Erwachsene, Allgemeines,* Teil C Rdn 8 f. 96

1. Untergebrachte Personen haben das **Recht auf Schriftwechsel** und den Empfang von Paketen. 97

2. Jegliche **Einschränkung** bedarf einer gesetzlichen Legitimation, die in den Landesgesetzen in unterschiedlicher Ausprägung vorgesehen sind. In Erweiterung der in den Landesjustizvollzugsgesetzen vorgesehenen Beschränkungsmöglichkeiten bei Strafgefangenen, erlauben die Maßregelvollzugs- 98 gesetze teilweise auch die Einsicht in den Schriftwechsel, wenn dies für die Beurteilung des Gesundheitszustandes erforderlich ist. Zudem kann Schriftwechsel beschränkt werden, wenn der Zweck der Unterbringung dies erfordert.

99 **3.** Im Übrigen wird zur Abgrenzung von Schriftwechseln und Paketen, zu den Beschränkungsmöglichkeiten und zum unüberwachten Schriftverkehr mit dem Verteidiger auf die Ausführungen in → *Strafvollzug, Erwachsene, Post,* Teil C Rdn 510 ff. verwiesen.

Siehe auch: → *Maßregelvollzug, Erwachsene, Allgemeines,* Teil C Rdn 1 ff.

100 Maßregelvollzug, Erwachsene, Rechtsschutz

Das Wichtigste in Kürze:

1. Das Rechtsschutzsystem im Maßregelvollzug unterscheidet sich nur in Nuancen von demjenigen im Strafvollzug.
2. Abweichungen betreffen lediglich die Antragsgegnerin in der ersten Instanz und die Aufsichtsbehörde im Rechtsbeschwerdeverfahren.

101 **Literaturhinweise:** S. die Hinw. bei → *Maßregelvollzug, Erwachsene, Allgemeines,* Teil C Rdn 2, und bei → *Strafvollzug, Erwachsene, Antrag auf gerichtliche Entscheidung, Allgemeines,* Teil C Rdn 181.

102 **1. Rechtsschutz** gegen Maßnahmen im Maßregelvollzug richtet sich nach §§ 109 ff. StVollzG und folgt denselben Regelungen, die für den Rechtsschutz gegen Maßnahmen der JVA im Strafvollzug gelten. Hierzu wird verwiesen auf die Ausführungen

→ *Strafvollzug*, Erwachsene, *Antrag auf gerichtliche Entscheidung, Allgemeines,* Teil C Rdn 190; → *Teil C: Strafvollzug, Erwachsene, Antrag auf gerichtliche Entscheidung, Antragsarten*, Teil C Rdn 215; → *Strafvollzug, Erwachsene, Antrag auf gerichtliche Entscheidung, Antragsgegenstand*, Teil C Rdn 236; → *Strafvollzug, Erwachsene, Antrag auf gerichtliche Entscheidung, Beteiligte des Verfahrens*, Teil C Rdn 262; → *Strafvollzug, Erwachsene, Antrag auf gerichtliche Entscheidung, Checkliste,* Teil C Rdn 277; → *Strafvollzug, Erwachsene, Antrag auf gerichtliche Entscheidung, Einstweiliger Rechtsschutz*, Teil C Rdn 280; → *Strafvollzug, Erwachsene, Antrag auf gerichtliche Entscheidung, Erledigung,* Teil C Rdn 291; → *Strafvollzug, Erwachsene, Antrag auf gerichtliche Entscheidung, formelle und inhaltliche Anforderungen*, Teil C Rdn 321; → *Strafvollzug, Erwachsene, Antrag auf gerichtliche Entscheidung, Frist*, Teil C Rdn 336; → *Strafvollzug, Erwachsene, Antrag auf gerichtliche Entscheidung, Kosten und Streitwert*, Teil C Rdn 351; → *Strafvollzug, Erwachsene, Antrag auf gerichtliche Entscheidung, PKH/Beiordnung*, Teil C Rdn 361; → *Strafvollzug, Erwachsene, Antrag auf gerichtliche Entscheidung, Zuständigkeit des Gerichts*, Teil C Rdn 371; → *Strafvollzug, Erwachsene, Rechtsbeschwerde, Allgemeines*, Teil C Rdn 522; → *Strafvollzug, Erwachsene, Rechtsbeschwerde, Beschwer/Erledigung*, Teil C Rdn 540; → *Strafvollzug, Erwachsene, Rechtsbeschwerde, Beteiligte*, Teil C Rdn 552; → *Strafvollzug, Erwachsene, Rechtsbeschwerde, Checkliste*, Teil C Rdn 557; → *Strafvollzug, Erwachsene, Rechtsbeschwerde, Einstweiliger Rechtsschutz*, Teil C Rdn 560; → *Strafvollzug, Erwachsene, Rechtbeschwerde, Form*, Teil C Rdn 570; → *Strafvollzug, Erwachsene, Rechtsbeschwerde, Frist*, Teil C Rdn 582; → *Strafvollzug, Erwachsene, Rechtsbeschwerde, inhaltliche Anforderungen*, Teil C Rdn 590; → *Strafvollzug, Erwachsene, Rechtsbeschwerde, Zulässigkeit*, Teil C Rdn 607.

103 **2. Abweichungen** und Ergänzungen hierzu betreffen folgende Punkte:

104 **a) Antragsgegnerin** i.S.v. § 111 Abs. 1 Nr. 2 StVollzG ist im gerichtlichen Verfahren die Klinik bzw. bei Streit um Höhe von Kosten die Vollstreckungsbehörde (OLG Schleswig, Beschl. v. 16.4.2024 – 2 Ws 16/24 Vollz). Die am Rechtsbeschwerdeverfahren zu beteiligende Aufsichtsbehörde i.S.v.

§ 111 Abs. 2 StVollzG ist das für die Aufsicht über die Krankenhäuser zuständige Ministerium oder eine hierfür eingerichtete Stelle.

b) Soweit Landesgesetze ein gerichtliches **Vorverfahren** vorsehen (etwa § 41 Abs. 1 MVollzG LSA), ist die Durchführung eines solchen mangels gesetzlicher Vorgabe in § 109 StVollzG nicht erforderlich (→ *Strafvollzug, Erwachsene, Antrag auf gerichtliche Entscheidung, formelle und inhaltliche Anforderungen,* Teil C Rdn 334). Auch über § 79 des jeweiligen Verwaltungsverfahrensgesetzes des Landes ergibt sich hierfür keine Notwendigkeit (OLG Karlsruhe, Beschl. v. 6.3.2000 – 2 Ws 203/99, NStZ-RR 2000, 351). 105

c) Hinsichtlich des **Streitwertes** sind insb. Verfahren, bei denen es um Zwangsmedikamentationen geht, wegen der tiefgreifenden Grundrechtsbetroffenheit, hoch anzusetzen (OLG Hamm, Beschl. v. 25.3.2021 – III-4 Ws 53/21). 106

d) Ein **Beschwerderecht** außerhalb der §§ 109 ff. StVollzG sehen nur einige Länder ausdrücklich vor (§§ 54 Abs. 2, 27 Abs. 5 PsychKHG BW, § 51 PsychKG Bln, §§ 48, 32 BbgPsychKG, § 37 BremPsychKG, § 9 MVollzG RhPf, § 32 SaarMRVG, § 78 SächsPsychKHG), es ergibt sich jedoch auch in den anderen Ländern aus Art. 17 GG und dem sich aus dem jeweiligen Verwaltungsverfahrensgesetz des Landes entsprechend §§ 24 ff. VwVfG ergebenden Antragsrecht (FFL/*Pollähne,* § 138 StVollzG, Rn 27). 107

e) Für Maßnahmen, die während der **einstweiligen Unterbringung** nach § 126a StPO erfolgen, gelten die §§ 109 ff. StVollzG nicht. Rechtsschutz ist hier über § 126a StPO i.V.m. §§ 119 Abs. 5, 119a StPO zu ersuchen. 108

Siehe auch: → *Maßregelvollzug, Erwachsene, Allgemeines,* Teil C Rdn 1 ff.

Maßregelvollzug, Erwachsene, Religionsausübung 109

Das Wichtigste in Kürze:

1. Auch im Maßregelvollzug ist die Möglichkeit, das Recht der Glaubens- und Bekenntnisfreiheit auszuüben, zu gewährleisten.
2. Die Versagung der Teilnahme an religiösen Veranstaltungen wie auch des Besitzes von religiösen Schriften und Gegenständen hat sich im Rahmen der Verhältnismäßigkeitsprüfung am Recht aus Art. 4 Abs. 1 GG messen zu lassen.

Literaturhinweise: S. die Hinw. bei → *Maßregelvollzug, Erwachsene, Allgemeines,* Teil C Rdn 2 m.w.N. 110

Zum Verständnis der folgenden Ausführungen und zu den zugrundeliegenden Normen siehe zunächst → *Maßregelvollzug, Erwachsene, Allgemeines,* Teil C Rdn 8 f. 111

1. Patienten haben Anspruch auf religiöse Betreuung durch einen **Seelsorger** ihrer Religionsgemeinschaft. In wenigen Ländern sind Einschränkungsmöglichkeiten vorgesehen. 112

2.a) Untergebrachte Personen haben zudem Recht auf **Teilnahme an religiösen Veranstaltungen** ihres Bekenntnisses. Für einen Ausschluss bedarf es wegen des grds. unbeschränkt gewährleisteten Grundrechts aus Art. 4 Abs. 1 GG einer strengen Verhältnismäßigkeitsprüfung (Kammeier/Pollähne/*Lesting,* Rn G227). 113

b) Der **Besitz religiöser Gegenstände** und Schriften unterliegt in einigen Ländern keiner besonderen Regelung und richtet sich dann nach den Vorschriften über den Gewahrsam an Sachen (→ *Maßregelvollzug, Erwachsene, Besitz,* Teil C Rdn 36 ff.). Bei der Versagung eines solchen Rechts ist im Rahmen der Ermessensausübung die Besonderheit des Grundrechts auf Religionsfreiheit zu berücksichtigen. 114

3. Zum Anspruch auf Beachtung religiöser **Speisevorschriften** siehe (→ *Maßregelvollzug, Erwachsene, Verpflegung,* Teil C Rdn 142). 115

Siehe auch: → *Maßregelvollzug, Erwachsene, Allgemeines,* Teil C Rdn 1 ff.

116 Maßregelvollzug, Erwachsene, Sicherungsmaßnahmen und Unmittelbarer Zwang

Das Wichtigste in Kürze:

1. Sowohl die Anordnung besonderer Sicherungsmaßnahmen als die Anwendung unmittelbaren Zwangs erfordern die Einhaltung konkreter Ermächtigungsgrundlagen im Hinblick auf Voraussetzungen, Verfahren und Anwendung.
2. Besonderer Augenmerk gilt im Rahmen der Ermessensausübung dem Grundsatz der Verhältnismäßigkeit.

117 **Literaturhinweise:** S. die Hinw. bei → *Maßregelvollzug, Erwachsene, Allgemeines*, Teil C Rdn 2 m.w.N.

118 Zum Verständnis der folgenden Ausführungen und zu den zugrundeliegenden Normen siehe zunächst → *Maßregelvollzug, Erwachsene, Allgemeines*, Teil C Rdn 87 f.

119 **1.a)** Zur Aufrechterhaltung der Sicherheit und Ordnung in der JVA sehen die Landesvorschriften zum einen **allgemeinen Maßnahmen** wie Durchsuchungen (→ *Maßregelvollzug, Erwachsene, Durchsuchung*, Teil C Rdn 65 ff.), Verlegungen zur sicheren Unterbringung (→ *Maßregelvollzug, Erwachsene, Verlegung*, Teil C Rdn 136 ff.), Erkennungsdienstliche Maßnahmen (→ *Maßregelvollzug, Erwachsene, Datenschutz*, Teil C Rdn 57), teilweise auch Suchtmittelkontrollen (→ *Maßregelvollzug, Erwachsene, Durchsuchung*, Teil C Rdn 70) und Videobeobachtungen (→ *Maßregelvollzug, Erwachsene, Datenschutz*, Teil C Rdn 58) vor.

120 **b)** Den Kliniken sind zudem bei konkreter Gefahr für die Sicherheit, teilweise auch für die Ordnung in der Anstalt, **besondere Sicherungsmaßnahmen** gegen die Patienten erlaubt. Während manche Länder dies nicht weiter konkretisieren, ist in anderen Ländern die Anordnung solcher Maßnahmen nur bei Fluchtgefahr, Gefahr von Gewalttätigkeiten gegenüber Personen oder Sachen oder Gefahr der Selbsttötung oder Selbstverletzung gestattet. Voraussetzungen und Maß der Sicherungsmaßnahme variieren dabei. Soweit besondere Sicherungsmaßnahmen das Vorliegen einer gegenwärtigen erheblichen Gefahr für die Sicherheit in der Einrichtung erfordern, steht der Klinik ein gerichtlich nur beschränkt überprüfbarer Beurteilungs- und Ermessenspielraum zu (OLG Hamm, Beschl. v. 9.10.2025 – III-1 Vollz 422–425/24 zur **Fesselung**; OLG Karlsruhe, Beschl. v. 18.1.2022 –2 Ws 279/21). Ein Rückgriff auf die allgemeine Generalklausel für den Fall des Fehlens der Voraussetzungen für die Anordnung besonderer Sicherungsmaßnahmen scheidet aus (OLG Hamm, Beschl. v. 24.11.2016 – III-1 Vollz (Ws) 302/16, StraFo 2017, 171). Die im Gesetz vorgesehenen Sicherungsmaßnahmen sind zudem abschließend aufgezählt. Die größtmögliche Intensität weist dabei die **Fixierung** des Patienten auf, die in allen Ländern vorgesehen ist. Dies meint das Anbinden des Patienten an ein Bett unter totalem Verlust der Bewegungsfreiheit, in manchen Ländern auch durch vorübergehende Ruhigstellung mittels Medikamenten. Alle besonderen Sicherungsmaßnahmen erfordern die Einhaltung der gesetzlichen Verfahrensvorgaben und im Rahmen der Ermessensausübung die Beachtung des Verhältnismäßigkeitsgrundsatzes. Soweit die Maßnahme einer richterlichen Zustimmung bedarf, hat dies wegen § 138 Abs. 4 StVollzG Auswirkungen auf die Rechtsschutzmöglichkeiten (→ *Strafvollzug, Erwachsene, Antrag auf gerichtliche Entscheidung, Antragsgegenstand*, Teil C Rdn 241).

121 **2.** Zur Durchsetzung rechtmäßiger Behandlungs- und Sicherungsmaßnahmen erlauben alle Landesgesetze auch die Anwendung **unmittelbaren Zwangs**, der sowohl begrifflich als auch hinsichtlich der Voraussetzungen und Mittel in den Landesgesetzen unterschiedlich behandelt wird. In jedem Fall ist der Verhältnismäßigkeitsgrundsatz sowohl hinsichtlich des „Ob“ als auch des „Wie“ der Maßnahme zu beachten. Dies erfordert eine vorherige Androhung der Maßnahme, auch wenn die

Androhung im jeweiligen Landesgesetz nicht explizit als Voraussetzung erwähnt wird (Kammeier/Pollähne/*Rzepka*, Rn H160).

3. Zur Anwendung unmittelbaren Zwangs aus Gründen der **Gesundheitsfürsorge** → *Maßregelvollzug, Erwachsene, Gesundheitsfürsorge,* Teil C Rdn 87 ff. 122

Siehe auch: → *Maßregelvollzug, Erwachsene, Allgemeines,* Teil C Rdn 1 ff.

Maßregelvollzug, Erwachsene, Telekommunikation 123

Das Wichtigste in Kürze:
1. Untergebrachte Personen haben das Recht zum Telefonieren auf ihre Kosten. Beschränkungsmöglichkeiten müssen gesetzlich vorgesehen sein.
2. Telefonate mit Verteidigern werden nicht überwacht.

Literaturhinweise: S. die Hinw. bei → *Maßregelvollzug, Erwachsene, Allgemeines*, Teil C Rdn 2 m.w.N. 124

Zum Verständnis der folgenden Ausführungen und zu den zugrundeliegenden Normen siehe zunächst → *Maßregelvollzug, Erwachsene, Allgemeines*, Teil C Rdn 8 f. 125

1. In allen Landesgesetzen ist die Möglichkeit untergebrachter Personen, **Telefongespräche** zu führen, ausdrücklich vorgesehen. Die Nutzung von **Mobiltelefonen** ist regelmäßig ausgeschlossen, kann aber in manchen Ländern erlaubt werden. Mögliche **Beschränkungen** des Rechts zum Telefonieren sind in allen Ländern vorgesehen und orientieren sich, wenn sie nicht im Einzelnen eine explizite Regelung erfahren, an den Möglichkeiten der Beschränkungen von Schrift- und Besuchsverkehr. Hauptsächlich kommen solche Einschränkungen aus Gründen des geordneten Zusammenlebens und der Sicherheit in der Einrichtung in Betracht. Die Sperrung einer Service-Vorwahlnummer zum Schutz der angerufenen Personen vor sexuellen Belästigungen fällt nicht darunter (OLG Hamm, Beschl. v. 16.3.2004 – 1 Vollz (Ws) 44/04, R&P 2004, 167). Daneben sind Beschränkungen aus zwingenden therapeutischen Gründen möglich. **Kosten** für Telefonate sind grds. von den Patienten selbst zu tragen. 126

2. Hinsichtlich der **Organisation** des Telefonwesens, Voraussetzungen für **Überwachungen**, Telefonaten mit **Verteidigern** und der Nutzung anderer Telekommunikationswege wird sinngemäß auf die Ausführungen in → *Strafvollzug, Erwachsene, Telekommunikation,* Teil C Rdn 677 ff. Bezug genommen. 127

Siehe auch: → *Maßregelvollzug, Erwachsene, Allgemeines,* Teil C Rdn 1 ff.

Maßregelvollzug, Erwachsene, Unterbringung 128

Das Wichtigste in Kürze:
1. Der Vollzug der Maßregel findet in Einrichtungen des allgemeinen psychiatrischen Versorgungssystems statt. Wird die Einrichtung von einem Privaten betrieben, dürfen Maßnahmen, die einer Ermächtigungsgrundlage bedürfen, nur von öffentlich-rechtlichen Bediensteten oder von Beliehenen durchgeführt werden.
2. Die Auswahl der Klinik erfolgt durch die StA als Vollstreckungsbehörde.
3. Vorgaben zur Größe und Ausstattung der Einrichtung und der Zimmer sind selten. Diese haben sich maßgeblich an verfassungsrechtlichen Vorgaben messen zu lassen.
4. Die Einrichtungen haben für ein Freizeitangebot Sorge zu tragen.

Literaturhinweise: s. die Hinw. bei → *Maßregelvollzug, Erwachsene, Allgemeines*, Teil C Rdn 2 m.w.N. 129

130 Zum Verständnis der folgenden Ausführungen und zu den zugrundeliegenden Normen siehe zunächst → *Maßregelvollzug, Erwachsene, Allgemeines*, Teil C Rdn 8 f.

131 **1.** Der Vollzug der Maßregeln nach §§ 63, 64 StGB erfolgt in Einrichtungen des allgemeinen psychiatrischen Versorgungssystems (Kammeier/Pollähne/*Baur,* Rn C54). Da es sich um eine staatliche Aufgabe handelt, kommt ein Vollzug in einer **privaten Klinik** nur in Betracht, wenn dort einschränkende Maßnahmen von öffentlich-rechtlich Bediensteten vorbehalten sind oder dessen Leiter mit Hoheitsrechten beliehen wird und privat-beschäftigte Bedienstete des Trägers der Einrichtung, denen grundrechtsrelevante Vollzugsentscheidungen zugewiesen werden können, nicht gegen den Willen des Leiters beschäftigt werden (BVerfG, Urt. v. 18.1.2012 – 2 BvR 133/10, NJW 2012, 1563). Inwieweit damit eine vollständige Übertragung aller Eingriffskompetenzen verfassungsrechtlich zulässig ist, wie sie in manchen Ländern vorgesehen ist, ist umstritten (Kammeier/Pollähne/*Baur,* Rn C73).

132 **2.** Die **Auswahl der Anstalt**, die die Maßregel zu vollziehen hat, erfolgt durch die StA als Vollstreckungsbehörde, die sich am Vollstreckungsplan zu orientieren hat. Gegen die Ladung zum Antritt der Maßregel ist der Rechtsweg nach § 23 EGGVG eröffnet (Burhoff/*Schmidt-Clarner*, RM, Teil B Rn 444 ff.).

133 **3.a)** Gesetzliche Vorgaben über die **Gestaltung der Einrichtungen** sind nur in wenigen Ländern vorgesehen. Häufig findet sich die nichtssagende Formulierung, dass die Einrichtungen baulich so zu gestalten seien, dass eine auf die unterschiedlichen Sicherungserfordernisse und indizierten Maßnahmen abgestimmte Gestaltung der Unterbringung gewährleistet werden kann. Nähere Angaben zu **Mindestgröße der Zimmer**, Belegungszahl und Einrichtung finden sich kaum. Rechtliche Grenzen stellen demnach neben den sich aus §§ 136, 137 StVollzG ergebenden Anforderungen allein die verfassungsrechtlichen Vorgaben dar. Die gemeinsame Unterbringung von bis zu drei Personen als solche ist dabei verfassungsrechtlich nicht zu beanstanden (BVerfG, Beschl. v. 13.11.2007 – 2 BvR 2354/04, R&P 2008, 67). Bei der Belegung der Patientenzimmer steht der Klinik ein Ermessen darüber zu, welcher Untergebrachte ein Einzelzimmer erhält (OLG Hamm, Beschl. v. 14.5.2019 – 1 Vollz (Ws) 155/19). Wird indessen ein Patient von einem Einzelzimmer in ein Mehrbettzimmer verlegt, stellt dies den Widerruf eines begünstigenden VAs dar, bei dem der Vertrauensschutz in die Entscheidung miteinfließen muss (OLG Celle, Beschl. v. 1.4.2025 – 1 Ws 23/25 (MVollz), → *Maßregelvollzug, Erwachsene, Allgemeines,* Teil C Rdn 18).

134 **b)** Eine **geschlechterspezifische** Unterbringung ist regelmäßig nicht vorgesehen. Dies schließt einen Anspruch auf Verlegung in eine bestimmte Station unter geschlechtsspezifischen Gesichtspunkten nicht aus. Insoweit besteht ein Anspruch auf ermessensfehlerfreie Entscheidung durch die Klinik (KG, Beschl. v. 31.1.2019 – 5 Ws 149/18 Vollz).

135 **4.** Regelungen zur Beschäftigung in der **Freizeit** finden sich nur in wenigen Landesvorschriften. Ein Anspruch auf konkrete Freizeitangebote besteht nicht. Der im Maßregelvollzug geltende Angleichungsgrundsatz erfordert aber die Möglichkeit einer individuellen Freizeitgestaltung, sei es durch Angebote der Klinik oder jedenfalls durch die Einräumung von Freizeitbeschäftigung mittels eigener Gegenstände. Insbesondere die Möglichkeit, sich aus externen Quellen zu informieren (TV, Hörfunk, Bücher), muss wegen Art. 5 Abs. 1 GG gewährleistet sein. Zudem steht dem Patienten ein täglicher Aufenthalt im Freien von mindestens einer Stunde zu (*Volckart/Grünebaum*, III. Teil, Rn 230).

Siehe auch: → *Maßregelvollzug, Erwachsene, Allgemeines,* Teil C Rdn 1 ff.

Maßregelvollzug, Erwachsene, Verlegung 136

Das Wichtigste in Kürze:
1. Verlegungen gegen den Willen der untergebrachten Person bedürfen einer Ermächtigungsgrundlage.
2. Ein Anspruch auf Verlegung in eine wohnortnahe Einrichtung besteht nur im Rahmen des Faktisch möglichen und steht zudem im Ermessen des Entscheidungsträgers.
3. Bei einer Vorführung einer untergebrachten Person steht der Klinik ein Organisations- und Ausgestaltungsermessen zu.

Literaturhinweise: S. die Hinw. bei → *Maßregelvollzug, Erwachsene, Allgemeines*, Teil C Rdn 2 m.w.N. 137

Zum Verständnis der folgenden Ausführungen und zu den zugrundeliegenden Normen siehe zunächst → *Maßregelvollzug, Erwachsene, Allgemeines*, Teil C Rdn 8 f. 138

1. Bei **Verlegungen gegen den Willen** der untergebrachten Person greift die Maßnahme schwerwiegend in die Grundrechtsposition aus Art. 2 Abs. 1 GG ein und vermag die Resozialisierung zu beeinträchtigen. Es ist daher eine Rechtsgrundlage erforderlich, die sowohl in formeller als auch materieller Hinsicht erfüllt sein muss (OLG Celle, Beschl. v. 27.5.2024 – 1 Ws 100/24 (MVollz)). Die Entscheidung hierüber liegt in manchen Ländern bei der Einrichtung selbst, in anderen bei der Aufsichtsbehörde. Fehlt es an einer Rechtsgrundlage, ist ein Rückgriff auf eine Generalklausel ausgeschlossen (Kammeier/Pollähne/*Rzepka*, Rn H91). 139

2. Erstrebt die untergebrachte Person eine **Verlegung in eine wohnortnahe Einrichtung**, besteht ein Anspruch auf fehlerfreie Ermessensentscheidung, der naturgemäß durch die Grenze des Faktischen beschränkt ist und erfordert, dass die angestrebte Einrichtung über einen freien Behandlungsplatz verfügt (OLG Celle, Beschl. v. 4.10.2021 – 3 Ws 208/21 (MVollz), StV 2023, 266). Ist mit der erwünschten Verlegung ein Wechsel des zuständigen Landes verbunden, bedarf es einer Zustimmung der aufnehmenden Verwaltung, die gerichtlich über einen Antrag nach §§ 23 ff. EGGVG gesondert zu erstreiten ist (→ *Strafvollzug, Erwachsene, Antrag auf gerichtliche Entscheidung, Antragsgegenstand*, Teil C Rdn 250). 140

3. Hinsichtlich der **Art und Weise** einer Vorführung steht der Klinik ein Ausgestaltungsermessen zu, bei dem auch organisatorische Belange eine Rolle spielen können. Ein Anspruch auf Einzeltransport besteht nicht. Entscheidend ist aber, ob die Art und Weise des Transports den therapeutischen Prozess beeinträchtigen kann (OLG Hamm, Beschl. v. 15.6.2023 – III-3 Vollz (Ws) 171/23). 141

Siehe auch: → *Maßregelvollzug, Erwachsene, Allgemeines,* Teil C Rdn 1 ff.

Maßregelvollzug, Erwachsene, Verpflegung 142

Das Wichtigste in Kürze:
1. Untergebrachte Personen haben Anspruch auf Verpflegung durch die Einrichtung.
2. Daneben besteht die Möglichkeit der Selbstversorgung auf eigene Kosten. Die Entscheidung hierüber trifft der Einrichtungsleiter nach seinem Ermessen unter Beachtung des Sonderopfercharakters der Unterbringung.

Literaturhinweise: S. die Hinw. bei → *Maßregelvollzug, Erwachsene, Allgemeines*, Teil C Rdn 2 m.w.N. 143

144 Zum Verständnis der folgenden Ausführungen und zu den zugrundeliegenden Normen siehe zunächst → *Maßregelvollzug, Erwachsene, Allgemeines*, Teil C Rdn 8 f.

145 **1.** Regelungen zu Verpflegung untergebrachter Personen finden sich in Landesgesetzen nur sehr selten. Aus dem Anspruch auf Resozialisierung und Behandlung besteht aber auch ohne eine solche ein **Anspruch** des Patienten auf ausreichende und vollwertige Ernährung.

146 **2.** Auch Regelungen über die Möglichkeit der **Selbstverpflegung** sind in den meisten Landesgesetzen nicht enthalten. Beschränkungen können somit allenfalls – soweit vorhanden – auf Generalklauseln gestützt werden, wobei bei der Entscheidung über die Bewilligung einer Selbstversorgung auch der Sonderopfercharakter der Unterbringung zu berücksichtigen ist (OLG Hamm, Beschl. v. 8.8.2022 – III-1 Vollz (Ws) 134/22). Greift eine solche Beschränkung nicht ein, steht der untergebrachten Person ein Anspruch auf ermessensfehlerfreie Entscheidung über den Antrag auf Selbstversorgung zu (OLG Hamm, Beschl. v. 28.7.2015 – III-1 Vollz (Ws) 260/15, NStZ-RR 2016, 96). Im Fall religiös bedingter Speisevorschriften ist das Ermessen auf Null reduziert, wenn die Speiseangebote der Einrichtung diese nicht berücksichtigen (Kammeier/Pollähne/*Lesting*, Rn G230). Die Einrichtung ist jedoch nicht verpflichtet, der untergebrachten Person entsprechende Speisen zu beschaffen (KG, Beschl. v. 29.8.2011 – 2 Ws 326/11 Vollz, NStZ-RR 2012, 159). Die Kosten einer Selbstversorgung hat der Patient selbst zu tragen.

Siehe auch: → *Maßregelvollzug, Erwachsene, Allgemeines,* Teil C Rdn 1 ff.

147 Maßregelvollzug, Erwachsene, Vollzugsform

Das Wichtigste in Kürze:

1. Der Maßregelvollzug findet im offenen oder geschlossenen Vollzug statt.
2. Die Verlegung in den offenen Vollzug setzt fehlende Flucht- und Missbrauchsgefahr voraus. Teilweise ist die Förderung des Ziels der Unterbringung zusätzlich gesetzlich vorgesehen.

148 **Literaturhinweise:** S. die Hinw. bei → *Maßregelvollzug, Erwachsene, Allgemeines*, Teil C Rdn 2 m.w.N.

149 Zum Verständnis der folgenden Ausführungen und zu den zugrundeliegenden Normen siehe zunächst → *Maßregelvollzug, Erwachsene, Allgemeines*, Teil C Rdn 8 f.

150 **1.** Wie im Strafvollzug (→ *Strafvollzug, Erwachsene, Vollzugsform,* Teil C Rdn 722) wird auch bei einer Unterbringung nach §§ 63, 64 StGB zwischen dem **offenen** und dem **geschlossenen** Vollzug unterschieden. Auch wenn nicht alle Landesgesetze neben der Unterbringung in einer geschlossenen Einrichtung auch die Möglichkeit einer offenen Unterbringung vorsehen, ist eine solche gleichwohl zulässig.

151 **2. Voraussetzung** für die Verlegung in den offenen Vollzug ist regelmäßig, dass nicht zu befürchten ist, dass sich die untergebrachte Person dem Vollzug entzieht oder die Möglichkeiten des Vollzugs missbraucht. Zudem stellen manche Länder darauf ab, dass die offene Unterbringung das Ziel der Unterbringung fördert. Angesichts des mit der Unterbringung verbundenen Sonderopfers ergibt sich aber bereits eine Verpflichtung zur offenen Unterbringung, wenn die Gefahrenprognose dies zumutbar erscheinen lässt (Kammeier/*Pollähne,* Rn F47). Zur Beurteilung der Prognose → *Maßregelvollzug, Erwachsene, Vollzugslockerungen,* Teil C Rdn 156).

Siehe auch: → *Maßregelvollzug, Erwachsene, Allgemeines,* Teil C Rdn 1 ff.

Maßregelvollzug, Erwachsene, Vollzugslockerungen 152

Das Wichtigste in Kürze:

1. Lockerungsmaßnahmen müssen von Beginn an im Behandlungsplan thematisiert werden. Sie dienen der Erprobung und der Vorbereitung der Entlassung.
2. Liegen konkrete Missbrauchs- oder Fluchtgefahr vor, sind Lockerungen zu versagen.
3. Ob die StA den beantragten Lockerungen zustimmen muss, ist in den Landesgesetzen nicht einheitlich geregelt.
4. Lockerungen können mit Weisungen verbunden und widerrufen werden.

Literaturhinweise: **Kammeier**, Lockerungen und Entlassungen aus der psychiatrischen Maßregel, R&P 2013, 3; **Pollähne**, Lockerungen im Maßregelvollzug, 1994; s.a. die Hinweise bei → *Maßregelvollzug, Erwachsene, Allgemeines*, Teil C Rdn 2 m.w.N. 153

Zum Verständnis der folgenden Ausführungen und zu den zugrundeliegenden Normen siehe zunächst → *Maßregelvollzug, Erwachsene, Allgemeines*, Teil C Rdn 8 f. 154

1. Für den weiteren Verlauf der Maßregel und die Erledigung oder Aussetzung der Unterbringung sind **Vollzugslockerungen von entscheidender Bedeutung**. Im Behandlungsplan sind daher von Anfang an Ausführungen zu geplanten Unterbringungslockerungen aufzunehmen (*Pollähne*, StraFo 2007, 486, 488). Auch wenn die in den Landesgesetzen verwendete Terminologie der Regelungen zu Vollzugslockerungen im Maßregelvollzug sich an denen der Landesstrafvollzugsgesetze orientiert, kann die dortige Konzeption der Lockerungen nur bedingt auf den Maßregelvollzug übertragen werden. Denn anders als im Strafvollzug bedarf nicht die Lockerung der Unterbringung einer Legitimation, sondern vielmehr – als Folge des Sonderopfers, das untergebrachten Personen auferlegt wird – die Versagung von Lockerungen (Kammeier/*Pollähne,* Rn F28). 155

2.a) Die Anordnung einer Lockerung im Maßregelvollzug ist trotz der überwiegend in den Landesgesetzen vorgesehenen „Kann"-Entscheidung keine Ermessensentscheidung. Liegen keine Versagungsgründe vor, hat die untergebrachte Person einen Rechtsanspruch auf die Gewährung verantwortbarer Lockerungsmaßnahmen (Kammeier/*Pollähne,* Rn F58). Bei der Beurteilung der tatbestandlichen Voraussetzungen der **Missbrauchs- oder Fluchtgefahr** steht den Kliniken ein Beurteilungsspielraum zu, der gerichtlich nur eingeschränkt überprüfbar ist (OLG Karlsruhe, Beschl. v. 18.10.2005 – 2 Ws 106/05, StraFo 2006, 40). Die Einrichtung darf sich aber nicht auf bloße pauschale Bewertungen berufen, sondern muss ihrer Entscheidung einen vollständig ermittelten Sachverhalt zugrunde legen (OLG Celle, Beschl. v. 15.8.2013 – 1 Ws 251/13, NStZ-RR 2014, 32). Hinsichtlich des Vorliegens einer Missbrauchsgefahr stellen die Landesgesetze teilweise undifferenziert auf jeglichen Missbrauch ab, was aber einer verfassungsrechtlichen Korrektur bedarf. Die Gefahr geringfügiger Taten, die eine Unterbringung nach §§ 63, 64 StGB nicht begründen könnten, genügt hierfür nicht (Kammeier/*Pollähne*, Rn F65). 156

b) Im Hinblick auf die jeweils in Frage stehende Maßnahme wird je nach dem Grad der Lockerung die Missbrauchs- bzw. Fluchtgefahr unterschiedlich einzuschätzen sein (BVerfG, Beschl. v. 20.6.2012 – 2 BvR 851/11, NStZ-RR 2012, 387; OLG Hamm, Beschl. v. 9.7.2025 – III-1 Vollz 92/25). Die Versagung selbst einer **Ausführung** bedarf einer näheren Begründung, warum trotz damit verbundener Sicherheitsvorkehrungen von Missbrauchs- oder Fluchtgefahr auszugehen sein soll (OLG Hamm, Beschl. v. 23.8.2018 – III-1 Vollz (Ws) 346/18). 157

c) Regelmäßig bedienen sich die Kliniken bei der Gewährung von Vollzugslockerungen eines schematischen **Katalogs**, bei dem die untergebrachten Personen stufenweise für die Gewährung weitreichender Lockerungen erprobt werden. In einigen Ländern ist die Anwendung eines solchen Katalogs sogar gesetzlich vorgesehen. Die dadurch bedingte schematische Betrachtung führt nicht selten dazu, dass selbst bei kleineren Verstößen Vollzugslockerungen rigide durch die Einrichtung zurückgenommen werden. 158

159 **3.** In manchen Ländern muss die **StA** je nach Art einer geplanten Unterbringungslockerung **zustimmen**. Wird diese verweigert, kann im gerichtlichen Verfahren gegen die Verweigerung der Lockerung die Entscheidung der StA mitüberprüft werden (→ *Strafvollzug, Erwachsene, Antrag auf gerichtliche Entscheidung, Antragsgegenstand,* Teil C Rdn 249). Teilweise sehen die Länder ein reines Anhörungsrecht vor.

160 **4.** Vollzugslockerungen können in allen Ländern mit **Weisungen** und Auflagen belegt werden. Ein Weisungsverstoß allein lässt trotz der im Landesgesetz teilweise vorgesehenen Möglichkeit hierzu keinen **Widerruf** zu. Denn da der Patient Anspruch auf Lockerungen hat, wenn keine Missbrauchs- oder Fluchtgefahr gegeben ist, würde dies eine verdeckte und damit unzulässige Disziplinarmaßnahme darstellen (*Volckart/Grünebaum*, III. Teil, Rn 381).

Siehe auch: → *Maßregelvollzug, Erwachsene, Allgemeines,* Teil C Rdn 1 ff.

161 Maßregelvollzug, Jugendliche

162 **Literaturhinweise:** **Burchard/Schulze,** Jugendforensische Patienten in der KJP Klinik Marsberg zwischen 2010 und 2022 – ein Bericht aus der Praxis, FPP 2/2022, 172; **Häßler/Keipe/Schläfke**, Maßregelvollzug für Jugendliche, ZJJ 2004, 24; **Häßler/Boysen/Weissbeck**, § 64 StGB – Maßregelvollzug bei Jugendlichen und Heranwachsenden, ZJJ 2022, 222; **Heinz,** Sekundäranalyse empirischer Untersuchungen zu jugendkriminalrechtlichen Maßnahmen, deren Anwendungspraxis, Ausgestaltung und Erfolg (Gutachten im Auftrag des Bundesministeriums für Justiz und Verbraucherschutz) 2019; **Meyer**, Zur Rechtslage bei der Unterbringung drogenabhängiger Jugendlicher, die nach § 93a JGG vollzogen wird, MDR 1982, 177; **Stöver/Weissbeck/Wendt**, Wo steht der Jugendmaßregelvollzug in Deutschland aktuell?, FPPK 2008, 255; **Tessenow**, Jugendliche und Heranwachsende im psychiatrischen Maßregelvollzug, 2003; **Tessenow/Ostendorf**, Maßregelvollzug bei Jugendlichen in Deutschland – erste Einblicke in eine verborgene Praxis, NK 2003, 59; **Tondorf/Tondorf**, Brauchen wir Gesetze zum Jugend- und Frauenmaßregelvollzug?, ZJJ 2009, 54; **Weissbeck**, Jugendmaßregelvollzug in Deutschland, 2009; **Weissbeck/Günter**, Maßregelvollzug bei Jugendlichen und Heranwachsenden, RuP 2010, 10; **Volckart/Grünebaum**, Maßregelvollzug, 8. Aufl. 2015; s.a. die Hinweise bei → *Maßregeln, Erwachsene, Allgemeines*, Teil B Rdn 969, → *Maßregeln, Jugendliche,* Teil B Rdn 1269 und bei → *Maßregelvollzug, Allgemeines,* Teil C Rdn 1.

163 **1.a)** Für den Vollzug der **Unterbringung** in einem **psychiatrischen Krankenhaus** (§ 63 StGB) fehlen spezielle Vorschriften im JGG. Insofern gelten über § 2 JGG die §§ 136 bis 138 StVollzG, wobei § 138 Abs. 1 S. 1 StVollzG die Geltung der jeweiligen **landesrechtlichen Unterbringungsvorschriften** anordnet, „soweit Bundesgesetze nichts anderes bestimmen“ (→ *Maßregelvollzug, Erwachsene, Allgemeines*, Teil C Rdn 9 ff.). Die entsprechenden landesrechtlichen Regelungen zum Maßregelvollzug (Abdruck bei *Volkart/Grünebaum*), enthalten ganz überwiegend (s. aber § 1 JVollzGB-I-BW) keine speziellen Vorschriften für Jugendliche (daher auch die Forderung nach einem eigenen Gesetz zum Jugendmaßregelvollzug *Tondorf/Tondorf* ZJJ 2009, 54).

164 **b) Rechtstatsächlich** werden freiheitsentziehende Maßregeln gegen Jugendliche und Heranwachsende eher selten verhängt. Im Jahr 2015 wurde bei 13 Jugendlichen und 32 Heranwachsenden die Unterbringung in einem psychiatrischen Krankenhaus und bei 11 Jugendlichen bzw. 115 Heranwachsenden die Unterbringung in einer Entziehungsanstalt angeordnet (*Heinz*, Gutachten, S. 1343), wobei die Unterbringungszahlen bei Jugendlichen über die Jahre hinweg gleich blieben, bei Heranwachsenden jedoch anstiegen (*Tessenow/Ostendorf* NK 2003, 60).

165 **2.a)** Nach § 93a JGG wird die **Unterbringung** in einer **Entziehungsanstalt** (§ 64 StGB) in einer **Einrichtung** vollzogen, in der die für die **Behandlung suchtkranker Jugendlicher** erforderlichen besonderen therapeutischen Mittel und sozialen Hilfen zur Verfügung stehen. Die Vorschrift gilt auch für Heranwachsende, sofern auf sie Jugendstrafrecht angewendet wurde (§ 110 Abs. 1 JGG).

166 In der **Praxis** existieren mittlerweile bundesweite eine ganze Reihe **spezialisierter Suchtkliniken** für Jugendliche. Seit Anfang 1980 besteht in Bayern das mehr geschlossene Behandlungszentrum für suchtkranke Jugendliche und Heranwachsende Bezirkskrankenhaus Parsberg II (Oberpfalz; https://www.medbo.de/kliniken-einrichtungen/massregelvollzug/forensische-klinik) mit ca. 50 Plätzen. 1981 wurde

aufgrund eines Länderabkommens zwischen Bremen, Hamburg, Niedersachsen und Rheinland-Pfalz im niedersächsischen Landeskrankenhaus Brauel (Kreis Uelzen) eine Station mit 76 Plätzen eingerichtet. Freie Plätze können hier auch von Drittländern wahrgenommen werden. Später kam noch eine Anstalt in Marsberg (NRW, hierzu *Burchard/Schulze*, FPP 2/2022, 172 ff.) mit ca. 80 Plätzen hinzu. Mittlerweile gibt es weitere Einrichtungen, u.a. in Viersen (NRW), Berlin, Bad Zwischenahn (Niedersachsen), Marburg (Hessen), Rostock (M-V) und Arnsdorf in Sachsen (HK-JGG/*Wulf/Bartsch*, § 93a Rn 13; Übersicht hierzu auch bei *Häßler/Boysen/Weissbeck*, ZJJ 2022, S. 223). In den anderen Bundesländern wird die Maßregel gem. § 64 StGB auch bei Jugendlichen und Heranwachsenden ganz überwiegend in psychiatrischen Krankenhäusern durchgeführt.

b) Nach § 93a Abs. 2 JGG kann – um das angestrebte Behandlungsziel zu erreichen – der **Vollzug aufgelockert** und **weitgehend in freien Formen** durchgeführt werden. Dieser freien Form sollte eine besondere Bedeutung zukommen, um der Abhängigkeit, Passivität und permanenten Reglementierung, die eine geschlossene Unterbringung kennzeichnen, entgegenzuwirken (*Eisenberg/Kölbel*, § 93a Rn 8). Der Formulierung kann eine Aufforderung entnommen werden, die Entziehungsanstalt für Jugendliche so aufgelockert und offen wie nur möglich zu konzipieren. Dies dient nicht nur dem therapeutischen Zweck, sondern beugt auch der Gefahr einer Überbetonung von Sicherheitsaspekten vor. Allerdings existiert in keinem Bundesland eine „freie Form" der Entziehungsanstalt für Jugendliche (zu Alternativen, z.B. „Therapie auf dem Bauernhof" HK-JGG/*Wulf/Bartsch*, § 93a Rn 17). 167

3. Die **Rechtsbehelfe** gegen Vollzugsmaßnahmen richten sich nach § 92 JGG (→ *Strafvollzug, Jugendliche, Rechtsschutz*, Teil C Rdn 860 ff.). 168

Siehe auch: → *Maßregeln, Erwachsene, Allgemeines*, Teil B Rdn 969 ff.; → *Maßregeln, Jugendliche*, Teil B Rdn 1269 ff.; → *Maßregelvollzug, Allgemeines*, Teil C Rdn 1 ff.

Strafvollzug, Erwachsene, Allgemeines 169

Das Wichtigste in Kürze:

1. Das materielle Recht des Strafvollzugs richtet sich nach Landesrecht, das prozessuale nach den §§ 109 ff.StVollzG.
2. Die landesrechtlichen Regelungen sind überwiegend recht kleinteilig und verschaffen bereits durch das Lesen der einschlägigen Normen einen guten Überblick über die konkrete Materie.
3. Bei Auslegung und Anwendung der Normen sind die Grundsätze des Vollzugs zu beachten.
4. Fehlt es an einer speziellen Ermächtigungsgrundlage, können Maßnahmen ggf. auf die Generalklausel gestützt werden.
5. Ansprüche von Gefangenen bedürfen einer Anspruchsgrundlage. Fehlt eine solche, besteht ein Anspruch auf ermessensfehlerfreie Entscheidung.
6. Das VwVfG findet im Strafvollzug keine Anwendung.

Literaturhinweise: **Arloth**, Einführung in das neue Bayerische Strafvollzugsgesetz, JA 2008, 561; **Baer**, Gefahrenabwehrrechtliche Denkfiguren im Straf- und Maßregelvollzugsrecht, NStZ 2009, 529; **Bunge**, Landesstrafvollzugsgesetz des Landes Schleswig-Holstein, FS 2016, 348; **Köhne**, 3 Landesstrafvollzugsgesetze – Beiträge zum Wettbewerb der Schäbigkeit?, NStZ 2009, 130; *ders.*, Fünf Landesstrafvollzugsgesetze – ein „Wettbewerb der besten Praxis"?, JR 2012, 14; *ders.*, Noch zwei neue Landesstrafvollzugsgesetze, JR 2016, 676; **Kuhn**, Das Strafvollzugsrecht aus verfassungsrechtlicher Perspektive – ein Überblick über die aktuelle Rechtsprechung des Bundesverfassungsgerichts, StV 2025, 430; **Lindemann**, Die Bedeutung der Grund- und Menschenrechte für den Straf- und Maßregelvollzug, ZStW 137, 881; **Renner/Vetter**, Reform der Hamburgischen Vollzugsgesetze, FS 2025, 152; **Roth**, Aus der Rechtsprechung zum Strafvollzug – Entscheidungen aus den Jahren 2012 bis 2014, NStZ 2014, 624; *ders.*, Aus der Rechtsprechung zum Strafvollzug – Entscheidungen aus den Jahren 2014 bis 2016, NStZ 2017, 206; *ders.*, Aus der Rechtsprechung zum Strafvollzug – Entscheidungen aus den Jahren 2016 bis 2018, NStZ 2019, 189; *ders.*, Aus der Rechtsprechung zum Strafvollzug – Entscheidungen aus den Jahren 2018 bis 2020, NStZ 2021, 473; *ders.*, Aus der 170

Rechtsprechung zum Strafvollzug – Entscheidungen aus den Jahren 2020 bis 2022, NStZ 2023, 662; *ders.*, Aus der Rechtsprechung zum Strafvollzug – Entscheidungen aus den Jahren 2022 bis 2024, NStZ 2025, 662; **Schäferskupper**, Das Strafvollzugsgesetz Nordrhein-Westfalen, NWVBl 2017, 361; *ders.*, StVollzG NRW und VwVfG NRW, NWVBl 2023, 221; **Schaerff**, Das neue Strafvollzugsgesetz für Nordrhein-Westfalen: Fortschritt, Rückschritt oder doch nur Status Quo?, ZStW 2016, 194

171 **1.** Das **materielle Recht des Strafvollzugs**, also die Regelungen, welche Ziele der Strafvollzug verfolgt, welchen Einschränkungen Strafgefangene unterworfen sind, aber auch welche Rechtspositionen sie trotz des Vollzugs innehaben, gehört aufgrund der 2006 in Kraft getretenen Föderalismusreform (BGBl. I 2006, 2034) zur **Gesetzgebungskompetenz der Länder**. Das seit 1976 geltende StVollzG des Bundes findet mit Inkrafttreten der landesrechtlichen Gesetze zum Strafvollzug nur noch hinsichtlich des gerichtlichen Verfahrens nach §§ 109 ff.StVollzG (→ *Strafvollzug, Erwachsene, Antrag auf gerichtliche Entscheidung, Allgemeines*, Teil C Rdn 190 ff.; → *Strafvollzug, Erwachsene, Rechtsbeschwerde. Allgemeines*, Teil C Rdn 522 ff.) sowie weniger materiellrechtlicher Regelungen, für die die Gesetzgebungskompetenz weiterhin beim Bund besteht (z.B. §§ 43 Abs. 11 S. 2 Hs. 2, 50 Abs. 2 S. 5, 51 Abs. 4 und 5, 75 Abs. 3 StVollzG), im Strafvollzug gegen Erwachsene Anwendung. Übergeordnet wird der rechtliche Rahmen für das Leben im Strafvollzug nicht zuletzt auch durch die Grund- und Freiheitsrechte des GG und der EMRK gesetzt.

172 **2.** Der Erlass 16 verschiedener Landesgesetze hat eine derartige **Rechtszersplitterung** zur Folge gehabt, dass eine vollständige Darstellung der Rechtsmaterie den Umfang des Handbuchs sprengen würde. Die Kleinteiligkeit in den landesrechtlichen Vorschriften zum Strafvollzug bringt es aber mit sich, dass bereits das **Lesen** der zu einem bestimmten Thema einschlägigen Vorschriften jedenfalls für dieses Gebiet eine gute Möglichkeit darstellt, sich die notwendigen Grundlagen zu erarbeiten.

173 Alle Länder haben die im Strafvollzug **wesentlichen Themengebiete** gesetzlich erfasst. Die folgende **Tabelle** soll dem Anwender im jeweiligen Bundesland einen schnellen Zugriff auf die anzuwendenden Normen bieten. In der Spalte ganz links sind die Bundesländer in alphabetischer Reihenfolge aufgeführt. Die übrigen 24 Hauptüberschriften decken die den Gefangenen hauptsächlich betreffenden Gebiete in allgemein gehaltener Form ab. Sie sind durch Lesen schnell zu erfassen und geben dem Nutzer einen ersten Anhaltspunkt, in welchen Vorschriften er fündig werden kann. Die unterhalb der Hauptüberschriften vorgenommene Unterteilung dient dazu, das konkret gesuchte Stichwort auffinden zu können, welches in den darunter genannten Normen behandelt wird. Alle dort genannten Vorschriften beziehen sich auf den Stand 1.3.2026. Ergänzende inhaltliche Ausführungen finden sich dann in weiteren Kapiteln, deren Fundstellen jeweils am unteren Ende der einzelnen Tabellenspalten angegeben sind.

☝ Auf **länderspezifische Besonderheiten** kann darin im Hinblick auf die **nicht** nur im Detail teilweise gravierenden Unterschiede nicht **weiter eingegangen** werden. Soweit sich dort Formulierungen finden wie etwa „In einigen Ländern" o.ä., ist durch ein Lesen der in der Tabelle angegebenen Normen zu erkennen, ob das betreffende Land darunter fällt.

174

	Arbeit	**Besitz**	**Besuch**
	Arbeitsentgelt, Arbeitspflicht, Arbeitstherapie, Arbeitstraining, externe Arbeit, Freistellung, Vergütung	Einkauf, Gewahrsam, Habe, Haftraumaustattung, Hörfunk und TV, Zeitungen	Besuchsempfang, Besuchsüberprüfung, Besuchsüberwachung, Langzeitbesuch
Baden-Württemberg	§§ 11, 42, 43, 44, 46, 47, 48, 49, 50, 50b, 55 JVollzGB III BW	§§ 15, 18, 57, 58, 59, 60, 63 JVollzGB III BW	§§ 19, 20, 21, 22 JVollzGB III BW, 45 JVollzGB I BW
Bayern	Art. 39, 42, 43, 44, 45, 46, 46a, 46b, 46c, 48 Bay StVollzG	Art. 21, 24, 25, 69, 70, 71, 72, 90 BayStVollzG	Art. 27, 28, 29, 30 Bay StVollzG

	Arbeit	**Besitz**	**Besuch**
	Arbeitsentgelt, Arbeitspflicht, Arbeitstherapie, Arbeitstraining, externe Arbeit, Freistellung, Vergütung	Einkauf, Gewahrsam, Habe, Haftraumaustattung, Hörfunk und TV, Zeitungen	Besuchsempfang, Besuchsüberprüfung, Besuchsüberwachung, Langzeitbesuch
Berlin	§ 20, 24, 26, 27, 61 StVollzG Bln	§§ 51, 52, 53, 54, 56, 59, 60 StVollzG Bln	§§ 29, 30, 31, 32, 39 Abs. 4, 105 Abs. 4 StVollzG Bln, 24, 26, 46 JVollzDSG Bln
Brandenburg	§§ 27, 28, 30, 31, 32, 66 BbgJVollzG	§§ 55, 56, 57, 58, 60, 61, 63, 65 BbgJVollzG	§§ 34, 35, 36, 37 BbgJVollzG
Bremen	§ 19, 20, 22, 23, 24, 55 BremStVollzG	§§ 47, 48, 49, 50, 51, 53, 54 BremStVollzG	§§ 26, 27, 28, 29 Brem StVollzG, 15, 35 BremJVollzDSG
Hamburg	§§ 16, 18, 19, 42, 43, 44, 45, 47, 48, 49 Hmb StVollzG	§§ 29, 31, 32, 33, 34, 58, 61, 77 HmbStVollzG	§§ 28, 93, 94, 95, 112 Abs. 5 HmbStVollzG, 16, 23 HmbJVollzDSG
Hessen	§ 27, 28, 38, 39, 73 H StVollzG	§§ 19, 20, 22, 30, 31 H StVollzG	§§ 33, 34, 58a HStVollzG
Mecklenburg-Vorpommern	§§ 19, 20, 22, 23, 24, 55 StVollzG M-V	§§ 46, 47, 48, 49, 50, 51, 53, 54 StVollzG M-V	§§ 26, 27, 28, 29 StVollzG M-V, 23, 27 JVollzDSG M-V
Niedersachsen	§§ 35, 36, 38, 39, 40, 44 NJVollzG	§§ 21, 24, 64, 65, 66, 67, 76 NJVollzG	§§ 25, 26, 27, 28 NJVollzG
Nordrhein-Westfalen	§§ 29, 31, 32, 32a, 33, 34, 92 Abs. 4 StVollzG NRW	§§ 15, 17, 50, 51, 52 StVollzG NRW	§§ 18, 19, 20, 25, 26 StVollzG NRW, 21, 22, 24 JVollzDSG NRW
Rheinland-Pfalz	§ 26, 27, 29, 30, 31, 65, 65b LJVollzG RhPf	§§ 54, 55, 56, 57, 59, 60, 62, 64 LJVollzG RhPf	§§ 33, 34, 35, 36 LJVollzG RhPf, 15, 35 LJVollzDSG RhPf
Saarland	§ 19, 20, 22, 23, 24, 55 SL StVollzG	§§ 46, 47, 48, 49, 50, 51, 53, 54 SLStVollzG	§§ 26, 27, 28, 29 SL StVollzG, 15, 35 SaarlJVollzDSG
Sachsen	§ 19, 20, 22, 23, 24, 55 SächsStVollzG	§§ 46, 47, 48, 49, 50, 51, 53, 54 SächsStVollzG	§§ 26, 27, 28, 29 Sächs StVollzG, 16, 37 Sächs JVollzDSG
Sachsen-Anhalt	§ 26, 27, 29, 30, 31, 64, 66 JVollzGB I LSA	§§ 54, 55, 56, 57, 58, 59, 61, 63 JVollzGB I LSA	§§ 33, 34, 35, 36, 123 Abs. 3 JVollzGB I LSA, 22, 25, 30 JVollzGB IV LSA
Schleswig-Holstein	§§ 31, 35, 36, 37, 39, 40 L StVollzG SH	§§ 63, 64, 65, 66, 67, 68, 70, 71, 71a LStVollzG SH	§§ 24 Abs. 3, 42, 43, 44, 45 L StVollzG SH, 15, 35 JVollzDSG SH
Thüringen	§§ 26, 27, 29, 30, 31, 66 ThürJVollzGB	§§ 55, 56, 57, 58, 60, 61, 63, 65 ThürJVollzGB	§§ 34, 35, 36, 37 ThürJVollzGB, § 36 ThürJVollzDSG
Ausführungen dazu	→ *Strafvollzug, Erwachsene, Arbeit*, Teil C Rdn 383 ff.	→ *Strafvollzug, Erwachsene, Besitz*, Teil C Rdn 396 ff.	→ *Strafvollzug, Erwachsene, Besuch*, Teil C Rdn 413 ff.

175

	Bildung	Datenschutz	Disziplinarsachen
	Ausbildung, Ausbildungsbeihilfe, Schule, Weiterbildung, Zeugnis	Akteneinsicht, Auskunft, Datenberichtigung, -erhebung, -löschung, -nutzung, -speicherung, -sperrung, -verarbeitung, -weitergabe, ED, Lichtbildausweise, Videoüberwachung	Disziplinarverfahren, Verhaltenspflichten
Baden-Württemberg	§§ 11, 42, 45, 50, 50a, 50c, 50d, 50e, 50f JVollzGB III BW	§§ 23, 27 ff. JVollzGB I BW	§§ 62, 81, 82, 83, 84, 85 JVollzGB III BW
Bayern	Art. 39, 40, 41, 47 Bay StVollzG	Art. 93, 196, 197, 202, 203, 204 BayStVollzG	Art. 88, 109, 110, 111, 112, 113, 114 BayStVollzG
Berlin	§§ 23, 61 StVollzG Bln	§§ 1 ff. JVollzDSG Bln	§§ 82, 94, 95, 96, 97 StVollzG Bln
Brandenburg	§§ 29, 66 BbgJVollzG	§§ 122 ff.BbgJVollzG, §§ 1 ff. BbgPJMDSG	§§ 85, 100, 101, 102, 103 BbgJVollzG
Bremen	§§ 21, 55 BremStVollzG	§§ 1 ff. BremJVollzDSG	§§ 74, 87, 88, 89, 90 Brem StVollzG
Hamburg	§§ 20, 21, 22, 23, 46, 47 Hmb StVollzG	§ 79 HmbStVollzG, §§ 1 ff. HmbJVollzDSG	§§ 76, 101, 102, 103, 104, 105, 106, 122 Abs. 3 Hmb StVollzG
Hessen	§§ 27, 38, 73 HStVollzG	§§ 45 Abs. 2, 48, 58, 58a, 58b, 59, 60, 63, 64, 65 H StVollzG	§§ 45, 55, 56 HStVollzG
Mecklenburg-Vorpommern	§§ 21, 55 StVollzG M-V	§§ 1 ff. JVollzDSG M-V	§§ 73, 86, 87, 88, 89 StVollzG M-V
Niedersachsen	§§ 35, 37, 41, 67 NJVollzG	§§ 78, 79, 79a, 81a, 190, 191, 192, 193, 194, 195, 197 ff, 202 ff. NJVollzG	§§ 75, 94, 95, 96, 97, 98, 99 NJVollzG
Nordrhein-Westfalen	§§ 30, 32, 33 StVollzG NRW	§§ 1 ff. JVollzDSG NRW	§§ 63, 79, 80, 81, 82 StVollzG NRW
Rheinland-Pfalz	§§ 28, 65 LJVollzG RhPf	§§ 1 ff. LJVollzDSG RhPf	§§ 83, 97, 98, 99, 100 LJVollzG RhPf
Saarland	§§ 21, 55 SLStVollzG	§ 73 Abs. 5 SLStVollzG, §§ 1 ff. SaarlJVollzDSG	§§ 73, 86, 87, 88, 89 SL StVollzG
Sachsen	§§ 21, 55 SächsStVollzG	§§ 1 ff. SächsJVollzDSG	§§ 74, 90, 91, 92, 93 Sächs StVollzG
Sachsen-Anhalt	§§ 28, 64 JVollzGB I LSA	§§ 1 ff. JVollzGB IV LSA	§§ 84, 98, 99, 100, 101 JVollzGB I LSA
Schleswig-Holstein	§§ 33, 37 LStVollzG SH	§§ 1 ff. JVollzDSG SH	§§ 101, 117, 118, 119, 120 LStVollzG SH
Thüringen	§§ 28, 66 ThürJVollzGB	§§ 1 ff. ThürJVollzDSG	§§ 84, 98, 99, 100, 101 ThürJVollzGB
Ausführungen dazu in Randnummern	→ *Strafvollzug, Erwachsene, Bildung*, Teil C Rdn 421 ff.	→ *Strafvollzug, Erwachsene, Datenschutz*, Teil C Rdn 426 ff.	→ *Strafvollzug, Erwachsene, Disziplinarsachen*, Teil C Rdn 446 ff.

176

	Durchsuchung	Entlassung	Geld
	Absuchung, Haftraumrevision, Suchtmittelkontrolle	Entlassungsbeihilfe, Entlassungsvorbereitung, Entlassungszeitpunkt, Nachsorge, Reisekosten, Überbrückungsbeihilfe	Aufrechnung, Aufwendungsersatz, Eigengeld, Haftkosten, Hausgeld, Kostentragung, Sondergeld, Taschengeld, Teilhabegeld, Überbrückungsgeld, zweckgebundene Einzahlungen
Baden-Württemberg	§§ 64 JVollzGB III BW	§§ 87, 89, 90, 91 JVollzGB III BW	§§ 9 Abs. 2, 33 Abs. 3, 51, 52, 53, 54, 63, 72 JVollzGB I BW
Bayern	Art. 91, 94 Bay StVollzG	Art. 17, 18, 46, 79, 80 Bay StVollzG	Art. 49, 50, 51, 52, 53, 54, 63 Abs. 2, 73, 89 BayStVollzG
Berlin	§§ 83, 84 StVollzG Bln	§§ 46, 47, 48, 49 StVollzG Bln	§§ 52 Abs. 2, 56 Abs. 3, 64, 65, 66, 67, 68, 69, 70 Abs. 2 StVollzG Bln
Brandenburg	§§ 86, 88 BbgJVollzG	§§ 50, 51, 52, 53 BbgJVollzG	§§ 67, 68, 69, 70, 71, 72, 73, 74, 75 BbgJVollzG
Bremen	§§ 75, 77 Brem StVollzG	§§ 42, 43, 44, 45 Brem StVollzG	§§ 56, 57, 58, 59, 60, 61, 62, 63 BremStVollzG
Hamburg	§§ 78, 80 Hmb StVollzG	§§ 15, 16, 17, 18 Hmb StVollzG	§§ 45, 50, 51, 52, 53, 54, 55, 85 HmbStVollzG
Hessen	§§ 46, 47 H StVollzG	§§ 16, 17, 29 HStVollzG	§§ 24 Abs. 3, 33, 40, 41, 42, 43, 44, 52 HStVollzG
Mecklenburg-Vorpommern	§§ 74, 76 StVollzG M-V	§§ 42, 43, 44, 45 StVollzG M-V	§§ 56, 57, 58, 59, 60, 61, 62, 63 StVollzG M-V
Niedersachsen	§§ 77, 93 NJVollzG	§§ 17, 18, 68, 69, 70 NJVollzG	§§ 43, 46, 47, 48, 50, 51, 52, 86 NJVollzG
Nordrhein-Westfalen	§§ 64, 65 StVollzG NRW	§§ 12 Abs. 2, 34, 58, 59, 60, 61, 62 StVollzG NRW	§§ 18 Abs. 3, 35, 36, 37, 38, 39, 45 Abs. 4, 51 Abs. 3 StVollzG NRW
Rheinland-Pfalz	§§ 84, 86 LJVollzG RhPf	§§ 49, 50, 51, 52 LJVollzG RhPf	§§ 65a, 66, 67, 68, 69, 70, 71, 72, 73 LJVollzG RhPf
Saarland	§§ 74, 76 SL StVollzG	§§ 42, 43, 44, 45 SLStVollzG	§§ 56, 57, 58, 59, 60, 61, 62, 63 SLStVollzG
Sachsen	§§ 75, 80 Sächs StVollzG	§§ 42, 43, 44, 45 Sächs StVollzG	§§ 56, 57, 58, 59, 60, 61, 62, 63, 64 SächsStVollzG
Sachsen-Anhalt	§§ 85, 87 JVollzGB I LSA	§§ 49, 50, 51, 52 JVollzGB I LSA	§§ 65, 68, 69, 70, 71, 72, 73, 122 JVollzG I LSA
Schleswig-Holstein	§§ 102, 106 L StVollzG SH	§§ 59, 60, 61, 62 LStVollzG SH	§§ 72, 73, 74, 75, 76, 77, 78, 79 LStVollzG SH
Thüringen	§§ 85, 87 ThürJVollzGB	§§ 50, 51, 52, 53 ThürJVollzGB	§§ 67, 68, 69, 70, 71, 72, 73 ThürJVollzGB
Ausführungen dazu	→ *Strafvollzug, Erwachsene, Durchsuchung*, Teil C Rdn 458 ff.	→ *Strafvollzug, Erwachsene, Entlassung*, Teil C Rdn 466.	→ *Strafvollzug, Erwachsene, Geld*, Teil C Rdn 473 ff.

177

	Gesundheitsfürsorge	Kleidung	Post
	Ärztliche Behandlung, Aufenthalt im Freien, Hilfsmittel, Mutterschutz, Psychotherapie, Rauchverbot, Schwangerschaft, Suchtmittelberatung, Suizidhilfe, Zwangsbehandlung	Anstaltskleidung, Privatkleidung	Behördenpost, Pakete, Schriftwechsel, Verteidigerpost
Baden-Württemberg	§§ 32, 33, 34, 35, 36, 37, 38, 80 JVollzGB III BW, §§ 24, 25 JVollzGB I BW	§ 16 JVollzGB III BW	§§ 23, 24, 25, 26, 28 JVollzGB III BW
Bayern	Art. 58, 59, 60, 61, 62, 63, 66, 67, 76, 82, 83, 84, 94, 108 BayStVollzG	Art. 22 Bay StVollzG	Art. 31, 32, 33, 34, 36 Bay StVollzG
Berlin	§§ 17, 70, 71, 72, 73, 74, 75, 76 StVollzG Bln	§ 57 StVollzG Bln	§§ 34, 35, 36, 37, 38, 39, 41, 83 Abs. 1, 105 Abs. 4 StVollzG Bln
Brandenburg	§§ 26, 74, 75, 77, 78, 79 BbgJVollzG	§ 62 BbgJVollzG	§§ 39, 40, 41, 42, 43, 45 BbgJVollzG
Bremen	§§ 18, 63, 64, 66, 67, 68 BremStVollzG	§ 52 BremStVollzG	§§ 31, 32, 33, 34, 35, 37 Brem StVollzG
Hamburg	§§ 24, 26, 30, 39, 62, 63, 64, 65, 66, 67, 68, 69, 70, 92, 116a HmbStVollzG	§ 59 HmbStVollzG	§ 96, 97, 98, 100 HmbStVollzG
Hessen	§§ 23, 24, 25, 26 HStVollzG	§ 21 HStVollzG	§§ 33, 35, 37 HStVollzG
Mecklenburg-Vorpommern	§§ 18, 62, 63, 65, 66, 67 StVollzG M-V	§ 52 StVollzG M-V	§§ 31, 32, 33, 34, 35, 37 StVollzG M-V
Niedersachsen	§§ 56, 57, 58, 59, 62, 71, 93 NJVollzG	§ 22 NJVollzG	§§ 29, 30, 31, 32, 34 NJVollzG
Nordrhein-Westfalen	§§ 43, 44, 45, 47, 78, 86 StVollzG NRW	§ 15 StVollzG NRW	§§ 18, 21, 22, 23, 25, 26, 28 StVollzG NRW
Rheinland-Pfalz	§§ 25, 72, 73, 75, 76, 77 LJVollzG RhPf	§ 61 LJVollzG RhPf	§§ 38, 39, 40, 41, 42, 44 LJVollzG RhPf
Saarland	§§ 18, 62, 63, 65, 66, 67 SL StVollzG	§ 52 SLStVollzG	§§ 31, 32, 33, 34, 35, 37 SL StVollzG
Sachsen	§§ 18, 63, 64, 66, 67, 68 SächsStVollzG	§ 52 SächsStVollzG	§§ 31, 32, 33, 34, 35, 37 Sächs StVollzG
Sachsen-Anhalt	§§ 25, 73, 74, 76, 77, 78 JVollzGB I LSA	§ 60 JVollzGB I LSA	§§ 38, 39, 40, 41, 42, 44 JVollzGB I LSA
Schleswig-Holstein	§§ 23, 26, 79, 80, 83, 84, 85, 86, 94 LStVollzG SH	§§ 27 Abs. 5, 69 L StVollzG SH	§§ 47, 48, 49, 50, 51, 53 L StVollzG SH
Thüringen	§§ 11, 12, 25, 73, 74, 76, 77, 78 ThürJVollzGB	§ 62 ThürJVollzGB	§§ 39, 40, 41, 42, 43, 45 ThürJVollzGB
Ausführungen dazu	→ *Strafvollzug, Erwachsene, Gesundheitsfürsorge*, Teil C Rdn 493 ff.	→ *Strafvollzug, Erwachsene, Kleidung*, Teil C Rdn 504 ff.	→ *Strafvollzug, Erwachsene, Post*, Teil C Rdn 510 ff.

178

	Religionsausübung	**Sicherungsmaßnahmen**	**Soziale Hilfen**
	Religiöse Gegenstände, Schriften und Veranstaltungen, Seelsorge, Weltanschauung	Absonderung, Beaufsichtigung, Beobachtung, Einzelhaft, Fesselung, Fixierung, Hausarrest, Vorenthaltung, Wegnahme	Angehörige, Lebenshilfe, Rechtsberatung, Schulden, Trainingskurs, Wohnung
Baden-Württemberg	§§ 12, 29, 30, 31 JVollzGB III BW	§§ 14, 67, 68, 69, 70, 71 JVollzGB III BW, 23, 35 ff. JVollzGB I BW	§§ 40, 41 JVollzGB III BW
Bayern	Art. 55, 56, 57, 178 Bay StVollzG	Art. 96, 97, 98, 99, 100 Bay StVollzG	Art. 74, 75, 77, 78, 79 BayStVollzG
Berlin	§§ 55, 78, 79, 80, 105 StVollzG	§§ 86, 87, 88 StVollzG Bln, 20 ff. JVollzDSG Bln	§§ 5, 7 StVollzG Bln
Brandenburg	§§ 59, 81, 82, 83, 111 BbgJVollzG	§§ 90, 91, 92, 126 BbgJVollzG	§§ 11, 12 BbgJVollzG
Bremen	§§ 50, 70, 71, 72, 98 Brem StVollzG	§§ 79, 80, 80a, 81 Brem StVollzG, 29 ff. BremJVollzDSG	§§ 5, 6 BremStVollzG
Hamburg	§§ 72, 73, 74, 75 Hmb StVollzG	§§ 82, 83, 84 HmbStVollzG, 21, 22 HmbJVollzDSG	§§ 6, 7 HmbStVollzG
Hessen	§§ 32, 77 HStVollzG	§§ 45 Abs. 2, 50, 51, 58 Abs. 6 HStVollzG	§§ 8, 26 HStVollzG
Mecklenburg-Vorpommern	§§ 50, 69, 70, 71, 97 StVollzG M-V	§§ 78, 79, 80 StVollzG M-V, 25 JVollzDSG M-V	§§ 5, 6 StVollzG M-V
Niedersachsen	§§ 53, 54, 55, 179 NJVollzG	§§ 4, 79a, 81, 81a, 82, 83, 84, 85 NJVollzG	§§ 68, 69 NJVollzG
Nordrhein-Westfalen	§§ 40, 41, 42, 98 StVollzG NRW	§§ 69, 70, 71 StVollzG NRW, 24 ff. JVollzDSG NRW	§§ 4, 7, 8 StVollzG NRW
Rheinland-Pfalz	§§ 58, 79, 80, 81, 108 LJVollzG RhPf	§§ 88, 89, 90 LJVollzG RhPf, 29 ff. LJVollzDSG RhPf	§§ 11, 12 LJVollzG RhPf
Saarland	§§ 50, 69, 70, 71, 97 SL StVollzG	§§ 78, 79, 80, SLStVollzG 29 ff. SaarlJVollzDSG	§§ 5, 6 SLStVollzG
Sachsen	§§ 50, 70, 71, 72, 101 Sächs StVollzG	§§ 83, 84, 85 SächsStVollzG 31 ff. SächsJVollzDSG	§§ 5, 6 SächsStVollzG
Sachsen-Anhalt	§§ 80, 81, 82, 110 JVollzGB I LSA	§§ 89, 90, 91 JVollzGB I LSA, 26 ff. JVollzGB IV LSA	§§ 11, 12 JVollzGB I LSA
Schleswig-Holstein	§§ 67, 88, 89, 90, 135 L StVollzG SH	§§ 13, 108, 109, 110, 111 L StVollzG SH, 29 ff. JVollzDSG SH	§§ 6, 20, 22, 24, 25 L StVollzG SH
Thüringen	§§ 59, 80, 81, 82, 109 ThürJVollzGB	§§ 89, 90, 91 ThürJVollzGB, 30 ff. ThürJVollzDSG	§§ 11, 12 ThürJVollzGB
Ausführungen dazu	→ *Strafvollzug, Erwachsene, Religionsausübung,* Teil C Rdn 617 ff.	→ *Strafvollzug, Erwachsene, Sicherungsmaßnahmen,* Teil C Rdn 626 ff.	→ *Strafvollzug, Erwachsene, Soziale Hilfen,* Teil C Rdn 635 ff.

179

	Sozialtherapie	Telekommunikation	Unmittelbarer Zwang
	Ablösung, Aufnahme	E-Mail, Fax, Internet, Mobilfunk, Telefonerlaubnis	Androhung, Einwirkung, Waffengebrauch
Baden-Württemberg	§§ 21 JVollzGB I BW, 8 JVollzGB III BW	§§ 22, 27, 27a JVollzGB I BW	§§ 73, 74, 75, 77, 78, 79 JVollzGB III BW
Bayern	Art. 11, 162 Bay StVollzG	Art. 35 BayStVollzG	Art. 101, 102, 103, 105, 106, 107 BayStVollzG
Berlin	§ 18 StVollzG Bln	§§ 33, 39 Abs. 5, 40, 105 Abs. 4 StVollzG Bln, §§ 1, 2 MFunkVG Bln	§§ 89, 91, 92, 93 StVollzG Bln
Brandenburg	§ 25 BbgJVollzG	§§ 38, 44, 118 BbgJVollzG	§§ 93, 94, 95, 96, 97 BbgJVollzG
Bremen	§ 17 BremStVollzG	§§ 30, 36 BremStVollzG	§§ 82, 83, 84, 85, 86 BremStVollzG
Hamburg	§§ 13, 25, 112 Hmb StVollzG	§ 99 HmbStVollzG	§§ 86, 87, 88, 90, 91 HmbStVollzG
Hessen	§ 12 HStVollzG	§ 36 HStVollzG	§§ 53, 54 HStVollzG
Mecklenburg-Vorpommern	§ 17 StVollzG M-V	§§ 30, 36 StVollzG M-V	§§ 81, 82, 83, 84, 85 StVollzG M-V
Niedersachsen	§ 104 NJVollzG	§§ 29 Abs. 1 S. 2, 33 NJVollzG	§§ 4, 87, 88, 90, 91, 92 NJVollzG
Nordrhein-Westfalen	§ 13 StVollzG NRW	§§ 24, 25, 26 Abs. 5, 27, 67 StVollzG NRW	§§ 72, 73, 74, 75, 76, 77 StVollzG NRW
Rheinland-Pfalz	§ 24 LJVollzG RhPf	§§ 37, 38 Abs. 3, 43, 115 LJVollzG RhPf	§§ 91, 92, 93, 94, 95 LJVollzG RhPf
Saarland	§ 17 SLStVollzG	§§ 30, 36 SLStVollzG, 1, 2, 3 SJVollzGSichG	§§ 81, 82, 83, 84, 85 SL StVollzG
Sachsen	§ 17 SächsStVollzG	§§ 30, 36 SächsStVollzG	§§ 86, 87, 88, 89 Sächs StVollzG
Sachsen-Anhalt	§ 24 JVollzGB I LSA	§§ 37, 43, 117 JVollzGB I LSA	§§ 92, 93, 94, 95, 96 JVollzGB I LSA
Schleswig-Holstein	§ 18 LStVollzG SH	§§ 46, 52, 104 L StVollzG SH	§§ 112, 113, 114, 115, 116 LStVollzG SH
Thüringen	§ 24 ThürJVollzGB	§§ 38, 44, 116 ThürJVollzGB	§§ 92, 93, 94, 95, 96 ThürJVollzGB
Ausführungen dazu	→ *Strafvollzug, Erwachsene, Sozialtherapie*, Teil C Rdn 642 ff.	→ *Strafvollzug, Erwachsene, Telekommunikation*, Teil C Rdn 677 ff.	→ *Strafvollzug, Erwachsene, Unmittelbarer Zwang*, Teil C Rdn 685 ff.

180

	Unterbringung	Verlegung	Verpflegung
	Belegung, Freizeit, Haftraumgröße, Infrastruktur, Mütter mit Kindern, Sportangebot, Vollstreckungsplan, Wohngruppe	Ausantwortung, sichere Unterbringung, Transport, Überstellung, Vorführung	Religiös bedingte Ernährung, Selbstverpflegung, Zwangsernährung
Baden-Württemberg	§§ 3, 4, 5, 6, 7, 8, 9, 10, 20 JVollzGB I BW, §§ 13, 14 JVollzGB III BW	§§ 6, 21, 65, 67 Abs. 4 JVollzGB III BW	§§ 17, 80 JVollzGB III BW
Bayern	Art. 19, 20, 86, 165, 166, 167, 169, 170, 171, 172, 174 Bay StVollzG	Art. 10, 67, 92, 96 Abs. 4 BayStVollzG	Art. 23, 108 BayStVollzG
Berlin	§§ 3 Abs. 6, 11, 12, 13, 14, 15, 101, 110 StVollzG Bln	§§ 17, 76, 86 Abs. 5, 109 StVollzG Bln	§§ 58, 75 StVollzG Bln
Brandenburg	§§ 7 Abs. 4, 17, 18, 19, 20, 21, 23, 107, 116 BbgJVollzG	§§ 24, 87, 90 Abs. 7, 115 BbgJVollzG	§§ 63, 79 BbgJVollzG
Bremen	§§ 3 Abs. 7, 10, 11, 12, 13, 14, 94, 103 BremStVollzG	§§ 16, 76, 79 Abs. 7, 102 BremStVollzG	§§ 53, 68 BremStVollzG
Hamburg	§§ 14, 56, 57, 99, 116, 117, 118, 119, 120, 121 Hmb StVollzG	§§ 15, 68, 82 Abs. 5 HmbStVollzG	§§ 60, 92 HmbStVollzG
Hessen	§§ 18, 70, 71, 72, 74 H StVollzG	§§ 11, 24, 50 Abs. 4 H StVollzG	§§ 22, 25 HStVollzG
Mecklenburg-Vorpommern	§§ 3 Abs. 7, 10, 11, 12, 13, 14, 93, 94, 102 StVollzG M-V	§§ 16, 75, 78 Abs. 7, 101 StVollzG M-V	§§ 53, 67 StVollzG M-V
Niedersachsen	§§ 19, 20, 73, 170, 171, 172, 173, 174, 185 NJVollzG	§§ 10, 11, 63, 81 Abs. 4, 184 NJVollzG	§§ 23, 93 NJVollzG
Nordrhein-Westfalen	§§ 2 Abs. 2, 14, 85, 87, 93, 94, 95, 104 StVollzG NRW	§§ 11, 46, 69 Abs. 9, 103 Abs. 3 StVollzG NRW	§§ 16, 78 StVollzG NRW
Rheinland-Pfalz	§§ 7 Abs. 3, 17, 18, 19, 20, 21, 104, 105, 113 LJVollzG RhPf	§§ 23, 85, 88 Abs. 6, 112 LJVollzG RhPf	§§ 62, 77 LJVollzG RhPf
Saarland	§§ 3 Abs. 7, 10, 11, 12, 13, 14, 93, 94, 102 SLStVollzG	§§ 16, 75, 78 Abs. 6, 101 SLStVollzG	§§ 53, 67 SLStVollzG
Sachsen	§§ 3 Abs. 7, 10, 11, 12, 13, 14, 97, 98, 106 SächsStVollzG	§§ 16, 76, 83 Abs. 6, 105 SächsStVollzG	§§ 53, 68 SächsStVollzG
Sachsen-Anhalt	§§ 7 Abs. 3, 17, 18, 19, 20, 21, 105, 106, 115 JVollzGB I LSA	§§ 23, 74 Abs. 1a, 86, 89 Abs. 7, 114 JVollzGB I LSA	§§ 61, 78 JVollzGB I LSA
Schleswig-Holstein	§§ 3 Abs. 5, 11, 12, 13, 14, 15, 126, 127, 128, 129, 130, 142 L StVollzG SH	§§ 17, 103, 108 Abs. 9, 141 LStVollzG SH	§§ 70, 86 LStVollzG SH
Thüringen	§§ 7 Abs. 3, 17, 18, 19, 20, 21, 105, 106, 114 ThürJVollzGB	§§ 23, 86, 89 Abs. 6, 113 ThürJVollzGB	§§ 63, 78 ThürJVollzGB
Ausführungen dazu	→ *Strafvollzug, Erwachsene, Unterbringung*, Teil C Rdn 691 ff.	→ *Strafvollzug, Erwachsene, Verlegung*, Teil C Rdn 704 ff.	→ *Strafvollzug, Erwachsene, Verpflegung*, Teil C Rdn 716 ff.

181

	Vollzugsform	Vollzugslockerungen	Vollzugsplan
	geschlossener Vollzug, offener Vollzug, Vollzug in freien Formen	Ausführung, Ausgang, Begleitausgang, Freigang, Langzeitausgang, Urlaub, Rücknahme, Widerruf	Inhalt, Fortschreibung, Verfahren
Baden-Württemberg	§ 7 JVollzGB III BW	§§ 9, 10, 11, 12 JVollzGB III BW	§§ 5, 17 JVollzGB III BW
Bayern	Art. 12, 15, 17 Abs. 2 Bay StVollzG	Art. 5a, 13, 14, 15, 16, 17, 37, 38 BayStVollzG	Art. 9, 161, 183 Bay StVollzG
Berlin	§ 16 StVollzG Bln	§§ 42, 43, 44, 45 StVollzG Bln	§§ 9, 10 StVollzG Bln
Brandenburg	§ 22 BbgJVollzG	§§ 46, 47, 48, 49 BbgJVollzG	§§ 14, 15 BbgJVolllzG
Bremen	§ 15 BremStVollzG	§§ 38, 39, 40, 41 Brem StVollzG	§§ 8, 9 BremStVollzG
Hamburg	§§ 12, 38 Abs. 4 Hmb StVollzG	§§ 28, 35, 36, 37, 38 Hmb StVollzG	§§ 8, 9, 10, 111, 125 Hmb StVollzG
Hessen	§§ 13, 71 HStVollzG	§§ 13, 14, 15 HStVollzG	§§ 10, 75 HStVollzG
Mecklenburg-Vorpommern	§ 15 StVollzG M-V	§§ 38, 39, 40, 41 StVollzG M-V	§§ 8, 9 StVollzG M-V
Niedersachsen	§ 12 NJVollzG	§§ 13, 14, 15, 16, 17 NJVollzG	§ 9 NJVollzG
Nordrhein-Westfalen	§ 12 StVollzG NRW	§§ 7, 53, 54, 55, 56, 57, 59 StVollzG NRW	§ 10 StVollzG NRW
Rheinland-Pfalz	§ 22 LJVollzG RhPf	§§ 45, 46, 47, 48 LJVollzG RhPf	§§ 14, 15 LJVollzG RhPf
Saarland	§ 15 SLStVollzG	§§ 38, 39, 40, 41 SL StVollzG	§§ 8, 9 SLStVollzG
Sachsen	§ 15 SächsStVollzG	§§ 38, 39, 40, 41 Sächs StVollzG	§§ 8, 9 SächsStVollzG
Sachsen-Anhalt	§ 22 JVollzGB I LSA	§§ 23 Abs. 7, 45, 46, 47, 48 JVollzGB I LSA	§§ 14, 15 JVollzGB I LSA
Schleswig-Holstein	§ 16 LStVollzG SH	§§ 54, 55, 56, 57, 58 L StVollzG SH	§§ 9, 10 LStVollzG SH
Thüringen	§ 22 ThürJVollzGB	§§ 46, 47, 48, 49 ThürJVollzGB	§§ 14, 15 ThürJVollzGB
Ausführungen dazu	→ *Strafvollzug, Erwachsene, Vollzugsform*, Teil C Rdn 722 ff.	→ *Strafvollzug, Erwachsene, Vollzugslockerungen*, Teil C Rdn 732 ff.	→ *Strafvollzug, Erwachsene, Vollzugsplan*, Teil C Rdn 748 ff.

182 **3.** Sämtliche Einzelnormen der Landesstrafvollzugsgesetze sind immer im Zusammenhang mit den **Grundsätzen des Vollzugs** zu sehen (FFL/*Feest/Lesting/Lindemann,* Einl Rn. 3). Der Vollzug dient dem **Schutz der Allgemeinheit**, soll aber auch den Strafgefangenen befähigen, künftig „in sozialer Verantwortung“ ein **Leben ohne Straftaten** zu führen (§§ 1, 2 JVollzGB I BW, Art. 2 BayStVollzG, § 2

StVollzG Bln, § 2 BbgJVollzG, § 2 BremStVollzG, § 2 HmbStVollzG, § 2 HStVollzG, § 2 StVollzG M-V, § 5 NJVollzG, § 1 StVollzG NRW, § 2 LJVollzG RhPf, § 2 SLStVollzG, § 2 SächsStVollzG, § 2 JVollzGB I LSA, §§ 2, 5 LStVollzG SH, § 2 ThürJVollzGB). Das Grundgesetz selbst verpflichtet den Gesetzgeber, ein wirksames Konzept der **Resozialisierung** zu entwickeln und den Strafvollzug darauf aufzubauen (BVerfG, Urt. v. 1.7.1998 – 2 BvR 441/90, NJW 1998, 3337). Jeder Gefangene hat daher einen aus Art. 2 i.V.m. Art. 1 Abs. 1 GG folgenden Anspruch darauf, dass dieser Zielsetzung bei ihn belastenden Maßnahmen genügt wird.

4. Einschränkungen des Strafgefangenen, die über die Freiheitsentziehung als solche hinweggehen, bedürfen einer **Ermächtigungsgrundlage**. Diese kann sich nur aus dem Gesetz ergeben. Verwaltungsvorschriften können lediglich gesetzlich normierte Voraussetzungen auskleiden, nicht aber darüberhinausgehende schaffen (BayObLG, Beschl. v. 15.8.2023 – 203 StObWs 172/23). Neben den Landesgesetzen, die für den Strafvollzug erlassen worden sind, können auch andere Normen Grundlage für das behördliche Handeln sein (z.B. § 27 Abs. 4 S. 2 BMG, § 36 Abs. 5 S. 3 InfSG). Fehlt es für eine bestimmte Maßnahme an einer entsprechenden Regelung in den besonderen Vorschriften, kommt hilfsweise die Anwendung einer Generalklausel (der sog. **„Angstklausel“**) in Frage, die in allen Ländern vorgesehen ist (§ 3 Abs. 2 JVollzGB III BW, Art. 6 BayStVollzG Abs. 2, § 4 Abs. 4 StVollzG Bln, § 4 Abs. 3 BbgStVollzG, § 4 Abs. 4 Brem StVollzG, § 5 Abs. 3 HmbStVollzG, § 6 Abs. 1 i.V.m. § 45 Abs. 2 HStVollzG, § 4 Abs. 4 StVollzG M-V, § 3 NJVollzG, § 2 Abs. 4 StVollzG NRW, § 4 Abs. 3 LJVollzG RhPf, § 4 Abs. 4 SLStVollzG, § 4 Abs. 4 SächsStVollzG, § 4 Abs. 3 JVollzGB I LSA, § 4 Abs. 4 LStVollzG SH, § 4 Abs. 3 ThürJVollzGB), und dort inhaltlich teilweise unterschiedliche Anforderungen aufweist. Der Anwendungsbereich ist wegen der Grundrechtssensibilität und dem allgemeinen Rechtsstaatsprinzip nur eng begrenzt. Die Norm kann als Rechtsgrundlage nur herangezogen werden, wenn für die Maßnahme keine andere Bestimmung vorhanden ist (KG, Beschl. v. 29.6.2015 – 2 Ws 132/15 Vollz). Hat der Gesetzgeber abschließende Regelungen zu einer bestimmten Materie getroffen, kommt ein Rückgriff auf die Generalnorm nicht in Betracht. Hauptanwendungsfall ist demnach vor allem ein Sachverhalt, den der Gesetzgeber nicht gesehen hat bzw. nicht sehen konnte (OLG Celle, Beschl. v. 6.5.2021 – 3 Ws 89/21 (StrVollz), NStZ-RR 2021, 261; OLG Dresden, Beschl. v. 15.12.2022 – 2 Ws 13/22; OLG Hamm, Beschl. v. 13.12.2021 – III-1 Vollz (Ws) 516/21; FFL/*Goerdeler*, § 4 LandesR, Rn. 95). Die von der Anstaltsleitung erlassene **Hausordnung** stellt keine selbständige Eingriffsgrundlage dar. Hier aufgenommene Beschränkungen müssen ihre Grundlage in gesetzlichen Vorgaben haben. Freilich zählt hierzu auch die Angstklausel. 183

5.a) Für **Begünstigungen**, auf die der Gefangene einen Anspruch erhebt, ist zunächst eine entsprechende Anspruchsgrundlage maßgeblich. Wenn eine solche nicht existiert, verbleibt dem Gefangenen das Recht auf eine ermessensfehlerfreie Entscheidung durch die JVA (KG, Beschl. v. 18.3.2019 – 5 Ws 8/19 Vollz; OLG Koblenz, Beschl. v. 24.4.2023 – 2 Ws 179/23 Vollz). Dieser Anspruch folgt erneut aus dem Resozialisierungsgedanken und dem **Angleichungsgrundsatz**, wonach das Leben im Vollzug den allgemeinen Lebensverhältnissen soweit als möglich anzugleichen ist (§ 2 Abs. 2 JVollzGB III BW, Art. 5 Bay StVollzG, § 3 StVollzG Bln, § 7 Abs. 1 BbgJVollzG, § 3 Abs. 4 BremStVollzG, § 3 Abs. 1 S. 1 Hmb StVollzG, § 3 Abs. 1 S. 1 HStVollzG, § 3 Abs. 4 StVollzG M-V, § 2 Abs. 1 NJVollzG, § 2 Abs. 1 S. 1 StVollzG NW, § 7 Abs. 1 LJVollzG RhPf, § 3 Abs. 4 SLStVollzG, § 3 Abs. 4 SächsStVollzG, § 7 Abs. 1 JVollzGB I LSA, § 3 Abs. 3 S. 1 LStVollzG SH, § 7 Abs. 1 ThürJVollzGB). 184

b)aa) Die **Aufhebung** von den Gefangenen begünstigenden Maßnahmen kann wiederum nur auf der Grundlage einer entsprechenden Ermächtigungsgrundlage erfolgen. Die Möglichkeit der Aufhebung ist in allen Ländern in Form einer für alle geltenden Begünstigungen vorgesehen (§ 91a JVollzGB III BW, Art. 115a BayStVollzG, § 98 StVollzG Bln, § 104 BbgJVollzG, § 91 BremStVollzG, § 108 Hmb StVollzG, §§ 5 Abs. 3 HStVollzG, § 90 StVollzG M-V, § 100 NJVollzG, § 83 StVollzG NRW, § 101 LJVollzG RhPf, § 90 SLStVollzG, § 94 SächsStVollzG, § 102 JVollzGB I LSA, § 122 LStVollzG SH, § 102 ThürJVollzGB), die in einzelnen Ausnahmefällen von teilweise abschließenden Sondernormen verdrängt wird (etwa im Bereich der Aufhebung von Vollzugslockerungen (→ *Strafvollzug, Erwachsene,* 185

Vollzugslockerungen, Teil C Rdn 746 ff.). Rücknahme betrifft die Aufhebung rechtswidriger, Widerruf die Aufhebung ursprünglich rechtmäßiger Maßnahmen.

186 **bb)** Die tatbestandlichen Voraussetzungen orientieren sich dabei an den Regelungen der §§ 48, 49 VwVfG. Zumeist kommt es für die Rechtmäßigkeit der Aufhebung auf eine **Abwägung** des **Vertrauensschutzes** des **Gefangenen mit** den **Sicherheitsinteressen** der **JVA** an. Insbesondere wenn keine neuen Tatsachen oder Kenntnisse der JVA vorliegen, können Bewilligungen nicht wegen einer lediglich anders vorgenommenen neuen Bewertung entzogen werden (OLG Frankfurt, Beschl. v. 29.8.2017 – 3 Ws 102/17 (StVollz); OLG Hamm, Beschl. v. 1.12.2016 – III-1 Vollz (Ws) 479/16). Ficht der Gefangene, der von einer Aufhebung betroffen ist, diese erfolgreich an, lebt die ursprüngliche, begünstigende Maßnahme wieder auf.

187 **cc)** In manchen Fällen ist **nicht sofort erkennbar**, dass mit der erlassenen Maßnahme zugleich die Aufhebung einer den Gefangenen begünstigenden Maßnahme verbunden ist:

188
- Die **Beschlagnahme** eines konkreten Gegenstandes beim Gefangenen z.B. stellt die Rücknahme bzw. den Widerruf einer zuvor ggf. durch die Möglichkeit des Einkaufs eingeräumten Gestattung am Besitz dar (OLG Celle, Beschl. v. 12.11.2012 – 1 Ws 459/12, NStZ-RR 2013, 93).
- Die **Verkürzung der Nutzungszeit von Freizeiträumen** ist die Zurücknahme einer begünstigenden Maßnahme, die die besonderen Voraussetzungen von Rücknahme und Widerruf zu beachten hat (OLG Hamm, Beschl. v. 18.2.2022 – III-1 Vollz (Ws) 480/21).
- Das schutzwürdige Vertrauen eines Gefangenen auf den Bestand einer ihm einmal erteilten Erlaubnis wirkt auch nach einer **Verlegung** (→ *Strafvollzug, Erwachsene, Verlegung,* Teil C Rdn 704 ff.) regelmäßig fort (BayObLG, Beschl. v. 5.3.2025 – 204 StObWs 32/25; OLG Celle, Beschl. v. 17.6.2024 – 1 Ws 148/24 (StrVollz)). Anders ist dies nur, wenn die Erlaubnis ausdrücklich auf die bisherige JVA beschränkt wird (BayObLG, a.a.O.; OLG Frankfurt, Beschl. v. 29.1.2009 – 3 Ws 990/08 (StVollz), NStZ-RR 2009, 359). Teilweise sind Länder dazu übergegangen, die Bindung der Erlaubnis an die die Erlaubnis erteilende JVA gesetzlich zu beschränken (so z.B. § 15 Abs. 2 S. 2 StVollzG NRW, OLG Hamm, Beschl. v. 16.9.2024 – 1 Vollz 54/24; auch § 55 BbgJVollzG soll nach OLG Brandenburg, Beschl. v. 26.8.2019 – 1 Ws (Vollz) 97/19 diese Wirkung entfalten; zw.).
- Wird die **Anschaffung eines Ersatzteils** für eine genehmigte Sache beantragt, stellt die Ablehnung eine Rücknahme der Erlaubnis dar, wenn es sich um typische Verbrauchsteile der genehmigten Sache handelt (OLG Koblenz, Beschl. v. 7.7.2020 – 4 Ws 342/20 Vollz). Anders ist dies im Fall der Anschaffung eines Ersatzgegenstandes für eine zuvor genehmigte Sache (OLG Hamm, Beschl. v. 19.2.2019 – III-1 Vollz (Ws) 728/18).

189 **6.** Im Fall **gesetzlicher Lücken** stellt sich die Frage, inwieweit für **Verfahrensfragen** auf das VwVfG des jeweiligen Landes zurückgegriffen werden kann. Dieses ist nach sämtlichen Landesverwaltungsverfahrensgesetzen nicht der Fall, da für die Tätigkeit der Justizbehörden das jeweilige Gesetz nur Anwendung findet, soweit diese Tätigkeit der Nachprüfung durch Verwaltungsgerichte unterliegt (§ 2 Abs. 3 Nr. 1 LVwVfG BW, Art. 2 Abs. 3 Nr. 1 BayVwVfG, § 2 Abs. 3 Nr. 1 BlnVwVfG, § 2 Abs. 3 Nr. 1 VwVfGBbg, § 2 Abs. 3 Nr. 1 BremVwVfG, § 2 Abs. 3 Nr. 1 HmbVwVfG, § 2 Abs. 3 Nr. 1 HVwVfG, § 2 Abs. 2 Nr. 1 VwVfG M-V, § 2 Abs. 3 Nr. 1 NVwVfG, § 2 Abs. 3 Nr. 1 VwVfG NRW, § 1 Abs. 4 Nr. 1 LVwVfG RhPf, § 2 Abs. 3 Nr. 1 SVwVfG, § 1 SächsVwVfZG i.V.m. § 2 Abs. 3 Nr. 1 VwVfG, § 2 Abs. 3 Nr. 1 VwVfg LSA, § 336 Abs. 4 LVwG SH und § 2 Abs. 3 Nr. 1 ThürVwVfG). Soweit allerdings die Vorschriften des VwVfG allgemeine Rechtsgrundsätze enthalten, können diese auch im Strafvollzug Geltung beanspruchen (*Schäferskünpper*, NWVBl 2023, 221, 222). Hier kommt etwa in Betracht § 28 VwVfG (Anhörung des Betroffenen vor einer belastenden Maßnahme), § 38 VwVfG (Zusicherung, BayObLG, Beschl. v. 30.7.2020 – 204 StObWs 250/20), § 43 Abs. 2 u. 3 VwVfG (Wirksamkeit eines Bescheids trotz Rechtswidrigkeit), § 44 VwVfG (Formfehler führen nicht zur Nichtigkeit), § 45 (Heilung von Formfehlern) und § 46 VwVfG (Unbeachtlichkeit von Formfehlern, wenn diese nicht kausal für die Entscheidung sind).

Siehe auch: → *Strafvollzug, Erwachsene, Antrag auf gerichtliche Entscheidung, Allgemeines*, Teil C Rdn 190 ff.; → *Strafvollzug, Erwachsene, Antrag auf gerichtliche Entscheidung, Antragsarten*, Teil C

Rdn 215 ff.; → *Strafvollzug, Erwachsene, Antrag auf gerichtliche Entscheidung, Antragsgegenstand*, Teil C Rdn 236 ff.; → *Strafvollzug, Erwachsene, Antrag auf gerichtliche Entscheidung, Beteiligte des Verfahrens*, Teil C Rdn 262 ff.; → *Strafvollzug, Erwachsene, Antrag auf gerichtliche Entscheidung, Checkliste*, Teil C Rdn 277 ff.; → *Strafvollzug, Erwachsene, Antrag auf gerichtliche Entscheidung, Einstweiliger Rechtsschutz*, Teil C Rdn 280 ff.; → *Strafvollzug, Erwachsene, Antrag auf gerichtliche Entscheidung, Erledigung*, Teil C Rdn 291 ff.; → *Strafvollzug, Erwachsene, Antrag auf gerichtliche Entscheidung, formelle und inhaltliche Anforderungen*, Teil C Rdn 321 ff.; → *Strafvollzug, Erwachsene, Antrag auf gerichtliche Entscheidung, Frist*, Teil C Rdn 336 ff.; → *Strafvollzug, Erwachsene, Antrag auf gerichtliche Entscheidung, Kosten und Streitwert*, Teil C Rdn 351 ff.; → *Strafvollzug, Erwachsene, Antrag auf gerichtliche Entscheidung, PKH/Beiordnung*, Teil C Rdn 361 ff.; → *Strafvollzug, Erwachsene, Antrag auf gerichtliche Entscheidung, Zuständigkeit des Gerichts*, Teil C Rdn 371 ff.;→ *Strafvollzug, Erwachsene, Arbeit*, Teil C Rdn 383 ff.; → *Strafvollzug, Erwachsene, Besitz*, Teil C Rdn 396 ff.; → *Strafvollzug, Erwachsene, Besuch*, Teil C Rdn 413 ff.; → *Strafvollzug, Erwachsene, Bildung*, Teil C Rdn 421 ff.; → *Strafvollzug, Erwachsene, Datenschutz*, Teil C Rdn 426 ff.; → *Strafvollzug, Erwachsene, Disziplinarsachen*, Teil C Rdn 446 ff.; → *Strafvollzug, Erwachsene, Durchsuchung*, Teil C Rdn 458 ff.; → *Strafvollzug, Erwachsene, Entlassung*, Teil C Rdn 466 ff.; → *Strafvollzug, Erwachsene, Geld*, Teil C Rdn 473 ff; → *Strafvollzug, Erwachsene, Gesundheitsfürsorge*, Teil C Rdn 493 ff.; → *Strafvollzug, Erwachsene, Kleidung*, Teil C Rdn 504 ff.; → *Strafvollzug, Erwachsene, Post*, Teil C Rdn 510 ff.; → *Strafvollzug, Erwachsene, Rechtsbeschwerde, Allgemeines*, Teil C Rdn 522 ff.; → *Strafvollzug, Erwachsene, Rechtsbeschwerde, Beschwer/Erledigung*, Teil C Rdn 540 ff.; → *Strafvollzug, Erwachsene, Rechtsbeschwerde, Beteiligte*, Teil C Rdn 552 ff.; → *Strafvollzug, Erwachsene, Rechtsbeschwerde, Checkliste*, Teil C Rdn 557 ff.; → *Strafvollzug, Erwachsene, Rechtsbeschwerde, Einstweiliger Rechtsschutz*, Teil C Rdn 560 ff.; → *Strafvollzug, Erwachsene, Rechtsbeschwerde, Form*, Teil C Rdn 570 ff.; → *Strafvollzug, Erwachsene, Rechtsbeschwerde, Frist*, Teil C Rdn 582 ff.; → *Strafvollzug, Erwachsene, Rechtsbeschwerde, Inhaltliche Anforderungen*, Teil C Rdn 590 ff.; → *Strafvollzug, Erwachsene, Rechtsbeschwerde, Zulässigkeit*, Teil C Rdn 607 ff.; → *Strafvollzug, Erwachsene, Religionsausübung*, Teil C Rdn 617 ff.; → *Strafvollzug, Erwachsene, Sicherungsmaßnahmen*, Teil C Rdn 626 ff.; → *Strafvollzug, Erwachsene, Soziale Hilfen*, Teil C Rdn 635 ff.; → *Strafvollzug, Erwachsene, Sozialtherapie*, Teil C Rdn 642 ff.; → *Strafvollzug, Erwachsene, Strafvollzug mit angeordneter oder vorbehaltener Sicherungsverwahrung*, Teil C Rdn 650 ff.;→ *Strafvollzug, Erwachsene, Telekommunikation*, Teil C Rdn 677 ff.; → *Strafvollzug, Erwachsene, Unmittelbarer Zwang*, Teil C Rdn 685 ff.; → *Strafvollzug, Erwachsene, Unterbringung*, Teil C Rdn 691 ff.; → *Strafvollzug, Erwachsene, Verlegung*, Teil C Rdn 704 ff.; → *Strafvollzug, Erwachsene, Verpflegung*, Teil C Rdn 716 ff.; → *Strafvollzug, Erwachsene, Vollzugsform*, Teil C Rdn 722 ff.; → *Strafvollzug, Erwachsene, Vollzugslockerungen*, Teil C Rdn 732 ff.; → *Strafvollzug, Erwachsene, Vollzugsplan*, Teil C Rdn 748 ff.

Strafvollzug, Erwachsene, Antrag auf gerichtliche Entscheidung, Allgemeines 190

Das Wichtigste in Kürze:

1. Mit den §§ 109 ff. StVollzG steht den von einer Maßnahme des Strafvollzugs betroffenen Personen ein eigenständiges Rechtsbehelfsinstrumentarium zur Verfügung, welches grundlegend sämtliches sie betreffendes Verhalten der Vollzugsbehörden – also grds. der JVA – einer gerichtlichen Überprüfungsmöglichkeit durch die StVK unterwirft.
2. §§ 109 ff. StVollzG sind auch bei Maßnahmen im Maßregelvollzug und der Sicherungsverwahrung sowie in weiteren Fällen anwendbar. Dies gilt nicht für Maßnahmen im Bereich der U-Haft, der einstweiligen Unterbringung nach § 126a StPO und der Auslieferungshaft.

3. Das Verfahren nach den §§ 109 ff. StVollzG ähnelt erstinstanzlich im Wesentlichen der Struktur nach dem Verwaltungsprozess.
4. Es gelten die Dispositionsmaxime und der Aufklärungsgrundsatz.
5. Eine mündliche Verhandlung findet nicht statt. Rechtliches Gehör ist aber zu gewährleisten.
6. Soweit unbestimmte Rechtsbegriffe im Raum stehen bleibt die Anwendung solcher Begriffe durch die Vollzugsbehörde grds. gerichtlich voll überprüfbar; insbesondere bei Wertungs- oder Prognoseentscheidungen der Vollzugsbehörde gilt dieser Grundsatz indessen nur eingeschränkt.
7. Steht der Vollzugsbehörde auf der Rechtsfolgenseite ein Ermessen zu, beschränkt sich die richterliche Überprüfung darauf, ob die Vollzugsbehörde sich ihres Ermessens überhaupt bewusst war und ob sie dieses fehlerfrei im Rahmen der gesetzlich gegebenen Grenzen ausgeübt hat.
8. Kommt die Vollzugsbehörde ihrer durch Beschluss auferlegten Pflicht zur Vornahme bestimmter Amtshandlungen nicht nach, kann die StVK auf Antrag des Antragstellers unter Fristsetzung ein Zwangsgeld bis zu 10.000 EUR androhen, nach fruchtlosem Fristablauf festsetzen und von Amts wegen vollstrecken.

191 **Literaturhinweise:** **Baier**, Grundzüge des gerichtlichen Verfahrens in Strafvollzugssachen, JA 2001, 582; **Bode**, Strafvollzug: Beim Rechtsschutz nichts Neues?!, StraFo 2020, 360; **Dünkel**, Die Rechtsstellung von Strafgefangenen und Möglichkeiten der rechtlichen Kontrolle von Vollzugsentscheidungen in Deutschland, GA 1996, 518; **Graebsch**, Prozedurale Ungerechtigkeit. Gefangenenrechtsschutz und Rechtswirklichkeit, NK 2024, 452; **Kamann**, Der Beurteilungsspielraum und sein Einfluss auf die Ver-un-rechtlichung des Strafvollzuges, ZRP 1994, 474; **Kruis/Cassardt**, Verfassungsrechtliche Leitsätze zum Vollzug von Straf- und Untersuchungshaft, NStZ 1995, 521 u. 574; **Lübbe-Wolff/Lindemann**, Neuere Rechtsprechung des BVerfG zum Vollzug von Straf- und Untersuchungshaft und zum Maßregelvollzug, NStZ 2007, 450; **Müller-Dietz**, Aufgaben und Möglichkeiten der Verteidigung im Strafvollzug, StV 1982, 83; *ders.*, Verfassungsrechtliche Anforderungen an den gerichtlichen Rechtsschutz nach den §§ 109 ff. StVollzG, Verfahrensrecht am Ausgang des 20. Jahrhunderts – Festschrift für Gerhard Lüke, 1997, 503; **Peglau**, Rechtsschutz in Strafvollzugssachen – Grundlagen und Fehlervermeidung, NJW 2014, 2012; **Schäfersküpper/Schmidt**, Das neue Zwangsgeld gegen Vollzugsbehörden – Ein unbekanntes Wesen, StV 2014, 184; **Rau**, Bushido, Rotmilan und der Freigang – Weniger Beurteilungsspielraum, mehr judikative Kontrolle, StV-S 2025, 81; **Schneider**, Tempus fugit. Trendwende in der Rechtsprechung zu den unbestimmten Rechtsbegriffen?, ZfStrVo 1999, 140; **Spaniol**, Die Arbeit der Strafvollstreckungskammer – Licht und Schatten, FS 2012, 253; **Treptow**, Gerichtliche Kontrolle von Ermessensentscheidungen und unbestimmten Rechtsbegriffen im Strafvollzugsrecht, NJW 1978, 2227; *ders.*, Zur Tätigkeit der Strafvollstreckungskammer in Vollzugssachen, NJW 1978, 1037; **Zieger**, Vernachlässigte Tätigkeitsfelder der Verteidigung – insbesondere Vollstreckung und Vollzug, StV 2006, 375; **Zwiehoff**, Die Rechtsbehelfe des Strafgefangenen nach §§ 109 ff. StVollzG, 1986.

192 **1.a)** Wie alle staatlichen Eingriffe in subjektive Rechte unterliegen auch solche gegenüber Strafgefangenen der Möglichkeit gerichtlicher Kontrolle. Überlegungen, wegen des Bestehens eines besonderen Gewaltverhältnisses sei eine Justitiabilität solcher Eingriffe nicht gegeben, sind überholt (BVerfG, Beschl. v. 14.3.1972 – 2 BvR 41/71, BVerfGE 33, 1). Belastende Maßnahmen bedürfen daher einer gesetzlichen Ermächtigungsgrundlage. Die materiellrechtlichen Grundlagen hierzu finden sich in den Vollzugsgesetzen der Länder (→ *Strafvollzug, Erwachsene, Allgemeines*, Teil C Rdn 171 ff.). Mit den §§ 109 ff. StVollzG steht den von einer Maßnahme des Strafvollzugs betroffenen Personen ein **eigenständiges Rechtsbehelfsinstrumentarium** zur Verfügung, welches grundlegend sämtliches sie betreffendes Verhalten der Vollzugsbehörden – also grds. der JVA – einer gerichtlichen Überprüfungsmöglichkeit durch die StVK unterwirft. Zwar ist die Materie des Strafvollzugs seit der Föderalismusreform (BGBl I 2006, 2034) Sache der Bundesländer geworden. Das hierzu vorgesehene gerichtliche Verfahren richtet sich aber gleichwohl weiterhin nach Bundesrecht (SBJL/*Laubenthal*, 12. Kap., § 109 StVollzG Rn 1). Etwaige Verweise des Landesrechts auf die §§ 109 ff. StVollzG, wie etwa in § 102 NJVollzG, sind daher rein deklaratorischer Natur.

193 ☝ Im Fall der Verbüßung einer Freiheitsstrafe, auf die ein Internationaler Strafgerichtshof erkannt hat, findet gem. § 41 Abs. 4 S. 4 IStGHG das Verfahren nach §§ 109 ff. StVollzG keine Anwendung, wenn es um Entscheidungen geht, die einen Aufenthalt des Gefangenen außerhalb der JVA ohne Bewachung betreffen, also etwa bei der Gewährung unbewachter Vollzugslockerungen oder der Verlegung in den

offenen Vollzug. Weigert sich indessen der Gerichtshof, eine solche Entscheidung zu treffen, finden die §§ 109 ff. StVollzG zur Vermeidung von Rechtsweglücken doch Anwendung (OLG Celle, Beschl. v. 12. 6. 2025 – 1 Ws 85/25 (StrVollz); OLG Karlsruhe, Beschl. v. 6.12.2018 – L 1 Ws 184/18, StraFo 2019, 247).

b) Daneben sehen die **landesrechtlichen Vorschriften** die Möglichkeit vor, **Beschwerden** gegenüber der Vollzugsbehörde bzw. dem Anstaltsleiter vorzubringen (§ 92 JVollzGB III BW, Art. 115 BayStVollzG, § 99 StVollzG Bln, § 105 BbgJVollzG, § 92 BremStVollzG, § 107 HmbStVollzG, § 57 HStVollzG, § 91 StVollzG M-V, § 101 NJVollzG, § 84 StVollzG NRW, § 102 LJVollzG RhPf, § 91 SLStVollzG, § 95 SächsStVollzG, § 103 JVollzGB I LSA, § 123 LStVollzG SH, § 103 ThürJVollzGB). Wird eine Beschwerde bei der Anstaltsleitung nicht beantwortet, kann der Strafgefangene hiergegen mit dem Vornahmeantrag nach § 113 StVollzG vorgehen (Arloth/Krä/*Arloth,* § 108 StVollzG Rn 7; (→ *Strafvollzug, Erwachsene, Antrag auf gerichtliche Entscheidung, Antragsarten*, Teil C Rdn 225). Zum Rechtsschutz gegen die Zurückweisung der Beschwerde → *Strafvollzug, Erwachsene, Antrag auf gerichtliche Entscheidung, Antragsgegenstand,* Teil C Rdn 254. 194

c) Unberührt bleibt auch die Möglichkeit einer **Dienstaufsichtsbeschwerde** (Burhoff/*Hunsmann/Burhoff*, RM, Teil B: Rn 276 ff.). Hierbei handelt es sich um ein vom Rechtsschutz nach dem StVollzG losgelöstes Verfahren. Auch wenn die Dienstaufsichtsbeschwerde an Vorgänge des Strafvollzugs anknüpft, kann sie nicht Gegenstand eines gerichtlichen Verfahrens nach § 109 StVollzG werden, es sei denn, der auf die Dienstaufsichtsbeschwerde ergehende Bescheid enthält die Anordnung einer Maßnahme (KG, Beschl. v. 16.9.1996 – 5 Ws 451/96; OLG Celle, Beschl. v. 15.2.2008 – 1 Ws 41/08; OLG Hamburg, Beschl. v. 14.8.1991 – Vollz (Ws) 24/91; OLG Koblenz, Beschl. v. 9.11.2015 – 2 Ws 501/15 Vollz). Für Streitigkeiten über Art und Weise der Behandlung einer Dienstaufsichtsbeschwerde ist der **Verwaltungsrechtsweg** nach § 40 VwGO eröffnet (BayObLG, Beschl. v. 23.12.2024 – 204 StObWs 446/24; OLG Koblenz, a.a.O.; OLG Stuttgart, Beschl. v. 14.3.1986 – 4 Ws 45/86, NStZ 1986, 480; a.A. VGH München, Beschl. v. 21.9.1999 – 5 C 99.1726). 195

2. Aufgrund vielfacher gesetzlicher Verweisungen sind die **§§ 109 ff. StVollzG** nicht nur für die Maßnahmen einer JVA gegenüber den dort ihre Freiheitsstrafe verbüßenden Verurteilten anwendbar, sondern auch in **anderen Fällen**. 196

a) Dass sich **Strafgefangene** gegen Maßnahmen der JVA zur Wehr setzen können, stellt allerdings den klassischen Anwendungsfall der §§ 109 ff. StVollzG dar. Allerdings können auch **Dritte** – soweit sie von solchen Maßnahmen betroffen sind, wie etwa bei der Beschränkung von Besuchszeiten – eine gerichtliche Überprüfung anstrengen (→ *Strafvollzug, Erwachsene, Antrag auf gerichtliche Entscheidung, Beteiligte des Verfahrens*, Teil C Rdn 265 ff.). 197

☝ Auf bundesrechtlicher Ebene sehen **außerdem § 23 Abs. 1 und 2 EGGVG** die Möglichkeit vor, Anordnungen, Verfügungen oder sonstige Maßnahmen der Vollzugsbehörden gerichtlich überprüfen zu lassen, allerdings nur, soweit die Sanktionen außerhalb des Justizvollzuges vollzogen werden. Schon nach dem Wortlaut ist damit ein Konkurrenzverhältnis bei Maßnahmen innerhalb des Strafvollzuges nicht gegeben (Burhoff/*Schmidt-Clarner*, RM, Teil B Rn 414).

b) Entsprechende Anwendung finden die §§ 109 ff. StVollzG darüber hinaus in folgenden Fällen: 198

- Vollzug der **Sicherungsverwahrung** (§§ 109 Abs. 1 S. 1, 130 StVollzG) (→ *Sicherungsverwahrung, Vollzug, Allgemeines*, Teil A Rdn 631 ff.),
- Vollzug der **Unterbringung** in einem **psychiatrischen Krankenhaus** nach **§ 63 StGB** bzw. **in** einer **Entziehungsanstalt** nach **§ 64 StGB** (§§ 109 Abs. 1 S. 1, 138 Abs. 3 StVollzG) → *Maßregelvollzug, Erwachsene*, Allgemeines Teil C Rdn 1 ff.). Die Eröffnung des Rechtswegs nach § 23 Abs. 1 S. 2 EGGVG kommt wegen § 23 Abs. 3 EGGVG in diesen Fällen nicht in Betracht.

- Vollzug von **Jugendstrafe** nach den Vorschriften des Strafvollzugs für Erwachsene bzw. Vollzug einer **Unterbringung nach § 7 Abs. 1 JGG** nach Vollendung des 24. Lebensjahres (§ 92 Abs. 6 S. 2 JGG). Der Vollzug von **Jugendarrest**, Jugendstrafe und einer Unterbringung nach § 7 Abs. 1 JGG richtet sich im Übrigen nach **§ 92 JGG** (→ *Strafvollzug, Jugendliche, Allgemeines,* Teil C Rdn 760),
- Vollzug sogenannter **Organisationshaft**, also der vorübergehenden Freiheitsentziehung einer rechtskräftig verurteilten Person zwischen dem Ende der Strafhaft und der Überstellung in den Maßregelvollzug (LNNVB/*Bachmann*, Kap. P, Rn 23; zur Organisationshaft → *Maßregeln, Erwachsene, Organisationshaft*, Teil B Rdn 1115),
- Vollzug des **Strafarrestes** nach § 9 WStG (→ *Soldaten, Wehrstrafrecht,* Teil H Rdn 1243 ff.), soweit dieser nicht von den Behörden der Bundeswehr vollzogen wird, sondern – nach dem Ausscheiden der verurteilten Person aus der Bundeswehr – in einer JVA erfolgt (§ 167 StVollzG). Bei Vollzug durch eine Behörde der Bundeswehr gem. Art. 5 Abs. 1 EGWStG ist der Rechtsweg nach § 40 VwGO eröffnet (FFL/*Spaniol*, § 109 StVollzG, Rn 4). Wird nach Art. 5 Abs. 2 EGWStG Freiheitsstrafe durch Behörden der Bundeswehr vollzogen, sind darin erfolgende Maßnahmen nach §§ 23 ff. EGGVG überprüfbar (Burhoff/*Schmidt-Clarner*, RM, Teil B Rn 414).
- Vollzug der sogenannten **Zivilhaft**, also etwa nach ZPO oder StPO angeordneter Ordnungs-, Sicherungs-, Zwangs- oder Erzwingungshaft (§ 171 StVollzG; hierzu OLG Frankfurt, Beschl. v. 5.2.2013 – 3 Ws 1112/12 (StVollz), NStZ-RR 2013, 230, 231).
- Vollzug der Zurückweisungs- bzw. **Abschiebungshaft** (§§ 15 Abs. 5, 62 AufEnthG), soweit diese im Wege der Amtshilfe in einer JVA vollzogen wird (§ 422 Abs. 4 FamFG i.V.m. § 171 StVollzG; ansonsten ist der Verwaltungsrechtweg eröffnet (BGH, Beschl. v. 9.10.2014 – V ZB 57/14, NVwZ-RR 2015, 115).

☝ Nur die Vorschriften der §§ 109 ff. StVollzG über den gerichtlichen Rechtsschutz finden in diesen Fällen Anwendung. Das in den Landesgesetzen geregelte „materielle Recht" des Strafvollzugs (→ *Strafvollzug, Erwachsene, Allgemeines*, Teil C Rdn 171 ff.) ist hingegen nicht anwendbar. Wie der Vollzug solcher freiheitsentziehenden Anordnungen ausgestaltet ist, richtet sich nach entsprechenden Sondernormen. Für die Sicherungsverwahrung (→ *Sicherungsverwahrung, Vollzug, Allgemeines,* Teil A Rdn 562 ff.; → *Sicherungsverwahrung, Vollzug, Außenkontakte,* Teil A Rdn 639 ff.; → *Sicherungsverwahrung, Vollzug, Entlassungsvorbereitung,* Teil A Rdn 646 ff.; → *Sicherungsverwahrung, Vollzug, landesrechtliche Vollzugsgesetze,* Teil A Rdn 653 ff.; → *Sicherungsverwahrung, Vollzug, Unterbringung,* Teil A Rdn 658 ff.; → *Sicherungsverwahrung, Vollzug, Unterbringung, Einzelfragen,* Teil A Rdn 663 ff.; → *Sicherungsverwahrung, Vollzug, vollzugsöffnende Maßnahmen,* Teil A Rdn 668 ff.; → *Sicherungsverwahrung, Vollzug, Vollzugsplankonferenz,* Teil A Rdn 672 ff.), den Maßregelvollzug (→ *Maßregelvollzug, Erwachsene, Allgemeines,* Teil C Rdn 1 ff.) und den Jugendstraf- und Jugendmaßregelvollzug sind durch die Länder entsprechende Gesetze erlassen worden. Beim Vollzug von Strafarrest in JVAs gelten ebenfalls die landesrechtlichen Normen. Fehlen diese, sind §§ 167 ff. StVollzG maßgeblich. Beim Vollzug durch Bundeswehrbehörden greift die auf der Grundlage von Art. 7 Abs. 1 EGWStG ergangene BwVollzO ein. Da Zivilhaft als Teil des Bürgerlichen Rechts der Gesetzgebungskompetenz des Bundes unterfällt, gelten hierfür die §§ 171 ff. StVollzG. Der Vollzug der Abschiebungshaft ist in § 422 Abs. 4 FamFG i.V.m. § 62a AufEnthG normiert.

199 **c)** Im Bereich der **U-Haft** finden die §§ 109 ff. StVollzG keine Anwendung. Hier ist gerichtlicher Schutz gegen einzelne behördliche Maßnahmen über § 119a StPO (OLG Hamm, Beschl. v. 10.6.2014 – III-1 Vollz (Ws) 296/14, FS 2015, 63; näher dazu Burhoff/*Herrmann,* RM, Teil B Rn 1050 ff.), gegenüber angeordneten richterlichen Maßnahmen nach § 119 Abs. 5 StPO zu verfolgen. Entsprechendes gilt nach § 126a Abs. 2 StPO für Maßnahmen im Bereich der einstweiligen Unterbringung.

d) Auch behördliche Maßnahmen im Vollzug einer **Auslieferungshaft** nach § 15 IRG unterfallen nicht dem Anwendungsbereich der §§ 109 ff. StVollzG. Hier besteht der Rechtsweg in der Anrufung des Senatsvorsitzenden beim OLG nach **§ 27 Abs. 3 IRG** (SBJL/*Laubenthal*, 12.Kap., § 109 StVollzG, Rn 4). Richterliche Maßnahmen sind trotz des Verweises in § 27 Abs. 1 IRG auf § 119 StPO wegen § 13 Abs. 1 S. 2 IRG unanfechtbar.188 200

3. Der Sache nach stellt der gerichtliche Rechtsschutz nach den §§ 109 ff. StVollzG einen besonderen Anwendungsfall des verwaltungsgerichtlichen Rechtsschutzes dar (*Müller-Dietz*, FS Lüke, a.a.O., S. 504). So ähnelt auch das Prozessrecht erster Instanz im Wesentlichen seiner Struktur nach dem **Verwaltungsstreitverfahren** (Arloth/Krä/*Arloth*, § 120 StVollzG, Rn 1; *Pollähne/Woynar*, Rn 549; *Zwiehoff*, a.a.O., S. 1). Gleichwohl eröffnet § 109 StVollzG den Rechtsweg zu den ordentlichen Gerichten und § 120 Abs. 1 S. 2 StVollzG ordnet die Regelungen der StPO für ergänzend anwendbar an. Die möglichen Antragsarten ähneln aber denen der VwGO (→ *Strafvollzug, Erwachsene, Antrag auf gerichtliche Entscheidung, Antragsarten*, Teil C Rdn 217 ff.). Die Regelungen der StPO können daher nur dann herangezogen werden, wenn sie den Besonderheiten des vollzuglichen Verfahrens genügen. Im Übrigen kommt eine vorsichtige analoge Anwendung der VwGO in Betracht (*Baier* JA 2001, 582, 583; LNNVB/*Bachmann, Kap.* P, Rn 22; OLG Dresden, Beschl. v. 9.2.2000 – 2 Ws 660/99, NStZ-RR 2000, 285). 201

☝ Der Antragsteller kann sich in jeder Lage des Verfahrens eines Verfahrensbevollmächtigten bedienen (→ *Strafvollzug, Erwachsene, Antrag auf gerichtliche Entscheidung, Beteiligte des Verfahrens*, Teil C Rdn 269). Auch wenn das Verfahren verwaltungsprozessuale Züge trägt, ist der beauftragte Rechtsanwalt „Verteidiger" (OLG Celle, Beschl. v. 25.7.1985 – 3 Ws 339/85, StV 1986, 108; OLG Hamm, Beschl. v. 7.9.1979 – 1 Vollz (Ws) 21/79, ZfStrVo 1980, 57; OLG München, Beschl. v. 9.12.1977 – 1 Ws 1257/77, ZfStrVo SH 1978, 24). Str. ist, ob bereits im nicht förmlichen Beschwerdeverfahren (Rdn 193) ein Anwesenheitsrecht des Verteidigers bei der persönlichen Anhörung des Gefangenen besteht (bejahend LNNVB/*Nestler*, Kap. P, Rn 8; SBJL/*Laubenthal*, 12. Kap., Teil A, Rn 4; verneinend OLG Nürnberg, Beschl. v. 6.8.1979 – Ws 455/79, ZfStrVo SH 1979, 93; Arloth/Krä/*Arloth*, § 108 StVollzG, Rn 3). Zum Anspruch auf **Akteneinsicht** → *Strafvollzug, Erwachsene, Datenschutz*, Teil C Rdn 445.

4. Es gelten die Grundsätze der **Dispositionsmaxime** und der **Amtsermittlung** (KG, Beschl. v. 6.8.2019 – 202
5 Ws 58/19 Vollz).

a) Der Antragsteller bestimmt mit seinem **Antrag** den Streitgegenstand mit bindender Wirkung für das 203
Gericht (BGH, Beschl. v. 12.3.2014 – 2 ARs 434/13, StV 2016, 303; KG, Beschl. v. 7.9.2017 – 2 Ws 122/17 Vollz; OLG Celle, Beschl. v. 24.7.2014 – 1 Ws 321/14 (StrVollz); OLG Frankfurt, Beschl. v. 13.5.2003 – 3 Ws 292/03 (StrVollz), ZfStrVo 2003, 300; OLG Hamm, Beschl. v. 27.8.2025 – III-1 Vollz 185–191/25; OLG Koblenz, Beschl. v. 30.3.2015 – 2 Ws 16/15 Vollz; OLG München, Beschl. v. 8.9.2014 – 4a Ws 28/14; OLG Stuttgart, Beschl. v. 29.1.1998 – 4 Ws 275/97), weshalb ihm im Rahmen von § 109 Abs. 2 StVollzG auch eine gewisse Darlegungspflicht obliegt (Arloth/Krä/*Arloth*, § 115 StVollzG, Rn 2; → *Strafvollzug, Erwachsene, Antrag auf gerichtliche Entscheidung, formelle und inhaltliche Anforderungen*, Teil C Rdn 329). Anträge sind sachdienlich, mithin in einer Weise auszulegen, die den erkennbaren Interessen des Antragstellers bestmöglich Rechnung trägt (OLG Hamm, Beschl. v. 23.3.2017 – III-1 Vollz (Ws) 23/17). Eine eigenmächtige Erweiterung oder Umdeutung des Streitgegenstandes ist aber unzulässig (KG, a.a.O.; OLG Koblenz, a.a.O.). Aus dem **Gebot** des **fairen Verfahrens** kann eine Pflicht der Kammer zu einer mündlichen Erörterung mit dem Antragsteller folgen, etwa wenn dieser im schriftlichen Ausdruck ungewandt ist und deshalb sein Begehren nicht klar erkennbar oder bei schwieriger Rechtslage auf die Stellung sachdienlicher Anträge hinzuweisen ist (OLG Hamm, Beschl. v. 22.8.2000 – 1 Vollz (Ws) 59/00, ZfStrVo 2002, 378; SBJL/*Laubenthal*, 12. Kap., § 115 StVollzG Rn 6; → *Strafvollzug, Erwachsene, Antrag auf gerichtliche Entscheidung, formelle und inhaltliche Anforderungen*, Teil C Rdn 330). Dies gilt indessen nicht, wenn der Gefangene anwaltlich vertreten ist (KG, Beschl. v. 12.3.2013 – 2 Ws 42/13

Vollz, StraFo 2013, 303). Bis zu einer rechtskräftigen Entscheidung kann der Antragsteller seinen Antrag **zurücknehmen** (OLG Celle, Beschl. v. 4.2.2026 – 1 Ws 7/26; OLG Hamburg, Beschl. v. 21.9.2007 – 3 Vollz (Ws) 56/07).

204 **b)** Auch wenn § 115 Abs. 1 S. 4 StVollzG dem Gericht die Darstellung seiner Entscheidung erleichtert, indem es dieses von einer Verpflichtung einer eigenständigen Begründung freistellt, soweit es der Begründung der angefochtenen Entscheidung folgt und dies feststellt, bedeutet dies nicht, dass die Kammer ihrer Entscheidung den Sachvortrag der Vollzugsbehörde ungeprüft zugrunde legen darf (BVerfG, Beschl. v. 4.2.2009 – 2 BvR 1533/08, NStZ-RR 2009, 218; OLG Bamberg, Beschl. v. 4.2.2010 – 1 Ws 694/09). Die Annahme, es könne ohne weitere Sachverhaltsaufklärung von der Richtigkeit der behördlichen Darstellung ausgegangen werden, bedarf konkreter, auf die Umstände des Falles bezogener Gründe (BayObLG, Beschl. v. 2.12.2024 – 203 StObWs 556/24). Solche liegen etwa vor, wenn die JVA einen Sachverhalt eingehend, plausibel und anhand der Umstände nachvollziehbar darstellt, während der Gefangene diesem nur pauschal oder neben der Sache liegend entgegentritt (BayObLG, a.a.O.; KG, Beschl. v. 25.7.2017 – 5 Ws 157/17 Vollz). Ansonsten hat das Gericht in **tatsächlicher und rechtlicher Hinsicht die Rechtmäßigkeit** der im Streit stehenden Maßnahme zu überprüfen (§ 120 Abs. 1 S. 2 StVollzG i.V.m. § 244 Abs. 2 StPO). Dies bedeutet, dass das Gericht zur Aufklärung des Sachverhalts und zur Ermittlung der materiellen Wahrheit verpflichtet ist (OLG Celle, Beschl. v. 21.11.2019 – 3 Ws 38/19 (MVollz); OLG Koblenz, Beschl. v. 31.12.1991, 2 Vollz (Ws) 38/91, ZfStrVo 1992, 197). Im Bedarfsfall muss die Kammer **Beweise** erheben (KG, Beschl. v. 29.10.2021 – 2 Ws 121/20 Vollz, StV 2023, 51). Es gilt das **Freibeweisverfahren** (KG, Beschl. v. 6.8.2019 – 5 Ws 58/19 Vollz; OLG Celle, Beschl. v. 24.1.2019 – 3 Ws 317/18 (StrVollz), StV 2020, 548; OLG Hamburg, Beschl. v. 24.2.2010 – 3 Vollz (Ws) 61/09, StraFo 2010, 218; OLG Hamm, Beschl. v. 30.7.1979 – 1 Vollz (Ws) 42/79; OLG Karlsruhe, Beschl. v. 31.8.2022 – 2 Ws 187/22; *Dünkel* GA 1996, 518, 523). Die notwendigen Ermittlungen kann sie dabei selbst vornehmen (etwa durch Zeugenvernehmungen, Augenschein, Anhörungen und Vorlage von Akten, SBJL/*Laubenthal*, 12. Kap., § 115 StVollzG Rn 11) – oder anderweitig in Auftrag geben (*Treptow* NJW 1977, 1037, 1039). Auch die Stellungnahme des Anstaltsarztes kann der StVK die notwendige Sachkunde vermitteln, selbst wenn Streitgegenstand gerade eine ärztliche Maßnahme ist. Insoweit handelt es sich nicht bloß um Parteivortrag der JVA (BayObLG, Beschl. v. 30.11.2021 – 203 StObWs 501/21). Ein Verzicht auf Ausschöpfung der Erkenntnismöglichkeiten kommt für die StVK nur in Betracht, wenn ein Beweismittel unzulässig, schlechterdings untauglich, unerreichbar oder für die Entscheidung unerheblich ist, nicht hingegen, wenn die Aufklärung besonders arbeits- oder zeitaufwändig erscheint (BVerfG, Beschl. v. 6.2.2020 – 2 BvR 1719/19, NStZ-RR 2020, 127; Beschl. v. 2.2.2024 – 2 BvR 1255/23).

205 ☝ Sind die Beweismöglichkeiten ausgeschöpft, ohne dass die Kammer den Sachverhalt erschöpfend feststellen kann, greifen trotz Geltung des Untersuchungsgrundsatzes **Beweislastregeln** auch im Verfahren nach § 109 StVollzG (BayObLG, Beschl. v. 16.1.2025 – 204 StObWs 480/24; KG, Beschl. v. 27.5.2019 – 5 Ws 186/18 Vollz; LNNVB/*Bachmann*, Kap. P, Rn 68). Derjenige, der einen Anspruch geltend macht, muss danach auch dessen Voraussetzungen beweisen (BayObLG, Beschl. v. 5.6.2025 – 203 StObWs 150/25). Dies gilt allerdings nicht in den Fällen, in denen ein Gefangener typischerweise in Beweisnot ist, etwa, weil innerorganisatorische Verfahrensabläufe betroffen sind, in die er keinen Einblick hat und auf die er keinen Einfluss nehmen kann (BayObLG, Beschl. v. 28.6.2021 – 203 StObWs 273/21). Das Beweisrecht muss der **spezifischen Situation des Strafgefangenen** und den besonderen Beweisproblemen, die sich daraus ergeben können, Rechnung tragen (BVerfG, Beschl. v. 11.10.2007 – 2 BvR 1538/06; BayObLG, Beschl. v. 15.8.2023 – 203 StObWs 172/23).

206 **5.** Eine **mündliche Verhandlung** findet nicht statt (§ 115 Abs. 1 S. 1 StVollzG). Die Kammer entscheidet auf der Grundlage der sich ihr aus dem Akteninhalt und der ggf. zu erfolgenden Beweisaufnahme

Grundlagen, wobei sie vor Verwertung von Tatsachen den Verfahrensbeteiligten **rechtliches Gehör** zu gewähren hat (näher SBJL/*Laubenthal*, 12. Kap., § 115 StVollzG Rn 6).

Dem Antragsteller – und seinem Verteidiger (OLG Brandenburg, Beschl. v. 16.7.2013 – 2 Ws (Vollz) 175/12) – ist insbesondere die Stellungnahme der Antragsgegnerin im gerichtlichen Verfahren bekannt zu machen (OLG Hamm, Beschl. v. 20.1.2011 – III-1 Vollz (Ws) 735/10); sonst Rüge der **Verletzung rechtlichen Gehörs** im Wege der Rechtsbeschwerde möglich, → *Strafvollzug, Erwachsene, Rechtsbeschwerde, inhaltliche Anforderungen*, Teil C Rdn 599). Ein Anspruch auf Anwesenheit während der Beweisaufnahme steht den Beteiligten nicht zu (OLG Hamburg, Beschl. v. 24.2.2010 – 3 Vollz (Ws) 61/09, StraFo 2010, 218). 207

6. Soweit **unbestimmte Rechtsbegriffe** im Raum stehen (etwa „Fluchtgefahr", „Missbrauchsgefahr", „schädlicher Einfluss", „angemessener Umfang", „Gefahr für Sicherheit und Ordnung der Anstalt") bleibt die Anwendung solcher Begriffe durch die Vollzugsbehörde grds. gerichtlich voll überprüfbar; insbesondere bei Wertungs- oder Prognoseentscheidungen der Vollzugsbehörde – im Hinblick etwa auf die Gewährung von Vollzugslockerungen – gilt dieser Grundsatz indessen nur eingeschränkt. Die StVK hat in diesen Fällen lediglich zu prüfen, ob die Behörde von einem zutreffenden und vollständig ermittelten Sachverhalt ausgegangen ist, die richtigen Wertungsmaßstäbe angewendet hat und ob die Grenzen ihrer Beurteilungsspielraums eingehalten wurden (BGH, Beschl. v. 22.12.1981 – 5 AR (Vs) 32/81, NJW 1982, 1057; BayObLG, Beschl. v. 19.3.2024 – 203 StObWs 97/24; OLG Celle, Beschl. v. 31.10.2008 – 1 Ws 538/08, Nds.RPfl. 2009, 15; OLG Jena, Beschl. v. 20.2.2018 – 1 Ws 54/17; SBJL/*Laubenthal*, 12. Kap., § 115 StVollzG Rn 22; kritisch *Zieger* StV 2006, 375, 381; *Dünkel* GA 1996, 518, 524; *Treptow* NJW 1978, 2227, 2228); *Kamann* ZRP 1994, 474, 477; a.A. *Schneider* ZfStrVo 1999, 140, 142; *Ruch/Mühl* JuS 2013, 141, 144). 208

7. Steht der Vollzugsbehörde auf der Rechtsfolgenseite ein **Ermessen** zu, beschränkt sich die richterliche Überprüfung darauf, ob die Vollzugsbehörde sich ihres Ermessens überhaupt bewusst war und ob sie dieses fehlerfrei im Rahmen der gesetzlich gegebenen Grenzen ausgeübt hat (§ 115 Abs. 5 StVollzG). Dies ist nicht der Fall, wenn die Maßnahme auf unrichtiger oder unvollständiger Tatsachengrundlage beruht oder nicht alle für die Abwägung relevanten Aspekte einbezogen worden sind (KG, Beschl. v. 31.5.2021 – 5 Ws 64/21 Vollz). Die StVK kann eine Ermessensentscheidung der Vollzugsbehörde nicht durch eine andere Entscheidung ersetzen, die es für sachdienlicher hält (SBJL/*Laubenthal*, 12. Kap., § 115 StVollzG Rn 20) oder deren Begründung durch bislang unberücksichtigte Erwägungen austauschen (OLG Hamm, Beschl. v. 24.1.2017 – III-1 Vollz (Ws) 524/16). Auch bei der Anwendung von Verwaltungsvorschriften durch die Vollzugsbehörde, die mangels Rechtsnormqualität die Gerichte nicht binden, können auf sie gestützte Entscheidungen der Vollzugsbehörden richterlich nur in den Grenzen des § 115 Abs. 5 StVollzG überprüft werden (*Treptow* NJW 1978, 2227, 2228). 209

☝ Solche Richtlinien dürfen das Ermessen der Vollzugsbehörde allerdings nicht an andere als die nach dem Gesetz maßgeblichen Gesichtspunkte binden und auch nicht dem klaren Willen des Gesetzgebers zuwiderlaufen. Anderenfalls sind sie rechtswidrig und eine auf sie gestützte Entscheidung der Vollzugsbehörde ermessensfehlerhaft (KG, Beschl. v. 8.5.2024 – 5 Ws 10/24 Vollz; *Treptow* NJW 1978, 2227, 2228).

8.a) Die Kammer entscheidet durch **Beschluss** (§ 115 Abs. 1 S. 1 StVollzG). 210

b)aa) Kommt die Vollzugsbehörde ihrer durch Beschluss auferlegten Pflicht zur Vornahme bestimmter Amtshandlungen nicht nach, kann die StVK auf Antrag des Antragstellers unter Fristsetzung ein **Zwangsgeld** bis zu 10.000 EUR androhen, nach fruchtlosem Fristablauf festsetzen und von Amts wegen vollstrecken (§ 120 Abs. 1 S. 1 StVollzG i.V.m. § 172 VwGO). Voraussetzung ist grundlose Säumnis der Antragsgegnerin (OLG Koblenz, Beschl. v. 26.10.2017 – 2 Ws 138/17 Vollz). 211

☝ Dies gilt auch für den Fall, dass nach Aufhebung des ursprünglichen Bescheids und Verpflichtung zur Neubescheidung durch die StVK die JVA sich nunmehr in ihrer neuen Entscheidung darauf beruft, die Rechtsauffassung der Kammer nicht zu teilen und ihre ursprüngliche Auffassung beibehält. Gegen den zweiten Bescheid ist dann kein erneuter Antrag nach § 109 StVollzG erforderlich (OLG Hamburg, Beschl. v. 1.8.2022 – 5 Ws 44/22 Vollz).

212 **bb)** Der JVA steht gegen diese Anordnung, dem Antragsteller gegen die Ablehnung das Rechtsmittel der **Beschwerde** nach § 120 Abs. 1 S. 2 StVollzG i.V.m. § 304 StPO zu (KG, Beschl. v. 19.5.2020 – 5 Ws 188/19 Vollz; OLG Koblenz, Beschl. v. 26.10.2017 – 2 Ws 138/17 Vollz; OLG Rostock, Beschl. v. 4.7.2017 – 20 Ws 188/17).

213 **c)** Gegen die Entscheidung der Kammer ist das **Rechtsmittel** der Rechtsbeschwerde eröffnet (→ *Strafvollzug, Erwachsene, Rechtsbeschwerde, Allgemeines*, Teil C Rdn 522). Die Gewährung **einstweiligen Rechtsschutzes** ist möglich (→ *Strafvollzug, Erwachsene, Antrag auf gerichtliche Entscheidung, Einstweiliger Rechtsschutz*, Teil C Rdn 280). **PKH** für entstehende Kosten und Auslagen kann nach den Regeln der ZPO bewilligt werden (→*Strafvollzug, Erwachsene, Antrag auf gerichtliche Entscheidung, PKH/Beiordnung*, Teil C Rdn 361).

214 **d)** Ein **Wiederaufnahmeverfahren** ist nach dem StVollzG **nicht vorgesehen**. Ein entsprechender Antrag wird von der h.M. als unzulässig erachtet (OLG Hamburg, Beschl. v. 5.3.2001 – 3 Vollz (Ws) 5/01, ZfStrVo 2001, 368; OLG Hamm, Beschl. v. 17.9.2019 – III-1 Vollz (Ws) 462/19; OLG Rostock, Beschl. v. 5.6.2012 – I Vollz (Ws) 13/12, NStZ-RR 2012, 359; SBJL/*Laubenthal*, 12. Kap., § 120 StVollzG Rn 9). Bei besonders tiefgreifenden Grundrechtseingriffen kommt jedoch bei neuer Erkenntnislage (etwa bei Disziplinarmaßnahmen, die ihre Begründung in einem Vorwurf haben, von dem der Gefangene in einem späteren Strafverfahren freigesprochen wird) ein erneuter Antrag auf gerichtliche Entscheidung in Betracht (OLG Hamm, a.a.O.; OLG München, a.a.O.; (→*Strafvollzug, Erwachsene, Disziplinarsachen*, Teil C Rdn 457 ff.).

Siehe auch: → *Teil C: Strafvollzug, Erwachsene, Antrag auf gerichtliche Entscheidung, Antragsarten*, Teil C Rdn 215; → *Strafvollzug, Erwachsene, Antrag auf gerichtliche Entscheidung, Antragsgegenstand*, Teil C Rdn 236; → *Strafvollzug, Erwachsene, Antrag auf gerichtliche Entscheidung, Beteiligte des Verfahrens*, Teil C Rdn 262; → *Strafvollzug, Erwachsene, Antrag auf gerichtliche Entscheidung, Checkliste*, Teil C Rdn 277; → *Strafvollzug, Erwachsene, Antrag auf gerichtliche Entscheidung, Einstweiliger Rechtsschutz*, Teil C Rdn 280; → *Strafvollzug, Erwachsene, Antrag auf gerichtliche Entscheidung, Erledigung*, Teil C Rdn 291; → *Strafvollzug, Erwachsene, Antrag auf gerichtliche Entscheidung, formelle und inhaltliche Anforderungen*, Teil C Rdn 321; → *Strafvollzug, Erwachsene, Antrag auf gerichtliche Entscheidung, Frist*, Teil C Rdn 336; → *Strafvollzug, Erwachsene, Antrag auf gerichtliche Entscheidung, Kosten und Streitwert*, Teil C Rdn 351; → *Strafvollzug, Erwachsene, Antrag auf gerichtliche Entscheidung, PKH/Beiordnung*, Teil C Rdn 361; → *Strafvollzug, Erwachsene, Antrag auf gerichtliche Entscheidung, Zuständigkeit des Gerichts*, Teil C Rdn 371; → *Strafvollzug, Erwachsene, Rechtsbeschwerde, Allgemeines*, Teil C Rdn 522; → *Strafvollzug, Erwachsene, Rechtsbeschwerde, Beschwer/Erledigung*, Teil C Rdn 540; → *Strafvollzug, Erwachsene, Rechtsbeschwerde, Beteiligte*, Teil C Rdn 552; → *Strafvollzug, Erwachsene, Rechtsbeschwerde, Checkliste*, Teil C Rdn 557; → *Strafvollzug, Erwachsene, Rechtsbeschwerde, Einstweiliger Rechtsschutz*, Teil C Rdn 560; → *Strafvollzug, Erwachsene, Rechtbeschwerde, Form*, Teil C Rdn 570; → *Strafvollzug, Erwachsene, Rechtsbeschwerde, Frist*, Teil C Rdn 582; → *Strafvollzug, Erwachsene, Rechtsbeschwerde, inhaltliche Anforderungen*, Teil C Rdn 590; → *Strafvollzug, Erwachsene, Rechtsbeschwerde, Zulässigkeit*, Teil C Rdn 607; → *Strafvollzug, Erwachsene, Strafvollzug mit angeordneter oder vorbehaltener Sicherungsverwahrung*, Teil C Rdn 650; → *Strafvollzug, Jugendliche, Allgemeines*, Teil C Rdn 760; → *Strafvollzug, Jugendliche, Rechtsschutz*, Teil C Rdn 860.

Strafvollzug, Erwachsene, Antrag auf gerichtliche Entscheidung, Antragsarten 215

Das Wichtigste in Kürze:

1. Die in §§ 109 ff. StVollzG vorgesehenen Hauptsacheantragsarten orientieren sich in Konzeption und Inhalt an denen, die die §§ 42 ff. VwGO im Bereich öffentlich-rechtlicher Streitigkeiten vorsehen (Anfechtungs-, Verpflichtungs-, Vornahme-, Fortsetzungsfeststellungsantrag). Die Möglichkeit eines allgemeinen Leistungsantrags oder Feststellungsantrags ist in den §§ 109 ff. StVollzG zwar nicht vorgesehen, wird aber von der h.M. bei Vorliegen eines qualifizierten Rechtsschutzbedürfnisses angenommen.
2. Für die Beurteilung der Rechtmäßigkeit durch das Gericht richtet sich der maßgebliche Zeitpunkt nach der Struktur der Vollzugsmaßnahme.
3. Ein Nachschieben von Gründen ist nach h.M. unzulässig.

Literaturhinweise: **Helmken**, Vornahmeantrag oder Feststellungsantrag?, ZfStrVo 1984, 270; s.a. die Hinw. bei → *Strafvollzug, Erwachsene, Antrag auf gerichtliche Entscheidung, Allgemeines*, Teil C Rdn 191. 216

1. Die in §§ 109 ff. EGVG vorgesehenen **Hauptsacheantragsarten** orientieren sich in Konzeption und Inhalt an den Klagearten, die die §§ 42 ff. VwGO im Bereich öffentlich-rechtlicher Streitigkeiten vorsehen (*Peglau* NJW 2014, 2012). 217

a) Der **Anfechtungsantrag** (§ 109 Abs. 1 S. 1 StVollzG) ist darauf gerichtet, eine rechtswidrige Maßnahme aufzuheben, durch die der Antragsteller in seinen Rechten verletzt ist (§ 115 Abs. 2 S. 1 StVollzG). 218

aa) Ist die Maßnahme bereits vollzogen worden, wirkt aber noch fort, kommt zusätzlich in Betracht, dass die StVK die **Folgenbeseitigung** anordnet (§ 115 Abs. 2 S. 2 StVollzG). 219

Beispiele:

1. Die Verlegung eines Strafgefangenen stellt eine belastende Maßnahme dar, die mit dem Anfechtungsantrag angegriffen werden kann. Ist der Strafgefangene bereits verlegt worden, besteht bei erfolgreichem Antrag ein Folgenbeseitigungsanspruch auf Rückverlegung. Eines Antrags bedarf es insoweit nicht (OLG Celle, Beschl. v. 27.8.2015 – 1 Ws 352/15 (StrVollz); OLG Hamm, Beschl. v. 11.12.2018 – III-1 Vollz (Ws) 721/18; OLG Karlsruhe, Beschl. v. 17.5.2016 – 2 AR 16/16).

2. Die Einbehaltung eines Eigengeldanteils vom Hausgeld durch die JVA stellt eine belastende Maßnahme dar, die mit dem Anfechtungsantrag angegriffen werden kann. Eines Antrags auf Rückbuchung bedarf es nicht (OLG Celle, Beschl. v. 31.5.2023 – 1 Ws 125/23 (StrVollz), StV 2024, 47).

☝ Wird die Folgenbeseitigung aber durch das Gericht nicht ausgesprochen, ist u.U. ein erneuter Antrag auf Vornahme einer begünstigenden Handlung, gestützt auf den Anspruch auf Folgenbeseitigung erforderlich. Dabei ist darauf zu achten, dass der Folgenbeseitigungsanspruch keinen Schadensersatzanspruch darstellt, sondern auf Wiederherstellung des vor dem rechtswidrigen Eingriff bestehenden Zustand gerichtet ist. Eine Geldrestitution ist im Rahmen eines Folgenbeseitigungsanspruchs die Ausnahme (OLG Naumburg, Beschl. v. 22.4.2016 – 1 Ws (RB) 123/15, NStZ-RR 2017, 29). Für Schadensersatzansprüche aus § 839 BGB i.V.m. Art. 34 GG ist aber die Zuständigkeit nach §§ 109 ff. StVollzG nicht eröffnet (→ *Strafvollzug, Erwachsene, Antrag auf gerichtliche Entscheidung, Antragsgegenstand*, Teil C Rdn 260 f.). Der Folgenbeseitigungsanspruch findet materiell seine Grenzen, wenn seine Durchsetzung einen rechtswidrigen Zustand schaffen würde. Eine Löschung von Aktenbestandteilen aufgrund eines Folgenbeseitigungsanspruchs kommt wegen des Grundsatzes der Aktenvollständigkeit und Aktenklarheit grds. nicht in Betracht (OLG Hamm, Beschl. v. 2.2.2017 – III-1 Vollz (Ws) 523/16).

220 **bb)** Hat sich die Maßnahme durch Wegfall der unmittelbaren Rechtsbetroffenheit des Antragstellers erledigt, sieht § 115 Abs. 3 StVollzG die Möglichkeit eines **Fortsetzungsfeststellungsantrags** vor (→*Strafvollzug, Erwachsene, Antrag auf gerichtliche Entscheidung, Erledigung*, Teil C Rdn 306 ff.).

221 **b)** Mit dem **Verpflichtungsantrag** (§ 109 Abs. 1 S. 2 StVollzG) wird der Erlass einer beantragten und von der Behörde abgelehnten Maßnahme begehrt.

222 **aa)** Ist bei der zuständigen Behörde **noch** gar **kein Antrag** auf **Erlass** einer **konkreten Maßnahme gestellt**, ist ein Verpflichtungsantrag mangels Rechtsschutzbedürfnis unzulässig (BayObLG, Beschl. v. 11.10.2024 – 204 StObWs 482/24, FS 2024, 366; OLG Celle, Beschl. v. 3. 2. 2015 – 1 Ws 543/14 (StrVollz); OLG Hamm, Beschl. v. 9.10.2025 – III-1 Vollz 422–425/24; OLG Karlsruhe, Beschl. v. 12.1.2021 – 2 Ws 146/20, NStZ-RR 2021, 228).

Bestreitet der Antragsgegner den Antrag auf Erlass einer Maßnahme, muss der Antragsteller eine **rechtzeitige Antragstellung** zur Begründung für das Rechtsschutzbedürfnis im gerichtlichen Verfahren **dartun**. Erfolgt dies schlüssig, hat die StVK im Rahmen der Aufklärungspflicht im Freibeweisverfahren zu ermitteln, ob der Vortrag zutrifft und darf nicht schlicht das einseitige Vorbringen ihrer Entscheidung zugrunde legen (BayObLG, Beschl. v. 21.5.2024 – 203 StObWs 138/24). Der ursprüngliche Antrag muss im Übrigen nicht schriftlich gestellt worden sein (KG, Beschl. v. 6.2.2020 – 2 Ws 3/20 Vollz).

223 **bb)** Handelt es sich um eine **Maßnahme**, deren Erlass in das **Ermessen** der Vollzugsbehörde gestellt ist, kann ein Verpflichtungsantrag regelmäßig nur dann vollumfänglichen Erfolg haben, wenn er mit dem Ziel gestellt wird, die Vollzugsbehörde zu verpflichten, nach Aufhebung des erlassenen ablehnenden Bescheides den Antrag des Antragstellers neu zu bescheiden (§ 115 Abs. 4 S. 2 StVollzG). Nur im Fall von Spruchreife (also einer gebundenen Entscheidung oder einer Ermessensreduzierung auf Null) kann das Gericht die Behörde zur Vornahme der begehrten Maßnahme verpflichten (§ 115 Abs. 4 S. 1 StVollzG).

☝ Der Verteidiger ist daher gut beraten, das **Ziel** des Verpflichtungsantrages **deutlich herauszuarbeiten**, um eine ggf. zum Nachteil des Antragstellers ergehende Kostenentscheidung (§ 121 Abs. 4 StVollzG i.V.m. § 473 Abs. 4 StPO) zu vermeiden (→*Strafvollzug, Erwachsene, Antrag auf gerichtliche Entscheidung, Kosten und Streitwert*, Teil C Rdn 351 ff.).

Besteht keine Spruchreife, wäre der Antrag wie folgt zu formulieren:

„Es wird beantragt, den Bescheid der JVA __________ vom __________ aufzuheben und die Anstalt zu verpflichten, den Antragsteller unter Beachtung der Rechtsauffassung des Gerichts erneut zu bescheiden." (Arloth/Krä/*Arloth*, § 83 StVollzG Rn 11).

224 **cc)** Bei Wegfall der unmittelbaren Rechtsbetroffenheit des Antragstellers im Fall eines Verpflichtungsbegehrens ist nach h.M. ebenfalls ein **Fortsetzungsfeststellungsantrag** möglich (→*Strafvollzug, Erwachsene, Antrag auf gerichtliche Entscheidung, Erledigung*, Teil C Rdn 307).

225 **c)aa)** Einen **Sonderfall** stellt der **Vornahmeantrag** nach § 113 StVollzG dar. Mit dieser kann der Antragsteller gegen behördliches Untätigsein vorgehen und die Verpflichtung der Vollzugsbehörde zur Bescheidung über seinen zuvor gestellten Antrag beantragen. Im Wege der Stufenklage kann er seinen Antrag zugleich mit einem Verpflichtungsantrag auf Erlass der von ihm begehrten Maßnahme verbinden (OLG Hamm, Beschl. v. 26.6.2023 – 1 Vollz (Ws) 239/23; SBJL/*Laubenthal*, 12. Kap., § 113 StVollzG Rn 1). Hat die JVA den Antrag bereits abgelehnt, kann der Antragsteller mit dem Vornahmeantrag keinen weiteren (Zweit-)Bescheid erzwingen, der Antrag wäre mithin unzulässig (BayObLG, Beschl. v. 20.2.2025 – 204 StObWs 578/24). Lehnt die Vollzugsbehörde erst nach Anhängigkeit des Vornahmeantrags den Erlass der begehrten Maßnahme ab, kann der Antragsteller seinen Antrag umstellen

und nunmehr als Verpflichtungsbegehren (§ 109 Abs. 2 StVollzG) weiterverfolgen (SBJL/*Laubenthal*, 12. Kap., § 113 StVollzG, Rn 3).

bb) Der Vornahmeantrag ist regelmäßig **erst nach drei Monaten** des Abwartens zulässig. Ein verfrüht gestellter Antrag führt zu dessen Unzulässigkeit (FFL/*Spaniol*, § 113 StVollzG Rn 5). Erklärt die Vollzugsbehörde jedoch kategorisch, den Antrag nicht bescheiden zu werden, kann der Vornahmeantrag auch schon früher gestellt werden (OLG Celle, Beschl. v. 22.8.1990 – 1 Ws 205/90 (StrVollz)). Stellt sich die Nichtbescheidung faktisch als konkludente Ablehnung einer begehrten Maßnahme dar, kann hiergegen auch schon vor Ablauf von 3 Monaten vorgegangen werden (OLG Hamm, Beschl. v. 16.12.2020 – III-1 Vollz (Ws) 431/20). Im Übrigen kann ein Untätigkeitsantrag auch schon vor Ablauf von drei Monaten gestellt werden, wenn die Sache besonders eilbedürftig ist (OLG Hamm, Beschl. v. 6.10.2018 – III-1 Vollz (Ws) 476/18). Da es dem Antragsteller aber nicht überlassen bleiben kann, durch willkürliche Wahl des Zeitpunkts der Antragstellung bei der Vollzugsbehörde die Fristenregelung in § 113 Abs. 1 StVollzG zu umgehen, setzt dies voraus, dass ein berechtigtes Interesse besteht, die beantragte Maßnahme gerade zu dem von ihm gewählten Zeitpunkt gewährt zu bekommen, und dem Antragsteller eine frühere Antragstellung nicht zumutbar war. Insoweit hat der Antragsteller entsprechend vorzutragen (OLG Karlsruhe, Beschl. v. 1.10.2024 – 2 Ws 161/24). 226

☝ Wird der Antrag vor Ablauf von drei Monaten gestellt und hat die Behörde nach Ablauf von drei Monaten immer noch keine Entscheidung erlassen, wird der verfrüht gestellte Antrag zulässig, da es für die Fristwahrung nicht auf die Stellung des Antrags bei Gericht, sondern auf den Zeitpunkt der gerichtlichen Entscheidung ankommt (OLG Celle, Beschl. v. 27.6.2023 – 1 Ws 141/23 (StrVollz); OLG Nürnberg, Beschl. v. 20.1.1989 – Ws 1492/88, ZfStrVo 1990, 119; BeckOK-StVollzG/*Euler*, § 113 Rn 4).

d) Nicht gesetzlich geregelt ist die Möglichkeit eines **allgemeinen Leistungsantrags**, wie er als Klage im Verwaltungsprozess nach §§ 43, 113 Abs. 4 VwGO vorgesehen ist (. Aufgrund des weiten Begriffs der Maßnahme i.S.d. §§ 109 ff. StVollzG, der auch solche umfasst, die nicht als Verwaltungsakte im herkömmlichen Sinn zu verstehen sind (→*Strafvollzug, Erwachsene, Antrag auf gerichtliche Entscheidung, Antragsgegenstand*, Teil C Rdn 239), bedarf es eines Rückgriffs auf das Institut der allgemeinen Leistungsklage allerdings nur besonderen Fällen. Insbesondere gilt dies für einen **vorbeugenden Unterlassungsantrag**. Dieser ist nach der Rspr. zulässig, wenn anders wirksamer Rechtsschutz nicht möglich ist (OLG Dresden, Beschl. v. 28.7.2006 – 2 Ws 624/05, NStZ 2007, 707; OLG Hamm, Beschl. v. 20.3.2018 – III-1 Vollz (Ws) 602/17; OLG Jena, Beschl. v. 3.2.2003 – 1 Ws 380/02, NStZ-RR 2003, 189; OLG Nürnberg, Beschl. v. 17.12.1992 – Ws 1358/92; a.A. OLG Hamburg, Beschl. v. 23.3.1979 – Vollz (Ws) 7/79), etwa bei drohender Wiederholungsgefahr (KG, Beschl. v. 24.6.2021 – 5 Ws 140/21 Vollz; OLG Celle, Beschl. v. 18.4.1980 – 3 Ws 74/80 (StrVollz); OLG München, Beschl. v. 4.9.2018 – 5 Ws 14/18 (R))) oder wenn die Gefahr besteht, dass sonst vollendete und nicht mehr rückgängig zu machende Tatsachen geschaffen werden oder ein nicht wieder gutzumachender Schaden entsteht (OLG Hamm, Beschl. v. 5.8.2010 – 1 Vollz (Ws) 246/10). An das Rechtsschutzbedürfnis sind erhöhte Anforderungen zu stellen (SBJL/*Laubenthal*, 12. Kap., § 109 Rn 25; a.A. Arloth/Krä/*Arloth*, § 109 StVollzG, Rn 5). 227

e) Ebenfalls nicht gesetzlich geregelt, aber von der Rspr. überwiegend anerkannt ist die Möglichkeit eines **allgemeinen Feststellungsantrags** auch außerhalb von § 115 Abs. 3 StVollzG (BayObLG, Beschl. v. 10.10.2024 – 204 StObWs 434/24; KG, Beschl. v. 7.3.2019 – 5 Ws 81/18 Vollz; OLG Frankfurt, Beschl. v. 18.7.2003 – 3 Ws 606/03, NStZ-RR 2004, 29; *Zwiehoff, S.* 42; a.A. OLG Hamburg, a.a.O.; *Neuling*, StV 2008, 387, 389). Voraussetzung ist auch hier ein qualifiziertes Rechtsschutzbedürfnis, wobei hierzu auf § 115 Abs. 3 StVollzG zurückgegriffen werden kann (OLG Jena, Beschl. v. 20.8.2003 – 1 Ws 220/03; Arloth/Krä/*Arloth*, § 109 StVollzG, Rn 5; → *Strafvollzug, Erwachsene, Antrag auf gerichtliche Entscheidung, Erledigung*, Teil C Rdn 308). Gegenüber anderen, auf Gestaltung oder Leistung gerichteten Anträgen – mit Ausnahme der vorbeugenden Unterlassungsklage (OLG Hamm, Beschl. v. 20.3.2018 – III-1 Vollz 228

(Ws) 602/17; OLG Schleswig, Beschl. v. 28.4.2025 – 1 Ws 14/25 Vollz) – ist der Feststellungsantrag subsidiär (BayObLG, Beschl. v. 9.122.2025 – 203 StObWs 435/25; KG, Beschl. v. 2.9.2019 – 2 Ws 140/19 Vollz; OLG Naumburg, Beschl. v. 14.6.2017 – 1 Ws (RB) 24/17; *Baier* JA 2001, 582, 585).

☝ Ausnahmsweise greift der aufgezeigte Grundsatz der Subsidiarität nicht, wenn ein Feststellungsantrag effektiveren Rechtsschutz ermöglicht und die verfahrensrechtlichen Voraussetzungen eines Leistungs- oder Gestaltungsantrags nicht umgangen werden. Begehrt ein Gefangener nach einer Verlegung lediglich die Feststellung der Rechtswidrigkeit der Verlegung, ohne Rückverlegungswillen zu haben, ist der Feststellungsantrag die richtige Antragsart (OLG Hamm, Beschl. v. 22.3.2018 – III-1 Vollz (Ws) 70/18).

229 **2.** Für die Beurteilung der Rechtmäßigkeit durch das Gericht richtet sich der **maßgebliche Zeitpunkt** nach der Struktur der Vollzugsmaßnahme (FFL/*Spaniol,* § 115 StVollzG Rn 50).

230 **a)** Liegt ein **Anfechtungsbegehren** vor, ist grds. die Sach- und Rechtslage zum Zeitpunkt der letzten behördlichen Entscheidung entscheidend. Dies gilt insbesondere, wenn der Vollzugsbehörde ein Beurteilungsspielraum zusteht oder ihr ein Ermessen (→*Strafvollzug, Erwachsene, Antrag auf gerichtliche Entscheidung, Allgemeines*, Teil C Rdn 209) eröffnet ist (KG, Beschl. v. 1.9.2017 – 5 Ws 12/17 Vollz; FFL/*Spaniol,* a.a.O.; Arloth/Krä/*Arloth*, § 115 StVollzG, Rn 5; einhellige Meinung).

231 Für Anfechtungsbegehren gegen Maßnahmen, denen eine **Dauerwirkung** zukommt (etwa besondere Sicherungsmaßnahmen) ist hingegen auf den Zeitpunkt der gerichtlichen Entscheidung abzustellen (KG, Beschl. v. 23.8.2019 – 2 Ws 125/19 Vollz). Dasselbe gilt für Maßnahmen, die noch nicht vollzogen worden sind, da zwischenzeitlich für den Gefangenen günstige Tatsachen eingetreten sein könnten (SBJL/*Laubenthal,* 12. Kap., § 115 StVollzG, Rn 13).

232 **b)** Richtet sich der **Antrag auf** den **Erlass einer Maßnahme** zur Durchsetzung eines bestimmten Anspruchs ist hingegen grds. auf den Zeitpunkt der gerichtlichen Entscheidung abzustellen (OLG Dresden, Beschl. v. 22.1.1999 – 2 Ws 315/99, NStZ 2000, 392; OLG Hamm, Beschl. v. 2.6.2015 – 1 Vollz (Ws) 180/15, StV 2017, 745; OLG Nürnberg, Beschl. v. 1.12.1997 – Ws 1296/97, NStZ 1998, 592).

233 Etwas **anderes** gilt nach h.M. für den Fall eines Verpflichtungsbegehrens, wenn der Vollzugsbehörde bei der Entscheidungsfindung ein **Beurteilungsspielraum** oder **Ermessen** zusteht (etwa auf Bewilligung von Vollzugslockerungen oder Verlegung in den offenen Vollzug). Entscheidend soll dann wiederum der Zeitpunkt der letzten behördlichen Entscheidung sein (BayObLG, Beschl. v. 26.2.2024 – 203 StObWs 49/24; KG, Beschl. v. 17.4.2018 – 5 Ws 35/18 Vollz; OLG Celle, Beschl. v. 3.10.1988 – 1 Ws 222/88, NStZ 1989, 198; OLG Frankfurt, Beschl. v. 11.8.2000 – 3 Ws 712/00 (StVollz), ZfStrVo 2001, 53; OLG Hamm, Beschl. v. 13.11.1990 – 1 Vollz (Ws) 70/90, NStZ 1991, 303; OLG Karlsruhe, Beschl. v. 11.5.2018 – 2 Ws 112/18; OLG Koblenz, Beschl. v. 14.8.2018 – 2 Ws 296/18 Vollz).

234 **c)** Bei einem **Feststellungsantrag** muss das Feststellungsinteresse noch im Zeitpunkt der gerichtlichen Entscheidung vorliegen (OLG Zweibrücken, Beschl. v. 17.2.1982 – 1 Vollz (Ws) 175/80, NStZ 1982, 352).

235 **3.** Die überwiegende Rspr. **verneint** die Möglichkeit der Vollzugsbehörde, bei Ermessensentscheidungen Umstände, die im Zeitpunkt der Entscheidung bereits vorlagen, aber in der Begründung keine Berücksichtigung gefunden haben, im gerichtlichen Verfahren noch geltend zu machen (**Nachschieben von Gründen**, BayObLG, Beschl. v. 28.6.2021 – 203 StObWs 261/21; KG, Beschl. v. 16.2.2015 – 2 Ws 11/15 Vollz, StraFo 2015, 261; OLG Celle, Beschl. v. 17.9.2019 – 3 Ws 210/19 – StV 2020, 558; OLG Hamm, Beschl. v. 22.8.1996 – 1 Vollz (Ws) 83/96, NStZ-RR 1997, 63; OLG Koblenz, Beschl. v. 7.7.2020 – 4 Ws 342/20 Vollz). Dies hat zur Folge, dass von der Vollzugsbehörde erst im Rahmen ihrer Stellungnahme zu dem Antrag auf gerichtliche Entscheidung vorgebrachte Umstände unberücksichtigt bleiben müssen, wenn diese neu, dem Antragsteller unbekannt oder offensichtlich bei der Entscheidung außer Betracht gelassen worden sind. Hiervon zu unterscheiden ist der Fall, dass die Vollzugsbehörde zwar ihrer Maßnahme formell keine Begründung beigefügt hat, der Entscheidung aber Tatsachen zugrunde lagen, von

denen der Antragsteller annehmen konnte, dass sie von der Vollzugsbehörde einbezogen werden (OLG Nürnberg, Beschl. v. 1.12.1997 – Ws 1296/97, NStZ 1998, 592) oder aber die der Entscheidung zugrundeliegenden Erwägungen nur näher dargelegt werden (BayObLG, Beschl. v. 29.7.2024 – 203 StObWs 273/24). Wird die Maßnahme dadurch in ihrem Wesen nicht verändert, können diese Erwägungen nachgeschoben werden (FFL/*Spaniol*, § 115 StVollzG Rn 50; LNNVB/*Bachmann*, Kap. P, Rn 71). Ebenfalls kein unzulässiges Nachschieben von Gründen stellt es dar, wenn die JVA ihre Befugnis unzutreffend auf eine Norm stützt, ihr Handeln aber aufgrund einer anderen Norm gerechtfertigt ist (OLG Hamm, Beschl. v. 13.12.2021 – III-1 Vollz (Ws) 516/21).

Siehe auch: → *Strafvollzug, Erwachsene, Antrag auf gerichtliche Entscheidung, Allgemeines,* Teil C Rdn 190 m.w.N.; → *Strafvollzug, Erwachsene, Antrag auf gerichtliche Entscheidung, Antragsgegenstand*, Teil C Rdn 236; → *Strafvollzug, Erwachsene, Rechtsbeschwerde, Allgemeines*, Teil C Rdn 522.

Strafvollzug, Erwachsene, Antrag auf gerichtliche Entscheidung, Antragsgegenstand 236

Das Wichtigste in Kürze:

1. Der Rechtsweg nach §§ 109 ff. StVollzG ist eröffnet, wenn es um die Überprüfung einer Maßnahme zur Regelung einzelner Angelegenheiten auf dem Gebiet des Strafvollzugs geht (§ 109 Abs. 1 StVollzG).
2. Eine Maßnahme i.S.d. § 109 StVollzG liegt vor, wenn die Möglichkeit besteht, dass das Handeln oder Unterlassen der Behörde die Rechte des Antragstellers verletzt. Hierzu zählen auch mündliche Anweisungen sowie schlichtes hoheitliches Handeln, soweit diesem eine unmittelbare Rechtswirkung nach außen zukommt.
3. Mangels Regelung nicht anfechtbar sind hingegen bloße Meinungsäußerungen, Mitteilungen, Merkblätter, Belehrungen, Ermahnungen und reine Auskünfte.
4. Ein Einzelfall liegt auch bei einer sogenannten Allgemeinverfügung, die einen konkreten Sachverhalt für einen größeren Personenkreis regelt, vor. Der Inhalt einer Hausordnung ist nur anfechtbar, wenn sich die beanstandete Regelung unmittelbar auf die Rechtsstellung des Antragstellers auswirkt.
5. Die Maßnahme muss auf dem Gebiet des Strafvollzugs erfolgen. Hiervon abzugrenzen sind insbesondere Maßnahmen der Strafvollstreckung.

Literaturhinweise: S. die Hinw. bei → *Strafvollzug, Erwachsene, Antrag auf gerichtliche Entscheidung, Allgemeines,* Teil C Rdn 191. 237

1. Der Rechtsweg nach §§ 109 ff. StVollzG ist eröffnet, wenn es um die **Überprüfung** einer **Maßnahme** 238
einer Behörde zur **Regelung einzelner Angelegenheiten** auf dem Gebiet des Strafvollzugs geht (§ 109 Abs. 1 StVollzG). Auch wenn die Formulierung der des § 35 VwVfG für Verwaltungsakte ähnelt, geht der Anwendungsbereich der Norm deutlich darüber hinaus. § 109 StVollzG ist als **Generalklausel** für den Rechtsschutz auf dem Gebiet des Strafvollzugs aufzufassen und umfasst jedes Handeln einer Vollzugsbehörde, welches im Einzelfall auf eine Gestaltung von Lebensverhältnissen mit zumindest auch rechtlicher Wirkung gerichtet ist (OLG Karlsruhe, Beschl. v. 9.5.2003 – 3 Ws 59/03, ZfStrVo 2003, 251).

☝ Ein **anderer Rechtsweg** – etwa nach § 40 VwGO zu den Verwaltungsgerichten – ist auch dann **nicht eröffnet**, wenn es in einer Angelegenheit des Strafvollzuges an einer der weiteren Voraussetzungen des § 109 StVollzG fehlt (OVG Hamburg, Beschl. v. 17.1.1992 – Bs III 531/91, NJW 1993, 1153; *Zwiehoff*, S. 35).

Verweist das VG die Sache zuständigkeitshalber an die StVK, ist diese nicht nur hinsichtlich des Rechtswegs an die Verweisung **gebunden**. Vielmehr schließt dies die für die Statthaftigkeit des Verfahrens maßgebliche Rechtsfrage, ob es sich bei der angefochtenen Maßnahme um eine Einzelfallregelung handelt, mit ein (KG, Beschl. v. 7.3.2019 – 5 Ws 81/18 Vollz; OLG Celle, Beschl. v. 10.5.2011 – 1 Ws 170/11, NStZ 2011, 598; OLG Karlsruhe, Beschl. v. 18.12.2001 – 1 Ws 301/01, ZfStrVo 2002, 189).

239 **2.a)** Eine **Maßnahme** i.S.d.§ 109 StVollzG liegt vor, wenn die Möglichkeit besteht, dass das Handeln oder Unterlassen der Behörde die Rechte des Antragstellers verletzt (BVerfG, Beschl. v. 12.3.2019 – 2 BvR 2255/17, NJW 2019, 1667). Hierzu zählen auch mündliche Anweisungen (OLG Karlsruhe, Beschl. v. 23.10.2007 – 2 Ws 404/06) sowie **schlichtes hoheitliches Handeln**, soweit diesem eine unmittelbare Rechtswirkung nach außen zukommt (OLG Celle, Beschl. v. 13.3.2009 – 1 Ws 118/09, NStZ 2009, 577).

Neben typischen Maßnahmen wie Bescheiden, Anordnungen, Standardmaßnahmen und der Ablehnung von Anträgen ist aus der umfangreichen Kasuistik hinzuweisen auf folgende

240 **Rechtsprechungsbeispiele:**

- **Abmahnung** (LG Kleve, Beschl. v. 18.10.2013 – 161 StVK 33/13),
- **Abspielen einer Telefonbandansage** mit dem Hinweis, dass das zu führende Telefongespräch überwacht werden könnte (jedenfalls tendenziell BVerfG, Beschl. v. 12.3.2019 – 2 BvR 2255/17, NJW 2019, 1667),
- **Ärztliche Behandlungsmaßnahmen** (BVerfG, Beschl. v. 15.11.2012 – 2 BvR 683/11, StV 2013, 578; BayObLG, Beschl. v. 16.12.2021 – 204 StObWs 571/21; OLG Celle, Beschl. v. 9.2.2011 – 1 Ws 29/11 StrVollz, NStZ 2011, 704; einschränkend OLG Koblenz, Beschl. v. 18.1.2016 – 2 Ws 645/15 Vollz; OLG Rostock, Beschl. v. 20.10.2014 – 20 Ws 257/14), (→ *Strafvollzug, Erwachsene, Gesundheitsfürsorge,* Teil C Rdn 497 ff.),
- **Akteneinsicht in Akten der Vollzugsbehörde** (OLG Dresden, Beschl. v. 22.11.1999 – 2 Ws 315/99, ZfStrVo 2000, 124; OLG Karlsruhe, Beschl. v. 21.2.2002 – 2 Ws 213/01, (→ *Strafvollzug, Erwachsene, Datenschutz,* Teil C Rdn 440 ff.),
- **Androhung** von Anwendung unmittelbaren Zwangs (OLG Celle, Beschl. v. 19.10.2020 – 3 Ws 222/20 (StrVollz), (→ *Strafvollzug, Erwachsene, Unmittelbarer Zwang,* Teil C Rdn 685 ff.),
- **Anklopfen** an die **Haftraumtür** (OLG Celle, Beschl. v. 12.5.1993 – 1 Ws 75/93 (StrVollz), ZfStrVo 1994, 174; OLG Frankfurt, Beschl. v. 22.2.1994 – 3 Ws 738/93 (StVollz), ZfStrVo 1994, 302; OLG Saarbrücken, Beschl. v. 1.12.1992 – Vollz (Ws) 3/92, NStZ 1993, 207; siehe hierzu auch BVerfG, Beschl. v. 30.5.1996 – 2 BvR 727/94, NStZ 1996, 511),
- **Anrede** des Strafgefangenen mit **„Du"** (OLG Hamm, Beschl. v. 27.1.1969 – 1 VAs 118/68, MDR 1969, 600 MDR 1969, 600),
- **Anwesenheit** anderer Gefangener bei Maßnahmen (z.B. BayObLG, Beschl. v. 23.8.2024 – 204 StObWs 344/24: bei Registrierung und Abgabe eingebrachter Habe),
- **Aufrechnung** wegen Ansprüchen der Vollzugsbehörde mit dem Gefangenen zustehenden, bei der JVA verwalteten Geldern (OLG Koblenz, Beschl. v. 18.12.1985 – 2 Vollz (Ws) 107/85, ZfStrVo 1986, 252; OLG Zweibrücken, Beschl. v. 12.7.2004 – 1 Ws 259/04 [Vollz]; Arloth/Krä/*Arloth,* § 121 StVollzG Rn 6; LNNVB/*Bachmann,* Kap. P, Rn 146; SBJL/*Laubenthal,* 12. Kap., § 121 StVollzG Rn 9; a.A. OLG Dresden, Beschl. v. 16.6.2005 – 2 Ws 229/05, NStZ-RR 2005, 284 [Zivilrechtsweg]; OLG München, Beschl. v. 15.6.1979 – 1 VAs 5/79, ZfStrVo SH 1979, 94; einschr. OLG Nürnberg, Beschl. v. 29.1.1999 – Ws 1531/98, ZfStrVo 1999, 302; Arloth/Krä/*Arloth,* § 121 StVollzG Rn 6; SBJL/*Laubenthal,* 12. Kap., § 121 StVollzG, Rn 8 [Zivilrechtsweg bei Aufrechnung mit Eigengeldansprüchen], (→ *Strafvollzug, Erwachsene, Geld,* Teil C Rdn 490 ff.),

- **Ausführungen** (→ *Strafvollzug, Erwachsene, Vollzugslockerungen*, Teil C Rdn 741 ff. und zwar nicht nur wegen des Ob, sondern auch wegen der Art und Weise (OLG Hamburg, Beschl. v. 15.10.2013 – 3 Vollz (Ws) 29/13 [Begleitung durch uniformierte Bediensteten]; OLG Schleswig, Beschl. v. 11.9.2009, 2 Vollz Ws 363/09 [Transport in einem Gefangenenfahrzeug mit vergitterten Fenstern]),
- **Auskünfte**, auf ein rechtlicher die Anspruch besteht (; OLG Saarbrücken, Beschl. v. 17.10.2013 – Vollz (Ws) 14/13, StV 2015, 578, → *Strafvollzug, Erwachsene, Datenschutz*, Teil C Rdn 440 ff.; s.a. auch Rdn 242),
- **Auszahlung**/Überweisung von Geld an Gläubiger des Strafgefangenen aufgrund von Pfändungsmaßnahmen, soweit das Geld/der Betrag nicht von der Pfändung erfasst ist (OLG Celle, Beschl. v. 2.5.1980 – 3 Ws 94/80 (StrVollz), ZfStrVo 1980, 253, 254; OLG Jena, Beschl. v. 13.5.2004 – 1 Ws 96/04, ZfStrVo 2005, 185; erfasst die Pfändung das ausgezahlte bzw. überwiesene Geld ist nur der Zivilrechtsweg eröffnet, s. Rdn 261),
- **Einkaufsgestaltung** (OLG Frankfurt, Beschl. v. 9.6.1978 – 3 Ws 322/78 (StVollz), ZfStrVo 1979, 57; OLG Hamm, Beschl. v. 5.3.2025 – III-1 Vollz 10/25, → *Strafvollzug, Erwachsene, Besitz*, Teil C Rdn 409 ff.),
- **Einsichtnahme in den Haftraum** durch Sichtfenster (BVerfG, Beschl. v. 9.12.2020 – 2 BvR 2194/19),
- **Essensausgabe** (OLG München, Beschl. v. 28.11.2014 – 4 Ws 36/13 (R); LG Hamburg, Beschl. v. 28.9.1977 – (98) Vollz 90/77, ZfStrVo, SH 1978, 22, 23), (→ *Strafvollzug, Erwachsene, Verpflegung*, Teil C Rdn 716 ff.),
- **Fernsehempfangsgestaltung** (OLG Frankfurt, Beschl. v. 9.12.2003 – 3 Ws 1140/03 (StVollzG), NStZ-RR 2004, 127; OLG Koblenz, Beschl. v. 5.1.1988 – 2 Vollz (Ws) 71/87, NStZ 1988, 199), (→ *Strafvollzug, Erwachsene, Besitz,* Teil C Rdn 401 ff.),
- **Geschlechtsbezeichnung** auf Bescheinigungen und Ausdrucken (OLG Saarbrücken, Beschl. v. 16.11.2020 – Vollz (Ws) 10/20),
- **Haftraumbelegung** (OLG Celle, Beschl. v. 5.11.1998 – 1 Ws 200/98 StrVollz, NStZ 1999, 216; OLG Frankfurt, Beschl. v. 18.7.2003 – 3 Ws 578/03 (StVollz), NJW 2003, 2843; OLG Zweibrücken, Beschl. v. 17.2.1982 – 1 Vollz (Ws) 78/81, NStZ 1982, 221), (→ *Strafvollzug, Erwachsene, Unterbringung*, Teil C Rdn 691 ff.),
- **Haftraumlüftung** (BVerfG, Beschl. v. 16.8.2017 – 2 BvR 336/16),
- **Heizbedingungen** und Raumtemperaturregelung (OLG Nürnberg, Beschl. v. 25.6.2001 – Ws 538/01, NStZ-RR 2002, 127), (→ *Strafvollzug, Erwachsene, Unterbringung*, Teil C Rdn 699 ff.),
- **Namensschilder** an den Hafträumen (BayObLG, Beschl. v. 20.2.2024 – 204 StObWs 567/23) (→ *Strafvollzug, Erwachsene, Datenschutz*, Teil C Rdn 438), (→ *Strafvollzug, Erwachsene, Gesundheitsfürsorge,* Teil C Rdn 500),
- **Offenbaren von Gesundheitsdaten durch den Anstaltsarzt** (BVerfG, Beschl. v. 28.7.2022 – 2 BvR 1814/21, StV 2023, 45; BayObLG, Beschl. v. 1.3.2024 – 203 StObWs 521/23),
- **Postbeförderung** (BVerfG, Beschl. v. 4.9.1997 – 2 BvR 1152/97), (→ *Strafvollzug, Erwachsene, Post*, Teil C Rdn 520 ff.),
- **Telefonkostengestaltung** (OLG Celle, Beschl. v. 20.10.2014 – 1 Ws 427/14 (StrVollz)), (→ *Strafvollzug, Erwachsene, Telekommunikation*, Teil C Rdn 633 ff.),
- **Widerruf** von **Behauptungen** der Anstaltsleitung (VGH Mannheim, Beschl. v. 23.9.2003 – 4 S 2023/03, Justiz 2004, 218).

b) Vom Verfahren nach den §§ 109 ff. StVollzG nicht erfasst werden Maßnahmen auf dem Gebiet des Strafvollzugs, die durch das Gericht selbst aufgrund gesetzlich angeordneten **Richtervorbehalts** erlassen werden (z.B. nicht nur kurzfristige Fixierungen, →*Strafvollzug, Erwachsene, Sicherungsmaßnahmen*, Teil C Rdn 633). Für die Anordnung solcher Maßnahmen ist das AG zuständig, in dessen Bezirk die Maßnahme durchgeführt wird (§ 121a StVollzG). Das weitere Verfahren richtet sich nach § 121b StVollzG, 241 der auf das FamFG verweist. Auch im Fall der Erledigung einer solchen Maßnahme ist für die nachträgliche Überprüfung nach § 121b Abs. 1 S. 2 StVollzG i.V.m. § 327 FamFG das AG zuständig (BGH, Beschl. v. 25.9.2024 – XII ZB 327/24; Arloth/Krä/*Arloth,* § 121b StVollzG, Rn 2). Gegen die Entscheidung (also die Anordnung der Maßnahme oder deren nachträgliche Feststellung der Rechtswidrigkeit) ist Beschwerde zum LG und ggf. Rechtsbeschwerde zum BGH statthaft (§ 121b Abs. 1 S. 3 StVollzG). Anträge auf einstweiligen Rechtsschutz sind nach § 64 Abs. 3 FamFG möglich (BGH, Beschl. v. 30.1.2024 – XII ZB 572/23). § 121b Abs. 1 S. 2 StVollzG sieht Kostenfreiheit vor. Str. ist, ob dies auch für das Verfahren der nachträglichen Überprüfung gilt (bejahend Arloth/Krä/*Arloth,* § 121b StVollzG, Rn 4; a.A. SBJL/*Laubenthal,* 12. Kap., § 121b StVollzG, Rn 5: § 337 FamFG).

242 **3.a)** Mangels Regelung **nicht anfechtbar** sind hingegen **bloße Meinungsäußerungen, Unmutsbekundungen** (LNNVB/*Bachmann,* Kap. P, Rn 29), **Mitteilungen** (BayObLG, Beschl. v. 5.6.2025 – 203 StObWs 150/25; OLG Zweibrücken, Beschl. v. 24.6.1991 – 1 Vollz (Ws) 3/91, NStZ 1992, 101)**, Merkblätter, Belehrungen, Bitten** (KG, Beschl. v. 29.7.2016 – 2 Ws 133/16 (Vollz), StV 2017, 742) **und Ermahnungen** (Arloth/Krä/*Arloth,* § 109 StVollzG Rn 7). Reine **Auskünfte** ggü. dem Gefangenen sind ebenfalls nicht Gegenstand einer Überprüfung nach § 109 StVollzG (BayObLG, Beschl. v. 5.6.2025 – 203 StObWs 150/25; KG, Beschl. v. 26.11.2018 – 2 Ws 201/18 Vollz; OLG Frankfurt, Beschl. v. 27.3.2018 – 3 Ws 906/17 (StVollz); OLG Hamm, Beschl. v. 25.8.2021 – III-1 Vollz (Ws) 337/21; OLG Nürnberg, Beschl. v. 3.12.2018 – 1 Ws 263/18; Arloth/Krä/*Arloth,* § 109 StVollzG, Rn 7). Die Ankündigung einer Maßnahme stellt noch keine Regelung eines Einzelfalls mit Rechtswirkung nach außen dar (KG, Beschl. v. 29.1.2019 – 2 Ws 22/19 Vollz; OLG Koblenz, Beschl. v. 25.6.2020 – 4 Ws 310/20 Vollz). Die von der JVA nach § 454 Abs. 1 S. 2 StPO vor einer Entscheidung über die Aussetzung einer Reststrafe abzugebende **Stellungnahme** ist ebenfalls nicht nach §§ 109 ff. StVollzG überprüfbar (OLG Hamm, Beschl. v. 5.11.1996 – 1 Vollz (Ws) 116/96; OLG Koblenz, Beschl. v. 15.1.2015 – 2 Ws 576/14 Vollz; OLG Naumburg, Beschl. v. 11.2.2015 – 1 Ws (RB) 155/14; *Treptow,* NJW 1977, 1937, 1039). Dies gilt auch für **Aktenvermerke**, wenn sie keine weiteren Nachteile für den Betroffenen mit sich bringen (KG, Beschl. v. 14.1.1993 – 5 Vollz (Ws) 372/92, NStZ 1993, 304; OLG Naumburg, Beschl. v. 13.10.2011 – 2 Ws 145/11).

243 **b) Anders** stellt sich dies dar, wenn sie ein weiteres rechtsbeeinträchtigendes Handeln der Vollzugsbehörde nach sich ziehen und damit die Rechtsstellung des Strafgefangenen berühren (SBJL/*Laubenthal,* 12. Kap., § 109 StVollzG, Rn 17).

Dies gilt etwa für folgende

244 **Rechtsprechungsbeispiele:**

- die **Einstufung** des Gefangenen als **„terroristischer Gewalttäter"** (OLG Celle, Beschl. v. 26.8.1980 – 3 Ws 275/80 (StrVollz), als **„gefährlich"** (KG, Beschl. v. 7.12.2012 – 2 Ws 540/12 Vollz, FS 2013, 196), als Mitglied der „**Clan**kriminalität" (OLG Celle, Beschl. v. 20.2.2023 – 1 Ws 2/23 (StrVollz)), als „**BtM**-Konsument" (KG, Beschl. v. 23.11.1989 – 5 Ws 447/89 Vollz, ZfStrVo 1990, 377) oder als **„drogenabhängig"** (OLG Naumburg, Beschl. v. 28.1.2015 – 1 Ws (RB) 2/15),
- die Erteilung eines **OK-Vermerks** (KG, Beschl. v. 4.2.1998 – 5 Ws 586/98 Vollz; OLG Naumburg, Beschl. v. 30.12.2013 – 1 Ws 345/13, FS 2014, 198),
- den **Warnhinweis** „Äußerste Vorsicht" (KG, Beschl. v. 21.1.2001 – 5 Ws 640/00 Vollz, NStZ-RR 2002, 125, 126),
- die **Anordnung „Von-Hand-zu-Hand"** (KG, Beschl. v. 7.12.2012 – 2 Ws 540/12 Vollz, FS 2013, 196),
- **str.** ist es bzgl. des Vermerks **„ohne Arbeit, eigenes Verschulden"** (Maßnahme ja: OLG Nürnberg, Beschl. v. 28.2.1992 – Ws 72/92; a.A. OLG Hamm, Beschl. v. 14.10.1985 – 1 Vollz (Ws) 156/85, ZfStrVo 1986, 187),

245
- **nicht** hingegen
- hinsichtlich eines **Vermerks**, der die **Rückverlegung** wegen des **„Verdachts der Vorbereitung neuer Straftaten"** betrifft (KG, Beschl. v. 14.1.1993 – 5 Vollz (Ws) 372/92, NStZ 1993, 304),

- die Einstufung als „Kommissionsfall" in Bezug auf die Frage, ob für Lockerungsentscheidungen eine zusätzliche Verbreiterung der Prognosebasis erforderlich erscheint (OLG Hamm, Beschl. v. 12.11.2015 – III-1 Vollz (Ws) 464/15,
- der Vermerk **„Pfändung aktiv"** auf einem anstaltsinternen Haftkonto (OLG Hamm, Beschl. v. 28.11.2017 – III-1 Vollz (Ws) 471/17).

c) Der Regelungscharakter ist bei **reinen vorbereitenden Verfahrenshandlungen**, wie etwa der Heranziehung von **Gutachten**, grds. zu **verneinen** (BayObLG, Beschl. v. 11.10.2024 – 204 StObWs 482/24, FS 2024, 366; OLG Brandenburg, Beschl. v. 25.9.2013 – 2 Ws (Vollz) 148/13; OLG Hamm, Beschl. v. 12.11.2015 – III-1 Vollz (Ws) 464/15; OLG Stuttgart, Beschl. v. 24.5.1995 – 4 Ws 206/94, ZfStrVo 1997, 54). Solche unselbstständigen Handlungen sind nicht isoliert, sondern nur zusammen mit der Sachentscheidung – etwa der Versagung von Vollzugslockerungen – anfechtbar (OLG Celle, Beschl. v. 13.3.2009 – 1 Ws 118/09, NStZ 2009, 577). 246

Ausnahmsweise kommt der vorbereitenden Entscheidung ein eigener **Regelungscharakter** zu, wenn die ausschließliche Wahrnehmung bestimmter Aufgaben und Geltendmachung besonderer Gesichtspunkte übertragen wurde und die Entscheidung feststellenden Charakter mit Bindungswirkung hat (OLG Celle, Beschl. v. 22.10.2008 – 1 Ws 502/08 (StrVollz)). Dies ist etwa der Fall bei der Ablehnung der Begutachtung zur Feststellung der Indikation für eine Verlegung in eine sozialtherapeutische Anstalt durch das Prognosezentrum nach § 104 NJVollzG. Zwar dient diese Untersuchung auf den ersten Blick nur der Vorbereitung der weiteren Vollzugsplanung im Hinblick auf eine spätere Verlegung in eine sozialtherapeutische Anstalt. Die Entscheidung des Prognosezentrums wirkt sich jedoch ausschlaggebend in den weiteren vollzuglichen Entscheidungen aus, ohne dass die JVA diesbezüglich eine eigene Prüfungskompetenz hat. Aus Sicht eines Strafgefangenen kommt die Ablehnung der Untersuchung der Verneinung der Indikation gleich, weil ohne diese eine Verlegung in eine sozialtherapeutische Anstalt faktisch ausgeschlossen ist (OLG Celle, a.a.O.; → *Strafvollzug, Erwachsene, Sozialtherapie,* Teil C Rdn 642 ff.). 247

Erlässt die Behörde gleichwohl einen Bescheid, der nach objektivem Verständnis erkennen lässt, dass eine einseitige und konkrete, verbindliche, der Rechtsbeständigkeit fähige Regelung kraft hoheitlicher Gewalt gewollt ist, unterliegen auch solche Bescheide, selbst wenn sie (wie bei innerorganisatorischen Maßnahmen) materiellrechtlich keine Außenwirkung entfalten können, der Anfechtungsmöglichkeit nach § 109 StVollzG (OLG Celle, Beschl. v. 14.4.2010 – 1 Ws 143/10 (StrVollz); a.A. OLG Zweibrücken, Beschl. v. 6.1.1983 – 1 Vollz (Ws) 37/82, ZfStrVo 1983, 248). 248

d)aa) Kein eigenständiger Regelungsgehalt kommt im Fall **mehrstufiger Vollzugsmaßnahmen** der erforderlichen Zustimmung einer anderen Behörde zu. Geht der Antragsteller gegen die Versagung einer **begehrten Maßnahme** vor, wird über die Rechtmäßigkeit der verweigerten Mitwirkungshandlung inzident mitentschieden (OLG Hamm, Beschl. v. 10.10.1995 – 1 Vollz (Ws) 190/95, JR 1997, 83; OLG Karlsruhe, Beschl. v. 27.11.2023 – 2 Ws 348/23; OLG Stuttgart, Beschl. v. 2.5.1986 – 4 VAs 13/86, NStZ 1986, 525); SBJL/*Laubenthal*, 12. Kap., § 109 StVollzG Rn 20). **Beispiel** hierfür ist die Verweigerung der Zustimmung durch eine JVA, den Antragsteller aufzunehmen. Allein die ablehnende Entscheidung der JVA, in der sich der Gefangene befindet, kann von diesem gerichtlich überprüft werden, mag auch diese JVA eine **Verlegung** befürworten und sich nur aufgrund der ablehnenden Haltung der aufnehmenden JVA an einer solchen gehindert sehen (BGH, Beschl. v. 18.10.1995 – 2 ARs 285/95). 249

bb) Eine **Besonderheit** gilt bei einem **Verlegungs- oder Überstellungsantrag** des Gefangenen in eine **JVA** eines **anderen Bundeslandes.** Die gerichtliche Kontrolle umfasst nach h.M. nicht die Prüfung, ob das Aufnahmeland seine Aufnahmewilligkeit zu Recht abgelehnt hat (a.A. OLG Zweibrücken, Beschl. v. 6.1.1983 – 1 Vollz (Ws) 37/82, ZfStrVo 1983, 248; LG Frankenthal, Beschl. v. 7.5.2020 – 2 StVK 751/19; Arloth/Krä/*Arloth*, § 8 StVollzG Rn 11). In diesem Fall muss der Antragsteller nicht nur gegen die Ablehnung der begehrten Verlegung durch die JVA, in der er sich befindet, vorgehen (hierzu OLG Brandenburg, Beschl. v. 28.8.2003 – 2 VAs 6/03, ZfStrVo 2004, 179; OLG Celle, Beschl. v. 2.8.2012 – 1 Ws 261/12 (StrVollz)), sondern zusätzlich ein weiteres Verfahren gegen die Behörde des Aufnahmelan- 250 des betreiben, was sich mangels dort stattfindenden Strafvollzugs aber nicht nach §§ 109 ff. StVollzG richtet, sondern ein Verfahren nach §§ 23 ff. EGGVG erforderlich macht (KG, Beschl. v. 23.11.2018 – 2 Ws 220/18 Vollz; OLG Bamberg, Beschl. v. 18.2.2010 – 1 Ws 45/10, R&P 2010, 232; OLG Bremen, Beschl. v. 28.10.2010 – VAs 2/10; OLG Hamburg, Beschl. v. 7.4.2004 – 2 VAs 12/03, ZfStrVo 2005, 175; OLG Hamm, Beschl. v. 12.6.2018 – III-1 VAs 3/18, NStZ 2019, 55; OLG Koblenz, Beschl. v. 6.3.2018 – 2 Ws 3/18 Vollz; OLG Naumburg, Beschl. v. 19.10.2011 – 2 Ws 228/11, NStZ 2012, 395; OLG Rostock, Beschl. v. 4.12.2003 – VAs 6/03, ZfStrVo 2004, 181;OLG Stuttgart, Beschl. v. 19.9.1996 – 4 Ws 111/96, NStZ 1997, 103; a.A. bei Überstellung: OLG Jena, Beschl. v. 21.5.1995 – 1 Ws 218/95 Vollz: zwei Anträge nach § 109 StVollzG erforderlich)). Zum Streitstand siehe auch Burhoff/*Schmidt-Clarner*, RM, Teil B, Rn 395).

251 **cc) Entsprechendes** muss gelten, wenn eine **belastende Maßnahme** von der **Mitwirkung** einer **anderen Behörde** abhängt. So kann die gesetzlich vorgesehene Zustimmung der Aufsichtsbehörde zu einer Maßnahme nicht selbstständig angefochten, sondern nur in Zusammenhang mit der Rechtmäßigkeit der Maßnahme überprüft werden (BayObLG, Beschl. v. 29.1.2025 – 204 StObWs 605/24; OLG Celle, Beschl. v. 18.6.2014 – 1 Ws 181/14 (MVollz)).

252 Hiervon **abzugrenzen** sind die **Konstellationen**, in denen sich ein Antragsteller gegen die **Handlung** eines **nachgeordneten Vollzugsbediensteten** wenden will. Die Behandlung eines hiergegen gerichteten Antrags auf gerichtliche Entscheidung als unzulässig, weil der Vollzugsbedienstete zu der Maßnahme nicht befugt gewesen sei, ist jedenfalls dann rechtswidrig, wenn der Antragsteller von Anfang an einen rechtsmittelfähigen Bescheid verlangt hat (BVerfG, Beschl. v. 21.5.1990 – 2 BvR 1499/89, NStZ 1990, 557). Die Frage nach der Anfechtbarkeit einer Maßnahme ist von der ihrer (formellen) Rechtmäßigkeit zu unterscheiden (BayObLG, Beschl. v. 5.8.2024 – 203 StObWs 312/24; *Kruis/Cassardt* NStZ 1995, 574, 578; FFL/*Spaniol*, § 109 StVollzG Rn 10; LNNVB/*Bachmann,* Kap. P, Rn 28; a.A. *Treptow* NJW 1977, 1037, 1039).

253 Keine Maßnahme i.S.v. § 109 StVollzG ist die Übertragung von Aufgabenbereichen durch den Anstaltsleiter auf andere Bedienstete. Einer solchen **Delegation** fehlt regelmäßig die Außenwirkung (OLG Koblenz, Beschl. v. 5.6.2023 – 2 Ws 46/23 Vollz).

254 **e) Keinen eigenständigen Regelungsinhalt** haben und daher nicht selbstständig anfechtbar sind sog. **wiederholende Verfügungen**, mit denen die Vollzugsbehörde lediglich einen Hinweis auf die durch den Erstbescheid eingetretene Rechtslage verweist. Erlässt die Vollzugsbehörde aber einen sog. **Zweitbescheid** mit eigenständiger Begründung, liegt eine selbstständig anfechtbare Maßnahme vor (OLG Bamberg, Beschl. v. 29.6.2017 – 1 Ws 283/17; FFL/*Spaniol,* § 109 StVollzG Rn 12). Die Abgrenzung kann teilweise schwierig sein. Weist die Anstaltsleitung eine Beschwerde nach § 92 JVollzGB III BW, Art. 115 BayStVollzG, § 99 StVollzG Bln, § 105 BbgJVollzG, § 92 BremStVollzG, § 107 Hmb StVollzG, § 57 HStVollzG, § 91 StVollzG M-V, § 101 NJVollzG, § 84 StVollzG NRW, § 102 LJVollzG RhPf, § 91 SLStVollzG, § 95 SächsStVollzG, § 103 JVollzGB I LSA, § 123 LStVollzG SH bzw. § 103 ThürJVollzGB (→ *Strafvollzug, Erwachsene, Antrag auf gerichtliche Entscheidung, Allgemeines,* Teil C Rdn 194) inhaltlich zurück, stellt dies keine neue Regelung dar. Gegenstand des Antrags auf gerichtliche Entscheidung ist vielmehr die ursprüngliche Maßnahme, es sei denn, dass mit der Beschwerdeentscheidung erstmals in der Sache entschieden wird (Arloth/Krä/*Arloth,* § 108 StVollzG Rn 7).

255 **4.a)** Ein **Einzelfall** liegt auch bei einer sogenannten **Allgemeinverfügung**, die einen konkreten Sachverhalt für einen größeren Personenkreis regelt, vor (BayObLG, Beschl. v. 28.4.2025 – 204 StObWs 124/25; OLG Brandenburg, Beschl. v. 16.9.2019 – 1 Ws (Vollz) 100/19).

256 **b)** Abstrakt-generelle Regelungen, die nicht unmittelbar in die Rechte des Einzelnen eingreifen, sind dem gegenüber weder anfechtbar noch einklagbar. Die Anfechtung einer **Hausordnung** kann daher im Verfahren nach §§ 109 ff. StVollzG nur verfolgt werden, wenn sich die beanstandete Regelung unmittelbar auf die Rechtsstellung des Antragstellers auswirkt, ohne dass es des Hinzutretens einer zusätzlichen, eigens an ihn gerichteten Verfügung bedarf (KG, Beschl. v. 22.1.1996 – 5 Ws 424/95 Vollz; OLG Frank-

furt, Beschl. v. 15.3.2001 – 3 Ws 1308/00 (StVollz), StV 2001, 469; OLG Hamm, Beschl. v. 2.2.1984 – 1 Vollz (Ws) 34/84; OLG Koblenz, Beschl. v. 23.4.2007 – 1 Ws 161/07). Dies gilt auch für Haus- und Rundverfügungen des Anstaltsleiters oder sonstige allgemeine Regelungen, denen keine unmittelbare Wirkung im Einzelfall zukommt (OLG München, Beschl. v. 16.6.2015, 5 Ws 31/15 (R); OLG Naumburg, Beschl. v. 18.4.2016 – 1 Ws (RB) 19/16)).

Beispiele: 257

- Der Strafgefangene kann sich nicht gegen die Regelung wenden, wonach er im Jahr nur sechs Pakete empfangen darf, wohl aber gegen die Anhaltung eines siebten Pakets unter Hinweis auf die getroffene Anordnung (OLG Hamm, Beschl. v. 3.7.2014 – 1 Vollz (Ws) 272/14, NStZ-RR 2014, 388). Auf diesem Wege kann dann eine Inzidentkontrolle der generellen Regelung erfolgen (*Baier* JA 2001, 582, 584).
- Regelt die Hausordnung das Verfahren zur Beantragung von Besuchsscheinen, ist dies nicht anfechtbar. Erst die Versagung eines Besuchsscheins wegen Nichteinhalten des vorgesehenen Verfahrens kann angefochten werden (KG, Beschl. v. 29.9.2016 – 5 Ws 101/16 Vollz).
- Die Änderung der Aufschlusszeiten in der Hausordnung stellt hingegen eine unmittelbare, weil täglich ohne das gesonderte Stellen bzw. die Ablehnung eines Antrages zu spürende Rechtswirkung für jeden Gefangenen dar (BayObLG, Beschl. v. 28.4.2025 – 204 StObWs 124/25).

5.a) Die Maßnahme muss schließlich **auf dem Gebiet des Strafvollzugs** oder des Vollzuges freiheitsentziehender Maßregeln der Besserung und Sicherung erfolgen. Sie muss aus den Rechtsbeziehungen resultieren, die sich zwischen dem Staat und dem Strafgefangenen aufgrund des spezifischen Vollzugsverhältnisses ergibt. 258

b) Abzugrenzen sind solche Maßnahmen von denjenigen, bei denen es sich in der Sache um **Strafvollstreckungs**recht handelt. Für gerichtliche Entscheidungen, wie etwa die Ablehnung einer vorzeitigen Entlassung aus dem Strafvollzug nach § 454 StPO i.V.m. § 57 StGB, aber auch Maßnahmen der Staatsanwaltschaft als Vollstreckungsbehörde, wie etwa die Ladung zum Strafantritt, die Einweisung in die zuständige JVA nach §§ 28 Abs. 1, 29 Abs. 1 S. 1 StrVollstrO (OLG Celle, Beschl. v. 21.6.2023 – 1 Ws 148/23 (StrVollz), StV 2024, 174; OLG Koblenz, Beschl. v. 6.3.2018 – 2 VAs 3/18), die Ablehnung des Absehens von weiterer Vollstreckung bei Auslieferung (§ 456a StPO), die Ablehnung der Zurückstellung der Strafvollstreckung nach § 35 BtMG, die Versagung von Strafaufschub oder Strafunterbrechung und ähnliches, ist der Rechtsweg nach den §§ 109 ff. StVollzG nicht eröffnet. Für solche Fälle sieht die StPO bzw. das EGGVG entsprechende Rechtsschutzmöglichkeiten vor (Burhoff/*Schmidt-Clarner*, RM, Teil B, Rn 519 ff.). 259

c) Auch genügt es nicht, dass eine Maßnahme zwar mit dem Strafvollzug in Zusammenhang steht, diesen aber nicht unmittelbar betrifft. Daher ist der **Rechtsweg** nach den §§ 109 ff. StVollzG z.B. **nicht eröffnet** bei folgenden 260

Beispiele: 261

- **Amtshaftungsansprüchen** nach § 839 BGB i.V.m. Art. 34 GG oder anderen Fällen der Staatshaftung (Zivilrechtsweg; OLG Bremen, Beschl. v. 21.9.1995 – Ws 12/95, ZfStrVo 1997, 56, 57; OLG Celle, Beschl. v. 21.2.1978 – 3 Ws 402/77, ZfStrVo SH 1978, 43; OLG Naumburg, Beschl. v. 11.12.2017 – 1 Ws (RB) 58/17), auch wenn der Anspruch als Folgenbeseitigungsanspruch geltend gemacht wird (OLG Naumburg, Beschl. v. 11.12.2017 – 1 Ws (RB) 58/17),
- Ansprüchen bei **Diebstahl** von Sachen des Strafgefangenen durch **Bedienstete** der JVA (OLG Hamm, Beschl. v. 18.2.2014 – 1 Vollz (Ws) 33/14),
- der **Abführung** von **Eigengeld** aufgrund einer **Pfändungs-** und **Überweisungsbeschlusses** Dritter. Denn für Einwendungen gegen die Vollstreckungsmaßnahme an sich ist der Zivilrechtsweg eröffnet (z.B. Erinnerung nach § 766 ZPO, Vollstreckungsgegenklage nach § 767 ZPO; BayObLG, Beschl. v.

30.12.2021 – 204 StObWs 393/21; KG, Beschl. v. 8.3.2013 – 2 Ws 56/13, NStZ-RR 2013, 294; OLG Hamburg, Beschl. v. 30.1.2009 – 3 Vollz (Ws) 73/08; OLG Jena, Beschl. v. 27.4.2015 – 1 Ws 531/14; OLG Zweibrücken, Beschl. v. 24.6.1991 – 1 Vollz (Ws) 3/91, NStZ 1992, 101, 102). Anders verhält es sich, wenn die JVA sich nicht an den Inhalt des Pfändungs- und Überweisungsbeschlusses hält und Beträge abbucht, die gar nicht gepfändet worden sind (BayObLG, Beschl. v. 23.10.2023 – 204 StObWs 397/23, ZVI 2024, 192),

- Streitigkeiten, die sich aus einem **freien Beschäftigungsverhältnis** des Strafgefangenen zu seinem Arbeitgeber ergeben (dann Rechtsweg zu den Arbeitsgerichten, LAG Hamm, Beschl. v. 5.2.1991 – 7 Ta 31/91, NStZ 1991, 455; anders bei Streitigkeiten wegen Arbeit in einem Betrieb außerhalb der JVA, wenn sie auf Weisung der JVA zur Erfüllung der Arbeitspflicht geleistet wird),
- der **Feststellung** eines **Arbeitsunfalls**, der Anspruch auf Verletztengeld zur Folge haben könnte (OLG Jena, Beschl. v. 10.3.2000 – 1 Ws 24/00),
- die Geltendmachung von Ansprüchen aus einem Arbeitsunfall eines Strafgefangenen (OLG Hamm, Beschl. v. 12.12.2017 – III-1 Vollz (Ws) 436/17: Sozialgerichtsrechtsweg),
- der durch das LKA vorgenommenen **Risikoeinstufung** eines Strafgefangenen nach der Konzeption **KURS**. Diese stellt eine präventivpolizeiliche Maßnahme dar, deren Überprüfung dem VG obliegt (BGH, Beschl. v. 8.12.2016 – 2 AR 138/16, NStZ-RR 2017, 191),
- die Befragung von Bediensteten im Rahmen eines **Forschungsvorhabens** (BayObLG, Beschl. v. 14.2.2020 – 203 StObWs 34/20: Verwaltungsrechtsweg).

Siehe auch: → *Strafvollzug, Erwachsene, Antrag auf gerichtliche Entscheidung, Allgemeines,* Teil C Rdn 169 m.w.N.; → *Strafvollzug, Erwachsene, Antrag auf gerichtliche Entscheidung, Antragsarten,* Teil C Rdn 215; → *Strafvollzug, Erwachsene, Antrag auf gerichtliche Entscheidung, Antragsgegenstand,* Teil C Rdn 236; → *Strafvollzug, Erwachsene, Antrag auf gerichtliche Entscheidung, Checkliste,* Teil C Rdn 277; → *Strafvollzug, Erwachsene, Antrag auf gerichtliche Entscheidung, formelle und inhaltliche Anforderungen,* Teil C Rdn 321; → *Strafvollzug, Erwachsene, Antrag auf gerichtliche Entscheidung, Frist,* Teil C Rdn 336.

262 Strafvollzug, Erwachsene, Antrag auf gerichtliche Entscheidung, Beteiligte des Verfahrens

Das Wichtigste in Kürze:

1. Beteiligte des gerichtlichen Verfahrens sind gem. § 111 StVollzG der Antragsteller und die Vollzugsbehörde.
2. Antragsteller ist im Regelfall ein Strafgefangener. Allerdings kann auch jede andere natürliche oder juristische Person das gerichtliche Verfahren betreiben, soweit sie die Geltendmachung der Verletzung eigener Rechte durch eine Maßnahme der JVA behauptet. Prozessfähigkeit ist für einen Antrag auf gerichtliche Entscheidung nach § 109 StVollzG nicht erforderlich.
3. Antragsgegner ist die Behörde, deren Entscheidung angefochten wird, also regelmäßig die JVA, die durch den Anstaltsleiter vertreten wird.
4. Dritte sind keine Verfahrensbeteiligte.
5. Die StA ist am gerichtlichen Verfahren nach §§ 109 ff. StVollzG nicht beteiligt.

263 **Literaturhinweise:** S. die Hinw. bei → *Strafvollzug, Erwachsene, Antrag auf gerichtliche Entscheidung, Allgemeines*, Teil C Rdn 191.

264 **1. Beteiligte** des gerichtlichen Verfahrens sind gem. § 111 StVollzG der **Antragsteller** und die **Vollzugsbehörde**, die die angefochtene Maßnahme angeordnet oder die beantragte abgelehnt oder unterlassen hat.

2.a) Antragsteller (§ 111 Abs. 1 Nr. 1 StVollzG) ist im Regelfall ein **Strafgefangener**. Allerdings kann auch jede andere natürliche oder juristische Person das gerichtliche Verfahren betreiben, soweit sie die Geltendmachung der **Verletzung eigener Rechte** behauptet (→ *Strafvollzug, Erwachsene, Antrag auf gerichtliche Entscheidung, formelle und inhaltliche Anforderungen,* Teil C Rdn 329). 265

b) So ist ein **Außenstehender** durch die Weigerung, ihm Besuche in der JVA zu gestatten, unmittelbar betroffen (BGH, Beschl. v. 12.10.1977 – 2 ARs 251/77, NJW 1978, 282 [Journalist]; OLG Hamm, Beschl. v. 11.3.1977 – 1 VAs 328/76, ZfStrVo SH 1977, 49; OLG Zweibrücken, Beschl. v. 28.9.2020 – 1 Ws 183/20 Vollz [Besucher]). Das gilt auch für den Absender von Schriftstücken oder Paketen, deren Weiterleitung oder Aushändigung von Seiten der JVA abgelehnt wird (KG, Beschl. v. 15.5.1981 – 2 Ws 39/81 Vollz, ZfStrVo 1982, 125; OLG Frankfurt, Beschl. v. 25.9.1981 – 3 Ws 318/81, NStZ 1982, 221; OLG Koblenz, Beschl. v. 17.3.1980 – 2 Vollz (Ws) 6/80, ZfStrVo 1980, 252; OLG Nürnberg, Beschl. v. 22.2.1982 – Ws 34/82, ZfStrVo 1982, 248). 266

c) Werden einem **Verteidiger** etwa die bestehenden Besuchsprivilegien oder sein Akteneinsichtsrecht (→ *Strafvollzug, Erwachsene, Antrag auf gerichtliche Entscheidung, Antragsgegenstand,* Teil C Rdn 443) verwehrt, kann auch er als Antragsteller ein gerichtliches Verfahren anstrengen (KG, Beschl. v. 18.4.2017 – 5 Ws 237/16 Vollz, StraFo 2017, 212; OLG Celle, Beschl. v. 10.5.2011 – 1 Ws 170/11, NStZ 2011, 598; OLG Dresden ZfStrVo 2000, 124 (125); OLG Hamm, Beschl. v. 3.11.2016 – 1 VAs 151/16, NJ 2017, 117). 267

d) Zu den möglichen Antragstellern gehören **daneben** 268

- der **Anstaltsbeirat** (OLG Frankfurt, Beschl. v. 29.9.1977 – 3 VAs 40/77, ZfStrVo 1978, 121),
- **Bewerber** für den **Anstaltsbeirat** (OLG Stuttgart, Beschl. v. 3.2.1986 – 4 Ws 21/86, NStZ 1986, 382 allerdings nicht mehr nach Besetzung des Beirats),
- Mitglieder des **Vollzugbeirats** (KG, Beschl. v. 4.10.2022 – 5 Ws 321/22 Vollz),
- die **Gefangenenvertretung** (OLG Hamm, Beschl. v. 13.10.1980 – 1 Vollz (Ws) 98/80, NStZ 1981, 118; a.A. OLG Frankfurt, Beschl. v. 15.8.1980 – 3 Vollz (Ws) 278/80, NStZ 1981, 79, 80) bzw. auch einzelne Mitglieder, (OLG Hamburg, Beschl. v. 5.7.2001 – 3 Vollz (Ws) 39/01, ZfStrVo 2002, 181, 182, aber nur hinsichtlich ihrer Statusrechte und -pflichten (OLG Rostock, Beschl. v. 23.9.2014 – 20 Ws 177/14), nicht als Mitbestimmungsorgan der Strafgefangenen im Rechtssinne (OLG Rostock, Beschl. v. 4.12.2014 – 20 Ws 328/14, NStZ 2015, 485),
- **Gefangenenvereine**, soweit ihre satzungsmäßige Tätigkeit betroffen ist (KG, Beschl. v. 16.12.1981 – 2 Ws 171/81 Vollz, NStZ 1982, 222), nicht aber, wenn Rechte der Strafgefangenen geltend gemacht werden sollen (OLG Hamburg, Beschl. v. 25.11.1980 – Vollz (Ws) 15/80),
- ein **Ortsverband** einer **Partei** am Sitz der JVA, der aus Strafgefangenen dieser JVA besteht (OLG Nürnberg, Beschl. v. 17.1.1986 – Ws 938/85, NStZ 1986, 286),
- ehrenamtliche **Vollzugshelfer** (KG, Beschl. v. 6.2.1986 – 5 Ws 514/85, StV 1986, 349),
- **Bewerber** um ein solches **Ehrenamt** (OLG Frankfurt, Beschl. v. 7.9.1983 – 3 Ws 506/83, ZfStrVo 1984, 191).

e) Der Antragsteller kann sich in jeder Lage des Verfahrens eines **Verteidigers** bedienen. Für diesen gilt dabei über § 120 Abs. 1 S. 2 StVollzG i.V.m. § 146 StPO das **Verbot der Mehrfachvertretung** (OLG Celle, Beschl. v. 25.7.1985 – 3 Ws 339/85, StV 1986, 108; OLG München, Beschl. v. 23.4.1985 – 1 Ws 1100/84). 269

f) Prozessfähigkeit ist für die Zulässigkeit eines Antrags auf gerichtliche Entscheidung **nicht** erforderlich (KG, Beschl. v. 29.3.2001 – 5 Ws 145/01 Vollz, NStZ 2001, 448; OLG Celle, Beschl. v. 29.8.2013 – 1 Ws 319/13 (MVollz); OLG Koblenz, Beschl. v. 15.10.1986 – 2 Vollz (Ws) 99/86, ZfStrVo 1987, 107; LNNVB/*Bachmann,* Kap. P, Rn 35). Es kommt allein auf einen genügenden Reifegrad und die Freiheit der Willensentscheidung an. 270

Die **scheinbar** dem **entgegenstehende Auffassung** des **BVerfG** in seinem Beschl. v. 21.8.2011 (2 BvR 282/00; StV 2001, 697), in welchem es heißt, dass die Möglichkeit zur Bestellung eines Pflegers bestehe, 271 wenn der Antragsteller „möglicherweise nicht mehr prozessfähig ist", stellt keine diese Entscheidung tragende Erwägung dar. Angesichts der insoweit einhelligen Meinung in Rspr. und Lit., dass es auf die Prozessfähigkeit bei einem Verfahren nach den §§ 109 f. StVollzG nicht ankommt, wäre auch zu erwarten gewesen, dass sich das BVerfG mit diesen Auffassungen inhaltlich auseinandersetzt, wenn es diese für unzutreffend erachten würde (OLG Celle, Beschl. v. 29.8.2013 – 1 Ws 319/13 (MVollz)).

272 **g) Stirbt der Antragsteller** während des gerichtlichen Verfahrens, ist das Verfahren gemäß § 120 Abs. 1 S. 2 StVollzG i.V.m. § 206a StPO mit der Kostenfolge des § 121 Abs. 2 S. 2 StVollzG **einzustellen** (OLG Celle, Beschl. v. 9.7.2025 – 1 Ws 91/25).

273 **3.a) Antragsgegner** ist die Behörde, deren Entscheidung angefochten wird, also **regelmäßig** die **JVA**, die durch den **Anstaltsleiter vertreten** wird. Dies gilt auch bei Anfechtung von Maßnahmen des Anstaltsarztes (BayObLG, Beschl. v. 16.12.2021 – 204 StObWs 571/21; KG, Beschl. v. 10.3.2017 – 5 Ws 51/17 Vollz). Benennt der Antragsteller in seinem Antrag als Antragsgegnerin die falsche Behörde, hat dies auf die Zulässigkeit des Antrags keine Auswirkung. Denn die Beteiligung auf der Passivseite gem. § 111 Abs. 1 Nr. 2 StVollzG wird allein durch den Streitgegenstand bestimmt, nämlich dadurch, welche Vollzugsbehörde die angefochtene Maßnahme angeordnet oder die beantragte abgelehnt oder unterlassen hat (BGH, Beschl. v. 12.3.2014 – 2 ARs 434/13, StV 2016, 303; OLG Celle, Beschl. v. 7.4.2011 – 1 Ws 115/11). Im Fall einer dauerhaften **Verlegung** des Strafgefangenen in eine andere Anstalt kann diese zu einem gesetzlichen Parteiwechsel auf Seiten der Antragsgegnerin führen (BGH, Beschl. v. 2.12.1988 – 2 ARs 536/88, NJW 1989, 1169; OLG Frankfurt, Beschl. v. 25.7.2023 – 3 Ws 224/23 (StrVollz); OLG Stuttgart, Beschl. v. 20.3.1987 – 4 Ws 71/87, NStZ 1987, 295; SBJL/*Laubenthal*, 12. Kap., § 110 StVollzG Rn 6), insbesondere, wenn das Verfahren einen Verpflichtungs- oder Vornahmeantrag zum Gegenstand hat, dem die ursprünglich beteiligte JVA nach der Verlegung nicht mehr nachkommen kann (BayObLG, Beschl. v. 22.10.2024 – 203 StObWs 498/24; → *Strafvollzug, Erwachsene, Antrag auf gerichtliche Entscheidung, Zuständigkeit des Gerichts,* Teil C Rdn 379 ff.).

☝ Die Verlegung führt daher bei einem Antrag auf Gewährung von Vollzugslockerungen zu einem Parteiwechsel auf Antragsgegnerseite. Anders ist es aber, wenn der Antragsteller nicht konkrete Lockerungen, sondern die Verpflichtung der für die Vollzugsplanfortschreibung verantwortlichen früheren Anstalt begehrt, in der angegriffenen Vollzugsplanfortschreibung seine generelle Eignung für Vollzugslockerungen festzustellen und hierdurch die neue JVA zu seinen Gunsten zu binden. In diesen Fällen kommt es auch nach einer Verlegung nicht zu einem Parteiwechsel (OLG Celle, Beschl. v. 8.9.2020 – 3 Ws 210/20 (MVollz), StraFo 2020, 432). Damit verbunden besteht auch die örtliche Zuständigkeit de StVK am Sitz der die Vollzugsplanfortschreibung erlassenden JVA fort (BGH, Beschl. v. 15.12.2016 – 2 ARs 398/16, NStZ-RR 2017, 32).

274 **b) Ausnahmsweise** kann auch die **Aufsichtsbehörde** Beteiligte sein, wenn ihr nach dem Gesetz die Möglichkeit offensteht, sich die Entscheidung über eine bestimmte Angelegenheit vorzubehalten und sie davon Gebrauch gemacht hat (BGH, Beschl. v. 20.1.1984 – 2 ARs 403/83, NJW 1984, 1570; OLG Celle, Beschl. v. 24.10.2014 – 1 Ws 439/14 (StrVollz), Nds.Rpfl. 2015, 27; OLG Koblenz, Beschl. v. 11.12.2024 – 2 Ws 508/24). Dass die Aufsichtsbehörde einer Entscheidung der JVA lediglich zustimmen muss, stellt keinen solchen Erlaubnisvorbehalt dar, weshalb in diesen Fällen die JVA Antragsgegnerin bleibt (OLG Koblenz, Beschl. v. 26.2.2014 – 2 Ws 660/13 (Vollz)]; FFL/*Spaniol,* § 111 StVollzG Rn 3).

☝ Trotz des Wortlauts von § 26 Abs. 2 S. 3 StrVollstrO ist auch bei einer **länderübergreifenden Verlegung** die JVA, aus der der Gefangene verlegt werden soll, die im Außenverhältnis zum Gefangenen zuständige Behörde (BGH, Beschl. v. 18.1.2022 – 2 ARs 223/21, NStZ 2023, 182).

275 **4. Dritte** sind keine Verfahrensbeteiligte. Insbesondere kann ihre Beteiligung auch nicht in Form einer Beiladung durch entsprechende Anwendung von § 65 VwGO begründet werden (OLG Celle, Beschl.

v. 23.2.1984 – 3 Ws 41/84, NStZ 1984, 334; OLG Hamm, Beschl. v. 15.12.1977 – 1 Vollz (Ws) 43/77, ZfStrVo SH 1978, 48; kritisch LNNVB/*Bachmann*, Kap. P, Rn 45).

5. Die **StA** ist am gerichtlichen Verfahren nach §§ 109 ff. StVollzG nicht beteiligt, auch wenn ihr Anhörungs- und Mitwirkungsrechte durch die Ausgestaltung des Vollzugsrechts zustehen (OLG Celle, Beschl. v. 21.1.2008 – 1 Ws 34/08 (MVollz), NStZ 2008, 347; OLG Karlsruhe, Beschl. v. 27.4.2015 – 2 Ws 133/15, StV 2016, 304; LNNVB/*Bachmann*, Kap. P, Rn 45). 276

Siehe auch: → *Strafvollzug, Erwachsene, Antrag auf gerichtliche Entscheidung, Allgemeines*, Teil C Rdn 190 m.w.N.

Strafvollzug, Erwachsene, Antrag auf gerichtliche Entscheidung, Checkliste 277

Nicht selten scheitert ein Antrag auf gerichtliche Entscheidung an einer ungenügenden Berücksichtigung der Zulässigkeitsvoraussetzungen. Dies zu vermeiden soll folgende **Arbeitshilfe** mit dazu beitragen: 278

Checkliste 279

1. Ist der **Rechtsweg** nach § 109 StVollzG eröffnet? (→ *Strafvollzug, Erwachsene, Antrag auf gerichtliche Entscheidung, Allgemeines*, Teil C Rdn 190 ff. und → *Strafvollzug, Erwachsene, Antrag auf gerichtliche Entscheidung, Antragsgegenstand*, Teil C Rdn 236 ff.).
2. Richtige **Antragsart**? (→ *Strafvollzug, Erwachsene, Antrag auf gerichtliche Entscheidung, Antragsarten*, Teil C Rdn 215 ff. und → *Strafvollzug, Erwachsene, Antrag gerichtliche Entscheidung, Erledigung*, Teil C Rdn 291 ff.).
3. **Antragsbefugnis** gegeben und entsprechend vorgetragen? (→ *Strafvollzug, Erwachsene, Antrag auf gerichtliche Entscheidung, formelle und inhaltliche Anforderungen*, Teil C Rdn 329 ff.).
4. Auch im Übrigen **formelle Anforderungen** eingehalten? (→ *Strafvollzug, Erwachsene, Antrag auf gerichtliche Entscheidung, formelle und inhaltliche Anforderungen*, Teil C Rdn 321 ff.).
5. **Antragsfrist** eingehalten? (→ *Strafvollzug, Erwachsene, Antrag auf gerichtliche Entscheidung, Frist*, Teil C Rdn 336 ff.).
6. **Zuständiges Gericht** angerufen? (→ *Strafvollzug, Erwachsene, Antrag auf gerichtliche Entscheidung, Zuständigkeit des Gerichts*, Teil C Rdn 371 ff. und → *Strafvollzug, Erwachsene, Antrag auf gerichtliche Entscheidung, Beteiligte des Verfahrens*, Teil C Rdn 262 ff.).

Strafvollzug, Erwachsene, Antrag auf gerichtliche Entscheidung, Einstweiliger Rechtsschutz 280

Das Wichtigste in Kürze:

1. Der Antrag auf gerichtliche Entscheidung hat keine aufschiebende Wirkung. Vorläufiger Rechtsschutz kann durch einen Antrag nach § 114 StVollzG erreicht werden.

2. Für die Stellung eines zulässigen Antrags nach § 114 Abs. 2 StVollzG muss der Betroffene entsprechend § 109 Abs. 2 StVollzG vortragen, dass ihm ohne die begehrte Entscheidung ein Rechtsverlust bzw. ein unzumutbarer Nachteil droht.

3. Der Antrag kann auch schon vor Einleitung des Hauptsacheverfahrens gestellt werden.

4. Die Entscheidung über einen Antrag auf einstweiligen Rechtsschutz ist grds. unanfechtbar.

5. Kommt die Behörde ihrer durch einstweilige Anordnung auferlegten Pflicht nicht nach, kann die StVK ggf. ein Zwangsgeld bis zu 10.000,00 EUR androhen.

281 **Literaturhinweise:** **Ullenbruch**, Vollzugsbehörde contra Strafvollstreckungskammer, NStZ 1993, 517; s.a. die Hinweise bei → *Strafvollzug, Erwachsene, Antrag auf gerichtliche Entscheidung, Allgemeines*, Teil C Rdn 191.

282 **1.a)** Der **Antrag auf gerichtliche Entscheidung hat keine aufschiebende Wirkung** (§ 114 Abs. 1 StVollzG). Als Ausprägung des Gebotes effektiven Rechtsschutzes (BVerfG, Beschl. v. 16.8.1994 – 2 BvR 2171/93, ZfStrVo 1996, 46) sieht § 114 Abs. 2 StVollzG die Möglichkeit vor, Rechtspositionen des Betroffenen vor einer abschließenden Entscheidung durch die StVK zu sichern. Hierfür ist indessen ein **Antrag** erforderlich (KG, Beschl. v. 10.1.2019 – 2 Ws 260/18 Vollz).

283 **b)** Gem. § 114 Abs. 2 S. 1 StVollzG kann das Gericht die **Vollziehung der angefochtenen Maßnahme aussetzen**, wenn die Gefahr besteht, dass die Verwirklichung eines Rechts vereitelt oder erschwert wird und ein höheres Interesse am sofortigen Vollzug nicht entgegensteht. Dabei kann auf das Ergebnis einer summarischen Prüfung des Hauptsacheverfahrens abzustellen sein (BVerfG, Beschl. v. 19.12.2023 – 2 BvR 1936/22). Erweist sich nämlich eine den Antragsteller belastende Maßnahme danach als offensichtlich rechtswidrig, kann kein öffentliches Interesse an deren sofortiger Vollziehung bestehen.

> Insbesondere bei **Disziplinarverfügungen** (→ *Strafvollzug, Erwachsene, Disziplinarsachen*, Teil C Rdn 446 ff.) ist das Ermessen der StVK bei ihrer Entscheidung eingeschränkt, weil aufgrund der regelmäßig unmittelbar im Anschluss erfolgenden Vollstreckung ansonsten nur nachträglicher Rechtsschutz über § 115 Abs. 3 StVollzG möglich wäre (*Lübbe-Wolff/Lindemann* NStZ 2007, 450, 456).

284 **c)** Darüber hinaus kann die Kammer, insbesondere bei begünstigenden Maßnahmen, auch eine **einstweilige Anordnung** entsprechend § 123 VwGO erlassen (§ 114 Abs. 2 S. 2 StVollzG). Hierzu muss zu besorgen sein, dass entweder durch eine Veränderung des bisherigen Zustandes die Verwirklichung des Rechts zumindest erschwert wird oder ein Zustand dringend der vorläufigen Regelung bedarf (OLG Karlsruhe, Beschl. v. 23.11.1977 – 2 Ws 216/77, ZfStrVo SH 1978, 58, 59; Arloth/Krä/*Arloth*, § 114 StVollzG Rn 4).

285 **2.a)** Für die Stellung eines **zulässigen Antrags** nach § 114 Abs. 2 StVollzG muss der Betroffene entsprechend § 109 Abs. 2 StVollzG vortragen, dass ihm ohne die begehrte Entscheidung ein Rechtsverlust bzw. ein unzumutbarer Nachteil droht (BVerfG, Beschl. v. 16.8.1994 – 2 BvR 2171/93, ZfStrVo 1996, 46). Hierfür muss er die Maßnahme nach Zeitpunkt, Inhalt und Begründung vollständig bezeichnen, weil andernfalls keine Interessenabwägung möglich ist (OLG Frankfurt, Beschl. v. 10.1.1984 – 3 Ws 851/83 (StVollz)). Der Antrag muss schriftlich oder zur Niederschrift der Geschäftsstelle des Gerichts gestellt werden (§ 112 Abs. 1 StVollzG analog).

286 **b)** Die einstweilige Anordnung darf **nicht** dazu führen, dass die **Hauptsache vorweggenommen** wird (BayObLG, Beschl. v. 6.5.2025 – 203 StObWs 95/25), es sei denn, schwere und unzumutbare Nachteile können durch die Entscheidung in der Hauptsache nicht mehr beseitigt werden (BVerfG, Beschl. v. 3.11.1999 – 2 BvR 2039/99, NStZ 2000, 166).

287 Der **Begriff** der **Vorwegnahme** der **Hauptsache** wird in der Rspr. regelmäßig verkannt. Ausschließlich verfolgt der Grundsatz den Sinn, die Vorläufigkeit des vorläufigen Rechtschutzes zu sichern. In einer vorläufigen Aussetzung einer belastenden Maßnahme liegt daher keineswegs per se eine Vorwegnahme der Hauptsache (BVerfG, Beschl. v. 29.5.2015 – 2 BvR 869/15, NStZ-RR 2015, 355 (356); *Lübbe-Wolff/ Lindemann* NStZ 2007, 450, 455). Eine Vorwegnahme der Hauptsache liegt nur dann vor, wenn die begehrte vorläufige Entscheidung faktisch keine vorläufige wäre, sondern einer endgültigen gleichkäme (LNNVB/*Bachmann*, Kap. P, Rn 62). Dies ist nicht der Fall, wenn die einstweilige Aussetzung einer Maßnahme begehrt wird, die bei entsprechendem Ausgang des Hauptsacheverfahrens wieder in Geltung gesetzt werden kann. Die bloße Tatsache, dass die vorübergehende Aussetzung als solche nicht wieder rückgängig gemacht werden kann, macht die vorläufige Regelung nicht zu einer faktisch endgültigen (BVerfG, Beschl. v. 30.9.2024 – 2 BvR 150/24).

3. Der Antrag kann auch schon **vor Einleitung** des **Hauptsacheverfahrens** gestellt werden (§ 114 Abs. 3 StVollzG). Allerdings beliebt er ohne Erfolg, wenn der Hauptsacheantrag bereits verfristet wäre (OLG München, Beschl. v. 29.3.1979 – 1 Ws 344/79; LG Kassel, Beschl. v. 18.5.2021 – 3 StVK 69/21). 288

4. Die – zu begründende (BVerfG, Beschl. v. 21.12.2016 – 2 BvR 2530/16) – Entscheidung der StVK ist **nicht anfechtbar** (§ 114 Abs. 2 S. 3, 1. Halbs. StVollzG). Sie kann **aber jederzeit** durch die StVK **geändert** oder aufgehoben werden (§ 114 Abs. 2 S. 3, 2. Halbs. StVollzG). Wird unter dem Deckmantel des einstweiligen Rechtsschutzes eine Entscheidung in der Hauptsache getroffen, muss diese aus Rechtsschutzgesichtspunkten ausnahmsweise anfechtbar sein (BayObLG, Beschl. v. 29.1.2024 – 203 StObWs 551/23; KG, Beschl. v. 10.1.2019 – 2 Ws 260/18; OLG Karlsruhe, Beschl. v. 14.12.1992 – 2 Ws 223/93, NStZ 1993, 557, 558; *Ullenbruch* NStZ 1993, 517, 519). 289

5. Kommt die Behörde ihrer durch einstweilige Anordnung auferlegten Pflicht nicht nach, kann die StVK auf Antrag des Strafgefangenen unter Fristsetzung ein **Zwangsgeld** bis zu 10.000,00 EUR androhen, nach fruchtlosem Fristablauf festsetzen und von Amts wegen vollstrecken (§ 120 Abs. 1 S. 1 StVollzG i.V.m. § 172 VwGO; näher hierzu *Schäferskküpper/Schmidt* StV 2014, 184 ff.). 290

Siehe auch: → *Strafvollzug, Erwachsene, Antrag auf gerichtliche Entscheidung, Allgemeines,* Teil C Rdn 190 m.w.N.

Strafvollzug, Erwachsene, Antrag auf gerichtliche Entscheidung, Erledigung 291

Das Wichtigste in Kürze:

1. Erledigung liegt vor bei nachträglichem Wegfall der Beschwer. Ob sich eine Maßnahme erledigt hat, ist von der StVK von Amts wegen festzustellen. Str. ist, ob Erledigung auch eintritt, wenn der Antragsteller die Hauptsache für erledigt erklärt, obwohl eine faktische Erledigung nicht vorliegt.
2. Im Fall der Erledigung der angefochtenen Maßnahme kann der Antragsteller sein Begehren auf Feststellung der Rechtswidrigkeit dieser richten, wenn er hierfür ein berechtigtes Interesse hat. Dies gilt nach h.M. auch für den Fall der Erledigung einer unterlassenen Maßnahme.
3. Ein solches Interesse wird von der Rspr. bei konkreter Wiederholungsgefahr, bei diskriminierenden und schwerwiegenden Eingriffen sowie (str.) zur Vorbereitung eines Amtshaftungsprozesses angenommen.
4. Der Antrag auf nachträgliche Feststellung der Rechtswidrigkeit unterliegt keiner Frist.
5. Hält der Antragsteller seinen ursprünglichen Antrag trotz Erledigung aufrecht, ist dieser als unzulässig zu verwerfen.
6. Erledigt sich nach Antragsstellung eine Untätigkeit der Vollzugsbehörde durch eine Entscheidung dieser in der Sache, ist str., ob der Antragsteller die Rechtswidrigkeit der vorhergehenden Nichtbescheidung feststellen lassen kann.
7. Im Fall der Erledigung eines Antrages im einstweiligen Rechtsschutz kommt eine Umstellung des Antrags auf Feststellung der Rechtswidrigkeit nicht in Betracht.

Literaturhinweise: Helmken, Vornahmeantrag oder Feststellungsantrag?, ZfStrVo 1984, 270; s.a. die Hinweise bei → *Strafvollzug, Erwachsene, Antrag auf gerichtliche Entscheidung, Allgemeines,* Teil C Rdn 191. 292

1. Dass sich eine Maßnahme erledigen kann, wird in § 115 Abs. 3 und § 121 Abs. 2 S. 2 StVollzG vorausgesetzt, ohne zu beschreiben, wann **Erledigung** eintritt. Infolge der Gemengelage von Aufklärungspflicht und Dispositionsmaxime beinhaltet der Begriff i.S.d. StVollzG zweierlei: 293

294 **a)aa)** Zum einen erledigt sich eine Maßnahme, wenn die sich aus ihr ergebende **Beschwer nachträglich weggefallen** ist (KG, Beschl. v. 4.12.1986 – 5 Ws 416/86 Vollz, ZfStrVo 1987, 374). Dies ist von Amts wegen festzustellen (BayObLG, Beschl. v. 18.2.2025 – 204 StObWs 577/24).

295 **bb)** Die **Zurücknahme** einer belastenden Maßnahme führt immer zu Erledigung (§ 115 Abs. 3 StVollzG). Auch die Bewilligung einer begehrten Maßnahme lässt die Beschwer entfallen (KG, Beschl. v. 25.7.2017 – 5 Ws 157/17 Vollz). Ficht z.B. ein Strafgefangener die gemeinschaftliche Unterbringung mit anderen Gefangenen an und wird sodann in einen Einzelhaftraum verlegt, tritt ebenfalls Erledigung ein (OLG Frankfurt, Beschl. v. 18.7.2003 – 3 Ws 606/03 (StVollz), ZfStrVo 2004, 106).

296 **cc)** Bei Verpflichtungsbegehren tritt keine Erledigung durch die Aufhebung des die Begünstigung ablehnenden Bescheides seitens der JVA ein, wenn nicht zugleich eine Bewilligung der Begünstigung erfolgt. Lehnt die JVA nach Aufhebung des ursprünglichen Bescheids in einem neuen Bescheid die Bewilligung erneut ab, kann der Antragsteller diesen in dem bereits anhängigen Verfahren zur Überprüfung stellen (BayObLG, Beschl. v. 1.8.2024 – 203 StObWs 240/24).

297 **dd) Entlassung** aus dem **Strafvollzug** führt jedenfalls in Anfechtungssituationen regelmäßig zur Erledigung (OLG Celle, Beschl. v. 4.6.1984 – 3 Ws 171/84 (StrVollz); OLG Koblenz, Beschl. v. 20.11.1986 – 2 Vollz (Ws) 116/86, ZfStrVo 1987, 187), es sei denn, die Beschwer setzt sich auch nach der Entlassung fort, etwa wenn es um die Rechtmäßigkeit einer erfolgten Abbuchung vom Konto des Gefangenen geht (BayObLG, Beschl. v. 2.3.2025 – 203 StObWs 168/25). Bei einem Verpflichtungsbegehren kommt es darauf an, ob die JVA die begehrte Maßnahme auch nach der Entlassung noch vornehmen kann.

298 **ee)** Auch durch **Zeitablauf** kann die Erledigung einer Maßnahme eintreten.

299 Bei der Beantragung von Vollzugslockerungen (→ *Strafvollzug, Erwachsene, Vollzugslockerungen*, Teil C Rdn 732 ff.), oder wiederkehrenden Vergünstigungen muss dabei **differenziert** werden.

- Kommt es dem Antragsteller darauf an, in einem **konkret** benannten **Zeitraum Vollzugslockerungen** in Anspruch zu nehmen oder sonstige Vergünstigungen zu erhalten, erledigt sich die unterlasse Maßnahme mit dem Ablauf dieses Zeitraums.
- Geht es dem Antragsteller darum, **überhaupt Vollzugslockerungen** oder sonstige Vergünstigungen zu bekommen, führt der Zeitablauf allein nicht zur Erledigung (OLG Celle, Beschl. v. 2.6.1980 – 3 Ws 181/80; OLG Frankfurt, Beschl. v. 13.2.1979 – 3 Ws 904/78 (StVollz); OLG Karlsruhe, Beschl. v. 22.11.2016 – 2 Ws 208/16; OLG München, Beschl. v. 30.1.2014 – 4a Ws 8/13). Ein Urlaubsbegehren erledigt sich auch nicht dadurch, dass das Rechtsschutzverfahren erst nach dem Ablauf des Zeitraums, in dem Urlaub bewilligt werden kann, endet (OLG Koblenz, Beschl. v. 11.1.1983 – 2 Vollz (Ws) 77/82, NStZ 1983, 238; OLG München, Beschl. v. 15.7.1983 – 1 Ws 459/83. NStZ 1983, 573).

> Wird gegen den Gefangenen eine Disziplinarmaßnahme verhängt, deren Vollstreckung zur Bewährung ausgesetzt wird, ist str., ob der Ablauf der Bewährungszeit zur Erledigung der Maßnahme führt; näher → *Strafvollzug, Erwachsene, Disziplinarmaßnahmen*, Teil C Rdn 456.

300 **ff)** Der **Vollzug** einer **Maßnahme** führt nur dann zu Erledigung, wenn die Maßnahme nicht mehr rückgängig gemacht werden kann. Inwieweit nach Vollstreckung verhängter **Disziplinarmaßnahmen** von Erledigung auszugehen ist, ist str. (→ *Strafvollzug, Erwachsene, Disziplinarsachen*, Teil C Rdn 455) Wird ein Strafgefangener von seiner **Arbeit** (→ *Strafvollzug, Erwachsene, Arbeit*, Teil C Rdn 383 ff.), abgelöst und nimmt eine neue Arbeit auf, erledigt sich die weiterhin angefochtene Ablösung nicht (OLG Frankfurt, Beschl. v. 20.3.1979 – 3 Ws 138/79 (StVollz), ZfStrVo SH 1979, 106).

301 **gg)** Wird ein Strafgefangener **in** eine **andere JVA verlegt** (→ *Strafvollzug, Erwachsene, Verlegung*, Teil C Rdn 704 ff.), hängt die Frage nach der Erledigung der angegriffenen oder erstrebten Maßnahme davon ab, ob die Beschwer in die neue JVA mitgenommen worden ist (KG, Beschl. v. 24.9.2020 – 5 Ws 164/20 Vollz;

OLG Frankfurt, Beschl. v. 16.10.2018 – 3 Ws 414/18; OLG Hamm, Beschl. v. 9.11.2023 – III-1 Vollz 356/23; OLG München, Beschl. v. 20.7.2017 – 5 Ws 28/17; FLL/*Spaniol*, § 115 StVollzG Rn 70; Arloth/Krä/*Arloth*, § 115 StVollzG Rn 9).

(1) Hat eine **belastende Maßnahme** lediglich mit den besonderen Verhältnissen der JVA zu tun, in der sich der Strafgefangene bisher befand, wird sie durch die Verlegung gegenstandslos (LNNVB/*Bachmann*, Kap. P, Rn 80). Bei anderen Maßnahmen, wie etwa Anordnungen in einer Sicherheitsverfügung, die auch in der neuen JVA Geltung entfalten, bleibt die Beschwer bestehen. Die Verlegung hat daher auf das gerichtliche Verfahren nur insoweit Einfluss, als sich der Antrag nunmehr gegen die neue JVA richtet und dadurch auch eine gerichtliche Zuständigkeitsänderung eintreten kann (→ *Strafvollzug, Erwachsene, Antrag auf gerichtliche Entscheidung, Zuständigkeit des Gerichts*, Teil C Rdn 379). 302

(2) Wird eine **begünstigende Maßnahme** begehrt, tritt durch die Verlegung in der Regel keine Erledigung ein (BayObLG, Beschl. v. 22.10.2024 – 203 StObWs 498/24; OLG Brandenburg, Beschl. v. 29.4.2024 – 2 Ws 14/24; OLG Frankfurt, Beschl. v. 25.7.2023 – 3 Ws 224/23 (StVollz)), es sei denn, die begehrte Maßnahme kann aufgrund der besonderen Verhältnisse der neuen JVA nicht bewilligt werden. **Anträge** auf **Bewilligung** von **Vollzugslockerungen erledigen** sich dementsprechend **nicht** (OLG Celle, Beschl. v. 1.6.1981 – 3 Ws 144/81, NStZ 1981, 494; OLG Hamm, Beschl. v. 11.6.2015 – III-1 Vollz (Ws) 163/15; OLG München, Beschl. v. 30.1.2014 – 4a Ws 8/13; OLG Stuttgart, Beschl. v. 20.3.1987 – 4 Ws 71/87, NStZ 1987, 295), sondern richten sich lediglich nunmehr gegen die neue JVA (→ *Strafvollzug, Erwachsene, Antrag auf gerichtliche Entscheidung, Zuständigkeit des Gerichts*, Teil C Rdn 379). Die gegenteilige Auffassung, die bei einer Verlegung von Erledigung begehrter Vollzugslockerungen ausgeht (OLG Frankfurt, Beschl. v. 1.11.2016 – 3 Ws 362/16 (StVollz); OLG Koblenz, Beschl. v. 20.6.2013 – 2 Ws 190/13 (Vollz); s.a. Beschl. v. 20.6.2016 – 2 Ws 250/16 Vollz [Antrag auf Verlegung in den offenen Vollzug ist mit Verlegung in andere JVA erledigt]) ist im Hinblick auf Art. 19 Abs. 4 GG bedenklich (BVerfG, Beschl. v. 17.3.1983 – 2 BvR 442/82, NStZ 1983, 380). Erfolgt die Verlegung indessen über die Grenzen eines Bundeslandes hinweg, tritt generell Erledigung ein, da die angerufene StVK nicht über Maßnahmen landesfremder Behörden entscheiden kann. 303

hh) Geht ein Strafgefangener gegen Entscheidungen, die sich aus einem **Vollzugsplan** (→ *Strafvollzug, Erwachsene, Vollzugsplan*, Teil C Rdn 748 ff.) ergeben, vor und wird während des gerichtlichen Verfahrens ein **neuer Vollzugsplan** erstellt, der die den Strafgefangenen belastenden Maßnahmen aufrechterhält, tritt keine Erledigung ein. Vielmehr stellen die Fortschreibungen des Vollzugsplans eine Einheit dar, wenn die im Streit stehende Maßnahme auch nach der Fortschreibung des Vollzugsplans im Wesentlichen noch besteht und die Begründung hierfür im Wesenskern keine Änderung aufweist (BVerfG, Beschl. v. 17.3.2020 – 2 BvR 1202/19; KG, Beschl. v. 29.10.2018 – 5 Ws 124/18 Vollz; OLG Celle, Beschl. v. 5.9.2023 – 1 Ws 188/23 (StrVollz), NStZ-RR 2024, 64; OLG Hamburg, Beschl. v. 13.6.2007 – 3 Vollz (Ws) 26/07; OLG Koblenz, Beschl. v. 6.3.2017 – 2 Ws 731/15 (Vollz); OLG Saarbrücken, Beschl. v. 16.1.2025 – 1 Ws 219/24 Vollz). Dies hat Auswirkungen auf den prozessualen Gegenstand, der sich durch die Fortschreibung erweitert. Die StVK hat nicht nur den ursprünglich angefochtenen Vollzugsplan, sondern auch dessen Fortschreibung bei der Beurteilung seiner Rechtmäßigkeit zu berücksichtigen (OLG Celle, a.a.O.). 304

b) Erledigung liegt aber aufgrund des Dispositionsgrundsatzes auch **vor**, wenn der Antragsteller seinen Antrag **zurücknimmt** (§ 121 Abs. 2 S. 2 StVollzG). Darüber hinaus ist str., ob eine Erledigung auch gegeben ist, wenn der Antragsteller die **Hauptsache** für **erledigt erklärt**, obwohl faktisch keine Erledigung eingetreten ist (bejahend KG, Beschl. v. 29.10.2018 – 5 Ws 124/18 Vollz; OLG Celle, Beschl. v. 2.6.2010 – 1 Ws 179/10 (StrVollz); ablehnend BayObLG, Beschl. v. 28.10.2024 – 203 StObWs 431/24). Da mit der Erledigungserklärung der Antragsteller deutlich macht, sein ursprüngliches Antragsziel nicht weiterzuverfolgen, ist wegen des geltenden Dispisitionsgrundsatzes für eine Entscheidung in der Sache kein Raum mehr (OLG Celle, Beschl. v. 29.11.2007 – 1 Ws 433/07 (StrVollz)). 305

☝ **Wichtig** kann die Unterscheidung zwischen Zurücknahme des Antrags und Erledigungserklärung für die Kostenfolge werden. Im Fall der Rücknahme trägt immer der Antragsteller die Kosten. Bei Erledigung richtet **sich** die Kostenfolge nach billigem Ermessen (§ 121 Abs. 2 StVollzG).

306 **2.** Im Fall tatsächlich eintretender Erledigung einer belastenden Maßnahme kann der Antragsteller sein ursprüngliches Begehren nicht mehr in zulässiger Weise weiterverfolgen. Hierfür eröffnet § 115 Abs. 3 StVollzG die Möglichkeit, den erhobenen Anfechtungsantrag auf einen **Fortsetzungsfeststellungsantrag** umzustellen.

307 Abgesehen von dogmatischen Fragen, ob es sich um eine allgemeinen Feststellungsantrag oder um einen Fortsetzungsfeststellungsantrag handelt (SBJL/*Laubenthal*, 12. Kap., § 115 StVollzG, Rn 18), findet unbestritten die Regelung des **§ 115 Abs. 3 StVollzG analoge Anwendung** auch in der Konstellation Anwendung, bei der sich die angefochtene Maßnahme bereits vor Anrufung des Gerichts erledigt hat (BayObLG, Beschl. v. 6.5.2025 – 203 StObWs 95/25; OLG Dresden, Beschl. v. 28.7.2006 – 2 Ws 624/05, NStZ 2007, 707; OLG Frankfurt, Beschl. v. 18.7.2003 – 3 Ws 606/03 (StVollz), ZfStrVo 2004, 106). Ebenfalls kann mit einem solchen Feststellungsantrag die Rechtswidrigkeit der Ablehnung einer vom Antragsteller begehrten Maßnahme geltend gemacht werden, wenn diese aus tatsächlichen oder rechtlichen Gründen nicht mehr erlangt werden kann (KG, Beschl. v. 6.9.1984 – 5 Ws 352/84, StV 1985, 70; OLG Celle, Beschl. v. 14.7.1989 – 1 Ws 197/89 (StrVollz), ZfStrVo 1990, 306; OLG Stuttgart, Beschl. v. 30.1.1986 – 4 Ws 28/86, NStZ 1986, 431; *Helmken* ZfStrVo 1984, 270, 271; a.A. OLG Karlsruhe, Beschl. v. 10.5.1985 – 4 Ws 85/85, NStZ 1985, 525).

308 **3.** Zulässig ist ein solches Feststellungsbegehren nur, wenn der Antragsteller ein **berechtigtes Interesse an** einer entsprechenden **Feststellung der Rechtswidrigkeit** hat. Dieses muss nicht rechtlicher, sondern kann auch wirtschaftlicher oder ideeller Art sein (Arloth/Krä/*Arloth*, § 115 StVollzG, Rn 8). Entsprechend der im Verwaltungsprozessrecht zu § 113 Abs. 1 S. 4 VwGO entwickelten Kasuistik ist ein solches Interesse anzunehmen bei folgenden

Rechtsprechungsbeispielen:

309 **a) Wiederholungsgefahr**, wobei sich diese konkret abzeichnen muss und nach den Umständen des Einzelfalls zu erwarten ist, dass die Vollzugsbehörde künftig ohne gerichtliche Entscheidung wiederum so verfahren wird wie in dem angefochtenen Fall (KG, Beschl. v. 14.6.2022 – 5 Ws 93/22 Vollz, StV 2023, 114; OLG Zweibrücken, Beschl. v. 17.2.1982 – 1 Vollz (Ws) 175/80, NStZ 1982, 352). Allgemeine Befürchtungen, wie die einer aus dem Strafvollzug entlassenen Person, möglicherweise erneut Strafhaft verbüßen zu müssen, genügen nicht (KG, Beschl. v. 7.2.2022 – 5 Ws 286/21 Vollz [Maßregelvollzug]; OLG Celle, Beschl. v. 4.6.1984 – 3 Ws 171/84 (StrVollz); OLG Koblenz, Beschl. v. 12.7.1984 – 2 Vollz (Ws) 38/84, NStZ 1984, 527).

310 **b)aa) Rehabilitierung** aufgrund vorhergehender Maßnahme mit diskriminierendem Charakter. Dieses wird etwa bei **Fesselungen** (BayObLG, Beschl. v. 19.1.2022 – 203 StObWs 569/21; OLG Frankfurt, Beschl. v. 21.3.2013 – 3 Ws 58/13 (StVollz), NStZ-RR 2014, 30) anzunehmen sein. Hält man mit der h.M. vollzogene **Disziplinarmaßnahmen** für nicht mehr anfechtbar (→ *Strafvollzug, Erwachsene, Disziplinarmaßnahmen*, Teil C Rdn 455), liegt ein Rehabilitierungsinteresse für einen Fortsetzungsfeststellungsantrag vor, da sich die Maßnahmen nachteilig auf spätere Entscheidungen (Gewährung von Vollzugslockerungen, vorzeitige Entlassung) auswirken können (BayObLG, Beschl. v. 18.2.2025 – 204 StObWs 577/24; KG, Beschl. v. 8.12.1986 – 5 Ws 401/86 Vollz; OLG Hamm, Beschl. v. 20.4.1989 – 1 Vollz (Ws) 45/89, ZfStrVo 1989, 250; OLG Zweibrücken, Beschl. v. 10.2.1986 – 1 Vollz (Ws) 12/86, ZfStrVo 1986, 383; anders, wenn die Maßnahme vor ihrer Vollstreckung bereits wieder aufgehoben wurde, OLG Nürnberg, Beschl. v. 24.10.2018 – 2 Ws 687/18). Geht es um die **Versagung von Vollzugslockerungen**, ist wegen des verfassungsrechtlich geschützten Resozialisierungsinteresses aus Art. 2 Abs. 1 GG i.V.m. Art. 1 GG ebenfalls von einem Rehabilitierungsinteresse auszugehen (OLG Nürnberg, Beschl. v. 19.8.2014 – 1 Ws 213/14, FS 2014, 343).

☝ Räumt die JVA ein rechtwidriges Verhalten selbst ein, kann dies den Bedarf an einer gerichtlichen Feststellung entfallen lassen (BayObLG, Beschl. v. 6.5.2025 – 203 StObWs 95/25).

bb) Bei sonstigen Eingriffen in Grundrechte ist zu unterscheiden: 311

- **Allein**, dass ein **Grundrecht** betroffen ist, begründet noch **kein** Feststellungsinteresse (KG, Beschl. v. 14.6.2022 – 5 Ws 93/22 Vollz, StV 2023, 114; OLG Celle, Beschl. v. 16.5.2023 – 1 Ws 124/23 (MVollz)).
- Handelt es sich aber um **schwerwiegende Eingriffe**, bei denen die direkte Belastung durch den angegriffenen Hoheitsakt sich nach dem typischen Verfahrensablauf auf eine **Zeitspanne beschränkt**, in welcher der Betroffene die gerichtliche Entscheidung in der von der Prozessordnung gegebenen Instanz kaum erlangen kann, ist von einem Rechtsschutzbedürfnis für einen Feststellungsantrag auszugehen (BVerfG, Beschl. v. 22.9.2017 – 2 BvR 455/17; BayObLG, Beschl. v. 30.9.2024 – 204 StObWs 405/24, StV 2025, 135; OLG Jena, Beschl. v. 20.8.2003 – 1 Ws 220/03, ZfStrVo 2004, 237; OLG Saarbrücken, Beschl. v. 18.3.2019 – Vollz (Ws) 20/18).

☝ Solche Fälle können auch dann gegeben sein, wenn Hinweise darauf bestehen, dass die **Vollzugsbehörde** die **Erledigung** der Sache während des gerichtlichen Verfahrens **selbst** herbeiführt, um sich der gerichtlichen Kontrolle zu entziehen (BVerfG, Beschl. v. 20.3.2013 – 2 BvR 67/11, NJW 2013, 1943; BayObLG, Beschl. v. 1.8.2024 – 203 StObWs 240/24).

c) Vorbereitung eines **Amtshaftungsprozesses** (str.). Zwar kann der Antragsteller seinen Rechtsschutz ebenso auch im Zivilprozess erhalten, in dem von den Zivilgerichten über die Rechtswidrigkeit der beanstandeten Maßnahme als Vorfrage entschieden wird. Gleichwohl gebietet es die Prozessökonomie, die Zuständigkeit der StVK als sachnäheres Gericht jedenfalls dann anzunehmen, wenn diese bereits mit der Sache befasst war, bevor die Erledigung eingetreten ist und der Antragsteller seinen Amtshaftungsanspruch noch nicht vor dem Zivilgericht gerichtlich geltend gemacht bzw. PKH hierfür beantragt hat (BayObLG, Beschl. v. 7.9.2020 – 203 StObWs 311/20, StV 2023, 114; OLG Frankfurt, Beschl. v. 26.11.2024 – 3 Ws 508/24 (StVollz); FFL/*Spaniol,* § 115 StVollzG, Rn 75; *Baier,* JA 2001, 582, 585; a.A. OLG Naumburg, Beschl. v. 11.12.2017 – 1 Ws (RB) 58/17; OLG Zweibrücken, Beschl. v. 15.11.2018 – 1 Ws 287/18 Vollz: Zivilgericht immer zuständig). Die Feststellung des rechtswidrigen Handelns hat dann Bindungswirkung für das Zivilverfahren (BGH, Urt. v. 4.11.2004 – III ZR 361/03, ZfStrVo 2005, 59). Voraussetzung ist allerdings, dass der avisierte Amtshaftungsprozess nicht von vornherein offenbar aussichtslos erscheint (OLG Frankfurt, a.a.O.). Insoweit muss der Antragsteller nicht nur geltend machen, einen solchen Prozess anstrengen zu wollen, sondern auch Tatsachen vortragen, inwieweit ein entsprechender Anspruch überhaupt gegeben sein kann (BayObLG, Beschl. v. 23.7.2024 – 204 StObWs 278/24). 312

d) Ausnahmsweise kann auch dann eine gerichtliche Feststellung der Rechtswidrigkeit einer Maßnahme begehrt werden, wenn ein am Maßstab des einfachen Rechts so eklatantes fehlerhaftes Vorgehen eines Hoheitsträgers geltend gemacht wird, dass **objektive Willkür naheliegt** (BVerfG, Beschl. v. 8.4.2004 – 2 BvR 1811/03, NStZ-RR 2004, 253). 313

4. Der Antrag auf nachträgliche Feststellung der Rechtswidrigkeit unterliegt keiner **Frist**. Allerdings ist ein Übergang von einem Anfechtungs- oder Verpflichtungsantrag zum Fortsetzungsfeststellungsantrag nur zulässig, wenn der ursprünglich gestellte Antrag den Zulässigkeitserfordernissen genügt (BayObLG, Beschl. v. 20.2.2025 – StObWs 578/24; KG, Beschl. v. 15.8.2005 – 5 Ws 282/05 Vollz; OLG Naumburg, Beschl. v. 14.6.2017 – 1 Ws (RB) 24/17; SBJL/*Laubenthal*, 12. Kap., § 115 StVollzG, Rn 17). 314

☝ Ein Fortsetzungsfeststellungsantrag wäre wie folgt zu formulieren:
„Es wird beantragt, festzustellen, dass [die konkrete Maßnahme/ der konkrete Bescheid] der JVA __________ vom __________ rechtswidrig war." (Arloth/Krä/*Arloth*, § 115 StVollzG Rn 18).

315 **5.** Hält der Antragsteller trotz eingetretener Erledigung seinen **ursprünglichen Antrag ausdrücklich aufrecht** oder stellt trotz entsprechenden Hinweises der Kammer nicht auf einen Fortsetzungsfeststellungsantrag um bzw. erklärt die Erledigung der Hauptsache, ist die Kammer aufgrund des geltenden Dispositionsgrundsatzes daran gebunden und kann keine Kostenentscheidung nach § 121 Abs. 2 S. 2 StVollzG treffen. Vielmehr ist der ursprünglich gestellte Antrag nunmehr mangels Rechtsschutzbedürfnisses **als unzulässig zu verwerfen** (BayObLG, Beschl. v. 27.1.2021 – 204 StObWs 378/20, FS 2021, 218; KG, Beschl. v. 24.6.2021 – 5 Ws 140/21 Vollz; OLG Celle, Beschl. v. 7.1.2019 – 3 Ws 321/18, Nds.Rpfl. 2019, 119; OLG Hamm, Beschl. v. 24.1.2017 – III-1 Vollz (Ws) 528/16; OLG Stuttgart, Beschl. v. 24.9.1991 – 4 Ws 212/91, NStZ 1992, 104; a.A. OLG Nürnberg, Beschl. v. 19.8.2014 – 1 Ws 213/14, StraFo 2014, 523; BeckOK-StVollzG/*Euler,* § 121, Rn 4).

316 **6.** „Erledigt" sich nach Antragsstellung eine **Untätigkeit** der Vollzugsbehörde (§ 113 StVollzG; (→ *Strafvollzug, Erwachsene, Antrag auf gerichtliche Entscheidung, Antragsarten*, Teil C Rdn 225), ist str., ob der Antragsteller die Rechtswidrigkeit der vorhergehenden Nichtbescheidung feststellen lassen kann.

317 **a) Teilweise** wird dies. **verneint**, weil der Antrag nach § 115 Abs. 3 StVollzG die Erledigung einer bereits getroffenen Maßnahme erfordere (OLG Frankfurt ZfStrVo SH 1979, 100). Da die bloße Untätigkeit der Vollzugsbehörde keine konkludente Ablehnung des Begehrens darstellt (OLG Nürnberg, Beschl. v. 28.2.2008 – 2 Ws 66/08, FS 2009, 41), fehle es an einer Maßnahme, die nachträglich gemäß § 115 Abs. 3 StVollzG überprüft werden könne. Diese Auffassung steht im Einklang mit der Regelung des § 113 StVollzG, die dem Antragsteller nur die Möglichkeit eröffnet, den Antragsgegner zur Bescheidung eines Antrags zu verpflichten, nicht aber zur Genehmigung des Antrags.

318 **b)** Gleichwohl wird von der **h.M.** die Möglichkeit, die Nichtbescheidung eines Antrags als rechtswidrig feststellen zu lassen, jedenfalls dann, wenn die **Rechtsschutzgarantie** des Art. 19 Abs. 4 GG es gebietet, anerkannt (BayObLG, Beschl. v. 6.5.2024 – 203 StObWs 174/24; OLG Frankfurt, Beschl. v. 16.1.1985 – 3 Ws 799/84 (StVollz), NStZ 1986, 351, 353 [Na]; Arloth/Krä/*Arloth*, § 113 StVollzG, Rn 2; LNNVB/*Bachmann, Kap.* P, § 113 StVollzG, Rn 55; FLL/*Spaniol*, § 113 StVollzG, Rn 8 ff).

319 **c)** Erledigt sich die Untätigkeit dadurch, dass die Vollzugsbehörde eine Entscheidung in der Sache – vor, während (§ 113 Abs. 2 S. 3 StVollzG) oder nach Ablauf einer gesetzten gerichtlichen Frist – trifft, fehlt es bei **Bewilligung** des Antrags für einen Feststellungsantrag an einem Rechtsschutzinteresse. Diesem wird nämlich dadurch ausreichend Rechnung getragen, dass die StVK im Rahmen ihrer Kostenentscheidung nach § 121 Abs. 2 S. 2 StVollzG zu berücksichtigen hat, ob ein zureichender Grund i.S.d. § 113 Abs. 2 StVollzG für die Verzögerung der Bearbeitung des Antrags durch den Antragsgegner vorgelegen hat (OLG Celle, Beschl. v. 26.4.2023 – 1 Ws 20/23 (StrVollz); FFL/*Spaniol,* a.a.O.). Eine Erklärung der Erledigung durch den Antragsteller ist dabei nicht erforderlich (OLG Celle, a.a.O.; BeckOK-StVollzG/*Euler,* § 113, Rn 7; FFL/*Spaniol,* § 113 StVollzG, Rn 9). Bei einer **ablehnenden** Entscheidung kann der Antragsteller zudem – wie auch schon vorab im Wege einer Stufenklage – auf einen Verpflichtungsantrag – nunmehr gegen die getroffene Maßnahme – übergehen (→ *Strafvollzug, Erwachsene, Antrag auf gerichtliche Entscheidung, Antragsarten*, Teil C Rdn 221). Für einen Feststellungsantrag verbleibt auch in diesem Fall kein Raum. Will der Antragsteller die Entscheidung der Vollzugsbehörde hinnehmen, ist str., ob er das gerichtliche Verfahren für erledigt erklären muss (BeckOK-StVollzG/*Euler,* a.a.O.), oder ob auch insoweit eine Erklärung entbehrlich ist und nur noch über die Kosten des Verfahrens zu entscheiden ist (FFL/*Spaniol,* a.a.O.).

320 **7.** Im Fall der **Erledigung eines Antrages im einstweiligen Rechtsschutz** (→*Strafvollzug, Erwachsene, Antrag auf gerichtliche Entscheidung, Einstweiliger Rechtsschutz*, Teil C Rdn 280 ff.) kommt eine Umstellung des Antrags auf Feststellung der Rechtswidrigkeit nicht in Betracht (OLG Hamm, Beschl. v. 25.1.2000 – 1 Vollz (Ws) 225/99).

Siehe auch: → *Strafvollzug, Erwachsene, Antrag auf gerichtliche Entscheidung, Allgemeines,* Teil C Rdn 190 m.w.N.

Strafvollzug, Erwachsene, Antrag auf gerichtliche Entscheidung, formelle und inhaltliche Anforderungen 321

Das Wichtigste in Kürze:

1. Für den Antrag nach § 109 StVollzG gelten die Formvorschriften des § 112 Abs. 1 StVollzG.
2. Es besteht kein Anwaltszwang. Der Antrag kann schriftlich oder zu Protokoll der Geschäftsstelle des Gerichts, durch Gefangene auch beim für die JVA zuständigen Amtsgericht, gestellt werden.
3. Der Antrag muss in deutscher Sprache verfasst sein.
4. Der Antrag muss einen Tatsachenvortrag enthalten, der es dem Gericht ermöglicht, den entsprechenden Sachverhalt ohne Zuhilfenahme weiterer Unterlagen und Erklärungen zumindest in den wesentlichen Punkten zu erkennen. Zudem muss der Antragsteller geltend machen, in seinen Rechten verletzt zu sein.
5. Der Antrag ist bedingungsfeindlich.
6. Ein Vorverfahren ist nicht erforderlich.

Literaturhinweise: **Müller**, Begründung als Zulässigkeitsvoraussetzung des Antrags auf gerichtliche Entscheidung gem. § 109 StVollzG, ZfStrVo 1993, 211; s.a. die Hinw. bei → *Strafvollzug, Erwachsene, Antrag auf gerichtliche Entscheidung, Allgemeines*, Teil C Rdn 191. 322

1. Für den Antrag nach § 109 StVollzG gelten die Formvorschriften des § 112 Abs. 1 StVollzG. 323

2.a) Für die Einhaltung der Form des Antrags gilt **kein Anwaltszwang**. Der Antrag kann durch den Antragsteller oder einen Bevollmächtigten gestellt werden. Ob dies auch ein **Mitgefangener** sein kann, ist str. (bejahend BayObLG, Beschl. v. 10.9.2024 – 204 StObWs 371/24; a.A. OLG Hamm, Beschl. v. 9.10.2025 – III-1 Vollz 422–425/24 unter Hinweis auf § 138 Abs. 2 StPO) 324

Die nach § 6 RDG zulässige Rechtsdienstleistung für einen anderen setzt neben Unentgeltlichkeit eine enge persönliche Beziehung voraus, die nicht allein darin begründet ist, dass Bevollmächtigter und Antragsteller sich in derselben JVA aufhalten (OLG Celle, Beschl. v. 26.9.2008 – 1 Ws 477/08, NStZ 2009, 218). Ein **Verstoß gegen § 6 RDG** führt indessen **nicht** zur **Unzulässigkeit** des Antrags (BVerfG, Beschl. v. 23.12.2003 – 2 BvR 917/03, NJW 2004, 1373; Arloth/Kra/*Arloth,* § 109 StVollzG, Rn 4; FFL/*Spaniol*, § 109 StVollzG, Rn. 7; a.A. OLG Schleswig, Beschl. v. 9.12.2003 – 2 Vollz Ws 407/03, NJW 2004, 868). Die unerlaubte Rechtsdienstleistung kann aber einen Ausschluss des Bevollmächtigten für die Zukunft oder disziplinarische Folgen für den Bevollmächtigten haben (OLG Celle,a.a.O.; OLG Koblenz, Beschl. v. 5.11.1996 – 2 Ws 552/96; s.a. →*Strafvollzug, Erwachsene, Disziplinarsachen*, Teil C Rdn 446 ff.)

b) Der Antrag ist **schriftlich** oder zur **Niederschrift der Geschäftsstelle** des Gerichts zu stellen, wobei dem Antragsteller ein **Wahlrecht** zusteht. 325

aa) Dass der Antrag eigenhändig unterschrieben ist, ist keine Voraussetzung für die Einhaltung der **Schriftform** (OLG Karlsruhe, Beschl. v. 29.2.1980 – 2 Ws 228/79; OLG Zweibrücken, Beschl. v. 13.8.1984 – 1 Vollz (Ws) 25/84, NStZ 1984, 576). Der Verfasser muss aber aus dem Schreiben hinreichend erkennbar sein. Der Antrag kann auch mittels **Telefax** gestellt werden (LNNVB/*Bachmann*, Kap. P, Rn 48), es besteht aber bzgl. der Nutzung eines anstaltseigenen Faxgerätes außerhalb des Falles unabdingbarer Notwendigkeit kein Anspruch des Gefangenen (OLG Dresden, Beschl. v. 16.12.1993 – 2 Ws 416/93, NStZ 1994, 208; OLG Frankfurt, Beschl. v. 26.10.2007 – 3 Ws 905/07 (StVollz), NStZ-RR 2008, 259). Ein Antrag mittels **E-Mail**-Verkehrs muss den sich aus § 120 Abs. 1 S. 2 StVollzG i.V.m. § 32a ff. StPO ergebenden Voraussetzungen genügen. 326

bb) Im Fall einer beabsichtigten Antragstellung zu Protokoll der Geschäftsstelle bedeutet dies i.d.R., dass diesem ein **Termin** durch den **Urkundsbeamten** des **Gerichts** eingeräumt werden muss, zu dem – wenn 327 dieser nicht den Gefangenen in der JVA aufsucht – die JVA den Strafgefangenen auszuführen hat. Wird diesem diese Möglichkeit versagt, kann er sich auch hiergegen zur Wehr setzen: Gegen die Weigerung der JVA, den Strafgefangenen zum Gericht auszuführen, nach § 109 StVollzG (BVerfG, Beschl. v. 7.5.2009 – 2 BvR 806/09), gegen die Weigerung des Urkundsbeamten, dem Strafgefangenen einen Termin einzuräumen, nach § 11 Abs. 2 RPflG (BVerfG, Beschl. v. 25.11.2008 – 2 BvR 2693/07). Neben dem für die Entscheidung zuständigen LG (→*Strafvollzug, Erwachsene, Antrag auf gerichtliche Entscheidung, Zuständigkeit des Gerichts*, Teil C Rdn 371 ff.) können Strafgefangene – also nicht deren Verfahrensbevollmächtigte (Arloth/Krä/*Arloth*, § 112 StVollzG, Rn 4) – ihren Antrag auch zu Protokoll der Geschäftsstelle des AG abgeben, in dessen Bezirk die JVA liegt (§ 120 Abs. 1 S. 2 StVollzG i.V.m. § 299 StPO). Befinden sich Gefangene zum Zeitpunkt der Antragstellung aufgrund Ausgangs oder Urlaub auf freiem Fuß, ist str., ob § 299 StPO Anwendung findet (so OLG Rostock, Beschl. v. 4.12.2014 – 20 Ws 328/14; dagegen mit guter Begründung OLG Hamm, Beschl. v. 7.5.2019 – III-1 Vollz (Ws) 218/19 [die Bewegungsfreiheit eines Freigängers ist hinsichtlich ihres Zwecks sowie in zeitlicher und regelmäßig auch räumlicher Hinsicht derart begrenzt, dass er nicht als auf freiem Fuß befindlich angesehen werden kann]).

328 **3.** Der Antrag muss in **deutscher Sprache** verfasst sein (§ 184 S. 1 GVG). Das Gericht kann einem erkennbar der deutschen Sprache nicht mächtigen Strafgefangenen zwar aufgeben, eine Übersetzung nachzureichen, es muss aber nicht selbst für eine Übersetzung sorgen (OLG Nürnberg, Beschl. v. 22.9.1988 – Ws 115/88; LR/*Simon*, § 184 GVG Rn 11; a.A. FFL/*Spaniol,* § 112 StVollzG, Rn 8). Auch die Beiordnung eines Dolmetschers für das gerichtliche Verfahren kommt nicht in Betracht (OLG Hamm, Beschl. v. 25.10.2022 – III-1 Vollz (Ws) 375/22 i.V.m. LG Arnsberg, Beschl. v. 1.6.2022 – 2 StVK 152/22). Bei fremdsprachigen Eingaben können es aber die Fürsorgepflicht und der Grundsatz des fairen Verfahrens gebieten, den Absender auf § 184 S. 1 GVG hinzuweisen oder Hilfe zu gewähren (SBJL/*Laubenthal*, 12. Kap., § 112, Rn 3). Andernfalls kommt Wiedereinsetzung in den vorigen Stand wegen unverschuldeter Versäumnis der Frist in Betracht (BVerfG, Beschl. v. 19.4.1995 – 2 BvR 2295/94, StV 1995, 394; → *Strafvollzug, Erwachsene, Antrag auf gerichtliche Entscheidung, Frist*, Teil C Rdn 346 ff.).

329 **4.a)** Dem Antrag auf gerichtliche Entscheidung muss eine **Begründung** zu entnehmen sein. Gem. § 109 Abs. 2 StVollzG muss der Antragsteller geltend machen, durch die Maßnahme oder ihre Ablehnung oder Unterlassung in seinen Rechten verletzt zu sein. Hierzu muss er Tatsachen vortragen, die, wenn sie gegeben wären, eine Rechtsverletzung als möglich erscheinen lassen (BVerfG, Beschl. v. 22.12.2021 – 2 BvR 491/21; OLG Frankfurt, Beschl. v. 6.2.1981 – 3 Ws 1048/80 (StVollz), ZfStrVo 1981, 317; OLG Karlsruhe, Beschl. v. 2.11.2000 – 2 Ws 152/00, NStZ-RR 2001, 186; Arloth/Krä/*Arloth*, § 109 StVollzG, Rn 13). Die hierzu entwickelte Rspr. fordert demnach einen hinreichend substantiierten und aus sich heraus verständlichen Sachvortrag (OLG Celle, Beschl. v. 4.1.1991 – 1 Ws 241/90 (StrVollz); OLG Hamm, Beschl. v. 7.6.2001 – 1 Vollz (Ws) 138/01; a.A. *Müller* ZfStrVo 1993, 211, 214), der es dem Gericht ermöglicht, den Sachverhalt **ohne Zuhilfenahme weiterer Erklärungen und Unterlagen** zu erkennen (KG, Beschl. v. 18.5.2009 – 2 Ws 8/09 Vollz, NStZ-RR 2010, 61; OLG Hamm, Beschl. v. 27.11.2012 – III-1 Vollz (Ws) 533/12, StV 2014, 351). Der geltende Untersuchungsgrundsatz enthebt den Antragsteller nicht von der Verpflichtung, sein Begehren in der vorgeschriebenen Form einzureichen (KG, Beschl. v. 12.3.2013 – 2 Ws 42/13 Vollz, StraFo 2013, 303).

330 **b)** Indessen dürfen die Anforderungen auch **nicht überspannt** werden (BVerfG, Beschl. v. 6.2.2020 – 2 BvR 1719/19; OLG Zweibrücken, Beschl. v. 30.10.1991 – 1 Vollz (Ws) 6/91, NStZ 1992, 512). Einer „schlüssigen" Darstellung bedarf es daher nicht (KG, Beschl. v. 18.5.2009 – 2 Ws 8/09 Vollz; OLG Hamm, a.a.O.; a.A. *Treptow* NJW 1977, 1037, 1038; *Peglau* NJW 2014, 2012). Die StVK ist zudem verpflichtet, Anträge auf gerichtliche Entscheidung bezüglich ihrer Zulässigkeit sachdienlich auszulegen und ggf. nach § 120 Abs. 1 StVollzG i.V.m. § 300 StPO umzudeuten (BayObLG, Beschl. v. 30.9.2024 – 204 StObWs 405/24; KG, Beschl. v. 8.4.2020 – 1 Ws 14/20 Vollz). Im Fall eines von

der Vollzugsbehörde abgelehnten Verpflichtungsbegehrens bedarf es für die Geltendmachung einer Rechtsverletzung im gerichtlichen Verfahren bei Schilderung des konkreten Begehrens keiner vertiefenden Ausführungen. Die mögliche Rechtsverletzung ergibt sich dann nämlich bereits aus der Ablehnung eines vermeintlichen Anspruchs (OLG Celle, Beschl. v. 26.9.2014 – 1 Ws 379/14).

c) Kein zulässiger Antrag liegt vor, wenn der Antragsteller damit erkennbar das Gericht nur **belästigen** will (OLG Celle, Beschl. v. 23.2.2023 – 1 Ws 11/23 (StrVollz) [Antrag, Stiefel zu Nikolaus vor der Zellentür aufstellen zu dürfen]; OLG Hamm, Beschl. v. 23.4.2019 – III-1 Vollz (Ws) 54/19). Ob dies der Fall ist, ist im Freibeweis zu klären. Enthält ein Antrag sowohl **Beschimpfungen** als auch sachliches Vorbringen, muss über die Sache entschieden werden (KG, Beschl. v. 15.8.2018 – 2 Ws 130/18 Vollz). 331

d) Die Begründung kann zwar **nach Ablauf** der **Frist** (→ *Strafvollzug, Erwachsene, Antrag auf gerichtliche Entscheidung, Frist*, Teil C Rdn 336 ff.) **ergänzt**, grds. aber **nicht nachgeholt** werden (OLG Hamm, Beschl. v. 27.3.2025 – III-1 Vollz 478–480/24; Arloth/Krä/*Arloth,* § 112 StVollzG Rn 4). Aufgrund der bestehenden Fürsorgepflicht hat das Gericht gerichtsunerfahrene Antragsteller auf etwaige Mängel hinzuweisen, bevor es den Antrag als unzulässig zurückweist (BayObLG, Beschl. v. 28.5.2024 – 204 StObWs 187/24; KG, Beschl. v. 12.3.2013 – 2 Ws 42/13 Vollz, StraFo 2013, 303; OLG Hamburg, Beschl. v. 14.3.1978 – Vollz (Ws) 4/78, ZfStrVo SH 1979, 56). Ausnahmsweise ist es dann auch möglich, fehlende Erklärungen noch nach Fristablauf abzugeben (KG, Beschl. v. 22.7.2013 – 2 Ws 363/13 Vollz; OLG Koblenz, Beschl. v. 23.6.2010 – 2 Ws 184/10; offen gelassen von OLG Hamm, Beschl. v. 17.5.2018 – III-1 Vollz (Ws) 153/18). Die Hinweispflicht besteht nicht bei Rechtsanwälten oder forensisch erfahrenen Gefangenen (BayObLG, Beschl. v. 6.11.2024 – 203 StObWs 462/24; KG, Beschl. v. 27.6.2019 – 5 Ws 55/19 Vollz; OLG Hamm, a.a.O.). 332

> ☝ Trotz des geltenden Untersuchungsgrundsatzes ist es **empfehlenswert**, bereits im Verfahren vor der **StVK** bei im Streit stehenden Tatsachen – etwa über den Vorwurf, der zu einer Disziplinarverfügung gegen den Strafgefangenen führt – das Vorbringen der Vollzugsbehörde durch eine **fundierte Sachdarstellung** zu widerlegen (*Pollähne/Woynar*, Rn 555). Zudem sollte der Antrag bereits entsprechende Beweisangebote bzw. etwaige vorhandene schriftliche Beweismittel in Kopie beinhalten! (*Peglau* NJW 2014, 2012, 2013)!

5. Der Antrag ist **bedingungsfeindlich.** 333

> ☝ Das gilt auch für den Fall, dass der Antrag unter der Bedingung, **PKH** bewilligt zu bekommen, gestellt wird. Selbst ein im Nachhinein erklärter Verzicht des Antragstellers auf die Bedingung vermag den unwirksamen Antrag nicht rückwirkend aufleben zu lassen (BayObLG, Beschl. v. 22.8.2023 – 203 StObWs 298/23).

6. Ein **Vorverfahren** sieht das Gesetz seit dem 1.6.2013 **nicht** mehr vor (BT-Drucks 17/9874, S. 27/28). 334

Im **Jugendstrafvollzugl** kann aber das Landesrecht vorsehen, dass der Antrag erst nach einem Verfahren zur gütlichen Streitbeilegung gestellt werden kann (§ 92 Abs. 1 S. 2, 2. Hs JGG). Dies ist derzeit nur im Saarland vorgesehen (§ 87 Abs. 4 SJStVollzG; → *Strafvollzug, Jugendliche, Rechtsschutz,* Teil C Rdn 540). 335

Siehe auch: → *Strafvollzug, Erwachsene, Antrag auf gerichtliche Entscheidung, Allgemeines,* Teil C Rdn 190 m.w.N.; → *Strafvollzug, Erwachsene, Antrag auf gerichtliche Entscheidung, Antragsarten,* Teil C Rdn 215; → *Strafvollzug, Erwachsene, Antrag auf gerichtliche Entscheidung, Antragsgegenstand,* Teil C Rdn 126; → *Strafvollzug, Erwachsene, Antrag auf gerichtliche Entscheidung, Checkliste,* Teil C Rdn 277; → *Strafvollzug, Erwachsene, Antrag auf gerichtliche Entscheidung, Frist*, Teil C Rdn 336; → *Strafvollzug, Jugendliche, Rechtsschutz,* Teil C Rdn 860.

336 Strafvollzug, Erwachsene, Antrag auf gerichtliche Entscheidung, Frist

Das Wichtigste in Kürze:

1. Im Fall eines Anfechtungs- oder Verpflichtungsbegehrens muss der Antrag binnen zwei Wochen nach schriftlicher Bekanntgabe oder Zustellung erhoben werden. Fehlt es an einer schriftlichen Bekanntgabe oder Zustellung der Entscheidung kann Antrag auf gerichtliche Entscheidung binnen Jahresfrist gestellt werden.
2. Eine Wiedereinsetzung in den vorigen Stand ist möglich. Dessen Regeln weichen von denen der §§ 44, 45 StPO ab. Ein Verschulden des Rechtsanwalts an der Fristversäumnis wird dem Antragsteller grds. zugerechnet.

337 **Literaturhinweise:** S. die Hinw. bei → *Strafvollzug, Erwachsene, Antrag auf gerichtliche Entscheidung, Allgemeines*, Teil C Rdn 191.

338 **1.a)** Der Antrag auf gerichtliche Entscheidung muss im Fall eines Anfechtungs- oder Verpflichtungsbegehrens (→ *Strafvollzug, Erwachsene, Antrag auf gerichtliche Entscheidung, Antragsarten*, Teil C Rdn 218 ff.) **binnen zwei Wochen** nach Zustellung oder schriftlicher Bekanntgabe des Bescheids gestellt und begründet werden (§ 112 Abs. 1 StVollzG).

339 Die **Fristberechnung** bestimmt sich nach **§ 120 Abs. 1 S. 2 StVollzG i.V.m. § 43 StPO** (SBJL/*Laubenthal*, 12. Kap., § 112 StVollzG, Rn 1). Die Zustellung ist eine formstrenge schriftliche Mitteilung und erfolgt nach § 120 Abs. 1 S. 2 StVollzG i.V.m. § 37 Abs. 1 StPO, §§ 168 Abs. 1 S. 2, 176 Abs. 1, 178 Abs. 1 Nr. 3 ZPO, demnach bei Inhaftierten über einen Bediensteten (nicht an die Leitung, § 178 Abs. 2 ZPO!) der JVA (SBJL/Laubenthal, a.a.O., Rn 2). Im Falle nur schriftlicher Bekanntgabe gilt die Fiktion des § 41 Abs. 2 VwVfG nicht (KG, Beschl. v. 10.7.2002 – 5 Ws 310/02 Vollz, NStZ-RR 2002, 83; OLG Koblenz, Beschl. v. 28.4.2014 – 1 Ws 43/14 (Vollz); LNNVB/*Bachmann*, Kap. P, Rn 46).

340 **b)aa)** Fehlt es an einer schriftlichen Bekanntgabe oder Zustellung der Entscheidung – etwa bei **mündlicher Eröffnung** der Maßnahme oder bei **Realakten** –, wird die Frist des § 112 Abs. 1 StVollzG nicht in Gang gesetzt (OLG Koblenz, Beschl. v. 11.6.1992 – 2 Ws 202/92, ZfStrVo 1992, 321, 322; FFL/*Spaniol*, § 112 StVollzG Rn 2). Allerdings kann dann der Antrag auf gerichtliche Entscheidung nach h.M. entsprechend § 113 Abs. 3 StVollzG nur **bis zum Ablauf eines Jahres** gestellt werden (OLG Frankfurt, Beschl. v. 18.7.2003 – 3 Ws 578/03 (StVollz), NJW 2003, 2843; OLG Jena, Beschl. v. 16.2.2000 – 1 Ws 382/99; OLG Nürnberg, Beschl. v. 8.9.2014 – 1 Ws 344/14; Arloth/Krä/*Arloth*, § 112 StVollzG, Rn 3; a.A. FFL/*Spaniol*, § 112 StVollzG, Rn 3: keine starre Grenze, soweit im Einzelfall Gründe für längeres Zuwarten).

341 **bb)** Der Antragsteller hat **keinen Anspruch** darauf, dass ihm die **Entscheidung** der Vollzugsbehörde **schriftlich mitgeteilt** wird (BayObLG, Beschl. v. 18.11.2021 – 204 StObWs 329/21; OLG Hamm, Beschl. v. 23.5.2013 – III-1 Vollz (Ws) 166/13; OLG Jena, Beschl. v. 16.2.2000 – 1 Ws 382/99), es sei denn, das Gesetz sieht das Erfordernis einer schriftlichen Entscheidung, ggf. auf Antrag, vor (etwa beim Vollzugsplan), es besteht ein überwiegendes Interesse des Antragstellers hieran (OLG Koblenz, Beschl. v. 2.9.1980 – 2 Vollz (Ws) 32/80, ZfStrVo 1981, 62), etwa bei Entscheidungen von erheblicher Tragweite für einen Strafgefangenen, die in ihrer Zusammensetzung rechtlich und tatsächlich schwierig zu beurteilen sind (OLG Hamm, Beschl. v. 12.3.1998 – 1 Vollz (Ws) 109/98; SBJL/*Laubenthal*, 12. Kap., § 112 StVollzG Rn 2) oder wenn dem Wortlaut des Bescheids entscheidende Bedeutung zukommt oder dieser so umfangreich ist, dass deshalb eine schriftliche Bekanntgabe geboten ist (BayObLG, a.a.O.; weitergehend FFL/*Spaniol*, § 109 StVollzG, Rn 16: analog § 37 Abs. 2 VwVfG bereits bei unverzüglichem Verlangen und bestehendem rechtlichen Interesse). Einen Anspruch auf schriftliche Bescheidung von

Anträgen kann auch nicht über einen Anspruch auf Auskunftsbegehren nach den datenschutzrechtlichen Bestimmungen verlangt werden (OLG Naumburg, Beschl. v. 27.7.2016 – 1 Ws (RB) 34/16).

☝ Auch die Entscheidung der JVA, eine Maßnahme nicht schriftlich begründen zu wollen, stellt eine angreifbare Maßnahme i.S.d. § 109 StVollzG dar, die neben der eigentlichen Entscheidung in der Sache gerichtlich überprüft werden kann.

cc) Weigert sich der Antragsteller ohne sachlichen Grund, den ihm schriftlich angebotenen Bescheid anzunehmen, hindert dies den Fristlauf nicht. Der Zugang wird dann fingiert (OLG Frankfurt, Beschl. v. 18.9.2002 – 3 Ws 863/02, NStZ-RR 2002, 351). Verlegt die Vollzugsbehörde aber auf Bitte des Gefangenen die Bekanntgabe einverständlich auf einen späteren Zeitpunkt, beginnt die 2-Wochen-Frist noch nicht zu laufen (OLG Karlsruhe, Beschl. v. 4.10.2016 – 2 Ws 264/16, StraFo 2017, 38). 342

c) Die Frist des § 112 Abs. 1 StVollzG kann der Antragsteller bis zum Schluss ausschöpfen (SBJL/*Laubenthal,* 12, Kap., § 112 StVollzG Rn 2). Allerdings schließt das **Ausschöpfen** der **Frist** den Zeitraum mit ein, der erforderlich ist, um den Rechtsbehelf in der gesetzlich vorgeschriebenen Form bei Gericht anzubringen (OLG Celle, Beschl. v. 23.8.2011 – 1 Ws 325/11, StraFo 2011, 417). Entscheidet sich ein Inhaftierter, die Antragsfrist als Abwägungsfrist bis zum Ende auszuschöpfen, trifft ihn deshalb eine besondere Sorgfaltspflicht, alles Erforderliche zu tun, um die Einhaltung der Frist durch Eingang des Antrags bei Gericht sicherzustellen. Wählt er die Möglichkeit, seinen Antrag zu Protokoll der Geschäftsstelle des Gerichts zu erheben, muss er ein hierfür erforderliches Gesuch um Ausführung so rechtzeitig anbringen, dass die Ausführung durch die JVA in zumutbarer Weise noch bis zum Ablauf der Frist vorgenommen werden kann (OLG Hamm, Beschl. v. 28.5.2015 – 1 Vollz (Ws) 248/15: 5 Werktage vor Ablauf der Frist; BayObLG, Beschl. v. 5.6.2024 – 204 StObWs 223/24: 4 Tage; OLG Karlsruhe, Beschl. v. 12.1.2021 – 2 Ws 291/20: 3 Werktage). 343

d) Keine Fristen sind im Fall eines allgemeinen **Feststellungs-** oder allgemeinen **Leistungsantrags** zu beachten (OLG Hamm, Beschl. v. 1.4.2014 – 1 Vollz (Ws) 93/14; SBJL/*Laubenthal,* 12. Kap., § 112 StVollzG Rn 2; → *Strafvollzug, Erwachsene, Antrag auf gerichtliche Entscheidung, Antragsarten*, Teil C Rdn 264 ff.). Unter besonderen Umständen kommt aber eine **Verwirkung** infolge Zeitablaufs in Betracht (BayObLG, Beschl. v. 10.9.2024 – 204 StObWs 371/24). Ein **Fortsetzungsfeststellungsantrag** unterliegt keiner Frist, ist aber nur zulässig, wenn zuvor die Frist für einen Anfechtungs- oder Verpflichtungsantrag nicht versäumt worden ist (→ *Strafvollzug, Erwachsene, Antrag auf gerichtliche Entscheidung, Erledigung*, Teil C Rdn 314). 344

e) Weniger die Frist als vielmehr die **Bestandskraft** der Entscheidung der Vollzugsbehörde steht im Mittelpunkt, wenn ein Strafgefangener **Vollzugslockerungen** erstrebt, obwohl im **Vollzugsplan** seine Eignung hierfür verneint worden und der Vollzugsplan bestandskräftig geworden ist. Da es sich bei der Feststellung der Eignung des Gefangenen für Vollzugslockerungen einerseits und dem Antrag auf Gewährung einer einzelnen Lockerungsmaßnahme indessen um **prozessual voneinander verschiedene Verfahrensgegenstände** handelt, sind diese gesondert voneinander anfechtbar (KG, Beschl. v. 22.12.2009 – 2 Ws 560/09 Vollz; OLG Hamm, Beschl. v. 27.3.2025 – III-1 Vollz 478–480/24; OLG Schleswig, Beschl. v. 8.4.2008 – 2 Vollz Ws 123/08, NStZ 2009, 576; OLG Stuttgart, Beschl. v. 8.5.2018 – V 4 Ws 31/18; a.A. OLG Celle, Beschl. v. 1.4.2015 – 1 Ws 110/15; nur bei neuen Umständen, die bei der Vollzugsplanung noch nicht berücksichtigt werden konnten). Die lockerungsbezogene Vollzugsplanentscheidung ist aber auch materiellrechtlich von der Einzelfallentscheidung zu unterscheiden, weshalb die bestandskräftigen Feststellungen des Vollzugsplans die StVK nicht davon befreien, den Sachverhalt umfassend aufzuklären und festzustellen, ob die JVA den Sachverhalt insgesamt vollständig ermittelt und damit eine hinreichende tatsächliche Grundlage für ihre Entscheidung bezogen auf die vom Gefangenen beantragte Lockerungsmaßnahme geschaffen hat (BVerfG, Beschl. v. 3.3.2021 – 2 BvR 866/20; OLG Brandenburg, Beschl. v. 29.2.2024 – 2 Ws 156/23 (S)). Bei einer Fortschreibung eines Vollzugsplans kön- 345 nen freilich nur die Inhalte angegriffen werden, die im vorherigen Vollzugsplan noch nicht bestandskräftig geworden sind (KG, Beschl. v. 11.7.2016 – 5 Ws 58/16 Vollz).

346 **2.a)** War der Antragsteller ohne Verschulden verhindert, die Frist des § 112 Abs. 1 StVollzG einzuhalten, hat er die Möglichkeit, **Wiedereinsetzung** in den **vorigen Stand** nach § 112 Abs. 2 bis 4 StVollzG zu beantragen. Diese Regelungen unterscheiden sich von denen der §§ 45, 45 StPO. Wesentlichster Unterschied ist die Antragsfrist. Das Gesuch muss **binnen zwei Wochen** nach Wegfall des Hindernisses eingelegt sein (§ 112 Abs. 3 S. 1 StVollzG). Ein entsprechender Antrag muss Tatsachen darlegen, aus denen sich die versäumte Frist, der Hinderungsgrund und der Zeitpunkt seines Wegfalls ergibt. Diese sind **glaubhaft** zu machen, wobei dies auch noch nach Ablauf von zwei Wochen im Verfahren nachgeholt werden kann (§ 112 Abs. 3 S. 2 StVollzG).

☝ Innerhalb der Antragsfrist ist die **versäumte Rechtshandlung nachzuholen** (§ 112 Abs. 3 S. 3 StVollzG).

347 **b)** Bei der Beurteilung, ob die Fristversäumnis **unverschuldet** erfolgt ist, lassen sich die allgemeinen Grundsätze, die zur Wiedereinsetzung entwickelt worden sind, nicht ohne Einschränkung auf das Verfahren nach §§ 109 ff. StVollzG übertragen. Insoweit sind die **Besonderheiten** des **Strafvollzuges**, namentlich die Situation der Strafgefangenen zu **beachten**.

348 Hinzuweisen ist auf folgende

Rechtsprechungsbeispiele:

- Kann der Antragsteller wegen irgendwelcher Versäumnisse, die in der **Sphäre** der **JVA** liegen, den Zeitpunkt seiner Antragstellung nicht anders als durch schlichte Erklärung glaubhaft machen (etwa fehlende Vorkehrungen zur Ermöglichung der Dokumentation des Zeitpunkts der Absendung des Schreibens), muss dies für die Wiedereinsetzung genügen (BVerfG, Beschl. v. 4.2.1993 – 2 BvR 389/92, StV 1993, 451).
- Anders als bei § 26 Abs. 2 S. 2 EGGVG gilt die Vermutung des fehlenden Verschuldens bei **fehlender Rechtsbehelfsbelehrung** nicht, weil eine solche im Verfahren nach §§ 109 ff. StVollzG nicht vorgesehen ist (KG, Beschl. v. 13.7.1995 – 5 Ws 221/95 Vollz, NStZ-RR 1996, 158; OLG Frankfurt, Beschl. v. 31.1.1978 – 3 Ws 808/77 (StVollz), ZfStrVo SH 1978, 44; OLG Zweibrücken, Beschl. v. 25.1.1990 – 1 Vollz (Ws) 10/89, ZfStrVo 1990, 307; *Zwiehoff*, S. 75 f.). Bestehen aber Anhaltspunkte dafür, dass der Strafgefangene entgegen den landesgesetzlichen Vorgaben (§ 4 Abs. 1 JVollzGB III BW; Art. 7 Abs. 2 BayStVollzG; § 7 Abs. 1 StVollzG Bln; § 12 BbgJVollzG; § 6 Abs. 1 Brem StVollzG; § 7 Abs. 2 Nr. 1 HmbStVollzG; 8 Abs. 1 S. 2 HStVollzG; § 6 Abs. 1 StVollzG M-V; § 8 Abs. 1 NJVollzG; § 8 Abs. 1 StVollzG NRW; § 12 Abs. 1 LJVollzG RhPf; § 6 Abs. 1 SL StVollzG; § 6 Abs. 1 SächsStVollzG; § 12 Abs. 1 JVollzGB I LSA; § 6 Abs. 1 S. 2 LStVollzG SH; § 12 Abs. 1 ThürJVollzGB) über seine Rechte nicht hinreichend informiert oder ihm trotz entsprechenden Antrags kein Text des StVollzG bzw. des entsprechenden Landesgesetzes zur Verfügung gestellt worden ist (hierzu OLG Celle, Beschl. v. 8.7.1986 – 3 Ws 300/86, NStZ 1987, 44; OLG Naumburg, Beschl. v. 14.10.2013 – 1 Ws 526/13, NStZ 2014, 230), kann eine auf fehlendem Verschulden beruhende Rechtsunkenntnis erwogen werden (OLG Koblenz, Beschl. v. 4.9.2013 – 2 Ws 459/13; LNNVB/*Bachmann*, Kap. P, Rn 49; *Zwiehoff, S.* 78). Anders ggf. bei speziellen Rechtskenntnissen des Strafgefangenen oder einer bestehenden Erkundigungspflicht, etwa bei langandauerndem Strafvollzug (*Zwiehoff*, S. 78).
- Ist der **Antrag** auf gerichtliche Entscheidung bei einer **unzuständigen Stelle erhoben** worden, wird die Frist dennoch gewahrt, wenn der Antrag noch innerhalb der Frist an die zuständige Stelle übermittelt oder das zuständige Gericht telefonisch von dem Inhalt der Antrags unterrichtet wird und der Urkundsbeamte der Geschäftsstelle dieses Gerichts hierüber einen schriftlichen Aktenvermerk aufnimmt. Wird der Antrag von der unzuständigen Stelle nur vorwerfbar verzögert an das zuständige

Gericht weitergeleitet, so dass er dort erst nach Ablauf der Frist eintrifft, begründet dies einen Anspruch auf Wiedereinsetzung in den vorherigen Stand (SBJL/*Laubenthal*, 12. Kap., § 112 StVollzG Rn 7).

- **Verweigert** die **JVA** dem Antragsteller am letzten Tag der Frist die Nutzung des anstaltseigenen **Faxgerätes**, kann dies einen Anspruch auf Wiedereinsetzung in den vorherigen Stand begründen, wenn der Antragsteller darauf vertrauen durfte, das Faxgerät nutzen zu dürfen (OLG Celle, Beschl. v. 23.8.2011 – 1 Ws 325/11 (StrVollz), StraFo 2011, 417; OLG Dresden, Beschl. v. 16.12.1993 – 2 Ws 416/93, NStZ 1994, 208; OLG Frankfurt, Beschl. v. 26.10.2007 – 3 Ws 905/07 (StVollz), NStZ-RR 2008, 259).
- Wählt ein Strafgefangener für die Antragstellung die Niederschrift zu Protokoll der Geschäftsstelle und beantragt seine **Ausführung** rechtzeitig (Teil C Rdn 343) aber erfolglos, kann Wiedereinsetzung nicht mit dem Argument, er hätte den Antrag auf gerichtliche Entscheidung schriftlich stellen können, versagt werden.
- Ist die **Bekanntgabe** der Maßnahme an den **Verfahrensbevollmächtigten entgegen § 120 Abs. 1 S. 2 StVollzG i.V.m. § 145a Abs. 3 S. 2 StPO** unterblieben, kann ein Wiedereinsetzungsgrund von Amts wegen gegeben sein (KG, Beschl. v. 13.7.1995 – 5 Ws 221/95 Vollz, NStZ-RR 1996, 158; OLG Celle, Beschl. v. 15.8.1988 – 1 Ws 214/88 (StrVollz)).
- Ein innerhalb der Frist gestellter Antrag auf Bewilligung von **PKH** (→ *Strafvollzug, Erwachsene, Antrag auf gerichtliche Entscheidung, PKH/ Beiordnung*, Teil C Rdn 361 ff.) begründet einen Anspruch auf Wiedereinsetzung, wenn sich der Antragsteller für bedürftig halten konnte (BVerfG, Beschl. v. 20.12.2000 – 2 BvR 668/00, StV 2002, 272; OLG Koblenz, Beschl. v. 19.12.1996 – 2 Ws 670/96, NStZ-RR 1997, 187).
- Hingegen wird ein fehlendes Verschulden bei **Verschulden** des **Verfahrensbevollmächtigten** von der überwiegenden Rspr. anlehnend an § 85 Abs. 2 ZPO als Ausdruck eines allgemeinen Verfahrensgrundsatzes verneint, weil das Verfahren dem eines Verwaltungsprozesses mehr ähnelt als einem Strafverfahren (KG, Beschl. v. 12.7.2021 – 5 Ws 63/21 Vollz; OLG Celle, Beschl. v. 29.12.2025 – 1 Ws 178/25 (StrVollz); OLG Frankfurt, Beschl. v. 1.4.1982 – 3 Ws 179/82, NStZ 1982, 351; OLG Hamm, Beschl. v. 17.9.2015 – III-1 Vollz (Ws) 275/15; OLG Zweibrücken, Beschl. v. 23.4.2018 – 1 Ws 12/18 (Vollz)). Die gegenteilige Auffassung, die von fehlendem Verschulden ausgeht, weil ein Strafgefangener nicht zur Überwachung seines Verfahrensbevollmächtigten verpflichtet werden könne (SBJL/*Laubenthal*, 12. Kap., § 112 StVollzG Rn 7; FFL/*Spaniol*, § 112 StVollzG Rn 12; differenzierend LNNVB/*Bachmann*, Kap. P, Rn 50; *Zwiehoff*, S. 83 [keine Zurechnung bei Disziplinarmaßnahmen]), hat sich bislang nicht durchgesetzt. Ob auch das Verschulden eines nach § 109 Abs. 3 StVollzG beigeordneten Verteidigers dem Antragsteller zugerechnet werden kann, ist bislang nicht abschließend geklärt (bejahend Arloth/Krä/*Arloth*, § 112 StVollzG, Rn 5; a.A. FFL/*Spaniol*, § 109 StVollzG, Rn 39; offen gelassen OLG Celle, Beschl. v. 24.6.2015 – 1 Ws 290/15 (StrVollz), StraFo 2015, 346).

☝ Bei **Kanzleiversehen** bedarf es Ausführungen, die auch ein Organisationsverschulden des Rechtsanwalts ausschließen (OLG Celle, a.a.O.)! Im Übrigen ist bei der Glaubhaftmachung durch anwaltliche Versicherung darauf zu achten, dass sich diese nur auf Tatsachen beziehen kann, die der eigenen Wahrnehmung durch den Rechtsanwalt unterlagen (OLG Celle, Beschl. v. 29.12.2025 – 1 Ws 178/25 (StrVollz)).

c) Regelmäßig **ausgeschlossen** ist die **Wiedereinsetzung** mit Ablauf der **Jahresfrist** (§ 112 Abs. 4 StVollzG). Eine Wiedereinsetzung gegen die Versäumung dieser Frist ist nicht möglich (Arloth/Krä/*Arloth*, § 112 StVollzG Rn 7). Der Antragsteller kann sich nur noch auf eine Verhinderung durch höhere Gewalt berufen. 349

d) Zur **Anfechtbarkeit** die Wiedereinsetzung ablehnender Entscheidungen siehe → *Strafvollzug, Erwachsene, Rechtsbeschwerde, Allgemeines*, Teil C Rdn 528). Die Bewilligung von Wiedereinsetzung in den vorigen 350

Stand ist unanfechtbar (Arloth/Krä/*Arloth,* § 112 StVollzG Rn 7; *Zwiehoff, S.* 87) und durch das Rechtsbeschwerdegericht nicht zu prüfen (OLG Koblenz, Beschl. v. 15.8.2022 – 2 Ws 255/22 Vollz).

Siehe auch: → *Strafvollzug, Erwachsene, Antrag auf gerichtliche Entscheidung, Allgemeines,* Teil C Rdn 190 m.w.N.; → *Strafvollzug, Erwachsene, Antrag auf gerichtliche Entscheidung, Antragsarten*, Teil C Rdn 215; → *Strafvollzug, Erwachsene, Rechtsbeschwerde, Allgemeines*, Teil C Rdn 522 m.w.N.

351 Strafvollzug, Erwachsene, Antrag auf gerichtliche Entscheidung, Kosten und Streitwert

Das Wichtigste in Kürze:

1. Die Kostentragungspflicht richtet sich nach strafprozessualen Grundsätzen. Unterliegt der Antragsteller oder nimmt er seinen Antrag zurück, trägt er die Kosten des Verfahrens. Bei Erledigung der Hauptsache in sonstiger Weise entscheidet die StVK über die Kostentragung nach billigem Ermessen. Die Möglichkeit einer Kostenbeschwerde ist nur eingeschränkt gegeben.
2. Die Höhe der entstandenen Kosten richtet sich nach dem von Amts wegen festzusetzenden Streitwerts. Dabei wird bei Strafgefangenen auf deren wirtschaftlich beschränkte Verhältnisse Rücksicht genommen. Die Möglichkeit einer isolierten Streitwertbeschwerde ist streitig.

352 **Literaturhinweise: Burhoff,** ABC der Gegenstandswerte in Straf- und Bußgeldverfahren, AGS 2024, 243; **Volpert,** Vergütung des Rechtsanwalts in Verfahren nach dem Strafvollzugsgesetz, RVGreport 2012, 362; s.a. die Hinweise bei → *Strafvollzug, Erwachsene, Antrag auf gerichtliche Entscheidung, Allgemeines,* Teil C Rdn 191, und bei → *Vergütung im Strafvollzug,* Teil J Rdn 401.

353 **1.a)** In der das Verfahren abschließenden Entscheidung ist zu bestimmen, von wem die Kosten des Verfahrens und die insoweit entstandenen notwendigen Auslagen zu tragen sind (§ 121 Abs. 1 StVollzG). Die **Kostentragungspflicht** richtet sich hauptsächlich nach **strafprozessualen Regel**n (§ 121 Abs. 4 StVollzG). Demnach hat der Antragsteller die Kosten zu tragen, soweit er unterliegt oder seinen Antrag zurücknimmt (§ 121 Abs. 2 S. 1 StVollzG).

☝ Führt ein Antrag des Antragstellers auf Verlegung in den offenen Vollzug nur zur Aufhebung des ablehnenden Bescheides mit Verpflichtung der JVA zur Neubescheidung, folgt aus dem Teilunterliegen die Verpflichtung zur anteiligen Tragung der Kosten und Gebühren. Das KG (Beschl. v. 24.7.2020 – 5 Ws 106/20 Vollz) hält dabei eine Kostentragungspflicht zur Hälfte für angemessen. Eine Ermäßigung der Gerichtsgebühr von 1,0 ist bei Teilunterliegen nicht vorgesehen (KG, a.a.O.).

354 Eine **Besonderheit** ergibt sich aus § 121 Abs. 1 S. 2 StVollzG, wonach bei **Erledigung** der **Hauptsache** (→*Strafvollzug, Erwachsene, Antrag auf gerichtliche Entscheidung, Erledigung*, Teil C Rdn 291 ff.) eine Entscheidung des Gerichts nach **billigem Ermessen** vorgenommen wird. Dabei sind der bisherige Sach- und Streitstand zu berücksichtigen. Hätte der Antrag des Strafgefangenen Erfolg gehabt, sind die Kosten und seine entstandenen notwendigen Auslagen daher der Staatskasse aufzuerlegen (KG, Beschl. v. 24.6.1981 – 2 Ws 27/81, StV 1982, 79; OLG Hamm, Beschl. v. 4.10.2001 – 1 Vollz (Ws) 201/01, ZfStrVo 2002, 243; OLG München, Beschl. v. 18.11.1985 – 1 Ws 876/85, NStZ 1986, 96). Bei nicht abschließender Klärungsmöglichkeit kommt eine Teilung der Kosten und Auslagen in Betracht (OLG Dresden, Beschl. v. 8.10.1999 – 2 Ws 537/99; Arloth/Krä/*Arloth*, § 121 StVollzG, Rn 4).

☝ Da das Kostenverzeichnis Teil 3 zum GKG in Ziffern 3810 – 3830 gerichtliche Gebühren nur für die Zurückweisung oder Zurücknahme eines Antrags vorsieht, geht die angeordnete Kostentragungspflicht im Fall einer Erledigung allerdings regelmäßig ins Leere!

b) Gegen eine Kostenentscheidung steht den Beteiligten gem. § 121 Abs. 4 StVollzG i.V.m. § 464 Abs. 3 StPO die **sofortige Beschwerde** zu, wobei dieser Grundsatz mehrere **Einschränkungen** erfährt (zur sofortigen Beschwerde allgemein *Burhoff*, EV, Rn 4291; Burhoff/*Hillenbrand*, RM, Teil A Rn 550 ff.). 355

Kostenbeschwerde ausgeschlossen 356

- wenn der Beschwerdewert die **Grenze** von **300,00 EUR nicht** übersteigt (§ 120 Abs. 1 S. 2 StVollzG i.V.m. § 304 Abs. 3 S. 1 StPO; vgl. noch zur alten Wertgrenze von 200 € OLG Bamberg, Beschl. v. 12.7.2010 – 1 Ws 351/10; OLG Brandenburg, Beschl. v. 3.2.2025 – 1 Ws 172/24 (S); OLG Köln, Beschl. v. 20.12.2011 – 2 Ws 771/11),

☝ **Entscheidend** ist der Beschwerdewert, also der **Wert** der **entstandenen Kosten**, nicht dagegen der vom Gericht festzusetzende Streitwert!

- wenn die **Hauptsacheentscheidung unanfechtbar** wäre (§ 121 Abs. 4 StVollzG i.V.m. § 464 Abs. 3 S. 1, 2. Halbs. StPO); daher ist ein Rechtsmittel gegen die Kostenentscheidung nach § 121 Abs. 2 S. 2 StVollzG nicht möglich (KG, Beschl. v. 21.9.2020 – 5 Ws 115/19 Vollz; OLG Celle, Beschl. v. 20.3.2025 – 1 Ws 45/25 (StrVollz); OLG Düsseldorf, Beschl. v. 11.2.1999 – 1 Ws 13/99, NStZ-RR 2000, 31; OLG Jena, Beschl. v. 5.3.1996 – 1 Ws 21/96, NStZ-RR 1996, 254; OLG Karlsruhe, Beschl. v. 16.6.1994 – 2 Ws 114/94, NStZ 1994, 456; OLG Koblenz, Beschl. v. 3.11.1988 – 2 Vollz (Ws) 76/88; OLG Saarbrücken, Beschl. v. 3.12.1987 – 1 Ws 160/87, NStZ 1988, 432; OLG Stuttgart, Beschl. v. 29.9.2005 – 4 Ws 231/2005, Justiz 2006, 15),

☝ **Nimmt** die **StVK** allerdings gegen den Willen des Antragstellers in der **Hauptsache Erledigung** an, kann hiergegen Rechtsbeschwerde erhoben werden. Damit wäre dann auch eine Kostenbeschwerde möglich (BayObLG, Beschl. v. 22.10.2024 – 203 StObWs 498/24; KG, a.a.O.; FFL/Spaniol, § 121 StVollzG, Rn 8). Im Fall eines erfolgreichen Antrags auf gerichtliche Entscheidung ist eine Kostenbeschwerde ebenfalls möglich, da die Beschränkung des § 464 Abs. 3 S. 1, 2. Halb. StPO nur greift, wenn das Gesetz eine Hauptentscheidung ausdrücklich für unanfechtbar erklärt oder sich die Unanfechtbarkeit aus dem systematischen Gesamtzusammenhang ergibt. Gegen Entscheidungen der Kammer in Strafvollzugssachen sieht das Gesetz aber die Rechtsbeschwerde als statthaftes Rechtsmittel vor. Diese könnte der Antragsteller lediglich mangels Beschwer nicht erheben (OLG Celle, Beschl. v. 25.8.2010 – 1 Ws 436/10 (StrVollz); Beschl. v. 28.11.2025 – 1 Ws 167/25 (StrVollz)).

- wenn eine **Rechtsbeschwerde** mangels Fortbildungs- oder Sicherungsinteresses nach § 116 Abs. 1 StVollzG (→ *Strafvollzug, Erwachsene, Rechtsbeschwerde, Zulässigkeit*, Teil C Rdn 612 ff.) **unzulässig** wäre (OLG Jena, Beschl. v. 9.5.2006 – 1 Ws 102/06; OLG Koblenz, Beschl. v. 8.11.1996 – 2 Ws 699/96; OLG Rostock, Beschl. v. 12.11.2012 – I Vollz (Ws) 28/12, NStZ-RR 2013, 92; OLG Stuttgart, Beschl. v. 29.9.2005 – 4 Ws 231/2005, Justiz 2006, 15; FFL/*Spaniol*, § 121 StVollzG Rn 8; a.A., wonach es nur auf die Statthaftigkeit der Rechtsbeschwerde ankäme SBJL/*Laubenthal*, 12. Kap., § 121 StVollzG Rn 6). Nach OLG Rostock (a.a.O.) und OLG Stuttgart (a.a.O.) ist eine isolierte Kostenbeschwerde auch dann ausgeschlossen, wenn mangels Rechtsbehelfs in der Hauptsache nicht geprüft werden könne, ob die Rechtsbeschwerde nach § 116 Abs. 1 StVollzG zulässig wäre. Diese Auffassung geht allerdings zu weit, weil sie eine isolierte Kostenbeschwerde immer ausschließen würde und nicht erkennbar ist, dass dies die Intention des Gesetzgebers gewesen ist.

☝ Im Fall unanfechtbarer Kostenentscheidungen kann die **Fehlerhaftigkeit** somit **nur** über eine **Anhörungsrüge** nach § 120 Abs. 1 S. 2 StVollzG i.V.m. § 33a StPO geltend gemacht werden. Weicht die Kostenentscheidung nämlich von der gesetzlichen Vorgabe ab, hätte der hiervon Betroffene, der sich auf die Gesetzmäßigkeit der Kostenentscheidung hätte verlassen können, zuvor gehört werden müssen. Eine Korrektur im Kostenfestsetzungsverfahren findet nicht statt (OLG Karlsruhe, Beschl. v. 11.7.2019 – 1 Ws 170/19, JurBüro 2019, 538).

357 **2.a)** Die Höhe der entstandenen Kosten richtet sich nach § 60 GKG i.V.m. § 52 Abs. 1 – 3 GKG. Der **Streitwert** ist von der StVK gem. § 65 GKG von Amts wegen festzusetzen. Maßgeblich ist dabei die **Bedeutung**, die die im Streit stehende Sache für den Antragsteller hat (§ 52 Abs. 1 GKG), wobei es auf objektive Kriterien, nicht auf das Affektionsinteresse des Antragstellers ankommt (OLG Rostock, Beschl. v. 23.6.2017 – 20 Ws 181/17, JurBüro 2017, 474). Ist Antragsteller ein Strafgefangener, wird ein Rückgriff auf den Auffangwert des § 52 Abs. 2 GKG in Höhe von 5.000,00 EUR in der Rspr. nur sehr selten vorgenommen. Aufgrund der sonst damit ausgelösten Höhe der für einen Verfahrensbevollmächtigten anfallenden Gebühren und dem damit verbundenen **Kostenrisiko** der überwiegend finanzschwachen Strafgefangenen wird der Streitwert regelmäßig deutlich niedriger angesetzt (KG, Beschl. v. 22.2.2022 – 2 Ws 101/21 Vollz, JurBüro 2022, 366; OLG Celle, Beschl. v. 26.1.2010 – 1 Ws 47/10 (MVollz), FS 2010, 111; OLG Hamm, Beschl. v. 11.2.2020 – III-3 Ws 550/19; OLG Nürnberg, Beschl. v. 24.5.1985 – Ws 1072/84, ZfStrVo 1986, 61; OLG Rostock, Beschl. v. 23.6.2017 – 20 Ws 181/17). Andererseits müssen die gesetzlichen Gebühren hoch genug sein, um die Tätigkeit des Verteidigers **wirtschaftlich vertretbar** erscheinen zu lassen und den Gefangenen so die Inanspruchnahme anwaltlichen Beistands zu ermöglichen (OLG Celle, Beschl. v. 1.4.2025 – 1 Ws 55/25; OLG Koblenz, Beschl. v. 5.3.2013 – 2 Ws 1156/12 (Vollz), StraFo 2013, 305; OLG München, Beschl. v. 24.6.2016 – 5 Ws 21/16 (R), StraFo 2017, 40).

☝ Exemplarisch hält das OLG Hamburg (Beschl. v. 28.7.2022 – 5 Ws 42/22 Vollz) folgende Streitwerte für angemessen:

■ Verlegung in den offenen Vollzug	■ 4.000 EUR
■ Unbegleitete Lockerungsformen	■ 4.000 EUR
■ Gewährung sonstiger Vollzugslockerungen	■ 2.000 EUR
■ Ausgestaltung von Lockerungen	■ 500 EUR
■ Antrag auf Neubescheidung in den genannten Fällen	■ ½

Das KG (a.a.O.) hält für die Anfechtung eines Vollzugsplans einen Streitwert in Höhe von 1.500 EUR für angemessen, für die Verlegung in den offenen Vollzug bei einer voraussichtlichen Vollzugsdauer von 4 ½ Jahren in Höhe von 2.000 EUR (KG, Beschl. v. 14.2.2014 – 2 Ws 27/14 Vollz). Andere OLGs sind bei der Bemessung der Streitwerte wesentlich zurückhaltender (weit. Nachw. bei Burhoff/Volpert/*Burhoff/Volpert*, RVG, Teil A R. 2336; s.a. (→ *Vergütung im Strafvollzug*, Teil J Rdn 415).

358 **b)** Gegen die Festsetzung des Streitwerts durch die StVK stehen dem Strafgefangenen (mit dem Ziel, einen niedrigeren Streitwert zu erreichen) und dem Verfahrensbevollmächtigten (mit dem Ziel, einen höheren Streitwert zu erreichen, § 32 Abs. 2 RVG) die **Beschwerde** nach § 68 GKG zu. Dafür gelten folgende

359 **Grundsätze**

- Die Beschwerde ist nur zulässig, wenn der **Wert** des **Beschwerdegegenstandes** 300,00 EUR übersteigt (§ 68 Abs. 1 S. 1 GKG).
- Die Beschwerde muss innerhalb von **sechs Monaten** erhoben wird (§ 68 Abs. 1 S. 3 i.V.m. § 63 Abs. 3 S. 2 GKG).
- **Str.** ist die Möglichkeit einer solchen Beschwerde, wenn in der **Hauptsache** ein **Rechtsmittel nicht** eröffnet ist. Teilweise wird eine solche verneint, weil es ungereimt erscheine, wenn zwar die Kostenentscheidung unanfechtbar wäre, die Entscheidung über den Streitwert aber nicht (OLG Hamburg,

Beschl. v. 9.10.1984 – Vollz Ws 12/84, MDR 1985, 256; OLG Koblenz, Beschl. v. 15.9.1981 – 2 Vollz (Ws) 54/81, NStZ 1982, 48; OLG Rostock, Beschl. v. 12.11.2012 – I Vollz (Ws) 28/12, NStZ-RR 2013, 92; Arloth/Krä/*Arloth*, § 121 StVollzG Rn 1). Da sich die Zulässigkeit der Beschwerde aber allein nach dem GKG richtet (§ 1 Abs. 5 GKG), das eine weitere Einschränkung der Zulässigkeit nicht vorsieht, ist von der Möglichkeit einer isolierten Streitwertbeschwerde auszugehen (KG, Beschl. v. 30.3.2007 – 2 Ws 151/07; OLG Celle, Beschl. v. 1.4.2025 – 1 Ws 55/25; OLG Hamm, Beschl. v. 26.1.1989 – 1 Vollz (Ws) 6/89, NStZ 1989, 495; OLG Karlsruhe, Beschl. v. 10.3.2016 – 2 Ws 67/16; OLG Stuttgart, Beschl. v. 31.1.2020 – V 4 Ws 22/20; SBJL/*Laubenthal*, 12. Kap., § 121 StVollzG, Rn 7).

- Das **OLG** entscheidet als **Beschwerdeinstanz** in der **Besetzung mit 3 Richtern**, da der Vorsitzende der kleinen StVK kein Einzelrichter i.S. der §§ 68 Abs. 1 S. 5, 66 Abs. 6 S. 1 GKG ist (OLG Karlsruhe, Beschl. v. 10.3.2016 – 2 Ws 67/16, AGS 2016, 428; OLG Rostock, Beschl. v. 23.6.2017 – 20 Ws 181/17, JurBüro 2017, 474). Zur **örtlichen Zuständigkeit** → *Strafvollzug, Erwachsene, Rechtsbeschwerde, Allgemeines*, Teil C Rdn 580 ff.
- Die **Richtigkeit** der **Hauptsacheentscheidung** wird im Kostenbeschwerdeverfahren nicht mehr geprüft (KG, Beschl. v. 24.7.2020 – 5 Ws 106/20 Vollz; OLG Hamm, Beschl. v. 27.7.1982 – 5 Ws 148/82; OLG Stuttgart, Beschl. v. 26.1.1983 – 3 Ws 14/83, MDR 1984, 512).

> Neben einer erhobenen Rechtsbeschwerde ist eine selbstständige Streitwertbeschwerde nicht erforderlich, weil das OLG gem. § 63 Abs. 3 Nr. 2 GKG den Streitwert von Amts wegen auch für die erste Instanz ändern kann (SBJL/*Laubenthal*, 12. Kap., § 121 StVollzG Rn 7).

3. Zu den dem Verfahrensbevollmächtigten zustehenden **Gebühren** → *Vergütung im Strafvollzug*, Teil J Rdn 400. 360

Siehe auch: → *Strafvollzug, Erwachsene, Antrag auf gerichtliche Entscheidung, Allgemeines,* Teil C Rdn 190 m.w.N.; → *Vergütung im Strafvollzug*, Teil J Rdn 400.

Strafvollzug, Erwachsene, Antrag auf gerichtliche Entscheidung, PKH/Beiordnung 361

Das Wichtigste in Kürze:

1. PKH wird nach den Regelungen der ZPO bewilligt.
2. Die Versagung von PKH ist nach § 120 Abs. 2 StVollzG i.V.m. § 127 Abs. 2 S. 2 ZPO mit der sofortigen Beschwerde nur anfechtbar, wenn sie aufgrund fehlender Bedürftigkeit abgelehnt wird.
3. Eine Beiordnung nach § 140 StPO erfolgt im strafvollzugsgerichtlichen Verfahren grds. nicht.

Literaturhinweise: S. die Hinw. bei → *Strafvollzug, Erwachsene, Antrag auf gerichtliche Entscheidung, Allgemeines*, Teil C Rdn 191. 362

1.a) Nach § 120 Abs. 2 StVollzG besteht die Möglichkeit, für den Antrag nach §§ 109 ff. StVollzG **PKH** nach den **Vorschriften** der **ZPO** in Anspruch zu nehmen. Sie wird dann bewilligt, wenn der Antragsteller nach seinen persönlichen und wirtschaftlichen Verhältnissen die Kosten der Prozessführung nicht, nur zum Teil oder nur in Raten aufbringen kann und die beabsichtigte Rechtsverfolgung hinreichend Aussicht auf Erfolg bietet (SBJL/*Laubenthal*, 12. Kap., § 120 StVollzG Rn 11). Um die Erfolgsaussichten prüfen zu können, muss dem Gesuch zumindest eine kurze Sachverhaltsschilderung zu entnehmen sein (*Treptow* NJW 1977, 1037, 1040). Die Anforderungen an die Erfolgsaussichten dürfen dabei nicht überspannt werden (BVerfG, Beschl. v. 20.12.2000 – 2 BvR 668/00, ZfStrVo 2001, 187). 363

☝ Der **Antrag** auf PKH **hemmt** die **Frist** des **§ 112 StVollzG** für das Hauptsacheverfahren **nicht**! In Betracht kommt aber die Möglichkeit der Wiedereinsetzung in den vorigen Stand, wenn sich der Antragsteller für bedürftig halten konnte (BVerfG, a.a.O.; OLG Koblenz, Beschl. v. 19.12.1996 – 2 Ws 670/96, NStZ-RR 1997, 187).

Hat der Antragsteller bei Einreichung seines auch auf Beiordnung eines Verteidigers gerichteten PKH-Antrags zugleich eine (formunwirksame) Rechtsbeschwerde erhoben, soll nach OLG Frankfurt, Beschl. v. 4.11.2021 – 3 Ws 636/21 (StVollz), NStZ-RR 2022, 93 eine **Wiedereinsetzung** gegen die Fristversäumnis **nicht** in Betracht kommen. Wenn ein Strafgefangener grds. in der Lage sei, sich selbst zu vertreten, sei es ihm zuzumuten, jedenfalls die Rüge materiellen Rechts zur Niederschrift der Geschäftsstelle fristgerecht zu erheben. Dem ist nicht zuzustimmen. Sie würde einem bedürftigen Gefangenen nämlich die in § 118 Abs. 3 StVollzG eingeräumte Wahlmöglichkeit nehmen.

364 **b) Die Bewilligung** richtet sich nach **§§ 114 ff. ZPO** (zur Bewilligung von PKH in der Rechtsbeschwerdeinstanz → *Strafvollzug, Erwachsene, Rechtsbeschwerde, Allgemeines*, Teil C Rdn 536).

365 **c)** Für die **Erklärung** über die **persönlichen** und **wirtschaftlichen Verhältnisse** ist gem. § 120 Abs. 2 StVollzG i.V.m. § 117 Abs. 4 S. 1 ZPO die Verwendung der nach der PKHFV vorgesehenen Formulare erforderlich. In geeigneten, im Ermessen des Urkundsbeamten liegenden Fällen, können die im Formular abzugebenden Erklärungen auch durch die Geschäftsstelle zu Protokoll aufgenommen werden (§ 120 Abs. 2 StVollzG i.V.m. § 117 Abs. 4 S. 2 ZPO). Die Bezugnahme auf einen bereits in der Vergangenheit vorgelegten Vordruck genügt nur, wenn zugleich unmissverständlich mitgeteilt wird, dass die persönlichen und wirtschaftlichen Verhältnisse seitdem unverändert geblieben sind (KG, Beschl. v. 24.9.2020 – 5 Ws 164/20 Vollz).

366 **2.** Die **Versagung** von PKH ist **ggf**. nach § 120 Abs. 2 StVollzG i.V.m. § 127 Abs. 2 S. 2 ZPO mit der **sofortigen Beschwerde** anfechtbar. Insoweit ist aber zu differenzieren:

- Nach Auffassung der Rspr. ist die Versagung nur dann **anfechtbar**, wenn sie aufgrund fehlender **Bedürftigkeit** abgelehnt oder nur eingeschränkt (z.B. mit **Ratenzahlungspflicht)** bewilligt wird (OLG Hamburg, Beschl. v. 17.11.2008 – 3 Vollz (Ws) 64/08, FS 2009, 100) oder die StVK in eine Prüfung der Voraussetzungen der § 120 Abs. 2 StVollzG i.V.m. § 121 ZPO gar nicht eingetreten ist (KG, Beschl. v. 18.2.2022 – 2 Ws 29/22 Vollz).

☝ Einer **Mindestbeschwer** bedarf es dazu **nicht**. Die sofortige Beschwerde muss aber rechtzeitig innerhalb der Monatsfrist des § 127 Abs. 2 S. 3 ZPO eingelegt werden (OLG Hamburg, a.a.O.).

- Bei Ablehnung des Antrags **mangels Erfolgsaussichten** in der Hauptsache ist die Versagung von PKH nach h.M. **unanfechtbar**, weil nach allgemeinem Rechtsgrundsatz im PKH-Verfahren kein Rechtsmittel zu einer Instanz eröffnet werden darf, welche in der Hauptsache nicht als Tatsacheninstanz fungiert (BayObLG, Beschl. v. 30.4.2024 – 203 StObWs 120/24, FS 2024, 223; KG, Beschl. v. 14.4.2022 – 2 Ws 67/22 Vollz, StV 2023, 117; OLG Brandenburg, Beschl. v. 29.4.2024 – 2 Ws 14/24; OLG Bremen, Beschl. v. 17.1.2021 – 1 Ws 140/21; OLG Hamm, Beschl. v. 4.12.2012 – III – 1 Vollz (Ws) 672/12; OLG Karlsruhe, Beschl. v. 25.3.2020 – 2 Ws 38/20; OLG Koblenz, Beschl. v. 14.8.2018 – 2 Ws 296/18 Vollz; OLG Naumburg, Beschl. v. 9.9.2003 – 1 Ws 275/03; OLG Zweibrücken, Beschl. v. 18.2.2014 – 1 Ws 294/13; Arloth/Krä/*Arloth*, § 120 StVollzG Rn 7; SBJL/*Laubenthal*, 12. Kap., § 120 StVollzG Rn 12). Da alleiniges Rechtsmittel gegen die Entscheidung der Kammer in der Hauptsache die Rechtsbeschwerde zum OLG ist, welches gem. § 116 Abs. 2 StVollzG lediglich Rechtskontrolle vornimmt, ist dies im Verfahren nach §§ 109 ff. StVollzG der Fall.

367 **3.a)** Die **Beiordnung** eines Verteidigers **entsprechend § 140 Abs. 2 StPO** kommt im Verfahren nach §§ 109 ff. StVollzG grds. **nicht** in Betracht (KG, Beschl. v. 18.2.2022 – 2 Ws 29/22 Vollz; OLG Branden-

burg, Beschl. v. 23.5.2017 – 2 Ws (Vollz) 54/17; OLG Bremen, Beschl. v. 16.2.1983 – Ws 9/83, NStZ 1984, 91; OLG Hamm, Beschl. v. 22.4.2020 – III-1 Vollz (Ws) 18/20; OLG Schleswig, Beschl. v. 11.2.2013 – 1 Vollz (Ws) 38/13; SBJL/*Laubenthal*, 12. Kap., § 120 StVollzG, Rn 9; a.A. *Müller-Dietz*, StV 1982, 83, 91).

☝ Eine **Beiordnung** kann **nur** im **PKH-Verfahren** nach § 120 Abs. 2 StVollzG i.V.m. § 121 Abs. 2 ZPO erreicht werden.

Wird **PKH bewilligt**, aber die **Beiordnung** eines Rechtsanwalts **versagt**, ist dies mit der sofortigen Beschwerde angreifbar (KG, Beschl. v. 14.2.2022 – 5 Ws 4/22 Vollz; OLG Koblenz, Beschl. v. 18.2.2013 – 2 Ws 886/12 (Vollz)).

Ein **Antrag** auf **Beiordnung** wird regelmäßig **nicht** in einen **Antrag** auf **PKH umgedeutet** werden können, da gem. § 117 Abs. 4 S. 1 ZPO ein amtlicher Vordruck für die Antragstellung verwendet werden muss (s. Rdn 365). Neben der Bewilligung von PKH kommt eine Beiordnung auch nur dann in Betracht, wenn die Vertretung durch einen RA erforderlich erscheint oder der Gegner durch einen Anwalt vertreten wird (OLG Koblenz, Beschl. v. 18.2.2013 – 2 Ws 886/12 (Vollz)). 368

b) Eine **Ausnahme** sieht **§ 109 Abs. 3 StVollzG** bei Streitigkeiten, die eine den Leitlinien des § 66c Abs. 1 StGB konforme Umsetzung des Abstandsgebots bei **Sicherungsverwahrung** oder im Vollzug der ihr vorausgehenden Freiheitsstrafe betreffen, vor. Sie soll es dem Gefangenen bzw. Untergebrachten erleichtern, die erforderlichen Betreuungs- und Behandlungsmaßnahmen einzufordern (OLG Celle, Beschl. v. 11.2.2014 – 1 Ws 585/13 (StrVollz); *Lesting/Feest* StV 2013, 278, 280). 369

☝ Die **Beiordnung** kommt aber **nur** in Betracht, wenn die Maßnahme tatsächlich auch das **Abstandsgebot** betrifft. Dies ist z.B. nicht der Fall, wenn es um die Ausführung zu einem externen Arzt im Rahmen der allgemeinen Gesundheitsfürsorge (KG, Beschl. v. 25.3.2022 – 2 Ws 3/22 Vollz, NStZ-RR 2022, 261), die Anordnung einer Disziplinarmaßnahme (KG, Beschl. v. 19.1.2016 – 2 Ws 15/16 Vollz, NStZ 2017, 115) oder eine anstaltsinterne Verlegung (OLG Hamm, Beschl. v. 22.4.2020 – III-1 Vollz (Ws) 18/20) geht. Liegen die Voraussetzungen nicht vor, kann die Beiordnung eines Rechtsanwalts nur über § 120 Abs. 2 StVollzG i.V.m. § 121 Abs. 2 ZPO erfolgen (KG, Beschl. v. 19.1.2016 – 2 Ws 15/16 Vollz).

Die Beiordnung erfolgt unabhängig von der Bedürftigkeit des Gefangenen (OLG Hamm, Beschl. v. 22.5.2014 – III-1 Vollz (Ws) 182/14, NStZ-RR 2014, 294) oder den Erfolgsaussichten des Antrags auf gerichtliche Entscheidung (KG, Beschl. v. 14.9.2020 – 2 Ws 119/20 Vollz). Ähnlich wie bei § 140 Abs. 2 StPO kommt es für eine Beiordnung nur auf die **Schwierigkeit der Sach- oder Rechtslage** an. Soweit es die Durchführung von Maßnahmen betrifft, die zur Reduktion der Gefährlichkeit des Antragstellers geboten sind, wird die Beiordnung stets erforderlich sein (BT-Drucks 17/9874, S. 27). Zuständig ist der/die Vorsitzende der StVK (§ 109 Abs. 3 S. 2 StVollzG), im Rechtsbeschwerdeverfahren der/die Vorsitzende des Senats des OLG (KG, Beschl. v. 5.12.2016 – 2 Ws 242/16 Vollz; OLG Hamm, Beschl. v. 22.5.2014 – III-1 Vollz (Ws) 182/14; a.A. LNNVB/*Bachmann*, Kap. P, Rn 38). Lehnt die StVK die Beiordnung ab, ist hiergegen das Rechtsmittel der **Beschwerde** nach § 120 Abs. 1 S. 2 StVollzG i.V.m. § 304 StPO eröffnet (KG, Beschl. v. 29.4.2022 – 2 Ws 77/22 Vollz, NStZ 2023, 192). Der Verstoß gegen § 109 Abs. 3 StVollzG kann aber auch mit der Rechtsbeschwerde in Form der Verfahrensrüge (→ Straf*vollzug, Erwachsene, Rechtsbeschwerde, inhaltliche Anforderungen,* Teil C Rdn 596) nach § 120 Abs. 1 S. 2 StVollzG i.V.m. § 338 Nr. 5 StPO gerügt werden, ohne dass es zuvor einer Beschwerde bedarf (BayObLG, Beschl. v. 5.12.2023 – 203 StObWs 514/23; KG, Beschl. v. 21.7.2021 – 2 Ws 73/21 Vollz; OLG Celle, Beschl. v. 28.8.2014 – 1 Ws 355/14 (StrVollz), StraFo 2015, 34). § 120 Abs. 1 S. 2 StVollzG i.V.m. § 336 S. 2 StPO steht dem nicht entgegen, da dort nur Entscheidungen, die mit *sofortiger* Beschwerde anfechtbar sind, ausgenommen werden (BayObLG, a.a.O.). 370

☝ Eine **weitere Ausnahme** sieht das Gesetz im **Jugendstrafvollzug** vor. Da § 92 Abs. 1 S. 2 JGG ausdrücklich nur auf § 120 Abs. 1 StVollzG, nicht aber auf dessen Abs. 2 verweist, richtet sich eine mögliche Beiordnung nach § 120 Abs. 1 S. 2 StVollzG i.V.m. § 140 Abs. 2 StPO. Es kommt daher nicht auf die Erfolgsaussichten in der Hauptsache, sondern auf eine jugendgemäß zu beurteilende Schwierigkeit der Sach- oder Rechtslage an (BT-Drucks 16/6978, S. 3; → *Strafvollzug, Jugendliche, Allgemeines,* Teil C Rdn 175 ff.).

Siehe auch: → *Strafvollzug, Erwachsene, Antrag auf gerichtliche Entscheidung, Allgemeines,* Teil C Rdn 190 m.w.N.; → *Vergütung im Strafvollzug,* Teil J Rdn 400 ff.

371 Strafvollzug, Erwachsene, Antrag auf gerichtliche Entscheidung, Zuständigkeit des Gerichts

Das Wichtigste in Kürze:

1. Für Anträge auf gerichtliche Entscheidung ist sachlich die kleine StVK zuständig.
2. Örtlich ist das LG zuständig, in deren Bezirk die JVA ihren Sitz hat.
3. Bei einer Verlegung kann es zu einem Zuständigkeitswechsel kommen; nach h.M. ist ein Antrag des Strafgefangenen nicht erforderlich.

372 **Literaturhinweise:** S. die Hinw. bei → *Strafvollzug, Erwachsene, Antrag auf gerichtliche Entscheidung, Allgemeines,* Teil C Rdn 191.

373 **1.** Die Zuständigkeit des Gerichts für den Antrag auf gerichtliche Entscheidung richtet sich nach **§ 110 StVollzG. Sachlich zuständig** ist die **StVK** des LG (§ 78a Abs. 1 Nr. 2 GVG). Sie ist gem. § 78b Abs. 1 Nr. 2 GVG mit einem Richter besetzt („kleine StVK"; zu den Anforderungen an die Geschäftsverteilung OLG Celle, Beschl. v. 24.10.2012 – 1 Ws 442/12, NStZ 2013, 184).

374 **2.** Die **örtliche Zuständigkeit** der StVK richtet sich nach dem Sitz der beteiligten Vollzugsbehörde (§ 110 StVollzG). Im Fall einer beteiligten JVA ergibt sich der Sitz aus dem Vollstreckungsplan (OLG Naumburg, Beschl. v. 10.9.2009 – 1 Ws 371/09, FS 2010, 52). Die StVK, in deren Bezirk die Hauptanstalt liegt, ist auch für Anträge von Strafgefangenen zuständig, die in einer Außenstelle untergebracht sind (BayObLG, Beschl. v. 23.1.2025 – 204 StObWs 677/24). Welche Behörde am Verfahren beteiligt ist, richtet sich nach dem durch den Antrag des Antragstellers bestimmten Streitgegenstand (BGH, Beschl. v. 12.3.2014, 2 ARs 434/13, StV 2016, 303).

375 **3. Schwierig** gestaltet sich die Bestimmung der zuständigen StVK im Falle einer zwischenzeitlich erfolgten **Verlegung** des Strafgefangenen.

376 **a)** Erfolgt die **Verlegung** nur **kurzfristig**, hat dies auf die Zuständigkeit der StVK (und der beteiligten Behörde) keinen Einfluss (BGH, Beschl. v. 21.7.1989 – 2 ARs 381/89, NStZ 1989, 548). Zuständig bleibt die StVK, in deren Bezirk die JVA liegt, in der der Strafvollzug gegen den Strafgefangenen stattfindet.

377 Wendet sich der Strafgefangene aber **während** der **Verlegung** gegen eine Maßnahme der JVA, in der er sich vorübergehend befindet, wird diese Verfahrensbeteiligte i.S.d. § 111 Nr. 2 StVollzG und damit auch die StVK, in deren Bezirk sich diese JVA befindet, für Anträge auf gerichtliche Entscheidung zuständig.

378 **b)** Wird der Strafgefangene während eines laufenden gerichtlichen Verfahrens **dauerhaft verlegt**, ist das Rechtsschutzziel des Strafgefangenen für die Frage nach der Zuständigkeit mitentscheidend.

379 **aa)** Bei einem **Verpflichtungsbegehren**, welches die **ursprünglich beteiligte JVA** nunmehr nach der Verlegung – anders als die JVA, in die der Gefangene verlegt worden ist – **nicht mehr erfüllen** kann, fin-

det ein gesetzlicher Parteiwechsel statt. Beteiligte i.S.d. § 111 Nr. 2 StVollzG ist nunmehr die JVA, in die der Strafgefangene verlegt worden ist. Dies hat bei unterschiedlicher Landgerichtsbezirkszugehörigkeit der JVA zur Folge, dass die mit der Sache befasste StVK für eine Entscheidung in der Sache nicht mehr berufen ist, da die Fortwirkungsregelung des § 462a Abs. 1 S. 1 StPO nicht gilt. Das Verfahren ist in entsprechender Anwendung von § 83 VwGO an die nunmehr zuständige StVK zu verweisen (BGH, Beschl. v. 2.12.1988 – 2 ARs 536/88, NStZ 1989, 196). Str. ist in diesen Fällen, ob die Verweisung einen **Antrag** des Antragstellers erfordert. In der Rspr. der OLG hat sich überwiegend die Auffassung durchgesetzt, dass ein Antrag entsprechend § 83 VwGO i.V.m. § 17a Abs. 2 GVG nicht erforderlich ist (BayObLG, Beschl. v. 22.10.2024 – 203 StObWs 498/24; OLG Brandenburg, Beschl. v. 29.4.2024 – 2 Ws 14/24; OLG Celle, Beschl. v. 19.10.2016 – 1 Ws 501/16 (StrVollz); OLG Frankfurt, Beschl. v. 25.7.2023 – 3 Ws 224/23 (StVollz); OLG Hamm, Beschl. v. 30.4.2019 – 1 Vollz (Ws) 240/19; OLG Jena, Beschl. v. 28.11.2005 – 1 ARs 167/05, OLG-NL 2006, 190, 191; OLG Karlsruhe, Beschl. v. 5.6.2018 – 2 Ws 138/18;). Unberührt davon bleibt aber das Erfordernis einer vorherigen Anhörung der Beteiligten (OLG Brandenburg, a.a.O.)

Die **entgegenstehende Auffassung** der **Lit.** (SBJL/*Laubenthal*, 12. Kap., § 110 StVollzG Rn 6; Arloth/Krä/*Arloth*, § 110 StVollzG Rn 4) verweist auf den geltenden Verfügungsgrundsatz und abweichende BGH-Entscheidungen (etwa BGH, Beschl. v. 2.12.1988, 2 ARs 536/88, BGHSt 36, 33, 36; Beschl. v. 1.12.1989 – 2 ARs 543/89, NStZ 1989, 196, 197; Beschl. v. 23.11.1998 – 2 ARs 466/98, NStZ 1999, 158). Dies überzeugt indessen nicht, da der Verfügungsgrundsatz auch im verwaltungsgerichtlichen Verfahren gilt, bei dem § 83 VwGO durch den Verweis auf § 17a Abs. 2 GVG einen Antrag gerade entbehrlich macht und die genannte Regelung des § 83 VwGO i.V.m. § 17a GVG zeitlich erst nach Erlass der Entscheidung BGHSt 36, 33 in Kraft getreten ist (LNNVB/*Bachmann*, Kap. P, Rn 42). Die danach getroffene Entscheidung des BGH v. 23.11.1998 (2 ARs 466/98, NStZ 1999, 158) nimmt die vormalige Entscheidung in Bezug, ohne die eingetretene Rechtsänderung zu berücksichtigen. 380

bb) Bei einem **Anfechtungsbegehren** oder bei einem weiterhin von der abgebenden JVA erfüllbaren Verpflichtungsbegehren verbleibt es grds. bei der Zuständigkeit der ursprünglichen StVK. Greift der Strafgefangene gerade die Verlegungsanordnung als solche an, gilt dies auch, wenn die Verlegung bereits vollzogen ist (OLG Celle, Beschl. v. 22.6.2012 – 1 Ws 205/12 (StrVollz), Nds.Rpfl 2012, 378). Entsprechend findet auch kein Zuständigkeitswechsel statt, wenn die Verlegung in Verbindung mit der Ablösung aus dem offenen Vollzug erfolgt (KG, Beschl. v. 17.9.1992 – 5 Ws 240/92 Vollz, NStZ 1993, 100; OLG Karlsruhe, Beschl. v. 17.5.2016 – 2 AR 16/16; a.A. OLG Jena, Beschl. v. 28.11.2005 – 1 AR (S) 167/05, ZfStrVo 2006, 373). Aber auch in sonstigen Fällen findet kein Wechsel der beteiligten Behörde und ggf. damit verbunden der StVK statt, selbst wenn die angefochtene Maßnahme Wirkungen in der neuen Anstalt entfaltet (z.B. Widerruf von Vollzugslockerungen, KG Beschl. v. 17.9.1992 – 5 Vollz (Ws) 240/92, NStZ 1993, 100; OLG Jena, Beschl. v. 20.7.1995 – 1 Ws 71/95 Vollz, ZfStrVo 1996, 311). Begehrt ein Gefangener die Verpflichtung der für die Vollzugsplanfortschreibung zuständigen früheren JVA, seine generelle Eignung für Vollzugslockerungen festzustellen und dadurch die neue JVA zu seinen Gunsten zu binden, findet ein Zuständigkeitswechsel ebenfalls nicht statt (BGH, Beschl. v. 15.12.2016 – 2 ARs 398/16, NStZ-RR 2017, 232). Anders ist dies bei Anfechtung sog. Dauermaßnahmen, bei denen die neue JVA über den Streitgegenstand verfügen und die belastende Maßnahme aufheben kann (z.B. die Anordnung optischer Besuchsüberwachung). Im Sinne eines möglichst effektiven Rechtsschutzes muss es in diesen Fällen zu einem Wechsel der beteiligten JVA und damit ggf. auch der gerichtlichen Zuständigkeit kommen (OLG Celle, Beschl. v. 11.12.2001 – 3 Ws 445/01 (Vollz), ZfStrVo 2002, 245; OLG Saarbrücken, Beschl. v. 21.11.2003 – Vollz (Ws) 12/03, ZfStrVo 2004, 119, 121; OLG Stuttgart, Beschl. v. 24.7.1989 – 4 Ws 195/89, NStZ 1989, 496). 381

cc) Bei einem **Feststellungsbegehren** verbleibt es immer bei der Zuständigkeit der ursprünglichen StVK (Arloth/Krä/*Arloth*, § 110 Rn 4). Dies gilt auch bei einem Fortsetzungsfeststellungsantrag (OLG Frankfurt, Beschl. v. 26.11.2024 – 3 Ws 508/24 (StVollz)). 382

☝ Gegen die **Verweisung an** eine **andere StVK** steht dem Antragsteller nach § 120 Abs. 1 S. 2 StVollzG, §§ 304, 311 StPO **sofortige Beschwerde** zu (OLG Frankfurt, Beschl. v. 26.11.2024 – 3 Ws 508/24 (StVollz)). Wird diese nicht erhoben, kann im späteren Rechtsbeschwerdeverfahren die Rechtswidrigkeit der Verweisung entsprechend § 83 VwGO i.V.m. § 17a Abs. 5 GVG nicht mehr geltend gemacht werden (OLG Celle, Beschl. v. 7.4.2011 – 1 Ws 115/11; OLG Koblenz, Beschl. v. 11.12.2024 – 2 Ws 508/24 Vollz). Für das Gericht, an das ein Verfahren verwiesen wird, ist der Verweisungsbeschluss nach § 83 S. 1 VwGO i.V.m. § 17a Abs. 2 S. 3 GVG bindend, selbst wenn er fehlerhaft ist, es sei denn die Verweisung erscheint willkürlich (BGH, Beschl. v. 7.5.2025 – 2 ARs 167/25).

Siehe auch: → *Strafvollzug, Erwachsene, Antrag auf gerichtliche Entscheidung, Allgemeines,* Teil C Rdn 190 m.w.N.

383 Strafvollzug, Erwachsene, Arbeit

Das Wichtigste in Kürze:

1. Arbeit stellt ein wesentliches Mittel der Resozialisierung dar.
2. In manchen Ländern besteht eine Arbeitspflicht, die bei Verstößen hiergegen disziplinarische Maßnahmen auslösen kann.
3. Arbeit kann innerhalb und außerhalb der JVA stattfinden.
4. Arbeit darf die Gesundheit des Gefangenen nicht gefährden. Auf religiöse Überzeugungen ist Rücksicht zu nehmen.
5. Zugeteilte Arbeit begründet eine Rechtsposition des Gefangenen, die nur unter den gesetzlichen Voraussetzungen aufgehoben werden kann.
6. Die Arbeit muss angemessene Anerkennung finden.
7. Inwieweit betriebliche Mitbestimmung für Gefangene gilt, ist nicht abschließend geklärt.
8. Sind Gefangene zu Arbeit nicht fähig, kommen als Maßnahmen Arbeitstherapie und Arbeitstraining in Betracht.

384 **Literaturhinweise:** **Bachmann/Neubacher**, Neuregelungen der Gefangenenvergütung in Bayern, Hamburg und NRW, FS 2025, 154; **Frammersberger/Kühne**, Die unliebsamen Kosten der Resozialisierung, NStZ 2022, 522; **Goerdeler**, Ewig grüßt das Murmeltier: Zur Vergütung von Gefangenenarbeit, StV 2024, 67; **Hammerschick**, Arbeit und Bildung im Strafvollzug als Herausforderung für das Vollzugssystem, FS 2012, 207; **Kett-Straub**, Die Gefangenenarbeit im Strafvollzug, ZStW 2013, 883; **Knittel/Birnstengel**, Pfändung des Arbeitsentgelts sowie Insolvenz bei Strafgefangenen, Themengutachten TG-1262; **Reichenbach**, Der Gesetzgeber in der Klemme zwischen Resozialisierungsgebot und Haushaltsdisziplin: Zur Frage nach dem angemessenen (gerechten) Entgelt der Gefangenenarbeit, NStZ 2024, 401; **Scheer**, Die Systematik der Gefangenenvergütung, FS 2025, 147; **Stein**, Der betriebsverfassungsrechtliche Status von Gefangenen, VSSAR 2024, 317; s.a. die Hinweise bei → *Strafvollzug, Erwachsene, Allgemeines*, Teil C Rdn 170.

385 Zum Verständnis der folgenden Ausführungen und zu den zugrundeliegenden Normen zunächst → *Strafvollzug, Erwachsene, Allgemeines*, Teil C Rdn 172 f.

386 **1. Arbeit** stellt mit den wichtigsten **Kernbereich** des resozialisierenden Behandlungsvollzugs dar (LNNVB/*Nestler,* Kap. F, Rn 1). Gerade hierdurch wird der in allen Ländern geltenden Grundsatz, wonach das Leben im Vollzug den allgemeinen Lebensverhältnissen angeglichen werden soll (→ *Strafvollzug, Erwachsene, Allgemeines,* Teil C Rdn 182) umgesetzt. Arbeit strukturiert wie im wirklichen Leben draußen maßgeblich den (Haft-)Alltag (Kett-Straub, ZStW 2013, 883).

387 **2.** Erlaubt durch Art. 12 Abs. 3 GG und Art. 5 EMRK findet sich in einigen landesrechtlichen Regelungen eine **Arbeitspflicht** der Gefangenen. Das StVollzG sah eine solche allgemein vor, zahlreiche Länder

(Brandenburg, Bremen, Hamburg, Rheinland-Pfalz, Saarland, Sachsen) sind aber mittlerweile dazu übergegangen, Arbeit im Strafvollzug nur noch als freiwillige Maßnahme anzubieten. Soweit von Gesetzes wegen eine Arbeitspflicht besteht, steht diese unter dem Vorbehalt der körperlichen Leistungsfähigkeit. Kommen Gefangene ihrer Arbeitspflicht nicht nach, stellt dies eine disziplinarisch zu ahndende Pflichtverletzung dar (→ *Strafvollzug, Erwachsene, Disziplinarsachen,* Teil C Rdn 446 ff.). Ausnahmen von der Arbeitspflicht bestehen bei Gefangenen, die älter als 65 sind und während des Mutterschutzes.

385**3.** Möglichkeiten der Arbeit gibt es innerhalb und außerhalb der JVA. Bei Arbeit im Betrieb ist zwischen **Eigenbetrieben** und **Unternehmerbetrieben** zu unterscheiden. Eigenbetriebe werden von der JVA unterhalten, bei Unternehmerbetrieben nutzt ein externer Arbeitgeber die von der JVA gestellten Räumlichkeiten und übt die technische und fachliche Leitung aus, während die Aufsicht über die Gefangenen bei der JVA verbleibt (LNNVB/*Nestler,* Kap. F, Rn 210). Liegen die tatbestandlichen Voraussetzungen dafür vor, kann auch in Verbindung mit der Gewährung von Freigang (→ *Strafvollzug, Erwachsene, Vollzugslockerungen,* Teil C Rdn 732 ff.) ein **freies Arbeitsverhältnis** bewilligt werden. Hierauf besteht indessen kein gebundener Anspruch, sondern nur ein solcher auf ermessensfehlerfreie Entscheidung (BayObLG, Beschl. v. 27.11.2023 – 203 StObWs 456/23; OLG Stuttgart, Beschl. v. 5.5.2021 – V 4 Ws 32/21, StV 2023, 126).

☝ Es obliegt es dem Gefangenen, seinen Verfahrensbevollmächtigten für ein Anbahnungsgespräch mit dem potentiellen Arbeitgeber hinzuzuziehen. Dies gilt auch, wenn der Gefangene zu dem Anbahnungsgespräch ausgeführt werden muss (OLG Hamm, Beschl. v. 29.4.2022 – III-1 Vollz (Ws) 76/22).

4. Die **Arbeitsbedingungen** dürfen die Gesundheit der Gefangenen nicht gefährden. Auf religiöse Über- **388**
zeugungen ist Rücksicht zu nehmen, wenn dadurch keine betrieblichen Störungen verursacht werden (FFL/*Galli,* § 22 LandesR Rn 22).

5. Die dem Gefangenen zugeteilte Arbeit begründet eine **Rechtsposition**, die diesem nur unter den ge- **389**
setzlich vorausgesehen Voraussetzungen wieder entzogen werden darf (OLG Frankfurt, Beschl. v. 21.4.2016 – 3 Ws 723/15 (StVollz)). Wird ein Strafgefangener von seiner Arbeit abgelöst und nimmt eine neue Arbeit auf, erledigt sich die weiterhin angefochtene Ablösung nicht (OLG Frankfurt, Beschl. v. 20.3.1979 – 3 Ws 138/79 (StVollz), ZfStrVo SH 1979, 106). Bei der Prüfung, ob sich ein Gefangener einer die Ablösung von der Arbeit rechtfertigenden Pflichtverletzung schuldig gemacht hat, sind die arbeitsrechtlichen Grundsätze für die **Verdachtskündigung** anzuwenden (BayObLG, Beschl. v. 25.7.2023 – 204 StObWs 62/23).

6.a) Arbeit ist nur dann ein wirksames Resozialisierungsmittel, wenn die geleistete Arbeit angemessene **An-** **390**
erkennung findet. Die Regelungen über den gesetzlichen Mindestlohn finden dabei keine Anwendung (OLG Karlsruhe, Beschl. v. 4.3.2016 – 2 Ws 570/15, NStZ 2017, 119). Allerdings ist auch die von den Ländern bislang vorgesehene Vergütung von 9 % der Bezugsgröße nach § 18 SGB-IV (**Eckvergütung**) vom BVerfG (Urt. v. 20.6.2023 – 2 BvR 166/16) insb. wegen der möglichen Beteiligung Gefangener an Kosten im Vollzug sowie der Vorgabe, dass der Gefangene den von ihm durch die Tat angerichteten Schaden wiedergutmachen soll, als nicht ausreichend erachtet worden. Insoweit ist den Ländern eine Frist bis zum 30.6.2025 für eine Neuregelung gesetzt worden, die aber von der überwiegenden Zahl nicht eingehalten worden ist. BW, Bayern, Hamburg, NRW, Rheinland-Pfalz und Saarland haben mittlerweile Neuregelungen beschlossen. Inwieweit diese oder die in Sachsen, Sachsen-Anhalt und Thüringen kurz vor der Verabschiedung stehenden Neuregelungen – teilweise wird nun auf der Grundlage einer Eckvergütung i.H.v. 12 bzw. 15 % eine Grundvergütung, abhängig von den Fähigkeiten und Kenntnissen des Gefangenen in unterschiedlicher Höhe, gewährt – verfassungsrechtlicher Prüfung standhalten, bleibt zudem abzuwarten.

b) Als nicht-monetäre Komponente der Gefangenenentlohnung sind in den Landesgesetzen **Freistel-** **391**
lungstage vorgesehen, für die Gefangene ihre zuletzt erhaltenen Bezüge weiterbeziehen. Für die Berechnung ist das vom Gefangenen in den dem Freistellungszeitraum vorangegangenen drei Monaten für tatsächlich erbrachte Leistungen erlangte Entgelt aufzusummieren. Die Summe ist durch die Zahl

der tatsächlichen Arbeitstage des Antragstellers im Referenzzeitraum (Ist-Arbeitstage), begrenzt durch die Zahl der Regelarbeitstage im Referenzzeitraum zu dividieren. Das so ermittelte durchschnittliche Tagesentgelt ist sodann mit der Zahl der Regelarbeitstage im Freistellungszeitraum zu multiplizieren. Zahlungen an den Antragsteller im Referenzzeitraum, die kein Entgelt für tatsächlich erbrachte Arbeit darstellen, bleiben bei der Berechnung unberücksichtigt (BayObLG, Beschl. v. 6.6.2023 – 204 StObWs 64/23; OLG Celle, Beschl. v. 7.4.2016 – 1 Ws 183/16 (MVollz)).

392 **c)** Als nicht-monetäre Komponente der Entlohnung kann auch vorgesehen sein, dass Gefangene durch langfristige Arbeit oder Opferentschädigung die **Gerichtskosten** ihres Strafverfahrens **teilweise entlassen** bekommen oder ihren **Haftkostenbeitrag** (→ *Strafvollzug, Erwachsene, Geld,* Teil C Rdn 488) nicht entrichten müssen.

393 **d)** Gefangene, die Arbeitsentgelt erhalten, unterfallen der **Versicherungspflicht** nach § 26 Abs. 1 Nr. 4 SGB-III.

394 **7.** Inwieweit arbeitende Gefangene an **betrieblicher Mitbestimmung** teilhaben können, ist noch nicht abschließend geklärt. Gefangene in freien Arbeitsverhältnissen schließen Arbeitsverträge mit den entsprechenden Unternehmen und sind daher reguläre Arbeitnehmer i.S. von § 5 BetrVG. Ob dies auch für arbeitspflichtige Gefangene in Unternehmerbetrieben gilt, wird von der Rspr. bislang verneint (BAG, Urt. v. 3.10.1978 – 6 ABR 46/76, DB 1979, 1186; hiergegen aber *Stein* VSSAR 2024, 317).

395 **8.** Neben Arbeit sehen die Landesgesetze die Möglichkeit der Beschäftigung des Gefangenen durch Arbeitstherapie, teilweise auch durch Arbeitstraining vor. **Arbeitstherapie** dient dabei dem Zweck, den Gefangenen durch Übungen zu befähigen, alsbald einer wirtschaftlich ergiebigen Arbeit nachzugehen. Sie beeinflusst künftige Arbeitsleistung positiv und trägt auch zur Stabilisierung der psychischen Gesundheit bei. In manchen Ländern ist eine Vergütung hierfür vorgesehen. **Arbeitstraining** soll dem Gefangenen Fähigkeiten und Fertigkeiten vermitteln, die eine Eingliederung in das leistungsorientierte Arbeitsleben fördert. In den Ländern, die eine Arbeitspflicht vorsehen, stellt die Weigerung des Gefangenen, sich einer solchen Maßnahme zu unterziehen, eine Pflichtverletzung dar, die disziplinarisch geahndet werden kann (→ *Strafvollzug, Erwachsene, Disziplinarsachen,* Teil C Rdn 446 ff.).

Siehe auch: → *Strafvollzug, Erwachsene, Allgemeines,* Teil C Rdn 169 ff.

396 Strafvollzug, Erwachsene, Besitz

Das Wichtigste in Kürze:

1. Gefangene dürfen ihren Haftraum im angemessenen Umfang mit eigenen Sachen ausstatten. Sonderregeln gelten für Zeitungen, Zeitschriften, Bücher, religiöse Gegenstände, Gegenstände zur Fortbildung und Freizeitbeschäftigung sowie für Gegenstände der Informations- und Unterhaltungselektronik.
2. Gefangenen ist der Einkauf von Sachen gestattet.

397 **Literaturhinweise:** **Köhne**, Der „angemessene Umfang" der Eigenausstattung des Haftraums, StraFo 2002, 351; *ders.*, Die Gefährlichkeit von Gegenständen im Strafvollzug, ZfStrVo 2005, 280; *ders.*, „Gar nicht so günstig" – Zum Einkauf im Strafvollzug, NStZ 2012, 616; **Lindhorst**, Über die Zulässigkeit des Besitzes und der Nutzung einer Sony-Playstation 2 im Haftraum während der Verbüßung von Strafhaft, StV 2006, 274; **Maier-Bledjian**, Zugang zu digitalen Medien und zum Internet im Justizvollzug, FS 2022, 160; **Vogelsang**, Kleintierhaltung im Strafvollzug, ZfStrVo 1994, 67; s.a. die Hinweise bei → *Strafvollzug, Erwachsene, Allgemeines*, Teil C Rdn 170.

398 Zum Verständnis der folgenden Ausführungen und zu den zugrundeliegenden Normen zunächst → *Strafvollzug, Erwachsene, Allgemeines*, Teil C Rdn 172 f.

1. Regelungen darüber, über welche Gegenstände ein Gefangener **verfügen** darf, finden sich in den landesrechtlichen Vorschriften an verschiedenen Stellen. 399

a) Hafträume sind von der JVA wohnlich auszugestalten (→ *Strafvollzug, Erwachsene, Unterbringung*, Teil C Rdn 699). Gefangene dürfen zudem ihre Hafträume im angemessenen Umfang mit **eigenen Sachen** ausstatten. Da bedürftige Gefangene von der JVA versorgt werden, haben sie aber keinen Anspruch auf Ausstattung ihres Haftraums gegen den Träger der Sozialhilfe (BSG, Beschl. v. 13.8.2024 – B 8 SO 24/24 BH). Die Angemessenheit richtet sich danach, was einem Gefangenen zur menschenwürdigen Gestaltung seiner Privatsphäre zugestanden werden muss, aber auch danach, was ihm von den räumlichen Möglichkeiten her zugestanden werden kann (LNNVB/*Verrel,* Kap. D, Rn 65). Ausstattung meint dabei nicht nur Einrichtungsgegenstände, sondern auch Gebrauchsgegenstände (OLG Zweibrücken, Beschl. v. 12.2.1986 – 1 Vollz (Ws) 22/86; FFL/*Knauer,* § 48 LandesR, Rn 4) und Dekoration. Ob ein Gefangener **Bedarf** an konkreten Sachen hat, ist im Rahmen der Ermessensausübung zu berücksichtigen (OLG Karlsruhe, Beschl. v. 25.9.2019 – 2 Ws 354/19). Der Anspruch umfasst aber auch das Recht auf **Austausch** anstaltseigener Gegenstände (OLG Hamm, Beschl. v. 16.12.2020 – III-1 Vollz (Ws) 443/20 [Matratze]; OLG Karlsruhe, Beschl. v. 3.4.2001 – 3 Ws 33/01, StraFo 2001, 288; OLG Zweibrücken, Beschl. v. 4.2.2003 – 1 VAs 07/02, ZfStrVo 2003, 250 [Bettwäsche]; a.A. BeckOK-StVollzG/*Arloth,* § 20, Rn 8). 400

b) Sondervorschriften enthalten die landesrechtlichen Regelungen etwa zum Besitz von **Büchern** und **Zeitungen und Zeitschriften** (siehe zur entsprechenden Anzahl OLG Frankfurt, Beschl. v. 11.3.2021 – 3 Ws 806/20 (StVollz)). Beim Bezug von **Tageszeitungen** ist von Seiten der JVA organisatorisch dafür zu sorgen, dass diese tagesaktuell den betreffenden Gefangenen erreichen (BayObLG, Beschl. v. 13.11.2024 – 204 StObWs 375/24). Das Vorenthalten von Büchern oder Schriften berührt die Meinungs- und Informationsfreiheit des Gefangenen, was bei der Auslegung des Gefahrenbegriffs zu berücksichtigen ist (KG, Beschl. v. 19.3.2024 – 5 Ws 208/23). Sondervorschriften betreffen auch religiöse Gegenstände (→ *Strafvollzug, Erwachsene, Religionsausübung,* Teil C Rdn 622 f.), Gegenstände zur Fortbildung oder Freizeitbeschäftigung sowie Gegenstände der **Informations- und Unterhaltungselektronik**. Die speziellen Regelungen gehen den Regelungen zur Haftraumausstattung vor. Die Möglichkeit des **Fernsehempfangs** ist als grundrechtlich geschützter informationeller Grundbedarf dem Gefangenen kostenlos zur Verfügung zu stellen. Dies bedeutet indessen nicht, dass der Gefangene einen Anspruch auf unentgeltliche Zurverfügungstellung eines eigenen TV-Gerätes hat. Vielmehr kann die JVA ihn auf andere Möglichkeiten des Fernsehempfangs verweisen. Soweit landesrechtliche Regelungen die Möglichkeit eröffnen, Gefangene auf ein Haftraummediensystem zu verweisen, kann der Besitz an eigenen Hörfunk- und Fernsehgeräten eingeschränkt werden (OLG Brandenburg, Beschl. v. 16.9.2019 – 1 Ws (Vollz) 100(19)). Insoweit verbleibt dem Gefangenen lediglich ein Recht auf ermessensfehlerfreie Entscheidung über seinen Antrag (KG, Beschl. v. 19.9.2024 – 5 Ws 65/24 Vollz; OLG Hamm, Beschl. v. 16.9.2024 – 1 Vollz 54/24). 401

c) Aus Gründen der **Sicherheit und Ordnung** können Gegenstände ausgeschlossen werden, insb. wenn eine wirksame Durchsuchung des Haftraums nicht mehr möglich wäre. In manchen Ländern stehen den JVAs Listen zur Verfügung, die den abstrakten Kontrollaufwand für die Durchsuchung von Gegenständen der üblichen Haftraumaustattung mithilfe eines Punktesystems bewerten („REFA"-Liste). Übersteigt die so ermittelte Gesamtpunktzahl die von der JVA festgelegte Obergrenze, liegen Anhaltspunkte für einen unangemessenen Durchsuchungsaufwand vor (s. OLG Zweibrücken, Beschl. v. 19.12.2000 – 1 Ws 605/00 Vollz, NStZ-RR 2001, 187). Ausgeschlossen sind auch Gegenstände, von denen naheliegenden Gefahren für ein geordnetes Zusammenleben in der JVA ausgehen (z.B. Vorrichtungen für Alkoholherstellung). 402

d) Beispielhaft sind folgende **Gegenstände** von der Rspr. als **verboten** erachtet worden: 403

- Backpulver (OLG Karlsruhe, Beschl. v. 16.5.2022 – 3 Ws 413/21),
- Besen mit langen Stielen (OLG Karlsruhe, Beschl. v. 2.11.2000 – 2 Ws 152/00, NStZ-RR 2001, 186),
- Cannabispflanzen (KG, Urt. v. 28.5.2025 – 5 ORs 17/25, FS 2025, 350),

- Eddingstifte (LG Marburg, Beschl. v. 22.12.2017 – 4a StVK 175/17),
- Füller und Tintenpatrone (LG Kassel, Beschl. v. 31.7.2019 – 3 StVK 226/18),
- Hornhautraspel (OLG Celle, Beschl. v. 18.8.2016 – 1 Ws 323/16 (StrVollz)),
- Kerzen (OLG Koblenz, Beschl. v. 15.8.2022 – 2 Ws 255/22; s. aber auch OLG Zweibrücken, Beschl. v. 6.10.2020 – 1 Ws 191/19 (Vollz), NStZ_RR 2021, 95),
- Kochplatte (BayObLG, Beschl. v. 29.11.2021 – 203 StObWs 459/21, StraFo 2022, 174),
- Kugelschreiberminen, wenn Sicherheitsgefährdung nicht mit zumutbarem Kontrollaufwand ausgeschlossen werden kann (OLG Naumburg, Beschl. v. 18.12.2015 – 1 Ws (RB) 118/15),
- Medien mit FSK18-Freigabe (OLG Celle, Beschl. v. 9.5.2006 – 1 Ws 157/06; OLG Koblenz, Beschl. v. 7.1.2011 – 2 Ws 531/10; OLG Naumburg, Beschl. v. 17.2.2015 – 1 Ws (RB) 99/14; OLG Schleswig, Beschl. v. 25.1.2008 – 2 Vollz (Ws) 533/07; a.A. OLG Hamburg, Beschl. v. 25.6.2008 – 3 Vollz (Ws) 43/08),
- PC (OLG Hamm, Beschl. v. 2.5.2017 – III-1 Vollz (Ws) 132/17; OLG Nürnberg, Beschl. v. 21.9.2018 – 1 Ws 173/18),
- Pfeffer (OLG Karlsruhe, Beschl. v. 16.5.2022 – 3 Ws 413/21),
- Plakate, deren Inhalte Auseinandersetzungen auslösen können (OLG Frankfurt, Beschl. v. 12.7.1983 – 3 Ws 394/83 (StVollz)),
- Spielkonsolen mit Missbrauchsgefahr (BayObLG, Beschl. v. 30.8.2021 – 203 StObWs 338/21 [Playstation 4]),
- Sprühflasche (LG Marburg, Beschl. v. 22.12.2017 – 4a StVK 175/17),
- Tauchsieder (BayObLG, Beschl. v. 29.11.2021 – 203 StObWs 459/21),
- Tiere (OLG Dresden, Beschl. v. 4.11.1999 – 2 Ws 401/99; OLG Frankfurt, Beschl. v. 20.4.1983 – 3 Ws 163/83 (StVollz); OLG Koblenz, Beschl. v. 16.5.1983 – 2 Vollz (Ws) 3/83; einschränkend OLG Saarbrücken, Beschl. v. 25.5.1993 – Vollz (Ws) 10/92, ZfStrVo 1994, 51),
- Vorhänge und Gardinen (OLG Hamm, Beschl. v. 8.3.1984 – 1 VAs 21/84, ZfStrVo 1985, 128),
- Künstlicher Weihnachtsbaum (KG, Beschl. v. 14.9.2017 – 5 Ws 180/17 Vollz),
- Mehr als 3 kg Zucker (OLG Zweibrücken, Beschl. v. 15.4.1985 – 1 Vollz (Ws) 8/85, ZfStrVo 1985, 378).

404 e) Als **erlaubte Gegenstände** wurden dem gegenüber bspw. gesehen:

- Bilderhalter (OLG Zweibrücken, Beschl. v. 22.8.1994 – 1 Ws 270/94 (Vollz), ZfStrVo 1995, 374),
- Lampe (KG, Beschl. v. 12.6.2017 – 2 Ws 46/17 Vollz),
- Spielkonsolen ohne Internetfähigkeit (OLG Celle, Beschl. v. 25.1.1994 – 1 Ws 324/93 (StVollz), NStZ 1994, 360; OLG Dresden, Beschl. v. 16.9.1999 – 2 Ws 637/98, NStZ-RR 2000, 222; OLG Hamm, Beschl. v. 7.2.2022 – III-1 Vollz (Ws) 570/21; OLG Nürnberg, Beschl. v. 12.2.2002 – Ws 62/02, NStZ-RR 2002, 191, einschränkend Beschl. v. 1.3.2002 – Ws 210/02, ZfStrVo 2002, 188),
- Tagesdecke (OLG Koblenz, Beschl. v. 22.10.1979 – 2 Vollz (Ws) 33/79),
- Tasse (OLG Zweibrücken, Beschl. v. 12.2.1986 – 1 Vollz (Ws) 22/86, ZfStrVo 1986, 314).

405 f) Der von der JVA **genehmigte Besitz** an einer Sache begründet eine **Rechtsposition** des Gefangenen, die nur bei Vorliegen der gesetzlich vorgesehenen Gründe wieder entzogen werden darf. Sie bezieht sich aber immer nur auf den konkreten Gegenstand und bedeutet keine Berechtigung zum Erwerb bzw. Besitz von Ersatzgeräten (OLG Hamm, Beschl. v. 19.2.2019 – III-1 Vollz (Ws) 728/18 [Fernseher]; a.A. BeckOK-StVollzG/*Arloth,* § 19, Rn 7 [bei Defekten Anspruch auf Ersatzbeschaffung]), es sei denn, es handelt sich um typische Verbrauchsteile eines genehmigten Gegenstandes (OLG Koblenz, Beschl. v. 7.7.2020 – 4 Ws 342/20 Vollz [Ersatzklingen für genehmigten Barttrimmer]; → *Strafvollzug, Erwachsene, Allgemeines,* Teil C Rdn 188). Gegen den **Entzug** eines bereits überlassenen Gegenstandes kann der Gefangene mit dem Anfechtungsantrag vorgehen (→ *Strafvollzug, Erwachsene, Antrag auf gerichtliche Entscheidung, Antragsarten,* Teil C Rdn 218 f.).

g) Die **Weitergabe** von Gegenständen unter den Gefangenen ist ohne Zustimmung der JVA verboten. Zustimmungsfrei sind in den meisten Ländern indessen die Annahme und die Abgabe geringwertiger Sachen unter Gefangenen. Aber auch für Gegenstände mit höherem Wert besteht kein allgemeines Handels- oder Geschäftsverbot (OLG Bamberg, Beschl. v. 29.9.2015 – 3 OLG 7 Ss 96/15, NStZ 2016, 243; OLG Koblenz, Beschl. v. 24.1.2019 – 2 Ws 656/18 Vollz). Die rechtsgeschäftlichen Erklärungen Gefangener sind daher wirksam, bedürfen aber für die Umsetzung der Genehmigung der JVA. 406

h) Sachen, die der Gefangene nicht in Gewahrsam haben darf, sind nach Möglichkeit aufzubewahren (zur „**Habe**"), ansonsten auf Kosten des Gefangenen zu **vernichten**. Hierzu zählen auch die Kosten der Kontrolle von verbotenen Mobiltelefonen (KG, Beschl. v. 27.6.2023 – 2 Ws 17/23). Der Gefangene hat außerdem die Gelegenheit, Sachen, die er nicht mehr benötigt, auf seine Kosten abzusenden. Die **Absendung** kann nur bei konkreter Missbrauchsgefahr verweigert werden, für Streitigkeiten hierüber ist der Rechtsweg nach §§ 109 ff. StVollzG eröffnet (OLG Brandenburg, Beschl. v. 26.6.2001 – 2 Ws (Vollz) 13/00, NJW 2001, 3351). Die Frage, ob der Gefangener Eigentümer der Sache ist, ist nur eine zivilrechtliche Vorfrage. Im Übrigen streitet für ihn die Vermutung des § 1006 BGB (SBJL/*Harrendorf/Ullenbruch,* 11. Kap., Teil C, Rn 14). 407

i) Bei **Verlegung** des Gefangenen in eine andere JVA wirkt ein schutzwürdiges **Vertrauen** auf den Bestand einer Besitzerlaubnis grds. fort (OLG Hamm, Beschl. v. 22.5.2018 – 1 Vollz (Ws) 137/18). Die Verweigerung der aufnehmenden JVA, mit Erlaubnis der früheren JVA besessene Gegenstände herauszugeben, stellt einen Widerruf der Begünstigung dar, die sich an besonderen Voraussetzungen messen lassen muss (BayObLG, Beschl. v. 5.3.2025 – 204 StObWs 32/25; → *Strafvollzug, Erwachsene, Allgemeines,* Teil C Rdn 188). Anders ist es, wenn sich die Erlaubnis zum Besitz – wie etwa durch § 15 Abs. 2 S. 2 StVollzG NRW – nur auf die die Erlaubnis gebende JVA beschränkt (→ *Strafvollzug, Erwachsene, Verlegung,* Teil C Rdn 708 und → *Strafvollzug, Erwachsene, Allgemeines,* Teil C Rdn 188 f.). Ein Vertrauensschutz greift auch nicht, wenn der Gefangene aus dem Maßregelvollzug in den Strafvollzug verlegt wird (OLG Celle, Beschl. v. 18.8.2016 – 1 Ws 323/16 (StrVollz)), die Verlegung in eine Anstalt höheren Sicherheitsgrades erfolgt, wo die bislang bewilligte Vergünstigung nicht vorgesehen ist (KG, Beschl. v. 16.3.2022 – 5 Ws 285/21 Vollz; OLG Karlsruhe, Beschl. v. 7.10.2015 – 2 Ws 328/15), oder die Verlegung mit einem Wechsel des Bundeslandes verbunden ist (OLG Koblenz, Beschl. v. 1.7.2024 – 2 Ws 282/23 Vollz). 408

2. Gefangenen ist zudem als Ausdruck des Angleichungsgrundsatzes (→ *Strafvollzug, Erwachsene, Allgemeines,* Teil C Rdn 182) **Einkauf** gestattet. 409

a) Teilweise wird dieser Anspruch in den Ländern auf **Nahrungs- und Genussmittel** sowie **Körperpflegemittel** und die Mittel zum Einkauf auf Haus- und Taschengeld (→ *Strafvollzug, Erwachsene, Geld,* Teil C Rdn 478 ff.) beschränkt. Körperpflegemittel sind Produkte, die unmittelbar im oder am Körper Verwendung finden (OLG Hamm, Beschl. v. 3.9.1987 – 1 Vollz (Ws) 183/87, ZfStrVo 1988, 311). Hierzu zählen auch Rasierklingen (OLG Dresden, Beschl. v. 4.7.2018 – 2 Ws 247/18), nicht aber Kosmetikspiegel (OLG Celle, Beschl. v. 13.7.2023 – 1 Ws 180/23 (StrVollz), insoweit besteht aber ein Anspruch auf Ausstattung des Haftraums (→ Rdn 400) oder Reinigungsmittel für Zahnersatz (OLG Hamm, a.a.O.). 410

b) Ob auch **anderer Gegenstände** erworben werden können, steht ebenso im **Ermessen** der JVA wie die Auswahl des Kaufmanns und die Organisation der Durchführung (Arloth/Krä/*Arloth,* § 22 StVollzG Rn 2). Die JVA hat dabei für eine **marktgerechte Preisgestaltung** zu sorgen (OLG Hamm, Beschl. v. 9.9.2020 – III-1 Vollz (Ws) 276/20). Verstöße hiergegen können nicht allgemein, sondern nur in Bezug auf einen konkreten Gegenstand gerichtlich überprüft werden (OLG Hamm, Beschl. v. 5.3.2025 – III-1 Vollz 10/25). Auch eine Umstellung von Sicht- auf Bestelleinkauf ist mangels möglicher Rechtsverletzung nicht anfechtbar (OLG Hamburg, Beschl. v. 18.10.2019 – 5 Ws 43/19). Die Berechtigung zum Einkauf einer bestimmten Sache korrespondiert mit einem Anspruch auf Besitz dieser (BayObLG, Beschl. v. 5.3.2025 – 204 StObWs 32/25; OLG Celle, Beschl. v. 13.7.2023 – 1 Ws 180/23 (StrVollz); OLG Zweibrücken, Beschl. v. 12.2.1986 – 1 Vollz (Ws) 22/86, StV 1986, 347). 411

c) Aus Gründen der **Sicherheit und Ordnung** können Gegenstände vom Einkauf ausgeschlossen werden. Hinsichtlich des Erwerbs von **Alkohol** geht die h.M. von einem strikten Verbot aus (zweifelnd *Köhne* ZRP 412

2002, 168; *Bode* NStZ-RR 2020, 159). Wird dem Gefangenen die Anschaffung eines Gegenstandes unter der Bedingung der Eingangskontrolle durch die JVA erlaubt, kann die Aushändigung nicht mehr mit der Begründung versagt werden, der Gegenstand sei wegen abstrakter Gefährlichkeit nicht erlaubt (OLG Hamm, Beschl. v. 28.3.2019 – III-1 Vollz (Ws) 13/19).

Siehe auch: → *Strafvollzug, Erwachsene, Allgemeines,* Teil C Rdn 169 ff.

413 Strafvollzug, Erwachsene, Besuch

Das Wichtigste in Kürze:

1. Gefangene dürfen Besuch empfangen. Die Regelungen zu Mindestbesuchszeiten, zusätzlichen Besuchen und Langzeitbesuch variieren in den Ländern.
2. Besuche können davon abhängig gemacht werden, dass der Besucher durchsucht und der Besuch überwacht wird.
3. Verteidigerbesuche unterliegen im Rahmen des organisatorisch Zumutbaren vorbehaltlich einer Durchsuchung keiner Beschränkung.
4. Um Rechtsschutz gegen den Besuch einschränkende Maßnahmen kann auch der Besucher ersuchen.

414 **Literaturhinweise: Knoche**, Besuchsverkehr im Strafvollzug – ein reglementierter Kontakt zur Außenwelt?, ZfStrVo 1987, 145; s.a. die Hinweise bei → *Strafvollzug, Erwachsene, Allgemeines*, Teil C Rdn 170.

415 Zum Verständnis der folgenden Ausführungen und zu den zugrundeliegenden Normen siehe zunächst → *Strafvollzug, Erwachsene, Allgemeines*, Teil C Rdn 172 f.

416 **1.a)** Außenkontakte sind als zentraler Bestandteil der Integration eines Gefangenen für die Erreichung des Vollzugsziels von großer Bedeutung (FFL/*Knauer,* § 25 LandesR, Rn 2). Alle Länderregelungen sehen daher das **Recht des Gefangenen** vor, **Besuch zu empfangen**. Im Einzelnen sind dabei erhebliche Unterschiede zu verzeichnen. Dies betrifft insb. die zulässige Mindestbesuchszeit pro Monat und zusätzliche Besuchszeiten für Kinder, aber auch die Voraussetzungen, unter denen ein Besuch versagt werden kann.

417 **b)** Beschränkungen der Kontakte zu Ehegatten unterliegen wegen Art. 6 GG einer besonders sorgfältigen Begründungspflicht (OLG Celle, Beschl. v. 30.8.2021 – 3 Ws 217/21 (StrVollz); OLG Naumburg, Beschl. v. 26.8.2024 – 1 Ws 366/24). In den meisten Landesgesetzen ist – auch für unverheiratete Gefangene – die Möglichkeit sog. **Langzeitbesuch**e, die nicht überwacht werden und damit auch intime Kontakte ermöglichen, vorgesehen. Vorrangig steht die Entscheidung hierüber im Ermessen der JVA (dazu KG, Beschl. v. 18.10.2021 – 5 Ws 165/21 Vollz). Das schematische Abstellen auf den Familienstand als einzig maßgebliches Kriterium ist ermessensfehlerhaft (OLG Frankfurt, Beschl. v. 17.1.2008 – 3 Ws 1203/07 StVollz).

418 **2.** In allen landesrechtlichen Vorschriften ist vorgesehen, dass Besuche davon abhängig gemacht werden können, dass Besucher bzw. die mitgeführten Gegenstände **durchsucht** oder abgesucht werden. Zudem lassen die landesrechtlichen Vorschriften in unterschiedlicher Form Maßnahmen zur **Überprüfung** und Identifikation von Besuchern vor. Auch die Befugnisse der JVA, Besuche optisch oder akustisch zu **überwachen**, sind uneinheitlich geregelt. Kosten, die aufgrund der Besuchsüberwachung bei ausländischen Gefangenen für Übersetzungen anfallen, sind grds. vom Staat zu tragen (LNNVB/*Laubenthal/Baier,* Kap. E, Rn 45 m.w.N).

419 **3. Besuche des Verteidigers** dürfen nach Art, Dauer oder Häufigkeit nicht eingeschränkt werden. Auch wenn Regelbesuchszeiten eingeführt sind, dürfen Besuche des Verteidigers außerhalb der vorgesehenen Zeiten nicht versagt werden, solange dies der JVA organisatorisch zumutbar ist (KG, Beschl. v. 18.4.2017 – 5 Ws 237/16 Vollz, StraFo 2017, 212; OLG Frankfurt, Beschl. v. 23.8.2018 – 3 Ws 975/17 (StVollz)). Das Verteidigerprivileg beinhaltet selbstverständlich auch, dass Verteidigerbesuche nicht überwacht werden. Allerdings unterliegen Verteidigerbesuche auch dem Vorbehalt einer Durchsuchung.

☝ Wegen der begrenzten Anzahl von Besuchsräumen und -zeiten, die den Auf- und Einschlusszeiten der Gefangenen folgen und zu Engpässen führen könnten, ist es für Verteidiger ratsam, Besuche vorab anzukündigen, wenn diese außerhalb der Regelbesuchszeiten stattfinden sollen (FFL/*Knauer*, § 26 LandesR, Rn 31).

4. Rechtsschutz gegen die Versagung von Besuchen können sowohl der Gefangene als auch der Besucher ersuchen (→ *Strafvollzug, Erwachsene, Antrag auf gerichtliche Entscheidung, Beteiligte des Verfahrens*, Teil C Rdn 265 ff.). 420

Siehe auch: → *Strafvollzug, Erwachsene, Allgemeines*, Teil C Rdn 169 ff

Strafvollzug, Erwachsene, Bildung 421

Das Wichtigste in Kürze:

1. Schulische und berufliche Bildung im Strafvollzug steht wirtschaftlich ergiebiger Arbeit im Rang gleich.
2. Bildungsmaßnahmen setzen grds. die Zustimmung sowie die Eignung des Gefangenen in persönlicher, fachlicher und vollzuglicher Sicht voraus. Ein Gefangener hat keinen Anspruch auf Zuweisung einer bestimmten Bildungsmaßnahme.

Literaturhinweise: Hammerschick, Arbeit und Bildung im Strafvollzug als Herausforderung für das Vollzugssystem, FS 2012, 207; s.a. die Hinweise bei → *Strafvollzug, Erwachsene, Allgemeines*, Teil C Rdn 170. 422

Zum Verständnis der folgenden Ausführungen und zu den zugrundeliegenden Normen zunächst → *Strafvollzug, Erwachsene, Allgemeines*, Teil C Rdn 172 f. 423

1. Sämtliche Länder sehen die Möglichkeit Gefangener, sich **schulisch** oder **beruflich** zu bilden oder weiterzubilden vor. Absolviert ein Gefangener eine solche **Ausbildung**, wird diese grds. einer wirtschaftlich ergiebigen Arbeit im Rang gleichgestellt (LNNVB/*Nestler*, Kap. F, Rn 35). Erhält der Gefangene eine Ausbildungsbeihilfe oder ähnliches, unterfällt er der Versicherungspflicht i.S.v. § 26 Abs. 1 Nr. 4 SGB-III. 424

2. Bildungsmaßnahmen kommen nur bei persönlich, fachlich und vollzuglich **geeigneten Gefangenen** in Betracht, wobei der JVA dabei ein **Beurteilungsspielraum** zusteht (LNNVB/*Nestler*, Kap. F, Rn 48 f.). Den Gefangenen steht kein Anspruch auf Zuweisung einer bestimmten Qualifizierungsmaßnahme zu. Dies steht vielmehr im Ermessen der JVA. Die Teilnahme an Bildungsmaßnahmen setzt grds. die **Zustimmung** des Gefangenen voraus. Inwieweit gesetzliche Formulierungen auch eine **Teilnahmepflicht** an solchen Maßnahmen vorsehen, ist str. (dazu LNNVB/*Nestler*, Kap. F, Rn 47 einerseits; FFL/*Galli*, § 21 LandesR, Rn 11; SBJL/*Baier/Laubenthal*, 4. Kap., Teil E, Rn 7 andererseits). 425

Siehe auch: → *Strafvollzug, Erwachsene, Allgemeines*, Teil C Rdn 169 ff.

Strafvollzug, Erwachsene, Datenschutz 426

Das Wichtigste in Kürze:

1. Datenschutz findet auf der Grundlage der Landesjustizvollzugsgesetze oder hierzu gesondert erlassener Vorschriften statt.
2. Willigt der Gefangene wirksam in die Verarbeitung seiner personenbezogenen Daten ein, kommt es auf das Vorliegen der gesetzlichen Voraussetzungen nicht an.
3. Die Erhebung von Daten erfolgt auf der Grundlage einer allgemeinen Generalklausel oder besonderer Ermächtigungsgrundlagen.

4. Die Möglichkeiten der Datenverarbeitung ist gesetzlich abschließend geregelt.
5. Dem Anspruch auf Löschung von Daten kann der Grundsatz der Vollständigkeit und Klarheit der Akte entgegenstehen.
6. Gefangene und ihre Verteidiger haben Anspruch auf Auskunft und ergänzend Akteneinsicht in die von der JVA geführten Verwaltungsakten.

427 **Literaturhinweise:** **Baier,** Einfluss des europäischen Rechts auf den Justizvollzugsdatenschutz, ZD 2019, 545; *ders.*, Neues zum Justizvollzugsdatenschutz, FS 2019, 373; 2020, 51; **Buermeyer,** Informationelle Selbstbestimmung und effektiver Rechtsschutz im Strafvollzug, 2019; **Bung,** Informationelle Selbstbestimmung im Strafvollzug: Anspruch des Gefangenen auf Einsichtnahme in seine Krankenakte, HRRS 2010, 251; **Dormis/Lottkus,** Datenschutz in der Strafvollstreckung und im Strafvollzug, FS 2024, 314; **Goerdeler,** Datenschutz im Justizvollzug, FS 2024, 323; *ders.*, Hitchhikers Guide zum Datenschutz, FS 2024, 307; **Lehmann/Kühl,** Medizinischer Datenschutz im Strafvollzug, FS 2024, 316; **Linkhorst,** Das Akteneinsichtsrecht des Strafgefangenen nach § 185 StVollzG, 2005; **Preisser/Snowadsky,** EU-Datenschutzreform im baden-württembergischen Justizvollzug – Herausforderungen für die Praxis, VBlBW 2021, 407; **Weichert,** Akteneinsicht im Strafvollzug, ZfStrVo 2000, 88. s.a. die Hinweise bei → *Strafvollzug, Erwachsene, Allgemeines*, Teil C Rdn 170.

428 Zum Verständnis der folgenden Ausführungen und zu den zugrundeliegenden Normen zunächst → *Strafvollzug, Erwachsene, Allgemeines*, Teil C Rdn 172 f.

429 **1. Datenschutzrechtliche Regelungen** (zum **Begriff** der Daten → *Daten, Allgemeines, Begriff,* Teil D Rdn 3) nehmen nicht zuletzt aufgrund von EU-Vorgaben (insb. JI-RL) in den Landesvollzugsgesetzen einen großen Teil ein. Teilweise sind diese auch in Sondergesetzen niedergelegt worden. Ein einheitliches Regelungsmodell gibt es nicht. Neben den vollzugsspezifischen Vorschriften kommen ergänzend Landesdatenschutzgesetze, teilweise durch Verweis auch das BDSG zur Anwendung. Die DSGVO findet auf die Verarbeitung von Daten durch die JVA zu vollzuglichen Zwecken gem. Art. 2 Abs. 2 lit. d DSGVO keine unmittelbare Anwendung, wird aber in manchen Ländern partiell für entsprechend anwendbar erklärt.

430 **2.** Anders als die DSGVO enthält die JI-RL keine Regelung zu **Einwilligung** als Rechtsgrundlage für datenschutzrechtliche Maßnahmen. Gleichwohl gehen die Landesgesetze von einer prinzipiellen Zulässigkeit einer Einwilligung aus, wenn diese vor der Maßnahme erfolgt, der Gefangene über die Datenverarbeitung zutreffend und umfassend informiert ist und die Einwilligung auf seiner freien Entscheidung beruht (*Goerdeler*, FS 2024, 323 (325); ablehnend *Buermeyer*, S. 261). Die Einwilligung kann für die Zukunft jederzeit widerrufen werden.

431 **3.a)** Die **Erhebung** von personenbezogenen Daten ist in allen Landesgesetzen aufgrund einer Generalklausel gestattet.

432 **aa)** Unter Datenerhebung ist allein das **zielgerichtete Beschaffen von Daten** zu verstehen, was zu verneinen ist, wenn die JVA Daten ohne ihr Zutun oder aus bereits bestehenden Unterlagen bezieht (OLG Frankfurt, Beschl. v. 13.7.2004 – 3 Ws 420–422/04 StVollz, NStZ-RR 2004, 316). Auf welche Weise sich die JVA Kenntnis von den Informationen verschafft, ist für das Vorliegen einer Datenerhebung dabei unerheblich. Es kommt auch nicht darauf an, ob die Erhebung in Kenntnis der betroffenen Person erfolgt. Geheime Datenerhebungen führen lediglich zu einer grds. Verpflichtung der Behörde, über die Datenerhebung zu unterrichten.

433 **bb)** Die Erhebung der Daten muss aus **vollzuglichen Zwecken** erforderlich sein. Eine reine Nützlichkeit genügt hierfür nicht. Die verfolgten Zwecke setzen zudem voraus, dass es sich um die Erfüllung **aktueller Aufgaben** handelt. Die Erhebung personenbezogener Daten auf Vorrat ist ohne spezielle Ermächtigungsgrundlage unzulässig (LNNVB/*Koranyi,* Kap. O, Rn 32).

434 **cc)** Grds. sind personenbezogene Daten **bei der betroffenen Person selbst** zu erheben (LNNVB/*Koranyi,* Kap. O, Rn 37 f.). Der Gefangene hat entsprechende Maßnahmen zu dulden. Hierunter fällt insb. die in den meisten Ländern spezialgesetzlich normierte Erlaubnis der JVA zur Durchführung einer **erkennungsdienstlichen Behandlung**. Eine Mitwirkungspflicht des Gefangenen besteht dabei aber nicht.

☝ Der Gefangene kann daher **nicht gezwungen** werden, bei der Verfassung eines **Lebenslaufs** oder beim Ausfüllen eines Fragebogens Angaben zu machen, um seine Persönlichkeit und seine Lebensverhältnisse zu erforschen.

Die Duldung zur Fertigung von Lichtbildern umfasst nicht die Verpflichtung des Gefangenen, einen Lichtbildausweis zu tragen (LNNVB/*Verrel,* Kap. M, Rn 62). Hierfür bedarf es einer speziellen Verpflichtungsgrundlage, die in allen Ländern zum Schutz der Sicherheit und Ordnung in der Anstalt vorgesehen ist.

dd) Die **Erhebung personenbezogener Daten** über **Gefangene bei Dritten** ist an engere Voraussetzungen geknüpft und kommt vor allem in Betracht, wenn der Gefangene nicht in der Lage oder bereit ist, die Informationen zu erteilen, Anhaltspunkte für die Unrichtigkeit seiner eigenen Angaben bestehen oder die Erhebung bei dem Betroffenen einen unverhältnismäßigen Aufwand erfordern würde, der unter Berücksichtigung der schutzwürdigen Interessen des Betroffenen zu vermeiden wäre. Im Fall der Datenerhebung bei Dritten ist der Gefangene darüber zu informieren. 435

☝ Die Notwendigkeit, einen Dolmetscher hinzuzuziehen (und bezahlen) zu müssen, rechtfertigt regelmäßig keine Datenerhebung bei Dritten!

ee) Gegen die Erhebung von Daten kann der Betroffene mit einem **Anfechtungsantrag** (→ *Strafvollzug, Erwachsene, Antrag auf gerichtliche Entscheidung, Antragsarten*, Teil C Rdn 218) vorgehen. Rechtswidrige Datenerhebungen können zudem **Schadensersatz**ansprüche begründen (näher dazu LNNVB/*Koranyi,* Kap. O, Rn 47a). 436

b) Neben der durch die Generalklausel erlaubten Datenerhebung sehen die Landesgesetze auch besondere Formen vor, die aufgrund ihrer besonderen Eingriffsintensität an strengere Voraussetzungen geknüpft sind. Hierzu zählen der Einsatz von **Videotechnik**, das **Auslesen elektronischer Datenspeicher**, die Überwachung des Anstaltsgeländes mittels **Radio-Frequenz-Identifikation** (RFID) und der Einsatz von **GPS**-Sendern. Gesetzliche Regelungen, die Videoüberwachungen lediglich zum Schutz des Dienstgebäudes zulassen, genügen für eine Überwachung von Hafträumen nicht (BayObLG, Beschl. v. 12.1.2021 – 203 StObWs 400/20). Eine Videoüberwachung des Haftraums kommt aber auch als besondere Sicherungsmaßnahme in Betracht (→ *Strafvollzug, Erwachsene, Sicherungsmaßnahmen,* Teil C Rdn 626 ff.). Fehlt es an einer Voraussetzung für die Erhebung solcher Daten, kann die JVA nicht auf die Generalklausel zurückgreifen (FFL/*Goerdeler,* Teil III, Rn 67). 437

4. Datenverarbeitung stellt nach den gesetzlichen Konzeptionen einen Oberbegriff sämtlicher mit Daten in Zusammenhang stehender Vorgänge dar und umfasst insb. das **Nutzen, Speichern, Verändern, Übermitteln und Sperren von Daten**. Die Regelungen haben abschließenden Charakter, werden aber durch außerhalb der Vollzugsgesetze bestehende Verpflichtungen der JVAs ergänzt. Die Zulässigkeit der Verarbeitung hängt dabei wesentlich davon ab, ob diese für Zwecke des Vollzugs oder für vollzugsfremde Zwecke erfolgt. Bei der Übermittlung von Daten hängt die rechtliche Bewertung davon ab, ob diese an öffentliche oder nichtöffentliche Stellen erfolgt. Besonders sensible Daten unterliegen zudem einem besonderen Schutz. Vom Gefangenen selbst erstellte Daten unterliegen einem Verwertungsverbot, wenn diese den **Kernbereich** der Privatsphäre betreffen (BVerfG, Beschl. v. 18.4.2018 – 2 BvR 883/17). Namensschilder an der Außenseite der Hafträume sind im Allgemeinen zulässig (BVerfG, Beschl. v. 18.5.1996 – 2 BvR 2650/97, ZfStrVo 1997, 111; OLG Frankfurt, Beschl. v. 12.9.1984 – 3 Ws 828/84 (StVollz)), bei Besichtigungen der JVA durch Dritte jedoch zu verdecken (BayObLG, Beschl. v. 20.2.2024 – 204 StObWs 567/23). Zu der durch die Erhebung und Verarbeitung personenbezogener Daten durch den ärztlichen Dienst der Anstalt bestehenden Verschwiegenheitspflicht → *Strafvollzug, Erwachsene, Gesundheitsfürsorge,* Teil C Rdn 500. 438

5. Detailliert geregelt sind auch die Bestimmungen zu **Berichtigungen und Löschungen** von Daten. Erhebliche Unterschiede bestehen dabei in Bezug auf die Länge bestimmter Löschungsfristen, wenn 439 die Daten nicht – was grds. der Fall bei unrichtigen oder unrechtmäßig verarbeiteten Daten ist – unverzüglich gelöscht werden müssen. Befinden sich Daten in einer Akte, kollidiert der mögliche Anspruch des Gefangenen auf Löschung mit dem Grundsatz der Vollständigkeit und Klarheit der Akte. Daher ist in den Landesvorschriften vorgesehen, dass Akten so lange aufbewahrt werden müssen, wie sie zum Zweck der Erfüllung ihrer Dokumentationsfunktion noch benötigt werden (LNNVB/*Koranyi,* Kap. O, Rn 223).

440 **6.a)aa)** Dem von einer datenschutzrechtlichen Maßnahme betroffenen Gefangenen steht ein **umfassendes Auskunftsrecht** zu.

> ☝ Hiervon zu unterscheiden sind Auskünfte genereller Art oder solche ohne sachliche Regelung. Diese können mangels tauglichen Antragsgegenstand nicht zum Gegenstand gerichtlicher Kontrolle gemacht werden (→ *Strafvollzug, Erwachsene, Antrag auf gerichtliche Entscheidung, Antragsgegenstand,* Teil C Rdn 242). Ansprüche auf Auskunft nach dem IFG sind gegenüber den Ansprüchen aus vollzugsspezifischen Rechtsgrundlagen subsidiär (OLG Hamm, Beschl. v. 20.8.2025 – III-1 Vollz 90/25).

441 Darüber hinaus kommt auch ein nach §§ 109 ff. StVollzG einklagbarer Anspruch auf Akteneinsicht in die Akten der Vollzugsbehörde, insb. der **Gefangenenpersonalakte**, in Betracht, der in den meisten Ländern voraussetzt, dass der Gefangene über den Auskunftsanspruch hinaus auch auf Akteneinsicht angewiesen ist und folglich davon abhängt, dass der Antragsteller darlegen muss, warum eine entsprechende Auskunft der Vollzugsbehörde zur Wahrung seiner Interessen nicht ebenso genügt (OLG Frankfurt, Beschl. v. 24.9.2004 – 3 Ws 872/04 StVollz; OLG Hamm, Beschl. v. 1.6. 2005 – 1 Vollz (Ws) 75/05; a.A. *Weichert* ZfStrVo 2000, 88). Das ist etwa der Fall, wenn es dem Gefangenen gerade darauf ankommt, die Vollständigkeit der Akten zu überprüfen oder wenn er aufgrund der Dauer des Vollzugs nicht mehr in der Lage ist, sämtliche Dokumente zu benennen, die von seinem Auskunftsinteresse betroffen sind (LNNVB/*Koranyi,* Kap. O, Rn 238). Bei besonders umfangreichen Akten besteht zudem eine Pflicht der JVA, den Gefangenen bei der Ausübung des Akteneinsichtsrechts zu unterstützen (BayObLG, Beschl. v. 6.2.2024 – 204 StObWs 408/23). Ein Gesuch auf Akteneinsicht enthält als Minus ein Auskunftsbegehren, das bei nicht vollständig gewährter Akteneinsicht beschieden werden muss (OLG Koblenz, Beschl. v. 20.10.2015 – 2 Ws 387/15 (Vollz)). Kein Anspruch besteht bei internen, lediglich vorbereitenden Arbeitsgrundlagen und Entwürfen der an der Vollzugsplanung beteiligten Mitarbeiter (KG, Beschl. v. 9.9.2010 – 2 Ws 390/10 Vollz).

442 **bb)** Teilweise ist in den Landesgesetzen auch bei Vorlage eines berechtigten Interesses ein Anspruch auf Fertigung von **Kopien** vorgesehen, was anzunehmen ist, wenn der Gefangene zur Geltendmachung von Rechten gegenüber Gerichten und Behörden auf Ablichtungen oder Ausdrucke angewiesen ist (KG, Beschl. v. 4.12.2006 – 5 Ws 102/06 Vollz; OLG Frankfurt, Beschl. v. 13.7.2004 – 3 Ws 420/04 (StVollz), NStZ-RR 2004, 316; OLG Koblenz, Beschl. v. 16.6.2018 – 2 Ws 255/18 Vollz).

443 **cc)** Der **Verteidiger** kann das **Recht für** den **Strafgefangenen ausüben**, es geht jedoch inhaltlich nicht über das Recht des Strafgefangenen hinaus (BVerfG, Beschl. v. 30.1.2002 – 2 BvR 1/00, StV 2002, 272). Akteneinsicht an den Verteidiger kann durch Versendung der Akte an die jeweiligen Kanzleiräume erfolgen (LNNVB/*Koranyi,* Kap. O, Rn 235b). Der Gefangene kann gegen die Versagung der Akteneinsicht an seinen Verteidiger Antrag auf gerichtliche Entscheidung nach §§ 109 ff. StVollzG stellen (OLG Brandenburg, Beschl. v. 8.4.2021 – 2 Ws 24/21). Die JVA ist aber nicht verpflichtet oder berechtigt, auf Antrag des Gefangenen die Akte an einen Rechtsanwalt zu übersenden (OLG Karlsruhe, Beschl. v. 16.5.2022 – 3 Ws 413/21).

444 **b)** Anspruchsgegenstand kann auch die **Einsicht** in die **Krankenakte** sein. Die Erklärung, sein Recht auf informationelle Selbstbestimmung auszuüben und die Rechtmäßigkeit seiner Behandlung zu überprüfen, genügt für die auch insoweit erforderliche Darlegung (BVerfG, Beschl. v. 20.12.2016 – 2 BvR 1541/15, NJW 2017, 1014). Die Akteneinsicht darf dabei nicht pauschal auf objektivierbare Befunde beschränkt

werden (BVerfG, Beschl. v. 9.1.2006 – 2 BvR 443/02, NJW 2006, 1116; OLG Hamm, Beschl. v. 23.2.2012 – III-1 Vollz (Ws) 653/11). Das Einsichtsrecht hat seine Grundlage in dem grundrechtlich gewährleisteten Selbstbestimmungsrecht eines Patienten und muss daher nur zurücktreten, wenn ihm entsprechend wichtige Belange entgegenstehen (BayObLG, Beschl. v. 9.1.2025 – 204 StObWs 403/24).206.

c) Im **gerichtlichen Verfahren** steht dem **Verteidiger** bereits ein **Akteneinsichtsrecht** aus § 120 Abs. 1 S. 2 StVollzG i.V.m. § 147 StPO zu (OLG Nürnberg, Beschl. v. 1.12.2003 – Ws 1030/03, ZfStrVo 2004, 312, 314; Arloth/Krä/*Arloth*, § 185 StVollzG, Rn 5a; *Pollähne/Woynar*, Rn 544). Dies umfasst das Recht auf Einsicht in alle von der StVK beigezogenen Akten, auch wenn die Vollzugsbehörde einer Überlassung dieser an den Verteidiger widerspricht Arloth/Krä/*Arloth*, § 185 StVollzG, Rn 5; a.A. OLG Celle, Beschl. v. 3.2.1982 – 3 Ws 378/81, NStZ 1982, 304: gegen den Widerspruch kann Antrag auf gerichtliche Entscheidung gestellt werden). Die Form der Akteneinsicht richtet sich nach § 120 Abs. 1 S. 2 StVollzG i.V.m. § 32f StPO. 445

☝ Gegen die **Versagung** der Akteneinsicht steht dem Betroffenen, gegen die Beiziehung der Akten steht der Vollzugsbehörde oder einem davon betroffenen Dritten ein **Beschwerderecht** nach § 120 Abs. 1 S. 2 StVollzG i.V.m. § 304 StPO zu (BayObLG, Beschl. v. 12.2.2025 – 204 StObWs 13/25; OLG Celle, Beschl. v. 21.6.2023 – 1 Ws 154/23 (MVollz), StV 2024, 59; Arloth/Krä/*Arloth*, a.a.O.).

Siehe auch: → *Strafvollzug, Erwachsene, Allgemeines,* Teil C Rdn 169 ff.

Strafvollzug, Erwachsene, Disziplinarsachen 446

Das Wichtigste in Kürze:

1. Verletzt ein Gefangener schuldhaft seine ihm durch das Gesetz oder aufgrund des Gesetzes auferlegten Pflichten, kann dies disziplinarisch geahndet werden. Das Vorliegen eines zu einer Disziplinarmaßnahme führenden Verstoßes muss zweifelsfrei geklärt sein und ist gerichtlich voll überprüfbar.
2. Mögliche Sanktionen sind im Gesetz abschließend geregelt. Die Auswahl liegt im Ermessen der JVA.
3. Der Gefangene kann sich im Disziplinarverfahren eines Verteidigers bedienen.
4. Nach Vollzug einer Disziplinarmaßnahme, der nicht rückgängig gemacht werden kann, kommt nach h.M. Rechtsschutz nur über einen Fortsetzungsfeststellungsantrag in Betracht.
5. Die Einleitung eines Strafverfahrens wegen desselben Vorwurfs steht der Durchführung eines Disziplinarverfahrens nicht entgegen.

Literaturhinweise: Gericke, Zur Unzulässigkeit von Disziplinarmaßnahmen nach positiven Urinproben, StV 2003, 305; **Mika**, Zehn Jahre Landesstrafvollzugsgesetzgebung – Eine kritische Betrachtung der besonderen Sicherungs- sowie der Disziplinarmaßnahmen, NK 2018, 63; **Schäferskupper**, Gefangene und Disziplinarmaßnahmen, FS 2022, 341; 2023, 50; 2023, 174; 2023, 260; s.a. die Hinweise bei → *Strafvollzug, Erwachsene, Allgemeines*, Teil C Rdn 170. 447

Zum Verständnis der folgenden Ausführungen und zu den zugrundeliegenden Normen zunächst → *Strafvollzug, Erwachsene, Allgemeines*, Teil C Rdn 172 f. 448

1. Bei **schuldhaften Verstößen** von Gefangenen gegen ihnen auferlegte Pflichten können diese mit Disziplinarmaßnahmen geahndet werden. 449

a) Die überwiegende Zahl der Länder hat Pflichtverstöße, die zu solchen Maßnahmen führen können, einzeln aufgeführt. Manche Länder begnügen sich damit, dass der Gefangene lediglich schuldhaft gegen Pflichten, die ihm durch das Gesetz oder aufgrund des Gesetzes auferlegt worden sind, verletzt haben muss, um Disziplinarmaßnahmen verhängen zu können. Hierzu zählt etwa die Pflicht zur Mitwirkung 450 bei Suchtmittelkontrollen (→ *Strafvollzug, Erwachsene, Durchsuchung,* Teil C Rdn 465) aber auch die in manchen Ländern vorgeschriebene **allgemeine Pflicht**, dass der Gefangene durch sein Verhalten gegenüber Vollzugsbediensteten, Mitgefangenen und anderen Personen das geordnete Zusammenleben nicht stören darf (OLG Hamm, Beschl. v. 15.9.1994 – 1 Vollz (Ws) 135/94, NStZ 1995, 55). Dabei ist zu beachten, dass nicht jede verbale Auseinandersetzung zwischen Gefangenen sogleich einen Pflichtverstoß darstellt (OLG Hamm, Beschl. v. 11.11.2020 – III-1 Vollz (Ws) 418/20). Ob Vorbereitungshandlungen ausreichen, um eine Disziplinarmaßnahme erlassen zu dürfen, ist str. (verneinend OLG Koblenz, Beschl. v. 24.1.2019 – 2 Ws 656/18 Vollz; bejahend OLG Zweibrücken, Beschl. v. 16.4.1982 – 1 Vollz (Ws) 75/81, MDR 1982, 871). Verstöße gegen die **Hausordnung** genügen nicht, es sei denn, die dort geregelten Einschränkungen sind durch das Vollzugsgesetz selbst gestattet (BVerfG, Beschl. v. 11.8.1997 – 2 BvR 2334/96, NStZ 1998, 103; BayObLG, Beschl. v. 18.2.2025 – 204 StObWs 577/24).

451 **b)** Wegen der Ähnlichkeit einer Disziplinarmaßnahme zu einer strafrechtlichen Sanktion, für die die **Unschuldsvermutung** gilt, dürfen solche Maßnahmen nur angeordnet werden, wenn zweifelsfrei geklärt ist, ob ein schuldhafter Pflichtenverstoß überhaupt vorliegt. Die Bejahung eines Disziplinartatbestandes unterliegt dabei der vollen Überprüfung durch die StVK (BayObLG, Beschl. v. 18.2.2025 – 204 StObWs 577/24).

452 **2.** Die in den Ländern vorgesehenen Disziplinarmaßnahmen unterscheiden sich voneinander. Nur die im Gesetz jeweils als Rechtsfolge für einen schuldhaften Pflichtenverstoß vorgesehenen **Sanktionen** stehen der JVA dabei zur Verfügung (OLG Zweibrücken, Beschl. v. 20.6.2017 – 1 Ws 211/16 Vollz). Arten der Disziplinarmaßnahmen sind z.B.:

- Verweis,
- Beschränkung oder Entzug der Verfügung über das Hausgeld, des Sondergeldes und des Einkaufs,
- Beschränkung oder Entzug des Hörfunk- und Fernsehempfangs,
- Beschränkung oder Entzug der Gegenstände für eine Beschäftigung in der Freizeit oder der Teilnahme an gemeinschaftlichen Veranstaltungen,
- Trennung von anderen Gefangenen,
- Entzug zugewiesener Arbeit oder Beschäftigung unter Wegfall des Anspruchs auf Bezüge für Arbeit,
- Kürzung der Arbeitsvergütung,
- Arrest.

> ☝ **Arrest** und **disziplinarische** Trennung kommen dabei nur in **Ausnahmefällen** in Betracht. Die Auswahl der Maßnahme liegt im Ermessen der JVA, das nur eingeschränkt gerichtlich überprüfbar ist (→ *Strafvollzug, Erwachsene, Antrag auf gerichtliche Entscheidung, Allgemeines,* Teil C Rdn 209).

453 **3.** Die Verhängung von Disziplinarmaßnahmen setzt die Einhaltung einer Reihe von **Verfahrensvorschriften** voraus. Von Amts wegen hat die JVA den Sachverhalt aufzuklären und dem Gefangenen Gelegenheit zur Stellungnahme zu geben. Der Gefangene kann sich auch eines **Verteidigers** bedienen (OLG Bamberg, Beschl. v. 9.10.2014 – 1 Ws 377/14; OLG Karlsruhe, Beschl. v. 25.9.2001 – 1 Ws 87/01, NStZ-RR 2002, 29). Wegen der in Disziplinarsachen gebotenen Eilbedürftigkeit genügt es dabei, die Möglichkeit eines Telefonats oder eines kurzfristigen Besuchs einzuräumen (OLG Nürnberg, Beschl. v. 5.3.2018 – 2 Ws 47/18).

454 **4.** Disziplinarmaßnahmen werden nach allen Landesvorschriften in der Regel sofort vollstreckt. Dies wirft die Frage auf, welche **Rechtsschutzmöglichkeiten** nach Vollzug einer solchen Maßnahme eröffnet sind. Es kommt dabei darauf an, ob die Maßnahme noch gerichtlich aufgehoben werden kann (dann Anfechtungsantrag) oder ob sich die Beschwer durch den Vollzug erledigt hat.

455 **a)** Zunächst ist nach Art der Disziplinarmaßname zu differenzieren. Ein Verweis kann auch nachträglich ohne Weiteres aufgehoben werden. Aber auch bei anderen Disziplinarmaßnahmen wie einem vollstreckten Arrest wird teilweise angenommen, dass die Beschwer des Gefangenen trotz **Vollzug** der Maßnahme

wegen der damit verbundenen diskriminierenden Wirkung nicht entfällt (KG, Beschl. v. 13.11.2003 – 5 Ws 405/03 Vollz). Die h.M. nimmt in solchen Fällen indessen **Erledigung** der Maßnahme an, die dem Gefangenen nur noch die Möglichkeit nachträglichen Rechtsschutzes über einen Fortsetzungsfeststellungsantrag eröffnet (BayObLG, Beschl. v. 18.2.2025 – 204 StObWs 557/24; OLG Hamburg, Beschl. v. 16.2.2004 – 3 Vollz (Ws) 133/03, ZfStrVo 2004, 305; OLG Jena, Beschl. v. 27.6.2006 – 1 Ws 129/06, NStZ 2006, 702; OLG Naumburg, Beschl. v. 14.6.2017 – 1 Ws (RB) 24/17; einschränkend, soweit Verfahrensfehler geltend gemacht werden OLG Hamm, Beschl. v. 2.7.1991 – 1 Vollz (Ws) 48/91, NStZ 1991, 509; dagegen aber zurecht SBJL/*Laubenthal, 11. Kap.*, § 102 StVollzG, Rn 26; → *Strafvollzug, Erwachsene, Antrag auf gerichtliche Entscheidung, Erledigung,* Teil C Rdn 291 ff., 310; → *Strafvollzug, Erwachsene, Rechtsbeschwerde, Beschwer/Erledigung,* Teil C Rdn 550 ff.). Vor Vollzug der Maßnahme kommt ein Antrag auf einstweiligen Rechtsschutz in Betracht (→ *Strafvollzug, Erwachsene, Antrag auf gerichtliche Entscheidung, Einstweiliger Rechtsschutz,* Teil C Rdn 280 ff.).

b) Wird die Vollstreckung einer **Disziplinarmaßnahme zur Bewährung** ausgesetzt, ist ebenfalls str., ob nach Ablauf der Bewährungszeit noch eine Anfechtung der Maßnahme (so OLG Jena, Beschl. v. 27.6.2006 – 1 Ws 129/06, NStZ 2006, 702) oder nur ein Antrag auf Feststellung der Rechtswidrigkeit möglich ist (BayObLG, Beschl. v. 18.2.2025 – 204 StObWs 557/24). 456

5. Die Einleitung eines **Strafverfahrens** wegen desselben Sachverhaltes steht der Anordnung von Disziplinarmaßnahmen nicht entgegen (Arloth/Krä/*Arloth,* § 102 StVollzG, Rn 9). Es verstößt jedoch gegen die Unschuldsvermutung, wenn die StVK im Rahmen eines Antrags auf gerichtliche Entscheidung feststellt, dass der Gefangene eine bestimmte Straftat begangen habe, die aber weder abgeurteilt noch eingeräumt worden ist (OLG Hamm, Beschl. v. 17.7.2012 – III-1 Vollz (Ws) 323/12, NStZ 2013, 174). Gegenstand des Disziplinarverfahrens kann daher in diesen Fällen nur ein über den Strafvorwurf hinausgehendes Verhalten sein (z.B. erfüllt der Besitz von Betäubungsmitteln, der strafrechtlich unter das BtMG fällt, zugleich auch einen nicht strafbewehrten Verstoß gegen das jeweilige Vollzugsgesetz, weil der Gefangene einen nicht genehmigten Gegenstand besitzt, OLG Hamm, a.a.O.). Wird der Gefangene während eines laufenden Disziplinarverfahrens vom selben Vorwurf **strafrechtlich freigesprochen**, begründet dies ein Verfahrenshindernis, das zur Einstellung des gerichtlichen Verfahrens führt (OLG München, Beschl. v. 9.11.1988 – 1 Ws 725/88, NStZ 1989, 294). Ist das Disziplinarverfahren bereits abgeschlossen, bevor der Freispruch im Strafverfahren erfolgte, kann der Gefangene die Rechtswidrigkeit der Disziplinarmaßnahme gerichtlich feststellen lassen (OLG Hamm, Beschl. v. 17.9.2019 – III-1 Vollz (Ws) 462/19; OLG München, Beschl. v. 2.8.2007 – 3 Ws 451/07 R), auch wenn der Antrag auf gerichtliche Entscheidung gegen die Anordnung der Disziplinarmaßnahme erfolglos geblieben ist. 457

Siehe auch: → *Strafvollzug, Erwachsene, Allgemeines,* Teil C Rdn 169 ff.

Strafvollzug, Erwachsene, Durchsuchung 458

Das Wichtigste in Kürze:

1. Durchsuchungen des Haftraums und des Gefangenen können anlasslos, aber immer nur zur Aufrechterhaltung der Sicherheit und Ordnung der JVA durchgeführt werden.
2. Die mit einer Entkleidung verbundene Durchsuchung ist nur bei Vorliegen strenger Voraussetzungen zulässig.
3. Gefangene sind zur Duldung von Suchtmittelkontrollen verpflichtet.

Literaturhinweise: **Esser**, Menschenrechte im Strafvollzug: Grenzen für die körperliche Durchsuchung von Strafgefangenen, NStZ 2022, 24; **Gericke**, Zur Unzulässigkeit von Disziplinarmaßnahmen nach positiven Urinproben, StV 2003, 305; **Schäferskӧpper**, Gefangene und Durchsuchungen, FS 2019, 370; FS 2020, 45; s.a. die Hinweise bei → *Strafvollzug, Erwachsene, Allgemeines*, Teil C Rdn 170. 459

460 Zum Verständnis der folgenden Ausführungen und zu den zugrundeliegenden Normen zunächst → *Strafvollzug, Erwachsene, Allgemeines*, Teil C Rdn 172 f.

461 **1.a)** Zentrales Mittel für die Aufrechterhaltung der Sicherheit und Ordnung in der JVA ist die **Durchsuchung** des Haftraums und des Gefangenen. Alle Landesgesetze sehen die Durchsuchung vor, ohne dass hierfür explizit Voraussetzungen aufgestellt werden. Gleichwohl muss die Ermessensentscheidung hierüber ihren Grund in der Gewährleistung von Sicherheit und Ordnung in der Anstalt haben (BVerfG, Beschl. v. 12.6.2017 – 2 BvR 1160/17). Damit sind Durchsuchungen nicht nur im **Einzelfall**, sondern auch **stichprobenartig** möglich (BayObLG, Beschl. v. 10.3.2025 – 203 StObWs 12/25). Das gilt auch für **Absuchungen**, bei denen technische oder sonstige Hilfsmittel eingesetzt werden, ohne dass es zu einer Berührung des Gefangenen kommt. Die stichprobenartige Durchsuchung darf aber nicht dazu führen, dass alle Gefangene vor einem Besuchskontakt durchsucht werden. Die JVA muss vielmehr die Möglichkeit vorsehen, von der Durchsuchung auch absehen zu können (BVerfG, Beschl. v. 23.9.2020 – 2 BvR 1810/19).

462 **b)** Die Durchsuchung des Haftraums gestattet auch eine Sichtkontrolle von dort als **Verteidigerpost** o.ä. gekennzeichneten Schriftstücken um festzustellen, ob es sich dabei tatsächlich um der Inhaltskontrolle nicht unterworfene Schriftstücke handelt (KG, Beschl. v. 1.10.2019 – 5 Ws 168/19).

463 **2.a)** Die Art und Weise der Durchsuchung steht im Ermessen der JVA. Ein Anspruch des Gefangenen, bei der Durchsuchung seines Haftraums anwesend zu sein, besteht nicht, wohl aber ein Anspruch auf ermessensfehlerfreie Entscheidung über seinen Antrag auf **Anwesenheit** (BayObLG, Beschl. v. v. 10.3.2025 – 203 StObWs 12/25).

464 **b)** Die Durchsuchung des Gefangenen kann mit der Aufforderung, sich zu **entkleiden**, einhergehen. Wegen des gravierenden Grundrechtseingriffs gelten für eine solche Maßnahme jedoch strenge Voraussetzungen bzgl. des „ob“ und des „wie“ (BVerfG, Beschl. v. 5.11.2016 – 2 BvR 6/16, StV 2011, 734). Insb. wenn es um die Inspizierung von normalerweise verdeckten Körperöffnungen geht, die den Intimbereich und das Schamgefühl des Gefangenen berühren, hat dieser einen Anspruch auf besondere Rücksichtnahme. Aber auch wenn eine Entkleidung so weit geht, dass die verbleibenden Kleidungsstücke dem Anspruch auf einen Schutz der Intimsphäre und einer Berücksichtigung des Schamgefühls nicht mehr gerecht werden, greift der besondere Grundrechtsschutz (BayObLG, Beschl. v. 18.8.2025 – 204 StObWs 263/25).

465 **3.** Alle Länder erlauben, größtenteils explizit, teilweise auf der Grundlage der Pflicht des Gefangenen an Mitwirkung beim Gesundheitsschutz (OLG Celle, Beschl. v. 15.8.2025 – 1 Ws 123/25) **Suchtmittelkontrollen**. Hiervon werden insb. Urinkontrollen und Atemalkoholkontrollen erfasst, zu denen der Gefangene verpflichtet ist. Inwieweit auch ohne konkreten Verdacht eines Drogenmissbrauchs beaufsichtigte Urinkontrollen wegen des damit verbundenen **schweren Eingriffs in das allgemeine Persönlichkeitsrecht** zulässig sind, ist nach BVerfG, Beschl. v. 22.7.2022 – 2 BvR 1630/21 zweifelhaft. Maßnahmen, die mit einem körperlichen Eingriff verbunden sind (Punktion der Fingerbeere o.ä.), sind nur bei Vorliegen einer ausdrücklichen Ermächtigungsgrundlage oder entsprechender Einwilligung hierzu erlaubt. Ist eine solche gesetzlich vorgesehen, hat der Gefangene eine Wahlmöglichkeit, die ihm eröffnet werden muss (OLG Hamm, Beschl. v. 10.7.2025 – III-1 Vollz 193–195/25). Verweigert sich der Gefangene einer rechtmäßig angeordneten Maßnahme, wird er in machen Ländern so gestellt, als wäre Suchtmittelmissbrauch nachgewiesen worden. Die fehlende Mitwirkung kann auch Grundlage für die Durchführung eines **Disziplinarverfahrens** sein (BVerfG, Beschl. v. 6.8.2009 – 2 BvR 2280/07, FS 2011, 192; KG, Beschl. v. 26.1.2006 – 5 Ws 16/06; OLG Frankfurt, Beschl. v. 30.6.2020 – 3 Ws 271/20 (StVollz); OLG Hamm, a.a.O.; einschr. OLG Jena, Beschl. v. 6.4.2018 – 1 Ws 411/16). Str. ist, ob wegen der Mitwirkungspflicht des Gefangenen ein aufgedeckter Suchtmittelmissbrauch ebenfalls Grundlage einer Disziplinarmaßnahme sein kann (so OLG Hamburg, Beschl. v. 19.9.2007 – 3 Vollz (Ws) 47/07; OLG München, Beschl. v. 27.9.2011 – 4 Ws 5/11 (R), FS 2012, 178), oder ob dies gegen den nemo-tenetur-Grundsatz verstoßen würde (so Gericke, StV 2003, 205; LNNVB/

Verrel, Kap. M, Rn 77). Für die Heranziehung des Gefangenen zur Kostentragung der Suchtmittelkontrollen bedarf es einer gesetzlichen Grundlage.

Siehe auch: → *Strafvollzug, Erwachsene, Allgemeines,* Teil C Rdn 169 ff.

Strafvollzug, Erwachsene, Entlassung 466

Das Wichtigste in Kürze:

1. Gefangene sind am letzten Tag ihrer Strafe frühzeitig zu entlassen.
2. Die JVA hat den Gefangenen auf das Leben in Freiheit rechtzeitig vorzubereiten.
3. Bedürftige Gefangene haben einen Anspruch auf Entlassungsbeihilfe.

Literaturhinweise: S. die Hinw. bei → *Strafvollzug, Erwachsene, Allgemeines,* Teil C Rdn 170. 467

Zum Verständnis der folgenden Ausführungen und zu den zugrundeliegenden Normen zunächst → *Strafvollzug, Erwachsene, Allgemeines,* Teil C Rdn 172 f. 468

1.a) Wann ein Gefangener aus dem Strafvollzug zu entlassen ist, richtet sich in erster Linie bei zeitiger Freiheitsstrafe nach der im Erkenntnisverfahren festgesetzten **Strafdauer** und der sich daran anschließenden Strafzeitberechnung durch die Vollstreckungsbehörde. (→ *Erwachsene, Freiheitsstrafe ohne Bewährung, Strafzeitberechnung,* Teil B Rdn 321 ff.). Die Strafzeit kann durch Entscheidungen der StVK auf der Grundlage von § 57 StGB abgekürzt werden. Hierbei handelt es sich um solche des **Vollstreckungsrechts** (→ *Erwachsene, Freiheitsstrafe ohne Bewährung, Aussetzung der Reststrafe, Allgemeines,* Teil B Rdn 271 ff.; → *Erwachsene, Freiheitsstrafe ohne Bewährung, Aussetzung der Reststrafe, Halbstrafe,* Teil B Rdn 276 ff.; → *Erwachsene, Freiheitsstrafe ohne Bewährung, Aussetzung der Reststrafe, Zweidrittel,* Teil B Rdn 293 ff.). Die JVA ist daran nur mittelbar beteiligt, indem sie der StVK gegenüber eine Stellungnahme darüber abgibt, ob eine vorzeitige Entlassung aus der Strafhaft bewilligt werden sollte oder nicht (§ 454 Abs. 1 S. 2 StPO). 469

b) Neben dem Umstand, dass mittels des Vollzugs die Voraussetzungen für eine vorzeitige Entlassung des Gefangenen nach § 57 StGB geschaffen werden sollen, hat der Vollzug auf den tatsächlichen Entlassungszeitpunkt auch unmittelbaren Einfluss. In allen Ländern ist vorgesehen, dass der Gefangene **am letzten Tag der Strafzeit möglichst frühzeitig** entlassen werden soll. Zudem kann der Entlassungszeitpunkt um wenige Tage **vorverlegt** werden, wenn hierfür zur besseren Eingliederung des Gefangenen ein Bedürfnis besteht. 470

☝ Kommt es nach einer Reststrafenaussetzung zum Widerruf nach § 56f StGB, gelten die nach dem Vollzugsrecht erlassenen Hafttage gleichwohl als verbüßt (FFL/*Bahl/Pollähne,* Teil II, § 43 LandesR, Rn 16).

2. Um den Gefangenen nicht unvorbereitet in das Leben in Freiheit zu entlassen, hat die JVA die Entlassung genügend **vorzubereiten.** Hierzu zählt neben der Möglichkeit, den Gefangenen in Vollzugslockerungen (→ *Strafvollzug, Erwachsene, Vollzugslockerungen,* Teil C Rdn 732 ff.) und im offenen Vollzug (→ *Strafvollzug, Erwachsene, Vollzugsform,* Teil C Rdn 722 ff.) zu erproben auch eine Unterstützung bei der Erlangung einer Wohnung, einer Arbeitsstelle sowie sonstiger wirtschaftlicher, persönlicher und sozialer Anliegen. In einigen Ländern ist eine auch über den Entlassungszeitpunkt hinausgehende Betreuungsmöglichkeit des Entlassenen durch die JVA vorgesehen. Manche Länder sehen sogar die erneute Aufnahme des Entlassenen in der JVA auf dessen Antrag hin für einen gewissen Zeitraum vor. 471

3. Bedürftige Gefangene haben darüberhinaus einen Anspruch auf **Entlassungsbeihilfe**. Diese kommt in Betracht, wenn der Gefangene kein Überbrückungsgeld ansparen konnte (→ *Strafvollzug, Erwachsene,* 472

Geld, Teil C Rdn 482 ff.). Hierunter fallen entlassungsbezogene Sachleistungen wie Kleidung, in erster Linie aber finanzielle Leistungen wie Reisekosten und Mittel, um den notwendigen Lebensunterhalt nach der Entlassung aus der Haft abzudecken, bis der Gefangene sich durch Lohn, Arbeitslosen- oder Sozialhilfe selbst versorgen kann (sog. Überbrückungsbeihilfe). Eine zeitliche Befristung findet sich in den Landesgesetzen nicht. Abgedeckt werden muss mindestens der Zeitraum, den der Entlassene benötigt, um seine Ansprüche bei den Sozialleistungsträgern geltend zu machen (LNNVB/*Nestler,* Kap. L, Rn 42).

Siehe auch: → *Strafvollzug, Erwachsene, Allgemeines,* Teil C Rdn 169 ff.

473 **Strafvollzug, Erwachsene, Geld**

Das Wichtigste in Kürze:

1. Für Geld, das dem Gefangenen zusteht, werden in der JVA verschiedene Konten geführt.
2. Man unterscheidet zwischen Haus-, Taschen-, Überbrückungs/Eingliederungs-, Eigen- und Sondergeld. Es unterliegt verschiedenen Pfändbarkeits- und Aufrechenbarkeitsregelungen.
3. Soweit vorgesehen kann die JVA deliktische Ansprüche gegen den Gefangenen durch Bescheid festsetzen.
4. Zur Tragung von Haftkosten kann der Gefangene bei Bestehen einer gesetzlichen Ermächtigungsgrundlage herangezogen werden.
5. Rechnet die JVA mit eigenen Ansprüchen gegen, dem Gefangenen gutgeschriebene Beträge auf, ist bei Bestreiten des Bestehens der Forderung str., ob die StVK im Verfahren nach §§ 109 ff. StVollzG selbst das Bestehen der Forderung feststellen kann.

474 **Literaturhinweise:** **Kellner**, Barbetrag während des Haftvollzugs, NZS 2025, 473; **Knittel/Birnstengel**, Pfändung des Arbeitsentgelts sowie Insolvenz bei Strafgefangenen, Themengutachten TG-1262; **Köhne**, Die Erhebung von Stromkosten im Strafvollzug, NStZ 2012, 16; **Mathes**, Verfassungswidrigkeit der derzeitigen Gefangenenvergütung, NJW-Spezial 2023, 440; **Reichenbach**, Der Gesetzgeber in der Klemme zwischen Resozialisierungsgebot und Haushaltsdisziplin: Zur Frage nach dem angemessenen (gerechten) Entgelt der Gefangenen, NStZ 2024, 401; **Schulze**, Häftlinge und Leistungsansprüche nach dem SGB II/SGB XII, info also 2025, 14; s.a. die Hinweise bei → *Strafvollzug, Erwachsene, Allgemeines*, Teil C Rdn 170.

475 Zum Verständnis der folgenden Ausführungen und zu den zugrundeliegenden Normen zunächst → *Strafvollzug, Erwachsene, Allgemeines*, Teil C Rdn 172 f.

476 **1. Bargeld** kommt in den JVAs offiziell so gut wie nicht vor. Teilweise ist der Besitz von Bargeld ausdrücklich verboten, teilweise sehen die Vorschriften vor, dass Bargeld unbar dem Konto des Gefangenen zuzuschreiben ist. Ausnahmen sehen manche Landesgesetze im Zusammenhang mit Vollzugslockerungen oder im offenen Vollzug vor. Geld, das dem Gefangenen zusteht, wird von der JVA verwaltet. Hierfür werden verschiedene Konten eingerichtet, die je nach Nutzungsart Zugriffe durch den Gefangenen, mittelbar aber auch durch die JVA oder Dritte ermöglicht.

477 **2.** Klassisch **unterscheidet** man bei den Geldarten des Gefangenen nach folgenden **Konten**:

478 **a) Hausgeld**

aa) In den Ländern in unterschiedlicher Höhe werden Arbeitsentgelt und Ausbildungsbeihilfe auf das Hausgeldkonto des Gefangenen gebucht. Dieses steht dem Gefangenen zur freien Verfügung für Einkauf oder andere Zwecke (Abbezahlung von Schulden, Ansparungen). Es ist nach h.M. **unpfändbar** (OLG Hamm, Beschl. v. 22.3.2001 – 28 W 98/00, MDR 2001, 1260; FFL/*Galli,* § 59 LandesR, Rn 14; einschränkend OLG Hamburg, Beschl. v. 11.8.2011 – 2 Ws 75/11 [Ratenzahlung zumutbar]).

479 **bb)** Auch eine **Aufrechnung** gegen das Guthaben auf dem Hausgeldkonto findet demnach wegen § 394 BGB nicht statt (OLG Stuttgart, Beschl. v. 21.8.1985 – 4 Ws 232/85, NStZ 1986, 47). In manchen Ländern kann die JVA wegen Ansprüchen gegen den Gefangenen aufgrund Selbst- und Fremdverletzungen sowie

Eigentumsverletzung oder auch wegen Ansprüchen auf Haftkostenbeiträge **ausnahmsweise** in begrenzter Weise gegen Hausgeldguthaben aufrechnen.

Eine **Besonderheit** sieht **§ 121 Abs. 5 StVollzG** für die Eintreibungsmöglichkeiten der Kosten aus einem gerichtlichen Verfahren nach §§ 109 ff. StVollzG gegen **Strafgefangene** vor. Demnach kann für die angefallenen Verfahrenskosten in einem gewissen Umfang **Hausgeld** des Strafgefangenen in Anspruch genommen werden Hierdurch soll ein erhöhtes Kostenrisiko des Strafgefangenen geschaffen werden, um einer missbräuchlichen Stellung von Anträgen nach §§ 109 ff. StVollzG entgegenzuwirken. Inhaltlich dürfte es sich bei der Regelung um Materie handeln, die der Gesetzgebungszuständigkeit der Länder unterliegt (a.A. SBJL/*Laubenthal*, 12. Kap., § 121 StVollzG Rn 9). Gleichwohl findet sich in den landesrechtlichen Regelungen überwiegend keine entsprechende Normierung (anders etwa in § 51 Abs. 1 NJVollzG), sondern eine Verweisung auf die Kostentragungsregeln des § 121 StVollzG gesamt. Die Norm ist verfassungsgemäß (OLG Frankfurt, Beschl. v. 7.7.1986 – 3 Ws 442/84 (StVollz), ZfStrVo 1987, 125.). 480

cc) Gefangene erhalten auf Antrag hin – zumeist auf ihr Hausgeldkonto – **Taschengeld** (auch „Teilhabegeld"), wenn sie kein Arbeitsentgelt und keine Ausbildungshilfe erhalten. Taschengeld ist somit **subsidiär** gegenüber anderen Geldleistungen. Voraussetzung für die Bewilligung ist die **Bedürftigkeit** des Gefangenen, was in der Regel der Fall ist, wenn ihm im laufenden Monat aus Hausgeld und Eigengeld nicht wenigstens ein Betrag zur Verfügung steht, der der Höhe des von der JVA in der Höhe festzulegenden Taschengeldes entspricht (LNNVB/*Nestler*, Kap. F, Rn 146). Maßgeblich ist dabei der Zeitraum, für den das Taschengeld gewährt werden soll. Danach erlangte Mittel bleiben bei der Bestimmung der Bedürftigkeit außer Betracht (KG, Beschl. v. 16.4.1999 – 5 Ws 108/99 Vollz, NStZ-RR 1999, 286; OLG Dresden, Beschl. v. 3.9.1996 – 2 Ws 171/96; OLG Frankfurt, Beschl. v. 12.10.2006 – 3 Ws 680/06 (StVollz), NStZ-RR 2007, 62). Die Berechnungsgrundlage für die Höhe des Taschengeldes kann an die Arbeitsvergütung gekoppelt sein, sie ist in den Ländern aber uneinheitlich. War der Gefangene verschuldet ohne Einkommen, gilt er nicht als bedürftig. Für den Schutz des Taschengeldes gegen Pfändung und Aufrechnung gilt das für das Hausgeld gesagte. § 121 Abs. 5 StVollzG findet indessen keine Anwendung (BVerfG, Beschl. v. 14.8.1996 – 2 BvR 2088/93), es sei denn, das Landesgesetz sieht dies ausdrücklich vor. Eine Haftentlassung führt zum Wegfall des Taschengeldanspruchs auch für die Vergangenheit (OLG Hamm, Beschl. v. 10.3.2021 – III-1 Vollz (Ws) 543/20; OLG Zweibrücken, Beschl. v. 11.6.2015 – 1 Ws 107/15 Vollz). 481

☝ Erhält der Gefangene kein Taschengeld oder genügt dieses nicht zur Deckung seiner Grundbedürfnisse, kommt zusätzlich gem. §§ 19, 27b SGB-XII ein Anspruch gegen den Sozialhilfeträger in Betracht (LSG Hessen, Urt. v. 11.12.2024 – L 4 SO 45/23; kritisch *Kellner* NZS 2025, 473). Auf diesen Anspruch sind Taschengeldleistungen nach § 82 Abs. 1 S. 1 SGB-XII anzurechnen.

b) Überbrückungsgeld 482

aa) Dieses soll dem Gefangenen den **notwendigen Lebensunterhalt** in den ersten 4 Wochen **nach seiner Entlassung** sichern, damit er nicht Sozialleistungen zum notwendigen Lebensunterhalt beziehen muss (OLG Celle, Beschl. v. 27.5.2011 – 1 Ws 179/11 (StrVollz), Rpfleger 2011, 565; OLG Frankfurt, Beschl. v. 23.7.2015 – 3 Ws 30/15 (StVollz); OLG Hamm, Beschl. v. 11.7.2019 – III-1 Vollz (Ws) 5/19). Hierfür werden Einkünfte, soweit diese die für das Hausgeld vorgesehenen Anteile übersteigen, einbehalten. Jede Verfügung des Gefangenen hierüber ist ausgeschlossen und kann nur ausnahmsweise vor Entlassung aus dem Strafvollzug verwendet werden, wenn die Ausgaben der Eingliederung des Gefangenen dienen. Pfändung und Aufrechnung mit den Beträgen des Überbrückungsgeldes sind ausgeschlossen. Wird der Gefangene aus der Strafhaft in Untersuchungshaft entlassen, wird das Überbrückungsgeld nicht frei (OLG Bamberg, Beschl. v. 1.8.2018 – 1 Ws 191/18). Bezieht der Gefangene eine Rente, die ihn in die Lage versetzt, den Lebensunterhalt für die ersten vier Wochen nach seiner Entlassung sicherzustellen, ist ein Überbrückungsgeld nicht zu bilden (BayObLG, Beschl. v. 16.8.2024 – 204 StObWs 332/24). Auf einem externen Konto vorhandenes Guthaben genügt hierfür nicht (BayObLG, a.a.O.).

483 **bb)** Überbrückungsgeld ist in einigen Ländern indessen gar nicht mehr vorgesehen (MV). In manchen Ländern wird es auch **Eingliederungsgeld** genannt oder unterliegt keinem Sparzwang (Berlin, Brandenburg, Rheinland-Pfalz, Saarland, Sachsen). Auch die Verwaltung des Geldes wird unterschiedlich gehandhabt. Teilweise wird das Geld auf einem speziellen Konto gebucht, teilweise aber auch auf dem Eigengeldkonto.

484 **c) Eigengeld**

aa) Zum Eigengeld zählen Mittel, die der Gefangene in die Haft eingebracht hat, sowie die Einkünfte, die nicht als Hausgeld, Haftkostenbeitrag, Unterhaltsbeitrag oder Überbrückungsgeld in Anspruch genommen werden. Hierüber können Gefangene also verfügen, soweit das Überbrückungsgeld vollständig angespart ist. Sieht die landesrechtliche Regelung die Bildung von Überbrückungsgeld/Eingliederungsgeld nicht vor, ist das Eigengeld für den Gefangenen frei. Beschränkungen können sich aber aus anderen Vorschriften ergeben, um der konflikttrachtigen Wirkung des Gefälles zwischen vermögenden und nichtvermögenden Gefangenen zu begegnen (FFL/*Galli*, § 56 LandesR, Rn 6). So wird regelmäßig die Möglichkeit des Einkaufs durch die Landesgesetze auf die Verwendung des Hausgeldes oder die Verwendung von Eigengeld im angemessenen Umfang beschränkt.

485 **bb)** Freies Eigengeld ist **pfändbar** und mit ihm kann die JVA auch wegen eigener Ansprüche gegen den Gefangenen **aufrechnen**. Die §§ 850 ff. ZPO sind nicht anwendbar (BGH, Beschl. v. 16.7.2004 – IXa ZB 287/03; BayObLG, Beschl. v. 23.10.2023 – 204 StObWs 397/23). Führt die JVA aufgrund eines **Pfändungs- und Überweisungsbeschlusses** eines Dritten gegen den Gefangenen davon erfasst Beträge vom Eigengeldkonto ab, kann der Gefangene grds. nur gegen die Pfändung mittels der zivilrechtlich vorgesehenen Möglichkeiten vorgehen (→ *Strafvollzug, Erwachsene, Antrag auf gerichtliche Entscheidung, Antragsgegenstand*, Teil C Rdn 261).

486 **d)** Eine neuere Form der Verwaltung von Geld der Gefangenen stellt das **Sondergeld** dar. Dieses soll einen Ausgleich dafür schaffen, dass den Gefangenen der Empfang von Lebensmittelpaketen verboten ist und kann innerhalb der JVA für beliebige legale Zwecke verwendet werden. Es ist nicht in jedem Land vorgesehen und wird teilweise auf ein eigenes Konto, teilweise aber auf das Eigengeldkonto oder das Hausgeldkonto gebucht. Die Pfändbarkeit wird teilweise ausdrücklich ausgeschlossen (was angesichts fehlender Gesetzgebungskompetenz der Länder für zivilprozessuale Vorschriften zweifelhaft ist, Arloth/Krä/*Arloth*, § 56 Buch 3 BW JVollzGB, Rn 5), teilweise folgt sie aus dem Charakter **zweckgebundener Einzahlungen** nach § 851 Abs. 1 ZPO i.V.m. § 399 1. Alt. BGB (str.; so etwa OLG Frankfurt, Beschl. v. 20.7.2007 – 3 Ws 437/07 (StVollz); OLG Schleswig, Beschl. v. 19.5.1994 – 16 W 20/94; a.A. OLG Nürnberg, Beschl. v. 19.11.1984 – Ws 976/84; Arloth/Krä/*Arloth*, § 52 StVollzG, Rn 4). Einzahlungen auf das Sondergeldkonto können nur von Dritten, nicht vom Gefangenen selbst, vorgenommen werden (BayObLG, Beschl. v. 16.8.2024 – 204 StObWs 332/24).

487 **3.** Der JVA stehen im Fall von deliktischen Handlungen des Gefangenen die Ansprüche aus allgemeinen Vorschriften wie § 823 Abs. 1 BGB zu. Zudem sehen die Landesgesetze besondere **Aufwendungsersatzansprüche** vor. Größtenteils sind diese auf Ansprüche wegen Selbst- und Fremdschädigungen von Gefangenen beschränkt, in manchen Ländern erfassen sie aber auch Ansprüche wegen Beschädigung fremder Sachen. Dabei umfassen die Aufwendungsersatzansprüche auch Schadensersatzansprüche (OLG Frankfurt, Beschl. v. 30.1.2017 – 3 Ws 762/16). Soweit gesetzlich ausdrücklich vorgesehen, kann die JVA solche Ansprüche durch Bescheid gegen den Gefangenen geltend machen, der hiergegen im Wege des Antrags auf gerichtliche Entscheidung nach § 109 StVollzG vorgehen muss. In den Ländern, die die in § 93 Abs. 3 StVollzG vorgesehene Rechtswegzuständigkeit zu den Zivilgerichten übernommen haben, verbleibt den Anstalten nur der Weg der Aufrechnung (→ Rdn 490 ff.) oder der zivilrechtlichen Klage (OLG Stuttgart, Beschl. v. 19.2.2018 – V 4 Ws 424/17, StV 2018, 646). Fehlt es an einer ausdrücklichen gesetzlichen Regelung, ist str., ob die JVA zum Erlass eines Anspruchsbescheids berechtigt ist (bejahend Arloth/Krä/*Arloth*, § 86 NJVollzG Rn 1; verneinend BeckOK-NJVollzG/*Reichenbach*, § 86, Rn 2).

4.a) Die Verpflichtung des Gefangenen, an Kosten für seine Haft in Anspruch genommen zu werden, ist in allen Ländern vorgesehen. Dies betrifft zunächst die allgemeinen **Haftkosten**, die pauschal in Höhe des jährlich zu ermittelnden Betrags erhoben werden, der nach § 17 Abs. 1 Nr. 4 SGB-IV zur Bewertung der Sachbezüge festgesetzt ist. Voraussetzung ist, dass der Gefangene Einkünfte erzielt. Behauptet ein Gefangener trotz regelmäßiger Einkünfte, diese stünden ihm aufgrund einer wirksamen Abtretung nicht zu, ist dies kritisch zu würdigen (OLG Celle, Beschl. v. 24.8.2023 – 1 Ws 208/23 (StrVollz)). Manche Regelungen sehen vor, dass bei geleisteter Arbeit auf den Haftkostenbeitrag verzichtet werden kann. 488

b) Anteilig kann der Gefangene auch zu **sonstigen Kosten**, etwa für medizinische Leistungen, Suchtmittelkontrollen (hierzu BayObLG, Beschl. v. 7.8.2024 – 204 StObWs 330/24), Aufwendungen für Ausführungen (→ *Strafvollzug, Erwachsene, Vollzugslockerungen,* Teil C Rdn 741 ff.) oder konkrete Nutzung von seitens der JVA zur Verfügung gestellten Stroms oder Gegenstände herangezogen werden. Hierfür ist aber eine entsprechende Ermächtigungsgrundlage erforderlich (FFL/*Galli,* § 61 LandesR, Rn 15). Der Abschluss von Kostenübernahmeverträgen mit dem Gefangenen darf den gesetzlichen Vorgaben nicht widersprechen (OLG Celle, Beschl. v. 7.12.2017 – 3 Ws 559/17 (StrVollz)). Aber auch auf der Grundlage gesetzlicher Ermächtigung darf der Gefangene nicht unbegrenzt daran beteiligt werden. Die **Grundversorgung** des Gefangenen muss auch ohne, dass der Gefangene dafür extra bezahlen soll, gewährleistet werden (BVerfG, Beschl. v. 16.5.2018 – 2 BvR 635/17). Wie die JVA dies indessen umsetzt, steht in ihrem Ermessen. So kann der seinen Informationsanspruch geltend machende Gefangene auf Nutzung von Hörfunk und TV im Gemeinschaftsraum verwiesen und die Gestattung von Privatfernsehen im Haftraum davon abhängig gemacht werden, dass der Gefangene sich an den zusätzlichen Stromkosten beteiligt (OLG Naumburg, Beschl. v. 30.1.2015 – 1 Ws (RB) 36/14; OLG Stuttgart, Beschl. v. 20.7.2015 – 4 Ws 298/14). Die Ausgestaltung der Kosten ist vollumfänglich gerichtlich überprüfbar (BayObLG, Beschl. v. 3.6.2025 – 203 StObWs 168/25). 489

5.a) Für die **Aufrechnung** wegen Ansprüchen der Vollzugsbehörde gegen Geldmittel des Strafgefangenen gilt für das gerichtliche Verfahren: Es handelt sich um eine Maßnahme der Vollzugsbehörde, weil sie damit in die öffentlich-rechtlichen Beziehungen zum Strafgefangenen eingreift (OLG Hamburg, Beschl. v. 30.1.2009 – 3 Vollz (Ws) 73/08, StraFo 2009, 173; OLG Hamm, Beschl. v. 22.12.1980 – 1 Vollz (Ws) 52/80, ZfStrVo 1981, 249; OLG Koblenz, Beschl. v. 31.5.1988 – 2 Vollz (Ws) 30/88; OLG Stuttgart, Beschl. v. 19.2.2018 – V 4 Ws 424/17; a.A. OLG München, Beschl. v. 15.6.1979 – 1 VAs 5/79, ZfStrVo SH 1979, 94). 490

b) Teilweise wird dabei allerdings danach unterschieden, gegen welchen Betrag die Aufrechnung erfolgt. So wird häufig die Ansicht vertreten, dass Aufrechnungen gegen das **Eigengeld**konto zivilrechtlicher Natur seien, weshalb auch der **Zivilrechtsweg** eröffnet sei (OLG Nürnberg, Beschl. v. 29.1.1999 – Ws 1531/98, ZfStrVo 1999, 302; Arloth/Krä/*Arloth,* § 121 StVollzG Rn 6; SBJL/*Laubenthal,* 12. Kap., § 121 StVollzG, Rn 8; einschränkend, soweit der der Aufrechnung unterliegende Teil des Eigengeldes unpfändbar ist FFL/*Spaniol,* § 121 StVollzG Rn 17: Antrag nach §§ 109 ff. StVollzG zulässig; a.A. [immer § 109 StVollzG] KG, Beschl. v. 9.5.2003 – 3 Ws 135/03 Vollz, NStZ-RR 2003, 317; OLG Koblenz, Beschl. v. 9.9.2015 – 2 Ws 103/15 (Vollz); LNNVB/*Bachmann,* Kap. P, Rn 24). 491

c) Wendet sich der Gefangene gegen die Aufrechnung mit dem Antrag auf gerichtliche Entscheidung und ist die **Forderung** der **Vollzugsbehörde streitig** und nicht bestandskräftig festgestellt, hat die StVK nach pflichtgemäßem Ermessen die Möglichkeit, entweder über die zivilrechtliche Forderung mitzuentscheiden oder das Verfahren bis zu einer Entscheidung durch das Zivilgericht nach § 120 Abs. 1 S. 2 StVollzG, § 262 Abs. 2 StPO auszusetzen und dafür dem Anstaltsleiter eine Frist zur Geltendmachung des Anspruchs vor dem Zivilgericht zu setzen (OLG Celle, Beschl. v. 29.5.2024 – 1 Ws 128/24 (StrVollz); OLG Dresden, Beschl. v. 29.10.1998 – 2 Ws 60/98, NStZ 1999, 446; OLG München, Beschl. v. 17.3.1986 – 1 Ws 1026/85, NStZ 1987,45; OLG Naumburg, Beschl. v. 8.9.2015 – 1 Ws (RB) 91/ 15; a.A. OLG Karlsruhe, Beschl. v. 4.11.1985 – 1 Ws 248/85, Justiz 1986, 223; OLG Stuttgart, Beschl. v. 19.12.2018 – V 4 Ws 424/17, StV 2018, 646 [StVK muss immer über Forderung selbst entscheiden]; KG, Beschl. v. 9.5.2003 – 492

5 Ws 135/03 Vollz, ZfStrVo 2003, 302; OLG Hamm, Beschl. v. 18.8.1996 – 1 Vollz (Ws) 155/85, NStZ 1987, 190; OLG Zweibrücken, Beschl. v. 22.5.2014 – 1 Ws 83/14; LNNVB/*Bachmann, Kap.* P, Rn 24 [StVK muss immer bis zur Klärung durch das Zivilgericht aussetzen]).

Siehe auch: → *Strafvollzug, Erwachsene, Allgemeines,* Teil C Rdn 169 ff.

493 Strafvollzug, Erwachsene, Gesundheitsfürsorge

Das Wichtigste in Kürze:

1. Gefangene haben Anspruch auf medizinische Versorgung im Leistungsumfang ähnlich der gesetzlichen Krankversicherung.
2. Ärztliche Maßnahmen können Gegenstand eines Antrags auf gerichtliche Entscheidung gegen die JVA sein. Ein Anspruch auf eine konkrete Maßnahme besteht jedoch nicht.
3. Die JVA hat darüber hinaus zur Aufrechterhaltung der Gesundheit hygienische Grundstandards und einen umfassenden Nichtraucherschutz zu gewährleisten.
4. In Ausnahmefällen können Behandlungen gegen den Willen des Gefangenen durchgeführt werden.
5. Gefangene haben ein grds. Recht auf Suizidhilfe im Vollzug.
6. Die JVA hat den Gefangenen bei der Bewältigung persönlicher, wirtschaftlicher und sozialer Probleme Hilfe zu leisten.

494 **Literaturhinweise:** **Höffler**, Freie Therapiewahl im Strafvollzug?, ZfStrVo 2006, 9; **Jäger**, Suizidhilfe im Strafvollzug – eine neue Dimension, NJW-Spezial 2025, 120; **Keppler/Lesting/Stöver**, Medizin in Haft. Gesundheitsversorgung im Justiz- und Maßregelvollzug, 2024; **Kubink**, Menschenwürdiges Sterben Strafgefangener, FS 2024, 112; **Lesting**, Die rechtlichen Grundlagen der medizinischen Versorgung im deutschen Strafvollzug, MedR 2018, 69; *ders.*, Rechtsgrundlagen der Vollzugsmedizin, FS 2023, 143; *ders.*, Voraussetzungen medizinischer Zwangsbehandlungen im Strafvollzug, FS 2024, 44; **Lipp**, Zwangsbehandlung im Spannungsfeld von Freiheit und Fürsorge, MedR 2025, 769; **Lorenz/Flaig**, Assistierter Suizid im deutschen Strafvollzug, MedR 2025, 882; **Pollähne**, Gefängnismedizin, StV 2023, 864; **Verrel**, Grundrecht auf Suizid – auch im Strafvollzug?, FS für Dölling, 2023, 467; s.a. die Hinweise bei → *Strafvollzug, Erwachsene, Allgemeines*, Teil C Rdn 170.

495 Zum Verständnis der folgenden Ausführungen und zu den zugrundeliegenden Normen zunächst → *Strafvollzug, Erwachsene, Allgemeines*, Teil C Rdn 172 f.

496 **1.** Nach allen Landesjustizvollzugsgesetzen hat der Gefangene einen **Anspruch** gegen die JVA auf umfassende Sorge für seine körperliche und geistige Gesundheit (LNNVB/*Laubenthal/Baier,* Kap. H, Rn 1). Der **Versorgungsumfang** richtet sich nach in der gesetzlichen Krankenversicherung vorgesehenen Leistungen. Abweichend hiervon steht dem Gefangenen aber kein Recht auf freie Arztwahl zu.

497 **2.a)** Die gesundheitliche Betreuung liegt in der Verantwortung des **Anstaltsarztes**. Er steht zu den Patienten in einem öffentlich-rechtlichen Dienstverhältnis, weshalb ärztliche Maßnahmen auch gerichtlicher Kontrolle unterliegen können. Antragsgegnerin bleibt dabei gleichwohl die JVA (BayObLG, Beschl. v. 16.12.2021 – 204 StObWs 571/21; KG, Beschl. v. 10.3.2017 – 5 Ws 51/17 Vollz).

498 **b)** Teilweise wird vertreten, dass ein im Wege der §§ 109 ff. StVollzG verfolgbarer Anspruch nur in Fällen besteht, in denen es um Fragen der Art und Weise des Zugangs zu ärztlicher Versorgung und Medikamentierung geht, z.B. bei verweigerter oder greifbar ungeeigneter ärztlicher Versorgung, während die Abklärung näherer Einzelheiten einer ansonsten „unstreitigen" medizinischen Behandlung das Innenverhältnis zwischen behandelndem Arzt und Strafgefangenen betreffen und damit grds. keine Maßnahme auf dem Gebiet des Justizvollzugs seien und demnach nicht zulässig über §§ 109 ff. StVollzG überprüft werden könnten (OLG Koblenz, Beschl. v. 18.1.2016 – 2 Ws 645/15 Vollz; OLG Rostock, Beschl. v. 20.10.2014 – 20 Ws 257/14; Arloth/Krä/*Arloth,* § 109 StVollzG, Rn 7). Dies ist

mit der Rechtsschutzgarantie des Art. 19 Abs. 4 GG indessen nicht vereinbar (BayObLG, Beschl. v. 16.12.2021 – 204 StObWs 571/21; OLG Celle, Beschl. v. 9.5.2018 – 3 Ws 73/18 (StrVollz), StraFo 2018, 312).

c) Bei der fachlich-medizinischen Tätigkeit steht dem Anstaltsarzt ein Ermessen zu, weshalb bei einer gerichtliche Überprüfung Prüfungsmaßstab lediglich ist, ob die **Grenzen des pflichtgemäßen ärztlichen Ermessens** eingehalten worden sind (BVerfG, Beschl. v. 5.5.2014 – 2 BvR 1823/13; KG, Beschl. v. 22.7.2021 – 2 Ws 37/21 Vollz; OLG Celle, Beschl. v. 24.1.2019 – 3 Ws 317/18 (StrVollz)). Auch externe therapeutische Maßnahmen sind dabei möglicher Gegenstand eines Antrags auf gerichtliche Entscheidung (OLG Koblenz, Beschl. v. 24.4.2023 – 2 Ws 120/23). 499

d) Im gerichtlichen Verfahren tritt in Gesundheitsfragen die Besonderheit auf, dass das Behandlungsverhältnis zwischen Arzt und Gefangenem der Schweigepflicht unterliegt. Die JVA kann daher möglicherweise mangels **Schweigepflichtentbindung** gegenüber der StVK gar nicht inhaltlich Stellung nehmen, wenn es an einer entsprechenden gesetzlichen Offenbarungsbefugnis fehlt. Soweit eine solche im Gesetz nicht vorgesehen ist, verhilft sich die Rspr. mit der Konstruktion, dass in einem Antrag nach §§ 109 ff. StVollzG konkludent eine Schweigepflichtentbindung liegt, soweit dies für die Entscheidung über den Antrag erforderlich ist (KG, Beschl. v. 12.11.2014 – 2 Ws 344/14 Vollz, StV 2016, 312). 500

☝ Die Schweigepflicht wirkt auch innerdienstlich. Ärzte und Psychotherapeuten sind daher auch gegenüber der Anstaltsleitung nur in gesetzlich vorgesehenen Fällen offenbarungspflichtig.

3. Darüber hinaus kommt der JVA auch eine Verpflichtung zur Einhaltung des Gesundheitsschutzes zu. Hierzu zählt insb. ein umfassender **Nichtraucherschutz** BayObLG, Beschl. v. 17.11.2020 – 204 StObWs 277/20; Beschl. v. 15.2.2023 – 204 StObWs 490/22, FS 2024, 145; KG, Beschl. v. 7.3.2019 – 5 Ws 81/18 Vollz; OLG Hamm, Beschl. v. 18.7.2017 – III-1 Vollz (Ws) 274/17; v. 24.8.2017 – III-1 Vollz (Ws) 288/17, NStZ-RR 2017, 328; v. 21.1.2019 – III-1 Vollz (Ws) 461/18; OLG Karlsruhe, Beschl. v. 9.11.2018 – 2 Ws 225/18; OLG Stuttgart, Beschl. v. 24.6.2020 – V 4 Ws 59/20), auch wenn die entsprechenden Vorschriften sich teilweise außerhalb der Landesjustizvollzugsgesetze finden. Weiter zählt die **Einhaltung hygienischer Standards** zu den der JVA zukommenden Pflichten, die der Gefangene bei Nichteinhaltung gerichtlich überprüfen lassen kann. Ein Anspruch auf tägliches Duschen wird von der Rspr. nicht anerkannt (OLG Hamm, Beschl. v. 10.11.2015 – III-1 Vollz (Ws) 458/15: 2x pro Woche genügt; Beschl. v. 5.1.2016 – III-1 Vollz (Ws) 529/16: 4x wöchentlich Zugang zu warmem Wasser genügt). 501

4. Die Durchführung medizinischer Behandlungsmaßnahmen setzt grds. eine wirksame **Einwilligung** des Gefangenen nach vorheriger Aufklärung voraus (FFL/*Lesting*, Teil II, § 67 LandesR, Rn. 1). Bei Aufnahme in die JVA sind Gefangene nach § 36 Abs. 5 S. 3 InfSG verpflichtet, eine ärztliche Untersuchung auf übertragbare Krankheiten einschließlich einer Röntgenuntersuchung zu dulden. Darüber hinaus gehende **Zwangsbehandlungen** gegen den Willen des Gefangenen kommen nur in Ausnahmefällen in Betracht, sind aber in den Landesgesetzen vorgesehen. Sie sind nur zulässig, wenn eine Lebensgefahr oder schwerwiegende Gefahr für die Gesundheit des Gefangenen besteht und es dem Gefangenen krankheitsbedingt an Einsichtsfähigkeit fehlt. Soweit in den Ländern ein Eingriffsrecht auch bei bestehender Einsichtsfähigkeit vorgesehen ist, ist dies verfassungswidrig (FFL/*Lesting*, Teil II, § 67 LandesR, Rn. 18). Liegt eine Patientenverfügung vor, ist deren Inhalt verbindlich. Die Verantwortung für die Durchführung von Zwangsbehandlungen liegt grds. beim Anstaltsarzt. Soweit in einigen Ländern ein richterlicher Vorbehalt vorgesehen ist, hat dies Auswirkungen auf die Möglichkeit des gerichtlichen Rechtsschutzes (→ *Strafvollzug, Erwachsene, Antrag auf gerichtliche Entscheidung, Antragsgegenstand,* Teil C Rdn 241). 502

5. Zum Anspruch eines Gefangenen auf **selbstbestimmtes Sterben** siehe BVerfG, Beschl. v. 31.1.2025 – 2 BvR 1290/24; OLG Hamburg, Beschl. v. 27.8.2024 – 5 Ws 41/24 Vollz; OLG Hamm, Beschl. v. 12.4.2021 – 1 Vollz (Ws) 524/20. 503

Siehe auch: → *Strafvollzug, Erwachsene, Allgemeines,* Teil C Rdn 169 ff.

504 Strafvollzug, Erwachsene, Kleidung

Das Wichtigste in Kürze:
1. Ob Gefangene Anstaltskleidung tragen müssen oder ob sie private Kleidung tragen dürfen, ist in den Ländern unterschiedlich geregelt.
2. Besteht die Pflicht zum Tragen von Anstaltskleidung, hat der Gefangene einen Anspruch auf angemessene Ausstattung.
3. Beschränkungen beim Tragen von Privatkleidung können auf die Generalklausel gestützt werden.

505 **Literaturhinweise:** S. die Hinw. bei → *Strafvollzug, Erwachsene, Allgemeines*, Teil C Rdn 170.

506 Zum Verständnis der folgenden Ausführungen und zu den zugrundeliegenden Normen zunächst → *Strafvollzug, Erwachsene, Allgemeines*, Teil C Rdn 172 f.

507 **1.** Die Grundentscheidung, ob Gefangene **Anstaltskleidung** zu tragen haben oder **private Kleidung** tragen dürfen, ist in den landesrechtlichen Vorschriften nicht einheitlich geregelt. Alle Länder sehen zudem Abweichungen vom Regel-Ausnahme-Verhältnis vor. Das Tragen von Privatkleidung wird zudem regelmäßig davon abhängig gemacht, dass die Gefangenen für regelmäßige Reinigung und Instandsetzung auf eigene Kosten Sorge tragen.

508 **2.** Welche **Ausstattung** dem Gefangenen als Anstaltskleidung zur Verfügung zu stellen ist, ist gesetzlich nicht vorgegeben. Der Umfang hängt von der Beanspruchung ab und umfasst Bekleidung für die Freizeit, die Arbeit und den Sport. An Unterwäsche ist dem Gefangenen ein Umfang zur Verfügung zu stellen, der einen täglichen Wechsel ermöglicht (OLG Hamm, Beschl. v. 14.8.2014 – III-1 Vollz (Ws) 365/14, FS 2015, 200).

509 **3.** Soweit das Recht zum Tragen eigener Kleidung nach dem Gesetz gegeben ist, sehen die landesrechtlichen Vorschriften weder ein Ermessen der JVA noch **Beschränkungen** vor. Untersagungen im Einzelfall können aber auf die Generalklausel ((→ *Strafvollzug, Erwachsene, Allgemeines*, Teil C Rdn 183) gestützt werden (OLG Celle, Beschl. v. 9.2.2011 – 1 Ws 29/11 (StrVollz), NStZ 2011, 704). Liegt das Tragen eigener Kleidung im Ermessen der JVA, können Beschränkungen nicht nur auf Belange der Sicherheit und Ordnung gestützt werden (KG, Beschl. v. 23.3.2022 – 5 Ws 258/21 Vollz).

Siehe auch: → *Strafvollzug, Erwachsene, Allgemeines,* Teil C Rdn 169 ff.

510 Strafvollzug, Erwachsene, Post

Das Wichtigste in Kürze:
1. Gefangene haben das Recht auf Schriftwechsel.
2. Wegen der besonderen Grundrechtsrelevanz kann Schriftwechsel nur unter besonderen Voraussetzungen eingeschränkt werden kann.
3. Die Beförderung von Gefangenenpost muss unverzüglich geschehen.
4. Das Senden und Empfangen von Paketen ist stark reglementiert.

511 **Literaturhinweise:** **Arloth**, Die „beleidigungsfreie Sphäre“ bei Briefen im Strafvollzug, ZIS 2010, 263; **Grube**, Der Schutz der Verteidigerpost, JR 2009, 362; s.a. die Hinweise bei → *Strafvollzug, Erwachsene, Allgemeines*, Teil C Rdn 170.

512 Zum Verständnis der folgenden Ausführungen und zu den zugrundeliegenden Normen siehe zunächst → *Strafvollzug, Erwachsene, Allgemeines*, Teil C Rdn 172 f.

513 **1.a)** In allen Bundesländern haben Gefangene das **Recht auf Schriftwechsel.** Dieses umfasst das Recht, Schreiben abzusenden und zu empfangen. Eine zahlenmäßige Begrenzung findet nicht statt.

b) Ob ein bestimmtes Poststück ein Schreiben oder ein – anderen Regeln unterliegendes – Paket (→ Rdn 521) darstellt, richtet sich nicht nach der postalischen Bezeichnung, sondern danach, ob es sich bei dem Inhalt um einen **Gedankenaustausch** zwischen Absender und Empfänger handelt. Sind einem Brief **Beilagen** beigefügt, werden diese als Paket behandelt, wenn sie nicht – wie bei privaten Fotos, Zeitungsausschnitten oder selbst gemalten Bildern – einen Bestandteil des Gedankenaustauschs darstellen oder umfangreich sind (BayObLG, Beschl. v. 8.11.2022 – 204 StObWs 301/22). Ist die Beilage eine Zeitschrift oder Zeitung, richtet sich die rechtliche Behandlung ggf. nach den Vorschriften über den Bezug dieser (OLG Frankfurt, Beschl. v. 12.9.1991 – 3 Ws 334/91, NStZ 1982, 208; OLG Hamm, Beschl. v. 26.3.2013 – III-1 Vollz (Ws) 80/13). Briefmarken können als Beilage wegen der Möglichkeit, den Klebefilm mit Betäubungsmitteln zu tränken, verboten werden (OLG Naumburg, Beschl. v. 18.4.2016 – 2 Ws (RB) 19/16). 514

2. Schriftverkehr von Gefangenen unterliegt nach den landesrechtlichen Vorgaben mehreren **Einschränkungsmöglichkeiten**, die sich an Art. 5 Abs. 1 und Art. 10 Abs. 1 GG messen lassen müssen. 515

a) In Betracht kommen die **Untersagung** des Schriftverkehrs, die **Überwachung**, das **Anhalten** von Schreiben und die **Sichtkontrolle**. Die Art und Weise der Kontrolle unterliegt dabei immer dem Verhältnismäßigkeitsgrundsatz (BayObLG, Beschl. v. 28.6.2021 – 203 StObWs 261/21; OLG Koblenz, Beschl. v. 28.11.2022 – 2 Ws 457/22 Vollz), und hängt auch von der Sicherheitsstufe, in der die JVA liegt, ab (BayObLG, Beschl. v. 1.10.2025 – 204 StObWs 355/25). Unter gewissen Umständen kann auch Gerichts- und Behördenpost einer Kontrolle unterliegen (BayObLG, Beschl. v. 12.8.2021 – 203 StObWs 368/21; OLG Koblenz, Beschl. v. 28.11.2022 – 2 Ws 457/22 Vollz). Die Zahl der Bediensteten, die die Briefkontrolle durchführen, ist auf die notwendige Mindestzahl zu beschränken (OLG Frankfurt, Beschl. v. 10.5.2016 – 3 Ws 777/15 (StVollz)). 516

b) Ob die Kontrollmaßnahmen auch auf den **Schriftverkehr zwischen Gefangenen** in derselben JVA Anwendung finden können, ist str., der Wortlaut der Normen lässt aber nicht erkennen, dass dieser Schriftwechsel von den Kontrollmöglichkeiten ausgenommen werden sollte (grds. FFL/*Knauer,* § 31 LandesR m.w.N.). 517

c) Schriftverkehr mit dem **Verteidiger** wird grds. nicht überwacht. Soweit im Gesetz **Rechtsanwälte** und **Notare** im Allgemeinen den Verteidigern nicht gleichgestellt sind, erstreckt sich der besondere Schutz auf diese nicht (BayObLG, Beschl. v. 25.10.2024 – 203 StObWs 445/24). Verteidigerpost muss als solche sichtbar gekennzeichnet (OLG Frankfurt, Beschl. v. 16.6.1986 – 3 Ws 297/86 (StVollz), ZfStrVo 1987, 113; OLG Karlsruhe, Beschl. v. 12.1.1987 – 1 Ws 264/85, ZfStrVo 1987, 248) oder erkennbar sein (OLG Dresden, Beschl. v. 28.7.2006 – 2 Ws 624/05). Die hierdurch erforderliche Sichtkontrolle schließt die Kontrolle darauf, ob die Verteidigerpost unzulässige Einlagen enthält, mit ein. Zudem ist für eingehende Verteidigerpost in den Ländern, die sonstige Rechtsanwälte und Notare den Verteidigern nicht gleichstellen, der JVA die Verteidigereigenschaft nachzuweisen. Ansonsten besteht die Gefahr, dass die Post ungeöffnet zurückgesandt wird (OLG München, Beschl. v. 30.4.2012 – 4 Ws 074/12 (R), NStZ-RR 2012, 294; OLG Naumburg, Beschl. v. 30.11.2023 – 1 Ws 424/23, StraFo 2024, 72). Verbüßt der Gefangene eine Freiheitsstrafe wegen einer Verurteilung aus §§ 129a, 129b StGB, sehen die landesrechtlichen Vorschriften auch eine richterliche Überwachung des Schriftwechsels mit dem Verteidiger vor. 518

d) Die JVA hat auf der Grundlage der Einschränkungsmöglichkeiten des Schriftverkehrs ohne gesetzliche Erlaubnis nicht die Möglichkeit, eingehende Schreiben durch **Kopien** zu ersetzen (OLG Celle, Beschl. v. 6.5.2021 – 3 Ws 89/21 (StrVollz), NStZ-RR 2021, 261). Der Gefahr, dass über das Papier npS in die JVA eingeführt werden können, kann aber mit der Anwendung der Generalklausel (→ *Strafvollzug, Erwachsene, Allgemeines*, Teil C Rdn 183) entgegengewirkt werden (OLG Celle, a.a.O.; OLG Naumburg, Beschl. v. 14.8.2025 – 1 Ws 187/25). Dabei ist allerdings wegen Art. 10 GG der Verhältnismäßigkeitsgrundsatz besonders zu beachten. So könnte der Einsatz von Drogenscannern als milderes Mittel in Betracht kommen. 519

520 **3. Eingehende Post** ist dem Gefangenen **unverzüglich** zu übermitteln, d.h. bei morgens eingehender Post während des regulären Dienstbetriebs (also Montag bis Freitag; bei als Fristsachen bezeichneten Schriftstücken und Tageszeitungen auch samstags, BayObLG, Beschl. v. 10.6.2025 – 203 StObWs 194/25) spätestens am Abend desselben Tages (BayObLG, Beschl. v. 28.6.2021 – 203 StObWs 273/21). Teilweise wird es als ausreichend erachtet, dass dem Gefangenen die Post erst am nächsten Arbeitstag ausgehändigt wird (OLG Celle, Beschl. v. 27.11.2023 – 1 Ws 289/23 (StrVollz)). Rügt der Gefangene eine verspätete Übermittlung und ist der Tag des Eingangs bei der JVA nicht mehr feststellbar, geht dies zu Lasten der JVA (BayObLG, Beschl. v. 11.11.2024 – 203 StObWs 435/24). Aus organisatorischen Gründen kann die JVA ein Postfach bei der Deutschen Post anmieten und die Einlagen selbst abholen, muss dabei aber sicherstellen, dass dies täglich nach Beendigung der Sortierarbeiten im Verteilerzentrum erfolgt (BayObLG, Beschl. v. 13.11.2024 – 204 StObWs 375/24). Bei **ausgehender Post** haben Gefangene einen Anspruch auf unverzügliche Versendung, dem Genüge getan wird, wenn die Aufgabe zur Post durch die JVA an dem auf die Einlegung in den anstaltsinternen Briefkasten folgenden Arbeitstag erfolgt (BayObLG, Beschl. v. 2.11.2021 – 204 StObWs 279/21). Personalorganisatorische Gründe rechtfertigen keine Abweichung hiervon (OLG Celle, a.a.O.). **Portokosten** hat der Gefangene zu tragen, wenn er hierzu in der Lage ist. Ansonsten übernimmt sie die JVA, wenn der Schriftwechsel für die Eingliederung oder Behandlung erforderlich ist, was regelmäßig der Fall sein wird.

521 **4.** Der Empfang und Versand von **Paketen** unterliegt Beschränkungen in Inhalt, Häufigkeit und Größe. Insbesondere der Erhalt von Paketen mit Lebens- oder Genussmitteln ist in nahezu allen Ländern untersagt. In einigen Ländern werden die JVAs selbst ermächtigt, im Wege allgemeiner Verwaltungsvorschriften nähere Bestimmungen festzulegen. Die Befugnis, selbst Pakete bei **Versandhäusern** zu bestellen, wird von den Regeln über Pakete nicht erfasst, weil dadurch keine Kontakte mit Bezugspersonen gefördert werden (OLG Koblenz, Beschl. v. 29.5.2019 – 2 Ws 100/19 Vollz; OLG Nürnberg, Beschl. v. 31.7.1986 – Ws 668/86, ZfStrVo 1987, 187; LNNVB/*Laubenthal/Baier,* Kap. E, Rn 110; a.A. OLG München, Beschl. v. 15.1.2019 – 5 Ws 24/18 (R)). Die Bestellung und der Empfang von Paketen aus dem Versandhandel unterliegt daher den Regelungen über den Einkauf und den Besitz eigener Sachen (→ *Strafvollzug, Erwachsene, Besitz,* Teil C Rdn 396 ff.).

Siehe auch: → *Strafvollzug, Erwachsene, Allgemeines,* Teil C Rdn 169 ff.

522 Strafvollzug, Erwachsene, Rechtsbeschwerde, Allgemeines

Das Wichtigste in Kürze:

1. Gegen Hauptsacheentscheidungen der StVK im Verfahren nach den §§ 109 ff. StVollzG ist allein das Rechtsmittel der Rechtsbeschwerde gegeben. Die Rechtsbeschwerde ist der strafprozessualen Revision nachgebildet.
2. Die Möglichkeit der Anfechtung erstinstanzlicher Entscheidungen nach den §§ 109 ff. StVollzG ist abschließend geregelt. Bei nicht verfahrensabschließenden Entscheidungen kommt auch eine Beschwerde nach § 120 Abs. 1 S. 2 StVollzG i.V.m. § 304 StPO in Betracht.
3. Die Entscheidung über die Rechtsbeschwerde ergeht durch einen Strafsenat des OLG.
4. Bis zur endgültigen Entscheidung durch das OLG ist die Gewährung einstweiligen Rechtsschutzes möglich. PKH für entstehende Kosten und Auslagen kann nach den Regeln der ZPO bewilligt werden. Die Kostenentscheidung richtet sich nach strafprozessualen Regeln.

523 **Literaturhinweise: Bachmann**, Die Anhörungsrüge im Verfahren der Rechtsbeschwerde gemäß §§ 116 ff. StVollzG und ihr Zusammenspiel mit der Verfassungsbeschwerde, ZIS 2012, 545; **Peglau**, Rechtsschutz in Strafvollzugssachen – Grundlagen und Fehlervermeidung, NJW 2014, 2012; **Pohlreich**, Zur Fristvorwirkung der Verfassungsbeschwerde im strafgerichtlichen

Verfahren, StV 2011, 574; **Ullenbruch**, Vollzugsbehörde contra Strafvollstreckungskammer, NStZ 1993, 517; **Zwiehoff**, Die Rechtsbehelfe des Strafgefangenen nach §§ 109 ff. StVollzG, 1986; s.a. die Hinweise bei → *Strafvollzug, Erwachsene, Antrag auf gerichtliche Entscheidung, Allgemeines,* Teil C Rdn 191.

1. Gegen Hauptsacheentscheidungen der StVK im vollzugrechtlichen Verfahren nach den §§ 109 ff. StVollzG ist **allein** das Rechtsmittel der **Rechtsbeschwerde** gegeben. Diese eröffnet keine weitere Tatsacheninstanz, sondern ermöglicht eine reine Rechtsprüfung der Entscheidung. Neuer Tatsachenvortrag der Beteiligten muss daher unberücksichtigt bleiben (BayObLG, Beschl. v. 16.1.2025 – 204 StObWs 480/24). Der ergänzende Verweis in § 116 Abs. 4 StVollzG auf die StPO-Vorschriften über die Beschwerde täuscht dabei. Das Rechtsbeschwerdeverfahren ähnelt in den wesentlichen Punkten dem der Revision (§ 116 Abs. 2 StVollzG). **524**

☝ Ob und inwieweit trotz der gesetzgeberischen Vorgabe in § 116 Abs. 4 StVollzG gleichwohl über § 120 Abs. 1 S. 2 StVollzG die **Vorschriften** über das **Revisionsrecht** angewendet werden können, dazu verhält sich die Rspr. der **OLGe** nur mit **fehlender Klarheit** und **uneinheitlich**. Während § 346 wegen der Vorgabe in § 116 Abs. 4 StVollzG keine Anwendung finden soll (vgl. die Nachweise bei Rdn 575), soll hingegen § 356a die Anwendung von § 33a verdrängen (vgl. die Nachweise bei Rdn 534). Auch § 354a (OLG Hamm, Beschl. v. 2.6.2015 – 1 Vollz (Ws) 180/15, StV 2017, 745) und § 338 (OLG Saarbrücken, Beschl. v. 18.3.2019 – Vollz (Ws) 20/18) sollen Anwendung finden. Hierzu bleibt die weitere Entwicklung in der Rspr. abzuwarten.

2.a) Die Möglichkeit der Anfechtung erstinstanzlicher Entscheidungen nach den §§ 109 ff. StVollzG ist **abschließend** geregelt. **525**

b)aa) Dies wirft indessen die **Frage** auf, inwieweit über § 120 Abs. 1 S. 2 StVollzG ein Rückgriff bei nicht verfahrensabschließenden Entscheidungen auf **§ 304 möglich** ist. Nach OLG Jena (Beschl. v. 26.2.2015 – 1 Ws 72/15) ist der Verweis in § 120 Abs. 1 S. 2 StVollzG auf die Vorschriften der StPO nicht so zu verstehen, dass über § 304 ein weiteres umfassendes strafprozessuales Beschwerderecht etabliert werden soll. Vielmehr bezwecke die Verweisung ersichtlich nur, die innerhalb des Verfahrens nach §§ 109 ff. StVollzG erforderlich werdenden Annexentscheidungen wie etwa über eine Wiedereinsetzung in den vorigen Stand oder eine Ablehnung wegen Befangenheit an die jeweiligen strafprozessualen Vorschriften zu knüpfen. Die h.M. hält indes die entsprechende Anwendung der §§ 304 ff. für geboten (OLG Celle, Beschl. v. 21.6.2023 – 1 Ws 154/23 (MVollz) [Versagung von AE]; FFL/*Spaniol,* § 120 StVollzG, Rn 5). **526**

☝ Der Streit ist jedenfalls bei **prozessualen Zwischenentscheidungen unerheblich**, da sich die Nichtanfechtbarkeit dieser dann aus § 120 Abs. 1 S. 2 StVollzG i.V.m. § 305 S. 1 ergibt (grds. OLG Celle, Beschl. v. 30.10.2025 – 1 Ws 152/25).

bb) Unanfechtbar sind auch Entscheidungen, durch die ein **Ablehnungsgesuch** gegen den erkennenden Richter zurückgewiesen wird (§ 120 Abs. 1 S. 2 StVollzG i.V.m. § 28 Abs. 2 S. 2 StPO; BayObLG , Beschl. v. 15.9.2025 – 203 StObWs 303/25; KG, Beschl. v. 24.5.2018 – 2 Ws 83/18 Vollz; OLG Celle, Beschl. v. 26.5.1988 – 1 Ws 101/98 (StrVollz), ZfStrVo 1999, 56; OLG Frankfurt, Beschl. v. 12.8.1996 – 3 Ws 661/96, NStZ-RR 1996, 352; OLG Hamburg, Beschl. v. 4.7.2008 – 3 Vollz (Ws) 45/08, StraFo 2008, 520; OLG Hamm, Beschl. v. 26.1.2023 – 1 Vollz (Ws) 57/23; OLG Karlsruhe, Beschl. v. 25.1.1985 – 1 Ws 4/85; OLG Koblenz, Beschl. v. 20.6.2016 – 2 Ws 250/16 Vollz; OLG Rostock, Beschl. v. 13.8.2010 – I Vollz (Ws) 9/10; OLG Stuttgart, Beschl. v. 6.8.1985 – 4 Ws 246/85, NStZ 1985, 524). Dies gilt auch im Eilverfahren (OLG Celle, Beschl. v. 6.10.2025 – 1 Ws 156/25). Zu Unrecht im Hauptsacheverfahren zurückgewiesene Ablehnungsgesuche stellen aber einen absoluten Rechtsbeschwerdegrund gem. § 120 Abs. 1 S. 2 StVollzG i.V.m. § 338 Nr. 3 StPO dar (OLG Saarbrücken, Beschl. v. 18.3.2019 – Vollz (Ws) 20/18). **527**

☝ Zur Geltendmachung genügt hierfür selbstverständlich nicht das Vorbringen, wie es bei einer sofortigen Beschwerde ausreichend wäre. Vielmehr bedarf es der Erhebung einer Verfahrensrüge nach Maßgabe des § 118 Abs. 2 S. 2 StVollzG (OLG Koblenz, a.a.O.; siehe dazu →*Strafvollzug, Erwachsene, Rechtsbeschwerde, inhaltliche Anforderungen*, Teil C Rdn 596 ff.)

528 **cc)** Wird ein Antrag auf **Wiedereinsetzung** in den vorherigen Stand gegen die Versäumung der Antragsfrist nach § 112 Abs. 1 StVollzG versagt, hält die h.M. hiergegen die sofortige Beschwerde nach § 120 Abs. 1 S. 2 StVollzG i.V.m. § 46 Abs. 3 für gegeben (OLG Celle, Beschl. v. 24.6.2015 – 1 Ws 290/15 (StrVollz), StraFo 2015, 346; OLG Frankfurt, Beschl. v. 12.1.2016 – 3 Ws 956/15; OLG Hamm, Beschl. v. 26.9.2017 – III-1 Vollz (Ws) 367/17; OLG München, Beschl. v. 13.1.1978 – 1 Ws 1350/77; LNNVB/*Bachmann*, Kap. P, Rn 53; SBJL/*Laubenthal*, 12. Kap., § 112 StVollzG, Rn 13; *Zwiehoff, S.* 85; a.A. OLG Koblenz, Beschl. v. 19.8.1985 – 2 Vollz (Ws) 54/85, ZfStrVo 1986, 189: Versagung unanfechtbar).

529 **dd)** Eine sog. **Untätigkeitsrechtsbeschwerde** ist seit Einführung des Gesetzes über den Rechtsschutz bei überlangen Gerichtsverfahren und strafrechtlichen Ermittlungsverfahren (§§ 198 ff. GVG) nach der Rspr. in Strafvollzugssachen **unstatthaft** (OLG Celle, Beschl. v. 1.11.2013 – 1 Ws 445/13 (StrVollz); OLG Hamburg, Beschl. v. 19.3.2012 – 3 Vollz (Ws) 9/12, StraFo 2012, 160; OLG München, Beschl. v. 20.9.2012 – 4 VAs 38/12; Burhoff/*Kotz/Hillenbrand*, RM, Teil A Rn 559 ff.; a.A. *Burhoff*; HV, Rn 940 ff. m.w.N.).

530 **3.a)** Die Entscheidung über die Rechtsbeschwerde ergeht durch einen **Strafsenat** des **OLG**, in dessen Bezirk die StVK ihren Sitz hat (§ 117 StVollzG). Eine Abhilfebefugnis wie in § 306 Abs. 2 kommt der StVK – trotz des Verweises in § 116 Abs. 4 StVollzG auf die Beschwerdevorschriften – nicht zu (OLG Stuttgart, Beschl. v. 3.1.1984 – 4 Ws 447/83, NStZ 1984, 528). Abweichend vom Revisionsrecht ist die StVK aber auch dann nicht zu einer Verwerfung der Rechtsbeschwerde berufen, wenn die Zulässigkeitsvoraussetzungen nicht eingehalten worden sind. Die Regelung des **§ 346 Abs. 1** findet **keine Anwendung** (OLG Celle, Beschl. v. 3.3.2017 – 3 Ws 89/17 (MVollz), StV 2017, 743; OLG Dresden, Beschl. v. 27.3.1996 – 2 Ws 353/95, OLG-NL 1996, 166, 167; a.A. FLL/*Spaniol*, § 118 StVollzG, Rn 19).

531 **b)aa)** In **Niedersachsen** und **NRW** ist von der Möglichkeit der **Zuständigkeitskonzentration** des § 121 Abs. 3 GVG Gebrauch gemacht worden. Zuständig sind demnach, auch über die Grenzen des jeweiligen OLG-Bezirks hinweg, die OLG Celle (§ 19 Abs. 4 ZustVO-Justiz) bzw. Hamm (§ 1 VOÜE-StVollzG). In **Bayern** obliegt die Zuständigkeit für Rechtsbeschwerden gem. § 9 EGGVG i.V.m. § 54a BayGZVJu dem BayObLG.

532 **bb)** Die **Zuständigkeitskonzentration erstreckt** sich auch auf Beschwerden gegen die **Versagung** von **PKH** (BGH, Beschl. v. 7.9.1983 – 2 ARs 248/83, NStZ 1984, 44; BayObLG, Beschl. v. 6.8.2024 – 203 StObWs 269/24), soll sich aber nach h.M. im Übrigen nicht auf Rechtsmittel gegen Nebenentscheidungen erstrecken (BGH, Beschl. v. 3.9.1982 – 2 ARs 159/82, NStZ 1983, 44 [Kostenbeschwerde]; BayObLG, Beschl. v. 15.9.2025 – 203 StObWs 303/25 [Befangenheitsbeschwerde]; OLG Düsseldorf, Beschl. v. 7.8.2012 – III-2 Ws 268/12; OLG Hamm, Beschl. v. 6.8.2007 – 1 Vollz (Ws) 486/07 [Streitwertbeschwerde]; LNNVB/*Bachmann*, Kap. P, Rn 101). Dies ist zweifelhaft, insbesondere wenn der Rechtsmittelführer sein Rechtsmittel ausdrücklich sowohl gegen die Hauptsache- als auch die Nebenentscheidung erhebt und dadurch eine Rechtswegaufteilung erfolgen würde, die nicht nur mit dem Gebot schnellen und effektiven Rechtsschutzes kaum vereinbar ist, sondern auch zu problematischen Ergebnissen führen kann (etwa wenn eine Streitwertbeschwerde vor dem einen OLG zum Erfolg/Nichterfolg führt, gleichzeitig aber das Gericht, welches über die Rechtsbeschwerde zu befinden hat, einen anderen Streitwert – auch für die erste Instanz (§ 63 Abs. 3 Nr. 2 GKG!) – festsetzt. Es ist daher von einer Annexkompetenz des für die Rechtsbeschwerde zuständigen OLG für prozessuale Nebenentscheidungen auszugehen (OLG Celle, Beschl. v. 24.6.2015 – 1 Ws 290/15 (StrVollz), StraFo 2015, 346; SBJL/*Laubenthal*, 12. Kap., § 117 Rn 1; FLL/*Spaniol,* § 120 StVollzG, Rn 6; so auch OLG Hamm, Beschl. v. 20.5.1986 – 1 Vollz (Ws) 68/86, JMBl.NW 1986, 260 jedenfalls für Beschwerden gegen die Versagung von Wiedereinsetzung in den vorigen Stand.

Nicht davon erfasst wird die Beschwerde gegen die (unterlassene) Festsetzung eines Zwangsgeldes nach § 120 Abs. 1 S. 1 StVollzG (OLG Hamm, Beschl. v. 7.9.2017 – III-1 Vollz (Ws) 396/17).

4.a) Bis zur endgültigen Entscheidung durch das OLG ist die Gewährung **einstweiligen Rechtsschutzes** möglich (→ *Strafvollzug, Erwachsene, Rechtsbeschwerde, Einstweiliger Rechtsschutz*, Teil C Rdn 560 ff.). 533

b) Der Senat entscheidet durch **unanfechtbaren Beschluss** (§ 119 Abs. 5 StVollzG). **Beschwerden** gegen verfahrensleitende Entscheidungen des Senats sind nach § 304 Abs. 4 StPO ebenfalls **ausgeschlossen** (BayObLG, Beschl. v. 5.11.2025 – 203 StObWs 267/25). Vor einer abschließenden Entscheidung ist die Gegenseite zu hören. Bei einem Verstoß des Senats gegen das rechtliche Gehör kommt eine **Anhörungsrüge** in Betracht. Die überwiegende Rspr. verlangt hierfür, dass diese gem. § 120 Abs. 1 S. 2 StVollzG i.V.m. § 356a StPO **binnen einer Woche** nach Kenntnis von der Verletzung des rechtlichen Gehörs erhoben werden muss (BayObLG, Beschl. v. 30.10.2023 – 203 StObWs 142/23; KG, Beschl. v. 18.12.2015 – 2 Ws 259/15 Vollz; OLG Celle, Beschl. v. 6.8.2020 – 3 Ws 190/20 (StrVollz); OLG Frankfurt, Beschl. v. 12.4.2018 – 3 Ws 946/17 (StVollz); OLG Hamm, Beschl. v. 6.2.2020 – 1 Vollz (Ws) 618/19; OLG Jena, Beschl. v. 27.10.2014 – 1 Ws 245/14; OLG Naumburg, Beschl. v. 23.6.2011 – 1 Ws 273/11). Die Lit. vertritt überwiegend die Auffassung, dass ein nicht fristgebundener Antrag nach § 120 Abs. 1 S. 2 StVollzG i.V.m. § 33a zulässig wäre (*Bachmann* ZIS 2012, 545, 546; *Pohlreich* StV 2011, 574, 575; LNNVB/*Bachmann,* Kap. P, Rn 109). 534

☝ Der Zeitpunkt der Kenntniserlangung muss nach der Rspr. der OLGe dabei mitgeteilt und innerhalb der Frist auch glaubhaft gemacht werden. Eine eigene schlichte Erklärung des Betroffenen genügt nicht. Auch eine eigene eidesstattliche Versicherung ist hierfür ungeeignet. Die bloße Benennung von Zeugen reicht ebenfalls nicht aus, sofern nicht gleichzeitig dargetan wird, diese hätten eine schriftliche Bestätigung verweigert, seien nicht unverzüglich erreichbar oder bei ihnen handele es sich um die für die Säumnis verantwortlichen Beamten (BayObLG, a.a.O.).

Str. ist, ob auch die am Verfahren beteiligte **Behörde** die Verletzung des rechtlichen Gehörs geltend machen kann (bejahend KG, Beschl. v. 27.2.2017 – 5 Ws 38/17 Vollz; a.A. OLG Celle, Beschl. v. 26.9.2022 – 3 Ws 424/22 (StrVollz)). Der Wortlaut von §§ 33a, 356a StPO und die Vergleichbarkeit zu § 152a VwGO (dazu *Sodan/Ziekow,* VwGO, 5. Aufl. 2018, § 152a Rn 23) sprechen dafür. Eine Verpflichtung zur **Mitteilung der Erklärung der Gegenseite an den Rechtsbeschwerdeführer** ist regelmäßig nicht geboten. Denn im Hinblick auf die Natur des Rechtsbeschwerdeverfahrens, bei dem neue Tatsachen nicht zu berücksichtigen sind, würde die Nichtübersendung der Gegenerklärung regelmäßig keinen Verstoß gegen den Anspruch auf rechtliches Gehör darstellen können (OLG Hamm, Beschl. v. 28.7.2005 – 1 Vollz (Ws) 74/05). 535

b) PKH für entstehende Kosten und Auslagen kann nach den Regeln der ZPO bewilligt werden (→*Strafvollzug, Erwachsene, Antrag auf gerichtliche Entscheidung, PKH/Beiordnung*, Teil C Rdn 346 ff.). Für das Rechtsbeschwerdeverfahren bedarf es dabei eines gesonderten Antrags (§ 120 Abs. 2 StVollzG i.V.m. § 119 Abs. 1 S. 1 ZPO). Hat der Antragsteller bereits zu Protokoll der Geschäftsstelle die Rechtsbeschwerde hinreichend begründet und ist ein weitergehender Erfolg der Rechtsbeschwerde auch für den Fall der Beiordnung eines RA nicht denkbar, steht dieser Mutwilligkeit entgegen (KG, Beschl. v. 7.3.2019 – 5 Ws 81/18 Vollz; OLG Celle, Beschl. v. 27.3.2025 – 1 Ws 19/25 (MVollz); OLG Hamm, Beschl. v. 3.7.2014 – III-1 Vollz (Ws) 135/14). Ist die Rechtsbeschwerde durch die Vollzugsbehörde erhoben, kommt es auf die Erfolgsaussichten des Antragstellers nicht an (§ 120 Abs. 2 StVollzG i.V.m. § 119 Abs. 1 S. 2 ZPO). 536

☝ Es stellt keinen Fall von unrichtiger Sachbehandlung dar, wenn der Senat über die Rechtsbeschwerde und den PKH-Antrag gleichzeitig entscheidet (OLG Karlsruhe, Beschl. v. 8.3.2016 – 2 Ws 31/16).

537 c) Die **Kostenentscheidung** richtet sich nach § 121 StVollzG, durch den Verweis in Abs. 4 vor allem auch nach § 473 StPO. Wird die Sache nach Aufhebung der angefochtenen Entscheidung an die StVK zurückverwiesen, bleibt die Kostenentscheidung dieser vorbehalten (Arloth/Krä/*Arloth*, § 121 StVollzG Rn 2). Das OLG muss aber eine eigene Kostenentscheidung treffen, wenn es von Spruchreife (§ 119 Abs. 4 S. 2 StVollzG) ausgeht und die Vollzugsbehörde zu einer Neubescheidung verpflichtet. Im Fall einer erfolglosen Rechtsbeschwerde, die auf eine fehlerhafte Rechtsmittelbelehrung zurückzuführen ist, kommt eine Nichterhebung von Kosten nach § 21 GKG in Betracht.

Erweist sich eine sofortige Beschwerde als erfolglos, geht eine dem Antragsteller auferlegte Pflicht zur Tragung der Kosten regelmäßig ins Leere, weil eine **Kostenerhebung** gem. § 1 Abs. 1 S. 1 GKG i.V.m. KV 3820 nur bei solchen nach § 119a Abs. 5 StVollzG erfolgt (grds. OLG Celle, Beschl. v. 31.1.2025 – 1 Ws 5/25 (StrVollz); OLG Rostock, Beschl. v. 13.8.2010 – I Vollz (Ws) 9/10; *Toussaint*, GKG KV 3820/3821, Rn 1).

538 d) Der **Streitwert** für die **Rechtsbeschwerde** bestimmt sich entsprechend der für die erste Instanz geltenden Regelungen (→ *Strafvollzug, Erwachsene, Antrag auf gerichtliche Entscheidung, Kosten und Streitwert*, Teil C Rdn 348). Gemäß § 63 Abs. 3 Nr. 2 GKG kann das OLG zudem den von der StVK festgesetzten Streitwert abändern. Für Beschwerden außerhalb von § 119a StVollzG erfolgt mangels vorgesehener Gebührentatbestände keine Festsetzung (OLG Koblenz, Beschl. v. 26.10.2017 – 2 Ws 138/17 Vollz).

539 **5.** Zu **Rechtsbehelfen** gegen die Kosten- und Streitwertentscheidung → *Strafvollzug, Erwachsene, Antrag auf gerichtliche Entscheidung, Kosten und Streitwert*, Teil C Rdn 338 und zur Nichtanfechtbarkeit einstweiliger Entscheidungen → *Strafvollzug, Erwachsene, Antrag auf gerichtliche Entscheidung, Einstweiliger Rechtsschutz*, Teil C Rdn 312.

Siehe auch: → *Strafvollzug, Erwachsene, Antrag auf gerichtliche Entscheidung, Allgemeines*, Teil C Rdn 169 m.w.N.; → *Strafvollzug, Erwachsene, Rechtsbeschwerde, Beschwer/Erledigung*, Teil C Rdn 522; → *Strafvollzug, Erwachsene, Rechtsbeschwerde, Beteiligte*, Teil C Rdn 552; → *Strafvollzug, Erwachsene, Rechtsbeschwerde, Checkliste*, Teil C Rdn 557; → *Strafvollzug, Erwachsene, Rechtsbeschwerde, Einstweiliger Rechtsschutz*, Teil C Rdn 560; → *Strafvollzug, Erwachsene, Rechtbeschwerde, Form*, Teil C Rdn 570; → *Strafvollzug, Erwachsene, Rechtsbeschwerde, Frist*, Teil C Rdn 582; → *Strafvollzug, Erwachsene, Rechtsbeschwerde, inhaltliche Anforderungen*, Teil C Rdn 590; → *Strafvollzug, Erwachsene, Rechtsbeschwerde, Zulässigkeit*, Teil C Rdn 607; → *Strafvollzug, Jugendliche, Allgemeines*, Teil C Rdn 760 m.w.N.; → *Vergütung im Strafvollzug*, Teil J Rdn 400.

540 Strafvollzug, Erwachsene, Rechtsbeschwerde, Beschwer/Erledigung

Das Wichtigste in Kürze:

1. Für die Zulässigkeit der Rechtsbeschwerde bedarf es einer Beschwer des Rechtsmittelführers zum Zeitpunkt der Erhebung des Rechtsmittels.
2. Eine Beschwer ergibt sich aus einem Vergleich zwischen Antrag und gerichtlicher Entscheidung.
3. Entfällt die Beschwer nachträglich, ist die Rechtsbeschwerde prozessual überholt.
4. Ein erst im Rechtsbeschwerdeverfahren gestellter Fortsetzungsfeststellungsantrag ist nur in Ausnahmefällen zulässig.

541 **Literaturhinweise:** S. die Hinw. bei → *Strafvollzug, Erwachsene, Rechtsbeschwerde, Allgemeines*, Teil C Rdn 523.

1.a) Die Rechtsbeschwerde kann nur dann erfolgreich erhoben werden, wenn der Rechtsbeschwerdeführer durch die angefochtene Entscheidung (noch) **beschwert** ist (allgemein zur Beschwer Burhoff/*Kotz*/*Grube*, RM, Teil A 1382 ff.). 542

b) Anders als die StA im strafprozessualen Verfahren, bei der aufgrund ihrer Funktion eine Beschwer stets gegeben ist (→ Burhoff/*Kotz*/*Grube*, RM, Teil A Rn 1388), steht der **Vollzugsbehörde** nicht per se eine Rechtsbeschwerdebefugnis zu. Nur wenn die StVK die Maßnahme der Vollzugsbehörde aufhebt, kann diese Rechtsbeschwerde erheben. 543

2. Ob der Rechtsbeschwerdeführer beschwert ist, ergibt sich zunächst aus einem **Vergleich zwischen Antrag** und **gerichtlicher Entscheidung**. So liegt eine Beschwer des Antragstellers auch dann vor, wenn er mit seinem Antrag auf gerichtliche Entscheidung eine endgültige Sachentscheidung erstrebt, die StVK aber lediglich die angefochtene Entscheidung aufhebt und mangels Spruchreife die Sache an die Vollzugsbehörde zurückgibt (BVerfG, Beschl. v. 7.3.2017 – 2 BvR 162/16, StV 2017, 731; OLG Celle, Beschl. v. 8.2.1990 – 1 Ws 423/89 (StrVollz), ZfStrVo 1991, 123). 544

3.a) Maßgeblicher Zeitpunkt ist dabei zunächst der der **Einlegung** der Rechtsbeschwerde. Ist die Beschwer bereits zu diesem Zeitpunkt entfallen, ist das Rechtsmittel unzulässig (OLG Hamm, Beschl. v. 8.4.1999 – 1 Vollz (Ws) 25/99, NStZ-RR 2000, 127; OLG Saarbrücken, Beschl. v. 23.9.1977 – Ws, ZfStrVo SH 1978, 57). 545

b) Entfällt die Beschwer während des Rechtsbeschwerdeverfahrens, wird die Rechtsbeschwerde wegen § 116 Abs. 4 StVollzG i.V.m. mit der im Strafverfahren geltende Rechtsfigur der **prozessualen Überholung** gegenstandslos (BayObLG, Beschl. v. 18.11.2024 – 203 StObWs 550/24; OLG Hamm, Beschl. v. 4.7.2019 – III-1 Vollz (Ws) 261/19; OLG Jena, Beschl. v. 12.7.2004 – 1 Ws 135/04, ZfStrVo 2005, 245; OLG Karlsruhe, Beschl. v. 10.7.2018 – 2 Ws 145/18; OLG Koblenz, Beschl. v. 13.6.1978 – 2 Vollz (Ws) 7/78, ZfStrVo SH 1979, 107). Einer Erledigungserklärung des Antragstellers, wie sie im erstinstanzlichen Verfahren erforderlich wäre (→ *Strafvollzug, Erwachsene, Antrag auf gerichtliche Entscheidung, Erledigung*, Teil C Rdn 315) bedarf es nicht. War die Rechtsbeschwerde zum Zeitpunkt der Einlegung aber bereits aus anderen Gründen unzulässig, ist sie als solche zu verwerfen (KG, Beschl. v. 16.6.2021 – 5 Ws 11/21 Vollz; OLG Koblenz, Beschl. v. 17.3.2016 – 2 Ws 459/15 Vollz). 546

c)aa) Die Beschwer entfällt zudem auch dann, wenn sich die **Hauptsache erledigt** (zum Begriff der Erledigung → *Strafvollzug, Erwachsene, Antrag auf gerichtliche Entscheidung, Erledigung*, Teil C Rdn 293 ff.) Erhebt daher die Vollzugsbehörde Rechtsbeschwerde, kommt aber der durch gerichtlichen Beschluss auferlegten Verpflichtung zur Vornahme einer Handlung oder Neubescheidung nach, entfällt die erforderliche Beschwer. Denn die Hauptsache hat sich erledigt (KG, Beschl. v. 12.12.2019 – 2 Ws 172/19 Vollz; OLG Hamm, Beschl. v. 21.11.1978 – 1 Vollz (Ws) 51/78; SBJL/*Laubenthal*, 12. Kap., § 116 StVollzG Rn 3). Dies gilt allerdings nicht bi Maßnahmen mit Dauerwirkung, die nach erfolgreicher Rechtsbeschwerde wieder aufleben können (etwa bei Ablösung aus dem offenen Vollzug, OLG Celle, Beschl. v. 8.2.2017 – 3 Ws 82/17 (StrVollz)). 547

bb) Eine **Verlegung** eines Strafgefangenen in eine **andere JVA** (→ *Strafvollzug, Erwachsene, Verlegung*, Teil C Rdn 704 ff.) während des Rechtsbeschwerdeverfahrens führt nicht automatisch zur Erledigung der Hauptsache (s. dazu → *Strafvollzug, Erwachsene, Antrag auf gerichtliche Entscheidung, Erledigung*, Teil C Rdn 301). Auch in der Rechtsbeschwerdeinstanz kann ein Parteiwechsel auf Seiten der Antragsgegnerin stattfinden, jedenfalls wenn die nunmehr zu beteiligende Aufsichtsbehörde (§ 111 Abs. 2 StVollzG) auch für die JVA, in die der Strafgefangene verlegt worden ist, zuständig ist. 548

d) Für die **Kosten** gilt: 549

- Ist die Beschwer **bereits** bei **Einlegung entfallen**, hat der Rechtsbeschwerdeführer die Kosten des Verfahrens nach § 121 Abs. 4 StVollzG i.V.m. § 473 Abs. 1 StPO zu tragen.
- Bei **prozessualer Überholung** ist die Handhabung der OLG uneinheitlich. Teilweise unterbleibt eine Kostenentscheidung (OLG Koblenz, a.a.O.), nach h.M. erfolgt aber eine Kostenentscheidung nach

billigem Ermessen über § 121 Abs. 2 S. 2 StVollzG (BayObLG, Beschl. v. 18.11.2024 – 203 StObWs 550/24; KG, Beschl. v. 12.12.2019 – 2 Ws 172/19 Vollz; OLG Celle, Beschl. v. 28.2.2013 – 1 Ws 553/10 (StrVollz), FS 2013, 197; OLG Hamm, Beschl. v. 4.7.2019 – III-1 Vollz (Ws) 261/19; OLG Jena, Beschl. v. 12.7.2004 – 1 Ws 135/04, ZfStrVo 2005, 245; OLG München, Beschl. v. 18.11.1985 – 1 Ws 876/85, NStZ 1986, 96).

550 **4.** Im Rechtsbeschwerdeverfahren ist die Möglichkeit der **nachträglichen Feststellung** der **Rechtswidrigkeit** einer vollzuglichen Maßnahme **ausgeschlossen** (KG, Beschl. v. 24.9.2020 – 5 Ws 164/20 Vollz; OLG Bremen, Beschl. v. 29.5.1979 – 1 Ws 104/79, ZfStrVo SH 1979, 108; OLG Hamm, Beschl. v. 28.4.2009 – 1 Vollz (Ws) 250/09; OLG Karlsruhe, Beschl. v. 22.3.2012 – 1 Ws 183/11; OLG Koblenz, Beschl. v. 17.4.1997 – 2 Ws 25/97; OLG Nürnberg, Beschl. v. 19.8.2014 – 1 Ws 213/14; OLG Rostock, Beschl. v. 2.6.2017 – 20 Ws 94/17; OLG Stuttgart, Beschl. v. 6.12.1988 – 4 Ws 330/88; OLG Zweibrücken, Beschl. v. 11.6.2015 – 1 Ws 107/15 Vollz; LNNVB/*Bachmann*, Kap. P, Rn 78; SBJL/*Laubenthal,* 12. Kap., § 116 StVollzG Rn 11). § 115 Abs. 3 StVollzG gilt nicht für das Rechtsbeschwerdeverfahren, sondern betrifft nach Wortlaut und Stellung nur das Verfahren in der ersten Instanz (OLG Bremen, a.a.O.; OLG Stuttgart, a.a.O.). Auch eine entsprechende Anwendung kommt nicht in Betracht, weil ansonsten das Rechtsbeschwerdegericht erstmals über die Zulässigkeit und Begründetheit eines Feststellungsantrages befinden müsste. Dies würde dem Wesen der Rechtsbeschwerde widersprechen und wäre vom Rechtsbeschwerdegericht, das keine tatsächlichen Feststellungen treffen darf, häufig auch nicht zu leisten. Ein gleichwohl gestellter Feststellungsantrag wäre als unzulässig zu verwerfen (a.A. BayObLG, Beschl. v. 18.11.2024 – 203 StObWs 550/24, wo der Feststellungsantrag schlicht als unstatthaft angesehen und sodann ignoriert wird).

☝ Hiervon ist die Konstellation zu **unterscheiden**, in der der **Antragsteller** bereits im **ersten Rechtszug** die **Feststellung** der **Rechtswidrigkeit** einer konkreten Maßnahme **beantragt** hat. Wird dieser Antrag von der StVK als unzulässig – etwa mangels Feststellungsinteresses – oder unbegründet zurückgewiesen, steht dem Antragsteller hiergegen die Rechtsbeschwerde offen. Entspricht die StVK dem Feststellungsantrag, kann die Vollzugsbehörde ihrerseits Rechtsbeschwerde erheben.

551 Eine **Ausnahme** mit der Folge, die Sache zur Entscheidung über den Feststellungsantrag ohne Bindung an die Vorentscheidung an die StVK zu verweisen bzw. bei Spruchreife selbst zu entscheiden, ist aus verfassungsrechtlichen Gründen aber dann geboten, wenn das Interesse des Rechtsbeschwerdeführers an der Feststellung der Rechtswidrigkeit wie bei tiefgreifenden Grundrechtseingriffen (z.B. bei einer Zwangsbehandlung, einer vollzogenen Disziplinarmaßnahme oder einer solchen, deren Bewährungszeit abgelaufen ist oder beim Entzug sämtlicher Vollzugslockerungen nach einem Weisungsverstoß) in besonderer Weise schutzwürdig ist (BayObLG, Beschl. v. 24.3.2025 – 203 StObWs 52/25; Beschl. v. 16.9.2025 – 203 StObWs 272/25; OLG Hamm, Beschl. v. 22.11.2017 – 1 Vollz (Ws) 64/17; OLG Karlsruhe, Beschl. v. 13.1.2004 – 1 Ws 27/03, StraFo 2004, 182; Beschl. v. 16.2.2017 – 2 Ws 36/17, NStZ-RR 2017, 125; OLG Zweibrücken, Beschl. v. 11.6.2015 – 1 Ws 107/15 Vollz; Arloth/Krä/*Arloth,* § 116 StVollzG, Rn 2; SBJL/*Laubenthal,* 12. Kap., § 116 StVollzG, Rn 11; BeckOK-StVollzG/*Euler,* § 115 Rn 14).

Wenn weitere tatsächliche Feststellungen zur Zulässigkeit und Begründetheit des im Rechtsbeschwerdeverfahren geltenden Feststellungsantrags nicht mehr erforderlich sind und die Entscheidung ausschließlich von einer Rechtsfrage abhängig ist, die im Fall einer Entscheidung der StVK zur Zulässigkeit der Rechtsbeschwerde zur Fortbildung des Rechts führt, entscheidet das OLG in der Sache selbst. Andernfalls hat es die Sache an die StVK zurückzuverweisen (OLG Hamm, Beschl. v. 28.1.2026 – III-1 Vollz 132–135/25).

Siehe auch: → *Strafvollzug, Erwachsene, Rechtsbeschwerde, Allgemeines*, Teil C Rdn 522.

Strafvollzug, Erwachsene, Rechtsbeschwerde, Beteiligte 552

Das Wichtigste in Kürze:
1. Im Rechtsbeschwerdeverfahren ist die für die JVA zuständige Aufsichtsbehörde Beteiligte.
2. Ob nur der Vollzugsbehörde, oder auch der Aufsichtsbehörde eine Rechtsbeschwerdebefugnis zukommt, ist str.

Literaturhinweise: S. die Hinw. bei → *Strafvollzug (Erwachsene), Rechtsbeschwerde, Allgemeines*, Teil C Rdn 523. 553

1. Abweichend von der Regelung des § 111 Abs. 1 StVollzG, wonach Beteiligte der Antragsteller und die Vollzugsbehörde sind, die die angefochtene Maßnahme angeordnet oder die beantragte abgelehnt oder unterlassen hat (→*Strafvollzug, Erwachsene, Antrag auf gerichtliche Entscheidung, Beteiligte des Verfahrens*, Teil C Rdn 291), enthält § 111 Abs. 2 StVollzG für das Rechtsbeschwerdeverfahren die Besonderheit, dass statt der Vollzugsbehörde die für diese zuständige **Aufsichtsbehörde** – also üblicherweise die Landesjustizverwaltung – am Verfahren **beteiligt** ist. 554

2.a) Hiervon **abzugrenzen** ist die Frage, ob die **Vollzugsbehörde** als Beteiligte des erstinstanzlichen Verfahrens zur **Erhebung** der **Rechtsbeschwerde berechtigt** ist. Nach überwiegender Auffassung schließt § 111 Abs. 2 StVollzG die Berechtigung der Vollzugsbehörde zur Einlegung der Rechtsbeschwerde nicht aus (KG, Beschl. v. 3.2.1984 – 5 Ws 459/83 Vollz; OLG Frankfurt, Beschl. v. 10.11.1982 – 3 Ws 793/82 (StVollz), ZfStrVo 1983, 314; OLG Hamm, Beschl. v. 15.12.1978 – 1 Vollz (Ws) 42/78, ZfStrVo SH 1979, 76; OLG Jena, Beschl. v. 22.7.1998 – 1 Ws 134/98; OLG Karlsruhe, Beschl. v. 10.3.2003 – 1 Ws 230/02, ZfStrVo 2003, 244; OLG Nürnberg, Beschl. v. 3.4.1980 – Ws 815/79; OLG Zweibrücken, Beschl. v. 21.3.1986 – 1 Vollz (Ws) 87/85, ZfStrVo 1986, 379; a.A. *Kerner/Streng* NStZ 1984, 95, 96). 555

b) Umstritten ist aber, ob die **Aufsichtsbehörde selbst Rechtsbeschwerde** erheben kann. Teilweise wird für sie eine generelle Beschwerdebefugnis angenommen (OLG Celle, Beschl. v. 28.8.1980 – 3 Vollz (Ws) 232/80, NStZ 1981, 35; OLG Frankfurt, a.a.O.; OLG Karlsruhe, a.a.O.; OLG Stuttgart, Beschl. v. 27.9.1996 – 4 Ws 195/96, NStZ 1997, 152; *Ullenbruch* NStZ 1993, 517, 520; FFL/*Spaniol*, § 111 StVollzG, Rn 4; LNNVB/*Bachmann*, Kap. P, Rn 44), ansonsten nur, wenn im Einzelfall die Voraussetzungen einer Ersetzungsbefugnis vorliegen (Arloth/Krä/*Arloth*, § 111 StVollzG Rn 3). Nach anderer Auffassung steht der Aufsichtsbehörde die Beschwerdebefugnis per se nicht zu (KG, Beschl. v. 8.1.1979 – 2 Ws 329/78 (Vollz), ZfStrVo SH 1979, 13; OLG Hamm, Beschl. v. 24.2.1978 – 1 Vollz (Ws) 47/77, ZfStrVo SH 1979, 114). 556

Siehe auch: → *Strafvollzug, Erwachsene, Rechtsbeschwerde, Allgemeines*, Teil C Rdn 522.

Strafvollzug, Erwachsene, Rechtsbeschwerde, Checkliste 557

Strafvollzugsrecht gehört zu den vernachlässigten Tätigkeitsfeldern der Verteidigung (*Zieger* StV 2006, 375). Insbesondere im Rechtsbeschwerdeverfahren ist immer wieder festzustellen, dass bei Verteidigern Unklarheit über den Charakter des gerichtlichen Rechtsschutzes in Strafvollzugssachen besteht (*Peglau* NJW 2014, 2012). Nicht selten scheitert eine Rechtsbeschwerde an einer ungenügenden Berücksichtigung der Zulässigkeitsvoraussetzungen. Dies zu vermeiden, soll folgende **Arbeitshilfe** mit dazu beitragen: 558

Checkliste 559

1. Liegt ein **anfechtbarer Beschluss** der StVK vor? (→ *Strafvollzug, Erwachsene, Rechtsbeschwerde, Allgemeines*, Teil C Rdn 522 und → *Strafvollzug, Erwachsene, Antrag auf gerichtliche Entscheidung, Einstweiliger Rechtsschutz*, Teil C Rdn 560).

2. Ist der Beschwerdeführer (noch) **beschwert**? (→ *Strafvollzug, Erwachsene, Rechtsbeschwerde, Beschwer/Erledigung,* Teil C Rdn 540 und → *Strafvollzug, Erwachsene, Antrag auf gerichtliche Entscheidung, Erledigung,* Teil C Rdn 291).
3. Ist die Rechtsbeschwerde beim **richtigen Gericht** eingelegt? (→ *Strafvollzug, Erwachsene, Rechtsbeschwerde, Form,* Teil C Rdn 573).
4. Ist die **Frist** für Einlegung und Begründung gewahrt? (→ *Strafvollzug, Erwachsene, Rechtsbeschwerde, Frist,* Teil C Rdn 582).
5. Ist die notwendige **Form** eingehalten? (→ *Strafvollzug, Erwachsene, Rechtsbeschwerde, Form,* Teil C Rdn 570).
6. Beinhaltet die Rechtsbeschwerde einen **Antrag**? (→ *Strafvollzug, Erwachsene, Rechtsbeschwerde, inhaltliche Anforderungen,* Teil C Rdn 593).
7. Beinhaltet die Rechtsbeschwerde eine **Begründung** in Form einer Sach- und/oder Verfahrensrüge? (→ *Strafvollzug, Erwachsene, Rechtsbeschwerde, inhaltliche Anforderungen*, Teil C Rdn 594).

560 Strafvollzug, Erwachsene, Rechtsbeschwerde, Einstweiliger Rechtsschutz

Das Wichtigste in Kürze:

1. Die Erhebung der Rechtsbeschwerde hat keine aufschiebende Wirkung. Vorläufiger Rechtsschutz kann durch das Rechtsbeschwerdegericht gewährt werden.
2. Der Erfolg eines Antrags auf einstweiligen Rechtsschutz im Rechtsbeschwerdeverfahren richtet sich nach einer vorzunehmenden Abwägung zwischen den von der Vollzugsbehörde geltend gemachten Belangen und dem Interesse des Strafgefangenen unter dem Gesichtspunkt.

561 **Literaturhinweise: Honecker**, Zur aufschiebenden Wirkung der Rechtsbeschwerde der Vollzugsbehörde gegen einen den Strafgefangenen begünstigenden Verpflichtungsbeschluss, ZfStrVo 2005, 101; s a. die Hinw. bei → *Strafvollzug (Erwachsene), Rechtsbeschwerde, Allgemeines*, Teil C Rdn 523.

562 **1.a)** Die **Rechtsbeschwerde** hat gem. § 116 Abs. 3 S. 1 StVollzG **keine aufschiebende Wirkung**. In Fällen der Gefahr, dass bis zur Entscheidung über die Rechtsbeschwerde eine Rechtsvereitelung droht, ist über § 116 Abs. 3 S. 2 i.V.m. § 114 Abs. 2 StVollzG die Möglichkeit einstweiligen Rechtsschutzes eröffnet.

563 **b)** Der Antrag muss dabei zunächst **statthaft** sein.

564 **aa)** Hat der Antragsteller mit seinem Antrag auf gerichtliche Entscheidung gegen eine ihn **belastende Maßnahme** Erfolg gehabt, bedarf es nach erhobener Rechtsbeschwerde durch die Vollzugsbehörde keines Antrags auf einstweiligen Rechtsschutz durch den Antragsteller (OLG Stuttgart, Beschl. v. 9.12.2004 – 4 Ws 328/04, Justiz 2005, 253; Arloth/Krä/*Arloth*, § 116 StVollzG, Rn 7). Allerdings kann die Vollzugsbehörde die Außervollzugsetzung der angefochtenen Entscheidung beantragen (Arloth/Krä/*Arloth*, § 116 StVollzG, Rn 7; a.A. OLG Schleswig, Beschl. v. 28.4.2025 – 1 Ws 14/25 Vollz [JVA nicht antragsbefugt]).

565 **bb)** Hat der Antragsteller mit einem **Verpflichtungsantrag** Erfolg gehabt, ist umstritten, ob er selbst bei erhobener Rechtsbeschwerde der Vollzugsbehörde noch einstweiligen Rechtsschutz beantragen muss (OLG Bremen, Beschl. v. 17.3.1983 – Ws 56/83, NStZ 1983, 525; OLG Stuttgart, Beschl. v. 27.4.1979 – Ws 123/79, ZfStrVo SH 1979, 109; Arloth/Krä/*Arloth*, § 116 StVollzG Rn 7; *Zwiehoff*, S. 133) oder ob die Vollzugsbehörde einen Antrag auf Außervollzugsetzung der angefochtenen gerichtlichen Entscheidung stellen muss, um die Wirkung der angeordneten Verpflichtung zunächst zu vermeiden (KG, Beschl. v. 1.2.1980 – 2 Ws 3/80 Vollz, GA 1980, 258; OLG Celle, Beschl. v. 14.7.2016 – 1 Ws 323/16 (StrVollz); OLG Frankfurt, Beschl. v. 16.8.1985 – 3 Ws 697/85 (StVollz), ZfStrVo 1986, 188; OLG Hamm, Beschl. v. 6.12.2017 – III-1 Vollz (Ws) 550/17; OLG Karlsruhe, Beschl. v. 10.2.2009 – 2 Ws

373/08, StraFo 2009, 305; OLG Koblenz, Beschl. v. 26.1.1978 – 2 Vollz (Ws) 1/78, ZfStrVo 1978, 180; OLG Zweibrücken, Beschl. v. 20.2.1987 – 1 Vollz (Ws) 3/87, NStZ 1987, 344; FFL/*Spaniol,* § 116 StVollzG Rn 16; LNNVB/*Bachmann,* Kap. P, Rn 98; SBJL/*Laubenthal,* 12. Kap., § 116 StVollzG Rn 13). Letztere Auffassung findet im Wortlaut und in der Regelung des § 120 Abs. 1 S. 1 StVollzG eine Stütze.

cc) Blieb der **Antrag** auf gerichtliche Entscheidung **erfolglos**, kann der Antragsteller nach § 116 Abs. 3 S. 2 i.V.m. § 114 Abs. 2 StVollzG die **Anordnung** der **aufschiebenden Wirkung** zur Sicherung des status quo durch das Rechtsbeschwerdegericht beantragen (OLG Hamm, Beschl. v. 23.4.2019 – III-1 Vollz (Ws) 54/19 → *Strafvollzug, Erwachsene, Antrag auf gerichtliche Entscheidung, Einstweiliger Rechtsschutz*, Teil C Rdn 283). Ob durch den Verweis in § 116 Abs. 3 S. 2 StVollzG auch die Möglichkeit zum Erlass einer Regelungsanordnung durch das OLG eröffnet ist, ist str. (OLG Hamm, a.a.O.; OLG Karlsruhe, Beschl. v. 14.1.2016 – 2 Ws 8/16; bejahend Arloth/Krä/*Arloth*, § 116 StVollzG, Rn 7)). 566

b) Zuständig für Entscheidungen nach § 116 Abs. 3 StVollzG ist das **OLG** als Rechtsbeschwerdegericht (OLG Celle, Beschl. v. 15.12.1978 – 3 Ws 400/78 (StrVollz), ZfStrVo SH 1979, 104). 567

c) Ein **isolierter Antrag** auf Außervollzugsetzung einer angefochtenen Entscheidung ist **unzulässig**. Denn § 116 Abs. 3 S. 2 StVollzG verweist nur auf § 114 Abs. 2 StVollzG, nicht auf dessen Abs. 3 (OLG Celle, Beschl. v. 1.9.2010 – 1 Ws 443/10, FS 2010, 306). 568

2. Der Erfolg eines Antrags auf einstweiligen Rechtsschutz im Rechtsbeschwerdeverfahren richtet sich nach einer vorzunehmenden **Abwägung** zwischen den von der Vollzugsbehörde geltend gemachten Belangen und dem Interesse des Strafgefangenen unter dem Gesichtspunkt, ob eine Aussetzung des Vollzugs die Verwirklichung eines Rechts vereiteln oder erschweren würde (OLG Hamm, Beschl. v. 16.10.1978 – 1 Vollz (Ws) 75/78, ZfStrVo SH 1979, 105). 569

Siehe auch: → *Strafvollzug, Erwachsene, Antrag auf gerichtliche Entscheidung, Einstweiliger Rechtsschutz*, Teil C Rdn 280; → *Strafvollzug, Erwachsene, Rechtsbeschwerde, Allgemeines*, Teil C Rdn 522.

Strafvollzug, Erwachsene, Rechtsbeschwerde, Form 570

Das Wichtigste in Kürze:

1. Für die Rechtsbeschwerde enthält § 118 StVollzG Regelungen zu den formellen Anforderungen.
2. Die Rechtsbeschwerde ist grds. bei dem Gericht zu erheben, dessen Entscheidung angefochten wird.
3. In schriftlicher Form kann die Rechtsbeschwerde des Antragstellers nur durch einen Rechtsanwalt erhoben und begründet werden. Daneben ist die Möglichkeit eröffnet, die Rechtsbeschwerde zu Protokoll der Geschäftsstelle zu erheben. Dies setzt voraus, dass der Rechtspfleger die Verantwortung für die Niederschrift übernimmt.

Literaturhinweise: S. die Hinw. bei → *Strafvollzug, Erwachsene, Rechtsbeschwerde, Allgemeines*, Teil C Rdn 523. 571

1. Für die Rechtsbeschwerde enthält **§ 118 StVollzG** Regelungen zu den formellen Anforderungen Zu den formellen Anforderungen von Rechtsmitteln allgemein Burhoff/*Kotz*/*Grube*, RM, Teil A Rn 1508 ff.). 572

2. Gem. § 118 Abs. 1 S. 1 StVollzG ist die Rechtsbeschwerde grds. bei dem **Gericht,** dessen **Entscheidung angefochten** wird, zu **erheben**. Für inhaftierte Antragsteller besteht daneben die Möglichkeit, die Rechtsbeschwerde zu Protokoll der Geschäftsstelle des AG zu erheben, in deren Bezirk die JVA liegt (§ 120 Abs. 1 S. 2 StVollzG i.V.m. § 299 StPO; zu den Einschränkungen insoweit s.a. → *Strafvollzug, Erwachsene, Antrag auf gerichtliche Entscheidung, formelle und inhaltliche Anforderungen*, Teil C Rdn 327). 573

☝ Der **Eingang** der **Rechtsbeschwerde beim** hierfür in der Sache zuständigen **OLG reicht** für die Wahrung der Frist **nicht** aus! Geht das vom OLG an das LG weitergeleitete Rechtsmittelschreiben erst nach Ablauf der Rechtsmittelfrist dort ein, kommt nur noch ein Antrag auf Wiedereinsetzung in den vorigen Stand in Betracht (→ *Strafvollzug, Erwachsene, Rechtsbeschwerde, Frist*, Teil C Rdn 588), wenn bei der Weiterleitung ein amtliches Verschulden die Säumnis verursacht hat (OLG Karlsruhe, Beschl. v. 10.2.2021, 2 Ws 33/21).

574 **3.a)** Ist Rechtsbeschwerdeführer der Antragsteller, kann er die Rechtsbeschwerde nur in einer von einem **Rechtsanwalt** unterzeichneten Schrift oder zur Niederschrift der Geschäftsstelle des Gerichts einlegen (§ 118 Abs. 3 StVollzG). Eine **privatschriftlich** eingelegte Rechtsbeschwerde ist unzulässig (OLG Hamm, Beschl. v. 8.6.1979 – 1 Vollz (Ws) 39/79, ZfStrVo SH 1979, 110).

575 **aa)** Soweit ersichtlich bislang nicht Gegenstand von veröffentlichten Entscheidungen ist die Frage, inwieweit der Verteidiger für die Erhebung einer wirksamen schriftlichen Rechtsbeschwerde auf die Übermittlung als **elektronisches Dokument** angewiesen ist. § 32d S. 2 StPO sieht zwar die Rechtsbeschwerde nicht ausdrücklich vor, jedoch könnte wegen der Ähnlichkeit der Rechtsbeschwerde zur Revision und die allgemeine Verweisungsnorm des § 120 Abs. 1 S. 2 StVollzG eine entsprechende Verpflichtung durchaus vertreten werden. Hierfür könnte auch sprechen, dass die Rspr. der OLGe für eine Anhörungsrüge im Rechtsbeschwerdeverfahren nicht auf § 33a StPO, sondern auf § 356a StPO abstellt (→ *Strafvollzug, Erwachsene, Rechtsbeschwerde, Allgemeines*, Teil C Rdn 534). Allerdings kann auch nicht übersehen werden, dass trotz einer allgemeinen Verweisungsnorm in § 79 Abs. 3 OWiG auf die Regelungen der StPO die Anwendbarkeit von § 32d StPO auf die Rechtsbeschwerde in OWi-Verfahren in § 110c OWiG – anders als im StVollzG – zusätzlich ausdrücklich geregelt worden ist, was dafür spricht, dass der Gesetzgeber bei §§ 116 ff. StVollzG die bislang gegebenen Möglichkeiten zur Erhebung der Rechtsbeschwerde nicht einschränken wollte.

576 **bb)** Unter dem Vorbehalt dieser Überlegungen erfüllt die Einlegung der Rechtsbeschwerde mittels **Fax** oder Fernschreiben das Erfordernis der Schriftlichkeit (Arloth/Krä/*Arloth,* § 118 Rn 5).

☝ Eine **fernmündliche Erklärung** genügt dem Erfordernis der Schriftlichkeit **nicht** (OLG Hamm, Beschl. v. 12.9.1985 – 1 Vollz (Ws) 145/85). Auch eine **einfache E-Mail** ist **unzulässig**, da sie als elektronisches Dokument den §§ 32a ff. StPO nicht genügt.

577 **cc)** Keine wirksame Rechtsbeschwerde liegt vor, wenn zwar das Rechtsbeschwerdeschreiben die anwaltliche Unterschrift trägt, der **Verteidiger** jedoch nicht die **volle Verantwortung** für den Inhalt übernimmt oder die Begründung des Verteidigers unter Bezugnahme auf privatschriftliche Äußerungen des Betroffenen gefertigt worden sind (OLG Celle, Beschl. v. 14.5.1997 – 1 Ws 128/97 (StrVollz); OLG Hamm, Beschl. v. 19.12.1991 – 1 Vollz (Ws) 141/91, NStZ 1992, 208; OLG Stuttgart, Beschl. v. 13.12.2001 – 4 Ws 164/01, Justiz 2002, 233).

578 **dd)** Eine an die Geschäftsstelle des Gerichts übersendete Rechtsbeschwerdeschrift des Beschwerdeführers selbst genügt auch nicht den Anforderungen an die Einlegung der Rechtsbeschwerde **„zur Niederschrift** der **Geschäftsstelle"** (BVerfG, Beschl. v. 7.5.2009 – 2 BvR 806/09). Vielmehr muss die Rechtsbeschwerde in beiderseitiger Anwesenheit von einem Urkundsbeamten aufgenommen werden.

☝ Im Fall einer beabsichtigten Rechtsbeschwerde durch einen **Strafgefangenen** bedeutet dies i.d.R., dass diesem ein **Termin** durch den **Urkundsbeamten** des **Gerichts** eingeräumt werden muss, zu dem die JVA den Strafgefangenen auszuführen hat. Wird diesem diese Möglichkeit versagt, kann er sich auch hiergegen zur Wehr setzen: Gegen die Weigerung der JVA, den Strafgefangenen zum Gericht auszuführen, nach § 109 StVollzG (BVerfG, Beschl. v. 7.5.2009 – 2 BvR 806/09), gegen die Weigerung des Urkundsbeamten, dem Strafgefangenen einen Termin einzuräumen, nach § 11

Abs. 2 RPflG (BVerfG, Beschl. v. 10.5.2010 – 2 BvR 869/10). Die Möglichkeit zur Erhebung einer Rechtsbeschwerde zu Protokoll der Geschäftsstelle darf nicht von einer Kostenübernahmeerklärung des Gefangenen (OLG Jena, Beschl. v. 12.9.2024 – 2 Ws 496/23; OLG Rostock, Beschl. v. 24.9.2019 – 20 Ws 149/19) oder einer Fahrtkostenpauschale in abschreckender Weise (BVerfG, Beschl. v. 11.6.2019 – 2 BvR 916/19) abhängig gemacht werden. Einer Ausführung bedarf es nicht, wenn dem Antragsteller die Möglichkeit einer Einlegung der Rechtsbeschwerde im Wege der audiovisuellen Übertragung ermöglicht wird (BayObLG, Beschl. v. 6.8.2019 – 203 StObWs 892/19, StraFo 2019, 435; OLG Jena, a.a.O.).

Wählt der Rechtsbeschwerdeführer die Einlegung der Rechtsbeschwerde zu **Protokoll** der **Geschäftsstelle**, führt dies in der Praxis im Fall fehlender Kenntnisse des die Rechtsbeschwerde aufnehmenden Rechtspfleger oder Rechtspflegerin (§ 24 Abs. 1 Nr. 1a RPflG) zu **erheblichen Schwierigkeiten**. Auch hier gilt, dass der Rechtspfleger nicht als bloße Schreibkraft – oder gar als Briefannahmestelle – tätig werden darf (vgl. a. Burhoff/*Kotz*/*Grube*, RM, Teil A Rn 1515 ff.). Er darf sich nicht damit begnügen, im Protokoll auf eine privatschriftliche Rechtsbeschwerde Bezug zu nehmen oder einen vorgelegten Schriftsatz lediglich mit den üblichen Eingangs- und Schlussformeln eines Protokolls zu umkleiden (OLG Bremen, Beschl. v. 21.9.1995 – Ws 12/95. ZfStrVo 1997, 56; OLG Celle, Beschl. v. 28.11.2007 – 1 Ws 438/07, NStZ-RR 2008, 127; OLG Hamm, Beschl. v. 3.5.2016 – III-1 Vollz (Ws) 135/16; OLG Jena, Beschl. v. 15.6.2010 – 1 Ws 186/10; OLG Karlsruhe, Beschl. v. 27.10.1993 – 2 Ws 220/93, Rpfleger 1994, 104; OLG Koblenz, Beschl. v. 7.11.2011 – 2 Ws 531/11 Vollz; OLG München, Beschl. v. 30.7.2008 – 4 Ws 73/08 (R), StV 2009, 200; OLG Saarbrücken, Beschl. v. 23.11.1982 – 1 Ws 493/82; OLG Stuttgart, Beschl. v. 1.3.1978 – 3 Ws 93/78 (StVollzG), ZfStrVo SH 1978, 55). Vielmehr hat sich der Rechtspfleger über den **Kern** des **Anliegens Klarheit** zu **verschaffen** und dem Vorbringen eine möglichst zweckmäßige Form zu geben. Ist das Vorbringen des Rechtsbeschwerdeführers hierfür nicht geeignet, muss der Rechtspfleger die Verantwortung für die Aufnahme in die Niederschrift ablehnen (SBJL/*Laubenthal*, 12. Kap., § 118 StVollzG, Rn 8). 579

☝ Eine Rechtsbeschwerde, die diesen Anforderungen nicht genügt, ist macht diese unzulässig und vom OLG zu verwerfen. Regelmäßig wird dadurch ein **Wiedereinsetzungsgrund** geschaffen, so dass dem Rechtsbeschwerdeführer auf seinen Antrag hin auch bei bereits abgelaufener Rechtsbeschwerdefrist die Möglichkeit eingeräumt werden muss, die Rechtsbeschwerde – diesmal in zulässiger Form – zu Protokoll der Geschäftsstelle zu erklären. Über die Möglichkeit der Wiedereinsetzung in den vorigen Stand ist der Antragsteller in diesem Fall ausdrücklich zu belehren (OLG Hamm, Beschl. v. 3.5.2016 – III-1 Vollz (Ws) 135/16). Bestand der Rechtsbeschwerdeführer aber darauf, dass die Rechtsbeschwerde so, wie von ihm privatschriftlich vorgefertigt vom Rechtspfleger aufgenommen werden sollte, steht dem Wiedereinsetzungsgesuch ein fehlendes Verschulden des Rechtsbeschwerdeführers entgegen (OLG Celle, a.a.O.; zur Wiedereinsetzung *Burhoff*, HV, Rn 4141; Burhoff/*Burhoff*, RM, Teil B: Rn 1521 ff.)!

b) Die **Rechtsbeschwerde** der **Vollzugsbehörde** unterliegt **keinem Anwaltszwang** (OLG Hamm Beschl. v. 3.7.2014 – 1 Vollz (Ws) 279/14), wohl aber dem Schriftformerfordernis (BayObLG, Beschl. v. 6.2.2024 – 204 StObWs 408/23; OLG Stuttgart, Beschl. v. 27.9.1996 – 4 Ws 195/96, NStZ 1997, 152). Dieses ist nur gewahrt, wenn zweifelsohne aus dem Schriftsatz ersichtlich ist, dass das Rechtsmittel vom Behördenleiter oder anderen vertretungsberechtigten Angehörigen der Behörde herrührt (BayObLG, a.a.O.; KG, Beschl. v. 19.6.2018 – 2 Ws 139/17 Vollz). 580

☝ Ist der Antrag auf gerichtliche Entscheidung in **erster Instanz** von einer **Behörde** gestellt worden, muss auch diese sich für eine wirksame schriftliche Erhebung einer Rechtsbeschwerde eines Rechtsanwalts bedienen! (OLG Celle, Beschl. v. 2.2.2006 – 1 Ws 440/05, NStZ 2007, 226).

581 **c)** Die **Rücknahme** einer Rechtsbeschwerde kann ebenfalls nur schriftlich oder zu Protokoll der Geschäftsstelle erfolgen. Eine Ausnahme gilt nur, wenn der Beschwerdeführer eine formunwirksame Rechtsbeschwerde eingelegt hat (BayObLG, Beschl. v. 5.2.2025 – 203 StObWs 2/25).

Siehe auch: → *Strafvollzug, Erwachsene, Rechtsbeschwerde, Allgemeines*, Teil C Rdn 522 m.w.N.

582 Strafvollzug, Erwachsene, Rechtsbeschwerde, Frist

Das Wichtigste in Kürze:

1. Die Rechtsbeschwerde muss innerhalb eines Monats nach Zustellung des gerichtlichen Beschlusses erhoben werden.
2. Ein Antrag auf Wiedereinsetzung in den vorigen Stand ist binnen einer Woche nach Wegfall des Hindernisses geltend zu machen. Ein Verschulden des Verteidigers an der Fristversäumnis wird dem Rechtsbeschwerdeführer zugerechnet.

583 **Literaturhinweise:** S. die Hinw. bei → *Strafvollzug, Erwachsene, Rechtsbeschwerde, Allgemeines*, Teil C Rdn 523.

584 **1.a)** Die Rechtsbeschwerde muss **innerhalb eines Monats nach Zustellung** erhoben und begründet werden (§ 118 Abs. 1 StVollzG). Anders als im strafprozessualen Revisionsrecht, das unterschiedliche Fristen für die Erhebung und die Begründung der Revision vorsieht, gilt insoweit eine einheitliche Frist.

☝ **Üblicherweise** erfolgen Erhebung und Begründung daher in **einem Schriftsatz**. Es ist zwar nicht unzulässig, zwei Schriftsätze einzureichen, beide müssen aber innerhalb der Frist eingehen und den Formerfordernissen entsprechen (Arloth/Krä/*Arloth*, § 118 StVollzG Rn 3). Nach Ablauf der Frist eingehende ergänzende Erklärungen bleiben unberücksichtigt (KG, Beschl. v. 11.11.2020 – 5 Ws 179/20 Vollz).

585 Die **Zustellung** ist eine formstrenge schriftliche Mitteilung und erfolgt bei Inhaftierten nach § 120 Abs. 1 S. 2 StVollzG i.V.m. § 37 Abs. 1 StPO, §§ 168 Abs. 1 S. 2, 176 Abs. 1, 178 Abs. 1 Nr. 3 ZPO über einen Bediensteten der JVA (SBJL/*Laubenthal*, 12. Kap., § 118 StVollzG, Rn 2). Eine Ersatzzustellung für den Antragsteller an die Leitung der JVA ist wegen § 178 Abs. 2 ZPO unwirksam (OLG Zweibrücken, Beschl. v. 1.8.2019 – 1 Ws 209(19 Vollz).

☝ Im Fall sog. **Doppelzustellungen** gilt wie im Strafverfahren, dass die Frist erst durch die zeitlich letzte Zustellung zu laufen beginnt., sofern diese nicht erst nach Ablauf der Monatsfrist erfolgt ist (OLG Koblenz, Beschl. v. 19.5.2017 – 2 Ws 175/17). Befand sich aber zum Zeitpunkt der Zustellung die Vollmacht des Antragstellers nicht bei der Akte, ist die an den Verteidiger bewirkte Zustellung ohne Belang (BayObLG, Beschl. v. 13.1.2021 – 204 StObWs 547/20; OLG Brandenburg, Beschl. v. 14.4.2022 – 2 Ws 15/22). U.U. kommt Wiedereinsetzung in Betracht.

586 Für die Frage der Wirksamkeit der Zustellung kommt es allein darauf an, dass der **Empfänger verhandlungsfähig** ist. Dass er zur Zeit der Zustellung für den Aufgabenkreis „Umgang mit Behörden“ unter Betreuung stand, steht dem Fristenlauf für die Einlegung der Rechtsbeschwerde nicht entgegen (BayObLG, Beschl. v. 17.10.2024 – 203 StObWs 441/24).

587 **b)** Die **Frist** des § 118 Abs. 1 StVollzG kann der Rechtsbeschwerdeführer bis zum Schluss **ausschöpfen**. Allerdings darf ein Strafgefangener in Anbetracht des damit verbundenen organisatorischen Aufwandes bei der JVA einerseits und bei dem Gericht andererseits nicht darauf vertrauen, dass ihm zu jeder Zeit und innerhalb kürzester Frist die Erklärung eines Rechtsmittels zu Protokoll der Geschäftsstelle des Gerichts ermöglicht werden kann (OLG Jena, Beschl. v. 29.10.2007 – 1 Ws 356/07; ähnlich OLG Hamm, Beschl. v.

28.5.2015 – 1 Vollz (Ws)) 248/15). Entscheidet sich ein Inhaftierter daher für die Erhebung seiner Rechtsbeschwerde zu Protokoll der Geschäftsstelle, muss er ein hierfür erforderliches Gesuch um Ausführung so **rechtzeitig** anbringen, dass die **Ausführung** durch die JVA in zumutbarer Weise – sowohl für JVA als auch Gericht – noch bis zum Ablauf der Frist vorgenommen werden kann (OLG Hamm, a.a.O.).

☝ Das OLG Hamm (a.a.O.) geht wohl davon aus, dass ein Protokollierungsersuchen im Regelfall nur dann als rechtzeitig anzusehen sein wird, wenn es zumindest fünf Werktage vor Ablauf der Rechtsmittelfrist abgesendet worden ist. Das BayObLG (Beschl. v. 8.12.2025 – 203 StObWs 428/25) und das OLG Karlsruhe (Beschl. v. 12.1.2021 – 2 Ws 291/20) halten 3 Werktage für ausreichend.

2. War der Antragsteller ohne Verschulden verhindert, die Frist des § 118 Abs. 1 StVollzG einzuhalten, hat er die Möglichkeit, **Wiedereinsetzung** in den **vorigen Stand** zu beantragen. **588**

☝ Abweichend von der Wiedereinsetzungsmöglichkeit bei Verpassen der Frist für den Antrag auf gerichtliche Entscheidung folgen die **Erfordernisse** hierfür nicht aus § 112 Abs. 2 bis 4 StVollzG, sondern aus **§ 120 Abs. 1 S. 2 StVollzG i.V.m. §§ 44, 45 StPO** (zur Wiedereinsetzung *Burhoff*, HV, Rn 4141; Burhoff/*Burhoff*, RM, Teil B Rn 1521 ff.).

Zu **beachten** sind folgende **589**

Grundsätze:

- Wesentlichster Unterschied ist die Antragsfrist. Das Gesuch muss **binnen einer Woche** nach Wegfall des Hindernisses eingelegt sein (§ 120 Abs. 1 S. 2 StVollzG i.V.m. § 45 Abs. 1 StPO).
- Ein entsprechender **Antrag** muss **Tatsachen darlegen**, aus denen sich die versäumte Frist, der Hinderungsgrund und der Zeitpunkt seines Wegfalls ergibt.
- Diese sind **glaubhaft** zu machen, wobei dies auch noch nach Fristablauf nachgeholt werden kann (§ 120 Abs. 1 S. 2 StVollzG i.V.m. § 45 Abs. 2 S. 1 StPO).
- Innerhalb der Antragsfrist ist die versäumte Rechtshandlung **nachzuholen** (§ 120 Abs. 1 S. 2 StVollzG i.V.m. § 45 Abs. 2 S. 2 StPO).
- Gem. § 120 Abs. 1 S. 2 StVollzG i.V.m. § 44 S. 2 StPO begründet der Mangel einer **Rechtsbehelfsbelehrung** die unwiderlegliche Annahme einer unverschuldeten Versäumung (Arloth/Krä/*Arloth*, § 118 StVollzG Rn 3). In diesem Fall muss der Rechtsbeschwerdeführer auch über die Möglichkeit der Wiedereinsetzung belehrt worden sein, bevor die Wochenfrist des § 120 Abs. 1 S. 2 StVollzG i.V.m. § 45 Abs. 1 StPO in Lauf gesetzt wird (BVerfG, Beschl. v. 23.10.2013 – 2 BvR 28/13; BayObLG, Beschl. v. 23.3.2023 – 203 StObWs 48/23).
- Im Übrigen gelten die Besonderheiten, die auch bei einer Wiedereinsetzung in den vorherigen Stand gegen die Versäumung der Frist zur Erhebung des Antrags auf gerichtliche Entscheidung gegeben sind (→ *Strafvollzug, Erwachsene, Antrag auf gerichtliche Entscheidung, Frist*, Teil C Rdn 346 ff.). Insbesondere wird auch hier ein fehlendes Verschulden bei **Verschulden** des **Verfahrensbevollmächtigten** von der überwiegenden Rspr. verneint (OLG Frankfurt, Beschl. v. 8.5.1981 – 3 Ws 63/81, NStZ 1981, 408; OLG Hamburg, Beschl. v. 17.10.1977 – Vollz (Ws) 12/77; OLG Hamm, Beschl. v. 17.9.2015 – III-1 Vollz (Ws) 275/15; OLG Karlsruhe, Beschl. v. 10.2.2021 – 2 Ws 33/21; OLG Nürnberg, Beschl. v. 27.2.1984 – Ws 1073/84; OLG Zweibrücken, Beschl. v. 23.4.2018 – 1 Ws 12/18 (Vollz); a.A. SBJL/*Laubenthal*, 12. Kap., § 118 StVollzG, Rn 10).

☝ Bei **Kanzleiversehen** bedarf es daher Ausführungen, die auch ein Organisationsverschulden des Rechtsanwalts ausschließen!

Siehe auch: → *Strafvollzug, Erwachsene, Rechtsbeschwerde, Allgemeines*, Teil C Rdn 522 m.w.N.

590 Strafvollzug, Erwachsene, Rechtsbeschwerde, inhaltliche Anforderungen

Das Wichtigste in Kürze:

1. Die inhaltlichen Anforderungen der Rechtsbeschwerde ergeben sich aus § 118 StVollzG.
2. Die Rechtsbeschwerde muss einen bestimmten Antrag beinhalten und begründet werden.
3. Die Begründung muss erkennen lassen, ob der Rechtsbeschwerdeführer einen sachlichen Mangel im angefochtenen Beschluss geltend macht oder ob er die Verletzung einer Verfahrensnorm durch die StVK rügt. Im letzteren Fall muss er die Tatsachen, die der Verletzung zugrunde liegen, mitteilen. Bei eklatanten Verfahrensverstößen genügt deren ausreichende Bezeichnung.

591 **Literaturhinweise:** S. die Hinw. bei → *Strafvollzug, Erwachsene, Rechtsbeschwerde, Allgemeines*, Teil C Rdn 523.

592 **1.** Für die Rechtsbeschwerde enthält **§ 118 StVollzG** Regelungen zu den inhaltlichen Anforderungen, die deutlich vom strafprozessualen Revisionsrecht geprägt sind (zu den inhaltlichen Anforderungen an eine Revisionsbegründung *Burhoff*, HV, Rn 2762 ff.; Burhoff/*Junker*, RM, Teil A Rn 2048 ff., 2225 ff.).

593 **2.** Inhaltlich muss mit der Rechtsbeschwerde zunächst mitgeteilt werden, **inwieweit** die Entscheidung der StVK **angefochten** und ihre Aufhebung **beantragt** wird (§ 118 Abs. 1 S. 2 StVollzG; zur Revision Burhoff/*Junker*, RM, Teil A Rn 2048 ff.).

☝ Wie im Verfahren vor der StVK gilt es hier, den **Antrag genau** zu **formulieren**. Nur wenn die Sache spruchreif ist, kann das OLG eine abschließende Entscheidung treffen (§ 119 Abs. 4 S. 2 StVollzG), ansonsten aber die Sache an die StVK zurückverweisen. Dies hat zur Folge, dass ein auf endgültige Entscheidung gerichteter Antrag bei fehlender Spruchreife durch das OLG teilverworfen werden muss. Dies kann Auswirkungen auf die von der StVK nach Zurückverweisung zu treffende Kostenentscheidung haben!

594 **3.a)** Die Rechtsbeschwerde muss zudem **begründet** werden (§ 118 Abs. 1 S. 3 StVollzG).

☝ Insbesondere hier gelten **revisionsrechtliche Bedingungen**. Gegenstand der Überprüfung durch die Rechtsbeschwerde ist nur der angefochtene Beschluss der StVK. Die dort getroffenen Feststellungen sind für das weitere Verfahren bindend. Beschlussfremder Vortrag kann daher grds. nicht zum Erfolg führen, es sei denn, es wird über eine Aufklärungsrüge ein Aufklärungsmangel geltend gemacht.

595 **b)** Wie bei der strafprozessualen Revision hängt der **Begründungsumfang** davon ab, ob **Verfahrensfehler** oder **materiell-rechtliche Fehler** gerügt werden sollen (Rdn 596 ff.).

☝ Die folgenden Ausführungen sollen nur einen groben Umriss der Besonderheiten innerhalb einer strafvollzugsrechtlichen Rechtsbeschwerde aufzeichnen. Angesichts der Parallelen zu Revision und Rechtsbeschwerde nach §§ 79 ff. OWiG wird für eine vertiefende Darstellung der Anforderungen und Erfolgsaussichten einer Rechtsmittelbegründung verwiesen auf Burhoff/*Junker*, RM, Teil A Rn 2048 ff. sowie Burhoff/*Junker*, RM, Teil A Rn 1069 ff.

596 **c)** Für die **Verfahrensrüge** bedarf es der Mitteilung der den Mangel enthaltenden Tatsachen (§ 118 Abs. 2 S. 2 StVollzG).

597 **aa)** Hierfür gelten grds. die gleichen **Standards wie** im **Strafprozessrecht** (*Peglau* NW 2014, 2012, 2013; zum Revisionsrecht Burhoff/*Junker*, RM, Teil A Rn 2312 ff. m.w.N.; s. aber auch Rdn 600). Das Rechtsbeschwerdegericht muss allein aufgrund der Begründung der Rechtsbeschwerde ohne Rückgriff auf die Akten und sonstige Unterlagen in die Lage versetzt werden, zu prüfen, ob ein Verfahrensfeh-

ler vorliegt, wenn die behaupteten Tatsachen bewiesen werden (BayObLG, Beschl. v. 27.11.2025 – 203 StObWs 447/25; OLG Celle, Beschl. v. 24.6.2009 – 1 Ws 292/09, NStZ 2010, 398; SBJL/*Laubenthal*, 12. Kap., § 118 StVollzG Rn 6). Ein Verweis auf Anlagen ist daher unzulässig. Nichts anderes gilt, wenn in Bezug genommene Anlagen der Antragsschrift nicht beigefügt, sondern in der Weise in die Schrift eingefügt sind, dass ohne Kenntnisnahme der Einfügung das Antragsvorbringen nicht verständlich wird. Es ist nicht Aufgabe des Beschwerdegerichts, sich aus einem von dem Bevollmächtigten zusammengestellten und in Kopien in die Rechtsbeschwerdebegründung eingefügten Aktenauszug denkbare Verfahrensfehler herauszusuchen und den dazu möglicherweise passenden Verfahrenstatsachen zuzuordnen (OLG Brandenburg, Beschl. v. 18.2.2014 – 2 Ws (Vollz) 105/13). Die Anforderungen an eine Verfahrensrüge dürfen wegen Art. 19 Abs. 4 GG andererseits nicht zu streng gehandhabt werden (BVerfG, Beschl. v. 18.3.2015 – 2 BvR 1111/13; BayObLG, Beschl. v. 5.3.2024 – 204 StObWs 58/24; KG, Beschl. v. 21.9.2020 – 5 Ws 115/19 Vollz).

bb) Typische Fälle für eine Verfahrensrüge sind die Rüge der Verletzung des rechtlichen Gehörs (Rdn 599 f.) und die Aufklärungsrüge (Rdn 603 f.). 598

Verletzung des rechtlichen Gehörs 599

Nicht selten ergeht eine Entscheidung der StVK, ohne dem Antragsteller – oder seinem Verteidiger (OLG Brandenburg, Beschl. v. 16.7.2013 – 2 Ws (Vollz) 175/12) – zuvor die Stellungnahme der Vollzugsbehörde im gerichtlichen Verfahren mit der Gelegenheit, sich hierzu zu äußern, mitzuteilen (*Pollähne/Woynar*, Rn 601). Aber auch andere verfahrensrelevante Umstände, wie etwa das Ergebnis einer Beweisaufnahme, sind dem Antragsteller zur Kenntnis zu geben (BayObLG, Beschl. v. 17.8.2023 – 204 StObWs 295/23, StraFo 2023, 393; KG, Beschl. v. 15.8.2018 – 2 Ws 130/18 Vollz). Verwertet die StVK gleichwohl ohne eine solche Mitteilung solche Angaben bzw. Ergebnisse, liegt ein Verstoß gegen Art. 103 Abs. 1 GG vor. Denn der Anspruch auf **rechtliches Gehör** ist **verletzt**, wenn dem **Antragsteller nicht** die **Möglichkeit** eingeräumt worden ist, sich zu allen **entscheidungserheblichen** und ihm **nachteiligen Tatsachen** und Beweisergebnissen zu **äußern.** Eine Verletzung des rechtlichen Gehörs liegt z.B. auch dann vor, wenn das Gericht eine für ein Hauptsacheverfahren unangemessen kurze Stellungnahmefrist setzt, ein Fristverlängerungsgesuch nicht beachtet, eine von dem Verteidiger verlässlich unter Mitteilung der Hinderungsgründe angekündigte Stellungnahme ohne sachlich veranlassten Grund nicht abwartet und einen noch rechtzeitig vor Erlass eines Beschlusses bei Gericht eingegangenen Sachvortrag des Antragstellers in den Gründen der Entscheidung nicht mehr berücksichtigt (BayObLG, Beschl. v. 29.1.2024 – 203 StObWs 551/23).

Bedingt durch die Vorgaben des BVerfG, dass bei eklatanten Gehörsverletzungen dem Anspruch auf effektiven Rechtsschutz den Vorrang vor zu strengen Formalien einräumt (etwa BVerfG, Beschl. v. 16.10.2024 – 2 BvR 1134/24), werden von der Rspr. der OLGe bei einer ins Auge springenden Grundrechtsverletzung zunehmend die **Anforderungen** für eine zulässige **Verfahrensrüge abgeschwächt** (BayObLG, Beschl. v. 19.10.2023 – 204 StObWs 376/23; KG, Beschl. v. 27.5.2019 – 5 Ws 186/18 Vollz, FS 2020, 77; OLG Celle, Beschl. v. 6.8.2025 – 1 Ws (StrVollz) 95/25). Es genügt demnach, den Verfahrensverstoß ausreichend zu bezeichnen. Da der Anspruch auf rechtliches Gehör nicht nur die Gewährleistung richtiger Entscheidungen dient, sondern auch der Wahrung der Subjektstellung der Beteiligten, ist es auch unerheblich, ob eine etwaige Äußerung Einfluss auf das Entscheidungsergebnis gewinnt oder nicht (BVerfG, Beschl. v. 6.6.2011 – 2 BvR 2076/08; BayObLG, Beschl. v. 5.3.2024 – 204 StObWs 58/24; OLG Celle, a.a.O.; a.A. KG, Beschl. v. 19.12.2018 – 5 Ws 165/18 Vollz; OLG Karlsruhe, Beschl. v. 1.10.2024 – 2 Ws 161/24). 600

Der **Begründung** der Rechtsbeschwerde muss außerhalb dieser Ausnahmefälle bei der Geltendmachung der Verletzung des rechtlichen Gehörs zu **entnehmen** sein: 601

- der Vortrag, dass die Stellungnahme/das Ergebnis der Beweisaufnahme nicht übermittelt worden ist,
- der Vortrag, dass die Stellungnahme/das Ergebnis der Beweisaufnahme auch nicht auf andere Weise vor der gerichtlichen Entscheidung bekannt geworden ist,
- die Mitteilung, was Inhalt der Stellungnahme/des Ergebnisses der Beweisaufnahme ist,

- der Vortrag, was im Fall der Gewährung des rechtlichen Gehörs von Seiten des Antragstellers vorgetragen worden wäre (KG, Beschl. v. 15.8.2013 – 2 Ws 389/13 Vollz, StraFo 2014, 113; OLG Brandenburg, Beschl. v. 12.2.2020 – 1 Ws (Vollz) 7/20; OLG Hamm, Beschl. v. 16.7.2013 – 1 Vollz (Ws) 256/13).
- die Darlegung, ob und inwieweit das Beweisergebnis, zu der die StVK kein rechtliches Gehör gewährt haben soll, entscheidungserheblich war (BayObLG, Beschl. v. 27.11.2025 – 203 StObWs 447/25).

602 Der Anspruch auf Gewährung rechtlichen Gehörs bedeutet nicht, dass die StVK ausdrücklich und im Einzelnen sämtliche von den Beteiligten im Lauf des Verfahrens vorgetragenen Tatsachen und Rechtsansichten erörtern muss. In der Entscheidung sind nur diejenigen Gründe anzugeben, die für die richterliche Überzeugung leitend gewesen sind. Auf eine rechtswidrige Nichtberücksichtigung kann nur dann geschlossen werden, wenn das Vorbringen nach dem Rechtsstandpunkt des Gerichts eine Frage von zentraler Bedeutung betrifft (BayObLG, Beschl. v. 31.3.2025 – 203 StObWs 115/25).

603 **Aufklärungsrüge**

Da es ein förmliches Beweisantragsrecht im vollzugrechtlichen Verfahren nicht gibt, kommt die Erhebung einer Rüge wegen unterlassener Beweisaufnahme nur in Form einer **Aufklärungsrüge** in Frage. Auch diese muss grds. den Anforderungen des § 118 Abs. 2 S. 2 StVollzG genügen, soweit der Verfahrensverstoß nicht bereits eklatant ist und die Anforderungen an die Verfahrensrüge daher nicht überspannt werden dürfen (s. → Rdn 600). Ihr muss daher regelmäßig zu entnehmen sein (BayObLG, Beschl. v. 27.11.2025 – 203 StObWs 447/25; näher Burhoff/*Junker,* RM, Teil A Rn 2334 ff.):

- die konkrete Behauptung der Tatsache, um deren Aufklärung sich die StVK nicht bemüht hat,
- die Beweismittel hierzu, derer sich die StVK hätte bedienen müssen,
- die Mitteilung, inwiefern die unterlassene Aufklärung und Beweiserhebung ein dem Rechtsbeschwerdeführer günstigeres Ergebnis gehabt hätte,
- der Vortrag, warum sich die StVK hätte gedrängt sehen müssen, das Beweismittel zu benutzen.
- Die bloße Vermutung, ein bestimmtes Beweismittel könnte eine mögliche Aufklärung in die eine oder andere Richtung ergeben, genügt diesen Anforderungen nicht.

604 **d)** Mit der **Sachrüge** wird ein **materiell-rechtlicher Fehler** im Beschluss der StVK geltend gemacht (zur Begründung der Sachrüge im Revisionsrecht Burhoff/*Junker*, RM, Teil A Rn 2225 ff.).

> ☝ Wie im strafprozessualen Revisionsrecht führt die Sachrüge **nicht** zum **Erfolg**, wenn sie sich darauf beschränkt, das von der StVK gefundene Ergebnis durch eine **abweichende Beweiswürdigung** oder den Vortrag von sich nicht aus dem Beschluss ergebenden Tatsachen anzugreifen (OLG Hamm, Beschl. v. 26.3.2015 – 1 Vollz (Ws) 63/15; s.a. Burhoff/*Junker*, RM, Teil A Rn 2236 ff.).

605 Zur Darlegung der Rüge **genügt** die Formulierung „Ich rüge die Verletzung sachlichen Rechts.“ Ergänzende Ausführungen zu bestimmten Punkten lassen die Pflicht des OLG, den angefochtenen Beschluss in Gänze auf materiell-rechtliche Fehler zu überprüfen, unberührt (Arloth/Krä/*Arloth*, § 118 StVollzG Rn 4; Burhoff/*Junker*, RM, Teil A Rn 2225 ff.).

606 **Typische Mängel**, die eine Sachrüge begründen können, sind:

- der **Beschluss** ist **lückenhaft** und versetzt das OLG nicht in die Lage, die angefochtene Entscheidung auf Rechtsfehler zu überprüfen. Der Beschluss muss den Anforderungen aus § 120 Abs. 1 S. 2 StVollzG i.V.m. § 267 StPO entsprechen und daher alle entscheidungserheblichen Tatsachen und rechtlichen Gesichtspunkte enthalten (KG, Beschl. v. 12.4.2021 – 2 Ws 167/20 Vollz; OLG Brandenburg, Beschl. v. 16.12.2021 – 2 Ws 111/21; OLG Celle, Beschl. v. 30.8.2021 – 3 Ws 217/21 (StrVollz); OLG Frankfurt, Beschl. v. 11.8.2000 – 3 Ws 712/00 (StVollz), ZfStrVo 2001, 53; OLG Hamm, Beschl. v. 27.3.2025 – III-1 Vollz 478–480/24; OLG Rostock, Beschl. v. 4.10.2018 – 20 Ws 133/18). Steht eine Ermessensentscheidung der JVA im Streit, müssen auch die entsprechenden Ermessenserwägungen dargestellt werden (OLG Koblenz, Beschl. v. 14.5.2020 – 4 Ws 192/20 Vollz). Häufig wird in der Praxis auf Aktenbestandteile verwiesen, ohne den **Tatbestand** aus sich heraus verständlich (§ 115 Abs. 1 S. 2 StVollzG!) wiederzugeben (BayObLG, Beschl. v. 17.4.2023 – 203 StObWs 61/23; OLG Brandenburg, Beschl. v. 25.9.2013 – 2 Ws (Vollz) 148/13; OLG Celle, Beschl. v. 8.6.2005 – 1 Ws 185/05 (StrVollz), NStZ-RR 2005, 356). § 115 Abs. 1 S. 3 StVollzG lässt indessen **nur hinsichtlich** der **weiteren Einzelheiten** eine **Verweisung auf** bei den **Gerichtsakten befindliche Schriftstücke** zu (OLG München, Beschl. v. 30.3.2012 – 4 Ws 060/12 (R)), die so zu bezeichnen sind, dass eine Verwechslung mit anderen ausgeschlossen ist (LNNVB/*Bachmann,* Kap. P, Rn 76). Die Verweisung muss deutlich und unmissverständlich sein, eine bloße Angabe der Aktenfundstelle genügt dazu nicht (KG, Beschl. v. 23.8.2019 – 2 Ws 125/19 Vollz).Teilweise sehen StVK auch von der Darstellung von **Entscheidungsgründen** ab und machen sich die **Stellungnahme** der **Vollzugsbehörde** im gerichtlichen Verfahren **zu eigen**; § 115 Abs. 1 S. 4 StVollzG ermöglicht dies aber nur in Bezug auf die Begründung der angefochtenen – schriftlichen – Entscheidung (KG, Beschl. v. 15.7.2013 – 2 Ws 336/13 Vollz, StraFo 2013, 483, 484; OLG Hamm, Beschl. v. 28.4.2014 – 1 Vollz (Ws) 167/14; OLG München, a.a.O.; OLG Nürnberg, a.a.O.). Die Bezugnahme auf **Ausführungen in früheren eigenen Entscheidungen** statt einer Darstellung von Entscheidungsgründen sieht das StVollzG ebenfalls nicht vor (OLG Celle, Beschl. v. 9.12.2015, 1 Ws 512/15 (StVollz)).

☝ Der StVK bleibt es gleichwohl unbenommen, auf Begründungen in Stellungnahmen der Vollzugsbehörde zu verweisen. Sie muss diese aber in der Entscheidung wiedergeben. Dabei steht es der StVK frei, die gesamte Stellungnahme oder einzelne Passagen abzuschreiben, eine Ablichtung hiervon in den Entscheidungstext einzufügen oder diese als Anhang zum Beschlusstext zu nehmen. Die Bezugnahmen und etwaigen Kopien sind dabei genau zu bezeichnen und zu kennzeichnen. Anhänge sind so mit der Entscheidung zu verbinden, dass erkennbar ist, die Entscheidung umfasse sie (OLG München, a.a.O.).

- die StVK schließt sich dem **Gutachten** eines Sachverständigen an, **ohne eigene Erwägungen** anzustellen und die wesentlichen Anknüpfungstatsachen und Darlegungen des Sachverständigen wiederzugeben (OLG Celle, Beschl. v. 22.6.2012 – 1 Ws 205/12 (StrVollz), Nds.Rpfl 2012, 378),
- die StVK legt bei ihrer Entscheidung **ungeprüft** den **Vortrag** der **Vollzugsbehörde** zugrunde (OLG Hamm, Beschl. v. 18.9.2001 – 1 Vollz (Ws) 183/2001, NStZ 2002, 224; OLG Naumburg, Beschl. v. 2.11.2011 – 2 Ws 159/11; OLG Stuttgart, Beschl. v. 3.1.1984 – 4 Ws 447/83, NStZ 1984, 528),
- die **Beweiswürdigung** ist **widersprüchlich**, unklar oder lückenhaft, verstößt gegen Denkgesetze oder gesicherte Erfahrungssätze (KG, Beschl. v. 4.5.2020 – 5 Ws 39/20 Vollz),
- die StVK **verkennt**, dass ein **Beurteilungsspielraum** der Vollzugsbehörde bei der Auslegung eines Begriffs eröffnet bzw. nicht eröffnet ist (→ *Strafvollzug, Erwachsene, Antrag auf gerichtliche Entscheidung, Allgemeines,* Teil C Rdn 208),
- die **StVK** ersetzt das **Ermessen** der Vollzugsbehörde durch eigenes (OLG Hamm, Beschl. v. 24.1.2017 – III-1 Vollz (Ws) 524/16; → *Strafvollzug, Erwachsene, Antrag auf gerichtliche Entscheidung, Allgemeines,* Teil C Rdn 209),
- die StVK nimmt Unzulässigkeit des Antrags auf gerichtliche Entscheidung wegen **Erledigung** an (→ *Strafvollzug, Erwachsene, Antrag auf gerichtliche Entscheidung, Erledigung,* Teil C Rdn 291 ff.), obwohl eine solche aufgrund fortdauernder Beschwer **nicht gegeben** ist (KG, Beschl. v. 21.9.2020 – 5 Ws 115/19 Vollz),
- die StVK stellt im Wege einer Prozessentscheidung die Erledigung fest, obwohl der Antragsteller keine entsprechende Erklärung abgegeben hat und die Annahme des Eintritts der Erledigung für fehlerhaft hält (OLG Karlsruhe, Beschl. v. 26.1.2016 – 2 Ws 429/15; OLG Schleswig, Beschl. v. 8.5.2007 – 2 Vollz Ws 78/07, NStZ-RR 2007, 326; OLG Stuttgart, Beschl. v. 24.9.1991 – 4 Ws 212/91, NStZ 1992, 104),

- die StVK hält den Antrag auf gerichtliche Entscheidung **zu Unrecht** für **verfristet** (OLG Bamberg, Beschl. v. 29.6.2017 – 1 Ws 283/17; → *Strafvollzug, Erwachsene, Antrag auf gerichtliche Entscheidung, Frist,* Teil C Rdn 336 f.).

Siehe auch: → *Strafvollzug, Erwachsene, Rechtsbeschwerde, Allgemeines*, Teil C Rdn 522 m.w.N.

607 Strafvollzug, Erwachsene, Rechtsbeschwerde, Zulässigkeit

Das Wichtigste in Kürze:

1. Die Zulässigkeitsvoraussetzungen für eine Rechtsbeschwerde ergeben sich aus §§ 116, 118 StVollzG.
2. Als allgemeine Verfahrensvoraussetzung ist für eine zulässige Rechtsbeschwerde ein zulässig gestellter Antrag auf gerichtliche Entscheidung nach §§ 109 ff. StVollzG erforderlich.
3. Die Zulässigkeit der Rechtsbeschwerde hängt im Übrigen davon ab, ob es geboten ist, eine Nachprüfung der angefochtenen Entscheidung zur Fortbildung des Rechts oder zur Sicherung einer einheitlichen Rspr. zu ermöglichen.

608 **Literaturhinweise:** S. die Hinw. bei → *Strafvollzug, Erwachsene, Rechtsbeschwerde, Allgemeines*, Teil C Rdn 523.

609 **1.** Die **Voraussetzungen** für die Zulässigkeit einer Rechtsbeschwerde sind in §§ 116, 118 StVollzG geregelt.

610 **2.** Hinsichtlich **Form und Frist** der Rechtsbeschwerde (§ 118 StVollzG) → *Strafvollzug, Erwachsene, Rechtsbeschwerde, Form*, Teil C Rdn 570, → *Strafvollzug, Erwachsene, Rechtsbeschwerde, Frist*, Teil C Rdn 582 und → *Strafvollzug, Erwachsene, Rechtsbeschwerde, Inhaltliche Anforderungen*, Teil C Rdn 590. Zur erforderlichen **Beschwer** → *Strafvollzug, Erwachsene, Rechtsbeschwerde, Beschwer/Erledigung*, Teil C Rdn 540.

611 **3.** Für eine zulässige Rechtsbeschwerde ist als **allgemeine Verfahrensvoraussetzung** zudem erforderlich, dass bereits ein zulässig gestellter Antrag auf gerichtliche Entscheidung nach §§ 109 ff. StVollzG vorgelegen haben muss (→ *Strafvollzug, Erwachsene, Antrag auf gerichtliche Entscheidung, Checkliste*, Teil C Rdn 277 ff.), was von Amts wegen zu beachten ist (BayObLG, Beschl. v. 20.2.2025 – 204 StObWs 578/24; KG, Beschl. v. 16.7.2018 – 2 Ws 31/18 Vollz [doppelte Rechtshängigkeit]; Beschl. v. 8.6.2021 – 2 Ws 32/21 Vollz; OLG Celle, Beschl. v. 6.3.1989 – 1 Ws 34/89; OLG Hamm, Beschl. v. 29.4.2022 – III-1 Vollz (Ws) 76/22; OLG Jena, Beschl. v. 18.10.2022 – 1 Ws 335/22; OLG Karlsruhe, Beschl. v. 1.10.2024 – 2 Ws 161/24; OLG Koblenz, Beschl. v. 5.1.2023 – 2 Ws 414/22 StVollz; OLG Zweibrücken, Beschl. v. 20.6.2017 – 1 Ws 211/16 Vollz; anders für die Frage, ob der Antrag auf gerichtliche Entscheidung fristgerecht erhoben worden ist, OLG Zweibrücken, Beschl. v. 6.10.2020 – 1 Ws 191/19 (Vollz), NStZ-RR 2021, 95). Die Prozessführung eines vollmachtlosen Vertreters kann noch in der höheren Instanz geheilt werden (OLG Zweibrücken, Beschl. v. 29.9.2015 – 1 Ws 188/15 Vollz). Ob statt des Rechtswegs nach §§ 109 ff. StVollzG ein anderer Rechtsweg eröffnet gewesen wäre, wird in der Rechtsbeschwerdeinstanz wegen § 17a Abs. 5 GVG nicht geprüft (OLG Hamm, Beschl. v. 7.1.2013 – III-1 Vollz (Ws) 570/12).

☝ Auch bei einer wirksamen Rücknahme eines Antrags auf gerichtliche Entscheidung fehlt es streng genommen an einer allgemeinen Verfahrensvoraussetzung. Entscheidet die StVK gleichwohl in der Sache, kann der Zulässigkeit einer Rechtsbeschwerde dieser Umstand indessen nicht entgegengehalten werden. Stattdessen ist aus Klarstellungsgesichtspunkten der Beschluss aufzuheben (OLG Celle, Beschl. v. 4.2.2026 – 1 Ws 7/26).

612 **4. Zusätzlich** ist gem. § 116 Abs. 1 StVollzG die Rechtsbeschwerde nur zulässig, wenn es geboten ist, die **Nachprüfung** zur **Fortbildung** des Rechts oder zur **Sicherung** einer einheitlichen **Rspr.** zu ermöglichen. Sie ist daher nur begrenzt geeignet, Einzelfallgerechtigkeit herbeizuführen (*Peglau* NJW 2014, 2012, 2013).

☝ Die **Formulierung** bezüglich der Voraussetzungen des § 116 StVollzG erfolgt in der Rspr. der **OLGe nicht einheitlich**. Teilweise ist ausdrücklich die Rede davon, dass die Rechtsbeschwerde zugelassen wird (z.B. OLG Hamm, Beschl. v. 24.6.2020 – 1 Vollz (Ws) 160/20; OLG Stuttgart, Beschl. v. 15.6.2020 – V 4 Ws 122/20), überwiegend wird aber – dem Gesetzeswortlaut entsprechend – nur die Zulässigkeit der Rechtsbeschwerde festgestellt. Für die anwaltliche Praxis hat dies keine Auswirkungen.

613 **a) „Zur Fortbildung des Rechts"** setzt einen über den Einzelfall hinausgehenden Anlass voraus, Leitsätze für die Auslegung von Gesetzesbestimmungen des materiellen oder formellen Rechts aufzustellen oder Gesetzeslücken rechtsschöpferisch auszufüllen (OLG Bremen, Beschl. v. 30.1.1991 – Ws 155/90, ZfStrVo 1991, 309; OLG Hamm, Beschl. v. 27.10.1977 – 1 Vollz (Ws) 29/77, ZfStrVo SH 1978, 49; OLG Nürnberg, Beschl. v. 20.8.1982 – Ws 530/82, ZfStrVo 1983, 124; OLG Stuttgart, Beschl. v. 26.7.2022 – V 4 Ws 365/21).

614 **b) „Zur Sicherung einer einheitlichen Rechtsprechung"** ist die Rechtsbeschwerde zulässig, wenn von der angefochtenen Entscheidung eine nicht hinnehmbare Gefahr für die Einheitlichkeit der Rspr. ausgeht (OLG Hamburg, Beschl. v. 8.11.1977 – Vollz (Ws) 3/77; OLG Nürnberg, a.a.O.) Maßgeblich kommt es darauf an, welche Bedeutung die angefochtene Entscheidung für die Rspr. im Ganzen hat. Allein der Umstand, dass die angefochtene Entscheidung rechtsfehlerhaft ist, reicht für die Zulassung der Rechtsbeschwerde grds. nicht aus (OLG Bamberg, Beschl. v. 18.2.2010 – 1 Ws 45/10; OLG Koblenz, Beschl. v. 7.7.2020 – 4 Ws 342/20 Vollz). Erforderlich ist vielmehr, dass entweder die Erwartung besteht, dass sich der Rechtsfehler in weiteren Entscheidungen wiederholen wird, oder dass die angefochtene Entscheidung geeignet ist, zu Unsicherheiten in der Rechtsanwendung zu führen (KG, Beschl. v. 22.8.2011 – 2 Ws 258/11 Vollz, StV 2012, 159; OLG Stuttgart Beschl. v. 29.1.1998 – 4 Ws 275/97), etwa wenn die Entscheidung von der höchstrichterlichen Rspr. (OLG Hamm, Beschl. v. 7.5.1984 – 1 Vollz (Ws) 69/84, ZfStrVo 1984, 318) oder anderer StVK abweicht (OLG Bamberg, Beschl. v. 8.12.1977 – Ws 582/77, ZfStrVo SH 1978, 31; OLG Frankfurt, Beschl. v. 26.7.2006 – 3 Ws 223/06 (StVollz), NStZ-RR 2007, 62; OLG Koblenz, Beschl. v. 30.9.1982 – 3 Ws 457/92, ZfStrVo 1993, 244). Allein die Erwartung, die Entscheidung des OLG werde dazu führen, dass die StVK den Fehler künftig vermeidet, genügt nicht, um eine einheitliche Rspr. für gesichert zu betrachten. Vielmehr bedarf es tatsächlicher Umstände, die eine solche Prognose rechtfertigen (BVerfG, Beschl. v. 27.10.2015 – 2 BvR 3071/14, StV 2017, 729; Beschl. v. 30.11.2016 – 2 BvR 1519/14). Der Gesichtspunkt der Einheitlichkeit der Rspr. ist jedoch nicht berührt, wenn zwei divergierenden Entscheidungen unterschiedliche Landesgesetze zugrunde liegen, selbst wenn die Normen deckungsgleich sein sollten (OLG Hamburg, Beschl. v. 25.6.2008 – 3 Vollz (Ws) 43/08; OLG Frankfurt, Beschl. v. 22.11.2011 – 3 Ws 836/11 Vollz; krit. FFL/*Spaniol*, § 116 StVollzG, Rn. 7).

615 **c)** Ist der angefochtene **Beschlussinhaltlich** so **unvollständig**, dass dem Rechtsbeschwerdegericht eine Prüfung hinsichtlich der Zulässigkeitsvoraussetzung des § 116 Abs. 1 StVollzG nicht möglich ist, ist die Rechtsbeschwerde unter diesem Gesichtspunkt als zulässig zu erachten (BayObLG, Beschl. v. 5.3.2024 – 204 StObWs 58/24; KG, Beschl. v. 4.5.2020 – 5 Ws 39/20 Vollz; OLG Frankfurt, Beschl. v. 12.2.1979 – 3 Ws 803/78 (StVollz), ZfStrVo SH 1979, 15, 16; OLG Hamm, Beschl. v. 25.2.2016 – 1 Vollz (Ws) 28/16; OLG Jena, Beschl. v. 18.10.2022 – 1 Ws 307/22; OLG Karlsruhe, Beschl. v. 31.10.1979 – 3 Ws 231/79, ZfStrVo SH 1979, 116, 117; OLG Koblenz, Beschl. v. 23.3.2017 – 2 Ws 648/16 (Vollz); OLG Saarbrücken, Beschl. v. 21.11.2003 – Vollz (Ws) 12/03, ZfStrVo 2004, 119, 120).

616 **d)** Bei einer **Verletzung** des **rechtlichen Gehörs** ist von der Zulässigkeit der Rechtsbeschwerde auszugehen (BayObLG, Beschl. v. 19.10.2023 – 204 StObWs 376/23, NStZ 2024, 250; KG, Beschl. v. 21.9.2020 –

5 Ws 115/19 Vollz; OLG Bamberg, Beschl. v. 7.5.1979 – Ws 27/79, ZfStrVo SH 1979, 111; OLG Celle, Beschl. v. 6.8.2025 – 1 Ws 95/25 (StrVollz); OLG Koblenz, Beschl. v. 14.9.2012 – 2 Ws 330/12 (Vollz); *Zwiehoff*, S. 106; a.A. LNNVB/*Bachmann*, Kap. P, Rn 94). Ob dies auch bei der Verletzung sonstiger elementarer Verfahrensgrundsätze gilt (OLG Koblenz, a.a.O. [Art. 19 Abs. 4 GG]; *Zwiehoff*, S. 106 f. [Art. 101 GG]), ist fraglich.

☝ Die meisten Rechtsbeschwerden scheitern schon am Fehlen der Voraussetzung des § 116 Abs. 1 StVollzG. Es **empfehlen** sich daher **Ausführungen** hierzu, um dem OLG als Rechtsbeschwerdegericht deutlich zu machen, dass dessen Entscheidung zur Fortbildung des Rechts bzw. zur Sicherung der Einheitlichkeit der Rspr. notwendig sind (*Peglau* NJW 2014, 2012, 2013).

Siehe auch: → *Strafvollzug, Erwachsene, Rechtsbeschwerde, Allgemeines*, Teil C Rdn 522 m.w.N.

617 Strafvollzug, Erwachsene, Religionsausübung

Das Wichtigste in Kürze:

1. Das Recht der freien Religionsausübung ist im Vollzug zu gewährleisten.
2. Gefangene haben Anspruch auf Seelsorge, Teilnahme an religiösen Veranstaltungen, Zugang zu religiösen Grundschriften und Besitz religiöser Gegenstände.

618 **Literaturhinweise:** S. die Hinw. bei → *Strafvollzug, Erwachsene, Allgemeines*, Teil C Rdn 170.

619 Zum Verständnis der folgenden Ausführungen und zu den zugrundeliegenden Normen zunächst → *Strafvollzug, Erwachsene, Allgemeines*, Teil C Rdn 172 f.

620 **1.** Gefangene haben einen **Anspruch auf Religionsausübung**, der in den Landesgesetzen in verschiedenen Formen gewährleistet wird.

621 **2.a)** Jeder Gefangene hat das Recht, mit einem **Seelsorger** in Kontakt zu treten. Die Landesgesetze sehen hierfür vor, dass im Fall einer Vielzahl von Gefangenen derselben Religionsgemeinschaft Seelsorger im Haupt- oder Nebenamt bestellt oder vertraglich verpflichtet werden. Aber auch ansonsten ist auf Vermittlung der Anstalt seelsorgerische Betreuung zuzulassen. Da zum Grundrecht der Religionsfreiheit auch gehört, sich einem anderen als dem eigenen Bekenntnis suchend zuzuwenden, ist die zur Verfügung zu stellende Seelsorge nicht auf Seelsorger der eigenen Religionsgemeinschaft beschränkt (FFL/*Müller-Monning*, § 69 LandesR, Rn 10). Schriftwechsel mit dem Seelsorger unterliegt lediglich einer Sichtkontrolle auf das Vorhandensein verbotener Gegenstände (OLG Koblenz, Beschl. v. 6.8.2020 – 4 Ws 382/20 Vollz).

622 **b)** Alle Länder sehen das Recht des Gefangenen vor, grundlegende **religiöse Schriften** zu besitzen. Zu den grundlegenden religiösen Schriften zählen neben den Grundwerken auch umfassende Darstellungen zum Verständnis der Grundaussagen der Gemeinschaft und die zur Praktizierung des Glaubens dienenden Gesang-, Gebets- und Andachtsbücher (Arloth/Krä/*Arloth*, § 53 StVollzG, Rn 4). Ein Entzug kommt nur bei grobem Missbrauch in Betracht.

623 **c)** Ebenfalls gewährleistet wird der **Besitz an religiösen Gegenständen**. Die Normen gehen denen, aus denen sich das Recht zur Haftraumausstattung ergibt, vor. Maßgeblich ist in allen Ländern ein angemessener Umfang, wobei das Sicherheitsinteresse der Anstalt nicht entgegenstehen darf. Gebetskerzen können wegen der damit verbundenen Brandgefahr verboten werden (OLG Koblenz, Beschl. v. 15.8.2022 – 2 Ws 255/22 Vollz; OLG Zweibrücken, Beschl. v. 6.10.2020 – 1 Ws 191/19 (Vollz), NStZ-RR 2021, 95).

624 **d)** Gefangene haben zudem das Recht auf **Teilnahme an religiösen Veranstaltungen** des eigenen Bekenntnisses, eingeschränkt auch an solchen anderer Religionsgemeinschaften. Sind überwiegende Gründe der Si-

cherheit und Ordnung in der Anstalt gefährdet, können Gefangene von solchen Veranstaltungen ausgeschlossen werden. Allein die Erforderlichkeit besonderer Sicherungsmaßnahmen oder die Anordnung von Einzelhaft sind indessen kein Grund für den Ausschluss von der Teilnahme an einer religiösen Veranstaltung (OLG Karlsruhe, Beschl. v. 2.9.2019 – 3 Ws 356/19). Bei einem dauerhaften Ausschluss wird dessen Berechtigung regelmäßig zu überprüfen sein (KG, Beschl. v. 11.1.2016 – 2 Ws 303/15 Vollz).

3. Zum Recht auf Einhaltung der religiösen Speisevorschriften → *Strafvollzug, Erwachsene, Verpflegung,* Teil C Rdn 720. Zur Vereinbarkeit von Arbeit und Religion → *Strafvollzug, Erwachsene, Arbeit,* Teil C Rdn 388. 625

Siehe auch: → *Strafvollzug, Erwachsene, Allgemeines,* Teil C Rdn 169 ff.

Strafvollzug, Erwachsene, Sicherungsmaßnahmen 626

Das Wichtigste in Kürze:

1. Zur Aufrechterhaltung der Sicherheit und Ordnung in der JVA können allgemeine und situationsbedingt im Einzelfall besondere Sicherungsmaßnahmen angeordnet werden. Wegen der besonderen Grundrechtsbetroffenheit kommt eine Erweiterung des Anwendungsbereichs besonderer Maßnahmen nicht in Betracht.
2. Besondere Sicherungsmaßnahmen unterliegen besonderen Verfahrensvoraussetzungen. Kontakt zum Verteidiger ist dem Gefangenen auch während der Durchführung solcher Maßnahmen zu gewährleisten.

Literaturhinweise: **Baur**, Die bundesrechtlichen Neuregelungen für Fixierungen im Straf- und Maßregelvollzug, NJW 2019, 2273; **Mika**, Zehn Jahre Landesstrafvollzugsgesetzgebung – Eine kritische Betrachtung der besonderen Sicherungs- sowie der Disziplinarmaßnahmen, NK 2018, 63; **Schäferskupper**, Sicher ist sicher, FS 2021, 190; 2021, 266; 2021, 334; s.a. die Hinweise bei → *Strafvollzug, Erwachsene, Allgemeines*, Teil C Rdn 170. 627

Zum Verständnis der folgenden Ausführungen und zu den zugrundeliegenden Normen zunächst → *Strafvollzug, Erwachsene, Allgemeines*, Teil C Rdn 172 f. 628

1.a) Zur Aufrechterhaltung der Sicherheit und Ordnung in der JVA sehen die Landesvorschriften zum einen **allgemeinen Maßnahmen** wie 629

- Durchsuchungen (→ *Strafvollzug, Erwachsene, Durchsuchung*, Teil C Rdn 458),
- Verlegungen zur sicheren Unterbringung (→ *Strafvollzug, Erwachsene, Verlegung*, Teil C Rdn 704),
- Erkennungsdienstliche Maßnahmen (→ *Strafvollzug, Erwachsene, Datenschutz*, Teil C Rdn 434),
- Suchtmittelkontrollen (→ *Strafvollzug, Erwachsene, Durchsuchung*, Teil C Rdn 465) und
- Personenunabhängige Videobeobachtungen (→ *Strafvollzug, Erwachsene, Datenschutz*, Teil C Rdn 437)

vor.

b)aa) Daneben erlauben die Landesgesetze situationsabhängig im Einzelfall sog. **besondere Sicherungsmaßnahmen** an, die wegen der damit verbundenen Eingriffsschwere nur bei Vorliegen enger Voraussetzungen erlaubt sind. Hierzu zählen 630

- **Entzug und Vorenthalten von Gegenständen,**
- Individuelle **Beobachtung** (auch mittels Videoüberwachung),
- **Absonderung** (vorübergehende Trennung von allen anderen Gefangenen),
- **Einzelhaft** (länger als 24 Stunden dauernde Absonderung),
- **Entzug und Beschränkung des Aufenthalts im Freien,**
- **Unterbringung in einem besonders gesicherten Haftraum,**
- **Fesselung,**
- **Fixierung** (Fesselung, bei der die Bewegungsfreiheit des Gefangenen vollständig aufgehoben wird).

631 Eine Erweiterung des gesetzlich vorgesehenen Katalogs ist ebenso wie die Anordnung solcher Maßnahmen bei nur vergleichbaren tatbestandlichen Voraussetzungen ausgeschlossen. Auch ein Rückgriff auf die Generalklausel (→ *Strafvollzug, Erwachsene, Allgemeines,* Teil C Rdn 183 ff.) kommt nicht in Betracht (fraglich daher OLG Frankfurt, Beschl. v. 22.8.2024 – 3 Ws 270/24 zur Zulässigkeit der Beobachtung eines im Frauenvollzug sich befindenden transsexuellen Gefangenen, der über äußere männliche Geschlechtsmerkmale verfügt). Erlaubt das Gesetz etwa eine Fesselung „nur an den Händen oder an den Füßen" ist ein gleichzeitiges Anlegen von Hand- *und* Fußfesseln davon nicht gedeckt (OLG Jena, a.a.O.; OLG Nürnberg, Beschl. v. 8.11.2017 – 1 Ws 451/17). Abweichungen bedürfen wiederum einer ausdrücklichen Ermächtigung.

632 **bb)** Die besonderen Sicherungsmaßnahmen dienen präventiv der **Abwehr von konkreten Gefahren, die von Gefangenen ausgehen**. Hierzu gehören die erhöhte Gefahr der Entweichung, von Gewalttätigkeiten gegen Personen oder Sachen sowie der Selbstverletzung, die auch die Selbsttötung umfasst. Eine erhöhte Gefahr der Entweichung setzt dabei eine an konkreten Anhaltspunkten belegte und individuell zu beurteilende Fluchtgefahr voraus, die über die allgemein bei Gefangenen naheliegende Fluchtvermutung hinaus geht und auch die der Gewährung von Vollzugslockerungen entgegenstehende Fluchtgefahr übersteigt (OLG Hamm, Beschl. v. 31.3.2025 – III-1 Vollz 30/25; OLG Koblenz, Beschl. v. 30.6.1999 – 2 Ws 297/99, NStZ 2000, 467; OLG Karlsruhe, Beschl. v. 16.6.1993 – 2 Ws 201/92, MDR 1993, 1114). Die in den Vorschriften verwendeten Gefahrentatbestände sind unbestimmte Rechtsbegriffe, die der JVA wegen des starken prognostischen Gehalts einen gerichtlich nur eingeschränkt überprüfbaren Beurteilungsspielraum eröffnen (OLG Jena, Beschl. v. 20.2.2018 – 1 Ws 54/17; → *Strafvollzug, Erwachsene, Antrag auf gerichtliche Entscheidung, Allgemeines,* Teil C Rdn 208).

633 **2.a)** Zu besonderen Sicherungmaßnahmen **anordnungsbefugt** ist der **Anstaltsleiter** der JVA, der – soweit landesrechtlich vorgesehen -die Befugnis nur mit Zustimmung des Ministeriums auf andere Bedienstete übertragen darf (LNNVB/*Verrel,* Kap. M, Rn 98). Bei bestimmten Sicherungsmaßnahmen ist vor und während der Anordnung ein **Arzt** zu beteiligen. Erstreckt sich **Einzelhaft** auf einen längeren Zeitraum, bedarf die Maßnahme in allen Ländern einer **aufsichtsbehördlichen Zustimmung. Fixierungen** bedürfen einer vorherigen richterlichen Anordnung, wenn sie nicht nur kurzfristig erfolgen sollen. Während nur kurzfristige Fixierungsanordnungen mit einem Antrag auf gerichtliche Entscheidung überprüft werden können, sieht das Verfahrensrecht für nicht nur kurzfristige Fixierungen andere Regelungen vor (→ *Strafvollzug, Erwachsene, Antrag auf gerichtliche Entscheidung, Antragsgegenstand,* Teil C Rdn 241).

634 **b) Kontakt zum Verteidiger** ist dem Gefangenen im Rahmen des organisatorisch Zumutbaren auch während der Durchführung besonderer Sicherungsmaßnahmen zu gewährleisten (OLG Frankfurt, Beschl. v. 23.8.2018 – 3 Ws 975/17).

Siehe auch: → *Strafvollzug, Erwachsene, Allgemeines,* Teil C Rdn 169 ff.

635 Strafvollzug, Erwachsene, Soziale Hilfen

Das Wichtigste in Kürze:

1. Die JVA ist verpflichtet, den Gefangenen im sozialen, wirtschaftlichen und persönlichen Bereich während der gesamten Haftdauer zu unterstützen.
2. Eine umfassende Rechtsberatung der JVA ist damit nicht verbunden; sie hat aber dafür Sorge zu tragen, dass der Gefangene in die Lage versetzt wird, erforderliche Rechtsberatung zu erhalten.
3. Die JVA hat zur Erreichung des Vollzugsziels für ein ausreichendes Angebot zur Bewältigung von Konflikt- und Problemsituationen zu sorgen.
4. Auf eine konkrete Maßnahme hat ein Gefangener keinen Anspruch. Er kann gleichwohl seinen allgemeinen Anspruch auf soziale Unterstützung gerichtlich geltend machen.

Literaturhinweise: **Gößling**, Rechtliche Betreuung bei Strafgefangenen – eine rechtliche und praktische Einordnung, FamRZ 2024, 245; s.a. die Hinweise bei → *Strafvollzug, Erwachsene, Allgemeines*, Teil C Rdn 170. 636

Zum Verständnis der folgenden Ausführungen und zu den zugrundeliegenden Normen zunächst → *Strafvollzug, Erwachsene, Allgemeines*, Teil C Rdn 172 f. 637

1. Mit der Inhaftierung eines Gefangenen treten regelmäßig Probleme auf, die aus der JVA heraus nur mit Mühe angegangen werden können. Aus dem Sozialstaatsprinzip folgt ein **Anspruch des Gefangenen auf Unterstützung** bei der Bearbeitung dieser Probleme. Sämtliche Landesgesetze sehen daher die Verpflichtung der JVA, und zwar vom Beginn bis zum Ende der Haftzeit (und teilweise auch darüber hinaus) vor, den Gefangenen im sozialen, wirtschaftlichen und persönlichen Bereich zu unterstützen. Damit sind bspw. gemeint der Erhalt des Arbeitsplatzes und der Wohnung, die Aufrechterhaltung der Sozialversicherung, Hilfe bei der Regulierung von Schulden, die Sicherung des Eigentums des Gefangenen außerhalb der JVA, Maßnahmen für hilfsbedürftige Angehörige usw. Ihrer Zielsetzung nach ist soziale Hilfe auf eine Hilfe zur Selbsthilfe ausgerichtet (LNNVB/*Laubenthal/Baier*, Kap. H, Rn 116). 638

2. Die zu leistende soziale Hilfe kann auch eine **Rechtsberatung** erforderlich machen. Zu einer gründlichen und umfassenden Rechtsberatung, wie sie RAen obliegt, ist die JVA dabei nicht verpflichtet (OLG Stuttgart, Beschl. v. 4.11.2014 – 4 Ws 373/14 (V), NStZ-RR 2015, 92). Vielmehr steht hierbei im Vordergrund, Gefangene bei der Kontaktaufnahme zu einem Rechtsanwalt zu unterstützen und sie über vorgesehene staatliche Möglichkeiten wie PKH zu informieren. 639

3. Die dem Gefangenen zu leistende Hilfe im Vollzug erschöpft sich nicht in der Unterstützung zur Regelung des Lebens außerhalb des Gefängnisses. Ausgehend vom Vollzugsziel, den Gefangenen zu befähigen, nach seiner Haftentlassung ein Leben ohne Straftaten zu führen (→ *Strafvollzug, Erwachsene, Allgemeines,* Teil C Rdn 182), hat die JVA für ein ausreichendes Angebot zur **Bewältigung von Konflikt- und Problemsituationen** zu sorgen. Hierzu zählen neben Behandlungsmaßnahmen wie Arbeit (→ *Strafvollzug, Erwachsene, Arbeit*, Teil C Rdn 383 ff.), Schule (→ *Strafvollzug, Erwachsene, Bildung*, Teil C Rdn 421 ff.) und Vollzugslockerungen (→ *Strafvollzug, Erwachsene, Vollzugslockerungen*, Teil C Rdn 732 ff.) auch Maßnahmen des Lernens zur Förderung sozial angemessenen Verhaltens, der Überwindung von Verhaltensproblemen und der Einübung gewaltfreier Bewältigungsstrategien. 640

4. Die Umsetzung unterscheidet sich in den Ländern. Gefangene haben dabei keinen Anspruch auf bestimmte Ausgestaltung einer Leistung (BayObLG, Beschl. v. 24.2.2021 – 204 StObWs 31/21), können ihr Recht auf **soziale Unterstützung** aber gleichwohl gerichtlich geltend machen (FFL/*Bahl/Pollähne,* § 5 LandesR, Rn 76). Bei der Frage, wie dem Gefangenen bei einer rechtlich bedeutsamen Fragestellung zu helfen ist, steht der JVA ein Beurteilungsspielraum zu. Die Entscheidung ist nach Maßgabe der jeweiligen Schwierigkeit und der persönlichen Verhältnisse des Gefangenen zu treffen (BayObLG, Beschl. v. 17.10.2024 – 203 StObWs 483/24). 641

Siehe auch: → *Strafvollzug, Erwachsene, Allgemeines,* Teil C Rdn 169 ff.

Strafvollzug, Erwachsene, Sozialtherapie 642

Das Wichtigste in Kürze:

1. Eine Verlegung in eine sozialtherapeutische Abteilung oder Anstalt soll die Förderung des Resozialisierungsziels mittels besonderer therapeutischer Mittel und sozialer Hilfen bewirken.
2. Die Verlegung ist in den Länderregelungen bei Vorliegen der tatbestandlichen Voraussetzungen überwiegend zwingend vorgesehen.
3. Die Ablösung aus der Sozialtherapie setzt neben materiellrechtlichen Umständen auch die Einhaltung bestimmter Verfahrensvorschriften voraus.

4. Sowohl die Feststellung, ob eine Sozialtherapie bei einem Gefangenen angezeigt ist, als auch die Ablehnung einer auf die Eignung für die Sozialtherapie abzielenden Untersuchung, sind gerichtlich überprüfbar.

643 **Literaturhinweise:** S. die Hinw. bei → *Strafvollzug, Erwachsene, Allgemeines*, Teil C Rdn 170.

644 Zum Verständnis der folgenden Ausführungen und zu den zugrundeliegenden Normen siehe zunächst → *Strafvollzug, Erwachsene, Allgemeines*, Teil C Rdn 172 f.

645 **1.** Bei besonders gefährlichen Straftätern kommt als spezielle Behandlungsmaßnahme die **Sozialtherapie** in Betracht, um dem Resozialisierungsziel mittels besonderer therapeutischer Mittel und sozialer Hilfen näherzukommen. Der Gefangene soll verschiedene soziale Fähigkeiten erwerben, ohne die mangels Konfliktfähigkeit oder aufgrund des Fehlens von Konfliktlösungsstrategien neue Straftaten bei sozialen Misserfolgserlebnissen zu befürchten sind.

646 **2.a)** Die **Kriterien**, nach denen ein Gefangener in die Sozialtherapie zu verlegen ist, sind in den landesrechtlichen Vorschriften verschieden geregelt. Ob der Gefangene in eine sozialtherapeutische Einrichtung zu verlegen ist, muss erstmals bei der Behandlungsuntersuchung und später im Rahmen der (fortlaufenden) Vollzugsplanung geprüft werden (LNNVB/*Neubacher,* Kap. J, Rn 14). In den meisten Ländern besteht unter Vorliegen der tatbestandlichen Voraussetzungen für bestimmte Gefangene ein einklagbarer Anspruch auf Verlegung in die Sozialtherapie (z.B. OLG Hamm, Beschl. v. 27.3.2025 – III-1 Vollz 478–480/24). Bei anderen (weniger gefährlichen) Gefangenen steht die Entscheidung im Ermessen der JVA. Dies gilt auch für Katalogstraftäter, bei denen die Verlegung mangels weiterer Voraussetzungen nur fakultativ in Betracht kommt (OLG Celle, Beschl. v. 4.12.2023 – 1 Ws 296/23 (StrVollz)). Ob die tatbestandlichen Voraussetzungen vorliegen, unterliegt einem gerichtlich nur eingeschränkt überprüfbarem Beurteilungsspielraum der JVA (OLG Hamburg, Beschl. v. 27.3.2024 – 5 Ws 14/24 Vollz; → *Strafvollzug, Erwachsene, Antrag auf gerichtliche Entscheidung, Allgemeines,* Teil C Rdn 208). Für Gefangene mit angeordneter oder vorbehaltener Sicherungsverwahrung gelten besondere Vorschriften (→ *Strafvollzug, Erwachsene, Strafvollzug mit angeordneter oder vorbehaltener Sicherungsverwahrung*, Teil C Rdn 650 ff.).

647 **b)** Eine **Zustimmung** des Gefangenen zur Verlegung in die Sozialtherapie ist bei Vorliegen der tatbestandlichen Voraussetzungen nicht erforderlich, wenn es sich um eine gebundene Entscheidung handelt. Teilweise sehen die Länder bei Ermessensentscheidungen die Zustimmung des Gefangenen als notwendig voraus. Eine Zwangstherapie ist damit nicht verbunden. Die Gesetzgeber setzen insoweit darauf, dass eine anfänglich fehlende Therapiemotivation geweckt werden kann (LNNVB/*Neubacher,* Kap. J, Rn 20).

648 **3.** Alle Landesgesetze sehen eine **Rückverlegung** aus der Sozialtherapie vor, wenn der Zweck bzw. das Ziel der Behandlung aus Gründen, die in der Person des Gefangenen liegen, nicht erreicht werden kann. Dies kann in einer nicht mehr aufbrechbaren Behandlungsunwilligkeit oder einer in der Person des Gefangenen begründeten Behandlungsunfähigkeit gesehen werden (KG, Beschl. v. 7.6.2021 – 5 Ws 230/20 Vollz). Zusätzlich haben einige Länder weitere Rückverlegungsmöglichkeiten vorgesehen. § 66c Abs. 2 StGB steht auch einer Rückverlegung von Gefangenen mit angeordneter oder vorbehaltener Sicherungsverwahrung nicht entgegen (OLG Frankfurt, Beschl. v. 27.1.2026 – 3 Ws 562/25). Kommt eine Ablösung aus der Sozialtherapie in Betracht, ist der Gefangene zuvor anzuhören. Sieht eine Verwaltungsvorschrift Mindestanforderungen an das weitere Verfahren und die Begründung vor, entfalten diese aufgrund der Selbstbindung der Verwaltung rechtliche Außenwirkung (OLG Celle, Beschl. v. 27.8.2015 – 1 Ws 352/15 (StrVollz), Nds Rpfl 2016, 271). Im Fall der erfolgreichen Anfechtung der Ablösung aus der Sozialtherapie besteht für den Gefangenen ein Folgenbeseitigungsanspruch dergestalt, dass ihm der nächste freiwerdende Behandlungsplatz in der sozialtherapeutischen Abteilung zugewiesen werden muss (→ *Strafvollzug, Erwachsene, Antrag auf gerichtliche Entscheidung, Antragsarten*, Teil C Rdn 219).

4. Gegen die Verlegung in die Sozialtherapie kann der Gefangene sich mit dem **Anfechtungsantrag** wehren. Bei einem bestehenden Anspruch auf Verlegung in die Sozialtherapie kann der Gefangene diesen mit dem **Verpflichtungsantrag** durchsetzen (→ *Strafvollzug, Erwachsene, Antrag auf gerichtliche Entscheidung, Antragsarten,* Teil C Rdn 221 ff.). Die Feststellung im Vollzugsplan, ob die Verlegung in eine sozialtherapeutische Einrichtung angezeigt ist, hat eigenständigen Regelungscharakter (BeckOK -NJVollzG/*Reershemius-Schulz,* § 104 NJVollzG, Rn 9a). Dies gilt auch für die Ablehnung der zur Indikationsprüfung notwendigen Untersuchung (→ *Strafvollzug, Erwachsene, Antrag auf gerichtliche Entscheidung, Antragsgegenstand,* Teil C Rdn 247). 649

Siehe auch: → *Strafvollzug, Erwachsene, Allgemeines,* Teil C Rdn 169 ff.

Strafvollzug, Erwachsene, Strafvollzug mit angeordneter oder vorbehaltener Sicherungsverwahrung 650

Das Wichtigste in Kürze:

1. Für Gefangene im Strafvollzug sehen die Landesgesetze hinsichtlich zu gewährender Behandlungsangebote Privilegierungstatbestände vor.
2. Mit der Regelung des § 119a StVollzG finden die an die Ausgestaltung der Sicherungsverwahrung gestellten Anforderungen des BVerfG ihre verfahrensrechtliche Umsetzung. Mittels eines Systems periodischer Kontrolle wird dabei geprüft, ob dem Gefangenen genügend Behandlungsangebote gemacht worden sind, um die von ihm ausgehende Gefährlichkeit zu reduzieren.
3. Die Prüfung erfolgt von Amts wegen alle zwei Jahre oder auf Antrag der JVA, wenn diese daran ein berechtigtes Interesse geltend machen kann. Ein Antrag des Strafgefangenen ist nicht erforderlich.
4. Dem Strafgefangenen ist von Amts wegen ein Rechtsanwalt beizuordnen. Gegen die Entscheidung der StVK stehen allein dem Strafgefangenen und der Vollzugsbehörde, nicht aber der StA das Rechtsmittel der Beschwerde zu.

Literaturhinweise: **Baier**, Neue gerichtliche Aufgaben auf dem Gebiet der Sicherungsverwahrung, DRiZ 2014, 138; *ders.*, Probleme bei Vollstreckung und Vollzug der Sicherungsverwahrung, StraFo 2014, 397; **Böttcher u.a.**, Mindestanforderungen für Prognosegutachten, NStZ 2006, 537; **Lesting/Feest**, Die Neuregelungen des StVollzG durch das Gesetz zur bundesrechtlichen Umsetzung des Abstandsgebots im Recht der Sicherungsverwahrung, StV 2013, 278; **Renzikowski**, Abstand halten! – Die Neuregelung der Sicherungsverwahrung, NJW 2013, 1638; **Schäferskϋpper/Grote**, Vollzug der Sicherungsverwahrung, NStZ 2013, 447; **Wolf**, Sicherungsverwahrung – neue Regelungen für Rechtspfleger, Rpfleger 2013, 365; s.a. die Hinweise bei → *Sicherungsverwahrung, Allgemeines,* Teil A Rdn 563; → *Strafvollzug, Erwachsene, Antrag auf gerichtliche Entscheidung, Allgemeines,* Teil C Rdn 191 m.w.N. 651

1.a) Mit Einführung des § 66c StGB durch das Gesetz zur bundesrechtlichen Absicherung des Abstandsgebots in der Sicherungsverwahrung vom 5.12.2012 (BGBl I, S. 2425) sind in Umsetzung der **Anforderungen** des **BVerfG** (Urt. v. 4.5.2011 – 2 BvR 2365/09, NJW 2011, 1931) ausdrückliche Regelungen zur Festschreibung des **Trennungs-** und **Abstandsgebots** des Vollzugs der Sicherungsverwahrung zum Strafvollzug, aber auch gleichzeitig ausdrückliche Anordnungen zum therapieorientierten Vollzug getroffen worden, welche sämtlich dem vorrangigen Ziel dienen, die „Gefährlichkeit" des Sicherungsverwahrten „für die Allgemeinheit so zu mindern, dass die Vollstreckung der Maßregel möglichst bald zur Bewährung ausgesetzt oder sie für erledigt erklärt werden kann" (§ 66c Abs. 1 Nr. 1b StGB). An diesem vorrangigen Ziel soll gem. § 66c Abs. 2 StGB auch bereits die der Sicherungsverwahrung vorangehende Strafvollstreckung in besonderem Maße orientiert sein mit der Folge, dass hinsichtlich zu **gewährender** Behandlungsangebote eine **Privilegierung** der **Strafgefangenen** mit **anschließender** Sicherungsverwahrung gegenüber den „normalen" Strafgefangenen ausdrücklich normiert worden ist (OLG Celle, Beschl. v. 28.8.2014 – 1 Ws 355/14 (StrVollz), Nds.Rpfl. 2015, 25; 652

OLG Hamm, Beschl. v. 28.4.2014 – 1 Vollz (Ws) 28/14; → *Sicherungsverwahrung, Allgemeines,* Teil A Rdn 562 m.w.N.).

653 **b)** Die **Länder** haben dem entsprechend **besondere Vorschriften** über den Vollzug der Freiheitsstrafe bei Gefangenen mit angeordneter oder vorbehaltener Sicherungsverwahrung erlassen, die insb. Ergänzungen zum Inhalt des **Vollzugsplans** (→ *Strafvollzug, Erwachsene, Vollzugsplan*, Teil C Rdn 748 ff.) und zur Verlegung in die **Sozialtherapie** (→ *Strafvollzug, Erwachsene, Sozialtherapie*, Teil C Rdn 642 ff.) betreffen (§§ 97 ff. JVollzGB III BW, Art. 159 ff. BayStVollzG, §§ 10 Abs. 1 S. 2, 18 Abs. 4 StVollzG Bln, §§ 15 Abs. 1 S. 2, 25 Abs. 4 S. 3 BbgJVollzG, §§ 9 Abs. 1 S. 2, 17 Abs. 4 S. 2 BremStVollzG, §§ 109 ff. HmbStVollzG, 66 ff. HStVollzG, §§ 9 Abs. 1 S. 2, 17 Abs. 4 S. 2 StVollzG M-V, §§ 107 ff. NJVollzG, §§ 91 ff. StVollzG NRW, §§ 15 Abs. 1 S. 2, 24 Abs. 4 S. 2 LJVollzG RhPf, §§ 9 Abs. 1 S. 2, 17 Abs. 4 S. 2 SLStVollzG, §§ 9 Abs. 1 S. 2, 17 Abs. 4 S. 2 SächsStVollzG, §§ 15 Abs. 1 S. 2, 24 Abs. 4 S. 2 JVollzGB LSA, §§ 18 Abs. 4 S. 2, 95 ff. StVollzG SH, §§ 15 Abs. 1 S. 2, 24 Abs. 4 S. 2 ThürJVollzGB). Soweit das Gesetz nichts anderes bestimmt, gelten die anderen Vorschriften des jeweiligen Landesstrafvollzugsgesetzes daneben weiter (OLG Frankfurt, Beschl. v. 7.1.2026 – 3 Ws 562/25 [Rückverlegung aus der Sozialtherapie]].

654 **2.a)** Die **verfahrensrechtliche Umsetzung** erfolgt insbesondere durch **§ 119a StVollzG**. Dieser führt ein **System periodischer gerichtlicher Kontrolle** ein, um zu überprüfen, ob dem Strafgefangenen eine den Leitlinien des § 66c Abs. 2 i.V.m. Abs. 1 Nr. 1 StGB entsprechende Behandlung zur Reduzierung seiner Gefährlichkeit angeboten worden ist. Unliebsame Überraschungen am Ende des Strafvollzugs sollen somit vermieden werden (BT-Drucks 17/9874, S. 28). Die Prüfung ist dabei zweigeteilt: Das Gericht hat zunächst festzustellen, ob im zurückliegenden Zeitraum die erforderliche Betreuung angeboten worden ist. Im verneinenden Fall hat das Gericht sodann festzuschreiben, welche Maßnahmen die Vollzugsbehörde dem Strafgefangenen künftig anzubieten hat (§ 119a Abs. 1 StVollzG).

☝ § 66c Abs. 2 StGB **verweist lediglich** auf **§ 66c Abs. 1 Nr. 1 StGB**! Für das Verfahren nach § 119a StVollzG bedeutet dies, dass etwa die Verpflichtung zur Gewährung vollzugsöffnender Maßnahmen i.S.d. § 66c Abs. 1 Nr. 3 Buchst. a StGB keinen Gegenstand der gerichtlichen Prüfung bildet (OLG Frankfurt, Beschl. v. 22.5.2018 – 3 Ws 366/18; *Baier* DRiZ 2014, 138, 142; *Baier*, StraFo 2014, 397, 402; *Wolf* Rpfleger 2014, 365, 366).

655 **b)** Die Regelung des § 119a StVollzG wirkt dabei wie ein **Fremdkörper** innerhalb der Vorschriften der §§ 109 ff. StVollzG. Sie orientiert sich zwar formell durch den Verweis in § 119a Abs. 6 S. 3 StVollzG auf mehrere dieser Normen am Verfahrensrecht des StVollzG, weist aber abweichend davon erhebliche Besonderheiten auf. Zudem ist der vom Gesetzgeber angeordnete Rückgriff auf die §§ 109 ff. StVollzG in manchen Punkten schwer nachvollziehbar. Die teilweise inhaltsgleiche Prüfung **kurz vor Beginn** (§ 67c Abs. 1 Nr. 2 StGB) und **während** des Vollzugs der Sicherungsverwahrung (§ 67d Abs. 2 S. 2 StGB) erfolgt prozessual nach den Vorschriften der StPO, was insbesondere Unterschiede bei der Zuständigkeit des Gerichts und der Beteiligung der StA zur Folge hat.

☝ In § 119a Abs. 6 StVollzG findet sich zwar kein Verweis auf **§ 120 Abs. 1 S. 2 StVollzG**, wonach ergänzend die Regelungen der StPO Anwendung finden, diese sollen aber nach dem Willen des Gesetzgebers gleichwohl **Gel tung** haben (BT-Drucks 17/9874, S. 29; OLG Celle, Beschl. v. 30.10.2025 – 1 Ws 152/25; KG, Beschl. v. 9.2.2016 – 2 Ws 18/16; OLG Hamm, Beschl. v. 11.10.2018 – 1 Vollz (Ws) 340/18; OLG Karlsruhe, Beschl. v. 23.7.2018 – 1 Ws 255/17 L).

656 **3.a)** Abweichend von den sonstigen verfahrensrechtlichen Regelungen ist ein **Antrag des Strafgefangenen nicht erforderlich**. Ein gleichwohl gestellter Antrag ist unzulässig, wenn die Frist des § 119a Abs. 3 StVollzG noch nicht abgelaufen ist (OLG Rostock, Beschl. v. 2.11.2018, 20 Ws 214/18). Der Dispositionsgrundsatz gilt nicht. Die **Prüfung** erfolgt vielmehr **von Amts wegen alle zwei Jahre** (§ 119a Abs. 3

S. 1 StVollzG). Die erste Frist läuft mit dem **Beginn des Strafvollzugs.** Eine vorherige Unterbringung nach § 64 StGB bleibt dabei außer Betracht (OLG Hamm, Beschl. v. 19.10.2017 – III-1 Vollz (Ws) 448/17). Es kommt auch nicht darauf an, dass dem Strafvollzug das Urteil, das auch die Sicherungsverwahrung ausgesprochen hat, zugrunde liegt. Auch wenn der Gefangene zunächst Freiheitsstrafe aus einem anderen Urteil verbüßt, fängt die Frist an zu laufen (OLG Koblenz, Beschl. v. 2.7.2019 – 2 Ws 342/19; OLG Rostock, Beschl. v. 2.11.2018 – 20 Ws 214/18). Entscheidend ist nur, dass die Anordnung der Sicherungsverwahrung selbst bereits rechtskräftig geworden ist (KG, Beschl. v. 22.8.2019 – 2 Ws 108/19; OLG Rostock, Beschl. v. 15.6.2017 – 20 Ws 59/17). Jede weitere Frist beginnt bereits mit Bekanntgabe der vorherigen Entscheidung, nicht erst mit deren Rechtskraft, zu laufen (§ 119a Abs. 3 S. 3 StVollzG). Diese Entscheidung bleibt für die Fristberechnung auch maßgeblich, wenn sie von einer höheren Instanz kassiert wird (OLG Celle, Beschl. v. 8.5.2023 – 1 Ws 47/23, StraFo 2023, 290). Das Gericht kann bei noch länger andauernden Strafzeiten **weiträumigere Fristen** bis zu 5 Jahren festsetzen (§ 119a Abs. 3 S. 2 StVollzG).

☝ Nach den Gesetzgebungsmaterialien (BT-Drucks 17/9874, S. 28) kommt dies insbesondere bei **noch länger bevorstehendem Strafvollzug** zeitiger Freiheitsstrafen oder beim Vollzug lebenslanger Freiheitsstrafen in Betracht. Da es bei Anordnung lebenslanger Freiheitsstrafe regelmäßig gar nicht zum Vollzug der Sicherungsverwahrung kommen kann (BVerfG, Beschl. v. 8.11.2006 – 2 BvR 578/02, NJW 2007, 1933, 1936), ist die Entscheidung nach § 119a StVollzG lediglich für den seltenen Fall einer Wiederaufnahme des Strafverfahrens, das zu einer Verurteilung zu nunmehr zeitiger Freiheitsstrafe mit anschließender Sicherungsverwahrung führt, bedeutsam (BGH, Urt. v. 23.4.1985 – 1 StR 126/85, NJW 1985, 2839). Zudem kann die Entscheidung nach § 119a StVollzG aufgrund der durch Abs. 7 vorgeschriebenen Bindungswirkung auch auf die Entscheidung über die Aussetzung der Vollstreckung lebenslanger Freiheitsstrafe nach § 57a StGB Einfluss haben. Sie stellt dabei aber lediglich einen bei der Gesamtwürdigung zu berücksichtigenden Faktor dar. Nach OLG Celle, Beschl. v. 9.9.2015 – 1 Ws 353/15 (StrVollz) rechtfertige es dies, die Frist des § 119a Abs. 3 S. 2 StVollzG in den Fällen lebenslanger Freiheitsstrafen auf fünf Jahre festzusetzen, egal wie lange der Vollzug der lebenslangen Freiheitsstrafe bereits andauere. Aufgrund der eindeutigen gesetzlichen Regelung kann auf die Prüfung nach § 119a StVollzG aber auch in Fällen, in denen es aus Rechtsgründen nicht zu einer Vollstreckung der Maßregel kommen kann, nicht verzichtet werden (OLG Frankfurt, Beschl. v. 14.1.2016 – 3 Ws 780/15).

b) Gegenstand der Prüfung ist **jeweils** der **Zeitraum** von **zwei Jahren**, der nicht bis zur abschließen- 657
den Entscheidung erster Instanz verlängert wird (OLG Celle, Beschl. v. 17.8.2022 – 3 Ws 204/22; OLG Dresden, Beschl. v. 5.1.2018 – 2 Ws 252/17; OLG Hamm, Beschl. v. 11.10.2018 – 1 Vollz (Ws) 340/18; OLG Koblenz, Beschl. v. 2.7.2019 – 2 Ws 342/19; OLG Nürnberg, Beschl. v. 22.2.2016 – 1 Ws 6/16, NStZ-RR 2016, 391). Der vakante Zeitraum zwischen dem Ende des vorangegangenen Überprüfungszeitraums und dem erstinstanzlichen Beschluss ist bei der sich anschließenden nächsten Überprüfung mit zu berücksichtigen (OLG Celle, a.a.O.; OLG Dresden, a.a.O.; OLG Hamm, a.a.O.) Eine Verkürzung des Überprüfungszeitraums ist nicht vorgesehen (OLG Hamm, Beschl. v. 25.8.2015 – III-1 Vollz (Ws) 175/15).

Beispiel:

Strafantritt 1.1.2026 – Überprüfungszeitraum 1: 1.1.2026 – 31.12.2027; wenn StVK-Entscheidung am 1.4.2028 dann Überprüfungszeitraum 2: 1.1.2028 – 1.4.2030 usw.

Die Rspr. gesteht der JVA zu Beginn des Strafvollzugs wie auch nach Ablösung aus einer Sozialthe- 658
rapie einen **Organisationszeitraum** zwischen 2 und 10 Wochen zu, in dem ein Vollzug ohne Behandlungsangebot hinzunehmen ist (OLG Hamm, Beschl. v. 6.7.2017 – III-1 Vollz (Ws) 21/17; Beschl. v. 30.4.2019 – III-1 Vollz (Ws) 544/19; Beschl. v. 24.6.2019 – III-1 Vollz (Ws) 25/19). Personelle Pro-

bleme gehen jedoch nicht zu Lasten des Gefangenen (OLG Brandenburg, Beschl. v. 11.8.2021 – 2 Ws 78/21 (S); OLG Hamm, Beschl. v. 6.7.2017 – III-1 Vollz (Ws) 21/17).

659 c) Hat der Vollzug der Sicherungsverwahrung nach Ende der Strafhaft bereits begonnen, **erledigt** sich das Verfahren nach § 119a StVollzG, da das nunmehr durchzuführende Überprüfungsverfahren gemäß § 67c StGB betreffend die Erforderlichkeit und Verhältnismäßigkeit des weiteren Vollzuges der Sicherungsverwahrung vorrangig ist (OLG Hamm, Beschl. v. 28.6.2016 – III-1 Vollz (Ws) 18/16; OLG Karlsruhe, Beschl. v. 24.10.2023 – 1 Ws 206/23, StV 2024, 267).

660 d) Die gerichtliche Prüfung kann auch auf **Antrag** der **Vollzugsbehörde** erfolgen (§ 119a Abs. 2 S. 1 StVollzG). Voraussetzung hierfür ist ein **berechtigtes Interesse** der JVA, sich vor der von Amts wegen vorzunehmenden Prüfung der Rechtmäßigkeit der von ihr angebotenen Betreuung zu versichern, etwa wenn der Strafgefangene die Rechtmäßigkeit der Maßnahmen qualifiziert bestreitet (BT-Drucks 17/9748, S. 28). Daneben hat die JVA gem. § 119a Abs. 2 S. 2 StVollzG die Möglichkeit, sich bereits nach erstmaliger Aufstellung oder wesentlicher Änderung eines Vollzugsplans Klarheit darüber zu verschaffen, ob die von ihr geplanten Maßnahmen den gesetzlichen Anforderungen entsprechen würden (Arloth/Krä/*Arloth,* § 119a StVollzG, Rn 4). Ob auch dieser Antrag ein berechtigtes Interesse der JVA erfordert, ist str. (bejahend OLG Hamm, Beschl. v. 18.11.2014 – III-1 Vollz (Ws) 540/14; a.A. FFL/*Spaniol,* § 119a StVollzG, Rn 7). Findet bereits das Überprüfungsverfahren gem. § 67c Abs. 1 Nr. 1 StGB gegen Ende des Strafvollzugs zur Feststellung der Verhältnismäßigkeit einer sich anschließenden Sicherungsverwahrung statt und ist eine deutlich zeitnähere Entscheidung im Verfahren nach § 119a Abs. 2 StVollzG nicht zu erwarten, ist das berechtigte Interesse der JVA nicht mehr gegeben, obgleich die Vollzugsbehörde an diesem Verfahren nicht zu beteiligen ist (OLG Hamm Beschl. v. 20.11.2014 –1 Vollz (Ws) 494/14). Dem Antrag muss eine schlüssige und aus sich heraus verständliche Darstellung des Prüfungsgegenstandes, insbesondere der Behandlungsindikation einschließlich des Ergebnisses der Behandlungsuntersuchung, der im zurückliegenden Zeitraum angebotenen bzw. für die Zukunft geplanten Betreuungsmaßnahmen unter Mitteilung des Inhalts der den Prüfungszeitraum betreffenden Vollzugspläne sowie ggf. von Behandlungsalternativen zu entnehmen sein, andernfalls der Antrag als unzulässig zurückzuweisen wäre (OLG Karlsruhe, Beschl. v. 11.12.2017 – 1 Ws 31/17; OLG Nürnberg, Beschl. v. 6.8.2015 – 1 Ws 167/15, NStZ-RR 2016, 127).

☝ Selbstverständlich kann **ergänzend** zu § 119a StVollzG der Strafgefangene im Rahmen eines **Antrags** auf **gerichtliche Entscheidung** nach **§ 109 StVollzG** konkret (unterlassene) Maßnahmen überprüfen lassen, die der Umsetzung des § 66c Abs. 1 StGB dienen (OLG Celle, Beschl. v. 28.8.2014 – 1 Ws 355/14 (StrVollz); *Baier* DRiZ 2014, 138, 143; *ders.*, StraFo 2014, 397, 403; *Renzikowski*, NJW 2013, 1638, 1640). Nach § 109 Abs. 3 StVollzG ist ihm hierfür regelmäßig ein Rechtsanwalt beizuordnen (→ *Strafvollzug, Erwachsene, Antrag auf gerichtliche Entscheidung, PKH/ Beiordnung*, Teil C Rdn 369 f.). Dieses Verfahren hat mit dem nach § 119a StVollzG indessen formell nichts zu tun. Um rechtlich divergierende Entscheidungen zu vermeiden, muss die Überprüfung des Begehrens jedoch nach den gleichen rechtlichen Maßstäben wie beim Verfahren nach § 119a StVollzG erfolgen (OLG Karlsruhe, Beschl. v. 3.4.2020 – 1 Ws 157/19).

661 4. **Zuständig** für die Entscheidung ist die (große) **StVK** in der Besetzung mit **drei Richtern** (§ 119a Abs. 4 StVollzG).

662 a) Die **örtliche Zuständigkeit** richtet sich gem. § 119a Abs. 6 S. 3 nach § 110 StVollzG, also nach dem Sitz der beteiligten Vollzugsbehörde. Kommt es während des Überprüfungszeitraums zu einer nicht nur vorübergehenden Verlegung des Verurteilten in eine JVA im Bezirk eines anderen Gerichts, findet eine gerichtliche Zuständigkeitsänderung statt, da die Regelung des § 462a Abs. 1 S. 2 StPO im Anwendungsbereich des § 110 StVollzG nicht gilt (BGH, Beschl. v. 7.5.2025 – 2 Ars 167/25; → *Strafvollzug, Erwachsene, Antrag auf gerichtliche Entscheidung, Zuständigkeit des Gerichts*, Teil C Rdn 379). Örtlich zuständig ist dann die StVK, in deren Bezirk sich der Verurteilte am Ende des Überprüfungszeitraums aufhält

(BGH, Beschl. v. 12.8.2020 – 2 ARs 147/20, NStZ-RR 2020, 359; OLG Hamm, Beschl. v. 30.4.2019 – III-1 Vollz (Ws) 544/18; OLG Koblenz, Beschl. v. 2.7.2019 – 2 Ws 342/19).

b) Für das **Verfahren** ist gem. § 119a Abs. 6 S. 1 StVollzG in jedem Fall von Amts wegen ein **Rechtsanwalt beizuordnen**. Dieser hat ein umfassendes Akteneinsichtsrecht, das sich regelmäßig auch auf die Gefangenenpersonalakte erstreckt (OLG Frankfurt, Beschl. v. 27.9.2018 – 3 Ws 239/18 (StVollz), NStZ-RR 2019, 263). 663

☝ Lehnt die JVA die Einsichtnahme in die vom Gericht nicht beigezogene Gefangenenpersonalakte ab, kann der Gefangene hiergegen Antrag auf gerichtliche Entscheidung nach §§ 109 ff. StVollzG stellen (→ *Strafvollzug, Erwachsene, Datenschutz*, Teil C Rdn 441 m.w.N).

c)aa) Vor einer Entscheidung der StVK ist dem Strafgefangenen Gelegenheit zur Stellungnahme zu geben. Daneben sind sämtliche Vollzugsbehörden, in denen sich der Strafgefangene während des Überprüfungszeitraums befunden hat, zu hören (OLG Hamm, Beschl. v. 30.4.2019 – III-1 Vollz (Ws) 544/18). Diesen kommt dabei eine besondere Mitwirkungspflicht zur Aufklärung zu. Die bloße Übersendung der Gefangenenpersonalakte genügt hierfür nicht, vielmehr bedarf es einer eigenständigen Schilderung des Vollzugsverlaufs einschließlich des Betreuungsangebots (OLG Karlsruhe, Beschl. v. 11.12.2017 – 1 Ws 31/17). 664

bb) Nach § 119a Abs. 6 S. 2 StVollzG ist auch die **Vollstreckungsbehörde** zu **hören**. Ein Beteiligungsrecht am gerichtlichen Verfahren steht dieser gleichwohl nicht zu (§ 109a Abs. 6 S. 3 i.V.m. § 111 StVollzG). Dies ist von Bedeutung, weil gem. § 67d Abs. 2 S. 2 StGB eine Sicherungsverwahrung nach Beginn ihrer Vollstreckung für unverhältnismäßig erachtet werden kann, wenn das erforderliche Betreuungsangebot nicht erfolgt ist. Die Vollstreckungsbehörde ist zwar an dem späteren Verfahren beteiligt, kann sich aber gegen die Entscheidung der StVK im vollzugrechtlichen Verfahren nicht wehren, obwohl dieser Bindungswirkung auch für das vollstreckungsrechtliche Verfahren zukommt (§ 119a Abs. 7 StVollzG). 665

cc) Die **Anhörung** eines **externen SV** ist von Gesetzes wegen nicht erforderlich, kann aber aufgrund der Verpflichtung zu bestmöglicher **Sachaufklärung** geboten sein (BVerfG, Beschl. v. 17.2.2023 – 2 BvR 39/22), etwa wenn unterschiedliche Behandlungsmöglichkeiten sich aufdrängen oder ernsthafte Zweifel an der Behandlungsfähigkeit bestehen (OLG Karlsruhe, Beschl. v. 8.7.2016 – 1 Ws 14/16, NStZ-RR 2017, 60). Zu den Anforderungen an ein solches Prognosegutachten s. *Boetticher* u.a., NStZ 2006, 536 ff. 666

d) Der **Beschluss** der StVK muss den Anforderungen genügen, die § 267 StPO an die Begründung strafrechtlicher Urteile stellt (KG, Beschl. v. 25.2.2020 – 2 Ws 183/19; OLG Brandenburg, Beschl. v. 16.12.2021 – 2 Ws 111/21; OLG Celle, Beschl. v. 30.8.2022 – 3 Ws 383/22, StraFo 2022, 403). Eine **Bezugnahme** auf bei den Akten befindliche Schriftstücke ist mangels Verweisung auf § 115 Abs. 1 S. 3 StVollzG **nicht zulässig** (KG, a.a.O.; OLG Hamm, Beschl. v. 29.12.2016 – III-1 Vollz (Ws) 458/16; OLG Karlsruhe, Beschl. v. 11.12.2017 – 1 Ws 31/17; OLG Koblenz, Beschl. v. 21.7.2016 – 2 Ws 79/16; BT-Drucks 17/974, S. 29; a.A. LG Dresden, Beschl. v. 14.11.2017 – 6 I StVK 1148/16). Unmissverständlich muss klargestellt werden, von welchen Feststellungen die StVK bei ihrer Entscheidung ausgegangen ist und ggf. ist der Vortrag des Gefangenen und warum die StVK ihn für erheblich und zutreffend gehalten hat, herauszuarbeiten (KG, Beschl. v. 31.8.2021 – 2 Ws 55/21). In den Inhalt des Beschlusses sind die Angaben zur Anlasstat und die Gründe, auf welcher Grundlage die Sicherungsverwahrung gegen den Verurteilten erfolgt ist (OLG Koblenz, Beschl. v. 6.2.2020 – 4 Ws 859/19), der wesentliche Vollzugsverlauf, die erhobenen Befunde, eine Aufstellung der angebotenen und tatsächlich erfolgten Behandlungsmaßnahmen und die Gründe, warum einzeln Maßnahmen nicht durchgeführt worden sind, obwohl sie geplant waren, aufzunehmen (OLG Celle, Beschl. v. 17.8.2022 – 3 Ws 204/22; OLG Dresden, Beschl. v. 15.1.2016 – 2 Ws 475/15). Soweit es für die Beurteilung der Behandlungsindikation und Therapieplanung erforderlich ist, gehört zur Zusammenstellung des Sach- und Streitstandes auch die Vorstellung der Person des Verurteilten (OLG Koblenz, a.a.O.). Die Anforderungen an die Begründungstiefe fallen bei Ge- 667 fangenen, die eine lebenslange Freiheitsstrafe verbüßen, geringer aus (OLG Celle, a.a.O.). Auch bei Gefangenen, die sich jeglicher Mitwirkung an therapeutischen Maßnahmen und Behandlungsangeboten verweigern, ist die Rspr. großzügiger (OLG Hamm, Beschl. v. 1.12.2015 – III-1 Vollz (Ws) 254/15; Beschl. v. 6.7.2017 – III-1 Vollz (Ws) 21/17; OLG Karlsruhe, Beschl. v. 9.5.2016 – 1 Ws 169/15; OLG Saarbrücken, Beschl. v. 2.1.2017 – 1 Ws 109/16).

668 **e)** Die anfallenden **Kosten** und notwendigen Auslagen trägt in der ersten Instanz immer die Landeskasse (§ 121 Abs. 3 S. 1 StVollzG).

669 **f)** Für die Bemessung des **Gegenstandwertes** ist § 52 Abs. 1 GKG mangels Antragsverfahrens nicht anwendbar. Es gilt gem. § 52 Abs. 2 GKG der Auffangwert von 5.000,00 EUR (OLG Frankfurt, Beschl. v. 16.6.2016 – 3 Ws 697/15 (StVollz), NStZ-RR 2016, 296).

670 **g)** Für einen **einstweiligen Rechtsschutz** besteht im Rahmen von § 119a StVollzG kein Bedürfnis. Insoweit sieht § 119 Abs. 6 S. 3 StVollzG auch keine entsprechende Anwendung von § 114 StVollzG vor.

671 **h)** Eine Verpflichtung der JVA, den gerichtlichen Anordnungen nachzukommen, ist nicht ausdrücklich vorgesehen. Die Möglichkeit der Festsetzung eines **Zwangsgeld**es gegen die JVA nach § 120 Abs. 1 S. 1 StVollzG (→ *Strafvollzug, Erwachsene, Antrag auf gerichtliche Entscheidung, Allgemeines*, Teil C Rdn 211) erfasst den Fall des § 119a StVollzG nicht (*Baier* StraFo 2014, 397, 402).

672 **i)aa)** Gegen die Entscheidung der StVK sieht § 119a Abs. 5 StVollzG die **Beschwerde** vor (zur Beschwerde *Burhoff*, EV, Rn 1164, und Burhoff/*Kotz/Hillenbrand*, RM, Teil A Rn 400 ff.), der die StVK abhelfen kann. Auch die Ablehnung einer Entscheidung in der Sache, weil diese fristgemäß noch nicht anstehe, kann angefochten werden (OLG Rostock, Beschl. v. 2.11.2018 – 20 Ws 214/18). Eine Beschwerdebegründung ist nicht erforderlich (OLG Koblenz, Beschl. v. 21.7.2016 – 2 Ws 79/16). Abweichend vom sonstigen gegen Entscheidungen der StVK nach dem StVollzG vorgesehenen Rechtsmittel der Rechtsbeschwerde ist die Kontrolle der gerichtlichen Entscheidung durch das OLG (§ 119a Abs. 6 S. 3 i.V.m. § 117 StVollzG) nicht auf Rechtsfehler beschränkt (KG, Beschl. v. 9.2.2016 – 2 Ws 18/16; OLG Celle, Beschl. v. 9.9.2015 – 1 Ws 353/15 (StrVollz); OLG Hamm, Beschl. v. 11.10.2018 – 1 Vollz (Ws) 340/18; OLG Karlsruhe, Beschl. v. 11.12.2017 – 1 Ws 31/17). Das OLG darf eigene Ermittlungen und Ermessenserwägungen anstellen (BVerfG, Beschl. v. 30.3.3021 – 2 BvR 1546/20). Die Zulässigkeit der Beschwerde ist auch nicht davon abhängig, ob die besonderen Voraussetzungen des § 116 Abs. 1 StVollzG vorliegen (KG, Beschl. v. 19.8.2015 – 2 Ws 154/15). Lediglich die für die Rechtsbeschwerde vorgesehene Frist von einem Monat gilt auch im Verfahren nach § 119a StVollzG (§ 119a Abs. 6 S. 3 i.V.m. § 118 Abs. 1 S. 1 StVollzG). Prozessuale Zwischenentscheidungen sind im Anwendungsbereich von § 305 StPO nicht selbständig anfechtbar (OLG Celle, Beschl. v. 30.10.2025 – 1 Ws 152/25).

673 **bb)** Zur Beschwerde **berechtigt** sind die **Vollzugsbehörde** und der **Strafgefangene**. Die Vollzugsbehörde ist beschwert, sofern ihre Maßnahmen als unzulänglich bewertet werden und sie zu solchen verpflichtet wird oder wenn ein von ihr gestellter Antrag nach § 119a Abs. 2 StVollzG verworfen wird. Der Strafgefangene kann sowohl gegen die Feststellung ausreichender Betreuung als auch gegen die Verpflichtung der JVA, Maßnahmen zu erbringen, vorgehen (*Baier* StraFo 2014, 397, 404). Die StA als Vollstreckungsbehörde ist nicht beschwerdeberechtigt (OLG Celle, Beschl. v. 7.3.2017 – 3 Ws 63/17 (StrVollz), StV 2017, 744).

674 **cc)** Die **Zuständigkeitskonzentration** des § 121 Abs. 3 GVG (→ *Strafvollzug, Erwachsene, Rechtsbeschwerde, Allgemeines*, Teil C Rdn 531 f.) erfasst die Beschwerde nach § 119a Abs. 5 StVollzG nicht (OLG Celle, Beschl. v. 21.7.2015 – 1 Ws 339/15 (StrVollz), NStZ 2016, 245).

675 **dd)** Im Regelfall hat das OLG eine **eigene Sachentscheidung** zu treffen (KG, Beschl. v. 25.2.2020 – 2 Ws 183/19; OLG Celle, Beschl. v. 9.9.2015 – 1 Ws 353/15 (StrVollz); OLG Hamm, Beschl. v. 11.10.2018 – 1 Vollz (Ws) 340/18)). Entspricht der angefochtene Beschluss indessen nicht den Begründungsanforde-

rungen, kommt auch eine **Zurückverweisung** an die StVK in Betracht (KG, a.a.O.; OLG Koblenz, Beschl. v. 6.2.2020 – 4 Ws 859/19).

ee) Abweichend von § 121 Abs. 3 S. 1 StVollzG hat der Strafgefangene im Falle des Unterliegens nunmehr die **Kosten** zu tragen (*Baier* DRiZ 2014, 138, 143). 676

Siehe auch: → *Sicherungsverwahrung, Allgemeines,* Teil A Rdn 562; → *Strafvollzug, Erwachsene, Antrag auf gerichtliche Entscheidung, Allgemeines,* Teil C Rdn 190 m.w.N.

Strafvollzug, Erwachsene, Telekommunikation 677

Das Wichtigste in Kürze:

1. Das Recht zum Führen von Telefonaten unterliegt regelmäßig der Genehmigung durch die JVA.
2. Soweit die JVA sich bei der Bereitstellung des Telefonierens privater Dritter bedient, hat sie sicherzustellen, dass dies zu marktgerechten Preisen erfolgt.
3. Beschränkungen des Telefonverkehrs dürfen nur aus Gründen der Sicherheit und Ordnung in der JVA sowie aus Behandlungsgründen erfolgen.
4. Telefonate mit Verteidigern sind nur teilweise als gebundener Anspruch im jeweiligen Landesjustizvollzugsgesetz vorgesehen. Sie werden nicht überwacht.
5. Zu anderen Formen der Telekommunikation bestehen nur rudimentäre gesetzliche Regelungen. Ein Anspruch auf Zugang zum Internet folgt nicht aus Art. 5 GG.

Literaturhinweise: **Bode**, Internet im Strafvollzug, StRR 11/2020, 4; **Esser**, Internet für Strafgefangene – Neue Impulse durch den EGMR, NStZ 2018, 121; **Maier-Bledjian**, Zugang zu digitalen Medien und zum Internet im Justizvollzug, FS 2022, 160; **Zabel**, Mobiltelefone hinter Gittern?, JR 2015, 616; s.a. die Hinweise bei → *Strafvollzug, Erwachsene, Allgemeines*, Teil C Rdn 170. 678

Zum Verständnis der folgenden Ausführungen und zu den zugrundeliegenden Normen zunächst → *Strafvollzug, Erwachsene, Allgemeines*, Teil C Rdn 172 f. 679

1. Die Möglichkeit von Gefangenen, zu telefonieren, ist in allen Landesgesetzen vorgesehen. Insoweit besteht allerdings in den meisten Ländern **kein Recht zum Führen von Telefonaten**, sondern nur ein **Anspruch auf ermessensfehlerfreie Entscheidung**. Die Nutzung von **Mobiltelefonen** ist in den Ländern überwiegend untersagt. 680

2. Die **Organisation** des Telefonsystems obliegt der JVA. Die Kosten für Telefonate sind von den Gefangenen zu tragen. Häufig wird in der Praxis ein **privater Anbieter** eingesetzt, mit dem Gefangene privatrechtliche Verträge zur Nutzung der Telefonanlage schließen. Streitigkeiten mit diesem unterliegen nicht der gerichtlichen Überprüfung nach §§ 109 ff. StVollzG, sondern sind zivilrechtlicher Natur. Die JVA hat aber dafür Sorge zu tragen, dass die von dem privaten Anbieter bereitgestellte Möglichkeit zur Führung von Telefonaten zu **marktgerechten Preisen** erfolgt (BVerfG, Beschl. v. 2.2.2024 – 2 BvR 1255/23; OLG Celle, Beschl. v. 20.10.2014 – 1 Ws 427/14 (StrVollz); OLG Naumburg, Beschl. v. 26.6.2015 – 1 Ws (RB) 20/15, StraFo 2015, 426; OLG Stuttgart, Beschl. v. 5.10.2023 – V 4 Ws 257/22; OLG Zweibrücken, Beschl. v. 15.11.2018 – 1 Ws 287/18 Vollz). Dies kann der Gefangene mit einem Antrag nach § 109 StVollzG durchsetzen. Hat der Gefangene unangemessen hohe Beträge zur Nutzung des Telefonsystems zahlen müssen, kann er dessen Rückzahlung indessen nicht mit dem Folgenbeseitigungsanspruch, sondern im Wege der Staatshaftung nur über § 839 BGB im Zivilrechtsweg geltend machen (OLG Naumburg, Beschl. v. 22.4.2016 – 1 Ws (RB) 123/15; OLG Zweibrücken, Beschl. v. 6.4.2017 – 1 Ws 291/16 (Vollz)). 681

3. Überwachung und Beschränkungen des Telefonverkehrs sind in allen Ländergesetzen vorgesehen und richten sich überwiegend nach den Regelungen, die auch für Besuche gelten (→ *Strafvollzug, Er-* 682 *wachsene, Besuch,* Teil C Rdn 418). Eine Überwachung ist demnach nur aus Gründen der Sicherheit und Ordnung der Anstalt bzw., wenn dies aus Behandlungsgründen erforderlich ist, zulässig (BayObLG, Beschl. v. 10.12.2020 – 203 StObWs 462/20). Auf eine beabsichtigte akustische Überwachung ist sowohl der Gefangene als auch sein Gesprächspartner hinzuweisen. Eine Aufzeichnung des Telefonats ist nur bei Bestehen einer entsprechenden Ermächtigungsgrundlage zulässig.

683 **4.** Telefonate mit dem **Verteidiger** sind in einigen Landesgesetzen als gebundener Anspruch formuliert und unterliegen grds. keiner Beschränkung.

684 **5.** Andere Formen der Telekommunikation **(Fax, Telegramm, SMS, E-Mail, Internet, Skype, Videotelefonie)** werden in den Landesgesetzen – wenn überhaupt – nur rudimentär geregelt. Hier gelten die Regelungen zu Telefonaten überwiegend entsprechend. Fehlt es an Regelungen zum Zugang zum Internet, ergibt sich weder aus Art. 5 Abs. 1 GG noch aus Art. 10 EMRK ein entsprechender Anspruch (OLG Karlsruhe, Beschl. v. 28.4.2022 – 2 Ws 255/22).

Siehe auch: → *Strafvollzug, Erwachsene, Allgemeines,* Teil C Rdn 169 ff.

685 Strafvollzug, Erwachsene, Unmittelbarer Zwang

Das Wichtigste in Kürze:

1. Durch die Regelungen zur Anwendung unmittelbaren Zwangs werden die JVA in die Lage versetzt, Vollzugsmaßnahmen auch gegen den Willen des Gefangenen durchzusetzen. Es gelten der Verhältnismäßigkeits- und der Subsidiaritätsgrundsatz.
2. Bereits die erforderliche Androhung der Anwendung unmittelbaren Zwangs ist anfechtbar.

686 **Literaturhinweise: Schäfersk41pper**, Und bist du nicht willig…, FS 2020, 195; 2020, 290; 2020, 352; s.a. die Hinweise bei → *Strafvollzug, Erwachsene, Allgemeines,* Teil C Rdn 170.

687 Zum Verständnis der folgenden Ausführungen und zu den zugrundeliegenden Normen siehe zunächst → *Strafvollzug, Erwachsene, Allgemeines,* Teil C Rdn 172 f.

688 **1.** Mit den Vorschriften über die Anwendung **unmittelbaren Zwangs** werden die JVAen in die Lage versetzt, Vollzugsmaßnahmen ohne oder gegen den Willen des Gefangenen durchzusetzen. Die Regelungen unterscheiden sich in den Ländern nicht wesentlich. Bei jeder Anwendung unmittelbaren Zwangs ist der **Verhältnismäßigkeitsgrundsatz** zu beachten. Es gilt der **Subsidiaritätsgrundsatz.** Die Rechtmäßigkeit der Anwendung unmittelbaren Zwangs hängt neben den spezifischen Voraussetzungen zusätzlich davon ab, dass die durchzusetzende Anordnung rechtmäßig (OLG Hamm, Beschl. v. 2.7.1991 – 1 Vollz (Ws) 48/91, NStZ 1991, 509) bzw. bestandskräftig ist.

689 **2.** Unmittelbarer Zwang bedeutet **Einwirkung auf Personen oder Sachen** durch körperliche Gewalt, ihre Hilfsmittel und durch Waffen. **Körperliche Gewalt** meint jede unmittelbare körperliche Einwirkung wie drücken, schieben, festhalten, die Anwendung von Polizeigriffen, das Beseitigen von Hindernissen und ähnlichem. **Hilfsmittel** sind nach den gesetzlichen Regelungen vorrangig Fesseln, es kommen aber auch andere Gegenstände in Betracht. **Waffen** sind Hieb- und Schusswaffen sowie Reizstoffe. Die Anwendung unmittelbaren Zwangs ist – soweit es die Umstände zulassen – vorher **anzudrohen**. Bereits hierin liegt eine anfechtbare Maßnahme i.S.v. §§ 109 ff. StVollzG (→ *Strafvollzug, Erwachsene, Antrag auf gerichtliche Entscheidung, Antragsgegenstand,* Teil C Rdn 240).

690 **3.** Zur Anwendung unmittelbaren Zwangs aus Gründen der **Gesundheitsfürsorge** → *Strafvollzug, Erwachsene, Gesundheitsfürsorge,* Teil C Rdn 502 und → *Strafvollzug, Erwachsene, Verpflegung,* Teil C Rdn 721.

Siehe auch: → *Strafvollzug, Erwachsene, Allgemeines,* Teil C Rdn 169 ff.

Strafvollzug, Erwachsene, Unterbringung 691

Das Wichtigste in Kürze:

1. In welcher JVA Freiheitsstrafe vollzogen wird, richtet sich nach dem Vollstreckungsplan.
2. Es findet eine Trennung der Gefangenen nach Geschlecht und Alter statt.
3. Gefangene haben einen Anspruch auf menschenwürdige Unterbringung.
4. Während der Ruhe- bzw. Einschlusszeit findet grds. Einzelunterbringung, außerhalb der Einschlusszeit Gemeinschaftsunterbringung statt.
5. Privat- und Intimsphäre des Gefangenen sind zu wahren.

Literaturhinweise: **Bode**, Neue Wege bei der Zuordnung der Geschlechter im Strafvollzug, DRiZ 2021, 336; **Fuß/Reyher/Nieder,** Das Urteil des OLG Frankfurt am Main zur Unterbringung von transgeschlechtlichen Personen im Vollzug – Eine interdisziplinäre Kritik aus sexualwissenschaftlicher und verfassungsrechtlicher Sicht, NStZ 2026, 17; **Goerdeler**, Schutz von Müttern und Neugeborenen in der Strafvollstreckung und im Strafvollzug, JZ 2024, 859; **Köhne**, Die Entscheidung ist eine Tat – Fünfzig Jahre Rechtsprechung zur Mehrfachbelegung von Hafträumen, JR 2018, 434; *ders.*, Menschen(un)würdige Unterbringung von Strafgefangenen, StV 2009, 215; **Kretschmer**, Der Haftraum des Strafgefangenen als Wohnung im Sinne des Art. 13 Abs. 1 GG, ZfStrVo 2003, 212; *ders.*, Die Mehrfachbelegung von Hafträumen im Strafvollzug in ihrer tatsächlichen und rechtlichen Problematik, NStZ 2005, 251; *ders.*, Die menschen(un)würdige Unterbringung von Strafgefangenen, NJW 2009, 2406; **Lindemann**, Die Pflicht zur menschenwürdigen Unterbringung Strafgefangener als „Kardinalpflicht der Justizvollzugsorgane", JR 2010, 469; **Nitsch**, Die Unterbringung von Gefangenen nach dem Strafvollzugsgesetz; **Theile**, Menschenwürde und Mehrfachbelegung im geschlossenen Vollzug, StV 2002, 670; s.a. die Hinweise bei → *Strafvollzug, Erwachsene, Allgemeines*, Teil C Rdn 170. 692

Zum Verständnis der folgenden Ausführungen und zu den zugrundeliegenden Normen zunächst → *Strafvollzug, Erwachsene, Allgemeines*, Teil C Rdn 172 f. 693

1. Freiheitsstrafe wird in Anstalten der Landesjustizverwaltung vollzogen. In welcher JVA die zu einer Freiheitsstrafe verurteilte Person aufgenommen wird, richtet sich zunächst nach dem **Vollstreckungsplan**, der von den jeweiligen Landesjustizverwaltungen aufgestellt wird. Dieser ist als solcher nicht anfechtbar (FFL/*Feest*, § 102 LandesR, Rn 8). Die Ladung der StA als Vollstreckungsbehörde kann mit dem Antrag auf gerichtliche Entscheidung nach §§ 23 ff. EGGVG angefochten werden (Burhoff/*Schmidt-Clarner*, RM, Teil B, Rn 444 ff.). 694

2.a) Strafgefangene werden von anderen Gefangenen (bspw. U-Haft, Sicherungsverwahrung) sowie nach **Alter** und **Geschlecht** voneinander **getrennt untergebracht**. Der Anspruch auf getrennte Unterbringung kann gerichtlich geltend gemacht werden (Arloth/Krä/*Arloth,* § 140 StVollzG, Rn 5), allerdings sehen die Landesgesetze teilweise auch Einzelfallprüfungen – etwa bei transsexuellen Personen – vor Für Frauen mit Kindern sehen die Landesgesetze (mit Ausnahme von SH) die Möglichkeit der Unterbringung in einer **Mutter-Kind-Abteilung** vor. Die Entscheidung hierüber steht im Ermessen der JVA, eine Versagung der Aufnahme einer verurteilten Mutter eines Kleinkindes kommt wegen Art. 6 GG jedoch nur aus Gründen des Kindeswohls und fehlender Haftplätze in diesem Bereich in Betracht (OLG Stuttgart, Beschl. v. 1.2.2022 – V 4 Ws 336/21). Ein Anspruch **diverser** Gefangener auf Unterbringung in gesonderten Abteilungen ist von der Rspr. bislang nicht bejaht worden (OLG Saarbrücken, Beschl. v. 16.11.2020 – Vollz (Ws) 11/20, NStZ 2021, 443). 695

b) Die Unterbringung in **Betreuungs-, Behandlungs- oder Wohngruppen** ist nur in einigen Ländern vorgesehen. Wegen des Normcharakters als Organisationsvorschriften könne einzelne Gefangene hieraus keine Rechte herleiten (Arloth/Krä/*Arloth,* § 143 StVollzG, Rn 5). 696

3.a) Um eine menschenwürdige und eine den Vollzugsgrundsätzen gerecht werdende Unterbringung sicherzustellen, normieren mit Ausnahme von Niedersachsen alle Landesjustizvollzugsgesetze ein **Überbelegungsverbot**. Ausnahmen hiervon sind nur vorübergehend und nur mit Zustimmung der Aufsichtsbehörde zulässig. Ob subjektive Rechte aus einer Überbelegung abgeleitet werden können, ist str. (beja- 697 hend FFL/*Pollähne,* § 95 LandesR, Rn 29; a.A. LNNVB/*Verrel,* Kap. D, Rn 42). Eine Rechtsverletzung stellt es aber jedenfalls dar, wenn aufgrund der Überbelegung ein Gefangener in seinem Recht auf menschenwürdige Behandlung oder Resozialisierung verletzt wird.

698 **b)** Die **Mindestgröße** eines **Haftraums** wird nur in einzelnen Landesgesetzen vorgegeben. Die Rspr. hält die Klärung eines verfassungsmäßigen Raummindestsolls im Sinne schematisch festgelegter allgemeiner Maßzahlen nicht für möglich. Ob eine menschenunwürdige Unterbringung vorliegt, kommt danach auf den Einzelfall an. Maßgeblich für die Beurteilung ist eine Gesamtschau der tatsächlichen, die Haftsituation bestimmenden Umstände, unter Berücksichtigung der Bodenfläche pro Gefangenem, der Situation der sanitären Anlagen, des Umfangs der tatsächlichen Einschlusszeiten und der Belegdichte des Haftraums (BVerfG, Beschl. v. 8.12.2020 – 1 BvR 149/16, StV-S 2021, 110; BayObLG, Beschl. v. 19.7.2022 – 203 StObWs 249/22; KG, Beschl. v. 7.3.2019 – 5 Ws 81/18 Vollz).

699 **c)** Hafträume sind je nach landesgesetzlicher Regelung **„zweckentsprechend"**, in manchen Ländern darüber hinaus auch **„wohnlich"** auszugestalten. Die Vorgaben richten sich an die JVA und begründen keine Rechte des Gefangenen, solange keine menschenunwürdige Unterbringung vorliegt (OLG Zweibrücken, Beschl. v. 17.2.1982 – 1 Vollz (Ws) 78/81 – NStZ 1982, 221). Eine eigene Dusche ist nicht erforderlich (OLG Frankfurt, Beschl. v. 12.2.2015 – 3 Ws 1068/14 (StVollz)), wohl aber eine Waschgelegenheit (Arloth/Krä/*Arloth,* § 144 StVollzG, Rn 2). Ob Toiletten vom übrigen Haftraum (etwa durch eine Sichtblende) abgetrennt sein müssen, wird in der Rspr. unterschiedlich bewertet (bejahend OLG Frankfurt, Beschl. v. 15.8.1985 – 3 Ws 447/85; nach BayObLG, Beschl. v. 3.11.2023 – 204 StObWs 221/23, FS 2024, 295 nicht erforderlich, wenn es sich um eine Einzelzelle handelt und der Gefangene bei Benutzung der Toilette weder von außen noch von einem Bediensteten beim Betreten des Haftraums beobachtet werden kann). Für angemessene Raumtemperatur (OLG Stuttgart, Beschl. v. 7.7.2015 – 4 Ws 38/15 (V)) und Frischluftzufuhr (BVerfG, Beschl. v. 16.8.2017 – 2 BvR 336/16) ist zu sorgen. Nach den Europäischen Strafvollzugsgrundsätzen ist vorgesehen, dass die Fenster zulassen, dass die Gefangenen unter normalen Bedingungen bei Tageslicht lesen und arbeiten können. Eine Feinvergitterung führt indessen nicht ohne weiteres zur Annahme einer menschenunwürdigen Unterbringung (BayObLG, Beschl. v. 19.7.2022 – 203 StObWs 249/22). Ein Anspruch auf Anschluss des Haftraums an ein Notstromaggregat für den Fall des Stromausfalls besteht nicht (OLG Koblenz, Beschl. v. 24.4.2023 – 2 Ws 179/23 Vollz). Nachts ist für eine angemessene Verdunkelung der Hafträume zu sorgen (BayObLG, Beschl. v. 11.9.2025 – 203 StObWs 182/25). Die Zuweisung eines bestimmten Haftraums liegt im Ermessen der JVA (BayObLG, Beschl. v. 19.6.2024 – 204 StObWs 257/24). Der Gefangene hat aber das Recht, seinen Haftraum selbst auszustatten (→ *Strafvollzug, Erwachsene, Besitz,* Teil C Rdn 400). Ihm obliegt in allen Ländern die Pflicht, den Haftraum und die ihm überlassenen Gegenstände sauber zu halten und pfleglich zu behandeln.

700 **4.** Die **Art der Unterbringung** richtet sich im Übrigen nach der **Tageszeit**.

701 **a)** Während der **Ruhe- bzw. Einschlusszeit** gehen die meisten Länder von einem Anspruch auf **Einzelunterbringung** aus. Nur wenige Länder haben insoweit eine Sollregelung erlassen, die eine Gemeinschaftsunterbringung auch gegen den Willen des Gefangenen in das Ermessen der JVA stellt (dazu OLG Karlsruhe, Beschl. v. 25.10.2018 – 1 Ws 220/18). Teilweise wird noch zwischen offenem und geschlossenem Vollzug unterschieden. Alle Länder sehen die Möglichkeit vor, eine gemeinschaftliche Unterbringung auf Antrag des Gefangenen zu bewilligen. Darüber hinaus kommen Ausnahmen in weiteren Fällen in Betracht, etwa aus zwingenden Gründen der Anstaltsorganisation oder wegen der räumlichen Verhältnisse. Bei der Belegung der Hafträume sind dem Ermessen der JVA durch das Recht des Gefangenen auf Achtung seiner Menschenwürde jedoch Grenzen gesetzt (BVerfG, Beschl. v. 22.2.2011 – 1 BvR 409/09). Kann allerdings nicht jedem Gefangenen ein Einzelhaftraum zur Verfügung gestellt werden, hat die JVA ihr im Rahmen ihrer Organisationshoheit zustehendes Ermessen in zwei Stufen auszuüben: Zunächst ist zu klären, ob dem Gefangenen aus besonderen Gründen ein Einzelhaftraum zugewiesen werden kann. Falls dies nicht der Fall ist, ist zu klären, mit wie vielen und welchen Gefangenen er in einer Zelle untergebracht wird. Bei der Ermessensausübung sind die Vollzugsziele, Sicherheit

und Ordnung, Gegensteuerung (§ 3 Abs. 2 StVollzG), der Gleichbehandlungsgrundsatz und die Dauer der Freiheitsentziehung zu berücksichtigen (OLG Celle, Beschl. v. 1.6.2004 – 1 Ws 102/04 (StrVollz); OLG Nürnberg, Beschl. v. 9.9.2008 – 2 Ws 416/08).

b) Hingegen findet die Unterbringung während der **Arbeits- oder Freizeit** in allen Ländern **gemeinschaftlich** statt. Sämtliche Regelungen sehen die Möglichkeit der Einschränkung vor, wenn ein schädlicher Einfluss auf andere Gefangene zu befürchten ist oder die Sicherheit und Ordnung der JVA dies erfordert. Dies kann auch durch Personalmangel in der JVA begründet sein (OLG Schleswig, Beschl. v. 23.3.2017 – 1 VollzWs 99/17, SchlHA 2017, 231). Neben den Möglichkeiten der **Freizeitbeschäftigung**, die sich der Gefangene selbst organisiert (→ *Strafvollzug, Erwachsene, Besitz,* Teil C Rdn 401), hat die JVA auch im Übrigen für ein angemessenes Freizeitangebot Sorge zu tragen. Hierzu zählen etwa Sport, Musikunterricht und Bücherei. Ein Anspruch auf Nutzung bestimmter Angebote besteht regelmäßig nicht, wohl aber auf ermessensfehlerfreie Entscheidung (LNNVB/*Laubenthal/Baier,* Kap. G, Rn 5 ff.). 702

5. Nach Rspr. des BVerfG unterfällt der Haftraum nicht dem Schutz des Art. 13 GG (BVerfG, Beschl. v. 30.5.1996 – 2 BvR 727/94, NJW 1996, 2643; KG, Beschl. v. 1.10.2019 – 5 Ws 168/19 Vollz; FFL/*Goerdeler,* § 74 LandesR, Rn 14). Die JVA muss jedoch die **Privat- und Intimsphäre** des Gefangenen als Ausdruck seines allgemeinen Persönlichkeitsrechts wahren (BVerfG, Beschl. v. 9.12.2020 – 2 BvR 2194/19). Eine Videoüberwachung des Haftraums ist nur als besondere Sicherungsmaßnahme (→ *Strafvollzug, Erwachsene, Sicherungsmaßnahmen,* Teil C Rdn 630) zulässig und kann nicht auf gesetzliche Regelungen, die eine Videoüberwachung zum Schutz des Dienstgebäudes zulassen, gestützt werden (BayObLG, Beschl. v. 12.1.2021 – 203 StObWs 400/20). 703

Siehe auch: → *Strafvollzug, Erwachsene, Allgemeines,* Teil C Rdn 169 ff.

Strafvollzug, Erwachsene, Verlegung 704

Das Wichtigste in Kürze:

1. Verlegungen gegen den Willen des Gefangenen in eine andere JVA bedürfen einer sorgfältigen Begründung. Begehrt der Gefangene selbst eine Verlegung, kann er die ablehnende Entscheidung der JVA gerichtlich überprüfen lassen.
2. Auch die Art und Weise des Transports des Gefangenen bei einer Verlegung oder Überstellung kann gerichtlich überprüft werden.
3. Anstaltsinterne Verlegungen liegen im Ermessen des Anstaltsleiters.

Literaturhinweise: S. die Hinw. bei → *Strafvollzug, Erwachsene, Allgemeines,* Teil C Rdn 170. 705

Zum Verständnis der folgenden Ausführungen und zu den zugrundeliegenden Normen zunächst → *Strafvollzug, Erwachsene, Allgemeines,* Teil C Rdn 172 f. 706

1. Nach Aufnahme in die JVA und Beginn des Strafvollzugs kann es zu einem Örtlichkeitswechsel durch **Verlegung** und **Überstellung** kommen. 707

a)aa) Verlegung ist die dauerhafte Unterbringung eines Gefangenen in eine andere JVA. Sie stellt für den Fall, dass der Gefangene die Verlegung selbst nicht wünscht, einen erheblichen Eingriff in die Rechtsposition dar (BayObLG, Beschl. v. 29.1.2025 – 204 StObWs 605/24). Verlegungen bedürfen daher einer besonderen Begründung (LNNVB/*Verrel,* Kap. D, Rn 21). Spezielle Verlegungsfälle sind Verlegungen in den offenen Vollzug (→ *Strafvollzug, Erwachsene, Vollzugsform,* Teil C Rdn 722 ff.), in die Sozialtherapie (→ *Strafvollzug, Erwachsene, Sozialtherapie,* Teil C Rdn 642 ff.), zur Behandlung im Krankheitsfall oder zur Entbindung (→ *Strafvollzug, Erwachsene, Gesundheitsfürsorge,* Teil C Rdn 493 ff.) und zur Entlassungsvorbereitung (→ *Strafvollzug, Erwachsene, Entlassung,* Teil C Rdn 466 ff.). Daneben sehen die 708

Landesgesetze die Verlegung aus Gründen der Förderung der Erreichung des Vollzugsziels sowie aus Gründen der Vollzugsorganisation, wegen besonderer Sicherheitsaspekte oder aus anderen wichtigen Gründen vor. Das Fehlverhalten Dritter kann eine Verlegung nur ausnahmsweise rechtfertigen (BVerfG, Beschl. v. 30.11.2016 – 2 BvR 1519/14). Prognostische Verlegungsgründe eröffnen für die JVA einen Beurteilungsspielraum (BayObLG, Beschl. v. 29.1.2025 – 204 StObWs 605/24; OLG Celle, Beschl. v. 22.6.2012 – 1 Ws 205/12 (StrVollz), NdsRpfl 2012, 378; (→ *Strafvollzug, Erwachsene, Antrag auf gerichtliche Entscheidung, Allgemeines,* Teil C Rdn 208), andere Verlegungsgründe sind gerichtlich uneingeschränkt überprüfbar. Bei Vorliegen der tatbestandlichen Voraussetzungen steht die Entscheidung im Ermessen der Vollzugsbehörde, das wiederum nur beschränkt überprüfbar ist (BayObLG, Beschl. v. 6.6.2023 – 203 StObWs 142/23; (→ *Strafvollzug, Erwachsene, Antrag auf gerichtliche Entscheidung, Allgemeines,* Teil C Rdn 209). Bei einem sog. **Belegungsausgleich** muss dargelegt werden, warum ein Gefangenenaustausch erforderlich ist, warum die JVA nicht in der Lage ist, den Zugang eines weiteren Gefangenen zu verkraften und dass das Ermessen bei der Auswahl des betroffenen Gefangenen rechtsfehlerfrei ausgeübt worden ist (OLG Hamm, Beschl. v. 23.9.2021 – III-1 Vollz (Ws) 394/21). Die in der abgebenden JVA erworbenen Rechtspositionen bleiben grds. auch in der aufnehmenden JVA erhalten, es sei denn, sie sind an die Besonderheiten der abgebenden JVA geknüpft oder die Verlegung ist mit dem Wechsel des Bundeslandes verbunden (OLG Koblenz, Beschl. v. 1.7.2024 – 2 Ws 282/23 Vollz). Ist dies nicht der Fall, kann ein Widerruf nur auf neu eingetretene Umstände gestützt werden (→ *Strafvollzug, Erwachsene, Allgemeines,* Teil C Rdn 185 f.).

709 **bb)** Gegen eine Verlegungsanordnung kann sich der Gefangene mit einem **Anfechtungsantrag** wehren. Hat dieser Erfolg, hat der Gefangene einen Folgenbeseitigungsanspruch auf Rückverlegung (→ *Strafvollzug, Erwachsene, Antrag auf gerichtliche Entscheidung, Antragsarten,* Teil C Rdn 218 ff.).

710 **cc)** Die Verlegung kann auch Gegenstand eines **Verpflichtungsantrags** werden. Denn liegt die Verlegung gerade im Interesse des Gefangenen, etwa weil er eine heimatnähere Unterbringung begehrt oder weil seine Behandlung oder seine Eingliederung nach der Entlassung hierdurch gefördert wird (BayObLG, Beschl. v. 26.11.2025 – 203 StObWs 408/25; OLG Celle, Beschl. v. 4.10.2024 – 2 VAs 10/24), besteht bei Vorliegen der tatbestandlichen Voraussetzungen ein Anspruch auf ermessensfehlerfreie Entscheidung durch die JVA. Ob die tatbestandlichen Voraussetzungen vorliegen, unterliegt dabei voller gerichtlicher Kontrolle (FFL/*Weßels/Böning,* § 16 LandesR, Rn 7). Die sich aus Art. 6 GG und dem verfassungsrechtlich geschützten Resozialisierungsanspruch des Gefangenen ergebenden grundrechtlichen Anforderungen müssen beachtet und im Einzelfall angemessen gewichtet werden (OLG Celle, Beschl. v. 29.11.2012 – 1 Ws 462/12 (StrVollz)). Der Anspruch auf Verlegung in eine wohnortnahe JVA kann sich dabei nicht nur aus den Regelungen des jeweiligen Landesgesetzes, sondern auch aus § 24 Abs. 2 S. 2 StVollstrO ergeben (KG, Beschl. v. 22.2.2017 – 5 Ws 210/16). Dieser setzt indessen die Einhaltung einer Frist von zwei Wochen nach Aufnahme in die JVA voraus. Im Fall der Verlegung in ein anderes Bundesland bedarf es der Zustimmung der aufnehmenden Justizverwaltung, die ggf. in einem gesonderten Verfahren nach §§ 23 ff. EGGVG zu erstreiten ist (→ *Strafvollzug, Erwachsene, Antrag auf gerichtliche Entscheidung, Antragsgegenstand*, Teil C Rdn 250).

☝ Nicht erfasst von der Materie des nationalen Strafvollzugrechts sind Verlegungen des Gefangenen in eine JVA außerhalb der BRD. Hierfür gelten nach §§ 85 ff. IRG bzw. § 71 IRG besondere Vorschriften bzgl. der tatbestandlichen Voraussetzungen und des Rechtsschutzes.

711 **b) Überstellung** ist der vorübergehende, die Vollzugszuständigkeit unberührt lassende Anstaltswechsel. Regelmäßig genügt hierfür ein wichtiger Grund. Beispielhaft sind zu erwähnen die Besuchszusammenführung, wenn ein Besuch in der zuständigen JVA nicht oder nur mit erheblichen Schwierigkeiten möglich ist (OLG Celle, Beschl. v. 17.2.1988 – 3 Ws 46/88 (StrVollz); OLG Zweibrücken, Beschl. v. 28.9.2020 – 1 Ws 183/20 Vollz), die Teilnahme an einer Sportveranstaltung in einer anderen JVA (OLG Karlsruhe, Beschl. v. 4.7.2002 – 1 Ws 171/02, NStZ-RR 2002, 315), ärztliche Untersuchungen und Vorführungen in Ortsnähe einer anderen JVA. Im Rahmen der Ermessensausübung durch die JVA müssen

die sich durch die Transporte des Gefangenen ergebende Belastung (FFL/*Weßels/Böning*, § 16 LandesR, Rn 14) wie auch für den Gefangenen streitende Grundrechtspositionen (Art. 6 Abs. 1, Art. 3 Abs. 3 S. 2 GG) mitberücksichtigt werden. Für den Fall einer länderübergreifendenÜberstellung siehe → *Strafvollzug, Erwachsene, Antrag auf gerichtliche Entscheidung, Antragsgegenstand*, Teil C Rdn 250. Eine Überstellung in eine JVA außerhalb der Bundesgrenzen ist nach Landesrecht ausgeschlossen (OLG Celle, Beschl. v. 2.3.2026 – 1 Ws 16/26).

c) Daneben sehen die Landesgesetze die **Ausantwortung** eines Gefangenen vor, die eine befristete Übergabe an eine Behörde zu dortigen Verfahrenszwecken meint. 712

2. Nicht nur die Entscheidung über die Verlegung, Überstellung oder Ausantwortung an sich, sondern auch die **Art und Weise** des damit verbundenen Transportes können Gegenstand gerichtlicher Verfahren sein. Bestehen konkrete Anhaltspunkte für eine Fluchtgefahr, kommt eine Fesselung des Gefangenen auch ohne Vorliegen der ansonsten für eine solche erforderlichen Voraussetzungen (→ *Strafvollzug, Erwachsene, Sicherungsmaßnahmen,* Teil C Rdn 626 ff.) in Betracht. Die gesetzliche Regelung ist dabei allerdings nicht als Vermutungsregel misszuverstehen, welche eine Fesselung ohne Berücksichtigung der Umstände des Einzelfalls ohne weiteres zuließe (BVerfG, Beschl. v. 19.1.2023 – 2 BvR 1719/21, NJW 2023, 1117; OLG Hamm, Beschl. v. 17.4.2023 – III-1 Vollz (Ws) 551/22). 713

3. Gesetzlich nicht geregelt sind **anstaltsinterne Verlegungen** in andere Hafträume. Wird der Gefangene dadurch aus für ihn günstigeren Vollzugsbedingungen herausgenommen, stellt die Verlegung eine Rücknahme eines begünstigenden Verwaltungsaktes dar, der sich an den entsprechenden Vorschriften orientieren muss (BayObLG, Beschl. v. 19.6.2024 – 204 StObWs 257/24; → *Strafvollzug, Erwachsene, Allgemeines,* Teil C Rdn 185 f.). Im Übrigen sind sie anfechtbar, wenn mit der Verlegung Auswirkungen auf die Lebensverhältnisse des Gefangenen und seine aufgebauten sozialen Kontakte verbunden sind (OLG Celle, Beschl. v. 6.4.2017 – 3 Ws 156/17 (StrVollz)). Die Entscheidung fällt in das Ermessen des Anstaltsleiters, welches gerichtlich nur beschränkt überprüft werden kann (→ *Strafvollzug, Erwachsene, Antrag auf gerichtliche Entscheidung, Allgemeines,* Teil C Rdn 209). Erfolgt eine solche Verlegung aus Gründen der Gefahrenabwehr, überschreitet die JVA ihr Ermessen, wenn sie Maßnahmen gegen einen Nichtstörer anordnet, obwohl eine ebenso erfolgversprechende Maßnahme gegen den Störer in Betracht kommt (OLG Hamm, Beschl. v. 22.4.2020 – III-1 Vollz (Ws) 18/20). 714

4. Zu möglichen prozessualen Auswirkungen einer Verlegung während eines gerichtlichen Verfahrens siehe → *Strafvollzug, Erwachsene, Antrag auf gerichtliche Entscheidung, Beteiligte des Verfahrens,* Teil C Rdn 273, → *Strafvollzug, Erwachsene, Antrag auf gerichtliche Entscheidung, Erledigung,* Teil C Rdn 301, → *Strafvollzug, Erwachsene, Antrag auf gerichtliche Entscheidung, Zuständigkeit des Gerichts,* Teil C Rdn 375 ff. 715

Siehe auch: → *Strafvollzug, Erwachsene, Allgemeines,* Teil C Rdn 169 ff.

Strafvollzug, Erwachsene, Verpflegung 716

Das Wichtigste in Kürze:

1. Gefangene werden durch die JVA verpflegt und haben dabei Anspruch auf eine gesunde Ernährung.
2. Dem Gefangenen kann darüber hinaus Selbstverpflegung auf eigene Kosten ermöglicht werden.
3. Zwangsernährung kommt nur in Ausnahmefällen in Betracht.

Literaturhinweise: **Köhne**, Alkohol im Strafvollzug, ZRP 2002, 168; *ders.*, Eigene Ernährung im Strafvollzug, NStZ 2004, 607; *ders.*, Reform der Regelung der Verpflegung von Strafgefangenen, StraFo 2007, 49; **Koranyi**, Gesetzliche Kodifizierung einer (vermeintlich) überwundenen Eingriffsbefugnis: Anmerkungen zur Zwangsernährung im Strafvollzug, StV 2015, 257; **Mittag**, Religiös und weltanschauliche motivierte Ernährung während des Vollzugs freiheitsentziehender Maßnahmen, FS 2023, 180; s.a. die Hinweise bei → *Strafvollzug, Erwachsene, Allgemeines*, Teil C Rdn 170. 717

718 Zum Verständnis der folgenden Ausführungen und zu den zugrundeliegenden Normen zunächst → *Strafvollzug, Erwachsene, Allgemeines*, Teil C Rdn 172 f.

719 **1.** Gefangene haben **Anspruch auf gesunde Ernährung** durch die JVA. Die Verpflegung richtet sich in Menge, Zusammensetzung und Qualität an einem durchschnittlichen Bedarf. Dabei können die Erkenntnisse der Deutschen Gesellschaft für Ernährung als sinnvolle Bezugsgrößen herangezogen werden (OLG Schleswig, Beschl. v. 13.10.2025 – 2 Ws 60/25 Vollz). Mehrbedarf durch sportliche Aktivitäten sind von der JVA zu berücksichtigen (OLG Schleswig, a.a.O.). Besondere Verpflegung kann aus gesundheitlichen Gründen notwendig sein.

720 **2.** Fleischlose Verpflegung ermöglichen ausdrücklich nur wenige Länder in ihren Vollzugsgesetzen. Wird vegetarische Kost nicht angeboten, muss **Vegetariern** die Selbstverpflegung auf eigene Kosten gestattet werden (LNNVB/*Laubenthal/Baier*, Kap. H, Rn 151). Ähnliches gilt, wenn Gefangene Speisevorschriften ihrer **Religionsgemeinschaft** befolgen wollen (KG, Beschl. v. 25.9.2019 – 5 Ws 121/19; OLG Hamm, Beschl. v. 30.12.2019 – III-1 Vollz (Ws) 556/19; OLG Koblenz, Beschl. v. 2.12.1993 – 3 Ws 286/93, ZfStrVo 1995, 111; OLG Stuttgart, Beschl. v. 27.1.1997 – 4 VAs 23/96). Es besteht indessen keine Verpflichtung der JVA, sämtliche Verbote und Gebote aller Glaubensgemeinschaften der Welt sowie weltanschaulicher Überzeugungen zu unterstützen (BayObLG, Beschl. v. 4.9.2025 – 203 StObWs 239/25). Im Übrigen steht die Zulassung der **Selbstverpflegung** im Ermessen der JVA (KG, Beschl. v. 4.3.2020 – 5 Ws 174/19 Vollz; OLG Hamm, Beschl. v. 28.8.2012 – III-1 Vollz (Ws) 384/12, NStZ 2013, 363).

721 **3.** Verweigert ein Gefangener die Nahrungsaufnahme (**Hungerstreik**), ist dies von der JVA grds. hinzunehmen. Nur wenn der Gefangene krankheitsbedingt keinen freien Willen bilden kann, kommt als ultima ratio eine **Zwangsernährung** in Betracht.

Siehe auch: → *Strafvollzug, Erwachsene, Allgemeines,* Teil C Rdn 169 ff.

722 Strafvollzug, Erwachsene, Vollzugsform

Das Wichtigste in Kürze:

1. Strafvollzug findet im offenen oder geschlossenen Vollzug statt.
2. Die Entscheidung, ob eine verurteilte Person zum Strafantritt im offenen oder geschlossenen Vollzug aufgenommen wird, trifft die Vollstreckungsbehörde.
3. Nach Beginn des Strafvollzugs entscheidet die JVA, in der sich der Gefangene befindet, über die Verlegung in eine andere Vollzugsform.
4. Pauschale Wertungen genügen nicht für die Annahme einer der Verlegung in den offenen Vollzug entgegenstehenden Flucht- oder Missbrauchsgefahr. Der JVA steht jedoch ein nur beschränkt überprüfbarer Beurteilungsspielraum und in den meisten Ländern auch Ermessen zu.
5. Rückverlegungen in den geschlossenen Vollzug setzen regelmäßig die Ungeeignetheit des Gefangenen für den offenen Vollzug voraus.

723 **Literaturhinweise: Müller-Dietz**, Offener Vollzug – ein Weg von der Freiheitsentziehung zur kontrollierten Freiheit?, ZfStrVo 1999, 279; **Verrel**, Offener Vollzug in den Länderstrafvollzugsgesetzen. Über Sinn und Unsinn der Föderalismusreform, Gedächtnisschrift für Michael Walter, 621 ff.; s.a. die Hinweise bei → *Strafvollzug, Erwachsene, Allgemeines*, Teil C Rdn 170.

724 Zum Verständnis der folgenden Ausführungen und zu den zugrundeliegenden Normen zunächst → *Strafvollzug, Erwachsene, Allgemeines*, Teil C Rdn 172 f.

725 **1.a)** Es gibt grds. **zwei Arten von Formen des Strafvollzugs**: den **geschlossenen Vollzug** (sichere Unterbringung) und den **offenen Vollzug** (keine oder nur verminderte Vorkehrungen für Entweichungen). Auf der Suche nach alternativen Vollzugsformen ist in einigen Ländern ein ehemals auf Jugend-

liche ausgerichtetes Konzept, der **Vollzug in freien Formen**, bei dem junge Gefangene mit ihrer Zustimmung in Übergangs- oder Erziehungseinrichtungen untergebracht sind, als weitere Vollzugsform eingeführt worden.

b) § 10 StVollzG sah den offenen Vollzug als Regelvollzug vor. In wenigen Ländern ist es hierbei geblieben, in manchen ist nunmehr der geschlossene Vollzug als Regelvollzugsform gesetzlich festgeschrieben worden. In der **Vollzugspraxis** ist der Anteil der im offenen Vollzug untergebrachten Gefangenen seit Jahren rückläufig. Waren es 1996 noch 20,8 %, sind es 2024 nur noch 13,6 % gewesen (FS 2025, 80). 726

2. Die Entscheidung, ob eine zu Freiheitsstrafe verurteilte Person zum **Strafantritt** in den offenen oder geschlossenen Vollzug aufgenommen wird, ist keine vollzugsrechtliche, sondern wird von der StA als Vollstreckungsbehörde getroffen. Dem entsprechend richtet sich der Rechtsschutz gegen diese Entscheidung nach §§ 23 ff. EGGVG (OLG Frankfurt, Beschl. v. 11.7.2001 – 3 VAs 18/01; OLG Hamm, Beschl. v. 22.4.2008 – 1 VAs 20/08, NStZ-RR 2008, 357; OLG Naumburg, Beschl. v. 4.9.2008 – 1 VAs 10/08; Burhoff/*Schmidt-Clarner,* RM, Rn 415; a.A. Arloth/Krä/*Arloth,* § 10 StVollzG, Rn 2). 727

3. Nach Beginn des **Strafvollzugs** obliegt die Entscheidung, den Strafgefangenen in den offenen oder geschlossenen Vollzug zu verlegen, der JVA, in der der Gefangene untergebracht ist (BayObLG, Beschl. v. 5.8.2024 – 203 StObWs 312/24). Die Regelungen über den Wechsel der Vollzugsform gehen den allgemeinen Regeln zu Verlegungen vor (LNNVB/*Verrel,* Kap. D, Rn 6). Regelmäßig wird über die Eignung des Gefangenen für den offenen Vollzug im Vollzugsplan entschieden (→ *Strafvollzug, Erwachsene, Vollzugsplan,* Teil C Rdn 748 ff.). 728

4.a) Voraussetzung für die Unterbringung im offenen Vollzug ist nach allen Landesgesetzen, dass der Gefangene den (teilweise „besonderen“) Anforderungen des offenen Vollzugs genügt, also hierfür geeignet ist. Damit ist nicht zwingend gemeint, dass dem Gefangenen eine günstige Sozialprognose i.S.d. § 57 StGB gestellt werden muss (OLG Hamm, Beschl. v. 21.3.2019 – III-1 Vollz (Ws) 42/19; OLG Karlsruhe, Beschl. v. 14.5.2024 – 2 Ws 84/24; Arloth/Krä/*Arloth,* § 10 StVollzG, Rn 7). Die Eignung besteht in besonderen persönlichen Eigenschaften und Fähigkeiten, der Bereitschaft zur uneingeschränkten Mitarbeit, der Aufgeschlossenheit gegenüber Behandlungskonzepten, dem Bewusstsein sich aktiv bemühen zu müssen oder der Bereitschaft und Fähigkeit zur Einordnung in die Gemeinschaft des offenen Vollzugs (OLG Koblenz, Beschl. v. 20.6.2016 – 2 Ws 250/16; Arloth/Krä/*Arloth,* § 10 StVollzG, Rn 8). Die h.M. gesteht der JVA insoweit einen Beurteilungsspielraum zu, dessen Einhaltung nur eingeschränkter gerichtlicher Kontrolle unterliegt (KG, Beschl. v. 16.7.2019 – 2 Ws 103/19 Vollz; OLG Hamm, Beschl. v. 28.2.2006 – 1 Vollz (Ws) 1/06, ZfStrVo 2006, 369; OLG Koblenz, a.a.O.; OLG Zweibrücken, Beschl. v. 20.7.2021 – 1 Ws 154/21 Vollz; siehe auch→ *Strafvollzug, Erwachsene, Antrag auf gerichtliche Entscheidung, Allgemeines,* Teil C Rdn 208). 729

b) Es darf zudem nicht zu befürchten sein, dass sich der Gefangene dem Vollzug der Freiheitsstrafe entzieht oder die Möglichkeiten des offenen Vollzugs zu Straftaten missbrauchen wird. Wegen des Resozialisierungsanspruchs des Gefangenen müssen dafür konkrete negative Anhaltspunkte vorliegen. Pauschale Wertungen oder abstrakte Hinweise genügen nicht. Zudem muss die **Flucht- oder Missbrauchsgefahr** positiv festgestellt werden. Es genügt nicht, dass diese nicht sicher auszuschließen ist (OLG Hamm, Beschl. v. 27.3.2025 – III-1 Vollz 478–480/24). Abwägungsrelevante Umstände für eine Flucht- oder Missbrauchsgefahr sind die Persönlichkeit des Verurteilten, sein Vorleben, etwaige frühere Straftaten, die Umstände und das Gewicht der Tat sowie die Tatmotivation, sein Verhalten und die Persönlichkeitsentwicklung im Vollzug (OLG Hamm, Beschl. v. 24.1.2017 – III-1 Vollz (Ws) 538/16; OLG Karlsruhe, Beschl. v. 14.5.2024 – 2 Ws 84/24). Auch die voraussichtliche Restverbüßungsdauer kann mitberücksichtigt werden, da die Verlegung in den offenen Vollzug bei noch verbleibender längerer Strafdauer zu einer Überforderung der Belastungsfähigkeit des Gefangenen führen kann. Die Voraussetzungen für die Annahme der Eignung für den offenen Vollzug sind teilweise je nach Deliktsart und Strafhöhe an weitere formelle Voraussetzungen geknüpft. Während die meisten Länder der JVA eine **Ermessensentscheidung** zugestehen, die gerichtlich nur auf Ermessensnicht- bzw. fehlgebrauch überprüft werden kann (→ *Strafvollzug, Erwachsene, Antrag auf gerichtliche Entscheidung, Allgemeines,* Teil C Rdn 209), haben in an- 730 deren Ländern geeignete Strafgefangene aufgrund der Formulierung im Gesetz sogar einen **Rechtsanspruch** auf Unterbringung im offenen Vollzug (KG, Beschl. v. 31.3.2022 – 5 Ws 262/21 Vollz).

731 **5. Rückverlegungen** vom offenen in den geschlossenen Vollzug sind in den meisten Landesgesetzen ausdrücklich vorgesehen. Entsprechende Normen gehen als abschließende Sonderreglungen – soweit sie nicht daneben für anwendbar erklärt werden – den allgemeinen Regelungen zu Widerruf und Rücknahme von Justizverwaltungsakten (→ *Strafvollzug, Erwachsene, Allgemeines,* Teil C Rdn 185 f.) vor (LNNVB/*Verrel,* Kap. D, Rn 19). Regelmäßig muss sich danach die Ungeeignetheit des Gefangenen für den offenen Vollzug ergeben haben. Als maßgebliche Gründe können hierfür nur neue oder neu bekannt gewordene Umstände herangezogen werden. Eine Neubewertung bereits bekannter Umstände kann eine Rückverlegung allenfalls rechtfertigen, wenn die ursprüngliche Entscheidung unvertretbar erscheint (KG, Beschl. v. 4.9.2013 – 2 Ws 376/13 Vollz; OLG Celle, Beschl. v. 12.5.2025 – 1 Ws 68/25 (StrVollz)).

Siehe auch: → *Strafvollzug, Erwachsene, Allgemeines,* Teil C Rdn 169 ff.

732 Strafvollzug, Erwachsene, Vollzugslockerungen

Das Wichtigste in Kürze:

1. Vollzugslockerungen werden in den Landesgesetzen unterschiedlich benannt.
2. Maßgeblich für die Anordnung von Lockerungen ist ein vertretbares Risiko, das aufgrund einer Gesamtabwägung durch die JVA zu beurteilen ist.
3. Bei langjährigen Strafgefangenen kommen Ausführungen zur Erhaltung der Lebenstüchtigkeit in Betracht.
4. Bei Vorliegen der tatbestandlichen Voraussetzungen liegt die Entscheidung über Vollzugslockerungen im Ermessen der JVA.
5. Auch die Rücknahme von Lockerungen liegt bei Vorliegen der tatbestandlichen Voraussetzungen im Ermessen der JVA.
6. Über die Eignung für die Bewilligung von Vollzugslockerungen wird regelmäßig im Vollzugsplan entschieden.

733 **Literaturhinweise: Goerdeler,** Vollzugslockerungen zur Förderung der Resozialisierung, FS 2020, 93; s.a. die Hinweise bei → *Strafvollzug, Erwachsene, Allgemeines,* Teil C Rdn 170.

734 Zum Verständnis der folgenden Ausführungen und zu den zugrundeliegenden Normen siehe zunächst → *Strafvollzug, Erwachsene, Allgemeines,* Teil C Rdn 172 f.

735 **1.a)** Ein elementarer Baustein bei der Behandlung von Gefangenen auf ihrem Weg zurück in die Freiheit sind **Vollzugslockerungen**. Sie sollen dabei helfen, die **Fortschritte**, die ein Gefangener im Vollzug gemacht hat, in einem Umfeld mit wachsenden Freiheiten **erproben** zu können und dienen somit der Wiedereingliederung des Gefangenen und seinem Resozialisierungsinteresse (BVerfG, Beschl. v. 18.9.2019 – 2 BvR 1165/19). Je länger der Vollzug andauert, desto gewichtiger ist dieser Umstand bei der Entscheidung zu berücksichtigen (BVerfG, Beschl. v. 15.5.2018 – 2 BvR 287/17). Der Erfolg von Vollzugslockerungen stellt einen gewichtigen Faktor bei der Frage, ob ein Gefangener bereits früher, als es sein Strafzeitende vorsieht, nach § 57 StGB zur Bewährung entlassen werden kann. Zudem können Lockerungen als Aussicht auf Abwechslung im Alltag der Motivation des Gefangenen dienen, am Vollzugsziel mitzuarbeiten.

736 **b)** Vollzugslockerungen bzw. vollzugsöffnende Maßnahmen sind in den landesrechtlichen Vorschriften in verschiedenen **Formen** vorgesehen:

- **Urlaub** (Freistellung von der Haft über mehrere Tage),
- **Freigang** (Beschäftigung außerhalb der Anstalt ohne Beaufsichtigung),

- Außenbeschäftigung (Beschäftigung außerhalb der Anstalt mit Beaufsichtigung),
- (unbegleiteter) **Ausgang,**
- (begleiteter) Ausgang,
- **Ausführung.**

Die **Länder** verwenden dabei teilweise **unterschiedliche systematische Einordnungen** und Bezeichnungen, ohne dass diese sich wesentlich inhaltlich unterscheiden (FFL/*Burckhardt*, Vor § 38 LandesR, Rn 3). Der Katalog der Vollzugslockerungen ist nicht abschließend geregelt. 737

2.a) Alle Lockerungen setzen eine **fehlende Flucht- und Missbrauchsgefahr** voraus. Bei diesem Versagungsgrund handelt es sich um einen unbestimmten Rechtsbegriff, der der JVA einen Beurteilungsspielraum eröffnet (BayObLG, Beschl. v. 19.3.2024 – 203 StObWs 97/24; KG, Beschl. v. 8.5.2024 – 5 Ws 10/24 Vollz; OLG Dresden, Beschl. v. 18.3.2019 – 2 Ws 670/18; OLG Karlsruhe, Beschl. v. 2.10.2007 – 1 Ws 64/07 L; OLG Naumburg, Beschl. v. 21.8.2017 – 1 Ws (RB) 34/17). Sie darf sich allerdings nicht auf pauschale Wertungen oder abstrakte Gefahren beschränken (OLG Koblenz, Beschl. v. 23.12.2019 – 2 Ws 770/19 Vollz). Sie muss vielmehr alle Gesichtspunkte des konkreten Einzelfalls ermitteln und gegeneinander abwägen, die nach Erfahrungswissen im konkreten Fall für die Gefahr einer Flucht des Gefangenen bzw. für die Gefahr der Begehung neuer Straftaten – und zwar nicht allgemein wie bei §§ 57, 57a StGB, sondern gerade wegen der Gewährung von Lockerungen – relevant sind. In die **Gesamtabwägung** ist namentlich die Persönlichkeit des Gefangenen, sein Vorleben, frühere Straftaten, die Art und Weise der Begehung sowie die Motive der Tat, das Nachtatverhalten, die Entwicklung des Gefangenen im Vollzug sowie die Bedingungen, unter denen die Vollzugslockerung erfolgt, einzustellen (BayObLG, a.a.O.; OLG Hamm, Beschl. v. 4.9.2018 – III-1 Vollz (Ws) 376/18). Auf die Länge des Strafrestes und das Leugnen der Tat allein oder auf die Verknüpfung dieser beiden Umstände allein kann die Flucht- oder Missbrauchsgefahr nicht gestützt werden (OLG Frankfurt, Beschl. v. 5.11.2003 – 3 Ws 981/03 (StVollz). Auch fehlende Therapiebereitschaft ist nur ein in die Abwägung einzubeziehender Gesichtspunkt (BayObLG, Beschl. v. 9.6.12025 – 203 StObWs 435/25). 738

b) Der maßgebliche **Prognosemaßstab** ist in den Ländern nicht einheitlich geregelt. Teilweise kommt es darauf an, dass die Flucht- und Missbrauchsgefahr nicht zu befürchten sein darf, teilweise kommt es darauf an, ob es verantwortet werden kann, den Gefangenen zu erproben. Nach beiden Formulierungen ist letztlich maßgeblich, ob das Risiko einer Vollzugslockerung vertretbar erscheint (FFL/*Burkhardt*, § 38 LandesR, Rn 70). Die Ablehnung von Lockerungen mit der Begründung, „eine Flucht- oder Missbrauchsgefahr kann nicht ausgeschlossen werden" genügt hierfür nicht. Solche sind nie ganz ausgeschlossen und Lockerungen immanent. Flucht- und Missbrauchsgefahr müssen daher positiv von der JVA festgestellt werden (OLG Hamm, Beschl. v. 4.9.2018 – III-1 Vollz (Ws) 376/18; OLG Naumburg, Beschl. v. 21.8.2017 – 1 Ws (RB) 34/17; OLG Zweibrücken, Beschl. v. 17.4.2019 – 1 Ws 266/18 Vollz). Die Behauptung, es gebe konkrete Befürchtungen, reicht ohne weitere tatsächliche Anhaltspunkte nicht aus (KG, Beschl. v. 23.11.2021 – 5 Ws 167/21 Vollz). Etwaige Zweifel bei der geforderten Prognose gehen aber zu Lasten des Gefangenen (BayObLG, Beschl. v. 19.3.2024 – 203 StObWs 97/24). 739

c) Flucht- und Missbrauchsgefahr sind **je nach beantragter Lockerungsart** unterschiedlich zu beurteilen (BVerfG, Beschl. v. 20.6.2012 – 2 BvR 851/11, NStZ-RR 2012, 387; BayObLG, Beschl. v. 9.12.2025 – 203 StObWs 435/25). Eine Versagung von Lockerungen muss daher lockerungsbezogen abgefasst sein, nicht pauschal (OLG Hamm, Beschl. v. 27.12.2016 – III-1 Vollz (Ws) 427/16; OLG Karlsruhe, Beschl. v. 23.7.2001 – 3 Ws 50/01; OLG Koblenz, Beschl. v. 24.1.2017 – 1 Ws 559/16; OLG Saarbrücken, Beschl. v. 16.1.2025 – 1 Ws 219/24 Vollz; OLG Zweibrücken, a.a.O.). 740

3. Ausführungen sind schon vom Begriff her nicht geeignet, den Gefangenen darin zu erproben, ob er in Freiheit neue Straftaten begehen würde. Einige Länder haben mit ihrer gesetzlichen Konzeption daher auch davon abgesehen, Ausführungen als vollzugslockernde Maßnahmen zu definieren. Gleichwohl kann auch auf Ausführung ein Anspruch geltend gemacht werden. 741

742 **a)** Insbesondere bei **langstrafigen Gefangenen** kommt eine **Ausführung zur Erhaltung der Lebenstüchtigkeit** in Betracht. Hierfür bedarf es keiner weiteren Anzeichen drohender haftbedingter Depravationen (BVerfG, Beschl. v. 17.9.2019 – 2 BvR 650/19). Sie dürfen auch nicht vom Abschluss einer Therapie abhängig gemacht werden (BayObLG, Beschl. v. 9.12.2025 – 203 StObWs 435/25; OLG Frankfurt, Beschl. v. 10.3.2022 – 3 Ws 679/21). Auch zu lebenslänglicher Freiheitsstrafe verurteilten Personen kann eine Ausführung zur Erhaltung der Lebenstüchtigkeit nicht grds. verwehrt werden (BayObLG, Beschl. v. 3.11.2025 – 203 StObWs 391/25).Wann solche Ausführungen spätestens zu gewähren sind, wird unterschiedlich beurteilt (4 Jahre: BayObLG, Beschl. v. 3.11.2021 – 204 StObWs 436/21; 5 Jahre: OLG Saarbrücken, Beschl. v. 16.1.2025 – 1 Ws 219/24 Vollz; 7 Jahre: OLG Frankfurt, a.a.O.; BeckOK-HStVollzG /*Kunze,* § 13 Rn 35d; differenzierend je nach Länge des Freiheitsentzugs OLG Hamm, Beschl. v. 7.2.2022 – III-1 Vollz (Ws) 549/21). Bei der Entscheidung über eine Gestattung dürfen auch die personellen Möglichkeiten der JVA berücksichtigt werden (OLG Celle, Beschl. v. 4.9.2013 – 1 Ws 337/13 (StrVollz); OLG Karlsruhe, Beschl. v. 13.3.2007 – 1 Ws 183/06, NStZ-RR 2007, 325), allerdings kann der Staat Ansprüche Gefangener nicht nach Belieben dadurch verkürzen, dass er die JVA nicht so ausstattet, wie es zur Wahrung der Rechte der Gefangenen erforderlich wäre (BVerfG, Beschl. v. 1.12.2021 – 2 BvR 2080/21; OLG München, Beschl. v. 20.7.2017 – 5 Ws 28/17). Der Resozialisierungsanspruch aus Art. 2 Abs. 1 GG i.V.m. Art. 1 Abs. 1 GG erlangt indessen mit zunehmender Haftdauer immer größeres Gewicht (BVerfG, Beschl. v. 26.10.2011 – 2 BvR 1539/09, StV 2012, 678). Der genaue Zeitpunkt der Ausführung unterliegt grds. der Organisationshoheit der JVA (BayObLG, Beschl. v. 20.2.2025 – 204 StObWs 578/24). Eine zwischenzeitlich erfolgte Flucht kann Auswirkungen auf den Anspruch auf Ausführung nach sich ziehen (OLG Koblenz, Beschl. v. 25.2.2021 – 4 Ws 767/20).

743 **b)** Ausführungen (und Sonderurlaub) kommen zudem auch bei Vorliegen eines **wichtigen Grundes** in Betracht. Hierbei handelt es sich um einen gerichtlich voll überprüfbaren unbestimmten Rechtsbegriff, der eine Angelegenheit von erheblicher Bedeutung für den Gefangenen erfordert, die dieser nur außerhalb der JVA erledigen kann (KG, Beschl. v. 4.9.2013 – 2 Ws 422/13 Vollz). Hierzu zählen Erkrankung und Tod eines nahen Familienangehörigen, die eigene Eheschließung, ein Umzug, der aufgrund einer Kündigung der eigenen Wohnung erforderlich wird (OLG Koblenz, Beschl. v. 12.6.1979 – 2 VAs 31/79, ZfStrVo 1979, 253), die Beschaffung wichtiger Unterlagen z.B. für das Finanzamt (OLG Zweibrücken, Beschl. v. 27.5.2010 – 1 Ws 103/10 Vollz), die Teilnahme an einer Prüfung etc. (näher LNNVB/*Laubenthal/Baier,* Kap. E, Rn 160a ff.). Der Gefangene muss hierzu substantiiert vortragen, warum die Ausführung erforderlich ist und die geplante Aufgabe nicht durch Dritte oder aus der JVA heraus erfolgen kann (BayObLG, Beschl. v. 27.6.2022 – 203 StObWs 107/22). Der Geburtstag des eigenen Kindes stellt wegen der zu erwartenden Regelmäßigkeit des Anlasses keinen wichtigen Grund dar (OLG Karlsruhe, Beschl. v. 1.7.2024 – 2 Ws 88/24). Ob und wie der Gefangene bei einer Ausführung zu **fesseln** ist, richtet sich regelmäßig nach den Vorschriften über besondere Sicherungsmaßnahmen (→ *Strafvollzug, Erwachsene, Sicherungsmaßnahmen,* Teil C Rdn 630 ff.). Bei einer erstmaligen Ausführung ist mangels Erfahrungen hinsichtlich des Verhaltens des Gefangenen ein höheres Maß an Sicherheitsvorkehrungen zulässig (KG, Beschl. v. 16.2.2023 – 2 Ws 178–179/22 Vollz).

744 **c)** An den **Kosten** können **Gefangene** bei Vorliegen einer entsprechenden Ermächtigungsgrundlage **beteiligt** werden. Soweit eine solche nur im Fall einer ausschließlich im Interesse des Gefangenen liegenden Ausführung vorgesehen ist, dürfte schwierig zu begründen sein, dass die Ausführung nicht auch weiteren Zwecken wie der Vorbereitung weiterer Resozialisierungsmaßnahmen dient.

745 **4.** Die **Entscheidung**, ob bei Vorliegen der tatbestandlichen Voraussetzungen, **Vollzugslockerungen** zu gewähren sind, steht im **Ermessen** der **JVA** und hängt wesentlich davon ab, ob die Vollzugslockerung die Erreichung des Vollzugsziels tatsächlich fördert (OLG Naumburg, Beschl. v. 21.8.2017 – 1 Ws (RB) 34/17). Auch begleitete Ausführungen können von einem behandlungsbezogenen Anlass und vom konkreten Behandlungsfortschritt abhängig gemacht werden (OLG Naumburg, Beschl. v. 6.3.2017 – 2 Ws 731/15). Die JVA kann (teilweise muss!) Lockerungen auch an die Einhaltung von **Weisungen** knüpfen,

die sich funktional auf die mit der jeweiligen Maßnahme verbundene Zielvorstellungen beziehen (LNNVB/*Laubenthal/Baier*, Kap. E, Rn 215). In gesetzlich geregelten Fällen muss zudem vor der Entscheidung über Lockerungen ein sog. **Prognosegutachten** eines Sachverständigen eingeholt werden. Sperrfristen für die Beantragung von Vollzugslockerungen bedürfen einer gesetzlichen Grundlage (OLG Hamm, Beschl. v. 27.7.2017 – III-1 Vollz (Ws) 269/17).

5. Die Möglichkeit, Vollzugslockerungen **zurückzunehmen**, ist in den Ländern weitestgehend inhaltsgleich vorgesehen. Die Regelungen gehen den allgemeinen zu Widerruf und Rücknahme von Vollzugsverwaltungsakten (→ *Strafvollzug, Erwachsene, Allgemeines,* Teil C Rdn 185 f.) vor. Die Rücknahme kann auf die Nichteinhaltung von Weisungen, Missbrauch der Lockerung oder auf neue oder nachträglich bekanntgewordene Umstände, die bei Kenntnis zur Versagung der Lockerung geführt hätten, gestützt werden. Liegen die Voraussetzungen vor, liegt die Entscheidung über die Aufhebung der Lockerung im Ermessen der JVA. 746

6. Über das Bestehen der Eignung für die Bewilligung von Vollzugslockerungen wird regelmäßig im **Vollzugsplan** (→ *Strafvollzug, Erwachsene, Vollzugsplan,* Teil C Rdn 748 ff.) entschieden. Kann die JVA zu Beginn des Vollzugs nicht umfassend auf für die Beurteilung der Eignung für Vollzugslockerungen relevante Informationen zurückgreifen, ist die Annahme der Befürchtung von Flucht- oder Missbrauchsgefahr aufgrund vorhandener sonstiger Indizien wegen der Verpflichtung zu zeitnaher Aufstellung des Vollzugsplans nicht zu beanstanden. Inwieweit ein bestandskräftiger Vollzugsplan, der die Nichteignung für Vollzugslockerungen vorsieht, einem neuen Antrag auf Gewährung von Vollzugslockerungen entgegensteht, siehe → *Strafvollzug, Erwachsene, Antrag auf gerichtliche Entscheidung, Frist,* Teil C Rdn 345. 747

Siehe auch: → *Strafvollzug, Erwachsene, Allgemeines,* Teil C Rdn 169 ff.; → *Strafvollzug, Erwachsene, Entlassung,* Teil C Rdn 466 ff.

Strafvollzug, Erwachsene, Vollzugsplan 748

Das Wichtigste in Kürze:

1. Der Vollzugsplan ist ein zentrales Element des Strafvollzugs.
2. Vollzugspläne sind zu Beginn des Strafvollzugs zu erstellen und regelmäßig fortzuschreiben.
3. Auf die Erstellung und Fortschreibung des Vollzugsplans besteht ein Anspruch.
4. Der Vollzugsplan ist keine Maßnahme und daher per se nicht anfechtbar. Wohl aber kann die Rechtswidrigkeit der Aufstellung des Vollzugsplans in formeller wie inhaltlicher Hinsicht beanstandet werden.

Literaturhinweise: **Pollähne**, Mindeststandards der Vollzugsplanung, JR 2007, 446; s.a. die Hinw. bei → *Strafvollzug, Erwachsene, Allgemeines*, Teil C Rdn 170. 749

Zum Verständnis der folgenden Ausführungen und zu den zugrundeliegenden Normen zunächst → *Strafvollzug, Erwachsene, Allgemeines*, Teil C Rdn 172 f. 750

1. Der **Vollzugsplan** ist ein zentrales Element des dem Resozialisierungsziel verpflichteten Vollzugs. Die Bezeichnung ist nicht einheitlich, in manchen Ländern heißt er „Vollzugs- und **Eingliederungsplan**" bzw. „**Resozialisierungsplan**". Er 751

- bildet als eine Art „Gesamt-Fahrplan" das Kernstück eines behandlungsorientierten Vollzugs, an dem der Gefangene sich aktiv beteiligen können soll (BVerfG, Beschl. v. 21.1.2003 – 2 BvR 406/02, NStZ 203, 620),
- dient der Konkretisierung des Vollzugsziels im Blick auf den einzelnen Gefangenen und
- bildet einen Orientierungsrahmen zum Behandlungsverlauf, in dem die richtungsweisenden Grundentscheidungen festgelegt werden (BGH, Beschl. v. 15.12.2016 – 2 ARs 248/16, NStZ-RR 2017, 232).

Wegen des Grundrechts auf Resozialisierung muss bereits im Gesetz geregelt sein, welche Punkte im Vollzugsplan behandelt werden (BVerfG, Urt. v. 20.6.2023 – 2 BvR 166/16). Für Gefangene mit angeordneter oder vorbehaltener Sicherungsverwahrung gelten ergänzend besondere Vorschriften (→ *Strafvollzug, Erwachsene, Strafvollzug mit angeordneter oder vorbehaltener Sicherungsverwahrung*, Teil C Rdn 650).

752 **2. Grundlage** des Vollzugsplans ist in allen Ländern die **zu Beginn des Vollzugs** stattfindende **Behandlungsuntersuchung**. Zur Aufstellung ist zudem eine **Vollzugsplankonferenz** mit den maßgeblich beteiligten Personen durchzuführen. Manche Vollzugsgesetze enthalten **Fristen**, in denen der Vollzugsplan aufzustellen ist. Fehlt es hieran, ist davon auszugehen, dass dies unverzüglich geschehen muss (FFL/*Weßels/Böning,* § 8 LandesR Rn 11). Soweit im Gesetz die Möglichkeit einer Überschreitung einer Frist vorgesehen ist, erfordert eine solche nachvollziehbare und gewichtige Gründe, die auch die Dauer der Strafvollstreckung in Rechnung stellen (OLG Schleswig, Beschl. v. 23.2.2023 – 2 Ws 145/22 Vollz, SchlHA 2023, 157). Der Vollzugsplan ist zudem regelmäßig **fortzuschreiben**, d.h. insoweit zu ändern, als die Entwicklung des Gefangenen und weitere Ergebnisse der Persönlichkeitserforschung dies verlangen. Er behält seine Wirksamkeit auch im Falle einer Verlegung in eine andere JVA. Der Inhalt richtet sich nach den jeweiligen Landesvorschriften. Zentraler Aspekt ist die am Vollzugsziel orientierte Behandlung des Gefangenen, der durch Maßnahmen wie Arbeit (→ *Strafvollzug, Erwachsene, Arbeit*, Teil C Rdn 383 ff.), Bildung (→ *Strafvollzug, Erwachsene, Bildung*, Teil C Rdn 421 ff.), Vollzugslockerungen (→ *Strafvollzug, Erwachsene, Vollzugslockerungen*, Teil C Rdn 732 ff.), Soziale Trainingskurse (→ *Strafvollzug, Erwachsene, Soziale Hilfen*, Teil C Rdn 640) etc. auf eine Wiedereingliederung in die Gesellschaft vorbereitet werden soll.

753 **3.** Auf die **Erstellung** und **Fortschreibung** eines **Vollzugsplans** hat der Strafgefangene einen **Anspruch**. Gefangene, für die ein Vollzugsplan erstellt worden ist, haben sodann Anspruch auf Durchführung der darin vorgesehenen Maßnahmen. Insoweit findet eine Selbstbindung der JVA statt (BGH, Beschl. v. 15.12.2016 – 2 ARs 248/16, NStZ-RR 2017, 232; KG, Beschl. v. 22.12.2009 – 2 Ws 560/09; OLG Celle, Beschl. v. 16.5.1988 – 1 Ws 96/88, ZfStrVo 1989, 116; OLG Karlsruhe, Beschl. v. 2.6.2008 – 2 Ws 2/08, StraFo 2008, 524). Abweichungen hiervon zu Lasten des Gefangenen sind möglich, bedürfen aber eines erhöhten Begründungsaufwandes (OLG Celle, Beschl. v. 12.5.2025 – 1 Ws 68/25, FS 2025, 205; OLG Hamm, Beschl. v. 27.3.2025 – III-1 Vollz 478–480/24).

754 **4.**Bei den **Rechtsschutz**möglichkeiten gegen den Inhalt bzw. das Unterlassen des Aufstellens eines Vollzugsplans ist zu differenzieren:

755 **a) Unterlässt** die **JVA** die Aufstellung oder Fortschreibung eines Vollzugsplans, kann der Strafgefangene diese mit einem **Antrag** auf **gerichtliche Entscheidung** hierzu verpflichten (KG, Beschl. v. 21.7.2021 – 2 Ws 73/21 Vollz; OLG Celle, Beschl. v. 4.1.1991 – 1 Ws 241/90; OLG Hamm, Beschl. v. 24.1.2022 – III-1 Vollz (Ws) 536/21; OLG Nürnberg, Beschl. v. 5.4.1982 – Ws 208/82), allerdings nicht mit einem bestimmten Inhalt (KG, Beschl. v. 21.1.1987 – 5 Ws 477/86 Vollz, ZfStrVo 1987, 245; OLG Nürnberg, a.a.O.). Bei einer **verspäteten Aufstellung** des Vollzugsplans kommt ein Antrag auf Feststellung der Rechtswidrigkeit des Vorgehens in Betracht (OLG Schleswig, Beschl. v. 23.2.2023 – 2 Ws 145/22 Vollz, SchlHA 2023, 157).

756 **b)aa)** Der **Vollzugsplan** selbst stellt jedoch **keine Maßnahme** zur Regelung einzelner Angelegenheiten dar und ist daher als solcher **nicht angreifbar** (BVerfG, Beschl. v. 22.12.2021 – 2 BvR 491/21; BayObLG , Beschl. v. 7.3.2022 – 204 StObWs 56/22; KG, Beschl. v. 8.4.2020 – 2 Ws 14/20 Vollz; OLG Jena, Beschl. v. 17.5.2016 – 1 Ws 454/15; OLG Koblenz, Beschl. v. 13.9.1989 – 2 Vollz (Ws) 36/89, ZfStrVo 1990, 116; OLG Rostock, Beschl. v. 4.10.2018 – 20 Ws 133/18; OLG Saarbrücken, Beschl. v. 21.11.2003 – Vollz (Ws) 12/03, ZfStrVo 2004, 119; Arloth/Krä/*Arloth,* § 152 StVollzG, Rn 6).

757 **bb) Ausnahmsweise** kann mit dem Antrag auf gerichtliche Entscheidung die Fehlerhaftigkeit der Aufstellung des Vollzugsplans oder die sich erst aus einer Zusammenschau aller Maßnahmen im Vollzugsplan ergebende **Rechtswidrigkeit gerügt** werden (BVerfG, Beschl. v. 25.9.2006 – 2 BvR 2132/05,

FS 2007, 39; BayObLG, Beschl. v. 30.1.2023 – 204 StObWs 417/22; KG, Beschl. v. 11.7.2016 – 5 Ws 58/16 Vollz; OLG Celle, Beschl. v. 5.8.2011 – 1 Ws 282/11 (StrVollz), StV 2012, 171; OLG Hamburg, Beschl. v. 13.6.2007 – 3 Vollz (Ws) 26–28/07, StraFo 2007, 390; OLG Hamm, Beschl. v. 25.6.2019 – 1 Vollz (Ws) 29/19; OLG Karlsruhe Beschl. v. 2.10.2007 – 1 Ws 64/07 L, StraFo 2007, 519; OLG Koblenz, Beschl. v. 31.1.2014 – 2 Ws 689/13 (Vollz); OLG Naumburg, Beschl. v. 7.9.2016 – 1 Ws (RB) 39/16). Dies gilt aber nur nach, nicht während der Erstellung des Vollzugsplans (KG, Beschl. v. 6.6.2019 – 5 Ws 65/19 Vollz; OLG Celle, Beschl. v. 14.4.2010 – 1 Ws 143/10 (StrVollz), FS 2010, 304; a.A. OLG Stuttgart, Beschl. v. 29.1.2001 – 4 Ws 15/2001, NStZ 2001, 392).

c) Beinhaltet der Vollzugsplan **konkrete Bestimmungen**, können diese mit einem Antrag nach §§ 109 ff. StVollzG gerichtlich überprüft werden (BayObLG, Beschl. v. 7.3.2022 – 204 StObWs 56/22; OLG Hamburg, Beschl. v. 13.6.2007 – 3 Vollz (Ws) 26/07, StraFo 2007, 390; OLG Hamm, Beschl. v. 24.5.2012 – III-1 Vollz (Ws) 192/12; OLG Karlsruhe, Beschl. v. 2.10.2007 – 1 Ws 64/07 L, StraFo 2007, 519; OLG Koblenz, Beschl. v. 11.6.1992 – 2 Ws 202/92, ZfStrVo 1992, 321; OLG Saarbrücken, Beschl. v. 21.11.2003 – Vollz (Ws) 12/03, ZfStrVo 2004, 119), so etwa die Eignung für die Unterbringung im offenen Vollzug oder für Vollzugslockerungen (BVerfG, Beschl. v. 3.7.2006 – 2 BvR 1383/03; OLG Hamm, a.a.O.; a.A., aber mit Art. 19 Abs. 4 GG unvereinbar KG, Beschl. v. 11.7.2016 – 5 Ws 58/16 Vollz, wonach die bloße Erklärung, dass es an der Eignung des Gefangenen für die Gewährung von Vollzugslockerungen fehle, nur dann eine Maßnahme i.S.d. § 109 Abs. 1 StVollzG sei, wenn darin zugleich die Ablehnung einer zuvor von dem Gefangenen beantragten konkreten Vollzugslockerung liegt). 758

☝ Bestimmungen im Vollzugsplan begründen eigenständige Rechte und Pflichten, die gegenüber den einzelnen Vollzugsmaßnahmen betreffenden Rechten und Pflichten verselbstständigt sind. Sieht bspw. der Vollzugsplan die Unterbringung im geschlossenen Vollzug vor, ist die auf einen Antrag des Antragstellers auf Verlegung in den offenen Vollzug ergehende ablehnende Entscheidung gleichwohl selbstständig gerichtlich überprüfbar (→ *Strafvollzug, Erwachsene, Antrag auf gerichtliche Entscheidung, Frist*, Teil C Rdn 345).

d) Rein deskriptive Angaben im Vollzugsplan können **nicht angegriffen** werden, etwa die Nennung des voraussichtlichen Entlassungszeitpunkts (KG, Beschl. v. 21.10.1996 – 5 Ws 396/96 Vollz, NStZ 1997, 207; OLG Frankfurt, Beschl. v. 3.11.1994 – 3 Ws 494/94, NStZ 1995, 520; a.A. *Walter/Dörlemann* NStZ 1996, 358) oder die fehlende Erwähnung absolvierter Kurse oder Therapien; insoweit könnte aber ein Begründungsmangel vorliegen, der im Vollzugsplan getroffene Einzelmaßnahmen rechtswidrig macht. 759

☝ Der einen Vollzugsplan betreffende **Antrag** auf gerichtliche Entscheidung muss deutlich wiedergeben, wodurch der Antragsteller seine Rechte verletzt sieht. Die schlichte „Anfechtung des Vollzugsplans" genügt hierfür nicht (KG, Beschl. v. 6.12.2019 – 2 Ws 194/19 Vollz).

Für den Fall der Fortschreibung des Vollzugsplans und deren Auswirken auf ein laufendes gerichtliches Verfahren siehe → *Strafvollzug, Erwachsene, Antrag auf gerichtliche Entscheidung, Erledigung*, Teil C Rdn 304. Zum Verhältnis eines bestandskräftigen Vollzugsplans zu seiner Fortschreibung sowie zur Zulässigkeit eines Antrags auf Gewährung von Vollzugslockerungen trotz eines die Nichteignung des Gefangenen für solche beinhaltenden Vollzugsplans siehe → *Strafvollzug, Erwachsene, Antrag auf gerichtliche Entscheidung, Frist*, Teil C Rdn 345).

Siehe auch: → *Strafvollzug, Erwachsene, Allgemeines*, Teil C Rdn 169 ff.

760 Strafvollzug, Jugendliche, Allgemeines

Das Wichtigste in Kürze:

1. Für den Jugendstrafvollzug existiert (inzwischen) in allen Bundesländern eine gesetzliche Grundlage. Die überwiegende Anzahl der Bundesländer haben sich bei der Gesetzgebung abgestimmt; inzwischen zerfasern die landesrechtlichen Regelungen aber zunehmend.
2. Neben den (Jugend)Strafvollzugsgesetzen der Länder gibt es noch internationale Rechtsquellen, mit denen argumentiert werden kann.
3. Die folgenden Ausführungen gelten für den Vollzug von Jugendstrafe sowie für den Vollzug von Freiheitsstrafen an unter 24jährigen, die sich für den Jugendstrafvollzug eigenen (§ 114 JGG).
4. Jugendstrafe wird in Jugendstrafanstalten vollzogen. Dabei muss es sich grds. um selbstständige Anstalten handeln (Trennungsgrundsatz), wobei Ausnahmen zugelassen sind.
5. Bei der Aufnahme in der Jugendstrafanstalt wird ein Zugangsgespräch geführt und es findet eine ärztliche Untersuchung statt. Auf der Grundlage des Diagnoseplans ist ein Vollzugsplan zu erstellen.
6. In den meisten der Jugendstrafvollzugsgesetze bzw. den Vorschriften über den Jugendstrafvollzug wird nicht von einer Präferenz des offenen Vollzuges ausgegangen.
7. In den meisten Jugendstrafanstalten wird ein Wohngruppenvollzug unter Verantwortung eines Gruppenleiters praktiziert.
8. Im Wesentlichen weisen alle Gesetze dieselben Grundaussagen zum Bereich Schule, Ausbildung, Weiterbildung und Arbeit auf.
9. Im Jugendstrafvollzug bestimmt grds. die Dreiteilung Arbeitszeit, Freizeit, Ruhezeit den Tagesablauf.
10. Die Regeln der Vereinten Nationen zum Schutz von Jugendlichen unter Freiheitsentzug bewerten Außenkontakte als wesentlichen Bestandteil des Anspruchs auf eine gerechte und menschliche Behandlung und als unverzichtbar für die Vorbereitung der Jugendlichen auf ihre Rückkehr in die Gesellschaft.
11. Dem Gefangenen können zur Aufrechterhaltung der Sicherheit und Ordnung der Anstalt Beschränkungen auferlegt werden.
12. Die Rechtsbehelfe gegen einzelne Maßnahmen auf dem Gebiet des Vollzuges richten sich nach dem § 92 JGG.

761 **Literaturhinweise:** **Bereswill** u.a. „Ich weiß gar nicht, was die mit mir machen" – Sozialtherapeutische Behandlungsmaßnahmen aus der Sicht inhaftierter junger Männer ZJJ 2007, 48; **BMJ** (Hrsg.) Internationale Menschenrechtstandards und das Jugendkriminalrecht, 2001; **Fischer/Ludwig**, Sozialtherapie im Jugendstrafvollzug, ZJJ 2009, 65; **Funck**, Anmerkung zu OLG Stuttgart, NStZ 1987, 432; **Goerdeler/Walkenhorst** (Hrsg.), Jugendstrafvollzug in Deutschland: neue Gesetze, neue Strukturen, neue Praxis?, 2007; **Heinrich**, Gewalt im Gefängnis – eine Untersuchung der Entwicklung von Gewalt im hessischen Justizvollzug (1989 – 1998), BewHi 2002, 371; **Höynck** u.a., Jugendstrafvollzugsgesetze der Länder. Eine Auswahl wichtiger Regelungsbereiche in synoptischer Darstellung, ZJJ 2008, 159; **Lindrath**, Jugendstrafvollzug in freien Formen: Rechtsgrundlagen und Erziehungsstandards, 2010; **Lobitz/Giebel/Suhling**, Strukturelle Merkmale des Jugendstrafvollzuges in Deutschland – erste Ergebnisse einer länderübergeifenden Bestandaufnahme durch die kriminologischen Dienste, Forum Strafvollzug 2013, 340; **Merckle**, 10 Jahre Jugendstrafvollzug in freien Formen, Forum Strafvollzug 2013, 358; **Neubacher**, Gewalt unter Gefangenen, NStZ 2008, 361; *ders.*, Jugendstrafvollzugsgesetz: Neue Gesetze – neue Perspektiven?, ZRP 2008, 14; *ders.*, Entwicklung, Gründe und Formen von Gefängnisgewalt – Erkenntnisse aus einer Längsschnittstudie mit jungen Männern und Frauen in Deutschland, KrimOJ 2020, 372; **Nöding**, Verteidigung in Jugendstrafsachen, 8. Aufl. 2023; **Ostendorf** (Hrsg.), Jugendstrafvollzugsrecht, 4. Aufl. 2022; **Pollähne**, Internationale Standards gegen föderalen Wildwuchs?, StV 2007, 553; **Schüler-Springorum**, Anmerkung zu OLG Stuttgart, NStZ 1987, 431; **Suhling**, Sozialtherapie im Jugendstrafvollzug: Prinzipien wirksamer Behandlung, ZJJ 2008, 330; **Walkenhorst/Wirth**, Jugendstrafvollzug auf dem Prüfstand, Forum Strafvollzug 2013, 339; **Walter**, Die Jugendstrafanstalt – pädagogische Institution oder Ort für die Akquisition von Strafanzeigen?, NStZ 2010, 57; *ders.*, Jugendstrafvollzug in freier Form, ZJJ 2009, 192; **Weipert**, Lebenswelt Gefängnis – Einblick in den Jugendstrafvollzug mit Berichten junger Gefangener, 2003; **Werner**, Jugendstrafvollzug in Deutschland, 2012; **Wirth**, Kernbefunde einer empirischen Studie im Strafvollzug des Landes Nordrhein-Westfalen hrsg.

vom Kriminologischen Dienst des Landes Nordrhein-Westfalen, 2006; s.a. → *Maßregelvollzug, Allgemeines,* Teil C Rdn 1, und bei→ *Strafvollzug, Erwachsene, gerichtliche Entscheidung, Allgemeines,* Teil C Rdn 190 m.w.N.

1.a) Das **BVerfG** hat in seiner Grundlagenentscheidung zum Jugendstrafvollzug vom 31.5.2006 (NJW 2006, 2093) den Jugendstrafvollzug nur aufgrund von Verwaltungsvorschriften für verfassungswidrig erklärt. Es hat dem Gesetzgeber aufgegeben, bis spätestens 1.1.2008 eine gesetzliche Grundlage für den Jugendstrafvollzug zu schaffen. Durch die Föderalismusreform ist die Gesetzgebungskompetenz für den Strafvollzug auf die Länder übertragen worden. Spätestens zum 1.1.2008 sind tatsächlich in allen Bundesländern Gesetze zur Regelung des Jugendstrafvollzuges in Kraft getreten (Tabelle bei → *Daten, Datengewinnung, Strafvollzug, Landesrecht,* Teil D Rdn 107). 762

☝ Die Grundsatzentscheidung des BVerfG bietet für den Verteidiger viel **Argumentationsmaterial** im Vollzug.

b) Letztendlich existierte jedoch **keine so große Rechtszersplitterung** wie bei den Erwachsenen, denn eine Gruppe von **11 Bundesländern** hatte zunächst im Interesse der Einheitlichkeit und zur Sicherung gemeinsamer Qualitätsstandards im Jugendstrafvollzug ihre **Regelungen aufeinander abgestimmt.** Zu der Gruppe gehörten: Berlin, Brandenburg, Bremen, Mecklenburg-Vorpommern, Rheinland-Pfalz, Saarland, Sachsen-Anhalt, Schleswig-Holstein und Thüringen und (wieder) Sachsen. Hamburg hat seit dem 14.7.2009 ein – an Schleswig-Holstein angelehntes – eigenes Jugendstrafvollzugsgesetz. Die Landesgesetzgeber haben sich dabei zwar durchaus um Erfüllung der Anforderungen des BVerfG bemüht, bleiben aber teilweise deutlich hinter ihnen zurück. **Eigenständige Jugendstrafvollzugsgesetze** erließen Baden-Württemberg, Hessen und Nordrhein-Westfalen. In Bayern und Niedersachsen wurde der Jugendstrafvollzug in die „allgemeinen Strafvollzugsgesetze" aufgenommen (dabei wird insbesondere kritisiert, dass aufgrund der umfangreichen Verweisungstechnik das Verständnis der Regelungen erschwert ist, insbesondere für die Insassen; *Eisenberg,* NStZ 2008, 250). Im Nachgang ging die Entwicklung jedoch wieder weiter auseinander und die einzelnen Bundesländer entwickelten, je nachdem welche politischen Kräfte dominierten, ihre eigenen Vollzugsstandards. Aktuell existieren (noch) vier angeglichene „reine" Jugendstrafvollzugsgesetze (Sachsen, Saarland, Bremen, Mecklenburg-Vorpommern) aus der ehemaligen „11er-Gruppe". Sechs Bundesländer (Sachsen-Anhalt, Thüringen, Brandenburg, Rheinland-Pfalz, Niedersachsen und Bayern) verfügen mittlerweile über „Kombinationsgesetze", die sowohl den Jugend- als auch den Erwachsenenstrafvollzug regeln, während die übrigen sechs Bundesländer (Baden-Württemberg, Berlin, Hamburg, Hessen, Schleswig-Holstein und Nordrhein-Westfalen) eigenständige und kaum miteinander vergleichbare Regelungen getroffen haben (zu allem *Nöding,* Rn 471). 763

☝ Die aktuellen Fassungen der (Jugend-)Strafvollzugsgesetze der Länder sind bei *Eisenberg/Kölbel,* Rn 8 zu § 92 JGG aufgeführt. Eine übersichtliche Kommentierung des Jugendstrafvollzugsrechts – anhand des Gesetzes über den Vollzug der Jugendstrafe in Berlin – findet sich bei D/S/S-*Sonnen,* Teil II. Für eine ausführliche Kommentierung der Jugendstrafvollzugsgesetze mit themenbezogenen synoptischen Übersichten *Ostendorf,* Jugendstrafvollzugsrecht.

Der Verteidiger sollte auch die zu den einzelnen Regelungen erlassenen **Ausführungsvorschriften** kennen. Durch sie werden die **Ermessenspielräume** der **Anstalt konkretisiert.**

2. Neben den (Jugend)Strafvollzugsgesetzen der Länder gibt es noch **internationale Rechtsquellen,** mit denen argumentiert werden kann. Dabei ist jedoch zu beachten, dass es sich bei den internationalen Vorgaben lediglich um Minima handelt. Die Rechtsquellen lassen sich unterscheiden in „hard-law" (internationale Vorgaben, die durch ein Bundesgesetz in innerdeutsches Recht umgesetzt wurden und damit verbindlich sind) und „soft-law" (Empfehlungen). 764

765 Hinzuweisen ist auf:

Hard-law

- **Konvention** zum **Schutze** der **Menschenrechte** und **Grundfreiheiten (EMRK)**; transformiert durch Bundesgesetz vom 7.8.1952 (BGBl II 1952, S. 685; letzte Fassung: 22.10.2010, BGBl II S. 1198, zuletzt geändert durch 15. EMRK-Protokoll vom 24.6.2013 (BGBl 2014 II S. 1034, 1035). **Strafvollzugsrechtliche Bedeutung** haben u.a.:
  - **Verbot** von **Folter** und unmenschlicher oder erniedrigender Behandlung im Strafvollzug (Art. 3 EMRK). Das Folterverbot ist durch das Europäische Übereinkommen zur Verhütung von Folter und unmenschlicher und erniedrigender Behandlung und Strafe aus dem Jahr 1987 (In Kraft gesetzt seit dem 1.2.1989; BGBl II 1989, S. 946) konkretisiert worden.
  - **Recht** auf **Achtung** des **Privat-** und **Familienlebens** (Art. 8 EMRK),
  - Recht auf **wirksame Beschwerde** (Art. 13 EMRK),
  - **Diskriminierungsverbot** (Art. 14 EMRK),
  - zumindest indizielle Wirkung: Recht des Beschuldigten in einer **verständlichen Sprache** über die Gründe der Strafverfolgung informiert zu werden (Art. 5 Abs. 2 EMRK),
- **Internationaler Pakt über bürgerliche und politische Rechte** (BGBl II 1973, S. 1534)
  - **Folterverbot**, nebst dem Verbot, medizinische oder wissenschaftliche Versuche ohne freiwillige Zustimmung durchzuführen (Art. 7 IPbpR),
  - Behandlung von Gefangenen (Art. 10 IPbpR).
- **UN Kinderechtskonvention** (BGBl II S. 990, ohne Vorbehalte seit 2010: BGBl 2011 II S. 600)
  - Art 37, 40 KRK.

766 **Soft-law**

- Mindestgrundsätze der Vereinten Nationen für die Jugendgerichtsbarkeit vom 29.11.1985 (**„Beijing-Grundsätze“**; abrufbar unter: https://www.dvjj.de/wp-content/uploads/2020/02/9783942865999.pdf – S. 53 ff.),
- Regeln der **Vereinten Nationen** zum Schutz von **Jugendlichen unter Freiheitsentzug** vom 14.12.1990 (abrufbar unter demselben Link – dort S. 135 ff.),
- **Empfehlungen** des **Ministerkomitees** des **Europarates** „Rec (2006)2 on the European Prison Rules“ (Download unter: https://rm.coe.int/empfehlung-des-ministerkomitees/1680a346cb).

☝ Die internationalen Standards sind für den Verteidiger nicht nur als **Argumentationshilfe hilfreich**, sondern auch im Hinblick auf eine mögliche **Verfassungsbeschwerde**. Das BVerfG hat ausdrücklich darauf hingewiesen, dass bei Nichtbeachtung oder Unterschreitung der internationalen Standards die grundrechtlichen Anforderungen an den Jugendstrafvollzug nicht genügend beachtet wurden (BVerfG, Urt. v. 31.5. 2006 – 2 BvR 1673/04 u. 2 BvR 2402/04, NJW 2006, 2093; dazu ausführlich *Pollähne* StV 2007, 553).

767 **3.a)** Die folgenden Ausführungen gelten für:

- den **Vollzug von Jugendstrafe**
- **Vollzug von Freiheitsstrafen** an **unter 24jährigen**, die sich für den Jugendstrafvollzug eignen (§ 114 JGG).

768 In der Praxis hat sich der Jugendstrafvollzug zu einem Jungerwachsenenvollzug entwickelt. 2019 waren nur ca. 11,5 % der Gefangenen Jugendliche; ca. 47,5 % Heranwachsende und ca. 41 % waren 21 Jahre und älter (Ostendorf/*Ostendorf*, JStrVollzR, Vorbem. Rn 14). Je nach Vollstreckungsplan gibt es eigene Jungtäteranstalten oder -abteilungen (z.B. die Jungtäteranstalt in Vechta, oder die JVA Ravensburg; Überblick bei Ostendorf/*Ostendorf*, JStrVollzR, Vorbem. Rn 33).

Im Folgenden wird das **Jugendstrafvollzugsgesetz Berlin zugrunde** gelegt. Dieses ist im Wesentlichen zumindest auf die elf Bundesländer, die sich abgestimmt haben, übertragbar (Verweis), hinsichtlich der genauen Vorschriften für andere Bundesländer und ggf. Abweichungen *Ostendorf*, Jugendstrafvollzugsrecht. 769

b) Aus dem Urteil des BVerfG (Urt. v. 31.5.2006 – 2 BvR 1673/04 u. 2 BvR 2402/04, NJW 2006, 2093) lassen sich u.a. die folgenden **Grundsätze** für den Jugendstrafvollzug ableiten: 770

- Erwachsenen- und Jugendstrafvollzug haben mit **unterschiedlichen Sachverhalten** zu tun. Jugendliche befinden sich biologisch, psychisch und sozial in einem Übergangsstadium mit typischen Spannungen, Unsicherheiten und Anpassungsschwierigkeiten. Sie stehen in einem Alter, wo nicht nur sie selbst, sondern auch andere für ihre Fehlentwicklung verantwortlich sind, die auch von Umfeld und Umständen geprägt ist. Strafe darf deshalb nur letztes Mittel sein und muss in seinen negativen Auswirkungen auf die Persönlichkeit minimiert werden.
- Nur ein auf **soziale Integration** ausgerichteter Strafvollzug entspricht der Menschenwürde und dem Grundsatz der Verhältnismäßigkeit staatlichen Strafens. Das Ziel der Resozialisierung folgt auch aus der Schutzpflicht des Staates für die Sicherheit des Bürgers.
- Dieses **Ziel** hat im Jugendstrafvollzug besonderes Gewicht. Der Staat übernimmt dadurch, dass er mit dem Entzug der Freiheit in eine Lebensphase eingreift, die auch bei nicht delinquentem Verlauf noch der Entwicklung zu einer Persönlichkeit dient, eine gesteigerte Verantwortung. Deshalb und weil die Lebensspanne nach Verbüßung der Haft beim jugendlichen Straftäter typischerweise besonders lang ist, kann er seiner gesteigerten Verantwortung nur durch eine Vollzugsgestaltung gerecht werden, die in besonderer Weise auf Förderung (soziales Lernen, Ausbildung von Fähigkeiten und Kenntnissen für die berufliche Integration) gerichtet ist.
- Jugendliche haben ein **anderes Zeitempfinden** als Erwachsene und leiden stärker unter der erzwungenen Trennung von ihrem gewohnten sozialen Umfeld; dem erzwungenen Alleinsein erwachsen spezielle Bedürfnisse.
- Der Jugendstrafvollzug berührt die grundgesetzlich geschützten Positionen der **erziehungsberechtigten Eltern**.
- Diese Besonderheiten treffen größtenteils auch auf Heranwachsende bei jugendhaften Entwicklungsstand zu
- Hieraus entnimmt das Bundesverfassungsgericht für den Jugendstrafvollzug die folgenden Anforderungen:
- großzügigere Besuchsmöglichkeiten als bei Erwachsenen, insbesondere der Familienangehörigen,
- Förderung sozialen Lernens durch Aufbau und Ermöglichung sozialer Kontakt,
- Förderung körperlicher Aktivität als besonders bedeutsamer Teil des Vollzugs,
- Schutz vor wechselseitigen Übergriffen,
- für die jungen Verurteilten zugänglicher und leichter umsetzbarer Rechtsschutz,
- dem Vollzugsziel angepasste Ausstattung (Schaffung von Bildungs- und Ausbildungsmöglichkeiten, Ermöglichung von sozialem Lernen, Unterbringung und Betreuung, Schutz vor gegenseitiger Gewalt),
- ausreichendes pädagogisches und therapeutisches Angebot,
- hinreichende Entlassungsvorbereitung und Hilfe für die Zeit nach der Entlassung,
- Verbesserung des Vollzugs unter Ausnutzung vorhandener Erkenntnisquellen und Erfahrungswissens sowie zugleich Vergleich zu völkerrechtlichen Vorgaben und internationalen Standards (zu allem *Nöding*, Rn 470).

4.a) Jugendstrafe wird in **Jugendstrafanstalten** vollzogen (§ 98 JStVollzG Bln). Dabei muss es sich grds. um selbstständige Anstalten handeln (**Trennungsgrundsatz**), wobei Ausnahmen zugelassen sind. 771

Für **weibliche Gefangene**, die zwischen 3 % und maximal 4 % aller Jugendstrafgefangenen ausmachen, existiert jedoch in keinem Bundesland eine eigene Jugendstrafanstalt. In vielen Bundesländern ist bei dieser Gefangenengruppe auch die gesetzlich gebotene Trennung von Jugendlichen und Erwachsenen – 772 wenigstens in einem separaten Hafthaus – nicht gewährleistet (*Werner*, S. 218). Dies widerspricht zum einen den Vorgaben des BVerfG, aber auch internationalen Standards wie z.B. Nr. 37 lit. c KRK und Nr. 26.3 der „Beijing-Rules".

773 **b)** Gem. § 2 JStVollzG Bln dient der Vollzug dem **Ziel**, die Gefangenen zu befähigen, künftig in sozialer Verantwortung ein Leben ohne Straftaten zu führen. Gleichermaßen hat er die **Aufgabe**, die Allgemeinheit vor weiteren Straftaten zu schützen. Im Unterschied hierzu verzichten Schleswig-Holstein (§ 2 JStVollzG) und Baden-Württemberg (§ 1 JVollzGB IV) auf die Nennung dieses Vollzugsziels. Bayern hingegen führt den Schutz der Allgemeinheit als primäres Vollzugsziel an (Art. 121 S. 1 BayStVollzG).

774 Hierzu ist der **Vollzug erzieherisch** zu **gestalten** (§ 3 Abs. 1 S. 1 JStVollzG Bln). Die jungen Gefangenen sind – im Gegensatz zu den Erwachsenen – verpflichtet, an der **Erreichung** des **Vollzugszieles mitzuwirken**. Ihre Bereitschaft hierzu ist zu wecken und zu fördern (§ 5 JStVollzG Bln).

775 Diese grds. **Mitwirkungspflicht** lässt sich **unterteilen** in folgende

Einzelverpflichtungen:

- Pflicht zum Gesundheitsschutz und zur Hygiene,
- Pflicht zur Teilnahme und Mitwirkung an Freizeitangeboten,
- Pflicht zum Schulbesuch, zu Aus- und Weiterbildung,
- Pflicht zur Arbeit und Beschäftigung,
- Pflicht zur Einhaltung von Sicherheit und Ordnung.

☝ Um die Bereitschaft des Gefangenen an der Mitwirkung zu erreichen, sollen einzelne Vollzugmaßnahmen dem Gefangenen **erläutert** werden (§ 4 Abs. 2 S. 2 JStVollzG Bln).

776 Ein reines „Absitzen" der Strafe soll vermieden werden. Da jedoch eine **Nichtbeachtung** der Pflichten zu **disziplinarischen Maßnahmen** führen kann, kann es auch bei Mitwirkung des Jugendlichen lediglich zu einer Scheinresozialisierung kommen (ausführlich dazu Ostendorf/*Ostendorf*, JStrafVollzR, § 1 Rn 28).

777 **c)** Der Vollzug der Jugendstrafe greift in das **Elternrecht** auf Pflege und Erziehung der Kinder gem. Art. 6 Abs. 2 S. 1 GG ein. Dieses Elternrecht wird zwar eingeschränkt, jedoch durch den Strafvollzug nicht vollständig suspendiert. Soweit Eltern bereit sind, ihre Erziehungsrechte auszuüben, muss ihnen zur Mitwirkung Gelegenheit gegeben werden. Daher regelt § 7 Abs. 3 JStVollzG Bln, dass die Personensorgeberechtigten, soweit dies möglich ist und dem Vollzugsziel nicht zuwiderläuft, in die **Planung** und **Gestaltung** des **Vollzugs einzubeziehen** sind. Konkretisiert wird dies durch folgende Vorschriften:

- unverzügliche Unterrichtung der Personensorgeberechtigten von der **Aufnahme** (§ 9 Abs. 5 J StVollzG Bln)
- unverzügliche Unterrichtung über die **Verlegung** des Gefangenen (§ 19 Abs. 3 S. 3 JStVollzG Bln)
- unverzügliche Unterrichtung über **schwere Erkrankung** oder **Tod** des Gefangenen (§ 79 JStVollzG Bln)
- der **Vollzugsplan** wird lediglich auf Verlangen des Personensorgeberechtigten ausgehändigt (§ 11 Abs. 8 JStVollzG Bln)
- die Personensorgeberechtigten werden über **Entlassungsvorbereitungen** unterrichtet (Art. 136 Abs. 1 S. 2 BayStVollzG „wenn dies nicht der Erfüllung des Erziehungsauftrags widerspricht"; keine Einschränkung: § 19 Abs. 2 SächsJStVollzG).

778 Die Mitwirkungsrechte der Personensorgeberechtigten beschränken sich jedoch eher auf **Informationspflichten** der **Anstalt** als auf aktive Einwirkung der Personensorgeberechtigten (zu Kritik und nicht ausreichender Berücksichtigung der Personensorge im Gesetz Ostendorf/*Ostendorf*, JStrafVollzR, § 1 Rn 54).

5.a) Bei der Aufnahme in der Jugendstrafanstalt wird ein **Zugangsgespräch** geführt und es findet eine ärztliche Untersuchung statt. Das Jugendamt wird von der Aufnahme benachrichtigt. Danach wird in einem Diagnoseverfahren festgestellt, welcher **Erziehungs-** und **Förderungsbedarf** besteht. Auf der Grundlage des Diagnoseplans ist ein **Vollzugsplan** zu erstellen (§§ 9 ff. JStVollzG Bln). Grundlage der Diagnose sind das Urteil, Gespräche mit dem Gefangenen, aber auch Informationen von Dritten, z.B. Gutachten zu §§ 3 oder 105 JGG bzw. §§ 20, 21 StGB. 779

☝ An dieser Stelle kann die **Verteidigung** bereits Einfluss nehmen, indem sie der Anstalt **wesentliche Veränderungen** in der Lebensführung des Jugendlichen **mitteilt** und so zum Aktenbestandteil macht.

b) Der Vollzugsplan soll innerhalb der **ersten sechs Wochen** nach Aufnahme erstellt werden (§ 11 Abs. 1 S. 1 JStVollzG Bln). Er wird regelmäßig alle **vier Monate** auf seine Umsetzung hin überprüft und **fortgeschrieben** (§ 11 Abs. 2 StVollzG Bln). 780

Der Vollzugsplan und seine Fortschreibungen enthalten insbesondere die folgenden **Angaben** (§ 11 Abs. 1 JStVollzG Bln): 781

- Zusammenfassung der für die Vollzugs- und Eingliederungsplanung maßgeblichen Ergebnisse des Diagnostikverfahrens,
- voraussichtlicher Entlassungszeitpunkt,
- **Unterbringung** im **geschlossenen** oder **offenen** Vollzug,
- **Zuweisung** zu einer **Wohngruppe** oder einem anderen Unterkunftsbereich,
- Unterbringung in einer **sozialtherapeutischen** Einrichtung,
- Maßnahmen zur Förderung der Mitwirkungsbereitschaft,
- **Teilnahme** an **schulischen**, berufsorientierenden, qualifizierenden Maßnahmen, einschließlich Alphabetisierungs- und Deutschkursen,
- Teilnahme an **arbeitstherapeutischen** Maßnahmen oder am **Arbeitstraining,**
- Maßnahmen zur Behandlung von Suchtmittelabhängigkeit und Suchtmittelmissbrauch,
- Teilnahme an **Sport-** und **Freizeitangeboten** zur strukturierten Gestaltung der Freizeit,
- **Lockerungen** zur Erreichung des Vollzugziels,
- Aufrechterhaltung, Förderung und Gestaltung von **Außenkontakten,**
- Maßnahmen und Angebote zum **Ausgleich** von **Tatfolgen,**
- **Schuldenregulierung,**
- **Maßnahmen** zur Vorbereitung von **Entlassung**, Eingliederung, Nachsorge und zur Bildung eines Eingliederungsgeldes und
- **Fristen** zur Fortschreibung des Vollzugsplans- und Wiedereingliederungsplans.

6.a) In den meisten Jugendstrafvollzugsgesetzen bzw. den Vorschriften über den Jugendstrafvollzug wird nicht von einer Präferenz des **offenen Vollzuges** ausgegangen. Einige Landesgesetze gehen **grds.** von dem **geschlossenen Vollzug** als Regelform aus (Bayern: Art. 133 i.V.m. Art. 12 Abs. 2 BayStVollzG; Hessen: § 13 Abs. 1 HessJStVollzG; Niedersachen: § 132 Abs. 1 i.V.m. § 12 Abs. 2 NJVollzG); d.h., eine Ladung in den offenen Jugendstrafvollzug ist ausgeschlossen (OLG Frankfurt, Beschl. v. 14.9.2012 – 3 VAs 20/12, NStZ-RR 2012, 358). In den meisten Ländern ist die Regelvollzugsform jedoch offen formuliert: Die Gefangenen werden im offenen oder geschlossenen Vollzug untergebracht. Sie sollen im offenen Vollzug untergebracht werden, wenn sie dessen besonderen Anforderungen genügen, insbesondere verantwortet werden kann zu erproben, dass sie sich weder dem Vollzug entziehen noch die Möglichkeiten des offenen Vollzugs zur Begehung von Straftaten missbrauchen werden (Baden-Württemberg: § 7 Abs. 2 JVollzGB IV; Brandenburg: § 22 Abs. 2 BbgJVollzG; Bremen: § 13 Abs. 2 BremJStVollzG; Hamburg: § 13 Abs. 2 HmbJStVollzG; Mecklenburg-Vorpommern: § 13 Abs. 2 JStVollzG M-V; Nordrhein-Westfalen: § 14 Abs. 1 JStVollzG NRW; Rheinland-Pfalz: § 22 Abs. 3 LJVollzG; Saarland: § 13 Abs. 2 SJStVollzG; Sachsen: § 13 Abs. 2 SächsJStVollzG; Sachsen-Anhalt: § 22 Abs. 2 und 3 JVollzGB I LSA; Schleswig-Holstein: § 18 Abs. 2 JStVollzG; Thüringen: § 22 Abs. 3 ThürJVollzGB). Für Berlin 782 wurde die entsprechende Regelung (§ 18 Abs. 2 JStVollzG Bln) im Jahr 2016 dahingehend geändert, dass die Gefangenen nunmehr im offenen Vollzug unterzubringen „sind“, „wenn sie dessen besonderen Anforderungen genügen“. Trotz dieser Gesetzesänderung wird in der Praxis in Berlin nur ein Bruchteil der Gefangenen von Anfang an im offenen Vollzug untergebracht, was wohl vor allem daran liegt, dass nur wenige Plätze für den offenen Vollzug zur Verfügung stehen.

783 In Berlin fehlt eine ausdrückliche Regelung über den Jugendstrafvollzug in „freien Formen“ (§ 91 Abs. 3 JGG a.F.). Der Regelungsgedanke wurde aber in § 44 Abs. 1 Nr. 5 JStVollzG Bln aufgegriffen (D/S/S-*Sonnen/Baur*, § 18 JStVollzG Rn 8). Dort ist jedoch lediglich die allgemeine Möglichkeit der „Unterbringung in besonderen Erziehungseinrichtungen oder in Übergangseinrichtungen freier Träger“ genannt. Manche Bundesländer hingegen (z.B. Nordrhein-Westfalen §§ 14, 59 Abs. 1 JStVollzG NRW, Sachsen § 13 SächsJStVollzG, Baden-Württemberg § 7 Abs. 1 JVollzGB IV und Hessen § 13 Abs. 3 Nr. 1 HessJStVollzG) haben die **Möglichkeit** gewählt, den **Jugendstrafvollzug in „freien Formen“** als eigene Vollzugsform neben dem geschlossenen und offenen Vollzug durchzuführen. Dies bedeutet, dass der Vollzug auch außerhalb der Anstalt, z.B. in einem Heim der Jugendhilfe oder in einer Wohngemeinschaft mit Hauseltern durchgeführt werden kann (z.B. in Baden-Württemberg das Projekt „Chance“ http://www.projekt-chance.de; ausführlich: *Walter,* ZJJ 2009, 192; *Merckle,* FS 2013, 358; hierzu auch: D/S/S-*Sonnen/Baur*, § 18 JStVollzG Rn 5). Die meisten Bundesländer haben diese „freie Form“ des Vollzuges jedoch lediglich unter **„Vollzugslockerungen“** geregelt. Bayern, Niedersachsen, Hamburg und Sachsen-Anhalt erwähnen den Vollzug in freien Formen dagegen überhaupt nicht.

784 In allen Ländern ist die **Sozialtherapie** im Jugendstrafvollzug vorgesehen (vgl. dazu *Fischer/Ludwig* ZJJ 2009, 65; *Suhling* ZJJ 2008, 330; aus Sicht der Betroffenen: *Bereswill u.a.* ZJJ 2007, 48). Die §§ 20 und 21 JStVollzG Bln gehen dabei deutlich über den bisherigen Regelungsstand hinaus, der lediglich vorsah, dass Gefangene in einer sozialtherapeutischen Abteilung untergebracht werden können, wenn deren besondere therapeutische Mittel und soziale Hilfen zum Erreichen des Vollzugsziels angezeigt sind (§ 14 J StVollzG a.F.). Ziel der Neuregelung ist es, durch Kombination von psychotherapeutischer, sozialpädagogischer und arbeitstherapeutischer Methoden der erheblichen Gefährlichkeit solcher dort untergebrachter Jugendstrafgefangenen zu begegnen. Der Anwendungsbereich beschränkt sich nicht auf Sexualstraftäter, sondern gilt auch für im Drogendeliktsbereich oder mit Gewalttaten straffällig gewordene Gefangene (D/S/S-*Sonnen/Baur*, § 20 JStVollzG Rn 3). Bei der Therapie ist das Lebensumfeld der Jugendlichen außerhalb des Vollzugs, insb. Personenberechtigte einzubeziehen. § 21 StVollzG Bln manifestiert die organisatorische Verpflichtung, den Vollzug der Sozialtherapie in einer besonderen Abteilung des Jugendstrafvollzugs zu vollziehen, bestenfalls in überschaubaren Wohngruppen. Nach § 20 Abs. 3 JStVollzG Bln können auch Jugendstrafgefangene, von denen keine erhebliche Gefährlichkeit ausgeht, in der Sozialtherapie untergebracht werden, wenn dies zur Erreichung des Vollzugsziels angezeigt ist (*Nöding*, Rn 479).

785 **b)aa) Vollzugslockerungen** sind für das Erreichen des Vollzugszieles besonders bedeutsam (BVerfG, Beschl. v. 1.4.1998 – 2 BvR 1951/96, NStZ 1998, 430). Damit können soziale Beziehungen aufrechterhalten bzw. neue aufgebaut werden. Es können Ausbildungs- und Arbeitsplatzmaßnahmen außerhalb der Anstalt ergriffen werden, um sie möglichst nach Entlassung fortzusetzen. Im Berliner JStVollzG haben Vollzugslockerungen einen eigenen Abschnitt erhalten (§§ 44 bis 47 JStVollzG Bln) und sind damit nun weitaus umfassender geregelt als zuvor im (Bundes-)JStVollzG.

☝ Vollzugslockerungen sind Schritte zur **Resozialisierung** und keine Belohnung. Darauf hat die Verteidigung hinzuweisen.

786 Als Vollzugslockerungen kommen nach den § 44 JStVollzG Bln insbesondere **in Betracht**; → *Maßregelvollzug, Erwachsene, Vollzugslockerungen,* Teil C Rdn 152 ff.):

- das Verlassen der Anstalt für bis zu 24 Stunden in Begleitung einer von der Anstalt zugelassenen Person (Begleitausgang),
- das Verlassen der Anstalt für bis zu 24 Stunden ohne Begleitung (unbegleiteter Ausgang),

- das Verlassen der Anstalt für mehr als 24 Stunden (Langzeitausgang),
- die regelmäßige Beschäftigung außerhalb der Anstalt (Freigang) und
- die Unterbringung in besonderen Erziehungseinrichtungen oder in Übergangseinrichtungen freier Träger.

☝ Die Benennung der Vollzugslockerungen ist **nicht abschließend** („insbesondere"). Bei den „klassischen" Vollzugslockerungen wird – im Gegensatz zu den erwachsenen Gefangenen – keine Zustimmung des jungen Gefangenen gefordert; z.B. können Ausführungen sogar gegen deren Willen durchgeführt werden (§ 47 S. 2 JStVollzG Bln).

bb) Voraussetzung für die Gewährung von Vollzugslockerungen ist, dass **verantwortet** werden kann zu **erproben**, dass die Gefangenen sich weder dem Vollzug entziehen noch die Vollzugslockerungen zur Begehung von Straftaten missbrauchen werden (§ 44 Abs. 2 JStVollzG Bln). Es handelt sich also um die klassischen Parameter **„Flucht-** oder **Missbrauchsgefahr"**. Hierbei handelt es sich um unbestimmte Rechtsbegriffe, die nur eingeschränkt durch das Gericht überprüft werden können. Die Anstalt muss jedoch von einem **zutreffend ermittelten Sachverhalt** ausgehen. Es ist immer eine Einzelfallentscheidung notwendig. Der Gefangene hat einen Anspruch auf **ermessensfehlerfreie Entscheidung** (→ *Maßregelvollzug, Erwachsenem Vollzugslockerungen,* Teil C Rdn 152 ff.). 787

☝ In der Praxis sollte bei einer ablehnenden Entscheidung immer geprüft werden, ob der **zugrunde** liegende **Sachverhalt zutreffend ermittelt** wurde. Hier sind die Erfolgschancen bei einem Antrag auf gerichtliche Entscheidung nach § 92 JGG i.V.m. § 109 StVollzG wesentlich höher als bei der Geltendmachung von Ermessensfehlern.

Die **Schwere** der **Schuld** steht der Gewährung von Vollzugslockerungen nicht entgegen (OLG Frankfurt, Beschl. v. 16.10.2001 – 3 Ws 736/01, NStZ 2002, 53 unter ausdrücklicher Aufgabe seiner entgegenstehenden Rspr. aus OLG Frankfurt, Beschl. v. 2.2.1984 – 3 VAs 49/83, NStZ 1984, 382). Allerdings wird dies von den Gerichten nicht immer konsequent beachtet. Einigkeit besteht zumindest darin, dass bei der im Rahmen einer Ermessensentscheidung vorzunehmenden Abwägung dem das Jugendstrafrecht beherrschenden **Erziehungsgedanken** besonderes Gewicht zukommt (OLG Stuttgart, Beschl. v. 30.10.1986 – 4 VAs 26/86, NStZ 1987, 430 mit Anm. *Schüler-Springorum,* NStZ 1987, 431 und *Funck,* NStZ 1987, 432; vgl. insbesondere auch BVerfG, Beschl. v. 28.6.1983 – 2 BvR 539/80, BVerfGE 64, 261 [Berücksichtigung der Schwere der Schuld bei der Gewährung von Urlaub für Erwachsene]; zur selben Fragestellung bei der Reststrafenaussetzung → *Jugendliche, Vollstreckung, Jugendstrafe*, Teil B Rdn 838). 788

cc) Das **BVerfG** hat in seiner Grundsatzentscheidung zum Jugendstrafvollzug (BVerfG, Urt. v. 31.5.2006 – 2 BvR 1673/04, BVerfGE 116, 69–95, NJW 2006, 2093) „eine mit angemessenen Hilfen für die Phase nach der Entlassung verzahnte **Entlassungsvorbereitung**" verlangt. In Berlin regeln die §§ 48 bis 51 JStVollzG Bln die Vorbereitung der Eingliederung, Entlassung und nachgehenden Betreuung. Die Anstalt arbeitet danach **frühzeitig** vor der voraussichtlichen Entlassung mit außervollzuglichen Einrichtungen, Organisationen sowie Personen und Vereinen zusammen, um zu erreichen, dass die Gefangenen nach ihrer Entlassung über eine geeignete Unterbringung und eine Arbeits- oder Ausbildungsstelle verfügen. Dazu gehört insbesondere eine **Zusammenarbeit den ambulanten sozialen Diensten** (Bewährungshilfe, Führungsaufsicht), des Jugendamtes sowie der Agenturen für Arbeit mit der Anstalt zum Zweck der sozialen und beruflichen Integration der Gefangenen. Sechs Monate vor der Entlassung sind dem Jugendlichen die zur Vorbereitung der Eingliederung erforderlichen Lockerungen zu gewähren, sofern nicht mit hoher Wahrscheinlichkeit zu erwarten ist, dass die Jugendstrafgefangenen sich dem Vollzug entziehen oder die Lockerungen zur Begehung von Straftaten missbrauchen werden. 789

790 **7.a)** Das BVerfG hatte in seinem Urteil aus dem Jahr 2006 für den Jugendstrafvollzug grds. die Unterbringung in Wohngruppen gefordert. In Berlin ist der Wohngruppenvollzug nach § 16 JStVollzG Bln dementsprechend zur Regelvollzugsform erklärt worden. In den meisten Jugendstrafanstalten wird der **Wohngruppenvollzug** unter Verantwortung eines Gruppenleiters ohnehin bereits praktiziert. Nach § 16 Abs. 3 S. 1 JStVollzG Bln soll der Wohngruppenvollzug besonders pädagogisch betreut werden. Nach S. 2 sind hierfür fest zugeordnete Bedienstete des allgemeinen Vollzugsdienstes vorzusehen. Die feste Zuordnung soll zwar für Kontinuität sorgen (D/S/S-*Sonnen/Baur*, § 16 JStVollzG Rn 8), jedoch dürfte fraglich sein, ob die Mitarbeiter des allgemeinen Vollzugsdienstes die im Gesetz geforderte pädagogische Befähigung aufweisen. In Bayern (Art. 140 BayStVollzG) bzw. Hamburg (§ 20 HmbJ StVollzG) wird daher explizit von „pädagogisch ausgebildeten Bediensteten" bzw. „erzieherisch befähigt Bediensteten" gesprochen. Hinsichtlich der Wohngruppengröße ist in § 16 Abs. 3 S. 2 JStVollzG Bln keine konkrete Größe festgelegt worden; es ist lediglich von einer „überschaubaren Anzahl von Jugendstrafgefangenen" die Rede. Auf die Festlegung einer konkreten Anzahl wurde mangels empirischer Evidenzen bewusst verzichtet (D/S/S-*Sonnen/Baur*, § 16 JStVollzG Rn 4). Andere Bundesländer hingegen haben die maximale Wohngruppengröße gesetzlich geregelt (z.B. Hessen, § 68 Abs. Abs. 4 Hess-J StVollzG: „Eine Wohngruppe soll in der Regel aus nicht mehr als acht Gefangenen bestehen. Aus erzieherischen Gründen oder Gründen der Vollzugsorganisation können bis zu zwei weitere Gefangene aufgenommen werden."; Hamburg § 57 Abs. 2 HmbJStVollzG: „mindestens mit acht und höchstens mit zwölf Gefangenen").

☝ Der Verteidiger sollte während des gesamten Vollzuges Kontakt zu dem jeweiligen Gruppenleiter halten. So können viele Konflikte bereits im Vorfeld geklärt werden. Sollte mit dem Gruppenleiter keine Einigung zustande kommen, empfiehlt es sich, den Anstaltsleiter anzusprechen, da dieser letztendlich die Verantwortung für Entscheidungen trägt.

791 Grds. sollen die Gefangenen **gemeinsam arbeiten** und sich in ihrer Freizeit in Gemeinschaft mit anderen aufhalten (§ 15 StVollzG Bln). Im Einzelfall kann der Gefangene von der **gemeinsamen Freizeit** ausgeschlossen werden. Die Gründe für den Ausschluss sind in den einzelnen Gesetzen unterschiedlich geregelt.

792 **b)** Während der Ruhezeit werden die Gefangenen in ihren **Hafträumen einzeln untergebracht**. Mit ihrer Zustimmung können sie **gemeinsam** untergebracht werden, wenn schädliche Einflüsse nicht zu befürchten **sind**. Es dürfen nicht mehr als zwei Gefangene in einem Haftraum untergebracht werden (§ 14 Abs. 1 J StVollzG Bln). Gemeinsame Unterbringung ist weiterhin bei Gefahr für Leben oder Gesundheit möglich.

793 Gemäß § 54 JStVollzG Bln dürfen die Jugendstrafgefangenen ihren Haftraum in angemessenem Umfang mit eigenen Gegenständen ausstatten oder diese dort aufbewahren. Gegenstände, die einzeln oder in ihrer Gesamtheit geeignet sind, die Sicherheit oder Ordnung der Anstalt, insbesondere die Übersichtlichkeit des Haftraumes, oder die Erreichung des Vollzugsziels zu gefährden, dürfen nicht in den Haftraum eingebracht werden. Der Haftraum ist wohnlich und seinem Zweck entsprechend zu gestalten. So gut wie keines der Bundesländer hat von der Möglichkeit Gebrauch gemacht, **Mindeststandards für den Haftraum** zu konkretisieren. Lediglich Baden-Württemberg hat in § 7 Abs. 2 und 3 JVollzGV IV eine Mindestgröße des Haftraumes für den Fall des Neubaus einer Justizvollzugsanstalt festgelegt (Ostendorf/*Borchert-Walther*, JugStrVollzR, § 3 Rn 14). Nach der Rspr. des BVerfG (allerdings zum Erwachsenenstrafvollzug) wurde ein **Mindestmaß** von 7 qm pro Gefangenen für erforderlich gehalten (BVerfG, Kammerbeschl. v. 19.10.1993 – 2 BvR 1778/93, ZfStrVo 1994, 377 zum allg. Vollzugsrecht). Die Doppelbelegung einer Einzelzelle von 8 qm kann einen Verstoß gegen die Menschenwürde begründen (BVerfG, stattgebender Kammerbeschl. v. 13.3.2002 – 2 BvR 261/01, StV 2002, 661 zum allg. Vollzugsrecht). U.a. in Berlin gibt es mittlerweile konkretisierende Verwaltungsvorschriften, in denen für Neubau- und Sanierungsvorhaben von Jugend- und Erwachsenenstrafanstalten eine Mindesteinzelzellengröße inkl. Nasszelle von 10 qm vorgesehen ist (Ostendorf/*Borchert-Walther*, JStrVollzR, § 3 Rn 14).

Gem. § 15 Abs. 1 JSVollzG Bln dürfen sich die Jugendstrafgefangenen außerhalb der Einschlusszeiten grds. in Gemeinschaft aufhalten. Nach § 15 Abs. 2 JStVollzG Bln kann die **gemeinschaftliche Unterbringung** in den folgenden Fällen **eingeschränkt** werden: 794

- wenn ein schädlicher Einfluss auf andere Gefangene zu befürchten ist,
- wenn es die Sicherheit oder Ordnung der Anstalt erfordert,
- wenn dies aus erzieherischen Gründen angezeigt ist oder
- während der stationären Behandlung im Justizvollzugskrankenhaus.
- Die ersten drei gesetzlichen Fallgruppen lassen großen Beurteilungsspielraum. Es soll jedoch nicht jeder Pflichten- oder Regelverstoß zu einer Einschränkung führen, da es dann zu einem Unterlaufen der übrigen gesetzlich geregelten Sanktionsmaßnahmen im JStVollzG kommen könnte (D/S/S-*Sonnen/Baur* § 15 JStVollzG Rn 3; kritisch hierzu Ostendorf/*Borchert-Walther*, JSrVollzGR, § 3 Rn 9).

b) Grds. werden die Gefangenen in der **Anstalt verpflegt**. Zusammensetzung und Nährwert der Anstaltsverpflegung sollen den besonderen Anforderungen an eine gesunde Ernährung junger Menschen entsprechen. Den Gefangenen ist zu ermöglichen, Speisevorschriften ihrer Religionsgemeinschaft zu befolgen (§ 60 S. 3 JStVollzG Bln). Sie können auch aus einem von der Anstalt vermittelten Angebot einkaufen. Die Anstalt soll für ein Angebot sorgen, das auf Wünsche und Bedürfnisse der Gefangenen Rücksicht nimmt. Den Gefangenen soll die Möglichkeit eröffnet werden, unmittelbar oder über Dritte Gegenstände über den Versandhandel zu beziehen (§ 61 S. 2 JStVollzG Bln). Eine Beschränkung des Einkaufs – wie im Erwachsenenvollzug – ausschließlich auf Nahrungs- und Genussmittel sowie Mittel zur Körperpflege besteht nicht. 795

c) Das Tragen von **Anstaltskleidung** ist in den einzelnen Gesetzen unterschiedlich geregelt. In Berlin tragen die Jugendlichen grds. Anstaltskleidung, wobei die Jugendstrafanstalt ermächtigt ist, abweichende Regelungen zu treffen (§ 59 JStVollzG Bln). In Bremen (§ 30 Abs. 1 BremJStVollzG), Niedersachsen (§ 22 Abs. 1 NJVollzG), Baden-Württemberg (§ 14 Abs. 1 JVollzGGB IV „angemessene eigene Kleidung") und Hamburg (§ 59 Abs. 1 HmbJStVollzG) ist grds. das Tragen von Privatkleidung zugelassen. 796

8.a) Im Wesentlichen weisen alle Gesetze die folgenden **Grundaussagen** zum Bereich **Schule, Ausbildung, Weiterbildung** und **Arbeit** auf: 797

aa) Schulische und **berufliche Bildungsmaßnahmen** haben im Jugendstrafvollzug besondere Bedeutung. Sie sind **vorrangig** gegenüber der Arbeit eines Gefangenen (§ 23 Abs. 1 JStVollzG Bln). Hierfür gelten die folgenden 798

Grundsätze: 799

- Die Jugendstrafgefangenen sind vorranging verpflichtet, an den angebotenen schulischen und beruflichen Maßnahmen teilzunehmen (§ 23 Abs. 5 JStVollzG, wobei Ausnahmen für weibliche Gefangene bestehen können; keine Pflicht zur Teilnahme in in Bayern Art. 146 BayStVollzG und Hamburg § 24 HmbJStVollzG).
- Der Gefangene ist im Übrigen zur Ausübung der Arbeit, arbeitstherapeutischer oder zur Arbeit verpflichtet, soweit er an keiner schulischen oder beruflichen Qualifizierungsmaßnahme teilnimmt (§ 26 Abs. 1 S. 1 JStVollzG Bln; nicht in Bayern – Art. 146 BayStVollzG, gerade kein Verweis auf Art. 43 BayStVollzG) und Hamburg – § 23 HmbJStVollzG).
- Die Jugendstrafgefangenen werden darin unterstützt und beraten, ihren Fähigkeiten, Kenntnissen und Neigungen angemessene Aus- und Weiterbildungsmaßnahmen oder Arbeit zu finden (§ 22 S. 4 J StVollzG Bln).
- Zum Freigang berechtigten Jugendstrafgefangenen soll gestattet werden, eine Arbeit oder berufliche Ausbildung oder Weiterbildung in einem freien Beschäftigungsverhältnis außerhalb der Anstalt nachzugehen (§ 28 JStVollzG Bln).
- Für die Teilnahme an einer schulischen oder beruflichen Qualifizierungsmaßnahme erhält der Gefangene eine Ausbildungsbeihilfe (§ 64 Abs. 1 Nr. 1 JStVollzG Bln).

- Für geleistete Arbeit, die Teilnahme an arbeitstherapeutischen Maßnahmen oder Arbeitstraining erhält der Gefangene ein Arbeitsentgelt (§ 64 Abs. 1 Nr. 2 JStVollzG Bln).
- Für die Teilnahme an einer Bildungsmaßnahme erhält der Gefangene einen Nachweis.
- Für die ausgeübte Tätigkeit erhält der Gefangene ein Zeugnis.
- Nachweis und Zeugnis dürfen keinen Hinweis auf die Inhaftierung enthalten (§ 23 Abs. 5 JStVollzG Bln; Hamburg: § 22 HmbJStVollzG; Hessen: § 27 Abs. 7 HessJStVollzG).
- Der Gefangene erhält u.U. in einem festgelegten Umfang eine zeitliche Freistellung, wenn er ein halbes Jahr lang zusammenhängende Zeit gearbeitet oder an einer schulischen und beruflichen Qualifizierungsmaßnahme teilgenommen hat (§ 29 JStVollzG Bln).

800 **bb)** Gefangene erhalten für ihre Arbeit ein **Arbeitsentgelt** (§ 64 Abs. 1 JStVollzG Bln). Erhalten Gefangene ohne ihr Verschulden weder Ausbildungsbeihilfe noch Arbeitsentgelt, so wird ihnen bei Bedürftigkeit auf Antrag ein angemessenes **Taschengeld** gewährt (§ 68 JStVollzG Bln).

801 Über das Arbeitsentgelt können jedoch die Gefangenen **nicht frei verfügen**. Es erfolgt vielmehr eine Aufteilung in Haus-, Eigen- und Eingliederungsgeld. Die Gefangenen dürfen von ihren in diesem Gesetz geregelten Bezügen drei Siebtel monatlich (Hausgeld, § 70 JStVollzG Bln) für den Einkauf oder anderweitig verwenden. Für Gefangene, die in einem freien Beschäftigungsverhältnis stehen, wird aus ihren Bezügen ein angemessenes **Hausgeld** festgesetzt (§ 70 Abs. 2 JStVollzG Bln). Das **Eigengeld** (§ 67 JStVollzG Bln) besteht aus den Beträgen, die die Gefangenen bei der Aufnahme in die Anstalt mitbringen, Geldern, die ihnen während der Haftzeit zugehen, und Bezügen, die nicht als Hausgeld und Eingliederungsgeld in Anspruch genommen werden. Die Gefangenen können grds. über das Eigengeld frei verfügen (§ 67 J StVollzG Bln). Das **Eingliederungsgeld** (§ 71 JStVollzG Bln) sichert dem Jugendstrafgefangenen zweckgebundene Mittel für vollzugszielbezogene Maßnahmen wie z.B. Kosten für die Gesundheitsfürsorge, Aus- und Fortbildung oder für Maßnahmen der Pflege sozialer Beziehungen (D/S/S-*Sonnen/Baur*, § 71 J StVollzG Rn 1). Das Eingliederungsgeld (ebenso geregelt in Brandenburg – § 73 BbgJVollzG; Rheinland-Pfalz – § 70 LJVollzG; Saarland – § 70 SJStVollzG) unterscheidet sich vom in Teilen der Länder geregelten **Überbrückungsgeld** (sog. „Brücke"): Letzteres besteht aus Geld des Gefangenen, über das er nicht verfügen kann. Es dient dazu, den notwendigen Lebensunterhalt des Gefangenen und der Unterhaltsberechtigten für die erste Zeit nach der Entlassung zu sichern. Dieses haben Baden-Württemberg (§ 47 JVollzGB IV), Bayern (Art. 150 BayStVollzG), Hamburg (§ 54 HmbJStVollzG), Hessen (§ 41 HessJStVollzG), Niedersachsen (§ 47 NJVollzG), Nordrhein-Westfalen (§ 33 JStVollzG NRW), Sachsen (§ 62 SächsJStVollzG), Sachsen-Anhalt (§ 69 JVollzGB I LSA) und Schleswig-Holstein (§ 79 JStVollzG) geregelt. Der wesentliche Unterschied liegt darin, dass das Eingliederungsgeld anders als das Überbrückungsgeld nicht den notwendigen Lebensunterhalt nach der Entlassung sichern soll, sondern einen weitergehenden Bedarf deckt. Zudem ist die Ansaprung des Eingliederungsgeldes (außer in Brandenburg) freiwillig (hierzu Ostendorf/Willsch, JStVollzG, § 4 Rn 135). Auch nur ein Teil der Ländergesetze regelt die Erhebung eines **Haftkostenbeitrages**, wenn der Gefangene in einem freien Beschäftigungsverhältnis steht (Baden-Württemberg: § 46 JVollzGB IV, Bayern: Art. 150 BayStVollzG, Hessen: § 42 HessJStVollzG, Niedersachsen: § 52 NJVollzG, Nordrhein-Westfalen: § 33 JStVollzG NRW [soweit dies mit der Förderung und Erziehung der Gefangenen zu vereinbaren ist]), Sachsen-Anhalt: § 72 JVollzGB I LSA).

802 **9.a)** Im Strafvollzug bestimmt die Dreiteilung Arbeitszeit, Freizeit, Ruhezeit den Tagesablauf. Aber: „Freizeit ist nicht gleich Freisein". Zwar beginnt mit dem Verlassen des Arbeitsplatzes die arbeitsfreie Zeit, aber noch lange nicht die frei verfügbare Zeit. Die **Ausgestaltung** der **Freizeit** orientiert sich am Vollzugsziel. Dazu sind ausreichende und geeignete Angebote auch an Wochenenden und Feiertagen, insbesondere zur kulturellen Betätigung, zur Bildung, zur kreativen Entfaltung und zum Erwerb von Medienkompetenz vorzuhalten, um den Gefangenen eine entsprechende Freizeitbeschäftigung zu ermöglichen (§ 62 Abs. 1 JStVollzG Bln). Die Gefangenen sind zur **Teilnahme** und **Mitwirkung** an Freizeitangeboten **verpflichtet** (§ 62 Abs. 2 JStVollzG Bln). Die Gefangenen dürfen in angemessenem Umfang Gegenstände zur Freizeitbeschäftigung besitzen (§§ 52 ff. JStVollzG Bln).

Dem **Sport** kommt bei der Erreichung des Vollzugsziels besondere Bedeutung zu. Er kann neben der sinnvollen Freizeitgestaltung auch zur Diagnostik und gezielten Behandlung eingesetzt werden (§ 63 J StVollzG Bln). Die vom BVerfG hervorgehobene Bedeutung körperlicher Betätigung gerinnt durch die Norm zu dem Anspruch, zwei Stunden in der Woche Sport treiben zu dürfen (§ 63 S. 2 JStVollzG Bln).

b) Alle Jugendstrafvollzugsgesetze der Länder enthalten Vorschriften über die **Religionsausübung** 803
(Ostendorf/*Ostendorf*, JStVollzR, § 6 Rn 1 ff.). Sie treffen im Wesentlichen folgende

Grundaussagen: 804

- die Jugendstrafgefangenen haben Anspruch auf Betreuung durch einen Seelsorger und auf Kontakt mit diesem (§ 80 S. 1 JStVollzG Bln),
- die Anstalt hat diesbezüglich eine Vermittlungspflicht (§ 80 S. 2 JStVollzG Bln),
- die Jugendstrafgefangenen haben ein Recht zum Besitz religiöser Schriften und Gebrauchsgegenstände (§ 57 JStVollzG Bln),
- die Jugendstrafgefangenen haben ein Recht auf Teilnahme an religiösen Veranstaltungen (§ 81 Abs. 1 JStVollzG Bln),
- die gewährten Rechte sind privilegiert und können nur unter besonderen Umständen ausgeschlossen oder eingeschränkt werden (§ 80 Abs. 3 JStVollzG Bln),
- die Regelungen gelten für Weltanschauungsgemeinschaften entsprechend (§ 82 JStVollzG Bln).

10.a) Die Regeln der Vereinten Nationen zum Schutz von Jugendlichen unter Freiheitsentzug bewerten 805
Außenkontakte als wesentlichen Bestandteil des Anspruchs auf eine gerechte und menschliche Behandlung und als **unverzichtbar** für die Vorbereitung der Jugendlichen auf ihre Rückkehr in die Gesellschaft. So heißt es: „…deshalb ist mit allen Mitteln sicherzustellen, dass die Jugendlichen angemessene Außenkontakte haben" (Regeln der Vereinten Nationen zum Schutz von Jugendlichen unter Freiheitsentzug Nr. 59). Hier wird auch das Recht auf **„regelmäßige** und **häufige" Besuche** formuliert, die „im Prinzip einmal die Woche und nicht seltener als einmal im Monat stattfinden sollen; dies unter Bedingungen, die dem Bedarf des Jugendlichen an einer Privatsphäre und an Kontakt und unbeeinträchtigter Kommunikation mit seiner Familie Rechnung tragen" (Regeln der Vereinten Nationen zum Schutz von Jugendlichen unter Freiheitsentzug Nr. 60).

Das **BVerfG** stellt fest: „Die **Bedeutung** der **Familienbeziehungen** und der Möglichkeit, sie auch aus der 806
Haft heraus zu pflegen, ist für Gefangene im Jugendstrafvollzug altersbedingt besonders groß. Bei den im Rechtssinne jugendlichen Gefangenen sind zudem grundrechtlich geschützte Positionen der erziehungsberechtigten Eltern berührt. (…) Ein der Achtung der Menschenwürde und dem Grundsatz der Verhältnismäßigkeit staatlichen Strafens verpflichteter Strafvollzug muss diese Besonderheiten, die jedenfalls bei einem noch jugendhaften Entwicklungsstand größtenteils auch auf Heranwachsende zutreffen, Rechnung tragen" (BVerfG, Urt. v. 31.5.2006 – 2 BvR 1673/04, BVerfGE 116, 69–95, NJW 2006, 2093). Nach § 30 S. 2 JStVollzG Bln ist die Anstalt sogar angehalten, den Kontakt der Jugendstrafgefangenen mit Personen, von denen ein günstiger Einfluss erwartet werden kann, zu fördern.

Fast alle Landesgesetze legen die **Mindestbesuchsdauer** auf **vier Stunden monatlich** fest; in Berlin ist 807
dies in § 31 Abs. 1 S. 2 JStVollzG Bln geregelt (in Brandenburg sind es sechs Stunden monatlich, § 34 BbgJVollzG). In Bayern kann jedoch z.B. die Ausführung oder der Ausgang auf die Besuchszeit angerechnet werden (Art. 144 Abs. 1 BayStVollzG). In Hessen wird die Zeit der Videokommunikation angerechnet (§ 33 Abs. 1 HessJStVollzG). In Baden-Württemberg, Niedersachsen und Nordrhein-Westfalen ist auch die Möglichkeit von Langzeitbesuchen gesetzlich geregelt. Als einziges gestattet das JStVollzG Nordrhein-Westfalen ausdrücklich Besuche am Wochenende. Abgebrochen werden dürfen Besuche aus Gründen der Sicherheit und Ordnung der Anstalt oder bei Besuchern, die nicht Angehörige sind, wenn zu befürchten ist, dass sie einen schädlichen Einfluss auf die Gefangenen haben oder ihre Eingliederung behindern oder auch, wenn die Personensorgeberechtigten nicht mit dem Besuch einverstanden sind (§ 32 J StVollzG Bln).

808 Die **Besuche** dürfen **überwacht** werden. Teilweise nur aus Gründen der Sicherheit und Ordnung der Anstalt (so z.B. Berlin § 34 Abs. 1 JStVollzG Bln), teilweise auch aus Gründen der Erziehung (§ 57 J StVollzG LSA). Gegenstände dürfen bei Besuchen nicht oder nur mit Erlaubnis übergeben werden (§ 33 Abs. 6 JStVollzG Bln).

☝ **Besuche** von **Verteidigern** sowie von Rechtsanwälten und Notaren in einer die Gefangenen betreffenden Rechtssache sind zu **gestatten**. Dasselbe gilt für Besuche von Beiständen nach § 69 JGG. Eine inhaltliche Überprüfung der von Verteidigern mitgeführten Schriftstücke und sonstigen Unterlagen ist nicht zulässig (§ 33 Abs. 2 JStVollzG Bln). Die Besuche werden nicht überwacht (§ 34 Abs. 2 J StVollzG Bln).

809 **b)** Die Gefangenen haben das Recht auf **Schriftwechsel** (§ 35 JStVollzG Bln); sie sind von der Anstalt sogar frühzeitig zu einem Schriftwechsel mit ihren Angehörigen und mit Einrichtungen außerhalb des Vollzugs, die sie bei ihrer Eingliederung unterstützen können, zu motivieren und anzuleiten (§ 35 Abs. 1 S. 2 JStVollzG Bln). Der Schriftwechsel kann aus Gründen der Sicherheit und Ordnung der Anstalt oder der Besorgnis der Gefährdung des Vollzugszieles (§ 39 Abs. 1 JStVollzG Bln) überwacht werden, wenn dies erforderlich ist. In Sachsen-Anhalt auch aus Gründen der Erziehung (§ 59 Abs. 3 JStVollzG LSA). Der schriftliche Verkehr des Gefangenen mit seinem Verteidiger oder Beiständen nach § 69 JGG wird nicht überwacht (§ 39 Abs. 2 JStVollzG Bln). Weiterhin wird der Schriftverkehr mit Volksvertreten nicht überwacht (§ 41 Abs. 1 Nr. 1 JStVollzG Bln).

810 **c)** Das Führen von **Telefongesprächen** ist von allen Ländern nur als „kann"-Bestimmung ausgestaltet worden (§ 35 Abs. 1 S. 1 JStVollzG Bln; Ausnahme: in Niedersachen „soll" in dringenden Fällen ein Telefonat gestattet werden, § 33 Abs. 1 NJVollzG; Ostendorf/*Drenkhan-Walkenhorst/Roos/Kaplan*, JStVollzR, § 7 Rn 67). Die Kosten für die Telefonate sind i.d.R. vom Gefangenen zu tragen (§ 35 Abs. 2 S. 1 JStVollzG Bln). Die Telefonate können überwacht werden; ist dies beabsichtigt, so ist dies dem Gesprächsteilnehmer am Anfang des Telefonats mitzuteilen (§ 35 Abs. 1 S. 3 JStVollzG Bln). Da die Bestimmungen über die Besuche entsprechend gelten, sind Telefonate mit dem Verteidiger immer unüberwacht.

811 **d)** Alle Gesetze bestimmen, dass **Pakete** nur mit Erlaubnis der Anstalt empfangen werden dürfen. Ferner ist ihnen gemeinsam, dass sie den Empfang von Paketen mit Nahrungs- und Genussmitteln ausschließen (§ 43 Abs. 1 JStVollzG Bln, Ausnahme: Brandenburg).

812 **11.a)** Dem Gefangenen können zur Aufrechterhaltung der **Sicherheit und Ordnung der Anstalt** Beschränkungen auferlegt werden. Der Grundtatbestand hierzu lautet: Die Pflichten und Beschränkungen, die den Gefangenen zur Aufrechterhaltung der Sicherheit oder Ordnung der Anstalt auferlegt werden, sind so zu wählen, dass sie in einem angemessenen Verhältnis zu ihrem Zweck stehen und die Gefangenen nicht mehr und nicht länger als notwendig beeinträchtigen (§ 83 Abs. 2 JStVollzG Bln).

813 **b)** Sicherheit der Anstalt bedeutet: einerseits **Sicherung** des **staatlichen Gewahrsams** an den Gefangenen (Verhinderung von Flucht, Ausbrüchen, Gefangenenbefreiung; äußere Sicherheit) und anderseits **Schutz** vor **Verletzungen von Personen** und vor Beschädigungen von Sachen innerhalb des Vollzuges (innere Sicherheit). Ordnung ist schwieriger zu definieren. Im Allgemeinen wird darunter die Anstaltsordnung, also das geordnete Zusammenleben in der Vollzugsanstalt in dem Sinne verstanden, dass die zentrale Funktion der Anstalt gewährleistet sein müsse (Ostendorf/*Goerdeler*, JStrafVollzR § 8 Rn 4).

☝ Bei den Begriffen Sicherheit und Ordnung handelt es sich um unbestimmte Rechtsbegriffe, die gerichtlich voll überprüfbar sind. Ein Beurteilungsspielraum steht der Anstalt dabei nicht zu (OLG Karlsruhe, NStZ-RR 2001, 349). Lediglich die Rechtsfolgeseite (welche Maßnahme ergriffen wird) steht im pflichtgemäßen Ermessen der Anstalt.

c) Gegen Gefangene können **besondere Sicherungsmaßnahmen** angeordnet werden, wenn nach ihrem Verhalten oder aufgrund ihres seelischen Zustandes in erhöhtem Maße Fluchtgefahr oder die Gefahr von Gewalttätigkeiten gegen Personen oder Sachen oder die Gefahr der Selbsttötung oder der Selbstverletzung besteht (§ 88 JStVollzG Bln). 814

Besondere Sicherungsmaßnahmen ordnet der **Anstaltsleiter** an. Ausnahme: Gefahr in Verzug. In diesem Fall ist die Entscheidung des Anstaltsleiters unverzüglich nachzuholen. 815

Als besondere Sicherungsmaßnahmen nach § 88 Abs. 2 JStVollzG Bln sind **zulässig:** 816

- der Entzug oder die Vorenthaltung von Gegenständen,
- die **Beobachtung** der Jugendstrafgefangenen in einem besonders gesicherten Haftraum oder im Krankenhaus,
- die Trennung von allen anderen Jugendstrafgefangenen (**Absonderung**),
- der Entzug oder die Beschränkung des Aufenthalts im Freien,
- die Unterbringung in einem besonders gesicherten Haftraum ohne gefährdende Gegenstände und
- die **Fesselung** oder die Fixierung mittels spezieller Gurtsysteme an dafür vorgesehenen Gegenständen, insbesondere Matratzen oder Liegen.

☝ Eine Absonderung von mehr als 24 Stunden Dauer ist nur zulässig, wenn sie zur Abwehr einer in der Person der oder des Jugendstrafgefangenen liegenden Gefahr unerlässlich ist. Die Absonderung und die Unterbringung im besonders gesicherten Haftraum von mehr als 14 Tagen Gesamtdauer innerhalb von zwölf Monaten bedürfen der Zustimmung der Aufsichtsbehörde. Während des Vollzugs der Einzelhaft sind die Gefangenen in besonderem Maße zu betreuen (§ 89 JStVollzG Bln).

d) Das **Gewaltaufkommen** in der „totalen Institution" des geschlossenen **(Jugend)-Strafvollzuges** ist ein Phänomen, das alle in der Institution lebenden und arbeitenden Personen und Gruppen berührt. Insbesondere neuere Studien (*Wirth*, 2006; *Heinrich,* BewHi 2002, 371: vgl. a. *Neubacher*, KrimOJ 2020, 72) kommen zu folgenden Ergebnissen: 817

- Das Gewaltniveau im Jugendstrafvollzug liegt spürbar **über** dem des **Erwachsenenvollzuges.** Die Ursachen dürften unmittelbar mit der Jugend- und Adoleszenzphase zusammenhängen. Zu dieser gehört ein erhöhter Bewegungsdrang, eine erhöhte Impulsivität, vielfach Unausgeglichenheit und ein oft vermindertes Selbstbewusstsein.
- Die meisten Gewalttätigkeiten spielen sich in den Hafträumen ab.
- Die Vorfälle verteilen sich relativ gleichmäßig über den Tag; etwa ein Zehntel ereignete sich in der Nachtzeit.
- Unter den Opfern finden sich häufig junge, schwache, unerfahrene Gefangene.
- Eine gemeinschaftliche Unterbringung erhöht die Wahrscheinlichkeit von Gewalttätigkeiten.

e) Verstöße der Gefangenen gegen Pflichten, die ihnen durch oder aufgrund dieses Gesetzes auferlegt sind, sind unverzüglich erzieherisch aufzuarbeiten. Dabei können **Maßnahmen** zur **Konfliktregelung** oder **erzieherische Maßnahmen** ergriffen werden. Als Maßnahmen zur Konfliktregelung kommen namentlich eine Entschuldigung, Schadensbeseitigung oder Schadenswiedergutmachung in Betracht. Als erzieherische Maßnahmen können den Gefangenen insbesondere Handlungsanweisungen erteilt und Verpflichtungen auferlegt werden, die geeignet sind, den Gefangenen ihr Fehlverhalten und die Notwendigkeit einer Verhaltensänderung bewusst zu machen (§ 96 Abs. 1 JStVollzG Bln). 818

11. Disziplinarmaßnahmen dürfen nur angeordnet werden, wenn erzieherische Maßnahmen nicht ausreichen, um den Gefangenen das Unrecht ihrer Handlung zu verdeutlichen (§ 97 Abs. 1 JStVollzG Bln). Zu berücksichtigen ist ferner eine aus demselben Anlass angeordnete besondere Sicherungsmaßnahme (§ 97 Abs. 1 S. 2 JStVollzG Bln). Mehrere Disziplinarmaßnahmen können miteinander verbunden werden. Arrest darf nur wegen schwerer oder wiederholter Verfehlungen verhängt werden (§ 97 Abs. 4 JStVollzG Bln). 819

820 **Zulässige Disziplinarmaßnahmen** sind nach § 97 Abs. 3 JStVollzG Bln:

- die Beschränkung oder der Entzug des Rundfunkempfangs für die Dauer von bis zu zwei Monaten,
- die Beschränkung oder der Entzug der Gegenstände für die Freizeitbeschäftigung (Ausnahme: Lesestoff) oder der Ausschluss von gemeinsamer Freizeit oder von einzelnen Freizeitveranstaltungen bis zu zwei Monaten,
- die Beschränkung des Einkaufs bis zu einem Monat,
- die Kürzung der Vergütung nach §§ 64 und 65 um zehn Prozent für die Dauer von bis zu zwei Monaten,
- der Entzug der Teilnahme an Maßnahmen nach §§ 23 bis 25 und der zugewiesenen Arbeit nach § 26 bis zu zwei Wochen unter Wegfall der nach §§ 64 und 65 geregelten Vergütung und
- Arrest bis zu zwei Wochen.

821 Der Vollzug von **Disziplinarmaßnahmen** kann auch zur **Bewährung** ausgesetzt werden (§ 98 Abs. 2 J StVollzG Bln). Vor Ausspruch einer Disziplinarmaßnahme ist der Sachverhalt von der Anstalt zu klären. Die betroffenen Gefangenen werden gehört. Sie sind darauf hinzuweisen, dass es ihnen freisteht, sich zu äußern Die Erhebungen werden in einer Niederschrift festgelegt; die Einlassung der Gefangenen wird vermerkt (§ 100 Abs. 1 JstVollzG).

822 **12.** Die **Rechtsbehelfe** gegen einzelne Maßnahmen auf dem Gebiet des Vollzuges richten sich nach § 92 JGG (→ *Strafvollzug, Jugendliche, Rechtsschutz*, Teil C Rdn 860 ff.).

Siehe auch: → *Maßregeln, Jugendliche,* Teil B Rdn 1269 ff.; → *Strafvollzug, Erwachsene, gerichtliche Entscheidung, Allgemeines,* Teil C Rdn 190 m.w.N.; → *Strafvollzug, Jugendliche, Jugendarrest,* Teil C Rdn 823 ff.; → *Strafvollzug, Jugendliche, Rechtsschutz*, Teil C Rdn 860.

823 Strafvollzug, Jugendliche, Jugendarrest

Das Wichtigste in Kürze:

1. Der Jugendarrestvollzug beruht nur in wenigen Bundesländern auf einer gesetzlichen Grundlage. In den übrigen Bundesländern ist Grundlage des Vollzuges lediglich die untergesetzliche Jugendarrestvollzugsverordnung.
2. Der Jugendarrest wird in Jugendarrestanstalten oder Freizeitarresträumen der Landesjustizverwaltung vollzogen.
3. Zum Rechtsschutz bei einer Maßnahme zur Regelung einzelner Angelegenheiten im Jugendarrest gilt § 92 JGG.

824 **Literaturhinweise:** **Bihs**, Grundlegung, Bestandsaufnahme und pädagogische Weiterentwicklung des Jugendarrests in Deutschland unter besonderer Berücksichtigung des Jugendarrestvollzuges in Nordrhein-Westfalen, 2013; **Bihs/Walkenhorst**, Jugendarrest als Jugendbildungsstätte?, ZJJ 2009, 11; **Deutsche Vereinigung für Jugendgerichte und Jugendgerichtshilfen e.V. (DVJJ)**, Mindeststandards für den Jugendarrestvollzug, ZJJ 2009, 275; **Dölling**, Rechtliche Grundlagen des Jugendarrestes, ZJJ 2014, 92; **Goeckenjan**, Der Vollzug des Jugendarrests, ZJJ 2013, 67; **Goerdeler**, Ein Jugendarrestvollzugsgesetz für Schleswig-Holstein, SchlHA 2013, 350; **Heinz**, Jugendarrest im Aufwind? Einige rechtstatsächliche Betrachtungen, Forum Strafvollzug 2011, 71; **Hinrichs,** Die Auswertung einer Befragung der Jugendarrestanstalten in der Bundesrepublik Deutschland 1999, DVJJ 1999, 267; **Jaeger**, Zur Notwendigkeit und Ausgestaltung eines Jugendarrestvollzugsgesetzes, 2010; **Kobes/Pohlmann**, Jugendarrest – zeitgemäßes Zuchtmittel?, ZJJ 2003, 370; **Kolberg/Wetzels**, Jugendarrestvollzug: Ungesund, unwirksam und ungesetzlich? Praxis der Rechtspsychologie, 2012, S. 113; **Müller**, Tagung der Mitarbeiter in den Jugendarrestanstalten, ZJJ 2010, 82; **Noak/Wüstendörfer**, Der Jugendarrest und seine Wirkung auf junge Menschen – einschließlich exemplarischer Interviews mit Jugendlichen in einer Jugendarrestanstalt, 2009; **Ostendorf**, Mindeststandards zum Jugendarrestvollzug, ZRP 2010, 20; **Schmidt, T.**, Jugendarrest in Hamburg, Forum Strafvollzug 2011, 87; **Thalmann**, Kritische Anmerkungen zum Jugendarrest und seiner praktischen Umsetzung, Forum Strafvollzug 2/2011, 79; **Walkenhorst**, Pädagogische Perspektiven des Jugendarrests, Forum Strafvollzug 2011, 95; **Wohlfahrt**, Die Vollstreckung jugendrichterlicher Arrestentscheidungen, StraFo 2017, 438; **Wulf**, Diskussionsentwurf für ein Gesetz über stationäres soziales Training („Jugendarrestvollzugsgesetz“), ZJJ 2010, 191

1. Nachdem das BVerfG mit seinen Entscheidungen aus den Jahren 1972 (BVerfGE 33, 1 ff.) und 2006 (BVerfGE 116, 69) entschieden hatte, dass die damals geltende JAVollzO mittlerweile verfassungswidrig ist, hat es zugleich eine gesetzliche Legitimation der freiheitsentziehenden Grundrechtseingriffe – auch gegenüber Jugendlichen – und damit auch bzgl. des Jugendarrests – verlangt (*Eisenberg/Kölbel* § 90 Rn 4). Mittlerweile existieren daher in allen Bundesländern – außer in Bremen, da es dort keine Jugendarrestanstalt gibt – Jugendarrestvollzugsanordnungen, die die JAVollzO ersetzen. Daneben sind noch die Jugendarrestgeschäftsordnungen (JAGO) der Länder anwendbar. Einen Überblick über die einzelnen landesrechtlichen Regelungen ist bei HK-JGG/*Wulf/Bartsch*, § 90 Rn 14 zu finden. Im Folgenden wird vor allem auf das JAVollzG Bln Bezug genommen. 825

2.a) Der Jugendarrest wird in **Jugendarrestanstalten** oder **Freizeitarresträumen der Landesjustizverwaltung** vollzogen (§ 90 Abs. 2 S. 1 JGG). Der Dauerarrest wird grds. in Jugendarrestanstalten vollzogen, Freizeitarrest und Kurzarrest bis zu zwei Tagen sollen in Freizeitarresträumen vollzogen werden. Diese dürfen sich nicht in einer U-Haft- oder Justizvollzuganstalt befinden, auch nicht in deren Verwaltungsteil (§ 39 Abs. 1 BbgJAVollzG: „in einer selbstständigen Anstalt"; § 32 Abs. 1 BWJArrG: „vom Strafvollzug und sonstigen Haftarten getrennt"). Nach § 43 Abs. 3 JAVollzG Bln setzt die Aufsichtsbehörde die Belegungsfähigkeit der Anstalten so fest, dass eine angemessene Unterbringung der Arrestierten gewährleistet ist. Eine konkrete Anzahl an zu belegenden Plätzen nennt das Berliner Gesetz nicht. Nach § 26 Abs. 3 JAVollzG NRW „soll" die Belegungskapazität nicht unter 10 Plätzen liegen. In § 1 Abs. 4 JAVollzO ist von einer Aufnahme mit nicht weniger als 10 und nicht mehr als 60 Jugendliche die Rede. In der Praxis sind aber immer noch einige Arrestanstalten ehemalige Gefängnisse oder sogar Zuchthäuser. Z.T. sind Arrestanstalten in Strafvollzugsanstalten integriert, dementsprechend wird dasselbe Betreuungspersonal eingesetzt (*Thalmann*, FS 2/2011, 79). So sind in Bayern und Sachsen alle Arrestanstalten in einen JVA-Komplex einbezogen (*Jaeger*, S. 61 ff.). 826

> Der Vollzug von Jugendarrest in **Heimen** i.S.d. § 12 Nr. 2 JGG, § 34 KJGH ist **unzulässig** (*Eisenberg/Kölbel*, § 90 Rn 7).

Jugendarrest kann ggf. auch in **freier Form** durchgeführt werden (§ 61 Abs. 3 JAVollzG SH; § 26 Abs. 4 JAVollzG NRW). 827

Bei **Bundeswehrsoldaten** wird Jugendarrest gem. Art. 5 Abs. 2 EGWStG auf Ersuchen des Vollstreckungsleiters in Einrichtungen der Bundeswehr vollzogen; in solchen Fällen bleibt der Jugendrichter als Vollstreckungsleiter weiterhin zuständig (*Eisenberg/Kölbel*, § 112c Rn 4; Ostendorf/*Rose*, § 85 Rn 2, § 112a Rn 14). 828

b) Nach § 9 Abs. 1 JAVollzg Bln werden **männliche** und **weibliche** Jugendliche getrennt. In § 9 JAVollzG Bln wurde mittlerweile geregelt, dass von diesem Grundsatz insbesondere dann abgewichen werden kann, wenn die arretierte Person sich nicht mit dem in seinem Personaldokument angegebenen Geschlecht identifizieren kann oder sich dauerhaft keinem Geschlecht zuordnet. 829

c) Vollzugsleiter ist der **Jugendrichter** am **Ort** des **Vollzuges** (§ 90 Abs. 2 S. 2 JGG). Ist dort kein Jugendrichter oder sind mehrere tätig, so ist Vollzugsleiter der Jugendrichter, den die oberste Behörde der Landesjustizverwaltung bzw. die Aufsichtsbehörde dazu bestimmt (§ 44 Abs. 3 JAVollzG Bln). Der Jugendrichter nimmt als Vollzugsleiter Verwaltungsaufgaben war; er ist insoweit dem Leiter einer JStVollzAnstalt vergleichbar. Er ist für den gesamten Vollzug verantwortlich. Da dieser Jugendrichter gleichzeitig **Vollstreckungsleiter** ist (§ 85 Abs. 1 JGG) ist er **Herr des gesamten Verfahrens**, das der Durchführung des Jugendarrests dient. 830

d) Nach § 90 Abs. 1 S. 1 JGG soll der Vollzug des Jugendarrestes das **Ehrgefühl** des **Jugendlichen wecken** und ihm eindringlich zum **Bewusstsein** bringen, dass er für das von ihm **begangene Unrecht einzustehen** hat. Nach § 2 Abs. 2 JAVollzG Bln soll der Arrest einen Beitrag leisten, die Arrestierten zur **Führung eines eigenverantwortlichen Lebens ohne weitere Straftaten** zu befähigen. 831

832 Der Vollzug des Jugendarrestes soll nach § 3 Abs. 1 JAVollzG Bln auf die **Förderung** des Jugendlichen ausgerichtet und zudem **erzieherisch gestaltet** werden (in Schleswig-Holstein nach § 3 Abs. 1 JAVollzG-SH: pädagogisch gestaltet). Er soll dem Jugendlichen helfen, die **Schwierigkeiten zu bewältigen**, die zur Begehung der Straftat beigetragen haben (§ 90 Abs. 1 S. 2 JGG, § 3 Abs. 2 JAVollzG Bln). In Nordrhein-Westfalen wird das Ziel des Arrestes in § 2 Abs. 2 JAVollzG NRW noch weitergehend definiert. Danach sollen dem Jugendlichen Möglichkeiten aufgezeigt werden, sozial angemessene Handlungsformen unter Achtung der Rechte in ihre Lebensgestaltung zu übernehmen. Die Selbstachtung der Jugendlichen, ihr Einfühlungsvermögen in die Situation der Opfer von Straftaten und ihr Verantwortungsgefühl sind ebenso zu fördern wie die Entwicklung von Einstellungen und Fertigkeiten, die sie vor erneuter Straffälligkeit schützen.

833 Nach § 6 JAVollzG Bln gibt es sog. „Leitlinien der Förderung und Erziehung". Danach soll der Arrest

- durch Maßnahmen und Programme zur Entwicklung und Stärkung der Fähigkeiten und Fertigkeiten der Arrestierten im Hinblick auf ein künftiges Leben ohne Straftaten beitragen,
- ihnen dabei helfen persönliche, wirtschaftliche und soziale Schwierigkeiten zu bewältigen, die zur Begehung der Straftaten beigetragen haben,
- die Arrestierten dazu anhalten, ihre Angelegenheiten selbst zu regeln und den durch die Straftaten verursachten materiellen und immateriellen Schaden wiedergutzumachen,
- durch Einzel- und Gruppenmaßnahmen die begangenen Straftaten, deren Ursachen und Folgen, die Unterstützung der lebenspraktischen, schulischen und beruflichen Entwicklung, die verantwortliche Gestaltung des alltäglichen Zusammenlebens und der freien Zeit sowie die Vermittlung unterstützender Kontakte in den Blick nehmen,
- die Arrestierten an einen strukturierten Tagesablauf heranführen.

834 Allerdings gibt es für den Vollzug des Arrests keine Verständigung auf ein allgemeines erzieherisch-pädagogisches Konzept. Es existieren bundesweit **keine pädagogische Standards** für diesen Bereich der Jugendstrafrechtspflege. Insofern wird die Arrestlandschaft auch als „Flickenteppich" bezeichnet, bei der es „den" Jugendarrest nicht gibt, sondern viele unterschiedliche Ausgestaltungen (*Thalmann* FS 2/2011, 159). Durch diesen „Flickenteppich" wird auch der Vollzugsalltag geprägt, d.h. der Vollzug ist in den einzelnen Jugendarrestanstalten sehr **unterschiedlich ausgestaltet** So unterscheidet sich die Gestaltung der Arresträume ebenso wie auch die Möglichkeiten eines Aufenthalts im Freien oder die Freizeitgestaltung Der Vollzug des Kurz- oder Freizeitarrest beschränkt sich überwiegend auf Verwahrung und Wegschließen (*Hinrichs* DVJJ 1999, 267; *Kobes/Pohlmann* ZJJ 2003, 370; *Thalmann* FS 2/2011, 80).

835 **e)** In der JAVollzg Bln ist ein **Aufnahmeverfahren explizit geregelt**. Gem. §§ 58 Abs. 1 JAVollzG Bln soll mit den Arrestierten unverzüglich nach der Aufnahme ein **Zugangsgespräch** geführt werden, in dem der aktuelle Hilfebedarf festgestellt wird und sie insbesondere über ihre Rechte und Pflichten im Arrest in einer für sie verständlichen Form unterrichtet werden. Die an der Förderung der Arrestierten maßgeblich beteiligten Bediensteten erörtern auf der Grundlage der Ergebnisse des Zugangsgesprächs und der Erkenntnisse aus den Vollstreckungsunterlagen, insbesondere der Erkenntnisse der Jugendgerichtshilfe, den Förder- und Erziehungsbedarf für die Dauer des Arrests und die Zeit danach; es können – soweit erforderlich – externe Fachkräfte hinzugezogen werden. Dies ist aber nur mit Zustimmung der Arrestierten oder der Personensorgeberechtigten möglich (§ 8 Abs. 2 JAVollzG Bln). Die wesentlichen Ergebnisse des Förder- und Erziehungsbedarfs werden dokumentiert (§ 8 Abs. 3 JAVollzG Bln). Den Arrestierten werden sodann die zur Erreichung des Arrestziels erforderlichen Maßnahmen sowie weitere Hilfsangebote und Empfehlungen aufgezeigt, wobei Anregungen und Vorstellungen der Arrestierten angemessen berücksichtigt werden sollen, soweit sie dem Arrestziel entsprechen.

836 **Mögliche Hilfsangebote** können (Katalog nicht abschließend) nach § 8 Abs. 4 JAVollzG Bln sein:

- Maßnahmen zur Verbesserung der sozialen Kompetenz, namentlich zu den Schwerpunkten Gewalt, Sucht und Schulden,
- Maßnahmen zur lebenspraktischen, beruflichen und schulischen Entwicklung,

- angemessene Beschäftigung,
- Sportangebote und Maßnahmen zur strukturierten Gestaltung der Freizeit und
- Vermittlung in nachsorgende Maßnahmen.

In manchen Bundesländern wird auch ein **Förderplan** erstellt (§ 10 BbgJAVollzG, § 12 Abs. 2 JAVollzG SH bzw. § 5 JAVollzG NRW). 837

f) Gem. § 17 JAVollzG Bln verfasst bei **Dauerarrest** der Vollzugsleiter grds. über jeden Jugendlichen einen **Schlussbericht**, in dem er sich zu dessen Führung und, soweit dies möglich ist, auch zu dessen Persönlichkeit sowie zur Wirkung des Arrestvollzuges äußert. Dieser wird zum Ende des Arrests erstellt und dem Arrestierten in einem Entlassungsgespräch erläutert wird (§ 17 Abs. 2 JAVollzG Bln). Der Schlussbericht soll nach § 17 Abs. 1 JAVollzG Bln insbesondere folgende Angaben enthalten: 838

- Übersicht über den Arrestverlauf, insbesondere über die durchgeführten Maßnahmen,
- Aussagen zur Persönlichkeit und zu den gegenwärtigen Lebensumständen der Arrestierten sowie zu ihrer Mitwirkung an der Erreichung des Arrestziels,
- Darlegung des weiteren Förderbedarfs der Arrestierten sowie Empfehlung von weiteren externen Hilfsangeboten und
- Vorschläge zu Auflagen und Weisungen im Falle einer Bewährungsunterstellung.

Bei **Freizeit-** oder **Kurzarrest** wird ein Schlussbericht nur dann erstellt, wenn dies aus besonderen Gründen erforderlich ist (§ 54 Abs. 2 S. 4 JAVollzG Bln). Der Bericht ist für die Vollzugs- und Strafakten bestimmt. Eine Abschrift ist dem Jugendamt, bei unter Bewährungsaufsicht stehenden Jugendlichen auch dem zuständigen Bewährungshelfer zuzuleiten (§ 17 Abs. 3 JAVollzG Bln). 839

☝ Der **Strafverteidiger** sollte diesen **Bericht** bei Jugendlichen, an denen bereits einmal Arrest vollzogen wurde, **kennen**; insbesondere, wenn der Arrest nach § 87 Abs. 3 JGG vorzeitig beendet wurde, weil die Jugendrichter sich in nachfolgenden Strafverfahren bei der Sanktionsfindung oft von den dort getroffenen Feststellungen leiten oder jedenfalls beeinflussen lassen. Ggf. ist die damalige Akte beiziehen zu lassen.

g) Die Jugendlichen müssen während der Einschlusszeiten grds. **alleine untergebracht** werden, mit ihrer Zustimmung können sie aber auch in dafür vorgesehenen Arresträumen zu zweit untergebracht werden (§ 10 Abs. 1 JAVollzg Bln, § 12 Abs. 1 JAVollzG NRW, §§ 15 Abs. 1, 40 Abs. 2 BrbJAVollzG, § 19 Abs. 1 S. 1 JAVollzG SH, § 12 Abs. 1 S. 1 HmbJAVollzG). Ausnahmen sind jedoch zulässig, wenn der „körperliche oder seelische Zustand" des Jugendlichen dies erfordert oder sie dies ausdrücklich wünschen. In den meisten Arrestanstalten existieren immer noch überwiegend Doppel-, z.T. aber auch Drei- und Vierbettzellen, die wiederum mit Toiletten ohne bauliche Abtrennungen aufweisen (*Thalmann* FS 2/2011, 79). Die Grundsätze für eine menschenwürdige Unterbringung im Strafvollzug (s. BVerfG, Beschl. v. 27.2.2002 – 2 BvR 553/01, NJW 2002, 2699) gelten selbstverständlich auch für eine Unterbringung im Jugendarrest. 840

h) Der Jugendliche trägt **eigene Kleidung** und eigene Wäsche (§ 13 JAVollzG Bln, § 17 BrbJAVollzG, § 14 HmbJAVollzG, § 11 Abs. 2 JAVollzG NRW, § 21 Abs. 4 JAVollzG SH) Dieses Recht kann eingeschränkt oder ausgeschlossen werden, soweit es zur Gewährleistung der Sicherheit oder Ordnung der Anstalt erforderlich ist. Allerdings ist dies nicht in allen Anstalten der Fall. So gibt es Anstalten, in denen die Jugendlichen grds. Anstaltskleidung tragen müssen. In anderen Anstalten wird das Tragen von Anstaltskleidung (ohne gesetzliche Grundlage) als Hausstrafe eingesetzt. In wieder anderen müssen diejenigen Jugendliche, die im Verdacht stehen, mit illegalen Drogen zu tun zu haben, Anstaltskleidung tragen (*Thalmann* FS 2/2011, 79). 841

i) Nach § 15 Abs. 1 JAVollzG kann der Vollzugsleiter aus erzieherischen Gründen Aufenthalte außerhalb der Anstalt zulassen, wenn es sich um **Maßnahmen der Anstalt** handelt oder dies sonst der **Erreichung des Arrestziels** dient (siehe auch Schleswig-Holstein: § 14 JVollzG SH; Brandenburg: § 14 BbgJA- 842

VollzG). In Nordrhein-Westfalen kann nach § 10 JAVollzG NRW explizit ein Ausgang für die Wahrnehmung von u.a. Sport- und Freizeitaktivitäten gestattet werden, soweit es dem Arrestziel dient. Fordern wichtige unaufschiebbare Angelegenheiten die persönliche Anwesenheit des Jugendlichen außerhalb der Anstalt (Gerichtstermine, medizinische Behandlungen, Tod eines Angehörigen), so kann der Vollzugsleiter ihm einen Ausgang gestatten (§ 15 Abs. 2 JAVollzG Bln).

843 Während § 11 JAVollzO noch eine **Arbeitspflicht** des Jugendlichen formulierte, die er „fleißig und sorgfältig" zu erfüllen hat, verzichten die landesgesetzlichen Regelungen weitestgehend auf eine solche (Rheinland-Pfalz verpflichtet die Arrestierten allerdings weiterhin, an Maßnahmen, die der Erreichung des Vollzugsziels dienen, mitzuwirken, § 3 Abs. 3 LJAVollzG; so auch Hamburg: § 4 Abs. 1 HmbJAVollzG). Der Verzicht auf eine solche Arbeitspflicht ist folgerichtig, da sie wohl weniger eine tatsächliche Einstellungsänderung des jungen Menschen fördert als mehr zu „oberflächlichen Anpassungsstrategien" verleitet (siehe hierzu auch Ostendorf/*Drenkhahn*, Grdl. z. § 90 Rn 12; *Eisenberg/Kölbel*, § 90 Rn 44). § 5 JAVollzG Bln spricht daher von der Mitwirkungsbereitschaft der Arrestierten, die durch die Anstalt „zu wecken und zu fördern" ist (so z.B. auch in Schleswig-Holstein: § 6 Abs. 1 JAVollzG und in Brandenburg: § 3 Abs. 3 BbgJAVollzG).

844 Eine Entlohnung erhalten die Arrestieren grds. **nicht** für die **Teilnahme** an dem Arrestziel **dienender „Beschäftigung"** (z.B. Unterricht, soziales Training oder die Erledigung von mitgebrachten schulischen Aufgaben, aber auch das Malen von Bildern), was konsequent ist, solange keine tatsächliche Arbeitsleistung verrichtet wird (hierzu *Eisenberg/Kölbel*, § 90 Rn 46 f.).

☝ Bei **Ungehorsamsarrest** sollte aus erzieherischen Gründen die Möglichkeit bestehen, die nicht erfüllten Weisungen und Auflagen während des Arrestvollzugs nachzuholen.

845 In Berlin ist diese Möglichkeit nach § 55 JAVollzG Bln **explizit vorgesehen** (siehe auch Hamburg: § 6 Abs. 1 HmbJAVollzG); s. auch *Thalmann,* FS 2/2011, 82). Nach § 55 Abs. 1 JAVollzG Bln sind mit den Arrestierten die Gründe für die Nichterfüllung der auferlegten Pflichten erörtern. Sie sollen dazu angehalten und motiviert werden, die ihnen erteilten Weisungen oder Anordnungen zu befolgen und ihre Auflagen zu erfüllen. Dies gilt für die Nichterfüllung von Anordnungen gem. § 98 Abs. 2 OWiG entsprechend. § 55 Abs. 3 JAVollzG Bln fordert, im Schlussbericht festzuhalten, ob die Weisungen und Auflagen während des Arrests erfüllt worden sind. Hierfür kann den Arrestierten das Verlassen der Anstalt für mehrere Stunden in Begleitung einer von der Anstalt zugelassenen Person oder ohne Begleitung gestattet werden (§ 14 Abs. 1 BbgJAVollzG).

846 **j)** Der **Verkehr mit der Außenwelt** wird in Berlin im 4. Abschnitt des JAVollzG Bln geregelt. Danach dürfen die Arrestierten Kontakt zur Außenwelt über Schriftwechsel, empfangende Pakete, Telefongespräche – und wenn notwendig – über Ausgänge erhalten. Für den Freizeit- und Kurzarrest gelten diese Vorschriften jedoch nur, soweit dies die kurze Dauer des Arrests zulässt und sinnvoll erscheinen lässt (§ 54 Abs. 1 JAVollzG Bln). Die **Entscheidung** über die Zulassung des Schriftwechsels und der Besuche ist dem **Vollzugsleiter** vorbehalten (§ 44 JAVollzg Bln).

847 **aa)** Die Jugendlichen können unbeschränkt **Schreiben** empfangen und absenden (§ 12 JAVollzG Bln). Die Einrichtung kann die Kosten für abgehende Schreiben in angemessenem Umfang übernehmen, wenn die Jugendlichen dazu nicht in der Lage sind (§ 12 Abs. 3 JAVollzG Bln). Die Anstalt fördert die schriftliche Kommunikation (§ 12 Abs. 1 S. 2 JAVollzG Bln; siehe auch§ 16 JAVollzG NRW, § 22 Abs. 1 BbgJAVollzG, § 18 Abs. 1 HmbJAVollzG, § 30 Abs. 1 JAVollzG SH: „Die Anstalt fördert die schriftliche Kommunikation").

848 **bb)** Auch **Telefonate** sind grds. erlaubt (§ 13 JAVollzG Bln). **Besuche von Familienangehörigen** solle hingegen nur in dringenden Ausnahmefällen zulässig sein, wenn dies dem Arrestziel förderlich ist und die Sicherheit oder Ordnung der Anstalt hierdurch nicht gefährdet wird. In NRW jedoch nur auf Antrag (§ 17 JAVollzG NRW) und in HH („wenn dies dem Arrestziel förderlich ist" – § 17 Abs. 1 HmbJAVollzG). In

SH dürfen die Jugendlichen in der Regel eine Stunde pro Woche Besuch von Eltern oder Personensorgeberechtigten empfangen (§ 27 Abs. 1 JAVollzG SH). Telefonate können erlaubt werden (§ 29 Abs. 1 JAVollzG SH). Teilweise wird der Besuch von dem Einverständnis mit der Durchführung von Kontrollen abhängig gemacht.

cc) Die **Überwachung** des **Schriftverkehrs** und der **Besuche** ist unterschiedlich geregelt. In Brandenburg werden Besuche, Telefongespräche und Schriftwechsel nicht überwacht (§ 22 Abs. 1 BbgJAVollzG). In anderen Anstalten können Besuche – nach Hinweis – optisch überwacht werden (§ 17 Abs. 2 JAVollzG NRW, § 17 Abs. 3 HmbJAVollzG u.a. „aus Gründen der Erziehung"; ebenso § 28 Abs. 5 JAVollzG SH). Das JAVollzG Bln Berlin verweist in § 13 Abs. 2 S. 4 lediglich darauf, dass Besuche beaufsichtigt werden können. Der Schriftverkehr kann aus erzieherischen Gründen oder aus Gründen der Sicherheit und Ordnung überwacht werden (§ 19 Abs. 1 HmbJAVollzG; § 31 Abs. 2 JAVollzG SH); Telefongespräche im Einzelfall (§ 29 Abs. 2 JAVollzG SH). 849

dd) Der **Empfang von Pakten** ist ebenfalls unterschiedlich geregelt; in Berlin ist er gestattet (§ 12 Abs. 1 JAVollzG Bln; NRW: nicht zulässig, § 16 Abs. 3 JAVollzG NRW; HH: zulässig, § 18 Abs. 4 HmbJAVollzG; § 22 Abs. 4 BbgJAVollzG und § 30 Abs. 3 JAVollzG SH: gestattet in begründeten Ausnahmefällen). 850

ee) Die Vollzugsleitung kann den Jugendlichen **Ausgang** gewähren. Sie werden begleitet, wenn dies erforderlich ist (§ 15 Abs. 3 JAVollzG Bln; § 17 Abs. 4 JAVollzG NRW; sehr detailliert: § 14 BbgJAVollzG; § 14 JAVollzG SH). 851

k) Die **Reaktionen** auf **Pflichtverstöße** der **Arrestierten** sind in § 32 33 JAVollzG Bln geregelt. Nach § 32 JAVollzG Bln sind Verstöße der Arrestierten gegen die ihnen durch das JAVollzG Bln auferlegten Pflichten unverzüglich in einem Gespräch aufzuarbeiten. Daneben können auch Maßnahmen angeordnet werden, die geeignet sind, den Arrestierten ihr Fehlverhalten bewusst zu machen. Für solche erzieherischen Maßnahmen kommen insbesondere die Erteilung von Weisungen und Auflagen, die Beschränkung der Nutzung oder der Entzug einzelner Gegenstände für die Freizeitbeschäftigung bis zu einer Dauer von zwei Tagen und der Ausschluss von gemeinsamer Freizeit oder einzelnen Freizeitveranstaltungen bis zu einer Dauer von einem Tag in Betracht. § 32 Abs. 3 JAVollzG Bln bestimmt, dass die erzieherische Maßnahme mit der Verfehlung im Zusammenhang stehen soll. In geeigneten Fällen kann zur Abwendung einer erzieherischen Maßnahme eine Streitbeilegung avisiert werden (§ 33 JAVollzG Bln). 852

Durchsuchungen sowohl der Jugendlichen, ihrer Sachen und auch der Arresträume sind zur Aufrechterhaltung der Sicherheit oder Ordnung der Anstalt zulässig (§ 34 Abs. 1 JAVollzG Bln; § 39 Abs. 1 JAVollzG SH: „zur Aufrechterhaltung der Sicherheit oder zur Abwendung schwerwiegender Gefahren für die Ordnung der Anstalt"; § 31 Abs. 1 HmbJAVollzG: „jederzeit"; vgl. a. § 21 JAVollzG NRW und § 26 BbgJAVollzG). 853

Nach § 35 JAVollzG Bln kann die Anstalt zudem zur Aufrechterhaltung der Sicherheit oder Ordnung der Anstalt **Maßnahmen** anordnen, die geeignet sind, den **Gebrauch** von **Suchtmitteln** festzustellen. Diese Maßnahmen dürfen jedoch nicht mit einem körperlichen Eingriff verbunden sein. 854

Der Vollzugsleiter kann gegen einen Jugendlichen, der die Sicherheit oder Ordnung gefährdet oder bei dem die Gefahr der Selbstbeschädigung besteht, **besondere Sicherungsmaßnahmen** anordnen (§ 36 JAVollzG Bln; „wenn nach ihrem Verhalten oder aufgrund ihres seelischen Zustandes in erhöhtem Maß die Gefahr von Gewalttätigkeiten gegen Personen oder Sachen oder die Gefahr der Selbsttötung oder der Selbstverletzung besteht", § 33 Abs. 1 HmbJAVollzG; § 27 BbgJAVollzG; § 22 JAVollzG NRW; § 41 Abs. 1 JAVollzG SH: zusätzlich bei „Gefahr der Entweichung"). 855

Als Sicherungsmaßnahmen sind nach § 36 Abs. 2 JAVollzG Bln **nur zulässig**: 856

- der Entzug oder die Vorenthaltung von Gegenständen,
- die Beobachtung der Arrestierten in ihren Hafträumen, im besonders gesicherten Arrestraum oder im Krankenzimmer, auch mit technischen Hilfsmitteln,
- die Trennung von allen anderen Arrestierten (Absonderung) bis zu 24 Stunden,

- die Unterbringung in einem besonders gesicherten Arrestraum ohne gefährdende Gegenstände bis zu zwölf Stunden

857 **l)** Sowohl das JAVollzG Bln (§§ 37 ff. JAVollzG Bln) als auch andere Jugendarrestvollzugsgesetze (§ 22 Abs. 6 JAVollzG NRW, §§ 36 ff. HmbJAVollzG, §§ 28 ff. BrbJAVollzG, §§ 43 ff. JAVollzG SH) lassen die Anwendung von **unmittelbarem Zwang** zu.

858 **m)** Den Jugendlichen steht nach § 41 JAVollG Bln ein Beschwerderecht zu. Ihnen wird Gelegenheit eingeräumt, sich mit Bitten und Vorstellungen sowie **Beschwerden**, an den Vollzugsleiter zu wenden (ebenso § 37 BbgJAVollzG). In NRW, SH und Hamburg sind insoweit **„regelmäßige Sprechstunden"** einzurichten (§ 23 JAVollzG NRW, § 49 JAVollzG SH, § 41 HmbJAVollzG).

859 **3.** Zum **Rechtsschutz** bei einer Maßnahme zur Regelung einzelner Angelegenheiten im Jugendarrest gilt § 92 JGG (→*Strafvollzug, Jugendliche, Rechtsschutz,* Teil C Rdn 860 ff.).

Siehe auch: → *Jugendliche, Vollstreckung, Allgemeines*, Teil B Rdn 738 ff.; → *Jugendliche, Vollstreckung, Jugendarrest*, Teil B Rdn 805 ff.; → *Jugendliche, Vollstreckung, Jugendstrafe*, Teil B Rdn 825 ff.; → *Jugendliche, Vollstreckung, Zuständigkeit*, Teil B Rdn 951 ff.; → *Strafvollzug, Jugendliche, Allgemeines*, Teil C Rdn 760 ff.; → *Strafvollzug, Jugendliche, Rechtsschutz*, Teil C Rdn 860 ff.

860 Strafvollzug, Jugendliche, Rechtsschutz

Das Wichtigste in Kürze:

1. Gerichtlicher Rechtsschutz im Jugendstrafvollzug ist – wie bei Erwachsenen – über einen Antrag auf gerichtliche Entscheidung zu erhalten.
2. Die Stellung der Erziehungsberechtigten ist dabei dieselbe wie im Erkenntnisverfahren.
3. Über den Antrag auf gerichtliche Entscheidung entscheidet die Jugendkammer.
4. Gegen die Entscheidung der Jugendkammer ist nur die Rechtsbeschwerde zum OLG möglich.
5. Die Jugendstrafvollzugsgesetze sehen als „informelle Konfliktlösung" die Möglichkeit einer Beschwerde bei der Anstaltsleitung bzw. Vollzugsbehörde vor.

861 **Literaturhinweise: Kretschmer**, Ergänzungen und Alternativen zum strafvollzugsrechtlichen Rechtsschutzsystem, ZfStrVo 2005, 217; s.a. die Hinweise bei → *Strafvollzug, Erwachsene, gerichtliche Entscheidung, Allgemeines,* Teil C Rdn 190 ff., bei → *Strafvollzug, Erwachsene, Rechtsbeschwerde, Allgemeines*, Teil C Rdn 522 ff., und bei → *Strafvollzug, Jugendliche, Allgemeines,* Teil C Rdn 760 ff.

862 **1.a) § 92 JGG** regelt den gerichtlichen Rechtsschutz im Vollzug für

- den Jugendarrest,
- die Jugendstrafe,
- die Unterbringung in einem psychiatrischen Krankenhaus oder einer Entziehungsanstalt,
- die Unterbringung in der Sicherungsverwahrung.

863 **Ziel** des im Jahr 2007 neu gefassten § 92 JGG ist es, entsprechend den Vorgaben des BVerfG (Urt. v. 31.5.2006 – 2 BvR 1673/04, BVerfGE 116, 69 = NJW 2006, 2093, 2094 ff.) den Rechtsweg durch eine **ortsnahe Gerichtszuständigkeit** und durch die Möglichkeit der **mündlichen Kommunikation** neu zu bestimmen (Ostendorf/*Rose*, Rn 3).

864 § 92 JGG **gilt** jedoch **nicht** für diejenigen,

- an denen eine **Jugendstrafe** gem. § 89b Abs. 1 JGG nach den Vorschriften des **Strafvollzugs für Erwachsene** vollzogen wird (→*Jugendliche, Vollstreckung, Jugendstrafe*, Teil B Rdn 853) oder
- die im Vollzug einer **freiheitsentziehenden Maßregel** das **24. Lebensjahr** vollendet haben,

da hier ausschließlich das allgemeines Vollzugsrecht anzuwenden ist (§ 92 Abs. 6 JGG).

b) Für den Antrag auf gerichtliche Entscheidung im Jugendvollzug gelten die **§§ 109, 111 bis 120 StVollzG** sowie **§ 67 Abs. 1 – 2** und **Abs. 5 JGG** (Stellung des Erziehungsberechtigten) und **§ 67a Abs. 1 JGG** (Unterrichtung der Erziehungsberechtigten) **entsprechend.** 865

Allerdings kann das Landesrecht vorsehen, dass der Antrag auf gerichtliche Entscheidung erst nach einem Verfahren zur gütlichen Streitbeilegung zulässig ist. Von der Möglichkeit des **Güteverfahrens** vor einem Antrag auf gerichtliche Entscheidung hat nur das Saarland Gebrauch gemacht: Gem. § 87 Abs. 4 SJ StVollzG kann ein Antrag auf gerichtliche Entscheidung erst nach einem Verfahren zur gütlichen Streitbeilegung gestellt werden. Dieses Schlichtungsverfahren wird vom Vollstreckungsleiter, also dem Jugendrichter, durchgeführt (zum Ganzen: Ostendorf/*Ostendorf-Rose*, JStVollzR, § 11 Rn 8). 866

NRW hat in § 58 S. 2 JStVollzG NRW die **„Ombudsperson** für den **Strafvollzug"** eingeführt. Dieses Verfahren stellt jedoch keine Zulässigkeitsvoraussetzung für einen Antrag auf gerichtliche Entscheidung dar (Ostendorf/*Ostendorf-Rose*, JStVollzR, § 11 Rn 8). 867

☝ **Gerichtlicher Rechtsschutz** besteht daher – wie bei Erwachsenen –

- im Antrag auf gerichtliche Entscheidung (vgl. a. →*Strafvollzug, Erwachsene, Antrag auf gerichtliche Entscheidung, Allgemeines*, Teil C Rdn 191 m.w.N.) und
- in der Rechtsbeschwerde (→*Strafvollzug, Erwachsene, Rechtsbeschwerde, Allgemeines*, Teil C Rdn 523 m.w.N.).

2. Die **Stellung** des **Erziehungsberechtigten** oder gesetzlichen Vertreters ist die gleiche wie im jugendgerichtlichen Erkenntnisverfahren. Dies bedeutet: 868

- soweit der Gefangene ein Recht darauf hat, gehört zu werden, Fragen und Anträge zu stellen oder bei Untersuchungshandlungen anwesend zu sein, steht dieses Recht auch den Erziehungsberechtigten oder gesetzlichen Vertretern zu (§ 67 Abs. 1 JGG),
- ist eine Mitteilung an den Gefangenen vorgeschrieben, so soll die Mitteilung auch an die Erziehungsberechtigten oder gesetzlichen Vertreter gerichtet werden (§ 67a Abs. 1 JGG),
- die Erziehungsberechtigten oder gesetzlichen Vertreter können einen Verteidiger wählen oder
- Rechtsmittel einlegen (§ 67 Abs. 2 JGG).

3. Über den **Antrag** auf **gerichtliche Entscheidung** entscheidet die Jugendkammer. Im Einzelnen gilt: 869

a) Örtlich und funktionell **zuständig** für die Entscheidung über den Antrag ist grds. die **Jugendkammer**, in deren Bezirk die beteiligte Vollzugsbehörde (JVA) ihren Sitz hat. Im Grundsatz entscheidet die Jugendkammer durch eines ihrer Mitglieder als Einzelrichter. Die gesamte Kammer entscheidet nur bei besonderen Schwierigkeiten rechtlicher Art oder bei besonderer Bedeutung der Sache (§ 92 Abs. 4 JGG). 870

☝ Die Jugendkammer ist auch für Entscheidungen nach **§ 119a StVollzG** (strafvollzugsbegleitende gerichtliche Kontrolle bei angeordneter oder vorbehaltener **Sicherungsverwahrung**) zuständig (§ 92 Abs. 1 S. 2 JGG; ausführlich hierzu *Eisenberg/Kölbel*, § 92 Rn 176 ff.; → *Strafvollzug, Erwachsene, Strafvollzug mit angeordneter oder vorgehaltener Sicherungsverwahrung*, Teil C Rdn 650 ff.). In diesen Fällen entscheidet immer die gesamte Jugendkammer.

b)aa) Während das Verfahren nach §§ 109 ff. StVollzG an sich ein rein schriftliches Verfahren darstellt, kann bei jungen Gefangenen auf deren Antrag hin eine **mündliche Verhandlung** durchgeführt werden. Jedenfalls hat der Jugendliche das Recht, auf seinen Antrag hin zumindest von der Anstalt mündlich gehört zu werden. Hierüber ist der Jugendliche zu belehren (§ 92 Abs. 3 JGG). Hiermit soll der für viele junge Gefangene nicht leicht zu überwindenden Hürde, einen Sachverhalt schriftlich darzulegen, Rechnung getragen werden (→ *Strafvollzug, Erwachsene, Antrag auf gerichtliche Entscheidung, Checkliste*, Teil C Rdn 277 ff.; → *Strafvollzug, Erwachsene, Antrag auf gerichtliche Entscheidung, formelle und inhaltliche Anforderungen*, Teil C Rdn 321 ff.). 871

☝ Der Verteidiger sollte i.d.R. – schon wegen des persönlichen Eindrucks – einen **Antrag** auf mündliche Verhandlung **stellen**.

872 **bb)** Umstr. ist, ob dem **Verteidiger** ein **Anwesenheitsrecht** bei der Anhörung zusteht (verneinend – allerdings zum Erwachsenenvollzug – OLG Nürnberg, Beschl. v. 6.8.1979 – Ws 455/79, ZfStrVo 1979, 93; bejahend *Kamann*, Rn 134). Unabhängig davon, dass das Beschwerderecht kein förmlicher Rechtsbehelf ist, gilt § 137 und damit die Garantie, sich in jeder Lage des Verfahrens eines Verteidigers bedienen zu können für das gesamte Vollzugsverfahren. Aufgrund der geringeren Lebenserfahrung und Handlungskompetenz von Jugendlichen ist die Anwesenheit zu gestatten.

873 **c)** Bei Unterliegen oder Rücknahme des Antrages hat der Antragsteller die **Kosten** zu tragen. Allerdings kann die Kammer nach § 74 JGG davon absehen, dem Antragsteller Kosten und Auslagen aufzuerlegen (§ 92 Abs. 5 JGG; Burhoff/*Nöding*, RM, Teil A Rn 788 ff.).

874 **4.** Gegen die Entscheidung der Jugendkammer ist nur die **Rechtsbeschwerde** zum OLG möglich. Eine Rechtsbeschwerde ist nur zulässig, wenn es geboten ist, die Nachprüfung zur Fortbildung des Rechts oder zur Sicherung einer einheitlichen Rspr. zu ermöglichen. Sie kann nur darauf gestützt werden, dass die Entscheidung auf einer Verletzung des Gesetzes beruhe. Das Gesetz ist verletzt, wenn eine Rechtsnorm nicht oder nicht richtig angewendet worden ist (§ 116 StVollzG). Frist und Form der Rechtsbeschwerde sind der Revision nachgebildet. Sie ist innerhalb eines Monats nach Zustellung einzulegen. Innerhalb dieser Frist sind auch die Anträge zu stellen und eine Begründung einzureichen, aus der hervorgeht, ob die Entscheidung wegen Verletzung einer Rechtsnorm über das Verfahren oder wegen Verletzung einer anderen Rechtsnorm angefochten wird. Ersterenfalls müssen die den Mangel enthaltenden Tatsachen angegeben werden (→ *Strafvollzug, Erwachsene, Rechtsbeschwerde, inhaltliche Anforderungen*, Teil C Rdn 590 ff.).

875 **5.** Die Jugendstrafvollzugsgesetze sehen als **„informelle Konfliktlösung"** die Möglichkeit einer Beschwerde bei der Anstaltsleitung bzw. Vollzugsbehörde vor (s. z.B. § 102 JStVollzG Bln, § 87 BremJ StVollzG, § 87 SächsJStVollzG, Art. 115 BayStVollzG, § 86 JStVollzG BW, § 58 JStVollzG NRW, § 101 NJVollzG, § 57 HessJStVollzG). Die Vorschriften sind **§ 108 StVollzG** nachgebildet. Im Erwachsenenstrafvollzug wird dieser Rechtsbehelf rege in Anspruch genommen und verzeichnet für die Beschwerdeführer wesentlich mehr Erfolge als Verfahren bei der StVK (*Kretschmer* ZfStrVo 2005, 217 f.). Grds. soll der Anstaltsleiter nach mündlicher Anhörung des Beschwerdeführers entscheiden (*Kamann*, Rn 133). Das Beschwerderecht des Gefangenen bezieht sich jedoch nur auf eigene Angelegenheiten.

Siehe auch: → *Strafvollzug, Erwachsene, gerichtliche Entscheidung, Allgemeines,* Teil C Rdn 190 m.w.N.; → *Strafvollzug, Erwachsene, Rechtsbeschwerde, Allgemeines*, Teil C Rdn 522 m.w.N.

Teil D: Daten

Daten, Allgemeines, Begriff 1

Das Wichtigste in Kürze:

1. Unter Daten werden allgemein Informationen verstanden, die durch Messungen, statistische Erhebungen oder Beobachtungen gewonnen werden können. Es existiert jedoch kein feststehender Datenbegriff.
2. Im Strafverfahren werden zahlreiche personenbezogene Daten über den Beschuldigten aber auch Dritte gesammelt und weitergegeben. Die Erhebung solcher Informationen stellt stets einen Eingriff in das Recht auf informationelle Selbstbestimmung des Betroffenen dar.

Literaturhinweise: **Groß**, Datenweitergabe im Strafrechtlichen Ermittlungsverfahren, NStZ 1992, 105; s.a. die Hinweise bei → *Daten, Allgemeines, genetische Daten,* Teil D Rdn 7, bei → *Daten, Allgemeines, medizinische Daten,* Teil D Rdn 14 und bei → *Daten, Allgemeines, soziale Daten,* Teil D Rdn 19. 2

1. Unter Daten werden allgemein **Informationen** verstanden, die durch Messungen, statistische Erhebungen oder Beobachtungen gewonnen werden können. Eine feststehende Definition existiert jedoch nicht. Im Strafverfahren spielen insbesondere sogenannte **personenbezogene Daten** eine Rolle. In Deutschland werden hierunter Informationen über natürliche Personen verstanden, während etwa in Österreich auch Informationen über juristische Personen von dem Begriff der personenbezogenen Daten erfasst werden. Eine Legaldefinition des Begriffs der personenbezogenen Daten findet sich in § 46 Nr. 1 BDSG. Danach handelt es sich um Informationen, die sich auf eine identifizierte oder identifizierbare natürliche Person beziehen. Hierunter sind die unterschiedlichsten Arten von Informationen, wie etwa medizinischer, sozialer oder genetischer Art, zu verstehen. 3

2. Im **Strafverfahren** werden zahlreiche personenbezogene Daten über den Beschuldigten, aber auch über Dritte, gesammelt und weitergegeben. Bereits die Erhebung solcher Informationen stellt stets einen Eingriff in das **Recht auf informationelle Selbstbestimmung des Betroffenen** dar. Als weitaus eingriffsintensiver stellt sich im Vergleich zur bloßen Erhebung von Daten jedoch deren **Speicherung in Datenbanken und insbesondere deren Weitergabe** im Anschluss an das Strafverfahren dar (*Groß* NStZ 1992, 105). Die Datengewinnung beschränkt sich jedoch nicht auf das Ermittlungs- und Hauptverfahren, sondern findet auch noch im Strafvollstreckungsverfahren statt (zur Datengewinnung im Strafvollzug → *Strafvollzug, Erwachsene, Datenschutz,* Teil C Rdn 426). Die Daten, die im Zusammenhang mit Straf- und Strafvollstreckungsverfahren von Bedeutung sind, lassen sich weiter in genetische (→ *Daten, Allgemeines, genetische Daten,* Teil D Rdn 6 ff.), medizinische (→ *Daten, Allgemeines, medizinische Daten,* Teil D Rdn 13 ff.) und soziale Daten (→ *Daten, Allgemeines, soziale Daten,* Teil D Rdn 18 ff.) unterteilen. 4

3. Zur **gebührenrechtlichen Abrechnung** von Verwaltungsverfahren wird verwiesen auf → *Verwaltungsverfahren, Abrechnung,* Teil J Rdn 467. 5

Siehe auch: → *Daten, Allgemeines, genetische Daten,* Teil D Rdn 6; → *Daten, Allgemeines, medizinische Daten,* Teil D Rdn 13; → *Daten, Allgemeines, soziale Daten,* Teil D Rdn 18.

6 # Daten, Allgemeines, genetische Daten

Das Wichtigste in Kürze:

1. Der „genetische Fingerabdruck" kann die zweifelsfreie Zuordnung menschlicher Spuren ermöglichen!
2. Die Methode zur Gewinnung des genetischen Fingerabdrucks nennt sich Genom-Analyse.
3. Die Genom-Analyse ermöglicht, weitergehende Erkenntnisse über den Betroffenen, wie etwa die Neigung zu bestimmten Erkrankungen, zu gewinnen.
4. Im Strafverfahren sind molekulargenetische Untersuchungen nur zulässig, soweit sie zur Täteridentifizierung erforderlich sind.

7 **Literaturhinweise:** **Goerdeler/Laubach**, Im Datendschungel – Zur Notwendigkeit der gesetzlichen Regelung von genetischen Untersuchungen, ZRP 2002, 115; **Keller**, Die Genomanalyse im Strafverfahren, NJW 1989, 2289; **Rath/Brinkmann**, Strafverfahrensänderungsgesetz – DNA-Analyse („Genetischer Fingerabdruck") und DNA-Identitätsfeststellungsgesetz aus fachwissenschaftlicher Sicht, NJW 1999, 2697; **Schneider/Schneider/Fimmers/Brinkmann**, Allgemeine Empfehlungen der Spurenkommission zur statistischen Bewertung von DNA-Datenbank-Treffern, NStZ 2010, 433; **Steinke**, Genetischer Fingerabdruck und § 81a StPO, NJW 1987, 2914; **Sternberg-Lieben**, „Genetischer Fingerabdruck" und § 81a StPO, NJW 1987, 1242; vgl. a. die Hinweise bei **Burhoff**, EV, Rn 1672 ff. u. 1733 ff.

8 **1.** Insbesondere die erheblichen technisch-naturwissenschaftlichen Fortschritte führen seit den 80er Jahren dazu, dass den sogenannten genetischen Daten als Unterfall der **personenbezogenen Daten** im Rahmen des Strafverfahrensrechts eine stetig wachsende Bedeutung zukommt (vgl. etwa *Sternberg-Lieben* NJW 1987, 1242 ff.). Unter genetischen Daten ist der sogenannte **genetische Fingerabdruck** zu verstehen, der, ähnlich wie der Fingerabdruck im Rahmen der Daktyloskopie, die zweifelsfreie Zuordnung von Spurenmaterial zu einer bestimmten Person ermöglichen kann (*Steinke*, NJW 1987, 2914; zur Bewertung der Trefferwahrscheinlichkeit *Schneider/Schneider/Fimmers/Brinkmann* NStZ 2010, 433, 435 ff.). Neben der Gewinnung solcher Daten zum Zwecke der Strafverfolgung (→ *Daten, Datengewinnung, repressive, genetische Daten,* Teil D Rdn 73) ist die Gewinnung oder Umwidmung ehemals zur Strafverfolgung gewonnener Daten zu präventiven Zwecken möglich (→ *Daten, Datenumwidmung, genetische Daten,* Teil D Rdn 219 ff.).

9 **2. Gene** stellen einen Teil der Zellkernsubstanz der **DNA** dar und steuern einerseits die Funktion der Körperzellen und geben andererseits die Erbinformationen der Lebewesen weiter (*Sternberg-Lieben* NJW 1987, 1242; vgl. zu den molekulargenetischen Grundlagen der DNA-Analytik *Rath/Brinkmann* NJW 1999, 2697). Die Gesamtheit der Erbinformationen der Menschen nennt man Genom (*Keller* NJW 1989, 2289). Die sog. **Genom-Analyse** ermöglicht es, anhand der Einzigartigkeit von DNA-Sequenzen menschliche Spuren wie etwa Blut, Speichel, Sperma, aber auch Haare oder Schweiß einem bestimmten Menschen zuzuordnen, sofern eine entsprechende Vergleichsprobe des Betroffenen vorliegt (vgl. zur Technik *Keller* NJW 1989, 2289 f.). Die Ergebnisse einer entsprechenden Zuordnung sind deshalb so sicher, weil die DNA-Struktur eines jeden Menschen einzigartig ist und die DNA in jeder Körperzelle eines Menschen identisch aufgebaut ist. Dies ermöglicht den Abgleich der etwa aus Spermaspuren gewonnen DNA mit der aus dem Blut des Tatverdächtigen gewonnen DNA-Probe (*Sternberg-Lieben* NJW 1987, 1242, 1243). Diese individuelle DNA-Struktur ist gemeint, wenn im Strafverfahren von dem „genetischen Fingerabdruck" die Rede ist.

10 **3.** Die **Genom-Analyse** ermöglicht weitreichende Feststellungen über den Betroffenen, die unterschiedlichste Bereiche betreffen kann. Denn über die reine Feststellung des individuellen DNA-Musters hinaus können hierüber weitergehende **Informationen über den Betroffenen** gewonnen werden, betreffend etwa dessen

- Erbanlagen,
- Empfindlichkeit für bestimmte Umwelteinflüsse,

- genetische Veranlagung für bestimmte psychische Krankheiten, wie bestimmte Formen der Depression oder Schizophrenie,
- biogeografische Herkunft und
- Verwandtschaft mit dem Spurenverursacher (zum sog. „Beinahetreffer" BVerfG, Beschl. v. 13.5.2015 – 2 BvR 616/13, ZD 2015, 423; BGH, Urt. v. 20.12.2012 – 3 StR 117/12, BGHSt 58, 84 = NJW 2013, 1827).

4. Die Reichweite der Informationen führt dazu, dass die Genom-Analyse nicht nur für Juristen und Mediziner von Bedeutung ist, sondern auch Versicherer oder Arbeitgeber ein Interesse daran haben könnten einen Gentest von ihren künftigen Versicherungs- oder Arbeitnehmern zu verlangen (*Goerdeler/Laubach* ZRP 2002, 115, 118 f.; *Keller* NJW 1989, 2289, 2290). 11

Die Freigabe und Nutzung der Erkenntnisse, die die Genom-Analyse liefern kann, birgt **große Gefahren**. Denn zumindest im Hinblick auf etwaige Dispositionen des Betroffenen, etwa für bestimmte psychische Erkrankungen, darf nicht vergessen werden, dass der Eintritt entsprechender Erkrankungen maßgeblich von weiteren – nicht anhand der Genom-Analyse feststellbaren – Umständen, wie Sozialisation und Lebensweise, abhängt. 12

☝ Im Strafverfahren ist die molekulargenetische Untersuchung nur zum Zwecke der **Täteridentifizierung** zulässig. An erlangtem Spurenmaterial sind Untersuchungen lediglich zulässig, soweit sie erforderlich sind, um das DNA-Identifizierungsmuster, die Abstammung sowie das Geschlecht der Person festzustellen und um diese Feststellungen mit Vergleichsmaterial abzugleichen.

Siehe auch: → *Daten, Datengewinnung, Einwilligung,* Teil D Rdn 53; → *Daten, Datengewinnung, repressive, genetische Daten,* Teil D Rdn 71; → *Daten, Datenumwidmung, genetische Daten,* Teil D Rdn 219.

Daten, Allgemeines, medizinische Daten 13

Das Wichtigste in Kürze:

1. Medizinische Daten werden im Strafverfahren regelmäßig von Täter und Opfer erhoben.
2. Daneben ist die Erhebung medizinischer Daten von Verurteilten und Untergebrachten im Rahmen der Strafvollstreckung von Bedeutung.
3. Während medizinische Daten im engeren Sinne üblicherweise nicht über das Strafverfahren hinaus aufbewahrt werden, gilt dies nicht für äußere Merkmale des Täters, die regelmäßig zu präventiv-polizeilichen Zwecken für künftige Strafverfahren verarbeitet werden.

Literaturhinweise: **Geppert**, Zur Belehrungspflicht über die Freiwilligkeit der Mitwirkung an Atemalkoholmessung und zu den Folgen ihrer Verletzung, NStZ 2014, 481; **Jäger**, Pusten auf eigene Gefahr, JA 2015, 314; **Ringwald**, Nochmals: Epidemiologische Forschung und Datenschutz, NJW 1982, 2593; s.a. die Hinweise bei → *Daten, Datengewinnung, Einwilligung,* Teil D Rdn 53, und bei → *Daten, Datengewinnung, repressive, medizinische Daten,* Teil D Rdn 78. 14

1. Medizinische Daten spielen im Strafverfahren als Unterfall der personenbezogenen Daten von Täter und Opfer in vielfältiger Weise eine Rolle. So sind **medizinische Daten** des **Täters** z.B. bei der Frage der Beurteilung der (eingeschränkten) Schuldfähigkeit von Bedeutung. Eine solche kommt etwa dann in Betracht, wenn eine psychische Krankheit oder eine Suchterkrankung vorliegt. Außerdem können medizinische Daten bei der Gefährlichkeitsprognose des Täters Bedeutung erlangen, also wenn es um die Prüfung der Unterbringung des Angeklagten in einem psychiatrischen Krankenhaus oder in einer Entziehungsanstalt gem. §§ 63, 64 StGB geht. Nach **§ 81 StPO** ist zur Erhebung entsprechender medizinischer Daten zur Vorbereitung eines psychologischen Gutachtens sogar die Unterbringung zur Beobachtung in 15 einem öffentlichen psychiatrischen Krankenhaus zulässig (*Burhoff*, EV, Rn 2271). Auch die Verhängung von Sicherungsverwahrung gem. § 66 StGB ist ohne die vorherige Erhebung medizinischer Daten kaum möglich. Beim **Opfer** ist die Erhebung medizinischer Daten ebenfalls insbesondere zur Feststellung von durch die Tat herbeigeführten Verletzungen unabdingbar.

☝ Gerade bei der Erhebung medizinischer Daten ist die Frage der **Freiwilligkeit** der Mitwirkung der Betroffenen oftmals von Bedeutung (s. etwa *Ringwald*, NJW 1982, 2593, 2594; → *Daten, Datengewinnung, Einwilligung*, Teil D Rdn 53), wie z.B. bei der **Atemalkoholmessung** (*Jäger* JA 2015, 314 f.; *Geppert* NStZ 2014, 481 ff.).

16 **2.** Anders als bei genetischen Daten besteht für die im EV gewonnenen medizinischen Daten keine große Gefahr der dauerhaften Speicherung oder Weitergabe über das Strafverfahren hinaus. Dafür ist allerdings im **Strafvollstreckungsverfahren** die Erhebung medizinischer Daten im **Strafvollzug** oder in der **Unterbringung** von großer Relevanz, wenn es etwa um Prognoseentscheidungen im Rahmen der Strafrestaussetzung oder Beendigung von Maßregeln geht. Ebenso ist die Erhebung medizinischer Daten z.B. bei Drogenscreenings im Rahmen der Vollzugsplanung von Bedeutung.

17 **3.** Auch wenn es sich hierbei streng genommen weniger um medizinische Informationen als vielmehr um körperliche Merkmale handelt, können im Rahmen der **erkennungsdienstlichen Behandlung** gem. § 81b StPO gewonnene Informationen etwa über Narben und Tätowierungen (hierzu → *Daten, Datengewinnung, repressive, medizinische Daten*, Teil D Rdn 78 ff.) oder Fingerabdrücke zu den medizinischen Daten im weiteren Sinne gezählt werden, womit solche Merkmale gemeint sind, die durch einfache körperliche Untersuchungen erfassbar sind (MüKo-StPO/*Trück*, § 81a Rn 9). Diese medizinischen Daten im weiteren Sinne werden regelmäßig auch über das Strafverfahren hinaus präventiv in polizeilichen Datenbanken gespeichert und verwendet (→ *Daten, Datenumwidmung, personenbezogene Daten*, Teil D Rdn 229 ff.).

Siehe auch: → *Daten, Allgemeines, Begriff*, Teil D Rdn 1; → *Daten, Datengewinnung, repressive, medizinische Daten*, Teil D Rdn 78.

18 Daten, Allgemeines, soziale Daten

Das Wichtigste in Kürze:

1. Soziale Daten erfassen sämtliche gesammelten Informationen des Betroffenen zur Außenwelt.
2. Im Strafverfahren kommt der Erhebung, Speicherung und Auswertung von Telekommunikationsdaten besonders große Bedeutung zu.
3. Grds. gilt bei staatlichen Datensammlungen der Zweckbindungsgrundsatz.
4. Sowohl die Verwendung als auch die Verarbeitung der im Strafverfahren erlangten Daten setzt im Falle der Umwidmung stets eine Ermächtigungsgrundlage voraus.

19 **Literaturhinweise:** **Abdallah/Gercke**, Strafrechtliche und strafprozessuale Probleme der Ermittlung nutzerbezogener Daten im Internet, ZUM 2005, 368; **Bär**, Die Neuregelung zur Erhebung von Verkehrsdaten (§ 100g StPO) – Inhalt und Auswirkungen, NZWiSt 2017, 81; **Erd**, Datenschutzrechtliche Probleme sozialer Netzwerke, NVwZ 2011, 19; **Lundevall/Tranvik**, Was sind personenbezogene Daten? Die Kontroverse um IP-Adressen, ZD-Aktuell, 2012, 03004; **Mallmann/Walz**, Schutz der Sozialdaten nach dem Sozialgesetzbuch, NJW 1981, 1020; **Meyerdierks**, Sind IP-Adressen personenbezogene Daten, MMR 2009, 8; **Sieber**, Straftaten und Strafverfolgung im Internet, NJW-Beil. 2012, 86; **Singelnstein**, Möglichkeiten und Grenzen neuerer strafprozessualer Ermittlungsmaßnahmen – Telekommunikation, Web 2.0, Datenbeschlagnahme, polizeiliche Datenverarbeitung & Co, NStZ 2012, 593; **Ziegenhorn/Schulz-Große**, Der Grundsatz der Zweckbindung, ZD 2023, 581.

20 **1.** Die sozialen Daten machen den größten Teil der personenbezogenen Daten aus, die in § 46 Nr. 1 BDSG legal definiert sind. Unter sozialen Daten werden hier sämtliche Informationen verstanden, die Auskunft

über die **Beziehungen** des **Betroffenen zur Außenwelt** enthalten. Damit mutet der Begriff der sozialen Daten beinahe uferlos an. Er erfasst grds. sämtliche Informationen aus allen Lebensbereichen, die von Privaten wie auch staatlichen Stellen über Personen zu unterschiedlichen Zwecken erhoben und gesammelt werden. Der weite, hier verwendete Begriff der sozialen Daten ist damit nicht völlig deckungsgleich mit der Legaldefinition in § 67 Abs. 2 SGB X, der voraussetzt, dass die Sozialdaten von einer Sozialbehörde zur Erfüllung ihrer Aufgaben verarbeitet werden (ausführlich *Mallmann/Walz* NJW 1981, 1020 ff.). Im Strafverfahren kommt, legt man einen weiten Sozialdatenbegriff zugrunde, heute vor allem den **Telekommunikationsdaten** besonders große Bedeutung zu (kritisch dazu, ob IP-Adressen personenbezogenen Daten sind und damit dem BDSG unterfallen *Meyerdierks* MMR 2009, 8, 9 ff.; bejahend hinsichtlich dynamischer IP-Adressen EuGH, Urt. v. 19.10.2016 – C-582/14, NJW 2016, 3579; BGH, Urt. v. 16.5.2017 – VI ZR 135/13, NJW 2017, 2416; hierzu auch *Lundevall/Tranvik* ZD-Aktuell 2012, 03004). Aufgrund der Zunahme unterschiedlicher Möglichkeiten der Datenverarbeitung nehmen elektronisch gespeicherte Daten quantitativ zu und werden auch im Ermittlungsverfahren mehr und mehr herangezogen und ausgewertet (*Sieber* NJW-Beil. 2012, 86 ff.; *Singelnstein* NStZ 2012, 593), wie etwa im Bereich der **Computerkriminalität** (*Abdallah/Gercke* ZUM 2005, 368 ff.; *Sieber* NJW-Beil. 2012, 86 ff.).

☝ Neben dem Abhören von Telefongesprächen oder des gesprochenen Wortes allgemein, gewinnt die **Erhebung** von **Standortdaten** im Mobilfunkverkehr, die **Überwachung des E-Mail-Verkehrs**, des **Surfens** im Internet und die Nutzung sozialer Netzwerke zunehmend an Bedeutung (*Bär* NZWiSt 2017, 81; *Singelnstein* NStZ 2012, 593, 594; zu sozialen Netzwerken *Erd* NvWZ 2011, 19 ff.; dazu *Burhoff*, EV, Rn 664 ff.; Rn 4434 ff.). 21

2. Die Erhebung, Speicherung und Auswertung sozialer Daten, insbesondere von **Telekommunikationsdaten**, ist vor allem im EV von elementarer Bedeutung (→ *Daten, Datengewinnung, repressive, soziale Daten,* Teil D Rdn 83 ff.; dazu *Burhoff*, EV, Rn 664 ff.; Rn 4434 ff.). Strafprozessual muss hierbei zwischen 22

- der **Datenerhebung während** des **Datenübertragungsvorgangs**
- der **Datenerhebung** beim **Anbieter** und
- der **Datenerhebung bei** den **an** der **Telekommunikation Beteiligten**
- unterschieden werden.

3.a) Grds. sind die im EV oder im Hauptverfahren zur Strafverfolgung gewonnenen Daten spätestens mit rechtskräftigem Abschluss des Strafverfahrens bzw., sofern sie unmittelbarer Aktenbestandteil geworden sind, mit Ablauf der Archivierungsfristen (→ *Daten, Datenlöschung, Allgemeines, Aufbewahrungsfristen,* Teil D Rdn 112 ff.) zu vernichten bzw. zu löschen. Hier gilt allgemein, wie bei allen **staatlichen Datensammlungen** auch, der Zweckbindungsgrundsatz, nach dem Daten nur für den Zweck genutzt werden dürfen, zu dem sie auch erhoben wurden (*Singelnstein* NStZ 2012, 593, 604; *Ziegenhorn/Schulz-Große* ZD 2023, 581). Die Weiterverarbeitung bzw. Speicherung oder Übertragung über den Abschluss des Strafverfahrens hinaus setzt eine entsprechende Rechtsgrundlage voraus (→ *Daten, Datenübermittlung, automatische,* Teil D Rdn 204 ff. und → *Daten, Datenübermittlung, Verarbeitung für künftige Strafverfahren und Übermittlung zu Forschungszwecken*, Teil D Rdn 210 ff. sowie → *Daten, Datenumwidmung, personenbezogene Daten*, Teil D Rdn 229 ff.). Bei einem im Strafverfahren erfolgten Zugriff auf **Verkehrsdaten** wird der Verteidiger besonderes Augenmerk auf das Problem der **Vorratsdatenspeicherung** legen müssen (→ *Daten, Datenlöschung, weitere spezielle Löschungsregelungen,* Teil D Rdn 157 ff.). 23

b) Die Datenweitergabe und **Datenverwendung** ist nicht nur im Hinblick auf den Austausch staatlicher Datenbestände von Bedeutung, sondern auch bei frei zugänglichen Daten, wie etwa im Internet oder bei der sog. **Social-Network-Analyse**. Sollen etwa im Strafverfahren erlangte soziale Daten für andere Strafverfahren, präventiv-polizeiliche Zwecke oder sonstige staatliche Zwecke verwendet werden, bedarf es für diese zweckfremde Nutzung einer Ermächtigungsgrundlage, um den Eingriff in das Recht auf informationelle Selbstbestimmung des Betroffenen zu rechtfertigen (*Singelnstein* NStZ 2012, 593, 605). Die 24

Strafprozessordnung differenziert hier u.a. danach, wie die Daten erlangt wurden und ob diese zur **Strafverfolgung** genutzt werden sollen oder ob eine **Umwidmung** für andere Zwecke geplant ist. Da die **Datenverarbeitung** grds. für den jeweils Betroffenen noch eingriffsintensiver als die Datenverwendung ist, bedarf es hier erst recht einer Ermächtigungsgrundlage.

Siehe auch: → *Daten, Allgemeines, Begriff,* Teil D Rdn 1; → *Daten, Datengewinnung, repressive, soziale Daten,* Teil D Rdn 83; → *Daten, Datenlöschung, Allgemeines, Aufbewahrungsfristen,* Teil D Rdn 112; → *Daten, Datenlöschung, weitere spezielle Löschungsregelungen,* Teil D Rdn 157; → *Daten, Datenübermittlung, Verarbeitung für künftige Strafverfahren und Übermittlung für Forschungszwecke,* Teil D Rdn 210;→ *Daten, Datenumwidmung, personenbezogene Daten,* Teil D Rdn 229.

25 Daten, Datenabgleich, Anordnungsvoraussetzungen

Das Wichtigste in Kürze:

1. Das Strafverfahrensrecht kennt drei Ermittlungsmethoden des automatisierten Massendatenabgleichs, nämlich die Rasterfahndung (§ 98a f. StPO), den Datenabgleich (§ 98c StPO) und die Schleppnetzfahndung (§ 163d StPO).
2. Der Massendatenabgleich justizexterner Daten zur Verfolgung bestimmter und erheblicher Straftaten ist unter engeren Voraussetzungen im Rahmen der Rasterfahndung möglich.
3. Der einfache Abgleich justizinterner Daten gem. § 98c StPO ist nicht an strenge Voraussetzungen gebunden und zur Verfolgung jeder Straftat zulässig.
4. Bei § 163d StPO, der die sogenannte Schleppnetzfahndung regelt, handelt es sich ebenfalls um eine Eingriffsnorm zum Massendatenabgleich, um Kurzzeitdateien für die automatische Speicherung und Verarbeitung der Daten, die bei Personenkontrollen an der Landesgrenze und Kontrollen gem. § 111 StPO, also im Rahmen von Kontrollstellen an öffentlichen Plätzen bei Verdacht schwerer staatsgefährdender Straftaten, anfallen, errichten zu können.

26 **Literaturhinweise:** **Baumann**, Einige Gedanken zu § 163d StPO und seinem Umfeld, StV 1986, 494; **Becker/Ambrock**, Datenschutz in den Polizeigesetzen, JA 2011, 561; **Hilger**, Neues Strafverfahrensrecht durch das OrgKG – 1. Teil –, NStZ 1992, 457; **Huber**, Die strategische Rasterfahndung des Bundesnachrichtendienstes – Eingriffsbefugnisse und Regelungsdefizite, NJW 2013, 2572; **Krehl**, Die Umsetzung des Volkszählungsurteils 1983: Ist die Übergangsfrist für den Gesetzgeber abgelaufen?, NJW 1995, 1072; **Rogall**, Frontalangriff auf Bürgerrechte oder notwendige Strafverfolgungsmaßnahme? – Zur Regelung der sog. Schleppnetzfahndung in § 163d StPO, NStZ 1986, 385; **Thommes**, Verdeckte Ermittler im Strafprozeß aus der Sicht des Datenschutzes, StV 1997, 657; s.a. die Hinweise bei **Burhoff**, EV, Rn 1649, Rn 4434 u. Rn 4824.

27 **1.a)** Das Strafverfahrensrecht kennt Möglichkeiten, die **Massendatenverarbeitung** zu nutzen, um **personenbezogene Daten** großer Personengruppen abzugleichen, um einerseits Täter zu ermitteln (mithilfe der sogenannten **positiven Rasterfahndung**), aber auch um Nichtverdächtige auszuschließen (mithilfe der sogenannten **negativen Rasterfahndung**). Zu diesen Ermittlungsmethoden, die den Vergleich von personenbezogenen Daten ermöglichen, zählen

- die **Rasterfahndung** gem. § 98a f. StPO (Rdn 29 ff.),
- der **Datenabgleich** gem. § 98c StPO (Rdn 37 ff.) und
- die **Schleppnetzfahndung** gem. § 163d StPO (Rdn 41 ff.).

28 **b)** Es handelt sich bei diesen Ermittlungsmaßnahmen um sogenannte **verdeckte Fahndungsmethoden**, also solche, die der jeweils Betroffene im Zeitpunkt ihrer Vollstreckung nicht bemerkt. Die o.g. Regelungen gehen auf das sogenannte Volkszählungsurteil des BVerfG vom 15.12.1983 (1 BvR 209, 269, 362, 420, 440, 484/83, BVerfGE 65, 1 ff.) zurück und wurden implementiert, um die Voraussetzungen und den Umfang des Eingriffs dieser bereits zuvor praktizierten Ermittlungsmethoden für den Bürger transparenter zu gestalten (*Krehl*, NJW 1995, 1072, 1073; SSW-StPO/*Jäger*, Vor §§ 98a – 98c Rn 2).

2.a) Die **Rasterfahndung** gem. § 98a StPO, die vom BKA entwickelt und insbesondere im Rahmen der Bekämpfung von terroristischen Anschlägen der RAF in den 70er Jahren Bedeutung hatte, wird heute in EV kaum mehr angewandt (SSW-StPO/*Jäger*, Vor §§ 98a – 98c Rn 3; *Thommes*, StV 1997, 657, 664; zur Rasterfahndung *Burhoff*, EV, Rn 4097 f.), während ihr präventiv-polizeilich gem. § 48 BKAG, dem G10-Gesetz oder nach entsprechenden Eingriffsermächtigungen der Polizeigesetze immer noch große Bedeutung zukommt (BVerfGE 115, 320 ff. = NJW 2006, 1939 ff.; hierzu auch *Huber*, NJW 2013, 2572 ff.; *Thommes*, StV 1997, 657, 664). Allgemein gilt, dass die **präventiv-polizeiliche Rasterfahndung** gem. § 48 Abs. 1 BKAG, nach den Polizeigesetzen der Länder (*Becker/Ambrock* JA 2011, 561, 565) oder auf Antrag des Bundesnachrichtendienstes nach § 5 G10 zur Abwehr von Gefahren für den Bestand oder die Sicherheit des Staates oder für Leib, Leben oder Freiheit einer Person oder Sachen von bedeutendem Wert zulässig ist (MüKo-StPO/*Hauschild*, § 98a Rn 11; *Huber* NJW 2013, 2572, 2573). 29

☝ Entsteht während der **präventiv-polizeilichen Rasterfahndung** der Anfangsverdacht einer Straftat, ist die strafverfahrensrechtliche Datenverwendung nur zulässig, wenn die Fortführung der Rasterfahndung auch nach den Regelungen der StPO zulässig wäre (BGH, Urt. v. 30.5.2001 – 1 StR 42/01, NJW 2001, 2981 zum Fall der Tatprovokation durch eine Vertrauensperson).

b) Die Rasterfahndung erfolgt in **mehreren Schritten**, um Personen aus elektronisch gespeicherten Datenbeständen herauszufiltern, die in ein zuvor festgelegtes Raster fallen, also bestimmte **Prüfungsmerkmale** erfüllen (KK-*Greven*, § 98a Rn 2; MüKo-StPO/*Hauschild*, § 98a Rn 42 ff.). Bei **Festlegung** des **Rasters** können entweder die Prüfungsmerkmale verwendet werden, die voraussichtlich auf den oder die Täter zutreffen (Positivraster) oder aber diejenigen, die voraussichtlich gerade nicht für den oder die Täter zutreffen (Negativraster). Zunächst wird anhand der festgelegten Prüfungsmerkmale, die voraussichtlich auf den oder die Täter zutreffen, in elektronisch gespeicherten Datenbeständen von öffentlichen und nichtöffentlichen Stellen recherchiert. Die im Rahmen der Suchanfrage herausgefilterten Informationen werden sodann selektiert und in einer gesonderten Datei gespeichert (sogenannter Report), um sie mit weiteren Daten maschinell abzugleichen, bis diejenigen Personen herausgefiltert werden, die als Schnittmenge die Prüfungsmerkmale erfüllen (positive Rasterfahndung) oder um diejenigen Personen auszuscheiden, die die Merkmale nicht erfüllen (negative Rasterfahndung). Die **speichernde Stelle**, bei der die Suchanfrage gestellt wird, ist gem. § 98a Abs. 2 StPO zur **Mitwirkung**, also Aussonderung und Übermittlung der Daten, und gem. § 98a Abs. 4 StPO zur **Unterstützung der Abgleichstelle**, gemeint ist die Staatsanwaltschaft, verpflichtet! 30

☝ **Nicht** in den Anwendungsbereich des § 98a StPO fallen

- die **Beschlagnahme** und **Auswertung** von **EDV-Daten** und Speichermedien, die gem. §§ 94 ff. beschlagnahmt und gem. § 110 Abs. 3 StPO durchgesehen werden (OVG Berlin-Brandenburg, Beschl. v. 10.12.2018 – OVG 1 S 13.18),
- die Herausgabe von **Telekommunikationsverkehrsdaten** i.S.d. §§ 9, 12 TDDDG durch den Telekommunikationsanbieter auf Ersuchen der Strafverfolgungsbehörden bzw. gerichtliche Anordnung nach § 100g StPO (OLG Köln, Beschl. v. 6.10.2000 – 2 Ws 413, 414/00, NStZ-RR 2001, 31; OLG Stuttgart, Beschl. v. 6.9.2000 – 2 Ws 109/2000, NStZ 2001, 158),
- die Erhebung von **Verkehrsdaten** nach § 100g StPO bzw. § 176 TKG (MüKo-StPO/*Hauschild*, § 98a Rn 49) und
- die **bloße Recherche** in allgemein zugänglichen Online-Diensten gem. §§ 161, 163 StPO (BeckOK-StPO/*Gerhold*, § 98a Rn 7) sowie
- die **DNA-Reihenuntersuchung** gem. § 81g StPO.

Auch wenn ein Datenabgleich allein durch die Speicherstelle erfolgt, jedoch kein Abgleich mit den Daten anderer Speicherstellen stattfindet, liegt kein Fall der Rasterfahndung vor. So etwa, wenn die Staatsanwaltschaft ein Kreditkartenunternehmen bittet, ihren Kundendatenstamm nach bestimmten Merkmalen zu filtern und die Ergebnisse herauszugeben (BVerfG, Beschl. v. 17.2.2009 – 2 BvR 1372, 1745/07, NJW 2009, 1405 ff.).

31 **c)** Die **Voraussetzungen** der **repressiven Rasterfahndung** (hierzu auch *Burhoff*, EV, Rn 4097 ff.) zum Zwecke der Strafverfolgung sind in § 98a StPO normiert, während § 98b StPO die Zuständigkeit zur Anordnung der Maßnahme sowie den späteren Umgang mit den Daten, also Rückgabe und Löschung, regelt.

32 Nach **§ 98a StPO** ist für die Anwendung der Rasterfahndung **erforderlich**, dass

- zureichende tatsächliche Anhaltspunkte für eine Straftat von erheblicher Bedeutung i.S. des Straftatenkatalogs des § 98a Abs. 1 StPO bestehen,
- Sachverhaltserforschung oder Aufenthaltsermittlung des Täters ohne die Rasterfahndung erheblich weniger erfolgversprechend oder wesentlich erschwert wäre und
- der Einsatz der Rasterfahndung verhältnismäßig ist.

33 Festzuhalten ist, dass an den **Verdachtsgrad** des § 98a StPO keine hohen Anforderungen zu stellen sind. Der einfache Anfangsverdacht i.S.v. § 152 Abs. 2 StPO, dass eine in § 98a Abs. 1 StPO genannte Straftat begangen wurde, reicht aus (zur Unzulässigkeit verdachtsloser Rasterfahndung BVerfG, Beschl. v. 5.7.1995 – 1 BvR 2226/94, BVerfGE 93, 181 = NJW 1996, 114). Der Katalog des § 98a Abs. 1 StPO ist sehr weit gefasst und nennt Deliktsgruppen und Begehungsarten, die insbesondere bei organisierter Kriminalität vorkommen. Um festzustellen, ob die Straftat auch von erheblicher Bedeutung ist, ist stets eine Einzelfallbeurteilung erforderlich, wobei auch der Versuch eine Tat von erheblicher Bedeutung sein kann (*Hilger* NStZ 1992, 457, 460; BeckOK-StPO/*Gerhold*, § 98a Rn 21). Die **Subsidiaritätsklausel** des § 98a Abs. 1 S. 2 StPO, nach der die Anordnung der Rasterfahndung nur zulässig ist, wenn die Erforschung des Sachverhalts oder die Ermittlung des Aufenthaltsortes andernfalls weniger erfolgversprechend oder wesentlich erschwert wäre, ist weiter gefasst als etwa bei der Telefonüberwachung nach § 100a StPO, wonach die Ermittlungen andernfalls wesentlich erschwert oder **aussichtslos** sein müssen (BeckOK-StPO/*Gerhold*, § 98a Rn 22).

☝ D.h., dass das Bestehen anderer ebenfalls erfolgversprechender Ermittlungsmethoden grds. nicht zur Unzulässigkeit führt, solange der erstrebte Ermittlungserfolg nicht im Wesentlichen gleich gut erreicht werden kann (*Schmitt/Köhler*, § 98a Rn 3).

34 **d) Zuständig** für die Anordnung der Rasterfahndung ist gem. § 98b Abs. 1 StPO das Gericht und bei Gefahr im Verzug die StA. § 98b Abs. 1 S. 4 StPO verlangt die **schriftliche Anordnung** der Rasterfahndung.

☝ Die Anordnung der Rasterfahndung wegen **Gefahr im Verzug** darf nur durch die StA, nicht aber ihre Ermittlungspersonen angeordnet werden! Außerdem ist im Falle ihrer staatsanwaltschaftlichen Anordnung gem. § 98b Abs. 1 S. 2 StPO unverzüglich – innerhalb von drei Werktagen – die richterliche Bestätigung einzuholen. Geschieht dies nicht, tritt die Anordnung außer Kraft. Die gewonnenen Erkenntnisse dürften aber – sofern die Anordnung im Übrigen rechtmäßig ergangen ist – gleichwohl verwertbar sein, da die StA bis dahin für die Anordnung zuständig war (KK-StPO/*Greven*, § 98b Rn 1 f.).

35 Die Anordnung muss neben der **Bezeichnung** des **Strafverfahrens** und der **anordnenden Stelle** sowie der Person des Anordnenden den folgenden **Inhalt** umfassen:

- die **genaue Bezeichnung** (im Hinblick auf eventuelle Ordnungs- und Zwangsmittel) der verpflichteten speichernden Stelle,
- die genaue **Umschreibung** des **Datenbestandes**,

- die genaue **Bezeichnung** der **Prüfungsmerkmale** und
- die **Begründung** der **Anordnung**, unter Nennung der Tat, für die ein Anfangsverdacht besteht sowie deren rechtlicher Würdigung und Benennung der Beweislage (vgl. insgesamt auch *Hilger* NStZ 1992, 457, 461; BeckOK-StPO/*Gerhold*, § 98b Rn 8 f.).

Nach § 98b Abs. 1 S. 6 und 7 StPO besteht ein **Anordnungsverbot** betreffend besonders geschützte persönliche Daten sowie nach § 96 StPO gesperrte und nach § 97 StPO beschlagnahmefreie Daten (→ *Daten, Datenrückgabe,* Teil D Rdn 168 f. und → *Daten, Datenlöschung, Dokumentations- und Benachrichtigungspflichten,* Teil D Rdn 119 ff.). 36

3.a) Anders als die Rasterfahndung betrifft der **Datenabgleich nach § 98c StPO** nicht den Abgleich von justizexternen, sondern den Abgleich von justizinternen personenbezogenen Daten. Die Vorschrift ermöglicht unter deutlich geringeren Voraussetzungen als die Rasterfahndung den Abgleich solcher personenbezogenen Daten, die bereits präventiv im Rahmen der Gefahrenabwehr oder repressiv im Rahmen der Strafverfolgung oder Strafvollstreckung bekannt geworden sind. Daneben werden auch die Daten der Melderegister, insbesondere des Einwohnermeldeamtes, erfasst (zum Datenabgleich a. *Burhoff*, EV, Rn 1649). 37

Zu den in § 98c StPO genannten **Abgleichdaten** der Strafverfolgung, Strafvollstreckung und Gefahrenabwehr **zählen** sämtliche diesbezüglich in Bundes- oder Länderdateien gespeicherten personenbezogenen Daten. 38

Aufstellung Abgleichdaten 39

- **Daten** der **Strafverfolgung** sind nicht nur solche aus EV, sondern auch solche aus Fahndungsdateien, auch wenn sie zuvor durch eingriffsintensive Maßnahmen wie die Telekommunikationsüberwachung nach § 100a StPO gewonnen wurden (MüKo-StPO/*Hauschild*, § 98c Rn 19).
- **Daten** der **Strafvollstreckung** sind die bei den Staatsanwaltschaften und Justizvollzugsanstalten gespeicherten personenbezogenen Daten und
- **Daten** der **Gefahrenabwehr** sind solche der Bundes- und Landespolizei, die der Vorgangsbearbeitung, der Information und der Fahndung dienen und sich im länderübergreifenden Verbundsystem INPOL-neu mit INPOL-zentral für das Bundeskriminalamt und INPOL-land für die einzelnen Bundesländer finden (MüKo-StPO/*Hauschild*, § 98c Rn 21).

b) Die **Voraussetzungen** für den maschinellen Datenabgleich gem. § 98c StPO sind nicht sehr hoch. Der Datenabgleich ist zum Zwecke der Aufklärung einer Straftat oder zur Aufenthaltsermittlung einer Person zulässig, nach der für Zwecke eines Strafverfahrens gefahndet wird. Danach genügt der Anfangsverdacht irgendeiner Straftat. Es kommt nicht darauf an, ob es sich um eine Straftat von erheblicher Bedeutung handelt (Schmitt/Köhler/*Köhler*, StPO, § 98c Rn 2)! Wenn der Datenabgleich zur Aufenthaltsermittlung durchgeführt wird, ist nicht erforderlich, dass nach dem Beschuldigten im jeweiligen Verfahren gefahndet wird. Denkbar ist genauso, dass nach einem Zeugen oder Sachverständigen gesucht wird (MüKo-StPO/*Hauschild*, § 98c Rn 25). Auch förmliche Fahndungsmaßnahmen, wie etwa die Niederlegung eines Suchvermerks im Bundeszentralregister oder Ausländerzentralregister, sind nicht erforderlich (MüKo-StPO/*Hauschild*, § 98c Rn 27). Neben den niedrigen Voraussetzungen besteht für den Datenabgleich auch **kein Richtervorbehalt**. Ebensowenig bedarf es einer besonderen Form der Anordnung (Beck-OK-StPO/*Gerhold*, § 98c Rn 12; MüKo-StPO/*Hauschild*, § 98c Rn 32). 40

> ✍ Gerade wegen der niedrigen Voraussetzungen für den Datenabgleich nach § 98c StPO ist darauf zu achten, dass dieser nicht zur **Umgehung** der Voraussetzungen für eine **Rasterfahndung** gem. §§ 98a f. StPO angewendet wird. Das wäre etwa dann der Fall, wenn eine in einem Strafverfahren beschlagnahmte Datei solche Daten enthält, die in einem anderen Verfahren Ausgangspunkt für eine Rasterfahndung sein können (*Burhoff*, EV, Rn 1652).

41 **4.a)** Bei der sogenannten **Schleppnetzfahndung** nach § 163d StPO handelt es sich ebenfalls um eine Maßnahme zum Massendatenabgleich (*Burhoff*, EV, Rn 3335). Konkret geht es hierbei um die Befugnis zur Errichtung von Kurzzeitdateien zur Speicherung und Verarbeitung von Daten, die im Rahmen von Personenkontrollen an der Landesgrenze und Kontrollen gem. § 111 StPO, also Kontrollstellen an öffentlichen Plätzen bei Verdacht schwerer staatsgefährdender Straftaten, gewonnen werden. Hintergrund ist, dass die Daten, die bei der massenhaften Kontrolle von Personen anfallen, naturgemäß nicht unmittelbar ausgewertet werden können (*Schmitt/Köhler*, StPO, § 163d Rn 2). § 163d StPO gestattet daher die **zeitlich begrenzte Speicherung von personenbezogenen Daten**, wie etwa Personaldaten, insbesondere Name, Geburtstag und -ort, Kfz-Kennzeichen oder auch Erkenntnisse der erkennungsdienstlichen Behandlung (*Rogall* NStZ 1986, 385, 390; KK-StPO/*Moldenhauer*, § 163d Rn 12). Nach § 163d Abs. 3 S. 4 StPO darf die Maßnahme nicht länger als **drei Monate** dauern, wobei eine einmalige Verlängerung um weitere drei Monate gem. § 163d Abs. 3 S. 5 StPO möglich ist.

☝ Die Frist gilt nur für die Datenspeicherung, nicht aber für die Auswertung und Übermittlung der bis dahin gespeicherten Daten, die darüber hinaus bis zu ihrer Löschung nach § 163d Abs. 4 StPO zulässig ist (*Schmitt/Köhler*, StPO, § 163d Rn 19).

42 Die **Übermittlung** der Daten ist nur an Strafverfolgungsbehörden zulässig. D.h., eine Weiterleitung der Daten an andere Behörden, etwa an Nachrichtendienste, ist nicht erlaubt (MüKo-StPO/*Kölbel/Neßeler*, § 163d Rn 20 f.). Zu den **Strafverfolgungsbehörden** i.S.v. § 163d StPO zählen:

- Amts- und StA sowie der GBA,
- Polizei, Finanz- und Zollbehörden, soweit sie als Strafverfolgungsbehörde tätig sind, und
- Gerichte (krit. KK-StPO/*Moldenhauer*, § 163d Rn 19).

43 **b)** § 163d StPO **setzt voraus**, dass aufgrund bestimmter Tatsachen gegen einen noch nicht ermittelten Täter, der aber anhand bestimmter Merkmale beschrieben werden kann, der Verdacht besteht, eine der in § 111 StPO oder in § 100a Abs. 2 Nr. 6 bis 9 und Nr. 11 StPO bezeichneten Straftaten begangen zu haben bzw. diese versucht oder hieran teilgenommen zu haben.

☝ Der **Verdachtsgrad** muss über den einfachen Anfangsverdacht gem. § 152 Abs. 2 StPO hinausgehen, nicht aber die Schwelle des dringenden Tatverdachts erreichen (BeckOK-StPO/*von Häfen*, § 163d Rn 6; KK-StPO/*Moldenhauer*, § 163d Rn 9; vgl. a. *Baumann* StV 1986, 494, 498).

44 Neben dem vorausgesetzten Tatverdacht müssen die zu speichernden und auszuwertenden Daten entweder bei **grenzpolizeilichen Kontrollen** oder **Kontrollen** gem. **§ 111 StPO** angefallen sein. Unter grenzpolizeiliche Kontrollen fallen die Personalienfeststellungen beim grenzüberschreitenden Verkehr, wobei der Anlass dieser Datenerhebung unerheblich ist (*Rogall* NStZ 1986, 385, 398). Darüber hinaus ist die Schleppnetzfahndung nur zulässig, wenn aufgrund kriminalistischer Erfahrung eine gewisse Wahrscheinlichkeit, also **Erfolgsaussicht**, besteht, durch die Maßnahme den oder die Täter ergreifen zu können (BeckOK-StPO/*von Häfen*, § 163d Rn 8; *Schmitt/Köhler*, StPO, § 163d Rn 10). Außerdem muss die Maßnahme **verhältnismäßig** sein, darf also nicht außer Verhältnis zur Bedeutung der Sache, also der aufzuklärenden Straftat, stehen.

45 **c)aa) Zuständig** für die Anordnung der Schleppnetzfahndung ist gem. § 163d Abs. 2 StPO das Gericht und bei **Gefahr im Verzuge** die StA oder ihre Ermittlungspersonen, wobei die StA im Falle der Eilanordnung unverzüglich – also innerhalb von drei Werktagen – die richterliche Bestätigung der Maßnahme einzuholen hat.

46 **bb)** Die Anordnung ergeht **schriftlich** und muss neben der Bezeichnung des Strafverfahrens und der anordnenden Stelle sowie der Person des Anordnenden den folgenden **Inhalt** umfassen:

- die anhand von Merkmalen und Eigenschaften möglichst genaue Bezeichnung des Personenkreises, der von der Maßnahme umfasst sein soll,
- die Bezeichnung des Beginns, der Art und Dauer der Maßnahme,

- die Nennung des Umfangs und der räumlichen Erstreckung der Maßnahme und
- die möglichst genaue Beschreibung und Eingrenzung der gesuchten Person/Personen, die ggf. bei Hinzutreten neuer Merkmale und Eigenschaften während der Maßnahme zu ergänzen ist (KK-StPO/*Moldenhauer*, § 163d Rn 26) sowie
- die Begründung der Anordnung unter Nennung der Tat, für die der Verdacht besteht, sowie unter Würdigung der Verhältnismäßigkeit (hierzu MüKo-StPO/*Kölbel/Neßeler*, § 163d Rn 33).

Siehe auch: → *Daten, Datenabgleich, Verwendungsbeschränkungen,* Teil D Rdn 47; → *Daten, Datenlöschung, Dokumentations- und Benachrichtigungspflichten,* Teil D Rdn 119; → *Daten, Datenrückgabe,* Teil D Rdn 168; → *Daten, Rechtschutz, Antrag auf gerichtliche Entscheidung gem. § 101 Abs. 7 StPO,* Teil D Rdn 248.

Daten, Datenabgleich, Verwendungsbeschränkungen 47

Das Wichtigste in Kürze:

1. Für besonders geschützte Daten sind bei den Fahndungsmaßnahmen, die den Datenabgleich betreffen, bestimmte Verwendungsbeschränkungen zu beachten. Zu den besonders geschützten Daten zählen Amtsgeheimnisse, wie z.B. das Steuer-, Post-, Fernmelde- oder Sozialgeheimnis. Neben den Amtsgeheimnissen gelten Verwendungsbeschränkungen für behördlich gesperrte Daten oder Daten, die in beschlagnahmefreien Gegenständen niedergelegt sind.
2. Ein Verstoß gegen Verwendungsbeschränken führt grds. zur Unverwertbarkeit der hierdurch ermittelten Erkenntnisse.

Literaturhinweise: S. die Hinweise bei → *Daten, Datenabgleich, Anordnungsvoraussetzungen,* Teil D Rdn 25. 48

1.a) Insbesondere für die Rasterfahndung gem. §§ 98a f. StPO und den Datenabgleich gem. § 98c StPO sind sogenannte **Verwendungsbeschränkungen** für bestimmte und besonders geschützte Daten zu beachten. Gem. § 98b Abs. 1 S. 6 StPO dürfen Daten nicht im Rahmen der Rasterfahndung übermittelt werden, soweit bundes- oder landesrechtliche Verwendungsregelungen entgegenstehen. Eine ähnliche Regelung findet sich für den Datenabgleich nach § 98c StPO, wenn es in S. 2 der Vorschrift heißt, dass entgegenstehende bundesgesetzliche oder landesrechtliche Vorschriften unberührt bleiben. 49

b) Verwendungsbeschränkungen gelten für bestimmte **personenbezogene Daten**, die durch spezialgesetzliche Regelungen **besonders geschützt** werden, wie z.B. 50

- das Steuergeheimnis nach § 30 AO,
- die Geheimhaltungspflicht nach § 16 BStatG,
- das Verwertungsverbot bzgl. bereits getilgter Vorstrafen gem. § 51 BZRG,
- das Postgeheimnis nach § 64 PostG,
- das Sozialgeheimnis nach § 35 SGB I oder
- das Fernmeldegeheimnis gem. § 3 TDDDG (vgl. a. SSW-StPO/*Jäger*, § 98b Rn 3).

☝ Die Übermittlung von **Sozialdaten** ist zum Zwecke der Rasterfahndung hingegen gem. **§ 68 Abs. 3 S. 1 SGB X** zulässig (OLG Karlsruhe, Beschl. v. 11.10.2006 – 3 Ws 374/06, NJW 2006, 3656). Hierzu **zählen**

- Angaben zur Religionsangehörigkeit,
- Anschriften der Betroffenen,
- Namen und Anschriften der früheren Arbeitgeber der Betroffenen und
- Angaben über an Betroffene und deren Angehörige erbrachte oder zu erbringende Geldleistungen.

51 **c)** Zudem wird in **§ 98b Abs. 1 S. 7 StPO** ausdrücklich klargestellt, dass entsprechend den §§ 96, 97, 98 Abs. 1 S. 2 StPO behördlich gesperrte und beschlagnahmefreie Daten nicht in die Rasterfahndung einbezogen werden dürfen. Gem. § 160a StPO sind ebenfalls Ermittlungsmaßnahmen unzulässig, die sich gegen eine der in § 53 Abs. 1 S. 1 Nr. 1, 2 oder 4 StPO genannten Personen, einen Rechtsanwalt oder einen Kammerrechtsbeistand richten. Insbesondere beim justizinternen Datenabgleich gem. § 98c StPO können weitere **strafprozessuale Schutzvorschriften** wie etwa §§ 52 ff., 136a, 148, 479 StPO dem Datenabgleich entgegenstehen.

52 **2.** Werden trotz entgegenstehender bundes- oder landesrechtlicher Verwendungsregeln personenbezogene Daten im Rahmen der Rasterfahndung oder des Datenabgleichs verwendet, führt dies grds. zur **Unverwertbarkeit**. Bedeutung kann hier insbesondere § 479 Abs. 2 StPO zukommen, wenn im Rahmen der Rasterfahndung **Zufallsfunde** für eine andere prozessuale Tat gefunden werden. Eine Verwertung dieser Zufallserkenntnisse über eine andere prozessuale Tat als die, wegen der die Rasterfahndung durchgeführt wurde, ist aber dann zulässig, wenn zur Aufklärung der Tat, die den Zufallsfund betrifft, ihrerseits die Anordnung der Rasterfahndung zulässig gewesen wäre (zu BVV a. *Burhoff*, EV, Rn 4119 ff.).

☝ Betrifft der Zufallsfund **dieselbe prozessuale Tat** i.S.v. § 264 StPO, wie die Anlasstat der Rasterfahndung, sind die Erkenntnisse uneingeschränkt verwertbar (BGH, Beschl. v. 18.3.1998 – 5 StR 693/97, NStZ 1998, 426, 427).

Siehe auch: → *Daten, Datenabgleich, Anordnungsvoraussetzungen,* Teil D Rdn 25; → *Daten, Datenlöschung, Dokumentations- und Benachrichtigungspflichten,* Teil D Rdn 119; → *Daten, Datenrückgabe,* Teil D Rdn 168; → *Daten, Rechtschutz, Antrag auf gerichtliche Entscheidung gem. § 101 Abs. 7 StPO,* Teil D Rdn 248.

53 Daten, Datengewinnung, Einwilligung

Das Wichtigste in Kürze:

1. Die Verarbeitung personenbezogener Daten im Rahmen der Strafverfolgung bedarf stets einer gesetzlichen Ermächtigungsgrundlage.
2. Eine Einwilligung der betroffenen Person kommt im Rahmen hoheitlichen Handelns nur in Betracht, wenn eine solche Einwilligung konkret gesetzlich vorgesehen ist.
3. Den Vorschriften der StPO gebührt als bereichsspezifischen Sonderregelungen der Vorrang gegenüber den §§ 45 ff. BDSG. Auch soweit die Verarbeitung personenbezogener Daten alternativ zwangsweise durchgesetzt werden könnte, scheidet eine von Freiwilligkeit getragene Einwilligung nicht per se aus.
4. Im Zusammenhang mit § 81hg StPO gilt ein absoluter Richtervorbehalt; eine Einwilligung kann die richterliche Anordnung insoweit nicht ersetzen.
5. Ein Widerruf der Einwilligung entfaltet ausschließlich ex nunc Wirkung.

54 **Literaturhinweise:** **Amelung**, Probleme der Einwilligung in strafprozessuale Grundrechtsbeeinträchtigungen, StV 1985, 257; **Bergemann/Hornung**, Die DNA-Analyse nach den Änderungen der Strafprozessordnung – Speicherung bis auf Widerruf?, StV 2007, 164; **Golla/Skobel**, „Sie haben doch nichts zu verbergen?“ – Zur Möglichkeit einer Einwilligung in die Datenverarbeitung im Geltungsbereich der Richtlinie (EU) 2016/680, GSZ 2019, 140; **Graalmann-Scheerer**, DNA-Massentest de lege lata und de lege ferenda, NStZ 2004, 297; **Jandt/Roßnagel/Wilke**, Outsourcing der Verarbeitung von Patientendaten – Fragen des Daten- und Geheimnisschutzes, NZWS 2011, 641; **Kretschmer**, Das Verhältnis verweigerter Reihenuntersuchung zur Untersuchung nach §§ 81c, 81e StPO, HRRS 2012, 185; **Mosbacher**, Aktuelles Strafprozessrecht, JuS 2022, 726; **Rataj**, Europäisierung der StPO vermittels des Datenschutzrechts, NStZ 2025, 398; **Schieder**, Zur datenschutzrechtlichen Einwilligung in polizeiliche Zwangsmaßnahmen, GSZ 2021, 16; **Singelnstein**, Folgen des neuen Datenschutzrechts für die Praxis des Strafverfahrens und die Beweisverbotslehre, NStZ 2020, 639; **Stief**, Die Richtlinie (EU) 2016/680 zum Datenschutz in der Strafjustiz und die Zukunft der datenschutzrechtlichen Einwilligung im Strafverfahren, StV 2017, 470.

1. In Umsetzung der Richtlinie (EU) 2016/680 zum Schutz natürlicher Personen bei der Verarbeitung personenbezogener Daten durch die zuständigen Behörden zum Zwecke der Verhütung, Ermittlung, Aufdeckung oder Verfolgung von Straftaten oder der Strafvollstreckung, einschließlich des Schutzes vor und der Abwehr von Gefahren für die öffentliche Sicherheit (Art. 1 Abs. 1 RL (EU) 2016/680) wurden Änderungen sowohl des Bundesdatenschutzgesetzes (BDSG) als auch der StPO vorgenommen. Werden zum Zwecke der Erfüllung der vorbezeichneten Aufgaben personenbezogene Daten verarbeitet – gemeint ist jeder Vorgang im Zusammenhang mit solchen, § 46 Nr. 2 BDSG –, finden grds. die §§ 45 ff. BDSG Anwendung, sofern keine spezielleren Vorschriften – etwa aus der StPO – existieren. (*Singelnstein*, NStZ 2020, 639) Da jede Verarbeitung personenbezogener Daten einen Eingriff in das Recht auf informationelle Selbstbestimmung bedeutet, bedarf es stets einer bestimmten Ermächtigungsgrundlage (BVerfG, Urt. v. 11.3.2008 – 1 BvR 2074/05, 1 BvR 1254/07, NJW 2008, 1505, 1507). In Betracht kommen insoweit Gesetze und Rechtsverordnungen des Bundes und der Länder sowie Satzungen von Kommunen und öffentlichen Körperschaften (vgl. a. *Jandt/Roßnagel/Wilke* NZS 2011, 641, 643). Werden im Anwendungsbereich des dritten Teils des BDSG personenbezogene Daten mangels Vorliegens einer gesetzlichen Ermächtigungsnorm rechtswidrig verarbeitet, kann dies gemäß §§ 84, 42 Abs. 1, 2 BDSG bei Hinzutreten weiterer Umstände eine Strafbarkeit nach sich ziehen. 55

☝ § 42 BDSG ist ein **absolutes Antragsdelikt!** Soll Strafantrag gestellt werden, ist daher zwingend auf Einhaltung der Antragsfrist gem. § 77b StGB zu achten.

2. Anders als im Anwendungsbereich der DSGVO (dort Art. 6 Abs. 1 lit. a) stellt die Einwilligung in hoheitliche Maßnahmen der Gefahrenabwehr oder der Strafverfolgung selbst keine hinreichende Rechtsgrundlage für die Verarbeitung personenbezogener Daten dar. So fehle es insoweit an echter Wahlfreiheit (*Schieder* GSZ 2021, 16). Den Mitgliedsstaaten sollte es jedoch freistehen, Rechtsvorschriften zu schaffen, durch die die betroffene Person der Verarbeitung ihrer personenbezogenen Daten für die Zwecke der Richtlinie (EU) 2016/680 zustimmen kann (Erwägungsgrund 35). Soweit im Rahmen hoheitlichen Handelns also Einwilligungslösungen vorgesehen sind, bedürfen diese zwingend der Kodifizierung in einer individuellen Befugnisnorm (*Golla/Skobel* GSZ 2019, 140, 141; *Stief* StV 2017, 470, 474). Im Rahmen der StPO ist die Möglichkeit einer Einwilligung ausdrücklich etwa in § 58a oder § 81h vorgesehen; weiteren Normen, so den §§ 81c, 81f, 81g, 100e Abs. 4, 101 Abs. 8, 101a, 161 Abs. 3, 463a, 479, ist die Zulässigkeit einer Einwilligung im Umkehrschluss zu entnehmen (MüKo-StPO/*Singelnstein*, § 500 Rn 6). 56

3.a) Die konkreten Anforderungen an eine wirksame Einwilligung ergeben sich – sofern diese über die allgemeingültigen Voraussetzungen, namentlich die Einwilligungsfähigkeit des Betroffenen und die Freiwilligkeit der Erklärung, hinausgehen – aus den konkreten Befugnisnormen selbst. Umstritten ist die Frage, ob insoweit die Vorschrift des § 51 BDSG Anwendung findet, woraus sich weitreichende Belehrungspflichten ergäben (bejahend LG Kiel, Beschl. v. 19.8.2021 – 10 Qs 43/21, ZD 2022, 510; KK-StPO/*Graf*, § 500 Rn 5; vgl. a. *Rataj* NStZ 2025, 398, 400). Der BGH hat insoweit entschieden, den Vorschriften der StPO gebühre als bereichsspezifischen Sonderregelungen – wie sich aus § 1 Abs. 2 S. 1 BDSG und § 500 Abs. 2 StPO ergebe – der Vorrang gegenüber den §§ 45 ff. BDSG (BGH, Beschl. v. 27.4.2023 – 5 StR 421/22, NStZ-RR 2023, 255 in Übereinstimmung mit *Schmitt/Köhler*, § 500 Rn 2; BeckOK-StPO/*von Häfen*, § 500 Rn 8). Im Zusammenhang mit strafprozessualen Zwangsmaßnahmen entfällt das Erfordernis für die spezifischen Belehrungspflichten im Rahmen des § 51 BDSG, der den Fall betrifft, in welchem die Datenverarbeitung von der Einwilligung abhängig ist (*Mosbacher* JuS 2022, 726, 729 f.) 57

b) Willigt der Beschuldigte im EV in die Datengewinnung ein, ist stets besonders darauf zu achten, ob die Einwilligung tatsächlich **freiwillig** erfolgte. Wird die Einwilligung nicht gänzlich freiwillig erteilt, sondern etwa als Kompromiss, um andere Eingriffe in Grundrechte des Betroffenen zu vermeiden, wird man gleichwohl von einer wirksamen Einwilligung ausgehen dürfen. Zu denken ist hier etwa an die Einwilligung in eine Blutentnahme, um zu vermeiden, für längere Zeit in Polizeigewahrsam bleiben zu müssen, 58 bis der Richter über die Frage der Anordnung der Blutentnahme entschieden hat. Solche **eingriffsmildernden Einwilligungen** sind als wirksam anzusehen, solange die Maßnahme in die eingewilligt wird, mit den Zielen der gesetzlichen Eingriffsermächtigung übereinstimmt (*Amelung* StV 1985, 257, 262; *Stief* StV 2017, 470, 476).

☝ Für Fälle der eingriffsmildernden Einwilligung ist – zur Vermeidung eines Informationsgefälles von Einwilligendem und Ermittlungsbeamten – der **Hinweis auf die Freiwilligkeit** und damit die Möglichkeit, die Einwilligung zu versagen, erforderlich. Unterbleibt dieser, muss die Frage der Verwertbarkeit der gewonnen Erkenntnisse geprüft werden (*Amelung* StV 1985, 257, 263; *Stief* StV 2017, 470, 476)! Die Frage, ob ein Beweisverwertungsverbot vorliegt, beantwortet der BGH im Rahmen seiner Abwägungslehre danach, ob im Einzelfall schwerwiegende, bewusste und objektiv willkürliche Rechtsverstöße, bei denen grundrechtliche Sicherungen planmäßig außer Acht gelassen werden, begangen wurden (vgl. u.a. BGH, Beschl. v. 20.5.2015 – 4 StR 555/14, NJW 2015, 2594; BGHSt 58, 84; 54, 70; 44, 243, 248 f.).

59 **c)** Hinsichtlich der **molekulargenetischen Untersuchung** im laufenden Verfahren gem. § 81f StPO und für künftige Verfahren gem. § 81g Abs. 3 StPO lässt die Einwilligung des Betroffenen zwar den Richtervorbehalt, nicht aber die Notwendigkeit einer schriftlichen Anordnung gemäß § 81f Abs. 2 StPO entfallen (KK-StPO/*Hadamitzky*, § 81f Rn 3 m.w.N.; → *Daten, Datengewinnung, präventive,* Teil D Rdn 64).

60 Um die **Freiwilligkeit** der **Einwilligung** in diese Maßnahmen bejahen zu können, muss der Betroffene zuvor umfassend belehrt worden sein über

- den Zweck der Verwendung der zu erhebenden Daten,
- die Möglichkeit einer Verwendung der aus der Untersuchung gewonnenen Daten zur Aufklärung künftiger Straftaten und die Speicherung in der DNA-Datei des BKA zu diesem Zweck (eine solche qualifizierte Belehrung jedenfalls aus Gründen der Rechtssicherheit empfehlend MüKo-StPO/*Trück*, § 81f Rn 10).

61 **4.** Eine ausdrückliche Regelung zur Einwilligung in die **repressive Datengewinnung** enthält § 81h StPO für die **DNA-Reihenuntersuchung** (→ *Daten, Datengewinnung, repressive, genetische Daten,* Teil D Rdn 71). Hier ist die schriftliche Einwilligung des Betroffenen ausnahmsweise unabdingbar. Auf die fehlende Einwilligung des Betroffenen kann **kein Anfangsverdacht** gem. **§ 152 Abs. 2 StPO gestützt werden** (LG Mannheim, Beschl. v. 30.3.2004 – 1 Qs 1/04, NStZ-RR 2004, 301 ff.; *Kretschmer* HRRS 2012, 185, 187; BT-Drucks 15/5674, 14). Etwas anderes gilt für die Frage, ob in der Verweigerung der Einwilligung ein weiteres Verdachtsmoment gesehen werden kann, wenn ohnehin schon Anhaltspunkte für eine Täterschaft vorliegen. In diesem Fall kann die Verweigerung zur Anordnung der DNA-Untersuchung gem. §§ 81e, 81f StPO führen (KK-StPO/*Hadamitzky,* § 81h Rn 5; BGHSt 49, 56, 60).

☝ **§ 81h StPO** stellt insoweit eine Besonderheit dar, dass als Zulässigkeitsvoraussetzung über die Einwilligung hinaus auch die richterliche Anordnung verlangt wird; es gilt insoweit ein absoluter Richtervorbehalt (*Schmitt/Köhler* § 81h Rn 8 f.). Der Grundsatz, dass die Einwilligung die zwangsweise Anordnung ersetzt, greift hier nicht (von einer **Einwilligungsfeindlichkeit** ausgehend *Graalmann-Scheerer* NStZ 2004, 297, 298)! Zu beachten ist außerdem, dass eine Speicherung der erhobenen Daten in die BKA-Datei gem. § 81h Abs. 4 S. 2 Nr. 4 StPO absolut unzulässig ist!

62 **5.** Fraglich ist, wie sich der **Widerruf** der **Einwilligung** auswirkt. Zwar existiert – soweit ersichtlich – keine höchstrichterliche Rspr. zu dieser Frage, jedoch wird man davon ausgehen müssen, dass der Widerruf **nur für** die **Zukunft** zuzulassen ist (LG Saarbrücken, Beschl. v. 20.11.2000 – 4 Qs 101/00 I, StV 2001, 265; BeckOK-StPO/*Goers*, § 81f Rn 5). Das hat zur Folge, dass der Widerruf auf bereits erfolgte DNA-Treffer aufgrund von Speicherungen in DNA-Analysedateien keine Auswirkungen mehr hat (*Schmitt/Köhler*, § 81g Rn 23; a.A. *Bergemann/Hornung* StV 2007, 164, 168).

Nach Abschluss des Strafverfahrens werden vor allem im **Strafvollzug** zahlreiche personenbezogene Daten des Verurteilten oder im Falle der Unterbringung, des Untergebrachten, erhoben (zur Datenerhebung aufgrund Eingriffsermächtigung im Strafvollzug → *Daten, Datengewinnung, Strafvollzug, Allgemeines,* Teil D Rdn 105 ff.), weshalb hier der Anwendungsbereich der offenen Datenerhebung mit Einwilligung des Betroffenen jedenfalls größer sein dürfte als im EV. 63

Daten, Datengewinnung, präventive 64

Das Wichtigste in Kürze:

1. Die Regelungen zur Datengewinnung im Strafverfahren sind fast ausschließlich repressiver Natur. Für die im Strafverfahren zumeist zu repressiven Zwecken gewonnenen personenbezogenen Daten finden sich in der Strafprozessordnung allerdings Regelungen zur Umwidmung der Daten zu präventiven Zwecken.
2. Eine Maßnahme präventiver Natur stellt die erkennungsdienstliche Behandlung gemäß § 81b Alt. 2 StPO dar. Wurde eine solche angeordnet oder durchgeführt, ist der Verwaltungsrechtsweg eröffnet. Dies gilt ebenso, wenn die Löschung der Daten begehrt wird.
3. Im Rahmen des § 81g StPO muss hinsichtlich der Voraussetzungen zwischen der Entnahme des Probenmaterials und dessen molekulargenetischer Untersuchung unterschieden werden.
4. Im Strafvollstreckungsverfahren werden personenbezogene Daten des Verurteilten bzw. Untergebrachten überwiegend zu präventiven Zwecken gewonnen.

Literaturhinweise: **Becker/Ambrock**, Datenschutz in den Polizeigesetzen, JA 2011, 561; **Benfer**, Die molekulargenetische Untersuchung (§§ 81e, 81g StPO), StV 1999, 402; **Bergemann/Hornung**, Die DNA-Analyse nach den Änderungen der Strafprozessordnung – Speicherung bis auf Widerruf?, StV 2007, 164; **Krehl/Kolz**, Genetischer Fingerabdruck und Verfassung, StV 2004, 447; **Waszczynski**, Rechtsschutzmöglichkeiten gegen erkennungsdienstliche Maßnahmen unter besonderer Berücksichtigung der Rechtsnatur des § 81b Alt. 2 StPO, JA 2013, 60. 65

1. Da das Strafverfahren seiner Natur nach rein repressiv ausgerichtet ist, verwundert es nicht, dass in der Strafprozessordnung grds. nur Regelungen zur Datengewinnung zur Aufklärung von Straftaten und damit zu repressiven Zwecken zu finden sind. Es existieren zwar **Verwendungsregeln** für die zu repressiven Zwecken gewonnen Daten auch zu präventiven Zwecken, nämlich Regelungen zur sogenannten **Umwidmung**, jedoch nur wenige **Erhebungsregeln** (→ *Daten, Datenumwidmung, personenbezogene Daten,* Teil D Rdn 229 ff. und → *Daten, Datenumwidmung, genetische Daten*, Teil D Rdn 219 ff.). Für den umgekehrten Fall, in dem Daten aus präventiv-polizeilichen Maßnahmen für repressive Zwecke umgewidmet werden sollen, enthält § 100e Abs. 6 Nr. 3 StPO eine Regelung. Damit ist klar, dass sich Regelungen zur Datengewinnung zu präventiven Zwecken eher in den **Polizeigesetzen** der **Länder** finden und weniger in der Strafprozessordnung (hierzu *Becker/Ambrock* JA 2011, 561, 562 f.). 66

☝ Zu beachten ist, dass **präventiv** teilweise sogar **weitergehende Eingriffsrechte** bestehen als bei der repressiven Datengewinnung. So enthält § 49 BKAG die Möglichkeit zu präventiven Zwecken eine punktuelle **Online-Durchsuchung** durchzuführen (hierzu unten unter → *Daten, Datengewinnung, repressive, soziale Daten*, Teil D Rdn 83; zur Online-Durchsuchung s. *Burhoff*, EV, Rn 3374). Nach der Rspr. des BGH besteht im Strafverfahren grds. **kein BVV**, wenn die polizeirechtlich gewonnenen Daten rechtswidrig erhoben wurden (BGHSt 54, 69 ff. = NJW 2009, 3448, 3457)!

2.a) Eine Ausnahme von der **im Strafverfahren** überwiegend zu repressiven Zwecken erfolgenden Datenerhebung stellt die **erkennungsdienstliche Behandlung** gemäß § 81b Alt. 2 StPO, die präventiver Natur ist, dar. Damit erweist die Vorschrift sich als eine Art Fremdkörper inmitten der repressiven Maßnah- 67 men der StPO (vgl. etwa *Waszczynski* JA 2013, 60, 61). Obwohl es sich um eine im Strafprozessrecht geregelte Maßnahme handelt, kann damit kein **Rechtsschutz** mithilfe der ansonsten üblichen Beschwerde gegen die Anordnung gem. § 304 StPO oder richterlichen Feststellung der Rechtswidrigkeit der Durchführung gem. § 98 Abs. 3 StPO analog erlangt werden. Die herrschende Lehre und auch die Rspr. gehen davon aus, dass der Verwaltungsrechtsweg gem. § 40 Abs. 1 S. 1 VwGO eröffnet ist (BVerfGE 16, 89, 94; BGHSt 28, 206, 209; BVerwGE 66, 192; *Schmitt/Köhler*, § 81b Rn 35; ausführlich → *Daten, Rechtsschutz, verwaltungsgerichtliche Klage,* Teil D Rdn 298 ff.). Während gegen die Anordnung der erkennungsdienstlichen Behandlung die **Anfechtungsklage** statthaft ist, kann dann, wenn die Anordnung bereits vollzogen wurde, nur **Fortsetzungsfeststellungsklage** erhoben werden (VGH Mannheim, Urt. v. 18.12.2003 – 1 S 2211/02, NVwZ-RR 2004, 572 ff.; MüKo-StPO/*Trück*, § 81b Rn 28; vgl. a. *Burhoff,* EV, Rn 2338 ff.).

68 **b)** Die **Aufbewahrung** und **Speicherung** der präventiv gem. § 81b Alt. 2 StPO gewonnenen Daten richtet sich insbesondere nach § 484 StPO. Die **Verwendung** ist in § 481 StPO geregelt, während für die **Löschungsfristen** § 489 StPO gilt (→ *Daten, Datenlöschung, Strafverfahrensdateien und Verfahrensregister,* Teil D Rdn 136 ff.). Die Vernichtung der personenbezogenen Daten kann verwaltungsrechtlich mit der Verpflichtungsklage erwirkt werden (VGH Kassel, Urt. v. 16.12.2004 – 11 UE 2982/02, NJW 2005, 2727, 2728; OVG Münster, Beschl. v. 14.4.2010 – 5 A 479/09, NWVBl 2010, 436). Falls die Löschung bereits erfolgt ist, ist die Fortsetzungsfeststellungsklage statthaft (OVG Saarlouis, Urt. v. 5.10.2012 – 3 A 72/12).

69 **3.** Auch die Entnahme und **molekulargenetische Untersuchung** von Probenmaterial des Beschuldigten kann sowohl zu repressiven Zwecken als auch gefahrenabwehrrechtlich zu präventiven Zwecken erfolgen (ähnlich *Benfer* StV 1999, 402). Gem. **§ 81g StPO** ist die DNA-Untersuchung beim Beschuldigten und Verurteilten zulässig, wenn Grund zur Annahme besteht, dass gegen diesen auch künftig Strafverfahren wegen Straftaten von erheblicher Bedeutung zu führen sein werden (vgl. *Burhoff,* EV, Rn 1733 ff.). Bei der Frage nach der **Erforderlichkeit einer richterlichen Anordnung** ist zwischen Entnahme der Körperzellen und deren molekulargenetischer Untersuchung zu differenzieren. Während die **Entnahme der Zellen** mit schriftlicher Einwilligung des Betroffenen zulässig ist und bei Gefahr im Verzug auch von der Staatsanwaltschaft und ihren Ermittlungspersonen gem. § 81g Abs. 3 S. 1 StPO angeordnet werden darf, muss die **Untersuchung** auch bei Vorliegen der Einwilligung des Betroffenen stets schriftlich durch den Richter angeordnet werden (→ *Daten, Datengewinnung, Einwilligung,* Teil D Rdn 53). Zudem bedarf es einer einzelfallbezogenen Begründung (LG Ravensburg, Beschl. v. 9.3.2009 – 2 Qs 22/09, NStZ-RR 2010, 18). Die Speicherung der Daten regelt § 81g Abs. 5 StPO in der sogenannten **BKA-Verbunddatei** (→ *Daten, Datenlöschung, weitere spezielle Löschungsregelungen,* Teil D Rdn 157). Die sogenannten **Aussonderungsprüfungsfristen** betragen gemäß § 77 Abs. 1 S. 2 BKAG grds. bei Erwachsenen zehn, bei Jugendlichen fünf und bei Kindern zwei Jahre. Nach Ablauf dieser Fristen wird jeweils im Einzelfall geprüft, ob aufgrund einer positiven Gefahrenprognose nach BKAG eine weitere Speicherung erforderlich (*Krehl/Kolz* StV 2004, 447, 451; → *Daten, Datenumwidmung, genetische Daten,* Teil D Rdn 219 f.).

70 **4.** Nach Abschluss des Strafverfahrens werden **im Strafvollstreckungsverfahren** Daten wiederum überwiegend – jedenfalls mittelbar – zu präventiven Zwecken erhoben. Die Erhebung medizinischer personenbezogener Daten etwa durch Stellungnahmen von behandelnden Ärzten eines gem. § 63 StGB Untergebrachten werden schließlich zu dem Zweck erhoben, im Falle der Aussetzung der Unterbringung zur Bewährung die Begehung künftiger Straftaten zu vermeiden (→ *Maßregeln, Erwachsene, Überprüfung,* Teil B Rdn 1162).

Siehe auch: → *Maßregeln, Erwachsene, Überprüfung,* Teil B Rdn 1162; → *Maßregelvollzug, Erwachsene, Datenschutz,* Teil C Rdn 53; → *Daten, Datenlöschung, Strafverfahrensdateien und Verfahrensregister,* Teil D Rdn 136; → *Daten, Datenumwidmung, genetische Daten,* Teil D Rdn 263; → *Daten, Datenumwidmung, personenbezogene Daten,* Teil D Rdn 229; → *Daten, Rechtsschutz, verwaltungsgerichtliche Klage,* Teil D Rdn 298; → *Strafvollzug, Erwachsene, Datenschutz,* Teil C Rdn 424.

Daten, Datengewinnung, repressive, genetische Daten 71

Das Wichtigste in Kürze:

1. Bei personenbezogenen Daten, welche zu repressiven Zwecken erhoben werden, kann differenziert werden zwischen genetischen, medizinischen und sozialen Daten.
2. Die Untersuchung genetischer Daten richtet sich nach den §§ 81e ff. StPO.

Literaturhinweise: S. die Hinweise bei → *Daten, Datengewinnung, Einwilligung,* Teil D Rdn 53, bei → *Daten, Datengewinnung, präventive,* Teil D Rdn 64 und bei → *Daten, Datenumwidmung, genetische Daten,* Teil D Rdn 219. 72

1. Der überwiegende Teil der **nach den Regelungen der StPO** gewonnenen personenbezogenen Daten 73
wird zu repressiven Zwecken gewonnen. Im Ermittlungsverfahren lässt sich bei der Gewinnung von personenbezogenen Daten zu repressiven Zwecken wiederum zwischen **genetischen, medizinischen** und **sozialen Daten** differenzieren. Sofern präventiv polizeirechtlich gewonnene personenbezogene Daten repressiv verwendet werden sollen, gilt § 161 Abs. 3 StPO. Danach ist eine Verwendung nur dann zulässig, wenn die Maßnahme auch repressiv nach den Vorschriften der StPO hätte erfolgen dürfen.

☝ Auch ohne das Vorliegen dieser Voraussetzung gem. § 161 Abs. 3 StPO ist die **Umwidmung der präventiv gewonnenen Erkenntnisse** zulässig, wenn die personenbezogenen Daten nur als Spurenansatz oder zur Ermittlung des Aufenthaltsortes des Beschuldigten genutzt werden sollen (BT-Drucks 16/5846, 64).

2a. Die Gewinnung **genetischer Daten** ist im Strafverfahrensrecht in den §§ 81e ff. StPO geregelt. § 81e 74
StPO erlaubt die molekulargenetische Untersuchung von Material, das aufgrund eines Eingriffs gem. § 81a StPO beim Beschuldigten gewonnen wurde. § 81e StPO bildet außerdem die Ermächtigungsgrundlage zur molekulargenetischen Untersuchung von Material, das gem. § 81c StPO bei Dritten gewonnen wurde (→ *Daten, Datengewinnung, repressive, medizinische Daten,* Teil D Rdn 80). Ebenso zu den zu repressiven Zwecken gewonnenen genetischen Daten zählen die Ergebnisse der DNA-Reihenuntersuchung, die ausschließlich auf freiwilliger Basis erhoben werden dürfen (→ *Daten, Datengewinnung, Einwilligung,* Teil D Rdn 53).

b) Repressiv ist gem. **§ 81e StPO** die **DNA-Analyse** sowohl von DNA des Beschuldigten als auch des 75
Dritten nur zulässig, soweit sie zur Feststellung der Abstammung des beim Beschuldigten gem. § 81a StPO gewonnenen Materials dient oder um festzustellen, ob aufgefundenes Spurenmaterial vom Beschuldigten oder dem Verletzten stammt (vgl. hierzu *Burhoff,* EV, Rn 1672 ff.). Das Verfahren zur Durchführung der molekulargenetischen Untersuchung gem. § 81e StPO ist in § 81f StPO geregelt. Danach setzt die Untersuchung entweder die schriftliche Einwilligung der Betroffenen oder die gerichtliche Anordnung voraus, wobei diese bei Gefahr im Verzug auch von der Staatsanwaltschaft und ihren Ermittlungspersonen angeordnet werden kann.

☝ Der Richtervorbehalt gilt aber nur für Untersuchungen nach § 81e Abs. 1 StPO und damit nicht für die sog. **Tatspuruntersuchung** i.S.v. § 81e Abs. 2 StPO!

c) Die sog. **DNA-Reihenuntersuchung** ist gem. § 81h StPO zu repressiven Zwecken zulässig (vgl. a. *Burhoff,* EV, Rn 1672 ff.), wenn 76

- ein Verfahren gegen Unbekannt wegen des Verdachts eines Verbrechens gegen das Leben, die körperliche Unversehrtheit, die persönliche Freiheit oder die sexuelle Selbstbestimmung geführt wird,
- der Personenkreis der mutmaßlich Tatverdächtigen anhand von bestimmten Prüfungsmerkmalen wie Alter, Geschlecht, Wohnort, Halter eines bestimmten Fahrzeugs o.Ä. deutlich umgrenzt werden kann (*Schmitt/Köhler,* § 81h Rn 4),

- die molekulargenetische Untersuchung zur Feststellung, ob Spurenmaterial von einer der Personen, die in den Personenkreis fällt, erforderlich ist und
- die Untersuchung im Hinblick auf die Schwere des Vorwurfs und die Anzahl der von der Reihenuntersuchung Betroffenen nicht unverhältnismäßig ist.

77 Neben der richterlichen Anordnung der Untersuchung gem. § 81h Abs. 2 StPO ist stets die **schriftliche Einwilligung** eines jeden Betroffenen gem. § 81h Abs. 1 StPO zwingend (→ *Datengewinnung, Einwilligung,* Teil D Rdn 53).

Siehe auch: → *Daten, Datengewinnung, Einwilligung,* Teil D Rdn 53; → *Daten, Datengewinnung, repressive, medizinische Daten,* Teil D Rdn 78; → *Daten, Datenumwidmung, genetische Daten,* Teil D Rdn 219.

78 Daten, Datengewinnung, repressive, medizinische Daten

Das Wichtigste in Kürze:

1. Die relevantesten Regelungen zur Erhebung medizinischer Daten beim Beschuldigten finden sich in den §§ 81, 81a und 81b StPO.
2. Die Untersuchung anderer Personen als des Beschuldigten regelt § 81c StPO.

79 **Literaturhinweise:** S. die Hinweise bei → *Daten, Allgemeines, medizinische Daten,* Teil D Rdn 13 und bei → *Daten, Datengewinnung, Einwilligung,* Teil D Rdn 53.

80 **1.a)** Die Erhebung **medizinischer Daten** im EV wird insbesondere in den §§ 81 ff. StPO geregelt. Grds. ist hierbei zu unterscheiden, ob die medizinischen Daten beim Beschuldigten oder bei Dritten erhoben werden. Die wichtigsten Regelungen zur Erhebung **medizinischer Daten** beim **Beschuldigten** im EV sind

- gem. § 81 StPO die Unterbringung zur Beobachtung in einem öffentlichen psychiatrischen Krankenhaus (*Burhoff,* EV, Rn 4628 ff.) und
- gem. § 81a StPO die Körperliche Untersuchung des Beschuldigten, hier insbesondere die Entnahme von Blutproben (*Burhoff,* EV, Rn 3001 ff. u. 1496 ff.) sowie
- gem. § 81b StGB die Erhebung von im weiteren Sinne medizinischen Daten im Rahmen der erkennungsdienstlichen Behandlung, soweit sie zu repressiven Zwecken durchgeführt wird (*Burhoff,* EV, Rn 2338 ff. sowie oben unter → *Daten, Datengewinnung, präventive,* Teil D Rdn 64 zur erkennungsdienstlichen Behandlung zu präventiven Zwecken).

81 **b)** Sollen bereits erhobene medizinische Daten, wie etwa **ärztliche** oder **psychotherapeutische Befunde** im Rahmen des EV sichergestellt werden, so ist dies nur zulässig, wenn die Herausgabe freiwillig erfolgt oder der Beschuldigte den Zeugnisverweigerungsberechtigten von der Schweigepflicht entbunden hat, da eine Beschlagnahme solcher Unterlagen gemäß § 97 StPO ausscheidet (zur Entbindung von der Schweigepflicht *Burhoff,* EV, Rn 2313 ff.).

☝ Wurden die medizinischen Daten im Wege der **freiwilligen Herausgabe** trotz Fehlens einer Schweigepflichtentbindungserklärung erlangt, sind diese grds. auch dann **verwertbar**, wenn sich der Berufsgeheimnisträger durch die Herausgabe gem. § 203 StGB strafbar gemacht hat! Dies gilt nach wohl herrschender Meinung jedenfalls dann, wenn der Berufsgeheimnisträger darüber belehrt wurde, dass eine Herausgabe nicht erzwungen werden kann (*Schmitt/Köhler,* § 97 Rn 6 m.w.N.).

82 **2.** Die Erhebung **medizinischer Daten** beim **Zeugen** richtet sich im EV nach §§ 81c f. StPO. Während § 81c StPO allgemein die körperliche Untersuchung von anderen Personen als dem Beschuldigten regelt,

enthält § 81d StPO eine besondere Regelung für die Durchführung solcher körperlichen Untersuchungen, die das **Schamgefühlverletzen** können (hierzu ausführlich *Burhoff*, EV, Rn 3032 ff.).

☝ Für die Sicherstellung bzw. Beschlagnahme bereits bestehender **ärztlicher oder psychotherapeutischer Befunde** gilt aus Sicht des Berufsgeheimnisträgers auch hier, dass dieser ggf. eine Schweigepflichtentbindungserklärung einzuholen hat, wenn er sich im Falle der freiwilligen Herausgabe von Unterlagen nicht gem. § 203 StGB strafbar machen will. Ein Beschlagnahmeverbot gem. § 97 StPO besteht hingegen nicht!

Siehe auch: → *Daten, Datengewinnung, Einwilligung*, Teil D Rdn 53; → *Daten, Datengewinnung, präventive*, Teil D Rdn 64.

Daten, Datengewinnung, repressive, soziale Daten 83

Das Wichtigste in Kürze:

1. Gespeicherte Daten unterliegen jedenfalls dann, wenn die Speichermedien, auf welchen sie sich befinden, ihrerseits beschlagnahmt wurden, der Beschlagnahme gem. § 94 StPO.
2. Die Erhebung von Inhaltsdaten während des Übertragungsvorgangs der Telekommunikation ist in § 100a StPO, die Erhebung von Daten aus einem informationstechnischen System in § 100b StPO geregelt.
3. Während die Maßnahmen nach den §§ 100a, 100b StPO Inhalte betreffen, können durch die Erhebung von Verkehrsdaten sowie mithilfe von „stillen SMS" oder dem Einsatz von IMSI-Catchern Informationen über die genutzten Endgeräte erlangt werden.
4. Für die Auskunft über Bestandsdaten nach § 100j StPO gilt grds. kein Richtervorbehalt.

Literaturhinweise: Bär, Die Neuregelung des § 100j StPO zur Bestandsdatenauskunft, Auswirkungen auf die Praxis der Strafverfolgung, MMR 2013, 700; **Eisenberg/Singelnstein**, Zur Unzulässigkeit der heimlichen Ortung per „stiller SMS", NStZ 2005, 62; **Kemper**, Beschlagnahmefähigkeit von Daten und E-Mails, NStZ 2005, 538; **Kudlich**, Straftaten und Strafverfolgung im Internet, StV 2012, 560; **Möstl**, Vorratsdatenspeicherung – wie geht es weiter, ZRP 2011, 225; **Niehaus**, Erhebung von Mautdaten durch Strafverfolgungsbehörden?, NZV 2004, 502; **Puschke**, Telekommunikationsüberwachung, Vorratsdatenspeicherung und (sonstige) heimliche Ermittlungsmaßnahmen der StPO nach der Neuregelung zum 1.1.2008, NJW 2008, 113; **Singelnstein**, Möglichkeiten und Grenzen neuerer strafprozessualer Ermittlungsmaßnahmen – Telekommunikation, Web 2.0, Datenbeschlagnahme, polizeiliche Datenverarbeitung & Co., NStZ 2012, 593; **Wicker**, Durchsuchung in der Cloud – Nutzung von Cloud-Speichern und der strafprozessuale Zugriff deutscher Ermittlungsbehörden, MMR 2013, 765; s.a. **Burhoff**; EV, Rn 1286 u. 4495. 84

1a.) Die Erhebung **sozialer Daten** ist aufgrund der Weite des Begriffes und der Vielzahl an Informationen, die als soziale personenbezogene Daten anzusehen sind, in zahlreichen Vorschriften der Strafprozessordnung geregelt. Hinsichtlich der Maßnahmen zur Datengewinnung ist, sofern sogenannte **Inhaltsdaten** erhoben werden sollen, vor allem an die **Sicherung** der **Datenträger** und das **Abfangen der Daten** selbst während der Übermittlung zu denken. Geht es bei der Datenerhebung hingegen um die sogenannten **Verkehrsdaten**, ermöglicht § 100g StPO etwa die Funkzellenabfrage oder die sogenannte Zielsuche. Unter **Bestandsdaten** sind gem. § 3 Nr. 6 TKG die Daten eines Endnutzers, die erforderlich sind für die Begründung, inhaltliche Ausgestaltung, Änderung oder Beendigung eines Vertragsverhältnisses über Telekommunikationsdienste bzw. gem. § 2 Abs. 2 Nr. 2 TDDDG die personenbezogenen Daten, deren Verarbeitung zum Zweck der Begründung, inhaltlichen Ausgestaltung oder Änderung eines Vertragsverhältnisses zwischen dem Anbieter von digitalen Diensten und dem Nutzer über die Nutzung von digitalen Diensten erforderlich ist, zu verstehen. Solche Bestandsdaten können zu repressiven Zwecken gem. § 100j StPO erhoben werden. 85

86 **b)** Für **gespeicherte soziale Daten** gilt grds., dass sie jedenfalls dann – obwohl die Daten selbst keine körperlichen Gegenstände darstellen – Gegenstand der **Beschlagnahme** gem. § 94 StPO sind, wenn sie durch Beschlagnahme des Speichermediums sichergestellt werden (*Schmitt/Köhler*, § 94 Rn 16a; MüKo-StPO/*Hauschild*, § 94 Rn 13; kritisch *Kemper* NStZ 2005, 538, 540). Das führt dazu, dass grds. Durchsuchungsmaßnahmen gem. § 102 StPO beim Beschuldigten oder gem. § 103 StPO beim Unbeteiligten, wie z.B. dem E-Mail-Provider, möglich sind (*Wicker* MMR 2013, 765, 766 zur Durchsuchung von Cloud-Speichern). Für die Frage, ob eine Durchsuchung beim Beschuldigen oder beim Dritten erforderlich ist, kommt es grds. zunächst nur darauf an, wer faktisch die **Verfügungsgewalt** über die Daten hat. So hat der Cloud-Nutzer etwa die faktische Zugriffs- und Verfügungsmöglichkeit – jedenfalls im Sinne eines Mitgewahrsams – auf den von ihm genutzten Speicherplatz, weshalb sich eine Durchsuchung des Speicherplatzes des beschuldigten Cloud-Nutzers nach § 102 StPO richtet (*Schmitt/Köhler*, § 102 Rn 10a; *Wicker* MMR 2013, 765, 767). Befinden sich die Daten nunmehr aber nicht auf dem Computer oder Datenträger des Beschuldigten, bei dem gerade durchsucht wird, sondern zugangsgeschützt etwa auf einem **im Ausland** befindlichen Server oder Cloud Storage, bedarf es zur Sicherung der Daten grds. der Zustimmung des fremden Staates im Wege der Rechtshilfe oder der Zustimmung des jeweils Berechtigten (BeckOK-StPO/*Hegmann*, § 110 Rn 17; KK-StPO/*Henrichs/Weingast*, § 110 Rn 8a; *Wicker*, MMR 2013, 765, 769).

☝ Hat der Betroffene, dessen Computer durchsucht wird, jedoch **direkt Zugriff** auf das **ausländische Speichermedium** oder nennt den Ermittlungsbeamten gar seinen Zugangscode, greift § 110 Abs. 3 S. 2 StPO und eine Rechtshilfe ist nicht erforderlich.

87 **2.a)** Besondere Bedeutung kommt der repressiven Gewinnung von **Telekommunikationsdaten** zum Zeitpunkt ihrer Übertragung zu. Während die Daten, die beim Anbieter oder bei den an der Kommunikation Beteiligten gespeichert sind, wie oben beschrieben gem. §§ 94 ff. StPO gesichert werden können, ermöglicht § 100a StPO insbesondere die Erhebung sogenannter Inhaltsdaten während des **Übertragungsvorgangs**. Inhalte von Telefongesprächen hingegen werden weder beim Anbieter noch beim Telekommunikationsteilnehmer gespeichert und können daher nur während der Übertragung erhoben werden (*Singelnstein* NStZ 2012,593, 595). Nach Einführung der Sätze 2 und 3 in § 100a Abs. 1 StPO ist grds. auch die **Quellen-TKÜ**, bei der auf die Daten noch im System des Nutzers und vor dem Absenden bzw. Verlassen des Systems zugegriffen wird, zulässig (*Schmitt/Köhler*, § 100a Rn 7a).

88 Die Telekommunikationsüberwachung während des Übertragungsvorgangs ist unter den folgenden **Voraussetzungen zulässig**:

- wenn ein qualifizierter Anfangsverdacht (BGH-Ermittlungsrichter, Beschl. v. 11.3.2010 – StB 16/09, NStZ 2010, 711) wegen einer Katalogtat i.S.v. § 100a Abs. 2 StPO vorliegt, die auch im jeweiligen Einzelfall schwer wiegt,
- wenn die Erforschung des Sachverhalts ohne Telekommunikationsüberwachung erheblich erschwert oder aussichtslos wäre (Subsidiaritätsklausel) und
- wenn die Anordnung, der Umfang und die Dauer der Maßnahme auch im Übrigen verhältnismäßig ist!

☝ Der Straftatenkatalog des § 100a Abs. 2 StPO ist **abschließend**!

Hinsichtlich des notwendigen Tatverdachts ist zu beachten, dass ein **Anfangsverdacht** ausreicht, dieser jedoch auf konkrete Anhaltspunkte gestützt sein muss. D.h., dass die bloße Vermutung einer Katalogtat nicht ausreicht. Erforderlich ist, dass der auf einen bestimmten Beschuldigten bezogene Tatverdacht durch schlüssiges Tatsachenmaterial bereits ein gewisses Maß an Konkretisierung und Verdichtung erreicht hat (BGH, Beschl. v. 11.8.2016 – StB 12/16HRRS 2016 Nr. 925). Wann die Katalogtat im Einzelfall nicht **schwer wiegt**, ist zum Zeitpunkt der Anordnung der Telekommunikationsüberwachung regelmäßig nicht absehbar, weshalb dieser Anordnungsvoraussetzung kaum praktische Bedeutung zukommt. Etwas anderes kann allenfalls dann gelten, wenn von Anfang an das Vorliegen eines minder schweren Falls naheliegt. Zwingend ist dies ist jedoch nicht (BT-Drucks 16/5846, 41). Auch der **Subsidiaritätsklausel** kommt faktisch nur eine eingeschränkte Begrenzungsfunktion zu, weil kaum zu entscheiden ist, welche anderen Ermittlungsmaßnahmen im Frühstadium des Ermittlungsverfahrens mindestens genauso gute Ergebnisse geliefert hätten. Deshalb wird dem anordnenden Richter ein weiter Ermessensspielraum dergestalt zugebilligt, dass seine Entscheidung unter Zugrundelegung der Verdachts- und Beweislage im Zeitpunkt der Anordnung ex ante bloß vertretbar gewesen sein muss (BGH, Beschl. v. 8.2.2018 – 3 StR 400/17, NJW 2018, 2809, 2811). Bei der allgemeinen **Verhältnismäßigkeitsprüfung** dürfte neben der Frage, wie groß die Anzahl der Drittbetroffenen im Einzelfall ist, insbesondere die Prüfung der Erforderlichkeit der Telekommunikationsüberwachung bzw. deren Fortsetzung entscheidend sein (BVerfGE 107, 299, 317).

b) Nach § 100d Abs. 2 S. 1 StPO besteht ein absolutes **Beweisverwertungsverbot**, sofern ein Eingriff in 89
den **Kernbereich privater Lebensgestaltung** vorliegt. Hierbei ist zu beachten, dass gemäß § 100d Abs. 1 StPO schon die Beweiserhebung, also die Überwachung der Telefongespräche, verboten ist, sobald absehbar ist, dass hierdurch **allein** Erkenntnisse aus dem Kernbereich privater Lebensgestaltung erlangt würden, was jedoch praktisch angesichts der enormen Datenmengen kaum vorkommen wird (MüKo-StPO/*Rückert*, § 100d Rn 9). In der Praxis wird daher in erster Linie im Nachhinein das in § 100d Abs. 2 S. 1 StPO geregelte Beweisverwertungsverbot Anwendung finden, während die Beweiserhebung regelmäßig nicht rechtzeitig abgebrochen werden wird (BeckOK-StPO/*Graf*, § 100d Rn 12; zur Verfassungsmäßigkeit dieser Lösung BVerfG, Urt. v. 27.7.2005 – 1 BvR 668/04, NJW 2005, 2603, 2612). Eine Verpflichtung zum Mithören in Echtzeit besteht nicht, würde angesichts der Tatsache, dass die überwachten Gespräche häufig in fremder Sprache geführt werden oder die Teilnehmer sich „Geheimcodes" bedienen, jedoch auch häufig ins Leere laufen (BVerfG, Beschl. v. 12.10.2011 – 2 BvR 236/08, NJW 2012, 833, 838; BT-Drucks 16/5846, 45). Ein Abbrechen der Überwachung kann dann von Anfang an notwendig sein, wenn unzweifelhaft das Beweiserhebungs- und Verwertungsverbot nach § 160a StPO durch Kommunikation mit **Berufsgeheimnisträgern** betroffen ist, wie etwa bei einem Telefonat des Beschuldigten mit seinem Verteidiger (BGHSt 33, 347, 350) oder einem Beichtgespräch des Beschuldigten mit einem Geistlichen (BVerfGE 129, 208, 263).

☝ Erkenntnisse aus gemäß § 160a Abs. 1 S. 1 StPO oder § 100d Abs. 1 StPO unzulässigen Maßnahmen dürfen auch **nicht** als **Ermittlungs-** oder **Spurenansatz** verwendet werden (*Schmitt/Köhler*, § 100d Rn 6; KK-StPO/*Weingarten*, § 160a Rn 9). Bezüglich solcher Erkenntnisse, die nicht unmittelbar die Katalogtat betreffen, aufgrund derer die Maßnahme angeordnet wurde, ist zu differenzieren: Stellt sich das Geschehen nach Durchführung der Maßnahme nur als eines dar, das lediglich den Verdacht einer Nichtkatalogtat begründet, dürfen die Erkenntnisse dennoch verwertet werden, wenn im Zeitpunkt der Anordnung ein objektiver Bezug zu einer Katalogtat bestanden hat (BGH, Beschl. v. 18.3.1998 – 5 StR 693/97, NStZ 1998, 426). Besteht hingegen kein Zusammenhang mit der Katalogtat, gilt für die Verwertung von Zufallserkenntnissen in anderen Strafverfahren § 479 Abs. 2 S. 1 StPO. Danach muss Gegenstand dieses Strafverfahrens ebenfalls eine Katalogtat sein.

c) Mit Neueinführung der Sätze 2 und 3 des § 100a Abs. 1 StPO und der damit einhergehenden Kodifi- 90
zierung der Zulässigkeit der sogenannten **Quellen-TKÜ** hat der Gesetzgeber im Jahre 2017 auf die Entwicklung reagiert, dass Kommunikation im Internet heute größtenteils Internetprotokoll-basiert und verschlüsselt über „Voice-over-IP" oder Messengerdienste erfolgt. Im Rahmen der herkömmlichen TKÜ würden daher auch die Ermittlungsbehörden die Daten nur verschlüsselt empfangen, weshalb es einer Überwachung und Aufzeichnung „an der Quelle", also vor Verschlüsselung am Absendersystem oder nach Entschlüsselung am Empfängersystem bedarf (Schmitt/Köhler/*Köhler*, StPO, § 100a Rn 14a, 14b; BT-Drucks 18/12785 53).

91 Unter den **Begriff** der **Quellen-TKÜ** ist auch der Einsatz sogenannter Spionagesoftware zu fassen, bei der „staatliche Trojaner" auf dem Gerät der Zielperson heimlich eingeschleust werden (KK-StPO/*Henrichs/Weingast*, § 100a Rn 42). Die Quellen-TKÜ unterliegt dem Richtervorbehalt (§ 100e Abs. 1 S. 1 StPO), darf nur bei konkretem Tatverdacht hinsichtlich einer Katalogstraftat angeordnet werden (§ 100a Abs. 1 StPO), muss auf solche Inhalte, die grds. auch von der „einfachen" TKÜ erfasst werden könnten, beschränkt werden (§ 100a Abs. 1 S. 3 StPO) und kontrolliert (§ 100a Abs. 5 StPO) sowie dokumentiert werden (§ 100a Abs. 6 StPO). Damit setzt der Gesetzgeber die seitens des BVerfG vorgegebenen Anforderungen um (BVerfG, Urt. v. 20.4.2016 – 1 BvR 966/09, 1140/09, NJW 2016, 1781).

☝ Für **unverschlüsselte Internetchats** gilt, dass es hierzu keiner Anordnung nach § 100a SPO bedarf, weil diese für jedermann und damit auch für Ermittlungsbehörden zugänglich sind (BVerfGE 120, 351; BT-Drucks 16/5846, 64; *Kudlich* StV 2012, 560, 566). Handelt es sich um zugangsgesicherte Plattformen, wird man eine Anordnung nach § 100a StPO für erforderlich halten müssen (s.a. *Schmitt/Köhler*, § 100a Rn 7; *Singelnstein*, NStZ 2012, 593, 594). Für die **präventive** Durchführung der Quellen-TÜ enthält § 51 Abs. 2 BKAG eine entsprechende Regelung.

92 **d)** Auch für die einmalige oder auch über einen längeren Zeitraum andauernde Durchsuchung oder Überwachung der Rechnertätigkeit der Zielperson, der sogenannte **Online-Durchsuchung**, existiert nunmehr mit § 100b StPO eine Ermächtigungsgrundlage. Das BVerfG (BVerfGE 120, 274 ff. = NJW 2008, 822 ff.) hatte auch insoweit klargestellt, dass eine solche Maßnahme dem Richtervorbehalt unterliegen müsse und Schutzvorkehrungen bzgl. des Kernbereichs privater Lebensgestaltung implementiert werden müssten. Im Vergleich zum Katalog des § 100a Abs. 2 StPO ist der des § 100b Abs. 2 StPO jedoch insoweit enger gefasst, dass dieser nur **besonders** schwere Straftaten erfasst.

☝ Eine Online-Durchsuchung zu präventiven Zwecken ermöglicht **§ 49 BKAG**. Die Verwertbarkeit dieser Erkenntnisse im Strafverfahren richtet sich nach § 100e Abs. 6 Nr. 3 StPO (MüKo-StPO/*Rückert*, § 100a Rn 90).

93 **3.a)** § 100g StPO regelt die Erhebung sogenannter **Verkehrsdaten** zu repressiven Zwecken (*Burhoff*, EV, Rn 711 ff.). Es handelt sich hierbei nach § 3 Nr. 70 TKG um solche Daten, deren Erhebung, Verarbeitung oder Nutzung bei der Erbringung eines Telekommunikationsdienstes erforderlich sind, wie z.B.

- Chipkartennummern (IMSIs),
- Endgerätekennungen (IMEIs),
- Dynamische IP-Adressen,
- Standortdaten von mobilen Anschlüssen und
- Datum und Uhrzeit von Beginn und Ende der Telekommunikationsverbindung (§ 9 Abs. 1 S. 1 TDDDG; *Schmitt/Köhler*, § 100g Rn 5–7).

94 § 100g Abs. 1 S. 1 StPO verweist wiederum hinsichtlich der erfassten Verkehrsdaten auf §§ 9, 12 TDDDG, der die Speicherung der oben aufgeführten Verkehrsdaten ermöglicht. Die Erhebung von nach § 176 TKG gespeicherten Verkehrsdaten, sogenannten Vorratsdaten, ermöglicht § 100g Abs. 2 StPO bei konkretem Verdacht hinsichtlich einer besonders schweren Straftat. Nachdem der EuGH (Urt. v. 20.9.2022 – C-793/19, C-794/19, NJW 2022, 3135) jedoch entschieden hat, dass die allgemeine und unterschiedslose Vorratsdatenspeicherung, wie sie in §§ 175, 176 TKG vorgesehen ist, nicht mit Unionsrecht vereinbar ist, läuft die strafprozessuale Vorschrift insoweit ins Leere, da nunmehr keine Vorratsdaten mehr vorliegen. Im Übrigen wurde die Pflicht zur Vorratsdatenspeicherung seitens der Bundesnetzagentur infolge einer Entscheidung des OVG Münster (Beschl. v. 22.6.2017 – 13 B 238/17, NVwZ-RR 2018, 43) bereits vor der Entscheidung des EuGH ausgesetzt (*Schmitt/Köhler*, § 100g Rn 4). § 100g Abs. 1 StPO ermöglicht die Abfrage von Verkehrsdaten in der **Vergangenheit**, **Gegenwart** und für die **Zukunft** bei den Telekommunikationsanbietern. Zu beachten ist, dass die Erhebung von **Standortdaten**

in Echtzeit nach § 100g Abs. 1 S. 3 StPO nur dann zulässig ist, wenn eine Katalogtat i.S.d. § 100a Abs. 2 StPO verfahrensgegenständlich und diese Tat auch im Einzelfall von erheblicher Bedeutung ist (vgl. a. *Puschke* NJW 2008, 113, 114 f.). Die Standortfeststellung durch Verwertung von Daten aus **LKW-Mauterfassungssystemen** ist gemäß §§ 4 Abs. 3 S. 4 und 5, 7 Abs. 2 S. 2 und 3 BFStrMG unzulässig (LG Magdeburg, Beschl. v. 3.2.2006 – 25 Qs 7/06, NJW 2006, 1073; s.a. *Niehaus* NZV 2004, 502 ff.; *Singelnstein* NStZ 2012, 593, 604)!

Neben der sogenannten **Funkzellenabfrage** (Abs. 3) ermöglichte § 100g StPO in seiner ursprünglichen Fassung auch die sogenannte **Zielwahlsuche** zur Ermittlung unbekannter Täter! Jedoch wurde die entsprechende Befugnisnorm des § 100g Abs. 2 StPO a.F. in der gesetzgeberischen Annahme, diese Ermittlungsmaßnahme sei angesichts der zwischenzeitlich eingeführten Vorratsdatenspeicherung überflüssig geworden, gestrichen. Angesichts der faktischen Aussetzung sowie der Unionsrechtswidrigkeit der Vorratsdatenspeicherung erlangt die Zielwahlsuche nunmehr wieder Relevanz. Ob unter Berücksichtigung der gesetzgeberischen Motivation zur Streichung der ausdrücklichen Ermächtigungsgrundlage eine Zielwahlsuche weiterhin auf Grundlage des § 100g Abs. 1 StPO möglich ist, wird kritisch bewertet (MüKo-StPO/*Rückert*, § 100g Rn 123; bejahend hingegen KK-StPO/*Henrichs/Weingast*, § 100g Rn 18). Mit der Zielwahlsuche wird festgestellt, wer einen bestimmten Telefonanschluss in einem bestimmten Zeitraum angerufen hat, während bei der Funkzellenabfrage sämtliche Mobilfunknutzer in einer **näher zu bezeichnenden Funkzelle** ermittelt werden können. Auch die Verkehrsdaten derjenigen, deren Mobilfunkgerät **aktuell nicht genutzt wird**, werden im Rahmen der Funkzellenabfrage erhoben, sofern sie sich zur fraglichen Zeit in der Funkzelle aufhalten und das Gerät eingeschaltet ist. 95

☝ Da die Telekommunikationsanbieter gem. **§ 9 Abs. 1 TDDDG** verpflichtet sind, die erhobenen Daten nach Erledigung des Erhebungszwecks unverzüglich zu löschen, müssen die Ermittlungsbehörden, sofern es um die Erhebung von Verkehrsdaten aus der Vergangenheit geht, schnell handeln. Feste **Aufbewahrungszeiten** gibt es nicht, was dazu führt, dass die Anbieter die Daten für ihre Zwecke, etwa für die Abrechnung der Telekommunikationsdienste, unterschiedlich lange speichern. So werden die Daten teilweise bereits nach zwei, teilweise auch erst nach zehn Tagen gelöscht (vgl. etwa *Möstl* ZRP 2011, 225, 227).

b) Nachdem die Zulässigkeit des Einsatzes sogenannter **„stiller SMS"** lange umstritten war (*Eisenberg/Singelnstein* NStZ 2005, 62), hat der BGH nunmehr entschieden, dass § 100i Abs. 1 Nr. 2 StPO die alleinige Rechtsgrundlage hierfür ist (BGHSt 63, 82). Diese Ermittlungsmaßnahme, auch Stealth-ping-Verfahren genannt, dient der heimlichen Ortung eines Mobilfunkgerätes durch Versenden einer SMS, welche im Nachrichteneingang nicht angezeigt wird, die jedoch eine Rückmeldung des Gerätes bei der Funkzelle auslöst (MüKo-StPO/*Rückert*, § 100i Rn 12). 96

☝ Technische Ermittlungsmaßnahmen bei Mobilfunkgeräten gemäß § 100i StPO sind ebenfalls nur bei Vorliegen des Verdachts einer **Straftat** von **erheblicher Bedeutung** zulässig, insoweit ist der Katalog des § 100a Abs. 2 StPO jedoch nicht abschließend („insbesondere").

c) Soll festgestellt werden, welche Mobilfunkgeräte sich in einem bestimmten Bereich befinden, kann unter den Voraussetzungen des § 100i StPO der sogenannte **IMSI-Catcher** zum Einsatz kommen (*Puschke* NJW 2008, 113, 115; *Burhoff*, EV, Rn 702 ff.). 97

4.a) Daten eines Endnutzer, die erforderlich sind für die Begründung, inhaltliche Ausgestaltung, Änderung oder Beendigung eines Vertragsverhältnisses über Telekommunikationsdienste sind **Bestandsdaten** im Sinne von § 3 Nr. 6 TKG bzw. im Sinne von § 2 Abs. 2 Nr. 2 TDDDG, wenn das Vertragsverhältnis digitale Dienste betrifft. Diese Bestandsdaten können beim Telekommunikationsdienstleister mit einem Auskunftsersuchen gem. **§ 100j Abs. 1 S. 1StPO** erhoben werden (*Burhoff*, EV, Rn 676 ff.). Eine richterliche Anordnung ist **nicht** erforderlich! 98

99 Zu den **Daten** im Sinne von § 100j Abs. 1 S. 1 StPO **zählen**

- Name und (Rechnungs-)Anschrift des Kunden,
- Kontoverbindung,
- die statische IP-Adresse bei Internetkommunikation,
- dynamische IP-Adressen,
- bei Mobilfunkverträgen die IMEI (Gerätenummer des Mobilfunktelefons) und IMSI (Teilnehmeridentifikationsnummer auf der SIM-Karte) und
- die zugewiesene Rufnummer.

☝ § 100j Abs. 1 S. 1 StPO ist nicht allein auf Bestandsdaten des Beschuldigten beschränkt, weshalb der **Auskunftsanspruch** sehr **weit** geht! Unzulässig ist die Auskunft nach § 100j Abs. 1 S. 1 StPO im Prinzip nur dann, wenn sie ohne Verfahrensbezug quasi **„ins Blaue hinein“** getätigt wird (so *Bär* MMR 2013, 700, 702).

100 **b)** Auskunftsverlangen über sogenannte **Zugangssicherungscodes** im Sinne von **§ 100j Abs. 1 S. 2 StPO** stehen hingegen gem. § 100j Abs. 3 S. 1 StPO unter **Richtervorbehalt** und dürfen nur bei Gefahr im Verzug von der Staatsanwaltschaft oder ihren Ermittlungspersonen angeordnet werden. Es handelt sich bei den Zugangssicherungscodes um die Zugangsdaten zu den jeweiligen Geräten, wie etwa

- (Super)PIN und PUK bei Mobiltelefonen und
- Zugangssicherungen bei Cloud-Diensten.

101 **Entbehrlich** ist die richterliche Anordnung gem. § 100j Abs. 3 S. 4 StPO auch für Zugangssicherungscodes dann, wenn bereits ein **Beschlagnahmebeschluss** für die gesicherten Daten vorliegt oder der Betroffene Kenntnis vom Herausgabeverlangen hat oder haben muss.

☝ Erfasst werden ausschließlich solche Zugangsdaten, die durch den Telekommunikationsanbieter passwortgeschützt werden und **nicht** solche **Kennungen**, die der **Telekommunikationsnutzer** sich **selbst** einrichtet, wie etwa das Passwort für einen Computer (*Bär* MMR 2013, 700, 702).

102 **c)** Gem. § 100j Abs. 4 S. 1 StPO ist eine nachträgliche **Benachrichtigung** durch die StA bei der Auskunftsanordnung für Zugangssicherungscodes gem. § 100j Abs. 1 S. 2 StPO und dem Auskunftsersuchen bezüglich der dynamischen IP-Adresse gem. § 100j Abs. 2 StPO erforderlich, es sei denn, es stehen der Benachrichtigung **überwiegende schutzwürdige Belange** Dritter oder des Betroffenen selbst entgegen (→ *Daten, Datenlöschung, Dokumentations- und Benachrichtigungspflichten,* Teil D Rdn 119).

Siehe auch: → *Daten, Datenlöschung, Dokumentations- und Benachrichtigungspflichten,* Teil D Rdn 119; → *Daten, Datenlöschung, weitere spezielle Löschungsvorschriften,* Teil D Rdn 157.

103 Daten, Datengewinnung, Strafvollzug, Landesrecht

Das Wichtigste in Kürze:

1. Die Gesetzgebungskompetenz im Bereich des Jugendstraf-, Untersuchungshaft- und Sicherungsverwahrungsvollzugs liegt bei den Ländern.
2. Während Baden-Württemberg, Bayern, Brandenburg, Hessen und Niedersachsen den Datenschutz weiterhin im Rahmen der jeweiligen Vollzugsgesetze regeln, haben die übrigen Bundesländer im Zuge der Umsetzung der Richtlinie (EU) 2016/680 eigene Justizvollzugsdatenschutzgesetze erlassen.

Literaturhinweise: Laubenthal/Nestler/Neubacher/Verrel, Strafvollzugsgesetze, 12. Aufl. 2015; **Schwind/Böhm/Jehle/Laubenthal**, Strafvollzugsgesetz – Bund und Länder, 6. Aufl. 2013; s.a. die Hinweise bei → *Strafvollzug, Erwachsene, Datenschutz*, Teil C Rdn 426 und → *Maßrgelvollzu, Erwachsene, Datenschutz*, Teil D Rdn 53. 104

Die **Gesetzgebungskompetenz** für das Untersuchungshaft- und Strafvollzugsrecht oblag bis 2006 dem Bund. Die Gesetzgebungskompetenz für den Straf- und Untersuchungshaftvollzug wurde gem. Art. 74 Abs. 1 Nr. 1 GG i.V.m. Art. 70 GG auf die Länder übertragen (*Ipsen*, NJW 2006, 2801, 2804; kritisch *Müller-Dietz* ZRP 2005, 156, 157 f.). 105

2.a) Alle 16 Bundesländer haben von der Möglichkeit Gebrauch gemacht, **eigene Gesetze für den U-Haftvollzug** zu schaffen bzw. den U-Haftvollzug im Rahmen ihrer Landesvollzugsgesetze mit zu regeln. Die Landesvollzugs-, Untersuchungshaftvollzugs- oder Justizvollzugsdatenschutzgesetze enthalten wiederum eigene Vorschriften zur Datengewinnung und für den Datenschutz bzw. Verweise auf die jeweils anwendbaren Gesetze. 106

Die folgende Tabelle gibt einen **Überblick** über die jeweiligen Landesgesetze und die darin enthaltenen Regeln zur Erhebung und zum Schutz personenbezogener Daten. 107

Bundesland	Gesetz	einschlägige Vorschriften
Baden-Württemberg	Baden-Württembergisches Justizvollzugsgesetzbuch (**BWJVollzGB** = BWGBl 2009, 545)	Abschnitt 7: §§ 27 – 92
Bayern	Bayerisches Untersuchungshaftvollzugsgesetz (**BayUVollzG** = BayGVBl. I 2011, 678)	Art. 46 i.V.m. §§ 196 – 205 BayStVollzG
Berlin	Berliner Justizvollzugsdatenschutzgesetz (**JVollzDSG Bln** = GVBl. Bln 2021, 1145)	Speziell für den U-Haftvollzug: §§ 75 – 79
Brandenburg	Brandenburgisches Justizvollzugsgesetz (**BgbJVollzG** = BgbGVBl. I/2013/Nr. 14)	22. Abschnitt: §§ 121 – 140
Bremen	Bremisches Justizvollzugsdatenschutzgesetz (**BremJVollzDSG** = BremGBl 2020, 721, 967)	Sonderregelungen für den U-Haftvollzug: §§ 12 Abs. 4, 20 Abs. 5, 22 Abs. 2, 44 Abs. 2, 63 Abs. 4
Hamburg	Hamburgisches Justizvollzugsdatenschutzgesetz (**HmbJVollzDSG** = HmbGVBl. 2018, 158)	Sonderregelungen für den U-Haftvollzug: §§ 10 Abs. 3 S. 3, 11 Abs. 2, 12 Abs. 4 und 5, 29 Abs. 5
Hessen	Hessisches Untersuchungshaftvollzugsgesetz (**HUVollzG** = HessGVBl. I 2010, 208)	12. Abschnitt: §§ 54 – 61
Mecklenburg-Vorpommern	Justizvollzugsdatenschutzgesetz Mecklenburg-Vorpommern (**JVollzDSG M-V** = GVBl. M-V 2020, 1254)	Sonderregelungen für den U-Haftvollzug: §§ 9 Abs. 2, 12 Abs. 2 S. 2, 14 Abs. 5, 17 Abs. 2, 19 Abs. 8ju, 28 Abs. 2, 54 Abs. 7
Niedersachsen	Niedersächsisches Justizvollzugsgesetz (**NJVollzG** = Nds. GVBl. 2007, 720)	§§ 190 – 200
Nordrhein-Westfalen	Justizvollzugsdatenschutzgesetz Nordrhein-Westfalen (**JVollzDSG NRW** = GVBl. NRW 2018, 555)	Sonderregelungen für den U-Haftvollzug: §§ 10 Abs. 3, 13 Abs. 6, 16 Abs. 5, 20 Abs. 6, 42 Abs. 6

Bundesland	Gesetz	einschlägige Vorschriften
Rheinland-Pfalz	Landesjustizvollzugsdatenschutzgesetz Rheinland-Pfalz (**LJVollzDSG RhPf.** = GVBl. RhPf. 2013, 79)	Sonderregelungen für den U-Haftvollzug: §§ 10 Abs. 4, 14 Abs. 4, 16 Abs. 2, 29 Abs. 2, 36 Abs. 6, 37 Abs. 1 S. 2, 39 Abs. 3,
Saarland	Saarländisches Justizvollzugsdatenschutzgesetz (**JVollzDSG** = ABl I Nr. 4 2020, 79)	
Sachsen	Sächsisches Justizvollzugsdatenschutzgesetz (**SächsJVollzDSG** = SächsGVBl. 2019, 663)	Sonderregelungen für den U-Haftvollzug: §§ 12 Abs. 4, 22 Abs. 5, 23 Abs. 2, 45 Abs. 2, 59 Abs. 4
Sachsen-Anhalt	Viertes Buch Justizvollzugsgesetzbuch Sachsen-Anhalt (**JVollzGB IV LSA = GVBl.** 2020, 444)	Sonderregelungen für den U-Haftvollzug: §§ 2 S. 3, 34 Abs. 1 S. 2, 39 Abs. 3, 40 Abs. 5
Schleswig-Holstein	Justizvollzugsdatenschutzgesetz Schleswig-Holstein (**JVollzDSG SH** = GVOBl. SH 2016, 618, 644)	Sonderregelungen für den U-Haftvollzug: §§ 12 Abs. 4, 20 Abs. 5, 22 Abs. 2, 59 Abs. 3
Thüringen	Thüringer Justizvollzugsdatenschutzgesetz (**ThürJVollzDSG** = Thür GVBl. 2023, 291)	Sonderregelungen für den U-Haftvollzug: §§ 11 Abs. 12, 12 Abs. 4, 20 Abs. 3 und 6, 22 Abs. 2, 45 Abs. 2, 61 Abs. 6

108 **b)** Das BVerfG hat 2006 entschieden, dass der bis dahin bestehende **Jugendstrafvollzug** mangels ausreichender gesetzlicher Grundlage im Hinblick auf die besonderen erzieherischen Anforderungen an den Strafvollzug verfassungswidrig sei (BVerfGE 116, 69 ff. = NJW 2006, 2093 ff.). Aufgrund dieser Entscheidung schufen die Länder entsprechende **Landesjugendstrafvollzugsgesetze**, in denen ebenfalls Regelungen zur Erhebung von Daten sowie zum Datenschutz getroffen wurden. Während einige Bundesländer den Jugendstrafvollzug in ihren Landesstrafvollzugsgesetzen mitgeregelt haben, hat die überwiegende Anzahl der Bundesländer die Materie inzwischen im Rahmen ihrer Justizvollzugsdatenschutzgesetze geregelt.

109 Nachfolgend werden überblicksartig die einschlägigen Vorschriften genannt:

Bundesland	Gesetz	einschlägige Vorschriften
Baden-Württemberg	Baden-Württembergisches Justizvollzugsgesetzbuch (**BWJVollzGB** = 2009, 545)	Abschnitt 7: §§ 27 – 92
Bayern	Bayerisches Strafvollzugsgesetz (**Bay StVollzG** = BayGVBl. I 2007, 866)	Teil 6, Abschnitt 3: Art. 196 – 205
Berlin	Berliner Justizvollzugsdatenschutzgesetz (**JVollzDSG Bln** = GVBl. Bln 2021, 1145)	Speziell für den Jugendstrafvollzug: §§ 80 – 82
Brandenburg	Brandenburgisches Justizvollzugsgesetz (**BgbJVollzG** = BgbGVBl. I/2013/Nr. 14)	22. Abschnitt: §§ 121 – 140
Bremen	Bremisches Justizvollzugsdatenschutzgesetz (**BremJVollzDSG** = BremGBl 2020, 721, 967)	Sonderregelung für den Jugendstrafvollzug: § 63 Abs. 3 S. 1 2. Hs.

Bundesland	Gesetz	einschlägige Vorschriften
Hamburg	Hamburgisches Justizvollzugsdatenschutzgesetz (**HmbJVollzDSG** = HmbGVBl. 2018, 158)	
Hessen	Hessisches Jugendstrafvollzugsgesetz (**HessJStVollzG** = HessGVBl. I 2007, 758)	14. Abschnitt: §§ 58 – 65
Mecklenburg-Vorpommern	Justizvollzugsdatenschutzgesetz Mecklenburg-Vorpommern (**JVollzDSG M-V** = GVBl. M-V 2020, 1254)	Sonderregelung für den Jugendstrafvollzug: § 54 Abs. 2 S. 1 2. Hs.
Niedersachsen	Niedersächsisches Justizvollzugsgesetz (**NJVollzG** = Nds. GVBl. 2007, 720)	§§ 190 – 200
Nordrhein-Westfalen	Justizvollzugsdatenschutzgesetz Nordrhein-Westfalen (**JVollzDSG NRW** = GVBl. NRW 2018, 555)	Sonderregelungen für den Jugendstrafvollzug: §§ 16 Abs. 8, 20 Abs. 7, 21 Abs. 16, 26 Abs. 4, 27 Abs. 9, 30 Abs. 11, 42 Abs. 2 S. 2
Rheinland-Pfalz	Landesjustizvollzugsdatenschutzgesetz Rheinland-Pfalz (**LJVollzDSG RhPf.** = GVBl. RhPf. 2013, 79)	
Saarland	Saarländisches Justizvollzugsdatenschutzgesetz (**JVollzDSG** = ABl I Nr. 4 2020, 79)	Sonderregelung für den Jugendstrafvollzug: § 59 Abs. 3 S. 1 2. Hs.
Sachsen	Sächsisches Justizvollzugsdatenschutzgesetz (**SächsJVollzDSG** = SächsGVBl. 2019, 663)	Sonderregelungen für den Jugendstrafvollzug: §§ 12 Abs. 3 S. 2, 21 Abs. 1 Nr. 2 2. Hs.
Sachsen-Anhalt	Viertes Buch Justizvollzugsgesetzbuch Sachsen-Anhalt (**JVollzGB IV LSA = GVBl.** 2020, 444)	Sonderregelung für den Jugendstrafvollzug: § 63 Abs. 2 S. 2
Schleswig-Holstein	Justizvollzugsdatenschutzgesetz Schleswig-Holstein (**JVollzDSG SH** = GVOBl. SH 2016, 618, 644)	Sonderregelung für den Jugendstrafvollzug: § 59 Abs. 2 S. 1 2. Hs.
Thüringen	Thüringer Justizvollzugsdatenschutzgesetz (**ThürJVollzDSG** = Thür GVBl. 2023, 291)	

c) Die Kompetenz zum Erlass von **Sicherungsverwahrungsvollzugsgesetzen** liegt ebenfalls bei den Ländern. Jedoch finden sich auch insoweit in den meisten Bundesländern die Regelungen zum Datenschutz in den jeweiligen Justizvollzugsdatenschutzgesetzen. 110

111 In der folgenden Tabelle werden die jeweils **einschlägigen Gesetze** und Regelungen genannt:

Bundesland	Gesetz	einschlägige Vorschriften
Baden-Württemberg	Baden-Württembergisches Justizvollzugsgesetzbuch (**BWJVollzGB** = 2009, 545)	Abschnitt 7: §§ 27 – 92
Bayern	Bayerisches Sicherungsverwahrungsvollzugsgesetz (**BaySvVollzG** = BayGVBl. I 2013, 275)	Teil 20: Art. 96 i.V.m. Art. 196 – 205 **BayStVollzG**
Berlin	Berliner Justizvollzugsdatenschutzgesetz (**JVollzDSG Bln** = GVBl. Bln 2021, 1145)	Speziell für den Sicherungsverwahrungsvollzug: §§ 83, 84
Brandenburg	Brandenburgisches Sicherungsverwahrungsvollzugsgesetz (**BbgSVVollzG** = BbgGVBl. I 2013, 17)	20. Abschnitt: §§ 106 – 125
Bremen	Bremisches Justizvollzugsdatenschutzgesetz (**BremJVollzDSG** = BremGBl 2020, 721, 967)	
Hamburg	Hamburgisches Justizvollzugsdatenschutzgesetz (**HmbJVollzDSG** = HmbGVBl. 2018, 158)	
Hessen	Hessisches Sicherungsverwahrungsvollzugsgesetz (**HSVVollzG** = HessGVBl. I 2013, 46)	13. Abschnitt: §§ 58 – 65
Mecklenburg-Vorpommern	Justizvollzugsdatenschutzgesetz Mecklenburg-Vorpommern (**JVollzDSG M-V** = GVBl. M-V 2020, 1254)	Sonderregelung für den Jugendstrafvollzug: § 19 Abs. 4
Niedersachsen	Niedersächsisches Sicherungsverwahrungsvollzugsgesetz (**Nds. SVVollzG** = Nds. GVBl. 2013, 566)	§ 124 i.V.m. §§ 190 – 200 **NJVollzG**
Nordrhein-Westfalen	Justizvollzugsdatenschutzgesetz Nordrhein-Westfalen (**JVollzDSG NRW** = GVBl. NRW 2018, 555)	
Rheinland-Pfalz	Landesjustizvollzugsdatenschutzgesetz Rheinland-Pfalz (**LJVollzDSG RhPf.** = GVBl. RhPf. 2013, 79)	
Saarland	Saarländisches Justizvollzugsdatenschutzgesetz (**JVollzDSG** = ABl I Nr. 4 2020, 79)	
Sachsen	Sächsisches Justizvollzugsdatenschutzgesetz (**SächsJVollzDSG** = SächsGVBl. 2019, 663)	
Sachsen-Anhalt	Viertes Buch Justizvollzugsgesetzbuch Sachsen-Anhalt (**JVollzGB IV LSA = GVBl.** 2020, 444)	
Schleswig-Holstein	Justizvollzugsdatenschutzgesetz Schleswig-Holstein (**JVollzDSG SH** = GVOBl. SH 2016, 618, 644)	
Thüringen	Thüringer Justizvollzugsdatenschutzgesetz (**ThürJVollzDSG** = Thür GVBl. 2023, 291)	

Siehe auch: → *Strafvollzug, Erwachsene, Datenschutz,* Teil C Rdn 426; → *Strafvollzug, Erwachsene, Antrag auf gerichtliche Entscheidung,* Teil C Rdn 190.

Daten, Datenlöschung, Allgemeines, Aufbewahrungsfristen 112

Das Wichtigste in Kürze:

1. Wenn es um die Frage der Datenlöschung im Zusammenhang mit Strafverfahren geht, ist zunächst auf die bundeseinheitlichen Aktenaufbewahrungsfristen abzustellen, die eine vorzeitige Vernichtung der in Akten befindlichen Daten verbieten, solange die Aufbewahrungsfrist nicht abgelaufen ist. Je nach Art der im Strafverfahren erhobenen Daten existieren jedoch spezielle Regelungen zur Löschung von Daten.
2. Die Aufbewahrungsfristen für Strafverfahrensakten richten sich primär nach dem bundesrechtlichen Justizaktenaufbewahrungsgesetz (JAktAG) und der auf Grundlage dessen erlassenen Justizaktenaufbewahrungsverordnung (JAktAV).
3. Nach Ablauf der Aufbewahrungsfristen werden die Akten, die nicht den Staatsarchiven zur Verfügung gestellt werden, der Vernichtung zugeführt.

Literaturhinweise: **Lampe**, Vernichtung der in Papierform geführten Akten und Löschung der in einem automatisierten Verfahrensregister gespeicherten personenbezogenen Daten nach Verfahrenseinstellung, jurisPR-Strafrecht 12/2009 Anm. 2; s.a. Hinweise bei → *Daten, Datenlöschung, Strafverfahrensdateien und Verfahrensregister*, Teil D Rdn 136. 113

1. Wenn es um die Frage der Datenlöschung im Zusammenhang mit Strafverfahren geht, ist zunächst auf die **bundeseinheitlichen Aktenaufbewahrungsfristen** abzustellen, die eine vorzeitige Vernichtung der in Akten befindlichen Daten verbieten, solange die Aufbewahrungsfrist nicht abgelaufen ist. Je nach Art der im Strafverfahren erhobenen Daten existieren jedoch **spezielle Regelungen** zur Löschung von Daten, wie etwa § 100d Abs. 2 S. 2 StPO für die kernbereichsrelevanten Daten, die im Rahmen der Telekommunikationsüberwachung gewonnen werden (→ *Daten, Datenlöschung, weitere spezielle Löschungsregelungen,* Teil D Rdn 157 ff. und → *Daten, Datenlöschung, Dokumentations- und Benachrichtigungspflichten,* Teil D Rdn 119 ff.). Neben den in den **körperlichen Strafakten** befindlichen Daten, deren Löschung mit der Aktenvernichtung erfolgt, gelten für personenbezogene Daten, die aus **Strafverfahrensdateien** gem. § 483 StPO gespeichert werden, gesonderte Löschungsfristen. Darüber hinaus werden in dem **länderübergreifenden staatsanwaltschaftlichen Verfahrensregister** (kurz ZStV) gem. § 492 StPO zahlreiche personenbezogene Daten gespeichert, für die ebenfalls gesonderte Regelungen zur Löschung existieren (→ *Daten, Datenlöschung, Strafverfahrensdateien und Verfahrensregister,* Teil D Rdn 136 ff.). 114

2.a) Die Frage der Aufbewahrung von Strafverfahrensakten betrifft das gerichtliche Verfahren und ist daher Gegenstand der konkurrierenden Gesetzgebung, Art. 74 Abs. 1 Nr. 1 GG. Der Bund hat von seiner Kompetenz durch Erlass des JAktAG Gebrauch gemacht. Auf Grundlage des § 2 des Gesetzes hat die Bundesregierung Näheres zur Materie in der JAktAV normiert. Diese bestimmt die Regeln zur Aufbewahrung und Speicherung sowie die konkreten Fristen, sodass den daneben existierenden Landesregelungen keine große Bedeutung (mehr) zukommt. 115

b) Die **konkreten Aufbewahrungsfristen** richten sich nach der **Anlage zur JAktAV**. Zu differenzieren ist stets, ob die Angelegenheit, welche Gegenstand der jeweiligen Akte ist, bereits im EV zu einem Abschluss gebracht wird oder erst nach gerichtlichem Verfahren, oder ob es um die Aufbewahrung von Strafvollstreckungsakten geht. 116

☝ Da die Fristen im Einzelnen ohne Weiteres nachgeschlagen werden können, sollen sie hier nicht einzeln aufgezählt werden. Stattdessen wird nur ein grober **Überblick** über die **Systematik** der JAktAV im Hinblick auf Strafverfahrensakten gegeben werden.

117 **Überblick Aufbewahrungsfristen**

- In Abschnitt 4, Unterabschnitt 3 (Nr. 1143.0 bis 1143.5) der Anlage zur JAktAV sind die **Aufbewahrungsfristen** für **Akten** der **StA** geregelt. Grds. gilt, dass sich die Aufbewahrungsfristen für Ermittlungsakten im Falle der späteren Verurteilung am Strafmaß orientieren. Werden **EV ohne Anklageerhebung** eingestellt, sind die Verfahrensakten längstens 30 Jahre und mindestens fünf Jahre aufzubewahren. Die regelmäßige Aufbewahrungsfrist gilt für alle ohne Anklageerhebung eingestellten Ermittlungsverfahren, sofern es sich nicht um Leichen- (30 Jahre) oder Brandsachen (20 Jahre) handelt und das Verfahren nicht wegen Schuldunfähigkeit eingestellt wurde (zehn Jahre).
- Die Aufbewahrungsfristen für **Straf-** und **Bußgeldverfahren** beim **AG** sind in Abschnitt 1, Unterabschnitt 3 (Nr. 1113.0 bis 1113.3) der Anlage zur JAktV geregelt. Hier sind die Akten, soweit es sich nicht um Privatklage- oder Bußgeldverfahren handelt, regelmäßig 30 Jahre aufzubewahren.

☝ Der Regelung dürfte jedoch kaum eine praktische Bedeutung zukommen, weil die **Verfahrensakten** einschließlich der **Bewährungs- und Vollstreckungshefte** nach der Strafvollstreckung durch die Staatsanwaltschaften nach Abschluss des Vollstreckungsverfahrens weggelegt werden.

- Für die LG ergeben sich die Aufbewahrungsfristen für Straf- und Bußgeldsachen aus Abschnitt 2, Unterabschnitt 3 (Nr. 1123.0 bis 1123.3) der Anlage zur JAktAV. Hier sind nicht die Aufbewahrungsfristen der KLs-Verfahren geregelt, was in Anbetracht der Weglegung durch die Staatsanwaltschaften nur konsequent ist, sondern etwa für Akten über Verfahren nach den §§ 109 und 110 StVollzG.

☝ Die Frist zur Aufbewahrung von Strafakten **beginnt** nach **§ 5 Abs. 1 JAktAG** immer mit Ablauf des Jahres, in dem entweder die letzte Entscheidung rechtskräftig geworden ist oder, sofern die verfahrensbeendende Entscheidung keiner Rechtskraft bedarf, die das Verfahren beendende Entscheidung getroffen wurde. Praktisch bedeutet dies, dass die Frist mit Ablauf des Jahres beginnt, indem die Staatsanwaltschaft verfügt, die Verfahrensakten wegzulegen.

118 **3.** Sind für die weggelegten Verfahrensakten die **Aufbewahrungsfristen abgelaufen**, so werden die Akten, die nicht an die Staatsarchive abgegeben werden, **ausgesondert** und der **Vernichtung zugeführt**. D.h., dass vor Aussonderung der Verfahrensakten zur Vernichtung stets zu entscheiden ist, ob die Verfahrensakte aufgrund ihrer Bedeutung dem **Staatsarchiv** anzubieten ist. Entsprechende Regelungen hierzu finden sich in den jeweiligen **Archivgesetzen** der **Länder**, wie z.B. in § 3 HmbArchivG oder § 4 ArchivG NRW.

☝ **Vor Ablauf** der Aufbewahrungsfristen besteht **kein Anspruch** der **Betroffenen**, deren personenbezogene Daten in den jeweiligen Verfahrensakten enthalten sind, auf vorzeitige Vernichtung der Verfahrensakten (auch *Lampe*, jurisPR-StrafR 12/2009 Anm. 2), was insbesondere darauf zurückzuführen ist, dass die Verfügbarkeit der Verfahrensakten bis zum Ablauf der Verjährungsfrist gewährleistet sein soll (OLG Frankfurt, Beschl. v. 16.8.1998 – 3 VAs 9–98, NJW 1999, 73 ff.; KG, Beschl. 17.2.2009 – 1 VAs 38/08; s.a. *Hoffmann* ZRP 1990, 55, 58). Gleichwohl hat die Staatsanwaltschaft einer **missbräuchlichen Datenverwendung vorzubeugen** (OLG Zweibrücken, Beschl. v. 9.8.2006 – 1 VAs 14/06, SVR 2007, 351). Im Übrigen steht dem Betroffenen der Rechtsweg nach § 23 EGGVG offen (→ *Rechtsschutz, Antrag auf gerichtliche Entscheidung gem. den §§ 23 ff. EGGVG,* Teil D Rdn 264).

Siehe auch: → *Daten, Datenlöschung, Dokumentations- und Benachrichtigungspflichten,* Teil D Rdn 116; → *Daten, Datenlöschung, Strafverfahrensdateien und Verfahrensregister,* Teil D Rdn 136; → *Daten, Datenlöschung, weitere spezielle Löschungsregelungen,* Teil D Rdn 157; → *Daten, Rechtsschutz, Antrag auf gerichtliche Entscheidung gem. den §§ 23 ff. EGGVG,* Teil D Rdn 264.

Daten, Datenlöschung, Dokumentations- und Benachrichtigungspflichten 119

Das Wichtigste in Kürze:

1. Schon der Grundsatz der Aktenvollständigkeit und das Gebot des fairen Verfahrens gem. Art. 6 Abs. 1 EMRK machen die Dokumentation der Datenlöschung in der Verfahrensakte zwingend erforderlich.
2. Zentrale Vorschrift für die Löschung von durch verdeckte Maßnahmen erlangten personenbezogenen Daten ist § 101 Abs. 8 StPO. Danach sind die Daten unverzüglich zu löschen, sobald sie für die Strafverfolgung oder die gerichtliche Überprüfung der Maßnahme nicht mehr benötigt werden.
3. § 101 Abs. 4 – Abs. 6 StPO regelt die Benachrichtigungspflichten gegenüber den durch die heimlichen Ermittlungsmaßnahmen betroffenen Personen.
4. Wurden Bestandsdatenauskünfte eingeholt, sind gem. § 100j Abs. 4 S. 1 StPO die Betroffenen hiervon zu unterrichten, sobald der Zweck der Auskunft hierdurch nicht mehr vereitelt werden kann (§ 100j Abs. 4 S. 2 StPO) und keine überwiegend schutzwürdigen Belange Dritter oder der betroffenen Person der Benachrichtigung entgegenstehen (§ 100j Abs. 4 S. 3 StPO).
5. § 74 BKAG regelt die Benachrichtigung von durch Maßnahmen des BKAG betroffenen Personen, während die Polizeigesetze der Länder entsprechende Regelungen für präventiv-polizeiliche (verdeckte) Maßnahmen enthalten.

Literaturhinweise: **Bär**, Die Neuregelung des § 100j StPO zur Bestandsdatenauskunft, Auswirkungen auf die Praxis der Strafverfolgung, MMR 2013, 700; **Hilger**, Über Vernichtungsregelungen in der StPO, NStZ 1997, 171; **Thommes**, Verdeckte Ermittlungen im Strafprozeß aus der Sicht des Datenschutzes, StV 1997, 657; s.a. die Hinweise bei → *Daten, Datengewinnung, repressive, soziale Daten*, Teil D Rdn 83; → *Daten, Datenlöschung, weitere spezielle Löschungsregelungen*, Teil D Rdn 157. 120

1. Schon der Grundsatz der **Aktenvollständigkeit** und das **Gebot des fairen Verfahrens** gem. Art. 6 Abs. 1 EMRK machen die **Dokumentation** der Datenlöschung in der Verfahrensakte zwingend erforderlich. Nur auf diese Weise ist für den Betroffenen überprüfbar und nachvollziehbar, ob und welche Daten, die ihn betreffen, noch gespeichert werden. Daneben existieren aber teilweise besondere gesetzliche Regelungen zur Dokumentation der Löschung spezieller Daten, die im Strafverfahren erhoben wurden, sowie Vorschriften für bestimmte **Benachrichtigungspflichten**. Auch diese Pflichten sind zwingend, um ggf. Dritten, deren Daten im Laufe eines Strafverfahrens erhoben wurden, die Möglichkeit zu geben, die Rechtmäßigkeit der Datenerhebung, aber ggf. auch ihren Anspruch auf Datenlöschung durchsetzen zu können. 121

2.a) Grundlegende Bedeutung für die Dokumentation der Löschung von Daten kommt **§ 101 Abs. 8 StPO** zu. Die Vorschrift findet als **zentrale Verfahrensregelung für heimliche Ermittlungsmaßnahmen** gem. § 101 Abs. 1 StPO auf die folgenden Zwangsmaßnahmen Anwendung: 122

- Rasterfahndung gem. §§ 98a f. StPO (→ *Daten, Datenabgleich, Anordnungsvoraussetzungen,* Teil D Rdn 25),
- **Postbeschlagnahme** gem. § 99 StPO,
- **Telekommunikationsüberwachung** gem. § 100a StPO (→ *Daten, Datengewinnung, repressive, soziale Daten*, Teil D Rdn 83 ff.)
- Online-Durchsuchung, Wohnraumüberwachung, Überwachung außerhalb von Wohnräumen, die Verkehrsdatenabfrage und den IMSI-Catcher gem. §§ 100b bis 100i StPO,
- Einsatz **verdeckter Ermittler** gem. § 110a StPO und
- **Schleppnetzfahndung**, polizeiliche Beobachtung, längerfristige Observation sowie die automatische Kennzeichenerfassung gem. §§ 163d bis 163g StPO (→ *Daten, Datenabgleich, Anordnungsvoraussetzungen,* Teil D Rdn 25 ff.).

123 Neben der Regelung zur Datenlöschung finden sich in § 101 StPO zahlreiche weitere Verfahrensregelungen, wie etwa das Gebot der **getrennten Aktenführung** gem. § 101 Abs. 2 StPO für die Online-Durchsuchung, die Wohnraumüberwachung, das Abhören außerhalb von Wohnungen, den Einsatz technischer Mittel und den Einsatz verdeckter Ermittler und **Kennzeichnungspflichten** für die durch die verdeckten Maßnahmen gewonnenen personenbezogenen Daten gem. § 101 Abs. 3 StPO sowie die **Benachrichtigungspflichten** gem. Abs. 4 und 5 StPO (s. Rdn 119 ff.) und die **gerichtliche Kontrolle** der zurückgestellten Mitteilung sowie den **nachträglichen Rechtsschutz** für die Betroffenen gem. § 101 Abs. 6 und 7 StPO (*Daten, Rechtsschutz: Antrag auf gerichtliche Entscheidung gem. § 101 Abs. 7 StPO,* Teil D Rdn 248 ff.).

124 **b)** Nach **§ 101 Abs. 8 StPO** sind die durch die Maßnahme nach § 101 Abs. 1 StPO erlangten personenbezogenen Daten **unverzüglich zu löschen**, sobald sie weder für strafprozessuale (Beweis-)Zwecke noch für eine Überprüfung der jeweiligen Ermittlungsmaßnahme noch benötigt werden. Für die Beurteilung der **Beweiserheblichkeit** kommt es nicht darauf an, ob weitere Beweismittel vorliegen, die die bewiesenen Tatsachen bestätigen. Allein das Vorliegen weiterer Beweismittel verpflichtet daher nicht zur Löschung (MüKo-StPO/*Rückert*, § 101 Rn 118; *Schmitt/Köhler*, § 101 Rn 27).

☝ Solange **Zweifel** am Bestehen dieser Löschungsvoraussetzungen bestehen, hat die **Löschung** bzw. Vernichtung der Daten zu **unterbleiben** (*Hilger* NStZ 1997, 371, 373; MüKo-StPO/*Rückert*, § 101 Rn 117). Eine Aufrechterhaltung der Speicherung ist ebenfalls zulässig, wenn zwar hinsichtlich des Anlassverfahrens die Löschungsvoraussetzungen vorliegen, die Daten allerdings als **Zufallsfunde i.S.v. § 479 Abs. 2 S. 1 StPO** in einem anderen Verfahren verwendet werden können (BGH, Urt. v. 27.11.2008 – 3 StR 342/08, NJW 2009, 791, 792).

125 **c)** Grds. sind **sämtliche personenbezogene Erkenntnisse** aus der verdeckten Ermittlungsmaßnahme zu löschen bzw. zu vernichten, soweit dies möglich ist. Da die Daten teilweise auch in Anklageschriften, Beschlüssen oder dem Urteil wieder auftauchen, wird man keine vollständige Löschung der personenbezogenen Erkenntnisse ermöglichen können (so auch MüKo-StPO/*Rückert*, § 101 Rn 121).

126 **Zuständig** für die Löschung ist grds. die Staatsanwaltschaft bzw. bei gerichtsanhängigen Verfahren bis zum rechtskräftigen Verfahrensabschluss das Gericht der Hauptsache (*Schmitt/Köhler*, § 101 Rn 28). Eine **Frist** für die Löschung existiert nicht. Vielmehr sind Staatsanwaltschaft und Gericht angehalten, fortlaufend zu prüfen, ob und wenn ja, welche Aktenbestandteile zu löschen sind. Nach § 101 Abs. 8 S. 2 StPO ist die **Löschung aktenkundig** zu machen, wobei die Vorschrift keine Regelung dazu enthält, wie dieser Aktenvermerk auszusehen hat.

127 Um eine Prüfung der ordnungsgemäßen Löschung bzw. Vernichtung der betroffenen Aktenteile zu ermöglichen, sollten folgende **Informationen aus** der **Akte ersichtlich** sein:

- die Maßnahme, die zur Gewinnung der entsprechenden Daten geführt hat,
- der Umfang des vernichteten Datenmaterials mit einem allgemeinen Hinweis zum Inhalt der Daten und
- die Art und Weise der Löschung bzw. Vernichtung, um prüfen zu können, ob die Löschung insbesondere von elektronisch gespeicherten Daten auch dauerhaft ist.

☝ Erfolgt die **Zurückstellung** der Löschung gem. § 101 Abs. 8 S. 3 StPO **allein** zum **Zweck** der **gerichtlichen Überprüfung** der **Ermittlungsmaßnahme**, führt der entsprechende Sperrvermerk automatisch zu einem **BVV** der Daten, wenn der Betroffene in die Beweisverwertung nicht ausdrücklich einwilligt. Dies gilt selbst dann, wenn sich im Nachhinein herausstellt, dass der Sperrvermerk voreilig erteilt wurde (MüKo-StPO/*Rückert*, § 101 Rn 127).

128 **3.a)** § 101 Abs. 4 bis Abs. 6 StPO regelt die **Benachrichtigungspflichten** gegenüber den durch die heimlichen Ermittlungsmaßnahmen betroffenen Personen. Während § 101 Abs. 4 StPO regelt, wer über die

verdeckten Ermittlungsmaßnahmen zu benachrichtigen ist, ergibt sich aus § 101 Abs. 5 StPO der **Zeitpunkt** der Benachrichtigung und aus § 101 Abs. 6 StPO das Verfahren bei einer über zwölf Monate hinausgehenden Zurückstellung der Benachrichtigung. **Zuständig** für die Benachrichtigung ist die Staatsanwaltschaft (BGH, Urt. v. 29.11.1989 – 2 StR 264/89, NJW 1990, 584, 585; *Schmitt/Köhler*, § 101 Rn 5). Die Benachrichtigung hat nach einhelliger Meinung aus Gründen der Rechtssicherheit **schriftlich** zu erfolgen und auf die Möglichkeit, nachträglich Rechtsschutz gem. § 101 Abs. 7 StPO geltend zu machen und die hierfür geltende Frist, hinweisen. Neben der Durchführung der Maßnahme selbst ist auch ihr Umfang mitzuteilen, was das BVerfG für die Wohnraumüberwachung ausdrücklich festgestellt hat (BVerfG, Beschl. v. 11.5.2007 – 2 BvR 543/06, NJW 2007, 2753, 2757; vgl. a. BGHSt 36, 305, 311).

☝ Zusammenfassend sollte die Benachrichtigung folgenden **Inhalt** aufweisen:
- Nennung des Aktenzeichens des Verfahrens,
- Nennung des Tatvorwurfs und des Beschuldigten, gegen den ermittelt wurde und
- Nennung der verdeckten Maßnahme i.S.v. § 101 Abs. 1 StPO und des Zeitraumes, in dem die Maßnahme durchgeführt wurde, sowie
- die Belehrung über die Möglichkeit und Frist für den nachträglichen Rechtschutz gem. § 101 Abs. 7 StPO (vgl. hierzu KK-StPO/*Henrichs/Weingast*, § 101 Rn 22).

b) Von der **Benachrichtigung** kann unter den Voraussetzungen des § 101 Abs. 4 S. 3 bis 5 StPO **abgesehen** werden, wenn 129
- gem. § 101 Abs. 4 S. 3 StPO überwiegende schutzwürdige Belange einer betroffenen Person entgegenstehen,
- gem. § 101 Abs. 4 S. 4 StPO im Falle von Maßnahmen nach §§ 99 oder 100a StPO der zu Benachrichtigende nur unerheblich durch die Ermittlungsmaßnahme betroffen wurde und anzunehmen ist, dass er kein Interesse an der Benachrichtigung hat oder
- gem. § 101 Abs. 4 S. 5 StPO die Feststellung der Identität der zu benachrichtigenden Person nicht geboten erscheint.

Alle Möglichkeiten, von der Benachrichtigung abzusehen, setzen eine **Ermessensentscheidung** voraus, 130
wobei allgemein zu berücksichtigen ist, dass das Interesse des nicht selbst von der Maßnahme betroffenen Beschuldigten an einem Absehen von der Benachrichtigung umso schutzwürdiger erscheint, wenn die Maßnahme selbst zu keinen den Tatverdacht erhärtenden Ermittlungserkenntnissen geführt hat (BVerfG, Beschl. v. 20.10.2011 – 2 BvR 236/08 u.a., NJW 2012, 833, 839; BeckOK-StPO/*Hegmann*, § 101 Rn 30; *Schmitt/Köhler*, § 101 Rn 16).

☝ Das gilt etwa in **Wirtschaftsstrafverfahren** in besonderem Maße, wenn zahlreiche Geschäftskunden des Beschuldigten zu benachrichtigen wären und diese allein hierdurch von dem Tatverdacht erfahren würden, der sich im Laufe der Ermittlungen nicht bestätigt hat (*Thommes* StV 1997, 657, 660; *Zöller* StraFo 2008, 24). Allerdings kann selbst in solchen Fällen die Benachrichtigung erforderlich sein, wenn in großem Umfang höchstpersönliche Daten erhoben wurden (MüKo-StPO/*Rückert*, § 101 Rn 62).

c) Ist kein Fall gegeben, bei dem gem. § 101 Abs. 4 S. 3 bis 5 StPO gänzlich von der Benachrichtigung 131
abgesehen werden kann, hat die Benachrichtigung gem. § 101 Abs. 5 StPO zu **erfolgen**, **sobald** die Gefährdung
- des Untersuchungszwecks,
- des Lebens bzw. der körperlichen Unversehrtheit, Freiheit einer Person,
- von bedeutenden Vermögenswerten oder
- des weiteren Einsatzes eines verdeckten Ermittlers

nicht mehr durch die Benachrichtigung zu befürchten ist. Liegen die Voraussetzungen der Benachrichtigung (noch) nicht vor, kann diese zurückgestellt werden, wobei die **Zurückstellung** mit einer entsprechenden Begründung gem. § 101 Abs. 5 S. 2 StPO aktenkundig zu machen ist.

132 **d)** Fraglich kann im Zweifel sein, **wer** alles gem. § 101 Abs. 1 StPO von der verdeckten Maßnahme **zu benachrichtigen** ist, weshalb dies im Folgenden überblicksartig dargestellt werden soll:

Verdeckte Maßnahme	Adressat der Benachrichtigung
Rasterfahndung gem. § 98a f. StPO	**§ 101 Abs. 4 Nr. 1 StPO**: „die betroffenen Personen, gegen die nach Auswertung der Daten weitere Ermittlungen geführt wurden". D.h., unabhängig davon, ob sich der Verdacht bestätigt hat oder nicht, sämtliche Personen gegen die aufgrund der Datenverarbeitung ein Anfangsverdacht bestand (BeckOK-StPO/*Hegmann*, § 101 Rn 9; MüKo-StPO/*Rückert*, § 101 Rn 24).
Postbeschlagnahme gem. § 99 StPO	**§ 101 Abs. 4 Nr. 2 StPO**: „Absender und Adressat der Postsendung". Nach der Rspr. ist die Vorschrift auch auf gem. § 94 StPO beschlagnahmte zwischengespeicherte E-Mails anwendbar, weshalb der Beschuldigte etwa dann zu unterrichten ist, wenn E-Mails durch einen Zugriff auf den Mailserver des Providers sichergestellt wurden (BGH, Beschl. v. 24.11.2009 – StB 48/09 (a), NStZ 2010, 345).
Überwachung der Telekommunikation gem. § 100a StPO	**§ 101 Abs. 4 Nr. 3 StPO**: „die Beteiligten der überwachten Telekommunikation". D.h., die Anschlussinhaber der überwachten Telekommunikation, wobei auch die Personen erfasst werden, die nur Anwählversuche starten, wobei der BGH auch dort die Benachrichtigungspflicht erfasst hat, wo der Gesprächspartner irrtümlich davon ausgegangen war, aufgelegt zu haben (BGH, Urt. v. 14.3.2003 – 2 StR 341/02, NStZ 2003, 668 ff.).
Online-Durchsuchung gem. § 100b StPO	**§ 101 Abs. 4 Nr. 4 StPO**: „die Zielperson sowie die erheblich mitbetroffenen Personen". Letzteres meint solche Personen, die den durchsuchten Computer mitbenutzen oder von denen persönlichkeitsrelevante Dateien dort gespeichert werden, wobei insoweit die Erheblichkeitsschwelle zu berücksichtigen ist (KK-StPO/*Henrichs/Weingast*, § 101 Rn 14).
Akustische Wohnraumüberwachung gem. § 100c StPO	**§ 101 Abs. 4 Nr. 5 StPO**: „der Beschuldigte, gegen den sich die Maßnahme richtet, sonstige überwachte Personen und Personen, die die überwachte Wohnung zur Zeit der Durchführung der Maßnahme innehatten oder bewohnten". Nach der Rspr. wird auch der Mieter erfasst, der die Wohnung zwar nicht selbst bewohnt hat, aber seine Rechte an der Wohnung nicht aufgegeben hatte (BVerfGE 109, 279 = NJW 2004, 999).
Akustische Überwachung außerhalb von Wohnungen gem. § 100f StPO	**§ 101 Abs. 4 Nr. 6 StPO**: „die Zielpersonen sowie die erheblich mitbetroffenen Personen". Als Zielperson kommt gem. § 100f StPO nur der Beschuldigte in Betracht. Bei anderen Personen dürfte es an einer erheblichen Mitbetroffenheit fehlen, wenn diese etwa bei der Überwachung an öffentlichen Plätzen nur zufällig quasi im Vorbeigehen mit aufgenommen werden (BT-Drucks 16/5846, 58).

Verdeckte Maßnahme	**Adressat der Benachrichtigung**
Einsatz technischer Mittel gem. § 100h StPO	**§ 101 Abs. 4 Nr. 7 StPO**: „die Zielperson sowie die erheblich mitbetroffenen Personen". Der Adressatenkreis ist hier wie bei der akustischen Überwachung außerhalb von Wohnungen gem. § 100f StPO zu bestimmen.
Technische Ermittlungsmaßnahmen bei Mobilfunkendgeräten gem. § 100i StPO	**§ 101 Abs. 4 Nr. 8 StPO**: „die Zielperson", also nur Beschuldigte, nur geringfügig mitbetroffene Dritte nicht (BVerfGE 120, 378).
Verdeckter Ermittler gem. § 110a StPO	**§ 101 Abs. 4 Nr. 9 StPO**: „die Zielperson, die erheblich mitbetroffenen Personen und die Personen, deren nicht allgemein zugängliche Wohnung der verdeckte Ermittler betreten hat". Nicht erfasst werden hier Personen, die nur zufällig mit dem verdeckten Ermittler Kontakt hatten (BeckOK-StPO/*Hegmann*, § 101 Rn 23). Um insbesondere die Frage der erheblichen Mitbetroffenheit prüfen zu können, muss der verdeckte Ermittler die Kontaktsituationen wenigstens mit den Personen dokumentieren, bei denen nicht ganz offensichtlich die Erheblichkeit zu verneinen ist (MüKo-StPO/*Rückert*, § 101 Rn 48).
Schleppnetzfahndung gem. § 163d StPO	**§ 101 Abs. 4 Nr. 10**: „die betroffenen Personen, gegen die nach Auswertung der Daten weitere Ermittlungen geführt wurden". Wie bei der Rasterfahndung nach §§ 98a f. StPO sind sämtliche Personen gemeint, gegen die aufgrund der Datenverarbeitung ein Anfangsverdacht bestand (vgl. oben).
Ausschreibung zur polizeilichen Beobachtung gem. § 163e StPO	**§ 101 Abs. 4 Nr. 11**: „die Zielperson und die Person, deren personenbezogene Daten gemeldet worden sind". Wie auch bei der akustischen Überwachung außerhalb von Wohnungen handelt es sich um den Beschuldigten oder Personen, bei denen aufgrund von Tatsachen die Annahme besteht, sie würden mit dem Beschuldigten in Verbindung stehen. Personen, deren personenbezogene Daten gemeldet werden, sind solche, die erst im Rahmen der Beobachtung bekannt wurden, wie etwa Begleiter des Beschuldigten oder Nutzer eines Kfz, das zur Beobachtung ausgeschrieben ist (MüKo-StPO/*Rückert*, § 101 Rn 51).
Längerfristige Observation gem. § 163f StPO	**§ 101 Abs. 4 Nr. 12**: „die Zielperson und die erheblich mitbetroffene Person". Die Zielperson wird wie bei der polizeilichen Ausschreibung oder beim IMSI-Catcher bestimmt. Hinsichtlich der erheblichen Mitbetroffenheit scheiden wie bei der akustischen Überwachung außerhalb von Wohnungen nur zufällige oder kurzfristige Begleiter aus (vgl. oben).
Automatische Kennzeichenerfassung gem. § 163g StPO	**§ 101 Abs. 4 Nr. 13**: „die Zielperson". D.h., nur der Beschuldigte und seine Kontaktpersonen (KK-StPO/*Henrichs/Weingast*, § 101 Rn 22a)

4. Wurden **Bestandsdatenauskünfte** eingeholt, sind gem. § 100j Abs. 4 S. 1 StPO die Betroffenen hiervon zu unterrichten, sobald der Zweck der Auskunft hierdurch nicht mehr vereitelt werden kann (§ 100j Abs. 4 S. 2 StPO) und keine überwiegend schutzwürdigen Belange Dritter oder der betroffenen Person der Benachrichtigung entgegenstehen (→ *Daten, Datengewinnung, repressive, soziale Daten,* Teil D Rdn 83). 133

☝ **Überwiegende schutzwürdige Belange** sind gem. § 100j Abs. 4 S. 4 StPO **aktenkundig** zu **machen** und können etwa vorliegen, wenn etwa allein durch die Mitteilung über das Strafverfahren mit erheblichen Beeinträchtigungen, wie etwa

- **familiärer** Art (z.B. beim Vorwurf des sexuellen Missbrauchs oder wegen des Besitzes von kinderpornographischen Schriften),
- **Gefährdung** des **Arbeitsverhältnisses** (z.B. bei Vermögensdelikten nach klarer Verfahrenseinstellung mangels Tatverdachts) oder
- **geschäftsschädigenden** Folgen (z.B. bei Ermittlungen wegen Straftaten zu Lasten von Geschäftskunden, der juristischen Person für die der Beschuldigte gehandelt hat),

zu rechnen ist (s.a. *Bär* MMR 2013, 700, 704).

134 **5.a)** Für verdeckte Maßnahmen, die nicht repressiv zur Strafverfolgung, sondern **präventiv-polizeilich** durchgeführt werden, enthält **§ 74 BKAG** eine mit § 101 StPO vergleichbare Regelung, die Benachrichtigungspflichten für das Bundeskriminalamt statuiert.

☝ Wird wegen des der verdeckten Maßnahme zugrunde liegenden Sachverhalts ein **strafrechtliches Ermittlungsverfahren** geführt, trifft die Staatsanwaltschaft gemäß § 74 Abs. 2 S. 3 BKAG die Entscheidung, ob eine Benachrichtigung zu erfolgen hat!

135 **b)** Werden verdeckte Maßnahmen aus präventiven Gründen durch die Polizei durchgeführt, greifen die Benachrichtigungspflichten der jeweiligen **Polizei- und Ordnungsgesetze der Länder**, wie z.B. in Art. 34d BayPAG (vgl. Übersicht der Polizei- und Ordnungsgesetze der Länder → *Daten, Datenlöschung, Strafverfahrensdateien und Verfahrensregister,* Teil D Rdn 156). Teilweise enthalten die Landesgesetze hier zentrale Vorschriften, die § 74 BKAG entsprechen, teilweise befinden sich die Benachrichtigungspflichten bei der jeweiligen Regelung zu den Voraussetzungen der jeweiligen verdeckten Maßnahme, wie etwa in § 35 Abs. 2 BbgPolG zum Einsatz verdeckter Ermittler.

Siehe auch: → *Daten, Datenabgleich, Anordnungsvoraussetzungen,* Teil D Rdn 25; → *Daten, Datengewinnung, repressive, soziale Daten,* Teil D Rdn 83; → *Daten, Datenlöschung, Allgemeines, Aufbewahrungsfristen,* Teil D Rdn 112; → *Daten, Datenlöschung, Strafverfahrensdateien und Verfahrensregister,* Teil D Rdn 136; → *Daten, Datenlöschung, weitere spezielle Löschungsregelungen,* Teil D Rdn 157; → *Daten, Rechtsschutz, Antrag auf gerichtliche Entscheidung gem. § 101 Abs. 7 StPO,* Teil D Rdn 248.

136 Daten, Datenlöschung, Strafverfahrensdateien und Verfahrensregister

Das Wichtigste in Kürze:

1. Soweit dies für Zwecke des Strafverfahrens einschließlich des Ermittlungs- und Vollstreckungsverfahrens, aber auch für die künftige Strafverfolgung und zum Zweck der Vorgangsverwaltung erforderlich ist, dürfen Strafverfolgungsbehörden Dateien anlegen und dort personenbezogene Daten speichern.
2. In § 489 StPO ist die Löschung der in den Strafverfahrensdateien gespeicherten personenbezogenen Daten geregelt.
3. Für das ZStV, das gem. § 492 StPO beim Bundesamt für Justiz geführt wird, sind in § 494 StPO Regelungen zur Berichtigung und Datenlöschung enthalten.

4. Die Regelungen zur Löschung personenbezogener Daten in Dateien des Bundeskriminalamts sind in §§ 77 ff. BKAG niedergelegt.
5. Für die sog. polizeilichen Mischdateien sind die Löschungsvorschriften der jeweiligen Polizeigesetze oder spezieller Datenschutzgesetze der Bundesländer zu beachten, die sich überwiegend an der Löschungsregelung des § 75 BDSG orientieren.

Literaturhinweise: **Brodersen**, Das Strafverfahrensänderungsgesetz 1999, NJW 2000, 2536; **Habenicht**, Löschung personenbezogener Daten im staatsanwaltschaftlichen Verfahrensregister, NStZ 2009, 708; **Hilger**, Zum Strafverfahrensrechtsänderungsgesetz 1999 (StVÄG 1999) – 2. Teil, NStZ 2001, 15; **Hoffmann**, Staatsanwaltschaftliches Informationssystem, ZRP 1990, 55; **Kubica/Leineweber**, Grundfragen zu den Zentralstellenaufgaben des Bundeskriminalamtes, NJW 1984, 2068. 137

1. Soweit dies für Zwecke des Strafverfahrens, damit sind auch das Ermittlungs- und Vollstreckungsverfahren gemeint, erforderlich ist, aber auch für die künftige Strafverfolgung und zum Zweck der Vorgangsverwaltung dürfen Strafverfolgungsbehörden Dateien anlegen und dort personenbezogene Daten speichern. Die entsprechenden Regelungen für die sogenannten **Strafverfahrensdateien** finden sich in den §§ 483 ff. StPO, während in den §§ 492 ff. StPO die Regelungen für das länderübergreifende **zentrale Strafverfahrensregister (kurz ZStV)** zu finden sind. Sowohl für die Strafverfahrensdateien i.S.v. §§ 483 ff. StPO als auch für das ZStV existieren Vorschriften über die Löschung der darin gespeicherten personenbezogenen Daten. 138

Auch das **BKA** führt Dateien, in denen zahlreiche personenbezogene Daten gespeichert werden (*Kubica/Leineweber* NJW 1984, 2068, 2070). Die Regelung zur Löschung dieser Daten findet sich in § 77 BKAG. Bereits vor Ausweitung der EDV in der Justiz waren Karteien und Vorgangsverwaltungen in allen Justizbehörden selbstverständlich. Mit zunehmender Einführung elektronischer Verwaltung und Verfahrensbearbeitung auf elektronischem Weg kommt den Strafverfahrensdateien in der Praxis immer größere Bedeutung zu. 139

☝ Die datenschutzrechtlichen Vorschriften der **§§ 474 ff. StPO** genießen als speziellere Regelungen gegenüber den bundes- und landesrechtlichen Datenschutzgesetzen den **Vorrang** (§ 1 Abs. 2 S. 1 BDSG). Jedoch verbleibt Raum zur Anwendung allgemeinen Datenschutzrechts, da die bereichsspezifischen Regelungen der StPO nicht abschließend sind.

2.a) In **§ 489 StPO** ist die Löschung der in den **Strafverfahrensdateien** gespeicherten personenbezogenen Daten geregelt. Hinzuweisen ist zunächst darauf, dass § 489 StPO **gem. §§ 483 Abs. 3, 484 Abs. 4** und **485 S. 4 StPO nicht** für die sog. **Mischdateien** der Polizei zur Anwendung kommt; also solche Dateien, die zu **polizeilich-präventiven Zwecken** personenbezogene Daten speichern (KK-StPO/*Gieg*, § 489 Rn 1). Hier richtet sich die Speicherung der Daten und auch deren Löschung nach den Polizeigesetzen der Länder, für deren Anwendung allein maßgeblich ist, ob in der jeweiligen Datei die Speicherung zusammen mit solchen Daten erfolgt, die zu präventiven Zwecken oder die für künftige Strafverfahren gespeichert werden (BVerwGE 137, 113 = NJW 2011, 405 ff.; OVG Münster, Beschl. v. 14.4.2010 – 5 A 479/09, NWVBl 2010, 436; KK-StPO/*Gieg*, § 489 Rn 1). Selbstverständlich dürfte sein, dass die Daten gem. § 75 Abs. 1 BDSG von Amts wegen zu löschen sind, wenn sie unrichtig sind. 140

b) Liegen die Voraussetzungen zur Datenlöschung vor, ergibt sich hieraus ein **subjektives Recht** auf **Löschung** für den Betroffenen, das er gerichtlich gem. **§§ 23 ff. EGGVG** durchsetzen kann (BayObLG, Beschl. v. 30.7.2024 – 204 VAs 36/24, FD-StrafR 2024, 022054; OLG Dresden, Beschl. v. 19.5.2003 – 2 VAs 4/02, MMR 2003, 592; OLG Frankfurt, Beschl. v. 12.7.2010 – 3 VAs 19/10, NStZ-RR 2010, 350; zum Rechtsschutz → *Daten, Rechtsschutz, Antrag auf gerichtliche Entscheidung gem. den §§ 23 ff. EGGVG*, Teil D Rdn 264 ff.). 141

Gem. § 75 Abs. 2 BDSG sind personenbezogene Daten zu löschen, wenn ihre **Verarbeitung unzulässig** ist, sie zur Erfüllung einer rechtlichen Verpflichtung gelöscht werden müssen oder ihre Kenntnis für die 142

Aufgabenerfüllung des Verantwortlichen nicht mehr erforderlich ist (vgl. zur Zweckbindung auch BVerfGE 124, 43, 73 f.) Bei Vorliegen eines Löschungsantrags ist sorgfältig zu prüfen, ob eine weitere Speicherung im Einzelfall erforderlich ist (*Schmitt/Köhler*, § 489 Rn 3).

§ 489 Abs. 1 StPO schreibt die **Löschung**

- der zum Zwecke des Strafverfahrens gem. § 483 StPO gespeicherten **Daten** nach Erledigung des Verfahrens, sofern keine Speicherung für künftige Strafverfahren gem. § 484 StPO oder für die Vorgangsverwaltung gem. § 485 StPO zulässig ist (§ 489 Abs. 1 Nr. 1 StPO),
- der für künftige Strafverfahren gem. § 484 StPO gespeicherten Daten, wenn die Prüfung nach § 489 Abs. 3 StPO ergibt, dass die Voraussetzungen des § 484 StPO nicht mehr vorliegen und keine Speicherung für die Vorgangsverwaltung nach § 485 StPO zulässig ist (§ 489 Abs. 1 Nr. 2 StPO) und
- der gem. § 485 StPO für die **Vorgangsverwaltung** gespeicherten Daten, wenn deren Speicherung zu diesem Zwecke **nicht mehr erforderlich** ist (§ 489 Abs. 1 Nr. 3 StPO),

vor.

143 **c)** Wann ein Verfahren gem. § 489 Abs. 1 Nr. 1 StPO als **erledigt** gilt, ergibt sich aus § 489 Abs. 2 StPO. Zu beachten ist in diesem Zusammenhang allerdings, dass gemäß § 489 Abs. 2 S. 3 StPO im Falle der Verfahrenseinstellung **mangels hinreichenden Tatverdachts** gem. § 170 Abs. 2 StPO das Verfahren erst mit Eintritt der Verjährung als erledigt in diesem Sinne gilt, um auf diese Weise zu gewährleisten, dass eine Strafverfolgung bis zur Verjährung der Straftat weiter möglich ist. Die Löschung nach § 489 Abs. 1 Nr. 2 StPO knüpft an die **Aussonderungsprüffristen** des **§ 489 Abs. 3 StPO** an. § 489 Abs. 3 StPO legt die Höchstfristen zur von Amts wegen durchzuführenden Prüfung fest, ob die gespeicherten Daten für künftige Strafverfahren zu löschen sind, wobei gemäß § 489 Abs. 4 StPO durch die **Errichtungsanordnung** für automatisierte Dateien nach § 490 StPO auch kürzere Prüffristen festlegen werden können.

Entscheidend ist, dass mit Ablauf der Fristen **nicht zwingend die Löschung** der Daten erfolgt, sondern lediglich geprüft wird, ob die Speicherung fortzudauern hat. Betreffend den **Fristbeginn** regelt § 489 Abs. 5 StPO nunmehr parallel zu § 77 Abs. 3 BKAG, dass dieser auf den Tag fällt, an dem das letzte Ereignis eingetreten ist, das zur Speicherung der Daten geführt hat, jedoch nicht vor Entlassung der betroffenen Person aus einer Justizvollzugsanstalt oder Beendigung einer mit Freiheitsentziehung verbundenen Maßregel der Besserung und Sicherung.

144 **d)aa) Anstelle** der **Löschung** der Daten erfolgt gem. § 489 Abs. 6 StPO eine **Einschränkung** der Verarbeitung der personenbezogenen Daten, wenn bzw. soweit

- Grund zu der Annahme besteht, dass eine Löschung **schutzwürdige Interessen einer betroffenen Person** beeinträchtigen würde (§ 489 Abs. 6 S. 1 StPO i.V.m. § 58 Abs. 3 S. 1 Nr. 1 BDSG), was etwa dann der Fall ist, wenn Informationen erhalten bleiben sollen, die für den Betroffenen möglicherweise günstig sind (*Schmitt/Köhler*, § 489 Rn 6),
- eine Löschung wegen der besonderen Art der Speicherung nicht oder nur mit unverhältnismäßigem Aufwand möglich ist (§ 489 Abs. 6 S. 1 StPO i.V.m. § 58 Abs. 3 S. 1 Nr. 3 BDSG), was bei normalen Formen der Speicherung per se ausgeschlossen ist (MüKo-StPO/*Singelnstein*, § 489 Rn 25),
- die Daten für **laufende Forschungsarbeiten** benötigt werden (§ 489 Abs. 6 S. 2 StPO), wobei der Wortlaut klar stellt, dass jedenfalls bereits ein Antrag gestellt und positiv beschieden worden sein muss (MüKo-StPO/*Singelnstein*, § 489 Rn 26) oder
- die Daten nur zu Zwecken der **Datensicherung** oder der **Datenschutzkontrolle** gespeichert sind (§ 489 Abs. 6 S. 3 StPO).

145 **bb)** Daten, deren Verarbeitung eingeschränkt ist, dürfen gemäß § 489 Abs. 6 S. 4 und5 StPO nur zu dem Zweck, für den ihre Löschung unterblieben ist (vgl. insoweit auch § 58 Abs. 3 S. 2 BDSG) oder soweit

dies zur Behebung einer Beweisnot unerlässlich ist, verwendet werden. **Beweisnot** i.d.S. kann sowohl aus Sicht des Betroffenen, aber auch aus Sicht der speichernden Stelle oder einer anderen befugten Stelle bestehen (BeckOK-StPO/*Wittig*, § 489 Rn 10).

☝ Aufgrund dieser **Zweckbindungsklausel** sind die Gründe der unterbliebenen Löschung und die sich daraus ergebende Zweckbindung in einem **Sperrvermerk** kenntlich zu machen (*Schmitt/Köhler*, § 489 Rn 6).

3.a) Für das **ZStV**, das gem. § 492 Abs. 1 StPO beim Bundesamt für Justiz geführt wird, sind in **§ 494 StPO** Regelungen zur Berichtigung und Datenlöschung enthalten. Auch hier gilt, dass unrichtige Daten von Amts wegen zu berichtigen sind, wenn sie falsch sind (§ 494 Abs. 1 S. 1 StPO i.V.m. §§ 58 Abs. 1, 75 Abs. 1 BDSG). Der Betrieb des ZStV wurde 1999 aufgenommen und dient der Beschleunigung, Koordination und Verfahrenskonzentration, also der Funktionsfähigkeit der Strafrechtspflege (BeckOK-StPO/*Wittig*, § 492 Rn 1 f.). Im ZStV werden alle Ermittlungsverfahren aufgenommen, bei denen ein Beschuldigter ermittelt wurde. Verfahren gegen Unbekannt werden nicht aufgenommen (*Schmitt/Köhler*, § 492 Rn 4). 146

b) Die **Löschung** der im ZStV gespeicherten personenbezogenen Daten **hat** zu **erfolgen**, wenn 147

- die Speicherung der Daten unzulässig ist (§ 75 Abs. 2 BDSG) oder
- wenn in dem Strafverfahren, aus dem die Daten übermittelt worden sind, eine in das Bundeszentralregister einzutragende gerichtliche Entscheidung oder staatsanwaltliche Verfügung ergangen ist (§ 494 Abs. 2 S. 1 StPO).

Nach § 494 Abs. 2 S. 2 StPO läuft eine **zweijährige Löschungsfrist**, wenn 148

- das Verfahren mit rechtskräftigem Freispruch beendet wurde,
- die Eröffnung des Hauptverfahrens unanfechtbar abgelehnt oder
- das Verfahren endgültig eingestellt wurde.

Als **endgültig eingestellt** gilt ein Verfahren, das durch Beschluss gem. §§ 206a oder 206b StPO eingestellt wurde, bei endgültiger Einstellung, also nach Auflagenerfüllung, gem. § 153a StPO, aber nach wohl h.M. auch bei Einstellungen nach §§ 153 und 170 Abs. 2 StPO, weil hier die Fortsetzung des Verfahrens einer Wiederaufnahme gleiche (BeckOK-StPO/*Wittig*, § 494 Rn 4; *Schmitt/Köhler*, § 494 Rn 6). **Nicht** zu den endgültig eingestellten Verfahren zählen solche, die gem. **§§ 154 f. StPO oder § 205 StPO** (vorläufig) eingestellt wurden (*Schmitt/Köhler*, § 494 Rn 6). 149

☝ Die **Löschung unterbleibt** gemäß § 494 Abs. 2 S. 2 StPO a.E. **trotz Fristablaufs**, wenn vor Eintritt der Löschungsfrist ein weiteres Verfahren zur Eintragung mitgeteilt wurde. Die Löschung erfolgt gemäß § 494 Abs. 2 S. 3 StPO erst dann, wenn für sämtliche Eintragungen die Löschungsvoraussetzungen vorliegen.

Eine **Einschränkung** der **Verarbeitung** – wie im Rahmen des § 489 Abs. 6 StPO geregelt – ist **nicht** vorgesehen. 150

4.a) Neben den polizeilich-präventiven Mischdateien i.S.v. § 483 Abs. 3 StPO, für die Löschungsregeln in den jeweiligen Polizeigesetzen zu finden sind, speichert auch das **Bundeskriminalamt** sowohl für präventive als auch repressive Zwecke personenbezogene Daten. Für die beim **Bundeskriminalamt** gespeicherten personenbezogenen Daten gilt mit **§ 77 Abs. 1 BKAG** im Grundsatz eine Löschungsregelung, die auf § 75 BDSG verweist. Genauso wie für die Strafverfahrensdateien und das ZStV sind unrichtige Daten daher gem. § 77 Abs. 1 BKAG i.V.m. § 75 Abs. 1 BDSG von Amts wegen zu berichtigen, wenn sie falsch sind. Für Klagen auf Löschung oder Berichtigung der vom BKA gespeicherten Daten ist der **Verwaltungsrechtsweg** in Form der Verpflichtungsklage eröffnet (→ *Daten, Rechtsschutz, verwaltungsgerichtliche Klage,* Teil D Rdn 298 ff.). 151

152 **b)** Auch für die Dateien des BKA gilt, dass an die Stelle der Löschung personenbezogener Daten gem. § 78 Abs. 2 S. 1 BKAG die **Einschränkung der Verarbeitung** treten kann, insoweit, wenn

- die **Verarbeitung unzulässig** ist (§ 78 Abs. 2 S. 1 Nr. 1 BKAG),
- aus Anlass einer Einzelfallbearbeitung festgestellt wird, dass die Kenntnis der Daten zur Erfüllung der dem BKA obliegenden Aufgaben nicht mehr erforderlich ist oder
- eine Löschungsverpflichtung nach § 77 Abs. 3 bis 5 BKAG besteht (§ 78 Abs. 2 S. 1 Nr. 2 BKAG).

153 Hinsichtlich der weiteren Verarbeitung gilt das zu § 489 Abs. 6 StPO Geschriebene, § 78 Abs. 3 BKAG (Rdn 144 f.).

154 **c)** In § 77 Abs. 1 S. 2 BKAG sind **Aussonderungsprüffristen** geregelt. Auch hier ist darauf hinzuweisen, dass mit Ablauf der Fristen nicht zwingend die Datenlöschung vorgenommen wird, sondern geprüft wird, ob eine weitere Speicherung der Daten erforderlich ist. **Fristbeginn ist gem. § 77 Abs. 3 S. 1 BKAG** jeweils der Tag, an dem das letzte Ereignis eingetreten ist, das zur Speicherung der Daten geführt hat, wobei die Frist nicht endet, bevor die betroffene Person aus einer Justizvollzugsanstalt entlassen oder eine mit Freiheitsentziehung verbundene Maßregel der Besserung und Sicherung beendet ist. Eine **Aufrechterhaltung der Speicherung** allein für die **Vorgangsverwaltung ist gemäß § 77 Abs. 3 S. 2 BKAG** zulässig. Auch hier ist parallel zu § 489 StPO eine Verwendung zur Behebung einer **Beweisnot** zulässig (Rdn 149).

155 **5.** Die Löschung personenbezogener Daten in **polizeilichen Mischdateien** richtet sich nach den **Polizeigesetzen** der **Länder**. Inhaltlich sind die jeweiligen Löschungsregeln überwiegend **entsprechend** dem **§ 75 BDSG** ausgestaltet und verweisen teilweise, so in Sachsen, auf die jeweiligen Vorschriften der Landesdatenschutzgesetze. **Hamburg** und das **Saarland** haben jeweils ein eigenes Gesetz zur Datenverarbeitung der Polizei geschaffen, während Thüringen die Materie im Rahmen des Landesdatenschutzgesetzes regelt. Daher soll hier nicht auf sämtliche Löschungsvorschriften der polizeilichen Dateien eingegangen werden, sondern anhand der folgenden Tabelle ein Überblick über die einschlägigen Regelungen gegeben werden:

156 **Tabelle**

Bundesland	**Gesetz**	**Einschlägige Löschungsvorschrift**
Baden-Württemberg	Polizeigesetz Baden-Württemberg (**PolG BW** = GBl 1992, 596)	§ 75
Bayern	Bayerisches Polizeiaufgabengesetz (**Bay. PAG** = GVBl., 397)	Art. 62
Berlin	Allgemeines Sicherheits- und Ordnungsgesetz Berlin (**ASOG Bln.** = GVBl. 2006, 930)	§ 48
Brandenburg	Brandenburgisches Polizeigesetz (**BbgPolG** = GVBl. I 1996, 74)	§ 47
Bremen	Bremisches Polizeigesetz (**BremPolG** = Brem. GBl 2001, 441)	§ 58
Hamburg	Gesetz über die Datenverarbeitung der Polizei Hamburg (**HmbPolDVG** = HmbGVBl. 1991, 187)	§ 59
Hessen	Hessisches Gesetz über die öffentliche Sicherheit und Ordnung (**HSOG** = GVBl. I 2005, 14)	§§ 27, 27a

Bundesland	**Gesetz**	**Einschlägige Löschungsvorschrift**
Mecklenburg-Vorpommern	Sicherheits- und Ordnungsgesetz Mecklenburg-Vorpommern (**SOG M-V** = GVOBl. M-V, 2011, 246)	§ 45
Niedersachsen	Niedersächsisches Gesetz über die öffentliche Sicherheit und Ordnung (**Nds.SOG** = Nds.GVBl. 2005,9)	§ 39a i.V.m. §§ 38, 39
Nordrhein-Westfalen	Polizeigesetz des Landes Nordrhein-Westfalen (PolG NRW = GV. NRW 2003, 441)	§ 32
Rheinland-Pfalz	Polizei- und Ordnungsbehördengesetz Rheinland-Pfalz (**POG RhPf.** = GVBl. 1993, 595)	§ 54
Saarland	Saarländisches Gesetz über die Verarbeitung personenbezogener Daten durch die Polizei (**SPolDVG** = AmtsBl. I 2020, 1133)	§ 12
Sachsen	Polizeigesetz des Freistaats Sachsen (**SächsPolG** = SächsGVBl. 1999, 466)	§ 49 i.V.m. §§ 19 bis 21 des Sächsischen Datenschutzgesetzes (**SächsDSG** = SächsGVBl. 2003, 330)
Sachsen-Anhalt	Gesetz über die öffentliche Sicherheit und Ordnung des Landes Sachsen-Anhalt (**SOG LSA** = GVBl. LSA 2014, 182)	§ 32b
Schleswig-Holstein	Landesverwaltungsgesetz Schleswig-Holstein (**LVwG S-H** = GVOBl. 1992, 243)	§ 196
Thüringen	Thüringer Gesetz über die Aufgaben und Befugnisse der Polizei (**ThPAG** = GVBl. 1992, 199)	§ 31 Abs. 1 i.V.m. § 35 des Thüringer Datenschutzgesetzes (ThürDSG = GVBl. 2018, 229)

Siehe auch: → *Daten, Datenlöschung, Allgemeines, Aufbewahrungsfristen,* Teil D Rdn 112; → *Daten, Datenlöschung, Dokumentations- und Benachrichtigungspflichten,* Teil D Rdn 119; → *Daten, Datenlöschung, weitere spezielle Löschungsregelungen,* Teil D Rdn 157; → *Daten, Rechtsschutz, Antrag auf gerichtliche Entscheidung nach den §§ 23 ff. EGGVG,* Teil D Rdn 264; → *Daten, Rechtsschutz, verwaltungsgerichtliche Klage,* Teil D Rdn 298.

157 Daten, Datenlöschung, weitere spezielle Löschungsregelungen

Das Wichtigste in Kürze:

1. Da im Strafverfahren aufgrund unterschiedlichster Eingriffsermächtigungen Daten erhoben werden, stellt sich die Frage nach speziellen Löschungsregelungen für die jeweils erhobenen Daten.
2. Besonders im Fokus der rechtspolitischen Debatte steht seit Jahren das Thema der Vorratsdatenspeicherung.
3. Die Löschung personenbezogener Daten, die bei Vollzug freiheitsentziehender Maßnahmen gewonnen werden, ist überwiegend in den Justizvollzugsdatenschutzgesetzen der Länder geregelt.

158 **Literaturhinweise:** **Beukelmann**, Die Vorratsdatenspeicherung vor dem EuGH, NJW-Spezial 2014, 56; **Gola/Klug/Reif**, Datenschutz- und presserechtliche Bewertung der „Vorratsdatenspeicherung", NJW 2007, 2599; **Hilger**, Über Vernichtungsregelungen in der StPO, NStZ 1997, 371; **Möstl**, Vorratsdatenspeicherung – wie geht es weiter? Ein Zwischenbericht zum Stand der Dinge, ZRP 2011, 225; **Roßnagel**, Die „Überwachungs-Gesamtrechnung" – Das BVerfG und die Vorratsdatenspeicherung, NJW 2010, 1238; **Schramm/Wegener**, Neue Anforderungen an eine anlasslose Speicherung von Vorratsdaten – Umsetzungsmöglichkeiten der Vorgaben des Bundesverfassungsgerichts, MMR 2011, 9.

159 **1.** Da im Strafverfahren aufgrund unterschiedlichster Eingriffsermächtigungen Daten erhoben werden, stellt sich die Frage nach **speziellen Löschungsregelungen** für die jeweils erhobenen Daten. Solange die Daten nicht längerfristig für die künftige Strafverfolgung oder präventiv-polizeiliche Zwecke gespeichert werden, hat die Löschung stets zu erfolgen, sobald die Daten im Strafverfahren nicht mehr benötigt werden. Ziel der Löschungsregelungen ist der **Schutz** des **allgemeinen Persönlichkeitsrechts** vor Missbrauch der Erkenntnismöglichkeiten (*Hilger* NStZ 1997, 371).

160 Die folgende Tabelle gibt für die bereits erörterten Formen der Datenerhebung einen **Überblick** über die jeweils **einschlägigen Löschungsregelungen** für erhobene und gespeicherte Daten. Neben den personenbezogenen **Daten** werden auch die medizinischen und genetischen Daten in der Übersicht mit aufgenommen:

161 **Überblick: Löschungsregelung**

Erhobene Daten	**Ermächtigungsgrundlage zur Erhebung**	**Löschungsregelungen**
Blutproben und Körperzellen des Beschuldigten	§ 81a StPO	§ 81a Abs. 3 StPO
Blutproben und Körperzellen von Dritten	§ 81c StPO	§ 81c Abs. 5 S. 2 i.V.m. § 81a Abs. 3 StPO
Daten aus **erkennungsdienstlicher Behandlung** zu repressiven Zwecken	§ 81b 1. Alt. StPO	§ 489 StPO
Daten aus **erkennungsdienstlicher Behandlung zu präventiven** Zwecken	§ 81b 2. Alt StPO	§ 77 BKAG bzw. Polizeigesetze der Länder (→ *Daten, Datenlöschung, Strafverfahrensdateien und Verfahrensregister*, Teil D Rdn 136 ff.)
Daten aus dem **Datenabgleich**	§ 98c StPO	Aufbewahrungsfristen für Strafverfahrensakten (→ *Daten, Datenlöschung, Allgemeines, Aufbewahrungsfristen,* Teil D Rdn 112 ff.)

Erhobene Daten	Ermächtigungsgrundlage zur Erhebung	Löschungsregelungen
Daten aus der **Rasterfahndung**	§§ 98a f. StPO	§ 101 Abs. 8 StPO und § 98b Abs. 3 S. 2 StPO
Daten aus der **Schleppnetzfahndung**	§ 163d StPO	§ 163d Abs. 4 S. 2 StPO
Daten, die im **Strafvollzug** gewonnen wurden	Landesrechtliche Justizvollzugs- oder Justizvollzugsdatenschutzgesetze (→ *Daten, Datengewinnung, Strafvollzug, Landesrecht*, Teil D Rdn 103)	Landesrechtliche Justizvollzugs- oder Justizvollzugsdatenschutzgesetze
Daten aus der **Telefonüberwachung**	§ 100a StPO	§ 101 Abs. 8 StPO
DNA-Identifizierungsmuster des Beschuldigten oder Verurteilten	§ 81g StPO	§ 77 BKAG
DNA-Identifizierungsmuster aus Reihengentests	§ 81h StPO	§ 81h Abs. 3 StPO

2.a) Besonders im Fokus der rechtspolitischen Debatte steht seit Jahren das Thema der **Vorratsdatenspeicherung**. (dazu a. *Burhoff*, EV, Rn 711 ff.). Unter Vorratsdatenspeicherung ist schlicht die Speicherung personenbezogener Daten durch oder für öffentliche Stellen zu verstehen, ohne dass die Daten aktuell benötigt werden, wobei im Folgenden die Speicherung von **Verkehrsdaten** i.S.v. § 3 Nr. 70 TKG gemäß § 176 TKG gemeint ist, wenn von Vorratsdatenspeicherung die Rede ist. Hintergrund der rechtpolitischen Debatte ist die Frage, wie lange Telekommunikationsanbieter Verbindungsdaten **anlass- und verdachtsunabhängig** speichern dürfen oder sogar müssen, um diese den Strafverfolgungsbehörden zur Verfügung stellen zu können. Mithilfe der auf Vorrat gespeicherten Daten wollen Strafverfolgungsbehörden ihre Möglichkeiten bei der Verfolgung von schweren Straftaten verbessern. Da Vorratsdaten geeignet sind, das Kommunikationsverhalten jedes Teilnehmers zu analysieren, stellt die Speicherung der Daten einen erheblichen Eingriff in das Fernmeldegeheimnis sowie das Recht auf informationelle Selbstbestimmung dar. Um wenigstens auf diejenigen Verkehrsdaten zum Zwecke der Ermittlung und Verfolgung von schweren Straftaten zugreifen zu können, die Aufschluss über die an der Telekommunikation beteiligten Anschlüsse, den Nutzernamen Beginn und Ende sowie den Ort der Telekommunikation geben (MüKo-StPO/*Rückert*, § 100g Rn 10), trat im Mai 2006 die **Europäische Richtlinie 2006/24/EG** in Kraft. Die Richtlinie sah eine Verpflichtung der Telekommunikationsdienstleister vor, nahezu alle Telekommunikationsdaten für einen Zeitraum von wenigstens **sechs Monaten** bereitzuhalten (*Roßnagel* NJW 2010, 1238, 1239; *Beukelmann* NJW-Spezial 2014, 56). Umgesetzt wurde die Richtlinie durch die §§ 113a f. TKG und § 100g StPO a.F., wonach eine Speicherpflicht der Telekommunikationsanbieter für sechs Monate geregelt war. Gemäß § 100g StPO a.F. i.V.m. § 113b TKG durften Daten zur Verfolgung von Straftaten, zur Abwehr von erheblichen Gefahren für die öffentliche Sicherheit und zur Erfüllung der gesetzlichen Aufgaben der Nachrichtendienste übermittelt werden. Außerdem war es danach zulässig, die Daten für Auskünfte über die Anschlussinhaber zu nutzen. 162

b) Das **BVerfG** hat im Jahr **2010** entschieden, dass die **§§ 113a f. TKG sowie § 100g Abs. 1 StPO a.F.** gegen Art. 10 GG verstoßen und daher **nichtig** sind, weshalb angeordnet wurde, die nach diesen Vorschriften gespeicherten Daten unverzüglich zu löschen (BVerfG, Urt. v. 2.3.2010 – 1 BvR 256/08, 1 BvR 263/08, 1 BvR 586/08, MMR 2010, 356; kritisch hierzu schon *Gola/Klug/Reif*, NJW 2007, 2599, 2601). Zur Schwere des Eingriffs in Art. 10 Abs. 1 GG führte das BVerfG u.a. aus, dass die Aussagekraft 163 der anlasslos gespeicherten Telekommunikationsdaten weit reichend sei und einen tiefen Einblick in das soziale Umfeld und die individuellen Aktivitäten des Nutzers ermögliche (MMR 2010, 356, 360). Außerdem weist das BVerfG auf die **Missbrauchsgefahr** hin, die mit der Vorratsdatenspeicherung einhergeht. Diese sei schon allein wegen der großen Anzahl von Telekommunikationsanbietern, die zur Speicherung verpflichtet seien und Zugriff auf die entsprechenden Daten haben würden, gegeben. Hinzu komme, dass die **Heimlichkeit** des Eingriffs ein bedrohliches Gefühl der ständigen Beobachtung schaffe (MMR 2010, 356, 360 f.). Andererseits erklärte das BVerfG, dass die Vorratsdatenspeicherung **nicht schlechthin verfassungswidrig** sei (*Möstl* ZRP 2011, 225, 226; *Schramm/Wegener* MMR 2011, 9).

164 Eine **Speicherung** von Vorratsdaten für maximal **sechs Monate** als **Obergrenze** sei bei Schaffung einer entsprechenden verfassungsmäßigen Regelung, die der Schwere des Eingriffs und dem Gewicht der anlasslosen Speicherung Rechnung trage, durchaus möglich. Hierzu sei es erforderlich, dass die zu schaffende Regelung insbesondere vorsehe, dass

- der Zugriff auf die anlasslos gespeicherten Daten von einer anderen Stelle als der Speicherstelle nur anlassbezogen und zu klar definierten Zwecken erfolge und
- effektive Maßnahmen zur Sicherung der Daten getroffen werden, wie etwa die Speicherung auf physisch getrennten und vom Internet entkoppelten Rechnern, sowie
- die fristgerechte Löschung der Daten gewährleistet werde (vgl. BVerfG MMR 2010, 356, 361).

165 **c)** Deutschland drohte aufgrund der fehlenden Umsetzung der Europäischen Richtlinie zur Vorratsdatenspeicherung ein Zwangsgeld. Der **EuGH** hat auf die Vorlage des österreichischen Verfassungsgerichtshofs im April 2014 schließlich aber die **Richtlinie 2006/24/EG** für unvereinbar mit dem Unionsrecht und damit für **nichtig** erklärt (EuGH, Urt. v. 8.4.2014 – C-293/12, C-594/12, NJW 2014, 2169). Somit ist auch die Umsetzungsverpflichtung in nationales Recht entfallen. Zwar sei die Richtlinie geeignet, der Aufklärung schwerer Straftaten zu dienen (EuGH NJW 2014, 2169, 2171, Rn 49), jedoch enthalte sie nicht ausreichend klare Regeln für die Anwendung der Maßnahme, um Missbrauch vorzubeugen und unberechtigten Zugriff auf die Daten zu vermeiden (EuGH NJW 2014, 2169, 2172, Ran. 54). Daneben kritisiert der EuGH, dass die Richtlinie den Anforderungen an den Verhältnismäßigkeitsgrundsatz nicht ausreichend Rechnung trage, weil sie keine Beschränkungen auf das Notwendige enthalte, sondern sich auf alle Personen sowie sämtliche Kommunikationsmittel und Verkehrsdaten ohne jegliche Differenzierung, Einschränkung oder Nennung von Ausnahmetatbeständen beziehe. Auch die **pauschale Speicherdauer** von sechs Monaten sei unzulässig. Hier sei eine Differenzierung zwischen den unterschiedlichen Datenkategorien im Hinblick auf ihren Nutzen für die Kriminalitätsbekämpfung anhand des betroffenen Personenkreises vorzunehmen (EuGH NJW 2014, 2169, 2173, Rn 63 ff.).

166 **d)** Prinzipiell ermöglicht § 100g Abs. 2 StPO nach derzeitiger Rechtslage bei dem konkreten Verdacht einer besonders schweren Straftat die Erhebung von Vorratsdaten, zu deren Speicherung die Telekommunikationsdienstleister gemäß § 176 TKG verpflichtet sind. Jedoch wurde diese Pflicht seitens der Bundesnetzagentur infolge einer Entscheidung des OVG Münster (Beschl. v. 22.6.2017 – 13 B 238/17, NVwZ-RR 2018, 43) ausgesetzt (*Schmitt/Köhler*, § 100g Rn 4). Mit Urt. v. 20.9.2022 hat der EuGH (C-793/19, C-794/19, NJW 2022, 3135; vgl. a. EuGH, Urt. v. 30.4.2024 – C-470/21, NJW 2024, 2099) darüber hinaus entschieden, dass die in § 176 TKG vorgesehene allgemeine und unterschiedslose Vorratsdatenspeicherung nicht mit Unionsrecht vereinbar ist. Daher läuft die strafprozessuale Ermächtigung insoweit derzeit faktisch ins Leere. Ob der nationale Gesetzgeber die im Rahmen der EuGH-Entscheidungen abermals skizzierten Gestaltungsmöglichkeiten nutzen wird, ist derzeit nicht abzusehen (*Schmitt/Köhler*, § 100g Rn 3).

167 **3.** Die Erhebung und Löschung personenbezogener Daten im Bereich des Strafvollzugs richtet sich nach den Strafvollzugs- oder Strafvollzugdatenschutzgesetzen der Länder (→ *Daten, Datengewinnung, Strafvollzug, Landesrecht,* Teil D Rdn 103 ff.). Der Rechtsschutz richtet sich jedoch nach den bundesrechtlichen Vorschriften der §§ 109 ff. StVollzG, weil die Landesvollzugsgesetze keine speziellen Rechtsschutzregelungen enthalten (BeckOK-StVollzG/*Euler*, § 109 Rn 1).

Siehe auch: → *Daten, Datengewinnung, Strafvollzug, Landesrecht,* Teil D Rdn 103; → *Daten, Datenlöschung, Allgemeines, Aufbewahrungsfristen*, Teil D Rdn 112; → *Daten, Datenlöschung, Dokumentations- und Benachrichtigungspflichten*, Teil D Rdn 119; → *Daten, Datenlöschung, Strafverfahrensdateien und Verfahrensregister*, Teil D Rdn 136; → *Strafvollzug, Erwachsene, Antrag auf gerichtliche Entscheidung, Allgemeines,* Teil C Rdn 190.

Daten, Datenrückgabe 168

Das Wichtigste in Kürze:

1. Auch bei der Datenrückgabe ist grds. zu unterscheiden, ob es sich um beschlagnahmte oder sichergestellte Beweismittel i.S.v. § 94 StPO handelt oder um Daten, die aufgrund anderer Ermächtigungsgrundlage erhoben wurden.
2. Erfolgte die Datenerhebung in Form der Datenbeschlagnahme gem. § 94 StPO oder durch freiwillige Herausgabe, sind die Daten nach den allgemeinen Grundsätzen zur Beweismittelrückgabe wieder herauszugeben, sobald sie im Strafverfahren nicht mehr benötigt werden. Die Vernichtung sog. gespiegelter Daten kann mit einem Antrag auf gerichtliche Entscheidung nach den §§ 23 ff. EGGVG durchgesetzt werden.
3. Die Rückgabe der im Rahmen der Rasterfahndung erlangten Datenträger soll nach dem eindeutigen Wortlaut des § 98b Abs. 3 StPO unverzüglich nach dem Datenabgleich erfolgen.
4. Andere Daten, die im Rahmen des Strafverfahrens erhoben wurden, können sich beispielsweise aus beigezogenen Akten anderer Behörden, wie etwa Gerichtsakten oder Jugendamtsakten etc., ergeben.

Literaturhinweise: **Damrau**, Der Ort der Rückgabe beschlagnahmter Sachen – Der nicht mehr analog anwendbare § 697 BGB bei beschlagnahmten oder formlos für Zwecke der Strafverfolgung sichergestellten Sachen, NStZ 2003, 408; **Dietsch/Sprinz**, Bekommt das jemand oder kann das weg? Über die Kunst der Asservatenabwicklung und das „kleine" Opferentschädigungsrecht, NStZ 2023, 147; **Hoffmann/Knierim**, Rückgabe von im Strafverfahren sichergestellten oder beschlagnahmten Gegenständen, NStZ 2000, 461; **Kemper**, Rückgabe beschlagnahmter Gegenstände – Bringschuld oder Holschuld, NJW 2005, 3679; *ders.*, Die Beschlagnahmefähigkeit von Daten und E-Mails, NStZ 2005, 538. 169

1. Auch bei der Datenrückgabe ist grds. zu **unterscheiden**, ob es sich um **beschlagnahmte** oder **sichergestellte Beweismittel** i.S.v. § 94 StPO handelt oder um Daten, die aufgrund **anderer Ermächtigungsgrundlage** erhoben wurden. Denkbar ist außerdem, dass im Strafverfahren Daten erhoben werden, indem Akten anderer Behörden, wie etwa Jugendamtsakten o.ä., beigezogen werden. Entsprechend der Art der Daten und ihrer Erhebung ist zu entscheiden, ob und wie die Daten zurückzugeben sind. 170

2.a) Erfolgte die Erhebung der Daten in Form der **Datenbeschlagnahme** gem. **§ 94 StPO** oder durch freiwillige Herausgabe, sind jene nach § 111n StPO wieder herauszugeben, sobald sie für Zwecke des Strafverfahrens nicht mehr benötigt werden. Zu denken ist hier insbesondere an beschlagnahmte Geschäftsunterlagen. Wann die sichergestellten und beschlagnahmten Gegenstände herauszugeben sind, ist grds. **von Amts wegen** durch die gemäß § 111o Abs. 1 StPO je nach Verfahrensstadium zuständige Stelle zu prüfen. Die Herausgabe erfolgt durch ausdrückliche Anordnung, so dass etwa eine Mitteilung an die Kriminalpolizei, dass und an wen bestimmte Gegenstände herauszugeben sind, sofern sie dort gelagert werden, üblich ist (vgl. etwa MüKo-StPO/*Hauschild*, § 94 Rn 50; *Schmitt/Köhler*, § 111o Rn 2; vgl. a. *Hoffmann/Knierim* NStZ 2000, 461 f.). Die Herausgabe beschlagnahmter Daten erfolgt gemäß § 111n Abs. 1 StPO regelmäßig an den letzten Gewahrsamsinhaber. 171

☝ Auch wenn die Lit. teilweise von einer **Bringschuld** der Justizbehörden ausgeht, verneint die Rspr. eine Verpflichtung, die Sachen an den Wohnsitz des Empfängers zu bringen (BGH, Urt. v.3.2.2005 – III ZR271/04, NJW 2005, 988; Urt. v. 16.5.2019 – III ZR 6/18, NJW 2019, 2618; **a.A.** *Park*, Durchsuchung und Beschlagnahme, § 3 Rn 704; *Damrau* NStZ 2003, 408, 410; *Hoffmann/Knierim*, NStZ 2000, 461, 462; *Kemper* NJW 2005, 3679).

172 **b)** Werden die Sachen **wiederholt vergeblich zur Herausgabe angeboten**, ist grds. die **Vernichtung zulässig**, sofern Verhältnismäßigkeitsgesichtspunkte dem nicht entgegenstehen (vgl. etwa *Dietsch/Sprinz* NStZ 2023, 147). Gegen die Verfügung der Staatsanwaltschaft können die Betroffenen gemäß § 111o Abs. 2 StPO die Entscheidung des nach § 162 StPO zuständigen Gerichts beantragen. Wird der Gegenstand, während er beschlagnahmt ist, beschädigt, besteht grds. ein **Entschädigungsanspruch** gem. § 2 Abs. 2 Nr. 4 StrEG (BGH, Urt. v. 9.11.1978 – III ZR 116/77, NJW 1979, 425). Der Anspruch aus dem öffentlich-rechtlichen Verwahrverhältnis ist gem. § 40 Abs. 2 S. 1 VwGO vor dem Zivilgericht zu verfolgen. Der Rechtsweg nach § 23 EGGVG ist grds. Ausgeschlossen (MüKo-StPO/*Hauschild*, § 94 Rn 51; *Schmitt/Köhler*, § 94 Rn 23).

☝ Will der Betroffene hingegen die **Vernichtung von Kopien** durchsetzen, die die StA hat anfertigen lassen, ist der Rechtsweg gem. §§ 23 ff. EGGVG eröffnet (OLG Stuttgart, Beschl. v. 5.5.1977 – 4 V As 234/76, NJW 1977, 2276; → *Daten, Rechtsschutz, Antrag auf gerichtliche Entscheidung gem. den §§ 23 ff. EGGVG*, Teil D Rdn 264 ff.).

173 **c)** Insbesondere in Wirtschaftsstrafverfahren werden regelmäßig **große Mengen elektronisch gespeicherter Daten** sichergestellt. Erfolgt diese Sicherstellung oder Beschlagnahme durch Beschlagnahme des Speichermediums, wie etwa PCs, Laptops oder Festplatten, dann werden die Speichermedien regelmäßig nur so lange beschlagnahmt, bis die Ermittlungsbehörden die hierauf gespeicherten **Daten spiegeln** konnten, so dass eine Herausgabe im Anschluss daran möglich ist. Anders ist dies allerdings, wenn auf dem Speichermedium Beweismittel zu finden sind, deren Besitz strafbar ist, wie etwa bei kinderpornographischen Schriften. In solchen Fällen handelt es sich bei dem Speichermedium regelmäßig um einen Einziehungsgegenstand, weil die restlose Entfernung und Löschung des verbotenen Datenmaterials regelmäßig nicht oder nur mit unerheblich großem Aufwand möglich ist. Dass sich die Beschlagnahme der Hardware, also des Speichermediums selbst, nach den Vorschriften der §§ 94 ff. StPO richtet, ist unstreitig (vgl. etwa *Kemper* NStZ 2005, 538, 540), weshalb das bereits Festgestellte gilt. Werden die Daten aber direkt anlässlich einer Durchsuchung auf Speichermedien der Justizbehörden kopiert und mitgenommen, erübrigt sich regelmäßig die Frage nach der späteren Rückgabe der Daten, weil es sich hierbei schließlich nur um Kopien handelt und die Daten gar nicht dem Zugriff des Gewahrsamsinhabers entzogen werden. Soll aber später die **Vernichtung bzw. die Löschung der Daten** erwirkt werden, dann kann auch hier gem. der §§ 23 EGGVG vorgegangen werden (Rdn 264).

174 **3.** Ausdrücklich regelt **§ 98b Abs. 3 S. 1 StPO** die unverzügliche Rückgabe von Datenträgern nach Beendigung des Abgleichs der darauf befindlichen Daten.

☝ **Zuständig** für die Rückgabeentscheidung ist die StA. Wurde bereits Anklage erhoben, geht die Zuständigkeit bis zum rechtskräftigen Abschluss des Verfahrens auf das mit der Sache befasste Gericht über, § 111o Abs. 1 StPO.

175 Wenn § 98b Abs. 3 S. 1 StPO die **unverzügliche Rückgabe** der Datenträger verlangt, besteht insoweit eine Diskrepanz zur Löschung der Daten, die aufbewahrt werden dürfen, solange sie für die Zwecke des Strafverfahrens erforderlich sind (→ *Daten, Datenlöschung, weitere spezielle Löschungsregelungen*, Teil D Rdn 157; krit. a. MüKo-StPO/*Günther*, § 98b Rn 22). Teilweise wird daher in der Kommentarliteratur entgegen dem gesetzlichen Wortlaut davon ausgegangen, dass mit der Rückgabe im Gleichlauf zu-

gewartet werden könne, bis die Daten zur Beweisführung nicht mehr benötigt würden (vgl. etwa *Schmitt/Köhler*, § 98b Rn 5 f.; KK-StPO/*Greven*, § 98b Rn 8). Dies erscheint jedoch angesichts des eindeutigen Wortlauts von § 98b Abs. 3 S. 1 StPO nicht überzeugend. In Anbetracht des Umstandes, dass die herausgefilterten Daten in einer gesonderten Datei, dem sogenannten **Report**, zu speichern sind (→ *Daten, Datenabgleich, Anordnungsvoraussetzungen,* Teil D Rdn 25), ist grds. gewährleistet, dass die vom Raster erfassten Daten trotz Rückgabe des Datenträgers im Strafverfahren nicht verlorengehen.

☝ **Problematisch** ist hingegen, dass eine **erneute Prüfung des technisch korrekten Ablaufs** der Rasterfahndung bei erfolgter Rückgabe der Datenträger an die Speicherstellen ggf. dann im Nachhinein nicht mehr möglich ist. Solange der Gesetzgeber den Wortlaut des § 98b Abs. 3 S. 1 StPO nicht ändert, dürfte die einzige Möglichkeit diese Gefahr zu umgehen jedoch sein, die Speicherstelle um ihr Einverständnis zur späteren Rückgabe der Datenträger zu bitten oder die Speicherstelle bei Rückgabe zu bitten, den Datenträger unverändert bis zur Mitteilung über den Abschluss des Verfahrens geschützt vor dem Zugriff Unberechtigter aufzubewahren.

4. Andere Daten, die im Rahmen des Strafverfahrens erhoben wurden, können sich beispielsweise aus beigezogenen **Akten anderer Behörden**, wie etwa Gerichtsakten oder Jugendamtsakten etc., ergeben. Sofern aus den nach § 96 StPO beigezogenen Akten Ablichtungen gemacht werden, werden diese Aktenbestandteil, so dass die Vernichtung sich aus den Regelungen zur Aktenvernichtung ergibt. Im Regelfall werden die im Strafverfahren beigezogenen Behördenakten nach Auswertung, soweit sie für das Verfahren relevant sind, in Kopie, regelmäßig als **Beiakte**, zum Verfahren genommen und die Akte selbst an die betroffene Behörde zurückgegeben. Etwas anderes ist allenfalls dann denkbar, wenn es sich bei der beigezogenen Akte um eine solche handelt, die bereits abgeschlossen ist und daher nicht mehr zur weiteren Bearbeitung benötigt wird. In diesem Fall wird die beigezogene Akte erst dann abgetrennt und zurückgegeben werden, wenn diese für das Strafverfahren nicht mehr benötigt wird, also spätestens mit rechtskräftigem Abschluss des Verfahrens. 176

Siehe auch: → *Daten, Datenabgleich, Anordnungsvoraussetzungen,* Teil D Rdn 25; → *Daten, Datengewinnung, repressive, soziale Daten,* Teil D Rdn 83; → *Daten, Rechtsschutz, Antrag auf gerichtliche Entscheidung gem. den §§ 23 ff. EGGVG,* Teil D Rdn 264.

Daten, Datenschutz, Regelungen, international 177

Das Wichtigste in Kürze:

1. Sowohl die EU als auch die OECD und die Vereinten Nationen haben Richt- bzw. Leitlinien zum Schutz personenbezogener Daten erlassen.
2. Im Zusammenhang mit den zu Strafzwecken implementierten Systemen zum internationalen Datenaustausch existieren spezielle Datenschutzregelungen.

Literaturhinweise: **Boehm**, Datenschutz in der Europäischen Union, JA 2009, 435; **Esser/Herbold**, Neue Wege für justizielle Zusammenarbeit in Strafsachen – Das Eurojust-Gesetz, NJW 2004, 2421; **Nehm**, Zusammenarbeit der Strafverfolgungsorgane in Europa – Eine Zwischenbilanz, DRiZ 2000, 355; **Schomburg**, Justizielle Zusammenarbeit im Bereich des Strafrechts in Europa: EURO-JUST neben Europol!, ZRP 1999, 237; **Simitis**, Die EU-Datenschutzrichtlinie – Stillstand oder Anreiz, NJW 1997, 281; **Soine**, Datenverarbeitung für Zwecke künftiger Strafverfahren, CR 1998, 257; **Tinnefeld**, Die Novellierung des BDSG im Zeichen des Gemeinschaftsrechts, NJW 2001, 3078; **Tolmein**, Europol, StV 1999, 108; **Wilkesmann**, Plädoyer für das Schengener Informationssystem (SIS), NStZ 1999, 68; s.a. die Hinweise bei → *Daten, Datenlöschung, weitere spezielle Löschungsregelungen*, Teil D Rdn 157. 178

1.a) Hinsichtlich des internationalen Regelungsgefüges zum Datenschutz kann grds. zwischen dem Europäischen Datenschutz und dem weiteren internationalen Datenschutz unterschieden werden. Die 179

Bedeutung internationaler Regelungen für den Datenschutz wird bereits an der Rechtslage zur Vorratsdatenspeicherung deutlich (→ *Daten, Datenlöschung, weitere spezielle Löschungsregelungen,* Teil D Rdn 157 ff.). 1998 wurde das **Übereinkommen zum Schutz des Menschen bei automatisierter Verarbeitung personenbezogener Daten der Europäischen Kommission** von Deutschland, Frankreich, Norwegen, Schweden und Spanien ratifiziert. Aus dieser Konvention können jedoch unmittelbar keine Rechte abgeleitet werden, weil sie ein „non self-executing treaty" ist (Simitis-BDSG/*Simitis*, Einl. Rn 153).

180 **b)** Die EG hat 1995 eine **Richtlinie** zum **Umgang mit personenbezogenen Daten** erlassen (Richtlinie 95/46/EG des Europäischen Parlaments und des Rates vom 24.10.1995; hierzu *Simitis* NJW 1997, 281 ff.). Auch die Organisation für wirtschaftliche Zusammenarbeit und Entwicklung (kurz OECD) befasst sich mit dem Thema Datenschutz und verabschiedete bereits 1980 **Leitlinien** für den **Schutz** des **Persönlichkeitsbereichs und den grenzüberschreitenden Verkehr personenbezogener Daten** (hierzu Simitis-BDSG/*Simitis*, Einl. Rn 184 ff.). Auch die Vereinten Nationen haben sich mit Datenschutz befasst und mit der **UN-Richtlinie** zur **Verarbeitung personenbezogener Daten in automatisierten Dateien** Empfehlungen für einen Mindeststandard im Umgang mit personenbezogenen Daten ausgesprochen (hierzu Simitis-BDSG/*Simitis*, Einl. Rn 192 ff.).

181 **2.a)** Im Rahmen des grenzüberschreitenden Datenverkehrs kommen für die insoweit Verantwortlichen neben dem BDSG weitere Regelwerke den Datenschutz betreffend zur Anwendung. Für den strafrechtlichen Bereich kommt insbesondere den Datenschutzregelungen im Zusammenhang mit den zu Strafzwecken implementierten Systemen zum internationalen Datenaustausch Bedeutung zu (*Boehm* JA 2009, 435, 437; *Nehm* DRiZ 2000, 355, 358 ff.).

182 Hierzu **zählen** auf europäischer Ebene

- das Schengener Informationssystem (kurz **SIS;** hierzu *Boehm* JA 2009, 435, 437 und *Wilkesmann* NStZ 1999, 68 ff.),
- das Visa-Informationssystem (kurz **VIS**),
- die zentrale Datenbank im Rahmen des Asylsystems der Europäischen Union (kurz EUR**ODAC**),
- **Europol** (hierzu *Tolmein* StV 1999, 108 ff. und *Soine* CR 1998, 257 263 f.),
- **Eurojust** (hierzu *Schomburg* ZRP 1999, 237 ff. und *Esser/Herbold* NJW 2421 ff.) und
- das Zollinformationssystem (kurz **ZIS**) sowie
- **INTERPOL** im Austausch mit Drittstaaten.

183 **b)** Regelmäßig sind die datenschutzrechtlichen Vorgaben für das jeweilige Austauschsystem nicht zentral in einem Gesetz geregelt, sondern es sind teilweise unterschiedliche Verordnungen und Beschlüsse zu berücksichtigen. Soweit die Regelungen zum internationalen Datenaustausch der Strafverfolgungsbehörden datenschutzrechtliche Vorgaben enthalten, soll die folgende Übersicht einen Überblick geben:

184 **Übersicht Datenaustauschsystem:**

Datenaustauschsystem	**Datenschutzrechtliche Regelungen**
VIS	VIS-VO (=ABl L 218 v. 13.8.2008, S. 60)
EURODAC	Art. 23 ff. der Eurodac-VO (= Abl. L 180 v. 29.6.2013, S. 1)
Europol	Kap. IV der Europol-VO (= Abl. L 135 v. 24.5.2016, S. 53)
Eurojust	Kap. IV der Eurojust-VO (= Abl. L-295 v. 21.11.2018, S. 138)
ZIS	ZIS-VO (= Abl. L 82 v. 22.3.1997, S. 1)
Interpol	BKAG

Siehe auch: → *Daten, Datenlöschung, weitere spezielle Löschungsregelungen,* Teil D Rdn 157; → *Daten, Datenschutz, Regelungen, national, Bundesrecht,* Teil D Rdn 185; → *Daten, Datenschutz, Regelungen, national, Landesrecht,* Teil D Rdn 193; → *Daten, Datenschutz, Überwachung*, Teil D Rdn 197.

Daten, Datenschutz, Regelungen, national, Bundesrecht 185

Das Wichtigste in Kürze:

1. Die Regelungen des dritten Teils des BDSG haben für die strafprozessuale Erhebung, Verwendung und Verwertung personenbezogener Daten neben den bereichsspezifischen Sonderregelungen der StPO keinen Anwendungsbereich.
2. Im 8. Buch der StPO finden sich in den §§ 474 ff. StPO die strafprozessualen Regelungen für die Verwendung von personenbezogenen Daten aus dem Strafverfahren. Hierzu zählen neben den Vorschriften zur Erteilung von Auskünften aus dem Strafverfahren und Akteneinsicht gem. §§ 474 – 475 StPO auch die Regelungen zur Verwendung von Daten für verfahrensübergreifende Zwecke gem. §§ 476–482 StPO, die Dateiregelungen gem. §§ 483–491 StPO sowie das länderübergreifende staatsanwaltschaftliche Verfahrensregister.

Literaturhinweise: **Brodersen**, Das Strafverfahrensänderungsgesetz 1999, NJW 2000, 2536; **Fritsche**, Datenschutz im öffentlichen Bereich, LKV 1991, 81; **Wollweber**, Iustitias langer Arm – Analyse und Kritik des Justizmitteilungsgesetzes, NJW 1997, 2488; s. auch Hinweise bei → *Daten, Datenschutz, Regelungen international*, Teil D Rdn 177 und → *Daten, Datenschutz, Regelungen, national, Landesrecht*, Teil D Rdn 193. 186

1. Das **Bundesdatenschutzgesetz** (BDSG) gilt gem. § 1 Abs. 1 BDSG für die Verarbeitung personenbezogener Daten durch öffentliche Stellen des Bundes sowie durch solche der Länder, soweit der Datenschutz nicht durch Landesgesetz geregelt ist und soweit sie Bundesrecht ausführen oder als Organe der Rechtspflege tätig werden und es sich nicht um Verwaltungsangelegenheiten handelt. Im Verhältnis zu anderen Gesetzen gilt gem. § 1 Abs. 2 S. 1 und 2 BDSG der Grundsatz, dass das BDSG gegenüber anderen Bundesgesetzen nachrangig und nur dann anzuwenden ist, soweit diese einen datenschutzrechtlichen Sachverhalt nicht oder nicht abschließend regeln. In der Zusammenschau mit der Vorschrift des § 500 Abs. 2 Nr. 1 StPO ergibt sich eindeutig, dass die strafverfahrensrechtlichen Normen der StPO dem BDSG vorgehen. Das BGH schließt hieraus – in Übereinstimmung mit einem überwiegenden Teil der Lit. – gar, dass für die §§ 45 ff. BDSG im Bereich der strafprozessualen Erhebung, Verwendung und Verwertung personenbezogener Daten kein Anwendungsbereich verbleibt (BGH, Beschl. v. 27.4.2023 – 5 StR 421/22, NStZ-RR 2023, 255; *Schmitt/Köhler*, § 500 Rn 2; BeckOK-StPO/*von Häfen*, § 500 Rn 8; KK-StPO/*Henrichs/Weingast*, § 105 Rn 1). Gleiches gilt wegen § 500 StPO ebenso für öffentliche Stellen der Länder, also insbesondere Landgerichte und die diesen angegliederten Staatsanwaltschaften. 187

2.a) Im **8. Buch der StPO** finden sich in den **§§ 474 ff. StPO** die strafprozessualen Regelungen für die Verwendung von personenbezogenen Daten aus dem Strafverfahren. Hierzu zählen neben den Vorschriften zur Erteilung von Auskünften aus dem Strafverfahren und Akteneinsicht gem. §§ 474 – 475 StPO (*Burhoff*, EV Rn 378 ff.) auch die Regelungen zur Verwendung von Daten für verfahrensübergreifende Zwecke gem. §§ 476 – 482 StPO, die Dateiregelungen gem. §§ 483 – 491 StPO sowie das länderübergreifende staatsanwaltschaftliche Verfahrensregister (→ *Daten, Datenübermittlung, Verarbeitung für künftige Strafverfahren und Übermittlung zu Forschungszwecken,* Teil D Rdn 210 ff.). Soweit in den §§ 474 ff. StPO bestimmte datenschutzrechtliche Begriffe, wie etwa der der personenbezogenen Daten, der Datei, des Sperrens oder des Übermittelns, verwendet werden, gelten die **Legaldefinitionen** des **BDSG** (KK-StPO/*Gieg*, Vor §§ 474 ff. Rn 3). 188

189 **b)** Ähnlich wie die Regelungen des BDSG und der Landesdatenschutzgesetze greifen die Vorschriften des **2. Abschnitts** des **EGGVG** (§§ 12 – 22 EGGVG) subsidiär für den Umgang von Justizbehörden mit personenbezogenen Daten. Die Vorschriften regeln konkret die Weitergabe der in Verfahren vor den ordentlichen Gerichten und StA angefallenen persönlichen Daten an andere öffentliche Stellen. Die Regelungen sind einerseits **subsidiär zu Spezialvorschriften**, soweit diese bereichsspezifische Regelungen für bestimmte Mitteilungspflichten enthalten, wie z.B. § 30 AO (*Schmitt/Köhler*, § 12 EGGVG Rn 5). Andererseits sind die Regelungen des 2. Abschnitts des EGGVG lex specialis und damit vorrangig vor den Regelungen des BDSG anzuwenden, wobei das BDSG ergänzend zum Schutz der Persönlichkeitsrechte heranzuziehen ist (KK-StPO/*Mayer*, § 12 EGGVG Rn 3).

190 **c)** Es handelt sich bei den Vorschriften des 2. Abschnitts gem. § 12 Abs. 1 EGGVG um eine Ermächtigungsgrundlage zur Übermittlung personenbezogener Daten von Amts wegen durch die ordentliche Gerichtsbarkeit und StA an öffentliche Stellen des Bundes und Landes für andere Zwecke als desjenigen Verfahrens, für die die Daten erhoben wurden. Genauer ausgestaltet werden die Mitteilungspflichten durch die Verwaltungsvorschriften zu Mitteilungen in Strafsachen (kurz **MiStra**; *Wollweber* NJW 1997, 2488, 2489). Es handelt sich hierbei um eine im Sinne von § 12 Abs. 5 EGGVG allgemeine Verwaltungsvorschrift, die von den Landesjustizverwaltungen und dem Bundesjustizministerium gemeinsam angeordnet wurde, um eine bundeseinheitliche Praxis zu Mitteilungen in Strafsachen zu gewährleisten (*Schmitt/Köhler*, § 12 EGGVG Rn 8 f.). Datenübermittelnde Stellen im Sinne der §§ 12 ff. EGGVG sind die **Justizverwaltungen** (KK-StPO/*Mayer*, § 12 EGGVG Rn 5). Die Adressaten, an die die personenbezogenen Daten übermittelt werden dürfen, sind einerseits die öffentlichen Stellen des Bundes oder der Länder, wie sie in § 2 BDSG definiert werden, und andererseits die **öffentlich-rechtlichen Religionsgemeinschaften** in ihrer Funktion als Körperschaften des öffentlichen Rechts gem. § 12 Abs. 2 EGGVG.

191 **Unzulässig** ist die Übermittlung personenbezogener Daten nach den §§ 12 ff. EGGVG, wenn

- gem. § 12 Abs. 3 EGGVG besondere bundes- oder landesgesetzliche Regelungen der Übermittlung entgegenstehen,
- gem. § 13 Abs. 2 EGGVG schutzwürdige Interessen des Beschuldigten an dem Ausschluss der Übermittlung überwiegen,
- in Bagatellverfahren im Sinne von § 14 Abs. 2 S. 1 EGGVG, es sei denn, besondere Umstände des Einzelfalls erfordern die Übermittlung (KK-StPO/*Mayer*, § 12 EGGVG Rn 15).

> **Entscheidend** ist, dass die §§ 12 ff. EGGVG **keine Verpflichtung** zur Übermittlung begründen, sondern regeln, wann die Übermittlung zulässig, also ausnahmsweise erlaubt ist. Schon allein deswegen erfordert die Entscheidung im Einzelfall eine Abwägung der ggf. widerstreitenden Interessen des Betroffenen mit denen der Stelle, an die die Daten übermittelt werden (*Wollweber* NJW 1997, 2488, 2489 ff.).

192 Nach § 22 EGGVG kann die Rechtmäßigkeit der Datenübermittlung gem. den §§ 12 ff. EGGVG nach den §§ 23 ff. EGGVG überprüft werden (→ *Daten, Rechtsschutz, Antrag auf gerichtliche Entscheidung gem. den §§ 23 ff. EGGVG,* Teil D Rdn 264 ff.).

Siehe auch: → *Daten, Datenschutz, international,* Teil D Rdn 177; → *Daten, Datenschutz, Regelungen, national, Landesrecht,* Teil D Rdn 193; → *Daten, Datenschutz, Überwachung,* Teil D Rdn 197; → *Daten, Datenübermittlung, Verarbeitung für künftige Verfahren und Übermittlung zu Forschungszwecken,* Teil D Rdn 210; → *Daten, Rechtsschutz, Antrag auf gerichtliche Entscheidung gem. den §§ 23 ff. EGGVG,* Teil D Rdn 264.

Daten, Datenschutz, Regelungen, national, Landesrecht 193

Literaturhinweise: **Becker/Ambrock**, Datenschutz in den Polizeigesetzen, JA 2011, 561; **Breidenbach**, Der Anwendungsbereich der Datenschutzgesetze der neuen Länder, LKV 1997, 443; **Fritsche**, Datenschutz im öffentlichen Bereich, LKV 1991, 81. 194

1. Im Umgang mit personenbezogenen Daten aus und für Strafverfahren **ergänzen** vor allem die **Landesdatenschutzgesetze** die speziellen **Regelungen** der **StPO** oder der Landesstrafvollzugsgesetze, weil hier die Adressaten insbesondere die öffentlichen Stellen des jeweiligen Bundeslandes sind und damit die Landeskriminalämter sowie die Organe der Rechtspflege der jeweiligen Länder (*Breidenbach* LKV 1997, 443; *Fritsche* LKV 1991, 81, 82). In Umsetzung der Richtlinie (EU) 2016/680 haben sämtliche Bundesländer in den Jahren 2018 und 2019 neue Gesetze zum Datenschutz erlassen. Wie auch beim BDSG ist zu beachten, dass die Landesdatenschutzgesetze grds. **subsidiär** zu anderen Gesetzen sind, soweit diese auf personenbezogene Daten angewendet werden (in Bezug auf Polizeigesetze *Becker/Ambrock* JA 2011, 561, 562). Eine Anwendung der Landesdatenschutzgesetze ist auch hier bei **deckungsgleichen, tatbestandskongruenten Normen** ausgeschlossen. Oftmals finden sich in Landesgesetzen auch Verweise auf das jeweilige Landesdatenschutzgesetz, soweit es um den Umgang mit personenbezogenen Daten geht. Die Landgerichte, Staatsanwaltschaften bei den Landgerichten und Landeskriminalämter sind **öffentliche Stellen der Länder** bzw. Organe der Rechtspflege der Länder gemäß § 2 Abs. 2 BDSG, auf die Landesdatenschutzgesetze Anwendung finden, soweit sie **Verwaltungsaufgaben** wahrnehmen (*Breidenbach* LKV 1997, 443 f.). 195

2. Zu den **Landesdatenschutzgesetze** folgender 196

Überblick:

Bundesland	**Gesetz**
Baden-Württemberg	Landesdatenschutzgesetz Baden-Württemberg (**LDSG BW** = GBl 2018, 173)
Bayern	Bayerisches Datenschutzgesetz (**BayDSG** = GVBl. 2018, 230)
Berlin	Berliner Datenschutzgesetz (**BlnDSG** = GVBl. 2018, 418)
Brandenburg	Brandenburgisches Datenschutzgesetz (**BbgDSG** = GVBl. I/18, [Nr. 7])
Bremen	Bremisches Ausführungsgesetz zur EU-Datenschutz-Grundverordnung (BremDSGVOAG = Brem.GBl 2018, 131)
Hamburg	Hamburgisches Datenschutzgesetz (**HmbDSG** = HmbGVBl. 2018, 145)
Hessen	Hessisches Datenschutz- und Informationsfreiheitsgesetz (**HDSIG** = GVBl. 2018, 82)
Mecklenburg-Vorpommern	Landesdatenschutzgesetz Mecklenburg-Vorpommern (**DSG M-V** = GVOBl. M-V 2018, 193)
Niedersachsen	Niedersächsisches Datenschutzgesetz (**NDSG** = Nds.GVBl. 2018, 66)
Nordrhein-Westfalen	Datenschutzgesetz Nordrhein-Westfalen (**DSG NRW** = GV NRW 2018, 244)
Rheinland-Pfalz	Landesdatenschutzgesetz Rheinland-Pfalz (**LDSG RlPf** = GVBl. 2018, 93)
Saarland	Saarländisches Datenschutzgesetz (**SDSG** = Amtsbl. I 2018, 254)
Sachsen	Sächsisches Datenschutzdurchführungsgesetz (**SächsDSDG** = SächsGVBl. 2018, 198)
Sachsen-Anhalt	Datenschutzrichtlinienumsetzungsgesetz Sachsen-Anhalt (**DSUG LSA** = GVBl. LSA 2019, 218, ber. 2021, 490)

Bundesland	Gesetz
Schleswig-Holstein	Landesdatenschutzgesetz Schleswig-Holstein (**LDSG S-H** = GVOBl. 2018, 162)
Thüringen	Thüringer Datenschutzgesetz (**ThürDSG** = GVBl. 2018, 229)

Siehe auch: → *Daten, Datenschutz, international,* Teil D Rdn 177; → *Daten, Datenschutz, Regelungen, national, Bundesrecht,* Teil D Rdn 185; → *Daten, Datenschutz, Überwachung,* Teil D Rdn 197.

197 Daten, Datenschutz, Überwachung

Das Wichtigste in Kürze:

1. Regelungen zur Überwachung datenschutzrechtlicher Vorschriften finden sich im BDSG und in den jeweiligen landesgesetzlichen Regelungen für die öffentlichen Stellen der Bundesländer.
2. Den Datenschutzbeauftragten trifft eine Informations- und Konsultationspflicht.
3. In Bezug auf öffentliche Stellen des Bundes nimmt der Bundesbeauftragte für den Datenschutz und Informationsfreiheit (BfDI) die Überwachung der Einhaltung datenschutzrechtlicher Regelungen wahr.
4. Die Landesdatenschutzgesetze sind teilweise weitreichender, enthalten jedoch nicht alle eine Pflicht zur Bestellung eines behördlichen Datenschutzbeauftragten.

198 **Literaturhinweise:** **Abel**, Der behördliche Datenschutzbeauftragte, MMR 2002, 289; **Fritsche**, Datenschutz im öffentlichen Bereich, LKV 1991, 81; **Kurz**, Datenschutz und Justiz – Symbiose statt Ausschluss, DRiZ 2013, 96; **Marschall**, Strafrechtliches Haftungsrisiko des betrieblichen Datenschutzbeauftragten?, ZD 2014, 66; **Masing**, Herausforderungen des Datenschutzes, NJW 2012, 2305; s. auch die Hinweise bei → *Datenschutz, Regelungen international*, Teil D Rdn 177, → *Daten, Datenschutz, Regelungen, national, Bundesrecht*, Teil D Rdn 185, und → *Daten, Datenschutz, Regelungen, national, Landesrecht*, Teil D Rdn 193.

199 **1.** Regelungen zur Überwachung datenschutzrechtlicher Vorschriften finden sich im **BDSG** und in den jeweiligen landesgesetzlichen Regelungen für die öffentlichen Stellen der Bundesländer. Nach § 5 Abs. 1 S. 1 BDSG sind alle öffentlichen Stellen verpflichtet, einen **Beauftragten** für **Datenschutz** zu benennen. Während das BDSG die verpflichtende Bestellung eines Datenschutzbeauftragten in der Vergangenheit nur für nicht-öffentliche Stellen vorgesehen hat, besteht diese Verpflichtung heute auch für **öffentliche Stellen**, weshalb es nun für diese allein darauf ankommt, ob die Stelle **personenbezogene Daten automatisch verarbeitet**, während es auf die Organisationsform nicht mehr ankommt. Anders als bei öffentlichen Stellen gemäß § 5 Abs. 1 S. 1 BDSG sieht § 38 BDSG nicht pauschal für sämtliche datenverarbeitende **nicht-öffentliche Stellen** eine Verpflichtung zur Bestellung eines Datenschutzbeauftragten vor. Für nicht-öffentliche Stellen kommt es hierfür darauf an, auf welche Art und Weise die personenbezogenen Daten verarbeitet werden sowie auf die Anzahl der bei der nicht-öffentlichen Stelle beschäftigten Personen.

200 **2.** Die **Aufgaben** des **Datenschutzbeauftragten** sind insbesondere in § 7 BDSG geregelt. Eine abschließende Beschreibung der Aufgaben des Datenschutzbeauftragten findet sich nicht im BDSG, § 7 Abs. 1 S. 1, Abs. 2 S. 1. Dem Datenschutzbeauftragten obliegt gem. § 7 Abs. 1 S. 1 Nr. 2 BDSG die Pflicht über die Einhaltung sämtlicher datenschutzrechtlicher Regelungen zu wachen, also auch derjenigen außerhalb des BDSG oder der Landesdatenschutzgesetze. Der Datenschutzbeauftragte hat somit eine Informations- und Konsultationspflicht, um die Einhaltung datenschutzrechtlicher Vorgaben zu überwachen (*Kurz* DRiZ 2013, 96, 97), weshalb der Datenschutzbeauftragte unabhängig sein sollte (*Kurz* DRiZ 2013, 96, 97; *Masing* NJW 2012, 2305, 2311).

3. Bei öffentlichen Stellen des Bundes obliegt es dem **Bundesbeauftragten** für den **Datenschutz und Informationsfreiheit** (kurz BfDI), gem. § 14 Abs. 1 S. 1 Nr. 1 BDSG die Einhaltung der Datenschutzregelungen zu überwachen. Nach den Regelungen des BDSG steht dem BfDI eine umfassende Kontrollbefugnis und damit Zugriff auf sämtliche personenbezogenen Daten zu diesem Zweck zu (§ 16 BDSG). Neben weiteren Aufgaben soll der Beauftragte gemäß § 15 BDSG jährlich einen Tätigkeitsbericht vorlegen. 201

☝ Auch wenn die Aufgaben des Datenschutzbeauftragten teilweise recht unscharf beschrieben sind, handelt es sich nicht um einen „zahnlosen" Tiger, denn der Beauftragte macht sich bei mangelnder oder unsachgemäßer Wahrnehmung seiner Aufgaben ggf. **schadensersatzpflichtig** gegenüber der zu überwachenden Stelle oder aber gegenüber den Betroffenen (*Fritsche* LKV 1991, 81, 84; zu den strafrechtlichen Risiken des Datenschutzbeauftragten *Marschall* ZD 2014, 66 ff.).

4. Die landesrechtlichen Datenschutzregelungen weichen hinsichtlich der Pflicht zur Bestellung eines Datenschutzbeauftragten teils von den Vorschriften des BDSG ab. Zum Teil ergänzen sie insoweit bloß die Regelungen der DSGVO. Auch hier soll in der folgenden Tabelle ein **Überblick** über die **Vorschriften** zur **Bestimmung** eines **behördlichen Datenschutzbeauftragten** und des **Landesdatenschutzbeauftragten** gegeben werden. 202

Überblick gesetzliche Regelungen Bestimmung Datenschutzbeauftragten 203

Bundesland	**Bestellung des Datenschutzbeauftragten**	**Bestellung des Landesdatenschutzbeauftragten**
Baden-Württemberg	–	§§ 20 ff. LDSG BW
Bayern	Art. 12 BayDSG	Art. 15 ff. BayDSG
Berlin	§§ 4 ff. BlnDSG	§§ 7 ff. BlnDSG
Brandenburg	–	§§ 14 ff. BbgDSG
Bremen	–	§§ 16 ff. BremDSGVOAG
Hamburg	–	§§ 19 ff. HmbDSG
Hessen	§§ 5 ff. HDSIG	§§ 8 ff. HDSIG
Mecklenburg-Vorpommern	–	§§ 15 ff. DSG M-V
Niedersachsen	§ 58 NDSG	§§ 18 ff. NDSG
Nordrhein-Westfalen	§§ 31, 67 Nr. 6 DSG NRW	§§ 25 ff. DSG NRW
Rheinland-Pfalz	§§ 37 ff. LDSG RlPf	§§ 40 ff. LDSG RlPf
Saarland	–	§§ 16 ff. DSG SL
Sachsen	–	§§ 14 ff. SächsDSDG
Sachsen-Anhalt	§§ 17 ff. DSAG LSA	§§ 21 ff. DSAG LSA
Schleswig-Holstein	§§ 58 ff. LDSG SH	§§ 17 f. LDSG SH
Thüringen	§§ 13 ff. ThürDSG	§§ 3 ff. ThürDSG

Siehe auch: → *Daten, Datenschutz, Regelungen, international,* Teil D Rdn 177; → *Daten, Datenschutz, Regelungen, national, Bundesrecht,* Teil D Rdn 185; → *Daten, Datenschutz, Regelungen, national, Landesrecht,* Teil D Rdn 193.

204 Daten, Datenübermittlung, automatische

205 **Literaturhinweise:** S. die Hinweise bei → *Daten, Datenübermittlung, Verarbeitung für künftige Strafverfahren und Übermittlung zu Forschungszwecken*, Teil D Rdn 210.

206 **1.a)** § 488 StPO regelt die automatisierte Datenübermittlung für die Strafverfahrensdatei gem. § 483 StPO. Die Übermittlung der Daten ist in § 487 StPO geregelt, so dass § 488 StPO die Verfahrensregelung für das automatisierte **Online-Datenabrufverfahren** darstellt. Teilnahmeberechtigt sind die in § 483 Abs. 1 StPO genannten Stellen, nämlich Gerichte, Strafverfolgungsbehörden inklusive Vollstreckungsbehörden, Bewährungshelfer, Aufsichtsstellen bei der Führungsaufsicht und Gerichtshilfen. Soweit allerdings Daten, die gemäß § 484 StPO gespeichert sind, betroffen sind, ist die Beschränkung auf Strafverfolgungsbehörden zu beachten (*Schmitt/Köhler*, § 488 Rn 1; SK-StPO/*Weßlau/Deiters*, § 488 Rn 5).

☝ Die **Polizeibehörden**, die **Mischdateien** (→ *Daten, Datenlöschung, Strafverfahrensdateien und Verfahrensregister*, Teil D Rdn 136) gem. § 483 Abs. 3 StPO führen, zählen **nicht** zu den Stellen, die an der automatisierten Datenübermittlung teilnehmen (MüKo-StPO/*Singelnstein*, § 488 Rn 1).

207 **b)** § 488 Abs. 2 StPO normiert die organisatorischen Voraussetzungen des automatisierten Abrufverfahrens, die sogenannte **Festlegung**. Hinsichtlich der erforderlichen technischen und organisatorischen Maßnahmen verweist § 488 Abs. 2 S. 2 Nr. 4 StPO auf § 64 BDSG.

208 Im Übrigen müssen vor Inbetriebnahme des Datenabrufverfahrens gemäß § 488 Abs. 2 S. 2 StPO **schriftlich**

- Anlass und Zweck des Abrufverfahrens (Nr. 1),
- empfangsberechtigte Dritte (Nr. 2) und
- die Art der zu übermittelnden Daten (Nr. 3)

festgelegt werden, damit die Zulässigkeit des Abrufverfahrens prüfbar ist (BeckOK-StPO/*Wittig*, § 488 Rn 4). Die schriftliche Festlegung ist außerdem gem. § 488 Abs. 2 S. 4 StPO an den zuständigen **Datenschutzbeauftragten** zu senden (→ *Daten, Datenschutz, Überwachung*, Teil D Rdn 197), wobei es sich jedoch um keine formelle Zulässigkeitsvoraussetzung handelt (SK-StPO/*Weßlau/Deiters*, § 488 Rn 16).

☝ **Wichtig** ist, dass die für die speichernde Stelle zuständigen **Bundes- bzw. Landesministerien**, nämlich das Bundesjustizministerium bzw. das jeweilige Landesjustizministerium oder in Stadtstaaten die senatorische Behörde, vor Inbetriebnahme des Abrufverfahrens gem. § 488 Abs. 2 S. 3 StPO ihre **Zustimmung** erteilen.

209 **2.** Die **Verantwortung** für die Zulässigkeit der jeweiligen Datenabrufe trägt gem. § 488 Abs. 3 S. 1 StPO der Empfänger, also derjenige, der von der Abrufmöglichkeit Gebrauch macht. Anlassbezogen wird gemäß § 488 Abs. 3 S. 2 StPO die Zulässigkeit der Abrufe geprüft. Daher besteht eine umfassende Protokollierungspflicht (*Schmitt/Köhler*, § 488 Rn 3). Die Protokolldaten sind gemäß § 488 Abs. 3 S. 5 StPO nach zwölf Monaten zu löschen.

☝ Gem. § 29 Abs. 6 S. 2 BKAG dürfen die StA außerdem bestimmte **Datensätze**, wie z.B. Ausschreibungen zur Festnahme oder Aufenthaltsermittlung, sogenannte Haftdateien oder Daten aus der DNA-Analyse-Datei, mit einem automatisierten Verfahren aus dem polizeilichen Informationssystem abfragen, während das Bundesjustizministerium wiederum gemäß § 29 Abs. 7 BKAG befugt ist, durch Verwaltungsverordnung weitere Daten-Kategorien freizugeben (*Schmitt/Köhler*, § 488 Rn 5).

Siehe auch: → *Daten, Datenschutz, Überwachung*, Teil D Rdn 197; → *Daten, Datenübermittlung, Verarbeitung für künftige Strafverfahren und Übermittlung zu Forschungszwecken*, Teil D Rdn 210.

Daten, Datenübermittlung, Verarbeitung für künftige Strafverfahren und Übermittlung zu Forschungszwecken 210

Das Wichtigste in Kürze:

1. Die Verwendung von aus Strafverfahren bekannten personenbezogenen Daten zum Zweck der künftigen Strafverfolgung ist in § 484 Abs. 1 StPO geregelt.
2. Nach § 484 Abs. 2 StPO dürfen weitere Daten, die nicht von § 484 Abs. 1 StPO erfasst werden, verarbeitet werden, wenn dies aus kriminalistischen oder sonstigen ermittlungspraktischen Bedürfnissen erforderlich sind.
3. Die Verwendung solcher Daten, die für künftige Strafverfahren in Dateien der Polizei gespeichert werden, richtet sich gem. § 484 Abs. 4 StPO vorwiegend nach den jeweiligen Polizeigesetzen.
4. Die Übermittlung personenbezogener Daten zu Forschungszwecken ist in § 476 StPO geregelt, wobei zur Gewährleistung des Datenschutzes die Vorlage eines Datenschutzkonzeptes zu verlangen ist.

Literaturhinweise: **Bayer**, Akteneinsicht zu Forschungszwecken, JuS 1989, 191; **Graalmann-Scheerer**, Die Übermittlung personenbezogener Informationen zu Forschungszwecken, NStZ 2005, 434; **Hoffmann**, Staatsanwaltschaftliches Informationssystem, ZRP 1990, 55; **Knemeyer**, Datenerhebung und Datenverarbeitung im Polizeirecht, NVwZ 1988, 193; **Pollähne**, Strafverfolgungsvorsorge-Register (§ 484 StPO), GA 2006, 807; **Soine**, Datenverarbeitung für Zwecke künftiger Strafverfahren, CR 1998, 257. 211

1.a) § 484 **Abs. 1** StPO regelt die Verwendung **aus Strafverfahren bereits bekannter personenbezogener Daten** für künftige Strafverfahren (*Hoffmann* ZRP 1990, 55, 59; *Soine*, CR 1998, 257, 262 f.). Eine Erweiterung der Befugnisse dahingehend, dass die Norm auch die Erhebung erlaube, sollte mit der bloßen Anpassung an die Terminologie des § 46 Nr. 2 BDSG nicht einhergehen (BeckOK-StPO/*Wittig*, § 484 Rn 1; vgl. a. BT-Drucks 14/1484, 32) Da die Verarbeitung für Zwecke künftiger Strafverfahren erfolgt, handelt es sich zwar um eine zukünftige – gewissermaßen vorsorgliche –, aber dennoch repressive Tätigkeit (KK-StPO/*Gieg*, § 484 Rn 1; MüKo-StPO/*Singelnstein*, § 484 Rn 1; s.a. BVerfG, Urt. v. 27.7.2005 – 1 BvR 668/04, NJW 2005, 2603, 2605 f.). Die Vorschrift gestattet den Strafverfolgungsbehörden allein – unter Berücksichtigung der **Zweckbindung**, dass die Daten für künftige Strafverfahren verwendet werden –, die Verarbeitung der folgenden personenbezogenen Daten des Beschuldigten: 212

- gem. § 484 Abs. 1 Nr. 1 StPO **Personendaten** des Beschuldigten und, soweit erforderlich, andere zur Identifizierung geeigneter Merkmale,
- gem. § 484 Abs. 1 Nr. 2 StPO die zuständige Stelle und das Aktenzeichen,
- gem. § 484 Abs. 1 Nr. 3 StPO die **nähere Bezeichnung** der **Straftaten**, insbesondere die Tatzeiten, Tatorte und die Höhe etwaiger Schäden,
- gem. § 484 Abs. 1 Nr. 4 StPO die **Tatvorwürfe** durch Nennung der gesetzlichen Vorschriften und
- gem. § 484 Abs. 1 Nr. 5 StPO die **Einleitung** des Verfahrens sowie die Verfahrenserledigungen bei der StA und bei Gericht nebst Angaben der gesetzlichen Vorschriften.

b) Jedenfalls hinsichtlich des „Basisdatensatzes", welcher nach § 484 Abs. 1 StPO verarbeitet werden darf, gilt, dass dieser sich mit dem ZStV (§ 492 StPO) deckt (SK-StPO/*Weßlau/Deiters*, § 484 Rn 6). Zwar besteht in der Lit. Einigkeit darüber, dass als ungeschriebene Voraussetzung für die Verwendung der Daten gem. § 484 StPO die Verarbeitung **erforderlich** und **angemessen** sein soll (BeckOK-StPO/*Wittig*, § 484 Rn 1; SK-StPO/*Weßlau/Deiters*, § 484 Rn 10). Dies schließt die Verarbeitung von Daten aus Verfahren, welche Bagatelldelikte betreffen, nicht per se aus (BeckOK-StPO/*Wittig*, § 484 Rn 1; krit. SK-StPO/*Weßlau/Deiters*, § 484 Rn 12); jedoch kann eine Prüfung der Erforderlichkeit ergeben, dass Angaben über den Deliktsvorwurf nicht verarbeitet werden dürfen (OLG Hamburg, Beschl. v. 14.10.2008 – 2 VAs 5/08, StV 2009, 234). Die Anforderungen an die Strafverfolgungsbehörden erweisen sich jedoch insbesondere insoweit als gering, als – anders als im Rahmen von Abs. 2 – keine konkrete Besorgnis 213 weiterer Straftaten bestehen muss (OLG Hamburg, Beschl. v. 9.10.2009 – 2 VAs 1/09, StraFo 2010, 85; BeckOk-StPO/*Wittig*, § 484 Rn 1).

214 **2.a)** Nach **§ 484 Abs. 2 StPO** dürfen **weitere Daten**, die nicht von § 484 Abs. 1 StPO erfasst werden, verarbeitet werden, wenn aufgrund konkreter Anhaltspunkte Grund zu der Annahme besteht, dass weitere Straftaten gegen den Beschuldigten zu führen sind. Zwingend ist jedoch – abgesehen von „flüchtigen" Dateien, Abs. 3 S. 2 (*Schmitt/Köhler*, § 484 Rn 4) – die Konkretisierung der Art der zu speichernden Daten gem. **§ 484 Abs. 3 StPO** durch **Rechtsverordnung**. Eine solche wurde bisher nicht erlassen; diese „exekutivische Deregulierung" stellt das Bedürfnis nach den durch § 484 Abs. 2 StPO geschaffenen Befugnissen infrage (SK-StPO/*Weßlau/Deiters*, § 484 Rn 14, 20).

☝ Von der Möglichkeit, die weitergehende Datenspeicherung durch Rechtsverordnung zu regeln hat bislang noch **kein Bundesland Gebrauch gemacht** (BeckOK-StPO/*Wittig*, § 484 Rn 5; *Pollähne*, GA 2006, 807, 813); diese „exekutivische Deregulierung" stellt das Bedürfnis nach den durch § 484 Abs. 2 StPO geschaffenen Befugnissen infrage (SK-StPO/*Weßlau/Deiters*, § 484 Rn 14, 20). Von der durch § 484 Abs. 3 S. 3 StPO eröffneten Möglichkeit zur Übertragung der Ermächtigung zum Erlass der entsprechenden Rechtsverordnungen auf die zuständigen Landesministerien haben lediglich die Landesregierungen in Nordrhein-Westfalen und Schleswig-Holstein Gebrauch gemacht. Allerdings wurde auch in diesen Bundesländern in der Folge bislang keine entsprechende Verordnung erlassen (zusammenfassend SK-StPO/*Weßlau/Deiters*, § 484 Rn 19 f.).

215 **b)** Da bislang noch **keine Rechtsverordnung** nach § 484 Abs. 3 StPO geschaffen wurde, dürften Daten i.S.v. § 484 Abs. 2 StPO derzeit allenfalls unter den Voraussetzungen des § 484 Abs. 3 S. 2 StPO kurzfristig gespeichert werden und müssten innerhalb von drei Monaten nach Erstellung gelöscht werden. Einer solchen **flüchtigen Speicherung** dürfte in der Praxis aber aufgrund der nur sehr kurzen Speicherungsdauer keine Bedeutung zukommen (SK-StPO/*Weßlau/Deiters*, § 484 Rn 14).

216 **3.** Die Verwendung solcher Daten, die für künftige Strafverfahren in **Dateien** der **Polizei** gespeichert werden, richtet sich gem. § 484 Abs. 4 StPO grds. nach den jeweiligen Polizeigesetzen (*Knemeyer*, NVwZ 1988, 193, 194 ff.; → *Daten, Datenlöschung, Strafverfahrensdateien und Verfahrensregister,* Teil D Rdn 136). Zu beachten ist in diesem Zusammenhang, dass mit Dateien der Polizei sowohl präventive Dateien und Mischdateien als auch rein zu repressiven Zwecken geführte Dateien gemeint sind (SK-StPO/*Weßlau/Deiters*, § 484 Rn 22). Werden die Daten jedoch für ein **konkretes Strafverfahren** genutzt, sind die Regelungen der StPO zu beachten (KK-StPO/*Gieg*, § 484 Rn 5).

☝ § 484 Abs. 4 StPO gilt **nicht** für die strafverfolgenden Finanzbehörden, also die **Straf-** und **Bußgeldsachenstellen** (SK-StPO/*Weßlau/Deiters*, § 484 Rn 22).

217 **4.a)** Die Übermittlung personenbezogener Daten zu **Forschungszwecken** ist in § 476 StPO geregelt. Empfänger der Daten sind gem. § 476 Abs. 1 StPO Hochschulen, andere Einrichtungen, die wissenschaftliche Forschung betreiben und öffentliche Stellen. Die Übermittlung ist unter den in § 476 Abs. 1 S. 1 Nr. 1 bis 3 StPO aufgezählten Voraussetzungen zulässig. Ob auch Doktoranden und Habilitanden als Privatpersonen gem. § 475 Abs. 1, Abs. 4 StPO, der dann als Auffangtatbestand fungierte, Auskunft erhalten können, ist strittig, wird aber von der wohl h.M. bejaht (LG Bochum, Beschl. v. 10.11.2004 – 1 AR 16/04, NJW 2005, 999; *Graalmann-Scheerer* NStZ 2005, 434, 435 und 438; *Schmitt/Köhler*, § 476 Rn 1; a.A. SK-StPO/*Weßlau*, § 476 Rn 8 mit Verweis auf die Erläuterung des Gesetzgebers [BT-Drucks 14/1484, 27], § 476 regele „die Informationsübermittlung für wissenschaftliche Zwecke").

218 **b)** Hinsichtlich der **Form** der **Datenübermittlung** gilt, dass § 476 Abs. 2 StPO der Auskunft über personenbezogene Daten den Vorrang gegenüber der Gewährung von Akteneinsicht einräumt, wobei in der Praxis oftmals die Akteneinsicht die Regel und die Auskunftserteilung die Ausnahme darstellt (*Graalmann-Scheerer* NStZ 2005, 434, 437). Aufgrund der Notwendigkeit, die Persönlichkeitsrechte

der von der Datenübermittlung betroffenen Personen zu schützen, ist die Vorlage eines **Datenschutzkonzeptes** zu verlangen, um dem Ersuchen auf Datenübermittlung nach § 476 StPO nachzukommen (MüKo-StPO/*Singelnstein*, § 476 Rn 19; unter Nennung von Mindestanforderungen *Graalmann-Scheerer*, NStZ 2005, 434, 438 f.). Im Ergebnis handelt es sich bei der Entscheidung über die Datenübermittlung um eine Ermessenentscheidung, bei der abzuwägen ist, ob die Freiheit der Forschung nach Art. 5 GG die Verletzung des Persönlichkeitsrechts nach Art. 2 GG rechtfertigt (KK-StPO/*Gieg*, § 476 Rn 2; *Bayer* JuS 1989, 191, 193).

Gegen die **ablehnende Entscheidung** der StA auf Datenübermittlung nach § 476 StPO ist der Rechtsweg gem. der §§ 23 ff. EGGVG eröffnet (*Graalmann-Scheerer* NStZ 2005, 434, 440; → *Daten, Rechtsschutz, Antrag auf gerichtliche Entscheidung nach den §§ 23 ff. EGGVG,* Teil D Rdn 264).

Siehe auch: → *Daten, Datenlöschung, Strafverfahrensdateien und Verfahrensregister,* Teil D Rdn 138; → *Daten, Rechtsschutz, Antrag auf gerichtliche Entscheidung gem. den §§ 23 ff. EGGVG,* Teil D Rdn 264.

Daten, Datenumwidmung, genetische Daten 219

Das Wichtigste in Kürze:

1. Rechtsgrundlage für die Umwidmung von im Strafverfahren gewonnenen genetischen Daten zu präventiven Zwecken ist § 81g Abs. 5 StPO.
2. Gem. § 81g Abs. 5 S. 4 StPO ist der betroffene Beschuldigte unverzüglich von der Speicherung zu benachrichtigen und darüber zu belehren, dass die Möglichkeit besteht, einen Antrag auf gerichtliche Entscheidung zu stellen.
3. Die Speicherfristen und Löschungsregelungen für beim BKA gespeicherte personenbezogene Daten sind §§ 77 ff. BKAG zu entnehmen. Die Aussonderungsprüffristen hinsichtlich der nach § 81g Abs. 5 StPO umgewidmeten genetischen Daten richten sich dagegen nach den Polizeigesetzen der Länder, weil die DNA-Datei als Verbunddatei geführt wird.

Literaturhinweise: **Bergemann/Hornung**, Die DNA-Analyse nach den Änderungen der Strafprozeßordnung – Speicherung bis auf Widerruf?, StV 2007, 164; **Busch**, Die Speicherung von DNA-Identifizierungsmustern in der DNA-Analyse-Datei, NJW 2002, 1754; **Graalmann-Scheerer**, Molekulargenetische Untersuchung im Strafverfahren, ZRP 2002, 72; **Pommer**, Die DNA-Analyse im Strafprozess – Problemfelder der §§ 81e ff. StPO, JA 2007, 621; s. auch die Hinweise bei → *Daten, Allgemeines, genetische Daten,* Teil D Rdn 6; → *Daten, Datengewinnung, repressive, genetische Daten,* Teil D Rdn 71. 220

1.a)aa) Die Umwidmung genetischer Daten, die im Strafverfahren gewonnen wurden, ist in **§ 81g Abs. 5 StPO** geregelt. Danach dürfen die gem. § 81e Abs. 1 StPO **beim** Beschuldigten erhobenen genetischen Daten gem. § 81g Abs. 5 S. 2 Nr. 1 StPO nach Maßgabe des BKAG beim BKA gespeichert und auch **für Zwecke** der **Gefahrenabwehr** verwendet werden. Ebenso besteht gem. § 81g Abs. 5 S. 2 Nr. 2 StPO die Möglichkeit, die im Strafverfahren gem. § 81e Abs. 2 StPO gewonnenen Spurendaten zu verwenden (Rdn 267 ff.). Da diese genetischen Daten ursprünglich zum Zwecke der Strafverfolgung erhoben wurden, stellt ihre Verwendung zu präventiven Zwecken eine **Umwidmung** dar, die einer Rechtsgrundlage bedarf. 221

bb) Voraussetzung der Umwidmung der **Daten** des **Beschuldigten** i.S.v. § 81g Abs. 5 S. 2 Nr. 1 StPO ist, dass die Voraussetzungen des § 81g Abs. 1 StPO gegeben sind, also die Voraussetzungen, die für die Erhebung der Daten im Rahmen der DNA-Identitätsfeststellung vorliegen müssen (→ *Daten, Datengewinnung, repressive, genetische Daten,* Teil D Rdn 71; s.a. *Graalmann-Scheerer* ZRP 2002, 72, 74). Daher muss 222

- der Beschuldigte einer **Straftat** von **erheblicher Bedeutung** oder einer **Straftat gegen die sexuelle Selbstbestimmung** verdächtig sein und

- Grund zur Annahme bestehen, dass gegen den Beschuldigten auch künftig Strafverfahren wegen einer Straftat von erheblicher Bedeutung zu führen sein werden (sog. **Negativprognose**).

Der **Zeitpunkt** der Umwidmung ist **nicht geregelt**, sodass diese **jederzeit zulässig ist**. Auf eine Verurteilung des Beschuldigten kommt es nicht an (*Pommer* JA 2007, 621, 625; krit. hierzu KK-StPO/*Hadamitzky*, § 81g Rn 25)! Eine **richterliche Entscheidung** ist **nicht** erforderlich (*Schmitt/Köhler*, § 81g Rn 11, 12)!

223 **b)** Sollen **Spurendaten** i.S.v. **§ 81g Abs. 5 S. 2 Nr. 2 StPO** umgewidmet werden, ist hierfür – anders als noch unter Geltung des § 3 S. 3 Hs. 2 DNA-IFG (BT-Drucks 15/5674, 13) – **nicht** erforderlich, dass diese in einem EV gewonnen wurden, das wegen des Verdachts einer Straftat von erheblicher Bedeutung geführt wurde. Ebenso wenig ist die sog. Negativprognose erforderlich.

Spurendaten i.S.v. § 81g Abs. 5 S. 2 Nr. 2 StPO **dürfen** also **stets** ohne das Vorliegen besonderer Voraussetzungen **gespeichert werden** (*Bergemann/Hornung* StV 2007, 164, 165)!

224 **2.a)** Gem. § 81g Abs. 5 S. 4 StPO ist der betroffene Beschuldigte, dessen Daten umgewidmet werden sollen, unverzüglich von der Speicherung der Daten zu **informieren** und darüber zu **belehren**, dass die Möglichkeit besteht, einen Antrag auf gerichtliche Entscheidung zu stellen, um die Rechtmäßigkeit der Speicherung prüfen zu lassen. Zwar richtet sich die Informations- und Belehrungspflicht grds. an die Speicherstelle, bei der es sich um das BKA handelt, jedoch ist die Vorschrift so zu verstehen, dass der jeweilige **Verbundteilnehmer** der DNA-Analysedatei des BKA die Information und Belehrung durchzuführen hat. Verbundteilnehmer ist gem. § 29 Abs. 3 BKAG die jeweils tätig gewordene **Polizeibehörde** (*Schmitt/Köhler*, § 81g Rn 12b; MüKo-StPO/*Trück*, § 81g Rn 39).

225 **b)** Die **Datenübermittlung** erfolgt hier nicht nach § 481 StPO (→ *Daten, Datenumwidmung, personenbezogene Daten,* Teil D Rdn 229 ff.), sondern nach der Regelung des § 81g Abs. 5 S. 3 StPO. Die Vorschrift enthält eine Zweckbindung der übermittelten Daten ausschließlich für die Strafverfolgung in einem anhängigen Strafverfahren, für die Gefahrenabwehr und für die internationale Rechtshilfe. Damit sind die Verwendungsmöglichkeiten nach **§ 81g Abs. 5 S. 3 StPO enger** als die nach §§ 21 f. BKAG, wonach die Daten auch für statistische Zwecke oder wissenschaftliche Forschung verwendet werden dürfen, aber auch nach den §§ 25 ff. BKAG; insoweit ist jedoch eine weite Auslegung der genannten Zwecke zugrunde zu legen, weshalb hierunter in Bezug auf das Strafverfahren auch der Strafvollzug, die Strafvollstreckung und das Gnadenverfahren, sowie hinsichtlich der Gefahrenabwehr nicht lediglich die Abwehr einer konkreten Gefahr verstanden werden soll (MüKo-StPO/*Trück*, § 81g Rn 38; KK-StPO/*Hadamitzky*, § 81g Rn 23).

§ 81g Abs. 5 S. 3 StPO **verdrängt** als Spezialregelung auch ggf. bestehende **Übermittlungsverbote** aus § 28 BKAG (*Busch* NJW 2002, 1754, 1757).

226 **3.a)** Die **Speicherfristen** und **Löschungsregelungen** für beim BKA gespeicherte personenbezogene Daten richten sich nach dem BKAG (→ *Daten, Datenlöschung, Strafverfahrensdateien und Verfahrensregister,* Teil D Rdn 136). Gemäß § 31 Abs. 2 S. 1 BKAG sind die speichernden Stellen verpflichtet, die Einhaltung der datenschutzrechtlichen Vorgaben zu überwachen. Die Aussonderungsprüffristen ergeben sich aus **§ 77 Abs. 1 BKAG**. Danach betragen die Fristen zur Prüfung, ob eine weitere Speicherung erforderlich ist, grds.

- bei **Erwachsenen** zehn Jahre,
- bei **Jugendlichen** fünf Jahre und
- bei **Kindern** zwei Jahre.

227 **b)** Zu beachten ist, dass die **Frist** zur **Prüfung** mit dem Tag des letzten Ereignisses **beginnt**, welches zur Speicherung der Daten geführt hat. Damit ist nicht der Tatzeitpunkt gemeint, sondern der Tag der gericht-

lichen Entscheidung, der Erhebung und Untersuchung der Körperzellen gem. § 81g Abs. 3 StPO (*Busch* NJW 2002, 1754, 1758). Sofern es zur Verurteilung zu einer zu vollstreckenden Freiheitsstrafe kommt, beginnt die Frist am Tag der Entlassung zu laufen oder der Beendigung der freiheitsentziehenden Maßregel, weil die Prognose, ob eine weitere Speicherung erforderlich ist, ein Verhalten des Betroffenen in Freiheit voraussetzt (*Busch* NJW 2002, 1754, 1758). Da die DNA-Datei als Verbunddatei geführt wird, richtet sich die **Verpflichtung zur Löschung** der Dateien nicht nach §§ 77 ff. BKAG, sondern nach den **landesrechtlichen Polizeigesetzen**, in denen zum Teil auch ein anderer Fristbeginn für die Aussonderungsprüfung geregelt ist. Ist nach Landesrecht eine Löschung der Daten durchzuführen, die weitere Speicherung aber zur Aufgabenerfüllung des BKA erforderlich, dann hat die Löschung zu unterbleiben, § 77 Abs. 4 S. 3, Abs. 6 S. 2 BKAG.

Im Einzelnen sind für Polizeibehörden je nach **Bundesland** die folgenden Regelungen zur Bestimmung der Aussonderungsprüffristen einschlägig: 228

Regelungen zur Bestimmung der Aussonderungsprüffristen:

- für Baden-Württemberg **§ 76 PolG BW**,
- für Bayern in **Art. 53 Abs. 5, 54 Abs. 2 und 3 BayPAG**,
- für Berlin in **§ 48 Abs. 4 ASOG Bln.**, PolPrüfFrVO,
- für Brandenburg in **§ 39 Abs. 2 BbgPolG**,
- für Bremen in **§ 58 Abs. 5 bis 7 BremPolG**,
- für Hamburg in **§ 35 Abs. 2 und 3 HmbPolDVG**,
- für Hessen in **§ 27 Abs. 4 HSOG**, §§ 14 ff. HSOG-DVO,
- für Mecklenburg-Vorpommern in **§ 45a SOG M-V**,
- für Niedersachsen in **§ 47 NdsSOG**,
- für Nordrhein-Westfalen in **§ 22 Abs. 2 und 4 PolG NRW**,
- für Rheinland-Pfalz in **§§ 50 Abs. 4, 52 POG RhPf.**,
- für das Saarland in **§ 26 Abs. 2 SPolDVG**,
- für Sachsen in **§ 91 bs. 2 und 3 SächsPVDG**,
- für Sachsen-Anhalt in **§ 32a SOG LSA**,
- für Schleswig-Holstein in **§ 196 Abs. 2 und 3 LVwG S-H** und
- für Thüringen in **§ 40 Abs. 5 und 6 ThPAG**.

Siehe auch: → *Daten, Datengewinnung, repressive, genetische Daten,* Teil D Rdn 71; → *Daten, Datenlöschung, Strafverfahrensdateien und Verfahrensregister,* Teil D Rdn 136; → *Daten, Datenumwidmung, personenbezogene Daten,* Teil D Rdn 229.

Daten, Datenumwidmung, personenbezogene Daten 229

Das Wichtigste in Kürze:

1. Die Daten, die im Strafverfahren gewonnen wurden, können gem. § 481 StPO zu präventiv-polizeilichen Zwecken umgewidmet werden.
2. Regelmäßig sind die Polizeibehörden infolge eines Ermittlungsverfahrens bereits im Besitz der Daten; die Voraussetzungen der Umwidmung statuieren die Polizeigesetze der Länder, welche überwiegend das Prinzip des hypothetischen Ersatzeingriffs zugrunde legen.
3. Nach § 481 Abs. 2 StPO dürfen die personenbezogenen Daten nicht verwendet werden, sofern besondere bundes- oder landesgesetzliche Regelungen entgegenstehen. Befinden sich Daten in polizeilichen Mischdateien, für die eine Verwendungsbeschränkung i.S.v. § 481 Abs. 2 StPO besteht, sollten diese Daten gekennzeichnet werden, um einer unzulässigen Verwendung vorzubeugen.

230 **Literaturhinweise: Brodersen**, Das Strafverfahrensänderungsgesetz 1999, NJW 2000, 2536; **Henrichs**, Datenübermittlung von der Polizei an die Fahrerlaubnisbehörde, NJW 1999, 3152; **Hilger**, Zum Strafverfahrensrechtsänderungsgesetz 1999 (StVÄG 1999) – 2. Teil, NStZ 2001, 15.

231 **1.a)** Wenn von Datenumwidmung die Rede ist, dann können hiervon sämtliche in Dateien gespeicherte **personenbezogene Daten** betroffen sein. Datenumwidmung meint in diesem Zusammenhang stets die Nutzung bereits im Strafverfahren gewonnener Daten, die nunmehr zum Zwecke der künftigen Strafverfolgung oder präventiv zur Gefahrenabwehr verwendet werden sollen. § 481 Abs. 1 StPO regelt die Umwidmung von **personenbezogenen Daten**, die im Strafverfahren gewonnen wurden, **zu präventiv-polizeilichen Zwecken** durch die Polizeibehörden.

232 Mit **Polizeibehörden** sind alle Behörden gemeint, die nach Maßgabe der Polizeigesetze polizeiliche Aufgaben wahrnehmen, also auch besondere Polizeibehörden wie etwa Finanzbehörden oder Gewerbeaufsichtsämter (MüKo-StPO/*Singelnstein*, § 481 Rn 4). Mit § 481 Abs. 1 StPO wird das grds. bestehende Zweckbindungsgebot im Bereich der Polizei nahezu vollkommen außer Kraft gesetzt, weil die Vorschrift nicht mehr zwischen der Verwendung der Daten zu präventiven und repressiven Zwecken differenziert (SK-StPO/*Puschke/Weßlau*, § 481 Rn 3).

233 **b)** Die Umwandlung des Zwecks der Verarbeitung personenbezogener Daten erfolgt gem. § 481 Abs. 1 StPO generell nach Maßgabe der Polizeigesetze (→ *Daten, Datenlöschung, Strafverfahrensdateien und Verfahrensregister,* Teil D Rdn 136; zur Übermittlung von Daten durch die Polizei an andere Behörden *Henrichs* NJW 1999, 3152 ff.).

☝ D.h., dass sich **Beschränkungen** der Datenverwendung grds. nur aus den jeweiligen Polizeigesetzen ergeben können (s.a. SK-StPO/*Puschke/Weßlau*, § 481 Rn 2).

Eine **Ausnahme** sieht § 481 Abs. 1 S. 4 StPO allein dann vor, wenn die Polizeibehörden ausschließlich **zum Schutz privater Rechte** tätig werden. Praktisch ist dieser Fall jedoch äußerst selten, da die Polizei regelmäßig jedenfalls auch zur Gefahrenabwehr tätig wird (*Brodersen* NJW 2000, 2536, 2540).

234 **2.a)** Die im Strafverfahren gewonnen personenbezogenen Daten befinden sich im Regelfall ohnehin bei den Polizeibehörden, weil diese die Daten überwiegend selbst im Ermittlungsverfahren erheben. Sollten diese Daten zu präventiven Zwecken verwendet werden, greift **§ 481 Abs. 1 S. 1 StPO**. Wurden die Daten durch die Polizei bereits ausschließlich zu präventiven Zwecken erhoben, ist § 481 StPO nicht anwendbar (*Brodersen* NJW 2000, 2536, 2539 f.; SK-StPO/*Puschke/Weßlau*, § 481 Rn 5).

☝ Die Frage, ob die Daten **bereits rein präventiv** gewonnen wurden, kann insbesondere bei erkennungsdienstlichen Daten gem. § 81b StPO von Bedeutung sein (→ *Daten, Datengewinnung, präventive,* Teil D Rdn 64).

235 Da sich die Voraussetzungen und Grenzen der Verwendung repressiv gewonnener Daten zu präventiven Zwecken nach den Polizeigesetzen der Länder richten (SK-StPO/*Puschke/Weßlau*, § 481 Rn 2, 6), kann an dieser Stelle nicht abschließend für sämtliche Bundesländer dargelegt werden, wie die Verwendungsvoraussetzungen und ggf. Beschränkungen im Einzelnen ausgestaltet sind. Den meisten Polizeigesetzen ist jedoch gemein, dass dort das **Prinzip** des **hypothetischen Ersatzeingriffs** zur Grundlage gemacht wurde. D.h., dass die Verarbeitung von personenbezogenen Daten zu anderen Zwecken als zu dem, zu dem sie erhoben wurden, dann zulässig ist, wenn die Daten durch die Polizei auch zu diesem Zweck hätten erhoben werden dürfen.

236 Die **entsprechenden Regelungen** finden sich

- für Baden-Württemberg in **§ 15 Abs. 3 und 4 PolG BW**,
- für Bayern in **Art. 53 Abs. 2 S. 2 Bay. PAG**,

- für Berlin in **§ 42 Abs. 2 S. 2 ASOG Bln.**,
- für Brandenburg in **§ 38 Abs. 1 S. 2 BbgPolG**,
- für Bremen in **§ 50 Abs. 2 BremPolG**,
- für Hamburg in **§ 34 Abs. 2 und 4 HmbPolDVG**,
- für Hessen in **§ 20 Abs. 2 HSOG**,
- für Mecklenburg-Vorpommern in **§ 36 Abs. 2 SOG M-V**,
- für Niedersachsen in **§ 39 Abs. 1 Nds.SOG**,
- für Nordrhein-Westfalen in **§ 23 Abs. 2 PolG NRW**,
- für Rheinland-Pfalz in **§ 51 POG RhPf.**,
- für das Saarland in **§ 23 Abs. 2 SPolDVG**,
- für Sachsen in **§ 79 Abs. 2 SächsPVDG**,
- für Sachsen-Anhalt in **§ 13b Abs. 2 SOG LSA**,
- für Schleswig-Holstein in **§ 188a Abs. 2 LVwG S-H** und
- für Thüringen in **§ 40 Abs. 2 ThPAG**.

b) Befinden sich die umzuwidmenden Daten entgegen dem Regelfall (Rdn 234) noch nicht bei den Polizeibehörden, erlaubt **§ 481 Abs. 1 S. 2 StPO** die **Übermittlung** der personenbezogenen Daten durch die Strafverfolgungsbehörden und Gerichte an die Polizei. Unter **Strafverfolgungsbehörden** sind in diesem Zusammenhang die Staatsanwaltschaften und die Polizei in ihrer Funktion als Ermittlungsbeamte der Staatsanwaltschaften, nicht aber die Gerichte, die nunmehr ausdrücklich aufgenommen wurden, oder die Bewährungshilfe gemeint. 237

☝ Die teilweise praktizierten sog. **„runden Tische"**, bei denen etwa Bewährungshelfer und Polizeibeamte Daten zu problematischen Probanden unmittelbar austauschen, bewegen sich rechtlich in einer **Grauzone**, weil die Bewährungshelfer gerade nicht zu den Strafverfolgungsbehörden nach § 481 Abs. 1 S. 2 StPO zählen (SK-StPO/*Puschke/Weßlau*, § 481 Rn 9). Zudem normiert § 481 Abs. 1 S. 3 StPO für die Übermittlung **durch** Bewährungshelfer weitere Voraussetzungen.

Anwendung dürfte § 481 Abs. 1 S. 2 StPO allein in den wenigen **Ausnahmefällen** finden, in denen die Ermittlungen ausschließlich durch die Staatsanwaltschaft geführt wurden und die Daten nunmehr an die Polizeibehörden übermittelt werden sollen (s.a. SK-StPO/*Puschke/Weßlau*, § 481 Rn 9). Werden die Daten von Amts wegen übermittelt, sind die §§ 12 ff. EGGVG zu beachten (→ *Daten, Datenschutz, Regelungen, national, Bundesrecht,* Teil D Rdn 185 ff.). 238

3. Nach **§ 481 Abs. 2 StPO** dürfen die personenbezogenen Daten nicht verwendet werden, sofern besondere **bundes- oder landesgesetzliche Regelungen** entgegenstehen, was zugleich zu einem **Übermittlungsverbot** führt. Aus der StPO ergeben sich solche **Beschränkungen** etwa aus 239

- § 479 StPO,
- § 100e Abs. 6 StPO,
- § 100i Abs. 2 S. 2 StPO oder
- § 58a Abs. 2 S. 1 StPO.

Werden solche Daten, für die eine Verwendungsbeschränkung auf repressive Zwecken besteht, in polizeiliche **Mischdateien** übermittelt, ist eine entsprechende Kennzeichnung sinnvoll, um Verstößen gegen diese Verwendungsbeschränkungen vorzubeugen (so auch SK-StPO/*Puschke/Weßlau*, § 481 Rn 13). 240

☝ Ist die Polizei unsicher, ob die Verwendung der Daten zulässig ist, gilt gem. § 481 Abs. 3 StPO die Regelung des § 480 Abs. 1 S. 1 und 2 StPO. D.h., dass in **Zweifelsfällen** die **StA** oder **der Vorsitzende** anzurufen sind, um die Zulässigkeit der Datenverwendung zu **prüfen**.

Siehe auch: → *Daten, Datengewinnung, präventive,* Teil D Rdn 64; → *Daten, Datenlöschung, Strafverfahrensdateien und Verfahrensregister,* Teil D Rdn 138; → *Daten, Datenschutz, Regelungen, national, Bundesrecht,* Teil D Rdn 185; → *Daten, Datenumwidmung, genetische Daten*, Teil D Rdn 219.

241 Daten, Rechtsschutz, Allgemeines

Das Wichtigste in Kürze:

1. Inner- und außerhalb der StPO existieren diverse Rechtsbehelfe gegen staatliche Eingriffe in das Recht auf informationelle Selbstbestimmung.
2. Welcher Rechtsbehelf zu wählen ist, hängt in erster Linie davon ab, was der Betroffene im Einzelfall durch seine Einlegung begehrt, aber auch, ob es sich um einen Eingriff aus präventiven oder repressiven Gründen handelt.

242 **Literaturhinweise:** S. die Hinweise bei → *Daten, Rechtsschutz, Antrag auf gerichtliche Entscheidung gem. § 101 Abs. 7 StPO,* Teil D Rdn 248, bei → *Daten, Rechtsschutz, Antrag auf gerichtliche Entscheidung gem. § 98 Abs. 2 S. 2 StPO,* Teil D Rdn 255, bei → *Daten, Rechtsschutz, Antrag auf gerichtliche Entscheidung nach den §§ 23 ff. EGGVG,* Teil D Rdn 264, bei → *Strafvollzug, Erwachsene, Antrag auf gerichtliche Entscheidung, Allgemeines,* Teil C Rdn 190, bei → *Daten, Rechtsschutz, Beschwerde,* Teil D Rdn 278, bei → *Daten, Rechtsschutz, Verfassungsbeschwerde,* Teil D Rdn 186, und bei → *Daten, Rechtsschutz, verwaltungsgerichtliche Klage,* Teil D Rdn 298.

243 **1.a)** Wenn es um den Rechtsschutz gegen staatliche Eingriffe in das Recht auf informationelle Selbstbestimmung im Zusammenhang mit der strafrechtlichen Nachsorge geht, dann ist genau zu prüfen, ob im jeweiligen Einzelfall ein strafprozessualer oder verwaltungsgerichtlicher Rechtsbehelf einzulegen ist.

244 Das **Strafverfahrensrecht** kennt

- **neben** der **Beschwerde** gem. § 304 StPO und der **sofortigen Beschwerde** gem. § 311 StPO (→ *Daten, Rechtsschutz, Beschwerde,* Teil D Rdn 278) außerdem
- die Spezialregelung des **§ 101 Abs. 7 S. 2 StPO** für verdeckte Ermittlungsmaßnahmen, mit der die gerichtliche Feststellung der Rechtswidrigkeit beantragt werden kann (→ *Daten, Rechtsschutz, Antrag auf gerichtliche Entscheidung gem. § 101 Abs. 7 StPO,* Teil D Rdn 248) oder
- den **Antrag** auf **gerichtliche Entscheidung** gem. § 98 Abs. 2 S. 2 StPO direkt oder analog (→ *Daten, Rechtsschutz, Antrag auf gerichtliche Entscheidung gem. § 98 Abs. 2 S. 2 StPO,* Teil D Rdn 256).

245 **b)** Für viele der hier behandelten datenschutzrechtlichen Themen greifen jedoch nicht die strafverfahrensrechtlichen Regelungen, sondern ist der Rechtsschutz über den **Verwaltungsrechtsweg** zu erreichen (→ *Daten, Rechtsschutz, verwaltungsgerichtliche Klage,* Teil D Rdn 298 ff.). Hier ist zu prüfen, ob die Anfechtungs-, Verpflichtungs- oder Feststellungsklage die richtige Klageart ist.

246 Eine Zwitterstellung nimmt hingegen der **Antrag auf gerichtliche Entscheidung gem. § 23 EGGVG** ein (→ *Daten, Rechtsschutz, Antrag auf gerichtliche Entscheidung gem. den §§ 23 ff. EGGVG,* Teil D Rdn 264 ff.). Um gegen Maßnahmen der Vollzugsbehörden im **Straf- und Maßregelvollzug** vorgehen zu können, wurde in den **§§ 109 ff. StVollzG** der spezielle Rechtsbehelf des Antrags auf gerichtliche Entscheidung, der weitgehend den verwaltungsgerichtlichen Klagen entspricht, implementiert (→ *Strafvollzug, Erwachsene, Antrag auf gerichtliche Entscheidung, Allgemeines,*, Teil C Rdn 190). Die Vorschriften des §§ 109 ff. StVollzG über den Rechtsschutz gelten trotz lückenloser Einführung von Landesstrafvollzugsgesetzen fort, da die Gesetzgebungskompetenz insoweit nicht auf die Länder übergegangen ist (BeckOK-StVollzG/*Euler*, § 109 Rn 1).

247 **2.** Welcher Rechtsbehelf zu wählen ist, hängt in erster Linie davon ab, **was der Betroffene** im Einzelfall durch seine Einlegung **begehrt**, aber auch, ob es sich um einen **Eingriff aus präventiven oder repressiven Gründen** handelt. Zuletzt stellt sich aufgrund des Verfassungsrangs des Rechts auf informationelle

Selbstbestimmung die Frage, unter welchen Voraussetzungen Verfassungsbeschwerde beim BVerfG eingelegt werden kann (→ *Daten, Rechtsschutz, Verfassungsbeschwerde,* Teil D Rdn 286 ff.).

Siehe auch: → *Strafvollzug, Erwachsene, Antrag auf gerichtliche Entscheidung, Allgemeines,* Teil C Rdn 190 m.w.N.; → *Daten, Rechtsschutz, Antrag auf gerichtliche Entscheidung gem. § 101 Abs. 7 StPO,* Teil D Rdn 248; → *Daten, Rechtsschutz, Antrag auf gerichtliche Entscheidung gem. § 98 Abs. 2 S. 2 StPO,* Teil D Rdn 256; → *Daten, Rechtsschutz, Antrag auf gerichtliche Entscheidung nach den §§ 23 ff. EGGVG,* Teil D Rdn 264; → *Daten, Rechtsschutz, Beschwerde,* Teil D Rdn 276; → *Daten, Rechtsschutz, Verfassungsbeschwerde,* Teil D Rdn 286; → *Daten, Rechtsschutz, verwaltungsgerichtliche Klage,* Teil D Rdn 298; → *Verwaltungsverfahren, Abrechnung,* Teil J Rdn 467.

Daten, Rechtsschutz, Antrag auf gerichtliche Entscheidung gem. § 101 Abs. 7 StPO 248

Das Wichtigste in Kürze:

1. Der Antrag gem. § 101 Abs. 7 S. 2 StPO ist gerichtet auf nachträglicher Rechtsschutz gegen die Anordnung einer verdeckten Ermittlungsmaßnahme sowie die Art und Weise des Vollzugs einschließlich der Benachrichtigung.
2. Gegen die Entscheidung im Verfahren nach § 101 Abs. 7 S. 2 StPO ist gemäß S. 3 die sofortige Beschwerde gem. § 311 StPO statthaft.

Literaturhinweise: Burghardt, Rechtsschutz gegen Zwangsmittel im Ermittlungsverfahren, JuS 2010, 605; **Engländer,** Die Rechtsbehelfe gegen strafprozessuale Zwangsmaßnahmen, Jura 2010, 414; **Hilger,** Über Vernichtungsregelungen in der StPO, NStZ 1997, 371; **Kurz,** Datenschutz und Justiz – Symbiose statt Ausschluss, DRiZ 2013, 96; **Meyer,** Die Stellung des § 101 Abs. 7 StPO innerhalb der strafprozessualen Rechtsbehelfe, JR 2009, 318; **Singelnstein,** Rechtsschutz gegen heimliche Ermittlungsmaßnahmen nach Einführung des § 101 VII 2–4 StPO, NStZ 2009, 481; vgl. a. Burhoff/*Hunsmann/Burhoff,* RM, Teil B Rn 221. 249

1.a) § 101 Abs. 7 StPO regelt den **nachträglichen Rechtsschutz** für die von den besonders eingriffsintensiven **verdeckten Ermittlungsmaßnahmen** gem. §§ 98a, 99, 100a bis 100c, 100f, 100h und 100i sowie 110a, 163d bis 163g StPO Betroffenen. Ist die verdeckte Maßnahme beendet und eine Benachrichtigung nach § 101 Abs. 4 StPO erfolgt, kann innerhalb von **zwei Wochen** ab Benachrichtigung beantragt werden, die Rechtmäßigkeit der Maßnahme und die Art und Weise des Vollzugs zu überprüfen. Zum Gegenstand der Überprüfung der Art und Weise des Vollzugs der Maßnahme gehört auch die Überprüfung der Rechtmäßigkeit der Benachrichtigung und ob diese rechtzeitig erfolgt ist (OLG Celle, Beschl. v. 24.2.2012 – 2 Ws 43/12, NStZ 2013, 60; OLG Stuttgart, Beschl. v. 13.7.2016 – 6 – 2 StE 1/14, StraFo 2016, 413; MüKo-StPO/*Rückert,* § 101 Rn 89; s.a. *Burhoff,* EV, Rn 3211 ff.; vgl. a. Burhoff/*Hunsmann/Burhoff,* RM, Teil B Rn 221 ff.). 250

b) Zuständig für die Entscheidung ist 251

- **vor Anklageerhebung** gem. § 101 Abs. 7 S. 1 StPO das die Maßnahme **anordnende Gericht,**
- **zwischen Anklageerhebung** und rechtskräftigem **Verfahrensabschluss** gem. § 101 Abs. 7 S. 4 StPO das für die **Hauptsache** zuständige **Gericht** und
- nach **rechtskräftigem Verfahrensabschluss** wieder das **Gericht,** das die Maßnahme angeordnet hat (OLG Koblenz, Beschl. v. 19.5.2010 – 1 AR 19/10; vgl. zum Ganzen *Burghardt* JuS 2010, 605, 607; *Engländer* Jura 2010, 414, 416; MüKo-StPO/*Rückert,* § 101 Rn 91 f.).

Abweichend hiervon ist das Gericht der Hauptsache jedoch auch zuständig, wenn der Antrag auf gerichtliche Entscheidung zwar beim zunächst zuständigen Anordnungsgericht eingeht, indes noch vor einer Entscheidung hierüber Anklage erhoben wird (BGH, Beschl. v. 8.10.2008 – StB 12–15/08, NStZ 2009, 104, 105). 252

Zur Vermeidung unterschiedlicher Entscheidungen gilt diese **Zuständigkeit des Hauptsachegerichts** nicht nur für den betroffenen Beschuldigten, Angeschuldigten, Angeklagten oder Verurteilten bzw. Freigesprochenen, sondern ebenso **für jeden Dritten**, der von der verdeckten Ermittlungsmaßnahme betroffen war (MüKo -StPO/*Rückert*, § 101 Rn 93; BGHSt 53, 1, 5; BGH, Beschl. v. 29.10.2020 – StB 30/20). Keine Gefahr divergierender Entscheidungen sah der BGH in einem **Fall parallel geführter Ermittlungsverfahren**, von welchen eines, auf das sich sodann der Rechtsschutzantrag bezog, gemäß § 170 Abs. 2 StPO eingestellt worden war, bevor das andere durch Erhebung der öffentlichen Klage abgeschlossen wurde: Insoweit hielt der BGH das Gericht, welches die Maßnahme angeordnet hatte, für zuständig (BGH, Beschl. v. 22.1.2009 – StB 24/09, NStZ 2009, 399, 400). Maßgeblich sei, ob „sich bei formaler Betrachtung das Rechtsschutzbegehren (einer Person) gegen eine Maßnahme richtet, die in dem zur Anklage (gegen eine andere Person) führenden Verfahren angeordnet worden ist" (BGH, Beschl. v. 29.10.2009 – StB 20/09, NStZ 2010, 225, 226). Entscheidend ist mithin die Identität der Maßnahme (MüKo-StPO/*Rückert*, § 101 Rn 96).

☝ Hinsichtlich des **Zeitpunkts** der Behandlung des Antrags auf nachträglichen Rechtschutz im Hauptverfahren ist darauf hinzuweisen, dass zwar zeitliche Verzögerungen der Hauptsache durch möglicherweise zahlreiche ggf. auch unterschiedliche verdeckte Maßnahmen betreffende Anträge hinzunehmen sind, aber grds. der **Hauptsache** der **Vorrang gebührt** (MüKo-StPO/*Rückert*, § 101 Rn 97; *Singelnstein* NStZ 2009, 481, 485).

253 **c)** Die Entscheidung nach § 101 Abs. 7 StPO ergeht grds. durch **Beschluss**. Eine Wahl zwischen Urteil und Beschluss über den Antrag besteht für das Gericht der Hauptsache nur dann, wenn der Antragssteller auch der Angeklagte ist. Bei Anträgen von Drittbetroffenen hat die Entscheidung stets außerhalb der Hauptsache durch Beschluss zu ergehen (MüKo-StPO/*Rückert*, § 101 Rn 99 ff.). Eine **Bindungswirkung** desjenigen Gerichts, das ggf. zuerst über einen Antrag nach § 101 Abs. 7 StPO entscheidet, besteht für das später über einen entsprechenden Antrag entscheidende Gericht **nicht** (MüKo-StPO/*Rückert*, § 101 Rn 102; *Singelnstein* NStZ 2009, 481, 485).

☝ Nach der Rspr. steht den **Drittbetroffenen** gem. § 475 StPO ein (eingeschränktes) **Akteneinsichtsrecht** zu, soweit es zur effektiven Durchführung ihres Antrags gem. § 101 Abs. 7 StPO erforderlich ist (BGH, Beschl. v. 22.9.2009 – StB 38/09, StV 2010, 169; Beschl. v. 31.10.2023 – StB 30/23, NStZ 2024, 244).

254 **2.a)** Gegen die Entscheidung über den Antrag nach § 101 Abs. 7 S. 2 StPO ist gem. § 101 Abs. 7 S. 3 StPO **sofortige Beschwerde** gem. § 311 StPO zulässig (vgl. hierzu → *Daten, Rechtsschutz, Beschwerde,* Teil D Rdn 276; zur sofortigen Beschwerde *Burhoff*, EV, Rn 4289; Burhoff/*Kotz/Hillenbrand*, RM, Teil A Rn 550 ff.). Dies gilt auch für die Fälle, in denen das Gericht der Hauptsache die Entscheidung getroffen hat (BGH, Beschl. v. 24.6.2009 – 4 StR 188/09, NJW 2009, 3177; BeckOK-StPO/*Hegmann*, § 101 Rn 58; *Schmitt/Köhler*, § 101 Rn 25e; *Singelnstein*, NStZ 2009, 481, 486).

☝ Wenn also das Gericht im Urteil zugleich bezüglich des Angeklagten über die Rechtmäßigkeit der Maßnahme und die Art und Weise des Vollzugs entscheidet, dann ist für die sofortige Beschwerde hiergegen **nicht** das **Revisionsgericht**, sondern stets das nach §§ 73 Abs. 1, 74a Abs. 3, 74b S. 2, 74c Abs. 2, 121 Abs. 1 Nr. 2. 135 Abs. 2 GVG jeweils zur Entscheidung berufene Beschwerdegericht zuständig (*Schmitt/Köhler*, § 101 Rn 25e).

255 **b)** Soweit der begehrte Rechtschutz eine **beendete heimliche Ermittlungsmaßnahme** betrifft und der Betroffene vom in § 101 Abs. 4 S. 1 StPO genannten Personenkreis erfasst ist, gehen die Rspr. und Teile der Lit. davon aus, dass es sich bei § 101 Abs. 7 StPO um eine **abschließende Sonderregelung** handelt, welche die Beschwerde und der Rechtsschutz analog § 98 Abs. 2 S. 2 StPO (→ *Daten, Rechtsschutz, Antrag auf gerichtliche Entscheidung gem. § 98 Abs. 2 S. 2 StPO,* Teil D Rdn 300) insoweit verdrängt

(BGHSt 53, 1; *Schmitt/Köhler*, § 101 Rn 26a; *Engländer* Jura 2010, 414, 417 f.; *Kurz* DRiZ 2013, 96, 97; *Burhoff*, EV, Rn 32110 ff.; ausführlich hierzu *Singelnstein* NStZ 2009, 481, 482 f.; kritisch *Meyer* JR 2009, 318 ff.).

☝ **Vor Beendigung** der **verdeckten Maßnahme** soll die Prüfung der Rechtmäßigkeit der Maßnahme analog § 98 Abs. 2 S. 2 StPO grds. möglich sein (*Engländer* Jura 2010, 414, 418; *Singelnstein* NStZ 2009, 481, 483; a.A. MüKo-StPO/*Rückert*, § 101 Rn 114; BeckOK-StPO/*Hegmann*, § 101 Rn 48), wird praktisch aber kaum eine Rolle spielen, weil der Betroffene hiervon regelmäßig keine Kenntnis haben wird (*Schmitt/Köhler*, § 101 Rn 26a). Dies gilt auch **nach Beendigung** der Maßnahme, soweit **keine Benachrichtigung** erfolgt ist (*Hilger*, NStZ 1997, 371, 373).

Siehe auch: → *Daten, Rechtsschutz, Allgemeines,* Teil D Rdn 241 m.w.N.

Daten, Rechtsschutz, Antrag auf gerichtliche Entscheidung gem. § 98 Abs. 2 S. 2 StPO 256

Das Wichtigste in Kürze:

1. Zur Überprüfung der Rechtmäßigkeit staatlicher Eingriffe im Zusammenhang mit dem Strafverfahren steht den Betroffenen analog § 98 Abs. 2 S. 2 StPO der Antrag auf gerichtliche Entscheidung zur Verfügung, sofern es sich bei der Maßnahme nicht um einen Justizverwaltungsakt handelt.
2. Der Rechtsschutz entsprechend § 98 Abs. 2 S. 2 StPO gilt für die Prüfung der Rechtmäßigkeit der Anordnung von Eingriffsmaßnahmen durch die StA und ihre Ermittlungspersonen sowie die Art und Weise des Vollzugs dieser.

Literaturhinweise: **Heinrich**, Die gerichtliche Nachprüfbarkeit von Entscheidungen der Staatsanwaltschaft im Zusammenhang mit der Anklageerhebung, NStZ 1996, 110; **Laser**, Das Rechtsschutzsystem gegen strafprozessuale Zwangsmaßnahmen, NStZ 2001, 120; **Meyer/Rettenmaier**, Die Praxis des nachträglichen Rechtsschutzes gegen strafprozessuale Zwangsmaßnahmen – Rückkehr der prozessualen Überholung?, NJW 2009, 1238; **Rieß/Thym**, Rechtschutz gegen strafprozessuale Zwangsmaßnahmen, GA 1981, 189; **Schenke**, Rechtsschutz gegen doppelfunktionale Maßnahmen der Polizei, NJW 2011, 2838; **Singelnstein**, Rechtschutz gegen heimliche Ermittlungsmaßnahmen nach Einführung des § 101 VII S. 2–4 StPO, NStZ 2009, 481; vgl. a. Burhoff/*Hunsmann*/**Burhoff**, RM, Teil B Rn 92. 257

1. Nach § 98 Abs. 2 S. 2 StPO kann die gerichtliche Entscheidung über die Rechtmäßigkeit der Beschlagnahme beantragt werden (→ *Daten, Datengewinnung, repressive, soziale Daten,* Teil D Rdn 83). Daneben besteht Einigkeit in Rspr. und Lit., dass analog § 98 Abs. 2 S. 2 StPO der Antrag auf gerichtliche Entscheidung auch zur Überprüfung anderer staatlicher Eingriffe im Rahmen des Strafverfahrens, etwa zur **Prüfung** der **Rechtmäßigkeit** der **Art** und **Weise** des **Vollzugs** einer bereits erledigten Maßnahme, möglich ist. Bei Zweifeln an der Rechtmäßigkeit von sogenannten **Justizverwaltungsakten** besteht die Möglichkeit, Rechtschutz gem. den §§ 23 ff. EGGVG zu erlangen (→ *Daten, Rechtschutz, Antrag auf gerichtliche Entscheidung nach den §§ 23 ff. EGGVG,* Teil D Rdn 264 ff.). Für die mit Daten verbundenen Eingriffe in das Recht auf informationelle Selbstbestimmung im Zusammenhang mit Strafverfahren oder der präventiv-polizeilichen Arbeit ist stets zu prüfen, ob im Einzelfall ein Justizverwaltungsakt gegeben ist. Die Frage, welcher Rechtsschutz jeweils der richtige ist, ist bei den hier betroffenen Maßnahmen, die teilweise **doppelfunktional** sind und sowohl der Strafverfolgung als auch der Prävention dienen, nicht immer einfach zu beantworten. 258

2.a) Der Rechtsschutz entsprechend § 98 Abs. 2 S. 2 StPO gilt für die Prüfung der Rechtmäßigkeit der Anordnung von Eingriffsmaßnahmen durch die StA und ihre Ermittlungspersonen sowie die Art und 259

Weise des Vollzugs dieser (BGH, Beschl. v. 12.6.2024 – StB 32/24, NStZ 2024, 760, 761; MüKo-StPO/*Hauschild*, § 98 Rn 28; *Laser* NStZ 2001, 120, 121 ff.; *Rieß/Thym* GA 1981, 189, 202 f.). Hintergrund dieser analogen Rechtsschutzmöglichkeit ist unter anderem, dass eine Beschwerde als prozessual überholt angesehen wurde, wenn eine Zwangsmaßnahme bereits abgeschlossen war und sich der Rechtsbehelf nur noch darin erschöpfen könnte, die Rechtswidrigkeit der Maßnahme festzustellen (u.a. *Laser* NStZ 2001, 120; *Meyer/Rettenmaier* NJW 2009, 1238 f.). Da nach einer Entscheidung des BVerfG im Jahr 1997 noch einmal klargestellt wurde, dass die Rechtsfigur der **prozessualen Überholung** nicht mit einem effektiven Grundrechtsschutz zu vereinbaren sei und dazu führe, dass dieser nur im Wege der Verfassungsbeschwerde eingefordert werden könne, sei es jedenfalls bei tiefgreifenden Grundrechtseingriffen, die aufgrund ihrer Natur vielfach vor einer gerichtlichen Überprüfung bereits beendet seien, erforderlich, dem Betroffenen die Rechtsschutzmöglichkeiten offen zu halten (BVerfG, Beschl. v. 30.4.1997 – 2 BvR 817/90 u.a., NJW 1997, 2163 ff.).

260 **b)** § 98 Abs. 2 S. 2 StPO ist auch dann analog anzuwenden, wenn sich der Betroffene gegen die **Art** und **Weise** des **Vollzugs** einer **Maßnahme** wendet. Soll hingegen eine richterliche Anordnung auf ihre Rechtmäßigkeit hin überprüft werden, ist die Beschwerde der zulässige Rechtsbehelf (→ *Daten, Rechtsschutz, Beschwerde*, Teil D Rdn 276 ff.).

261 Bei der nachträglichen Überprüfung der Rechtmäßigkeit von strafprozessualen Zwangsmaßnahmen ist außerdem darauf zu achten, ob statt des Antrags gem. § 98 Abs. 2 StPO analog oder der Beschwerde der speziellere **Rechtsschutz** nach **§ 101 Abs. 7 StPO** bei verdeckten Ermittlungsmaßnahmen zur Anwendung kommt (→ *Daten, Rechtschutz, Antrag auf gerichtliche Entscheidung gem. § 101 Abs. 7 StPO*, Teil D Rdn 248 ff.). Danach gilt, dass im Falle der Benachrichtigung über Ermittlungsmaßnahmen nach § 101 Abs. 1 StPO der Rechtsschutz nach § 101 Abs. 7 StPO als Spezialregelung vorgeht und daher weder die Beschwerde noch der Antrag auf gerichtliche Entscheidung gem. § 98 Abs. 2 S. 2 StPO (analog) zur Anwendung kommen können (*Singelnstein* NStZ 2009, 481, 483). Dass damit diese grds. unbefristeten Rechtsschutzmöglichkeiten zugunsten der zweiwöchigen Rechtsschutzmöglichkeit nach § 101 Abs. 7 StPO gesperrt werden, wird damit begründet, dass es gegen den Grundsatz von **Treu und Glauben** verstoßen würde, dem Betroffenen weiterhin eine unbefristete Rechtschutzmöglichkeit einzuräumen, obwohl er über einen angemessen langen Zeitraum hinaus untätig geblieben ist (BVerfG, Beschl. v. 4.3.2008 – 2 BvR 2111 und 2112/07, NStZ 2009, 166, 167; kritisch *Meyer/Rettenmaier* NJW 2009, 1238, 1240 f.).

☝ Im Anwendungsbereich des § 101 Abs. 7 StPO, also bei Vorliegen einer verdeckten Maßnahme, verdrängt die Norm als Spezialregelung die Rechtsschutzmöglichkeit gemäß § 98 Abs. 2 S. 2 StPO analog jedenfalls ab Beendigung der Maßnahme und unabhängig davon, ob eine Benachrichtigung vorgenommen wurde (BGH, Beschl. v. 8.10.2008 – StB 12–15/08, NStZ 2009, 104; MüKo-StPO/*Rückert*, § 101 Rn 114 ff., der jedoch bereits vor Beendigung der Maßnahme von der Sperrwirkung ausgeht).

262 **c) Zuständig** für die Entscheidung über den Antrag auf richterliche Entscheidung analog § 98 Abs. 2 S. 2 StPO ist

- bis zur Anklageerhebung im EV gem. §§ 98 Abs. 2 S. 3 i.V.m. 162 Abs. 1 StPO der **Ermittlungsrichter**, in dessen Bezirk die ermittelnde StA ihren Sitz hat,
- nach Anklageerhebung gem. §§ 98 Abs. 2 S. 3 i.V.m. 162 Abs. 3 StPO das **Gericht der Hauptsache**.

263 Gem. § 98 Abs. 2 S. 4 StPO darf der Antrag auch bei dem Gericht gestellt werden, in dessen **Bezirk** die **Maßnahme stattgefunden** hat. Das AG wird den Antrag dann an das für die Entscheidung zuständige Gericht weiterleiten (*Schmitt/Köhler*, § 98 Rn 21).

☝ Die **falsche Bezeichnung** des Antrags als Beschwerde **schadet nicht**. Der Rechtsbehelf ist in solchen Fällen in einen Antrag auf gerichtliche Entscheidung analog § 98 Abs. 2 S. 2 StPO umzudeuten (MüKo-StPO/*Hauschild*, § 98 Rn 27 m.w.N.).

Siehe auch: → *Daten, Rechtsschutz, Allgemeines,* Teil D Rdn 241 m.w.N.

Daten, Rechtsschutz, Antrag auf gerichtliche Entscheidung gem. §§ 23 ff. EGGVG 264

Das Wichtigste in Kürze:

1. Der Rechtsweg nach den §§ 23 ff. EGGVG ist statthaft, wenn ein Justizverwaltungsakt angefochten werden soll, wozu Maßnahmen der Staatsanwaltschaft oder der Polizei als Ermittlungsbeamten der Staatsanwaltschaft regelmäßig nicht zählen.
2. Beim Umgang mit Daten ist der Rechtsweg nach den §§ 23 ff. EGGVG regelmäßig dann eröffnet, wenn Handlungen im Zusammenhang mit den Dateiregelungen nach den §§ 483 ff. StPO oder dem Bundeszentralregister angefochten werden.
3. Der Antragsteller muss gem. § 24 EGGVG geltend machen, in seinen Rechten verletzt zu sein und ggf. das sog. Vorschaltverfahren durchlaufen, ferner die in § 26 EGGVG normierten Regelungen zu Form und Frist beachten.
4. Die gerichtliche Entscheidung richtet sich nach dem Begehren.

Literaturhinweise: **Heinrich**, Die gerichtliche Nachprüfbarkeit von Entscheidungen der Staatsanwaltschaft im Zusammenhang mit der Anklageerhebung, NStZ 1996, 110; **Laser**, Das Rechtsschutzsystem gegen strafprozessuale Zwangsmaßnahmen, NStZ 2001, 120; **Schenke**, Rechtsschutz gegen doppelfunktionale Maßnahmen der Polizei, NJW 2011, 2838; **Schübel-Pfister**, Aktuelles Verwaltungsprozessrecht, JuS 2015, 418; s.a. die Hinweise bei → *Daten, Rechtsschutz, Antrag auf gerichtliche Entscheidung gem. § 98 Abs. 2 S. 2 StPO,* Teil D Rdn 256, bei **Burhoff**, EV, Rn 500, und bei Burhoff/**Schmidt-Clarner**, RM, Teil B Rn 323. 265

1a). Handelt es sich bei dem Eingriff, der angefochten werden soll, um einen **Justizverwaltungsakt**, kann Rechtsschutz über den Antrag auf gerichtliche Entscheidung durch das OLG gem. §§ 23 ff. EGGVG erlangt werden (eingehend *Burhoff*, EV, Rn 500 ff., Burhoff/Kotz/*Schmidt-Clarner*, RM, Teil B Rn 323 ff.). 266

Allgemein gilt, dass der Rechtsweg nach den §§ 23 ff. EGGVG gem. § 23 Abs. 3 EGGVG **subsidiär** und damit ausgeschlossen ist, sofern das Gesetz andere Rechtsbehelfe vorsieht. Sollen im Ermittlungsverfahren Maßnahmen der StA oder Polizei als deren Ermittlungsbeamte angegriffen werden, scheidet der Rechtsweg gem. §§ 23 ff. EGGVG regelmäßig aus, weil es sich hierbei zumeist nicht um Justizverwaltungsakte, sondern um Prozesshandlungen handelt (BGH, Beschl. v. 16.10.2020 – 1 ARs 3/20, NStZ-RR 2021, 52, 53; BayObLG, Beschl. v. 8.1.2025 – 204 VAs 418/24; *Heinrich* NStZ 1996, 110, 114; *Schmitt/Köhler*, § 23 EGGVG Rn 9). 267

b) Unter **Justizverwaltungsakten** versteht man jedes hoheitliche Handeln einer Justizbehörde zur Regelung einer einzelnen Angelegenheit auf einem in § 23 Abs. 1 EGGVG genannten Gebiet, welches geeignet ist, den Betroffenen in seinen Rechten zu verletzen (KK-StPO/*Mayer*, § 23 EGGVG Rn 21; Burhoff/*Schmidt-Clarner*, RM, Teil B Rn 332 ff.). Damit fallen sowohl schlicht hoheitliches Handeln als auch Realakte unter den Begriff des Justizverwaltungsakts (OLG Frankfurt, Beschl. v. 28.10.2025 – 3 VAs 9/25, NJW 2025, 3801; OVG Münster, Beschl. v. 21.4.1977 – XII B 87/77, NJW1977, 1790; KG, Beschl. v. 7.9.1993 – 1 VA 3/93, NJW-RR 1994, 571; KK-StPO/*Mayer*, § 23 EGGVG Rn 21). 268

269 **2.a)** Für den **Umgang** mit **Daten** gilt, dass es für die Frage der Eröffnung des Rechtswegs nach §§ 23 ff. EGGVG darauf ankommt, in welchem Verfahrensstadium Rechtsschutz begehrt wird und, insbesondere bei polizeilichem Handeln, ob der Schwerpunkt der angegriffenen Maßnahme auf der Wahrnehmung polizeipräventiver Aufgaben oder repressiver Aufgaben lag (VGH München, Beschl. v. 29.9.2022 – 10 C 22.556; hierzu ausführlich *Heinrich* NStZ 2011, 2838, 2841; *Schübel-Pfister* JuS 2015, 418, 422). Im Ermittlungsverfahren ist der Rechtsschutz gem. den §§ 23 ff. EGGVG **nahezu bedeutungslos**. Allein die **Aufbewahrung** von **erkennungsdienstlichen Unterlagen** i.S.v. § 81b StPO in Ermittlungsakten kann nach der Rspr. mit dem Rechtsweg nach den §§ 23 ff. EGGVG angefochten werden (OVG Koblenz NJW 1994, 2108, 2109). Werden die erkennungsdienstlichen Unterlagen hingegen nicht (mehr) allein bei den staatsanwaltschaftlichen Ermittlungsakten, sondern **bei der Polizei** aufbewahrt, ist nach absolut herrschender Meinung der Verwaltungsrechtsweg eröffnet (*Schmitt/Köhler*, § 81b Rn 36; MüKo-StPO/*Trück*, § 81b Rn 26 jew. m.w.N.).

☝ Ebenfalls **nicht anwendbar** sind die §§ 23 ff. EGGVG nach Auffassung des BGH und des BVerwG im Rahmen des Rechtsschutzes gegen die Herausgabe personenbezogener Daten **an die Presse** durch die Gerichte, StA und die Polizei (BGH, Beschl. v. 27.7.2017 – 2 ARs 188/15, StraFo 2017, 462; BVerwG, Urt. v. 14.4.1988 – 3 C 65/85, NJW 1989, 412; a.A. KK-StPO/*Mayer*, § 23 EGGVG Rn 28 mit Verweis auf die obergerichtliche Rspr.) Wird die Presse von den Ermittlungsbehörden hingegen zur Ermittlung und Auffindung von Beweismitteln, insbesondere Zeugen, informiert, ist von einer **Fahndungsmaßnahme** auszugehen, die wiederum gem. § 98 Abs. 2 S. 2 StPO analog angegriffen werden kann (KK-StPO/*Mayer*, § 23 EGGVG Rn 28).

270 **b)** Außerhalb des konkreten EV greift der Rechtsschutz der §§ 23 ff. EGGVG im Zusammenhang mit dem Umgang mit personenbezogenen Daten hingegen wiederum bei den **Dateiregelungen** gem. **den §§ 483 ff. StPO**. Kommt die StA etwa einem Antrag auf Löschung der gespeicherten personenbezogenen Daten nicht nach, ist der Rechtsweg nach § 23 EGGVG eröffnet (BVerfG, Beschl. v. 2.4.2006 – 2 BvR 237/06, 246/06, 256/06, StV 2007, 226 [Ls.]; OLG Frankfurt, Beschl. v. 23.4.2024 – 3 VAs 31/23; *Schmitt/Köhler*, § 489 Rn 9). Ebenso sind über den Rechtsweg nach §§ 23 ff. EGGVG Entscheidungen betreffend das **Bundeszentral-** und **Erziehungsregister** angreifbar, die den Verurteilten benachteiligen, wie etwa die Ablehnung der Entfernung einer Eintragung oder die Tilgung sowie die Übermittlung von Strafnachrichten an ausländische Staaten (vgl. zum Ganzen Schmitt/Köhler/*Köhler*, § 23 EGGVG Rn 19; → *Bundeszentralregister, Eintragung, Allgemeines,* Teil E Rdn 51 und → *Bundeszentralregister, Maßnahmen der Registerbehörden, Rechtsschutz,* Teil E Rdn 279 ff.). Maßnahmen beim Vollzug der **U-Haft** können gem. §§ 23 ff. EGGVG angefochten werden, sofern sie nicht gem. § 119 Abs. 1 S. 3 StPO angeordnet wurden oder gem. § 119a StPO angefochten werden können (*Schmitt/Köhler*, § 23 EGGVG Rn 18). Auch der Anspruch auf **Aktenvernichtung** ist über den Rechtsweg nach den §§ 23 ff. EGGVG durchsetzbar (→ *Daten, Datenlöschung, Allgemeines, Aufbewahrungsfristen*, Teil D Rdn 112 ff.).

271 **3.a)** Der Antrag auf gerichtliche Entscheidung ist gem. § 24 EGGVG **nur zulässig**, wenn der Antragssteller auch geltend macht, **in seinen Rechten verletzt** zu sein.

272 **b)** Unzulässig ist der Antrag dann, wenn der Antragssteller zwar eine Rechtsverletzung geltend macht, aber – sofern vorgesehen – das sog. **Vorschaltverfahren** gem. § 24 Abs. 2 EGGVG nicht durchlaufen hat. Ob und in welcher Form ein Vorschaltverfahren durchzuführen ist, obliegt den Ländern, so dass auch Verwaltungsvorschriften eine taugliche Rechtsgrundlage i.S.v. § 24 Abs. 2 EGGVG bilden (BVerfGE 40 = 237 ff. = NJW 1976, 34; KK-StPO/*Mayer*, § 24 EGGVG Rn 6). Keine Beschwerden i.S.v. § 24 Abs. 2 EGGVG sind jedoch die allgemeinen Möglichkeiten, sich gegen bestimmte Maßnahmen von Behörden zu wehren, wie die Dienstaufsichtsbeschwerde oder die schlichte Aufforderung an die Behörde, ihre Entscheidung zu ändern (KK-StPO/*Mayer*, § 24 EGGVG Rn 8; *Schmitt/Köhler*, § 24 EGGVG Rn 5).

273 **c) Zuständig** ist gem. § 25 EGGVG das OLG, in dessen Bezirk die Behörde ihren Sitz hat, die den angegriffenen Justizverwaltungsakt erlassen hat.

☝ Für **Angelegenheiten** des **Bundeszentralregistergesetzes** ist das **OLG Hamm** zuständig, weil das Bundesamt für Justiz als Registerbehörde in Bonn sitzt und das Land NRW von der durch § 25 Abs. 2 EGGVG eingeräumten Möglichkeit der Zuständigkeitskonzentration mit der Vorschrift des § 12 Nr. 1 JustG NRW Gebrauch gemacht hat (KK-StPO/*Mayer*, § 25 EGGVG Rn 2; *Schmitt/Köhler*, § 25 EGGVG Rn 1, 3).

d) Form und **Frist** des Antrags auf gerichtliche Entscheidung sind in § 26 EGGVG geregelt. Danach ist der Antrag **innerhalb eines Monats** nach Bekanntgabe zu stellen und zu **begründen**, wenn er sich gegen einen schriftlich ergangenen Justizverwaltungsakt richtet, während die mündliche Bekanntgabe keine Frist in Gang setzt. Der Antrag muss gem. § 26 Abs. 1 EGGVG schriftlich oder zur Niederschrift der Geschäftsstelle des OLG gestellt werden. Eine Begründung ist erforderlich (OLG Frankfurt, Beschl. v. 3.3.2005 – 3 VAs 1/05, NStZ-RR 2005, 282, 283; KK-StPO/*Mayer*, § 26 EGGVG Rn 17). Wird durch die gerichtliche Entscheidung ein Tätigwerden einer Behörde begehrt, ist zu beachten, dass für diese sogenannte **Untätigkeitsklage** gem. § 27 Abs. 1 EGGVG gerichtliche Entscheidung erst dann beantragt werden kann, wenn über den Antrag gegenüber der betroffenen Behörde ohne zureichenden Grund nicht innerhalb von drei Monaten entschieden wurde (zu den formellen und inhaltlichen Anforderungen eingehend Burhoff/*Schmidt-Clarner*, RM, Teil B Rn 350 ff.). 274

4. Ist der Antrag auf gerichtliche Entscheidung gem. § 23 EGGVG **erfolgreich**, **entscheidet** das zuständige OLG je nachdem, um was für eine Maßnahme es sich im Einzelnen handelt, gem. § 28 EGGVG folgendermaßen: 275

- Ist die angefochtene Maßnahme **noch nicht erledigt**, wird sie ebenso wie der ggf. im Rahmen des Vorschaltverfahrens ergangene Bescheid gem. § 28 Abs. 1 S. 1 EGGVG aufgehoben.
- Ist die Maßnahme **bereits vollzogen,** aber **noch nicht erledigt**, wird auf Antrag durch das OLG gem. § 28 Abs. 1 S. 2 und 3 EGGVG ausgesprochen, dass und wie die **Vollziehung rückgängig** zu machen ist, sofern die Behörde auch hierzu in der Lage und die Frage spruchreif ist.
- Ist die Maßnahme **bereits erledigt**, dann **stellt** das OLG gem. § 28 Abs. 1 S. 4 EGGVG die **Rechtswidrigkeit fest**, wenn der Antragssteller ein berechtigtes Interesse hieran hat.
- Wurde eine sogenannte **Untätigkeitsklage** i.S.v. § 27 EGGVG erhoben, spricht das OLG gegenüber der betroffenen Behörde gem. § 28 Abs. 2 EGGVG die **Verpflichtung** aus, die beantragte Handlung vorzunehmen bzw. – im Falle fehlender Spruchreife – den Antragssteller unter Beachtung der Rechtsauffassung des Gerichts zu bescheiden.

☝ Entsprechend den Entscheidungsmöglichkeiten des OLG gem. § 28 EGGVG sollte bereits der **Antrag formuliert** werden.

Siehe auch: → *Strafvollzug, Erwachsene, Antrag auf gerichtliche Entscheidung, Allgemeines,* Teil C Rdn 190; → *Daten, Datenlöschung, Allgemeines, Aufbewahrungsfristen,* Teil D Rdn 112; → *Daten, Rechtsschutz, Allgemeines,* Teil D Rdn 241; → *Daten, Rechtsschutz, Antrag auf gerichtliche Entscheidung gemäß § 101 Abs. 7 StPO,* Teil D Rdn 248; → *Daten, Rechtsschutz, Antrag auf gerichtliche Entscheidung gemäß § 98 Abs. 2 S. 2 StPO,* Teil D Rdn 256; → *Daten, Rechtsschutz, Beschwerde,* Teil D Rdn 276; → *Daten, Rechtsschutz, Verfassungsbeschwerde,* Teil D Rdn 286; → *Daten, Rechtsschutz, verwaltungsgerichtliche Klage,* Teil D Rdn 298; → *Bundeszentralregister, Eintragung, Allgemeines,* Teil E Rdn 5; → *Bundeszentralregister, Maßnahmen der Registerbehörden, Rechtsschutz,* Teil E Rdn 279.

276 Daten, Rechtsschutz, Beschwerde

Das Wichtigste in Kürze:

1. Gegen gerichtliche Beschlüsse und Verfügungen im Strafverfahren stehen dem Betroffenen grds. das Rechtsmittel der Beschwerde gemäß den §§ 304 ff. StPO und, soweit das Gesetz dies ausdrücklich vorsieht, die sofortige Beschwerde gemäß § 311 StPO zur Verfügung.
2. Die einfache Beschwerde ist gem. § 306 Abs. 1 StPO schriftlich beim iudex a quo einzulegen und nicht fristgebunden.
3. Die fristgebundene sofortige Beschwerde ist unter anderem statthaft gegen die richterliche Anordnung der Unterbringung zur Beobachtung und gegen die gerichtliche Entscheidung nach § 101 Abs. 7 S. 2 StPO.

277 **Literaturhinweise:** **Engländer**, Die Rechtsbehelfe gegen strafprozessuale Zwangsmaßnahmen, Jura 2010, 414; **Laser**, Das Rechtsschutzsystem gegen strafprozessuale Zwangsmaßnahmen, NStZ 2001, 120; **Matt**, Zur (weiteren) Beschwerde nach §§ 304, 310 StPO, NJW 1991, 1801; **Rieß/Thym**, Rechtsschutz gegen strafprozessuale Zwangsmaßnahmen, GA 1981, 189; s.a. die Hinweise bei → *Daten, Rechtschutz, Antrag auf gerichtliche Entscheidung gem. § 98 Abs. 2 S. 2 StPO*, Teil D Rdn 256, und bei → *Strafvollzug, Erwachsene, Rechtsbeschwerde, Allgemeines*, Teil C Rdn 522.

278 **1.a)aa)** Gegen **gerichtliche Beschlüsse und Verfügungen** im Strafverfahren, die noch andauern, ist die Beschwerde gem. §§ 304 ff. StPO grds. das zulässige Rechtsmittel (*Laser*, NStZ 2001, 120, 121; *Rieß/Thym*, GA1981, 189, 195 ff.). Neben der **unbefristeten einfachen Beschwerde** gem. den §§ 304 ff. StPO kommt die befristete **sofortige Beschwerde** gem. § 311 StPO nur dann zur Anwendung, wenn das Gesetz diese ausdrücklich als Rechtsmittel gegen bestimmte gerichtliche Entscheidungen benennt (zur Beschwerde *Burhoff*, EV, Rn 1164, und Burhoff/*Kotz/Hillenbrand*, RM, Teil A Rn 400 ff.; zur sofortigen Beschwerde *Burhoff*, EV, Rn 4289; Burhoff/*Kotz/Hillenbrand*, RM, Teil A Rn 550 ff.).

279 **bb)** Die **einfache Beschwerde** ist gegen die folgenden hier behandelten datenschutzrechtlich relevanten gerichtlichen Anordnungen

statthaft:

- die richterliche Anordnung der körperlichen Untersuchung des Beschuldigten gem. § 81a Abs. 2 StPO (→ *Daten, Datengewinnung, repressive, medizinische Daten,* Teil D Rdn 78),
- die richterliche Anordnung der Untersuchung Dritter gem. § 81c Abs. 5 StPO (→ *Daten, Datengewinnung, repressive, medizinische Daten,* Teil D Rdn 78),
- die richterliche Anordnung der molekulargenetischen Untersuchung nach § 81f StPO (→ *Daten, Datengewinnung, repressive, genetische Daten,* Teil D Rdn 71 ff.),
- die richterliche Anordnung der Entnahme von Körperzellen zur DNA-Identitätsfeststellung gem. § 81g StPO (→ *Daten, Datengewinnung, präventive,* Teil D Rdn 64) und
- die richterliche Anordnung zur Herausgabe von Beweisgegenständen gem. §§ 95, 98 StPO (→ *Daten, Datengewinnung, repressive, soziale Daten*, Teil D Rdn 83).

280 **cc)** Für die hier behandelten im EV datenschutzrechtlich relevanten gerichtlichen Anordnungen ist die **sofortige Beschwerde**

statthaft

- gegen die Anordnung der Unterbringung zur Beobachtung gem. § 81 Abs. 4 StPO (→ *Daten, Datengewinnung, repressive, medizinische Daten,* Teil D Rdn 78 ff.) und
- gegen die Entscheidung über den Antrag auf gerichtliche Entscheidung gem. § 101 Abs. 7 S. 4 StPO (→ *Daten, Rechtschutz, Antrag auf gerichtliche Entscheidung gem. § 101 Abs. 7 StPO,* Teil D Rdn 248).

2.a) Die **einfache** und damit grds. nicht fristgebundene **Beschwerde** gem. §§ 304 ff. StPO ist gem. § 306 Abs. 1 StPO beim iudex a quo, also dem Gericht einzulegen, das auch die angefochtene Entscheidung getroffen hat. Auch wenn die Beschwerde grds. nicht fristgebunden ist, kann der Betroffene, sein **Beschwerderecht verwirken**, wenn er über längeren Zeitraum und ohne sachlichen Grund untätig bleibt (*Schmitt/Köhler*, Vor § 296 Rn 6; *Engländer* Jura 2010, 414, 416). Die Beschwerde ist gem. § 306 Abs. 1 StPO **schriftlich** oder zu Protokoll der Geschäftsstelle einzulegen, wobei eine Begründung nicht vorgeschrieben, aber dringend zu empfehlen ist. Da die Begründung keine Zulässigkeitsvoraussetzung ist, kann sie auch nachgeholt werden. Hintergrund dieser Regelung ist, dass dem Gericht die Möglichkeit gegeben werden soll, gem. § 306 Abs. 2 StPO der Beschwerde **abzuhelfen** und die eigene Entscheidung aufzuheben, sofern das Gericht die Beschwerde für begründet hält. Erst wenn die positive Entscheidung getroffen wird, der Beschwerde nicht abzuhelfen, legt das Gericht die Sache dem Beschwerdegericht zur Entscheidung vor (zur Beschwerde eingehend *Burhoff*, EV, Rn 1164, und Burhoff/*Kotz/Hilenbrand*, RM, Teil A Rn 400 ff.). 281

☝ Zu beachten ist, dass die einfache Beschwerde gem. § 307 StPO den **Vollzug** der angefochtenen Entscheidung **nicht hemmt**! Es erscheint daher sinnvoll zu beantragen, gem. § 307 Abs. 2 StPO die Vollziehung der angefochtenen Entscheidung bis zur Entscheidung über die Beschwerde auszusetzen.

b) Im Regelfall ist die **Beschwerdeentscheidung** gem. § 310 Abs. 2 StPO **unanfechtbar**. Eine Ausnahme bilden die in § 310 Abs. 1 StPO genannten Entscheidungen, gegen die das Rechtsmittel der **weiteren Beschwerde** vor dem OLG zulässig ist (hierzu *Matt* NJW 1991, 1801 ff.). Für die im Zusammenhang mit Daten und Datenschutz stehenden Maßnahmen ist eine weitere Beschwerde **nicht** vorgesehen, weil diese gem. § 310 Abs. 1 StPO nur dann statthaft ist, wenn Gegenstand der einfachen Beschwerde eine Verhaftung, einstweilige Unterbringung oder Anordnung des dinglichen Arrestes nach § 111b Abs. 2 in Verbindung mit § 111d über einen Betrag von mehr als 20.000,00 EUR war. 282

3.a) Gegen die richterliche **Anordnung** der **Unterbringung** zur **Beobachtung** ist die **sofortige Beschwerde** gem. § 311 StPO statthaft (*Schmitt/Köhler*, § 81 Rn 28; zur sofortigen Beschwerde *Burhoff*, EV, Rn 4289; Burhoff/*Kotz/Hillenbrand*, RM, Teil A Rn 550 ff.). Dies gilt sowohl dann, wenn der Beschluss im EV als auch dann, wenn er durch das erkennende Gericht der Hauptsache ergeht (OLG Stuttgart, Beschl. v. 10.8.1961 – 1 Ws 329/61, NJW 1961, 2077). Gegen einen die **Unterbringung ablehnenden Beschluss** können der Beschuldigte und die Staatsanwaltschaft das Rechtsmittel der **einfachen Beschwerde** einlegen (OLG Braunschweig, Beschl. v. 1.7.1955 – Ws 66/55, NJW 1955, 1492; LG Köln, Beschl. v. 22.12.1995 – 107 Qs 396/95, NStZ-RR 1996, 267; zur Beschwerde *Burhoff*, EV, Rn 1164, und Burhoff/*Kotz/Hillenbrand*, RM, Teil A Rn 400 ff.). 283

☝ Das Beschwerdegericht **prüft** die **Zweckmäßigkeit** der **Anordnung** (Schmitt/Köhler/*Schmitt*, StPO, § 81a Rn 29), nicht aber die Frage, ob Zweifel an der Schuldfähigkeit des Beschuldigten bestehen. Dies ist allein Frage des tatrichterlichen Ermessens (so i.E. auch MüKo-StPO/*Trück*, § 81 Rn 22).

b) Auch die **gerichtliche Entscheidung gem. § 101 Abs. 7 S. 2 StPO** ist nach § 101 Abs. 7 S. 3 StPO mit der sofortigen Beschwerde anfechtbar (→ *Daten, Rechtschutz, Antrag auf gerichtliche Entscheidung gem. § 101 Abs. 7 StPO*, Teil D Rdn 248). Aus dem Gesetzeswortlaut geht zwar nicht eindeutig hervor, ob dies auch dann der Fall ist, wenn die angefochtene Entscheidung gem. § 101 Abs. 7 S. 4 StPO durch das Gericht der Hauptsache getroffen wurde, jedoch wurde dies bereits zu Recht vom BGH bejaht (BGHSt 54, 30 ff.). Dies überzeugt auch vor dem Hintergrund, dass einem **Dritten** andernfalls die Möglichkeit der Überprüfung abgeschnitten werden würde, weil es nicht mit der Systematik des Revisionsrechts zu vereinbaren sei, ihm in solchen Fällen die Möglichkeit der Revision einzuräumen. Hinzu kommt auch für den **Angeklagten** die nur eingeschränkte revisionsrechtliche Überprüfungsmöglichkeit, falls das Urteil nicht auf Erkenntnissen aus der Maßnahme nach § 101 Abs. 1 StPO beruht (BGH, a.a.O.; MüKo-StPO/*Rückert*, § 101 Rn 111). 284

285 **c)** Die sofortige Beschwerde ist gem. § 311 Abs. 2 StPO ab Bekanntmachung der angefochtenen Entscheidung innerhalb **einer Woche** beim iudex a quo schriftlich oder zu Protokoll der Geschäftsstelle des Gerichts einzulegen, das den Anordnungsbeschluss erlassen hat. Auch für die sofortige Beschwerde gilt, dass eine Begründung nicht zwingende Zulässigkeitsvoraussetzung ist, weshalb diese auch noch nach Fristablauf nachgeholt werden kann (*Schmitt/Köhler*, § 311 Rn 4). Anders als bei der einfachen Beschwerde gibt es bei der sofortigen Beschwerde gem. § 311 Abs. 3 S. 1 StPO grds. **keine Möglichkeit** des erkennenden Gerichts, **der Beschwerde** selbst **abzuhelfen**. Die Sache wird direkt dem Beschwerdegericht zur Entscheidung vorgelegt (zur sofortigen Beschwerde *Burhoff*, EV, Rn 4289; Burhoff/*Kotz/Hillenbrand*, RM, Teil A Rn 550 ff.).

☝ Eine **Ausnahme** gilt allein in den Fällen, in denen gem. **§ 311 Abs. 3 S. 2 StPO** das **rechtliche Gehör verletzt** wurde, indem bei der angefochtenen Entscheidung zum Nachteil des Beschwerdeführers Tatsachen oder Beweisergebnisse bewertet wurden, zu denen der Beschwerdeführer nicht gehört wurde. Liegt ein solcher Fall vor und trägt der Beschwerdeführer nunmehr Umstände vor, nach denen das erkennende Gericht die Beschwerde für begründet hält, darf es der Beschwerde abhelfen, wenn die Beschwerde zulässig eingelegt wurde (*Schmitt/Köhler*, § 311 Rn 6).

Siehe auch: → *Rechtsschutz, Allgemeines,* Teil D Rdn 229 m.w.N.

286 Daten, Rechtsschutz, Verfassungsbeschwerde

Das Wichtigste in Kürze:

1. Wegen Eingriffen in das Recht auf informationelle Selbstbestimmung durch die Erhebung, Speicherung und Verwendung von Daten im Strafverfahren kann Verfassungsbeschwerde erhoben werden.
2. Die Verfassungsbeschwerde ist binnen einer bestimmten Frist, deren Länge davon abhängt, ob sich die Verfassungsbeschwerde gegen ein Urteil oder ein Gesetz richtet, schriftlich zu erheben und zu begründen.
3. Datenschutzrelevante Eingriffe im Ermittlungsverfahren stellen, soweit es sich hierbei um sogenannte Zwischenentscheidungen handelt, regelmäßig keinen tauglichen Beschwerdegegenstand dar; jedoch gibt es Ausnahmen.
4. Im Zusammenhang mit Verfassungsbeschwerden wegen Eingriffen im Ermittlungsverfahren ergeben sich häufig Probleme hinsichtlich der Rechtswegerschöpfung, der Subsidiarität und des Rechtsschutzbedürfnisses.
5. An die Substantiierung des Beschwerdevorbringens werden hohe Anforderungen gestellt.

287 **Literaturhinweise:** **Amelung/Wirth**, Die Rechtsprechung des Bundesverfassungsgerichts seit 1990 zum Schutz materieller Grundrechte im Strafverfahren, StV 2002, 161; **Bottke**, Rechtsbehelfe der Verteidigung im EV – eine Systematisierung, StV 1986, 120; **Denninger**, Die Trennung von Verfassungsschutz und Polizei und das Grundrecht auf informationelle Selbstbestimmung, ZRP 1981, 231; **Gurlit**, Verfassungsrechtliche Rahmenbedingungen des Datenschutzes, NJW 2010, 1035; **Klein/Sennekamp**, Aktuelle Zulässigkeitsprobleme der Verfassungsbeschwerde, NJW 2007, 945; s.a. die Hinweise bei Burhoff/*Geipel*, RM, Teil C Rn 729 ff.).

288 **1.a)** Jede Erhebung, Speicherung und Verwendung von Daten um Strafverfahren tangiert das Recht auf **informationelle Selbstbestimmung** gem. Art. 2 Abs. 1 i.V.m. Art. 1 Abs. 1 GG desjenigen, dessen Daten betroffen sind (hierzu *Gurlit* NJW 2010, 1035, 1036). Aufgrund des Verfassungsrangs des Rechts auf informationelle Selbstbestimmung besteht grds. die Möglichkeit gegen die Eingriffe in das Recht Verfassungsbeschwerde zu erheben, sofern zuvor der Rechtsweg erfolglos beschritten wurde. Neben dem Recht auf informationelle Selbstbestimmung können andere Grundrechte durch die Erhebung von Daten betrof-

fen sein, wie etwa Menschenwürde gem. Art. 1 GG oder auch die Unverletzlichkeit der Wohnung gem. Art. 13 GG im Falle der akustischen Wohnraumüberwachung oder das Post- und Fernmeldegeheimnis gem. Art. 10 GG (*Gurlit* NJW 2010, 1035, 1036 f.). Da sämtliche Maßnahmen im Rahmen des Strafverfahrens im Zusammenhang mit der Verarbeitung personenbezogener Daten einen Eingriff in das Recht auf informationelle Selbstbestimmung darstellen, beschränken sich die nachfolgenden Ausführungen zur Verfassungsbeschwerde auf die Verletzung dieses Grundrechts.

☝ Soll gegen Eingriffe im EV Verfassungsbeschwerde erhoben werden, stellen sich Probleme insbesondere im Hinblick auf die **Rechtswegerschöpfung**, **Subsidiarität** und das **Rechtsschutzinteresse**.

b) Das **Recht** auf **informationelle Selbstbestimmung** gem. Art. 2 Abs. 1 i.V.m. Art. 1 Abs. 1 GG ist Ausfluss des allgemeinen Persönlichkeitsrechts und gewährleistet dem Einzelnen das Recht, grds. selbst über die Erhebung, Speicherung, Verwendung und Weitergabe seiner persönlichen Daten zu bestimmen (BVerfGE 65, 1; 78, 77; 113, 29, 46). Die Bedeutung dieses Rechts steigt mit der sich stetig ausweitenden Bedeutung **moderner Datenverarbeitung**, die sich auch die Ermittlungsbehörden im Strafverfahren zunutze machen. Auch für das Recht auf informationelle Selbstbestimmung ist daher die sogenannte **Schrankentrias** des Art. 1 Abs. 1 GG zu beachten, die auf die Verhältnismäßigkeitsprüfung des Eingriffs in das Grundrecht ausstrahlt. Das bedeutet, dass grds. zu differenzieren ist, ob durch den Grundrechtseingriff in die **Sozial-, Privat- oder Intimsphäre** des Betroffenen eingegriffen wurde. Das BVerfG hat in diesem Zusammenhang die sogenannte **Sphärentheorie** entwickelt, nach der Eingriffe in die **Intimsphäre** als **unantastbarer Kernbereich** des Persönlichkeitsschutzes nicht mit dem Grundgesetz zu vereinbaren sind (BVerfGE 6, 32; 10, 55, 59; 34, 238, 245; 103, 21, 31). Liegt hingegen ein Eingriff in **Sozial- oder Privatsphäre** vor, dann ist im Rahmen einer Güterabwägung festzustellen, ob im konkreten Einzelfall **Gründe der Gemeinverträglichkeit und des Gemeinwohls** gegenüber dem Interesse des Betroffenen am Schutz vor dem Eingriff in das Recht auf informationelle Selbstbestimmung überwiegen und der Eingriff damit im angemessenen Verhältnis zur Sache steht (BVerfGE 27, 344; 32, 373, 381; 35, 202; *Amelung/Wirth* StV 2002, 161, 166). 289

c) In der Vergangenheit wurden im Rahmen von EV etwa die folgenden Eingriffe in das Recht auf informationelle Selbstbestimmung zugunsten des staatlichen Strafverfolgungsinteresses bzw. Interesses an der Prävention vor Straftaten durch das BVerfG auf ihre **Verhältnismäßigkeit** hin geprüft: 290

- **Bankkontoabfragen** durch Strafverfolgungsbehörden, Finanzämter und Sozialleistungsträger (BVerfGE 118, 168),
- Erhebung und Weitergabe von **Befunden** über den Gesundheitszustand bzw. die seelische Verfassung (BVerfGE 32, 373, 378; 44, 353, 372; 65, 1, 41; 78, 77, 84; 84. 192, 194),
- Feststellung, Speicherung und künftige Verwendung von **DNA-Identifizierungsmustern** (BVerfG NJW 2001, 2320, 2323; → *Daten, Datengewinnung, präventive,* Teil D Rdn 63 und → *Daten, Datenumwidmung, genetische Daten,* Teil D Rdn 219 ff.),
- Speicherung von Daten aus rechtswidrigen **Drogenscreenings** (BVerfG NVwZ 2005,571 ff.),
- Datenerhebung im Rahmen polizeipräventiver **Rasterfahndung** (BVerfGE 115, 320 ff.; → *Daten, Datenabgleich, Anordnungsvoraussetzungen,* Teil D Rdn 25),
- Beschlagnahme von auf einem PC und einem Mobiltelefon gespeicherten **Telekommunikationsverbindungsdaten** (BVerfGE 115, 166 ff.; → *Daten, Datengewinnung, repressive, soziale Daten,* Teil D Rdn 83 ff.),
- Verwendung von **GPS-Systemen** neben anderen Observationsmaßnahmen im EV (BVerfGE 112, 304 ff.),
- Errichtung einer gemeinsamen **Antiterrordatei** der Polizeibehörden und Nachrichtendienste zur Bekämpfung des internationalen Terrorismus (BVerfG, BGBL. 2013, 1270),

- Datenerhebung im Wege der **Online-Durchsuchung** (BVerfGE 120, 274 ff.; → *Daten, Datengewinnung, repressive, soziale Daten,* Teil D Rdn 83).

> ☝ Die im Zusammenhang mit einem Strafverfahren erhobenen, gespeicherten und verwendeten Daten sind regelmäßig solche, die nicht der Intim-, sondern der **Sozial-** und **Privatsphäre** zuzuordnen sind, weshalb sie im Wege der **Verhältnismäßigkeitsprüfung** jedenfalls grds. gegenüber überwiegenden höherrangigen Interessen zurückstehen können. Dennoch ist im Einzelfall stets sorgfältig zu prüfen, ob die mit jeder Zwangsmaßnahme im EV einhergehende Grundrechtsverletzung aufgrund eines überwiegenden staatlichen Strafverfolgungs- oder Gefahrenabwehrinteresses zulässig ist.

291 **2.a)** Die formalen Voraussetzungen der Verfassungsbeschwerde sollen hier nur kursorisch benannt werden, um auf mögliche Probleme hinzuweisen; wegen der Einzelh. wird verwiesen auf Burhoff/*Geipel*, RM, Teil C Rn 1144 ff.). Einige Zulässigkeitsvoraussetzungen der Verfassungsbeschwerde, wie etwa Beschwerdefähigkeit und Beschwerdebefugnis, dürften bei dem hier behandelten Thema der datenschutzrechtlich relevanten Eingriffe in das Recht auf informationelle Selbstbestimmung von natürlichen Personen kaum problematisch sein, während insbesondere die Voraussetzungen der Rechtswegerschöpfung und Subsidiarität durchaus von Bedeutung sind. Form und Frist der Verfassungsbeschwerde ergeben sich aus §§ 23 und 93 BVerfGG.

292 **Frist/Form**

- Die Verfassungsbeschwerde ist gem. § 23 Abs. 1 BVerfGG **schriftlich** einzulegen und **zu begründen**.

> ☝ Eine **anwaltliche Vertretung** des Beschwerdeführers ist gem. § 22 Abs. 1 BVerfGG erst dann erforderlich, wenn eine mündliche Verhandlung vor dem BVerfG stattfindet! Fehlt es an einer ausreichenden Bevollmächtigung gem. § 22 Abs. 2 BVerfGG, kann diese auch vom BVerfG angefordert und nachgereicht werden (BVerfGE 50, 381, 383).

- Für den Fristenlauf ist zunächst danach zu differenzieren, ob es sich um eine sogenannte **Urteilsverfassungsbeschwerde** oder um eine sogenannte **Rechtssatzverfassungsbeschwerde** handelt (s.a. *Klein/Sennekamp* NJW 2007, 945, 948).
  - Die Frist zur Erhebung der Verfassungsbeschwerde gegen Urteile beträgt gem. § 93 Abs. 1 BVerfGG **einen Monat** ab Zustellung oder formloser Mitteilung der angefochtenen Entscheidung.
  - Will der Beschwerdeführer keine justizielle Entscheidung, sondern ein Gesetz angreifen, also eine Rechtssatzverfassungsbeschwerde erheben, gilt gem. § 93 Abs. 3 BVerfGG eine **Jahresfrist** ab Inkrafttreten des Gesetzes. Sollte der Beschwerdeführer sich, wie regelmäßig üblich, gegen eine Gerichtsentscheidung wenden und hierbei mittelbar das der Entscheidung zugrunde liegende Gesetz angegriffen werden, sogenannte „**mittelbare Rechtsverfassungsbeschwerde**“, greift freilich die Monatsfrist ab Mitteilung der angefochtenen Entscheidung und nicht etwa die Jahresfrist gem. § 93 Abs. 3 BVerfGG (BVerfGE 9, 338, 342; Burhoff/*Geipel*, RM, Teil C Rn 1126).

> ☝ Innerhalb der Frist sind nicht nur sämtliche **erforderlichen Unterlagen** in Kopie – möglichst als Anlage zur Beschwerdebegründung – vorzulegen, sondern ist die Beschwerde auch zu **begründen** (vgl. hierzu Burhoff/*Geipel*, RM, Teil C Rn 1192 ff.).

293 **3.** Sofern datenschutzrelevante Eingriffe im EV angegriffen werden, ist fraglich, ob diese als sogenannte **Zwischenentscheidungen** überhaupt selbstständig im Wege der Verfassungsbeschwerde angegriffen

werden können oder ob diese über die Fachgerichte überprüfbar sind und damit nur nach Durchlaufen des Rechtswegs im Rahmen der Urteilsverfassungsbeschwerde angreifbar sind (vgl. hierzu Burhoff/*Geipel*, RM, Teil C Rn 1155 ff.). Grds. scheiden vorläufige und sogenannte Zwischenentscheidungen als tauglicher **Beschwerdegegenstand** einer Verfassungsbeschwerde aus. Dennoch ist diese Frage anhand des jeweiligen Einzelfalls zu prüfen, denn das BVerfG hat hier bereits durchaus unterschiedliche Entscheidungen getroffen (vgl. Aufzählung entsprechender Entscheidungen bei Burhoff/*Geipel*, RM, Teil C Rn 1155 f.), weshalb eine pauschale Ablehnung der Beschwerdetauglichkeit von Zwangsmaßnahmen im EV nicht sachgerecht erscheint. Dies gilt insbesondere deswegen, weil eine **Entscheidung in der strafrechtlichen Hauptsache** nicht zwangsläufig in einer derartigen Verbindung zum vorangegangenen Zwangsmitteleingriff steht, dass eine entsprechende Überprüfung der Zwangsmaßnahme dort stattfindet; damit hätte die Hauptsacheentscheidung keine direkte Auswirkung auf die Beschwer des Betroffenen (vgl. auch *Meyer/Rettenmeier* NJW 2009, 1238, 1241). Das BVerfG hat in einer Entscheidung aus dem Jahr 1997 betont, dass die Rechtsschutzgarantie aus Art. 19 Abs. 4 GG auch nach Erledigung einer prozessualen Maßnahme effektiven Rechtsschutz gebietet (BVerfGE 96, 27, 38 ff.; hierzu auch *Amelung/Wirth* StV 2002, 161, 163). Wurde durch die Zwischenentscheidung eine bleibende, später nicht mehr korrigierbare Grundrechtsverletzung begangen, muss sie im Wege der Verfassungsbeschwerde auch angreifbar bleiben (*Klein/Sennekamp* NJW 2007, 945, 948; *Amelung/Wirth* StV 2002, 161, 163).

4. Als weitere Zulässigkeitsvoraussetzung der Verfassungsbeschwerde muss ein **allgemeines Rechtsschutzbedürfnis** des Beschwerdeführers bestehen und er muss außerdem den **Rechtsweg** gegen die angegriffene Grundrechtsverletzung durchlaufen haben. Der sogenannte **Subsidiaritätsgrundsatz** verlangt zudem in materieller Hinsicht, dass der Beschwerdeführer im Rahmen des durchlaufenen Rechtswegs alles getan hat, um die gerügte Grundrechtsverletzung zu beheben. Zum Zeitpunkt der Beschwerde und der Entscheidung hierüber muss nach Rspr. des BVerfG ein schutzwürdiges Interesse des Beschwerdeführers vorliegen (BVerfGE 81, 131, 140). Dieses **Rechtschutzbedürfnis** kann etwa dann entfallen, wenn sich die angegriffene Maßnahme bereits vor Entscheidung des BVerfG erledigt hat. Für solche Fälle, die hier insbesondere bei Grundrechtsverletzungen durch Zwangsmaßnahmen im EV denkbar sind, kann das Fortbestehen des Rechtschutzbedürfnisses aber dann bejaht werden, wenn 294

- die Gefahr der Wiederholung entsprechender Grundrechtsverletzungen besteht (BVerfG, Urt. v. 24.1.2001 – 1 BvR 2623/95, NJW 2001, 1633, 1634; *Bottke* StV 1986, 120 124; *Klein/Sennekamp* NJW 2007, 945, 949) oder
- die aufgeworfene Rechtsfrage und das betroffene Grundrecht von besonderer Bedeutung (BVerfG NJW 2001, 1633 ff.; Beschl. v. 5.12.2001 – 2 BvR 527/99 u.a., NJW 2002, 2456 ff.) sind.

> ☝ Bei der Prüfung des Rechtsschutzbedürfnisses kann man sich weitestgehend an den Grundsätzen zum Bestehen eines **(Fortsetzungs-)Feststellungsinteresses** bei der Verwaltungsgerichtsklage orientieren (so *Klein/Sennekamp* NJW 2007, 945, 949; *Bottke*, StV 186, 120, 124; → *Daten, Rechtschutz, verwaltungsgerichtliche Klage*, Teil D Rdn 298 ff.)

d) Die **Rechtswegerschöpfung** gem. § 90 Abs. 2 S. 1 BVerfGG meint, dass der Beschwerdeführer vor Erhebung der Verfassungsbeschwerde – mit Ausnahme der Landesverfassungsbeschwerde – jede gesetzlich geregelte Möglichkeit zur Anrufung eines Gerichts bzw. – soweit vorgesehen – zur Durchführung eines behördlichen Verfahrens in der angegriffenen Sache wahrzunehmen hat (*Klein/Sennekamp* NJW 2007, 945, 949 f.). In der Praxis wird nicht immer trennscharf zwischen der Rechtswegerschöpfung und der (materiellen) **Subsidiarität** der Verfassungsbeschwerde differenziert. Mit Subsidiarität in diesem Sinne ist gemeint, dass der Beschwerdeführer im Rahmen des Rechtswegs alles ihm Mögliche und Zumutbare getan haben muss, um gegen die gerügte Grundrechtsverletzung anzugehen. Hierzu zählt insbesondere die Ausübung von 295

- Antrags-,
- Beanstandungs-,
- Frage-,
- Äußerungs- und
- Ablehnungsrechten.

Im Hinblick auf die Subsidiarität ist knapp zusammengefasst damit zu prüfen, ob das Ausgangsverfahren durch den Beschwerdeführer auch sorgsam betrieben wurde.

☝ Grds. gilt somit, dass der Beschwerdeführer im Hinblick auf eine spätere zulässige Verfassungsbeschwerde diejenigen Rechtsbehelfe im Ausgangsverfahren einlegen sollte, die jedenfalls **nicht von vornherein offensichtlich aussichtslos** sind (Burhoff/*Geipel*, RM, Teil C Rn 1176 ff.).

296 **5.** Neben den bereits erwähnten formalen Voraussetzungen der Verfassungsbeschwerde verlangt die zulässige Einlegung dieses Rechtsmittels die **fristgerechte Begründung** und **Substantiierung** der Beschwerde (Einzelh. Burhoff/*Geipel*, RM, Teil C Rn 1192 ff. m.w.N.). Gem. § 92 BVerfGG muss der Beschwerdeführer in seiner Verfassungsbeschwerde das Recht, das verletzt sein soll, und das angegriffene Verhalten des Organs oder der Behörde bezeichnen. Nach der Rspr. des BVerfG muss fristgemäß der grundrechtsrelevante Vorgang substantiiert dargelegt werden (BVerfG, Beschl. v. 7.4.2005 – 1 BvR 1333/04, NJW 2005, 2140), damit das BVerfG allein anhand der Beschwerdebegründung in der Lage ist, den angegriffenen Hoheitsakt ohne weitere Nachforschungen einer Prüfung zu unterziehen (*Klein/Sennekamp*, NJW 2007, 945, 952).

☝ **Zur Kontrolle der substantiierten Beschwerdebegründung** sollte sich der Beschwerdeführer bzw. dessen Rechtsbeistand fragen, ob das Gericht anhand der Begründung und der eingereichten Unterlagen in der Lage ist sowohl die Verfassungsmäßigkeit des angefochtenen Hoheitsakts als auch die Zulässigkeitsvoraussetzungen der Verfassungsbeschwerde umfassend zu prüfen (*Klein/Sennekamp*, NJW 2007, 945, 952).

297 Um den hohen Anforderungen an das substantiierte Beschwerdevorbringen zu genügen, sollte der Beschwerdeführer möglichst **umfassend vortragen** und die für die aufgeworfene Frage **relevanten Unterlagen** aus dem Ausgangsverfahren als Anlagen in Kopie der Beschwerdebegründung beifügen. Ohne Anspruch auf Vollständigkeit zählen zu den relevanten Unterlagen insbesondere

- Schriftsätze,
- Urteile,
- Beschlüsse,
- Gutachten,
- Hinweisbeschlüsse sowie
- ggf. Dokumente aus der Revision wie etwa Anträge des Generalbundesanwalts und Gegenerklärungen hierzu (vgl. auch Burhoff/*Geipel*, RM, Teil C Rn 1192).

☝ **Zur Kontrolle** der **Vollständigkeit der Anlagen** sollte der Beschwerdeführer bzw. dessen Rechtsbeistand prüfen, ob sämtliche Unterlagen, auf die in der Begründung Bezug genommen wurde, in Kopie der Begründung als Anlage beigefügt wurden.

Siehe auch: → *Daten, Rechtsschutz, Allgemeines,* Teil D Rdn 241 m.w.N.

Daten, Rechtsschutz, verwaltungsgerichtliche Klage 298

Das Wichtigste in Kürze:

1. Gegen zahlreiche der im Zusammenhang mit der Verarbeitung von Daten stehenden staatlichen Eingriffe ist der Verwaltungsrechtsweg zu beschreiten.
2. Der Verwaltungsrechtsweg ist bei sogenannten doppelfunktionalen Maßnahmen der Polizei nach der Rspr. dann eröffnet, wenn der Schwerpunkt des polizeilichen Handelns auf der Prävention lag.

Literaturhinweise: **Graulich**, Strafverfolgungsvorsorge – Gegenstand und rechtliche Verortung, NVwZ 2014, 685; **Schenke**, Rechtsschutz gegen doppelfunktionelle Maßnahmen der Polizei, NJW 2011, 2838; **Schübel-Pfister**, Aktuelles Verwaltungsprozessrecht, JuS 2015, 418; **Waszczynski**, Rechtsschutzmöglichkeiten gegen erkennungsdienstliche Maßnahmen unter besonderer Berücksichtigung der Rechtsnatur des § 81b Alt. 2 StPO, JS 2013, 60; s. auch die Hinweise bei → *Daten, Rechtschutz, Antrag auf gerichtliche Entscheidung gem. § 98 Abs. 2 S. 2 StPO*, Teil D Rdn 256 und → *Daten, Antrag auf gerichtliche Entscheidung gem. den §§ 23 ff. EGGVG*, Teil D Rdn 264. 299

1. Gegen zahlreiche der im Zusammenhang mit der Verarbeitung von Daten stehenden staatlichen Eingriffe ist der Verwaltungsrechtsweg zu beschreiten. Besondere Bedeutung kommt dem **Verwaltungsrechtsweg** dann zu, wenn es sich um Eingriffe im Rahmen **polizeipräventiven Tätigwerdens** handelt. Während sich der Betroffene im EV gegen repressive datenschutzrechtlich relevante Eingriffe zunächst mit den Rechtsmitteln der Beschwerde oder des Antrags auf gerichtliche Entscheidung gem. § 98 Abs. 2 S. 2 StPO analog oder direkt, sofern es sich um Fälle der Beschlagnahme handelt, wenden kann (→ *Daten, Rechtschutz, Antrag auf gerichtliche Entscheidung gem. § 98 Abs. 2 S. 2 StPO*, Teil D Rdn 256) oder bei den in § 101 Abs. 1 StPO genannten Verfahren gem. § 101 Abs. 7 StPO (→ *Daten, Rechtschutz, Antrag auf gerichtliche Entscheidung gem. § 101 Abs. 7 StPO*, Teil D Rdn 248), ist bei polizeipräventiver Tätigkeit grds. der Verwaltungsrechtsweg gem. **§ 40 VwGO** eröffnet. Greifen also die typischen Rechtsbehelfe im EV nicht und sind auch die speziellen Rechtsbehelfe des Strafvollzugsgesetzes (→ *Strafvollzug, Erwachsene, Antrag auf gerichtliche Entscheidung, Allgemeines*,, Teil D Rdn 192 ff.) oder der gerichtlichen Entscheidung gem. den §§ 23 ff. EGGVG (→ *Daten, Rechtschutz, Antrag auf gerichtliche Entscheidung gem. den §§ 23 ff. EGGVG*, Teil D Rdn 264 ff.) nicht einschlägig, dann liegt es durchaus nahe, an den Verwaltungsrechtsweg zu denken. 300

2.a) Praktisch besonders relevant und im Einzelfall schwierig zu entscheiden ist die Frage nach dem zulässigen Rechtsweg bei sogenannten **polizeilichen doppelfunktionalen Maßnahmen**. Im Allgemeinen gilt, dass in Fällen, in denen polizeiliches Handeln angegriffen wird, zwischen dem Rechtsweg zu den ordentlichen Gerichten nach § 23 ff. EGGVG und dem Verwaltungsrechtsweg zu differenzieren ist (*Schübel-Pfister* JuS 2015, 418, 422). Während bei repressivem Handeln grds. der ordentliche Rechtsweg nach den §§ 23 ff. EGGVG eröffnet ist (→ *Daten, Rechtschutz, Antrag auf gerichtliche Entscheidung gem. den §§ 23 ff. EGGVG*, Teil D Rdn 264 ff.), ist der **Verwaltungsrechtsweg bei präventivem polizeilichen Handeln** eröffnet (*Schübel-Pfister* JuS 2015, 418, 422). Grund hierfür ist, dass die Polizei bei präventiv polizeilichem Handeln nicht als Justiz-, sondern als Verwaltungsbehörde auftritt (BVerfG NJW 1966, 1474; NJW 1975, 1529; *Graulich* NVwZ 2014, 685, 688). 301

Problematisch ist die Wahl des Rechtswegs jedoch in solchen Fällen, in denen die Polizei sowohl zum Zwecke der **Strafverfolgung** als auch zu **präventiven Zwecken** tätig wird. Die Rspr. stellt bei der Prüfung des zulässigen Rechtswegs darauf ab, dass maßgebend ist, wo der **Schwerpunkt** der angegriffenen Maßnahme liegt (BVerwG NJW 1975, 893; VGH München, Beschl. v. 29.9.2022 – 10 C 22.55627359; OVG Hamburg, Beschl. v. 7.8.2018 – 4 So 24/18NoirdÖR 2019, 40). Auch wenn es keine starren Kriterien zur Feststellung des Rechtswegs gibt, kommt jedenfalls dem erklärten oder bei natürlicher Betrachtungsweise für den verständigen Bürger erkennbaren Willen des Sachwalters, dessen Maßnahme angegriffen wird, in Bezug auf die Zwecksetzung erhebliche Bedeutung zu (BVerwG, Urt. v. 3.12.1974 – I C 11/73, NJW 1975, 893; BGH, Urt. v. 16.4.2017 – 2 StR 247/16, 302

NStZ 2017, 651, 654; OVG Münster, Urt. v. 13.9.1979 – IV A 2597/78, NJW 1980, 855; OVG Hamburg, Beschl. v. 7.8.2018 – 4 So 24/18NordÖR 2019, 40).

☝ Ist die Zuordnung nicht eindeutig möglich, darf das VG den Rechtsstreit jedenfalls nicht an die ordentliche Gerichtsbarkeit verweisen, wenn die Maßnahme bei verständiger Würdigung **aus der Perspektive des Betroffenen zumindest auch präventiv-polizeiliche Zwecke** verfolgt und jedenfalls auch auf eine präventiv-polizeiliche Ermächtigungsgrundlage gestützt werden kann (OVG Münster, Beschl. v. 6.8.2014 – 5 E 375/14, NVwZ-RR 2014, 863).

303 **b)** Die im Zusammenhang mit Daten sich ergebende Frage der Rechtswegwahl bei doppelfunktionellen Maßnahmen stellt sich fraglos oft bei **erkennungsdienstlichen Behandlungen** gem. § 81b Alt. 2 StPO. Die Polizei legt etwa über potentielle Störer wie z.B. gewaltbereite Fußballfans, oder gewaltauffällige Versammlungsteilnehmer Dateien an, um ihren präventiv polizeilichen Aufgaben nachzukommen (*Graulich*, NVwZ 2014, 685; s.a. BVerfG, Urt. v. 27.7.2005 – 1 BvR 668/04, NJW 2005, 2603). Daher ist sowohl die Anordnung der Durchführung einer erkennungsdienstlichen Behandlung als auch die Aufbewahrung des im Rahmen dieser gewonnenen Materials mit Hilfe der verwaltungsgerichtlichen Klage angreifbar. Wurde die ED-Behandlung angeordnet, aber noch nicht vollzogen, kann die Anordnung im Wege der Anfechtungsklage angegriffen werden (OVG Hamburg, Urt. v. 13.5.1976 – Bf II 17/76; VG Leipzig, Urt. v. 19.7.2007 – 3 K 1162/06, StV 2009, 124; *Waszczynski* JA 2013, 60, 62). Die Löschung der Aufbewahrung kann daher mit der Verpflichtungsklage erreicht (OVG Münster, Beschl. v. 14.4.2010 – 5 A 479/09, NWVBl 2010, 426; VG Karlsruhe, Urt. v. 12.3.2019 – 2 K 8203/18) oder, falls die Löschung bereits erfolgt ist, deren Rechtswidrigkeit im Wege der Fortsetzungsfeststellungsklage festgestellt werden (OVG Saarlouis, Urt. v. 5.10.2012 – 3 A 72/12).

Siehe auch: → *Daten, Rechtsschutz, Allgemeines,* Teil D Rdn 241 m.w.N.; → *Verwaltungsverfahren, Abrechnung*, Teil J Rdn 467.

Teil E: Register

Bundeszentralregister, Allgemeines 1

Das Wichtigste in Kürze:

1. Das Zentralregister und das Erziehungsregister bilden das BZR, das beim BfJ als Registerbehörde geführt wird. Das BZR ist das maßgebliche deutsche Vorstrafenregister, mit dessen Hilfe das strafrechtliche Vorleben einer Person abgelesen werden kann. Im Wege der unbeschränkten Auskünfte und durch Führungszeugnisse werden Eintragungen Behörden und Privaten, z.B. Arbeitgebern, bekannt gemacht.
2. Zum Teil sind mit einer Verurteilung bzw. mit der entsprechenden Eintragung im BZR weitere Folgen verbunden, die im Verhältnis zu der eigentlichen Strafe wesentlich schwerwiegender sind.
3. Wegen der weitreichenden Folgen, die eine Veröffentlichung der Registerdaten für Betroffene haben kann, sind sie hoch sensibel und besonders zu schützen. Das BZRG, das die gesetzliche Grundlage für das BZR bildet, ist spezielles Datenschutzrecht.
4. Neben dem BZR bestehen noch weitere Register, die jedoch eine engere Zielrichtung haben. Insbesondere das ZStV nach §§ 492 ff. StPO wird zwar ebenfalls beim BfJ geführt, dient aber ausschließlich dem Interesse der Strafrechtspflege.

Literaturhinweise: **Engel**, Amnestie im Cannabisgesetz – weder geboten noch umsetzbar, ZRP 2024, 50; **Frings**, Erweitertes Führungszeugnis nach § 30a BZRG, SRa 2011, 213; **Fritsch**, Die Neuregelung des § 15 BZRG und die daraus resultierenden Probleme für die Praxis, RPfleger 2012, 488; **Joussen**, Das erweiterte Führungszeugnis im Arbeitsverhältnis NZA 2012, 776; **Kellner**, Die Legalisierung von Cannabis in Deutschland, NJW-Spezial 2024, 248; **Kirchberg**, Identifizierende Altmeldungen über Strafverfahren in Online-Archiven: Beugt sich das Recht der technischen Entwicklung?, GRUR-Prax 2013, 237; **Koreng/Feldmann**, Das „Recht auf Vergessen" – Überlegungen zum Konflikt zwischen Datenschutz und Meinungsfreiheit, ZD 2012, 311; **Krumm**, Bundeszentralregister: Inhalt, Tilgung und Verwertung strafrechtlicher Voreintragungen, VRR 2008, 52; **Küppers**, Die Bedeutung des Bundeszentralregisters in der anwaltlichen Beratungspraxis – Teil 1, StRR 2014, 128; *ders.*, Die Bedeutung des Bundeszentralregisters in der anwaltlichen Beratungspraxis – Teil 2, StRR 2014, 164; **Kuhn**, Vorhalte- und Verwertungsverbot des § 51 Abs. 1 BZRG, JA 2011, 855; **Löwisch**, Datenschutz bei Anforderung und Nutzung erweiterter Führungszeugnisse NJW 2012, 2389; **Peuker**, Einführung einer einheitlichen Bürger-Identifikationsnummer, ZRP 2024, 83; **Pfeiffer**, Die unbeschränkte Auskunft aus dem Bundeszentralregister und das Führungszeugnis, NStZ 2000, 402; *ders.*, Besserer Schutz von Kindern und Jugendlichen durch ein neues „erweitertes Führungszeugnis", NJW 2010, 1109; **Rebmann**, Die Eintragung ausländischer Urteile in das Bundeszentralregister, NStZ 1985, 529; **Reuer**, Tilgungsreife von Eintragungen im Bundeszentralregister nach dem Konsumcannabisgesetz (KCanG), NJOZ 2024, 673; **Sawade/Schomburg**, Ausgewählte Probleme des Bundeszentralregistergesetzes, NJW 1982, 551; **Schumacher/Sundermann**, Datenschutzrechtliche Zulässigkeit der Kontrolle von Führungszeugnissen und Vorstrafen am Beispiel von Franchiseverträgen, ZVertriebsR 2024, 3; **Sollmann**, Zu den neuen Regelungen zum Strafregisterinformationsaustausch innerhalb der Europäischen Union und zur Notwendigkeit ihrer Umsetzung in deutsches Recht, NStZ 2012, 253; **Stahnke**, Aufgaben und Dienstleistungen des Bundeszentralregisters, Jur-PC 1996, 16; **Vollkommer**, Aus der Praxis: Zwei Vorstrafen im Bundeszentralregister und doch kein Eintrag im Führungszeugnis?, JuS 2007, 536; **Wohlfahrt**, Registerrechtliche Folgen jugendgerichtlicher Verurteilungen – Teil 1, StraFo 2024, 362; *ders.*, Registerrechtliche Folgen jugendgerichtlicher Verurteilungen – Teil 2, StraFo 2024, 448; s.a. die Hinweise bei → *Erziehungsregister, Allgemeines*, Teil E Rdn 292. 2

1.a) Das **Zentralregister** und das **Erziehungsregister** bilden das **BZR** (zum Erziehungsregister → *Erziehungsregister, Allgemeines*, Teil E Rdn 284). Es handelt sich beim BZR um das **zentrale deutsche Vorstrafenregister**, mit dessen Hilfe das strafrechtliche Vorleben einer Person abgelesen werden kann. Auf diese Weise soll u.a. Behörden der Zugang zu den Informationen gewährt werden, welche erforderlich sind, um die im **Interesse der Strafrechtspflege** und der **öffentlichen Sicherheit** notwendigen Entscheidungen zu treffen. Die Eintragungen werden zudem grds. auch in Führungszeugnisse (→ *Bundeszentralregister, Führungszeugnis, Allgemeines*, Teil E Rdn 175) aufgenommen und auf diese Weise auch privaten Stellen, z.B. Arbeitgebern, zugänglich gemacht. 3

☝ Die **Eintragungen** im **BZR** sind daher von **erheblicher Bedeutung.** Sie spielen nicht nur bei der Strafzumessung nach § 46 Abs. 2 S. 2 StGB („das Vorleben des Täters") eine große Rolle. Wegen der Eintragungen können Personen weitreichend von dem Zugang zu Arbeit, ehrenamtlichen Tätigkeiten oder einer Vielzahl begünstigender Verwaltungsentscheidungen ferngehalten werden.

4 **b)** Ausgehend vom Zweck des BZR werden alle strafgerichtlichen **Verurteilungen** und solche **Verwaltungsentscheidungen** gespeichert, die für die Beurteilung der Persönlichkeit der Betroffenen von besonderer Bedeutung sind.

5 Danach werden **insbesondere eingetragen** (→ *Bundeszentralregister, Eintragungen, Allgemeines*, Teil E Rdn 57):

- strafgerichtliche Verurteilungen (§ 4 BZRG),
- bestimmte Entscheidungen von Verwaltungsbehörden und Verwaltungsgerichten (§ 10 BZRG),
- Einstellungsverfügungen und gerichtliche Entscheidungen wegen Schuldunfähigkeit oder Verhandlungsunfähigkeit (§ 11 BZRG) sowie
- Folgeentscheidungen, wie z.B. Beschlüsse über die Bildung einer Gesamtstrafe (§ 6 BZRG), der Widerruf der Bewährung und Straferlasse (§ 12 Abs. 1 BZRG).

6 **2.a)** Je nach **Lebenssituation** der **Mandanten** (z.B. bei laufenden Verwaltungs- oder Bewerbungsverfahren) oder Zugehörigkeit zu bestimmten Personengruppen, von denen eine besondere Zuverlässigkeit erwartet wird (z.B. bei Ärzten und Apothekern, Waffenbesitzern und Nicht-EU-Bürgern; dazu a. bei den jeweiligen Berufen in Teil H: Personen- und Berufsgruppen, Fahrerlaubnisrecht) kann schon die Verurteilung und Eintragung einer **vermeintlich geringen Geld- oder Freiheitsstrafe** erhebliche Probleme mit sich bringen. So führt nach § 5 Abs. 2 Nr. 1 WaffG schon eine Geldstrafe von min. 60 Tagessätzen für eine Vorsatztat in der Regel zu der Annahme, dass der Inhaber einer waffenrechtlichen Erlaubnis nicht über die erforderliche Zuverlässigkeit verfügt (→ *Waffenbesitzer, waffenrechtliche Zuverlässigkeit*, Teil H Rdn 1381). Bei der Einbürgerung bleiben nach § 12a Abs. 1 S. 1 StAG Geld- oder Freiheitsstrafen nur unberücksichtigt, wenn sie mehr als 90 Tagessätze oder drei Monate Freiheitsstrafe nicht übersteigen, wobei mehrere Verurteilungen nach § 12a Abs. 1 S. 3 StAG zusammengerechnet werden (zur Einbürgerung → *Ausländer, Einbürgerung, Staatsangehörigkeit,* Teil H Rdn 327).

7 Zudem wird nicht selten bei Bewerbungen auf einen Arbeitsplatz oder bei der Aufnahme einer ehrenamtlichen Tätigkeit die **Vorlage** eines **(erweiterten) Führungszeugnisses** verlangt. Das Führungszeugnis ist das maßgebliche Instrument zum Nachweis des strafrechtlichen Vorlebens einer Person. Im Interesse der Resozialisierung der Betroffenen gibt es nur einen Teil der etwaigen Eintragungen im BZR wieder, so werden insbesondere geringfügige Verurteilungen i.d.R. nicht in Führungszeugnisse aufgenommen.

☝ In **erweiterte** Führungszeugnisse gem. § 30a BZRG werden alle Eintragungen des einfachen Führungszeugnisses sowie im **Interesse** des **Kinder-** und **Jugendschutzes** alle – auch geringfügigen – Verurteilungen wegen der in § 32 Abs. 5 BZRG genannten Katalogstraftaten aufgenommen (zu den verschiedenen Führungszeugnisarten → *Bundeszentralregister, Führungszeugnis, Allgemeines*, Teil E Rdn 179). Weist das (erweiterte) Führungszeugnis Eintragungen auf, bedeutet das i.d.R. die Absage für den begehrten Arbeitsplatz.

8 **3.a)** Wegen der **weitreichenden Folgen**, die eine Veröffentlichung der **Registerdaten** für Betroffene haben kann, sind sie **hoch sensibel** und **besonders zu schützen**. Schließlich geht mit dem Eintrag im BZR eine **erhebliche Stigmatisierungswirkung** einher (*Tolzmann*, Einl. Rn 1). Das **BZRG**, das die gesetzliche Grundlage für das BZR bildet, ist daher **spezielles Datenschutzrecht**, das das Registerrecht grds. abschließend regelt. Das allgemeine Datenschutzrecht des BDSG ist nach § 1 Abs. 2 S. 1 BDSG nur subsidiär anwendbar. Das BZRG bildet vielmehr die bereichsspezifische **verfassungsmäßige Schranke des Grundrechts auf informationelle Selbstbestimmung** nach Art. 2 Abs. 1 i.V.m. Art. 1

Abs. 1 GG, wie es seit dem Volkszählungsurteil des BVerfG (NJW 1984, 419) verstanden wird. Gleichwohl wird das BZRG unionsrechtlich durch die allgemeinere DSGVO überlagert, nachdem Art. 10 S. 2 DSGVO eine ausdrückliche Regelung zu Strafregistern enthält.

Das **BZRG regelt** daher vor allem: 9

- welche Daten in das Register aufgenommen werden,
- wie lange sie im Register gespeichert werden,
- welche Personen bzw. Stellen über die Daten,
- in welcher Form eine Auskunft erhalten.

☝ Das BZRG kennt **nur** folgenden **Zugang** zu den Registerdaten:

- Im Wege der **Auskunftserteilung** an **Betroffene** selbst gem. § 42 BZRG (→ *Bundeszentralregister, Auskunft, Selbstauskunft*, Teil E Rdn 40) oder
- durch **Auskunft** an **bestimmte Behörden oder Stellen** nach § 41 BZRG (→ *Bundeszentralregister, Auskunft, Allgemeines*, Teil E Rdn 25 und → *Bundeszentralregister, Auskunft, Behördenauskunft*, Teil E Rdn 29) sowie
- im Wege der **Erteilung** von **(erweiterten) Führungszeugnissen** an Private und Behörden nach §§ 30 ff. BZRG (→ *Bundeszentralregister, Führungszeugnis, Allgemeines*, Teil E Rdn 175).

b)aa) Zuletzt wurde das **BZRG** wesentlich durch das Gesetz zur Durchführung der Verordnung (EU) 2019/816 sowie zur Änderung weiterer Vorschriften v. 10.8.2021 (BGBl I, S. 3420) geändert. Das Gesetz dient der Durchführung der Verordnung (EU) 2019/816, die eine Verbesserung des Europäischen Strafregisterinformationssystems „ECRIS" („European Criminal Record Information System") zum Austausch von Strafregisterinformationen über verurteilte Personen, die nicht die Staatsangehörigkeit eines Mitgliedstaates der Europäischen Union besitzen, bezweckt (→ *Bundeszentralregister, Internationaler Strafnachrichtaustausch*, Teil E Rdn 275). Drastische Verschärfungen in Bezug auf das erweiterte Führungszeugnis brachte das Gesetz zur Bekämpfung sexualisierter Gewalt gegen Kinder v. 16.6.2021 (BGBl I, S. 1810) mit sich (→ *Bundeszentralregister, Führungszeugnis, erweitertes*, Teil E Rdn 244). Die näheren Ausführungsvorschriften zum BZRG finden sich in der jüngst grundlegend überarbeiteten Allgemeinen Verwaltungsvorschrift zur Durchführung des Bundeszentralregistergesetzes (BZRGVwV) v. 26.12.2024 (BAnz. AT 10.10.2024 B1). 10

Erhebliche Auswirkungen auf das BZR wird in den kommenden Jahren die sog. **Registermodernisierung** sowie die **Einführung des sog. NOOTS** („Nationales Once-Only-Technical System") haben. Gemeint ist mit der Registermodernisierung das Zuspeichern eines einheitlichen Identifikators für natürliche Personen. Dafür soll nach dem Identifikationsnummerngesetz die bisher ausschließlich für Steuerverfahren genutzte Identifikationsnummer nach § 139b AO (Steuer-ID) für diesen Zweck Verwendung finden. Mit dem NOOTS soll darauf aufbauend auf Bundesebene eine technische Plattform entwickelt werden, an die u.a. das BZR angeschlossen wird. Über diesen Weg sollen digitale Verwaltungsverfahren, die auf Behördenführungszeugnisse und unbeschränkte Auskünfte angewiesen sind, schneller abgewickelt werden. Dies soll die Digitalisierung der Verwaltung fördern und Bürokratie abbauen. 11

bb) Das BZR wird durch das **Bundesamt für Justiz** (BfJ) in Bonn **als Registerbehörde** geführt (§ 1 BZRG). Das BMJV führt die Dienst- und Fachaufsicht und hat keine eigene Ausgangszuständigkeit in Registerangelegenheiten sowie keinen eigenen unmittelbaren Zugriff auf den Datenbestand des BZR. Im Register **verzeichnet** sind jene **ca. 4,1 Mio. Personen**, für die insgesamt rd. 15,1 Mio. Eintragungen gespeichert sind. Das BZR ist entgegen eines weit verbreiteten Missverständnisses kein „Super-Melderegister", in dem alle Bürgerinnen und Bürger verzeichnet sind. Um die rd. 5,3 Mio. Anträge auf Erteilung eines Führungszeugnisses pro Jahr sowie die rd. 8.100 Entscheidungsmitteilungen und rd. 51.000 Auskunftsersuchen von Behörden pro Tag erledigen zu können, ist das BZR komplett IT-gestützt. Mitteilungen zum BZR und Auskünfte aus ihm können so weitgehend ohne die Mitwirkung von Sachbearbeitern 12 verarbeitet werden. Insbesondere die Zahl der Anträge auf Erteilung von Führungszeugnissen und die Zahl der Auskunftsersuchen von Behörden hat in den vergangenen Jahren spürbar zugenommen. Dies unterstreicht die besondere Bedeutung des BZR für die Überprüfung der Zuverlässigkeit von Personen, insbesondere im Interesse der öffentlichen Sicherheit.

13 **4.a) Neben** dem **BZR** bestehen noch **weitere Register**, die zwar bestimmte strafgerichtliche Verurteilungen speichern dabei jedoch eine engere Zielrichtung haben. Das **ZStV** nach **§§ 492 ff. StPO** wird zwar ebenfalls beim BfJ geführt, dient aber ausschließlich dem Interesse der Strafrechtspflege. Der enge Anwendungsbereich des ZStV kommt schon darin zum Ausdruck, dass die Daten nach § 492 Abs. 6 StPO grds. **nur** in **Strafverfahren** benutzt werden dürfen. Gespeichert werden auch nicht nur Verurteilungen, sondern schon die Einleitung von EV sowie jede Verfahrenserledigung, selbst wenn es sich um eine vorläufige Einstellung handelt. So soll die Koordination von Ermittlungen erleichtert werden, indem über die Grenzen des Bezirks einer StA hinweg etwaige überörtlich tätige (Mehrfach-)Täter erkannt werden. Andere Register speichern zwar ebenfalls bestimmte Verurteilungen betreffen wiederum aber nur bestimmte abgrenzbare Personengruppen, wie bei Ausländern das AZR oder das FAER, das fahreignungsrelevante Verurteilungen registriert (→ *Fahreignungsregister, Allgemeines,* Teil E Rdn 326). Daneben bestehen besondere Register, die nur für bestimmte Verfahren geschaffen worden sind, wie z.B. das Wettbewerbsregister, in dem bestimmte Ausschlussgründe für Vergabeverfahren gespeichert werden (§ 2 Wettbewerbsregistergesetz).

14 Die Polizeibehörden und StA führen zudem noch **behördeninterne Register** (zum Inhalt und den Löschungsmodalitäten §§ 483 ff. StPO). So entsteht bei der StA durch Einholung eines Auszugs aus dem BZR, aus dem ZStV sowie aus der internen Verfahrensliste ein nahezu lückenloser Überblick über das strafrechtliche Vorleben der beschuldigten Person (→ *Daten, Allgemeines, Begriff,* Teil D Rdn 1 m.w.N.).

☝ Hinter diesem Wissen sollten **Verteidiger** nicht zurückstehen. Daher sollten sie bei der **Akteneinsicht** nach § 147 StPO auf die Übersendung des **BZR-Auszuges bestehen**, der nach Nr. 16 RiStBV vor der StA ohnehin stets angefordert wird und ebenfalls vom Akteneinsichtsrecht des Verteidigers umfasst ist (*Schmitt/Köhler*, § 147 Rn 15). Es ist nicht selten, dass Betroffene oftmals keinen vollständigen Überblick über ihre strafrechtlichen Vorverurteilungen haben. Noch weniger ist Betroffenen die aktuelle sog. Registerlage bekannt, weil dies vertiefte Kenntnisse des Registerrechts, insbesondere der Tilgungsfristen voraussetzen würde.

15 **b) Mitteilungen** an **Behörden** über wesentliche Verfahrensschritte in Strafverfahren erfolgen zudem nach der **MiStra**. In Strafsachen sind Gerichte und StA von Amts wegen befugt gem. §§ 12 ff. EGGVG personenbezogene Daten an öffentliche Stellen für andere Zwecke als die des Strafverfahrens, für die die Daten erhoben worden sind, mitzuteilen. Verpflichtet sind sie zur Mitteilung nur, wenn dies in der MiStra ausdrücklich angeordnet (z.B. bei Beamten, Inhabern waffenrechtlicher Erlaubnisse, Ausländern oder Angehörigen der Heilberufe) oder in besonderen Vorschriften bestimmt ist. Auf diese Weise soll sichergestellt werden, dass Behörden über **sicherheitsrelevante Sachverhalte frühestmöglich informiert** werden und nicht erst zu einem (viel) späteren Zeitpunkt eher zufällig von einer Verurteilung aus einer unbeschränkten Auskunft oder einem Führungszeugnis erfahren. So können zudem ggf. noch vor Erlass einer strafgerichtlichen Verurteilung vorläufige Maßnahmen der Gefahrenabwehr getroffen werden (z.B. Anordnung des Ruhens der ärztlichen Approbation bei Verdacht einer Straftat nach § 6 Abs. 1 Nr. 1 BÄO).

Siehe auch: → *Bundeszentralregister, Auskunft, Allgemeines*, Teil E Rdn 16; → *Bundeszentralregister, Auskunft, Behördenauskunft*, Teil E Rdn 29; → *Bundeszentralregister, Auskunft, Selbstauskunft*, Teil E Rdn 40; → *Bundeszentralregister, Eintragungen, Allgemeines*, Teil E Rdn 51; → *Bundeszentralregister, Eintragungen, ausländische Verurteilungen*, Teil E Rdn 72; → *Bundeszentralregister, Eintragungen, Entfernung*, Teil E Rdn 90; → *Bundeszentralregister, Eintragungen, Registervergünstigungen*, Teil E Rdn 105; → *Bundeszentralregister, Eintragungen, Tilgung, Allgemeines*, Teil E Rdn 123; → *Bundeszentralregister, Eintragungen, Tilgung, Fristen*, Teil E Rdn 138; → *Bundeszentralregister, Eintragungen,*

Tilgung, Verwertungsverbot, Teil E Rdn 156; → *Bundeszentralregister, Führungszeugnis, Allgemeines*, Teil E Rdn 175; → *Bundeszentralregister, Führungszeugnis, Behördenführungszeugnis*, Teil E Rdn 199; → *Bundeszentralregister, Führungszeugnis, einfaches*, Teil E Rdn 218; → *Bundeszentralregister, Führungszeugnis, erweitertes*, Teil E Rdn 238; → *Bundeszentralregister, Führungszeugnis, europäisches*, Teil E Rdn 255; → *Bundeszentralregister, Internationaler Strafnachrichtenaustausch*, Teil E Rdn 268; → *Bundeszentralregister, Maßnahmen der Registerbehörden, Rechtsschutz*, Teil E Rdn 279; → *Erziehungsregister, Allgemeines*, Teil E Rdn 292.

Bundeszentralregister, Auskunft, Allgemeines 16

Das Wichtigste in Kürze:

1. Das BZRG regelt abschließend die Voraussetzungen für eine zulässige Auskunftserteilung aus dem BZR. Grds. wird die Auskunft in Form der verschiedenen Führungszeugnisse oder in Form der sog. unbeschränkten Auskunft erteilt.
2. Betroffene können nach § 42 BZRG für sich selbst eine vollständige und unentgeltliche Selbstauskunft über sämtliche für sie im BZR verzeichneten Eintragungen erhalten. Damit wird dem datenschutzrechtlich begründeten Auskunftsanspruch nach Art. 15 DSGVO Rechnung getragen.
3. Die in § 41 BZRG abschließend genannten Behörden und Stellen erhalten eine sog. unbeschränkte Auskunft aus dem BZR, die neben der Selbstauskunft den umfassendsten Überblick über die im BZR für eine Person gespeicherten Eintragungen gibt.
4. Die Führungszeugnisse in §§ 30 ff. BZRG geben im Interesse der Resozialisierung der Betroffenen nur über einen Teil der etwaigen Eintragungen Auskunft und unterscheiden sich (einfache und erweiterte Führungszeugnisse, Behördenführungszeugnisse und Europäische Führungszeugnisse) danach, in welchem Umfang die Eintragungen gefiltert bzw. aufgenommen werden.

Literaturhinweise: **Koreng/Feldmann**, Das „Recht auf Vergessen" – Überlegungen zum Konflikt zwischen Datenschutz und Meinungsfreiheit, ZD 2012, 311; **Krumm**, Bundeszentralregister: Inhalt, Tilgung und Verwertung strafrechtlicher Voreintragungen, VRR 2008, 52; **Küppers**, Die Bedeutung des Bundeszentralregisters in der anwaltlichen Beratungspraxis – Teil 1, StRR 2014, 128; *ders.*, Die Bedeutung des Bundeszentralregisters in der anwaltlichen Beratungspraxis – Teil 2, StRR 2014, 164; **Loose**, Die Tilgung von cannabisbezogenen Eintragungen im Bundeszentralregister – Problemfelder des Tilgungsverfahrens im Konsumcannabisgesetz, NJW 2025, 927; **Morgenstern**, Der ewige Makel – Straftheorie, Grundrechte und das Strafregister, ZStrWBd. 131, 625; **Pfeiffer**, Die unbeschränkte Auskunft aus dem Bundeszentralregister und das Führungszeugnis, NStZ 2000, 402; **Plagemann/Lanzinner**, Integritätsprüfungen von Führungskräften als Teil des Compliance-Systems, CCZ 2021, 203; **Stober**, Behördliches Informationsverhalten nach der Meldung von Wachpersonen, GewA 2014, 97; s. i.Ü. die Hinweise bei → *Bundeszentralregister, Allgemeines*, Teil E Rdn 2. 17

1.a) Eine Speicherung von Eintragungen im BZR wäre offensichtlich sinnlos, wenn die Daten nicht auch im Interesse der öffentlichen Sicherheit genutzt werden dürften. Wegen der **besonderen Sensibilität der Registerdaten** bedarf es allerdings für die Speicherung und für die Auskunftserteilung, insbesondere ohne Mitwirkung der Betroffenen, einer klaren gesetzlichen Grundlage. Denn die Veröffentlichung der Daten kann erhebliche nachteilige Auswirkungen für Betroffene haben. 18

☝ Daher bestimmt das **BZRG abschließend:**

- auf **welche Weise**,
- **an welche Stellen**,
- **für welche Zwecke** und
- **in welcher Form**

eine Auskunft über die Registerdaten erteilt wird.

19 Das BZRG stellt damit die bereichsspezifische verfassungsmäßige Schranke des **Grundrechts auf informationelle Selbstbestimmung** nach Art. 2 Abs. 1 i.V.m. Art. 1 Abs. 1 GG, dar. Es handelt sich also um **bereichsspezifisches Datenschutzrecht**. Da das BZRG die Möglichkeiten der Auskunfterteilung aus dem BZR abschließend regelt, ist auch insoweit ein Rückgriff auf das subsidiäre BDSG ausgeschlossen (zu Daten → *Daten, Allgemeines, Begriff*, Teil D Rdn 1 m.w.N.; zur Auskunft aus dem EZR → *Erziehungsregister, Auskunft*, Teil E Rdn 306). Gleichwohl gilt auch für das BZR allgemein die DSGVO, nachdem Art. 10 S. 2 DSGVO eine ausdrückliche Regelung zu Strafregistern enthält.

20 **b)aa)** Das BZRG sieht folgende **Arten** der **Auskunftserteilung** über die im Register enthaltenen Eintragungen vor:

- Die **Selbstauskunft** für die Betroffenen nach § 42 BZRG,
- die **unbeschränkte Auskunft** für **deutsche Behörden und Stellen** nach § 41 BZRG,
- die **Auskunft** für **ausländische Behörden** und Stellen nach §§ 57 ff. BZRG
- die **verschiedenen Arten** der **Führungszeugnisse** nach §§ 30 ff. BZRG,
- Die **Auskunft** für **wissenschaftliche Zwecke** nach § 42a BZRG.

☝ Wegen des erheblichen Eingriffs in die Grundrechte können **nur** die **betroffene Person** selbst sowie **bestimmte** im Einzelnen genannten **Behörden** eine unbeschränkte Auskunft erhalten. Stets bedarf es eines Antrages bzw. eines Ersuchens der anfragenden Stelle.

Auch **Sicherheitsbehörden**, wie etwa die Justiz, die Polizei oder die Nachrichtendienste, haben **keinen unmittelbaren** und **direkten Zugriff** auf den Datenbestand des BZR. Sie müssen vielmehr Auskunftsersuchen an das BfJ richten, die dann bei Vorliegen der entsprechenden Berechtigung beantwortet werden.

21 **bb) Zuständig** für die Auskunftserteilung ist allein das **BfJ** als **Registerbehörde**, das bei Vorliegen der Voraussetzungen zur Auskunftserteilung weder einen Beurteilungs- noch einen Ermessensspielraum hat, sondern grds. zur Auskunftserteilung verpflichtet ist. Das BMJV führt die Dienst- und Fachaufsicht und hat keine eigene Ausgangszuständigkeit in Registerangelegenheiten sowie keinen eigenen unmittelbaren Zugriff auf den Datenbestand des BZR.

22 **c)** Das BZRG regelt zwar abschließend die Möglichkeiten der Auskunftserteilung über die eingetragenen Registerdaten, daneben bestehen jedoch **noch andere Informationsmöglichkeiten** über straf-(verfahrens-)rechtliche Sachverhalte. So steht den StA insbesondere das ZStV zur Verfügung. In bestimmten Fällen sehen zudem die **MiStra Mitteilungen** an **Behörden** vor (→ *Bundeszentralregister, Allgemeines*, Teil E Rdn 15). Ebenfalls kommt die Einsichtnahme in Akten als Erkenntnismittel in Betracht (vgl. für Strafakten §§ 474 ff. StPO).

23 **2.** Als Ausfluss aus dem Grundrecht auf informationelle Selbstbestimmung schafft § 42 BZRG für jede Person, die **älter** als **14 Jahre** ist, einen **Rechtsanspruch** auf **Mitteilung** des **vollständigen** sie betreffenden **Inhalts** des **BZR** (→ *Bundeszentralregister, Auskunft, Selbstauskunft*, Teil E Rdn 40). Die unbeschränkte (Selbst-)Auskunft ist der **umfassendste Überblick** über die Eintragungen einer Person im BZR und gibt den vollständigen Inhalt des Zentralregisters für sie wieder. Im Wege der Selbstauskunft erhalten Betroffene die Gelegenheit zu erfahren, welche Eintragungen über sie im Register gespeichert sind. Auch das **BZR ist kein Geheimregister**, das nur Behörden zugänglich ist. Ein solches Auskunftsrecht ist zudem in Art. 15 Abs. 1 DSGVO verankert, dass durch die Selbstauskunft nach § 42 BZRG gewährleistet wird.

24 Die **Selbstauskunft** ist **unentgeltlich** und kann grds. per Brief beim BfJ beantragt werden. Anders als das Führungszeugnis dient die Selbstauskunft allerdings nicht zur beliebigen Verwendung. Vielmehr kann sie nur persönlich durch die Betroffenen bei einem AG eingesehen werden. Sie muss danach vernichtet werden, ohne dass sie kopiert werden darf.

☝ Auch wenn diese Handhabung bei Betroffenen wie auch bei Rechtsvertretern häufig für Unverständnis sorgt, liegt diese Beschränkung im **Interesse** der **Resozialisierung** der Betroffenen! Über die Selbstauskunft nach § 42 BZRG sollen nicht die differenzierten Regelungen zu den Führungszeugnissen umgangen werden. Betroffene sollen insbesondere nicht über den Umweg der unbeschränkten Auskunft genötigt werden, auch solche Eintragungen offenbaren zu müssen, die zu ihrem Schutz nicht oder nicht mehr in ein Führungszeugnis aufgenommen werden.

3. Die **unbeschränkte Auskunft** für **Behörden** gem. § 41 BZRG gibt ebenfalls einen umfassenden Überblick über die Eintragungen für eine Person im BZR (→ *Bundeszentralregister, Auskunft, Behördenauskunft*, Teil E Rdn 29). Auskunftsberechtigt sind nur die in § 41 BZRG abschließend aufgezählten Behörden und Stellen, bei denen der Gesetzgeber davon überzeugt ist, dass die ihnen übertragenen Verwaltungsaufgaben besonders sicherheitsrelevant sind und sie auf die unbeschränkte Auskunft aus dem Register aus zwingenden sachlichen Gründen angewiesen sind, um die Zuverlässigkeit einer Person besonders vertieft prüfen zu können. 25

Dazu gehören z.B.: 26

Auskunftsberechtigte Behörden und Stellen

- StA und Gerichte für die Rechtspflege (§ 41 Abs. 1 Nr. 1 BZRG),
- oberste Bundes- und Landesbehörden (§ 41 Abs. 1 Nr. 2 BZRG),
- den Kriminaldienst verrichtenden Stellen der Polizei (§ 41 Abs. 1 Nr. 5 BZRG)
- Ausländer- und Einbürgerungsbehörden (§ 41 Abs. 1 Nr. 6 und Nr. 7 BZRG) sowie
- Waffen- und Jagdbehörden (§ 41 Abs. 1 Nr. 9 BZRG).

Die Behörden dürfen die Auskunft **nur für ihre Zwecke** verwerten und sind nicht befugt, sie weiterzugeben. Alle nicht in § 41 BZRG genannten Behörden erhalten nur ein Behördenführungszeugnis gem. §§ 30 Abs. 5, 31 BZRG, das nur bestimmte Eintragungen im BZR wiedergibt (→ *Bundeszentralregister, Führungszeugnis, Behördenführungszeugnis,* Teil E Rdn 199). 27

4. Die Aufgabe **der (erweiterten) Führungszeugnisse** ist es, u.a. Arbeitgebern und Behörden relevante Informationen über das strafrechtliche Vorleben von Personen zur Verfügung zu stellen. Die Führungszeugnisse geben im Interesse der Resozialisierung der Betroffenen immer nur einen Teil der Eintragungen im BZR wieder (→ *Bundeszentralregister, Führungszeugnis, Allgemeines,* Teil E Rdn 175 m.w.N.). So werden bestimmte geringfügige oder lang zurückliegende Verurteilungen nicht oder nicht mehr aufgenommen. Die **Arten der Führungszeugnisse** unterscheiden sich danach, in welchem Umfang die Eintragungen gefiltert werden. Rund 5,1 Mio. erteilte Führungszeugnisse pro Jahr unterstreichen die große und breite Bedeutung, die das Führungszeugnis in vielen Bereichen des Lebens für viele Betroffene haben kann. 28

Siehe auch: → *Bundeszentralregister, Allgemeines,* Teil E Rdn 1 m.w.N.; → *Bundeszentralregister, Auskunft, Behördenauskunft,* Teil E Rdn 29; → *Bundeszentralregister, Auskunft, Selbstauskunft,* Teil E Rdn 40; → *Bundeszentralregister, Führungszeugnis, Allgemeines,* Teil E Rdn 175; m.w.N. → *Bundeszentralregister, Führungszeugnis, Behördenführungszeugnis,* Teil E Rdn 199; → *Bundeszentralregister, Führungszeugnis, einfaches,* Teil E Rdn 218; → *Bundeszentralregister, Führungszeugnis, erweitertes,* Teil E Rdn 238; → *Bundeszentralregister, Führungszeugnis, europäisches,* Teil E Rdn 255; → *Erziehungsregister, Auskunft,* Teil E Rdn 306.

29 # Bundeszentralregister, Auskunft, Behördenauskunft

Das Wichtigste in Kürze:

1. Die unbeschränkte Auskunft ist der umfassendste Überblick über die Eintragungen einer Person im BZR und gibt grds. den vollständigen Inhalt des Zentralregisters für sie wieder.
2. § 41 BZRG enthält einen abschließenden Katalog von Behörden und Stellen, die die Auskunft aus zwingenden sachlichen Gründen erhalten und nur für ihre Zwecke verwerten dürfen, um sich leicht einen vollständigen Überblick über das strafrechtliche Vorleben einer Person verschaffen zu können.
3. Auskunftsberechtigt sind damit nur die Behörden und Stellen, bei denen der Gesetzgeber davon überzeugt ist, dass die ihnen übertragenen Verwaltungsaufgaben besonders sicherheitsrelevant sind und sie auf die unbeschränkte Auskunft aus dem Register angewiesen sind, um die Zuverlässigkeit einer Person besonders vertieft prüfen zu können.
4. Alle nicht in § 41 BZRG genannten Behörden erhalten nur ein Behördenführungszeugnis nach §§ 30 Abs. 5 und 31 BZRG.

30 **Literaturhinweise:** S. die Hinw. bei → *Bundeszentralregister, Auskunft, Allgemeines*, Teil E Rdn 17.

31 **1.a)** Die **unbeschränkte Auskunft** ist **der umfassendste Überblick** über die **Eintragungen** einer Person im BZR und gibt den vollständigen Inhalt des Zentralregisters für sie wieder. Wegen des erheblichen Eingriffs in die Grundrechte können nur die betroffene Person selbst (→ *Bundeszentralregister, Auskunft, Selbstauskunft*, Teil E Rdn 40 und → *Bundeszentralregister, Führungszeugnis, Allgemeines*, Teil E Rdn 175) sowie bestimmte im **Einzelnen genannten Behörden und Stellen** eine unbeschränkte Auskunft erhalten. Stets bedarf es eines Antrages der betroffenen Person bzw. eines Ersuchens der anfragenden Stelle.

☝ Auch (Sicherheits-)Behörden, wie die Justiz, die Polizei oder die Nachrichtendienste, haben **keinen unmittelbaren und direkten Zugriff** auf den Datenbestand des BZR. Sie müssen vielmehr Auskunftsersuchen an das BfJ richten, die dann bei Vorliegen der entsprechenden Berechtigung beantwortet werden. Die Auskunftsersuchen sind grds. elektronisch auf gesicherten Datenleitungen an das BfJ zu richten und werden dort auch umgehend und weitergehend vollautomatisiert beantwortet.

32 **b) Zuständig** für die Auskunftserteilung ist allein das **BfJ** als Registerbehörde, das bei Vorliegen der Voraussetzungen zur Auskunftserteilung verpflichtet ist und weder einen Beurteilungs- noch einen Ermessensspielraum hat.

33 **2.a)** § 41 BZRG enthält **einen abschließenden Katalog** von Behörden und Stellen, bei denen der Gesetzgeber grds. annimmt, dass sie im Interesse der öffentlichen Sicherheit und Ordnung **aus zwingenden sachlichen Gründen** für ihre Zwecke auf einen **vollständigen Überblick** über das strafrechtliche Vorleben einer Person angewiesen sind. Den dort genannten Behörden dürfen auch bekannt gegeben werden

- **Eintragungen**, die zwar noch nicht getilgt oder entfernt worden sind jedoch **nicht (mehr) in ein Führungszeugnis** aufgenommen werden, sowie
- **Suchvermerke**.

34 **b) Bestimmte Eintragungen** im BZR werden aber **auch nicht** in die **„unbeschränkten" Auskünfte für Behörden** aufgenommen. So werden Eintragungen im Erziehungsregister nur unter den Voraussetzungen des § 61 Abs. 2 BZRG aufgenommen. Zudem sieht § 41 Abs. 3 BZRG eine weitere Einschränkung zugunsten BtM-Abhängiger und solchen Personen vor, die zu einer Jugendstrafe verurteilt worden sind und bei denen der Strafmakel zwischenzeitlich beseitigt worden ist. Auch die Fingerabdruckdaten, die nach § 5 Abs. 1 Nr. 8 BZRG für bestimmte Drittstaatsangehörige gespeichert werden, werden nach

§ 41 Abs. 2 S. 3 BZRG grds. nicht mitgeteilt (→ *Bundeszentralregister, Internationaler Strafnachrichtenaustausch*, Teil E Rdn 277). Solche Eintragungen kann nur der Betroffene im Wege der dem Datenschutz dienenden Selbstauskunft nach § 42 BZRG (→ *Bundeszentralregister, Auskunft, Selbstauskunft*, Teil E Rdn 40) zur Kenntnis nehmen.

3.a) Alle nicht in § 41 BZRG genannten Behörden erhalten nur ein Behördenführungszeugnis nach §§ 30 Abs. 5 und 31 BZRG (→ *Bundeszentralregister, Führungszeugnis, Behördenführungszeugnis*, Teil E Rdn 199), das ebenfalls der Unterrichtung von Behörden über das strafrechtliche Vorleben dient, in das jedoch bestimmte Eintragungen nicht aufgenommen werden. Zudem bedarf es für die Erteilung eines Behördenführungszeugnisses grds. eines Antrages der betroffenen Person. 35

b) Zum **Unterschied** der **unbeschränkten Behördenauskunft** und dem **Behördenführungszeugnis** ist auf Folgendes **hinzuweisen:** 36

- In die unbeschränkte Behördenauskunft werden **grds. alle Eintragungen** im BZR aufgenommen. Damit werden auch solche Eintragungen aufgenommen, die nicht oder nicht mehr in (Behörden-)Führungszeugnis aufzunehmen wären.

> *Beispiel:*
> Der Betroffene wurde wegen Diebstahls zu einer Geldstrafe von 20 Tagessätzen verurteilt, es handelt sich um die einzige Eintragung im BZR.
> Die Eintragung wäre nach § 32 Abs. 2 Nr. 5a) BZRG nicht in ein (Behörden-)Führungszeugnis aufzunehmen. Dieses hätte „keine Eintragungen". In eine unbeschränkte Auskunft nach § 41 BZRG ist die Eintragung hingegen aufzunehmen. Eine Grenze der Geringfügigkeit gibt es hier nicht. Dies ist auch sinnvoll, weil z.B. der Strafrichter bei einem Folgeverfahren unter Umständen sonst keine Kenntnis von der Vorverurteilung erlangen könnte.

- Das Gleiche gilt bei solchen Eintragungen, die länger zurückliegen und daher nicht mehr in Führungszeugnisse aufzunehmen sind:

> *Beispiel:*
> Der Betroffene wurde wegen Körperverletzung am 1.6.2022 zu einer Geldstrafe von 120 Tagessätzen verurteilt.
> Nach § 34 Abs. 1 Nr. 1a) BZRG beträgt die Nichtaufnahmefrist für die Verurteilung in ein Führungszeugnis drei Jahre, weil eine Geldstrafe verhängt wurde. Weitere Straffreiheit vorausgesetzt, wird die Eintragung daher ab dem 1.6.2025 nicht mehr in Führungszeugnisse aufgenommen; jedoch würde die Eintragung erst nach Ablauf von insgesamt zehn Jahren getilgt (§ 46 Abs. 1 Nr. 2a) BZRG). Bis dahin würde die Eintragung in unbeschränkte Auskünfte an Behörden aufgenommen, da diese zur Abwehr einer Gefahr für die öffentliche Sicherheit auf ein vollständiges Bild des strafrechtlichen Vorlebens angewiesen sind!

4.a) Die auskunftsberechtigten Behörden und Stellen sind abschließend in § 41 BZRG genannt. Nach § 41 Abs. 4 BZRG müssen sie ein **ausdrückliches Ersuchen** stellen und dabei vor allem den Zweck angeben, für den die Auskunft benötigt wird. 37

> ☝ Generell handelt es sich um Behörden und Stellen, die nach Auffassung des Gesetzgebers in besonderer Weise bei ihren (Verwaltungs-)Entscheidungen die **öffentliche Sicherheit und Ordnung** zu wahren haben. Sie sollen daher die Zuverlässigkeit einer Person anhand der unbeschränkten Auskunft vertieft prüfen können. Die Regelung in § 41 BZRG kann auch nicht umgangen werden, indem nachgeordnete Behörden die obersten Bundes- und Landesbehörden um Einholung einer unbeschränkten Auskunft bitten. Den auskunftsberechtigten Behörden ist nach § 43 BZRG eine **Weiterleitung** der **Auskünfte grds. untersagt**.

38 **Oberste (Sicherheits-)Behörden:**

- **Oberste Bundes-** und **Landesbehörden**.
- **Verfassungsschutzbehörden** des Bundes und der Länder, der BND und der MAD für die ihnen übertragenen Sicherheitsaufgaben.

Strafverfolgungsbehörden und **Justiz**:

- **Gerichte, Gerichtsvorstände, Staatsanwaltschaften** und Aufsichtsstellen (§ 68a StGB) sowie die Bewährungshilfe für Zwecke der Rechtspflege.
- Der **Kriminaldienst** der Polizei zum Zwecke der Verhütung und Verfolgung von Straftaten.
- **Finanzbehörden für die Verfolgung von Straftaten**, die zu ihrer Zuständigkeit gehören,
- **Justizvollzugsbehörden** für Zwecke des Strafvollzugs **einschließlich** der Überprüfung aller im Strafvollzug tätigen Personen.

☝ Aus der **ausdrücklichen Ermächtigung für den Justizvollzug**, die Zuverlässigkeit der Bediensteten anhand von unbeschränkten Auskünften überprüfen zu dürfen, **kann der Umkehrschluss gezogen werden**, dass alle anderen in § 41 BZRG genannten Behörden für die **Einstellung des Personals** nur auf Behördenführungszeugnisse zurückgreifen dürfen. Dies gilt wohl in jedem Fall, wenn für die Auskunftserteilung in § 41 BZRG ein konkreter Zweck genannt ist.

- **Gnadenbehörden** für Gnadensachen.

Bestimmte Verwaltungsbehörden:

- **Ausländerbehörden**, den mit der **polizeilichen Kontrolle des grenzüberschreitenden Verkehrs** beauftragten Behörden und dem Bundesamt für Migration und Flüchtlinge, wenn sich die Auskunft auf einen Ausländer bezieht.
- **Bundesamt** für **Strahlenschutz** im Rahmen der atomrechtlichen **Zuverlässigkeitsprüfung nach dem AtomG.**
- **Bundesinstitut** für **Arzneimittel** und **Medizinprodukte** im Rahmen des **Erlaubnisverfahrens** nach dem **BtMG.**
- **Einbürgerungsbehörden** für Einbürgerungsverfahren.
- **Luftsicherheitsbehörden** für Zwecke der Zuverlässigkeitsüberprüfung nach § 7 LuftSiG.
- Die **zuständigen Behörden** für die
  - Erlaubnisse für das **Bewachungsgewerbe** und die Überprüfung des Bewachungspersonals,
  - Erlaubnisse zum **Halten** eines **gefährlichen Hundes**,
  - Erteilung von **Jagdscheinen** (→ *Jäger, Allgemeines*, Teil H Rdn 912),
  - **waffenrechtlichen** oder sprengstoffrechtlichen Erlaubnisse (→ *Waffenbesitzer, Allgemeines*, Teil H Rdn 1337).
- Der **Zentralstelle für Finanztransaktionsuntersuchungen** im Rahmen ihrer Aufgaben nach dem Geldwäschegesetz.
- **Rechtsanwaltskammern** oder **Patentanwaltskammer** für die Zulassungsverfahren nach der BRAO oder der PAO.

☝ Die **Rechtsanwalts-** und **Patentanwaltskammern** bilden einen **Fremdkörper** in der Liste der unbeschränkt auskunftsberechtigten Behörden. Ohne Zweifel nehmen Rechtsanwälte als Organe der Rechtspflege eine sehr wichtige Aufgabe wahr, die eine besondere Vertrauenswürdigkeit voraussetzt. Allerdings erhalten andere Berufsaufsichtsbehörden (z.B. die Ärzte- oder Steuerberaterkammern) keine unbeschränkte **Auskunft** aus dem BZR. Diese Differenzierung ist nur schwer zu begründen.

Es ist daher zweifelhaft, ob die Aufnahme der Rechtsanwalts- und Patentanwaltskammern tatsächlich gerechtfertigt war.

b) Fragen Mandanten nach der **Bedeutung einer Verurteilung bzw. Eintragung** im **BZR** sollte man zuerst prüfen, in welchem Lebens- und Rechtsbereich eine Konsequenz befürchtet wird. Dann ist zu klären, ob z.B. durch eine Verwaltungsbehörde eine unbeschränkte Auskunft nach § 41 BZRG oder „nur" ein (Behörden-)Führungszeugnis angefordert wird. 39

☝ Das ist – wie die Beispiele oben zeigen – eine **wesentliche Weichenstellung**, weil in die **unbeschränkte Auskunft alle Eintragungen** aufgenommen werden, während selbst in Behördenführungszeugnissen immer nur bestimmte Eintragungen enthalten sind. Anhand von § 41 BZRG lässt sich diese Frage relativ einfach beantworten. Gleichwohl sollte zusätzlich die konkrete und aktuelle Registerlage in den Blick genommen werden. Oftmals haben Betroffene keinen Überblick über ihre Vorverurteilungen oder sind sich über die Tilgungs- und Aufnahmefristen des BZRG nicht bewusst.

Im **Strafprozess** spielt die unbeschränkte Auskunft eine besonders große Rolle. Zur Feststellung der Vorstrafen, als ein maßgeblicher Strafzumessungsgrund nach § 46 Abs. 2 S. 2 StGB („das Vorleben des Täters"), wird der Auszug aus dem BZR in der Hauptverhandlung üblicherweise durch Verlesen als Urkundenbeweis nach § 249 Abs. 1 S. 2 StPO eingeführt. Hier sollte stets in der Hauptverhandlung ein möglichst aktueller Auszug aus dem BZR eingeführt werden. Anderenfalls besteht, insbesondere bei länger andauernden Strafverfahren das Risiko, dass zwischenzeitlich getilgte Eintragungen entgegen des Verwertungsverbotes nach § 51 BZRG (→ *Bundeszentralregister, Eintragungen, Tilgung, Verwertungsverbot*, Teil E Rdn 156) zur Grundlage des Urteils gemacht werden.

Siehe auch: → *Bundeszentralregister, Auskunft, Allgemeines*, Teil E Rdn 16 m.w.N.; → *Bundeszentralregister, Auskunft, Selbstauskunft*, Teil E Rdn 40; → *Bundeszentralregister, Eintragungen, Allgemeines*, Teil E Rdn 51 m.w.N.; → *Bundeszentralregister, Führungszeugnis, Behördenführungszeugnis*, Teil E Rdn 199.

Bundeszentralregister, Auskunft, Selbstauskunft 40

Das Wichtigste in Kürze:

1. Jede Person, die älter als 14 Jahre ist, kann nach § 42 BZRG beim BfJ eine unbeschränkte Selbstauskunft verlangen.
2. Anders als das Führungszeugnis dient die Selbstauskunft nicht zur beliebigen Verwendung und insbesondere nicht zum Nachweis des Fehlens von Vorstrafen. Sie wird den Betroffenen in ihrem eigenen Interesse daher weder im Original noch als Ablichtung dauerhaft überlassen. Sie kann nur bei einem Amtsgericht eingesehen werden und wird im Anschluss vernichtet. Die Auskunft nach § 42 BZRG ist daher – ganz bewusst – keine Alternative zum Führungszeugnis.
3. Die Auskunft wird unentgeltlich erteilt und erfüllt den datenschutzrechtlichen Auskunftsanspruch nach Art. 15 DSGVO.
4. In die Auskunft nach § 42 BZRG werden sämtliche im BZR gespeicherten Eintragungen aufgenommen, u.a. auch solche Eintragungen, die nicht (mehr) in Führungszeugnisse aufgenommen werden sowie auch jene ausländischen Verurteilungen, die eigentlich nicht die Eintragungsvoraussetzungen im BZR erfüllen und daher nach § 56b Abs. 1 S. 1 BZRG gesondert gespeichert werden.

Literaturhinweise: S. die Hinw. bei → *Bundeszentralregister, Auskunft, Allgemeines*, Teil E Rdn 17. 41

42 **1.a) Jede Person**, die **älter** als **14 Jahre** ist, kann nach § 42 BZRG beim BfJ eine **unbeschränkte Selbstauskunft** verlangen. Im Wege der Selbstauskunft erhalten Betroffene die Gelegenheit zu erfahren, welche Eintragungen über sie im Register gespeichert sind. Die unbeschränkte Selbstauskunft ist der umfassendste Überblick über die Eintragungen einer Person im BZR und gibt den vollständigen Inhalt des Zentralregisters über sie wieder.

☝ Das BZR ist **kein Geheimregister** und nicht nur Behörden zugänglich ist. Wegen der besonderen Sensibilität der Daten sind allerdings die Voraussetzungen für den Zugang zu den Registerdaten streng und im BZRG abschließend geregelt.

43 **b)** Die **Führungszeugnisse** geben im Interesse der Resozialisierung der Betroffenen immer **nur** einen **Teil** der **Eintragungen** im BZR wieder (→ *Bundeszentralregister, Führungszeugnis, Allgemeines*, Teil E Rdn 175); sie taugen daher grds. nicht für einen umfassenden Überblick über die gespeicherten Daten. Da es die Aufgabe der Führungszeugnisse ist, u.a. Arbeitgebern und Behörden relevante Informationen über das strafrechtliche Vorleben von Personen zur Verfügung zu stellen, ohne Betroffene unverhältnismäßig zu benachteiligen, werden die Eintragungen je nach Art des Führungszeugnisses unterschiedlich gefiltert. Führungszeugnisse geben daher keinen umfassenden Überblick über die im Register enthaltenen Eintragungen und bilden unter Umständen nur einen Teil der Eintragungen ab.

44 Zum **Unterschied** der **unbeschränkten Auskunft** für Betroffene und dem (Behörden-)**Führungszeugnis** folgende

Beispiele:

1. Der Betroffene wurde wegen Diebstahls zu einer Geldstrafe von 20 Tagessätzen verurteilt, es handelt es sich um die einzige Eintragung im BZR.

Die Eintragung wäre nicht nach § 32 Abs. 2 Nr. 5a) BZRG in ein (**Behörden-)Führungszeugnis** aufzunehmen. Dieses hätte „keine Eintragungen".

In die **unbeschränkte Auskunft** für **Betroffene** werden alle Eintragungen im BZR aufgenommen. Damit werden auch solche Eintragungen aufgenommen, die nicht oder nicht mehr in (Behörden-)Führungszeugnis aufzunehmen wären. In eine unbeschränkte Auskunft nach § 42 BZRG ist diese Eintragung – wie auch in eine unbeschränkte Auskunft für Behörden nach § 41 BZRG – daher aufzunehmen. Eine Grenze der Geringfügigkeit gibt es hier nicht. Dies ist auch sinnvoll, weil der Betroffene selbst die über ihn gespeicherten Daten vollständig abfragen können muss. Sein Rehabilitationsinteresse kann dadurch nicht beeinträchtigt werden.

Das Gleiche gilt bei solchen Eintragungen, die länger zurückliegen und daher nicht mehr in Führungszeugnisse aufzunehmen sind:

2. Der Betroffene wurde wegen Körperverletzung am 1.6.2022 zu einer Geldstrafe von 120 Tagessätzen verurteilt.

Nach § 34 Abs. 1 Nr. 1a) BZRG beträgt die Nichtaufnahmefrist für die Verurteilung drei Jahre, weil eine Geldstrafe verhängt wurde. Weitere Straffreiheit vorausgesetzt wird die Eintragung daher am 1.6.2025 nicht mehr in Führungszeugnisse aufgenommen; jedoch würde die Eintragung erst nach Ablauf von insgesamt zehn Jahren getilgt (§ 46 Abs. 1 Nr. 2a) BZRG). Bis dahin würde die Eintragung in der unbeschränkten Auskunft für Betroffene (und für Behörden) erscheinen!

☝ Möchten sich Mandanten über die Folgen von Eintragungen im BZR beraten lassen, sollten sie daher **zuvor eine Selbstauskunft** beantragen. Nur dann sind sie sich wirklich aller ggf. vorhandenen Eintragungen bewusst. Nicht selten können sich Personen an die Einzelheiten der teilweise lange zurückliegenden Vorgänge nicht erinnern oder halten Verurteilungen fälschlicherweise für irrelevant, obwohl davon maßgeblich abhängt, ob eine Eintragung zwischenzeitlich getilgt worden ist oder ob eine Verurteilung (noch) in ein Führungszeugnis aufgenommen wird.

Sind **keine Eintragungen** für eine Person im BZR gespeichert, sind unbeschränkte Auskunft und Führungszeugnis natürlich deckungsgleich. Dann enthalten sie beide „Keine Eintragung". Ohnehin sind im BZR nur jene Personen verzeichnet, für die auch Eintragungen vorliegen. Das BZR ist also **kein „Super-Melderegister"** in dem alle Bürgerinnen und Bürger gespeichert sind! Ist die Person im BZR nicht verzeichnet, wird in einem „hit/no-hit"-Verfahren automatisch eine Auskunft erteilt, die ohne Eintragungen ist. Vor diesem Hintergrund ist eine genaue Identifizierung einer Person für eine klare Zuordnung im BZR unerlässlich und macht daher auch ein sicheres Authentifizierungs- und Identifizierungsverfahren notwendig.

Als **Service** bietet das BfJ auch die **Möglichkeit** der **sog. Fristenbelehrung**. Auf Antrag wird Betroffenen mitgeteilt, ob und wie lange Eintragungen in Führungszeugnisse noch aufgenommen werden und es noch bis zur Tilgung einer Eintragung im Register dauert. Die z.T. komplizierte Regelungstechnik des BZRG mit einer Vielzahl von Regeln, Ausnahmen und Rückausnahmen macht die Materie nicht besonders bürgernah.

2.a) Anders als das Führungszeugnis dient die **Selbstauskunft nicht** zur **beliebigen Verwendung** und insbesondere nicht zum Nachweis einer „besonderen" Zuverlässigkeit. 45

☝ Für den Nachweis der straflosen Lebensführung gegenüber privaten Dritten sowie den weiteren nicht in § 41 BZRG genannten Behörden sieht das Gesetz **nur die (Behörden-)Führungszeugnisse** vor.

Die Selbstauskunft kann daher **nur unmittelbar** beim **BfJ** oder bei einem **frei zu wählenden AG**, das im Antrag zu bezeichnen ist, durch die betroffene Person selbst eingesehen werden. Bei Personen, die sich im amtlichen Gewahrsam befinden, tritt an die Stelle des Amtsgerichts die Anstaltsleitung und bei Personen, die im Ausland wohnen, kann die Selbstauskunft auch bei einer Vertretung der Bundesrepublik Deutschland eingesehen werden. **Nach** der **Einsichtnahme** wird die **Auskunft vernichtet**, ohne dass sie kopiert werden darf. Es steht Betroffenen aber frei, etwaige Eintragungen abzuschreiben, was mit Bedacht den Beweiswert weitergehend ausschließt. Die Hinzuziehung von Zeugen, selbst wenn es sich um einen Rechtsbeistand handelt, ist aber ausgeschlossen. Nur gesetzliche Vertreter haben neben der betroffenen Person Zugang zu der Auskunft. 46

☝ Auch wenn diese Regelungen für Betroffene oftmals schwer verständlich ist, weil es um ihre Daten geht, liegt diese Beschränkung im **Interesse** der **Resozialisierung** der Betroffenen! Sie sollen nicht über den Umweg der unbeschränkten Selbstauskunft genötigt werden, auch solche Eintragungen offenbaren zu müssen, die zu ihrem Schutz nicht oder nicht mehr in ein Führungszeugnis aufgenommen werden. Sonst würden z.B. Arbeitgeber nicht mehr die Vorlage eines Führungszeugnisses verlangen, sondern nur noch eine Selbstauskunft, um möglichst viel über den Bewerber zu erfahren.

Die Selbstauskunft wird nach § 9 Abs. 2 BZRGVwV **vernichtet**, wenn sie **nicht innerhalb einer** zu bestimmenden **Frist** (min. vier Wochen) **eingesehen** wurde. 47

b) Die Selbstauskunft kann **beim BfJ** grds. **persönlich** durch **Vorsprache** oder per **Brief** beantragt werden. Eine gewillkürte Stellvertretung ist bei der Antragstellung nicht möglich. Weil die Identität der Person vor Aushändigung der Auskunft überprüft wird, bedarf es bei der Antragstellung keiner besonderen Prüfung oder Nachweises der Identität der antragstellenden Person. 48

3. Die **Selbstauskunft** ist **unentgeltlich.** Sie ist Ausfluss des Grundrechts auf informationelle Selbstbestimmung. Auch im allgemeinen Datenschutzrecht wird Betroffenen nach Art. 15 Abs. 1 DSGVO stets eine kostenfreie Selbstauskunft zugestanden. Betroffene müssen in der Lage sein, den Inhalt und den Umfang des gespeicherten Datenbestandes ablesen zu können. 49

50 **4.** Nach § 56b Abs. 2 BZRG gilt § 42 BZRG auch für **Verurteilungen** in einem **anderen EU-Mitgliedstaat**, die nach § 56b Abs. 1 BZRG gesondert im Register gespeichert werden. Es handelt sich dabei um ausländische strafgerichtliche Verurteilungen (→ *Bundeszentralregister, Eintragungen, ausländische Verurteilungen*, Teil E Rdn 72), die einen Sachverhalt zum Gegenstand haben, der nach deutschem Strafrecht straflos wäre und daher die Voraussetzungen für eine Speicherung im BZR gem. § 54 Abs. 1 Nr. 2 BZRG nicht erfüllt sind. Aufgrund der EU-rechtlichen Rahmenbedingungen (→ *Bundeszentralregister, Internationaler Strafnachrichtenaustausch*, Teil E Rdn 268) ist Deutschland aber zur Speicherung und zur Beauskunftung an andere Behörden im EU-Ausland für die Zwecke eines Strafverfahrens verpflichtet. Sind solche Eintragungen in dem eigens dafür geschaffenen Nebenregister gespeichert, werden sie Betroffenen im Rahmen der Selbstauskunft mitgeteilt.

Siehe auch: → *Bundeszentralregister, Auskunft, Allgemeines*, Teil E Rdn 16 m.w.N.; → *Bundeszentralregister, Auskunft, Behördenauskunft*, Teil E Rdn 29; → *Bundeszentralregister, Eintragungen, Allgemeines*, Teil E Rdn 51 m.w.N.; → *Bundeszentralregister, Führungszeugnis, Behördenführungszeugnis*, Teil E Rdn 199.

51 Bundeszentralregister, Eintragungen, Allgemeines

Das Wichtigste in Kürze:

1. Im BZR werden vor allem strafgerichtliche Verurteilungen und Folgeentscheidungen sowie bestimmte Verwaltungsentscheidungen, die für die Beurteilung der Persönlichkeit einer Person vor besonderer Bedeutung sind, eingetragen.
2. Welche Eintragungen im Zentralregister im Einzelnen gespeichert werden, regelt § 3 BZRG.
3. Die Eintragung von Verwaltungsentscheidungen nach § 10 BZRG beschränkt sich auf wenige Bereiche, die für die öffentliche Sicherheit und Ordnung von besonderer Bedeutung sind.
4. § 11 BZRG sieht die Speicherung bestimmter Entscheidungen wegen Schuld- oder Verhandlungsunfähigkeit vor.
5. Auch ausländische Verurteilungen werden bei Vorliegen der Voraussetzungen des § 54 BZRG im BZR eingetragen.
6. Die Vornahme einer Eintragung in das BZR durch das BfJ als Registerbehörde ist ein Justizverwaltungsakt, der durch den Antrag auf gerichtliche Entscheidung nach §§ 23 ff. EGGVG vor dem OLG Hamm angegriffen werden kann.

52 **Literaturverzeichnis:** S. die Hinw. bei → *Bundeszentralregister, Allgemeines*, Teil E Rdn 2.

53 **1.a)** Bei dem BZR handelt es sich um **das zentrale Vorstrafenregister**, mit dessen Hilfe das strafrechtliche Vorleben einer Person abgelesen werden kann. In ihm werden insbesondere **strafgerichtliche Verurteilungen** und Folgeentscheidungen sowie bestimmte **bedeutsame Verwaltungsentscheidungen** gespeichert. Auf diese Weise soll Zugang zu den Informationen gewährt werden, welche erforderlich sind, um die im Interesse der Strafrechtspflege und der öffentlichen Sicherheit notwendigen Entscheidungen zu treffen (→ *Bundeszentralregister, Allgemeines*, Teil E Rdn 3).

54 **b)** Das BfJ hat **kein Ermessen**, ob **Eintragungen** vorzunehmen sind oder nicht (OLG Hamm, Beschl. v. 24.4.2007 – 1 VAs 2/07). Bei Vorliegen der gesetzl. Voraussetzungen ist es zur Eintragung verpflichtet. Es finden durch das BfJ auch **keine Überprüfungen** und auch **keine Ermittlungen** statt, ob die Verurteilung oder die einzutragende Entscheidung zu Recht oder Unrecht erfolgt ist (OLG Hamm, Beschl. v. 1.8.2019 – 1 VAs 1/19). Der auf eine Datensammlung ausgerichtete Zweck des BZR schließt dies aus (OLG Hamm NStZ 1988, 136). Das BfJ ist also ebenso wenig wie das BVerfG eine „Superrevisionsinstanz" für die bundesdeutsche Strafjustiz.

☝ Die **Tilgung** einer **Eintragung** kommt ausnahmsweise **nur** dann in Betracht, wenn das **Urteil offensichtlich fehlerhaft** ist, d.h. solche schweren Fehler aufweist, die ohne weitere Nachprüfung eindeutig ersichtlich sind (KG NStZ-RR 2010, 27). Hingegen ist es unbeachtlich, wenn die Richtigkeit der Eintragung allein damit angegriffen wird, das Gericht habe infolge einer falschen Beweiswürdigung oder wegen einer irrigen Rechtsauffassung ein falsches Urteil gesprochen. Dies betrifft auch den Einwand, dass das Gericht ein falsches Strafgesetz angewendet habe oder die Strafzumessung unverhältnismäßig sei. Es ist auch grds. unbeachtlich, unter welchen prozessualen, unter anderem auch prozessökonomischen Voraussetzungen (z.B. wegen eines „Deals") es zu der Verurteilung im Strafverfahren gekommen ist. Solche Überlegungen können allenfalls ausnahmsweise im Rahmen einer vorzeitigen Tilgung oder Nichtaufnahme der Eintragung in ein Führungszeugnis eine Rolle spielen (→ *Bundeszentralregister, Eintragungen, Registervergünstigungen*, Teil E Rdn 110).

c) Die Eintragung im Register ist auch **unabhängig von** der **Art** und **Höhe** der **Strafe**. Die Art und Höhe der Strafe spielt erst dann eine Rolle, wenn es um die Aufnahme der Verurteilung in das Führungszeugnis und die Berechnung der Fristen bis zur Nichtaufnahme in das Führungszeugnis bzw. Tilgung der Eintragung geht (→ *Bundeszentralregister, Führungszeugnis, Allgemeines*, Teil E Rdn 175; → *Bundeszentralregister, Eintragungen, Tilgung, Fristen*, Teil E Rdn 138). 55

d) Im Erziehungsregister (→ *Erziehungsregister, Allgemeines*, Teil E Rdn 292) werden nach § 60 BZRG nur solche Entscheidungen nach dem Jugendstrafrecht gespeichert, die nicht schon im Zentralregister eingetragen werden. Sie stehen zugleich nach § 61 BZRG nur sehr wenigen ausgewählten Behörden, wie z.B. Jugendämtern und Familiengerichten, zur Verfügung. 56

e) Nach dem datenschutzrechtlichen **Grundsatz** der **Datensparsamkeit** soll **grds. keine Doppelspeicherung** der Daten in mehreren Registern erfolgen. Gleichwohl werden aber im **FAER** (zum FAER → *Fahreignungsregister, Allgemeines*, Teil E Rdn 332 m.w.N.) gem. § 28 Abs. 3 StVG rechtskräftige Entscheidungen der Strafgerichte, soweit sie wegen einer im Zusammenhang mit dem Straßenverkehr begangenen rechtswidrigen Tat auf Strafe, Verwarnung mit Strafvorbehalt erkennen oder einen Schuldspruch enthalten oder die Entziehung der Fahrerlaubnis, eine isolierte Sperre oder ein Fahrverbot anordnen, gespeichert. Im GZR werden zudem nach § 149 Abs. 2 Nr. 4 GewO die dort aufgeführten Straftaten zur Bekämpfung der Schwarzarbeit eingetragen. Auch im AZR (§ 2 AZRG) und in der sog. Visa-Warndatei (§§ 2, 3 Visa-WarndateiG) werden bestimmte Verurteilungen gespeichert. 57

2.a) Welche **Eintragungen** im **Zentralregister** im **Einzelnen** gespeichert werden, regelt § 3 BZRG. 58

Insoweit gilt: 59

Danach werden vor allem **eingetragen:**

- **strafgerichtliche Verurteilungen** (§ 4 BZRG),
- neben bestimmten **Entscheidungen von Verwaltungsbehörden** und Verwaltungsgerichten auch bestimmte Verzichtserklärungen Betroffener (§ 10 BZRG),
- **Einstellungsverfügungen** und **gerichtliche Entscheidungen wegen Schuldunfähigkeit** oder **Verhandlungsunfähigkeit** (§ 11 BZRG) sowie
- **Folgeentscheidungen**, wie z.B. Beschlüsse über die Bildung einer Gesamtstrafe (§ 6 BZRG), der Widerruf der Bewährung und Straferlasse (§ 12 Abs. 1 BZRG).

Hingegen werden **nicht eingetragen:** 60

- **Bußgeldentscheidungen.**
  - Bußgeldentscheidungen wegen einer OWi nach dem StVG werden beim Kraftfahrt-Bundesamt nach §§ 28 ff. StVG im FAER gespeichert.
  - Bußgeldentscheidungen wegen einer OWi von Gewerbetreibenden, die einen Gewerbezusammenhang haben, werden nach §§ 149 ff. GewO beim BfJ im GZR gespeichert.

- **Verfahrenseinstellungen.**
  - Einstellungen nach den §§ 153, 153a StPO.
  - Insbesondere Einstellungen nach § 170 Abs. 2 StPO, es sei denn, dass der Einstellungsgrund gerade die Schuldunfähigkeit der betroffenen Person war (§ 11 BZRG).

Die Eintragungen nach §§ 4 bis 16 BZRG werden grds. nach § 32 Abs. 1 S. 1 BZRG auch **in die Führungszeugnisse aufgenommen**, sofern das Gesetz keine Ausnahmen vorsieht und die maßgeblichen Aufnahmefristen nicht verstrichen sind (zum Führungszeugnis → *Bundeszentralregister, Führungszeugnis, Allgemeines*, Teil E Rdn 175).

61 **b)** Die **überwiegende Zahl der Eintragungen** stellen die **strafgerichtlichen Verurteilungen** nach § 4 BZRG dar.

Eingetragen werden danach:

- alle Verurteilungen zu **Geldstrafe**, **Freiheitsstrafe** oder **Jugendstrafe**,
- die Anordnung einer **Maßregel der Besserung und Sicherung**,
- Verwarnungen mit **Strafvorbehalt nach § 59 StGB** sowie
- die **Schuldfeststellung nach § 27 JGG.**

62 Nach § 5 BZRG werden die **Personendaten** (Geburtsname, Familienname, Vorname, Geburtsort, Geburtsdatum und letzte bekannte Anschrift) und ggf. Aliaspersonalien sowie der Strafausspruch mit der rechtlichen Bezeichnung der Tat und der verhängten Strafe gespeichert. Zudem werden der Tag der Tat und der Tag der Rechtskraft eingetragen.

63 Zur Eintragung einer Verurteilung ein

> *Beispiel:*
>
> Der Betroffene wurde vom LG wegen Misshandlung von Schutzbefohlenen in zwei tateinheitlichen Fällen zu einer Freiheitsstrafe von 1 Jahr und 6 Monaten verurteilt, die zur Bewährung ausgesetzt waren und zwischenzeitlich erlassen worden ist. Dann wäre eingetragen und würde grds. in der folgenden Form in Auskünfte bzw. Führungszeugnisse aufgenommen:
>
> „28.1.2019 LG Frankfurt a.M.
>
> – 5 KLs 76 Js 2851/17 – AK 12/18 JSch –
>
> Rechtskräftig seit 10.2.2019
>
> Datum der (letzten) Tat: 23.11.2015
>
> Tatbezeichnung: Misshandlung von Schutzbefohlenen in zwei tateinheitlichen Fällen
>
> Angewendete Vorschriften: StGB § 52, § 225 Abs. 1 Nr. 1, Abs. 1 Nr. 2, § 56
>
> 1 Jahr(e) und 6 Monat(e) Freiheitsstrafe
>
> Bewährungszeit 2 Jahr(e)
>
> Verbot der Beschäftigung, Beaufsichtigung, Anweisung und Ausbildung Jugendlicher (gesetzlich eingetretene Nebenfolge nach § 25 JArbSchG)
>
> Strafe erlassen mit Wirkung vom 15.3.2022“.

64 **3.a)** Die **Eintragung** von **Verwaltungsentscheidungen** nach **§ 10 BZRG** beschränkt sich auf wenige Bereiche, die jedoch für die öffentliche Sicherheit und Ordnung von besonderer Bedeutung sind. Hierfür müssen diese Informationen überregional verfügbar sein, damit z.B. die Ablehnung der Berufszulassung nicht durch eine bloßen Wohnortwechsel umgangen werden kann. Die Datenverwendung nach § 10 BZRG soll der Erschleichung einer erneuten Zulassung bei einer anderen Behörde vorbeugen (BR-Drucks 676/69, S. 18 zu § 10) und ganz allgemein der Information anderer Behörden oder Gerichte gem. § 32 Abs. 3 Nr. 2, § 41 Abs. 1 BZRG zur Vorbereitung von Verwaltungsentscheidungen und Entscheidungen der Berufsgerichtsbarkeit dienen:

- die Eintragung **jagd- und waffenrechtlicher Entscheidungen** (→ *Waffenbesitzer, Allgemeines*, Teil H Rdn 1337) sowie 65
- die **Versagung** bzw. **Entziehung** einer **Berufszulassung wegen der Unzuverlässigkeit, Ungeeignetheit oder Unwürdigkeit**, wenn sie nicht im GZR gespeichert wird, weil keine Gewerbetreibenden betroffen sind. Darunter fallen vor allem jene Berufsgruppen, deren Berufszugang gesetzlich geregelt ist, ohne ein Gewerbe auszuüben. Dies sind insbesondere die Angehörigen der freien Berufe, wie z.B. (s.a. in Teil H: Personen- und Berufsgruppen, Fahrerlaubnisrecht bei den jeweiligen Berufen)
  - Ärzte,
  - Apotheker und
  - Rechtsanwälte.

✍ Soweit in der Vorauflage kritisiert worden ist, dass § 10 BZRG sowohl in Bezug auf die **waffenrechtlichen Erlaubnisse** als auch die **berufsrechtlichen Zulassungen** keine Eintragung des Verzichts vorsieht, hat der Gesetzgeber zwischenzeitlich reagiert. Mit der Änderung des § 10 BZRG durch das 7. Gesetz zur Änderung des BZRG wurde eine Regelung geschaffen, nach der auch **Erklärungen des Verzichts** auf Jagdscheine, Waffenbesitzkarten und Erlaubnisse nach § 27 SprenG sowie für die Zulassung zu freien Berufen in das BZR einzutragen sind, wenn sie in Rücknahme- oder Widerrufsverfahren wegen Unzuverlässigkeit erklärt worden sind. Damit ist auch der Gleichlauf zwischen BZR und GZR hergestellt. Denn für **gewerberechtliche Verfahren** sah § 149 Abs. 2 Nr. 2 GewO stets eine Eintragung des Verzichts in das GZR vor.

4.a) Im BZR werden nicht nur staatsanwaltschaftliche bzw. strafgerichtliche Entscheidungen gespeichert, denen eine Schuldfeststellung zugrunde liegt. **§ 11 BZRG** sieht vielmehr weitere Speichermöglichkeiten vor. § 11 BZRG verfolgt das Anliegen der **Gefahrenvorsorge** (BVerfG StV 1991, 556). Diese Eintragungen dienen daher in erster Linie der öffentlichen Sicherheit, weil die zugrunde liegende psychische Erkrankung für die Beurteilung der Persönlichkeit der Betroffenen von besonderer Bedeutung ist. Zugleich sollen die Betroffenen aber auch von behördlichen Fehlentscheidungen sowie einer unnötigen Wiederholung der Begutachtung bewahrt werden. 66

Ebenfalls gespeichert werden daher nach 67

§ 11 BZRG:

- **Einstellungsverfügungen** der StA wegen erwiesener oder nicht auszuschließender **Schuldunfähigkeit**,
- **Freisprüche wegen Schuldunfähigkeit**, wenn nicht der Freispruch schon auf einem mangelnden Tatnachweis beruht und nur hilfsweise mit der Schuldunfähigkeit begründet wurde (OLG Frankfurt NStZ-RR 2010, 345),
- **gerichtliche Einstellungsbeschlüsse** und **Einstellungsurteile** nach §§ 206a, 260 Abs. 3 StPO **wegen dauerhafter Verhandlungsunfähigkeit** sowie
- die **Ablehnung von Anträgen auf Anordnung einer Maßregel der Besserung und Sicherung**, wenn der Antrag nur deshalb abgelehnt wird, weil von dem Beschuldigten erhebliche rechtswidrige Taten nicht erwartet werden oder er trotzdem nicht für die Allgemeinheit für gefährlich gehalten wird.

b) Die Eintragungen sind allerdings ein **erheblicher Eingriff** in das **Recht auf informationelle Selbstbestimmung**. Dabei verfolgt das BZRG das Anliegen der Gefahrenvorsorge. Die Eintragungen nach § 11 BZRG dienen in erster Linie der öffentlichen Sicherheit. Zugleich sollen die Betroffenen durch die Eintragungen nach § 11 BZRG aber auch vor behördlichen Fehlentscheidungen sowie einer unnötigen Wiederholung der Begutachtung bewahrt werden, so dass die Eintragungen zugleich in ihrem Interesse liegen. Mangels Beschwer bestehen keine Rechtsschutzmöglichkeiten gegen die Einstellung wegen Schuldunfähigkeit nach § 170 Abs. 2 StPO (*Schmitt/Köhler*, § 170 Rn 13; zur Einstellung nach § 170 Abs. 2 StPO 68

Burhoff, EV, Rn 2238) und gegen die Verfahrenseinstellung wegen Verhandlungsunfähigkeit sowie gegen einen Freispruch (*Schmitt/Köhler*, vor § 296 Rn 13, 14, KG, Beschl. v. 22.9.2020 – 4 WS 74/20 – 161 AR 167/20). Zudem werden die Eintragungen unter Umständen länger im Register gespeichert als es der Fall gewesen wäre, wenn es zu einer Verurteilung gekommen wäre. Im Falle einer (geringfügigen) Verurteilung erfolgt die Tilgung nämlich gem. § 46 Abs. 1 Nr. 1 BZRG regelmäßig schon nach fünf Jahren. Die Eintragungen nach § 11 BZRG werden hingegen gem. § 24 Abs. 3 BZRG für zehn Jahre bei Vergehen und 20 Jahre bei Verbrechen gespeichert. Die Eintragungen werden für fünf Jahre in Behördenführungszeugnisse (§ 32 Abs. 3 Nr. 3 BZRG) und bis zur Entfernung aus dem Register in unbeschränkte Auskünfte nach § 41 BZRG aufgenommen. Die erheblichen Nachteile, die damit vor allem für Verwaltungsverfahren verbunden sein können, liegen auf der Hand. Der Gesetzgeber konnte sich jedoch bislang nicht zu einer Reduzierung der Entfernungsfristen z.B. von 20 Jahren auf 15 Jahre bei Verbrechen durchringen.

☝ Wird die Verteidigung auf eine psychische Erkrankung und auf die **Schuld-** bzw. **Verhandlungsunfähigkeit** gestützt, müssen die **nachteiligen Folgen** klar sein und mit dem Vorteil der Urteilsvermeidung abgewogen werden. Je nach Fallgestaltung sollte eine Einstellung nach § 153 StPO bzw. § 153a StPO angestrebt werden, um eine folgenschwere Registereintragung zu vermeiden.

69 **c)** Zum **Schutz** der **Betroffenen** darf das **Gutachten**, auf das der Verfahrensabschluss beruht, aber **nicht älter als fünf Jahre** sein und muss von einem in der Psychiatrie erfahrenen medizinischen Sachverständigen erstellt worden sein. Die Daten des Gutachtens werden mit eingetragen, sodass es in anderen Verfahren beigezogen werden kann. Zudem muss bei einer Einstellung durch die StA der Tatvorwurf bis zu dem Grad geklärt sein, der nach § 170 Abs. 1 StPO dem Verdacht bei Erhebung der öffentlichen Klage entspricht. Einstellungsverfügungen, die nicht auf der Grundlage eines solchen Gutachtens bzw. ohne hinreichende Klärung des Tatvorwurfs ergangen sind, dürfen nur in das ZStV eingetragen werden.

☝ Das der Einstellung zugrundeliegende **psychiatrische Gutachten** muss sich auf die Schuldfähigkeit bzw. Verhandlungsfähigkeit **in einem Strafverfahren** beziehen. Psychiatrische Gutachten, die aus anderen Gerichts- oder Verwaltungsverfahren stammen und völlig andere Fragestellungen zum Gegenstand haben, reichen als Grundlage für eine Eintragung nicht aus. Die **Praxis** der **StA** solche Gutachten im Rahmen der Einstellungsentscheidung zu verwerten, mag noch hinnehmbar sein. Eine Eintragung im BZR kann wegen der weitreichenden Folgen darauf nicht gestützt werden (OLG Hamm, Beschl. v. 26.10.2020 – 1 VAs 55/20).

70 **5.** Strafrechtliche **Verurteilungen** durch **ausländische Gerichte** werden unter den Voraussetzungen des § 54 Abs. 1 S. 1 BZRG ebenfalls im BZR eingetragen (→ *Bundeszentralregister, Eintragungen, ausländische Verurteilungen*, Teil E Rdn 72). Dies ist ein Aspekt des Strafregisterwesens, der durch die erhebliche Zunahme der grenzüberschreitenden Lebensgestaltung und der Freizügigkeit in der EU in den vergangenen Jahren stark an Bedeutung gewonnen hat. Es ist vielen Betroffenen oftmals nicht ansatzweise bewusst, dass z.B. eine im Urlaub begangene Straftat zu einer Eintragung im BZR führen kann, woraus sich dann auch erhebliche nachteilige Konsequenzen in Deutschland ergeben können.

71 **6. Maßnahmen** des **BfJ** als **Registerbehörde**, z.B. die Vornahme einer Eintragung oder die Ablehnung der Entfernung einer Eintragung, sind grds. **Justizverwaltungsakte** (*Schmitt/Köhler*, § 23 EGGVG Rn 19). Soweit keine Beschwerde zum BMJV im BZRG vorgesehen ist, ist ohne Vorschaltverfahren nach §§ 23 ff. EGGVG der **Antrag** auf **gerichtliche Entscheidung** zum OLG zulässig. Zuständig ist das **OLG Hamm** (vgl. die Zuständigkeitsbestimmung in § 12 Nr. 1 JustG NRW), weil das BfJ seinen Sitz in Bonn hat (zu den Einzelheiten → *Bundeszentralregister, Maßnahmen der Registerbehörden, Rechtsschutz*, Teil E Rdn 279; s.a. Burhoff/Kotz/*Schmidt-Clarner*, RM, Teil B: Rn 385 ff.). Auf den Sitz des fachaufsichtsführenden BMJV kommt es für die Zuständigkeitsbestimmung in diesem Zusammenhang nicht an.

☝ Wie sich aus § 20 Abs. 2 BZRG ergibt, kann das BfJ eine Eintragung mit einem **Sperrvermerk** versehen, wenn die betroffene Person schlüssig darlegt, dass die **Eintragung unrichtig** ist. Daher sollte vor Anrufung des OLG zunächst eine Klärung mit dem BfJ versucht werden.

Siehe auch: → *Bundeszentralregister, Auskunft, Allgemeines*, Teil E Rdn 16 m.w.N.; → *Bundeszentralregister, Auskunft, Selbstauskunft*, Teil E Rdn 40; → *Bundeszentralregister, Eintragungen, ausländische Verurteilungen*, Teil E Rdn 72; → *Bundeszentralregister, Eintragungen, Entfernung*, Teil E Rdn 90; → *Bundeszentralregister, Eintragungen, Registervergünstigungen*, Teil E Rdn 105; → *Bundeszentralregister, Eintragungen, Tilgung, Allgemeines*, Teil E Rdn 123 m.w.N.; → *Bundeszentralregister, Eintragungen, Tilgung, Fristen*, Teil E Rdn 138; → *Bundeszentralregister, Eintragungen, Tilgung, Verwertungsverbot*, Teil E Rdn 156; → *Bundeszentralregister, Führungszeugnis, Allgemeines*, Teil E Rdn 175; → *Bundeszentralregister, Maßnahmen der Registerbehörden, Rechtsschutz*, Teil E Rdn 279.

Bundeszentralregister, Eintragungen, ausländische Verurteilungen 72

Das Wichtigste in Kürze:

1. Strafrechtliche Verurteilungen durch ausländische Gerichte werden unter den Voraussetzungen des § 54 Abs. 1 S. 1 BZRG ebenfalls im BZR eingetragen. Dies hat erheblich an Bedeutung gewonnen, weil seit dem Jahr 2012 zwischen den EU-Mitgliedstaaten ein automatischer und regelmäßiger Austausch von Strafnachrichten stattfindet.
2. Eine eingetragene ausländische Verurteilung gem. §§ 54, 55 BZRG wird nach § 56 Abs. 1 S. 1 BZRG registerrechtlich einer Verurteilung durch deutsche Gerichte gleichgestellt.
3. Nach der Mitteilung der ausländischen Verurteilung im Wege des Strafnachrichtenaustauschs wird sie zunächst in das Register eingetragen, wenn nicht schon von vornherein die Voraussetzungen für die Eintragung offensichtlich nicht vorliegen.
4. Gegen die Ablehnung der Entfernung der Eintragung nach § 55 BZRG ist der Antrag auf gerichtliche Entscheidung nach §§ 23 ff. EGGVG statthaft, wenn zuvor die Beschwerde zum BMJV ausgeschöpft wurde.

Literaturhinweise: S. die Hinw. bei → *Bundeszentralregister, Allgemeines*, Teil E Rdn 2. 73

1.a) Strafrechtliche Verurteilungen durch ausländische Gerichte werden unter den Voraussetzungen des **§ 54 Abs. 1 S. 1 BZRG** ebenfalls im BZR eingetragen. Dies hat erheblich an Bedeutung gewonnen, weil seit dem Jahr 2012 zwischen den EU-Mitgliedstaaten ein **automatischer** und **regelmäßiger Austausch von Strafnachrichten** stattfindet. Dies hat zu einer deutlichen Zunahme von Mitteilungen über ausländische Verurteilungen und entsprechender Eintragungen im BZR geführt, sodass solche Verurteilungen nun auch vermehrt in Auskünfte aus dem BZR und Führungszeugnisse aufgenommen werden (→ *Bundeszentralregister, Internationaler Strafnachrichtenaustausch*, Teil E Rdn 268; sowie zum EU-Führungszeugnis → *Bundeszentralregister, Führungszeugnis, europäisches*, Teil E Rdn 255). Aber nicht nur innerhalb der EU gibt es einen Strafnachrichtenaustausch. Vielmehr unterhält Deutschland aufgrund des EuRhÜbk und seinen Zusatzprotokollen sowie den Regelungen des IRG im Rahmen der internationalen Rechtshilfe auch mit den Staaten des Europarates und einer Reihe weiterer Staaten (u.a. mit der Schweiz **nicht** aber mit den **USA**) einen amtlichen Strafnachrichtenaustausch. Nach dem Brexit nimmt das Vereinigte Königreich eine Sonderrolle ein. Zwar ist das Land nicht mehr Mitglied der EU, hat sich aber im Handels- und Kooperationsabkommen mit der EU in Bezug auf den Austausch von Strafnachrichten einen gleichwertigen Status gesichert. Das BZRG bezeichnet solche Länder als Partnerstaat (§ 30b Abs. 1a S. 2 BZRG). 74

☝ Die **Bedeutung ausländischer Verurteilungen** in Deutschland ist **nicht** zu **unterschätzen**. Sie können bei der Strafzumessung wie deutsche Verurteilungen zum Nachteil des Betroffenen berücksichtigt werden, sogar wenn sie nicht im BZR eingetragen worden sind (BGH NStZ 2012, 6).

75 **b)** Die Eintragung ausländischer Urteile darf dabei nicht frei von allen Voraussetzungen sein. Die Eintragung in das BZR stellt eine **belastende Maßnahme** des BfJ für den Betroffenen dar, die einer gesetzlichen Ermächtigung bedarf. Die Eintragung einer ausländischen Verurteilung, durch die ein bestimmtes Verhalten bestraft wurde, das in Deutschland nicht strafbar ist oder hier nur mit einem Bußgeld geahndet werden kann, würde dem Grundgedanken des BZRG entgegenstehen, nach dem grds. nur strafbares Verhalten in das Zentralregister eingetragen und deutschen Behörden für die Erfüllung ihrer hoheitlichen Aufgabe übermittelt werden soll. Ein genereller Verzicht auf Eintragungsvoraussetzungen und eine Mitteilung solcher Eintragungen an deutsche Behörden wäre im Hinblick auf die **Grundrechte** der **Betroffenen** bedenklich.

☝ Die **Eintragung ausländischer Urteile** setzt daher nach § 54 Abs. 1 BZRG voraus, dass
- der Verurteilte **Deutscher** oder in **Deutschland geboren** oder **wohnhaft** ist,
- wegen des der Verurteilung zugrunde liegenden oder sinngemäß umgestellten Sachverhaltes, ungeachtet etwaiger Verfahrenshindernisse, **auch** nach **deutschem Recht strafbar** ist,
- die Entscheidung **rechtskräftig** ist.

76 **c)aa)** Die Verurteilung darf zudem nach § 53a S. 1 BZRG wesentlichen Grundsätzen der deutschen Rechtsordnung (dem sog. „**ordre public**") **nicht widersprechen**. Nur **greifbare** und **schwere Fehler** kommen dafür in Frage. Das kann der Fall sein, wenn sich aus dem Urteil selbst schwere Mängel ergeben (z.B. die Beweiswürdigung stützt sich ausdrücklich auf einen lügenden Zeugen oder verstößt sonst gegen die Gesetze der Denklogik). Es findet also lediglich eine Prüfung statt, ob das Verfahren den völkerrechtlich verbindlichen Mindeststandards an Verfahrensgerechtigkeit genügt. Dazu gehört, dass dem Beschuldigten rechtliches Gehör gewährt und eine angemessene Verteidigung ermöglicht wurde (KG wistra 2013, 206). Wenn die verurteilte Person den Verstoß allerdings nicht im ausländischen Verfahren geltend gemacht und die erforderlichen Rechtsmittel eingelegt hat, kann sie sich im Registerverfahren in der Regel auch nicht darauf berufen (OLG Karlsruhe MDR 1983, 690). Denn im Wege der Rechtsmittel kann den Betroffenen noch im Ausland **nachträglich rechtliches Gehör** gewährt werden.

☝ Möchte man sich auf einen Verstoß gegen den „ordre public" berufen, muss daher dargelegt werden, dass in dem **ausländischen Verfahren alle Rechtsmittel** ausgeschöpft worden sind.

Das BVerfG hat zu diesem Komplex aus Anlass einer im BZR eingetragenen Verurteilung in einem spanischen Schnellverfahren ausgiebig Stellung genommen (BVerfG NJW 2017, 1731). Danach muss **substantiierten Einwendungen** im Verfahren nach § 55 BZRG nachgegangen werden und eine Sachverhaltsaufklärung erfolgen. Dazu können insbesondere die **Anforderung sämtlicher Urteile bzw. der Strafakten** gehören. Zwar darf grds. von der Richtigkeit der Dokumente in dem ausländischen Strafverfahren ausgegangen werden. Werden jedoch substantiierte Einwendungen dagegen geltend gemacht und konkrete sowie erreichbare Beweise dafür angeboten, ist ihnen nachzugehen. Dennoch bedarf es deswegen keiner Überprüfung des ausländischen Strafverfahrens durch das BfJ wie in einem Revisionsverfahren. Vor dem Hintergrund der Richtigkeitsvermutung der ausländischen Dokumente verlangt dies auch das BVerfG nicht.

77 **bb)** Wird eine **Personenverwechslung** oder gar ein **„Identitätsdiebstahl"** behauptet, muss die betroffene Person die Einwendungen eingehend und nachvollziehbar unter Vorlage aussagekräftiger Nachweise darlegen (*Tolzmann*, § 55 Rn 27). I.d.R. wird auch das Urteil durch das BfJ anzufordern sein

(*Tolzmann*, a.a.O.). Die sofortige Entfernung der Eintragung kommt aber ebenfalls **nur bei evidenten Fällen** in Betracht, z.B.:

- die Personendaten weichen von der Strafnachricht, die das BfJ aus dem Ausland erhält, oder dem Urteil wesentlich ab,
- die betroffene Person kann nicht der Täter gewesen sein, weil er sich nachweislich und unzweifelhaft zur Zeit der Tat nicht im Ausland befunden hat (*Tolzmann*, a.a.O.).

☝ **In allen anderen Fällen**, in denen weiterführende Ermittlungen anzustellen wären, ist der Betroffene auf eine Richtigstellung durch die ausländischen Gerichte zu verweisen. Dies kann auch verschiedenen Gründen erfolgsversprechender sein, als sich mit dem BfJ zu streiten. Insbesondere kann eine Urteilsaufhebung im betreffenden Ausland Folgeverurteilungen verhindern, wenn die Person, die die Identität gestohlen hat, Serientäter ist. Eine vertiefte Überprüfung durch die deutsche Registerbehörde käme jedenfalls einer **Neuauflage des Strafprozesses** gleich, die nicht durch das BfJ gleistet werden kann und daher ausgeschlossen ist. Hier kann auf die obigen Ausführungen zur Überprüfung von Mängeln in ausländischen Strafverfahren Bezug genommen werden.

2.a) Eine **eingetragene ausländische Verurteilung** gem. §§ 54, 55 BZRG wird nach § 56 Abs. 1 S. 1 **78** BZRG registerrechtlich einer **Verurteilung** durch **deutsche Gerichte gleichgestellt.**

Hieraus **folgt**, dass **79**

- sie **auch** in **Führungszeugnisse** aufgenommen wird, wenn eine vergleichbare deutsche Verurteilung aufgenommen werden würde (Führungszeugnissen → *Bundeszentralregister, Führungszeugnis, Allgemeines*, Teil E Rdn 175).
- Ebenso kommen die **Registervergünstigungen gem. §§ 39 und 49 BZRG** in Betracht (zu den Registervergünstigungen → *Bundeszentralregister, Eintragungen, Registervergünstigungen*, Teil E Rdn 105).
- **Die (vorzeitige) Anordnung** der **Nichtaufnahme** einer im Herkunftsmitgliedstaat eingetragenen Verurteilung, die in das EU-Führungszeugnis nach § 30b BZRG aufgenommen wird, **ist hingegen nicht möglich** (zum EU-Führungszeugnis → *Bundeszentralregister, Führungszeugnis, europäisches*, Teil E Rdn 255).
- Die **Tilgung** richtet sich ebenfalls nach dem **deutschen Registerrecht**. Unterliegt die Eintragung im Urteilsstaat einer kürzeren Tilgungsfrist oder wird die vorzeitige Tilgung angeordnet, wird zwar die ausländische Tilgung im BZR zu der Eintragung gespeichert. Die Eintragung bleibt aber bis zur Tilgung **nach deutschem Recht** bestehen.

☝ Der BGH hat hierzu in seinem Beschl. v. 21.5.2025 (5 ARs 1/25, n.v.) klargestellt, dass der Vorrang des deutschen Registerrechts nach § 56 Abs. 1 BZRG selbst dann gilt, wenn sich aus dem ausländischen materiellen Strafrecht (in diesem Fall dem polnischen Strafrecht) ergeben würde, dass bei bestimmten Voraussetzungen eine Verurteilung „materiell rückwirkend" entfällt. Es bleibt auch in diesem Fall dabei, dass sich die Tilgung der Eintragung im BZR ausschließlich nach dem deutschen (Register-)Recht richtet.

b) Ausländische Verurteilungen sind u.a. im Rahmen der **Strafzumessung** durch **deutsche Gerichte** **80** gem. § 46 Abs. 2 S. 2 StGB als Umstand des Vorlebens des Täters zu berücksichtigen (BGH NStZ 2012, 6; StV 2007, 632). Die Verwertbarkeit einer ausländischen Verurteilung in einem in Deutschland geführten Strafverfahren zum Nachteil des Beschuldigten setzt grds. aber ebenfalls voraus, dass diese – würde es sich um eine Verurteilung nach deutschem Recht handeln – **nicht tilgungsreif** wäre. Dies ergibt sich für im BZR eingetragene ausländische Verurteilungen aus §§ 51 Abs. 1, 56 Abs. 1 S. 1 BZRG (ggf. i.V.m. § 63 Abs. 4 BZRG), gilt aber auch für dort nicht eingetragene ausländische Vorstrafen. Grundlage hierfür ist § 58 BZRG, nach dem eine **ausländische Verurteilung**, auch wenn sie nicht in das BZR eingetragen ist, als tilgungsreif gilt, sobald eine vergleichbare Verurteilung im Geltungsbereich BZRG tilgungsreif wäre.

81 **3.a)aa)** Nach der Mitteilung der ausländischen Verurteilung im Wege des Strafnachrichtenaustauschs wird sie zunächst in das Register **eingetragen**, wenn nicht schon von vornherein die Voraussetzungen für die Eintragung offensichtlich nicht vorliegen. Dazu nimmt das BfJ einen **abstrakten Normenvergleich** vor, ob der der Verurteilung zugrunde liegende Sachverhalt auch **nach deutschem Recht strafbar** wäre. Eine Eintragung hat z.B. zu unterbleiben, wenn der Verstoß gegen die ausländische Strafvorschrift im deutschen Recht straflos wäre oder hier nur als OWi geahndet wird. Es reicht aber aus, wenn beim Vergleich der in- und ausländischen Strafvorschriften sich aus dem Urteil **nicht** ergibt, dass die Voraussetzungen der deutschen Strafvorschrift **nicht** vorliegen (*Tolzmann*, § 54 Rn 33).

☝ Ausgehend von diesem negativen Prüfungsmaßstab ist es also **nicht erforderlich**, dass sich aus dem Urteil alle Umstände ergeben, die eine Strafbarkeit nach deutschem Recht positiv begründen würden.

82 *Beispiel:*

Die **Verurteilung** eines **Deutschen** in **Spanien** wegen einer Trunkenheitsfahrt wurde im BZR eingetragen, obwohl die Alkoholisierung – nach deutschem Recht – nur im Bereich der relativen Fahruntüchtigkeit lag, ohne dass das Gericht im Urteil Fahrauffälligkeiten festgestellt hat. Hierzu bestand für das spanische Gericht aufgrund der dortigen Rechtslage kein Anlass. **Aus dem Urteil ergab** sich daher **nicht**, dass die Voraussetzungen des § 316 StGB **nicht** vorlagen und die Eintragung erfolgte zu Recht (KG NStZ-RR 2012, 284).

☝ Ggf. sollte das **ausländische Gericht** unter Hinweis auf das deutsche Registerrecht gebeten werden, den **Sachverhalt ausführlicher** als gewöhnlich abzufassen. Zur Vermeidung einer Eintragung im deutschen Register hätte im Beispiel des spanischen Urteils der einfache Satz genügt: „Fahrauffälligkeiten konnten nicht festgestellt werden.“ Denn dann hätte sich positiv aus dem Urteil ergeben, dass die Voraussetzungen für eine Strafbarkeit nach deutschem Recht nicht gegeben waren.

83 **bb)** Liegen die Voraussetzungen für die Eintragung der ausländischen Verurteilung vor, wird nach der Eintragung der Betroffene gem. § 55 Abs. 2 S. 1 BZRG schriftlich angehört, soweit sein Aufenthaltsort feststellbar ist. Ihm wird so **rechtliches Gehör** gewährt und die Gelegenheit gegeben, Einwendungen gegen die Eintragung der Verurteilung vorzubringen.

84 **b)aa)** Auch in Verfahren nach § 55 BZRG besteht **keine Befugnis des BfJ**, rechtskräftige ausländische strafrechtliche **Verurteilungen** auf ihre **Zulässigkeit** und **Richtigkeit** hin zu **überprüfen**. Es ist daher im Eintragungsverfahren ohne Bedeutung, wenn die Tat bestritten wird oder Rechtfertigungs- bzw. Entschuldigungsgründe vorgebracht werden. Dem BfJ ist schon im Grundsatz die Prüfung verwehrt, ob es sich bei der einzutragenden Verurteilung um ein „Fehlurteil“ handelt (KG NStZ-RR 2012, 284). Der auf eine Datensammlung ausgerichtete Zweck des BZR schließt eine solche Überprüfung und auch etwaige Ermittlungen, ob die Verurteilung zu Recht oder Unrecht erfolgt ist, aus. Das BfJ prüft lediglich, ob die gesetzlichen Voraussetzungen einer Eintragung erfüllt sind.

☝ Eine Eintragung muss (nur) dann **entfernt** werden, wenn nach den Feststellungen in dem ausländischen Urteil feststünde, dass die Tat nach deutschem Recht nicht strafbar wäre (KG wistra 2013, 206).

85 **bb)** Daher sollte man sich – ggf. durch einen ausländischen Korrespondenzanwalt –, um die Beseitigung der Verurteilung im Ausland bemühen. Nicht selten handelt es sich um **Abwesenheitsurteile** (dazu *Tolz-*

mann, § 54 Rn 42 ff.), von denen die Betroffenen erstmals durch die Anhörung des BfJ nach § 55 Abs. 2 S. 1 BZRG erfahren. Die ausländischen (insbesondere die europäischen) Prozessordnungen sehen dann regelmäßig einen Rechtsbehelf und die Wiedereinsetzung in den vorigen Stand vor. Dieser Weg ist zwar mühsam, aber Erfolg versprechender als sich mit dem BfJ zu streiten.

Beispiel: 86

Ein Deutscher wird in Italien eines strafrechtlichen Vergehens verdächtigt und nach seiner Ausreise angeklagt. Von der Ladung zur Hauptverhandlung erhält er keine Kenntnis, sodass er schließlich in Abwesenheit verurteilt wird. Auch eine Urteilsabschrift erhält er nicht. Im Wege des **internationalen Strafnachrichtenaustauschs** (→ *Bundeszentralregister, Internationaler Strafnachrichtenaustausch*, Teil E Rdn 268) wird die – zwischenzeitlich (vorläufig) rechtskräftige – Entscheidung von den italienischen Behörden dem BfJ mitgeteilt. Nach § 55 Abs. 2 S. 1 BZRG wird der Betroffene nunmehr zu der beabsichtigten Eintragung des italienischen Urteils im BZR angehört. Er hat nun die Gelegenheit vor den italienischen Gerichten die Wiedereinsetzung in den vorigen Stand und die Beseitigung des Urteils zu beantragen und damit die **Eintragung im BZR** zu verhindern bzw. diese zu beseitigen.

c) Ausländische Verurteilungen, die einen Sachverhalt zum Gegenstand haben, der nach deutschem Strafrecht straflos wäre und daher die **Voraussetzungen** für eine gewöhnliche **Speicherung** gem. **§ 54 Abs. 1 Nr. 2 BZRG** nicht **erfüllt** sind, werden nach § 56b Abs. 1 BZRG **gesondert** im Register **gespeichert**. Dies ist dann der Fall, wenn die Tat in Deutschland nicht strafbar ist, weil sie z.B. nur als OWi oder ggf. gar nicht geahndet werden darf. Aufgrund der EU-rechtlichen Rahmenbedingungen (→ *Bundeszentralregister, Internationaler Strafnachrichtenaustausch*, Teil E Rdn 268) ist Deutschland aber zur Speicherung und zur Beauskunftung an andere Behörden im EU-Ausland **für die Zwecke eines Strafverfahrens** verpflichtet. Sind solche Eintragungen gespeichert, werden sie zwar Betroffenen im Rahmen der Selbstauskunft (→ *Bundeszentralregister, Auskunft, Selbstauskunft*, Teil E Rdn 40) mitgeteilt sonst jedoch nicht. 87

Beispiel: 88

Ein Deutscher wird im EU-Ausland eines strafrechtlichen Vergehens verdächtigt und verurteilt. Im Wege des **internationalen Strafnachrichtenaustauschs** (→ *Bundeszentralregister, Internationaler Strafnachrichtenaustausch*, Teil E Rdn 268) wird die rechtskräftige Entscheidung dem BfJ mitgeteilt. Nach der Prüfung des BfJ würde es sich nach deutschem Strafrecht aber nur um eine OWi handeln und dürfte daher nach § 54 Abs. 1 Nr. 2 BZRG eigentlich nicht im BZR gespeichert werden. Aufgrund der Vorgaben des EU-Rechts muss die Eintragung aber für die Anfragen aus dem EU-Ausland vorgehalten werden. Die Eintragung wird daher **nicht im Hauptregister des BZR** gespeichert, sondern nach § 56b Abs. 1 BZRG in ein Nebenregister eingetragen. Deutsche Behörden würden daher von der Eintragung keine Kenntnis erhalten. Die Eintragung wird auch nicht in Führungszeugnisse aufgenommen.

4. Lehnt das BfJ als Registerbehörde die Entfernung der Eintragung ab, nachdem der Betroffene im Anhörungsverfahren Einwendungen geltend gemacht hat, handelt es sich um einen **Justizverwaltungsakt** (*Schmitt/Köhler*, § 23 EGGVG Rn 19). Bei der Ablehnung der Entfernung der Eintragung nach § 55 BZRG sieht das BZRG als Rechtsmittel **zunächst** die **Beschwerde** zum **BMJV** vor. In diesen Fällen ist daher auch vor dem i.Ü. statthaften **Antrag** auf **gerichtliche Entscheidung** nach **§§ 23 ff. EGGVG** das Beschwerdeverfahren als Vorschaltverfahren durchzuführen (→ *Bundeszentralregister, Maßnahmen der Registerbehörden, Rechtsschutz*, Teil E Rdn 279; s.a. noch Burhoff/*Schmidt-Clarner*, RM, Teil B Rn 323 ff.). 89

Siehe auch: → *Bundeszentralregister, Auskunft, Allgemeines*, Teil E Rdn 16 m.w.N.; → *Bundeszentralregister, Eintragungen, Registervergünstigungen*, Teil E Rdn 105; → *Bundeszentralregister, Führungszeugnis, Allgemeines*, Teil E Rdn 175 m.w.N.; → *Bundeszentralregister, Führungszeugnis, europäisches*, Teil E Rdn 255; → *Bundeszentralregister, Internationaler Strafnachrichtenaustausch*, Teil E Rdn 268; → *Bundeszentralregister, Maßnahmen der Registerbehörden, Rechtsschutz*, Teil E Rdn 279.

90 **Bundeszentralregister, Eintragungen, Entfernung**

Das Wichtigste in Kürze:

1. Das BZRG bezeichnet die Löschung bestimmter Eintragungen entweder als Tilgung oder als Entfernung. Der Tilgung unterliegen die strafgerichtlichen Verurteilungen. Die Eintragungen bestimmter Verwaltungsentscheidungen nach § 10 BZRG und die Entscheidungen der Strafverfolgungsbehörden nach § 11 BZRG werden hingegen entfernt.
2. Aus der Tilgung einer Eintragung folgt das Vorhalte- und Verwertungsverbot nach § 51 BZRG. Für entfernte Eintragungen besteht ein solches ausdrückliches Verwertungsverbot nicht.
3. Die Entfernung der Eintragungen nach § 10 BZRG erfolgt nicht nach Ablauf starrer Fristen, sondern knüpft an bestimmte Umstände an. Hingegen erfolgt die Entfernung der Eintragungen nach § 11 grds. nach Ablauf bestimmter Fristen.
4. Zur Vermeidung unbilliger Härten kann das BfJ ausnahmsweise nach § 25 BZRG auch die vorzeitige Entfernung einer Eintragung anordnen.

91 **Literaturhinweise:** S. die Hinw. bei → *Bundeszentralregister, Allgemeines*, Teil E Rdn 2.

92 **1.a)** Grds. werden Eintragungen im BZR im Interesse der Betroffenen an ihrer Resozialisierung nach Ablauf bestimmter Fristen gelöscht. Dem liegt der Gedanken zugrunde, dass mit fortschreitender Zeit die Bedeutung strafgerichtlicher Verurteilungen und der anderen Eintragungen für die Beurteilung der Persönlichkeit der Betroffenen abnimmt und zugleich das **Interesse** der **Betroffenen an der Löschung** zunimmt, sodass zu einem bestimmten Zeitpunkt das Interesse der Betroffenen das öffentliche Interesse an dem Fortbestand der Eintragungen im BZR überwiegt. Die Löschung trägt auf diese Weise dem **Grundsatz der Verhältnismäßigkeit** Rechnung und dient dem Resozialisierungsinteresse der Betroffenen, insbesondere an der möglichst ungestörten Entfaltung im Erwerbsleben.

93 **b)** Die Löschung der Eintragungen im BZR wird im Gesetz **entweder** als **Tilgung** oder **Entfernung bezeichnet**. In Folge von Tilgung und Entfernung werden die jeweiligen Eintragungen dauerhaft aus dem Register gelöscht und sind nicht mehr aufrufbar.

94 Für die **Unterscheidung gilt:**

- Der **Tilgung** unterliegen die **strafgerichtlichen Verurteilungen** (→ *Bundeszentralregister, Eintragungen, Allgemeines*, Teil E Rdn 61).
- Der **Entfernung** unterliegen hingegen
  - neben eingetragener Entscheidungen von Verwaltungsbehörden und Gerichten auch bestimmte Verzichtserklärungen Betroffener nach **§ 10 BZRG** (→ *Bundeszentralregister, Eintragungen, Allgemeines*, Teil E Rdn 64) sowie
  - die Entscheidungen von Staatsanwaltschaften und Strafgerichten wg. Schuld- oder Verhandlungsunfähigkeit nach **§ 11 BZRG** (→ *Bundeszentralregister, Eintragungen, Allgemeines*, Teil E Rdn 66).

95 **2.** Sind die tatsächlichen Folgen der Löschung infolge von Tilgung und Entfernung auch gleich (die Eintragungen werden dauerhaft aus dem Register gelöscht), gibt es allerdings **einen erheblichen rechtlichen Unterschied**. So folgt aus der Tilgung das Vorhalte- und Verwertungsverbot nach § 51 BZRG. Aus dem Verwertungsverbot folgt insbesondere für Straf- oder Verwaltungsverfahren, dass getilgte Eintragungen zum Nachteil der Betroffenen nicht mehr vorgehalten und verwertet werden dürfen. Für entfernte Eintragungen gibt es ein solches ausdrückliches gesetzliches Verwertungsverbot nicht. Hier ist es eine Frage des jeweilig betroffenen materiellen Rechts und des **Grundsatzes** der **Verhältnismäßigkeit**, ob eine entfernte Eintragung noch zum Nachteil der Betroffenen verwertet werden

darf oder nicht (zum Vorhalte- und Verwertungsverbot → *Bundeszentralregister, Eintragungen, Tilgung, Verwertungsverbot*, Teil E Rdn 152).

3.a)aa) Die **Entfernung** der **Eintragungen** erfolgt grds. nach Eintritt bestimmter Bedingungen oder nach Ablauf bestimmter Fristen. Es ist zwischen den einzelnen Eintragungen zu unterscheiden: 96

Eintragungen nach **§ 10 BZRG** 97

werden gem. § 19 BZRG **nicht** nach **Ablauf starrer Fristen** entfernt, sondern erst dann, wenn die eingetragene Entscheidung

- **aufgehoben** oder
- durch eine neue Entscheidung **gegenstandslos** geworden ist,
- die **Vollziehbarkeit entfallen** ist oder
- bei einer Befristung der eingetragenen Entscheidung die **Frist abgelaufen** ist.

Eintragungen nach **§ 11 BZRG** 98

werden gem. § 24 Abs. 3 BZRG hingegen nach Ablauf bestimmter Fristen entfernt,

- nach **zehn Jahren**, wenn der Entscheidung der Vorwurf eines Vergehens zugrunde gelegen hat, und
- nach **20 Jahren**, wenn es sich um ein Verbrechen handelte,
- handelte es sich um eine **Straftat gegen die sexuelle Selbstbestimmung** gem. §§ 174 bis 180 oder 182 StGB beträgt die **Frist stets 20 Jahre**.

☝ Spätestens mit **Ablauf** des **90. Lebensjahres** werden gem. § 24 BZRG aber **alle Eintragungen** aus dem Register **entfernt**.

bb) Sind **mehrere Eintragungen** nach **§ 11 BZRG** vorhanden, dürfen sie gem. § 24 Abs. 4 BZRG erst entfernt werden, wenn **für alle Eintragungen** die Voraussetzungen der Entfernung erfüllt sind. 99

Hierzu ein Beispiel: 100

Für den Betroffenen sind nach § 11 Abs. 1 Nr. 1 BZRG jeweils aus den Jahren 2022, 2023 und 2024 Einstellungsverfügungen der Staatsanwaltschaft wg. im Zustand der Schuldunfähigkeit begangener Beleidigungen eingetragen. Weil es sich um Vergehen handelt, beträgt die Frist bis zur Entfernung der Eintragungen nach § 24 Abs. 3 S. 1 BZRG zehn Jahre. Die erste Eintragung wäre daher eigentlich im Jahr 2032 aus dem BZR zu entfernen. Weitere Straflosigkeit vorausgesetzt, kommt eine Entfernung aber erst im Jahr 2034 in Betracht, weil dann erst für alle, d.h. auch für die letzte Eintragung, gem. § 24 Abs. 4 BZRG die Voraussetzungen für die Entfernung erfüllt sind.

cc) Das Gesetz sieht in § 24 Abs. 5 BZRG nunmehr bei der **Entfernung** einer Eintragung, wie bei der Tilgung (→ *Bundeszentralregister, Eintragungen, Tilgung, Allgemeines*, Teil E Rdn 123), **eine sog. „Überliegefrist"** vor. Dies ist der Zeitraum zwischen dem Eintritt der Tilgungsreife und der tatsächlichen endgültigen Löschung der Eintragung im Register. Diese Zeit soll bei der Tilgung gewährleisten, dass etwaige neue Verurteilungen, die die Tilgung ausschließen aber der Registerbehörde noch nicht bekannt sind, noch berücksichtigt werden können. In der Praxis hat sich gezeigt, dass neue Verurteilungen oder Entscheidungen erst mit einer gewissen zeitlichen Verzögerung mitgeteilt werden. 101

☝ Durch das **Fehlen** der **Überliegefrist** bestand bei der Entfernung von Eintragungen eine **nicht unerhebliche Lücke**. Ggf. wurden Eintragungen entfernt, obwohl bereits neuerliche Entscheidungen einzutragen wären, die nur noch nicht das BfJ erreicht haben, obwohl sie gem. § 24 Abs. 4 BZRG die Entfernung der übrigen Eintragungen verhindert hätten. Deshalb hat der Gesetzgeber mit dem

7. Gesetz zur Änderung des BZRG reagiert und mit Wirkung ab dem Jahr 2020 auch für zu entfernende Eintragungen eine Überliegefrist eingeführt.

102 **b)** Eintragungen nach §§ 10 und 11 BZRG werden **nur** einem **eingeschränkten Empfängerkreis** gegenüber beauskunftet. Sie dienen vor allem der öffentlichen Sicherheit und sind nicht für die Bekanntgabe an Private bestimmt. Anders als bei Behörden ist bei privaten Empfängern der Informationen nicht gewährleistet, dass sie die erhaltenen Informationen sachgerecht einordnen können. Zudem dürften die Informationen für private Arbeits- bzw. Beschäftigungsverhältnisse in der Regel keine Rolle spielen. So werden diese Eintragungen grds. nicht in Privatführungszeugnisse aufgenommen. In Behördenführungszeugnisse (→ *Bundeszentralregister, Führungszeugnis, Behördenführungszeugnis*, Teil E Rdn 199) werden sie nur aufgenommen, wenn

- bei **Eintragungen nach § 10 BZRG** die Entscheidungen oder Verzichte nicht länger als zehn Jahre zurückliegen und
- bei **Eintragungen nach § 11 BZRG** die Entscheidungen oder Verfügungen nicht länger als fünf Jahre zurückliegen.

☝ In **unbeschränkte Auskünfte** nach §§ 41 und 42 BZRG werden sie gem. § 24 Abs. 5 S. 2 BZRG allerdings so lange aufgenommen, bis die Entfernungsreife eingetreten ist (→ *Bundeszentralregister, Auskunft, Behördenauskunft*, Teil E Rdn 28).

103 **4.a)** Nach § 25 BZRG kann das BfJ zur **Vermeidung unbilliger Härten** auch eine **vorzeitige Entfernung** der Eintragungen anordnen, wenn das öffentliche Interesse dem nicht entgegensteht. Es handelt sich dabei um eine **sog. Registervergünstigung** (→ *Bundeszentralregister, Eintragungen, Registervergünstigungen*, Teil E Rdn 105). Dabei bestimmt sich das öffentliche Interesse gerade bei Entscheidungen, Verfügungen oder Verzichte nach §§ 10 und 11 BZRG aus dem Gedanken der Gefahrenvorsorge, die grds. für die Beibehaltung der Eintragungen für den gesetzlich vorgeschriebenen Zeitraum spricht. Zudem ist ihre Bedeutung ohnehin eingeschränkt, weil diese Eintragungen nicht in Privatführungszeugnisse aufgenommen werden.

104 **b)** Wegen der besonderen Bedeutung der Eintragungen für die öffentliche Sicherheit hat sich das **BfJ** mit der **Stelle**, welche die **Entscheidung getroffen** hat, ins **Benehmen** zu setzen. Wie bei der vorzeitigen Tilgung gilt, dass auch die Entfernung der Eintragungen aus dem Register der schwerste Eingriff in den Registerbestand darstellt und daher stets außergewöhnlichen Härtefällen vorbehalten bleiben muss. Anders als bei der Tilgung kommt bei der Entfernung hinzu, dass die Eintragungen ohnehin von vornherein nur einem eingeschränkten Personenkreis bekannt gegeben werden.

☝ Will der Betroffene daher eine vorzeitige Entfernung der Eintragung erreichen, muss besonders **sorgfältig begründet** werden, weshalb er darauf unbedingt angewiesen ist. Sorgen um private Arbeitsverhältnisse sind jedenfalls vor dem Hintergrund der eingeschränkten Aufnahme in Führungszeugnisse unbegründet.

Siehe auch: → *Bundeszentralregister, Auskunft, Allgemeines*, Teil E Rdn 16 m.w.N.; → *Bundeszentralregister, Auskunft, Selbstauskunft*, Teil E Rdn 40; → *Bundeszentralregister, Eintragungen, Allgemeines*, Teil E Rdn 51 m.w.N.; → *Bundeszentralregister, Führungszeugnis, Behördenführungszeugnis*, Teil E Rdn 199.

Bundeszentralregister, Eintragungen, Registervergünstigungen 105

Das Wichtigste in Kürze:

1. Das BfJ kann zur Vermeidung unbilliger Härten im Einzelfall auf Antrag oder von Amts wegen eine sog. Registervergünstigung gewähren. Als Registervergünstigungen kommen die vorzeitige Nichtaufnahme einer Eintragung in ein Führungszeugnis sowie die vorzeitige Tilgung oder Entfernung einer Eintragung aus dem BZR in Betracht.
2. Die unbillige Härte setzt besondere Umstände voraus, nach denen ein Festhalten an den gesetzlichen Fristen unter Berücksichtigung aller Umstände grob unbillig und damit vom Gesetzgeber nicht gewollt wäre. Berufliche und verwaltungsrechtliche Schwierigkeiten sind die regelmäßige Folge des Vorhandenseins von Eintragungen im BZR und können daher für sich allein eine Registervergünstigung i.d.R. nicht begründen. Es müssen stets weitere Umstände hinzutreten.
3. Der Antrag auf Anordnung einer Registervergünstigung ist grds. formlos an das BfJ zu richten.
4. Die ablehnenden Bescheide des BfJ sind mit der Beschwerde zum BMJV anfechtbar. Als Justizverwaltungsakte unterliegen sie im Wege des Antrages auf gerichtliche Entscheidung nach §§ 23 ff. EGGVG beim KG der gerichtlichen Kontrolle.

Literaturhinweise: S. die Hinw. bei → *Bundeszentralregister, Allgemeines*, Teil E Rdn 2. 106

1.a) Es ist grds. im Interesse der Allgemeinheit, dass das BZR die Eintragungen bis zum Ablauf der Tilgungsfristen vollständig enthält. Dabei werden unverhältnismäßige **Nachteile** grds. bereits dadurch **vermieden**, dass das BZRG unterschiedlich lange **Tilgungs-** und **Aufnahmefristen** vorschreibt (→ *Bundeszentralregister, Eintragungen, Tilgung, Fristen*, Teil E Rdn 138; → *Bundeszentralregister, Führungszeugnis, Allgemeines*, Teil E Rdn 175). Zudem wird dem Resozialisierungsinteresse der Betroffenen schon dadurch Rechnung getragen, dass bestimmte Eintragungen überhaupt nicht oder nur bis zum Ablauf bestimmter Fristen in ein Führungszeugnis aufgenommen werden (→ *Bundeszentralregister, Führungszeugnis, Allgemeines*, Teil E Rdn 175). 107

b) In Einzelfällen kann das öffentliche Interesse an einem Fortbestand derartiger Eintragungen im BZR oder an der Aufnahme in Führungszeugnisse aber entfallen oder zumindest so weit nachlassen, dass es geringer erscheint als das Interesse des Betroffenen an einer Registervergünstigung. In solchen Fällen kann das BfJ zur **Vermeidung unbilliger Härten** im Einzelfall **auf Antrag** oder **von Amts wegen** eine sog. **Registervergünstigung** gewähren. 108

Wenn das **öffentliche Interesse nicht entgegensteht,** können 109

- **Eintragungen** nach §§ 10, 11 BZRG **vorzeitig entfernt** werden (§ 25 BZRG),
- die **vorzeitige Nichtaufnahme** von Verurteilungen oder Eintragungen nach § 11 BZRG im **Führungszeugnis angeordnet** werden (§ 39 BZRG) sowie
- **Eintragungen** im BZR **vorzeitig getilgt** werden (§ 49 BZRG).

☝ Die **Anordnung** der **Nichtaufnahme von Eintragungen in Führungszeugnisse** kann gem. § 39 Abs. 1 S. 3 BZRG auf bestimmte Arten von Führungszeugnissen sowie auch nur auf die einmalige Erteilung beschränkt werden. Allerdings kann die Anordnung sich nur auf Verurteilungen sowie Eintragungen nach § 11 BZRG beziehen.

Eingetragene **verwaltungsrechtliche Entscheidungen** nach § 10 BZRG, die in Behördenführungszeugnisse aufzunehmen sind, sind daher von dieser Registervergünstigung ausgenommen. Hier kommt – als weiterreichende Maßnahme – nur eine vorzeitige Entfernung nach § 25 BZRG in Betracht!

110 **c)** Die **Richtigkeit** der **Eintragung** wird in dem Verfahren zur Registervergünstigung allerdings **nicht überprüft**. Werden die Eintragungen für (offensichtlich) unrichtig gehalten, muss zunächst unter Ausschöpfen sämtlicher Rechtsmittel die Beseitigung der eigentlichen Entscheidung bei den dafür zuständigen (Justiz-)Behörden angestrebt werden. Liegt hingegen Rechtskraft vor und wird nur die eigentliche Eintragung im BZR für unrichtig gehalten, muss beim BfJ die Tilgung bzw. Entfernung beantragt und im Falle der Ablehnung ggf. vor dem OLG Hamm im Wege des Antrages auf gerichtliche Entscheidung nach §§ 23 ff. EGGVG angefochten werden (zum Rechtsschutz → *Bundeszentralregister, Maßnahmen der Registerbehörden, Rechtsschutz*, Teil E Rdn 279)

☝ Die Tilgung kann zwar ausnahmsweise in Betracht kommen, wenn das **Urteil offensichtlich fehlerhaft** ist, d.h. solche Fehler aufweist, die ohne jede weitere Nachprüfung eindeutig ersichtlich sind (KG, Beschl. v. 6.3.2006 – 4 VAs 58/05). Es ist aber insbesondere nicht Aufgabe des Verfahrens auf Registervergünstigung nach § 49 BZRG, die materielle Richtigkeit einer gerichtlichen Entscheidung nachzuprüfen (KG, Beschl. v. 3.4.2008 – 1 VAs 14/08).

111 **2.a) Die unbillige Härte setzt besondere Umstände voraus**, nach denen ein Festhalten an den gesetzlichen Fristen unter Berücksichtigung aller Umstände **grob unbillig** und damit **vom Gesetzgeber nicht gewollt** wäre (*Tolzmann*, § 39 Rn 19). Grds. hat die Öffentlichkeit aber ein Interesse daran, dass das Register bzw. die Führungszeugnisse und Auskünfte die Eintragungen bis zum Ablauf der Nichtaufnahme- und Tilgungsfristen vollständig enthalten. Gerade die Vollständigkeit und Zuverlässigkeit des Registers liegen im öffentlichen Interesse und nicht die privaten Belange Einzelner!

☝ Häufig empfinden Betroffene schon allein die Eintragung im BZR und die dadurch eintretenden Folgen beruflicher oder verwaltungsrechtlicher Art als grob unbillige Härte. Sie stellen daher häufig Anträge auf Registervergünstigung, die aber i.d.R. unbegründet sind. Denn diese **Folgen sind typisch** für eine Verurteilung sowie Eintragung im BZR und auch **vom Gesetzgeber gerade gewollt**.

Die Voraussetzungen der Härte sind durch den Betroffenen **konkret darzutun und in geeigneter Weise zu belegen**. Dazu gehört insbesondere der Vortrag, weshalb die Eintragung im BZR bzw. Führungszeugnis den Betroffenen beschwert und nur die Registervergünstigung die unbillige Härte beseitigen kann.

112 **b) Regelmäßig** mit der Eintragung von Verurteilungen **verbundenen Belastungen** sind von den Betroffenen **hinzunehmen**. So rechtfertigen folgende Gründe für sich **allein**

113 **keine Registervergünstigung**:

- **Berufsbedingte Schwierigkeiten** und hiermit verbundene finanzielle Auswirkungen sind die regelmäßige Folge des Vorhandenseins von Eintragungen im Zentralregister, selbst wenn der Arbeitsplatz verloren geht. Dies gilt auch, wenn dadurch die Arbeitslosigkeit mit der Folge verlängert wird, dass eine verurteilte Person und ihre Familie auf Sozialleistungen des Staates angewiesen sind (z.B. Ablehnung der vorzeitigen Nichtaufnahme einer Verurteilung wegen eines Sexualdelikts in das Führungszeugnis eines Psychiaters KG NStZ-RR 2009, 27).
- **Schwierigkeiten bei der Einbürgerung oder bei einer Aufenthaltserlaubnis**. Gerade eine Einbürgerungsbehörde muss prüfen können, ob eine Person, die die Einbürgerung anstrebt, wegen einer Straftat verurteilt worden ist und ob die Verurteilung außer Betracht bleiben kann.
- **Nachteilige jagd- und waffenrechtliche Entscheidungen** sind im Interesse der Gefahrenabwehr gewollt und eine typische Folge bestimmter Verurteilungen (→ *Waffenbesitzer, Allgemeines*, Teil H Rdn 1337).
- Es ist auch für sich genommen noch kein Grund für eine Registervergünstigung, dass der Betroffene sich **während eines längeren Zeitraums straffrei** geführt hat. Eine straffreie Führung ist vielmehr grundlegende Voraussetzung dafür, dass eine Registervergünstigung überhaupt in Betracht kommt.

- Eintragungen bei **hohem Lebensalter** begründen noch keine unbillige Härte. Insoweit hat sich der Gesetzgeber in § 24 Abs. 2 BZRG bewusst dafür entschieden, dass erst **ab dem 90. Lebensjahr** Eintragungen im Register zu entfernen sind.

c) Erforderlich sind vielmehr weitere Umstände, die allein oder im Zusammenspiel mit anderen Faktoren 114

für eine Registervergünstigung sprechen: 115

- Die **Zeit** bis zur Nichtaufnahme/**Tilgung** der Eintragung ist nur noch **sehr kurz**. Der Betroffene ist aber bereits jetzt auf ein eintragungsfreies Führungszeugnis bzw. unbeschränkte Auskunft angewiesen.
- Die Straftat hat keinen Bezug zur angestrebten beruflichen Tätigkeit.
- Die Betroffenen sind **schuldeinsichtig** und reumütig.
- Die **Wiedergutmachung** des Schadens ist erfolgt.
- Es liegen **keine weiteren Verurteilungen** oder Ermittlungs- bzw. Strafverfahren vor.
- Es sind (mittlerweile) **gefestigte soziale Strukturen** vorhanden.
- Es handelt sich um einen **(einmaligen) Verstoß** ohne besonderes Gewicht.
- Betroffene haben sich trotz der Eintragung im Arbeitsleben bewährt und benötigen nun für einen unerlässlichen Stellenwechsel ein neues **(eintragungsfreies) Führungszeugnis**.
- Die angestrebte Tätigkeit ist **nicht** besonders **sicherheitsrelevant**.
- Die **Fachgesetze** sehen **starre Grenzen** für Vorstrafen vor, sodass ausschließlich eine Registervergünstigung die unbillige Härte, die sich aus weiteren Umständen ergibt, vermeiden kann.
- Der Verurteilte könnte einen **Beruf ergreifen**, bei dem ein **Höchstalter** für die Einstellung festgesetzt ist, das bei Ablauf der gesetzlichen Tilgungsfrist geringfügig überschritten wäre (Beispiel aus der Gesetzesbegründung zum BZRG; BT-Drucks VI/477, S. 24 [Begründung zu § 45 BZRG a.F.]).
- Eine für die Tat maßgebliche **psychische Erkrankung** wird **zuverlässig therapiert**, sodass nachvollziehbar keine nennenswerte Gefahr von dem Betroffenen (mehr) ausgeht.
- Eine Behörde erfordert über die dienstvorgesetzte oberste Landes- oder Bundesbehörde eine unbeschränkte Auskunft, obwohl die **Vorlage eines Behördenführungszeugnisses ausreichend** gewesen wäre und darin die Eintragung nicht mehr aufzunehmen war.

Rechtsanwälte/Verteidiger sollten **immer genau prüfen**, ob die Mandanten überhaupt auf eine Registervergünstigung angewiesen sind. Oftmals werden nämlich Anträge auf Registervergünstigung gestellt, obwohl die Betroffenen durch eine Eintragung im BZR überhaupt nicht belastet werden.

☝ Insbesondere ist in Erfahrung zu bringen, ob eine Eintragung überhaupt noch im BZR vermerkt ist. Soweit das noch der Fall ist, sollte genau überlegt werden, ob die Eintragung in Führungszeugnisse aufgenommen wird oder nur in unbeschränkten Auskünften verzeichnet ist.

So werden z.B. Eintragungen gem. § 11 BZRG nicht in Führungszeugnisse für Private aufgenommen. Ist die maßgebliche Frist gem. § 32 Abs. 3 Nr. 2 BZRG abgelaufen, werden sie auch nicht mehr in Behördenführungszeugnisse aufgenommen und sind bis zur Entfernung nur noch in unbeschränkten Auskünften an die in § 41 BZRG genannten Behörden verzeichnet. Sie spielen daher i.d.R. bei Bewerbungen um einen Arbeitsplatz überhaupt keine Rolle.

Beispiel: 116

Der Betroffene ist wegen einer Umweltstraftat mit Gewerbezusammenhang zu einer Geldstrafe von 60 Tagessätzen verurteilt worden. Er strebt die Aufnahme einer gewerblichen Tätigkeit im Bereich der „Vermögensverwaltung sowie der gewinnorientierten Management- und Unternehmensberatung“ an.

Zwar wird die Eintragung wegen des Gewerbezusammenhangs nach § 32 Abs. 4 BZRG in ein Führungszeugnis für Behörden aufgenommen, wenn das Führungszeugnis für die in § 149 Abs. 2 Nr. 1 GewO bezeichneten Entscheidungen bestimmt ist. Allerdings ist nicht ersichtlich, dass dies der Aufnahme einer gewerblichen Tätigkeit entgegensteht. So ist z.B. eine Erlaubnis als Finanzanlagenvermittler nach § 34f Abs. 2 Nr. 1 GewO nur dann zu versagen, wenn der Betroffene wegen einer der dort genannten Straftaten, insbesondere Vermögensdelikte und Insolvenzstraftaten, verurteilt worden ist. Der Verurteilung wegen einer Straftat gegen die Umwelt dürfte dabei also mangels konkreten Bezugs zum angestrebten Gewerbe keine Bedeutung zukommen. Ein Antrag auf vorzeitige Nichtaufnahme der Eintragung in das Behördenführungszeugnis dürfte daher wenig Aussicht auf Erfolg haben.

117 **d)** Die **Ermessensentscheidung des BfJ** hat alle Umstände des konkreten Einzelfalls zu würdigen und zwischen dem **Interesse** des **Betroffenen** an einer Registervergünstigung und dem öffentlichen Interesse abzuwägen. Da das öffentliche Interesse in der **Zuverlässigkeit** und **Vollständigkeit des Registers** als Auskunftsmittel für weitere Strafverfahren und als Erkenntnisquelle zur Beurteilung der Persönlichkeit von Bewerbern in Vertrauensstellungen besteht (BVerfG StV 1991, 556), wird eine Registervergünstigung umso eher in Betracht kommen, wenn die Verurteilung weder besonders schwerwiegend noch sonst zur Beurteilung der Persönlichkeit des Betroffenen von besonderer Bedeutung ist. Auch hängt das Maß des öffentlichen Interesses von der Art und dem Umfang der begehrten Registervergünstigung ab.

Ggf. reicht schon **die einmalige Erteilung** eines eintragungsfreien Privatführungszeugnisses nach § 39 Abs. 1 S. 3 BZRG aus. Dem gegenüber ist die vorzeitige Tilgung der endgültige Eingriff in den Registerbestand und muss daher **außergewöhnlichen Härtefällen** vorbehalten bleiben (KG, Beschl. v. 17.2.2010 – 4 VAs 5/2010, n.v.; KG Rpfleger 2015, 106).

118 **3.a)** Der **Antrag** auf Anordnung einer Registervergünstigung ist grds. **formlos an das BfJ** zu richten. Eines bestimmten Antrages bedarf es nicht. Im Zweifel hat das BfJ auszulegen, welche Vergünstigung der Betroffene anstrebt. Da eine Registervergünstigung auch von Amts wegen in Betracht kommt, bedarf es eigentlich auch keiner besonderen Begründung. Das Verfahren beim BfJ ist zudem gebührenfrei.

Der sorgsame Anwalt wird aber selbstverständlich nicht nur die begehrte Registervergünstigung genau bezeichnen, sondern sie auch **ausführlich begründen**. In jedem Fall sind die Umstände, aus denen sich die unbillige Härte ergeben soll, so konkret wie möglich vorzutragen und durch die Beifügung aussagekräftiger Unterlagen zu belegen.

119 **b)** Zu dem **Antrag** auf **Registervergünstigung** hat das BfJ

- sich bei der **vorzeitigen Entfernung** einer Eintragung nach §§ 10, 11 BZRG mit der Stelle, welche die Entscheidung getroffen hat, ins Benehmen zu setzen (§ 25 Abs. 1 S. 1 BZRG) oder
- bei der **vorzeitigen Tilgung** bzw. **Nichtaufnahme** einer Eintragung in das Führungszeugnis das erkennende Gericht und i.d.R. die StA zu hören (§§ 39 Abs. 1 S. 4, 49 Abs. 1 S. 2 BZRG).

Das **Unterlassen** der **Ermittlungen** durch das BfJ ist nicht zu beanstanden, wenn der Antrag offensichtlich unbegründet ist (KG, Beschl. v. 3.4.2008 – 1 VAs 14/08).

Wird ein Antrag auf Registervergünstigung gestellt, kann es hilfreich sein die zuständigen Dezernenten bei StA und Gericht, um eine **wohlwollende Stellungnahme** zu bitten. Sprechen sich beide für eine Vergünstigung aus, ist die Registerbehörde daran zwar nicht gebunden. Eine wesentliche Hürde ist aber genommen!

120 **c)** Die **vorzeitige Tilgung** ist gem. § 49 Abs. 1 S. 1 BZRG **ausgeschlossen,**

- solange die Strafe **noch nicht vollständig vollstreckt** ist. Bei Freiheitsstrafen, die zur Bewährung ausgesetzt sind, bedeutet dies den Eintritt der Unwiderruflichkeit des Straferlasses. Da sich aus dem Register nur die Vollstreckung der Freiheitsstrafe ablesen lässt (§ 15 BZRG) sind Geldstrafen hiervon nicht erfasst (*Tolzmann*, § 37 Rn 14).

☝ Eine Anordnung auf vorzeitige Nichtaufnahme einer Eintragung in das Führungszeugnis kommt auch **vor diesem Zeitpunkt** in Betracht. § 39 BZRG setzt nicht voraus, dass die Strafe zuvor vollstreckt wurde. Allerdings dürfte es einer besonderen Begründung bedürfen, weshalb eine solche Registervergünstigung in Betracht kommen soll, bevor der Betroffene z.B. die Bewährung vollständig durchgestanden hat.

- Solange der Betroffene seine **bürgerlichen Ehrenrechte** in Folge der Verurteilung verloren und noch nicht wiedererlangt hat, sind die vorzeitige Nichtaufnahme einer Eintragung in das Führungszeugnis sowie die vorzeitige Tilgung ebenfalls ausgeschlossen (§§ 39 Abs. 2, 49 Abs. 2 BZRG).

☝ Hier ist ggf. bei Gericht eine **vorzeitige Wiedererteilung** dieser Rechte nach § 45b StGB zu beantragen!

d) Die **Vorschriften zur Registervergünstigung** gelten **auch** für **ausländische Verurteilungen**, die im BZR eingetragen wurde. Eine Eintragung im Zentralregister nach den §§ 54, 55 BZRG wird nach § 56 Abs. 1 S. 1 BZRG wie die Eintragung einer Verurteilung durch deutsche Gerichte behandelt. Hieraus folgt, dass die §§ 39 und 49 BZRG anwendbar sind. Die (vorzeitige) Anordnung der Nichtaufnahme einer im Herkunftsmitgliedstaat eingetragenen Verurteilung in das EU-Führungszeugnis ist hingegen nicht möglich (zum EU-Führungszeugnis → *Bundeszentralregister, Führungszeugnis, europäisches*, Teil E Rdn 255). 121

4. Lehnt das BfJ als Registerbehörde die begehrte Registervergünstigung ab, handelt es sich bei diesen Entscheidungen um **Justizverwaltungsakte** (*Schmitt/Köhler*, § 23 EGGVG Rn 19). Bei der Ablehnung der Registervergünstigung nach §§ 25, 39 und 49 BZRG sieht das BZRG als Rechtsmittel **zunächst** die **Beschwerde** zum **BMJV** vor. In diesen Fällen ist daher auch vor dem **Antrag** auf **gerichtliche Entscheidung** nach **§§ 23 ff. EGGVG** das Beschwerdeverfahren als Vorschaltverfahren durchzuführen (zum Rechtsschutz → *Bundeszentralregister, Maßnahmen der Registerbehörden, Rechtsschutz*, Teil E Rdn 279; s.a. Burhoff/*Schmidt-Clarner*, RM, Teil B: Rn 323 ff.). 122

☝ Neben den Möglichkeiten der Registervergünstigungen nach dem BZRG kommt eine **Vergünstigung** im **Gnadenwege nicht** in Betracht. Die strafrechtliche Gnadenzuständigkeit des Bundes betrifft zum einen ausschließlich Strafsachen, die in Ausübung von Bundesgerichtsbarkeit in erster Instanz entschieden wurden und zum anderen hat das BZRG die rechtlichen Möglichkeiten für Registervergünstigungen abschließend geregelt (zur Gnade → *Gnade, Allgemeines*, Teil G Rdn 1 m.w.N.).

Siehe auch: → *Bundeszentralregister, Allgemeines*, Teil E Rdn 1 m.w.N.; → *Bundeszentralregister, Eintragungen, Tilgung, Allgemeines*, Teil E Rdn 123; → *Bundeszentralregister, Eintragungen, Tilgung, Fristen*, Teil E Rdn 138; → *Bundeszentralregister, Führungszeugnis, Allgemeines*, Teil E Rdn 175 m.w.N.; → *Bundeszentralregister, Maßnahmen der Registerbehörden, Rechtsschutz*, Teil E Rdn 279.

Bundeszentralregister, Eintragungen, Tilgung, Allgemeines 123

Das Wichtigste in Kürze:

1. Grds. werden strafgerichtliche Verurteilungen im BZR nach Ablauf bestimmter Fristen getilgt. D.h. sie werden dauerhaft aus dem Register gelöscht. Die Löschung trägt auf diese Weise dem Grundsatz der Verhältnismäßigkeit Rechnung und dient der Resozialisierung der Betroffenen.
2. Die Tilgungsfristen sind nach Art und Höhe der verhängten Strafe gestaffelt (§§ 45, 46 BZRG).
3. Werden Strafvorschriften im Wege der Entkriminalisierung aufgehoben, kann eine Eintragung im BZR nach § 48 BZRG in bestimmten Fällen auf Antrag getilgt werden. Sind die Voraussetzungen

der Tilgung nicht mit den Daten des BZR bestimmbar, muss der Gesetzgeber ein eigenes Tilgungsverfahren vorsehen. Im Falle der sog. Cannabislegalisierung sehen daher die §§ 40–42 KCanG ein gesondertes Tilgungsverfahren für bestimmte Verurteilungen mit Bezug zu Cannabis vor.
4. Als Folge der Tilgung tritt das umfassende Verwertungsverbot nach § 51 BZRG ein. Die wenigen zulässigen Ausnahmen v. Verwertungsverbot ergeben sich aus § 52 BZRG.

124 **Literaturhinweise:** S. die Hinw. bei → *Bundeszentralregister, Auskunft, Allgemeines*, Teil E Rdn 2.

125 **1.a)** Grds. werden Eintragungen im BZR im Interesse der Verurteilten an ihrer Resozialisierung **nach Ablauf bestimmter Fristen gelöscht**. Dem liegt der Gedanken zugrunde, dass mit fortschreitender Zeit die Bedeutung der Eintragungen im BZR für die Beurteilung der Persönlichkeit der Betroffenen abnimmt und zugleich das Interesse der Betroffenen an der Löschung zunimmt, sodass zu einem bestimmten Zeitpunkt dieses Interesse das öffentliche Interesse an dem Fortbestand der Eintragungen im BZR überwiegt. Die Löschung trägt auf diese Weise dem Grundsatz der Verhältnismäßigkeit Rechnung und dient der Resozialisierung der Betroffenen.

126 **b)** Die Löschung wird im Gesetz entweder als **Tilgung** oder **Entfernung** bezeichnet. In Folge v. Tilgung und Entfernung werden die jeweiligen Eintragungen dauerhaft aus dem Register gelöscht und sind nicht mehr aufrufbar. Die Bezeichnung unterscheidet sich allein durch die Art der zu löschenden Eintragung. Es gilt folgende

127 **Allgemeine Unterscheidung:**

- Der **Tilgung** unterliegen die **strafgerichtlichen Verurteilungen** sowie die dazu gehörenden Folgeentscheidungen.
- Der **Entfernung** (→ *Bundeszentralregister, Eintragungen, Entfernung*, Teil E Rdn 90) unterliegen hingegen
  - die eingetragenen Entscheidungen von Verwaltungsbehörden und Gerichten sowie bestimmte Verzichte Betroffener nach **§ 10 BZRG** (→ *Bundeszentralregister, Eintragungen, Allgemeines*, Teil E Rdn 64) sowie
  - die Entscheidungen oder Verfügungen der Strafverfolgungsbehörden wg. Schuld- oder Verhandlungsunfähigkeit nach **§ 11 BZRG** (→ *Bundeszentralregister, Eintragungen, Allgemeines*, Teil E Rdn 66).

128 **2.a)** Die **Tilgung der Eintragungen** – also die vollständige Entfernung aus dem Register – erfolgt grds. nach Ablauf bestimmter Fristen, die nach Art und Höhe der verhängten Strafe gestaffelt sind (§§ 45, 46 BZRG). Die Fristen beginnen mit dem Tag des ersten Urteils und reichen von fünf Jahren für geringfügige Verurteilungen bis zu zwanzig Jahren für Straftaten gegen die sexuelle Selbstbestimmung (den Fristen im Einzelnen → *Bundeszentralregister, Eintragungen, Tilgung, Fristen*, Teil E Rdn 145).

☝ Spätestens mit Ablauf des **90. Lebensjahres** werden gem. § 24 BZRG aber alle Eintragungen ohne Unterschied aus dem Register entfernt.

129 **b)** Nach Ablauf der Tilgungsfrist wird die zu tilgende Eintragung **„tilgungsreif"** und verbleibt gem. § 45 Abs. 2 BZRG **noch** für **ein weiteres Jahr** im **Register**, bevor sie dann endgültig getilgt wird. Bei dieser Zeitspanne handelt es um die sog. „**Überliegefrist**". Es hat sich in der Praxis gezeigt, dass neue Verurteilungen oder Entscheidungen mit einer gewissen zeitlichen Verzögerung mitgeteilt werden. Diese Überliegefrist soll gewährleisten, dass etwaige neue Verurteilungen, die die Entfernung oder Tilgung ausschließen aber dem BfJ noch nicht bekannt sind, noch berücksichtigt werden können.

☝ Es handelt sich also um eine **Sicherheitsspanne**. Maßgeblich sind daher nur solche Verurteilungen, die vor dem Eintritt der Tilgungsreife erlassen werden, aber erst nach dem Eintritt und während der Überliegefrist dem BfJ zugehen.

Während der Überliegefrist werden die Eintragungen allerdings zum Schutz der Betroffenen schon nicht mehr in Auskünfte aufgenommen. Hat der Betroffene selbst Interesse an einer Auskunft, ist dieser Schutzzweck allerdings nicht berührt. Vielmehr gebietet das Grundrecht auf informationelle Selbstbestimmung, dass dem **Betroffenen auch in** der Zeit der **Überliegefrist Auskunft** erteilt wird (OLG Hamm StRR 2013, 203). 130

c)aa) Ausgenommen von der **Tilgung** sind gem. § 45 Abs. 3 BZRG nur: 131

- Verurteilungen zur **lebenslangen Haft** sowie
- Anordnungen der **Sicherungsverwahrung** oder
- **Unterbringungen** in einem psychiatrischen Krankenhaus.

☝ Grundsätzlich werden Eintragungen über Verurteilungen nach § 45 Abs. 1 BZRG nach Ablauf einer bestimmten Frist getilgt. Davon sieht § 45 Abs. 3 BZRG in **besonders schwerwiegenden Fällen** Ausnahmen vor. Durch das G. zur Bekämpfung sexualisierter Gewalt gegen Kinder v. 16.6.2021 (BGBl I, S. 1810) wurden diese Ausnahmen

- auf Verurteilungen wegen einer **Straftat nach den §§ 176c und 176d StGB** zu Freiheitsstrafe **von mehr als fünf Jahren** oder
- im Falle einer **wiederholten Begehung** einer **Straftat nach den §§ 176c und 176d StGB** mit mindestens einer Verurteilung zu einer Freiheitsstrafe von drei Jahren erweitert.

Wie auch bei den bereits geregelten Ausnahmetatbeständen ist nach Auffassung des Gesetzgebers die Kenntnis solcher schwerwiegenden Verurteilungen für die richtige Beurteilung der betroffenen Person so bedeutsam, dass eine Tilgung nicht in Betracht kommt.

bb) Die **Tilgungsfrist läuft nicht ab**, wenn 132

- die Strafe nicht vollstreckt ist (§ 47 Abs. 2 BZRG) und
- bei mehreren vorhandenen Eintragungen **nicht alle Eintragungen tilgungsreif** sind (§ 47 Abs. 3 S. 1 BZRG).

☝ Die **Hemmungswirkung** des **§ 47 Abs. 3 BZRG** tritt nur ein, wenn im Register tatsächlich mehrere Verurteilungen eingetragen sind. Wird die Mitteilung eines Urteils z.B. durch die Einlegung von Rechtsmitteln verzögert, kann das dazu führen, dass im Zeitpunkt der Mitteilung des rechtskräftigen Urteils Voreintragungen schon getilgt sind.

Zur **Hemmungswirkung** folgendes 133

Beispiel:

Der Betroffene wurde rechtskräftig verurteilt:

1. Zu einer Geldstrafe von 120 Tagessätzen wg. Körperverletzung am 1.6.2014
2. Zu einer Bewährungsstrafe von zwei Jahren wg. Raubes am 1.4.2024

Nach § 46 Abs. 1 Nr. 2a) BZRG beträgt die Tilgungsfrist für die erste Verurteilung zehn Jahre, weil eine Geldstrafe von mehr als 90 Tagessätzen verhängt wurde. Die Eintragung wird somit am 1.6.2024 tilgungsreif und bleibt noch ein weiteres Jahr in der „Überliegefrist". D.h. am 1.6.2025 wird die Eintragung endgültig aus dem Register gelöscht.

Die zweite Verurteilung wird erst nach 17 Jahren tilgungsreif, weil es sich um einen „übrigen Fall" nach § 46 Abs. 1 Nr. 4 BZRG handelt und daher auch die Dauer der Strafe nach § 46 Abs. 3 BZRG hinzuzurechnen ist. Daher wird diese Eintragung am 1.4.2041 tilgungsreif und bleibt noch ein weiteres Jahr in der „Überliegefrist". D.h. am 1.4.2042 wird die Eintragung endgültig aus dem Register gelöscht

Nach § 47 Abs. 3 S. 1 BZRG hindert nun die zweite Verurteilung die erste Verurteilung an der Tilgung, weil alle Eintragungen erst dann getilgt werden, wenn für sie alle die Voraussetzungen der Tilgung vorliegen.

☝ Würde sich **das Verfahren hinsichtl. der 2. Verurteilung verzögern** und die Entscheidung nach Eintritt der Rechtskraft erst nach dem 1.6.2025 dem BfJ mitgeteilt, so wäre die 1. Verurteilung bereits getilgt!

134 **3.a)** Werden Strafvorschriften im Wege der **Entkriminalisierung** aufgehoben, kann eine Eintragung im BZR nach § 48 BZRG in bestimmten Fällen auf Antrag getilgt werden. Diese Vorschrift, die dem grundrechtlich geschützten Resozialisierungsinteresse Betroffener Rechnung trägt, war lange Zeit eher mäßig praxisrelevant. Erst die vielfältigen Überlegungen in der 20. Wahlperiode zur Streichung von Strafvorschriften sowie Liberalisierungen und Entkriminalisierungen im Bereich des (Neben-)Strafrechts haben die Vorschrift in ihrer Bedeutung erheblich aufgewertet. Um eine **Überforderung des BfJ** bei massenhaften Entkriminalisierungen auszuschließen, hat der Gesetzgeber mit dem Cannabisgesetz § 48 S. 2 BZRG angefügt, der die Anwendung der Vorschrift erheblich einschränkt. Sind nämlich die Voraussetzungen der Tilgung nicht mit den Daten des BZR bestimmbar, muss der Gesetzgeber bei solchen Vorhaben ein eigenes Tilgungsverfahren vorsehen. Dies ist i.d.R. dann der Fall, wenn Straftatbestände nur teilweise entkriminalisiert werden und sich dem BZR z.B. die fragliche Modalität der Tatbegehung nicht entnehmen lässt.

135 **b)** Daher war vor allem im Rahmen der **Cannabislegalisierung** zu entscheiden, wie mit bereits rechtskräftigen inländischen Verurteilungen umzugehen ist, die auf Taten zurückgehen, die nach heutiger Rechtslage straffrei sind. Vor dem Hintergrund des Resozialisierungsinteresses Betroffener, können die **Eintragungen dieser Verurteilungen im BZR nach §§ 40 ff. KCanG auf Antrag getilgt** werden. Dabei ist der Antrag allerdings **bei der zuständigen StA** zu stellen und **nicht** beim BfJ. Erfasst werden Eintragungen sowohl im Zentralregister als auch im Erziehungsregister. Hintergrund dieser gesetzgeberischen Entscheidung war, dass rechtskräftige Verurteilungen wegen BtM-Delikten dem BZR von den Vollstreckungsbehörden in der Regel nur als „Verstoß gegen § 29 BtMG" mitgeteilt worden sind. Daraus ergibt sich weder das betroffene BtM noch die Menge bzw. der Wirkstoffgehalt. Dies sind alles Informationen, die für die Zwecke des BZR auch ohne Belang waren. Daher wäre es dem BfJ nicht möglich gewesen, die eingetragenen Verurteilungen wegen künftig straffreier Handlungen in einem automatisierten Verfahren auszulesen und IT-technisch zu tilgen. Es hätte vielmehr Ermittlungen bei den StA anstellen müssen und wäre auf deren BtMG-Sachverstand bei der Bewertung der Fälle angewiesen gewesen.

☝ Der Gesetzgeber hat auf diese Weise zugleich eine **abschließende registerrechtliche Regelung im BZRG und KCanG** zu den Folgen der Cannabislegalisierung und der dadurch eingetretenen Straflosigkeit einer Handlung getroffen. Damit sollte es entbehrlich werden, dass betroffene Personen zur Erreichung einer vorzeitigen Tilgung auf Anträge nach § 49 BZRG und eine Ermessensentscheidung der Registerbehörde angewiesen sind. Zugleich bedeutet dies aber auch, dass, soweit das BZRG also Härtefallentscheidungen vorsieht (→ *Bundeszentralregister, Eintragungen, Registervergünstigungen*, Teil E Rdn 107), Anträge damit nicht allein oder im Wesentlichen mit einer Rechtsänderung begründet werden können (BT-Drucks 20/8704 S. 155).

Um dennoch dem Interesse Betroffener an ihrer Resozialisierung Rechnung zu tragen, sehen die §§ 40 – 42 BZRG grob verkürzt folgendes Verfahren vor:

- Eine Person wurde **wegen unerlaubten Umgangs mit Cannabis** strafgerichtlich verurteilt und
- das geltende Recht sieht
  - für die der Verurteilung zugrunde liegenden Handlungen **keine Strafe mehr** vor oder
  - droht für die Handlungen nur noch Geldbuße allein oder Geldbuße in Verbindung mit einer Nebenfolge an (§ 40 Abs. 1 KCanG).

☝ **Ausgenommen von der Tilgung** sind dabei grds. alle **Fälle von Tateinheit und Tatmehrheit**, es sei denn, dass es sich ausschließlich um Verurteilungen handelte, denen Straftaten zugrunde lagen, die nunmehr entkriminalisiert worden sind. Der Gesetzgeber wollte damit verhindern, dass es zu einer **Neuverhandlung abgeschlossener Strafprozesse** kommen würde. Solche wären erforderlich geworden, um aufgelöste Gesamtstrafen neu festzusetzen oder Strafzumessungen zu überprüfen, denen eine tateinheitliche Verwirklichung eines entkriminalisierten und eines weiterhin strafbaren Tatbestandes zugrunde lag.

- Auf einen entsprechenden **Antrag des Betroffenen** stellt die StA die Tilgungsfähigkeit fest (§ 41 Abs. 1 KCanG).
- Die StA teilt entweder dem BZR mit, dass die Eintragung zu löschen ist oder bescheidet den Betroffenen unter Angabe der maßgeblichen Gründe. Ist die Eintragung zu tilgen, veranlasst das BfJ die **Tilgung automatisch** (§ 42 Abs. 2 KCanG).

☝ Das BayObLG hat in seinem Beschl. v. 31.7.2025 (NStZ-RR 2026, 13) einige instruktive **Leitsätze zur Cannabislegalisierung mit Bezug zu Eintragungen im BZR** aufgestellt:

- So ist die Entscheidung der Staatsanwaltschaft über die **Ablehnung der Tilgung** nach § 42 Abs. 1 S. 2 KCanG für den Betroffenen grds. nach § 23 EGGVG ein **anfechtbarer Justizverwaltungsakt.** Ein Vorschaltverfahren i.S.e. Widerspruchs- oder Beschwerdeverfahrens ist im Anwendungsbereich von §§ 40 ff. KCanG nicht vorgesehen.
- Für die Frage, ob das geltende Recht für die der Verurteilung zugrunde liegenden Handlungen keine Strafe mehr vorsieht, sind **allein die Feststellungen des Tatrichters** im zu prüfenden Erkenntnis unter Berücksichtigung der Gesamtschau der Urteilsgründe maßgeblich. **Urteilsfremde Umstände** bleiben demgegenüber **außer Betracht**.
- Einer **zahlenmäßig eindeutig bestimmten Gewichts- oder Mengenangabe in einem rechtskräftigen Erkenntnis** kann der Betroffene im Tilgungsverfahren nunmehr nicht die Behauptung entgegenhalten, dass sich die Gewichtsangabe nicht auf trockenes Material oder die Mengenangabe auf eine abweichende Anzahl von lebenden Pflanzen bezogen hätte.

4.a) Als **Folge** der **Tilgung** tritt das umfassende **Vorhalte- und Verwertungsverbot** nach **§ 51 BZRG** ein (→ *Bundeszentralregister, Eintragungen, Tilgung, Verwertungsverbot*, Teil E Rdn 152). Danach dürfen die Tat und die Verurteilung den Betroffenen nicht mehr vorgehalten und zu ihrem Nachteil verwertet werden. Dies gilt auch dann, wenn der Angeklagte die getilgte Verurteilung selbst vor Gericht offenbart (BGH NStZ-RR 2012, 143). **136**

☝ Berücksichtigt das Gericht im Urteil Vorstrafen zum Nachteil des Angeklagten, muss es überprüfen, ob die mitgeteilten Vorstrafen **nicht im Zeitpunkt der Urteilsverkündung schon tilgungsreif** sind. Werden tilgungsreife Vorstrafen verwertet, unterliegt das Urteil zumindest im Rechtsfolgenausspruch der Aufhebung (BGH StraFo 2011, 519). Auch hier stellt sich durch die Cannabislegalisierung ein besonderes Problem. Denn die von der Entkriminalisierung betroffenen Eintragungen sind weder getilgt noch tilgungsreif i.S.d. § 51 BZRG, wenn der Betroffene nicht die Tilgung beantragt hat. Daher durften sie zumindest in dem Übergangszeitraum bis zum Inkrafttreten des Tilgungsverfahrens am 1.1.2025 auch noch zum Nachteil des Betroffenen verwertet werden (BayOblG, Beschl. v, 27.6.2024 – 204 StRR 205/24, StRR 2024, 28).

b) Die wenigen zulässigen **Ausnahmen** vom **Verwertungsverbot** ergeben sich aus § 52 BZRG. Bis zum 7. Gesetz zur Änderung des BZRG durften nach § 52 Abs. 1 Nr. 2 BZRG getilgte Eintragungen in neuen Strafverfahren berücksichtigt werden, wenn in einem Gutachten der „Geisteszustand" untersucht werden sollte (z.B. bei der Beurteilung der Schuldfähigkeit). Nach der Rspr. des BGH (NJW 2012, 3591 = NStZ 2013, 346; nachfolgend auch NStZ-RR 2013, 366) fielen psychiatrische Gutachten zur Gefahrenprognose **137**

(z.B. bei der Unterbringung in der Sicherungsverwahrung nach § 66 StGB oder in einer Entziehungsanstalt nach § 64 StGB) nicht unter diese Ausnahme.

☝ Vor dem Hintergrund der Entscheidung des BGH legte der Bundesrat (BR-Drucks 529/14 – Beschl.) einen **Gesetzentwurf** vor, nach dem die **Verwertbarkeit** getilgter Eintragungen für solche Gutachten **ausgeweitet** werden sollte. Die Bundesregierung hielt in ihrer Stellungnahme (BT-Drucks 18/3837) diese Änderung zwar für erwägenswert, griff dies aber nach einer ausführlichen Prüfung erst im 7. Gesetz zur Änderung des BZRG auf. Nach einer Abwägung zwischen dem Interesse von Betroffenen an der Resozialisierung und dem Interesse der Strafrechtspflege wurde § 52 Abs. 1 Nr. 2 BZRG erweitert. Sinn und Zweck dieser Ausweitung war es, den Gutachtern für ihre Gutachteerstellung im Rahmen der §§ 20, 21, 63, 64, 66, 66a, 66b StGB über die Schuldfähigkeit und Gefährlichkeit der Betroffenen eine vollständige Persönlichkeitsanamnese zu ermöglichen, zu der häufig die Kenntnis aller wesentlichen Einzelheiten aus dem Vorleben der Betroffenen gehört. Dürften im Gutachten frühere Straftaten nicht verwertet werden, käme es unter Umständen zu lückenhaften Ergebnissen, die wissenschaftlich nicht überzeugen können und daher als Grundlage für die Urteilsfindung ausscheiden (BT-Drucks VI/1550, S. 23; vgl. a. *Tolzmann*, § 52 Rn 8). Bezüglich der Gutachten zu den Merkmalen der §§ 20, 21 und 63 StGB handelt es sich lediglich um eine Klarstellung. Hingegen sind Gutachten über die Merkmale der Sicherungsverwahrung (§§ 66, 66a, 66b StGB), bei denen die Beurteilung eines Hanges und einer darauf beruhenden Gefährlichkeit im Vordergrund steht, keine Gutachten über den Geisteszustand (BGH, Beschl. v. 28.8.2012 – 3 StR 309/12). Gleiches gilt für Gutachten zur Unterbringung in einer Entziehungsanstalt (§ 64 StGB), bei denen es ebenfalls auf die Beurteilung eines Hanges und einer darauf beruhenden Gefährlichkeit ankommt. Durch die Änderung können Sachverständige auch in diesen Fällen getilgte oder tilgungsreife Verurteilungen berücksichtigen.

Siehe auch: → *Bundeszentralregister, Auskunft, Allgemeines*, Teil E Rdn 16 m.w.N.; → *Bundeszentralregister, Auskunft, Selbstauskunft*, Teil E Rdn 40; → *Bundeszentralregister, Eintragungen, Allgemeines*, Teil E Rdn 51 m.w.N.; → *Bundeszentralregister, Führungszeugnis, Behördenführungszeugnis*, Teil E Rdn 199.

138 Bundeszentralregister, Eintragungen, Tilgung, Fristen

Das Wichtigste in Kürze:

1. Die Tilgung ist die endgültige Löschung einer Eintragung im Register und erfolgt nach Ablauf bestimmter Fristen von Amts wegen.
2. Die Fristen für die Tilgung bestimmen sich nach § 46 BZRG und berechnen sich ab dem Tag des ersten Urteils (§ 47 Abs. 1 i.V.m. § 36 S. 1 BZRG), sodass es auf den Zeitpunkt der Rechtskraft grds. nicht ankommt.
3. In Folge der Tilgung tritt das umfassende Vorhalte- und Verwertungsverbot nach § 51 BZRG ein. Die wenigen zulässigen Ausnahmen von Verwertungsverbot ergeben sich aus § 52 BZRG.

139 **Literaturhinweise:** S. die Hinw. bei → *Bundeszentralregister, Auskunft, Allgemeines*, Teil E Rdn 2.

140 **1.a)** In Folge der Tilgung werden die jeweiligen Eintragungen **dauerhaft** aus dem **Register gelöscht** (→ *Bundeszentralregister, Eintragungen, Tilgung, Allgemeines*, Teil E Rdn 123). Die Tilgung von Verurteilungen im Register erfolgt nach § 45 Abs. 1 BZRG grds. ohne Antrag **nach Ablauf bestimm-**

ter Fristen. Die Tilgung folgt einer ähnlichen Systematik wie die Nichtaufnahme von Eintragungen in das Führungszeugnis (→ *Bundeszentralregister, Führungszeugnis, Allgemeines*, Teil E Rdn 175).

☝ Von der Tilgung **ausgenommen** sind nach **§ 45 Abs. 3 BZRG:**

- Verurteilungen zu **lebenslanger Haft**, solange der Strafrest nicht erlassen worden ist,
- Anordnungen der **Sicherungsverwahrung**,
- Anordnungen der **Unterbringung in einem psychiatrischen Krankenhaus** sowie
- Verurteilungen wegen bestimmter schwerer bzw. wiederholter **Verurteilungen nach §§ 176c, 176d StGB**.

b) Sind im Register mehrere Eintragungen vorhanden, dürfen nach § 47 Abs. 3 BZRG Eintragungen nur getilgt werden, wenn **alle Eintragungen tilgungsreif** sind. Durch diese Hemmungswirkung soll gerade bei Serientätern der Inhalt des Registers vollständig erhalten bleiben, bis auch für die letzte Eintragung die Tilgungsreife eingetreten ist (zur Hemmungswirkung des § 47 Abs. 3 BZRG → *Bundeszentralregister, Eintragungen, Tilgung, Allgemeines*, Teil E Rdn 132). 141

☝ Daher beeinflusst jede Eintragung die Fristenberechnung. Eine seriöse Beantwortung der Frage, ob eine bestimmte Eintragung noch im Register enthalten ist, ist damit **nur** bei **genauer Kenntnis** des **Registerinhalts** möglich. Diese können Betroffene über die Selbstauskunft nach § 42 BZRG erlangen (→ *Bundeszentralregister, Auskunft, Selbstauskunft*, Teil E Rdn 40).

2.a) Die Fristen für die Tilgung bestimmen sich nach § 46 BZRG und berechnen sich ab dem **Tag des ersten Urteils** (§ 47 Abs. 1 i.V.m. § 36 S. 1 BZRG), sodass es auf den Zeitpunkt der Rechtskraft grds. **nicht** ankommt. Es gelten für die **Fristenberechnung** nicht die strafprozessualen Regelungen für Fristen (§§ 42, 43 StPO), sondern die **allgemeinen Regelungen** der §§ 186 ff. BGB, an denen auch das öffentliche Recht grds. zu messen ist (BGH NStZ 2014, 64). Maßgeblich ist für den Fristbeginn damit, da § 47 Abs. 1 i.V.m. § 36 S. 1, § 5 Abs. 1 Nr. 4 BZRG nicht an ein Ereignis oder einen in den Lauf des Tages fallenden Zeitpunkt anknüpfen (§ 187 Abs. 1 BGB), der „Tag" des Urteils bzw. der Unterzeichnung des Strafbefehls. 142

Zur Fristberechnung ein 143

> *Beispiel:*
> War der 13.2.2019 der Tag der Urteilsverkündung, ist er nach § 187 Abs. 2 S. 1 BGB in die Frist einzurechnen. Ausgehend von einer Tilgungsfrist von z.B. fünf Jahren (§ 46 Abs. 1 Nr. 1a BZRG) endete diese mit Ablauf des 12.2.2024. Mit Ablauf dieser Frist darf die Eintragung sowie die Verurteilung nebst Sachverhalt nach § 51 Abs. 1 BZRG nicht mehr zum Nachteil des Betroffenen verwertet werden.

☝ Möchten sich Mandanten über die Folgen von Eintragungen im BZR **beraten** lassen, sollten sie **zuvor** eine **Selbstauskunft** nach § 42 BZRG beantragen (→ *Bundeszentralregister, Auskunft, Selbstauskunft*, Teil E Rdn 40). Nur dann sind sie sich wirklich aller ggf. vorhandenen Eintragungen bewusst. Nicht selten können sich Personen an die Einzelheiten der teilweise lange zurückliegenden Vorgänge nicht erinnern oder halten Verurteilungen fälschlicherweise für irrelevant, obwohl davon maßgeblich abhängt, ob eine Eintragung zwischenzeitlich getilgt oder jedenfalls nicht (mehr) in ein Führungszeugnis aufgenommen wird.

b) Die Tilgungsfristen sind nach **Art** und **Höhe** der **verhängten Strafe gestaffelt** und betragen von fünf Jahren bis zu zwanzig Jahren. 144

145 Im Einzelnen beträgt die **Tilgungsfrist**:

fünf Jahre bei **Verurteilungen** zu

- **Geldstrafe** von nicht mehr als neunzig Tagessätzen, **wenn** keine Freiheitsstrafe, kein Strafarrest und keine Jugendstrafe im Register eingetragen ist,
- **Freiheitsstrafe** oder Strafarrest von nicht mehr als drei Monaten, **wenn** im Register keine weitere Strafe eingetragen ist,
- **Jugendstrafe**
  - von nicht mehr als einem Jahr,
  - von nicht mehr als zwei Jahren, wenn die Vollstreckung der Strafe oder eines Strafrestes gerichtlich oder im Gnadenweg zur Bewährung ausgesetzt worden ist,
  - von mehr als zwei Jahren, wenn ein Strafrest nach Ablauf der Bewährungszeit gerichtlich oder im Gnadenweg erlassen worden ist,
  - wenn der Strafmakel gerichtlich oder im Gnadenweg als beseitigt erklärt worden ist,
  - durch welche eine **Maßnahme** (§ 11 Abs. 1 Nr. 8 StGB) mit Ausnahme der Sperre für die Erteilung einer Fahrerlaubnis für immer und des Berufsverbots für immer, eine Nebenstrafe oder eine Nebenfolge allein oder in Verbindung miteinander oder in Verbindung mit Erziehungsmaßregeln oder Zuchtmitteln angeordnet worden ist,

146 **zehn Jahre** bei **Verurteilungen** zu

- **Geldstrafe und Freiheitsstrafe** oder Strafarrest von nicht mehr als drei Monaten,
- **Freiheitsstrafe** oder Strafarrest von mehr als drei Monaten, aber nicht mehr als einem Jahr, wenn die Vollstreckung der Strafe oder eines Strafrestes gerichtlich oder im Gnadenweg zur Bewährung ausgesetzt worden und im Register nicht außerdem Freiheitsstrafe, Strafarrest oder Jugendstrafe eingetragen ist,
- Jugendstrafe von mehr als einem Jahr (zu den Ausnahmen s.o.),
- Verurteilungen wegen der **in § 32 Abs. 2 BZRG genannten Katalogstraftaten**,
- wenn es sich um Fälle handelt, die sonst der fünfjährigen Aufnahmefrist unterfielen oder
- durch die allein die Unterbringung in einer Entziehungsanstalt angeordnet worden ist,

147 **zwanzig Jahre** bei Verurteilungen

- wegen einer Straftat gegen die sexuelle Selbstbestimmung zu einer Freiheitsstrafe oder Jugendstrafe von mehr als einem Jahr,

148 **fünfzehn Jahre**

- in allen übrigen Fällen.

149 Hierzu folgende

Beispiele:

1. Der nicht vorbestrafte Betroffene ist am 1.7.2022 rechtskräftig wegen Diebstahls zu **20 Tagessätzen** Geldstrafe verurteilt worden. Diese Verurteilung wird nach § 4 BZRG in das BZR eingetragen. Es gilt die **(Mindest-)Tilgungsfrist** nach § 46 Abs. 1 Nr. 1a) BZRG von fünf Jahren, sodass die Eintragung am 30.6.2027 tilgungsreif wird. Wird der Betroffene jedoch am 1.7.2023 zu einer weiteren Strafe verurteilt (z.B. erneut 20 Tagessätze) wird auch die neue Verurteilung erst nach Ablauf von fünf Jahren, also am 30.6.2028, tilgungsreif. Da nun eine weitere Eintragung hinzugekommen ist, verschiebt sich die Tilgungsreife der ersten Eintragung nach § 47 Abs. 3 BZRG ebenfalls bis zum 30.6.2028 (Rdn 144*)*.
2. Der nicht vorbestrafte Betroffene ist am 1.7.2022 rechtskräftig wegen Körperverletzung zu einer Geldstrafe von **120 Tagessätzen** verurteilt worden. Diese Verurteilung wird nach § 4 BZRG in

das BZR eingetragen. Es gilt nun die **verlängerte Tilgungsfrist** nach § 46 Abs. 1 Nr. 2a) BZRG von zehn Jahren, sodass die Eintragung am 30.6.2032 tilgungsreif wird.

3. Der nicht vorbestrafte Betroffene wird wegen Raubes am 1.7.2022 rechtskräftig zu einer Freiheitsstrafe von zwei Jahren ausgesetzt zur Bewährung verurteilt. Hier handelt es sich um einen **„übrigen Fall" i.S.d. § 46 Abs. 1 Nr. 4 BZRG**, sodass die Tilgungsfrist grds. fünfzehn Jahre beträgt. Allerdings ist nach **§ 46 Abs. 3 BZRG** noch die Dauer der verhängten Freiheitsstrafe hinzuzurechnen (Rdn 150), sodass die Eintragung erst am 30.6.2039 tilgungsreif wird.

c) In den Fällen, in denen eine **Freiheitsstrafe** von **mehr** als **einem Jahr** oder eine **Jugendstrafe** von **mehr** als **zwei Jahren** verhängt worden ist, **verlängert** sich die **Frist** gem. § 46 Abs. 3 BZRG um die Dauer der Freiheitsstrafe oder der Jugendstrafe. 150

d) Die Fristen **laufen** gem. § 47 Abs. 2 BZRG zudem **keinesfalls** ab, **solange die Strafe nicht vollstreckt** ist bzw. bei Aussetzung zur Bewährung die Strafe nicht erlassen wurde. Da sich aus dem Register nur die Vollstreckung der Freiheitsstrafe ablesen lässt (§ 15 BZRG) sind Geldstrafen hiervon nicht erfasst (*Tolzmann*, § 37 Rn 14). Bei der Strafaussetzung zur Bewährung wird nicht nur der Ablauf der Bewährungszeit vorausgesetzt. Vielmehr erledigt sich die „Vollstreckung" erst mit dem Erlass der Strafe und der Unwiderruflichkeit des Straferlasses (*Tolzmann*, § 47 Rn 10 und § 37 Rn 12). 151

☝ Spätestens mit **Ablauf des 90. Lebensjahres** werden aber sämtliche Eintragungen entfernt (§ 24 Abs. 2 BZRG).

e) Nach Ablauf der Tilgungsfrist wird die zu tilgende Eintragung tilgungsreif und verbleibt gem. § 45 Abs. 2 BZRG **noch für ein weiteres Jahr im Register** bevor sie dann endgültig gelöscht wird. Bei dieser Zeitspanne handelt es um die **sog. „Überliegefrist"**. Diese Zeit soll gewährleisten, dass etwaige neue Verurteilungen, die die Entfernung oder Tilgung ausschließen aber dem BfJ noch nicht bekannt sind, noch berücksichtigt werden können. Es hat sich in der Praxis gezeigt, dass neue Verurteilungen mit einer gewissen zeitlichen Verzögerung mitgeteilt werden. 152

Während der Überliegefrist werden die Eintragungen allerdings zum Schutz der Betroffenen schon nicht mehr in Auskünfte aufgenommen. Hat der Betroffene selbst Interesse an einer Auskunft, ist dieser Schutzzweck allerdings nicht berührt. Vielmehr gebietet das Grundrecht auf informationelle Selbstbestimmung, dass dem **Betroffenen auch** in der **Zeit** der **Überliegefrist Auskunft** erteilt wird (OLG Hamm StRR 2013, 203). 153

3.a) Als **Folge der Tilgung** tritt das umfassende **Vorhalte- und Verwertungsverbot** nach § 51 BZRG ein. Danach dürfen die Tat und die Verurteilung den Betroffenen nicht mehr vorgehalten und zu ihrem Nachteil verwertet werden. Aus der Tat oder der Verurteilung entstandene Rechte Dritter, gesetzliche Rechtsfolgen der Tat oder der Verurteilung und Entscheidungen von Gerichten oder Verwaltungsbehörden, die im Zusammenhang mit der Tat oder der Verurteilung ergangen sind, bleiben unberührt. Die wenigen zulässigen Ausnahmen von Verwertungsverbot ergeben sich aus § 52 BZRG (→ *Bundeszentralregister, Eintragungen, Tilgung, Verwertungsverbot*, Teil E Rdn 156). 154

b) I.d.R. sind vor Ablauf der Tilgungsfrist aber schon die Aufnahmefristen in das Führungszeugnis abgelaufen. Nach § 53 Abs. 1 BZRG darf sich der Betroffene dann trotz Fortbestand der Eintragungen im BZR **als unbestraft bezeichnen**, da die Eintragungen nicht mehr in ein Führungszeugnis aufgenommen werden (→ *Bundeszentralregister, Führungszeugnis, einfaches*, Teil E Rdn 236). 155

Siehe auch: → *Bundeszentralregister, Auskunft, Allgemeines*, Teil E Rdn 16; → *Bundeszentralregister, Auskunft, Selbstauskunft*, Teil E Rdn 40; → *Bundeszentralregister, Eintragungen, Allgemeines*, Teil E Rdn 51; → *Bundeszentralregister, Eintragungen, Tilgung, Allgemeines*, Teil E Rdn 123; → *Bundeszentralregister, Eintragungen, Tilgung, Verwertungsverbot*, Teil E Rdn 156.

156 Bundeszentralregister, Eintragungen, Tilgung, Verwertungsverbot

Das Wichtigste in Kürze:

1. Als Folge der Tilgung einer Eintragung im BZR tritt das umfassende Vorhalte- und Verwertungsverbot nach § 51 BZRG ein.
2. Das Verwertungsverbot erfasst nicht nur die eingetragene Verurteilung an sich, sondern umfasst insgesamt die Tat i.S.d. § 264 StPO also den gesamten geschichtlichen Vorgang, der Gegenstand der Urteilsfindung war. Für Sachverhalte, die nicht zu einer Verurteilung geführt haben, gilt das Verwertungsverbot nach § 51 BZRG grds. nicht. Es kommt allenfalls eine entsprechende Anwendung in Betracht.
3. Bestimmte Folgen der Tat bzw. der Verurteilung bleiben von dem Vorhalte- und Verwertungsverbot unberührt (§ 51 Abs. 2 BZRG).
4. § 52 BZRG sieht zudem bestimmte Ausnahmen von Verwertungsverbot vor.
5. Besondere Bedeutung entfaltet das Verwertungsverbot in Strafverfahren, in Verwaltungsverfahren und ggf. auch im Zivilrecht.
6. Bereits schon vor der Tilgung der Eintragung darf sich der Betroffene als unbestraft bezeichnen, wenn die Eintragung nicht mehr in ein Führungszeugnis aufgenommen wird.

157 **Literaturhinweise: Jacobi**, Insolvenzstraftat, Tilgungsreife und Restschuldbefreiung, NZI 2012, 604; **Krumm**, Bundeszentralregister: Inhalt, Tilgung und Verwertung strafrechtlicher Voreintragungen, VRR 2008, 52; *ders.*, Der Umgang mit dem Bundeszentralregisterauszug im Strafverfahren, NJ 2015, 11; **Kuhn**, Vorhalte- und Verwertungsverbot des § 51 Abs. 1 BZRG, JA 2011, 855; **Mosbacher**, Aktuelles Strafprozessrecht, JuS 2020, 745 und JuS 2021, 126; s. i.Ü. die Hinw. bei → *Bundeszentralregister, Allgemeines*, Teil E Rdn 2.

158 **1.a)aa)** Als Folge der Tilgung einer Eintragung im BZR tritt das **umfassende Vorhalte-** und **Verwertungsverbot** (im Folgenden nur Verwertungsverbot) nach § 51 BZRG ein. Danach dürfen die Tat und die Verurteilung dem Betroffenen nicht mehr **vorgehalten** und zu seinem Nachteil **verwertet** werden. Dadurch werden Verurteilte vom Strafmakel befreit und ihre Resozialisierung sichergestellt. Das Verwertungsverbot gilt grds. für alle Bereiche des Rechtslebens, z.B. auch für Verwaltungs- und Zivilverfahren und nicht nur für Strafverfahren.

159 **bb)** Das Verwertungsverbot **setzt voraus**, dass die **Eintragung getilgt** oder **zu tilgen** ist, d.h. tilgungsreif ist. Sind die Eintragungen getilgt, **kann** darüber keine Auskunft mehr erteilt werden. Sind die Eintragungen zu tilgen, **darf** darüber keine Auskunft mehr erteilt werden. Dies ist während der sog. Überliegefrist der Fall (→ *Bundeszentralregister, Eintragungen, Tilgung, Allgemeines*, Teil E Rdn 129). In Zweifelsfällen sind Gerichte und Behörden verpflichtet, eine Entscheidung des BfJ über die Tilgungsreife herbeizuführen (*Hase*, § 51 Rn 2)

160 **2.a)** Von dem **Verwertungsverbot** erfasst werden sowohl die Tat als auch die eingetragene Verurteilung, wobei die **Tat i.S.d. § 264 StPO** zu verstehen ist (*Hase*, § 51 Rn 4). Sie umfasst also den gesamten geschichtlichen Vorgang, der Gegenstand der Urteilsfindung und dazu geeignet war, das in diesen Bereich fallende Tun des Betroffenen unter irgendeinem rechtlichen Gesichtspunkt als strafbar erscheinen zu lassen, zu qualifizieren oder zu mildern (VG Düsseldorf SVR 2014, 3).

☝ Das Verwertungsverbot gilt auch dann, wenn der Angeklagte die getilgte Verurteilung selbst vor Gericht offenbart. Sein **Schutz** ist **unverzichtbar** (BGH StV 2012, 533).

161 **b)aa)** Unzweifelhaft gilt das Verwertungsverbot für im BZR **eingetragene Verurteilungen** (§ 4 BZRG). Diese dürfen dem Betroffenen nach der Tilgung bzw. Eintritt der Tilgungsreife nicht mehr vorgehalten und zu seinem Nachteil verwertet werden.

☝ Das Verwertungsverbot greift **auch** dann, wenn die Verurteilung **aus anderen Quellen** (z.B. aus beigezogenen Akten) bekannt wird (*Tolzmann*, § 51 Rn 52).

bb) Das Verwertungsverbot gilt nach dem Wortlaut des § 51 BZRG grds. **nicht** für **andere Eintragungen** z.B. nach §§ 10, 11 BZRG, weil diese Eintragungen entfernt und nicht getilgt werden. Für sie kommt, wie für solche Sachverhalte, die nicht zu einer Verurteilung geführt haben (z.B. Freisprüche und Einstellungsverfügungen), **nur** eine **entsprechende Anwendung** in Betracht. Die **Rspr**. **lehnt** die entsprechende Anwendung auf diese Sachverhalte (Freisprüche, Einstellungen nach §§ 153, 153a, 170 Abs. 2 StPO) jedoch grds. **ab** (BGH NStZ-RR 2021, 187; BGH NStZ 2005, 397 [Berücksichtigung von strafbarem Verhalten eines Angeklagten aus seiner Zeit als strafunmündiges Kind bei der Anordnung der Sicherungsverwahrung]; BVerwG NVwZ 2012, 1254 bei der Einbürgerung; BVerwG, Urt. v. 26.3.1996 – 1 C 12/95, [vermittelnd im Waffenrecht; grds. nur verwertbar, wenn sich das frühere Fehlverhalten bis in die Gegenwart hineinzieht]). Es findet damit aber eine **erhebliche Schlechterstellung** der Betroffenen gegenüber solchen Personen statt, bei denen es nicht zu einer Einstellung, sondern sogar zu einer Verurteilung gekommen ist. Hier gebietet es das Rechtsstaatsgebot und das daraus folgende **Verhältnismäßigkeitsprinzip**, solche Sachverhalte einer entsprechenden Anwendung des § 51 BZRG zu unterwerfen. Dies sollte jedenfalls dann gelten, wenn die Mindesttilgungsfrist von fünf Jahren (§ 46 Abs. 1 Nr. 1 BZRG) abgelaufen ist. Der Vorschlag, eine potentielle Verurteilung zum Maßstab zu machen (*Tolzmann*, § 51 Rn 49 a.E.), begegnet praktischen Bedenken, da nicht klar ist, wie das potentielle Strafmaß genau bestimmt werden soll. 162

☝ Der **Verteidiger** bzw. Rechtsanwalt sollte in solchen Konstellationen **immer** den **Einwand** der **mangelnden Verwertbarkeit** erheben. Zwar ist die obergerichtliche Rspr. eindeutig, einzusehen ist sie allerdings nicht. Dies gilt umso mehr, als das OLG Hamm den Rechtsgedanken des § 51 BZRG sogar auf OWi überträgt:

c) Im **OWi-Recht** fehlt eine dem § 51 BZRG vergleichbare Regelung über die Tilgung bzw. Tilgungsreife von Sanktionen. Wie bei strafrechtlichen Verurteilungen unterliegt aber auch hier nach dem **Rechtsgedanken** des **§ 51 BZRG** die nachteilige Verwertung der OWi zeitlichen Grenzen. Daher dürfen nicht in Registern festgehaltene frühere Sanktionen wegen OWi sowie die zugrundeliegenden Taten nicht mehr zum Nachteil des Angeklagten berücksichtigt werden, falls die Verstöße, wenn eine Eintragungspflicht bestehen würde, die Tilgungsfrist erreicht hätten. Es ist kein rechtfertigender Grund ersichtlich, das frühere Begehen einer OWi einem Täter in beharrlicherem Maße zur Last zu legen als das Begehen einer Straftat (OLG Hamm StRR 2015, 43 [Ls.]). 163

☝ Die strafrechtlichen **Tilgungsfristen** gem. **§ 46 BZRG** stellen damit die **äußerste Grenze** der **Vorwerfbarkeit** einer OWi dar.

3. Bestimmte Folgen der **Tat** bzw. der Verurteilung bleiben von dem Verwertungsverbot **unberührt** (§ 51 Abs. 2 BZRG). Insbesondere gilt dies für aus der Tat oder der Verurteilung entstandene **Rechte Dritter**. Es gibt keinen einleuchtenden Grund dafür, einem Geschädigten den Schadensersatz nach Ablauf der Tilgungsfrist zu versagen, wenn ihm aus der Tat, die der eingetragenen Verurteilung zugrunde liegt, ein Anspruch zusteht und er ihn **innerhalb der Verjährungsfrist** des BGB geltend gemacht hat. Dies gilt insbesondere, weil sich das Strafverfahren und der anschließende Zivilprozess aufgrund von Beweisschwierigkeiten oder wegen anderer Verzögerungen über einen längeren Zeitraum erstrecken können. Unberührt bleibt daher z.B. auch das Recht, dem Täter den Pflichtteil zu entziehen oder den Erbschaftserwerb anzufechten (Erbunwürdigkeit). 164

Darüber hinaus kommen aber auch **gesetzliche Rechtsfolgen** der **Tat** oder der Verurteilung und Entscheidungen von Gerichten oder Verwaltungsbehörden, die im Zusammenhang mit der Tat oder der Verurteilung ergangen sind, in Betracht. Nicht selten zieht eine Straftat oder eine strafgerichtliche Verurteilung 165 andere Entscheidungen nach sich, z.B. die Entlassung aus einem Beruf oder die Rücknahme der Zulassung **zu** einem Beruf oder einer gewerberechtlichen Erlaubnis. Hierzu gehören auch disziplinarrechtliche Maßnahmen. Diese bleiben **von** der **Tilgung** der Eintragung **unberührt**.

166 Dazu folgende

Beispiele:

- Der Betroffene wurde wegen Körperverletzung zu einer Freiheitsstrafe verurteilt, die zwischenzeitlich wegen Fristablaufs aus dem BZR getilgt worden ist. Wurde er wegen der Tat zur Zahlung eines Schmerzensgeldes an den Geschädigten verurteilt, bleibt diese Rechtsbeziehung durch das Verwertungsverbot infolge der Tilgung unberührt. Der Geschädigte kann daher – trotz der Tilgung – seinen Anspruch weiterverfolgen und z.B. Vollstreckungsversuche unternehmen.
- Wurde der Betroffene infolge der Verurteilung aus dem Beamtenverhältnis entlassen, lebt das Beamtenverhältnis nur wegen des eingetretenen Verwertungsverbotes nicht wieder auf. Hinsichtlich der (Wieder-)Einstellung kommt es auf die unten dargestellten Ausnahmen vom Verwertungsverbot (insbesondere § 52 Abs. 1 Nr. 4 BZRG) an.

167 **4.a) § 52 BZRG** sieht **bestimmte Ausnahmen** vom Verwertungsverbot vor. In diesen Fällen hat der Gesetzgeber grds. das öffentliche Interesse an der Abwehr einer möglichen Gefahr höher eingestuft als das Interesse der Betroffenen an ihrer Resozialisierung.

☝ Dabei sieht § 52 BZRG nicht vor, dass entgegen § 45 Abs. 2 S. 2 BZRG noch nicht getilgte Eintragungen ausnahmsweise bekanntgegeben werden dürfen. Vielmehr **regelt** die Vorschrift **nur**, **welche Schlussfolgerungen** aus anderweitig bekanntgewordenen Urteilen (z.B. im Wege der Akteneinsicht in frühere Verfahrensakten) gezogen werden dürfen.

168 **b)** § 52 Abs. 1 BZRG enthält folgenden

Ausnahmenkatalog:

- die **Sicherheit** der **Bundesrepublik Deutschland** oder eines ihrer Länder gebietet eine Ausnahme zwingend,
- in einem erneuten Strafverfahren ist ein **Gutachten über** den **Geisteszustand** des Betroffenen zu erstatten, falls die Umstände der früheren Tat für die Beurteilung seines Geisteszustandes von Bedeutung sind,
- dies in gesetzlichen Bestimmungen unter Bezugnahme auf § 52 BZRG vorgesehen ist,
- die **Wiederaufnahme des früheren Verfahrens** wird beantragt oder
- der Betroffene beantragt
  - die **Zulassung** zu einem **Beruf** oder einem Gewerbe,
  - die **Einstellung in** den **öffentlichen Dienst** oder
  - die **Erteilung** einer **WBK**, eines Munitionserwerbscheins, Waffenscheins, **Jagdscheins** oder einer Erlaubnis nach § 27 SprengG, falls die Zulassung, Einstellung oder Erteilung der Erlaubnis sonst zu einer **erheblichen Gefährdung** der **Allgemeinheit** führen würde; das gleiche gilt, wenn der Betroffene die Aufhebung einer die Ausübung eines Berufes oder Gewerbes untersagenden Entscheidung beantragt.

☝ Die Ausnahme vom Verwertungsverbot nach § 52 Abs. 1 Nr. 4 BZRG gilt aber **nur** für die **Erteilung**, **nicht** für den **Widerruf** einer WBK (→ *Waffenbesitzer, waffenrechtliche Zuverlässigkeit*, Teil H Rdn 1381). Es handelt sich **nicht** um eine unbeabsichtigte Lücke, die im Wege der Analogie geschlossen werden könnte (BVerwG NJW 1997, 336). Ebenso gilt § 52 Abs. 1 Nr. 4 BZRG im

Beamtenrecht nur für den Zugang zu einer Betätigung, nicht jedoch für beendigende Maßnahmen (BVerwG, Beschl. v. 30.10.2014 – 2 B 109/13).

5.a) Bedeutung entfaltet das Verwertungsverbot insbesondere in **Strafverfahren**, in denen sowohl auf der Ebene des Tatnachweises als auch bei der Strafzumessung (§ 46 StGB) i.d.R. das strafrechtliche Vorleben des Betroffenen in Betracht gezogen wird. Bei der Beweisführung kann die strafrechtliche Vorbelastung als Indiz der Täterschaft dienen. Handelt es sich bei der Vortat um eine getilgte oder zu tilgende Eintragung, darf die Tat nicht mehr herangezogen werden. 169

☝ Berücksichtigt das Gericht im Urteil **Vorstrafen** zum **Nachteil** des **Angeklagten**, muss es **überprüfen**, ob die mitgeteilten Vorstrafen nicht im **Zeitpunkt** der **Urteilsverkündung schon tilgungsreif** sind. Werden tilgungsreife Vorstrafen verwertet, unterliegt das Urteil zumindest im Rechtsfolgenausspruch der Aufhebung (u.a. BGH NStZ-RR 2023, 87). Etwas anderes gilt nur, wenn das Urteil nicht auf dem Verstoß beruht (fehlerhafte Heranziehung einer getilgten Vorstrafe für die Beweiswürdigung als eines von vielen Beweisanzeichen, BGH NStZ 2014, 6).

Zum Verwertungsverbot folgende 170

Rechtsprechungsübersicht

- Die Revision hat Erfolg, wenn aufgrund der Berücksichtigung einer getilgten Eintragung möglicherweise ein **minder schwerer Fall** verkannt worden ist (BGH, Beschl. v. 3.9.2014 – 1 StR 343/14).
- Die Revision hat Erfolg, wenn bei der Strafzumessung zu Lasten des Angeklagten gewertet worden ist, dass dieser „**erheblich** vorbestraft und **hafterfahren**" ist, obwohl die dazu gehörenden Eintragungen bereits im BZR **getilgt** worden sind (BGH, Beschl. v. 25.1.2012 – 5 StR 526/11).
- Schon die **vorbehaltslose Erwähnung** einer tilgungsreifen früheren Verurteilung **in** der **HV** und in den Urteilsgründen stellt einen unzulässigen Vorhalt und daher einen Verstoß gegen § 51 Abs. 1 BZRG dar (BGH StraFo 2011, 519).
- Der Rechtsfolgenausspruch ist aufzuheben, wenn eine bereits getilgte Verurteilung wegen Handeltreibens mit BtM im Rahmen einer **Prognoseentscheidung** gem. § 56 Abs. 1 StGB berücksichtigt worden ist und daher die Bewährung abgelehnt wurde (BGH StraFo 2010, 207).
- Die Wertung des § 51 BZRG ist auch auf **ausländische Verurteilungen** anzuwenden, wenn diese dem Tatgericht bekannt geworden sind und zum Nachteil des Betroffenen verwertet werden sollen. Das Tatgericht muss alle erforderlichen Feststellungen zur Tilgungsreife machen, bewerten und im Urteil darlegen (BGH, Beschl. v. 23.9.2021 – 1 StR 329/21).
- Das Verwertungsverbot greift auch, wenn die **Tilgungsreife erst im Zuge des Rechtsmittelverfahrens** (hier im 2. Rechtszug) eintritt (BGH NStZ-RR 2024, 388).

b) Auch bei der Anordnung einer **Maßregel** der **Besserung** und **Sicherung** kann die Frage aufkommen, ob die Vorverurteilung (noch) verwertet werden darf, um die besondere Gefährlichkeit des Betroffenen zu untermauern. So dürfen nach § 52 Abs. 2 BZRG für die Prüfung der Berechtigung zum Führen von Kraftfahrzeugen Entscheidungen der Gerichte nach den §§ 69 – 69b StGB verwertet werden. Eine frühere Tat darf auch in einem Verfahren berücksichtigt werden, das die **Erteilung oder Entziehung einer Fahrerlaubnis** zum Gegenstand hat, solange die Verurteilung nach den Vorschriften der §§ 28 bis 30b StVG verwertet werden darf. I.Ü. dürfen nach § 52 Abs. 1 Nr. 2 BZRG getilgte Eintragungen in neuen Strafverfahren berücksichtigt werden, wenn ein Gutachten über die Voraussetzungen der §§ 20, 21, 63, 64, 66, 66a oder 66b StGB zu erstatten ist, falls die Umstände der früheren Tat für die Beurteilung der Schuldfähigkeit oder Gefährlichkeit der betroffenen Person von Bedeutung sind. 171

☝ Die frühere **Rspr.** des **BGH** (BGHSt 57, 300 m. Anm. *Krawczyk* StRR 2013, 23), wonach psychiatrische Gutachten zur Gefahrenprognose (z.B. bei der Unterbringung in der Sicherungsverwahrung nach § 66 StGB oder in einer Entziehungsanstalt nach § 64 StGB) **nicht** unter die frühere Regelung des § 52 Abs. 1 Nr. 2 BZRG fielen, machten eine Anpassung im 7. Gesetz zur Änderung des BZRG erforderlich. Sinn und Zweck dieser Ausweitung war es, den Gutachterinnen und Gutachtern für ihre Gutachtererstellung im Rahmen der §§ 20, 21, 63, 64, 66, 66a, 66b StGB über die Schuldfähigkeit und Gefährlichkeit der Betroffenen **eine vollständige Persönlichkeitsanamnese** zu ermöglichen, zu der häufig die Kenntnis aller wesentlichen Einzelheiten aus dem Vorleben der Betroffenen gehört. Dürften im Gutachten frühere Straftaten nicht verwertet werden, käme es unter Umständen zu lückenhaften Ergebnissen, die wissenschaftlich nicht überzeugen können und daher als Grundlage für die Urteilsfindung ausscheiden

172 **c)** Auch und gerade im **Verwaltungsrecht** kommt dem Verwertungsverbot große Bedeutung zu. Insbesondere bei solchen Verfahren, bei denen die **Zuverlässigkeit** des **Betroffenen** regelmäßig eine Rolle spielt (z.B. → *Waffenbesitzer, waffenrechtliche Zuverlässigkeit*, Teil H Rdn 1381; Aufklärung der Fahreignung des Betroffenen, VG Düsseldorf, SVR 2014, 3; Widerruf einer WBK, BVerwG NJW 1997, 336). Soweit hiervon Ausnahmen zugelassen sind, hat der Gesetzgeber diese in § 51 Abs. 2 und § 52 BZRG abschließend geregelt. Entgegen dieser eindeutigen, bislang von obergerichtlicher Rspr. (BVerfGE 36, 174; BGHZ 196, 340; BVerwG, DVBl. 2012, 843) und Lit. (*Tolzmann*, § 51 Rn 4) nicht in Frage gestellten Rechtslage, vertritt das BVerwG in seiner Entscheidung vom 21.11.2013 – 2 B 86/13 die Auffassung, dass es mit dem Zweck des Disziplinarrechts nicht zu vereinbaren wäre, wenn eine (auch) disziplinarrechtliche Ahndung einer Straftat bei Eintritt der Tilgungsreife nach dem BZRG ausgeschlossen würde. Das Verwertungsverbot habe nur die Bedeutung, dass im Rahmen der Bemessung der Disziplinarmaßnahme nicht zulasten von Beamten auf eine im BZR getilgte Verurteilung abgestellt werden dürfe. Der **Einleitung eines Disziplinarverfahrens** stehe es also nicht entgegen, dass der Dienstherr von einer Straftat erst Kenntnis erlange, nachdem diese strafrechtlich sanktioniert und die Verurteilung aus dem Zentralregister getilgt worden sei. Diese Rechtsauffassung führt zu einer vollständigen Aufhebung des vom Gesetzgeber in § 51 BZRG niedergelegten, rechtsstaatlich bedeutenden Verwertungsverbotes strafgerichtlicher Verurteilungen im Bereich des Disziplinarrechts, die von Wortlaut und Entstehung der Vorschrift nicht gedeckt ist. Um diesen und weiteren Aufweichungen entgegenzutreten, hat der Gesetzgeber im 7. Gesetz zur Änderung des BZRG in den Katalog des § 52 Abs. 1 BZRG ausdrücklich aufgenommen, dass nur der Gesetzgeber selbst durch Bezugnahme auf das von ihm installierte, grds. stets und ausnahmslos wirkende Verwertungsverbot abweichende spezialgesetzliche Regelungen treffen darf (§ 52 Abs. 1 Nr. 5 BZRG).

173 **d)** Das Verwertungsverbot strahlt aber auch in das **Zivilrecht** aus. Es gilt insbesondere für das sog. **Fragerecht** des **Arbeitgebers** (→ *Bundeszentralregister, Führungszeugnis, Allgemeines*, Teil E Rdn 193). Ein berechtigtes Informationsinteresse des Arbeitgebers besteht nämlich grds. nicht hinsichtlich solcher Verurteilungen, die im BZR getilgt sind (BAG NJW 2014, 3680).

174 **6.** Die **Resozialisierung** greift im Registerrecht **nicht erst** mit der **Tilgung** der Eintragung im BZR. Bereits zuvor werden nach § 53 Abs. 1 BZRG die Offenbarungspflichten der Betroffenen eingeschränkt. Bereits in Folge der Nichtaufnahme einer Eintragung in das Führungszeugnis darf sich der Betroffene **als unbestraft bezeichnen**, selbst wenn die Eintragung noch in Behördenführungszeugnisse bzw. unbeschränkte Auskünfte aufgenommen wird (zum Führungszeugnis → *Bundeszentralregister, Führungszeugnis, Allgemeines*, Teil E Rdn 175). Dies gilt grds. auch **gegenüber ausländischen Stellen** (*Tolzmann*, § 53 Rn 8) wie etwa bei der Einreise in einen anderen Staat. Daher kann es i.d.R. auch nicht zu Problemen aufgrund etwaiger länger zurückliegender Eintragungen im BZR kommen, die häufig von Betroffenen befürchtet werden. Innerhalb der EU besteht ohnehin Freizügigkeit und in Drittstaaten werden Personen ggf. nur kontrolliert, ob sie in den polizeilichen Informationssystemen zur Fahndung ausgeschrieben sind. Eine anlassunabhängige Anfrage an das BZR findet schon allein wegen fehlender technischer Möglichkeiten und entsprechender Auskunftsrechte – entgegen

einer weit verbreiteten Vorstellung – nicht statt. Welche ausländerrechtlichen Folgen sich jedoch daraus ergeben können, dass Drittstaaten ggf. auf anderem Weg Kenntnis einer Verurteilung erlangen, unterliegt ihrem jeweiligen Recht.

Siehe auch: → *Bundeszentralregister, Auskunft, Allgemeines*, Teil E Rdn 16 m.w.N.; → *Bundeszentralregister, Auskunft, Selbstauskunft*, Teil E Rdn 40; → *Bundeszentralregister, Eintragungen, Allgemeines*, Teil E Rdn 51 m.w.N.; → *Bundeszentralregister, Führungszeugnis, Allgemeines*, Teil E Rdn 175; → *Bundeszentralregister, Führungszeugnis, Behördenführungszeugnis*, Teil E Rdn 199.

Bundeszentralregister, Führungszeugnis, Allgemeines 175

Das Wichtigste in Kürze:

1. Das Führungszeugnis ist das maßgebliche Instrument zum Nachweis des (fehlenden) strafrechtlichen Vorlebens einer Person. Im Interesse der Resozialisierung der Betroffenen gibt es immer nur bestimmte Eintragungen im BZR wieder.
2. Die verschiedenen Arten der Führungszeugnisse unterscheiden sich danach in welchem Umfang die Eintragungen gefiltert werden.
3. Das BZRG enthält keine Regelungen dazu, in welchen Fällen Dritte von Betroffenen die Vorlage eines Führungszeugnisses verlangen dürfen. Diese Vorlageberechtigung ist vor dem Hintergrund der jeweiligen Fachgesetze bzw. betroffenen Rechtsgebiete (z.B. dem Arbeitsrecht) zu beurteilen.
4. Der Antrag auf Erteilung eines Führungszeugnisses kann über das Internet unmittelbar beim BfJ gestellt werden. Daneben ist es weiterhin möglich, im Wege der persönlichen Vorsprache bei der örtlichen Meldebehörde einen entsprechenden Antrag zu stellen. Die antragstellende Person darf den Antrag nur für sich selbst oder im Rahmen einer gesetzlichen Vertretung stellen, jedoch nicht als Bevollmächtigter.
5. Das Führungszeugnis wird nur in der deutschen Sprache ausgestellt. Im Interesse einer leichteren Verwendbarkeit im Ausland werden jedoch wesentliche Angaben (z.B. „Keine Eintragungen") auch auf Englisch und Französisch dargestellt.
6. Führungszeugnisse sind grds. gebührenpflichtig. Für ehrenamtliche Zwecke werden sie jedoch gebührenfrei erteilt.

Literaturhinweise: **Frings**, Erweitertes Führungszeugnis nach § 30a BZRG, SRa 2011, 213; **Fritsch**, Die Neuregelung des § 15 BZRG und die daraus resultierenden Probleme für die Praxis, RPfleger 2012, 488; **Joussen**, Das erweiterte Führungszeugnis im Arbeitsverhältnis, NZA 2012, 776; **Kirchberg**, Identifizierende Altmeldungen über Strafverfahren in Online-Archiven: Beugt sich das Recht der technischen Entwicklung?, GRUR-Prax 2013, 237; **Koreng/Feldmann**, Das „Recht auf Vergessen" – Überlegungen zum Konflikt zwischen Datenschutz und Meinungsfreiheit, ZD 2012, 311; **Krumm**, Bundeszentralregister: Inhalt, Tilgung und Verwertung strafrechtlicher Voreintragungen, VRR 2008, 52; **Küppers**, Die Bedeutung des Bundeszentralregisters in der anwaltlichen Beratungspraxis – Teil 1, StRR 2014, 128; *ders.*, Die Bedeutung des Bundeszentralregisters in der anwaltlichen Beratungspraxis – Teil 2, StRR 2014, 164; **Kuhn**, Vorhalte- und Verwertungsverbot des § 51 Abs. 1 BZRG, JA 2011, 855; **Löwisch**, Datenschutz bei Anforderung und Nutzung erweiterter Führungszeugnisse NJW 2012, 2389; **Pfeiffer**, Die unbeschränkte Auskunft aus dem Bundeszentralregister und das Führungszeugnis, NStZ 2000, 402; *ders.*, Besserer Schutz von Kindern und Jugendlichen durch ein neues „erweitertes Führungszeugnis", NJW 2010, 1109; **Rebmann**, Die Eintragung ausländischer Urteile in das Bundeszentralregister, NStZ 1985, 529; **Sawade/Schomburg**, Ausgewählte Probleme des Bundeszentralregistergesetzes, NJW 1982, 551; **Sollmann**, Zu den neuen Regelungen zum Strafregisterinformationsaustausch innerhalb der Europäischen Union und zur Notwendigkeit ihrer Umsetzung in deutsches Recht, NStZ 2012, 253; **Stahnke**, Aufgaben und Dienstleistungen des Bundeszentralregisters, Jur-PC 1996, 16; **Vollkommer**, Aus der Praxis: Zwei Vorstrafen im Bundeszentralregister und doch kein Eintrag im Führungszeugnis?, JuS 2007, 536; s. i.Ü. die Hinw. bei → *Bundeszentralregister, Allgemeines*, Teil E Rdn 2. 176

1.a) Das Führungszeugnis ist das **maßgebliche Instrument** zum **Nachweis** des (fehlenden) **strafrechtlichen Vorlebens** einer Person gegenüber Privaten und Behörden. Im Interesse der Resozialisierung der Betroffenen gibt es immer nur bestimmte Eintragungen im BZR wieder, sofern für eine Person Eintragun- 177 gen im BZR gespeichert sind. Ist für die Person keine Eintragung verzeichnet, wird das Führungszeugnis mit dem Hinweis „Keine Eintragung“ erteilt.

178 **b) Aufgabe** des Führungszeugnisses ist es, u.a. Arbeitgebern und Behörden relevante Informationen über das strafrechtliche Vorleben von Personen zur Verfügung zu stellen. Für bestimmte Zwecke, die in besonderer Weise das öffentliche Interesse berühren, werden Behörden auch unbeschränkte Auskünfte aus dem Register erteilt. Diese auskunftsberechtigten Behörden sind in § 41 BZRG abschließend genannt (→ *Bundeszentralregister, Auskunft, Behördenauskunft*, Teil E Rdn 29).

179 **2.a)** Die verschiedenen **Arten** der **Führungszeugnisse** unterscheiden sich danach in welchem Umfang die gespeicherten Eintragungen gefiltert werden. **Unterschieden** werden grds.:

180 **Einfache Führungszeugnisse** gem. § 30 BZRG

- In einfache Führungszeugnisse gem. § 30 BZRG werden grds. **alle Eintragungen** aufgenommen, soweit **nicht** in **§ 32 Abs. 2 BZRG Ausnahmen** vorgesehen sind (→ *Bundeszentralregister, Führungszeugnis, einfaches*, Teil E Rdn 224).
- **Nicht aufgenommen** werden z.B.:
  - Verwarnungen mit Strafvorbehalt nach § 59 StGB,
  - Schuldsprüche nach § 27 JGG,
  - geringfügige Geld- oder Freiheitsstrafen von nicht mehr als 90 Tagessätzen bzw. drei Monaten, **soweit nicht** eine weitere Strafe vermerkt ist,
  - isoliert angeordnete Maßregeln der Besserung und Sicherung sowie
  - Eintragungen nach §§ 10, 11 BZRG.

☝ Es ist ein **weit verbreiteter Irrtum**, dass nur Strafen von mehr als 90 Tagessätzen Geldstrafe oder drei Monaten Freiheitsstrafen in ein Führungszeugnis aufgenommen werden. Dies gilt **nur**, wenn im Register **keine weitere** Strafe vermerkt ist. Ist bereits eine geringfügige Strafe eingetragen und wird die betroffene Person erneut zu einer (geringfügigen) Strafe verurteilt, so werden die Verurteilungen nunmehr in ein Führungszeugnis aufgenommen.

181 Hierzu ein

Beispiel (nach OLG Hamm, Beschl. v. 19.7.2012 – 1 VAs 62/12):

Im BZR sind über den Betroffenen eingetragen:

1. Urt. v. 1.10.2010 AG Saarbrücken rechtskräftig seit 13.10.2010 30 Tagessätze Geldstrafe wegen vorsätzlicher Trunkenheit im Verkehr Sperre für die Fahrerlaubnis bis 31.1.2011.
2. Urt. v. 25.1.2011 AG Saarbrücken rechtskräftig seit 15.2.2011 30 Tagessätze Geldstrafe wegen vorsätzlichen Fahrens ohne Fahrerlaubnis.

Das BfJ erteilte dem Betroffenen am 4.5.2012 ein einfaches Führungszeugnis, in dem die beiden Verurteilungen aufgeführt waren. Zwar sind gemäß § 32 Abs. 2 Nr. 5a) BZRG Verurteilungen, durch die auf Geldstrafe von nicht mehr als 90 Tagessätzen erkannt worden ist, nicht in das Führungszeugnis aufzunehmen; diese Ausnahme gilt jedoch nur, wenn im BZR keine weitere Strafe eingetragen ist. Hier sind aber zwei Strafen im BZR eingetragen und daher – zum Zeitpunkt seiner Erteilung – auch in das Führungszeugnis aufzunehmen.

182 **Erweiterte** Führungszeugnisse gem. § 30a BZRG

- In erweiterte Führungszeugnisse gem. § 30a BZRG werden alle Eintragungen des einfachen Führungszeugnisses sowie im **Interesse** des **Kinder-** und **Jugendschutzes** alle – auch geringfügigen – Verurteilungen wegen der in **§ 32 Abs. 5 BZRG genannten Katalogstraftaten** aufgenommen werden (→ *Bundeszentralregister, Führungszeugnis, erweitertes*, Teil E Rdn 238).

Europäische Führungszeugnisse gem. § 30b BZRG 183

- In europäische Führungszeugnisse gem. § 30b BZRG werden für EU-Bürger, die einen Antrag auf Erteilung eines Führungszeugnisses stellen, zusätzlich zum „deutschen Teil" des (erweiterten) Führungszeugnisses noch die vom **Herkunftsstaat mitgeteilten Eintragungen** in der mitgeteilten Sprache aufgenommen.

☝ Für **Bürger, die nur die deutsche Staatsbürgerschaft haben, wird kein EU-Führungszeugnis** nach § 30b BZRG ausgestellt. Für sie werden Verurteilungen von EU-Gerichten aufgrund des Strafnachrichtenaustauschs in der EU nach § 54 BZRG ohnehin in ihr Register eingetragen und bei Vorliegen der Voraussetzungen auch in (erweiterte) Führungszeugnisse aufgenommen (→ *Bundeszentralregister, Führungszeugnis, europäisches*, Teil E Rdn 255).

(Erweiterte) **Behördenführungszeugnisse** gem. §§ 30 Abs. 5, 31 BZRG 184

- (Erweiterte) Behördenführungszeugnisse gem. §§ 30 Abs. 5, 31 BZRG (→ *Bundeszentralregister, Führungszeugnis, Behördenführungszeugnis*, Teil E Rdn 199) geben grds. den Inhalt der privaten (erweiterten) Führungszeugnisse wieder und führen zusätzlich noch auf:
  - Eintragungen nach §§ 10, 11 BZRG wegen bestimmter Verwaltungsentscheidungen bzw. Entscheidungen der Strafverfolgungsbehörden wegen Schuld- oder Verhandlungsunfähigkeit,
  - alle Verurteilungen mit angeordneten freiheitsentziehenden Maßregeln der Besserung und Sicherung sowie
  - geringfügige Verurteilungen, wenn ein Gewerbezusammenhang besteht und das Führungszeugnis für eine gewerberechtliche Entscheidung benötigt wird.

b)aa) Die **Aufnahme** von **Eintragungen** in ein Führungszeugnis erfolgt nach § 33 Abs. 1 BZRG grds. auf Zeit. Davon sind nach § 33 Abs. 2 BZRG nur ausgenommen: 185

- Verurteilungen zu **lebenslanger Haft**, solange der Strafrest nicht erlassen worden ist,
- Anordnungen der **Sicherungsverwahrung**,
- wegen bestimmter schwerer bzw. wiederholter **Verurteilungen nach §§ 176c, 176d StGB**, wenn ein erweitertes (Behörden-)Führungszeugnis beantragt wurde, sowie
- Anordnungen der **Unterbringung in einem psychiatrischen Krankenhaus**, wenn ein Behördenführungszeugnis beantragt wurde.

☝ Spätestens mit Ablauf des **90. Lebensjahres** werden gem. § 24 BZRG aber **alle** Eintragungen ohne Unterschied aus dem Register entfernt und in der Folge auch nicht mehr in Führungszeugnisse aufgenommen.

bb) Die **Fristen für** die **Aufnahme** der Eintragungen bestimmen sich nach **§ 34 BZRG** und berechnen sich ab dem Tag des ersten Urteils (§ 36 BZRG), sodass es auf die Rechtskraft grds. nicht ankommt. Es gelten für die **Fristenberechnung** nicht die strafprozessualen Fristen (§§ 42, 43 StPO), sondern die allgemeinen Regelungen der §§ 186 ff. BGB, an denen auch das öffentliche Recht grds. zu messen ist (BGH StV 2015, 172). Maßgeblich ist für den Fristbeginn damit, da § 47 Abs. 1 i.V.m. § 36 S. 1, § 5 Abs. 1 Nr. 4 BZRG nicht an ein Ereignis oder einen in den Lauf des Tages fallenden Zeitpunkt anknüpfen (§ 187 Abs. 1 BGB), der „Tag" des Urteils bzw. der Unterzeichnung des Strafbefehls. 186

Die Fristen sind nach Art und Höhe der verhängten Strafe **gestaffelt** und betragen: 187

- **drei Jahre** bei Verurteilungen zu
  - Geld- oder Freiheitsstrafen von nicht mehr als drei Monaten,
  - Freiheitsstrafe zwischen drei Monaten und einem Jahr, wenn die Strafe ganz oder teilweise zur Bewährung ausgesetzt wurde und keine weitere Freiheitsstrafe eingetragen ist,

  - Jugendstrafe von nicht mehr als einem Jahr,
  - Jugendstrafe von nicht mehr als zwei Jahren, wenn ein Strafrest zur Bewährung ausgesetzt und dann erlassen wurde,
- **zehn Jahre** bei Verurteilungen zu Freiheitsstrafe oder Jugendstrafe von mehr als einem Jahr wegen Straftaten gegen
  - die sexuelle Selbstbestimmung bzw.
  - bei sonstigen Verurteilungen wegen der in § 32 Abs. 2 BZRG genannten Katalogstraftaten soweit es um die Aufnahme in ein **erweitertes Führungszeugnis** geht,
- **20 Jahre** bei einer Verurteilung wegen einer Straftat nach den §§ 176 bis 176d StGB zu Freiheitsstrafe oder Jugendstrafe von mehr als einem Jahr, soweit es um die Aufnahme in ein **erweitertes Führungszeugnis** geht,
- **fünf Jahre** in allen übrigen Fällen.

188 Wurde eine **Freiheitsstrafe** oder **Jugendstrafe** von **mehr** als **einem** Jahr verhängt, **verlängert** sich die **Aufnahmefrist** grds. um die Dauer der verhängten Strafe (§ 34 Abs. 3 BZRG). Die Fristen **laufen** zudem **keinesfalls ab**, solange die Freiheitsstrafe nicht vollstreckt ist bzw. bei Aussetzung zur Bewährung die Strafe nicht erlassen wurde (§ 37 Abs. 2 BZRG). Da sich aus dem Register nur die Vollstreckung der Freiheitsstrafe ablesen lässt (§ 15 BZRG) sind Geldstrafen hiervon nicht erfasst (*Tolzmann*, § 37 Rn 14).

189 **cc)** In **Folge** der Nichtaufnahme einer Eintragung in das Führungszeugnis darf sich der Betroffene nach § 53 Abs. 1 BZRG **als unbestraft bezeichnen**, selbst wenn die Eintragung noch in Behördenführungszeugnisse aufgenommen wird.

190 **c)** Nach § 38 BZRG sind grds. **alle Eintragungen** im **BZR** in ein Führungszeugnis **aufzunehmen**, wenn eine Eintragung aufgenommen wird. Es handelt sich dabei um den sog. **„Mitzieheffekt"**. Ausgenommen sind nach § 38 Abs. 2 BZRG aber u.a. geringfügige Verurteilungen von nicht mehr als neunzig Tagessätzen Geldstrafe oder Freiheitsstrafe von nicht mehr als drei Monaten.

191 Zum **Mitzieheffekt** folgendes

> *Beispiel:*
>
> Der Betroffene wird verurteilt:
>
> 1. Zu einer Geldstrafe von 120 Tagessätzen wegen Körperverletzung am 1.6.2022
> 2. Zu einer Bewährungsstrafe von zwei Jahren wegen Raubes am 1.4.2024
>
> Nach § 34 Abs. 1 Nr. 1a) BZRG beträgt die Nichtaufnahmefrist für die 1. Verurteilung drei Jahre, weil eine Geldstrafe verhängt wurde. Die Eintragung wird daher am 1.6.2025 nicht mehr in Führungszeugnisse aufgenommen.
>
> Die 2. Verurteilung wird hingegen für sieben Jahre aufgenommen, weil es sich um einen „übrigen Fall" nach § 34 Abs. 1 Nr. 3 BZRG handelt und daher auch die Dauer der Strafe nach § 34 Abs. 3 S. 1 BZRG hinzuzurechnen ist. Diese Verurteilung wird erst am 1.4.2031 nicht mehr in ein Führungszeugnis aufgenommen.
>
> Nach § 38 Abs. 1 BZRG „zieht" die 2. Verurteilung nun die erste bis zum 1.4.2031 „mit", sodass auch die 1. Verurteilung erst ab diesem Tag nicht mehr in einem Führungszeugnis erscheint. Anders wäre es, wenn es sich bei der ersten Verurteilung um eine geringfügige Geldstrafe handeln würde. Hierfür sieht § 38 Abs. 2 Nr. 3 BZRG eine Ausnahme vom Mitzieheffekt vor. Diese Verurteilung würde weder „mitziehen" noch würde sie „mitgezogen".

> ☝ Ist bereits eine Eintragung vorhanden, die aber für sich nicht aufgenommen wird, sollte zur **Rettung des eintragungsfreien Führungszeugnisses** die Verurteilung – z.B. durch ein großzügiges Einstellungsangebot – vermieden werden. Auch eine Verzögerung des Verfahrens ist dann von Hilfe, wenn alsbald die Tilgung der weiteren Eintragung ansteht.

3. Das **BZRG** enthält **keine Regelungen** dazu, in welchen Fällen **Dritte** von Betroffenen die **Vorlage** eines Führungszeugnisses **verlangen** dürfen. Diese Vorlageberechtigung ist vor dem Hintergrund der jeweiligen Fachgesetze bzw. betroffenen Rechtsgebiete (z.B. dem Arbeitsrecht) zu beurteilen. Insoweit gelten folgende 192

Grundsätze 193

- **zur Vorlageberechtigung allgemein**
  In welchen Fällen Dritte vom Betroffenen die Vorlage eines Führungszeugnisses verlangen dürfen, muss immer auf der **Grundlage** der **jeweiligen Fachgesetze** und vor dem Hintergrund der **betroffenen Rechtsgebiete** beurteilt werden. So fordert z.B. **§ 72a SGB VIII** aus Gründen des Kinder- und Jugendschutzes eine regelmäßig zu wiederholende besondere Eignungsprüfung von Personen, die im Bereich der öffentlichen Jugendhilfe tätig sind, durch die Vorlage eines erweiterten Führungszeugnisses. Das BZRG regelt lediglich, unter welchen Voraussetzungen Betroffene bzw. Behörden ein (erweitertes) Führungszeugnis erlangen können.
- Zur **Vorlagepflicht** im **Arbeitsrecht** gilt grds. das Folgende:
  - Der Arbeitgeber darf von Bewerbern nur die Vorlage solcher Dokumente fordern, deren Inhalt dem **Umfang** seines **Fragerechts** entspricht. Aus § 241 Abs. 2 BGB kann sich die Verpflichtung eines Arbeitnehmers ergeben, seinem Arbeitgeber ein (erweitertes) Führungszeugnis vorzulegen (LAG Hamm PflR 2014, 710). Bei der Frage, ob ein (erweitertes) Führungszeugnis durch den Arbeitnehmer vorzulegen ist, sind die Informationsinteressen des Arbeitgebers und die Schutzinteressen des Arbeitnehmers bezogen auf seine persönlichen Daten gegeneinander abzuwägen. Entscheidend für die Rechtmäßigkeit des Vorlageverlangens ist, ob der Arbeitgeber ein überwiegendes Interesse daran hat, den Inhalt des erweiterten Führungszeugnisses zu erfahren (LAG Hamm NZA-RR 2018, 460). Fragen zu etwaigen Vorstrafen des Bewerbers sind jedoch nur zulässig, wenn deren Auskunft für die Art des zu besetzenden Arbeitsplatzes von Bedeutung ist. Liegt die Beschaffung im überwiegenden Interesse des Arbeitsgebers und dient es im weitesten Sinne der Arbeitsausführung, hat der Arbeitgeber i.d.R. dem Arbeitsnehmer die Auslagen dafür vollständig zu erstatten (LAG Hessen, Urt. v. 21.4.2015 – 15 Sa 1062/14).
  - Das Führungszeugnis geht i.d.R. aber über die für den in Aussicht genommenen Arbeitsplatz relevanten Informationen und damit über das Fragerecht des Arbeitgebers hinaus. Eine **Ausnahme** ist nur bei Tätigkeiten mit einer **besonderen Vertrauensstellung** denkbar. Folglich hat der Arbeitgeber **keinen uneingeschränkten Anspruch** auf Vorlage eines Führungszeugnisses. Er darf vielmehr bei der Anbahnung des Arbeitsverhältnisses Informationen zu Vorstrafen des Bewerbers nur einholen, wenn und soweit die Art des zu besetzenden Arbeitsplatzes dies „erfordert", d.h. bei objektiver Betrachtung berechtigt erscheinen lässt. Ein berechtigtes Informationsinteresse des Arbeitgebers besteht grds. nicht hinsichtlich solcher Verurteilungen, die im BZR getilgt sind (BAG NJW 2014, 3680). Derartige Verurteilungen braucht der Bewerber bei unspezifizierter Frage nach Vorstrafen grds. nicht zu offenbaren. Ebenso wenig hat der öffentliche Arbeitgeber ein berechtigtes Interesse daran, Bewerber für eine solche Tätigkeit nach bereits eingestellten strafrechtlichen Ermittlungsverfahren zu fragen (BAG, a.a.O.).
- **zur Dauer der Verwendbarkeit**
  Es ist immer eine **Frage** der **üblichen Praxis**, wie lange ein Führungszeugnis Akzeptanz findet. Feststehende Fristen oder gar gesetzl. Regelungen finden sich nur selten. I.d.R. werden Führungszeugnisse aber nicht mehr akzeptiert, wenn sechs Monate seit der Ausstellung verstrichen sind. Es finden sich aber teilweise auch erhebliche kürzere Fristen. So wird z.B. bei der Beantragung der ärztlichen Approbation, nach § 39 Abs. 1 Nr. 4 ÄAppO ein Behördenführungszeugnis verlangt, das nicht älter als ein Monat sein darf.
- **zur Berechtigung, Ablichtungen** zu **fertigen**
  Es ist nach dem BZRG **nicht verboten** das **Führungszeugnis** zu **kopieren**. Es bleibt dem Verhältnis zw. dem Betroffenen und dem Empfänger des Führungszeugnisses überlassen, ob eine Kopie

als ausreichend erachtet wird. I.d.R. bestehen Arbeitgeber aber auf der Vorlage von Originalen oder zumindest von beglaubigten Kopien.

194 **4.a)** Betroffene erhalten das Führungszeugnis auf Antrag nach § 30 BZRG. Dieser kann einfach und bequem von zuhause aus über das Internet unmittelbar beim BfJ gestellt werden (§ 30c BZRG – https://www.fuehrungszeugnis.bund.de/). Bis 2014 war der **Antrag** ausschließlich im Wege der persönlichen Vorsprache bei der **örtlichen Meldebehörde** zu stellen. Sowohl bei der Meldebehörde als auch bei dem Onlineantrag wird die Richtigkeit und Vollständigkeit der Angaben zur Person und zum Wohnort, an den das Führungszeugnis übersandt werden soll, überprüft. Mit diesen Regelungen soll gewährleistet werden, dass ausschließlich die betroffene Person und nicht unbefugte Dritte Kenntnis vom Inhalt der Eintragungen erhalten, die über die Person im BZR gespeichert sind. Das Führungszeugnis wird durch das BfJ auf besonders fälschungssicherem Spezialpapier ausgedruckt und den Betroffenen per Brief an die angegebene Anschrift zugesandt. Mittlerweile arbeitet das BfJ an einem Projekt zur **digitalen Erteilung des Führungszeugnisses**, so dass das bewährte Führungszeugnis voraussichtlich ab 2026 medienbruchfrei in einer modernen digitalen Form angeboten werden kann.

☝ Die antragstellende Person darf den **Antrag** stets **nur für sich selbst** oder im Rahmen einer **gesetzlichen Vertretung** stellen. Eine Vertretung durch Bevollmächtigte kommt nicht in Betracht, da es sich bei den Registerdaten um besonders sensible Informationen handelt, deren Weitergabe für die betroffene Person erhebliche nachteilige Konsequenzen haben kann.

195 **b)** Auch **Behördenführungszeugnisse** werden nach § 30 Abs. 5 BZRG i.d.R. von den Betroffenen beantragt und können, falls sie Eintragungen enthalten, auf Wunsch zunächst bei einem AG eingesehen werden. Nur für den Fall, dass die Betroffenen nicht mitwirken (sollen), kann die Behörde nach § 31 BZRG das Führungszeugnis unmittelbar anfordern (z.B. weil der Widerruf einer verwaltungsrechtlichen Erlaubnis vorbereitet werden soll). Für das **erweiterte (Behörden-)Führungszeugnis** haben die Betroffenen zudem nach § 30a BZRG noch einen **schriftlichen Nachweis** beizufügen, dass die Vorlage aus den Gründen des Kinder- und Jugendschutzes **notwendig** ist. So soll im Interesse der Betroffenen ein Missbrauch für andere Zwecke vermieden werden.

196 **c) In Eilfällen** hat die antragstellende Person zudem die Möglichkeit, sich das Privatführungszeugnis **direkt** beim **BfJ aushändigen** zu lassen. Dies geschieht unter Vorlage des bei der Meldebehörde nach Zahlung der Gebühr aufgenommenen und ausgehändigten Originalantrags sowie eines Lichtbildausweises. Auf diese Weise können Betroffene immerhin den Zeitablauf für die Versendung verkürzen.

197 **5.** Das BfJ erteilt jedes Jahr über fünf Mio. Führungszeugnisse. Dies kann nur mit Hilfe eines automatisierten Auskunftsverfahrens und der Aufnahme der im Register **in** der **deutschen Sprache** enthaltenen Eintragungen gelingen. Die vollständige Ausstellung in einer Fremdsprache ist daher nicht möglich. Es ist der betroffenen Person jedoch freigestellt, selbst eine Übersetzung in jeglicher Sprache anfertigen zu lassen (soll das Führungszeugnis im **Ausland** verwendet werden die Hinweise des BfJ zur **Überbeglaubigung** und **Apostille** unter https://www.bundesjustizamt.de/DE/Themen/ZentraleRegister/Fuehrungszeugnis/Fragen/Fragen_node.html?cms_docId=120958#_120958). Dennoch sieht das Führungszeugnis zwischenzeitlich die Übersetzung wesentlicher Angaben in Deutsch, Französisch und Englisch (insbesondere die Angabe „Keine Eintragung") vor, um eine möglichst unkomplizierte Verwendung im Ausland zu ermöglichen.

198 **6.** Führungszeugnisse sind **grds. gebührenpflichtig**. Gem. Nr. 1130 KV JVKostG ist für einfache, erweiterte und EU-Führungszeugnisse nach §§ 30, 30a, 30b BZRG eine Gebühr i.H.v. 13,00 EUR zu zahlen.

☝ Zur Förderung des ehrenamtlichen Engagements hat der Gesetzgeber für eine **Entlastung ehrenamtlich Tätiger** gesorgt. So werden nach der Vorbem. 1.1.3 zu den Nrn. 1130 und 1131 die Gebühren **nicht** erhoben, wenn ein Führungszeugnis zur Ausübung einer ehrenamtlichen Tätigkeit benötigt wird, die für eine gemeinnützige Einrichtung, für eine Behörde oder im Rahmen eines der in § 32 Abs. 4 Nr. 2d) EStG genannten Dienste ausgeübt wird.

Siehe auch: → *Bundeszentralregister, Auskunft, Allgemeines*, Teil E Rdn 16 m.w.N.; → *Bundeszentralregister, Auskunft, Selbstauskunft*, Teil E Rdn 40; → *Bundeszentralregister, Eintragungen, Allgemeines*, Teil E Rdn 51 m.w.N.; → *Bundeszentralregister, Führungszeugnis, Behördenführungszeugnis*, Teil E Rdn 199; → *Bundeszentralregister, Führungszeugnis, einfaches*, Teil E Rdn 218; → *Bundeszentralregister, Führungszeugnis, erweitertes*, Teil E Rdn 238; → *Bundeszentralregister, Führungszeugnis, europäisches*, Teil E Rdn 255.

Bundeszentralregister, Führungszeugnis, Behördenführungszeugnis 199

Das Wichtigste in Kürze:

1. Ob Behörden überhaupt die Vorlage eines Führungszeugnisses verlangen dürfen, bestimmt sich nicht nach dem BZRG, sondern nach den jeweiligen Fachgesetzen (d.h. dem Verwaltungsrecht). Bestimmte Behörden erhalten aber nach § 41 BZRG auch eine unbeschränkte Auskunft.
2. In Behördenführungszeugnisse werden alle Eintragungen des einfachen Führungszeugnisses sowie zusätzlich noch weitere Eintragungen aufgenommen, wie z.B. Verwaltungsentscheidungen nach § 10 BZRG und die Eintragungen nach § 11 BZRG.
3. Auch bei Behördenführungszeugnissen bleibt es grds. Sache der Betroffenen, den Antrag auf Erteilung des Führungszeugnisses zu stellen. Sie erhalten das Führungszeugnis allerdings nicht nach Hause zugesandt, können es aber, wenn es Eintragungen enthält, bei einem Amtsgericht einsehen und der Weiterleitung widersprechen. Eine Anforderung durch Behörden ohne Mitwirkung der Betroffenen kommt nur in den Ausnahmefällen nach § 31 BZRG in Betracht.
4. Auch das Behördenführungszeugnis ist gebührenpflichtig, wenn es von den Betroffenen beantragt wird.

Literaturhinweise: S. die Hinw. bei → *Bundeszentralregister, Führungszeugnis, Allgemeines*, Teil E Rdn 2. 200

1.a) Die Führungszeugnisse geben im Interesse der Resozialisierung der Betroffenen immer nur einen Teil der Eintragungen im BZR wieder. Die Arten der Führungszeugnisse unterscheiden sich allein danach in welchem Umfang die Eintragungen gefiltert werden (zu den unterschiedlichen Führungszeugnissen → *Bundeszentralregister, Führungszeugnis, Allgemeines*, Teil E Rdn 175). Liegt die Aufgabe der Privatführungszeugnisse nach § 30 BZRG vor allem darin Arbeitgebern relevante Informationen über das strafrechtliche Vorleben von Personen zur Verfügung zu stellen (dazu → *Bundeszentralregister, Führungszeugnis, einfaches*, Teil E Rdn 218), **dient** das Behördenführungszeugnis nach **§§ 30 Abs. 5 und 31 BZRG** der **Unterrichtung** von **Behörden** für die von ihnen zu treffenden Verwaltungsentscheidungen, soweit sie nicht nach § 41 BZRG eine unbeschränkte Auskunft erhalten (→ *Bundeszentralregister, Auskunft, Behördenauskunft*, Teil E Rdn 29). 201

b)aa) Fragen Mandanten nach der **Bedeutung** einer **Eintragung** im **BZR** sollte zuerst geprüft werden, in welchem Rechtsbereich eine Konsequenz befürchtet wird, um dann zu klären, ob durch Behörden ggf. eine unbeschränkte Auskunft oder „nur" ein (Behörden-)Führungszeugnis angefordert wird. 202

☝ Das ist eine **wesentliche Weichenstellung**, weil in die unbeschränkte Auskunft grds. alle Eintragungen aufgenommen werden, während selbst in Behördenführungszeugnissen immer nur bestimmte Eintragungen enthalten sind.

203 **bb)** Anhand von **§ 41 BZRG** lässt sich diese Frage relativ einfach beantworten. Alle **dort nicht genannten Behörden** erhalten **nur** ein **Behördenführungszeugnis**. Diese Regelung kann auch nicht umgangen werden, indem die obersten Bundes- und Landesbehörden um Einholung einer unbeschränkten Auskunft gebeten werden. Ihnen ist nach § 43 BZRG eine Weiterleitung der Auskünfte grds. untersagt (→ *Bundeszentralregister, Auskunft, Behördenauskunft*, Teil E Rdn 29).

204 *Beispiel:*

Einbürgerungsbehörden erhalten nach § 41 Abs. 1 Nr. 6 BZRG für das Einbürgerungsverfahren eine unbeschränkte Auskunft.

Möchten sie eine Personaleinstellung vornehmen (z.B. als Hausmeister) ist ihnen die Einholung einer unbeschränkten Auskunft zu diesem Zweck verwehrt. Zur Überprüfung der Zuverlässigkeit der Bediensteten sieht das Gesetz nur für den Strafvollzug eine entsprechende Ermächtigung vor (§ 41 Abs. 1 Nr. 1 BZRG).

Andere Behörden können diese gesetzlichen Vorgaben nicht dadurch umgehen, dass sie die für sie zuständige oberste Bundes- oder Landesbehörde (§ 41 Abs. 1 Nr. 2 BZRG) um die Einholung einer unbeschränkten Auskunft bitten.

Ist die einstellende Behörde unmittelbar die oberste Bundes- oder Landesbehörde, gilt diese Einschränkung allerdings nicht.

205 **c)** Im BZRG sind **nur** die **registerrechtlichen Regelungen** enthalten, die bestimmen unter welchen **Voraussetzungen**

- ein Behördenführungszeugnis beantragt werden kann,
- welchen Inhalt es hat und
- wie die Erteilung abläuft.

Wie auch bei den anderen Auskünften und Führungszeugnissen trifft es **aber keine Regelung** zum **Rechtsverhältnis** zwischen den **Betroffenen** und den **Behörden**, die die Vorlage eines Behördenführungszeugnisses verlangen. Die rechtlichen Grundlagen für die Anforderung liegen daher grds. außerhalb des BZRG in den jeweiligen Fachgesetzen (d.h. dem Verwaltungsrecht).

206 *Beispiele zur Vorlage von Behördenführungszeugnissen:*

- Einstellung als Beamter oder Angestellter des öffentlichen Dienstes im Allgemeinen.
- Einstellung als Lehrer sowie den dazugehörenden Vorbereitungsdienst (Vorlage eines erweiterten Behördenführungszeugnisses).
- Antrag auf Erteilung der ärztlichen Approbation.

207 **2.a)** In Behördenführungszeugnisse werden **alle Eintragungen** des **einfachen Führungszeugnisses** gem. § 32 Abs. 1 BZRG aufgenommen (→ *Bundeszentralregister, Führungszeugnis, einfaches*, Teil E Rdn 218). Soweit § 32 Abs. 2 BZRG hiervon Ausnahmen vorsieht, gelten diese auch für das Behördenführungszeugnis.

208 **Zusätzlich** sind jedoch nach § 32 Abs. 3 BZRG auch **aufzunehmen**:

- Verurteilungen, durch die eine **freiheitsentziehende Maßregel** der **Besserung** und **Sicherung** (u.a. §§ 63, 64 StGB) angeordnet worden ist,
- eingetragene **Verwaltungsentscheidungen** nach **§ 10 BZRG**, wenn die Entscheidung nicht länger als zehn Jahre zurückliegt,
- **Entscheidungen von StA** und **Gerichten** wegen Schuldunfähigkeit **nach § 11 BZRG**, wenn die Entscheidung oder Verfügung nicht länger als fünf Jahre zurückliegt,
- **abweichende Personendaten** gemäß § 5 Abs. 1 Nr. 1 BZRG, sofern unter diesen Daten Eintragungen erfolgt sind, die in ein Führungszeugnis für Behörden aufzunehmen sind.

Handelt es sich um ein **erweitertes** Behördenführungszeugnis sind zudem noch die Eintragungen aufzunehmen, die in ein privates erweitertes Führungszeugnis gem. 30a BZRG aufzunehmen wären (→ *Bundeszentralregister, Führungszeugnis, erweitertes*, Teil E Rdn 238). In das **europäische** Behördenführungszeugnis sind auch jene die Eintragungen aufzunehmen, die in ein privates EU-Führungszeugnis aufzunehmen wären (→ *Bundeszentralregister, Führungszeugnis, europäisches*, Teil E Rdn 255). 209

b) Wenn das Behördenführungszeugnis für die in § 149 Abs. 2 Nr. 1 GewO bezeichneten **gewerberechtlichen Entscheidungen** bestimmt ist, sind ferner die in § 32 Abs. 2 Nr. 5 bis 9 BZRG bezeichneten Verurteilungen (→ *Bundeszentralregister, Führungszeugnis, einfaches*, Teil E Rdn 221) wegen Straftaten aufzunehmen, die begangen worden sind 210

- bei oder in Zusammenhang mit der **Ausübung eines Gewerbes** oder dem Betrieb einer sonstigen wirtschaftlichen Unternehmung oder
- bei der **Tätigkeit in einem Gewerbe** oder einer sonstigen wirtschaftlichen Unternehmung
  - von einem Vertreter oder Beauftragten i.S.d. § 14 StGB oder
  - von einer Person, die in einer Rechtsvorschrift ausdrücklich als Verantwortlicher bezeichnet ist.

Zum **Inhalt** der Behördenführungszeugnisse folgendes

> *Beispiel:* 211
>
> Für den Betroffenen sind eingetragen:
>
> 1. Verurteilung vom 21.1.2019 zu 20 Tagessätzen wegen Diebstahls
> 2. Verurteilung vom 23.7.2019 zu 60 Tagessätzen wegen Körperverletzung
> 3. Entziehung des Jagdscheins und Widerruf der WBK im Jahr 2014
>
> Würde der Betroffene am 1.7.2022 ein Führungszeugnis beantragen, würden aufgenommen:
>
> - in ein **privates Führungszeugnis**: Nur die Verurteilung vom 23.7.2019, weil nur für diese die Aufnahmefrist von drei Jahren (§ 34 Abs. 1 Nr. 1a) BZRG) noch nicht abgelaufen ist und noch eine weitere Geldstrafe eingetragen ist (§ 32 Abs. 2 Nr. 5a) BZRG), ohne dass die letzte Verurteilung die andere (geringfügige) Geldstrafe mitzieht (§ 38 Abs. 2 Nr. 3 BZRG).
> - in ein **Behördenführungszeugnis**: Zunächst – wie im privaten Führungszeugnis – die Verurteilung vom 23.7.2019 sowie die Entziehung des Jagdscheins und der Widerruf der WBK (§ 32 Abs. 3 Nr. 2 BZRG), da sie noch nicht länger als zehn Jahre zurückliegen.
> - in eine **unbeschränkte Auskunft** (§§ 41, 42 BZRG) würden **alle Eintragungen** aufgenommen.

3.a)aa) Auch bei Behördenführungszeugnissen bleibt es **Sache** der **Betroffenen**, den **Antrag** auf Erteilung des Führungszeugnisses **zu stellen**. Trotz der Anforderung durch eine Behörde soll es Sache der Betroffenen bleiben auf die hochsensiblen Registerdaten zuzugreifen. Das Führungszeugnis ist gem. § 30 Abs. 1 BZRG persönlich zu beantragen. Seit der Einführung der elektronischen Antragstellung (§ 30c BZRG) im Jahr 2014 kann der Antrag einfach und schnell unmittelbar beim BfJ über das Internet gestellt werden. Nach wie vor ist jedoch auch die herkömmliche Beantragung bei der örtlichen Meldebehörde im Wege der persönlichen Vorsprache möglich und zulässig. 212

bb) Das Führungszeugnis wird durch das BfJ **ausgestellt** (→ *Bundeszentralregister, Führungszeugnis, Allgemeines*, Teil E Rdn 194). Allerdings wird das Behördenführungszeugnis den Betroffenen **nicht zugesandt**. Vielmehr sieht das Gesetz gem. § 30 Abs. 5 S. 1 BZRG vor, dass das Behördenführungszeugnis – trotz der Beantragung durch die Betroffenen – unmittelbar der Behörde übersandt wird. 213

> ☝ Wie bei der Selbstauskunft gem. § 42 BZRG liegt auch diese **Einschränkung** im **Interesse der Betroffenen**. Sie sollen nicht durch z.B. private Arbeitgeber gezwungen werden statt eines einfachen Führungszeugnisses ein Behördenführungszeugnis vorzulegen, in das mehr Eintragungen

aufgenommen werden als in einfache Führungszeugnisse. Da sie das Behördenführungszeugnis grds. nicht übersandt und ausgehändigt bekommen, wird diese **Gefahr** der **Umgehung ausgeschlossen**.

214 Nach § 30 Abs. 5 BZRG hat die Behörde dem Betroffenen aber **auf Verlangen Einsicht** in das **Führungszeugnis** zu gewähren. Er kann auch verlangen, dass das Führungszeugnis, wenn es Eintragungen enthält, zunächst an ein von ihm benanntes AG zur Einsichtnahme übersandt wird. Das AG darf die Einsicht nur dem Betroffenen persönlich gewähren. Nach Einsichtnahme ist das Führungszeugnis an die Behörde weiterzuleiten oder, falls der Betroffene widerspricht, zu **vernichten**. Bei Personen, die außerhalb des Geltungsbereichs des BZRG wohnen, tritt an die Stelle des AG eine von ihnen benannte deutsche Auslandsvertretung (§ 30 Abs. 6 BZRG).

215 **b)** Nach § 31 BZRG erhalten **Behörden** ein Führungszeugnis **unmittelbar nur** dann, wenn eine **Aufforderung** der betroffenen Person zur Vorlage eines Behördenführungszeugnisses nach § 30 Abs. 5 BZRG **erfolglos** geblieben ist oder eine solche Aufforderung **nicht sachgemäß** ist. Nicht sachgemäß ist die Aufforderung an die betroffene Person aber nur dann, wenn das Führungszeugnis zur Grundlage eines belastenden Verwaltungsaktes gemacht werden soll (*Tolzmann*, § 31 Rn 8).

☝ Nach dem Willen des Gesetzgebers soll der Betroffene stets die Hand auf seinen Registerdaten behalten. **Behörden** können daher **nicht beliebig**, sondern nur in den Fällen der § 41 BZRG und § 31 BZRG ohne seine Mitwirkung auf die Daten zugreifen.

216 *Beispiel:*

Wer eine Gaststätte betreiben möchte, bedarf nach § 2 Abs. 1 GastG der Erlaubnis. Ein wesentlicher Versagungsgrund ist die Unzuverlässigkeit des Antragstellers, die sich u.a. in einschlägigen Vorstrafen ausdrücken kann. Daher ist der Gewerbeaufsicht an einem möglichst umfangreichen Einblick in das BZR für den Betroffenen gelegen.

Da die **Gewerbeaufsichtsämter** jedoch nicht in § 41 BZRG aufgezählt sind, erhalten sie **keine unbeschränkte Behördenauskunft**. Sie müssen vielmehr vom Antragsteller die Vorlage eines Behördenführungszeugnisses nach § 30 Abs. 5 BZRG verlangen. Eine unmittelbare Anforderung durch die Behörde nach § 31 BZRG wird hingegen nicht in Betracht kommen. Kommt der Betroffene der Aufforderung zur Vorlage nämlich nicht nach, kann die Behörde dies als **Indiz für seine Unzuverlässigkeit** werten und die begehrte Genehmigung ablehnen. Lediglich im Widerrufsverfahren, wenn also von vornherein eine belastende Entscheidung zur Gefahrenabwehr beabsichtigt ist, kommt eine Anforderung des Führungszeugnisses ohne Beteiligung des Betroffenen in Betracht.

217 **4.** Auch für das Behördenführungszeugnis wird im Voraus eine Gebühr i.H.v. 13,00 EUR. Wird das Führungszeugnis **zur Ausübung einer ehrenamtlichen Tätigkeit** benötigt, wird die Gebühr nicht erhoben (→ *Bundeszentralregister, Führungszeugnis, Allgemeines*, Teil E Rdn 198). Ebenfalls gebührenfrei ist das Behördenführungszeugnis, wenn es nach § 31 BZRG von der jeweiligen Behörde unmittelbar angefordert wird. Dann handelt es sich nicht um eine gebührenpflichtige Amtshandlung für Bürger, sondern um einen Fall der Amtshilfe zwischen Behörden.

Siehe auch: → *Bundeszentralregister, Auskunft, Allgemeines*, Teil E Rdn 16 m.w.N; → *Bundeszentralregister, Auskunft, Selbstauskunft*, Teil E Rdn 40; → *Bundeszentralregister, Eintragungen, Allgemeines*, Teil E Rdn 51 m.w.N.; → *Bundeszentralregister, Führungszeugnis, erweitertes*, Teil E Rdn 238.

Bundeszentralregister, Führungszeugnis, einfaches 218

Das Wichtigste in Kürze:

1. Die Aufgabe des einfachen Führungszeugnisses nach § 30 BZRG ist es vor allem Arbeitgebern relevante Informationen über das strafrechtliche Vorleben von Personen zur Verfügung zu stellen.
2. In einfache Führungszeugnisse werden grds. alle noch nicht getilgten bzw. entfernten Eintragungen aufgenommen (§ 32 Abs. 1 S. 1 BZRG), sofern die Aufnahmefrist noch nicht abgelaufen ist. Von diesem Grundsatz gibt es eine Reihe von Ausnahmen und Rückausnahmen (§ 32 Abs. 2 BZRG).
3. Die Aufnahme von Eintragungen in das Führungszeugnis erfolgt grds. auf Zeit. Die Fristen sind nach Art und Höhe der verhängten Strafe gestaffelt und betragen grds. drei Jahre bis zu zehn Jahre.
4. In Folge der Nichtaufnahme einer Eintragung in das Führungszeugnis darf sich der Betroffene nach § 53 Abs. 1 BZRG als unbestraft bezeichnen.
5. Das Führungszeugnis wird nur auf Antrag erteilt und ist gebührenpflichtig. Wird es für eine ehrenamtliche Tätigkeit benötigt, wird die Gebühr nicht erhoben.

Literaturhinweise: S. die Hinw. bei → *Bundeszentralregister, Führungszeugnis, Allgemeines*, Teil E Rdn 2. 219

1.a) Führungszeugnisse geben im Interesse der Resozialisierung der Betroffenen immer nur einen bestimmten Teil der Eintragungen im BZR wieder. Ein Teil der (**geringfügigen**) **Eintragungen** werden **nicht** oder nach Ablauf bestimmter Fristen nicht mehr in Führungszeugnisse **aufgenommen**. Damit trägt das Gesetz dem Grundsatz der Verhältnismäßigkeit Rechnung und dient auch dem Interesse der Betroffenen an ihrer Resozialisierung. Die Arten der Führungszeugnisse unterscheiden sich allein danach in welchem Umfang die Eintragungen gefiltert werden (zu den unterschiedlichen Führungszeugnissen → *Bundeszentralregister, Führungszeugnis, Allgemeines*, Teil E Rdn 175). 220

b) Die **Aufgabe** des einfachen Führungszeugnisses nach § 30 BZRG, das auch **Privatführungszeugnis** genannt wird, ist es vor allem **Arbeitgebern relevante Informationen** über das strafrechtliche Vorleben von Personen zur Verfügung zu stellen. Vor diesem Hintergrund bildet es die **Grundform** der Führungszeugnisse, bei dem im Interesse der Rehabilitierung der Betroffenen die Eintragungen am stärksten gefiltert werden. 221

c) Behörden erhalten ihre Informationen hingegen aus **Behördenführungszeugnissen** gem. §§ 30 Abs. 5, 31 BZRG (→ *Bundeszentralregister, Führungszeugnis, Behördenführungszeugnis*, Teil E Rdn 199) oder aus unbeschränkten Auskünften nach § 41 BZRG (→ *Bundeszentralregister, Auskunft, Behördenauskunft*, Teil E Rdn 29). Das **erweiterte Führungszeugnis** dient zwar auch privaten Zwecken hat aber eine besondere Zweckbindung für spezifische Zwecke des Kinder- und Jugendschutzes (→ *Bundeszentralregister, Führungszeugnis, erweitertes*, Teil E Rdn 238). 222

☝ Es ist **überholt** noch von einem **„polizeilichen" Führungszeugnis** zu sprechen, selbst wenn Obergerichte dies immer noch tun (so z.B. der VGH BW, Beschl. v. 26.9.2013 – 10 S 1345/13). Denn das Führungszeugnis wird spätestens seit der Errichtung des BZR im Jahr 1971 nicht mehr von der Polizei ausgestellt.

2.a) In einfache Führungszeugnisse werden gem. § 32 Abs. 1 S. 1 BZRG **grds. alle Eintragungen** im **BZR** aufgenommen, wenn sie noch nicht getilgt oder entfernt worden sind. Dieser Grundsatz wird allerdings durch eine Reihe von Ausnahmen und Rückausnahmen durchbrochen. Daher ist die Bestimmung, ob eine Eintragung (noch) in ein Führungszeugnis aufgenommen wird, nicht immer ganz einfach. Erst wenn geklärt ist, ob eine Eintragung überhaupt in ein Führungszeugnis aufzunehmen ist, ist die Aufnahmefrist zu bestimmen. 223

224 **b) Nicht aufgenommen** werden Eintragungen, für die **in § 32 Abs. 2 BZRG Ausnahmen** vorgesehen sind. Dies sind im Wesentlichen folgende

225 **Ausnahmen:**

- Verwarnungen mit **Strafvorbehalt** nach § 59 StGB (§ 32 Abs. 2 Nr. 1 BZRG),
- Schuldsprüche nach **§ 27 JGG** (§ 32 Abs. 2 Nr. 2 BZRG),
- **Jugendstrafen** bei **positiver Bewährungsprognose** (§ 32 Abs. 2 Nr. 3 und 4 BZRG),
- **Geringfügige Geld-** oder **Freiheitsstrafen** von nicht mehr als 90 Tagessätzen bzw. drei Monaten, **soweit nicht eine weitere Strafe vermerkt** ist (§ 32 Abs. 2 Nr. 5 BZRG),

☝ Es ist ein **verbreiteter Irrtum**, dass nur Strafen von mehr als 90 Tagessätzen Geldstrafe oder drei Monaten Freiheitsstrafen in ein Führungszeugnis aufgenommen werden. Dies **gilt nämlich nur**, wenn im Register **keine weitere Strafe vermerkt** ist. Ist bereits eine geringfügige Strafe eingetragen und wird die betroffene Person erneut zu einer (geringfügigen) Strafe verurteilt, so werden die Verurteilungen nunmehr in ein Führungszeugnis aufgenommen (OLG Hamm, Beschl. v. 19.7.2012 -1 VAs 62/12).

Beispiel:

Der nicht vorbestrafte Betroffene ist am 1.7.2022 rechtskräftig wegen Diebstahls zu 20 Tagessätzen Geldstrafe verurteilt worden. Diese Verurteilung wird nach § 4 BZRG in das BZR eingetragen. In Führungszeugnisse wird sie aber nach § 32 Abs. 2 Nr. 5a) BZRG nicht aufgenommen, weil es sich um eine Erstverurteilung zu einer Bagatellstrafe handelt. Wird der Betroffene jedoch am 1.7.2023 zu einer weiteren Strafe verurteilt (z.B. erneut 20 Tagessätze) werden **beide Verurteilungen in das Führungszeugnis** aufgenommen, da nun eine „weitere Strafe eingetragen ist".

- Verurteilungen, die eine **bestimmte Strafhöhe nicht überschreiten** und deren Strafvollstreckung zur Bewährung ausgesetzt oder nach §§ 35, 36 BtMG (bzw. den vergleichbaren Vorschriften des Konsumcannabisgesetzes oder des Medizinal-Cannabisgesetzes) zurückgestellt worden ist (§ 32 Abs. 2 Nr. 6 und 7 BZRG),

☝ Wenn eine Verurteilung zu einer (Gesamt-)Freiheitsstrafe von nicht mehr als zwei Jahren erfolgt ist und die Tat aufgrund einer **Betäubungsmittelabhängigkeit** begangen worden ist, sollten Verteidiger sicherstellen, dass das Gericht bei den angewendeten Vorschriften im Urteil § 17 Abs. 2 BZRG erwähnt (§ 260 Abs. 5 S. 2 StPO). Wird die Strafe oder ein Strafrest zur Bewährung ausgesetzt, wird eine solche eingetragene Verurteilung nämlich dann nicht in ein Führungszeugnis aufgenommen, § 32 Abs. 2 Nr. 6 BZRG.

- **Isoliert angeordnete Maßregeln** der Besserung und Sicherung (§ 32 Abs. 2 Nr. 8 BZRG) sowie
- Eintragungen nach **§§ 10, 11 BZRG** (§ 32 Abs. 2 Nr. 11 BZRG).

226 **c)** Bestimmte Eintragungen werden gem. § 32 Abs. 1 S. 2 BZRG jedoch von den Ausnahmen des § 32 Abs. 2 BZRG **wieder (rück-)ausgenommen**. Es handelt sich dabei um Verurteilungen wegen **Straftaten** gegen die **sexuelle Selbstbestimmung**. Verurteilungen wegen solcher Straftaten werden unabhängig von der Art und Höhe der verhängten Strafe in jedes Führungszeugnis aufgenommen. Hier überwiegt nach dem Willen des Gesetzgebers das öffentliche Interesse an der Offenlegung solcher Vorstrafen das Interesse der Betroffenen an ihrer Resozialisierung (BT-Drucks 13/9062, S. 7).

227 **3.a)** Ist geklärt, ob eine bestimmte Eintragung in ein Führungszeugnis aufgenommen wird, ist die **Frist** für die **Aufnahme** zu bestimmen. Denn Eintragungen werden grds. in Führungszeugnisse nach § 33 Abs. 1 BZRG **nur auf Zeit** aufgenommen.

☝ Davon sind nach § 33 Abs. 2 BZRG solche **Verurteilungen ausgenommen**, durch die:
- **lebenslange Haft** verhängt wurde, solange der Strafrest nicht erlassen worden ist,
- die **Sicherungsverwahrung** angeordnet wurde,
- wegen bestimmter schwerer bzw. wiederholter **Verurteilungen nach §§ 176c, 176d StGB**, wenn ein erweitertes (Behörden-)Führungszeugnis beantragt wurde, sowie
- die **Unterbringung** in einem **psychiatrischen Krankenhaus** angeordnet wurde, wenn ein **Behördenführungszeugnis** beantragt wird (→ *Bundeszentralregister, Führungszeugnis, Behördenführungszeugnis*, Teil E Rdn 199).

b) Die **Fristen** für die **Aufnahme** der Eintragungen bestimmen sich nach **§ 34 BZRG** und berechnen sich ab dem Tag des ersten Urteils (§ 36 BZRG), sodass es auf die Rechtskraft grds. nicht ankommt. 228

c) Die Fristen sind **nach Art** und **Höhe** der **verhängten Strafe gestaffelt** und betragen: 229

- **drei Jahre** bei Verurteilungen zu
  - Geld- oder Freiheitsstrafen von **nicht mehr als** drei Monaten,
  - Freiheitsstrafe zwischen drei Monaten und einem Jahr, **wenn** die Strafe ganz oder teilweise zur Bewährung ausgesetzt wurde und keine weitere Freiheitsstrafe eingetragen ist,
  - Jugendstrafe von **nicht mehr als** einem Jahr,
  - Jugendstrafe von **nicht mehr als** zwei Jahren, wenn ein Strafrest zur Bewährung ausgesetzt und dann erlassen wurde,
- **zehn Jahre**
  - bei Verurteilungen zu Freiheitsstrafe oder Jugendstrafe von **mehr als einem Jahr wegen** Straftaten gegen die sexuelle Selbstbestimmung bzw.
  - bei sonstigen Straftaten mit Kinder- und Jugendschutzbezug, soweit es um die Aufnahme in ein **erweitertes Führungszeugnis** geht (→ *Bundeszentralregister, Führungszeugnis, erweitertes*, Teil E Rdn 238),
- **20 Jahre** bei einer Verurteilung wegen einer Straftat nach den §§ 176 bis 176d StGB zu Freiheitsstrafe oder Jugendstrafe von mehr als einem Jahr soweit es um die Aufnahme in ein **erweitertes Führungszeugnis** geht (→ *Bundeszentralregister, Führungszeugnis, erweitertes*, Teil E Rdn 238),
- **fünf Jahre** in allen übrigen Fällen.

Wird (nachträglich) eine **Gesamtstrafe** gebildet, ist gem. § 35 Abs. 1 BZRG nur noch die neue Gesamtstrafe für die Beurteilung der Aufnahme in das Führungszeugnis nach § 32 BZRG und Berechnung der Frist nach § 34 BZRG maßgeblich. 230

d)aa) Wurde eine **Freiheitsstrafe** von **mehr** als **einem Jahr** oder **Jugendstrafe** von **mehr** als **zwei Jahren** verhängt, verlängert sich die Aufnahmefrist grds. um die Dauer der verhängten Strafe (§ 34 Abs. 3 BZRG). Damit soll es nicht zu unangemessen kurzen Aufnahmefristen kommen. 231

Das verdeutlicht folgendes: 232

> *Beispiel:*
> Der Betroffene wird am 1.7.2023 rechtskräftig wegen Raubes zu einer Freiheitsstrafe von fünf Jahren verurteilt. Da es sich um einen „übrigen Fall" i.S.d. § 34 Abs. 1 Nr. 3 BZRG handelt, beträgt die Aufnahmefrist fünf Jahre. Würde es bei dieser Frist bleiben, wäre mit der Entlassung aus der Haft – die vollständige Verbüßung der Haftzeit vorausgesetzt – sogleich die Aufnahmefrist abgelaufen. Arbeitgeber könnten die schwere Straftat nicht zur Beurteilung der Persönlichkeit des Betroffenen berücksichtigen. Daher ist gem. § 34 Abs. 3 S. 1 BZRG die Dauer der verhängten Freiheitsstrafe hinzuzurechnen, sodass der Betroffene – weitere Straffreiheit vorausgesetzt – erst in weiteren fünf Jahren am 1.7.2033 mit einem eintragungsfreien Führungszeugnis rechnen kann.

☝ Dies kann zu **unbilligen Härten** führen. Insbesondere bei langen Haftstrafen verlängern sich die Fristen erheblich. Dies ist an sich, wie das Beispiel zeigt, nicht zu beanstanden, **wenn** die Haft tatsächlich verbüßt wird. Problematisch ist es aber, wenn Betroffene aufgrund **ihrer guten Mitarbeit im Vollzug** in den Genuss einer frühzeitigen Entlassung nach § 57 StGB bzw. § 88 JGG kommen. Dann müssen sie noch relativ lange mit einem Führungszeugnis leben, das ihnen aufgrund der Eintragung im Zweifel den Zugang zu Arbeit unmöglich macht, obwohl sie nach ihrem Verhalten im Vollzug eigentlich besonders gute Aussichten auf eine Resozialisierung haben sollten. Betroffene, die die Strafe voll verbüßen, müssen nach ihrer Haftentlassung im Ergebnis weniger lang mit ihrer Eintragung im Führungszeugnis leben. Das erscheint ungerecht!

Hier **kann** eine **Registervergünstigung** durch die Anordnung der vorzeitigen Nichtaufnahme der Eintragung in ein Führungszeugnis in Betracht kommen (→ *Bundeszentralregister, Eintragungen, Registervergünstigungen*, Teil E Rdn 105).

233 **bb)** Die **Fristen laufen keinesfalls ab**, solange die **Strafe nicht vollstreckt** ist (§ 37 Abs. 2 BZRG). Da sich aus dem Register nur die Vollstreckung der Freiheitsstrafe ablesen lässt (§ 15 BZRG) sind Geldstrafen hiervon nicht erfasst (*Tolzmann*, § 37 Rn 14). Bei der Strafaussetzung zur Bewährung wird nicht nur der Ablauf der Bewährungszeit vorausgesetzt. Vielmehr erledigt sich die „Vollstreckung“ erst mit dem Erlass der Strafe und der Unwiderruflichkeit des Straferlasses (*Tolzmann*, § 37 Rn 12).

234 **e)** Sind im Register mehrere Eintragungen verzeichnet, stellt sich die Frage nach dem Verhältnis zueinander. Nach § 38 BZRG sind grds. **alle Eintragungen** im **BZR** in ein **Führungszeugnis** aufzunehmen, wenn eine Eintragung aufgenommen wird. Es handelt sich dabei um den sog. **„Mitzieheffekt“**. Dadurch wird die Aussagekraft des Führungszeugnisses gerade bei Serientätern gestärkt, weil für jeden ablesbar ist, dass der Betroffene wiederholt straffällig geworden ist. Nach § 38 Abs. 2 BZRG sind im Interesse der Betroffenen bestimmte Ausnahmen vorgesehen.

235 Zum Mitzieheffekt folgendes

Beispiel:

Der Betroffene wird verurteilt:

1. Zu einer Geldstrafe von 120 Tagessätzen wegen Körperverletzung am 1.6.2022
2. Zu einer Bewährungsstrafe von zwei Jahren wegen Raubes am 1.4.2024

Nach § 34 Abs. 1 Nr. 1a) BZRG beträgt die Nichtaufnahmefrist für die erste Verurteilung drei Jahre, weil eine Geldstrafe verhängt wurde. Wird die Geldstrafe gezahlt oder vollstreckt, wird die Eintragung daher am 1.6.2025 nicht mehr in Führungszeugnisse aufgenommen.

Die zweite Verurteilung wird hingegen für sieben Jahre aufgenommen, weil es sich um einen „übrigen Fall“ nach § 34 Abs. 1 Nr. 3 BZRG handelt und daher auch die Dauer der Strafe nach § 34 Abs. 3 S. 1 BZRG hinzuzurechnen ist. Diese Verurteilung wird erst am 1.4.2031 nicht mehr in ein Führungszeugnis aufgenommen. Nach § 38 Abs. 1 BZRG **zieht** die zweite Verurteilung nun die erste bis zum 1.4.2031 **mit**, sodass auch die erste Verurteilung erst ab diesem Tag nicht mehr in einem Führungszeugnis erscheint. Anders wäre es, wenn es sich bei einer der Verurteilungen um eine geringfügige Geldstrafe handeln würde. Hierfür sieht § 38 Abs. 2 Nr. 3 BZRG u.a. eine **Ausnahme vom Mitzieheffekt** vor. Solche Verurteilungen ziehen weder andere Eintragungen mit noch werden sie mitgezogen.

☝ Geht es um die Ausnahme des § 32 Abs. 2 Nr. 5 BZRG und den Mitzieheffekt, wird der Spielraum für die **Einflussnahme** auf die **Registerlage** deutlich:

Ist z.B. bereits eine Eintragung vorhanden, die aber für sich nicht aufgenommen wird, weil es sich um eine Bagatellverurteilung handelt, sollte zur **Rettung des eintragungsfreien Führungszeugnisses** die Verurteilung – z.B. durch ein großzügiges Einstellungsangebot – vermieden werden. Auch eine Verzögerung des Verfahrens ist dann von Hilfe, wenn alsbald die Tilgung der weiteren Eintragung ansteht.

4. In **Folge** der **Nichtaufnahme** von Eintragungen in das Führungszeugnis darf sich der Betroffene nach § 53 Abs. 1 BZRG als **unbestraft** bezeichnen, selbst wenn die Eintragung noch in Auskünfte für Behörden oder Behördenführungszeugnisse aufgenommen wird. Erst mit Eintritt der Tilgungsreife tritt allerdings das umfassende Vorhalte- und Verwertungsverbot gem. § 51 BZRG ein (→ *Bundeszentralregister, Eintragungen, Tilgung, Verwertungsverbot*, Teil E Rdn 156). 236

5. Betroffene erhalten das Führungszeugnis auf Antrag nach § 30 BZRG. Dieser kann einfach und bequem von zuhause aus über das Internet unmittelbar beim BfJ gestellt werden (§ 30c BZRG – https://www.fuehrungszeugnis.bund.de/). Bis 2014 war der **Antrag** ausschließlich im Wege der persönlichen Vorsprache bei der **örtlichen Meldebehörde** zu stellen. Sowohl bei der Meldebehörde als auch bei dem Onlineantrag wird die Richtigkeit und Vollständigkeit der Angaben zur Person und zum Wohnort, an den das Führungszeugnis übersandt werden soll, überprüft. Mit diesen Regelungen soll gewährleistet werden, dass ausschließlich die betroffene Person und nicht unbefugte Dritte Kenntnis vom Inhalt der Eintragungen erhalten, die über die Person im BZR gespeichert sind. Das Führungszeugnis wird durch das BfJ ausgestellt und den Betroffenen per Brief an die angegebene Anschrift zugesandt (→ *Bundeszentralregister, Führungszeugnis, Allgemeines*, Teil E Rdn 175). Mittlerweile arbeitet das BfJ an einem Projekt zur **digitalen Erteilung des Führungszeugnisses**, sodass es voraussichtlich ab 2026 medienbruchfrei in einer modernen digitalen Form angeboten werden kann. Für das Führungszeugnis wird im Voraus eine **Gebühr i.H.v. 13,00 EUR** fällig. Wird das Führungszeugnis zur Ausübung einer ehrenamtlichen Tätigkeit benötigt, wird die Gebühr nicht erhoben (→ *Bundeszentralregister, Führungszeugnis, Allgemeines*, Teil E Rdn 198). 237

Siehe auch: → *Bundeszentralregister, Auskunft, Allgemeines*, Teil E Rdn 16 m.w.N.; → *Bundeszentralregister, Auskunft, Selbstauskunft*, Teil E Rdn 40; → *Bundeszentralregister, Eintragungen, Allgemeines*, Teil E Rdn 51 m.w.N.; → *Bundeszentralregister, Führungszeugnis, Behördenführungszeugnis*, Teil E Rdn 199.

Bundeszentralregister, Führungszeugnis, erweitertes 238

Das Wichtigste in Kürze:

1. Das erweiterte Führungszeugnis dient dem Kinder- und Jugendschutz und hat praktische Bedeutung für alle Personen, die ehrenamtlich oder beruflich engen Umgang mit Kindern und Jugendlichen haben, insbesondere solche Personen, die im Bereich der öffentlichen Jugendhilfe (ehrenamtlich) tätig sind.
2. Drastische Verschärfungen in Bezug auf das erweiterte Führungszeugnis brachte das Gesetz zur Bekämpfung sexualisierter Gewalt gegen Kinder v. 16.6.2021 (BGBl I, S. 1810) mit sich. Darin wurden die Aufnahmefristen grds. deutlich verlängert und besonders schwere Verurteilungen sogar einer lebenslangen Aufnahme in das erweiterte Führungszeugnis unterworfen.
3. Das erweiterte Führungszeugnis enthält nach § 32 Abs. 5 BZRG neben Verurteilungen, die in ein einfaches Führungszeugnis aufzunehmen sind, zum Kinder- und Jugendschutz auch bestimmte – auch geringfügige – Katalogstraftaten (Verstoß gegen die sexuelle Selbstbestimmung/persönliche Freiheit/Verletzung der Fürsorge- und Erziehungspflicht/Misshandlung von Schutzbefohlenen). Zugleich gelten für die Aufnahme der Eintragungen (erheblich) längere Fristen als bei einfachen Führungszeugnissen.
4. Für das erweiterte Führungszeugnis haben die Betroffenen nach § 30a BZRG noch einen schriftlichen Nachweis beizufügen, dass die Vorlage aus den Gründen des Kinder- und Jugend-

schutzes notwendig ist. So soll im Interesse der Betroffenen ein Missbrauch für andere Zwecke vermieden werden.

5. Auch das erweiterte Führungszeugnis wird nur auf Antrag und nur gegen Gebühr erteilt. Wird es für eine ehrenamtliche Tätigkeit benötigt, wird die Gebühr jedoch nicht erhoben.

239 **Literaturhinweise:** **Ernst**, Das Gesetz zur Bekämpfung sexualisierter Gewalt gegen Kinder, FamRZ 2021, 993; **Frings**, Erweitertes Führungszeugnis nach § 30a BZRG, SRa 2011, 213; **Joussen**, Das erweiterte Führungszeugnis im Arbeitsverhältnis NZA 2012, 776; **Küppers**, Die Bedeutung des Bundeszentralregisters in der anwaltlichen Beratungspraxis – Teil 1, StRR 2014, 128; *ders.*, Die Bedeutung des Bundeszentralregisters in der anwaltlichen Beratungspraxis – Teil 2, StRR 2014, 164; **Löwisch/ Mysliwiec**, Datenschutz bei Anforderung und Nutzung erweiterter Führungszeugnisse, NJW 2012, 2389; **Pfeiffer**, Besserer Schutz von Kindern und Jugendlichen durch ein neues „erweitertes Führungszeugnis“, NJW 2010, 1109; **Weinbrenner/ Portnjagin**, Vorlage des erweiterten Führungszeugnisses vor und während der Beschäftigung, öAT 2018, 223; s. i.Ü. die Hinw. bei → *Bundeszentralregister, Führungszeugnis, Allgemeines*, Teil E Rdn 2.

240 **1.a)** In der Praxis verlangen potenzielle Arbeitgeber vor der Einstellung oft ein Führungszeugnis der Bewerber, um anhand etwaiger Eintragungen die Eignung für Beschäftigungsverhältnisse unter dem Aspekt früherer Straffälligkeit überprüfen zu können. Das Führungszeugnis gibt im Interesse der Resozialisierung der Betroffenen aber immer nur einen Teil der Eintragungen im BZR wieder. Die Arten der Führungszeugnisse unterscheiden sich allein danach in welchem Umfang die Eintragungen gefiltert werden. Das **erweiterte Führungszeugnis dient** dabei vor allem **dem Kinder- und Jugendschutz** und gibt daher mehr Eintragungen wieder als das einfache Führungszeugnis. Es handelt sich um Eintragungen, die in besonderer Weise für die Eignungsprüfung für den Umgang mit Kindern und Jugendlichen von Bedeutung sind.

241 **b)aa)** Soweit die Voraussetzungen des § 30a Abs. 1 Nr. 1 oder 2 BRZG erfüllt sind, ergibt sich regelmäßig ein **Recht** des **Arbeitgebers auf Vorlage** eines erweiterten Führungszeugnisses durch den Arbeitnehmer (zur Vorlagepflicht → *Bundeszentralregister, Führungszeugnis, erweitertes*, Teil E Rdn 242). Soweit die Voraussetzungen des § 30a BRZG dagegen nicht erfüllt sind, wird der Arbeitgeber i.d.R. die Vorlage eines erweiterten Führungszeugnisses nicht verlangen können. Eine davon abweichende formularmäßig vom Arbeitgeber gestellte Verpflichtung in einem Personalbogen zur Vorlage eines erweiterten Führungszeugnisses ist wegen unangemessener Benachteiligung i.S.d. § 307 Abs. 2 BGB unwirksam (LAG Nürnberg, Urt. v. 11.7.2017 – 7 Sa 454/16).

242 **bb)** Eine Vorlageverpflichtung auf der Grundlage des § 30a Abs. 1 Nr. 2c) BRZG erfordert einen **Kontakt** des **Arbeitnehmers** zu **Minderjährigen**, der zu einer besonderen Gefahrensituation werden kann. Bei der Einschätzung der Frage, ob eine besondere Gefahrensituation entstehen kann, steht dem Arbeitgeber ein Beurteilungsspielraum zu. Die bloße Möglichkeit, dass ein Arbeitnehmer zukünftig mit minderjährigen Klienten, Praktikanten oder Auszubildenden in Kontakt treten könnte (z.B. als Betriebsrat), rechtfertigt die Vorlage eines erweiterten Führungszeugnisses regelmäßig nicht (LAG Hamm PflR 2014, 710). Ebenso ist die hypothetische Möglichkeit der Kenntniserlangung von Daten über Kinder und Jugendliche, die ausgenutzt werden könnte, einen Kontakt zu Minderjährigen aufzunehmen, nicht ausreichend, um die Vorlage eines erweiterten Führungszeugnisses verlangen zu können (LAG Hamm ZD 2018, 323).

243 **c) Besondere praktische Bedeutung** hat das erweiterte Führungszeugnis für Personen, die im Bereich der öffentlichen Jugendhilfe (ehrenamtlich) tätig sind. **§ 72a SGB VIII** fordert nämlich von ihnen eine regelmäßig zu wiederholende besondere Eignungsprüfung durch die Vorlage eines erweiterten Führungszeugnisses. Dadurch sollen sich die Träger der freien Jugendhilfe über die Eignung aller in diesem Bereich tätigen Mitarbeitenden auf dem Laufenden halten.

☝ Dadurch erhalten die Träger der Jugendhilfe allerdings unter Umständen auch Kenntnis von Verurteilungen, die für die Eignungsprüfung nach § 72a SGB VIII nicht erforderlich ist. So dürfen bei der **Eignungsprüfung, nur bereichsspezifische (Nach-)Verurteilungen** zum **Nachteil** der **Betrof-**

fenen berücksichtigt werden. Daher darf im Rahmen des § 72a SGB VIII eine Person grds. nur entlassen werden, wenn sie wegen einer Straftat mit Bezug zum Kinder- und Jugendschutz verurteilt wurde. Eine Verurteilung etwa wegen Beförderungserschleichung oder Steuerhinterziehung ist i.d.R. arbeitsrechtlich unerheblich.

Das **erweiterte Führungszeugnis** ist in seiner Anwendung somit **nicht unproblematisch**. Bei Trägern der Freien Jugendhilfe und Vereinen bestehen Unsicherheiten, welchen Umfang bzw. welche Intensität die Beschäftigung mit Kindern und Jugendlichen haben muss, um eine Vorlage verlangen zu können, bzw. zu welchem Zeitpunkt die Vorlage zu erfolgen hat. Die aus dem politischen Raum immer wieder vorgebrachte Forderung auch bei (Erst-)Einstellung auf ein vollständiges erweitertes Führungszeugnis zugunsten eines sog. „**Negativattestes**" zu verzichten, ist aber als kontraproduktiv abzulehnen. Die jugendnah tätigen Träger und Vereine sollen und müssen sich zum Schutz der Kinder und Jugendlichen ein vollständiges Bild vom strafrechtlich relevanten Vorleben der Betreuungspersonen machen, von denen auch bei Vorliegen anderer als der Katalogstraftaten – z.B. Drogen-, Betrugs- oder Diebstahlsdelikte – Negativeinflüsse ausgehen können.

2. Hatte sich das erweiterte Führungszeugnis seit seiner Einführung im Jahr 2010 grds. bewährt, erfuhr es zuletzt durch das **Gesetz zur Bekämpfung sexualisierter Gewalt gegen Kinder** v. 16.6.2021 (BGBl I, S. 1810) erhebliche Veränderungen. Vor dem Hintergrund aufsehenerregender Missbrauchsfälle sah der Gesetzgeber die Notwendigkeit das materielle Sexualstrafrecht zu verschärfen und präventive Maßnahmen zu ergreifen. In diesem Zusammenhang wurden die Aufnahmefristen für das erweiterte Führungszeugnis drastisch verschärft und für bestimmte Eintragungen sogar **die „lebenslange" Eintragung** angeordnet. 244

☝ Eine besondere, wenn auch vom Gesetzgeber bewusst gewollte Härte ergibt sich daraus, dass die erheblichen Verschärfungen nach § 69 Abs. 4 BZRG auch **auf die bereits im BZR gespeicherten Eintragungen übertragen** wurden (BT-Drucks 19/23707). So ist sichergestellt, dass die bereits im BZR enthaltenen Eintragungen von Verurteilungen wegen der Katalogstraftaten nach § 34 Abs. 2 BZRG erstmals, wieder beziehungsweise länger in erweiterte Führungszeugnisse oder unbeschränkte Auskünfte aufgenommen werden.

Diese Regelung, die mit den Belangen des Kinder- und Jugendschutzes begründet wurde, wird durch das für das BZR zuständige KG nicht beanstandet und als eine **zulässige unechte Rückwirkung** betrachtet (KG, Beschl. v. 7.3.2025 – 6 VAs 12/24). Bislang hatte sich das OLG Hamm in diesem Zusammenhang nur mit einem Detailproblem beschäftigt und im Ergebnis die **rückwirkende Verschärfung für bereits tilgungsreife Eintragungen**, die in der Überliegefrist liegen, abgelehnt (OLG Hamm, Beschl. v. 22.4.2024 – 1 VAs 2/24).

3.a)aa) Zur Erreichung des Kinder- und Jugendschutzes werden in **erweiterte Führungszeugnisse aufgenommen**: 245

- alle **Eintragungen** des **einfachen Führungszeugnisses** (→ *Bundeszentralregister, Führungszeugnis, einfaches*, Teil E Rdn 218) sowie
- **alle** – auch geringfügigen – **Verurteilungen** wegen der in **§ 32 Abs. 5 BZRG** genannten **Katalogstraftaten**. Dies sind Straftaten, die einen besonderen Kinder- und Jugendbezug haben.

☝ Soweit also in § 32 Abs. 2 Nr. 3 bis 9 BZRG für einfache Führungszeugnisse Ausnahmen von der Aufnahme von Eintragungen zugelassen sind, macht **§ 32 Abs. 5 BZRG** eine **Rückausnahme** mit der Folge, dass solche Eintragungen in einem **erweiterten** Führungszeugnis erscheinen. Damit werden z.B. auch einmalige Verurteilungen zu geringfügigen Strafen von weniger als 90 Tagessätzen Geldstrafe oder drei Monaten Freiheitsstrafe sowie Verurteilungen von Jugendlichen und Heranwachsenden, bei denen keine negative Bewährungsprognose besteht, in ein erweitertes Führungszeugnis aufgenommen, wenn der Verurteilung eine Straftat i.S.d. § 32 Abs. 5 BZRG zugrunde liegt.

- Zudem werden Verurteilungen wegen der **Katalogtaten** gem. § 34 Abs. 2 BZRG **für zehn Jahre** in ein erweitertes Führungszeugnis aufgenommen (§ 34 Abs. 2 Nr. 1 BZRG). Nach der neuen Rechtslage seit dem Jahr 2022 handelt es sich dabei um die Grundfrist für die Aufnahme von Eintragungen in das erweiterte Führungszeugnis, die auch schon für (kleinere) Geldstrafen Anwendung findet.
- Verurteilungen wegen einer **Straftat nach den §§ 176 bis 176d StGB** zu einer Freiheits- oder Jugendstrafe von mehr als einem Jahr werden sogar für 20 Jahre in das erweiterte Führungszeugnis aufgenommen (§ 34 Abs. 2 Nr. 2 BZRG).

☝ Soweit die Freiheits- oder Jugendstrafe **mehr als ein Jahr** beträgt, wird in den vorgenannten Fällen die Strafe noch der oben genannten Aufnahmefrist hinzugerechnet (§ 34 Abs. 3 S. 2 BZRG).

- **Gänzlich von jeder Aufnahmefrist ausgenommen** sind die besonders schweren Missbrauchsfälle, die zu einer schweren oder mehreren Verurteilungen nach den §§ 176c bis 176d StGB geführt haben (§ 33 Abs. 2 Nr. 4 BZRG). Das bedeutet, dass diese Verurteilungen grds. **dauerhaft im erweiterten Führungszeugnis** erscheinen und auch erst dann aus dem BZR entfernt werden, wenn der Betroffene das 90. Lebensjahr vollendet hat (§ 45 Abs. 3 Nr. 3 i.V.m. § 24 Abs. 2 BZRG).

☝ Diese ausdifferenzierten Fristen für die kinder- und jugendschutzspezifischen Straftaten bedeuten im Umkehrschluss, dass für **alle anderen Eintragungen** in erweiterten Führungszeugnissen die **normalen Aufnahmefristen** des § 34 BZRG gelten.

246 Zum **Inhalt** der erweiterten Führungszeugnisse folgendes

Beispiel:

Für den Betroffenen sind eingetragen:

1. Verurteilung vom 21.1.2017 wegen sex. Missbrauch eines Kindes zu einer Jugendstrafe von 1 Jahr und 6 Monaten ausgesetzt zur Bewährung ohne Widerruf der Bewährung
2. Verurteilung vom 23.7.2023 zu 60 Tagessätzen wegen Körperverletzung
3. Verurteilung vom 1.3.2024 zu 60 Tagessätzen wegen Zuhälterei (§ 181a Abs. 2 StGB)

Würde der Betroffene am 1.7.2025 ein Führungszeugnis beantragen, würden aufgenommen:

- in ein **privates Führungszeugnis**: Die Verurteilungen 2. und 3. Sie sind aufzunehmen, weil die Ausnahme nach § 32 Abs. 2 Nr. 5a) BZRG nicht greift. Die erste Verurteilung ist hingegen nicht aufzunehmen, weil die Aufnahmefrist von 6 Jahren und 6 Monaten (§ 34 Abs. 1 Nr. 3 BZRG i.V.m. § 34 Abs. 3 S. 1 BZRG) abgelaufen ist.
- in ein **erweitertes Führungszeugnis**: Zunächst – wie im privaten Führungszeugnis – die zweite und dritte Verurteilung. Jedoch würde auch die erste Verurteilung aufgenommen, weil nun die längere Aufnahmefrist nach § 34 Abs. 2 BZRG zum Tragen käme. Es handelt sich um eine kinder- und jugendspezifische Katalogtat.

Wäre für den Betroffenen nur die Verurteilung vom 1.3.2024 (60 Tagessätze wegen Zuhälterei) eingetragen und es würde im Jahr 2025 ein erweitertes Führungszeugnis beantragt, würde die Eintragung in ein erweitertes Führungszeugnis aufgenommen (in ein einfaches Führungszeugnis hingegen nicht). In dem Fall greift, obwohl es sich um eine geringfügige Verurteilung handelt (§ 32 Abs. 2 Nr. 5a) BZRG), die Rückausnahme des § 32 Abs. 5 BZRG. Es handelt sich nämlich um eine der dort im Interesse des Kinder- und Jugendschutzes genannten Katalogtaten.

bb) Hinweis für Verteidiger! 247

Bei Verurteilungen gegen die sexuelle Selbstbestimmung tritt als **gesetzliche Nebenfolge** i.d.R. das **Beschäftigungsverbot gem. § 25 Abs. 1 Nr. 3 JArbSchG** ein. Danach dürfen Jugendliche durch Betroffene nicht beschäftigt sowie nicht beaufsichtigt, nicht angewiesen, nicht ausgebildet und Betroffene nicht mit der Beaufsichtigung, Anweisung oder Ausbildung von Jugendlichen beauftragt werden. Das Verbot dauert für fünf Jahre ab Rechtskraft an. Unter Umstände kann es zu der Situation kommen, dass die zugrundeliegende Verurteilung, wenn es sich um eine geringfügige Verurteilung handelte, gem. § 34 Abs. 1 Nr. 1 BZRG nach Ablauf von drei Jahren nicht mehr in ein einfaches Führungszeugnis aufgenommen wird, obwohl das Beschäftigungsverbot noch andauert. Sollte hingegen die Vorlage eines erweiterten Führungszeugnisses erforderlich sein, kann es bei diesen aufgrund der verschärften Fristenlage nicht mehr zu dieser Situation kommen.

☝ Unabhängig von der Aufnahme in Führungszeugnisse gilt jedoch folgendes: Eine **Zuwiderhandlung** gegen das Beschäftigungsverbot stellt eine **OWi** dar und kann auch als **Straftat** verfolgt werden, wenn dadurch ein Jugendlicher zu Schaden kommt! Hierzu sollte der Mandant belehrt werden.

b) Erweiterte Behördenführungszeugnisse (→ *Bundeszentralregister, Führungszeugnis, Behördenführungszeugnis*, Teil E Rdn 199) geben grds. den Inhalt der privaten erweiterten Führungszeugnisse wieder und führen **zusätzlich** noch auf 248

- Eintragungen nach **§§ 10, 11 BZRG**,
- alle Verurteilungen mit angeordneten freiheitsentziehenden **Maßregeln** der Besserung und Sicherung sowie
- geringfügige Verurteilungen, wenn ein **Gewerbezusammenhang** besteht und das Führungszeugnis für eine gewerberechtliche Entscheidung benötigt wird.

4.a)aa) Für die Beantragung des erweiterten Führungszeugnisses haben die Betroffenen nach § 30a BZRG einen **schriftlichen Nachweis** beizufügen, dass die **Vorlage** aus Gründen des Kinder- und Jugendschutzes **notwendig** ist. So soll im Interesse der Betroffenen ein Missbrauch für andere Zwecke vermieden werden. 249

Für den **Antrag** ist daher dem elektronischen Antrag beim BfJ oder bei der persönlichen Antragstellung bei der Meldebehörde nach § 30a Abs. 2 S. 1 BZRG 250

- eine schriftliche Aufforderung vorzulegen,
- in der die Person, die ein erweitertes Führungszeugnis verlangt, bestätigt, dass
- die Erteilung in gesetzlichen Bestimmungen vorgesehen ist oder
- das erweiterte Führungszeugnis benötigt wird für
  - die Prüfung der persönlichen Eignung nach § 72a SGB VIII,
  - eine sonstige berufliche oder ehrenamtliche Beaufsichtigung, Betreuung, Erziehung oder Ausbildung Minderjähriger oder
  - eine Tätigkeit, die in vergleichbarer Weise geeignet ist, Kontakt zu Minderjährigen aufzunehmen.

bb) Das BfJ bzw. die **Meldebehörde prüfen nur formal**, ob eine schriftliche Aufforderung vorliegt. Sie sind nicht verpflichtet, die schriftliche Anforderung auf ihre inhaltliche Richtigkeit zu überprüfen. Hierzu wären sie ohne umfangreiches und zeitaufwändiges Verfahren auch nicht in der Lage. 251

☝ Allerdings werden Anträge, die **offensichtlich auf einer fehlerhaften Anforderung** beruhen, zurückgewiesen. Dies kann insbesondere dann der Fall sein, wenn sich aus der schriftlichen Aufforderung ergibt, dass die Beschäftigung **keinen** besonderen Anforderungen an den Kinder- und Jugendschutz unterliegt.

252 **b)** Ob die in § 30a Abs. 1 BZRG genannten Voraussetzungen tatsächlich vorliegen, ist eine **Frage der konkreten Umstände des Einzelfalls.** Grds. soll nach § 30a Abs. 1 Nr. 2b) BZRG eine Person überprüft werden können, wenn sie Minderjährige beruflich oder ehrenamtlich beaufsichtigt, betreut, erzieht oder ausbildet oder in Zukunft solche Tätigkeiten ausüben will. Damit es nicht zu Lücken beim Schutz von Kindern und Jugendlichen kommt, erhalten zudem nach § 30a Abs. 1 Nr. 2c) BZRG Personen ein erweitertes Führungszeugnis, die dieses für eine Tätigkeit benötigen, die in einer der Beaufsichtigung, Betreuung, Erziehung oder Ausbildung vergleichbaren Weise geeignet ist, Kontakt zu Minderjährigen herzustellen.

☝ Hierunter können z.B. **Hausmeister** an **Schulen** oder **Bademeister** in einem öffentlichen Schwimmbad fallen. Andererseits dürfte die bloße Zugehörigkeit zu einem Betrieb, der minderjährige Auszubildende beschäftigt, nicht ausreichen.

253 **5.a)** Betroffene erhalten das (erweiterte) Führungszeugnis auf Antrag nach § 30 BZRG. Dieser kann einfach und bequem von zuhause aus **über das Internet unmittelbar beim BfJ** gestellt werden (§ 30c BZRG – https://www.fuehrungszeugnis.bund.de/). Bis 2014 war der **Antrag** ausschließlich im Wege der persönlichen Vorsprache bei der **örtlichen Meldebehörde** zu stellen. Sowohl bei der Meldebehörde als auch bei dem Onlineantrag wird die Richtigkeit und Vollständigkeit der Angaben zur Person und zum Wohnort, an den das Führungszeugnis übersandt werden soll, überprüft. Mit diesen Regelungen soll gewährleistet werden, dass ausschließlich die betroffene Person und nicht unbefugte Dritte Kenntnis vom Inhalt der Eintragungen erhalten, die über die Person im BZR gespeichert sind. Das Führungszeugnis wird durch das BfJ ausgestellt und den Betroffenen per Brief an die angegebene Anschrift zugesandt. Mittlerweile arbeitet das BfJ an einem Projekt zur digitalen Erteilung des (erweiterten) Führungszeugnisses, so dass es voraussichtlich ab 2026 medienbruchfrei in einer modernen digitalen Form angeboten werden kann (zum Antragsverfahren und der Übersendung → *Bundeszentralregister, Führungszeugnis, Allgemeines*, Teil E Rdn 194).

254 **b)** Für das erweiterte Führungszeugnis wird im Voraus eine **Gebühr** i.H.v. 13,00 EUR fällig. Wird das Führungszeugnis zur Ausübung einer ehrenamtlichen Tätigkeit benötigt, fällt die Gebühr nicht an (→ *Bundeszentralregister, Führungszeugnis, Allgemeines*, Teil E Rdn 198).

Siehe auch: → *Bundeszentralregister, Auskunft, Allgemeines*, Teil E Rdn 16 m.w.N.; → *Bundeszentralregister, Auskunft, Selbstauskunft*, Teil E Rdn 40; → *Bundeszentralregister, Eintragungen, Allgemeines*, Teil E Rdn 51 m.w.N.; → *Bundeszentralregister, Führungszeugnis, Allgemeines*, Teil E Rdn 175 m.w.N.

255 Bundeszentralregister, Führungszeugnis, europäisches

Das Wichtigste in Kürze:

1. In das EU-Führungszeugnis werden bei EU-Bürgern zusätzlich zu den Eintragungen eines einfachen oder erweiterten (Behörden-)Führungszeugnisses die im Strafregister des Herkunftsstaates gespeicherten Eintragungen aufgenommen. Dies gilt auch für Drittstaatsangehörige, sobald auf der Ebene der EU das dafür vorgesehene System „ECRIS-TCN“ in Betrieb genommen worden ist (voraussichtlich ab 2026).
2. In welchem Umfang Eintragungen mitgeteilt werden, richtet sich nach dem Recht des Herkunftsmitgliedstaates und wird von diesem entschieden.
3. Spätestens seit der Einführung des „verpflichtenden“ EU-Führungszeugnisses im Jahr 2018 hat seine Bedeutung deutlich zugenommen. Vorher bestehende Sicherheitslücken sind damit geschlossen worden.
4. Für die Erteilung des EU-Führungszeugnisses fällt seit 2018 nur noch die regelmäßige Gebühr für Führungszeugnisse v. 13,00 EUR an.

Literaturhinweise: **Küppers**, Die Bedeutung des Bundeszentralregisters in der anwaltlichen Beratungspraxis – Teil 1, StRR 2014, 128; *ders.*, Die Bedeutung des Bundeszentralregisters in der anwaltlichen Beratungspraxis – Teil 2, StRR 2014, 164; **Rebmann**, Die Eintragung ausländischer Urteile in das Bundeszentralregister, NStZ 1985, 529; **Sollmann**, Zu den neuen Regelungen zum Strafregisterinformationsaustausch innerhalb der Europäischen Union und zur Notwendigkeit ihrer Umsetzung in deutsches Recht, NStZ 2012, 253; s. i.Ü. die Hinw. bei → *Bundeszentralregister, Führungszeugnis, Allgemeines*, Teil E Rdn 2. 256

1.a)aa) In das **EU-Führungszeugnis** werden **bei EU-Bürgern** gem. § 30b BZRG zusätzlich zu den Eintragungen eines einfachen oder erweiterten (Behörden-)Führungszeugnisses (→ *Bundeszentralregister, Führungszeugnis, Behördenführungszeugnis*, Teil E Rdn 199; → *Bundeszentralregister, Führungszeugnis, einfaches*, Teil E Rdn 218; → *Bundeszentralregister, Führungszeugnis, erweitertes*, Teil E Rdn 238) die im **Strafregister** des **Herkunftsstaates gespeicherten Eintragungen** aufgenommen. Seit dem Inkrafttreten der Änderungen des § 30b BZRG durch das 7. Gesetz zur Änderung des BZRG im Jahr 2018 bedarf es dafür keines gesonderten Antrages mehr. Vielmehr erfolgt die Aufnahme der Eintragungen im Strafregister des Herkunftsstaates, sofern dort welche gespeichert sind, automatisch, wenn ein EU-Bürger ein Führungszeugnis beantragt. Die Einführung des EU-Führungszeugnisses zum 27.4.2012 beruhte auf europarechtlichen Vorgaben in Art. 6 Abs. 2 und 3 des Rb „ECRIS" („ECRIS" steht für „**E**uropean **C**riminal **R**ecords **I**nformation **S**ystem"), durch den der Strafnachrichtenaustausch zwischen den Mitgliedstaaten der EU verbessert werden sollte (zum internationalen Strafnachrichtenaustausch → *Bundeszentralregister, Internationaler Strafnachrichtenaustausch*, Teil E Rdn 268). 257

☝ Die Verbesserung des Strafnachrichtenaustauschs auf europäischer Ebene beruht auf den **Erkenntnissen** aus einigen **spektakulären Kriminalfällen** (z.B. der Fall *Fourniret* – ein Serienmörder, der seine Serientaten u.a. dadurch verschleiern konnte, indem er von Frankreich nach Belgien gezogen war), in denen sich die Täter allein durch den Wegzug ins Ausland ihrer strafrechtlichen Vergangenheit entledigt haben und auf diese Weise nicht als Serientäter identifiziert werden konnten.

Es handelt sich bei dem **EU-Führungszeugnis** um ein:

- **deutsches** Führungszeugnis,
- das vom **BfJ ausgestellt** wird,
- das (derzeit) **nur EU-Bürgern**, auch wenn sie zugleich die deutsche Staatsbürgerschaft haben, erteilt wird, und
- in das **zusätzlich** zu den Eintragungen eines einfachen (§ 30 BZRG) oder erweiterten (§ 30a BZRG) (Behörden-)Führungszeugnisses,
- die **im Herkunftsstaat gespeicherten Eintragungen** aufgenommen werden.

bb) In ein EU-Führungszeugnis werden daher **neben** den Eintragungen nach den §§ 30 oder 30a BZRG (allgemein → *Bundeszentralregister, Führungszeugnis, Allgemeines*, Teil E Rdn 175) alle Angaben aufgenommen, welche von **Herkunftsmitgliedstaat mitgeteilt** werden. Diese Angaben werden **nicht übersetzt** und werden vollständig in dem Umfang aufgenommen, in dem sie tatsächlich mitgeteilt wurden. Die Mitteilung **„Keine Eintragung"** wird ebenfalls aufgenommen. **Nicht** aufgenommen werden nach § 30b Abs. 1 S. 2 BZRG hingegen die vom Herkunftsstaat mitgeteilten **Entscheidungen deutscher Gerichte**. Soweit diese nämlich noch im BZR eingetragen sind und in Führungszeugnisse aufgenommen werden, stehen diese ohnehin im „deutschen" Teil des EU-Führungszeugnisses. Zudem bestünden sonst unter Umständen Verwerfungen zwischen den ausländischen Tilgungs- und Aufnahmefristen und den Regelungen des BZRG. Es kann nicht ausgeschlossen werden, dass im Ausland eingetragene deutsche Verurteilungen dort länger gespeichert und in Führungszeugnisse aufgenommen, als dies nach dem BZRG der Fall wäre. 258

cc) Es findet **keine inhaltliche Überprüfung** der Angaben durch das BfJ statt. Wie auch bei deutschen Entscheidungen im BZR selbst schließt die **rein dokumentierende Funktion des BZR** eine solche formell-materielle Prüfung aus. Gerade bei Fällen mit Auslandsbezug wäre dies auch überhaupt nicht durch 259 das BfJ zu leisten. Eine Aufnahme in das Führungszeugnis erfolgt zudem auch dann, wenn eine vergleichbare deutsche, im BZR eingetragene Verurteilung nicht in ein Führungszeugnis aufgenommen würde, weil z.B. die Frist zur Aufnahme in das Führungszeugnis abgelaufen wäre oder die Voraussetzungen einer Aufnahme nach § 32 BZRG nicht vorliegen würde. Die **(vorzeitige) Anordnung der Nichtaufnahme** einer im Herkunftsmitgliedstaat eingetragenen Verurteilung in das EU-Führungszeugnis durch das BfJ nach § 39 BZRG ist ebenfalls nicht möglich (zu den Registervergünstigungen → *Bundeszentralregister, Eintragungen, Registervergünstigungen*, Teil E Rdn 105).

260 **b)** Die Regelung über das EU-Führungszeugnis sieht aber gewisse Ausnahmen vor bzw. stößt noch auf praktische Schwierigkeiten. So wird **kein EU-Führungszeugnis** erteilt in folgenden:

261 **Ausnahmefällen**

- **Staatenlose Personen** und **Personen** mit **der Staatsangehörigkeit** eines **Nicht-EU-Mitgliedstaates**. Für diese Personengruppe ist das EU-Führungszeugnis zwar im Jahr 2022 grds. durch das Gesetz zur Durchführung der Verordnung (EU) 2017/1939 des Rates vom 12.10.2017 zur Durchführung einer Verstärkten Zusammenarbeit zur Errichtung der Europäischen Staatsanwaltschaft und zur Änderung weiterer Vorschriften (BGBl I, S. 1648) eingeführt worden, stößt jedoch derzeit noch auf **praktische Schwierigkeiten**. Da nämlich das dafür erforderliche Register auf EU-Ebene „ECRIS-TCN" noch nicht in Betrieb genommen worden ist, gibt es bislang keinen Anknüpfungspunkt für die Abfrage eines Strafregisters in einem anderen Mitgliedstaat. ECRIS-TCN gilt für solche Personen, die die Staatsangehörigkeit eines Drittstaates haben oder staatenlos sind und in einem EU-Mitgliedstaat verurteilt worden sind. Anders als bei EU-Bürgern mangelt es bei ihnen an einem EU-Herkunftsstaat, in dem zentral alle Verurteilungen gespeichert werden könnten. Erst wenn ECRIS-TCN zur Verfügung steht (voraussichtlich ab 2026), können auch für Drittstaatsangehörige Eintragungen in einem anderen EU-Mitgliedstaat angefragt und in EU-Führungszeugnisse aufgenommen werden, um so **bestehende Sicherheitslücken** in Bezug auf diesen Personenkreis zu schließen (→ *Bundeszentralregister, Internationaler Strafnachrichtenaustausch*, Teil E Rdn 268).
- Von vornherein gilt das EU-Führungszeugnis nicht für Personen, die ausschließlich die **deutsche Staatsbürgerschaft** besitzen. Bei diesen Personen werden ohnehin nach § 54 BZRG alle ausländischen Verurteilungen in das BZR eingetragen (→ *Bundeszentralregister, Eintragungen, ausländische Verurteilungen*, Teil E Rdn 72), sodass sie grds. auch in (übrige) Führungszeugnisse aufgenommen werden. Soweit in der Voraufl. noch ausgeführt wurde, dass das EU-Führungszeugnis nicht für Personen gilt, die neben der deutschen auch die Staatsangehörigkeit eines anderen Mitgliedstaates haben, wird diese Auffassung aufgegeben. Dagegen steht der Wortlaut von § 30b BZRG sowie die Überlegung, dass nur bei einer zusätzlichen Abfrage in dem Strafregister des anderen Herkunftsmitgliedstaat mögliche Informationslücken vermieden werden. Es ist nicht ausgeschlossen, dass Doppelstaatler ganz bewusst jeweils nur unter einer Staatsangehörigkeit auftreten und damit eine lückenlose Speicherung von Verurteilungen sowohl im BZR als auch im Strafregister des anderen Staates verhindern wollen. Daher erteilt das BfJ in Fällen der Doppelstaatler stets ein EU-Führungszeugnis.
- Die Regelung erfasst **auch nicht Behördenführungszeugnisse** nach **§ 31 BZRG**. Diese werden nicht auf Antrag erteilt und sind damit von den Vorgaben des Rb ECRIS nicht erfasst. Dahinter steht die Überlegung, dass Behörden internationale Rechtshilfeersuchen stellen können und auf diese Weise über den Inhalt der ausländischen Strafregister unterrichtet werden. Dass Führungszeugnisse zur Vorlage bei einer Behörde gem. § 30 Abs. 5 BZRG erfasst werden, folgt aus der Bezugnahme auf die §§ 30 und 30a BZRG. Diese werden auf Antrag erteilt.
- Zwischenzeitlich aufgegeben wurde die frühere gesetzl. Einschränkung, dass nur solche **Personen**, die **innerhalb** des **Geltungsbereichs** des **BZRG wohnen**, einen Antrag auf Erteilung eines Führungszeugnisses nach § 30b BZRG stellen können. Der Gesetzgeber hat anerkannt, dass z.B. auch Personen, die vormals in Deutschland gewohnt haben, ein berechtigtes Interesse an einem EU-Führungszeugnis haben können.

2. Die Angaben, die in ein EU-Führungszeugnis aufgenommen werden, werden vom **Herkunftsmitgliedstaat auf Ersuchen** des **BfJ mitgeteilt**. Nach den Regelungen des Rb ECRIS (zum internationalen Strafnachrichtenaustausch → *Bundeszentralregister, Internationaler Strafnachrichtenaustausch*, Teil E Rdn 268) wird in dem Ersuchen nur aufgeführt, dass die erbetenen Angaben benötigt werden, um einen „Antrag der betroffenen Person um Informationen aus dem eigenen Strafregister" erledigen zu können. In welchem Umfang dem Ersuchen entsprochen wird, richtet sich **nach dem Recht des Herkunftsmitgliedstaates** und wird von diesem entschieden. 262

☝ Haben anfangs viele andere EU-Mitgliedstaaten das deutsche EU-Führungszeugnis nicht unterstützt und keine Daten aus ihren jeweiligen Strafregistern übermittelt, hat das EU-Führungszeugnis zwischenzeitlich **an breiter Akzeptanz gewonnen**. Z.T wurde es von anderen Mitgliedstaaten sogar in das dortige Registerrecht übernommen. Daher sind es nur noch **Finnland und Ungarn**, die aufgrund ihres innerstaatlichen Rechts zum Zwecke der Erteilung eines EU-Führungszeugnisses **keine Informationen** aus ihren Strafregistern liefern (Stand 31.1.2026). Beide Staaten erkennen lediglich erweiterte Führungszeugnisse als legitimen Auskunftszweck an und übermitteln Informationen, wenn dies dem **Kinder- und Jugendschutz** dienlich ist.

3.a) Das EU-Führungszeugnis dient einerseits den **Interessen** der **Betroffenen**, die ein Recht auf die Erteilung eines vollständigen Führungszeugnisses in einem einfachen Antragsverfahren haben, und andererseits aber auch den **Interessen** derjenigen **Personen,** für die das **Führungszeugnis bestimmt ist**, und letztlich dem **allgemeinen Sicherheitsinteresse**. Es dient auch der Gleichstellung mit Deutschen, welche über ein Führungszeugnis nach dem BZRG ebenfalls eine umfassende Auskunft über alle Verurteilungen in der EU erhalten, soweit für sie solche verzeichnet sind. Dies bedeutet im Ergebnis auch eine wichtige Vereinfachung für die betroffenen Personen, da sie nicht mehr mehrere Führungszeugnissen, zumeist im Ausland, beantragen müssen. 263

b) Durch die Einführung des „verpflichtenden" **EU-Führungszeugnis** ist dieses mittlerweile **weit verbreitet** und **bekannt**. Bei rd. 4,5 Mio. Führungszeugnissen pro Jahr waren davon 2024 rund 270.000 Europäische Führungszeugnisse (Quelle: Auskunft des BfJ). Letztlich wurde dadurch eine **erhebliche Sicherheitslücke** geschlossen, die entstehen konnte, wenn sich ein Arbeitgeber bei einem Bewerber aus einem EU-Mitgliedstaat nur ein einfaches Führungszeugnis hat vorlegen lassen. 264

Beispiel: 265

Ein **französischer Bewerber** ist in Frankreich wegen zahlreicher schwerer Straftaten verurteilt worden und daher für die **angestrebte Tätigkeit nicht zuverlässig**. Nach einem Umzug des Betroffenen nach Deutschland ist für ihn im BZR keine Eintragung verzeichnet und der deutsche Teil des Führungszeugnisses ohne Eintragungen. Erst aufgrund des EU-Führungszeugnisses erfährt der zukünftige deutsche Arbeitgeber von denn in Frankreich gespeicherten Eintragungen und kann anhand dieser Informationen die Eignung des Betroffenen für die angestrebte Stelle einschätzen.

4.a) Auch das EU-Führungszeugnis ist grds. **gebührenpflichtig** (→ *Bundeszentralregister, Führungszeugnis, Allgemeines*, Teil E Rdn 198) und kostet, nachdem die Ausstellung für EU-Bürger seit 2018 obligatorisch ist, nur noch die regelmäßige Gebühr i.H.v. 13,00 EUR (Nr. 1130 des Kostenverzeichnisses zum JVKostG). 266

Für die **Antragstellung** gelten i.Ü. für das EU-Führungszeugnis die **allgemeinen Regelungen** zur Antragstellung nach § 30 BZRG **entsprechend**. Wird ein erweitertes EU-Führungszeugnis nach §§ 30a, 30b BZRG beantragt, muss nach § 30a Abs. 2 S. 1 BZRG ebenfalls die schriftliche Aufforderung zur Vorlage eines (deutschen) erweiterten Führungszeugnisses nach § 30a BZRG beigefügt werden. Einer Aufforderung zur Vorlage eines „erweiterten Europäischen Führungszeugnisses" bedarf es hingegen nicht.

b) Die **elektronische Antragstellung** gem. **§ 30c BZRG** ist grds. auf für EU-Bürger **möglich**. Zwar steht diesem Personenkreis der elektronische Identitätsnachweismittels der eID-Funktion des Per- 267 sonalausweises (§ 18 PAuswG) bzw. des elektronischen Aufenthaltstitels (§ 78 Abs. 5 AufenthG) nicht zur Verfügung. Da EU-Bürgern aber die Möglichkeit offensteht, eine eID-Karte nach dem eID-Karte-Gesetz zu beantragen und damit den elektronischen Identitätsnachweis nach § 12 eID-Karte-Gesetz zu führen, können sie den Antrag für das EU-Führungszeugnis auf diesem Wege auch elektronisch stellen (§ 30c Abs. 2 S. 1 BZRG).

Siehe auch: → *Bundeszentralregister, Allgemeines*, Teil E Rdn 1 m.w.N.; → *Bundeszentralregister, Eintragungen, Tilgung, Allgemeines*, Teil E Rdn 123 m.w.N.; → *Bundeszentralregister, Führungszeugnis, Allgemeines*, Teil E Rdn 175 m.w.N.; → *Bundeszentralregister, Maßnahmen der Registerbehörden, Rechtsschutz*, Teil E Rdn 279.

268
Bundeszentralregister, Internationaler Strafnachrichtenaustausch

Das Wichtigste in Kürze:

1. Seit dem Jahr 2012 findet zwischen den EU-Mitgliedstaaten ein automatischer und regelmäßiger Austausch von Strafnachrichten statt.
2. Dieser Austausch hat zu einer deutlichen Zunahme von Mitteilungen über ausländische Verurteilungen an das BZR geführt, die damit nun vermehrt auch in Auskünfte aus dem BZR sowie in Führungszeugnisse aufgenommen werden.
3. Eine weitere Zunahme wird nach der Inbetriebnahme von „ECRIS-TCN" (voraussichtlich 2026) zu erwarten sein Dabei handelt es sich um ein Register auf EU-Ebene, in dem sämtliche Drittstaatler und Staatenlose erfasst werden, die in der EU strafrechtlich verurteilt worden sind. Es handelt sich dabei um ein reines Personenregister ohne die Speicherung von Verurteilungsdaten. Mit Hilfe von ECRIS-TCN soll eine bestehende Lücke im Austausch von Strafregisterinformationen in der EU geschlossen werden, indem für diese Personengruppe erstmals der Urteilsstaat sicher und einfach bestimmbar wird.
4. Der internationale Strafregisterinformationsaustausch ist in den §§ 57, 57a BZRG geregelt.

269 **Literaturverzeichnis: Küppers**, Die Bedeutung des Bundeszentralregisters in der anwaltlichen Beratungspraxis – Teil 1, StRR 2014, 128; *ders.*, Die Bedeutung des Bundeszentralregisters in der anwaltlichen Beratungspraxis – Teil 2, StRR 2014, 164; **Rebmann**, Die Eintragung ausländischer Urteile in das Bundeszentralregister, NStZ 1985, 529; **Sollmann**, Zu den neuen Regelungen zum Strafregisterinformationsaustausch innerhalb der Europäischen Union und zur Notwendigkeit ihrer Umsetzung in deutsches Recht, NStZ 2012, 253; s. i.Ü. die Hinw. bei → *Bundeszentralregister, Allgemeines*, Teil E Rdn 2.

270 **1.a)** Der internationale Strafnachrichtenaustausch hat **erheblich** an **Bedeutung gewonnen**, weil seit dem Jahr 2012 zwischen den EU-Mitgliedstaaten ein automatischer und regelmäßiger Austausch von Strafnachrichten stattfindet. Mit dem Rahmenbeschluss 2009/315/JI v. 26.2.2009 über die Durchführung und den Inhalt des Austauschs von Informationen aus dem Strafregister zwischen den Mitgliedstaaten (ABl L 93 v. 7.4.2009, S. 23) sowie den Beschluss 2009/316/JI des Rates v. 6.4.2009 wurde auf EU-Ebene die Errichtung des Europäischen Strafregisterinformationssystems „ECRIS" vereinbart.

271 **b) ECRIS**, das am 27.4.2012 in Betrieb genommen wurde, steht für „European Criminal Records Information System". ECRIS ist ein dezentrales, vertrauliches IT-System, das die bestehenden Strafregisterdatenbanken der einzelnen Mitgliedstaaten inhaltlich nicht verändert. Es wird nur der **Datenaustausch zwischen** den **Zentralbehörden** (in Deutschland das BfJ) geregelt und durch die Schaffung eines IT-Systems verbessert. Ein unmittelbarer elektronischer Zugriff einer ausländischen Zentralbehörde auf die Strafregisterdaten eines anderen Mitgliedstaates, z.B. des BZR, ist mit ECRIS nicht möglich. Gehen in Deutschland Strafnachrichten oder Ersuchen um Erteilung einer Auskunft aus dem Strafregister über ECRIS ein, werden diese

gem. §§ 54 ff. BZRG durch das BfJ bearbeitet (→ *Bundeszentralregister, Eintragungen, ausländische Verurteilungen*, Teil E Rdn 72).

2.a)aa) Aber nicht nur zwischen den EU-Staaten gibt es einen Strafnachrichtenaustausch. Vielmehr unterhält Deutschland aufgrund des EuRhÜbk und seinen Zusatzprotokollen sowie den Regelungen des IRG im Rahmen der internationalen Rechtshilfe u.a. mit den **Staaten des Europarates** und einer Reihe weiterer Staaten einen amtlichen Strafnachrichtenaustausch (vgl. die Übersicht bei *Tolzmann*, § 55 Rn 13 und *Hase*, § 55 Rn 3). 272

bb) Insbesondere der automatische Austausch über ECRIS hat aber zu einer **deutlichen Zunahme** von **Mitteilungen** über ausländische Verurteilungen an das BZR geführt, die damit auch nun vermehrt in Auskünfte aus dem BZR sowie in Führungszeugnisse aufgenommen werden (→ *Bundeszentralregister, Eintragungen, ausländische Verurteilungen*, Teil E Rdn 72). Für das Jahr 2024 (Quelle: BfJ) betrug das **Austauschvolumen** für den Strafnachrichtenaustausch: 273

- eingehende Strafnachrichten: rd. 18.000
- ausgehende Strafnachrichten: rd. 235.000.

Aufgrund der häufigeren grenzüberschreitenden Lebensgestaltung ist davon auszugehen, dass der Austausch von Strafnachrichten noch weiter zunehmen wird.

b) Mit dem Gesetz zur Verbesserung des Austauschs von strafregisterrechtlichen Daten zwischen den Mitgliedstaaten der Europäischen Union und zur Änderung registerrechtlicher Vorschriften v. 15.11.2011 (BGBl I, S. 2714) wurden die damals neuen EU-Regelungen zur Verbesserung des Austauschs von Strafregisterinformationen **in das deutsche Recht überführt**. Durch ECRIS werden alle in- und ausländischen Strafurteile in dem Strafregister des Mitgliedstaates gespeichert, dessen Staatsangehörigkeit die verurteilte Person besitzt. I.Ü. wurde das **EU-Führungszeugnis (§ 30b BZRG)** eingeführt. Bei Personen, die in Deutschland wohnen, aber die Staatsangehörigkeit eines anderen Mitgliedstaates der EU besitzen, dass in ihr Führungszeugnis nach den §§ 30 oder 30a BZRG die Mitteilung über Eintragungen im Strafregister ihres Herkunftsmitgliedstaates vollständig und in der übermittelten Sprache aufgenommen (→ *Bundeszentralregister, Führungszeugnis, europäisches*, Teil E Rdn 255). 274

3.a) Staatenlose Personen und **Personen** mit **der Staatsangehörigkeit** eines **Nicht-EU-Mitgliedstaates** waren bislang nicht systematisch in den Austausch von Strafregisterinformationen eingebunden. Anders als bei EU-Bürgern gibt es gerade keinen EU-Herkunftsstaat, in dem zentral Verurteilungen für solche Personen hätten gespeichert werden können. Da die Verurteilungen nur im Urteilsstaat gespeichert wurden, konnte es zu **Informationslücken** kommen, weil entweder in allen Mitgliedstaaten Registerabfragen erfolgen mussten, was unpraktikabel war und daher nicht geschehen ist, oder auf gut Glück in einzelnen Mitgliedstaaten Anfragen erfolgten. 275

Dazu folgendes 276

> *Beispiel:*
> Ein syrischer Staatsbürger wird in Griechenland wegen einer schweren Straftat verurteilt. Dort wird die Verurteilung in das griechische Strafregister eingetragen. Nach Verbüßung der Haft zieht die Person nach Deutschland und begeht erneut eine Straftat. Wird sein früherer Aufenthalt in Griechenland nicht bekannt, besteht keine Veranlassung für die deutsche Strafjustiz über ECRIS eine Anfrage an das griechische Strafregister zu stellen, so dass die ggf. einschlägige **Vorverurteilung unbekannt** bleibt. Nach der Inbetriebnahme von ECRIS-TCN (voraussichtlich 2026) wird die Person hingegen in diesem neuen Register verzeichnet, so dass bei Auskunftsersuchen aus dem nationalen Strafregister auch eine Anfrage bei ECRIS-TCN und nachfolgend bei dem Strafregister des Urteilsstaates erfolgen kann. Auf diese Weise würde im obigen Beispiel die Verurteilung in Griechenland bekannt und in die Auskunft an die Strafjustiz mitaufgenommen.

Ebenso verhält es sich mit Führungszeugnissen: Zwar ist für die Personengruppe der Drittstaatler das EU-Führungszeugnis im Jahr 2022 grds. durch das Gesetz zur Durchführung der Verordnung (EU) 2017/1939 des Rates v. 12.10.2017 zur Durchführung einer Verstärkten Zusammenarbeit zur Errichtung der Europäischen Staatsanwaltschaft und zur Änderung weiterer Vorschriften (BGBl I, S. 1648) eingeführt worden, stößt jedoch derzeit noch auf **praktische Schwierigkeiten**. Da nämlich das dafür erforderliche Register auf EU-Ebene „ECRIS-TCN" noch nicht in Betrieb genommen worden ist, gibt es bislang auch insoweit keinen Anknüpfungspunkt für die Abfrage eines Strafregisters in einem anderen Mitgliedstaat. Erst mit der Inbetriebnahme von ECRIS-TCN wird sich dieser unbefriedigende Zustand ändern.

277 **b)** Um Lücken zu schließen, wird mit ECRIS-TCN der Ausbau der Strafregistervernetzung innerhalb der EU vollendet. Grundlage dafür bildet die Verordnung (EU) 2019/816 des Europäischen Parlaments und des Rates v. 17.4.2019 zur Einrichtung eines zentralisierten Systems für die Ermittlung der Mitgliedstaaten, in denen Informationen zu Verurteilungen von Drittstaatsangehörigen und Staatenlosen (ECRIS-TCN) vorliegen, zur Ergänzung des Europäischen Strafregisterinformationssystems und zur Änderung der Verordnung (EU) 2018/1726 (ABl L 135 v. 22.5.2019, S. 1), die zuletzt durch die Verordnung (EU) 2021/1151 (ABl L 249 v. 14.7.2021, S. 7) geändert worden ist. Ursprünglich sollte ECRIS-TCN bereits im Jahr 2022 in Betrieb gehen, musste jedoch wegen erheblicher Verzögerungen in der Umsetzung auf der Ebene der EU auf voraussichtlich 2026 verschoben werden. ECRIS-TCN gilt für solche Personen, die die **Staatsangehörigkeit eines Drittstaates** haben – auch als Doppelstaatler – oder staatenlos sind und in einem EU-Mitgliedstaat verurteilt worden sind. Dabei handelt es sich um ein Register auf EU-Ebene, in dem sämtliche Drittstaatler und Staatenlose erfasst werden, die in der EU strafrechtlich verurteilt worden sind. Es handelt sich dabei um ein **reines Personenregister**, in dem neben den Personendaten nur vermerkt wird, in welchem Mitgliedstaat die Person verurteilt worden ist. Für eine bessere Identifizierung und zur Vermeidung von Identitätsmissbräuchen werden neben den alphanumerischen Daten (Namen, Geburtsdatum usw.) unter bestimmten Umständen **auch biometrische Daten** (Fingerabdrücke und – je nach nationalem Recht – auch Gesichtsbilder) gespeichert (§ 5 Abs. 1 Nr. 8 BZRG: nur Speicherung der Fingerabdruckdaten im BZR). Gespeichert werden auch sog. Flags, also Kennzeichnungen von Personendatensätze bei bestimmten schwerwiegenden Verurteilungen i.S.d. Unionsrechts (§ 58d BZRG). Auf diese Weise sollen bei Visa-Erteilungen oder der geplanten Einreisegenehmigung von visafreien Drittstaatlern in die EU vertiefte Personenüberprüfungen möglich werden. Es handelt sich bei ECRIS-TCN aber nicht um ein Strafregister auf EU-Ebene, weil die Verurteilungsdaten an sich weiterhin nur in den nationalen Strafregistern gespeichert werden. Erst wenn ECRIS-TCN zur Verfügung steht, können auch für Drittstaatsangehörige Eintragungen in einem anderen EU-Mitgliedstaat angefragt und in unbeschränkte Auskünfte oder EU-Führungszeugnisse aufgenommen werden, um so die oben beschriebenen **Sicherheitslücken** in Bezug auf diesen Personenkreis zu schließen (→ *Bundeszentralregister, Führungszeugnis, Europäisches,* Teil E Rdn 264).

278 **4.** Der **internationale Strafregisterinformationsaustausch** ist in den §§ 57, 57a BZRG geregelt. § 57 BZRG betrifft den Informationsaustausch Deutschlands mit Staaten außerhalb der EU, § 57a BZRG den Informationsaustausch mit den EU-Mitgliedstaaten.

Siehe auch: → *Bundeszentralregister, Allgemeines*, Teil E Rdn 1 m.w.N.; → *Bundeszentralregister, Eintragungen, Allgemeines*, Teil E Rdn 51 m.w.N.; → *Bundeszentralregister, Eintragungen, ausländische Verurteilungen*, Teil E Rdn 72; → *Bundeszentralregister, Führungszeugnis, europäisches*, Teil E Rdn 255.

Bundeszentralregister, Maßnahmen der Registerbehörden, Rechtsschutz 279

Das Wichtigste in Kürze:

1. Maßnahmen des BfJ als Registerbehörde, z.B. die Vornahme einer Eintragung, die Ablehnung der Entfernung einer Eintragung oder abschlägige Entscheidungen bei beantragten Registervergünstigungen, sind grds. Justizverwaltungsakte.
2. Daher ist gegen die Maßnahmen des BfJ als Registerbehörde unmittelbar der Antrag auf gerichtliche Entscheidung nach §§ 23 ff. EGGVG zum OLG Hamm statthaft, wenn das Gesetz nicht zuvor die Beschwerde zum BMJV vorsieht. In diesen – im BZRG ausdrücklich genannten Fällen – ist zunächst die Beschwerde zum BMJV zu erheben und dann der Antrag auf gerichtliche Entscheidung nach §§ 23 ff. EGGVG beim KG zu stellen.
3. Werden Maßnahmen der Registerbehörde angegriffen, erfolgt die anwaltliche Tätigkeit nicht (mehr) in einem Strafverfahren, sondern aufgrund eines besonderen Auftrags in einem Justizverwaltungsverfahren, sodass die Gebühren zusätzlich zu den Gebühren, die ggf. für die Tätigkeit im Strafverfahren entstehen, geltend gemacht werden können.

Literaturhinweise: **Küppers**, Die Bedeutung des Bundeszentralregisters in der anwaltlichen Beratungspraxis – Teil 1, StRR 2014, 128; *ders.*, Die Bedeutung des Bundeszentralregisters in der anwaltlichen Beratungspraxis – Teil 2, StRR 2014, 164; s. i.Ü. die Hinw. bei → *Bundeszentralregister, Allgemeines*, Teil E Rdn 2. 280

1.a)aa) Maßnahmen des **BfJ als Registerbehörde**, z.B. die Vornahme einer Eintragung oder die Ablehnung der Entfernung einer Eintragung sowie die abschlägigen Entscheidungen bei beantragten Registervergünstigungen, sind grds. **Justizverwaltungsakte** (*Schmitt/Köhler*, § 23 EGGVG Rn 19), gegen die der Antrag auf gerichtliche Entscheidung nach §§ 23 ff. EGGVG statthaft ist. Streitigkeiten über die Rechtmäßigkeit solcher Maßnahmen sind daher der Rechtswegzuständigkeit der VG entzogen. 281

☝ Diese Zuordnung kann man mit Recht kritisieren. Schließlich werden die Maßnahmen anderer Registerbehörden wie z.B. des BVA beim AZR sowie des Kraftfahrt-Bundesamt beim FAER **der Verwaltungsgerichtsbarkeit zugewiesen**.

bb) Soweit keine Beschwerde zum BMJV im BZRG vorgesehen ist, ist ohne Vorschaltverfahren nach §§ 23 ff. EGGVG der **Antrag** auf **gerichtliche Entscheidung** zum OLG zulässig. Da das BfJ seinen Sitz in Bonn hat und das Land NRW die Zuständigkeit für diese Verfahren nach § 25 Abs. 2 EGGVG konzentriert hat, ist ausschließlich das **OLG Hamm** zuständig (§ 12 Nr. 1 JustG NRW; zum Antrag nach den §§ 23 ff. EGGVG Burhoff/*Schmidt-Clarner*, RM, Teil B Rn 323 ff.). 282

☝ Wie sich aus § 20 Abs. 2 BZRG ergibt, kann das BfJ eine Eintragung mit einem **Sperrvermerk versehen**, wenn die betroffene Person schlüssig darlegt, dass die Eintragung unrichtig ist. Daher sollte vor Anrufung des OLG zunächst eine Klärung mit dem BfJ versucht werden.

b)aa) Nur bei der **Ablehnung** einer **Registervergünstigung** nach §§ 25, 39 und 49 BZRG (→ *Bundeszentralregister, Eintragungen, Registervergünstigungen*, Teil E Rdn 105) sowie der **Ablehnung** der **Entfernung ausländischer Verurteilungen** nach § 55 BZRG (→ *Bundeszentralregister, Eintragungen, ausländische Verurteilungen*, Teil E Rdn 72) sieht das BZRG die **Beschwerde** zum **BMJV** vor. In diesen Fällen ist vor dem Antrag auf gerichtliche Entscheidung nach §§ 23 ff. EGGVG das Beschwerdeverfahren als Vorschaltverfahren durchzuführen. 283

bb) Die Beschwerde ist in allen Fällen **befristet** und muss **innerhalb von zwei Wochen** ab der Zustellung der Entscheidung beim BfJ erhoben werden. Das BfJ kann der Beschwerde abhelfen. Hilft es nicht ab, legt 284 es die Beschwerde dem BMJV zur Entscheidung vor. Das BMJV prüft dabei nicht allein die Rechtmäßigkeit der Ausgangsentscheidung, sondern hat ein **eigenes Beurteilungsermessen** auszuüben.

285 Weist das BMJV die Beschwerde als unzulässig oder unbegründet zurück, ist dagegen der **Antrag** auf **gerichtliche Entscheidung** nach §§ 23 ff. EGGVG statthaft. Es ist dann am Sitz des BMJV in Berlin das **KG** zuständig.

286 **Das KG** ist nur zu der Überprüfung befugt, ob bei der angegriffenen Entscheidung Umstände zum Nachteil des Betroffenen berücksichtigt worden sind, die nach Sinn und Zweck des Gesetzes keine Rolle spielen dürften, oder ob maßgebliche Gesichtspunkte, die bei der **Ermessensentscheidung** von Belang sein können, falsch bewertet oder außer Acht gelassen worden sind. Es hat ferner zu prüfen, ob die Behörde von einem **vollständig** und **richtig ermittelten Sachverhalt**, soweit er für die Entscheidung von Bedeutung ist, ausgegangen ist (KG Rpfleger 2015, 106).

287 **2.** Der **Antrag** auf **gerichtliche Entscheidung** muss gem. § 26 Abs. 1 EGGVG **innerhalb eines Monats** nach Zustellung des Beschwerdebescheides schriftlich oder zur Niederschrift des KG oder zur Niederschrift eines AG, d.h. unter schriftlicher Aufnahme bei der Rechtsantragsstelle, gestellt werden. Die schriftliche Antragstellung bei einem AG reicht zur Fristwahrung nicht aus (vgl. zum Antrag nach den §§ 23 ff. EGGVG Burhoff/*Schmidt-Clarner*, RM, Teil B Rn 323 ff.).

☝ **Innerhalb** dieser **Frist** ist der **Antrag** nicht nur zu stellen, sondern **auch** zu **begründen** (*Schmitt/Köhler*, § 26 EGGVG Rn 3). Das KG nimmt das Begründungserfordernis innerhalb der Monatsfrist sehr ernst! Es genügt daher z.B. nicht, fristwahrend die Antragsschrift zu faxen und erst nach Ablauf der Frist das Original des Schriftsatzes mit Anlagen zu übersenden.

288 Gem. § 24 Abs. 1 EGGVG ist der Antrag auf gerichtliche Entscheidung nur **zulässig**, wenn der Antragsteller geltend macht, durch die Maßnahme oder ihre Ablehnung in seinen Rechten verletzt zu sein. Dies erfordert eine **aus sich heraus verständliche Sachdarstellung** sowie den Vortrag von Tatsachen, aus denen sich schlüssig eine Rechtsverletzung durch den bzw. die angegriffenen Bescheide ergibt.

☝ Das KG stellte **bislang** ähnlich **hohe Anforderungen** wie bei der Verfahrensrüge im Rahmen einer Revision (*Schmitt/Köhler*, § 344 Rn 21 ff.) oder wie bei einem Klageerzwingungsverfahren (*Schmitt/Köhler*, § 172 Rn 26). Der Antrag musste daher aus sich heraus alle Angaben enthalten, die erforderlich sind, um **ohne Aktenstudium** über die Begründetheit entscheiden zu können (KG StRR 2013, 345). Das KG hat stets betont, dass es sich den Prozessstoff weder zusammensucht noch eine Bezugnahme auf Akten oder die Ausgangs- und Beschwerdebescheide zulässt.

Erforderlich war auch, dass im **Antrag** die **Registereintragungen** genau **bezeichnet werden** und ausgeführt wurde, wie lange die Eintragungen noch in Führungszeugnisse aufzunehmen sind bzw. wann sie tilgungsreif werden.

Dem hat das **BVerfG** in seinem Beschl. v. 3.6.2014 (2 BvR 517/13, n.v.) Grenzen gesetzt und festgestellt, dass die **Anforderungen** des **KG** an die Zulässigkeit des Antrages überspannt und **verfassungswidrig** sind. Nicht zu beanstanden sei zwar, dass das KG eine die Schlüssigkeitsprüfung ermöglichende Darlegung einer Rechtsverletzung verlange. Eine Gleichstellung zum Klageerzwingungsverfahren sei jedoch nicht zulässig. Insbesondere sei die Bezugnahme auf beigefügte Unterlagen (z.B. die Bescheide der Registerbehörden) ausreichend, um die behauptete Rechtsverletzung schlüssig darzulegen.

Hierbei bleibt jedoch unklar, wie weit diese Bezugnahme ausreicht. Regelmäßig erfordert das KG, dass die Antragsschrift **die behauptete Rechtsverletzung genau bezeichnet** und ein Zusammenhang mit dem maßgeblichen Sachverhalt hergestellt wird. Dieser Ansatz ist nachvollziehbar, weil das KG **sonst keine Schlüssigkeitsprüfung** vornehmen kann. Es schiene verfehlt, wenn sich das KG selbst den Sachverhalt und mögliche Ansätze für eine rechtliche Prüfung zusammensuchen müsste. Letztlich wird diese Frage noch höchstrichterlich zu klären sein.

Der **BGH** hat hierzu in seinem Beschl. v. 21.5.2025 (5 ARs 1/25, n.v.) nunmehr klarstellend entschieden, dass es für die Begründung eines Antrages auf gerichtliche Entscheidung nach §§ 23 ff. EGGVG im Einzelfall genügen kann, auf beigefügte Unterlagen Bezug zu nehmen, wenn sich daraus sowohl der streitgegenständliche Sachverhalt als auch die Darlegung der konkreten Rechtsverletzung des Betroffenen ergibt. Nicht ausreichend sei es aber jedenfalls zur Begründung des Antrages, den ablehnenden Bescheid der Registerbehörde beizufügen, ohne dass irgendwie darauf Bezug genommen und eine konkrete Rechtsverletzung geltend gemacht wird. Das **Vorbehalten einer weiteren Begründung** nach Akteneinsicht – dann jedoch **außerhalb der Monatsfrist** des § 26 Abs. 1 EGGVG – sei unzulässig.

3.a) Werden Maßnahmen der Registerbehörde angegriffen, erfolgt die anwaltliche Tätigkeit nicht (mehr) in einem Strafverfahren, sondern aufgrund eines besonderen Auftrags in einem Justizverwaltungsverfahren. Daher können die **Gebühren** zusätzlich zu den Gebühren, die ggf. für die Tätigkeit im Strafverfahren entstehen, geltend gemacht werden (näher Burhoff//*Burhoff*, RM, Teil D Rn 46; → *Vergütung in Verfahren nach §§ 23 ff. EGRVG*, Teil J Rdn 419 m.w.N.). Die Vergütung für Tätigkeiten in einem (Justiz-)Verwaltungsverfahren richtet sich dann auch nach Teil 2 VV RVG und nicht nach Teil 4 VV RVG. Es fällt jeweils eine **Geschäftsgebühr** nach **Nr. 2300 VV RVG** aus einem Gebührenrahmen v. 0,5 bis 2,5 für das Verfahren vor dem BfJ und für das Beschwerdeverfahren vor dem BMJV (§ 17 Nr. 1a RVG) an. Eine Gebühr von mehr als 1,3 kann allerdings nur gefordert werden, wenn die Tätigkeit umfangreich oder schwierig war. 289

b) Die Gebühr für das **Verfahren** vor dem **BfJ** ist zudem zur Hälfte auf die Gebühr für das Verfahren vor dem BMJV anzurechnen (Vorbem. 2.3 Abs. 4 VV RVG). Aufgrund der Änderung durch das 2. KostRMoG ist im Regelfall ein **Geschäftswert** von **5.000,00 EUR** anzunehmen (§ 23 Abs. 1 S. 3 RVG, § 36 Abs. 2, 3 GNotKG). 290

Für das **gerichtliche Verfahren** nach §§ 23 ff. EGGVG entsteht eine Verfahrensgebühr v. 1,3 nach **Nr. 3100 VV RVG** (vgl. a. OLG Zweibrücken StRR 2010, 480 = NStZ-RR 2011, 32), die sich nach Nr. 3101 VV RVG auf 0,8 ermäßigt, wenn der Auftrag vor Einreichung des Antrages endet. Die Geschäftsgebühr für das Verfahren vor den Registerbehörden ist zur Hälfte anzurechnen (Vorbem. 3 Abs. 4 VV RVG). Bei bedürftigen Mandanten kommt nach § 29 Abs. 3 EGGVG i.V.m. §§ 114 ff. ZPO auch die Möglichkeit in Betracht Prozesskostenhilfe zu beantragen (Burhoff/*Burhoff*, RM, Teil D Rn 48). 291

Siehe auch: → *Bundeszentralregister, Allgemeines*, Teil E Rdn 1 m.w.N.; → *Bundeszentralregister, Auskunft, Allgemeines*, Teil E Rdn 16 m.w.N.; → *Bundeszentralregister, Eintragungen, Allgemeines*, Teil E Rdn 51; → *Bundeszentralregister, Führungszeugnis, Allgemeines*, Teil E Rdn 175 m.w.N.

Erziehungsregister, Allgemeines 292

Das Wichtigste in Kürze:

1. Das Erziehungsregister ist ein selbstständiges Register, das gemeinsam mit dem Bundeszentralregister geführt wird.
2. Im Vergleich zum allgemeinen Bundeszentralregister existieren wichtige Unterschiede hinsichtlich des Umfangs der Eintragungen, des Kreises der Auskunftsberechtigten, der Entfernung von Eintragungen und des sog. Verschweigerechts. Die Regelungen des Zentralregisters sind teilweise entsprechend auf das Erziehungsregister anzuwenden.
3. In das Erziehungsregister werden sämtliche Maßnahmen unterhalb der Jugendstrafe (auch Einstellungen nach JGG) eingetragen.
4. Voraussetzung für eine Eintragung ist, dass die Erziehungsmaßregeln, Zuchtmittel oder Nebenstrafen bzw. Nebenfolgen allein oder in Verbindung miteinander ausgesprochen worden sind.
5. Die Mitteilungen zum Erziehungsregister erfolgen nach § 2 BZRGVwV.

6. Im Gegensatz zu dem an bestimmte Voraussetzungen geknüpfte Verschweigerecht nach § 53 BZRG muss der Betroffene Eintragungen im Erziehungsregister gemäß § 64 BZRG grds. nicht offenbaren.
7. Eintragungen im Erziehungsregister werden nicht in ein Führungszeugnis übernommen.
8. Die Eintragungen werden mit der Vollendung des 24. Lebensjahres entfernt, sofern zu diesem Zeitpunkt keine Verurteilungen im Zentralregister eingetragen sind.

293 **Literaturhinweise** **Neuheuser**, Ist der sog. Ungehorsamsarrest gemäß § 11 Abs. 3, § 15 Abs. 3 S. 2 JGG in das Erziehungsregister einzutragen?, NStZ 2017, 623; **Wohlfahrt**, Registerrechtliche Folgen jugendgerichtlicher Sanktionen, StraFo 2024, 362–371 (Teil 1), StraFo 2024, 448–456 (Teil 2); s.a. die Hinweise bei → *Bundeszentralregister, Auskunft, Allgemeines*, Teil E Rdn 16; bei → *Bundeszentralregister, Eintragungen, Allgemeines*, Teil E Rdn 52, bei → *Bundeszentralregister, Führungszeugnis, Allgemeines*, Teil E Rdn 176 m.w.N.

294 **1.** Das Erziehungsregister ist ein **rechtlich selbstständiges Register**, das organisatorisch **gemeinsam** mit dem **BZR geführt** wird. **Registerbehörde** ist das Bundesamt für Justiz in Bonn (§ 1 Abs. 1 BZRG). Das Erziehungsregister soll diejenigen, die unter das Jugendstrafrecht fallen, registerrechtlich anders stellen als dies im allgemeinen BZR der Fall wäre. Hintergrund ist auch hier der **Erziehungsgedanke**: Zum einen sollen die Eintragungen zur Vorbereitung von Erziehungsentscheidungen dienen, zum anderen aber den Jugendlichen nicht mehr als nötig mit einem Strafmakel belegen, insb. Stigmatisierungen vermieden und Wiedereingliederungsbemühungen nicht behindert werden (→ *Bundeszentralregister, Auskunft, Allgemeines*, Teil E Rdn 16 m.w.N.).

295 Das Erziehungsregister ist in **§§ 59 – 64 BZRG** geregelt. Daneben gelten die allgemeinen Bestimmungen des BZRG, soweit in den §§ 60 – 64 nichts anderes bestimmt ist (→ *Bundeszentralregister, Auskunft, Allgemeines*, Teil E Rdn 16 m.w.N.; → *Bundeszentralregister, Eintragungen, Allgemeines*, Teil E Rdn 52 m.w.N.; → *Bundeszentralregister, Eintragungen, Tilgung, Allgemeines*, Teil E Rdn 123 m.w.N.; → *Bundeszentralregister, Führungszeugnis, Allgemeines*, Teil E Rdn 176 m.w.N.).

296 **2.a)** Im Vergleich zum allgemeinen **Bundeszentralregister** existieren **vier Unterschiede**:

- der Umfang der Eintragung (§ 60 BZRG),
- der kleinere Kreis der Auskunftsberechtigten (§ 61 BZRG),
- die frühere Entfernung der Eintragungen (§ 63 BZRG),
- das Verschweigerecht (§ 64 BZRG).

297 **b)** Hinsichtlich des **Umfangs der Eintragungen gilt grds. Folgendes**:

☝

- Verurteilungen zu einer **Jugendstrafe** (auch nach § 27 JGG) werden in das allgemeine **BZR**,
- **Sonstige Maßnahmen** (auch Einstellungen, auch durch die StA) werden in das **Erziehungsregister** aufgenommen.

298 **3.a)** Konkret werden in das **Erziehungsregister** folgende **Entscheidungen eingetragen** (§ 60 BZRG):

- Anordnung von Maßnahmen nach § 3 S. 2 JGG (bei **fehlender Verantwortungsreife**),
- **Freispruch mangels Reife** (§ 3 S. 1 JGG) sowie die Einstellung aus diesem Grund (§ 47 Abs. 1 S. 1 Nr. 4 JGG),
- **Erziehungsmaßregeln** (§§ 9 – 12 JGG; Weisungen und Hilfe zur Erziehung) sowie ein diesbezüglich verhängter Ungehorsamsarrest,
- **Zuchtmittel** (§§ 13 – 16a JGG; Verwarnung, Auflagen, Jugendarrest sowie ein diesbezüglich verhängter Ungehorsamsarrest einschließlich der Nichtvollstreckung eines Jugendarrestes (§ 87 Abs. 2 – 4 JGG),
- **Nebenstrafen** (Fahrverbot) oder **Nebenfolgen** (Fahrverbot, Einziehung) (§ 8 Abs. 3 JGG)
- getilgte **Schuldsprüche** gem. **§ 27 JGG,**

- **durch nachträgliche Einbeziehung nach §§ 31 Abs. 2 oder § 66 gegenstandslos gewordene Entscheidungen,**
- Entscheidungen, in denen der Richter die Auswahl und Anordnung von Erziehungsmaßregeln dem **Familiengericht** überlässt (§ 53 JGG, § 104 Abs. 4 JGG) sowie der vom Familiengericht getroffenen Anordnung,
- **Absehen von der Verfolgung** nach **§ 45 JGG** (bei § 45 Abs. 3 JGG einschließlich der getroffenen Maßnahme),
- **Einstellung des Verfahrens** nach **§ 47 JGG** (bei § 47 Abs. 1 S. 1 Nr. 3 JGG einschließlich der getroffenen Maßnahme),
- **Maßnahmen** des **Familiengerichts** bei Gefährdung des Kindeswohls (§§ 1666, 1666a BGB; § 1837 Abs. 4 BGB) sowie Änderungen oder Aufhebung.

b) Die Niederlegung von **Steckbriefnachrichten** und **Suchvermerken** im Erziehungsregister ist zusätzlich zur Niederlegung im BZR gem. § 27 BZRG möglich. Jedoch können nur die Behörden Suchvermerke niederlegen, denen selbst Auskunft aus dem Erziehungsregister gem. § 61 BZRG erteilt wird (§ 62 BZRG). Für das Verfahren der Registerbehörde und die Erledigung der Steckbriefnachrichten und Suchvermerke gelten die §§ 27 bis 29 BZRG. 299

c) Die Eintragung von Entscheidungen **ausländischer Gerichte** richtet sich nach allgemeinem Registerrecht, also nach den §§ 54 – 58 BZRG (→ *Bundeszentralregister, Eintragungen, ausländische Verurteilungen*, Teil E Rdn 74). 300

4. Voraussetzung für eine **Eintragung** im Erziehungsregister ist, dass die Erziehungsmaßregeln, Zuchtmittel oder Nebenstrafen bzw. Nebenfolgen **allein oder in Verbindung miteinander** ausgesprochen worden sind (§ 32 Abs. 2 Nr. 8 BZRG). Sonst werden sie in das BZR eingetragen. Eintragungen in das Erziehungsregister setzen nicht unbedingt voraus, dass der Betroffene tatsächlich straffällig geworden ist. 301

5. Die **Mitteilungen zum Erziehungsregister** erfolgen nach § 2 BZRGVwV in den Fällen 302

- der Verhängung von jugendrechtlichen Maßnahmen durch die Vollstreckungsbehörde, d.h. den Jugendrichter als Vollstreckungsleiter (→ *Jugendliche, Vollstreckung, Allgemeines*, Teil B Rdn 748 ff.).
- der familiengerichtlichen Entscheidungen durch das Gericht.

6. Im Gegensatz zum **Verschweigerecht** nach § 53 BZRG, das an bestimmte Voraussetzungen geknüpft ist, muss der Betroffene Eintragungen im Erziehungsregister grds. nicht offenbaren (§ 64 Abs. 1 BZRG). Das Recht gilt sowohl für die Eintragung als auch für den zugrunde liegenden Sachverhalt (*Hase* BZRG, § 64 Rn 1). Allerdings gilt das Verschweigerecht nicht gegenüber denjenigen Behörden, die Auskunft aus dem Erziehungsregister verlangen könne (§ 64 Abs. 2 BZRG), jedoch nur im Rahmen der Zweckbindung der jeweiligen Behörde. Der Betroffene muss über die Grenzen des Verschweigerechts belehrt worden sein. 303

7. Eintragungen im Erziehungsregister werden **nicht** in ein **Führungszeugnis** übernommen (→ *Bundeszentralregister, Führungszeugnis, Allgemeines*, Teil E Rdn 176 m.w.N.). 304

EZR/BZR/Führungszeugnis

Entscheidung	EZR	BZR	Führungszeugnis	Tilgungsfrist
Einstellung nach § 170 Abs. 2 StPO	(-)	(-)	(-)	(-)
Einstellung nach § 45 Abs. 1 JGG	(+) § 60 Abs. 1 Nr. 7 BZRG	(-)	(-)	§ 63 BZRG
Einstellung nach § 45 Abs. 2 JGG	(+) § 60 Abs. 1 Nr. 7 BZRG	(-)	(-)	§ 63 BZRG

Entscheidung	EZR	BZR	Führungszeugnis	Tilgungsfrist
Einstellung nach § 45 Abs. 3 JGG (formloses richterliches Erziehungsverfahren)	(+) § 60 Abs. 1 Nr. 7 BZRG mit Maßnahme § 60 Abs. 2 BZRG	(-)	(-)	§ 63 BZRG
Einstellung nach § 47 Abs. 1 Nr. 1, 2 JGG	(+) § 60 Abs. 1 Nr. 7 BZRG	(-)	(-)	§ 63 BZRG
Einstellung nach § 47 Abs. 1 Nr. 3 JGG	(+) § 60 Abs. 1 Nr. 7 BZRG mit Maßnahme § 60 Abs. 2 BZRG	(-)	(-)	§ 63 BZRG
Einstellung nach § 47 Abs. 1 Nr. 4 JGG	(+) § 60 Abs. 1 Nr. 6 BZRG	(-)	(-)	§ 63 BZRG
Einstellung wegen Schuldunfähigkeit (§ 20 StGB)	(-)	(+) § 11 Abs. 1 BZRG	(+)	keine Tilgung
Freispruch mangels Verantwortungsreife (§ 3 JGG)	(+) § 60 Abs. 1 Nr. 6 BZRG	(-) § 11 Abs. 3 BZRG	(-)	§ 63 BZRG
Maßnahmen nach § 3 S. 2 JGG	(+) § 60 Abs. 1 Nr. 1 BZRG	(-)	(-)	§ 63 BZRG
Verurteilung zu Erziehungsmaßregeln (§§ 9 – 12 JGG)	(+) § 60 Abs. 1 Nr. 2 BZRG	(-)	(-)	§ 63 BZRG
Verurteilung zu Zuchtmittel (§§ 13 – 16a JGG)	(+) § 60 Abs. 1 Nr. 2 BZRG	(-)	(-)	§ 63 BZRG
wg. Nichterfüllung §§ 9 – 16 JGG verhängter Ungehorsamsarrest (§§ 11 Abs. 3, 15 Abs. 3 JGG)	(+)	(-)	(-)	§ 63 BZRG
Maßnahmen werden dem Familiengericht übertragen (§ 53 JGG)	(+) § 60 Abs. 1 Nr. 4, 5 BZRG	(-)	(-)	§ 63 BZRG
Schuldfeststellung nach § 27 JGG	(-)	(+) § 4 Nr. 4 BZRG	(-) § 32 Abs. 2 Nr. 2 BZRG	mit Tilgung gem. §§ 30 Abs. 2, 62 JGG (§ 13 Abs. 2 BZRG)
Nachträgliche Verhängung von Jugendstrafe §§ 27, 30 JGG	(-)	(+) § 13 Abs. 2 S. 1 BZRG	wie Jugendstrafe	wie Jugendstrafe
getilgte Schuldsprüche gem. § 27 JGG	(+) § 60 § Abs. 1 Nr. 3 BZRG	(-)	(-)	§ 63 BZRG
durch nachträgliche Einbeziehung nach § 31 Abs. 2 oder § 66 gegenstandslos gewordene Entscheidungen	(+) § 60 § Abs. 1 Nr. 3 BZRG	(-)	(-)	§ 63 BZRG

Entscheidung	EZR	BZR	Führungszeugnis	Tilgungsfrist
Nebenstrafen oder Nebenfolgen (§ 8 Abs. 3, § 76 JGG) ohne Jugendstrafe	(+) § 60 Abs. 1 Nr. 2 BZRG	(-)	(-)	§ 63 BZRG
Jugendstrafe bis 1 J mit Bewährung	(-)	(+)	(-) § 32 Abs. 2 Nr. 3 BZRG	5 Jahre (§ 46 Abs. 1 Nr. 1c BZRG);
Jugendstrafe bis 1 J mit Bewährung Sexualstraftat	(-)	(+)	(+) § 32 Abs. 1 Nr. 3, Abs. 1 BZRG	5 Jahre (§ 46 Abs. 1 Nr. 1c BZRG);
Jugendstrafe bis 2 J mit Bewährung	(-)	(+)	(-) § 32 Abs. 2 Nr. 3 BZRG	5 Jahre (§ 46 Abs. 1 Nr. 1d BZRG);
Jugendstrafe über 1 J Sexualstraftat	(-)	(+)	(+) § 32 Abs. 1 Nr. 3, Abs. 1 BZRG	20 Jahre (§ 46 Nr. 3 BZRG) + Dauer der Jugendstrafe (§ 46 Abs. 3 BZRG)
Jugendstrafe über 2 J ohne Reststrafenaussetzung	(-)	(+)	(+)	Grundsatz: 10 J + Dauer der Jugendstrafe (§§ 46 Abs. 1 Nr. 2c, Abs. 3 BZRG)
Jugendstrafe mit Reststrafenaussetzung	(-)	(+)	(-) § 32 Abs. 2 Nr. 3 BZRG	5 Jahre + Dauer der Jugendstrafe (§ 46 Abs. 1 Nr. 1e BZRG)
Jugendstrafe mit § 35 BtMG	(-)	(+)	(-) § 32 Abs. 2 Nr. 3 BZRG	5 Jahre (+ Dauer der Jugendstrafe) (§ 46 Abs. 1 Nr. 1e, Abs. 3 BZRG)
Jugendstrafe mit Strafmakelbeseitigung	(-)	(+)	(-) § 32 Abs. 2 Nr. 4 BZRG	5 Jahre (§ 46 Abs. 1 Nr. 1f BZRG)
Jugendstrafe mit Strafmakelbeseitigung; Sexualstraftat	(-)	(+)	(+) § 32 Abs. 1 Nr. 4, Abs. 1 BZRG	20 Jahre + Dauer der Jugendstrafe (§ 46 Abs. 1 Nr. 3, Abs. 3 BZRG)
Maßregeln der Besserung und Sicherung	(-)	(+) § 4 Nr. 2 BZRG	(+)	5 Jahre (§ 46 Abs. 1 Nr. 1g BZRG)

8. Solange im Zentralregister eine Verurteilung zu Freiheitsstrafe, Strafarrest, Jugendstrafe oder eine freiheitsentziehende Maßregel der Besserung und Sicherung eingetragen ist, werden die **Eintragungen** im Erziehungsregister nicht **entfernt**. Liegt keine weitere Eintragung vor, werden die bestehenden Eintragungen entfernt, sobald der Betroffene das **24. Lebensjahr** vollendet hat (§ 63 BZRG). 305

Siehe auch: → *Bundeszentralregister, Auskunft, Allgemeines*, Teil E Rdn 16 m.w.N.; → *Bundeszentralregister, Eintragungen, Allgemeines*, Teil E Rdn 52 m.w.N.; → *Bundeszentralregister, Eintragungen, Tilgung, Allgemeines*, Teil E Rdn 123 m.w.N.; → *Bundeszentralregister, Führungszeugnis, Allgemeines*, Teil E Rdn 176 m.w.N.; → *Erziehungsregister, Auskunft*, Teil E Rdn 306; → *Erziehungsregister, Löschung*, Teil E Rdn 318; → *Erziehungsregister, Rechtsschutz*, Teil E Rdn 326.

306 Erziehungsregister, Auskunft

307 **Literaturhinweise:** S. die Hinw. bei → *Bundeszentralregister, Auskunft, Allgemeines*, Teil E Rdn 17.

308 **1.** Aus dem Erziehungsregister wird lediglich **beschränkt Auskunft** erteilt (§ 61 BZRG).

309 **a)** Den **Betroffenen** selbst steht ein Auskunftsrecht nach **§ 42 BZRG i.V.m. § 59 BZRG** zu (*Hase*, BZRG, § 61 Rn 1, nach dem der Verweis auf §§ 42a, 42c „irreführend und überflüssig" ist; → *Bundeszentralregister, Auskunft, Selbstauskunft*, Teil E Rdn 42).

310 **b)** Im Einzelnen erhalten folgende **Behörden** Auskunft (§ 61 BZRG; vgl. a. → *Bundeszentralregister, Auskunft, Selbstauskunft*, Teil E Rdn 42):

- **Strafgerichte** und **StA** für Zwecke der Rechtspflege,
- **Justizvollzugsbehörden** für Zwecke des Strafvollzugs einschließlich der Überprüfung im Strafvollzug tätiger Personen
- **Familiengerichte** für Sorgerechtsentscheidungen des Betroffenen,
- **Jugendämter** zur Wahrnehmung von Erziehungsaufgaben,
- **Gnadenbehörden** für Gnadensachen, jedoch nicht bei Bußgeldangelegenheiten (*Hase*, BZRG, § 61 Rn 6),
- für **waffen-** und **sprengstoffrechtliche** sowie für **luftsicherheitsrechtliche Zuverlässigkeitsüberprüfungen** Entscheidungen **zuständige Behörden** erhalten eine Teilauskunft (nur betreffend die Eintragungen nach § 60 Nr. 1–7 BZRG, also nicht über Sorgerechtsentscheidungen),
- unter bestimmten Voraussetzungen den **Verfassungsschutzbehörden** des Bundes und der Länder, dem **Bundesnachrichtendienst** und dem **Militärischen Abschirmdienst**.

311 Der Empfängerkreis, den § 61 BZRG benennt ist **abschließend** und gegenüber § 41 BZRG eingeschränkt. Z.B. erhalten nach § 41 BZRG alle Gerichte Auskunft aus dem BZR, beim Erziehungsregister ist dies auf Straf- und Familiengerichte beschränkt (→ *Bundeszentralregister, Auskunft, Selbstauskunft*, Teil E Rdn 40 ff.

312 **c) Ausländische Stellen** erhalten in dem gleichen Umfang Auskünfte aus dem Erziehungsregister wie entsprechende deutsche Behörden, wenn ihnen durch zwischenstaatliche Vereinbarungen ein Recht auf Auskunftserteilung eingeräumt wird (§ 57 Abs. 1 BZRG; *Götz/Tolzmann*, BZRG, § 61 Rn 14). Fehlt eine solche Vereinbarung, findet § 57 Abs. 2 2 BZRG Anwendung.

313 **d) Ausländerbehörden**, das BAMF und Einbürgerungsbehörden erhalten **keine** Auskunft aus dem Erziehungsregister.

314 **2.** Allerdings führt die Nichtaufnahme bestimmter Behörden in § 61 BZRG nicht zu einem **Verwertungsverbot** für nicht mitteilungsberechtigte Behörden (s. aber → *Bundeszentralregister, Eintragungen, Tilgung, Verwertungsverbot*, Teil E Rdn 156 ff.). Der Umstand, dass die Ausländerbehörde nicht zu den auskunftsberechtigten Stellen gem. § 61 Abs. 1 BZRG zählt, steht ihrer Unterrichtung von Straftaten des Ausländers und deren gerichtlicher Ahndung aufgrund der Spezialvorschrift des § 87 AufenthG sowie der Aufbewahrung und Verwertung dieser Informationen bis zur Tilgung bzw. Tilgungsreife nicht entgegen (BVerwG, Beschl. v. 23.9.2009 – 1 B 16/09, InfAuslR 2009, 447).

3. Suchvermerke – die nach § 62 BZRG nur von Behörden niedergelegt werden können, denen Auskunft aus dem Erziehungsregister erteilt wird – werden in die **Auskunft nicht aufgenommen**. Im Gegensatz zu § 41 Abs. 1 BZRG fehlt nämlich der Hinweis auf Suchvermerke in § 61 BZRG. 315

4. Wenn Behörden Auskünfte sowohl aus dem **BZR** als auch aus dem Erziehungsregister erhalten können, so werden bei einem Antrag nach § 41 Abs. 3 BZRG **gleichzeitig auch** die **Eintragungen** aus dem **Erziehungsregister** übermittelt (§ 61 Abs. 2 BZRG). 316

5. Auskünfte aus dem Erziehungsregister dürfen nach § 61 Abs. 3 BZRG **nicht** an andere als die in Abs. 1 genannten Behörden **weitergeleitet** werden (s. Rdn 310). Die Weiterleitungsmöglichkeit ist daher weiter als bei einer Auskunft nach § 41 BZRG, da § 41 Abs. 3 S. 2 BZRG von den Auskunftsersuchenden fordert, den Zweck, für den die Auskunft benötigt wird, anzugeben. Die Auskunft darf dann auch nur für diesen Zweck verwertet werden (§ 41 Abs. 3 S. 2 BZRG a.E.). Eine solche Einschränkung fehlt in § 61 BZRG. 317

Siehe auch: → *Bundeszentralregister, Allgemeines*, Teil E Rdn 1 ff.; → *Bundeszentralregister, Auskunft, Allgemeines*, Teil E Rdn 16 ff.; → *Bundeszentralregister, Auskunft, Behördenauskunft*, Teil E Rdn 29 ff.; → *Bundeszentralregister, Auskunft, Selbstauskunft*, Teil E Rdn 40 ff.; → *Erziehungsregister, Allgemeines*, Teil E Rdn 292 ff.; → *Erziehungsregister, Löschung*, Teil E Rdn 318 ff.; → *Erziehungsregister, Rechtsschutz*, Teil E Rdn 326 ff.

Erziehungsregister, Löschung 318

Literaturhinweise: S. die Hinw. bei → *Bundeszentralregister, Eintragungen, Tilgung, Allgemeines*, Teil E Rdn 124. 319

1. Im Unterschied zu den umfangreichen Tilgungsregelungen im BZR richtet sich die Entfernung von Eintragungen im Erziehungsregister nach dem **Lebensalter**. Es gibt – anders als im BZR – keine umfangreichen Tilgungs- und Tilgungshemmnisregelungen. Solange im Zentralregister eine **Verurteilung** zu Freiheitsstrafe, Strafarrest, Jugendstrafe oder eine freiheitsentziehende Maßregel der Besserung und Sicherung **eingetragen** ist, werden die **Eintragungen** im Erziehungsregister nicht **entfernt**. Liegt dagegen keine weitere Eintragung vor, werden die bestehenden Eintragungen entfernt, sobald der Betroffene das **24. Lebensjahr** vollendet hat (§ 63 BZRG). 320

☝ Die Entfernungsvorschrift gilt nur für das Erziehungsregister! Erfolgt ein Eintrag in das BZR (z.B. bei einer Jugendstrafe) richtet sich die Tilgung dieses Eintrages aus dem BZR nach den allgemeinen Vorschriften.

Wird wegen Zuwiderhandlung gegen Weisungen oder Auflagen Jugendarrest (**Ungehorsamsarrest** gem. § 11 Abs. 3 JGG) verhängt, ist dieser ist nach § 4 Nr. 1 BZRG nicht in das **BZR** einzutragen; seit 2017 aber in das Erziehungsregister (§ 60 Abs. 1 Nr. 2 BZRG; → *Erziehungsregister, Allgemeines*, Teil C Rdn 232). Er stellt als Ungehorsamsfolge keinen Strafarrest i.S. des § 63 Abs. 2 BZRG dar (BGH, Beschl. v. 1.7.2004 – 3 StR 179/04, StV 2004, 652; Beschl. v. 12.6.2012 – 3 StR 141/12, StRR 2012, 283; Beschl. v. 12.10.2010 – 3 StR 381/10). Insofern hemmt ein verhängter Ungehorsamsarrest die Entfernung nach § 63 Abs. 1 BZRG nicht. 321

2. Die **Entfernung unterbleibt** nach § 63 Abs. 2 BZRG, solange im BZR eine **Verurteilung** zu **Freiheitsstrafe, Strafarrest** oder **Jugendstrafe** oder eine **freiheitsentziehende Maßregel** der **Besserung und Sicherung** eingetragen ist. Die Hemmung wird jedoch nur von Verurteilungen ausgelöst, die vor Erreichen des 24. Lebensjahres verkündet worden sind (*Hase*, BZRG, § 63 Rn 2; *Götz/Tolzmann*, BZRG, § 63 Rn 9). Wenn der Angeklagte vor Urteilsverkündung das 24. Lebensjahr vollendet hat, können die Eintragungen im Erziehungsregister nicht mehr verwertet werden, auch wenn er zum Tatzeitpunkt noch 23 Jahre alt war (BGH, Beschl. v. 12.10.2010 – 3 StR 381/10). Dies gilt auch für die Rechtsmittelinstanz, denn das Berufungsgericht darf eine frühere Verurteilung nicht zum Nachteil des Angeklagten verwerten, wenn deren Eintragung im Bundeszentralregister nach Verkündung des 322 erstinstanzlichen Urteils tilgungsreif geworden ist (OLG Stuttgart, Beschl. v. 30.10.1984 – 3 Ss (13) 406/84, MDR 1985, 431).

323 Hat der Betroffene das **24. Lebensjahr** vollendet und liegen keine weiteren Eintragungen i.S.v. § 63 Abs. 2 BZRG vor, so sind **alle Eintragungen** im Erziehungsregister **tilgungsreif** (§ 63 Abs. 1 BZRG) und dürfen nicht mehr zum Nachteil des Angeklagten verwertet werden (§ 63 Abs. 4 i.V.m. § 51 Abs. 1 BZRG; BGH, Beschl. v. 1.7.2004 – 3 StR 179/04, StV 2004, 652; Beschl. v. 28.1.2009 – 5 StR 606/08, StraFo 2009, 161; Beschl. v. 12.2.2013 – 5 StR 26/13).

☝ Wird der Mandant vor Urteilsverkündung 24 Jahre alt, ist immer an ein **Verwertungsverbot** wegen der Eintragungen im Erziehungsregister zu denken.

324 **3.** Auch für das Erziehungsregister gilt die **Überliegefrist** (§ 59 i.V.m. § 45 Abs. 2 BZRG).

325 **4.** Anders als bei der Entfernung von Eintragungen gem. § 24 BZRG gelten für die Entfernung gem. § 63 BZRG die §§ 51, 52 BZRG entsprechend (→ *Bundeszentralregister, Eintragungen, Tilgung, Verwertungsverbot*, Teil E Rdn 156). Getilgte Vorverurteilungen dürfen auch nicht als **Beweisindiz** für eine nachteilige Würdigung der Persönlichkeit des Angeklagten verwertet werden (BGH, Beschl. v. 20.3.1990 – 4 StR 87/90, StV 1990, 340).

Siehe auch: → *Bundeszentralregister, Eintragungen, Tilgung, Allgemeines*, Teil E Rdn 123 m.w.N.; → *Erziehungsregister, Allgemeines*, Teil E Rdn 292.

326 Erziehungsregister, Rechtsschutz

327 **Literaturhinweise:** S. die Hinw. bei → *Bundeszentralregister, Maßnahmen der Registerbehörden, Rechtsschutz*, Teil E Rdn 280.

328 **1.** Nach § 63 Abs. 3 BZRG kann die Registerbehörde auf Antrag (oder von Amts wegen) anordnen, dass **Eintragungen vorzeitig entfernt** werden, wenn die Vollstreckung erledigt ist und das öffentliche Interesse einer solchen Anordnung nicht entgegensteht. Wie bei der Entfernung auf Anordnung nach § 25 BZRG ist auch hier der Registerbehörde bei ihrer Entscheidung ein Ermessen eingeräumt. Im Übrigen orientiert sich die Regelung an § 49 Abs. 1 BZRG (→ *Bundeszentralregister, Eintragungen, Registervergünstigungen*, Teil E Rdn 105 ff.).

329 **2.** Wie beim Zentralregister ist das öffentliche Interesse an einem Verbleib der Eintragung gegen das Interesse des Betroffenen an einer vorzeitigen Entfernung **abzuwägen**. Da der Kreis der Auskunftsberechtigten eingeschränkt ist, soll der Anwendungsbereich noch enger sein, als bei vorzeitigen Tilgungen nach § 49 Abs. 1 BZRG, da z.B. berufliche Nachteile nicht zu befürchten seien (*Hase*, BZRG, § 63 Rn 3; *Götz/Tolzmann*, BZRG, § 63 Rn 13).

330 **3.** Für die **Beschwerdemöglichkeit** wird auf § 49 Abs. 3 BZRG verwiesen.

331 **4.** Wird wegen einer Jugendstrafe eine **Tilgungsanordnung nach § 49 BZRG beantragt**, ist der Antrag in der Regel zunächst dem nach § 98 JGG zuständigen Jugendrichter vorzulegen, damit dieser prüfen kann, ob die Beseitigung des Strafmakels durch Richterspruch angebracht ist (§ 15 BZRGVwV). Wird der Strafmakel entfernt, gilt der Antrag als erledigt (→ *Jugendliche, Vollstreckung, Strafmakel, Beseitigung*, Teil B Rdn 908 ff.).

Siehe auch: → *Bundeszentralregister, Maßnahmen der Registerbehörden, Rechtsschutz*, Teil E Rdn 279; → *Erziehungsregister, Allgemeines*, Teil E Rdn 292 m.w.N.

Fahreignungsregister, Allgemeines 332

Das Wichtigste in Kürze:

1. Das beim Kraftfahrt-Bundesamt (KBA) in Flensburg geführte Fahreignungsregister (FAER) (bis 30.4.2014: Verkehrszentralregister) dient insbesondere der Ahndung und Überwachung von Personen, die mehrfach wegen Verkehrsverstößen auffällig geworden sind.
2. Das FAER wird nach § 28 Abs. 2 StVG zur Erfassung von fahrerlaubnisrechtlich relevanten Daten geführt. Zu dem in § 28 Abs. 2 StVG genannten Zweck werden im Fahreignungsregister u.a. strafgerichtliche Entscheidungen gespeichert.
3. § 28 Abs. 3 StVG i.V.m. § 59 FeV bestimmen, welche Inhalte im FAER einzutragen sind. Bei einer strafrechtlichen Verurteilung bzw. Ahndung durch Strafbefehl differenziert § 28 Abs. 3 Nr. 1 StVG i.V.m. Anlage 13 zu § 40 FeV zwischen zwei Deliktsgruppen.
4. Im Rahmen der Ahndung einer bußgeldbewehrten Ordnungswidrigkeit ist die Eintragung des Verstoßes zunächst davon abhängig, ob der zur Anwendung kommende Tatbestand in der Anlage 13 zu § 40 FeV aufgeführt ist.
5. Gerichte, StA und Behörden haben die Verpflichtung, alle nach § 28 Abs. 3 StVG im FAER zu speichernden Daten dem KBA unverzüglich zu melden.
6. Meldungen an das FAER oder die jeweiligen Eintragungen durch das KBA stellen keine Verwaltungsakte dar.

Literaturhinweise: **Albrecht**, Das neue Fahreignungsregister für Mehrfachtäter, DAR 2013, 13; *ders.*, Die VZR-Reform und andere Neuregelungen des Straßenverkehrsgesetzes 2013, SVR 2013, 441; *ders.*, Das neue Fahreignungsbewertungssystem – eine Bilanz nach 5 Jahren, DAR 2019, 129; **Albrecht/Kehr**, Die Reform des Verkehrszentralregisters, DAR 2013, 437; **Barthelmess**, Verkehrssicherheit, Fahreignung und Mehrfachtäter, NZV 2013, 521; **Borzym**, Das neue Fahreignungsregister, SVR 2013, 167; **Brandmair**, Rechtskraft von Ahndungen und Rechtswirkung des Fahreignungsregisters bei Entzug der Fahrerlaubnis, NZV 2023, 191; **Burhoff**, Vorgesehene Neuregelungen im Rahmen der Einführung des Fahreignungsregisters (FAER), VRR 2012, 99; *ders.*, Punktereform 2014: Fahreignungs-Bewertungssystem und Übergangsregelungen, VA 2014, 69; *ders.*, Das (neue) Fahreignungsregister und Fahreignungsbewertungssystem in einem ersten Überblick, ZAP F 9, S. 855; **Dauer**, Reform des Punktesystems: Bewertung der Vorschläge, NZV 2013, 209; **Fromm**, Zur Punktebewertung nach dem neuen Fahreignungsregister, SVR 2014, 46; *ders.*, Zur Überprüfbarkeit der Punktebewertung im Bußgeld- und Verkehrsverwaltungsverfahren; *ders.*, Eignungsmängel nach der Begehung von Ordnungswidrigkeiten abseits des Punktsystems?, DAR 2025, 169; **Funke**, Die Reform des Punktesystems: Das neue Fahreignungsregister, NZV 2013, 1; **Gübner**, Fahreignungsregister und Fahreignungsbewertungssystem – Teil 1, VRR 2014, 53; *ders.*, Fahreignungsregister und Fahreignungsbewertungssystem – Teil 2, VRR 2014, 89; **Koehl**, Die Systematik des Fahreignungs-Bewertungssystems, NJW 2018, 1281; *ders.*, Punktereform auf dem Prüfstand, DAR 2019, 15; *ders.*, Entziehung der Fahrerlaubnis nach dem Punktsystem, SVR 2020, 131; **Krumm**, Die Auswirkungen des neuen Fahreignungsregisters auf das Straf- und Bußgeldverfahren – eine erste (subjektive) Einschätzung, DAR 2012, 6; *ders.*, Punkte und Fahreignungsregister in zehn Schritten, NJW 2019, 1730; *ders.*, Fahreignungsregister und Punkte, SVT 2025, 375; **Müller**, Das Fahreignungsseminar – ein Überblick, SVR 2015, 241; **Pießkalla**, Freie Fahrt für Kiffer mit Wohnsitz im EU-Ausland?, VRR 2014, 368 ff.; *ders.*, Maßnahmen nach dem Fahreignungs-Bewertungssystem (§ 4 StVG) bei verzögerten Meldungen an die Fahrerlaubnisbehörde: Eine Frage des Zufalls?, NZV 2017, 261 ff.; *ders.*, Freie Fahrt für Kiffer mit Wohnsitz im EU-Ausland?, VRR 2014, 368 ff.; **Pießkalla/DeVol**, Die Fahrerlaubnis in der anwaltlichen Beratung, 7. Aufl. 2025; **Plate**, Überleitung von Maßnahmen nach dem alten Punktesystem in das neue Fahreignungs-Bewertungssystem und anschließende Anwendung des Fahreignungs-Bewertungssystems, DAR 2014, 565; **Reisert**, Adieu Verkehrszentralregister – Bonjour Fahreignungsregister, ZFS 2012, 544; *dies.*, Das neue Fahreignungsregister, ZFS 2014, 249; **Schubert**, Die Reform des Punktesystems im Gesetzgebungsverfahren, SVR 2013, 1; **Weber**, Zur Entziehung der Fahrerlaubnis wegen zahlreicher Verkehrsverstöße ohne Erfassung im Fahreignungsregister, NZV 2023, 402; siehe auch → *Fahreignungsregister, Auskunft*, Teil E Rdn 347; → *Fahreignungsregister, Fahreignungs-Bewertungssystem*, Teil E Rdn 358; → *Fahreignungsregister, Rechtsschutz*, Teil E Rdn 390; → *Fahreignungsregister, Tilgung und Löschung*, Teil E Rdn 400; *Teil E: Fahrerlaubnisregister*, Rdn 429. 333

1. Die **Ablösung** des **Verkehrszentralregisters** (VZR) durch das **Fahreignungsregister (FAER)** zum 1.5.2014 geht auf Art. 1 des Fünften Gesetzes zur Änderung des Straßenverkehrsgesetzes und anderer 334

Gesetze vom 28.8.2013 zurück (BGBl I, S. 3313). Ziel war es, den eigentlichen Zweck des Registers, die Identifizierung ungeeigneter Verkehrsteilnehmer (Mehrfachtäter), wieder in den Vordergrund zu stellen. Im Zuge der Neukodifizierung wurde das im VZR verwendete Punktesystem durch das neue **Fahreignungs-Bewertungssystem** (§ 4 StVG) ersetzt, die Bepunktung von Verkehrsdelikten verändert und die Regelungen zur Tilgung und Löschung vereinfacht. Zuständig für die Führung des FAER ist nach § 28 Abs. 1 StVG das in Flensburg ansässige **Kraftfahrt-Bundesamt** (KBA), eine dem Bundesministerium für Verkehr unterstellte Bundesoberbehörde. Das KBA führt neben dem FAER auch das hiervon zu unterscheidende **Zentrale Fahrerlaubnisregister** (ZFER) (→ *Fahrerlaubnisregister*, Teil E Rdn 431) und das **Zentrale Fahrzeugregister** (ZFZR).

335 **2.a)** Das FAER wird nach § 28 Abs. 2 StVG geführt zur Erfassung von Daten, die erforderlich sind

- für die **Beurteilung der Fahreignung von Personen** bzw. deren Eignung, einen Kraftfahrzeugführer gemäß §§ 48a ff. FeV zu begleiten (§ 28 Abs. 2 Nr. 1 StVG),
- für die Prüfung der Berechtigung zum Führen von Fahrzeugen, insbesondere also die Überwachung von **Fahrverboten** und **Maßnahmen der Fahrerlaubnisentziehung** (§ 28 Abs. 2 Nr. 2 StVG),
- für die **Ahndung von Zuwiderhandlungen gegen straßenverkehrsrechtliche Straf- und Ordnungswidrigkeitentatbestände** (§ 28 Abs. 2 Nr. 3 StVG) durch Mehrfachtäter sowie
- für die Beurteilung von Personen im Hinblick auf ihre Zuverlässigkeit bei der Wahrnehmung der ihnen durch Gesetz, Satzung oder Vertrag übertragenen Verantwortung für die Einhaltung der zur Sicherheit im Straßenverkehr bestehenden Vorschriften (§ 28 Abs. 2 Nr. 4 StVG).

☝ Die von § 28 Abs. 2 StVG vorgegebene Zweckbestimmung ist **abschließend**.

336 **b)** Zu dem in § 28 Abs. 2 StVG genannten Zweck werden im Fahreignungsregister **gespeichert:**

- **Rechtskräftige strafgerichtliche Entscheidungen** wegen einer Straftat, die in der Anlage 13 zu § 40 FeV bezeichnet ist, soweit sie auf Strafe, Verwarnung mit Strafvorbehalt erkennen oder einen Schuldspruch enthalten (§ 28 Abs. 3 Nr. 1 StVG)
- **Rechtskräftige strafgerichtliche Entscheidungen** in den von § 28 Abs. 3 Nr. 1 StVG nicht erfassten Fällen, wenn die Entziehung der Fahrerlaubnis, eine isolierte Sperre oder ein Fahrverbot angeordnet wird (§ 28 Abs. 3 Nr. 2 StVG),
- **Entscheidungen der Strafgerichte**, die die vorläufige Entziehung der Fahrerlaubnis anordnen (§ 28 Abs. 3 Nr. 2 StVG),
- **Rechtskräftige** behördliche oder gerichtliche **Entscheidungen** wegen einer **Ordnungswidrigkeit** nach den **§§ 24, 24a oder § 24c StVG**, soweit sie in der Anlage 13 zu § 40 FeV bezeichnet ist und gegen den Betroffenen ein Fahrverbot nach § 25 StVG angeordnet (§ 28 Abs. 3 Nr. 3 Buchst. a) aa) StVG) oder wenn eine Geldbuße von mindestens 60,00 EUR festgesetzt worden ist und § 28a StVG nichts anderes bestimmt (§ 28 Abs. 3 Nr. 3 Buchst. a) bb) StVG),
- **Rechtskräftige** behördliche oder gerichtliche **Entscheidungen** wegen einer **nicht in Anlage 13 zu § 40 FeV aufgeführten Ordnungswidrigkeit** nach den §§ 24, 24a oder § 24c, bei denen ein **Fahrverbot** angeordnet worden ist (§ 28 Abs. 3 Nr. 3 Buchst. b) StVG),
- rechtskräftige Entscheidungen wegen bestimmter Verstöße gegen § 10 des **Gefahrgutbeförderungsgesetzes** (§ 28 Abs. 3 Nr. 3 Buchst. c) StVG),
- **unanfechtbare** oder **sofort vollziehbare behördliche Verbote oder Beschränkungen**, ein fahrerlaubnisfreies Fahrzeug zu führen (§ 28 Abs. 3 Nr. 4 StVG),
- **unanfechtbare** behördliche Versagungen einer Fahrerlaubnis (§ 28 Abs. 3 Nr. 5 StVG),
- **unanfechtbare oder sofort vollziehbare** behördliche **Entziehungen, Widerrufe, Aberkennungen** oder **Rücknahmen** einer Fahrerlaubnis oder die **Feststellung** über die fehlende Berechtigung, von der Fahrerlaubnis im Inland Gebrauch zu machen (§ 28 Abs. 3 Nr. 6 StVG),
- **Verzichte** auf die **Fahrerlaubnis** (§ 28 Abs. 3 Nr. 7 StVG),

- **unanfechtbare Ablehnungen** eines Antrags auf Verlängerung der Geltungsdauer einer Fahrerlaubnis (§ 28 Abs. 3 Nr. 8 StVG),
- **Beschlagnahme**, **Sicherstellung** oder **Verwahrung von Führerscheinen** nach § 94 StPO (§ 28 Abs. 3 Nr. 9 StVG),
- Maßnahmen der Fahrerlaubnisbehörde nach § 2a Abs. 2 S. 1 Nr. 1 und 2 StVG gegenüber Inhabern einer **Fahrerlaubnis auf Probe** und **Ermahnungen sowie Verwarnungen** nach dem **Fahreignungs-Bewertungssystem** gemäß § 4 Abs. 5 S. 1 Nr. 1 und 2 StVG (§ 28 Abs. 3 Nr. 11 StVG),
- die **Teilnahme** an einem **Aufbauseminar**, an einem besonderen Aufbauseminar und an einer verkehrspsychologischen Beratung, soweit dies für die Anwendung der Regelungen der Fahrerlaubnis auf Probe (§ 2a StVG) erforderlich ist (§ 28 Abs. 3 Nr. 12 StVG),
- die **Teilnahme** an einem **Fahreignungsseminar** (§ 4a StVG), soweit dies für die Anwendung der Regelungen des Fahreignungs-Bewertungssystems (§ 4 StVG) erforderlich ist (§ 28 Abs. 3 Nr. 13 StVG) sowie
- **Entscheidungen** oder **Änderungen**, die sich auf eine der **vorgenannten Eintragungen beziehen** (§ 28 Abs. 3 Nr. 14 StVG).

3.a) Bei einer **strafrechtlichen Verurteilung** bzw. Ahndung durch Strafbefehl differenziert **§ 28 Abs. 3 Nr. 1 StVG** i.V.m. Anlage 13 zu § 40 FeV zwischen **zwei Deliktsgruppen**: Der Schuldspruch in Bezug auf Delikte der ersten Gruppe (Katalogtaten aus Anlage 13 zu § 40 FeV) führt unabhängig von den ausgeurteilten Rechtsfolgen zur Eintragung im FAER, während bei der zweiten Gruppe die Eintragung nur stattfindet, wenn ein Fahrverbot angeordnet, die Fahrerlaubnis entzogen (§ 69 StGB) oder eine isolierte Sperrfrist für die Fahrerlaubniserteilung angeordnet wird (§ 69a Abs. 1 S. 2 StGB). In beiden Fällen kommt es zur Eintragung von Punkten nach dem Fahreignungs-Bewertungssystem (→ *Fahreignungsregister, Fahreignungs-Bewertungssystem*, Teil E Rdn 366 f.). 337

Zu **ersten Gruppe** gehören folgende Delikte: 338

- Unerlaubtes Entfernen vom Unfallort (§ 142 StGB),
- Gefährlicher Eingriff in den Straßenverkehr (§ 315b StGB),
- Gefährdung des Straßenverkehrs (§ 315c StGB),
- Verbotene Kraftfahrzeugrennen (§ 315d StGB),
- Trunkenheit im Verkehr (§ 316 StGB) und
- Führen, Anordnen oder Zulassen des Führens eines Kraftfahrzeugs ohne Fahrerlaubnis, trotz Fahrverbots oder trotz Verwahrung, Sicherstellung oder Beschlagnahme des Führerscheins (§ 21 StVG).

☝ Sieht das Gericht bei Delikten der ersten Gruppe, bei denen es nach § 69 Abs. 2 StGB im Regelfall zur Entziehung der Fahrerlaubnis und Anordnung einer Wiedererteilungssperrfrist kommt (§§ 69, 69a StGB), trotz Schuldspruchs von der Maßregel der Entziehung ab, ist die Verurteilung dennoch in das FAER einzutragen. Gerade beim unerlaubten Entfernen vom Unfallort kann daher selbst bei **Bagatellschäden** – die Entziehung der Fahrerlaubnis scheidet auch hier im Regelfall aus (§ 69 Abs. 2 Nr. 3 StGB) – eine Eintragung nicht verhindert werden.

Die **zweite Gruppe** bilden folgende Straftatbestände: 339

- Fahrlässige Tötung (§ 222 StGB),
- Fahrlässige Körperverletzung (§ 229 StGB),
- Nötigung (§ 240 StGB),
- Gefährliche Eingriffe in den Bahn-, Schiffs- und Luftverkehr (§ 315 StGB), Vollrausch (§ 323a StGB),
- Unterlassene Hilfeleistung (§ 323c StGB) und
- Kennzeichenmissbrauch (§ 22 StVG).

☝ In der **ersten Deliktsgruppe** ist eine **Eintragung** im FAER bei einem Schuldspruch **unvermeidbar**, wohingegen es in der **zweiten** Deliktsgruppe maßgeblich darauf ankommt, ob das Gericht eine **Nebenfolge/Maßregel** anordnet oder nicht.

340 **b)** Soweit **§ 28 Abs. 3 Nr. 2 StVG** zur Anwendung kommt, wird eine Straftat nur eingetragen, wenn sie zur **Entziehung** der **Fahrerlaubnis**, einem **Fahrverbot** oder zu einer **isolierten Sperre** führt. Die Regelung dient der Überwachung der genannten Maßnahmen.

☝ Kommt es bei einer Verurteilung (z.B.) wegen schweren Raubes (§ 250 Abs. 1 Nr. 1 Buchst c) StGB), bei der zusätzlich ein **Pkw** als **Fluchtmittel** genutzt wurde, zu einer Entziehung der Fahrerlaubnis (§§ 69, 69a StGB), so ist, wenn Katalogverstöße i.S.d. Anlage 13 zu § 40 FeV nicht nachweisbar sind, § 28 Abs. 3 Nr. 1 StVG unanwendbar, da der zur Anwendung kommende Strafvorschrift dort nicht aufgeführt ist. Gleichwohl wird die Entziehung der Fahrerlaubnis nach § 28 Abs. 3 Nr. 2 StVG im FAER eingetragen, um den zuständigen Behörden deren Überwachung zu ermöglichen.

341 **c)** Bei den einzutragenden Straftaten ist zwischen **Tateinheit** (§ 52 StGB) und **Tatmehrheit** (§ 53 StGB) zu **unterscheiden**. Es gilt:

- Wird durch dieselbe Handlung der Tatbestand mehrerer Strafgesetze verwirklicht (**Tateinheit**) und treffen hierbei eintragungspflichtige und nicht eintragungspflichtige Tatbestände zusammen, wird nach § 59 Abs. 3 FeV nur die eintragungspflichtige Tat mit deren Folgen in das FAER eingetragen. Zusätzlich wird der Eintrag durch den Hinweis ergänzt, dass sich der Straf- und Rechtsfolgenausspruch auch auf nicht eintragungspflichtige Tatbestände erstreckt.
- Liegt **Tatmehrheit** vor, werden lediglich die eintragungspflichtigen Tatbestände mit ihren Einzelstrafen erfasst, ergänzt um den Hinweis, dass eine Gesamtstrafenbildung erfolgt ist.
- Eine Besonderheit gilt bei **einheitlichen Jugendstrafen** (§ 31 JGG): Hier zwar wird die Verurteilung wegen eintragungspflichtiger Straftaten erfasst (z.B. Trunkenheit im Verkehr, § 316 StGB), die Höhe der verhängten Jugendstrafe erscheint im FAER hingegen nicht.

342 **4.a)** Im Rahmen der Ahndung einer bußgeldbewehrten **Ordnungswidrigkeit** ist die Eintragung des Verstoßes zunächst davon abhängig, ob der zur Anwendung kommende Tatbestand in der **Anlage 13 zu § 40 FeV** aufgeführt ist. Die Liste führt die im Zusammenhang mit dem Fahreignungs-Bewertungssystem (→ *Fahreignungsregister, Fahreignungs-Bewertungssystem*, Teil E Rdn 358) mit Punkteeintragungen verbundenen Ordnungswidrigkeiten abschließend auf.

343 **b)** Eine Ahndung wird zum einen dann in das FAER eingetragen, wenn eine **Geldbuße** von **mindestens 60,00 EUR** gegen den Betroffenen verhängt wird. Wird die Geldbuße von 60,00 EUR nur wegen der wirtschaftlichen Verhältnisse des Betroffenen unterschritten (§ 28a StVG), kommt es für die Beurteilung der Frage, ob eine Eintragung erfolgt, auf den Regelsatz der Geldbuße nach dem Bußgeldkatalog (§ 26a StVG, BKatV) an. Ebenso kommt es bei einer Überschreitung des Regelsatzes auf über 60,00 EUR nur wegen der wirtschaftlichen Verhältnisse des Betroffenen zu keinem Punkteeintrag. Um sicher zu stellen, dass die Nutzer der im FAER eingetragenen Daten keinen Irrtümern unterliegen, ist die Anwendung des § 28a StVG in der Eintragung zu vermerken.

344 **c) Unabhängig** von der **Höhe** der Geldbuße erfolgt eine Eintragung, wenn ein **Fahrverbot** verhängt wird (§ 28 Abs. 3 Nr. 3 Buchst a) aa) und Buchst. b) StVG). Die Eintragung dient hier dem Zweck der Überwachung.

345 **d)** Bei Zusammentreffen eintragungspflichtiger und nicht eintragungspflichtiger Tatbestände bei **Tateinheit** wird nach § 59 Abs. 4 FeV nur die eintragungspflichtige Tat mit deren Folgen eingetragen. Zusätzlich wird im FAER vermerkt, dass sich die Geldbuße auch auf nicht eintragungspflichtige Tatbestände erstreckt. Liegt **Tatmehrheit** vor, werden lediglich die eintragungspflichtigen Teile eingetragen (§ 59 Abs. 4 S. 2 FeV).

5. Gerichte, StA und **Behörden** haben die Verpflichtung, alle nach § 28 Abs. 3 StVG im FAER zu speichernden Daten dem KBA **unverzüglich zu melden** (§ 28 Abs. 4 StVG). Ebenso sind mitzuteilen solche Daten, die zu einer Änderung oder Löschung der im FAER gespeicherten Eintragungen führen. Die Meldungen an das KBA stellen, ebenso wie die Eintragungen durch das KBA, **keine Verwaltungsakte** i.S.d. § 35 VwVfG dar (BVerwG NJW 2007, 1299). Nach zutreffender Auffassung haben die Eintragungen im FAER weder regelnde noch unmittelbare Rechtswirkung nach außen, sondern dienen lediglich als Tatsachengrundlage für behördliche Entscheidungen (→ *Fahreignungsregister, Rechtsschutz*, Teil E Rdn 392). Das KBA prüft bei der Eintragung auch nicht, ob die gemeldeten Entscheidungen ergangen oder in Rechtskraft erwachsen sind. Die Mitteilung erfolgt im Rahmen automatisierter Verfahren über Telekommunikationsnetze (→ *Fahreignungsregister, Auskunft*, Teil E Rdn 352). 346

Siehe auch: → *Fahrerlaubnis, Entziehung, Allgemeines,* Teil A Rdn 444 m.w.N.; → *Fahreignungsregister, Auskunft*, Teil E Rdn 347; → *Fahreignungsregister, Fahreignungs-Bewertungssystem*, Teil E Rdn 358; → *Fahreignungsregister, Rechtsschutz*, Teil E Rdn 390; → *Fahreignungsregister, Tilgung und Löschung von Eintragungen*, Teil E Rdn 400; → *Fahrerlaubnisregister*, Teil E Rdn 429; → *Fahrerlaubnisrecht, Allgemeines,* Teil H Rdn 537 m.w.N.; → *Verwaltungsverfahren, Abrechnung*, Teil J Rdn 467.

Fahreignungsregister, Auskunft 347

Das Wichtigste in Kürze:

1. Der Kreis von Auskunftsberechtigten und die im Rahmen von Auskunftsverlangen zu übermittelnden Daten ergeben sich aus § 30 StVG.
2. Die Auskunft erfolgt gem. § 30 Abs. 9 S. 1 StVG im Regelfall nur auf Ersuchen der berechtigten Stelle. Etwas anderes gilt, wenn das KBA als Registerbehörde zur Erteilung von Auskünften von Amts wegen verpflichtet ist.
3. Die auskunftsberechtigten Stellen sind in § 30 Abs. 1 – 5, Abs. 7 und Abs. 10 StVG abschließend aufgeführt.
4. Auch eine Nutzung der im FAER gespeicherten Daten zu wissenschaftlichen und statistischen Zwecken ist in anonymisierter Form zulässig.
5. Der Betroffene kann jederzeit über die zu seiner Person gespeicherten Daten unentgeltliche Auskunft verlangen (§ 30 Abs. 8 StVG). Der Inhalt der Auskunft entfaltet für nachfolgende Maßnahmen der Fahrerlaubnisbehörde keine Bindungswirkung.

Literaturhinweise: S. die Hinweise bei → *Fahreignungsregister, Allgemeines,* Teil E Rdn 332. 348

1. Der Kreis von **Auskunftsberechtigten** und die im Rahmen von Auskunftsverlangen zu übermittelnden Daten aus dem FAER ergeben sich aus § 30 StVG. Die Vorschrift ist nach der bereits zum Verkehrszentralregister ergangenen Rspr. **eng auszulegen** (BVerwG NJW 1977, 1075). Diese Auslegung entspricht am ehesten dem Prinzip der Datensparsamkeit des Datenschutzrechts (DSGVO). 349

2.a) Datenübermittlungen erfolgen gem. § 30 Abs. 9 S. 1 StVG im Regelfall nur **auf Ersuchen** der berechtigten Stelle. Etwas anderes gilt, wenn das KBA als Registerbehörde zur Erteilung von Auskünften von Amts wegen verpflichtet ist: Das ist der Fall, wenn ein Fahrerlaubnisinhaber die in § 4 Abs. 5 StVG für Maßnahmen nach dem Fahreignungs-Bewertungssystem vorgesehene Punktezahl erreicht hat (§ 4 Abs. 8 StVG). 350

☝ Das KBA erteilt **von Amts wegen** Auskunft an die **zuständige Fahrerlaubnisbehörde**, wenn der Punktestand die Eingriffsschwellen für eine Ermahnung (4 oder 5 Punkte), eine Verwarnung (6 oder 7 Punkte) oder die Entziehung der Fahrerlaubnis erreicht hat (8 oder mehr Punkte (→ *Fahreignungsregister, Fahreignungs-Bewertungssystem*, Teil E Rdn 375 ff.

351 Die **Verantwortung** für die **Zulässigkeit** der **Auskunft** trägt im Fall von Auskunftsersuchen die **anfragende Stelle**, das KBA prüft hier lediglich, ob die Anfrage im Rahmen der Zuständigkeit des Empfängers liegt § 30 Abs. 9 S. 4 StVG), bei Auskünften von Amts wegen das KBA (§ 30 Abs. 9 S. 2, 3 StVG).

352 **b)** Das Auskunftsersuchen erfolgt, soweit keine **Direkteinstellung** oder ein **Abruf** im **automatisierten Verfahren** nach § 30a StVG stattfindet, entweder durch **automatisierte Anfragen** oder mittels **maschinell-optisch lesbarer Vorlagen**. Eine Anfrage in mündlicher oder fernschriftlicher Form (z.B. Telex, Telefax) ist unzulässig; gleiches gilt für Anfragen per E-Mail. Anfragen unter Nutzung maschinell-optisch lesbarer Vorlagen werden schriftlich beantwortet, im Übrigen erfolgt die Auskunft automatisiert über **Datennetze** (§ 3 VwV VZR). Eine Auskunftserteilung per Telefax ist nur im Ausnahmefall zulässig, mündliche Auskünfte oder solche per E-Mail sind unzulässig.

353 **3.a)** Die **auskunftsberechtigten Stellen** sind in § 30 Abs. 1 – 5, Abs. 7 und Abs. 10 StVG **abschließend** aufgeführt. Es gilt eine strenge Zweckbindung, d.h. die Datenübermittlung und Verwendung zu anderen als den in § 30 StVG aufgeführten Zwecken ist unzulässig. Eine Verletzung dieser Zweckbindung kann **Amtshaftungsansprüche** auslösen. Werden Auskünfte in zulässiger Weise erteilt, darf die anfragende (inländische) Stelle die erteilten Auskünfte auch für andere berechtigte Zwecke nutzen (§ 30 Abs. 6 S. 1, 2 StVG).

354 **b)** Im Einzelnen **erlaubt** § 30 StVG Auskunftsersuchen beim KBA durch Stellen, die **zuständig** sind

- für die Verfolgung, die **Vollstreckung** und den **Vollzug** von **Straftaten** (§ 30 Abs. 1 Nr. 1 StVG), soweit dies für die Zwecke des § 28 Abs. 2 StVG erforderlich ist (z.B. Gerichte und Staatsanwaltschaften);
- für die **Verfolgung** von **Ordnungswidrigkeiten** und die Vollstreckung von Bußgeldbescheiden und ihren Nebenfolgen (§ 30 Abs. 1 Nr. 2 StVG), soweit dies für die Zwecke des § 28 Abs. 2 StVG erforderlich ist;
- für **Verwaltungsmaßnahmen** nach dem **StVG**, der **StVO** und der **FeV** (§ 30 Abs. 1 Nr. 3 StVG), soweit dies für die Zwecke des § 28 Abs. 2 StVG erforderlich ist;
- für **Verwaltungsmaßnahmen** aufgrund des **GGBefG**, des **FahrlG**, des **PBefG**, der gesetzlichen Bestimmungen über die Notfallrettung und den Krankentransport, des GüKG einschließlich der VO (EWG) Nr. 881/92 des Rates vom 26.3.1992 (ABl EG Nr. L 95, S. 1), des **FPersG** oder der aufgrund dieser Gesetze erlassenen Rechtsvorschriften, soweit dies für die Erfüllung der diesen Stellen obliegenden Aufgaben zu den in § 28 Abs. 2 Nr. 2 und 4 StVG genannten Zwecken erforderlich ist (§ 30 Abs. 2 StVG);
- für **Verkehrs**- und **Grenzkontrollen**, soweit dies zu dem in § 28 Abs. 2 Nr. 2 StVG genannten Zweck erforderlich ist (§ 30 Abs. 3 StVG);
- für die **Erteilung**, **Verlängerung**, **Erneuerung**, Rücknahme oder den Widerruf einer Erlaubnis für **Luftfahrer** oder sonstiges Luftfahrpersonal nach den Vorschriften des LuftVG oder der aufgrund dieses Gesetzes erlassenen Rechtsvorschriften, soweit dies für die genannten Maßnahmen erforderlich ist (§ 30 Abs. 4 StVG).
- für die Erteilung, den Entzug oder das Anordnen des Ruhens von Befähigungszeugnissen und Erlaubnissen für **Kapitäne**, **Schiffsoffiziere** oder sonstige **Seeleute** nach den Vorschriften des Seemannsgesetzes und des Seeaufgabengesetzes und für Schiffs- und Sportbootführer und sonstige Besatzungsmitglieder nach dem Seeaufgabengesetz oder dem Binnenschifffahrtsaufgabengesetz oder der aufgrund dieser Gesetze erlassenen Rechtsvorschriften, soweit dies für die genannten Maßnahmen erforderlich ist (§ 30 Abs. 4a StVG),
- für die Erteilung, Aussetzung, Einschränkung und Entziehung des **Triebfahrzeugführerscheins** aufgrund des AEG oder der aufgrund dieses Gesetzes erlassenen Rechtsvorschriften, soweit die Eintragungen für die dortige Prüfung der Voraussetzungen für die Erteilung, Aussetzung, Einschränkung und Entziehung des Triebfahrzeugführerscheins erforderlich sind (§ 30 Abs. 4b StVG),
- zu **wissenschaftlichen Zwecken** (§ 30 Abs. 5 StVG) sowie

- an zuständigen Stellen der **Mitgliedstaaten** der **Europäischen Union** in den Fallgruppen des (§ 30 Abs. 10 StVG (bestandskräftige bzw. unanfechtbare Entscheidungen in Bezug auf EU-Fahrerlaubnisse anderer Mitgliedstaaten.

☝ Die innerstaatlich in elektronischer Form gestellten Anfragen an das FAER werden unter Nutzung des **Zentralen Verkehrsinformationssystems** (ZEVIS) bearbeitet.

c) Nach § 30 Abs. 7 StVG ist eine Auskunftserteilung ferner **zulässig** an **zuständige Stellen anderer Staaten**, soweit dies erforderlich ist 355

- für **Verwaltungsmaßnahmen** auf dem Gebiet des **Straßenverkehrs** (§ 30 Abs. 7 S. 1 Nr. 1 StVG),
- zur Verfolgung von **Zuwiderhandlungen** gegen **straßenverkehrsrechtliche Vorschriften** (§ 30 Abs. 7 S. 1 Nr. 2 StVG) oder
- zur Verfolgung von **Straftaten**, die im **Zusammenhang** mit dem **Straßenverkehr** oder sonst mit **Kraftfahrzeugen**, Anhängern oder **Fahrzeugpapieren**, Fahrerlaubnissen oder **Führerscheinen** stehen (§ 30 Abs. 7 S. 1 Nr. 3 StVG).

Die Übermittlung darf keine **schutzwürdigen Interessen** des **Betroffenen** (z.B. Wahrung des Datenschutzes) **beeinträchtigen**, d.h. die Übermittlung hat zu unterbleiben, wenn im anfragenden Staat kein angemessener Datenschutzstandard gewährleistet ist (§ 30 Abs. 7 S. 2, 3 StVG); Maßstab dürfte hier die DSGVO sein. Der Empfängerstaat ist darauf hinzuweisen, dass die Daten nur zu dem Zweck verwendet werden dürfen, zu dessen Erfüllung sie übermittelt wurden: § 30 Abs. 6 S. 2 StVG findet bei der Übermittlung in das Ausland keine Anwendung. 356

5. Der Betroffene kann jederzeit Auskunft über den ihn betreffenden Inhalt des Fahreignungsregisters einschließlich der gespeicherten Punkte verlangen (§ 30 Abs. 8 S. 1 StVG). Dem entsprechenden Antrag ist ein Identitätsnachweis (Kopie von Personalausweis oder Reisepass) beizufügen, ferner ist der Antrag, wenn er schriftlich gestellt wird, eigenhändig zu unterschreiben (§ 30 Abs. 8 S. 1 StVG). Die Auskunft hat **unentgeltlich** zu erfolgen. Eine schriftliche Auskunftserteilung ist die Regel, elektronische Form möglich (§ 30 Abs. 8 S. 3 StVG). Die Unterrichtung nach § 4 Abs. 3 S. 1 Nr. 1 StVG entfaltet im Hinblick auf den darin mitgeteilten Punktestand keine Bindungswirkung für nachfolgende Maßnahmen der Straßenverkehrsbehörde (BVerwG NZV 2007, 486). 357

Siehe auch: → *Fahreignungsregister, Allgemeines*, Teil E Rdn 332 m.w.N; → *Fahreignungsregister, Fahreignungs-Bewertungssystem*, Teil E Rdn 358; → *Fahreignungsregister, Rechtsschutz*, Teil E Rdn 390; → *Fahreignungsregister, Tilgung und Löschung*, Teil E Rdn 400; → *Fahrerlaubnisregister*, Teil E Rdn 429.

Fahreignungsregister, Fahreignungs-Bewertungssystem 358

Das Wichtigste in Kürze:

1. Das Fahreignungs-Bewertungssystem (FEBS) dient der zuverlässigen Erfassung von Verkehrsteilnehmern, die wiederholt die Sicherheit des Straßenverkehrs gefährden.
2. Weitere Regelungen zur Überprüfung der Kraftfahreignung, insbesondere die Vorschriften zur Fahrerlaubnis auf Probe (§ 2a StVG) sowie die §§ 11 ff. FeV, bleiben neben § 4 StVG anwendbar.
3. Die für den Vollzug der gesetzlichen Regelungen zuständigen Behörden werden durch Landesrecht bestimmt.
4. Im Rahmen des FEBS, das ausschließlich auf Inhaber von Fahrerlaubnissen anzuwenden ist, werden bestimmte Straftaten und Ordnungswidrigkeiten mit Punkten bewertet. Die Eintragung von Punkten ist, sobald der entsprechende Tatbestand erfüllt ist und die Entscheidung hierüber rechtskräftig wird, zwingend.
5. Die jeweils vorgesehene Punktezahl entsteht ausnahmslos mit Rechtskraft der Ahndung.

6. Wird eine Fahrerlaubnis neu erteilt, so sind Punkte, die im Zusammenhang mit Entscheidungen eingetragen wurden, die vor der Neuerteilung rechtskräftig geworden sind, nicht zu berücksichtigen und zu löschen (§ 4 Abs. 3 S. 1, 2 StVG).
7. Der gestufte Maßnahmenkatalog des FEBS besteht aus der Vormerkung, der Ermahnung, der Verwarnung und der Entziehung der Fahrerlaubnis.
8. Nach Entziehung der Fahrerlaubnis darf eine neue Fahrerlaubnis frühestens 6 Monate nach Wirksamkeit der Entziehung erteilt werden (gesetzliche Sperrfrist, § 4 Abs. 10 S. 1 StVG).
9. Bei der Frage, ob und inwieweit das FEBS, welches letztlich in seinem Anwendungsbereich eine laufende Überwachung der Fahreignung beinhaltet, auch auf grenzüberschreitende Sachverhalte anwendbar ist, ist zu differenzieren.
10. Im Rahmen der Übergangsvorschriften wurden, mit Wirkung zum 1.5.2014, diejenigen Eintragungen nach altem Recht, die nach dem neuen System nicht mehr mit Punkten bewertet werden, aus dem FAER gelöscht. Ferner wurden nach der Übergangsvorschrift in § 65 Abs. 3 Nr. 4 StVG die Punkte in das neue 3-Punkte-System umgerechnet.

359 **Literaturhinweise:** S. die Hinw. bei → *Fahreignungsregister, Allgemeines*, Teil E Rdn 332.

360 **1.** Das in § 4 StVG normierte **Fahreignungs-Bewertungssystem** (FEBS) verfolgt das Ziel, Verkehrsteilnehmer, die wegen ihres Verhaltens als potenziell verkehrsgefährdend identifiziert wurden (insbesondere **Mehrfachtäter**), zu überwachen und dadurch Gefahren für die Sicherheit des Straßenverkehrs abzuwehren.

361 Das FEBS enthält **mehrere Stufen** von **Sanktionen** und **Warnungen**, es sieht einerseits die Verhängung von Bußgeldern, die Eintragung von Punkten sowie Ermahnungen und Verwarnungen vor, andererseits gibt es den betroffenen Verkehrsteilnehmern die Möglichkeit, sich durch freiwillige Maßnahmen zur Verbesserung des Verkehrsverhaltens – u.a. durch die Teilnahme an Fahreignungsseminaren (§ 4a StVG) – dauerhaft zu bewähren. Tritt trotz der Warnfunktion des FEBSs keine Verhaltensverbesserung ein, erfolgen bei Erreichen einer bestimmten Punktzahl der **Entzug der Fahrerlaubnis** und der Ausschluss des Betroffenen vom (fahrerlaubnispflichtigen) motorisierten Straßenverkehr.

☝ Die Ausgestaltung des FEBS als **abgestuftes Sanktionssystem** schließt es aus, dass es in seinem Anwendungsbereich zu einer unmittelbaren Entziehung der Fahrerlaubnis kommt.

362 **2.a)** Weitere Regelungen zur Überprüfung der Kraftfahreignung, insbesondere die Vorschriften zur **Fahrerlaubnis auf Probe** (§ 2a StVG), bleiben neben § 4 StVG anwendbar. Für die verwaltungsrechtliche Prüfung der Fahreignung (§§ 11 – 14 FeV) gilt dies mit der Maßgabe, dass eine vom FEBS unabhängige (charakterliche) **Überprüfung** der **Eignung von Fahrerlaubnisinhabern** auf Grundlage von Sachverhalten, für die das FEBS Anwendung findet, wegen des hinter § 4 StVG stehenden gesetzgeberischen Willens im Regelfall ausscheidet.

363 *Beispiel:*

Kraftfahrzeugführer A begeht einen Abstandsverstoß. Es ergeht ein Bußgeldbescheid, der zusätzlich die Eintragung eines Punktes im Fahreignungsregister nach sich zieht. Die Fahrerlaubnisbehörde darf diesen Vorfall trotz des Wortlautes von § 11 Abs. 3 Nr. 4 FeV nicht zum Anlass nehmen, den A wegen eines erheblichen Verstoßes gegen verkehrsrechtliche Vorschriften und diesbezüglichen Zweifeln an seiner charakterlichen Eignung zum Führen von Kraftfahrzeugen medizinisch-psychologisch begutachten zu lassen. Das FEBS ist lex specialis (OVG Münster NJW 2011, 1242).

364 **b)** Die **Anordnung medizinisch-psychologischer Begutachtungen** kommt im Anwendungsbereich des § 4 StVG nur in Betracht, wenn **besondere Umstände** vorliegen, die den Schluss darauf zulassen, dass der betroffene Fahrerlaubnisinhaber sich durch das vom Gesetzgeber in § 4 StVG vorgesehene Sanktions- und Maßnahmensystem nicht von seinem verkehrsgefährdenden Verhalten abbringen lassen wird. Die

Gründe für ein Abweichen vom FEBS sind von der Fahrerlaubnisbehörde bereits in der MPU-Begutachtungsanordnung detailliert darzulegen; im Hinblick auf die erforderliche Prognoseentscheidung dürfte diese Schwelle in den meisten Fällen kaum zu überwinden sein. Die Gründe für die Abweichung von § 4 StVG unterliegen bezüglich der Frage, ob die MPU-Anordnung rechtmäßig ergangen ist und ihre Nichtbeachtung zur Entziehung der Fahrerlaubnis in Anwendung des in § 11 Abs. 8 FeV vorgesehenen Schlusses auf die Nichteignung führen kann, im Entziehungsverfahren einer umfassenden gerichtlichen Kontrolle.

☝ Ein Verstoß gegen die Vorgaben des § 4 StVG im Rahmen einer hiervon abweichenden MPU-Anordnung kann **erst im Entziehungsverfahren geprüft** werden. Die MPU-Anordnung selbst ist kein Verwaltungsakt und daher nicht Gegenstand von Widerspruch oder Anfechtungsklage.

3. Die für den Vollzug der gesetzlichen Regelungen – d.h. für die Anwendung des Maßnahmenkatalogs – **zuständigen Behörden** werden **durch Landesrecht bestimmt**. Das Kraftfahrt-Bundesamt (KBA) ist lediglich mit der **Führung** des Fahreignungsregisters betraut, trifft jedoch hinsichtlich der einzutragenden Tatsachen keine eigenen Sachentscheidungen (Prüfung und Bewertung). Aus diesem Grund kann eine Überprüfung der Eintragung nicht über den Verwaltungsrechtsweg erfolgen (→ *Fahreignungsregister, Rechtsschutz*, Teil E Rdn 395). 365

4.a) Im Rahmen des FEBS, das ausschließlich auf Inhaber von Fahrerlaubnissen anzuwenden ist, werden bestimmte **Straftaten und Ordnungswidrigkeiten** mit Punkten bewertet. Die **Eintragung von Punkten** ist, sobald der entsprechende Tatbestand erfüllt ist (Tattagsprinzip) und die Entscheidung hierüber rechtskräftig wird, **zwingend**, d.h. sie kann – anders als z.B. Fahrverbote im Einzelfall – nicht durch Verhängung höherer Geldbußen (bzw. Strafen) verhindert werden. 366

☝ Weder die Gerichte noch die Behörden haben hier ein **Ermessen**.

b) Anlage 13 zu § 40 FeV enthält eine **abschließende Liste** der für die Anwendung des FEBSs relevanten Tatbestände; die Aufnahme in eine Rechtsverordnung soll es ermöglichen, schneller auf einen sich später herausstellenden Änderungsbedarf zu reagieren. 367

Hiernach gilt folgende Bewertung:

3 Punkte 368

3 Punkte werden verhängt bei folgenden **Straftaten** mit Bezug auf die Verkehrssicherheit oder ihnen gleichgestellte Delikte, sofern eine **Entziehung der Fahrerlaubnis** (§§ 69, 69b StGB) oder eine **isolierte Sperrfrist** (§ 69a StGB) angeordnet worden ist (§ 4 Abs. 2 S. 2 Nr. 1 StVG):

Fahrlässige Tötung	§ 222 StGB
Fahrlässige Körperverletzung	§ 229 StGB
Nötigung	§ 240 StGB
Gefährlicher Eingriffe in den Bahn-, Schiffs- und Luftverkehr	§ 215 StGB
Gefährlicher Eingriff in den Straßenverkehr	§ 315b StGB
Gefährdung des Straßenverkehrs	§ 315c StGB
Verbotene Kraftfahrzeugrennen	§ 315d Abs. 1 Nr. 2 und 3, Abs. 2, 4 und 5 StGB
Unerlaubtes Entfernen vom Unfallort	§ 142 StGB
Trunkenheit im Verkehr	§ 316 StGB
Vollrausch	§ 323a StGB

Unterlassene Hilfeleistung	§ 323c StGB
Führen oder Anordnen oder Zulassen des Führens eines Kraftfahrzeugs ohne Fahrerlaubnis, trotz Fahrverbots oder trotz Verwahrung, Sicherstellung oder Beschlagnahme des Führerscheins	§ 21 StVG
Kennzeichenmissbrauch	§ 22 StVG

369 **2 Punkte**

2 Punkte werden verhängt bei folgenden **Straftaten** mit **Bezug** auf die **Verkehrssicherheit** oder ihnen **gleichgestellte Delikte**, sofern sie nicht von § 4 Abs. 2 S. 2 Nr. 1 StVG erfasst sind:

Fahrlässige Tötung, soweit ein Fahrverbot angeordnet worden ist und die Tat im Zusammenhang mit dem Führen eines Kraftfahrzeugs oder unter Verletzung der Pflichten eines Kraftfahrzeugführers begangen wurde	§ 222 StGB
Fahrlässige Körperverletzung, soweit ein Fahrverbot angeordnet worden ist und die Tat im Zusammenhang mit dem Führen eines Kraftfahrzeugs oder unter Verletzung der Pflichten eines Kraftfahrzeugführers begangen wurde	§ 229 StGB
Nötigung, soweit ein Fahrverbot angeordnet worden ist und die Tat im Zusammenhang mit dem Führen eines Kraftfahrzeugs oder unter Verletzung der Pflichten eines Kraftfahrzeugführers begangen wurde	§ 240 StGB
Gefährliche Eingriffe in den Bahn-, Schiffs- und Luftverkehr, sofern ein Fahrverbot angeordnet worden ist und die Tat im Zusammenhang mit dem Führen eines Kraftfahrzeugs oder unter Verletzung der Pflichten eines Kraftfahrzeugführers begangen wurde	§ 315 StGB
Gefährlicher Eingriff in den Straßenverkehr	§ 315b StGB
Gefährdung des Straßenverkehrs	§ 315c StGB
Verbotene Kraftfahrzeugrennen	§ 315d Abs. 1 Nr. 2 und 3, Abs. 2, 4 und 5 StGB
Unerlaubtes Entfernen vom Unfallort	§ 142 StGB
Trunkenheit im Verkehr	§ 316 StGB
Vollrausch, soweit ein Fahrverbot angeordnet worden ist und die Tat im Zusammenhang mit dem Führen eines Kraftfahrzeugs oder unter Verletzung der Pflichten eines Kraftfahrzeugführers begangen wurde	§ 323a StGB
Unterlassene Hilfeleistung, soweit ein Fahrverbot angeordnet worden ist und die Tat im Zusammenhang mit dem Führen eines Kraftfahrzeugs oder unter Verletzung der Pflichten eines Kraftfahrzeugführers begangen wurde	§ 323c StGB
Führen oder Anordnen oder Zulassen des Führens eines Kraftfahrzeugs ohne Fahrerlaubnis, trotz Fahrverbots oder trotz Verwahrung, Sicherstellung oder Beschlagnahme des Führerscheins	§ 21 StVG
Kennzeichenmissbrauch, soweit ein Fahrverbot angeordnet worden ist und die Tat im Zusammenhang mit dem Führen eines Kraftfahrzeugs oder unter Verletzung der Pflichten eines Kraftfahrzeugführers begangen wurde	§ 22 StVG

2 Punkte 370

2 Punkte werden ferner eingetragen bei **besonders verkehrsbeeinträchtigenden** oder gleichgestellten **Ordnungswidrigkeiten** (§ 4 Abs. 2 S. 2 Nr. 1 StVG). Die insoweit wiederum maßgebliche Aufstellung ergibt sich aus den Ziffern 2.2.1 bis 2.2.8b der Anlage 13 zu § 40 FeV und erfasst z.B. das Führen von Kraftfahrzeugen unter Einfluss von mindestens 0,25 mg/l AAK bzw. 0,5 ‰ BAK, das Führen von Kraftfahrzeugen mit 3,5 ng/ml oder mehr Tetrahydrocannabinol im Blutserum, das Führen eines Kraftfahrzeugs unter dem Einfluss eines der in der Anlage zu § 24a Abs. 2 StVG aufgeführten berauschenden Mittel, bestimmte Überschreitungen der zulässigen Höchstgeschwindigkeit, die Verletzung der Wartepflicht an Bahnübergängen, die Behinderung von Einsatzfahrzeugen oder die rechtswidrige Nutzung elektronischer Geräte beim Führen eines Kraftfahrzeugs (mit Gefährdung oder Sachschaden).

1 Punkt 371

1 Punkt wird eingetragen bei **verkehrsbeeinträchtigenden** oder gleichgestellten **Ordnungswidrigkeiten** (§ 4 Abs. 2 S. 2 Nr. 1 StVG). Die insoweit wiederum maßgebliche Aufstellung ergibt sich aus den Ziffern 3.1.1. bis 3.6.3. der Anlage 13 zu § 40 FeV.

☝ Ob es sich um „besonders verkehrsbeeinträchtigende" (2 Punkte) oder „verkehrsbeeinträchtigende" (1 Punkt) Ordnungswidrigkeiten handelt, entscheidet Anlage 13 zu § 40 FeV.

5. Die Punkte ergeben sich mit der Begehung der Straftat oder Ordnungswidrigkeit, sofern sie **rechtskräftig geahndet** wird, im Bereich des Strafrechts also bei Unanfechtbarkeit von Urteil oder Strafbefehl, im Bereich der Ordnungswidrigkeiten bei Rechtskraft des Bußgeldbescheids oder des entsprechenden Urteils in OWi-Sachen (§ 4 Abs. 2 S. 3 StVG). Bei **Tateinheit** zwischen mehreren zu bepunktenden Delikten wird nur die **Zuwiderhandlung** mit der **höchsten Punktzahl berücksichtigt** (§ 4 Abs. 3 S. 4 StVG). 372

6. Wird eine **Fahrerlaubnis neu erteilt**, so sind Punkte, die im Zusammenhang mit Entscheidungen eingetragen wurden, die vor der Neuerteilung rechtskräftig geworden sind, nicht zu berücksichtigen und zu löschen (§ 4 Abs. 3 S. 1, 2 StVG). Dasselbe gilt, wenn die Fahrerlaubnis 373

- **nach einer Entziehung** (§ 4 Abs. 3 S. 3 Nr. 1 StVG),
- **nach Anordnung einer isolierten Sperrfrist** gem. § 69a Abs. 1 S. 3 StGB (§ 4 Abs. 3 S. 3 Nr. 2 StVG) oder
- **nach einem Verzicht** (§ 4 Abs. 3 S. 3 Nr. 3 StVG) **neu erteilt** wird.

Eine **Löschung früherer Punkte erfolgt nicht** bei der Entziehung einer Fahrerlaubnis auf Probe, der Verlängerung einer Fahrerlaubnis, der Erteilung nach Erlöschen einer befristetet erteilten Fahrerlaubnis, der Erweiterung einer Fahrerlaubnis oder bei der vereinfachten Erteilung einer Fahrerlaubnis an Inhaber einer Dienstfahrerlaubnis oder Inhaber einer ausländischen Fahrerlaubnis (§ 4 Abs. 3 S. 4 Nr. 1 – 5 StVG). 374

7.a) Der **gestufte Maßnahmenkatalog** des FEBS besteht aus der **Vormerkung**, der **Ermahnung**, der **Verwarnung** und der **Entziehung der Fahrerlaubnis**. Die Maßnahmen setzen ein, sobald die entsprechende Punktzahl auf Grundlage der im FAER eingetragenen rechtskräftigen Entscheidungen erreicht wird. Das KBA erteilt der zuständigen Fahrerlaubnisbehörde insoweit von Amts wegen Auskunft (→ *Fahreignungsregister, Auskunft*, Teil E Rdn 350), wann der entsprechende Punktestand nach dem Tattagsprinzip erreicht wurde. Die für das Ergreifen der Maßnahmen zuständige Fahrerlaubnisbehörde hat bei der Anwendung der Vorschriften **kein Ermessen**, es handelt sich um zwingendes Recht. Das bedeutet jedoch nicht, dass die Mitteilung aus dem FAER für die Fahrerlaubnisbehörde verbindlich wären: Es obliegt allein ihnen, in eigener Zuständigkeit zu prüfen, ob und inwieweit Maßnahmen nach dem FEBS in Betracht kommen. 375

376 **Maßnahmenkatalog**

- Fahrerlaubnisinhaber mit einem Punktestand von **1 – 3 Punkten** sind **vorgemerkt (§ 4 Abs. 4 StVG).**
- Ergibt sich ein Punktestand von insgesamt **4 – 5 Punkten**, wird der Fahrerlaubnisinhaber von der nach Landesrecht zuständigen Behörde **schriftlich** und **gebührenpflichtig ermahnt** (§ 4 Abs. 5 S. 1 Nr. 1 StVG; Rdn 377 f.).
- Bei einem Punktestand von **6 – 7 Punkten** wird der Fahrerlaubnisinhaber **schriftlich** und **gebührenpflichtig verwarnt** (§ 4 Abs. 5 S. 1 Nr. 2 StVG; Rdn 379 ff.).
- Bei einem Punktestand von **8 oder mehr Punkten**, gilt der Betroffene als ungeeignet zum Führen von Kraftfahrzeugen, die **Fahrerlaubnis** wird **gebührenpflichtig entzogen** (§ 4 Abs. 5 S. 1 Nr. 3 StVG; Rdn 381).

☝ Die gestuften Maßnahmen werden durch die Fahrerlaubnisbehörde ergriffen, sobald die jeweils relevanten Punkte erreicht sind. Hierbei werden **nur rechtskräftige Entscheidungen berücksichtigt**.

377 **b)** Die schriftliche **Ermahnung** enthält den Hinweis, dass der Fahrerlaubnisinhaber die Möglichkeit hat, an einem **Fahreignungsseminar** (§ 4a StVG) teilzunehmen mit dem Ziel, das Verkehrsverhalten zu verbessern. Die Teilnahme erfolgt ausnahmslos freiwillig. Bei einem Punktestand von bis zu 5 Punkten – zu ermitteln nach dem **Tattagsprinzip** (BVerwG NJW 2009, 612) – wird, wenn der Fahrerlaubnisinhaber der für ihn zuständigen Fahrerlaubnisbehörde (nicht dem KBA!) innerhalb von zwei Wochen nach Ende des Fahreignungsseminars eine Teilnahmebescheinigung vorlegt, **ein Punkt in Abzug gebracht** (§ 4 Abs. 7 S. 1 StVG). Maßgeblich für die Frage, ob der Punkterabatt greift, ist der Punktestand im Zeitpunkt der Ausstellung der Teilnahmebescheinigung. Dieser Abzug ist nur **einmal innerhalb von fünf Jahren** möglich (§ 4 Abs. 7 S. 2 StVG).

378 *Beispiel:*

A, dessen Punktekonto, nach einer Ermahnung bei 4 Punkten, einen aktuellen Stand von 5 Punkten aufweist, nimmt im März 2015 an einem Fahreignungsseminar teil. Die Teilnahmebescheinigung erhält er am Freitag, den 20.3.2015 und reicht diese bei der zuständigen Behörde ein. Bereits am Montag, den 2.3.2015, wurde ihm ein erneuter Bußgeldbescheid wegen Führen eines Kfz unter Alkoholeinfluss (§ 24a Abs. 1 StVG) am 20.1.2015 zugestellt.

Wegen des Tattagsprinzips spielt es keine Rolle, ob die Teilnahmebescheinigung vom 20.3.2015 vor oder nach Rechtskraft des erneuten Bußgeldbescheides ausgestellt wurde, ob also Einspruch eingelegt wird oder nicht. Hiernach belief sich der Punktestand ab 20.1.2015 auf 7 Punkte, weshalb das Seminar zu keiner Punktereduzierung führen kann.

☝ Das **Tattagsprinzip** verhindert, dass Betroffene durch „taktische" Einsprüche oder sonstige Rechtsbehelfe einen Anstieg des Punktekontos verzögern können, um zwischenzeitlich von Maßnahmen zum Punkteabbau zu profitieren.

379 **c)aa)** Auch die schriftliche **Verwarnung**, welche bei Erreichen von 6 oder 7 Punkten zu erfolgen hat, hat den Hinweis an den Fahrerlaubnisinhaber zu enthalten, dass er freiwillig an einem **Fahreignungsseminar** teilnehmen kann (§ 4a StVG) teilzunehmen. Allerdings wird hierfür **kein Punktebonus mehr gewährt** (§ 4 Abs. 7 S. 1 StVG); hierauf ist der Betroffene in der Verwarnung hinzuweisen. Zusätzlich enthält die Verwarnung den Hinweis, dass bei Erreichen von 8 Punkten die Fahrerlaubnis entzogen wird.

380 **bb)** Immer wieder treten Situationen ein, in denen es **zu mehreren Verstößen in relativ kurzer Zeit kommt** und der Fahrerlaubnisinhaber die vom Gesetzgeber vorgesehene Punktezahl, bei der es zu einer Verwarnung oder einer Fahrerlaubnisentziehung kommen müsste, ohne die jeweils vorangegangene Maßnahme erreichen würde.

Beispiel:

Das Fahreignungsregister weist für den Fahrerlaubnisinhaber B einen Punktestand von 3 Punkten auf. Am 2.3.2015 und am 9.3.2015 werden ihm Bußgeldbescheide wegen Geschwindigkeitsüberschreitungen (außerorts, Überschreitung um 45 km/h) zugestellt, die Bescheide – die jeweils die Eintragung von 2 Punkten zur Folge haben, werden mit Ablauf des 16.3.2015 und des 23.3.2015 rechtskräftig. Eine schriftliche Ermahnung vor Rechtskraft des zweiten Bußgeldbescheids erfolgt nicht.

Im Beispielsfall kommt es gem. § 4 Abs. 6 S. 2 StVG nach Erreichen der 7 Punkte nicht zu einer sofortigen Verwarnung, vielmehr wird der Punktestand auf 5 Punkte reduziert und der Fahrerlaubnisinhaber nach § 4 Abs. 5 S. 1 Nr. 1 StVG ermahnt. Ebenso wird ein Fahrerlaubnisinhaber, der nach einer Ermahnung (z.B. 4 Punkte) unmittelbar die Grenze zur Fahrerlaubnisentziehung (8 Punkte) erreicht, ohne zuvor verwarnt worden zu sein, auf 7 Punkte zurückgestuft und nach § 4 Abs. 6 S. 3, Abs. 5 S. 1 Nr. 2 StVG verwarnt. Allerdings tritt eine Punktereduzierung nach § 4 Abs. 6 S. 3 StVG nur ein, wenn der Fahrerlaubnisbehörde am Tag des Ausstellens der ergriffenen Maßnahme weitere Verkehrsverstöße bekannt sind, die zu einer Einstufung in eine höhere Stufe nach § 4 Abs. 5 S. 1 StVG führen (VGH München, Urt. v. 11.8.2015 – 11 BV 15.909; VGH München, Beschl. v. 10.5.2015 – 11 CS 15.745; a.A. VG Regensburg, Urt. v. 18.3.2015 – RO 8 K 15.249).

d) Die **Entziehung der Fahrerlaubnis** erfolgt bei Erreichen oder Überschreiten von 8 Punkten, wenn – wie zuvor erläutert – der Fahrerlaubnisinhaber zuvor verwarnt wurde. Auch hier steht der Fahrerlaubnisbehörde kein Ermessen zu, die fehlende Eignung wird unwiderlegbar vermutet (VGH Mannheim, NJW 2014, 2600; VGH München, Beschl. v. 04.11.2025 – 11 CS 25.1701). Die Entziehung kann mit dem **Widerspruch** und der **Anfechtungsklage** angegriffen werden, beide Rechtsbehelfe haben **keine aufschiebende Wirkung**. Für die Beurteilung der Rechtslage ist der Zeitpunkt entscheidend, zu dem die Schwelle von 8 Punkten im FAER erreicht oder überschritten wurde. 381

Beispiel: 382

Fahrerlaubnisinhaber C verfügt über einen Punktestand von 5 Punkten und wurde bei dessen Erreichung ermahnt. Wegen zweier innerhalb kurzer Zeit aufeinander folgender Geschwindigkeitsverstöße steigt sein Punktekonto rechnerisch auf 9 Punkte an, eine Verwarnung erfolgt nicht. Aufgrund eines Fehlers des KBA kommt es nicht zur Reduzierung der Punkte, sondern zu einer Mitteilung von 9 Punkten an die Fahrerlaubnisbehörde, diese entzieht dem C die Fahrerlaubnis.

Die von C eingereichte Anfechtungsklage hat Erfolg. In Anbetracht der ausgebliebenen Verwarnung beträgt der Punktestand des C bei korrekter Rechtsanwendung 7 Punkte, nicht 9 Punkte.

Zu beachten ist jedoch, dass die Fahrerlaubnis nach § 4 Abs. 5 S. 1 Nr. 3 StVG auch dann zu entziehen ist, wenn der Fahrerlaubnisinhaber die zum Erreichen der Acht-Punkte-Grenze führende weitere Zuwiderhandlung vor der Erteilung der Verwarnung begangen hatte und diese Zuwiderhandlung zum Zeitpunkt der Verwarnung rechtskräftig geahndet und im Fahreignungsregister gespeichert, der Fahrerlaubnisbehörde aber noch nicht übermittelt war. Eine Verringerung des Punktestandes nach § 4 Abs. 6 S. 3 Nr. 2 StVG tritt in einem solchen Fall nicht ein (BVerwG, NJW 2017, 2933; VGH München, Beschl. v. 4.11.2025 – 11 CS 25.1701).

8. Nach Entziehung der Fahrerlaubnis darf eine neue Fahrerlaubnis frühestens **6 Monate nach Wirksamkeit der Entziehung** erteilt werden (gesetzliche Sperrfrist). Innerhalb dieser Sperrfrist darf keine neue Fahrerlaubnis erteilt werden, auch in dieser Zeit erteilte ausländische **EU-Fahrerlaubnisse** sind im **Inland dauerhaft ungültig**. Gleiches gilt für die Wiedererteilung nach Verzicht, soweit bei Wirksamwerden des Verzichts mindestens zwei Entscheidungen nach § 28 Abs. 3 Nr. 1 und 3 StVG gespeichert waren. Die Neuerteilung der Fahrerlaubnis darf nach dem Willen des Gesetzgebers in der Regel erst nach Beibringung eines positiven **medizinischen-psychologischen Fahreignungsgutachtens** erfolgen; eine ausländische EU-Fahrerlaubnis, die unter Einhaltung der Wohnsitzvoraussetzungen (185 Tage 383

Wohnsitz im Ausstellerstaat) und nach Ablauf der Sperrfrist erteilt wurde, ist inlandsgültig (§ 28 Abs. 4 S. 1 Nr. 3 FeV ist insoweit europarechtswidrig und unanwendbar).

384 **9.** Bei der Frage, ob und inwieweit das FEBS, welches letztlich in seinem Anwendungsbereich eine laufende Überwachung der Fahreignung beinhaltet, auch auf **grenzüberschreitende Sachverhalte** anwendbar ist, ist zu **differenzieren:**

385 **a)** Das Fahreignungssystem-Bewertungssystem gilt **uneingeschränkt für alle deutschen, Nicht-EU- und Nicht-EWR-Fahrerlaubnisse** sowie – unabhängig von der Nationalität des Fahrerlaubnisinhabers – bei ausländischen EU- und EWR-Fahrerlaubnissen, wenn deren Inhaber einen **ordentlichen Wohnsitz im Inland** hat.

386 **b)** Bei ausländischen EU- und EWR-Fahrerlaubnissen war bislang umstritten, ob das FEBS uneingeschränkte Anwendung auch dann finden kann, wenn sich der Fahrerlaubnisinhaber nur kurzzeitig im Inland aufhält und seinen ordentlichen Wohnsitz in dem Staat hat, der die Fahrerlaubnis erteilt hat. Art. 11 Abs. 2 der Richtlinie 2006/126/EG (3. Führerscheinrichtlinie) sieht hierzu vor, dass (neben dem Ausstellerstaat) nur der **Mitgliedstaat des ordentlichen Wohnsitzes** auf den Inhaber eines von einem anderen Mitgliedstaat ausgestellten Führerscheins seine innerstaatlichen Vorschriften über Einschränkung, Aussetzung, Entzug oder Aufhebung der Fahrerlaubnis anwenden kann. Das FEBS ist als Teil jener Vorschriften über die Einschränkung, Aussetzung, Entzug oder Aufhebung der Fahrerlaubnis zu verstehen, weshalb es vertretbar erscheint, nur dem Ausstellerstaat und dem Wohnsitzstaat die Zuständigkeit für die Überwachung der Eignung des Fahrerlaubnisinhabers zu verleihen und entsprechende Maßnahmen zu ergreifen. Gegen eine Person mit Wohnsitz im EU- oder EWR-Ausland könnten dann zwar Bußgelder und Strafen verhängt, jedoch keine Maßnahmen bezüglich der Fahrerlaubnis ergriffen werden (*Pießkalla* VRR 2014, 368 ff.). Nach dieser Lesart und dem europarechtlichen **Grundsatz des Anwendungsvorrangs** wäre das FEBS auf Inhaber von EU- und EWR-Fahrerlaubnissen mit Wohnsitz im EU-/EWR-Ausland unanwendbar. Der Gerichtshof der Europäischen Union hat dieser Auffassung mit Urt. v. 23.4.2015 (Rechtssache Aykul) eine Absage erteilt und erkannt, dass auch bei zeitweiligem Aufenthalt im Bundesgebiet alle Maßnahmen der Einschränkung, Aussetzung, Entzug oder Aufhebung der Fahrerlaubnis ergriffen werden können (EuGH DÖV 2015, 530). Der in der Richtlinie vorgesehene Vorbehalt des straf- und polizeirechtlichen Territorialitätsprinzips besage, dass die Bundesrepublik entsprechende Maßnahmen ergreifen könne. Allerdings dürfe die Bundesrepublik ausländischen Fahrerlaubnissen nicht dauerhaft die Inlandsgültigkeit versagen.

387 **c)** Ebenfalls zweifelhaft erscheint die These, wonach der im Inland erworbene Punktestand bei Umtausch einer inländischen in eine ausländische EU-/EWR-Fahrerlaubnis bestehen bleibe (OVG Bautzen SächsVBl 2007, 157). Nach überzeugender Rspr. beinhaltet der (grenzüberschreitende) **Umtausch** einer **Fahrerlaubnis zugleich eine Neuerteilung** (BVerwG NJW 2013, 487 ff.). Vor diesem Hintergrund erschließt sich nicht, weshalb der frühere Punktestand auf die ausländische Fahrerlaubnis übertragen werden sollte. Besser vertretbar ist es, hier von einer Neuerteilung mit der Folge der Löschung der vormals eingetragenen Punkte auszugehen. Die Rspr., wonach bei einem Umtausch die Fahrerlaubnis in ihrem Bestand unverändert bestehen bleibe und lediglich durch ein neues (ausländisches) Führerscheindokument ausgewiesen werde, ist unzutreffend.

388 **10.** Im Rahmen der **Übergangsvorschriften** wurden, mit Wirkung zum 1.5.2014, zunächst diejenigen Eintragungen nach altem Recht, die nach dem neuen System nicht mehr mit Punkten bewertet werden, aus dem FAER gelöscht (§ 65 Abs. 3 Nr. 1 StVG; → *Fahreignungsregister, Tilgung von Eintragungen*, Teil E Rdn 400). Ferner wurden nach der Übergangsvorschrift in § 65 Abs. 3 Nr. 4 StVG die Punkte in das neue 3-Punkte-System wie folgt umgerechnet:

Umrechnungstabelle 389

Punktestand bis 30.4.2014	Punktestand ab 1.5.2014	Maßnahmenstufe
1 – 3	1	Vormerkung
4 – 5	2	Vormerkung
6 – 7	3	Ermahnung
8 – 10	4	Ermahnung
11 – 13	5	Ermahnung
14 – 15	6	Verwarnung
16 – 17	7	Verwarnung
18 und mehr	8	Fahrerlaubnisentziehung

☝ Die Umrechnung des früheren Gesamtpunktestands in das neue FEBS stellt nach der Rspr. **keine subjektive Rechtsverletzung** dar, es handelt sich um eine wegen der überragenden Bedeutung der Verkehrssicherheit verhältnismäßige **unechte Rückwirkung** (OVG Münster, Beschl. v. 20.8.2015 – 16 B 678/15; VGH München, Beschl. v. 18.5.2015 – 11 BV 14.2839; VG Würzburg, Beschl. v. 13.7.2015 – W 6 S 15.568). Es besteht kein Anspruch auf Umrechnung der für die einzelnen Zuwiderhandlungen eingetragenen alten Punkte in die entsprechende Punktezahl nach neuem Recht (VG Göttingen DAR 2015, 38; OVG Münster NJW 2015, 2138; VGH München, Urt. v. 15.4.2015 – 11 BV 15.134). Zu beachten ist ferner, dass wegen § 65 Abs. 3 Nr. 4 S. 3 StVG allein die durch die Umrechnung entstehende Punktezahl nicht zu einer Maßnahme nach dem Fahreignungs-Bewertungssystem führt. Der Fahrerlaubnisinhaber wird somit nicht durch eine solche Maßnahme gesondert gewarnt; denn er hat die Möglichkeit, sich eigenständig über den nach Umrechnung bestehenden Punktestand selbst zu informieren (VGH München, Beschl. v. 4.5.2015 – 11 C 15.692; OVG Münster, Beschl. v. 7.5.2015 – 16 B 205/15).

Siehe auch: → *Fahreignungsregister, Allgemeines*, Teil E Rdn 332; → *Fahreignungsregister, Auskunft*, Teil E Rdn 347; → *Fahreignungsregister, Fahreignungs-Bewertungssystem*, Teil E Rdn 358; → *Fahreignungsregister, Rechtsschutz*, Teil E Rdn 390; → *Fahreignungsregister, Tilgung und Löschung von Eintragungen*, Teil E Rdn 400; → *Fahrerlaubnisrecht, Allgemeines*, Teil H Rdn 537 m.w.N.

Fahreignungsregister, Rechtsschutz 390

Das Wichtigste in Kürze:

1. Es entspricht einhelliger Auffassung, dass Eintragungen im FAER keine Verwaltungsakte darstellen.
2. Aus der fehlenden Verwaltungsaktsqualität und der fehlenden Außen- und Regelungswirkung ergibt sich, dass gegen die Eintragung ein Widerspruch (§ 68 VwGO) oder z.B. die Anfechtungsklage (§ 42 Abs. 1 1. Alt. VwGO) nicht statthaft sind.
3. Nach § 22 Abs. 1 S. 1 EGGVG kommt jedoch die Überprüfung der von ordentlichen Gerichten vorgenommenen Datenübermittlung an das FAER nach §§ 23 ff. EGGVG in Betracht, es handelt sich um Justizverwaltungsakte.
4. Bei den nach dem Fahrerlaubnis-Bewertungssystem durch die Fahrerlaubnisbehörde ergriffenen Maßnahmen nach § 4 Abs. 5 StVG ist hinsichtlich des Rechtsschutzes zu differenzieren.

Literaturhinweise: S. die Hinweise bei → *Fahreignungsregister, Allgemeines*, Teil E Rdn 332. 391

392 **1.a)** Es entspricht einhelliger Auffassung, dass Eintragungen im FAER **keine Verwaltungsakte** darstellen (vgl. hierzu nur OVG Münster BeckRS 2020, 33697). Nach § 35 VwVfG ist ein Verwaltungsakt jede Verfügung, Entscheidung oder andere hoheitliche Maßnahme, die eine Behörde zur Regelung eines Einzelfalls auf dem Gebiet des öffentlichen Rechts trifft und die auf unmittelbare Rechtswirkung nach außen gerichtet ist. Weder die Mitteilung an das FAER durch Behörden, Staatsanwaltschaften und Gerichte noch die Eintragung durch das KBA erfüllen diese Voraussetzungen. In allen Fällen fehlt es an der Regelung für den Einzelfall und der unmittelbaren Rechtswirkung nach außen.

393 **b)** Mit der Erfassung und Sammlung der einzutragenden Entscheidungen von Verwaltungsbehörden und Gerichten wird lediglich eine Tatsachengrundlage zur Vorbereitung von Entscheidungen der in § 30 StVG genannten Stellen geschaffen. Rechtsfolgen können sich erst aus den Entscheidungen ergeben, die diese Stellen, wenn auch möglicherweise gestützt auf das Ergebnis der eingeholten Auskünfte, **in eigener Verantwortung** treffen. Nach wie vor ist die Fahrerlaubnisbehörde gemäß § 4 Abs. 3 S. 2 StVG nur an rechtskräftige Entscheidungen über Straftaten und Ordnungswidrigkeiten gebunden. Für das „Erreichen" eines Punktestandes ist die Eintragung im FAER oder die Mitteilung hierüber nicht ausschlaggebend. Allein die Straßenverkehrsbehörden haben deshalb im Rahmen der von ihnen zu führenden Verfahren zu entscheiden, ob und ggf. welche Maßnahmen gegen den Fahrerlaubnisinhaber zu ergreifen sind; dabei müssen sie auch die **Richtigkeit** der **Punktebewertung eigenständig überprüfen** (BVerwG NJW 2007, 1299). Dies ist in einem verwaltungsgerichtlichen Verfahren uneingeschränkt überprüfbar, obgleich die bloße – unsubstantiierte – Behauptung, der Registerinhalt sei unzutreffend, nicht ausreichend dürfte.

> ☝ Nur rechtskräftige oder unanfechtbare Entscheidungen entfalten Bindungswirkung für die Anwendung des Fahreignungs-Bewertungssystems (FEBS), die Eintragungen im FAER hingegen dürfen auf Richtigkeit überprüft werden. Ob das **FAER** eine eingetragene **Entscheidung richtig** wiedergibt, kann uneingeschränkt von der **Fahrerlaubnisbehörde überprüft** werden.

394 **c)** Das **KBA** nimmt bei Eintragung der durch die mitteilungspflichtigen Behörden gemeldeten Entscheidungen und Punkte also **keine verbindliche Prüfung** und **Bewertung** der zugrunde liegenden Sachverhalte oder der jeweiligen Entscheidung vor. Eine Bewertung des Registerinhaltes im Rahmen des Fahreignungs-Bewertungssystems erfolgt nach den obigen Ausführungen ausschließlich durch die hierfür zuständige Fahrerlaubnisbehörde. Auch eine Rechtsbehelfsbelehrung erfolgt konsequenter Weise weder bei Abgabe einer Mitteilung noch bei der Eintragung selbst.

395 **2.** Aus der fehlenden Verwaltungsaktsqualität und der fehlenden Außen- und Regelungswirkung ergibt sich, dass gegen die Eintragung ein **Widerspruch** (§ 68 VwGO) oder die **Anfechtungsklage** (§ 42 Abs. 1 1. Alt. VwGO) **nicht statthaft** sind. Ebenso wenig kann mit der Verpflichtungsklage (§ 42 Abs. 1 2. Alt. VwGO) die Löschung einer Eintragung oder die Reduzierung von Punkten erreicht werden (*actus-contrarius-Theorie*). Auch eine **Feststellungsklage** nach § 43 Abs. 1 VwGO scheidet aus, denn durch die Eintragung wird kein feststellungsfähiges Rechtsverhältnis begründet. Für die **allgemeine Leistungsklage** fehlt es am Rechtsschutzbedürfnis: Denn es steht nicht fest, dass aufgrund einer vorgenommenen Eintragung tatsächlich Maßnahmen ergriffen werden.

396 **3.** Nach § 22 Abs. 1 S. 1 EGGVG kommt jedoch die Überprüfung der von ordentlichen Gerichten vorgenommenen Datenübermittlung an das FAER nach §§ 23 ff. EGGVG in Betracht, es handelt sich um **Justizverwaltungsakte** (OLG Jena DAR 2007, 402; OLG Stuttgart NJW 2005, 3226; siehe hierzu auch Burhoff/*Schmidt-Clarner*, RM, Teil B Rn 323 ff.). Die Überprüfung beschränkt sich nicht auf die Einhaltung datenschutzrechtlicher Bestimmungen, sondern erstreckt sich auch darauf, ob die Mitteilung überhaupt erfolgen durfte (KG, Beschl. v. 29.6.2015 – 4 VAs 18/15). Dies gilt allerdings nur, solange der Empfänger aufgrund der übermittelten Daten noch keine Entscheidung oder andere Maßnahme getroffen hat. Nach diesem Zeitpunkt wird die Rechtmäßigkeit der Übermittlung ausschließlich von dem Gericht geprüft, das gegen die Entscheidung oder Maßnahme des Empfängers angerufen werden kann. Als Emp-

fänger im Sinne der Vorschrift gilt aber nicht das KBA, sondern nur die jeweils um Auskunft ersuchende Fahrerlaubnisbehörde.

Das **bedeutet**: 397

- Durch ein **ordentliches Gericht** gemeldete Entscheidungen können nach ihrer Eintragung im FAER nach §§ 22, 23 ff. EGGVG gerichtlich überprüft werden.
- Sobald die **Fahrerlaubnisbehörde** auf Grundlage der im FAER gespeicherten Eintragungen eine Maßnahme ergreift, gegen die ein Rechtsbehelf statthaft ist, ist die Überprüfung der Eintragung nur noch in dem Verfahren, das für die Maßnahme der Fahrerlaubnisbehörde einschlägig ist, möglich.
- Für den Fall, dass in dem für die Fahrerlaubnisbehörde geltenden Verfahren **keine Rechtsbehelfe** statthaft sind (z.B. Anordnung einer medizinisch-psychologischen Begutachtung), so bleiben die §§ 22, 23 ff. EGGVG anwendbar.

4. Bei den nach dem **Fahreignungs-Bewertungssystem** (→ *Fahreignungsregister, Fahreignungs-Bewertungssystem*, Teil E Rdn 358) durch die Fahrerlaubnisbehörde ergriffenen Maßnahmen nach § 4 Abs. 5 StVG ist zu differenzieren: **Ermahnung** und **Verwarnung** sind keine Verwaltungsakte. Eine Anfechtung kommt analog der obigen Ausführungen zur Eintragung im FAER nicht in Betracht. Etwas anderes gilt für die im Zusammenhang mit diesen beiden Maßnahmenstufen ergangenen **Gebührenbescheide**: sie sind Verwaltungsakte, die Rechtmäßigkeit von Ermahnung und Verwarnung ist bei entsprechenden Rechtsbehelfen inzident zu prüfen. 398

Die **Entziehung der Fahrerlaubnis** ist stets als Verwaltungsakt anzusehen mit der Folge, dass Widerspruch (§ 68 VwGO) und Anfechtungsklage (§ 42 Abs. 1 1. Alt. VwGO) erhoben werden können. Beide Rechtsbehelfe haben nach § 4 Abs. 9 StVG **keine aufschiebende Wirkung**, gegen die sofortige Vollziehbarkeit ist ein Antrag nach § 80 Abs. 5 VwGO auf Anordnung der aufschiebenden Wirkung des Rechtsbehelfs zu stellen. 399

Siehe auch: → *Fahreignungsregister, Rechtsschutz*, Teil E Rdn 390;→ *Fahreignungsregister, Auskunft*, Teil E Rdn 347; → *Fahreignungsregister, Fahreignungs-Bewertungssystem*, Teil E Rdn 358; → *Fahreignungsregister, Tilgung und Löschung*, Teil E Rdn 400; *Fahrerlaubnisregister*, Teil E Rdn 429.

Fahreignungsregister, Tilgung und Löschung von Eintragungen 400

Das Wichtigste in Kürze:

1. Tilgung von Eintragungen im Fahreignungsregister (FAER) ist gleichbedeutend mit deren Entfernung oder Unkenntlichmachung.
2. Bei Anwendung der das FAER betreffenden Tilgungsvorschriften (§ 29 StVG) sind die gesetzlich vorgesehenen Tilgungsfristen und der jeweilige Beginn des Fristlaufs voneinander zu trennen.
3. Die Tilgungsfristen richten sich nach der Art der im FAER vorhandenen Eintragung.
4. Bei einer Fahrerlaubnis auf Probe gilt § 29 Abs. 1 S. 3, 4 StVG.
5. Eintragungen über Ermahnungen und Verwarnungen nach dem Fahreignungs-Bewertungssystem werden getilgt, wenn dem Betroffenen die Fahrerlaubnis entzogen wird oder sobald im FAER keine Straftaten oder Ordnungswidrigkeiten mehr eingetragen sind (§ 29 Abs. 1 S. 3, 4 StVG).
6. Wird die Erteilung einer Fahrerlaubnis für immer untersagt („lebenslange Sperre“, § 69a Abs. 1 S. 2 StGB), erfolgt keine Tilgung (§ 29 Abs. 2 StVG).
7. § 29 Abs. 1 S. 5 StVG sieht die Möglichkeit einer Verkürzung von Tilgungsfristen durch Rechtsverordnung vor, wenn die im FAER eingetragene Entscheidung auf körperlichen oder geistigen Mängeln oder fehlender Befähigung beruht.

8. Darüber hinaus erfolgt eine Tilgung von Eintragungen in weiteren Fällen.
9. Der Beginn der Tilgungsfrist richtet sich nach § 29 Abs. 4 und 5 StVG.
10. Mit Ablauf der Tilgungsfrist tritt die sog. Tilgungsreife ein, die hiervon erfassten Eintragungen sind zu löschen.
11. Sobald Eintragungen im FAER gelöscht sind, wird über sie wegen des Verwertungsverbotes keine Auskunft mehr erteilt.
12. Soweit die Tilgungsfrist im Fall des § 29 Abs. 1 S. 2 Nr. 3 Buchst. a) StVG 10 Jahre beträgt, gilt eine weitere Besonderheit in Gestalt eines beschränkten Verwertungsverbotes.

401 **Literaturhinweise:** S. die Hinw. bei → *Fahreignungsregister, Allgemeines*, Teil E Rdn 332.

402 **1. Tilgung** von Eintragungen im Fahreignungsregister (FAER) ist gleichbedeutend mit deren **Entfernung oder Unkenntlichmachung**. Der von der jeweiligen Eintragung Betroffene gilt nunmehr als „realbewährt" im Sinne der Verkehrssicherheit, die getilgten Verfehlungen sollen ihm nicht mehr vorgehalten werden können. Bei der Einführung des FAER zum 1.5.2014 wurden die Tilgungsfristen auf 2 Jahre und 6 Monate, 5 Jahre bzw. 10 Jahre festgelegt (§ 29 Abs. 1 S. 2 Nr. 1 – 3 StVG).

☝ Eine **Tilgungshemmung**, wie sie nach den Vorgängerregelungen zum (VZR) bestand, **existiert nicht mehr**.

403 Bei der Einführung des FAER zum 1.5.2014 wurden die **Tilgungsfristen**, in Anbetracht der Zielsetzung, mehrfach auffallende Täter zuverlässig zu erfassen, **verlängert**.

404 **2.** Bei Anwendung der das FAER betreffenden Tilgungsvorschriften (§ 29 StVG) sind die gesetzlich vorgesehenen **Tilgungsfristen** und der jeweilige **Beginn des Fristlaufs** voneinander zu trennen. Nur in Kombination beider Elemente ergibt sich der konkrete Zeitpunkt, in dem Tilgungsreife im FAER eintritt, die Löschung erfolgen muss und etwaige noch vorhandene Eintragungen einem Verwertungsverbot unterliegen.

405 **3.** Die **Tilgungsfristen** richten sich nach der Art der im FAER vorhandenen Eintragung. Nach § 29 Abs. 2 S. 2 StVG gilt hierbei das Folgende:

406 **Tilgungsfrist 10 Jahre**

Eine Tilgungsfrist von 10 Jahren gilt jeweils bei

- gerichtlichen Entscheidungen über im Register eingetragene **Straftaten**, in denen die **Fahrerlaubnis entzogen** oder eine **isolierte Sperre angeordnet** worden ist sowie bei
- Eintragungen über die in § 28 Abs. 3 Nr. 5 – 8 StVG aufgeführten **verwaltungsrechtlichen Maßnahmen** oder **Verzichte** auf die Fahrerlaubnis.

407 **Tilgungsfrist 5 Jahre**

Die Tilgungsfrist beträgt 5 Jahre bei

- Entscheidungen über im Register eingetragene **Straftaten**, in denen die **Fahrerlaubnis nicht entzogen** und auch **keine isolierte Sperre** angeordnet worden ist,
- Entscheidungen über eine **Ordnungswidrigkeit**, die nach dem Fahreignungs-Bewertungssystem mit **2 Punkten** bewertet ist (besonders verkehrssicherheitsbeeinträchtigende oder gleichgestellte Ordnungswidrigkeiten),
- Verboten und Beschränkungen in Bezug auf das Führen fahrerlaubnisfreier Fahrzeuge und
- bei Mitteilungen über die Teilnahme an einem Fahreignungsseminar (§ 4a StVG), einem Aufbauseminar, einem besonderen Aufbauseminar oder einer verkehrspsychologischen Beratung.

Tilgungsfrist 2 Jahre und 6 Monate 408

Die Tilgungsfrist beträgt 2 Jahre und 6 Monate bei

- **Ordnungswidrigkeiten**, die nach dem Fahreignungs-Bewertungssystem mit **1 Punkt** bewertet werden (verkehrsbeeinträchtigende und gleichgestellte Ordnungswidrigkeiten) sowie bei
- Ordnungswidrigkeiten, die **nicht in Anlage 13 zu § 40 FeV enthalten** sind, aber bei denen ein **Fahrverbot** angeordnet wurde.

4. Bei einer **Fahrerlaubnis auf Probe** (§ 2a StVG) werden Eintragungen über die Anordnung einer Teilnahme an einem Aufbauseminar (§ 2a Abs. 2 S. 1 Nr. 1 StVG), die Anordnung der Teilnahme an einer verkehrspsychologischen Beratung (§ 2a Abs. 2 S. 1 Nr. 2 StVG) **ein Jahr nach Ablauf der Probezeit** oder bei Entziehung der Fahrerlaubnis getilgt (§ 29 Abs. 1 S. 3, 4 StVG). 409

5. Eintragungen über **Ermahnungen** und **Verwarnungen** nach dem Fahreignungs-Bewertungssystem (FEBS) werden getilgt, wenn dem Betroffenen die Fahrerlaubnis entzogen wird oder sobald im FAER keine Straftaten oder Ordnungswidrigkeiten mehr eingetragen sind (§ 29 Abs. 1 S. 3, 4 StVG). Hingegen werden bei Entziehung der Fahrerlaubnis die in diesem Zeitpunkt eingetragenen Punkte nach dem Fahreignungs-Bewertungssystem nicht schon mit Entziehung der Fahrerlaubnis, sondern erst bei deren Wiedererteilung gelöscht (§ 4 Abs. 3 StVG): Dies soll den Fahrerlaubnisbehörden die Identifikation früherer Auffälligkeiten und die Entscheidung über den Umfang der Eignungsüberprüfung erleichtern. 410

6. Wird die **Erteilung** einer **Fahrerlaubnis für immer untersagt** („lebenslange Sperre", § 69a Abs. 1 S. 2 StGB), so erfolgt keine Tilgung (§ 29 Abs. 2 StVG). Gleiches gilt, wenn dem Inhaber einer ausländischen Fahrerlaubnis das Recht, von dieser Im Inland Gebrauch zu machen, für immer untersagt wird. In beiden Fällen kommt, bei Wegfall der Voraussetzungen der Sperre, eine nachträgliche Änderung der Entscheidung in Betracht. Diese Änderung ist ebenfalls in das FAER einzutragen (§ 28 Abs. 3 Nr. 14 StVG) und unterliegt dann einer 10-jährigen Tilgungsfrist (§ 29 Abs. 1 S. 2 Nr. 3 Buchst. a) StVG). 411

7. § 29 Abs. 1 S. 5 StVG sieht die Möglichkeit einer **Verkürzung** von Tilgungsfristen durch Rechtsverordnung vor, wenn die im FAER eingetragene Entscheidung auf körperlichen oder geistigen Mängeln oder fehlender Befähigung beruht. § 63 Abs. 1 FeV regelt, dass in solchen Fällen – an Stelle der vom Gesetz vorgesehenen Tilgungsfrist von 10 Jahren, beginnend mit der Neuerteilung – die Tilgung bereits mit Erwerb der Fahrerlaubnis erfolgt. 412

8. Unabhängig von den bisherigen Ausführungen erfolgt eine **Tilgung** von Eintragungen in folgenden Fällen: 413

- Entscheidungen, die im **BZR eingetragen** sind, werden getilgt, sobald ihre Tilgung im BZR angeordnet wird (§ 29 Abs. 3 Nr. 1 StVG).
- Rechtskräftige Aufhebung der eingetragenen Entscheidung im **Wiederaufnahmeverfahren** (§ 29 Abs. 3 Nr. 1 StVG).
- Rechtskräftige Aufhebung einer eingetragenen Entscheidung über eine **Ordnungswidrigkeit** wegen **nachträglicher Verurteilung** in einem **Strafverfahren** gemäß §§ 86, 102 Abs. 2 OWiG (§ 29 Abs. 3 Nr. StVG).
- Anordnung der Tilgung durch die nach Landesrecht zuständige Behörde in **außergewöhnlichen Härtefällen** (§ 29 Abs. 3 Nr. 2 StVG).
- **Aufhebung** der eingetragenen Entscheidung (§ 29 Abs. 3 Nr. 3 StVG, § 63 Abs. 2 FeV).
- **Tod** des Betroffenen (§ 29 Abs. 3 Nr. 1 StVG).275

9.a) Der **Beginn** der **Tilgungsfrist** richtet sich nach § 29 Abs. 4 und 5 StVG. Insoweit gilt: 414

Übersicht: Beginn Tilgungsfrist

- Bei **strafgerichtlichen Entscheidungen** (Urteil, Strafbefehl) beginnt die Tilgungsfrist mit dem **Tag** der **Rechtskraft**. Dieser Tag bleibt auch dann maßgeblich, wenn später eine Gesamtstrafe oder einheitliche Jugendstrafe gebildet wird, ferner dann, wenn nach § 30 Abs. 1 JGG auf Jugendstrafe erkannt wird oder eine Entscheidung im Wiederaufnahmeverfahren ergeht, die eine einzutragende Verurteilung enthält (§ 29 Abs. 4 Nr. 1 StVG).

- Erkennt das Gericht auf **Verwarnung** mit **Strafvorbehalt** (§ 59 StGB) oder sieht es von Strafe ab (§ 60 StGB) oder wird gemäß **§ 27 JGG** die Entscheidung über die Verhängung der Jugendstrafe ausgesetzt, beginnt die Tilgungsfrist ebenfalls mit dem Tag der Rechtskraft (§ 29 Abs. 4 Nr. 2 StVG).
- Bei **behördlichen** oder **gerichtlichen Bußgeldentscheidungen** sowie bei sonstigen Verwaltungsentscheidungen beginnt die Tilgungsfrist mit dem **Tag** der **Rechtskraft** bzw. **Unanfechtbarkeit** der Entscheidung zu laufen (§ 29 Abs. 4 Nr. 3 StVG).
- Im Fall der Teilnahme an **Aufbauseminaren** (§ 2a Abs. 2 S. 1 Nr. 1 StVG), verkehrspsychologischen **Beratungen** (§ 2a Abs. 2 S. 1 Nr. 2 StVG) und **Fahreignungsseminaren** (§ 4 Abs. 7 StVG) beginnt die Tilgungsfrist mit der **Ausstellung** der **Teilnahmebescheinigung** (§ 29 Abs. 4 Nr. 4 StVG).

415 **b)** Wird die Fahrerlaubnis versagt oder wegen mangelnder Eignung entzogen, eine Sperrfrist nach § 69a Abs. 1 S. 3 StGB angeordnet oder auf die Fahrerlaubnis verzichtet, beginnt die Frist erst bei Erteilung einer neuen Fahrerlaubnis (sog. **Anlaufhemmung**), spätestens aber 5 Jahre nach Rechtskraft der beschwerenden Entscheidung bzw. dem Zugang der Verzichtserklärung bei der Fahrerlaubnisbehörde (§ 29 Abs. 5 S. 1 StVG). Die Anlaufhemmung liegt darin begründet, dass eine Realbewährung von Tätern während der Zeit ohne Fahrerlaubnis nicht in Betracht kommt. Zudem soll die Behörde bei Wiedererteilung der Fahrerlaubnis Kenntnis von den eingetragenen Sachverhalten nehmen können.

416 **c)** Bei von der Fahrerlaubnisbehörde verhängten Verboten und Beschränkungen, **fahrerlaubnisfreie Fahrzeuge** zu führen, beginnt die Tilgungsfrist 5 Jahre nach Ablauf oder Aufhebung des Verbots oder der Beschränkung (§ 29 Abs. 5 S. 2 StVG).

☝ Das **Verbot**, ein **Fahrrad** zu **führen**, wurde bislang im FAER eingetragen und unterliegt einer Tilgungsfrist von 5 Jahren. Der Eintrag erfolgte zu Überwachungszwecken. Allerdings ist nach zutreffender neuester Rspr. eine Untersagung zum Führen fahrerlaubnisfreier Fahrzeuge auf Grundlage des § 3 Abs. 1 FeV nicht zulässig, weil es der Norm an hinreichender Bestimmtheit fehlt (VGH München NJW 2024, 300 und OVG Münster, Beschl. v. 5.12.2024 – 16 B 175/23). Insofern spricht einiges dafür, die Verwertung entsprechender Eintragungen für unzulässig zu betrachten.

417 **10.a)** Mit Ablauf der Tilgungsfrist tritt die sog. **Tilgungsreife** ein, die hiervon erfassten **Eintragungen sind zu löschen**.

418 **b)** Von diesem Grundsatz bestehen nachfolgende **Ausnahmen**: Eintragungen nach § 28 Abs. 3 Nr. 1 und Nr. 3 StVG werden erst nach einer **Überliegefrist von 1 Jahr** gelöscht, um prüfen zu können, ob der Betroffene vor Eintritt der Tilgungsreife weitere Straftaten oder Ordnungswidrigkeiten begangen hat, bei denen die Eintragung aber erst nach Eintritt der Tilgungsreife erfolgt. Würde bereits mit Eintritt der Tilgungsreife gelöscht, könnten Erhöhungen des Punktestandes durch später erfolgende Eintragungen nicht mehr berücksichtigt werden. Allerdings dürfen die entsprechenden Eintragungen während der Überliegefrist nur noch genutzt werden (und diesbezüglich Auskunft erteilt werden) im Rahmen von Maßnahmen bei der Fahrerlaubnis auf Probe (§ 2a StVG; → *Fahreignungsregister, Fahreignungs-Bewertungssystem*, Teil E Rdn 362), im Rahmen von **Maßnahmen nach** dem **FEBS** (§ 4 StVG) und zur Auskunftserteilung an den Betroffenen (§ 29 Abs. 6 S. 3 StVG).

419 *Beispiel:*

Der Punktestand des Fahrerlaubnisinhabers A beläuft sich auf 3 Punkte. Tilgungsreife bezüglich eines Punktes tritt am 30.3.2025 ein. Am 18.2.2025 begeht A eine Geschwindigkeitsüberschreitung, die mit einem weiteren Punkt bewertet wird. Der Bußgeldbescheid wird am 2.5.2025 zugestellt und mit Ablauf des 16.5.2025 unanfechtbar. In Anbetracht des Tattagsprinzips und der Überliegefrist von einem Jahr (30.3.2026) kann die Tat und die damit erreichte Punktezahl von 4 Punkten berücksichtigt werden. A wird nach § 4 Abs. 5 S. 1 Nr. 1 StVG ermahnt.

c) Eine **Löschung unterbleibt**, so lange der Betroffene als Inhaber einer Fahrerlaubnis auf Probe gespeichert ist (§ 29 Abs. 6 S. 4 StVG). So kann die Verlängerung der Probezeit gemäß § 2a Abs. 2 StVG sichergestellt werden, wenn gegen den Inhaber einer Fahrerlaubnis auf Probe die Teilnahme an einem Aufbauseminar angeordnet wird. 420

11.a) Sobald Eintragungen im FAER gelöscht sind, wird über sie wegen des **Verwertungsverbotes** keine Auskunft mehr erteilt. Weder die zugrunde liegende Tat noch die vormals eingetragene Entscheidung dürfen zum Nachteil des Betroffenen für die Zwecke des § 28 Abs. 2 StVG verwertet werden, insbesondere dienen sie dann nicht mehr als Aspekte der Strafzumessung, für die Hohe des Bußgeldes oder für die Frage, ob bzw. in welcher Höhe ein Fahrverbot verhängt oder hiervon abgesehen wird. Eine Mitteilung über Entscheidungen nach §§ 69 – 69b StGB zum Zwecke der Prüfung der Berechtigung zum Führen von Kraftfahrzeugen an die zuständigen Behörden ist aber zulässig. 421

b) Für die Frage, ob ein Verwertungsverbot besteht, ist der **Zeitpunkt** der **letzten tatrichterlichen Entscheidung** maßgeblich. 422

Beispiel: 423
Dem C wird ein Bußgeldbescheid wegen einer Geschwindigkeitsübertretung (45 km/h außerorts), begangen am 6.1.2025, zugestellt. Er legt Einspruch ein, die mündliche Verhandlung findet am 8.4.2025 statt. In dem am 20.3.2025 abgerufenen Auszug aus dem Fahreignungsregister befindet sich eine weitere Eintragung zu einer Geschwindigkeitsübertretung (30 km/h innerorts), bei der Tilgungsreife am 31.3.2025 eintritt. Im Rahmen der gerichtlichen Entscheidung darf die Vortat nicht berücksichtigt werden.

Aus dem Nichtablauf der **Überliegefrist** ergibt sich nichts anderes. Das insoweit bestehende eingeschränkte Verwertungsverbot lässt Ausnahmen nur insoweit zu, als die Fahrerlaubnisbehörde während der Überliegefrist Maßnahmen nach § 28 Abs. 6 S. 3 Nr. 1 und 2 StVG treffen kann, ein Betroffener kann somit insbesondere nach § 4 Abs. 5 S. 1 StVG ermahnt, verwarnt oder ihm die Fahrerlaubnis entzogen werden. 424

b) Hinsichtlich des Verwertungsverbotes muss das **Verhältnis** zwischen **FAER** und **BZR beachtet** werden (siehe auch → *Bundeszentralregister, Tilgung*, Teil E Rdn 123): 425

- Tritt nach der Vorschrift des § 51 Abs. 1 BZRG Tilgungsreife im Hinblick auf die dortige Eintragung ein, ist sie auch dann nicht verwertbar, wenn im FAER noch keine Tilgungsreife eingetreten ist.
- Ist im FAER Tilgungsreife eingetreten, im BZR hingegen noch nicht, unterliegt die Eintragung bei Entscheidungen über Ordnungswidrigkeiten einem Verwertungsverbot. Demgegenüber darf die Eintragung bei der Entscheidung über Straftaten wegen **Vorrangigkeit der Regelungen des BZR** verwertet werden (§ 29 Abs. 7 S. 4, 5 StVG).

12.a) Soweit die Tilgungsfrist im Fall des § 29 Abs. 1 S. 2 Nr. 3 Buchst. a) StVG zehn Jahre beträgt, gilt eine weitere Besonderheit in Gestalt eines **beschränkten Verwertungsverbotes**: Nach Ablauf von fünf Jahren ab Tilgungsbeginn ist eine Weitergabe der Eintragung nur noch zulässig im Zusammenhang mit Verfahren, die die Erteilung oder Entziehung der Fahrerlaubnis zum Gegenstand haben oder zum Ergreifen von Maßnahmen gemäß § 4 Abs. 5 StVG nach dem Fahreignungs-Bewertungssystem (Ermahnung, Verwarnung oder Entziehung der Fahrerlaubnis; → *Fahreignungsregister, Fahreignungs-Bewertungssystem*, Teil E Rdn 358). 426

b) In Verfahren über die Erteilung oder die Entziehung der Fahrerlaubnis reicht die Verwertbarkeit auch über den Zeitpunkt der Tilgung oder Löschung nach § 51 Abs. 1 BZRG hinaus. Des Weiteren dürfen, nach § 29 Abs. 7 S. 3 StVG, strafgerichtliche Entscheidungen über die Entziehung der Fahrerlaubnis, die Anordnung von Wiedererteilungssperrfristen oder isolierten Sperren (§§ 69 – 26b StGB) an die Fahrerlaubnisbehörden übermittelt werden; § 52 Abs. 2 S. 2 BZRG enthält eine entsprechende Einschränkung des § 51 Abs. 1 BZRG. 427

428 **13. Seit 1.5.2019** gilt für die Tilgung und Löschung auch der vor dem 1.5.2014 vorgenommenen Eintragungen **ausschließlich § 29 StVG** in der heute gültigen Fassung (§ 65 Abs. 3 Nr. 2 S. 1 StVG). Mit diesem Tag endete die Übergangsfrist und wurde Gleichlauf aller eingetragenen Sachverhalte sichergestellt.

Siehe auch: → *Bundeszentralregister, Tilgung*, Teil E Rdn 123; → *Fahreignungsregister, Fahreignungs-Bewertungssystem*, Teil E Rdn 358; → *Fahreignungsregister, Auskunft*, Teil E Rdn 347; → *Fahreignungsregister, Fahreignungs-Bewertungssystem*, Teil E Rdn 358; → *Fahreignungsregister, Rechtsschutz*, Teil E Rdn 390; *Fahrerlaubnisregister*, Teil E Rdn 429.

429 Fahrerlaubnisregister

Das Wichtigste in Kürze:

1. Der Begriff des Fahrerlaubnisregisters (§§ 48 ff. StVG) umfasst zwei unterschiedliche Teilbereiche: Das Zentrale Fahrerlaubnisregister (ZFER) und die örtlichen Fahrerlaubnisregister.
2. Die Schaffung des ZFER als neuer Zentralstelle geht auf die 2. EG-Führerscheinrichtlinie (RL 91/439/EWG des Rates vom 29.7.1991 über den Führerschein, ABl L 237 v. 24.8.1991, S. 1 ff.) zurück.
3. Zwischen den örtlichen Fahrerlaubnisregistern und dem ZFER gibt es Überschneidungen in der Zielsetzung und hinsichtlich der zu erfassenden Daten. Die Fahrerlaubnisregister speichern Daten, die erforderlich sind, um zu prüfen, über welche Fahrerlaubnisse und Führerscheine eine Person verfügt.
4. Zusätzlich speichern die örtlichen Fahrerlaubnisregister jene Daten, die für die Beurteilung der Eignung und Befähigung zum Führen von Kraftfahrzeugen sowie für die Prüfung der Berechtigung zum Führen von Kraftfahrzeugen benötigt werden.
5. Nach dem Willen des Gesetzgebers sollen die Datenbestände der örtlichen Fahrerlaubnisregister in das ZFER und das FAER übernommen und die örtlichen Register dann, soweit möglich, aufgelassen werden.
6. Die in den Fahrerlaubnisregistern gespeicherten Daten dürfen an berechtigte Stellen übermittelt werden, wenn dies zur Erfüllung ihrer Aufgaben erforderlich ist und den Zwecken des § 49 StVG dient.
7. Die Einstellung der Daten in das ZFER sowie der Datenabruf aus den Fahrerlaubnisregistern zu den in § 49 StVG bestimmten Zwecken darf im automatisierten Verfahren erfolgen.
8. Auf Antrag ist jeder Privatperson Auskunft zu erteilen über den sie betreffenden Inhalt des ZFER und des örtlichen Fahrerlaubnisregisters.
9. Die Löschung der nach § 50 StVG im ZFER gespeicherten Daten erfolgt nach § 61 Abs. 1 StVG.

430 **Literaturhinweise:** **Reisert**, Aktuelle Regressfallen für Rechtsanwälte durch das geplante Fahrerlaubnisregister, NJW 2012, 2493; **Schäler**, Das EU-Führerscheinnetz (RESPER), VD 2013, 185 – 190; **Weibrecht**, Die Umsetzung der Zweiten EU-Führerscheinrichtlinie in Deutschland. Sachstand, Erfahrungen und ausgewählte Fragestellungen, NZV 2000, 244; s.a. die Hinw. bei → *Fahreignungsregister, Allgemeines*, Teil E Rdn 332.

431 **1.** Der Begriff des Fahrerlaubnisregisters umfasst zwei Teilbereiche, die in unterschiedliche Zuständigkeiten fallen:

- Die **örtlichen Fahrerlaubnisregister**, geführt von den nach Landesrecht zuständigen Fahrerlaubnisbehörden (§ 48 Abs. 1 StVG) sowie
- das **Zentrale Fahrerlaubnisregister (ZFER)**, geführt vom Kraftfahrt-Bundesamt (KBA) in Flensburg (§ 48 Abs. 2 StVG).

☝ Die Fahrerlaubnisregister sind vom **FAER** zu **unterscheiden**.

2. Ursprünglich wurden sämtliche Daten zu den von deutschen Behörden erteilten Fahrerlaubnissen ausschließlich bei den für die Erteilung (und Entziehung) zuständigen **lokalen Fahrerlaubnisbehörden**, die auch die **Fahrerlaubnisakte** führen, gespeichert. Die **Schaffung des ZFER** als neuer Zentralstelle geht auf die 2. EG-Führerscheinrichtlinie (RL 91/439/EWG des Rates vom 29.7.1991 über den Führerschein, ABl L 237 v. 24.8.1991, S. 1 ff.) zurück, die eine gegenseitige Anerkennung von Fahrerlaubnissen innerhalb der Gemeinschaft und eine Harmonisierung ihrer Erteilungsvoraussetzungen anstrebte. Nach Art. 12 Abs. 3 der besagten Richtlinie haben sich die Mitgliedstaaten der Gemeinschaft einander bei der Durchführung dieser Richtlinie zu unterstützen und im Bedarfsfall **Informationen** über die von ihnen **registrierten Fahrerlaubnisse** (in der Richtlinie wird ausschließlich der Begriff „Führerschein" verwendet) **auszutauschen.** Durch die Schaffung des ZFER wird dieser zentralisierte Datenaustausch ermöglicht, der bei Verteilung der entsprechenden Daten auf zahllose örtliche Fahrerlaubnisakten kaum zu bewerkstelligen wäre. Die Speicherung der Fahrerlaubnisklassen erfolgt nach den **EU-einheitlichen Klassen** A bis E sowie den nationalen Klassen (M, L, S und T bzw. ab 19.1.2013 L und T). Es soll an dieser Stelle nicht verschwiegen werden, dass andere Mitgliedstaaten mit der Umsetzung erheblich in Verzug sind, d.h. ein EU-weites Register, in das sämtliche zuständigen Führerscheinstellen Einsicht nehmen können, bevor sie eine Fahrerlaubnis erteilen, umtauschen, verlängern oder anderweitige Maßnahmen ergreifen, steht bis heute leider nicht zur Verfügung: Der sog. **„Führerscheintourismus"** beruht zu einem beachtlichen Teil auf der Nichtexistenz eines solchen EU-weiten Registers und den sich daraus zwangsläufig ergebenden Informationsdefiziten. Immerhin ist ab 2027 geplant, den Anwendungsbereich der Richtlinie zur Erleichterung des grenzüberschreitenden Austauschs von Informationen über die Straßenverkehrssicherheit gefährdende Verkehrsdelikte (Richtlinie 2015/413/EU, ABl. (EU) Nr. L 68 vom 13.3.2015) zu ändern mit dem Ziel, dass die Durchsetzung von Fahrverboten und Verkehrsordnungswidrigkeiten innerhalb der EU erleichtert wird. Perspektivisch soll auch die EU-weite Durchsetzung von Fahrverboten möglich sein. 432

3.a) Zwischen den örtlichen Fahrerlaubnisregistern und dem ZFER gibt es **Überschneidungen sowohl in der Zielsetzung** als auch hinsichtlich der zu erfassenden Daten. Beide Registertypen werden geführt zur Speicherung von Daten, die erforderlich, um feststellen zu können, **welche Fahrerlaubnisse** und welche **Führerscheine eine Person besitzt** oder für welche sie eine Neuerteilung beantragen kann (§ 49 Abs. 1 StVG). 433

Die in **beiden Registertypen** zu **speichernden Fahrerlaubnisdaten** ergeben sich im Einzelnen aus **§ 50 Abs. 1 StVG**: 434

- Familienname, Geburtsname und sonstige frühere Namen
- Vornamen, Ordens- oder Künstlernamen
- Doktorgrad
- Geschlecht
- Tag und Ort der Geburt
- Daten über Erteilung, Registrierung, Bestand, Art, Umfang, Gültigkeitsdauer, Verlängerung und Änderung der Fahrerlaubnis
- Datum des Beginns und des Endes der Probezeit
- Nebenbestimmungen zur Fahrerlaubnis (z.B. Auflagen)
- Daten über Führerscheine und deren Geltung einschließlich Ausschreibung zur Sachfahndung
- Sonstige Berechtigungen, ein Kraftfahrzeug zu führen
- Hinweise auf Eintragungen im FAER, die die Berechtigung zum Führen von Kraftfahrzeugen berühren.

> ☝ Die entsprechenden Daten stammen aus dem Bestand der örtlichen Fahrerlaubnisregister, sollen aber nach dem Willen des Gesetzgebers in das ZFER übertragen werden. So lange diese Datenmigration nicht abgeschlossen ist, sieht das Gesetz die **doppelte Zuständigkeit** vor.

435 **b)** Im **ZFER** dürfen nach § 50 Abs. 3 StVG **zusätzlich** gespeichert werden

- Der **Grund des Erlöschens** der Fahrerlaubnis oder einer Fahrerlaubnisklasse,
- Die Dauer der Probezeit einschließlich der Restdauer nach vorzeitiger Beendigung der Probezeit,
- Beginn und Ende einer Hemmung der Probezeit sowie
- die Behörde, die die Fahrerlaubnisakte führt.

436 **4.** In den **örtlichen Fahrerlaubnisregistern** werden, zusätzlich zu § 50 Abs. 1 StVG, Daten gespeichert, die für die **Beurteilung der Eignung und Befähigung** von Personen zum Führen von Kraftfahrzeugen (§ 49 Abs. 2 Nr. 1 StVG) und für die Prüfung der Berechtigung zum Führen von Fahrzeugen (§ 49 Abs. 2 Nr. 2 StVG) erforderlich sind. Dies sind im Einzelnen

- die Anschrift des Betroffenen,
- Daten über die Versagung, die Entziehung, den Widerruf und die Rücknahme der Fahrerlaubnis sowie den Verzicht auf die Fahrerlaubnis,
- isolierte Sperren, Fahrverbote sowie die Beschlagnahme, Sicherstellung und Verwahrung von Führerscheinen,
- Maßnahmen gegenüber Inhabern einer Fahrerlaubnis auf Probe (§ 2a Abs. 2 StVG) und nach dem Fahreignungs-Bewertungssystem (§ 4 Abs. 5 StVG) sowie
- Verbote und Beschränkungen, ein (nicht fahrerlaubnispflichtiges) Fahrzeug zu führen.

437 **5.a)** Nach dem Willen des Gesetzgebers sollen die Datenbestände der örtlichen Fahrerlaubnisregister in das ZFER und das FAER übernommen und die örtlichen Register dann, soweit möglich, aufgelassen werden. Ein **örtliches Fahrerlaubnisregister** darf nach der Vorgabe des § 65 Abs. 2 StVG **nicht mehr geführt** werden, sobald

- sein Datenbestand mit den in § 50 Abs. 1 StVG genannten Daten in das ZFER übernommen worden ist (§ 65 Abs. 2 S. 1 Nr. 1 StVG),
- die getroffenen Maßnahmen der Fahrerlaubnisbehörde gegenüber Inhabern einer Fahrerlaubnis auf Probe (§ 2a Abs. 2 StVG) und nach dem Fahreignungs-Bewertungssystem (§ 4 Abs. 5 StVG) in das FAER übernommen worden sind (§ 65 Abs. 2 S. 1 Nr. 2 StVG) **und**
- die Daten, die der konkret zuständigen Fahrerlaubnisbehörde nach § 30 Abs. 1 Nr. 3 StVG (Verwaltungsmaßnahmen) und § 52 Abs. 1 Nr. 3 StVG aus den zentralen Registern mitgeteilt werden dürfen, durch Abruf im automatisierten Verfahren mitgeteilt werden können (§ 65 Abs. 2 S. 1 Nr. 3 StVG).

438 **b)** Die bereits in das ZFER übernommenen Daten waren grds. bis spätestens 31.12.2014 aus den örtlichen Fahreignungsregistern zu löschen. Zuvor hatten die Fahrerlaubnisbehörden die Vollständigkeit und Richtigkeit der in das ZFER übernommenen Einträge zu prüfen (§ 65 Abs. 2 S. 2, 3 StVG). Die noch nicht in das ZFER übernommenen Daten bleiben vorerst örtlich gespeichert. Die **vor** dem **1.1.1999** in den örtlichen Fahrerlaubnisregistern **gespeicherten Daten** sind von der **Löschung unberührt**, § 50 Abs. 1 und 2 gelten hinsichtlich dieser Daten weiter (§ 50 Abs. 4 StVG). Eine Übertragung in das ZFER erfolgt insoweit nicht.

439 **c)** Maßnahmen der Fahrerlaubnisbehörde gegenüber Inhabern einer **Fahrerlaubnis auf Probe** (§ 2a Abs. 2 S. 1 Nr. 1 StVG) und nach dem **FABS** (§ 4 Abs. 5 S. 1 Nr. 1, 2 StVG) werden erst dann im FAER gespeichert, wenn eine Speicherung im örtlichen Fahrerlaubnisregister nicht mehr vorgenommen wird (§ 65 Abs. 2 S. 4 StVG).

440 **6.** Die in den Fahrerlaubnisregistern gespeicherten Daten dürfen an berechtigte Stellen übermittelt werden, wenn dies zur Erfüllung ihrer Aufgaben erforderlich ist und den **Zwecken** des **§ 49 StVG dient**. Im Einzelnen ist die Auskunft im genannten Rahmen zulässig gegenüber Stellen, die zuständig sind

- für die Verfolgung, die Vollstreckung und den Vollzug von Straftaten (§ 52 Abs. 1 Nr. 1 StVG),
- für die Verfolgung von Ordnungswidrigkeiten und die Vollstreckung von Bußgeldbescheiden und ihren Nebenfolgen nach dem StVG (§ 49 Abs. 1 Nr. 2 StVG),
- für Verwaltungsmaßnahmen nach dem StVG, der StVO und der FeV (§ 49 Abs. 1 Nr. 3 StVG), soweit es um Fahrerlaubnisse, Führerscheine oder sonstige Berechtigungen zum Führen von Fahrzeugen geht.

Zusätzlich dürfen die gespeicherten Daten an die für Verkehrs-, Straßen- und Grenzkontrollen zuständigen Stellen übermittelt werden, wenn dies zur Aufgabenerfüllung erforderlich ist und zu den in § 49 Abs. 1 und § 49 Abs. 2 Nr. 2 StVG festgelegten Zwecken erfolgt. In allen Fällen sind Aufzeichnungen über die Übermittlungen zu führen (§§ 52 Abs. 3, 35 Abs. 6 S. 1, 2 StVG). 441

7. Die Einstellung der Daten in das ZFER sowie der Datenabruf aus den Fahrerlaubnisregistern zu den in § 49 StVG bestimmten Zwecken darf im **automatisierten Verfahren** erfolgen. Im Regelfall erfolgt sie nur auf Ersuchen einer berechtigten Stelle, § 60 Abs. 1 StVG. Die näheren Voraussetzungen zum Übermittlungsverfahren – insbesondere hinsichtlich des Datenschutzes – regeln die §§ 53 bis 56 StVG. Auch eine Übermittlung zu statistischen und wissenschaftlichen Zwecken ist zulässig (§ 57 StVG). Im Hinblick auf die 2. EG-Führerscheinrichtlinie kommt der Datenübermittlung aus dem ZFER an Stellen aus den Mitgliedstaaten der EU bzw. den Vertragsstaaten des EWR besondere Bedeutung zu. Nach § 56 Abs. 1, 2 ist ein **automatisierter Abruf** der im ZFER eingestellten Daten durch ausländische Stellen **zulässig**, wenn 442

- diese Form der Datenübermittlung unter Berücksichtigung der schutzwürdigen Interessen der Betroffenen wegen der Vielzahl der Übermittlungen oder wegen ihrer besonderen Eilbedürftigkeit angemessen ist und
- der Empfängerstaat die **Datenschutzrichtlinie** (RL 95/46/EG des Europäischen Parlaments und des Rates vom 24.10.1995, ABl EG Nr. L 281, S. 31) anwendet.

Die Auskünfte aus dem ZFER erfolgen national über das Zentrale Verkehrsinformationssystem (**ZEVIS**) und international über das European Car and Driving Licence Information System (**EUCARIS**). Aktuell befindet sich ein Nachfolgesystem zu EUCARIS im Aufbau (**RESPER**), welches allen Fahrerlaubnisbehörden in der EU die Möglichkeit geben soll, vor Erteilung einer Fahrerlaubnis bzw. vor Ausstellung eines Führerscheins zu ermitteln, ob der betroffenen Person bereits eine Fahrerlaubnis erteilt, diese beschränkt oder entzogen wurde. 443

8. Auf **Antrag** ist **jeder Privatperson Auskunft** zu **erteilen** über den sie betreffenden Inhalt des ZFER und des örtlichen Fahrerlaubnisregisters (§ 58 StVG). Dem Antrag ist ein Identitätsnachweis (z.B. Kopie des Personalausweises oder Reisepasses) beizufügen. Eine elektronische Auskunftserteilung ist zulässig. 444

9. Die **Löschung** der nach § 50 StVG im ZFER gespeicherten Daten erfolgt nach § 61 Abs. 1 StVG 445

- bei Erlöschen der Fahrerlaubnis oder einzelner Fahrerlaubnisklassen, wobei auch dann die in § 50 Abs. 1 Nr. 1 StVG aufgeführten und folgende Daten von der Löschung ausgenommen sind: Eine erloschene Fahrerlaubnis oder Fahrerlaubnisklasse, das Datum der jeweiligen Erteilung, das Datum des jeweiligen Erlöschens, den Grund des Erlöschens einer Fahrerlaubnis oder einer Fahrerlaubnisklasse, den Beginn und das Ende der Probezeit, die Dauer der Probezeit einschließlich der Restdauer nach einer vorzeitigen Beendigung, den Beginn und das Ende der Hemmung der Probezeit, die Beschränkungen und Auflagen zur Fahrerlaubnis oder Fahrerlaubnisklasse, die Fahrerlaubnisnummer und die Behörde, die die Fahrerlaubnisakte führt (§ 61 Abs. 1 S. 3 StVG);
- bei Eingang einer amtlichen Mitteilung über den Tod des Betroffenen.

Die **Angaben zur Probezeit** werden ein Jahr nach deren Ablauf gelöscht (§ 61 Abs. 1 S. 2 StVG). Ferner werden Daten, die im FAER einzutragen sind, auch dann nach § 29 StVG getilgt, wenn sie in den örtlichen Fahrerlaubnisregistern gespeichert sind (§ 61 Abs. 3 StVG): Die **anzuwendenden Tilgungsvorschriften** sind somit von der **Datenart**, nicht vom Speicherort **abhängig**. 446

Siehe auch: → *Fahreignungsregister, Allgemeines,* Teil E Rdn 332; → *Fahreignungsregister, Auskunft,* Teil E Rdn 347; → *Fahreignungsregister, Fahreignungs-Bewertungssystem,* Teil E Rdn 358; → *Fahreignungsregister, Rechtsschutz,* Teil E Rdn 390; → *Fahreignungsregister, Tilgung und Löschung,* Teil E Rdn 400.

Teil F: Medien

Medien, Allgemeines 1

Das Wichtigste in Kürze:

1. Der Grundsatz der Öffentlichkeit der strafrechtlichen Hauptverhandlung ist einfachgesetzlich in § 169 Abs. 1 S. 1 GVG normiert. Strafverfahren finden aber nicht für die Öffentlichkeit statt.
2. Adressaten der im Interesse des Mandanten stattfindenden Arbeit des Verteidigers sind die weiteren Verfahrensbeteiligten, im EV die StA und in der HV vorrangig das Gericht.
3. Es besteht Übereinkunft zwischen den relativen Schuldtheorien sowie den Lehren von negativer und positiver Generalprävention, dass die Zwecke des Strafverfahrens ohne einen Transport der Ergebnisse desselben – möglicherweise auch des Prozesses, der zur Findung dieser Ergebnisse geführt hat – in die Öffentlichkeit nicht erreicht werden können.
4. Das Interesse des Staates an der Tätigkeit der Medien liegt mittlerweile nicht mehr allein darin, durch die Veröffentlichung einer Verurteilung ein abschreckendes Beispiel zu setzen. Vielmehr verfolgt der moderne Staat im Rahmen der Durchführung von Strafverfahren augenscheinlich teilweise auch fiskalische Ziele.

Literaturhinweise: **Eisenberg**, Überblick zur Verteidigung gegenüber Presse- und Medienberichterstattung, StraFo 2006, 15; **Engel/Scheuerl**, Litigation-PR – Erfolgreiche Medien- und Öffentlichkeitsarbeit im Gerichtsprozess, 2012; **Ernst**, Medien, Justiz und Rechtswirklichkeit, NJW 2010, 744; **Fehn/Horst**, Behördliche Pressearbeit bei strafprozessualen Maßnahmen – Zum Spannungsfeld zwischen öffentlichem Informations- und Geheimhaltungsinteresse, AfP 2007, 13; **Franke**, Öffentlichkeit im Strafverfahren, NJW 2016, 2618; **Freuding**, Die Verlagerung von Strafverfahren in Massenmedien – Ein pessimistischer Ausblick, ZRP 2010, 159; **Friedrichsen**, Strafverteidigung im Wandel – Eine Außenansicht –, StV 2012, 631; **Friedrichsen/Gerhardt**, „Auf die Urteile haben die Medien keinen Einfluss“ – Aber die mediale Aufmerksamkeit wirkt sich auf die Atmosphäre der Verhandlung aus, ZRP 2014, 92; **Gatzweiler**, Medienberichterstattung und hieraus resultierende Verteidigungsmöglichkeiten, StraFo 1995, 64; **Hassemer**, Vorverurteilung durch die Medien?, NJW 1985, 1921; *ders.*, Grundsätzliche Aspekte des Verhältnisses von Medien und Strafjustiz, StV 2005, 167; **Hörisch**, (Wie) Passen Justiz und Massenmedien zusammen?, StV 2005, 151; **Jung**, (Straf-)Justiz und Medien – eine unendliche Geschichte, GA 2014, 257; **Klass**, Grundlagen der Verdachtsberichterstattung, ZUM 2022, 1; **Lehr**, Bildberichterstattung der Medien über Strafverfahren, NStZ 2001, 63; *ders.*, Grenzen für die Öffentlichkeitsarbeit der Ermittlungsbehörden, NStZ 2009, 409; *ders.*, Pressefreiheit und Persönlichkeitsrechte – Ein Spannungsverhältnis für die Öffentlichkeitsarbeit der Justiz, NJW 2013, 728; *ders.*, Strafverteidigung und Medien, in: Münchner Anwaltshandbuch Strafverteidigung, 3. Aufl. 2022, § 21; **Leitmeier**, Einflüsse auf die Strafverteidigung – interne und externe Faktoren, HRRS 2012, 540; **Leyendecker**, Journalistische Anforderungen an die Verdachtsberichterstattung, StraFo 2007, 354; **Lindner**, Der Schutz des Persönlichkeitsrechts des Beschuldigten im Ermittlungsverfahren – zum Verhältnis von Justiz und Medien aus grundrechtlicher Sicht, StV 2008, 210; **Marxen**, Strafrecht im Medienzeitalter, JZ 2000, 294; **Meier**, Vom Verbrechensopfer zum Medienopfer? Zur Medienberichterstattung über Straftaten aus der Verletztenperspektive, in: Festschrift für *Klaus Rolinski*, 2002, S. 425; **Müller-Franken**, Die Beweislast bei der Verdachtsberichterstattung – Verfassungsfragen einer Ausbalancierung des Grundrechts der Pressefreiheit mit dem Grundrecht auf Ehre, in: Festschrift für Georgios Gounalakis, 2025, S. 363; **Neuling**, Strafjustiz und Medien – mediale Öffentlichkeit oder „justizielle Schweigepflicht“ im Ermittlungsverfahren?, HRRS 2006, 94; *ders.*, Unterlassung und Widerruf vorverurteilender Medienauskünfte der Ermittlungsbehörden, StV 2008, 387; **Pauka**, Mandantenwille und Verteidigung, StraFo 2019, 360; **Pielow**, Öffentliches Strafverfahren – Öffentliche Strafen, 2018; **Popp**, Strafjustiz und (neue) Medien, ZD 2021, 501; **Schiller**, Prozeßführung der Verteidigung und Medien, StV 2005, 176; **Schroers**, Versteckte Probleme bei der Zusammenarbeit zwischen Staatsanwaltschaften und Medien, NJW 1996, 969; **Thielmann**, Die „vierte Gewalt“ als Kontrollinstanz der Justiz? Die Berichterstattung der Medien in politischen Prozessen am Beispiel des Düsseldorfer Al-Qaida-Verfahrens, HRRS 2012, 149; **Trüg**, Medienarbeit der Strafjustiz – Möglichkeiten und Grenzen, NJW 2011, 1040; **Trüg/Mansdörfer**, Zur Öffentlichkeitsverantwortung der (Straf-) Gerichte und Staatsanwaltschaften in der Mediengesellschaft, in: Litigation-PR: Alles was Recht ist – Zum systematischen Stand der strategischen Rechtskommunikation, 2012, S. 151; **Wehnert**, Prozeßführung der Verteidigung und Medien, StV 2005, 178; **Widmaier**, Gerechtigkeit – Aufgabe von Justiz und Medien?, NJW 2004, 399; **Wilmes**, Über die Notwendigkeit von Public Relations in Strafprozessen, StraFo 2007, 11; s.a. die Hinw. bei den u.a. weiterführenden Stichwörtern. 2

3 **1.** Der in § 169 Abs. 1 S. 1 GVG normierte **Grundsatz** der **Öffentlichkeit** der strafgerichtlichen Hauptverhandlung, der neben der bei seiner Einführung im Vordergrund stehenden Kontrolle des Verfahrensganges durch die Allgemeinheit zur Vermeidung von Geheimprozessen auch dem Informationsinteresse des Publikums sowie spezial- und generalpräventiven Zwecken dient (KK-*Diemer*, § 169 GVG Rn 1 f.), eröffnet nicht lediglich Privatpersonen, sondern auch den Medien Zugang zu Strafverfahren und damit zu einer Berichterstattung über diese. Naturgemäß beschränkt sich das Interesse der Medien jedoch nicht auf den ausdrücklich öffentlichen Teil eines Strafverfahrens, vielmehr sind auch Ermittlungsverfahren und bereits abgeschlossene Strafverfahren regelmäßig Gegenstand medialer Veröffentlichungen.

4 Prominente Vertreter der Rspr. legen in diesem Zusammenhang Wert auf die Feststellung, dass Strafprozesse zwar in der Öffentlichkeit, aber **nicht für** die **Öffentlichkeit** stattfinden. Der damalige Präsident des BGH *Tolksdorf* formulierte in der SZ vom 11.4.2013 zu der Thematik einer möglichen Übertragung von Teilen der Hauptverhandlung des NSU-Prozesses in einen Nebenraum, dass sich die Ausgestaltung der durch § 169 Abs. 1 S. 1 GVG angeordneten Öffentlichkeit der Hauptverhandlung im Einzelfall an den Interessen des Strafprozesses zu orientieren habe „und nicht an dem Interesse der Medien, hierüber berichten zu können". Die verfassungsrechtlich verbürgte Pressefreiheit umfasst aber das Recht der im Pressewesen tätigen Personen, sich über Vorgänge in einer öffentlichen Gerichtsverhandlung zu informieren und hierüber zu berichten (BVerfG NJW 1979, 1400, 1401 zum Ausschluss eines Pressevertreters aus öffentlicher Hauptverhandlung; s. auch BVerfG NJW 1995, 184, 185), weswegen Berichterstattung aus dem Gerichtssaal ein Fakt ist.

☝ **Zielgruppe** der **Strafverteidigung** ist demgegenüber nicht die Öffentlichkeit, sondern der **Mandant**, in dessen Interesse der Strafverteidiger – im Rahmen der straf- und berufsrechtlich gesetzten Grenzen – als Organ der Rechtspflege tätig ist (zu den Rechten und Pflichten des Verteidigers näher *Pauka* StraFo 2019, 360). Allein an den Interessen des Mandanten, welche regelmäßig Freiheit und Rehabilitation von einem strafrechtlichen Vorwurf, ggf. auch eine möglichst milde strafrechtliche Sanktionierung, umfassen ist die Tätigkeit des Strafverteidigers orientiert. Eine irgendwie geartete Verpflichtung gegenüber der interessierten Öffentlichkeit besteht nicht. Eine solche könnte dem Strafverteidiger die Erfüllung seiner tatsächlichen Aufgaben erschweren und insbesondere das notwendige Vertrauensverhältnis zwischen Verteidiger und Mandant beeinträchtigen, weshalb der Strafverteidiger gegenüber der Öffentlichkeit nicht nur in keiner Weise zu Äußerungen verpflichtet ist, sondern sich durch derartige Äußerungen möglicherweise selbst dem Vorwurf straf- und berufsrechtlich relevanten Verhaltens ausgesetzt sieht (**§ 203 StGB; § 43a Abs. 2 BRAO**). Das gilt sowohl **während des Verfahrens** als auch **nach dessen Abschluss**.

5 **2.** Adressaten der im Interesse des Mandanten stattfindenden Überzeugungsarbeit des Verteidigers sind die weiteren Verfahrensbeteiligten, im EV die StA und in der HV vorrangig das Gericht. **Die Medienöffentlichkeit** ist nicht nur **kein vorrangiger Adressat** der Arbeit des Verteidigers, sondern kann diese aufgrund nachfolgend genannter Aspekte sogar in nicht unerheblicher Art und Weise **störend beeinflussen**:

- Ein hohes Maß an Medienöffentlichkeit ist geeignet, die **Atmosphäre** der **Gespräche** zwischen den Verfahrensbeteiligten in **negativer Art und Weise** zu **beeinflussen** und **Kommunikationswege** von Verfahrensbeteiligten untereinander zu **verschließen**.
- Medienöffentlichkeit schadet grds. dem Mandanten, der auch bei offener Beweislage in der Regel **„an den Pranger gestellt"** wird, was mit entsprechenden **Folgen** im privaten sowie beruflichen Bereich verbunden ist. So weist *Ernst* in NJW 2010, 744, 745 darauf hin, dass eine mediale Vorverurteilung deutlich häufiger anzutreffen ist als ein medialer „Vorfreispruch" und dass eine solche grds. eine stigmatisierende Wirkung hat, die potentiell dadurch verstärkt wird, dass in der Berichterstattung häufig undifferenziert auf die gesetzliche Höchststrafe verwiesen wird (*„ihm drohen bis zu X Jahre Haft"*).

■ Schließlich **widerspricht** eine Darstellung in der Medienöffentlichkeit grds. dem **anwaltlichen Selbstverständnis** als **verschwiegener und professioneller Beistand** des Mandanten (zu einem möglichen Wandel dieses Selbstverständnisses *Ernst*, a.a.O.)

☝ All dies könnte die Überlegung nahelegen, die Medienöffentlichkeit **schlicht zu ignorieren** und ihr Vorhandensein ebenso zu leugnen wie ihre (möglichen) Einflussmöglichkeiten zugunsten oder zuungunsten des Mandanten. Eine solche Sichtweise, die einem **Vogel-Strauß-Verhalten** nahe käme, ließe jedoch unberücksichtigt, dass dem Strafrecht eine **gesellschaftsstabilisierende Funktion** zukommt und die Durchführung des Strafverfahrens dem Staat nur da Nutzen bringen kann, wo das Verfahren nicht unbemerkt von der öffentlichen Wahrnehmung hinter verschlossenen Türen, sondern in der Öffentlichkeit stattfindet, in der es das Vertrauen der Bevölkerung in die Rechtsordnung und ihre Durchsetzung zu stärken vermag.

3. Mit Ausnahme der absoluten Straftheorien, die heute nicht mehr ernsthaft vertreten werden, besteht Übereinkunft zwischen den relativen Straftheorien sowie den Lehren von negativer und positiver Generalprävention, dass die **Zwecke des Strafverfahrens ohne einen Transport der Ergebnisse** desselben – möglicherweise auch des Prozesses, der zur Findung dieser Ergebnisse geführt hat – in die Öffentlichkeit **nicht erreicht** werden können (zur Bedeutung der Medienöffentlichkeit unter Berücksichtigung der absoluten und relativen Straftheorien sowie der Lehren von der negativen und positiven Generalprävention *Hassemer* StV 2005, 167 und *Pielow* Öffentliches Strafverfahren, S. 209 ff.) 6

☝ Nichts anderes als die Erbringung dieser **Transportleistung** ist die **Profession** der **Medien**.

4. Das Interesse des Staates an der Tätigkeit der Medien dürfte indes nicht allein darin liegen, durch die Veröffentlichung einer Verurteilung ein abschreckendes Beispiel zu setzen (**negative Generalprävention**) oder hierdurch das Vertrauen der Bevölkerung in die Durchsetzung des Rechts gegenüber dem Unrecht zu stärken, um auf diese Art und Weise die Rechtstreue zu erhöhen (**positive Generalprävention**). Vielmehr sprechen einzelne staatliche Handlungen aus der jüngeren Vergangenheit dafür, dass der moderne Staat im Rahmen der Durchführung von Strafverfahren auch mindestens ein anderes, deutlich profaneres Ziel verfolgt, welches nur erreicht werden kann, wenn eine breite Öffentlichkeit von den entsprechenden staatlichen Aktivitäten Kenntnis nimmt. Hier sind etwa der medienwirksame **Ankauf** von **Steuer-CDs** sowie die frühzeitige Information der Medien über die **Durchführung** von **Steuerstrafverfahren** gegen **prominente Bürger**, teils unter medialer Ausschlachtung strafprozessualer Zwangsmaßnahmen, zu nennen. Der Staat dürfte in diesen Fällen weniger an der Bestärkung des Vertrauens der Bevölkerung in das Recht als vielmehr an der Herbeiführung einer erheblichen Anzahl steuerrechtlicher Selbstanzeigen interessiert und hierbei von fiskalischen Motiven geleitet sein. 7

Es kann in der heutigen gesellschaftlichen Wirklichkeit nicht mehr geleugnet werden, dass der **Staat** die **Medien**, auch im Rahmen der Durchführung von Strafverfahren, **aktiv für seine Zwecke zu nutzen versteht**. Ein Umstand, der auch von den Strafverteidigern anerkannt werden muss, die ihre Stellungnahmen gegenüber den Medien grds. (im Einzelfall muss dies sicherlich nicht verkehrt sein) auf ein stoisches „Kein Kommentar!“ beschränken. 8

☝ Letztlich wird sich der in der Praxis tätige Rechtsanwalt nicht davor verschließen können, dass **Medienöffentlichkeit** ein Teil des Strafverfahrens ist und seine Tätigkeit einen angemessenen Umgang mit dieser erfordert. Dass diesbezüglich Tätigkeit im Idealfall nicht darauf beschränkt sein muss, die **negativen Aspekte** der **Medienöffentlichkeit** für den Mandanten **gering** zu **halten**, sondern auch geeignet sein kann, die eigene prozessuale Position zu stärken und der Erreichung der gesetzten prozessualen Ziele zu dienen, soll nachfolgend dargestellt werden.

Siehe auch: → *Medien, Einfluss auf das Strafverfahren*, Teil F Rdn 9; → *Medien, Handlungsmöglichkeiten des Verteidigers*, Teil F Rdn 31; → *Medien, Öffentlichkeitsarbeit der Justiz*, Teil F Rdn 53; → *Medien, Öffentlichkeitsarbeit der Verteidigung*, Teil F Rdn 67.

9 Medien, Einfluss auf das Strafverfahren

Das Wichtigste in Kürze:

1. Dass es eine Beeinflussung von Strafverfahren durch die Medien gibt, ist zwar empirisch nicht eindeutig nachgewiesen, entspricht aber dem allgemeinen Eindruck derer, die mit Strafverfahren in der Praxis zu tun haben.
2. Es wird von Berufsrichtern erwartet und im Allgemeinen angenommen, dass sie aufgrund ihrer Ausbildung und Erfahrung gegenüber Beeinflussungen durch Medien praktisch resistent sind.
3. Der „Third-Person-Effect" („Andere-Leute-Effekt") ist ein Phänomen verzerrter Wahrnehmung und beschreibt die Tendenz vieler Menschen, zu glauben, dass die Massenmedien andere stärker beeinflussen als sie selbst. Der Begriff „reziproke Effekte" bezeichnet den Einfluss der Medien auf diejenigen, über die sie berichten.
4. Zur Klärung der Frage, inwieweit die Medien Einfluss auf das Strafverfahren nehmen, kann auf die Ergebnisse einer empirischen Studie der Universität Mainz aus den Jahren 2006/2007 zurückgegriffen werden.
5. Schon auf das EV dürfte die mediale Berichterstattung einen Einfluss haben.

10 **Literaturhinweise:** **Gatzweiler**, Medienberichterstattung und hieraus resultierende Verteidigungsmöglichkeiten, StraFo 1995, 64; **Kepplinger**, Medieneffekte, 2010; **Kepplinger/Gerhardt/Zerback/Griesenbeck**, Der Einfluss der Medien auf Strafverfahren: Untersuchungsanlage und Grundauswertung, 2008; **Kepplinger/Jost**, Relevanz der Medieneffekte auf Angeklagte und Zeugen für Urteile in Strafverfahren, in: Litigation-PR – Wie Krisenkommunikation im Gerichtssaal der Öffentlichkeit funktioniert, 2020, S. 181; **Jositsch**, Medienarbeit als Bestandteil der Strafverteidigung, ZStrR 122 [2004], 115; **Kepplinger/Zerback**, Der Einfluss der Medien auf Richter und Staatsanwälte – Art, Ausmaß und Entstehung reziproker Effekte, Publizistik 2009, 216; **Schiller**, Prozeßführung der Verteidigung und Medien, StV 2005, 176; **Wehnert**, Prozeßführung der Verteidigung und Medien, StV 2005, 178; s.a. Hinw. bei → *Medien, Allgemeines*, Teil F Rdn 2 und bei den u.a. weiterführenden Stichwörtern.

11 **1.** Dass es eine **Beeinflussung** von **Strafverfahren durch** die **Medien** gibt, ist zwar empirisch nicht eindeutig nachgewiesen, entspricht aber dem **allgemeinen Eindruck** derer, die mit Strafverfahren in der Praxis zu tun haben. Dabei hat jeder Verteidiger im Rahmen seiner Tätigkeit vermutlich schon erlebt, wie sich die Prozessführung eines Richters sowie die Härte der ggf. verhängten Sanktionen ändert, sobald eine Schulklasse in der Verhandlung anwesend ist. Der Verteidiger kann sich in diesen Momenten des Eindrucks nicht erwehren, als sehe sich der Richter in der Pflicht, durch Verhängung besonders harter Strafen und einer besonders tadelnden mündliche Urteilsbegründung generalpräventiv auf die jungen Menschen einzuwirken und sie so von etwaigen künftigen Straftatbegehungen abzuhalten. Wenn aber schon die Anwesenheit einzelner Personen im Gerichtssaal und die damit einhergehende besondere Aufmerksamkeit den Verlauf eines Strafverfahrens bis hin zur Strafzumessung beeinflussen kann, muss mit Recht die Frage gestellt werden, wie groß die Beeinflussung bei einer zum Teil **deutschlandweiten** oder sogar **internationalen medialen Berichterstattung** und der damit einhergehenden, **ungleich höheren Aufmerksamkeit** ausfällt.

12 **2.** Gemäß **Art. 97 Abs. 1 GG** und **§ 25 DRiG** sind **Richter unabhängig** und nur dem **Gesetz unterworfen**. Diese Unabhängigkeit ist eines unserer wichtigsten Verfassungsgüter und umfasst auch die Unabhängigkeit gegenüber den Medien. Aus ihr folgt, dass Gerichte sich in ihrer Urteilsfindung nicht durch Medien beeinflussen lassen dürfen. Es wird daher von **Berufsrichtern erwartet** und im Allgemeinen angenommen, dass sie aufgrund ihrer Ausbildung und Erfahrung gegenüber Beeinflussungen durch **Medien**

praktisch **resistent** sind (u.a. EGMR, Urt. v. 5.12.2002 – 34896/97, Rn 104, deutsche Zusammenfassung m. Anm. *Zeller* in media-LEX 1/2003, 52; EGMR, Urt. v. 30.6.2015 – 30971/12, NJW 2016, 3147, 3148; KK-StPO/*Lohse/Jakobs*, Art. 6 EMRK Rn 17). Die Auffassung, dass Berufsrichter, im Gegensatz zu Laienrichter, gegen derartige Beeinflussung immun sind, wird teilweise jedoch mit guten Gründen durchaus **kritisch gesehen** (*Gatzweiler* StraFo 1995, 64; *Jositsch* ZStrR 122 [2004], 115, 125). Auch bei bester juristischer Ausbildung und größter Erfahrung handelt es sich auch bei Berufsrichtern weiterhin um Menschen, die wie alle Menschen beeinflussbar sind und die den gewöhnlichen soziologischen und psychologischen Mechanismen unterliegen. Bei der Betrachtung der Frage, inwieweit Richter durch die Medien in einem Strafverfahren beeinflusst werden, sind insbesondere der **Third-Person-Effect** (Rdn 13) und **reziproke Effekte** (Rdn 14) von Bedeutung.

3.a) Der **„Third-Person-Effect“** (**„Andere-Leute-Effekt“**) ist ein Phänomen verzerrter Wahrnehmung und beschreibt die Tendenz vieler Menschen, zu glauben, dass die Massenmedien **andere stärker beeinflussen als sie selbst**. Der Third-Person-Effekt kann sich auf menschliches Verhalten und gesellschaftliche Prozesse auswirken, etwa durch Maßnahmen zur Erziehung von Kindern und Jugendlichen oder die Forderungen von Zensur, die auf der Annahme beruhen, dass **„Dritte“** von den **Medien** besonders stark beeinflusst würden und deshalb besonderer Schutzmaßnahmen bedürften. In Experimenten konnte gezeigt werden, dass Menschen glauben, ihre Einstellungen, Meinungen, Verhaltensweisen und Überzeugungen seien nicht oder nur gering von den Meinungen in den Medien, insbesondere der Werbung, bestimmt, während sie in Bezug auf andere Medienkonsumenten von einer entsprechenden Beeinflussung ausgehen (Online Lexikon für Psychologie & Pädagogik, Third-Person-Effect). 13

b) Der Begriff **„reziproke Effekte“** bezeichnet den Einfluss der Medien auf diejenigen, über die sie berichten. Reziproke Effekte bilden Teile von rückgekoppelten Systemen, in denen das Verhalten der Akteure, die zu Protagonisten der Berichterstattung werden, die Berichterstattung und die Reaktion der Protagonisten der Berichterstattung auf diese sich gegenseitig beeinflussen (*Kepplinger*, Medieneffekte, S. 135 ff.). 14

4.a) Zur Klärung der Frage, inwieweit die **Medien Einfluss** auf **Strafverfahren** nehmen, sollen im Folgenden die Feststellungen einer **empirischen Studie** der **Universität Mainz** aus den Jahren **2006/2007** (*Kepplinger/Gerhardt/Zerback/Griesenbeck*, Der Einfluss der Medien auf Strafverfahren: Untersuchungsanlage und Grundauswertung, 2008, ausführliche Zusammenfassung *Kepplinger/Zerback*, Publizistik 2009, 216) betrachtet und diese sodann in Zusammenhang mit den obigen Ausführungen gesetzt werden. Im Rahmen dieser Studie wurden alle Richter und Staatsanwälte der Bundesländer Bayern, Baden-Württemberg, Bremen, Rheinland-Pfalz und Sachsen – 1.777 Richter und 1.268 Staatsanwälte – kontaktiert und darum gebeten, online und anonym einen Fragenbogen auszufüllen. Der Bitte kamen **447 Richter und 271 Staatsanwälte** nach, was einer Beteiligungsquote von 25 % bzw. 21 % entspricht. Zur Repräsentativität dieser Stichprobe kann keine Aussage getroffen werden. In den Jahren **2017/2018** wurde eine weitere Befragung von Richtern und Staatsanwälten aus elf Bundesländern nach dem gleichen Prinzip wie in den Jahren 2006/2007, jedoch mit zu Präzisierungszwecken teilweise anderen Fragen, durchgeführt. Der entsprechende Fragebogen wurde von **415 Richtern und 165 Staatsanwälten** vollständig beantwortet. Da sich die Fragen im Rahmen der Studie aus den Jahren 2017/2018 allein auf Verfahren bezogen, an denen die Befragten selbst beteiligt waren, sind die ermittelten Werte geringer als bei der ersten Befragung; die Ergebnisse sind nach Auffassung der Umfragenersteller dennoch gut vergleichbar (Wohlrabe/*Kepplinger/Jost*, Litigation-PR, 181, 182 f.). Die nachfolgende Darstellung bezieht sich jeweils auf die Ergebnisse der Ursprungsstudie aus den Jahren 2006/2007. 15

b) Im Rahmen dieser Studie wurden die Staatsanwälte und Richter zunächst dahingehend befragt, ob sie **Darstellungen** in den **Medien**, die sich mit Fällen befassen, in denen sie als Ankläger oder Richter tätig sind, **verfolgen** oder ob sie diese ganz bewusst **vermeiden**. 16

37 % der befragten Richter und 54 % der Staatsanwälte gaben dabei an, dass sie solche Darstellungen **gezielt verfolgen**. 58 % der Richter und 45 % der Staatsanwälte verfolgen sie zwar nicht konkret, vermieden 17

sie aber auch nicht und nur zwei Prozent der Richter und kein Staatsanwalt vermieden sie bewusst. Diese Werte lassen bereits erkennen, dass der **überwiegende Teil** der **Richter und Staatsanwälte bewusst** die **Berichterstattung verfolgt** und folglich davon ausgegangen werden darf, dass die Möglichkeit einer Beeinflussung in den meisten Fällen nicht vollständig ausgeschlossen werden kann.

18 **c)** Weiter wurden die Teilnehmer danach befragt, in welchen Fällen die **Berichterstattung** aus ihrer Sicht oft oder gelegentlich auf verschiedene Aspekte des Verfahrens **Einfluss nimmt**. 86 % der befragten Richter und 90 % der Staatsanwälte gaben an, dass aus ihrer Sicht die Berichterstattung der Medien die Atmosphäre im Gerichtssaal beeinflusst. Besonders interessant ist, dass 77 % der Richter und 74 % der Staatsanwälte der Ansicht waren, dass die mediale Berichterstattung einen Einfluss auf die Aussagen der Zeugen im Verfahren hat.

19 **d)** Auch die **Auswirkungen** auf die **richterliche Überzeugungsbildung** war Gegenstand der Fragestellungen. Die Grundlage für die Sachentscheidung des Gerichts ist das, wovon der Richter aufgrund der HV, durchgeführt nach den Grundsätzen der Unmittelbarkeit und Mündlichkeit, voll überzeugt ist (*Schmitt/Köhler*, § 261 Rn 1 ff.). Der Tatrichter ist dabei in seiner **Beweiswürdigung frei** und nicht an gesetzliche Beweisregeln gebunden, sondern hat nur seinem Gewissen verantwortlich ohne Willkür zu prüfen, ob er an sich mögliche Zweifel überwinden und sich von einem bestimmten Sachverhalt überzeugen kann oder nicht (*Schmitt/Köhler*, § 261 Rn 3). Unter diese „freie" Beweiswürdigung fällt u.a. auch die **Beurteilung** der **Glaubwürdigkeit** von **Zeugen** und der **Glaubhaftigkeit** ihrer Aussagen. Ob sich die Beweiswürdigung in Anbetracht der obigen Darstellungen tatsächlich in allen Fällen als „frei" erweist, erscheint jedoch fraglich. Wie festgestellt wurde, gingen eine Vielzahl der befragten Richter und Staatsanwälte davon aus, dass die **Aussagen** der **Zeugen durch** die **Medien beeinflusst** werden. Diese Annahme wird ein Richter in Fällen, die ein mediales Interesse geweckt haben, bei seiner Beweiswürdigung im Hinterkopf haben und es kann wohl davon ausgegangen werden, dass sie bei der Beurteilung von Zeugenaussagen in den Überlegungen des Richters eine Rolle spielt. Dieses Umstandes muss sich der Verteidiger bewusst sein und ihn bei der Entwicklung seiner Verteidigungsstrategie berücksichtigen.

☝ Insbesondere bei der Befragung der Zeugen muss sich der Verteidiger jederzeit vergegenwärtigen, dass der Richter von der Beeinflussung des Zeugen durch die Berichterstattung ausgehen könnte. Derartige **Vorurteile** können durch eine Befragung des Zeugen zu seinen Mediengewohnheiten und den durch ihn über das Verfahren im Vorfeld gewonnenen Erkenntnissen ggf. zerstreut oder für die Verteidigung nutzbar gemacht werden.

20 **e)** 44 % der Richter und 49 % der befragten Staatsanwälte äußerten sich dahingehend, dass die Berichterstattung nach ihrer Ansicht sogar **Einfluss** auf den **Ablauf** des **gesamten Verfahrens** hat. Diese Ansicht dürfte insbesondere mit Blick auf die **Bereitschaft** des Gerichts und der StA, eine verfahrensbeendende **Absprache** gemäß § 257c StPO zu treffen, relevant sein. Sollte der Prozess eine hohe mediale Aufmerksamkeit genießen und der verfahrensgegenständliche Vorwurf sich auf eine Tat beziehen, die in der breiten Öffentlichkeit als besonders verwerflich angesehen wird, kann damit gerechnet werden, dass die Bereitschaft des Gerichts und der StA, das Verfahren durch einen sogenannten „**Deal**" verhältnismäßig schnell und mit einem für alle Seiten akzeptablen, schuldangemessenen Ergebnis zu beenden, gering sein dürfte. Das Drohen einer starken medialen Kritik und einer damit verbundenen fehlenden Akzeptanz des Urteils in der Öffentlichkeit aufgrund einer vermeintlich unangemessenen und zu „täterfreundlichen" Vereinfachung des Verfahrens wird die staatlichen Verfahrensbeteiligten regelmäßig nicht völlig unbeeindruckt lassen. In „kleineren" Verfahren dürfte sich dies hinsichtlich einer Einstellung gemäß § 153 oder § 153a StPO ähnlich verhalten.

21 **f)** Darüber hinaus weisen die Ergebnisse der Studie darauf hin, dass die nicht fernliegende Möglichkeit besteht, dass die Medien nicht nur den Ablauf des Strafverfahrens **beeinflussen**, sondern auch die **Strafzumessung** und die Verhängung von **Maßregeln der Besserung und Sicherung**. So waren 25 % der Richter und 37 % der Staatsanwälte der Meinung, dass die Berichterstattung die Höhe der Strafe beein-

flussen kann. 20 % der Richter und 30 % der Staatsanwälte äußerten im Rahmen ihrer Befragung, dass aus ihrer Sicht die Bewilligung einer Bewährung in den jeweiligen Verfahren durch die Berichterstattung in den Medien beeinflusst wird. Zudem äußerten zehn Prozent der Richter und 14 % der Staatsanwälte die Annahme, dass die Entscheidung über die Anordnung einer Sicherungsverwahrung von der medialen Berichterstattung beeinflusst werde. In etwa ebenso häufig wurde die Einschätzung geäußert, dass die Aussagen von Sachverständigen in Verfahren beeinflusst werden (elf Prozent der Richter und zehn Prozent der Staatsanwälte). Deutlich zurückhaltender zeigten sich die Befragten in Bezug auf eine etwaige Beeinflussung der Beantwortung der **Schuldfrage** durch mediale Berichterstattung. Lediglich drei Prozent der Richter und neun Prozent der Staatsanwälte gaben an, diesbezüglich von einer Beeinflussung auszugehen.

Der Umstand, dass ein Viertel der befragten Richter und mehr als ein Drittel der Staatsanwälte der Ansicht waren, dass die **Höhe** der **Strafe** durch **Berichterstattung** über den Prozess beeinflusst wird, legt die **Vermutung nahe**, dass sie selbst im **Rahmen** ihrer **Tätigkeit** diesen Effekt **bei sich beobachtet** haben oder ihnen von Kollegen aus erster Hand davon berichtet wurde, da andrenfalls nicht zu erklären wäre, worauf die geäußerte Einschätzung beruht. Folglich kann davon ausgegangen werden, dass jeder vierte der befragten Richter schon einmal aufgrund einer erhöhten medialen Präsenz ein Strafmaß ausgeurteilt hat, welches er ohne den medialen Druck so nicht verhängt hätte, oder jedenfalls einen Kollegen kennt, der sich schon einmal entsprechend verhalten hat. Auch hinsichtlich der Frage der Strafaussetzung zur Bewährung und des diesbezüglichen Einflusses der Medien sind ähnliche Werte festzustellen, so dass auch hier damit gerechnet werden muss, dass eine Beeinflussung der Richter zuungunsten des Angeklagten nicht ausgeschlossen werden kann. Folglich besteht die Gefahr, dass die Medien nicht nur die Ausgestaltung und Atmosphäre eines Strafverfahrens beeinflussen, sondern vielmehr sogar einen Einfluss auf die eigentliche und für den Angeklagten besonders relevante Sachentscheidung des Richters haben. 22

Die Beeinflussung der Sachentscheidung könnte im Einzelfall durch **reziproke Effekte** erklärt werden. Die Medien beeinflussen durch ihre Berichterstattung über einen Richter bzw. dessen Arbeit die Entscheidung des jeweiligen Richters. Dies kann in Form einer sogenannten „**Trotzreaktion**" auf kritische Berichterstattung geschehen oder derart, dass ein Richter eine positive Berichterstattung über seine Arbeit durch das Urteil bestätigen will. Dies kann in letzterem Fall zum Beispiel dadurch geschehen, dass ein Richter die Darstellung bestätigen will, dass er für seine besonders harte Sanktionierung bekannt und „gefürchtet" ist. 23

☝ **Ziel** des **Verteidigers** muss es in einem solchen Fall sein, diese Umstände im Blick zu behalten, die Berichterstattung genau zu verfolgen und negativen Effekten durch gezielte Anträge oder anderes Prozessverhalten entgegenzuwirken. Hierzu kann es auch dienlich sein, den Richter gegenüber den Medien „stark" zu machen, indem entlastende Umstände, welche auch das Gericht zu berücksichtigen scheint, in besonderer Art und Weise öffentlichkeitswirksam dargeboten werden, ggf. auch in Form eines affirmativen Beweisantrages.

g) Dass nur ein **sehr geringer Anteil** der befragten Richter und Staatsanwälte davon ausging, dass die **Schuldfrage** durch die Medien beeinflusst wird, lässt sich zum einen wohl mit der bis zu einem gewissen Grad unerschütterlichen **Überzeugung** erklären, dass die Schuldfrage immer noch Sache des unabhängigen und aufgrund seiner Ausbildung und Erfahrung nicht beeinflussbaren Berufsrichters ist. Zum anderen dürfte dies aber auch ein Hinweis auf den **Third-Person-Effect** (Rdn 13) sein, da die Richter und Staatsanwälte eine Beeinflussbarkeit anderer Personen wie Zeugen und Sachverständiger sehr wohl in Betracht gezogen, sich selbst aber tendenziell eher als unbeeinflussbar angesehen haben. Aus diesem Grund kann nicht ausgeschlossen werden, dass die **Dunkelziffer der Beeinflussung** in diesem Bereich weitaus höher liegt. Auch muss hier auf eine gewisse Widersprüchlichkeit der Angaben hingewiesen werden. Nach den Angaben der befragten Richter und Staatsanwälte ist die Schuldfrage dem Medieneinfluss weitgehend entzogen. Dies ist jedoch mit den übrigen Befragungsergebnissen nicht ohne Weiteres vereinbar, weil von der Atmosphäre im Gerichtssaal über die Zeugenaussagen und den Ablauf des Verfahrens alles auf die Beurteilung der Schuldfrage einwirken kann. 24

25 **h)** Zudem wurden die Richter und Staatsanwälte im Rahmen der Studie danach gefragt, wie sie im Falle einer negativen **Berichterstattung** über einen Prozess die **Wirkung** auf **verschiedene Prozessbeteiligte** beurteilen.

26 Über zwei Drittel der Richter und Staatsanwälte waren davon überzeugt, dass negative Prozessberichte eine starke oder sehr starke **Wirkung** auf die **Opfer** (Richter 86 %, Staatsanwälte 89 %) und **Angeklagten** (Richter 74 %, Staatsanwälte 75 %) haben. Auch bekundete ein großer Teil der Richter und Staatsanwälte, dass negative Medienberichte aus ihrer Sicht eine starke oder sehr starke Wirkung auf die Öffentlichkeit im Allgemeinen (Richter 85 %, Staatsanwälte 86 %) und die Zeugen (Richter 64 %, Staatsanwälte 62 %) haben. Ein nicht unerheblicher Teil der Staatsanwälte und Richter glaubte sogar, dass die Medien eine **starke Wirkung** auf die **Verteidiger** haben (Richter 43 %, Staatsanwälte 34 %), obwohl diese wie sie selbst gut ausgebildete Volljuristen sind. Dagegen berichteten weniger als zehn Prozent, sie gingen von einer starken Wirkung auf die jeweils eigene Berufsgruppe aus (Richter sechs Prozent, Staatsanwälte neun Prozent). Hier zeigt sich wiederum deutlich der **Third-Person-Effekt**. Die befragten Richter und Staatsanwälte gingen davon aus, dass eine eigene Beeinflussung praktisch ausgeschlossen sei und eine solche nur bei anderen vorkommen könne. Dabei hielten sie andere erfahrene Volljuristen wie die Verteidiger für beeinflussbar, wohingegen sie selbst aus ihrer Sicht aufgrund derselben Eigenschaften gegen eine Beeinflussung immun sein sollen. Den möglichen und wahrscheinlichen Einfluss, den negative Medienberichte auf sie selbst haben könnten, verkannten sie dabei, da sie die Wirkung auf andere über- und auf sich selbst unterschätzen.

27 **Interessant** ist auch die Frage, wie die spontane **Reaktion** der **Richter** und **Staatsanwälte** hinsichtlich einer **negativen Berichterstattung** über ihre Prozesse ausfiel. Hierzu berichteten zwar gut zwei Drittel der Befragten, dass sie sich damit abgefunden hätten (Richter 65 %, Staatsanwälte 62 %), jedoch gut die Hälfte hat sich auch darüber geärgert (Richter 46 %, Staatsanwälte 55 %), oder hatte das Gefühl, sich **nicht** richtig wehren zu können (Richter 45 %, Staatsanwälte 38 %). Gut **jeder sechste war sogar empört** über die Berichterstattung (Richter 14 %, Staatsanwälte 18 %).

☝ Aufgrund des hohen Anteils an Richtern und Staatsanwälten, die sich über eine negative Berichterstattung ärgern, und derer, die das Gefühl haben, sich gegen die Berichterstattung nicht richtig wehren zu können, besteht die begründete Vermutung, dass Richter im Rahmen der Urteilsfindung dahingehend beeinflusst sein könnten, eine negative Berichterstattung in Bezug auf das Urteil möglichst zu vermeiden. Dies muss sich der Verteidiger vergegenwärtigen, wenn er darüber nachdenkt, aktive prozessbegleitend Öffentlichkeitsarbeit zu betreiben.

28 **5.** Schon auf das **EV** dürfte die **mediale Berichterstattung**, die häufig bereits zu einem frühen Zeitpunkt einsetzt, einen **Einfluss** haben. 42 % der Staatsanwälte gaben an, bei in den Medien besonders umstrittenen Verfahren bei ihrer Befragung bzw. ihrem Strafantrag mindestens ein wenig an das Echo in der Öffentlichkeit gedacht zu haben. Es liegt darüber hinaus nahe, dass Staatsanwälte in stark medial begleiteten Verfahren nicht erst im Hauptverfahren an das Echo der Öffentlichkeit denken. Letzteres war jedoch nicht Gegenstand der Befragung.

29 **Ziel** einer **guten Verteidigung** des **Beschuldigten** muss es im Idealfall sein, den Mandanten vor einer **öffentlichen** und **stigmatisierenden HV** zu **bewahren**. Daher sollte versucht werden, das Verfahren bereits im EV zu beenden (s.a. *Burhoff*, EV, Rn 2086 ff.). Dies kann durch die verschiedenen Einstellungsmöglichkeiten der §§ 170 Abs. 2, 153, 153a oder 154 StPO geschehen. Hierfür sollte der Verteidiger frühzeitig nach erfolgter Akteneinsicht und Besprechung der Akte mit dem Mandanten **Kontakt** mit der **StA** aufnehmen (*Burhoff*, EV, Rn 2093 ff.), um, sollte dies im konkreten Einzelfall nicht völlig fernliegend sein, die Möglichkeit einer Einstellung zu diskutieren. Im Hinblick darauf, dass bei den Einstellungen nach den §§ 153, 153a und 154 StPO ein weiter Beurteilungsspielraum der StA besteht (*Schmitt/Köhler*, § 152 Rn 7), kann aufgrund der obigen Zahlen davon ausgegangen werden, dass es i.d.R. bei den Überlegungen des zuständigen Dezernenten, ob eine Einstellung in Betracht zu ziehen ist, eine Rolle spielen wird, wie das Echo in der

Öffentlichkeit ausfallen könnte. Sofern in solchen Fällen das befürchtete Echo in der Öffentlichkeit die Entscheidung des Dezernenten maßgeblich in Richtung einer Fortführung des Verfahrens beeinflusst, führt dies zu einer Ungleichbehandlung von verschiedenen Beschuldigten in gleichgelagerten Fällen. Die Wahrscheinlichkeit der Einstellung eines Verfahrens ohne mediale Aufmerksamkeit dürfte erheblich höher sein als die der Einstellung eines Verfahrens, dem eine hohe mediale Aufmerksamkeit zukommt.

☝ Auch diesen möglichen Aspekt einer aktiven Öffentlichkeitsarbeit sollte der Verteidiger nicht aus dem Blick verlieren, will er das Verfahren im Interesse des Mandanten, das regelmäßig auf eine schnelle, sanktionslose und wenig öffentliche Beendigung gerichtet ist, führen. Der Verteidiger, der durch zu aktive oder aggressive Öffentlichkeitsarbeit dem Staatsanwalt die Chance nimmt, das Verfahren ohne „Gesichtsverlust" einzustellen, wahrt schwerlich das Interesse seines Mandanten. Der **Verteidiger** muss sich dieses **Umstandes bewusst** sein, wenn er mit der StA in Kontakt tritt.

Weiter muss sich der Verteidiger des **Umstandes bewusst** sein, dass es in öffentlich beachteten Verfahren besonderer **Überzeugungsarbeit** bedarf, um eine **Verfahrenseinstellung** zu **erreichen**. Gleiches dürfte für das gerichtliche Verfahren gelten, in welchem in geeigneten Fällengrds. noch die Möglichkeit einer Verfahrenseinstellung besteht. Hier gaben 58 % der Richter an, bei umstrittenen Verfahren mindestens ein wenig an die Akzeptanz ihres Urteils in der Öffentlichkeit gedacht zu haben. Daher dürfte in umstrittenen Fällen mit einer hohen medialen Präsenz die Bereitschaft des Gerichts bezüglich einer Verfahrensbeendigung durch Einstellung als eher gering einzuschätzen sein. Auch in diesem Verfahrensstadium ist demnach eine nicht gerechtfertigte Ungleichbehandlung von Angeklagten in vergleichbaren Fallkonstellationen möglich. Dessen muss sich der Verteidiger, insbesondere bei der Vorbereitung auf die HV und der Erarbeitung einer Verteidigungsstrategie, ebenfalls bewusst sein. 30

☝ Es muss konstatiert werden, dass die Medien schon ab dem EV, über den Verlauf der HV bis hin zur Urteilsfindung und der Strafzumessung **entscheidend Einfluss auf ein Strafverfahren** nehmen können. Darüber hinaus ist auch eine Beeinflussung der Strafvollstreckung möglich, wie das Verfahren *Hoeneß* anschaulich gezeigt hat. Die Beeinflussung erfolgt dabei in aller Regel zum Nachteil des Beschuldigten. Aufgabe des Verteidigers ist es, sich diesen Umstand zu vergegenwärtigen, ihn im Rahmen der Verteidigung zu berücksichtigen, den Mandanten hierauf einzustellen und dem negativen medialen Einfluss ggf. mit entsprechenden Gegenmaßnahmen zu begegnen.

Ziel der **Öffentlichkeitsarbeit** des **Verteidigers** ist es, die **erarbeitete Verteidigungsstrategie** zu **unterstützen**, das **Ergebnis** des Strafverfahrens mit Hilfe der Öffentlichkeit zu **beeinflussen** und gleichzeitig eine Schädigung der **Reputation** des **Mandanten** zu vermeiden. Hierbei hängen die denkbaren Handlungsmöglichkeiten auch davon ab, ob das Mandat vor oder nach bereits erfolgter öffentlicher Berichterstattung erteilt wird (*Schiller*, StV 2005, 176, 177).

Siehe auch: → *Medien, Allgemeines*, Teil F Rdn 1 ff. m.w.N.

Medien, Handlungsmöglichkeiten des Verteidigers 31

Das Wichtigste in Kürze:

1. Hinsichtlich der konkreten Handlungsmöglichkeiten – auch noch während der Nachsorge – ist zwischen juristischen und praktischen Handlungsmöglichkeiten zu unterscheiden.
2. Werden von Zeugen oder der Presse nachweislich falsche Tatsachen behauptet und / oder verbreitet und hierdurch die Rechte des Mandanten verletzt, kann es sinnvoll sein, auch prozessbegleitend gegen solche Darstellungen in Pressemitteilungen und ggf. mit einer einstweiligen Verfügung vorzugehen.

3. Auch Strafanzeigen können ein starkes und medial taugliches Mittel darstellen.
4. Im Fall der Veröffentlichung falscher Meldungen im Fernsehen, Hörfunk, den Printmedien oder im Internet sollte die Wirksamkeit eines einfachen anwaltlichen Schreibens nicht unterschätzt werden.
5. In der heutigen Zeit muss der Verteidiger sein Augenmerk aufgrund des Umstandes, dass die Öffentlichkeit ihre Informationen zunehmend primär aus dem Internet bezieht, verstärkt auf Online-Medien richten.
6. Neben den juristischen Möglichkeiten sollte der Verteidiger im Wege seiner Öffentlichkeitsarbeit die Methoden und Mittel der klassischen Kommunikationsarbeit berücksichtigen und sich dieser bedienen.

32 **Literaturhinweise:** **Dahs**, Handbuch des Strafverteidigers, 8. Aufl. 2015; **Engel/Scheuerl**, Litigation-PR – Erfolgreiche Medien- und Öffentlichkeitsarbeit im Gerichtsprozess, 2012; **Marxen**, Strafrecht im Medienzeitalter, JZ 2000, 294; **Schiller**, Prozeßführung der Verteidigung und Medien, StV 2005, 176; **Wehnert**, Prozeßführung der Verteidigung und Medien, StV 2005, 178; **Wohlrabe**, Auf einen Blick: Kommunikation mit Leitmedien, insbesondere in Ermittlungsverfahren, in: Litigation-PR – Wie Krisenkommunikation im Gerichtssaal der Öffentlichkeit funktioniert, 2020, S. 131; s.a. die Hinw. bei → *Medien, Allgemeines*, Teil F Rdn 2 und bei den u.a. weiterführenden Stichwörtern.

33 **1.** Hinsichtlich der konkreten Handlungsmöglichkeiten – auch noch während der Nachsorge – ist zwischen **juristischen** (Rdn 34 ff.) und **praktischen Handlungsmöglichkeiten** (Rdn 38 ff.) zu unterscheiden.

34 **2.** Werden von Zeugen oder der **Presse nachweislich falsche Tatsachen** behauptet und / oder verbreitet und hierdurch die Rechte des Mandanten verletzt, kann es sinnvoll sein, auch prozessbegleitend – bei Bedarf auch im Rahmen der Nachsorge nach Verfahrensabschluss – gegen solche Darstellungen in Pressemitteilungen und ggf. mit einer **einstweiligen Verfügung** vorzugehen (*Engel/Scheuerl*, Litigation-PR, Rn 140).

☝ Vor dem Antrag auf Erlass einer einstweiligen Verfügung muss jedoch zwingend gegenüber dem Adressaten eine **Abmahnung** erfolgen, mit der dieser ausdrücklich aufgefordert wird, die Äußerung der falschen Tatsachen zu unterlassen und sich darüber hinaus förmlich zu verpflichten, die Behauptungen nicht zu wiederholen.

Sofern ein juristisches Vorgehen gegen eine Berichterstattung notwendig erscheint, erweist sich die einstweilige Verfügung aufgrund der Möglichkeit ihrer Erwirkung binnen kurzer Zeit als das effektivste Mittel zur Verhinderung einer (weiteren) Stigmatisierung des Mandanten. Dabei ist die Gefahr, im Falle der Beantragung einer einstweiligen Verfügung gegen einen Verlag oder ein Medienunternehmen die Berichterstattung nachhaltig negativ gegen den Mandanten einzuschleifen, als gering anzusehen. Die Erfahrung zeigt, dass kaum eine Redaktion aufgrund gerichtlicher Schritte nachhaltig und verschärft negative Berichte über die betreffende Person veröffentlicht (*Engel/Scheuerl*, a.a.O., Rn 143).

35 **3.** Auch **Strafanzeigen** können ein starkes und medial taugliches Mittel darstellen (*Engel/Scheuerl*, a.a.O., Rn 142). Insbesondere gerechtfertigte Strafanzeigen gegen Belastungszeugen bspw. wegen Verleumdung oder falscher Verdächtigung können geeignet sein, bereits im Vorfeld die Glaubwürdigkeit des Zeugen zu erschüttern. Sollte dies in die Strategie der Öffentlichkeitsarbeit der Verteidigung passen, kann die Erstattung der Strafanzeige den Medien kommuniziert werden.

36 **4.** Im Fall der Veröffentlichung falscher Meldungen im Fernsehen, Hörfunk, den Printmedien oder im Internet sollte die Wirksamkeit eines **einfachen anwaltlichen Schreibens** nicht unterschätzt werden. Oftmals kann ein solches schon ausreichend sein, damit unzutreffende Berichte **richtiggestellt** oder im Falle von Online-Veröffentlichungen **gelöscht** werden.

5. In der heutigen Zeit muss der Verteidiger sein Augenmerk aufgrund des Umstandes, dass die Öffentlichkeit ihre Informationen zunehmend primär aus dem Internet bezieht, verstärkt **auf Online-Medien** richten. Im Fall der Veröffentlichung unwahrer Meldungen in Online-Medien muss umgehend gehandelt und sichergestellt werden, dass die jeweiligen Berichte gelöscht oder geändert werden. Zudem muss dafür Sorge getragen werden, dass die unzutreffenden Berichte auch bei späteren Suchmaschinen-Recherchen nicht mehr aufgefunden werden können (*Engel/Scheuerl*, a.a.O., Rn 145). Für den Zeitraum nach der Beendigung des Verfahrens ist zudem zu beachten, dass auch Berichte, deren Veröffentlichung ursprünglich zulässig war, nicht uneingeschränkt in Online-Archiven vorgehalten werden dürfen, sofern der Betroffene in diesen identifiziert werden kann und das allgemeine Persönlichkeitsrecht die Meinungs- und Pressefreiheit im Einzelfall überwiegt (BVerfGE 152, 152, 184 ff.). 37

6. Neben den juristischen Möglichkeiten sollte sich der Verteidiger im Rahmen seiner Öffentlichkeitsarbeit der **Methoden und Mittel** der **klassischen Kommunikationsarbeit** bedienen. Entscheidend ist dabei, wen der Verteidiger zu welchem Zeitpunkt und in welcher Art und Weise ansprechen sollte (*Engel/Scheuerl*, a.a.O., Rn 146). 38

a) Bereits im **EV** muss der Verteidiger frühzeitig **Kontakt** mit der **StA** aufnehmen, um darauf hinzuwirken, dass er über geplante **Pressemitteilungen** und **Pressekonferenzen rechtzeitig informiert** wird. Derartige Vorhaben dürfen nicht als PR-Veranstaltungen zwecks Imagepflege der StA dienen (Strafrechtsausschuss der BRAK, Reform der Verteidigung im Ermittlungsverfahren, Schriftenreihe der BRAK Bd. 13 These 73). Da Pressemitteilungen oder -konferenzen der StA häufig dazu führen, dass in den Medien vorläufige Beurteilungen des Sachverhalts als unumstößliche Tatsachen dargestellt werden, ist es dringend erforderlich, dass der Verteidiger die Möglichkeit hat, durch entsprechende Erklärungen dieser **öffentlichen Vorverurteilung** und einer frühzeitigen Festschreibung des Beweisergebnisses **entgegenzuwirken.** 39

☝ **Entsprechendes** gilt für die **späteren Verfahrensabschnitte.** Dabei muss ein von den Justizbehörden in die Öffentlichkeit getragenes Verfahren es zulassen, dass auch der Beschuldigte seine Position öffentlich vertritt (*Marxen* JZ 2000, 294, 299).

b)aa) Im **Umgang mit der Presse** ist zunächst zu ermitteln, **welche Person** der richtige Ansprechpartner ist. Da Prozessberichterstattung keinem festen Zeitungsressort zuzuordnen ist, muss in jedem Einzelfall gesondert in Erfahrung gebracht werden, welche Journalisten für welches Medium über das Verfahren berichten (*Engel/Scheuerl*, a.a.O. Rn 149 f.). Nach der Ermittlung der entsprechenden Journalisten ist die **Form** der **Ansprache** zu erwägen. Diese kann **telefonisch** oder per **E-Mail**, **schriftlich** in Form von Pressemitteilungen oder mittels einer **Einladung** zu einem **Hintergrundgespräch** oder gar zu einem **gemeinsamen Pressegespräch** erfolgen (*Engel/Scheuerl*, a.a.O., Rn 154). 40

bb) Insbesondere **dem persönlichen Gespräch** ist **besondere Aufmerksamkeit** zu widmen. Hier bedarf es einer eingehenden Vorbereitung seitens des Verteidigers. Er hat sich im Hinblick auf seine Verteidigungsstrategie genau zu überlegen, welche Informationen weitergegeben werden und an die Öffentlichkeit gelangen sollen. Das Ergebnis dieser Überlegungen muss er im Vorfeld eines etwaigen Herantretens an die Medien mit dem **Mandanten** besprechen und dessen Zustimmung einzuholen. Ein auf diese Vorbereitungstätigkeit folgendes Gespräch mit einem oder mehreren Journalisten kann nicht einseitig i.S.e. Monologs des Verteidigers gestaltet werden, dieser muss vielmehr auch Fragen seitens des oder der Journalisten zulassen (*Engel/Scheuerl*, a.a.O., Rn 155 f.). Im Falle von **Gesprächs- oder Interviewanfragen** von Journalisten ist es unbedingt empfehlenswert, sich die Themen und Fragen **vorher** benennen zu lassen, damit eine zielgerichtete Vorbereitung erfolgen kann (*Engel/Scheuerl*, a.a.O., Rn 157). Auch sollten die relevanten Informationen nicht nur mündlich vermittelt werden, sondern der Verteidiger sollte die Kernbotschaften auch **schriftlich zusammenfassen** und den Journalisten zur Verfügung stellen (*Engel/Scheuerl*, a.a.O., Rn 159). Diese Zusammenfassung sollte kurz und präg- 41 nant sein, sich auf das Wichtigste beschränken und insbesondere auch für den juristischen Laien gut zu verstehen sein (*Engel/Scheuerl*, a.a.O., Rn 159 f.).

42 **cc)** Weiter sollte der Verteidiger in jedem Fall vereinbaren, dass ihm **Presseinterviews** und **-statements** vor der Veröffentlichung noch einmal zur **Kontrolle** und zur **Freigabe** vorgelegt werden (*Engel/ Scheuerl*, a.a.O., Rn 155; *Wehnert*, StV 2005, 178, 179). So lässt sich verhindern, dass gut durchdachte mediale Schachzüge durch **Verfälschung** oder indem **Äußerungen** aus dem **Kontext gerissen** werden den gegenteiligen Effekt erzielen. Allen oben benannten Handlungsmöglichkeiten ist gemein, dass sie im Rahmen einer effektiven Öffentlichkeitsarbeit von der Verteidigung in der richtigen Art und Weise eingesetzt werden müssen. Es muss zunächst festgelegt werden, welche Ziele durch die Öffentlichkeitsarbeit erreicht werden sollen und ob diese im Einklang mit der Verteidigungsstrategie stehen.

43 **c)** Im Rahmen der Planung des verteidigerseitigen Umgangs mit den Medien ist zu berücksichtigen, ob beabsichtigt ist, sich schweigend zu verteidigen, oder ob eine Einlassung im Verfahren erfolgen sollt. Im Falle einer **schweigenden Verteidigung** sind schon aus der Natur der Sache heraus die Handlungsmöglichkeiten im Bereich der Öffentlichkeitsarbeit eingeschränkt. Es gilt der Grundsatz, dass sich die **Kontaktaufnahme** mit den **Medien** auf das **Nötigste beschränken** sollte (*Wehnert* StV 2005, 178, 179). Unabhängig von der gewählten Verteidigungsstrategie gilt, dass wer zu oft, zu schrill und inhaltlich zu substanzlos Stellung nimmt und Botschaften medial platziert, bei den Journalisten, in der Öffentlichkeit und im schlimmsten Fall auch vor Gericht an Glaubwürdigkeit und Ansehen verliert. Der Verteidiger muss sich im Falle umfassender aktiver Öffentlichkeitsarbeit im Übrigen der Gefahr bewusst sein, dass Richter diese als einen unerwünschten Versuch, auf das Verfahren und das Urteil durch öffentlichen Druck Einfluss zu nehmen, ansehen könnten (*Engel/Scheuerl*, a.a.O., Rn 162).

44 **d)** Ob die **Öffentlichkeitsarbeit aktiv** oder **passiv erfolgt**, kann davon abhängig gemacht werden, ob eine öffentliche Berichterstattung über das Verfahren bereits stattgefunden hat oder nicht. Im ersteren Fall kann es eher angezeigt sein, dass die Verteidigung lediglich passiv reagiert, um Falschbehauptungen richtigzustellen und einer Vorwegnahme der Beweisaufnahme entgegenzuwirken. Im letzteren Fall kann eine aktive Pressearbeit erwogen werden, um ein Problembewusstsein hervorzurufen, Vor- oder Nachverurteilungen entgegenzuwirken und ggf. Druck auf die Strafverfolgungsbehörden auszuüben (*Schiller* StV 2005, 176, 177).

45 Ein **wesentlicher Faktor** bei der Entscheidung für eine eher **defensive** oder **offensive Stellung** bei der Öffentlichkeitsarbeit muss die Qualität der objektiv für die Position der Verteidigung streitenden Argumenten sein (*Engel/Scheuerl*, a.a.O., Rn 168). Im Falle einer **aktiven Initiierung** der Berichterstattung bestimmt die Verteidigung zwar den Tenor, sie muss sich aber der **Gefahr** bewusst sein, dass hierdurch auch **Reaktionen** hervorgerufen werden können (*Engel/Scheuerl*, a.a.O., Rn 169). Sofern Unsicherheit darüber besteht, ob ein Herantreten an die Medien dem Mandanten einen Vorteil oder einen Nachteil bringen wird, sollte von einer aktiven Öffentlichkeitsarbeit aufgrund der fatalen Folgen ihres Fehlschlags abgesehen werden.

46 **e)aa)** Sofern sich der Verteidiger für eine aktive Öffentlichkeitsarbeit entscheidet, muss in einem nächsten Schritt der **richtige Zeitpunkt** für die eigene **Kommunikation** mit den **Medien** gewählt werden. Aufgrund der eigenen Dynamik eines jeden Strafverfahrens kann **nicht pauschal** gesagt werden, wann der beste Zeitpunkt für eine eigeninitiierte Berichterstattung ist, sondern der Verteidiger muss dies wohlüberlegt und von **Fall zu Fall** entscheiden. Regelmäßig Gelegenheit und Anlass zu einer Kommunikation mit den Medien bieten die Einleitung des Ermittlungsverfahrens, die Anklageerhebung die Eröffnung des Hauptverfahrens, einzelne ereignisreiche Verhandlungstage, die Plädoyers und die Urteilsverkündung (*Engel/Scheuerl*, a.a.O., Rn 171).

47 **bb)** Damit **Erklärungen der Verteidigung** in der Berichterstattung Berücksichtigung finden, ist nicht nur der Zeitpunkt der Erklärung innerhalb des Verfahrens, sondern auch die **Uhrzeit** der Erklärungsabgabe sorgfältig auszuwählen (*Engel/Scheuerl*, a.a.O., Rn 175 ff.). So finden Erklärungen bei den großen Agenturen wie dpa, Reuters und ddp häufig nur Beachtung, wenn diese **möglichst früh** am Tag über-

sandt werden. Bei den großen Agenturen besteht jedoch unabhängig von der Tageszeit stets die Gefahr, dass Erklärungen **zusammengekürzt** werden.

☝ Bei **Tageszeitungen** ist zu beachten, dass häufig um **16 Uhr Redaktionsschluss** ist und Erklärungen, die später eingehen, daher nicht mehr berücksichtigt werden.

cc) Die Verteidigung sollte dafür Sorge tragen, dass **Stellungnahmen** und **Statements nur durch eine Person**, im besten Fall durch den **Verteidiger**, abgegeben werden (*Engel/Scheuerl*, a.a.O., Rn 238; *Wehnert*, StV 2005, 178, 179). Hierdurch wird der Informationsfluss kontrolliert und es wird gewährleistet, dass seitens der Verteidigung keine Informationen zum falschen Zeitpunkt an die Öffentlichkeit geraten und die Verteidigungsstrategie gefährden können. 48

dd) Im Falle **eigener aktiver Medienarbeit** muss der Grundsatz gelten: Die **Wahrheit und nichts als die Wahrheit**. Jedes Verlassen dieses Weges kann zum medialen Super-GAU führen. Wenn ein Beteiligter eines Strafverfahrens von der Presse der Verbreitung einer – bewussten oder unbewussten – Unwahrheit überführt werden kann, so kann dies im schlimmsten Fall zur **Schlagzeile** des **nächsten Tages** werden. Selbst eine „kleine" und ggf. unbedeutende Unwahrheit kann im ungünstigsten Fall zum Verlust der Glaubwürdigkeit insgesamt führen (*Engel/Scheuerl*, a.a.O., Rn 133). 49

f) Es kann festgehalten werden, dass jedes aktive oder reaktive **Herantreten an** die **Medien** aufgrund der eventuell verheerenden Folgen von der Verteidigung **gut überlegt** sein will. Insbesondere müssen bereits im Vorfeld Inhalt, Zeit und Ort sowie der richtige Adressat bestimmt werden. Sollten auch nur **geringe Zweifel** daran bestehen, dass ein Herantreten an die Medien den Interessen des Mandanten dient, sollte davon abgesehen werden, da die Schäden, die für den Mandanten und die Erfolgsaussichten der Verteidigung aufgrund einer falschen Entscheidung entstehen können, nur schwer oder in den meisten Fällen gar nicht wieder gut zu machen sein dürften. 50

☝ Der weitsichtige Verteidiger beherzigt in allen Phasen des Verfahrens sowie nach dessen Abschluss das Sprichwort „**Reden kann man immer, schweigen nur einmal**".

g)aa) Zu beachten ist weiter, dass den **Interessen** des **Mandanten** mit der Mitteilung gegenüber der Presse, man sei grds. nicht bereit, Kommentare abzugeben, in den seltensten Fällen gedient sein dürfte. Verdachtsberichterstattung ist regelmäßig nur unter der Voraussetzung einer vorangegangenen Konfrontation des Beschuldigten mit dem erhobenen Vorwurf zulässig (BGHZ 143, 199, 204). Teilt man der Presse pauschal mit, an einer solchen Konfrontation nicht interessiert zu sein und die Möglichkeit der eigenen Stellungnahme nicht nutzen zu wollen, **verliert** man mindestens den sich aus der Konfrontationspflicht ergebenden Informationsvorteil, über eine negative Berichterstattung im Vorfeld unterrichtet zu sein. 51

☝ Es ist deshalb von **pauschalabweisenden Statements** gegenüber der Presse **Abstand** zu **nehmen**. Vielmehr empfiehlt sich für den Fall, dass keine Stellungnahme abgegeben werden soll, eine Formulierung, die klarstellt, dass man grds. bereit ist, zu allen Aspekten des Sachverhaltes Stellung zu nehmen, in diesem Fall aber davon absehen möchte.

bb) Hinweis für den Verteidiger! 52

Auch wenn der **Grundsatz**, dass die **Verteidigung** im **Verfahren** und **nicht** in den **Medien** zu führen ist (*Dahs*, Handbuch, Rn 101), angesichts des Einflusses, den die Strafverfolgungsbehörden und die Justiz im Einzelfall über die Medien auf ein Strafverfahren nehmen und dem die **Verteidigung** durch eigene Kommunikation mit den Medien angemessen begegnen muss (vergleiche z.B. den „Fall *Kachelmann*"), heutzutage nicht mehr die gleiche Gültigkeit beanspruchen mag wie zu früheren Zeiten, ist gleichwohl zu festzuhalten, dass jegliche **mediale Arbeit** der Verteidigung **größter Sorgfalt** und **Vorsicht** bedarf. Eine Zusammenarbeit mit den Medien erfordert eine genaue Abwägung der Vor-und Nachteile und eine

exakte Darstellung der **Möglichkeiten** gegenüber dem **Mandanten**. Der Verteidiger, der Pressearbeit im **eigenen (Vermarktung-)Interesse** betreibt, verhält sich nicht nur berufsrechtswidrig, sondern handelt auch nicht im Interesse seines Mandanten. Sofern eine Zusammenarbeit mit den Medien nach sorgfältiger Abwägung und Besprechung mit dem Mandanten unter Berücksichtigung der jeweiligen Verteidigungsstrategie erfolgen soll, sei es als Reaktion auf das Verhalten der Justiz und/oder der Strafverfolgungsbehörden oder als „aktive Öffentlichkeitsarbeit", ist im **Vorfeld zu definieren**, in welcher **Form** und gegenüber **welchen** Medien Stellungnahmen abgegeben werden sollen. Hierbei ist zu bedenken, dass eine einmal getätigte **unglückliche** Äußerung in der Welt ist und nicht wieder zurückgenommen werden kann.

☝ Gleichzeitig ist in der **heutigen Medienwelt** in Betracht zu ziehen, welche **Vorteile** im Falle einer klugen Nutzung der durch die Medien eröffneten Möglichkeiten für eine **effektive Verteidigung** bestehen können. Chancen und Risiken gegeneinander abzuwägen und auf Grundlage sorgfältiger Überlegung in Abstimmung mit dem Mandanten diesbezüglich die richtige Entscheidung zu treffen, ist eine (neue) **Herausforderung** der Strafverteidigung.

Siehe auch: → *Medien, Allgemeines*, Teil F Rdn 1 ff. m.w.N.

53 # Medien, Öffentlichkeitsarbeit der Justiz

Das Wichtigste in Kürze:

1. Nicht nur die Verteidigung, sondern auch die StA und die Justiz nutzen Öffentlichkeitsarbeit zielgerichtet, um die öffentliche Meinung über ein Strafverfahren in ihrem Sinne zu beeinflussen.
2. Justizielle Öffentlichkeitsarbeit findet nicht nur im Rahmen, sondern auch außerhalb strafprozessualer Zwangsmaßnahmen statt. Es stellt sich in diesem Zusammenhang die Frage, ob sich die Justizbehörden bei einer derartigen Form der Öffentlichkeitsarbeit im rechtsfreien Raum bewegen oder ob und inwiefern das Verhalten der Justiz im Umgang mit der Öffentlichkeit auch außerhalb der Regelungen über strafprozessuale Zwangsmaßnahmen reglementiert ist.

54 **Literaturhinweise:** **Dunckel**, Recht und Grenzen der staatsanwaltschaftlichen Medienarbeit, NStZ 2021, 656; **Engel/Scheuerl**, Litigation-PR – Erfolgreiche Medien- und Öffentlichkeitsarbeit im Gerichtsprozess, 2012; **Gounalakis**, Verdachtsberichterstattung durch den Staatsanwalt, NJW 2012, 1473; **Heidtke/von Rosen**, Zulässigkeit staatsanwaltschaftlicher Presseauskünfte im Ermittlungs- und Vorermittlungsverfahren, NJW 2023, 1014; **Lehr**, Grenzen für die Öffentlichkeitsarbeit der Ermittlungsbehörden, NStZ 2009, 409; *ders.*, Strafverteidigung und Medien, in: Münchner Anwaltshandbuch Strafverteidigung, 3. Aufl. 2022, § 21; **Popp**, Strafjustiz und (neue) Medien, ZD 2021, 501; s.a. die Hinweise bei → *Medien, Allgemeines*, Teil F Rdn 2 und bei den u.a. weiterführenden Stichwörtern.

55 **1.** Nicht nur die Verteidigung, sondern auch die **StA und die Justiz** nutzen **Öffentlichkeitsarbeit** zielgerichtet, um die **öffentliche Meinung** über ein Strafverfahren in ihrem Sinne zu **beeinflussen** (vgl. hierzu die Darstellung des „Falls *Dominik Brunner*" in *Engel/Scheuerl*, Litigation-PR, Rn 49 ff.). Hierbei reichen die Arten der „Öffentlichkeitsarbeit" von einem **gezielten Durchstechen** von **Informationen** aus dem EV, auch und insbesondere im Zusammenhang mit strafprozessualen Zwangsmaßnahmen wie Durchsuchungen und Festnahmen, bei welchen in der Vergangenheit wiederholt Vertreter der Medien noch vor den Ermittlern am Ort des Geschehens anwesend waren und auf den Beginn der Maßnahmegewartet haben, bis zu **öffentlichen Interviews**, in welchen der Anklagevorwurf – zumeist kurz nach dessen Verlesung in der HV – noch einmal medienwirksam und für den „Durchschnittszuschauer" verständlich aufbereitet dargeboten wird. Auch nach dem Urteil gibt es häufig noch „Medienarbeit" der Justizbehörden. Hierdurch wird sich in nicht wenigen Fällen, auch nach rechtskräftigem Abschluss

eines Strafverfahrens, die Notwendigkeit juristischer/anwaltlicher Nachsorge ergeben, welche schwerpunktmäßig im presserechtlichen Bereich angesiedelt sein wird.

> Es stellt sich insofern die Frage, warum und auf welcher **Rechtsgrundlage** eine derartige Öffentlichkeitsarbeit erfolgt und ob die Justizbehörden mit einer solchen neben der reinen Information der Öffentlichkeit, die auch durch eine nachträgliche Information über Ermittlungsmaßnahmen oder das schlichte Verlesen der Anklageschrift in öffentlicher Hauptverhandlung ohne nachfolgende Erläuterung gegenüber den anwesenden Reportern erreicht werden könnte, noch **andere Ziele** verfolgen.

2.a) Justizielle Öffentlichkeitsarbeit findet nicht nur im Rahmen, sondern auch **außerhalb strafprozes- 56
sualer Zwangsmaßnahmen** statt. Die Justizbehörden wenden sich in vielfältiger Art und Weise aktiv an die Medien und die Öffentlichkeit. Sei es, dass der Pressesprecher des Gerichtes oder der Staatsanwaltschaft im Zusammenhang mit einer die Öffentlichkeit interessierenden Verfahrenseröffnung oder einem Verfahrensabschluss medienwirksam einen Überblick über den Inhalt der Anklageschrift und die dem Angeklagten vorgeworfenen Delikte – selbstverständlich stets in sachlicher Form – gibt oder dass über das gerade verkündete Urteil berichtet wird.

> In diesem Zusammenhang ist relevant, ob sich die Justizbehörden bei einer derartigen Form der Öffentlichkeitsarbeit im **rechtsfreien Raum** bewegen oder ob und inwiefern das Verhalten der Justiz im Umgang mit der Öffentlichkeit auch außerhalb der Regelungen über strafprozessuale Zwangsmaßnahmen **reglementiert** ist.

b) In **verfassungsrechtlicher Hinsicht** ist insoweit zunächst zu klären, ob Öffentlichkeitsarbeit der Justiz 57
eine **öffentliche Maßnahme** mit **Eingriffscharakter** darstellt und als solche einer **formellen Rechtsgrundlage** bedarf.

Das **allgemeine Persönlichkeitsrecht** wird von der verfassungsrechtlichen Rspr. – im Anschluss an die 58
noch ältere Rspr. der Zivilgerichtsbarkeit (BGHZ 13, 334, 338) – aus **Art. 2 Abs. 1 GG i.V.m. Art. 1 Abs. 1 GG** hergeleitet (vgl. etwa BVerfGE 34, 269, 280 ff.) und dergestalt verstanden, dass sein Schutzbereich die engere persönliche Lebenssphäre, die Selbstbestimmung und die Grundbedingungen der Persönlichkeitsentfaltung umfasst. Hieraus folgt auch das Recht des Grundrechtsträgers, sein Bild in der Öffentlichkeit grds. autonom zu gestalten (*Gounalakis* NJW 2012, 1473, 1474 f.). In diesen Schutzbereich greifen die Behörden ein, wenn sie Informationen öffentlich machen, die eine Beschuldigung des Betroffenen transportieren.

> Ein **Eingriffscharakter** derartiger Informationspolitik im Rahmen eines Ermittlungs- oder Strafverfahrens ist deshalb grds. zu **bejahen** (*Gounalakis* NJW 2012, 1473, 1474 f.).

c) Dieser grundrechtlich geschützten Position des Betroffenen steht das ebenfalls grundrechtlich ge- 59
schützte **Interesse** der **Presse** an **Informationsbeschaffung gegenüber**, welches aus **Art. 5 Abs. 1 S. 2 GG** hergeleitet wird (u.a. BVerfG NJW 2014, 3711). In diesem Spannungsfeld bewegt sich der Gesetzgeber, wenn er in den Landespressegesetzen, etwa in § 4 Abs. 1 LPrG NRW, einen grds. **Informationsanspruch** der Presse gegenüber Behörden und korrespondierend eine entsprechende grds. Pflicht der Behörden zur Auskunftserteilung gegenüber Presseorganen normiert. In den entsprechenden Bestimmungen der Landespressegesetze ist die Ermächtigungsgrundlage für eine Informationsweitergabe der Behörden an die Presse zu sehen (*Gounalakis* NJW 2012, 1473, 1476 f., der zu Recht darauf hinweist, dass es sich hier nur um ein abgeleitetes Recht der Behörden aus dem Informationsanspruch der Medien handeln kann, weshalb deren Recht an Berichterstattung nicht weiter gehen kann als das Recht der Medien hierauf).

☝ Aufgrund des Umstandes, dass die Preisgabe von Informationen gegenüber den Medien **kein originäres Recht** der **StA** darstellt, sondern nur auf Grundlage des Informationsanspruchs der Presse erfolgen darf, hat die StA im Rahmen der Weitergabe von Informationen zunächst zu **prüfen**, ob die **Voraussetzungen** einer **Informationsweitergabe** vorliegen, wozu auch gehört, dass sich die daran anschließende **Verdachtsberichterstattung** unter Berücksichtigung des allgemeinen Persönlichkeitsrechts des Beschuldigten als rechtmäßig erweist. Anders als die Presse ist die StA als Träger hoheitlicher Gewalt unmittelbar zur Beachtung der Grundrechte des Betroffenen verpflichtet, auch bezüglich der Frage der Weitergabe von Informationen aus einem laufenden EV.

60 **d)** Die StA ist aus diesem Grunde gehalten, ihre **Mitwirkung** an einer **Verdachtsberichterstattung** dann zu **versagen**, wenn diese erkennbar gegen das **allgemeine Persönlichkeitsrecht** des **Betroffenen verstößt**. Ob dies der Fall ist, ist von der StA im Wege der Prognose zu ermitteln. Nichts anderes normieren die Pressegesetze der Länder, z.B. § 4 Abs. 2 Nr. 3 LPrG NRW, der eine Auskunftspflicht dort verneint, wo **überwiegende öffentliche oder private Interessen** der Auskunftserteilung **entgegenstehen** (*Heidtke/von Rosen* NJW 2023, 1014, 1017).

61 **aa)** Eine **Verdachtsberichterstattung** soll grds. in Fällen **zulässig** sein, in denen ein **Informationsinteresse** der Allgemeinheit besteht (OLG Karlsruhe, Urt. v. 2.2.2015 – 6 U 130/14, ZD 2015, 230, 232; *Dunckel* NStZ 2021, 656, 660). Dieses wird hinsichtlich der Begehung von Straftaten recht weit gefasst, für den Fall der Berichterstattung unter Nennung des vollen Namens jedoch insoweit **eingeschränkt**, als über den Bereich der **Kleinkriminalität** und des **Ordnungswidrigkeitenrechts** nicht berichtet werden darf, jedoch mit der Rückausnahme, dass eine Berichterstattung in Fällen möglich – jedenfalls nicht per se unmöglich – sein soll, in denen sich das Informationsinteresse der Allgemeinheit aus der **Person oder der Stellung des Beschuldigten** ergibt (BGH ZUM 2000, 397, 399; Büscher/Dittmer/Schiwy/*Bröcker*, Kap. 13 Rn 69).

62 **bb)** Weitere **Voraussetzung** einer **Verdachtsberichterstattung** ist die Einhaltung einer **gesteigerten journalistischen Sorgfaltspflicht**. Über den Verdacht soll der Journalist nur berichten dürfen, wenn er über Beweistatsachen verfügt, hinsichtlich deren Glaubhaftigkeit und Aussagekraft er grds. auch zur Eigenrecherche verpflichtet ist, sodass von ihm verlangt wird, den Verdacht, über den er berichtet, auch belegen zu können (BGH NJW 1977, 1288, 1289). Im Hinblick auf die von den Ermittlungsbehörden zu stellende Prognose einer Wahrung der verfassungsrechtlichen Vorgaben in Bezug auf das allgemeine Persönlichkeitsrecht des Betroffenen ist indes zu berücksichtigen, dass Presseorgane hinsichtlich des Vorliegens von Beweistatsachen und dem Erfordernis einer Eigenrecherche insoweit eine Erleichterung erfahren, als eine Überprüfung dann nicht erforderlich sein soll, wenn die verbreitete **Information** aus einer **privilegierten Quelle** – bei der StA als Behörde handelt es sich grds. um solche – stammt (*Lehr* NStZ 2009, 409, 411 f.). Der Bezug von Informationen aus privilegierten Quellen entbindet die Presse jedoch nur von weiteren Recherchen über den Wahrheitsgehalt der Mitteilung, nicht von der eigenständigen Prüfung der weiteren Voraussetzungen der Rechtmäßigkeit der Veröffentlichung (OLG Hamburg, Urt. v. 21.3.2006 – 7 U 134/05; OLG Nürnberg NJW-RR 2007, 1267).

☝ Gibt die StA Informationen an die Medien heraus, handelt es sich aus Sicht der Medien um Informationen aus einer privilegierten Quelle. Die Medienvertreter sind jedoch grds. dennoch verpflichtet sind, eine mögliche Überschreitung der Grenzen der Verdachtsberichterstattung im Falle einer ungefilterten Veröffentlichung der von den Strafverfolgungsbehörden erhaltenen Informationen zu prüfen (OLG Hamburg, Urt. v. 21.3.2006 – 7 U 134/05; OLG Nürnberg NJW-RR 2007, 1267, 1267).

63 **cc)** Teil der **journalistischen Sorgfaltspflicht** ist es darüber hinaus, auch dem von der Berichterstattung Betroffenen, im Kontext eines Strafverfahrens mithin dem Beschuldigten, die **Möglichkeit zur Stellungnahme** zu geben (BGH, Urt. v. 31.5.2022 – VI ZR 95/21, NJW 2000, 1036, 1037). Zu beachten ist indes, dass die Informationserlangung aus privilegierten Quellen auch die Pflicht, dem Betroffenen eine Stel-

lungnahme zu ermöglichen, einschränkt (BGH ZUM 2022, 749, 752; OLG Frankfurt, Beschl. v. 17.6.2024 – 16 W 6/21). Vor diesem Hintergrund sind die Justizbehörden ihrerseits verpflichtet, dem Betroffenen vor einer Weitergabe von Informationen an die Medien Gelegenheit zur Äußerung zu geben (OVG Münster, Beschl. v. 4.2.2021 – 4 B 1380/20).

☝ Im Rahmen der erforderlichen Einräumung einer Möglichkeit zur Stellungnahme genügt es nicht, den Beschuldigten lediglich pauschal um eine Stellungnahme zu bitten. Vielmehr muss ihm der den **Verdacht begründende Sachverhalt konkret mitgeteilt** werden (MAH-StV/*Lehr*, § 21 Rn 27, 32 ff.).

dd) Zu berücksichtigen ist ferner, dass **Verdachtsberichterstattung distanziert**, insbesondere weder vorverurteilend noch reißerisch, sein muss, da die **Rechte des Beschuldigten** auf die Wahrung der **Unschuldsvermutung**, ein **faires Verfahren** und die **Aussicht** auf **Rehabilitation** nach einem erfolgten Freispruch nicht beeinträchtigt werden dürfen (BGH NJW 2000, 1036, 1036 f.). Dies gilt selbstverständlich auch im Rahmen der Weitergabe von **Auskünften** durch Strafverfolgungsbehörden (KG, Urt. v. 20.12.2022 – 9 U 21/21). **Nr. 4a RiStBV** enthält insofern eine ausdrückliche Regelung, welche dem Staatsanwalt vorverurteilende Äußerungen untersagt. 64

☝ Sollte eine justizielle Pressemitteilung oder gar ein Interview eines Verfahrensbeteiligten den Anschein erwecken, die **Schuld** des vom Strafvorwurf Betroffenen **stünde bereits fest**, darf sich der Verteidiger nicht scheuen, hiergegen mit allen zur Verfügung stehenden Mitteln sowohl im Rahmen des Strafprozesses als auch außerhalb des Strafprozesses, etwa durch Erhebung einer Dienstaufsichtsbeschwerde oder ggf. gar Erstattung einer Strafanzeige, **vorzugehen**.

ee) Auch nach Berücksichtigung dieser grds. Zulässigkeitserfordernisse für eine **Verdachtsberichterstattung** ist nicht im Wege eines Automatismus davon auszugehen, dass eine Weitergabe von Informationen durch die Strafverfolgungsbehörden bei Vorliegen der o.a. Voraussetzungen ohne Weiteres rechtmäßig wäre. Vielmehr haben die Strafverfolgungsbehörden abschließend eine **Abwägung** zwischen dem **Informationsinteresse** der **Allgemeinheit** und dem allgemeinen Persönlichkeitsrecht des von der Berichterstattung Betroffenen unter Berücksichtigung der jeweiligen **Besonderheiten** des **Einzelfalles** vorzunehmen. 65

Im Rahmen dieser Abwägung ist stets im Blick zu behalten, dass jede Form der Berichterstattung das **allgemeine Persönlichkeitsrecht** des Betroffenen tangiert und dass mit dem allgemeinen Persönlichkeitsrecht des Betroffenen und dem Recht der Presse auf Informationsbeschaffung **zwei grundrechtlich geschützte Positionen aufeinandertreffen**, welche im Wege der **praktischen Konkordanz** beide zu größtmöglicher Entfaltung zu bringen sind (*Hufen*, Staatsrecht II, § 9 Rn 31). Insofern ist über die genannten allgemeinen Zulässigkeitsvoraussetzungen hinaus zu berücksichtigen, inwiefern durch eine **Verdachtsberichterstattung** die Gefahr des Eintritts von **Schäden** bei dem Betroffenen besteht, die selbst im Falle der späteren Freisprechung von einem Strafvorwurf weiterbestehen würden, mithin **endgültigen Charakter** hätten. Auch wenn bei Anwendung des Grundsatzes der praktischen Konkordanz nicht davon ausgegangen werden kann, dass die abstrakte oder konkrete Gefahr, dass „immer etwas hängenbleibt“, zwangsläufig dazu führen müsste, dass jede Form der Verdachtsberichterstattung unzulässig wäre, ist insbesondere hinsichtlich der Frage, in welchem Umfang und in welcher Form Informationen seitens der Strafverfolgungsbehörden an die Presse weitergegeben werden, darauf zu achten, dass dies nur in dem Maße geschieht, in dem das öffentliche Informationsinteresse und die grundrechtlich geschützten Positionen der Presse es erforderlich machen, die zwangsläufig mit jeder Weitergabe von Informationen verbundene Beeinträchtigung des allgemeinen Persönlichkeitsrechts des Betroffenen hinzunehmen. Ein **eigenes Recht** der **Strafverfolgungsbehörden**, Informationen aus eigenem (Strafverfolgungs-)Interesse außer- 66 halb der diesbezüglichen Regelungen der StPO an die Öffentlichkeit weiterzugeben, ist **nicht anzuerkennen** (*Gounalakis* NJW 2012, 1473, 1478 f.; s. auch KG, Urt. v. 20.12.2022 – 9 U 21/21).

☝ Die **Justizbehörden** stehen bei der Frage der **Herausgabe** von **Informationen** an die Presse **zwischen** den **Grundrechten** des **Betroffenen** und der **Presse**. Ihnen wird in diesem Rahmen eine Güterabwägung unter Berücksichtigung sämtlicher Umstände des Einzelfalles abverlangt. Da die Justizbehörden nicht auf Grundlage eines eigenen Rechts auf Informationserteilung handeln, verbietet sich die Herausgabe von Informationen aufgrund verfahrenstaktischer Erwägungen, beispielsweise während einer bereits laufenden öffentlichen Hauptverhandlung, zumindest in dem Rahmen, in welchem die Öffentlichkeit auf Informationen durch die Justizbehörden nicht angewiesen ist, da sie sich diese unproblematisch aus der Hauptverhandlung heraus beschaffen könnte (KG, Urt. v. 20.12.2022 – 9 U 21/21). Der Verteidiger ist deshalb gehalten, jeglichen Versuchen der Justizbehörden, während der öffentlichen Hauptverhandlung auf das öffentliche Meinungsbild einzuwirken, entschlossen entgegenzutreten. Hierzu wird er sich nicht selten des Mittels der aktiven Öffentlichkeitsarbeit bedienen müssen.

Siehe auch: → *Medien, Allgemeines*, Teil F Rdn 1 ff.

67 Medien, Risiken der Öffentlichkeitsarbeit der Verteidigung

Das Wichtigste in Kürze:

1. Dass effektive Verteidigung im Zeitalter der Informationsgesellschaft auch eine Vertretung des Mandanten gegenüber den Medien erfordert, diese möglicherweise sogar für eine effektive Verteidigung nutzbar gemacht werden können, kann kaum mehr bestritten werden.
2. Der Verteidiger steht in seiner Funktion nicht über den gesetzlichen Regelungen, so dass strafrechtliche Sanktionsnormen grds. auch den Bereich der Strafverteidigung nicht ausnehmen, hinsichtlich der Thematik der Öffentlichkeitsarbeit vielmehr teils hierauf zugeschnitten zu sein scheinen.
3. Von Bedeutung kann für Verteidiger die Vorschrift des § 353d StGB sein.
4. Die Gefahr strafbaren Verhaltens besteht im Zusammenhang mit einer Zusammenarbeit mit den Medien darüber hinaus unter dem Gesichtspunkt einer möglichen Verletzung von Privatgeheimnissen nach § 203 Abs. 1 StGB.
5. Neben strafrechtlichen Konsequenzen muss der Verteidiger, soll eine Zusammenarbeit mit der Presse erfolgen, aber auch berufsrechtliche Regelungen in besonderem Maße in den Blick nehmen.

68 **Literaturhinweise:** **Borchert**, Zur Unwirksamkeit der Schweigepflichtentbindungserklärung in Versicherungsanträgen, NVersZ 2001, 1; **Dahns**, Durchbrechungen der anwaltlichen Verschwiegenheitspflicht, NJW-Spezial 2008, 158; **Gips**, Anwaltliche Litigation-PR – Privilegierte Interessenvertretung oder Haftungsrisiko für Anwält*innen?, ZUM 2024, 685; **Hassemer**, Vorverurteilung durch die Medien?, NJW 1985, 1921; **Lauterwein**, Beschränkungen bei der Verwendung von Informationen aus Strafakten (§ 32f Abs. 5 StPO), NStZ 2024, 136; **von der Meden/Schwerdtfeger/Petersen**, Verwendung und Weitergabe der Ermittlungsakte durch den Verteidiger, StraFo 2024, 202; **Roxin**, Strafrechtliche und strafprozessuale Probleme der Vorverurteilung, NStZ 1991, 153; **Weichert**, Die Krux mit der ärztlichen Schweigepflichtentbindung für Versicherungen, NJW 2004, 1695; **Wilhelm**, Vorzeitige Weitergabe einer Anklageschrift, § 353d Nr. 3 StGB, NJW 1994, 1520; s.a. die Hinweise bei → *Medien, Allgemeines*, Teil F Rdn 2, und bei den u.a. weiterführenden Stichwörtern.

69 **1.a)** Verteidigung findet am Schreibtisch des Verteidigers, in seinem Besprechungsraum bzw. in Besprechungsräumen der JVA und, wenn sich eine Eröffnung der HV nicht vermeiden lässt, im Gerichtssaal statt. Dass effektive Verteidigung im Zeitalter der Informationsgesellschaft darüber hinaus aber auch eine **Vertretung** des **Mandanten gegenüber** den **Medien** erfordert, diese möglicherweise sogar für eine **effektive Verteidigung nutzbar gemacht** werden können, kann kaum mehr bestritten werden.

☝ *Lehr* (MAH-StV, § 21 Rn 84) verdient jedoch Zustimmung, wenn er klarstellt, dass auch Medienkontakte **in Wahrnehmung** der **Interessen** des **Mandanten** und nicht im (Vermarktungs-)Interesse des Verteidigers zu erfolgen haben.

b) Der **Verteidiger** unterliegt bei seiner **Öffentlichkeitsarbeit** rechtlichen Grenzen, welche in Kontrast zu seiner weitgehenden Freiheit in der HV stehen, insbesondere, soweit ein Bezug zu dritten, am Strafverfahren nicht unmittelbar beteiligten Personen besteht. 70

☝ Der Verteidiger ist deshalb gehalten, sich über **Reichweite** und **Grenzen** einer möglichen **Strafbarkeit** im Zusammenhang mit aktiver Öffentlichkeitsarbeit genauestens zu informieren, bevor er sich in eine solche begibt oder ein Mandat annimmt, welches erkennbar auch aktive Öffentlichkeitsarbeit der Verteidigung erfordert (Rdn 71 ff.). Sieht sich der Verteidiger hierzu nicht in der Lage oder ist er nicht willens, den erforderlichen Aufwand zu betreiben, sollte er das Mandat im Zweifel ablehnen, zumindest aber einen insoweit erfahrenen Kollegen hinzuziehen, selbstverständlich nach Absprache mit dem Mandanten, dem auch die hierdurch anfallenden Mehrkosten zu erläutern sind.

2. Der Verteidiger steht in seiner Funktion nicht über den gesetzlichen Regelungen, so dass **strafrechtliche Sanktionsnormen** grds. auch den Bereich der Strafverteidigung nicht ausnehmen, hinsichtlich der Thematik der Öffentlichkeitsarbeit vielmehr teils hierauf zugeschnitten zu sein scheinen (allgemein zur Strafbarkeit des Verteidigers *Burhoff*, EV, Rn 5264 u. *Burhoff*, HV, Rn 3896). Der kluge Verteidiger kennt die einschlägigen Bestimmungen und achtet im Rahmen seiner Darstellung in der Öffentlichkeit genauestens darauf, **nicht einmal den Anschein eines Verstoßes** gegen strafrechtliche Sanktionsnormen zu erwecken. 71

3.a) Die auch in Kreisen von Juristen z.T. unbekannte Vorschrift des **§ 353d StGB** regelt die Strafbarkeit in Bezug auf **Mitteilungen** aus **Gerichtsverhandlungen bzw. amtlichen verfahrensrelevanten Dokumenten**. Der Zweck der Vorschrift, welche als Presseinhaltsdelikt rechtspolitisch nicht unumstritten, ist vielgestaltig. Geschützte Rechtsgüter sind bei **Nr. 1** die **Staatssicherheit**, bei **Nr. 2** die durch die **Nichtöffentlichkeit** der Verhandlung jeweils **geschützten Güter** und bei **Nr. 3** die **Unbefangenheit** von Verfahrensbeteiligten, insbesondere Zeugen und Laienrichtern, sowie die **Persönlichkeitsrechte** der von dem Verfahren Betroffenen (*Fischer*, § 353d Rn 2). Das AG Hamburg sprach § 353d Nr. 3 StGB im Jahr 1984 die Eignung zur Erfüllung seiner Zwecke ab und stufte die Norm als verfassungswidrig ein (AG Hamburg NStZ 1984, 265, 266), das BVerfG folgte dieser Einschätzung jedoch nicht (BVerfGE 71, 206, 213 ff.). 72

b)aa) § 353d Nr. 1 StGB sanktioniert die **öffentliche Mitteilung** über eine gerichtliche Verhandlung, bei der die Öffentlichkeit ausgeschlossen war, oder den Inhalt eines die Sache betreffenden amtlichen Dokuments, soweit ein **gesetzliches Verbot** dieser Mitteilung **entgegensteht**. Zwar erfasst die Regelung ihrem Wortlaut nach allgemein nicht öffentliche Gerichtsverhandlungen, gemeint sind aber nicht diejenigen Verhandlungen, bei denen ohnehin eine gesetzliche Vorschrift grds. die Nichtöffentlichkeit anordnet, wie im Falle des § 48 Abs. 1 JGG, sondern die Fälle, in denen die Öffentlichkeit wegen einer Gefährdung der Staatssicherheit gemäß § 172 Nr. 1 Alt. 1 GVG ausgeschlossen wird, da nur in diesen Fällen ein gesetzliches Verbot, konkret das des § 174 Abs. 2 GVG, der Mitteilung entgegensteht (*Fischer*, § 353d Rn 4; zum Ausschluss der Öffentlichkeit allgemein *Burhoff*, HV, Rn 520 ff.). 73

bb) Die sanktionierte **Tathandlung** der öffentlichen Mitteilung umfasst grds. die Mitteilung gegenüber einem nach **Zahl** und **Individualität unbestimmten Personenkreis**, welcher nicht durch persönliche Beziehungen miteinander verbunden ist. 74

☝ Der Tatbestand kann allerdings aufgrund der Einschränkungen in § 174 Abs. 2 GVG **nur** durch eine Veröffentlichung in **Presse, Rundfunk** oder **Fernsehen** und auch **nur** von den **Mitarbeitern** dieser **Medien**, wobei eine Bindung an das „eigene" Medium nicht Voraussetzung der Strafbarkeit ist, begangen werden (MüKo-StGB/*Puschke*, § 353d Rn 13 ff.). Die **Strafbarkeit** eines **Verteidigers scheidet insoweit aus.**

75 **c)aa)** Die Regelung des **§ 353d Nr. 2 StGB** erfordert ebenso wie § 353d Nr. 1 StGB zunächst einen **gerichtlichen Beschluss** über den **Ausschluss der Öffentlichkeit**. Im Falle der Nr. 2 muss dieser jedoch nicht zwingend wegen Gefährdung der Staatssicherheit ergangen sein, sondern es kommen auch die weiteren in **§ 174 Abs. 3 S. 1 GVG** bezeichneten Gründe für den Ausschluss der Öffentlichkeit in Betracht (zum Ausschluss der Öffentlichkeit allgemein *Burhoff*, HV, Rn 520 ff.). Zusätzlich muss das Gericht den anwesenden Personen durch einen **weiteren Beschluss**, für den § 174 Abs. 3 GVG die erforderliche Rechtsgrundlage bietet, die **Geheimhaltung** konkret bezeichneter Tatsachen auferlegen, die den fraglichen Personen durch die Verhandlung oder durch ein die Sache betreffendes amtliches Dokument zur Kenntnis gelangt sein müssen. **Täter** kann somit nur eine Person sein, die bei Verkündung des gerichtlichen Beschlusses gemäß § 174 Abs. 3 GVG anwesend war oder der ein solcher Beschluss im Nachhinein durch das Gericht bekannt gegeben worden ist (MüKo-StGB/*Puschke*, § 353d Rn 40). Typischerweise wird der **Strafverteidiger** zu dem Kreis der Adressaten eines Gerichtsbeschlusses nach § 174 Abs. 3 GVG zählen.

76 **bb) Tathandlung** der Nr. 2 ist das **Offenbaren** von **Tatsachen** trotz eines durch Gerichtsbeschluss nach § 174 Abs. 3 GVG auferlegten Verbotes. Die Strafbarkeit ist auf die Mitteilung von **Tatsachen** beschränkt, sodass die Mitteilung bloßer **Werturteile** nicht in den Bereich des Tatbestandes fällt. An einem tatbestandsmäßigen Handeln fehlt es ebenfalls, wenn der Empfänger der mitgeteilten Tatsache diese bereits kannte, da gegenüber einem bereits informierten Adressaten eine Tatsache nicht mehr offenbart werden kann (BGHSt 27, 120, 121). Durch das Tatbestandsmerkmal der Unbefugtheit werden darüber hinaus Mitteilungen aus dem Bereich des Tatbestandes ausgenommen, welche **prozessual vorgesehen**, zumindest aber zur Ausübung der prozessualen Rechte bzw. der prozessualen Rolle **notwendig** sind, wie z.B. **Mitteilungen** des **Verteidigers** an seinen **Mandanten** oder Berichte des Sitzungsvertreters der StA an die Behördenleitung aufgrund der ihm obliegenden Berichtspflichten (MüKo-StGB/*Puschke*, § 353d Rn 51).

☝ Im Hinblick auf die **Seltenheit** eines Gerichtsbeschlusses nach **§ 174 Abs. 3 GVG** ist die Bestimmung des § 353d Nr. 2 StGB allerdings in der **Praxis wenig relevant**.

77 **d)aa)** Anders verhält es sich mit der Bestimmung des **§ 353d Nr. 3 StGB** betreffend die **Weitergabe** von **Akteninhalten**. Eine Strafbarkeit nach dieser Vorschrift ist im Falle der **öffentlichen Mitteilung** der **Anklageschrift** oder **anderer amtlicher Dokumente** eines Straf-, Bußgeld- oder Disziplinarverfahrens, ganz oder in wesentlichen Teilen, im Wortlaut vor ihrer Erörterung in öffentlicher Verhandlung oder vor Abschluss des Verfahrens gegeben. Der Kreis möglicher Täter des § 353d Nr. 3 StGB ist nicht eingeschränkt, sodass jede Person, welche über die relevanten Dokumente verfügt, auch der Verteidiger und der Beschuldigte, als potenzieller Täter in Betracht kommt (MüKo-StGB/*Puschke*, § 353d Rn 60 m.w.N.).

☝ Während der **Verteidiger** hinsichtlich des § 353d Nr. 1 StGB als tauglicher Täter ausscheidet und § 353d Nr. 2 StGB wenig Praxisrelevanz aufweist, besteht für den Verteidiger ein **immenses Risiko** einer Strafbarkeit nach § 353d Nr. 3 StPO. Der seriöse Verteidiger wird davon Abstand nehmen, Pressevertretern oder anderweitigen Personen von § 353d Nr. 3 StGB umfasste Unterlagen zu übersenden oder deren Inhalt im Wortlaut mitzuteilen.

78 **bb)** Als **Tatobjekte** im Sinne der Nr. 3 kommen sowohl die **Anklageschrift** – auch Teile hieraus – als auch **„andere amtliche Dokumente"** in Betracht. Andere amtliche Dokumente im Sinne der Vorschrift

sind **sämtliche Dokumente**, die einem der in der Norm genannten Verfahren zugeordnet werden können und von einer am Verfahren beteiligten Behörde herrühren bzw. in Auftrag gegeben wurden oder zu Zwecken des Verfahrens in den Gewahrsam einer am Verfahren mitwirkenden Behörde gelangt sind (MüKo-StGB/*Puschke*, § 353d Rn 62). Ob zu den Akten gelangte Schriftsätze des Verteidigers „amtliche Dokumente" im Sinne § 353d Nr. 3 StGB darstellen, ist umstritten (dagegen etwa *Fischer*, § 353d Rn 6; dafür Tübinger Kommentar/*Perron/Hecker*, § 353d Rn 13, 44 unter Verweis auf RGSt 35, 275, 275 f.).

☝ Der Verteidiger sollte dringend **davon absehen**, auf entsprechende Presseanfragen hin Medienmitarbeitern ein Exemplar oder eine **Kopie** der **Anklageschrift** – sei es auch in anonymisierter Form – **zugänglich** zu **machen**. Er sollte sich hierbei bewusst machen, dass er keine Kontrolle darüber hat, in welcher Form die Medien den Inhalt dieser Anklageschrift verwerten, und dass es sich bei der Strafnorm, welche er durch ein derartiges Handeln verletzt, um eine solche handelt, die auch dem Interesse seines Mandanten an der Vermeidung einer öffentlichen Vorverurteilung dient. Sollte nicht bereits der Umstand, dass er sich hierdurch strafbar macht, den Verteidiger von einer Weitergabe abhalten, so sollte jedenfalls die Überlegung, dass den Interessen des Mandanten hierdurch kaum genutzt, ggf. jedoch erheblich geschadet wird, dazu führen, dass derartige Anfragen höflich, aber bestimmt abgelehnt werden. Dem Verteidiger bleibt es selbstverständlich unbenommen, seine Einschätzung zu der Anklageschrift mitzuteilen, solange er den Inhalt der Anklageschrift nicht im Wortlaut wiedergibt.

cc) Tathandlung ist im Falle der Nr. 3 das **öffentliche Mitteilen** des jeweiligen Dokuments oder wesentlicher Teile desselben. **Unerheblich** ist hierbei, in welcher **Form** die Mitteilung erfolgt, sei es schriftlich, mündlich, unmittelbar oder auch mittelbar, beispielsweise im Rahmen eines Interviews oder einer Talkshow. Auch eine Weitergabe von Speichermedien, welche das entsprechende Dokument im Wortlaut enthalten, oder eine Veröffentlichung über das Internet kommen als Tathandlung in Betracht (MüKo-StGB/*Puschke*, § 353d Rn 66). Welche Teile eines Dokuments als wesentlich im Sinne der Norm einzustufen sind, ist im Einzelnen umstritten (*Fischer*, § 353d Rn 9 f. m.w.N.; NK-StGB/*Kuhlen/Zimmermann*, § 353d Rn 32 m.w.N.). 79

Die Mitteilung ist dann als **öffentlich** i.S.d Tatbestandes anzusehen, wenn sie gegenüber einer nach Zahl und Individualität nicht bestimmten Personengruppe oder einem nicht durch persönliche Beziehungen innerlich verbundenen Kreis von mehreren Personen erfolgt (LG Mannheim NStZ-RR 1996, 360, 361: Weitergabe an zwölf bestimmte, namentlich bekannte Personen genügt nicht; AG Weinheim NJW 1994, 1543, 1544 f.: Weitergabe an fünf bis sechs „Parteifreunde" des Angeklagten genügt nicht; *Wilhelm* NJW 1994, 1520, 1521). Die notwendige Anzahl erforderlicher Personen ist nicht eindeutig definiert, im Falle der Weitergabe des Wortlauts amtlicher Dokumente an Medienvertreter, ohne dass zuvor Vertraulichkeit ausbedungen wurde, ist jedoch von einer öffentlichen Mitteilung auszugehen (OLG Stuttgart NStZ 2004, 446). 80

☝ Aufgrund des Erfordernisses einer öffentlichen Mitteilung ist auch die nicht seltene Konstellation, in welcher die **Ermittlungsakte** von einem Verteidiger an einen anderen Verteidiger **weitergegeben** wird, nicht von § 353d Nr. 3 StGB erfasst (*von der Meden/Schwerdtfeger/Petersen* StraFo 2024, 202, 204). Trotzdem sollte – auch mit Blick auf eine mögliche Strafbarkeit nach § 203 StGB oder § 258 StGB und einen Verstoß gegen § 43a Abs. 2 BRAO – davon Abstand genommen werden, eine Ermittlungsakte ohne gerichtliche Genehmigung im Kreise der in einem Verfahren tätigen Verteidiger „weiterzureichen". In jedem Fall wird hierdurch die Hoheit des Gerichts/der StA, über die Gewährung von Akteneinsicht zu entscheiden, verletzt (*Dahs*, Handbuch, Rn 284). Außerdem entspricht eine solche Verfahrensweise nicht dem gemäß § 19 Abs. 1 BORA berufsrechtlich geschuldeten sorgfältigen Umgang mit der Ermittlungsakte (zur Weitergabe von Ermittlungsakten mit Blick auf § 32f Abs. 5 StPO *Lauterwein*, NStZ 2024, 136, mit Blick auf § 203 Abs. 1 StGB *von der Meden/Schwerdtfeger/Petersen* StraFo 2024, 202).

81 **dd)** Eine **nicht unerhebliche Einschränkung** erfährt der Tatbestand dadurch, dass lediglich die öffentliche Mitteilung des jeweiligen Dokuments **„im Wortlaut"** strafrechtlich sanktioniert ist. Die nur **sinngemäße Mitteilung** des Inhaltes der jeweiligen Dokumente ist von der Strafandrohung des § 353d Nr. 3 StGB **nicht erfasst**, eine Veröffentlichung „im Wortlaut" soll aber nach Ansicht der Rspr. so lange anzunehmen sein, wie auch im Falle geringfügiger Veränderungen der wesentliche Teil des entsprechenden Dokuments noch als Originaltext zu erkennen ist (KG ZUM-RD 2009, 600, 600).

82 **ee)** Eine weitere **Einschränkung** erhält der Tatbestand dadurch, dass die öffentliche Mitteilung **nur so lange untersagt** ist, bis das entsprechende Dokument **in öffentlicher Verhandlung erörtert oder** das **Verfahren abgeschlossen** ist. Eine Erörterung in diesem Sinne liegt nicht erst dann vor, wenn das Dokument in öffentlicher HV verlesen wurde, vielmehr genügt eine Mitteilung des Inhaltes in öffentlicher HV, ggf. auch in Form eines Vorhalts an einen Zeugen. Zu beachten ist insofern aber, dass lediglich hinsichtlich des vorgehaltenen Teils des Dokuments die Strafbarkeit entfällt, nicht hinsichtlich des weiterhin noch nicht erörterten restlichen Teils (MüKo-StGB/*Puschke*, § 353d Rn 71).

83 Unter dem **Abschluss** des **Verfahrens i.S.d § 353d Nr. 3 StGB**, nach welchem eine straflose öffentliche Mitteilung von Verfahrensdokumenten möglich ist, ist unzweifelhaft der **rechtskräftige Verfahrensabschluss** zu verstehen. Darüber hinaus führen auch verfahrensabschließende Entscheidungen, die lediglich einen beschränkten Strafklageverbrauch nach sich ziehen, wie Einstellungen nach den §§ 153 Abs. 2, 153a Abs. 1 S. 5, Abs. 2 S. 2 StPO, einen Abschluss des Verfahrens im Sinne der Norm herbei. In Bezug auf nicht der Rechtskraft fähige Abschlussentscheidungen, wie Einstellungen nach den §§ 153 Abs. 1, 170 Abs. 2 StPO, erscheint es mit Blick auf die anderenfalls in diesen Fällen vollständig fehlende zeitliche Einschränkung des Tatbestandes angezeigt, ebenfalls einen Abschluss des Verfahrens anzunehmen (MüKo-StGB/*Puschke*, § 353d Rn 72 m.w.N., auch zu der in einer Vorauflage dort vertretenen a.A.). Mit Blick auf den **Schutzzweck** der Norm muss dies jedenfalls dann gelten, wenn eine Wiederaufnahme des Verfahrens nach erfolgter nicht der Rechtskraft fähiger Einstellung aus tatsächlichen oder rechtlichen Gründen (beispielsweise bei eingetretener Verjährung) von vornherein nicht in Betracht kommt.

☝ Der Verteidiger wird trotz der hier vertretenen Auffassung zu bedenken haben, dass die Frage, inwiefern das Verfahren durch eine Einstellung nach **§ 170 Abs. 2 StPO** als abgeschlossen i.S.d § 353d Nr. 3 StGB angesehen werden kann, nicht unumstritten ist. Wenn keine überragenden Gründe für eine Veröffentlichung von Akteninhalten gegeben sind – es besteht insoweit schließlich auch die Möglichkeit der nichtwörtlichen Wiedergabe im Rahmen einer Stellungnahme –, sollte hiervon Abstand genommen werden.

84 Auch im Rahmen einer anwaltlichen **Nachsorge**, z.B. in Gestalt eines presserechtlichen Vorgehens gegen eine während des Strafverfahrens erfolgte Berichterstattung, ist deshalb genauestens zu prüfen, ob Unterlagen, deren Veröffentlichung insofern angedacht ist, noch dem Anwendungsbereich des § 353d Nr. 3 StGB unterfallen, also insbesondere ein Verfahrensabschluss i.S.d § 353d Nr. 3 StGB gegeben ist.

85 **e) Subjektiv** ist in allen Varianten des § 353d StGB **bedingter Vorsatz** erforderlich, aber auch ausreichend.

86 **f)** Die Anwendung allgemeiner **Rechtfertigungsgründe** kommt bei § 353d Nr. 3 StGB in seltenen Konstellationen in Betracht, sofern im Einzelfall gerade die wörtliche Mitteilung des Inhalts eines verfahrensrelevanten Dokuments zur Angriffs- oder Gefahrabwendung erforderlich ist. Dies ist etwa denkbar, wenn der Wortlaut eines Vernehmungsprotokolls die Anwendung verbotener Vernehmungsmethoden beweist oder wenn einen falschen Eindruck erweckenden Presseberichten nur durch eine Wortlautmitteilung der Anklageschrift entgegengetreten werden kann (Tübinger Kommentar/*Perron/Hecker*, § 353d Rn 58). Hinsichtlich der **Veröffentlichung nicht rechtskräftiger gerichtlicher Entscheidungen in Fachzeitschriften** in anonymer Form wird teilweise die Existenz eines besonderen Rechtfertigungsgrundes vertreten, da eine Rechtspflicht zur Publikation veröffentlichungswürdiger Entscheidungen besteht, die laut verfassungsgerichtlicher Rspr. nicht auf rechtskräftige Entscheidungen beschränkt ist (BVerfG,

Beschl. v. 14.9.2015 – 1 BvR 857/15, NJW 2015, 3708, 3710; OLG Karlsruhe, Beschl. v. 1.4.2020 – 2 VAs 1/20; MüKo-StGB/*Puschke*, § 353d Rn 78).

Hinsichtlich der Frage der strafrechtlichen **Schuld** gelten die allgemeinen Grundsätze. **87**

4. Die Gefahr eines strafbaren Verhaltens des Strafverteidigers besteht im Zusammenhang mit einer Zusammenarbeit mit den Medien darüber hinaus unter dem Gesichtspunkt einer möglichen **Verletzung von Privatgeheimnissen** nach **§ 203 Abs. 1 StGB**. **88**

a)aa) In **sachlicher Hinsicht** schützt § 203 StGB **Geheimnisse jeglicher Art**, unabhängig davon, welchem Lebensbereich sie entstammen (SSW-StGB/*Bosch*, § 203 Rn 3). Das Geheimnis ist definiert als Tatsache, die nur einem begrenzten Personenkreis bekannt ist und an deren Geheimhaltung der von ihr Betroffene (sog. Geheimnisträger) ein – von seinem Standpunkt aus – schutzwürdiges Interesse hat (OLG Frankfurt StV 2005, 204, 204; Tübinger Kommentar/*Eisele*, § 203 Rn 5 m.w.N.). Für den Bereich der anwaltlichen Tätigkeit ist zu beachten, dass nach wohl überwiegender Ansicht bereits der Umstand, dass ein Mandatsverhältnis besteht, von der Verschwiegenheitspflicht umfasst ist (BGH NJW 1995, 2026, 2026 f.; MüKo-StGB/*Cierniak/Niehaus*, § 203 Rn 26). **89**

bb) In **personeller Hinsicht** sind die möglichen Täter einer Verletzung von Privatgeheimnissen abschließend in § 203 StGB aufgezählt. Professionelle Verteidiger sind weit überwiegend schon deshalb erfasst, weil es sich bei ihnen in den meisten Fällen um Rechtsanwälte handeln wird. Da der Verteidiger darüber hinaus in § 203 Abs. 1 Nr. 3 StGB aber auch ausdrücklich neben dem Rechtsanwalt aufgeführt ist, sind auch diejenigen Strafverteidiger, bei denen es sich nicht um Rechtsanwälte handelt, erfasst (MüKo-StGB/*Cierniak/Niehaus*, § 203 Rn 39). **90**

b) Tathandlung des § 203 Abs. 1 StGB ist das **Offenbaren** des Geheimnisses. Offenbaren bedeutet, dem **Erklärungsempfänger** ein **Wissen zu vermitteln**, welches diesem zuvor verborgen war oder von welchem er zumindest noch keine sichere Kenntnis hatte (BGHSt 27, 120, 121; BayObLG NStZ 1995, 187, 187; s. auch Rdn 76). Ein Offenbaren kommt **auch gegenüber anderen Berufsgeheimnisträgern** in Betracht (BayObLG, a.a.O.). **91**

Das Offenbaren muss darüber hinaus **unbefugt** geschehen. Damit werden insbesondere diejenigen Fälle aus der Strafbarkeit ausgenommen, in denen der Geheimnisträger mit der Offenbarung des Geheimnisses einverstanden ist. Das **Einverständnis** wirkt insoweit nicht erst auf der Rechtfertigungsebene, sondern hat bereits **tatbestandsausschließenden Charakter** (OLG Köln NJW 1962, 686, 687 f.; BeckOK-StGB/*Weidemann*, § 203 Rn 40), was zur Folge hat, dass ein Irrtum über das Vorliegen des Einverständnisses zu einem Tatbestandsirrtum gemäß § 16 StGB führt, dessen Anwendung wiederum Straflosigkeit zur Folge hat, da dem Gesetz eine fahrlässige Begehungsweise des § 203 Abs. 1 StGB fremd ist. Die Gegenansicht, welche dem Einverständnis lediglich **rechtfertigende** Wirkung zusprechen will (etwa Lackner/Kühl/Heger/*Heger*, § 203 Rn 18; Vor § 201 Rn 2 m.w.N.), ist abzulehnen, da es dem Sinn und Zweck des Gesetzes entspricht, dem Geheimnisträger die **Hoheit** über das ihn betreffende Geheimnis zuzuerkennen und in der Folge eine Verfügung des Berechtigten über das Geheimnis in Gestalt eines Einverständnisses bereits auf Tatbestandsebene zu berücksichtigen. **92**

☝ Zu beachten ist, dass eine Anwendung des § 16 StGB im Irrtumsfalle nur dann in Betracht kommt, wenn der Täter darüber irrt, ob **überhaupt** ein **Einverständnis** erklärt worden **ist**. Kennt er demgegenüber sämtliche Umstände und zieht daraus lediglich falsche Schlüsse, etwa betreffend den Umfang seiner Offenbarungsbefugnis, so ist dieser Irrtum auch nach hier vertretener Ansicht als Verbotsirrtum nach § 17 StGB anzusehen (BeckOK-StGB/*Weidemann*, § 203 Rn 60).

Hinsichtlich der **Wirksamkeit des Einverständnisses** ist zu berücksichtigen, dass die bloße Aufgabe des Geheimhaltungswillens nicht ausreichend ist, sondern eine entsprechende **Erklärung** notwendig ist. Diese kann allerdings auch **konkludent** erfolgen (Tübinger Kommentar/*Eisele*, § 203 Rn 33).

93 **c)** In Bezug auf die für die **Wirksamkeit** eines **erteilten Einverständnisses** erforderliche Erkenntnisfähigkeit des Geheimnisträgers ist zu **differenzieren**. Handelt es sich um ein dem **persönlichen Lebensbereich** zuzuordnendes Geheimnis, kommt es auf die natürliche Einsichts- und Urteilsfähigkeit an, sodass grds. auch ein **Minderjähriger**, bei welchem diese vorliegt, wirksam sein Einverständnis erklären kann. Handelt es sich hingegen um ein **Betriebs-** oder **Geschäftsgeheimnis**, so ist die **Geschäftsfähigkeit** ausschlaggebend (MüKo-StGB/*Cierniak/Niehaus*, § 203 Rn 66).

94 **d)** Zu beachten ist ferner, dass ein Einverständnis nur dann wirksam sein kann, wenn der Zustimmende eine im Wesentlichen **korrekte Vorstellung** davon hat, **worin** er **einwilligt** und er **Bedeutung** und **Tragweite** seiner Entscheidung zu überblicken vermag. Pauschal gehaltene Entbindungserklärungen, aus denen sich weder der Umfang der Entbindung von der grds. geltenden Verschwiegenheitsverpflichtung noch die Personen ergeben, hinsichtlich derer die Entbindung gelten soll, sind demzufolge **nicht geeignet**, ein wirksames Einverständnis herbeizuführen (BGH NJW 1992, 2348, 2350). Dies gilt in besonderem Maße im Falle eines formularmäßigen Verzichts auf die Verschwiegenheit (*Weichert* NJW 2004, 1695, 1695 ff.; SSW/*Bosch*, § 203 Rn 33).

☝ Der Strafverteidiger wird deshalb, soll eine Zusammenarbeit mit der Presse nach Rücksprache mit dem Mandanten erfolgen, zu berücksichtigen haben, dass er sich von dem **Mandanten** von seiner **Verschwiegenheit entbinden** lassen muss. Schon unter Dokumentationsgesichtspunkten muss diese Entbindung schriftlich erfolgen. Sie darf nicht pauschal gehalten sein, sondern sollte möglichst konkret festlegen, mit welchen Personen der Verteidiger über welche Inhalte sprechen darf. Es empfiehlt es sich zur Vermeidung von Rechtsunsicherheiten darüber hinaus, den Mandanten zu fragen, ob es Aspekte gibt, hinsichtlich derer eine Entbindung nicht erfolgen soll. Bejaht der Mandant dies, sollten diese Aspekte ausdrücklich und in schriftlicher Form von der Entbindung ausgenommen werden.

95 Im Hinblick auf den Aspekt der Nachsorge bei einem angeschlossenen Strafverfahren ist in den Blick zu nehmen, dass auch ein **rechtskräftiger Verfahrensabschluss** – im Gegensatz zu § 353d Nr. 3 StGB – **nicht** zu einem **Ausschluss** der **Strafbarkeit** führt.

96 **5.** Neben strafrechtlichen Konsequenzen muss der Verteidiger, soll eine Zusammenarbeit mit den Medien erfolgen, auch **berufsrechtliche Regelungen** in besonderem Maße in den Blick nehmen. Dies gilt einerseits hinsichtlich der grds. **Pflicht** zur **Verschwiegenheit** gemäß § 43a Abs. 2 BRAO und § 2 BORA, andererseits hinsichtlich des in § 43a Abs. 3 BRAO normierten **Sachlichkeitsgebotes**.

97 **a)** Die **berufsrechtliche Verpflichtung** zur **anwaltlichen Verschwiegenheit** geht inhaltlich über die Geheimniswahrungspflicht des § 203 Abs. 1 StGB hinaus (*Burhoff*, EV, Rn 5256 m.w.N.).

☝ Von der berufsrechtlichen Verschwiegenheitspflicht kann der Mandant den Verteidiger aber unter den gleichen Voraussetzungen wie in Rdn 93 f. dargestellt entbinden (*Dahns* NJW-Spezial 2008, 158, 158; *Gips* ZUM 2024, 685, 688).

98 **b)** Das in § 43a Abs. 3 BRAO normierte **Sachlichkeitsgebot** erlangt seine **Praxisrelevanz** durch die in § 43a Abs. 3 S. 2 BRAO genannten Beispielsfälle, namentlich das Verbot der bewussten Lüge sowie das Verbot herabsetzender Äußerungen, soweit hierzu kein Anlass besteht. Diese berufsrechtlichen Verpflichtungen sind zudem nicht an die Tätigkeit als Strafverteidiger gekoppelt, sondern treffen jeden Rechtsanwalt, sodass auch in Bezug auf eine zivil- oder presserechtliche Nachsorge nach abgeschlossenen Strafverfahren auf deren Einhaltung zu achten ist.

99 **aa)** Im Bereich der Strafverteidigung gilt hinsichtlich des **Verbotes** der **bewussten Lüge**, dass der Strafverteidiger sich als **Organ der Rechtspflege nicht aktiv daran beteiligen** darf, durch **Verdunkelung** oder **Verzerrung** die Erforschung der Wahrheit zu erschweren (grundlegend BGHSt 38, 345; s.a. BGH NStZ 1999, 188 zu einer Fallgestaltung, in der die wahrheitswidrige Einlassung nicht durch den Verteidiger, sondern den Mandanten erfolgt ist, der Verteidiger diesem aber das dafür notwendige Hinter-

grundwissen mitgeteilt haben soll). Bei der Beurteilung der Frage, ob Verteidigerhandeln unter dem Gesichtspunkt einer aktiven Verdunkelung des Sachverhaltes als berufsrechtswidrig anzusehen ist, ist die **Funktion des Verteidigers**, der im Gegensatz zu Gericht und StA nicht der Wahrheitsermittlung, sondern alleine der **den Interessen** seines **Mandanten verpflichtet** ist (*Dahs*, Handbuch, Rn 13), zu seinen Gunsten zu berücksichtigen (BGH NJW 2002, 2115, 2116).

☝ Im Wesentlichen sollte sich der Verteidiger an dem **Grundsatz** orientieren: Alles, was ich sage, ist wahr, ich muss/darf aber nicht alles sagen, was wahr ist (*Dahs*, Handbuch, Rn 53).

bb) Während der Verteidiger hinsichtlich **herabsetzender Äußerungen** in der **HV** durch die in § 193 StGB normierte Wahrnehmung **berechtigter Interessen in einem weiten Umfang** geschützt ist (BVerfG NJW 2000, 199, 199 ff.; Lackner/Kühl/Heger/*Heger*, § 193 Rn 11a m.w.N.), muss er sich im Falle einer Zusammenarbeit mit den **Medien** des Umstandes bewusst sein, dass Äußerungen diesen gegenüber, außerhalb der HV, bei der im Rahmen des § 193 StGB vorzunehmenden Güterabwägung in **deutlich geringerem Maße** als **schutzwürdig** angesehen werden. Dies gilt nicht zuletzt für den Bereich der Nachsorge nach Abschluss des Strafverfahrens, z.B. im Falle der sich an ein Strafverfahren anschließenden zivilrechtlichen/presserechtlichen Vertretung des Mandanten. **100**

Der Verteidiger sollte vor diesem Hintergrund grds. von **drastischen herabsetzenden Äußerungen** in den Medien in Bezug auf andere Verfahrensbeteiligte Abstand nehmen und derartige **Ausführungen** der **HV vorbehalten** (so weist auch *Dahs*, Handbuch, Rn 101 zutreffend darauf hin, dass Verteidigung grds. im Verfahren und nicht in den Medien zu führen ist). **101**

☝ Professionelle Strafverteidigung kann heutzutage nicht mehr ohne Berücksichtigung des öffentlichen Informationsinteresses und der Frage nach dem richtigen Umgang hiermit funktionieren. Die genaue Kenntnis der **rechtlichen Grenzen** der Öffentlichkeitsarbeit ist hierbei existenzielle Voraussetzung jeglicher taktischen Überlegungen.

Siehe auch: → *Medien, Allgemeines*, Teil F Rdn 1 ff. m.w.N.; → *Medien, Öffentlichkeitsarbeit der Justiz*, Teil F Rdn 53.

Teil G: Gnade

Gnade, Allgemeines 1

Das Wichtigste in Kürze:

1. Das Begnadigungsrecht führt in unserem Rechtssystem ein Schattendasein, kann jedoch für einen Verurteilten die letzte Chance sein, eine Milderung oder ein Absehen der Strafe zu erlangen. Gnade kann jedoch nicht willkürlich gewährt werden.
2. Ein erstes Verständnis des Gnadenwesens kann durch eine historische Betrachtung gewonnen werden.
3. Die Geschichte zeigt, dass Gnade stark auch von der Theologie geprägt ist.
4. Einige Philosophen sehen das Gnadenrecht als notwendige Komponente zur Herstellung einer „wahren Gerechtigkeit" an, wobei jedoch willkürliche Gnadenerlasse abgelehnt werden.
5. Nach heutigem Gnadenverständnis bietet Gnade die Möglichkeit rechtskräftig verhängte Strafen zu durchbrechen. Gnade beseitigt nicht die Schuld des Verurteilten.
6. Verwandte Rechtsinstitute sind die Amnestie und Abolitionen.

Literaturhinweise: **Beccaria**, Die delitti e delle pene, 1871; **Birkhoff/Lemke**, Gnadenrecht: Ein Handbuch, 2012; **Filangieri**, System der Gesetzgebung, Band 4, 1784, S. 721 ff.; **Funk**, Gnade und Gesetz: Zum Verhältnis des Begnadigungsrechts zu seinen gesetzlichen Alternativregelungen, 2017; **Geerds**, Gnade, Recht und Kriminalpolitik, 1960; **Grewe**, Gnade und Recht, 1936; **Grotius**, Drei Bücher vom Recht des Krieges und des Friedens nebst einer Vorrede von *Christian Thomasius* zur ersten deutschen Ausgabe des *Grotius* vom Jahre 1707, 1950, S. 345 f.; **Hegel**, Grundlinien der Philosophie des Rechts, 1821, § 282, S. 293 ff.; **Kant**, Metaphysik der Sitten, 1797, S. 171; **Klein**, Gnade – ein Fremdkörper im Rechtsstaat, 2001; **König**, Grundrechtsbindung und gerichtliche Nachprüfung von Gnadenakten, 1961; **Laband**, Das Staatsrecht des Deutschen Reiches, Band III; **MAH-Birkhoff/Müller-Jacobsen**, Teil D, § 23; **Maurer**, Das Begnadigungsrecht im modernen Verfassungs- und Kriminalrecht, 1979; **Overath**, Tod und Gnade. Die Todesstrafe in Bayern im 19. Jahrhundert, 2001; **Radbruch**, Rechtsphilosophie, 1999, § 24, S. 276, **Real**, Die Begnadigung im Kanton Aargau – Eine Untersuchung der aargauischen Gnadenpraxis, 1981; **Schätzler**, Handbuch des Gnadenrechts – Gnade – Amnestie – Bewährung, 1992; **Schulz-Merkel**, Die Bedeutung und das Wesen des Gnadenrechts bei zu lebenslanger Freiheitsstrafe verurteilten Mördern, 2011; *ders.*, Gnadenverfahren – Formelle Voraussetzungen der Gnade, StRR 2015, 324; *ders.*, Gnadenverfahren – Materielle Voraussetzungen der Gnade, StRR 2015, 364; **Uppenkamp**, Die Begnadigung und ihre Bedeutung bei der lebenslangen Freiheitsstrafe, 1972; **Wahl**, Gnadenrecht der Bundesrepublik Deutschland, 1952; **Wiontzek**, Handbuch und Wirkungen des Gnadenrechts, 2008; s.a. die Hinw. bei den u.a. weiterführenden Stichwörtern. 2

1. Das Begnadigungsrecht führt in unserem Rechtssystem ein **Schattendasein**, kann **jedoch** für einen Verurteilten die **letzte Chance** sein, eine Milderung oder ein Absehen der Strafe zu erlangen. Dass der Gnade wenig Bedeutung zugemessen wird, mag einerseits an den geringen **Erfolgschancen** liegen, andererseits aber auch daran, dass die Verteidigung häufig nicht weiß, wie Gnade erfolgreich erlangt werden kann. Dies ist keinesfalls verwunderlich, da sich hier die Verteidigung mit außerhalb des Rechts liegenden Gründen zu beschäftigen hat und sich nicht an abstrakt generelle Normen halten kann. **Feste Gnadengründe** gibt es **nicht**, denn eine Normierung würde dem Wesen der Gnade widersprechen. Um eine positive Gnadenentscheidung zu erlangen, ist ein Grundverständnis des Wesens des Instituts unerlässlich. Gerade dies soll vorab geschaffen werden, bevor der formelle Ablauf (→ *Gnade, formelle Fragen*, Teil G Rdn 16) und im Anschluss die materiellen Voraussetzungen (→ *Gnade, materielle Fragen*, Teil G Rdn 73) beschrieben werden können. 3

☝ Ebenso wie es keine festen Gnadengründe gibt, gibt es **kein Recht** auf **Gnade**. Dies würde dem Wesen der Gnade widersprechen und vielmehr Recht darstellen. Gnade soll nämlich einen Ausgleich des Rechts bringen, wenn durch abstrakt generelle Normen keine Gerechtigkeit geschaffen werden kann.

4 **2.** Ein erstes Verständnis des Gnadenwesens kann durch eine **historische Betrachtung** gewonnen werden:

5 Das Gnadenrecht geht zurück in die **Antike**, wo Gnade durch einen vergöttlichten König ausgeübt wurde und dieser das Gnadenrecht als von Gott übertragene Aufgabe ausübte. Gerade in der **germanischen Zeit**, in der man sich an das Gewohnheitsrecht hielt, stellte Gnade einen Einbruch des Göttlichen in die irdische Welt dar. So wurden bspw. gescheiterte Hinrichtungen (weil z.B. das Beil daneben schlug oder bei zu Erhängenden der Strick riss) die **sakrale** Todesstrafe abgebrochen und der Hinzurichtende begnadigt, da man das Fehlschlagen als Zeichen Gottes verstand. Es herrschte somit das Verständnis, dass es neben dem geltenden Gewohnheitsrecht eine weitere (göttliche) Komponente gab, die Einfluss auf das Strafen hatte.

6 Im **Mittelalter** entwickelte sich ein „Richten nach Gnade". Neben dem bisherigen Gnadenträger konnten nunmehr auch Richter Gnade aussprechen, wobei dieser sowohl sachliche als auch gefühlsmäßige Gründe heranziehen konnte. Dies war bei einem „Richten nach Recht" nicht möglich. Dies brachte jedoch die Gefahr, dass unsachliche Motive wie Bestechung zu einem Misstrauen gegenüber dem Richter führten, weshalb das Gnadenrecht gegen Ende des Mittelalters wieder in die Hand der Landesherren zurückfiel.

7 Im **17.** und **18. Jahrhundert** gab es keine **besonderen Entwicklungen** im Gnadenwesen. Es kam jedoch eine Kritik auf, wonach Gnade nur bei schlechten Gesetzen notwendig sei, die korrigiert werden müssen. Bei einer vollkommenen Gesetzgebung sei dies nicht nötig. Überdies fand Gnade in den meisten deutschen Staaten Einzug in die Verfassung.

8 Im **19. Jahrhundert** trat das mystische Gnadenverständnis für rechtsstaatliche Erkenntnisse zurück. Gnadenbefugt waren der Kaiser und die Landesfürsten. Gnade war in einigen Bereichen nötig, da aus Misstrauen gegenüber Richtern deren Ermessenspielräume eingeschränkt wurden. Um dennoch eine angemessene Strafe zu erzielen, konnte durch Gnade ein Ausgleich geschaffen werden. Das Vertrauen des Volkes in ein funktionierendes Rechtssystem wurde dadurch jedoch geschwächt, was mit einer **restriktiven Handhabung** von Gnade begegnet werden sollte. Die Staatsanwaltschaften hatten mit deren Einführung gegen Ende des neunzehnten Jahrhunderts Empfehlungen zur Gnadenentscheidung abzugeben. Diese schufen Verbrechensbilder und begründeten ihre Empfehlungen damit, ob der Verbrecher der Strafe würdig oder die Schuld gesühnt sei.

9 In der **nationalsozialistischen Zeit** ging die **Gnadenkompetenz** vollständig auf den „**Führer**" über, was ganz dem Sinne der antiken Gnadenvorstellung des Gottkönigs entsprach. Mit der Gnade sollten neben unbilligen Gesetzeshärten auch neben dem Recht stehende Ziele verfolgt werden. Im Rahmen der allgemeinen Verrechtlichung wurde 1935 eine Gnadenordnung geschaffen, auf welche sich das Gnadenrecht des Bundes noch heute stützt und welche für viele Landesgnadenordnungen eine Orientierungshilfe darstellte (für eine tiefergehende Betrachtung der historischen Hintergründe *Schulz-Merkel*, a.a.O., S. 3 ff.; *Klein*, a.a.O., S. 3 ff.; *Grewe*, a.a.O., S. 43 ff.).

> ☝ Aus der Gnadengeschichte kann gelernt werden, dass durch eine Abhängigkeit des Gnadenträgers sachfremde Erwägungen Einfluss in die Gnadenentscheidung finden können. Bei Zweifel an der Stellung des Gnadenträgers kam es zu einem Kampf um Gnade. Eine der wichtigsten Erkenntnisse wird wohl sein, dass bei zu **harten Strafen** das Bedürfnis nach und die **Chance auf Gnade steigt**, ebenso wie wenn Strafnormen ein zu **geringes Ermessen** bieten. Wird Gnade allerdings zu häufig angewandt, so sinkt das Vertrauen des Volkes gegenüber der Justiz. Gnade ist daher restriktiv zu handhaben.

10 **3.** Da die Geschichte zeigt, dass Gnade stark auch von der **Theologie** geprägt ist, sind einige theologische Gedanken in Erwägung zu ziehen. Sowohl nach evangelischer, als auch nach katholischer Auffassung (hier hinzukommend Beichte und Ablass) erfolgt Gnade aus Gottes Güte heraus. Es kann gehofft und vertraut werden, einen **Anspruch** hierauf gibt es jedoch **nicht**. Gottes Gnade verlangt jedoch, dass sich der Sünder zu seinen Taten bekennt und Buße übt. Der Bibel selbst sind einige Gnadengründe zu entnehmen.

So erfahren dort meist die Personen Gnade, die nicht damit rechnen. Diese haben die Strafe als gerechte Folge ihrer Verfehlung angenommen und kommen zur Buße. Durch diese Umkehr, deren sich Gott nicht verschließt, wird durch Gnade für den Täter die Möglichkeit geschaffen, trotz der Schuld ohne die weiteren Straffolgen zu **leben**. Gnade wird geübt, da Gott die Menschen als Sünder erkennt und dennoch liebt (näher hierzu *Schulz-Merkel*, a.a.O., S. 11 ff.).

☝ Einen **Anspruch** auf **Gnade** kann es aus theologischen Gründen (ebenfalls) **nicht** geben, dies würde dem Wesen der Gnade widersprechen. Gnade verlangt, dass sich der Sünder mit seiner Strafe auseinandergesetzt hat, diese akzeptiert und Buße übt.

4. Gnade ist ein Thema, welches angesichts der Abstraktheit in der **Philosophie** gerne aufgegriffen wird. 11
So sehen einige Philosophen das Gnadenrecht als **notwendige Komponente** zur Herstellung einer **„wahren Gerechtigkeit“** an, wobei jedoch willkürliche Gnadenerlasse abgelehnt werden. Ablehnung erfährt die Gnade, wo diese durch zu häufige Anwendung die Abschreckungsfunktion von Strafen vereitelt. Es wird vertreten, dass Gnade nicht nötig wäre, wenn eine vollkommene Gesetzgebung erfolgen würde, die auch Milde in Grenzen zulässt. Sofern Gnade geübt wird, so sei das Opfer des Täters mit einzubeziehen, da nur dieses die Tat verzeihen könne (für eine tiefere Betrachtung *Schulz-Merkel*, a.a.O., S. 16 ff.; *Grotius*, a.a.O., S. 345 f.; *Beccaria*, a.a.O.; *Filangieri*, a.a.O., S. 721 ff.; *Kant*, a.a.O., S. 171; *Hegel*, a.a.O., § 282, S. 293 ff.; *Radbruch*, a.a.O., § 24, S. 276).

☝ Gnade ist nur bei einer unvollkommenen Gesetzgebung nötig, um hierdurch noch eine „wahre Gerechtigkeit“ zu erlangen. Bei zu hart angedrohten und verhängten Strafen steigt dabei allerdings das Bedürfnis nach Gnade. Sofern Gnade geübt wird, kann diese nicht willkürlich gewährt werden, sondern muss einen Ausgleich zur unvollkommenen Gesetzgebung darstellen.

5.a) Nach **heutigem Gnadenverständnis** bietet Gnade die **Möglichkeit rechtskräftig verhängte Strafen** zu **durchbrechen**. Bevor Gnade jedoch angewandt werden kann, müssen die rechtlichen Möglichkeiten vollumfänglich ausgeschöpft werden. Sofern somit also z.B. eine Strafe durch eine Wiederaufnahme des Verfahrens oder durch eine Strafaussetzung zur Bewährung durchbrochen werden kann, geht dies vor. Erst wenn keine rechtliche Möglichkeit mehr besteht, kann durch Gnade eine rechtskräftig erkannte Strafe erlassen, ermäßigt oder umgewandelt werden. Der Gnadenakt stellt dann ein Vollstreckungshindernis dar, beseitigt allerdings **nicht** die **Schuld des Täters** und hebt auch nicht die Verurteilung auf. Diese **rechtssystematische** Einordnung gewährt, dass die formellen Aspekte sowie die materiellen Wirkungen von Gnade einbezogen werden können, ohne gleichzeitig gegen das Gewaltenteilungsprinzip zu verstoßen, da damit nicht in die rechtssprechende Gewalt eingegriffen wird. Nur wenn Gnade in dieser Form gehandhabt wird, kann diese eine staatsrechtliche Legitimation haben. 12

b) Wie Gnade in das **Gewaltenteilungsprinzip** einzuordnen ist, war lange Zeit stark umstritten. Überzeugend wird wohl sein, dass diese als **Akt** der **Exekutive** anzusehen ist. Ausgeübt wird Gnade durch Organe der vollziehenden Gewalt (→ *Gnade, formelle Fragen,* Teil G Rdn 16). Zwar wird durch einen exekutiven Gnadenerlass in die Judikative eingegriffen, allerdings ist eine Kontrolle der Gewalten und damit einhergehend eine Überschneidung bewusst in Kauf genommen worden, sofern nicht in den Kernbereich der jeweils anderen Gewalt eingegriffen wird. 13

☝ Bei einem Gnadenantrag sollte stets genau bedacht werden, ob tatsächlich direkt ein Straferlass begehrt wird, oder ob das **Ziel nicht auch** durch eine **Ermäßigung** oder **Umwandlung** der Strafe erzielt werden kann. Eine solche Begnadigung hat geringere Anforderungen und somit höhere Erfolgschancen. Dennoch wird sie selten beantragt.

6.a) Ein der Gnade eng **verwandtes Rechtsinstitute** ist die **Amnestie**. Diese hebt ebenfalls Strafen ohne ein Beseitigen der Schuld auf, ist allerdings auch für Taten möglich, die noch nicht zu einem Verfahren 14 geführt haben. Anders als ein Gnadenakt umfasst eine Amnestie jedoch nicht einen Einzelfall, sondern eine **Vielzahl von Fällen**. Hierzu ist der Erlass eines Gesetzes im formellen und materiellen Sinne nötig. Bei einer Amnestie steht die soziologische Bedeutung der jeweiligen Fallgruppe im Vordergrund.

15 **b) Abolitionen** nehmen eine Position zwischen Gnade und Amnestie ein. Dieses Rechtsinstitut ist wie Gnade auf Einzelfälle bezogen, setzt allerdings wie Amnestien vor einer Verurteilung an.

☝ Abolitionen sind im **deutschen Rechtssystem nicht anerkannt**, da diese Eingriffe der Exekutive in die Rechtspflege darstellen und ein Strafverfahren einstellt wird, ohne das Unrecht des Täters zu prüfen. Solche Erlasse bieten die Gefahr willkürlicher Entscheidungen, die gegen das Gleichheitsprinzip verstoßen.

Siehe auch: → *Gnade, formelle Fragen*, Teil G Rdn 16; → *Gnade, materielle Fragen*, Teil G Rdn 73; → *Gnade, Gnadenentscheidung*, Teil G Rdn 95.

16 Gnade, Entscheidung

Das Wichtigste in Kürze:

1. Der Gnadenträger trifft unter Zugrundelegung der vorgebrachten Gnadengründe eine freie (Gnaden)Entscheidung. Die Gnadenentscheidung sollte dem Verurteilten schriftlich bekannt gegeben werden. Dies ist jedoch nicht in allen Bundesländern vorgeschrieben.
2. Ob eine ablehnende Gnadenentscheidung nach Art. 19 Abs. 4 GG justiziabel ist, war lange umstritten. Das BVerfG hat jedoch inzwischen entschieden, dass ablehnende Gnadenentscheidungen nicht justiziabel sind.
3. Rücknahme und Widerruf der Gnadenentscheidung sind grds. möglich. Die entsprechende Entscheidung ist anfechtbar.

17 **Literaturhinweise:** S. die Hinw. bei → *Gnade, Allgemeines*, Teil G Rdn 2.

18 **1.** Der Gnadenträger trifft unter Zugrundelegung der vorgebrachten Gnadengründe (→ *Gnade, materielle Fragen*, Teil G Rdn 73 ff.) eine **freie (Gnaden)Entscheidung**.

19 Ob die Entscheidung **schriftlich** zu erfolgen hat, ist nicht in allen Gnadenordnungen einheitlich. Gerade bei einer positiven Entscheidung ist dies jedoch für die strafvollziehenden Organe hilfreich. In der Entscheidung teilt der Gnadenträger mit, ob eine Begnadigung erfolgt. Sollte das der Fall sein, so wird ausgeführt, welche Vergünstigung gewährt wird und gegebenenfalls Auflagen und Weisungen mitgeteilt. In der Gnadenordnung von Bremen muss der Verurteile, wenn er den Gnadenantrag nicht selbst gestellt hat, innerhalb von einer Frist von zwei Wochen seit Bekanntgabe dem positiven Gnadenerweis zustimmen. Ansonsten wird dem Gnadengesuch nicht entsprochen.

20 Sofern dem **Gnadengesuch nicht entsprochen** wird, ist auch dies dem Verurteilten mitzuteilen und die **Gründe** sind **aktenkundig** zu machen. Ob eine **Begründung** eines **ablehnenden Gnadenantrages** zu erfolgen hat, ist in den Bundesländern **nicht einheitlich**. Nach den meisten landesrechtlichen Gnadenvorschriften müssen diese jedoch nicht genannt werden, was zu begrüßen ist. Auch wenn die Gründe für den Verurteilten interessant wären, um zu wissen, wann er einen neuen Gnadenantrag stellen sollte, so spricht doch mehr gegen eine Begründung. Erfolgt eine solche, so besteht die Gefahr, dass der zu Begnadigende versuchen wird, die noch gegen eine Begnadigung sprechenden Gründe, wie z.B. fehlende Reue und Buße, für einen neuen Gnadenantrag zu konstruieren. Zudem besteht für den Gnadenträger die Gefahr, dass die Freiheit der Gnadenentscheidung eingeschränkt wird, wenn er mediale Reaktionen auf seine Begründung zu erwarten hat. Zudem muss etwas, das Recht bleiben soll und bereits von einem Gericht rechts-

kräftig als Recht bestätigt wurde, nicht begründet werden (näher dazu *Schulz-Merkel*, a.a.O., S. 69 ff.; *Schätzler*, a.a.O., S. 178; *Hess*, a.a.O., S. 793).

21 **2.a)** Ob eine ablehnende Gnadenentscheidung nach Art. 19 Abs. 4 GG justiziabel ist, war lange umstritten. Das **BVerfG** hat jedoch in einer Leitentscheidung bestimmt, dass ablehnende Gnadenentscheidungen **nicht anfechtbar** sind (BVerfGE 25, S. 352), allerdings hatten sich zwei der entscheidenden Richter für und zwei gegen eine Justiziabilität ausgesprochen. Angesichts der Stimmengleichheit konnte gem. § 15 Abs. 4 S. 3 BVerfGG ein Verstoß gegen das GG oder sonstiges Bundesrecht nicht festgestellt werden. In zwei weiteren Entscheidungen hat das BVerfG dann bestätigt, dass eine Justiziabilität von ablehnenden Gnadenentscheidungen nicht besteht (BVerfGE 30, 108; 45, 187).

☝ Diese Entscheidungen entfalten nach § 31 Abs. 1 BVerfGG **Bindungswirkung** für alle Verfassungsorgane des Bundes und der Länder sowie für alle Gerichte und Behörden.

22 **b)** In der Lit. wird die **Frage** der **Anfechtbarkeit unterschiedlich** gesehen:

Für Anfechtbarkeit wird vorgebracht (*Schulz-Merkel*, a.a.O., S. 77 ff. m.w.N. und Argumenten), dass in einem demokratischen Rechtsstaat und in der jetzigen Verfassung eine justizfreie Gnade nicht existieren könne (*Klein*, a.a.O., S. 71 f.). Art. 19 Abs. 4 GG biete auch einen umfassenden gerichtlichen Schutz gegen Verletzungen der Rechtssphäre des Einzelnen durch die öffentliche Gewalt (BVerfGE 8, 326; 25, 365; *Maurer* JZ 1963, S. 26.). Hier könne Gnade nicht herausgenommen werden (BVerfGE 10, 267). Es wird vorgebracht, dass das GG selbst von einem „Recht" auf Gnadenausübung spreche, da Art. 60 Abs. 2 GG von einem Begnadigungsrecht spreche (*Uppenkamp*, a.a.O., S. 165).

23 **Gegen Anfechtbarkeit** spricht (*Schulz-Merkel*, a.a.O., S. 77 ff. m.w.N.), dass durch Gnade die gerichtliche Entscheidung nicht mehr auf deren Rechtmäßigkeit hin überprüft werden könne und Gnade keine weitere Instanz darstellt (*Uppenkamp*, a.a.O., S. 165; *Wiontzek*, a.a.O., S. 81). Gnade werde auch nicht an bestimmte normative Voraussetzungen geknüpft, was angesichts des Wesens der Gnade als Ausgleich von Unbilligkeiten von Normen auch nicht möglich wäre (*Wiontzek*, a.a.O., S. 81 mit Verweis auf BVerfG NJW 2001, 3771). Nachdem es auch kein Recht auf Gnade gebe, könne ein solches Recht auch nicht verletzt werden (*Schätzler*, a.a.O., S. 129). Auch eine Überprüfung eines Ermessens könne nicht erfolgen, da Ermessensfehler nur bei Existenz einer Norm möglich seien, die ein Ermessen einräumen. Nachdem jedoch keine Normen existieren, die einen Anspruch auf Gnade einräumen, könne eine Ermessensüberprüfung nicht erfolgen (*Schätzler*, NJW 1975, 1249). Gegen eine Justiziabilität wird auch vorgebracht, dass Art. 19 Abs. 4 GG für Gnade nicht gelte, da der Gnadenträger aus Art. 60 Abs. 2 GG eine eigene Befugnis hat dort helfend und korrigierend einzugreifen, wo die Möglichkeiten des Gerichtsverfahrens nicht genügen (*Maurer*, a.a.O., S. 63).

24 **3.a) Rücknahme** und **Widerruf** der Gnadenentscheidung sind **grds. möglich**. Nach den landesrechtlichen Gnadenvorschriften kann teilweise die Bewährungszeit verlängert oder die Aussetzung widerrufen werden, wenn sich der Begnadigte nicht bewährt oder das in ihn gesetzte Vertrauen missbraucht. Die Widerrufsgründe der landesrechtlichen Gnadenvorschriften entsprechen oder orientieren sich teilweise an den in § 56f Abs. 1 Nr. 1 – 3 StGB aufgeführten Gründen für den Widerruf der Strafaussetzung (→ *Bewährung, Allgemeines*, Teil A Rdn 1 ff. m.w.N.).

25 **b)** Anders als bei der Frage, ob eine ablehnende Gnadenentscheidung der gerichtlichen Kontrolle unterliegt, wird bei **Rücknahme** oder **Widerruf** von der h.M sowie auch vom BVerfG die **Anfechtbarkeit angenommen**. Begründet wird dies damit, dass durch einen Gnadenerweis Freiheitsrechte eingeräumt werden, solange der Begnadigte seine Verpflichtungen erfüllt. Da damit Rechte gewährt werden, müsste eine Rücknahme oder ein Widerruf eines Gnadenerweises rechtlich überprüfbar sein (BVerfGE 30, 108; *Schulz-Merkel*, a.a.O., S. 84, m.w.N.).

Siehe auch: → *Gnade, Allgemeines*, Teil G Rdn 1; → *Gnade, formelle Fragen*, Teil G Rdn 16; → *Gnade, materielle Fragen*, Teil G Rdn 73.

26 Gnade, formelle Fragen

Das Wichtigste in Kürze:

1. (Gesetzliche) Regelungen über das Gnadeninstitut finden sich sowohl im GG, in den Gnadenordnungen, als auch im Saarland in einem Gnadengesetz.
2. Die Gewährung von Gnade setzt eine rechtskräftige Verurteilung und ein Ausschöpfen der rechtlichen Möglichkeiten des Vorgehens gegen die Strafe voraus.
3. Hinsichtlich der sachlichen Zuständigkeit ist zunächst auf die Faustregel abzustellen, dass sich diese nach derjenigen Staatsgewalt richtet, die auch für die Ahndung zuständig war. Auf Bundesebene wird Gnade meist vom Bundespräsidenten gewährt.
4. Ein Gnadenverfahren kann ohne große formelle Hürden eingeleitet werden. Dennoch sind einige Punkte zu beachten, damit sich die meist ohnehin geringen Erfolgschancen erhöhen.
5. Vor der Gnadenentscheidung sind i.d.R. Ermittlungen durchzuführen und Stellungnahmen einzuholen.
6. Das Gnadenverfahren ist kostenfrei.

27 **Literaturhinweise:** S. die Hinw. bei → *Gnade, Allgemeines*, Teil G Rdn 2.

28 **1.a)** (Gesetzliche) Regelungen über das Gnadeninstitut finden sich sowohl im **GG**, in den **Gnadenordnungen**, als auch im Saarland in einem **Gnadengesetz**. Hervorzuheben ist, dass das Gnadenrecht verfassungsrechtlich nur in einer Kompetenznorm verankert ist, da Art. 60 GG lediglich eine Zuständigkeitsregelung enthält. Nur aufgrund dieser verfassungsrechtlichen „Verankerung" wird das Gnadenrecht anerkannt. Nachdem das Gnadenrecht auf den Bund und die Länder aufgeteilt ist, muss auch hier bezüglich der Quellen unterschieden werden. Bevor ein Gnadenantrag gestellt wird, ist zunächst die sachliche Zuständigkeit zu klären, da sich hiernach das Gnadenverfahren richtet (Rdn 43 ff.).

29 **b)** Für den **Bund** wird noch heute die Gnadenordnung von 1935 sinngemäß angewandt, die vom Reichsjustizminister im Rahmen der allgemeinen Verrechtlichung erlassen wurde. Geregelt ist dabei neben dem Inhalt und dem Umfang von Gnade auch das Verfahren von Gnadensachen.

30 **c)** An dieser Gnadenordnung orientieren sich die meisten **Gnadenordnungen** der **Länder**. Diese stellen zwar keine Gesetze, sondern **lediglich Verwaltungsvorschriften** dar, was jedoch nichts daran ändert, dass diese obligatorisch angewandt werden. Ein Gnadengesetz wurde einzig im Saarland erlassen. Allerding unterscheidet sich dieses wenig von den übrigen Gnadenordnungen, da auch dort nur das Verfahren und nicht die Voraussetzungen für Gnade geregelt sind.

☝ Der **Ablauf** des **Gnadenverfahrens** ist in den meisten Ländern in **Gnadenordnungen** geregelt. Nachdem hier keine Einheitlichkeit besteht, ist zunächst die sachliche Zuständigkeit zu klären und dann die jeweiligen Gnadenordnungen heranzuziehen. Diese sind zwar nur Verwaltungsvorschriften, werden allerdings obligatorisch angewandt.

31 **d)** Die **„gesetzlichen Grundlagen"** für Gnade sind in der nachfolgenden **Übersicht** zusammengestellt.

32 **Bundesrechtliche Vorschriften**:

- Art. 60 GG vom 23.5.1949 (BGBl S. 1)
- Anordnung des Bundespräsidenten über die Ausübung des Begnadigungsrechts des Bundes vom 5.10.1965 (BGBl I S. 1573)

33 **Baden-Württemberg**

- Art. 52 Verfassung des Landes Baden-Württemberg vom 11.11.1953 (GBl 1953, 173)

- Anordnung des Ministerpräsidenten über die Ausübung des Gnadenrechts v. 25.9.2001, (GBl S. 567)
- Anordnung des Justizministeriums Baden-Württemberg über das Verfahren in Gnadensachen vom 20.9.2001 (Die Justiz 2001, 506)

Bayern 34

- Art. 47 Verfassung des Freistaates Bayern vom 15.12.1998 (GVBl S. 991)
- Bekanntmachung des Bayerischen Ministerpräsidenten über die Ausübung des Begnadigungsrechts vom 20.9.1973 (BayRS 313–2–S)
- Bayerische Gnadenordnung v. 29.5.2006 (GVBl S. 321)

Berlin 35

- Art. 81 Verfassung von Berlin v. 23.11.1995 (GVBl. S. 779)
- Gesetz über den Ausschuß für Gnadensachen vom 19.12.1968 (GVBl. S. 1767)
- Anordnung über die Ausübung des Begnadigungsrechts vom 25.9.2007 (ABl Nr. 45, S. 2686)
- Allgemeine Verfügung über das Verfahren in Gnadensachen vom 10.6.2014 (ABl S. 1162)

Brandenburg 36

- Art. 92 Brandenburgische Verfassung v. 20.8.1992 (GVBl. I S. 298)
- Erlass des Ministerpräsidenten über die Ausübung des Begnadigungsrechts v. 19.4.1995, (ABl S 442)
- Gnadenordnung – Allgemeine Verfügung der Ministerien der Justiz v. 11.9.2007 (4253-III.2, BbgJMBl S. 150)

Bremen 37

- Art. 121 Bremische Verfassung v. 30.1.2015 (GBl S. 251)
- Anordnung über die Ausübung des Begnadigungsrechts vom 4.11.1958, (SaBremR 313-a-1)
- Allgemeine Verfügung des Senators für Rechtspflege und Strafvollzug über das Verfahren in Gnadensachen v. 6.11.1984 (ABl S. 385)

Hamburg 38

- Art. 44 Verfassung der Freien und Hansestadt Hamburg v. 6.6.1952 (HmbBL I 100-a)
- Anordnung über die Ausübung des Begnadigungsrechts vom 27.2.1979 (MittVW S. 34)
- Allgemeine Verfügung der Justizbehörde über das Verfahren in Gnadensachen v. 10.11.2010 (Az. 4253/5/1)

Hessen 39

- Art. 109 Verfassung des Landes Hessen vom 1.12.1946 (GVBl. I S. 229, ber. GVBl. 1947 S. 106 u. GVBl. 1948 S. 68)
- Erlass des Ministerpräsidenten über die Ausübung des Gnadenrechts v. 7.12.2009 (GVBl. I S. 519)
- Hessische Gnadenordnung vom 1.1.2011 (JMBl. S. 319, ber. 2011 S. 211)

Mecklenburg-Vorpommern 40

- Art. 49 Verfassung des Landes Mecklenburg-Vorpommern v. 23.5.1993 (GVOBl. M-V S. 372)
- Erlasses des Ministerpräsidenten v. 17.12.1990 (AmtsBl. M-V 1991 S. 79)
- Anordnung über das Verfahren in Gnadensachen v. 23.11.1998 (AmtsBl. M-V S. 1556)

Niedersachsen 41

- Art. 49 Niedersächsische Verfassung v. 19.5.1993 (GVBl. 1993, S. 107)

- Erlass des Niedersächsischen Ministerpräsidenten über die Ausübung des Gnadenrechts v. 2.9.1952 i.d.F. des Erlasses v. 23.4.1971 v. 2.9.1952 u. 23.4.1971 (MBl. S. 482)
- Gnadenordnung v. 13.1.1977 (RPfl. S. 34)

42 **Nordrhein-Westfalen**

- Art. 59 Verfassung für das Land Nordrhein-Westfalen v. 28.6.1950 (GV. NRW. S. 127)
- Nordrhein-Westfalen Erlass des Ministerpräsidenten über die Ausübung des Rechts der Begnadigung v. 12.11.1951 (GS. NW. S. 569)
- Gnadenordnung für das Land Nordrhein-Westfalen v. 26.11.1975 (GV. NW. 1976 S. 16)

43 **Rheinland-Pfalz**

- Art. 103 Verfassung für Rheinland-Pfalz v. 18.3.1947 (VOBl. S. 209)
- Landesgesetz über die Ausübung des Gnadenrechts v. 2.3.1998 (GVBl. S. 29)
- Anordnung über das Verfahren in Gnadensachen v. 16.10.1995 (JBl. S. 229)

44 **Saarland**

- Art. 93 Verfassung des Saarlandes v. 15.12.1947 (Amtsbl. S. 1077)
- Saarländisches Gnadengesetz v. 16.3.1994 (Amtsbl. S. 742)

45 **Sachsen**

- Art. 67 Verfassung des Freistaates Sachsen v. 27.5.1992 (SächsGVBl. S. 243)
- Anordnung des Ministerpräsidenten des Freistaates Sachsen über die Ausübung des Begnadigungsrechts v. 8.10.1997 (SächsABl S. 1124)
- Verwaltungsvorschrift des Sächsischen Staatsministeriums der Justiz über das Verfahren der Justizbehörden des Freistaates Sachsen in Gnadensachen v. 10.12.1999 (SächsABl 2000 S. 3, ber. S. 346)

46 **Sachsen-Anhalt**

- Art. 85 Verfassung des Landes Sachsen-Anhalt v. 16.7.1992 (GVBl. LSA S. 600)
- Erlasses des Ministerpräsidenten über die Ausübung des Gnadenrechts v.27.5.1994, (MBl. LSA S. 1475)
- Gnadenordnung für das Land Sachsen-Anhalt v. 14.6.2004 (JMBl. LSA S. 171)

47 **Schleswig-Holstein**

- Art. 32 Verfassung des Landes Schleswig-Holstein v. 13.5.2008 (GVOBl. Schl.-H. S. 344, ber. 2015 S. 41)
- Erlass des Ministerpräsidenten über die Ausübung des Begnadigungsrechts v. 6.12.1983 (Amtsbl. Schl.-H. 1984 S. 2)
- Anordnung über das Verfahren in Gnadensachen v. 1.8.1984 (SchlHA S. 91)

48 **Thüringen**

- Art. 78 Verfassung des Freistaats Thüringen v. 25.10.1993 (GVBl. S. 625)
- Anordnung des Ministerpräsidenten über die Ausübung des Gnadenrechts v. 30.3.1994 (GVBl. S. 405)
- Thüringer Gnadenordnung v. 20.7.1995 (JMBl. S. 38, ber. 1997 S. 68)

49 **2.a)** Die Gewährung von Gnade setzt eine **rechtskräftige Verurteilung** und ein **Ausschöpfen** der **rechtlichen Möglichkeiten** des Vorgehens gegen die Strafe voraus. Sofern diese Voraussetzungen erfüllt sind, kann – wenn Gnadengründe vorliegen – durch Gnade eine Strafe erlassen, ermäßigt oder deren Vollstreckung zur Bewährung ausgesetzt werden.

☝ Sollte eine **normierte Strafmilderungsmöglichkeit** bestehen, so leiten die Gnadenstellen das Gnadengesuch an die zuständigen Stellen weiter.

b) Gnade als **Ultima Ratio** kommt nicht in Betracht, wenn noch rechtliche Möglichkeiten zur Durchbrechung der Strafe bestehen. Insoweit gilt: 50

Rechtliche Möglichkeiten des Vorgehens gegen die Strafe 51

- Zunächst sind die Rechtsmittel der **Berufung** und **Revision/Rechtsbeschwerde** durchzuführen (dazu Burhoff/*Grube*, RM, Teil A Rn 1 ff. [Berufung]; Burhoff/*Junker*, RM, Teil A Rn 1045 ff. [Rechtsbeschwerde] u. 2009 ff. [Revision]; *Burhoff*, HV, Rn 657 ff. [Berufung] u. Rn 2742 ff. [Revision]; Burhoff/*Junker*, OWi, Rn 2932 ff. [Rechtsbeschwerde].
- Sobald Rechtskraft eingetreten ist, ist zudem zu versuchen, eine **Wiederaufnahme** des Verfahrens zu erlangen, sofern die Voraussetzungen dafür vorliegen (vgl. dazu Burhoff/*Amelung*, Teil B; Rn 1102 ff.).
- Bei **Einwendungen** gegen die **Zulässigkeit** der **Strafvollstreckung** ist eine Entscheidung des Gerichts nach § 458 StPO anzudenken (→ *Erwachsene, Vollstreckung, Allgemeines*, Teil B Rdn 432 m.w.N.).
- Bei einer Freiheitsstrafe ist zudem zu versuchen, eine Strafrestaussetzung zur **Bewährung** zu erreichen.

Erst wenn die rechtlichen Möglichkeiten vollständig und **erfolglos ausgeschöpft** sind, besteht die Möglichkeit für einen **Gnadenantrag** (Rdn 55 ff.). Andernfalls hat eine negative Gnadenentscheidung zu ergehen. Dies ist nicht nur in vielen Gnadenordnungen ausdrücklich geregelt, sondern ergibt sich bereits aus dem Wesen der Gnade (→ *Gnade, Allgemeines*, Teil G Rdn 1 ff.). 52

☝ Es sollte im **Gnadenantrag** dargestellt werden, dass der **Rechtsweg ausgeschöpft** wurde.

3.a) Hinsichtlich der **sachlichen Zuständigkeit** ist zunächst auf die **Faustregel** abzustellen, dass sich diese nach **derjenigen Staatsgewalt** richtet, die auch für die **Ahndung zuständig** war. Damit steht gem. § 452 StPO dem Bund das Gnadenrecht in Sachen zu, bei denen erstinstanzlich in Ausübung von Gerichtsbarkeit des Bundes entschieden wurde. Erfasst sind damit die in §§ 120, 74a GVG aufgezählten Delikte. Im Übrigen sind die Länder zuständig. 53

aa) Auf **Bundesebene** wird Gnade gem. Art. 60 Abs. 2 GG durch den **Bundespräsidenten** ausgeübt. Sofern es zu einer positiven Gnadenentscheidung kommt, muss diese gem. Art. 58 S. 1 GG durch den Bundeskanzler oder den zuständigen Bundesminister gegengezeichnet werden. 54

Der Bundespräsident hat seine **Gnadenbefugnis** in Art. 2 der „Anordnung über die Ausübung des Begnadigungsrecht des Bundes" vom 5.10.1965 (BGBl I, S. 1573) in einigen Teilen u.a. an den Präsidenten des Bundestages, den Bundesjustizminister u.a. **übertragen**. 55

☝ **Ausgenommen** sind hierbei jedoch **konkrete Einzelfälle** von **besonderer Bedeutung**, was dem ungeschriebenen Rechtssatz, dass eine uneingeschränkte Übertragung der Kompetenz nicht möglich ist, gerecht wird.

In der o.a. Anordnung **behält** sich der **Bundespräsident** die Entscheidung über **Gnadenerweise** in rechtskräftig abgeschlossenen Strafsachen, Disziplinarsachen oder Ehrengerichtssachen, in denen das Begnadigungsrecht dem Bund zusteht, in folgenden Fällen vor: 56

1. In Fällen, in denen es um den **Erlass** oder die **Milderung** einer **Strafe** geht, wenn der **Bundesgerichtshof**, oder in Ausübung von Gerichtsbarkeit des Bundes ein **Oberlandesgericht**, im **ersten** Rechtszug oder wenn ein anderes Gericht des Bundes erkannt hat, mit Ausnahme der Gewährung von Strafausstand.

2. In Fällen, in denen es um die Beseitigung der **dienst-** oder **versorgungsrechtlichen Folgen** einer strafgerichtlichen Verurteilung geht.
3. In Fällen, in denen es um die Aufhebung der nachstehend bezeichneten **Disziplinarmaßnahmen** geht:
   a) Entfernung aus dem Dienst oder dem Dienstverhältnis,
   b) Aberkennung des Ruhegehalts oder Aberkennung der Rechte aus dem Gesetz zur Regelung der Rechtsverhältnisse der unter Artikel 131 des Grundgesetzes fallenden Personen.
4. In Fällen, in denen es um die **Gewährung** eines **Unterhaltsbeitrags** geht.
5. In Fällen, in denen es um die Aufhebung der gegen einen **Rechtsanwalt** beim **Bundesgerichtshof** erkannten Ausschließung aus der Rechtsanwaltschaft geht.

57 **bb)** Wer auf **Landesebene** das Gnadenrecht ausübt, ist in den **Landesverfassungen** geregelt. Meist wird hierbei der **Ministerpräsident** als Träger bestimmt. Ausnahmen dazu bilden das Saarland, wo die Landesregierung Gnadenträger ist, sowie die Stadtstaaten Berlin, Bremen und Hamburg, wo das Gnadenrecht durch den Senat ausgeübt wird.

58 Ebenso wie auf Bundesebene kann **auch** auf **Landesebene** die **Gnadenbefugnis übertragen** werden, sofern damit nicht die grds. Zuständigkeitsregelung unterlaufen würde. Von dieser Möglichkeit wird Gebrauch gemacht und das Begnadigungsrecht wird regelmäßig nur in wenigen Fällen, wie z.B. bei lebenslanger Freiheitsstrafe, Beamtenrechten, berufsgerichtlichen Entscheidungen sowie Disziplinarsachen, vorbehalten. Im Übrigen erfolgt eine Übertragung auf den **Justizminister**, der wiederrum eine **Delegation** auf **Gnadenbehörden** vornimmt.

59 Zuständig können dann der **Leiter der Staatsanwaltschaft** sowie der **Jugendrichter** in Jugendstrafsachen sein. In Nordrhein-Westfalen sind beim LG die Gnadenstellen zuständig, welche aus Richtern oder Beamten mit Befähigung zum Richteramt bestehen.

☝ Eine **ländereinheitliche Regelung** gibt es jedoch **nicht**, sodass es immer einer konkreten Prüfung bedarf.

60 Die Delegation wird meist davon **abhängig** gemacht, was mit dem **Gnadengesuch begehrt** wird. Hierzu finden sich in den Gnadenordnungen jeweils spezielle Regelungen. Einheitlich ist jedoch, dass trotz der Delegationsmöglichkeit, die nicht nur das Gewohnheitsrecht, sondern bereits auf das Preußische Allgemeine Landrecht zurückzuführen ist, Fälle von besonderer oder außergewöhnlicher Bedeutung dem ursprünglichen Gnadenträger zur Entscheidung vorgelegt werden müssen. Notwendig ist somit stets ein Blick in die Gnadenordnung und die Anordnungen des Gnadenträgers (eine Sammlung der landesrechtlichen Gnadenvorschriften findet sich bei *Schulz-Merkel*, a.a.O., S. 175 ff.)

61 **Örtlich** wird für die Zuständigkeit des Gnadenrechts darauf abgestellt, wo die zugrundeliegende Entscheidung ergangen ist. Bei Gesamtstrafen muss geprüft werden, welches Gericht diese gebildet hat. Sofern die Einzelstrafen teils in Ausübung von Bundes- und teils von Landesgerichtsbarkeit ausgeübt wird oder auch unterschiedliche Bundesländer zuständig waren, ist die Gnadenbehörde zuständig, welche die Gesamtstrafe gebildet hat, unabhängig davon, ob Strafen des Bundes oder von anderen Ländern mit einbezogen wurden. Dies geht zurück auf eine Vereinbarung der Gnadenträger vom 27.10.1971.

62 **b)** An dieser Stelle soll nicht übergangen werden, dass in der **Lit.** die **Gnadenkompetenz** durch **politische Organe** zu Recht auf **Kritik** stößt. Wie bei den allgemeinen Grundlagen dargestellt (→ *Gnade, Allgemeines*, Teil G Rdn 1), darf Gnade nicht in die Gefahr gelangen, willkürlich gewährt zu werden. Sofern sachfremde Erwägungen bei der Frage nach Gnade mit einfließen, würde das Vertrauen der Bevölkerung in das Rechtssystem und das grds. Gerechtigkeitsempfinden sinken. Dennoch hat Gnade eine wichtige Funktion im Gerechtigkeitssystem, gerade dann, wenn durch sie ein Ausgleich zu Ungerechtigkeiten, die durch die abstrakt generellen Normen zwangsläufig entstehen, geschaffen wird (→ *Gnade, Allgemeines*, Teil G Rdn 1 ff.).

63 Ob die zur Gnadenentscheidung zuständigen politischen Organe stets diese Grundgedanken bei einer Gnadenentscheidung vor Augen haben, ist fraglich. Oftmals wird insbesondere auch der Wiederwahlwunsch und damit, wenn womöglich auch unterbewusst, **versucht** werden, die **Wähleransichten** bei einer **Gnadenfrage** zu **berücksichtigen**. Gerade dies sollte bei der Frage der ausgleichenden Einzelfallgerechtigkeit keine Rolle spielen. Vielmehr muss, ebenso wie bei richterlichen Entscheidungen, eine unabhängige, freie Entscheidung getroffen werden, bei der mehr der Täter, als die Tat im Mittelpunkt zu stehen hat. Wie sich ein Straftäter nach der Tat entwickelt hat und insbesondere auch, ob eine Läuterung und Umkehr stattgefunden hat, wird das Volk meist nicht mitbekommen und damit nicht beurteilen können. Wenn eine tatgeprägte Täteransicht das Allgemeinbild prägen sollte, führt ein solcher Einfluss auf den Gnadenträger zu einer Vereitelung des im Gerechtigkeitssystem notwendigen Gnadeninstituts (für eine tiefergehende Betrachtung *Schulz-Merkel*, a.a.O., S. 38 ff.; *Uppenkamp*, a.a.O., S. 139 ff.; *Schätzler*, a.a.O., S. 143).

64 Gnade wird von diversen Wissenschaftsbereichen, wie u.a. der **Theologie**, der **Psychologie** und der **Philosophie** mitgeprägt. (→ *Gnade, Allgemeines*, Teil G Rdn 1). Diese in einer Person zu vereinen, mag zwar theoretisch grds. möglich sein, ist jedoch nicht die Praxis. Damit diese Bereiche einen Einfluss finden können, wäre die Schaffung eines „qualifizierten Schöffentums“ mit unabhängigen Mitgliedern aus gerade diesen Wissenschaftsbereichen empfehlenswert (so *Schulz-Merkel*, a.a.O., S. 39 ff.).

☝ Bevor ein Gnadenantrag gestellt wird, ist eine **Kenntnis** der **politischen Ausrichtung** und der persönlichen Situation des **Gnadenträgers** hilfreich. Hier können sich Ansatzpunkte ergeben, die ggf. helfen, dass der Gnadenträger durch eine positive Gnadenentscheidung die verhängte Strafe durchbrechen möchte. Es ist das **Ziel** zu erreichen, dass dieser die Strafe als vom Verurteilten akzeptiert und gesühnt ansieht und ein Ausgleich mit der Rechtsordnung erreicht wurde. Hierzu ist es hilfreich, wenn das jeweilige Gerechtigkeitsgefügte betrachtet wird.

65 **4.** Ein Gnadenverfahren kann ohne große formelle Hürden eingeleitet werden. Dennoch sind einige Punkte zu beachten, damit sich die meist ohnehin geringen Erfolgschancen erhöhen.

66 **a)** Im zu stellenden **Gnadenantrag** (Rdn 57 ff.) ist auszuführen, was genau der Antrag des Gnadenbegehrens ist. Durch Gnade kann eine **Strafe erlassen**, **ermäßigt** oder deren Vollstreckung zur **Bewährung** ausgesetzt werden. Auch Hilfsanträge sind möglich und dann zu empfehlen, wenn eine weitere Abmilderungsmöglichkeit besteht. Ein bestimmter Antrag ermöglicht dem Gnadenträger genauer zu prüfen, ob hierfür ausreichende Gnadengründe vorliegen.

☝ Da es (gesetzliche) Gnadengründe nicht gibt, sollte der Gnadenantrag **auf jeden Fall begründet** werden (→ *Gnade, materielle Fragen*, Teil G Rdn 75). Im Gnadenantrag sollten ggf. auch die aus **theologischen**, **psychologischen** und **philosophischen Gründen** (Rdn 54, → *Gnade, Allgemeines*, Teil G Rdn 1) Gründen heranzuziehenden Erwägungen dargestellt werden, um bei einem Gnadenträger möglicherweise bestehende Wissenslücken zu schließen. Nur so kann dieser eine Einzelfallbewertung vornehmen, die bei vollständigen Informationen dann leichter zu einer positiven Entscheidung führen kann, als bei unvollständigen Angaben. Denn einen Gnadenantrag abzulehnen ist oftmals einfacher, als einem solchen stattzugeben.

67 **b)aa)** Die **Berechtigung,** einen Gnadenantrag zu stellen, besteht grds. für **jedermann**. Es gibt hier keine dahingehende Einschränkung, dass nur der Verurteilte selbst den Antrag einreichen kann. Vielmehr besteht diese Möglichkeit auch für jeden beliebigen Dritten. Diese Freiheit der Antragsberechtigung geht sogar so weit, dass die Gnadenfrage ohne Antrag **von Amts wegen** geprüft wird. Dieser in der Praxis seltene Fall kommt entsprechend den Vorgaben einiger Gnadenordnungen dann in Betracht, wenn eine mit der Sache befasste Stelle einen Gnadenerweis aus besonderen Gründen des Falles oder in Hinblick auf die Persönlichkeit des Verurteilten für angezeigt hält.

68 **bb)** Einen **Anwaltszwang** gibt es für einen Gnadenantrag **nicht**. Die gerichtliche Bestellung oder Beiordnung eines Rechtsanwalts ist, da es sich bei dem Gnadenverfahren nicht um ein gerichtliches Verfahren handelt, nicht vorgesehen.

69 Auch wenn jedermann den Antrag stellen kann, so sollte dennoch das **Bedürfnis** des zu **Begnadigenden Berücksichtigung finden** und auch im Antrag dargestellt werden. Eine Strafe hat im deutschen Rechtssystem nicht nur negative Auswirkungen, sondern kann auch für einen Verurteilten als positiv empfunden werden, um auf den rechten Weg zurückgeführt zu werden. Die Resozialisierung stellt auch einen inneren Prozess des Täters dar, den ein Dritter nicht immer zu beurteilen vermag. Würde nunmehr gegen den Willen des Verurteilten eine Begnadigung erfolgen, so könnte dieser möglicherweise aus dem Resozialisierungsprozess gerissen werden, was auch dem Schutz der Allgemeinheit nicht gerecht werden würde.

70 Hinzu kommt, dass für den Verurteilten der Akt der Gnade als Anerkennung der Strafe empfunden wird. Gnade kann nur erfolgen, wenn sich der Täter mit seiner Tat auseinandergesetzt und **Buße geübt** hat. Bei einem Täter, der zu Unrecht verurteilt wurde, könnte eine Begnadigung als weitere Bestätigung der Schuld des Täters empfunden werden. Einer „schuldbestätigenden" Begnadigung könnte der zu Begnadigende in diesem Fall ablehnend gegenüberstehen.

☝ Auch wenn nicht alle Gnadenordnungen eine obligatorische **Zustimmung** des **Verurteilten** verlangen, sollten aus diesen Gründen dennoch dazu Ausführungen erfolgen. Die Zustimmung sollte jedoch nicht nur in einem Satz oberflächlich „mitgeteilt" werden. Es sollte vielmehr eine Darstellung der Schuldverarbeitung und Sühne sowie des Resozialisierungsempfindens des Täters erfolgen. Hierdurch können die Erfolgschancen von Gnade weiter steigen (*Schulz-Merkel*, a.a.O., S. 33 ff.).

71 **c)** Eine **Frist**, ab wann ein Gnadenantrag gestellt werden kann, gibt es **nicht**. Der Gnadenantrag kann somit direkt nach einer Verurteilung gestellt werden, sofern Gnadengründe vorliegen. Dennoch gilt hierbei zu bedenken, dass zunächst die rechtlichen Möglichkeiten ausgeschöpft sein müssen, bevor als Ultima Ratio auf einen Gnadenantrag zurückgegriffen wird (vgl. o. Rdn 39 ff.).

72 **d) Formvorschriften** gibt es ebenfalls **nicht**. Damit kann der Antrag sowohl schriftlich, als auch mündlich gestellt werden. In einigen Bundesländern ist ein mündlicher Antrag jedoch nur in Eilfällen möglich oder wenn der Gesuchsteller sein Gnadenbegehren nicht ausreichend schriftlich einreichen kann. In Berlin sind Gnadengesuche nur schriftlich möglich.

☝ Abgesehen von diesen Vorgaben **empfiehlt** es sich jedoch, dass der Antrag zunächst **schriftlich** gestellt wird. Angesichts der großen Vielzahl der einzubeziehenden Erwägungen in eine Gnadenentscheidung besteht die Gefahr, dass bei einem mündlichen Vortrag wichtige Punkte vergessen werden oder beim Gnadenträger in Vergessenheit geraten. Neben der schriftlichen Darstellung sollte jedoch der persönliche Eindruck nicht vereitelt werden, sodass ein mündliches Vorbringen zur Schaffung eines Gesamtbildes angeboten werden sollte.

73 **e)** Das Gnadengesuch an sich wird, wie auch ein Strafverfahren, **vertraulich** behandelt. Dies geht sogar so weit, dass selbst für den Verurteilten und dessen anwaltliche Vertretung ein **Akteneinsichtsrecht** grds. **nicht besteht**. Nur im Saarland und in Berlin ist eine Akteneinsicht möglich, allerdings auch nur vor der getroffenen Gnadenentscheidung. Nach einer Gnadenentscheidung, egal ob diese positiv oder negativ ausfällt, ist in keinem Fall eine Akteneinsicht möglich. Dies hängt mit der Frage zusammen, ob eine Gnadenentscheidung zu begründen ist oder nicht. Sollte eine Begründung nicht begründet werden (müssen), so würde ein Akteneinsichtsrecht nach einer Entscheidung die Gefahr mit sich bringen, dass hier eine Umgehung erfolgen könnte, da sich aus der Akteneinsicht die Entscheidungsgründe des Gnadenträgers ergeben könnten (zum Begründungserfordernis → *Gnade, Gnadenentscheidung,* Teil G Rdn 95 ff.).

f) Auf die **Vollstreckung** hat ein Gnadenantrag **keine Auswirkungen**. Dennoch sollten Gnadensachen entsprechend der Gnadenordnungen als Eilsachen behandelt werden. 74

Eine **Ausnahme** hierzu stellt **Berlin** dar. Dort hemmt ein erster Gnadenantrag grds. die Vollstreckung. Allerdings gelten hier auch Ausnahmen geschaffen, bei denen dies nicht gilt, wie z.B., wenn sich die verurteilte Person im Freiheitsentzug befindet oder auch sofern sich das Gnadengesuch auf ein Ordnungs- oder Zuchtmittel bezieht. Weitere Ausnahmen finden sich in § 5 Abs. 2 Bln-GnO. 75

Anders als bei der Vollstreckungshemmung gibt es bezüglich der **(vorläufigen) Einstellung** der **Vollstreckung** in den Gnadenordnungen häufiger Regelungen, sodass hier jeweils eine gesonderte Prüfung erfolgen sollte. Gründe dafür können u.a. sein, dass durch die Vollstreckung schwere und nicht wieder zu beseitigende Nachteile entstehen würden oder auch, dass erhebliche Gnadengründe vorliegen. Nachdem die meisten (wenn auch nicht alle) Gnadenordnungen solche Regelungen vorsehen, sollte hier eine besondere Begründung erfolgen (*Schulz-Merkel*, a.a.O., 33 ff.). 76

5.a) Damit der Gnadenträger eine weitere Entscheidungsgrundlage für die Gnadenentscheidung erhält, werden **Ermittlungen** durchgeführt. Diese sollen insbesondere auch dazu dienen, die vorgebrachten Gnadengründe zu überprüfen. Weiter sind die zum Entscheidungszeitpunt aktuellen wirtschaftlichen und persönlichen Verhältnisse zu ermitteln. Eine Darstellung im Gnadenantrag unter **Beifügung** von **entsprechenden Unterlagen** hilft, dass einerseits vollständige Ermittlungen durchgeführt werden, das Verfahren andererseits aber (trotz des ohnehin bestehenden Beschleunigungsgebotes) schneller abläuft. Einige Gnadenordnungen sehen vor, dass bei offensichtlich aussichtslosen Gnadengesuchen keine Ermittlungen durchzuführen sind. 77

b) Neben diesen Ermittlungen sind durch den Gnadenträger parallel weitere **Stellungnahmen** einzuholen. Welche Stellen zu hören sind, ist in den Bundesländern nicht einheitlich geregelt. Hier kommt es auf die jeweilige Gnadenordnung an. Die bei der Verurteilung beteiligten Stellen wie das Gericht und die Staatsanwaltschaft haben zwar Stellungnahmen abzugeben, allerdings sollte hier bedacht werden, dass angesichts der Vielzahl der Fälle sowie aufgrund der fehlenden personellen Kontinuität Stellungnahmen in der Praxis teilweise wenig aussagekräftig sein können. 78

☝ Teilweise ist bei bestimmten Strafen wie der lebenslangen Freiheitsstrafe, ein SV-**Gutachten** einzuholen. Das Gutachten hat die Frage zu klären, ob nach der bisherigen Entwicklung eine einwandfreie und insbesondere eine straffreie Führung in Freiheit zu erwarten ist.

Als zu hörende Stellen kommen insbesondere in Betracht: 79

- **StA** – Stellungnahme der ermittlungsführende StA; nicht in allen Bundesländern in der Gnadenordnung vorgesehen.
- **Gericht** des **ersten** und **zweiten Rechtszuges** – In allen Bundesländern, außer Hamburg. In Bayern nur in besonders gelagerten Einzelfällen. Eine Stellungnahme des Berufungsgerichts ist nur erforderlich, wenn dieses erheblich von der erstinstanzlichen Entscheidung abgewichen ist.
- **StVK** bzw. in Jugendsachen **Jugendrichter als Vollstreckungsleiter** – In allen Bundesländern. Dies kann gerade in Fällen, in denen es um die Entscheidung über eine Bewährungsaussetzung der Reststrafe geht, eine Entscheidungshilfe bieten.
- **Strafvollzugsanstalt** – In allen Bundesländern in der Gnadenordnung vorgesehen. Im Saarland nicht ausdrücklich geregelt, jedoch dennoch möglich. Durch die Stellungnahme der Vollzugsanstalt können Informationen zur Persönlichkeit des Verurteilten, dessen Führung in der Anstalt und der Wirkung der Strafe erlangt werden. Neben der Stellungnahme besteht die Möglichkeit der Einsicht in die Gefangenenpersonalakte.
- **Gnadenausschuss** – In Berlin zu hören, in bestimmten Fällen wie z.B. bei lebenslangen Freiheitsstrafen.

☝ Diese Aufzählung ist **nicht abschließend**. Je nach Fallgestaltung können weitere Stellen angehört werden, wenn dies für den Einzelfall von Bedeutung ist. Ein Hinweis, wer zur Glaubhaftmachung der Angaben im Gnadenantrag beitragen kann, kann helfen, dass die Gnadenbehörden sich ein objektiveres Bild des Falles schaffen können, was wiederum dazu führen kann, dass die vorgebrachten Gründe gewichtiger werden.

80 **6.a)** Der Gnadenantrag selbst und das Gnadenverfahren sind **kostenfrei.** Kosten werden auch dann nicht auferlegt, wenn dem Gnadenantrag nicht stattgegeben wird.

81 **b)** Erfolgt eine anwaltliche Vertretung, so gewährt **Nr. 4303 VV RVG** eine Gebühr von **36,00 – 360,00 EUR.** Eine Grundgebühr nach Nr. 4100 VV RVG oder ggf. eine besondere Terminsgebühr erhält der Rechtsanwalt nicht, da er im Gnadenverfahren nicht die Stellung als „Verteidiger" hat (vgl. die Kommentierung bei Burhoff/Volpert/*Volpert*, RVG, Nr. 4304 VV Rn 1 ff.).

☝ Angesichts dieser geringen Gebühr und dem enormen Aufwand den ein Gnadengesuch meist mit sich bringt, empfiehlt es sich, eine **Vergütungsvereinbarung** gem. § 3a RVG abzuschließen.

82 Der Anspruch auf die **Gebühr** Nr. 4303 VV RVG entsteht bereits mit der Beratung über ein Gnadenverfahren, sie umfasst alle Tätigkeiten bis zum Erlass der Gnadenentscheidung (Burhoff/Volpert/*Volpert*, RVG, Nr. 4303 VV Rn 8).

Siehe auch: → *Gnade, Allgemeines*, Teil G Rdn 1; → *Gnade, materielle Fragen*, Teil G Rdn 73; → *Gnade, Entscheidung,* Teil G Rdn 95.

83 Gnade, materielle Fragen

Das Wichtigste in Kürze:

1. Verbindliche Gnadengründe gibt es nicht. Gnadengründe in Gnadenordnungen stellen lediglich eine Entscheidungshilfe für den Gnadenträger dar, sind aber nicht abschließend.
2. Die wichtigsten Gnadengründe ergeben sich nicht aus den Gnadenordnungen, sondern aus dem Beschluss des BVerfG vom 23.4.1969 (BVerfGE 25, 352).
3. Die in den Gnadenordnungen der Länder enthaltenen Gnadengründe sind weit gehalten und lassen dem Gnadenträger einen weiteren Beurteilungsspielraum zu. Zur Ausfüllung des Beurteilungsspielraumes muss ein ausreichender Vortrag erfolgen.

84 **Literaturhinweise:** S. die Hinw. bei → *Gnade, Allgemeines*, Teil G Rdn 2.

85 **1.a) Verbindliche Gnadengründe**, bei deren Vorliegen Gnade zu gewähren ist, gibt es **nicht**. Daher gilt es das Wesen des Gnadeninstituts zu erfassen, um eine positive Gnadenentscheidung zu erreichen (→ *Gnade, Allgemeines*, Teil G Rdn 1 ff.). **Zwingend** erforderlich für einen erfolgreichen **Gnadenantrag** ist daher eine ausreichende **Begründung** (→ *Gnade, formelle Fragen*, Teil G Rdn 56), warum im gegenständlichen Fall eine positive Gnadenentscheidung getroffen werden soll. Dabei sollte man sich stets vor Augen halten, dass eine **Einzelfallentscheidung** getroffen wird, bei der vom Gnadenträger begehrt wird, dass er von der ursprünglich rechtmäßigen Strafe abweicht. Der Gnadenträger gerät nämlich in ein **Spannungsverhältnis im Gewaltenteilungssystem**, welche es zu rechtfertigen gilt. Das Spannungsverhältnis besteht, da die grds. Strafandrohung der Legislative mit dem jeweiligen deliktspezifischen Strafrahmen, welcher von der Judikative im Rahmen der Strafzumessung zu einer konkreten Strafe führte, nunmehr durch den Gnadenakt, der als Akt der Exekutive zu bewerten ist, durchbrochen wird (für eine tiefergehende Betrachtung: *Schulz-Merkel*, a.a.O., S. 30 ff.; *Laband*, Das Staatsrecht des

Deutschen Reiches, Band III, S. 509 ff.; *Schätzler*, a.a.O., S. 12; *Grewe*, a.a.O., S. 120; *König*, a.a.O., S. 64). Der Übergriff in die fremden Gewalten ist mit dem Gewaltenteilungsgrundsatz vereinbar, da die Kontrolle der Gewalten und damit auch eine Überschneidung bewusst in Kauf genommen wurde (*König*, a.a.O., S. 63 ff.; *Seiter*, a.a.O., S. 49 ff.).

Eine rechtliche Beurteilung des Gnadenträgers, die anstelle der des Gerichts gesetzt wird, verbietet sich allerdings, da dies originäre Aufgabe der Judikative bleiben muss und somit nicht von der Exekutive ersetzt werden kann. Das **Urteil bleibt** damit **Ausgangspunkt** des **Gnadenantrages**. Aus dieser Stellung heraus wird jedoch die restriktive Handhabung von Gnadenerlassen deutlich, welche sich bei dem Antrag stets vor Augen zu halten ist. Bei einer zu häufigen Gnadenanwendung würde auch das Vertrauen des Volkes in ein funktionierendes Rechtssystem geschwächt werden, da dann die angedrohten und verhängten Strafen letztendlich doch nicht vollstreckt werden. Auch wenn der Schuldspruch durch einen Gnadenerlass nicht aufgehoben wird, so wird dennoch nach außen treten, dass eine verhängte Strafe doch nicht (in dieser Form) vollstreckt wird. 86

b) Wann Gnade stets in Betracht kommt, kann **nichteindeutig** gesagt werden. Dies würde auch dem Grundgedanken von Gnade widersprechen, wonach durch Gnade eine **Einzelfallgerechtigkeit** für solche Fälle, bei denen das Gesetz an seine Grenzen stößt, hergestellt werden soll. Dass die Strafnormen nicht immer zu einer „wahren Gerechtigkeit" führen können liegt darin begründet, dass diese als abstrakt generelle Regelungen eine Vielzahl von Fällen erfassen müssen. Würde jeder Einzelfall betrachtet werden, so müssten die Normen so detailliert und umfangreich sein, dass diese für den Bürger nicht mehr verständlich wären oder so weit gefasst werden, dass auch hierdurch Rechtsunsicherheit eintreten würde. Klar ist, dass die Entscheidung des Gesetzgebers durch den **Strafrahmen ein Ermessen** einzuräumen die Möglichkeit bietet, Gerechtigkeit zu schaffen. Gnade setzt jedoch genau an diesem Punkt an, wo hierdurch keine Gerechtigkeit mehr geschaffen werden kann. 87

☝ An **diesem Punkt** ist **anzusetzen**, wenn ein Gnadenantrag gestellt wird (zur Frage, ob fixe Tatbestandsvoraussetzungen möglich wären, *Schulz-Merkel*, a.a.O., S. 65 f.).

Hilfe, wann Gnade in Betracht kommt, bieten ggf. die **Gnadenordnungen** der **Länder** (→ *Gnade, formelle Fragen,* Teil G Rdn 16 ff.) sowie die richtungsweisende Entscheidung des BVerfG vom 23.4.1969 (BVerfGE 25, S. 352; Rdn 79). Auf diese Regelungen sollte in jedem Fall abgestellt werden, da diese nicht nur für den Antragsstellenden, sondern gerade auch für den Gnadenträger eine wichtige Beurteilungsgrundlage bilden. Nachdem der Gnadenträger jedoch in seiner Entscheidung frei ist, sind diese nur als Hilfe, **keinesfalls** jedoch als **abschließende Regelung** zu verstehen. 88

3. Die **wichtigsten Gnadengründe** ergeben sich nicht aus den Gnadenordnungen (vgl. dazu Rdn 85 ff), sondern vielmehr aus dem nach wie vor relevanten und richtungsweisenden Beschluss des BVerfG vom 23.4.1969 (2 BvR 552/63; BVerfGE 25, 352). Das BVerfG stellt hier das Ziel der Gnade dar und führt hierzu aus, dass diese ausgleichen soll 89

- **Härten** des **Gesetzes** (Rdn 80 f.),
- etwaige **Irrtümer** der **Urteilsfindung** (Rdn 82 f.) sowie
- Unbilligkeiten bei **nachträglich veränderten** allgemeinen oder persönlichen **Verhältnissen** (Rdn 91).

☝ Gnade aus **irrationalen Gründen** wird demgegenüber **abgelehnt** (BVerfG, a.a.O.).

a) Gesetzeshärten auszugleichen ist eine primäre Aufgabe des Gnadeninstituts. Diese können dadurch entstehen, dass Gesetze abstrakt generelle Normen darstellen, die eine Vielzahl von Fällen erfassen müssen. Hierdurch kann es zu Unbilligkeiten kommen, die durch Gnade ausgeglichen werden können. Gerade Fälle, in denen das Ermessen des Richters im Strafrahmen eingeschränkt ist, bleiben der größte Anwendungsbereich für Gnade. So kann z.B. bei Mord grds. nur eine lebenslange Freiheitsstrafe, ver- 90 hängt werden. Gnade bietet eine Möglichkeit, dennoch bestehende **Unbilligkeiten auszugleichen**. Allerdings muss auch hier der Gnadenträger darauf achten, dass die **grds. Entscheidung des Gesetzgebers** zu **akzeptieren** ist und durch Gnade keine zweite Gerichtsbarkeit entstehen darf, da ansonsten keine kontrollierende Gewaltenteilungsüberwachung, sondern ein Überschreiten der exekutiven Ausübung vorliegen würde. Grds. Unbilligkeiten auszugleichen muss nach wie vor Aufgabe der Legislative sein.

91 Eine **Unbilligkeit** wird wohl dann **anzunehmen** sein,

- wenn die Gesetzesanwendung im **Einzelfall** besonders der **herrschenden Vorstellung** von Recht und Unrecht **widerspricht** oder
- auch das Recht den **tatsächlichen Lebensverhältnissen** und Anschauungen nicht oder **ungenügend Rechnung** trägt (*Wiontzek*, a.a.O., S. 46).
- Denkbar sind z.B. **Gründe**, die im **Gerichtsverfahren nicht berücksichtigt** werden konnten und Rechtfertigungs- oder Schuldausschließungsgründen ähneln,
- ebenso wie **persönliche Gründe**, welche eine Strafe ungerecht erscheinen lassen (*Wiontzek*, a.a.O., S. 46, *Real*, a.a.O. S. 128 ff., *Geerds*, a.a.O. 20).
- Auch wenn der Gesetzgeber die **Gesetze geändert** hat und Altfälle in **Übergangsvorschriften übersehen** hat oder
- auch eine **geänderte Rspr.** vorliegt und **Altfälle** nunmehr anders zu beurteilen sind, erhöhen sich die Chancen auf Gnade.

> Aber auch hier gilt die **Subsidiarität** von **Gnade** zu beachten. Wird durch eine Gesetzesänderung eine Tat nicht mehr strafbar, so sind nach **Art. 313 Abs. 1 S. 1 EGStGB** verhängte Strafen zu erlassen (ausführlicher *Schulz-Merkel*, a.a.O., S. 58 ff.).

92 **b)** Durch die Arbeitsüberlastung von Gerichten kann es zu **Irrtümern** bei der **Urteilsfindung** und damit zu Fehl- oder Übermaßurteilen kommen, die nach einer Abänderung verlangen. Auch hier gilt zunächst, dass durch den Gnadenträger keine eigene Gerichtsbarkeit entstehen darf. Somit bleibt nur dann Raum für Gnade, wenn ein höchst fehlerhaftes oder entgegen der höchstrichterlichen Rspr. ergangenes Urteil vorliegt.

93 Ein solches Urteil **kann** z.B. dann **vorliegen**, wenn:

- eine nicht in der Strafnorm vorgesehene Strafe verhängt wird,
- die Strafnorm keine Gültigkeit mehr hatte,
- die Strafe bereits verjährt war,
- eine Prozessvoraussetzung fehlte,
- der Strafrahmen überschritten wurde,
- das Urteil widersprüchlich ist,
- eindeutige Umstände in keiner Weise Berücksichtigung fanden.

> In diesen Fällen kann durch Gnade ein Ausgleich hin zur Gerechtigkeit erfolgen (siehe auch *Schulz-Merkel*, a.a.O., S. 60 f.; *Wiontzek*, a.a.O. S. 48; *Real*, a.a.O., S. 136). Auch hier muss jedoch zunächst der Weg über Rechtsmittel oder Wiederaufnahme des Verfahrens gegangen werden (→ *Gnade, formelle Fragen,* Teil G Rdn 39 ff.).

94 **c)** Durch Gnade soll nach dem Beschluss des BVerfG (BVerfGE 25, 352) ein Ausgleich erfolgen bei **nachträglich veränderten Verhältnissen**, insbesondere wenn sich die allgemeinen oder persönlichen Verhältnisse geändert haben. **Ausreichend** sind aber **nicht** die nur **gewöhnlichen Änderungen**, die eine Strafe mit sich bringt, wie z.B. der Verlust des Arbeitsplatzes, wirtschaftlich einhergehende Probleme, Trennung von Kind und Partner oder ähnliches. Solch übliche Folgen müssen hingenommen werden.

Für Gnade müssen weitere Gründe hinzukommen, die über das übliche Maß hinausgehen. Als solche sind denkbar:

- hohes Alter,
- schwerer Schicksalsschlag,
- schwere Erkrankungen,
- oder dass durch eine zu **lange Zeitspanne** zwischen **Tat** und **Vollstreckung** die Strafe sinnlos geworden ist,
- oder dass der Verurteilte in einer **anderen Sache** zu **Unrecht** in **Haft** oder **U-Haft** saß.

In diesen Fällen muss in der **Begründung** des Gnadenantrags (→ *Gnade, formelle Fragen,* Teil G Rdn 55 ff.). dargestellt werden, warum die menschlichen Gesichtspunkte zu einer Verstärkung der Strafwirkung führen und die Strafe ein unangemessenes Leid darstellt.

Auch in diesen Fällen dürfen die Wirkungen nicht durch die rechtlichen Möglichkeiten wie **Strafaufschub** oder **Strafunterbrechung** beseitigt werden können (→ *Gnade, formelle Fragen,* Teil G Rdn 39 ff.).

3.a) In den **Gnadenordnungen** der **Länder** finden sich **Gnadengründe**. Diese sind allerdings weit gehalten und ermöglichen damit einen **weiteren Beurteilungsspielraum** für den Gnadenträger. Umso wichtiger ist es daher, den Gnadenträger in der Begründung des Gnadenantrags mit ausreichend Informationen zu versorgen (→ *Gnade, formelle Fragen,* Teil G Rdn 56 ff.). 95

Die **Gnadengründe** der Gnadenordnungen sind grob **aufteilbar** in solche, die für alle Gnadenerweise heranzuziehen sind, und solche, welche nur für bestimmte Gnadenerweise eine Grundlage darstellen. Eine Einheitlichkeit bezüglich des Inhaltes und wofür Richtlinien bestehen, gibt es zwischen den Bundesländern nicht. Einige Länder haben überhaupt keine Vorgaben. Dennoch kann sich hier ein Blick auf die anderen Bundesländer lohnen, da die Gnadenordnungen nur Orientierungshilfen bieten, der Gnadenträger hieran jedoch nicht gebunden ist. Es ist somit zunächst die jeweilige Gnadenordnung des jeweiligen Landes, in welchem der Gnadenerweis erlassen werden soll, heranzuziehen (→ *Gnade, formelle Fragen*, Teil G Rdn 16 ff.). 96

Die Gnadenordnungen der Länder sind keine Rechtsnormen sondern Verwaltungsvorschriften, die hauptsächlich aus **unbestimmten Rechtsbegriffen** und flexiblen Bewertungen bestehen.

b) Allgemeine Gnadengründe sind in den Landesgnadenordnungen besonders weit gehalten. Teils werden diese positiv formuliert und geben vor, wann Gnade in Betracht kommt, andererseits negativ, also wann Gnade nicht in Betracht kommt. Weiterhin sind diese aufzuteilen in „ergebnisorientierte" und „grundgebundene" Gnadenrichtlinien (*Schulz-Merkel*, a.a.O., S. 49 ff.). 97

Die **„ergebnisorientierten" Richtlinien** stellen darauf ab, was mit dem Gnadenerweis erreicht werden soll. Es geht dabei darum, dass **Unbilligkeiten ausgeglichen** werden sollen. Wann diese vorliegen sollen ist uneinheitlich. Teilweise sollen nur nachträglich eingetretene Umstände zu berücksichtigen sein, teilweise erst nachträglich bekanntgewordene. Welche Umstände dies sein können, wird in den Gnadenordnungen nicht konkret festgelegt. Teils werden diese als „wesentliche" Umstände, teils als „persönliche" oder auch „allgemeine" Umstände bezeichnet. Einschränkungen werden teilweise dahingehend vorgenommen, dass ein Gnadenerweis dann nicht erfolgen soll, wenn dadurch die Rechtsordnung unerträglich verletzt werden würde. 98

Bei den **„grundgebundene" Richtlinien** kommt Gnade dann in Betracht, wenn Gründe des Rechts eine Änderung der Entscheidungsfolgen verlangen. Dabei ist eine **Einzelfallabwägung notwendig**. Hierbei sind die Gnadengründe mit der Schuld des Täters, der Verteidigung der Rechtsordnung, der Wiederherstellung des Rechtsfriedens, der Wirkung der Bestrafung auf Dritte und anderen Strafzwecken zu verglei- 99 chen. Relevant sind hierbei insbesondere das Vorleben des Verurteilten, die Tatumstände, das Vor- und Nachtatverhalten, das Verhalten im Strafvollzug, die Lebensverhältnisse, sowie zu erwartende Wirkungen des Gnadenerweises auf den Verurteilten. Diese Punkte sind keinesfalls als abschließend zu verstehen, sondern stellen lediglich eine Grundlage für die Gnadenentscheidung dar (zur Eingruppierung der Gnadengründe *Schulz-Merkel*, a.a.O. S. 49 ff.).

100 **c) Besondere Gnadengründe** gibt es **nur** in **einigen Gnadenordnungen**. Auch hier muss die jeweilige Gnadenordnung herangezogen werden, da diese ebenfalls nicht einheitlich geregelt sind. Möglich sind bspw. Regelungen hinsichtlich einer Bewährungsaussetzung (Rdn 90 ff.) oder eines Strafausstandes (Rdn 93).

101 **aa)** Bei einer begehrten **Strafaussetzung zur Bewährung** ist zunächst anhand der landesrechtlichen Gnadenvorschriften zu prüfen, für welche Art der Strafe die Richtlinie geschaffen wurde. Denkbar ist hier, dass nur bestimmte Strafen, wie z.B. die lebenslange Freiheitsstrafe oder auch Geldstrafen, ein- oder ausgeschlossen werden. Gnade soll nach einigen Gnadenordnungen dann erfolgen, wenn **„besondere Umstände"** vorliegen, die erst nach der gerichtlichen Entscheidung bekannt wurden und somit bei der Urteilsfindung nicht berücksichtigt werden konnten. Was unter besonderen Umständen zu verstehen ist, wird allerdings nicht beschrieben. Es empfiehlt sich daher die Kommentierung zu den §§ 56 Abs. 2, 57 Abs. 2 StGB heranzuziehen, wonach die Umstände von erheblichen Gewicht sein müssen und sich im Vergleich mit gewöhnlichen, durchschnittlichen, allgemeinen oder einfachen Milderungsgründen abheben müssen (MüKo-StGB/*Groß*, § 56 Rn 44; § 57 Rn 26; zur Übertragung der Gedanken der §§ 56 Abs. 2, 57 Abs. 2 StGB *Schulz-Merkel*, a.a.O., S. 53).

☝ Der **Ausnahmecharakter** von Gnade wird in einigen Gnadenordnungen auch dadurch deutlich, dass die „besonderen Umstände" als so außergewöhnlich bezeichnet werden, dass diese eine über die Aussetzungsvorschriften hinausgehende Vergünstigung als angezeigt erachten.

102 Teilweise wird eine **positive Sozialprognose** in den Gründen mit aufgenommen. Auch wenn diese in einigen Gnadenordnungen nicht ausdrücklich aufgeführt wird, so wird diese doch stets Voraussetzung für einen Gnadenerlass sein. Für einen Gnadenerweis ist es somit nötig, dass zu erwarten ist, dass der Verurteilte die Verurteilung als Warnung versteht und auch ohne die weitere Einwirkung der Strafe keine Straftaten mehr begehen wird.

103 **bb)** Mit einem Gnadenantrag kann auch nur die vorübergehende Strafaussetzung in Form eines **Strafaufschubes** vor dem Vollzug oder der **Strafunterbrechung** während des Vollzuges begehrt werden. In die „Verhandlungsmasse" können dabei auch **Auflagen** und **Weisungen** kommen, die bei einem Strafausstand erteilt werden können. Auch dies ist nicht einheitlich in jeder Gnadenordnung geregelt. Die bestehenden Regelungen sind abermals nicht gleichlautend, sodass auch hier ein Blick in die jeweiligen landesrechtlichen Gnadenvorschriften nötig ist (→ *Gnade, formelle Fragen,* Teil G Rdn 16 ff.). Einheitlich kann jedoch gesagt werden, dass es auch hier, ebenso wie bei den allgemeinen Gnadengründen (Rdn 87) negative und positive Voraussetzungen geben kann.

☝ Das **Subsidiaritätserfordernis** ist auch hier zu beachten, sodass zunächst der Weg des Strafaufschubes über § 456 StPO zu gehen ist. Erst wenn die Voraussetzungen hierfür nicht vorliegen, weil z.B. ein Aufschub von über vier Monaten begehrt wird, bleibt Raum für Gnade (→ *Gnade, formelle Fragen,* Teil G Rdn 39 ff.).

104 Gnade kann **nur dann gewährt** werden, wenn **„besondere Gründe"** vorliegen. Dass eine Strafe ein empfindliches Übel darstellt, reicht nicht aus. Was unter den „besonderen Gründen" zu verstehen ist, ist abermals in den **landesrechtlichen Gnadenvorschriften uneinheitlich**. Teilweise wird verlangt, dass die Nachteile außerhalb des Strafzweckes liegen müssen, teilweise müssen diese mit den der Vollstreckung in aller Regel verbundenen Eingriff in die persönlichen Verhältnisse hinausgehen und teilweise geht es

darum, nicht zumutbare Nachteile zu vermeiden. Gnade soll nicht gewährt werden, wenn überwiegende Gründe eine sofortige Vollstreckung oder Vollzugsfortdauer erfordern, wie bspw. die öffentliche Sicherheit. Nicht ausreichend wird sein, wenn die Nachteile dadurch nur hinausgeschoben, nicht aber vermieden werden können.

Siehe auch: → *Gnade, Allgemeines*, Teil G Rdn 1; → *Gnade, formelle Fragen*, Teil G Rdn 16; → *Gnade, Entscheidung,* Teil G Rdn 95.

Teil H: Personen- und Berufsgruppen, Fahrerlaubnisrecht

Akademische Heilberufe, Allgemeines 1

Literarturhinweise: **Bazan/Dann/Errestink**, Rechtshandbuch für Ärzte und Zahnärzte, 1. Aufl. 2013; **Clausen/Schroeder-Printzen**, Münchener Anwaltshandbuch Medizinrecht, 3. Aufl. 2020; **Hänlein/Schuler**, Lehr- und Praxiskommentar SGB V, 6. Aufl. 2022; **Krauskopf**, Soziale Krankenversicherung Pflegeversicherung, Stand: November 2025; **Laufs/Kern/Rehborn**, Handbuch des Arztrechts, 5. Aufl. 2019; **Quaas/Zuck/Clemens**, Medizinrecht, 4. Aufl. 2018; **Röth**, Nebenfolgen strafrechtlicher Verurteilung, StraFo 2012, 354; **Spickhoff**, Medizinrecht, 4. Aufl. 2022; **Ulsenheimer/Gaede**, Arztstrafrecht in der Praxis, 6. Aufl. 2021; **Volk/Beukelmann**, Münchener Anwaltshandbuch Verteidigung in Wirtschafts- und Steuerstrafsachen, 3. Aufl. 2020; **Müller/Schlothauer/Knauer**, Münchener Anwaltshandbuch Strafverteidigung, 3. Aufl. 2022; **Willems**, Das Verfahren vor den Heilberufsgerichten, 1. Aufl. 2009; s.a. die Hinw. bei den u.a. Stichwörtern. 2

1. Strafrechtliche Ermittlungen/Verurteilungen können für die Angehörigen akademischer Heilberufe **weitreichende Folgen** außerhalb des Strafrechts haben. Die möglichen Folgen sind bei den einzelnen Berufsgruppen ähnlich. 3

Übersicht: Folgen außerhalb des Strafrechts für Mitglieder akademischer Heilberufe 4

	Humanmediziner	Zahnärzte	Veterinärmediziner	Apotheker
Widerruf/Rücknahme der **Approbation**	+	+	+	+
Entziehung der Teilnahme an der **vertragsärztlichen Versorgung** (Kassenzulassung)/ Disziplinarmaßnahmen der Kassenärztlichen Vereinigung/ Kassenzahnärztlichen Vereinigung)	+	+		
Berufsrechtliche Verfahren durch die jeweilige Kammer	+	+	+	+
Mögliche **Schließung** der **Praxis**				+
Erstattungsverfahren Honorar	+	+		
Schadensersatzansprüche	+	+	+	+
eventuelle **hochschulrechtliche Folgen**	+	+	+	+

2.a) Die Ausführungen behandeln folgende akademischen Heilberufe: 5

- **Apotheker** (→ *Apotheker, Allgemeines*, Teil H Rdn 7),
- **Humanmediziner** (→ *Arzt, Humanmediziner, Allgemeines,* Teil H Rdn 45),
- **Tierärzte** (→ *Tierarzt, Allgemeines,* Teil H Rdn 1302) und
- **Zahnärzte** (→ *Zahnarzt, Allgemeines*, Teil H Rdn 1457).

6 **b)** Für diese Berufsgruppen gilt **allgemein** (wegen der Einzelh. s. die Ausführungen bei den einzelnen Berufsgruppen:

- Alle hier behandelten akademischen Heilberufe bedürfen der **Approbation**. Diese kann bei allen **widerrufen/zurückgenommen** werden.
- Die vertragsärztliche Versorgung (**Kassenzulassung**) gibt es nur für Humanmediziner und Zahnärzte. Insofern kommt nur bei diesen beiden Berufsgruppen eine Entziehung der Kassenzulassung in Betracht.
- **Berufsrechtliche Verfahren** (in der Regel durch die jeweiligen Kammern angestoßen) sind bei allen vier behandelten Berufsgruppen möglich.
- Die **Schließung** der **Praxis** ist i.d.R. nur bei Apothekern zu bedenken.
- Ein **Erstattungsverfahren** wegen des Honorars ist insbesondere bei den Humanmedizinern und Zahnärzten durch die KV/KZV zu bedenken.
- **Schadensersatzansprüche** der Patienten bestehen daneben und sind bei allen Berufsgruppen möglich.
- Etwaige **hochschulrechtliche Folgen** (Entziehung eines Doktortitels bzw. Professorentitels und der venia legendi) sind ggf. einschlägig, soweit Betroffene die Titel/Lehrbefugnis innehaben.

Siehe auch: → *Apotheker, Allgemeines*, Teil H Rdn 7 m.w.N.; → *Arzt, Humanmediziner, Allgemeines,* Teil H Rdn 45 m.w.N.; → *Tierarzt, Allgemeines,* Teil H Rdn 1219 m.w.N., → *Zahnarzt, Allgemeines*, Teil H Rdn 1457 m.w.N.; → *Ansprüche, Zivilrecht, Ansprüche von Tatbeteiligten gegeneinander*, Teil I Rdn 107 m.w.N.; → *Verwaltungsverfahren, Abrechnung*, Teil J Rdn 467.

7 Apotheker, Allgemeines

8 **Literaturhinweise:** S. die Hinw. bei → *Akademischen Heilberufe, Allgemeines*, Teil H Rdn 2.

9 **1. Mögliche Folgen strafrechtlicher Ermittlungen/Verurteilungen**, die nicht bereits selbst vom Strafgericht verhängt werden, sind:

- **Widerruf**/Rücknahme der Approbation (→ *Apotheker, Rücknahme/Widerruf bzw. Ruhen der Approbation,* Teil H Rdn 27),
- **berufsrechtliches** Verfahren (→ *Apotheker, berufsrechtliches Verfahren,* Teil H Rdn 11),
- **Schließung** der **Praxis** (→ *Apotheker, Entziehung der Betriebserlaubnis,* Teil H Rdn 20),
- **Schadensersatzansprüche** (→ *Apotheker, Schadensersatz des Patienten/Geschädigten*, Teil H Rdn 42),
- eventuelle **hochschulrechtliche** Folgen (→ *Apotheker, hochschulrechtliche Folgen,* Teil H Rdn 24).

10 **2.** Die Behörden (die jeweiligen Kammern und die Approbationsbehörden) erhalten gem. Nr. 26 der **MiStra** bei Tatvorwürfen, die geeignet sind, berufsrechtlich von Belang zu sein, **Mitteilung** über den Erlass und den Vollzug eines Haft- oder Unterbringungsbefehls, über die Anordnung eines vorläufigen Berufsverbotes und die Aufhebung, über die Erhebung der öffentlichen Klage und über den Ausgang der oben angegebenen Verfahren.

Siehe auch: → *Akademischen Heilberufe, Allgemeines*, Teil H Rdn 1 m.w.N. → *Apotheker, berufsrechtliches Verfahren,* Teil H Rdn 11; → *Apotheker, Entziehung der Betriebserlaubnis,* Teil H Rdn 20; → *Apotheker, hochschulrechtliche Folgen,* Teil H Rdn 24; → *Apotheker, Rücknahme/Widerruf bzw. Ruhen der Approbation,* Teil H Rdn 27; → *Apotheker, Schadensersatz des Patienten/Geschädigten*, Teil H Rdn 42; → *Verwaltungsverfahren, Abrechnung*, Teil J Rdn 467.

Apotheker, berufsrechtliches Verfahren 11

Das Wichtigste in Kürze:

1. Nach den je nach Bundesland geltenden Kammer- bzw. Heilberufsgesetzen wird die Einhaltung der beruflichen Pflichten des Apothekers durch selbstständige Berufsgerichte überwacht.
2. Das Berufsgericht ist i.d.R. mit einem Berufsrichter und zwei ehrenamtlichen Richtern besetzt.
3. Das berufsgerichtliche Verfahren ist in den jeweiligen Bundesländern der StPO, seltener auch der VwGO oder den Disziplinarordnungen nachgebildet.
4. Materiell setzt ein berufsgerichtliches Verfahren ein Berufsvergehen, also eine schuldhafte Verletzung der dem Apotheker obliegenden Berufspflichten, voraus.

Literaturhinweise: S. die Hinw. bei → *Akademischen Heilberufe, Allgemeines*, Teil H Rdn 2. 12

1. Nach den je nach Bundesland geltenden Kammer- bzw. Heilberufsgesetzen (in Berlin z.B. das Berliner Heilberufekammergesetz) wird die Einhaltung der beruflichen Pflichten des Apothekers durch **selbstständige Berufsgerichte** überwacht. I.d.R. werden die Verfahren auf Antrag der Apothekerkammer eingeleitet. 13

☝ Es gibt allerdings in den meisten Landesgesetzen zwingend eine **Aussetzungspflicht**, solange wegen desselben Sachverhalts ein Strafverfahren anhängig ist.

2. Das **Berufsgericht** ist i.d.R. in der ersten Instanz mit einem Berufsrichter und zwei ehrenamtlichen Richtern besetzt, meist, so z.B. in Berlin, bei dem VG als Kammer für Heilberufe angesiedelt (in Berlin mit zwei Berufsrichtern und drei ehrenamtlichen Richtern besetzt). In der zweiten Instanz (**Landesberufsgericht**) ist das Gericht meist mit drei Berufsrichtern und zwei ehrenamtlichen Richtern (in Berlin bei dem OVG als Berufsobergericht) besetzt. Es handelt sich bei beiden Gerichten bei den ehrenamtlichen Richtern immer um Apotheker. Sie werden von den zuständigen staatlichen Behörden ohne Bindung an die Vorschläge der Apothekerkammer bestellt und haben volle richterliche Unabhängigkeit. 14

3. Das **berufsgerichtliche Verfahren** ist in den jeweiligen Bundesländern meist der StPO, bzw. vereinzelt der VwGO bzw. den Disziplinarordnungen nachgebildet (in Berlin VwGO und der Disziplinarordnung des Landes Berlin) und hat folgende **Sanktionen**: 15

- **Warnung,**
- **Rüge,**
- **Verweis,**
- **Geldbuße** bis 100.000,00 EUR,
- in einigen Bundesländern noch die **Feststellung** der **Berufsunwürdigkeit** (so in Berlin).

☝ Das Berufsgericht kann also **nicht** die **Berufsausübung** verbieten.
Es gilt hier der Grundsatz der einheitlichen Pflichtverletzung.

a) Materiell setzt ein berufsgerichtliches Verfahren ein **Berufsvergehen**, also eine schuldhafte Verletzung der dem Apotheker obliegenden Berufspflichten, voraus. Dies soll immer dann angenommen werden, wenn damit das Ansehen des Berufes geschmälert oder das öffentliche Bild des Apothekers in Misskredit geraten könnte. 16

Obwohl der Ausgang des Strafverfahrens nicht binden ist, werden, wenn es denselben Lebenssachverhalt trifft, im berufsgerichtlichen Verfahren die tatsächlichen **Feststellungen** des **Strafurteils zugrunde** gelegt. Das Berufsgericht kann ausnahmsweise die Überprüfung beschließen. 17

18 **b)** Bei einem **strafrechtlichen Verfahren** ist das berufsrechtliche Verfahren **auszusetzen**, wenn es sich um einen identischen Sachverhalt handelt. Eine Sanktion im berufsrechtlichen Verfahren ist sodann nur bei berufsrechtlichem Überhangmöglich.

☝ Der Verteidiger sollte das **Strafgericht** zu **Ausführungen berufsrechtlicher Art** für den Angeklagten, insb. unter Berücksichtigung seiner Stellung als Apotheker, bewegen.

19 **c)** Folgende Punkte sollten bei **Vorbereitung** zu einem **berufsgerichtlichen Verfahren** – neben den üblichen Zulässigkeitsvoraussetzungen – immer geprüft werden:

- kein **berufsrechtlicher Überhang**, was ggf. zu der Frage führt, ob vielleicht das Strafgericht schon so viele berufsrechtliche Argumente gebracht hat, dass das Disziplinargericht nicht mehr tätig werden muss?
- **Verjährung**, die i.d.R. **fünf Jahre** nach Tatbeendigung, geregelt in den einschlägigen Kammer- bzw. Heilberufsgesetzen; oft deshalb Einleitungsbeschluss wegen Verjährungsunterbrechung,
- **Ordnungsgemäßer Antrag** der Kammer auf **Einleitung** eines Berufsverfahrens,
- **Strafklageverbrauch** analog,
- **überlange Verfahrensdauer** (→*Verfahrensverzögerung, Entschädigung*, Teil I Rdn 739; zur Verfahrensverzögerung im Strafverfahren *Burhoff*, EV, Rn 5346 ff.),
- Ist der Apotheker noch **Kammermitglied**? (zu allem *Ulsenheimer/Gaede*, Arztstrafrecht in der Praxis, Rn 2033 ff.)

Siehe auch: → *Apotheker, Allgemeines,* Teil H Rdn 5 m.w.N.

20 Apotheker, Entziehung der Betriebserlaubnis

21 **Literaturhinweise:** S. die Hinw. bei → *Akademischen Heilberufe, Allgemeines*, Teil H Rdn 2.

22 Nach dem **Apothekengesetz** bedarf das Betreiben der Apotheke einer Erlaubnis (§§ 1, 2 ApoG), die auch zurückgenommen/widerrufen werden kann (§ 4 ApoG). Neben der Approbation ist auch die Zuverlässigkeit des Apothekers Genehmigungsvoraussetzung; die Voraussetzungen sind in § 2 ApoG aufgelistet (vgl. u.a. § 2 Abs. 1 Nr. 4 ApoG). Darüber hinaus müssen die Räume auch der Apothekenbetriebsordnung genügen (s § 21 ApoG).

23 Eine strafgerichtliche Verurteilung kann zur **Annahme** der **Unzuverlässigkeit** des Apothekers und damit zur Rücknahme der Betriebserlaubnis führen (zu Beispielen und Rechtsprechungsnachweisen *Spickhoff/Sieper*, Medizinrecht, § 4 ApoG Rn 3, etwa nachhaltiger Abrechnungsbetrug, schwere Verstöße gegen das BtMG, Steuerhinterziehung, Abgabe von Fentanylpflastern ohne Betäubungsmittelverschreibung).

Siehe auch: → *Apotheker, Allgemeines,* Teil H Rdn 7 m.w.N.

24 Apotheker, hochschulrechtliche Folgen

25 **Literaturhinweise:** S. die Hinw. bei → *Akademischen Heilberufe, Allgemeines*, Teil H Rdn 2.

26 Wer einen Doktortitel bzw. eine Habilitation hat, muss u.U. damit rechnen, dass nach den Hochschulgesetzen der Länder sowie dem Promotions- und Habilitationsordnungen der Fachbereiche wegen strafgerichtlicher Verurteilung auf die Unwürdigkeit zur Führung des Doktortitels geschlossen und die Führung des Titels entzogen werden kann. In vielen Habilitationsordnungen ist auch der **Widerruf der venia legendi (Lehrbefähigung)** zwingende Folge bzw. kann eigens angeordnet werden (z.B. in Berlin nach:

§ 34 Abs. 7 Nr. 2 und 3 BerlHG). Allerdings sind nach der Rspr. des BVerwG nur wissenschaftsbezogene Verfehlungen geeignet, die Unwürdigkeit zu begründen (BVerwG NJW 2016, 1113).

Siehe auch: → *Apotheker, Allgemeines,* Teil H Rdn 7.

Apotheker, Rücknahme/Widerruf bzw. Ruhen der Approbation 27

Das Wichtigste in Kürze:

1. Die Ausübung des Apothekerberufes ist an die Approbation gebunden. Bei nachträglicher Tatsachenänderung, die zur Versagung der Approbation berechtigen würden, kann diese mit einer ex-nunc-Wirkung widerrufen werden.
2. Die Behörde kann bereits zuvor das Ruhen der Approbation gem. § 8 BApO anordnen.
3. Die Behörde muss für das Anordnen des Ruhens bzw. für den Widerruf der Approbation die Unwürdigkeit bzw. Unzuverlässigkeit des Arztes feststellen.

Literaturhinweise: S. die Hinw. bei → *Akademischen Heilberufe, Allgemeines*, Teil H Rdn 2. 28

1.a) Die **Ausübung** des **Apothekerberufes** ist an die **Approbation gebunden**. Sie ist in der Bundesapothekerordnung (BApO) geregelt. Das Führen der Berufsbezeichnung „Apotheker/Apothekerin" ist erst mit Erteilung der Approbation möglich. Für die Erteilung der Approbation sind die jeweiligen Landesbehörden zuständig (in Berlin z.B. das Landesamt für Gesundheit und Soziales [LAGeSo]). Sie ist zu erteilen, wenn die Voraussetzungen vorliegen. Die Approbationsbehörde kann die Erteilung nur wegen **Unzuverlässigkeit** oder wegen **Unwürdigkeit** bzw. **Nichtvorliegens** der **Voraussetzungen** nach der Approbationsordnung versagen (Rdn 35 ff.). 29

Die Approbationsbehörde kann die Erteilung zurücknehmen, wenn bereits bei Erteilung von falschen Tatsachen ausgegangen wurde. Die Rücknahme hat eine ex-tunc-Wirkung. Bei **nachträglicher Tatsachenänderung**, die zur Versagung der Approbation berechtigen würden, kann sie diese **widerrufen** mit einer **ex-nunc-Wirkung**. 30

☝ Der begünstigende Verwaltungsakt der Approbation ist unteilbar, also nicht durch Auflagen und andere Nebenbestimmungen einschränkbar. Sollte also eine Approbation rechtskräftig **widerrufen** werden, darf der **Apothekerberuf nicht mehr ausgeübt** werden.

b) Gem. § 8 BApO kann auch vorläufig das **Ruhen** der **Approbation** (Rdn 32) angeordnet werden. Ebenso kann die Behörde auch den **Sofortvollzug** (Rdn 33) anordnen. 31

☝ Es ist immer darauf zu achten, ob der konkrete Vorwurf gegen den Beschuldigten die Approbationsbehörde aus **präventiven Gründen** (u.a. Gefahr für die Patienten etc.) dazu zwingen könnte einzugreifen, bevor das Strafverfahren beendet sein wird. Ein Argument für das Absehen vom einer Ruhensanordnung kann zum Beispiel sein, dass der Mandant bereits in U-Haft ist.

aa) Die Behörde kann das **Ruhen** der **Approbation** gem. § 8 BApO anordnen. Die Approbation kann gem. § 4 Abs. 1 S. 1 BApO (auch vorläufig) wieder erteilt werden (in Berlin z.B. Groborientierung an den Löschungsfristen im BZRG). 32

bb) Die Behörde kann auch das Ruhen der Approbation gem. § 80 Abs. 2 Nr. 4 VwGO für sofort vollziehbar erklären. Da dies ein vorläufiges Berufsverbot darstellt, muss die Behörde gute Gründe haben, die Anordnung schon vor Rechtskraft des Hauptsacheverfahrens als Präventivmaßnahme zur Abwehr konkreter 33

Gefahren für wichtige Gemeinschaftsgüter zu treffen (vgl. zu den hohen Anforderungen BVerwG, Urt. v. 10.9.2020 – 3 C 13/19 [OVG Münster]).

34 **cc)** Der Apotheker kann durch schriftliche Erklärung gegenüber der zuständigen Behörde nach § 10 BApO auf die **Approbation verzichten**.

35 **2.a)** Die Behörde muss für das Ruhen bzw. den Widerruf der Approbation die **Unwürdigkeit** bzw. **Unzuverlässigkeit** des Apothekers feststellen. Das kann auf strafrechtliche Delikte im Zusammenhang mit beruflichen Tätigkeiten von Apothekern gestützt werden.

36 **b) Unwürdigkeit** ist anzunehmen, wenn der Apotheker durch sein Verhalten nicht das zur Ausübung des Berufes erforderliche Ansehen und Vertrauen beim Publikum besitzt. Hier geht es um das berufliche Gesamtverhalten. Der Apotheker muss die für seinen Dienst notwendige Integrität und Glaubwürdigkeit sowie den erforderlichen guten Ruf besitzen.

37 Hinzuweisen ist auf folgende

Beispiele für **Unwürdigkeit**

(zur Rspr. und den Fallgruppen: *Patzak/Fabricius/Huth*, 11. Aufl. 2024, AMG § 96 Rn 352; *Quaas/Zuck/Clemens*, Medizinrecht, § 13 Rn 25 f.; MAH-Medizinrecht/*Wollersheim*, § 6 Rn 15; MAH-WirtschaftsStrafR/*Tsambikakis*, § 31 Rn 176 ff.; *Spickhoff/Schelling*, § 5 BÄO, Rn 16 ff.)

- Verurteilung wegen Kapitaldelikten,
- mehrfache strafrechtliche Verfehlungen in einem kurzen Zeitraum,
- Abrechnungsbetrug,
- Verstoß gegen das BtmG/AMG, etwa wdh. Abgabe verschreibungspflichtiger Arzneimittel ohne Verschreibung an Drogenabhängige
- Verurteilung wegen § 266a StGB.

38 **c) Unzuverlässigkeit** ist anzunehmen, wenn der Apotheker **nicht** die **charakterliche Gewähr** für die ordnungsgemäße Ausübung der Heilkunde bietet. Bei der Unzuverlässigkeit muss anhand feststehender Tatsachen aus der Vergangenheit die Prognose gewagt werden können, dass auch in Zukunft eine ordnungsgemäße Ausübung des ärztlichen Berufes nicht gewährleistet sein dürfte. Auch hier werden Beispiele herangezogen, die denjenigen aus bei Rdn 37 entsprechen.

☝ Diese **Zukunftsprognose** ist bei der Unwürdigkeit nicht zu stellen.

39 **d)** Auch **außerberufliches Verhalten** kann zum Widerruf der Approbation führen. Man erwartet von einem Apotheker, dass er die Interessen seiner Kunden achtet, weswegen ein Zusammenhang zwischen apothekerischem und wirtschaftlichem Verhalten bestehen soll.

40 **3.** Das **Verfahren auf Ruhen** bzw. **Widerruf der Approbation** steht neben dem Strafverfahren. Dies erklärt sich aus den verschiedenen Zielsetzungen (repressiv und präventiv).

41 Der **Rechtsweg** gegen den Widerruf der Approbation ist der **verwaltungsrechtliche**.

Siehe auch: → *Apotheker, Allgemeines,* Teil H Rdn 7 m.w.N.

42 Apotheker, Schadensersatz des Patienten/Geschädigten

43 **Literaturhinweise:** S. die Hinw. bei → *Akademischen Heilberufe, Allgemeines*, Teil H Rdn 2.

44 Die meisten strafrechtlichen Delikte (eines Apothekers) sind auch **Schutzgesetze** i.S.d. **§ 823 Abs. 2 BGB**, so dass Geschädigten ein Schadensersatzanspruch hieraus zustehen kann.

Siehe auch: → *Apotheker, Allgemeines,* Teil H Rdn 7 m.w.N.; → *Ansprüche, Zivilrecht, Ansprüche von Tatbeteiligten gegeneinander*, Teil I Rdn 107 m.w.N.

Arzt, Humanmediziner, Allgemeines 45

Literaturhinweise: S. die Hinw. bei → *Akademischen Heilberufe, Allgemeines*, Teil H Rdn 2. 46

1. Mögliche Folgen strafrechtlicher Ermittlungen/Verurteilungen, die nicht bereits vom Strafgericht verhängt werden: 47

- **Widerruf**/Rücknahme der Approbation (→ *Arzt, Humanmediziner, Rücknahme/Widerruf bzw. Ruhen der Approbation*, Teil H Rdn 80),
- **Entziehung** der **Kassenzulassung**/Disziplinarverfahren der KV (→ *Arzt, Humanmediziner, Entzug der Kassenzulassung u.a.*, Teil H Rdn 60),
- **Berufsrechtliches Verfahren** (→ *Arzt, Humanmediziner, berufsrechtliches Verfahren*, Teil H Rdn 50),
- **Schließung** der **Praxis** (→ *Arzt, Humanmediziner, Schließung der Praxis*, Teil H Rdn 98),
- **Erstattungsverfahren** beim Honorar (→ *Arzt, Humanmediziner, Erstattungsverfahren*, Teil H Rdn 73),
- **Schadensersatzansprüche** (→ *Arzt, Humanmediziner, Schadensersatz des Patienten/Geschädigten*, Teil H Rdn 95),
- **hochschulrechtliche Folgen** (→ *Arzt, Humanmediziner, hochschulrechtliche Fragen*, Teil H Rdn 76).

2. Die Behörden, und zwar die jeweiligen **Kammern** und die **Approbationsbehörden,** erhalten gem. Nr. 26 der **MiStra** bei Tatvorwürfen, die geeignet sind, berufsrechtlich von Belang zu sein, Mitteilung über den Erlass und den Vollzug eines Haft- oder Unterbringungsbefehls, über die Anordnung eines vorläufigen Berufsverbotes und die Aufhebung, über die Erhebung der öffentlichen Klage und über den Ausgang der oben angegebenen Verfahren. 48

☝ Im (Straf)Verfahren muss der Beruf des Mandanten vielleicht den Strafverfolgungsbehörden gar nicht zur Kenntnis gelangen. Als Verteidiger sollte man den **Beruf** des Mandanten nicht unbedacht **offenbaren**.

Die Verteidigung in der Instanz ist bei Ärzten entscheidend, da dort bereits die seltene Maßregel des Berufsverbots drohen kann, vor allem aber der festgestellte Lebenssachverhalt sowie Art und Höhe der Sanktion prägend sind für die disziplinar- und berufsrechtlichen Folgeverfahren (zu Strafzumessungsargumenten *Ulsenheimer/Gaede*, Arztstrafrecht in der Praxis, Rn 2022). 49

Siehe auch: → *Arzt, Humanmediziner, berufsrechtliches Verfahren*, Teil H Rdn 50; → *Arzt, Humanmediziner, Entzug der Kassenzulassung u.a.*, Teil H Rdn 60; → *Arzt, Humanmediziner, Erstattungsverfahren*, Teil H Rdn 73; → *Arzt, Humanmediziner, hochschulrechtliche Folgen*, Teil H Rdn 76; → *Arzt, Humanmediziner, Rücknahme/Widerruf bzw. Ruhen der Approbation*, Teil H Rdn 80; → *Arzt, Humanmediziner, Schadensersatz des Patienten/Geschädigten*, Teil H Rdn 95; → *Arzt, Humanmediziner, Schließung der Praxis*, Teil H Rdn 98; → *Verwaltungsverfahren, Abrechnung*, Teil J Rdn 467.

50 Arzt, Humanmediziner, berufsrechtliches Verfahren

Das Wichtigste in Kürze:

1. Nach den je nach Bundesland geltenden Kammer- bzw. Heilberufsgesetzen wird die Einhaltung der beruflichen Pflichten des Arztes durch selbstständige Berufsgerichte überwacht.
2. Das Berufsgericht ist i.d.R. mit einem Berufsrichter und zwei ehrenamtlichen Richtern besetzt.
3. Das berufsgerichtliche Verfahren ist in den jeweiligen Bundesländern der StPO, seltener auch der VwGO oder den Disziplinarordnungen nachgebildet.
4. Materiell setzt ein berufsgerichtliches Verfahren ein Berufsvergehen, also eine schuldhafte Verletzung der dem Arzt obliegenden Berufspflichten, voraus.
5. Der Ausgang des Strafverfahrens ist für das berufsgerichtliche Verfahren auch bei identischem Sachverhalt nicht bindend, allerdings werden die tatsächlichen Feststellungen regelmäßig zugrunde gelegt und berufsgerichtliche Sanktionen sind nur bei „berufsrechtlichem Überhang" möglich (Ausnahmecharakter).

51 **Literaturhinweise:** S. die Hinw. bei → *Akademischen Heilberufe, Allgemeines*, Teil H Rdn 2.

52 **1.** Nach den je nach Bundesland geltenden Kammer- bzw. Heilberufsgesetzen (in Berlin das Berliner Heilberufekammergesetz) wird die **Einhaltung** der **beruflichen Pflichten** des **Arztes** durch selbstständige Berufsgerichte überwacht. I.d.R. werden die Verfahren auf **Antrag** der **Ärztekammer** eingeleitet. Dies geschieht jedoch nicht häufig. In Berlin gab es z.B. im Jahre 2024 – bei 36.000 Humanmedizinern als Mitglieder der Ärztekammer – 19 eingeleitete berufsgerichtliche Verfahren und 7 erteilte Rügen).

☝ Es gibt in den meisten Landesgesetzen eine **Aussetzungspflicht**, solange wegen desselben Sachverhalts ein Strafverfahren anhängig ist.

53 **2.** Das **Berufsgericht** ist i.d.R. in der ersten Instanz mit einem Berufsrichter und zwei ehrenamtlichen Richtern besetzt, meist, so z.B. in Berlin bei dem VG als Kammer für Heilberufe angesiedelt (in Berlin mit zwei Berufsrichtern und drei ehrenamtlichen Richtern besetzt). In der zweiten Instanz (**Landesberufsgericht**) ist das Gericht meist mit drei Berufsrichtern und zwei ehrenamtlichen Richtern besetzt (in Berlin bei dem OVG als Berufsobergericht). Es handelt sich bei beiden Gerichten bei den ehrenamtlichen Richtern ium Ärzte. Sie werden von den zuständigen staatlichen Behörden ohne Bindung an die Vorschläge der Ärztekammer bestellt und haben volle richterliche Unabhängigkeit.

54 **3.** Das **berufsgerichtliche Verfahren** ist in den jeweiligen Bundesländern meist der StPO bzw. vereinzelt der VwGO oder den Disziplinarordnungen nachgebildet (in Berlin VwGO und der Disziplinarordnung des Landes Berlin) und hat folgende Sanktionen:

- **Warnung**,
- **Rüge**,
- **Verweis**,
- **Geldbuße** bis 100.000,00 EUR,
- in einigen Bundesländern die **Feststellung** der **Berufsunwürdigkeit** (so in Berlin).

☝ Das Berufsgericht kann **nicht** die **Berufsausübung** verbieten.
Es gilt der Grundsatz der einheitlichen Pflichtverletzung.

4. Hinweis für den Verteidiger/Rechtsanwalt! 55

a) Materiell setzt ein berufsgerichtliches Verfahren ein Berufsvergehen, also eine schuldhafte Verletzung der dem Arzt obliegenden Berufspflichten, voraus. Dies soll immer dann angenommen werden, wenn damit das Ansehen des ärztlichen Berufes geschmälert oder das öffentliche Bild des Arztes in Misskredit geraten könnte (zu den berufsrechtlichen Pflichten *Laufs/Kern/Rehborn*, § 15). 56

b) Obwohl der Ausgang des Strafverfahrens nicht bindend ist, werden wenn es denselben Lebenssachverhalt trifft, die tatsächlichen **Feststellungen** des **Strafurteils zugrunde** gelegt. Das Berufsgericht kann ausnahmsweise die Überprüfung beschließen. 57

Bei **strafrechtlichem Verfahren** ist das **berufsrechtliche Verfahren auszusetzen**, wenn es sich um den identischen Sachverhalt handelt.Eine Sanktion im berufsgerichtlichen Verfahren ist sodann nur bei berufsrechtlichem Überhang möglich, allerdings, insbes. bei Fehlverhalten, welches Kernbereich der Berufspflichten betrifft, selbst bei Freispruch oder Einstellung gem. § 170 Abs. 2 StPO im Strafverfahren in seltenen Fällen denkbar (Beispiel bei *Ulsenheimer/Gaede*, Arztstrafrecht in der Praxis, Rn 2040 m.w.N. zur Rspr.). Berufsrechtlicher Überhang wird u.a. regelmäßig gesehen bei Sexualdelikten im Rahmen des Arzt-Patienten-Verhältnisses, bei Abrechnungsbetrug, bei unzulässiger Verschreibung von Betäubungsmitteln an Suchtkranke hinaus – regelmäßig nicht bei (gesellschaftlichem) Fehlverhalten außerhalb des Arzt-Patienten-Verhältnisses. 58

☝ Der Verteidiger sollte das **Strafgericht** zu **Ausführungen berufsrechtlicher Art** für den Angeklagten, insb. unter Berücksichtigung seiner Stellung als Arzt, bewegen, sofern ärztliches Fehlverhalten abgeurteilt wird.

c) Folgende Punkte sollten bei **Vorbereitung** zu einem **berufsgerichtlichen Verfahren** – neben den üblichen Zulässigkeitsvoraussetzungen – immer geprüft werden: 59

- kein **berufsrechtlicher Überhang**, was ggf. zu der Frage führt, ob vielleicht das Strafgericht schon so viele berufsrechtliche Argumente gebracht hat, dass das Berufsgericht nicht mehr tätig werden muss? Das kann z.B. bei einem ausführlichen Absehen vom Berufsverbot der Fall sein.
- **Verjährung**, i.d.R. **fünf Jahre** nach Tatbeendigung, geregelt in den einschlägigen Kammer- bzw. Heilberufsgesetzen; oft deshalb Einleitungsbeschluss wegen Verjährungsunterbrechung,
- **Ordnungsgemäßer Antrag** der Kammer auf **Einleitung** eines Berufsverfahrens,
- **Strafklageverbrauch** analog,
- **überlange Verfahrensdauer** (zur Verfahrensverzögerung im Strafverfahren *Burhoff*, EV, Rn 5346 ff.),
- Ist der Arzt noch **Kammermitglied**? (zu allem *Ulsenheimer/Gaede*, Arztstrafrecht in der Praxis, Rn 2033 ff.)

Siehe auch: → *Arzt, Humanmediziner, Allgemeines*, Teil H Rdn 45.

Arzt, Humanmediziner, Entzug der Kassenzulassung u.a. 60

Das Wichtigste in Kürze:

1. Die zuständige KV hat bei Kenntnisnahme einer Straftat oder der Verletzung vertragsärztlicher Pflichten die Möglichkeit, entweder ein Verfahren auf Entziehung der Teilnahme an der vertragsärztlichen Versorgung oder ein Disziplinarverfahren einzuleiten.
2. Die Entscheidung, welches Verfahren gewählt/eingeleitet wird, kann u.a. davon abhängen, welcher Vorwurf dem Arzt gemacht wird.

3. Für einen Entzug der Kassenzulassung müssen grobe Verstöße gegen vertragsärztliche Pflichten vorliegen.
4. Der Arzt kann auf die Zulassung zur vertragsärztlichen Versorgung auch von sich aus verzichten.

61 **Literaturhinweise:** S. die Hinw. bei → *Akademischen Heilberufe, Allgemeines*, Teil H Rdn 2.

62 **1.** Die KV hat bei Kenntnisnahme einer Straftat bzw. der Verletzung vertragsärztlicher Pflichten die Möglichkeit entweder ein Verfahren auf **Entziehung** der **Teilnahme** (Rdn 66) an der **vertragsärztlichen Versorgung** oder ein **Disziplinarverfahren** einzuleiten. Die Entziehung setzt grobe Verstöße gegen vertragsärztliche Pflichten voraus, das Disziplinarverfahren schuldhafte Verletzung vertragsärztlicher Pflichten.

63 Die **KV** wird i.d.R. von der Ärztekammer, Patienten und/oder Kollegen **informiert**. Praktisch einschlägig sind die Verletzungen der Pflicht zur ordnungsgemäßen **Abrechnung**, der Mitwirkungspflichten sowie der Dokumentationspflichten. In der Praxis werden allerdings nur wenige Verfahren eingeleitet.

64 **2.a)** Die Entscheidung, **welches Verfahren gewählt/eingeleitet** wird, hängt vom **Vorwurf** ab (s. Krauskopf/*Sproll*, § 81 SGB V Rn 45–47 m.w.N.) und ob man den Eindruck hat, dass das Verhalten des Arztes besserbar sein wird. Ist Letzteres der Fall, wird „nur" ein Disziplinarverfahren eingeleitet, anderenfalls das Entziehungsverfahren. Ist Nachbesserung bereits eingetreten, kann ggf. von jeglichem Verfahren abgesehen werden.

☝ D.h., dass der Verteidiger dem Mandanten raten sollte, die **Zwischenzeit** zu nutzen (Kurse, Therapien etc.), um die tatsächlichen Umstände zu ändern, indem z.B. Abläufe, die zu dem schuldhaften Verhalten geführt haben, optimiert werden.

65 **b)** Eine **Bindungswirkung** zwischen **Disziplinar-/Entziehungsverfahren** und **Strafverfahren** gibt es nicht. Manche KV warten ein Strafverfahren ab, andere nicht. Oft benötigt die KV jedoch die Informationen der StA und wartet deshalb ab. Der Verteidiger sollte sich insoweit in der einschlägigen Satzung kundig machen.

☝ Es sollte bei einer Einstellung gem. § 153a StPO im **Strafverfahren** im Hinblick auf etwaige Folgen **kein Schuldeingeständnis** formuliert werden (vgl. zur Einstellung nach § 153a StPO *Burhoff*, EV, Rn 2128 ff.). Vielmehr sollte ausdrücklich aus prozessökonomischen Gründen zugestimmt und auf die verfassungsgerichtliche Rspr. verwiesen werden, wonach die Unschuldsvermutung nicht widerlegt ist (BVerfG NStZ-RR 1996, 168 f.; MDR 1991, 891).

66 **3.a)** Für einen **Entzug** der **Kassenzulassung** müssen **grobe Verstöße** gegen vertragsärztliche Pflichten vorliegen (zur Rspr. Spickhoff/*Jaeger*, § 95 SGB V Rn 51; *Quaas/Zuck/Clemens*, Medizinrecht, § 20 Rn 107 f. und Krauskopf/*Gerlach*, § 95 SGB V Rn 133). Grundlage für einen Entzug sind häufig

- **Abrechnungsverstöße,**
- **Verstöße** gegen das Gebot der **persönlichen Leistungserbringung,**
- fortgesetzte Verstöße gegen **administrative Pflichten** und
- gegen das **Gebot wirtschaftlicher Behandlungs-** und **Verordnungsweise**
- sowie die **pflichtwidrige Weigerung einer Behandlung** im Sachleistungssystem.

☝ Auch hier steht das Verfahren neben dem Strafverfahren. Es gibt **keine Bindungswirkung**. Die Zulassungsentziehung ist keine disziplinare Maßnahme. Verschulden ist keine Voraussetzung.

67 **b)** Die **Rechtsgrundlage** für den **dauerhaften Entzug** der **kassenärztlichen Zulassung** ergibt sich aus § 95 Abs. 6 SGB V i.V.m. § 27 ÄrzteZV. Insoweit gilt:

- Es werden Ausschüsse (**Zulassungsausschuss**, bestehend aus drei ärztlichen Vertretern der KV und drei Vertretern der Krankenkassen, § 34 ÄrzteZV) gebildet, die dann die Entziehung der Zulassung anordnen können, und zwar u.U. auch mit sofortiger Vollziehbarkeit.
- Gegen diese Maßnahme gibt es i.d.R. einen **Widerspruchsausschuss** (= Berufungsausschuss, bestehend aus einem Vorsitzenden mit Befähigung zum Richteramt und drei ärztlichen Vertretern der KV sowie drei Vertretern der Krankenkassen, § 35 ÄrzteZV) und
- dagegen die **Anfechtungsklage** zum **SG**.

Die **Anordnung** des **sofortigen Vollzugs** stellt die **Ausnahme** dar und wird von den Gerichten oftmals als unverhältnismäßig angesehen (z.B. Entscheidung des BVerfG v. 8.11.2010 – 1 BvR 722/10). Entscheidend für den gerichtlichen Prüfungszeitraum ist die letzte behördliche Entscheidung (s. BSG, Urt. v. 17.10.2012 – B 6 KA 49/11 R), nicht die letzte mündliche Tatsachenverhandlung vor dem SG. Also ist das Wohlverhalten nach der letzten behördlichen Entscheidung nur für ein Verfahren auf Wiederzulassung in Betracht zu ziehen.

4.a) Der Arzt kann auf die Zulassung zur vertragsärztlichen Versorgung auch von sich aus **verzichten**. 68

b) Eine **Wiedererteilung** bzw. eine **erneute Zulassung** zur vertragsärztlichen Versorgung ist möglich, wenn die Voraussetzungen vorliegen. Hier werden – als eine Art Sperrfrist – die Tilgungsfristen aus dem BZRG von manchen KV entsprechend angewandt (→ *Bundeszentralregister, Eintragungen, Tilgung, Allgemeines*, Teil E Rdn 123 m.w.N.). 69

5. Wird die mutmaßliche Straftat bzw. die Verletzung vertragsärztlicher Pflichten (s. § 128 Abs. 5a SGB V) bekannt (zu den Pflichten und der Rspr. *Spickhoff/Nebendahl*: § 77 – 81a SGB V Rn 17; *Quaas/Zuck/Clemens*, Medizinrecht, § 24 Rn 12, *Hänlein/Schuler*, § 81 SGB V Rn 16; *Krauskopf/Sproll*, § 81 SGB V Rn 41; s. auch oben) – die KV wird i.d.R. durch die Ärztekammer, Patienten oder Kollegen informiert – kann die KV *alternativ* ein **Disziplinarverfahren** gem. § 81 Abs. 5 SGB V i.V.m. der je nach Bundesland einschlägigen Disziplinarordnung oder Satzung der KV (in Berlin: Disziplinarordnung der KV Berlin) einleiten. 70

Hierfür werden eigene **Ausschüsse** gebildet, die **keinen Weisungen unterliegen.** In Berlin besteht der Disziplinarausschuss aus drei Ärzten der KV, die in der Vertreterversammlung gewählt werden. 71

Als **Disziplinarmaßnahmen** kommt u.a. das **Ruhen** der **Kassenzulassung** in Betracht. Zu deren Anordnung genügt eine schuldhafte Verletzung vertragsärztlicher Pflichten. Allerdings ist der Verhältnismäßigkeitsgrundsatz immer zu beachten, hier vor allem schon wegen eines eventuell faktischen Berufsverbotes. Weitere (leichtere) Disziplinarmaßnahmen statt Ruhen wären **Verwarnung**, **Verweis** und/oder **Geldbuße** (max. 50.000,00 EUR). 72

Gegen die Maßnahme des Disziplinarausschusses der KV kann das SG mittels **Anfechtungsklage** angerufen werden.

Siehe auch: → *Arzt, Humanmediziner, Allgemeines*, Teil H Rdn 45.

Arzt, Humanmediziner, Erstattungsverfahren 73

Literaturhinweise: S. die Hinw. bei → *Akademischen Heilberufe, Allgemeines*, Teil H Rdn 2. 74

Gemäß **§§ 45 Abs. 1, 50 Abs. 1 SGB X** haben die Krankenkassen bzw. die kassenärztlichen Vereinigungen einen **Anspruch** auf **Rückzahlung** des in Folge einer Täuschung zu viel ausbezahlten Honorars. Zur Sicherung des Anspruches kann das auszuzahlende Honorar auch schon vorher einbehalten werden. 75

Siehe auch: → *Arzt, Humanmediziner, Allgemeines*, Teil H Rdn 45.

76 Arzt, Humanmediziner, hochschulrechtliche Folgen

77 **Literaturhinweise:** S. die Hinw. bei → *Akademischen Heilberufe, Allgemeines*, Teil H Rdn 2.

78 **1.** Nach den Hochschulgesetzen der Länder sowie den Promotions- und Habilitationsordnungen der Fachbereiche kann wegen strafgerichtlicher Verurteilungen ggf. auf die Unwürdigkeit zur Führung des Doktortitels geschlossen und die **Führung** des **Titels entzogen** werden. Allerdings sind nach der Rspr. des BVerwG nur wissenschaftsbezogene Verfehlungen geeignet, die Unwürdigkeit zu begründen (BVerwG NJW 2016, 1113).

79 **2.** In vielen **Habilitationsordnungen** ist auch der **Widerruf** der **venia legendi** (Lehrbefähigung) zwingende Folge bzw. kann eigens angeordnet werden. Die Argumentation von BVerwG NJW 2016, 1113 gilt entsprechend.

Siehe auch: → *Arzt, Humanmediziner, Allgemeines*, Teil H Rdn 45.

80 Arzt, Humanmediziner, Rücknahme/Widerruf bzw. Ruhen der Approbation

Das Wichtigste in Kürze:

1. Die Ausübung des Arztberufes ist an die Approbation gebunden. Bei nachträglicher Tatsachenänderung, die zur Versagung der Approbation berechtigen würden, kann diese mit einer ex-nunc-Wirkung widerrufen werden.
2. Die Behörde muss für das Anordnen des Ruhens bzw. für den Widerruf der Approbation die Unwürdigkeit bzw. Unzuverlässigkeit des Arztes feststellen.
3. Die Behörde kann bereits zuvor das Ruhen der Approbation gem. § 6 BÄO anordnen.
4. Die Approbation kann gem. § 8 BÄO (auch vorläufig) wieder erteilt werden.
5. Der Rechtsweg gegen den Widerruf der Approbation ist der verwaltungsrechtliche.

81 **Literaturhinweise:** **Arndt/Fannipour**, Falsche ärztliche Gesundheitszeugnisse und der Widerruf der Approbation, NJW 2025, 14; s.a. die Hinw. bei → *Akademischen Heilberufe, Allgemeines*, Teil H Rdn 2.

82 **1.** Die **Ausübung** des **ärztlichen Berufes** ist an die **Approbation gebunden**. Sie ist in der Bundesärzteordnung (BÄO) geregelt. Das Führen der Berufsbezeichnung Arzt/Ärztin ist erst mit Erteilung der Approbation möglich. Für die Erteilung der Approbation sind die jeweiligen Landesbehörden zuständig (z.B. in Berlin das Landesamt für Gesundheit und Soziales, LAGeSo). Sie ist zu erteilen, wenn die Voraussetzungen vorliegen. Die Approbationsbehörde kann die Erteilung nur wegen **Unzuverlässigkeit** oder wegen **Unwürdigkeit,** bzw. Nichtvorliegens der Voraussetzungen nach der Approbationsordnung, versagen, s. § 3 BÄO (Rdn 82 ff.).

83 Die Approbationsbehörde kann die Erteilung **zurücknehmen**, wenn bereits bei Erteilung von falschen Tatsachen ausgegangen wurde. Die Rücknahme hat eine ex-tunc-Wirkung. Bei nachträglicher **Tatsachenänderung**, die zur Versagung der Approbation berechtigen würden, kann sie diese widerrufen mit einer ex-nunc-Wirkung.

☝ Der begünstigende Verwaltungsakt der Approbation ist unteilbar, also nicht durch Auflagen und andere Nebenbestimmungen einschränkbar. Sollte also eine Approbation rechtskräftig widerrufen werden, darf der **Arztberuf nicht mehr ausgeübt** werden.

b) Gem. § 6 Abs. 1 Nr. 1 BÄO kann auch **vorläufig** das **Ruhen** der **Approbation** angeordnet werden. Ebenso kann die Behörde auch den Sofortvollzug anordnen (Rdn 87 f.). 84

2.a) Die Behörde muss für das Anordnen des **Ruhens** bzw. für den **Widerruf** der Approbation die Unwürdigkeit bzw. Unzuverlässigkeit des Arztes feststellen. Berufsspezifische strafrechtliche Delikte von Ärzten sind vorwiegend der Abrechnungsbetrug und die fahrlässige Körperverletzung sowie gelegentlich Verstöße gegen das BtMG und das **AMG**. Die für den Widerruf/die Rücknahme der Approbation **zuständigen** Behörden können der Internetseite der Bundesärztekammer entnommen werden. 85

☝ Das Verfahren auf Ruhen bzw. Widerruf der Approbation steht **neben** dem **Strafverfahren**. Dies erklärt sich aus den verschiedenen Zielsetzungen (repressiv und präventiv). Der rechtskräftige Widerruf der Approbation hat auch den Entzug der vertragsärztlichen Zulassung zur Folge.

Die Verwaltungsgerichte dürfen sich grds. auf die tatsächlichen Feststellungen eines Strafurteils stützen, insbesondere auch bei Verständigungen nach § 257c StPO und Strafbefehlen (Vorsicht vor Beratungsfehlern im Strafverfahren).

Der **Rechtsweg** gegen den Widerruf der Approbation ist der **verwaltungsrechtliche**.

Es ist immer auch darauf zu achten, ob der konkrete Vorwurf gegen den Beschuldigten die Approbationsbehörde aus **präventiven Gründen** (u.a. Gefahr für die Patienten etc.) dazu zwingen könnte einzugreifen, bevor das Strafverfahren beendet sein wird. Ein Argument für das Absehen einer Ruhensanordnung kann zum Beispiel auch sein, dass der Mandant bereits in U-Haft ist.

b) Unwürdigkeit ist anzunehmen, wenn der Arzt durch sein Verhalten nicht das zur Ausübung des ärztlichen Berufs erforderliche Ansehen und Vertrauen bei der Bevölkerung besitzt. Hier geht es um das berufliche Gesamtverhalten. Der Arzt muss die für seinen Dienst notwendige Integrität und Glaubwürdigkeit sowie den erforderlichen guten Ruf besitzen. 86

Hinzuweisen ist, unter Betonung der Schwierigkeit einer Verallgemeinerung und der regelmäßig relevanten Fragen wie Beharrlichkeit des Fehlverhaltens oder Ausmaß des Schadens auf folgende

Beispiele für Unwürdigkeit 87

Zur Rspr. und den Fallgruppen *Quaas/Zuck/Clemens*, Medizinrecht, § 13 Rn 25 f.; MAH-Medizinrecht/*Wollersheim*, § 6, Rn 12 ff; MAH-WirtschaftsStrafR/*Tsambikakis*, § 31 Rn 176 ff; *Spickhoff/Schelling*, § 5 BÄO Rn 16 ff.):

- Verurteilung wegen Kapitaldelikten,
- Verurteilung wegen Straftaten gegen die sexuelle Selbstbestimmung oder Körperverletzungen,
- versuchter Schwangerschaftsabbruch und gefährliche Körperverletzung,
- mehrfache strafrechtliche Verfehlungen in einem kurzen Zeitraum,
- Abrechnungsbetrug im Falle von „Luftleistungen“,
- Verurteilung wegen § 266a StGB.

c) Unzuverlässigkeit ist anzunehmen, wenn der Arzt nicht die Gewähr für die ordnungsgemäße Ausübung der Heilkunde bietet. Bei der Unzuverlässigkeit muss anhand aus der Vergangenheit feststehender Tatsachen die Prognose gewagt werden können, dass auch in Zukunft eine ordnungsgemäße Ausübung des ärztlichen Berufes nicht gewährleistet sein dürfte. Auch hier werden Beispiele herangezogen, die den bei Rdn 84 entsprechen. 88

☝ Diese **Zukunftsprognose** ist bei der Unwürdigkeit nicht zu stellen.

d) Auch **außerberufliches Verhalten** kann zum Widerruf der Approbation führen. Es muss nicht unbedingt ein Delikt sein, das unmittelbar mit dem Verhältnis zum Patienten zu tun hat. Man erwartet z.B. von einem Arzt, dass er die vermögensrechtlichen Interessen des Patienten achtet, weswegen ein Zusammen- 89 hang zwischen ärztlichem und wirtschaftlichem Verhalten bestehen soll. Überschneidungen können sich zu Ermessensentzug der Approbation aus gesundheitlichen Gründen ergeben, etwa bei Alkohol- oder Spielsucht.

90 **3.a)** Die Behörde kann das **Ruhen** der **Approbation** gem. § 6 BÄO anordnen.

91 Das Ruhen der Approbation kann gem. § 80 Abs. 2 Nr. 4 VwGO für **sofort vollziehbar** erklärt werden. Da dies ein vorläufiges Berufsverbot darstellt, muss die Behörde gute Gründe haben schon vor Rechtskraft des Hauptsacheverfahrens als Präventivmaßnahme zur Abwehr konkreter Gefahren für wichtige Gemeinschaftsgüter diese anzuordnen.

92 **b)** Der Arzt kann durch schriftliche Erklärung gegenüber der zuständigen Behörde nach § 9 BÄO auf die **Approbation verzichten**.

93 **4.** Der **Rechtsweg** gegen den Widerruf der Approbation ist der **verwaltungsrechtliche**.

94 **5.** Die **Approbation** kann gem. § 8 BÄO (auch vorläufig) **wieder erteilt** werden. Ab wann dies sinnvoll ist, hängt vom Einzelfall und der Verwaltungspraxis ab (in Berlin z.B. Groborientierung an den Löschungsfristen im BZRG; → *Bundeszentralregister, Eintragungen, Tilgung, Allgemeines*, Teil E Rdn 122).

Siehe auch: → *Arzt, Humanmediziner, Allgemeines*, Teil H Rdn 43.

95 Arzt, Humanmediziner, Schadensersatz des Patienten/Geschädigten

96 **Literaturhinweise:** S. die Hinw. bei → *Akademischen Heilberufe, Allgemeines*, Teil H Rdn 2.

97 Die meisten strafrechtlichen Delikte sind auch **Schutzgesetze** i.S.d. **§ 823 Abs. 2 BGB**, so dass den dadurch Geschädigten ein Schadensersatzanspruch zustehen kann. Bei Vorsatz besteht regelmäßig keine Eintrittspflichtder Berufshaftpflichtversicherung.

Siehe auch: → *Arzt, Humanmediziner, Allgemeines*, Teil H Rdn 45; → *Ansprüche, Zivilrecht, Ansprüche von Tatbeteiligten gegeneinander*, Teil I Rdn 107 m.w.N.

98 Arzt, Humanmediziner, Schließung der Praxis

99 **Literaturhinweise:** S. die Hinw. bei → *Akademischen Heilberufe, Allgemeines*, Teil H Rdn 2.

100 Die **Approbation** und die KV-Zulassung gelten jeweils für die natürliche Person. Sie sind **nicht an** die **Arztpraxis gebunden**. Eine Praxis kann also ggf. verkauft/verpachtet werden.

> ☝ Der Arzt sollte bei absehbaren berufsrechtlichen Problemen darauf **aufmerksam** gemacht werden, dass die Praxis vielleicht zu einem Zeitpunkt verpachtet/verkauft werden sollte, zu welchem der Kaufpreis noch (ungeschmälert) hoch ist.

Siehe auch: → *Arzt, Humanmediziner, Allgemeines*, Teil H Rdn 45.

Ausländer, Abschiebung, Allgemeines 101

Das Wichtigste in Kürze:

1. Die Abschiebung gem. § 58 AufenthG ist die aufenthaltsrechtliche Zwangsvollstreckungsmaßnahme, um eine Ausreisepflicht durchzusetzen.
2. Die Abschiebung ist gem. § 58 Abs. 1 AufenthG durchzuführen, wenn eine vollziehbare Ausreisepflicht besteht und deren freiwillige Einhaltung nicht gesichert ist oder aus Gründen der öffentlichen Sicherheit die Ausreise überwacht werden muss.
3. Die Abschiebung ist schriftlich gem. § 59 Abs. 1 AufenthG unter Mitteilung einer Frist von sieben bis 30 Tagen für die freiwillige Ausreise und des beabsichtigten Zielstaates anzudrohen.
4. Ein Sonderfall ist die isolierte Abschiebungandrohung gem. § 58a AufenthG.
5. In tatsächlicher Hinsicht stellt sich die Abschiebung so dar, dass der Betroffene durch Vollzugsbeamte aus dem Hoheitsgebiet der Bundesrepublik und regelmäßig zugleich auch aus dem Schengen-Raum gebracht wird.

Literaturhinweise: s. die Hinweise bei → *Ausländer, Allgemeines*, Teil H Rdn 156. 102

1. Die **Abschiebung** gem. § 58 AufenthG ist die aufenthaltsrechtliche Zwangsvollstreckungsmaßnahme, um eine **Ausreisepflicht durchzusetzen**. Eine Alternative zur Abschiebung ist die **freiwillige Ausreise**, die aber von der Ausländerbehörde nicht zugelassen wird, wenn die Ausreise gem. § 58 Abs. 3 AufenthG der Überwachung bedarf. 103

2. Die Abschiebung ist gem. § 58 Abs. 1 AufenthG durchzuführen, wenn eine **vollziehbare Ausreisepflicht** besteht und deren freiwillige Einhaltung nicht gesichert ist oder aus Gründen der öffentlichen Sicherheit die Ausreise überwacht werden muss. Wann diese Voraussetzungen im Einzelnen vorliegen, ergibt sich aus § 58 Abs. 2 und 3 AufenthG. 104

a) Vollziehbar ist die Ausreisepflicht gem. § 58 Abs. 2 AufenthG außer z.B. nach einer **illegalen Einreise** (Nr. 1) oder vor erstmaliger Erteilung oder Verlängerung eines Aufenthaltstitels ohne Fiktionswirkung gem. § 81 Abs. 3 oder 4 AufenthG (Nr. 2). Für die strafrechtliche Nachsorge bedeutsamer ist die Voraussetzung des § 58 Abs. 2 S. 2 AufenthG, dass der Verwaltungsakt, mit dem der Ausländer ausreisepflichtig wird, vollziehbar ist, also insbesondere **kein Rechtsmittel aufschiebende Wirkung** hat (§ 80 Abs. 1 VwGO). 105

b) Eine **Überwachung** der **Ausreise** durch die Abschiebung ist § 58 Abs. 3 AufenthG insbesondere erforderlich, wenn 106

- sich der Ausländer **auf richterliche Anordnung** in **Haft** befindet, wobei der Grund unerheblich ist (*Bergmann/Dienelt/Dollinger*, AuslR, § 58 Rn 28),
- nicht innerhalb der gesetzten Frist die Ausreise erfolgt ist,
- eine **Ausweisung** gem. **§§ 5 i.V.m. § 54 Abs. 1 AufenthG** (besonders schwerwiegendes Ausweisungsinteresse) verfügt wurde,
- der Betroffene **mittellos** ist oder keinen Pass oder Passersatz besitzt oder gegenüber der Ausländerbehörde zur Täuschung falsche Angaben gemacht oder diese verweigert hat,
- der Ausländer zu erkennen gegeben hat, dass er **nicht freiwillig ausreisen** wird.

☝ In den Fällen der strafrechtlichen **Nachsorge** ist die **Überwachung** der **Ausreise** eher die **Regel** als die Ausnahme. Die Abschiebung sollte trotzdem möglichst verhindert werden, weil sie erhebliche Kosten auslöst, die später vom Betroffenen zu tragen sind. Häufig sind die zuständigen Behörden durchaus bereit, eine freiwillige Ausreise zu gewähren, weil die Abschiebung oft mit erheblichem Aufwand verbunden ist.

107 **3.** Die Abschiebung ist **schriftlich** gem. § 59 Abs. 1 AufenthG unter Mitteilung einer Frist von sieben bis 30 Tagen für die freiwillige Ausreise und des beabsichtigten Zielstaates **anzudrohen**. Hiervon kann nur im Ausnahmefall unter den Voraussetzungen des § 59 Abs. 1 S. 2 und 3 abgesehen werden, insbesondere wenn überwiegende Sicherheitsinteressen dies erfordern oder ein Hinweis auf die Ausreisepflicht bereits formgerecht schriftlich – § 77 AufenthG – erteilt worden war. Der Abschiebungstermin darf nicht mitgeteilt werden, wenn die Ausreisefrist abgelaufen ist, § 59 Abs. 1 S. 8 AufenthG. Diese Information ist inzwischen gem. § 97a AufenthG zum Dienstgeheimnis erklärt worden, was zur Folge hat, dass dessen Offenbarung gem. § 353b StGB unter Strafe steht.

108 In der Praxis erfolgt dies **regelmäßig mit** der die **Ausreisepflicht begründenden Entscheidung**. Die Abschiebungsandrohung kann gem. § 59 Abs. 3 AufenthG trotz Vorliegens von Abschiebungsverboten und Abschiebungshindernissen erfolgen und sagt deswegen nicht unbedingt etwas über die tatsächliche Durchführbarkeit aus.

109 **4.** Ein **Sonderfall** ist die isolierte **Abschiebunganordnung** gem. **§ 58a AufenthG**, die von der obersten Landesbehörde, regelmäßig dem Landesinnenministerium, „aufgrund einer auf Tatsachen gestützten Prognose zur Abwehr einer besonderen Gefahr für die Sicherheit der Bundesrepublik Deutschland oder einer terroristischen Gefahr" **ohne vorherige Ausweisung** ausgesprochen werden kann. Bei dieser ist der Rechtsschutz gegen die Aufenthaltsbeendigung gem. § 58a Abs. 4 AufenthG erheblich eingeschränkt.

110 **5.** In **tatsächlicher Hinsicht** stellt sich die Abschiebung so dar, dass der Betroffene durch Vollzugsbeamte aus dem Hoheitsgebiet der Bundesrepublik und regelmäßig zugleich auch aus dem Schengen-Raum gebracht wird. Ob dies sich darin erschöpft, den Betroffenen an eine Grenze oder ans Abflugterminal zu bringen, oder ob gerade bei Flugabschiebungen Vollzugsbeamte sicherstellen, dass der Betroffene auch im Zielstaat der Abschiebung ankommt, richtet sich nach der Einschätzung der die Abschiebung durchführenden Behörde. Gerade bei Straftätern, die wegen Gewaltdelikten verurteilt wurden oder im Vollzug als gewalttätig aufgefallen sind, findet regelmäßig eine sogenannte Sicherheitsbegleitung statt. Der Behörde wird dabei ein **weiter Einschätzungsspielraum** zugestanden.

☝ Diesbezüglich ist für den Rechtsanwalt zu bedenken, dass die **Kosten hierfür** zu den **Abschiebungskosten** zählen, die der Betroffene ggf. später zu begleichen hat.

Siehe auch: → *Ausländer, Abschiebung, Kosten*, Teil H Rdn 111; → *Ausländer, Abschiebungshaft, Allgemeines*, Teil H Rdn 125; → *Ausländer, Allgemeines*, Teil H Rdn 155; → *Ausländer, Abschiebungshaft, Verfahren/Vollzug*, Teil H Rdn 140; → *Ausländer, Aufenthaltsrecht, Ausweisung*, Teil H Rdn 244; → *Ausländer, Verlust des Aufenthaltstitels, Duldung*, Teil H Rdn 302; → *Ausländer, Freizügigkeitrecht/Unionsbürger, Verlustfeststellung*, Teil H Rdn 397; → *Ausländer, Rechtsschutz, Eilverfahren*, Teil H Rdn 438.

111 Ausländer, Abschiebung, Kosten

Das Wichtigste in Kürze:

1. Die Kosten einer Abschiebung müssen von dem Betroffenen und ggf. anderen Kostenschuldnern gesamtschuldnerisch getragen werden.
2. Es sind alle erforderlichen, angemessenen Aufwendungen für die Durchführung umfasst, auch Kosten der Abschiebungshaft und Personalkosten.
3. Die Erhebung erfolgt durch Leistungsbescheid.

4. Die Abschiebungskosten unterliegen der Verjährung, wobei für Festsetzung und Zahlung unterschiedliche Fristen gelten.
5. Die Verjährung wird immer unterbrochen, wenn sich der Betroffene im Ausland aufhält oder sein Aufenthalt unbekannt ist.

Literaturhinweise: S. die Hinweise bei → *Ausländer, Allgemeines*, Teil H Rdn 156. 112

1.a) Die Kosten einer Abschiebung sind gem. § 66 Abs. 1 AufenthG durch den **Betroffenen zu tragen.** 113
Darüber hinaus sind gem. § 66 Abs. 4 AufenthG **Kostenschuldner** der Abschiebung: 114

- Nr. 1: der Arbeitgeber bei illegaler Erwerbstätigkeit des Ausländers,
- Nr. 2: der Werkunternehmer, für den der Ausländer illegal Leistungen erbracht hat, wenn er erkannt oder fahrlässig nicht erkannt hat, dass die Erwerbstätigkeit illegal war,
- Nr. 3: der Generalunternehmer, der im Fall der Nr. 2 den Sachverhalt kannte oder fahrlässig nicht kannte,
- Nr. 4: der Schleuser (§ 96 AufenthG), der den Ausländer in das Bundesgebiet gebracht hat.

b) Die Haftung besteht als **Gesamtschuldner** i.S.d. § 421 BGB. 115

2. Der **Umfang** der **Haftung** richtet sich nach **§ 67 Abs. 1 AufenthG**. Die Kosten setzen sich zusammen aus den Beförderungs- und sonstigen **Reisekosten**, den der Vorbereitung der Maßnahme entstehenden **Verfahrenskosten** einschließlich derjenigen für **Haft** und **Versorgung** sowie den Kosten einer **erforderlichen Begleitung** einschließlich der Personalkosten (*Renner/Bauer*, § 66 Rn 3 – 5). Die Erforderlichkeit einer Sicherheitsbegleitung bei der Abschiebung bestimmt die durchführende Behörde in eigener Zuständigkeit aufgrund einer Ex-ante-Prognose (BayVGH, Beschl. v. 14.2.2012 – 10 C 11.2591). 116

☝ **Kosten rechtswidriger Abschiebungshaft** können **nicht** als Kosten der Abschiebung geltend gemacht werden. Schon deshalb sollte die Haftanordnung grds. gerichtlich angegriffen werden.

3. Die **Erhebung** erfolgt durch Leistungsbescheid in Höhe der tatsächlich entstandenen Kosten (BVerwG, Beschl. v. 16.10.2012 – 10 C 6.12, NVwZ 2013, 277). Die Personalkosten werden nach den Grundsätzen der Berechnung der Personalkosten der öffentlichen Hand bestimmt, § 67 Abs. 3 AufenthG. 117

Gegen den Leistungsbescheid stehen **Widerspruch** und **Klage** offen. 118

4. Die Forderung der Abschiebungskosten unterliegt der **Verjährung**. Dabei ist zwischen Zahlungsverjährung (Rdn 120) und Festsetzungsverjährung (Rdn 123) zu **unterscheiden**. 119

a) Die **Zahlungsverjährung** tritt ist in § 70 Abs. 1 AufenthG geregelt und beträgt **sechs Jahre nach Eintritt** der **Fälligkeit**. 120

Für die Verjährung gilt § 20 VwKostG. Nach § 20 Abs. 3 VwKostG (in der bis zum 14.8.2013 gültigen Fassung!) gelten folgende 121

Unterbrechungstatbestände 122

- schriftliche Zahlungsaufforderung
- Zahlungsaufschub
- Stundung
- Aussetzen der Vollziehung
- Sicherheitsleistung
- Vollstreckungsmaßnahmen
- Vollstreckungsaufschub
- Anmeldung im Insolvenzverfahren
- Ermittlungen des Kostengläubigers über Wohnsitz oder Aufenthalt des Zahlungspflichtigen

☝ Die Verjährung wird insbesondere auch unterbrochen, wenn der **Kostenschuldner** sich **nicht im Bundesgebiet** aufhält oder unbekannten Aufenthalts ist (§ 70 Abs. 2 AufenthG.

123 **b)** Die **Festsetzungsverjährung** betrifft den Zeitraum, innerhalb dessen die Forderung durch Leistungsbescheid geltend gemacht werden kann. Der **Leistungsbescheid** ist **Voraussetzung** für die **Fälligkeit** und damit für Beginn der Zahlungsverjährung.

124 Die frühere Instanzrechtsprechung ist davon ausgegangen, dass die Festsetzungsverjährung der vierjährigen Verjährungsfrist gem. § 20 Abs., 1 S. 1 1. Alt. VwKostG unterliegt (BayVGH, Urt. v. 6.4.2011 – 19 BV 10.304; HessVGH, Beschl. 13.6.2012 – 5 A 2371/11, DÖV 2012, 779). Jedoch hat das BVerwG sich dieser Rechtsauffassung ausdrücklich nicht angeschlossen und fasst die Regelung zur Fälligkeitsverjährung gem. § 70 Abs. 1 AufenthG als abschließende Verjährungsregelung für Abschiebungskosten auf (BVerwGE 149, 320). Eine Festsetzungsverjährung soll damit für Abschiebungskosten nicht eintreten. Ob **Verjährungsunterbrechung** gem. **§ 70 Abs. 2 AufenthG** auch für die Festsetzungsverjährung gilt, wie ältere Rspr. angenommen hat (BayVGH, Beschl. v. 23.4.2013 – 10 C 12.1887; VG Oldenburg, Urt. v. 15.2.2010 – 11 A 3104/08), kommt es damit nicht an.

☝ Zu beachten ist aber, dass das BVerwG in der o.g. Entscheidung ausdrücklich „eine zügige, konsequente und hinreichend strenge Handhabung von Erstattungsansprüchen" gefordert und den **Gedanken der Verwirkung** als Korrektiv herausgestellt hat. Als Maßgabe sei es Pflicht der zuständigen Behörde „Ansprüche, deren Voraussetzungen vorliegen, geltend zu machen, sobald dies möglich ist, um den jeweiligen Kostenschuldner nicht länger als erforderlich darüber im ungewissen zu lassen, ob noch eine Erstattungsforderung auf ihn zukommt." Eine Verwirkung, die sowohl ein Zeit- als auch ein Umstandsmoment voraussetzt, kommt daher z.B. in Betracht, wenn eine Behörde die Festsetzung der Abschiebungskosten **ohne erkennbaren Grund für mehrere Jahre nicht betreibt**, obwohl sich der Kostenschuldner im Bundesgebiet aufhält und erreichbar wäre. Letzteres ist angesichts des Rechtsgedanken hinter § 70 Abs. 2 AufenthG ein wesentlicher Faktor für die Annahme einer Verwirkung.

Siehe auch: → *Ausländer, Abschiebung, Allgemeines*, Teil H Rdn 101; → *Abschiebungshaft, Allgemeines*, Teil H Rdn 125; → *Ausländer, Allgemeines*, Teil H Rdn 155; → *Ausländer, Abschiebungshaft, Verfahren/Vollzug*, Teil H Rdn 140; → *Ausländer, Rechtsschutz, Allgemeines*, Teil H Rdn 427.

125 Ausländer, Abschiebungshaft, Allgemeines

Das Wichtigste in Kürze:

1. Die Abschiebungshaft soll die reibungslose Aufenthaltsbeendigung ermöglichen.
2. Die Vorbereitungshaft dient der Sicherung einer noch nicht verfügten Ausweisung.
3. Die Sicherungshaft soll bei schon Ausreisepflichtigen die Durchführung der Abschiebung selbst sicherstellen.
4. Der Ausreisegewahrsam stellt eine eigenständige Haftform mit abgesenkten Voraussetzungen dar.
5. Die ergänzende Vorbereitungshaft ist besonders für Asylsuchende geschaffen worden, von denen eine erhebliche Sicherheitsgefahr ausgeht.

126 **Literaturhinweise:** **Heinhold**, Abschiebungshaft in Deutschland, 1. Aufl. 2004; **Hoppe**, Änderungen im aufenthaltsrechtlichen Freiheitsentziehungsverfahren durch das Gesetz zur Reform des Verfahrens in Familiensachen und in den Angelegenheiten der freiwilligen Gerichtsbarkeit, ZAR 2009, 209; **Kühn**, Abschiebungsanordnung und Abschiebungshaft, 2009; **Marschner/Lesting/Stahmann**, Freiheitsentziehung und Unterbringung, 7. Aufl. 2024; s.a. die Hinweise zu → *Ausländer, Allgemeines*, Teil H Rdn 156.

127 **1.** Die Abschiebungshaft dient der **Absicherung** der **Aufenthaltsbeendigung**. Es gibt drei Formen von Abschiebungshaft:

- Vorbereitungshaft (Rdn 129 f.).
- Sicherungshaft (Rdn 131 f.) und
- ergänzende Vorbereitungshaft (Rdn 138).

Als eigenständige Haftform existiert noch der Ausreisegewahrsam (Rdn 137).

128 Die Haft steht unter dem Grundsatz der **Verhältnismäßigkeit**, § 62 Abs. 1 S. 1 AufenthG. Es darf kein milderes Mittel zum gleichen Erfolg führen und ihre Dauer ist auf das absolut notwendige Maß zu begrenzen.

☝ Sie ist gegenüber **Minderjährigen** und **Familien** mit Minderjährigen nur in **Ausnahmefällen** zulässig.

129 **2.** Die **Vorbereitungshaft** gem. § 62 Abs. 2 AufenthG ist zur Vorbereitung einer Ausweisung zulässig, wenn über diese noch nicht sofort entschieden werden kann und die Abschiebung ohne die Inhaftnahme wesentlich erschwert oder vereitelt würde. Sie soll somit vor Herstellung der Ausreisepflicht eine direkt darauf folgende Aufenthaltsbeendigung ermöglichen. Die Dauer der Vorbereitungshaft soll sechs Wochen nicht überschreiten, muss aber nicht gesondert verlängert werden, wenn zwischenzeitlich die Ausweisung erfolgt.

130 Die antragstellende Behörde muss die **Voraussetzungen der Vorbereitungshaft ordnungsgemäß darlegen.** Dazu gehört auch, die Umstände der Ausweisung und die Gründe, warum über nicht sofort entschieden werden kann, aufzuzeigen. Gelingt dies nicht, ist ggf. bereits der Haftantrag unzulässig.

131 **3.a)** Praktisch bedeutsamer ist die Anordnung der **Sicherungshaft** (§ 62 Abs. 3 AufenthG), die eine bereits bestehende Ausreisepflicht voraussetzt. Sie verfolgt den Zweck der Sicherung der Abschiebung selbst.

132 **Zulässig** ist die Sicherungshaft **nur**, wenn einer der folgenden vier **Haftgründe** vorliegt.

- Nr. 1: Fluchtgefahr
- Nr. 2: vollziehbare Ausreisepflicht wegen oder nach **unerlaubter Einreise**,
- Nr. 3: „**Abschiebungsanordnung nach § 58a**, die aber noch nicht vollzogen werden kann,
- Nr. 4: Verstoß **gegen ein Einreise- und Aufenthaltsverbot** i.S.d. § 11 Abs. 1 AufenthG

133 **b)** Durch zahlreiche Rechtsänderungen ist der Haftgrund der Fluchtgefahr mit zahlreichen Konnotationen aufgeladen worden. Der ganz überwiegende Teil der Sicherungshaftanordnungen beruhen auf dem Haftgrund der Fluchtgefahr. Gerade deshalb muss der **Haftantrag** nicht nur pauschal, sondern **konkret** die **entscheidungserheblichen Tatsachen** enthalten. Die Fluchtgefahr wird anhand einer widerleglichen Vermutung (Abs. 3a) einerseits, exemplarisch genannten konkreten Anhaltspunkten (Abs. 3b) andererseits bestimmt. Inhaltlich hat sich an der in der Vorauflage (Rn 130) konstatierten Haftfreundlichkeit nichts geändert.

134 Gem. **§ 62 Abs. 3a AufenthG** wird die **Fluchtgefahr** i.S.d. Abs. 3 Nr. 1 in den folgenden Fällen widerleglich **vermutet**. Das heißt, dass bei Vorliegen dieser Tatbestände es prozessual Aufgabe des Betroffenen ist, die Vermutung zu entkräften:

- Täuschung über Identität in erheblicher Weise und im zeitlichen Zusammenhang mit der Abschiebung, insbesondere durch Unterdrücken oder Vernichten von Identitäts- oder Reisedokumenten oder Angabe einer falschen Identität (Nr. 1)
- Unterlassene Wahrnehmung einer gem. § 82 Abs. 4 S. 1 AufenthG angeordneten Anhörung oder ärztlichen Untersuchung nach qualifizierter Belehrung über die Folgen (Nr. 2).
- Untertauchen nach Ablauf der Ausreisefrist, also nicht nur vorübergehender Wechsel des Aufenthaltsortes ohne Mitteilung an die zuständige Behörde trotz Hinweis auf die Anzeigepflicht (Nr. 3)

- Entziehung vor der Abschiebung in der Vergangenheit (Nr. 5)
- Ausdrückliche Erklärung, sich der Abschiebung entziehen zu wollen (Nr. 6)

135 **Konkrete Anhaltspunkte für** die **Fluchtgefahr** sind gem. Abs. 3b:

- Täuschung über Identität in erheblicher Weise ohne zeitlichen Zusammenhang mit der Abschiebung, insbesondere durch Unterdrücken oder Vernichten von Identitäts- oder Reisedokumenten oder Angabe einer falschen Identität (Nr. 1)
- Bezahlung „erheblicher Geldbeträge" für sog. Schleuser zur Hilfe bei der illegalen Einreise, wenn diese für den Betroffenen mutmaßlich so maßgeblich sind, dass er die „Investition" durch Entziehung vor der Abschiebung schützen will (Nr. 2)
- Eine von dem Ausländer ausgehende, erhebliche Gefahr für Leib und Leben Dritter oder bedeutende Rechtsgüter der inneren Sicherheit (Nr. 3). Dies soll eine zur Bekämpfung terroristischer Gefahren geschaffener Anhaltpunkt sein (*Al-Ali/Bergmann/Putzar-Sattler*, in: Huber/Mantel, Aufenthaltsgesetz/Asylgesetz, AufenthG § 62 Rn 23).
- Wiederholte strafrechtliche Verurteilungen, davon mindestens einmal zu einer Freiheitsstrafe (Nr. 4). Die Aussetzung zur Bewährung scheint keine Bedeutung zu haben, es dürfte aber geboten sein, zwischen Jugendstrafe und Freiheitsstrafe zu differenzieren.
- Verstoß gegen gesetzliche Passbeschaffungspflichten und Nichterfüllung vorgeschriebener Mitwirkungshandlungen zur Feststellung der Identität nach Hinweis auf diese Pflichten (Nr. 5).
- Verstoß gegen Auflagen zur Duldung nach Ablauf der Ausreisefrist (NR).

136 Es handelt sich dabei nicht um Regelbeispiele, sondern dem Wortlaut entsprechend Anhaltspunkte, die bei der **Prognose** des **Einzelfalls** zu erwägen sind. Dabei hat sich der Gesetzgeber an der Rspr. orientiert (BR-Drucks 642/14, S. 33 f.). Trotz dieser Aufzählung reicht das bloße Vorliegen eines Anhaltspunktes nicht aus. Vielmehr muss **die** Fluchtgefahr aus der **Gesamtschau** der **konkreten Umstände** des **Einzelfalles feststehen** (so bereits OLG Oldenburg InfAuslR 2003, 294, 295). Vermutungen reichen nicht aus (BGH, Beschl. v. 10.2.2000 – V ZB 5/00, NVwZ 2000, 965; OLG Frankfurt InfAuslR 1994, 241, 242; OLG Köln InfAuslR 2004, 396, 397). Konkrete Anhaltspunkte können zwar auf die Vergangenheit zurückgreifen, die **Fluchtgefahr muss aber im Anordnungszeitpunkt vorliegen**. Dies gilt insbesondere bei Verhinderungsmaßnahmen wie Identitätstäuschung oder Unterdrücken von Papieren. Aber auch allein das Bezahlen eines Schleppers in der Vergangenheit stellt nur einen konkreten Anhaltspunkt, nicht für sich genommen einen Haftgrund (mehr) dar.

137 **4.** Der **Ausreisegewahrsam** gem. § 62b AufenthG, der im Transitbereich eines Flughafens oder in einer geeigneten Unterkunft (§ 62b Abs. 2 AufenthG), kann unter **Ausübung pflichtgemäßen Ermessens** unabhängig von der Feststellung einer Fluchtgefahr angeordnet werden. Es ist wegen des abgesenkten Anordnungsmaßstabes sehr **zweifelhaft, ob die Regelung mit der Rückführungs-RL 2008/115/EG vereinbar ist**. Sie kann allenfalls unionsrechtskonform ausgelegt werden, wenn die in § 62b Abs. 1 Nr. 1 bis 3 AufenthG genannten Haftgründe als „Behindern der Rückführung" gem. Art. 15 Rückführungs-RL bewertet werden können (*Stahmann*, in: Marschner/Lesting/Stahmann, Freiheitsentziehung und Unterbringung, Kap. E, Rn 132, m.w.N.). Die **Voraussetzungen** sind:

- Erheblicher und verschuldeter Ablauf der Ausreisefrist (Nr. 1),
- Feststehen eines realistischen Abschiebungstermins (Nr. 2),
- Vermutung, dass die Abschiebung erschwert oder verhindert wird, bei (Nr. 3),
- Verletzung von Mitwirkungspflichten,
- Täuschung über Identität oder Staatsangehörigkeit,
- vorsätzliche Straftaten mit Verurteilungen zu mehr als 50 Tagessätzen,
- Überschreitung der Ausreisefrist um mehr als 30 Tage.

138 **5.** Die **ergänzende Vorbereitungshaft** gem. § 62c AufenthG für asylsuchende, besonders schwere Straftäter oder Gefährder geschaffen. Damit können diese Personen im Falle einer Wiedereinreise nach einer

erfolgten Ausweisung und Abschiebung trotz Asylantrags sofort in Haft genommen werden. Die **Voraussetzungen** sind:

- bestehendes Einreise- und Aufenthaltsverbot nach § 11 Abs. 1 S. 3 AufenthG,
- keine Betretenserlaubnis nach § 11 Abs. 8 AufenthG,
- Asylantrag wurde gestellt und die Haft ist zur Vorbereitung der Abschiebungsandrohung gem. § 34 AsylG erforderlich,
- erhebliche Gefahr für Leib und Leben Dritter oder bedeutende Rechtsgüter der inneren Sicherheit durch den Betroffenen oder Ausweisung aufgrund eines besonders schwerwiegenden Ausweisungsinteresses nach § 54 Abs. 1 AufenthG.

6. Gem. § 2 Abs. 14 AufenthG gelten für die Inhaftierung im Rahmen der Durchsetzung einer Abschiebung im **Dublin-Verfahren** zur Überstellung in einen für die Durchführung des Asylverfahrens zuständigen anderen Mitgliedsstaat der EU im Sinne der Dublin-III-Verordnung Nr. 604/2013 für die einzig als Haftgrund zählende Fluchtgefahr die Kriterien gem. § 62 Abs. 3a und 3b AufenthG, sowie weitere spezifische Anhaltspunkte. Die Geltung der Dublin-III-Verordnung wird sich aber mit der Umsetzung des Gemeinsamen Europäischen Asylsystems (GEAS) im Laufe des Jahres 2026 voraussichtlich erledigen. 139

☝ Die Anordnung der Abschiebungshaft – in welcher Form auch immer – kann insbesondere **rechtswidrig** sein, wenn sich im verwaltungsgerichtlichen Verfahren gegen die Aufenthaltsbeendigung zeigt, dass diese (wahrscheinlich) rechtswidrig ist. Wird im Eilverfahren die aufschiebende Wirkung hergestellt oder die Behörde zur Unterlassung der Abschiebung verpflichtet, ist die Sicherungshaft regelmäßig umgehend aufzuheben, weil die Ausreisepflicht, zwar immer noch vollziehbar, aber nicht mehr durchsetzbar ist. Die Vorbereitungshaft kann weiterhin gerechtfertigt sein, bedarf aber besonderer Begründung.

Siehe auch: → *Ausländer, Abschiebungshaft, Verfahren/Vollzug*, Teil H Rdn 140; → *Ausländer, Abschiebung, Allgemeines*, Teil H Rdn 101 m.w.N.; → *Ausländer, Allgemeines*, Teil H Rdn 155; → *Ausländer, Rechtsschutz, Allgemeines*, Teil H Rdn 427.

Ausländer, Abschiebungshaft, Verfahren/Vollzug 140

Das Wichtigste in Kürze:

1. Das Verfahren richtet sich nach §§ 415 – 432 FamFG. Zuständig für den Antrag sind Ausländer- und Polizeibehörden. Der Antrag muss vollständig sein.
2. Der Haftbefehl wird in erster Instanz durch das örtlich zuständige AG erlassen. Gegen die Entscheidung des AG ist die Beschwerde zum LG möglich; danach die Rechtsbeschwerde zum BGH, vor dem Vertretungszwang durch einen BGH-Anwalt besteht.
3. Der Vollzug der Abschiebungshaft richtet sich bundesrechtlich nach § 62a AufenthG.
4. Die Abschiebungshaft ist getrennt von der Straf- und Untersuchungshaft zu vollziehen, kann aber in deren unmittelbarer Folge verhängt werden.

Literaturhinweise: **Schmidt-Räntsch**, Freiheitsentziehungssachen gem. §§ 415 ff. FamFG, NVwZ 2014, 110; s.a. die Hinw. bei → *Ausländer, Abschiebungshaft, Allgemeines*, Teil H Rdn 126 und bei → *Ausländer, Allgemeines*, Teil H Rdn 156. 141

1.a) Das **Verfahren** zur Anordnung und Überprüfung von Abschiebungshaft richtet sich nach **§§ 415 – 432 FamFG**. Als Verfahrensvorschrift ist in § 62d AufenthG außerdem die Beiordnung eines Pflichtanwaltes für Verfahren der Abschiebungshaft und des Abschiebungsgewahrsam enthalten, der gem. § 2 Abs. 14 AufenthG auch für die Dublin-Überstellungshaft gilt. Allerdings sieht ein bei Drucklegung 142 noch nicht beratener Gesetzesentwurf der die Bundesregierung tragenden Mehrheitsfraktionen vor, diese Regelung knapp 18 Monate nach ihrer Einführung wieder abzuschaffen (BT-Drucks 21/780).

143 **b)** Die Abschiebungshaft muss von der örtlich und sachlich **zuständigen Behörde** beantragt werden. Dies sind neben der **Ausländerbehörde** gem. § 71 Abs. 3 Nr. 1e AufenthG in bestimmten Fällen auch die Polizeibehörden der Länder (§ 71 Abs. 5 AufenthG), und zwar insb. Durchführung von Abschiebungen, sowie die Bundespolizei bei Grenzbetroffenheit (§ 71 Abs. 3 Nr. 1e AufenthG).

144 Der **Antrag** ist gem. § 417 Abs. 2 FamFG zu begründen. Die **Begründung** muss folgenden Vortrag enthalten:

- die **Identität** und den **gewöhnlichen Aufenthaltsort** des Betroffenen
- die **Erforderlichkeit** und erforderliche **Dauer** der Freiheitsentziehung,
- die **Ausreisepflicht** des Betroffenen sowie die **Voraussetzungen** und die **Durchführbarkeit** der Aufenthaltsbeendigung.

☝ Außerdem soll die Behörde den **Verwaltungsvorgang** vorlegen (BGH, Beschl. v. 31.8.2021 – XIII ZB 87/20). Die unvollständige Vorlage kann zur Rechtswidrigkeit des Haftbeschlusses insgesamt führen (vgl, BGH, Beschl. v. 25.2.2025 – XIII ZB 14/22).

145 **c)** Im Fall der beabsichtigten Abschiebung eines Ausländers, gegen den ein **Strafverfahren** anhängig ist, gehört zu den Voraussetzungen der Aufenthaltsbeendigung auch die **Zustimmung** der **zuständigen StA** gem. § 72 Abs. 4 S. 1 AufenthG zugestimmt hat (st. Rspr., z.B. BGH NVwZ 2010, 1574; Beschl. v. 3.2.2011 – V ZB 224/10; NK-AuslR/Keßler, § 62 AufenthG Rn 88; Marschner/Lesting/Stahmann/*Stahlmann*, Freiheitsentziehung und Unterbringung, § 417 FamFG Rn 36).

146 **2.a) Zuständig** für die richterliche Anordnung der Freiheitsentziehung ist der Einzelrichter am örtlich zuständigem **AG** (§ 416 FamFG).

147 Gegen die Entscheidung des AG kann **Beschwerde** zum **LG** erhoben werden, gegen dessen Entscheidung die **Rechtsbeschwerde zum BGH** in Zivilsachen möglich ist.

☝ Vor dem BGH besteht – wie in Zivilsachen üblich – **Vertretungszwang** durch einen am BGH zugelassenen Rechtsanwalt.

148 **b)** Seit der Zuweisung der Rechtsbeschwerdeinstanz an den **BGH** stellte dieser immer wieder **Rechtsverletzungen** durch die Instanzgerichte fest. Hinzuweisen ist auf folgende

149 **Rechtsprechungsbeispiele**:

- Die **formalen Anforderungen** an einen Haftantrag sind erheblich und in der Vergangenheit vor der Einführung der BGH-Zuständigkeit oft vernachlässigt worden. Eine **fehlende Unterschrift** unter einem Haftantrag kann z.B. nicht ohne Weiteres nachgeholt werden. Vielmehr muss der Behördenvertreter in der Anhörung vor dem AG vertreten sein (BGH, Beschl. v. 9.2.2012 – V ZB 305/10). Ihr Fehlen ist aber auch unerheblich, wenn sich die Urheberschaft anders sicher feststellen lässt (BGH, Beschl. v. 28.10.2010 – V ZB 210/10). Diese Fragen haben sich mit der Einführung des elektronischen Rechtsverkehrs nur hinsichtlich der Form verschoben, denn der Schriftsatz muss entweder mit einer qualifizierten Signatur versehen sein oder von der verantwortenden Person einfach – mit Namenszug – signiert und auf sicherem Übertragungswege versendet werden (BGH, Beschl. v. 30.3.2022 – XII ZB 311/21).
- **Haftanträge** enthielten oft **nicht** die von § 417 FamFG **geforderten Angaben** (BGH FGPrax 2011, 317). Damit eine richterliche Überprüfung stattfinden kann, müssten aber zumindest in knapper Form die wesentlichen Punkte dargelegt werden. Der BGH (Beschl. v. 22.2.2022 – XIII ZB 124/19, im An-

schluss an Beschl. v. 12.10.2021 – XIII ZB 110/19 – und vom 31.8.2021 – XIII ZB 35/20) setzt voraus, dass enthalten sind Darlegungen:

- zur **zweifelsfreien Ausreisepflicht**,
- zu den Abschiebungs- oder **Überstellungsvoraussetzungen**,
- zur **Erforderlichkeit** der **Haft**, zur Durchführbarkeit der Abschiebung und
- zur notwendigen **Haftdauer**. Dabei muss dargelegt werden, dass innerhalb der Haftdauer die Abschiebung tatsächlich durchführbar ist und insbesondere Reisewege in den Zielstaat existieren zum **Zielstaat** der **Abschiebung** (BGH, Beschluss v. 6.10.2011 – V ZB 140/11).

Die Behörde muss außerdem den **Haftantrag** dem **Betroffenen aushändigen**, bevor das Amtsgericht darüber entscheidet (BGH FGPrax 2011, 257; Beschl. v. 19.9.2012 – V ZB 79/12). Dies soll aber nur bei Beruhen des Beschlusses auf dem Fehler zur Rechtswidrigkeit führen (BGH, Beschl. v. 16.7.2014 – V ZB 80/13), was angesichts der hohen Bedeutung des Freiheitsgrundrechts und Art. 5 Abs. 2 EMRK aber in Zweifel gezogen wird (NK-AuslR/*Keßler* AufenthG § 62 Rn 89; *Stahmann*, in: *Marschner/Lesting/Stahmann*, Freiheitsentziehung und Unterbringung, FamFG § 417 Rn 13). 150

Der **Haftantrag** ist spätestens zu Beginn der Anhörung außerdem von einem Dolmetscher in eine Sprache, die der Betroffene versteht, zu **übersetzen** (BGH, Beschl. v. 14.6.2012 – V ZB 284/11; NK-AuslR/*Keßler* AufenthG § 62 Rn 89). Der BGH beschränkt diesen Grundsatz durch ein Beruhenserfordernis (BGH, Beschl. v. 12.3.2015 – V ZB 187/14), was aus den gleichen Gründen wie oben zu kritisieren ist. 151

3. Der **Vollzug** der Abschiebungshaft richtet sich bundesrechtlich nach § 62a AufenthG, in dem durch den Verweis auf „spezielle Hafteinrichtungen" i.S.d. Art. 16 Abs. 1 der RL 2008/115/EU (Rückführungs-RL) vor allem das sog. **Trennungsgebot** niedergelegt ist, die Pflicht zur Trennung der Abschiebungshäftlinge von Untersuchungs- und Strafgefangenen (LG Leipzig, Beschl. v. 20.9.2011 – 07 T 104/11; LG Traunstein, Beschl. v. 21.8.2012 – 4 T 3104/12; LG Wiesbaden, Beschl. v. 26.6.2012 – 4 T 221/12, 4 T 222/12). Die Haft ist auch rechtswidrig, wenn die speziellen Hafteinrichtungen hinsichtlich der tatsächlichen Durchführung des Vollzuges (Besuchsmöglichkeiten, Einschlusszeiten, Qualifikation des Personals) zu dicht am Strafvollzug organisiert sind (BGH, Beschl. v. 26.3.2024 – XIII ZB 85/22 – unter Bezugnahme auf EuGH NVwZ 2022, 783; NVwZ-RR 2024, 526). 152

Im Übrigen wird der Vollzug **landesrechtlich** geregelt, wobei neben Berlin, Brandenburg und Bremen inzwischen auch Baden-Württemberg, Hamburg, Nordrhein-Westfalen und Sachsen-Anhalt eigene Vollzugsgesetze für die Abschiebungshaft erlassen haben. In den übrigen Bundesländern wird das Strafvollzugsrecht für analog anwendbar gehalten. Dies könnte im Hinblick auf die Rspr. des BVerfG zur Unanwendbarkeit von Strafvollzugsgesetzen im Bereich des Jugendvollzuges (BVerfG, Urt. v. 31.5.2006 – 2 BvR 1673/04, 2 BvR 2402/04, NJW 2006, 2093) problematisch sein. Eine konkrete Entscheidung hierzu steht aber – noch immer – aus. 153

4. Abschiebungshaft kann auch **im Anschluss an** die **U-Haft** oder **Strafhaft** oder auch bereits parallel dazu als Überhaft angeordnet werden, auch im Fall einer vorzeitigen Entlassung auf Bewährung. Sollte der Inhaftierte weiter unverändert in der JVA untergebracht werden, würde das Trennungsgebot verletzt, was die Haft regelmäßig rechtswidrig macht (BGH, Beschl. v. 23.9.2015 – V ZB 133/13). Lediglich im Einzelfall, wenn von dem Betroffenen eine erhebliche Gefahr für Leib und Leben oder der inneren Sicherheit ausgeht, kann die Unterbringung in einer JVA, wenngleich getrennt von Strafgefangenen, zulässig sein (BGH, Beschl. v. 15.12.2020 – XIII ZR 3/19). 154

☝ Da die formalen Anforderungen an den Antrag recht hoch sind, sollte **unbedingt Beschwerde** gegen einen Über- oder Anschlusshaftbefehl eingelegt werden. Dies kann vor allem lohnenswert sein, da rechtswidrige Abschiebungshaft einen verschuldensunabhängigen Schadensersatzanspruch gegen den Rechtsträger des anordnenden Gerichts – also i.d.R. das Bundesland – aus Art. 5 Abs. 5 EMRK auslöst (hierzu *Stahmann*, in: *Oberhäuser*, Migrationsrecht in der Beratungspraxis, § 11 Rn 357 ff.).

Siehe auch: → *Ausländer, Abschiebung, Allgemeines*, Teil H Rdn 101; → *Ausländer, Abschiebungshaft, Allgemeines*, Teil H Rdn 125; → *Ausländer, Allgemeines*, Teil H Rdn 155 m.w.N.

155 Ausländer, Allgemeines

Das Wichtigste in Kürze:

1. Das Ausländerrecht regelt den Zuzug und Aufenthalt von Personen ohne deutsche Staatsangehörigkeit. Es gliedert sich im Wesentlichen in das Freizügigkeitsrecht für Unionsbürger, das Asyl- und Flüchtlingsrecht für Asylbewerber und das Aufenthaltsrecht für alle übrigen Drittstaatsangehörigen-
2. Drittstaatsangehörige bedürfen zumeist für Einreise und Aufenthalt eines Aufenthaltstitels. Einreise und Aufenthalt von Unionsbürgern sind grds. erlaubt. Für die Dauer eines Asylverfahrens wird der Aufenthalt gestattet.
3. Wie jedes Handeln der öffentlichen Hand sind auch ausländerrechtliche Verfügungen durch den Grundsatz der Verhältnismäßigkeit und die Grundrechte der Betroffenen begrenzt.
4. Wie jedes Handeln der öffentlichen Hand sind auch ausländerrechtliche Verfügungen durch den Grundsatz der Verhältnismäßigkeit und die Grundrechte der Betroffenen begrenzt.
5. Die Vergütung nach dem RVG richtet sich außergerichtlich nach Teil 2 VV RVG, in gerichtlichen Verfahren nach Teil 3 VV RVG. In Verfahren über die Abschiebungshaft sind Nrn. 6300 ff. VV RVG anzuwenden.

156 **Literaturhinweise:** **Bahr** (Hrsg.), Beck'sche Online-Formulare Ausländer- und Migrationsrecht, 11. Edition 2025; **Bergmann/Dienelt**, Ausländerrecht, 15. Aufl. 2025 (zit. Bergmann/Dienelt/*Bearbeiter*); Decker/Bader/Kothe, BeckOK Migrations- und Integrationsrecht, 21. Edition 1.4.2025 (zit. (*BeckOK MigR*/Bearbeiter); **Dörig**, Europarecht und deutsches Aufenthaltsrecht, NVwZ 2010, 921; **Dörig/Hocks** (Hrsg.), Münchener Anwaltshandbuch Migrations- und Integrationsrecht, 3. Aufl. 2024; **Eichenhofer/Priebe**, Die Reform des Gemeinsamen Europäischen Asylsystems (GEAS) – Sicherheitsrecht im asylrechtlichen Gewand?, GSZ 2026, 1; **Fritz/Vormeier**, Gemeinschaftskommentar zum Aufenthaltsgesetz (zit. Bearbeiter, in: GK-AufenthG); **Hofmann**, NK-Ausländerrecht, 3. Aufl. 2023 (zit. NK-AuslR/*Bearbeiter*); **Huber**, 2. Richtlinienumsetzungsgesetz und weitere Änderungen im Ausländerrecht, NVwZ 2012, 385; **Huber**, Umsetzung ausländer- und flüchtlingsrechtlicher Richtlinien der EU und die neue Dublin-III-VO, NVwZ 2014, 548; **Huber/Mantel**, Aufenthaltsgesetz/Asylgesetz, 4. Aufl. 2025; **Jung**, Praxiswissen Strafverteidigung von Ausländern, 2009; **Kluth/Heusch**, BeckOK Ausländerrecht, 44. Edition 1.4.2025 (zit *BeckOK AuslR*/Bearbeiter); **Marx**, Aufenthalts-, Asyl- und Flüchtlingsrecht, Handbuch, 8. Aufl. 2023 (zit. *Marx*, Handbuch, Rn); **Marx**, Aufenthalts-, Asyl- und Flüchtlingsrecht, Handbuch, 3. Aufl. 2007 (zit. *Marx*, Handbuch, 3. Aufl, Rn); **Möthrath/Rüther/Bahr**, Verteidigung ausländischer Beschuldigter, 2012; **Münch**, Allgemeines Ausländerrecht, in: **Redeker/Uechtritz**, Anwaltshandbuch Verwaltungsverfahren, 2. Aufl. 2012; Teil 7A S. 1411 ff.; **Oberhäuser** (Hrsg.), Migrationsrecht in der Beratungspraxis, 2019; **Westphal/Brakemeier**, Der Visakodex, NVwZ 2010, 621; s.a. die Hinweise bei den u.a. Stichwörtern.

157 **1.a)** Das Ausländerrecht regelt **Zuzug** und **Aufenthalt** aller Personen **ohne deutsche Staatsangehörigkeit** im Bundesgebiet (§ 1 Abs. 1 S. 1 i.V.m. § 2 Abs. 1 AufenthG). Es ergeben sich rechtlich und praktisch drei Teilbereiche des Ausländerrechts.

158 **b)** Das **Aufenthaltsrecht** im engeren Sinne, geregelt im **Aufenthaltsgesetz**, betrifft alle Personen, die einerseits nicht deutsche Staatsangehörige sind, § 2 Abs. 1 AufenthG, und darüber hinaus nicht als Unionsbürger oder aus anderen Gründen besonderen Rechtsvorschriften unterliegen, § 1 Abs. 2 AufenthG. Zuständig für die Durchführung ist die örtlich zuständige **Ausländerbehörde**.

159 **c)** Das **Freizügigkeitsgesetz/EU** regelt das Recht des Aufenthaltes für die meisten **Unionsbürger** (§ 1 Abs. 2 Nr. 1 FreizügG/EU). Diese dürfen sich wegen der **Grundfreiheit** der **Freizügigkeit** grds. im Bundesgebiet aufhalten und unterliegen **lediglich** der **allgemeinen Meldepflicht**. Das Recht auf Freizügigkeit bei längerem Aufenthalt ist an bestimmte Bedingungen geknüpft. Zuständig ist ebenfalls die örtlich zuständige **Ausländerbehörde**.

d) Das **Asyl- und Flüchtlingsrecht** ist mit den Spezialvorschriften im **Asylverfahrensgesetz (AsylVfG)**, teilweise aber auch im AufenthG, vorrangig maßgeblich im Verfahren auf die Gewährung politischen Asyls, Zuerkennung internationalen Schutzes oder Bestehen von Abschiebungsverboten. Herr des Asylverfahrens ist das **Bundesamt für Migration und Flüchtlinge (BAMF)**. 160

2.a) Einreise und Aufenthalt eines Nicht-Unionsbürgers (Drittstaatsangehöriger) unterliegt einem **Verbot** mit **Genehmigungsvorbehalt**, d.h. ein Nicht-EU-Staatsangehöriger benötigt für seinen Aufenthalt im Bundesgebiet eine behördliche Erlaubnis – den **Aufenthaltstitel**. Demgegenüber bedarf ein Unionsbürger erst im Fall eines längerfristigen Aufenthalts ggf. einer behördlichen Mitwirkung. Dabei enthalten die einschlägigen Vorschriften einerseits die **Tatbestände** für die **Zulässigkeit** des **Aufenthaltes**, andererseits auch **Eingriffsbefugnisse** der Ordnungsbehörden. 161

b) Drittstaatsangehörige unterliegen dabei grds. der **Passpflicht** gem. § 3 AufenthG und müssen über einen Nationalpass ihres Herkunftslandes verfügen. Mit dem Pass werden zugleich Staatsangehörigkeit und Identität nachgewiesen. 162

☝ **Ausnahmen** sind nur möglich, wenn der Betroffene einen Nationalpass nicht unter zumutbaren Bedingungen erhalten kann. Dann kann ggf. ein Ausweisersatz gem. § 48 Abs. 2 AufenthG oder sogar ein Reiseausweis für Ausländer gem. § 6 AufenthV ausgestellt werden.

c) Unionsbürger benötigen lediglich einen gültigen **Personalausweis** oder **Reisepass**, § 2 Abs. 5 FreizügG/EU (→ *Ausländer, Freizügigkeitsrecht/Unionsbürger, Allgemeines*, Teil H Rdn 385, → *Ausländer, Freizügigkeitsrecht/Unionsbürger, Verlustfeststellung,* Teil H Rdn 397). 163

d) Für **Asylbewerber** genügt während der Dauer des Asylverfahrens die von der Ausländerbehörde ausgestellte **Aufenthaltsgestattung** gem. § 55 AsylVfG. 164

3. Hinweise für den Verteidiger/Rechtsanwalt 165

a) Wie jedes Handeln der öffentlichen Hand sind auch ausländerrechtliche Verfügungen durch den **Grundsatz** der **Verhältnismäßigkeit** und die Grundrechte der Betroffenen begrenzt. Dabei ist das behördliche Handeln weder dem Rückwirkungsverbot (Art. 103 Abs. 2 GG) noch der Unschuldsvermutung unterworfen, weil es sich um **Gefahrenabwehr**, nicht um Strafverfolgung handelt. Ausländerrechtliche Maßnahmen unterliegen deswegen auch **nicht dem Verbot der Doppelbestrafung** (Art. 103 Abs. 3 GG).

☝ Dieser Umstand ist dem Betroffenen in der **Beratung** oft **nicht** ganz **einfach verständlich zu machen**. Gerade in der strafrechtlichen Nachsorge muss sich der Rechtsanwalt darauf einstellen, dass die Maßnahmen nach dem Ausländerrecht den Betroffenen und sein Umfeld oft noch härter treffen als eine mehrjährige Freiheitsstrafe. Hierauf sollte einerseits nicht mit übertriebenen Erfolgsvoraussagen, andererseits aber mit angemessenem Verständnis reagiert werden.

b) Bei der **erstmaligen Erteilung** eines Mandats durch einen ausländischen Staatsangehörigen, insbesondere einen Nicht-EU-Bürger, sollten immer die folgenden Informationen eingeholt werden: 166

Checkliste: Mandatsübernahme

- Der genaue **Name** (aus dem Nationalpass oder einem anderen Dokument), die **Staatsangehörigkeit** und das **Geburtsdatum** (insbesondere Letzteres wird zur Korrespondenz mit der Ausländerbehörde benötigt).
- Verfügt der Mandant über einen **gültigen Pass** und wie lange ist dieser gültig?
- Bei **Drittstaatsangehörigen**: Verfügt der Mandant über einen **Aufenthaltstitel**, wenn ja, über welchen und wie lange ist dieser noch gültig?

- Liegen schon **ausländerrechtliche Entscheidungen** aufgrund einer vorangegangenen Verurteilung vor?
- Die **zuständige Ausländerbehörde**, zumeist diejenige des aktuellen oder letzten Wohnsitzes.

☝ Können diese Informationen nicht erlangt werden, können bereits ausländerrechtliche Maßnahmen eingeleitet sein. In diesem Fall sollten unbedingt die **Verwaltungsvorgänge bei der zuständigen Behörde** eingesehen werden.

167 **5.a)** Die **Vergütung** in ausländerrechtlichen Angelegenheiten nach dem RVG richten sich im Regelfall nach Teil 2 VV RVG für die außergerichtliche Vertretung und nach Teil 3 VV RVG für die gerichtliche Tätigkeit.

☝ Wirtschaftlich ist die Abrechnung nach dem RVG erfahrungsgemäß nur möglich, wenn sich der Zeitaufwand in Grenzen hält. Angelegenheiten des Ausländerrechts sind aber in aller Regel gerade wegen der Bedeutung für den Mandanten recht arbeitsintensiv. Daher lässt sich eine Begrenzung des Aufwandes vor allem durch eine Spezialisierung erreichen. Auch dann ist dem Rechtsanwalt der Abschluss von **Vergütungsvereinbarungen** (§ 3a RVG) **anzuraten**!

168 **b)** Die Abrechnung erfolgt nach dem **Gegenstandswert**. Lag dieser früher regelmäßig beim **Auffangstreitwert** gem. **§ 52 Abs. 2 GKG** in Höhe von **5.000,00 EUR**, sieht Nr. 8 des Streitwertkatalogs der Verwaltungsgerichtsbarkeit (Stand 2025) eine differenzierte Gestaltung vor, wobei die Werte jeweils je betroffener Person anfallen:

- unbefristete Aufenthaltsrechte (z.B. Niederlassungserlaubnis, Freizügigkeitsberechtigung): 1,5-facher Auffangwert, 7.500,00 EUR,
- befristeter Aufenthaltstitel: Auffangwert, 5.000,00 EUR,
- Aussetzung der Abschiebung bzw. Duldung: halber Auffangwert, 2.500,00 EUR,
- Ausweisung und Verlustfeststellung: Wert des vorher innegehabten Aufenthaltsrechts,
- Nebenbestimmungen zu Aufenthalt und Duldung: halber Auffangwert, 2.500,00 EUR,
- Beschäftigungserlaubnis, Reiseausweise: Auffangwert, 5.000,00 EUR.

169 Ob mit Nr. 1.5 des Streitwertkataloges eine **Reduzierung** im **Eilverfahren** vorzunehmen ist, wird in der Rspr. unterschiedlich gesehen und teilweise danach beurteilt, ob eine faktische Vorwegnahme der Hauptsache stattfindet (dabei ist z.B. das OVG Lüneburg eher differenzierend, während das OVG Münster durchgehend eine Reduzierung auf ½ im Eilverfahren vornimmt).

170 Bei **Klagehäufung** – also mehreren Gegenständen in einem Verfahren – werden die **Streitwerte regelmäßig addiert**. Mehrere Kläger werden als Klagehäufung aufgefasst (s.o. Streitwertbestimmung je Person), der Erhöhungsfaktor für mehrere Auftraggeber gem. Nr. 1008 VV RVG ist dann nicht anzuwenden.

171 Für das **Asylverfahren** sind in **§ 30 RVG** die Streitwerte mit 5.000,00 EUR für Hauptsacheverfahren und 2.500,00 EUR für Eilverfahren mit besonderen Erhörungsregeln für Personenmehrheiten (je zusätzlich 1.000,00 EUR in Klageverfahren und 500,00 EUR in Eilverfahren) festgelegt. Das Gericht hat die Möglichkeit, den Streitwert bei offensichtlichem Missverhältnis abzuändern (so für die Untätigkeitsklage gem. § 75 VwGO als reine Bescheidungsklage im Asylrecht BVerwG, Streitwertbeschl. v. 11.7.2018 – 1 C 18.17, BVerwGE 162, 331).

172 **c)** Die Vertretung in **Abschiebungshaftsachen** wird nach dem RVG nach den Vorschriften für Freiheitsentziehungsverfahren gem. **Nrn. 6300 ff. VV RVG** vergütet (vgl. dazu die Kommentierung bei Burhoff/*Volpert*, RVG, Nr. 6300 VV Rn 1 ff.).

Siehe auch: → *Internationale Vollstreckung, Allgemeines,* Teil B Rdn 681 m.w.N.; → *Ausländer, Abschiebung, Allgemeines*, Teil H Rdn 101 m.w.N.; → *Ausländer, Abschiebung, Kosten*, Teil H Rdn 111; → *Ausländer, Abschiebungshaft, Allgemeines,* Teil H Rdn 125 m.w.N.; → *Ausländer, Abschiebungshaft,*

Verfahren/Vollzug, Teil H Rdn 140; → *Ausländer, Asyl- und Flüchtlingsrecht, Asylantrag*, Teil H Rdn 173; → *Ausländer, Aufenthaltsrecht, Assoziationsabkommen Türkei*, Teil H Rdn 183; → *Ausländer, Aufenthaltsrecht, Aufenthaltstitel*, Teil H Rdn 195; → *Ausländer, Aufenthaltsrecht, Auflagen und Nebenbestimmungen*, Teil H Rdn 227; → *Ausländer, Aufenthaltsrecht, Ausweisung*, Teil H Rdn 244; → *Ausländer, Aufenthaltsrecht, Besonderheiten des Verfahrens*, Teil H Rdn 289; → Ausländer, *Aufenthaltsrecht, Duldung*, Teil H Rdn 302; → *Aufenthaltsrecht, Verlust des Aufenthaltstitels*, Teil H Rdn 314; → *Ausländer, Einbürgerung, Staatsangehörigkeit*, Teil H Rdn 327; → *Ausländer, Einreise- und Aufenthaltsverbot, Allgemeines*, Teil H Rdn 339; → *Ausländer, Einreise- und Aufenthaltsverbot, Befristung*, Teil H Rdn 358; → *Ausländer, Freizügigkeitsrecht/Unionsbürger, Allgemeines*, Teil H Rdn 385; → *Ausländer, Freizügigkeitsrecht/Unionsbürger, Verlustfeststellung*, Teil H Rdn 397; → *Ausländer, Gesetzesnovellen*, Teil H Rdn 420; → *Ausländer, Rechtsschutz, Allgemeines*, Teil H Rdn 427 m.w.N.; → *Ausländer, Rechtsschutz, Eilverfahren*, Teil H Rdn 438; → *Ausländer, Rechtsschutz, Rechtsmittel und Rechtsbehelf*, Teil H Rdn 449.

Ausländer, Asyl- und Flüchtlingsrecht, Asylantrag 173

Das Wichtigste in Kürze:

1. Im Asylverfahren wird geprüft, ob politisches Asyl gewährt, die Flüchtlingseigenschaft oder sonstiger internationaler Schutz zuerkannt oder zielstaatsbezogene Abschiebungsverbote festgestellt werden.
2. In der strafrechtlichen Nachsorge kann sich die Frage ergeben, ob zur Verhinderung einer Aufenthaltsbeendigung ein Asylantrag in Betracht kommt.

Literaturhinweise: **Bender**, in: **Johlen/Oerder**, Münchener Anwaltshandbuch Verwaltungsrecht, § 24 Das Mandat im Asylrecht, 3. Aufl. 2012; **Bergmann**, Das Dublin-Asylsystem, ZAR 2015, 81; **Doring**, Auf dem Weg in ein Gemeinsames Europäisches Asylsystem, NVwZ 2014, 106; **Fuerst**, Rechtsschutz gegen offensichtlich unbegründete Asylanträge, NVwZ 2012, 213; **Oberhäuser**, Migrationsrecht in der Beratungspraxis, Irreguläre Migration, §§ 16 ff.; s.a. die Hinweise bei → *Ausländer, Allgemeines*, Teil H Rdn 156. 174

1.a) Das Asylverfahren vor dem **Bundesamt** für **Migration und Flüchtlinge (BAMF)** dient der Feststellung, ob politisches Asyl, internationaler Schutz oder Abschiebungsverbote zuerkannt werden. Es beginnt mit dem **Asylantrag** gem. § 14 AsylVfG. Hat der Betroffene bereits ein Asylverfahren durchlaufen, werden alle weiteren Anträge als **Folgeanträge** gem. **§ 71 AsylVfG** betrachtet. Ein Folgeantrag führt nur unter besonderen, an § 51 Abs. 1 VwVfG angelehnten Voraussetzungen und bei überwiegender Wahrscheinlichkeit einer für den Antragsteller günstigeren Entscheidung zu einem neuen Verfahren, also insbesondere bei einer veränderten Sach- und Rechtslage. Selbst dann führt ein nicht erfolgreicher Folgeantrag zu einer Ablehnung als „offensichtlich unbegründet" mit allen damit einhergehenden negativen Folgen (Rdn 179 ff.). 175

b) Asylbewerber erhalten gem. § 55 AsylVfG eine sog. **Aufenthaltsgestattung**, die zwar keinen Aufenthaltstitel darstellt, aber bescheinigt, dass der Aufenthalt während des Asylverfahrens nicht illegal ist. Bei einem Asylerstantrag gilt allerdings damit auch die sog. **Residenzpflicht**, die Verpflichtung, in einem bestimmten Bereich, zumeist einer Aufnahmeeinrichtung zu wohnen. Außerdem können Beschränkungen des Aufenthaltsbereiches gelten. 176

c) Während der Bearbeitung eines **Folgeantrages** besteht wegen des verfahrensrechtlichen Abschiebungshindernisses aus § 71 Abs. 5 S. 3 AsylVfG **Anspruch** auf **Erteilung** einer **Duldung** gem. § 60a Abs. 2 AufenthG. Gem. § 71 Abs. 7 AsylVfG bestehen räumliche Beschränkungen und Wohnsitzauflagen fort. Rein taktisch motivierte Asylfolgeanträge oder solche, die nach Scheitern eines vorherigen Asyl- 177 folgeantrages gestellt werden, können allerdings durch bloße Mitteilung des Bundesamtes diese Wirkung verlieren (§ 71 Abs. 5 S. 2 AsylG).

178 ☝ Ein **offensichtlich erfolgloser Asylfolgeantrag** kann vom Bundesamt für Migration und Flüchtlinge innerhalb von Tagen abgelehnt werden, womit kein Anlass mehr für eine Duldung besteht. Dies ist durch die Einführung der bloßen Mitteilung, dass die Voraussetzungen eines Folgeverfahrens nicht vorliegen, noch beschleunigt worden. Der Folgeantrag führt damit auch nicht zu einem nennenswerten Zeitgewinn.

179 **d)** Die **Ablehnung** eines **Asylantrages** verhindert gem. § 10 Abs. 3 AufenthG in den meisten Fällen die Erteilung vieler Aufenthaltstitel in der Zukunft. Insbesondere wenn der Antrag als **offensichtlich unbegründet** und dabei einer der Ablehnungsgründe gem. § 30 Abs. 3 AsylVfG zur Anwendung kommt, wird die Erteilung von Aufenthaltstiteln bis hin zur Erteilungssperre erschwert.

180 Die Ablehnung als offensichtlich unbegründet droht gem. **§ 30 Abs. 2 AsylVfG** insbesondere, „wenn nach den Umständen des Einzelfalles offensichtlich ist, dass sich der Ausländer nur aus wirtschaftlichen Gründen oder um einer allgemeinen Notsituation zu entgehen, im Bundesgebiet aufhält".

181 Die **besonderen Qualifikationstatbestände**, die zwingend zu einer dauerhaften Erteilungssperre führen (§ 30 Abs. 3 AsylVfG), sind:

- **unsubstantiierter** und/oder **widersprüchlicher Vortrag**, der offensichtlich den Tatsachen, z.B. einschlägigen Erkenntnisse des BAMF oder der Gerichte, nicht entspricht,
- **Täuschung** oder Verweigerung von Angaben über Identität und Staatsangehörigkeit,
- weiterer Antrag unter **Alias-Personalien**,
- **Asylantragkurz vor** einer **Aufenthaltsbeendigung** mit der Absicht deren Verhinderung, obwohl vorher ausreichend Gelegenheit zur Antragstellung bestand,
- schuldhafte grobe **Verletzung** von **Mitwirkungspflichten** im Asylverfahren,
- bereits **vollziehbare Ausweisung** gem. §§ 53, 54 AufenthG,
- Asylfolgeantrag gem. § 71 AsylG, der zwar zu einem neuen Verfahren, aber nicht zu einer Schutzgewährung führt,
- bei **Minderjährigen unter 16 Jahren**, wenn zuvor Asylanträge der Eltern als offensichtlich unbegründet abgelehnt wurden.

☝ Die **Behörde** muss sich auf das Vorliegen dieser Gründe wegen der schweren Folge der Ablehnung als offensichtlich unbegründet in ihrer Entscheidung **ausdrücklich berufen** (BVerwG NVwZ 2010, 386). Allerdings ist das Gericht im Überprüfungsfall befugt, den Asylantrag auch aus anderen der qualifizierten Gründe für offensichtlich unbegründet zu halten; einem Austausch der Gründe steht nichts im Wege (VG Berlin, Beschl. v. 30.1.2020 – VG 38 L 549.19 A; Beschl. v. 8.2.2018 – VG 34 L 1553.17 A; VG München, Beschl. v. 9.11.2012 – M 24 S 12.30733; VG Freiburg, Beschl. v. 7.5.2001 – A 1 K 10311/01)

182 **2. Hinweis für den Verteidiger/Rechtsanwalt!**

In der strafrechtlichen Nachsorge kann sich die Frage ergeben, ob **zur Verhinderung einer Aufenthaltsbeendigung** ein Asylantrag in Betracht kommt. Insoweit gilt:

- Vor einem solchen Vorgehen ist zunächst zu **überprüfen**, ob der **Mandant bereits** einmal ein **Asylverfahren** durchlaufen hat und zu welchem Ergebnis dieses gekommen ist. Alle weiteren Anträge sind als Folge- oder Wiederaufgreifensanträge an erhebliche Zulässigkeitsvoraussetzungen geknüpft und bieten häufig keinen erheblichen Zeitgewinn.
- Hat der Verurteilte noch **kein Asylverfahren** durchlaufen, ist wegen der negativen Auswirkungen einer Ablehnung ein Erstantrag **nur empfehlenswert**, wenn aussichtsreiche **Asylgründe** vorgetragen

werden können. Insbesondere, wenn bereits eine **Ausweisung** vollziehbar ist oder die Aufenthaltsbeendigung unmittelbar bevorsteht, kann es wegen der Tatbestände gem. § 30 Abs. 3 AsylVfG mit der Folge der Ablehnung als „offensichtlich unbegründet" für den weiteren Aufenthalt eher schädlich sein, einen Asylantrag zu stellen.

☝ Zusammengefasst sollte ein Asylantrag im Rahmen der strafrechtlichen Nachsorge **nur nach gründlicher Prüfung** und keinesfalls allein auf Drängen des Betroffenen erwogen werden, selbst wenn eine Aufenthaltsbeendigung droht.

Siehe auch: → *Ausländer, Allgemeines*, Teil H Rdn 155 m.w.N.; → *Ausländer, Aufenthaltsrecht, Duldung*, Teil H Rdn 302; → *Ausländer, Rechtsschutz, Allgemeines*, Teil H Rdn 427; m.w.N.; → *Ausländer, Rechtsmittel und Rechtsbehelfe*, Teil H Rdn 449.

Ausländer, Aufenthaltsrecht, Assoziationsabkommen Türkei 183

Das Wichtigste in Kürze:

1. Türkische Arbeitnehmer und ihre Familienangehörigen haben besondere Aufenthaltsrechte; man spricht von Assoziationsrecht oder Assoziationsfreizügigkeit.
2. Die Assoziationsberechtigung gem. Art. 6 Abs. 1 ARB 1/80 wird durch zumindest einjährige Berufstätigkeit als Angestellter bei demselben Arbeitgeber erworben und berechtigt zunächst zur Fortsetzung dieser Tätigkeit. Das Recht verfestigt sich, je länger die Berufstätigkeit ausgeübt wird.
3. Art. 7 ARB 1/80 gewährt Familienangehörigen türkischer Arbeitnehmer, die selbst ein Assoziationsrecht erlangt haben, die Privilegien aus den Assoziationsratsbeschlüssen, wenn sie dem sog. Stammberechtigten erlaubt nachgezogen sind.
4. Die Assoziationsfreizügigkeit erlischt nur bei endgültigem Verlassen des deutschen Arbeitsmarktes, dauerhafter Ausreise oder nach einer Ausweisung unter Berücksichtigung von Art. 14 Abs. 1 ARB 1/80.

Literaturhinweise: **Gutmann**, in: Münchener Anwaltshandbuch Migrations- und Integrationsrecht, § 12 Assoziationsabkommen, 3. Aufl. 2024; **Hailbronner**, Einreise und Aufenthalt türkischer Staatsangehöriger im Assoziationsrecht EWR-Türkei, ZAR 2011, 138; **Kurzidem**, Das assoziationsrechtliche Aufenthaltsrecht türkischer Staatsangehöriger im Spiegel der neueren Rechtsprechung, ZAR 2010, 121; **Oberhäuser**, in: *ders.* (Hrsg.), Migrationsrecht in der Verwaltungspraxis, § 13 Assoziationsabkommen; s.a. die Hinweise bei → *Ausländer, Allgemeines*, Teil H Rdn 155. 184

1. Türkische Staatsangehörige genießen einen aufenthaltsrechtlichen Sonderstatus, wenn sie entweder selbst in Deutschland **Arbeitnehmer** oder **Familienangehörige** türkischer Arbeitnehmer sind. Aufgrund des Assoziationsabkommens zwischen den Europäischen Gemeinschaften und der Türkei wurde der Assoziationsrat gebildet. Dieser hat mit dem **Assoziationsratsbeschluss (ARB) 1/80** die Rechtsgrundlage für die sogenannte **Assoziationsfreizügigkeit** geschaffen. 185

☝ Die Assoziationsberechtigung eines türkischen Staatsangehörigen kann bei der strafrechtlichen **Nachsorge entscheidende Bedeutung entfalten**. Da sie nicht an die Gültigkeit eines Aufenthaltstitels gebunden ist, schadet ein fehlender Verlängerungsantrag bei bereits bestehendem Daueraufenthaltsstatus nicht. Auch der aus Art. 14 ARB 1/80 resultierende Ausweisungsschutz kann den entscheidenden Unterschied ausmachen.

Aus **Art. 6** und **7 ARB 1/80** ergibt sich bei Vorliegen der Tatbestandsmerkmale die **Berechtigung** zur **Ausübung** einer **Erwerbstätigkeit** und damit notwendigerweise bereits kraft Gesetzes auch ein Auf- 186 enthaltsrecht. Eine sog. **deklaratorische Aufenthaltserlaubnis** wird gem. § 4 Abs. 2 AufenthG auf Antrag erteilt.

187 **2.a)** Die Assoziationsberechtigung gem. **Art. 6 Abs. 1 ARB 1/80** wird nach dem 1. Spiegelstrich durch zumindest **einjährige Berufstätigkeit** als **Angestellter** bei **demselben Arbeitgeber** erworben und berechtigt zunächst zur Fortsetzung dieser Tätigkeit.

☝ Dies setzt aber voraus, dass **Einreise** und **Aufenthalt bereits legal** sind. Es ist nicht möglich, das Assoziationsrecht aus der Duldung, sonstigem illegalen Aufenthalt oder aus dem Ausland zu erlangen.

188 **b)** Das Recht verfestigt sich, je länger die Berufstätigkeit ausgeübt wird, und zwar wie folgt:

- Die folgende Verfestigungsstufe – 2. Spiegelstrich – wird erreicht bei **mindestens dreijähriger Beschäftigung** beim gleichen Arbeitgeber, nach der der türkische Arbeitnehmer innerhalb der gleichen Branche den Arbeitgeber wechseln darf.
- Wird nach **vier Jahren ununterbrochener Erwerbstätigkeit** der Tatbestand des **3. Spiegelstrichs** erfüllt, erhält der türkische Arbeitnehmer unbeschränkten Zugang zum Arbeitsmarkt und damit auch ein **dauerhaftes Aufenthaltsrecht.**

189 Bei der **Berechnung** der Fristen sind die in Art. 6 Abs. 2 ARB 1/80 genannten Unterbrechungen nicht zu berücksichtigen. Dies sind insbesondere Unterbrechungen aufgrund Krankheit, Urlaub und unverschuldeter und amtlich – durch die Meldung als Arbeitsloser – bestätigter Arbeitslosigkeit von nicht mehr als 6 Monaten.

190 **3.a)** Art. 7 ARB 1/80 gewährt **Familienangehörigen** türkischer Arbeitnehmer, die selbst ein Assoziationsrecht erlangt haben, die Privilegien aus den Assoziationsratsbeschlüssen, wenn sie dem sog. Stammberechtigten **erlaubt nachgezogen** sind (*Bergmann/Dienet/Dienelt*, EWG-Türkei Art. 7, Rn 28 ff.), was z.B. durch Visum sowie Geburt (EuGH, Urt. v. 7.7.2005 – C-373/03 – Aydinli, Rn 22) oder Eheschließung im Bundesgebiet geschehen kann.

191 **Familienangehörige** in diesem Sinne sind in entsprechender Anwendung der Familienzusammenführungs-RL 2003/38/EG (EuGH 30.9.2004 – C-275/02 Rn. 37 ff. – *Ayaz*; *Bergmann/DieneltDienelt.*, EWG-Türkei Art. 7 Rn 21):

- **Ehegatten,**
- **Lebenspartner,** wenn nach den Rechtsvorschriften des Aufnahmemitgliedstaats die eingetragene Partnerschaft der Ehe gleichgestellt ist,
- Verwandte in gerader absteigender Linie (**Kinder, Enkel etc.**), die das **21. Lebensjahr** noch nicht vollendet haben oder denen **Unterhalt** gewährt wird,
- Verwandte in gerader aufsteigender Linie (**Eltern, Großeltern**), denen **Unterhalt** gewährt wird.

192 **Hinzuweisen** ist auf folgende

Weitere Privilegien

- Es entsteht gem. Art. 7 S. 1 ARB 1/80 nach **drei Jahren Wohnsitz** in **Deutschland** das Recht zur Arbeitsaufnahme unter Berücksichtigung des Vorrangs von Deutschen und Unionsbürgern und nach **fünf Jahren** der **unbeschränkte Arbeitsmarktzugang**.
- Art. 7 S. 2 ARB 1/80 gewährt unmittelbar unbeschränkten Zugang zum Arbeitsmarkt, wenn eine **Berufsausbildung** abgeschlossen wird und die **Eltern mindestens drei Jahre** im Bundesgebiet **erwerbstätig** waren.
- Das Recht aus Art. 7 ARB 1/80 beinhaltet nach seinem Erwerb ein **dauerhaftes, unbefristetes Aufenthaltsrecht.** Die erteilte Aufenthaltserlaubnis muss mindestens fünf Jahre gültig sein (BVerwG, Urt. v. 22.5.2012 – 1 C 6.11, BVerwGE 143, 150 = NVwZ 2013, 75).

- Die Privilegien beim Arbeitsmarktzugang sind durch § 4a AufenthG weniger bedeutsam geworden, wonach regelmäßig mit dem Aufenthaltstitel auch die Erlaubnis zur Ausübung einer Erwerbstätigkeit verbunden ist.

4. Die Assoziationsfreizügigkeit nach Art. 6 Abs. 1 3. Spiegelstrich oder Art. 7 ARB 1/80 **erlischt** nur bei **endgültigem Verlassen des deutschen Arbeitsmarktes**, dauerhafter **Ausreise** oder nach einer **Ausweisung** unter Berücksichtigung von Art. 14 Abs. 1 ARB 1/80. Demnach darf die Ausweisung nur aus Gründen der öffentlichen Sicherheit, Ordnung oder Gesundheit erfolgen, was die Begründungsanforderungen steigert und die Maßnahme unter einen strengen Verhältnismäßigkeitsvorbehalt **(ordre public-Vorbehalt)** stellt (EuGH, Urt. v. 8.12.2011- C-371/08, NVwZ 2012, 422 – *Ziebell*; *Bergmann/Dienelt/Dienelt*, EWG-Türkei Art. 14, Rn 36 ff.). 193

Ist diese Verfestigungsstufe noch nicht erreicht, genügt außerdem **vor einer ununterbrochenen Erwerbstätigkeit von drei Jahren** beim gleichen Arbeitgeber aber **jeder Wechsel** zu einem anderen Arbeitgeber, um die Fristen neu beginnen zu lassen. 194

Siehe auch: → *Ausländer, Allgemeines*, Teil H Rdn 155 m.w.N.; → *Ausländer, Aufenthaltsrecht, Aufenthaltstitel*, Teil H Rdn 195; → *Ausländer, Aufenthaltsrecht, Ausweisung*, Teil H Rdn 244.

Ausländer, Aufenthaltsrecht, Aufenthaltstitel 195

Das Wichtigste in Kürze:

1. Jeder Ausländer, der nicht Unionsbürger oder aus anderen Gründen privilegiert ist, benötigt einen Aufenthaltstitel als Erlaubnis für den Aufenthalt im Bundesgebiet.
2. Das Aufenthaltsgesetz kennt gem. § 4 Abs. 1 S. 2 AufenthG insgesamt fünf Aufenthaltstitel.
3. Für alle Aufenthaltstitel gelten die Regelerteilungsvoraussetzungen des § 5 AufenthG.
4. Ein Aufenthaltstitel wird für einen bestimmten Aufenthaltszweck erteilt.

Literaturhinweise: Dörig, in: Münchener Anwaltshandbuch Migrations- und Integrationsrecht, 3. Aufl. 2024, § 5 Aufenthaltsgesetz; **Hailbronner**, Zur Berechnung rechtmäßiger Aufenthaltszeiten, ZAR 2009, 345; **Hammer/Klaus**, Fachkräfteeinwanderungsgesetz (FEG): Signal mit Fragezeichen oder echter Quantensprung?, ZAR 2019, 137; **Marx**, Die Sicherung des Lebensunterhaltes nach Europarecht, ZAR 2010, 222; **Mävers**, Das Fachkräfteeinwanderungsgesetz – ein Überblick und Ausblick, ArbRAktuell 2020, 81; **Offer**, Das Fachkräfteeinwanderungsgesetz 1.1, ZRP 2023, 101; **Strunden/Schubert**, Deutschland gibt sich die Blue Card „Plus", ZAR 2012, 270; s.a. die Hinw. bei → *Ausländer, Allgemeines*, Teil H Rdn 156. 196

1. Die meisten Ausländer, die nicht Unionsbürger, also sog. **Drittstaatsangehörige** sind, benötigen für ihren Aufenthalt innerhalb der Grenzen der Bundesrepublik gem. § 4 Abs. 1 AufenthG grds. eine **behördliche Erlaubnis,** den **Aufenthaltstitel**. Gem. § 4a Abs. 1 AufenthG dürfen Inhaber eines Aufenthaltstitels regelmäßig ohne weitere Erlaubnis auch eine **abhängige oder selbstständige Erwerbstätigkeit** ausüben, es sei denn, das Gesetz bestimmt etwas anderes. Eine Beschränkung liegt vielfach vor, wenn die Einreise im Zusammenhang mit der Erwerbstätigkeit erfolgt ist (Arbeits- und Bildungsmigration, Aufenthaltstitel des 3. und 4. Abschnitts im 2. Kapitel des AufenthG). 197

Ausnahmen vom Erfordernis des Aufenthaltstitels ergeben sich für 198

- **Unionsbürger**, Staatsangehörige der EWR-Staaten und ihre Familienangehörigen (→ *Ausländer, Freizügigkeit/Unionsbürger, Allgemeines*, Teil H Rdn 385),
- Begünstigte von **Befreiungstatbeständen** gem. §§ 15 – 30 AufenthV,
- Staatsangehörige bestimmter Staaten gem. § 20 Abs. 1 des **Schengener** Durchführungsabkommens i.V.m. Art. 1 Abs. 2 und Anhang II der VO (EG) 539/2001,
- aus **humanitären Gründen** Einreisende gem. § 5 Abs. 3 AufenthG,
- **heimatlose Ausländer** i.S.d. § 1 HAuslG gem. § 12 S. 2 HAuslG.

☝ Ausländer, die einen Aufenthaltstitel benötigen, aber keinen besitzen, sind **ausreisepflichtig** (§ 50 Abs. 1 AufenthG). Ggf. droht ihnen der zwangsweise Vollzug der Ausreise durch Abschiebung.

199 **2.** Das Aufenthaltsgesetz kennt gem. § 4 Abs. 1 S. 2 AufenthG insgesamt **sechs Aufenthaltstitel**:

- **Visum** (§ 6 AufenthG),
- **Aufenthaltserlaubnis** (§ 7 AufenthG) mit ihren Sonderformen in der Arbeitsmigration,
- **Blaue Karte EU** (§ 18g AufenthG),
- ICT-Karte (§ 19a AufenthG) und Mobiler-ICT-Karte (§ 19c AufenthG),
- **Niederlassungserlaubnis** (§ 9 AufenthG) und
- **Erlaubnis** zum **Daueraufenthalt/EU** (§ 9a AufenthG).

200 Diese haben unterschiedliche **Rechtswirkungen**:

- Während **Visum** und **Aufenthaltserlaubnis** immer für eine bestimmte, **befristete Dauer** erteilt werden und ggf. nur beschränkte Rechte gewähren, sind
- die **Niederlassungserlaubnis** und die **Erlaubnis** zum **Daueraufenthalt/EU unbefristet** und statten den Inhaber mit umfassenden Rechten (z.B. Arbeitserlaubnis, Freizügigkeit im Bundesgebiet, Familiennachzug) aus.
- Die **Blaue Karte EU** ist ein besonderer Aufenthaltstitel, der insbesondere zum Zweck der **Migration qualifizierter Arbeitskräfte** aufgrund europäischen Rechts geschaffen wurde. Eine ähnliche Funktion erfüllen **ICT-Karte** und **Mobiler-ICT-Karte** für den Austausch von Personal in internationalen Konzernstrukturen.

201 **3.a)** Für alle Aufenthaltstitel gelten die **Regelerteilungsvoraussetzungen** des § 5 AufenthG, von denen aber bei den speziellen Erteilungsvoraussetzungen zum Teil bereits durch das Gesetz abgesehen wird oder aber durch die Behörde nach Ermessen abgesehen werden kann. Der Begriff der Regelvoraussetzung zeigt bereits, dass im **Ausnahmefall** von diesen abgesehen werden kann.

☝ Das Vorliegen eines Ausnahmefalls ist gerichtlich **in vollem Umfang überprüfbar**.

202 **b)** Die in der Praxis wichtigsten Regelerteilungsvoraussetzungen sind die **Sicherung** des **Lebensunterhaltes** gem. § 5 Abs. 1 Nr. 1 AufenthG (Rdn 203) und das **Fehlen** von **Ausweisungsinteressen** gem. § 5 Abs. 1 Nr. 2 AufenthG (Rdn 205). Parallel laufen teilweise die Notwendigkeit der **Klärung der Identität** gem. § 5 Abs. 1 Nr. 1a AufenthG und die **Erfüllung der Passpflicht** gem. § 5 Abs. 1 Nr. 4 AufenthG (Rdn 204). Daneben muss die Einreise mit einem Aufenthaltstitel, insbesondere dem richtigen Visum oder aufgrund einer privilegierten visumsfreien Einreise erfolgt sein (§ 5 Abs. 2 AufenthG; Rdn 206). Von diesen Voraussetzungen kann unter bestimmten Umständen, § 5 Abs. 3 AufenthG, abgewichen werden.

203 Der **Lebensunterhalt** ist regelmäßig **gesichert**, wenn der Betroffene **keinen Anspruch** auf **öffentliche Sozialleistungen**, insbesondere nach SGB II, XII, Wohngeld oder Asylbewerberleistungsrecht, hat. Entscheidend ist nicht der tatsächliche Bezug, sondern der theoretische Anspruch (im Einzelnen BVerwG, Urt. v. 26.8.2008 – 1 C 32.07, NVwZ 2009, 248; Urt. v. 16.11.2010 – 1 C 20.09, NVwZ 2011, 825; Urt. v. 29.11.2012 – 10 C 4.12, NVwZ 2013, 947). Dies gilt aber im Bereich des Familiennachzuges nur eingeschränkt, weil sozialleistungsrechtliche Freibeträge auf das Einkommen in diesem Rahmen nicht anzurechnen sind (EuGH NVwZ 2010, 697 – Chakroun). Grundlage ist eine Prognose aufgrund rückschauender Betrachtung, ob ohne unvorhergesehene Ereignisse der Lebensunterhalt ohne Inanspruchnahme öffentlicher Mittel aufgebracht werden kann (BayVGH, Beschl. v. 7.9.2021 – 19 C 21.825, Rn 13). Der Zeitraum richtet sich dabei nach der Dauer des vorgesehenen Aufenthalts (BayVGH, Beschl. v. 5.10.2018 – 10 C 17.322, Rn 8).

204 Immer größere Bedeutung hat die Voraussetzung der **Klärung** der **Identität** gem. § 5 Abs. 1 Nr. 1a AufenthG. Da diese in der Regel durch **Vorlage** eines **Nationalpasses** erfolgt, liegen die Voraussetzun-

gen gem. Nr. 1a und Nr. 4 oft dicht beieinander. Die Identität im rechtlichen Sinne wird in erster Linie durch den Namen und Vornamen, Tag und Ort der Geburt, die Staatsangehörigkeit u.ä. bestimmt (OVG Berlin-Brandenburg, Urt. v. 19.3.2012 – 3 B 15.11). Klärung der Identität setzt die Gewissheit voraus, dass die angegebenen Daten der Wahrheit entsprechen (BVerwG, Urt. v. 1.9.2011 – 5 C 27.10, NVwZ 2012, 707).

Ein **Ausweisungsinteresse** liegt vor, wenn eines der Tatbestandsmerkmale einer **Ausweisung** gem. **§§ 53 Abs. 1, 54 AufenthG** erfüllt ist. Dabei enthält § 53 Abs. 1 AufenthG die Grundtatbestände, insbesondere die Gefährdung der öffentlichen Sicherheit und Ordnung durch den weiteren Aufenthalt des Betroffenen, während § 54 AufenthG Tatbestände enthält, in denen das Ausweisungsinteresse typischerweise besonders schwer oder schwer wiegt. Dabei reicht die Erfüllung des Tatbestandes insbesondere eines qualifizierten Ausweisungsinteresses i.S.d. § 54 AufenthG aus – es ist nicht erforderlich, dass die Ausweisung auch rechtmäßig verfügt werden kann (BVerwG, Urt. v. 12.7.2018 – 1 C 16.17, NVwZ 2019, 486; OVG Hamburg, Beschl. v. 9.5.2012 – 4 Bs 15/12, FamRZ 2012, 1519), was einen weiteren Abwägungsprozess voraussetzt (Rdn 257). Neben den in § 54 AufenthG genannten spezialpräventiv ausgerichteten Ausweisungsinteressen kommen auch generalpräventive als Anknüpfungspunkt in Betracht (BVerwG, Urt. v. 9.5.2019 – 1 C 21.18, NVwZ 2019, 486). Die Tatbestände müssen hinreichend aktuell erfüllt sein, wobei bei strafrechtlichen Verfehlungen die Tilgungsfristen des § 46 BZRG eine Obergrenze bilden, weil gem. § 51 AufenthG deren Ablauf einer Verwertung entgegensteht (BVerwG, Urt. v. 12.7.2018 – 1 C 16.17, NVwZ 2019, 486) und auch andere Gründe für einen Wegfall der von dem Betroffenen ausgehenden Gefahr sprechen können. Das Ausweisungsinteresse kann bei **Aufenthaltstiteln** aus **familiären Gründen** gem. § 27 Abs. 3 S. 2 AufenthG außerdem **unbeachtlich** bleiben. Fehlen hierzu Erwägungen in einem Ablehnungsbescheid, ist dieser ggf. wegen Ermessensnichtgebrauch unheilbar rechtswidrig. 205

Das **richtige Visum** liegt vor, wenn bei der Antragstellung zutreffende Angaben über den beabsichtigten Aufenthaltszweck gemacht wurden und das Visum für die Begründung eines Aufenthaltes zu dem beabsichtigten Zweck vorgesehen ist (§ 5 Abs. 2 AufenthG). 206

c) Auf die **Verlängerung** von **Aufenthaltstiteln** finden die **gleichen Vorschriften** Anwendung wie auf ihre Erteilung (§ 8 Abs. 1 AufenthG). Auf die Einhaltung der Regelerteilungsvoraussetzungen ist daher dauerhaft zu achten. 207

4.a) Ein Aufenthaltstitel wird für einen **bestimmten Aufenthaltszweck** erteilt. Die vorgesehenen Aufenthaltszwecke sind: 208

- **Ausbildung:** Berufsausbildung (§§ 16a und 16g AufenthG), Studium (§ 16b AufenthG), Sprachkurs, Schulbesuch (§ 16f AufenthG), Anerkennung ausländischer Berufsqualifikationen (§ 16d AufenthG),
- **Erwerbstätigkeit:** Beschäftigung als Arbeitnehmer (§ 18 AufenthG), insbesondere als Fachkraft mit Berufsausbildung (§ 18a AufenthG), mit akademischer Qualifikation (§ 18b AufenthG) oder besonders hoher Qualifikation (Blaue Karte EU, § 18g AufenthG), zur Arbeitssuche (§§ 20, 20a AufenthG) oder Selbstständigkeit (§ 21 AufenthG),
- **völkerrechtliche, humanitäre oder politische Gründe:** Asylberechtigte, Flüchtlinge oder bei Abschiebungsverboten bzw. -hindernissen (§ 25 AufenthG), Härtefälle (§ 23a AufenthG) und Aufenthaltstitel wegen guter Integration (§§ 25a, 25b, 104c AufenthG),
- **familiäre Gründe:** Ehegatten (§§ 28, 30 AufenthG) und Kinder (§§ 32, 33 AufenthG), eigenständiges Aufenthaltsrecht nach drei Jahren ehelicher Lebensgemeinschaft (§ 31 AufenthG) oder bei Volljährigkeit nachgezogenen Kinder (§§ 34, 35 AufenthG),
- **Besondere Aufenthaltsrechte:** ehemalige Deutscher nach Verlust der Staatsangehörigkeit (§ 38 AufenthG), in anderen EU-Staaten Daueraufenthaltsberechtigte (§ 38a AufenthG) oder wiederkehrberechtigte Jugendlicher oder Heranwachsender (§ 37 AufenthG).

☝ Gem. § 7 Abs. 1 S. 2 AufenthG sind nach **Ermessen** der Behörde auch Aufenthaltstitel zu **anderen Zwecken** als den gesetzlich vorgesehenen möglich; derartige Fälle sind aber als **Ausnahmen** anzusehen.

209 **b)** Das Aufenthaltsrecht folgt dem Prinzip der **Zwecktrennung**.

☝ Der Rechtsanwalt sollte daher bei Erteilungsanträgen darauf **achten**, dass er diese nicht unnötig beschränkt. Im Zweifel muss die Behörde den Antrag nach dem Meistbegünstigungsprinzip danach auslegen, was dem Ausländer am meisten nützt. Wird aber z.B. nur ein Antrag auf eine familiär begründete Aufenthaltserlaubnis gestellt und dieser abgelehnt, kann ohne vorherigen Antrag im Gerichtsverfahren kein Aufenthaltstitel z.B. aus humanitären Gründen verfolgt werden.

210 Trotzdem – oder gerade deshalb – muss der Betroffene bei mehreren denkbaren Zwecken und Titeln nicht die Entscheidung treffen, welchen Aufenthaltszweck er verfolgen will. Die gleichzeige **Erteilung mehrerer Titel** zu unterschiedlichen Zwecken ist **zulässig** (BVerwGE 146, 117).

211 Entfallen die Voraussetzungen für einen Aufenthaltstitel zu dem festgelegten Zweck, kann die zuständige Ausländerbehörde die Geltungsdauer **nachträglich verkürzen** (§ 8 Abs. 2 AufenthG).

☝ Die **nachträgliche Befristung** ist häufig der Fall, wenn eine eheliche Lebensgemeinschaft vor Ablauf der darauf basierenden Aufenthaltserlaubnis von einem der Ehepartner beendet wird und die Ausländerbehörde davon erfährt. Da auch ein Nebeneinander von Aufenthaltstiteln möglich ist, kann es in solchen Fällen sinnvoll sein, auch nachträglich zu prüfen, ob ein Betroffener auch die Voraussetzungen eines anderen als des ihm tatsächlich erteilten Aufenthaltstitels erfüllt hat. Dann wäre sofort ein entsprechender Erteilungsantrag zu stellen.

212 Der **Wechsel** zwischen den Aufenthaltszwecken kann kraft Gesetzes **ausgeschlossen** sein. So ist z.B. der Wechsel vom Studienaufenthalt (§ 16b AufenthG) in die Beschäftigung nicht gem. § 19c i.V.m. der Beschäftigungsverordnung zulässig (§ 16b Abs. 4, AufenthG).

213 **c)** Die Erteilung eines **konkreten Aufenthaltstitels** ist wiederum an bestimmte **Voraussetzungen** gebunden, die in den einzelnen Tatbeständen der **§§ 16 ff. AufenthG** geregelt sind. Vielfach werden dabei Regelerteilungsvoraussetzungen modifiziert, aufgehoben oder zur Disposition der Ausländerbehörde nach Ermessen gestellt oder aber weitere Voraussetzungen vorgesehen, welche der Verwirklichung des Aufenthaltszwecks sichern sollen, wie z.B. die eheliche Lebensgemeinschaft beim Ehegattennachzug gem. §§ 28, 30 AufenthG oder das ernsthafte Betreiben des Studiums bei einer Aufenthaltserlaubnis gem. § 16b Abs. 1 AufenthG.

214 **d) Strafrechtliche Verurteilungen** haben – neben einem die Regelerteilungsvoraussetzung betreffenden Ausweisungsinteresse (Rdn 205) – insbesondere nachteilige Auswirkungen auf Aufenthaltstitel, die an die Integration anknüpfen.

☝ Strafverteidiger sollten daher bereits im Hauptsacheverfahren darauf achten, dass selbst Verurteilungen, die nicht in ein Führungszeugnis eingetragen werden, aufenthaltsrechtlich Nachteile mit sich bringen können. Die **entscheidende Grenze** wird z.T. bereits bei Verurteilungen zu **50 Tagessätzen Geldstrafe** überschritten.

215 **aa) § 25a Abs. 1 AufenthG** begründet einen **Regelanspruch** auf Erteilung einer Aufenthaltserlaubnis für **gut integrierte Jugendliche** und **Heranwachsende**, die vor allem an die Bildungsintegration anknüpft. Einen ausdrücklichen Ausschluss wegen Straftaten sieht die Regelung nicht vor. Die Voraussetzung, dass das Einfügen in die Lebensverhältnisse der Bundesrepublik nicht sichergestellt ist, kann aber im Rahmen einer Einzelfallbetrachtung nicht gegeben sein, wenn Straftaten vorliegen. Diese sollen aber bedeutsam

sein, wenn sich aus den Taten persönliche Defizite ergeben, die eine positive Prognose ausschließen (OVG Bremen InfAuslR 2007, 447, 448; OVG Hamburg, Beschl. v. 29.1.2008 – 3 Bf 149/02, InfAuslR 2009, 64, 70f.). Dabei sind insbesondere die Tatumstände, das beeinträchtigte Rechtsgut, das Alter bei Tatbegehung und die Unrechtseinsicht zu berücksichtigen (*Bergmann/Dienelt/Röder*, § 25a AufenthG Rn 18.

Für die **Eltern** der **Begünstigen** ermöglicht **§ 25a Abs. 2 AufenthG** die Erteilung einer Aufenthaltserlaubnis. Diese ist allerdings gem. Abs. 3 **versperrt**, wenn eine **Verurteilung** wegen einer **vorsätzlichen Straftat** vorliegt. Es werden nur Verurteilungen berücksichtigt, die noch nicht aus dem BZR getilgt sind (BVerwG, Urt. v. 15.10.2015 – 2 C 14.14, BVerwGE 133, 72, 80). Es bleiben Verurteilungen zu Geldstrafen bis zu 50 Tagessätzen bzw. 90 Tagessätzen bei Straftaten, die nach dem AufenthG oder dem AsylVfG nur von Ausländern begangen werden können, außer Betracht. 216

bb) Außerdem besteht die Möglichkeit der **Erteilung** einer **Aufenthaltserlaubnis** bei **nachhaltiger Integration** gem. **§ 25b AufenthG**. Diese Vorschrift knüpft insbesondere an eine lange Aufenthaltsdauer, ausreichende Sprachkenntnisse und die Sicherung des Lebensunterhaltes an. Strafrechtlich ist von Bedeutung, dass die Erteilung gem. § 25b Abs. 2 Nr. 2 AufenthG zu versagen ist, wenn ein **Ausweisungsinteresse** gem. § 54 Abs. 1 (besonders schwerwiegend) oder Abs. 2 Nr. 1 und 2 (schwerwiegend wegen erheblicher Straftaten) AufenthG besteht (→ *Ausländer, Aufenthaltsrecht, Ausweisung*, Teil H Rdn 239). 217

Eine ebenso strenge Einschränkung wie in § 25a Abs. 2 AufenthG galt für das sog. **Chancen-Aufenthaltsrecht** gem. § 104c AufenthG a.F., das unter Ausnahme von zahlreichen Regelerteilungsvoraussetzungen sogar ohne Passvorlage und Identitätsklärung (Rdn 204) eine ausdrücklich auf 18 Monate beschränkte Aufenthaltserlaubnis gewährt. Voraussetzung ist aber, dass keine Verurteilungen wegen vorsätzlicher Straftaten vorliegen zu insgesamt mehr als 50 Tagessätzen Geldstrafe, 90 Tagessätze bei Straftaten, die nur von Ausländern begangen werden können. Die Regelung ist mit Ablauf des 31.12.2025 aber außer Kraft getreten, sodass nur noch begrenzt Altfälle eine Rolle spielen können. 218

Die **Überschreitung** dieser **Schwellen** schließt auch die Erteilung von Aufenthaltstiteln gem. § 19d AufenthG (qualifizierte Geduldete zur Erwerbstätigkeit), § 16g AufenthG (Berufsausbildung für Geduldete) sowie einer Ausbildungsduldung gem. § 60c AufenthG aus. 219

e) Hinweis für den Verteidiger/Rechtsanwalt! 220

Wegen der Anknüpfung an Strafverfahren und wegen der **Bedeutung** auch für die strafrechtliche **Nachsorge** sollen hier außerdem die Voraussetzungen der Aufenthaltstitel gem. **§ 25 Abs. 4a und 4b** sowie **Abs. 5 AufenthG** kurz dargestellt werden.

aa) § 25 Abs. 4a AufenthG richtet sich an **Opfer** von **Straftaten** gem. **§§ 232, 233** oder **233a StGB** (Menschenhandel u.a.). Diesen kann nach Ermessen der Behörde eine Aufenthaltserlaubnis erteilt werden, wenn 221

- StA oder Strafgericht die Anwesenheit im Bundesgebiet für erforderlich halten, weil ohne ihre Angaben die Erforschung des Sachverhaltes erschwert wäre,
- die Verbindung zu den Beschuldigten abgebrochen wurde,
- Aussagebereitschaft besteht.

bb) § 25 Abs. 4b AufenthG gilt mit ähnlicher Zielsetzung für **Opfer bestimmter Straftaten** der **illegalen Beschäftigung** (§§ 10 Abs. 1, 11 Abs. 1 Nr. 3 SchwarzArbG; § 15a AÜG). Neben dem von StA festzustellenden Erfordernis des Aufenthaltes ist die Aussagebereitschaft Voraussetzung. Dabei kann die Aufenthaltserlaubnis verlängert werden, wenn noch Vergütungsansprüche offenstehen und eine besondere Härte in deren Verfolgung aus dem Ausland läge. 222

cc) Die Aufenthaltserlaubnis gem. **§ 25 Abs. 5 AufenthG** kann vielfach als **„ultimativer Auffangtatbestand"** des Aufenthaltsrechts angesehen werden. In vielen Fällen liegt hierin die letzte Möglichkeit einer Gewährung eines Aufenthaltstitels. Die Entscheidung liegt im Ermessen der Ausländerbehörde. 223

224 Tatbestandlich ist neben der vollziehbaren Ausreisepflicht **erforderlich**, dass die **Ausreise** aus rechtlichen oder tatsächlichen Gründen **unmöglich** ist, also nicht nur ein Duldungstatbestand gem. § 60a Abs. 2 S. 1 AufenthG vorliegt (→ *Ausländer, Aufenthaltsrecht, Duldung*, Teil H Rdn 302), sondern auch die freiwillige Ausreise nicht zumutbar ist. Mit einer Veränderung dieses Umstandes darf in absehbarer Zeit nicht zu rechnen sein. Hält dieser Umstand seit **mehr als 18 Monaten** an, verdichtet sich das Recht auf Erteilung zu einem **Regelanspruch**.

225 Aus den zahlreichen Gründen, aus denen die Ausreise rechtlich und tatsächlich unmöglich sein kann, seien exemplarisch genannt die folgenden,

praktisch bedeutsame Gründe:

- **familiäre Bindungen** zu aufenthaltsberechtigten nahen Verwandte, z.B.
  - tatsächlich ausgeübtes Umgangs- und Sorgerecht mit minderjährigen Kindern (BVerfG NJW 2009, 1135)
  - Betreuung pflegebedürftiger Eltern (BVerfG NVwZ 2011, 35)
- dauerhafte **Reiseunfähigkeit**, auch bei Suizidalität (OVG Sachsen-Anhalt, Beschl. v. 21.2.2006 – 2 M 217/05)
- **unverschuldete Passlosigkeit**, z.B. bei Staatenlosen oder bei Unwilligkeit der Behörden im Herkunftsland (VG Saarlouis, Urt. v. 18.7.2008 – 6 K 0106/06)
- **faktische Inländerschaft** (→ *Ausländer, Aufenthaltsrecht, Ausweisung*, Teil H Rdn 244)

226 Die Entscheidung über die Erteilung der Aufenthaltserlaubnis gem. § 25 Abs. 5 AufenthG muss **ermessensgerecht** sein. Sie muss alle Aspekte des Falles berücksichtigen. Regelerteilungsvoraussetzungen können gem. § 5 Abs. 3 AufenthG unberücksichtigt bleiben. Wir diesbezüglich das Ermessen übersehen, stellt dies einen Ermessensfehler dar, der im gerichtlichen Verfahren (§ 114 S. 2 VwGO) nur durch ergänzende Erwägungen geheilt werden kann, wenn nicht ein völliger Ausfall des Ermessens festzustellen ist.

Siehe auch: → *Ausländer, Allgemeines*, Teil H Rdn 155 m.w.N.; → *Ausländer, Aufenthaltsrecht, Assoziationsabkommen Türkei*, Teil H Rdn 183; *Teil H: Ausländer, Aufenthaltsrecht, Auflagen und Nebenbestimmungen*, Rdn 227; → *Ausländer, Aufenthaltsrecht, Ausweisung*, Teil H Rdn 244; → *Ausländer, Aufenthaltsrecht, Besonderheiten des Verfahrens*, Teil H Rdn 289, → *Ausländer, Aufenthaltsrecht, Verlust des Aufenthaltstitels*, Teil H Rdn 314; → *Ausländer, Aufenthaltsrecht, Duldung*, Teil H Rdn 302; → *Ausländer, Einreise- und Aufenthaltsverbot, Allgemeines*, Teil H Rdn 339 m.w.N.; → *Ausländer, Rechtsschutz, Allgemeines*, Teil H Rdn 427 m.w.N.

227 Ausländer, Aufenthaltsrecht, Auflagen und Nebenbestimmungen

Das Wichtigste in Kürze:

1. Zum Aufenthaltstitel und zur Duldung können Auflagen und Nebenbestimmungen erlassen werden. Praktisch bedeutsam sind Arbeitserlaubnis, Aufenthaltsbeschränkung und Wohnsitzauflage.
2. Regelmäßig berechtigt jeder Aufenthaltstitel zur Ausübung einer selbstständigen oder abhängigen Erwerbstätigkeit. Bei Aufenthaltstiteln der Bildungs- und Arbeitsmigration sind aber vielfach Beschränkungen vorgesehen.
3. Wohnsitzauflagen verfolgen zwei Zwecke: Einerseits soll im Fall des Bezuges öffentlicher Leistungen, z.B. gem. SGB II oder nach dem AsylbLG, die gleichmäßige Belastung der kommunalen Haushalte gesichert werden.

4. Durch Aufenthaltsbeschränkungen soll die Bewegungsfreiheit des Betroffenen eingeschränkt werden, damit dieser für aufenthaltsrechtliche Maßnahmen besser erreichbar ist.
5. Wohnsitz- und Aufenthaltsbeschränkungen müssen der Verhältnismäßigkeit entsprechen und ausdrücklich verfügt werden.

Literaturhinweise: Bünte/Knödler, Beschäftigungserlaubnis für ausländische Arbeitnehmer als Nebenbestimmung zu Aufenthaltstitel, Aufenthaltsgestattung und Duldung, NVwZ 2010, 1328; **Füglein/Lagardère**, Die Aufhebung des Arbeitsverbotes für Asylbewerber, ZAR 2013, 282; **Klaus**, Die „Aufenthaltserlaubnis" im Sinne von § 9 Abs. 1 BeschV und weitere Details der Norm, ZAR 204, 334; s.a. die Hinw. bei → *Ausländer, Allgemeines*, Teil H Rdn 153, *Ausländer, Aufenthaltsrecht, Aufenthaltstitel*, Teil H Rdn 196. 228

1. Sowohl zum Aufenthaltstitel als auch zu einer Duldung können gem. § 12 Abs. 2 und § 61 AufenthG neben einer Befristung (nur bei Visum, Aufenthaltserlaubnis und Blauer Karte EU sowie der Duldungsbescheinigung) weitere Nebenbestimmungen in der Gestalt von Bedingungen und Auflagen erlassen werden. Dabei sind in der Praxis insbesondere **Arbeitserlaubnis**, **Wohnsitzauflage** und **Aufenthaltsbeschränkung** von besonderer Bedeutung (Rdn 230 ff.). 229

☝ Aufenthalt und Arbeitsaufnahme von freizügigkeitsberechtigten **EU-Bürgern** können **nicht räumlich beschränkt** werden. Das Aufenthaltsrecht ist nicht anwendbar.

2.a) Gem. § 4a Abs. 1 AufenthG berechtigt ein Aufenthaltstitel regelmäßig zur Aufnahme einer Erwerbstätigkeit (→ *Ausländer, Aufenthaltsrecht, Aufenthaltstitel*, Teil H Rdn 195). Eine Beschränkung gilt kraft Gesetzes bei den meisten Aufenthaltstiteln zur Bildungs- und Arbeitsmigration (3. und 4. Abschnitt im 2. Kapitel des AufenthG). Diese Aufenthaltstitel werden zumeist im Zusammenhang mit einer bestimmten Erwerbstätigkeit oder jedenfalls einem auf die Erwerbstätigkeit zielenden Bildungsvorhaben erteilt, so dass die Beschränkung der Erreichung des Aufenthaltszwecks dient. Gerade die Inhaber von Aufenthaltstiteln der anderen Abschnitte (z.B. familiäre und humanitäre Gründe) sind aber in der Wahl ihres Arbeitsplatzes nicht eingeschränkt. 230

☝ **Geduldete Ausländer** und solche im **Asylverfahren mit** einer **Aufenthaltsgestattung** benötigen immer eine Arbeitserlaubnis. Ohne Erlaubnis ist eine Erwerbstätigkeit aufzunehmen ebenso wie die Beschäftigung durch einen Arbeitgeber wenigstens eine Ordnungswidrigkeit. Arbeits- und Auftraggeber sind gem. § 4a Abs. 5 AufenthG bußgeldbewehrt verpflichtet, die entsprechende Erlaubnis sicherzustellen und zu dokumentieren.

b) Personen ohne Aufenthaltstitel, mit einer Aufenthaltsgestattung für das Asylverfahren oder einer **Duldung kann** die Arbeitsaufnahme auf Antrag genehmigt werden. Der Antrag wird an die Ausländerbehörde gerichtet, die bei einem Antrag auf die Erlaubnis zu nichtselbstständiger Beschäftigung die Bundesagentur für Arbeit gem. § 39 AufenthG beteiligt. Hierfür ist die Zentrale Arbeitsvermittlung (ZAV) mit Sitz in Duisburg zuständig. 231

Diese erteilt die **Zustimmung** nach den Voraussetzungen der **§§ 39 ff. AufenthG** sowie den Vorschriften der Beschäftigungsverordnung (BeschV). Während § 39 AufenthG mit der Überprüfung der **Ortsüblichkeit** des Arbeitsverhältnisses und des **Vorrangs anderer Arbeitnehmer** (vor allem Deutsche und EU-Bürger) den Schutz des Arbeitsmarktes bezweckt, regelt die BeschV, ob eine Zustimmung oder eine Vorrangprüfung überhaupt erforderlich ist. 232

Sieht die BeschV vor, dass eine Beschäftigung ohne Zustimmung der Agentur für Arbeit zulässig ist, wird die Arbeitserlaubnis ohne förmliche Beteiligung der Agentur durch die Ausländerbehörde erteilt, wenn nicht andere Gründe (z.B. der Versuch der Umgehung eines eigentlich zustimmungsbedürftigen Tatbestandes) vorliegen. Sie ist z.B. nicht nötig für Wissenschaftler und Lehrpersonal (§ 5 BeschV) oder nach **ununterbrochenem Aufenthalt** im Bundesgebiet von **3 Jahren oder mehr als 2-jähriger Be-** 233

schäftigung (§ 9 BeschV). Hier ist derzeit in Rspr. und Lit. umstritten, ob die einschränkende Auslegung des Bundesverwaltungsgerichts, § 9 BeschV finde nur Anwendung, wenn es sich um Aufenthalt zur Beschäftigung handelte (BVerwG, Urt. v. 21.8.2018 – 1 C 22/17, NVwZ 2019, 417), noch haltbar ist oder ob – dem Wortlaut entsprechend – jeglicher Aufenthalt ausreichend sein muss (*Breidenbach*, in: Kluth/ Heusch, BeckOK AuslR, BeschV § 9 Rn 4 ff.; *Klaus* ZAR 204, 334).

234 **c)** Im Fall einer **Duldung** oder einer **Aufenthaltsgestattung** im Asylverfahren kann gem. § 32 BeschV nach **drei Monaten** Aufenthalt im Bundesgebiet nach dem gleichen Verfahren die Arbeitserlaubnis erteilt werden.

235 **Keine Zustimmung** der **Arbeitsagentur** ist gem. § 32 Abs. 2 und 3 BeschV erforderlich, wenn

- sich der Antragsteller bereits **vier Jahre zumindest geduldet** im Bundesgebiet aufhält
- die Arbeitserlaubnis für eine **Berufsausbildung** oder bestimmte, auch sonst zustimmungsfreie Tätigkeiten oder für die **Mitarbeit** in dem **Betrieb** eines im **gleichen Haushalt lebenden Verwandten** beantragt wird.

☝ Die sogenannte **Vorrangprüfung**, ob bevorrechtigte Arbeitnehmer (insb. Deutsche und andere EU-Bürger) zur Verfügung stehen, wird nicht mehr vorgenommen. Diese ist aber bei Drucklegung durch die Agentur für Arbeit per Dienstanweisung generell ausgesetzt.,

236 **3. Wohnsitzauflagen** verfolgen **zwei Zwecke**: Einerseits soll im Fall des Bezuges öffentlicher Leistungen, z.B. gem. SGB II oder nach dem AsylbLG, die gleichmäßige Belastung der kommunalen Haushalte gesichert werden. Andererseits soll gerade bei ausreisepflichtigen Ausländern deren Erreichbarkeit für die Zustellung von Entscheidungen oder auch die Durchführung einer Abschiebung sichergestellt werden. Die Auflage kann von der Verpflichtung zum Wohnen in einer bestimmten Gemeinde bis hin zu einer festgelegten Adresse, z.B. einer Gemeinschaftsunterkunft oder einer Aufnahmeeinrichtung für Asylbewerber reichen.

237 Bei einer **Duldung** wird gem. § 61 Abs. 1d AufenthG eine Wohnsitzauflage verhängt, wenn der Lebensunterhalt nicht aus eigenen Mitteln gesichert ist. Der Behörde steht dabei kein Ermessensspielraum zu.

238 Wohnsitzauflagen **allein** zum **Zweck** der **gleichmäßigen Verteilung** der **Sozialleistungslasten** sind gegenüber **anerkannten Asylberechtigten** und Flüchtlingen unzulässig (BVerwG, Urt. v. 15.01.2008 – 1 C 17.07, NVwZ 2008, 796). Dies gilt auch für diejenigen, denen „nur" der sog. subsidiäre Schutz gem. § 4 AsylVfG zuerkannt wurde. Der EuGH hat auf die Vorlagefrage des Bundesverwaltungsgerichts (BVerwG, Beschl. v. 19.8.2014 – 1 C.14, NVwZ-RR 2015, 61) zwar Beschränkungen nur zur gleichmäßigen Verteilung der Sozialleistungen ausgeschlossen, aber zur Förderung der Integration unter bestimmten Bedingungen zugelassen (EuGH, Urt. v. 1.3.2016 – C-443/14 und C 444/14, NVwZ 2016, 445).

239 **4. Aufenthaltsbeschränkungen** sollen ähnliche Ziele sichern. Indem die Bewegungsfreiheit des Betroffenen eingeschränkt wird, soll dieser **für aufenthaltsrechtliche Maßnahmen besser erreichbar** sein. Eine Aufenthaltsbeschränkung gem. § 12 Abs. 4 AufenthG – gegen über einem Ausländer, der keines Aufenthaltstitels bedarf – muss gem. § 77 Abs. 1 Nr. 6 AufenthG schriftlich erfolgen.

240 Daher ist der Aufenthalt von **Duldungsinhabern** – die immer vollziehbar ausreisepflichtig sind – gem. § 61 Abs. 1 AufenthG auf das Gebiet des Bundeslandes **beschränkt**, in dem die Duldung erteilt wird. Hält sich aber der Betroffene schon **länger als drei Monate geduldet, erlaubt oder gestattet** im Bundesgebiet auf, entfällt die Beschränkung, § 61 Abs. 1b AufenthG. Die Duldungsbescheinigung ist entsprechend zu ändern. Gem. § 61 Abs. 1c AufenthG können gerade bei strafrechtlichen Verurteilungen oder Tatsachen, die auf die Begehung von BtM-Delikten hindeuten, gleichwohl Aufenthaltsbeschränkungen verhängt werden, was bei der strafrechtlichen Nachsorge von besonderer Bedeutung ist.

5.a) Wohnsitz- und **Aufenthaltsbeschränkungen** greifen unmittelbar in die Rechte des Betroffenen oder verschaffen durchsetzbare Rechte und müssen deshalb **durch Verwaltungsakt** gem. § 35 VwVfG verfügt werden. Sie müssen insbesondere auch dem **Verhältnismäßigkeitsgrundsatz** entsprechen. 241

Die Maßnahme muss ausdrücklich und mit ausreichender **Bestimmtheit** angeordnet und – zumindest durch Eintragung in der Duldungsbescheinigung, der Fiktionsbescheinigung oder einem Zusatzblatt zum Aufenthaltstitel – mit dem beabsichtigten Inhalt **bekanntgegeben** werden. Andernfalls entfaltet die Regelung keine Wirkung. 242

b) Sind z.B. **weder** eine **Aufenthaltsbeschränkung noch** eine **Wohnsitzauflage** erlassen, kann der Betroffene seinen Wohnsitz im gesamten Bereich wählen, dem er sich aufhalten darf – im Zweifel im gesamten Bundesgebiet. 243

☝ Dies kann **große Bedeutung** entfalten, wenn der Betroffene innerhalb einer Inhaftierung sein Aufenthaltsrecht verliert oder ohne ein solches inhaftiert wurde. Da die Ausländerbehörden regelmäßig während der Haft keine Duldungsbescheinigungen ausstellen, selbst wenn der Aufenthalt faktisch geduldet ist, wird auch oft keine beschränkende Auflage verfügt. Findet dann die Entlassung statt, weil keine Abschiebung aus der Haft heraus oder unmittelbar im Anschluss gelingt, kann der Wohnsitz innerhalb des zulässigen Aufenthaltsbereiches frei gewählt werden.

Siehe auch: → *Ausländer, Allgemeines*, Teil H Rdn 155 m.w.N.; → *Ausländer, Aufenthaltsrecht, Aufenthaltstitel*, Teil H Rdn 195; → *Ausländer, Aufenthaltsrecht, Verlust des Aufenthaltstitels*, Teil H Rdn 314; → *Ausländer, Rechtsschutz, Allgemeines*, Teil H Rdn 427; → *Ausländer, Rechtsschutz, Eilverfahren*, Teil H Rdn 438.

Ausländer, Aufenthaltsrecht, Ausweisung 244

Das Wichtigste in Kürze:

1. Die Ausweisung ist als ausländerrechtliche Gefahrenabwehrmaßnahme die Anordnung, das Bundesgebiet zu verlassen und einstweilen nicht wieder zu betreten.
2. Das geltende Ausweisungsrecht setzt als Ausweisungstatbestand eine von dem Aufenthalt des Betroffenen in Deutschland ausgehende Gefahr tatbestandlich in den Mittelpunkt. Auch aus generalpräventiven Erwägungen kann eine Ausweisung aber zulässig sein. Liegt ein entsprechender Tatbestand vor, ist eine Abwägung zwischen den öffentlichen Ausweisungs- und den privaten Bleibeinteressen vorzunehmen, die voll gerichtlich überprüfbar ist.
3. § 54 AufenthG enthält typisiert bestimmte vor allem spezialpräventive Ausweisungsinteressen und gewichtet diese als „besonders schwerwiegend" und „schwerwiegend"; ebenso sind in § 55 AufenthG bestimmte private Bleibeinteressen typisiert dargestellt und vergleichbar gewichtet, um Anhaltspunkte für die Abwägung zu schaffen.
4. Außerdem ergeben sich aus verfassungs- und gemeinschaftsrechtlichen Vorgaben erhöhte Anforderungen an die Ausweisung bei bestimmten Personengruppen, insbesondere bei anerkannten Flüchtlingen, im Bundesgebiet verwurzelten faktischen Inländern und Assoziationsberechtigten.
5. Folge der Ausweisung ist neben dem Verlust eines bestehenden Aufenthaltsrechts außerdem ein Einreise- und Aufenthaltsverbot.

Literaturhinweise: Albert, Generalpräventive Ausweisung? Zum Erfordernis der konkreten Gefahr als Tatbestandsvoraussetzung der Ausweisung nach § 53 AufenthG, ZAR 2021, 95; **Deibel**, Die Ausweisung von Ausländern unter Berücksichtigung der Rechtsprechung des Europäischen Gerichtshofes für Menschenrechte, ZAR 2009, 211; **Fritzsch**, Die Auswirkungen des Rechts auf Achtung des Privat- und Familienlebens auf Ausweisungen und andere Rückführungsentscheidungen, ZAR 2011, 297; **Funke**, Die Normstruktur im neuen Ausweisungsrecht, ZAR 2016, 209; **Gordzielik/Schmidt**, Ausweisung-Zurückschie- 245 bung-Abschiebung: Zwischen Aufenthaltsrecht und Exklusion, ZAR 2013, 196; **Kiepling**; Die Verschärfung des Ausweisungsrechts als symbolpolitisches Mittel gegen extremistische Bestrebungen – dargestellt am Beispiel der Salafisten, ZAR 2013, 45; **Kirsch**, Unterstützung des Terrorismus durch Vereinigungen und ihr Nachweis gem. § 54 Nr. 5 AufenthG, NVwZ 2012, 677; **Marx**, Zur Reform des Ausweisungsrechts, ZAR 2015, 245; **Mielitz**, Die aufenthaltsrechtlichen Folgen einer Ausweisung, ZAR 2009, 264; **Rauch/Maydell**, Schon wieder ‚Sippenhaft' im Ausländerrecht? Kritische Anmerkungen zu § 54 Abs. 1 Nr. 2a AufenthG, ZAR 2024, 191; **Sade**, Doch (k)ein „Opt-out"? – Zu den Neuerungen durch das sog. Rückführungsverbesserungsgesetz im Hinblick auf die inlandsbezogene Ausweisung, ZAR 2024, 208; **Wagner**, Die rechtliche Möglichkeit der Ausweisung von geduldeten Ausländern, ZAR 2025, 228; **Welte**, Die Ausweisung in Form einer Rückführungsentscheidung, ZAR 2012, 424; s.a. die Hinweise bei → *Ausländer, Allgemeines*, Teil H Rdn 156.

246 **1.** Die Ausweisung ist die **Anordnung** gegenüber dem von ihr betroffenen Ausländer, das **Bundesgebiet** zu **verlassen** und **einstweilen nicht wieder** zu **betreten**. Es handelt sich um die ordnungsrechtliche Standardmaßnahme des AufenthG, sozusagen den aufenthaltsrechtlichen Platzverweis. Die Ausweisung verfolgt als gefahrenabwehrrechtliches Mittel general- und spezialpräventive **Zwecke**. Sie ist **keine repressive Reaktion**, sondern soll einerseits Ausländer allgemein durch Abschreckung von unerwünschtem Verhalten – insbesondere von Straftaten – abhalten (Generalprävention), aber auch zukünftig unerwünschtes Verhalten gerade des Ausgewiesenen verhindern (Spezialprävention) (*Bergmann/Lehrian/Putzar-Sattler*, in: *Huber/Mantel*, AufenthG/AsylG, AufenthG § 53 Rn 4).

247 **2.a)** Die **seit dem 1.2.2016 geltenden** Regelungen des Ausweisungsrechts haben die Systematik grundlegend geändert. Im Gegensatz zu dem früheren dreistufigen System aus zwingender, Regel- und Ermessensausweisung ist **nur noch die zentrale Rechtsgrundlage in § 53 Abs. 1 AufenthG** vorgesehen. Demnach wird derjenige Ausländer ausgewiesen, dessen weiterer Aufenthalt

- die öffentliche Sicherheit und Ordnung, die freiheitliche demokratische Grundordnung oder sonstige erhebliche Interessen der Bundesrepublik Deutschland gefährdet und
- nach einer Abwägung unter Berücksichtigung aller Umstände des Einzelfalles sowie der Interessen an der Ausreise mit den Interessen an einem weiteren Verbleib im Bundesgebiet das öffentliche Interesse an der Ausreise überwiegt.

248 Dies berücksichtigt, dass Art. 8 Abs. 2 EMRK eine **ergebnisoffene Abwägung** fordert. Die Abwägungsgrundsätze und die in §§ 54, 55 AufenthG ausformulierten Ausweisungs- und Bleibeinteressen sind an der Rspr. des EGMR ausgerichtet (so auch BR-Drucks 642/14, S. 55 f.), die eine im Einzelfall verhältnismäßige Entscheidung fordert.

249 Es handelt sich dabei um eine **gebundene Entscheidung**, bei der aber die Feststellung des Tatbestandes im ersten Schritt eine **Gefahrenprognose** und in einem zweiten eine **umfassende Interessenabwägung** erfordert. Die Behörde muss dabei eine **Prognose** darüber anstellen und nachvollziehbar begründen, ob der Betroffene auch **weiterhin eine Gefahr für die öffentliche Sicherheit und Ordnung** i.S.d. § 53Abs. 1 AufenthG darstellt. Dabei sind auch gerichtliche Entscheidungen, in denen eine Freiheitsstrafe gem. § 56 StGB zur Bewährung ausgesetzt wurde, in die Wertung einzubeziehen, weil sie eine Aussage über die Sozialprognose treffen. Dies gilt in geringerem Maße auch für die Aussetzung der Reststrafe gem. § 57 StGB (BVerfG, Beschl. v. 27.08.2010 – 2 BvR 130/10, NVwZ 2011, 35; BVerwG, Urt. v. 2.9.2009 – 1 C2.09, NVwZ 2010, 3), wobei die neuere Rspr. des BVerfG auch verstärkt darauf abstellt, dass insbesondere eine von einem forensischen Gutachten getragene Entscheidung der Strafvollstreckungskammer gem. § 57 StGB ebenfalls von den Behörden im besonderen Maße in die Entscheidung über die Gefahrenprognose einzustellen ist (BVerfG, Beschl. v. 19.10.2016 – 2 BvR 1943/16; Beschl. v. 8.5.2019 – 2 BvR 657/19; Beschl. v. 6.12.2021 – 2 BvR 860/21). Eine Bindungswirkung solcher strafgerichtlicher Entscheidungen soll nicht vorliegen. Die Rspr. des BVerfG einerseits und des BVerwG sowie der Instanzgerichte andererseits unterscheidet sich aber hinsichtlich des Gewichts, das der strafgerichtlichen Entscheidung im Rahmen der aufenthaltsrechtlichen Prognose zuzumessen ist (hierzu: Hofmann/*Ziersky-Reis*, NK-AuslR, AufenthG § 52 Rn 23 m.w.N.).

Nach der Rspr. des BVerwG ist neben der spezialpräventiven Ausweisung auch eine solche allein (oder auch) **aus generalpräventiven Gründen** zulässig. Auch zum Zwecke der Abschreckung mit der Zielrichtung auf andere Personen kann daher ein Ausweisungstatbestand vorliegen (BVerwG, Urt. v. 12.7.2018 – 1 C16/17, NVwZ 2019, 486; Urt. v. 24.3.2025 – 1 C 15.23; BayVGH, Beschl. v. 31.3.2025 – 10 B 24.1124; a.A. NK-AuslR/*Czierskу-Reis*, AufenthG § 53 Rn 25; vgl. a. *Alber*, ZAR 2021, 95). 250

Die geeigneten Erwägungen werden bei bestimmten Gruppen von Betroffenen erheblich eingeschänkt. Bei 251

- anerkannten Asylberechtigten und Flüchtlingen sowie Inhabern von Flüchtlingsausweisen
- türkischen Staatsangehörigen mit ARB-Berechtigung (→ *Ausländer, Aufenthaltsrecht, Assoziationsabkommen Türkei*, Teil H Rdn 183)
- Inhaber einer Daueraufenthaltserlaubnis/EU gem. § 9a AufenthG

darf die Ausweisung gem. § 53 Abs. 3 AufenthG **nicht zu generalpräventiven Zwecken** verfügt werden. Vielmehr darf die Ausweisung nur mit einer gegenwärtigen schwerwiegenden Gefahr für die öffentliche Sicherheit und Ordnung begründet werden, die ein Grundinteresse der Gesellschaft berührt und zum Schutz dieses Interesse unerlässlich ist.

Türkische Staatsangehörige, die dem **Assoziationsrecht** (→ *Ausländer, Aufenthaltsrecht, Assoziationsabkommen Türkei*, Teil H Rdn 183) unterfallen, dürfen gem. Art. 14 ARB 1/80 gegenüber Unionsbürgern nicht benachteiligt werden. Sie können deswegen nur aufgrund **wichtiger Gründe** der **inneren Sicherheit** ausgewiesen werden dürfen. Es muss dabei ein Grundinteresse der Gesellschaft betroffen sein (grundlegend EuGH, Urt. v. 8.12.2011 – Rs. C-371/08, NVwZ 2012, 422 – *Ziebell*). 252

Eine **rein generalpräventive Ausweisung** kommt bei derart privilegierten Betroffenen **nicht** mehr in Betracht. Es muss jeweils eine **individuelle Gefahrenprognose** getroffen werden (BVerwG, Urt. v. 30.3.2010 – 1 C 6/09, InfAuslR 2010, 3). Die Gründe der Spezialprävention müssen erheblich sein. Eine strafrechtliche Verurteilung rechtfertigt eine Ausweisung nur, wenn ihr ein persönliches Verhalten zu entnehmen ist, das auf eine gegenwärtige Gefahr für die öffentliche Ordnung schließen lässt (EuGH, Urt. v. 27.10.1977 – Rs 33/77 – *Boucherreau*; Urt. v. 7.6.2007 – C-50/06 – Kommission/Niederlande). Dabei besteht keine Regel, dass schwerwiegende Verstöße automatisch eine hohe **Wahrscheinlichkeit der Wiederholung** begründen (BVerwG, Urt. v. 30.3.2010 – 1 C 6/09, InfAuslR 2010, 3). Die **Wahrscheinlichkeit** weiterer Verstöße ist vielmehr im **Einzelfall** unter Berücksichtigung **aller Aspekte**, insbesondere auch einer Strafaussetzung zur Bewährung zu beurteilen. Hier gelten ebenfalls die bereits oben dargestellten Kriterien zur Gefahrenprognose. 253

Im Vergleich zur ähnlichen Regelung für langfristig im Bundesgebiet aufhältige EU-Bürger gem. § 6 Abs. 5 FreizügG/EU ist die **Gefährdung der öffentlichen Ordnung als Abwägungsaspekt vorgesehen**. Die öffentliche Ordnung umfasst die Gesamtheit der gesetzlichen Regelungen und ist weiter zu verstehen als der in § 6 Abs. 5 FreizügG/EU lediglich genannte Begriff der öffentlichen Sicherheit (→ *Ausländer, Freizügigkeit/Unionsbürger, Verlustfeststellung*, Teil H Rdn 397). Außerdem ist als Voraussetzung für die Ausweisung keine strafgerichtliche Verurteilung vorgesehen. Zur Ausweisung führen können daher auch allein andere Gründe, da nicht alle besonders schweren oder schweren Ausweisungsinteressen auf strafrechtlicher Verurteilung beruhen. Der Schutz vor dem Verlust des Aufenthaltsrecht geht also weniger weit als bei privilegierten EU-Bürgern. 254

Während des **Asylverfahrens** wird der Antragsteller gem. § 53 Abs. 4 AufenthG geschützt, indem eine Ausweisung nur unter der Bedingung – als Nebenbestimmung gem. § 36 Abs. 2 Nr. 2 VwVfG – der Nichtanerkennung erfolgen darf, wenn nicht ohnehin auch unter den Bedingungen des Abs. 3 die Ausweisung zulässig wäre. 255

Die Verfügung der **Ausweisung** ist **unabhängig** von deren **Vollziehung** und **Vollziehbarkeit**. Daher kann eine Ausweisung grds. auch ausgesprochen werden, obwohl eine Aufenthaltsbeendigung unmöglich ist (sog. **inlandsbezogene Ausweisung**). Das BVerwG geht davon aus, dass eine solche auch bei Vorlie- 256 gen unüberwindlicher Hindernisse einer Abschiebung (z.B. bestandskräftiges Abschiebungsverbot) zulässig ist (BVerwG InfAuslR 1995, 405; Urt. v. 9.5.2019 – 1 C 21.18, InfAuslR 2019, 381). Es wurde teilweise erörtert, ob die Unmöglichkeit der Abschiebung einer generalpräventiven Ausweisung entgegensteht (NK-AusR/*Ciersky-Reis*, AufenthG § 53 Rn 4), auch weil die Frage der Vereinbarkeit der inlandsbezogenen Ausweisung mit Unionsrecht nicht abschließend geklärt ist (vgl. NK-AuslR/*Oberhäuser*, AufenthG § 11 Rn 5 f.). Das BVerwG hat allerdings festgehalten, dass auch die fehlende Vollzugsmöglichkeit einer generalpräventiv begründeten Ausweisung nicht entgegenstehen soll (BVerwG, Urt. v. 24.3.2025 – 1 C 15.23).

257 **b)** Nach der Abwägung muss schließlich das **Interesse** an der **Ausweisung überwiegen**. Dabei sind alle Aspekte des Einzelfalles, insbesondere die in §§ 54 und 55 AufenthG typisierten Ausweisungs- und Bleibeinteressen, mit- und gegeneinander abzuwägen. Bei der **Abwägung** sind gem. § 53 Abs. 2 AufenthG insbesondere

- Dauer des Aufenthalts
- persönliche, wirtschaftliche und sonstige Bindungen im Bundesgebiet und im Herkunfts- oder in einem anderen zur Aufnahme bereiten Staat
- Folgen der Ausweisung für Familienangehörige und Lebenspartner
- Nachteile und Gefahren im Herkunftsstaat, die unterhalb der Schwelle eines Abschiebungsverbots liegen (BVerwG, Urt. v. 16.12.2021 – 1 C 60/20; Urt. v. 16.2.2022 – 1 C 6/21)

zu berücksichtigen und miteinander ins Verhältnis zu setzen.

258 Der **EGMR** hat für eine Ausweisung, die in das Recht auf Achtung des Privat- und Familienlebens gem. Art. 8 Abs. 1 EMRK eingreift, für die Frage, ob diese unter Verstoß gegen Art. 8 Abs. 2 EMRK erfolgt, die sog. „**Boultif/Üner-Kriterien**“ aufgestellt (EGMR. Urt. v. 22.1.2013, Individualbeschwerde Nr. 66837/11), von denen viele in die §§ 54, 55 AufenthG eingeflossen sind, und zwar:

- Art und Schwere der vom Ausländer begangenen Straftat,
- Dauer des Aufenthalts des Ausländers in dem Land, aus dem er ausgewiesen werden soll,
- seit der Tat verstrichene Zeit und das Verhalten des Ausländers in dieser Zeit,
- Staatsangehörigkeiten der verschiedenen Betroffenen,
- familiäre Situation des Ausländers, wie z.B. die Dauer der Ehe, und andere Faktoren, die erkennen lassen, wie intakt das Familienleben eines Paares ist,
- ob der Ehepartner von der Straftat wusste, als er eine familiäre Beziehung einging,
- ob aus der Ehe Kinder hervorgegangen sind und gegebenenfalls deren Alter,
- Ausmaß der Schwierigkeiten, denen der Ehepartner in dem Land, in das der Ausländer ausgewiesen werden soll, voraussichtlich begegnen wird,
- Belange und Wohl der Kinder, insbes. das Ausmaß der Schwierigkeiten, denen Kinder des Ausländers in dem Land, in das er ausgewiesen werden soll, voraussichtlich begegnen werden und
- Stabilität der sozialen, kulturellen und familiären Bindungen zum Aufnahme- und zum Herkunftsbzw. Zielstaat.

259 In den §§ 54 und 55 AufenthG sind bestimmte **Ausweisungs-** und **Bleibeinteressen** „besonders schwer“ und „schwer“ gewichtet, die hier als qualifizierte Ausweisungsinteressen bezeichnet werden. Diese gesetzmäßige Gewichtung ist bei der Abwägung des Ausweisungs- gegenüber dem Bleibeinteresse zu beachten. Dabei handelt es sich **nicht** im **eigentlichen** (verwaltungsrechtlichen) **Sinne** um eine **Ermessensentscheidung**, weil die Abwägung zwischen Ausweisung- und Bleibeinteresse auf der Ebene des Tatbestandes angesiedelt ist, während Ermessen auf der Rechtsfolgenseite im Rahmen des Entschließungs- und Auswahlermessen ausgeübt wird. Daher kann die behördliche Entscheidung auch nicht das Privileg der nur eingeschränkt gerichtlich überprüfbaren Ermessensausübung für sich in Anspruch nehmen. Die Ausweisungsentscheidung ist vollumfänglich **gerichtlich überprüfbar** (ebenso *Marx*, Handbuch, § 7 Rn 98; *ders.,* ZAR 2015, 245, 249).

aa) Unter den besonders schwerwiegenden und schwerwiegenden Ausweisungsinteressen finden sich vielfach Tatbestände, die an **strafrechtliche Verurteilungen** eines **gewissen Umfangs anknüpfen**. Die Bezugnahme auf Verurteilungen resultiert aus zwei Grundannahmen: Einerseits ist die Begehung von Straftaten ein Indiz für die grds. Gefahr einer Wiederholung, andererseits sollen gerade Straftaten ab einer bestimmten Schwere oder in einer Vielzahl – die wesentlichen Faktoren einer erhöhten Strafzumessung – die Wiederholungsgefahr erhöhen, weil sie als Ausdruck einer grds. kriminalitätsgeneigten Persönlichkeit angesehen werden. Demgegenüber setzen andere qualifizierte Ausweisungsinteressen ausdrücklich keine Verurteilungen voraus und sind allein gefahrenabwehrrechtlich motiviert. 260

(1) Besonders schwer wiegt das Ausweisungsinteresse gem. § 54 Abs. 1 AufenthG in den folgenden Fällen: 261

(a) Verurteilung zu Freiheits- oder Jugendstrafe von mehr als zwei Jahren oder Anordnung von Sicherungsverwahrung oder Unterbringung in der Psychiatrie gem. § 63 StGB bei der letzten rechtskräftigen Verurteilung: Es muss sich um eine einheitliche Verurteilung handeln. Allein eine Summe von zwei Jahren genügt nicht, die Bildung einer Gesamtfreiheitsstrafe hingegen schon (OVG Münster, NVwZ-Beil. 1998, 57, 58). Die Die Aussetzung zur Bewährung auch im Urteil gem. § 56 StGB hat auf dieses Ausweisungsinteresse keinen Einfluss (BT-Drucks 18/7537, S. 1 und S. 5). Fallen Verurteilungen wegen Vorsatz- und Fahrlässigkeitstaten zusammen, können nur die Strafen für die Vorsatztaten berücksichtigt werden, eine Schätzung ist unzulässig (*Katzer*, in: Decker/Bader/Kothe, BeckOK Migrations- und Integrationsrecht, AufenthG § 54 Rn 9). 262

(b) Verurteilung zu Freiheits- und Jugendstrafen unterschiedlicher Mindesthöhen bei bestimmten Straftaten: Der Gesetzgeber hat im Anschluss an Nr. 1 verschiedene weitere Tatbestände besonders schwerwiegender Ausweisungsinteressen geschaffen, die jeweils bestimmte Straftaten mit unterschiedlichen Verurteilungshöhen verknüpfen. Auf die Aussetzung der Strafe zur Bewährung kommt es jeweils nicht an. Es sollten jeweils Taten erfasst werden, denen ein so hoher Unwertgehalt zugemessen wird, dass bereits eine niedrigere Verurteilung als zwei Jahre ein besonders schwerwiegendes Ausweisungsinteresse begründen soll: 263

- **Nr. 1a**: mindestens ein Jahr bei Taten gegen das Leben, die körperliche Unversehrtheit, die sexuelle Selbstbestimmung, Widerstand oder tätlicher Angriff gegen Vollstreckungsbeamte oder gleichstehende Personen, gegen die öffentliche Sicherheit und bei „serienmäßig" begangenen Eigentumsdelikten mit erhöhter Strafandrohung. Die Regelung steht wegen der Atypik der Eigentumsdelikte und der strafrechtsfremden Begrifflichkeit in der Kritik (*Katzer*, in: Decker/Bader/Kothe, BeckOK Migrations- und Integrationsrecht, AufenthG § 54 Rn 15).
- **Nr. 1b**: mindestens ein Jahr bei Sozialleistungsbetrug und Betäubungsmitteldelikten.
- **Nr. 1c**: mindestens ein Jahr bei Schleusungsdelikten gem. §§ 96, 97 AufenthG.
- **Nr. 1d**: mindestens sechs Monate bei Taten i.S.d. Nr. 1a, wenn eine Waffe oder ein gefährliches Werkzeug verwendet wurde. Inhaltlich orientiert sich der Tatbestand an den einschlägigen Strafnormen § 224 Abs. 1 Nr. 2 und § 250 Abs. 2 Nr. 1 StGB (vgl. BT-Drucks 10/12805, 28).

(c) Gefährdung der freiheitlichen demokratischen Grundordnung oder der nationalen Sicherheit, insbesondere Mitgliedschaft oder Unterstützung terroristischer Vereinigungen oder Begehung oder Planung von Straftaten gem. § 89a StGB: Erforderlich ist eine gegenwärtige Gefahr, wobei „nationale Sicherheit" als innere und äußere Sicherheit des Staates zu verstehen ist. Dafür reichen die Mitgliedschaft in einer Organisation nicht aus (so z.B. BVerwGE 96, 86, 91; 123, 114, 120; Hess. VGH, Beschl. v. 10.1.2006 – 12 TG 1911.05, NVwZ-RR 2007, 131, 132). Vielmehr muss der Betroffene selbst eine Gefahr darstellen (BVerwGE 123, 114, 120f.). Eine Verurteilung ist aber nicht erforderlich, auch Vorbereitungshandlungen können eine Gefährdung begründen (Bauer, in: Bergmann/Dienelt, AuslR, AufenthG § 54 Rn 30). Das Ausweisungsinteresse entfällt, wenn sich der Betroffene erkennbar, nachhaltig und glaubhaft von seinem gefährdenden Verhalten abwendet (*Marx*, Handbuch, § 7 Rn 133 f.). 264

265 **(d) Gefährdung der Sicherheit durch Zugehörigkeit zu einer kriminellen Vereinigung i.S.d. § 129 StGB:** Wiederum ist eine konkrete, auf Tatsachenfeststellungen beruhende Gefahr erforderlich, ein bloßer Verdacht reicht nicht aus (*Katzer*, in: *Decker/Bader/Kothe*, BeckOK Migrations- und Integrationsrecht, AufenthG § 54 Rn 36b). Tatbestandlich muss auch § 129 StGB erfüllt sein, eine Verurteilung ist aber nicht Voraussetzung.

266 **(e) Leitung eines verbotenen Vereins, der auf Straftaten oder gegen die verfassungsmäßige Ordnung gerichtet war:** Das Ausweisungsinteresse kann erst bestehen, wenn das Vereinsverbot rechtskräftig ist (Hess. VGH InfAuslR 2006, 219, 221). Die Leitungsfunktion soll nur ausreichen, wenn diese auch zu Zeiten des Verbots ausgeübt wurde und soll kein Ausweisungsinteresse begründen, wenn es lange vor dem Verbot beendet wurde (*Marx*, Handbuch, § 7 Rn 136). Generell soll zwar ein Abstandnehmen nicht ausreichen, aber eine längere Zeit der Distanz zu dem Verein (BT-Drucks 18/4097, S. 51).

267 **(f) Anwendung von, Aufruf zur oder Drohung mit Gewalt zur Durchsetzung politischer oder religiöser Ziele:** Eine rechtskräftige Verurteilung sieht dieses Ausweisungsinteresse nicht vor, gleichwohl müssen die Tatsachen, die zu seiner Annahme führen, sicher feststehen. Ein bloßer Verdacht reicht nicht (NK-AuslR/*Cziersky-Reis*, § 54 AufenthG Rn 35). Eine innere Abwendung soll das Interesse nicht entfallen lassen (BR-Drucks 642/14, S. 36). Dies ist wenig überzeugend, weil ein wirklicher Unterschied zur Abkehr von bestimmtem Gedankengut nicht ersichtlich ist, jedoch kann dies auf der Ebene der ergebnisoffenen Abwägung berücksichtigt werden (so auch *Marx*, Handbuch, § 7 Rn 142).

268 **(g) Aufruf zum Hass gegen Teile der Bevölkerung:** Mit der Regelung soll eine Neugewichtung der Aktivitäten von „Hasspredigern" erfolgen (BT-Drucks 642/14, S. 36). Dieses Ausweisungsinteresse ist recht weit reichend und in seinen Grenzen unscharf, weil zahlreiche Unterfälle erfasst sind, die durchweg keine Verurteilung voraussetzen (siehe weiter *Marx*, Handbuch, § 7 Rn 149), aber auch das „Abstand nehmen" zulassen (*Bergmann/Dienelt/Bauer*, AufenthG § 54 Rn 94). Der Grundtatbestand „Aufruf zu Hass gegen Teile der Bevölkerung" wird durch zwei Regelvermutungstatbestände ausgefüllt, das Einwirken auf eine Person und das öffentliche Einwirken, wobei letzteres wiederum mit drei Handlungsvarianten spezifiziert wird (*Katzer*, in: *Decker/Bader/Kothe*, BeckOK Migrations- und Integrationsrecht, AufenthG § 54 Rn 45).

269 **(2) Schwer wiegen** Ausweisungsinteressen gem. § 54 Abs. 2 AufenthG n.F. bei:

270 **(a) Verurteilung wegen Vorsatztaten zu mindestens sechs Monaten Freiheitsstrafe (Nr. 1) oder Jugendstrafe wegen Vorsatztaten von mindestens einem Jahr, die nicht zur Bewährung ausgesetzt wird (Nr. 2):** Bedeutsam ist die Abgrenzung zwischen Freiheits- und Jugendstrafe. Es kommt auf die ausgeurteilte Strafe an, auch bei Heranwachsenden richtet sich das Ausweisungsinteresse nach Nr. 2, wenn Jugendstrafrecht zur Anwendung kommt. Eine Aussetzung zur Bewährung ist bei einer Freiheitsstrafe nur im Rahmen der Abwägung zu berücksichtigen (*Marx*, Handbuch, § 7 Rn 150). Im Übrigen gelten die gleichen Grundsätze wie bei § 54 Abs. 1 Nr. 1 AufenthG.

271 **(b) Verurteilung bzw. Verurteilungen zu Freiheits- und Jugendstrafen unterschiedlicher Mindesthöhen wegen bestimmter Delikte:** Wie auch bei den besonders schwerwiegenden Ausweisungsinteressen wird in Nr. 2a und 2b Bezug genommen auf bestimmte Strafnormen und Verurteilungshöhen.

- **Nr. 2a**: Verurteilung wegen mehrerer Vorsatztaten innerhalb eines Jahres aus den Straftaten gegen die körperliche Unversehrtheit und das Eigentum (Diebstahl, Unterschlagung, Raub und Erpressung). Hier sind Freiheits- und Geldstrafen über 90 Tagessätzen tatbestandlich.
- **Nr. 2b**: Verurteilung zu Freiheitsstrafe von mindestens drei Monaten aus dem Katalog des Abs. 1 Nr. 1a unter Verwendung einer Waffe oder eines gefährlichen Gegenstandes. Hierzu wird auf die Ausführungen oben verwiesen.

272 **(c) Beteiligung oder Täterschaft an Schleusungsdelikten gem. §§ 96, 97 AufenthG oder an BtM-Delikten gem. § 29 Abs. 1 S. 1 Nr. 1 BtMG, auch im Versuch:** Das Ausweisungsinteresse richtet sich gegen die gesamte Organisation des Schleuserwesens und des BtM-Vertriebs (Dealer und die zugehörige

Organisation). Eine rechtskräftige Verurteilung wird nicht vorausgesetzt, es genügt die verlässliche Feststellung der maßgeblichen Tatsachen. Ein Freispruch schließt die Ausweisung unter diesem Gesichtspunkt aus (*Bergmann/Dienelt/Bauer*, § 54 AufenthG Rn 107).

(d) Konsum von Heroin, Kokain oder vergleichbar gefährlichen BtM ohne Behandlungswilligkeit: Dieses Interesse entspricht dem Ausweisungsgrund gem. § 55 Abs. 2 Nr. 4 AufenthG a.F. Es geht um den Eigenkonsum sog. „harter" Drogen bei gleichzeitig fehlender Therapiebereitschaft (*Bergmann/Dienelt/Bauer*, AufenthG § 54 Rn. 109), so dass eine Therapie auch medizinisch indiziert sein muss. Konsum ohne Suchtentwicklung führt daher nicht zum Ausweisungsinteresse (NK-AuslR/*Ciersky-Reis*, § 54 AufenthG Rn, 58). Bei Antritt einer erfolgversprechenden Therapie ist nach Nr. 55.2.4.1 der Allg. Verwaltungsvorschrift zum AufenthG ebenfalls von einer Ausweisung abzusehen. 273

☝ Die **deutliche Darstellung** einer **Therapiebereitschaft** kann sich somit nicht nur als hilfreich im Hinblick auf eine Zurückstellung der Vollstreckung gem. § 35 BtMG, sondern auch wegen der Sicherung des Aufenthaltes darstellen (→ *BtM-Verfahren, Zurückstellung, Allgemeines*, Teil B Rdn 97 m.w.N).

(e) Störung der Integration anderer Personen: Das Ausweisungsinteresse besteht, wenn jemand dauerhaft und insbesondere durch Nötigungsmittel andere Personen von der Integration abhält. Dies wird zumeist innerhalb des persönlichen Umfeldes, insbesondere der Familie stattfinden. Die Vorschrift wird wegen des unscharfen Tatbestandes (*Bergmann/Dienelt/Bauer*, AufenthG § 54 Rn 114) und des geringen praktischen Wertes richtigerweise als bloße Symbolpolitik kritisiert (*Katzer*, in: *Decker/Bader/Kothe*, BeckOK Migrations- und Integrationsrecht, AufenthG § 54 Rn 74; deutlicher NK-AuslR/*Ciersky-Reis*, AufenthG § 54 Rn 59). 274

(f) Nötigung zur Zwangsehe: Es bedarf auch hier keiner strafrechtlichen Verurteilung, das Feststehen von Tatsachen genügt für die Annahme des Ausweisungsinteresses. Tatbestandlich knüpft dieses an den besonders schweren Fall der Nötigung gem. § 240 Abs. 4 S. 2 Nr. 1 StGB an. Bei arrangierten Ehen handelt es sich nicht zwingend um Zwangsehen, hier ist eine saubere Differenzierung erforderlich (s.a. *Marx*, Handbuch, § 7 Rn 160), die allerdings in der Praxis kaum möglich sein dürfte (*Bergmann/Dienelt/Bauer*, AufenthG § 54 Rn 115). Wiederum ist die Vorschrift zu Recht als Symbolpolitik in der Kritik (NK-AuslR/*Ciersky-Reis*, AufenthG § 54 Rn 60). 275

(g) Falschangaben bei Sicherheitsbefragungen (Nr. 7), bei Ausländerbehörden oder im Visumverfahren (Nr. 8): Ob eine Sicherheitsbefragung verpflichtend ist, wird unterschiedlich beurteilt (zum Streitstand *Bergmann/Dienelt/Bauer*, AufenthG § 54 Rn 120). Das Ausweisungsinteresse setzt voraus, dass der Betroffene über die Bedeutung des Verfahrens und die Wahrheitspflichten dokumentiert informiert wurde (OVG Bremen InfAuslR 2009, 380, 381; VG Koblenz InfAuslR 2007, 435, 438; NK-AuslR/*Ciersky-Reis*, AufenthG § 54 Rn 63; *Marx*, Handbuch, § 7 Rn 163; a.A. VGH Baden-Württemberg AuAS 2009, 53, 54). Hinsichtlich der Visaverfahren (Nr. 8) sind aber auch Falschangaben bei anderen Auslandsvertretungen als deutschen erfasst. 276

(h) Hate Crimes (Nr. 9) und Verstöße gegen Rechtsvorschriften oder Entscheidungen sowie schwere Auslandstaten (Nr. 10): Die neue Vorschrift der Nr. 9 soll sicherstellen, dass ein Ausweisungsinteresse schwer wiegt, wenn sich in einem Strafverfahren antisemitische, rassistische, fremdenfeindliche, geschlechtsspezifische, gegen die sexuelle Orientierung gerichtete oder sonstige menschenverachtende Motive zeigen (BT-Drucks 20/10090, S. 17). Nr. 10 ist seinem Wortlaut nach ein potenziell fast uferloser Auffangtatbestand. Rechtsvorschriften sind die Gesamtheit aller Rechtsnormen, behördliche Entscheidungen erfassen sämtliche Verwaltungsakte, Auflagen, Nebenbestimmungen etc., die aber ebenso wie gerichtliche Entscheidungen unanfechtbar sein müssen. Ein Rechtsverstoß ist beachtlich, wenn er vereinzelt, aber nicht geringfügig, oder geringfügig, aber nicht vereinzelt ist (BVerwGE 102, 63). Der Umfang des Ausweisungsinteresses ist aber insgesamt kaum überschaubar, da nach der gesetzgeberischen Intention alle Rechtsverstöße auch ohne Erfüllung eines Tatbestandes ein schwerwiegendes 277

Ausweisungsinteresse darstellen sollen, auch wenn sich zur Eingrenzung einige Anwendungsgruppen herausgebildet haben (*Marx*, Handbuch, § 7 Rn 166 ff. zur früheren Fassung in § 54 Abs. 2 Nr. 9 AufenthG). Dem lässt sich nur in der Gesamtabwägung begegnen (*Bergmann/Dienelt/Bauer*, AufenthG § 54 Rn 130). Als **Bagatellgrenze** wurden regelmäßig **500,00 EUR Geldauflage** oder eine Verhängung einer Geldstrafe von **30 Tagessätzen** angesehen (Allg. VV des BMI zum AufenthG, Nr. 55.2.2.3.).

278 **bb)** Die meisten in **§ 55 AufenthG** genannten Bleibeinteressen sind aus früheren Regeln zum Ausweisungsschutz oder der **Rspr.** der Instanzgerichte oder des **EGMR** entstanden.

279 **(1) Besonders schwer** wiegende Bleibeinteressen gem. § 55 Abs. 1 AufenthG sind – abschließend (*Marx*, Handbuch, § 7 Rn 178) – gegeben bei:

- Inhabern einer Niederlassungserlaubnis mit mindestens fünf Jahren legalem Aufenthalt in Deutschland
- Inhabern einer Aufenthaltserlaubnis, die als Minderjährige eingereist sind und mindestens fünf Jahre legalen Aufenthalt hatten (zweite und folgende Generationen)
- Inhabern einer Aufenthaltserlaubnis mit mindestens fünfjährigem legalem Aufenthalt, die mit einer unter Nr. 1 oder 2 fallenden Ausländer in ehelicher oder lebenspartnerschaftlicher Lebensgemeinschaft leben
- Familienangehörigen, Ehepartnern oder Lebenspartnern von Deutschen in Lebensgemeinschaft oder Sorge- und Umgangsberechtigte von minderjährigen Deutschen
- anerkannt subsidiär Schutzberechtigte gem. § 4 Abs, 1 AsylVfG (→ *Ausländer, Asylverfahren*, Teil H Rdn 171)
- Inhabern bestimmter humanitärer Aufenthaltstitel und deren Familienangehörigen mit abgeleitetem Aufenthaltsrecht

280 Dabei ist **legaler Aufenthalt** nur solcher, währenddessen der Betroffene über **einen Aufenthaltstitel verfügte**. Dabei müssen die Aufenthaltszeiten bei Zustellung der Ausweisungsverfügung erreicht sein (BVerwG, Urt. v. 15.11.2007 – 1 C 45.06, NVwZ 2008, 434; *Marx*, Handbuch, § 7 Rn 180). Unterbrechungen des Aufenthaltes sind nur von Bedeutung, wenn sie zum Erlöschen des Aufenthaltstitels geführt haben (VGH Baden-Württemberg EZAR NF 035 Nr. 28). **Der Ausländer „besitzt" einen Aufenthaltstitel, wenn er ihn tatsächlich hat.** Der Antrag auf Erteilung eines Aufenthaltstitels, der Voraussetzung für ein besonders schwerwiegendes Bleibeinteresse ist, reicht in der Regel nicht (BayVGH NVwZ-RR 2006, 507). Inwieweit die **Fiktionswirkung** zumindest in der Gestalt der Fortgeltungsfiktion ausreicht, ist in Rspr. und Lit. umstritten. Die obergerichtliche Rspr. ist davon ausgegangen, dass die Fiktionswirkung gem. § 81 Abs. 4 AufenthG nicht ausreichend ist (OVG Saarland AuAS 2014, 239, 239 f.). Das BVerwG hat aber deutlich gemacht, dass der Fiktionswirkung besitzstandswahrende Funktion zukommt (BVerwG, Urt. v. 30.3.2010 – 1 C 6.09; Beschl. v. 6.3.2014 – 1 B 17/13). Es ist daher die überzeugende Auffassung vertreten worden, dass die Fiktionswirkung ausreicht, wenn bei ihrem Eintritt die Voraussetzungen eines Bleibeinteresses bereits gegeben waren, im Laufe der Fiktionswirkung aber ein Hineinwachsen in das Bleibeinteresse nicht möglich ist (so NK-AuslR/*Cziersky-Reis*, AufenthG § 55 Rn 10; aA. BayVGH, Beschl. v. 24.7.2017 – 19 CS 16.2376; OVG Rheinland-Pfalz, Beschl. v. 23.10.2018 – 7 A 10866/18; offen gelassen von OVG Berlin-Brandenburg, Urt. v. 26.7.2022 – OVG 2 B 2/20). Das BVerwG hat aber inzwischen entschieden, dass der **„Besitz"** eines **Aufenthaltstitels nur** bei dessen **tatsächlichem Vorliegen** erfüllt ist (BVerwG, Urt. v. 16.11.2023 – 1 C 32.22).

281 **(2) Schwer** wiegen gem. **§ 55 Abs. 2 AufenthG** n.F. die Bleibeinteressen bei

- minderjährigen Inhabern einer Aufenthaltserlaubnis
- Inhabern einer Aufenthaltserlaubnis mit mindestens fünf Jahren legalem Aufenthalt
- Sorge- und Umgangsberechtigte sich legal im Bundesgebiet aufhaltender Minderjähriger
- Minderjährige, deren Eltern sich legal im Bundesgebiet aufhalten
- Berücksichtigung des Wohls eines Kindes
- Inhabern einer Aufenthaltserlaubnis gem. § 25 Abs. 4a S. 1 AufenthG

Die **Aufstellung** in **§ 55 Abs. 2 AufentG** ist **nicht abschließend**, wie der Wortlaut „insbesondere“ deutlich macht. Es können also auch weitere Interessen als schwerwiegend eingestuft werden (NK-AuslR/*Ciersky-Reis*, AufenthG § 55 Rn 22; *Marx*, Handbuch, § 7 Rn 192). So können Betreuungsverhältnisse unter Volljährigen entsprechende Interessen begründen [BT-Drucks 18/4097, S. 53). Die im Gesetz genannten Interessen betreffen insbesondere die Inhaber von Aufenthaltstiteln und den Minderjährigenschutz, aber auch die Verantwortung von Dritten für Minderjährige (Nr. 3; *Marx*, Handbuch, § 7 Rn 199 ff.). 282

cc) Trotz der weiterhin zahlreich dargestellten und gesetzlich gewichteten Ausweisungs- und Bleibeinteressen verlangt **§ 53 Abs. 1, 2 AufenthG n.F.** eine **individuelle Abwägung aller relevanten Aspekte** des **Falles**. Auch wenn besonders schwerwiegende Ausweisungsinteressen „lediglich“ schwerwiegenden Bleibeinteressen gegenüberstehen, können die weiter zu beachtenden Faktoren dazu führen, dass das Ausweisungsinteresse nicht überwiegt. Dabei müssen natürlich auch die nicht in das gesetzliche Schema „besonders schwerwiegend“ und „schwerwiegend“ gefassten Interessen mit angemessenem Gewicht in die Abwägung eingestellt werden. 283

Dies hat insbesondere Folgen bei sog. **„faktischen Inländern“**. Diese Ausländer, die im jeweiligen Aufnahmemitgliedsstaat über intensive persönliche und familiäre Bindungen verfügen, können sich auf den besonderen Schutz des Art. 8 EMRK berufen (EGMR InfAuslR 2005, 349 – Sisojeva/Lettland). **Voraussetzung** dafür ist, dass eine **Verwurzelung** im **Bundesgebiet** einer entsprechenden Entwurzelung aus dem ursprünglichen Herkunftsland gegenüber steht. Dabei sind insbesondere zu **berücksichtigen**: 284

- **Dauer** und Grund des Aufenthalts im Bundesgebiet,
- **soziale, wirtschaftliche** und **kulturelle Integration**, insbesondere zu messen an
  - Sprachkenntnissen,
  - Schul- und Berufsausbildung,
  - Sicherung des Lebensunterhaltes,
  - Teilnahme am gesellschaftlichen Leben,
- **familiäre** und **soziale Beziehungen**, insbesondere zu unterstützungsbedürftigen Personen,
- **Rechtstreue**,
- bestehende **Bindungen** an das **Herkunftsland** (Kenntnis des Landes, Sprachkenntnisse, familiäre Kontakte, bisherige Aufenthalt).

Gerade der aus **Art. 8 Abs. 1 EMRK** resultierende Schutz des Privatlebens eine i.S.d. Art. 8 Abs. 2 EMRK gebietet eine **verhältnismäßige Entscheidung** über **die Ausweisung**. Art. 8 EMRK schießt eine Ausweisung nicht generell aus. Diese bleibt unter Beachtung des Grundsatzes der Verhältnismäßigkeit zulässig, wenn sie zur Verfolgung der in Art. 8 Abs. 2 EMRK genannten Ziele dient (EGMR, Urt. v. 6.12.2007 – 69735/01, Chair/Deutschland, InfAuslR 2008, 111; BVerfG, Beschl. v. 1.3.2004 – 2 BvR 1570/03). Entscheidend ist damit, ob nach der Abwägung mit den Verbleibeinteressen des faktischen Inländers ein durchgreifendes öffentliches Interesse an der Aufenthaltsbeendigung besteht. Insbesondere **eine allein generalpräventive Ausweisung ist gegenüber faktischen Inländern nicht zulässig** (BVerfG, Beschl. v. 10.8.2007 – 2 BvR 535/06, NVwZ 2007, 1300). 285

☝ Die Entscheidung ist nicht schematisch zu treffen. Da die Rspr. zur Bedeutung der faktischen Inländerschaft in ständiger Bewegung ist, besteht hier die Möglichkeit, durch **umfassenden Vortrag** bei ansonsten fehlenden Voraussetzungen eines typisierten Bleibeinteresses die Behörde jedenfalls zu einer begründeten Entscheidung mit entsprechender Fehleranfälligkeit zu bewegen.

3.a) Die **Ausweisung führt** zum **Erlöschen** des **aktuellen Aufenthaltstitels** gem. § 51 Abs. 1 Nr. 5 AufenthG und damit zur **Ausreisepflicht** gem. § 50 AufenthG. Die Legalität des Aufenthaltes wird unterbrochen. 286

287 Weiterhin verursacht die Ausweisung gem. § 11 AufenthG ein **Einreise-** und **Aufenthaltsverbot**, die sog. **Einreisesperre** (→ *Ausländer, Einreise- und Aufenthaltsverbot, Allgemeines*, Teil H Rdn 345). Diese gilt zwar unmittelbar nur für das Bundesgebiet, löst aber gem. Art. 96 Abs. 3 des Schengener Durchführungsübereinkommens (SDÜ) eine **Ausschreibung** zur Einreiseverweigerung im Schengener Informationssystem **(SIS)** aus, was eine faktische Einreisesperre für den gesamten Schengenraum nach sich zieht.

288 **b)** Aufgrund der **sofortigen Wirksamkeit** einer Ausweisung gem. § 84 Abs. 2 S. 1 AufenthG treten diese Folgen auch ein, wenn gegen die Ausweisung Rechtsbehelfe eingelegt werden. Sie enden erst, wenn die Ausweisungsentscheidung rechtskräftig aufgehoben wurde. Nach der gesetzlichen Regelung wird die Rechtmäßigkeit des Aufenthaltes dann rückwirkend wieder hergestellt (→ *Ausländer, Rechtsschutz, Allgemeines*, Teil H Rdn 427).

Siehe auch: → *Ausländer, Abschiebung, Allgemeines,* Teil H Rdn 101 m.w.N.; → *Ausländer, Aufenthaltsrecht, Assoziationsabkommen Türkei*, Teil H Rdn 183; → *Ausländer, Aufenthaltsrecht, Duldung*, Teil H Rdn 403; → *Ausländer, Verlust des Aufenthaltstitels*, Teil H Rdn 314;→ *Ausländer, Einreise- und Aufenthaltsverbot, Allgemeines*, Teil H Rdn 339; → *Ausländer, Einreise- und Aufenthaltsverbot, Befristung*, Teil H Rdn 358; → *Ausländer, Freizügigkeitsrecht/Unionsbürger, Verlustfeststellung*, Teil H Rdn 397; → *Ausländer, Rechtsschutz, Allgemeines*, Teil H Rdn 427 m.w.N.; → *Ausländer, Rechtsschutz, Eilverfahren*, Teil H Rdn 438.

289

Ausländer, Aufenthaltsrecht, Besonderheiten des Verfahrens

Das Wichtigste in Kürze:

1. Das Aufenthaltsrecht weist verfahrensrechtliche Besonderheiten auf, die zum Teil auch Einfluss auf den Rechtsschutz gegen behördliche Entscheidungen haben.
2. Dem Betroffenen obliegt gem. § 82 Abs. 1 AufenthG eine Mitwirkungspflicht, der Ausländerbehörde eine Aufklärungs- und Beratungspflicht.
3. Minderjährige sind mit Vollendung des 16. Lebensjahres verfahrens- und handlungsfähig.
4. Für Bescheide, die die Rechtmäßigkeit des Aufenthaltes beenden oder eine Abschiebung vorbereiten oder androhen, gilt das Schriftformerfordernis gem. § 77 Abs. 1 AufenthG.
5. Der Antrag auf Erteilung oder Verlängerung eines Aufenthaltstitels löst unter bestimmten Umständen eine Fiktionswirkung aus, die dazu führt, dass der Aufenthalt vor einer behördlichen Entscheidung nicht beendet werden kann und ggf. sogar als legal angesehen wird.

290 **Literaturhinweise:** S. die Hinw. bei → *Ausländer, Allgemeines*, Teil H Rdn 155.

291 **1.** Das Aufenthaltsrecht – für das im Übrigen das jeweilige Verwaltungsverfahrensrecht gilt – weist **verfahrensrechtliche Besonderheiten** auf, die zum Teil auch **Einfluss** auf den **Rechtsschutz** gegen behördliche Entscheidungen haben.

292 **2.** Dem Betroffenen obliegt gem. § 82 Abs. 1 AufenthG eine **Mitwirkungspflicht**. Er ist verpflichtet, die für ihn günstigen Umstände und seine Belange unter Nachweis geltend zu machen. Hierfür kann die Behörde ihm eine Frist setzen, nach deren Verstreichen verspätet vorgetragene Tatsachen nicht mehr berücksichtigt werden müssen.

☝ Diese **Präklusion** reicht aber nicht in das Widerspruchs- oder Gerichtsverfahren hinein, in denen neuer Vortrag möglich ist (*Bergmann/Dienelt/Samel*, § 82 AufenthG, Rn 20 ff.).

Der Mitwirkungspflicht steht eine **Aufklärungs-** und **Beratungspflicht der Ausländerbehörde** gem. § 82 Abs. 3 AufenthG gegenüber. Diese muss über Rechte und Pflichten, insbesondere auch über die sachdienliche Antragstellung informieren. Die **Rechtsfolgen** eines Verstoßes gegen diese Pflicht sind allerdings nicht klar geregelt (zu verschiedenen Kompensationsmöglichkeiten NK-AuslR/*Hofmann*, AufenthG § 82 Rn 40 ff.). 293

3. Im ausländerrechtlichen Verfahren sind **Minderjährige** nach **Vollendung** des **16. Lebensjahres** gem. § 80 AufenthG **handlungsfähig.** 294

4. Für **Bescheide,** die die **Rechtmäßigkeit** des **Aufenthaltes beenden** oder eine **Abschiebung** vorbereiten oder androhen, gilt das **Schriftformerfordernis** gem. § 77 Abs. 1 AufenthG. 295

5.a) Eine wichtige Besonderheit des Aufenthaltsrechts ist die sogenannte **Fiktionswirkung** der **Antragstellung** gem. § 81 Abs. 3, 4 AufenthG. Ein Antrag auf Erteilung oder Verlängerung eines Aufenthaltstitels löst unter den dort genannten Umständen bestimmte Wirkungen aus: 296

- **Erlaubnisfiktion** gem. Abs. 3 S. 1: Bei Ausländern, die sich (ggf. für eine bestimmte Zeit) ohne Aufenthaltstitel im Bundesgebiet aufhalten dürfen, gilt der Aufenthalt nach einem Antrag auf Erteilung eines Titels als erlaubt.
- **Duldungsfiktion** gem. Abs. 3 S. 2: Bei Überschreitung einer Höchstdauer des Aufenthalts im Falle des S. 1 gilt nach der Antragstellung die Abschiebung als ausgesetzt, der Aufenthalt also als geduldet.
- **Fortgeltungsfiktion** gem. Abs. 4 S. 1: Wird die Verlängerung einer bestehenden Aufenthaltserlaubnis oder eines Visums oder während deren Geltung ein anderer Aufenthaltstitel beantragt, gilt der bestehende Titel auch über seine befristete Dauer als fortbestehend. Dies gilt allerdings nicht für ein sog. „Schengen-Visum" gem. § 6 Abs. 1 AufenthG, auch wenn es von einer deutschen Botschaft ausgestellt wurde.

Praktisch besonders bedeutsam ist die **Fortgeltungsfiktion.** Sobald ein entsprechender Antrag gestellt ist, gilt der bis dahin Aufenthaltstitel als fortbestehend. Der Aufenthalt kann nicht illegal werden. Dies ist wichtig, weil insbesondere die Aufenthaltserlaubnis als befristet gültiger Verwaltungsakt mit ihrem Ablauf ohne weiteres Zutun nicht mehr wirksam ist. Ohne Fortgeltung des Aufenthaltstitels würde auch eine Arbeitserlaubnis erlöschen. Somit müsste die Erwerbstätigkeit sofort abgebrochen werden. 297

> ☝ Über die Fiktionswirkung muss die Behörde gem. § 81 Abs. 5 AufenthG eine Bescheinigung **ausstellen**.
>
> **Auch während** der **Untersuchungs-** oder **Strafhaft** muss der Verlängerungsantrag vor Ablauf des Geltungszeitraums eines befristeten Aufenthaltstitels gestellt werden. Der Antrag ist nicht formgebunden. Die vorsorgliche Beantragung (auch im elektronischen Rechtsverkehr, per E-Mail oder auf sonst nachweisbare Weise) durch den Rechtsanwalt – sicherheitshalber unter Vorlage der Vollmacht – führt zur Fristwahrung.
>
> In der Behördenpraxis ist es gelegentlich üblich, andere Bescheinigungen auszustellen, als offiziell vorgesehen sind. Hier sollte gegenüber der Behörde darauf bestanden werden, **förmliche Dokumente** auszustellen. Diese lösen allerdings regelmäßig eine Bearbeitungsgebühr aus.

Jedoch hat auch die Erlaubnisfiktion gem. § 81 Abs. 3 S. 1 AufenthG gerade im Zuge der Aufnahme **ukrainischer Flüchtlinge** erhebliche praktische Bedeutung erlangt bis hin zu dem Umstand, dass in der Fiktionsbescheinigung die Erwerbstätigkeit uneingeschränkt gestattet wurde, obgleich noch kein Aufenthaltstitel vorliegt. 298

Eine weitere Besonderheit in Fällen der Arbeitsmigration ist die Anordnung der sog. **Erlaubnisfiktion** für die **Beschäftigungserlaubnis**, die gelten soll, sobald die Ausländerbehörde Maßnahmen zur Erteilung eines Aufenthaltstitels des 3. Abschnitts (Erwerbsmigration) eingeleitet hat (§ 81 Abs. 5a AufenthG). 299

b) Das BVerwG hat klargestellt, dass die **verspätete Antragstellung** nach Ablauf der Geltungsdauer eines befristeten Aufenthaltstitels **keine Fiktionswirkung** auslöst (BVerwG, Urt. v. 22.6.2011 – 1 C 5.10, 300

NVwZ 2011, 1340). Für die Beantragung eines Aufenthaltes nach titellosem Aufenthalt i.S.d. § 81 Abs. 3 AufenthG war dies ohnehin bereits mit der Duldungsfiktion gem. Abs. 3 S. 2 anstelle der Erlaubnisfiktion geregelt.

301 Die Fortgeltungsfiktion kann daher von der Ausländerbehörde gem. § 81 Abs. 4 S. 2 AufenthG zur **Vermeidung** einer **unbilligen Härte** angeordnet werden, wenn der Antrag erst nach Ablauf der Geltung gestellt wird. Eine solche Härte soll vorliegen, wenn die Geltungsdauer nur geringfügig überschritten wird, die Überschreitung allein auf Fahrlässigkeit zurückzuführen ist und der Aufenthaltstitel wahrscheinlich verlängert werden wird (so die Gesetzesbegründung, BT-Drucks 17/8682, S. 23). Allerdings müssen für auf eine solche Entscheidung Anhaltspunkte vorliegen – allein die Ausstellung der Fiktionsbescheinigung mit dem Hinweis auf § 81 Abs. 4 AufenthG als Rechtsgrundlage soll nicht ausreichen, vielmehr muss die Ausländerbehörde nach den Umständen des Einzelfalls ersichtlich eine entsprechende Ermessensentscheidung getroffen haben (NdsOVG, Beschl. v. 24.3.2017 – 8 LA 197/16, InfAuslR 2017, 245; VG Oldenburg, Beschl. v. 19.2.2015 – 11 B 4103/14). War die verspätete Antragstellung bei der Ausstellung der Fiktionsbescheinigung der Behörde bewusst, soll dies ein gewichtiger Anhaltspunkt sein (OVG Münster, Beschl. v. 18.8.2021 – 18 B 1254/21). Wenn die Behörde eine Online-Terminvereinbarung bereitstellt, kann die Ausstellung der Fiktionsbescheinigung nach Terminvereinbarung vor Ablauf des Aufenthaltstitels als konkludente Anordnung nach § 81 Abs. 4 S. 3 gesehen werden (BVerwGE 166, 219).

☝ Wurde der **Antrag zu spät gestellt**, sollte eine Entscheidung gem. § 81 Abs. 4 S. 3 AufenthG herbeigeführt werden. Es ist darauf zu achten, dass die Ausländerbehörde dokumentiert, dass es sich um eine nachträgliche Anordnung der Fiktionswirkung in diesem Sinne handelt.

Siehe auch: → *Ausländer, Allgemeines*, Teil H Rdn 155 m.w.N. → *Ausländer, Rechtsschutz, Allgemeines*, Teil H Rdn 427 m.w.N.; → *Ausländer, Rechtsschutz, Eilverfahren*, Teil H Rdn 438.

302 Ausländer, Aufenthaltsrecht, Duldung

Das Wichtigste in Kürze:

1. Die Duldung ist gem. § 60a AufenthG gesetzlich definiert als Aussetzung der Abschiebung.
2. Die Abschiebung ist auszusetzen, wenn sie aus tatsächlichen oder rechtlichen Gründen unmöglich ist oder die Anwesenheit für die Strafverfolgung eines Verbrechens für erforderlich gehalten wird. Die Behörde hat dabei keinen Ermessensspielraum.
3. Über die Duldung ist eine förmliche Bescheinigung auszustellen.

303 **Literaturhinweise:** S. die Hinw. bei → *Ausländer, Allgemeines*, Teil H Rdn 155.

304 **1.** Die **Duldung** ist gem. § 60a AufenthG gesetzlich definiert als **Aussetzung** der **Abschiebung**. Sie setzt voraus, dass der Betroffene **ausreisepflichtig** ist. Kommt er der Ausreisepflicht nicht nach, ist entweder die Abschiebung zu vollziehen oder – wenn dies nicht möglich oder erwünscht ist – diese auszusetzen. Der Zustand der Duldung ist **kein Aufenthaltstitel**; der aus ihm resultierende Aufenthalt ist behördlich bekannt, aber nicht erlaubt.

305 Das Aufenthaltsrecht sieht nach der Rspr. **keinen ungeregelten Aufenthalt vor** (BVerwGE 105, 232, NVwZ 2000, 938; VG Oldenburg, Beschl. v. 20.9.2013 – 11 B 5874/13). Bei bestehender Ausreisepflicht ist die Abschiebung entweder zu vollziehen oder der Aufenthalt – ggf. auch nur kurzzeitig, bis die Abschiebung durchgeführt werden kann bzw. soll – zu dulden. Auch eine sog. **Verfahrensduldung**, die auch in Ermangelung anderer Duldungsgründe nur zur Durchführung eines (gerichtlichen)

Verfahrens erteilt wird, ist eine Duldung im rechtlichen Sinne (BVerwG, Urt. v. 18.12.2019 – 1 C 34/18, NVwZ 2020, 1044, 1046).

2.a) Gem. § 60a Abs. 2 S. 1 AufenthG ist die Abschiebung auszusetzen, wenn sie **aus rechtlichen** oder **tatsächlichen Gründen unmöglich** ist, sie also nicht vollzogen werden kann (**zwingende Duldung**). Der Ausländerbehörde steht dabei **kein Ermessen** zu. Bei den Gründen für die Unmöglichkeit der Abschiebung ist zwischen **zielstaatsbezogenen Abschiebungsverboten** (Rdn 307 f.) und **inlandsbezogenen Abschiebungshindernissen** (Rdn 309) zu unterscheiden. 306

☝ Diese Begriffe sollten in der Praxis gerade gegenüber der Ausländerbehörde **sauber unterschieden** werden. Die Berufung auf zielstaatsbezogene Gründe, die einer Abschiebung entgegenstehen sollen, gegenüber der Ausländerbehörde führen regelmäßig zum Verweis an das BAMF – und lassen den Rechtsanwalt als wenig kenntnisreich erscheinen.

aa) Abschiebungsverbote sind bezogen auf das **Ziel der Abschiebung**, also einen anderen Staat. Deren Feststellung liegt **allein** in der **Kompetenz** des **BAMF** im Rahmen eines Verfahrens nach dem Asylverfahrensgesetz (→ *Ausländer, Asyl- und Flüchtlingsrecht/Asylantrag*, Teil H Rdn 173). 307

Zu deren **Voraussetzungen** zählt, dass dem Betroffenen **in seiner Heimat Gefahr** droht, sei es durch die Todesstrafe, unmenschliche Behandlung, Unbehandelbarkeit seiner Krankheit, kriegsähnliche Zustände, staatliche oder gesellschaftliche Verfolgung. Diese Abschiebungsverbote sind in § 60 Abs. 2 bis 7 AufenthG geregelt, während § 60 Abs. 1 die Voraussetzung des Flüchtlingsstatus regelt. 308

bb) Abschiebungshindernisse hingegen ergeben sich **aus der Situation** im **Inland**. Sie liegen parallel zu den Gründen der Unmöglichkeit einer Ausreise i.S.d. § 25 Abs. 5 AufenthG (→ *Ausländer, Aufenthaltsrecht, Aufenthaltstitel*, Teil H Rdn 195) und sind durch die **zuständige Ausländerbehörde** festzustellen und zu berücksichtigen. Hinzuweisen ist auf folgende 309

Abschiebungshindernisse 310

- **Tatsächliche Gründe** für die Unmöglichkeit der Abschiebung sind beispielsweise das **Fehlen** von **Reisedokumenten**, mit denen die Abschiebung durchgeführt werden kann, oder eine **Inhaftierung** in Untersuchungshaft oder zur Strafvollstreckung. Letztere ist allerdings zugleich auch ein rechtliches Hindernis, solange die Staatsanwaltschaft nicht von der Möglichkeit der Unterbrechung gem. § 456a StPO Gebrauch macht.
- Auch medizinisch begründete **Reiseunfähigkeit** oder festgestellte **Suizidgefahr** im Falle der Abschiebung stellen ein tatsächliches Abschiebungshindernis dar.

☝ An **ärztliche Atteste** in ausländerrechtlichen Angelegenheiten stellen Behörden und Gerichte oft **erhebliche Anforderungen**. Keinesfalls ist es mit einem Dreizeiler des Hausarztes getan, in dem diese die Reiseunfähigkeit bescheinigt.

Idealerweise sollte die Untersuchung und Bescheinigung durch einen entsprechenden **Facharzt** erfolgen. Es muss sich aus dem Attest vielmehr schlüssig ergeben, wie lange der Patient schon in Behandlung ist, wie der Arzt die Befunde erhoben hat, ob er eigene Schilderungen des Patienten hinterfragt hat und zu welchen genauen Diagnosen er gekommen ist. Die Feststellung von Reiseunfähigkeit muss regelmäßig auch auf die konkrete Form der Reise abgestellt sein.

- Rechtlich sind außerdem vor allem zwingende **familiäre Bindungen** unter dem Schutz von Art. 6 GG oder die Verwurzelung im Bundesgebiet (sog. **faktische Inländerschaft,** siehe → *Ausländer, Aufenthaltsrecht, Ausweisung*, Teil H Rdn 284) zu berücksichtigen (insgesamt zu den Aussetzungsgründen: HK-AuslR/*Bruns*, § 60a AufenthG, Rn 10 ff.; *Renner/Dienelt*, § 60a AufenthG, Rn 15 ff.).

311 **b)** Ebenso zwingend ist die Abschiebung gem. **§ 60a Abs. 2 S. 2 AufenthG** auszusetzen, wenn die StA oder ein Strafgericht die **Anwesenheit** des Ausreisepflichtigen für ein **Strafverfahren** wegen eines **Verbrechens** für **erforderlich** erachten.

312 **c)** Daneben sieht **§ 60a Abs. 2 S. 3 AufenthG** die **Duldung** nach Ermessen aus **dringenden humanitären** oder **persönlichen Gründen** oder aus öffentlichem Interesse für einen vorübergehenden Zeitraum vor. Hierunter fallen alle Gründe für eine Aussetzung der Abschiebung, die nach Ihrem Gewicht unter den zwingenden Abschiebungsverboten oder -hindernissen anzusiedeln sind. Dies können ganz unterschiedliche Gründe sein, von dem Abschluss einer Berufs- oder Schulausbildung über die der Wahrnehmung familiärer Unterstützungspflichten oder das Erfordernis medizinischer Behandlung im Gewicht unterhalb eines Abschiebungshindernisses bis hin zur Verfahrensduldung zur Sicherung eines fairen Gerichtsverfahrens unter Anwesenheit des Betroffenen. Es ist der letzte **Auffangtatbestand** vor einer Abschiebung.

313 **3.** Über die Aussetzung der Abschiebung muss gem. **§ 60a Abs. 4 AufenthG** eine **Bescheinigung ausgestellt werden**. In dieser können weitere Nebenentscheidungen zur Arbeitsaufnahme, Aufenthaltsbeschränkung oder Wohnsitzauflage enthalten sein (→ *Ausländer, Aufenthaltsrecht, Auflagen und Nebenbestimmungen*, Teil H Rdn 227).

☝ Bei **Inhaftierungen** – insbesondere zur Strafvollstreckung – verzichten die Ausländerbehörden regelmäßig aus verwaltungspraktischen Gründen auf die Ausstellung einer solchen Bescheinigung. Aus verschiedenen Gründen kann es aber – z.B. Arbeitssuche zur Vorbereitung einer Verlegung in den offenen Vollzug, Ausweisfunktion bei Lockerungen – sinnvoll sein, gleichwohl auf die (rechtlich obligatorische) Ausstellung der Bescheinigung zu drängen.

Siehe auch: → *Ausländer, Abschiebung, Allgemeines*, Teil H Rdn 101 m.w.N.; → *Ausländer, Abschiebungshaft, Allgemeines*, Teil H Rdn 125 m.w.N.; → *Ausländer, Rechtsschutz, Allgemeines*, Teil H Rdn 427.

314 Ausländer, Aufenthaltsrecht, Verlust des Aufenthaltstitels

Das Wichtigste in Kürze:

1. Aufenthaltstitel nach dem AufenthG erlöschen unter bestimmten gesetzlichen Bedingungen. In Betracht kommen insbesondere Widerruf, Rücknahme, Ausweisung und nachträgliche Befristung eines Aufenthaltstitels.
2. Ohne Aufenthaltstitel ist der Betroffene in der Regel ausreisepflichtig und nicht mehr einreiseberechtigt.

315 **Literaturhinweise:** S. die Hinw. zu → *Ausländer, Allgemeines*, Teil H Rdn 155.

316 **1.a)** Für den Verlust eines Aufenthaltsrechts nach dem AufenthG bestehen mehrere Möglichkeiten.

317 **b)** Ein Visum oder eine Aufenthaltserlaubnis endet als befristet wirksamer Verwaltungsakt mit dem **Ablauf** der **Geltungsdauer** ohne Weiteres gem. § 51 Abs. 1 Nr. 1 AufenthG.

318 **aa)** Ein einmal abgelaufener Aufenthaltstitel kann **nicht verlängert werden**, die Antragstellung nach Ablauf der Aufenthaltserlaubnis oder des Visums entfaltet nicht aus sich heraus eine Fiktionswirkung. Es ist nur eine Neuerteilung möglich, wenn die Voraussetzungen hierfür vorliegen (BVerwG, Urt. v. 22.06.2011 – 1 C 5.10, NVwZ 2011, 1340).

☝ Dies kann verhindert werden, wenn **spätestens** am **letzten Tag** der **Gültigkeit** ein **Antrag** auf **Verlängerung** gestellt wird. Regelmäßig wird auch akzeptiert, wenn der Verlängerungsantrag am Tag nach dem Ablauf des Titels gestellt wird. Aus anwaltlicher Vorsicht sollte der Antrag aber immer vor Ablauf des Aufenthaltstitels gestellt werden. Die Antragstellung sollte zu Nachweiszwecken in den Verwaltungsvorgängen **wenigstens in Textform** erfolgen. Die grundlegende Vorschrift, § 81 Abs. 1 AufenthG, sieht keine Formanforderungen vor, so dass per E-Mail oder im elektronischen Rechtsverkehr, aber auch per Fax eingereichte Nachrichten ausreichen. In der Praxis besteht bei den Ausländerbehörde oft ein erheblicher Bearbeitungsrückstand, so dass die Sicherung eines Versendungsnachweises dringend anzuraten ist.

bb) Die Geltungsdauer von Aufenthaltserlaubnis und Visum kann auch ablaufen, wenn diese wegen einer **nachträglichen Befristung** gem. **§ 7 Abs. 2 S. 2 AufenthG** gegenüber der ursprünglichen Dauer **verkürzt** wird. Der Aufenthaltstitel erlischt dann ebenfalls gem. § 51 Abs. 1 Nr. 1 AufenthG. Die nachträgliche Befristung gem. § 7 Abs. 2 S. 2 AufenthG kommt in Betracht, wenn die **Voraussetzungen** für die **Erteilung** eines Aufenthaltstitels **nachträglich weggefallen** sind. In der Praxis findet die Vorschrift am häufigsten Anwendung auf Aufenthaltserlaubnisse als Ehegatte bei familienrechtlicher Trennung und Auflösung der ehelichen Lebensgemeinschaft sowie im Fall eines Studiums oder einer Erwerbstätigkeit bei vorzeitiger Beendigung oder dauerhafter Arbeitslosigkeit. 319

☝ Entsprechendes kann auch im Rahmen strafrechtlicher Nachsorge geschehen, wenn das Strafverfahren oder die Vollstreckung zum **Verlust** der **ehelichen Lebensgemeinschaft** oder des Studien- oder Arbeitsplatzes führt.

c)aa) Außerdem endet jeder Aufenthaltstitel unter den **weiteren Voraussetzungen** des **§ 51 Abs. 1 AufenthG**: 320

- Eintritt einer auflösenden Bedingung
- Rücknahme
- Widerruf
- Ausweisung
- Abschiebungsanordnung nach § 58a AufenthG
- Ausreise aus einem seiner Natur nach nicht vorübergehenden Grund, für mehr als 6 Monate oder einer anderen von der Ausländerbehörde bestimmten längeren Frist
- Asylantragstellung bei Inhabern eines Aufenthaltstitels gem. §§ 22, 23 oder § 25 Abs. 3 bis 5 AufenthG

☝ In der strafrechtlichen Nachsorge seltener, aber von **erheblicher praktischer Bedeutung** sind

- **Widerruf** gem. § 52 AufenthG,
- **Rücknahme** gem. § 48 VwVfG.

Zu beachten ist der **gesetzliche Verlust** des Aufenthaltsrechts im Falle einer **Ausreise** gem. § 51 Abs. 1 Nr. 6 und 7 AufenthG.

Die Erlöschenstatbestände des § 51 Abs. 1 Nr. 6 und 7 AufenthG können erhebliche Bedeutung bei der **Strafverteidigung** mit **internationalem Bezug** haben. Denn jede Ausreise mit Ausnahme einer staatlich veranlassten (z.B. im Rahmen einer Auslieferung) ist Anknüpfungspunkt für die Erlöschenstatbestände (BVerwG, Urt. v. 26.4.2012 – 2 C 4.11, NVwZ-RR 2012, 411). Auch eine durch äußere Umstände erzwungene Ausreise wird von der Rspr. als solche angesehen (kritisch insoweit NK-AuslR/Möller, AufenthG § 51 Rn 14). Es kommt insbesondere für die Frist von 6 Monaten nach Nr. 7 nicht darauf an, ob deren Überschreitung vom Betroffenen freiwillig oder schuldhaft verursacht wurde *(Bergmann/* 321

Dienelt/Dollinger, AufenthG § 51 Rn 19). Daher kann auch keine Wiedereinsetzung in den vorigen Stand oä. gewährt werden.

☝ Insbesondere eine **Inhaftierung im Ausland** kann daher zum nicht rückgängig zu machenden Verlust des Aufenthaltsrechts kraft Gesetzes führen. Es sollte daher durch Kontakt mit der Ausländerbehörde sichergestellt werden, dass dies nicht eintritt. Denkbar ist auch, dass der Betroffene aufgrund von Ausnahmeregelungen, z.B. § 51 Abs. 2 AufenthG, nicht vom Verlust des Aufenthaltstitels betroffen ist. Dies muss sorgfältig geprüft werden und bedarf oft eingehender Akteneinsicht und präziser Analyse der Verfahrensabläufe im Einzelfall.

322 **bb)** Die **Widerrufsgründe** gem. **§ 52 AufenthG** bieten wenig Anknüpfung an strafrechtliche Verurteilungen. **Relevant** sind insbesondere:

- Passlosigkeit (§ 52 Abs. 1 Nr. 1 AufenthG)
- Wechsel oder Verlust der Staatsangehörigkeit (§ 52 Abs. 1 Nr. 2 AufenthG)
- Erlöschen asylrechtlichen Rechtsposition oder Entfallen eines Abschiebungsverbotes (§ 52 Abs. 1 Nr. 4 und 5 AufenthG)
- Verlust einer erforderlichen Arbeitserlaubnis (§ 52 Abs. 2 AufenthG)

323 **§ 52 Abs. 3–6 AufenthG** regeln den Widerruf bestimmter Aufenthaltstitel. Wegen des **Bezuges** zum **Strafverfahren** sollen hier die Aufenthaltserlaubnis nach § 25 Abs. 4a und b AufenthG herausgestellt werden. Diese können gem. § 52 Abs. 5 AufenthG widerrufen werden, wenn

- **keine Aussagebereitschaft** (mehr) besteht,
- die Angaben im Verfahren mit hinreichender Wahrscheinlichkeit als falsch angesehen werden können,
- das **Strafverfahren eingestellt** wurde,
- aufgrund sonstiger Gründe die Voraussetzungen für den Aufenthalt nicht mehr vorliegen.

324 **cc)** Die **Rücknahme** eines **rechtswidrig erteilten Aufenthaltstitels** nach der **allgemeinen Rücknahmevorschrift** gem. § 48 VwVfG kommt insbesondere in Betracht, wenn das Strafverfahren die Erschleichung des Aufenthaltstitels selbst umfasst hat oder entsprechende Erkenntnisse in diesem Verfahren gewonnen wurden, z.B. in einem Verfahren wegen Urkundenfälschung, Eingehen einer Scheinehe, Bestechung zur Erlangung eines Visums oder einer Aufenthaltserlaubnis. In diesen Fällen wäre der Aufenthaltstitel von Anfang an rechtswidrig und kann dementsprechend unter den Voraussetzungen gem. § 48 VwVfG zurückgenommen werden. In der Praxis allerdings werden in solchen Fällen **auch Gründe für** eine **Ausweisung** vorliegen, so dass eine Beendigung des Aufenthaltes regelmäßig durch eine Ausweisung eingeleitet werden wird.

☝ Die **Rücknahme** des Aufenthaltstitels gem. § 48 VwVfG hat **nicht** die **Folgen** einer **Ausweisung**, beispielsweise den Eintritt des Einreise- und Aufenthaltsverbotes. Daher kann es in der strafrechtlichen Nachsorge einer entsprechenden Verurteilung sinnvoll sein, die Rücknahme des – ggf. ohnehin rechtswidrig erlangten – Aufenthaltstitels hinzunehmen, wenn im Gegenzug die Ausweisung unterbleibt.

325 **dd)** Für die strafrechtliche Nachsorge **von überragender Bedeutung** ist der Verlust des Aufenthaltsrechts durch die **Ausweisung** (→ *Ausländer, Aufenthaltsrecht, Ausweisung*, Teil H Rdn 244).

326 **2.** Der Verlust des Aufenthaltsrechts führt gem. § 50 AufenthG zur **Ausreisepflicht**. Es erfolgt regelmäßig gemeinsam mit der Entscheidung, die das Aufenthaltsrecht entzieht, auch eine **Ausreiseaufforderung mit Setzung einer Ausreisefrist** und eine **Abschiebungsandrohung**, die Voraussetzung für die Vollziehung der Abschiebung ist (→ *Ausländer, Abschiebung, Allgemeines*, Teil H Rdn 101). **Die Ausreisefrist ist im Einzelfall zu bestimmen** und kann in der Regel zwischen einer Woche und drei Monaten betragen (§ 58 Abs. 1 AufenthG).

Siehe auch: → *Ausländer, Abschiebung, Allgemeines*, Teil H Rdn 101, → *Ausländer, Abschiebungshaft, Allgemeines*, Teil H Rdn 125 m.w.N.; → *Ausländer, Aufenthaltsrecht, Duldung*, Teil H Rdn 302; → *Ausländer, Einreise- und Aufenthaltsverbot, Allgemeines*, Teil H Rdn 385 m.w.N.; → *Ausländer, Rechtsschutz, Allgemeines*, Teil H Rdn 427 m.w.N.

Ausländer, Einbürgerung, Staatsangehörigkeit 327

Literaturhinweise: **Hailbronner/Kau/Gnatzy/Weber,** Staatsangehörigkeitsrecht, 7. Aufl. 2022; **Manhart,** Wirtschaftliche Hürden für Einbürgerungsbewerber, ZAR 2012, 239; **Niesten-Dietrich,** Integration und Staatsangehörigkeit, ZAR 2012, 85; **Tabbara,** Das Gesetz zur Modernisierung des Staatsangehörigkeitsrechts, InfAuslR 2024, 141 s.a. die Hinw. → *Ausländer, Allgemeines,* Teil H Rdn 155. 328

1. Die **Einbürgerung** ist der Hoheitsakt mit dem gem. § 3 Abs. 1 Nr. 5 StAG der **Erwerb** der **deutschen Staatsangehörigkeit** unter den Voraussetzungen der §§ 8 – 16 StAG erfolgt. Die deutsche Staatsangehörigkeit geht in den Fällen des § 17 StAG verloren. 329

2.a) Im Rahmen der strafrechtlichen Nachsorge sind vor allem die **Ausschlussvorschriften** gem. § 8 Abs. 1 Nr. 2 sowie § 10 Abs. 1 Nr. 5 StAG im Fall einer **Verurteilung** oder **Verhängung** einer **Maßregel** von Bedeutung. 330

b) Eine Einbürgerung ist **ausgeschlossen,** solange die Verurteilung oder die Verhängung der **Maßregel noch** im **BZRG** gespeichert ist. Beachtenswert ist dabei, dass es hierbei zunächst keine Beschränkung auf bestimmte Delikte gibt, sondern jegliche Verurteilung ausreicht (→ *Bundeszentralregister, Eintragungen, Tilgung, Allgemeines*, Teil E Rdn 123 m.w.N.). 331

Im Sinne des Grundsatzes der **Verhältnismäßigkeit** bleiben gem. § 12a Abs. 1 StAG **außer Betracht**: 332

- Erziehungsmaßregeln und Zuchtmittel nach dem JGG,
- Verurteilungen zu Geldstrafen bis 90 Tagessätze,
- Verurteilungen zu Bewährungsstrafen bis zu drei Monaten, wenn die Bewährungszeit bestanden wurde.

Mehrere Verurteilungen werden **zusammengerechnet.** Bei geringfügiger Überschreitung der Grenzen kann im Einzelfall über die Beachtlichkeit für die Einbürgerung entschieden werden. Gleiches gilt bei der Entziehung der Fahrerlaubnis oder einem Berufsverbot gem. § 61 Nr. 5 oder 6 StGB. 333

☝ Es ist zu beachten, dass bei der Zusammenrechnung **immer alle** noch **im Register befindlichen Taten** zu berücksichtigen sind. Dies kann gerade bei wiederholten Verstößen dazu führen, dass die Einbürgerung für einen längeren Zeitraum versperrt ist, auch wenn der neuere Verstoß an sich der Einbürgerung nicht entgegenstünde.

Auslandstaten sind gem. § 12a Abs. 2 StAG zu berücksichtigen, wenn die Tat auch im Inland strafbar ist, die Verurteilung in einem rechtsstaatlichen Verfahren erfolgte und das Strafmaß verhältnismäßig ist. Die Tilgungsfristen des BZRG sind entsprechend anzuwenden. 334

c) Im Fall der **Ermessens-Einbürgerung** gem. § 8 StAG kann außerdem im Fall eines öffentlichen Interesses an der Einbürgerung von dem **Ausschlussgrund** gem. § 8 Abs. I Nr. 2 StAG **abgesehen** werden, § 8 Abs. 2 StAG. Allerdings ist die rechtliche Handhabung hierzu uneinheitlich. Generell wird Einschränkung des Ausschlussgrundes eher restriktiv ausgelegt. 335

3. Laufende Einbürgerungsverfahren sind **während strafrechtlicher Ermittlungen** bis zur Rechtskraft des Urteils oder der Einstellung des Verfahrens **auszusetzen** (§ 12a Abs. 3 StAG). Hierbei steht der Behörde kein Ermessen zu. 336

337 **4.** Eine Einbürgerung kann gem. § 35 Abs. 1 StAG **zurückgenommen** werden, wenn diese durch

- Täuschung
- Drohung
- Bestechung
- vorsätzlich unrichtige oder unvollständige Angaben, die wesentlich für den Erlass waren,

erreicht wurde. Dies kann bei der strafrechtlichen Nachsorge von Bedeutung sein, wenn entsprechende Straftaten in Rede stehen oder z.B. über Verurteilungen im Ausland getäuscht wurden. Dabei ist in der Regel **unerheblich,** ob durch die Rücknahme **Staatenlosigkeit eintritt** (§ 35 Abs. 2 StAG).

338 Gem. § 35 Abs. 3 StAG besteht aber eine **Ausschlussfrist** von **fünf Jahren** nach **Bekanntgabe** des **Verwaltungsaktes**, nach deren Ablauf die Rücknahme nicht mehr erfolgen darf. Außerdem muss für jede Person, die von der Rücknahme betroffen ist, eine **eigene ermessensgerechte Entscheidung** getroffen werden (§ 35 Abs. 5 StAG).

Siehe auch: → *Ausländer, Rechtsschutz, Allgemeines,* Teil H Rdn 427 m.w.N.

339 Ausländer, Einreise- und Aufenthaltsverbot, Allgemeines

Das Wichtigste in Kürze:

1. Durch eine aufenthaltsrechtliche Ausweisung, Abschiebung, Zurückschiebung oder die Feststellung des Verlustes der Freizügigkeit aus Sicherheitsgründen tritt ein Einreise- und Aufenthaltsverbot unmittelbar kraft Gesetzes ein.
2. Ein Einreise- und Aufenthaltsverbot kann außerdem verhängt werden, wenn ein vollziehbar Ausreisepflichtiger eine ihm gesetzte Ausreisefrist schuldhaft nicht einhält. Zudem kann das Bundesamt für Migration und Flüchtlinge ein solches Verbot unter bestimmten Umständen nach negativem Abschluss eines Asylverfahrens verhängen.
3. Der Verstoß gegen das Einreiseverbot ist strafbar.
4. Unter der Wirkung eines Einreise- und Aufenthaltsverbotes kann für Unionsbürger keine Freizügigkeit entstehen und kein Aufenthaltstitel erlangt werden.

340 **Literaturhinweise:** **Bauer,** Das Einreise- und Aufenthaltsverbot aus Anlass der rückkehrbezogenen Ausweisung – zugleich ein historischer Überblick, InfAuslR 2025, 315; **Fleuß,** Einreise und Aufenthaltsverbote gem. § 11 AufenthG im Spiegel der aktuellen Rechtsprechung, ZAR 2017, 24; **Welte,** Das Einreiseverbot – ein Instrument zur Beschränkung der Freizügigkeit, ZAR 2013, 330; s.a. die Hinw. bei → *Ausländer, Allgemeines*, Teil H Rdn 155 und bei → *Ausländer, Einreise- und Aufenthaltsverbot, Beendigung/Befristung*, Teil H Rdn 358.

341 **1.** Gem. **§ 11 Abs. 1 S. 1 AufenthG** darf ein Ausländer nach einer **Ausweisung, Zurückschiebung** oder **Abschiebung nicht mehr** in das Bundesgebiet **einreisen** und sich in Deutschland nicht **aufhalten.** Sinn und Zweck der Einreisesperre ist die Fernhaltung des Betroffenen aus dem Bundesgebiet, damit keine weiteren Rechtsverstöße von ihm ausgehen. Zu den Voraussetzungen wird auf die jeweiligen Stichworte verwiesen (→ *Ausländer, Aufenthaltsrecht, Ausweisung*, Teil H Rdn 244; und → *Ausländer, Abschiebung, Allgemeines*, Teil H Rdn 101).

☝ Dies wird als Einreise- und Aufenthaltsverbot oder Einreisesperre bezeichnet. Der Verstoß gegen dieses Verbot durch eine Einreise ist gem. § 95 Abs. 1 S. 1 Nr. 3 AufenthG **ausdrücklich strafbar.**

342 Die in § 11 Abs. 1 S. 1 AufenthG genannte **Zurückschiebung** gem. § 57 AufenthG ist in der strafrechtlichen Nachsorge selbst praktisch nicht von Belang. Es handelt sich dabei um die Aufenthaltsbeendigung in dem Fall, dass bereits während der Einreise die Illegalität des beabsichtigten Aufenthaltes bemerkt und letzterer umgehend wieder beendet wurde.

Bei einer bestehenden Einreisesperre ist z.B. der Antrag auf Erteilung eines Visums von vornherein aussichtslos, weil sich aus dem Einreise- und Aufenthaltsverbot gem. § 11 Abs. 1 ein **Versagungsgrund** für **jeden Aufenthaltstitel** ergibt. Es müsste daher zuvor ein Antrag auf Erteilung einer sog. **Betretenserlaubnis** gem. § 11 Abs. 8 AufenthG gestellt werden (Rdn 355). 343

2. Es bestehen neben dem durch Ausweisung oder Abschiebung ausgelösten Einreise- und Aufenthaltsverbotes zwei weitere Möglichkeiten, nach denen ein Einreise- und Aufenthaltsverbot verhängt werden kann: Die **isolierte Anordnung durch die zuständige Ausländerbehörde unter den Voraussetzungen des § 11 Abs. 6 AufenthG** und die **Anordnung im Asylverfahren** durch das insoweit zuständige Bundesamt für Migration und Flüchtlinge (BAMF) gem. § 11 Abs. 7 AufenthG. Bedeutung in der strafrechtlichen Nachsorge kann insbesondere die erste Möglichkeit entfalten, weil eine Ausreisepflicht auch ohne Ausweisung Folge strafrechtlicher Verfehlungen sein kann, indem z.B. ein Antrag auf Verlängerung einer Aufenthaltserlaubnis zurückgewiesen wird. 344

a) § 11 Abs. 6 AufenthG eröffnet der zuständigen Ausländerbehörde die Möglichkeit, ohne Ausweisung ein **isoliertes Einreise-** und **Aufenthaltsverbot** zu verhängen. Voraussetzung hierfür ist, dass ein vollziehbar Ausreisepflichtiger verschuldet nicht innerhalb der ihm gesetzten Ausreisefrist – z.B. gem. § 50 Abs. 2 2. Alt. AufenthG – das Land verlassen hat und eine erhebliche Überschreitung der Frist vorliegt. Es genügt, wenn entweder eine unverschuldete oder unerhebliche Überschreitung der Frist vorliegt, die Ausnahmen sind **nicht kumulativ** zu verstehen. 345

aa) Wann eine erhebliche **Überschreitung** im Gegensatz zur unerheblichen vorliegt, ist eine **Frage des Einzelfalles**, die in der Rechtsanwendung voraussichtlich durch die Rspr. geklärt werden muss. Die Rechtmäßigkeit eines isolierten Einreiseverbotes wegen nicht nur unerheblicher Überschreitung der Frist dürfte nicht allein von deren Länge abhängen, sondern auch davon, ob diese – abgesehen von gesetzlich bestimmten Ausreisefristen wie gem. § 36 Abs. 1 AsylVfG – richtig bemessen ist. 346

Da die **Erheblichkeit** der **Fristüberschreitung** Tatbestandsmerkmal für die Verhängung des isolierten Einreise- und Aufenthaltsverbotes ist, ist diese Frage **voll gerichtlich überprüfbar** (so auch BeckOK MigR/*Katzer*, AufenthG § 11 Rn 56; NK-AuslR/*Oberhäuser*, AufenthG § 11 Rn 95). Auch diesbezüglich ist aber eine Klärung in der Rspr. abzuwarten, da die Ausländerbehörde eine Ausreisefrist grds. im Rahmen des Auswahlermessens bei der die Ausreisepflicht begründenden Entscheidung festsetzt, bisher aber kein Anlass bestand, die Angemessenheit der Frist gerichtlich zu prüfen. 347

bb) Der alternative Ausschlusstatbestand für das Einreiseverbot ist gegeben, wenn die **Fristüberschreitung unverschuldet** erfolgt. Dies ist insbesondere der Fall, wenn es dem Betroffenen tatsächlich oder aus rechtlichen Gründen nicht möglich ist, auszureisen, z.B. weil eine körperliche Reiseunfähigkeit vorliegt oder es an den erforderlichen Reisedokumenten fehlt. 348

Letzteres kann freilich auch auf **Untätigkeit** des Betroffenen beruhen, die aber nur von Bedeutung sein kann, wenn dies der entscheidende Grund für die Unmöglichkeit der Ausreise ist und wenn das Unterlassen **vorwerfbar** ist. So ist z.B. zur Obliegenheit der Mitwirkung an der Erlangung von Reisepapieren gem. § 1a Nr. 2 AsylbLG entschieden worden, dass nach einmaliger gescheiterter Botschaftsvorsprache weitere nur auf Aufforderung der Ausländerbehörde zu fordern sind (LSG Baden-Württemberg, Urt. v. 21.9.2006 – L 7 AY 4940/05). Auch hier wird die Ausgestaltung des Ausschlussgrundes im Einzelfall zu entscheiden und durch die Rspr. auszuformen sein. 349

Daneben ist die Festsetzung eines isolierten Einreiseverbotes auch ausgeschlossen, wenn **Duldungsgründe** gem. **§ 60a AufenthG** vorliegen (→ *Ausländer, Aufenthaltsrecht, Duldung*, Teil H Rdn 302), ohne dass der Betroffene dies zu vertreten hat. Dabei bestehen natürlich Überschneidungen zum unverschuldeten Überschreiten der Ausreisefrist, der Anwendungsbereich ist aber weiter. So ist bei **rechtlichen Abschiebungshindernissen** wie z.B. Personensorge- und/oder Umgangsrecht mit einem minderjährigen Deutschen zwar eine Ausreise nicht unmöglich und daher die Überschreitung nicht unverschuldet, es handelt sich aber um einen Duldungsgrund, so dass die Überschreitung gleichwohl als nicht vorwerfbar anzuerkennen ist. Dies hat zur Folge, dass kein Einreiseverbot verfügt werden kann. 350

351 **b)** Weiter kann das Bundesamt für Migration und Flüchtlinge gem. **§ 11 Abs. 7 AufenthG** nach pflichtgemäßem Ermessen unter bestimmten Voraussetzungen ein **Einreiseverbot** verhängen. Dies ist möglich bei

- Ablehnung eines Asylantrages als offensichtlich unbegründet wegen sicheren Herkunftslandes gem. § 29a AsylVfG, wenn kein sonstiger Schutz zuerkannt wurde,
- wiederholter Zurückweisung eines Folge- oder Zweitantrages gem. §§ 71, 71a AsylVfG.

Für die strafrechtliche Nachsorge wird diese Möglichkeit ersichtlich **keine vertiefte Bedeutung** entfalten. Aufgrund des Tatbestandsmerkmals „wiederholt" in Nr. 2 dürfte dieses Erfordernis aber schon nach dem zweiten Folge- oder Zweitantrag erfüllt sein (so auch NK-AuslR/*Oberhäuser*, AufenthG § 11 Rn 108).

352 **c)** Beide Varianten des isolierten Einreise- und Aufenthaltsverbotes setzen eine **Ermessenentscheidung** voraus. Das Ermessen ist pflichtgemäß auszuüben und folgt den üblichen Regeln des allgemeinen Verwaltungsrechts, ist damit aber auch gerichtlich nur eingeschränkt überprüfbar. Allerdings ist das Ermessen erst eröffnet, wenn der Tatbestand zuvor zutreffend festgestellt wurde. Das Ermessen ist zunächst als Erschließungsermessen auszuüben und zu begründen, während auf der Ebene des Auswahlermessens sodann über die Dauer des Verbotes zu entscheiden ist (→ *Ausländer, Einreise- und Aufenthaltsverbot, Befristung*, Teil H Rdn 358).

353 **3.** Für **Unionsbürger** findet sich in **§ 7 Abs. 2 FreizügG/EU** eine vergleichbare Rechtsfolge, die aber nur bei einer Verlustfeststellung gem. § 6 Abs. 1 FreizügG/EU zwingend ist und bei anderen Formen des Verlustes verhängt werden kann.

Auf nicht freizügigkeitsberechtigte Unionsbürger ist das **Aufenthaltsrecht anzuwenden.**

354 Wenn **ehemals ausgewiesene Ausländer**, gegen die eine Einreisesperre noch nach dem Aufenthaltsrecht entstanden ist, durch EU-Beitritt ihres Heimatlandes **Unionsbürger werden,** betrifft dies nicht die Wirksamkeit des Einreise- und Aufenthaltsverbotes (BVerwG NVwZ 2008, 82). Die Wirkungen der Ausweisung gelten als freizügigkeitsrechtliches Einreise- und Aufenthaltsverbot fort.

355 **4.** Gem. § 11 Abs. 8 AufenthG kann auch dem Betroffenen eines Einreise- und Aufenthaltsverbots **kurzfristig** die **Einreise gestattet** werden. Es handelt sich dabei um eine sog. **Betretenserlaubnis**.

356 Diese wird nach Ermessen erteilt, wenn **zwingende Gründe** die **Anwesenheit erfordern** – wie z.B. die erforderliche Teilnahme an einem gerichtlichen oder behördlichen Verfahren – oder die Versagung eine unbillige Härte bedeuten würde. Eine unbillige Härte kann sich insbesondere aus familiären Gründen ergeben, wie dem Tod naher Angehöriger oder wichtigen Familienfeiern (OVG Lüneburg, Beschl. v. 13.5.2014 – 8 ME 39/14, AuAS 2014, 122,123), Bei der begründeten Annahme einer fortbestehenden Gefährdung wird die Erlaubnis nicht erteilt (OVG Saarlouis, Beschl. v. 4.2.2011 – 2 A 227/10, NVwZ-RR 2011, 337, 338).

357 Nach Auffassung einzelner Entscheidungen (VG Saarlouis InfAuslR 2011, 22, aufrecht erhalten durch OVG Saarlouis a.a.O..) soll ein **Vollstreckungshaftbefehl** nach einer Unterbrechung der Strafhaft zur Abschiebung gem. **§ 456a StPO** einer Betretenserlaubnis generell im Wege stehen. Dies dürfte aber mit dem Grundsatz der Verhältnismäßigkeit unvereinbar sein (so auch Welte, InfAuslR 2010, 14,15 und NdsOVG, Beschl. v. 18.4.2002 – 11 ME 122/02). Zu beachten ist aber immer, dass die Erteilung einer Betretenserlaubnis keine Auswirkungen auf den Vollstreckungshaftbefehl im Rahmen des § 456a StPO hat und daher dessen Außervollzugsetzung (oder die Aussetzung der Reststrafe zur Bewährung) beantragt werden muss (insg. NK-AuslR/*Oberhäuser*, AufenthG § 11 Rn 116).

Siehe auch: → *Ausländer, Abschiebung, Allgemeines*, Teil H Rdn 101 m.w.N.; → *Ausländer, Aufenthaltsrecht, Aufenthaltstitel*, Teil H Rdn 195; → *Ausländer, Aufenthaltsrecht, Ausweisung*, Teil H

Rdn 244, → *Ausländer, Aufenthaltsrecht, Verlust des Aufenthaltstitels*, Teil H Rdn 314; → *Ausländer, Aufenthaltsrecht, Duldung*, Teil H Rdn 302; → *Ausländer, Einreise- und Aufenthaltsverbot, Beendigung/Befristung*, Teil H Rdn 358; → *Ausländer, Freizügigkeitsrecht/Unionsbürger, Verlustfeststellung*, Teil H Rdn 397; → *Ausländer, Gesetzesnovellen*, Teil H Rdn 420; → *Ausländer, Rechtsschutz, Allgemeines*, Teil H Rdn 427 m.w.N.

Ausländer, Einreise- und Aufenthaltsverbot, Befristung 358

Das Wichtigste in Kürze:

1. Es besteht ein Anspruch auf die Befristung eines Einreise- und Aufenthaltsverbotes bereits mit der Entscheidung, die dieses begründet und muss nötigenfalls auf Antrag erfolgen.
2. Über die Länge der Frist ist nach pflichtgemäßem Ermessen unter Berücksichtigung gesetzlicher Obergrenzen und aller Aspekte des Einzelfalles zu entscheiden.
3. Eine Befristung von mehr als fünf Jahren ist nur möglich, wenn das Verbot aus einer Ausweisung oder Verlustfeststellung wegen Straftaten resultiert oder wenn von dem Betroffenen eine schwerwiegende Gefahr für die öffentliche Sicherheit und Ordnung ausgeht. Diese Frist soll 10 Jahre nicht überschreiten.
4. Ein isoliertes Einreise- und Aufenthaltsverbot, das ohne Ausweisung durch die Ausländerbehörde oder das BAMF verhängt wird, soll erstmalig ein Jahr, ansonsten in der Regel drei Jahre nicht überschreiten.
5. Die Frist beginnt mit der erstmaligen Ausreise. Der Ablauf wird im Fall einer illegalen Wiedereinreise für die Dauer des Aufenthaltes im Bundesgebiet gehemmt.
6. Die Dauer der Befristung wird auf Antrag überprüft und kann weiter verkürzt oder auch insgesamt aufgehoben werden.

Literaturhinweise: **Armbruster/Hoppe**, Neue Rechtsprechung zur Befristung der Ausweisung, ZAR 2013, 309 ff.; **Marx**, § 11 AufenthG im Lichte der Rückführungsrichtlinie (RFRL), ZAR 2014, 278; **Pfaff**, Fristbestimmung gem. § 11 I 3 AufenthG, ZAR 2010, 183; s.a. die Hinweise bei → *Ausländer, Allgemeines*, Teil H Rdn 156, und bei → *Teil H: Ausländer, Einreise- und Aufenthaltsverbot, Allgemeines*, Rdn 340. 359

1.a) Die **Geltungsdauer** des **Einreise-** und **Aufenthaltsverbots** ist gem. § 11 Abs. 1 S. 2 AufenthG, § 7 Abs. 2 S. 5 FreizügG/EU von Amts wegen **zu befristen**. 360

b) § 11 Abs. 1 S. 1 AufenthG ist der Regelung des § 7 Abs. 2 S. 5 FreizügG/EU für Unionsbürger insoweit angeglichen, dass die **Befristung von Amts wegen** mit der Ausweisung erfolgen muss, andernfalls mit der Abschiebungsandrohung, spätestens mit dem Vollzug der Abschiebung erfolgen soll. Damit gleicht sich die gesetzliche Regelung der Rspr. des BVerwG an, nach der immer eine Befristung beizufügen ist (BVerwGE 143, 277 = NVwZ 2013, 365; BVerwG, Urt. v. 13.12.2012 – 1 C 14.12, NVwZ-RR 2013, 386). 361

In – inzwischen kaum noch auftretenden – **Altfällen, in denen noch keine Befristung bestimmt ist**, setzte die frühere Rspr. weiterhin einen Antrag, jedenfalls eine entsprechende Äußerung voraus (BVerwGE 143, 277, 290 f.). Nach der Rspr. des EuGH allerdings enthält die Anfechtung insbesondere einer unbefristeten Ausweisungsverfügung auch das Begehren, eine Frist zu setzen (EuGH Inf AuslR 2013, 416, 416 f.). Das BVerwG hielt gleichwohl auch zuletzt an seiner Auffassung fest, dass auch ein späterer Befristungsantrag noch zur Rechtswahrung ausreiche (BVerwGE a.a.O.). Auch wenn gem. § 11 Abs. 4 AufenthG lediglich noch die Aufhebung des Einreise- und Aufenthaltsverbotes und die Verkürzung einer bestehenden Frist, nicht aber deren nachträgliche Anordnung vorgesehen ist, ergibt sich daraus auch der Anspruch, ein unbefristetes Einreise- und Aufenthaltsverbot zu befristen (BT-Drucks 642/14, S. 39, so auch *Marx*, Handbuch, § 7 Rn 287). 362

363 Ein **ohne Befristung verhängtes Einreise- und Aufenthaltsverbot** – auch durch eine Ausweisung – wegen der zwingenden Verknüpfung insgesamt **rechtswidrig**.

☝ Da das Einreise- und Aufenthaltsverbot aber i.d.R. gesetzliche Folge einer anderen, möglicherweise nicht abwendbaren Maßnahme ist, führt eine Aufhebung nur zu einer Neubescheidung, so dass anzuraten ist, eher mit der Behörde in Verhandlungen über die Länge der Frist einzutreten. Dies kann natürlich auch in einem Anfechtungsverfahren erfolgen.

364 Selten wird sich nur noch die Frage stellen, wie mit Altfällen umzugehen ist, die noch keine Befristung erfahren haben. Nach der Rspr. des EuGH können **unbefristete Einreisesperren, die vor dem 25.11.2006 erlassen wurden** bzw. entstanden sind, nicht mehr zu einer strafrechtlichen Würdigung als Einreise entgegen eines Verbotes herangezogen werden können (EuGH, Urt. v. 19.09.2013 – C 297/12, NJW 2014, 527). In Reaktion auf diese Rspr., sind zahlreiche vor diesem Stichtag entstandene Einreise- und Aufenthaltsverbote aufgehoben worden, wenn die Betroffenen bereits ausgereist oder abgeschoben waren.

365 Aus der Entscheidung des EuGH soll sich nach Auffassung des Bundesverwaltungsgerichts nicht ergeben, dass Einreiseverbote, die gegen nunmehrige Unionsbürger ursprünglich durch Ausweisung verfügt wurden, keine Wirkungen mehr entfalten, insbesondere, wenn das Verbot zur Verhütung schwerwiegender Gefahren für die öffentliche Ordnung oder Sicherheit oder die nationale Sicherheit verhängt wurde (BVerwG, Urt. v. 25.3.2015 – 1 C 18.14).

366 Es spricht in solchen **Altfällen** vieles dafür, dass der **Betroffene nicht schlechter gestellt** werden kann als bei Verhängung des Einreise- und Aufenthaltsverbotes unter geltendem Recht. Insofern trifft die Behörde mindestens eine Verpflichtung zur Befristung von Amts wegen. Einen Ausweg bietet gleichwohl die Regelung des § 11 Abs. 4 AufenthG, die auch die Aufhebung des Verbotes vorsieht. Das Ermessen, ein bestehendes Einreise- und Aufenthaltsverbot aufzuheben, dürfte sich auf null reduzieren, wenn die Frist inzwischen bei Berücksichtigung des geltenden Rechts abgelaufen wäre.

☝ Bei Einreise- und Aufenthaltsverboten, deren Entstehen schon länger zurückliegt, sollten sowohl die **Aufhebung** als auch die **rückwirkende**, jedenfalls aber sofortige **Befristung beantragt** werden, auch wenn die gesetzliche Regelung einen nachträglichen Antrag nicht vorsieht.

367 **c)** Hinsichtlich eines aus einer ehemaligen Ausweisung resultierendes und ggf. noch nicht befristetes Einreise- und Aufenthaltsverbot gegen **Unionsbürger** besteht gem. § 7 Abs. 2 S. 5 und 9 FreizügG/EU ein **Anspruch** auf **erstmalige Befristung** ebenso wie auf Anspruch auf Verkürzung der Frist auf Antrag nach angemessener Frist oder nach drei Jahren gem. § 7 Abs. 2 S. 8 FreizügG/EU. Diese Entscheidung ist auf Grundlage einer zum Zeitpunkt der Entscheidung **aktuellen Gefahrenprognose** und **Verhältnismäßigkeitsprüfung** zu treffen. Dabei gibt es keine mit der Ausreise beginnende Höchstfrist (BVerwG, Urt. v. 25.3.2015 – 1 C 18.14).

☝ Eine Frist von **mehr** als **fünf Jahren** darf nur bei einer Verlustfeststellung aus Sicherheitsgründen gem. § 6 Abs. 1 FreizügG/EU verfügt werden.

368 **2.a)** Die **Bemessung der Frist** richtet sich inzwischen nach § 11 Abs. 3 AufenthG. Danach wird über die Frist nach Ermessen entschieden. Die Entscheidung muss **alle Aspekte des Einzelfalles** berücksichtigen und muss sich an dem **Zweck der Einreisesperre** orientieren, den Betroffenen zum Zweck der Verhinderung von Rechtsverletzungen aus dem Bundesgebiet fernzuhalten. Dafür ist eine **Prognose** erforderlich, wie lange diese Gefahr nach der Ausreise besteht.

369 **b)** Gem. § 11 Abs. 3 S. 2 AufenthG darf die Frist **nur** im Fall einer **anlassgebenden strafrechtlichen Verurteilung mehr als fünf Jahre** betragen. Das BVerwG hat eine Frist von **zehn Jahren** als **maximaler Zeitraum** herausgearbeitet, der im Rahmen der anzustellenden Prognose noch überschaubar sein soll

(BVerwG NVwZ-RR 2013, 386). Allerdings sollte dies nicht dahingehend zu verstehen sein, dass für die Befristung eine Höchstgrenze von zehn Jahren gelte (BVerwG, Urt. v. 25.3.2015 – 1 C 18.14; so aber VGH Mannheim, Urt. 30.04.2014, InfAuslR 2014, 365, Rn 83).

c) Weitere Höchstfristen im Fall **strafrechtlicher Verurteilungen** gelten gem. **§ 11 Abs. 5–5b** AufenthG. Bei einer strafrechtlichen Verurteilung soll gem. § 11 Abs. 5 AufenthG die Frist in Anlehnung an die genannten Entscheidungen des Bundesverwaltungsgerichts **zehn** Jahre nicht überschreiten, wenn die Ausweisung wegen einer strafrechtlichen Verurteilung erfolgt oder eine sonstige Gefahr für die öffentliche Sicherheit von dem Betroffenen ausgeht. Noch weitergehend bestimmt § 11 Abs. 5a AufenthG eine Regelfrist von **20** Jahren bei 370

- Verbrechen gegen den Frieden
- Kriegsverbrechen und
- Verbrechen gegen die Menschlichkeit
- Gefahr für die öffentliche Sicherheit oder
- einer terroristischen Gefahr.

☝ Eine **Verkürzung** der Frist ist nur unter Beteiligung der obersten Landesbehörde möglich.

d) Bei der Bemessung muss der **gesamte Sachverhalt** berücksichtigt werden, insbesondere zum Zeitpunkt der behördlichen oder gerichtlichen Entscheidung über die Befristung (BVerwG, Urt. v. 25.3.2015 – 1 C 18.14). Dabei ist gleichgültig, ob die Entscheidung gleichzeitig mit der Ausweisung oder Abschiebungsandrohung oder nachträglich erfolgt. Schematische Regelfristen sind mit einer derartigen Einzelfallbestimmung nicht vereinbar. 371

☝ Ausländerbehörde und Gericht können nur aufgrund der ihr bekannten Umstände über die Frist entscheiden. Der mit der strafrechtlichen Nachsorge beauftragte Rechtsanwalt muss deswegen dafür sorgen, dass **alle für** den **Betroffenen sprechenden Umstände bekanntgemacht** und nötigenfalls belegt werden.

Günstig auf die **Dauer** einer **Befristung** können sich z.B. auswirken: 372

- Verhalten nach der Straftat wie Therapien oder Schadensersatzzahlungen
- vorzeitige Entlassung aus der Haft
- Straffreiheit während des Auslandsaufenthaltes
- langer Zeitablauf seit der Anlasstat

Zuständig für Erlass des Einreise- und Aufenthaltsverbots ist wie für seinen erstmalige Befristung die Ausländerbehörde, die den Bescheid erlassen hat. Dies wird die für den gewöhnlichen Aufenthaltsort zuständige Behörde sein. 373

3. Im Fall der **gerichtlichen Überprüfung** einer Befristungsentscheidung hat das Gericht die Frist selbst zu überprüfen und ggf. eine abweichende Frist selbst festzusetzen (BVerwG, Urt. v. 14.2.2012 – 1 C 7.11, NVwZ 2012, 1558). Entscheidungserheblicher Zeitpunkt dafür ist die letzte mündliche Verhandlung vor Gericht, d.h. können entscheidungserhebliche Tatsachen noch während des Verfahrens vorgetragen werden. 374

☝ Gelegentlich ist bei den Gerichten die Tendenz zu erkennen, lediglich die Länge der Frist zu kritisieren, aber keine eigene Entscheidung zu fällen. Es bietet sich dann ggf. an, das **Verfahren** in diesem Punkt **einvernehmlich** mit der **Behörde beizulegen**, indem diese die zunächst getroffene Befristung aufhebt und sich verpflichtet, über diesen Punkt neu zu entscheiden.

4. Gem. § 11 Abs. 2 S. 2 AufenthG **beginnt** der **Ablauf** der **Frist** mit der ersten Ausreise nach der die Einreisesperre begründenden Entscheidung. Nach langjähriger unwidersprochener obergerichtlicher Rspr. führt 375 eine illegale Wiedereinreise auch bei erneuter Abschiebung nicht zu einem erneuten Fristbeginn (so bereits OVG Hamburg, Beschl. v. 15.8.1991 – VII 67/91, InfAuslR 1992, 250, 252 zur damaligen Regelung).

376 Allerdings sieht § 11 Abs. 9 AufenthG vor, dass im Fall einer illegalen Wiedereinreise der Fristablauf während des Aufenthaltes im Bundesgebiet gehemmt ist und eine Verlängerung der Frist bis hin zu einer Verdoppelung erfolgen kann.

☝ Die **Behörde** kann im Rahmen der vorgegebenen Grenzen die Befristung bei neu hinzutretenden Tatsachen **verlängern** oder **verkürzen**. Dabei kann eine illegale Einreise ein Grund für eine Verlängerung sein. Als Grund für eine Verkürzung kommt in Betracht, wenn z.B. eine Eheschließung mit einer im Bundesgebiet aufenthaltsberechtigten Person stattfindet. Eine Verlängerung hingegen kann bei einer erneuten illegalen Einreise während der Geltung des Verbotes oder anderen Rechtsverstößen angezeigt sein.

377 **5.** § 11 Abs. 4 S. 1 AufenthG sieht ausdrücklich Möglichkeiten der **Veränderung** eines **bestehenden Einreiseverbotes** vor.

378 In der Rspr. war bereits länger anerkannt, dass auch ein **Ablauf** der **Befristung ohne vorherige Ausreise möglich** ist, wenn zum entscheidungserheblichen Zeitpunkt die Gründe für die Festsetzung eines Einreise- und Aufenthaltsverbotes gem. § 11 Abs. 1 AufenthG nicht mehr bestehen (BVerwG, Urt. v. 6.3.2014 – 1 C 2.13, NVwZ 2014, 1107). Ein Einreise- und Aufenthaltsverbot, dessen Zweck – die Gefahrenabwehr – erreicht ist, kann nicht fortbestehen (VGH Baden-Württemberg, Beschl. v. 25.1.2021 – 12 S 2894/20; NK-AuslR/*Oberhäuser*, AufenthG § 11 Rn 71). Dies gilt insbesondere, wenn eine **Ausreise dauerhaft ohne Zutun** des Betroffenen **nicht möglich ist**, wie z.B. nach Anerkennung als Asylberechtigter oder Flüchtling oder bei Bindung an sehr schutzbedürftige Familienmitglieder (z.B. bei Müttern neugeborener Kinder). In der Lit. wird von der Erstreckung der Vorschrift sowohl auf „Auslandsfälle" – also die Beantragung aus dem Ausland – als auch auf „Inlandsfälle" – wenn die betroffene Person in Deutschland verblieben ist – gesprochen (BeckOK MigR*Katzer*, AufenthG § 11 Rn 30).

379 Es sind sowohl die **Aufhebung** als auch die **Verkürzung** und die Verlängerung aus Gründen der öffentlichen Sicherheit und Ordnung möglich. Die generelle Möglichkeit einer Verlängerung besteht neben derjenigen nach illegaler Wiedereinreise gem. § 11 Abs. 9 S. 2 AufenthG.

380 Gem. § 11 Abs. 4 S. 2 AufenthG **soll** die **Aufhebung** des **Verbotes** erfolgen, wenn die Voraussetzungen für die Erteilung eines humanitären Aufenthaltstitels vorliegen, also z.B. bei Gewährung asylrechtlichen Schutzes oder bei Bestehen tatsächlicher oder rechtlicher Ausreise- bzw. Abschiebungshindernisse.

381 **Voraussetzung** für die Aufhebung oder Verkürzung der Frist ist die **Wahrung schutzwürdiger Belange** des **Betroffenen** oder das **Entfallen** des **Zwecks** der **Einreisesperre**. Dies korrespondiert mit den Gründen, die bereits früher für eine nachträgliche Verkürzung der Frist sprachen. Hierzu gehört z.B. die Geburt eines Kindes im Bundesgebiet oder eine Heirat. Denkbar sind aber auch alle oben genannten Gründe für eine kürzere Frist, die bei der vorherigen Befristungsentscheidung (noch) nicht eingeflossen sind. Diese müssen freilich der zuständigen Ausländerbehörde gegenüber geltend gemacht und ggf. nachgewiesen werden. Es gelten die gleichen Grundsätze wie bei der erstmaligen Befristung.

382 **6.** Ein **Wiederaufgreifen** des **Verfahrens**, das zum Einreise- und Aufenthaltsverbot geführt hat, gem. § 51 VwVfG kommt nach Auffassung der Rspr. nicht in Betracht. Es wird überwiegend vertreten, dass nachträgliche Änderungen der Sach- und Rechtslage bei der Frage der Länge der Einreisesperre Berücksichtigung finden können (BVerwGE 129, 24 = NVwZ 2008, 82; VG Oldenburg, Urt. v. 22.2.2006 – 11 A 2691/04).

383 Die **Rücknahme** einer **Ausweisungsverfügung** gem. § 48 VwVfG ist **möglich** (BVerwGE 129, 367 Rn 16; 135, 137 Rn 13; VGH Baden-Württemberg VBlBW 2001, 23). Insbesondere schließt die Möglichkeit der nachträglichen Befristung der Wirkungen der Ausweisung deren Rücknahme gem. § 48 VwVfG nicht aus [vgl. BVerwGE 110, 140, 143]. Allerdings steht der Rücknahme ein rechtskräftiges

Urteil entgegen (BVerwG ZAR 2010, 193). Nur eine nicht gerichtlich überprüfte Ausweisung steht der Rücknahme offen, wobei § 48 VwVfG der Behörde ein Entschließungsermessen einräumt, das auch bei einer unverhältnismäßigen Ausweisung nicht auf Null reduziert ist (VGH Baden-Württemberg, Beschl. v. 23.3.2020 – 12 S 299/19).

7. § 11 Abs. 5b S. 1 AufenthG bestimmt im Fall einer Abschiebung nach Abschiebungsandrohung gem. § 58a AufenthG regelmäßig ein **unbefristetes Einreise-** und **Aufenthaltsverbot**. Dies soll im Einzelfall auch in den Fällen des § 11 Abs. 5a AufenthG oder bei einer Ausweisung mit qualifizierten Ausweisungsinteressen gem. § 54 Abs. 1 Nr. 1, 2 oder 2a AufenthG (Rdn 261 ff.) möglich sein. Die Vorschrift wird aber als nicht mit Art. 11 Abs. 2 S. 2 der Rückführungs-RL 2008/115/EG vereinbar kritisiert, weil dort immer eine Befristung (wenngleich von mehr als fünf Jahren) vorgesehen ist und damit immer eine zeitliche Beschränkung (NK-AuslR/*Oberhäuser*, AufenthG § 11 Rn 83). 384

Siehe auch: → *Ausländer, Abschiebung, Allgemeines*, Teil H Rdn 101 m.w.N. → *Ausländer, Aufenthaltsrecht, Aufenthaltstitel*, Teil H Rdn 195 m.w.N.; → *Ausländer, Aufenthaltsrecht, Ausweisung*, Teil H Rdn 244; → *Ausländer, Aufenthaltsrecht, Verlust des Aufenthaltstitels*, Teil H Rdn 314; → *Ausländer, Aufenthaltsrecht, Duldung*, Teil H Rdn 403; → *Ausländer, Einreise- und Aufenthaltsverbot, Allgemeines*, Teil H Rdn 339 m.w.N.; → *Ausländer, Freizügigkeitsrecht/Unionsbürger, Verlustfeststellung*, Teil H Rdn 344; → *Ausländer, Gesetzesnovellen*, Teil H Rdn 420; → *Ausländer, Rechtsschutz, Allgemeines*, Teil H Rdn 427 m.w.N.

Ausländer, Freizügigkeitsrecht/Unionsbürger, Allgemeines 385

Das Wichtigste in Kürze:

1. Staatsangehörige anderer EU-Mitgliedsstaaten (Unionsbürger), die Angehörigen der EWR-Staaten und ihre Familienangehörigen benötigen für den Aufenthalt in Deutschland keinen Aufenthaltstitel.
2. Die Voraussetzungen für das Freizügigkeitsrecht der Unionsbürger und ihrer Familienangehörigen und dessen Erhaltung ergeben sich im Einzelnen aus den §§ 2, 3 und 4 des FreizügG/EU.
3. Nach fünfjährigem Aufenthalt in Deutschland entsteht für Unionsbürger und ihre Familienangehörigen gem. § 4a Abs. 1 FreizügG/EU ein Daueraufenthaltsrecht.
4. Für den Verlust des Freizügigkeitsrechts ist eine behördliche Entscheidung erforderlich.
5. Nach fünf Jahren Aufenthalt im Bundesgebiet erlangen Unionsbürger und ihre Familienangehörigen kraft Gesetzes ein Daueraufenthaltsrecht, das nur noch unter engen Voraussetzungen aufgehoben werden kann.

Literaturhinweise: Dietz, Die Novelle des Freizügigkeitsrechts im Überblick, NVwZ 2021, 30; **Tewocht,** Die Neuregelung des Freizügigkeitsgesetzes/EU, ZAR 2013, 221; **Thym,** Unionsbürgerfreiheit und Aufenthaltsrecht, ZAR 2014, 220; siehe die Hinweise zu → *Ausländer, Allgemeines*, Teil H Rdn 156. 386

1. Unionsbürger und die ihnen **nachziehenden Familienangehörigen** dürfen gem. § 2 Abs. 4 FreizügG/EU **visumsfrei** in das Bundesgebiet einreisen. Sie benötigen **keinen Aufenthaltstitel** nach dem AufenthG. Sie müssen sich lediglich bei der zuständigen Meldebehörde anmelden. Gleiches gilt gem. § 12 FreizügG/EU für die Angehörigen der EWR-Staaten und ihre Familienangehörigen. 387

Die zuständige Ausländerbehörde ist gem. § 5 Abs. 3 FreizügG/EU berechtigt, **Nachweise** für die Voraussetzungen der Freizügigkeit innerhalb von drei Monaten nach der Einreise **anzufordern**, insbesondere Erwerbstätigkeit, die Sicherung des Lebensunterhaltes, ausreichenden Wohnraum und Krankenversicherungsschutz. 388

389 **2.a)** Die **Voraussetzungen** für das Freizügigkeitsrecht der Unionsbürger und ihrer Familienangehörigen und dessen Erhaltung ergeben sich im Einzelnen aus den §§ 2, 3 und 4 des FreizügG/EU. es gilt folgende

390 **Zusammenstellung Freizügigkeitsrecht**

- Demnach sind **freizügigkeitsberechtigt** insbesondere die folgenden Unionsbürger:
  - nachweislich Arbeitssuchende für bis zu 6 Monate,
  - Arbeitnehmer und Auszubildende,
  - selbstständige Erwerbstätige mit und ohne Niederlassung in Deutschland,
  - Empfänger von Dienstleistungen,
- nicht Erwerbstätige, wenn sie über ausreichende Existenzmittel verfügen und ihren Lebensunterhalt weitgehend sicherstellen können (§ 4 FreizügG/EU);
- Inhaber eines Daueraufenthaltsrecht gem. § 4a FreizügG/EU;

Wurde das Freizügigkeitsrecht aufgrund dieser Voraussetzungen einmal erworben, sind **Unterbrechungen** insbesondere **der Erwerbstätigkeit unschädlich**, wenn sie auf Krankheit oder Unfall oder unfreiwilliger, behördlich bestätigter Arbeitslosigkeit beruhen (§ 2 Abs. 3 FreizügG/EU).

- für die **Freizügigkeit** von **Familienangehörigen** gelten die weiteren Voraussetzungen des § 3 FreizügG/EU. Als Familienangehörige in diesem Sinne gelten
  - Ehegatten und Lebenspartner,
  - eigene Abkömmlinge (Kinder, Enkel etc.) und die der Ehegatten oder Lebenspartner vor Vollendung des 21. Lebensjahres solange Unterhalt gewährt wird,
  - Eltern, Großeltern etc., solange diesen Unterhalt gewährt wird;
- als relativ neue Kategorie -(und dem deutschen Recht bislang fremd – führen §§ 1 Abs. 2 Nr. 4, 3a FreizügG/EU die Kategorie der **nahestehenden Personen** ein, denen auf Antrag das Freizügigkeitsrecht nach Ermessen verliehen werden kann: Verwandte i.S.d. § 1589 BGB, auch des Ehegatten oder Lebenspartners, wenn diesen nachhaltig nicht nur vorübergehend Unterhalt gewährt wird, die häusliche Gemeinschaft schon vor der Einreise für mindestens zwei Jahre bestanden hat oder die Pflege durch den Unionsbürger erforderlich ist;
- **minderjährige Kinder**, **Pflegekinder** oder **Mündel**, die keine Familienangehörigen sind, wenn die familiäre Gemeinschaft aufgrund einer Abhängigkeit längere Zeit besteht;
- **Lebensgefährtinnen** und **-gefährten** in einer auf Dauer angelegten Lebensgemeinschaft monogamer Prägung, wenn das Zusammenleben nicht nur vorübergehend ist.

391 **b)** Der **Verlust** der **Freizügigkeit** (→ *Ausländer, Freizügigkeitsrecht/Unionsbürger, Verlustfeststellung*, Teil H Rdn 400) tritt auch bei Wegfall der Voraussetzungen nicht kraft Gesetzes ein, sondern allein auf behördliche Entscheidung. Dies ergibt sich z.B. aus § 5 Abs. 4 FreizügG/EU, der die Rechtsgrundlage für einen Verlust des Rechts nach behördlichem Ermessen darstellt, aber auch aus der Möglichkeit der Feststellung der Nichtentstehung gem. § 2 Abs. 7 FreizügG/EU. Daraus folgt, dass eine behördliche Entscheidung erforderlich ist, was einen gesetzlichen Verlust des Rechts ausschließt.

392 **3.a)** Nach **fünfjährigem Aufenthalt** in Deutschland entsteht für Unionsbürger und ihre Familienangehörigen gem. § 4a Abs. 1 FreizügG/EU ein **Daueraufenthaltsrecht**. Arbeitnehmer, Auszubildende, ehemals Arbeitssuchende und Selbstständige können das Daueraufenthaltsrecht bereits früher erhalten, wenn sie vor Ablauf von fünf Jahren aus bestimmten Gründen unverschuldet aus dem Arbeitsmarkt ausscheiden oder innerhalb der EU weiterwandern, ohne die Bindung an Deutschland zu verlieren (§ 4a Abs. 2 FreizügG/EU).

b) Für den Erwerb des Daueraufenthaltsrechts sind **Aufenthaltsunterbrechungen** gem. § 4a Abs. 6 FreizügG/EU **unschädlich** 393

- von insgesamt weniger als sechs Monaten im Jahr,
- zur Ableistung eines Wehr- oder Zivildienstes,
- einmalig bis zu zwölf Monate aus wichtigem Grund (z.B. Schwangerschaft, Krankheit, Studium, Berufsausbildung oder beruflicher Entsendung).

c) Ob in die Berechnung der Aufenthaltszeiten für das Daueraufenthaltsrecht Zeiten einzubeziehen sind, in denen der Betroffene **wegen U-Haft** oder **Strafvollstreckung inhaftiert** war, ist in der Rspr. nicht abschließend geklärt. Insoweit gilt 394

- Teilweise wird davon ausgegangen, dass weder U-Haft noch die Verbüßung einer Haftstrafe den Aufenthalt unrechtmäßig machen und daher die **Zeiten** zu **berücksichtigen** sind (VG Ansbach, Urt. v. 26.6.2012 – AN 6 K 11.02078). Nach dem EuGH sollen Zeiten der Verbüßung einer Freiheitsstrafe aber nicht anzurechnen sein (EuGH, Urt. v. 16.01.2014 – C-378/12, C-400/12, Onuekwere, NVwZ-RR 2014, 247).
- Für die **U-Haft** liegt keine ausdrückliche Entscheidung vor, der EuGH hat hier hinsichtlich eines assoziationsberechtigten türkischen Staatsangehörigen entschieden, dass dieser den Arbeitsmarkt während der U-Haft nicht zwingend verlässt (EuGH NJW 2000, 2807 [Ls.] = NVwZ 2000, 1029 – Nazli). Gleichwohl wird in der **Rspr.** davon ausgegangen, dass die Zeiten der U-Haft **nicht** zu berücksichtigen sind, wenn diese auf eine **Freiheitsstrafe angerechnet werden** (BayVGH, Beschl. v. 21.1.2020 – 10 ZB 19.2250; OVG Lüneburg, Beschl. v. 9.1.2015 – 13 LA 139/14; VG Osnabrück, Urt. v. 23.6.2014 – 5 A 30/13).

☝ In Anbetracht der auch während der **U-Haft geltenden** Unschuldsver**mutung** ist diese Auffassung zu kritisieren. Sie macht außerdem eine ex-post-Betrachtung erforderlich. Dadurch wird verhindert, dass das Entstehen eines Daueraufenthaltsrechts zu jedem Zeitpunkt feststellbar ist. Die geschilderte Rechtsauffassung stellt somit einen Zustand schwebender Unwirksamkeit eines Daueraufenthaltsrechts her, weil es erst festgestellt werden könnte, wenn klar ist, ob die Untersuchungshaft auf Strafhaft angerechnet wird. Dies aber kann ggf. Jahre dauern. Zu Gunsten der Rechtssicherheit sollten daher Zeiten der Untersuchungshaft stets angerechnet werden.

Diese Rechtsauffassung wird aber bisher nicht von Gerichten geteilt, weswegen aus anwaltlicher Vorsicht mit der Anrechnung von U-Haft zwar argumentiert, **nicht** aber **sicher gerechnet** werden sollte!

c) Das Daueraufenthaltsrecht **entsteht kraft Gesetzes** und bedarf keiner behördlichen Entscheidung. Die zuständige Ausländerbehörde stellt gem. § 5 Abs. 5 FreizügG/EU auf Antrag entsprechende Bescheinigungen aus. 395

Der Erwerb des Daueraufenthaltsrechts **führt dazu**, dass Unionsbürger sich **ohne Einhaltung weiterer Voraussetzungen** im Bundesgebiet **aufhalten** dürfen. Der Verlust dieses Rechts kann nur noch durch eine ihrer Natur nach nicht nur vorübergehende Abwesenheit aus dem Bundesgebiet von mehr als zwei Jahren, § 4a Abs. 7 FreizügG/EU, oder durch eine Verlustfeststellung gem. § 6 Abs. 1, 4 FreizügG/EU aus schwerwiegenden Gründen der öffentlichen Sicherheit erfolgen (→ *Ausländer, Freizügigkeitsrecht/Unionsbürger, Verlustfeststellung*, Teil H Rdn 397). 396

Siehe auch: → *Ausländer, Allgemeines*, Teil H Rdn 155 m.w.N.; → *Ausländer, Aufenthaltsrecht, Assoziationsabkommen Türkei*, Teil H Rdn 183; → *Ausländer, Freizügigkeitsrecht/Unionsbürger, Verlustfeststellung*, Teil H Rdn 397; → *Ausländer, Rechtsschutz, Allgemeines*, Teil H Rdn 427 m.w.N.

397 Ausländer, Freizügigkeitsrecht/Unionsbürger, Verlustfeststellung

Das Wichtigste in Kürze:

1. Das Recht auf Einreise und Aufenthalt von EU-Bürgern und anderen Freizügigkeitsberechtigten kann ebenfalls aufgehoben werden.
2. Es kann vor Erlangung des Daueraufenthaltsrechts der Verlust bei Wegfall der Voraussetzungen festgestellt werden. Das ist nicht von strafrechtlichen Verurteilungen abhängig.
3. Weiterhin besteht die Möglichkeit der Verlustfeststellung aus Gründen der öffentlichen Ordnung, Sicherheit und Gesundheit.
4. Mit der Rechtskraft der Verlustfeststellung verliert der Betroffene das wegen seiner Unionsbürgerschaft aus dem allgemeinen Freizügigkeitsrecht erwachsende Recht auf Einreise und Aufenthalt im Bundesgebiet.

398 **Literaturhinweise:** **Mahler/Follmer-Otto**, Differenzierter Ausweisungsschutz von Unionsbürgern nach dem Urteil *Tsakonidis*, ZAR 2011, 174; **Ottl**, Der Verlust des Rechts auf Einreise und Aufenthalt für freizügigkeitsberechtigte Unionsbürger aus Gründen der öffentlichen Sicherheit und Ordnung, NJOZ 2024, 289; **Welte**, Rechtsverlust oder Nichtbestehensfeststellung nach erfolgloser Arbeitssuche, ZAR 2014, 190; s.a. die Hinw. bei → *Ausländer, Allgemeines*, Teil H Rdn 156, und bei → *Ausländer, Ausländer, Freizügigkeitsrecht/Unionsbürger, Allgemeines*, Teil H Rdn 386.

399 **1.** Das Recht auf Einreise und Aufenthalt von EU-Bürgern und anderen Freizügigkeitsberechtigten **kann** ebenfalls **aufgehoben werden.** Die Verlustfeststellung ist immer durch Verwaltungsakt vorzunehmen. Sie führt nicht in allen Fällen zu einem Einreise- und Aufenthaltsverbot. Der Verlust der Freizügigkeit führt zur Anwendung des allgemeinen Aufenthaltsrechts.

400 **2.** Die Ausländerbehörde kann einerseits **innerhalb** der **ersten fünf Jahre** des Aufenthaltes im Bundesgebiet – vor Entstehen des Daueraufenthaltsrechts gem. § 4a FreizügG/EU – gem. **§ 5 Abs. 4 FreizügG/EU** feststellen, dass die Voraussetzungen des § 2 FreizügigG/EU entfallen sind. Dies ist aber z.B. von der weiteren Arbeitnehmereigenschaft, der Fortsetzung einer Arbeitssuche oder der selbstständigen Tätigkeit abhängig, nicht von strafrechtlichen Verurteilungen.

☝ Dies kann aber natürlich **bedeutsam** werden, wenn durch eine Verurteilung und ggf. eine Freiheitsstrafe der **Arbeitsplatz** dauerhaft **verlorengeht** und längere Zeiträume der Erwerbslosigkeit eintreten.

401 **Außerdem** ist gem. **§ 2 Abs. 4 FreizügG/EU** die Feststellung des Nichtbestehens eines Freizügigkeitsrechts möglich, wenn feststeht, dass die **Voraussetzungen nie** bestanden haben, z.B. weil Täuschungshandlungen wie eine Scheinehe oder die Fälschung von Nachweisen vorliegen oder ein Familiennachzug nie beabsichtigt war.

☝ Eine solche Feststellung kann freilich Folge eines entsprechenden Strafverfahrens, z.B. wegen **Urkundenfälschung**, sein.

402 In der Rspr. wird unterschiedlich bewertet, wie mit **konkreten Täuschungshandlungen** umzugehen ist. Wird eine Aufenthaltskarte z.B. an drittstaatsangehörige Familienangehörige rechtswidrig ausgegeben, soll eine Verlustfeststellung gem. § 2 Abs. 4 FreizügG/EU erforderlich sein (HessVGH, Beschl. v. 4.5.2020 – 3 B 2587/19, InfAuslR 2020, 4; Beschl. v. 4.5.2020 – 3 B 2587/19). Hingegen soll der Betroffene gar nicht vom Geltungsbereich der Freizügigkeit erfasst sein, wenn er über die Unionsbürgerschaft an sich getäuscht hat (Nds.OVG, Beschl. v. 29.7.2020 – 13 ME 277/20, InfAuslR 2020, 373). Für letzteren soll die Freizügigkeitsvermutung nicht gelten, so dass ohne vorherige Verlustfeststellung eine Abschiebungsandrohung gem. § 59 AufenthG erlassen werden kann.

3.a) Gem. **§ 6 FreizügG/EU** kann der Verlust des Freizügigkeitsrechts auf Einreise und Aufenthalt gem. § 2 FreizügG/EU aus **Gründen** der **öffentlichen Ordnung**, **Sicherheit** oder **Gesundheit** festgestellt werden. 403

☝ Da das Freizügigkeitsrecht seine Grundlage in europäischen Rechtsvorschriften findet, handelt es sich hierbei um **originär europarechtlich auszulegende Begriffe**, die nicht unbedingt der üblichen Auslegung des deutschen Sicherheits- und Ordnungsrechtes entsprechen.

Für die **Auslegung** gilt (NK-AuslR/*Ziersky-Reis*, FreizügG/EU § 6 Rn 11 ff.; *Bergmann/Dienelt/Dienelt*, FreizügG/EU § 6 Rn 14 ff.): 404

- Die **öffentliche Ordnung** ist betroffen, wenn innerstaatliche Rechtsvorschriften verletzt werden. Voraussetzung dafür ist das Vorliegen einer gegenwärtigen Gefahr weiterer Rechtsverletzungen, die ein Grundinteresse der Gesellschaft tangiert.
- Unter den Begriff der **öffentlichen Sicherheit** fallen die innere und äußere Sicherheit des Staates.
- Bedrohungen für die **öffentliche Gesundheit** stellen Krankheiten mit epidemischem Potenzial dar.

b) Bei der **Verlustfeststellung** gem. § 6 Abs. 1 FreizügG/EU handelt es sich um eine **behördliche Ermessensentscheidung**, die eine Abwägung im konkreten Einzelfall erfordert. Gem. § 6 Abs. 2 FreizügG/EU genügen **strafrechtliche Verurteilungen allein nicht**, um den Verlust festzustellen. Es muss sich aus den registerfähigen Verurteilungen ein Verhalten abzeichnen, dass eine gegenwärtige Gefahr erneuter Straftaten darstellt (EuGH, Urt. v. 27.10.1977 – 30/77, Slg. 1977, 1999 – *Bouchereau*), wobei eine hinreichende Wahrscheinlichkeit ausreicht, dass das Verhalten in Zukunft beibehalten wird (BayVGH, Urt. v. 26.10.2016 – 19 C 15.2217 Rn 3). Dabei soll eine Strafaussetzung zur Bewährung gem. § 56 StGB einer Verlustfeststellung entgegen (so bereits für die spezialpräventive Ausweisung eines Unionsbürgers BVerwGE 57, 61 = NJW 1979, 506). Einer Strafaussetzungsentscheidung kommt aber generell lediglich eine erhebliche indizielle Bedeutung zu. Ausländerbehörden und Verwaltungsgerichte sind an diese Entscheidung nicht gebunden. Dennoch setzt die Abweichung von der Einschätzung eine substantiierte Begründung voraus (so zur Ausweisung eines faktischen Inländers BVerfG, Beschl. v. 19.10.2016 – 2 BvR 1943/16; zur Ausweisung eines assoziationsberechtigten türkischen Staatsangehörigen BVerwG, Urt. v. 15.1.2013 – 1 C 10.12). 405

Das **gefährdete Rechtsgut** muss **von erheblichem Gewicht** sein. Dabei sinken die Anforderungen an den Grad der hinreichenden Wiederholungsgefahr, je höher das bedrohte Rechtsgut zu bewerten ist. Gerade bei Verurteilungen wegen **schwerer Kriminalität** kann eine einmalige Tatbegehung auch bei ansonsten günstigen Umständen (wie z.B. gesicherten familiären und wirtschaftlichen Verhältnissen) ausreichen, wenn die Behörden und Gerichte keine ausreichende Tataufarbeitung feststellen können (OVG Lüneburg, Beschl. v. 9.1.2015 – 13 LA 139/14; VG Osnabrück, Urt. v. 23.6.2014 – 5 A 30/13). 406

Maßgebend ist aber immer das **persönliche Verhalten** des **Betroffenen, nicht allein** das **Strafmaß**. In § 6 Abs. 3 FreizügG/EU ist dargelegt, was neben strafrechtlichen Verfehlungen in die behördliche **Ermessensentscheidung einzubeziehen** ist (NK-AuslR/*Ziersky-Reis*, FreizügG/EU § 6 Rn 30): 407

- Dauer des Aufenthalts im Bundesgebiet
- Alter und Gesundheitszustand
- familiäre und wirtschaftliche Lage
- soziale und kulturelle Integration in Deutschland
- das Ausmaß der verbliebenen Bindungen zum Herkunftsstaat.

c) Nach bestimmten Aufenthaltszeiten bestehen **erhöhte Anforderungen** für die Verlustfeststellung. 408

aa) § 6 Abs. 4 AufenthG bestimmt einen besonderen Schutz für **Inhaber** eines **Daueraufenthaltsrechts** (→ *Ausländer, Freizügigkeitsrecht/Unionsbürger, Allgemeines*, Teil H Rdn 392). Deren Recht auf Einreise und Aufenthalt darf nur aus schwerwiegenden Gründen der öffentlichen Sicherheit und Ordnung aberkannt werden. 409

☝ Dabei ist **unerheblich**, ob bereits eine **Bescheinigung** über das **Daueraufenthaltsrecht** vorliegt. Dieses entsteht kraft Gesetzes ohne behördliche Mitwirkung.

410 **Schwerwiegende Gründe** knüpfen an das Gewicht des bedrohten Rechtsgutes an, das ein Grundinteresse der Gesellschaft darstellen muss. Sie liegen insbesondere bei einer ausreichend konkreten Gefahr der Begehung von Verbrechen oder besonders schwerer Vergehen vor (*Bergmann/Dienelt/Dienelt*, § 6 FreizügG/EU Rn 71).

411 **bb) § 6 Abs. 5 FreizügG/EU** sieht darüber hinaus vor, dass nach **zehnjährigem legalem Aufenthalt** im Bundesgebiet und bei **Minderjährigen** (ohne Mindestaufenthaltszeit!) das Freizügigkeitsrecht nur aus zwingenden Gründen der öffentlichen Sicherheit entzogen werden kann.

412 Für **zwingende Gründe** sind **erhöhte Anforderungen** an die Wahrscheinlichkeitsprognose zu knüpfen. Es gelten folgende

413 **Anforderungen an die Wahrscheinlichkeitsprognose**

- Das Vorliegen zwingender Gründe wird gesetzlich auf Fälle beschränkt, in denen wegen einer oder mehrerer vorsätzlicher Straftaten zu einer **Freiheits-** oder **Jugendstrafe** von **mindestens fünf Jahren** verurteilt oder **Sicherungsverwahrung** angeordnet wurde. Dies kann eine Gesamtfreiheitsstrafe sein, nicht aber aus der Zusammenrechnung mehrerer Verurteilungen gebildet werden (NK-AuslR/*Ziersky-Reis*, FreizügG/EU § 6 Rn 41).
- Weiter stellen eine **Gefährdung** der **nationalen Sicherheit** oder **terroristische Gefahren** zwingende Gründe dar. Die Sicherheit der Bundesrepublik kann z.B. durch schwere Ausprägungen der in Art. 83 Abs. 1 UAbs. 2 AEUV genannten Formen grenzüberschreitender Kriminalität gefährdet werden, nicht ausreichend sind hingegen Straftaten geringeren Gewichts, selbst wenn diese serienmäßig begangen werden (NdsOVG DÖV 2018, 919):
  - Menschenhandel und sexuelle Ausbeutung von Frauen und Kindern
  - illegaler Drogenhandel
  - illegaler Waffenhandel
  - Geldwäsche
  - Korruption
  - Fälschung von Zahlungsmitteln
  - Computerkriminalität und organisierte Kriminalität.

414 **d)** Bei der **Berechnung** der erforderlichen Aufenthaltszeiten gelten die gleichen Grundsätze wie für die Erlangung des Daueraufenthaltsrechts (→ *Ausländer, Freizügigkeit/Unionsbürger, Allgemeines*, Teil H Rdn 392). Auch auf die diesbezügliche Rspr. wird verwiesen.

415 **e)** Gem. **§ 6 Abs. 6 FreizügG/EU** darf das Freizügigkeitsrecht weder aus arbeitsmarktpolitischen noch fiskalischen Gründen beschränkt werden. **Abs. 7** bestimmt, dass ein **Ungültigwerden** von **Pass, Personalausweis** und **Passersatz** das Freizügigkeitsrecht nicht berühren.

416 **4.a)** Mit der **Rechtskraft** der **Verlustfeststellung** verliert der Betroffene das wegen seiner Unionsbürgerschaft aus dem allgemeinen Freizügigkeitsrecht erwachsende Recht auf Einreise und Aufenthalt im Bundesgebiet.

☝ Er ist dann gem. § 7 Abs. 1 FreizügG/EU **ausreisepflichtig**.

417 **b)** Es tritt zudem unter den Voraussetzungen des **§ 7 Abs. 2 S. 1 FreizügG/EU** ein **Einreise- und Aufenthaltsverbot** ein, das von Amts wegen zu befristen ist. Die Frist wird nach den Umständen des Einzelfalls bestimmt und darf nur im Fall der Verlustfeststellung aus Sicherheitsgründen gem. § 6 Abs. 1 FreizügG/EU fünf Jahre überschreiten. Erfolgt der Verlust gem. § 2 Abs. 7 FreizügG/EU, kann das Einreise- und Aufenthaltsverbot gem. § 7 Abs. 2 S. 2 FreizügG/EU gesondert angeordnet werden.

☝ Es **erlischt allein** das **Recht** auf **Einreise** und **Aufenthalt**. Der EU-Bürger ist weiterhin berechtigt, im Bundesgebiet wirtschaftlich tätig zu sein und auch Leistungen im Bundesgebiet zu beziehen, solange er sich nicht persönlich dort aufhält. Es genügt z.B. bei selbstständig Gewerbetreibenden, die örtlich auszuführenden Geschäfte durch einen Generalbevollmächtigten oder Geschäftsführer weiterführen zu lassen. Eine Abmeldung des Gewerbes ist nicht erforderlich.

c) Im Gegensatz zu zahlreichen aufenthaltsrechtlichen Maßnahmen (→ *Ausländer, Rechtsschutz, Eilverfahren*, Teil H Rdn 441) ist die Verlustfeststellung nicht kraft Gesetzes sofort vollziehbar. Die Behörde kann gem. § 80 Abs. 2 Nr. 4 VwGO den Sofortvollzug anordnen. Hierfür muss ein besonders öffentliches Vollziehungsinteresse vorliegen, das über das Interesse an dem Verwaltungsakt an sich hinausgeht. So bedarf es für die Verlustfeststellung gem. § 6 Abs. 1 FreizügG/EU aufgrund von Straftaten einer Wiederholungsgefahr. Für die Anordnung des Sofortvollzuges bedürfte es daher darüber hinaus der begründeten Wahrscheinlichkeit, dass sich diese Wiederholungsgefahr auch innerhalb der Zeit, die für das Verfahren anzunehmen ist, realisiert (OVG Hamburg, Beschl. v. 2.11.2023 – 6 Bs 69/23). Gegen die Anordnung des Sofortvollzuges steht der gerichtliche Antrag auf Wiederherstellung der aufschiebenden Wirkung gem. § 80 Abs. 5 VwGO zur Verfügung (→ *Ausländer, Rechtsschutz, Eilverfahren*, Teil H Rdn 449). 418

Auch ohne Anordnung des Sofortvollzuges tritt die Ausreisepflicht mit der behördlichen Feststellung ein (§ 7 Abs. 1 S. 1 FreizügG/EU). Vollziehbar ist die Ausreiseplicht aber erst bei Bestandskraft oder Anordnung des Sofortvollzuges (BeckOK Migrationsrecht/*Gerstner-Heck*, FreizügG/EU, § 7 Ausreisepflicht Rn 4). 419

Siehe auch: → *Ausländer, Abschiebung, Allgemeines*, Teil H Rdn 101; → *Ausländer, Allgemeines*, Teil H Rdn 155; → *Ausländer, Aufenthaltsrecht, Assoziationsabkommen Türkei*, Teil H Rdn 183; → *Ausländer, Aufenthaltsrecht, Aufenthaltstitel*, Teil H Rdn 195; → *Ausländer, Einreise- und Aufenthaltsverbot, Allgemeines*, Teil H Rdn 339; → *Ausländer, Einreise- und Aufenthaltsverbot, Beendigung/Befristung*, Teil H Rdn 358; → *Ausländer, Freizügigkeitsrecht/Unionsbürger, Allgemeines*, Teil H Rdn 397; → *Ausländer, Rechtsschutz, Allgemeines*, Teil H Rdn 427; → *Ausländer, Rechtsschutz, Eilverfahren*, Teil H Rdn 438.

Ausländer, Gesetzesnovellen 420

1. Das Ausländerrecht ist **Gegenstand ständiger rechtspolitischer Entwicklungen**. Wenige Bereiche des Verwaltungsrechts unterliegen häufigeren Rechtsänderungen, die oft auch von der Tagespolitik und dem Wechsel politischer Mehrheiten bestimmt werden. 421

2. Da das Gesetzgebungsverfahren dynamisch ist, stellt die nachfolgende Auflistung nur eine **Momentaufnahme** dar. Der hier mitgeteilte Stand der Gesetzesvorhaben ist: August 2025. Der aktuelle Stand der Novellen lässt sich erfragen beim Bundesministerium der Justiz, Jerusalemer Str. 24 – 28, 10117 Berlin, Tel. 030/202570, Fax 030/20259525. Im Rahmen ihrer Internetangebote informieren BMJ, Bundestag und Bundesrat außerdem über laufende Gesetzgebungsvorhaben. 422

☝ Unter „http://dip.bundestag.de" besteht Zugriff auf Informationen über den Gesetzgebungsstand für Bundesgesetze. Ist die Nummer der BT-Drucksache bekannt, kann der Zugriff auch erfolgen über: http://www.bundestag.de, dann über „Dokumente" auf „Drucksachen (PDF)".

3. Bei Endbearbeitung dieses Beitrages hat der Bundestag gerade ein Änderungspaket beschlossen, der insbesondere **einschneidende Änderungen im Asyl-** und **Flüchtlingsrecht** bewirken, aber **voraussichtlich keine Auswirkungen** auf die **strafrechtliche Nachsorge** haben wird. Außerdem wird die Möglichkeit geschaffen, sichere Herkunftsländer durch Rechtsverordnung neu zu bestimmen. 423

424 Die nationalrechtlichen Vorschriften werden an das **Gemeinsame Europäische Asylsystem** (GEAS) **angepasst**. Dieses wird durch unionsrechtliche Verordnungen umgesetzt. Da insoweit ein Wiederholungsverbot für das nationale Recht besteht, müssen die entsprechenden Vorschriften aus den bundesrechtlichen Regelungen gestrichen werden.

425 Weiter sind **Anpassungen** im Recht des **Ausländerzentralregisters** (AZR) vorgesehen, welche es ermöglichen sollen, Angaben über den Sozialleistungsbezug ins AZR aufzunehmen. Der Zugang zur Arbeitserlaubnis wird teilweise früher ermöglicht, im Ergebnis aber auch größere Gruppen Asylsuchender aus dem Kreis der Arbeitsberechtigten ausgeschlossen. Der erst vor einigen Monaten eingeführte Rechtsanspruch auf einen Pflichtanwalt im Abschiebungshaftverfahren ist wieder abgeschafft worden.

426 Zudem hat beispielsweise das Bundesland Hessen eine Verordnung zur Festlegung asylrechtlicher Gerichtszuständigkeiten erlassen, dass die Streitigkeiten betreffend bestimmte Herkunftsländer bestimmten Verwaltungsgerichten zuweist.

427 Ausländer, Rechtsschutz, Allgemeines

Das Wichtigste in Kürze:

1. Gegen Entscheidungen der Ausländerbehörden steht der Verwaltungsrechtsweg offen.
2. Ausländerrechtliche Maßnahmen werden – ggf. mit Widerspruch und/oder – mit Anfechtungs- oder Verpflichtungsklage angegriffen Es hängt vom Landesrecht ab, ob vor der Klageerhebung noch ein Widerspruchsverfahren zu führen ist.
3. Die Frist für den Widerspruch gem. § 68 VwGO oder Klageerhebung (§ 74 Abs. 1 VwGO) beginnt mit der Bekanntgabe des behördlichen (Widerspruchs-)Bescheides und beträgt grds. einen Monat. Die Klageschrift muss bestimmte Anforderungen erfüllen.
4. Gem. § 84 Abs. 2 S. 1 AufenthG ist eine Ausweisung oder eine andere Verfügung, die die Rechtmäßigkeit des Aufenthaltes beendet, unbeschadet einer eventuellen aufschiebenden Wirkung eines Rechtsbehelfs sofort wirksam.

428 **Literaturhinweise:** **Bahr** (Hrsg.), Beck'sche Online-Formulare Ausländer- und Migrationsrecht, Nr. 9 Prozessrecht und Verfahrensfragen; **Heitsch**, Klageverfahren, in: **Eiding/Hofmann-Hoeppel**, Verwaltungsrecht, Schriftsatzmuster und Erläuterungen, 3. Aufl. 2022, § 9; **Hofmann-Hoeppel**, Widerspruchsverfahren, in: **Eiding/Hofmann-Hoeppel**, Verwaltungsrecht, Schriftsatzmuster und Erläuterungen, 1. Aufl. 2013, §§ 5, 6, §§ 12, 13; s.a. die Hinw. bei → *Ausländer, Allgemeines*, Teil H Rdn 156.

429 **1.** Gegen Entscheidungen der Behörden im Ausländerrecht steht der **Verwaltungsrechtsweg** offen (§ 40 VwGO). Aktivlegitimiert ist in jedem Fall der von einer ausländerrechtlichen Entscheidung Betroffene, unter Umständen auch andere betroffene Personen, wie z.B. die Ehefrau bei Fragen, die die Fortführung oder Begründung der ehelichen Lebensgemeinschaft betreffen.

430 **2.** Ausländerrechtliche Maßnahmen werden mit Widerspruch und/oder **Anfechtungs-** oder **Verpflichtungsklage** angegriffen.

- Eine **Anfechtungssituation** liegt vor, wenn allein eine Verfügung beseitigt werden muss, die den Aufenthalt oder seine Legalität beendet, wie z.B. eine Ausweisung.
- Wurde auch die Erteilung oder Verlängerung eines Aufenthaltstitels abgelehnt, ist ggf. zugleich auch ein entsprechendes **Verpflichtungsbegehren** zu verfolgen.

431 **3.a)** Die **Frist** für den Widerspruch gem. § 68 VwGO (§ 70 Abs. 1 VwGO) oder Klageerhebung (§ 74 Abs. 1 VwGO) beginnt mit der Bekanntgabe des behördlichen (Widerspruchs-)Bescheides und beträgt **einen Monat.** Ob ein Vorverfahren gem. § 68 ff. VwGO erforderlich ist, richtet sich nach den jeweiligen Ausführungsgesetzen der Länder zur VwGO.

☝ Im **Asylverfahren** gelten eigene Fristen. Es ist gem. § 11 AsylVfG kein Widerspruchsverfahren vorgesehen. Die regelmäßige Klagefrist beträgt gem. § 74 Abs. 1 AsylVfG regelmäßig zwei Wochen, in bestimmten Fällen sogar nur eine Woche.

b)aa) Ist der **Widerspruch nicht vorgesehen** oder wird der **Widerspruch zurückgewiesen**, muss inner- 432
halb der gesetzlichen Frist **Klage erhoben werden**, um die Bestandskraft des Bescheides zu verhindern. In denjenigen Bundesländern, in denen das Vorverfahren gem. § 68 VwGO nicht abgeschafft ist spaltet sich das Verfahren auf, wenn zugleich bei Gericht ein Antrag auf Anordnung der aufschiebenden Wirkung gestellt wird, um eine drohende Abschiebung zu verhindern. Die Klageerhebung ist auch **nur** zur **Fristwahrung** zwecks späterer Begründung **möglich**.

bb) Die Klageschrift (§ 42 VwGO) muss folgende **Anforderungen** erfüllen: 433

- In der Klageschrift müssen **genannt** werden
  - Kläger und Beklagter,
  - die angegriffene Entscheidung und
  - das Klagebegehren genannt werden.
- Ein **Klageantrag** soll, muss aber nicht gestellt werden; es genügt, wenn das Klagebegehren eindeutig aus der Klageschrift zu entnehmen ist.
- Sinnvollerweise wird der **Bescheid** in **Kopie** beigefügt und zunächst die **Beiziehung** der **Verwaltungsvorgänge** der zuständigen Behörde und **Akteneinsicht** in diese beantragt.

▼

Hiermit zeige ich unter Vorlage einer Vollmacht an, dass ich mit der Vertretung des Klägers beauftragt 434
bin. Namens und im Auftrage des Klägers erhebe ich

H.1

KLAGE

gegen den Bescheid der Beklagten vom ______, zugestellt am ______, zum Aktenzeichen ______, (in der Gestalt des Widerspruchsbescheides vom ______, zugestellt am ______, zum Aktenzeichen ______).

Mit der Klage wird begehrt, die Beklagte unter entsprechender Aufhebung der Bescheide zu verpflichten, dem Kläger aus familiären/humanitären Gründen eine Aufenthaltserlaubnis zu erteilen, hilfsweise seinen Aufenthalt dauerhaft zu dulden. (Anfechtungs-/Verpflichtungsbegehren)

ODER

Mit der Klage wird die Aufhebung der Bescheide begehrt. (Anfechtungsbegehren)

Der angegriffene Bescheid ist rechtswidrig und verletzt den Kläger in seinen Rechten. Die Klage dient im Übrigen zunächst zur Fristwahrung. Zu ihrer Begründung beantrage ich,

die Verwaltungsvorgänge der Behörde beizuziehen,

und mir

Akteneinsicht

durch Übersendung der Vorgänge in mein Büro zu gewähren.

▲

☝ Die **Entscheidungszeiträume** in verwaltungsgerichtlichen Verfahren unterscheiden sich zumeist von denen in anderen Rechtsgebieten. Auch in Eilverfahren des einstweiligen Rechtsschutzes sind Verfahrensdauern von mehreren Monaten nicht ungewöhnlich, Klageverfahren dauern regelmäßig nicht unter 12 – 18 Monaten in erster Instanz.

435 **bb) Entscheidungserheblicher Stand** der Sach- und Rechtslage ist auch in Anfechtungsverfahren im Ausländerrecht regelmäßig die letzte mündliche Entscheidung (BVerwG, Urt. v. 15.11.2007 – 1 C 45.06, NVwZ 2008, 434), in Eilverfahren dementsprechend der Zeitpunkt der gerichtlichen Entscheidung.

☝ Im gerichtlichen Verfahren gilt gem. § 88 VwGO der Untersuchungsgrundsatzes mit der **Pflicht** zur **Amtsermittlung**.

436 **4.** Gem. § 84 Abs. 2 S. 1 AufenthG ist eine **Ausweisung** oder eine **andere Verfügung,** die die **Rechtmäßigkeit** des **Aufenthaltes beendet**, unbeschadet einer eventuellen aufschiebenden Wirkung eines Rechtsbehelfs **sofort wirksam**. Das Aufenthaltsrecht endet daher mit Bekanntgabe der Verfügung sofort. Der Betroffenen ist durch die – ggf. angeordnete – aufschiebende Wirkung nur vor der Aufenthaltsbeendigung geschützt.

437 Die sofortige Wirksamkeit wird bezüglich der **Berechtigung** zur **Erwerbstätigkeit eingeschränkt**, § 84 Abs. 2 S. 2 AufenthG. Während eines gerichtlichen Eilverfahrens oder während der aufschiebenden Wirkung darf die Erwerbstätigkeit deswegen beibehalten werden.

☝ Die Rechtmäßigkeit des Aufenthaltes wird im Fall eines **Obsiegens** im Rechtsmittelverfahren **rückwirkend wiederhergestellt** (§ 84 Abs. 2 S. 3 AufenthG).

Siehe auch: → *Ausländer, Abschiebungshaft, Allgemeines*, Teil H Rdn 125 m.w.N.; → *Ausländer, Allgemeines*, Teil H Rdn 155; → *Ausländer, Asyl- und Flüchtlingsrecht, Asylantrag*, Teil H Rdn 173; → *Ausländer, Aufenthaltsrecht, Besonderheiten des Verfahrens*, Teil H Rdn 289; → *Ausländer, Rechtsschutz, Eilverfahren*, Teil H Rdn 438, → *Ausländer, Rechtsmittel und Rechtsbehelfe,* Teil H Rdn 449; → *Verwaltungsverfahren, Abrechnung*, Teil J Rdn 388.

438 Ausländer, Rechtsschutz, Eilverfahren

Das Wichtigste in Kürze:

1. Im Aufenthaltsrecht ist für viele behördliche Entscheidung gesetzlich die sofortige Vollziehbarkeit angeordnet, so dass Widerspruch und Klage keine aufschiebende Wirkung entfalten. Dies gilt nicht für das Freizügigkeitsrecht. Für diese Verfügungen muss der Sofortvollzug regelmäßig behördlich angeordnet werden.
2. Die gesetzliche Anordnung des Sofortvollzuges im Aufenthaltsrecht erfasst nicht die Ausweisung.
3. Das Verfahren gem. § 80 Abs. 5 VwGO ist einschlägig, obwohl in der Hauptsache in den meisten Fällen ein Verpflichtungsbegehren – nämlich auf Erteilung oder Verlängerung eines Aufenthaltstitels verfolgt wird.
4. Der Untersuchungsgrundsatz gilt im Eilverfahren nur eingeschränkt.

439 **Literaturhinweise: Hofmann-Hoeppel**, Vorläufiger gerichtlicher Rechtsschutz, Einstweilige Anordnungen, in: **Eiding/Hofmann-Hoeppel**, Verwaltungsrecht, Schriftsatzmuster und Erläuterungen, 3. Aufl. 2022, §§ 12, 13; s.a. die Hinweise bei → *Ausländer, Rechtsschutz, Allgemeines*, Teil H Rdn 428.

1.a) Das gerichtliche Eilverfahren ist im Aufenthaltsrecht oft **erforderlich**, weil eine umfassende **gesetzliche Anordnung des Sofortvollzuges** i.S.d. § 80 Abs. 2 Nr. 2 VwGO für verschiedene Verfügungen gem. § 84 Abs. 1 AufenthG besteht: 440

- Ablehnung eines Antrages auf Erteilung oder Verlängerung des Aufenthaltstitels,
- Wohnsitzauflage für eine Ausreiseeinrichtung,
- Änderung oder Aufhebung einer Nebenbestimmung über die Erwerbstätigkeit,
- Widerruf des Aufenthaltstitels nach Wegfall asylrechtlicher Privilegierungen,
- Widerruf oder die Rücknahme der Anerkennung von Forschungseinrichtungen für den Abschluss von Aufnahmevereinbarungen,
- die Ausreiseuntersagung nach § 46 Abs. 2 S. 1 AufenthG.

☝ Die „flächendeckende" Anordnung des Sofortvollzuges **gilt nicht** im **Bereich** des **Freizügigkeitsrechts**. Widerspruch und Klage haben bei Maßnahmen gegen Unionsbürger in der Regel aufschiebende Wirkung, wenn die Behörde nicht die sofortige Vollziehung gem. § 80 Abs. 2 Nr. 4 VwGO anordnet.

Ist die Behörde in einem solchen Fall der Meinung, es bestünde keine aufschiebende Wirkung, und beabsichtigt trotz Widerspruch oder Klage eine Abschiebung, kann beim zuständigen Gericht der Hauptsache deren Feststellung gem. **§ 80 Abs. 5 VwGO analog** beantragt werden.

b) Widerspruch und **Klage** haben gegen die in **§ 84 Abs. 1 AufenthG** genannten behördlichen Maßnahmen **keine aufschiebende Wirkung.** Vielmehr muss deren Anordnung gem. § 80 Abs. 5 VwGO bei Gericht beantragt werden. Dies ist unabhängig davon, ob gegen die Entscheidung noch der Widerspruch zur Verfügung steht, oder ob durch Landesrecht das Widerspruchsverfahren abgeschafft wurde und sofort Klage vor dem Verwaltungsgericht zu erheben ist. 441

2. Die gesetzliche Anordnung des **Sofortvollzuges** im Aufenthaltsrecht erfasst **nicht** die **Ausweisung.** Deren sofortige Vollziehbarkeit muss die Behörde nötigenfalls gem. § 80 Abs. 2 Nr. 4 VwGO anordnen. Erfolgt dies nicht, hat die Klage aufschiebende Wirkung und die Ausweisung ist nicht vollziehbar, so dass nicht unmittelbar die Abschiebung droht. Dies ist allerdings anders, wenn Ausweisung und eine sofort vollziehbare Verfügung gemeinsam erlassen werden, z.B. die Ablehnung der Verlängerung der Aufenthaltserlaubnis. 442

☝ Die Durchführung eines Eilverfahrens ist nicht immer zwingend erforderlich. Der Antrag gem. § 80 Abs. 5 VwGO ist im Gegensatz zu Widerspruch und Klage nicht fristgebunden und kann jederzeit gestellt werden. Gerade wenn eine Abschiebung wegen der Inhaftierung in Strafhaft nicht durchgeführt werden kann, sollte erwogen werden, den **Eilantrag** aus **taktischen Gründen hinauszuzögern**, bis die Gefahr tatsächlich besteht. Dies erfordert natürlich die genaue Beobachtung des Verfahrens.

Beispiel: 443

Der Inhaber einer Niederlassungserlaubnis ist zu einer mehrjährigen Haftstrafe verurteilt. Er verbüßt diese im geschlossenen Vollzug. Die Ausländerbehörde verfügt die Ausweisung und ordnet die sofortige Vollziehbarkeit an. Damit erlischt sofort die Niederlassungserlaubnis und der Betroffene verliert alle damit verbundenen Rechte. Ohne Entscheidung der Staatsanwaltschaft gem. § 456a StPO steht der Abschiebung aber ein tatsächliches und rechtliches Hindernis entgegen. Eine Arbeitserlaubnis benötigt der Betroffene ebenfalls nicht, da die Erwerbstätigkeit in der Haft strafvollzugsrechtlich gestattet ist.

Unter diesen Umständen kann es sinnvoll sein, mit einem Antrag auf Wiederherstellung der aufschiebenden Wirkung zuzuwarten, bis die Voraussetzungen für eine Aufenthaltsbeendigung aus der Haft gegeben sind. Dies verschafft z.B. Zeit für Therapiemaßnahmen zur Beeinflussung der Gefahrenprognose. Andernfalls wird das Gericht ggf. zu einer vorläufigen Einschätzung gezwungen, die aufgrund fehlender Zeit noch negativ ausfallen muss.

444 **3.** Das Verfahren gem. **§ 80 Abs. 5 VwGO** ist einschlägig, obwohl in der Hauptsache in den meisten Fällen ein Verpflichtungsbegehren – nämlich auf Erteilung oder Verlängerung eines Aufenthaltstitels verfolgt wird. Nur in den Fällen einer „Nur"-Ausweisung ist in der Hauptsache ein Anfechtungsbegehren zu verfolgen. Im Falle der Ablehnung eines Verlängerungsantrages verhindert die aufschiebende Wirkung der Klage, dass die Fiktionswirkung der Antragstellung (→ *Ausländer, Aufenthaltsrecht, Besonderheiten des Verfahrens*, Teil H Rdn 289) wegfällt.

445 Besteht aber keine Fiktionswirkung oder ein anderes aufrecht zu erhaltendes Aufenthaltsrecht (z.B. eine Niederlassungserlaubnis), muss statt des Antrags auf Anordnung der aufschiebenden Wirkung ein Antrag auf Erlass einer **einstweiligen Anordnung gem. § 123 VwGO** mit dem Ziel der Untersagung einer Abschiebung gestellt werden. Dies ist immer der Fall, wenn ein Verlängerungsantrag zu spät gestellt wurde oder aus anderen Gründen vor der behördlichen Entscheidung kein Aufenthaltstitel bestand (→ *Ausländer, Aufenthaltsrecht, Besonderheiten des Verfahrens*, Teil H Rdn 289).

☝ Ist nicht sicher, ob die Fiktionswirkung vor der Entscheidung bestanden hat, kann diese Wahl schwerfallen. Ein Antrag gem. § 80 Abs. 5 VwGO kann – gerade bei anwaltlich vertretenen Betroffenen – nicht in einen Antrag gem. § 123 VwGO umgedeutet werden. Der Antrag gem. § 123 VwGO ist wiederum ausgeschlossen, wenn Eilrechtsschutz gem. § 80 Abs. 5 VwGO zu suchen wäre. Daher ist es **empfehlenswert, Haupt-** und **Hilfsantrag** zu stellen, wenn die Verfahrenssituation nicht ganz sicher feststellbar ist.

446 *Formulierungsvorschlag:*

Namens und im Auftrag des Antragstellers wird beantragt,

die aufschiebende Wirkung des Widerspruchs/der Klage anzuordnen,

hilfsweise, die Antragsgegnerin/den Antragsgegner durch einstweilige Anordnung gem. § 123 VwGO zu verpflichten, aufenthaltsbeendende Maßnahmen gegen den Antragsteller zu unterlassen und seinen Aufenthalt einstweilen bis zu Rechtskraft einer Entscheidung in der Hauptsache zu dulden.

447 **4.** Der **Untersuchungsgrundsatz** gem. § 88 VwGO gilt im Eilverfahren durch die Natur des Verfahrens nur eingeschränkt.

☝ Im Eilverfahren sind die für den Betroffenen sprechenden Aspekte dem Gericht möglichst umfangreich vorzutragen und zu belegen.

448 **5.** Ändern sich nach **Rechtskraft einer Entscheidung** im Verfahren auf Anordnung oder Wiederherstellung der aufschiebenden Wirkung gem. § 80 Abs. 5 VwGO der Sachverhalt oder die Rechtslage, steht mit dem sog. Abänderungsantrag gem. § 80 Abs. 7 VwGO ein Instrument zur Verfügung, um einen für den Betroffenen nachteiligen Eilbeschluss abzuändern. Eine Antragsbefugnis steht nur zu, wenn der Sachverhalt oder die Rechtslage sich geändert haben und derjenige, der den Beschluss abändern will, keine Möglichkeit hatte, diese Umstände im früheren Verfahren vorzutragen. Das Gericht der ersten Instanz kann seinen Eilbeschluss aber auch sonst von Amts wegen ändern, wenn es eine geänderte Sach- oder Rechtslage berücksichtigen will.

Siehe auch: → *Ausländer, Abschiebung, Allgemeines*, Teil H Rdn 101 m.w.N. → *Ausländer, Abschiebungshaft, Allgemeines*, Teil H Rdn 125 m.w.N.; → *Ausländer, Allgemeines,* Teil H Rdn 155 m.w.N.; → *Ausländer, Rechtsschutz, Allgemeines*, Teil H Rdn 427 m.w.N.

Ausländer, Rechtsschutz, Rechtsmittel und Rechtsbehelfe 449

Das Wichtigste in Kürze:

1. Gegen die Entscheidungen der Verwaltungsgerichte stehen die üblichen Rechtsmittel des Verwaltungsprozessrechts zur Verfügung.
2. Gegen Entscheidungen im Eilrechtsschutz kann Beschwerde gem. § 146 Abs. 1, 4 VwGO erhoben werden.
3. Entscheidungen des VG in der Hauptsache können mit der Berufung gem. § 124 VwGO angegriffen werden, wenn das VG diese zugelassen hat. Ansonsten muss ein Antrag auf Zulassung der Berufung gestellt werden.
4. Im Falle einer Berufungszulassung und Unterliegen in der Berufungsinstanz ist es im Ausländerrecht weiter möglich, mit einer Nichtzulassungsbeschwerde, § 133 VwGO, in die Revisionsinstanz zu gelangen.

Literaturhinweise: Heitsch, Berufung, Revision, in: **Eiding/Hofmann-Hoeppel**, Verwaltungsrecht, Schriftsatzmuster und Erläuterungen, 3. Aufl. 2013, §§ 10, 11; s.a. die Hinw. bei → *Ausländer, Rechtsschutz, Allgemeines*, Teil H Rdn 428, und bei → *Ausländer, Rechtsschutz, Eilverfahren*, Teil H Rdn 439. 450

1. Gegen Entscheidungen des Verwaltungsgerichts stehen die **üblichen Rechtsbehelfe** nach der **VwGO** zur Verfügung. 451

☝ **Ausnahmen** bestehen im **Asylverfahren**, weil gem. § 80 AsylVfG gegen Beschlüsse des VG kein Rechtsbehelf und gegen Urteile des VG allein der Antrag auf Zulassung der Berufung gem. § 78 AsylVfG zulässig ist.

Keine Einschränkung unterliegt die Möglichkeit der **Nichtzulassungsbeschwerde** gegen Urteile des Oberverwaltungsgerichts/Verwaltungsgerichtshofs im Berufungsverfahren gem. § 133 VwGO.

2. Im **Eilverfahren** steht die **Beschwerde** gem. § 146 Abs. 1 und 4 VwGO offen. Diese ist innerhalb einer Frist von zwei Wochen zu erheben und innerhalb eines Monats zu begründen. **Ohne Begründung** und einen bestimmten Beschwerdeantrag ist die Beschwerde **unzulässig**, weil in der Beschwerdebegründung die Entscheidungsgründe der erstinstanzlichen Entscheidung im Einzelnen zu erörtern und zu widerlegen sind. 452

3.a) Entscheidungen des VG in der Hauptsache können mit der **Berufung** gem. § 124 VwGO angegriffen werden, wenn das VG diese zugelassen hat. Die Berufung ist innerhalb eines Monats an das Verwaltungsgericht zu richten, § 124a Abs. 1 VwGO, und innerhalb zweier Monate seit Zustellung des Urteils gegenüber dem Oberverwaltungsgericht zu begründen (§ 124a Abs. 2 VwGO). 453

b) Ansonsten muss zunächst innerhalb eines Monats die **Zulassung** der **Berufung** beantragt werden gem. § 124a Abs. 4, 5 i.V.m. § 124 Abs. 2 VwGO. Der Antrag auf Zulassung der Berufung ist an das VG zu richten, von wo aus der Antrag an das Berufungsgericht weiterzugeben ist. Die Begründung muss innerhalb eines weiteren Monats erfolgen (§ 124a Abs. 4 S. 4 VwGO). 454

☝ Die Frist zur Begründung des Antrages auf Zulassung der Berufung ist **nicht verlängerbar**.

Die **Zulassungsgründe** gem. § 124 Abs. 2 VwGO sind: 455

- ernstliche Zweifel an der Richtigkeit der verwaltungsgerichtlichen Entscheidung (Nr. 1),
- besondere tatsächliche oder rechtliche Schwierigkeit der Angelegenheit (Nr. 2),
- (tatsächlich oder rechtlich) grds. Bedeutung der Rechtssache (Nr. 3),

- Abweichung von der Rspr. des jeweiligen Oberverwaltungsgerichts (nicht eines anderen Bundeslandes!), des Bundesverwaltungsgerichts, des gemeinsamen Senates der Bundesgerichte oder des Bundesverfassungsgerichts (Nr. 4),
- das Beruhen der Entscheidung auf einem Verfahrensfehler (Nr. 5).

☝ Die **formellen Anforderungen** der OVG an die Darlegung der Zulassungsgründe sind ganz **erheblich**. Die Zulassungsgründe müssen einzeln dargelegt und formgerecht begründet werden. Es ist dringend zu raten, die in den Literaturhinweisen genannten Formulierungshilfen zu Rate zu ziehen oder derartige Verfahren an einen im Verwaltungsprozess versierten Rechtsanwalt weiterzugeben.

456 Im Asylverfahren stehen gem. § 78 Abs. 3 AsylG nur die Zulassungsgründe der grds. Bedeutung, der Divergenz und schwerwiegender Verfahrensfehler zur Verfügung. Es ist somit noch schwieriger, im Asylverfahren in die zweite Instanz zu gelangen.

457 **c)** Unter den Bedingungen der **§§ 134, 135 VwGO** steht gegen Urteile des VG auch die **Sprungrevision** zur Verfügung, wenn die Parteien zustimmen und das VG sie zulässt.

458 **4.a)** Im Falle einer Berufungszulassung und Unterliegen in der Berufungsinstanz ist es im Ausländerrecht weiter möglich, mit einer **Nichtzulassungsbeschwerde**, § 133 VwGO, in die **Revisionsinstanz** zu gelangen, da es praktisch immer um die Auslegung von Bundesrecht geht. Die Nichtzulassungsbeschwerde ist innerhalb eines Monats an das OVG zu richten innerhalb eines weiteren zu begründen. Es besteht eine Abhilfebefugnis des OVG. Die Revision kann auch durch das **OVG** (§ 132 VwGO) **zugelassen** werden. In diesem Fall ist die Revision gem. § 139 VwGO beim OVG innerhalb eines Monats zu erheben und innerhalb eines weiteren Monats zu begründen.

459 **b)** Mit der Revision kann nur der **Verstoß** gegen **Bundesrecht** gerügt werden. Ihre Zulassung, § 132 Abs. 2 VwGO, setzt voraus

- die **grds. Bedeutung** der Rechtssache,
- die **Abweichung** des angegriffenen Urteils von der Rspr. des BVerwG, des gemeinsamen Senates der Bundesgerichte oder des BVerfG,
- einen revisionsfähigen **Verfahrensfehler**, auf dem die Entscheidung beruhen kann.

☝ Die Anforderungen des BVerfG an die Darlegung der **Revisionszulassungsgründe** sind in ihrer **Strenge** vergleichbar mit denen der Obergerichte. Die meisten Nichtzulassungsbeschwerden werden wegen nicht ausreichender Darlegung dieser Gründe zurückgewiesen.

460 **5.** Außerdem ist aufgrund der oft existenziellen Bedeutung der Angelegenheit für den Betroffenen in Angelegenheiten des Ausländerrechts grds. auch die **Verfassungsbeschwerde** zum BVerfG, ggf. mit einem Antrag auf Erlass einer einstweiligen Anordnung gem. § 32 BVerfGG erwägenswert. Diese muss innerhalb eines Monats ab Zustellung der letztinstanzlichen Entscheidung erhoben werden.

☝ Dabei ist zu beachten, dass bei Rüge des **Verstoßes** gegen den **Anspruch** auf **rechtliches Gehör** gem. Art. 103 Abs. 1 GG zuvor innerhalb von zwei Wochen die **Anhörungsrüge** gem. § 152a VwGO zu erheben ist, weil sonst der Rechtsweg nicht ausgeschöpft wird.

461 Für die **Verfassungsbeschwerde** oder auch die **Individualmenschenrechtsbeschwerde** zum EGMR gelten formal in ausländerrechtlichen Angelegenheiten die **allgemeinen Regeln** (Burhoff/*Geipel*, RM, Teil C Rn 729 ff. [Verfassungsbeschwerde] und Burhoff/*Hagmann/Oerder*, Teil C Rn 1 ff. [Menschenrechtsbeschwerde].

Siehe auch: → *Ausländer, Allgemeines*, Teil H Rdn 155 m.w.N.; → *Ausländer, Rechtsschutz, Allgemeines*, Teil H Rdn 427; → *Ausländer, Rechtsschutz, Eilverfahren*, Teil H Rdn 438.

Beamte, Allgemeines 462

Literaturhinweise: **Gansen**, Kommentar zum Disziplinarrecht in Bund und Ländern, Loseblatt, 72. Aufl. 2025; **Herrmann**, Herausforderung des Dienst- und Disziplinarrechts durch Verfassungsfeinde, NVwZ 2023, 128; **Herrmann/Sandkuhl**, Beamtendisziplinarrecht-Beamtenstrafrecht, 2. Aufl. 2021; **Masuch**, Vom Maß der Freiheit – Der Beamte zwischen Meinungsfreiheit und Mäßigungsgebot, NVwZ 2021, 520. 463

1. Reform: Am 1.4.2024 ist durch das „Gesetz zur Beschleunigung von Disziplinarverfahren in der Bundesverwaltung und zur Änderung dienstrechtlicher Vorschriften" v. 22.12.2023 (BGBl I Nr. 389) eine umfangreiche Reform des Disziplinarrechts des Bundes erfolgt. Ziel der Reform war, das Vorgehen gegen Verfassungsfeinde im öffentlichen Dienst zu erleichtern. Die Änderungen zielen vor allem auf eine Beschleunigung der Verfahren und ziehen striktere Rechtsfolgen nach sich. Nach neuem Recht können nunmehr alle Disziplinarmaßnahmen einschließlich der Entfernung aus dem Dienst) durch Disziplinarverfügung der zuständigen Behörde ausgesprochen werden. Dies wird Auswirkungen auf den Ablauf der Disziplinarverfahren haben, die im Einzelnen noch nicht vollständig zu überblicken sind. Vorherzusehen ist derzeit lediglich, dass Verfahren aus dem Bereich des einstweiligen Rechtsschutzes wahrscheinlich zunehmen werden. 464

☝ **Disziplinarklagen** zur Entfernung aus dem Dienst gibt es nach neuem Recht **nur noch** im Anwendungsbereich des **Richtergesetzes** und der **BNotO**. Auf Länderebene ist das Rechtsinstitut der Disziplinarklage teilweise bereits abgeschafft. Es ist mit einem kurzfristigen Wegfall zu rechnen.

Für die auf **Bundesebene tätige Beamte** gilt das (neue) Bundesdisziplinarrecht. Für jene auf Landesebene weiterhin das Disziplinarrecht des jeweiligen Bundeslandes. Die für den Bund bereits geltenden Änderungen gelten teilweise auch bereits auf Länderebene und werden dort nach und nach umgesetzt werden. In der jetzigen Übergangsphase ist allerdings mit Umsetzungsschwierigkeiten und Unklarheiten in der Rechtsauslage zu rechnen. Diese Unklarheiten können in Verfahren zum Vorteil des Mandanten genutzt werden. 465

2. Es ist auf das **Stichdatum** zu achten: Verfahren, die bis zum 1.4.2024 eingeleitet waren, werden nach dem alten Recht fortgeführt. Das betrifft sowohl laufende Verfahren bei den Behörden als auch die Klage- und Rechtsmittelverfahren. Für sämtliche anderen Verfahren gilt ab dem Stichdatum das neue Recht (§ 85 BDG). 466

Das Gesetz zur Beschleunigung der Disziplinarverfahren und seine Auswirkungen soll bereits im Jahr **2027 evaluiert** und gegebenenfalls erneut geändert werden (Koalitionsvertrag-Bund 2025, Rn 2712). 467

3. Das **Beamtenverhältnis** ist kein Arbeitsverhältnis, sondern ein „öffentlich-rechtliches Dienst- und Treueverhältnis". Beamter wird man mit „Ernennung". Die hieran anschließenden Pflichten ergeben sich aus Gesetzen, nicht also aus Verträgen. Um Fehlverhalten sanktionieren zu können, gibt es das Disziplinarrecht als eigenständiges Rechtsgebiet für alle Beamten in Deutschland. Das Besondere am Disziplinarrecht ist, dass dieses nicht nur berufsbezogenes, sondern auch Fehlverhalten im außerberuflichen Bereich erfasst. 468

4. Beamter kann nur sein, wer die Gewähr dafür bietet, jederzeit für die freiheitliche demokratische Grundordnung i.S.d. GG einzutreten (§ 33 Abs. 1 S. 3 BeamtStG und § 7 Abs. 1 S. 1 Nr. 2 BeamtStG). Gegenüber dem Dienstherrn stehen Beamte in einem öffentlich-rechtlichen Dienst- und Treueverhältnis. Um die damit verbundenen Beamtenrechte geht es, wenn strafrechtliche und sonstige Vorwürfe gegen einen Beamten im Raum stehen. Die möglichen Folgen strafrechtlicher Ermittlungen/Verurteilungen für Bundesbeamte, Landesbeamte und Kommunalbeamte (außerhalb des Strafverfahrens) sind überblicksmäßig: 469

- Verlust des Beamtenstatus durch **Gesetz** (→ *Beamte, Statusverlust durch Gesetz*, Teil H Rdn 525) oder

- Verlust des Beamtenstatus oder sonstige (mildere) Sanktionen qua Entscheidung im **Disziplinarverfahren** (→ *Beamte, Disziplinarverfahren, materielle Fragen*, Teil H Rdn 504).

☝ **Beamte auf Probe/Widerruf**, **Soldaten** und **Richter** werden von den folgenden Ausführungen nicht umfasst (→ *Soldaten, Disziplinarverfahren, Allgemeines*, Teil H Rdn 1144 m.w.N.).

470 **5.** Hinsichtlich des **Status** des Beamten ist zwischen **Bundesbeamten**, **Landes-** bzw. **Kommunalbeamten** und **Beamten** im **Ruhestand** zu **unterscheiden**, und zwar wie folgt:

- Für die **Bundesbeamten** gilt § 41 BBG,
- für die **Landes-** bzw. Kommunalbeamten gilt § 24 BeamtStG und
- für Beamte im **Ruhestand** § 59 BeamtVG.

471 In diesen Paragrafen ist der **Verlust** des **Beamtenstatus** durch Gesetz geregelt (→ *Beamte, Statusverlust durch Gesetz*, Teil H Rdn 525). Sollte ein Verlust qua Gesetz nicht eintreten, kann in einem **Disziplinarverfahren** als härteste Sanktion für aktive Beamte die Entfernung aus dem Beamtenverhältnis verhängt werden. Ruhestandsbeamte können in gleicher Weise ihre Rechte verlieren. (→ *Beamte, Disziplinarverfahren, materielle Fragen*, Teil H Rdn 504). Die milderen Sanktionen sind bei aktiven Beamten: Verweis, Geldbuße, Kürzung der Dienstbezüge und Zurückstufung. Bei Ruhestandsbeamten gibt es folgende Sanktionsmöglichkeiten: Aberkennung des Ruhegehaltes oder Kürzung des Ruhegehaltes.

☝ Der Bevollmächtigte muss in Fällen, in denen die Vorwürfe an den Mandanten außerberuflicher Art sind, **sorgfältig abwägen**, ob er den Beamtenstatus des Mandanten preisgibt. Im ungünstigen Fall kann die Kenntnis der Strafverfolgungsbehörden über den Beamtenstatus eines Beschuldigten dazu führen, dass erhöhter Druck auf diesen ausgeübt wird. Umgekehrt kann dieser Umstand auch dazu führen, dass die Sanktion aufgrund der enormen negativen Reichweite günstiger ausfällt.

472 **6.** Der **Abschluss** einer **Gebührenvereinbarung** nach § 3a RVG ist **ratsam**. Einerseits handelt es sich um eine Spezialmaterie, die vertiefte materielle und prozessuale Kenntnisse erfordert; andererseits sind die mit einer Verurteilung eines Beamten einhergehenden Folgewirkungen für diesen besonders erheblich. Dies führt häufig dazu, dass die Mandate deutlich betreuungsintensiver sind als Strafverfahren gegen nicht verbeamtete Angestellte (zu § 3a RVG Burhoff/Volpert/*Burhoff*, RVG Teil A Rn 2407 ff.).

☝ Der Abschluss einer stundenbasierten Vergütungsvereinbarung ist vor diesem Hintergrund zu **empfehlen**. Der Sachverhalt ist regelmäßig in Papierform gut aufbereitet, jedoch in einem großen Umfang. Hinzu kommt, dass man es sowohl auf der Behördenseite als auch bei dem Mandanten regelmäßig mit einem versierten Vertreter seines Faches zu tun hat, so dass mit einem zeitintensiven Austausch der Beteiligten zu rechnen ist.

473 Die **gesetzlichen Gebühren** des Bevollmächtigten in Disziplinarverfahren sind in **Nr. 6200 ff. VV RVG** geregelt. Für die außergerichtliche Vertretung gegenüber der Aufsichtsbehörde können zusätzlich die Gebühren nach Teil 2 des RVG, also insbesondere die Gebühr **Nr. 2300 VV RVG** anfallen. Insgesamt sind diese Gebühren weder als angemessen noch als kostendeckend anzusehen. Rechtsschutzversicherungen akzeptieren daher teilweise Stundensätze.

474 **7.** im Fall eines **erfolgreichen Verfahrensausgangs** sind die dem Beamten für die Vertretung entstandenen **Kosten** zu **erstatten**. Die Erstattungsregelungen sind jedoch auf die **gesetzlichen Gebühren** nach dem RVG begrenzt (§ 37 BDG). Die Kosten werden entsprechend § 162 Abs. 2 S. 1 VwGO also nur im Rahmen ihrer Notwendigkeit übernommen. Faktisch läuft dies darauf hinaus, dass Gebührenansätze über dem Mittelwert im Festsetzungsverfahren regelmäßig von Kostenbeamten beanstandet werden. Hat man mit dem Mandanten keine zeitbasierte Vergütungsvereinbarung abgeschlossen, empfiehlt sich daher zumindest die Vereinbarung einer Vergütung oberhalb der gesetzlichen Mittelgebühren mit Blick auf die

besondere Bedeutung der Sache, verbunden mit der Aufklärung darüber, dass im Falle des Freispruchs aller Voraussicht nach lediglich Mittelgebühren gegen die Gegenseite festgesetzt werden.

Siehe auch: → *Beamte, Disziplinarverfahren, formelle Fragen*, Teil H Rdn 475; → *Beamte, Disziplinarverfahren, materielle Fragen*, Teil H Rdn 504; → *Beamte, Statusverlust durch Gesetz*, Teil H Rdn 525.

Beamte, Disziplinarverfahren, formelle Fragen 475

Das Wichtigste in Kürze:

1. Das Disziplinarverfahren ist in formeller Hinsicht für Bundesbeamte im BDG und für Landesbeamte in den jeweiligen Landesdisziplinargesetzen geregelt.
2. Die Aussetzung des Disziplinarverfahrens bei Einleitung eines strafrechtlichen EV ist in vielen Disziplinarordnungen zwingend bzw. mit Ermessen vorgesehen.
3. Ein rechtskräftiges Strafurteil bindet hinsichtlich aller tragenden tatsächlichen Feststellungen das behördliche Disziplinarverfahren.
4. § 14 BDG bestimmt nach einem Straf- oder Bußgeldverfahren Disziplinarmaßnahmenverbote.
5. Das Disziplinarverfahren ist in vier Phasen unterteilt.

Literaturhinweise: S. die Hinw. bei → *Beamte, Allgemeines*, Teil H Rdn 462. 476

1. Das Disziplinarverfahren ist in formeller Hinsicht für Bundesbeamte in dem **Bundesdisziplinargesetz** (BDG) und für Landesbeamte in den jeweiligen **Landesdisziplinargesetzen** geregelt. 477

☝ **Disziplinarverfahren** sind **zeitraubend**. Der Bevollmächtigte sollte daher unbedingt an den Abschluss einer **Vergütungsvereinbarung** (§ 3a RVG) denken (→ *Beamte, Allgemeines*, Teil H Rdn 471 ff.

2. im beamtenrechtlichen Disziplinarverfahren kann der Betroffene sich des **Beistands** eines **Bevollmächtigten** gem. § 20 Abs. 1 S. 3 BDG i.V.m. § 14 VwVfG „bedienen". Dies dient einerseits der Waffengleichheit, andererseits liegt dem aber auch die Annahme zugrunde, dass der Bevollmächtigte einer – durch § 1 BRAO geschützten – Pflicht zur Parteilichkeit unterliegt. Mangels Vorhandenseins von eigenen Verteidigerrechten ist der Bevollmächtigte aber nicht als Verteidiger anzusehen (anders bei Soldaten nach § 93 Abs. 1 WDO). Dieser Unterschied kann weitreichende Konsequenzen nach sich ziehen. 478

☝ Der Vertreter muss auf folgende **Haftungsfalle** achten: Das **Verschulden** des **Bevollmächtigten** muss der Beamte sich – anders als im Strafverfahren – grds. zurechnen lassen. Dies gilt gem. § 32 Abs. 1 S. 2 VwVfG insbesondere für Fristversäumnisse im behördlichen und nach § 173 VwGO i.V.m. § 85 Abs. 2 ZPO auch für das gerichtliche Disziplinarverfahren.

3. Verfahrensbeginn: Mit Unterrichtung über die Einleitung des Verfahrens kann der Beamte selbst oder über seinen Bevollmächtigten Rechte in dem Verfahren geltend machen. Über die Einleitung des Verfahrens, ist er, anders als in Strafverfahren, **unverzüglich** zu **unterrichten**, sobald dies ohne Gefährdung des Untersuchungszwecks möglich ist, § 20 Abs. 1 S. 1 BDG. Der Beamte kann ebenfalls die Einleitung eines Disziplinarverfahrens gegen sich selbst beantragen (§ 18 BDG). Ziel eines solchen Antrages kann es sein, im Raum stehende Verdächtigungen auszuräumen. 479

Dem **Antrag** eines Beamten auf ein solches Verfahren ist **zwingend nachzugehen**, es sei denn, es fehlen tatsächliche Anhaltspunkte für ein Dienstvergehen (§ 18 Abs. 2 BDG). 480

☝ Ist die Einleitung eines Verfahrens mit einer Suspendierung verbunden, steht regelmäßig der Ausspruch einer **statusrelevanten Maßnahme** im Raum. Hierüber ist der Betroffene aufzuklären.

481 In der **Unterrichtung** ist dem Beamten zu **eröffnen**, welches Dienstvergehen ihm zur Last gelegt wird und auf welche Tatsachen sich der Verdacht stützt (§ 20 Abs. 1 S. 2 BDG). Außerdem muss die Unterrichtung eingrenzen, durch welches konkrete Verhalten eine Dienstpflichtverletzung begangen worden sein soll. Diese Konkretisierung legt den Streitgegenstand für das weitere Verfahren fest. Sollten sich im Verfahren weitere Vorwürfe ergeben, kann die Behörde das Verfahren formell auf diese ausdehnen. Erfolgt dies nicht oder in unzureichender Weise, sind die sich daraus ergebenden Fehler unter dem Gesichtspunkt des fehlenden rechtlichen Gehörs anzugreifen.

☝ Der Beamte muss bei Einleitung nicht – wie unter Rdn 479 dargestellt – unterrichtet werden, sondern er muss auch darüber belehrt werden, dass es ihm freisteht, sich zu äußern und dass er sich jederzeit eines Bevollmächtigten oder eines Beistandes bedienen darf.

Unterbleibt diese Belehrung, unterliegen die Angaben des Beamten einem **Verwertungsverbot**, § 20 Abs. 3 BDG.

Der Mandant sollte über Form und Inhalt der Belehrung befragt werden, damit erforderlichenfalls korrigierend eingegriffen werden kann.

482 Der sich in einem öffentlichen Dienst- und Treueverhältnisse befindliche Beamte befindet sich mit Einl eitung des Verfahrens in einem inneren Dauerkonflikt. Aus anwaltlicher Sicht ist diesem gleichwohl zwingend dazu zu **raten**, zunächst – zumindest bis zum Erhalt der Akteneinsicht – von seinem **Schweigerecht Gebrauch** zu machen (Stichwort: **Selbstbelastungsfreiheit)**. Nachteilige Folgen können deswegen aufgrund der verfassungsrechtlichen gesicherten Selbstbelastungsfreiheit („nemo tenetur se ipsum accusare“) gegen den Beamten nicht abgeleitet werden. Zu Anhörungsterminen oder Beweiserhebungen muss der Beamten somit nicht erscheinen und er muss sich für sein Fernbleiben auch nicht rechtfertigen.

483 **4.** Der Beamte ist anzuhöreng, er hat ein **Recht auf rechtliches Gehör.** Dem Beamten steht es frei, sich mündlich oder schriftlich zu äußern. Für die Erklärung, sich mündlich äußern zu wollen, gilt regelmäßig eine Frist von 14 Tagen. Für die Abgabe einer schriftlichen Erklärung beträgt die Frist einen Monat. Anträge auf Fristverlängerung bedürfen der Angabe von „zwingenden Gründen“. Die fehlende Akteneinsicht kann als ein solcher Grund angegeben werden.

☝ Anträge auf **Fristverlängerung** sollten nach Einleitung des Verfahrens damit begründet werden, dass zunächst Akteneinsicht genommen werden soll und im Hinblick darauf die Anhörungsfrist auf eine bestimmte Frist nach Erhalt der Akteneinsicht verlängert wird. Das wird zumeist akzeptiert.

484 **5.** Das Recht auf **Akteneinsicht** ist in den § 3 BDG für das gerichtliche (i.V.m. § 100 VwGO) und das behördliche (i.V.m. § 29 VwVfG) Verfahren geregelt. Problematisch ist hier vor allem, wie dieses Recht von dem Bevollmächtigten ausgeübt werden kann. Manche Behörden übersenden die Akten nicht in die Kanzlei, sondern bieten – unter Hinweis auf das Risiko eines Postverlustes – einen Termin vor Ort an. Kopien können hier dann teilweise unter Verweis auf den Wortlaut der Vorschrift, nach der es sich um eine „Einsicht“ handele, nicht gefertigt werden.

☝ In Fällen, in denen die Akten nicht in die Kanzlei übersandt werden sollen, kann der Antrag gestellt werden, die **Akten** an das **nächstgelegene AG** zu übersenden. Dem wird meist nachgekommen.

485 **6.** Die **Aussetzung** des **Disziplinarverfahrens** bei Einleitung eines **strafrechtlichen EV** ist in vielen Disziplinaranordnungen zwingend bzw. mit Ermessen vorgesehen (z.B. § 22 BDG). Oft wird – auch aus Fürsorgegründen – der betroffene Beamte umgesetzt. Mittels Disziplinarverfügung kann auch eine vorläu-

fige Dienstenthebung und/oder eine Einbehaltung der Dienstbezüge erfolgen. Hiergegen kann das Gericht angerufen werden. Der Verwaltungsrechtsweg ist in diesen Fällen eröffnet.

☝ **Achtung Haftungsfalle**: Eine „Umsetzung" ist kein Verwaltungsakt. Es handelt sich lediglich um eine innerorganisatorische Maßnahme, so dass der gerichtliche Rechtschutz zunächst über keine aufschiebende Wirkung verfügt.

7. Ein **rechtskräftiges Strafurteil bindet** hinsichtlich aller tragenden tatsächlichen Feststellungen das behördliche Disziplinarverfahren (§ 23 Abs. 1 BDG). Im gerichtlichen Disziplinarverfahren sind Abweichungen nur bei offenkundigen Unrichtigkeiten möglich (i.Ü. §§ 56, 65 BDG). In zahlreichen landesrechtlichen Regelungen genügen bereits Zweifel an der Richtigkeit der strafgerichtlichen Feststellung. **Umfasst** sind von der Bindungswirkung nur Tatsachenfeststellungen, die zu den Tatbestandsmerkmalen der Strafnorm und zur Frage der Schuldfähigkeit gem. § 20 StGB gehören, nicht diejenigen zur verminderten Schuldfähigkeit und zur Strafzumessung. Der Strafbefehl bzw. eine Einstellungsverfügung binden inhaltlich nicht für das Disziplinarverfahren. Zu beachten ist in diesem Zusammenhang allerdings § 23 Abs. 2 BDG, wonach die Feststellungen zwar nicht bindend sind, jedoch ohne nochmalige Überprüfung der Disziplinarentscheidung zugrunde gelegt werden dürfen. 486

☝ Hier bieten sich **vielfältige Ansatzpunkte**, um die Behörde oder das Disziplinargericht zum Ermitteln zu bringen, wenn z.B. im Strafverfahren keine verminderte Schuldfähigkeit geltend gemacht worden ist. Der Bevollmächtigte sollte zwecks Überprüfung etwaiger den Mandanten begünstigender Ansätze auf jeden Fall die Strafakte hinzuziehen. In den Disziplinarakten befindet sich in der Regel nur das Strafurteil bzw. der Strafbefehl, auf dem das Disziplinarverfahren fußt.

8. § 14 BDG bestimmt nach einem Straf- oder Bußgeldverfahren folgende **Disziplinarmaßnahmenverbote.** 487

a) Nach einem **Freispruch** im **Strafverfahren** kann nach § 14 Abs. 2 BDG eine Pflichtverletzung nur dann noch disziplinarrechtlich geahndet werden, wenn der zugrundeliegende Sachverhalt ein Dienstvergehen darstellt, ohne den Tatbestand einer Strafvorschrift zu erfüllen (sog. **disziplinarer Überhang**). 488

b) Bei **Verhängung** einer **Strafe**/eines **Bußgeldes** oder **endgültiger Einstellung** gem. § 153a Abs. 1 S. 5 oder Abs. 2 S. 2 StPO bestimmen viele Disziplinargesetze, so auch § 14 Abs. 1 BDG, ein **absolutes Maßnahmeverbot**. Ist also gegen einen Beamten unanfechtbar eine Geldauflage verhängt worden, darf wegen desselben Sachverhalts kein Verweis oder eine Geldbuße oder eine Kürzung des Ruhegehaltes ausgesprochen werden, § 14 Abs. 1 Nr. 1. Die Entfernung aus dem Dienst bleibt immer möglich. Die Kürzung der Dienstbezüge (laut BDG) und die Zurückstufung (laut DiszG) nur, wenn dies erforderlich ist, um den Beamten zur Pflichterfüllung anzuhalten (§ 14 Abs. 1 Nr. 2 BDG). 489

Hiervon zu unterscheiden sind Fälle, in denen ein **relatives Maßnahmeverbot** gilt. Dies bedeutet, dass in den Disziplinarordnungen die Zulässigkeit der Verhängung bestimmter weiterer Disziplinarmaßnahmen neben der strafrechtlichen Verurteilung von einer besonderen Prüfung der Erforderlichkeit abhängig gemacht wird. 490

Unter **Strafe** verstehen die Disziplinarordnungen **alle Verurteilungen** nach dem StGB und strafrechtlichen Nebengesetzen, durch die eine Strafe verhängt worden ist. Hierzu gehören auch Strafbefehle sowie die Verwarnung mit Strafvorbehalt. Diese Maßnahmenverbote kommen nur dann in Betracht, wenn es sich um denselben Sachverhalt/dieselbe prozessuale Tat i.S. des § 264 StPO handelt. 491

9. Der **Gang** des **Disziplinarverfahrens** kann in folgende Phasen unterteilt werden: 492

- behördliches Verfahren,
- etwaiges Widerspruchsverfahren,

- Klage gegen Disziplinarverfügung (= Disziplinarklage des Dienstherrn in Altverfahren),
- Rechtsmittelbverfahren: Berufung (zumeist Zulassungsantrag) oder Revision.

493 **a)** I.d.R. übernehmen vom Disziplinarvorgesetzten eingesetzte **Ermittlungsführer** die Aufgabe, das behördliche Verfahren zu leiten. Sie sind weisungsgebunden und ermitteln. Am Ende erstatten sie einen Bericht über das Ermittlungsergebnis.

☝ Der Bevollmächtigte wird dem Beamten zum **Schweigen** – auch gegenüber den Vorgesetzten und Kollegen – raten. Auch wird er ihm empfehlen, **nicht selbst** zu **ermitteln**, erst recht nicht unter Nutzung dienstlicher Mittel. Auch wird er ihm von Presseerklärungen abraten. (= sog. Flucht an die Öffentlichkeit, die neue Ermittlungen nach sich ziehen können!). **Besprechungen** mit dem Verteidiger werden **nicht** während der **Dienstzeit** des Beamten erfolgen.

494 Der Beamte hat im Verfahren eingeschränkte **Beschuldigtenrechte**. So muss er zwar nicht aussagen, darf aber grds. auch nicht aktiv die Unwahrheit bekunden. Über seine Rechte muss der Beamte belehrt werden, §§ 20 Abs. 1 S. 2 BDG. Die Anhörung durch den Disziplinarvorgesetzten kann schriftlich oder mündlich erfolgen. Hat sich ein Bevollmächtigter bestellt, wird in aller Regel von der Durchführung einer mündlichen Anhörung abgesehen.

495 Der **Ermittlungsführer** kann die Ermittlungsakte aus dem Strafverfahren verwenden. Er hat die sich aus den Disziplinargesetzen ergebenden Ermittlungsrechte.

☝ Der **Bevollmächtigte** ist zu jeder **Zeugenvernehmung** zu laden und hat **Fragerecht**. Dies folgt aus § 20 Abs. 1 S. 3aE BDG. Nachdem eine ausdrückliche gesetzliche Normierung fehlt, ist der Ermittlungsführer u.U. hierauf hinzuweisen.

Die **Kenntnis** der **Strafakte** empfiehlt sich **dringend**. War der Bevollmächtigte nicht ohnehin bereits Verteidiger im Strafverfahren, sollte er diese spätestens zur Vorbereitung auf eine Zeugenvernehmung anfordern.

Bei der zeugenschaftlichen Vernehmung von Beamten ist der Bevollmächtigte stets gehalten, zu überprüfen, ob der Beamte über eine **Aussagegenehmigung** verfügt und welche Reichweite diese hat.

Ausweislich § 34 Abs. 3 BDG kann der Beamte auch selbst **Beweisanträge** stellen bzw. für ihn sein Bevollmächtigter. Neben der Nennung einer konkreten Beweistatsache und eines Beweismittels ist hierbei auch die Konnexität für die Tat- oder Schuldfrage ist hierbei darzulegen, analog dem Beweisantragsrecht der StPO.

Die Möglichkeiten einer Verständigung (sog. Deals) mit dem Disziplinarvorgesetzten sind in der Regel gering. Der Ermittlungsführer ist nicht der Entscheider.

496 Es ist zunehmend zu beobachten, dass in Disziplinarverfahren **externe Ermittlungsführer** und **Sachverständige** bestellt werden. Das ist rechtlich nicht unbedenklich und sollte hinsichtlich des Aufgabenkreises stets im Auge behalten werden. In jedem Fall sollte versucht werden, Akteneinsicht in den zur Beauftragung führenden Schriftverkehr zu erhalten. So könnten sich daraus Gründe für eine etwaige Befangenheit ergeben. Zu beachten ist auch, dass die für die Beauftragung von Sachverständigen entstehenden Kosten nicht unerheblich sein können und diese am Ende des Verfahrens dem Beamten ggf. aufzuerlegen sind (§ 72 BDG).

☝ Der Bevollmächtigte sollte, sobald Anhaltspunkte dafür vorliegen, dass ein externer SV bestellt werden soll, um **Namhaftmachung** sowie um Anhörung zur Person des SV ersuchen, um erforderlichenfalls Einfluss vor dessen Bestellung zu nehmen.

497 **b)** Der **Disziplinarvorgesetzte** entscheidet über die **Einstellung** des Verfahrens oder den **Erlass** einer **Disziplinarverfügung**. Um wen es sich handelt, ist zumeist unproblematisch zu bestimmen. Im Fall

von Abordnungen oder fallspezifischen Sonderproblematiken sollte näher geprüft werden, wer der eigentliche Disziplinarvorgesetzte ist.

Die **Disziplinarverfügung** ist ein **Verwaltungsakt**, mit welchem eine Disziplinarmaßnahme im Bund bzw. dem jeweiligen Land (s. § 34 BDG und § 34 LDG-NRW) ausgesprochen wird. Seit dem 1.4.2024 können nunmehr auch Entfernungen und andere statusrelevante Disziplinarmaßnahmen (Zurückstufung, Aberkennung des Ruhegehalts) durch Disziplinarverfügung ausgesprochen werden. Zuvor galt dies nur für den Verweis, die Geldbuße und die Kürzung der Bezüge (auch des Ruhegehaltes). Es findet grds. das Widerspruchsverfahren statt (§ 41 Abs. 1 BDG). Eine **Disziplinarklage** schließt sich hieran nach neuem Recht grds. nur noch dann an, wenn diese von Seiten des betroffenen Beamten selbst erhoben wird. 498

Disziplinarverfügungen sind nach § 33 BDG **besonders** zu **begründen**. Dies bedeutet, dass sich aus der Begründung, die die Disziplinarmaßnahme tragenden Aspekte in rechtlicher und tatsächlicher Hinsicht klar ergeben müssen (= welches Dienstvergehen, durch welche Handlungen, an welchem Ort und zu welcher Zeit sowie in welcher Schuldform begangen und auf welche Beweismittel wird der festgestellte Sachverhalt gestützt). Zudem sind die für die Bemessung der Disziplinarmaßnahme maßgeblichen Kriterien anzugeben. Bei Ausspruch der Zurückstufung, der Entfernung aus dem Beamtenverhältnis oder der Aberkennung des Ruhegehalts, muss in der Begründung zusätzlich dargestellt werden: 499

- der persönliche und berufliche Werdegang des Beamten und
- der Gang des Disziplinarverfahrens.

☝ Das Begründungserfordernis **entspricht** in der Zusammenschau mit den in § 33 Abs. 2 S. 2 BDG genannten Kriterien dem bisherigen Inhalt der **Disziplinarklageschrift** (§ 52 Abs. 1 S. 2 BDG a.F.), so dass weiter von den bekannten Voraussetzungen auszugehen ist. Aus Gründen der Verfahrensbeschleunigung darf auf die tatsächlichen Feststellungen eines rechtskräftigen Straf- oder Bußgeldurteils oder auf die Feststellungen eines verwaltungsrechtlichen Verfahrens verwiesen werden.

c) Die **Disziplinargerichte** sind beim **Bund** bei den **Verwaltungsgerichten** angesiedelt. Die erste und zweite Instanz – Kammer beim VG und Senat für Disziplinarsachen beim OVG – bestehen jeweils aus drei Berufsrichtern und zwei Beamtenbeisitzern (s. §§ 45 ff. BDG). Eine Übertragung auf den Einzelrichter ist bei Disziplinarklagen nicht möglich. Das Berufungsgericht kann die Revision zum BVerwG zulassen, andernfalls ist die Nichtzulassungsbeschwerde möglich. 500

Die **Disziplinargerichtsbarkeit** in den **Ländern** entspricht überwiegend der des Bundes, ist also grds. auch bei den Verwaltungsgerichten angesiedelt. Welcher Rechtszug konkret gilt, sollte stets geprüft werden; bspw. im Bundesland Sachsen befindet sich diese bei den ordentlichen Gerichten. 501

Die Disziplinarverfahren können sehr lange dauern. Der in § 4 BDG vorgesehene **Beschleunigungsgrundsatz gilt** praktisch nur auf dem Papier. Sollte das Disziplinarverfahren nicht innerhalb von sechs Monaten seit der Einleitung durch Einstellung oder durch Erlass einer Disziplinarverfügung abgeschlossen sein, kann bei Gericht ein Antrag auf Bestimmung einer Frist zum Abschluss des Disziplinarverfahrens gestellt werden (§ 62 Abs. 1 BDG). Solange das Disziplinarverfahren ausgesetzt ist aufgrund der Anklageerhebung im Strafverfahren ausgesetzt ist, ist die sechsmonatige Frist gehemmt (§ 62 Abs. 1 S. 2 BDG). 502

☝ Gegen den **Beförderungsstopp** während der Zeit des Verfahrens lässt sich nur wenig vorbringen. Der Bevollmächtigte sollte aber das Maßnahmenverbot des § 15 BDG und das Verwertungsverbot bei früheren Disziplinarmaßnahmen (§ 16 BDG) im Auge behalten.

Nach rechtskräftiger Entscheidung bleibt ggf. noch die Möglichkeit eines **Gnadenverfahren** (§ 81 BDG bzw. § 78 LDG-NRW). Die Disziplinarentscheidungen können dort rückgängig gemacht werden. Ob ein solcher Antrag sofort oder eher erst nach Ablauf einer Frist von drei Jahren o.ä. gestellt wird, richtet sich 503 nach den Besonderheiten des Einzelfalles. Der Anspruch als solcher dürfte jedoch regelmäßig eher nur theoretischer Natur sein.

Siehe auch: → *Beamte, Allgemeines*, Teil H Rdn 462 m.w.N.

504 Beamte, Disziplinarverfahren, materielle Fragen

Das Wichtigste in Kürze:

1. Das Disziplinarverfahren ahndet Dienstvergehen. Dies setzt objektiv eine Pflichtverletzung und subjektiv Verschulden voraus.
2. Der Maßnahmenkatalog der diversen Disziplinargesetze beinhaltet Verweis, Geldbuße, Kürzung der Dienstbezüge, Zurückstufung und Entfernung aus dem Dienst sowie die Kürzung und Aberkennung des Ruhegehalts. Die konkrete Disziplinarmaßnahme ist nach pflichtgemäßem Ermessen willkürfrei und rechtzeitig zu treffen.
3. Ein rechtskräftiges Strafurteil bindet hinsichtlich aller tragenden tatsächlichen Feststellungen das behördliche Disziplinarverfahren.
4. §§ 14 f. BDG bestimmen nach einem Straf- oder Bußgeldverfahren Disziplinarmaßnahmenverbote.
5. Das Disziplinarverfahren ist in vier Phasen unterteilt

505 **Literaturhinweise:** S. die Hinw. bei → *Beamte, Allgemeines*, Teil H Rdn 462.

506 **1.a)** Das Disziplinarverfahren ahndet **Dienstvergehen**. Dies setzt eine **objektive Pflichtverletzung** und **subjektiv Verschulden** voraus. Die Pflichten werden in **Grund-** und **Nebenpflichten** eingeteilt und die Pflichtverletzung des Beamten kann auf einem inner- oder außerdienstlichen Verhalten beruhen. Insoweit gilt:

- Jede Verletzung von Pflichten im **innerdienstlichen Bereich** stellt ein Dienstvergehen dar.
- Ein **außerdienstliches Verhalten** eines aktiven Beamten ist nur dann ein Dienstvergehen, wenn es nach den **Umständen** des **Einzelfalles** im besonderen Maße geeignet ist, Achtung und Vertrauen in einer für sein Amt oder das Ansehen des Beamtentums bedeutsamen Weise zu beeinträchtigen (§ 77 Abs. 1 S. 2 BBG bzw. § 40 LBG Berlin). Für Bedienstete im Ruhestand gelten Sonderregelungen/Abmilderungen (§ 77 Abs. 2 BBG und § 40 LBG Berlin).

507 Die **Abgrenzung** zwischen **inner-** und **außerdienstlichem Verhalten** nimmt die Rspr. (s. z.B. BVerwG, NVwZ 2019, 1295 m.w.N.) dahingehend vor, dass innerdienstliches Verhalten immer dann vorliegt, wenn es den besonderen Pflichtenkreis tangiert, der durch dieses Amt begründet ist, also nicht, ob die Pflichtverletzung im Dienst oder außerhalb des Dienstes geschieht. **Beispiele** hierfür:

- Eigentumsverfehlungen bei Ausübung des Dienstes,
- die Veröffentlichung eines beleidigenden Leserbriefes, welcher sich auf dienstliche Vorgänge bezieht,
- der Diebstahl im Betrieb eines Postkunden während der Zustellung in Dienstkleidung.

508 **Außerdienstliches Verhalten konkretisiert** das BVerwG (u.a. NVwZ-RR 2011, 413 m.w.N.) danach, dass sich die Achtungs- und Vertrauensbeeinträchtigung entweder auf das konkret funktionelle Amt des Beamten oder auf das Ansehen des Beamtentums beziehen muss. Eine Beeinträchtigung in Bezug auf das Amt scheidet danach aus, wenn der Beamte zur Zeit des Dienstvergehens kein konkret funktionelles Amt innehatte, dann bleibe nur noch das Ansehen des Beamtentums. Das Ansehen des Beamtentums könne beeinträchtigt sein, wenn durch das Verhalten die berufliche Aufgabe berührt wird, nämlich „eine stabile gesetzestreue Verwaltung zu sichern, die freiheitlich demokratische Rechtsordnung zu

verteidigen und durch unabhängige Unparteilichkeit einen ausgleichenden Faktor gegenüber den politischen Kräften darzustellen." **Beispiele** hierfür sind Straftaten der §§ 80 – 120 StGB (BVerwG, a.a.O.) oder die sich gegen das Vermögen des Staates richten. Ebenso gilt dies für schwerwiegende vorsätzliche Straftaten, die mit Freiheitsstrafe geahndet werden. Die verstärkenden Umschreibungen – in besonderem Maße und in bedeutsamer Weise – führen dazu, dass die Beeinträchtigung eine überdurchschnittlich disziplinare Relevanz haben muss. Es darf nicht lediglich eine besondere Verantwortungslosigkeit sein.

☝ **Nicht** ausreichend grds. ist eine **einmalige** außerdienstliche **Trunkenheitsfahrt** eines Beamten, der dienstlich nicht mit dem Fahren von Kraftfahrzeugen betraut ist (s aber BVerwG, Urt. v. 30.8.2000 – 1 D 37/99, BVerwGE 112, 19; VGH München, Beschl. v. 29.2.2016 – 16a DZ 13.177; OVG Sachsen-Anhalt, Urt. v. 20.3.2025 – 10 L 4/24; jeweils m.w.N.; a. noch VG Aachen, Beschl. v. 16.12.2024 – 1 L 884/24 [Konsum von Cannabis vor Dienstantritt]).

b) Die **Dienstpflichten** werden verschieden **kategorisiert**, z.B. in Grund- (= **Kernpflichten**), die **Wohlverhaltenspflicht** und Einzelregelungen oder in Treue-, Gehorsams und **Dienstleistungspflichten** (eine Übersicht zur Fülle der Pflichten bei Gansen/*Gansen*, BDG, § 13 Rn 52 – 90). 509

Katalog von Dienstpflichten: 510

- **Neutralitätspflicht**,
- Pflicht zum gemeinwohlorientierten Handeln,
- Bindung an Recht und Gesetz,
- **Verfassungstreue**,
- Zurückhaltungspflicht bei politischer Betätigung,
- Dienstleistungspflicht,
- Anwesenheitspflicht,
- Gesunderhaltungspflicht,
- **Fortbildungspflicht**,
- Uneigennützigkeit,
- Verbot der Annahme von Geschenken bzw. der Korruption,
- Weisungsgebundenheit,
- Pflicht zur **Amtsverschwiegenheit**,
- Wahrheitspflicht in dienstlichen Angelegenheiten,
- Genehmigungspflicht bei Nebentätigkeiten,
- **Verbot** von **Mobbing**, **sexueller Belästigung**.

Strafrechtlich in Betracht kommende **innerdienstliche Dienstvergehen** sind u.a.: 511

- Korruptionsdelikte,
- Untreue,
- Betrug,
- Körperverletzung im Amt,
- Umweltstrafdelikte.

Außerdienstliche Dienstvergehen sind etwa: 512

- Besitz **kinderpornographischer Schriften** i.S.v. § 184b StGB (dazu z.B. BVerwG NVwZ 2011, 299 und Bayerischer VGH, Urt. v. 20.09.2021 – 16b D 19.1302), führt – auch bei geringer Anzahl und niedrigschwelligen Inhalt – in der Regel zur Entfernung aus dem Dienstverhältnis.

- **Volksverhetzung**: die Vorschrift wurde mit Wirkung vom 1.4.2024 als Fall einer Pflichtverletzung ausdrücklich hervorgehoben. Bereits der Fall einer Verurteilung zu einer Freiheitsstrafe von sechs Monaten führt automatisch zum Verlust der Beamtenrechte.
- **Straßenverkehrsdelikte** (wenn nicht selbst als Beamter Fahrer).

☝ Dem vom Strafgericht bei außerdienstlichen Pflichtverletzungen ausgesprochenem Strafmaß kommt für das Disziplinarverfahren Indizwirkung zu. Hat das Strafgericht **lediglich** auf eine **Geldstrafe** erkannt, kommt die Entfernung aus dem Beamtenverhältnis nur ausnahmsweise in Betracht (BVerwG, Urt. v. 18.6.2015 – 2 C 9/14, BVerwGE 152, 228 ff.).

513 **2.a)** Der **Maßnahmenkatalog** des **§ 13 BDG** sieht zur Sanktionierung von Dienstvergehen folgende Reaktionsmöglichkeiten vor:

- Verweis: schriftlicher Tadel für geringfügige Dienstpflichtverletzungen oberhalb der Bagatellgrenze
- Geldbuße: für leichte und mittelschwere Dienstvergehen bis zur Höhe der monatlichen Dienst- oder Anwärterbezüge
- Kürzung der Dienstbezüge: für mittlere und schwere Dienstvergehen, die zeitliche Dauer richtet sich nach der Schwere des Dienstvergehens im Einzelfall (= Kürzungen zwischen 4 und 10 % sind nicht unüblich)
- Zurückstufung: Versetzung in ein Amt derselben Laufbahn mit geringeren Endgrundgehalt
- Entfernung aus dem Dienst: Höchstmaßnahme zur Sicherung der Funktionsfähigkeit des öffentlichen Dienstes oder zur Abwendung eines Vertrauensverlustes in der Öffentlichkeit

☝ Bei Entfernung aus dem Dienst ist über die Gewährung eines zeitlich befristeten **Unterhaltsbeitrages** zu entscheiden. In diesem Zusammenhang bestimmt § 10 BDG, dass ein Unterhaltsbeitrag von 50 % der Dienstbezüge für die Dauer von sechs Monaten ab Rechtskraft zu zahlen ist; die 6-Monatsfrist kann zwecks Meidung einer unbilligen Härte überschritten werden, wobei der Beamte die Umstände glaubhaft zu machen hat (§ 10 Abs. 3 S. 2 BDG).

514 Bei **Ruhestandsbeamten** gibt es folgende Sanktionsmöglichkeiten:

- Kürzung des Ruhegehaltes oder
- Aberkennung des Ruhegehaltes

☝ Bei **Aberkennung** des **Ruhegehaltes** ist ebenfalls über die Gewährung eines zeitlich befristeten **Unterhaltsbeitrages** zu entscheiden. Dieses beträgt 70 % des Ruhegehalts, ausgehend vom zum Zeitpunkt der Rechtskraft gezahlten Betrags und ist für längstens sechs Monate zu zahlen, § 12 Abs. 2 BDG.

515 **b) Disziplinarmaßnahmen** werden unter Berücksichtigung der Tat und der Persönlichkeit des Beamten **bemessen**. Das maßgebliche Kriterium ist die Schwere des Dienstvergehens. Der eingetretene Vertrauensverlust des Dienstherrn und der Allgemeinheit sowie das Persönlichkeitsbild des Beamten sind erst auf der Rechtsfolgenebene zu würdigen. Zur Bestimmung der maßgeblichen Kriterien gibt der neue § 13 BDG nunmehr einen Orientierungsrahmen vor, der für die Ausübung des Ermessens des Dienstherrn verbindlich ist. Dieser enthält ein abgestuftes System zur Bemessung der Disziplinarmaßnahmen, das auf folgenden Kriterien aufbaut:

- drei Grade von Dienstvergehen: leicht, mittelschwer und schwer,
- fünf Grade der Vertrauensbeeinträchtigung: geringfügig, nicht nur geringfügig, erheblich, nachhaltig erschüttert und endgültig verloren,

- bzw. bei Ruhestandsbeamten zwei Grade des Verlustes des Ansehens: erheblich beeinträchtigt oder endgültig verloren.

☝ Es handelt sich um einen Orientierungsrahmen, der eine einheitliche Handhabung des Disziplinarrechts ermöglichen soll. Ein Ansatz für eine Abweichung von diesen Vorgaben kann möglicherweise in dem übergreifenden Bemessungsgesichtspunkt ‚Persönlichkeitsbildes des Beamten' gefunden werden.

c) Die **konkrete Disziplinarmaßnahme** ist nach **pflichtgemäßem Ermessen** willkürfrei und rechtzeitig (wegen des Erziehungszwecks) zu treffen (s. § 13 BDG). Eine **Ausnahme** gilt nach § 13 Abs. 4 S. 1 BDG, wonach der Beamte aus dem Dienst zu entfernen ist, wenn durch ein schweres Dienstvergehen das Vertrauen des Dienstherrn oder der Allgemeinheit endgültig verloren gegangen ist. 516

Zur Bemessung der Disziplinarmaßnahmen gibt es eine umfangreiche und in den wesentlichen Fallgruppen auch als gefestigt zu qualifizierende Rspr. So hat vor allem das **BVerwG** folgende **Systematik** entwickelt (u.a. Urt. v. 28.03.2023 – BVerwG 2 C 20.21; NVwZ-RR 2011, 413 m.w.N.): 517

- Gem. § 13 BDG muss die konkrete Disziplinarmaßnahme aufgrund einer **prognostischen Gesamtwürdigung** aller im Einzelfall be- und entlastenden Gesichtspunkte gefunden werden.
- Entscheidend ist zunächst die **Schwere** des (innerdienstlichen) **Dienstvergehens**.
- Das festgestellte Dienstvergehen wird in seiner Schwere einer **Disziplinarmaßnahme zugeordnet**. Dazu hat das BVerwG **Regeleinstufungen**/Fallgruppen gebildet (vgl. etwa BVerwG NVwZ-RR 2011, 413 m.w.N.)
- Sobald die **Zuordnung erfolgt** ist, wird **feinjustiert**. Jetzt werden das **Persönlichkeitsbild** des Beamten (existenzielle wirtschaftliche Notlage, körperliche und psychische Ausnahmesituation, wenn bis dahin unbescholten) und der Umfang der Vertrauensbeeinträchtigung des Dienstherrn bzw. der Allgemeinheit mit einbezogen. Je nach Fall kann dann eine mildere bzw. härtere Sanktion geboten sein (z.B. BVerwG, Urt. v. 28.3.2023 – BVerwG 2 C 20.21, NVwZ 2006, 469; NVwZ-RR 2007, 695).
- **Weitere Erwägungen** können sein:
  – bei bereits früher verhängten Disziplinarmaßnahmen eine stufenweise Steigerung der Disziplinarmaßnahme,
  – Berücksichtigung der Kriminalstrafe im sachgleichen Verfahren,
  – unterbliebene Dienstaufsicht,
  – verminderte Schuldfähigkeit sowie Dauer und Fehler des Disziplinarverfahrens.

Beispiele aus der **Rspr.** betreffend die Entfernung aus dem Dienst (s. insgesamt Herrmann/*Sandkuhl*, § 4 RN 144 ff.): 518

- Eigentumsverfehlungen bei Ausübung des Dienstes (Unterschlagung im Amt und Diebstahl, Stichwort: Vertrauensverlust),
- Bestechlichkeit (auch hier Vertrauensverlust; für beide muss die Strafbarkeit der Handlung gegeben sein),
- sittliche Verfehlungen im dienstlichen Bereich oder Sittlichkeitsverbrechen an Kindern oder Abhängigen und
- vorsätzliches schwerwiegendes Versagen im Kernbereich der Dienstpflichten (= der zentrale Pflichtenkreis des Beamten hinsichtlich seiner konkreten Tätigkeit).

☝ Disziplinarverfahren sind sehr stark formalisiert. Einwendungen und mögliche **„Rettungsanker"** können sich im Verfahren vor allem aus der **Nichtbeachtung** von **Formvorschriften** ergeben. Dementsprechend ist der Sachverhalt stets auf die Einhaltung der Formalien zu prüfen. Das Verfahren selbst ist zudem darauf auszurichten, mögliche Verfahrensfehler zu provozieren. Die bestehenden Antragsrechte sollten hierzu ausgeschöpft werden.

519 c) Bei **außerdienstlichen Dienstvergehen** richtet sich die Zuordnung zu einer Regelmaßnahme, sofern es sich um eine Straftat handelt, nach dem **abstrakten Strafrahmen des Delikts**. Hier gilt Folgendes (s. z.B. BVerwG, NVwZ 2011, 299 [Besitz kinderpornografischer Schriften]):

- **unter einem Jahr** und **kein Dienstbezug**: Sanktionen im unteren Bereich,
- **unter einem Jahr und Dienstbezug** dabei: Rückstufung als Orientierung,
- **von ein bis zwei Jahren**: in der Regel Zurückstufung.

☝ Es ist immer der **Einzelfall** zu würdigen, um unbillige Ergebnisse (s. z.B. den Strafrahmen bei Körperverletzung im Amt [§ 340], würde als Regelfall Entfernung aus dem Dienst bedeuten) zu vermeiden.

520 **3.** Durch das Gesetz zur Beschleunigung von Disziplinarverfahren in der Bundesverwaltung und zur Änderung dienstrechtlicher Vorschriften" v. 22.12.2023 (BGBl I Nr. 389 sind die **Anforderungen** an die **Verfassungstreue** von **Beamten verschärft** worden. Die Neuregelungen sollen dabei insbesondere ein leichteres und schnelleres Vorgehen gegen sog. Verfassungsfeinde ermöglichen. Eine gesetzliche Legaldefinition für den „Verfassungsfeind" gibt es indes nicht. Als **Regelbeispiel** für ein schweres Dienstvergehen angeführt wird in § 13 Abs. 3 BDG der Fall „einer Mitgliedschaft in einer vom BVerfG für verfassungswidrig erklärten Partei oder einer unanfechtbar verbotenen Vereinigung oder einer Ersatzorganisation einer solchen Partei oder Vereinigung."

521 Die **Mitgliedschaft** in einer durch das BVerfG für **verfassungswidrig erklärten Partei** usw. indiziert ein schweres Dienstvergehen, das in der Regel mit der Entfernung aus dem Dienstverhältnis zu ahnden ist. Dabei spielt es keine Rolle, ob die Mitgliedschaft sich in der Passivität der Zahlung des Mitgliedsbeitrages erschöpft oder eine herausgehobene Stellung in der Partei eingenommen wird. Ein Entlastungsbeweis ist theoretisch im Fall des Vorliegens außergewöhnlicher Umstände denkbar. Ob dies praktisch darstellbar sein wird, ist dann wiederum eine Frage des Einzelfalles.

522 Der Sinn der sich in § 13 Abs. 3 BDG zu findenden Verschärfungen erschließt sich über den Umstand, dass es sich hier um sog. **Regelbeispiele** handelt. Die Aufzählung ist somit als nicht abschließend zu verstehen, kann jedoch als Orientierungshilfe für die eigentlich relevanten Fälle angesehen werden. Denn mit der Regelung wird ein formaler Anknüpfungspunkt geschaffen, um auch diejenigen Fälle in den Fokus nehmen zu können, in denen betroffene Beamte Mitglied einer Partei sind, die amtlich lediglich als „Prüffall", „Verdachtsfall" und/oder (noch nicht) als „gesichert extremistisch" eingestuft wird.

523 Auszugehen ist davon, dass die mit der Verschärfung gewollte Ausdehnung sich in etwa wie folgt auf die **Verfassungstreuepflicht** und deren Kontrolle im Bereich des Disziplinarwesens **auswirken** wird:

- **„Prüffall"** oder „Verdachtsfall": der Verdacht einer beamtenrechtlichen Verfassungstreuepflichtverletzung und damit eines Dienstvergehens kann nicht bereits mit einer Mitgliedschaft oder Zugehörigkeit gerechtfertigt werden. Hinzu kommen müssen weitere Handlungen. Die Mitgliedschaft kann im Rahmen einer Gesamtwürdigung jedoch als Indiz bewertet werden.
- **„extremistische Bestrebung"**: die Mitgliedschaft in einer solchen Partei oder Organisation indiziert Zweifel an der beamtenrechtlichen Verfassungstreue. Bereits die Mitgliedschaft in einer dieser Parteien oder Organisationen stellt einen tatsächlichen Anhaltspunkt dar, der den Verdacht eines Dienstvergehens rechtfertigt. Die Einleitung eines Disziplinarverfahrens ist daher zwingend. Ein Entlastungsbeweis kann sich etwa daraus ergeben, dass es sich lediglich um eine passive Mitgliedschaft handelt oder innegehabte Ämter aufgegeben wurden.
- **Funktionsämter/Wahlkandidaturen**: hat ein Beamter solche Positionen inne, ist die Annahme eines Verstoßes gegen die beamtenrechtliche Verfassungstreuepflicht gerechtfertigt. Mit der Einleitung eines Disziplinarverfahrens ist zwingend zu rechnen. Denn dies ist als über die bloße Mitgliedschaft hinausgehende Aktivität zu bewerten. Nach der bisherigen Rspr. des BVerwG gilt das auch dann, wenn der Beamte selbst in der Partei verfassungskonforme Ziele verfolgt (BVerwG, Urt. v. 12.3.1986 – 1 D 103/84, BVerwGE 83, 158 = NJW 1986, 3096 zur NPD).

☝ In sämtlichen dieser Fäll sollte wegen der **Haftungsgefahr** auf das Risiko des Verfahrensausgangs hingewiesen werden, was auch nachvollziehbar dokumentiert werden sollte. Dass dem betroffenen Beamten der Verlust der Lebensstellung droht, zeigt die Dimension der im Raum stehenden Haftungsgefahr.

Wie sich die **Verfassungstreuepflicht** in den vorbenannten Fällen **fortentwickeln** wird, wird sich in der Praxis zeigen müssen. Zwar ist zu erkennen, dass ein „verstärktes" Vorgehen in eine bestimmte Richtung gewollt und beabsichtigt ist. Das letzte Wort wird daher auch in diesen Fällen dem BVerfG vorbehalten bleiben. Bereits vor Jahren stellte dieses thematisch gleichwohl bereits folgendes fest: „Ob eine Position als rechtsextremistisch – möglicherweise in Abgrenzung zu ‚rechtsradikal' oder ‚rechtsreaktionär' – einzustufen ist, ist eine Frage des politischen Meinungskampfes und der gesellschaftswissenschaftlichen Auseinandersetzung. (…) Die Verbreitung rechtsextremistischen oder nationalsozialistischen Gedankenguts ist damit kein hinreichend bestimmtes Rechtskriterium (…)," (BVerfG, Beschl. v. 8.10.2010 – 1 BvR 1106/08). 524

Siehe auch: → *Beamte, Allgemeines*, Teil H Rdn 462 m.w.N.

Beamte, Statusverlust durch Gesetz 525

Literaturhinweise: S. die Hinw. bei → *Beamte, Allgemeines*, Teil H Rdn 462. 526

1. Der **Verlust** der **Beamtenstellung** tritt im Fall einer Verurteilung zu **einem Jahr Freiheitsstrafe** bzw. im Fall der Verurteilung wegen einer Volksverhetzung bereits von sechs Monaten automatisch mit Rechtskraft des Urteils ein. 527

☝ Fehler im strafrechtlichen Verfahren können im Disziplinarverfahren zumeist nicht ausgeglichen werden. War der Bevollmächtigte nicht bereits als Verteidiger im vorgeschalteten Strafverfahren tätig, ist es aus Haftungsgründen unerlässlich, dass der Sachverhalt auf solche Fehler zu prüfen und der Mandant dazu zu informieren ist. Anderenfalls **droht** eine **eigene Haftung**.

2.a) Aktive Beamte verlieren nach § 24 BeamtStG ihren Status, wenn sie wegen einer **vorsätzlichen Tat** rechtskräftig zu mindestens **einem Jahr Freiheitsstrafe** verurteilt werden. Auf eine mögliche Strafaussetzung zur Bewährung kommt es hierbei nicht an. Sollte eine vorsätzliche Tat i.S. eines **Friedensverrates**, **Hochverrates** und **Gefährdung** des demokratischen Rechtsstaates, **Landesverrates** und **Gefährdung der äußeren Sicherheit** oder einer Volksverhetzung vorliegen, genügt für den Verlust des Status als Beamter eine Freiheitsstrafe von mindestens sechs Monaten oder die in Rechtskraft erwachsene Feststellung, dass der Beamte nach Art. 18 GG die Grundrechte verwirkt hat. 528

b) Bei **Beamten im Ruhestand** erlischt nach § 59 BeamtVG und den entsprechenden länderspezifischen Regelungen die Rechtsstellung, wenn diese zu **mindestens zwei Jahren** wegen einer vorsätzlichen Tat rechtskräftig verurteilt wurde. In dem Fall der Verurteilung für eine vorsätzliche Tat nach den Vorschriften des Friedensverrates, Hochverrates, Gefährdung des demokratischen Rechtsstaates oder Landesverrates oder einer Volksverhetzung sowie der Gefährdung der äußeren Sicherheit kommt es hingegen bereits zu einem Statusverlust, wenn der Beamte zu mindestens sechs Monaten verurteilt wird bzw. rechtskräftig die Grundrechte verwirkt. 529

Die Zwei-Jahres-Frist gilt nur, wenn die **Straftat** im **Ruhestand** begangen wurde. Sollte er der Beamte diese vorher begangen haben und sich zum Zeitpunkt der Aburteilung bereits im Ruhestand befinden, gilt die Ein-Jahres-Regel (= es kommt also auf den **Status** zum **Tatzeitpunkt** an). Dies setzt eine Verurteilung in einem ordentlichen Strafverfahren eines deutschen Gerichtes im Geltungsbereich des Gesetzes voraus. Aus dem Urteil muss sich ergeben, dass gerade wegen der besonderen Delikte sechs Monate verhängt bzw. wegen der vorsätzlichen Tat ein Jahr und mehr. Vorsatztaten sind auch erfolgsqualifizierte Delikte. 530

☝ Diese Grenzen erfordern, dass der Verteidiger im Strafverfahren die Strafzumessung so beeinflussen muss bzw. das versuchen sollte, dass das Gericht unter den o.a. Schwellen bleibt.

Wenn für den Verteidiger eines Beamten im Rahmen des Strafverfahrens ersichtlich ist, dass bei Vorliegen mehrerer Taten eine Gesamtstrafe gebildet wird, sollte geprüft werden, ob nicht eine Lösung nach **§ 53 Abs. 2 S. 2 StGB** gangbar ist mit der Folge, dass die Bildung einer Gesamtstrafe unterbleibt zugunsten einer zeitigen Freiheitsstrafe unter einem Jahr bzw. unter sechs Monaten und daneben eine Geldstrafe verhängt wird.

531 **3.** Solange die o.a. **Grenzen in einem Urteil nicht überschritten** werden, kann der Beamtenstatus nur in einem Disziplinarverfahren entzogen werden. In der Regel ruht dieses bis zum rechtskräftigen Abschluss des Strafverfahrens und folgt diesem dann unmittelbar nach. Vgl. § 22 Abs. 2 BDG. → *Beamte, Disziplinarverfahren, formelle Fragen*, Teil H Rdn 475; → *Beamte, Disziplinarverfahren, materielle Fragen*, Teil H Rdn 504).

☝ Sollte sich diese Grenze nicht einhalten lassen, wäre, falls möglich, an eine Entscheidung des Strafgerichts im **Strafbefehlsverfahren** zu denken. Es handelt sich bei einem Strafbefehlsverfahren nicht um ein „ordentliches" Verfahren (s.o.), so dass der Status- bzw. Rechtsverlust nicht automatisch eintritt.

Wenn die o.a. Schwellen nicht unterschritten werden, sollte zumindest, soweit möglich (= 1 Jahr Freiheitsstrafe zur Bewährung) eine Verurteilung im Strafbefehlsverfahren **angeregt** werden.

532 **4.** Der **Rechtsverlust** tritt kraft Gesetzes ein. Das Strafgericht muss dies als Strafzumessungserwägung in seine Urteilsfindung mit einbeziehen.

533 **5. Merkliste** der im Fall eines drohenden Statusverlustes zu beachtenden Punkte:

- **Bewährung:** der Verlust der Beamtenrechte – und die damit verbundene endgültige Beendigung des Beamtenverhältnisses tritt unabhängig davon ein, ob die verhängte Strafe vom Gericht zur Bewährung ausgesetzt wurde.
- **Ausländisches Urteil:** die Verurteilung durch ein ausländisches Gericht löst die Rechtsfolge nicht aus.
- **Strafbefehl:** die Rechtsfolge des Statusverlustes knüpft an eine Verurteilung an. D.h., eine durch einen Strafbefehl ausgesprochene Strafe führt nicht zur Beendigung des Beamtenverhältnisses (BVerwG, Urt. v. 29.12.1969 = BVerwGE 34, 353).
- **Amtsbezeichnung/Titel:** die Weiterführung der Amtsbezeichnung und evtl. im Zusammenhang mit dem Beamtenverhältnis verliehener Titel ist unzulässig, siehe auch § 132a StGB.
- **Verlustfeststellung:** der Verlust der Beamtenrechte beendet das Beamtenverhältnis. Diese Rechtsfolge muss vom Dienstherrn jedoch noch durch einen eigenen Verwaltungsakt (§ 35 VwVfG) festgestellt werden.
- **Versorgungsverlust:** im Fall einer Beendigung des Beamtenverhältnisses besteht kein Anspruch auf Leistungen des Dienstherrn mehr, d.h. es enden sämtliche Ansprüche auf Besoldung, Versorgung und sonstige Leistungen.
- **Nachversicherung:** die Nachversicherung in der gesetzlichen Rentenversicherung findet für die Zeit des Beamtenverhältnisses auf Kosten des Dienstherrn statt (§ 8 SGB VI).

534 Für die **Fortzahlung der Bezüge** gilt:

- in den **bis zum 1.4.2024** eingeleiteten Verfahren werden die Bezüge an den Beamten fortgezahlt. Selbst wenn das Verfahren am Ende verloren geht, müssen die Bezüge in der Regel nicht zurückgezahlt werden.
- In den **nach dem 1.4.2024** eingeleiteten Verfahren ist es nunmehr jedoch so, dass zur Fortzahlung der Bezüge eigens ein Antrag gestellt werden muss. So muss im (Eil-)Verfahren auf Herstellung der auf-

schiebenden Wirkung gegen eine Entlassungsverfügung vorgegangen werden. Sollte man im Eilverfahren Erfolg haben, im anschließenden Hauptsacheverfahren jedoch unterliegen, droht die Rückforderung der gezahlten Bezüge. Für den Bevollmächtigten besteht diesbezüglich eine Belehrungspflicht, die im Hinblick auf das Haftungspotential dokumentiert werden sollte!

Der Dienstherr kann, muss aber nicht, durch Verwaltungsakt die **Beendigung** des **Dienstverhältnisses** feststellen. Hiergegen ist der normale beamtenrechtliche Rechtsweg offen. Ein nachträglicher Straferlass oder eine Strafaussetzung haben keinen Einfluss auf den Statusverlust; eine Begnadigung nach § 81 BDG (je nach Land; s. für NRW z.B. § 78 LDG) und eine erfolgreiches Wiederaufnahmeverfahren nach § 42 BBG schon (dann keine Unterbrechung). Weitere Rechtsfolgen des Statusverlustes sind das Erlöschen der Ansprüche auf Dienstbezüge bzw. der Versorgung (= Nachversicherung bei der Rentenversicherung gem. § 8 SGB VI) und Verlust der Führung der Amtsbezeichnung. 535

Rehabilitierung: eine Regelung dazu, wie im Nachgang von unberechtigten Disziplinarvorwürfen zu verfahren ist, fehlt in den disziplinarrechtlichen Vorschriften weiterhin. Insbesondere fehlen Vorgaben dazu, wie fälschlich beschuldigte Beamte im Nachgang zu rehabilitieren sind. Für erlittene Nachteile können die Vorschriften des StrEG nicht analog angewendet werden. 536

Siehe auch: → *Beamte, Allgemeines*, Teil H Rdn 462 m.w.N.

Fahrerlaubnisrecht, Allgemeines 537

Literaturhinweise: S. die Hinweise bei den u.a. weiterführenden Stichwörtern und a. bei → *Fahreignungsregister, Allgemeines*, Teil H Rdn 663. 538

1. Viele strafrechtliche Verfahren mit oder ohne Bezug zum Straßenverkehr ziehen **verwaltungsrechtliche Konsequenzen** nach sich. Insbesondere der **Verlust** einer **Fahrerlaubnis** ist eine einschneidende Veränderung im Leben der betroffenen Mandanten. Nicht selten führt diese Konsequenz zum Verlust eines Arbeitsplatzes bis hin zu damit in Verbindung stehenden persönlichen und familiären Konsequenzen. 539

Dennoch lässt sich häufig feststellen, dass trotz dieser **erheblichen Bedeutung** für die Mandanten, diese häufig in der Folge nur „nebenher" bzw. sehr unzureichend aufgrund mangelnder Fachkenntnisse vertreten werden. Dies ist heute aufgrund der erforderlichen umfangreichen Fachkenntnisse nicht mehr akzeptabel und führt zumeist zu einem negativen Ergebnis für die Mandanten. In einer Vielzahl von Verfahren, die später bei den Fahrerlaubnisbehörden durchgeführt werden, ist zudem festzustellen, dass die Mandanten aufgrund fehlender frühzeitiger Informationen durch die Verfahrensbevollmächtigten keine Fahrerlaubnis neu erwerben können, da die Voraussetzung zum **Zeitpunkt** der **beabsichtigten Antrags**tellung nicht erfüllt werden können. 540

Häufig wäre eine Erteilung einer Fahrerlaubnis oder auch die Aufhebung einer Untersagung zum Führen von Fahrzeugen früher möglich gewesen, wenn die Mandanten entsprechend vorbereitet gewesen wären. **Rechtzeitig ergriffene Maßnahmen** können sich **auch** im **Strafverfahren positiv** auswirken wie z.B. bei Wiederholungstätern die Strafaussetzung zur Bewährung oder auch in Form einer Sperrfristverkürzung nach Einspruchseinlegung gegen einen Strafbefehl. 541

2. Die folgenden Ausführungen, insbesondere auch die zu den „Einzelfällen" sollen dem Verteidiger **helfen**, 542

- schon zum Zeitpunkt des Beginns eines Strafverfahrens zu entscheiden, ob eine taktische Vorgehensweise sinnvoll ist oder
- vor allem spätestens nach Abschluss des Verfahrens eine **angemessene Beratung** in Hinblick auf eine **Neuerteilung** der **Fahrerlaubnis** und/oder anstehende Eignungsüberprüfung durchführen zu können.

☝ Eine **hohe Sachkompetenz** des Verteidigers in diesem Bereich ist u.a. die beste Voraussetzung für den Aufbau einer vertrauensvollen langjährigen Mandatsbeziehung über alle Rechtsgebiete. An eine Vertretung im Straf- oder OWI-verfahren kann sich somit nahtlos ein neues Mandat für ein nachfolgendes Verwaltungsverfahren anschließen.

Eine fehlerhafte oder lückenhafte Beratung kann in Extremfällen sogar eine **Haftungsfalle** für einen Anwalt darstellen!

Siehe auch: → *Fahreignungsregister, Allgemeines*, Teil H Rdn 663; → *Fahrerlaubnisrecht, Einzelfälle, Allgemeines,* Teil H Rdn 539 m.w.N.; → *Fahrerlaubnisrecht, Gutachten, Anordnungsanforderungen*, Teil H Rdn 582; → *Fahrerlaubnisrecht, Interventions-/Beratungsmöglichkeiten,* Teil H Rdn 599; → *Fahrerlaubnisrecht, Verwaltungsrechtliche Maßnahmen, Allgemeines*, Teil H Rdn 615; → *Fahrerlaubnisrecht, Verwaltungsrechtliche Maßnahmen, Eignungsherstellung*, Teil H Rdn 626; → *Fahrerlaubnisrecht, Verwaltungsrechtliche Maßnahmen, Verfahrenstaktik*, Teil H Rdn 634; → *Fahrerlaubnisrecht, Verwertungsregelungen, Allgemeines*, Teil H Rdn 661; → *Fahrerlaubnisrecht, Verwertungsregelungen, altes Recht bis zum 30.4.2014*, Teil H Rdn 680; → *Fahrerlaubnisrecht, Verwertungsregelungen, FAER*, Teil H Rdn 698; → *Fahrerlaubnisrecht, Verwertungsregelungen, Überführung des Punktesystems in das FABS*, Teil H Rdn 709.

543 Fahrerlaubnisrecht, Einzelfälle, Allgemeines

544 **1.** Im Hinblick auf die Bedeutung, die die Fahrerlaubnis i.d.R. für den Mandanten hat, muss sich der Verteidiger/Rechtsanwalt rechtzeitig und umfassend mit den Fragen nach den verwaltungsrechtlichen Folgen für den Erhalt bzw. die Neuerteilung der Fahrerlaubnis befassen. Daher sind für die in der Praxis wichtigsten Fälle in den nachfolgenden Stichwörtern „Einzelfälle" jeweils

- **Verfahrensgang**
- **Anwaltliche Maßnahmen**
- **Rechtsmittel**

überblickartig zusammengestellt. Die Schaubilder werden durch **Kurzanmerkungen ergänzt**.

545 **2.** Die nachfolgenden Stichwörter geben einen Überblick zu **folgenden Einzelfällen**:

- → *Fahrerlaubnisrecht, Einzelfälle, Besitz von Drogen*, Teil H Rdn 546,
- → *Fahrerlaubnisrecht, Einzelfälle, Erhebliche oder wiederholte Straftaten mit Bezug zum Straßenverkehr*, Teil H Rdn 549,
- → *Fahrerlaubnisrecht, Einzelfälle, Erhebliche oder wiederholte Verstöße gegen verkehrsrechtliche Vorschriften,* Teil H Rdn 552,
- → *Fahrerlaubnisrecht, Einzelfälle, Erreichen von 8 Punkten (§ 4 Abs. 10 StVG),* Teil H Rdn 555,
- → *Fahrerlaubnisrecht, Einzelfälle, Fahrt unter Alkohol ≥ 1,6 ‰ (§ 13 Nr. 2c FeV),* Teil H Rdn 558,
- → *Fahrerlaubnisrecht, Einzelfälle, Fahrt unter Alkohol unter 1,1 ‰ (§ 24a StVG),* Teil H Rdn 561,
- → *Fahrerlaubnisrecht, Einzelfälle, Fahrt unter Alkohol zwischen 1,1 und 1,59 ‰ (§ 13 Nr. 2a 2. Alt. FeV),* Teil H Rdn 564,
- → *Fahrerlaubnisrecht, Einzelfälle, Fahrt unter anderen berauschenden Mitteln,* Teil H Rdn 567,
- → *Fahrerlaubnisrecht, Einzelfälle, Fahrt unter Cannabis,* Teil H Rdn 570,
- → *Fahrerlaubnisrecht, Einzelfälle, Fahrt unter Drogen*, Teil H Rdn 573,
- → *Fahrerlaubnisrecht, Einzelfälle, Konsum von Betäubungsmitten nach dem BtMG (außer Cannabis),* Teil H Rdn 576,
- → *Fahrerlaubnisrecht, Einzelfälle, Straftaten mit Hinweisen auf ein erhöhtes Aggressionspotenzial,* Teil H Rdn 760.

Siehe auch: → *Fahrerlaubnisrecht, Allgemeines*, Teil H Rdn 537 m.w.N.

546
Fahrerlaubnisrecht, Einzelfälle, Besitz von Drogen nach dem BtMG (außer Cannabis)

547

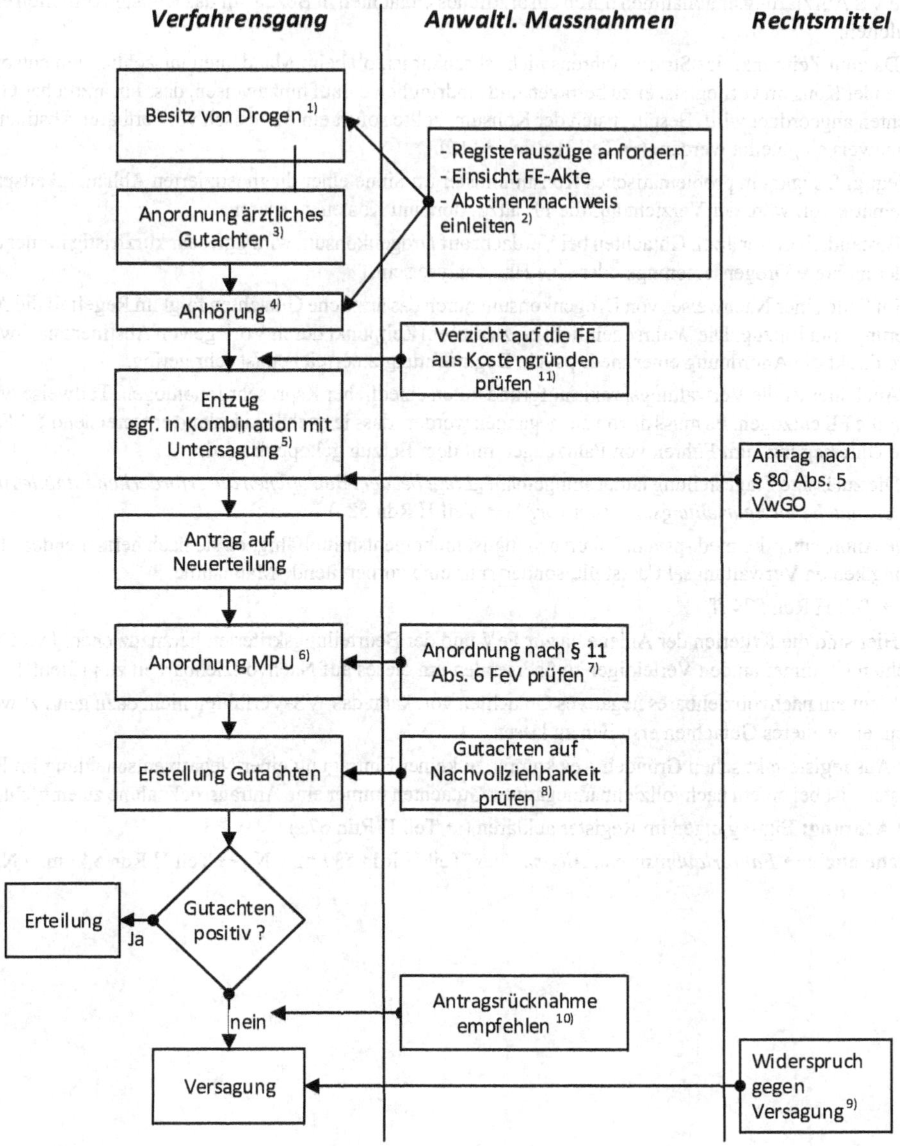

548 **Erläuterungen:**

[1] Nach h.M. in der Rspr. weist der Besitz von Drogen (außer Cannabis – hier ist der Besitz seit der Legalisierung zulässig) –) im Regelfall auf den Konsum von Drogen hin. Daher sind in diesem Fall durch die VB Aufklärungsmaßnahmen durch ein ärztliches Gutachten in Bezug auf das Konsumverhalten einzuleiten.

[2] Da zum Zeitpunkt des Strafverfahrens nicht absehbar ist, ob beim Mandanten tatsächlich ein entsprechender Konsum vorliegt, ist er zu befragen und eindringlich darauf hinzuweisen, dass ein ärztliches Gutachten angeordnet wird. Bestätigt sich der Konsum, sollte sofort ein forensisch verwertbarer Abstinenznachweis eingeleitet werden. (→ Teil H Rdn 630 ff.).

Liegt ggf. sogar ein problematisches Konsummuster im Sinne einer diagnostizierten Abhängigkeitsproblematik vor, wäre der Verzicht auf die FE anzuraten, um Kosten zu sparen.

[3] Bestandteil dieser ärztl. Gutachten bei Verdacht auf Drogenkonsum wird ggf. sehr kurzfristig immer ein oder mehrere Drogenscreenings oder eine Haaranalyse sein.

[4] Im Falle eines Nachweises von Drogenkonsum durch das ärztliche Gutachten folgt im Regelfall die Anhörung zum Entzug. Die Wahrscheinlichkeit zu diesem Zeitpunkt durch Vorlage von Abstinenznachweisen direkt die Anordnung einer med.-psych. Begutachtung zu erreichen ist sehr gering.

[5] Auch hier ist die Verwaltungspraxis aufgrund unterschiedlicher Rspr. sehr inhomogen. Teilweise wird nur die FE entzogen. Es muss davon ausgegangen werden, dass je nach Bundesland entsprechend § 3 FeV die Untersagung zum Führen von Fahrzeugen mit dem Entzug gekoppelt wird.

[6] Die zulässige Fragestellung lautet sinngemäß: „*Liegt bei dem Betroffenen die erforderliche stabile Abstinenz nach den Beurteilungskriterien vor?*" (→ Teil H Rdn 586).

Die Anordnung der med.-psych. Untersuchung ist nicht rechtsmittelfähig, da sie nach herrschender Meinung keinen Verwaltungsakt darstellt, sondern nur eine vorbereitende Maßnahme.

[7] → Teil H Rdn 584 ff.

[8] Hier sind die Kriterien der Anlage 4a zur FeV und der Beurteilungskriterien heranzuziehen. Das Gutachten ist immer an den Verteidiger zu übersenden um dieses auf Nachvollziehbarkeit zu prüfen!!!

[9] Liegt ein nachvollziehbares negatives Gutachten vor, kann das WS-Verfahren nicht dazu genutzt werden, ein weiteres Gutachten erstellen zu lassen.

[10] Aus registertaktischen Gründen – es kommt zu keiner Eintragung einer Negativentscheidung im Register – ist bei einem nachvollziehbar negativen Gutachten immer eine Antragsrücknahme zu empfehlen.

[11] **Achtung:** Eintragungen im Register abklären (→ Teil H Rdn 673).

Siehe auch: → *Fahrerlaubnisrecht, Allgemeines*, Teil H Rdn 537 m.w.N.; → Teil H Rdn 543 m.w.N.

Fahrerlaubnisrecht, Einzelfälle, Erhebliche oder wiederholte Straftaten mit Bezug zum Straßenverkehr 549

550

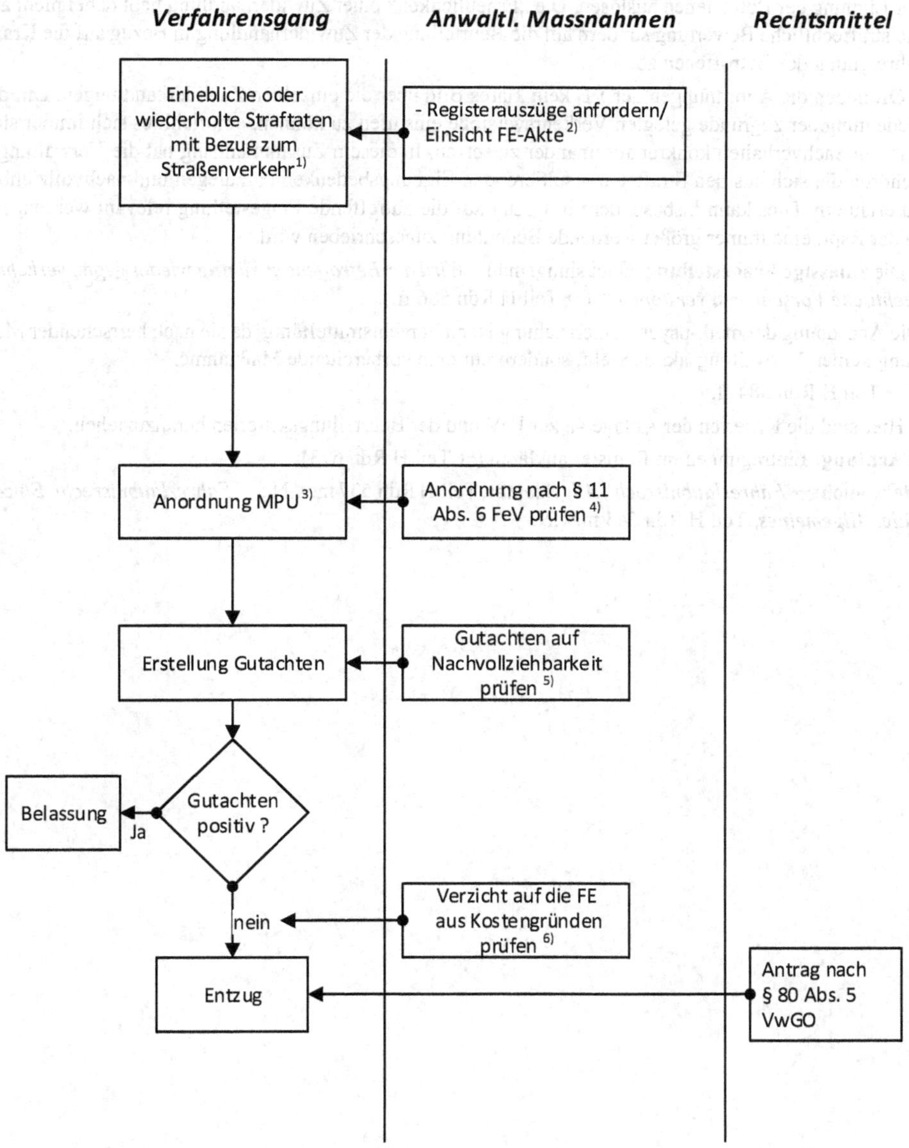

551 **Erläuterungen:**

1) Hier handelt es sich um einen Regeltatbestand zur Überprüfung der Eignung nach § 11 Abs. 3 Nr. 6 und 7 FeV. Dabei hat die VB darzulegen, inwieweit die Zuwiderhandlungen im Straßenverkehr Bedenken an der Eignung der Betroffenen auslösen. Die „Erheblichkeit" einer Zuwiderhandlung hebt dabei nicht auf die strafrechtliche Bewertung sondern auf die Beurteilung der Zuwiderhandlung in Bezug auf die Kraftfahreignung des Betroffenen ab.

2) Oft geben die Anordnungen der VB kein klares Bild über die einzelnen Zuwiderhandlungen. Um die Bedeutung der zugrunde gelegten Verkehrsverstöße einstufen zu können, empfiehlt es sich immer sich mit den Sachverhalten konkret auseinander zu setzen. In diesem Zusammenhang hat die Verwaltungsbehörde die sich aus den Straftaten resultierenden Eignungsbedenken darzulegen und nachvollziehbar zu erläutern. Dies kann insbesondere in Bezug auf die zutreffende Fragestellung relevant werden, der in der Rspr. eine immer größer werdende Bedeutung zugeschrieben wird.

3) Die **zulässige Fragestellung** lautet sinngemäß: „*Wird der Betroffene zukünftig wieder gegen verkehrsrechtliche Vorschriften verstoßen*?" (→ Teil H Rdn 586 ff.).

Die Anordnung der med.-psych. Untersuchung ist nicht rechtsmittelfähig, da sie nach herrschender Meinung keinen Verwaltungsakt darstellt, sondern nur eine vorbereitende Maßnahme.

4) → Teil H Rdn 584 ff.

5) Hier sind die Kriterien der Anlage 4a zur FeV und der Beurteilungskriterien heranzuziehen.

6) **Achtung:** Eintragungen im Register abklären (→ Teil H Rdn 673).

Siehe auch: → *Fahrerlaubnisrecht, Allgemeines*, Teil H Rdn 537 m.w.N.; → *Fahrerlaubnisrecht, Einzelfälle, Allgemeines,* Teil H Rdn 543 m.w.N.

Fahrerlaubnisrecht, Einzelfälle, Erhebliche oder wiederholte Verstöße gegen verkehrsrechtliche Vorschriften 552

553

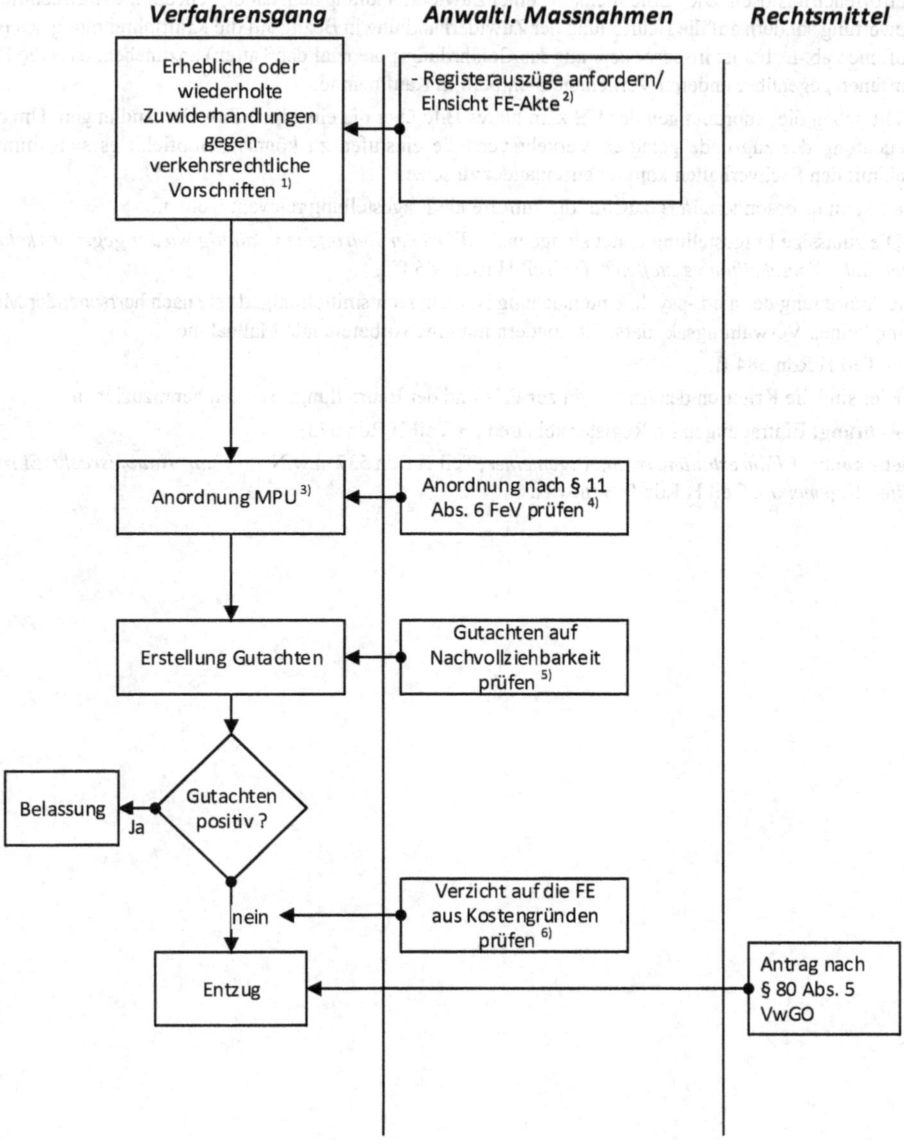

554 **Erläuterungen:**

1) Hier handelt es sich um einen **Regeltatbestand** zur Überprüfung der Eignung nach § 11 Abs. 3 Nr. 4 und 5 FeV. Dabei hat die VB darzulegen, inwieweit die Zuwiderhandlungen Bedenken an der Eignung der Betroffenen auslösen. Die „Erheblichkeit" einer Zuwiderhandlung hebt dabei nicht auf die strafrechtliche Bewertung sondern auf die Beurteilung der Zuwiderhandlung in Bezug auf die Kraftfahreignung des Betroffenen ab. Dabei ist insbesondere auf das Gefährdungspotenzial der Tat(en) abzuheben, dass die Betroffenen gegenüber anderen Verkehrsteilnehmern in Kauf nehmen.

2) Oft geben die Anordnungen der VB kein klares Bild über die einzelnen Zuwiderhandlungen. Um die Bedeutung der zugrunde gelegten Verkehrsverstöße einstufen zu können, empfiehlt es sich immer, sich mit den Sachverhalten konkret auseinander zu setzen.

Dies kann insbesondere in Bezug auf die zutreffende Fragestellung relevant werden.

3) Die zulässige Fragestellung lautet sinngemäß: „*Wird der Betroffene zukünftig wieder gegen verkehrsrechtliche Vorschriften verstoßen*?" (→ Teil H Rdn 586 ff.).

Die Anordnung der med.-psych. Untersuchung ist nicht rechtsmittelfähig, da sie nach herrschender Meinung keinen Verwaltungsakt darstellt, sondern nur eine vorbereitende Maßnahme.

4) → Teil H Rdn 584 ff.

5) Hier sind die Kriterien der Anlage 4a zur FeV und der Beurteilungskriterien heranzuziehen.

6) **Achtung:** Eintragungen im Register abklären (→ Teil H Rdn 673).

Siehe auch: → *Fahrerlaubnisrecht, Allgemeines*, Teil H Rdn 537 m.w.N.; → *Fahrerlaubnisrecht, Einzelfälle, Allgemeines,* Teil H Rdn 543 m.w.N.

Fahrerlaubnisrecht, Einzelfälle, Erreichen von 8 Punkten (§ 4 Abs. 10 StVG) 555

556

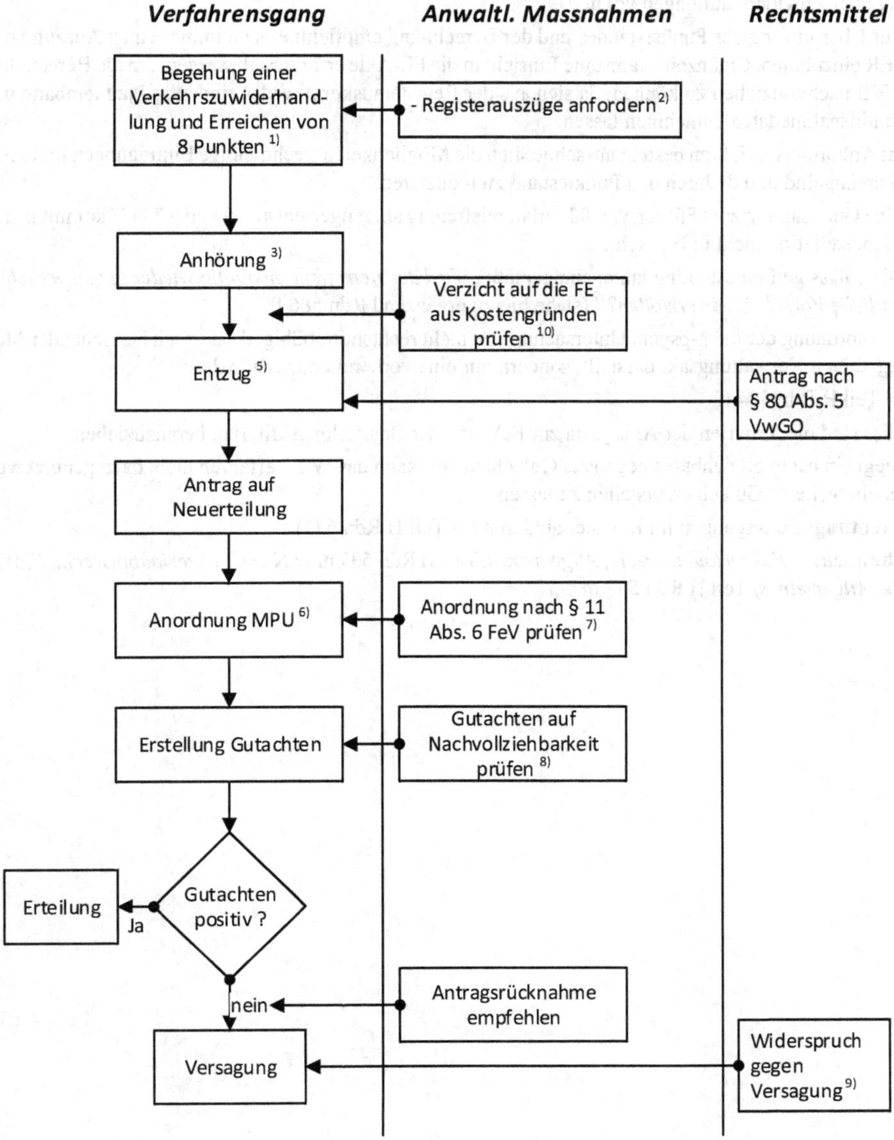

557 **Erläuterungen:**

[1)] Die VB leitet in diesen Fällen immer die Entziehung der Fahrerlaubnis ein. Entscheidend ist hier das Erreichen des Punktestandes zwar über das Tattagsprinzip, setzt jedoch immer eine rechtskräftige Eintragung aller Zuwiderhandlungen voraus.

[2)] Zur Überprüfung des Punktestandes und der Berechnung empfiehlt es sich immer einen Auszug beim FAER einzuholen. Ergänzend kann eine Einsicht in die FE-Akte erforderlich werden, um die Berechnung der VB nachvollziehen zu können, da sich aus der Registerauskunft weder eindeutig Punkterabatte und Kenntnisnahmedaten entnehmen lassen.

[3)] Im Anhörungsverfahren besteht ausschließlich die Möglichkeit unrechtmäßige Eintragungen im FAER zu bemängelnd und dadurch den Punktestand zu reduzieren,

[5)] Eine Untersagung zum Führen von fahrerlaubnisfreien Fahrzeugen entsprechend § 3 FeV kommt in dieser Konstellation nicht in Betracht.

[6)] Die zulässige Fragestellung lautet sinngemäß: „*Wird der Betroffene zukünftig wieder gegen verkehrsrechtliche Vorschriften verstoßen*?“ (siehe hierzu ergänzend Rdn 586 ff.),

Die Anordnung der med.-psych. Untersuchung ist nicht rechtsmittelfähig, da sie nach herrschender Meinung keinen Verwaltungsakt darstellt, sondern nur eine vorbereitende Maßnahme.

[7)] → Teil H Rdn 584 ff.

[8)] Hier sind die Kriterien der Anlage 4a zur FeV und der Beurteilungskriterien heranzuziehen.

[9)] Liegt ein nachvollziehbares negatives Gutachten vor, kann das WS-Verfahren nicht dazu genutzt werden, ein weiteres Gutachten erstellen zu lassen.

[10)] **Achtung**: Eintragungen im Register abklären (→ Teil H Rdn 673).

Siehe auch: → *Fahrerlaubnisrecht, Allgemeines*, Teil H Rdn 537 m.w.N.; → *Fahrerlaubnisrecht, Einzelfälle, Allgemeines,* Teil H Rdn 543 m.w.N.

Fahrerlaubnisrecht, Einzelfälle, Fahrt unter Alkohol ≥ 1,6 ‰ (§ 13 Nr. 2c FeV) 558

559

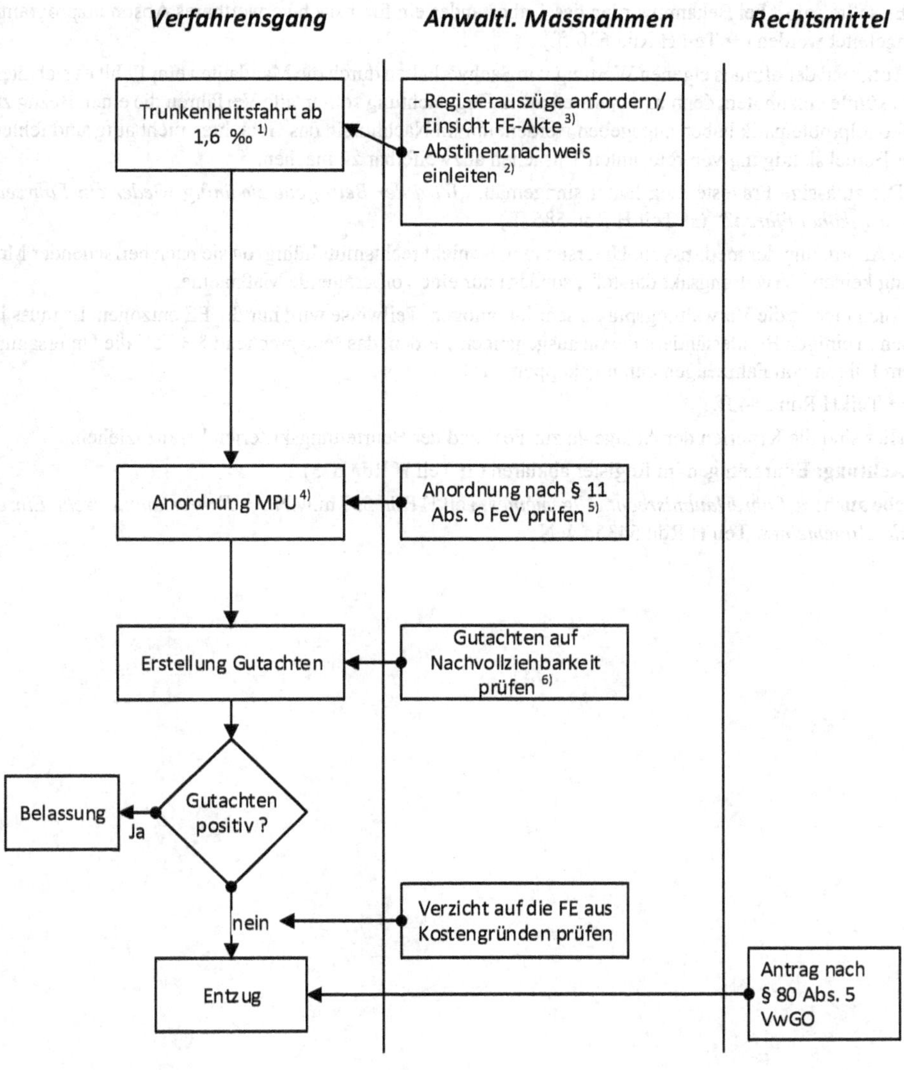

560 **Erläuterungen:**

1) Hier handelt es sich um einen Regeltatbestand zur Überprüfung der Eignung nach § 13 Nr. 2c FeV durch eine med.-psych. Begutachtung.

2) Es sollte sofort bei Bekanntwerden des Tatbestandes ein forensisch verwertbares Abstinenzprogramm eingeleitet werden (→ Teil H Rdn 630 ff.).

3) Aufgrund der oftmals eigenen Wertung von Sachverhalten durch die Mandanten empfiehlt es sich diese Auskünfte einzuholen, denn in der anstehenden Begutachtung sollten alle Verfahren die einen Bezug zur Alkoholproblematik haben angegeben werden, um im Nachhinein das Gutachten nicht aufgrund fehlender Berücksichtigung von relevanten Tatsachen anzweifelbar zu machen.

4) Die zulässige Fragestellung lautet sinngemäß: „*Wird der Betroffene zukünftig wieder ein Fahrzeug unter Alkohol führen?*" (→ Teil H Rdn 586 ff.).

Die Anordnung der med.-psych. Untersuchung ist nicht rechtsmittelfähig, da sie nach herrschender Meinung keinen Verwaltungsakt darstellt, sondern nur eine vorbereitende Maßnahme.

5) Auch hier ist die Verwaltungspraxis sehr inhomogen. Teilweise wird nur die FE entzogen. Es muss jedoch in einigen Bundesländern davon ausgegangen werden, dass entsprechend § 3 FeV die Untersagung zum Führen von Fahrzeugen daran gekoppelt wird.

5) → Teil H Rdn 584 ff.

6) Hier sind die Kriterien der Anlage 4a zur FeV und der Beurteilungskriterien heranzuziehen.

7) **Achtung:** Eintragungen im Register abklären (→ Teil H Rdn 673).

Siehe auch: → *Fahrerlaubnisrecht, Allgemeines*, Teil H Rdn 537 m.w.N.; → *Fahrerlaubnisrecht, Einzelfälle, Allgemeines,* Teil H Rdn 543 m.w.N.

Fahrerlaubnisrecht, Einzelfälle, Fahrt unter Alkohol unter 1,1 ‰ (§ 24a StVG) 561

562

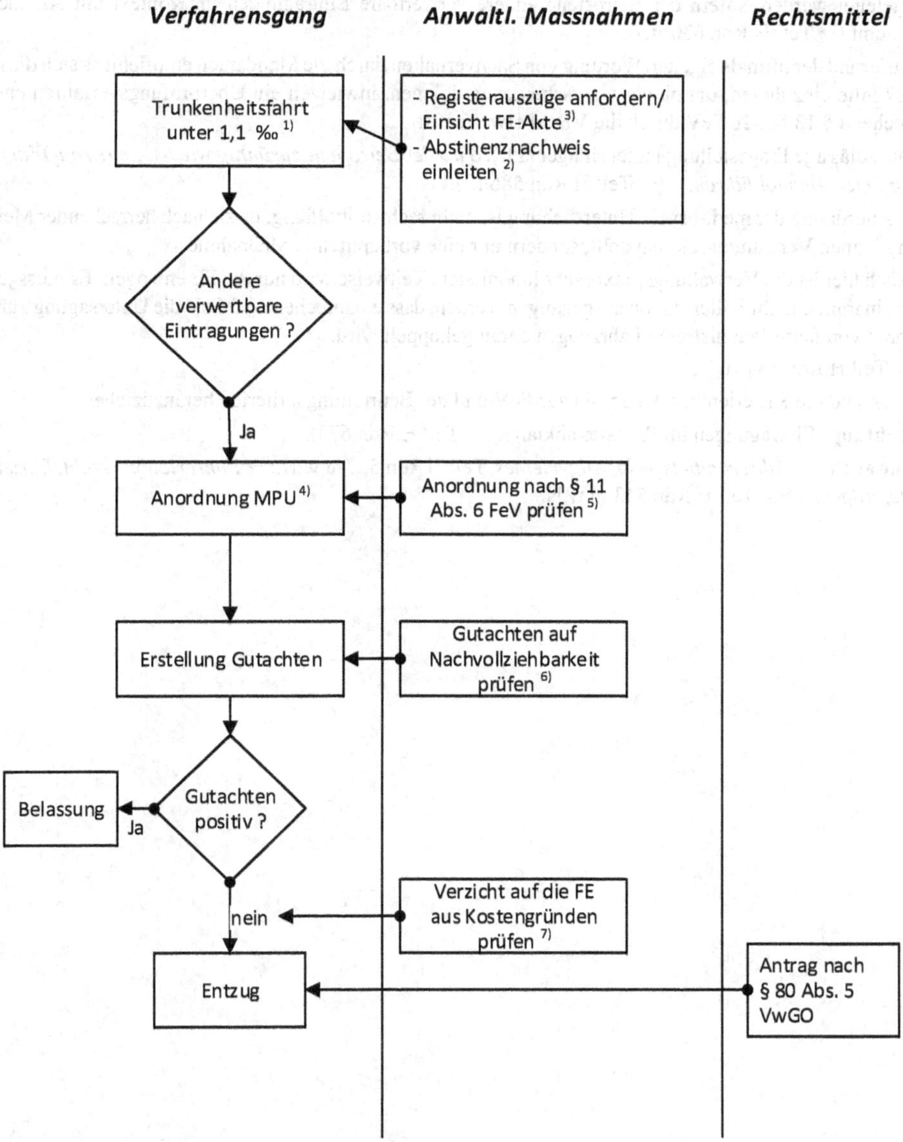

563 **Erläuterungen:**

1) Diese Fallkonstellation führt alleine nicht zur Anordnung verwaltungsrechtlicher Maßnahmen.

2) Es sollte sofort bei Bekanntwerden des Tatbestandes ein forensisch verwertbares Abstinenzprogramm eingeleitet werden, sofern der Betroffene andere verwertbare Eintragungen im Kontext mit Alkohol einräumt (→ Teil H Rdn 630 ff.)

3) Aufgrund der oftmals eigenen Wertung von Sachverhalten durch die Mandanten empfiehlt es sich diese Auskünfte einzuholen, um objektiv entscheiden zu können, inwieweit ein Überprüfungsverfahren entsprechend § 13 Nr. 2b FeV durch die VB zu erwarten ist.

4) Die zulässige Fragestellung lautet sinngemäß: *„Wird der Betroffene zukünftig wieder ein (Kraft-)Fahrzeug unter Alkohol führen?"* (→ Teil H Rdn 586 ff.).

Die Anordnung der med.-psych. Untersuchung ist nicht rechtsmittelfähig, da sie nach herrschender Meinung keinen Verwaltungsakt darstellt, sondern nur eine vorbereitende Maßnahme.

5) Auch hier ist die Verwaltungspraxis sehr inhomogen. Teilweise wird nur die FE entzogen. Es muss jedoch in immer mehr Fällen davon ausgegangen werden, dass entsprechend § 3 FeV die Untersagung zum Führen von fahrerlaubnisfreien Fahrzeugen daran gekoppelt wird.

5) → Teil H Rdn 584 ff.

6) Hier sind die Kriterien der Anlage 4a zur FeV und der Beurteilungskriterien heranzuziehen.

7) **Achtung:** Eintragungen im Register abklären (→ Teil H Rdn 673).

Siehe auch: → *Fahrerlaubnisrecht, Allgemeines*, Teil H Rdn 537 m.w.N.; → *Fahrerlaubnisrecht, Einzelfälle, Allgemeines,* Teil H Rdn 543 m.w.N.

Fahrerlaubnisrecht, Einzelfälle, Fahrt unter Alkohol zwischen 1,1 und 1,59 ‰ (§ 13 Nr. 2a 2. Alt. FeV) 564

Verfahrensgang ***Anwaltliche Maßnahmen*** ***Rechtsmittel*** 565

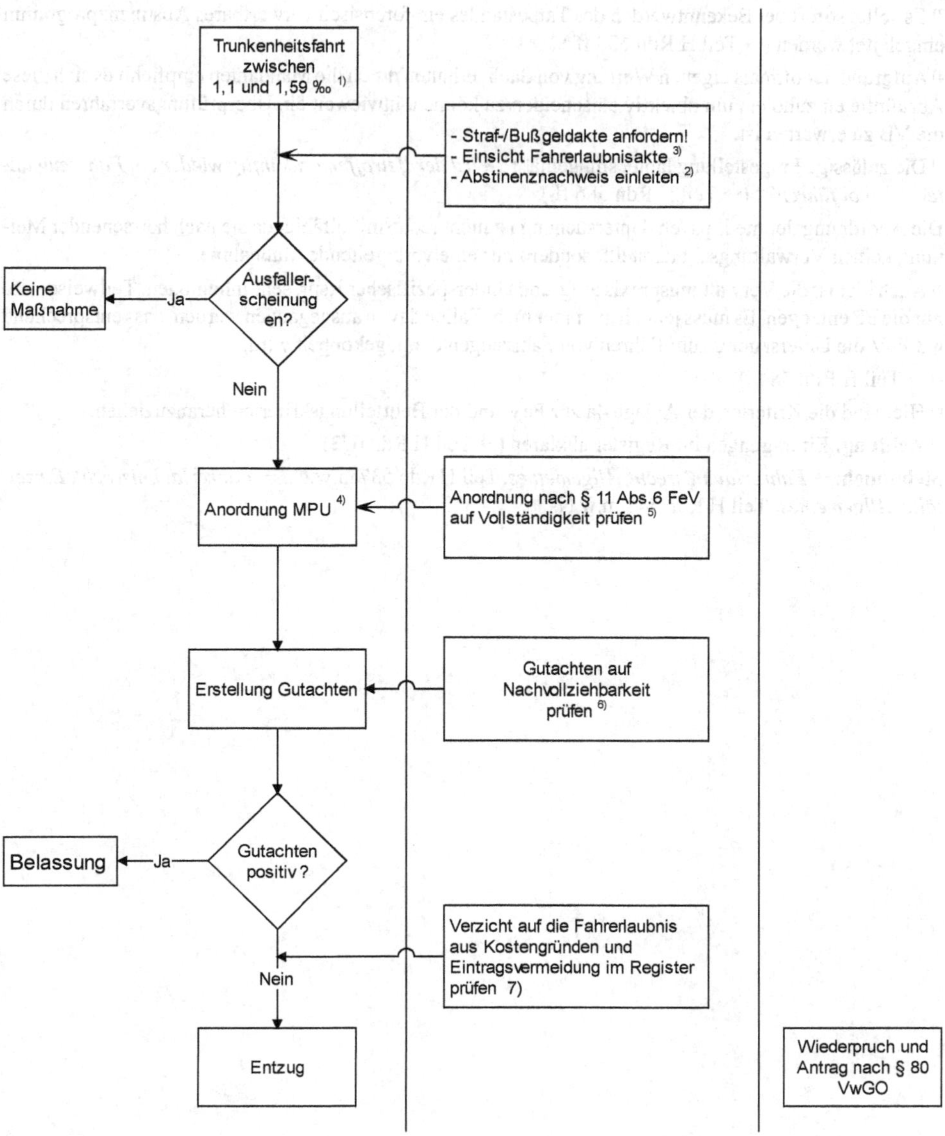

566 **Erläuterungen:**

1) Diese Fallkonstellation führt aufgrund der Rspr. des BVerwG vom 17.3.2021 – 3 C 3/20) zur Anordnung einer med.-psych. Begutachtung. Grundlage dazu ist die Auslegung des § 13 Nr. 2a 2. Alt. FeV in Hinblick auf eine überdurchschnittliche Alkoholgewöhnung und eine damit einhergehende erhöhte Wiederholungsgefahr für einen Alkoholmissbrauch

2) Es sollte sofort bei Bekanntwerden des Tatbestandes ein forensisch verwertbares Abstinenzprogramm eingeleitet werden (→ Teil H Rdn 630 ff.)

3) Aufgrund der oftmals eigenen Wertung von Sachverhalten durch die Mandanten empfiehlt es sich diese Auskünfte einzuholen, um objektiv entscheiden zu können, inwieweit ein Überprüfungsverfahren durch die VB zu erwarten ist.

4) Die zulässige Fragestellung lautet sinngemäß: „*Wird der Betroffene zukünftig wieder ein Fahrzeug unter Alkohol führen?*" (→ Teil H Rdn 586 ff.)

Die Anordnung der med.-psych. Untersuchung ist nicht rechtsmittelfähig, da sie nach herrschender Meinung keinen Verwaltungsakt darstellt, sondern nur eine vorbereitende Maßnahme.

5) Auch hier ist die Verwaltungspraxis aufgrund länderspezifischer Rspr. sehr inhomogen. Teilweise wird nur die FE entzogen. Es muss jedoch in immer mehr Fällen davon ausgegangen werden, dass entsprechend § 3 FeV die Untersagung zum Führen von Fahrzeugen daran gekoppelt wird.

5) → Teil H Rdn 584 ff.

6) Hier sind die Kriterien der Anlage 4a zur FeV und der Beurteilungskriterien heranzuziehen.

7) **Achtung:** Eintragungen im Register abklären (→ Teil H Rdn 673).

Siehe auch: → *Fahrerlaubnisrecht, Allgemeines*, Teil H Rdn 537 m.w.N.; → *Fahrerlaubnisrecht, Einzelfälle, Allgemeines,* Teil H Rdn 543 m.w.N.

Fahrerlaubnisrecht, Einzelfälle, Fahrt unter anderen berauschenden Mitteln 567

568

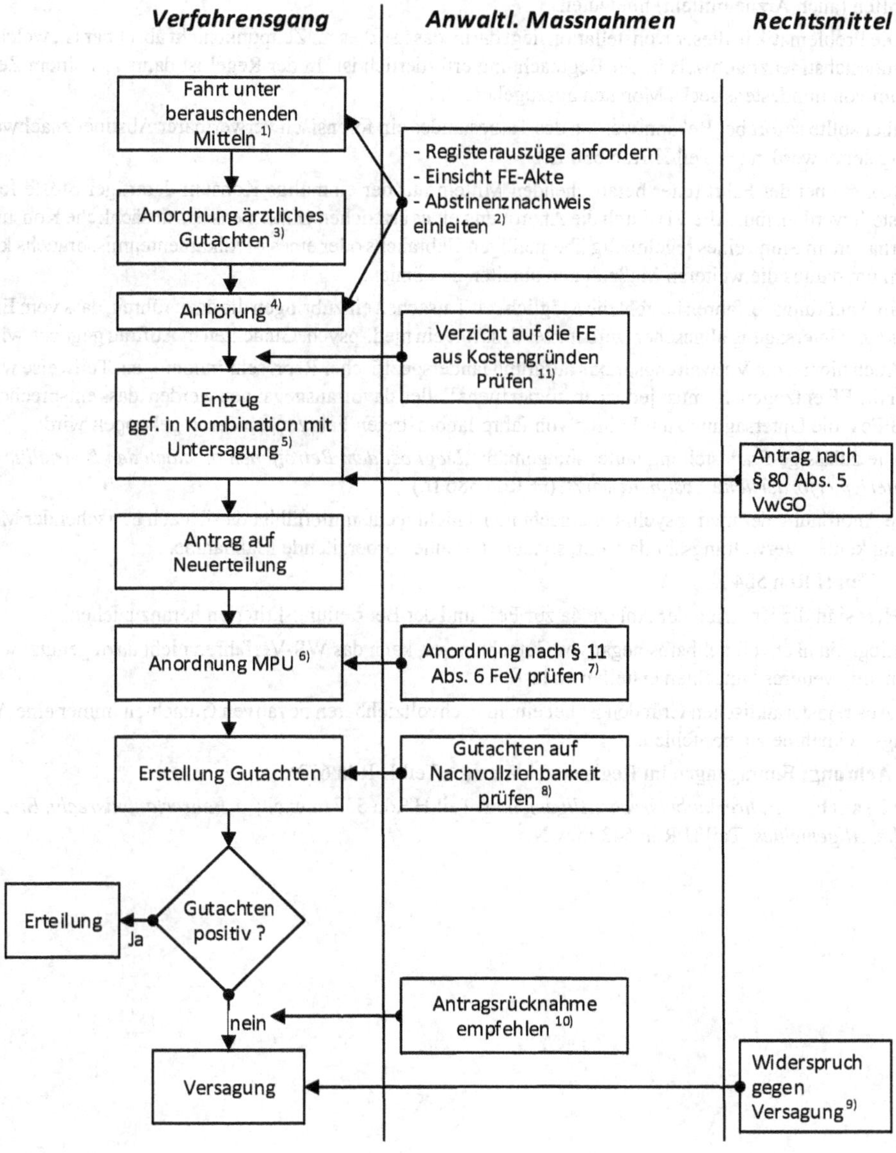

569 **Erläuterungen:**

1) Das Eingreifen der VB setzt entsprechend § 14 FeV i.V.m. Anlage 4 Nr. 9.4 zur FeV und durchgängiger Rspr. zumindest Tatsachen voraus, die auf eine missbräuchliche Einnahme von psychoaktiv wirkenden Stoffen (auch Arzneimitteln) hindeuten.

2) Die Problematik in dieser Konstellation liegt darin, dass zu diesem Zeitpunkt nicht absehbar ist, welcher Mindestabstinenz**nachweis** in der Begutachtung erforderlich ist. In der Regel ist dann von einem Zeitraum von mindestens sechs Monaten auszugehen.

Daher sollte sofort bei Bekanntwerden des Tatbestandes ein forensisch verwertbarer Abstinenznachweis eingeleitet werden (→ Teil H Rdn 630 ff.).

3) Konnte bei der Fahrt unter berauschenden Mitteln nur der einmalige Konsum derartiger Stoffe festgestellt werden, muss die VB durch die Anordnung eines ärztlichen Gutachtens das tatsächliche Konsumverhalten im Sinne eines regelmäßig übermäßigen Gebrauchs oder eines Medikamentenmissbrauchs klären, um daraus die weiteren Maßnahmen ableiten zu können.

4) Im Anhörungsverfahren besteht die Möglichkeit Tatsachen einzubringen die dazu führen, dass vom Entzug/der Untersagung abgesehen wird und evtl. sofort ein med.-psych. Gutachten in Auftrag gegeben wird.

5) Auch hier ist die Verwaltungspraxis aufgrund länderspezifischer Rspr. sehr inhomogen. Teilweise wird nur die FE entzogen. Es muss jedoch in immer mehr Fällen davon ausgegangen werden, dass entsprechend § 3 FeV die Untersagung zum Führen von fahrerlaubnisfreien Fahrzeugen daran gekoppelt wird.

6) Die zulässige Fragestellung lautet sinngemäß: *„Liegt bei dem Betroffenen die nach den Beurteilungskriterien erforderliche Abstinenz vor?“* (→ Rdn 586 ff.).

Die Anordnung der med.-psych. Untersuchung ist nicht rechtsmittelfähig, da sie nach herrschender Meinung keinen Verwaltungsakt darstellt, sondern nur eine vorbereitende Maßnahme.

7) → Teil H Rdn 584 f.

8) Hier sind die Kriterien der Anlage 4a zur FeV und der Beurteilungskriterien heranzuziehen.

9) Liegt ein nachvollziehbares negatives Gutachten vor, kann das WS-Verfahren nicht dazu genutzt werden, ein weiteres Gutachten erstellen zu lassen.

10) Aus registertaktischen Gründen ist bei einem nachvollziehbaren negativen Gutachten immer eine Antragsrücknahme zu empfehlen.

11) **Achtung:** Eintragungen im Register abklären (→ Teil H Rdn 673).

Siehe auch: → *Fahrerlaubnisrecht, Allgemeines*, Teil H Rdn 537 m.w.N.; → *Fahrerlaubnisrecht, Einzelfälle, Allgemeines,* Teil H Rdn 543 m.w.N.

Fahrerlaubnisrecht, Einzelfälle, Fahrt unter Cannabis 570

Verfahrensgang ***Anwaltliche Maßnahmen*** ***Rechtsmittel*** 571

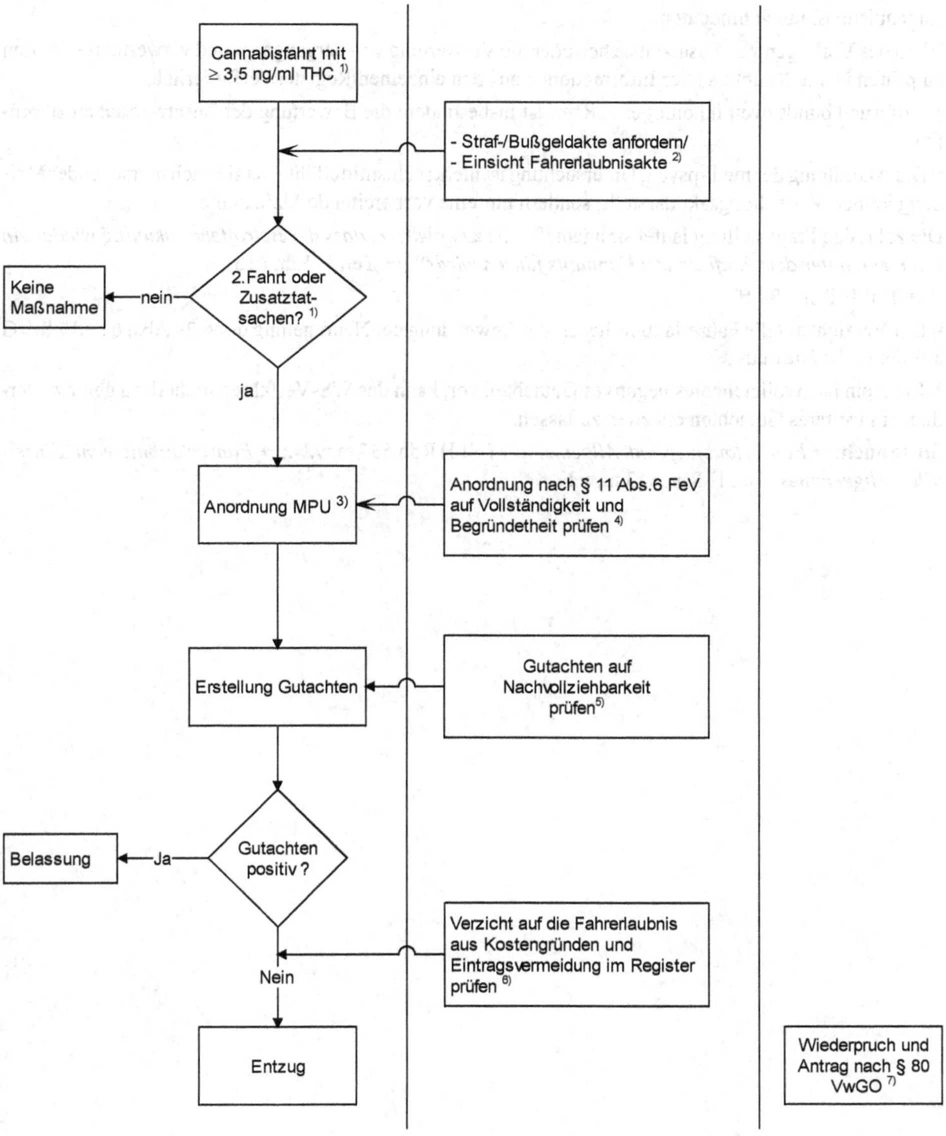

572 **Erläuterungen:**

1) Das Eingreifen der VB setzt nach der Cannabislegalisierung entsprechend § 13a FeV i.V.m. Anlage 4 zur FeV im Regelfall zwei bußgeldbewehrte Fahrten unter Cannabis voraus. Ergänzend kommt eine Überprüfung auch dann in Betracht, wenn bei einer Fahrt Zusatztatsachen vorliegen, die auf einen zukünftigen Cannabismissbrauch hindeuten.

2) Um das Vorliegen von Zusatztatsachen oder die Verwertung von vergangener und verwertbarer Fahrten zu prüfen ist die Kenntnis aller Informationen aus den einzelnen Registern erforderlich.

3) Aufgrund bundesweit inhomogener Rspr. ist insbesondere die Bewertung der Zusatztatsachen zu prüfen.

4) Die Anordnung der med.-psych. Untersuchung ist nicht rechtsmittelfähig, da sie nach herrschender Meinung keinen Verwaltungsakt darstellt, sondern nur eine vorbereitende Maßnahme.

Die zulässige Fragestellung lautet sinngemäß: *„Ist zu erwarten, dass der Betroffene zukünftig wieder ein Fahrzeug unter dem Einfluss von Cannabis führen wird?“* (→ Teil H Rdn 615).

5) → Teil H Rdn 584 ff.

6) Der Verzicht auf die Fahrerlaubnis hebelt die Anwendung der Neuregelung des § 29 Abs. 6 und 7 StVG aus dem Jahr 2021 aus.

7) Liegt ein nachvollziehbares negatives Gutachten vor, kann das WS-Verfahren nicht dazu genutzt werden, ein weiteres Gutachten erstellen zu lassen.

Siehe auch: → *Fahrerlaubnisrecht, Allgemeines*, Teil H Rdn 537 m.w.N.; → *Fahrerlaubnisrecht, Einzelfälle, Allgemeines,* Teil H Rdn 543 m.w.N.

Fahrerlaubnisrecht, Einzelfälle, Fahrt unter Betäubungsmittel nach dem BtMG 573

574

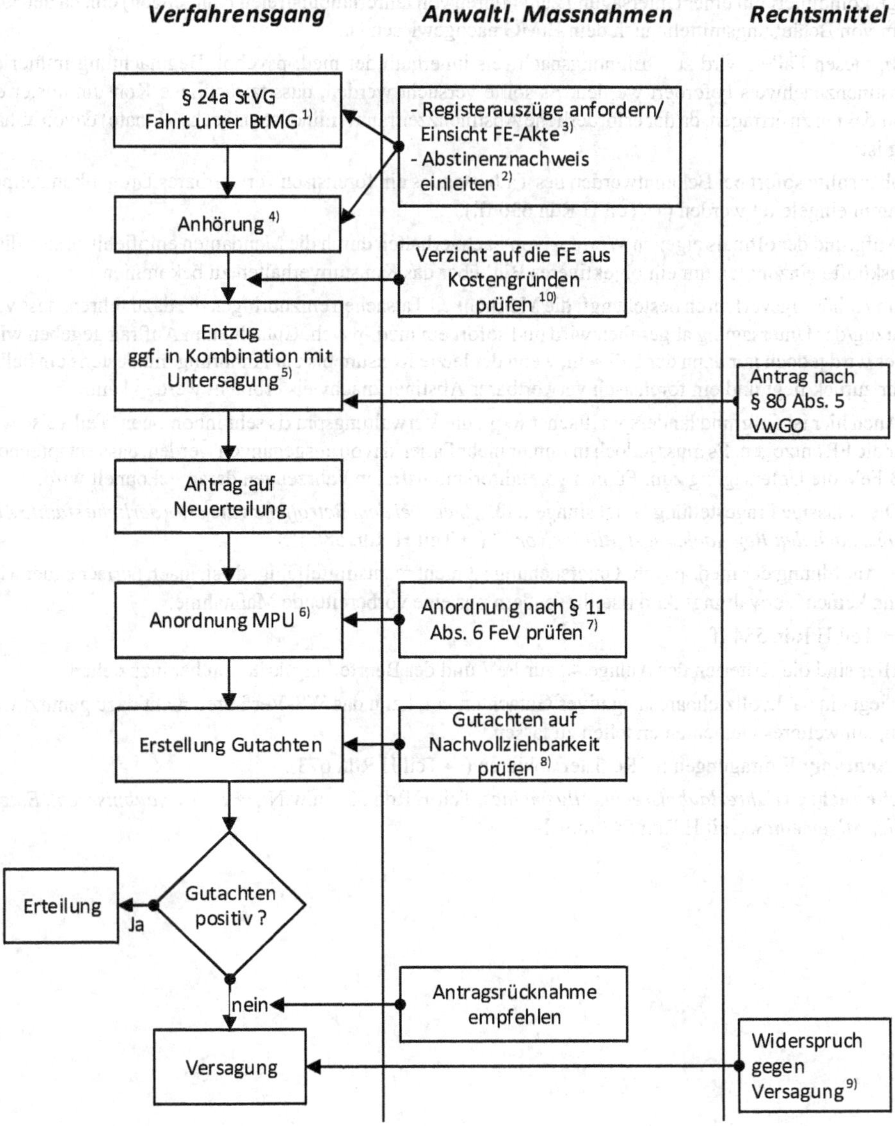

575 **Erläuterungen:**

[1] Im Gegensatz zu einer Fahrt unter Cannabis ist in dieser Konstellation der Konsum von Betäubungsmitteln nach dem Betäubungsmittelgesetz entscheidend. Die VB leitet in diesen Fällen immer einen Entzug (ggf. kombiniert mit einer Untersagung zum Führen von fahrerlaubnisfreien Fahrzeugen) ein, da der Konsum von Betäubungsmitteln nach dem BtMG nachgewiesen ist.

[2] In diesen Fällen wird zum Eignungsnachweis innerhalb der med.-psychol. Begutachtung immer ein Abstinenznachweis gefordert werden. Es sollte versucht werden, dass tatsächliche Konsummuster des Mandanten zu erfragen, da der erforderliche Abstinenzzeitraum (mindestens sechs Monate) davon abhängig ist.

Daher sollte sofort bei Bekanntwerden des Tatbestandes ein forensisch verwertbares Drogenkontrollprogramm eingeleitet werden (→ Teil H Rdn 630 ff.).

[3] Aufgrund der oftmals eigenen Wertung von Sachverhalten durch die Mandanten empfiehlt es sich diese Auskünfte einzuholen um ein objektiveres Bild über das Konsumverhalten zu bekommen.

[4] Im Anhörungsverfahren besteht ggf. die Möglichkeit Tatsachen einzubringen die dazu führen, dass vom Entzug/der Untersagung abgesehen wird und sofort ein med.-psych. Gutachten in Auftrag gegeben wird. Dies wird jedoch nur dann der Fall sein, wenn der letzte Konsum bis zur Anhörung mindestens ein halbes Jahr zurück liegt und ein forensisch verwertbarer Abstinenznachweis erbracht werden kann.

[5] Auch hier ist aufgrund länderspezifischer Rspr. die Verwaltungspraxis sehr inhomogen. Teilweise wird nur die FE entzogen. Es muss jedoch in immer mehr Fällen davon ausgegangen werden, dass entsprechend § 3 FeV die Untersagung zum Führen von fahrerlaubnisfreien Fahrzeugen daran gekoppelt wird.

[6] Die zulässige Fragestellung lautet sinngemäß: *„Liegt bei dem Betroffenen die erforderliche stabile Abstinenz nach den Begutachtungsleitlinien vor?“* (→ Teil H Rdn 586 ff.).

Die Anordnung der med.-psych. Untersuchung ist nicht rechtsmittelfähig, da sie nach herrschender Meinung keinen Verwaltungsakt darstellt, sondern nur eine vorbereitende Maßnahme.

[7] → Teil H Rdn 584 ff.

[8] Hier sind die Kriterien der Anlage 4a zur FeV und der Beurteilungskriterien heranzuziehen.

[9] Liegt ein nachvollziehbares negatives Gutachten vor, kann das WS-Verfahren nicht dazu genutzt werden, ein weiteres Gutachten erstellen zu lassen.

[10] **Achtung:** Eintragungen im Register abklären (→ Teil H Rdn 673).

Siehe auch: → *Fahrerlaubnisrecht, Allgemeines*, Teil H Rdn 537 m.w.N.; → *Fahrerlaubnisrecht, Einzelfälle, Allgemeines,* Teil H Rdn 543 m.w.N.

Fahrerlaubnisrecht, Einzelfälle, Konsum von Betäubungsmitteln nach dem BtMG (außer Cannabis) 576

577

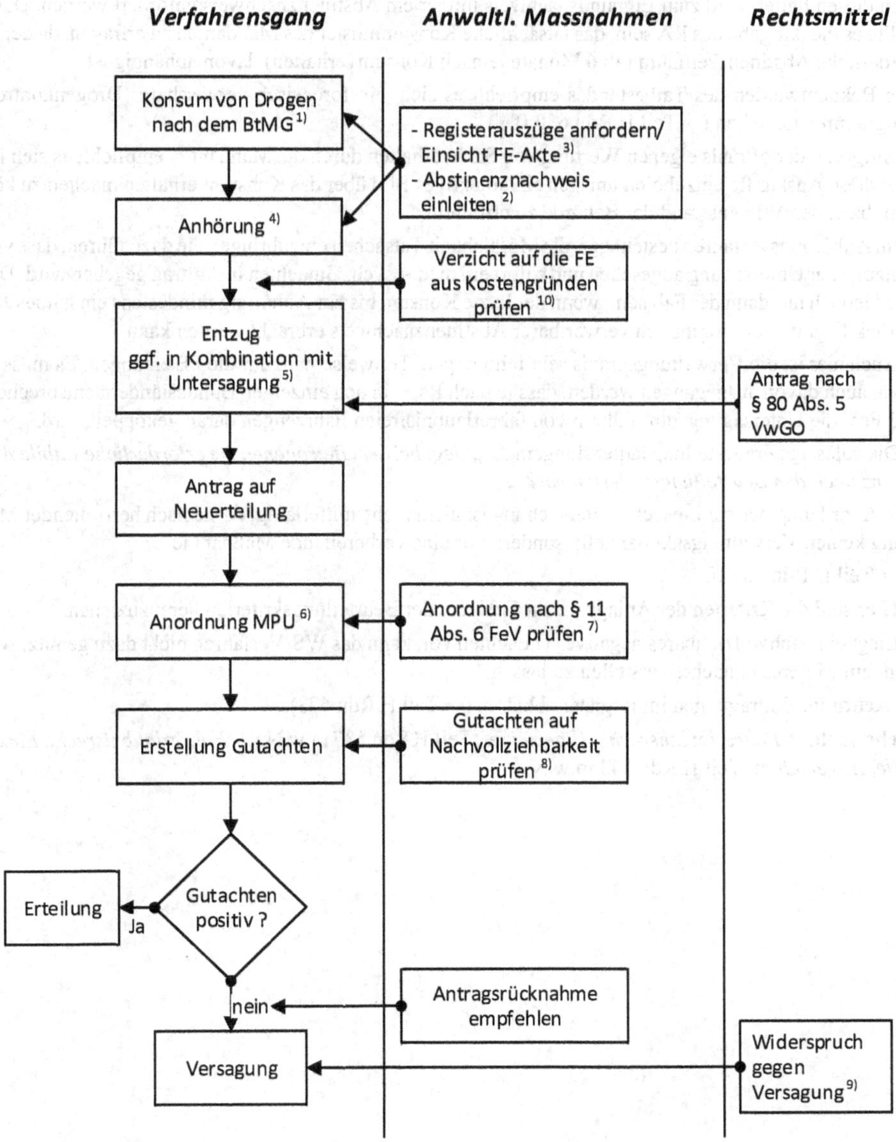

578 **Erläuterungen:**

[1] Die VB leitet in diesen Fällen immer die Entziehung der Fahrerlaubnis (ggf. kombiniert mit einer Untersagung) ein, sobald der Konsum von Betäubungsmitteln nach dem BtMG nachgewiesen ist.

[2] In diesen Fällen wird zum Eignungsnachweis immer ein Abstinenznachweis gefordert werden. Daher sollte es die Aufgabe des RA sein, das tatsächliche Konsummuster des Mandanten zu erfragen, da der erforderliche Abstinenzzeitraum (ab 6 Monate je nach Konsumverhalten) davon abhängig ist.

Bei Bekanntwerden des Tatbestandes empfiehlt es sich, ein forensisch verwertbares Drogenkontrollprogramm einzuleiten (→ Teil H Rdn 630 ff.).

[3] Aufgrund der oftmals eigenen Wertung von Sachverhalten durch die Mandanten empfiehlt es sich immer diese Auskünfte einzuholen um sich ein objektives Bild über das Konsumverhalten machen zu können, bzw. den Wissensstand der Behörde zu ermitteln.

[4] Im Anhörungsverfahren besteht ggf. die Möglichkeit Tatsachen einzubringen die dazu führen, dass vom Entzug / der Untersagung abgesehen und sofort ein med.-psych. Gutachten in Auftrag gegeben wird. Dies wird jedoch nur dann der Fall sein, wenn der letzte Konsum bis zur Anhörung mindestens ein halbes Jahr zurück liegt und ein forensisch verwertbarer Abstinenznachweis erbracht werden kann.

[5] Auch hier ist die Verwaltungspraxis sehr inhomogen. Teilweise wird nur die FE entzogen. Es muss jedoch auch davon ausgegangen werden, dass je nach Rspr. in den einzelnen Bundesländern entsprechend § 3 FeV die Untersagung zum Führen von fahrerlaubnisfreien Fahrzeugen daran gekoppelt wird.

[6] Die zulässige Fragestellung lautet sinngemäß: *„Liegt bei dem Betroffenen die erforderliche stabile Abstinenz nach den Beurteilungskriterien vor?“*.

Die Anordnung der med.-psych. Untersuchung ist nicht rechtsmittelfähig, da sie nach herrschender Meinung keinen Verwaltungsakt darstellt, sondern nur eine vorbereitende Maßnahme.

[7] → Teil H Rdn 584 ff.

[8] Hier sind die Kriterien der Anlage 4a zur FeV und der Beurteilungskriterien heranzuziehen.

[9] Liegt ein nachvollziehbares negatives Gutachten vor, kann das WS-Verfahren nicht dazu genutzt werden, ein weiteres Gutachten erstellen zu lassen.

[10] **Achtung**: Eintragungen im Register abklären (→ Teil H Rdn 673).

Siehe auch: → *Fahrerlaubnisrecht, Allgemeines*, Teil H Rdn 537 m.w.N.; → *Fahrerlaubnisrecht, Einzelfälle, Allgemeines,* Teil H Rdn 543 m.w.N.

Fahrerlaubnisrecht, Einzelfälle, Straftaten mit Hinweisen auf ein erhöhtes Aggressionspotenzial 579

580

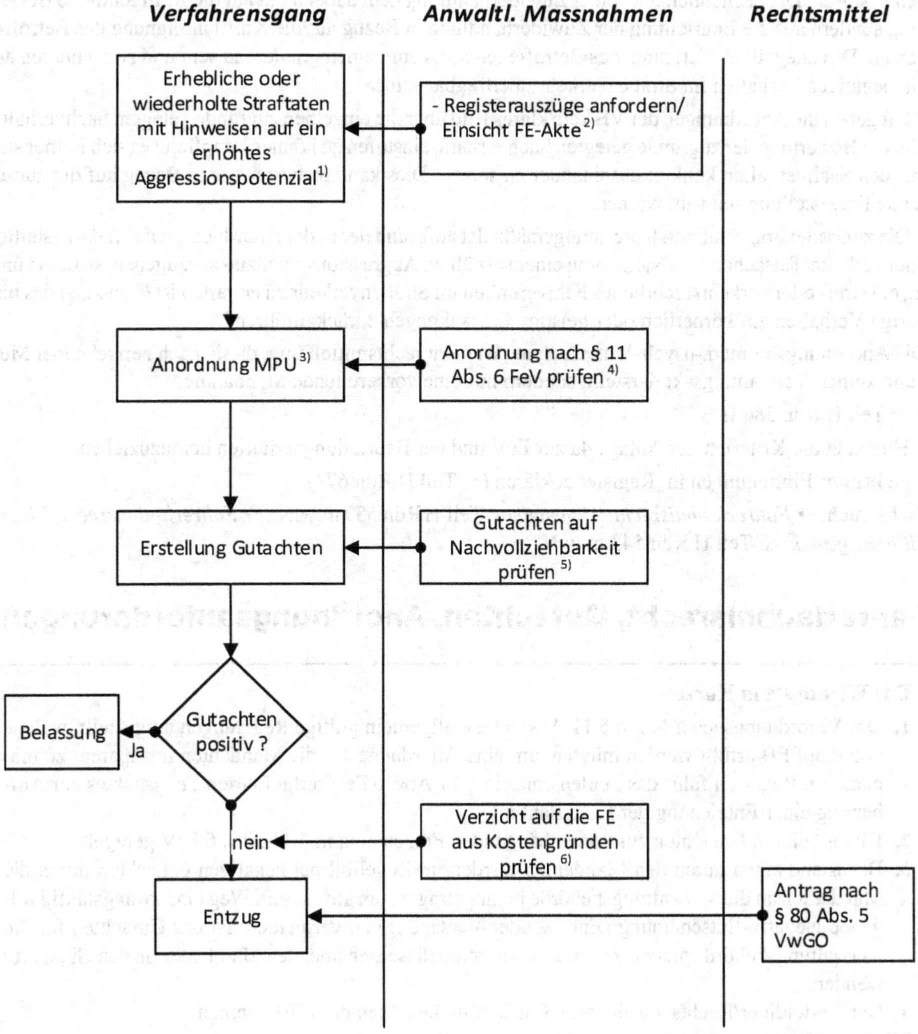

581 **Erläuterungen:**

1) Hier handelt es sich um einen Regeltatbestand zur Überprüfung der Eignung nach § 11 Abs. 3 Nr. 7 FeV. Dabei hat die VB darzulegen, inwieweit die Zuwiderhandlungen Bedenken an der Eignung der Betroffenen auslösen. Die „Erheblichkeit" einer Zuwiderhandlung hebt dabei nicht auf die strafrechtliche Bewertung sondern auf die Beurteilung der Zuwiderhandlung in Bezug auf die Kraftfahreignung des Betroffenen ab. Das „negative" Verhalten des Betroffenen muss zum einen gravierend sein und zum anderen auf ein negatives Verhalten im Straßenverkehr übertragbar sein.

2) Oft geben die Anordnungen der VB kein klares Bild über die einzelnen zugrunde gelegten Sachverhalte. Um die Bewertung der zugrunde gelegten Sachverhalte einstufen zu können, empfiehlt es sich immer sich mit den Sachverhalten konkret auseinander zu setzen. Dies kann insbesondere in Bezug auf die zutreffende Fragestellung relevant werden.

3) Die zulässige Fragestellung lautet sinngemäß: „Ist aufgrund der in der Anordnung vom ... dargestellten Sachverhalte/Tatsachen bei (Name) von einem erhöhten Aggressionspotenzial auszugehen, so dass künftig ein straf- oder verkehrsrechtliches Fehlverhalten im Straßenverkehr zu erwarten ist?" und „Ist das bisherige Verhalten auf körperlich oder geistige Erkrankungen zurückzuführen?".

Die Anordnung der med.-psych. Untersuchung ist nicht rechtsmittelfähig, da sie nach herrschender Meinung keinen Verwaltungsakt darstellt, sondern nur eine vorbereitende Maßnahme.

4) → Teil H Rdn 584 ff.

5) Hier sind die Kriterien der Anlage 4a zur FeV und der Beurteilungskriterien heranzuziehen.

6) **Achtung:** Eintragungen im Register abklären (→ Teil H Rdn 673).

Siehe auch: → *Fahrerlaubnisrecht, Allgemeines*, Teil H Rdn 537 m.w.N.; → *Fahrerlaubnisrecht, Einzelfälle, Allgemeines,* Teil H Rdn 543 m.w.N.

582 Fahrerlaubnisrecht, Gutachten, Anordnungsanforderungen

Das Wichtigste in Kürze:

1. Der Verordnungsgeber hat in § 11 Abs. 6 FeV allgemein gültige Regelungen aufgestellt, welche von den FEB erfüllt werden müssen, um eine Anordnung für die Mandanten transparent zu machen. Im Regelfall führt das Fehlen eines in § 11 Abs. 6 FeV aufgeführten Teilaspektes zur Aufhebung einer Entziehung der Fahrerlaubnis.
2. Die mit einem Gutachten zusammenhängenden Fragen sind in § 11 Abs. 6 FeV geregelt.
3. Beanstandungen durch den Mandanten werden im Regelfall bei negativen Gutachten durch die Mandanten an die Verwaltungsbehörde herangetragen, um auf diesem Weg eine zwangsläufig folgende Negativ-Entscheidung (Entzug oder Versagung) zu vermeiden. Ist das Gutachten für die Verwaltungsbehörde nicht nachvollziehbar, muss diese sich über den Mandanten an den Gutachter wenden.
4. Der Verteidiger/Rechtsanwalt sollte Einsicht in die Akten der FEB nehmen.

583 **Literaturhinweise:** **Gehrmann,** Fahreignung und medizinisch-psychologische Untersuchung, NZV 2014, 1; **Rebler**, Gutachtensanordnung im Fahrerlaubnisrecht, 2014, 161; **Scheidler**, Wann steht die Ungeeignetheit des Betroffenen gem. § 11 Abs. 7 FeV zur Überzeugung der Fahrerlaubnisbehörde fest?, SVR 2015, 54; *ders.*, Nichteignung zur Überzeugung der Fahrerlaubnisbehörde, VD 2014, 241, **Kalus/Wagner**, Die Fragestellung im verwaltungsrechtlichen Überprüfungsverfahren, www.fahrerlaubnisrecht.de/Aufsätze

584 **1.a)** Der Verordnungsgeber hat in § 11 Abs. 6 FeV allgemein gültige Regelungen aufgestellt, welche von den FEB erfüllt werden müssen, um eine Anordnung für die Mandanten transparent zu machen. Im Re-

gelfall führt das **Fehlen** eines in **§ 11 Abs. 6 FeV** aufgeführten **Teilaspektes** zur Aufhebung einer **Entziehung** der **Fahrerlaubnis**, die sich auf die Nichtvorlage eines – in diesem Fall fehlerhaft – angeordneten Gutachtens stützt.

b) Für eine Anordnung ist grds. **keine Schriftform** vorgeschrieben. Es empfiehlt sich für die FEB jedoch immer die Schriftform und auch die nachvollziehbare **Zustellung** um das Verwaltungshandeln nachvollziehbar und überprüfbar zu machen. 585

2. Die mit einem Gutachten zusammenhängenden Fragen sind in **§ 11 Abs. 6 FeV** geregelt.

a) Wenn die Verwaltungsbehörde nach Abschluss der Ermittlungen zu dem Ergebnis kommt, dass die Überprüfung der (Kraft-)Fahreignung erforderlich ist, verpflichtet **§ 11 Abs. 6 S. 1 FeV** die Verwaltungsbehörde, sich vor **Anordnung** des **ärztlichen / medizinisch-psychologischen Gutachtens** oder technischen Gutachtens festzulegen, welche **konkreten Fragen** in Bezug auf die (Kraft-)Fahreignung durch die zu bestimmenden Gutachter zu klären sind. In der **Praxis** wird leider oft nur die Rechtsnorm der Fahrerlaubnis-Verordnung, **nicht** jedoch der **Sachverhalt** zugrunde gelegt, um die Eignungszweifel zu begründen (*Fahrerlaubnisrecht, Verwaltungsrechtliche Maßnahmen, Allgemeines,* Teil H Rdn 615). 586

☝ Grds. haben die Mandanten – sofern die Feststellungen der FEB nicht widerlegt werden können – **keinen Einfluss** auf die Fragestellung.

Die **einzelnen Fragestellungen** finden sich unter den Sachverhalten aufgelistet (→ *Fahrerlaubnisrecht, **Einzelfälle**, Allgemeines,* Teil H Rdn 543 m.w.N.

Die aktuell sinnvollen Fragestellungen finden sich mit Erläuterungen auf der Internetseite des Autors und stehen dort zum Download zur Verfügung. Diese Liste wird – sofern sich insbesondere aus der Rspr. oder Verordnungsänderungen Änderungsbedarf ergibt – fortgeschrieben

b) Es ist **zwingend erforderlich**, dass die FEB einem Mandanten/seinem Verteidiger/Rechtsanwalt **ausreichend verständlich** den Sachverhalt darlegt, mit dem sie ihre Eignungszweifel begründet. Auch hat die FEB darzulegen, warum sie aufgrund der Feststellungen Bedenken an der Kraftfahreignung hat. Viele Verwaltungsanordnungen werden dieser Anforderung nicht gerecht. 587

Wird dies **versäumt** oder nicht in ausreichendem Maß berücksichtigt, kann die Verwaltungsbehörde nicht automatisch auf die Nichteignung schließen oder sofort die Fahrerlaubnis entziehen, wenn sich die Mandanten nicht zum Sachverhalt geäußert haben. Die Schriftform ist dabei nicht zwingend. Entscheidend ist der Nachweis der Tatsache, dass die Gründe dem Mandanten ausreichend bekannt waren. 588

c) Nach **§ 11 Abs. 6 S. 3 FeV** muss der Betroffene der FEB die **Untersuchungsstelle mitteilen.** Diese Regelung kann dazu führen, dass auch dann, wenn der Betroffene seine Zustimmung zur Begutachtung gegeben hat – sie damit formal nicht verweigert –, jedoch die Begutachtungsstelle nicht benennt, dies gleichbedeutend zu bewerten ist, wie die Verweigerung einer Begutachtung. Das ergibt sich aus dem Sachverhalt, dass er die FEB in diesem Fall nicht in die Lage versetzt, die erforderlichen Schritte einzuleiten, dass eine Begutachtung erfolgen kann. Demzufolge kommt er seiner **Mitwirkungspflicht** nicht nach. 589

d) Die FEB **setzt** eine **Frist (§ 11 Abs. 6 S. 2 FeV).** Dem Mandanten ist eine **konkrete** Frist mitzuteilen, in der das Gutachten vorzulegen ist. Während bei der Anordnung eines ärztlichen oder medizinisch-psychologischen Gutachtens i.d.R. mehrere Wochen bis zur Fertigstellung angemessen sein können, wird sich die Frist für die Anordnung eines isolierten **Drogenscreenings** zur Bestimmung des Drogenkonsumverhaltens auf 2–3 Tage begrenzen müssen. 590

Bei einem **Urinscreening** wird eine andere Frist zugrunde zu legen sein als bei einem **Blutscreening**, je nachdem, welcher Drogenkonsum Anordnungsanlass war und über welche fachlichen Kenntnisse die jeweilige Verwaltungsbehörde verfügt. In der Rspr. findet sich für ein Drogenscreening ein unterer **Zeitrahmen von zwei Tagen**. Aufgrund der besonderen Vorgehensweise in NRW reichen dort acht Tage aus. 591

592 Häufig wird auch für die **Benennung** der **Untersuchungsstelle** eine angemessene **Frist** gesetzt, um den Verfahrensablauf klarzustellen und die Fristenwahrung zur Vorlage des Gutachtens zu vereinfachen. Die **Nichteinhaltung** dieser Frist führt jedoch entsprechend § 11 Abs. 8 FeV nicht zum Entzug der Fahrerlaubnis bzw. zur Untersagung zum Führen von fahrerlaubnisfreien Fahrzeugen.

593 **e) Einsicht in die Unterlagen:** Mit der Anordnung der Maßnahme sind die Mandanten über die Möglichkeit der Akteneinsichtnahme zu informieren und erhalten innerhalb der Frist, bis zu der die Untersuchungsstelle benannt werden muss, die Möglichkeit zur Einsichtnahme.

> ☝ Der VGH Kassel (VRS 121, 357) vertritt die Auffassung, dass der **fehlende Hinweis** auf das **Recht** der **Einsicht** in die zu übersendenden Unterlagen nicht so gravierend ist, dass es eine Aufhebung der darauf gestützten Entziehung rechtfertigt.

594 **f)** Aufgrund der Beauftragung der Untersuchung durch den **Mandanten** hat er auch die **Kosten** zu **tragen**. Diese Regelung ist unproblematisch, solange die Gutachten für alle Beteiligten nachvollziehbar sind, im Fall der Nichtnachvollziehbarkeit durch die Mandanten nicht unbedingt. In der Verwaltungspraxis findet sich – wie auch bei den medizinisch-psychologischen Gutachten – oft die Problematik, dass eine der beiden Parteien ein Gutachten, sei es positiv oder negativ, nicht nachvollziehen kann.

595 Demzufolge wird ein Werkvertrag mit der BfF abgeschlossen, somit darf das **Gutachten** auch nur dem **Mandanten persönlich** ausgehändigt werden.

> ☝ Eine **direkte Zuleitung** an die **FEB** setzt das Einverständnis des Mandanten voraus. Dies ist jedoch grds. **nicht** zu empfehlen.

596 **3. Beanstandungen durch** den **Mandanten** werden im Regelfall bei negativen Gutachten durch die Mandanten an die Verwaltungsbehörde herangetragen, um auf diesem Weg eine zwangsläufig folgende Negativ-Entscheidung (Entzug oder Versagung) zu vermeiden. Aufgrund eines bestehenden Werksvertrages – denn der Betroffene ist Auftraggeber des Gutachtens – muss sich der Betroffene direkt an die Begutachtungsstelle wenden und dort seine Kritikpunkte anbringen. Zu diesem Zweck sollte die Verwaltungsbehörde dem Mandanten im Anhörungsverfahren eine angemessene Frist setzen, um dann entweder ein korrigiertes Gutachten oder eine ergänzende Stellungnahme vorzulegen, sofern seine Kritik zu einer Korrektur des Gutachtenergebnisses geführt hat. Im Regelfall dürfte eine Frist von zwei – drei Wochen ausreichend sein.

597 Ist das **Gutachten** für die **Verwaltungsbehörde nicht nachvollziehbar**, muss sie sich über den Mandanten an die Begutachtungsstelle wenden, da ein Werkvertrag nach § 631 BGB abgeschlossen wird. Daraus ergeben sich gegenseitige Ansprüche, die nur unter den Vertragspartnern geregelt werden können. Auch in diesem Fall ist eine Frist zu setzen, bis wann die Fragen der Verwaltungsbehörde beantwortet sein sollten. Ansonsten ist eine Negativ-Entscheidung zu treffen, da innerhalb der gesetzten Frist kein verwertbares positiv nachvollziehbares Gutachten entsprechend Anlage 4a vorgelegt wurde.

> ☝ Eine **direkte Abklärung** bei ergänzenden Fragen zum Gutachten zwischen Gutachter und FEB ist nur mit **Zustimmung** der Mandanten möglich.
>
> Es empfiehlt sich grds. das Gutachten immer an den Mandanten bzw. Verteidiger zustellen zu lassen. Im Falle einer Nichtnachvollziehbarkeit eines Gutachtens sollte die Möglichkeit genutzt werden bei der anordnenden Verwaltungsbehörde eine **Fristverlängerung** zu erwirken, um in diesem Zeitraum (ca. 2 – 3 Wochen) die Unklarheiten mit der Begutachtungsstelle klären zu können.

4. Hinweis für den Verteidiger/Rechtsanwalt! 598

Auf folgende Punkte ist vom Verteidiger/Rechtsanwalt zu **achten**:

- Die Verwaltungsbehörde darf nur **Unterlagen** an die **Begutachtungsstelle versenden**, die entsprechend der §§ 2 Abs. 9 und § 29 StVG verwertet werden dürfen und auch einen Bezug zum Untersuchungsanlass haben. In der Regel werden jedoch die kompletten **Fahrerlaubnisakten** an die Gutachter oder Begutachtungsstellen versendet. Es kann sich für den Verteidiger/Rechtsanwalt grds. empfehlen, bei der Verwaltungsbehörde **Einsicht** in die zu übersendenden Unterlagen zu nehmen, um zu vermeiden, dass aus Routine Unterlagen an den Gutachter abgegeben werden, die mit dem zu untersuchenden Sachverhalt in keinem Zusammenhang stehen oder aufgrund der Registerregelungen nicht mehr verwertet werden dürfen (s. Rdn 593).
- Zwar müssen **alle Anforderungen** an eine **Anordnung erfüllt sein**, ansonsten läuft eine Entziehung der Fahrerlaubnis aufgrund eines nicht vorgelegten Gutachtens ins Leere. Dies ist z.B. auch der Fall wenn die Behörde anstelle einer angemessenen Aufklärungsmaßnahme durch ein ärztliches Gutachten sofort eine med.-psych. Begutachtung anordnet. Die Anordnung ist aufgrund der Tatsache, dass sie nach herrschender Meinung keinen Verwaltungsakt darstellt nicht rechtsmittelfähig. Daher müsste die Eingriffsmaßnahme der Verwaltungsbehörde abgewartet werden um mit Rechtsmitteln gegen den Entzug oder die Untersagung vorzugehen.
- Es ist jedoch **abzuwägen**, welcher **Weg** für den Mandanten der **zielführende** ist. Der formalrechtliche Weg mit einem Antrag nach § 80 Abs. 5 VWGO im Falle eines Verstoßes gegen § 11 Abs. 6 FeV führt sicherlich zu einem vorübergehenden Erfolg, jedoch mit der Konsequenz, dass die VB die Anordnung aufheben und eine Anordnung auf den Weg geben wird, welche die erforderlichen Anforderungen erfüllt.
- Dieser **Weg** sollte **nur dann** gegangen werden, wenn
  - die Nichteinhaltung der Anforderungen eindeutig auf der Hand liegt (z.B. keine ausreichende Begründung bzw. nicht zutreffende Fragestellung) und
  - absehbar ist, dass dadurch Zeit gewonnen werden kann, um dem Mandanten z.B. noch die Möglichkeit zu schaffen, einen ausreichenden Abstinenznachweis erbringen zu können.

  In diesen Fällen macht es Sinn die Frist zur Vorlage des Gutachtens verstreichen zu lassen und bis zum Abschluss und der erneuten Fristsetzung alle eignungsnachweisenden und -fördernden Maßnahmen durchzuziehen.

  Anderenfalls – wenn der Mandant gut vorbereitet ist – wäre es anzuraten, sich mit der FEB z.B. zur Korrektur der Fragestellung in Verbindung zu setzen, um eine Verlängerung der „fahrerlaubnisfreien Zeit“ zu vermeiden.

Siehe auch: → *Fahrerlaubnisrecht, Allgemeines*, Teil H Rdn 537 m.w.N.; → *Fahrerlaubnisrecht, Einzelfälle, Allgemeines,* Teil H Rdn 543 m.w.N.; → *Fahrerlaubnisrecht, Verwaltungsrechtliche Maßnahmen, Allgemeines*, Teil H Rdn 615.

Fahrerlaubnisrecht, Interventions-/Beratungsmöglichkeiten 599

Das Wichtigste in Kürze:

1. Für den Verteidiger in OWI- oder Strafsachen gibt es mehrere Möglichkeiten der Intervention im Vorfeld vor oder im sich automatisch anschließenden Verwaltungsverfahren.
2. Es bestehen für den Verteidiger viele Eingriffsmöglichkeiten im Verwaltungsrecht parallel oder im Anschluss an das OWi- oder Strafverfahren. Dies setzt allerdings fundierte Kenntnisse über die Konsequenzen einer Tat im sich anschließenden Verwaltungsverfahren voraus.

3. Die Interventionsmöglichkeiten eines Verteidigers/Rechtsanwaltes sind in beiden Verfahrenszweigen (Straf- und Verwaltungsverfahren) sehr vielfältig. Problematisch in diesem Zusammenhang ist die unterschiedliche Umsetzung der Regelungen der FEV in den einzelnen Ländern.

600 **1.a)** Für den Verteidiger in OWI- oder Strafsachen gibt es **mehrere Möglichkeiten** der **Intervention** (Rdn 601 ff.) im Vorfeld vor oder im sich ggf. anschließenden Verwaltungsverfahren. Aufgrund der Tatsache, dass einige Eingriffsmöglichkeiten nicht unerhebliche **Kosten** für den **Mandanten** verursachen können, ist in diesem Zusammenhang abzuwägen in welchem Verhältnis diese Kosten zur Wichtigkeit stehen, den Entzug der Fahrerlaubnis abzuwenden bzw. die Konsequenzen bei einem Entzug zu mildern (→ *Fahrerlaubnisrecht, Verwaltungsrechtliche Maßnahmen, Verfahrenstaktik*, Teil H Rdn 634).

☝ Viele dieser Kosten mögen den Mandanten zu diesem Zeitpunkt als unnötig und hoch erscheinen. Es ist dabei jedoch zu berücksichtigen, dass im Regelfall entsprechende Kosten innerhalb des in Aussicht stehenden Verwaltungsverfahrens in jedem Fall anfallen werden. Hier ist insbesondere während eines noch laufenden Verfahrens entsprechende Überzeugungskraft zu leisten, da viele Mandanten oft noch von einem Freispruch ausgehen. In der Praxis zeigt sich in vielen Fällen, dass diese Kosten im Verhältnis zu den Kosten, die bei **nicht rechtzeitigem Beginn** der **Nachsorge** anfallen, sogar niedriger ausfallen, z.B. wegen Verlust Arbeitsplatz und längerfristigem Verlust Einkommen.

601 **b)** Die Interventions-/Beratungsmöglichkeiten des Verteidigers lassen sich anhand folgender **Beispiele** zur Schaffung einer günstigeren Ausgangsbasis für den Mandanten darstellen (→ *Fahrerlaubnisrecht, Verwaltungsrechtliche Maßnahmen, Verfahrenstaktik*, Teil H Rdn 634 m.w.N.):

602 **2.a) Punktebereich**

Beispiel

Ein Mandant hat zum Zeitpunkt der Begehung einer Ordnungswidrigkeit bereits 7 Punkte im FAER eingetragen. Davon würden in 4 Wochen 2 Punkte gelöscht werden.

Ziel einer verfahrenstaktischen Maßnahme könnte das Hinauszögern der Rechtskraft der anstehenden Entscheidung sein, um einen Eintrag zu einem Zeitpunkt zu erreichen, wenn sich der Punktestand dadurch nicht auf 8 Punkte erhöht und das KBA der Verwaltungsbehörde eine entsprechende Mitteilung machen würde.

603 **b) Entziehungs- oder Überprüfungsverfahren durch Maßnahmen zum Nachweis z.B. eines Abstinenzzeitraums**

Beispiel:

Gegen eine Mandantin ist ein OWi-Verfahren wegen einer Fahrt unter Amphetamin anhängig (§ 24a Abs. 2 StVG).

Den Mandanten wäre zum Nachweis einer anschließenden Abstinenz anzuraten, sich entweder einer Haaranalyse oder einem forensisch verwertbaren Abstinenznachweisprogramm zu unterziehen.

Ziel dieser Empfehlung wäre der Entziehung der Fahrerlaubnis unter Hinweis auf die Regelungen der Beurteilungs-Kriterien zu entgehen und eine Eignungsüberprüfung durch eine med.-psych. Begutachtung zu erreichen (Näheres zu den Zeiträumen siehe Rdn 630 ff.).

Weiterhin wäre es ratsam die Rechtskraft der Zuwiderhandlung hinauszuschieben um den Zeitraum schon für einen Abstinenzzeitraum nutzen zu können.

c) Einleiten eignungsherstellende Maßnahmen, um eine gute Basis für eine in Aussicht stehende Eignungsüberprüfung zu schaffen 604

Beispiel:

Dem Mandanten wird eine Fahrerlaubnis nach einer Trunkenheitsfahrt mit 3,0 ‰ entzogen.

Zum einen wäre in diesem Fall der Nachweis eines Abstinenzzeitraums durch ein Abstinenzkontrollprogramm einzuleiten (→ Teil H Rdn 628). Ergänzend dringend die Empfehlung einer verkehrspsychologischen Beratung. Dabei kann festgestellt werden, welcher Abstinenzzeitraum erforderlich ist (ggf. könnte eine Alkoholabhängigkeit mit anderen Konsequenzen diagnostiziert werden). Eine psychologische Intervention durch einen geeigneten Fachmann, der sich mit den Auslösern für den problematischen Alkoholkonsum beschäftigen kann wäre ratsam, um somit eine bessere Basis für eine erfolgreiche MPU zu erarbeiten.

3.a) Es bestehen für den Verteidiger viele Eingriffsmöglichkeiten im Verwaltungsrecht parallel oder im Anschluss an das OWi- oder Strafverfahren. Dies setzt allerdings **fundierte Kenntnisse** über **die Konsequenzen einer Tat** – der Eingriff der Verwaltungsbehörde setzt nicht immer eine Verurteilung voraus – **im Verwaltungsrecht** voraus: 605

- Kenntnisse über die Verwertbarkeit von Tatsachen aus dem OWi- und Strafverfahren (siehe hierzu → *Fahrerlaubnisrecht, Verwertungsregelungen, Allgemeines*, Teil H Rdn 661 ff. m.w.N.),
- Kenntnisse über die formalrechtlichen Anforderungen an eine Überprüfungsmaßnahme (→ *Fahrerlaubnisrecht, Gutachten, Anordnungsanforderungen*, Teil H Rdn 584 ff.).
- Kenntnisse über die Zielsetzung einzelner Überprüfungsmaßnahmen.
- Kenntnisse über die Folgen, die aus den einzelnen Tatsachen OWi- und Strafverfahren im Verwaltungsrecht resultieren, insbesondere über die einzelnen Überprüfungsmaßnahmen.

b) In folgenden Verfahren sind im Anschluss an das OWi-/Strafverfahren fahrerlaubnisrechtlichen **Maßnahmen** (Entzug/Untersagung oder Eignungsüberprüfung) zu **erwarten**: 606

aa) Betäubungsmittel nach dem BtMG/Cannabis (§§ 13a, 14 FeV): 607

- Fahrt unter Cannabis (§ 24a StVG) (→ *Fahrerlaubnisrecht, Einzelfälle, Fahrt unter Cannabis,* Teil H Rdn 570),
- Fahrt unter Betäubungsmittel nach dem BtMG oder anderen berauschenden Mitteln (§ 24a StVG) (→ *Fahrerlaubnisrecht, Einzelfälle, Fahrt unter anderen berauschenden Mitteln,* Teil H Rdn 570),
- Fahrt unter anderen berauschenden Mitteln (§ 24a StVG) (→ *Fahrerlaubnisrecht, Einzelfälle, Fahrt unter Drogen*, Teil H Rdn 573),
- Konsum von Drogen (→ *Fahrerlaubnisrecht, Einzelfälle, Konsum von Betäubungsmitteln nach dem BtMG (außer Cannabis),* Teil H Rdn 576),
- Besitz von Drogen nach dem BtMG (§ 24a StVG) (→ *Fahrerlaubnisrecht, Einzelfälle, Besitz von Drogen*, Teil H Rdn 546).

bb) Alkohol (§ 13 FeV): 608

- Fahrt unter Alkohol unter 1,1‰ (§ 24a StVG) (→ *Fahrerlaubnisrecht, Einzelfälle, Fahrt unter Alkohol unter 1,1 ‰ (§ 24a StVG),* Teil H Rdn 561),
- Fahrt unter Alkohol mit einer BAK > 1,1 ‰ (Rechtsnorm) (→ *Fahrerlaubnisrecht, Einzelfälle, Fahrt unter Alkohol zwischen 1,1 und 1,59 ‰ (§ 13 Nr. 2a 2. Alt. FeV*, Teil H Rdn 564),
- Fahrt unter Alkohol mit einer BAK ≥ 1,6 ‰ (Rechtsnorm) (*Teil H: Fahrerlaubnisrecht, Einzelfälle, Fahrt unter Alkohol ≥ 1,6 ‰ (§ 13 Nr. 2c FeV),* Rdn 558).

609 **cc) Verkehr (§ 4 Abs. 10 StVG / § 11 Abs. 4 und 5 FeV):**

- Erreichen von 8 Punkten im FABS (→ *Fahrerlaubnisrecht, Einzelfälle, Erreichen von 8 Punkten (§ 4 Abs. 10 StVG),* Teil H Rdn 555),
- bei einem erheblichen Verstoß oder wiederholten Verstößen gegen verkehrsrechtliche Vorschriften (→ *Fahrerlaubnisrecht, Einzelfälle, Erhebliche oder wiederholte Verstöße gegen verkehrsrechtliche Vorschriften,* Teil H Rdn 552),
- bei einer erheblichen Straftat, die im Zusammenhang mit dem Straßenverkehr steht oder bei Straftaten, die im Zusammenhang mit dem Straßenverkehr stehen (→ *Fahrerlaubnisrecht, Einzelfälle, Erhebliche oder wiederholte Straftaten mit Bezug zum Straßenverkehr*, Teil H Rdn 549.

610 **dd) Aggression (§ 11 Abs. 3 Nr. 7 FeV):** In den Begutachtungs-Leitlinien wird ausgeführt, dass Straftäter nach § 2 Abs. 4 StVG ungeeignet zum Führen von Kraftfahrzeugen sind, wenn bei Ihnen auf ein hohes Aggressionspotenzial zu schließen ist. Dabei kann eine Bereitschaft zu ausgeprägt impulsivem Verhalten bzw. **eine Neigung zu planvoller, bedenkenloser Durchsetzung eigener Anliegen ohne Rücksicht auf berechtigte Interessen anderer** die Grundlage sein. Es wird damit begründet, dass nicht erwartet werden kann, dass die Betroffenen im motorisierten Straßenverkehr die Rechte anderer Verkehrsteilnehmer – zumindest in den sehr häufig auftretenden Konfliktsituationen – respektieren und es somit zu Auffälligkeiten im Straßenverkehr führen kann, welche die Sicherheit anderer Straßenverkehrsteilnehmer gefährden kann.

611 **ee) Aggressionstaten in Strafverfahren** (→ *Fahrerlaubnisrecht, Einzelfälle, Straftaten mit Hinweisen auf ein erhöhtes Aggressionspotenzial,* Teil H Rdn 579).

4. Hinweise für den Verteidiger/Rechtsanwalt! 612

a) Das Vorgehen des Verteidigers/Rechtsanwalt seine Fragestellungen sind zusammengefasst in folgendem **Schaubild:**

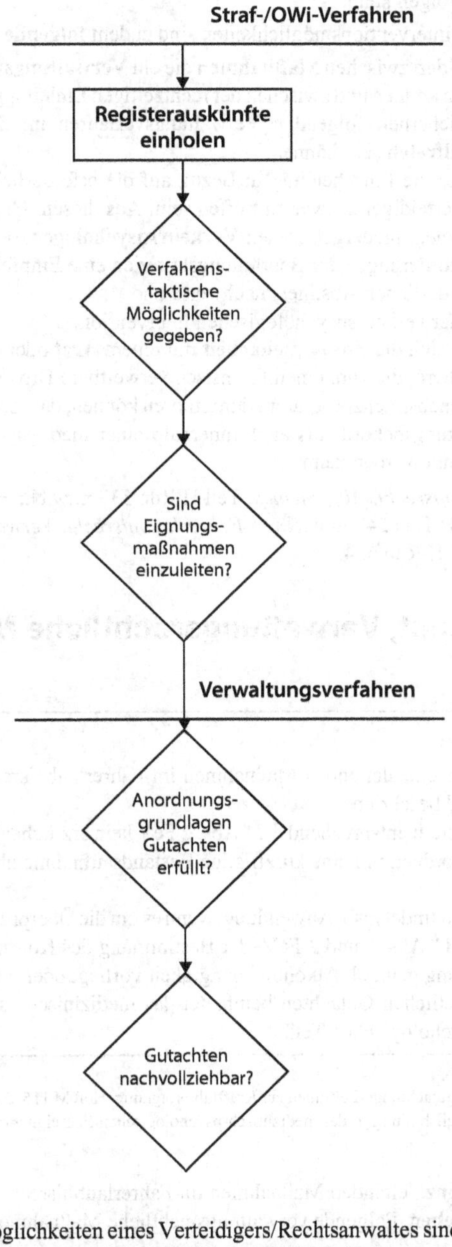

b)aa) Die Interventionsmöglichkeiten eines Verteidigers/Rechtsanwaltes sind in beiden Verfahrenszweigen (Straf- und Verwaltungsverfahren) sehr vielfältig (→ *Fahrerlaubnisrecht, Interventions-/Beratungs-* 613 *möglichkeiten*, Teil H Rdn 599 ff.). **Problematisch** in diesem Zusammenhang ist die **unterschiedliche Umsetzung** der **Regelungen** der **FEV** in den **einzelnen Ländern** insbesondere durch die unterschiedliche Betrachtungsweise der oberverwaltungsgerichtlichen Rspr., die erschwerend auch noch einem permanenten Wandel unterliegt was man aktuell bei der Anwendung des § 3 FeV (Überprüfung von fahrerlaubnisfreien Fahrzeugen) gut verfolgen kann.

614 **bb)** Bei der Beratung über Interventionsmöglichkeiten sind zudem **folgende Punkte** zu **beachten**:

- Dabei ist zu **unterscheiden** zwischen **Maßnahmen** die ein **Verwaltungsverfahren vermeiden** oder zumindest einschränken können und zwischen der rechtzeitigen Einleitung von Maßnahmen, die dem Mandanten im mit Sicherheit folgenden Verwaltungsverfahren im Zusammenhang mit seiner (Kraft-)Fahreignung **hilfreich** sein können.
- In einigen Fällen dürfte die Entscheidung in Bezug auf die erforderlichen eignungsherstellenden Maßnahmen für den Verteidiger schwer zu treffen sein. Aus diesem Grund empfiehlt sich hier die Zusammenarbeit mit einem niedergelassenen **Verkehrspsychologen**, der in der Lage ist unter Berücksichtigung der Anforderungen der Beurteilungskriterien eine Empfehlung auszusprechen über:
  - die Dauer der erforderlichen Abstinenznachweise und
  - das Erfordernis einer verkehrspsychologischen Intervention.
- Weiterhin empfiehlt es sich die **Zusammenarbeit** mit einem **Arzt** oder einer **Begutachtungsstelle** für Fahreignung zu sichern, die zum einen forensisch verwertbare Drogenscreenings erstellen bzw. ein verwertbares Drogenabstinenzprogramm durchführen können, dass sowohl im Überprüfungsverfahren bei der Verwaltungsbehörde als auch innerhalb einer med.-psych. Begutachtung als Abstinenznachweis anerkannt werden kann.

Siehe auch: → *Fahrerlaubnisrecht, Allgemeines*, Teil H Rdn 537 m.w.N.; → *Fahrerlaubnisrecht, Einzelfälle, Allgemeines,* Teil H Rdn 543 m.w.N.; → *Fahrerlaubnisrecht, Verwaltungsrechtliche Maßnahmen, Verfahrenstaktik*, Teil H Rdn 634.

615 Fahrerlaubnisrecht, Verwaltungsrechtliche Maßnahmen, Allgemeines

Das Wichtigste in Kürze:

1. Die Möglichkeiten der einzuleitenden Maßnahmen im Fahrerlaubnisrecht sind begrenzt und in § 11 FeV abschließend beschrieben.
2. Das Drogenscreening stellt entsprechend § 11 Abs. 2 FeV kein ärztliches Gutachten dar, wird aber in einigen Fällen angeordnet, um eine kurzfristige Bestandsaufnahme über einen Drogenkonsum vorzunehmen.
3. Das ärztliche Gutachten findet insb. Anwendung, wenn es um die Überprüfung der körperlich-geistigen Eignung nach § 11 Abs. 1 und 2 FeV, der Bestimmung des Konsumverhaltens bei Drogen und/oder der Feststellung geht, ob Alkoholabhängigkeit vorliegt oder nicht.
4. Im Gegensatz zum ärztlichen Gutachten beinhaltet das medizinisch-psychologische Gutachten (MPU) auch einen psychologischen Teil.

616 **Literaturhinweise:** **BASt**, Begutachtungs-Leitlinien zur Kraftfahrereignung, Heft M 115, Ausgabe Juni 2022; **Brenner-Hartmann/Fastenmeier/Graw**, Urteilsbildung in der medizinisch-psychologischen Fahreignungsdiagnostik – Beurteilungskriterien, 4. Aufl. 2022.

617 **1.** Die Möglichkeiten der einzuleitenden Maßnahmen im Fahrerlaubnisrecht sind begrenzt und in **§ 11 FeV abschließend beschrieben**. Folgende verwaltungsrechtliche Maßnahmen können in der Praxis angeordnet (ergriffen werden).

2. Das **Drogenscreening** stellt entsprechend § 11 Abs. 2 FeV kein ärztliches Gutachten dar, wird aber in einigen Fällen auch angeordnet, um eine kurzfristige Bestandsaufnahme über einen Drogenkonsum vorzunehmen. Die Ergebnisse dieser Screenings sind jedoch nur dann im Verwaltungsverfahren verwertbar, wenn sie die Anforderungen der Beurteilungskriterien (Teil C.3 – chemisch-toxikologische Untersuchungen – sogenannte CTU-Kriterien) entsprechen und damit forensisch verwertbar sind. 618

3.a) Das **ärztliche Gutachten** findet insb. in folgenden Bereichen Anwendung: 619

- Überprüfung der körperlich-geistigen Eignung nach § 11 Abs. 1 und 2 FeV,
- Bestimmung des Konsumverhaltens bei Drogen,
- Feststellung, ob Alkoholabhängigkeit vorliegt oder nicht.

☝ Entsprechend § 11 Abs. 3 FeV werden diese Gutachten i.d.R. von einem **Facharzt** mit **verkehrsmedizinischer Qualifikation**, einem Arzt eines Gesundheitsamtes oder einem Arzt einer Begutachtungsstelle für Fahreignung erstellt.

b) Diese Gutachten sollten auf der Basis der Ausführungen der **Begutachtungsleitinien** (BGLL) und **Beurteilungskriterien** (Urteilsbildung in der Fahreignungsbegutachtung) erstellt werden. Beide Werke legen die formalen und medizinischen Anforderungen für die Erstellung ärztlicher Gutachten fest. Während die Begutachtungsleitlinien sich mit den einzelnen Krankheiten und Aussagen über die Fahreignung auseinandersetzen, regeln die Beurteilungskriterien in den sog. CTU-Kriterien die Auswahl der Untersuchungsmittel, deren Erhebung und Interpretationsmöglichkeiten. 620

☝ Im Zusammenhang mit OWI- oder Straftaten wird es nur in wenigen Fällen die Notwendigkeit eines Verteidigers geben entsprechende Untersuchungen einleiten zu lassen.

Sollte es zum Einsatz kommen, **empfiehlt** es sich einen **Arzt** einer **Begutachtungsstelle** für Fahreignung zu **konsultieren**, da es in vielen Fällen nicht möglich ist über den behandelnden Hausarzt oder einen Facharzt eine verwertbare Aussage zu erhalten.

4.a) Im Gegensatz zum ärztlichen Gutachten beinhaltet das **medizinisch-psychologische Gutachten(MPU)** zusätzlich einen psychologischen Teil. Während der medizinische Teil abzuklären hat, ob den Eignungsbedenken ggf. eine medizinische Erkrankung zugrunde liegen kann, hat der psychologische Teil abzuklären, ob die Mandanten die Ursachen für ihre Probleme erkannt haben und die erforderlichen Änderungen stabil sind, um zukünftig erneute Auffälligkeiten zu vermeiden. Die Anordnungsgrundlagen für die Anordnung einer medizinisch-psychologischen Begutachtung finden sich in den §§ 11, 13 und 14 FeV (→ *Fahrerlaubnisrecht, Verwaltungsrechtliche Maßnahmen, Eignungsherstellung,* Teil H Rdn 626). 621

a) Folgende **Grundsätze** sind beim Umgang mit med.-psych. Gutachten zu **beachten**: 622

- Ein angeordnetes Gutachten darf nur dann verwertet werden, wenn es von den Betroffenen vorgelegt wird.
- Ein vorgelegtes Gutachten darf auch dann verwertet werden, wenn es vorgelegt wird und die Anordnung der Gutachtensbeibringung inhaltlich nicht zulässig war (BVerwG, NJW 2010, 3318). In diesem Fällen stellt das Gutachten mit einem negativen Ergebnis eine neue Tatsache dar.

☝ Dies gilt auch in den Fällen in denen die Gutachtensanforderung **formal nicht** den **Anforderungen** des § 11 Abs. 6 FeV genügt hat (→ *Fahrerlaubnisrecht, Gutachten, Anordnungsanforderungen,* Teil H Rdn 582).

b) Liegt das Gutachten der FEB vor, kann es als **neue Tatsache**, die keinem Verwertungsverbot unterliegt, verwertet werden. 623

☝ Gutachten, die **fehlerhaft** bzw. nicht nachvollziehbar sind, dürfen nicht als Entscheidungsgrundlage herangezogen werden (OVG Greifswald zfs 2013, 595). Diese Gutachten sind als nicht existent zu bewerten.

Es dürfen dem Betroffenen nicht mehr an Untersuchungen abverlangt werden als es der Untersuchungsanlass zulässt (VGH Mannheim NJW 2014, 1901).

624 Die Mandanten haben **keinen Anspruch** auf die Zulassung **mehrerer Gutachten** (VGH Mannheim NJW 2014, 1901). Diesem Umstand wird bei der Verwaltungsbehörde insbesondere durch eine kurze aber angemessene Fristsetzung Rechnung getragen.

625 **c)** Die Begutachtung ist im Regelfall **nicht teilbar**. Es besteht jedoch die Möglichkeit aufgrund der Formulierung des § 11 Abs. 3 S. 1 FeV ein isoliertes psychologisches Gutachten in Auftrag zu geben. Dies kann insbesondere dann zum Tragen kommen, wenn zeitnah im Vorfeld entweder ein ärztliches Gutachten oder eine med.-psych. Begutachtung zur medizinischen Fragestellung mit einem für die Betroffenen positivem Ergebnis erfolgte.

☝ Grds. sind Gutachten an den Rechtsanwalt/**Verteidiger** abzugeben. Dieser **prüft** die **Nachvollziehbarkeit** und entscheidet, inwieweit bei negativen Gutachten eine Intervention bei der Begutachtungsstelle für Fahreignung zum Erfolg einer Nachbesserung führen kann oder ob eine Antragsrücknahme bei der VB sinnvoll ist. Dies kann zum einen aus Kostengründen, zum anderen aber auch aus verwertungsrechtlichen Gründen erfolgen, da dann keine verwertbare Negativentscheidung (Entzug oder Versagung) gespeichert werden kann.

Im Falle einer Antragsrücknahme ist darauf zu achten, dass der Antrag aus der Fahrerlaubnisakte entnommen wird und der Mandant seine kompletten Antragsunterlagen von der Verwaltungsbehörde zurückfordert. Im Regelfall kann auch eine Teilerstattung der Antragsgebühr über die jeweiligen Landesgebührenordnungen geregelt sein.

Bei manchen FEB wird eine Antragsrücknahme fälschlicherweise dem FAER als Verzicht oder Versagung gemeldet.

Daher **empfiehlt** es sich ein paar Wochen nach der Antragsrücknahme eine **kostenfreie Auskunft** aus dem **FAER** einzuholen, um zu kontrollieren, dass dort keine Eintragung erfolgt ist, da ein zurückgenommener Antrag als nicht gestellt zu bewerten ist.

Siehe auch: → *Fahrerlaubnisrecht, Allgemeines*, Teil H Rdn 537 m.w.N.; → *Fahrerlaubnisrecht, Einzelfälle, Allgemeines,* Teil H Rdn 543 m.w.N.

626 Fahrerlaubnisrecht, Verwaltungsrechtliche Maßnahmen, Eignungsherstellung

627 **Literaturhinweise:** S. die Hinw. bei → *Fahrerlaubnisrecht, Verwaltungsrechtliche Maßnahmen, Allgemeines*, Teil H Rdn 583 und bei den u.a. weiterführenden Stichwörtern.

628 **1.** Eine der grundlegenden Voraussetzungen für eine positive medizinisch-psychologische Begutachtung ist bis auf den Sonderfall der Cannabisfahrt bei Drogen- und Alkoholkonsumenten der Nachweis eines Mindestabstinenznachweis durch entsprechende forensisch verwertbare Abstinenzkontrollprogramme **(Einleitung** von **Abstinenzprogrammen)**. Diese Voraussetzungen regeln die Beurteilungskriterien (→ *Fahrerlaubnisrecht, Verwaltungsrechtliche Maßnahmen, Allgemeines*, Teil H Rdn 634 ff.).

2. Die **Begutachtungsleitlinien** und **Beurteilungskriterien** legen folgende Abstinenzzeiträume für die einzelnen Konsummuster fest: 629

a) Drogen: 630

Abhängigkeit D1 Kriterium D 1.3 N Nr. 5–8 → **6–15 Monate Abstinenz** → Entwöhnungsbehandlung + 12 Monate (Nr. 5) → Besonders günstige Umstände → Entwöhnungsbehandlung + 6 Monate (Nr. 6) → Vor-Abstinenz + Entwöhnung + Nach-Abstinenz → 15 Monate (Nr. 7) → Ambulante Entwöhnung von 6 Monaten + Abstinenz = mindestens 15 Monate (Nr. 8)
Fortgeschrittene Drogenproblematik D2 **(polyvalenter Konsum/hoch suchtpotente Drogen)** Kriterium D 2.4 N Nr. 4–8 -> **6–15 Monate Abstinenz** → suchttherapeutische Maßnahme/Drogenberatungsstelle + 12 Monate (Nr. 4) → kurze Missbrauchsphase ohne soziale oder Persönlichkeitsstörungen → Maßnahme + 6 Monate (Nr. 6) → Vor-Abstinenz + Maßnahme + 6 Monate Abstinenz → insgesamt 15 Monate Nachweis (Nr. 7) → Keine Maßnahme → 15 Monate nach letztem Drogenkonsum (Nr. 10)
Drogengefährdung D3 **(hochfrequenter Cannabiskonsum/gelegentlich andere Drogen)** → Kriterium D 3.4 N Nr. 1–4 → 6 bzw. 12 Monate Abstinenz
gelegentlicher Cannabiskonsum D4 (Im Regelfall mangelndes Trennungsvermögen) → Im Regelfall **kein Abstinenznachweis** erforderlich (wenn dauerhaft geplante Vermeidungsstrategie → Drogenverzicht) → 3–4 Monate Abstinenznachweis Kriterium D 4.5 K Nr. 2 und 3

☝ Auch wenn einige Gerichte im Drogenbereich grds. **ein** Jahr Abstinenz fordern, so bleiben doch **diese Abstinenzzeiträume** für die Gutachter in den BfF verpflichtend.

Entscheidend ist hier nicht die Tatsache, dass ein Fahrzeug unter Drogen geführt wurde, sondern das Konsummuster, welches bei dem Mandanten tatsächlich festgestellt wurde.

Die verfahrenstechnische Einjahresfrist des VGH München (Beschl. v. 9.5.2005 – 11 CS 04.2526):

„*… Sofern kein atypischer Sachverhalt im Sinne der Vorbemerkung 3 zur Anlage 4 zur Fahrerlaubnis-Verordnung inmitten steht, kann die wegen Betäubungsmittelkonsums verloren gegangene Fahreignung gemäß Nummer 9.5 der Anlage 4 zur Fahrerlaubnis-Verordnung frühestens nach einjähriger, nachgewiesener Abstinenz wiedererlangt werden. Soweit diese Vorschrift unmittelbar nur bei Betäubungsmittelabhängigkeit Platz greifen sollte, wäre sie entsprechend auf alle Fälle eines die Fahreignung ausschließenden Betäubungsmittelkonsums – einschließlich des Gebrauchs von Cannabis – anzuwenden ….*

Bei nur gelegentlicher Einnahme von Cannabis kann statt einer vollständigen Abstinenz auch der nachgewiesene Übergang zu einem mit den Anforderungen der Nummer 9.2.2 der Anlage 4 zur Fahrerlaubnis-Verordnung vereinbaren Konsumverhalten genügen. …“

Wurde bereits 2014 durch den VGH Mannheim (7.4.2014 – 10 S 404/14) in Frage gestellt.

b) Alkohol: 631

Abhängigkeit (Hypothese A1)	Kriterium A 1.3 N Nr. 1	ein Jahr Abstinenz
Alkoholverzicht (Hypothese A2)	Kriterium	ein Jahr Abstinenz
Alkoholgefährdung (Hypothese A3)	Kriterium	6 Monate Abstinenz

632 **3.a)** Unter Berücksichtigung dieser Festlegungen ist es **dringend erforderlich** im Regelfall bei

- Konsum von Drogen,
- einer diagnostizierten Alkoholabhängigkeit oder
- bei eignungsrelevanten Fahrten unter Alkohol

sofort einen **Abstinenzprogramm** in die Wege zu leiten (→ *Fahrerlaubnisrecht, Verwaltungsrechtliche Maßnahmen, Verfahrenstaktik*, Teil H Rdn 634)!

633 **b) Zusätzlich** zu den erforderlichen Abstinenzprogramm kann es empfehlenswert sein, in bestimmten Fällen als Vorbereitung für eine erfolgreiche med.-psych. **Begutachtung** einen **Verkehrspsychologen** mit ins Boot zu nehmen, der sich auf der Grundlage der Beurteilungskriterien mit dem Mandanten mit dessen Problembereichen auseinandersetzt.

Siehe auch: → *Fahrerlaubnisrecht, Allgemeines*, Teil H Rdn 537 m.w.N.; → *Fahrerlaubnisrecht, Einzelfälle, Allgemeines,* Teil H Rdn 543 m.w.N.; → *Fahrerlaubnisrecht, Verwaltungsrechtliche Maßnahmen, Allgemeines*, Teil H Rdn 615; → *Fahrerlaubnisrecht, Verwaltungsrechtliche Maßnahmen, Verfahrenstaktik*, Teil H Rdn 634.

634 Fahrerlaubnisrecht, Verwaltungsrechtliche Maßnahmen, Verfahrenstaktik

Das Wichtigste in Kürze:

1. Im Falle von gehäuft verkehrsauffälligen Mandanten empfiehlt es sich zu prüfen, inwieweit diese mit einer neuen Verkehrszuwiderhandlung über die Regelungen des Fahreignungs-Bewertungssystems (FABS) 8 Punkte erreichen würden.
2. Nachdem die Neuregelung des § 4 Abs. 6 StVG nicht mehr wie früher ausschließlich auf das Tattagsprinzip abhebt, ist in den einzelnen Punktebewehrten Verfahren darauf zu achten, inwieweit die VB schon Maßnahmen nach § 4 Abs. 5 StVG eingeleitet hat.
3. Die Einleitung von Abstinenznachweisen kann sowohl eine verfahrenstaktische als auch eine eignungsherstellende Maßnahme darstellen.
4. Seit der Umstellung des Punktesystems in das FABS und der Neuregelung des § 29 Abs. 6 und 7 StVG ist der Verzicht auf eine Fahrerlaubnis zu empfehlen.
5. Aufgrund der Inhomogenen Umsetzung der FeV sowohl auf Länder als auch auf Verwaltungsebene kann ein rechtzeitiger Wohnortwechsel – möglichst vor der Einleitung eines Verwaltungsverfahrens – darüber entscheiden, ob die Fahrerlaubnis sofort entzogen wird oder ob als einleitende Maßnahme eine medizinisch-psychologische Begutachtung angeordnet wird.

635 **Literaturhinweise:** S. die Hinw. bei → *Fahrerlaubnisrecht, Verwaltungsrechtliche Maßnahmen, Allgemeines*, Teil H Rdn 616 und bei den u.a. weiterführenden Stichwörtern.

636 **1.** Im Falle von gehäuft verkehrsauffälligen Mandanten empfiehlt es sich in Form einer **Rechtskraftprüfung** im **Bereich** des **FABS** zu prüfen, inwieweit diese mit einer neuen Verkehrszuwiderhandlung über die Regelungen des FABS acht Punkte erreichen würden. Dabei ist zu prüfen, inwieweit eine der ersten Zuwiderhandlungen in kurzer Zukunft gelöscht wird. Dann könnte es angemessen sein, das anstehende Verfahren bis zur Löschung der betroffenen Zuwiderhandlung hinauszuzögern um eine neue Mitteilung des Kraftfahrt-Bundesamtes zu vermeiden.

Beispiel: 637

Der Mandant hat im Fahreignungsregister (FAER) Zuwiderhandlungen eingetragen die mit 7 Punkten zu bewerten sind. Er begeht eine erneute Zuwiderhandlung die mit weiteren 2 Punkten zu bewerten ist und die bei Rechtskraft ins Register eingetragen wird. Aus einer Registerauskunft ist jedoch ersichtlich, dass in absehbarer Zeit die erste begangene OWI (mit 2 Punkten bewertet) aufgrund der 5-Jahrestilgung gelöscht wird.

In diesem Fall hätte der Mandant 9 Punkte und die Verwaltungsbehörde bekäme entsprechend § 4 Abs. 8 StVG eine Mitteilung über das Kraftfahrt-Bundesamt, da der Mandant eine Stufe überschritten hat.

In diesem Beispiel hat der Mandant nach dem Tattagsprinzip neun Punkte erreicht. Durch das Hinauszögern der Eintragung der letzten Zuwiderhandlung bis zur Löschung der ersten bleibt der Mandant jedoch weiterhin in der zweiten Stufe und erreicht keine acht Punkte und es erfolgt keine Mitteilung an die Verwaltungsbehörde und somit auch kein Entzug der Fahrerlaubnis.

Damit kann sicherlich nicht grds die zulässige Entziehung der Fahrerlaubnis nach dem Erreichen des Tattagprinzips ausgehebelt werden, jedoch kann die **Möglichkeit** eingeschränkt werden, dass die **Verwaltungsbehörde** von diesem Sachverhalt **Kenntnis** erhält. 638

Bei der Berechnung des Punktestandes ist dabei auf jeden Fall die **Umrechnung** der Punkte von vor dem 1.5.2014 und danach zu berücksichtigen (→ *Fahrerlaubnisrecht, Verwertungsregelungen, Allgemeines*, Teil H Rdn 661; → *Fahrerlaubnisrecht, Verwertungsregelungen, FAER*, Teil H Rdn 698). 639

☝ Der Mandant sollte allerdings in diesem Fall dringlichst darauf hingewiesen werden **keine weiteren Zuwiderhandlungen** mehr zu begehen, um einen Informationsfluss an die Verwaltungsbehörde zu vermeiden.

2. Nachdem die Neuregelung des § 4 Abs. 6 StVG nicht mehr wie früher ausschließlich auf das **Tattagsprinzip** abhebt, ist in den einzelnen Punktebewehrten Verfahren darauf zu **achten**, inwieweit die **Verwaltungsbehörde schon Maßnahmen** nach § 4 Abs. 5 StVG eingeleitet hat. 640

☝ Nach der Neuregelung in Folge der **Punktereform** ist nicht mehr der Tattag relevant, sondern der Tag der Kenntnisnahme einer neuen Zuwiderhandlung durch die Verwaltungsbehörde, insbesondere dann, wenn es sich um erforderliche Punktereduzierungen handelt.

Es kann von daher – ausschließlich aus der Sicht des FABS – von **Vorteil** sein, Verfahren möglichst rechtskräftig abzuschließen, damit diese **Verfahren** noch **vor** der **Einleitung** einer **Maßnahme** nach dem FABS ins Register **eingetragen** wird. Dies kann dann zu einer Punktereduzierung führen. 641

3. Die **Einleitung** von **Abstinenznachweisen** kann sowohl eine **verfahrenstaktische** als auch eine **eignungsherstellende** Maßnahme darstellen (→ *Fahrerlaubnisrecht, Verwaltungsrechtliche Maßnahmen, Eignungsherstellung*, Teil H Rdn 626). 642

a) Grds. ist davon auszugehen, dass in allen Fällen, in denen eine Zuwiderhandlung unter Drogen (ausschließlich Cannabis) oder Alkohol stattgefunden hat, die zu einer Eignungsüberprüfung durch eine medizinisch-psychologische Begutachtung führen, die Beurteilungskriterien in fast jedem Fall einen vorgegebenen Abstinenznachweis zwischen mindestens 6 und 12 Monaten fordern (→ Teil H Rdn 629 ff.)! 643

b) Die einzige **Ausnahme** kann eine **Fahrt** unter **Cannabis** darstellen. Hier ist nicht in allen Fällen ein Abstinenzerfordernis gegeben, näheres siehe Rdn 629 (→ *Fahrerlaubnisrecht, Verwaltungsrechtliche Maßnahmen, Eignungsherstellung*, Teil H Rdn 626). 644

645 *Beispiel:*
Es liegen mehrere Fahrten unter Cannabis vor, oder es führt eine Fahrt unter Cannabis aufgrund von Zusatztatsachen entsprechend § 13a Nr. 2a 2. Alt. FeV zur Anordnung einer med.-psychol. Begutachtung.

646 Im vorstehenden Beispiel greifen seit 04/2025 die Neuregelungen des Cannabisgesetzes und die neuen Beurteilungskriterien (5. Aufl.)

647 Für den **Verteidiger**/Rechtsanwalt ist Folgendes zu **beachten**:

☝ Einleitend wäre hier dem Verteidiger anzuraten mit dem Mandanten dessen tatsächliches **Konsumverhalten insbesondere bei Cannabiskonsum abzuklären**. Bleibt es beim **moderaten bzw. niederfrequenten Cannabiskonsum** ohne Beikonsum anderer Drogen oder Alkohol in der Vergangenheit ist nicht zwingend ein Abstinenzprogramm erforderlich. Es wäre trotzdem anzuraten sofort nach Übernahme der Mandantschaft ein Drogenscreening bzw. ein Drogenkontrollprogramm über 6 Monate zum Abstinenznachweis einzuleiten, um für eine med.-psychol. Begutachtung gut vorbereitet zu sein. Alternativ ist die unmittelbare Hinzuziehung eines Verkehrspsychologen anzudenken um abzusichern ob alle Voraussetzungen für eine positive Begutachtung ohne Abstinenzzeitraum vorliegen.

Im Gegensatz zum Konsum anderer Drogen fordern die neuen **Beurteilungskriterien** in der Konstellation aus dem Beispiel **nicht zwingend einen festgelegten Abstinenznachweis** durch Drogenscreenings bzw. eine Haaranalyse.

648 **4.a)** Seit der Umstellung des Punktesystems in das FABS ist der **Verzicht** auf eine **Fahrerlaubnis** außerhalb des FABS nur noch unter bestimmten Umständen zu empfehlen, um den Mandanten nicht in ein unnötiges Verwaltungshandeln zu drängen. Diese Frage kann sich sowohl auf einen Verzicht auf die Fahrerlaubnis im Straf- als auch im Verwaltungsverfahren ergeben!

649 Grds. empfiehlt es sich immer **spätestens** im **Anhörungsverfahren** zum Entzug der Fahrerlaubnis auf die **Fahrerlaubnis** zu verzichten um dem Mandanten die Kosten für die Entziehungsverfügung zu ersparen und ergänzend die Eintragung einer Negativentscheidung zu vermeiden. Dabei sind jedoch die **Neuregelungen** des **§ 4 StVG** zu beachten und vor dem Verzicht zu berücksichtigen. Insoweit gelten folgende

650 **Grundsätze/Empfehlungen**

- Im Gegensatz zur Regelung im bisherigen Punktsystem regelt § 4 Abs. 3 S. 2 Nr. 3 StVG, dass nun der **Verzicht** der **Entziehung** hinsichtlich der Punktelöschung grds. **gleichgestellt** werden soll.
- Dies ist jedoch **nur bedingt** der Fall. Entsprechend § 4 Abs. 3 S. 2 Nr. 3 StVG i.V.m. Abs. 10 S. 2 StVG führt der Verzicht nicht nur zur Löschung von Punkten.
- Ergänzend folgt immer eine 6monatige Sperrfrist nach Abgabe des Führerscheins, wenn zum Zeitpunkt der Wirksamkeit des Verzichts mindestens zwei Entscheidungen nach § 28 Abs. 3 Nr. 1 StVG (**Straftat mit Strafe**) oder Nr. 3 (**rechtskräftige Ordnungswidrigkeiten**) gespeichert sind.

651 **b) Ergänzend** stellt sich in diesem Zusammenhang die Frage nach der **Anordnung** einer **medizinisch-psychologischen Begutachtung** nach einem Verzicht. Dazu heißt es in § 4 Abs. 10 S. 4 StVG, dass in den Fällen des § 4 Abs. 10 S. 1 StVG die „zuständige Behörde unbeschadet der Erfüllung der sonstigen Voraussetzungen für die Erteilung der Fahrerlaubnis zum Nachweis, dass die Eignung zum Führen von Kraftfahrzeugen wiederhergestellt ist, in der Regel die Beibringung eines Gutachtens einer amtlich anerkannten Begutachtungsstelle für Fahreignung anzuordnen“ hat.

652 Nach der **Gesetzesbegründung** ist die Regelung insbesondere für Fälle gedacht, in denen ein Inhaber einer Fahrerlaubnis einer drohenden Entziehung der Fahrerlaubnis durch einen vorherigen Verzicht zuvorkommen will. Um zu vermeiden, dass Fahrerlaubnisinhaber Punktelöschungen durch einen Verzicht und einen kurz danach gestellten Neuantrag erreichen können, erfolgt die Gleichstellung von Entziehung und

Verzicht auch im Hinblick auf die Frist zur Neuerteilung. Auch nach einem Verzicht muss die Behörde vor Neuerteilung der Fahrerlaubnis die Eignung feststellen und es gilt eine sechsmonatige Sperrfrist, sofern gegen den Betroffenen zum Zeitpunkt des Verzichts mindestens zwei Entscheidungen über Zuwiderhandlungen, also mindestens zwei Punkte, im Fahreignungsregister eingetragen waren. Wird dies auf das Verwaltungshandeln übertragen, wäre die Grundvoraussetzung, die Tatsache, dass ein Fahrerlaubnisinhaber einer Entziehung einer Fahrerlaubnis aus dem Weg gehen will.

Es wäre **nicht angemessen**, die Betroffenen grds. bei jedem Verzicht, der bei einem Punktestand von mehr als ein Punkt vorgenommen wird für sechs Monate aus dem Verkehr zu ziehen und die Neuerteilung von einer med.-psych. Begutachtung abhängig zu machen. Dies würde insbesondere in den Fällen eines Verzichts aufgrund von temporären körperlich-/geistigen Mängeln sicherlich eine ungerechtfertigte Härte. Es bleibt jedoch auch festzuhalten, dass in diesen Fällen der Zeitraum bis zur Neuerteilung selten unter 6 Monaten liegen dürfte. 653

Aufgrund der Formulierung 654

„... Das gilt auch bei einem Verzicht auf die Fahrerlaubnis, wenn zum Zeitpunkt der Wirksamkeit des Verzichtes mindestens zwei Entscheidungen nach § 28 Abs. 3 Nr. 1 oder 3 gespeichert waren. ...“

muss auch davon ausgegangen werden, dass sich ein Verzicht vor dem 1.5.2014 auch auf die Neuerteilung auswirkt, da nicht auf eine Eintragung im FAER abgehoben wird, sondern nur auf die **Speicherung** von Entscheidungen.

Wurde **vor** dem **1.5.2014** auf die Fahrerlaubnis **verzichtet** und waren zu diesem Zeitpunkt entsprechende Eintragungen vorhanden, die nicht der „Bereinigung“ entsprechend § 65 Abs. 3 StVG unterliegen, muss dieser ggf. ebenfalls die sechs Monate warten und die MPU machen. 655

Schlimmstenfalls handelte es sich um einen Fall, in dem die Fahrerlaubnis **aufgrund körperlicher** Mängel **entzogen** wurde und der Betroffene aus prozessualen Gründen verzichtet hat und zufälligerweise 2 Eintragungen entsprechend der Regelung nach dem 1.5.2014 eingetragen hatte. Erschwerend kommt dann noch die Konstellation hinzu, dass der Verzicht (15 Jahre verwertbar) vor dem 1.5.2014 erfolgte und die Mandanten aus Unkenntnis nicht entsprechend beraten werden konnten. 656

Der **Entzug** wegen einem **nicht durchgeführten Aufbauseminar** führt grds. zu keiner Sperre mit anschließender Begutachtung, sofern die entsprechenden Eintragungen vorhanden sind. 657

Weitergehend wäre zu klären, wie diese Begutachtung durchzuführen ist, wenn der Betroffene so lange wartet, bis diese Eintragungen getilgt sind. Was soll in diesen Fällen vom Gutachter berücksichtigt werden, wenn zum Zeitpunkt der der Anordnung der Begutachtung keine Eintragungen mehr vorhanden sind? Hier ist zu berücksichtigen, dass ein Verzicht nicht unter die Neuregelung des § 29 Abs. 6 und 7 StVG fällt. Die dem Verzicht zugrunde liegenden Eintragungen sind nicht mehr verwertbar. 658

☝ In den Fällen, in denen in einem aktuell anschließenden Verwaltungsverfahren ein Verzicht in Frage kommen könnte, ist zu **prüfen**, inwieweit bei dem Mandanten zum Zeitpunkt der Wirksamkeit des Verzichtes **mindestens zwei Entscheidungen** nach § 28 Abs. 3 Nr. 1 oder 3 StVG **gespeichert** waren. Dabei ist zu berücksichtigen ob der Zeitraum eines erforderlichen Abstinenznachweises deckungsgleich ist mit der Sperrfrist von 6 Monaten gemäß § 4 Abs. 10 StVG.

5. Aufgrund der Inhomogenen Umsetzung der FeV sowohl auf Länder als auch auf Verwaltungsebene kann ein rechtzeitiger **Wohnortwechsel** – möglichst vor der Einleitung eines Verwaltungsverfahrens – darüber entscheiden, ob die Fahrerlaubnis sofort entzogen wird oder ob als einleitende Maßnahme eine medizinisch-psychologische Begutachtung angeordnet wird. Dies kann für den einzelnen Mandanten einen existenziellen Unterschied ausmachen. 659

660 *Beispiel:*

Eine Trunkenheitsfahrt mit einer BAK von 1,6 ‰ führt aufgrund der inhomogenen Rspr. zum Thema der Anwendung des § 3 FeV in Bayern nur zur Überprüfung der Fahrerlaubnis und ggf. Entziehung derselben und im Saarland zur Überprüfung aller Fahrzeugarten mit ggf. anschließender Untersagung des Führens von „fahrerlaubnisfreien Fahrzeugen".

Siehe auch: → *Fahrerlaubnisrecht, Allgemeines*, Teil H Rdn 537; → *Fahrerlaubnisrecht, Einzelfälle, Allgemeines,* Teil H Rdn 543; → *Fahrerlaubnisrecht, Verwaltungsrechtliche Maßnahmen, Eignungsherstellung*, Teil H Rdn 626.

661 Fahrerlaubnisrecht, Verwertungsregelungen, Allgemeines

Das Wichtigste in Kürze:

1. Für die Entscheidung welche Eintragungen in Registern noch für das Verwaltungshandeln herangezogen werden dürfen, müssen unterschiedliche Registerregelungen beachtet werden.
2. Grundlage für die Entscheidung welche Verkehrszuwiderhandlungen im FAER zu speichern und zu verwerten sind, ist § 6 Abs. 1 Nr. 1s StVG.
3. Die Aufgabe des ZFER, das ebenfalls beim Kraftfahrt-Bundesamt in Flensburg geführt wird, besteht in der Speicherung der sog. Positivdaten.
4. Das örtliche Fahrerlaubnisregister wird bei den ca. 600 einzelnen Fahrerlaubnisbehörden geführt und enthält insb. Daten über die Alt-Fahrerlaubnisklassen 1 bis 5, die nicht im ZFER gespeichert sind und Daten die nach § 2 Abs. 9 und Abs. 12 StVG zusätzlich zum FAER gespeichert werden können.
5. Grds. besteht sowohl für die Behörde als auch für Privatpersonen die Möglichkeit, Auskünfte aus den entsprechenden Registern zu erhalten. Die Auskünfte an Privatpersonen sind i.d.R. unentgeltlich.
6. Bis 2019 müssen die Eintragungen im örtlichen Register und im FAER mit unterschiedlichen Regelungen überprüft werden, da sich zum 1.5.2014 die Registerregelungen speziell im FAER geändert haben.

662 **Literaturhinweise:** **Bouska/Laeverenz**, Fahrerlaubnisrecht, 3. Aufl. 2004; **Bücken**, Das Verkehrszentralregister aus Sicht des Verteidigers, ZfS 2009, 487; **Burhoff**., Punktereform 2014: Fahreignungs-Bewertungssystem und Übergangsregelungen, VA 2014, 69; *ders.*, Das (neue) Fahreignungsregister und Fahreignungsbewertungssystem in einem ersten Überblick, ZAP F 9, S. 855; **Eisele**, Verzicht auf die Fahrerlaubnis als Instrument zur Beendigung von Strafverfahren, NZV 1999, 232 ff.; **Fromm**, Übersichtlichkeit des Flensburger Verkehrszentralregisters, SVR 2010, 410; *ders.*, Zur Überprüfung der Punktebewertung im Bußgeld- und Verkehrsverwaltungsrecht, NZV 2015, 64; **Gübner**, Die Änderung des Straßenverkehrsgesetzes durch das Justizmodernisierungsgesetz, NZV 2005, 57; *ders.*, Fahreignungsregister und Fahreignungsbewertungssystem – Teil 1, VRR 2014, 53; *ders.*, Fahreignungsregister und Fahreignungsbewertungssystem – Teil 2, VRR 2014, 89; **Hentschel/König/Dauer**, Straßenverkehrsgesetz, 42. Aufl. 2015; **Henrichs**, Datenübermittlung von der Polizei an die Fahrerlaubnisbehörden, NJW 1999, 3152; **Jagow**, Aufbewahrung von MPU-Gutachten, VD 1997, 1; **Kalus**, Die Besonderheit der Übergangsregelung des § 65 Abs. 9 StVG, VD 03/2007; *ders.*, Die vorzeitige Tilgung von Eintragungen im Verkehrszentralregister, VD 04/2007; *ders.*, Übergangsregelungen Punktesystem, VD 2014, 38; *ders.*, Die neuen Verwertungsregelungen des § 29 Abs. 6 und 7 StVG, VD 2023, 10; **Koehl**, Die Neuregelung des Punktsystems und ihre Auswirkungen auf das Verkehrsverwaltungsrecht, DAR 2013, 9; *ders.*, Das neue Fahreignungsregister, VD 2014, 31; **Kappus**, Haftungsfallen bei der Umstellung auf das neue Flensburger Punktesystem, NJW 2014, 677; **Krumm**, Bundeszentralregister; Inhalt Tilgung und Verwertung strafrechtlicher Voreintragungen, VRR 2008, 52; **Krutein**, Fahrerlaubnis, Führerschein und zentrale Erfassung der Fahrerlaubnisdaten – Eine Analyse der derzeitigen Rechtssituation und Praxis, NZV 1989, 129; **Lippert**, Datenübermittlung zwischen den Polizeibehörden und Fahrerlaubnisbehörden, VD 1999, 31; **Müller**, Die Mitteilungspflicht an die Fahrerlaubnisbehörden gemäß § 2 Abs. 12 StVG, VD 2007, 245; **Plate**, Überleitung von Maßnahmen nach dem alten Punktesystem in das neue Fahreignungs-Bewertungssystem und anschließende Anwendung des Fahreignungs-Bewertungssystem, DAR 1014, 03; **Pinkerneil**, Die

neue Tattagshemmung nach § 29 Abs. 6 Satz 2 StVG – eine für den Tatrichter unanwendbare Vorschrift, DAR 2005, 57; **Reisert**, Das neue Fahreignungsregister, zfs 2014, 181; **Ternig**, EUCARIS als Überwachungsmöglichkeit, VD 2004, 192; **Schäpe**, Unverwertbarkeit von Voreintragungen in der Überliegefrist, DAR 2007, 348; **Wendlinger**, Fahrerlaubnisrecht: Ermessensausübung bei der Überprüfung der charakterlichen Fahreignung, NZV 2006, 505; a. noch die Hinw. bei → *Fahreignungsregister, Allgemeines*, Teil E Rdn 332.

1. Für die Entscheidung welche Eintragungen in Registern noch für das Verwaltungshandeln herangezogen werden dürfen, müssen insgesamt folgende **Registerregelungen** beachtet werden: 663

- **Fahrerlaubnisrecht, Register, Bundeszentralregister (BZR):** Im BZR werden Straftaten gespeichert, die für Maßnahmen im Fahrerlaubnisrecht nur sehr beschränkt verwertet. Insb. bei der Beurteilung, ob der Bewerber oder Inhaber einer Fahrerlaubnis zur Fahrgastbeförderung die Gewähr dafür bietet, dass er der besonderen Verantwortung bei der Beförderung von Fahrgästen gerecht wird (§ 48 Abs. 4 Nr. 2 FeV) oder in den Fällen von Straftaten ohne direkten Bezug zum Straßenverkehr mit Hinweisen z.B. auf Drogenbesitz oder erhöhtes Aggressionspotenzial (z.B. gefährliche und/oder vorsätzliche Körperverletzung) haben, werden Eintragungen über allgemeine Straftaten ohne direkten Bezug zum Straßenverkehr aus dem BZR herangezogen (→ *Bundeszentralregister, Eintragungen, Allgemeines*, Teil E Rdn 51).
- **Fahrerlaubnisrecht, Register, Fahreignungsregister (FAER):** Das FAER (Nachfolgeregister des Verkehrszentralregisters) wird beim Kraftfahrt-Bundesamt in Flensburg geführt. Dort werden seit 1958 rechtskräftige Verkehrsverstöße (Bußgeldbescheide und Strafurteile ab einem Geldbetrag von 60,00 EUR) – sog. **Negativdaten** – von Kraftfahrern registriert und seit 1974 um alle erforderlichen Eintragungen rund um das Punktesystem nach § 4 StVG erweitert.

☝ Da zum 1.5.2014 die **Eintragungsmöglichkeiten** in das Zentrale Register verändert wurden, soll an dieser Stelle etwas ausführlicher auf die neuen Registerregelungen eingegangen werden.

2. Grundlage für die Entscheidung welche Verkehrszuwiderhandlungen im Fahrahreignungsregister zu speichern und zu verwerten sind, ist **§ 6 Abs. 1 Nr. 1 StVG**. Auf dieser Rechtsnorm baut die Anlage 13 zur FeV als Grundlage auf und listet abschließend auf, welche Straftaten und Ordnungswidrigkeiten heranzuziehen sind. Zu Recht sieht *Koehl* (DAR 2013, 9 ff.) diese Auflistung als unvollständig an und listet einige Verkehrszuwiderhandlungen auf, die darüber hinaus als eignungsrelevant anzusehen sind. 664

b) Die **Punkteverteilung** wird in **drei Kategorien** vorgenommen: 665

- **3 Punkte**
  Straftaten mit Bezug auf die Verkehrssicherheit oder gleichgestellte Straftaten, sofern in der Entscheidung über die Straftat die Entziehung der Fahrerlaubnis nach den §§ 69, 69b StGB oder eine Sperre nach § 69a Abs. 1 S. 3 StGB angeordnet worden ist,
- **2 Punkte**
  Straftaten mit Bezug auf die Verkehrssicherheit oder gleichgestellte Straftaten, sofern sie nicht von Nr. 1 erfasst sind, und besonders verkehrssicherheitsbeeinträchtigende oder gleichgestellte Ordnungswidrigkeiten jeweils mit zwei Punkten und
- **1 Punkt**
  verkehrssicherheitsbeeinträchtigende oder gleichgestellte Ordnungswidrigkeiten.

☝ Interessant in diesem Zusammenhang die **Umformulierung** des **§ 4 Abs. 2 S. 4 StVG**. Während in § 4 Abs. 2 S. 2 StVG a.F. die Formulierung wie folgt lautete: „...*Sind durch eine Handlung mehrere Zuwiderhandlungen begangen worden, so wird nur die Zuwiderhandlung mit der höchsten Punktzahl berücksichtigt. ...“ lautet der neue S. 4 wie folgt: „... Soweit in Entscheidungen über Straftaten oder Ordnungswidrigkeiten auf Tateinheit entschieden worden ist, wird nur die Zuwiderhandlung mit der höchsten Punktzahl berücksichtigt. ...*“. Damit ist klargestellt, dass bei Entscheidungen in Straf- oder

Ordnungswidrigkeitsverfahren bei denen mehrere Zuwiderhandlungen betroffen sind, zwar eine Tatmehrheit vorliegt, dem FAER jedoch nur noch die „höherwertige Tat" mitgeteilt wird. Damit wird das Gesamtverfahren sowohl für die Mandanten als auch für die nach Landesrecht zuständigen Behörden einfacher und transparenter.

666 **b) Welche** Zuwiderhandlungen in das **FAER eingetragen** werden, regelt **Anlage 13 zur FeV abschließend**. Sie listet die Verkehrszuwiderhandlungen auf, die im FAER gespeichert und damit innerhalb des FABS berücksichtigt werden dürfen. So werden z.B. mit drei Punkten i.d.R. Straftaten im Straßenverkehr belegt, soweit die Entziehung der Fahrerlaubnis oder eine isolierte Sperre angeordnet worden ist. Ordnungswidrigkeiten werden ggf. mit zwei Punkten oder auch nur einem Punkt eingetragen. Wegen der Einzelh. wird auf die Anlage 13 zur FEV verwiesen.

667 **3.** Die Aufgabe des ZFER, das ebenfalls beim Kraftfahrt-Bundesamt in Flensburg geführt wird, besteht in der Speicherung der sog. **Positivdaten**. Es wurde mit Einführung der Fahrerlaubnis-Verordnung 1999 eingerichtet und enthält alle Daten, die im Zusammenhang mit dem Besitz einer Fahrerlaubnis stehen. Da dieses Register erst 1999 eingerichtet und seit diesem Zeitpunkt geführt wird, enthält es ausschließlich Informationen über Fahrerlaubnisse der EU-Klassen. Diese reduzierte Datenspeicherung wird bis 2033 anhalten, da nach EU-Recht erst bis dahin alle Führerscheine in das neue Muster umgeschrieben sein müssen (→ *Fahreignungsregister, Allgemeines*, Teil E Rdn 332 m.w.N.).

668 **4.** Das **örtliche Fahrerlaubnisregister** wird bei den ca. 600 einzelnen Fahrerlaubnisbehörden geführt und enthält insb. Daten über die Alt-Fahrerlaubnisklassen 1 bis 5, die nicht im ZFER gespeichert sind und Daten die nach § 2 Abs. 9 und Abs. 12 StVG zusätzlich zum FAER gespeichert werden können. Um die Mehrfachspeicherung von Daten in den örtlichen Registern und dem FAER auszuschließen, wurde durch § 65 Abs. 10 StVG geregelt, dass die FEB spätestens bis zum 31.12.2014 die im Zentralen Fahrerlaubnisregister gespeicherten Daten aus ihrem örtlichen Fahrerlaubnisregister gelöscht haben müssen. Die noch nicht im Zentralen Fahrerlaubnisregister gespeicherten Daten der Fahrerlaubnisbehörden sollen „bis zur jeweiligen Übernahme im örtlichen Register gespeichert" bleiben.

669 **5.a)** Grds. besteht sowohl für die Behörde als auch für Privatpersonen die Möglichkeit, **Auskünfte** aus den entsprechenden Registern zu erhalten. Die Auskünfte an Privatpersonen sind i.d.R. unentgeltlich (→ *Fahreignungsregister, Allgemeines*, Teil E Rdn 332 m.w.N.).

Folgende **Rechtsgrundlagen** gelten für die Auskünfte aus dem

670 **Bundeszentralregister** (→ *Bundeszentralregister, Auskunft, Allgemeines*, Teil E Rdn 16 m.w.N.):

- Bei der Anforderung von **Führungszeugnissen** wird insb. zwischen zwei Arten von Führungszeugnissen unterschieden (→ *Bundeszentralregister, Führungszeugnis, Allgemeines*, Teil E Rdn 175 m.w.N.):
  - **Belegart N** → das **private Führungszeugnis (§ 30 Abs. 1 BZRG)**,
  - **Belegart O** → das **behördliche Führungszeugnis (§ 30 Abs. 5 BZRG)**

☝ Bei der Beantragung eines Führungszeugnisses zur Vorlage bei der Behörde kann der Betroffene verlangen, dass das Führungszeugnis – sofern es Eintragungen enthält – zuerst an ein von ihm benanntes AG zur **Einsichtnahme** gesendet wird. Dort hat er (nicht der vertretende Verteidiger!) die Möglichkeit die Inhalte zu prüfen. Führungszeugnisse ohne Inhalt, oder wenn der Betroffene nicht auf Hinterlegung bei einem AG besteht, werden direkt an die nach § 31 BZRG zuständige Behörde übersendet.

- Das Führungszeugnis zur Vorlage bei einer Behörde (→ *Bundeszentralregister, Führungszeugnis, Behördenführungszeugnis*, Teil E Rdn 199) enthält gem. § 32 Abs. 3 BZRG insb. folgende zusätzliche Informationen über Entscheidungen von Verwaltungsbehörden oder Gerichten über:

- Entfernung aus der Truppe nach Art. III des NATO-Truppenstatuts,
- Entscheidungen die auf dem Passgesetz beruhen,
- Entscheidungen die aus dem Waffen- oder Sprengstoffgesetz resultieren
- und die aufgrund von fehlender körperlicher Eignung oder Unzuverlässigkeit getroffen worden sind und wenn sie nicht länger als zehn Jahre zurückliegen.

☝ Dies gilt auch für Verurteilungen, die mit einer **freiheitsentziehenden Maßregel** der Besserung und Sicherung angeordnet worden ist.

■ Weiterhin werden **Einstellungsentscheidungen nach § 11 Abs. 1 BZRG** eingetragen, wenn dieser
- eine erwiesene oder nicht auszuschließende Schuldunfähigkeit bzw.
- eine auf einer psychischen Krankheit beruhende Verhandlungsunfähigkeit
- zugrunde liegt und diese Entscheidung nicht länger als fünf Jahre zurückliegt.

☝ Diese Entscheidungen müssen **aufgrund** eines **Gutachtens** eines medizinischen SV **erfolgt** sein.

■ Existieren bei dem Antragsteller abweichende Personendaten wie z.B. **Alias-Namen** oder ergeben sich zu einer Person verschiedene Namen unter den Verurteilungen im BZR eingetragen sind, werden diese Personendaten ebenfalls in dem Führungszeugnis für Behörden aufgeführt.

Fahreignungsregister (§ 30 Abs. 8 StVG): 671

■ Die Inhalte der Auszüge aus dem FAER an Privatpersonen oder Verwaltungsbehörden sind identisch.

■ Der Auszug aus dem FAER kann über Formulare des Kraftfahrt-Bundesamtes angefordert werden. Den erforderlichen Identitätsnachweis regelt § 64 FeV.

Zentrales und örtliches Fahrerlaubnisregister (§ 58 StVG): 672

■ Für Auskünfte aus dem ZFER ist das **KBA zuständig**. Der formlosen Anfrage ist aus datenschutzrechtlichen Gründen eine Kopie der Vorder- und Rückseite des Personalausweises oder des Passes beizufügen, bzw. sind die anderen Möglichkeiten des § 64 FeV zu nutzen.

■ Auskünfte aus dem örtlichen Fahrerlaubnisregister erteilt die örtlich zuständige Fahrerlaubnisbehörde. Dabei sollte man sich nicht auf die Auskunftsmöglichkeit nach § 58 StVG beschränken, sondern generell einen Einblick in die Fahrerlaubnisakte nehmen.

☝ Eine Auskunft aus dem örtlichen Register ist nicht mit einer Karteikartenabschrift gleichzusetzen. Die **Karteikartenabschrift** ist ausschließlich zum Informationsaustausch zwischen Verwaltungsbehörden gedacht und stellt eine Ergänzung zur Fahrerlaubnisakte dar. Eine Karteikartenabschrift erfüllt im Regelfall nicht die Anforderungen des § 58 StVG, wenn außer den Fahrerlaubnisdaten noch weitergehende Informationen gespeichert sind.

b) Hinweise für den Verteidiger/Rechtsanwalt! 673

Folgende Punkte sind von **Bedeutung** für ein Auskunftsverlangen:

■ Für die Anforderung von Registerauskünften durch Verfahrensbevollmächtigte ist eine **Kopie der Vertretungsvollmacht** ausreichend (s. § 64 Abs. 2 FeV). Diese Regelung bezieht sich sowohl auf die Auskünfte aus dem FAER als auch dem örtlichen und Zentralen Fahrerlaubnisregister.

■ Bei den Auskünften aus dem FAER ist darauf zu achten, dass diese Auskünfte **nicht verbindlich** sein können, da es möglich ist, dass zum Zeitpunkt der Mitteilung rechtskräftige Entscheidungen noch nicht eingetragen sind, da die entscheidenden Behörden (Bußgeldstellen oder Gerichte) diese noch nicht mitgeteilt haben. Alles, was der Mandant dem Verteidiger zu diesem Zeitpunkt verschweigt, schadet ihm im Regelfall nur, da nur bei Offenlegung aller Tatsachen eine sinnvolle Strategie für das Verwaltungsverfahren und einen ggf. anstehenden Eignungsnachweis entwickelt werden kann.

- In diesem Zusammenhang spielt das **Vertrauensverhältnis zwischen Anwalt** und **Mandant** eine entscheidende Rolle.

☝ Die folgenden Ausführungen beschäftigen sich mit den Regelungen über Eintragungen in den einzelnen Registern. Es ist **unerlässlich**, sich mit diesem **Thema umfassend** zu **beschäftigen**, da die Regelungen aufgrund ihrer Komplexität in vielen Verwaltungsbehörden keine rechtskonforme Anwendung finden. Hier hat ein Verteidiger die Möglichkeit für seine Mandanten mit Erfolg tätig zu werden, da sehr oft die Akten in den Verwaltungsbehörden nicht rechtskonform geführt werden.

Bei einem umfangreichen Auszug aus den Registern **empfiehlt es sich immer**, ein Berechnungsformular auszufüllen und dann entsprechend der erläuterten Regelungen insb. im Hinblick auf die Eintragungen im örtlichen Register die Verwertbarkeit einer Eintragung zu prüfen. Damit ist auch eine substantiierte Einlassung gegenüber der VB möglich.

Bezieht sich die Verwaltungsbehörde auf Eintragungen im örtlichen Register, die nicht mehr im FAER gespeichert sind, **empfiehlt** es sich **immer** die **Fahrerlaubnisakte beizuziehen**, um die Verwertbarkeit der Eintragung bzw. der entsprechenden Informationen zu prüfen.

674 **6.a) Bis 2019** mussten die Eintragungen im örtlichen Register und im FAER mit unterschiedlichen Regelungen überprüft werden, da sich die Registerregelungen speziell im FAER mehrfach geändert haben.

675 **b)** Dabei sind **zwei Grundregeln** zu beachten:

676 **aa) Grundregel 1:** Getilgte oder tilgungsreife Eintragungen nach § 29 StVG oder zu vernichtende Unterlagen nach § 2 Abs. 9 StVG dürfen nicht mehr für die aufgeführten Verwaltungsverfahren herangezogen werden.

☝ Seit dem 1.1.1999 galt zumindest für die Verwertung aller Eintragungen im Überprüfungsverfahren ab diesem Zeitpunkt der Grundsatz: „Tilgungsfrist = möglicher Verwertungszeitraum". Seit 07/2021 wurde dieser Grundsatz aufgrund der Änderungen des § 29 Abs. 6 und 7 aufgehoben. Seit diesem Zeitraum dürfen Zuwiderhandlungen, die im einem Negativbescheid zu einer Negativentscheidung geführt haben, über die Speicherung im örtlichen Register so lange verwertet werden, wie die damit in Verbindung stehende Negativentscheidung im Zentralen Register gespeichert ist.

677 Damit wurde die bisherige Regelung der sog. „**ewigen Verwertung**" abgelöst. Diese Neuregelung war erforderlich, da bis zu diesem Datum die Verwertung von Eintragungen in einem Überprüfungsverfahren im Ermessen der Verwaltungsbehörde lag und sehr unterschiedlich gehandhabt wurde, da es keine absoluten Tilgungsfristen gab.

678 **bb) Grundregel 2:** Die Regelungen der §§ 2 Abs. 9, 29 StVG geben der Verwaltungsbehörde einen **zeitlichen Rahmen**, in dem Eintragungen und bestimmte Unterlagen verwertet werden können. Das bedeutet nicht, dass die Verwaltungsbehörde immer den max. möglichen Zeitrahmen ausschöpfen muss. Hier ist entsprechend der Wertigkeit der Unterlagen Ermessen auszuüben. Hierzu hat u.a. das BVerwG (BVerwG NJW 2004, 3440) im Zusammenhang mit der Überprüfung der Eignung von Drogenkonsumenten ausgeführt, dass nicht beliebig weit in der Vergangenheit zurückliegende Tatsachen als Grundlage für eine Eignungsüberprüfung herangezogen werden können.

679 Entscheidend ist dabei die Gewichtung der bekannten Tatsachen und die Berücksichtigung der vergangenen Zeit. Das BVerwG (a.a.O.) legt in dieser Entscheidung dar, dass die Verwertbarkeit von Erkenntnissen nicht nur von der Tilgung oder Vernichtung, sondern auch von der Schwere des „Verstoßes" in Abhängigkeit mit dem bisherigen Zeitablauf abhängt. Nur dann wird die Verwaltungsbehörde dem Verhältnismäßigkeitsgrundsatz gerecht. Andere Gerichte sind demgegenüber der Auffassung, dass der

Ermessensspielraum stark eingeschränkt ist, da die Registerregelungen den Verwertungszeitraum für die Verwaltungsbehörde vorgeben.

☝ **Beide Auffassungen** haben ihre **Daseinsberechtigung**. Während das BVerwG (a.a.O.) sich insb. auf die Regelungen der örtlichen Register bezieht, hebt die sonstige oberverwaltungsrechtliche Rspr. mehr auf die Eintragung in den zentralen Registern ab.

Da die Aufbewahrungs- und damit verbundenen Verwertungsmöglichkeiten von Informationen in den örtlichen Registern nach § 2 Abs. 9 StVG ungenügend geregelt sind, kann es sowohl bei der Aufbewahrung als auch bei der Verwertung von Informationen zu sehr unterschiedlichen Vorgehensweisen bei den Verwaltungsbehörden führen.

Dabei ist zu unterscheiden zwischen der Verwertung von Zuwiderhandlungen entsprechend den Regelungen des § 29 StVG, den definierten Unterlagen in § 2 Abs. 9 StVG und sonstigen Tatsachen wie z.B. der Konsum von Drogen.

Siehe auch: → *Fahrerlaubnisrecht, Allgemeines*, Teil H Rdn 537 m.w.N.; → *Fahrerlaubnisrecht, Verwertungsregelungen, FAER*, Teil H Rdn 698.

Fahrerlaubnisrecht, Verwertungsregelungen, altes Recht bis zum 30.4.2014 680

Das Wichtigste in Kürze:

1. Die Tilgungsfrist beschreibt den Zeitraum, nach dem eine einzelne Eintragung ab einem definierten Anfangszeitpunkt in einem Register tilgungsreif wird. Unter tilgungsreifen Eintragungen werden alle Eintragungen in den Registern verstanden, die zwar zu tilgen wären, die aber aufgrund der Überliegefrist noch nicht gelöscht werden können.
2. Der Regelung des § 29 StVG a.F. unterliegen alle Eintragungen die bis zum 31.4.2014 ins Verkehrszentralregister eingetragen wurden. Alle Eintragungen ab dem 1.5.2014 unterliegen den Neuregelungen für das FAER.
3. In den Regelungen des ZFER wird die Tilgung als Löschung bezeichnet.
4. Soweit die örtlichen Fahrerlaubnisregister Entscheidungen enthalten, die auch im Verkehrszentralregister einzutragen sind, gilt für die Löschung (Tilgung) § 29 StVG a.-F. entsprechend. Für die Löschung der übrigen Daten gilt § 61 Abs. 1 StVG.
5. Die Tilgungshemmung hindert die Tilgung oder Löschung einer anderen Eintragung in einem Register. Diese Besonderheit wurde zum 1.5.2014 aufgehoben.
6. § 29 Abs. 5 StVG, enthält eine Besonderheit für den Beginn der Tilgungsfrist bei Eignungsentscheidungen, die insb. außerhalb der Verwaltungsbehörden in der Praxis häufig zu Verständnisproblemen führt

Literaturhinweise: S. die Hinw. bei → *Fahrerlaubnisrecht, Verwertungsregelungen, Allgemeines*, Teil H Rdn 661 und bei → *Fahreignungsregister, Tilgung und Löschung von Eintragungen*, Teil E Rdn 400. 681

1. Die **Tilgungsfrist** beschreibt den Zeitraum, nach dem eine einzelne Eintragung ab einem definierten Anfangszeitpunkt in einem Register tilgungsreif wird. Unter **tilgungsreifen** Eintragungen werden alle Eintragungen in den Registern verstanden, die zwar zu tilgen wären, die aber aufgrund der Überliegefrist noch nicht gelöscht werden können. Tilgungsreife Eintragungen sind gelöschten Eintragungen gleichzusetzen, sie dürfen nicht für Straf- oder Verwaltungsmaßnahmen herangezogen werden. 682

☝ Zum **ab 1.5.2014** geltenden Recht wird verwiesen auf → *Fahrerlaubnisrecht, Verwertungsregelungen, FAER*, Teil H Rdn 698 und auf → *Fahreignungsregister, Allgemeines*, Teil E Rdn 332 m.w.N.

683 **2.** Der Regelung des **§ 29 StVG a.F.** unterliegen alle Eintragungen die bis zum 31.4.2014 ins Verkehrszentralregister eingetragen wurden. Alle Eintragungen ab dem 1.5.2014 unterliegen den Neuregelungen für das Fahreignungsregister.

684 Insoweit gelten **folgende Fristen/Voraussetzungen**:

- **Zwei Jahre** bei Entscheidungen wegen einer Ordnungswidrigkeit (dies gilt grds. auch für eine Ordnungswidrigkeit nach § 24a StVG*)*,
- **Fünf Jahre**
  - bei Entscheidungen wegen Straftaten mit Ausnahme von Entscheidungen wegen Straftaten nach § 315c Abs. 1 Nr. 1 Buchst. a), den §§ 316 und 323a StGB und Entscheidungen, in denen die Entziehung der Fahrerlaubnis nach den §§ 69 und 69b StGB oder eine Sperre nach § 69a Abs. 1 S. 3 StGB angeordnet worden ist (die Tatsache, dass eine Sperre ausgesprochen wurde, beinhaltet eine Eignungsaussage und führt zur Anwendung von § 29 Abs. 5 StVG),
  - bei von der Fahrerlaubnisbehörde verhängten Verboten oder Beschränkungen, ein fahrerlaubnisfreies Fahrzeug zu führen,
  - bei der Teilnahme an einem Aufbauseminar oder einer verkehrspsychologischen Beratung, was sich aus der Regelung des § 4 Abs. 1 und Abs. 4 StVG ergibt,
- **Zehn** Jahre in allen übrigen Fällen, wozu insb. alle Ausnahmetatbestände der Nr. 2, verwaltungsrechtliche Entscheidungen und der Verzicht auf die Fahrerlaubnis zählen.
- Bei Eintragungen über **Maßnahmen** der FEB nach **§ 2a** Abs. 2 S. 1 Nr. 1 und 2 und § 4 Abs. 3 S. 2 Nr. 1 und 2 StVG a.F. werden entsprechend § 29 Abs. 1 S. 2 StVG a.F. getilgt, wenn dem Mandanten die Fahrerlaubnis entzogen wird; dabei entsteht das Problem, dass jeder Entzug diese Tilgung auslösen müsste, auch der Entzug, wenn ein angeordnetes Aufbauseminar nicht gemacht wurde. Dies beeinträchtigt sowohl Fristen- als auch Punkteberechnungen.
- Sonst erfolgt eine Tilgung bei den **Maßnahmen** nach **§ 2a StVG a.F. ein Jahr nach Ablauf** der **Probezeit** und bei Maßnahmen nach § 4 StVG dann, wenn die letzte mit Punkten bewertete Eintragung wegen einer Straftat oder Ordnungswidrigkeit getilgt ist. (Die Tilgung bei Maßnahmen nach § 4 StVG erfolgt mit der Tilgung der letzten Eintragung nach § 29 Abs. 6 S. 1 StVG.)

685 **3.** In den Regelungen des **ZFER** wird die Tilgung als Löschung bezeichnet. Die aufgrund des § 50 StVG im Zentralen Fahrerlaubnisregister gespeicherten Daten sind zu löschen, wenn

1. die zugrunde liegende Fahrerlaubnis erloschen ist, mit Ausnahme der nach § 50 Abs. 1 Nr. 1 StVG gespeicherten Daten, der Klasse der erloschenen Fahrerlaubnis, des Datums ihrer Erteilung, des Datums ihres Erlöschens und der Fahrerlaubnisnummer oder
2. eine amtliche Mitteilung über den Tod des Mandanten eingeht.

Die Angaben zur Probezeit werden ein Jahr nach deren Ablauf gelöscht.

686 **4.** Soweit die **örtlichen Fahrerlaubnisregister** Entscheidungen enthalten, die auch im Verkehrszentralregister einzutragen sind, gilt für die Löschung (Tilgung) § 29 StVG a.F. entsprechend. Für die Löschung der übrigen Daten gilt § 61 Abs. 1 StVG.

Beginn der Tilgungsfristen 687

Art der Eintragung	Beginn der Tilgungsfrist	Rechtsgrundlage
Strafrechtliche Urteile	Tag des ersten Urteils „Letzter Verhandlungstag/Verkündungstag"	§ 29 Abs. 4 Nr. 1 und 2 StVG
Gerichtliche Strafbefehle	Tag der Unterzeichnung durch den Richter („Ausfertigung des Strafbefehls")*	§ 29 Abs. 4 Nr. 1 und 2 StVG
Bußgeldentscheidungen	Tag der Rechtskraft bzw. Unanfechtbarkeit	§ 29 Abs. 4 Nr. 3 StVG
Behördliche Versagungen/Entziehungen	Rechtskraft der Entscheidung bzw. Unanfechtbarkeit	§ 29 Abs. 4 Nr. 3 StVG
Behördliche Untersagungen nach § 3 FeV	Rechtskraft der Entscheidung bzw. Unanfechtbarkeit	§ 29 Abs. 4 Nr. 3 StVG
Verzicht auf eine Fahrerlaubnis	Datum des Zugangs der Verzichtserklärung	§ 29 Abs. 5 StVG
Seminare und Verkehrspsychologische Beratung	Ausstellungsdatum der Teilnahmebescheinigung	§ 29 Abs. 4 Nr. 4 StVG
Maßnahmen nach § 2a StVG	Ein Jahr nach Ablauf der Probezeit	§ 29 Abs. 1 Nr. 1 S. 4 StVG
Maßnahmen nach § 4 StVG	Wenn alle OWi und Straftaten getilgt sind	§ 29 Abs. 1 Nr. 1 S. 4 StVG

* Im Fall eines Einspruchs gegen einen Strafbefehl ist das erstinstanzliche Urteil für den Beginn der Tilgungsfrist maßgebend. Im Falle einer Einspruchseinlegung und Rücknahme des Einspruchs ohne, dass eine Verhandlung stattgefunden hat, gilt ebenfalls § 29 Abs. 4 Nr. 1 und Nr. 2 StVG.

☝ Die **Unanfechtbarkeit** eines **Verwaltungsaktes** ist gegeben, wenn entweder alle ordentlichen Rechtsbehelfe erfolglos geblieben sind, ein Rechtsmittelverzicht erklärt wurde oder die Fristen zur Erhebung von Rechtsbehelfen verstrichen sind.

5. Die **Tilgungshemmung** hindert die Tilgung oder Löschung einer anderen Eintragung in einem Register. 688

☝ Diese Besonderheit wurde zum **1.5.2014 aufgehoben.**

Die Regelung nach denen die Tilgung oder Löschung bestehender Eintragungen im VZR gehemmt wird, findet/fand sich in **§ 29 Abs. 6 StVG a.F.** Danach galten folgende: 689

Grundregeln der Hemmung: 690

- Ordnungswidrigkeiten hemmten Ordnungswidrigkeiten,
- Ordnungswidrigkeiten hemmten keine Straftaten bzw. verwaltungsrechtliche Entscheidungen (Entziehungen/Versagungen),
- Straftaten bzw. verwaltungsrechtliche Entscheidungen hemmen Straftaten und Ordnungswidrigkeiten.

6. § 29 Abs. 5 StVG, enthält eine **Besonderheit** für den **Beginn** der **Tilgungsfrist** bei **Eignungsentscheidungen**, die insb. außerhalb der Verwaltungsbehörden in der Praxis häufig zu Verständnisproblemen führt. Diese Regelung ist heute noch gültig. 691

692 Aus dem Gesetzestext ergeben sich **folgende Regeln**:

- Nur bei Versagungen oder Entziehungen (verwaltungs- oder strafrechtliche Entzüge) wegen mangelnder Eignung findet der spätere Beginn der Tilgungsfrist Anwendung.
- Der Verzicht wird in den Rechtsfolgen gleichgestellt.
- Bei Untersagungen nach § 3 FeV findet die Regelung ebenfalls Anwendung.

693 Auch wenn im Gesetzestext formuliert ist, dass die Tilgungsfrist spätestens „fünf Jahre nach der beschwerenden Entscheidung“ beginnt – diese wäre im Regelfall der Zugang der Entscheidung bei den Mandanten –, so ist davon auszugehen, dass der Gesetzgeber in diesen Fällen ebenfalls die in § 29 Abs. 4 Nr. 3 StVG festgelegten Zeitpunkte

- Unanfechtbarkeit oder Rechtskraft von Verwaltungsentscheidungen,
- Tag der Urteilsverkündung oder Erlass des Strafbefehls bei gerichtlichen Entzügen

zugrunde gelegt hat. Diese Regelung wurde nach dem 30.4.2014 beibehalten.

694 Schaubild

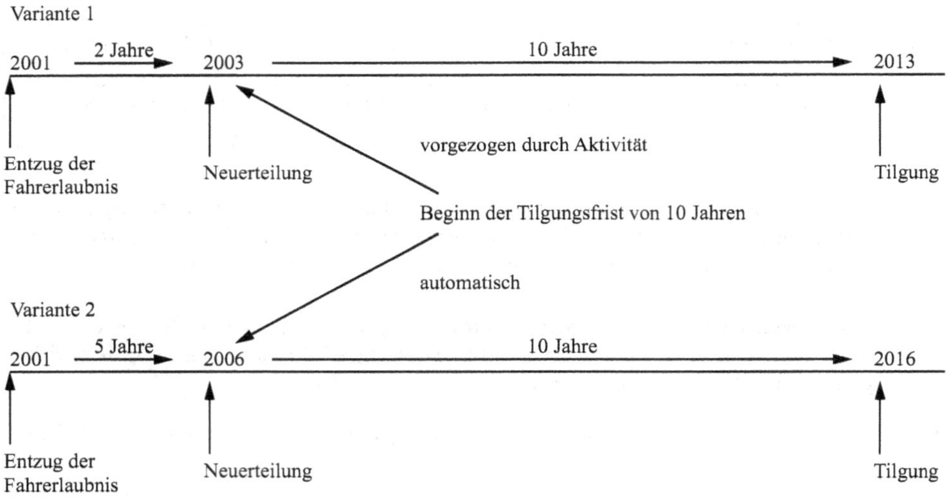

Abb. 1: Die Regelungen des § 29 Abs. 5 StVG, Quelle: Kalus, Fahrerlaubnisrecht in der Praxis

7.a) Für die **Probezeithemmung** gilt folgendes 695

Schaubild

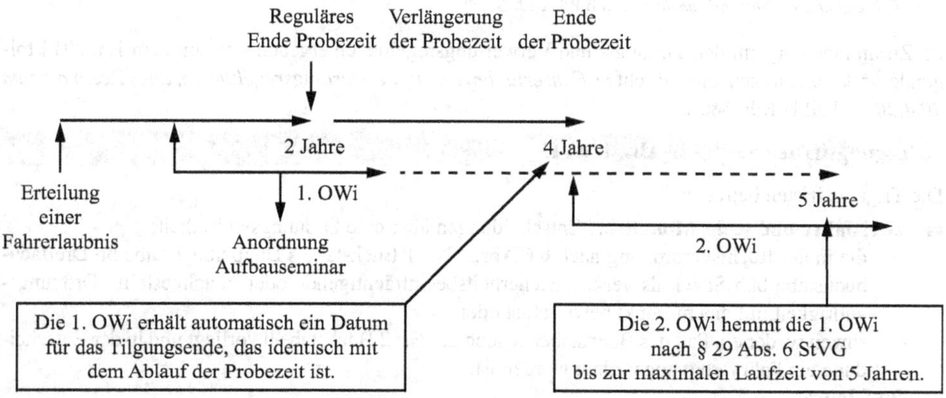

Abb. 2: Die Regelungen der Probezeithemmung, Quelle: Kalus, Fahrerlaubnisrecht in der Praxis

b) Die Probezeithemmung wirkt sich entsprechend § 29 Abs. 6 S. 6 StVG **nur** auf **Ordnungswidrigkeiten** aus, denn in der Regelung heißt es, dass die Tilgung einer Eintragung einer Entscheidung wegen einer Ordnungswidrigkeit in jedem Falle so lange unterbleibt, wie der Betroffene im Zentralen Fahrerlaubnisregister als Inhaber einer Fahrerlaubnis auf Probe gespeichert ist. Damit fallen Straftaten nicht in diese Regelung. Wahrscheinlich hat der Gesetzgeber die Anwendung auf Ordnungswidrigkeiten beschränkt, da für diese eine kurze Tilgungsfrist von zwei Jahren vorgesehen ist und die Probezeit nach einer Verkehrszuwiderhandlung auf vier Jahre verlängert wird. 696

Problematisch wird diese Regelung in den wenigen Fällen, in denen die Probezeit durch die Entziehung vorzeitig endet. Die Mandanten sind nach dem Entzug im ZFER weiterhin gespeichert, jedoch nicht mehr als Inhaber einer Fahrerlaubnis auf Probe. Demzufolge unterliegen alle bisherigen Eintragungen den normalen Tilgungsregelungen. Damit hemmt der Entzug alle Ordnungswidrigkeiten bis zur absoluten Tilgungsfrist von fünf Jahren und Straftaten werden mitgezogen, bis der Entzug getilgt ist. Auch die Wahrscheinlichkeit, dass relevante Straftaten vor Neuerteilung und Restprobezeit wegfallen, ist aufgrund der mindestens 5-jährigen Tilgungsfrist unwahrscheinlich. 697

☝ **Durch** die **Neuregelung** zum 1.5.2014 kommt der Sachverhalt **verstärkt** zum **Tragen**, da die Ordnungswidrigkeiten nach der Neuregelung nur noch 2,5 Jahre gespeichert sind und durch den Entzug nicht mehr gehemmt werden. Sie fallen dadurch in mehreren Fällen vor der Neuerteilung einer FE mit neuer Restprobezeit raus und entgehen somit den strengeren Anforderungen an eine Eignungsüberprüfung aufgrund von Zuwiderhandlungen in der Probezeit.

Siehe auch: → *Fahrerlaubnisrecht, Allgemeines*, Teil H Rdn 537; → *Fahrerlaubnisrecht, Verwertungsregelungen, Allgemeines*, Teil H Rdn 661; → *Fahrerlaubnisrecht, Verwertungsregelungen, FAER*, Teil H Rdn 698; → *Fahrerlaubnisrecht, Verwertungsregelungen, Überführung des Punktesystems in das FABS*, Teil H Rdn 709.

698 # Fahrerlaubnisrecht, Verwertungsregelungen, FAER

699 **Literaturhinweise:** S. die Hinw. bei → *Fahrerlaubnisrecht, Verwertungsregelungen, Allgemeines*, Teil H Rdn 661 und bei → *Fahreignungsregister, Allgemeines*, Teil E Rdn 332.

700 Im Zusammenhang mit den Tilgungs- und Verwertungsregelungen ergeben sich seit dem 1.5. 2014 folgende Änderungen (zum alten Recht → *Fahrerlaubnisrecht, Verwertungsregelungen, altes Recht bis zum 30.4.2014*, Teil H Rdn 680):

701 ## 1. Tilgungsfristen nach § 29 Abs. 1 StVG

Die Tilgungsfristen betragen

- **zwei Jahre und sechs Monate** bei Entscheidungen über eine Ordnungswidrigkeit,
  - die in der Rechtsverordnung nach § 6 Abs. 1 Nr. 1 Buchstabe s Doppelbuchstabe bb Dreifachbuchstabe bbb StVG als verkehrssicherheitsbeeinträchtigende oder gleichgestellte Ordnungswidrigkeit mit einem Punkt bewertet ist oder
  - soweit weder ein Fall des Buchstaben a noch der Nr. 2 Buchstabe b vorliegt und in der Entscheidung ein Fahrverbot angeordnet worden ist,
- **fünf Jahre**
  - bei Entscheidungen über eine Straftat, vorbehaltlich der Nr. 3 Buchstabe a,
  - bei Entscheidungen über eine Ordnungswidrigkeit, die in der Rechtsverordnung nach § 6 Abs. 1 Nr. 1 Buchstabe s Doppelbuchstabe bb Dreifachbuchstabe aaa StVG als besonders verkehrssicherheitsbeeinträchtigende oder gleichgestellte Ordnungswidrigkeit mit zwei Punkten bewertet ist,
  - bei von der nach Landesrecht zuständigen Behörde verhängten Verboten oder Beschränkungen, ein fahrerlaubnisfreies Fahrzeug zu führen,
  - bei Mitteilungen über die Teilnahme an einem Fahreignungsseminar, einem Aufbauseminar, einem besonderen Aufbauseminar oder einer verkehrspsychologischen Beratung,
- **zehn Jahre**
  - bei Entscheidungen über eine Straftat, in denen die Fahrerlaubnis entzogen oder eine isolierte Sperre angeordnet worden ist,
  - bei Entscheidungen über Maßnahmen oder Verzichte nach § 28 Abs. 3 Nr. 5 bis 8 StVG.
- Eintragungen über Maßnahmen der nach Landesrecht zuständigen Behörde nach § 2a Abs. 2 S. 1 Nr. 1 und 2 und § 4 Abs. 5 S. 1 Nr. 1 und 2 StVG werden getilgt, wenn dem Inhaber einer Fahrerlaubnis die Fahrerlaubnis entzogen wird.
- Sonst erfolgt eine Tilgung bei den Maßnahmen nach § 2a Abs. 2 S. 1 Nr. 1 und 2 StVG ein Jahr nach Ablauf der Probezeit und bei Maßnahmen nach § 4 Abs. 5 S. 1 Nr. 1 und 2 StVG dann, wenn die letzte Eintragung wegen einer Straftat oder Ordnungswidrigkeit getilgt ist.

702 ## 2. Beginn der Tilgungsfristen:

- Ab dem 1.5.2014 beginnen alle Tilgungsfristen **mit** der **Rechtskraft** einer **Entscheidung**.

703 ## 3. Ergänzende Regelungen für das örtliche Register:

Als Rechtsnorm dient hier § 2 Abs. 9 StVG. Dort sind folgende Grundregeln formuliert:

- Registerauskünfte,
- Führungszeugnisse,
- Gutachten und
- Gesundheitszeugnisse

dürfen nur zur **Feststellung** oder **Überprüfung der Eignung** oder **Befähigung** verwendet werden und sind **nach spätestens zehn Jahren zu vernichten**. Die Frist beginnt mit der rechtskräftigen oder bestandskräftigen Entscheidung.

4. Ausnahmen davon gelten nur dann, wenn diese Unterlagen im Zusammenhang mit Eintragungen im Fahreignungsregister (FAER) oder im Zentralen Fahrerlaubnisregister (ZFER) stehen und diese Eintragungen nach den Registerregelungen zu einem früheren oder späteren Zeitpunkt zu tilgen oder zu löschen sind. 704

Beispiele ZFER: 705

Der Erteilung einer Fahrerlaubnis ist eine Überprüfung durch ein Gutachten vorausgegangen. Diese Fahrerlaubnis ist im Zentralen Fahrerlaubnisregister (ZFER) eingetragen. Die mit der Erteilung der Fahrerlaubnis in Verbindung stehenden Gutachten **können** nach Sinn und Zweck dieser Norm so lange im örtlichen Register bzw. in der Fahrerlaubnisakte aufbewahrt und verwertet werden, solange diese Fahrerlaubnis im Register eingetragen ist.

Die Erteilung der Fahrerlaubnis ist mit Auflagen aufgrund eines ärztlichen Gutachtens verbunden. Das ärztl. Gutachten **muss** zur Nachvollziehbarkeit der Auflage solange aufbewahrt werden solange Fahrerlaubnis/Auflage im ZFER eingetragen ist.

Beispiel FAER: 706

Der Entzug einer Fahrerlaubnis basiert auf einem negativen med.-psych. Gutachten. Entsprechend § 29 Abs. 5 StVG wird eine entsprechende beschwerende Entscheidung erst mit der Neuerteilung oder spätestens nach 15 Jahren getilgt. Da das Gutachten im Zusammenhang mit der Eintragung der Entziehung der Fahrerlaubnis im FAER steht kann es länger als zehn Jahre – bis zur Tilgung des Entzuges – aufbewahrt werden.

In beiden Fällen soll die verlängerte Aufbewahrungsmöglichkeit von Gutachten oder anderen Unterlagen die **Nachvollziehbarkeit** von **Entscheidungen** gewährleisten. Diese gilt auch für entsprechende Unterlagen, die ein Antragsteller im Antragsverfahren beibringt. 707

5. Anstelle einer Vernichtung der Unterlagen sind **Daten zu sperren**, wenn die Vernichtung wegen der besonderen Art der Führung der Akten nicht oder nur mit unverhältnismäßigem Aufwand möglich ist. 708

Siehe auch: → *Fahrerlaubnisrecht, Allgemeines*, Teil H Rdn 537 m.w.N.; → *Fahrerlaubnisrecht, Verwertungsregelungen, Allgemeines*, Teil H Rdn 661; → *Fahrerlaubnisrecht, Verwertungsregelungen, Überführung des Punktesystems in das FABS*, Teil H Rdn 709.

Fahrerlaubnisrecht, Verwertungsregelungen, Überführung des Punktesystems in Fahreignungs-Bewertungssystem 709

Das Wichtigste in Kürze:

1. Zum 1.5.2014 wurde das „Punktesystem" in das „Fahreignungs-Bewertungssystem" (FABS) überführt.
2. Seit dem 1.5.2014 werden nur noch die Straftaten und Ordnungswidrigkeiten im FAER gespeichert, die, also in der Rechtsverordnung nach § 6 Abs. 1 Nr. 1 Buchstabe s StVG – die neugefasste Anlage 13 zur FeV – aufgelistet sind und in der Folge zu Maßnahmen nach dem FABS führen.
3. § 29 Abs. 3 Nr. 2 StVG befasst sich mit dem nächsten Schritt, nachdem die Eintragungen, die entsprechend Anlage 13 zur FeV nicht mehr speicherungsfähig sind, gelöscht wurden.
4. Als Grundsatz gilt, dass alle Entscheidungen, die ab dem 1.5.2014 eingetragen werden, keine Tilgungshemmung mehr auslösen.

5. Ab dem 1.5.2019 haben die registerführenden Behörden auf die zu diesem Zeitpunkt bestehenden Eintragungen § 29 StVG in der dann gültigen Fassung anzuwenden.

710 **Literaturhinweise:** S. die Hinw. bei → *Fahrerlaubnisrecht, Verwertungsregelungen, Allgemeines*, Teil H Rdn 661 und bei → *Fahreignungsregister, Allgemeines*, Teil E Rdn 332.

711 **1.** Zum 1.5.2014 wurde das „Punktesystem" in das „Fahreignungs-Bewertungssystem" (FABS) überführt. Hierzu hat der Gesetzgeber mit dem Fünften Gesetz zur Änderung des Straßenverkehrsgesetzes und anderer Gesetze vom 28.8.2013 (BGBl I S. 3313) in § 65 Abs. 3 und 4 StVG die entsprechenden **Grundlagen** geschaffen.

Im Einzelnen wurde Folgendes geregelt.

712 **2.** Seit dem 1.5.2014 werden **nur noch** die Straftaten und Ordnungswidrigkeiten im FAER gespeichert, in der Rechtsverordnung nach § 6 Abs. 1 Nr. 1 Buchstabe s StVG – die neugefasste Anlage 13 zur FeV – **aufgelistet** sind und in der Folge zu Maßnahmen nach dem FABS führen.

☝ Bei der Entscheidung, welche Eintragungen zu löschen sind, ist die **Höhe** der **Geldbuße** im Gegensatz zu den Neuregelungen ohne Bedeutung.

713 **3.** § 29 Abs. 3 Nr. 2 StVG befasst sich mit dem nächsten Schritt, nachdem die **Eintragungen**, die entsprechend Anlage 13 zur FeV nicht mehr speicherungsfähig sind, gelöscht wurden. Die Tilgungsregelungen des § 29 StVG a.F. sind auf alle Entscheidungen anzuwenden, die vor dem 1.5.2014 gespeichert worden sind.

714 **4.** Dies gilt **nicht für Eintragungen** nach **§ 24a StVG**, diese werden grds. spätestens fünf Jahre nach Eintritt der Rechtskraft getilgt.

☝ Als **Grundsatz** gilt demnach, dass alle Entscheidungen, die ab dem 1.5.2014 eingetragen werden, keine Tilgungshemmung mehr auslösen.
Im Gesetzestext wird hier eindeutig auf die **Eintragung (Speicherung)** im **FAER** abgestellt.

715 **5.a)** Ab dem **1.5.2019** haben die registerführenden Behörden auf die zu diesem Zeitpunkt bestehenden Eintragungen **§ 29 StVG** in der **dann gültigen Fassung anzuwenden**. Das bedeutet,

- dass auf alle Eintragungen die Tilgungsfristen des § 29 Abs. 1 StVG ohne Berücksichtigung von Hemmungsregelungen anzuwenden und dabei die abgelaufenen Zeiträume anzurechnen sind und
- die Regelung von Löschungen nach § 29 Abs. 6 StVG in der neuen Fassung übernommen werden.

716 **b)** Im **Regelfall** wird es sich hierbei **nur** um **Straftaten** handeln. Denn neue Ordnungswidrigkeiten (außer Ordnungswidrigkeiten nach § 24a StVG) werden ab dem 1.5.2014 maximal für zwei Jahre und sechs Monate eingetragen.

717 Bei den Straftaten sind **nacheinander zwei Sachverhalte** zu prüfen:

- ist die Straftat aufgrund einer Tilgungshemmung noch eingetragen (Sachverhalt 1) und
- ob es sich um eine Straftat nach§ 315c Abs. 1 Nr. 1 Buchstabe a StGB oder den §§ 316 oder 323a StGB handelt (Sachverhalt 2).

718 Bei der Prüfung nach dem ersten Sachverhalt ist zu **berücksichtigen**, dass diejenigen Eintragungen die am 1.5.2019 noch eingetragen sind, keiner Tilgungshemmung mehr unterliegen. Zu diesem Zeitpunkt sind nur noch die Tilgungsfristen nach § 29 Abs. 1 i.V.m. Abs. 4 und 5 StVG n.F. anzuwenden. Handelt es sich um eine Straftat, die keiner Prüfung nach Sachverhalt 2 unterliegt, hängt die Entscheidung, ob die Eintragung zu tilgen oder weiterhin zu speichern ist, ausschließlich von der Anwendung des § 29 Abs. 1 StVG n.F. auf die einzelne Straftat ab. Der Hintergrund für die Prüfung nach Sachverhalt 2 ist die Tatsache, dass sich bei der Anwendung der Anlage 13 zur FeV in der Neufassung zum 1.5.2014 die Tilgungs-

frist von Straftaten nach § 315c Abs. 1 Nr. 1 StGB Buchst. a oder den §§ 316 oder 323a StGB, die bisher einer 10jährigen Tilgungsfrist plus Überliegefrist unterlagen, auf 5 Jahre plus ein Jahr Überliegefrist reduzieren kann. Diese Straftaten sind dann generell zu löschen.

☝ In vielen Fällen werden **beide Prüfungen erforderlich** sein.

Straftaten mit einer **fünfjährigen Tilgungsfrist** nach altem Recht finden sich nicht mehr. 719

c) Für die **Punkteberechnung** ist folgende Aufstellung relevant: 720

Punktestand vor dem 1.5.2014	Fahreignungs-Bewertungssystem ab dem 1.5.2014	
	Punktestand	Stufe
1 – 3	1	Vormerkung (§ 4 Abs. 4 StVG)
4 – 5	2	
6 – 7	3	
8 – 10	4	1: Ermahnung (§ 4 Abs. 5 S. 1 Nr. 1 StVG)
11 – 13	5	
14 – 15	6	2: Verwarnung (§ 4 Abs. 5 S. 1 Nr. 2 StVG)
16 – 17	7	
>= 18	8	3: Entzug (§ 4 Abs. 5 S. 1 Nr. 3 StVG)

Diese Umrechnung wird heute nur noch in den seltenen Fällen relevant sein, um die Erfüllung des Maßnahmenkataloges zu prüfen, wenn Betroffene seit der Umstellung niemals den Punktestand „0" erreicht haben und das rechtmäßige Ergreifen einer Maßnahme nachvollzogen werden soll.

Die **am 1.5.2014 erreichte Stufe** wurde für Maßnahmen nach dem Fahreignungs-Bewertungssystem **zugrunde gelegt**. Die Einordnung nach Stufe. 1 führt allein nicht zu einer Maßnahme nach dem Fahreignungs-Bewertungssystem. …" 721

Nach der Anwendung der Nrn. 1 – 3 waren die **noch eingetragenen und zu berücksichtigenden Zuwiderhandlungen** mit Stand 1.5.2014 nach altem Recht (Anlage 13 zur FeV) mit Stand 30.4.2014 zu bepunkten. Entsprechend dem Ergebnis wurde aufgrund der in Nr. 4 dargestellten Umrechnungstabelle der neue Punktestand ermittelt und in das Fahreignungs-Bewertungs-System überführt. 722

Der am 1.5.2014 ermittelte Punktestand ist die Basis für die weiteren Berechnungen im Fahreignungs-Bewertungssystem nach § 4 StVG n.F. 723

Die **Übergangsregelung** des **§ 65 StVG** regelt im Gegensatz zur Einführung der Fahrerlaubnis-Verordnung im Jahr 1999 keine Gleichsetzung von Maßnahmen nach den entsprechenden Systemen. 724

Zurzeit sieht man die **Lösung** in **S. 3**, aufgrund dessen eine Einordnung nach der Tabelle allein nicht zu einer Maßnahme nach dem Fahreignungs-Bewertungssystem führt. Demzufolge waren folgende Maßnahmen gleichzustellen: 725

§ 4 StVG a.F.	**§ 4 StVG n.F.**
Verwarnung nach § 4 Abs. 3 Nr. 1	→ Ermahnung nach § 4 Abs. 5 Nr. 1
Anordnung Aufbauseminar nach § 4 Abs. 3 Nr. 2	→ Verwarnung nach § 4 Abs. 5 Nr. 2
Verwarnung nach § 4 Abs. 3 Nr. 2	→ Verwarnung nach § 4 Abs. 5 Nr. 2

726 Es wird ausgeführt, dass Änderungen des Punktestandes auch im Nachhinein „aufgrund von Tilgungen nach Inkrafttreten des Gesetzes oder aufgrund von noch zu gewährenden Punkterabatten“ (BR-Drucks 799/12, S. 100) noch möglich sind. Die Begründung lautet wie folgt: „*D.h.: Auch wenn für den Mandanten die Umstellung nach der Überführungstabelle bereits vorgenommen worden ist, muss nach Vorliegen der die Punktereduzierung rückwirkend auslösenden Umstände (Tilgung, Punkterabatt) die Umrechnung erneut vorgenommen werden. Für den Mandanten wird also die Punktereduzierung in dem vor dem Inkrafttreten des Gesetzes bestehenden Rechensystem vollzogen und erst dann erneut die Überführung nach der in Nr. 4 geregelten Überführungstabelle vorgenommen. Dies führt zur Aktualisierung der Einstufung auf der Grundlage des nach der Überführungstabelle erreichten Punktestandes. …*“

727 Wird diesen Ausführungen gefolgt, ist zumindest in folgenden Fällen eine **Rückrechnung** erforderlich:

728 *Beispiel 1 – Aufbauseminar:*

Absolvierung eines freiwilligen Aufbauseminars vor dem 1.5.2014. Die Entscheidung über den Punkterabatt kann erst nach dem 1.5.2014 erfolgen, wirkt sich aber auf den Zeitraum vor dem 1.5.2014 aus.

729 *Beispiel 2 – Tilgung:*

Es wird eine Verkehrszuwiderhandlung, die mit 4 Punkten bewertet war, vor dem 1.5.2014 im Verkehrszentralregister eingetragen und nach dem 1.5.2014 getilgt.

In diesem Beispiel ist unter Berücksichtigung des Punktestandes vor dem 1.5.2014 und der Tilgung der „alten Eintragung“ ein neuer „alter Punktestand“ zu ermitteln und im Anschluss über die Tabelle unter Nr. 4 der neue Punktestand für das Fahreignungs-Bewertungssystem ermittelt werden.

730 *Rechenbeispiel:*

30.4.2013 – Es sind 15 Punkte im Verkehrszentralregister eingetragen.

1.5.2014 – Umrechnung entsprechend § 65 Abs. 3 Nr. 4 StVG auf 6 Punkte

23.7.2014 – Tilgung einer Eintragung nach § 24a StVG die vor dem 1.5.2014 mit 4 Punkten bewertet war (neu mit 2 Punkten bewertet)

Rechnungsvariante 1: 15 – 4 = 11 -> erneute Umrechnung ergibt **5 Punkte**

Rechnungsvariante 2: 6 – 2 = **4 Punkte**

Unter Berücksichtigung der Begründungen ist nach Rechnungsvariante 1 vorzugehen.

Schaubild

731

Überführung Verkehrszentralregister in das Fahreignungs-Bewertungssystem

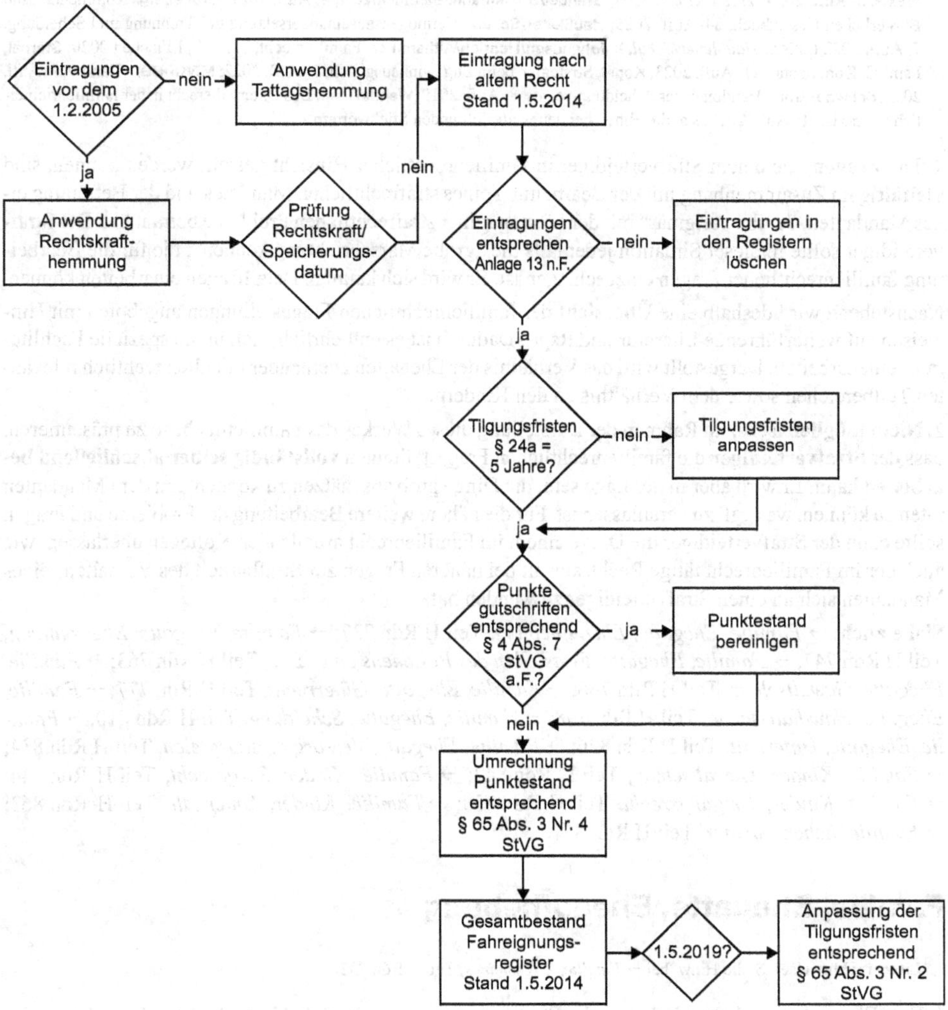

Siehe auch: → *Fahrerlaubnisrecht, Allgemeines*, Teil H Rdn 537 m.w.N.; → *Fahrerlaubnisrecht, Verwertungsregelungen, Allgemeines*, Teil H Rdn 661, → *Fahrerlaubnisrecht, Verwertungsregelungen, altes Recht bis zum 30.4.2014*, Teil H Rdn 680; → *Fahrerlaubnisrecht, Verwertungsregelungen, Überführung des Punktesystems in das FABS*, Teil H Rdn 709.

732 Familie, Allgemeines

733 **Literaturhinweise:** **Braeuer/Todorow**, Der Zugewinnausgleich, 3. Aufl. 2024; **Büte/Volker**, Zugewinnausgleich bei Ehescheidung, 6. Aufl. 2022, **Cirullis/Cirullis**, Schutz bei Gewalt und Nachstellung, 3. Aufl. 2024; **Gerhardt/v. Heintschel-Heinegg/Klein**, Handbuch des Fachanwalts Familienrecht, 12. Aufl. 2021; **Götz/Giers**, Die Wohnung in der familienrechtlichen Praxis, 3. Aufl. 2024 (zitiert: *Götz/Giers*); **Grandel/Stockmann**, Familienrecht, 3. Aufl. 2021; **Grüneberg**, Kommentar zum Bürgerlichen Gesetzbuch, 84. Aufl. 2025; **Haußleiter/Schulz**, Vermögensauseinandersetzung bei Trennung und Scheidung, 7. Aufl. 2022 (zitiert: *Haußleiter/Schulz*); **Johannsen/Henrich/Althammer**, Familienrecht, 7. Aufl., München 2020; **Sternal**, FamFG, Kommentar, 21. Aufl. 2023; **Kogel**, Strategien beim Zugewinnausgleich, 7. Aufl. 2022; **MüKo-BGB**, Band 9, 9. Aufl. 2022; **Schwab/Ernst**, Handbuch des Scheidungsrechts, 8. Aufl. 2019; **Wendl/Dose**, Das Unterhaltsrecht in der familienrichterlichen Praxis, 10. Aufl. 2019; s.a. die Hinw. bei den weiterführenden Stichwörtern.

734 **1.** Die **Fragen**, die einem Strafverteidiger in familienrechtlicher Hinsicht gestellt werden können, sind **vielfältig** im Zusammenhang mit der Bearbeitung eines strafrechtlichen Mandates und der Betreuung eines Mandanten, der ihn „originär“ mit der Lösung seiner strafrechtlichen Probleme betraut hat. Der Strafverteidiger sollte in dieser Situation jedenfalls die „grobe Marschrichtung kennen“, die für die Bearbeitung familienrechtlicher Fragen einzuschlagen ist. Er wird sich kaum in Detailfragen einarbeiten können.

735 Nachstehend wird deshalb eine **Übersicht** der familienrechtlichen Fragestellungen angeboten mit Hinweisen auf weiterführende Literatur und Rspr.. Dadurch ist es entbehrlich, sich in die spezielle Fachliteratur einzuarbeiten. Dargestellt wird das Verhältnis der Ehegatten zueinander mit allen rechtlich relevanten Teilbereichen sowie dem Verhältnis zu den Kindern.

736 **2. Nicht möglich** ist es, im Rahmen der Darstellung dieses Werkes das Familienrecht so zu präsentieren, dass der **Strafverteidiger** die familienrechtlichen Fragestellungen **vollständig selber abschließend bearbeiten** kann. Er wird aber in der Lage sein, die Dinge grob abschätzen zu können, um dem Mandanten raten zu können, was ggf. zu veranlassen ist. Für die nähere weitere Bearbeitung der Probleme und Fragen sollte dann der Strafverteidiger die Dinge einem im Familienrecht arbeitenden Kollegen überlassen, wie auch der im Familienrecht tätige Rechtsanwalt bei näheren Fragen zur Strafbarkeit des Verhaltens eines Mandanten sich an einen Strafverteidiger zu wenden hat.

Siehe auch: → *Familie, Ehegatte, Eheaufhebung,* Teil H Rdn 737; → *Familie, Ehegatte, Ehewohnung,* Teil H Rdn 747; → *Familie, Ehegatte, Feststellen des Bestehens einer Ehe*, Teil H Rdn 763; → *Familie, Ehegatte, Gewaltschutz*, Teil H Rdn 766; → *Familie, Ehegatte, Güterrecht*, Teil H Rdn 777; → *Familie, Ehegatte, Haushaltssache*, Teil H Rdn 798; → *Familie, Ehegatte, Scheidung*, Teil H Rdn 810; → *Familie, Ehegatte, Unterhalt*, Teil H Rdn 826; → *Familie, Ehegatte, Versorgungsausgleich*, Teil H Rdn 834; → *Familie, Kinder, Gewaltschutz*, Teil H Rdn 842; → *Familie, Kinder, Sorgerecht*, Teil H Rdn 846; → *Familie, Kinder, Umgangsrecht*, Teil H Rdn 858; → *Familie, Kinder, Unterhalt*, Teil H Rdn 863; → *Familie, Lebenspartner*, Teil H Rdn 877.

737 Familie, Ehegatte, Eheaufhebung

738 **Literaturhinweise:** S. die Hinw. bei → *Familie, Allgemeines*, Teil H Rdn 732.

739 **1.** Eine Ehe **endet** durch den **Tod** eines der Ehegatten oder durch die **Scheidung** der Ehe. Ausnahmsweise kann es auch zur **Aufhebung** der Ehe kommen.

740 **2.** Die **Aufhebung** einer **Ehe** erfolgt wie die Scheidung durch richterlichen Akt, d.h. Beschluss.

Die Aufhebung der Ehe hat gegenüber einer Scheidung folgende

741 **Vorteile**

- Statt eines **Scheidungsantrages** kann für einen Ehegatten ein **Antrag** auf **Aufhebung** der Ehe **interessanter** sein, da der Antrag auf Aufhebung der Ehe nicht voraussetzt, dass die Ehegatten ein Jahr getrennt leben, während diese Frist beim Scheidungsantrag zumindest in praxi in den allermeisten Fällen zu beachten ist.

- Weiter ist mit dem Antrag auf Aufhebung der Ehe **nicht** der **Verbund** von **Folgesachen** verbunden wie etwa die Geltendmachung eines Anspruchs auf Nachscheidungsunterhalt, da die Regeln über den Scheidungsverbund nach §§ 137 ff. FamFG bei Scheidungsverfahren anzuwenden sind, nicht aber bei Verfahren auf Aufhebung der Ehe.

3. Die **Voraussetzungen** für die **Aufhebung** der **Ehe** sind sehr **hoch**. 742

☝ Sie beziehen sich alle auf Umstände, die **bereits bei Eingehung** der Ehe vorgelegen haben müssen.

a) So kann die Aufhebung der Ehe beantragt werden (§ 1314 Abs. 1 BGB), wenn 743

- einer der Ehegatten bei Eheschließung **eheunmündig** war (§ 1303 BGB),
- oder **geschäftsunfähig** (§ 1304 BGB),
- wenn ein Fall der **Bigamie** vorliegt (§ 1306 BGB),
- ein Fall der Ehe zwischen **Voll-** oder **Halbgeschwistern** in gerader Linie (§ 1307 BGB), oder
- es sich um eine Eheschließung handelt, bei der **nicht beide Ehegatten persönlich** und **bei gleichzeitiger Anwesenheit die Erklärung abgegeben haben**, die Ehe miteinander eingehen zu wollen (§ 1311 BGB).

Daneben kann die Aufhebung der Ehe verlangt werden, wenn 744

- ein Ehegatte bei Eheschließung **bewusstlos** war oder sich vorübergehend im Zustand der **Störung der Geistestätigkeit** befand (§ 1314 Abs. 2 Nr. 1 BGB),
- nicht wusste, dass es sich bei der **Eheschließung um eine solche handelt** (§ 1314 Abs. 2 Nr. 2 BGB),
- zur Eingehung der Ehe **arglistig getäuscht** wurde, wobei der Fall der Täuschung über die Vermögensverhältnisse ausgeklammert ist (§ 1314 Abs. 2 Nr. 3 BGB),
- er widerrechtlich durch **Drohung zur Eingehung der Ehe** bestimmt wurde (§ 1314 Abs. 2 Nr. 4 BGB), oder
- schließlich die Ehegatten sich bei Eheschließung einig waren, **keine Verpflichtung nach § 1353 Abs. 1 BGB begründen zu wollen** (Scheinehe; § 1314 Abs. 2 Nr. 5 BGB).

b) Die **Konstellationen**, in denen die Aufhebung der Ehe beantragt werden kann, sind **sehr rar**. Aus einer Zusammenstellung der Kasuistik (*Gerhardt/v. Heintschel-Heinegg/Klein*, Kap. 2 Rn 22) sei der Fall angesprochen, in der die Ehe geschlossen wurde wegen bestehender Schwangerschaft und die Aufhebung der Ehe erfolgte, weil Mehrverkehr vorlag, deshalb auch ein anderer als der Ehemann als Vater in Betracht kam; das Gericht ging von einer arglistigen Täuschung über wesentliche Umstände aus, bei deren wahrer Kenntnis die Ehe nicht zustande gekommen wäre, indem es auf eine Offenbarungspflicht über den Mehrverkehr ohne ausdrückliche Nachfrage erkannte (OLG Karlsruhe FamRZ 2000, 1366). Diese Offenbarungspflicht ohne ausdrückliche Aufforderung wird aber nicht von allen Gerichten ohne weiteres angenommen und damit auch nicht die Möglichkeit der Aufhebung der Ehe bei reinem Verschweigen des Mehrverkehrs (OLG Stuttgart FamRZ 2005, 2070). Ein weiterer Beispielsfall, der zur Aufhebung der Ehe aufgrund von arglistiger Täuschung führen kann, ist der des Verschweigens des Vorhandenseins minderjähriger Kinder (OLG Karlsruhe, Beschl. v. 31.3.2023 – 5 UF 102/22, FamRZ 2023, 1272). 745

4. Soll wegen **arglistigerTäuschung** die Aufhebung der Ehe erfolgen, so muss der Antrag **binnen eines Jahres** ab Entdeckung der Täuschung gestellt werden (§ 1317 Abs. 1 BGB). Soll die Ehe aufgrund **widerrechtlicher Drohung** aufgehoben werden, beträgt die Frist zur Antragstellung drei Jahre (§ 1317 Abs. 1 BGB). 746

Siehe auch: → *Familie, Allgemeines*, Teil H Rdn 732 m.w.N.

747 # Familie, Ehegatte, Ehewohnung

Das Wichtigste in Kürze:

1. Bei Streit um die Ehewohnung ist zu unterscheiden zwischen der Zeit bis zur Scheidung (Trennungszeit) und der Zeit danach.
2. In der Trennungszeit kann ein Ehegatte die Zuweisung der Ehewohnung an sich zur alleinigen Nutzung unter Ausschluss des anderen Ehegatten ganz oder zum Teil verlangen, wenn dies notwendig ist, um eine unbillige Härte zu vermeiden.
3. Für die Zeit nach der Scheidung richtet sich die Frage der Zuweisung der Ehewohnung nach § 1568a BGB.

748 **Literaturhinweise:** S. die Hinw. bei → *Familie, Allgemeines*, Teil H Rdn 732.

749 **1.** Bei Streit um die Ehewohnung ist zu **unterscheiden** zwischen der **Zeit bis** zur **Scheidung** (Trennungszeit) (Rdn 750 ff.) und der **Zeit danach** (Rdn 758 ff.).

750 **2.** In der Trennungszeit kann ein Ehegatte die **Zuweisung** der **Ehewohnung** an sich zur alleinigen Nutzung unter Ausschluss des anderen Ehegatten ganz oder zum Teil verlangen, wenn dies notwendig ist, um eine unbillige Härte zu vermeiden (§ 1361b Abs. 1 S. 1 BGB).

☝ Erfolgreiche Anträge auf Zuweisung der Ehewohnung nach § 1361b BGB in einer Phase, in der noch beide Ehegatten in der Ehewohnung wohnen, sind in der Praxis die Ausnahme.

Einfach sind dagegen die Fälle, in denen ein **Ehegatte** als Folge der Trennung **aus der Ehewohnung ausgezogen** ist und nicht innerhalb von sechs Monaten seine ernstliche Rückkehrabsicht bekundet hat. Dann wird nämlich unwiderleglich vermutet, dass es die Ehewohnung dem anderen (verbliebenen) Ehegatten zur alleinigen Nutzung überlassen hat (§ 1361b Abs. 4 BGB).

751 **a)** Eine **unbillige Härte** kann vorliegen, wenn widerrechtlich und vorsätzlich eine Körper-, Gesundheits- oder Freiheitsverletzung erfolgte oder mit einer solchen Verletzung oder gar einer Verletzung des Lebens widerrechtlich gedroht wurde (**§ 1361b Abs. 2 S. 1 BGB**). Die Verletzungshandlungen müssen ein erhebliches Gewicht haben (Zusammenstellung der Kasuistik *Götz/Giers*, Teil 2 B.I Rn 278 – 304).

752 Die unbillige Härte kann auch darin bestehen, dass das **Wohl** der im Haushalt lebenden **Kinder** beeinträchtigt ist (§ 1361b Abs. 1 S. 2 BGB). Damit hat der Gesetzgeber zum Ausdruck gebracht, dass das Wohl der Kinder am Verbleib der vertrauten Umgebung im Zweifel den Ausschlag gibt zugunsten des Ehegatten, der für die Kinder besser sorgen kann (Grüneberg/*Götz*, BGB, § 1361b Rn 11).

753 **b)** Der Anspruch kann geltend gemacht werden ab dem **Zeitpunkt**, da ein Ehegatte getrennt leben will (§ 1361 Abs. 1 S. 1 BGB).

754 **c)** Grds. reicht es **nicht**, wenn es **einmalig** zu einem **Vorfall** kommt.

755 Es ist auch zu verlangen, dass **Wiederholungsgefahr** besteht. Eine **Wiederholungsgefahr** ist nur dann entbehrlich, wenn wegen der Schwere der Tat dem verletzten Ehegatten das weitere Zusammenleben mit dem anderen nicht mehr zugemutet werden kann.

756 In allen anderen Fällen ist eine Wiederholungsgefahr zwar ausdrücklich zu verlangen. Diese wird aber **indiziert**. Der Ehegatte, der eine Verletzungshandlung i.S.d. § 1361b Abs. 2 S. 1 BGB begangen hat, muss dartun und gegebenenfalls auch nachweisen, dass sich ein solcher oder ein vergleichbarer Vorfall nicht wiederholt. § 1361b Abs. 2 S. 2 BGB beinhaltet eine **Beweislastumkehr.**

☝ In der Praxis ist dieser Nachweis **fast nicht führbar** (*Götz/Giers*, Teil 2 B.I Rn 305).

d) Zu berücksichtigen sind bei der Frage der Zuweisung der Ehewohnung für die Zeit der Trennung die **Eigentumsverhältnisse**. Ein **Erbbaurecht** bzw. ein **Nießbrauchsrecht** sind dem Eigentum gleichgestellt, ebenso **Wohnungseigentum, Dauerwohnrecht** und **dingliches Wohnrecht** (§ 1361b Abs. 1 S. 3 BGB). Der entsprechend Berechtigte hat ein stärkeres Recht. Bei der **Billigkeitsprüfung** spricht dies gegen eine Zuweisung der Wohnung an den anderen Ehegatten. 757

3. Für die **Zeit nach der Scheidung** richtet sich die Frage der Zuweisung der Ehewohnung nach § 1568a BGB. 758

a) Nun ist nicht mehr Voraussetzung der Wohnungszuweisung, dass eine unbillige Härte zu vermeiden ist. Nun **kommt** es **darauf** an, wer in stärkerem Maße **auf die Ehewohnung angewiesen ist** oder wem sie ansonsten **aus** Gründen der Billigkeit zuzusprechen ist (§ 1568a Abs. 1 BGB). Nach der ausdrücklichen Formulierung im BGB kommt es bei der Abwägung vor allem auf das Wohl der im Haushalt lebenden Kinder und die Lebensverhältnisse der Ehegatten an (§ 1568a Abs. 1 BGB). 759

b) Von ganz **entscheidender Bedeutung** ist bei der Frage der Zuweisung der Ehewohnung für die Zeit nach der Scheidung, welche **dingliche Berechtigung** der **Ehegatte** hat, der die Zuweisung begehrt. Besteht keine, so hat sein Zuweisungsantrag nur dann Erfolg, wenn die Wohnungsüberlassung erforderlich ist, um eine unbillige Härte zu vermeide (§ 1568a Abs. 2 S. 1 BGB). Diese Hürde ist nur schwer zu nehmen. 760

c) Erfolgt ausnahmsweise doch die **Zuweisung** an den **dinglich nicht berechtigten Ehegatten**, so in aller Regel nur auf Zeit und zwar so lange, bis billigerweise anderweitiger Wohnraum zumutbar gefunden werden kann (*Götz/Giers*, Teil 2 C.II Rn 421 – 439). 761

d) Jeder der Ehegatten kann vom anderen verlangen, dass für die Zeit der Nutzungsüberlassung zwischen dem Nutzenden und dem dinglich Berechtigten ein **Nutzungsvertrag** zu ortsüblichen Verhältnissen geschlossen wird (§ 1568a Abs. 5 BGB). 762

Siehe auch: → *Familie, Allgemeines*, Teil H Rdn 732 m.w.N.

Familie, Ehegatte, Feststellung des Bestehens der Ehe 763

Literaturhinweise: S. die Hinw. bei → *Familie, Allgemeines*, Teil H Rdn 732. 764

Das Verfahren auf Feststellung des Bestehens oder Nichtbestehens einer Ehe (§ 121 Nr. 3 FamFG), ist ein selten geführtes Verfahren. Faktisch in Betracht kommt es nur, wenn nach ausländischem Recht eine Ehe eingegangen oder aufgelöst wurde und unklar ist, ob die Eheschließung bzw. Eheauflösung in Deutschland wirksam ist (Sternal/*Weber*, FamFG, § 121 Rn 5). 765

Familie, Ehegatte, Gewaltschutz 766

Literaturhinweise: S. die Hinw. bei → *Familie, Allgemeines*, Teil H Rdn 698. 767

1. Das Gewaltschutzgesetz (GewSchG) ist vom Anwendungsbereich her **nicht** auf **Ehegatten beschränkt**. Es findet gleichermaßen auch Anwendung, wenn es zu Schwierigkeiten zwischen Personen kommt, die nicht miteinander verheiratet sind. 768

2. Das GewSchG bestimmt in **§ 1 GewSchG**, in welchen **Fällen** Maßnahmen gerichtlich angeordnet werden können. 769

a) Nach dem GewSchG können Maßnahmen ergriffen und beantragt werden, wenn **vorsätzliche widerrechtliche Verletzungen des Körpers**, der **Gesundheit** oder der **Freiheit eines anderen** erfolgen (§ 1 Abs. 1 S. 1 GewSchG). Es ist bereits ausreichend, dass mit einer entsprechenden Verletzungshandlung 770 gedroht wird (§ 1 Abs. 2 S. 1 Nr. 1 GewSchG), wobei es hinsichtlich der Drohung darauf ankommt, dass der Bedrohte sie als ernst gemeint empfunden hat (*Haußleiter/Schulz*, Kap. 11 Rn 6).

771 **b)** Auch erfasst sind die Fälle, in denen eine Person widerrechtlich und vorsätzlich in die **Wohnung** einer **anderen Person** nebst den angrenzenden Flächen wie Treppenhaus etc. **eindringt** (§ 1 Abs. 2 S. 1 Nr. 2a GewSchG), oder einer anderen Person gegen deren ausdrücklich erklärten Willen wiederholt nachstellt oder sie durch Briefe, Telefonanrufe, E-Mails, SMS etc. verfolgt (Stalking: § 1 Abs. 2 Nr. 2b GewSchG).

772 **3.** Liegt ein nach dem GewSchG vorwerfbares Verhalten vor, so hat das Gericht „die zur **Abwendung** weiterer **Verletzungen erforderlichen Maßnahmen** zu treffen" (§ 1 Abs. 1 S. 1 GewSchG).

773 Die **Art** der **Maßnahme(n)** steht im **Ermessen** des Gerichts. Das Gesetz nennt beispielhaft, ohne abschließend zu sein die Anordnung,

- es zu unterlassen, die **Wohnung** der verletzten Person zu **betreten**,
- sich in einem **bestimmten Umkreis** dieser **Wohnung aufzuhalten** (in der Praxis sind 200 m bis 300 m gebräuchlich),
- **bestimmte Orte aufzusuchen**,
- per **SMS**, **Telefon** o.ä. Kontakt zur verletzen Person aufzunehmen oder **Zusammentreffen herbeizuführen** § 1 Abs. 1 S. 3 Nr. 1 bis 5 GewSchG.

☝ Haben die Personen einen **auf Dauer angelegten gemeinsamen Haushalt**, so kann die Anordnung darum ergänzt werden, die Wohnung der verletzten Person zur alleinigen Benutzung zu überlassen (§ 2 Abs. 1 GewSchG).

774 **4. Maßnahmen** nach dem GewSchG sollen **befristet** werden (§ 1 Abs. 1 S. 2 GewSchG). Die Zuweisung der bisher gemeinsamen Wohnung an einen Beteiligten ist je nach den Eigentumsverhältnissen zu befristen, § 2 Abs. 2 GewSchG. Die Befristung kann je nach Lage des Falles einmal um sechs Monate verlängert werden (§ 2 Abs. 2 S. 3 GewSchG).

775 **5.** Schutzmaßnahmen sind nicht anzuordnen, wenn ihnen die **Wahrnehmung berechtigter Interessen** entgegensteht. Wenn der Täter bspw. den Umgang mit den von der Gewalt nicht betroffenen Kindern wahrzunehmen hat. In der Praxis wird es notwendig sein, eine dritte Person oder eine soziale Einrichtung zur Vermittlung des Umgangs einzubinden.

776 **6.** Der **Verstoß gegen** eine **Anordnung** nach dem GewSchG kann nicht nur zivilrechtliche Folgen haben, sondern auch **strafrechtlich** zu ahnden sein (§ 4 GewSchG).

☝ **Voraussetzung** für die **Strafbarkeit** ist, dass eine gerichtliche Anordnung erging. Das Strafgericht muss die materielle Rechtmäßigkeit der Anordnung überprüfen und dabei deren tatbestandliche Voraussetzungen eigenständig feststellen; an die Entscheidung des Familiengerichts ist es insoweit nicht gebunden (BGH, Beschl. v. 28.11.2013 – 3 StR 40/13).

Wurde ein Verfahren nach dem GewSchG durch **Vergleich** beendet, so kann bei Zuwiderhandlung ein neues weiteres Verfahren eingeleitet werden, da nur eine gerichtliche Anordnung Grundlage für ein strafrechtliches Vorgehen sein kann (BGH, Beschl. v. 9.1.2025 – 3 StR 340/24).

Siehe auch: die Hinw. bei → *Familie, Allgemeines*, Teil H Rdn 698 m.w.N.

Familie, Ehegatte, Güterrecht 777

Das Wichtigste in Kürze:

1. Haben Ehegatten keine anderweitige Disposition über den Güterstand getroffen, so leben sie im gesetzlichen Güterstand der Zugewinngemeinschaft (§ 1363 Abs. 1 BGB).
2. Im Fall der Scheidung sind deshalb das Endvermögen (§ 1375 BGB) und das Anfangsvermögen (§ 1374 BGB) jedes Ehegatten getrennt voneinander zu ermitteln.
3. Endvermögen ist das Vermögen bei Zustellung des Scheidungsantrages (§§ 1375 Abs. 1, 1384 BGB).
4. Anfangsvermögen ist das Vermögen der Ehegatten bei Eintritt des Güterstandes der Zugewinngemeinschaft (§ 1374 Abs. 1 BGB), d.h. in der Regel zum Zeitpunkt der Eheschließung.
5. Eine Korrekturvorschrift enthält § 1380 BGB.
6. Ist einer der Ehegatten straffällig geworden, so gilt grds. auch das familienrechtliche Regelwerk der §§ 1373 – 1390 BGB. Eine Ausnahme kann sich über § 1381 BGB ergeben.

Literaturhinweise: S. die Hinw. bei → *Familie, Allgemeines*, Teil H Rdn 732. 778

1. Haben Ehegatten keine anderweitige **Disposition über den Güterstand** getroffen, so leben sie im gesetzlichen **Güterstand der Zugewinngemeinschaft** (§ 1363 Abs. 1 BGB). 779

2. Im Fall der **Scheidung** sind deshalb das **Endvermögen** (§ 1375 BGB) und das **Anfangsvermögen** (§ 1374 BGB) jedes Ehegatten getrennt voneinander zu ermitteln. Die **Differenz** ist der Zugewinn des einzelnen Ehegatten (§ 1373 BGB). Der Ehegatte mit dem größeren Zugewinn hat die Hälfte der Differenz zum Zugewinn des anderen Ehegatten diesem als Zugewinnausgleich zu leisten (§ 1378 Abs. 1 BGB). 780

3. **Endvermögen** ist das Vermögen bei Zustellung des Scheidungsantrages (§§ 1375 Abs. 1, 1384 BGB). 781

a) Stichtagsbezogen ist zusammenzustellen, was jeder Ehegatte an Vermögen am Tag der Zustellung des Scheidungsantrages hatte. 782

b) Hinzu gezählt wird, was ein Ehegatte in den letzten zehn Jahren vor der Zustellung des Scheidungsantrages **illoyal weggegeben hat**. Als Fälle der Illoyalität gelten 783

- die **unentgeltlichen Zuwendungen** an einen **Dritten**, die nicht auf einer sittlichen Pflicht beruhen und auf die auch nicht anstandsbedingt Rücksicht zu nehmen ist (§ 1375 Abs. 2 Nr. 1 BGB), weiter
- die unentgeltlichen Zuwendungen, die eine **Vermögensverschwendung** darstellen (§ 1375 Abs. 2 Nr. 2 BGB), sowie schließlich
- die **Vermögensverfügungen**, die in der Absicht erfolgen, den **anderen Ehegatten** zu **benachteiligen** (§ 1375 Abs. 2 Nr. 3 BGB).

c) Da es schwer ist, **illoyale Vermögensminderungen nachzuweisen**, hat der Gesetzgeber Erleichterungen normiert. So besteht ein Anspruch, Auskunft zu erhalten über das Vermögen des anderen Ehegatten zum Zeitpunkt der Trennung (§ 1379 Abs. 1 S. 1 Nr. 1 BGB). Das Vermögen zu diesem Zeitpunkt wird behandelt als gewissermaßen Mindestendvermögen. Das bedeutet, dass, wenn das Vermögen bei Zustellung des Scheidungsantrages insgesamt niedriger ist als das zum Zeitpunkt der Trennung, zugunsten des anderen Ehegatten der höhere Betrag als Endvermögen angesehen wird und es am Vermögensinhaber selbst liegt, darzutun und zu beweisen, dass der Vermögensrückgang in der Zeit zwischen Trennung und Zustellung des Scheidungsantrages nicht illoyal war (§ 1375 Abs. 2 S. 2 BGB). 784

4. **Anfangsvermögen** ist das Vermögen der Ehegatten bei Eintritt des Güterstandes der Zugewinngemeinschaft (§ 1374 Abs. 1 BGB), d.h. in der Regel zum Zeitpunkt der Eheschließung. 785

a) Oft ist es Zufall, gerade bei Ehegatten, die bereits vor der Eheschließung zusammen gelebt haben, ob gewisse Vermögenszuwächse noch vor der Eheschließung erfolgten oder erst danach. Der Gesetzgeber 786 und ihm folgend die Rspr. gehen aber konsequent vom klaren **Stichtagsprinzip** aus. Damit ggf. verbundene Ungerechtigkeiten haben die Ehegatten hinzunehmen.

787 **b)** Zum Anfangsvermögen **hinzugerechnet** werden **Vermögenszuwächse** in der **Ehezeit**,

- die von Todes wegen erfolgen,
- mit Rücksicht auf ein künftiges Erbrecht,
- durch Schenkung oder als Ausstattung (§ 1374 Abs. 2 BGB).

☝ Diese Aufzählung ist **abschließend. Schmerzensgeld**, ein **Lottogewinn** u.Ä. fallen nicht unter die Regelung, sind deshalb kein über § 1374 Abs. 2 BGB privilegiertes Anfangsvermögen.

788 **c)** Da die Kaufkraft des Geldes sinkt, wird diese über einen **Index** ausgeglichen.

789 **5.** Eine **Korrekturvorschrift** enthält **§ 1380 BGB**. Dabei geht es um die Fälle, in denen bereits in der Ehezeit ein Ehegatte dem anderen gegenüber Zuwendungen gemacht hat. § 1380 BGB beinhaltet einen auf den ersten Blick kompliziert angelegten Rechenweg, der zudem sprachlich nicht einfach zu durchschauen ist. Es geht um folgendes:

790 **a)** Eine **Korrektur** über **§ 1380 BGB** kommt nur dann in Betracht, wenn derselbe Ehegatte zugewinnausgleichspflichtig ist, die in der Ehe bereits Zuwendungen an den anderen Ehegatten vorgenommen hat.

☝ Hat dagegen der eine Ehegatte etwas zugewendet und ist der andere zugewinnausgleichspflichtig, so ist § 1380 BGB **nicht anwendbar**.

791 **b)** Ist der **Wert der Zuwendung aus der Ehezeit** noch im Endvermögen des Zuwendungsempfängers in vollem Umfang vorhanden, so ist es im Ergebnis unerheblich, ob die Prüfung nach § 1380 BGB stattfindet. In diesem Fall kommt es rechnerisch nämlich zum selben Ergebnis, wenn die Prüfung nach § 1380 BGB unterbleibt.

792 **c)** Über § 1380 BGB **reduziert** sich der ansonsten zu zahlende Zugewinnausgleich (ohne Berücksichtigung des Kaufkraftschwundes) um die Hälfte des Wertes der Zuwendung.

793 **6.a)** Ist einer der **Ehegatten straffällig** geworden, so gilt grds. auch das familienrechtliche Regelwerk der §§ 1373 – 1390 BGB, das beschreibt, wie der Zugewinnausgleich im Einzelnen stattzufinden hat (§ 1372 BGB), wie in den Fällen, in denen keine „strafrechtliche Komponente“ eine Rolle spielt.

794 **b)** Eine **Ausnahme** kann sich über **§ 1381 BGB** ergeben. Danach kann der Zugewinnausgleich verweigert werden, wenn der Ausgleich nach den Umständen des Einzelfalles grob unbillig wäre (§ 1381 Abs. 1 BGB).

795 Einen **Fall** der **groben Unbilligkeit** regelt das **Gesetz** näher. Sie kann dann vorliegen, wenn der grds. ausgleichsberechtigte Ehegatte seine sich aus dem ehelichen Verhältnis ergebenden **wirtschaftlichen Verpflichtungen schuldhaft nicht** erfüllt hat (§ 1381 Abs. 2 BGB). Haben Ehegatten Kinder und hat ein Ehegatte nach Inhaftierung keine Möglichkeit, zum Unterhalt der Familie beizutragen, insbesondere Kindesunterhalt zu leisten, so ist dies ein Kriterium, das dafür spricht, dass Unbilligkeit vorliegt, wenn diesem Ehegatten ein Anspruch auf Zugewinnausgleich zugesprochen würde.

☝ Das alleine dürfte aber jedenfalls im Regelfall noch nicht ausreichen, um den Anspruch auf Zugewinnausgleich zu versagen. Die **Voraussetzungen**, um einen Fall der Unbilligkeit i.S.d. § 1381 BGB annehmen zu können, sind **generell hoch**.

796 Deshalb ist auch auf die **Straftat** zu **achten**, wegen derer **Haft angeordnet** wurde. Lag ihr ein Verhalten zugrunde, „das den Kernbereich der ehelichen Beziehung trifft, sittlich auf tiefster Stufe steht und auch die Ehefrau in ihrem Ansehen schädigt“ (OLG Hamburg, Urt. v. 29.4.2011 – 12 UF 32/10), so ist **grobe Unbilligkeit** gegeben und der **Zugewinnausgleichsanspruch** zu **versagen**. Im entschiedenen Fall wurde der

Zugewinnausgleich begehrende Ehemann wegen Vergewaltigung in fünf Fällen, davon in vier Fällen in Tateinheit mit vorsätzlicher Körperverletzung, sowie wegen versuchter Vergewaltigung zu 13 Jahren Gesamtfreiheitsstrafe mit anschließender Sicherungsverwahrung verurteilt. Zwar bestand naturgemäß keine Bindungswirkung des strafgerichtlichen Urteils für die familienrechtliche Zivilsache. Nach eigener Einschätzung aufgrund der Aktenlage schloss sich der Senat in der Familiensache aber dem Strafurteil an, obgleich der Verurteilte seine Unschuld beteuerte.

Auch ein **Fehlverhalten** des **Ausgleichsgläubigers** im persönlichen Bereich, das sich gegen Dritte richtet und den Ehepartner berührt, und sich wirtschaftlich nicht ausgewirkt hat, kann ein Leistungsverweigerungsrecht begründen (OLG München, Beschl. v. 30.8.2022 – 2 UF 425/22 e). Dem ausgleichspflichtigen Ehegatten steht ein Leistungsverweigerungsrecht wegen grober Unbilligkeit zu, wenn der Ausgleichsberechtigte sich eines exzessiv ehezerstörenden Verhaltens über einen langen Zeitraum schuldig gemacht hat. Der sexuelle Missbrauch der gemeinsamen Tochter über einen Zeitraum von zweieinhalb Jahren war im vorliegenden Fall tatbestandlich. 797

☝ Liegt ein – in der Praxis aber äußerst selten anzunehmender – Fall vor, in dem wegen Unbilligkeit über § 1381 BGB der Zugewinnausgleichsanspruch zu versagen ist, so **entfällt** auch schon der Anspruch auf **Auskunftserteilung** über das End- und das Anfangsvermögen nach § 1379 BGB (OLG Hamburg, Urt. v. 29.4.2011 – 12 UF 32/10).

Siehe auch: → *Familie, Allgemeines*, Teil H Rdn 732 m.w.N.

Familie, Ehegatte, Haushaltssache 798

Literaturhinweise: S. die Hinw. bei → *Familie, Allgemeines*, Teil H Rdn 732. 799

1. Auch die **Haushaltsgegenstände** können Gegenstand einer streitigen Auseinandersetzung bei Trennung und Scheidung sein. 800

2. Haben sich die Ehegatten getrennt, sind aber noch nicht geschieden, so kann jeder Ehegatte grds. für sich die **ihm selber gehörenden Haushaltsgegenstände** in Anspruch nehmen (§ 1361a Abs. 1 S. 1 BGB). 801

a) Dieser Grundsatz erfährt dann eine **Einschränkung**, wenn ein Gegenstand vom anderen zur **Führung eines abgesonderten Haushalts benötigt** wird und es auch der Billigkeit entspricht, dass der andere ihn weiter benutzt. Naturgemäß entscheiden in diesem Zusammenhang vor allem die Bedürfnisse der Kinder (OLG Hamburg, Beschl. v. 16.11.2021 – 12 UF 178/21). 802

b) Haushaltsgegenstände, die im **gemeinsamen Eigentum** der **Ehegatten** stehen, werden nach Billigkeitsgesichtspunkten verteilt (§ 1361a Abs. 2 BGB). 803

c) Hat ein Ehegatte einen ihm gehörenden **Gegenstand** dem anderen **für die Trennungszeit** zu **überlassen**, so erfolgt lediglich die **Gebrauchsüberlassung**. An den Eigentumsverhältnissen ändert sich nichts (§ 1361a Abs. 4 BGB). Deshalb kann, wenn die Zuweisung durch das Gericht erfolgt, dieses auch eine Vergütung für die Benutzung festlegen (§ 1361a Abs. 3 S. 2 BGB). 804

3. Für die **Zeit nach** der **Scheidung** kommt es bei einem Streit über die Haushaltsgegenstände darauf an, welcher Ehegatte auf deren Nutzung unter Berücksichtigung des Wohls der im Haushalt lebenden Kinder in stärkerem Maße angewiesen ist, wie die Lebensverhältnisse der Ehegatten waren und welche Lösung der Billigkeit entspricht (§ 1568b Abs. 1 BGB). 805

a) Bei **gemeinsam in** der **Ehezeit** für den **gemeinsamen Haushalt angeschafften Haushaltsgegenständen** wird gemeinsames Eigentum der Ehegatten vermutet (§ 1568b Abs. 2 BGB). Reklamiert ein Ehegatte einen bestimmten Haushaltsgegenstand für sich, so liegt es also an ihm, darzutun und zu beweisen, dass er 806 in seinem Alleineigentum steht. Dabei reicht es nicht aus, dass er bspw. eine Rechnung vorlegt, die ihn als Besteller und/oder Käufer ausweist und/oder er den Gegenstand bezahlt hat.

807 **b)** Gleichzeitig ergibt sich aus der Gesetzesformulierung auch, dass **alle nach** der **Trennung gekauften Haushaltsgegenstände** nicht mehr nach § 1361a BGB oder § 1568b BGB zu verteilen sind. Denn nach der Trennung gekaufte Gegenstände werden nicht mehr „für den gemeinsamen Haushalt" angeschafft, wie dies nach § 1568b BGB erforderlich wäre, damit sich nach den dort genannten Billigkeitskriterien zu verteilen sind. Nach der Trennung gekaufte Gegenstände verbleiben also in jedem Fall dem Ehegatten, der sie gekauft hat. Ihr Wert ist bei der güterrechtlichen Betrachtung zu berücksichtigen.

808 **c)** Wer sein **Eigentum** im Rahmen der Regelung der Verteilung der Haushaltsgegenstände für die Zeit nach der Scheidung **verliert**, hat Anspruch auf eine **angemessene Ausgleichszahlung** (§ 1568b Abs. 3 BGB).

> ☝ Um in diesem Zusammenhang einem Missverständnis vorzubeugen, dass bei Ehegatten oft anzutreffen ist: Wenn ein **Ehegatte** den **anderen verlässt**, so kann er nicht verlangen, dass der andere gewisse oder alle Haushaltsgegenstände behält bzw. übernimmt und dafür eine Entschädigung bezahlt.

809 **d)** Das **Problem**, was gilt, wenn ein Ehegatte die ihm gehörenden Gegenstände **nicht mitnimmt** oder **abholt**, ist nach wie vor ungelöst (Im Einzelnen: *Haußleiter/Schulz*, Kap. 3 Rn 184). Ratsam ist es auf jeden Fall, den Ehegatten, der nicht abholt, in Annahmeverzug zu setzen, um die Haftung auf den Fall von Vorsatz und grober Fahrlässigkeit zu beschränken (§ 300 BGB).

Siehe auch: → *Familie, Allgemeines*, Teil H Rdn 732 m.w.N.

810 Familie, Ehegatte, Scheidung

Das Wichtigste in Kürze:

1. Voraussetzung für die Scheidung einer Ehe ist, dass sie gescheitert ist (§ 1365 Abs. 1 S. 1 BGB.
2. Gescheitert ist eine Ehe, wenn die eheliche Lebensgemeinschaft nicht mehr besteht und nicht erwartet werden kann, dass sie wiederhergestellt wird (§ 1565 Abs. 1 S. 2 BGB).
3. Die eheliche Lebensgemeinschaft besteht nicht mehr, wenn sich die Ehegatten getrennt haben.
4. Sonderfall einer Scheidung ist der vor Ablauf des Trennungsjahres.

811 **Literaturhinweise:** S. die Hinw. bei → *Familie, Allgemeines*, Teil H Rdn 732.

812 **1. Voraussetzung** für die **Scheidung einer Ehe** ist, dass sie **gescheitert** ist (§ 1365 Abs. 1 S. 1 BGB).

813 **2.** Gescheitert ist eine Ehe, wenn die **eheliche Lebensgemeinschaft nicht mehr besteht** und nicht erwartet werden kann, dass sie wiederhergestellt wird (§ 1565 Abs. 1 S. 2 BGB).

814 **a)** Vor diesem Hintergrund hat der Gesetzgeber normiert, dass **unwiderlegbar vom Scheitern** der **Ehe auszugehen** ist, wenn die Ehegatten seit mind. einem Jahr getrennt leben, ein Ehegatte die Scheidung beantragt und der andere ihr zustimmt oder selber die Scheidung der Ehe beantragt (§ 1566 Abs. 1 BGB). Die **Zustimmung** kann **widerrufen** und die Vermutung damit beseitigt werden bis zum Schluss der mündlichen Verhandlung, auf die über die Scheidung der Ehe entschieden wird (§ 134 Abs. 2 S. 1 FamFG).

815 **b)** Der **zweite Fall** der **Vermutung** des Scheiterns einer Ehe ist der eines **mindestens dreijährigen Getrenntlebens**. Liegt dieses vor, so bedarf es nicht mehr der Zustimmung des anderen Ehegatten oder eines eigenen Scheidungsantrages von ihm, um unwiderlegbar davon ausgehen zu können bzw. müssen, dass die Ehe zu scheiden ist.

c) Stellt **nach Ablauf** des **Trennungsjahres** ein Ehegatte den **Scheidungsantrag** und stellt der andere selber keinen und stimmt er der Scheidung auch nicht zu oder widerspricht er ihr sogar, so heißt das nicht, dass in jedem Fall drei Jahre gewartet werden muss, bis die Scheidung ausgesprochen werden kann. Vielmehr entfällt nur die Vermutung des Scheiterns der Ehe. 816

Stattdessen ist nun der **Nachweis** zu **liefern**, d.h. im Einzelnen darzutun und zu beweisen, dass die Ehe (nach Ablauf des Trennungsjahres) gescheitert ist. Mangelnde Kontakte zwischen den Ehegatten, Konflikte in Begegnungen, die Zuwendung zu jeweils anderen Partnern sind Kriterien, mit denen dieser Nachweis geführt werden kann. Das Gericht hat dann aufgrund freier tatrichterlicher Würdigung die **Prognoseentscheidung** zu treffen, ob die Ehe gescheitert ist (OLG Zweibrücken FamRZ 1997, 1212). 817

3. Die **eheliche Lebensgemeinschaft** besteht nicht mehr, wenn sich die **Ehegatten getrennt** haben. 818

a) Das verlangt **keine räumliche Trennung**. Die häusliche Gemeinschaft muss im Rahmen der vorhandenen Möglichkeiten weitestgehend aufgehoben worden sein (BGH FamRZ 1979, 669). 819

b) Soweit **Kinder** im **gemeinsamen Haushalt** leben, ist es wesentlich, dass auch diesen gegenüber die Trennung als solche gelebt und erkennbar zu sein hat (Grüneberg/*Siede*, BGB, § 1567 Rn 3). 820

c) Neben dem tatsächlichen Element der Aufhebung der häuslichen Gemeinschaft muss das gewissermaßen **kommunikative** dazu kommen, dass der Ehegatte, der die Trennung herbeiführen will, dies dem anderen auch mitteilt. Dabei ist die Kundgabe der Trennung rechtlich keine Willenserklärung, sondern eine Tathandlung (Grüneberg/*Siede*, BGB, § 1567 Rn 5). 821

d) Das für die Scheidung erforderliche **Trennungsjahr** muss **nicht in jedem Fall ununterbrochen** absolviert werden, um die Scheidung beantragen zu können. **Versöhnungsversuche**, durch die die Trennung unterbrochen wird, sind für den Ablauf des Trennungsjahres unerheblich, wenn sie nur über kürzere Zeit erfolgen (§ 1567 Abs. 2 BGB). Als kürzere Zeit gilt eine solche von bis zu maximal drei Monaten (MüKo-BGB/*Weber*, § 1567 Rn 59). 822

> ☝ Hat der **Versöhnungsversuch** länger **gedauert**, so beginnt das Trennungsjahr nach dessen Scheitern neu zu laufen.
>
> Es ist auch zu prüfen, ob bei einem **kurzen Versöhnungsversuch** dieser **erfolgreich war** und deshalb bei erneuter Trennung eben nicht nur der Versöhnungsversuch gescheitert ist, sondern es nach erfolgreicher Versöhnung es erneut zur Trennung gekommen ist (OLG Bremen MDR 2012, 918).

4. Sonderfall einer **Scheidung** ist der **vor Ablauf** des **Trennungsjahres.** Vor Ablauf des Trennungsjahres kann ein Ehegatte die Scheidung der Ehe beantragen, wenn der andere in seiner Person Gründe liefert, die eine Fortsetzung der Ehe als **unzumutbare Härte** darstellen würden (§ 1565 Abs. 2 BGB). 823

a) Auch wenn vor Ablauf des Trennungsjahres die Scheidung beantragt werden soll, müssen die Ehegatten getrennt leben (MüKo-BGB/*Weber*, § 1565 Rn 75). 824

b) Unzumutbar i.S.d. § 1565 Abs. 2 BGB ist die **Fortsetzung der Ehe**, wenn nicht nur das reale Zusammenleben nicht verlangt werden kann; vielmehr liegt Unzumutbarkeit erst vor, wenn es nicht verlangt werden kann, dass auch nur noch bis zum Ablauf des Trennungsjahres das Eheband als solches weiter besteht (BGH FamRZ 1981, 127). Geht ein Ehegatte eine **ehewidrige Beziehung** ein, so reicht dies allein nicht, um eine vorzeitige Scheidung verlangen zu können (OLG Düsseldorf FamRZ 2000, 286). 825

> ☝ **Ernsthafte Bedrohungen** und **Tätlichkeiten** eines Ehegatten gegenüber dem anderen dagegen lassen dagegen grds. einen vorzeitigen Scheidungsantrag des bedrohten bzw. geschädigten Ehegatten in Betracht kommen (OLG Dresden FamRZ 2013, 627).

Siehe auch: → *Familie, Allgemeines*, Teil H Rdn 732 m.w.N.

826
Familie, Ehegatte, Unterhalt

827 **Literaturhinweise:** S. die Hinw. bei → *Familie, Allgemeines*, Teil H Rdn 732.

828 **1.** Der Ehegattenunterhalt besteht in **drei** rechtlichen **Arten**, je nach dem Zustand der Ehe.

829 **a)** Leben **Ehegatten zusammen und noch nicht getrennt**, so regelt sich die Frage des Unterhaltes nach § 1360 BGB. Diese Norm bestimmt den Familienunterhalt, der sich im Wesentlichen in das Wirtschaftsgeld einerseits und das Taschengeld andererseits aufgliedert.

830 **b)** Für die **Zeit** der **Trennung bis** zur **Rechtskraft** der **Scheidung** ist der Unterhaltsanspruch in § 1361 BGB geregelt. Ein **Anspruch** auf **Trennungsunterhalt** lässt sich relativ leicht begründen. Für diesen kommt es jedenfalls für das Trennungsjahr darauf an, in welchen ehelichen Verhältnissen die Ehegatten gelebt haben. Bis zum Ablauf des Trennungsjahres ist es in jedem Fall jedem Ehegatten gestattet, geltend zu machen, dass das Trennungsjahr abzuwarten ist, um sich überlegen zu können, ob die Ehe tatsächlich gescheitert ist oder nicht doch noch die eheliche Lebensgemeinschaft wiederhergestellt wird. Das bedeutet auch, dass jeder Ehegatte im Trennungsjahr prinzipiell noch argumentieren kann, dass die eheliche Situation bezüglich der Einkünfte aufrecht erhalten bleibt und also nicht verlangt werden kann, dass bspw. der Ehegatte, der bisher keiner Erwerbstätigkeit nachging, unmittelbar nach der Trennung sich einen Arbeitsplatz sucht, selbst wenn dies möglich wäre.

831 **c)** Der Anspruch auf Unterhalt für die **Zeit nach** der **Scheidung** richtet sich nach §§ 1569 ff. BGB. Für die Zeit nach der Scheidung besteht **grds. kein Unterhaltsanspruch** zwischen Ehegatten mehr (§ 1569 BGB).

832 **Anderes** gilt, wenn eine der Anspruchsgrundlagen der §§ 1570 ff. BGB erfüllt ist. Ein **Unterhaltsanspruch** kommt danach in Betracht

- wegen **Kindesbetreuung** (§ 1570 BGB),
- wegen **Alters** (§ 1571 BGB),
- wegen Krankheit oder Gebrechen (§ 1572 BGB),
- wegen Erwerbslosigkeit (§ 1573 Abs. 1 BGB),
- wegen mangelnder Einkünfte aus Erwerbstätigkeit (sog. Aufstockungsunterhalt; § 1573 Abs. 2 BGB),
- wegen Ausbildung, Fortbildung oder Umschulung (§ 1575 BGB), und
- schließlich aus Billigkeitsgründen (§ 1576 BGB);

wobei die in der Praxis häufigsten Ansprüche wegen Unterhaltes geltend gemacht werden wegen **Kinderbetreuung** (§ 1570 BGB), oder wegen **mangelnder Einkünfte** aus **Erwerbstätigkeit** (§ 1573 Abs. 2 BGB).

833 **2.** Zum **Ausmaß** des **Anspruchs** auf **Ehegattenunterhalt** gilt:

- **Trennungsunterhalt** wird in jedem Fall geschuldet **für das Trennungsjahr**. Für die Zeit danach kommt es auf die Umstände des Einzelfalles an.
- Unterhalt wegen der **Betreuung eines gemeinschaftlichen Kindes** (§ 1570 BGB), kann grds. nur für die ersten drei Jahre nach der Geburt verlangt werden, danach dann, wenn besondere kind- oder ehegattenbezogenen Gründe geltend gemacht werden können.
- Der **Höhe** nach richtet sich der Unterhalt nach den ehelichen Lebensverhältnissen (§ 1578 BGB). Aus Billigkeitsgründen ist der Unterhalt nach den individuellen Umständen des Einzelfalles herabzusetzen und/oder zu befristen (§ 1578b BGB, § 1579 BGB), soweit es um den Unterhalt für die Zeit nach der Scheidung geht. Die Einzelheiten an dieser Stelle darzustellen, würde den Rahmen sprengen.

Siehe auch: → *Familie, Allgemeines*, Teil H Rdn 732 m.w.N.

Familie, Ehegatte, Versorgungsausgleich 834

Literaturhinweise: S. die Hinw. bei → *Familie, Allgemeines*, Teil H Rdn 732. 835

1. Grds. findet **mit** der **Scheidung** der Versorgungsausgleich statt. Das bedeutet, dass die in der Ehezeit erwirtschafteten Versorgungsanrechte je hälftig zwischen den Ehegatten geteilt werden (§ 1 VersAusglG). 836

2. Als **Ehezeit** gilt für den Versorgungsausgleich die Zeit zwischen dem Beginn des Monats, in dem die Ehe geschlossen wurde, und dem Ende des letzten Tages des Monats vor Zustellung des Scheidungsantrages (§ 3 Abs. 1 VersAusglG). 837

3. Der Versorgungsausgleich findet nur **auf ausdrücklichen Antrag** statt, wenn die Ehezeit i.S.d. § 3 Abs. 1 VersAusglG nur bis zu drei Jahre gedauert hat (§ 3 Abs. 3 VersAusglG). 838

4. Ansonsten kommt es nicht zum Ausgleich der Anrechte, wenn die Differenz gering ist (§ 18 VersAusglG). 839

5. Zur **Beschränkung** oder gar zum **Wegfall des Versorgungsausgleichs** kommt es, wenn und soweit es grob unbillig wäre, ihn durchzuführen (§ 27 S. 1 VersAusglG). 840

Abzustellen ist auf die **Umstände des Einzelfalles** (§ 27 S. 2 VersAusglG). So kam es zum Ausschluss des Versorgungsausgleichs (noch über § 1587c BGB, dem Vorläufer von § 27 VersAusglG), als der Ehemann von den für den Versorgungsausgleich maßgeblichen vier Jahren das letzte zunächst in U-Haft und später Strafhaft verbracht hatte, weshalb er weder eigene Versorgungsanwartschaften erwarb noch sonst zum Unterhalt der Familie beitrug (OLG Nürnberg FamRZ 2004, 116). 841

Siehe auch: → *Familie, Allgemeines*, Teil H Rdn 732 m.w.N.

Familie, Kinder, Gewaltschutz 842

Literaturhinweise: S. die Hinw. bei → *Familie, Allgemeines*, Teil H Rdn 732. 843

1. Betreffend das GewSchG ist bei Kindern auf Besonderheiten zu achten: Bei Misshandlungen von Kindern durch ihre Eltern findet das **GewSchG keine Anwendung** (§ 3 Abs. 1 GewSchG). Vielmehr sind dann **Maßnahmen** nach **§§ 1666, 1666a BGB** zu ergreifen. 844

2. Wohl aber findet das GewSchG Anwendung im **Verhältnis zu Dritten** wie auch, wenn sich Eltern vor ihren Kindern schützen wollen. 845

Siehe auch: → *Familie, Allgemeines*, Teil H Rdn 732 m.w.N.

Familie, Kinder, Sorgerecht 846

Literaturhinweise: S. die Hinw. bei → *Familie, Allgemeines*, Teil H Rdn 732. 847

1. Die **elterliche Sorge** für das oder die minderjährigen Kinder liegt **grds.** bei den **Eltern** (§ 1626 Abs. 1 S. 1 BGB). Daran ändert sich nichts, wenn sich die Eltern trennen und geschieden werden. Allerdings kann dann jeder Elternteil beantragen, dass die elterliche Sorge auf ihn allein übertragen wird (§ 1671 Abs. 1 BGB). 848

Der **Antrag** ist erfolgreich, wenn der andere Elternteil der Übertragung zustimmt; der zusätzlichen Zustimmung des Kindes bedarf es, wenn dieses das 14. Lebensjahr vollendet hat (§ 1671 Abs. 2 Nr. 1 BGB). Liegen die **erforderlichen Zustimmungserklärungen** nicht vor, so erfolgt die Übertragung, wenn die Erwartung besteht, dass die Übertragung dem Wohl des Kindes am besten entspricht (§ 1671 Abs. 2 Nr. 2 BGB). Davon geht die Rspr. nur im Ausnahmefall aus. 849

850 **2.** Eine Besonderheit besteht bei **Eltern**, die bei der **Geburt** eines **Kindes nicht miteinander verheiratet** sind.

851 **a)** Ihnen steht die **elterliche Sorgegemeinsam** zu,

- wenn sie entsprechende **Sorgeerklärungen** abgegeben haben (§ 1626a Abs. 1 Nr. 1 BGB),
- wenn sie **einander heiraten** (§ 1626a Abs. 1 Nr. 2 BGB), oder
- wenn das Familiengericht ihnen die **elterliche Sorge gemeinsam überträgt** (§ 1626a Abs. 1 Nr. 3 BGB).

852 **b)** Wird ein **Antrag** auf **Übertragung** der **elterlichen Sorge auf beide Eltern** (ganz oder teilweise) nach § 1626a Abs. 1 Nr. 3 BGB gestellt, so entspricht das Gericht diesem Antrag, wenn die Übertragung dem Kindeswohl nicht widerspricht. Die Übertragung soll also der Regelfall sein.

☝ Es liegt am anderen Elternteil, **Gründe vorzutragen**, die der **Übertragung** an beide Eltern **entgegenstehen**. Unterbleibt dies und sind solche Gründe auch ansonsten nicht ersichtlich, so besteht nach der Entscheidung des Gesetzgebers die Vermutung, dass die gemeinsame elterliche Sorge dem Kindeswohl entspricht (§ 1626a Abs. 2 BGB). Dass sich die Eltern nicht verstehen und Kommunikationsschwierigkeiten haben, reicht nicht aus, um zu verhindern, dass der andere Elternteil Mitinhaber der elterlichen Sorge wird.

853 **c) Ansonsten** ist die elterliche Sorge bei der **Mutter** (§ 1626a Abs. 3 BGB).

854 **3. Ganz** oder **teilweise entzogen** wird die elterliche Sorge, wenn das **körperliche**, **geistige** oder **seelische Wohl des Kindes** oder sein **Vermögen** gefährdet werden und die Eltern nicht gewillt oder in der Lage sind, die Gefahr abzuwenden (§ 1666 Abs. 1 BGB).

855 **a)** Der Entzug der elterlichen Sorge ist dabei die am weitesten reichende Maßnahme, die erst angewendet werden darf, wenn weniger weit reichende nicht genügen. Der Katalog der möglichen Maßnahmen ergibt sich aus § 1666 Abs. 3 BGB.

☝ Der Entzug der elterlichen Sorge hat immer ultima ratio zu sein, die nur in absoluten Ausnahmefällen erfolgen darf (BVerfG FamRZ 2014, 907 m.w.N.; Beschl. v. 16.9.2022 – 1 BvR 1807/20, FamRZ 2023, 49 m. Anm. *Billhardt*; KG, Beschl. v. 4.10.2024 – 3 UF 116/23; OLG Brandenburg FamFR 2011, 235 m. Anm. *Grandke*; OLG Hamm FamRZ 2009, 1753; OLG Stuttgart FamRZ 2010, 1090).

856 **Rechtsprechungsbeispiele:**

- Gelegentlicher **Haschischkonsum** rechtfertigt nicht den Entzug der elterlichen Sorge (OLG Nürnberg NJW-RR 1999, 1019),
- **langjährige Drogensucht harter Drogen** kann dagegen dazu führen (OLG Frankfurt, Beschl. v. 14.02.1983 – 20 W 744/82),
- ebenfalls **Drogensucht** generell dann, wenn sie **nicht hinreichend beherrscht** wird (OLG Hamburg, Beschl. v. 25.1.2019 – 2 UF 129/18),
- **Gewaltanwendung**, in Form wiederholter körperlicher Bestrafungen (OLG Nürnberg, Beschl. v. 10.6.2015 – 9 UF 1430/14) oder
- **Häusliche Gewalt**, eines Elternteils gegen den anderen (OLG Frankfurt, Beschl., v. 10.9.2024 – 6 UF 144/24).

857 **b)** In jedem Fall hat in einem Hauptsacheverfahren grds. nach § 1666 BGB eine **persönliche Anhörung** des **betroffenen Elternteils** (§ 160 FamFG) wie auch des **Kindes** zu erfolgen. Von der Anhörung darf nur bei Vorliegen eines schwerwiegenden Grundes oder Gefahr im Verzug abgesehen werden. Das Vorliegen

der schwerwiegenden Gründe muss durch das Gericht ausdrücklich dargelegt werden (OLG Frankfurt a.M., Beschl. v. 1.2.2018 – 5 WF 254/17).
Siehe auch: → *Familie, Allgemeines*, Teil H Rdn 732 m.w.N.

Familie, Kinder, Umgangsrecht 858

Literaturhinweise: S. die Hinw. bei → *Familie, Allgemeines*, Teil H Rdn 732. 859

1. Hinsichtlich des Umgangsrechtes ist vor allem danach zu unterscheiden, in welchem **Verhältnis** derjenige, für den ein Umgangsrecht beansprucht wird, **zum Kind** steht. 860

2. Insoweit gilt folgender 861

Überblick:

- Kinder haben ein **Recht auf Umgang mit jedem Elternteil** (§ 1684 Abs. 1 1. Halbs. BGB). Jeder Elternteil ist (verpflichtet und) berechtigt, mit seinen Kindern Umgang zu haben (§ 1684 Abs. 1 2. Halbs. BGB).
- **Großeltern** und **Geschwister** haben ebenfalls ein Recht auf Umgang mit den Enkeln bzw. Geschwistern, allerdings unter der Einschränkung, dass dies dem Wohl der Kinder dient (§ 1685 Abs. 1 BGB). Diese zusätzliche Voraussetzung ist allerdings kaum von Bedeutung und mühelos in den meisten Fällen zu bejahen.
- **Weitere enge Bezugspersonen**, etwa der frühere Lebenspartner der Mutter, haben schließlich wie Großeltern und Geschwister ein Recht auf Umgang mit den Kindern, wenn sie für das Kind tatsächlich Verantwortung tragen oder getragen haben (§ 1685 Abs. 2 BGB). Die **erforderliche sozial-familiäre Beziehung** wird vermutet, wenn längeres Zusammenleben in häuslicher Gemeinschaft bestanden hat.

3. Generell rechtlich **ausgeschlossen** oder eingeschränkt werden kann das Umgangsrecht nur in absoluten Ausnahmefällen. Voraussetzung ist, dass der Ausschluss oder die Einschränkung zur Einhaltung des **Kindeswohls** erforderlich ist und einer Verhältnismäßigkeitsprüfung Stand hält. Beispielhaft kann dies bei dem sexuellen Missbrauch des eigenen Kindes der Fall sein (OLG Saarbrücken, Beschl. v. 25.8.2014 – 6 UF 64/14). Pädophile Neigungen des Umgangsberechtigten können ebenfalls zum Ausschluss des Umgangsrechts führen (BGH, Beschl. v. 21.9.2022 – XII ZB 150/19; NZFam 2023, 63 m. Anm. *Preisner*). 862
Siehe auch: → *Familie, Allgemeines*, Teil H Rdn 732 m.w.N.

Familie, Kinder, Unterhalt 863

Das Wichtigste in Kürze:

1. Verwandte in gerader Linie sind verpflichtet, einander Unterhalt zu gewähren (§ 1601 BGB).
2. Unterhalt ist geschuldet, soweit Bedürftigkeit besteht.
3. Macht das volljährige Kind geltend, es sei trotz aller Bemühungen nicht in der Lage, den eigenen Bedarf zu decken, ist zu prüfen, ob es schuldhaft bedürftig ist.

Literaturhinweise: S. die Hinw. bei → *Familie, Allgemeines*, Teil H Rdn 732. 864

1. Verwandte in gerader Linie sind verpflichtet, einander Unterhalt zu gewähren (§ 1601 BGB). Das ist der gesetzgeberische Grundsatz, aufgrund dessen Eltern ihren Kindern Unterhalt zu gewähren haben. 865

2. Unterhalt ist geschuldet, soweit **Bedürftigkeit** besteht. Bedürftig ist, wer außerstande ist, sich selbst zu unterhalten (§ 1602 Abs. 1 BGB). 866

867 **a)** Bei der Frage, ob jemand außerstande ist, sich selbst zu unterhalten, ist einerseits auf die **realen wirtschaftlichen Verhältnisse** abzustellen, andererseits gegebenenfalls auf **fiktive** wirtschaftliche Verhältnisse.

868 **b)** Geht es um den **Unterhalt für minderjährige unverheiratete Kinder**, so haben diese das Recht (und die Pflicht), zunächst einen **Schulabschluss** zu erreichen und eine **Ausbildung** zu absolvieren, bevor von ihnen verlangt werden kann, dass sie einer Erwerbstätigkeit nachgehen und ihren Bedarf selbst decken, d.h. ihr Leben selbst finanzieren (Grüneberg/*von Pückler*, BGB, § 1602 Rn 5).

869 **c)** Wie **minderjährige unverheiratete Kinder** behandelt werden volljährige unverheiratete Kinder, die das 21. Lebensjahr noch nicht vollendet haben und im Haushalt der Eltern oder eines Elternteiles leben (§ 1603 Abs. 2 S. 2 BGB).

870 **d)** Faktisch ebenso behandelt werden Kinder, die zwar **volljährig sind**, aber noch ihre **Ausbildung durchlaufen** (Grüneberg/*von Pückler*, BGB, § 1602 Rn 6).

871 **e)** In der Praxis unklar ist, was gilt, wenn ein Kind zwar **schulpflichtig** ist oder einer **Ausbildung** nachgehen könnte, diese aber nicht oder mit **Verzögerung** tatsächlich durchläuft. Der BGH verweist insofern auf die individuellen Verhältnisse des Einzelfalles, hat deshalb auch einem Kind mit schlechtem Notendurchschnitt und jahrelang erfolglosen Bemühungen um einen Ausbildungsplatz Unterhalt zugesprochen, allerdings dabei zu erkennen gegeben, dass der Unterhaltsanspruch endet, wenn kein Kindergeld nach dem BKKG mehr bezogen werden kann, d.h. max. bis zur Vollendung des 25. Lebensjahres (BGH NJW 2013, 2751).

872 **f)** Ein **volljähriges Kind**, das sich **nicht in einer Ausbildung befinde**t und diese auch nicht mehr anstrebt, ist grds. nicht mehr unterhaltsberechtigt (BGH NJW 1985, 806). Es muss jede sich bietende Gelegenheit ergreifen, um den eigenen Bedarf selbst zu decken (OLG Celle FamRZ 1990, 1142).

873 **3.** Macht das volljährige Kind geltend, es sei trotz aller Bemühungen nicht in der Lage, den eigenen Bedarf zu decken, so ist zu prüfen, ob es schuldhaft bedürftig ist.

874 **a)** Das gilt naturgemäß vor allem in den Fällen der **abgebrochenen** oder **nicht einmal begonnenen Berufsausbildung**. Besteht nämlich die **Bedürftigkeit aufgrund sittlichen Verschuldens**, so nimmt dies Einfluss auf eine etwa bestehende Unterhaltspflicht. Ebenso ist zu beachten, ob das Kind seine eigene Unterhaltspflicht gegenüber dem Unterhaltspflichtigen evtl. gröblich vernachlässigt hat oder sich gar vorsätzlich einer schweren Verfehlung gegen den Unterhaltspflichtigen oder einen nahen Angehörigen von ihm schuldig machte. In diesen Fällen ist nur noch ein Unterhalt geschuldet, der der Billigkeit entspricht und bei Vorliegen grober Unbilligkeit gar kein Unterhalt mehr (§ 1611 Abs. 1 BGB).

875 **b)** Der **Vorwurf sittlichen Verschuldens** kann nur erhoben werden bei vorwerfbarem Verhalten von erheblichem Gewicht (BGHZ 93, 123; OLG Hamm NJW-RR 2002, 650). Eine kriminelle Lebensführung desjenigen, der Unterhalt für sich verlangt, wird als sittliches Verschulden i.S.d. § 1611 Abs. 1 BGB angesehen. Anwendungsfälle sind Arbeitsscheu, Spiel-, Trunk- und Drogensucht, wenn diese zum Eintritt der Bedürftigkeit geführt haben (KG, Urt. v. 18.12.2001 – 18 UF 35/01; OLG Celle, Urt. v. 13.3.1990 – 17 UF 107/88; OLG Frankfurt, Urt. v. 14.7.2010 – 2 UF 238/09).

> ☝ Auf **minderjährige unverheiratete Kinder** ist § 1611 Abs. 1 BGB **nicht** anwendbar (§ 1611 Abs. 2 BGB).

876 **c)** Wenn als **Rechtsfolge** des **§ 1611 BGB** gilt, dass Unterhalt nur noch nach Billigkeit zu zahlen ist und bei **grober Unbilligkeit** gar nicht mehr, so bedeutet dies:

- Zum einen ist zu fragen, **wie gravierend** das anstößige Verhalten des unterhaltsberechtigten Kindes ist (OLG Hamm FamRZ 2007, 165) bzw. wie sich die Dinge dann weiterentwickelt haben, ob bspw. Möglichkeiten der Therapie gegen eine Drogensucht ausgeschlagen wurden (OLG Frankfurt FamRZ 2011, 226),

- zum anderen ist das **Verhalten** des auf Unterhalt **in Anspruch Genommenen** zu bewerten sowie insbesondere seine wirtschaftliche Situation (OLG Hamm FamRZ 2007, 165).

☝ Fälle, in denen in der Praxis wegen § 1611 BGB der **Unterhalt** aus **Billigkeitsgründen reduziert** wird, kommen durchaus vor, Fälle, in denen der Unterhalt unter dem Aspekt der groben Unbilligkeit völlig versagt wird, sind die absolute Ausnahme.

Siehe auch: → *Familie, Allgemeines*, Teil H Rdn 732 m.w.N.

Familie, Lebenspartner 877

Literaturhinweise: S. die Hinw. bei → *Familie, Allgemeines*, Teil H Rdn 732. 878

Lebenspartnerschaftssachen (§ 111 Nr. 11 FamFG) sind letztlich im familienrechtlichen Bereich wie Ehesachen zu behandeln. Ob eine Lebenspartnerschaft vorliegt bzw. vorlag oder eine Ehe, ist deshalb für die weitere **rechtliche Auseinandersetzung ohne Unterschied** (§§ 269 f. FamFG). 879
Siehe auch: → *Familie, Allgemeines*, Teil H Rdn 732 m.w.N.

Gewerbetreibende, Allgemeines 880

Literaturhinweise: **Ennuschat/Wank/Winkler**, Kommentar zur Gewerbeordnung, 9. Aufl. 2020; **Gercke**, Außerstrafrechtliche Nebenfolgen im Wirtschaftsstrafverfahren – ein Überblick, wistra 2012, 291; **Kretschmer**, Nichtstrafrechtliche Sanktionen bei wirtschaftskriminellem Handeln, ZWH 2013, 481; **Landmann/Rohmer**, Kommentar zur Gewerbeordnung, Loseblatt, Stand: März 2024; **Lantermann**, Einrichtung eines Korruptionsregisters auf Bundesebene, ZRP 2013, 107; **Parigger**, Urteilsfolgen neben der Strafe, StraFo 2011, 447; **Röth**, Nebenfolgen strafrechtlicher Verurteilung", StraFo 2012, 354; **Stephan**, Achtung! Beratungsbedarf für außerstrafrechtliche Konsequenzen nach rechtskräftiger Verurteilung, StRR 2008, 174; 881

Mögliche Folgen strafrechtlicher Ermittlungen/Verurteilungen, die nicht bereits selbst vom Strafgericht verhängt worden sind: 882

- **Haftung** (zivil- und steuerrechtlich) (→ *Gewerbetreibende, Haftung zivil- und steuerrechtlich*, Teil H Rdn 883),
- **Inhabilität** für Geschäftsführer/Vorstände (→ *Gewerbetreibende, Inhabilität bei Geschäftsführern/Vorständen*, Teil H Rdn 891,
- **Vergabe-** und **wettbewerbsrechtliche Folgen** (→ *Gewerbetreibende, vergabe- und wettbewerbsrechtliche Folgen*, Teil H Rdn 897),
- **Widerruf**/Rücknahme der Gewerbeerlaubnis bzw. Untersagung (→ *Gewerbetreibende, Widerruf/Rücknahme der Gewerbeerlaubnis bzw. Untersagung*, Teil H Rdn 901).

Gewerbetreibende, Haftung zivil- und steuerrechtlich 883

Literaturhinweise: **Gehm**, Überblick zur Haftung des Steuerhinterziehers und Steuerhehlers nach § 71 AO, NZWiSt 2014, 93; *ders.*, Haftung des Steuerhehlers/Übernahme strafgerichtlicher Feststellungen durch FG, NZWiSt 2014, 467; **Geuenich**, In dubio pro reo auch steuerlich zu beachten, BB 2015, 423; **Mack**, Steuerstrafverfahren im Unternehmen, Stbg 2015, 27; **Moritz**, Steuerhinterziehung und Voraussetzungen der Haftung gemäß § 71 AO, BB 2013, 1562; **Schmidt/Sauter/Scheuß**, Vermögensabschöpfung,3. Aufl. 2024. 884

1. Bei vielen **strafrechtlichen Tatbeständen** handelt es sich um **Schutzgesetze** i.S.d. § 823 Abs. 2 BGB. Die strafrechtliche Verurteilung führt dann zu einer **persönlichen zivilrechtlichen Haftung** des Täters oder Teilnehmers (so z.B. die Haftung für die Sozialversicherungsabgaben im Falle des § 266a StGB). 885

886 **a)** Beim **Vertrag gegenüber Kunden** gilt die allgemeine Verjährungsfrist von drei Jahren (§ 195 BGB), die gem. § 199 Abs. 1 BGB mit dem Schluss des Jahres zu laufen beginnt, in welchem der Anspruch entstanden ist und der Gläubiger von den, den Anspruch begründenden Tatsachen und der Person des Schuldners Kenntnis erlangt. Voraussetzung ist, dass der Gläubiger/Mandant um seinen Anspruch und den Gegner (BAG bzw. Berufsträger) weiß und ihn geltend machen kann. Eventuell lohnt es sich, den (Ex) Mandanten in Kenntnis zu setzen, um die 3-jährige Frist zum Laufen zu bringen.

887 **b)** Die **absolute** Verjährung ist in § 199 Abs. 3 Nr. 1 BGB geregelt. Sie beträgt für solche Schadensersatzansprüche 10 Jahre ohne Kenntnis des Gläubigers von der Entstehung des Anspruches an. Es besteht hier **keine Kalenderjahresschlussregelung**.

888 **c)** Es zählt die **kürzere** Frist, wenn beides vorliegt.

889 **2. Steuerrechtlich** haftet der Täter bzw. Teilnehmer einer Steuerhinterziehung bzw. -hehlerei gem. § 71 AO für die verkürzten Steuern, die zu Unrecht gewährten Steuervorteile und die Zinsen persönlich (vgl. wegen der Einzelh. u.a. *Mack* Stbg 2015, 27; *Moritz* BB 2013, 1562.

890 **3.** Zugleich kann dem **Unternehmen** Folgendes drohen:

- **Einziehung** (§§ 73 ff. StGB und §§ 29 ff. OWIG),
- **Gewinnabschöpfung** (§§ 8 ff. WiStG und im Kartellordnungswidrigkeitenverfahren) und
- **Geldbuße** (§ 30 OWiG und nach Art. 81, 82, 23 VO EG Nr. 1/2003).

Siehe auch: →*Gewerbetreibende, Allgemeines,* Teil H Rdn 880 m.w.N.

891 Gewerbetreibende, Inhabilität bei Geschäftsführern/Vorständen

892 **Literaturhinweise: Stephan**, Achtung! Beratungsbedarf für außerstrafrechtliche Konsequenzen nach rechtskräftiger Verurteilung, StRR 2008, 174; s.a. die Hinweise bei → *Gewerbetreibende, Allgemeines,* Teil H Rdn 880.

893 **1.** Für Geschäftsführer von GmbHs gilt **§ 6 Abs. 2 Nr. 3 GmbHG** und Vorstände von Aktiengesellschaften gilt **§ 76 Abs. 3 Nr. 3 AktG**. Die Vorschriften sind inhaltsgleich.

894 Danach kann derjenige, der rechtskräftig

- wegen einer **Insolvenzverschleppung**,
- wegen der **Insolvenzstraftaten** gem. §§ 283 – 283d StGB,
- wegen falscher Angaben (z.B. Gründungsschwindel) bzw. unrichtiger (Bilanz-)Darstellung verurteilt oder
- wegen Betruges (§ 263 StGB) oder
- Vorenthaltens und Veruntreuens von Arbeitsentgelt (§ 266a StGB)

zu **mindestens** einem Jahr Freiheitsstrafe verurteilt wurde, für die Dauer von **fünf Jahren** seit der Rechtskraft des Urteils nicht mehr Geschäftsführer einer GmbH oder Mitglied des Vorstands einer AG sein kann.

☝ Die Rechtsfolge des § 6 Abs. 2 S. 2 GmbHG/§ 76 Abs. 3 S. 2 AktG tritt **nur** ein, wenn es sich um **eine** der **dort** bezeichneten **Straftaten** handelt, für andere gilt dieser Automatismus nicht.

895 **2.** Die **5-Jahres-Frist beginnt** mit dem Eintritt der Rechtskraft.

☝ Die Regelungen gelten auch für **Inlandsgesellschaften** ausländischer Rechtsformen (s. § 13e Abs. 3 S. 2 HGB). Auch Verurteilungen im **Ausland** genügen (sofern vergleichbar und nach dem 1.11.2018, s. § 6 Abs. 2 S. 3 GmbHG).

Dies bedeutet, dass sämtliche Handlungen, die der Geschäftsführer bzw. der Vorstand ab dem Zeitpunkt der Rechtskraft vornimmt, **nichtig** sind. Es tritt ein sofortiger Amtsverlust ein; ein Abberufungsverfahren ist nicht nötig. 896

Siehe auch: → *Gewerbetreibende, Allgemeines,* Teil H Rdn 880 m.w.N.

Gewerbetreibende, vergabe- und wettbewerbsrechtliche Folgen 897

898 **Literaturhinweise: Gercke,** Außerstrafrechtliche Nebenfolgen im Wirtschaftsstrafverfahren – ein Überblick, wistra 2012, 291; **Kretschmer,** Nichtstrafrechtliche Sanktionen bei wirtschaftskriminellem Handeln, ZWH 2013, 481; **Lantermann,** Einrichtung eines Korruptionsregisters auf Bundesebene, ZRP 2013, 107; **Parigger,** Urteilsfolgen neben der Strafe, StraFo 2011, 447; **Röth,** Nebenfolgen strafrechtlicher Verurteilung", StraFo 2012, 354; s.a. die Hinw. bei → *Gewerbetreibende, Allgemeines,* Teil H Rdn 880.

899 **1.** U.a. im SchwarzArbG und im AEntG ist der **Ausschluss** an der **Teilnahme** einer **Ausschreibung öffentlicher Auftraggeber** für einen gewissen Zeitraum vorgesehen, wenn eine rechtskräftige Verurteilung wegen bestimmter (Straf-)Taten erfolgt ist (z.B. § 21 Abs. 1 SchwarzArbG, §§ 21, 23 AEntG). Dazu zählt im ersten Fall z.B. § 266a StGB. Voraussetzung ist die Verurteilung zu einer Freiheitsstrafe von mehr als drei Monaten oder einer Geldstrafe von mehr als neunzig Tagessätzen oder Verhängung einer Geldbuße von wenigstens 2.500,00 EUR im Bußgeldverfahren.

☝ Das Gleiche gilt **auch schon vor Durchführung** eines Straf- oder Bußgeldverfahrens, wenn im Einzelfall angesichts der Beweislage kein vernünftiger Zweifel an einer schwerwiegenden Verfehlung besteht.

900 **2.** I.ü. ist auf Länderebene mit einer **Eintragung** in das **Korruptionsregister (in Berlin nunmehr im Wettbewerbsregister)** zu rechnen. Auch hier soll der öffentliche Auftraggeber „schwarze Schafe" von der Teilnahme an Ausschreibungen ausschließen können. Die jeweiligen Landesgesetze (z.B. das Gesetz zur Einrichtung und Führung eines Registers über korruptionsauffällige Unternehmen in Berlin [Korruptionsregistergesetz – KRG] v. 19.4.2006) bestimmen welche Rechtsverstöße eingetragen werden.

☝ Auch eine Einstellung gem. **§ 153a StPO** kann eintragungsfähig sein (z.B. § 3 Abs. 2 Nr. 3 KRG Berlin).

Siehe auch: → *Gewerbetreibende, Allgemeines,* Teil H Rdn 880.

Gewerbetreibende, Widerruf/Rücknahme der Gewerbeerlaubnis bzw. Untersagung 901

Das Wichtigste in Kürze:

1. Nach einer strafrechtlichen Verurteilung kann eine Gewerbeuntersagung gem. § 35 GewO oder eine Rücknahme bzw. ein Widerruf (§ 15 Abs. 2 GewO i.V.m. §§ 48, 49 VwVfG) einer erteilten Erlaubnis oder die Nichterteilung einer beantragten Erlaubnis erfolgen.
2. § 35 Abs. 3 GewO umschreibt die Bindungswirkung einer strafrechtlichen/bußgeldrechtlichen Verurteilung für das Untersagungsverfahren.

> **3.** Die Behörde erfährt von Tatsachen, die ggf. eine gewerberechtliche Maßnahme rechtfertigen, i.d.R. also Verurteilungen, über das FAER), das BZR und das Gewerbezentralregister (GZR).
> **4.** Bei der Untersagung handelt es sich um einen Verwaltungsakt.
> **5.** Materiell-rechtlich ist der zentrale Begriff die Zuverlässigkeit.

902 **Literaturhinweise:** S. die Hinw. bei → *Gewerbetreibende, Allgemeines,* Teil H Rdn 880.

903 **1.** Nach strafrechtlicher Verurteilung kann eine **Gewerbeuntersagung** gem. § 35 GewO (keine vorherige Erlaubnis, nur Anzeige) oder eine **Rücknahme** bzw. ein **Widerruf** (§ 15 Abs. 2 GewO i.V.m. §§ 48, 49 VwVfG) einer erteilten Erlaubnis oder die Nichterteilung einer beantragten Erlaubnis erfolgen. Für das Markt- und Reisegewerbe gelten die §§ 59, 70a GewO, für andere Gewerbe finden sich Spezialgesetze z.B. in § 15 GastG, § 25 PBefG, § 41 WaffG und § 20 BImSchG.

904 Die Behörde hat **Ermessen**. Es gelten das jeweilige VwVfG und dann der **Verwaltungsrechtsweg**.

> ☝ Es ist immer darauf zu achten, dass eine Widerrufsverfügung auch den „**wirklich**" **Verantwortlichen** trifft (z.B. bei Eheleuten, Personenmehrheiten usw.).

905 **2. § 35 Abs. 3 GewO** umschreibt die **Bindungswirkung** einer **strafrechtlichen/bußgeldrechtlichen Verurteilung** für das Untersagungsverfahren, hingegen nicht für das Erlaubnisverfahren. Danach darf die Behörde zuungunsten des Gewerbetreibenden nicht von den Feststellungen des Strafgerichts abweichen, insofern dieses den Sachverhalt feststellt, die Schuldfrage beurteilt und zur Frage Stellung nimmt, ob wegen Wiederholungsgefahr ein Berufsverbot gem. § 70 StGB angebracht ist. Dies gilt auch für ein **vorläufiges Berufsverbot** gem. § 132a StPO, einen **Strafbefehl** und eine die **Eröffnung des Hauptverfahrens ablehnende Gerichtsentscheidung**.

906 Die Bindungswirkung greift mit Erlass der Entscheidung. Auf die **Rechtskraft kommt** es **nicht an**. Die Behörde kann vorher selbst entscheiden (d.h. sie muss das Strafverfahren nicht abwarten). Sollte erst nachträglich, also nach Erlass der Untersagungsverfügung, eine der o.a. Entscheidungen ergehen, die dazu führt, dass die Verfügung nicht hätte ergehen dürfen, stehen dem Gewerbetreibenden bei Bestandkraft des Bescheides ein **Wiederaufgreifen** (§ 51 VwVfG) und ansonsten Widerspruch zu.

> ☝ Im **Erkenntnisverfahren** sollte der Verteidiger versuchen, das Strafgericht zu Ausführungen vom Absehen eines Berufsverbotes zu veranlassen, da das fast einer **Sperrwirkung** für die Behörde gleichkommt. Bei der Behörde sollte später ggf. mit Beweisanträgen auf ein Abweichen zugunsten des Gewerbetreibenden gedrängt werden.
>
> Bei schlechter Ausgangslage im Strafverfahren **Strafbefehlsverfahren** vorschlagen, weil dort kein Berufsverbot verhängt werden darf und damit auch keine Aussage dazu im Strafverfahren getroffen wird.

907 **3.** Die Behörde erfährt von Tatsachen, die ggf. eine gewerberechtliche Maßnahme rechtfertigen, i.d.R. also Verurteilungen, über das FAER), das BZR und das Gewerbezentralregister (GZR). Eintragungen im FAER werden nicht in das GZR eingetragen. Eintragungen im GZR (s. §§ 149, 151 GewO) werden nicht ins BZR eingetragen. Es besteht ein **Verwertungsverbot** für **vorherige Eintragungen** in den Registern, wenn sie nach dem jeweiligen Registergesetz gelöscht sind bzw. zu löschen gewesen wären. Das Finanzamt darf gem. § 30 Abs. 4 AO den Gewerbeaufsichtsbehörden Mitteilung machen.

908 **4.** Bei der Untersagung handelt es sich um einen Verwaltungsakt. Es wird für die Prüfung der Rechtmäßigkeit der **Zeitpunkt der letzten Behördenentscheidung** angenommen (BVerwG NZI 2015, 776 m.w.N.). Gem. § 35 Abs. 6 GewO kann dem Gewerbetreibenden die persönliche Ausübung auf Antrag wieder gestattet werden, wenn die Voraussetzungen vorliegen. In der Regel ist dies erst ein Jahr nach Durchführung der Untersagungsverfügung möglich, vorher nur wenn besondere Gründe vorliegen.

☝ Bei **Gefahr** der **Untersagung** kann der Gewerbetreibende gem. § 35 Abs. 2 GewO einen zuverlässigen Stellvertreter benennen und die Fortführung durch ihn beantragen. Wenn die Voraussetzungen für die Zuverlässigkeit wieder hergestellt werden können, empfiehlt es sich diese Zeit zu nutzen und das behördliche Verfahren zu ziehen, damit zur letzten behördlichen Entscheidung etwaige positive Tatsachen vorliegen.

5. Materiell-rechtlich ist der zentrale Begriff die **Zuverlässigkeit**. Unzuverlässig ist, wer aufgrund von Tatsachen keine Gewähr dafür bietet, dass er in Zukunft sein Gewerbe ordnungsgemäß ausüben wird. Es müssen Tatsachen vorliegen, die einen Bezug zum Gewerbe haben (die nicht selbst gewerblich sein müssen). Diese Tatsachen müssen die Unzuverlässigkeit „dartun", d.h. die Behörde muss prognostizieren, dass auch zukünftig mit einem Fehlverhalten des Gewerbetreibenden zu rechnen sein wird. Hier genügt die **Wahrscheinlichkeit** (nicht bloße Zweifel oder Vermutungen). Auch eine **abstrakte Gefahr** kann genügen. Es kommt darauf an, welchen Wert die bedrohten Schutzgüter haben und wie groß das zu erwartende Schadensausmaß sein kann. Zu beachten ist die grundrechtliche Gewerbefreiheit und der Verhältnismäßigkeitsgrundsatz. Die **Prognose** unterliegt der vollständigen gerichtlichen Überprüfung. Das Gewerberecht wehrt Gefahren für die Allgemeinheit ab. Ein **Verschulden** wie im Strafrecht ist deshalb nicht erforderlich. Eine strafrechtlich günstige Sozialprognose muss (anderer Zweck) nicht unbedingt zu einer günstigen Zuverlässigkeitsprognose führen. 909

☝ Der Verteidiger/Rechtsanwalt sollte im Strafverfahren auf eine **günstige Sozialprognose hinwirken**. Zugleich die Zeit nutzen und auf ein Wohlverhalten des Mandanten hinwirken, denn es ist von der Behörde zu berücksichtigen.

Für das Vorliegen von Unzuverlässigkeit lassen sich Fallgruppen bilden (s. *Ennuschat/Wank/Winkler*, § 35 Rn 36 – 82 und Landmann/Rohmer/*Marcks*, GewO, § 35 Rn 28 – 62). Hinzuweisen ist auf die nachstehenden 910

Fallgruppen für die Unzuverlässigkeit: 911

- **Straftaten mit Gewerbebezug für alle Gewerbezweige** (Eigentums- bzw. Vermögensdelikte für alle Gewerbezweige, Straßenverkehrsdelikte bei übergreifendem Charaktermangel),
- **Straftaten mit einschlägigem Gewerbebezug** (Straßenverkehrsdelikte für z.B. ein Taxigewerbe, unerlaubtes Glückspiel und Körperverletzungen bei Gastwirten),
- **Ordnungswidrigkeiten mit Gewerbebezug** sind zu berücksichtigen,
- **Steuerrückstände** (auch ohne strafrechtliche Verurteilung, ohne Verschulen und nur bei Schätzung), insb. gewerbebezogene Steuern oder für den Staat vereinnahmte Steuern (auch die Höhe und die Dauer spielt eine Rolle: feste Sätze gibt es nicht, ab 2.500,00 EUR schon entschieden; die Zwangsvollstreckung durch das Finanzamt ist nicht nötig; durch tragfähiges Sanierungskonzept für alte Steuerschulden und Zahlung laufender Steuerschulden ist eine Untersagungsverfügung eventuell verhinderbar),
- **sonstige steuerrechtliche Pflichtverstöße** (beharrliche Missachtung steuerrechtlicher Erklärungspflichten),
- **Verstöße gegen sozialversicherungsrechtliche Pflichten** (insb. Nichtabführung der Arbeitnehmeranteile; bei AG-Anteilen wird eine gewisse Intensität bzw. Beharrlichkeit verlangt; keine festen Sätze: ab 2.500,00 EUR bereits entschieden),
- **mangelnde wirtschaftliche Leistungsfähigkeit** (Vorwurf der unterlassenen Betriebsaufgabe) insb. bei Vertrauensgewerbe (Vorleistungen üblich = Reise- oder Transportvermittlung oder persönliches Vertrauen = Versicherungsvermittler, Makler),
- **mangelnde Sachkunde** (selten, nur in Ausnahmefällen, z.B. Schwimmlehrer, welcher nicht schwimmen kann),

- **Verletzung zivilrechtlicher Pflichten** (wenn wiederholt evtl. ein charakterlicher Mangel vorliegt, insb. bei Verstößen gegen das Verbraucherschutz-, Gleichbehandlungs- und Wettbewerbsrecht),
- **Verletzung öffentlich-rechtlicher Pflichten** (insb. Verstöße gegen SchwarzArbG, AÜG, Arbeitsschutzrecht),
- **sonstige Gründe** (persönliche Mängel: Süchte, geistiger und körperlicher Zustand, Duldung von Rauschgifthandeln, Ausbeutung von Willensschwachen, Gründung einer ausländischen Scheingesellschaft).

Siehe auch: → *Gewerbetreibende, Allgemeines,* Teil H Rdn 880.

912 Jäger, Allgemeines

Das Wichtigste in Kürze:

1. Die maßgebliche bundesgesetzliche Grundlage für das Jagdrecht bildet das BJagdG.
2. Das BJagdG unterscheidet zwischen dem Jagdrecht, dem Jagdausübungsrecht und der Erlaubnis tatsächlich jagen zu dürfen, dem Jagdschein.
3. Voraussetzung für die Erteilung des Jagdscheins ist u.a. die bestandene Jägerprüfung.
4. Die Jäger bilden unter den Waffenbesitzern eine besondere Personengruppe. Ihnen billigt das WaffG, das auch für die Jäger gilt, besondere Interessen für den Zugang zu Waffen und Munition zu.
5. Um den Austausch der notwendigen Informationen zwischen der Jagd- und der Waffenbehörde sicherzustellen, hat die Jagdbehörde gem. § 18a BJagdG bestimmte Mitteilungspflichten an die Waffenbehörde. Umgekehrt unterrichtet die Waffenbehörde die Jagdbehörde, wenn ihr Anhaltspunkte bekannt werden, die Zweifel an der Zuverlässigkeit oder persönlichen Geeignetheit der Person begründen (§ 6b WaffG).

913 **Literaturhinweise:** **Barthel/Weidemann**, Die Rückforderung von Urkunden und Sachen nach § 52 VwVfG, GewA 2012, 112; **Belling**, Die Entziehung des Jagdscheins wegen Steuervergehens: Zur Novellierung des Bundesjagdgesetzes, NJW 1991, 280; **Brenner**, Befristung und Beschränkung der Fahrerlaubnis aus verfassungsrechtlicher Sicht NZV 2009, 374; **Burrack**, Aktuelle Rechtsprechung zum Jagdrecht in den neuen Bundesländern LKV 2009, 162; **Effen**, „Wolfsabschuss ohne Folgen?“, NuR 2011, 194; **Hong**, Verbot der endgültigen und Gebot der vorläufigen Vorwegnahme der Hauptsache im verwaltungsgerichtlichen Eilverfahren, NVwZ 2012, 468; **Louis**, Die Gesetzgebungszuständigkeit für Naturschutz und Landschaftspflege nach dem Gesetzesentwurf zur Föderalismusreform, ZUR 2006, 340; **Meyer**, Die neuere waffenrechtliche Rechtsprechung des Bundesverwaltungsgerichts (II) GewA 2001, 89; **Nolte**, Waffenerwerb aufgrund von Ausländerjagdscheinen, NuR 2000, 24; **Pießkalla**, Ausgewählte verwaltungsgerichtliche Entscheidungen zum Waffen- und Jagdrecht aus dem Jahr 2020, NJOZ 2021, 833; **Premer**, Rechtsschutz bei der Jägerprüfung, LKRZ 2012, 404; **Scheffer**, Waffenrechtliche Bedürfnisprüfung bei Jägern, GewA 2005, 278; **Schenke**, Der Widerruf einer waffenrechtlichen Erlaubnis gegenüber dem Inhaber eines Jagdscheins, GewA 2000, 136; **Wolf**, Der Wolf als streng geschützte Art und möglicher Gegenstand des Jagdrechts, ZUR 2012, 331; s. i.Ü. die Hinw. bei → *Waffenbesitzer, Allgemeines*, Teil H Rdn 1337.

914 **1.** Das **Jagdwesen** fällt nach Art. 74 Abs. 1 Nr. 28 GG in den **Bereich** der **konkurrierenden Gesetzgebung**. Damit dürfen die Länder nur solange und soweit gesetzliche Regelungen treffen, wenn und soweit nicht der Bund bereits eine gesetzliche Regelung erlassen hat. Mit dem **BJagdG** hat der Bund die **maßgebliche** gesetzliche **Grundlage** für das Jagdrecht und die Jagdausübung geschaffen. Hier finden sich zudem die Voraussetzungen für den tatsächlichen Zugang zur Jagd: die Erteilung des Jagdscheins. Den **Landesjagdgesetzen** bleiben damit vor allem die näheren Regelungen zu jagdbarem Wild und den Einzelheiten der Jagdausübung überlassen (in den vergangenen Jahren trat der sog. **„Wald-Wild-Konflikt“** immer stärker zu tage – vgl. dazu beispielhaft das DJV-Forderungspapier „Spannungsfeld Wald, Wild und Mensch“ – sowie die breitere Nutzung von (Waffen-)Technologien bei der Bejagung,

wie etwa von **Schalldämpfern oder Nachtsichttechnik** (dazu § 40 Abs. 3 S. 4 WaffG und die weitergehende Initiative des BR für den Einsatz von Nachtzielgeräten – BR-Drucks 203/25).

☝ Hier können schon aus Platzgründen keine umfassenden Ausführungen zum Jagdrecht erfolgen (insoweit z.B. *Schuck*, BJagdG). Dem Rechtsanwalt sollen aber genug Informationen an die Hand gegeben werden, um den jagd- und waffenrechtlichen Kontext zu kennen und schnell **die (nachteiligen) Folgen einer strafrechtlichen Verurteilung für Jäger** einschätzen zu können.

2.a) Das BJagdG **unterscheidet** zwischen dem **Jagdrecht,** dem **Jagdausübungsrecht** und der Erlaubnis tatsächlich jagen zu dürfen, dem **Jagdschein**. Der Inhalt des Jagdrechts ist gem. § 1 Abs. 1 BJagdG, die ausschließliche Befugnis, auf einem bestimmten Gebiet wildlebende Tiere, die dem Jagdrecht unterliegen, zu hegen, auf sie die Jagd auszuüben und sie sich anzueignen. Mit dem Recht zur Jagd geht die Pflicht zur Hege einher. 915

b) Das **Jagdausübungsrecht** ist nur ein Teil des Jagdrechts. Dieses steht gem. § 3 Abs. 1 BJagdG grds. dem Eigentümer auf seinem Grund und Boden zu. Das Jagdausübungsrecht betrifft die unmittelbare Möglichkeit der **Ausübung des Jagdrechts** (*Schuck*, § 3 Rn 12). Es unterwirft das Jagdrecht bestimmten Voraussetzungen, das vom Eigentümer nämlich nur ausgeübt werden darf, wenn er über **einen Jagdbezirk** verfügt (§ 3 Abs. 3 BJagdG). Jagdbezirke sind gem. § 4 BJagdG entweder 916

- **Eigenjagdbezirke** gem. § 7 BJagdG oder
- **gemeinschaftliche Jagdbezirke** gem. § 8 BJagdG.

Unter **Eigenjagdbezirken** versteht man zusammenhängende bejagbare Grundflächen von mehr als 75 Hektar, die dem Jäger zum Eigentum gehören. **Gemeinschaftliche Jagdbezirke** sind hingegen der genossenschaftliche Zusammenschluss kleinerer Flächen verschiedener Eigentümer zu einem Jagdbezirk von mindestens 150 Hektar, der dann im Wege der Jagdpacht an einen Jäger vergeben wird. Von den genannten Mindestgrößen dürfen die Bundesländer abweichende größere Flächen vorschreiben. 917

c) Gem. § 15 Abs. 1 BJagdG muss, **wer** die **Jagd tatsächlich ausüben möchte**, einen auf seinen Namen lautenden **Jagdschein** mit sich führen und diesen auf Verlangen der Polizei sowie den Jagdschutzberechtigten vorzeigen. Das **Jagdausübungsrecht** beinhaltet also grds. das Recht des Eigentümers, auf seinem Grund und Boden die Jagd ausüben zu dürfen. Will er dies aber auch tatsächlich tun, bedarf es einer **besonderen verwaltungsrechtlichen Erlaubnis**, die durch den **Jagdschein** erteilt wird. 918

☝ Auf der anderen Seite reicht die **Erteilung** eines **Jagdscheines** allerdings allein **nicht** aus, um die Jagd tatsächlich ausüben zu dürfen. Dafür bedarf es dann eines entsprechenden **Jagdausübungsrechts**, z.B. durch Erwerb eines Eigenjagdbezirks oder die Erlangung einer Jagderlaubnis, etwa durch Eingehung eines Jagdpachtvertrages. Wer ohne Jagdausübungsrecht auf Jagd geht, wildert, selbst wenn er einen Jagschein hat (§ 292 StGB).

Wer die Jagd (nur) mit **Greifen** oder **Falken (Beizjagd)** ausüben will, muss gem. § 15 Abs. 1 S. 3 BJagdG einen auf seinen Namen lautenden **Falknerjagdschein** mit sich führen. 919

3.a) Die erste **Erteilung eines Jagdscheins** (→ *Jäger, Jagdschein, Allgemeines*, Teil H Rdn 934) ist gem. § 15 Abs. 5 BJagdG davon abhängig, dass der Bewerber 920

im Geltungsbereich des BJagdG eine **Jägerprüfung bestanden** hat,

- die aus einem **schriftlichen** und
- einem **mündlich-praktischen** Teil und
- einer **Schießprüfung** besteht.
- Für die Erteilung des Jagdscheins bedarf es zudem stets einer ausreichenden **Jagdhaftpflichtversicherung** (§ 17 Abs. 1 S. 1 Nr. 4 BJagdG).

☝ Hat der Jäger die Jägerprüfung bestanden, entsteht grds. ein **Rechtsanspruch** auf Erteilung des Jagdscheins. Der Jagdbehörde steht hier **kein Ermessen** zu.

921 **b)** Der Erteilung oder Verlängerung dürfen allerdings **keine Versagungsgründe gem. § 17 BJagdG** entgegenstehen (zu den Versagungsgründen im Einzelnen → *Jäger, Jagdschein, Versagung*, Teil H Rdn 972). Hierzu gehört insbesondere die Unzuverlässigkeit des Betroffenen (§ 17 Abs. 1 S. 1 Nr. 2 BJagdG). Da die waidgerechte Ausübung der Jagd (§ 1 Abs. 3 BJagdG) grds. den Einsatz von Schusswaffen voraussetzt (sicheres und schnelles Erlegen des Wildes zur Vermeidung unnötigen Leidens), werden an die Inhaber von Jagdscheinen **strenge Anforderungen** an ihren **Lebenswandel** gestellt, wie das auch bei anderen Waffenbesitzern der Fall ist. Daher bildet auch hier im Interesse der öffentlichen Sicherheit und Ordnung die **Zuverlässigkeit** das **maßgebliche Kriterium** für eine Beschränkung des Zugangs zur Jagd sowie Jagdwaffen und Munition.

☝ Daher ist grds. **jede strafgerichtliche Verurteilung** für die Beurteilung der Zuverlässigkeit **nachteilig**. Auch jede vermeintlich kleine Strafe kann zu einer negativen Entscheidung der Jagd- und Waffenbehörden führen. Vor diesem Hintergrund ist es als Verteidiger unbedingt erforderlich, Strafe zu vermeiden und jeden Versuch zu unternehmen eine **Einstellung** des **Verfahrens** herbeizuführen (zu den Folgen einer Verurteilung → *Jäger, Jagdschein, Versagung*, Teil H Rdn 989)! Dabei muss man sich bewusst sein, dass selbst **Verfahrenseinstellungen** in der Zusammenschau mit anderen Umständen die Annahme rechtfertigen können, dass Betroffene **nicht** (mehr) über die erforderliche Zuverlässigkeit verfügen (→ *Waffenbesitzer, waffenrechtliche Zuverlässigkeit*, Teil H Rdn 1381).

922 Da für die Ausübung der **Beizjagd** gerade keine Schusswaffen erforderlich sind, billigt § 13 Abs. 1 WaffG den Inhabern von Falknerjagdscheinen kein waffenrechtliches Bedürfnis zu. Andererseits werden aber bei Falknerjagdscheinen gem. § 17 Abs. 1 S. 4 BJagdG auch **keine besonderen Anforderungen** an die **Zuverlässigkeit** und **Geeignetheit** gestellt.

923 **4.a)** Unter den Waffenbesitzern bilden die **Inhaber der Jagdscheine eine besondere Personengruppe**. Ihnen billigt das WaffG besondere **persönliche und wirtschaftliche Interessen** für den Zugang zu Waffen und Munition zu. Anders als andere Waffenbesitzer müssen sie kein weiteres Bedürfnis für den Umgang mit Waffen und Munition nachweisen, wenn sie über einen gültigen **Jahres**jagdschein verfügen. Für sie gelten daher nach § 13 WaffG besondere Erlaubnistatbestände für den Erwerb, das Führen und das Schießen mit Waffen und Munition. So ersetzt der Jagdschein für den **Erwerb** und den **vorübergehenden Besitz** von Langwaffen gem. § 13 Abs. 4 WaffG eine Waffenbesitzkarte. Während die **Erlaubnis zum Schießen** grds. durch einen Erlaubnisschein gem. § 10 Abs. 5 WaffG erteilt wird, dürfen nach § 13 Abs. 6 S. 1 WaffG **Jäger bei der befugten Jagdausübung** auch ohne gesonderte Erlaubnis schießen. Bei der Jagdausübung dürfen die Waffen zudem geladen und schussbereit geführt werden.

924 **b)** Das **BJagdG** beinhaltet i.Ü. **keine Regelungen** über den **Zugang bzw.** den **Umgang** mit **Waffen** und **Munition**. Insoweit ist das WaffG, insbesondere die besonderen Erlaubnistatbestände des § 13 WaffG, maßgeblich (→ *Waffenbesitzer, Allgemeines*, Teil H Rdn 1337; → *Waffenbesitzer, Waffenbesitzkarte, Rücknahme und Widerruf*, Teil H Rdn 1370; → *Waffenbesitzer, waffenrechtliche Zuverlässigkeit*, Teil H Rdn 1370). Lediglich § 19 BJagdG enthält sog. **sachliche Verbote**, die im Interesse des Tier- und Naturschutzes (sog. Waidgerechtigkeit § 1 Abs. 3 BJagdG) bestimmte Vorgaben machen:

- das **Verbot bestimmter Munition** für die Jagd (§ 19 Abs. 1 Nr. 1 BJagdG),
- die **Erfüllung bestimmter Mindestanforderungen** durch die Munition für den Schuss auf Wild (§ 19 Abs. 1 Nr. 2a) und b) BJagdG) sowie den **Ausschluss bestimmter Waffentypen** (§ 19 Abs. 1 Nr. 2c) und d) BJagdG) sowie
- das **Verbot bestimmter Waffenteile** (§ 19 Abs. 1 Nr. 5 BJagdG).

c) Die den **Erwerb** und **Besitz** von Schusswaffen durch Jäger regelnde Vorschrift des § 13 Abs. 2 WaffG stellt Jäger bei der Erteilung einer WBK für den Erwerb und Besitz von Langwaffen und zwei Kurzwaffen ausdrücklich **nur** von der Prüfung des Bedürfnisses (vgl. zum Bedürfnisprinzip: *Waffenbesitzer, Allgemeines*, Teil H Rdn 1357), aber nicht von der Prüfung der waffenrechtlichen Zuverlässigkeit frei, an der sie sich ebenfalls messen lassen müssen (zum Verhältnis Jagdrecht und Waffenrecht → *Jäger, Jagdschein, Versagung*, Teil H Rdn 985 und zur waffenrechtlichen Zuverlässigkeit → *Waffenbesitzer, waffenrechtliche Zuverlässigkeit*, Teil H Rdn 1381). 925

Ein **Vorrang**, eine **Bindungswirkung** oder auch nur eine Maßgeblichkeit der jagdrechtlichen Beurteilung für das **Waffenrecht** ist damit gerade **nicht mehr** gegeben (VG Aachen, Urt. v. 15.3.2013 – 6 K 1638/11). Während der Geltungsdauer des früheren WaffG in der Fassung v. 1976 (BGBl I, S. 432) gab es auf Landesebene sog. **„Nichtanwendungserlasse"**, die einen Vorrang der Entscheidung der Jagdbehörde gegenüber der Entscheidung der Waffenbehörde vorsahen.

5.a) Um den Austausch der notwendigen Informationen zwischen der Jagd- und der Waffenbehörde sicherzustellen, hat die Jagdbehörde gem. § 18a BJagdG bestimmte **Mitteilungspflichten an die Waffenbehörde**. So sind 926

- die erstmalige **Erteilung** von **Jagdscheinen** nach den §§ 15 und 16 BJagdG,
- das Ergebnis von **Überprüfungen** nach **§ 17 BJagdG** sowie
- insbesondere die **Entziehung** des **Jagdscheins** nach § 18 und § 41 BJagdG mitzuteilen.

Umgekehrt gilt nach § 6b WaffG auch eine **Mitteilungspflicht der Waffenbehörden** an die Jagdbehörden. Stellt nämlich die Waffenbehörde fest, dass ein Jäger die erforderliche Zuverlässigkeit oder die persönliche Eignung (§§ 5, 6 WaffG) nicht mehr besitzt, so informiert die Waffenbehörde die zuständige Jagdbehörde hierüber unverzüglich. 927

b)aa) Um nachteilige waffen- bzw. jagdrechtliche Verwaltungsentscheidungen auch für andere Behörden, für deren Verwaltungsentscheidungen dies von Bedeutung sein kann, verfügbar zu machen, sind bestimmte Verwaltungsentscheidungen **auch** an das **BZR mitzuteilen** (§ 10 Abs. 1 Nr. 3b) BZRG). In das Register sind die vollziehbaren und die nicht mehr anfechtbaren Entscheidungen einer Verwaltungsbehörde einzutragen, durch die ein Jagdschein wegen Unzuverlässigkeit oder fehlender persönlicher Eignung abgelehnt, zurückgenommen oder widerrufen wird (→ *Bundeszentralregister, Eintragungen, Allgemeines*, Teil E Rdn 64). 928

Soweit in der Vorauflage kritisiert worden ist, dass § 10 BZRG sowohl in Bezug auf die **waffenrechtlichen Erlaubnisse** als auch die **berufsrechtlichen Zulassungen** keine Eintragung des Verzichts vorsieht, hat der Gesetzgeber zwischenzeitlich reagiert. Mit der Änderung des § 10 BZRG durch das 7. Gesetz zur Änderung des BZRG wurde eine Regelung geschaffen, nach der auch **Erklärungen des Verzichts** auf Jagdscheine, Waffenbesitzkarten und Erlaubnisse nach § 27 SprenG sowie für die Zulassung zu freien Berufen in das BZR einzutragen sind, wenn sie in Rücknahme- oder Widerrufsverfahren wegen Unzuverlässigkeit erklärt worden sind. Damit ist auch der Gleichlauf zwischen BZR und GZR hergestellt. Denn für **gewerberechtliche Verfahren** sah § 149 Abs. 2 Nr. 2 GewO stets eine Eintragung des Verzichts in das GZR vor.

bb) Im Rahmen der Zuverlässigkeitsprüfung hat die Jagdbehörde, wie die Waffenbehörde, den Sachverhalt von Amts wegen zu ermitteln. Da es sich bei der Prüfung der jagd- bzw. waffenrechtlichen Zuverlässigkeit um eine Frage handelt, die in besonderer Weise die öffentliche Sicherheit und Ordnung berührt, darf die Jagdbehörden gem. § 41 Abs. 1 Nr. 9 BZRG eine **unbeschränkte Auskunft** aus dem **BZR** einholen. Ihr werden damit auch solche Eintragungen offenbart, die selbst in Behördenführungszeugnisse nicht (mehr) aufgenommen würden (→ *Bundeszentralregister, Auskunft, Behördenauskunft*, Teil E 929

Rdn 29). Anders als die Waffenbehörde (§ 5 Abs. 5 S. 1 Nr. 2 WaffG) darf die Jagdbehörde aber keine Auskunft nach dem ZStV verlangen.

☝ Diese im BZR eingetragenen Verwaltungsentscheidungen werden nur in **unbeschränkte Auskünfte** nach §§ 41, 42 BZRG sowie für eine bestimmte Zeit in **Behördenführungszeugnisse** aufgenommen (→ *Bundeszentralregister, Auskunft, Behördenauskunft*, Teil E Rdn 29 und → *Bundeszentralregister, Führungszeugnis, Behördenführungszeugnis*, Teil E Rdn 199). Sie tauchen also vor allem **nicht** in privaten Führungszeugnissen auf!

930 **c)** Nach **Nr. 37 MiStra** sind in **Strafsachen** gegen **Inhaber** von **Jagdscheinen** und gegen Personen, die einen Antrag auf Erteilung eines Jagdscheines gestellt haben, **mitzuteilen**:

931 in **Strafverfahren**, denen insbesondere

- Verstöße gegen Jagd- und Waffenrecht zugrunde liegen,
- Verstöße im Umgang mit Waffen und Munition sowie
- besonders schwere Straftaten bzw. Straftaten, die besondere Rechtsgüter schützen,
- die Erhebung der öffentlichen Klage und nachfolgend der Ausgang des Verfahrens,
- die Einstellung des Verfahrens nach § 170 Abs. 2 StPO, wenn sie Feststellungen zu einer Schuldunfähigkeit nach § 20 StGB enthält.

932 In **sonstigen Strafsachen** ist die rechtskräftige Entscheidung mitzuteilen, wenn

- Führungsaufsicht angeordnet ist oder kraft Gesetzes eintritt,
- eine Entziehung des Jagdscheins, eine Sperrfrist zur Erteilung des Jagdscheins oder ein Verbot der Jagdausübung angeordnet worden ist.

933 **d)** Auf diese Weise erfährt die Jagdbehörde auch **unabhängig von** einer **konkreten Zuverlässigkeitsprüfung** (z.B. über die unbeschränkte Auskunft aus dem BZR im Rahmen des Verfahrens auf Verlängerung des Jagdscheins) solche Tatsachen, die für die Zuverlässigkeit von Bedeutung sein können. Unberührt Anwendung finden im Übrigen auch die Mitteilungspflichten nach Nr. 36 MiStra, die grds. für alle Waffenbesitzer gelten (→ *Waffenbesitzer, Allgemeines*, Teil H Rdn 1337).

Siehe auch: → *Bundeszentralregister, Eintragungen, Allgemeines*, Teil E Rdn 51 m.w.N.; → *Jäger, Jagdschein, Allgemeines*, Teil H Rdn 934;→ *Jäger, Jagdschein, Entziehung und Einziehung*, Teil H Rdn 951; → *Jäger, Jagdschein, Versagung*, Teil H Rdn 972; → *Waffenbesitzer, Allgemeines*, Teil H Rdn 1337;→ *Waffenbesitzer, Waffenbesitzkarte, Rücknahme und Widerruf*, Teil H Rdn 1370; → *Waffenbesitzer, waffenrechtliche Zuverlässigkeit*, Teil H Rdn 1381.

934 Jäger, Jagdschein, Allgemeines

Das Wichtigste in Kürze:

1. Gem. § 15 Abs. 1 BJagdG muss, wer die Jagd tatsächlich ausüben möchte, einen auf seinen Namen lautenden Jagdschein mit sich führen und diesen auf Verlangen der Polizei sowie den Jagdschutzberechtigten vorzeigen. Hat der Jäger die Jägerprüfung bestanden, entsteht grds. ein Rechtsanspruch auf Erteilung des Jagdscheins.
2. Der Erteilung oder Verlängerung dürfen keine Versagungsgründe gem. § 17 BJagdG entgegenstehen. Unterschieden wird zwischen Gründen, die zu einer zwingenden Versagung des Jagdscheins führen („ist zu versagen“) und solchen Gründen, die für die Jagdbehörde eine Ermessensentscheidung eröffnen („kann versagt werden“).

3. Mit dem endgültigen Verlust (Entziehung oder Versagung) des Jagdscheins sind bestimmte nachteilige Folgen verbunden. Es erlischt gem. § 13 S. 1 BJagdG ein Jagdpachtvertrag. I.d.R. werden auch die waffenrechtlichen Erlaubnisse widerrufen, weil das besondere Bedürfnis für den Besitz von Waffen und Munition entfallen ist.

Literaturhinweise: S. die Hinw. bei → *Jäger, Allgemeines*, Teil H Rdn 913 und → *Waffenbesitzer, Allgemeines*, Teil H Rdn 1338. 935

1.a) Gem. § 15 Abs. 1 BJagdG muss, **wer** die **Jagd tatsächlich ausüben möchte**, einen auf seinen Namen lautenden **Jagdschein** mit sich führen und diesen auf Verlangen der Polizei sowie den Jagdschutzberechtigten vorzeigen. Das **Jagdausübungsrecht** beinhaltet also grds. das Recht des Eigentümers, auf seinem Grund und Boden die Jagd ausüben zu dürfen. Will er dies aber auch tatsächlich tun, bedarf es einer **besonderen verwaltungsrechtlichen Erlaubnis**, die durch den **Jagdschein** erteilt wird (→ *Jäger, Allgemeines*, Teil H Rdn 915). 936

☝ Auf der anderen Seite reicht die **Erteilung** eines **Jagdscheines** allerdings **allein nicht** aus, um die Jagd tatsächlich ausüben zu dürfen. Dafür bedarf es dann eines entsprechenden **Jagdausübungsrechts**, z.B. durch Erwerb eines Eigenjagdbezirks oder die Erlangung einer Jagderlaubnis, etwa durch Eingehung eines Jagdpachtvertrages. Wer ohne Jagdausübungsrecht auf Jagd geht wildert, selbst wenn er einen Jagschein hat (§ 292 StGB).

b) Die erste **Erteilung** eines **Jagdscheins** ist gem. **§ 15 Abs. 5 BJagdG** davon abhängig, dass der Bewerber im Geltungsbereich des BJagdG eine **Jägerprüfung bestanden** hat, 937

- die aus einem **schriftlichen** und
- einem **mündlich-praktischen** Teil und
- einer **Schießprüfung** besteht.

☝ Hat der Jäger die Jägerprüfung bestanden, entsteht grds. ein **Rechtsanspruch** auf Erteilung des Jagdscheins. Der Jagdbehörde steht hier **kein Ermessen** zu.

Für die Erteilung des Jagdscheins bedarf es zudem stets einer ausreichenden **Jagdhaftpflichtversicherung** (§ 17 Abs. 1 S. 1 Nr. 4 BJagdG).

2.a) Der Erteilung oder Verlängerung dürfen **keine Versagungsgründe** gem. **§ 17 BJagdG** entgegenstehen (→ *Jäger, Jagdschein, Versagung*, Teil H Rdn 972). Unterschieden wird zwischen Gründen, die zu einer **zwingenden Versagung** des Jagdscheins führen („**ist** zu versagen") und solchen Gründen, die für die Jagdbehörde eine **Ermessensentscheidung** eröffnen („**kann** versagt werden"). 938

Gem. § 17 Abs. 1 BJagdG **ist** der Jagdschein Personen zu **versagen**: 939

- die noch **nicht 16 Jahre** alt sind,
- bei denen Tatsachen die Annahme rechtfertigen, dass sie **nicht die erforderliche Zuverlässigkeit oder körperliche Eignung** besitzen,
- denen der **Jagdschein entzogen** ist, während der Dauer der Entziehung oder einer Sperre (§§ 18, 41 Abs. 2 BJagdG) oder
- Personen, die **keine ausreichende Haftpflichtversicherung** nachweisen.

Gem. § 17 Abs. 2 BJagdG **kann** der Jagdschein Personen **versagt** werden, die: 940

- noch **nicht 18 Jahre** alt sind,
- **nicht Deutsche** i.S.d. Art. 116 GG sind,
- nicht mindestens drei Jahre ununterbrochen ihren **Wohnsitz oder ihren gewöhnlichen Aufenthalt** im Geltungsbereich des BJagdG haben oder

- **schwer oder wiederholt** gegen die Grundsätze der Waidgerechtigkeit (§ 1 Abs. 3 BJagdG) verstoßen haben.

> ☝ Bei der **wiederholten Erteilung** des Jagdscheins werden von der Jagdbehörde nur noch die Zuverlässigkeit und das Vorliegen der Haftpflichtversicherung geprüft.

941 **b)** Der Jagdschein darf gem. § 16 BJagdG nur als **Jugendjagdschein** erteilt werden, wenn die Person das 16. Lebensjahr vollendet hat, aber **noch nicht 18 Jahre alt** ist.

> ☝ Daher ist Personen **unter 16 Jahren** der Jagdschein zu versagen (§ 17 Abs. 1 Nr. 1 BJagdG)! Zwischen dem Alter von 16 Jahren bis 18 Jahren erhalten Betroffene nur einen Jugendjagdschein, der ihnen zudem bei Vorliegen konkreter Anhaltspunkte, dass sie (noch) nicht persönlich geeignet sind (z.B. durch eine Reifeverzögerung), zudem versagt werden kann (§ 17 Abs. 2 Nr. 1 BJagdG).

942 Der Jugendjagdschein **berechtigt** i.Ü. gem. § 16 Abs. 2 BJagdG nur zur **Ausübung** der **Jagd** in **Begleitung** des **Erziehungsberechtigten** oder einer von dem Erziehungsberechtigten schriftlich beauftragten Aufsichtsperson; die Begleitperson muss zudem jagdlich erfahren sein. Der Jugendjagdschein berechtigt gem. § 16 Abs. 3 BJagdG auch nicht zur Teilnahme an Gesellschaftsjagden.

> ☝ Mit seiner Erteilung sind auch **waffenrechtliche Einschränkungen** verbunden. So wird Inhabern eines Jugendjagdscheines gem. § 13 Abs. 7 S. 1 WaffG eine **WBK nicht erteilt**. Sie dürfen Waffen und Munition auch **nur für die Dauer der Jagdausübung** und des Schießtrainings erwerben, besitzen, führen und schießen.

943 **c)** Wegen der Schutzpflicht für so bedeutende Schutzgüter, wie das Recht auf Leben und körperliche Unversehrtheit, hat die **persönliche Zuverlässigkeit** im Jagd- und Waffenrecht eine **besonders hohe Bedeutung**. Sie soll andere vor dem sorgfaltswidrigen Umgang mit Waffen und Munition bewahren. Die Zuverlässigkeit ist von der persönlichen Eignung abzugrenzen. Die Zuverlässigkeit erfasst damit die Fälle des **verantwortbaren** und **vorwerfbaren Handelns**. Damit ist nicht ein vorwerfbares und verantwortbares Verhalten gemeint, sondern die Eignung physisch sowie psychisch dazu in der Lage zu sein, mit einer Waffe ordnungsgemäß und sicher umzugehen.

944 Zur **Beurteilung** der **Zuverlässigkeit** ist eine **Verhaltensprognose** anzustellen, die auf dem Verhalten des Betroffenen in der Vergangenheit beruht. Es reicht nach § 17 Abs. 1 S. 1 Nr. 2 BJagdG bei der Prüfung der jagdrechtlichen Zuverlässigkeit aus, dass Tatsachen die Annahme rechtfertigen, dass die erforderliche Zuverlässigkeit fehlt. Das bedeutet, dass die Unzuverlässigkeit nicht im Sinne einer vollen Überzeugung feststehen muss. Die Gründe, die für die Annahme sprechen können, dass der Betroffene nicht (mehr) über die erforderliche Zuverlässigkeit verfügt, ergeben sich vor allem aus **strafrechtlichen Verurteilungen**.

> ☝ Zentrale Vorschriften sind hierfür **§ 17 BJagdG und vor allem § 5 WaffG**, auf den nach der Neufassung des § 17 Abs. 1 S. 2 BJagdG durch das „Gesetz zur Verbesserung inneren Sicherheit und des Asylsystems" v. 30.10.2024 (BGBl 2024 I Nr. 332) als Rechtsgrundverweisung verwiesen wird. War seit jeher das Verhältnis zwischen Jagd- und Waffenbehörden von Unklarheiten geprägt, stellt § 17 Abs. 1 S. 2 BJagdG nunmehr ausdrücklich klar, dass die Prüfung der waffenrechtlichen Zuverlässigkeit und Eignung **stets der zuständigen Waffenbehörde obliegt**. Es handelt sich hier um einen abgrenzbaren Teilbereich der jagdrechtlichen Erlaubnis, der sich nach dem Waffenrecht richtet.

945 In den meisten Fällen verfügt eine Jägerin oder ein Jäger über eine Waffenbesitzkarte oder beabsichtigt nach Erwerb des Jagdscheins, eine solche zu beantragen. Die Waffenbehörde hat bei der erstmaligen Erteilung und dann in regelmäßigen Abständen von höchstens drei Jahren die **waffenrechtliche Zuverlässigkeit und Eignung** zu überprüfen (§ 4 Abs. 3 WaffG). Nach der Vorstellung des Gesetzgebers sollte

dadurch eine parallele und redundante Prüfung durch die Jagdbehörde vermieden werden, um nicht unnötig Ressourcen zu binden. Insbesondere gilt dies, da bei den Waffenbehörden im Rahmen der Zuverlässigkeitsprüfung bereits die in § 5 Abs. 5 S. 1 Nr. 1 bis 4 WaffG aufgeführten Erkundigungen einzuholen sind. Tatsächlich hat jedoch die **Abkehr von etablierten Verwaltungsverfahren** zu erheblichen Verzögerungen bei der Erteilung von Jagdscheinen geführt (dazu z.B. die Pressemitteilung des DJV vom 12.11.2024 „Chaos bei den Waffenbehörden").

Hat die Waffenbehörde eine turnusmäßige Überprüfung durchgeführt, teilt sie der Jagdbehörde das Ergebnis der Prüfung sowie die tragenden Gründe mit. Sollten der Waffenbehörde zwischenzeitlich Tatsachen bekannt werden, welche die Zuverlässigkeit oder Eignung in Frage stellen, wäre sie nach § 45 Abs. 2 S. 1 WaffG ohnehin zu einer anlassbezogenen Überprüfung verpflichtet. Eine zusätzliche Überprüfung aus Anlass einer Jagdscheinerteilung ist daher nicht erforderlich. Unberührt von der waffenrechtlichen Überprüfung der Zuverlässigkeit und persönlichen Eignung nach den §§ 5 und 6 WaffG besteht die Verpflichtung der Jagdbehörde zur **Prüfung** der **Zuverlässigkeit** und **körperlichen Eignung** i.S.d. § 17 Abs. 1 S. 1 Nr. 2, Abs. 3 und 4 BJagdG. Die Waffenbehörde stellt die nach § 5 Abs. 5 WaffG eingeholten Erkundigungen auch hierfür zur Verfügung. § 6b WaffG regelt flankierend die Mitteilungspflichten der Waffenbehörden für die Übermittlung von Erkenntnissen der Waffen- zur Jagdbehörde. Da ein Jagdschein bereits zum Umgang mit Waffen berechtigt, muss zwingend die Jagdbehörde Kenntnis bekommen, wenn eine Zuverlässigkeit oder Eignung nach dem WaffG nicht mehr gegeben ist. 946

☝ Aufgrund eines **strafrechtlich relevanten Fehlverhaltens** wird grds. vermutet, dass Betroffene auch **nicht** (mehr) die notwendige **Gewähr** für einen **sicheren Umgang** mit Waffen und Munition bieten.

d) Treten Tatsachen, welche die Versagung des Jagdscheines begründen würden, **erst nach Erteilung** des **Jagdscheins** ein oder werden sie der Jagdbehörde erst später bekannt, kommt nach § 18 BJagdG in Betracht, den Jagdschein für ungültig zu erklären und ihn einzuziehen. Die Behörde kann dann zudem eine Sperrfrist für die Wiedererteilung des Jagdscheins festsetzen. (vgl. dazu i.E. → *Jäger, Jagdschein, Entziehung und Einziehung*, Teil H Rdn 951). Wird in dieser Zeit die (Wieder-)Erteilung eines Jagdscheins beantragt, ist er in jedem Fall allein aus diesem Grund zu versagen (§ 17 Abs. 1 Nr. 3 BJagdG). 947

e) Der Jagdschein wird von der zuständigen Jagdbehörde gem. § 15 Abs. 2 BJagdG 948

- **als Jahresjagdschein** für höchstens drei Jagdjahre oder
- als **Tagesjagdschein** für 14 aufeinanderfolgende Tage

erteilt.

Die Unterscheidung bedeutet nicht nur eine unterschiedliche lange zeitliche Geltung des Jagdscheins. Vielmehr knüpft das Gesetz daran **Unterschiede** bei der waffenrechtlichen Beurteilung an, und zwar: **Nur** bei **Inhabern** von **Jahresjagdscheinen** 949

- wird gem. § 13 Abs. 2 S. 2 WaffG **von der Prüfung abgesehen**, ob sie die Waffen und Munition zur Jagdausübung oder zum Schießtraining benötigen.
- Zudem bedürfen sie gem. § 13 Abs. 3 S. 1 WaffG **keiner gesonderten Erlaubnis** für den Erwerb von Langwaffen und jagdtauglicher Munition.

☝ Aber auch **Inhaber** eines **Jahresjagdscheins** müssen für erworbene Langwaffen eine **WBK** beantragen und die Waffen eintragen lassen, wenn sie sie **dauerhaft in Besitz** nehmen. Für die vorübergehende Überlassung einer Langwaffe zur Jagdausübung reicht zwar der Jagdschein aus, hier gilt aber eine Höchstfrist von einem Monat (§§ 13 Abs. 4, 12 Abs. 1 Nr. 1a WaffG)!

950 3. Der **endgültige Verlust** (Entziehung oder Versagung) des **Jagdscheins** hat folgende

nachteilige Folgen:

- Es **endet** die **Befugnis** die **Jagd** tatsächlich **ausüben** zu dürfen. Wer dennoch auf die Jagd geht – soweit er noch über das erforderliche Jagdausübungsrecht verfügt –, begeht damit eine OWi nach § 39 Abs. 2 Nr. 1 BJagdG. Zudem entfällt die Berechtigung noch Waffen führen zu dürfen, sodass sich die Gefahr von (weiterer) Strafbarkeit nach dem WaffG ergibt.

☝ Der Verlust des Jagdscheins führt aber nicht zwingend dazu, dass jegliche Betätigung der Jagd **Jagdwilderei** i.S.d. § 292 StGB wäre. Die Wilderei schützt nämlich das Aneignungsrecht des Jagdberechtigten bzw. des Jagdausübungsberechtigten. Es ist also in erster Linie Vermögensdelikt und dient nur mittelbar dem Tier- und Naturschutz (*Fischer*, § 292 Rn 2).

- Es **erlischt** gem. § 13 S. 1 BJagdG **ein Jagdpachtvertrag.** Da die Regelung über die Jagderlaubnisscheine nach § 11 Abs. 1 S. 3 BJagdG Sache der Länder ist, müssen die Folgen eines Entzugs des Jagdscheins jedoch am Landesrecht gemessen werden. Ggf. erlischt die Jagderlaubnis automatisch oder muss – ggf. außerordentlich – gekündigt werden. Besonders unangenehm: Der Pächter ist dem Verpächter zum Schadensersatz verpflichtet, der aus der vorzeitigen Beendigung des Jagdpachtvertrages entsteht (§ 13 S. 3 BJagdG).
- Es muss – jedenfalls bei der Entziehung nach §§ 18, 41 BJagdG – auch die Urkunde des **Jagdscheines herausgegeben** werden. Dafür besteht bei der Versagung der Verlängerung keine Notwendigkeit, denn dann ergibt sich die Ungültigkeit aus dem Dokument. Während der Laufzeit des Jagdscheins könnte aber der Eindruck erweckt werden, dass der Jagdschein gültig ist, obwohl er eigentlich entzogen worden ist. Hierzu kann die Behörde mit der Entziehung auch die Herausgabe des Jagdscheins verlangen. Kommt der Betroffene der Aufforderung nicht rechtzeitig nach kommt eine **Zwangsgeldandrohung** für den Fall der Nichtablieferung sowie Anordnung der sog. Vollziehbarkeit als Fall der Verwaltungsvollstreckung nach §§ 6 ff. VwVG in Betracht.
- Es werden i.d.R. auch die **waffenrechtlichen Erlaubnisse widerrufen**, weil das besondere Bedürfnis für den Besitz von Waffen und Munition entfallen ist. Werden dann nicht innerhalb der dafür vorgesehenen Zeit (WaffG) die Waffen und Munition vernichtet oder einem Berechtigten überlassen, kann sich der Betroffene wegen **unerlaubten Waffenbesitzes** der Gefahr der Strafbarkeit aussetzen.

☝ Die Entziehung oder die Versagung der Verlängerung des Jagdscheins – aus welchen Gründen auch immer – führt i.d.R. zum **Wegfall** des **waffenrechtlichen Bedürfnisses** und damit zum Wegfall der waffenrechtlichen Erlaubnisvoraussetzungen. Werden die Waffen daher nach der Entziehung oder Versagung des Jagdscheins noch geführt oder nach Widerruf der WBK im Besitz gehalten, droht eine **Strafbarkeit** nach dem **WaffG** wegen unerlaubten Waffenbesitzes!

Siehe auch: → *Jäger, Allgemeines*, Teil H Rdn 912; → *Jäger, Jagdschein, Versagung*, Teil H Rdn 972; → *Waffenbesitzer, Allgemeines*, Teil H Rdn 1337; → *Waffenbesitzer, Waffenbesitzkarte, Widerruf und Rücknahme*, Teil H Rdn 1370; → *Waffenbesitzer, waffenrechtliche Zuverlässigkeit*, Teil H Rdn 1381.

Jäger, Jagdschein, Entziehung und Einziehung 951

Das Wichtigste in Kürze:

1. Treten Tatsachen, welche die Versagung des Jagdscheines begründen, erst nach seiner Erteilung ein oder werden sie der Behörde erst später bekannt, sieht § 18 BJagdG die Entziehung und Einziehung des Jagdscheins durch die Jagdbehörde vor.
2. Gem. § 18 BJagdG ist die Jagdbehörde zur Entziehung des Jagdscheins verpflichtet, wenn die später eingetretenen bzw. bekannt gewordenen Tatsachen, die zwingende Versagung des Jagdscheins begründen. Handelt es sich hingegen um Tatsachen, die die Versagung in das Ermessen der Jagdbehörde stellen, ist auch die Entziehung eine Ermessensentscheidung. Die Behörde kann in allen Fällen des § 18 BJagdG eine Sperrfrist für die Wiedererteilung des Jagdscheins festsetzen
3. Anlässlich eines Strafverfahrens, bei dem die Straftat einen Bezug zur Jagdausübung hat (z.B. bei Wilderei nach § 292 StGB), ordnet das Strafgericht gem. § 41 BJagdG die Entziehung des Jagdscheins an, wenn dies zur Abwehr weiterer Gefahr erforderlich ist. Die Entziehung ist in diesem Fall noch durch die Jagdbehörde auf der Grundlage von § 18 BJagdG umzusetzen.
4. Gegen die Entziehung und Einziehung ist i.d.R. unmittelbar die Anfechtungsklage vor dem VG statthaft. Nach weitgehendem Wegfall des Widerspruchsverfahrens bedarf es – je nach Landesrecht – keines Widerspruchs mehr. Wurde die sofortige Vollziehung angeordnet, ist ggf. der Antrag auf Anordnung der aufschiebenden Wirkung nach § 80 Abs. 5 VwGO zu stellen.

Literaturhinweise: S. die Hinw. bei → *Jäger, Allgemeines*, Teil H Rdn 913 und → *Waffenbesitzer, Allgemeines*, Teil H Rdn 1338. 952

1.a) Die **Zuverlässigkeit** ist im Interesse der öffentlichen Sicherheit und Ordnung **das maßgebliche Kriterium** für eine Beschränkung des Zugangs zur Jagd sowie Jagdwaffen und Munition. Fehlt es an der Zuverlässigkeit des angehenden Jägers liegt ein **Versagungsgrund** gem. § 17 BJagdG vor und der Jagdschein ist bereits im Erteilungsverfahren zu versagen (→ *Jäger, Jagdschein, Versagung*, Teil H Rdn 941). 953

b) Treten Tatsachen, die die Versagung des Jagdscheins begründen, erst **nach** seiner **Erteilung** ein oder werden **sie** der Behörde erst **später bekannt**, kommt eine Versagung des erteilten Jagdscheins nicht mehr in Betracht. Für diese Fälle sieht § 18 BJagdG **die Entziehung** und Einziehung des Jagdscheins durch die Jagdbehörde vor. Die Entziehung des Jagdscheins kann gem. § 41 BJagdG als **Maßregel der Besserung** und **Sicherung** i.S. einer Gefahrenabwehr durch ein Strafgericht angeordnet werden. In diesen Fällen muss die Entziehungsanordnung des Gerichts noch nach § 18 BJagdG durch die Jagdbehörde umgesetzt werden. Sie ist an die Entscheidung des Gerichts gebunden. 954

2.a) § 18 BJagdG gibt der Jagdbehörde damit die Ermächtigung, auf später eintretende oder aufkommende Umstände zu reagieren. Daher darf sie den Jagdschein in solchen Fällen entziehen, in denen dem Betroffenen der Jagdschein zu versagen wäre. **Kein Fall** des **§ 18 BJagdG** ist es, wenn die Jagdbehörde alle maßgeblichen Tatsachen, die eine fakultative Versagung hätten begründen können, bereits bei ihrer Ausgangsentscheidung kannte und gleichwohl den Jagdschein erteilt hat. Überlegt sie es sich später anders, darf sie den Jagdschein nicht auf der Grundlage von § 18 BJagdG entziehen. Ihr **Ermessensspielraum** ist dann **verbraucht** (*Schuck*, § 18 Rn 7). 955

Die **Entziehung** des **Jagdscheins** rechtfertigen daher nach § 18 BJagdG **Tatsachen,** 956

- welche die **Versagung** des **Jagdscheins** begründen und
- erst **nach Erteilung** des Jagdscheins
  - **eintreten** oder
  - der **Jagdbehörde bekannt werden.**

957 Die Jagdbehörde ist in ihrer **Entscheidung gebunden** und zur Entziehung **verpflichtet**,

- wenn ein **zwingender Versagungsgrund** (§ 17 Abs. 1 BJagdG) vorliegt,
- in den Fällen, in denen ein Jagdschein erteilt worden ist, obwohl aufgrund des Alters des Betroffenen nur ein **Jugendjagdschein** hätte erteilt werden dürfen (§ 16 BJagdG), sowie
- im Falle der Entziehung des Jagdscheins durch die **Anordnung** des **Strafgerichts** gem. § 41 BJagdG.

☝ Die Jagdbehörde hat **Ermessen auszuüben** und ist zur Entziehung berechtigt, wenn gem. § 17 Abs. 2 BJagdG der Jagdschein Personen versagt werden kann (fakultative Versagung).

958 **b)** Die **Jagdbehörde** ist **zwingend** zur **Entziehung** verpflichtet bei Vorliegen der Versagungsgründe des § 17 Abs. 1 BJagdG. Gem. § 17 Abs. 1 BJagdG **ist** der Jagdschein Personen zu versagen (zwingende Versagung = gebundene Entscheidung):

- die **noch nicht sechzehn Jahre alt** sind,
- bei denen Tatsachen die Annahme rechtfertigen, dass sie
  - **nicht** die **erforderliche Zuverlässigkeit** – auch i.S.d. § 5 WaffG – oder
  - **körperliche Eignung** besitzen,
- denen der **Jagdschein entzogen** ist, während der Dauer der Entziehung oder einer Sperre (§§ 18, 41 Abs. 2 BJagdG) oder
- Personen, die **keine ausreichende Jagdhaftpflichtversicherung** nachweisen.

959 Dabei ist der Jagdschein gem. § 17 Abs. 1 S. 1 Nr. 2 BJagdG solchen Personen zu versagen, die die **erforderliche Zuverlässigkeit** oder körperliche Eignung nicht besitzen. Fehlen die Zuverlässigkeit oder die persönliche Eignung i.S.d. §§ 5 und 6 des Waffengesetzes, darf nur ein Falknerjagdschein nach § 15 Abs. 7 BJagdG erteilt werden (§ 17 Abs. 1 S. 2 BJagdG). Auf eine Wiederholungsgefahr kommt es nicht an (*Schuck*, § 18 Rn 11). Das mit jedem Waffenbesitz vorhandene **Sicherheitsrisiko** soll möglichst gering gehalten werden. Es soll nur bei Personen hingenommen werden, die nach ihrem Verhalten Vertrauen darin verdienen, dass sie mit der Waffe jederzeit und in jeder Hinsicht ordnungsgemäß umgehen.

960 Die **Zuverlässigkeit** erfasst damit die Fälle des **verantwortbaren** und **vorwerfbaren Handelns**. Dabei wird bei strafrechtlich relevantem Verhalten die waffenrechtliche Unzuverlässigkeit im Wesentlichen an das **Strafmaß** statt an bestimmte Delikte geknüpft. Die Art der Begehung (Vorsatz oder Fahrlässigkeit) und die Schwere des Fehlverhaltens sind damit entscheidend für waffenrechtliche Konsequenzen (→ *Waffenbesitzer, waffenrechtliche Zuverlässigkeit*, Teil H Rdn 1381).

☝ Die Feststellung, dass die Voraussetzungen des § 5 WaffG vorliegen, führt zwingend zur Anwendung von § 18 BJagdG und lässt schon kraft Gesetzes **keinen Raum** für eine **Ermessensbetätigung** (VG Arnsberg, Beschl. v. 25.10.2024 – 16 K 23.1114).

961 **Lange zurückliegende Verurteilungen**, die schon im BZR getilgt sind oder bereits tilgungsreif sind, dürfen allerdings nicht mehr berücksichtigt werden. Hier greift das Verwertungsverbot des § 51 Abs. 1 BZRG (→ *Bundeszentralregister, Eintragungen, Tilgung, Verwertungsverbot*, Teil E Rdn 156). Geht es um die Erteilung des Jagdscheins ist zwar in § 52 Abs. 1 Nr. 4 BZRG eine ausdrückliche Ausnahme vom Verwertungsverbot vorgesehen. Eine entsprechende Anwendung auf die Entziehung scheidet aber aus (BVerwG NJW 1997, 336 für den Widerruf von waffenrechtlichen Erlaubnissen).

962 **c)** Die Jagdbehörde ist **zur Entziehung berechtigt** in den Fällen des § 17 Abs. 2 BJagdG, d.h. ihr steht ein Ermessen zu (**fakultative Entziehung**). Im Falle der bloßen Unkenntnis der schon ursprünglich bestandenen Tatsachen ist unbeachtlich, weshalb die Jagdbehörde die Tatsachen nicht kannte. Ein „Verschulden" kann ihr daraus nicht entgegengehalten werden.

Gem. § 17 Abs. 2 BJagdG **kann** der Jagdschein Personen versagt werden (fakultative Versagung = Ermessensentscheidung), die: 963

- noch **nicht achtzehn Jahre** alt sind,
- **nicht Deutsche** i.S. des Art. 116 GG sind,
- **nicht** mindestens drei Jahre ununterbrochen ihren **Wohnsitz** oder ihren **gewöhnlichen Aufenthalt** im Geltungsbereich des BJagdG haben oder
- schwer oder wiederholt gegen die **Grundsätze** der **Waidgerechtigkeit** (§ 1 Abs. 3 BJagdG) **verstoßen** haben.

☝ Ist die Entziehung des Jagdscheins unausweichlich – z.B. weil eine erhebliche Verurteilung sicher zu erwarten ist – kann es **ratsam** sein, auf den **Jagdschein freiwillig** zu **verzichten**. Dieser Umstand kann die Aussichten im Strafverfahren verbessern. Ggf. kann eine Einstellung oder Strafmilderung erreicht werden, weil der Betroffene bereits „genug gestraft" ist.

d) Die Behörde kann in allen Fällen des § 18 BJagdG eine **Sperrfrist** für die **Wiedererteilung** des Jagdscheins festsetzen (§ 18 S. 3 BJagdG). Die unanfechtbar festgesetzte Sperrfrist stellt im Jagdscheinerteilungsverfahren gem. § 17 Abs. 1 S. 1 Nr. 3 BJagdG einen **eigenständigen Versagungsgrund** dar. Dies hat zur Folge, dass die Jagdbehörde, während die Sperrfrist noch andauert, der Verpflichtung enthoben ist, die jagd- bzw. waffenrechtliche Zuverlässigkeit des von der Sperrfrist betroffenen Antragstellers materiell zu überprüfen. 964

Das Gesetz nennt **keine Höchstfrist**. Aus Gründen der Verhältnismäßigkeit ist die Sperrfrist aber dennoch zeitlich begrenzt. Es kommt in Anlehnung der Fristen gem. § 41 Abs. 2 S. 1 BJagdG i.d.R. eine **Frist** von **höchstens fünf Jahren** und im Ausnahmefall bei wiederholter missbräuchlicher Verwendung von Schusswaffen auch zehn Jahre in Betracht (*Schuck*, § 18 Rn 21; s.a. VG Düsseldorf, Urt. v. 16.11.2010 – 15 K 2917/10 [Jagdbehörde muss alle für eine andauernde Unzuverlässigkeit sprechenden Umstände in die **Ermessensentscheidung** über die Bemessung der Länge der Sperrfrist einstellen]). 965

3.a) Eine Maßregel der Besserung und Sicherung im Nebenstrafrecht (*Fischer*, vor § 61 Rn 2) stellt die **Entziehung** des **Jagdscheins** durch ein **Strafgericht** anlässlich eines Strafverfahrens nach **§ 41 BJagdG** dar, die dann nach § 18 BJagdG durch die Jagdbehörde umzusetzen ist. Als Maßregel ist die Entziehung nach § 41 BJagdG von Schuld unabhängig und stellt keine Strafe dar. 966

Die Entziehung kann daher auch **ohne** oder **neben** einer Strafe angeordnet werden. Gem. § 41 BJagdG ordnet das Gericht die **Entziehung** des **Jagdscheins** an, wenn der Jäger 967

- wegen einer **rechtswidrigen Tat**
  - nach § 38 BJagdG (u.a. Jagd auf ganzjährig geschontes Wild),
  - nach §§ 113 – 115, 223 bis 227, 231, 239, 240 StGB, sofern derjenige, gegen den sich die Tat richtete, sich **in Ausübung des Forst-, Feld-, Jagd- oder Fischereischutzes** befand, oder
  - nach den §§ 292 bis 294 StGB (Jagd- und Fischwilderei),
- **verurteilt** oder nur deshalb **nicht verurteilt**, weil seine **Schuldunfähigkeit** erwiesen oder nicht auszuschließen ist,
- wenn sich **aus der Tat ergibt**, dass die Gefahr besteht, er werde bei weiterem Besitz des Jagdscheins erhebliche rechtswidrige Taten der bezeichneten Art begehen.

☝ Eine **strafbare jagdspezifische Tat allein reicht** damit für eine Entziehung des Jagdscheins **nicht** aus. Vielmehr muss sich – dem Gedanken der Gefahrenabwehr folgend – aus der Tat **die** Gefahr ergeben, dass der Betroffene bei weiterem Besitz des Jagdscheines **erhebliche** rechtswidrige **jagdspezifische** Taten begehen wird.

968 **b)** Mit der Entziehung des Jagdscheins hat das Gericht gem. § 41 Abs. 2 BJagdG zugleich eine **Sperrfrist** für die Dauer von **einem Jahr bis zu fünf Jahren** zu verhängen, in der kein neuer Jagdschein erteilt werden darf. Die Sperre **kann** für **immer** angeordnet werden, wenn zu erwarten ist, dass die gesetzliche Höchstfrist zur Abwehr der von dem Täter drohenden Gefahr nicht ausreicht. Hat der Täter keinen Jagdschein, so wird nur die Sperre angeordnet. Sie beginnt mit der Rechtskraft des Urteils.

☝ Gem. § 41 Abs. 3 BJagdG kann das Gericht die **Sperre vorzeitig aufheben**, wenn nach der Anordnung Grund zu der Annahme besteht, dass die Gefahr, dass der Betroffene erhebliche rechtswidrige Taten der in § 41 Abs. 1 BJagdG bezeichneten Art begehen wird, nicht mehr besteht.

969 **4.a)** Die **Entziehung des Jagdscheins** ist ein **belastender Verwaltungsakt**. Daher hat die Jagdbehörde vor dieser Entscheidung den Betroffenen anzuhören (§ 28 VwVfG). Eine zunächst rechtswidrig unterbliebene Anhörung kann allerdings auch im Verlauf eines erstinstanzlichen Klageverfahrens mit heilender Wirkung nachgeholt werden (OVG Münster, Beschl. v. 1.6.2012 – 15 A 48/12). Gegen die Entziehung ist sodann grds. **Widerspruch** und **Anfechtungsklage** statthaft. Nach der Abschaffung des Widerspruchsverfahrens in den meisten Bundesländern, ist i.d.R. sogleich die Anfechtungsklage statthaft. Die zulässige Anfechtungsklage hat in der Sache Erfolg, wenn der Betroffene durch die Verfügung des Jagdbehörde rechtswidrig in seinen Rechten verletzt wird (§ 113 Abs. 1 S. 1 VwGO). Hat die Behörde nach § 80 Abs. 2 Nr. 4 VwGO die sofortige Vollziehung angeordnet, ist i.d.R. zusätzlich zur Klage der Antrag nach § 80 Abs. 5 VwGO auf Wiederherstellung bzw. Anordnung der aufschiebenden Wirkung zu stellen. Im Rahmen dieses Antrags hat das Gericht eine Interessenabwägung vorzunehmen zwischen dem öffentlichen Vollzugsinteresse einerseits und dem privaten Interesse des Antragstellers andererseits, von einer Vollziehung des angefochtenen Verwaltungsakts vorläufig verschont zu bleiben.

970 **b)** Bei **bestandskräftiger Entziehung** muss der **Jagdschein** der zuständigen Behörde **herausgegeben** werden. Kommt der Betroffene der Aufforderung nicht rechtzeitig nach, kommt eine Zwangsgeldandrohung für den Fall der Nichtablieferung sowie Anordnung der sog. Vollziehbarkeit als Fall der Verwaltungsvollstreckung nach §§ 6 ff. VwVG in Betracht. Sonst besteht eine erhebliche Missbrauchsgefahr.

971 **c)** Der **endgültige Verlust** des Jagdscheins führt zu folgenden

nachteiligen Folgen (→ *Jäger, Jagdschein, Allgemeines*, Teil H Rdn 934):

- Es **endet** die **Befugnis** die **Jagd** tatsächlich **ausüben** zu dürfen. Wer dennoch auf die Jagd geht – soweit er noch über das erforderliche Jagdausübungsrecht verfügt –, begeht damit eine OWi nach § 39 Abs. 2 Nr. 1 BJagdG.
- Es **erlischt** gem. § 13 S. 1 BJagdG ein **Jagdpachtvertrag.** Besonders unangenehm: Der Pächter ist dem Verpächter zum Schadensersatz verpflichtet, der aus der vorzeitigen Beendigung des Jagdpachtvertrages entsteht (§ 13 S. 3 BJagdG).
- Es werden i.d.R. auch die **waffenrechtlichen Erlaubnisse widerrufen**, weil das besondere Bedürfnis für den Besitz von Waffen und Munition entfallen ist. Werden dann nicht innerhalb der dafür vorgesehenen Zeit (WaffG) die Waffen und Munition vernichtet oder einem Berechtigten überlassen, kann sich der Betroffene wegen **unerlaubten Waffenbesitzes** der Gefahr der Strafbarkeit aussetzen.

Siehe auch: → *Jäger, Allgemeines*, Teil H Rdn 912; → *Jäger, Jagdschein, Allgemeines*, Teil H Rdn 934; → *Jäger, Jagdschein, Versagung*, Teil H Rdn 972; → *Waffenbesitzer, Allgemeines*, Teil H Rdn 1337; → *Waffenbesitzer, Waffenbesitzkarte, Rücknahme und Widerruf*, Teil H Rdn 1370; → *Waffenbesitzer, waffenrechtliche Zuverlässigkeit*, Teil H Rdn 1381.

Jäger, Jagdschein, Versagung 972

Das Wichtigste in Kürze:

1. Mit der bestandenen Jägerprüfung entsteht ein Rechtsanspruch der Antragsteller auf Erteilung des Jagdscheins. Der Erteilung oder Verlängerung eines Jagdscheins dürfen aber keine Versagungsgründe entgegenstehen (§ 17 BJagdG). Unterschieden wird dabei zwischen Gründen, die zu einer zwingenden Versagung des Jagdscheins durch die Jagdbehörde führen („ist zu versagen“) und solchen Gründen, die ihr eine Ermessensentscheidung eröffnen („kann versagt werden“).
2. Zwingende Versagungsgründe sind gem. § 17 Abs. 1 BJagdG insbesondere die fehlende Zuverlässigkeit oder fehlende körperliche Eignung. In diesen Fällen ist die Jagdbehörde in ihrer Entscheidung gebunden. Fakultative Versagungsgründe, in denen der Jagdbehörde eine Ermessensentscheidung eröffnet ist, sind gem. § 17 Abs. 2 BJagdG u.a., wenn eine Person noch nicht 18 Jahre alt ist oder sie schwer oder wiederholt gegen die Grundsätze der Waidgerechtigkeit (§ 1 Abs. 3 BJagdG) verstoßen hat.
3. Die Gründe, die für die Annahme sprechen können, dass der Betroffene nicht (mehr) über die erforderliche Zuverlässigkeit verfügt, ergeben sich vor allem aus strafrechtlichen Verurteilungen. Dabei wird bei strafrechtlich relevantem Verhalten die Unzuverlässigkeit im Wesentlichen an das Strafmaß und nicht an bestimmte Delikte geknüpft. Die Art der Begehung (Vorsatz oder Fahrlässigkeit) und die Schwere des Fehlverhaltens, die sich im Strafmaß ausdrückt, sind entscheidend für die jagdrechtlichen Konsequenzen.
4. Dauert ein Ermittlungs- oder Strafverfahren an und hat die Jagdbehörde Kenntnis hiervon, kann sie das Erteilungsverfahren bis zum Abschluss dieses Verfahrens aussetzen.
5. Gegen die Versagung des Jagdscheins ist grds. die Verpflichtungsklage vor dem VG statthaft. Nach der grds. Abschaffung des Widerspruchsverfahrens in den meisten Bundesländern, bedarf es i.d.R. keines Widerspruchs mehr.

Literaturhinweise: S. die Hinw. bei → *Jäger, Allgemeines*, Teil H Rdn 914 und → *Waffenbesitzer, Allgemeines*, Teil H Rdn 1338. 973

1.a) Mit der bestandenen Jägerprüfung entsteht grds. ein **Rechtsanspruch** auf die **Erteilung** des **Jagdscheins.** Im Interesse der öffentlichen Sicherheit und Ordnung wird jedoch der Zugang zum Jagdschein u.a. von einer besonderen Vertrauenswürdigkeit der Antragsteller abhängig gemacht, die sowohl bei der Erteilung als auch der Verlängerung des Jagdscheins geprüft wird. Zur waidgerechten Ausübung der Jagd (§ 1 Abs. 3 BJagdG) gehört nämlich grds. der Einsatz von Schusswaffen und ihre sichere Handhabung. Daher erkennt § 13 WaffG Jägern 974

- ein besonderes **waffenrechtliches Bedürfnis** (zum Bedürfnisprinzip im Waffenrecht → *Waffenbesitzer, Allgemeines*, Teil H Rdn 1337) und
- bestimmte **Erleichterungen beim Zugang zu Waffen** und Munition sowie dem Umgang mit ihnen zu (→ *Jäger, Allgemeines*, Teil H Rdn 912).

Zur Vermeidung einer Gefahr für die Allgemeinheit bildet bei Jägern, wie bei allen anderen Waffenbesitzern (→ *Waffenbesitzer, Allgemeines*, Teil H Rdn 1357 und → *Waffenbesitzer, waffenrechtliche Zuverlässigkeit*, Teil H Rdn 1381), die **Zuverlässigkeit** das **maßgebliche Zugangskriterium**. Fehlt die Zuverlässigkeit, liegt immer ein zwingender Versagungsgrund vor (§ 17 Abs. 1 S. 1 Nr. 2, Abs. 1 S. 4 BJagdG). 975

☝ Das **BJagdG** enthält **sehr strenge Vorgaben** für den **Zugang** zur Jagd, weil so mittelbar der Zugang zu Waffen und Munition ermöglicht wird. Das mit jedem Waffenbesitz verbundene Sicherheitsrisiko wird aber nur bei Personen hingenommen, die nach ihrem Verhalten Vertrauen darin verdienen, dass sie mit der Waffe stets und in jeder Hinsicht ordnungsgemäß umgehen (VG Gera, Urt. v. 16.2.2021 – 4 K 962/20 Ge). Für Jäger gilt kein anderer Maßstab!

976 **b)** Über die fehlende Zuverlässigkeit hinaus kommen jedoch noch **weitere Umstände** in Betracht, die Zweifel an der Jagdtauglichkeit der Person des Antragstellers aufkommen lassen können. § 17 BJagdG regelt die **Versagungsgründe**, in denen der Gesetzgeber aufgrund bestimmter Umstände, die in der Person des Betroffenen begründet sind, oder bestimmter Verhaltensweisen der Annahme ist, der Betroffene werde seinen Pflichten als Jäger und Waffenbesitzer nicht gerecht. Solche Versagungsgründe dürfen der Erteilung oder Verlängerung jedoch nicht entgegenstehen (→ *Jäger, Jagdschein, Allgemeines*, Teil H Rdn 937). Unterschieden wird zwischen Gründen, die

- zu einer **zwingenden Versagung** des Jagdscheins führen („**ist** zu versagen" = **obligatorische Versagung**) und
- solchen Gründen, die der Jagdbehörde eine **Ermessensentscheidung** eröffnen („**kann** versagt werden" = **fakultative Versagung**).

☝ Treten Tatsachen, welche die Versagung des Jagdscheines begründen, **erst nach Erteilung** des **Jagdscheins ein** oder werden sie der Jagdbehörde **erst später bekannt**, kommt eine Versagung des Jagdscheins nicht mehr in Betracht. Dann gibt § 18 BJagdG der Jagdbehörde die Ermächtigung, den Jagdschein zu entziehen und die Urkunde des Jagdscheins einzuziehen (→ *Jäger, Jagdschein, Entziehung und Einziehung*, Teil H Rdn 951).

977 **2.a)** Mit der **Unterscheidung** zwischen zwingenden Versagungsgründen und solchen Gründen, die nur fakultativ, d.h. nach einer Ermessensentscheidung der Jagdbehörde, zu einer Versagung führen können, findet nach dem Willen des Gesetzgebers eine **Gewichtung je nach Schwere** der möglichen Beeinträchtigung der öffentlichen Sicherheit und Ordnung statt. Die Versagungstatbestände zielen darauf ab, das mit jedem Waffenbesitz verbundene **Sicherheitsrisiko** für **Leben** und **Gesundheit** von Menschen möglichst gering zu halten. Es ist also darauf angelegt, die Grundrechte aus Art. 2 Abs. 2 S. 1 GG eines jeden Einzelnen vor den Gefahren zu schützen, die aus dem Gebrauch von und dem Umgang mit Waffen resultieren. Diese Gefahren sollen nur bei Personen hingenommen werden, die nach ihrem Verhalten Vertrauen dahin verdienen, dass sie mit der Waffe jederzeit und in jeder Hinsicht ordnungsgemäß umgehen.

978 Gem. § 17 Abs. 1 BJagdG **ist** der Jagdschein Personen zu versagen (**zwingende Versagung** = gebundene Entscheidung):

- die **noch nicht sechzehn Jahre alt** sind,
- bei denen Tatsachen die Annahme rechtfertigen, dass sie
  - **nicht** die **erforderliche Zuverlässigkeit** – auch i.S.d. § 5 WaffG – oder
  - **körperliche Eignung** besitzen,
- denen der **Jagdschein entzogen** ist, während der Dauer der Entziehung oder einer Sperre (§§ 18, 41 Abs. 2 BJagdG) oder
- Personen, die **keine ausreichende Jagdhaftpflichtversicherung** nachweisen.

979 Gem. § 17 Abs. 2 BJagdG **kann** der Jagdschein Personen versagt werden (**fakultative Versagung** = Ermessensentscheidung), die:

- noch **nicht achtzehn Jahre** alt sind,
- **nicht Deutsche** i.S. des Art. 116 GG sind,
- nicht **mindestens drei Jahre** ununterbrochen ihren **Wohnsitz** oder ihren **gewöhnlichen Aufenthalt** im Geltungsbereich des BJagdG haben oder
- schwer oder wiederholt gegen die **Grundsätze** der **Waidgerechtigkeit** (§ 1 Abs. 3 BJagdG) **verstoßen** haben.

☝ Die Jagdbehörde ist im Fall der Versagung **nicht** berechtigt, eine **Sperrfrist** für die Wiedererteilung des Jagdscheins festzusetzen. Anders als bei der Entziehung des Jagdscheins kommt eine entsprechende Anwendung des § 18 S. 3 BJagdG bei der Versagung nicht in Betracht (→ *Jäger, Jagdschein, Entziehung und Einziehung*, Teil H Rdn 951).

b) Im Rahmen des Erteilungsverfahrens hat die Jagdbehörde den **Sachverhalt von Amts wegen zu ermitteln** (→ *Jäger, Allgemeines*, Teil H Rdn 912). Da es sich bei der Prüfung der jagdrechtlichen Zuverlässigkeit um eine Frage handelt, die in besonderer Weise die öffentliche Sicherheit und Ordnung berührt, darf die Jagdbehörden gem. § 41 Abs. 1 Nr. 9 BZRG eine **unbeschränkte Auskunft** aus dem **BZR** einholen. Ihr werden damit auch solche Eintragungen offenbart, die selbst in Behördenführungszeugnisse nicht (mehr) aufgenommen würden. Anders als die Waffenbehörde darf die Jagdbehörde aber keine Auskunft nach dem ZStV verlangen. Nach **Nr. 37 MiStra** sind in Strafsachen gegen Inhaber von Jagdscheinen und gegen Personen, die einen Antrag auf Erteilung eines Jagdscheines gestellt haben, bestimmte Entscheidungen durch die Strafverfolgungsbehörden mitzuteilen. Auf diese Weise erfährt die Jagdbehörde auch unabhängig von einer konkreten Zuverlässigkeitsprüfung solche Tatsachen, die für die Zuverlässigkeit von Bedeutung sein können. 980

3.a)aa) Für die Annahme, dass der Betroffene nicht (mehr) über die erforderliche Zuverlässigkeit verfügt, sprechen vor allem **strafrechtliche Verurteilungen**. Die Annahme der Unzuverlässigkeit knüpft im Wesentlichen an das **Strafmaß** und nicht an bestimmte Delikte an. Die Art der Begehung (Vorsatz oder Fahrlässigkeit) und die Schwere des Fehlverhaltens sind damit entscheidend für die jagdrechtlichen Konsequenzen. 981

bb) Der Begriff der Zuverlässigkeit ist ein **unbestimmter Rechtsbegriff**, der grds. gerichtlich voll überprüfbar ist. Volle gerichtliche Überprüfbarkeit bedeutet, dass die Behörde bei der Auslegung und Anwendung unbestimmter Rechtsbegriffe keinen Beurteilungsspielraum hat. Die Verwaltungsgerichte sind auch dann befugt, eine behördliche Entscheidung aufzuheben, wenn die behördliche Auslegung des unbestimmten Rechtsbegriffs im konkreten Einzelfall vertretbar ist, das Verwaltungsgericht den unbestimmten Rechtsbegriff aber anders auslegt. 982

cc) Die jagdrechtlich erforderliche Zuverlässigkeit ist anhand einer **zukunftsgerichteten Prognose** zu beurteilen. Die **Verhaltensprognose** wird ausgehend von dem Verhalten des Betroffenen in der Vergangenheit vorgenommen. So wird aus einem früheren Fehlverhalten auf die Zuverlässigkeit in der Zukunft geurteilt. Sogar **einmalige Verfehlungen** können den Schluss auf das Fehlen der erforderlichen Zuverlässigkeit rechtfertigen, sofern sie hinreichend schwer wiegen. Dabei wird nicht der Nachweis verlangt, dass der Betroffene mit an Sicherheit grenzender Wahrscheinlichkeit mit Waffen oder Munition nicht vorsichtig oder sachgemäß umgehen wird. Es genügt vielmehr eine **hinreichende Wahrscheinlichkeit**. Nach dem Wortlaut des § 17 Abs. 3 WaffG reicht nämlich bereits aus, dass Tatsachen die Annahme rechtfertigen, dass die erforderliche Zuverlässigkeit fehlt. Das bedeutet, dass die Unzuverlässigkeit nicht i.S. einer vollen Überzeugung feststehen muss. Im Bereich des Jagd- und Waffenrechts ist angesichts der erheblichen Gefahren, die von Waffen und Munition für hochrangige Rechtsgüter wie Leben und Gesundheit ausgehen, ein **Restrisiko nicht hinnehmbar** (VG Potsdam, Beschl. v. 17.10.2022 – VG 3 L 627/22). 983

☝ Die **Jagdbehörde kann** die **strafgerichtliche Verurteilung** ihrer **Widerrufsentscheidung zugrunde legen**, ohne überprüfen zu müssen, unter welchen prozessualen, unter anderem auch prozessökonomischen Voraussetzungen es zu der Verurteilung im Strafverfahren gekommen ist. Der **Betroffene** kann z.B. im **Verwaltungsverfahren nicht (mehr) einwenden**, er habe im Ermittlungs- bzw. Strafverfahren niemals ein Geständnis abgelegt, sondern im Wege eines „Deals" mit der Staatsanwaltschaft einen Strafbefehl nur deshalb akzeptiert, um den als Folge einer öffentlichen Hauptverhandlung im Strafverfahren von ihm befürchteten negativen Auswirkungen auf das Ansehen seiner Person und seiner Familie zu vermeiden (VG Saarlouis, Urt. v. 15.12.2009 – 1 K 50/09).

Auf der anderen Seite werden grds. **strafgerichtliche Verurteilungen** durch ein **deutsches Gericht** vorausgesetzt. Mit einem rechtskräftigen Strafausspruch eines ausländischen Strafgerichts lässt sich wegen der fehlenden Vergleichbarkeit weder die waffen- bzw. jagdrechtliche Unzuverlässigkeit des Verurteilten begründen. Der in einem **ausländischen Strafurteil** festgestellte Sachverhalt ist aber darauf hin zu überprüfen, ob ihm im Ausland eingetretene Tatsachen zu entnehmen sind, aus denen sich sonst – z.B. nach der Generalklausel des § 5 Abs. 1 Nr. 2 WaffG – die waffen- bzw. jagdrechtliche Unzuverlässigkeit des Verurteilten folgt (VG Düsseldorf, Beschl. v. 12.12.2012 – 15 L 2007/12).

984 **b)** Die **fehlende Zuverlässigkeit** Betroffener stellt ihrer Bedeutung entsprechend nach § 17 Abs. 1 S. 1 Nr. 2 BJagdG einen **zwingenden Versagungsgrund** dar. Nach der ursprünglichen Systematik des Gesetzes richtete sich die Beurteilung der jagdrechtlichen Unzuverlässigkeit (nur) nach §§ 17 Abs. 3 und Abs. 4 BJagdG. Nach der Anfügung des § 17 Abs. 1 S. 2 BJagdG durch das „Gesetz zur Neuregelung des Waffenrechts“ v. 11.10.2002 (BGBl I, S. 3970) war die Zuverlässigkeit anhand der – strengeren Maßstäbe – der waffenrechtlichen Zuverlässigkeit nach § 5 WaffG zu beurteilen. Die Neuregelung des § 17 Abs. 1 S. 2 BJagdG diente der Harmonisierung der gesetzlichen Anforderungen an die Zuverlässigkeit eines Jagdscheininhabers mit Ausnahme des Inhabers eines Falknerjagdscheins (§ 15 Abs. 7 BJagdG) mit den Anforderungen im Bereich des Waffenrechts (BT-Drucks 14/7758, S. 102). § 17 Abs. 1 S. 2 BJagdG bestimmt daher, dass im Falle der fehlenden Zuverlässigkeit nach § 5 WaffG nur die Erteilung eines Falknerjagdscheins in Betracht kommt.

☝ Mit anderen Worten: **Fehlt** die **waffenrechtliche Zuverlässigkeit** nach § 5 WaffG darf **kein Jagdschein**, sondern nur ein Falknerjagdschein erteilt werden! Neben §§ 5 Abs. 1 und 2 WaffG haben §§ 17 Abs. 3 und 4 BJagdG damit keinen eigenen wesentlichen Anwendungsbereich mehr. § 5 WaffG stellt nämlich strengere Maßstäbe auf, indem er bei Verurteilungen wegen eines Verbrechens oder sonstiger schwerer Straftaten einen Bewährungszeitraum von zehn Jahren vorgibt (§ 17 Abs. 4 Nr. 1 BJagdG hingegen nur fünf Jahre).

985 Während der Geltungsdauer des früheren WaffG (Fassung von 1976) erkannten die Waffenbehörden noch einen Vorrang der Entscheidung der Jagdbehörde aufgrund der weniger strengen Vorschriften des Jagdrechts an (entgegen der Rspr. des BVerwG, Urt. v. 13.12.1994 – 1 C 31.92) Ein **Vorrang**, eine **Bindungswirkung** oder auch nur eine Maßgeblichkeit der jagdrechtlichen Beurteilung für das **Waffenrecht** ist **nicht (mehr) gegeben** (VG Aachen, Urt. v. 15.3.2013 – 6 K 1638/11). Mit der Einführung einer vorrangigen „Teilzuverlässigkeitsprüfung“ durch die Waffenbehörden (§ 17 Abs. 1 S. 2 BJagdG) durch das „Gesetz zur Verbesserung inneren Sicherheit und des Asylsystems“ v. 30.10.2024 (BGBl 2024 I Nr. 332) wurde nunmehr den Waffenbehörden sogar ein Vorrang eingeräumt. Zentrale Vorschriften sind hierfür § 17 BJagdG und vor allem § 5 WaffG, auf den nach der Neufassung als Rechtsgrundverweisung verwiesen wird. War seit jeher das Verhältnis zwischen Jagd- und Waffenbehörden von Unklarheiten geprägt, stellt § 17 Abs. 1 S. 2 BJagdG nunmehr ausdrücklich klar, dass die Prüfung der waffenrechtlichen Zuverlässigkeit und Eignung stets der zuständigen Waffenbehörde obliegt. Es handelt sich hier um einen **abgrenzbaren Teilbereich der jagdrechtlichen Erlaubnis**, der sich nach dem Waffenrecht richtet. Die den Erwerb und Besitz von Schusswaffen durch Jäger regelnde Vorschrift des § 13 WaffG stellt Jagdscheininhaber in § 13 Abs. 2 WaffG bei der Erteilung einer WBK nunmehr ausdrücklich nur noch von der Prüfung des Bedürfnisses, aber nicht mehr von der Prüfung der waffenrechtlichen Zuverlässigkeit frei.

☝ So wird der Jagdschein versagt, wenn Betroffene waffenrechtlich unzuverlässig sind. Das bedeutet in der Folge aber auch, dass ihnen eine WBK versagt wird, weil es dann nicht nur an der waffenrechtlichen Zuverlässigkeit fehlt, sondern auch **kein waffenrechtliches Bedürfnis** für ihre Erteilung besteht.

c) Das Gesetz unterwirft besonders schwerwiegende (strafrechtliche) Fehlverhalten der **unwiderleglichen Vermutung** der Unzuverlässigkeit (**Rechtsprechungsübersicht** → *Waffenbesitzer, waffenrechtliche Zuverlässigkeit*, Teil H Rdn 1398). 986

So besitzen Personen **die erforderliche Zuverlässigkeit** (§ 5 Abs. 1 WaffG bzw. § 17 Abs. 3, Abs. 4 BJagdG) **nicht („obligatorische Unzuverlässigkeit")**, die 987

- wegen
  - eines **Verbrechens** oder
  - einer sonstigen **vorsätzlichen Straftat zu einer Freiheitsstrafe von mindestens einem Jahr** verurteilt worden sind,
- wenn seit dem Eintritt der Rechtskraft der letzten Verurteilung **zehn Jahre** noch nicht verstrichen sind oder
- **Waffen oder Munition**
  - **missbräuchlich** oder **leichtfertig verwenden** werden;
  - mit ihnen **nicht vorsichtig** und **sachgemäß umgegangen** wird oder sie **nicht sorgfältig verwahren** werden;
  - sie an **Personen überlassen** werden, die zum **Besitz nicht berechtigt** sind.

☝ Insbesondere die **sorgfältige Aufbewahrung** ist – spätestens durch den Amoklauf von Winnenden im Jahr 2009, der maßgeblich durch die unsachgemäße Aufbewahrung der Waffe und Munition verursacht worden ist – in den Blickpunkt der Waffen- und Jagdbehörden gerückt. Daraus resultierte die Änderung des WaffG im Jahr 2009, nach u.a. der ein **verdachtsunabhängiges Betretungsrecht** für die Behörden zur **Kontrolle der sorgfältigen Aufbewahrung** eingeführt worden ist (§ 36 Abs. 3 S. 2 WaffG).

Die **Rspr.** hierzu ist **streng**: So lässt ein Jäger ein übergroßes Maß an Unvorsichtigkeit in der Verwahrung von Waffe und Munition erkennen und rechtfertigt auch als **einmaliges Fehlverhalten** die Ungültigerklärung des Jagdscheins wegen Unzuverlässigkeit nach § 17 Abs. 3 Nr. 2 BJagdG bzw. § 5 Abs. 1 Nr. 2b) WaffG, wenn er bereits ca. 1,5 Stunden vor dem beabsichtigten Transport der Waffe und der Munition zum Ort der Jagd sein Jagdgewehr und die Munition gemeinsam im Kofferraum seines im Innenhof einer Wohnanlage abgestellten Pkw deponiert (VGH Hessen DÖV 2014, 987).

Besonders für Aufsehen sorgte das **Urteil** des **OVG Münster v. 30.8.2023** (20 A 2384/20), in dem das OVG für die **Aufbewahrung der Schlüssel** zu einem Waffenschrank ebenso hohe Anforderungen wie auch an die Aufbewahrung der eigentlichen Waffen stellte. Danach müssten Schlüssel zu einem Waffenschrank auch für sich in einem ebenso sicheren Behältnis aufbewahrt werden. Das **OVG Lüneburg** stellte hingegen in einer Folgeentscheidung maßgeblich darauf ab, dass je nach den Umständen des Einzelfalls **„erforderliche" Vorkehrungen** (§ 36 Abs. 1 WaffG) getroffen worden sind, um den Zugriff unbefugter Dritter und auch Angehörigen des Waffenbesitzers zu verhindern (OVG Lüneburg, Urt. v. 27.5.2024 – 11 LB 508/23, NVwZ 2024, 1361). In Abgrenzung zur Entscheidung des OVG Münster betonte das OVG Lüneburg vor allem die mögliche „Endloskette", die sich aus den Vorgaben des OVG Münsters ergeben könnte. Zur Vermeidung fortbestehender Unklarheiten mahnt das Gericht eine Klarstellung durch den Gesetz- oder Verordnungsgeber an.

d)aa) Andere weniger schwerwiegende (strafrechtliche) Fehlverhalten führen zu der **widerleglichen Vermutung** der Unzuverlässigkeit (**Rechtsprechungsübersicht** → *Waffenbesitzer, waffenrechtliche Zuverlässigkeit*, Teil H Rdn 1408). 988

So besitzen Personen **in der Regel die erforderliche Zuverlässigkeit** (§ 5 Abs. 2 WaffG bzw. § 17 Abs. 4 BJagdG) **nicht („Regelunzuverlässigkeit")**, die 989

(Strafgerichtliche Verurteilungen – §§ 5 Abs. 2 Nr. 1 WaffG, 17 Abs. 4 Nr. 1 BJagdG)

- **rechtskräftig**
- wegen
  - eines **Verbrechens**
  - eines **vorsätzlichen Vergehens**
  - einer **fahrlässigen Straftat** im Zusammenhang mit dem Umgang mit Waffen, Munition oder Sprengstoff, oder einer fahrlässigen gemeingefährlichen Straftat,
  - einer **Straftat gegen jagdrechtliche**, tierschutzrechtliche oder naturschutzrechtliche **Vorschriften**, das WaffG, das KrWaffKontrG oder das SprengG
- zu einer
  - **Freiheitsstrafe,**
  - **Jugendstrafe,**
  - Geldstrafe **von mindestens 60 Tagessätzen oder** mindestens **zweimal zu einer geringeren Geldstrafe** verurteilt worden sind,
- **wenn** seit dem Eintritt der Rechtskraft der letzten Verurteilung **fünf Jahre** nicht verstrichen sind.

(Sonstige Verfehlungen – §§ 5 Abs. 2 Nr. 5 WaffG, 17 Abs. 4 Nr. 2 BJagdG)

- **wiederholt oder gröblich** gegen **jagdrechtliche**, tierschutzrechtliche oder naturschutzrechtliche **Vorschriften**, das WaffG, das KrWaffKontrG oder das SprengG verstoßen haben.

☝ Ein **wiederholter** oder **gröblicher** Verstoß gegen **jagdrechtliche**, tierschutzrechtliche oder naturschutzrechtliche Vorschriften kann z.B. darin liegen, dass beharrlich Verfehlungen begangen werden, die **nur als OWi geahndet** werden (*Schuck*, § 17 Rn 163).

990 **bb)** Eine **Widerlegung** der **Regelunzuverlässigkeit** kommt nur dann in Betracht, wenn die Umstände der abgeurteilten Tat die Verfehlung in einem derart **milden Licht** erscheinen lassen, dass die regelmäßig begründete Annahme eines Zuverlässigkeitsmangels nicht gerechtfertigt ist; dabei ist

- die **Schwere der konkreten Verfehlung** zu würdigen, z.B. dahin, ob sie lediglich Bagatellcharakter hat, sowie
- die **Persönlichkeit des Betroffenen**, wie sie in seinem Verhalten zum Ausdruck kommt (BVerwG BVerwGE 97, 245).

☝ **Maßgeblicher Anknüpfungspunkt** für die Annahme der Unzuverlässigkeit ist die **strafgerichtliche Verurteilung**, nicht jedoch eine „davon losgelöste Zuverlässigkeitsbeurteilung". Von daher wird die Einholung psychologischer Sachverständigengutachten von der Rspr. weder als notwendig noch geeignet angesehen (VG Köln, Urt. v. 14.8.2008 – 20 K 3903/07).

991 **4.** Ist ein **Ermittlungs- oder Strafverfahren**, das nach § 17 Abs. 4 Nr. 1 BJagdG zur Annahme der fehlenden Zuverlässigkeit führen kann, **noch nicht abgeschlossen**, so kann die Jagdbehörde die Entscheidung über den Antrag auf Erteilung des Jagdscheines bis zum rechtskräftigen Abschluss des Verfahrens **aussetzen** (§ 17 Abs. 5 BJagdG). Erfasst wird der Zeitraum zwischen der Einleitung der Ermittlungen und dem rechtskräftigen Abschluss. Die Vorschrift erfasst nur eine Aussetzung aufgrund solcher Ermittlungs- bzw. Strafverfahren, die nach ihrem voraussichtlichen Ausgang zu einer Versagung des Jagdscheins führen können. Wegen anderer Verfahren darf das Erteilungsverfahren nicht ausgesetzt werden. Die Zeit der Aussetzung des Verfahrens ist allerdings in die Frist einzurechnen, die seit der letzten Verurteilung bis zur Wiedererteilung des Jagdscheins verstrichen sein muss (§ 17 Abs. 4 Nr. 1 BJagdG). Dies sind grds. fünf Jahre, in denen Fällen des § 5 Abs. 1 Nr. 1 WaffG jedoch zehn Jahre. Die Jagdbehörde trifft ihre Entscheidung nach **pflichtgemäßem Ermessen**. Die Jagd- und Waffenbehörden sind hinsichtlich der Verwertbarkeit von Eintragungen im BZR von vornherein nicht an die Aufnahmefristen im Führungszeugnis gebun-

den (OVG Lüneburg NordÖR 2017, 207). Für sie gilt sogar, wenn es u.a. um die Erteilung einer WBK oder eines Jagdscheines geht, eine Ausnahme vom Verwertungsverbot für getilgte Eintragungen (§§ 51, 52 Abs. 1 Nr. 4 BZRG). Im Falle des Widerrufs von WBK und Entziehung des Jagdscheines gilt § 52 Abs. 1 Nr. 4 BZRG hingegen nicht, auch nicht entsprechend (OVG Bremen, Beschl. v. 10.5.2016 – 1 B 22/16).

5.a) Die **Versagung** des **Jagdscheins** ist ein **belastender Verwaltungsakt**. Daher hat die Jagdbehörde vor dieser Entscheidung den Betroffenen anzuhören (§ 28 VwVfG). Gegen die Versagung ist sodann die **Verpflichtungsklage** zum VG zu erheben. Bei Vorliegen der Erteilungsvoraussetzungen haben die Waffenbehörden nämlich grds. **keinen Beurteilungs- oder Ermessensspielraum.** Der Betroffene hat vielmehr einen **Anspruch** auf Erteilung der begehrten waffenrechtlichen Erlaubnis. Nach der Abschaffung des Widerspruchsverfahrens in den meisten Bundesländern, bedarf es auch keines Widerspruchs mehr. 992

b) Der **endgültige Verlust** des Jagdscheins führt zu folgenden 993

nachteilige Folgen (→ *Jäger, Jagdschein, Allgemeines*, Teil H Rdn 934):

- Es **endet** die **Befugnis** die **Jagd** tatsächlich **ausüben** zu dürfen. Wer dennoch auf die Jagd geht – soweit er noch über das erforderliche Jagdausübungsrecht verfügt –, begeht damit eine OWi nach § 39 Abs. 2 Nr. 1 BJagdG.
- Es **erlischt** gem. § 13 S. 1 BJagdG **ein Jagdpachtvertrag.** Besonders unangenehm: Der Pächter ist dem Verpächter zum Schadensersatz verpflichtet, der aus der vorzeitigen Beendigung des Jagdpachtvertrages entsteht (§ 13 S. 3 BJagdG).
- Es werden i.d.R. auch die **waffenrechtlichen Erlaubnisse widerrufen**, weil das besondere Bedürfnis für den Besitz von Waffen und Munition entfallen ist. Werden dann nicht innerhalb der dafür vorgesehenen Zeit (WaffG) die Waffen und Munition vernichtet oder einem Berechtigten überlassen, kann sich der Betroffene wegen **unerlaubten Waffenbesitzes** der Gefahr der Strafbarkeit aussetzen.

Siehe auch: → *Jäger, Jagdschein, Allgemeines*, Teil H Rdn 934; → *Jäger, Jagdschein, Entziehung und Einziehung*, Teil H Rdn 951; → *Waffenbesitzer, Allgemeines*, Teil H Rdn 1337; → *Waffenbesitzer, Waffenbesitzkarte, Rücknahme und Widerruf*, Teil H Rdn 1370; → *Waffenbesitzer, waffenrechtliche Zuverlässigkeit*, Teil H Rdn 1381.

Rechtsanwälte, Allgemeines 994

Literaturhinweise: **Gaier/Wolf/Göcken**, Anwaltliches Berufsrecht, Kommentar, 4. Aufl. 2026; **Geiersberger**, Status quo und Zukunft der Anwaltsgerichtsbarkeit – wie viel Reform muss sein? Vier Vorschläge für Verbesserungen und ein Veto gegen eine Neu-Ausrichtung?, AnwBl. 2015, 427, **Henssler/Prütting**, Kommentar zur Bundesrechtsanwaltsordnung, 6. Aufl. 2024; **Kilian/Lieb**, Statistisches Jahrbuch der Anwaltschaft 2023/2024, 2024, **Kleine/Cosack**, Kommentar zur Bundesrechtsanwaltsordnung, 9. Aufl. 2022; Müller/Opper/von Stetten: Berufsrisiken des Strafverteidigers, 2 Aufl. 2021, **Offermann-Burckart**, Stolperfallen im Berufsrecht der Rechtsanwälte, 2016, **Röth**, Nebenfolgen strafrechtlicher Verurteilung, StraFo 2012, 354, *ders.*, Vor dem Anwaltsgericht: wann droht ein Ausschluss aus der Anwaltschaft und wie geht man damit um?, AnwBl online, 5.6.2024; **Weyland**, Kommentar zur Bundesrechtsanwaltsordnung, 11. Aufl. 2024. 995

1. Mögliche Folgen strafrechtlicher Ermittlungen/Verurteilungen für Rechtsanwälte sind u.a. das **Berufsverbot**, welches im Strafverfahren ausgesprochen wird (→ *Berufsverbot, Allgemeines*, Teil B Rdn 1 m.w.N.) und **Schadensersatzansprüche** gegen den Rechtsanwalt (→ *Rechtsanwälte, Haftung, Pflichten,* Teil H Rdn 1072) sowie evtl. familienrechtliche Probleme und arbeitsrechtliche (also Kündigung z.B., wird hier nicht weiter behandelt). Neu ist seit 7.7.2021, dass das **Berufsrecht** jetzt auch verschärfte Möglichkeiten gegen die Berufsausübungsgesellschaften (BAG) und deren Leitungspersonen vorsieht (s. z.B. §§ 59g, 59h, 113a, 113b, 114 Abs. 2 BRAO). Mit der umfassenden Zulassung der BAGs waren auch Sanktionsmöglichkeiten nötig geworden (zu den grundlegen Problemen des anwaltlichen Berufsrechts. *Kleine-Cosack*, Einl., S. 5–18). 996

997 **2.a)** Strafrechtlicher Ermittlungen/Verurteilungen können außerdem berufsrechtliche Folgen haben. **Berufsrechtliche Verfahren** sind

- Verfahren auf Widerruf der Zulassung durch die Rechtsanwaltskammer (sog. Verwaltungsrechtliche Anwaltssachen),
- Rügeverfahren gemäß §§ 74, 74a BRAO,
- Anwaltsgerichtliches Verfahren gem. §§ 116 BRAO ff.

998 **b)** Nach dem **statistischen Jahrbuch** der Anwaltschaft 2023/2024 soll es folgende **berufsrechtliche Gerichtsverfahren** in Deutschland gegeben haben:

- **2023:** 523 Verfahren vor den Anwaltsgerichten (688 in 2022), 237 Verfahren vor den Anwaltsgerichtshöfen (davon 153 verwaltungsrechtlich und 66 disziplinarrechtlich) und 55 Verfahren vor dem Anwaltssenat des BGH (davon 48 verwaltungsrechtlich, davon 29 wegen Vermögensverfalls und 7 disziplinarrechtlich). 797 Verfahren im Jahre 2023 haben sich also mit Fragen der Zulassung bzw. des Widerrufes zur Rechtsanwaltschaft und mit Disziplinarangelegenheiten befasst. Zum 1.1.2024 gab es laut BRAK 165.776 und zum 1.1.2023 165.186 zugelassene Rechtsanwälte.
- **2012:** 738 Verfahren vor den Anwaltsgerichten, 320 Verfahren vor den Anwaltsgerichtshöfen und 90 Verfahren vor dem Anwaltssenat des BGH (s. *Geiersberger,* AnwBl. 2015, 287). Knapp 1000 Verfahren im Jahre 2012 haben sich also mit Fragen der Zulassung bzw. des Widerrufes zur Rechtsanwaltschaft und mit Disziplinarangelegenheiten befasst. Zum 1.1.2013 gab es laut BRAK k160.880 und zum 1.1.2012 159.315 zugelassene Rechtsanwälte.

Siehe auch: → *Rechtsanwälte, Berufsrechtliche Verfahren/Überblick*, Teil H Rdn 999; → *Rechtsanwälte, Berufsrecht, anwaltsgerichtliche Verfahren,* Teil H Rdn 1037; → *Rechtsanwälte, Berufsrecht, Verfolgungsverjährung*, Teil H Rdn 1061; → *Rechtsanwälte, Vollstreckung anwaltsgerichtlicher Maßnahmen*, Teil H Rdn 1131; → *Rechtsanwälte, Strafverfahren und Haftung Allgemeines*, Teil H Rdn 1126 m.w.N.

999 Rechtsanwälte, Berufsrechtliche Verfahren, Allgemeines

Das Wichtigste in Kürze:

1. Die BRAO sieht verschiedene berufsrechtliche Verfahren vor, Das sind das Verfahren auf Widerruf der Zulassung durch die RAK bzw. mißbilligender Belehrung durch die RAK (sog. Verwaltungsrechtliche Anwaltssachen), das Rügeverfahren gem. §§ 74, 74a BRAO und das anwaltsgerichtliche Verfahren gem. §§ 116 BRAO ff.
2. Gem. § 14 Abs. 2 Nr. 2 BRAO ist z.B. die Zulassung von der RAK u.a. zu widerrufen, wenn der Rechtsanwalt in Folge strafgerichtlicher Verurteilung die Fähigkeit zur Bekleidung öffentlicher Ämter verloren hat. Die RAK kann den Widerruf auch mit einem Sofortvollzug verbinden (s. § 14 Abs. 4 i.V.m. §§ 150 ff. BRAO).
3. Das verwaltungsrechtliche Verfahren wird von der RAK eingeleitet und bei Widerruf ist entweder ein Widerspruch bei der RAK oder direkt Klage bei dem AGH zu erheben (hängt davon ab, ob das jeweilige Bundesland gem. § 68 Abs. 1 Nr. 1 VwGO die RAK als oberste Landesbehörde ansieht, so z.B. derzeit in Bayern). Gegen die Entscheidung des AGH ist dann die Berufung zum Anwaltssenat des BGH, sofern vom AGH zugelassen, oder die Nichtzulassungsbeschwere möglich (s. § 112e BRAO). Bei Anordnung des Sofortvollzuges ist ebenfalls der AGH für das Verfahren des einstweiligen Rechtsschutzes zuständig (s. § 112c Abs. 3 BRAO i.V.m. § 80 Abs. 5 VwGO) . Es gilt neben der BRAO die VwGO (s. § 112c Abs. 1 BRAO).
4. Ein anwaltsgerichtliches/berufsrechtliches Verfahren wird in der Regel von der RAK eingeleitet (z.B. bei Mitteilung via MiStra, s. Nr. 23 Abs. 1 und 2), wenn ein Rechtsanwalt schuldhaft gegen Pflichten verstoßen haben soll. Ein Strafverfahren wegen dieses Verhaltens hat Vorrang und muss

abgewartet werden, das anwaltsgerichtliche Verfahren also ausgesetzt werden (s. § 118 Abs. 1 BRAO).

5. Zuständig im berufsrechtlichen Verfahren nach Abgabe der RAK an die i.d.R. GenStA (= StA bei dem OLG, s. §§ 120f BRAO), dann erstinstanzlich das AnwG, die Berufung ist dann zum AGH sowie die Revision zum BGH in Anwaltssachen möglich. Es gilt neben der BRAO die StPO und das GVG (s. § 116 Abs. 1 BRAO). Das Verfahren wird ebenso wie ein Strafverfahren in die Phasen Ermittlungs-, Zwischen-, Haupt-, Rechtsmittel- und Vollstreckungsverfahren eingeteilt.
6. Gem. § 74 BRAO kann der Vorstand das Verhalten eines Rechtsanwaltes rügen, wenn er die Schuld des Anwalts für gering erachtet und ein Antrag auf Einleitung eines anwaltsgerichtlichen Verfahrens nicht erforderlich erscheint.

Literaturhinweise: **Deckenbrock,** Ungelöste Fragen in verwaltungsrechtlichen Anwaltssachen Auswirkungen des 2009 geänderten Verfahrensrechts – ein Appell an den Gesetzgeber zur Überprüfung, AnwBl. 2015, 365; **Geiersberger**, Status quo und Zukunft der Anwaltsgerichtsbarkeit – wie viel Reform muss sein? Vier Vorschläge für Verbesserungen und ein Veto gegen eine Neu-Ausrichtung?, AnwBl. 2015, 427; **Kilian**, Die Anwaltsgerichtsbarkeit: eine Standortbestimmung – historisch und vergleichend Wachsende Kritik: Kollegen richten über Kollegen – Doch welcher Reformbedarf besteht wirklich?, AnwBl. 2015, 278; **Kleine-Cosack**, Kommentar zur BRAO, 9. Aufl. 2022, Einleitung Seite 5–18, **Koenen**, Die Anwaltsgerichte als staatliche Gerichte mit Bezug zur Selbstverwaltung Erfahrungsbericht eines geschäftsleitenden Vorsitzenden des Anwaltsgerichts Köln, AnwBl. 2015, 302; **Röth**, Vor dem Anwaltsgericht: wann droht ein Ausschluss aus der Anwaltschaft und wie geht man damit um?, AnwBl online, 5.6.2024, s.a. die Hinw. → *Rechtsanwälte, Allgemeines*, Teil H Rdn 995. **1000**

1. Ein anwaltsgerichtliches/berufsrechtliches Verfahren wird eingeleitet, wenn ein **Rechtsanwalt schuldhaft** gegen **Pflichten verstößt**, die sich aus der **BRAO** und der **BORA** ergeben (zur Pflichtverletzung → *Rechtsanwälte, Haftung, Pflichten,* Teil H Rdn 1072). Der Maßnahmenkatalog reicht von der Warnung (mildestes Mittel) bis zur Ausschließung aus der Rechtsanwaltschaft (§ 114 BRAO; zu den Sanktionen → *Rechtsanwälte, Strafrecht, Hauptverfahren, Prozessuales und Materielles*, Teil H Rdn 1037 ff.). **1001**

Das anwaltsgerichtliche Verfahren ist durch die große BRAO-Reform, die am 7.7.2021 in Kraft getreten ist, in einigen Bereichen geändert worden. So sind jetzt Berufsausübungsgesellschaften (BAG) zulässig. Gegen sie kann auch nach dem System des Berufsrechts vorgegangen werden. Die Öffentlichkeit ist jetzt nach den allg. Regeln (GVG bzw. VwGO oder StPO) zu den Verhandlungen zugelassen). Die RAK darf den Beschwerdeführer jetzt informieren (s. § 73 Abs. 3 BRAO). **1002**

2. Vorgesehen sind in den berufsrechtlichen Verfahren folgende **Spruchkörper**: **1003**

- Ggf. erstinstanzlich das **AnwG**, die Berufung ist dann zum **AGH** sowie die Revision zum **BGH** in Anwaltssachen möglich.
- Die Anwaltsgerichte (§§ 92 ff. BRAO, pro RAK eins) sind **besetzt** mit drei Richtern, die alle Rechtsanwälte sind. Die AGHs (§§ 100 BRAO, jeweils bei den OLG) sind besetzt mit drei Rechtsanwälten (u.a. der Vorsitzende) als Richtern und zwei Berufsrichtern. Beim BGH ist der Senat in Anwaltssachen (§§ 106 BRAO) besetzt mit dem Präsidenten des BGH als Vorsitzendem, zwei BGH- und zwei Anwälten als Richtern.

3.a) Die **BRAO** sieht **verschiedene berufsrechtliche Verfahren** vor, Das sind **1004**

- das Verfahren auf Widerruf der Zulassung,
- das Rügeverfahren gem. §§ 74, 74a BRAO (Teil H Rdn 1013 ff.),
- das anwaltsgerichtliche Verfahren gem. §§ 116 BRAO ff.

b) Über die Zulassung zur Anwaltschaft bzw. über die **Rücknahme**/den **Widerruf** der **Zulassung** entscheidet die jeweils **zuständige RAK**. Gegen deren Entscheidung ist der **Rechtsweg** zum AGH (I. Instanz) und die Berufung bzw. Nichtzulassungsbeschwerde zum Anwaltssenat des BGH (II. und letzte Instanz) möglich. Versagungsgründe sind in § 7 BRAO, Rücknahme und Widerruf der Zulassung in § 14 BRAO und der Rechtsweg und die Zuständigkeit in § 112a BRAO geregelt. **1005**

1006 Gem. **§ 7 Nr. 5 BRAO** ist dem Bewerber die Zulassung zu versagen, wenn er sich eines Verhaltens schuldig gemacht hat, das ihn unwürdig erscheinen lässt, den Beruf eines Rechtsanwaltes auszuüben. Die Unwürdigkeit kann sich nicht nur aus strafbarem Verhalten, sondern auch aus unehrenhaftem bzw. unsittlichem Lebenswandel ergeben. Längeres Wohlverhalten ist positiv zu berücksichtigen. Auch Tilgungsfristen des BZRG zählen dazu.

1007 **c) Gem. § 74 BRAO** kann der Vorstand der RAK das Verhalten eines Anwaltes, durch das dieser ihm obliegende Pflichten verletzt hat, **rügen**, wenn die Schuld des Rechtsanwaltes gering ist und ein Antrag auf Einleitung eines anwaltsgerichtlichen Verfahrens nicht erforderlich erscheint.

1008 Sollte eine solche Rüge ergehen, kann der betroffene Rechtsanwalt gem. § 74a BRAO einen Antrag auf anwaltsgerichtliche Entscheidung stellen. Das **AnwG** befindet hierüber und ist erste und letzte Instanz.

1009 **d)** Vorgesehen ist schließlich noch das **anwaltsgerichtliche Verfahren** gem. §§ 116 BRAO ff.

1010 **e)** Die **verschiedenen Verfahrensarten** stehen in **folgendem Verhältnis zueinander:**

- Das **anwaltsgerichtliche Verfahren** geht dem **Rügeverfahren vor** (s. § 115a BRAO). Wenn ein anwaltsgerichtliches Verfahren eingeleitet wird, erlischt das Rügerechtsverfahren und lebt auch nicht wieder auf, wenn das anwaltsgerichtliche Verfahren eingestellt wird. Selbst ein rechtskräftiger Rügebescheid kann durch das AnwG aufgehoben werden.
- Das **Verfahren** auf **Widerruf** der **Zulassung** und das **klassische berufsgerichtliche Verfahren** stehen **nebeneinander**. Gem. § 14 Abs. 2 BRAO ist die Zulassung zur Rechtsanwaltschaft zu widerrufen, wenn der Rechtsanwalt nach der Entscheidung des Bundesverfassungsgerichts ein Grundrecht verwirkt hat (Nr. 1), und wenn der Rechtsanwalt in Folge strafrechtlicher Verurteilung die Fähigkeit zur Bekleidung öffentlicher Ämter verloren hat (Nr. 2). Wenn also das Strafgericht insoweit verurteilt hat, ist die Zulassung zu widerrufen. Sollte so ein Verfahren durchgeführt werden, weil die Fähigkeit zur Bekleidung öffentlicher Ämter rechtskräftig durch das Strafgericht aberkannt wurde, müsste sich das AnwG gem. § 115b BRAO fragen, ob eine anderweitige Ahndung durch es selbst über den Widerruf hinaus nötig ist. Es wird das Verfahren aussetzen und abwarten, ob rechtskräftig die Zulassung widerrufen wird, weil es dann nicht mehr sanktionieren kann.

> ☝ **Anders** ist es im Falle des **§ 7 S. Nr. 3, S. 2 BRAO.** Hier ist die Zulassung zu versagen, wenn der Rechtsanwalt durch rechtskräftiges Urteil aus der Rechtsanwaltschaft ausgeschlossen ist und seit Rechtskraft des Urteils noch nicht acht Jahre verstrichen sind. Gemeint sind hier Urteile der deutschen Anwaltsgerichtsbarkeit.
>
> Sollte eine Ausschließung im Raume stehen: könnte die **„freiwillige" Rückgabe** erheblich **günstiger** (= schnellere Wiedererteilung) für den Rechtsanwalt sein, weil ansonsten acht Jahre Sperre für die Wiedererteilung drohen. Zu dieser problematischen Frage s. den Artikel des Verf. in den Hinweisen.

1011 **4.** Gem. **§ 14 Abs. 2 Nr. 1 und 2 BRAO** ist die **Zulassung** zu **widerrufen**, wenn der Rechtsanwalt Grundrechte verwirkt hat qua Feststellung des BVerfG oder wenn der Rechtsanwalt in Folge **strafgerichtlicher Verurteilung** die **Fähigkeit** zur **Bekleidung öffentlicher Ämter** verloren hat. Es handelt sich hier um eine gebundene Entscheidung ohne Ermessensspielraum.

1012 Die RAK erlässt einen Widerrufsbescheid. Sie kann die **sofortige Vollziehbarkeit** gem. § 14 Abs. 4 BRAO anordnen. Gegen die sofortige Vollziehbarkeit kann der Rechtsanwalt **Antrag** beim **AGH** auf **Wiederherstellung der aufschiebenden Wirkung** stellen. Gegen den Bescheid in der Hauptsache kann er vor dem AGH (§ 112a Abs. 1 BRAO). Für dieses Hauptsacheverfahren gilt als Prozessordnung im Wesentlichen die VwGO (§ 112c BRAO). Gegen die Entscheidung des AGH kann das Rechtsmittel der Berufung zum Anwaltssenat des BGH eingelegt werden.

1013 **5.a)** Gem. § 74 BRAO kann der Vorstand das **Verhalten** eines Rechtsanwaltes **rügen**, wenn er die **Schuld** des **Anwalts** für **geringerachtet** und ein Antrag auf Einleitung eines anwaltsgerichtlichen Verfahrens

(Teil H Rdn 1019 ff.) nicht erforderlich erscheint. Der Vorstand trifft diese Entscheidung nach pflichtgemäßem Ermessen.

☝ Sollte die StA ein **anwaltsgerichtliches Verfahren** einleiten, wäre ein **Rügeverfahren gesperrt**.

Die StA kann allerdings der RAK **vorlegen** zum Zwecke der Übernahme in das Rügeverfahren. Der betroffene Rechtsanwalt selbst kann durch einen Selbstreinigungsantrag (§ 123 Abs. 2 S. 2 BRAO) das Rügeverfahren verhindern, indem er ein anwaltsgerichtliches Verfahren einleitet. **1014**

☝ **Streit** herrscht darüber, wie die Rüge von der **Beratungs-** und **Belehrungspflicht** der RAK ihren Mitgliedern gegenüber (siehe §§ 73f BRAO) **abzugrenzen** ist. Die Rüge stellt eine Missbilligung für in der Vergangenheit Geschehenes, die Belehrung eine präventive Unterrichtung für Zukünftiges dar. Die Frage ist deshalb interessant, weil bei Vorliegen einer Rüge erst- und letztinstanzlich das AnwG und bei Vorliegen einer missbilligenden Belehrung der AGH mit etwaiger Berufungsmöglichkeit (§ 112e BRAO) zum BGH in Anwaltssachen zuständig sind. Eine angedachte Gesetzesänderung unterblieb wegen des Regierungswechsels im Jahr 2025.

b) Das **Rügeverfahren gliedert** sich in **1015**

- das Aufsichtsverfahren,
- das Einspruchsverfahren und
- das anwaltsgerichtliche Verfahren.

aa) Das (Aufsichts)Verfahren hat folgenden **Ablauf** bzw. es gelten folgende **Verfahrensgrundsätze**: **1016**

- Erfährt die RAK von einer Verfehlung des Rechtsanwalts, **leitet** sei ein Aufsichtsverfahren **ein**.
- Sie ermittelt den Sachverhalt und gibt dem Rechtsanwalt Gelegenheit, sich zu **äußern**.
- Das Ablehnungsrecht gem. **§§ 22 ff. StPO** gilt **entsprechend**.
- Der Rechtsanwalt hat ein **Akteneinsichtsrecht**, das wird aus § 58 BRAO hergeleitet wird.
- Der Vorstand kann das Verfahren **aussetzen** oder **einstellen** (z.B. wegen Verfahrenshindernissen oder aus sachlichen Gründen), er kann es abgeben an die StA oder er kann eine Rüge erteilen. Der Kammervorstand ist berechtigt, das Verfahren ohne Anhörung des Rechtsanwaltes **einzustellen**.
- Die Vorgänge über das Rügeverfahren gehören zu den **Personalakten**.
- Eine rechtskräftig erteilte Rüge muss **nach fünf Jahren** aus der Personalakte **getilgt** werden (§ 205a Abs. 5 BRAO).

bb) Sollte eine Rüge erteilt werden, kann der Rechtsanwalt gegen diesen Bescheid **Einspruch** bei der RAK einlegen (binnen eines Monats nach Zustellung). Dann entscheidet der Vorstand der RAK über den Einspruch und bescheidet den Rechtsanwalt neu. **1017**

Gegen diesen Bescheid kann der Rechtsanwalt, sofern er ihn weiter beschwert, **gem. § 74a Abs. 1 BRAO** binnen eines Monats nach Zustellung **Entscheidung** des **AGH** beantragen. Zugleich kann er auch gem. § 74a Abs. 2 S. 5 BRAO eine mündliche Verhandlung beantragen. Das AnwG entscheidet durch Beschluss. Es kann den Antrag als unzulässig verwerfen, es kann das Verfahren aussetzen und es kann den Rügebescheid aufheben. Sollte lediglich der Einspruchsbescheid verfahrensfehlerhaft sein, der Rügebescheid jedoch in Ordnung, kann die verfahrensfehlerhafte Entscheidung aufgehoben werden und das Verfahren an den Vorstand der RAK zur weiteren Entscheidung zurückgegeben werden. Im Übrigen kann das AnwG auch den Antrag als unbegründet zurückweisen. **1018**

6. Das **anwaltsgerichtliche Verfahren** kann in die Phasen Ermittlungs-, Zwischen-, Haupt-, Rechtsmittel- und Vollstreckungsverfahren eingeteilt werden (**§§ 116 ff. BRAO**; → *Rechtsanwälte, Berufsrecht, anwaltsgerichtliches Verfahren* Teil H Rdn 1039 ff. → *Rechtsanwälte, Vollstreckung anwaltsgerichtlicher Maßnahmen*, Teil H Rdn 1131). Neben dem „normalen" anwaltsgerichtlichen Verfahren gibt es **1019**

das Verfahren zur Verhängung einer vorläufigen Maßnahme (Teil H Rdn 1022 ff.) und das Selbstreinigungsverfahren (Teil H Rdn 1025 ff.).

☝ Ein **frühzeitiges Verteidigen** ist (auch unter dem Aspekt des Inertia-Effektes) dringend **anzuraten**.

1020 **a)** Die RAK erhält i.d.R. über **Nr. 23 MiStra** Kenntnis von der Untersuchungshaft, Anklageerhebung und Verurteilung gegen einen Rechtsanwalt. Dies gilt auch für die GStA bei dem OLG, die gem. § 120 BRAO am Verfahren beteiligt ist. Die RAK wird das Verfahren an die GenStA abgeben, die unter Respektierung des § 118 Abs. 1 BRAO das Strafverfahren abwarten und aussetzen wird.

1021 Sollte die **GStA** eine Anschuldigungsschrift beim AnwG einreichen, beginnt das Zwischenverfahren und bei Eröffnung das Hauptverfahren. Das Verfahren ist (gem. § 116 BRAO) dem Strafprozess nachgebildet. Es gelten auch überwiegend die Normen der StPO (dazu z.B. die Kommentierung zu § 116 BRAO bei *Henssler/Prütting*).

1022 **b)** Gem. **§ 150 BRAO** kann die StA auch schon vor Einleitung des anwaltsgerichtlichen Verfahrens im Rahmen einer **vorläufigen Maßnahme** den Antrag auf Verhängung eines Berufs- oder Vertretungsverbotes stellen. Zuständig ist das für die Eröffnung des Hauptverfahrens gegen den Rechtsanwalt zur Entscheidung berufene Gericht oder das Gericht, vor dem bereits das anwaltsgerichtliche Verfahren anhängig ist (§ 150 BRAO).

☝ Gem. **§ 150a BRAO** kann die RAK bei untätiger StA den **Antrag** auf Verhängung **gerichtlich** zu erzwingen versuchen (§ 150a BRAO).

1023 Der **Beschluss** über ein Berufs- oder ein Vertretungsverbot kann **nur aufgrund mündlicher Verhandlung** ergehen (§ 151 BRAO). Die Verhängung des Berufs- oder Vertretungsverbotes bedarf einer Zwei-Drittel-Stimmen-Mehrheit des Gerichts (§ 152 BRAO). Das Gericht kann auch im Anschluss an die Hauptverhandlung, sollte es die Ausschließung aus der Rechtsanwaltschaft ausgeurteilt haben, diesen Beschluss fassen (§ 153 BRAO). § 161a BRAO regelt das Verfahren für das gegenständlich beschränkte vorläufige Vertretungsverbot.

☝ Bei vorläufiger Verhängung des Beschlusses gibt es eine **3-Monats-Frist** für die weitere Aufrechterhaltung der Maßnahamen, die nur bei besonderer Schwierigkeit oder besonderem Umfang der Ermittlungen überschritten werden darf und zur Überprüfung dem AGH vorzulegen ist (§§ 159a und b BRAO). Die Regelung entspricht den §§ 121, 122 StPO.

1024 **c)** Die RAK kann auf Vorschlag des Rechtsanwalts auch einen **Vertreter** bestellen (§ 161 BRAO).

1025 **d)** Wenn ein Rechtsanwalt sich vom Verdacht einer Pflichtverletzung reinigen will, kann er selbst bei der StA beantragen das anwaltsgerichtliche Verfahren gegen ihn einzuleiten (sog. **Selbstreinigungsverfahren** des Rechtsanwaltes nach **§ 123 BRAO**). Es darf sich nicht um ein Verhalten wegen dessen Zwangsgeld angedroht oder festgesetzt worden ist (§ 57 BRAO), oder um eine Rüge handeln. Die weitere Vorgehensweise ergibt sich aus § 123 Abs. 2 – 4 BRAO.

1026 **e)** Für das **Ermittlungsverfahren** des anwaltsgerichtlichen Verfahrens ist hinzuweisen auf folgende

Grundsätze

- **Beteiligte** sind die StA beim OLG und die jeweilige RAK sowie der Rechtsanwalt.
- Für die anwaltsgerichtlichen Verfahren ist die StA bei dem OLG, in dessen Bezirk das AnwG seinen Sitz hat, als StA **zuständig** (§ 120 BRAO). RAK und StA müssen sich gegenseitig unterrichten (§ 120a BRAO). Erstinstanzlich ist das AnwG für Rechtsanwälte zuständig; örtlich bestimmt sich das nach dem Sitz der RAK, welcher der Rechtsanwalt zur Zeit der Einleitung seines Verfahrens an-

gehört (§ 119 BRAO). Bei Zuständigkeitsstreit gelten die §§ 14–16 und 19 StPO entsprechend. Der Streit wird entweder vom AGH (die streitenden AGH unterstehen ihm) oder dem BGH entschieden.

- Die RAK kann einen **Antrag** gegenüber der StA auf Einleitung eines anwaltsgerichtlichen Verfahrens gegen einen Rechtsanwalt stellen. Die StA kann von sich aus ein Ermittlungsverfahren einleiten.
- Die StA kann die **Einleitung** eines **Verfahrens** auch **ablehnen**, wenn sie z.B. zwar eine Pflichtverletzung bejaht, jedoch das Verschulden des Rechtsanwaltes so gering ist, dass eine Rüge (§ 74 BRAO) genügt oder das beanstandete außerberufliche Verhalten des Rechtsanwaltes nicht im besonderen Maße geeignet ist Achtung und Vertrauen der Rechtssuchenden zu beeinträchtigen (§ 113 Abs. 2 BRAO) oder die anwaltsgerichtliche Maßnahme nicht zusätzlich erforderlich ist (§ 115b BRAO). Es kann auch sein, dass die Verfehlung des Rechtsanwaltes überwiegend mit der Ausübung eines anderen Berufes im Zusammenhang steht (§ 118a Abs. 1 S. 1 BRAO).
- I.Ü. stehen der StA die Möglichkeiten der **Einstellung** gem. §§ 170 Abs. 2, 153 ff. StPO zu.

☝ Sollte die StA die Einleitung eines Verfahrens nicht vornehmen, muss sie dies der **RAK mitteilen**, die hiergegen vorgehen kann und letztendlich eine Entscheidung bei dem AGH erzwingen (s. § 122 BRAO).

- Der anwaltsgerichtlich **relevante Prozessstoff** beruht in der Regel auf **Tatsachen aus dem Strafverfahren** oder **Erkenntnissen**, die der RAK bzw. der StA bekannt geworden sind.
- Die StA kann sich über § 116 BRAO im Ermittlungsverfahren vieler Eingriffsrechte aus der StPO bedienen, wie z.B. die Beschlagnahme der Handakten des Rechtsanwalts, Zeugenbefragung usw.). Zur Durchsuchung der Kanzleiräume bzw. Beschlagnahme der Handakten – zulässig, wenn es sich um ein Verfahren gegen den Anwalt handelt – bedarf es i.d.R. eines Beschlusses des zuständigen AG (*Burhoff*, EV, Rn 877 ff, 1769 ff.).

☝ Dem Verteidiger ist zu **raten**, frühzeitig mit der RAK/GStA das Gespräch suchen. Die Beteiligten haben einen weiten Spielraum. So kann er erfahren, wo die RAK/GenStA der Schuh drückt. Welcher Vortrag fehlt, ob eine Einstellung in Betracht kommt etc.

f) Mit der **Einreichung** der **Anschuldigungsschrift** durch die StA bei dem AnwG beginnt das **Zwischenverfahren** (§ 121 BRAO). Aus § 130 BRAO folgt, was Inhalt der Anschuldigungsschrift sein soll. 1027

☝ Der Verteidiger sollte die Anschuldigungsschrift auf etwaige **Mängel prüfen**, insbesondere, ob der Angeschuldigte genügend identifiziert ist oder die Pflichtverletzung konkret genug vorgetragen (Umriss- und Informationsfunktion); denn dies kann zur Einstellung des Verfahrens (bei mangelnder Behebung) führen (zur Anklageschrift im Strafverfahren *Burhoff*, EV, Rn 574 ff.).

Zunächst wird der Vorsitzende die Anschuldigungsschrift übersenden und dem Rechtsanwalt **Gelegenheit** zur **Äußerung** geben. 1028

☝ Der Verteidiger sollte bei seiner Stellungnahme folgende Punkte besonders beachten:

- Ist der Rechtsanwalt noch **Kammermitglied?**
  Gem. § 113 Abs. 3 BRAO kann dann keine anwaltsgerichtliche Maßnahme verhängt werden, wenn er zum Tatzeitpunkt nicht Rechtsanwalt war. Eine Ahndung ist auch nicht möglich, wenn der Rechtsanwalt zum Zeitpunkt der Zustellung der Anschuldigungsschrift bzw. zum jetzigen Prüfungszeitpunkt kein Anwalt (mehr) ist, was nicht zu einer endgültigen Einstellung führt, sollte der Anwalt im nicht verjährten Zeitraum wieder zugelassen werden.

- Sind die Taten sind **gem. § 115 BRAO verjährt** (→ *Rechtsanwälte, Berufsrecht, Verfolgungsverjährung*, Teil H Rdn 1061)?
- Ist das AnwG überhaupt gem. § 119 BRAO zuständig?

1029 Das AnwG hat verschiedene **Entscheidungsmöglichkeiten**: Es kann das Verfahren eröffnen oder die Eröffnung des Hauptverfahrens ablehnen. Das AnwG kann weitere Beweiserhebungen anordnen, und zwar entweder durch die StA oder selbst oder einen ersuchten Richter. I.Ü. kann das Verfahren auch gem. §§ 153, 153a StPO eingestellt werden. Der Ablehnungsbeschluss ist zu begründen.

1030 Gegen den ablehnenden Beschluss hinsichtlich der Eröffnung kann die StA in **sofortige Beschwerde** gehen. Sollte der die Eröffnung ablehnende Beschluss rechtskräftig werden, gilt § 132 BRAO (= eng umgrenzte Wiederaufnahmemöglichkeit).

1031 **g)** Die §§ 118 – 118b BRAO regeln das **Verhältnis** des **anwaltsgerichtlichen** zu **anderen Verfahren** bei identischem Prozessstoff wie folgt:

- Das anwaltsgerichtliche Verfahren muss i.d.R. bis zur **Beendigung** des **Straf-/Bußgeldverfahrens ausgesetzt** werden, wenn wegen desselben Verhaltens gegen den Anwalt öffentliche Klage im Strafverfahren erhoben ist (§ 118 Abs. 1 BRAO). Die Pflicht beginnt also erst mit Beginn des strafrechtlichen Zwischenverfahrens. Das anwaltsgerichtliche Verfahren darf dann nur noch eingeleitet werden (s. § 118 Abs. 1 S. 1 BRAO). Das bedeutet, dass eine Anschuldigungsschrift zwar noch beim AnwG eingereicht werden darf – Nebenfolge ist die Verjährungsunterbrechung gem. §§ 115 BRAO i.V.m. § 78c Abs. 1 Nr. 6 StGB. – und diese dem Rechtsanwalt auch noch zugestellt, das Verfahren darf aber nicht mehr eröffnet werden. Nur wenn die Voraussetzungen des § 118 Abs. 1 S. 3 BRAO vorliegen, kann von der Aussetzung abgewichen werden.
- Bei **Freispruch** im Straf-/Bußgeldverfahren darf das AnwG gem. § 118 Abs. 2 BRAO nur dann ein Verfahren einleiten/damit fortfahren, wenn die dem Freispruch zugrundeliegenden Tatsachen für sich genommen eine berufsrechtliche Verletzung enthalten (ohne eine Straf-/Bußgeldnorm zu erfüllen). Gemeint ist damit der sog. **disziplinare Überhang** (s. Teil H Rdn 1032).
- § 118a BRAO regelt das **Verhältnis** zu **Verfahren anderer Berufsgerichtsbarkeiten**, wonach es darauf ankommt, in welchem beruflichen Feld die Pflichtverletzung überwiegend vorgeworfen wird.
- § 118b BRAO ermöglicht die **Aussetzung**, wenn in einem **anderen Verfahren** über eine auch für das anwaltsgerichtliche Verfahren wichtige Frage entschieden wird. Die Aussetzung soll nicht zum Ruhen der Verjährung führen.

1032 **h)** Gem. § 115b BRAO muss die StA/das AnwG den sog. **Disziplinaren Überhang** prüfen. Voraussetzung dafür ist, dass gegen den Rechtsanwalt durch ein Gericht oder eine Behörde eine Strafe, eine Disziplinarmaßnahme, eine berufsrechtliche Maßnahme oder eine Ordnungsmaßnahme verhängt worden ist, und zwar wegen desselben Verhaltens. Wenn dem so ist und die Sanktion insbesondere wegen des Anwaltseins „hoch" ausfiel, so sollte von einer anwaltsgerichtlichen Ahndung **abzusehen sein**.

1033 Dies soll nur **dann nicht** der Fall sein, wenn eine anwaltsgerichtliche Maßnahme zusätzlich erforderlich ist, um

- den Rechtsanwalt zur Erfüllung seiner Pflichten anzuhalten **und**
- das Ansehen der Rechtsanwaltschaft zu wahren (§ 115b S. 1 BRAO).

1034 Zum ersten Punkt ist das **Persönlichkeitsbild** des **Rechtsanwaltes** festzustellen und insbesondere sein Verhalten nach der angeblichen Pflichtverletzung mit einzubeziehen. Entscheidend ist auch, ob z.B. im Strafurteil eine Verurteilung strafschärfend wegen einer Anwaltstätigkeit vorgenommen wurde oder ob in der Strafzumessung auf das noch ausstehende berufsrechtliche Verfahren strafmildernd hingewiesen wurde. Der zweite Punkt (**Ansehen der Rechtsanwaltschaft**) wird regelmäßig als erfüllt anzusehen sein, wenn es um im Kernbereich anwaltlicher Tätigkeit liegende vorwerfbare Pflichtverletzungen geht (also z.B. Fremdgelder nicht oder sehr verspätet ausgekehrt oder Urkundsdelikte als Anwalt, Geldwäsche, Parteiverrat/Interessenskollision usw.). Das Ansehen der Anwaltschaft wird desto weniger beeinträchtigt sein, je mehr die Pflichtverletzung außerhalb des Kernbereichs anwaltlicher Tätigkeit liegt (siehe dazu auch den Punkt weiter unten: außerberufliche Pflichtverletzung).

☝ Sollte der Rechtsanwalt eine **Pflichtverletzung** begangen haben, die zu einem Tätigkeitsverbot oder einem Ausschluss aus der Anwaltschaft führen kann, so muss der disziplinare Überhang nicht geprüft werden (§ 115b S. 2 BRAO).

Will das AnwG gem. § 115b BRAO einstellen, muss es im **Einstellungsbeschluss** eine schuldhafte Pflichtverletzung des Anwalts feststellen und diese bewerten. **1035**

Sollte eine **anderweitige Bestrafung** erst **nach Abschluss** des **anwaltsgerichtlichen Verfahrens** verhängt worden sein, ist kein ausdrückliches Verfahren vorgesehen, u.a. weil § 118 Abs. 1 BRAO die Aussetzung vorschreibt. Ein Verfahren gem. § 118 Abs. 4 BRAO (**Wiederaufnahme**) könnte jedoch angedacht werden. Wenn das AnwG jedoch trotzdem ahnden will, muss es die o.a. beiden Voraussetzungen kumulativ prüfen und bejahen. **1036**

Siehe auch: → *Rechtsanwälte, Allgemeines*, Teil H Rdn 994 m.w.N.

Rechtsanwälte, Berufsrecht, anwaltsgerichtliches Verfahren, Prozessuales und Materielles **1037**

Das Wichtigste in Kürze:

1. Das anwaltsgerichtliche Verfahren unterscheidet sich prozessual-rechtlich an einigen Stellen vom Strafprozess.
2. Gem. § 113 Abs. 1 BRAO wird gegen einen Rechtsanwalt (gem.§ 113 Abs. 3 BRAO gegen die BAG), der schuldhaft gegen Pflichten verstößt, die in der BRAO oder in der BORA bestimmt sind, eine anwaltsgerichtliche Maßnahme verhängt. § 113 Abs. 2 BRAO regelt die Ahndbarkeit von außerhalb des Berufes liegendem Verhalten des Rechtsanwaltes. Überbegriff ist die Pflichtverletzung.
3. Wenn das AnwG eine schuldhafte Pflichtverletzung festgestellt hat – und disziplinaren Überhang unterstellt bejaht –, dann muss es gem. § 114 BRAO eine der dort genannten anwaltsgerichtlichen Maßnahmen (gem. Abs. 1 gegen den RA und Abs. 2 gegen die BAG) nach angemessener Zumessung auswählen.

Literaturhinweise: S. die Hinw. bei → *Rechtsanwälte, Allgemeines*, Teil H Rdn 994 und bei → *Rechtsanwälte, Berufsrechtliche Verfahren, Allgemeines*, Teil H Rdn 999. **1038**

1. Das anwaltsgerichtliche Verfahren **unterscheidet** sich **prozessual-rechtlich** an einigen Stellen vom **Strafprozess**. Auf folgende **Unterschiede** im Verfahren ist hinzuweisen: **1039**

Pflichtverteidigung: **1040**

Wenn das Gericht eine **Ausschließung** aus der **Anwaltschaft** oder ein Tätigkeitsverbot andenkt und/oder der Fall tatsächlich und rechtliche schwierig ist, wird es dem Rechtsanwalt einen Pflichtverteidiger zur Seite stellen.

☝ Wenn ein Pflichtverteidiger laut Anschuldigungsschrift bestellt werden soll, steht i.d.R. ein **Tätigkeitsverbot** bzw. der **Entzug** der **Zulassung** im Raum!

1041 **Bindung an tatsächliche Feststellungen des Straf-/Bußgeldurteils (§ 118 Abs. 3 BRAO):**

Gemeint sind alle Feststellungen zur Tat- und Schuldfrage. Eine Strafmaßberufung hindert also die Verwendung der Feststellungen im anwaltsgerichtlichen Verfahren nicht, weil insoweit Rechtskraft eingetreten ist. Es muss sich um rechtskräftige Tatsachenfeststellungen in Urteilen deutscher Straf- und Bußgeldgerichte handeln. Dies gilt nach h.M. **nicht** für **Strafbefehle**, Bußgeld- und Steuerstrafbescheide. Das AnwG kann von der Bindungswirkung nur abweichen und die Tatsachen neu überprüfen, wenn es dies mit Stimmenmehrheit beschließt, weil die Richtigkeit der Tatsachen bezweifelt wird (s. § 118 Abs. 3 S. 2 BRAO).

1042 **Öffentlichkeit:**

Der alte § 135 BRAO (HV nicht öffentlich, nur Vertreter der Landesjustizverwaltung, des Präsidenten des OLG oder seinem Beauftragten, den Beamten der StA beim OLG und allen Rechtsanwälten im Bereich der RAK war der Zutritt gestattet) wurde mit der BRAO-Reform im Juli 2021 abgeschafft. Es gelten die Vorschriften des GVG und der StPO.

1043 **Anwesenheit des Rechtsanwaltes:**

Gem. § 134 BRAO kann gegen einen Rechtsanwalt, der trotz ordnungsgemäßer Ladung **nicht erschienen** ist, in dessen **Abwesenheit verhandelt** werden, soweit in der Ladung darauf hingewiesen wurde.

☝ Der Rechtsanwalt sollte zur **Verhandlung erscheinen**, anderenfalls sollte er sich durch einen Verteidiger vertreten lassen.
Hintergrund ist, dass in vielen Fällen von der RAK über die GStA dem AnwG ausschließlich die Akte zur Verfügung steht und so das Gericht sich kein **Bild** außerhalb der Akte **vom Rechtsanwalt** machen kann. Das AnwG ist in erster Instanz aber nur mit Rechtsanwälten als Richtern besetzt, die den Alltag kennen und durchaus verständig mit Problemen umgehen können. Zudem kann der beschuldigte Rechtsanwalt in der HV seine Sicht der Dinge einbringen. Denn manchmal hat man bei Aktenlektüre (insbesondere der Handakten) den Eindruck, dass der bis zu einem gewissen Punkt gut gearbeitet habende Rechtsanwalt wohl ein unbenanntes „persönliches Schicksal“ erlitt. Schweigen hierzu ist allerdings einem „mildernden“ Verständnis nicht förderlich.

1044 **Verlesung von Protokollen:**

§ 138 BRAO erlaubt dem AnwG in größerem Umfang die Verlesung von Vernehmungsprotokollen. Nach pflichtgemäßem Ermessen durch Gerichtsbeschluss. die StA und der Rechtsanwalt können zuvor jedoch die Vernehmung in der Hauptverhandlung beantragen. Dem ist dann in der Regel (bis auf wenige Ausnahmen; § 138 Abs. 2 S. 2 BRAO) zu entsprechen.

☝ Darüber hinaus gilt über § 116 BRAO auch § 249 StPO (**Selbstleseverfahren**).

1045 **Sonstiges:**

Über § 116 BRAO gelten viele Normen der StPO. Insbesondere die Vorschriften

- über die **Verhandlungsleitung** (§ 238 StPO),
- die Vorschriften für die **Beweisaufnahme**, insbesondere die **Ablehnung von Beweisanträgen** (§ 244 StPO),
- über die **Aussetzung und Höchstdauer der Unterbrechung** (§§ 228 f. StPO) und
- die Vorschriften für die **Frist und Form der Urteilsniederschrift** (§ 275 StPO).

2. Zum **materiellen Recht** ist **hinzuweisen:** 1046

a) Gem. **§ 113 Abs. 1 BRAO** wird gegen einen Rechtsanwalt, der schuldhaft gegen **Pflichten verstößt**, die in der BRAO oder in der BORA bestimmt sind, eine anwaltsgerichtliche Maßnahme verhängt. **§ 113 Abs. 2 BRAO** regelt die Ahndbarkeit von außerhalb des Berufes liegendem Verhalten des Rechtsanwaltes. Diese ist nur anwaltsgerichtlich ahndbar, wenn es nach den Umständen des Einzelfalles in besonderem Maße geeignet ist, Achtung und Vertrauen der Rechtssuchenden in einer für die Ausübung der Anwaltstätigkeit bedeutsamen Weise zu beeinträchtigen. § 113 Abs. 3 BRAO regelt dies für eine BAG. § 113a und b BRAO regeln dies für Leitungspersonen der BAG und Rechtsnachfolger. 1047

b) Überbegriff ist die **Pflichtverletzung.** Die beruflichen Pflichten ergeben sich aus den §§ 43–59 BRAO und der insoweit konkretisierenden Berufsordnung (§§ 2–33 BORA). Diese Pflichten sind: 1048

- **Generalklausel 43 BRAO** (Auffangnorm, insb. bei Untätigkeit etc.) 1049

„Der Rechtsanwalt hat seinen Beruf gewissenhaft auszuüben. Er hat sich innerhalb und außerhalb des Berufes der Achtung und des Vertrauens, welche die Stellung des Rechtsanwaltes erfordert, würdig zu erweisen."

- Allgemeine Berufspflichten (sog. core values, § 43a BRAO)
- Unabhängigkeit, Abs. 1 (s.a. § 47 BRAO, RAe öffentl. Dienst, §§ 46–46c, Syndikus)
- Verschwiegenheit, Abs. 2
- Sachlichkeit (und Wahrheit), Abs. 3
- sorgsamer Umgang mit fremden Geldern, Abs. 7
- Fortbildungspflicht, Abs. 8
- Verbot der Vertretung widerstreitender Interessen, Abs. 4–6

Besondere Berufspflichten nach BRAO 1050

- Werbung (§§ 43b BRAO und 6 BORA, vorrangig UWG, RAK hat Klagerecht)
- Fachanwaltschaften (§ 43c BRAO, § 7 BORA und FAO)
- Darlegung und Information bei Inkasso (§ 43d BRAO)
- Pflichten bei Inanspruchnahme von Dienstleistungen (§ 43e BRAO)
- Unverzügliche Ablehnung eines Auftrages (§ 44 BRAO)
- Übernahme PKH/VKH/Beiordnung/Beratungshilfe (§§ 48–49a BRAO und §§ 16, 16a BORA)
- Pflichten zum Thema Vergütung (§§ 49b BRAO und §§ 21–23 BORA)
- Handakten (§ 50 BRAO und § 17 BORA)
- Berufshaftpflichtversicherung (§ 51 BRAO)
- Pflichten gegenüber Kammervorstand (§ 56 BRAO und § 24 BORA)

Besondere Berufspflichten nach BORA 1051

- Mandatsbearbeitung und Unterrichtung des Mandanten (§ 11 BORA)
- Umgehung des Gegenanwaltes (§ 12 BORA)
- Zustellungen (§ 14 BORA)
- Mandatswechsel (§ 15 BORA)
- Berufsrecht gilt auch für RA als Mediator (§ 18 BORA)
- Akteneinsicht (§ 19 BORA)
- Robe (§ 20 BORA)
- Beanstandungen berufsrechtlich gegen Kollegen (§ 25 BORA)
- RA-Korrespondenz zwischenstaatlich (§ 29a BORA)
- Ausl. RA wird eingeschaltet (§ 29b BORA)

Das **außerberufliche Verhalten** wird von dem beruflichen materiell abgegrenzt. Es kommt also nicht darauf an, ob der Rechtsanwalt während der Ausübung seiner beruflichen Tätigkeit gehandelt hat, sondern **ob** das **Verhalten** den **Beruf betrifft.** 1052

☝ Zu **fragen** ist also: Hat der Rechtsanwalt mit seiner Handlung Pflichten verletzt, die ihm durch seinen Beruf auferlegt sind?

1053 So wird von der h.M. die **Tätigkeit** eines Rechtsanwaltes als **Insolvenzverwalter**, als **bestellter Verwalter** nach der Gesamtvollstreckungsordnung, als **Liquidator**, als **Nachlassverwalter**, als **Testamentsvollstrecker** und als **Betreuer** regelmäßig als berufliche Tätigkeit angesehen. Unter Umständen mag eine strikte Trennung (im Beschluss zur Bestellung wird der Titel Rechtsanwalt nicht erwähnt und der Rechtsanwalt arbeitet als z.B. Betreuer mit Briefkopf ohne Hinweis auf seinen Rechtsanwaltstitel) zu einem anderen Ergebnis führen. Einige AnwG haben die Nichtabgabe der Umsatzsteuervoranmeldung für die Kanzlei als berufliche Pflichtverletzung im beruflichen Rahmen angesehen (kausaler Zusammenhang mit der Berufsausübung des Rechtsanwalts). Ein Rechtsanwalt, der sich im Strafverfahren selbst verteidigt, ist insoweit nicht als Rechtsanwalt tätig, da er hier nur in seiner Rolle als Beschuldigter anzusehen ist und nicht als sich selbst verteidigender Rechtsanwalt.

1054 Sollte nach dieser Unterscheidung ein **außerberufliches Verhalten** als Grund für die **Pflichtverletzung** angenommen werden, müssen die oben angegebenen Voraussetzungen geprüft und bejaht werden. Es muss sich also um eine außerberufliche Pflichtverletzung handeln, die eine rechtswidrige Tat oder eine mit Geldbuße bedrohte Handlung darstellt (ist das Verhalten des Anwaltes straf-/bußgeldbewehrt). Diese Handlung muss der Rechtsanwalt schuldhaft, zumindest fahrlässig verwirklicht haben. Wenn dies vorliegt, ist zu prüfen, ob nach den Umständen des Einzelfalls diese Pflichtverletzung in besonderem Maße geeignet ist Achtung und Vertrauen der Rechtsuchenden in einer für die Ausübung der Anwaltstätigkeit besonderen Weise zu beeinträchtigen. Hier sollte zunächst geschaut werden, ob es sich um einmaliges oder bereits mehrfach gezeitigtes Fehlverhalten handelt. Mehrfach vorsätzliche Trunkenheitsfahrten führten bereits zur Annahme der Ahndbarkeit. Dabei wurde des Weiteren geprüft, ob das Verhalten des Rechtsanwaltes auf eine innere Gleichgültigkeit gegen über dem rechtlich Gebotenen oder auf eine Bereitschaft, aus Eigennutz sich über die Rechtsordnung hinwegzusetzen, erschließen ließ. Ebenso spielt die Verursachung großer Schäden aus Gewinnsucht eine Rolle. Auch Delikte, die mit bewusst wahrheitswidrigen Angaben des Rechtsanwaltes im Zusammenhang stehen, führen oft zur Annahme der Ahndbarkeit. Dies gilt auch für andere Vermögens- und Eigentumsdelikte und sonstige schwere Straftaten.

☝ Wenn ein **außerberuflich ahndbares Verhalten** angenommen wird und eine anderweitige Verurteilung vorliegt, ist darüber hinaus § 115b BRAO zu prüfen.

1055 Treffen **berufliche** und **außerberufliche Pflichtverletzungen** zusammen, gehen die beruflichen Pflichtverletzungen vor, so dass wegen der Einheitlichkeit der **Pflichtverletzung** (→ *Rechtsanwälte, Berufsrecht, Verfolgungsverjährung*, Teil H Rdn 1065) § 113 Abs. 2 BRAO insoweit nicht mehr zu prüfen ist.

☝ Sollte das AnwG in der Verhandlung **kein berufliches Fehlverhalten feststellen** können, sollte es sich wiederum –sofern nur das außerberufliche verbleibt- mit den Voraussetzungen des § 113 Abs. 2 BRAO auseinandersetzen.

1056 **3.a)** Wenn das AnwG eine schuldhafte Pflichtverletzung festgestellt hat – und disziplinaren Überhang unterstellt bejaht – dann muss es gem. § 114 BRAO eine der dort genannten anwaltsgerichtlichen Maßnahmen nach angemessener Zumessung auswählen.

1057 Die **Maßnahmen** gem. **§ 114 Abs. 1 BRAO** gegen **Anwälte** sind

- Warnung,
- Verweis,
- Geldbuße bis zu 50.000,00 EUR,
- Verweis und Geldbuße,

- Verbot auf bestimmten Rechtsgebieten als Vertreter und Beistand für die Dauer von einem bis zu fünf Jahren tätig zu werden und
- Ausschließung aus der Rechtsanwaltschaft.

Maßnahmen gem. **§ 114 Abs. 2 BRAO** gegen **BAG** 1058

- Warnung,
- Verweis,
- Geldbuße bis zu 500.000,00 EUR,
- Verweis und Geldbuße,
- Verbot auf bestimmten Rechtsgebieten als Vertreter und Beistand für die Dauer von einem bis zu fünf Jahren tätig zu werden und
- Aberkennung der Rechtsdienstleistungsbefugnis.

b) Ein **fester Sanktionsrahmen** ist **nicht** vorgesehen. Es gilt die Stufenfolge der anwaltsgerichtlichen Maßnahmen. Je geringer die Pflichtverletzung, desto geringer die Sanktion. Eine bundesrepublikanisch einheitliche anwaltsgerichtliche Taxonomie ist nicht erkennbar. Es gibt regional durchaus größere Unterschiede. Es kann hier nur auf die einschlägige Rspr. bzw. die Sammlung der Rspr. in den Kommentaren und lokal auf den Webseiten der Anwaltskammern verwiesen werden. 1059

☝ Es **empfiehlt** sich, für die Einschätzung der konkreten Strafzumessung die **regionale Rspr.** der Anwaltsgerichte zu **eruieren**, was zum Teil über die Webseite der jeweiligen RAKs möglich ist.

Welche **Sanktion** am Ende vom Gericht ausgeurteilt werden wird, ist äußerst **einzelfallabhängig**. Selbstverständlich wird das Gewicht der Pflichtverletzung(en) eine große Rolle spielen. Es wird eine Rolle spielen, ob der Rechtsanwalt schon berufsrechtlich/strafrechtlich bzw. anderweitig in Erscheinung getreten ist. Es wird eine Rolle spielen, wie stark die Pflichtverletzung zum anwaltlichen Kerngeschehen gehört (werden Kardinalpflichten des Anwaltes verletzt: sorgfältiger Umgang mit Fremdgeld, Einhaltung der Wahrheitspflicht, sorgfältiger Umgang mit Urkunden, Achtsamkeit auf Interessenskollision usw.) Es werden die Schadenswiedergutmachung, das Alter und die Situation des Anwaltes wichtig sein. Es kann hier auf die Erwägungen im Strafzumessungsrecht (s. § 46 StGB) verwiesen werden.

Gerade bei **schwerwiegenden Vorwürfen** sollte, sofern ein Freispruch nicht zu erlangen sein wird, umfassend zur **Sanktionszumessung vorgetragen** werden bzw. die Zeit bis zur Verhandlung Milderungsgründe schaffend genutzt werden. Es ist auch daran zu denken, dass eine freiwillige Rückgabe zu schnellerer Wiedererteilung führen kann (Aber Vorsicht; s. *Röth* a.a.O.; → *Rechtsanwälte, Berufsrechtliche Verfahren, Allgemeines*, Teil H Rdn 999).

Wenn eine **Geldbuße** verhängt wird, ist diese **zwingend** an die jeweilige **RAK** zu zahlen. Zahlung an andere Institutionen ist nur bei Einstellung gem. § 153a StPO möglich. 1060

Siehe auch: → *Rechtsanwälte, Allgemeines*, Teil H Rdn 994.

Rechtsanwälte, Berufsrecht, Verfolgungsverjährung 1061

Literaturhinweise: S. die Hinw. bei → *Rechtsanwälte, Allgemeines*, Teil H Rdn 995. 1062

1. Die Verjährung anwaltlicher Pflichtverletzungen ist in **§ 115 BRAO** geregelt, wonach diese in **fünf Jahren** verjähren. Allerdings wird diese Verjährungsfrist abhängig gemacht von den etwaigen Maßnahmen. Diese Frist gilt also nicht, wenn wegen der Pflichtverletzungen die anwaltsgerichtlichen Maßnahmen eines Tätigkeitsverbotes oder eines Ausschlusses verhängt werden. Im Übrigen verweist § 115 Abs. 1 S. 2 BRAO zur genaueren Berechnung der Verjährung und etwaiger Hemmungs- und Unterbre- 1063 chungstatbestände auf das StGB. § 115 Abs. 2 BRAO ordnet die Hemmung der Verjährung an, wenn wegen desselben Sachverhalts ein Strafverfahren eingeleitet worden ist.

1064 **2.** Die **Verjährung beginnt**, sobald das Verhalten des Rechtsanwaltes, welches eine Pflichtverletzung, die anwaltsgerichtlich ahndbar ist, darstellt, beendet ist. Auf den Erfolgseintritt kommt es nicht an.

1065 **3.** Im anwaltsgerichtlichen Verfahren gibt es – nach wohl immer noch h.M. (Henssler/Prütting/*Dittmann/Thole*, § 113 BRAO Rn 12 m.w.N. – die **Besonderheit** der **Einheitlichkeit** der **Pflichtverletzung** (zuletzt dazu BGH, Beschl. v. 1.12.2025 – AnwSt (R) 5/25). Dieser Grundsatz wird aus dem Wortlaut des § 113 Abs. 1 BRAO hergeleitet – *„Gegen einen Rechtsanwalt, der schuldhaft gegen Pflichten verstößt, [...], wird eine anwaltsgerichtliche Maßnahme verhängt*"). Das bedeutet, dass der gesamte in der Anschuldigungsschrift sich findende Prozessstoff, die prozessuale Tat, als ein einziges zu ahndendes Gesamtverhalten anzusehen ist. Damit ist die materiell-strafrechtliche Unterscheidung zwischen Tateinheit und Tatmehrheit obsolet geworden. Im Übrigen hat es Auswirkungen auf die Verjährung, da danach die Verjährungsfrist mit Beendigung der letzten Tat zu laufen beginnt. Bei Anklage muss über alle Fälle (außer §§ 154, 154a StPO) gleichzeitig entschieden werden. Bei mehreren Verfahren muss verbunden werden. Eine Beschränkung des Rechtsmittels auf bestimmte Anschuldigungspunkte dürfte unwirksam sein.

1066 Die **Frage**, ob der Rechtsanwalt auf seine **Zulassung verzichten** soll (statt sie entzogen zu bekommen), sollte vor erstinstanzlicher Entscheidung fallen bzw. der Verzicht dann ausgeübt werden. Es geht dabei darum, wann er schneller wieder eine Neuzulassung beantragen kann (dazu *Röth* AnwBl online, 5.6.2024).

Siehe auch: → *Rechtsanwälte, Allgemeines*, Teil H Rdn 994 m.w.N.

1067 Rechtsanwälte, Folgen anwaltsgerichtlicher Verfahren für Vorstandmitglieder der Anwaltskammer u.a.

1068 **Literaturhinweise:** S. die Hinw. bei → *Rechtsanwälte, Allgemeines*, Teil H Rdn 995.

1069 **1.** Gem. **§ 66 BRAO** ist ein Rechtsanwalt **nicht** zum **Mitglied** des **Vorstandes** der RAK **wählbar**, wenn

- gegen ihn ein Berufs- oder Vertretungsverbot (§§ 150 a, 161 a BRAO) verhängt worden ist.
- Ein Sofortvollzug einer Rücknahme oder eines Widerrufes besteht
- wenn gegen ihn in den letzten fünf Jahren ein Verweis oder eine Geldbuße oder in den letzten 10 Jahren ein Vertretungsverbot verhängt oder in den letzten 15 Jahren auf die Ausschließung aus der Rechtsanwaltschaft erkannt worden ist.

☝ Gem. **§ 69 BRAO** wird dort Ähnliches geregelt für den Fall, dass es sich um ein **amtierendes Vorstandsmitglied** handelt.

1070 **2.** Bei Feststellung vorsätzlicher Handlungen könnte die **Vermögensschadenshaftpflichtversicherung**, sofern sie von dem anwaltsgerichtlichen Urteil Kenntnis erhält, die Eintrittspflicht ablehnen.

1071 Der Geschädigte wird ein anwaltsgerichtliches Urteil in der Regel nicht erhalten (§ 116 BRAO verweist nicht auf 406 ff. StPO), er kann aber bei den Verhandlungen zugegen sein. Es wäre auch fraglich ob eine Verletzung einer Berufspflicht einer Schutzgesetzverletzung gem. § 823 Abs. 2 BGB gleichzustellen ist. Überdies dürfte es an einer Kausalität fehlen.

Siehe auch: → *Rechtsanwälte, Allgemeines*, Teil H Rdn 994.

Rechtsanwälte, Haftung, Pflichten 1072

Das Wichtigste in Kürze:

1. Die Haftungsrechtsprechung statuiert verschiedene Verteidigerpflichten.
2. Die Pflichtenfülle, die die Verteidiger bzw. alle Anwälte trifft, ist überfordernd.
3. Bei den Kardinalpflichten geht es um die Erfassung des Sachverhaltes und die Klärung der Mandanteninteressen.
4. Beistände von Zeugen und Verletzten im Strafverfahren haben zwar andere konkrete Aufgaben als Verteidiger, die allgemeinen Kardinalpflichten gelten aber auch für sie.

Literaturhinweise: S. die Hinw. bei → *Rechtsanwälte, Allgemeines*, Teil H Rdn 900 m.w.N. 1073

1. Die Haftungsrechtsprechung statuiert verschiedene **Verteidigerpflichten.** Sie sind also erkenn- und einhaltbar. 1074

2. Die Pflichtenfülle, die die Verteidiger bzw. alle Anwälte trifft, ist überfordernd und setzt einen **„juristischen Supermann"** (*Barton*, Einführung, § 6 Rn 8) voraus. 1075

☝ Nach der **ständigen Rspr.** des **BGH** ist der Rechtsanwalt im Allgemeinen zu nichts weniger als „zur allgemeinen, **umfassenden** und möglichst **erschöpfenden Belehrung** des Auftraggebers verpflichtet. Es ist Sache des Anwalts, dem Mandanten diejenigen Schritte anzuraten, die zu dem erstrebten Ziele zu führen geeignet sind. Er hat Nachteile für den Auftraggeber zu verhindern, soweit solche voraussehbar und vermeidbar sind. Unkundige muss er über die Folgen ihrer Erklärungen belehren und vor Irrtümern bewahren. Der Anwalt muss den Mandanten auch – anders als der Notar – über mögliche wirtschaftliche Gefahren des beabsichtigten Geschäfts belehren." (BGH VersR 1968, 969; weitere Nachw. bei *Schlecht*, Fn 208).

Für den **Verteidiger** gilt nichts anderes: Auch er hat den Mandanten „allgemein, umfassend und möglichst erschöpfend zu belehren, seine Belange nach jeder Richtung wahrzunehmen und das aufgetragene Geschäft so zu erledigen, dass Nachteile für den Kläger – soweit sie voraussehbar und vermeidbar waren – vermieden werden" (OLG Nürnberg StV 1997, 481, 482). 1076

☝ Wegen der geschilderten Korrektive der Haftungsrechtsprechung bei der Bestimmung der haftungsausfüllenden Kausalität sowie deren Beweis im Prozess (→ *Rechtsanwälte, Haftungsrechtliche Grundlagen*, Teil H Rdn 1107) bleibt das tatsächliche **Haftungsrisiko** des Verteidigers **allerdings erträglich**.

3. Bei den **Kardinalpflichten** geht es um die Erfassung des Sachverhaltes und die Klärung der Mandanteninteressen. Das bedeutet, dass der Vert. Informations- und Aufklärungspflichten hat. Dann – nach Erfassung und Klärung – muss er die Sachlage rechtlich prüfen (Rechtsprüfungspflichten) und den Mandanten darüber informieren, belehren sowie geeignete Wege aufzeigen und auf Risiken hinweisen und dem Mandanten insb. den Behörden/Gerichten gegenüber beistehen (Handlungs- und Schadensverhütungspflichten). 1077

a) Bei den **Informations- und Aufklärungspflichten** geht es um das Mandantengespräch und die Akteneinsicht und evtl. um eigene Ermittlungen. Ohne umfassende Sachverhaltskenntnis und Wissen um die Ziele des Mandanten ist eine realistische Einschätzung/Prognose der Angelegenheit/des Verfahrens schwer möglich. 1078

Das **Mandantengespräch** ist unabdingbar. Ob über eine Tatbeteiligung vor der Akteneinsicht gesprochen werden muss, ist Geschmacksfrage (den Verteidiger trifft gem. § 43a Abs. 3 BRAO eine Wahrheits- 1079 pflicht, er kann ohne Wissen um eine Tatbeteiligung eventuell viel freier verteidigen). Es können auch mehrere Gespräche nötig sein. Bei U-Haft ist der Mandant zu besuchen.

1080 **Akteneinsicht** ist unabdingbar, auch wiederholt (s. dazu z.B. BGH StV 2015, 208 m. Anm. *Ventzke*: der Verteidigerfehler bestand darin, dass der Anwalt es unterließ, nach zweiter Zustellung des Urteils noch einmal Akteneinsicht zu nehmen. Seine Revisionsrüge scheiterte an § 344 Abs. 2 StPO, weil nach der ersten Urteilszustellung noch ein Schriftstück zu den Akten gelangte, das in der Revisionsbegründung hätte mitgeteilt werden müssen). Der Verteidiger, der nicht die erforderliche Akteneinsicht nimmt, verstößt gegen seine Informationspflichten (OLG Stuttgart, Urt. v.8.12.1998 – 12 U 152/98) und begeht einen Fehler. Bei Verweigerung der Akteneinsicht muss der Verteidiger die vorgesehenen Rechtsbehelfe in Anspruch nehmen, sonst handelt er wiederum fehlerhaft.

1081 **b)** Zur Durchführung **eigener Ermittlungen** ist der Verteidiger dagegen grds. **nicht verpflichtet** (MAH-*Barton*, § 41 Fn 26). Wie üblich darf er auf die Richtigkeit und Vollständigkeit der Angaben seines Mandanten ohne Nachforschungen vertrauen, es sei denn die Unrichtigkeit drängt sich förmlich auf. Es kann aber einen Verteidigerfehler (Verstoß gegen Schadensverhütungspflicht) darstellen, wenn er – ohne entsprechende vorbereitende Erkundigungen – einen Beweisantrag stellt, dessen Umsetzung in der HV dem Mandanten schadet (indem bspw. ein Entlastungszeuge sich als Lügner entpuppt; s. MAH-*Barton*, § 41 Rn 26).

1082 **c)** Die Anforderungen, die die Haftungsrechtsprechung an **Rechtsprüfungspflichten** stellt, sind immens hoch. Wenn der Verteidiger die Sach- und Rechtslage nicht umfassend prüft, begeht er einen Fehler. Grds. hat der Anwalt dabei jeden Irrtum zu vertreten; Fehler Dritter (staatsanwaltliche oder richterliche) ändern daran nichts (*Barton*, Einführung § 6 Rn 12). Das verlangt eine angemessene Vorbereitungszeit; fehlt es daran, hat der Verteidiger die entsprechenden Rechtsbehelfe zu ergreifen. Unterlässt er dies, so ist darin ebenfalls ein Fehler zu sehen (hier laufen die haftungsrechtlichen Standards auf dasselbe hinaus wie die Mindeststandards).

1083 **Fehler** bei der Prüfung der Sach- und Rechtslage sind praktisch in allen Bereichen möglich. In mehreren Entscheidungen hat die Haftungsrechtsprechung anwaltliche Subsumtionsfehler behandelt, z.B. das Übersehen von Irrtümern, die den Angeklagten strafrechtlich entlasten konnten (OLG Düsseldorf StV 1986, 211, 212) oder das Nichterkennen von Prozesshindernissen (Verjährung: BGH NJW 1964, 2402; fehlender Strafantrag: AG Tiergarten bei *Schlee* AnwBl. 1986, 31). Fehler können ferner bei der Prüfung der Straffrage (Rechtsfolgenbestimmung) geschehen; Haftung droht, wenn zu einem Einspruch gegen einen Strafbefehl geraten wird, dessen Tagessatzhöhe den Beschuldigten begünstigt und es in der Hauptverhandlung zu einer höheren Strafe kommt (OLG Düsseldorf StV 1986, 211).

☝ Besonders **haftungsanfällig** sind ferner **Nebenfolgen strafrechtlicher Verurteilungen**. In mehreren Fällen wurde Mandanten hoher Schadensersatz zugesprochen, weil der Verteidiger nicht geprüft hat, inwieweit strafrechtliche Verurteilungen beamten- oder versorgungsrechtliche Konsequenzen nach sich ziehen (OLG Nürnberg StV 1997, 481; OLG Düsseldorf StV 2000, 430 m. Anm. *Jahn*; → *Beamte, Allgemeines*, Teil H Rdn 462). In gleicher Weise liegen auch Fehler vor, wenn der Verteidiger nicht etwaige waffenrechtliche Konsequenzen prüft (*Stephan* StRR 2008, 174 f.; *Röth* StraFo 2012, 354 ff.; → *Waffenbesitzer, Allgemeines*, Teil H Rdn 1337).

1084 Fehler sind schließlich auch bei der **Prüfung** des **Verfahrensrechts** möglich; hier muss ein besonderes Augenmerk etwaigen **Beweisverwertungsverboten** gelten. Wenn ein Verteidiger beauftragt wird, eine Revision zu begründen und dabei einen durchgreifenden Revisionsgrund übersieht, stellt das ebenfalls einen Fehler dar (LG Berlin StV 1991, 310 m. Anm. *Barton* StV 1991, 322).

1085 **d) Pflichten zur Beratung und Belehrung** des Beschuldigten sind von der Haftungsrechtsprechung außerordentlich **weit gesteckt** worden. Pflichtversäumnisse können sich als Anschlussfehler aus unterlassenen Rechtsprüfungspflichten ergeben, also, wenn bspw. nicht vor berufsrechtlichen Nebenfolgen gewarnt oder auf vermögensrechtliche Risiken hingewiesen wird. Sie können aber auch daraus folgen, dass der Verteidiger nicht die richtigen Schlüsse aus der Prüfung der Sach- und Rechtslage zieht oder nicht hinreichend vor Risiken warnt, die ein bestimmtes Vorgehen mit sich bringt (MAH-*Barton*, § 41 Rn 33). Das gilt namentlich für unterbliebene Hinweise auf die Aussichtslosigkeit eines Rechtsmittels oder Rechtsbehelfs (OLG Düsseldorf StV 1986, 211). Verteidigerfehler können zudem auch und gerade im Zusammenhang mit der Entwicklung der Verteidigungskonzeption entstehen.

☝ Es stellt richtig gesehen sogar einen **groben Pflichtenverstoß** dar, der im Arzthaftungsprozess zur Umkehr der Beweislast führen würde, wenn der Verteidiger es unterlässt, mit dem Mandanten die erforderlichen **Grundentscheidungen** zu **erörtern** und in eine **Strategie einzupassen**. Dazu gehört bspw. die reflektierte Klärung, ob der Beschuldigte schweigen oder reden und ob der Vorwurf eingeräumt oder bestritten werden soll (vertiefend *Barton*, Einführung, § 9 Rn 127 ff.).

Die Rspr. des IX. Zivilsenats sieht allerdings bei der Anwaltshaftung keine **Beweislastumkehr** vor; nur das OLG Nürnberg (StV 1997, 481, 484) hat eine solche Beweislastumkehr beim Strafverteidiger vorgenommen.

e) Der Verteidiger hat schließlich **Handlungs-** und **Schadensverhütungspflichten** zu beachten. Die Haftungsrechtsprechung spricht seit jeher vom **Gebot** des **sichersten Weges** (vertiefend *Schlecht*, S. 119 ff.; *Dietrich*, S. 107 ff.), was bedeutet, dass der Verteidiger alles das, was den Mandanten entlasten könnte, spätestens im Plädoyer zur Sprache bringen muss (OLG Düsseldorf StV 2000, 431). Das sind **hohe Anforderungen**. Einen Fehler stellt es deshalb auch dar, wenn ein Verteidiger in der Revisionsbegründung einen absoluten Revisionsgrund nicht ordnungsgemäß rügt (LG Berlin StV 1991, 310). Ohne dass es hierzu konkrete Entscheidungen gäbe, dürfte es sich auch bei Folgendem um Verteidigerfehler handeln: wenn der Verteidiger im Ermittlungsverfahren vorwerfbar nicht an amtlichen Untersuchungshandlungen teilnimmt (§ 168c StPO; dazu *Dietrich*, S. 59 ff.); wenn der Verteidiger vor erfolgter Akteneinsicht Stellung zum Vorwurf nimmt; wenn er Zustimmungen erklärt, Widersprüche gegen Beweiserhebungen unterlässt, Präklusionsvorschriften übersieht oder Zwischenrechtsbehelfe (§ 238 Abs. 2 StPO) nicht wahrnimmt (*Barton*, Einführung § 6 Rn 24). 1086

4. Beistände von Zeugen und Verletzten im Strafverfahren haben zwar andere konkrete Aufgaben als Verteidiger, die **allgemeinen Kardinalpflichten gelten** aber auch für sie. 1087

Am **Beispiel** des **Nebenklageanwalts** heißt das: 1088

- Er hat den **Sachverhalt aufzuklären** (z.B. Überprüfung, ob Strafantrag gestellt wurde und Strafverfolgungsverjährung eingetreten sowie ob Anschlussbefugnis gegeben ist),
- die verletzte Person zu **belehren** (u.a. über Zeugnisverweigerungs- und Zeugenschutzrechte, über zivil-, versorgungs- und versicherungsrechtliche Ansprüche sowie über solche nach dem OEG) und
- ggf. den Antrag auf Beiordnung als **Opferanwalt** auf Staatskosten zu stellen (§ 397a Abs. 1 StPO).
- Er hat selbstverständlich **Akteneinsicht** zu nehmen und
- ggf. **Rechtsbehelfe gegen** die **Einstellung** des Verfahrens zu ergreifen. Er soll es dem Verletzten möglich machen, „seine Sicht der Tat und der erlittenen Verletzungen einzubringen und seine Interessen aktiv zu vertreten" (BT-Drucks. 16/3640, S. 54) und auf die Einhaltung der Opferschutzrechte drängen. Bei der Einlegung von Rechtsmitteln sind die entsprechenden Frist- und Formvorschriften zu beachten (namentlich § 400 StPO). Ggf. ist sofortige Beschwerde bei negativen Kostenentscheidungen hinsichtlich des Mandanten einzulegen (dazu OLG Karlsruhe NStZ-RR 1997, 157).

5. Zusammenfassung der Pflichten 1089

- Kardinalpflichten:
  - Informations- und Aufklärungspflichten (Akteneinsicht, Mandantengespräch und evtl. eigene Ermittlungen)

- Rechtsprüfungspflichten
  - zur Zulässigkeit des Verfahrens: Verjährung, Beweisverwertungsverbot, zust. Gericht; Materiell: Tatbestandvoraussetzungen obj. und subj., Rechtmäßigkeit, Schuld, Rechtsfolgen u.a. Strafzumessung
- Beratungs- und Belehrungspflichten
  - Ergebnis der Sach- und Rechtsprüfung = realistische Prognose des Fort- bzw. Ausganges, wesentliche Verteidigungsmöglichkeiten, drohende Zwangsmaßnahmen, etwaige Nebenfolgen, Vermögensabschöpfung, Opfer will Schadensersatz (Adhäsionsverfahren), wirtschaftliche Risiken, Empfehlung eines sichersten Weges
- Handlungs- und Schadensverhütungspflichten
  - Wahrnehmung der Fürsprachefunktion durch Erklärungs-, Frage und Antragsrechte je nach Zweckmäßigkeit für die Verteidigungskonzeption, Bspe: 168 c StPO nicht teilgenommen, Einl assung vor AE, prozessuales Unterlassen, s. Bspe bei *Burhoff* StV 1997, 432 ff., und Wahrnehmung der Kontrollfunktion: ordnungsgemäßes Anbringen von Prozesshandlungen je nach Zweckmäßigkeit für die V-Konzeption, Bsp. Befangenheitsantrag: ja oder nein?
  - bei Verständigung: wie Rspr. zum Vergleich im ZivilR (Mdt stimmt Verhandlungen zu, Prüfen der Prozessvoraus., bei Freispruch klar: Vergleich (-), umfassende Sach- und Rechtsprüfung, Vor- und Nachteile der Verständigung aufzählen, an Nebenfolgen denken)

Siehe auch: → *Rechtsanwälte, Allgemeines*, Teil H Rdn 994, → *Rechtsanwälte, Haftungsrechtliche Grundlagen*, Teil H Rdn 1090.

1090 Rechtsanwälte, Haftungsrechtliche Grundlagen

Das Wichtigste in Kürze:

1. Der Verteidiger/Rechtsanwalt muss für seine Arbeit „einstehen“. Er kann wegen „schlechter“ Arbeit vom Mandanten (= Vertragspartner) in Anspruch (= Regress) genommen werden.
2. Der Regress kann auf verschiedenen Anspruchsgrundlagen beruhen.
3. Anspruchsgrundlage für Haftungsansprüche ist regelmäßig § 280 Abs. 1 BGB (Schadensersatz wegen Pflichtverletzung).
4. Die Haftung setzt voraus eine Verletzung einer Pflicht aus dem GBV, ein Verschulden, einen Schaden bei dem Mandanten, Kausalität zwischen der Pflichtverletzung und dem Schaden sowie der Pflichtverletzung und der Schadenshöhe.
5. Eine Verteidigerhaftung ist auch aus Delikt (823 BGB) möglich.
6. Auch Beistände und Vertreter von Verletzten und Zeugen im Strafverfahren haften grds. nach denselben Voraussetzungen wie alle anderen Rechtsanwälte.
7. Hinsichtlich Verjährung gilt die allgemeine Verjährungsfrist des § 195 BGB.
8. Checkliste für Handlungsempfehlungen.

1091 **Literaturhinweise:** S. die Hinw. bei →→ *Rechtsanwälte, Allgemeines*, Teil H Rdn 994.

1092 **1.** Der Verteidiger/Rechtsanwalt muss für seine Arbeit „einstehen“. Er kann wegen „schlechter“ Arbeit vom Mandanten (= Vertragspartner) in Anspruch (= **Regress**) genommen werden. *Barton* (MAH § 41 Rn 11) listet zahlreiche Haftungsfälle auf (BGH NJW 1964, 2402; NJW 2004, 3630; BRAK-Mitt 2005, 72; NStZ-RR 2007, 267; BGH NJW 2009, 840; StraFo 2010, 171; KG NJW 2005, 1284; OLG Brandenburg v. 13.6.2018 – 7 U 70/16; OLG Braunschweig StraFo 2002, 94; OLG Celle StRR 2010, 355; OLG Celle NJW 2012, 1227; OLG Düsseldorf StV 1986, 211; BRAK-Mitt. 1988, 63; StV 2000, 430; OLG Hamm BRAK-Mitt 2010, 165; OLG Karlsruhe StraFo 2020, 260; OLG München BRAK-Mitt 2006, 74 f.;

OLG München, Beschl. v. 12.11.2014 – 15 W 1625/14; OLG Nürnberg StV 1997, 481; OLG Saarbrücken NJW-RR 2018, 1330; OLG Stuttgart v. 8.12.1998 – 12 U 152/98; LG Bayreuth AnwBl 2005, 497; LG Berlin AnwBl 1986, 31; StV 1991, 310; NJ 1994, 524; LG Bonn NJW 1997,1449; LG Duisburg StV 2017, 175; LG Hildesheim v. 30.1.2009 – 4 O 268/08).

2. Es gibt als Anspruchsgrundlagen für den Regress entweder Schadensersatz in der Regel neben der Leistung gem. **§ 280 Abs. 1 BGB** aus dem Geschäftsbesorgungsvertrag zwischen Mandant und Verteidiger oder aus dem Pflichtverteidigungsverhältnis, das als **gesetzliches Schuldverhältnis** angesehen wird mit genau den Pflichten dem Mandanten gegenüber, die er auch nach dem Geschäftsbesorgungsvertrag hat. Weitere Anspruchsgrundlagen sind denkbar (z.B. § 823 BGB) werden aber hier nicht behandelt. Ebenso wenig werden Ansprüche anderer Personen als der des Mandanten behandelt. 1093

Die Frage, ob der Verteidiger auch für **Fehler** des **Gerichtes** dem Mandanten gegenüber einstehen muss, ist ziemlich eindeutig zu Lasten des Verteidigers entschieden worden, soweit das Verhindern in seiner theoretischen Macht steht. Er haftet nach den allgemeinen Grundsätzen (vgl. aber BVerfG NJW 2002, 2937). 1094

☝ Ein Großteil der üblichen Haftungsfälle scheiden allerdings im Strafverfahren aus, weil die Handlungen des Verteidigers nicht dem Mandanten zugerechnet werden (so aber. zB. § 85 ZPO oder § 173 VwGO). Bei **Fristversäumnissen** ist also ein Wiedereinsetzungsantrag in der Regel trotz Verteidigerversäumnisses erfolgreich. Das gilt nicht nur für alle Arten der Verteidigung und für deren Personal.

3.a) Anspruchsgrundlage für Haftungsansprüche gegen Verteidiger ist regelmäßig **§ 280 Abs. 1 BGB** (Schadensersatz wegen Pflichtverletzung neben der Leistung, sei es aus dem Geschäftsbesorgungsvertrag oder aus dem gesetzlichen Schuldverhältnis Pflichtverteidigung bzw. Beiordnung). 1095

b) Die Rechtsfolge geht auf Schadensersatz der auch **Schmerzensgeld** wegen Verletzung des Körpers, der Gesundheit, der Freiheit und der sexuellen Selbstbestimmung, Ersatz der Folgeschäden und den Urteilsschaden umfassen kann. Grundsatz dabei ist immer die Differenzhypothese: Zustand jetzt ohne und mit Verteidigerpflichtverletzung. 1096

c) Vor der Prüfung der Haftung bzw. vor Übernahme eines Mandates, ist zu prüfen/anzudenken, in Strafverteidigungsfällen allerdings eher selten: 1097

- Gab es lediglich ein begrenztes Mandat?
- Gibt es eine Haftungsbegrenzung (s. § 52 RVG)?
- Hat die Berufsausübungsgesellschaft eine sichere Begrenzung (hier bitte an die BAG als V-Partnerin denken, s.a. § 59l Abs. 3 BRAO als Problem)?

4.a) Die **Haftung setzt** voraus (→ *Rechtsanwälte, Haftung, Pflichten*, Teil H Rdn 1072.) 1098

- eine Verletzung einer Pflicht aus dem GBV,
- ein Verschulden,
- einen Schaden bei dem Mandanten,
- Kausalität zwischen der Pflichtverletzung und dem Schaden sowie der Pflichtverletzung und der Schadenshöhe.
- Im Einzelnen:

b) Hinsichtlich **Pflichtwidrigkeit** und **Verschulden** gibt es in der Regel kein Problem. Wenn eine Pflichtverletzung vorliegt, ist sie in der Regel pflichtwidrig und zumindest fahrlässig (evtl. Haftungsausschluss gem. § 52 BRAO für leichte Fahrlässigkeit). Der Anwalt wird weder durch situationsbezogene Umstände wie bspw. Krankheit entschuldigt noch dadurch, dass anderen Rechtskundigen – namentlich Gerichten – derselbe Fehler unterläuft (BVerfG NJW 2002, 2937). 1099

1100 **c)** Die **Berechnung** eines **etwaigen Schadens** wirft in der Praxis keine erheblichen Probleme auf. Hier gilt die Differenzhypothese: wie stünde das Vermögen des Mandanten ohne Fehler und wie steht es mit ihm. Die Differenz ist der Schaden.

1101 **aa) Normativer Nichtschaden:** Nicht jede Schadensposition ist ersatzrechtlich relevant. Es gibt eine normative Kontrolle. Obersatz ist: nur das, was ihm nach Recht und Gesetz zusteht, soll er bekommen. Einen Anspruch auf ein für ihn günstiges Fehlurteil hat der Mandant nicht. (MAH-*Barton*, § 41 Rn 70).

1102 Bedeutsam wird das in Fällen, in denen ein Fehler des Beistands erfolgte und sich nun die **Frage stellt, wie** das **Urteil ohne** den **Verteidigerfehler** ausgefallen wäre. In der Entscheidung des LG Berlin StV 1991, 310 ging es darum, dass der Revisionsverteidiger einen durchgreifenden Revisionsgrund übersehen hatte. Ohne diesen Verteidigerfehler wäre das angefochtene Urteil wohl aufzuheben gewesen. Gleichwohl wird ein Schaden verneint, weil die **Strafe an sich gerecht** war, der Beschuldigte nach Auffassung des urteilenden Zivilgerichts also zu Recht verurteilt war. Ähnlich verhielt es sich in einem Fall des OLG Düsseldorf; hier wurde ein gravierender Beratungsfehler bejaht, aber ein Schaden verneint, weil das Strafgericht eine Strafe von unter einem Jahr „von Rechts wegen" nicht hätte verhängen dürfen (OLG Düsseldorf StV 2000, 430, 431 m. Anm. *Jahn*). Die Frage nach der „gerechten" Strafe stellt sich auch in den Fällen, in denen der Beistand zu einem Rechtsmittel oder Rechtsbehelf rät, die sich dann aber als verhängnisvoll für den Mandanten erweisen. Im Fall des OLG Düsseldorf StV 1986, 211 ging es bspw. um einen Einspruch gegen einen Strafbefehl. Dabei hat der Verteidiger übersehen, dass die Tagessatzhöhe im Strafbefehl zugunsten des Mandanten fehlerhaft berechnet wurde. Dies wurde im Urteil dann zu Ungunsten des Mandanten korrigiert. Das OLG Düsseldorf bejahte hier mit der Kommentarliteratur einen Schaden, da – ohne die erfolgte Anfechtung – der Strafbefehl in Rechtskraft erwachsen wäre (anders OLG Stuttgart, Urt. v. 8.12.1998 – 12 U 152/98).

1103 **bb) Urteilsschaden:** Sollte der Schaden in einem Urteil und dessen Vollstreckung bestehen, kann dies der Schaden sein und ist – finanziell- auf den Verteidiger abwälzbar, wenn kausal. Die höchstpersönliche Leistungspflicht des Mandanten hindert das Abwälzen nicht.

> ☝ Als Urteilsschaden sind **alle materiellen Schäden** wie Geldstrafen, Schäden aus Fahrverboten oder Geldauflagen auf den Verteidiger abwälzbar; daneben aber auch immaterielle Schäden (durch Freiheitsentziehungen) unter dem Gesichtspunkt des Schmerzensgeldes (KG StV 2005, 449). Aus der ersten Auflage übernommen.

1104 **cc) Folgeschäden** sind möglich. Es kann sich hier um z.B. verlorene Besoldungs- oder Versorgungsbezüge sowie Besoldungskürzungen oder den Verlust einer kassenärztlichen Zulassung handeln (vgl. zu diesen Schäden OLG Nürnberg StV 1997, 481; OLG Düsseldorf StV 2000, 430 m. Anm. *Jahn*.; MAH-*Barton*, § 41 Rn 68) oder z.B. auch um Kosten für einen Chauffeur.

1105 **dd) Verfahrenskosten** können wie auch die Anwaltsvergütung als Schaden angesehen werden. Die Vergütung bleibt dem Rechtsanwalt aber bis zu einem Anwaltsfehler erhalten. Ein Fehler muss noch nicht zur Rückzahlung führen. **Kosten**, die aus einem **fehlerhaften anwaltlichen Rat** resultieren, wie etwa dem Einlegen eines aussichtslosen Rechtsmittels, sind erstattungsfähig; gleiches gilt auch für Rechtsmitteleinlegungen ohne Mandat oder ohne entsprechende Ermächtigung (OLG Hamm NJW 2008, 3799; Beschl. v. 16.5.2012 – III-3 Ws 52/12).

1106 **d)** Für die **haftungsausfüllende Kausalität** gilt: Der Verteidiger haftet nur für solche Schäden, die durch seine Pflichtverletzung kausal entstanden und ihm auch zuzurechnen sind. Das wirft in der Praxis regelmäßig keine Probleme auf; namentlich wird der Zurechnungszusammenhang nicht etwa dadurch unterbrochen, dass der Mandant selbst Prozesshandlungen vornimmt (bspw. einer Einstellung zustimmt), sofern der Beistand durch seinen Rat die Kausalkette in Gang gesetzt hat. Auch Fehler des Gerichts können den Anwalt nicht entlasten, da diesen eine Fehlerverhütungspflicht trifft (BGH NJW 1964, 2402/2404).

e) Die **Beweislast** liegt beim Kläger. Hieran scheitern in der Praxis viele Haftungsprozesse, weil der Kläger nicht schlüssig darlegen kann, dass eine Verurteilung auch tatsächlich zu Unrecht erfolgte. 1107

☝ Die **bloße Behauptung**, ein Plädoyer sei **mangelhaft** gewesen oder bei fehlerfreier Tätigkeit des Anwalts wäre das Urteil anders ausgefallen, **reicht nicht** (OLG Celle StRR 2010, 355, OLG Düsseldorf BRAK-Mitt. 1988, 63; LG Berlin NJ 1994, 524 f.).

Es kommt hinzu, dass der Beistand im Regressprozess zum Gegenbeweis auch auf internes Material (**Handakten**) zurückgreifen kann, das im Ausgangsverfahren nicht verwendet wurde. 1108

Dem Kläger können allerdings gewisse **Beweiserleichterungen** sowie die Möglichkeit von Anscheinsbeweisen zugutekommen. Über die Fragen des Schadens und der haftungsausfüllenden Kausalität darf das Regressgericht nach freier Überzeugung aufgrund der Darlegungen der Parteien entscheiden; hier gilt die Beweiserleichterung des **§ 287 ZPO** (MAH-*Barton*, § 41 Rn 80). 1109

☝ Der BGH lehnt bisher – auch bei groben Berufspflichtverstößen – eine **Beweislastumkehr** zugunsten des Klägers ab (BGHZ 126, 217; vertiefend MAH-*Barton*, § 41 Rn 76); anders OLG Nürnberg StV 1997, 481.

5. Auch eine **Haftung** aus **Delikt** (insb. § 823 Abs. 1 BGB) ist, wie der Fall KG NJW 2005, 1284 gezeigt hat, durchaus **möglich**. Hier hatte die Verteidigerin pflichtwidrig versäumt, einen Antrag auf Verlegung der Hauptverhandlung zu stellen. Der Beschuldigte wurde nach seiner Rückkehr aus dem Ausland verhaftet und saß in U-Haft. Das KG hat dem Beschuldigten Schmerzensgeld in Höhe von 7000,00 EUR zugesprochen. 1110

6.a) Beistände und **Vertreter** von **Verletzten** und **Zeugen haften ebenfalls** nach den allg. Grundsätzen. Hier sind insb. die zivilrechtlichen Pflichten im Adhäsionsverfahren zu nennen, z.B. Berechnung der Verjährung und Hinweis (BGH NJW-RR 2005, 69; dazu Teil H Rdn 1100). Auch gilt für Verletztenvertreter § 85 Abs. 2 ZPO, der also auf das Verschulden des Anwaltes abstellt und dem Mandanten keine Wiedereinsetzung ermöglicht (BGH NJW 1982, 1544; NStZ-RR 2003, 289 hinsichtlich des Nebenklageanwalts; OLG Düsseldorf NJW 1993, 341; OLG München NStZ 1987, 136; OLG Nürnberg NStZ-RR 1998, 143 hinsichtlich des Anwalts im Klageerzwingungsverfahren;). 1111

b) Abgesehen von den Pflichten und Zurechnungen bei Teil H Rdn 1111 führen Pflichtverletzungen der Beistände **i.d.R. nicht zu iUrteilsschäden**. Bei der Frage von Rechtsmitteln und Bescheiden mag das hinsichtlich der Verfahrenskosten anders sein. (OLG Karlsruhe NStZ-RR 1997, 157). 1112

7. Hinsichtlich **Verjährung** gilt die **allgemeine** Verjährungsfrist des § 195 BGB (drei Jahre), die gem. § 199 Abs. 1 BGB mit dem Schluss des Jahres zu laufen beginnt, in welchem der Anspruch entstanden ist und der Gläubiger von den den Anspruch begründenden Tatsachen und der Person des Schuldners Kenntnis erlangt (der Gläubiger = Mandant müsste also um seinen Anspruch und den Gegner (BAG bzw. Berufsträger) wissen und ihn geltend machen können. Eventuell lohnt es sich, den (Ex) Mandanten in Kenntnis zu setzen, um die 3-jährige Frist zum Laufen zu bringen. 1113

Die **absolute** Verjährung ist in § 199 Abs. 3 Nr. 1 BGB für solche Schadensersatzansprüche geregelt, also 10 Jahre ohne Kenntnis des Gläubigers von der Entstehung des Anspruches an (Vorsicht: hier keine Kalenderjahresschlussregelung). 1114

☝ Es **zählt** die **kürzere Frist**, wenn **beides** vorliegt.

8. Checkliste für Handlungsempfehlungen: 1115

- an Verhandlungen z.B. gem. § 168c StPO teilnehmen oder Verlegung beantragen,
- keine Einlassung vor Akteneinsicht,
- kein prozessuales Unterlassen (*Burhoff* StV 1997, 432 ff.),

- Anbringen von Prozesshandlungen je nach Zweckmäßigkeit der Verteidigungskonzeption (z.B. Befangenheitsantrag: ja oder nein),
- bei Verständigung: Zustimmung des Mandanten einholen, Prüfen der Prozessvoraussetzungen, umfassende Sach- und Rechtsprüfung, Vor- und Nachteile der Verständigung auflisten, bei (sicherem) Freispruch i.d.R. keine Verständigung möglich
- an die Regelung der Nebenfolgen und an diese denken (z.B. Verzicht auf Nebenklage),
- es gilt hier die Rspr. zum Vergleich im Zivilverfahren.

Siehe auch: → *Rechtsanwälte, Allgemeines*, Teil H Rdn 994 m.w.N.

1116 Rechtsanwälte, Rechtsverhältnis Mandant/Rechtsanwalt

Das Wichtigste in Kürze:

1. Beim gewählten Verteidiger handelt es sich um einen Geschäftsbesorgungsvertrag, regelmäßig in Form eines Dienstleistungsvertrags.
2. Beim bestellten Verteidiger handelt es sich um ein gesetzliches Schuldverhältnis.
3. Im Normalfall wird ein Verteidiger als Beistand gewählt.
4. Auch Zeugen und Verletzte können sich im Strafverfahren eines Beistands bedienen.

1117 **1. a)** Beim **Wahlanwaltsverhältnis kommt** zwischen dem **Mandanten** und dem **Verteidiger** kommt ein **Geschäftsbesorgungsvertrag** zustande (§ 675 BGB). I.d.R. ist das eher ein Dienst- als ein Werkvertrag: Entscheidend ist das konkrete Mandat (z.B. Rechtsmittelerfolgsaussichtenprüfung). Der Vertrag kommt zwischen den Parteien zustande. Eine Vollmacht ist nicht erforderlich, sollte aber in der Akte sein. Sie sollte nur wenn nötig (also u.a. bei ernsthaften Zweifeln an der Beauftragung bzw. in Strafbefehlsverfahren, wenn der Mandant nicht erscheinen wird) als ausdrücklich darauf bezogene Vollmacht der StA/dem Gericht vorgelegt werden (sonst zustellungsbevollmächtigt). Durch den Vertrag werden die (später evtl. haftungsrechtlich zu würdigenden) Pflichten für den Anwalt gegenüber dem Mandanten begründet.

1118 Fragen zum Problem wer mit dem Mandanten einen Vertrag schließt (Verteidiger = gem. § 139 StPO eine Einzelperson, die **Berufsausübungsgesellschaft** soll aber Vertragspartner sein), werden hier nicht erörtert. Auf § 591 Abs. 3 BRAO und eine etwaige Interessenskollision (Bsp: drei RAe vertreten drei Mitbeschuldigte, alle Verträge werden mit der BAG geschlossen) sei hingewiesen.

1119 **b)** Für **gewählte Verteidiger** gem. **§ 138 Abs. 2 StPO** und **§ 392 AO** gilt: Auch hier liegt ein Vertrag zurgunde. Das Gericht muss die Verteidigung aber genehmigen.

1120 **c) Referendare** können mit Untervollmacht des gewählten Anwalts verteidigen (§ 139 StPO). Voraussetzung hierfür ist, dass sie seit mindestens 15 Monaten im Justizdienst tätig sind (also üblicherweise in der Anwalts- oder Wahlstation sind) und der der Mandant dem zustimmt. In diesen Fällen bleibt der Anwalt haftbar und hat den Referendar deshalb zu überwachen (MAH-*Barton*, § 41 Rn 8).

1121 **2.** Zwischen dem in Fällen notwendiger Verteidigung vom Vorsitzenden **bestellten Verteidiger** (§§ 140 ff. StPO) und dem Beschuldigten entsteht **kein Vertragsverhältnis.** Es liegt in diesen Fällen nach ganz überwiegender Meinung vielmehr ein gesetzliches Schuldverhältnis vor (MAH-*Barton*, § 41 Rn 9). Die Pflichten, so wie die aus dem Wahlanwaltsvertrag, werden aber in das Schuldverhältnis „hineingelesen".

1122 **3.** Im Normalfall wird ein Verteidiger, wie es § 137 Abs. 1 StPO zum Ausdruck bringt, als **Beistand** gewählt; damit ist gemeint, dass jener an die Seite des Beschuldigten tritt, um die materielle Defension durchzuführen, also um Schutz- und Beistandsaufgaben zu leisten (*Barton*, Einführung, § 4 Rn 22; § 2 Rn 33 ff., 36 ff.). Ausnahmsweise kann der Verteidiger aber **Vertreter** des Beschuldigten werden; dies ist – in der HV – nur in den eng begrenzten Fällen der §§ 234, 350 Abs. 2, 387 Abs. 1, 411 Abs. 2

StPO möglich. Voraussetzung hierfür ist eine **ausdrückliche Vertretungsvollmacht** (vertiefend *Barton*, Einführung, § 5 Rn 27). Außerhalb der HV und von Vernehmungen ist eine Vertretung des Beschuldigten in der Erklärung gegenüber dem Gericht generell zulässig (LR-*Becker*, § 234 Rn 6). Der Umstand, dass der Verteidiger auch Vertreter des Beschuldigten ist, ändert im Innenverhältnis nichts daran, dass ein Anwaltsvertrag zwischen beiden besteht.

4.a) Auch **Zeugen** und **Verletzte** können sich im Strafverfahren eines Beistands bedienen. Das Gesetz sieht u.a. den **Zeugenbeistand** (§ 68b Abs. 1 StPO), den **Anwalt des Privat-** (§ 378 StPO), **Neben-** (§ 397 Abs. 2 S. 1 StPO) und **Adhäsionsklägers** (§ 404 Abs. 5 S. 2 StPO) vor, ferner den **Beistand des Nebenklagebefugten** und **Verletzten** (§§ 406f, 406g StPO), auch im Klageerzwingungsverfahren (§ 172 Abs. 3 S. 2 StPO verlangt dies für die Unterzeichnung des Antrags auf gerichtliche Entscheidung). Neben Rechtsanwälten sind, wie es § 138 Abs. 3 StPO klarstellt, auch **Rechtslehrer** i.S.d. § 138 Abs. 1 StPO sowie **andere Personen** (allerdings nur mit Genehmigung des Gerichts gem. § 138 Abs. 2 StPO) wählbar. In allen diesen Fällen liegt ein Vertrag zwischen Beistand und Mandant vor. Das ist ferner dann der Fall, wenn Prozesskostenhilfe gewährt wird (bspw. nach § 397a Abs. 2 StPO). 1123

b) Für Zeugen und Verletzte können gleichermaßen Anwälte bestellt werden; dies ist u.a. geregelt in § 68b Abs. 2 (**Zeugenbeistand**) und § 397a Abs. 1 StPO, 406 h Abs. 1 StPO (sog. **Opferanwalt auf Staatskosten**). Wie beim Verteidiger ist dann ein gesetzliches Schuldverhältnis gegeben. 1124

c) Zudem können sich Verletzte durch einen Anwalt oder sonstigen Beistand **vertreten** lassen, und zwar z.B. bei der Nebenklage gem. §§ 138 Abs. 3, 397 Abs. 2 S. 1 StPO, bei der Privatklage gem. § 378 StPO, als Verletzter gem. § 406f StPO und als nebenklageberechtigter Verletzter gem. § 406h StPO). 1125

Siehe auch: → *Rechtsanwälte, Allgemeines*, Teil H Rdn 994; → *Rechtsamwälte, Strafverteidigung und Haftung, Allgemeines*, Teil H Rdn 1126.

Rechtsanwälte, Strafverteidigung und Haftung, Allgemeines 1126

Literaturhinweise: **Augustin**, Das Recht des Beschuldigten auf effektive Verteidigung, 2013; **Barton**, Mindeststandards der Strafverteidigung, 1994; *ders.*, Einführung in die Strafverteidigung, 2. Aufl. 2013; *ders.* Verteidigerfehler und deren Korrektur, StraFo 2015, 315 ff, *ders.*, § 41, in: Widmaier/Müller/Schlothauer (Hrsg.), Münchener Anwaltshandbuch, zit. MAH-Barton, 3. Aufl. 2022; **Borgmann/Jungk/Schwaiger,** Anwaltshaftung, 2020, **Burhoff**, Verteidigerfehler, Strafverteidiger 1997, 432 ff., **Dietrich**, Die Haftung des Strafverteidigers, 2021; **Fahrendorf/Mennemeyer,** Die Haftung des Rechtsanwalts, 10. Aufl. 2021; **Freund**, Die Weisungsgebundenheit der Rechtsanwälte von Verletzten und Zeugen, 2014; **Gaede**, Schlechtverteidigung-Tabus und Präklusionen zum Schutz vor dem Recht auf wirksame Verteidigung?, hrrs 2007, 402 ff.; **Henssler/Gehrlein/Holzinger**, Handbuch der Beraterhaftung, 2023, **Johnigk**, Verteidiger- auch dritter und vierter Klasse, Strafverteidiger 2006, 347 ff., **Knierim**, Die strafrechtliche Haftung des Strafverteidigers, Seite 115–148 in: Festschrift zu Ehren des Strafrechtsausschusses der Bundesrechtsanwaltskammer, 2006; **Köllner**, Der Rechtsanwalt als Strafverteidiger, in: *Bockemühl* (Hrsg.), Handbuch des Fachanwalts Strafrecht, 9. Aufl. 2024, S. 62–74; **König**, Schlechte Verteidigung als Ursache von Fehlurteilen, in *Barton* (Hrsg), Strafverteidigung, 2020: **Krause**, Die zivilrechtliche Haftung des Strafverteidigers, NStZ 2000, 225 ff.; **Müller-Gerteis**, Die zivilrechtliche Haftungssituation des Strafverteidigers, 2005; **Müller/Opper/von Stetten,** Berufsrisiken des Strafverteidigers, 2. 2021; **Neuhaus**, Besprechung Schlecht, hrrs 2009, 461 ff.; **Schlecht**, Die zivilrechtliche Haftung des Strafverteidigers, 2006; **Tronicsek**, Der Verteidiger zwischen eigener Strafbarkeit und Schlechtverteidigung, 2011. 1127

1. Bei der Frage nach der etwaigen Haftung des Strafverteidigers für seine (evtl. schlechte) Berufsausübung gegenüber dem Mandanten handelt es sich um die haftungs- also **zivilrechtliche Seite** der Tätigkeit von Strafverteidigern im Strafverfahren. In den Literaturhinweisen gibt es dazu und auch zu dem Problem des Schutzes des Beschuldigten im Strafverfahren vor einem „Schlechtverteidiger" Material. Letzteres betrifft die Frage nach dem Schutz des Beschuldigten vor einem „schlechten" (Pflicht)Verteidiger und eventuelle (auch staatliche) Maßnahmen dagegen, die hier nicht behandelt werden. 1128

Das Thema Haftung des Verteidigers ist **kein breit diskutiertes Thema**. Auch bei den Berufshaftpflichtversicherungen scheint der Anteil an solchen Fällen eher gering zu sein. In den Fachzeitschriften findet sich selten ein Fall. Das mag auch damit zusammenhängen, dass im Haftungsfall ein Zivilrichter über 1129

Pflichtverletzungen in einen Strafrechtsfall zu entscheiden hat. Er muss ja prüfen, ob der Verteidiger Pflichtverletzungen begangen- also „schlecht“ gehandelt hat- und dann aber weiter ob rechtmäßiges Handeln zu einem anderen Ergebnis geführt hätte. Diese Kausalitätsüberprüfung (auch Inzidentprüfung genannt, vulgo: wäre bei dem Stellen des Beweisantrages weniger Strafe/ein Freispruch herausgekommen?) mag Ursache und Glück für wenig Haftungsrechtsprechung sein. Allerdings wird z.B. mit den Regelungen der Vermögensabschöpfung (seit 2017) bzw. dem Adhäsionsverfahren das Strafverfahren in Teilbereichen „zivilrechtlicher“, also für den Zivilrichter gewohnter und „entscheidbarer“. Es dürfte zu erwarten sein, dass Fehler dort (z.B. mit dem Übersehen z.B. eines Antrages gem. § 421 StPO, also Absehen von der Einziehung, bzw. Fehlern im Adhäsionsverfahre) eher geahndet werden.

1130 **2.** Die **wichtigsten Fragen** des Zivilrechts der Strafverteidigung bzw. der sonstigen anwaltlichen Tätigkeiten im Strafverfahren betreffen

1. die Klärung des Rechtsverhältnisses zwischen Rechtsdienstleister und Mandant (→ *Rechtsanwälte, Rechtsverhältnis Mandant/Rechtsanwalt*, Teil H Rdn 1116),
2. die zivilrechtlichen Haftungsgrundlagen (→ *Rechtsanwälte, Haftungsrechtliche Grundlagen,* Teil H Rdn 1090),
3. die Bestimmung der inhaltlichen Pflichten des Dienstleisters (→ *Rechtsanwälte, Haftung, Pflichten,* Teil H Rdn 1090) und schließlich
4. die Problematik von Weisungen des Mandanten (→ *Rechtsanwälte, Weisungen*, Teil H Rdn 1136) und die damit zusammenhängenden Fragen sind bei diesen Stichwörtern dargestellt.

Siehe auch: → *Rechtsanwälte, Allgemeines*, Teil H Rdn 961 m.w.N.

1131 Rechtsanwälte, Vollstreckung anwaltsgerichtlicher Maßnahmen

1132 **Literaturhinweise:** S. die Hinw. bei → *Rechtsanwälte, Allgemeines*, Teil H Rdn 995.

1133 **1.a)** Die Vollstreckung anwaltsgerichtlicher Maßnahmen ist im **§ 204 BRAO** geregelt. Ausschließung aus der Rechtsanwaltschaft, Warnung und Verweis sind mit Rechtskraft wirksam/vollstreckt. Die Geldbuße wird von der RAK vollstreckt.

1134 **b)** Das **Tätigkeitsverbot** wird mit **Rechtskraft des Urteils** wirksam. Es wird in das Rechtsanwaltsverzeichnis eingetragen. Sollte ein Tätigkeitsverbot drohen, ist es von der Kunst des Rechtsanwaltes abhängig genau zu formulieren, in welchem Umfang und wie lange dieses Tätigkeitsverbot verhängt werden soll. Es müssen in sich geschlossene Rechtsgebiete sein. So kann natürlich Strafrecht von Ordnungswidrigkeiten abgegrenzt werden. Ebenso kann auch das Strafvollstreckungsrecht oder das Disziplinarrecht oder anwaltsgerichtliche Verfahren davon abgegrenzt werden. Auf dem Gebiet des Zivilrechts kann zwischen Familienrecht, Arbeitsrecht und dergleichen unterschieden werden. Immer ist zu prüfen, ob die Verhängung des Tätigkeitsverbotes zu einem Existenzverlust führen würde.

1135 **c)** Sollte ein Tätigkeitsverbot verhängt werden, darf gem. **§ 114a BRAO** der Rechtsanwalt in dem ihm untersagten Rechtsgebiet nicht als Vertreter und Beistand in Person oder im schriftlichen Verkehr vor einem Gericht oder anderen Institutionen oder Gegnern auftreten oder Untervollmacht erteilen. Gem. § 114a Abs. 2 BRAO wird die Wirksamkeit von Handlungen des Rechtsanwalts durch das Vertretungsverbot nicht berührt. Gem. § 114a Abs. 3 BRAO wird der Rechtsanwalt der einem gegen ihn ergangenen Vertretungsverbot zuwiderhandelt aus der Rechtsanwaltschaft ausgeschlossen, sofern nicht wegen besonderer Umstände eine mildere anwaltsgerichtliche Maßnahme ausreichend erscheint. Gerichte und Behörden sollen einen Rechtsanwalt, der entgegen einem Vertretungsverbot auftritt, zurückweisen.

☝ **Verboten** sind **lediglich nach außen** wirkende und sichtbare Handlungen. Das Tätigkeitsverbot kann den betreffenden Gerichten der Gerichtsbarkeit mitgeteilt werden.

Siehe auch: → *Rechtsanwälte, Strafrecht, Allgemeines*, Teil H Rdn 994.

Rechtsanwälte, Weisungen 1136

Das Wichtigste in Kürze:

1. Verteidiger sind aus zivilrechtlicher Sicht grds. verpflichtet, Weisungen des Mandanten zu befolgen.
2. Auch für die Beistände und Vertreter von Verletzten und Zeugen im Strafverfahren gilt grds. dasselbe.

1. Eine Handlung des Verteidigers kann strafprozessual zulässig/richtig und trotzdem haftungsrechtlich relevant sein. Es sind zwei Perspektiven: Was darf der Verteidiger prozessual im Verfahren und was darf er laut vertraglicher Verpflichtung bzw. Weisung des Mandanten. 1137

a) Aus haftungsrechtlicher Sicht hat der Verteidiger Weisungen des Mandanten grds. zu befolgen (§§ 675 Abs. 1, 665 BGB), selbst dann, wenn dies nachteilig für jenen wäre (BGH NJW 1985, 42 f.; *Dietrich*, S. 114 ff.; a.A. *Schlecht*, S. 42 ff.). Der Dispositionsbefugnis des Auftraggebers unterliegen jedoch nicht die darunter liegenden ureigenen anwaltlichen Einzelaufgaben im Bereich der Rechtsprüfung, Beratung und Prozessführung – die **Weisungsgebundenheit** bezieht sich nur auf **grundlegende Bestimmungen und Weichenstellungen** (*Barton*, Einführung § 6 Rn 17). 1138

☝ Allerdings besteht die **Weisungsgebundenheit nicht uneingeschränkt**. Weisungen, die rechts- oder sittenwidrig sind oder vom Auftragnehmer ein unlauteres Verhalten verlangen, werden von der Haftungsrechtsprechung als **unverbindlich** eingestuft. Außer Frage steht für die **Zivilrechtsprechung**, dass der Anwalt weder unseriösen (Stichwort: „aggressive" Prozessführung) noch absolut aussichtslosen oder unsinnigen Ansinnen (z.B. Einlegung unzulässiger Rechtsmittel) nachzukommen hat. Darüber hinaus darf von Weisungen nur in den engen Grenzen des § 665 BGB abgewichen werden.

b) Im Zusammenhang mit Weisungen können darüber hinaus – und darauf kommt es hier an – verschiedene **Beratungs-, Informations- und Anzeigepflichten** entstehen, die je nach Fallgestaltung differieren: Ist die Befolgung von Weisungen für den Mandanten risikoreich, so hat der Anwalt ihn darüber zu belehren; er darf also verfehlten Ansinnen nicht blindlings folgen, sondern hat zu versuchen, dem Mandanten bessere Einsicht zu vermitteln (BGH NJW 1997, 2168 f.; vertiefend Fahrendorf/*Fahrendorf*, Rn 602 ff.). Folgt der Anwalt den Weisungen des Mandanten aufgrund von Unverbindlichkeit selbiger, zulässiger Abweichung i.S.d. § 665 BGB oder aus sonstigen Gründen nicht, trifft ihn die Pflicht, dies dem Mandanten anzuzeigen und zu begründen (BGH NJW 1985, 42 ff.; NJW 1997, 2168 f.). Entscheidend ist: Ein Unterlassen der Beratung oder Information seines Mandanten stellt eine Pflichtverletzung dar. 1139

Diese Grundsätze finden auch für **Verteidiger** in Strafsachen – gleichermaßen für Wahl- wie für **Pflichtverteidiger** – Anwendung. Das bedeutet: Nur, wenn es sich bei der Weisung um eine der Dispositionsfreiheit des Mandanten unterfallende zentrale Weichenstellung für das Verfahren handelt, ist der Verteidiger dadurch gebunden. Dementsprechend besteht eine Bindungswirkung nur bei wesentlichen Aspekten der Verteidigungskonzeption, also in erster Linie den Grundentscheidungen. Daneben kann der Verteidiger nur im Einvernehmen mit dem Mandanten Urteilsabsprachen treffen, Rechtsmittel einlegen, begründen oder zurücknehmen oder für diesen Verzichtserklärungen abgeben (vgl. dazu – bezogen auf den Anwalt in Zivilsachen – Fahrendorf/*Fahrendorf*, Rn 609 f.). Agiert der Verteidiger in diesen Fällen 1140 ohne oder gegen eine interne Absprache, so ist eine Pflichtverletzung zu bejahen. Sofern dem Beschuldigten daraus ein nachgewiesener Schaden erwächst (vertiefend dazu MAH-*Barton*, § 41 Rn 59 ff.), hat der Verteidiger dafür einzustehen.

☝ **Besteht** der **Mandant** trotz Beratung und Belehrung auf seiner **verfehlten Weisung**, so hat der Verteidiger aus haftungs- und berufsrechtlichen Gründen eine **Mandatsniederlegung** zu erwägen – dies gilt nicht zuletzt auch vor dem Hintergrund des Verteidigerleitbildes: Verteidigung ist der Kampf für die Rechte des Beschuldigten. Legt der (Wahl-)Verteidiger auf dieser Grundlage nach sorgfaltsgemäßer Prüfung sein Mandat tatsächlich nieder, kann ihm dies nicht als Pflichtverletzung angelastet werden (Fahrendorf/*Fahrendorf*, Rn 613). Der Pflichtverteidiger hingegen kann in dieser Situation nur übereinstimmend mit dem Beschuldigten darauf hinwirken, dass der Vorsitzende die Bestellung wegen gravierender Störungen des Vertrauensverhältnisses zurücknimmt (*Barton*, Einführung § 4 Rn 68).

1141 **Keine Weisungsbefugnis** des Beschuldigten besteht hinsichtlich der **ureigenen Berufsaufgaben** des Verteidigers: Die Bestimmung des Verteidigungsstils oder der Einzelaufgaben des Verteidigers sowie die Auswahl der Verteidigerwerkzeuge (Prozesshandlungen und Realakte) darf der Verteidiger kraft seiner Kompetenz eigenständig wahrnehmen. Insofern steht der hier ermittelte zivilrechtliche Befund – Weisungen binden den Verteidiger grds., aber nicht bei der Wahrnehmung der Einzelaufgaben – nicht im Widerspruch zur Beschreibung der prozessualen Wirksamkeit von Prozesshandlungen des Verteidigers (*Barton*, Einführung, § 5 Rn 12).

1142 **2.** Auch anwaltliche **Beistände** und **Vertreter** von **Zeugen** und **Verletzten** im Strafverfahren sind – wie alle anderen Anwälte – grds. an Weisungen des Mandanten gebunden (vertiefend *Freund*, S. 203 ff.).

1143 **3. Zusammenfassung:** Weisungen des Mandanten sind zu befolgen, sofern sie nicht unverbindlich sind (Teil H Rdn 1138) und sich auf grundlegende Bestimmungen und Weichenstellungen beziehen. Diese sind u.a.:

- Schweigen – Einlassung,
- Abstreiten – Geständnis,
- Bestimmung der Verteidigungsstrategie,
- Verständigung,
- Sockelverteidigung und
- Rechtsmittel einlegen oder zurücknehmen.

Siehe auch: → *Rechtsanwälte, Haftungsrechtliche Grundlagen*, Teil H Rdn 1090; → *Rechtsanwälte, Haftung, Pflichten*, Teil H Rdn 1072; → *Rechtsanwälte, Strafverteidigung und Haftung, Allgemeines*, Teil H Rdn 1126.

1144 Soldaten, Dienstvergehen

1145 **1. Ein** Dienstvergehen nach § 23 Abs. 1 SG liegt vor, wenn ein Soldat **schuldhaft seine Pflichten** verletzt. Tatbestandsmerkmal eines Dienstvergehens ist somit die Verletzung einer oder mehrerer Pflichten. Die Rechte und Pflichten der Soldaten sind in den **§§ 6 – 36 SG** festgelegt.

Die **wesentlichen Pflichten**, die regelmäßig Gegenstand von Disziplinarverfahren sind, ergeben sich aus den §§ 7, 11 und 17 SG. Diese umfassen unter anderem: 1146

Wichtige Pflichten 1147

- **Grundpflicht des Soldaten (§ 7 SG)**
  Gemäß § 7 des Soldatengesetzes (SG) ist der Soldat verpflichtet, der Bundesrepublik Deutschland treu zu dienen und das Recht sowie die Freiheit des deutschen Volkes tapfer zu verteidigen.
- **Gehorsam (§ 11 SG)**
  Nach § 11 SG hat der Soldat seinen Vorgesetzten Gehorsam zu leisten. Er ist dazu verpflichtet, deren Befehle nach besten Kräften vollständig, gewissenhaft und unverzüglich auszuführen. Ein Verstoß gegen den Gehorsam liegt nicht vor, wenn ein Befehl nicht befolgt wird, der die Menschenwürde verletzt oder nicht zu dienstlichen Zwecken erteilt wurde. Eine irrige Annahme in Bezug auf einen solchen Befehl entbindet den Soldaten nur dann von der Verantwortung, wenn dieser Irrtum unvermeidbar war und es ihm unter den gegebenen Umständen unzumutbar war, sich mit Rechtsbehelfen gegen den Befehl zur Wehr zu setzen. Die Grundsätze des Verbotsirrtums sind in diesem Fall anwendbar.
- **Verhalten im und außer Dienst (§ 17 SG)**
  Gemäß § 17 SG ist der Soldat verpflichtet, Disziplin zu wahren und die dienstliche Stellung seines Vorgesetzten auch außerhalb des Dienstes in seiner Person zu achten. Dies führt zu erweiterten Pflichten des Soldaten, verglichen mit Zivilpersonen, auch im zivilen Leben. Der Gesetzgeber hat den Soldaten, wie auch den Beamten, eine besondere Vorbildfunktion auferlegt, gegen die zu verstoßen wohlmöglich als Dienstpflichtverletzung geahndet werden kann.

2. Die Annahme eines Dienstvergehens erfordert die gleichen Voraussetzungen wie eine Straftat (*Weniger/Sanne*, SG, § 23 Rn 2). Nach dem Wehrrecht wird jedoch nicht zwischen **Täterschaft** und **Teilnahme** (Anstiftung, Beihilfe) unterschieden, da sowohl der Anstifter als auch der Gehilfe gegen ihre Dienstpflichten verstoßen und daher ein Dienstvergehen begehen (BVerwG NZWehrR 1996, 38; s. auch *Dau/Schütz*, WDO, Vorbem. § 15 Rn 14), so sie selbst dem Dienstrecht unterliegen. 1148

☝ Ein **Dienstvergehen** muss nicht immer auch eine **Straftat** darstellen. Bereits solche Verhaltensweisen, die im Zivilleben allenfalls zivilrechtliche Folgen zeitigen könnten, vermögen u.U. bereits dienstliche Konsequenzen aufgrund Dienstvergehens nach sich zu ziehen. Zum Beispiel gilt der Ehebruch mit einem Kameradenpartner als Dienstvergehen (BVerwG, Urt. v. 25.1.2025 – 2 WD 14.24). Dies trifft zu, unabhängig davon, ob die Ehe intakt oder gestört ist, unabhängig davon, ob die räumliche Trennung bereits vollzogen wurde (BVerwG, a.a.O.). Wenn jedoch bereits ein Scheidungsantrag eingereicht wurde, liegt kein Dienstvergehen vor.

3. Ein Dienstvergehen darf grds. nur einmal geahndet werden (**Verbot mehrfacher, Gebot einfacher Ahndung**, § 18 WDO). In Abweichung von diesem Grundsatz kann ein gerichtliches Disziplinarverfahren eingeleitet werden, wenn der Disziplinarvorgesetzte bereits eine Disziplinarmaßnahme verhängt hat oder eine Disziplinarmaßnahme für nicht zulässig oder angebracht gehalten hat (§ 99 Abs. 1 WDO). 1149

4. Das Nähere zur **Ahndung** von **Dienstvergehen** regelt gem. § 23 Abs. 3 SG die WDO. 1150

☝ Die für den **Verteidiger** wichtigen **Rechtsmittel** sind

- die **Beschwerde** und **weitere Beschwerde** zum Truppendienstgericht (§ 42 WDO) gegen einfache Disziplinarmaßnahmen
- die Beschwerde gegen Beschlüsse des Truppendienstgerichts und gerichtliche Verfügungen im truppendienstlichen Verfahren (§ 119 WDO)
- sowie die **Berufung** gegen Urteile des Truppendienstgerichts (§§ 120 ff. WDO) in gerichtlichen Disziplinarverfahren.

Die **Beschwerde hemmt** gem. § 42 Nr. 2 S. 1 WDO ausnahmsweise die **Vollstreckung** einer Disziplinarmaßnahme, wenn der Soldat sie vor Beginn der Vollstreckung eingelegt hat. Dies gilt jedoch nach S. 3 nicht bei Beschwerden gegen Disziplinararrest, sofern der Richter die sofortige Vollstreckbarkeit nach § 40 Abs. 1 WDO angeordnet hat und bei weiteren Beschwerden.

Siehe auch: → *Soldaten, Disziplinarverfahrem, Allgemeines*, Teil H Rdn 1152 m.w.N.; → *Soldaten, Disziplinarverfahren, Rechtsmittel*, Teil H Rdn 1177.

1151 Soldaten, Disziplinarverfahren, Allgemeines

Das Wichtigste in Kürze:

1. Die Wehrdisziplinarordnung (WDO) regelt die disziplinarische Ahndung von Dienstvergehen und wurde zum 1.4.25 grundlegend geändert.
2. Offiziere mit Disziplinarbefugnis können einfache Disziplinarmaßnahmen verhängen und Entscheidungen treffen.
3. Eine einfache Disziplinarmaßnahme kann nicht mehr verhängt werden, wenn seit dem Vergehen sechs Monate vergangen sind (§ 17 Abs. 2 WDO).
4. Der Soldat wird vernommen und erhält Akteneinsicht. Bei Verdacht auf eine Straftat muss der Vorgang an die Staatsanwaltschaft übergeben werden (MiStra).
5. Bei Verstößen gegen die Verfassungstreuepflicht kann auch die Wehrbereichsverwaltung mittels Disziplinarverfügung die sofortige Entlassung aus dem Dienst veranlassen (§§ 46 Abs. 2a), 55 Abs. 1 S. 1 SG).

1152 **Literaturhinweise:** **Dau/Schütz,** Wehrdisziplinarordnung, 9. Aufl. 2026 (zitiert: *Dau/Schütz*, WDO); **Domgörgen/Heuschmid**, Aktuelle Entwicklungen im Disziplinarrecht, NVwZ-RR 2025, 1, 8 ff.; **Lucks/Scherer/Alff**, Soldatengesetz, 12. Aufl. 2013 (zitiert: *Lucks/Scherer/Alff*, Soldatengesetz); **Reeb/Többicke**, Lexikon Innere Führung, 2014; **Weniger/Sanne**, Soldatengesetz, 2020.

1153 **1.** Die Wehrdisziplinarordnung (WDO) regelt, wie Dienstvergehen disziplinar zu ahnden sind. Das Gesetz unterscheidet **einfache** von **gerichtlichen** Disziplinarverfahren.

1154 **Überblick**

Einfache Disziplinarmaßnahmen (§§ 22 – 26 WDO)	**Gerichtliche Disziplinarmaßnahmen (§§ 61 – 68 WDO)**
Verweis (§ 23 Abs. 1 WDO)	Kürzung der Dienstbezüge (§ 61 WDO)
Strenger Verweis (§ 23 Abs. 2 WDO)	Beförderungsverbot (§ 62 WDO)
Disziplinarbuße (§ 24 WDO)	Herabsetzung in der Besoldungsgruppe (§ 63 WDO)
Ausgangsbeschränkung (§ 25 WDO)	Dienstgradherabsetzung (§ 64 WDO)
Disziplinararrest (§ 26 WDO)	Entfernung aus dem Dienstverhältnis (§ 65 WDO)
	Kürzung des Ruhegehalts (§ 66 WDO)
	Aberkennung des Dienstgrades (§ 67 WDO)

1155 **2.** Die **Befugnis** zur **Verhängung** einfacher Disziplinarmaßnahmen sowie zur Entscheidung über disziplinarische Maßnahmen liegt bei den Offizieren und ihren truppendienstlichen Vorgesetzten. Diese wird ihnen durch den Bundesminister der Verteidigung gemäß § 27 WDO verliehen. Der unmittelbare Disziplinarvorgesetzte eines Soldaten ist in der Regel der zuständige Vorgesetzte, bspw. der Kompaniechef in einer Kompanie. Oberster Disziplinarvorgesetzter ist der Bundesminister der Verteidigung. Gerichtliche Disziplinarmaßnahmen werden von Truppendienstgerichten und dem BVerwG verhängt (siehe § 70 WDO).

3. Eine **einfache Disziplinarmaßnahme** darf **nicht mehr** ausgesprochen werden, wenn seit dem begangenen Dienstvergehen mehr als sechs Monate vergangen sind (§ 17 Abs. 2 WDO). Diese Frist wird jedoch unterbrochen, sobald ein Strafverfahren, ein Bußgeldverfahren oder ein gerichtliches Disziplinarverfahren eingeleitet wird oder wenn der Sachverhalt Gegenstand einer Beschwerde, einer Untersuchung oder ähnlicher Vorgänge ist. 1156

4.a) In der Regel nimmt ein **Verfahren** seinen Anfang mit einer dienstlichen Meldung, die entweder unmittelbar oder über weitere Vorgesetzte an den Disziplinarvorgesetzten weitergeleitet wird. Dieser klärt den Sachverhalt – in der Regel umgehend – durch die gebotenen Ermittlungen auf (§ 32 Abs. 1 WDO). Es erfolgt dabei eine förmliche persönliche Vernehmung des betroffenen Soldaten, wobei ein Protokollführer hinzugezogen wird. Der Soldat ist darüber zu informieren, dass es ihm freisteht, sich zum Vorwurf zu äußern oder die Aussage zu verweigern (§ 32 Abs. 4 S. 1 WDO). Zudem hat er das Recht, einen Verteidiger hinzuzuziehen (→ *Soldaten, Disziplinarverfahren, Pflichtverteidiger*, Teil H Rdn 1172). 1157

☝ Normalerweise wird der **Soldat kurzfristig** von seinem Disziplinarvorgesetzten **vernommen**. Sollte der Verteidiger vorher konsultiert werden ist er gehalten, den Soldaten über die Unterschiede der Vernehmungen informieren:

Vor dem **Disziplinarvorgesetzten muss** der Soldat in dienstlichen Angelegenheiten, anders als im strafrechtlichen Verfahren, die **Wahrheit sagen** (§ 32 Abs. 4 S. 4 WDO). Diese Pflicht besteht nur dort.

Bei einer **Vernehmung** durch den **Wehrdisziplinaranwalt** oder das **Truppendienstgericht** besteht **keine Wahrheitspflicht** analog zum Strafverfahren. Der Verteidiger muss prüfen, ob eine Aussage korrigiert werden soll, da eine bereits abgegebene falsche Aussage zu weiteren disziplinarischen Maßnahmen wegen unwahrer dienstlicher Aussagen führen kann.

b) Wird aufgrund der Ermittlungen **kein Dienstvergehen festgestellt** oder hält der Disziplinarvorgesetzte eine Disziplinarmaßnahme für nicht zulässig oder angebracht, ist er verpflichtet, seine Entscheidung gemäß § 36 Abs. 1 WDO dem Soldaten bekannt zu geben, sofern dieser zuvor angehört wurde. 1158

Sollte er zu der Einschätzung gelangen, dass eine **einfache Disziplinarmaßnahme** zur Ahndung des Dienstvergehens ausreichend ist, wird er diese verhängen. Ist dies jedoch nicht der Fall, wird der Vorgang zur Durchführung von Vorermittlungen an die Wehrdisziplinaranwaltschaft gemäß § 95 WDO weitergeleitet (Soldaten, einfache Disziplinarmaßnahmen, Teil H Rdn 1203). 1159

b) Dem Soldaten ist gem. § 3 Abs. 1 WDO zu gestatten, die Akten einzusehen (**Akteneinsichtsrecht**), soweit dies ohne Gefährdung des Ermittlungszwecks möglich ist. 1160

☝ Das **Akteneinsichtsrecht** des Verteidigers ergibt sich in gleichem Umfang aus § 93 Abs. 4 WDO. Dem Soldaten ist gemäß § 3 Abs. 1 WDO die Einsicht in die Akten zu gestatten, soweit dies ohne Gefährdung des Ermittlungszwecks möglich ist. Der Anspruch auf Akteneinsicht kann geltend gemacht werden, sobald Ermittlungen aufgenommen wurden und deren Ergebnisse Eingang in Akten oder sonstige Unterlagen gefunden haben (siehe *Dau*, WDO, § 3, Rn 3). Jedoch kann die Akteneinsicht verweigert werden, wenn gesetzliche Verbote oder Sicherheitsinteressen der Bundeswehr oder der Bundesrepublik Deutschland dem entgegenstehen, wie z.B. die ärztliche Schweigepflicht, das Post-, Bank- und Steuergeheimnis oder VS-Vorschriften (→ *Soldaten, einfache Disziplinarmaßnahmen*, Teil H Rdn 1203).

1161 **c)** Der Vorgesetzte ist verpflichtet, den Vorgang zur **Prüfung** an die Staatsanwaltschaft (StA) weiterzuleiten, wenn er das Vorliegen einer Straftat für möglich hält (**MiStra**). Die Staatsanwaltschaft ist gemäß Nr. 19 MiStra in Verbindung mit § 89 Abs. 1 und 3 Soldatengesetz (SG) sowie § 125c Beamtenrechtsrahmengesetz (BRRG) ebenfalls verpflichtet, entsprechende Mitteilungen zu machen. Dies umfasst unter anderem den Erlass und Vollzug eines Haft- oder Unterbringungsbefehls, die Erstellung einer Anklageschrift oder einer ersetzenden Antragsschrift, den Antrag auf Erlass eines Strafbefehls sowie die abschließende Entscheidung im Rechtsverfahren mit Begründung. Wurden Rechtsmittel eingelegt, ist auch hierauf hinzuweisen.

☝ **Unterlässt** ein **Vorgesetzter** die Einleitung von Ermittlungen, nachdem er von entsprechenden Vorfällen Kenntnis erlangt hat, macht er sich **selbst** eines **Dienstvergehens** schuldig. In einem solchen Fall ist sein Vorgesetzter verpflichtet, disziplinarische Maßnahmen gegen ihn zu ergreifen. Der Verteidiger sollte seinem Mandanten, der als Vorgesetzter agiert, dringend empfehlen, entsprechende Meldungen im Beisein eines Protokollführers korrekt zu dokumentieren und nachweislich disziplinarische Ermittlungen einzuleiten. Insbesondere bei Fällen von sexueller Belästigung durch andere Soldaten, die ihm gemeldet werden, sollte er unverzüglich Ermittlungen einleiten und gegebenenfalls weiterführende Maßnahmen, wie bspw. eine versetzungsbedingte Konfliktlösung, veranlassen.

1162 Die **Wehrdisziplinaranwaltschaft** erstellt einen Bericht für die **Einleitungsbehörde** (§ 97 Abs. 1 WDO). Diese entscheidet entweder, das gerichtliche Verfahren durch eine schriftliche Verfügung einzuleiten oder teilt dem Soldaten mit, dass auf die Einleitung eines Disziplinarverfahrens verzichtet wird, sofern er zuvor angehört wurde (§ 95 Abs. 3 WDO).

1163 Nach **Abschluss** der **Ermittlungen** ist dem Soldaten das wesentliche Ergebnis bekannt zu geben und er ist **abschließend** zu **hören** (§ 100 Abs. 3 S. 1 WDO).

☝ Das **Schlussgehör** ist grds. ein **wichtiges Mittel** der **Verteidigung**, um Einfluss auf das gerichtliche Verfahren zu nehmen. Im Einzelfall kann hier noch eine Einstellung des Verfahrens, vor Abgabe an das zuständige Truppendienstgericht erreicht werden.

Der **Verteidiger** darf gemäß § 100 Abs. 3 S. 3 WDO bei Schlussgehör und Vernehmungen **anwesend** sein. Es kann zu Protokoll erklärt werden, dass der Erledigung mittels Disziplinargerichtsbescheid (§ 114 Abs. 1 WDO) zugestimmt wird, um dem Soldaten die Belastung einer truppendienstgerichtlichen Hauptverhandlung zu ersparen.

Dem Soldaten oder seinem Verteidiger steht auch das **Recht** zu, auf die Durchführung eines **persönlichen Schlussgehörs** zu **verzichten** und schriftlich Stellung zu nehmen. Dies ist vor allem bei komplexen Sachverhalten angezeigt.

1164 **d)** Die **Einleitungsbehörde** hat das gerichtliche Disziplinarverfahren **einzustellen** (§ 101 Abs. 1 WDO), wenn

- ein Verfahrenshindernis besteht,
- eine gerichtliche Disziplinarmaßnahme (→ *Soldaten, gerichtliche Disziplinarmaßnahmen*, Teil H Rdn 1235 ff.) nicht zulässig ist,
- nur Kürzung der Dienstbezüge oder Kürzung des Ruhegehalts zu erwarten ist, diese Disziplinarmaßnahmen aber nach § 16 nicht verhängt werden dürfen oder
- ein Dienstvergehen (→ *Soldaten, Dienstvergehen*, Teil H Rdn 1145 ff.) nicht vorliegt oder nicht erwiesen ist.

1165 Erfolgt keine **Einstellung** des gerichtlichen Disziplinarverfahrens durch die Einleitungsbehörde, legt der Wehrdisziplinaranwalt eine Anschuldigungsschrift mit den Akten dem **Truppendienstgericht** vor (§ 102 Abs. 1 WDO).

Der Vorsitzende des Truppendienstgerichts kann durch **Disziplinargerichtsbescheid** (§ 114 WDO) **1166**

- die erforderliche **Disziplinarmaßnahme verhängen**, wenn keine höhere Disziplinarmaßnahme als ein Beförderungsverbot oder ein Beförderungsverbot mit Kürzung der Dienstbezüge oder eine Kürzung des Ruhegehalts verwirkt ist,
- auf **Freispruch** erkennen oder
- das **Verfahren einstellen**, wenn dies aus Gründen des § 101 Abs. 1 Nr. 1 bis 3 WDO geboten ist.

☝ Anders als im Strafbefehlsverfahren der StPO **übersendet** der **Vorsitzende** vorab einen **Vorschlag** für einen **Disziplinargerichtsbescheid**. Bei Einverständnis aller Beteiligten erlässt der Vorsitzende den Disziplinargerichtsbescheid durch Beschluss. Der Widerspruch eines Beteiligten führt sodann zwingend zu einer Hauptverhandlung vor der zuständigen Kammer des Truppendienstgerichts.

Abweichend vom Strafbefehlsverfahren besteht **nicht** die **Möglichkeit**, den Disziplinargerichtsbescheid durch **Rücknahme** des **Widerspruchs** wirksam werden zu lassen, dies gilt auch bereits vor Beginn der Hauptverhandlung.

Es kann jedoch vom **Verteidiger** gegenüber dem **Gericht angeregt** werden, vor Durchführung der **HV** einen neuen Disziplinargerichtsbescheid mit milderen Maßnahmen zu erlassen. Hierzu sind regelmäßig neue mildernde Umstände oder eine zwischenzeitliche Verschlechterung der finanziellen Verhältnisse des Soldaten vorzutragen und unter Beweis zu stellen. Nur dann besteht überhaupt eine realistische Chance, dass der Vorsitzende der Anregung folgen wird.

Soweit kein **Disziplinargerichtsbescheid** ergeht, wird eine **HV** vor der **Kammer** des Truppendienstgerichts durchgeführt. Das Urteil des Truppendienstgerichts kann nur auf eine Disziplinarmaßnahme, auf Freispruch oder auf Einstellung des Verfahrens lauten (§ 110 Abs. 1 WDO). **1167**

Gegen das Urteil des Truppendienstgerichts ist bis zum Ablauf einer Woche nach seiner Zustellung, bzw. nach seiner Verkündung in Anwesenheit des Soldaten, die **Berufung** an das BVerwG zulässig (§ 120 Abs. 1 S. 1 WDO; → *Soldaten, Disziplinarverfahren, Rechtsmittel*, Teil H Rdn 1177). Den Regelfall stellt jedoch die Zustellung dar, da Stuhlurteile im truppendienstlichen Verfahren die absolute Ausnahme darstellen. **1168**

Siehe auch: → *Soldaten, Dienstvergehen*, Teil H Rdn 1145; → *Soldaten, einfache Disziplinarmaßnahmen*, Teil H Rdn 1202; → *Soldaten, gerichtliche Disziplinarmaßnahmen*, Teil H Rdn 1237; → *Soldaten, Disziplinarverfahren, Pflichtverteidiger*, Teil H Rdn 1169; → *Soldaten, Disziplinarverfahren, Rechtsmittel*, Teil H Rdn 1173; → *Soldaten, Durchsuchung und Beschlagnahme*, Teil H Rdn 1178; → *Soldaten, Entlassung, Berufssoldaten*, Teil H Rdn 1204; → *Soldaten, Entlassung, Dienstleistungspflichtige*, Teil H Rdn 1219; → *Soldaten, Entlassung, Reservisten*, Teil H Rdn 1225; → *Soldaten, Entlassung, Soldaten auf Zeit*, Teil H Rdn 1230; → *Soldaten, Verlust der Rechtsstellung*, Teil H Rdn 1253; → *Soldaten, Wehrstrafrecht*, Teil H Rdn 1258.

Soldaten, Disziplinarverfahren, Pflichtverteidiger 1169

Literaturhinweise: S. die Hinw. bei → *Soldaten, Disziplinarverfahren, Allgemeines*, Teil H Rdn 1151. **1170**

1. Die Wehrdisziplinarordnung (WDO) folgt dem **Grundsatz** der **Wahlverteidigung**. Ein Soldat hat jederzeit das Recht, in allen Verfahrenslagen die Unterstützung eines Verteidigers in Anspruch zu nehmen. **1171**

2. Die Bestellung eines Pflichtverteidigers für einen Soldaten ist in **§ 93 WDO** geregelt. Im Gegensatz zu Beamten benötigen Soldaten vermehrt rechtliche Unterstützung (BVerwG NZWehrR 1982, 30). Der Vorsitzende des Truppendienstgerichts bestellt auf Antrag oder von Amts wegen einen Verteidiger für den Soldaten, der noch keinen Verteidiger gewählt hat, wenn die Mitwirkung eines Verteidigers als erforder- **1172**

lich angesehen wird (§ 93 Abs. 2 S. 3 WDO). Dies wurde bspw. vom BVerwG (BVerwG, a.a.O.) angenommen, wenn der Vorsitzende der Truppendienstkammer einen anwaltlich nicht vertretenen Soldaten in der Hauptverhandlung nicht über aus einem Belehrungsfehler im Ermittlungsverfahren resultierende Verwertungsverbote bezüglich früherer geständiger Einlassungen belehrt hat. Bei bereits bestehendem Wahlmandat kann nach dessen Niederlegung ebenfalls die Beiordnung des (ehemaligen) Wahlverteidigers erfolgen (BVerwG, Beschl. v. 21.12.2021 – 2 WDB 15.21).

☝ Wenn die Wehrdisziplinaranwaltschaft einen **Antrag** auf die **Höchstmaßnahme**, also die Entfernung aus dem Dienstverhältnis oder die Aberkennung der Ruhestandsbezüge stellt, ist gemäß der Rspr. des BVerwG (BVerwG, Urt. v. 5.5.2015 – 2 WDB 6.14, Buchholz 450.2, § 90 WDO 2002 Nr. 2 Rn 24 ff. m.w.N.) **zwingend** ein **Verteidiger** zu bestellen. Aber auch grds. kann bei schweren Folgen, insbesondere wenn ergänzend die finanziellen Verhältnisse die Finanzierung eines Wahlverteidigers ausschließen, die Beiordnung eines Pflichtverteidigers erfolgen (BVerwG, Beschl. v. 14.8.2023 – 2 WDB 6.23). In einem Fall entschied sich der Wehrdisziplinaranwalt erst nach Abschluss der Verhandlung erster Instanz, in seinem Schlussvortrag die Höchstmaßnahme ohne zuvor bestellten Verteidiger zu beantragen. Da das Truppendienstgericht dieser Maßnahme nicht zustimmte, legte die Wehrdisziplinaranwaltschaft Berufung ein. Aufgrund dieses Verfahrensfehlers verwies das BVerwG das Verfahren zurück an eine andere Kammer zur erneuten Verhandlung.

Siehe auch: → *Soldaten, Disziplinarverfahren, Allgemeines*, Teil H Rdn 1151 m.w.N.

1173 Soldaten, Disziplinarverfahren, Rechtsmittel

1174 **1.a)** Gegen **Beschlüsse** des **Truppendienstgerichts** und gegen **richterliche Verfügungen** ist grds. die **Beschwerde** an das BVerwG zulässig (§ 119 Abs. 1 S. 1 WDO).

1175 Nach § 119 Abs. Abs. 1 S. 2 WDO unterliegen Entscheidungen, die der **Urteilsfällung vorausgehen**, der **Beschwerde nur**, soweit sie die

- Einweisung in ein öffentliches psychiatrisches Krankenhaus oder in ein Bundeswehrkrankenhaus,
- eine Beschlagnahme oder Durchsuchung,
- eine Straffestsetzung oder
- eine dritte Person betreffen.

1176 **b)** Gegen den **Beschluss** des **Truppendienstgerichts** ist die **Rechtsbeschwerde** an das BVerwG nur zulässig, wenn diese in der Entscheidung des Truppendienstgerichts oder auf Beschwerde gegen die Nichtzulassung durch das BVerwG zugelassen wird (§ 22a WBO).

1177 **2.** Gegen das **Urteil** des **Truppendienstgerichts** ist bis zum Ablauf einer Woche nach seiner Verkündung, im Falle der Abwesenheitsentscheidung nach seiner Zustellung, die **Berufung** an das BVerwG zulässig (§ 120 Abs. 1 S. 1 WDO). Die Berufungsfrist ist, den verwaltungsrechtlichen Grundsätzen folgend auch gewahrt, wenn die Berufung innerhalb der Frist beim BVerwG eingeht.

☝ Das BVerwG kann bei weiterem Aufklärungsbedarf oder Verfahrensmängeln das Urteil aufheben und die Sache an eine andere Kammer desselben oder eines anderen Truppendienstgerichts **zurückverweisen**. Im Gegensatz zu Entscheidungen im strafrechtlichen Revisionsverfahren des BGH ist dies jedoch beim BVerwG selten. In der Regel wird das BVerwG nach eigener Berufungshauptverhandlung das Urteil gemäß § 124 Abs. 1 WDO durch Berufungsurteil aufheben und in der Sache selbst entscheiden oder die Berufung zurückweisen. Unter den Voraussetzungen des § 123 Abs. 1 WDO ist auch eine Entscheidung des BVerwG durch Beschluss möglich.

Siehe auch: → *Soldaten, Disziplinarverfahren, Allgemeines*, Teil H Rdn 1151 m.w.N.

Soldaten, Durchsuchung und Beschlagnahme 1178

Das Wichtigste in Kürze:

1. Durchsuchungen nach § 20 WDO dienen der amtlichen Suche nach beweisrelevanten Gegenständen bei Verdacht auf Dienstvergehen.
2. Sie dürfen nur gegen Soldaten gerichtet sein, die eines Dienstvergehens verdächtigt werden.
3. Zufallsfunde, die auf ein weiteres Dienstvergehen hindeuten, können nicht beschlagnahmt werden.
4. Für Durchsuchung und Beschlagnahme ist normalerweise eine richterliche Anordnung erforderlich, bei Gefahr im Verzuge ist diese unverzüglich nachzuholen.
5. Beschlagnahme nach § 20 WDO bedeutet die Sicherstellung eines Gegenstandes zur amtlichen Verwahrung.
6. Gegen Maßnahmen nach § 20 WDO ist der Beschwerdeweg zum Truppendienstgericht eröffnet.

Literaturhinweise: Metzger, Durchsuchung und Beschlagnahme in Disziplinarverfahren, NZWehrr 2014, 189; s.a. die Hinw. bei → *Soldaten, Disziplinarverfahren, Allgemeines*, Teil H Rdn 1151. 1179

1.a) Die Durchsuchung gem. **§ 20 WDO** wird als „amtliche Suche nach beweglichen Sachen, die als **Beweismittel** bei Ermittlungen wegen des Verdachts auf ein Dienstvergehen von **Bedeutung sein können**" definiert (*Dau/Schütz*, WDO, § 20 Rn 16). 1180

☝ Hierbei hat insbesondere eine **Abgrenzung** zur Maßnahme der **Spindkontrolle** zu erfolgen. Die Spindkontrolle durch den hierzu befugten Vorgesetzten wird als Maßnahme im dienstlichen Interesse angeordnet, um die Sauberkeit und Ordnung zu überprüfen. Sie darf gerade nicht nur dem Zweck der Aufklärung eines Dienstvergehens dienen (*Dau/Schütz*, WDO, Vor § 20 Rn 2).

b) Gem. § 20 Abs. 1 S. 3 WDO sind von der Befugnis zur Durchsuchung sowohl die Sachen des Soldaten als auch dessen Person selbst umfasst. Auf eine **körperliche Untersuchung** erstreckt sich dies hingegen **nicht**. Dasselbe gilt auch für die strafprozessuale Durchsuchung einer Person. Während die Durchsuchung am Körper (auch die „natürlichen" Körperöffnungen, z.B. die Mundhöhle) zulässig ist, wird die Durchsuchung im Körper gesondert und unter strengeren Vorschriften in den §§ 81a StPO geregelt (BeckOK-StPO/*Hegemann*, § 102 Rn 11). 1181

2. In § 20 Abs. 1 S. 2 WDO ist bestimmt, dass sich die Durchsuchung **nur** gegen den eines **Dienstvergehens verdächtigten Soldaten** richten darf. „Verdächtig ist der Soldat, wenn tatsächliche Anhaltspunkte vorliegen, dass er ein Dienstvergehen begangen hat" (*Dau/Schütz*, WDO, § 20 Rn 15). Daher genügt der über bloße Vermutungen hinausreichende, auf bestimmte tatsächliche Anhaltspunkte gestützte konkrete Verdacht, dass ein Dienstvergehen begangen wurde und der Verdächtige als Täter oder Teilnehmer in Betracht kommt, ohne dass es eines hinreichenden oder gar dringenden Tatverdachts bedarf (BGH NStZ-RR 2023, 380; BVerwG, Beschl. v. 14.3.2024 – BVerwG 2 WDB 12.23). Allerdings darf eine Durchsuchungsanordnung nicht darauf abzielen, zunächst überhaupt Anhaltspunkte für das Vorliegen eines Dienstvergehens zu finden (BVerwG, a.a.O.). 1182

☝ § 103 Abs. 1 StPO gestattet jedoch neben der Durchsuchung beim Verdächtigten auch die Durchsuchung bei **anderen Personen**, „wenn Tatsachen vorliegen, aus denen zu schließen ist, dass die gesuchte Person, Spur oder Sache sich in den zu durchsuchenden Räumen befindet." Während sich die Durchsuchung nach der StPO zudem auf die **Wohnung** erstrecken kann, ist diese nach § 20 Abs. 1 S. 1 WDO **unzulässig**.

3. Zu beachten ist auch die Problematik von sogenannten **Zufallsfunden**. Zufallsfunde sind Gegenstände, die zwar in keiner Beziehung zu der Untersuchung stehen, aber auf eine andere Tat hindeuten. Nach § 108 1183

StPO können diese einstweilen in Beschlag genommen werden. Dies ist allerdings ausgeschlossen, wenn ein Beschlagnahmeverbot bezüglich der gefundenen Sache besteht oder wenn gezielt nach den Gegenständen gesucht worden ist, um sie dann als Zufallsfunde auszugeben (BeckOK-StPO/*Hegemann*, § 108 Rn 1 und 4; *Burhoff*; EV, Rn 1896 ff.).

1184 Wenn jedoch Gegenstände, die mit einem Dienstvergehen nicht in unmittelbarer Beziehung stehen, aber auf ein weiteres Dienstvergehen hindeuten, im Rahmen einer Durchsuchung nach der WDO gefunden werden, so ist eine **einstweilige Beschlagnahme ausgeschlossen**. Dies folgt daraus, dass die Verweisung des § 20 Abs. 6 WDO sich nicht auf den hierfür notwendigen § 108 Abs. 1 S. 1 StPO erstreckt. Mangels Analogie „bedarf es dann zur Sicherstellung eines Zufallsfundes entweder der Freiwilligkeit des Gewahrsamsinhabers oder einer erneuten Beschlagnahmeanordnung des Truppendienstgerichts, sofern keine Gefahr im Verzug bejaht werden kann" (*Metzge,* NZWehrr 2014, 195).

1185 **4.** Für das **Verfahren** gilt:

a) Für die Durchsuchung und Beschlagnahme zur Aufklärung eines Dienstvergehens bedarf es einer **truppendienstrichterlichen Anordnung**. Bei **Gefahr** im **Verzug** ist nach § 20 Abs. 1 WDO auch der Disziplinarvorgesetzte befugt sowohl Durchsuchungen als auch Beschlagnahmen durchzuführen. Dies kann er gem. § 20 Abs. 2 i.V.m. § 32 Abs. 2 WDO ebenfalls einem Offizier übertragen.

1186 **Zuständig** für die Anordnung einer Durchsuchung nach der StPO ist grds. der Richter (§ 105 Abs. 1 StPO), bei Gefahr im Verzug sind auch die StA und ihre Ermittlungspersonen (§ 152 GVG) zur Anordnung befugt. An die Annahme einer Gefahr im Verzug sind dabei strenge Anforderungen zu stellen (BVerfGE 103, 142). Es muss v.a. aus der Begründung erkennbar sein, dass Versuche unternommen wurden, den Richter zu erreichen (zur „Gefahr im Verzug" *Burhoff*, EV, Rn 1829 ff.). Der Begriff der Gefahr im Verzug ist für die Maßnahme der WDO ebenfalls eng auszulegen.

> ☝ Wie bei der Durchsuchung nach der StPO auch, ist – bei einer irrtümlichen Bejahung von Gefahr im Verzug – ein **BVV** „erst dann anzunehmen, wenn Gefahr im Verzug bewusst wahrheitswidrig oder willkürlich bejaht wurde" (BVerfG NJW 2009, 3225; zu BVV i.Ü. *Burhoff*, EV, Rn 1907 ff.).

1187 **b)** Gem. § 20 Abs. 2 S. 3 WDO muss vor der zustimmenden Entscheidung des Truppendienstgerichts der **Soldat gehört** werden. Zudem wird vorausgesetzt, dass die Durchsuchung zur Aufklärung eines Dienstvergehens notwendig ist. Es müssen „konkrete Tatsachen vorliegen oder dargelegt werden, die den Verdacht eines Dienstvergehens tatbestandlich rechtfertigen, wobei vage Anhaltspunkte und bloße Vermutungen nicht ausreichen" (*Metzger* NZWehrr 2014, 193).

1188 Im Gegensatz zur strafprozessualen Durchsuchung, welche bei der Durchsuchung von Räumen in bestimmten Fällen sogar **Durchsuchungszeugen** zugezogen werden sollen (§ 106 StPO), verdeutlicht § 20 Abs. 6 WDO, dass „der Gesetzgeber klar die Situation vor Augen hatte, eine Durchsuchung zu Erreichung des Ermittlungszwecks auch ohne Kenntnis und in Abwesenheit des Soldaten vorzunehmen" (*Metzger* NZWehrr 2014, 194).

> ☝ Nach § 20 Abs. 4 S. 4 WDO ist nach erfolgter Durchsuchung **unverzüglich**, also ohne schuldhaftes Zögern, über die Durchsuchung, ihrem wesentlichen Ergebnis sowie über die eventuelle Beschlagnahme eine **Niederschrift anzufertigen**. Daneben ist dem Soldaten auf Verlangen eine Abschrift zu erteilen.

1189 **5.a)** Die **Beschlagnahme** nach § 20 WDO ist als „Wegnahme eines Gegenstandes, um ihn in amtliche Verwahrung zu nehmen oder in anderer Weise sicherzustellen" definiert (*Dau/Schütz*, WDO § 20 Rn 18).

1190 **b)** Um den Grundsatz der **Verhältnismäßigkeit** zu wahren, ist -wie bei der strafprozessualen Beschlagnahme- aufgrund des Verweises in § 20 Abs. 7 WDO auf die Anwendbarkeit der StPO, hier insbesondere § 94 Abs. 2 StPO die Freiwilligkeit des Soldaten zu prüfen. Die freiwillige Herausgabe steht dabei allerdings einer Beschlagnahme nicht entgegen (BGH NJW 1956, 1805, 1806). Für die Freiwilligkeit ist insbesondere die Kenntnis von dem Grund der Maßnahme erforderlich. Dies ist wichtig, damit der Betroffene sich des „Eingriffs in seine grundrechtlich geschützte Rechtsposition hinreichend bewusst ist" (*Metzger,* NZWehrr 2014, 191). Daher ist er über die Ermittlungen gegen seine Person zu unterrichten und die ihm vorgeworfenen Pflichtverletzungen sind ihm zu eröffnen. Ferner ist der Betroffene über die Folgen hinreichend aufzuklären sowie darüber zu unterrichten, dass „er nicht einwilligen muss und eine fehlende Einwilligung nicht zu seinem Nachteil ausgelegt wird" (*Metzger* NZWehrr 2014, 191; a. *Burhoff*, EV, Rn 1059 ff.).

Im Gegensatz zur disziplinarrechtlichen Durchsuchung ist die Beschlagnahme nach § 20 Abs. 1 S. 5 1191
WDO **bei jedem Soldaten**, bei dem sich die **Sache befindet, zulässig**. Zudem „braucht sich der Soldat bei der Beschlagnahme nicht dem Verdacht eines Dienstvergehens ausgesetzt zu haben" (*Dau/Schütz*, WDO, § 20 Rn 18).

Gesetzliche **Beschlagnahmeverbote** sind im Hinblick auf den Verweis in die StPO des § 20 Abs. 7 WDO zu beachten (vgl. dazu *Burhoff*, EV, Rn 938).

c) Für die **Zuständigkeit** zur Durchführung der Beschlagnahme sind die Anforderungen deckungsgleich 1192
mit denen für die Durchsuchung (Rdn 1180). Die Beschlagnahme darf jedoch gegenüber jedem Soldaten erfolgen, § 20 Abs. 1 S. 5 WDO. Der Gewahrsamsinhaber ist dem Disziplinarvorgesetzten unabhängig von seiner Eigentümerstellung gem. § 20 Abs. 5 WDO i.V.m. § 95 Abs. 1 StPO zur Vorlage oder Herausgabe der Sache verpflichtet. Die sichergestellte Sache ist gem. § 20 Abs. 7 i.V.m. § 94 Abs. 1 StPO in Verwahrung zu nehmen oder in anderer Weise sicherzustellen.

Persönliche Unterlagen dürfen nur vom Disziplinarvorgesetzen des Soldaten gesichtet werden. Hierdurch 1193
soll der Personenkreis, welcher Einblick in wohlmöglich höchstpersönliche Informationen des Soldaten erhält, auf ein Mindestmaß begrenzt werden. Mit der Aktualisierung und Modernisierung der WDO zum 1.4.25 wurde die Norm auf elektronische Speichermedien oder Cloudspeicherdaten erweitert (§ 20 Abs. 5 S. 5 WDO).

d) Da auch hier wieder auf die StPO zurückzugreifen ist, sind die **zwei Formen** der **Beschlagnahme** nach 1194
der StPO kurz zu erläutern:

1. Sicherstellung von Beweismitteln (Beschlagnahme, §§ 94 ff. StPO) und
2. Sicherstellung von Verfalls- und Einziehungsgegenständen (§§ 111b ff. StPO).

Durch Nr. 1 soll ein Beweisverlust verhindert und so die Durchführung des Strafverfahrens gesichert wer- 1195
den. Durch Nr. 2 sollen Gegenstände, die möglicherweise durch das Urteil eingezogen werden könnten (§§ 73 ff. StGB) vor dem „Verschwinden" bewahrt werden.

Bei der – hier zu betrachtenden Maßnahme – Beschlagnahme nach §§ 94 ff. StPO sind wiederum die Fälle freiwilliger und unfreiwilliger Herausgabe der zu beschlagnahmenden Gegenstände zu unterscheiden. Ist die Person, die den Gegenstand im Gewahrsam hat, bereit, diesen **freiwillig herauszugeben**, so kann der Gegenstand gem. § 94 Abs. 1 StPO durch die sog. Inverwahrungnahme sichergestellt werden (*Schmitt/Köhler*, § 94 Rn 13 f.; *Burhoff*, EV, Rn 1002 ff. m.w.N.). Sofern sie nicht bereit ist, den Gegenstand freiwillig herauszugeben, so bedarf es einer förmlichen Beschlagnahme nach § 94 Abs. 2 StPO. Danach wird der Gegenstand durch eine ausdrückliche Anordnung gesichert.

Auch die strafprozessuale Beschlagnahme bedarf nach den allgemeinen Grundsätzen einer Anordnung 1196
durch den Richter. Bei Gefahr im Verzug sind die Staatsanwaltschaft oder deren Ermittlungspersonen hierzu befugt (§ 98 Abs. 1 StPO; *Burhoff*, EV Rn 894 ff.), Widerspruch und Antrag auf gerichtliche Entscheidung sind eröffnet.

6.a) Gem. § 42 Abs. 1 WDO ist gegen die Maßnahmen nach § 20 WDO die **Beschwerde** an das Truppen- 1197
dienstgericht zulässig. Sie ist binnen eines Monats nach Bekanntgabe der truppendienstgerichtlichen Ent-

scheidung, die dem Soldaten gem. § 20 Abs. 2 WDO zuzustellen war, einzulegen, § 119 Abs. 1 WDO (BVerwG, NVwZ-RR 2024, 553; *Metzger* NZWehrr 2014, 196; *Dau/Schütz*, WDO, § 42 Rn 23).

1198 **b)** Der **Disziplinarvorgesetzte** steht die Möglichkeit zu, gem. § 20 Abs. 4 S. 2 WDO bei einem **ablehnenden Antrag** des Richters auf Durchsuchung oder Beschlagnahme innerhalb von drei Tagen das Truppendienstgericht anzurufen.

Siehe auch: → *Soldaten, Disziplinarverfahren, Allgemeines*, Teil H Rdn 1151 m.w.N.; → *Soldaten, Disziplinarverfahren, Rechtsmittel*, Teil H Rdn 1173.

1199 Soldaten, einfache Disziplinarmaßnahmen

1200 **Literaturhinweise:** S. die Hinw. bei → *Soldaten, Disziplinarverfahren, Allgemeines*, Teil H Rdn 1151.

1201 **1.** Disziplinarmaßnahmen, die von den jeweiligen Disziplinarvorgesetzten verhängt werden können, werden einfache Disziplinarmaßnahmen genannt. Es handelt sich um vergleichsweise milde Maßnahmen zur Ahndung von Dienstvergehen. **§ 22 WDO** bezeichnet abschließend als einfache Disziplinarmaßnahmen, den Verweis, den strengen Verweis, die Disziplinarbuße, die Ausgangsbeschränkung und den Disziplinararrest. Insoweit gilt folgender

1202 **Überblick**

- Der **Verweis** (§ 23 Abs. 1 WDO) ist der förmliche Tadel eines bestimmten pflichtwidrigen Verhaltens. Er ist ausdrücklich, in Abgrenzung zu mussbilligenden Äußerungen oder Zurechtweisungen als solcher ausdrücklich zu bezeichnen.
- Der **strenge Verweis** (§ 23 Abs. 2 WDO) ist der Verweis, der vor der Truppe bekannt gemacht wird.
- Die **Disziplinarbuße** (§ 24 WDO) besteht in der Zahlung eines Geldbetrages, der den einmonatigen Betrag der Dienstbezüge nicht überschreiten darf. Es sind die persönlichen und wirtschaftlichen Verhältnisse des Soldaten zu berücksichtigen. Auch hier gibt es die strenge Form als Verschärfung, die ebenfalls vor der Truppe bekannt zu machen ist.
- Die **Ausgangsbeschränkung** (§ 25 WDO) besteht in dem Verbot, von einem Tag bis zu drei Wochen, die dienstliche Unterkunft ohne Erlaubnis zu verlassen. Sie kann durch das Verbot, Gemeinschaftsräume zu betreten und Besuch zu empfangen, verschärft werden (verschärfte Ausgangsbeschränkung). Bei der strengen Ausgangsbeschränkung wird diese ebenfalls vor der Truppe bekannt gemacht.
- Der **Disziplinararrest** (§ 26 WDO) besteht in einfacher Freiheitsentziehung von drei Tagen bis drei Wochen. Disziplinararrest darf gem. § 40 Abs. 1 S. 1 WDO erst verhängt werden, nachdem der Richter des zuständigen, notfalls des nächst erreichbaren Truppendienstgerichts zugestimmt hat.

☝ Die **Verhängung** von **einfachen Disziplinarmaßnahmen** ist nur im Rahmen einer Ausschlussfrist von **sechs Monaten zulässig** (§ 17 Abs. 2 WDO). Nach Ablauf dieser Frist können nur noch gerichtliche Disziplinarmaßnahmen ausgesprochen werden (→ *Soldaten, gerichtliche Disziplinarmaßnahmen*, Teil H Rdn 1235).

1203 **2.** Viele **Disziplinarvorgesetzte** (→ *Soldaten, Disziplinarverfahren, Allgemeines,* Teil H Rdn 1155) setzen sich bei Vorfällen, die so erheblich sind, dass eine gerichtliche Maßnahme in Erwägung gezogen werden muss, mit dem Rechtsberater Bw oder dem Wehrdisziplinaranwalt in Verbindung. Dieser kann der Einleitungsbehörde als weiteres Vorgehen vorschlagen, innerhalb von sechs Monaten ein gerichtliches Verfahren einzuleiten. Soweit dies geschieht, ist auch nach Ablauf der sechsmonatigen Frist die Verhängung einfacher Disziplinarmaßnahmen, im Rahmen eines truppendienstgerichtlichen Urteils, möglich.

☝ Das **Akteneinsichtsrecht** für den Soldaten und seinen Verteidiger **auch** im **einfachen Disziplinarverfahren** gegeben (*Dau/Schütz*, WDO, § 18 Rn 64).

Dem Soldaten ist gem. § 3 Abs. 1 WDO zu **gestatten**, die Akten einzusehen, soweit dies **ohne Gefährdung** des **Ermittlungszwecks** möglich ist (vgl. dazu – für das strafverfahrensrechtliche EV – *Burhoff*, EV, Rn 285 ff.). Der Anspruch auf Akteneinsicht kann geltend gemacht werden, sobald Ermittlungen aufgenommen wurden, deren Ergebnis Eingang in Akten oder sonstige Unterlagen gefunden hat (*Dau/Schütz*, WDO, § 3 Rn 3). Soweit jedoch gesetzliche Verbote und dem Individualinteresse übergeordnete Sicherheitsinteressen der Bundeswehr oder der Bundesrepublik Deutschland entgegenstehen, z.B. die ärztliche Schweigepflicht, das Post-, Bank-, Steuergeheimnis oder VS-Vorschriften, kann die Akteneinsicht verweigert werden.

Siehe auch: → *Soldaten, Disziplinarverfahren, Allgemeines*, Teil H Rdn 1151 m.w.N.

Soldaten, Entlassung, Berufssoldaten 1204

Das Wichtigste in Kürze:

1. Die Voraussetzungen der Entlassung von Berufssoldaten sind in den §§ 46 ff. SG geregelt.
2. Der typische Fall einer arglistigen Täuschung (§ 46 Abs. 2 Nr. SG) besteht im Verschweigen von Vorstrafen im Bewerbungsverfahren der Einstellung als Soldat.
3. Straftaten vor der Berufung, die unwürdig (§ 46 Abs. 2 Nr. 3 SG) machen, sind alle als unehrenhaften Taten anzusehen.

Literaturhinweise: S. die Hinw. bei → *Soldaten, Disziplinarverfahren, Allgemeines*, Teil H Rdn 1151. 1205

1.a) Die **Voraussetzungen** der **Entlassung** von Berufssoldaten sind in § 46 SG geregelt. Per definitionem 1206
ist Berufssoldat, wer sich freiwillig verpflichtet, auf Lebenszeit Wehrdienst zu leisten (§ 1 Abs. 2 S. 1 SG).

Die Bundeswehr kann nach pflichtgemäßem **Ermessen** statt des Entlassungsverfahrens ein **gerichtliches** 1207
Disziplinarverfahren als milderes Mittel durchführen (BVerwG NZWehrr 1996, 69; → *Soldaten, Disziplinarverfahren, Allgemeines*, Teil H Rdn 1151 m.w.N.; → *Soldaten, gerichtliche Disziplinarmaßnahmen*, Teil H Rdn 1235).

☝ Im Gegensatz zur statusrechtlichen Entlassung unterliegt die Durchführung eines gerichtlichen Disziplinarverfahrens wesentlich **umfangreicheren Verfahrensanforderungen**. Nach mehr als vier Jahren Zugehörigkeit zur Bundeswehr muss daher seitens der Bundeswehr ein sehr viel höherer Aufwand zur Entfernung des Soldaten aus dem Dienst betrieben werden. Ausnahmen bestehen bei nachweislich fehlender Verfassungstreue. Dann kann nach § 46a SG bereits durch die Behörde die Entlassung verfügt werden, gegen die sich der Soldat dann selber verwaltungsrechtlich wenden muss. Das Prozessrisiko wird in diesem Fall auf den Soldaten verlagert.

In zeitlicher Hinsicht ist i.d.R. mit **zwei bis drei Jahren** vom Beginn der Vorermittlungen bis zum Abschluss des Verfahrens nach erster oder zweiter Instanz zu rechnen.

b) Ein Soldat **ist** gem. §§ 46 Abs. 2 SG zu **entlassen**, 1208

- wenn er infolge einer der zuvor in § 38 angeführten Strafen, Maßregeln und Nebenfolgen nicht hätte ernannt werden dürfen,
- wenn er seine Ernennung durch Zwang, arglistige Täuschung oder Bestechung herbeigeführt hat,

- wenn sich herausstellt, dass er vor seiner Ernennung eine Straftat begangen hat, die ihn der Berufung in das Dienstverhältnis eines Soldaten auf Zeit unwürdig erscheinen lässt und er deswegen zu einer Strafe verurteilt war oder wird,
- wenn er sich weigert, den Eid abzulegen,
- wenn er zur Zeit der Ernennung Mitglied des Deutschen Bundestages oder eine Landtages war und nicht innerhalb der vom Bundesministerium der Verteidigung gesetzten angemessenen Frist sein Mandat niederlegt,
- wenn er in den Fällen des Eintritts in den Ruhestand (§ 44 Abs. 1 bis 3 SG) mindestens fünf Dienstjahre abgeleistet hat oder infolge einer Wehrdienstbeschädigung, die er sich ohne grobes Verschulden zugezogen hat, dienstunfähig geworden ist oder als dienstunfähig angesehen werden kann,
- wenn er als Kriegsdienstverweigerer anerkannt ist oder
- wenn er ohne Genehmigung des Bundesministers der Verteidigung seinen Wohnsitz oder dauernden Aufenthalt außerhalb des Soldatengesetzes nimmt.
- er Bestrebungen verfolgt hat, die sich gegen die freiheitlich-demokratische Grundordnung richten, er durch Anwendung von Gewalt auswärtige Belange der Bundesrepublik gefährdet hat oder dies vorbereitet hat oder er Bestrebungen entfaltet hat, den Grundsatz der Völkerverständigung oder das friedliche Zusammenleben der Völker zu gefährden (§ 46 Abs. 2a SG)

☝ Liegen die Voraussetzungen einer Variante des § 46 Abs. 2 oder 2a SG vor, ist der Soldat **zwingend** zu entlassen. Da der Behörde kein Ermessen vorgegeben ist, stehen weder der Grundsatz von Treu und Glauben (§ 242 BGB) noch der Verhältnismäßigkeitsgrundsatz der Entlassung entgegen (OVG Münster NZWehrr 2000, 128). Die Entlassung kann in diesem Fall durch sofort vollziehbaren Verwaltungsbescheid erfolgen.

1209 Von **Relevanz** für die Darstellung **hier** sind, im Hinblick auf deren Bedeutung in der Praxis

- die **Entlassung wegen arglistiger Täuschung** gem. § 46 Abs. 2 Nr. 2 Alt 2 SG (Teil H Rdn 1208 ff.),
- die Fälle, in welchen sich herausstellt, dass der Soldat **vor** seiner **Ernennung** eine **Straftat** begangen hat (§ 46 Abs. 2 Nr. 3 SG; Teil H Rdn 1170 ff.) und
- die Fälle des § 46 Abs. 2a SG,

1210 **2.** Ein typischer Fall für einen **Entlassungsgrund** aufgrund einer **arglistigen Täuschung** (§ 46 Abs. 2 Nr. 2 Alt 2 SG) liegt vor, wenn Vorstrafen im Bewerbungsverfahren zur Einstellung als Soldat verschwiegen werden. Sollte die Einstellungsbehörde den Soldaten auch bei wahrheitsgemäßen Angaben eingestellt haben, ist eine Entlassung jedoch nicht zulässig, da die Täuschung nicht zu einem anderen Ergebnis geführt hätte und mithin für die Entscheidung unerheblich gewesen ist.

1211 **Täuschung** durch **Verschweigen** begeht regelmäßig nur, wer durch eine Frage zur Offenbarung der verschwiegenen Tatsache aufgefordert worden ist (*Lucks/Scherer/Alff*, Soldatengesetz, § 46 Rn 9). Bei der Ernennung zum Berufssoldaten besteht die Aufklärungspflicht hinsichtlich der für die Ernennung wesentlichen Umstände (*Weniger/Sanne*, Soldatengesetz, § 46 Rn 13). Die Täuschung muss *Tatsachen* betreffen, reine Werturteile werden davon nicht erfasst (*Weniger/Sanne*, Soldatengesetz, § 46 Rn 13).

1212 Eine **arglistige Täuschung** liegt vor, wenn der Täuschende erkennt und in Kauf nimmt, dass die personalbearbeitende Dienststelle aufgrund seines Verhaltens wesentliche Umstände als gegeben ansieht, die in Wahrheit nicht vorliegen oder der Ernennung hinderliche Umstände als nicht gegeben ansieht, obwohl solche in Wahrheit vorliegen (VGH München, Urt. v. 18.7.2024 – 6 B 23.2258).

☝ Da eine fahrlässige arglistige Täuschung rechtlich nicht existiert, bestehen in diesem Zusammenhang **Verteidigungsmöglichkeiten**. In bestimmten Situationen ist es möglich, dass ein Soldat nicht darüber informiert war, dass ein Ermittlungsverfahren gegen ihn anhängig ist. Sollte die Polizei telefonisch einen Vorladungstermin oder Nachfragen an den Soldaten richten, kann unwissentliche Unkenntnis der Ermittlungen glaubhafter vertreten werden als bei einer bereits schriftlich erfolgten Aufforderung zur Vernehmung.

Ein Berufssoldat hat eine Ernennung durch **arglistige Täuschung** eindeutig **bewirkt**, wenn er bei seiner Bewerbung auf Fragen nach einem Dienst-, Arbeits- oder sonstigen Verhältnis bzw. Kontakten zu Nachrichtendiensten der ehemaligen DDR absichtlich nur seine dienstlichen Angaben gemacht hat und dabei bewusst seine außerdienstliche informelle Zusammenarbeit mit dem früheren Ministerium für Staatssicherheit (MfS) verschwiegen hat. Wäre diese Zusammenarbeit bekannt gewesen, hätte die Ernennung nicht stattgefunden (BVerwG DVBl 1997, 374).

Die **Unregelmäßigkeit** bei der Ernennung kann vor allem durch **herausragende Leistungen** (z.B. besondere soldatische Tapferkeit, Bereitschaft zu besonders gefährlichen Einsätzen, sonstige besondere Verdienste für das Gemeinwohl – VGH München NZWehrr 1999, 218) **ausgeglichen** werden (*Lucks/Scherer/Alff*, Soldatengesetz, § 46 Rn 10). Hier ist regelmäßig eine Gesamtschau aller für und gegen den betroffenen Soldaten streitenden Umstände vorzunehmen. 1213

☝ Der Verteidiger ist folglich gehalten, alles vorzutragen, was positiv für den Soldaten in die Waagschale zu werfen ist und über die tadellose Führung hinausgeht. Letztere wird grds. erwartet und stellt keine besondere Leistung da. Positive Beurteilungen und auch ehrenamtliches Engagement

3.a) Straftaten vor der Berufung, die **unwürdig** für die Ernennung machen, sind **alle unehrenhaften Taten** anzusehen. Dabei handelt es sich insb. um solche Taten, welche die Treulosigkeit des Täters, seine Rücksichtslosigkeit und Eigensucht oder seine sittliche Niedrigkeit beweisen, wie Gewalt-, Sittlichkeits- und Eigentumsdelikte und zwar ohne Rücksicht auf die Höhe der verhängten Strafe (*Lucks/Scherer/Alff*, Soldatengesetz, § 46 Rn 12). 1214

Grds. machen **alle** strafgerichtlichen Verurteilungen zu einer **Freiheitsstrafe** von **mehr** als **einem** Jahr den Täter unwürdig, ohne dass es auf den verwirklichten Tatbestand ankommt. Es handelt sich insoweit um die denknotwendige Folge daraus, dass der Soldat seine Rechtsstellung gem. § 48 Nr. 2 SG bei einer Freiheitsstrafe von mindestens einem Jahr wegen einer **vorsätzlich** begangenen Tat, die er als Soldat begangen hat, ebenfalls verliert (→ *Soldaten, Verlust der* ***Rechtsstellung***, Teil H Rdn 1253 ff.). Somit ist die Entlassung bei § 46 Abs. 2 Nr. 3 SG nur für die Verurteilungen bis zu einem Jahr relevant. 1215

☝ Die Beurteilung der Unwürdigkeit richtet sich nach dem **Zeitpunkt der Ernennung**, eine spätere dienstliche Bewährung im Soldatenverhältnis wird nicht berücksichtigt (OVG Münster NZWehrr 2000, 128).

Gleiches gilt für die Erledigung mittels Strafbefehls, da ein solcher gemäß § 411 Abs. 3 StPO einem rechtskräftigen Urteil gleichsteht. Das gilt auch für Verurteilungen durch ein ausländisches Gericht.

b) Sollte eine Verurteilung wegen einer vor Ernennung begangenen Tat erst **nach der Ernennung** bekannt werden und der Berufssoldat diese trotz entsprechender Nachfrage im Bewerbungsverfahren verschwiegen haben, so liegt stets auch ein Entlassungsgrund wegen arglistiger Täuschung vor (*Lucks/Scherer/Alff*, Soldatengesetz, § 46 Rn 13; s. oben Teil H Rdn 1203 ff.). 1216

Bei **extremistischen Bestrebungen** ist der Soldat ebenfalls **zwingend** aus dem Dienst zu **entlassen** (§ 46 Abs. 2a SG). Dies gilt sowohl für Berufssoldaten als auch für Soldaten auf Zeit. Die Entlassung kann fristlos erfolgen, insbesondere wenn der Soldat seine Dienstpflichten schuldhaft verletzt hat und sein Verbleiben die militärische Ordnung oder das Ansehen der Bundeswehr gefährden würde. Die Entlassung von Extremisten aus der Bundeswehr wurde durch Änderung des SG im Dezember 2023 erleichtert (BT-Drucks 20/8672). Diese Änderung ermöglicht es nunmehr, Berufssoldaten und Soldaten auf Zeit unabhängig von ihrer Dienstzeit umgehend zu entlassen, wenn sie sich in **schwerwiegender Weise** verfassungsfeindlich betätigt haben. 1217

1218 Vor der Entlassung ist ein **formelles Anhörungsverfahren** nach § 47a SG vorgesehen. Die Entlassungsverfügung durch den Dienstherrn ist sofort vollziehbar, Widerspruch und Anfechtungsklage haben keine aufschiebende Wirkung (§ 23 Abs. 6 WBO). Berufssoldaten erhalten bis zur Rechtskraft der Entlassung ein Überbrückungsgeld, das zur Hälfte ihrer Dienstbezüge entspricht und zurückgezahlt werden muss, wenn die Entlassung rechtskräftig wird.

☝ Für **Soldaten** auf **Zeit**, die noch nicht vier Jahre gedient haben, kann weiterhin eine fristlose Entlassung nach § 55 Abs. 5 SG erfolgen, wenn sie ihre Verfassungstreuepflicht schuldhaft verletzt haben.

Siehe auch: → *Soldaten, Disziplinarverfahren, Allgemeines*, Teil H Rdn 1151.

1219 Soldaten, Entlassung, Dienstleistungspflichtige

1220 **Literaturhinweise:** S. die Hinw. bei → *Soldaten, Disziplinarverfahren, Allgemeines*, Teil H Rdn 1151.

1221 **1.** Ein früherer Berufssoldat, der wegen Erreichens einer allgemeinen Altersgrenze in den Ruhestand getreten ist oder wegen Erreichens einer besonderen Altersgrenze in den Ruhestand versetzt worden ist, kann bis zum Ablauf des Monats, in dem er das 65. Lebensjahr vollendet hat, zu Dienstleistungen herangezogen werden. Hierbei handelt es sich um Übungen, besondere Auslandsverwendungen, Hilfeleistungen im In- und Ausland und zu unbeschränktem Dienst im Spannungs- und Verteidigungsfall (§ 60 SG).

☝ Diejenigen früheren Berufssoldaten, gegen die ein deutsches Gericht Maßnahmen nach § 38 SG verhängt hat oder die ihr Äußeres unveränderlich in einem Maße verändert haben, dass es mit der freiheitlich-demokratischen Grundordnung unvereinbar ist (bspw. extremistische Tattoos) sind von Dienstleistungen gem. § 65 SG **ausgeschlossen**.

1222 **2. Dienstleistungen** sind gem. § 60 SG

- Übungen (§ 61 SG),
- besondere Auslandsverwendungen (§ 62 SG),
- Hilfeleistungen im Innern (§ 63 SG),
- Hilfeleistungen im Ausland (§ 63a SG) und
- unbefristeter Wehrdienst im Spannungs- und Verteidigungsfall.

1223 **Betroffen** ist nach **§ 38 SG**, wer

- wegen eines Verbrechens zu Freiheitsstrafe von mind. einem Jahr oder zu Freiheitsstrafen wegen vorsätzlicher Taten des Friedensverrats, Hochverrats, Gefährdung des demokratischen Rechtsstaates oder Landesverrats und Gefährdung der äußeren Sicherheit verurteilt wurde,
- infolge Richterspruchs die Fähigkeit zur Bekleidung öffentlicher Ämter nicht besitzt,
- einer Maßregel der Besserung nach §§ 64, 66 StGB unterworfen ist, solange die Maßregel nicht erledigt ist.

1224 **2.** Dienstleistungspflichtige können gemäß § 75 Abs. 2 SG aus dem Dienst entlassen werden, sofern gegen sie eine Freiheitsstrafe oder ein Strafarrest von mindestens drei Monaten verhängt wurde, eine Jugendstrafe ohne Bewährung ausgesprochen wurde oder eine zuvor gewährte Bewährung widerrufen wird.

Siehe auch: → *Soldaten, Disziplinarverfahren, Allgemeines*, Teil H Rdn 1151.

Soldaten, Entlassung, Reservisten 1225

Literaturhinweise: S. die Hinw. bei → *Soldaten, Disziplinarverfahren, Allgemeines*, Teil H Rdn 1151. 1226

1. Reservistinnen und Reservisten der Bundeswehr sind gem. § 1 ResG 1227

- **ehemalige Soldatinnen/Soldaten** der Bundeswehr, die ihren Dienstgrad nicht verloren haben, sowie
- sonstige Personen, die aufgrund einer vom Bund angenommenen Verpflichtung zu einer Wehrdienstleistung nach dem vierten Abschnitt des Soldatengesetzes herangezogen werden können.

2. Die Möglichkeiten der Entlassung gem. **§ 13 ResG i.V.m. § 46 Abs. 2 S. 1 Nr. 1 bis 4, 7 und 8 SG** 1228
gelten entsprechend (→ *Soldaten, Entlassung, Berufssoldaten*, Teil H Rdn 1204 ff.). I.Ü. ist gem. § 13 Abs. 5 S. 1 ResG eine Entlassung möglich, wenn Reservistinnen und Reservisten ihre Dienstpflichten schuldhaft verletzen und ihr Verbleib im Dienstverhältnis die militärische Ordnung oder das Ansehen der Bundeswehr gefährden könnte. Ferner wenn sie die mit ihrer Funktion verbundenen Anforderungen nicht (mehr) erfüllen oder ihre Funktion im Geschäftsbereich des BMVg wegfällt.

Im Gegensatz zur fristlosen Entlassung der Soldaten auf Zeit (→ *Soldaten, Entlassung, Soldaten auf Zeit*, 1229
Teil H Rdn 1230 ff.) gelten für die Entlassung von Reservisten geringere Anforderungen. So ist keine ernstliche Gefährdung, sondern **nur** eine **einfache Gefährdung** der **militärischen Ordnung** oder des Ansehens der Bundeswehr ausreichend.

☝ Die **Entlassung** von **Reservisten** ist von der Aberkennung des Ruhegehalts im gerichtlichen Disziplinarverfahren gemäß § 66 WDO gegenüber ehemaligen Soldaten zu **unterscheiden**. Als ehemalige Soldaten gelten Personen, die nach Ablauf ihrer Verpflichtungszeit aus dem Dienst ausscheiden. Bei Soldaten auf Zeit kommt dies häufiger vor, da gerichtliche Disziplinarverfahren in der Regel mindestens zwei Jahre vom Beginn der Vorermittlungen bis zur Rechtskraft in Anspruch nehmen. Gleiches gilt für Berufssoldaten nach Erreichen der jeweiligen Altersgrenze.

Siehe auch: → *Soldaten, Disziplinarverfahren, Allgemeines*, Teil H Rdn 1151.

Soldaten, Entlassung, Soldaten auf Zeit 1230

Literaturhinweise: S. die Hinw. bei → *Soldaten, Disziplinarverfahren, Allgemeines*, Teil H Rdn 1151. 1231

1. Bei Soldaten auf Zeit kann gem. **§ 55 Abs. 4** SG während der ersten vier Dienstjahre eine Entlassung 1232
infolge eines Strafverfahrens **vergleichsweise unkompliziert** erfolgen (Rdn 1255). Eine fristlose Entlassung nach § 55 Abs. 5 SG ist ausschließlich unter den eng gefassten gesetzlichen Voraussetzungen zulässig (Rdn 1234).

2. Ein Soldat auf Zeit ist gemäß § 55 Abs. 4 SG zu entlassen, sofern er die in seiner Laufbahn geforderten 1233
Anforderungen nicht mehr erfüllt und somit ein **Eignungsmangel** vorliegt. Ein solcher Eignungsmangel kann sich aus dienstlichen Beurteilungen, Prüfungsergebnissen, Lehrgangszeugnissen sowie aus Disziplinarmaßnahmen oder **disziplinar**- bzw. **strafgerichtlichen** Verurteilungen ergeben. Auch Verfahren die nach §§ 153 ff. StPO eingestellt wurden sind grds. geeignet, Eignungsmängel zu begründen. Auf eine Verurteilung kommt es mithin nicht an. Die Entlassung ist dabei mit einer Frist von mindestens einem Monat anzuzeigen.

☝ Soweit ein **Strafverfahren** nach **§ 153a StPO** eingestellt wurde, hat die Behörde jedoch eigene Sachverhaltsfeststellungen zu treffen, die den Eignungsmangel des Soldaten belegen (BVerwG NZWehrr 2006, 246). Anderenfalls liegt ein Verstoß gegen die gesetzliche Unschuldsvermutung vor, da eben keine strafrechtliche Verurteilung erfolgt ist.

1234 **3.** Ein Soldat auf Zeit ist gemäß **§ 55 Abs. 5 SG fristlos** zu **entlassen**, sofern er seine Dienstpflichten (→ *Soldaten, Disziplinarverfahren, Allgemeines*, Teil H Rdn 1151) schuldhaft verletzt hat und sein Verbleib im Dienstverhältnis die militärische Ordnung oder das Ansehen der Bundeswehr erheblich gefährden würde. Im Unterschied zur Entlassung nach § 55 Abs. 4 SG, bei der eine Frist von mindestens einem Monat einzuhalten ist, kann in diesem Fall die Entlassung **mit sofortiger Wirkung** erfolgen.

☝ Bevollmächtigte Rechtsbeistände sollten die **Begründung** einer **Entlassung sorgfältig prüfen**. Es ist nicht zulässig, Überlegungen hinsichtlich der Angemessenheit einer dienstrechtlichen Sanktion oder der weiteren Tragbarkeit eines Soldaten auf Zeit in Bezug auf Art und Schwere der Dienstpflichtverletzung anzustellen (BVerwGE 38, 178; BVerwG NJW 1984, 938).

Siehe auch: → *Soldaten, Disziplinarverfahren, Allgemeines*, Teil H Rdn 1151.

1235 Soldaten, gerichtliche Disziplinarmaßnahmen

Das Wichtigste in Kürze:

1. Gerichtliche Disziplinarmaßnahmen dürfen ausschließlich durch das Truppendienstgericht verhängt werden.
2. Die Kürzung der Dienstbezüge ist die mildeste Maßnahme.
3. Das Beförderungsverbot bewirkt, dass dem Soldaten für die Dauer dieser Maßnahme kein höherer Dienstgrad verliehen werden darf (§ 62 Abs. 1 WDO).
4. Durch die Dienstgradherabsetzung (§ 64 WDO) verliert der Soldat alle Rechte aus dem bisherigen Dienstgrad, hierzu gehört insbesondere auch die Besoldungsstufe.
5. Die Entfernung aus dem Dienstverhältnis ist die Höchstmaßnahme gegen Berufssoldaten und Soldaten auf Zeit.
6. Die gerichtlichen Disziplinarmaßnahmen gegen Soldaten im Ruhestand (Reservisten) sowie gegen frühere Soldaten, sind Kürzung des Ruhegehalts (§ 66 WDO), Herabsetzung in der Besoldungsgruppe (§ 63 WDO), Dienstgradherabsetzung (§ 64 WDO) und Aberkennung des Ruhegehalts (§ 67 WDO).
7. Ein Dienstvergehen darf gem. § 18 WDO nur einmal disziplinar geahndet werden, wobei die Möglichkeit des nachträglichen gerichtlichen Disziplinarverfahrens (§ 99 WDO) gegeben ist.
8. Die Verhängung gerichtlicher Disziplinarmaßnahmen ist fristgebunden.

1236 **Literaturhinweise:** S. die Hinw. bei → *Soldaten, Allgemeines*, Teil H Rdn 1151.

1237 **1.** Disziplinarmaßnahmen, die nur durch ein Truppendienstgericht verhängt werden dürfen, nennt man gerichtliche Disziplinarmaßnahmen (→ *Soldaten, einfache Disziplinarmaßnahmen*, Teil H Rdn 1155). Als **Maßnahmen gegen aktive Soldaten** sind in § 58 Abs. 1 WDO

- die **Kürzung** der **Dienstbezüge** (Rdn 1238 f.),
- das **Beförderungsverbot** (Rdn 1240 ff.),
- die **Herabsetzung** in der **Besoldungsgruppe** (Rdn 1241),
- die **Dienstgradherabsetzung** (Rdn 1242 ff.),
- die **Entfernung** aus dem Dienstverhältnis (Rdn 1244 ff.)

genannt.

1238 **2.** Die **Kürzung der Dienstbezüge** ist die unterste Maßnahme. Sie dient dazu, Soldaten über eine längere Dauer eindringlich an seine Pflichten zu erinnern und ihn zur konkreten Erfüllung seiner Dienstobliegenheiten nachdrücklich dazu anzuhalten, dass sie sich während einer gewissen Zeit wiederkehrend fühlbar macht (BVerwGE 21, 391,406).

Die Kürzung der Dienstbezüge besteht in der **bruchteilmäßigen Verminderung** der Dienstbezüge um mindestens ein Zwanzigstel und höchstens ein Fünftel für die Dauer von sechs Monaten bis zu fünf Jahren (§ 61 S. 1 WDO). 1239

☝ Wegen desselben Dienstvergehens erfolgt häufig neben der Kürzung der Dienstbezüge **gleichzeitig** die Verhängung eines **Beförderungsverbotes** (Teil H Rdn 1240 ff.). Dies ist gem. § 60 Abs. 4 S. 1 WDO die **einzigzulässige Kombination** gerichtlicher Maßnahmen. Insbesondere, wenn ein Beförderungsverbot keine Auswirkungen auf den weiteren dienstlichen Werdegang des Soldaten haben wird, verhängen die Truppendienstgerichte diese Kombination von Maßnahmen (§ 60 Abs. 4 S. 2 WDO).

Soldaten sind in der Regel über den frühestmöglichen Zeitpunkt ihrer Beförderung informiert. Mitunter übersendet die zuständige Stelle dem Disziplinarvorgesetzten bereits die entsprechende **Beförderungsurkunde**, welche im Falle eines laufenden Verfahrens wieder **zurückgegeben** werden muss.

Erfüllt der Soldat die Mindestanforderungen, insbesondere hinsichtlich der erforderlichen Dienstzeit, prüft das Truppendienstgericht in der Regel sowohl den möglichen Beförderungszeitpunkt als auch die Wahrscheinlichkeit einer Beförderung anhand des individuellen Leistungsbildes. Die **letzte dienstliche Beurteilung** wird grds. während der **Verhandlung verlesen**.

3. Eine Beförderung ist die Verleihung eines höheren Dienstgrades (§ 4 Abs. 1 Nr. 3 SG). Ein Beförderungsverbot bedeutet, dass der Soldat für eine festgelegte Zeit keinen höheren Dienstgrad erhalten darf (§ 62 Abs. 1 WDO) und nicht in eine höhere Besoldungsgruppe eingestuft werden kann. Das Verbot gilt selbst dann, wenn ohnehin im ausgeurteilten Zeitraum keine Beförderung mehr ansteht (BVerwG, Urt. v. 21.6.2011 – 2 WD 10/10). Die Dauer beträgt mindestens ein Jahr und höchstens vier Jahre, jeweils in vollen Monaten (§ 62 Abs. 2 S. 1 WDO). 1240

☝ Wenn der Wehrdisziplinaranwalt mit Zustimmung der Einleitungsbehörde und des Bundeswehrdisziplinaranwalts nicht widersprechen, kann der **Verteidiger** für seinen Mandanten die Erledigung des Verfahrens mittels eines **Disziplinargerichtsbescheids anregen**. Dies hat für den Soldaten den **Vorteil**, dass das **Verfahren** sich **erheblich verkürzt**. Häufig sind diese durch die Dauer des Verfahrens, in welcher sie faktisch nicht gefördert werden können, belastet. Dies ist besonders von Bedeutung, wenn laufbahnrelevante Lehrgänge anstehen oder ein Auslandseinsatz vom Soldaten geplant ist. Der Verteidiger sollte daher bereits frühzeitig klären, wann bei dem Soldaten fördernde Maßnahmen anstehen und ob diese von ihm gewollt sind.

4. Bei einem Soldaten, Betroffenen, für dessen Dienstgrad zwei Besoldungsgruppen vorgesehen sind, ist die **Herabsetzung** in die **niedrigere Besoldungsgruppe** seines Dienstgrades zulässig (§ 63 WDO). Eine Dienstgradherabsetzung kann in diesen Fällen unterbleiben. 1241

5. Durch die **Dienstgradherabsetzung** (§ 64 WDO) verliert der Soldat alle Rechte aus dem bisherigen Dienstgrad (§ 64 Abs. 1 WDO). Die Beförderungssperre für den Soldaten beträgt drei Jahre, gerechnet ab der Rechtskraft des Urteils (§ 64 Abs. 3 S. 1 WDO). 1242

Eine Herabsetzung im Dienstgrad ist **mit folgenden Beschränkungen möglich**: 1243

- **Unteroffiziere (Berufssoldaten)**: bis zum Feldwebel (§ 64 Abs. 1 S. 3 WDO),
- **Unteroffiziere (Zeitsoldaten)**: unbegrenzt bis Eingangsdienstgrad (Grenadier, Jäger, Panzerschütze, Panzergrenadier, Panzerjäger, Kanonier, Panzerkanonier, Pionier, Panzerpionier, Funker, Panzerfunker, Schütze, Flieger, Sanitätssoldat, Matrose),
- **Offiziere**: bis zum niedrigsten Offiziersdienstgrad, also Leutnant, bei Sanitätsoffizieren bis zum Stabsarzt (§ 64 Abs. 1 S. 1 WDO)

☝ Im Falle eines schwerwiegenden Dienstvergehens durch Unteroffiziere prüft das Truppendienstgericht in der Regel, ob der Soldat weiterhin in einem Dienstgrad mit Vorgesetztenfunktion verbleiben kann. Sollte dies nicht der Fall sein, wird häufig eine Herabsetzung in den Dienstgrad eines Gefreiten, Obergefreiten oder Hauptgefreiten in Erwägung gezogen. Eine Herabsetzung zum Oberstabsgefreiten erfolgt in der Praxis kaum, da dieser Dienstgrad besondere Verdienste voraussetzt. Ziel der Maßnahme ist grds. eine Rückstufung in einen Dienstgrad, der nicht als besonders verdienstvoll gilt.

1244 **6.a)** Die **Entfernung** aus dem **Dienstverhältnis** ist die **schwerste gerichtliche Disziplinarmaßnahme** gegen Berufssoldaten und Soldaten auf Zeit (§ 65 WDO). Als **Folgen** ergeben sich gem. § 65 Abs. 1 S. 2 WDO der Verlust sämtlicher Dienstbezüge, Berufsförderung und Dienstzeitversorgung sowie der Verlust des Dienstgrades und der sich daraus ergebenden Befugnisse.

☝ Die Entfernung aus dem Dienstverhältnis ist die **zwingende Folge** der Unvereinbarkeit einer Handlung mit dem weiteren Dienst in der Bundeswehr durch endgültige Zerstörung des Vertrauens in den betroffenen Soldaten (BVerwG 43, 97, 98). Nach der Rspr. kann im Einzelnen auch ihr Abschreckungsgesichtspunkt herangezogen werden, insbesondere, wenn das Dienstvergehen in der Einheit bekannt geworden ist (BVerwG, Urt. v. 6.3.2025 – 2 WD 15.24, m.w.N.).

Ob die Entfernung **unverhältnismäßig** ist, spielt **keine Rolle** (BVerfGE 43, 97; BVerfG ZBR 2008, 316). Soldaten, die absolut untragbar sind, dürfen nicht aus sachfremden Gründen im Dienst bleiben (*Dau/Schütz*, WDO, § 63 Rn 2). Wirtschaftliche Nachteile werden allein durch § 65 Abs. 2 und § 111 WDO abgefedert.

1245 **b)** Der **Unterhaltsbetrag** beträgt für die Dauer von 6 Monaten von 50 % der Dienstbezüge (§ 65 Abs. 2 WDO). In Extremfällen kann das Gericht auch ganz oder teilweise von einem Unterhaltsbeitrag absehen (§ 65 Abs. 3 WDO).

☝ Ob der Soldat **nicht würdig** ist, muss im **Einzelnen festgestellt** werden, bloße Zweifel reichen nicht aus (BVerwG NZWehrr 2005, 39).

Der Gewährung eines Unterhaltsbeitrages **unwürdig** ist jedenfalls, wer sich **treuwidrig bedürftig** macht oder erhält. Die Unwürdigkeit im Sinne von § 65 Abs. 3 S. 1 WDO kann sich ausnahmsweise auch aus besonderen Umständen in der Person des Soldaten oder seinem Tatverhalten ergeben (BVerwG, Urt. v. 30.10.2012 – 2 WD 28.11).

1246 **7.** Die **Gerichtliche Disziplinarmaßnahmen** gegen Soldaten im **Ruhestand** (Reservisten) sowie gegen frühere Soldaten, die gem. § 1 Abs. 3 WDO als Soldaten im Ruhestand gelten sind unterteilt in

1. Kürzung des Ruhegehalts (§ 66 WDO),
2. Herabsetzung in der Besoldungsgruppe (§ 63 WDO),
3. Dienstgradherabsetzung (§ 64 WDO) und
4. Aberkennung des Ruhegehalts (§ 67 WDO).

☝ Entsprechendes gilt für Angehörige der **Reserve** und nicht wehrpflichtige frühere Soldaten.

1247 **Gerichtliche Disziplinarmaßnahmen** gegen

- **Soldaten** in einem **Wehrdienstverhältnis** nach dem Reservistinnen- und Reservistengesetz,
- Angehörige der **Reserve** sowie

- **nicht wehrpflichtige** frühere Soldaten, die noch zu Dienstleistungen herangezogen werden können

sind die
1. Dienstgradherabsetzung sowie die
2. Aberkennung des Dienstgrades

(→ *Soldaten, gerichtlichte Disziplinarmaßnahmen,* Teil H Rdn 1246 ff.).

8.a) Ein Dienstvergehen darf gemäß § 18 WDO nur einmal disziplinarisch geahndet werden; mehrere Disziplinarmaßnahmen gleichzeitig sind ausgeschlossen. Das Truppendienstgericht kann nachträglich eine gerichtliche Disziplinarmaßnahme verhängen, auch wenn bereits eine einfache Disziplinarmaßnahme oder eine strafrechtliche Bestrafung vorlag (BVerwG, Urt. v. 14.11.2007 – 2 WD 29.06). **1248**

☝ Soldaten, die ein Dienstvergehen begangen haben, können mit Verweis, Disziplinarbuße, Ausgangsbeschränkung oder Disziplinararrest bestraft werden. **Zusätzlich** kann das Truppendienstgericht gerichtliche Maßnahmen verhängen. Das Verbot der Doppelbestrafung aus Art. 103 GG gilt hier nicht, da disziplinare Maßnahmen keine Strafen im engeren Sinne darstellen.

Soweit sich ein Dienstvergehen mit einer **Straftat** deckt, ist jedoch eine unter strafrechtlichen und disziplinaren Gesichtspunkten vorgenommene **doppelte Sanktion zulässig** (BVerwG, Urt. v. 14.11.2007 – 2 WD 29.06).

b) Die Wehrdienstgerichte sind auch befugt, gem. § 60 Abs. 6 WDO **einfache** Disziplinarmaßnahmen zu verhängen (→ *Soldaten, einfache Disziplinarmaßnahmen*, Teil H Rdn 1202). Innerhalb der gerichtlichen Disziplinarmaßnahmen darf auch neben der Kürzung der Dienstbezüge ein Beförderungsverbot verhängt werden (s.o. Rdn 1240). **1249**

9. Für die Verhängung gerichtlicher Disziplinarmaßnahmen gelten folgende **Fristen**: **1250**

- **Drei Jahre** nach Begehung des Dienstvergehens dürfen eine Kürzung der Dienstbezüge und Kürzung des Ruhegehalts, nicht mehr verhängt werden (§ 17 Abs. 4 WDO).
- **Fünf Jahre** nach Begehung des Dienstvergehens darf ein Beförderungsverbot nicht mehr verhängt werden (§ 17 Abs. 5 WDO).
- **Sieben Jahre** nach Begehung des Dienstvergehens darf eine Herabsetzung des Dienstgrades oder der Besoldungsstufe nicht mehr verhängt werden (§ 17 Abs. 6 WDO).

Die **Hemmung der Frist** tritt ein, sofern im Hinblick auf denselben Sachverhalt ein Strafverfahren, ein Bußgeldverfahren oder ein gerichtliches Disziplinarverfahren eingeleitet wurde. Gleiches gilt, wenn der Sachverhalt Gegenstand einer Beschwerde, eines militärischen Flugunfallberichts, einer Tauchunfalluntersuchung oder eines Havarieverfahrens ist (§ 17 Abs. 7 WDO). **1251**

10. Dem Soldaten ist gem. § 3 Abs. 1 WDO berechtigt, die **Akten** einzusehen, soweit dies ohne Gefährdung des Ermittlungszwecks möglich ist (→ *Disziplinarverfahren, Allgemeines*, Teil H Rdn 1160). Der Anspruch auf Akteneinsicht kann geltend gemacht werden, sobald Ermittlungen aufgenommen wurden, deren Ergebnis Eingang in Akten oder sonstige Unterlagen gefunden hat (*Dau*, WDO, § 3 Rn 3). Soweit jedoch gesetzliche Verbote und dem Individualinteresse übergeordnete Sicherheitsinteressen der Bundeswehr oder der Bundesrepublik Deutschland entgegenstehen, z.B. die ärztliche Schweigepflicht, das Post-, Bank-, Steuergeheimnis oder VS-Vorschriften, kann die Akteneinsicht verweigert werden. **1252**

☝ Für den **Verteidiger** ergibt sich das **Akteneinsichtsrecht** im gleichen Umfang aus **§ 93 Abs. 4 WDO**.

Siehe auch: → *Soldaten, Disziplinarverfahren, Allgemeines*, Teil H Rdn 1151 m.w.N.; → *Soldaten, Dienstvergehen,* Teil H Rdn 1144; → *Soldaten, einfache Disziplinarmaßnahmen*, Teil H Rdn 1199.

1253 Soldaten, Verlust der Rechtsstellung

1254 **Literaturhinweise:** S. die Hinw. bei → *Soldaten, Disziplinarverfahren, Allgemeines*, Teil H Rdn 1151.

1255 **1.** Der Soldat verliert seine Rechtsstellung – ohne dass es eines Verwaltungshandelns bedarf – **von Gesetzes wegen** aufgrund der in § 48 SG aufgeführten Fälle:

- Verurteilung wegen eines **Verbrechens** zu Freiheitsstrafe von **mindestens einem Jahr** oder
- oder wegen Verurteilung zu einer vorsätzlichen Tat, die nach den Vorschriften über **Friedensverrat, Hochverrat**, Gefährdung des demokratischen Rechtsstaates oder Landesverrat und **Gefährdung** der **äußeren** Sicherheit zu Freiheitsstrafe verurteilt ist, oder
- wegen **Nichtbesitz** der Fähigkeit zur **Bekleidung öffentlicher Ämter** infolge Richterspruchs, oder
- wenn er einer **Maßregel** der **Besserung** und **Sicherung** nach den **§§ 64, 66** StGB unterworfen ist, solange die Maßregel nicht erledigt ist (§§ 48 Nr. 2, 54 Abs. 2 Nr. 1 SG)
- strafgerichtliche **Verurteilungen** von mindestens einem Jahr wegen einer **vorsätzlich begangenen Tat** (§§ 48 Nr. 2, 54 Abs. 2 Nr. 2 SG),
- strafgerichtliche Verurteilungen von **mindestens 6 Monaten** wegen **Bestechlichkeit**, wenn sich die Tat auf eine Diensthandlung im Wehrdienst bezieht (§§ 48 Nr. 2, 54 Abs. 2 Nr. 3 SG).

☝ Der Verteidiger im **Strafverfahren** muss sich der möglichen dienstrechtlichen Konsequenzen für den Soldaten bewusst sein. Falls das Gericht diese Aspekte, wohlmöglich aus eigener Unkenntnis, nicht berücksichtigt, besteht die Pflicht des Verteidigers, unbedingt darauf hinzuweisen, dass der Soldat seine Rechtsstellung verlieren kann. Andernfalls könnten dem Verteidiger Schadensersatzansprüche seines Mandanten entstehen (→ *Rechtsanwälte, Strafverteidigung und Haftung, Allgemeines*, Teil H Rdn 1126).

1256 **2.** Mögliche Folgerungen aus Verurteilungen durch Gerichte **außerhalb** des **Geltungsbereichs** des **GG** können nur im gerichtlichen Disziplinarverfahren gezogen werden (BVerwG, Urt. v. 19.4.2018 – BVerwG 2 C 59.16; → *Soldaten, Disziplinarverfahren, Gerichtliche Maßnahmen*, Teil H Rdn 1235 ff.).

1257 **3.** Der **Verlust** der **Rechtsstellung** tritt am Tage der Rechtskraft des Urteils um 24 Uhr ein (*Lucks/Scherer/Alff*, § 48 Rn 4). Das Urteil muss hinsichtlich §§ 354a, 357 StPO in vollem Umfang rechtskräftig sein (*Lucks/Scherer/Alff*, Soldatengesetz, § 48 Rn 4).

Siehe auch: → *Soldaten, Disziplinarverfahren, Allgemeines*, Teil H Rdn 1151 m.w.N.; → *Soldaten, Entlassung, Berufssoldaten*, Teil H Rdn 1204.

1258 Soldaten, Wehrstrafrecht

1259 **Literaturhinweise:** S. die Hinw. bei → *Soldaten, Disziplinarverfahren, Allgemeines*, Teil H Rdn 1151.

1260 **1.** D das Wehrstrafrecht ist **kein eigenständiges Rechtsgebiet**, sondern ein Teil des Strafrechts, das speziell für Soldaten gilt und deren besondere Pflichten und Verhaltensweisen im Dienst regelt. Es ergänzt und modifiziert das allgemeine Strafrecht, ist aber nicht davon losgelöst. Das Wehrstrafrecht baut auf dem allgemeinen Strafrecht auf. Es übernimmt dessen Grundprinzipien und Strafrahmen, passt diese aber an die besonderen Bedürfnisse des militärischen Dienstes an.

1261 Das Wehrstrafgesetz (**WStG**) **gilt** für **aktive Soldatinnen/Soldaten** der Bundeswehr (§ 1 Abs. 1 WStG). Wegen Anstiftung und Beihilfe zu militärischen Straftaten sowie wegen Versuchs der Beteiligung an solchen Straftaten ist gem. § 1 Abs. 4 WStG nach dem WStG auch strafbar, wer nicht Soldat ist. Das Wehrstrafrecht ist somit ein **Sonderstrafrecht**, das auf Soldaten zugeschnitten ist. Es enthält Straftatbestände, die nur im militärischen Kontext relevant sind. Seit 1.7.2002 gilt zusätzlich das Völkerstrafgesetzbuch.

In der **Praxis** spielt das Wehrstrafgesetz **nur** bei den Delikten 1262

- **Eigenmächtige Abwesenheit** (§ 15 WStG),
- **Fahnenflucht** (§ 16 WStG),
- **Ungehorsam** (§ 19 WStG) sowie
- **Misshandlung** (§ 30 WStG)

eine Rolle. Seit Aussetzung der Wehrpflicht zum 1.3.2011 sind praktisch nur der Ungehorsam sowie die Misshandlung relevant. StA und Gerichte sind aber aufgrund häufig fehlender Erfahrung sehr ungeübt im Umgang mit dem WStG.

☝ Durch eine **frühzeitige Kontaktaufnahme** im Ermittlungsverfahren kann der Verteidigung in manchen Fällen die Möglichkeit eröffnet werden, eine Einstellung nach § 170 Abs. 2 StPO zu erreichen, alternativ auch eine Einstellung wegen geringer Schuld oder gegen Geldauflage nach §§ 153, 153a StPO.

2. Besondere Wehrstrafgerichte gibt es **nicht**. Zuständig sind ausschließlich die ordentlichen Gerichte nach den allgemeinen Gerichts- und Strafverfahrensgesetzen (*Reeb/Többicke*, Lexikon Innere Führung, S. 282). 1263

Siehe auch: → *Soldaten, Disziplinarverfahren, Allgemeines*, Teil H Rdn 1151 m.w.N.; → *Soldaten, Dienstvergehen*, Teil H Rdn 1144.

Steuerberater, Allgemeines 1264

Literaturhinweise: Gräfe/Wollweber/Schmeer, Steuerberaterhaftung, 8. Aufl. 2023, **Günther**, Berufsrecht der Steuerberater, 1. Aufl. 2022; **Kuhls** u.a., Kommentar zum Steuerberatergesetz, 4. Aufl. 2020. 1265

1. Mögliche Folgen strafrechtlicher Ermittlungen/Verurteilungen für Steuerberater sind u.a. das **Berufsverbot**, welches im Strafverfahren als Nebenfolge (Maßregel) ausgesprochen werden kann (→ *Berufsverbot, Allgemeines*, Teil B Rdn 1 m.w.N.), und **Schadensersatzansprüche** gegen den Steuerberater i.d.R. des Mandanten (→ *Steuerberater, Haftung, Pflichten,* Teil H Rdn 1292). Die steuerrechtliche Haftung des Steuerberaters als Vertreter gem. §§ 34, 35, 69 – 77 AO wird hier nicht weiter behandelt, ebenso keine arbeitsrechtlichen Fragen (also z.B. eine Kündigung). Neu ist seit 7.7.2021, dass das **Berufsrecht** jetzt auch verschärfte Möglichkeiten gegen die Berufsausübungsgesellschaften (BAG) und deren Leitungspersonen vorsieht (s. z.B. §§ 55, 55b, 89a und 90 Abs. 2 StBerG) Mit der umfassenden Zulassung der BAGs waren auch Sanktionsmöglichkeiten nötig geworden. 1266

2. Strafrechtlicher Ermittlungen/Verurteilungen können außerdem **berufsrechtliche Folgen** haben. **Berufsrechtliche Verfahren** sind 1267

- Verfahren auf Widerruf der Zulassung durch die Steuerberaterkammer (§ 46 StBerG),
- Rügeverfahren gemäß § 81 StBerG,
- berufsgerichtliches Verfahren gem. §§ 89 ff. StBerG.

☝ Da das Berufsrecht der Steuerberater in vielen Belangen gleich strukturiert ist wie das anwaltliche Berufsrecht, kann im Wesentlichen auf die dortigen Ausführungen verwiesen werden (→ ***Rechtsanwälte, Allgemeines***, Teil H Rdn 994 m.w.N.).

Siehe auch: → *Steuerberater, Berufsrechtliche Verfahren, Allgemeines*, Teil H Rdn 1268; → *Steuerberater, Haftung, Allgemeines*, Teil H Rdn 1275; → *Steuerberater, Haftung, Pflichten*, Teil H Rdn 1292.

1268 Steuerberater, Berufsrechtliche Verfahren, Allgemeines

1269 **Literaturhinweise:** S. die Hinw. bei → *Steuerberater, Allgemeines*, Teil H Rdn 1265 und bei → *Rechtsanwälte, Allgemeines/Überblick*, Teil H Rdn 995

1270 **1.** Ein berufsgerichtliches Verfahren wird eingeleitet, wenn ein Steuerberater **schuldhaft** gegen **Pflichten verstößt**, die sich aus dem StBerG und der **BOStB** ergeben. Die Pflichten ergeben sich aus §§ 57–67, 79, 80 und 57 StBerG iVm der BOStB. Es wird zwischen außerberuflichen und beruflichen unterschieden. Es kommt dabei darauf an, ob Pflichtverstöße berufliche sind/sein können. Der Maßnahmenkatalog reicht von der Warnung (mildestes Mittel) bis zur Ausschließung aus dem Beruf (§ 90 StBerG; zu den Sanktionen → *Rechtsanwälte, Berufsrecht, anwaltsgerichtliche Verfahren, Prozessuales und Materielles*, Teil H Rdn 1037).

1271 Das berufsgerichtliche Verfahren ist durch die große StBerG-Reform durch das am 7.7.2021 in Kraft getretene „*Gesetz zur Neuregelung des Berufsrechts der anwaltlichen und steuerberatenden Berufsausübungsgesellschaften*" in einigen Bereichen geändert worden (vgl. a. BT-Drucks. 19/27670). So sind jetzt Berufsausübungsgesellschaften (BAG) zulässig. Gegen sie kann auch nach dem System des Berufsrechts vorgegangen werden. Die Öffentlichkeit ist jetzt nach den allg. Regeln des GVG, der FGO oder der StPO) zu den Verhandlungen zugelassen. Die StBK darf den Beschwerdeführer jetzt informieren.

1272 **2.** Vorgesehen sind in den berufsgerichtlichen Verfahren folgende Spruchkörper: Ggf. erstinstanzlich das LG, für die Berufung ist dann das OLG und für die Revision der BGH **zuständig** (s.a. Teil H Rdn 1274).

1273 Die **Spruchkörper** für Steuerberater- und -bevollmächtigtensachen (LG) ist **besetzt** mit einem Vorsitzenden Richter als Berufsrichter und zwei Berufsangehörigen als Beisitzern (§ 95 StBerG). Der Senat bei dem OLG ist mit drei Berufsrichtern und zwei Berufsangehörigen besetzt (§ 96 StBerG). Dem Senat beim BGH gehören drei Berufsrichter und zwei Berufsangehörigen an.

1274 **3.** Auf folgende **Grundzüge** ist zu den **berufsrechtlichen Verfahren** betreffend Steuerberater hinzuweisen:

- Das StBerG sieht **verschiedene** berufsrechtliche **Verfahren** vor, und zwar:
  - Das Verfahren auf **Widerruf** der Zulassung durch die Steuerberaterkammer (StBK) (§ 46 StBerG und § 55 StBerG für die BAG),
  - das **Rügeverfahren** gem. §§ 81 ff. StBerG und das berufsgerichtliche Verfahren gem. §§ 89 StBerG ff., nach § 55 StBerG auch für die BAG,
  - die **berufsgerichtliche Sanktionierung** in §§ 89 Abs. 3 StBerG.
- Gem. § 46 Abs. 2 Nr. StBerG ist z.B. die **Zulassung** von der StBK u.a. zu **widerrufen**, wenn der Steuerberater in Folge strafgerichtlicher Verurteilung die Fähigkeit zur Bekleidung öffentlicher Ämter verloren hat. Die StBK kann den Widerruf auch mit einem Sofortvollzug verbinden (s. § 164 a StBerG iVm § 361 Abs. 4 AO).
- Dieses **Verfahren** wird **von** der **StBK eingeleitet** und bei Widerruf ist Klage vor dem FG gegen die StBK (§ 46 Abs. 4 StBerG zu erheben. Ein Widerspruch ist gem. § 348 Nr. 4 AO ausgeschlossen) zu erheben. Gegen die Entscheidung des FG ist die **Revision** zum BFH bei Zulassung durch das FG (s. § 115 FGO) oder die Nichtzulassungsbeschwerde zum BFH (s. § 116 FGO) zulässig. Bei Anordnung des Sofortvollzuges ist ebenfalls das FG für das Verfahren auf Aussetzung zuständig. Es gilt neben dem StBerG, die AO und die FGO (s. § 164 a StBerG).
- Ein **berufsgerichtliches Verfahren setzt voraus**, dass die StBK – i.d.R. gem. Nr. 24 MiStra – informiert wurde und die Akten dann an die Staatsanwaltschaft abgibt. Es geht darum, dass ein Steuerberater schuldhaft gegen Pflichten verstoßen haben soll. Ein **Strafverfahren** wegen dieses Verhaltens hat Vorrang und muss **abgewartet**, das berufsgerichtliche Verfahren also ausgesetzt werden (s. § 109 StBerG).

- **Zuständig** im berufsrechtlichen Verfahren nach Abgabe der StBK an die GenStA ist nach Einreichen einer Anschuldigungsschrift (s. § 114 StBerG) durch diese dann erstinstanzlich die Kammer für Steuerberater- und Steuerbevollmächtigtensachen bei dem LG, dann für die Berufung (§ 127 StBerG) der Senat für Steuerberater- und Steuerbevollmächtigtensachen bei dem OLG und für die Revision (§ 129 StBerG) der Senat für Steuerberater- und Steuerbevollmächtigtensachen bei dem BGH. Es gelten neben dem StBerG die StPO und das GVG (s. § 153 StBerG). Das Verfahren wird ebenso wie ein Strafverfahren in die Phasen Ermittlungs-, Zwischen-, Haupt-, Rechtsmittel- und Vollstreckungsverfahren eingeteilt.
- Gem. § 81 StBerG kann der Vorstand der StBK das Verhalten eines Steuerberaters **rügen**, wenn er dessen Schuld für gering erachtet und ein Antrag auf Einleitung eines berufsgerichtlichen Verfahrens nicht erforderlich erscheint.

☝ Da die berufsrechtlichen Verfahren gegen Steuerberater strukturell sehr ähnlich zu den Verfahren gegen Rechtsanwälte sind, wird wegen weiterer Einzelheiten verwiesen auf die Ausführungen bei → ***Rechtsanwälte, Berufsrecht, anwaltsgerichtliches Verfahren, Prozessuales und Materielles***, Teil H Rdn 1037 ff.

Siehe auch: → *Steuerberater, Allgemeines*, Teil H Rdn 1264.

Steuerberater, Haftung, Allgemeines 1275

Das Wichtigste in Kürze:

1. Dargestellt wird hier nur die zivilrechtliche Haftung des Steuerberaters gegenüber dem Mandanten.
2. Anspruchsgrundlage für Haftungsansprüche ist regelmäßig § 280 Abs. 1 BGB (Schadensersatz wegen Pflichtverletzung).
3. Die Haftung greift, wenn bewiesen ist, dass der Steuerberater schuldhaft eine Dienstleistungspflicht verletzt hat und dem Mandanten daraus ein Schaden entstanden ist.

Literaturhinweise: Gräfe/Wollweber/Schmeer, Steuerberaterhaftung, 8. Aufl. 2023; Henssler/Gehrlein/Holzinger, Handbuch der Beraterhaftung, 2023, s.a. die Hinw. bei → *Steuerberater, Allgemeines*, Teil H Rdn 1265 und bei → *Rechtsanwälte, Allgemeines*, Teil H Rdn 995. 1276

1. Behandelt wird nachfolgend in einem Überblick die etwaige Haftung des Steuerberaters für seine ggf. evtl. schlechte Berufsausübung dem Mandanten gegenüber. Es handelt sich hier um die haftungs- also **zivilrechtliche Seite** der Tätigkeit. 1277

☝ Hier werden **nur Schadensersatzansprüche** des **Mandanten** gegen „seinen" Steuerberater behandelt. Die steuerrechtliche Haftung des Steuerberaters als Vertreter gem. §§ 34, 35, 69 -77 AO, die Haftung aus Delikt (§ 823 BGB) und die Haftung aus Gründen der Täterschaft und Teilnahme an einer Straftat des Mandanten bzw. einer eigenen werden nicht dargestellt.

Da das Haftungsrecht der Steuerberater dem der Rechtsanwälte sehr ähnlich ist, kann zur Vertiefung darauf verwiesen werden (→ *Rechtsanwälte, Strafverteidigung und Haftung, Allgemeines*, Teil H Rdn 1126 ff. m.w.N.).

2.a) Anspruchsgrundlage für Haftungsansprüche gegen Steuerberater ist regelmäßig **§ 280 Abs. 1 BGB**, der den Schadensersatz wegen Pflichtverletzung neben der Leistung regelt. Der Vertrag zwischen Steuerberater und Mandant ist i.d.R. ein Geschäftsbesorgungsvertrag (§ 675 BGB), der auf eine Dienstleistung 1278 und/oder auf ein Werk/einen Erfolg gerichtet ist. Die Beratung zu einem Steuerthema wird ersteres, die Erstellung der Buchhaltung zweiteres sein.

1279 Die **Rechtsfolge** geht auf **Schadensersatz**, der auch Ersatz der **Folgeschäden** umfassen kann. Grundsatz dabei ist immer die Differenzhypothese: Zustand ohne und mit Steuerberaterpflichtverletzung.

1280 **b) Vor** der **Prüfung** der **Haftung** – bzw. vor Übernahme eines Mandates – ist zu prüfen/anzudenken:

- Gab es lediglich ein begrenztes Mandat?
- Gibt es eine Haftungsbegrenzung (s. § 67a StBerG)?
- Ist die Berufsausübungsgesellschaft Vertragspartnerin und damit meine persönliche Haftung so gut wie ausgenommen?

1281 **3.a)** Die **Haftung** des Steuerberaters **setzt voraus**

- eine Verletzung einer Pflicht aus dem GBV,
- ein Verschulden,
- einen Schaden bei dem Mandanten,
- Kausalität zwischen der Pflichtverletzung und dem Schaden sowie der Pflichtverletzung und der Schadenshöhe.

1282 Im Einzelnen gilt:

b) Pflichtverletzungen werden vertieft behandelt bei → *Steuerberater*, *Haftung*, *Pflichten*, Teil H Rdn 1292.

1283 **c)** Die Beurteilung von **Pflichtwidrigkeit** und **Verschulden** ist i.d.R. **nicht problematisch**: Wenn eine Pflichtverletzung vorliegt, ist sie in der Regel pflichtwidrig und zumindest fahrlässig. Der Steuerberater wird weder durch situationsbezogene Umstände wie z.B. Krankheit entschuldigt noch dadurch, dass anderen Rechtskundigen – namentlich Gerichten – derselbe Fehler unterläuft (BVerfG NJW 2002, 2937). Ggf. kommt der Haftungsausschluss gem. § 67a StBerG für leichte Fahrlässigkeit in Betracht.

1284 **d)aa)** Die **Berechnung** eines **etwaigen Schadens** wirft in der Praxis keine erheblichen Probleme auf. Hier gilt die Differenzhypothese, also ist zu fragen: Wie stünde das Vermögen des Mandanten ohne Fehler des Steuerberaters und wie steht es mit dem Fehler. Die Differenz ist der Schaden.

1285 **bb)** Nicht jede Schadensposition ist ersatzrechtlich relevant (Stichwort: **Normativer Nichtschaden**). Was der Rechtslage widerspricht, ist nicht erstattungsfähig. Ein Steuerschaden kann nur entstehen, wenn er rechtmäßig hätte vermieden werden können. Bei falschem Rat zur Umsatzsteuerfreiheit, kann der USt-Schaden selten ersatzfähig sein. Es gibt eine normative Kontrolle. **Bedeutsam** wird das in Fällen, in denen ein Fehler des Steuerberaters erfolgte und sich nun die Frage stellt, wie die **Entscheidung ohne** den **Fehler** ausgefallen wäre. Diese rechtmäßige Alternativhypothese muss durchgespielt werden und begrenzt einen etwaigen Schaden nach oben.

1286 **cc) Folgeschäden** sind möglich. **Verfahrenskosten** und auch die **Steuerberatervergütung** könne ggf. Schaden möglich. Die bis zu dem Fehler des Steuerberaters entstandene Vergütung bleibt dem Steuerberater erhalten. Ein Fehler muss noch nicht zur Rückzahlung führen.

> ☝ **Kosten**, die **aus** einem **fehlerhaften Rat** resultieren, wie etwa dem Einlegen eines aussichtslosen Rechtsmittels, sind erstattungsfähig. Das gilt auch für Rechtsmitteleinlegungen ohne Mandat oder ohne entsprechende Ermächtigung (OLG Hamm NJW 2008, 3799; Beschl. v. 16.5.2012 – III-3 Ws 52/12).

1287 **e)** Für die **haftungsausfüllende Kausalität** gilt: Der Steuerberater haftet nur für solche Schäden, die durch seine Pflichtverletzung kausal entstanden und ihm auch zuzurechnen sind. Das wirft in der Praxis regelmäßig keine Probleme auf, namentlich wird der Zurechnungszusammenhang nicht etwa dadurch unterbrochen, dass der Mandant selbst Handlungen vornimmt, sofern der Beistand durch seinen Rat die Kausalkette in Gang gesetzt hat. Auch Fehler des Gerichts können den Berater nicht entlasten, da diesen eine Fehlerverhütungspflicht trifft (BGH NJW 1964, 2402/2404).

f) Die **Beweislast** liegt beim Kläger. Dem Kläger können allerdings gewisse **Beweiserleichterungen** sowie die Möglichkeit von Anscheinsbeweisen zu Gute kommen. Über die Fragen des Schadens und der haftungsausfüllenden Kausalität darf das Regressgericht nach freier Überzeugung aufgrund der Darlegungen der Parteien entscheiden; hier gilt die Beweiserleichterung des **§ 287 ZPO** (MAH-*Barton*, § 41 Rn 80 für Rechtsanwälte). 1288

☝ Der BGH lehnt bisher – auch bei groben Berufspflichtverstößen – eine **Beweislastumkehr** zugunsten des Klägers ab.

g) Für die **Verjährung** der Ansprüche des Mandanten aus dem Vertrag gilt die allgemeine Verjährungsfrist des § 195 BGB. Sie beträgt also **drei Jahre**. Die Frist beginnt gem. § 199 Abs. 1 BGB mit dem Schluss des Jahres zu laufen, in welchem der Anspruch entstanden ist und der Gläubiger von den den Anspruch begründenden Tatsachen und der Person des Schuldners Kenntnis erlangt. Der Gläubiger/Mandant muss also um seinen Anspruch und den Gegner (BAG bzw. Berufsträger) wissen und ihn geltend machen können. Eventuell lohnt es sich, den (Ex) Mandanten in Kenntnis zu setzen, um die 3-jährige Frist zum Laufen zu bringen. 1289

Die **absolute Verjährung** ist in § 199 Abs. 3 Nr. 1 BGB für solche Schadensersatzansprüche geregelt. Sie beträgt **10 Jahre** ohne Kenntnis des Gläubigers von der Entstehung des Anspruches an. 1290

☝ Es gilt keine **Kalenderjahresschlussregelung**.
Liegen **beide Fristen** vor, zählt die kürzer Frist.

Siehe auch: → *Rechtsanwälte, Haftung, Pflichten*, Teil H Rdn 1072; → *Rechtsanwälte, Haftungsrechtliche Grundlagen*, Teil H Rdn 1090; *Rechtsanwälte, Strafverteidigung und Haftung, Allgemeines*, Teil H Rdn 1126.

Steuerberater, Haftung, Pflichten 1291

Das Wichtigste in Kürze:

1. Den Steuerberater treffen viele Pflichten, die von der Rspr. festgelegt worden sind.
2. Die Pflichten sind für alle gleich, mögen bereichsspezifisch leicht anders sein. Es wird zwischen Haupt(Kardinal)- und Nebenpflichten unterschieden.
3. Die vom Berater einzuhaltenden Pflichten werden in Informations-, Aufklärungs-, Rechtsprüfungs-, Beratungs-, Belehrungs-, Handlungs- und Schadensverhütungspflichten eingeteilt.

1. Den Steuerberater treffen viele Pflichten, die von der Rspr. festgelegt worden sind. Sie sind also erkenn- und einhaltbar. 1292

2. Die Pflichtenfülle, die die Steuerberater trifft, ist groß und setzt quasi einen **„steuerrechtlichen Supermann"** voraus. 1293

☝ Wie ein Rechtsanwalt ist der Steuerberater nach der **ständigen Rspr.** des **BGH** „zur allgemeinen, **umfassenden** und möglichst **erschöpfenden Belehrung** des Auftraggebers verpflichtet". Es ist Sache des Steuerberaters dem Mandanten diejenigen Schritte anzuraten, die zu dem erstrebten Ziele zu führen geeignet sind. Er hat Nachteile für den Auftraggeber zu verhindern, soweit solche voraussehbar und vermeidbar sind. Unkundige muss er über die Folgen ihrer Erklärungen belehren und vor Irrtümern bewahren. Der Steuerberater muss – wie der Rechtsanwalt, den Mandanten auch – anders als der Notar – über mögliche wirtschaftliche Gefahren des beabsichtigten Geschäfts belehren (BGH VersR 1968, 969; → *Rechtsanwälte, Haftung, Pflichten*, Teil H Rdn 1072).

1294 Für den **Steuerberater** gilt nichts anderes als für den Rechtsanwalt: Auch er hat den Mandanten „allgemein, umfassend und möglichst erschöpfend zu belehren, seine Belange nach jeder Richtung wahrzunehmen und das aufgetragene Geschäft so zu erledigen, dass Nachteile für den Kläger – soweit sie voraussehbar und vermeidbar waren – vermieden werden" (OLG Nürnberg StV 1997, 481, 482). Der Steuerberater muss insbesondere darauf achten, dass er das ihm nach dem StBerG zugewiesene Kompetenzgebiet (§ 3 StBerG) nicht verlässt und damit riskiert, dass seine **Berufshaftpflicht** nicht eintritt.

1295 **3.a)** Zur **Kardinalpflicht** des Steuerberaters gehört: Der Steuerberater soll im Rahmen des gesetzlich Zulässigen unter Ausnutzung der im Gesetz gegebenen Möglichkeiten für den Mandanten verhindern, dass dieser höhere als nach dem Gesetz notwenige Steuern zahlen muss. Dabei geht es um die Erfassung des Sachverhaltes und die Klärung der Mandanteninteressen. Das bedeutet, dass der Steuerberater Informations- und Aufklärungspflichten hat. Dann – nach Erfassung und Klärung- muss er die Sachlage rechtlich prüfen (**Rechtsprüfungspflichten**) und den Mandanten darüber informieren, belehren sowie geeignete Wege aufzeigen und auf Risiken hinweisen und dem Mandanten insb. den Behörden/Gericht gegenüber beistehen (**Handlungs-** und **Schadensverhütungspflichten**).

1296 **b)** Bei den **Informations- und Aufklärungspflichten** des Steuerberaters geht es um das Mandantengespräch, Dokumentenvorlage und -lektüre, eventuelle Akteneinsicht und evtl. um eigene Recherchen. Ohne umfassende Sachverhaltskenntnis und das Wissen um die Ziele des Mandanten ist eine realistische Einschätzung/Prognose der Angelegenheit/des Verfahrens schwer möglich.

1297 Insoweit gilt:

- Das **Mandantengespräch** oder eine Kommunikation ist unabdingbar. Wie üblich darf der Steuerberater auf die Richtigkeit und Vollständigkeit der Angaben seines Mandanten ohne Nachforschungen vertrauen, es sei denn die Unrichtigkeit drängt sich förmlich auf
- **Akteneinsicht**, falls Akten vorhanden sind, ist unabdingbar.

1298 **c)** Die Anforderungen, die die Haftungsrechtsprechung an **Steuerrechtsprüfungspflichten** stellt, sind immens hoch. Wenn der Steuerberater die Sach- und Rechtslage nicht umfassend prüft, begeht er einen Fehler. Grds. hat er dabei jeden Irrtum zu vertreten. Fehler Dritter ändern daran nichts. Das verlangt eine angemessene Vorbereitungszeit; fehlt es daran, muss der Steuerberater die entsprechenden Rechtsbehelfe ergreifen.

1299 **Fehler** bei der Prüfung der Sach- und Rechtslage sind praktisch in allen Bereichen möglich.Fehler sind auch bei der **Prüfung** des **Verfahrensrechts** möglich; hier muss ein besonderes Augenmerk etwaigen **Beweisverwertungsverboten** gelten.

1300 **d) Pflichten** zur **Beratung und Belehrung** des Mandanten sind von der Haftungsrechtsprechung außerordentlich **weit gesteckt** worden. Pflichtversäumnisse können sich als Anschlussfehler aus unterlassenen Steuerrechtsprüfungspflichten ergeben. Sie können aber auch daraus folgen, dass der Steuerberater nicht die richtigen Schlüsse aus der Prüfung der Sach- und Rechtslage zieht oder nicht hinreichend vor Risiken warnt, die ein bestimmtes Vorgehen mit sich bringt.

☝ Die Rspr. sieht bei der Haftung bisher **keine Beweislastumkehr** vor.

1301 **e)** Der Steuerberater hat schließlich **Handlungs-** und **Schadensverhütungspflichten** zu beachten. Die Haftungsrechtsprechung spricht seit jeher vom **Gebot** des **sichersten Weges.**

Siehe auch: → *Steuerberater, Allgemeines*, Teil H Rdn 1264.

Tierarzt, Allgemeines 1302

Literaturhinweise: **Bazan/Dann/Errestink**, Rechtshandbuch für Ärzte und Zahnärzte, 1. Aufl. 2013; **Clausen/Schroeder-Printzen**, Münchener Anwaltshandbuch Medizinrecht, 3. Aufl. 2020; **Quaas/Zuck/Clemens**, Medizinrecht, 4. Aufl. 2018; **Röth**, Nebenfolgen strafrechtlicher Verurteilung, StraFo 2012, 354; **Spickhoff**, Medizinrecht, 4. Aufl. 2022; **Ulsenheimer/Gaede**, Arztstrafrecht in der Praxis, 6. Aufl. 2021; **Willems**, Das Verfahren vor den Heilberufsgerichten, 1. Aufl. 2009; s.a. die Hinw. bei den u.a. Stichwörtern. 1303

Mögliche Folgen strafrechtlicher Ermittlungen/Verurteilungen, die nicht bereits vom Strafgericht verhängt werden: 1304

- **Widerruf**/Rücknahme der Approbation (→ *Tierarzt, Rücknahme/Widerruf bzw. Ruhen der Approbation*, Teil H Rdn 1320),
- **Berufsrechtliches Verfahren** (→ *Tierarzt, berufsrechtliches Verfahren*, Teil H Rdn 1306),
- **Schadensersatzansprüche** (→ *Tierarzt, Schadensersatz des geschädigten Halters*, Teil H Rdn 1334),
- **hochschulrechtliche Folgen** (→ *Tierarzt, hochschulrechtliche Fragen*, Teil H Rdn 1316).

2. Die Behörden, und zwar die jeweiligen **Kammern** und die **Approbationsbehörden**, erhalten gem. Nr. 26 der **MiStra** (Mitteilungen in Strafsachen) bei Tatvorwürfen, die geeignet sind, berufsrechtlich von Belang zu sein, **Mitteilung** über den Erlass und den Vollzug eines Haft- oder Unterbringungsbefehls, über die Anordnung **eines** vorläufigen Berufsverbotes und die Aufhebung, über die Erhebung der öffentlichen Klage und über den Ausgang **der** vorgenannten **Verfahren.** 1305

☝ Der Beruf muss vielleicht den Strafverfolgungsbehörden gar nicht zur Kenntnis gelangen. Niemals vorschnell den Beruf des Mandanten offenbaren.

Siehe auch: → *Tierarzt, berufsrechtliches Verfahren*, Teil H Rdn 1306; → *Tierarzt, hochschulrechtliche Fragen*, Teil H Rdn 1316; → *Tierarzt, Rücknahme/Widerruf bzw. Ruhen der Approbation*, Teil H Rdn 1320; → *Tierarzt, Schadensersatz des geschädigten Halters*, Teil H Rdn 1334.

Tierarzt, berufsrechtliches Verfahren 1306

Das Wichtigste in Kürze:

1. Nach den je nach Bundesland geltenden Kammer- bzw. Heilberufsgesetzen wird die Einhaltung der beruflichen Pflichten des Arztes durch selbstständige Berufsgerichte überwacht.
2. Das Berufsgericht ist i.d.R. mit einem Berufsrichter und zwei ehrenamtlichen Richtern besetzt.
3. Das berufsgerichtliche Verfahren ist in den jeweiligen Bundesländern der StPO, seltener auch der VwGO oder den Disziplinarordnungen nachgebildet.
4. Materiell setzt ein berufsgerichtliches Verfahren ein Berufsvergehen, also eine schuldhafte Verletzung der dem Arzt obliegenden Berufspflichten, voraus.

Literaturhinweise: S. die Hinw. bei → *Tierarzt, Allgemeines*, Teil H Rdn 1302. 1307

1. Nach den je nach Bundesland geltenden Kammer- bzw. Heilberufsgesetzen (in Berlin das Berliner Heilberufekammergesetz) wird die **Einhaltung** der **beruflichen Pflichten** des **Tierarztes** durch selbstständige Berufsgerichte überwacht. In der Regel werden die Verfahren auf **Antrag** der **Tierärztekammer** eingeleitet. 1308

☝ Es gibt in den meisten Landesgesetzen eine **Aussetzungspflicht**, solange wegen desselben Sachverhalts ein Strafverfahren anhängig ist.

1309 2. Das **Berufsgericht** ist i.d.R. in der ersten Instanz mit einem Berufsrichter und zwei ehrenamtlichen Richtern besetzt, meist, so z.B. in Berlin bei dem VG als Kammer für Heilberufe angesiedelt (in Berlin mit zwei Berufsrichtern und drei ehrenamtlichen Richtern besetzt). In der zweiten Instanz (**Landesberufsgericht**) ist das Gericht in den meisten Ländern mit drei Berufsrichtern und zwei ehrenamtlichen Richtern besetzt (in Berlin bei dem OVG als Berufsobergericht). Es handelt sich bei beiden Gerichten bei den ehrenamtlichen Richtern immer um Tierärzte. Sie werden von den zuständigen staatlichen Behörden ohne Bindung an die Vorschläge der Ärztekammer bestellt und haben volle richterliche Unabhängigkeit.

1310 3. Das **berufsgerichtliche** Verfahren ist in den jeweiligen Bundesländern meist der StPO, vereinzelt der VwGO bzw. den Disziplinarordnungen nachgebildet (in Berlin VwGO und die Disziplinarordnung des Landes Berlin) und hat folgende Sanktionen:

- **Warnung**,
- **Rüge**,
- **Verweis**,
- **Geldbuße** bis 100.000,00 EUR,
- in einigen Bundesländern noch die **Feststellung** der **Berufsunwürdigkeit** (so in Berlin).

☝ Das Berufsgericht kann **nicht** die **Berufsausübung verbieten**. Es gilt der Grundsatz der einheitlichen Pflichtverletzung.

1311 **4. Hinweis für den Verteidiger/Rechtsanwalt!**

1312 **a) Materiell** setzt ein berufsgerichtliches Verfahren ein Berufsvergehen, also eine schuldhafte Verletzung der dem Tierarzt obliegenden Berufspflichten, voraus. Dies soll immer dann angenommen werden, wenn damit das Ansehen des ärztlichen Berufes geschmälert oder das öffentliche Bild des Arztes in Misskredit geraten könnte.

1313 **b)** Obwohl der Ausgang des Strafverfahrens nicht binden ist, werden, wenn es denselben Lebenssachverhalt trifft, die tatsächlichen **Feststellungen** des **Strafurteils zugrunde** gelegt. Das Berufsgericht kann jedoch ausnahmsweise die Überprüfung beschließen.

1314 Bei **strafrechtlichem** Verfahren ist das berufsrechtliche Verfahren i.d.R. **auszusetzen, wenn es s**ich um einen identischen Sachverhalt handelt. Eine Sanktion im berufsgerichtlichen Verfahren ist sodann nur bei berufsrechtlichem Überhang möglich.

☝ Der Verteidiger sollte das **Strafgericht** zu **Ausführungen berufsrechtlicher Art** für den Angeklagten, insb. unter Berücksichtigung seiner Stellung als Tierarzt, bewegen, sofern Fehlverhalten als Tierarzt abgeurteilt wird.

1315 **c)** Folgende Punkte sollten bei **Vorbereitung** zu einem **berufsgerichtlichen Verfahren** – neben den üblichen Zulässigkeitsvoraussetzungen – immer bedacht werden:

- kein **berufsrechtlicher Überhang**, was ggf. zu der Frage führt, ob vielleicht das Strafgericht schon so viele berufsrechtliche Argumente gebracht, dass das Berufsgericht nicht mehr tätig werden muss? Das kann z.B. bei einem ausführlichen Absehen vom Berufsverbot der Fall sein,
- **Verjährung**, die i.d.R. **fünf Jahre** nach Tatbeendigung, geregelt in den einschlägigen Kammer- bzw. Heilberufsgesetzen; oft deshalb Einleitungsbeschluss wegen Verjährungsunterbrechung),
- **Ordnungsgemäßer Antrag** der Kammer auf **Einleitung** eines **Berufsverfahrens**,
- **Strafklageverbrauch** analog,

- überlange **Verfahrensdauer** (zur Verfahrensverzögerung im Strafverfahren *Burhoff*, EV, Rn 5346 ff.
- Ist der Tierarzt noch **Kammermitglied**? (s. zu allem vergleichsweise *Ulsenheimer/Gaede*, Arztstrafrecht in der Praxis, Rn 2033 ff.)

Siehe auch: → *Tierarzt, Allgemeines*, Teil H Rdn 1302 m.w.N.

Tierarzt, hochschulrechtliche Folgen 1316

Literaturhinweise: S. die Hinw. bei → *Tierarzt, Allgemeines*, Teil H Rdn 1302. 1317

1. Nach den Hochschulgesetzen der Länder sowie den Promotions- und Habilitationsordnungen der Fachbereiche kann wegen strafgerichtlicher Verurteilungen ggf. auf die Unwürdigkeit zur Führung des Doktortitels geschlossen und die **Führung** des **Titels entzogen** werden. Allerdings sind nach der Rspr. des BVerwG nur wissenschaftsbezogene Verfehlungen geeignet, die Unwürdigkeit zu begründen (BVerwG NJW 2016, 1113). 1318

2. In vielen **Habilitationsordnungen** ist auch der **Widerruf** der **venia legendi** (Lehrbefähigung) zwingende Folge bzw. kann eigens angeordnet werden (in Berlin: § 34 Abs. 7 Nr. 2 und 3 BerlHG). Die Argumentation von BVerwG NJW 2016, 1113 gilt entsprechend. 1319

Siehe auch: → *Tierarzt, Allgemeines*, Teil H Rdn 1302 m.w.N.

Tierarzt, Rücknahme/Widerruf bzw. Ruhen der Approbation 1320

Das Wichtigste in Kürze:

1. Die Ausübung des Tierarztberufes ist an die Approbation gebunden. Bei nachträglicher Tatsachenänderung, die zur Versagung der Approbation berechtigen würden, kann diese mit einer ex-nunc-Wirkung widerrufen werden.
2. Die Behörde muss für das Anordnen des Ruhens bzw. für den Widerruf der Approbation die Unwürdigkeit bzw. Unzuverlässigkeit des Arztes feststellen.
3. Die Behörde kann das Ruhen der Approbation gem. § 8 BTÄO anordnen.
4. Der Rechtsweg gegen den Widerruf der Approbation ist der verwaltungsrechtliche.
5. Die Approbation kann gem. § 9a BTÄO (auch vorläufig) wieder erteilt werden.

Literaturhinweise: S. die Hinw. bei → *Tierarzt, Allgemeines*, Teil H Rdn 1302. 1321

1.a) Die **Ausübung des** tierärztlichen **Berufes** ist an die Approbation gebunden. Sie ist in der Bundestierärzteordnung (BTÄO) geregelt. Das Führen der Berufsbezeichnung „Tierarzt/Tierärztin" ist erst mit Erteilung der Approbation möglich. Für die Erteilung der Approbation sind die jeweiligen Landesbehörden zuständig (in Berlin das Landesamt für Gesundheit und Soziales, LAGeSo). Sie ist zu erteilen, wenn die Voraussetzungen des § 4 BTÄO vorliegen. Die Approbationsbehörde kann die Erteilung nur wegen **Unzuverlässigkeit** oder wegen **Unwürdigkeit** bzw. **Nichtvorliegens** der **Voraussetzungen** nach der **Approbationsordnung** versagen (Teil H Rdn 1325 ff.). 1322

Die Approbationsbehörde kann die Erteilung **zurücknehmen**, wenn bereits bei Erteilung von falschen Tatsachen ausgegangen wurde. Die Rücknahme hat eine ex-tunc-Wirkung. Bei nachträglicher **Tatsachenänderung**, die zur Versagung der Approbation berechtigen würde, kann sie diese mit einer ex-nunc-Wirkung widerrufen. 1323

☝ Der begünstigende Verwaltungsakt der Approbation ist unteilbar, also nicht durch Auflagen und andere Nebenbestimmungen einschränkbar. Sollte eine Approbation rechtskräftig widerrufen werden, darf der **Tierarztberuf nicht mehr** ausgeübt werden.

1324 **b)** Gemäß § 8 BTÄO kann auch **vorläufig** das **Ruhen** der **Approbation** angeordnet werden. Ebenso kann die Behörde auch den **Sofortvollzug** anordnen.

1325 **2.a)** Die Behörde muss bei **Ruhen** bzw. **Widerruf** die Unwürdigkeit bzw. Unzuverlässigkeit feststellen. Als strafrechtliche Delikte kommen hier – im Gegensatz zu den anderen Medizinern – Sachbeschädigung und Verstöße gegen das **Tierschutzgesetz** in Betracht. Auch Verstöße gegen das BtMG und das AMG sind relevant.

☝ Das Verfahren auf Ruhen bzw. Widerruf der Approbation steht **neben** dem **Strafverfahren**. Dies erklärt sich aus den verschiedenen Zielsetzungen (repressiv und präventiv).

Es ist immer auch darauf zu achten, ob der konkrete Vorwurf gegen den Beschuldigten die Approbationsbehörde aus **präventiven Gründen** (u.a. „Gefahr") dazu zwingen könnte einzugreifen, bevor das Strafverfahren beendet sein wird. Ein Argument für das Absehen einer Ruhensanordnung kann z.B. sein, dass der Mandant bereits in U-Haft ist.

1326 **b) Unwürdigkeit** ist anzunehmen, wenn der Tierarzt durch sein Verhalten nicht das zur Ausübung des tierärztlichen Berufs erforderliche Ansehen und Vertrauen beim Publikum besitzt. Hier geht es um das berufliche Gesamtverhalten..

1327 **Beispiele für Unwürdigkeit:**

(Zur Rspr. und den Fallgruppen: *Quaas/Zuck/Clemens*, Medizinrecht, § 13 Rn 25 ff.; MAH-Medizinrecht/*Wollersheim*, § 6 Rn 15.; MAH-WirtschaftsstrafR/*Tsambikakis*, § 31 Rn 176 ff.; Spickhoff/*Schelling*, § 5 BÄO Rn 16 ff.; *Ulsenheimer*, Rn 1379):

- Verurteilung wegen Kapitaldelikten,
- mehrfache strafrechtliche Verfehlungen in einem kurzen Zeitraum,
- Abrechnungsbetrug,
- Verurteilung wegen § 266a StGB,
- Lagerung und Herausgabe von abgelaufenen und nicht registrierten Arzneimitteln.

1328 **c) Unzuverlässigkeit** ist anzunehmen, wenn der Tierarzt nicht die charakterliche Gewähr für die ordnungsgemäße Ausübung der Heilkunde bietet. Bei der Unzuverlässigkeit muss anhand feststehender Tatsachen der Vergangenheit die Prognose gewagt werden können, dass auch in Zukunft eine ordnungsgemäße Ausübung des ärztlichen Berufes nicht gewährleistet sein dürfte. Diese Zukunftsprognose ist bei der Unwürdigkeit nicht zu stellen. Auch hier werden Beispiele herangezogen, die den bei Teil H Rdn 1327 entsprechen.

1329 **d)** Auch **außerberufliches Verhalten** kann zum Widerruf der Approbation führen. Es muss nicht unbedingt ein Delikt sein, das unmittelbar mit dem Beruf zu tun hat. Überschneidungen können sich zu Ermessensentzug der Approbation aus gesundheitlichen Gründen ergeben, etwa bei Alkohol- oder Spielsucht.

1330 **3.a)** Die Behörde kann das **Ruhen** der **Approbation** gem. § 8 BTÄO anordnen.

Die Behörde kann das **Ruhen** der **Approbation** gem. § 80 Abs. 2 Nr. 4 VwGO für **sofort vollziehbar** erklären. Da dies ein vorläufiges Berufsverbot darstellt, muss die Behörde gute Gründe haben, schon vor Rechtskraft des Hauptsacheverfahrens als Präventivmaßnahme zur Abwehr konkreter Gefahren für wichtige Gemeinschaftsgüter anzuordnen (s. zu den hohen Anforderungen BVerwG, Urt. v. 10.9.2020 – 3 C 13/19 [OVG Münster]).

c) Der Tierarzt kann durch schriftliche Erklärung gegenüber der zuständigen Behörde nach § 10 BTÄO **auf die Approbation verzichten**. 1331

4. Der **Rechtsweg** gegen den Widerruf der Approbation ist der verwaltungsrechtliche. 1332

5. Die **Approbation** kann gem. § 9a BTÄO (auch vorläufig) **wiedererteilt** werden. Ab wann dies sinnvoll ist, hängt vom Einzelfall und der Verwaltungspraxis ab (in Berlin z.B. Groborientierung an den Löschungsfristen im BZRG; → *Bundeszentralregister, Eintragungen, Tilgung, Allgemeines*, Teil E Rdn 122). 1333

Siehe auch: → *Tierarzt, Allgemeines*, Teil H Rdn 1302.

Tierarzt, Schadensersatz des geschädigten Halters 1334

Literaturhinweise: S. die Hinw. bei → *Tierarzt, Allgemeines*, Teil H Rdn 1302. 1335

Die meisten strafrechtlichen Delikte sind **auch Schutzgesetze** i.S.d. § 823 Abs. 2 BGB, so dass den dadurch Geschädigten ein Schadensersatzanspruch auch insoweit zustehen kann. 1336

Siehe auch: → *Tierarzt, Allgemeines*, Teil H Rdn 1302 m.w.N.; → *Ansprüche, Zivilrecht, Ansprüche von Tatbeteiligten gegeneinander*, Teil I Rdn 107 m.w.N.

Waffenbesitzer, Allgemeines 1337

Das Wichtigste in Kürze:

1. Den maßgeblichen rechtlichen Rahmen für den Zugang bzw. den Umgang mit Waffen und Munition bildet das WaffG. Wegen der erheblichen Missbrauchsgefahren, die vom Umgang mit Schusswaffen für die Allgemeinheit ausgehen können, werden hohe gesetzliche Hürden aufgestellt. Die Erteilung einer waffenrechtlichen Erlaubnis setzt u.a. ein waffenrechtliches Bedürfnis, eine besondere Zuverlässigkeit sowie eine besondere Sachkunde voraus.
2. Jeder Umgang mit Waffen oder Munition bedarf grds. der Erlaubnis. Diese wird für den Erwerb und den Besitz von Waffen und Munition in Form einer WBK erteilt. Die Erlaubnis für das Führen einer (Schreck-)Schusswaffe wird grds. durch einen (kleinen) Waffenschein erteilt.
3. Für die Erteilung einer waffenrechtlichen Erlaubnis bedarf es uneingeschränkten Zuverlässigkeit der Betroffenen (§ 5 WaffG). Jedes strafbare Verhalten ist grds. geeignet Zweifel an der Zuverlässigkeit aufkommen zu lassen. Kommt es zu strafgerichtlichen Verurteilungen unterscheidet das Gesetz zwischen schwerwiegenden Fällen, die unwiderleglich zu der Vermutung der Unzuverlässigkeit führen und solchen Fällen, bei denen nur i.d.R. die Unzuverlässigkeit vermutet wird. Fehlen diese Voraussetzungen ist die waffenrechtliche Erlaubnis zu versagen.
4. Die Waffenbehörde hat bei der Zuverlässigkeitsprüfung den Sachverhalt von Amts wegen zu ermitteln (§ 5 Abs. 5 WaffG). Dazu darf sie u.a. eine unbeschränkte Auskunft aus dem BZR einholen, eine Abfrage beim ZStV vornehmen und die Polizeibehörde am Wohnort der Betroffenen sowie die Verfassungsschutzbehörden um eine Stellungnahme bitten. Mitteilungen nach der MiStra versorgen die Waffenbehörden mit den notwendigen Informationen, um die Zuverlässigkeit der Betroffenen – auch losgelöst von einem laufenden Verwaltungsverfahren – umfassend einschätzen zu können.
5. Eine waffenrechtliche Erlaubnis ist nach § 45 WaffG zu widerrufen, wenn nachträglich Tatsachen bekannt werden, die zur Versagung hätten führen müssen. Dazu gehören vor allem Umstände, nach denen eine Person die erforderliche Zuverlässigkeit nicht (mehr) besitzt (§ 4 Abs. 1 Nr. 2 WaffG).

Die vollziehbare oder bestandskräftige Ablehnung, Rücknahme und der Widerruf sind in das BZR einzutragen.

6. Wird die WBK bestandskräftig abgelehnt, haben Betroffenen z.B. keine Erlaubnis zum Erwerb der begehrten Waffen und Munition. Wird die WBK widerrufen, muss der Betroffene die Waffen und die Munition entweder vernichten oder an einen Berechtigten herausgeben. Es drohen sonst weitere (strafrechtliche) Konsequenzen.

1338 **Literaturhinweise:** **Braun**, Das Gesetz zur Neuregelung des Waffenrechts NVwZ 2003, 311; *ders.*, Die aktuelle Rechtsprechung zur waffenrechtlichen Zuverlässigkeit, GewA 2012, 52; *ders.*, Gebühren für waffenrechtliche Aufbewahrungskontrollen, Eintragungen und Zuverlässigkeitsüberprüfungen, GewA 2012, 243; *ders.*, Das Gesetz zur Errichtung eines Nationalen Waffenregisters, GewA 2013, 277; **Heinrich**, Änderungen des Waffengesetzes durch die Novelle 2024, GSZ 2025, 134; **Heller/Soschinka**, Verschärfungen im Waffenrecht 2009 – Darstellung der Änderungen mit Hinweisen für die Anwendung in der Praxis, NVwZ 2009, 993; *dies.*, Die Rechtsnatur des Europäischen Feuerwaffenpasses: Erlaubnis oder Bescheinigung? – Auswirkungen in der Praxis NVwZ 2011, 965; *dies.*, Die Allgemeine Verwaltungsvorschrift zum Waffengesetz (WaffVwV), NVwZ 2012, 209; *dies.*, Das nationale Waffenregister, NVwZ 2012, 1148; *dies.*, Verfassungswidrigkeit einer örtlichen Aufwandsteuer am Beispiel der geplanten Waffen(besitz)steuer, DStR 2012, 494; *dies.*, Seepiraterie-Bekämpfung durch private Bewachungsunternehmen, NVwZ 2013, 476; **Heller/Soschinka/Rabe**, Aktuelle Verschärfungen im Waffenrecht, NVwZ 2025, 817; **Jessen**, Der Einsatz privater bewaffneter Sicherheitsunternehmen auf Handelsschiffen unter deutscher Flagge – Internationale Hintergründe der neuen gesetzlichen Regelungen, RdTW 2013, 125; **Jürgensen/Blanc,** Der „verdächtige" Waffenbesitzer, GSZ 2023, 131; **Nitschke**, Waffenrechtliche Regelunzuverlässigkeit von AfD-Mitgliedern, NJW 2023, 3261; **Ogorek**, Referendarexamensklausur – Öffentliches Recht: Polizeirecht – Wissen schaffen ohne Waffen!, JuS 2013, 639; **Ottl**, Gerichtliche Vorgaben zur Verwahrung des Waffenschrankschlüssels, NJOZ 2025, 321; **Salomon/tho Pesch**, Das Zulassungsregime für bewaffnete Sicherheitsdienste auf Handelsschiffen, DÖV 2013, 760; **Schäfer/Baldus**, Einführung in das Waffenrecht, JA 2021, 839; **Roth**, Waffenrechtliche Unzuverlässigkeit bei Reichsbürgern, NVwZ 2018, 1772; **Scheffczyk/Alemann**, Aktuelle Fragen der Gestaltungsfreiheit von Versammlungen, JA 2013, 407; **Scheidler**, Legaler Waffenbesitz von Rechtsextremisten LKRZ 2012, 86; **Scherff**, Waffenrechtliche Unzuverlässigkeit einer ganzen Partei?, DÖV 2023, 628.

1339 **1.a)aa)** Den maßgeblichen rechtlichen Rahmen für den Umgang mit Waffen und Munition bildet das WaffG. Es regelt die Voraussetzungen für den Zugang sowie den Umgang mit Waffen und Munition unter Berücksichtigung der **Belange** der **öffentlichen Sicherheit und Ordnung** (§ 1 Abs. 1 WaffG). Das WaffG gilt grds. für **alle Waffenbesitzer** (z.B. Sportschützen, Jäger und Waffensammler), sodass die Ausführungen für die Erteilung, Versagung sowie den Widerruf bzw. die Rücknahme waffenrechtlicher Erlaubnisse grds. für sie alle gilt. Insbesondere für **Jäger** ergeben sich jedoch aus dem **BJagdG** i.V.m. dem WaffG einige Besonderheiten zum Erwerb von Waffen sowie das Führen und Schießen mit ihnen (→ *Jäger, Allgemeines*, Teil H Rdn 912).

1340 Aufgrund zahlreicher Verweisungen auf

- die **Anlage 1** (Begriffsbestimmungen) und
- die **Anlage 2** (Waffenliste) sowie
- die **AWaffV** (mit Einzelheiten zu: Nachweis der persönlichen Eignung und der Sachkunde, die Benutzung von Schießstätten, die Aufbewahrung von Munition usw.) und
- die **WaffVwV** (mit erläuternden Hinweisen für die Waffenbehörden)

ist das WaffG z.T. **schwer verständlich** und in der praktischen Handhabung **umständlich**. Hier können allein aus Platzgründen keine umfassenden Ausführungen zum Waffenrecht erfolgen (z.B. den Kommentar zum WaffG von *Gade*). Insbesondere die Frage, ob es sich bei einem bestimmten Gegenstand überhaupt um **eine Waffe** i.S.d. § 1 Abs. 2 WaffG handelt, und daraus eine **Erlaubnispflicht** nach § 2 Abs. 2 WaffG folgt, kann mitunter schwierig zu beurteilen sein. Dem Rechtsanwalt sollen aber genug Informationen an die Hand gegeben werden, um schnell **die (nachteiligen) Folgen einer strafrechtlichen Verurteilung für Waffenbesitzer** beurteilen zu können.

1341 **bb)** Wegen der **erheblichen Missbrauchsgefahren**, die vom Umgang mit Schusswaffen für die Allgemeinheit ausgehen können, werden für den Zugang zu Waffen und Munition **hohe gesetzliche Hürden** aufgebaut. Dazu gehört, dass Personen, die eine waffenrechtliche Erlaubnis erlangen möchten oder über eine solche verfügen, **ein Bedürfnis** dafür nachweisen müssen. Zudem müssen sie in jeder Hinsicht **persönlich geeignet** und – vor allem – **zuverlässig** sein.

☝ Das mit jedem Waffenbesitz verbundene **erhebliche Sicherheitsrisiko** soll nur bei Personen hingenommen werden, die nach ihrem Verhalten Vertrauen darin verdienen, dass sie mit der Waffe **stets** und in jeder Hinsicht **ordnungsgemäß** umgehen (VG Köln, Beschl. v. 12.7.2012 – 20 L 201/12).

Zudem soll mit dem **Bedürfnisprinzip** die Zahl der Schusswaffen insgesamt möglichst klein gehalten werden, sodass es sich mit diesem Prinzip z.B. nicht verträgt, wenn ein Sportschütze, der bereits 141 erlaubnispflichtige Schusswaffen in seinem Bestand hat, weitere Schusswaffen erwerben möchte (VG Hamburg GewArch 2014, 442).

cc) Nach der umfassenden Neugestaltung des Waffenrechts durch das Gesetz zur Neuregelung des Waffenrechts (WaffRNeuRegG) v. 11.10.2002 (BGBl I, S. 3970) und der **Verschärfung** des Waffenrechts durch das Vierte Gesetz zur Änderung des Sprengstoffgesetzes v. 17.7.2009 (BGBl I, S. 2062) war die **Verfassungsmäßigkeit** des **WaffG** mehrmals Gegenstand gerichtlicher Überprüfung. Jedoch hat das BVerfG sowohl die Verfassungsbeschwerden **gegen** das verschärfte Waffenrecht abgelehnt (BVerfG NVwZ 2003, 855) als auch die Verfassungsbeschwerden, die eine gesetzgeberische Pflicht zu einer weiteren Verschärfung sahen und daher **für** eine stärkere Regulierung waren (BVerfG NVwZ 2013, 502). Die Vorschriften des WaffG, die den Umgang mit Waffen und Munition unter Berücksichtigung der Belange der öffentlichen Sicherheit und Ordnung regeln, können unter dem Aspekt der staatlichen Schutzpflicht aus Art. 2 Abs. 2 S. 1 GG (**Recht** auf **Leben** und **körperliche Unversehrtheit**) nicht beanstandet werden (BVerfG, a.a.O.). Die letzte wesentliche Änderung des WaffG erfolgte durch das Gesetz zur Verbesserung der inneren Sicherheit und des Asylsystems vom 25.10.2024 (BGBl I 2024, 332). Damit sollten nicht nur die **Erkenntnismöglichkeiten der Waffenbehörde** erweitert werden, sondern auch die **Gewalt mit Messern** eingedämmt werden. Damit hat der Gesetzgeber weiter und nicht immer gut überlegt an der Verschärfungsspirale gedreht, obwohl das deutsche Waffenrecht ohnehin schon als eines der Schärfsten weltweit gilt! 1342

b) Wegen der Schutzfunktion, die das WaffG gegenüber den besonders bedeutsamen Rechtsgütern (Leben und körperliche Unversehrtheit) entfaltet, haben 1343

- das **Bedürfnisprinzip** sowie
- die **persönliche Zuverlässigkeit** im Waffenrecht eine derart hohe Bedeutung.

Dies wird auch in den gesetzlichen Bestimmungen deutlich. Das **WaffG** enthält insoweit sehr **strenge Vorgaben**. So muss ein Bedürfnis für den Umgang mit Waffen und Munition nachgewiesen werden (§ 8 WaffG) und es dürfen keine Anhaltspunkte dafür bestehen, dass der Betroffene im Umgang mit Waffen unzuverlässig ist (§ 5 WaffG). Selbst für den sog. „kleinen" Waffenschein (→ *Waffenbesitzer, Waffenschein, kleiner*, Teil H Rdn 1416), der „nur" zum Führen der vergleichsweise harmlosen Schreckschuss-, Reizstoff- und Signalwaffen berechtigt, muss die **uneingeschränkte Zuverlässigkeit** vorliegen, obwohl die Beeinträchtigung der öffentlichen Sicherheit und Ordnung vergleichsweise gering ist. 1344

☝ Diese **sehr strengen gesetzlichen Vorgaben** werden durch eine ebenfalls **sehr strenge Praxis** der Waffenbehörden, die von der verwaltungsrechtlichen Rspr. bestätigt wird, vollzogen. Daher müssen die **erheblichen Folgen** einer vermeintlich nur **geringen Verurteilung** klar sein, weil sonst ein böses Erwachen droht. Dies gilt insbesondere dann, wenn man vorschnell im Strafverfahren auf einen „Deal" eingeht, der sich nachträglich – unter waffenrechtlicher Betrachtung – als vergiftetes Geschenk herausstellt (→ *Waffenbesitzer, waffenrechtliche Zuverlässigkeit*, Teil H Rdn 1381).

1345 **2.a)** Jeder **Umgang** mit **Waffen** oder **Munition**, die in Abschnitt 2 der Anlg. 2 (Waffenliste) zum WaffG genannt sind, bedarf **grds.** der **Erlaubnis** (§ 2 Abs. 2 WaffG). Das **WaffG unterscheidet** hinsichtlich der Erlaubnisse für den Umgang mit Waffen und Munition zwischen

- dem **Erwerb und Besitz**,
- dem **Führen** der Waffen und
- dem **Schießen**.

1346 **b)** Die Erlaubnis zum **Erwerb** und **Besitz** von **Waffen** wird grds. durch eine **WBK** oder durch Eintragung in eine bereits vorhandene WBK erteilt (§ 10 Abs. 1 S. 1 WaffG). Die WBK ist also eine Urkunde, die zugleich die Erlaubnis zum Erwerb und Besitz bestimmter Waffen als auch den tatsächlichen Erwerb der Waffen dokumentiert. Die WBK wird je nach betroffenem Personenkreis grds. als **grüne WBK** (Jäger und Sportschützen), **gelbe WBK** (Sportschützen) und **rote WBK** (Waffensammler und Waffensachverständige) erteilt. Für den **Erwerb und Besitz von Munition** bedarf es einer gesonderten Erlaubnis durch Eintragung in die WBK für die darin eingetragenen Schusswaffen (§ 10 Abs. 3 WaffG).

☝ **Jäger** hingegen dürfen gem. §§ 13 Abs. 3 S. 1 und Abs. 5 WaffG schon **aufgrund** des **Jagdscheins** auch ohne weitere Erlaubnis Langwaffen sowie jagdtaugliche Munition erwerben.

1347 **c)** Die **Erlaubnis** zum **Führen** einer **Waffe** wird grds. durch einen **Waffenschein** erteilt (§ 10 Abs. 4 S. 1 WaffG). Führen einer Waffe ist ihr **Mitnehmen** in schussbereitem Zustand außerhalb der Wohnung, der Geschäftsräume oder des befriedeten Besitztums. Geht es „nur" um die Erlaubnis zum Führen von Schreckschuss-, Reizstoff- und Signalwaffen – sog. „SRS-Waffen" mit PTB-Zulassungszeichen – wird ein sog. **„kleiner" Waffenschein** erteilt (§ 10 Abs. 4 S. 4 WaffG). Diese sind einerseits sehr weit verbreitet und unterliegen andererseits nur eingeschränkten Erteilungsvoraussetzungen (→ *Waffenbesitzer, Waffenschein, kleiner*, Teil H Rdn 1416).

☝ Es ist ein **häufig vorkommendes Missverständnis** – u.a. in den Medien –, dass **Waffenschein** und **WBK verwechselt werden**. Während die WBK nur zum Erwerb und Besitz der Waffen bzw. der Munition berechtigt, darf die Waffe mit dem Waffenschein auch außerhalb des befriedeten Besitztums geführt, d.h. **schussbereit mitgenommen** werden. Über eine solche weitreichende Berechtigung verfügt aber nur ein sehr geringer Bruchteil der Waffenbesitzer. Dabei handelt es sich entweder um „gefährdete Personen" gem. § 19 Abs. 2 WaffG oder um Bewachungsunternehmer und ihr Bewachungspersonal gem. §§ 28 und 28a WaffG.

Die weit **überwiegende Zahl** der **Waffenbesitzer** (z.B. Sportschützen) verfügt „nur" über eine WBK, die zwar den Erwerb und Besitz der Waffen erlauben, nicht jedoch das Führen der Waffen in der Öffentlichkeit!

Jäger, die die Schusswaffen gerade für die Ausübung der Jagd benötigen, bedürfen für das **Führen der Jagdwaffen** zur **befugten Jagdausübung** nach § 13 Abs. 6 S. 1 WaffG keiner gesonderten Erlaubnis. Im Zusammenhang mit der Jagdausübung (z.B. bei der Fahrt in das Jagdrevier) darf die Waffe aber nur geführt werden, wenn sie **nicht schussbereit** ist (→ *Jäger, Jagdschein, Allgemeines*, Teil H Rdn 934)!

1348 **d)** Die **Erlaubnis** zum **Schießen** wird durch einen Erlaubnisschein gem. § 10 Abs. 5 WaffG erteilt, wenn nicht das WaffG **Ausnahmen** von der **Erlaubnispflicht** vorsieht. So darf z.B. auf einem **Schießstand** gem. § 12 Abs. 4 S. 1 WaffG sowie gem. § 13 Abs. 6 S. 1 WaffG bei der **befugten Jagdausübung** auch ohne gesonderte Erlaubnis geschossen werden.

1349 **3.a)** Allgem. setzt die **Erteilung** einer **waffenrechtlichen Erlaubnis** gem. § 4 Abs. 1 WaffG – neben einem entsprechenden Antrag – voraus, dass der Betroffene

- das **18. Lebensjahr vollendet** hat (§ 2 Abs. 1 WaffG),
- die **erforderliche Zuverlässigkeit** (§ 5 WaffG) und

- **persönliche Eignung** (§ 6 WaffG) besitzt,
- die **erforderliche Sachkunde** (§ 7 WaffG) sowie
- ein **Bedürfnis** nachgewiesen hat (§ 8 WaffG) und
- bei der Beantragung eines Waffenscheins oder einer Schießerlaubnis über eine ausreichende **Haftpflichtversicherung** verfügt.

Bei Vorliegen dieser Erteilungsvoraussetzungen haben die Waffenbehörden grds. **keinen Beurteilungs- oder Ermessensspielraum.** Der Betroffene hat daher einen **Anspruch** auf **Erteilung** der begehrten waffenrechtlichen Erlaubnis, der ggf. auch im Wege der Leistungsklage vor den Verwaltungsgerichten geltend gemacht werden kann. Eine Ausnahme sieht § 4 Abs. 2 WaffG nur für solche Fälle vor, in denen der Betroffene die letzten fünf Jahre vor der Antragstellung **nicht in Deutschland gelebt** hat. In diesen Fällen soll den Behörden eine Ermessensentscheidung eröffnet sein, weil sie nicht immer sicher die Zuverlässigkeit verlässlich überprüfen können. 1350

b)aa) Das **Alterserfordernis** (Vollendung des 18. Lebensjahres) ergibt sich bereits aus § 2 Abs. 1 WaffG. Damit ist jüngeren Menschen der Umgang mit erlaubnispflichtigen Schusswaffen grds. verboten. Eine **Ausnahme** sieht § 13 Abs. 7 WaffG nur für die Inhaber von Jugendjagdscheinen (Personen zwischen 16 und 18 Jahren) vor. 1351

bb) Waffenbesitzer müssen **zuverlässig** sein (§ 5 WaffG). Das mit jedem Waffenbesitz vorhandene **Sicherheitsrisiko** soll möglichst gering gehalten werden. Es soll nur bei Personen hingenommen werden, die nach ihrem Verhalten Vertrauen darin verdienen, dass sie mit der Waffe jederzeit und in jeder Hinsicht ordnungsgemäß umgehen. Die **Zuverlässigkeit** erfasst damit die Fälle des **verantwortbaren und vorwerfbaren Handelns.** Dabei wird bei strafrechtlich relevantem Verhalten die waffenrechtliche Unzuverlässigkeit im Wesentlichen an das Strafmaß statt an bestimmte Delikte geknüpft. Die Art der Begehung (Vorsatz oder Fahrlässigkeit) und die Schwere des Fehlverhaltens sind damit entscheidend für waffenrechtliche Konsequenzen (zu den Einzelheiten → *Waffenbesitzer, waffenrechtliche Zuverlässigkeit*, Teil H Rdn 1381). Das Gesetz unterscheidet zwischen der 1352

obligatorischen Unzuverlässigkeit (§ 5 Abs. 1 WaffG), weil der Betroffene 1353

- in den **letzten zehn Jahren**
- wegen eines **Verbrechens** oder
- einer vorsätzlichen Straftat zu einer **Freiheitsstrafe** von **mehr als einem Jahr** oder
- wegen einer **staatsgefährdenden oder extremistischen Straftat** zu Freiheitsstrafe oder Geldstrafe von mindestens 90 Tagessätzen verurteilt worden ist oder
- **aus anderen Gründen** nicht die Gewähr für einen sorgfältigen Umgang mit Waffen und Munition bietet,

und der

widerleglichen Vermutung der Unzuverlässigkeit (§ 5 Abs. 2 WaffG), weil der Betroffene 1354

- wegen bestimmter Straftaten in den **letzten fünf Jahren**
- zu einer **Freiheitsstrafe, Jugendstrafe, Geldstrafe** von **mindestens 60 Tagessätzen** oder
- mindestens **zweimal zu einer geringeren Geldstrafe** rechtskräftig verurteilt worden ist oder
- durch Zugehörigkeit zu bestimmten **(verfassungsfeindlichen) Organisationen** ebenfalls nicht die Gewähr für einen zuverlässigen Umgang mit Waffen und Munition bietet.

☝ Die **Regelvermutung** des § 5 Abs. 2 WaffG ist nur dann **ausgeräumt**, wenn die Umstände der abgeurteilten Tat die Verfehlung in einem derart milden Licht erscheinen lassen, dass die regelmäßig begründete Annahme eines Zuverlässigkeitsmangels nicht gerechtfertigt ist; dabei ist

- die **Schwere der konkreten Verfehlung** zu würdigen, z.B. dahin, ob sie lediglich Bagatellcharakter hat, sowie

- die **Persönlichkeit des Betroffenen**, wie sie in seinem Verhalten zum Ausdruck kommt (BVerwGE 97, 245).

Die Fallgruppe der Regelunzuverlässigkeit wegen der Mitgliedschaft in einer verfassungswidrigen Organisation hat in den vergangenen Jahren wegen der sog. **Reichsbürgerbewegung** an besonderer Bedeutung gewonnen. Dieser Personenkreis, der die Existenz der Bundesrepublik Deutschland grds. verneint und die Geltung der Rechtsordnung, insbesondere des GG ablehnt, war wiederholt Gegenstand (verwaltungs-)gerichtlicher Verfahren. Während bei ihnen durchweg von der Unzuverlässigkeit im waffenrechtlichen Sinne ausgegangen wird (z.B. VGH München, Urt. v. 5.10.2017 – 21 Cs 17.1300), ist dies hingegen bei der bloßen **Mitgliedschaft in der AfD** (derzeit) nicht der Fall (z.B. OVG Magdeburg, Beschl. v. 24.4.2023 – 3 M 13/23; → *Waffenbesitzer, waffenrechtliche Zuverlässigkeit*, Teil H Rdn 1410).

1355 **cc)** Von der **Zuverlässigkeit getrennt** ist die **persönliche Eignung** der Betroffenen (§ 6 WaffG). Damit ist – anders als bei der Zuverlässigkeit – nicht ein vorwerfbares und verantwortbares Verhalten gemeint, sondern die Eignung **physisch** sowie **psychisch** dazu in der Lage zu sein, mit einer Waffe ordnungsgemäß und sicher umzugehen. Grds. wird die persönliche Eignung bei volljährigen Personen vermutet. Sind jedoch Tatsachen bekannt, die Bedenken gegen die persönliche Eignung begründen, so hat der Betroffene auf seine Kosten die Vorlage eines **amts-** oder **fachärztlichen** oder **fachpsychologischen Zeugnisses** über die geistige oder körperliche Eignung vorzulegen (§ 6 Abs. 2 WaffG). Personen, die noch nicht das 25. Lebensjahr vollendet haben, haben stets für die erstmalige Erteilung einer Erlaubnis zum Erwerb und Besitz einer Schusswaffe auf eigene Kosten ein amts- oder fachärztliches oder fachpsychologisches Zeugnis über die geistige Eignung vorzulegen (§ 6 Abs. 3 WaffG).

1356 Neben der persönlichen Eignung bedarf es nach § 7 WaffG zudem des **Nachweises** der **Sachkunde** im Umgang mit Waffen. Den Nachweis der Sachkunde hat erbracht, wer eine Prüfung vor der dafür bestimmten Stelle bestanden hat (z.B. die Jägerprüfung) oder seine Sachkunde anderweitig, z.B. als Sportschütze bei einem Schießsportverbandes oder durch seine Tätigkeit oder Ausbildung nachweist (§§ 1 – 3 AWaffV).

1357 **dd)** Für den **Umgang** mit **Waffen** und **Munition** muss **ein Bedürfnis** bestehen (§ 8 WaffG). Das **Bedürfnisprinzip** bedeutet, dass jeder der Umgang mit erlaubnispflichtigen Waffen begehrt, für den konkret angestrebten Umgang ein individuelles in der Person liegendes und besonders anzuerkennendes **Interesse** nachweisen muss (*Gade*, § 4 Rn 16). Der Nachweis eines Bedürfnisses ist erbracht, wenn gegenüber den Belangen der öffentlichen Sicherheit oder Ordnung

- besonders anzuerkennende **persönliche oder wirtschaftliche Interessen** und
- die **Geeignetheit** und **Erforderlichkeit** der **Waffen** oder **Munition** für den beantragten Zweck
- **glaubhaft gemacht** sind.

☝ Angesichts der erheblichen Missbrauchsgefahren, die von Schusswaffenumgang für die Allgemeinheit ausgehen, dient das **Bedürfnisprinzip** des Waffenrechts dazu, nicht mehr Waffen als unbedingt nötig in privaten Besitz gelangen zu lassen (BR-Drucks 596/01, S. 106 f.). Es ist damit der **maßgeblich limitierende Faktor** beim Zugang zu Waffen.

1358 Besonders anzuerkennende **persönliche** oder **wirtschaftliche Interessen** billigt das Gesetz **bestimmten Personengruppen** zu, die sich daher grds. nicht an der allgemeinen Vorschrift des § 8 WaffG messen lassen müssen. Für folgende Nutzergruppen gelten nach §§ 13 ff. WaffG besondere Erlaubnistatbestände:

- **Jäger** (§ 13 WaffG),
- **Sportschützen** (§§ 14, 15 WaffG),
- Brauchtumsschützen (§ 16 WaffG),
- Waffen- oder Munitionssammler (§ 17 WaffG),
- Waffen- oder Munitionssachverständige (§ 18 WaffG),

- **gefährdete** Personen (§ 19 WaffG),
- Waffenhersteller oder –händler (§ 21 ff. WaffG) sowie
- Bewachungsunternehmer (§ 28 WaffG).

Unter diesen Waffenbesitzern bilden **die Jäger** als Inhaber der Jagdscheine eine **besondere Personengruppe**. Bei ihnen ergibt sich das waffenrechtliche Bedürfnis aus der Erteilung des Jagdscheines nach § 15 Abs. 1 S. 1 BJagdG und setzt daher eine weitere besondere verwaltungsrechtliche Erlaubnis voraus. Für sie sieht § 13 WaffG verschiedene Erleichterungen für den Zugang zu Waffen und Munition vor. So stellt § 13 Abs. 4 WaffG den Jagdschein für den Erwerb und den **vorübergehenden Besitz** von Langwaffen einer WBK gleich (→ *Jäger, Jagdschein, Allgemeines*, Teil H Rdn 934). 1359

☝ Die **Entziehung** des **Jagdscheins** – aus welchen Gründen auch immer – führt i.d.R. zum **Wegfall** des **waffenrechtlichen Bedürfnisses** und damit zum Wegfall der waffenrechtlichen Erlaubnisvoraussetzungen (→ *Jäger, Jagdschein, Entziehung und Einziehung*, Teil H Rdn 951 und → *Waffenbesitzer, Waffenbesitzkarte, Rücknahme und Widerruf*, Teil H Rdn 1370).

4.a) Die Waffenbehörde hat gem. § 5 Abs. 5 WaffG im Rahmen der Zuverlässigkeitsprüfung **von Amts wegen** den **Sachverhalt zu ermitteln.** Gem. § 4 Abs. 3 WaffG hat sie die Inhaber von waffenrechtlichen Erlaubnissen **in** regelmäßigen Abständen, mindestens jedoch nach Ablauf von drei Jahren, erneut auf ihre Zuverlässigkeit und ihre persönliche Eignung zu prüfen sowie, sich das Vorliegen einer ausreichenden Haftpflichtversicherung nachweisen zu lassen. 1360

Dazu holt die Behörde folgende **Erkundigungen** ein: 1361

- die **unbeschränkte Auskunft** aus dem **BZR** gem. § 41 Abs. 1 Nr. 9 BZRG (→ *Bundeszentralregister, Auskunft, Behördenauskunft*, Teil E Rdn 29),
- die **Auskunft** aus dem **ZStV** hinsichtlich der in § 5 Abs. 2 Nr. 1 WaffG genannten Straftaten,
- die **Stellungnahme** verschiedener **Polizeidienststellen (örtliche Polizei bzw. Landespolizei und LKA, aber auch – soweit erforderlich – des BKA)**, ob Tatsachen bekannt sind, die Bedenken gegen die Zuverlässigkeit begründen
- sowie
- **des Verfassungsschutzes** zur Ermittlung von Tatsachen, ob der Betroffene Mitglied eines verbotenen Vereins, einer verbotenen Partei ist oder sich sonst in einer verfassungswidrigen Art und Weise betätigt haben.

☝ Seit der letzten Neuregelung des WaffenG im Jahr 2024 sind die oben genannten Behörden gem. § 6a WaffG zu einem sog. **Nachbericht an die Waffenbehörden** verpflichtet, wenn ihnen im Nachhinein für die Zuverlässigkeit bedeutsame Erkenntnisse bekannt werden!

b) Nach der MiStra sind StA und Strafgerichte in bestimmten Fällen befugt, in anderen Fällen sogar verpflichtet, Informationen über bestimmte Ermittlungs- und Strafverfahren an bestimmte Behörden zu übermitteln. Gem. **Nr. 36 MiStra** sind in **Strafverfahren** gegen **Inhaber** einer **Erlaubnis** nach dem **WaffG** bestimmte Entscheidungen den Waffenbehörden mitzuteilen. Auf diese Weise werden die Waffenbehörden mit den notwendigen Informationen versorgt, die sie brauchen, um ein Widerrufsverfahren durchführen zu können. Sie sollen nicht erst bei der nächsten Regelüberprüfung auf die Verurteilungen stoßen, die den Betroffenen die Zuverlässigkeit nehmen können. So sind 1362

wegen folgender Straftaten 1363

- vorsätzlichen Straftat,
- gemeingefährlichen fahrlässigen Straftat,
- im Zustand der Trunkenheit oder unter dem Einfluss anderer berauschender Mittel begangene Straftat, wenn bereits mindestens eine einschlägige Vorverurteilung vorliegt,

- fahrlässigen Straftat im Zusammenhang mit dem Umgang mit Waffen, Munition oder Sprengstoff,
- Straftat nach dem WaffG, dem KWKG, dem SprengG oder dem BJagdG,

1364 **folgende Maßnahmen/Entscheidungen**

- der Erlass und der Vollzug eines Haft- oder Unterbringungsbefehls
- die Erhebung der öffentlichen Klage,
- der Ausgang des Verfahrens, wenn zuvor eine Mitteilung gemacht wurde,
- die Einstellung des Verfahrens nach § 170 Abs. 2 StPO, wenn sie Feststellungen zu einer Schuldunfähigkeit nach § 20 StGB enthält,
- **mitzuteilen.**

1365 **5.a)** Die **Rücknahme** und der **Widerruf** der waffenrechtlichen Erlaubnisse richten sich nach § 45 WaffG. Die Vorschrift regelt ihre Aufhebung (Rücknahme und Widerruf) und beinhaltet damit Sondervorschriften zu den §§ 48, 49 VwVfG:

- Gem. § 45 Abs. 1 WaffG **ist eine Erlaubnis zurückzunehmen**, wenn nachträglich **bekannt** wird, dass die Erlaubnis hätte versagt werden müssen.
- Gem. § 45 Abs. 2 WaffG **ist eine Erlaubnis zu widerrufen**, wenn nachträglich Tatsachen **eintreten**, die zur Versagung hätten führen müssen.

1366 Zu diesen Tatsachen, die nachträglich bekannt werden oder eintreten können, sind vor allem Anhaltspunkte zu zählen, die nach § 5 WaffG **Zweifel an der waffenrechtlichen Zuverlässigkeit, persönlichen Eignung oder Sachkunde** aufkommen lassen. Wegen der Zielsetzung des WaffG (Schutz besonders bedeutsamer Rechtsgüter) kann die Rücknahme oder der Widerruf nicht in das Ermessen der Behörde gestellt werden. Daher sind Rücknahme und Widerruf bei Vorliegen der Voraussetzungen zwingend (zu den weiteren Einzelheiten → *Waffenbesitzer, Waffenbesitzkarte, Rücknahme und Widerruf*, Teil H Rdn 1370).

1367 **b)aa)** Um negative waffenrechtliche Entscheidungen auch für andere Verwaltungsbehörden – insbesondere andere Waffenbehörden – transparent verfügbar zu machen, sieht § 10 Abs. 1 Nr. 3 BZRG eine **Eintragungspflicht in das BZR** vor. Daher sind die vollziehbaren und die nicht mehr anfechtbaren Entscheidungen der Waffenbehörden einzutragen, durch die

- nach dem WaffG der **Besitz** und **Erwerb** von **Waffen** und **Munition untersagt** wird,
- die Erteilung einer **WBK**, eines **Munitionserwerbsscheins**, eines Waffenscheins, eines **Jagdscheins** oder einer **Erlaubnis** nach **§ 27 SprengG** wegen Unzuverlässigkeit oder fehlender persönlicher Eignung
  - abgelehnt oder
  - zurückgenommen oder
  - widerrufen wird.

☝ Die Aufnahme dieser Eintragungen erfolgt nur in **unbeschränkte Auskünfte** nach §§ 41, 42 BZRG sowie für eine bestimmte Zeit in **Behördenführungszeugnisse** (→ *Bundeszentralregister, Auskunft, Behördenauskunft*, Teil E Rdn 29 und → *Bundeszentralregister, Führungszeugnis, Behördenführungszeugnis*, Teil E Rdn 199). Sie tauchen also nicht im privaten Führungszeugnis auf!

Soweit in der Vorauflage kritisiert worden ist, dass § 10 BZRG sowohl in Bezug auf die **waffenrechtlichen Erlaubnisse** als auch die **berufsrechtlichen Zulassungen** keine Eintragung des Verzichts vorsieht, hat der Gesetzgeber zwischenzeitlich reagiert. Mit der Änderung des § 10 BZRG durch das 7. Gesetz zur Änderung des BZRG wurde eine Regelung geschaffen, nach der auch **Erklärungen des Verzichts** auf Jagdscheine, Waffenbesitzkarten und Erlaubnisse nach § 27 SprenG sowie für die Zulassung zu freien Berufen in das BZR einzutragen sind, wenn sie in Rücknahme- oder Widerrufsverfahren wegen Unzuverlässigkeit erklärt worden sind. Damit ist auch der Gleichlauf zwischen BZR und GZR hergestellt. Denn für **gewerberechtliche Verfahren** sah § 149 Abs. 2 Nr. 2 GewO stets eine Eintragung des Verzichts in das GZR vor.

bb) Das **Nationale Waffenregister** (NWR) auf der Grundlage des WaffRG dient ebenfalls der Speicherung und Übermittlung von Daten, die erforderlich sind, um erlaubnispflichtige Schusswaffen sowie waffenrechtliche Erlaubnisse, Ausnahmen, Anordnungen, Sicherstellungen oder Verbote Personen zuordnen zu können. Registerführende Stelle ist das BVA. Auskunftsberechtigt sind nach § 13 WaffG im Wesentlichen Waffenbehörden und Polizeien, wobei das NWR in erster Linie der Verfolgbarkeit der Waffen dient. Hinsichtlich der im BZR eingetragenen strafgerichtlichen Verurteilungen und Verwaltungsentscheidungen bleibt es dabei, dass sich diese weiterhin nur aus Auskünften aus dem BZR ergeben. 1368

6. Wird die **WBK endgültig abgelehnt** oder zurückgenommen bzw. widerrufen, schließen sich daran nicht unerhebliche **Folgen** an: 1369

- Es müssen – jedenfalls bei Rücknahme und Widerruf – sämtliche **Erlaubnisurkunden** der zuständigen Behörde **herausgegeben** werden (§ 46 Abs. 1 WaffG). Kommt der Betroffene der Aufforderung nicht rechtzeitig nach, kommt eine **Zwangsgeldandrohung** für den Fall der Nichtablieferung sowie Anordnung der sog. Vollziehbarkeit als Fall der Verwaltungsvollstreckung nach §§ 6ff. VwVG in Betracht. Zudem begeht der Betroffene bei nicht unverzüglicher Herausgabe eine OWi nach § 53 Abs. 1 Nr. 22 WaffG.
- Wurde eine **Waffe** oder **Munition** aufgrund einer zwischenzeitlich erloschenen Erlaubnis erworben, kann die Behörde nach § 46 Abs. 2 WaffG anordnen, dass Waffe bzw. Munition innerhalb einer angemessenen Frist **vernichtet** oder einem **Berechtigten überlässt**. Liegt von vornherein ein unerlaubter Erwerb vor, steht der Behörde nach § 46 Abs. 3 WaffG ebenfalls dieses Recht zu. Kommt der Betroffene der Aufforderung nicht nach, kann die Behörde die Sicherstellung der Gegenstände anordnen und nach richterlicher Genehmigung zu diesem Zwecke auch die Wohnung durchsuchen. I.Ü. besteht in diesen Fällen die Gefahr, dass sich der Betroffene wegen unerlaubten Waffenbesitzes der **Gefahr** der **Strafbarkeit** aussetzt.

Siehe auch: → *Jäger, Allgemeines*, Teil H Rdn 912; → *Jäger, Jagdschein, Allgemeines*, Teil H Rdn 934; → *Jäger, Jagdschein, Entziehung und Einziehung*, Teil H Rdn 951; → *Jäger, Jagdschein, Versagung*, Teil H Rdn 972; → *Waffenbesitzer, Waffenbesitzkarte, Rücknahme und Widerruf*, Teil H Rdn 1370; → *Waffenbesitzer, waffenrechtliche Zuverlässigkeit*, Teil H Rdn 1381; → *Waffenbesitzer, Waffenschein, kleiner*, Teil H Rdn 1416.

Waffenbesitzer, Waffenbesitzkarte, Widerruf und Rücknahme 1370

Das Wichtigste in Kürze:

1. Jeder Umgang mit Waffen oder Munition bedarf grds. der Erlaubnis. Die Erteilung der Erlaubnis setzt stets die Zuverlässigkeit und ein waffenrechtliches Bedürfnis sowie eine besondere Sachkunde voraus.
2. Bei Vorliegen der Erteilungsvoraussetzungen haben die Waffenbehörden grds. keinen Beurteilungs- oder Ermessensspielraum. Der Betroffene hat daher einen Anspruch auf Erteilung der begehrten waffenrechtlichen Erlaubnis, wenn nicht ein Versagungsgrund vorliegt. Tritt dieser erst später ein oder wird er erst später bekannt, so kommt eine Versagung nicht mehr in Betracht. § 45 WaffG schafft für die Fälle die maßgebliche gesetzliche Grundlage für die Rücknahme und den Widerruf.
3. Eine waffenrechtliche Erlaubnis ist nach § 45 WaffG zurückzunehmen, wenn nachträglich bekannt wird, dass die Erlaubnis hätte versagt werden müssen. Eine solche Erlaubnis ist zu widerrufen, wenn nachträglich Tatsachen eintreten, die zur Versagung hätten führen müssen.
4. Widerspruch und Anfechtungsklage haben bei Rücknahme und Widerruf keine aufschiebende Wirkung, wenn die Zuverlässigkeit entfallen ist (§ 45 Abs. 5 WaffG i.V.m. §§ 4 Abs. 1 Nr. 2, 5 WaffG)!

1371 **Literaturhinweise:** S. die Hinw. bei → *Waffenbesitzer, Allgemeines*, Teil H Rdn 1338.

1372 **1.a) Jeder Umgang** mit **Waffen** oder **Munition**, welche in Abschnitt 2 der Anlg. 2 (Waffenliste) zum WaffG genannt sind, bedarf **grds. der Erlaubnis** (§ 2 Abs. 2 WaffG). Das **WaffG unterscheidet** hinsichtlich der Erlaubnisse zwischen

- dem **Erwerb und Besitz** von Waffen und Munition,
- dem **Führen** der Waffen und
- dem **Schießen.**

1373 Die Erlaubnis zum **Erwerb** und **Besitz** von **Waffen** wird grds. durch eine WBK oder durch Eintragung in eine bereits vorhandene WBK erteilt (§ 10 Abs. 1 S. 1 WaffG). Die WBK ist also eine Urkunde, die zugleich die Erlaubnis zum Erwerb und Besitz bestimmter Waffen als auch den tatsächlichen Erwerb der Waffen dokumentiert. Für den Erwerb und Besitz von **Munition** bedarf es grds. einer gesonderten Erlaubnis durch Eintragung in die WBK für die darin eingetragenen Schusswaffen (§ 10 Abs. 3 WaffG). Die **Erlaubnis** zum **Führen** einer **Waffe** wird grds. durch einen **Waffenschein** erteilt (§ 10 Abs. 4 S. 1 WaffG). Führen einer Waffe ist ihr **Mitführen** in schussbereitem Zustand außerhalb der Wohnung, der Geschäftsräume oder des befriedeten Besitztums. Geht es „nur“ um die Erlaubnis zum Führen von Schreckschuss-, Reizstoff- und Signalwaffen – sog. „SRS-Waffen“ mit PTB-Zulassungszeichen – wird ein sog. **„kleiner“ Waffenschein** erteilt (§ 10 Abs. 4 S. 4 WaffG). Diese sind einerseits sehr weit verbreitet und unterliegen andererseits nur eingeschränkten Erteilungsvoraussetzungen (→ *Waffenbesitzer, Waffenschein, kleiner*, Teil H Rdn 1416). Die **Erlaubnis** zum **Schießen** wird durch einen Erlaubnisschein gem. § 10 Abs. 5 WaffG erteilt, wenn nicht das WaffG Ausnahmen von der Erlaubnispflicht vorsieht. So darf z.B. auf einem Schießstand gem. § 12 Abs. 4 S. 1 WaffG sowie gem. § 13 Abs. 6 S. 1 WaffG bei der befugten Jagdausübung auch ohne gesonderte Erlaubnis geschossen werden.

1374 **b)** Allgemein setzt die **Erteilung** einer **waffenrechtlichen Erlaubnis** gem. § 4 Abs. 1 WaffG – neben einem entsprechenden Antrag – voraus (→ *Waffenbesitzer, Allgemeines*, Teil H Rdn 1349), dass der Antragsteller

- das **18. Lebensjahr vollendet** hat (§ 2 Abs. 1 WaffG),
- die **erforderliche Zuverlässigkeit** (§ 5 WaffG) und
- **persönliche Eignung** (§ 6 WaffG) besitzt,
- die **erforderliche Sachkunde** (§ 7 WaffG) sowie
- ein **Bedürfnis** nachgewiesen hat (§ 8 WaffG) und
- bei der Beantragung eines Waffenscheins oder einer Schießerlaubnis über eine ausreichende **Haftpflichtversicherung** verfügt.

1375 **2.a)** Bei Vorliegen dieser Erteilungsvoraussetzungen haben die Waffenbehörden grds. **keinen Beurteilungs-** oder **Ermessensspielraum.** Der Betroffene hat daher einen **Anspruch** auf Erteilung der begehrten waffenrechtlichen Erlaubnis, der ggf. auch im Wege der Leistungsklage gerichtlich geltend gemacht werden kann. Fehlt es an der Zuverlässigkeit und liegt daher ein **Versagungsgrund** bereits im Erteilungsverfahren vor, ist die Erlaubnis zu versagen (zu den Versagungsgründen im Einzelnen → *Waffenbesitzer, waffenrechtliche Zuverlässigkeit*, Teil H Rdn 1381).

1376 **b)** Treten bestimmte Tatsachen, welche die Versagung der waffenrechtlichen Erlaubnis begründen, erst **nach** seiner **Erteilung** ein oder werden sie der Behörde erst **später bekannt**, kommt eine Versagung der einmal erteilten waffenrechtlichen Erlaubnis nicht mehr in Betracht. Für diese Fälle sieht § 45 WaffG die **Rücknahme** und den **Widerruf** einer waffenrechtlichen Erlaubnis (z.B. einer WBK) durch die Waffenbehörde vor.

1377 **3.** Eine **Erlaubnis** nach dem WaffG **ist zurückzunehmen**,

- wenn **nachträglich bekannt** wird,
- dass die Erlaubnis hätte versagt werden müssen.

Eine **Erlaubnis** nach diesem Gesetz **ist zu widerrufen,** 1378

- wenn **nachträglich Tatsachen eintreten,**
- die zur Versagung hätten führen müssen.
- **Waffenbesitzer** müssen insbesondere **zuverlässig** sein (§ 5 WaffG). Sind sie nicht zuverlässig, liegt ein Versagungsgrund vor. Das mit jedem Waffenbesitz vorhandene **Sicherheitsrisiko** soll möglichst gering gehalten werden. Es soll nur bei Personen hingenommen werden, die nach ihrem Verhalten Vertrauen darin verdienen, dass sie mit der Waffe jederzeit und in jeder Hinsicht ordnungsgemäß umgehen. Die **Zuverlässigkeit** erfasst damit die Fälle des **verantwortbaren und vorwerfbaren Handelns.** Dabei wird bei strafrechtlich relevantem Verhalten die waffenrechtliche Unzuverlässigkeit im Wesentlichen an das Strafmaß statt an bestimmte Delikte geknüpft. Die Art der Begehung (Vorsatz oder Fahrlässigkeit) und die Schwere des Fehlverhaltens sind damit entscheidend für waffenrechtliche Konsequenzen (→ *Waffenbesitzer, waffenrechtliche Zuverlässigkeit*, Teil H Rdn 1381).

☝ Die Feststellung, dass die Voraussetzungen des § 5 WaffG vorliegen (**Unzuverlässigkeit aufgrund** einer **Straftat**), führt **zwingend** zum **Widerruf** (§ 45 Abs. 2 S. 1 WaffG) und lässt schon kraft Gesetzes keinen Raum für eine Ermessensbetätigung (OVG Sachsen-Anhalt, Beschl. v. 14.9.2012 – 3 O 634/12).

- **Verweigert ein Betroffener** im Fall der Überprüfung des weiteren Vorliegens von im WaffG vorgeschriebenen Tatbestandsvoraussetzungen, bei deren Wegfall ein Grund zur Rücknahme oder zum Widerruf einer Erlaubnis oder Ausnahmebewilligung gegeben wäre, **seine Mitwirkung**, so kann die Behörde deren Wegfall vermuten. Der Betroffene muss hierauf hingewiesen werden (§ 45 Abs. 4 WaffG).
- **Lange zurückliegende Verurteilungen**, die schon im BZR getilgt sind oder bereits tilgungsreif sind, dürfen allerdings nicht mehr berücksichtigt werden. Hier greift das Verwertungsverbot des § 51 Abs. 1 BZRG (→ *Bundeszentralregister, Eintragungen, Tilgung, Verwertungsverbot*, Teil E Rdn 156). Geht es um die Erteilung einer waffenrechtlichen Erlaubnis ist zwar vom in § 52 Abs. 1 Nr. 4 BZRG eine ausdrückliche Ausnahme vorgesehen. Eine entsprechende Anwendung scheidet für den Widerruf v. waffenrechtlichen Erlaubnissen aber aus (BVerwG NJW 1997, 336).
- Die **Jahresfrist** für die **Rücknahme** oder den **Widerruf** eines Verwaltungsakts gem. §§ 48, 49 VwVfG gilt **nicht** für die Rücknahme oder den Widerruf einer waffenrechtlichen Erlaubnis nach § 45 WaffG (BVerwG NJW 1997, 336).

4.a) Gegen Rücknahme und Widerruf sind grds. **Widerspruch** und **Anfechtungsklage** statthaft. Nach der Abschaffung des Widerspruchsverfahrens in den meisten Bundesländern, ist i.d.R. sogleich die Anfechtungsklage statthaft. Widerspruch und Anfechtungsklage haben jedoch kraft Gesetzes keine aufschiebende Wirkung, **wenn die Zuverlässigkeit entfallen** ist (§ 45 Abs. 5 WaffG i.V.m. § 4 Abs. 1 Nr. 2 WaffG)! 1379

☝ Daher ist in solchen Fällen zusätzlich zur Klage der **Antrag** nach **§ 80 Abs. 5 VwGO** auf Wiederherstellung bzw. Anordnung der aufschiebenden Wirkung zu stellen. Im Rahmen dieses Antrags hat das Gericht eine Interessenabwägung vorzunehmen zwischen dem öffentlichen Vollzugsinteresse einerseits und dem privaten Interesse des Antragstellers andererseits, von einer Vollziehung des angefochtenen Verwaltungsakts vorläufig verschont zu bleiben.

b) Bei bestandskräftiger Rücknahme bzw. Widerruf müssen **sämtliche Erlaubnisurkunden** der zuständigen Behörde **herausgegeben** werden (§ 46 Abs. 1 WaffG). Kommt der Betroffene der Aufforderung nicht rechtzeitig nach, kommt eine Zwangsgeldandrohung für den Fall der Nichtablieferung sowie Anordnung der sog. Vollziehbarkeit als Fall der Verwaltungsvollstreckung nach §§ 6 ff. VwVG in Betracht. Zudem begeht der Betroffene bei nicht unverzüglicher Herausgabe eine OWi nach § 53 Abs. 1 Nr. 22 WaffG. 1380

Wurde eine Waffe oder Munition aufgrund einer zwischenzeitlich erloschenen Erlaubnis erworben, kann die Behörde nach § 46 Abs. 2 WaffG anordnen, dass die **Waffe** bzw. **Munition** innerhalb einer **angemessenen Frist vernichtet** oder einem **Berechtigten überlassen wird.**

Siehe auch: → *Waffenbesitzer, Allgemeines*, Teil H Rdn 1337; → *Waffenbesitzer, waffenrechtliche Zuverlässigkeit*, Teil H Rdn 1381; → *Waffenbesitzer, Waffenschein, kleiner*, Teil H Rdn 1416.

1381 Waffenbesitzer, waffenrechtliche Zuverlässigkeit

Das Wichtigste in Kürze:

1. Die Vorschriften des WaffG sind Ausprägungen der staatlichen Schutzpflicht für das Recht auf Leben und körperliche Unversehrtheit. Wegen der betroffenen Rechtsgüter hat die persönliche Zuverlässigkeit im Waffenrecht eine derart hohe Bedeutung. Das WaffG enthält dazu sehr strenge Vorgaben.
2. § 5 WaffG bestimmt i.E. die Anhaltspunkte, die die Annahme rechtfertigen können, dass Betroffene nicht über die erforderliche Zuverlässigkeit für den Umgang mit Waffen und Munition verfügen. Das Gesetz unterscheidet zwischen der unwiderleglichen (§ 5 Abs. 1 WaffG) und der widerleglichen Vermutung (§ 5 Abs. 2 WaffG). Um die Zuverlässigkeit sachgerecht überprüfen zu können, stehen den Waffenbehörden zahlreiche Auskunftsquellen zur Verfügung. Neben dem BZR gehören dazu das ZStV, die Polizei und Verfassungsschutzbehörden. Für einen vollständigen Überblick über die Person dürfen die Waffenbehörden auch öffentlich zugängliche Quellen berücksichtigen und die Erkenntnisse im Rahmen der Zuverlässigkeitsprüfung verwerten.
3. Nach § 5 Abs. 1 WaffG wird die Unzuverlässigkeit unwiderleglich vermutet, wenn der Betroffene in den letzten zehn Jahren wegen eines Verbrechens, wegen einer vorsätzlichen Straftat zu einer Freiheitsstrafe von mehr als einem Jahr oder wegen einer staatsgefährdenden oder extremistischen Straftat zu Freiheitsstrafe oder Geldstrafe von mindestens 90 Tagessätzen verurteilt worden ist oder aus anderen Gründen nicht die Gewähr für einen sorgfältigen Umgang mit Waffen und Munition bietet.
4. Nach § 5 Abs. 2 WaffG wird die Unzuverlässigkeit widerleglich vermutet, wenn der Betroffene wegen bestimmter Straftaten in den letzten fünf Jahren zu einer Freiheitsstrafe, Jugendstrafe, Geldstrafe von mindestens 60 Tagessätzen oder mindestens zweimal zu einer geringeren Geldstrafe rechtskräftig verurteilt worden ist oder durch Zugehörigkeit zu verfassungsfeindlichen Organisationen oder durch entsprechende verfassungsfeindliche Betätigungen ebenfalls nicht die Gewähr für einen zuverlässigen Umgang mit Waffen und Munition bietet. Die Regelvermutung ist nur dann ausgeräumt, wenn die Umstände der abgeurteilten Tat die Verfehlung in einem derart milden Licht erscheinen lassen, dass die regelmäßig begründete Annahme eines Zuverlässigkeitsmangels nicht gerechtfertigt ist.
5. Dauert ein Ermittlungs- oder Strafverfahren an und hat die Waffenbehörde Kenntnis hiervon, kann sie das Erteilungsverfahren für eine Erlaubnis bis zum Abschluss dieses Verfahrens zum Ruhen bringen.
6. Gegen die Versagung der waffenrechtlichen Erlaubnis ist grds. die Verpflichtungsklage vor dem VG statthaft. Nach der grds. Abschaffung des Widerspruchsverfahrens in den meisten Bundesländern, bedarf es keines Widerspruchs mehr.

1382 **Literaturhinweise:** S. die Hinw. bei → *Waffenbesitzer, Allgemeines*, Teil H Rdn 1338.

1383 **1.a)aa)** Die Vorschriften des **WaffG** regeln den **Umgang** mit **Waffen** und **Munition** unter Berücksichtigung der Belange der öffentlichen Sicherheit und Ordnung (§ 1 Abs. 1 WaffG). Sie stellen eine Ausprägung der staatlichen Schutzpflicht aus Art. 2 Abs. 2 S. 1 GG für das Recht auf Leben und körperliche Unversehrtheit dar (→ *Waffenbesitzer, Allgemeines*, Teil H Rdn 1342). Wegen dieser bedeutenden Schutzgüter hat die **persönliche Zuverlässigkeit** im Waffenrecht eine **besonders hohe Bedeutung**. Dieses zwingende Erfordernis soll die Allgemeinheit vor dem sorgfaltswidrigen Umgang mit Waffen und Munition bewahren.

☝ Das WaffG enthält **sehr strenge Vorgaben** für den Zugang zu Waffen und Munition. Das mit jedem Waffenbesitz verbundene Sicherheitsrisiko wird nur bei Personen hingenommen, die nach ihrem Verhalten Vertrauen darin verdienen, dass sie mit der Waffe **stets** und in jeder **Hinsicht ordnungsgemäß umgehen** (VG Köln, Beschl. v. 12.7.2012 – 20 L 201/12).

Die letzte wesentliche Änderung des WaffG erfolgte durch das Gesetz zur Verbesserung der inneren Sicherheit und des Asylsystems v. 25.10.2024 (BGBl I 2024, 332). Damit sollten nicht nur die **Erkenntnismöglichkeiten der Waffenbehörde** erweitert werden, sondern auch die **Gewalt mit Messern** eingedämmt werden. Ausgelöst wurde dies durch den mit einem Messer am 23.8.2024 in Solingen begangenen Anschlag. Entsprechend hat der Gesetzgeber ein umfassendes Verbot des Führens von Messern auf öffentlichen Veranstaltungen (§ 42 Abs. 4a WaffG) oder in öffentlichen Verkehrsmitteln oder Verbotszonen (§ 42b WaffG) geregelt. Damit hat der Gesetzgeber weiter und nicht immer gut überlegt an der Verschärfungsspirale gedreht, obwohl das deutsche Waffenrecht ohnehin schon als eines der Schärfsten weltweit gilt!

bb) Über die persönliche Zuverlässigkeit hinaus, wird der Zugang zu Waffen und Munition noch an **weitere Voraussetzungen** geknüpft, die ebenfalls sicherstellen sollen, dass stets ein sachgerechter und verantwortungsvoller Umgang mit ihnen erfolgt. Die Erteilung einer waffenrechtlichen Erlaubnis (→ *Waffenbesitzer, Allgemeines*, Teil H Rdn 1345) setzt daher gem. § 4 Abs. 1 WaffG grds. voraus, dass der Antragsteller 1384

- das **18. Lebensjahr vollendet** hat (§ 2 Abs. 1 WaffG),
- die **erforderliche Zuverlässigkeit** (§ 5 WaffG) und
- **persönliche Eignung** (§ 6 WaffG) besitzt;
- die **erforderliche Sachkunde** (§ 7 WaffG) sowie
- ein **Bedürfnis** nachgewiesen hat (§ 8 WaffG) und
- bei der Beantragung eines Waffenscheins oder einer Schießerlaubnis über eine ausreichende **Haftpflichtversicherung** verfügt.

Neben der Zuverlässigkeit müssen Betroffene **persönlich geeignet** sein. Mit der persönlichen Eignung (§ 6 WaffG) ist – anders als bei der Zuverlässigkeit – nicht ein vorwerfbares und verantwortbares Verhalten gemeint, sondern physisch sowie psychisch dazu in der Lage zu sein, mit einer Waffe ordnungsgemäß und sicher umzugehen (*Gade*, § 4 Rn 11). 1385

b) Fehlt einer der **Erteilungsvoraussetzungen**, ist die waffenrechtliche Erlaubnis i.d.R. zu **versagen**. Dies gilt insbesondere, wenn eine Person nicht über die erforderliche Zuverlässigkeit verfügt. Dann liegt nach §§ 4 Abs. 1 Nr. 2, 5 WaffG ein Versagungsgrund vor. Werden nachträglich Tatsachen bekannt, die zur Versagung hätten führen müssen, oder treten nach der Erteilung solche Tatsachen auf, ist eine waffenrechtliche Erlaubnis zurückzunehmen bzw. zu widerrufen. Die **Rücknahme und der Widerruf** richten sich nach **§ 45 WaffG** (→ *Waffenbesitzer, Waffenbesitzkarte, Widerruf und Rücknahme*, Teil H Rdn 1370). 1386

2.a)aa) Der **Begriff** der **Zuverlässigkeit** ist ein **unbestimmter Rechtsbegriff**, der grds. gerichtlich voll überprüfbar ist. Volle gerichtliche Überprüfbarkeit bedeutet, dass die Behörde bei der Auslegung und Anwendung unbestimmter Rechtsbegriffe keinen Beurteilungsspielraum hat. Die Verwaltungsgerichte sind auch dann befugt, eine behördliche Entscheidung aufzuheben, wenn die behördliche Auslegung des unbe- 1387 stimmten Rechtsbegriffs im konkreten Einzelfall zwar vertretbar ist, das Verwaltungsgericht den unbestimmten Rechtsbegriff aber anders auslegt.

1388 **bb)** Die waffenrechtlich erforderliche Zuverlässigkeit ist anhand einer **zukunftsgerichteten Prognose** zu beurteilen. Die **Verhaltensprognose** wird ausgehend von dem Verhalten des Betroffenen in der Vergangenheit vorgenommen. So wird aus einem früheren Fehlverhalten auf die Zuverlässigkeit in der Zukunft geurteilt. Sogar **einmalige Verfehlungen** können den Schluss auf das Fehlen der erforderlichen Zuverlässigkeit rechtfertigen, sofern sie hinreichend schwer wiegen. Dabei wird nicht der Nachweis verlangt, dass der Betroffene mit an Sicherheit grenzender Wahrscheinlichkeit mit Waffen oder Munition nicht vorsichtig oder sachgemäß umgehen wird. Es genügt dafür vielmehr eine **hinreichende Wahrscheinlichkeit**. Nach dem Wortlaut des § 5 WaffG reicht nämlich bereits aus, dass Tatsachen die Annahme rechtfertigen, dass die erforderliche Zuverlässigkeit fehlt. Das bedeutet, dass die Unzuverlässigkeit nicht im Sinne einer vollen Überzeugung feststehen muss. Im Bereich des Waffenrechts ist angesichts der erheblichen Gefahren, die von Waffen und Munition für hochrangige Rechtsgüter wie Leben und Gesundheit ausgehen, ein **Restrisiko nicht hinnehmbar** (OVG Lüneburg, Beschl. v. 19.4.2010 – 11 LA 389/09).

1389 **cc)** Grds. sind die **Gründe**, die die Annahme der fehlenden Zuverlässigkeit begründen können, in **§ 5 Abs. 1** und **2 WaffG aufgezählt**. Es wird unterschieden zwischen

- der **unwiderleglichen Vermutung** der fehlenden Zuverlässigkeit (§ 5 Abs. 1 WaffG) und
- der **widerleglichen Vermutung** der fehlenden Zuverlässigkeit (§ 5 Abs. 2 WaffG).

1390 **b)** Das Gesetz unterwirft besonders schwerwiegende (strafrechtliche) Fehlverhalten der **unwiderleglichen Vermutung** der **Unzuverlässigkeit** nach § 5 Abs. 1 WaffG („obligatorische Unzuverlässigkeit"), weil der Betroffene

- wegen einer **schweren Straftat**, wozu auch extremistische und staatsgefährdende Straftaten gehören können, verurteilt worden ist oder
- **aus anderen Gründen** nicht die Gewähr für einen sorgfältigen Umgang mit Waffen und Munition bietet.

1391 Andere **weniger schwerwiegende** (strafrechtliche) Fehlverhalten führen zu der **widerleglichen Vermutung** der Unzuverlässigkeit nach § 5 Abs. 2 WaffG („Regelunzuverlässigkeit"), weil der Betroffene

- wegen bestimmter (weniger schwerwiegender) Straftaten
  - **in den letzten fünf Jahren**
  - zu einer **Freiheitsstrafe, Jugendstrafe, Geldstrafe von mindestens 60 Tagessätzen** oder
  - mindestens **zweimal zu einer geringeren Geldstrafe** rechtskräftig verurteilt worden ist oder
- einer **verfassungsfeindlichen Organisation** angehört.

1392 Die Gründe, die **für die Annahme sprechen** können, dass der Betroffene nicht (mehr) über die erforderliche Zuverlässigkeit verfügt, ergeben sich damit vor allem aus **strafrechtlichen Verurteilungen**. Dabei wird bei strafrechtlich relevantem Verhalten die waffenrechtliche Unzuverlässigkeit im Wesentlichen **an das Strafmaß** und nicht an bestimmte Delikte geknüpft. Die **Art der Begehung** (Vorsatz oder Fahrlässigkeit) und die **Schwere des Fehlverhaltens** sind damit entscheidend für die waffenrechtliche Konsequenzen.

> Die **Waffenbehörde** kann die **strafgerichtliche Verurteilung** ihrer **Widerrufsentscheidung zugrunde legen**, ohne überprüfen zu müssen, unter welchen prozessualen, u.a. auch prozessökonomischen Voraussetzungen es zu der Verurteilung im Strafverfahren gekommen ist. Der Betroffene kann z.B. im Verwaltungsverfahren **nicht (mehr) einwenden**, er habe im Ermittlungs- bzw. Strafverfahren niemals ein Geständnis abgelegt, sondern im Wege eines „Deals" mit der Staatsanwaltschaft einen Strafbefehl nur deshalb akzeptiert, um die als Folge einer öffentlichen Hauptverhandlung im Strafverfahren von ihm befürchteten negativen Auswirkungen auf das Ansehen seiner Person und seiner Familie zu vermeiden (VG Saarlouis, Urt. v. 15.12.2009 – 1 K 50/09). Waffenbehörden können

daher grds. die materielle Richtigkeit strafgerichtlicher Verurteilungen annehmen und sind an sie gebunden, solange die Verurteilungen nicht derart offensichtlich rechtswidrig sind, dass einem die Fehlerhaftigkeit gleichsam „sofort ins Auge springt“ (VG Stuttgart, Urt. v. 23.1.2024 – 5 K 4730/22).

Auf der anderen Seite werden grds. **strafgerichtliche Verurteilungen** durch ein **deutsches Gericht vorausgesetzt**. Mit einem rechtskräftigen Strafausspruch eines ausländischen Strafgerichts lässt sich wegen der fehlenden Vergleichbarkeit weder die waffen- bzw. jagdrechtliche Unzuverlässigkeit des Verurteilten begründen. Der in einem **ausländischen Strafurteil** festgestellte Sachverhalt ist aber darauf hin zu überprüfen, ob ihm im Ausland eingetretene Tatsachen zu entnehmen sind, aus denen sich sonst – z.B. nach der Generalklausel des § 5 Abs. 1 Nr. 2 WaffG – die waffen- bzw. jagdrechtliche Unzuverlässigkeit des Verurteilten folgt (VG Düsseldorf, Beschl. v. 12.12.2012 – 15 L 2007/12).

c) Im Rahmen der Zuverlässigkeitsprüfung hat die Waffenbehörde gem. § 5 Abs. 5 WaffG **von Amts wegen** den **Sachverhalt** zu **ermitteln** und folgende Erkundigungen einzuholen: 1393

- die **unbeschränkte Auskunft** aus dem **BZR** gem. § 41 Abs. 1 Nr. 9 BZRG (→ *Bundeszentralregister, Auskunft, Behördenauskunft*, Teil E Rdn 29),
- die **Auskunft** aus dem **ZStV** hinsichtlich der in § 5 Abs. 2 Nr. 1 WaffG genannten Straftaten,
- die **Stellungnahme** verschiedener **Polizeidienststellen (örtliche Polizei bzw. Landespolizei und LKA, aber auch – soweit erforderlich – des BKA)**, ob Tatsachen bekannt sind, die Bedenken gegen die Zuverlässigkeit begründen, sowie
- **des Verfassungsschutzes** zur Ermittlung von Tatsachen, ob der Betroffene Mitglied eines verbotenen Vereins, einer verbotenen Partei ist oder sich sonst in einer verfassungswidrigen Art und Weise betätigt hat.

☝ Die **Waffenbehörde** ist nach § 4 Abs. 6 WaffG auch befugt, in **öffentlich zugänglichen Quellen** (z.B. den sozialen Medien) über die betroffene Person zu recherchieren und darf die daraus gewonnenen Erkenntnisse auch in die Prüfung der Zuverlässigkeit nach § 5 WaffG einfließen lassen.

Über die **MiStra** erhalten die Waffenbehörden aber auch **unabhängig** von einem **laufenden Verwaltungsverfahren** Kenntnis solcher Umstände, die für die Zuverlässigkeit von Bedeutung sein können. Auf diese Weise werden die Waffenbehörden mit den notwendigen Informationen versorgt, die sie brauchen, um ein Widerrufsverfahren durchführen zu können. Sie sollen nicht erst bei der nächsten Regelüberprüfung auf die Verurteilungen stoßen, die dem Betroffenen ggf. die Zuverlässigkeit nehmen. Zudem steht die Möglichkeit offen, nach § 13 WaffRG Auskunft über gespeicherte waffenrechtliche Erlaubnisse und Waffen aus dem NWR zu erhalten (→ *Waffenbesitzer, Allgemeines*, Teil H Rdn 1368). 1394

3.a)aa) Nach der **unwiderleglichen Vermutung** nach **§ 5 Abs. 1 Nr. 1 WaffG** besitzen Personen die erforderliche Zuverlässigkeit nicht („obligatorische Unzuverlässigkeit“), wenn sie wegen **schwerwiegender Straftaten** verurteilt worden sind. In diesen Fällen ist die Waffenbehörde in ihrer Entscheidung gebunden, d.h. sie hat **kein Ermessen** abweichend zu entscheiden. Dies gilt in den folgenden Fällen: 1395

Der Betroffene ist rechtskräftig verurteilt worden 1396

- wegen eines **Verbrechens** oder
- wegen sonstiger **vorsätzlicher Straftaten** zu einer **Freiheitsstrafe von mindestens einem Jahr**,
- wegen einer **staatsgefährdenden oder extremistischen Straftat** zu Freiheitsstrafe oder Geldstrafe von mindestens 90 Tagessätzen,
- wenn **seit dem Eintritt der Rechtskraft** der letzten Verurteilung **zehn Jahre** noch nicht verstrichen sind.

1397 **bb)** Im Einzelnen gilt für die **unwiderlegliche Vermutung**:

- Für die Fälle der schwerwiegenden Verurteilung hat der Gesetzgeber die **Verhaltensprognose** getroffen, dass Betroffene **unwiderlegbar unzuverlässig** sind. Hier ist – gerade auch in Abgrenzung zur Regelunzuverlässigkeit (§ 5 Abs. 2 WaffG) – **keine Härtefallregelung** vorgesehen. Die Vermutung der absoluten waffenrechtlichen Unzuverlässigkeit gilt für die Dauer von **zehn Jahren** ab Rechtskraft des Urteils. Personen, bei denen der **Umgang** mit **Waffen** zum **Beruf** gehört (z.B. Büchsenmacher), werden z.B. im Ergebnis Beamten gleichgestellt, bei denen vergleichbare Verurteilungen dauerhaft und endgültig zum Verlust des Beamtenstatus und damit zum Verlust des bisherigen Berufes führen.
- Auch **lange zurückliegende Verurteilungen**, die schon **im BZR getilgt** sind, können noch Berücksichtigung finden. Die Jagd- und Waffenbehörden sind hinsichtlich der Verwertbarkeit von Eintragungen im BZR von vornherein nicht an die Aufnahmefristen im Führungszeugnis gebunden (OVG Lüneburg NordÖR 2017, 207). Geht es um die **Erteilung** einer **waffenrechtlichen Erlaubnis** ist vom Vorhalte- und Verwertungsverbot des § 51 Abs. 1 BZRG in § 52 Abs. 1 Nr. 4 BZRG eine **ausdrückliche Ausnahme** vorgesehen (→ *Bundeszentralregister, Eintragungen, Tilgung, Verwertungsverbot*, Teil E Rdn 156). Das Verbot, im BZR getilgte oder zu tilgende strafgerichtliche Verurteilungen zu verwerten, gilt nur für den Widerruf von waffenrechtlichen Erlaubnissen. Eine entsprechende Anwendung der Ausnahme in § 52 Abs. 1 Nr. 4 BZRG für die „Widerrufsituation" scheidet aus (BVerwG NJW 1997, 336).
- Eine **vorsätzliche Tatbegehung** und das Erreichen der **Mindeststrafe von einem Jahr reichen aus**. Es muss sich weder um gemeingefährliche Delikte oder um Gewaltdelikte handeln. Auch die Verurteilung wegen Vermögensdelikten genügt.
- Für die **Verurteilung wegen eines Verbrechens** (vgl. die Definition in § 12 Abs. 1 StGB) reicht es aus, dass die Verurteilung – unabhängig von der konkreten Strafhöhe (z.B. Milderung wegen Versuchs nach §§ 23 Abs. 2, 49 Abs. 1 StGB) – wegen eines solchen Straftatbestandes erfolgt ist.
- Für die Anwendung des § 5 Abs. 1 Nr. 1b) WaffG kommt es auch nicht darauf an, ob es sich um eine **Einzelstrafe** handelt oder erst durch eine **Gesamtstrafenbildung** das Mindestmaß von einem Jahr erreicht wird (VG Saarlouis, Urt. v. 15.12.2009 – 1 K 50/09).

1398 **cc)** In der **Rspr.** finden sich u.a. folgende Entscheidungen:

Unzuverlässigkeit bejaht:

- Ein Widerruf der WBK ist nach § 5 Abs. 1 Nr. 1b) WaffG gerechtfertigt, wenn der Betroffene u.a. **wegen Verletzung der Buchführungspflicht** und dem **Nichterstellen von Bilanzen** zu einer **Gesamtfreiheitsstrafe von einem Jahr** verurteilt wird, selbst wenn die Verurteilung im Wege des Strafbefehls nach einem „Deal" erfolgte (VG Saarlouis, Urt. v. 15.12.2009 – 1 K 50/09).
- Die Verurteilung wegen **Betruges** in 25 Fällen, **vorsätzlichem Bankrott** in vier Fällen sowie **vorsätzlicher Konkursverschleppung** zu einer **Freiheitsstrafe** von **zwei Jahren** ausgesetzt zur Bewährung rechtfertigt den Widerruf einer WBK. Die Gleichbehandlung von Wirtschaftsstraftätern und Gewaltverbrechern verstößt nicht gegen den Gleichheitsgrundsatz (VG Sigmaringen, Urt. v. 22.1.2009 – 8 K 819/08).

1399 **Unzuverlässigkeit verneint:**

- Straftaten, die in den Jahren 1983 bis 1985 und 1991 begangen wurden, können weder die Unzuverlässigkeit nach §§ 5 Abs. 1 Nr. 1, Abs. 2 WaffG begründen noch die Annahme rechtfertigen, dass der Betroffene gem. § 5 Abs. 1 Nr. 2a) WaffG Waffen oder Munition missbräuchlich oder leichtfertig verwenden wird; zumal der Betroffene **seit 21 Jahren straffrei** und **seit 16 Jahren ohne Beanstandungen** im **Besitz** von **Jagdschein und WBK** ist (VG Sigmaringen, Beschl. v. 21.8.2012 – 4 K 1812/12).

b)aa) Selbst wenn die Voraussetzungen von § 5 Abs. 1 Nr. 1 WaffG nicht vorliegen, kann die **Gesamtschau** und **Gefahrenprognose** ergeben, dass der Betroffene Waffen oder Munition missbräuchlich oder leichtfertig verwenden wird oder sonst mit ihnen nicht sorgfältig umgehen wird, sodass es nicht notwendigerweise einer strafgerichtlichen Verurteilung bedarf. Die **unwiderlegliche Vermutung** nach § 5 Abs. 1 Nr. 2 WaffG erstreckt sich daher auf: 1400

Personen, bei denen Tatsachen die Annahme rechtfertigen, dass sie 1401

- Waffen oder Munition **missbräuchlich oder leichtfertig verwenden** werden,
- mit Waffen oder Munition **nicht vorsichtig oder sachgemäß umgehen** oder diese Gegenstände nicht sorgfältig verwahren werden,
- Waffen oder Munition **Personen überlassen** werden, die zur Ausübung der tatsächlichen Gewalt über diese Gegenstände nicht berechtigt sind.

bb) Bei der **unwiderleglichen Vermutung** aufgrund einer **Gesamtschau** und **Gefahrenprognose** ist zu beachten: 1402

- In diesen Fällen geht es um die **auf Tatsachen gestützte Prognose** eines spezifisch waffenrechtlich bedenklichen Verhaltens, aus dem mit hoher Wahrscheinlichkeit der Eintritt von **Schäden für hohe Rechtsgüter** resultiert, sei es durch das Verhalten des Betroffenen selbst oder anderer, wenn ihnen Waffen oder Munition überlassen werden, obwohl sie zur Ausübung der tatsächlichen Gewalt über diese Gegenstände nicht berechtigt sind.
- Insbesondere die **sorgfältige Aufbewahrung** ist spätestens durch den Amoklauf von Winnenden im Jahr 2009, der maßgeblich durch die unsachgemäße Aufbewahrung der Waffe und Munition verursacht worden ist, in den Blickpunkt der Waffen- und Jagdbehörden gerückt (zu der jüngeren strengen Rspr. → *Jäger, Jagdschein, Versagung*, Teil H Rdn 972). Daraus resultierte die damalige Änderung des WaffG, nach der ein verdachtsunabhängiges Betretungsrecht für die Behörden zur Kontrolle der sorgfältigen Aufbewahrung eingeführt worden ist (§ 36 Abs. 3 S. 2 WaffG). Aber auch die **missbräuchliche** oder **leichtfertige Verwendung** von Waffen oder Munition begründen die Annahme der Unzuverlässigkeit. Missbräuchlich ist die Verwendung immer dann, wenn die konkrete Verwendung nicht vom erlaubten Zweck des Waffenbesitzes umfasst ist.
- Da eine Gesamtschau stattfindet, können auch **Verfahrenseinstellungen** die Annahme der Unzuverlässigkeit begründen. Es besteht kein Verbot Einstellungen, insbesondere nach §§ 153, 153a StPO zu verwerten (vgl. zu § 153a StPO z.B. OVG Greifswald, Beschl. v. 18.6.2024 – 1 M 581/23 OVG). Bei der Erteilung einer waffenrechtlichen Erlaubnis ist auch bei lang zurückliegenden Verurteilungen **kein Verwertungsverbot** zu beachten, da insoweit eine ausdrücklich Ausnahme nach § 52 Abs. 1 Nr. 4 BZRG geregelt ist (→ *Bundeszentralregister, Eintragungen, Tilgung, Verwertungsverbot*, Teil E Rdn 156).
- Die **Zehnjahresfrist** des § 5 Abs. 1 Nr. 1 WaffG **gilt** für die in Nr. 2 genannten Fälle **weder unmittelbar noch analog**. Sie bietet jedoch ebenso wie die in Abs. 2 genannten Fristen einen Anhaltspunkt dafür, wann eine Straftat allein ohne Hinzutreten weiterer Umstände als nicht mehr ausreichend angesehen werden kann, um eine Unzuverlässigkeitsprognose zu tragen. Je näher diese Grenze rückt, desto weniger kann bei gleicher Sachlage und weiterhin guter Führung des Betroffenen eine erneute Versagung mit der gleichen Begründung wie bislang gerechtfertigt werden (VG Aachen Urt. v. 15.3.2013 – 6 K 1638/11).

cc) Die **Rspr.** legt einen **hohen Sorgfaltsmaßstab** an: 1403

- Die **Mitgliedschaft** bei den **„Bandidos“** rechtfertigt die Annahme, dass der Betroffene Waffen und Munition missbräuchlich verwenden und nicht berechtigten Personen überlassen wird, sodass ihm die erforderliche Zuverlässigkeit fehlt (BVerwG, Urt. v. 28.1.2015 – 6 C 3.14).

- Der Inhaber einer WBK ist unzuverlässig, wenn er eine **Langwaffe** – vermeintlich nur ausnahmsweise zu Reinigungszwecken – in einem Waffenständer aufbewahrt, obwohl er im Keller **nur einen kleinen Tresor** hat, in den die Langwaffe nicht hineingepasst hätte (VG Aachen, Urt. v. 27.5.2013 – 6 K 1008/11).
- Wer entgegen seiner Auskunftspflicht aus § 39 Abs. 1 S. 1 WaffG den **Verbleib** einer **Waffe nicht erklären** kann und so verhindert, dass die Waffenbehörde die sorgfältige Aufbewahrung bzw. eine Weitergabe der Waffe an Berechtigte überprüfen kann, ist unzuverlässig. Dieser Verstoß gegen das WaffG wiegt hinreichend schwer; es handelt sich bei einer Verletzung der Auskunftspflicht auch um **keinen „Bagatellverstoß"** mehr (VG Stade, Urt. v. 2.9.2013 – 1 A 2185/12).
- Ein Waffenbesitzer (Jäger), der eine **Pistole** bei der **Jagd verliert**, weil er sie ohne Holster mitgeführt hat und zudem bei einer behördlichen Nachschau den **Verbleib** einer **Langwaffe nicht erklären** kann, begründet die Annahme, dass er mit Waffen nicht sorgfältig umgeht und ist unzuverlässig (OVG Lüneburg, Beschl. v. 19.4.2010 – 11 LA 389/09).
- Wer als **Jäger** im nächtlichen Wald Personen, die mit Taschenlampen ausgerüstet sind, auffordert, aus dem Wald hervorzutreten, um sie einer Überprüfung zu unterziehen, und seiner Forderung dadurch Nachdruck verleiht, dass er einen **Warnschuss** in die **Luft abgibt**, verwendet eine Waffe missbräuchlich i.S.v. § 5 Abs. 1 Nr. 2a) WaffG. Für die Annahme der waffenrechtlichen Unzuverlässigkeit ist grds. ein einzelner missbräuchlicher Schusswaffengebrauch ausreichend (VG Darmstadt NJW 2007, 1016).
- Ebenso liegt eine missbräuchliche Waffenverwendung vor, wenn ein Jäger zur **Schwarzschlachtung** eines **Bullen** einen Gewehrschuss abgibt. Ein solches Verhalten begründet schon bei einem erstmaligen Verstoß nachhaltige Zweifel an der waffen- bzw. jagdrechtlichen Zuverlässigkeit des Waffenbesitzers (OVG Münster, Beschl. v. 2.5.2013 – 16 A 2255/12).
- Vorsichtig und sachgemäß i.S.d. § 5 Abs. 1 Nr. 2b) WaffG geht mit Waffen nur um, wer sie in **nüchternem Zustand** gebraucht und so sicher sein kann, keine alkoholbedingten Ausfallerscheinungen zu erleiden, die zur Gefährdung Dritter führen können. Ein Jäger der (wenig) **alkoholisiert zur Jagd** geht, ist unzuverlässig, selbst wenn es nicht zu Ausfallerscheinungen gekommen ist und es sich um einen einmaligen Vorfall gehandelt hat (BVerwG, Urt. v. 22.10.2014 – 6 C 30.13).
- Wer als **Jäger** bei der Vor-Ort-Kontrolle zwei geladene Pistolen in einem nicht klassifizierten Innentresor und eine weitere **geladene Pistole unter seiner Bettmatratze** aufbewahrt, ist unwiderleglich unzuverlässig, weil er die Waffen nicht sorgfältig aufbewahrt (VG Trier, Urt. v. 19.6.2013 – 5 K 162/13.TR.).
- Ein Waffenbesitzer, der **wiederholt Polizeibeamte bedroht** und **beleidigt**, ist auch dann unzuverlässig, wenn es jeweils nicht zu Verurteilungen, sondern zu Einstellungen nach § 153a StGB oder sogar nach § 170 Abs. 2 StPO gekommen ist. Selbst Erkenntnisse aus solchen Ermittlungsverfahren dürften zur Vervollständigung des „Gesamtbildes" herangezogen werden (VG Ansbach, Urt. v. 26.1.2024 – AN 16 K 21.10).
- Die **Durchführung** von **Schießübungen in** der **eigenen Küche** nebst Aufbewahrung der scharfen Pistole im Küchenschrank führt zur Annahme der absoluten Unzuverlässigkeit des Betroffenen (VG Bayreuth, Beschl. v. 27.10.2023 – B 1 S 23.820).
- Eine Person, die wegen **vorsätzlichen unerlaubten Führens einer Schusswaffe in Tateinheit mit vorsätzlichem unerlaubtem Besitz einer Schusswaffe** zu einer Geldstrafe von 50 Tagessätzen verurteilt worden ist, ist ohne weiteres nach § 5 Abs. 1 Nr. 2a) WaffG als unzuverlässig anzusehen (VGH München, Beschl. v. 1.4.2021 – 24 Cs 21.703).
- Auch **lange zurückliegende Verurteilungen**, selbst wenn sie bereits aus dem BZR getilgt wären und nur wegen der Ausnahme vom Verwertungsverbot nach § 52 Abs. 1 Nr. 4 BZRG überhaupt verwertet werden dürften, begründen die waffenrechtliche Unzuverlässigkeit und zeigen ein **mangelndes Potenzial** für **straftatfreie Konfliktlösungen**, wenn es sich um 17 Verurteilungen handelte (VG Augsburg, Beschl. v. 31.5.2022 – Au 8 K 22.912).

4. Zu den **Fällen der Regelunzuverlässigkeit** gehören: 1404

a)aa) Über die in § 5 Abs. 1 WaffG genannten besonders schweren Straftaten hinaus sieht das Gesetz die Unzuverlässigkeit i.d.R. auch bei bestimmten **sonstigen gewichtigen Straftaten** als gegeben an. Nach der **widerleglichen Vermutung** gem. § 5 Abs. 2 Nr. 1 WaffG („in der Regel") besitzen Personen die erforderliche Zuverlässigkeit nicht, wenn sie: 1405

- **rechtskräftig verurteilt** worden sind wegen einer
  - **vorsätzlichen Straftat,**
  - **fahrlässigen Straftat**
    - im Zusammenhang mit dem Umgang mit Waffen, Munition oder explosionsgefährlichen Stoffen oder
    - wegen einer fahrlässigen gemeingefährlichen Straftat,
  - **Straftat** nach dem **WaffG**, dem KrWaffKontrG, dem SprengG oder dem BJagdG
- zu einer **Freiheitsstrafe, Jugendstrafe, Geldstrafe von**
  - **mindestens 60 Tagessätzen** oder
  - mindestens **zweimal zu einer geringeren Geldstrafe** rechtskräftig verurteilt worden sind **oder**
  - bei denen die **Verhängung von Jugendstrafe** zur Bewährung ausgesetzt worden ist,
- wenn seit dem Eintritt der Rechtskraft der letzten Verurteilung **fünf Jahre** noch **nicht verstrichen** sind.

bb) Bei der **widerleglichen Vermutung** gilt im Einzelnen: 1406

- Die Aufzählung der maßgeblichen Straftaten (**alle Vorsatztaten!**) macht deutlich, dass es auf einen Bezug zum **Umgang mit Waffen nicht ankommt**; d.h. das Gesetz stellt bei der Prüfung der Zuverlässigkeit nicht allein auf Straftaten ab, bei denen Waffen eingesetzt oder die gewaltsam begangen wurden. Dieses ist nur bei Fahrlässigkeitstaten relevant.
- Die **fahrlässigen gemeingefährlichen Straftaten** sind die des 28. Abschnitt des StGB (§§ 306 bis 323c StGB). Auch die fahrlässige Trunkenheitsfahrt (§ 316 Abs. 2 StGB) ist aus den relevanten Fahrlässigkeitstaten nicht herausgenommen.
- Der **Anknüpfung** an die **Geldstrafe von 60 Tagessätzen** liegt die gesetzgeberische Einschätzung zugrunde, dass eine Verurteilung zu einer Geldstrafe von mehr als 60 Tagessätzen wegen vorsätzlichen Verstoßes gegen Strafvorschriften gleich welcher Deliktsart regelmäßig solche Zweifel an der Vertrauenswürdigkeit eines Waffenbesitzers weckt, dass die Wertung gerechtfertigt ist, sein Waffenbesitz stelle ein Risiko dar, das nicht hingenommen werden soll (VG Münster, Urt. v. 31.5.2010 – 1 K 1281/08).
- Eine **Verwarnung** mit **Strafvorbehalt** reicht allein hingegen nicht aus. Es muss schon eine Verurteilung zu einer Strafe vorliegen. Ggf. kann aber die zugrundeliegende Tat, wenn sie einen Bezug zum Umgang mit Waffen aufweist, von Bedeutung sein. Liegt nämlich keine Verurteilung vor, die unter die Fälle der Regelunzuverlässigkeit fällt, können dennoch die Voraussetzungen der Generalklausel des § 5 Abs. 1 Nr. 2 WaffG erfüllt sein. Die **Anwendung** dieser **Generalklausel** ist dann **nicht ausgeschlossen** (*Gade*, § 5 Rn 26).

☝ **Kein Fall** der **mehrfachen Verurteilung** zu einer geringen Geldstrafe liegt vor, wenn aus **mehreren Einzelstrafen eine Gesamtstrafe** gebildet wird. Liegt die gebildete Gesamtstrafe unter 60 Tagessätzen, ist die Regelvermutung des § 5 Abs. 2 Nr. 1a) WaffG nicht begründet. Dagegen spricht bereits der Wortlaut der Vorschrift, wonach eine **zweimalige Verurteilung** erforderlich ist, während die Norm nicht etwa so formuliert ist, dass auf die Verurteilung wegen mindestens zweier Straftaten abgestellt wird. Die Intention des Gesetzgebers war an die Tatsache der Verurteilung als solche anzuknüpfen, nicht aber an die strafrechtliche dogmatische Einordnung der Tat in Bezug auf Tateinheit oder Tatmehrheit (VG Köln, Urt. v. 21.1.2010 – 20 K 4892/09).

I.Ü. ist in die Fünfjahresfrist (ebenso wie in die Zehnjahresfrist nach § 5 Abs. 1 WaffG) die Zeit nicht einzurechnen, in der der Betroffene sich in **Haft oder einer Unterbringung** befindet (§ 5 Abs. 3 WaffG). Es soll sich um einen echten Bewährungszeitraum handeln!

1407 **cc)** Die **Regelvermutung** ist nur dann **ausgeräumt**, wenn die Umstände der abgeurteilten Tat die Verfehlung in einem derart **milden Licht** erscheinen lassen, dass die regelmäßig begründete Annahme eines Zuverlässigkeitsmangels nicht gerechtfertigt ist; dabei ist

- die **Schwere der konkreten Verfehlung** zu würdigen, z.B. dahin, ob sie lediglich Bagatellcharakter hat,
- ob die **Verurteilung sehr lange zurückliegt**, selbst wenn die Fünfjahresfrist noch nicht verstrichen ist, (VG Bayreuth, Beschl. v. 22.7.2021 – B 1 S 21.709) sowie
- die **Persönlichkeit des Betroffenen**, wie sie in seinem Verhalten zum Ausdruck kommt (BVerwG BVerwGE 97, 245).

☝ **Maßgeblicher Anknüpfungspunkt** für die Annahme der Unzuverlässigkeit ist **die strafgerichtliche Verurteilung**, nicht jedoch eine „davon losgelöste Zuverlässigkeitsbeurteilung". Von daher wird die Einholung psychologischer Sachverständigengutachten von der Rspr. weder als notwendig noch geeignet angesehen (VG Köln, Urt. v. 14.8.2008 – 20 K 3903/07).

1408 **dd)** Die **Rspr.** hat die

Unzuverlässigkeit bejaht:

- **VG Aachen**, Urt. v. 17.12.2012 – 6 L 263/12:
  - Verurteilung 2005 wegen **Vorenthaltens und Veruntreuung von Arbeitsentgelt** in 10 Fällen zu 30 Tagessätzen;
  - Verurteilung 2005 wegen **fahrlässiger Trunkenheit im Verkehr** zu 30 Tagessätzen und einer Sperre für die Fahrerlaubnis;
  - Verurteilung 2008 wegen **fahrlässiger Körperverletzung** zu 20 Tagessätzen und
  - Verurteilung 2011 wegen **vorsätzlicher Trunkenheit im Verkehr** zu 50 Tagessätzen und einer Sperre für die Fahrerlaubnis.
- **Vorsätzlicher Verstoß** gegen das **MarkenG** in 92 Fällen und Verurteilung zu 90 Tagessätzen. Durch die Tat habe der Betroffene aus eigenem finanziellem Interesse gehandelt und zugleich die notwendige Einsicht in berechtigte Interessen Dritter vermissen lassen, weshalb auch eine Abweichung von der Regelvermutung der Unzuverlässigkeit nicht gerechtfertigt sei (VG Münster, Urt. v. 31.5.2010 – 1 K 1281/08).
- Verurteilung im Jahr 2006 wegen **Anstiftung** zum **Diebstahl** in **Tatmehrheit** mit **Verstoß gegen** das **WaffG** zu 80 Tagessätzen (OVG Sachsen, Beschl. v. 15.3.2010 – 3 A 451/08).
- Verurteilung wegen **vorsätzlicher Insolvenzverschleppung** zu 90 Tagessätzen im Jahr 2008 (VG Köln, Urt. v. 5.11.2009 – 20 K 1708/09).
- Verurteilung im Jahr 2007 wegen einer **fahrlässigen Körperverletzung** zu 60 Tagessätzen wegen der Abgabe **mehrerer unachtsamer Schüsse** rechtfertigt die Ablehnung der Erteilung eines Jagdscheines und den Widerruf erteilter WBK (VGH Bayern, Beschl. v. 19.10.2009 – 21 ZB 08.435).
- Verurteilung wegen **gefährlichen Eingriffs** in den **Straßenverkehr** im Jahr 2005 zu 60 Tagessätzen (VG Köln, Urt. v. 14.8.2008 – 20 K 3903/07).
- Verurteilung wegen **Vorteilsgewährung** zu 90 Tagessätzen im Jahr 2007. Die Tat begründe ein allgemeines Fehlverhaltensrisiko. Die Einflussnahme auf die Strafverfolgungsbehörde hat vielmehr (auch) dem Zweck gedient, sich eine günstige Lage für den Fall strafrechtlicher Vorwürfe zu ver-

schaffen. Dies deute darauf hin, dass der Kläger nicht hinreichend akzeptiert habe, dass die allgemeinen Gesetze auch für ihn gelten würden (VG Augsburg, Urt. v. 4.3.2009 – Au 4 K 08.330).

- **Dreimalige Verurteilung** wegen einer vorsätzlichen Straftat zu einer geringeren Geldstrafe als 60 Tagessätze in den Jahren 2008 und 2010 (OVG Sachsen-Anhalt Beschl. v. 14.9.2012 – 3 O 634/12).
- Verurteilung **wegen Betruges** zu **vier Monaten Freiheitsstrafe**, wobei es ohne Bedeutung ist, dass die Tat keinen Waffenbezug aufwies (VG Münster, Beschl. v. 30.12.2014 – 1 L 902/14).
- Verurteilung wegen **Urkundenfälschung** zu einer Geldstrafe von 90 Tagessätzen, wobei es ohne Belang ist, ob außer der Verurteilung weitere nachteilige Umstände über den Waffenbesitzer bekanntgeworden sind; dies setze die Vermutungsregelung in § 5 WaffG nicht voraus (VGH München, Beschl. v. 3.8.2023 – 24 Cs 23.1075).

Unzuverlässigkeit verneint: 1409

- Verurteilung zu einer **Gesamtgeldstrafe** von **40 Tagessätzen** wegen zwei selbstständiger Nötigungen im Straßenverkehr stellen keinen Fall von § 5 Abs. 2 Nr. 1a) WaffG dar. Bei niedrigeren Geldstrafen ist auf die Zahl der Verurteilungen und nicht auf die Zahl der Taten abzustellen (VG Köln, Urt. v. 21.1.2010 – 20 K 4892/09).
- Straftaten, die in den Jahren 1983 bis 1985 und 1991 begangen wurden, können weder die Unzuverlässigkeit nach §§ 5 Abs. 1 Nr. 1, Abs. 2 WaffG begründen noch die Annahme rechtfertigen, dass der Betroffene gem. § 5 Abs. 1 Nr. 2a) WaffG Waffen oder Munition missbräuchlich oder leichtfertig verwenden wird; zumal der Betroffene **seit 21 Jahren straffrei** und **seit 16 Jahren ohne Beanstandungen** im **Besitz** von **Jagdschein und WBK** ist (VG Sigmaringen, Beschl. v. 21.8.2012 – 4 K 1812/12).

b)aa) Daneben bestehen **sonstige Fälle der Regelvermutung (§ 5 Abs. 2 Nr. 2 bis 5 WaffG)**. Die **Unzuverlässigkeit** wird regelmäßig auch angenommen, wenn Betroffene 1410

- Mitglied in einer **verfassungsfeindlichen Organisation** oder **Partei** sind oder
- **rassistische, extremistische oder verfassungsfeindliche Bestrebungen** einzeln oder als Mitglied einer Vereinigung verfolgen oder
- innerhalb der letzten fünf Jahre mehr als einmal wegen Gewalttätigkeit mit richterlicher Genehmigung in **polizeilichem Präventivgewahrsam** waren oder
- **wiederholt oder gröblich** gegen die Vorschriften des WaffG, des KrWaffKontrG, des SprengG oder des BJagdG verstoßen haben.

☝ Die Fallgruppe der Regelunzuverlässigkeit wegen der Mitgliedschaft in einer verfassungswidrigen Organisation hat in den vergangenen Jahren wegen der sog. **Reichsbürgerbewegung** an besonderer Bedeutung gewonnen. Dieser Personenkreis, der die Existenz der BRD grds. verneint und die Geltung der Rechtsordnung, insbesondere des GG ablehnt, war wiederholt Gegenstand (verwaltungs-)gerichtlicher Verfahren. Während bei ihnen durchweg von der Unzuverlässigkeit im waffenrechtlichen Sinne ausgegangen wird (z.B. VGH München, Urt. v. 5.10.2017 – 21 Cs 17.1300), ist dies hingegen bei der bloßen **Mitgliedschaft in der AfD** (derzeit) nicht der Fall (**Unzuverlässigkeit verneinend**: z.B. OVG Magdeburg, Beschl. v. 24.4.2023 – 3 M 13/23; VGH München DÖV 2024, 243; OVG Münster, Beschl. v. 30.4.2025 – 20 A 1519/24; VG Frankfurt, Urt. v. 12.9.2024 – 5 K 3302/22.F; **Unzuverlässigkeit bejahend**: VG Düsseldorf NvWZ-RR 2023, 626).

bb) Hier sind zudem folgende **Einzelheiten** von Bedeutung: 1411

- Ein **Tatbestand** der **Regelunzuverlässigkeit** ist die aktuelle oder zurückliegende Mitgliedschaft in einem als Organisation gem. § 3 VereinsG **verbotenen Verein** oder einem gem. § 14 Abs. 2 S. 1 VereinsG einem Betätigungsverbot unterworfenen Ausländerverein oder einer **verfassungswidrigen Partei**. Verbotsvoraussetzung für einen Verein können ein Zuwiderlaufen seiner Zwecke oder Tätigkeiten gegen die Strafgesetze oder sein Gerichtetsein gegen die verfassungsmäßige Ordnung oder gegen die Völkerverständigung sein. Damit sind von der 1. Alternative gewaltbereite oder -orientierte Vereine auch allgemein krimineller Art (z.B. **Rocker- oder Hooligangruppen**) und von der 2. Alternative Vereine mit politisch-extremistischer Orientierung umfasst (s.o. aber zur „Bandidos"-Entscheidung Teil H Rdn 1403).

- Die **Annahme** eines **groben Verstoßes** gegen Vorschriften des WaffG scheidet nicht schon deshalb aus, weil das strafrechtliche Ermittlungsverfahren **gem. § 153 Abs. 1 StPO eingestellt** worden ist (auch Teil H Rdn 1402). Auch der Verstoß gegen Erlaubnis- oder Eintragungsvorschriften stellt keine unbedeutende Kleinigkeit dar und kann den Widerruf der Waffenbesitzkarten rechtfertigen (VG Köln, Beschl. v. 12.7.2012 – 20 L 201/12).
- Für die **Annahme** eines **groben Verstoßes** reicht – anders als etwa für die weniger schwerwiegenden Verurteilungen des § 5 Abs. 2 Nr. 1a) WaffG – allein der Ablauf einer 5-Jahres-Frist als „Bewährungszeit" nicht aus, weil die Vorschrift eine derartige Sperrfrist nicht kennt. Gleichwohl darf der Schluss von einem einmal an den Tag gelegten Verhalten auf die künftig zu erwartende Handlungsweise selbstverständlich nicht für alle Zukunft gezogen werden. Dies folgt bereits aus den weiteren Fristenregelungen in § 5 Abs. 1 und 2 WaffG sowie allgemein aus dem Rechtsstaatsprinzip. Die **Zehnjahresfrist** des § 5 Abs. 1 Nr. 1 WaffG bietet daher einen Anhaltspunkt dafür, wann eine Straftat oder ein anderes Fehlverhalten allein ohne Hinzutreten weiterer Umstände als nicht mehr ausreichend angesehen werden kann, um eine Unzuverlässigkeitsprognose zu tragen. **Je näher diese Grenze rückt**, desto weniger kann bei gleicher Sachlage und weiterhin guter Führung des Betroffenen eine erneute Versagung mit der gleichen Begründung wie bislang gerechtfertigt werden (VG Aachen, Urt. v. 15.3.2013 – 6 K 1638/11).

1412 **cc)** Die **Rspr.** hat die

Unzuverlässigkeit bejaht:

- Wegen **wiederholt gröblichen Verstoßes** (VG Aachen, Urt. v. 15.3.2013 – 6 K 1638/11):
  - Verurteilung 1993 wegen mehrfacher **Verstöße gegen das WaffG** zu einer Freiheitsstrafe von 1 Jahr und 2 Monaten, ausgesetzt zur Bewährung,
  - Verurteilung 1993 wegen **unerlaubten Besitzes von Sprengstoff** durch ein belgisches Gericht zu einer Freiheitsstrafe von 2 Monaten ausgesetzt zur Bewährung und
  - Verurteilung 2005 wegen **Verstoßes gegen das WaffG** zu einer Geldstrafe von 75 Tagessätzen.
- Wegen **wiederholt gröblichen Verstoßes** (OVH Lüneburg DÖV 2013, 241):
  Die waffenrechtliche Unzuverlässigkeit i.S.d. § 5 Abs. 2 Nr. 5 WaffG kann sich auch aus zwei bereits **mehr als 20 Jahre zurückliegenden (erheblichen) Verurteilungen** wegen Verstoßes gegen das WaffG – hier u.a. wegen illegalen Waffenhandels – ergeben, wenn diese Verurteilungen wegen der Begehung einer Vielzahl anderer Straftaten nach dem BZRG weiterhin verwertbar sind.
- Wegen **wiederholt gröblichen Verstoßes** (VG Arnsberg, Urt. v. 22.11.2010 – 14 K 3810/09):
  Zwei Missachtungen eine Waffensammlers (Erwerb von Waffen außerhalb des zugestandenen Sammelgebietes) reichen als Anforderung an einen wiederholten Verstoß gegen das WaffG i.S.v. § 5 Abs. 2 Nr. 5 WaffG aus.
- Wegen **wiederholt gröblichen Verstoßes** (VG Freiburg, Beschl. v. 14.6.2012 – 4 K 914/12):
  Wer als Waffenbesitzer mehr als ein Jahr eine **behördliche Nachschau** wegen der ordnungsgemäßen Aufbewahrung von Waffen **verschleppt** und ankündigt, dass er sich mit allen ihm zur Verfügung stehenden Mitteln („entschieden und konsequent") dagegen „zur Wehr setzen" will, verletzt wiederholt seine Pflichten aus § 36 Abs. 3 S. 2 WaffG und ist daher nach § 5 Abs. 2 Nr. 5 WaffG unzuverlässig.
- Wegen **wiederholt gröblichen Verstoßes** (VGH München, Beschl. v. 13.4.2021 – 24 B 20.2220):
  Wer als Jagdscheininhaber zweimal den Erwerb von Langwaffen erst außerhalb der dafür geltenden Frist von zwei Wochen der Waffenbehörde anzeigt und dafür bußgeldpflichtig wird, ist nach § 5 Abs. 2 Nr. 5 WaffG unzuverlässig.

Unzuverlässigkeit verneint: 1413

- Zumindest im Rahmen der Prüfung der aufschiebenden Wirkung eines Widerspruches sprechen bestimmte Gründe für die Annahme, dass die Regelvermutung bei **lange zurückliegenden Taten** ausgeräumt sein kann. Dies gilt dann, wenn die Verurteilung zu 60 Tagessätzen zwar noch innerhalb des Fünfjahreszeitraum liegt, die verurteilte Tat aber bereits **mehr als sieben Jahre** zurückliegt und der Betroffene, der sich sonst tadellos geführt hat, zudem bestimmte Umstände schildern kann, die die Tat in milderem Licht erscheinen lassen (OVG Saarland, Beschl. v. 10.12.2019 – 2 B 299/19, GSZ 2020, 80).
- Das bloße **Teilen von Beiträgen in sozialen Medien**, die womöglich als verfassungsfeindlich eingestuft werden können, und das Kommentieren dieser Beiträge bedeutet noch nicht für sich, dass der Einzelne Bestrebungen verfolgt, die gegen die verfassungsmäßige Ordnung gerichtet sind. Auch das **„Liken" von rechtsextremistischen Inhalten auf Facebook** überschreitet noch nicht die Schwelle hin zu einem Aktionismus, so dass die waffenrechtliche Zuverlässigkeit nicht deswegen zu verneinen ist (VG Frankfurt, Urt. v. 12.9.2024 – 5 K 3302/22.F).

5. Ist ein **Ermittlungs- oder Strafverfahren**, das nach §§ 5 Abs. 1 Nr. 1, Abs. 2 Nr. 1 WaffG zur Annahme der fehlenden Zuverlässigkeit führen kann, **noch nicht abgeschlossen**, so kann die Waffenbehörde nach § 5 Abs. 4 WaffG die Entscheidung über den Antrag auf Erteilung der waffenrechtlichen Erlaubnis bis zum rechtskräftigen Abschluss des Verfahrens aussetzen. Erfasst wird der Zeitraum zwischen der Einleitung der Ermittlungen und dem rechtskräftigen Abschluss. Die Vorschrift erfasst nur eine Aussetzung aufgrund der vorgenannten Verfahren. Wegen anderer Verfahren darf das Erteilungsverfahren nicht ausgesetzt werden. Die Waffenbehörde trifft ihre Entscheidung nach pflichtgemäßem Ermessen. 1414

6. Die **Versagung** einer **waffenrechtlichen Erlaubnis** ist ein **belastender Verwaltungsakt**. Die Waffenbehörde hat den Betroffenen zuvor anzuhören (§ 28 VwVfG). Gegen die Versagung ist sodann die **Verpflichtungsklage** zum VG zu erheben. Bei Vorliegen der Erteilungsvoraussetzungen haben die Waffenbehörden nämlich grds. **keinen Beurteilungs-** oder **Ermessensspielraum.** Der Betroffene hat vielmehr einen **Anspruch** auf Erteilung der begehrten waffenrechtlichen Erlaubnis. Nach der Abschaffung des Widerspruchsverfahrens in den meisten Bundesländern, bedarf es auch keines Widerspruchs mehr. 1415

Siehe auch: → *Jäger, Jagdschein, Allgemeines*, Teil H Rdn 912; → *Jäger, Jagdschein, Entziehung und Einziehung*, Teil H Rdn 951; → *Jäger, Jagdschein, Versagung*, Teil H Rdn 972; → *Waffenbesitzer, Allgemeines*, Teil H Rdn 1337; → *Waffenbesitzer, Waffenbesitzkarte, Rücknahme und Widerruf*, Teil H Rdn 1370; → *Waffenbesitzer, Waffenschein, kleiner*, Teil H Rdn 1416.

Waffenbesitzer, Waffenschein, kleiner 1416

Das Wichtigste in Kürze:

1. Wegen der erheblichen Missbrauchsgefahren, die vom Umgang mit Schusswaffen für die Allgemeinheit ausgehen können, werden für den Zugang zu Waffen und Munition hohe gesetzliche Hürden aufgestellt. Schussbereite Waffen dürfen außerhalb des befriedeten Besitztums nur mit einer zusätzlichen besonderen Erlaubnis, dem Waffenschein geführt werden. Mit dem sog. „kleinen" Waffenschein dürfen Schreckschuss-, Reizstoff- und Signalwaffen schussbereit geführt werden.
2. Für die Erteilung eines Waffenscheins bedarf es nach § 19 Abs. 2 WaffG einer besonderen Gefährdung oder nach § 28 WaffG der Wahrnehmung von Bewachungsaufträgen durch einen Bewachungsunternehmer. Der geringeren Gefährdung durch das Führen der Schreckschuss-, Reizstoff-

und Signalwaffen trägt das Gesetz dadurch Rechnung, dass das Erteilen eines „kleinen" Waffenscheins nur an wenige Voraussetzungen geknüpft wird. Stets bedarf es aber der waffenrechtlichen Zuverlässigkeit. Liegen die Erteilungsvoraussetzungen nicht vor, ist der (kleine) Waffenschein zu versagen.

3. Die Rücknahme und der Widerruf des (kleinen) Waffenscheins richten sich nach § 45 WaffG.

1417 **Literaturhinweise:** **Braun**, Das Gesetz zur Neuregelung des Waffenrechts, NVwZ 2003, 311; *ders.*, Das Gesetz zur Errichtung eines Nationalen Waffenregisters, GewA 2013, 277; **Eifert**, „Zuverlässigkeit" als persönliche Tätigkeitsvoraussetzung im Besonderen Verwaltungsrecht, JuS 2004, 565; **Heghmanns**, Die Strafbestimmungen des neuen Waffengesetzes, NJW 2003, 3373; **Heller/Soschinka**, Die Allgemeine Verwaltungsvorschrift zum Waffengesetz (WaffVwV), NVwZ 2012, 209; s. i.Ü. die Hinw. bei → *Waffenbesitzer, Allgemeines*, Teil H Rdn 1338.

1418 **1.a)** Wegen der **erheblichen Missbrauchsgefahren**, die vom Umgang mit Schusswaffen für die Allgemeinheit ausgehen können, werden für den Zugang zu Waffen und Munition **hohe gesetzliche Hürden** aufgestellt (→ *Waffenbesitzer, Allgemeines*, Teil H Rdn 1337). Dazu gehört neben der Sachkunde und dem waffenrechtlichen Bedürfnis, dass Personen, die eine waffenrechtliche Erlaubnis erlangen möchten oder über eine solche verfügen, in jeder Hinsicht **persönlich geeignet** und **zuverlässig** sein müssen.

☝ Das mit jedem Waffenbesitz verbundene erhebliche Sicherheitsrisiko soll nur bei Personen hingenommen werden, die nach ihrem Verhalten Vertrauen darin verdienen, dass sie mit der Waffe **stets und in jeder Hinsicht ordnungsgemäß** umgehen (VG Köln, Beschl. v. 12.7.2012 – 20 L 201/12).

1419 **b)aa)** Das **WaffG** regelt die **Art** und **Weise** des **Zugangs** sowie den Umgang mit Waffen und Munition unter Berücksichtigung der Belange der **öffentlichen Sicherheit** und **Ordnung** (§ 1 Abs. 1 WaffG). Jeder Umgang mit Waffen oder Munition, die in Abschnitt 2 der Anlage 2 (Waffenliste) zum WaffG genannt sind, **bedarf grds.** der **Erlaubnis** (§ 2 Abs. 2 WaffG).

1420 **bb) Das WaffG unterscheidet** hinsichtlich der Erlaubnisse zwischen

- dem **Erwerb und Besitz** von Waffen und Munition,
- dem **Führen** der Waffen und
- dem **Schießen**.

1421 **Ausnahmsweise erlaubnisfrei** ist nach Anlage 2 Abschnitt 2 Unterabschnitt 2 Nr. 1.3 der **Erwerb** und **Besitz** von Schreckschuss-, Reizstoff- und Signalwaffen – sog. „SRS-Waffen", die das **„PTB"-Zulassungszeichen** haben.

☝ Nach § 41 Abs. 1 S. 1 WaffG **kann** die Waffenbehörde allerdings den **Besitz** von Waffen oder Munition, deren Erwerb nicht der Erlaubnis bedarf, und den **Erwerb** solcher **Waffen** oder **Munition untersagen**, wenn dem Betroffenen die für den Erwerb oder Besitz erforderliche Zuverlässigkeit fehlt.

1422 **c)** Jedem **berechtigten Waffenbesitzer** ist im Rahmen des § 12 Abs. 3 WaffG **erlaubt**, auch ohne gesonderte Erlaubnis seine Waffe zu führen. Daher dürfen Waffenbesitzer:

- diese mit Zustimmung eines anderen in dessen Wohnung, Geschäftsräumen oder **befriedetem Besitztum** oder dessen Schießstätte zu einem von seinem Bedürfnis umfassten Zweck oder im Zusammenhang damit führen,
- diese **nicht schussbereit** und **nicht zugriffsbereit** von einem Ort zu einem anderen Ort befördern, sofern der Transport der Waffe zu einem von ihrem Bedürfnis umfassten Zweck oder im Zusammenhang damit erfolgt,
- eine **Signalwaffe** beim Bergsteigen, als verantwortlicher Führer eines Wasserfahrzeugs auf diesem Fahrzeug oder bei Not- und Rettungsübungen führen sowie
- eine **Schreckschuss- oder eine Signalwaffe** zur Abgabe von Start- oder Beendigungszeichen bei Sportveranstaltungen führen, wenn optische oder akustische Signalgebung erforderlich ist.

Damit unterfällt aber gerade das **Mitführen** einer **schussbereiten Waffe** in der Öffentlichkeit, d.h. außerhalb der Wohnung, der Geschäftsräume oder des befriedeten Besitztums sowie einer Schießstätte, einer besonderen Erlaubnispflicht, selbst wenn es sich „nur" um SRS-Waffen handelt. Diese Erlaubnis wird gem. § 10 Abs. 4 S. 1 WaffG grds. durch einen (kleinen) **Waffenschein** erteilt. 1423

☝ Insbesondere in den Medien werden häufig **Waffenschein** und **WBK verwechselt**. Während die WBK nur zum Erwerb und Besitz der Waffen bzw. Munition berechtigt, darf die Waffe mit dem Waffenschein schussbereit auch außerhalb des befriedeten Besitztums geführt, d.h. mitgenommen werden. Über eine solche weitreichende Berechtigung verfügt – jedenfalls bei scharfen Schusswaffen – aber nur ein sehr geringer Bruchteil der Waffenbesitzer. Dabei handelt es sich entweder um „gefährdete Personen" gem. § 19 Abs. 2 WaffG oder um Bewachungsunternehmer und ihr Bewachungspersonal gem. §§ 28 und 28a WaffG.

Seit der Neuregelung des Waffenrechts durch das **WaffG 2002** wurde auch für SRS-Waffen gem. § 10 Abs. 4 S. 4 WaffG eine Erlaubnispflicht für das schussbereite Führen solcher Waffen eingeführt. Die Erlaubnis wird durch den **sog. „kleinen" Waffenschein** erteilt. In der Praxis ist die Bedeutung viel höher als der „große" Waffenschein. 1424

☝ **Wichtig** ist es hier die **Grenzen** der **Erlaubnis** zu kennen:

- Stets verboten ist es auch mit einem kleinen Waffenschein die Waffe anlässlich einer **öffentlichen Veranstaltung** oder **Versammlung** zu führen (§ 42 WaffG)!
- Außerdem ist auch mit einem kleinen Waffenschein **nicht das Recht verbunden**, mit den Waffen außerhalb eines Schießstandes oder eines befriedeten Besitztums – abgesehen von Notwehrfall – zu schießen!

2.a) Eine Erteilung des (**großen**) **Waffenscheins** kommt nur in Betracht, wenn das Bedürfnis des Waffenscheininhabers besteht, die Waffe auch außerhalb des befriedeten Besitztums schussbereit und zugriffsbereit bei sich zu haben. Für die Erteilung eines (großen) Waffenscheins bedarf es nach § 19 Abs. 1 WaffG einer **besonderen Gefährdung** oder nach § 28 WaffG der **Wahrnehmung** von **Bewachungsaufträgen** durch einen Bewachungsunternehmer. Nach § 19 Abs. 1 WaffG wird ein solches Bedürfnis zum Erwerb und Besitz einer Schusswaffe und der dafür bestimmten Munition anerkannt, wenn der Betroffene 1425

- glaubhaft gemacht hat,
- wesentlich mehr als die Allgemeinheit durch **Angriffe auf Leib oder Leben gefährdet** zu sein und
- dass der Erwerb der Schusswaffe und der Munition geeignet und erforderlich ist, diese Gefährdung zu mindern.

Dabei müssen diese Voraussetzungen auch außerhalb der eigenen Wohnung, Geschäftsräume oder des eigenen befriedeten Besitztums vorliegen (§ 19 Abs. 2 WaffG). 1426

☝ Für die **Frage**, ob eine **Gefährdung glaubhaft gemacht** ist, die sich bei realistischer Betrachtung deutlich von derjenigen der Allgemeinheit abhebt, Opfer entsprechender Delikte zu werden, ist die persönliche Anschauung nicht maßgeblich. Auch die bloße Zugehörigkeit zu einer Bevölkerungsgruppe, die im Vergleich zu anderen Teilen der Bevölkerung potentiell stärker gefährdet ist, reicht nicht aus. Anzulegen ist vielmehr ein objektiver Maßstab. Den subjektiven Befürchtungen müssen gleichlautende gesicherte Erfahrungswerte entsprechen, nach denen der Betroffene aufgrund der besonderen Verhältnisse des Einzelfalls tatsächlich wesentlich mehr als der Durchschnitt der Bevölkerung mit Schadensereignissen der behaupteten Art rechnen muss. Darauf, ob sich eine Gefährdungslage sicher ausschließen lässt, kommt es demgegenüber nicht an (OVG Münster, Urt. v. 23.4.2008 – 20 A 321/07). Diese Voraussetzungen sind weder bei einem **Diamantenhändler** (OVG Münster, a.a.O.) noch bei einem **Schießausbilder**, der regelmäßig viele Waffen transportiert, gegeben (VG Münster, Urt. v.

21.8.2009 – 1 K 2097/08). Sie liegen auch nicht bei einem Bundeswehrsoldaten vor, der Mitglied des KSK ist und sich vor Islamisten in Deutschland fürchtet (OVG Münster, Urt. v. 30.8.2023 – 20 A 2355/20). Sie können aber bei einem **Arzt** mit **nächtlichem Notdienst** vorliegen (so VG Arnsberg, Urt. v. 5.11.2007 – 14 K 50/06).

1427 **b)** Der **geringeren Gefährdung** der Allgemeinheit durch das Führen einer SRS-Waffe trägt das Gesetz dadurch Rechnung, dass das Erteilen eines **kleinen Waffenscheins** nur an **wenige Voraussetzungen** geknüpft wird.

1428 **Erteilungsvoraussetzungen sind:**

- das **Mindestalter von 18 Jahren,**
- die **persönliche Eignung** (§ 6 WaffG) **und**
- insbesondere die **waffenrechtliche Zuverlässigkeit** gem. § 5 WaffG (→ *Waffenbesitzer, waffenrechtliche Zuverlässigkeit*, Teil H Rdn 1381).

☝ Für Inhaber kleiner Waffenscheine gilt für die Zuverlässigkeit, trotz des geringeren Risikos für die öffentliche Sicherheit und Ordnung, **kein erleichterter Maßstab**!

1429 Nach § 10 Abs. 4 S. 4 WaffG i.V.m. Anlg. 2 Abschnitt 2 Unterabschnitt 3 Nr. 2 und 2.1 bedarf es für einen **kleinen** Waffenschein

keines Nachweises

- der **Sachkunde**,
- des **waffenrechtlichen Bedürfnisses** und
- einer **Haftpflichtversicherung**.

1430 **c) Liegen die Voraussetzungen** für die Erteilung einer waffenrechtlichen Erlaubnis vor, ist den Betroffenen die begehrte waffenrechtliche Erlaubnis zu erteilen. Den Waffenbehörden stehen insoweit weder ein Beurteilungs- noch ein Ermessensspielraum zu. Betroffene haben daher einen **Anspruch auf Erteilung** der begehrten waffenrechtlichen Erlaubnis, der ggf. auch im Wege der Leistungsklage gerichtlich geltend gemacht werden kann.

☝ Inhaber eines **gültigen Jagdscheins** benötigen auch zum Führen von SRS-Waffen innerhalb des Jagdreviers **keinen kleinen Waffenschein**. Sie dürfen mit diesen Waffen im Rahmen der befugten Jagdausübung (z.B. Jagdhundeausbildung, Wildschadensverhütung, Jagdschutz) auch schießen. Insoweit liegt mit dem Jagdschein bereits eine äquivalente Erlaubnis vor (Nr. 13.6 WaffVwV; zuvor noch a.A. OVG Lüneburg GewArch 2008, 165).

1431 **3.** Die **Rücknahme** und der **Widerruf** des (kleinen) Waffenscheins richten sich nach **§ 45 WaffG**. Die Vorschrift regelt die Aufhebung (Rücknahme und Widerruf) waffenrechtlicher Erlaubnisse und beinhaltet damit Sondervorschriften zu §§ 48, 49 VwVfG:

- Gem. § 45 **Abs. 1** WaffG **ist** eine Erlaubnis zurückzunehmen, wenn **nachträglich bekannt** wird, dass die Erlaubnis hätte versagt werden müssen.
- Gem. § 45 **Abs. 2** WaffG **ist** eine Erlaubnis zu widerrufen, wenn **nachträglich Tatsachen** eintreten, die zur Versagung hätten führen müssen.

☝ Zu diesen Tatsachen, die nachträglich eintreten können, sind vor allem Anhaltspunkte zu zählen, die nach § 5 WaffG **Zweifel** an der **waffenrechtlichen Zuverlässigkeit** aufkommen lassen (→ *Waffenbesitzer, waffenrechtliche Zuverlässigkeit*, Teil H Rdn 1381).

Siehe auch: → *Waffenbesitzer, Allgemeines*, Teil H Rdn 1337 m.w.N.; → *Waffenbesitzer, waffenrechtliche Zuverlässigkeit*, Teil H Rdn 1381.

Wirtschaftsprüfer, Allgemeines 1432

Literaturhinweise: Hense/Urlich, WPO-Kommentar, 4. Aufl. 2022; **Schmitz/Lorey/Harder,** Berufsrecht und Haftung der Wirtschaftsprüfer, 3. Aufl. 2021; **Wirtschaftsprüferkammer,** Textsammlung zur Wirtschaftsprüferordnung, 18. Aufl. 2024 1433

1. Mögliche Folgen strafrechtlicher Ermittlungen/Verurteilungen für Wirtschaftsprüfer sind u.a. das **Berufsverbot**, welches im Strafverfahren als Nebenfolge (Maßregel) ausgesprochen werden kann (→ *Berufsverbot, Allgemeines*, Teil B Rdn 1 m.w.N.) und **Schadensersatzansprüche** gegen den Wirtschaftsprüfer i.d.R. des Mandanten. Die steuerrechtliche Haftung des Wirtschaftsprüfers als Steuerberater als Vertreter gem. §§ 34, 35, 69 -77 AO wird hier nicht weiter behandelt, ebenso keine arbeitsrechtlichen Fragen (also z.B. Kündigung). Neu ist seit 7.7.2021, dass das **Berufsrecht** jetzt auch verschärfte Möglichkeiten gegen die Berufsausübungsgesellschaften (BAG, s. §§ 43a, 44b WPO) und deren Leitungspersonen vorsieht (s. z.B. §§ 34 WPO) Mit der umfassenden Zulassung der BAGs waren auch Sanktionsmöglichkeiten nötig geworden. 1434

2. Berufsrechtliche Verfahren sind 1435

- Verfahren auf Widerruf der Zulassung durch die Steuerberaterkammer (§ 20 WPO),
- Berufsrechtliches Verfahren (§ 68 WPO).

☝ Da das Berufsrecht der Steuerberater in vielen Belangen gleich strukturiert ist wie das anwaltliche Berufsrecht, kann auf die dortigen Ausführungen verwiesen werden (→ ***Rechtsanwälte, Allgemeines***, Teil H Rdn 994 m.w.N.).

Siehe auch: → *Wirtschaftsprüfer, Berufsrechtliche Verfahren, Allgemeines*, Teil H Rdn 1436; → *Wirtschaftsprüfer, Haftung, Allgemeines*, Teil H Rdn 1442.

Wirtschaftsprüfer, Berufsrechtliche Verfahren, Allgemeines 1436

Literaturhinweise: S. die Hinw. bei → *Rechtsanwälte, Allgemeines*, Teil H Rdn 995. 1437

1. Ein berufsgerichtliches Verfahren wird eingeleitet, wenn ein WP **schuldhaft** gegen **Pflichten verstößt**. Die ergeben sich aus der WPO und der Berufssatzung der WP/vBP, und zwar aus den §§ 43, 49 WPO und §§ 2,10, 12,14 und 29 ff. BS WP/vBP und §§ 316 a S. 2, 323 HGB. Bei → *Rechtsanwälte, Berufsrecht, anwaltsgerichtliche Verfahren, Prozessuales und Materielles*, Teil H Rdn 1037, sind die ähnlichen Pflichten für Rechtsanwälte aufgeführt. Der Maßnahmenkatalog reicht von der Rüge als dem mildesten Mittel bis zur Ausschließung aus dem Beruf und der Feststellung, dass der Bestätigungsvermerk nicht den Anforderungen des § 322 HGB entsprach, soweit Unternehmen gem. § 316a HGB betroffen sind. 1438

2.a) Das berufsgerichtliche Verfahren ist durch die große BRAO-/StBerG-/WPO-Reform durch das am 7.7.2021 in Kraft getretene „Gesetz zur Neuregelung des Berufsrechts der anwaltlichen und steuerberatenden Berufsausübungsgesellschaften sowie zur Änderung weiterer Vorschriften im Bereich der rechtsberatenden Berufe“ (BT-Drucks. 19/27670) in einigen Bereichen geändert worden. So sind jetzt Berufsausübungsgesellschaften (BAG) uneingeschränkt zulässig. Gegen sie kann auch nach dem System des Berufsrechts vorgegangen werden. Die Öffentlichkeit ist jetzt nach den allgemeinen Regeln des GVG, der VwGO oder der StPO zu den Verhandlungen zugelassen. Die WPK darf den Beschwerdeführer jetzt informieren. 1439

1440 **b)** Vorgesehen sind in den berufsgerichtlichen Verfahren folgende **Spruchkörper**:

- Erstinstanzlich ist das **LG**,
- in der Berufung dann das **OLG** sowie
- in der Revision der **BGH** zuständig.

Die Kammer für WP-/vBP-Sachen (LG) ist besetzt mit einem Vorsitzenden Richter als Berufsrichter und zwei Berufsangehörigen als Beisitzern (§ 72 WPO), der Senat beim OLG ist mit drei Berufsrichtern und zwei Berufsangehörigen (§ 73 WPO) und der Senat beim BGH mit drei Berufsrichtern und zwei Berufsangehörigen (§ 74 WPO).

1441 **3.** Auf folgende **Grundzüge** ist zu den **berufsrechtlichen Verfahren** betreffend Wirtschaftsprüfer hinzuweisen:

- Das WPO sieht verschiedene berufsrechtliche Verfahren vor; das Verfahren auf Widerruf der Zulassung durch die WPK (§§ 20, 34 WPO) und das berufsaufsichtliche Verfahren der WPK (§ 68 WPO). Gem. § 20 Abs. 2 Nr. WPOG ist z.B. die Zulassung von der WPK u.a. zu widerrufen, wenn der WP in Folge strafgerichtlicher Verurteilung die Fähigkeit zur Bekleidung öffentlicher Ämter verloren hat. Die WPK kann den Widerruf auch mit einem Sofortvollzug verbinden (s. § 20 Abs. iVm 121 WPO).
- Das Verfahren wird von der WPK eingeleitet und bei Widerruf ist Klage vor dem VG zu erheben. Ein Widerspruchsverfahren findet zuvor nicht statt (§ 41 WPO). Gegen die Entscheidung des VG kann das OVG (Berufung bzw. Nichtzulassungsbeschwerde gem. §§ 124, 124a VwGO) und dann das BVerwG (Revision; §§ 132, 133 VwGO) angerufen werden. Bei Anordnung des Sofortvollzuges ist ebenfalls das VG für das Verfahren auf Aussetzung zuständig. Es gilt neben der WPO die VwGO.
- Eine berufsaufsichtsrechtliche Maßnahme beginnt damit, dass die WPK – in der Regel gem. Nr. 24 MiStra – informiert wurde) und ein Verfahren eröffnet (§ 61a WPO). Sie ermittelt und muss bei Einstellungsabsicht die Sache der Abschlussprüferaufsicht vorlegen (§ 61 a WPO). Es geht darum, dass ein WP schuldhaft gegen Pflichten verstoßen haben soll. Ein Strafverfahren wegen dieses Verhaltens hat Vorrang und muss abgewartet, das aufsichtsrechtliche Verfahren also ausgesetzt werden (§ 83 WPO). Wenn die WPK sanktionieren will, verhängt sie eine berufsaufsichtliche Maßnahme (§§ 67, 68 WPO), und zwar von der Rüge bis zur Ausschließung aus dem Beruf, und eventuell weitere Untersagungen spezifischen Verhaltens (§ 68 a WPO).
- Der WP kann dagegen innerhalb eines Monates nach Zustellung der Maßnahme gerichtliche Entscheidung bei dem LG beantragen (s. § 71a WPO). Ab dann übernimmt die GenStA (§ 106 WPO) die Rolle der Staatsanwaltschaft. Gerichtlich zuständig sind im aufsichtsrechtlichen Verfahren erstinstanzlich die Kammer für Wirtschaftsprüfersachen bei dem LG (§ 85 WPO), dann für die Berufung (§ 105 WPO) der Senat für Wirtschaftsprüfersachen bei dem OLG und für die Revision (§ 107 WPO) der Senat für Wirtschaftsprüfersachen bei dem BGH. Es gelten neben der WPO die StPO und das GVG (§ 127 WPO). Das Verfahren wird ebenso wie ein Strafverfahren in die Phasen Ermittlungs-, Zwischen-, Haupt-, Rechtsmittel- und Vollstreckungsverfahren eingeteilt.

☝ Da die berufsrechtlichen Verfahren gegen Steuerberater strukturell sehr ähnlich zu den Verfahren gegen Rechtsanwälte sind, wird wegen weiterer Einzelheiten verwiesen auf die Ausführungen bei → *Rechtsanwälte, Berufsrecht, anwaltsgerichtliches Verfahren, Prozessuales und Materielles*, Teil H Rdn 1037 ff.

Siehe auch: → *Wirtschaftsprüfer, Allgemeines*, Teil H Rdn 1432 m.w.N.

Wirtschaftsprüfer, Haftung, Allgemeines 1442

Das Wichtigste in Kürze:

1. Dargestellt wird hier nur die zivilrechtliche Haftung des Wirtschaftsprüfers gegenüber dem Mandanten.
2. Anspruchsgrundlage für Haftungsansprüche ist regelmäßig § 280 Abs. 1 BGB (Schadensersatz wegen Pflichtverletzung).
3. Die Haftung greift, wenn bewiesen ist, dass der Wirtschaftsprüfer schuldhaft eine Dienstleistungspflicht verletzt hat und dem Mandanten daraus ein Schaden entstanden ist.

Literaturhinweise: Henssler/Gehrlein/Holzinger, Handbuch der Beraterhaftung, 2023; s.a. die Hinw. bei → *Steuerberater, Allgemeines*, Teil H Rdn 1265 und bei → *Rechtsanwälte, Allgemeines*, Teil H Rdn 995. 1443

1. Behandelt wird nachfolgend in einem Überblick die etwaige Haftung des Wirtschaftsprüfers für seine ggf. evtl. schlechte Berufsausübung dem Mandanten gegenüber. Es handelt sich hier um die haftungs- also **zivilrechtliche Seite** der Tätigkeit. 1444

☝ Hier werden **nur Schadensersatzansprüche** des **Mandanten** gegen „seinen" Wirtschaftsprüfer aus §§ 34, 35, 69–77 AO behandelt. Die Haftung aus Delikt (§ 823 BGB) und die Haftung aus Gründen der Täterschaft und Teilnahme an einer Straftat des Mandanten bzw. einer eigenen werden nicht dargestellt.

Da das Haftungsrecht der Wirtschaftsprüfer dem der Rechtsanwälte sehr ähnlich ist, kann zur Vertiefung darauf verwiesen werden (→ *Rechtsanwälte, Strafverteidigung und Haftung, Allgemeines*, Teil H Rdn 1126 ff. m.w.N.).

2.a) Anspruchsgrundlage für Haftungsansprüche gegen Wirtschaftsprüfer ist regelmäßig **§ 280 Abs. 1 BGB**, der den Schadensersatz wegen Pflichtverletzung neben der Leistung regelt. Der Vertrag zwischen Wirtschaftsprüfer und Mandant ist i.d.R. ein Geschäftsbesorgungsvertrag (§ 675 BGB), der auf eine Dienstleistung u/o auf einen Erfolg (z.B. Buchführung, Prüfung von Jahresabschlüssen, Gutachtenaufträge) gerichtet ist. 1445

Die **Rechtsfolge** geht auf **Schadensersatz**, der auch Ersatz der Folgeschäden umfassen kann. Grundsatz dabei ist immer die Differenzhypothese: Zustand ohne und mit Wirtschaftsprüferpflichtverletzung.

b) Vor der **Prüfung** der **Haftung** bzw. vor Übernahme eines Mandates ist zu prüfen/anzudenken: 1446

- Gab es lediglich ein begrenztes Mandat?
- Gibt es eine Haftungsbegrenzung (s. § 54a WPO)?
- Ist die Berufsausübungsgesellschaft Vertragspartnerin und damit meine persönliche Haftung so gut wie ausgenommen?

3.a) Die **Haftung** des Wirtschaftsprüfers **setzt** voraus 1447

- eine Verletzung einer Pflicht aus dem GBV,
- ein Verschulden,
- einen Schaden bei dem Mandanten,
- Kausalität zwischen der Pflichtverletzung und dem Schaden sowie der Pflichtverletzung und der Schadenshöhe.

Im Einzelnen gilt: 1448

b) Pflichtverletzungen werden vertieft → *Steuerberater, Haftung, Pflichten*, Teil H Rdn 1292 und bei → *Rechtsanwälte, Haftung, Pflichten*, Teil H Rdn 1072.

1449 c) Die Beurteilung von **Pflichtwidrigkeit** und **Verschulden** ist i.d.R. **nicht problematisch:** Wenn eine Pflichtverletzung vorliegt, ist sie in der Regel pflichtwidrig und zumindest fahrlässig Der Wirtschaftsprüfer wird weder durch situationsbezogene Umstände wie z.B. Krankheit entschuldigt noch dadurch, dass anderen Rechtskundigen – namentlich Gerichten – derselbe Fehler unterläuft (BVerfG NJW 2002, 2937). Ggf. kommt der Haftungsausschluss gem. § 54a WPO für leichte Fahrlässigkeit in Betracht.

1450 **d)aa)** Die **Berechnung** eines **etwaigen Schadens** wirft in der Praxis keine erheblichen Probleme auf. Hier gilt die Differenzhypothese, also ist zu fragen: Wie stünde das Vermögen des Mandanten ohne Fehler des Wirtschaftsprüfers und wie steht es mit ihm. Die Differenz ist der Schaden.

1451 **bb)** Nicht jede Schadensposition ist ersatzrechtlich relevant (Stichwort: **Normativer Nichtschaden**). Was der Rechtslage widerspricht ist nicht erstattungsfähig. Ein (Steuer)Schaden kann nur entstehen, wenn er rechtmäßig hätte vermieden werden können. Bei falschem Rat zur Umsatzsteuerfreiheit, kann der USt-Schaden selten ersatzfähig sein. Es gibt eine normative Kontrolle. Bedeutsam wird das in Fällen, in denen ein Fehler des Wirtschaftsprüfer erfolgte und sich nun die **Frage stellt**, **wie** die **Entscheidung ohne** den **Fehler** ausgefallen wäre. Diese rechtmäßige Alternativhypothese muss durchgespielt werden und begrenzt einen etwaigen Schaden nach oben.

1452 **cc) Folgeschäden** sind möglich. **Verfahrenskosten** als auch die Wirtschaftsprüfer-Vergütung können eine Schadensposition sein. Die bis zu dem Fehler des Wirtschaftsprüfers entstandene Vergütung bleibt dem Wirtschaftsprüfer erhalten. Ein Fehler muss noch nicht zur Rückzahlung führen.

☝ **Kosten**, die **aus** einem **fehlerhaften Rat** resultieren, wie etwa dem Einlegen eines aussichtslosen Rechtsmittels, sind erstattungsfähig. Das gilt auch für Rechtsmitteleinlegungen ohne Mandat oder ohne entsprechende Ermächtigung (OLG Hamm NJW 2008, 3799; Beschl. v. 16.5.2012 – III-3 Ws 52/12).

1453 **e)** Für die **haftungsausfüllende Kausalität** gilt: Der Wirtschaftsprüfer haftet nur für solche Schäden, die durch seine Pflichtverletzung kausal entstanden und ihm auch zuzurechnen sind. Das wirft in der Praxis regelmäßig keine Probleme auf (so wird der Zurechnungszusammenhang nicht etwa dadurch unterbrochen, dass der Mandant selbst Handlungen vornimmt), sofern der Beistand durch seinen Rat die Kausalkette in Gang gesetzt hat. Auch Fehler des Gerichts können den Berater nicht entlasten, da diesen eine Fehlerverhütungspflicht trifft (BGH NJW 1964, 2402).

1454 Die **Beweislast** liegt beim Kläger. Dem Kläger können allerdings gewisse **Beweiserleichterungen** sowie die Möglichkeit von Anscheinsbeweisen zu Gute kommen. Über die Fragen des Schadens und der haftungsausfüllenden Kausalität darf das Regressgericht nach freier Überzeugung aufgrund der Darlegungen der Parteien entscheiden; hier gilt die Beweiserleichterung des **§ 287 ZPO** (MAH-*Barton*, § 41 Rn 80 für Rechtsanwälte).

☝ Der BGH lehnt bisher – auch bei groben Berufspflichtverstößen – eine **Beweislastumkehr** zugunsten des Klägers ab.

1455 **g)** Für die **Verjährung** der Ansprüche des Mandanten aus dem Vertrag gilt die allgemeine Verjährungsfrist des § 195 BGB. Sie beträgt also **drei Jahre**. Die Frist beginnt gem. § 199 Abs. 1 BGB mit dem Schluss des Jahres zu laufen, in welchem der Anspruch entstanden ist und der Gläubiger von den den Anspruch begründenden Tatsachen und der Person des Schuldners Kenntnis erlangt. Der Gläubiger/Mandant muss also um seinen Anspruch und den Gegner (BAG bzw. Berufsträger) wissen und ihn geltend machen können. Eventuell lohnt es sich, den (Ex) Mandanten in Kenntnis zu setzen, um die 3-jährige Frist zum Laufen zu bringen.

1456 Die **absolute Verjährung** ist in § 199 Abs. 3 Nr. 1 BGB für solche Schadensersatzansprüche geregelt. Sie beträgt **10 Jahre** ohne Kenntnis des Gläubigers von der Entstehung des Anspruches an.

☝ Es gilt keine **Kalenderjahresschlussregelung**. Liegen **beide Fristen** vor, zählt die kürzer Frist.

Siehe auch: → *Teil H: Rechtsanwälte, Haftung, Pflichten*, Rdn 1072; → *Rechtsanwälte, Haftungsrechtliche Grundlagen*, Teil H Rdn 1090; → *Rechtsanwälte, Strafverteidigung und Haftung, Allgemeines*, Teil H Rdn 1126.

Zahnarzt, Allgemeines 1457

Literaturhinweise: S. die Hinw. bei → *Akademischen Heilberufe, Allgemeines*, Teil H Rdn 2. 1458

1. Mögliche Folgen strafrechtlicher Ermittlungen/Verurteilungen, die nicht bereits vom Strafgericht verhängt werden: 1459

- **Widerruf**/Rücknahme der Approbation (→ *Zahnarzt, Rücknahme/Widerruf bzw. Ruhen der Approbation*, Teil H Rdn 1492),
- **Entziehung** der **Kassenzulassung**/Disziplinarverfahren der KV (→ *Zahnarzt, Entzug der Kassenzulassung u.a.*, Teil H Rdn 1473),
- **Berufsrechtliches Verfahren** (→ *Zahnarzt, berufsrechtliches Verfahren*, Teil H Rdn 1462),
- **Schließung** der **Praxis** (→ *Zahnarzt, Schließung der Praxis*, Teil H Rdn 1510),
- **Erstattungsverfahren** beim Honorar (→ *Zahnarzt, Erstattungsverfahren*, Teil H Rdn 1485),
- **Schadensersatzansprüche** (→ *Zahnarzt, Schadensersatz des Patienten/Geschädigten*, Teil H Rdn 1507),
- **hochschulrechtliche Folgen** (→ *Zahnarzt, hochschulrechtliche Fragen*, Teil H Rdn 1488).

2. Dem Zahnarzt kann das unbeschränkte **Recht zur Ausübung des Zahnarztberufes** (Approbation) **vorläufig** oder **endgültig** entzogen werden. Dem Zahnarzt kann auch drohen, dass die kassenzahnärztliche Vereinigung als **Disziplinarmaßnahme** das Ruhen der Kassenzulassung anordnet (bis zu zwei Jahren) oder (nicht als Disziplinarverfahren) die **Kassenzulassung** dauerhaft entzogen wird. Des Weiteren kann dem Zahnarzt ein berufsgerichtliches Verfahren drohen. Er muss ggf. mit Erstattungsverfahren, d.h. mit Rückforderung des ohne Rechtsgrund erhaltenen Honorars durch die gesetzlichen Krankenkassen rechnen. Er kann sich den zivilrechtlichen Schadensersatzansprüchen seiner Patienten ausgesetzt sehen. 1460

3. Die Behörden, und zwar die jeweiligen **Kammern** und die **Approbationsbehörden erhalten** gem. Nr. 26 der **MiStra** bei Tatvorwürfen, die geeignet sind berufsrechtlich von Belang zu sein, **Mitteilung** über den Erlass und den Vollzug eines Haft- oder Unterbringungsbefehls, über die Anordnung eines vorläufigen Berufsverbotes und die Aufhebung, über die Erhebung der öffentlichen Klage und über den Ausgang der oben angegebenen Verfahren. 1461

☝ Bei gesellschaftlichem Fehlverhalten gelangt der Beruf des Mandanten vielleicht den Strafverfolgungsbehörden gar nicht zur Kenntnis. Als Verteidiger sollte man **nie** unbedacht den Beruf des Mandanten **offenbaren**.

Siehe auch: → *Akademischen Heilberufe, Allgemeines*, Teil H Rdn 2 m.w.N.;→ *Arzt, Zahnarzt, berufsrechtliches Verfahren*, Teil H Rdn 1385; → *Arzt, Zahnarzt, Entzug der Kassenzulassung u.a.*, Teil H Rdn 1462; → *Arzt, Zahnarzt, Erstattungsverfahren*, Teil H Rdn 1485; → *Arzt, Zahnarzt, hochschulrechtliche Folgen*, Teil H Rdn 1488; → *Arzt, Zahnarzt, Rücknahme/Widerruf bzw. Ruhen der Approbation*, Teil H Rdn 1492; → *Arzt, Zahnarzt, Schadensersatz des Patienten/Geschädigten*, Teil H Rdn 1507; → *Arzt, Zahnarzt, Schließung der Praxis*, Teil H Rdn 1510.

1462 # Zahnarzt, berufsrechtliches Verfahren

Das Wichtigste in Kürze:

1. Nach den je nach Bundesland geltenden Kammer- bzw. Heilberufsgesetzen wird die Einhaltung der beruflichen Pflichten des Arztes durch selbstständige Berufsgerichte überwacht.
2. Das Berufsgericht ist i.d.R. mit einem Berufsrichter und zwei ehrenamtlichen Richtern besetzt.
3. Das berufsgerichtliche Verfahren ist in den jeweiligen Bundesländern der StPO, seltener auch der VwGO bzw. den Disziplinarordnungen nachgebildet.
4. Materiell setzt ein berufsgerichtliches Verfahren ein Berufsvergehen, also eine schuldhafte Verletzung der dem Arzt obliegenden Berufspflichten, voraus.
5. Der Ausgang des Strafverfahrens ist für das berufsgerichtliche Verfahren auch bei identischem Sachverhalt nicht bindend; allerdings werden die tatsächlichen Feststellungen regelmäßig zugrunde gelegt und berufsgerichtliche Sanktionen sind nur bei „berufsrechtlichem Überhang" möglich (Ausnahmecharakter).

1463 **Literaturhinweise:** S. die Hinw. bei → *Akademischen Heilberufe, Allgemeines*, Teil H Rdn 2.

1464 **1.** Nach den je nach Bundesland geltenden Kammer- bzw. Heilberufsgesetzen (in Berlin das Berliner Heilberufekammergesetz) wird die **Einhaltung** der **beruflichen Pflichten** des **Zahnarztes** durch selbstständige Berufsgerichte überwacht. I.d.R. werden die Verfahren auf **Antrag** der **Zahnärztekammer** eingeleitet. Die Verfahrenszahlen sind gering.

☝ Es gibt in den meisten Landesgesetzen eine **Aussetzungspflicht**, solange wegen desselben Sachverhalts ein Strafverfahren anhängig ist.

1465 **2.** Das **Berufsgericht** ist i.d.R. in der ersten Instanz mit einem Berufsrichter und zwei ehrenamtlichen Richtern besetzt, meist, so z.B. in Berlin bei dem VG als Kammer für Heilberufe angesiedelt (in Berlin mit zwei Berufsrichtern und drei ehrenamtlichen Richtern besetzt). In der zweiten Instanz (**Landesberufsgericht**) ist das Gericht mit drei Berufsrichtern und zwei ehrenamtlichen Richtern besetzt (in Berlin bei dem OVG als Berufsobergericht). Es handelt sich bei beiden Gerichten bei den ehrenamtlichen Richtern immer um Zahnärzte. Sie werden von den zuständigen staatlichen Behörden ohne Bindung an die Vorschläge der Zahnärztekammer bestellt und haben volle richterliche Unabhängigkeit.

1466 **3.** Das **berufsgerichtliche Verfahren** ist in den jeweiligen Bundesländern meist der StPO, vereinzelt der VwGO bzw. den Disziplinarordnungen nachgebildet (in Berlin VwGO und Disziplinarordnung des Landes Berlin) und hat folgende Sanktionen:

- **Warnung**,
- **Rüge**,
- **Verweis**,
- **Geldbuße** bis 100.000,00 EUR,
- in einigen Bundesländern noch die **Feststellung** der **Berufsunwürdigkeit** (so in Berlin).

☝ Das Berufsgericht kann **nicht** die **Berufsausübung** verbieten.
Es gilt der Grundsatz der einheitlichen Pflichtverletzung.

1467 **4. Hinweis für den Verteidiger/Rechtsanwalt!**

1468 **a) Materiell** setzt ein berufsgerichtliches Verfahren ein Berufsvergehen, also eine schuldhafte Verletzung der dem Zahnarzt obliegenden Berufspflichten, voraus. Dies soll immer dann angenommen werden, wenn damit das Ansehen des ärztlichen Berufes geschmälert oder das öffentliche Bild des Zahnarztes in Misskredit geraten könnte (zu den berufsrechtlichen Pflichten: s. *Laufs/Kern/Rehborn*, § 15).

b) Obwohl der Ausgang des Strafverfahrens nicht binden ist, werden, wenn es denselben Lebenssachverhalt trifft, die tatsächlichen **Feststellungen** des **Strafurteils zugrundegelegt**. Das Berufsgericht kann jedoch ausnahmsweise die Überprüfung beschließen. 1469

Bei **strafrechtlichem** Verfahren ist das **berufsrechtliche Verfahren auszusetzen, wenn es** ich um einen identischen Sachverhalt handelt. 1470

Eine Sanktion im berufsgerichtlichen Verfahren ist sodann nur bei berufsrechtlichem Überhang möglich, allerdings, insbes. bei Fehlverhalten, welches Kernbereich der Berufspflichten betrifft, selbst bei Freispruch oder Einstellung gem. § 170 Abs. 2 StPO im Strafverfahren in seltenen Fällen denkbar (s. Beispiel bei *Ulsenheimer/Gaede*, Arztstrafrecht in der Praxis, Rn 2040 m.w.Nw. zur Rspr.). Berufsrechtlicher Überhang wird u.a. regelmäßig gesehen bei Sexualdelikten im Rahmen des Arzt-Patienten-Verhältnisses, bei Abrechnungsbetrug, bei unzulässiger Verschreibung von Betäubungsmitteln an Suchtkranke – regelmäßig nicht bei (gesellschaftlichem) Fehlverhalten außerhalb des Arzt-Patienten-Verhältnisses. 1471

☝ Der Verteidiger sollte das **Strafgericht** zu **Ausführungen berufsrechtlicher Art** für den Angeklagten, insb. unter Berücksichtigung seiner Stellung als Zahnarzt, bewegen, sofern ärztliches Fehlverhalten abgeurteilt wird.

c) Folgende Punkte sollten bei **Vorbereitung** zu einem **berufsgerichtlichen Verfahren** (neben den üblichen Zulässigkeitsvoraussetzungen) immer bedacht werden: 1472

- kein **berufsrechtlicher Überhang**, was ggf. zu der Frage führt, ob vielleicht das Strafgericht schon so viele berufsrechtliche Argumente gebracht hat, dass das Berufsgericht nicht mehr tätig werden muss? Das kann z.B. bei einem ausführlichen Absehen vom Berufsverbot der Fall sein.
- **Verjährung**, i.d.R. **fünf Jahre** nach Tatbeendigung, geregelt in den einschlägigen Kammer- bzw. Heilberufsgesetzen; oft deshalb Einleitungsbeschluss wegen Verjährungsunterbrechung,
- **Ordnungsgemäßer Antrag** der Kammer auf **Einleitung** eines Berufsverfahrens,
- **Strafklageverbrauch** analog,
- **überlange Verfahrensdauer** (zur Verfahrensverzögerung im Strafverfahren *Burhoff*, EV, Rn 5346 ff.),
- Ist der Zahnarzt noch **Kammermitglied**? (s. zu allem *Ulsenheimer/Gaede*, Arztstrafrecht in der Praxis, Rn 2033 ff.)

Siehe auch: → *Arzt, Humanmediziner, Allgemeines*, Teil H Rdn 1380.

Zahnarzt, Entzug der Kassenzulassung u.a. 1473

Das Wichtigste in Kürze:

1. Die zuständige KZV hat bei Kenntnisnahme einer Straftat oder der Verletzung vertragsärztlicher Pflichten die Möglichkeit entweder ein Verfahren auf Entziehung der Teilnahme an der vertragsärztlichen Versorgung oder ein Disziplinarverfahren einzuleiten.
2. Die Entscheidung welches Verfahren gewählt/eingeleitet wird, kann u.a. davon abhängen, welcher Vorwurf dem Zahnarzt gemacht wird.
3. Für einen Entzug der Kassenzulassung müssen grobe Verstöße gegen vertragsärztliche Pflichten vorliegen.
4. Der Zahnarzt kann auf die Zulassung zur vertragsärztlichen Versorgung auch von sich aus verzichten.

1474 **1.** Die KZV hat bei Kenntnisnahme einer Straftat bzw. der Verletzung vertragsärztlicher Pflichten die Möglichkeit entweder ein Verfahren auf **Entziehung** der **Teilnahme** (Teil H Rdn 1402) an der **vertragsärztlichen Versorgung** oder ein **Disziplinarverfahren** einzuleiten. Die Entziehung der Kassenzulassung setzt grobe Verstöße gegen vertragsärztliche Pflichten voraus, das Disziplinarverfahren schuldhafte Verletzung vertragsärztlicher Pflichten.

1475 Die **KZV** wird i.d.R. von der Zahnärztekammer, Patienten und/oder Kollegen **informiert**. Praktisch einschlägig sind die Verletzungen der Pflicht zur ordnungsgemäßen **Abrechnung**, der Mitwirkungs- und/ oder Dokumentationspflichten. In der Praxis werden allerdings nur wenige Verfahren eingeleitet.

1476 **2.a)** Die **Entscheidung, welches Verfahren gewählt/eingeleitet** wird, hängt vom Vorwurf ab und ob man den Eindruck hat, dass das Verhalten des Zahnarztes besserbar sein wird. Ist Letzteres der Fall, wird „nur" ein Disziplinarverfahren eingeleitet, anderenfalls das Entziehungsverfahren. Ist Nachbesserung bereits eingetreten, kann ggf. von jeglichem Verfahren abgesehen werden.

☝ Der Verteidiger sollte dem Mandanten raten, die **Zwischenzeit** zu **nutzen**, um die tatsächlichen Umstände zu ändern, indem z.B. Abläufe, die zu dem schuldhaften Verhalten geführt haben, optimiert werden.

1477 **b)** Eine **Bindungswirkung** zwischen **Disziplinar-/Entziehungsverfahren** und **Strafverfahren** gibt es nicht. Manche KZV warten ein Strafverfahren ab, andere nicht. Manchmal benötigt die KZV jedoch die Informationen der StA und wartet deshalb ab. Der Verteidiger sollte sich insoweit in der einschlägigen Satzung kundig machen.

☝ Es sollte bei einer Einstellung gem. § 153a StPO im **Strafverfahren** im Hinblick auf etwaige Folgen **kein Schuldeingeständnis** formuliert werden (zur Einstellung nach § 153a StPO *Burhoff*, EV, Rn 3128 ff.). Vielmehr sollte ausdrücklich aus prozessökonomischen Gründen zugestimmt und auf die verfassungsgerichtliche Rspr. verwiesen werden, wonach die Unschuldsvermutung nicht widerlegt ist (BVerfG NStZ-RR 1996, 168 f.; MDR 1991, 891).

1478 **3.a)** Für einen **Entzug** der **Kassenzulassung** müssen **grobe Verstöße** gegen vertragsärztliche Pflichten vorliegen (zur Rspr. s.: Spickhoff/*Jaeger*, § 95 SGB V Rn 51; *Quaas/Zuck/Clemens*, Medizinrecht, § 20 Rn 107ff. und Krauskopf/*Gerlach*, § 95 SGB V Rn 133). Grundlagen für einen Entzug sind häufig

- **Abrechnungsverstöße,**
- **Verstöße** gegen das Gebot der **persönlichen Leistungserbringung,**
- fortgesetzte Verstöße gegen **administrative Pflichten** und
- gegen das **Gebot wirtschaftlicher Behandlungs-** und **Verordnungsweise**
- sowie die **pflichtwidrige Weigerung einer Behandlung** im Sachleistungssystem.

☝ Auch hier steht das Verfahren neben dem Strafverfahren und dem berufsrechtlichen Disziplinarverfahren. Es gibt **keine Bindungswirkung**. Die Zulassungsentziehung ist keine disziplinare Maßnahme. Verschulden ist keine Voraussetzung.

1479 Die **Rechtsgrundlage** für den **dauerhaften Entzug** der **kassenzahnärztlichen Zulassung** ergibt sich aus § 95 Abs. 6 SGB V i.V.m. § 21 ZahnärzteZV. Insoweit gilt:

- Es werden Ausschüsse (**Zulassungsausschuss**, bestehend aus drei zahnärztlichen Vertretern der KZV und drei Vertretern der Krankenkassen, § 34 ZahnärzteZV) gebildet, die dann die Entziehung der Zulassung anordnen können, und zwar u.U. auch mit sofortiger Vollziehbarkeit).

- Gegen diese Maßnahme gibt es i.d.R. einen **Widerspruchsausschuss** (= Berufungsausschuss, bestehend aus einem Vorsitzenden mit Befähigung zum Richteramt und drei zahnärztlichen Vertretern der KZV sowie drei Vertretern der Krankenkassen, § 35 ZahnärzteZV) und
- dagegen die **Anfechtungsklage** zu dem **SG.**

☝ Die **Anordnung** des **sofortigen Vollzuges** stellt die **Ausnahme** dar und wird von den Gerichten oftmals als unverhältnismäßig angesehen (s. z.B. Entscheidung des BVerfG v. 8.11.2010 – 1 BvR 722/10). Entscheidend für den gerichtlichen Prüfungszeitraum ist die letzte behördliche Entscheidung (s. BSG, Urt. v. 17.10.2012 – B 6 KA 49/11 R), nicht die letzte mündliche Tatsachenverhandlung vor dem SG. Also ist das Wohlverhalten nach der letzten behördlichen Entscheidung nur für ein Verfahren auf Wiederzulassung in Betracht zu ziehen.

4.a) Der Zahnarzt kann auf die Zulassung zur vertragszahnärztlichen Versorgung auch von sich aus **verzichten**. 1480

b) Eine **Wiedererteilung** bzw. eine **erneute Zulassung** zur vertragszahnärztlichen Versorgung ist möglich, wenn die Voraussetzungen vorliegen und wird von den KZVs oft pragmatisch, ähnlich wie Tilgungsfristen im BZRG gehandhabt (→ *Bundeszentralregister, Eintragungen, Tilgung, Allgemeines*, Teil E Rdn 122 m.w.N.). 1481

5. Wird **die mutmaßliche Straftat oder** die Verletzung vertragszahnärztlicher Pflichten (s. § 128 Abs. 5a SGB V) der KVZ bekannt (zu den Pflichten und der Rspr. Spickhoff/*Nebendahl*, § 77 – 81a SGB V Rn 17; *Quaas/Zuck/Clemens*, Medizinrecht, § 24 Rn 12) – die KZV wird i.d.R. durch die Zahnärztekammer, Patienten oder Kollegen informiert – kann die KZV alternativ ein **Disziplinarverfahren** gem. § 81 Abs. 5 SGB V i.V.m. der je nach Bundesland einschlägigen Disziplinarordnung oder Satzung der KZV (in Berlin Disziplinarordnung der KZV Berlin) einleiten. 1482

Hierfür werden **eigene Ausschüsse** gebildet, die **keinen Weisungen** unterliegen. In Berlin besteht der Disziplinarausschuss aus drei Zahnärzten der KZV, die in der Vertreterversammlung gewählt werden. 1483

Als **Disziplinarmaßnahmen** kommt u.a. das **Ruhen** der **Kassenzulassung** in Betracht. Zu deren Anordnung genügt eine schuldhafte Verletzung vertragsärztlicher Pflichten. Allerdings ist der Verhältnismäßigkeitsgrundsatz immer zu beachten, hier vor allem schon wegen eines eventuell faktischen Berufsverbotes. Weitere (leichtere) Disziplinarmaßnahmen statt Ruhen wären **Verwarnung**, **Verweis** und/oder **Geldbuße** (max. 50.000,00 EUR). Gegen die Maßnahme des Disziplinarausschusses der KZV kann das Sozialgericht angerufen werden (mittels Anfechtungsklage). 1484

☝ Gegen die Maßnahme des Disziplinarausschusses der KZV kann das SG mittels **Anfechtungsklage** angerufen werden.

Siehe auch: → *Arzt, Zahnarzt, Allgemeines*, Teil H Rdn 1380 m.w.N.

Zahnarzt, Erstattungsverfahren 1485

Literaturhinweise: S. die Hinw. bei → *Akademischen Heilberufe, Allgemeines*, Teil H Rdn 2. 1486

Gemäß **§§ 45 Abs. 1, 50 Abs. 1 SGB X** haben die Krankenkassen bzw. die kassenzahnärztlichen Vereinigungen einen Anspruch auf **Rückzahlung** des in Folge der Täuschung zu viel ausbezahlten Honorars. Zur Sicherung des Anspruches kann das auszuzahlende Honorar auch schon vorher einbehalten werden. 1487
Siehe auch: → *Zahnarzt, Allgemeines*, Teil H Rdn 1457 m.w.N.

1488 Zahnarzt, hochschulrechtliche Folgen

1489 **Literaturhinweise:** S. die Hinw. bei → *Akademischen Heilberufe, Allgemeines*, Teil H Rdn 2.

1490 **1.** Nach den Hochschulgesetzen der Länder sowie den Promotions- und Habilitationsordnungen der Fachbereiche kann wegen strafgerichtlicher Verurteilungen auf die Unwürdigkeit zur Führung des Doktortitels geschlossen und die **Führung** des **Titels entzogen** werden. Allerdings sind nach der Rspr. des BVerwG nur wissenschaftsbezogene Verfehlungen geeignet, die Unwürdigkeit zu begründen (BVerwG, Urt. v. 30.9.2015 – 6 C 45/14, NJW 2016, 1113).

1491 **2.** In vielen **Habilitationsordnungen** ist auch der **Widerruf** der **venia legendi** (Lehrbefähigung) zwingende Folge bzw. kann eigens angeordnet werden. Die Argumentation von BVerwG (Urt. v. 30.9.2015 – 6 C 45/14, NJW 2016, 1113) gilt genauso.

Siehe auch: → *Zahnarzt, Allgemeines*, Teil H Rdn 1457 m.w.N.

1492 Zahnarzt, Rücknahme/Widerruf bzw. Ruhen der Approbation

Das Wichtigste in Kürze:

1. Die Ausübung des Zahnarztberufes ist an die Approbation gebunden. Bei nachträglicher Tatsachenänderung, die zur Versagung der Approbation berechtigen würden, kann diese mit einer ex-nunc-Wirkung widerrufen werden.
2. Die Behörde muss für das Anordnen des Ruhens bzw. für den Widerruf der Approbation die Unwürdigkeit bzw. Unzuverlässigkeit des Arztes feststellen.
3. Die Behörde kann bereits zuvor das Ruhen der Approbation gem. § 5 ZHG anordnen.
4. Die Approbation kann (auch vorläufig) wieder erteilt werden.
5. Der Rechtsweg gegen den Widerruf der Approbation ist der verwaltungsrechtliche.

1493 **Literaturhinweise:** S. die Hinw. bei → *Akademischen Heilberufe, Allgemeines*, Teil H Rdn 2.

1494 **1.** Die **Ausübung** des **zahnärztlichen Berufes** ist an die **Approbation gebunden**. Sie ist im Gesetz über die Ausübung der Zahnheilkunde (ZHG) geregelt. Das Führen der Berufsbezeichnung Zahnarzt/Zahnärztin ist erst mit Erteilung der Approbation möglich. Für die Erteilung der Approbation sind die jeweiligen Landesbehörden zuständig (in Berlin das Landesamt für Gesundheit und Soziales, LAGeSo). Sie ist zu erteilen, wenn die Voraussetzungen gem. § 2 ZHG vorliegen. Die Approbationsbehörde kann die Erteilung nur wegen **Unzuverlässigkeit** oder wegen **Unwürdigkeit** bzw. Nichtvorliegen der Voraussetzungen nach der Approbationsordnung versagen (s. § 2 ZHG; Teil H Rdn 1497 ff.).

1495 **a)** Die Approbationsbehörde kann die Erteilung **zurücknehmen**, wenn bereits bei Erteilung von falschen Tatsachen ausgegangen wurde. Die Rücknahme hat eine ex-tunc-Wirkung. Bei nachträglicher **Tatsachenänderung**, die zur Versagung der Approbation berechtigen würden, kann sie diese mit ex-nunc-Wirkung widerrufen.

☝ Der begünstigende Verwaltungsakt der Approbation ist unteilbar, also nicht durch Auflagen und andere Nebenbestimmungen einschränkbar. Sollte also eine Approbation rechtskräftig widerrufen werden, darf der **Zahnarztberuf nicht mehr ausgeübt** werden.

1496 **b)** Gem. § 5 ZHG kann auch **vorläufig** das **Ruhen** der **Approbation angeordnet** werden. Ebenso kann die Behörde auch den Sofortvollzug anordnen (Teil H Rdn 1503).

2. Die Behörde muss für das Anordnen des **Ruhens** bzw. für den **Widerruf** der Approbation die Unwürdigkeit bzw. Unzuverlässigkeit des Zahnarztes feststellen. Berufsspezifische strafrechtliche Delikte von Zahnärzten sind vorwiegend der Abrechnungsbetrug und die fahrlässige Körperverletzung sowie gelegentlich Verstöße gegen das BtMG und das **AMG**. 1497

☝ Das Verfahren auf Ruhen bzw. Widerruf der Approbation steht **neben** dem **Strafverfahren**. Dies erklärt sich aus den verschiedenen Zielsetzungen (repressiv und präventiv). Der rechtskräftige Widerruf der Approbation hat auch den Entzug der vertragsärztlichen Zulassung zur Folge.

Die Verwaltungsgerichte dürfen sich grds. auf die tatsächlichen Feststellungen eines Strafurteils stützen, insbesondere auch bei Verständigungen nach § 257c StPO und Strafbefehlen (Vorsicht vor Beratungsfehlern im Strafverfahren).

Der **Rechtsweg** gegen den Widerruf der Approbation ist der verwaltungsrechtliche.

Es ist immer auch darauf zu achten, ob der konkrete Vorwurf gegen den Beschuldigten die Approbationsbehörde aus **präventiven Gründen** (u.a. Gefahr für die Patienten etc.) dazu zwingen könnte einzugreifen, bevor das Strafverfahren beendet sein wird. Ein Argument für das Absehen einer Ruhensanordnung kann zum Beispiel sein, dass der Mandant bereits in U-Haft ist.

a) Unwürdigkeit ist anzunehmen, wenn der Zahnarzt durch sein Verhalten nicht das zur Ausübung des zahnärztlichen Berufs erforderliche Ansehen und Vertrauen bei der Bevölkerung besitzt. Hier geht es um das berufliche Gesamtverhalten. Der Zahnarzt muss die für seinen Dienst notwendige Integrität und Glaubwürdigkeit sowie den erforderlichen guten Ruf besitzen. 1498

Beispiele für **Unwürdigkeit** 1499

Zur Rspr. und den Fallgruppen: s. *Quaas/Zuck/Clemens*, Medizinrecht, § 13 Rn 25 f.; MAH-Medizinrecht/*Wollersheim*, § 6 Rn 15; MAH-WirtschaftsStrafR/*Tsambikakis*, § 31 Rn 176 ff.; *Spickhoff/Schelling*, § 5 BÄO Rn 16 ff., insbes. 25–36:

- Verurteilung wegen Kapitaldelikten,
- Verurteilung wegen Straftaten gegen die sexuelle Selbstbestimmung oder Körperverletzungen,
- versuchter Schwangerschaftsabbruch und gefährliche Körperverletzung,
- mehrfache strafrechtliche Verfehlungen in einem „kurzen" Zeitraum,
- Abrechnungsbetrug,
- Verurteilung wegen § 266a StGB.

b) Unzuverlässigkeit ist anzunehmen, wenn der Zahnarzt nicht die Gewähr für die ordnungsgemäße Ausübung der Heilkunde bietet. Bei der Unzuverlässigkeit muss anhand aus der Vergangenheit feststehender Tatsachen die Prognose gewagt werden können, dass auch in Zukunft eine ordnungsgemäße Ausübung des zahnärztlichen Berufes nicht gewährleistet sein dürfte. Auch hier werden Beispiele herangezogen, die den bei Teil H Rdn 1499 entsprechen. 1500

☝ Diese **Zukunftsprognose** ist bei der Unwürdigkeit nicht zu stellen.

c) Auch **außerberufliches** Verhalten kann zum Widerruf der Approbation führen. Es muss nicht unbedingt ein Delikt sein, das unmittelbar mit dem Verhältnis zum Patienten zu tun hat. Man erwartet von einem Zahnarzt, dass er die vermögensrechtlichen Interessen des Patienten achtet, weswegen ein Zusammenhang zwischen ärztlichem und wirtschaftlichem Verhalten bestehen soll. Überschneidungen können sich zu Ermessensentzug der Approbation aus gesundheitlichen Gründen ergeben, etwa bei Alkohol- oder Spielsucht. 1501

1502 **3.** Die Behörde kann das **Ruhen der Approbation** gem. § 5 ZHG anordnen.

1503 Die Behörde kann auch das **Ruhen der Approbation** gem. § 80 Abs. 2 Nr. 4 VwGO für **sofort vollziehbar** erklären. Da dies ein vorläufiges Berufsverbot darstellt, muss die Behörde gute Gründe haben schon vor Rechtskraft des Hauptsacheverfahrens als Präventivmaßnahme zur Abwehr konkreter Gefahren für wichtige Gemeinschaftsgüter diese anzuordnen (zu den hohen Anforderungen BVerwG, Urt. v. 10.9.2020 – 3 C 13/19 [OVG Münster]).

1504 Der Zahnarzt kann durch schriftliche Erklärung gegenüber der zuständigen Behörde nach § 7 ZHG auf die **Approbation verzichten**.

1505 **4.** Der **Rechtsweg** gegen den Widerruf der Approbation ist der **verwaltungsrechtliche**.

1506 **5.** Die **Approbation** kann gem. § 7a ZHG (auch vorläufig) **wiedererteilt** werden. Ab wann dies sinnvoll ist, hängt vom Einzelfall und der Verwaltungspraxis ab (in Berlin z.B. Groborientierung an den Löschungsfristen im BZRG; → *Bundeszentralregister, Eintragungen, Tilgung, Allgemeines*, Teil E Rdn 123).

Siehe auch: → *Zahnarzt, Allgemeines*, Teil H Rdn 1457 m.w.N.

1507 Zahnarzt, Schadensersatz des Patienten/Geschädigten

1508 **Literaturhinweise:** S. die Hinw. bei → *Akademischen Heilberufe, Allgemeines*, Teil H Rdn 2.

1509 Die meisten strafrechtlichen Delikte sind Schutzgesetze i.S.d. § 823 Abs. 2 BGB, so dass den dadurch Geschädigten ein Schadensersatzanspruch auch insoweit zusteht.

Siehe auch: → *Zahnarzt, Allgemeines*, Teil H Rdn 1457 m.w.N.; → *Ansprüche, Zivilrecht, Ansprüche von Tatbeteiligten gegeneinander*, Teil I Rdn 107 m.w.N.

1510 Zahnarzt, Schließung der Praxis

1511 **Literaturhinweise:** S. die Hinw. bei → *Akademischen Heilberufe, Allgemeines*, Teil H Rdn 2.

1512 Die **Approbationszulassung** und die KZV-Zulassung gelten jeweils für die natürliche Person. Sie sind **nicht an** die **Zahnarztpraxis gebunden**. Eine Praxis kann also grds.verkauft/verpachtet werden.

☝ Allerdings sollte der Zahnarzt bei absehbaren berufsrechtlichen Problemen darauf aufmerksam gemacht werden, dass die Praxis vielleicht zu einem Zeitpunkt verpachtet/verkauft wird, zu welchem der Kaufpreis noch (ungeschmälert) hoch ist.

Siehe auch: → *Zahnarzt, Allgemeines*, Teil H Rdn 1457 m.w.N.

Teil I: Opferentschädigung, Ansprüche gegen den Beschuldigten, Entschädigungsfragen nach dem StrEG

Ansprüche, Opferentschädigung, Allgemeines 1

Das Wichtigste in Kürze:

1. Wird jemand einer Straftat beschuldigt, bei der Gewalt angewandt wurde, kann er nicht nur zivilrechtlich in Anspruch genommen werden. Dem Opfer einer Straftat können auch Ansprüche nach dem Gesetz zur Regelung des sozialen Entschädigungsrechts (SER) zustehen. Für Opfer von Gewalttaten finden insbesondere die Vorschriften der §§ 13 ff. SGB XIV Anwendung.
2. Ansprüchen nach dem SER liegt ein Sozialrechtsverhältnis zugrunde. Unabhängig von der Einleitung und dem jeweiligen Stand eines Strafverfahrens ist ein Geschädigter berechtigt, Entschädigungsleistungen nach den §§ 13 ff. SGB XIV zu beantragen, sofern er geltend macht, Opfer derselben (strafbaren) Handlung geworden zu sein.
3. Die Anzahl der Berührungspunkte zwischen Strafrechtsnormen und solchen der §§ 13 ff. SGB XIV ist begrenzt. In den meisten Bereichen unterscheiden sich Opferentschädigungsverfahren und Strafverfahren.
4. Ein Verteidiger, dessen Mandat sich auch auf die Abwehr etwaiger gegen seinen Mandanten gerichteter Ansprüche nach dem SER erstreckt, sollte sozialrechtliche Grundkenntnisse besitzen.
5. Für Schadensersatzansprüche, die kraft Gesetzes auf den Sozialversicherungsträger übergegangen sind, ist, wie für den Geschädigten selbst, der Rechtsweg vor den ordentlichen Gerichten eröffnet.
6. In welchem Umfang die seit dem 1.1.2024 geltende zentrale Vorschrift des § 13 SGB XIV Bedeutung für Entschädigungsleistungen (§ 25 ff. SGB XIV) an Opfer von Gewalttaten erlangt, bleibt abzuwarten. Die Vorgängernorm des § 1 Abs. 1 OEG als gesetzlich garantierter Opferentschädigungsanspruch hatte eine relativ geringe Praxisrelevanz.
7. Das SER hat einen umfassenden Regelungsbereich, bei dem sich der Umfang der zu gewährenden Leistungen für Opfer von Gewalttaten nach den §§ 3 ff., 25 ff. SGB XIV bestimmt.
8. Ein Opferentschädigungsanspruch setzt den Nachweis einer aus drei Gliedern bestehenden Kausalkette voraus.
9. As Schädigungsfolge ist die körperliche, seelische, geistige oder Sinnesbeeinträchtigung anzusehen, die kausal aus der durch das schädigende Ereignis verursachten Gesundheitsstörung entstanden ist (§ 5 Abs. 1 S. 1 SGB XIV).
10. Die Verletzungshandlung ist in den §§ 13 ff. SGB XIV eigenständig und ohne Bezugnahme auf das StGB geregelt.

Literaturhinweise: BeckOK Sozialrecht/**Rolfs/Giesen/Meßling/Udsching**, 79. Edition, Stand 1.3.2025; beck-online, Großkommentar zum SGB XIV, Hrsg: **Rolfs/B. Schmidt**, Stand: 1.5.2025; **Doering-Striening**, Altes und Neues – Zur Reform des Opferentschädigungsrechts, ASR 2014, 231; **Gelhausen/Weiner**, SGB Kommentar XIV, 8. Aufl. 2024; **Grünenwald**, Ein leistungsrechtlicher Überblick über das neugeordnete Soziale Entschädigungsrecht nach dem SGB XIV aus dem Blick der Kinder- und Jugendhilfe, NZS 2025, 9; **Knickrehm**, Alles neu macht das SGB XIV? Altes und neues Recht der Sozialen Entschädigung (Teil 1), SRa 2022, 89; *ders.*, Alles neu macht das SGB XIV? Altes und neues Recht der Sozialen Entschädigung (Teil 2), SRa 2022, 125; **Klotz**, Der soziale Entschädigungsanspruch von Nachstellungsopfern, NZS 2025, 374; **Tabbara**, Neues Sozialgesetzbuch XIV – Die Reform des Sozialen Entschädigungsrechts, NZS 2020, 210; **Thoben**, Gerechtigkeitslücken im Recht der Opferentschädigung? – Eine Expertise zu ersten Forschungsbefunden verschiedener Opferbefragungen des Kriminologischen Forschungsinstituts Niedersachsen, 2012. 2

3 **1.** Wird jemand einer Straftat beschuldigt, bei der Gewalt angewandt wurde, kann er nicht nur zivilrechtlich auf **Schadensersatzleistungen** in Anspruch genommen werden. Der Geschädigte hat **darüber hinaus** das Recht, wegen derselben Tat staatliche Leistungen nach dem **Gesetz zur Regelung des sozialen Entschädigungsrechts (SER)** zu beantragen. Es unterstützt Menschen, die durch ein schädigendes Ereignis, für das die staatliche Gemeinschaft eine besondere Verantwortung trägt, eine gesundheitliche Schädigung erlitten haben, bei der Bewältigung der dadurch entstandenen Folgen. Zum Kreis der Berechtigten gehören auch Opfer von Gewalttaten, deren Angehöre, Hinterbliebene und Nahestehende (§§ 1 Abs. 1, Abs. 2 Nr. 1, 2 Abs. 1, 13 ff. SGB XIV).

4 **2.** Ansprüchen nach dem SER liegt ein **Sozialrechtsverhältnis** (§ 5 SGB I) zugrunde: dem Leistungsanspruch eines Bürgers steht die Leistungspflicht eines öffentlich-rechtlichen Leistungsträgers gegenüber. Leistungsträger wie Bürger haben dabei allgemeine sozial(verfahrens)rechtliche Vorgaben zu beachten, vor allem auf Grundlage entsprechender

5 **Regelungen im SGB I und im SGB X:**

- So obliegen dem Anspruchsteller z.B. **Mitwirkungspflichten**, insbesondere nach §§ 60 – 62, 65 Abs. 1 SGB I. Dazu gehört etwa die Pflicht, den Sachverhalt durch Vorlage von Beweisurkunden u.Ä. aufzuklären oder sich ärztlichen Untersuchungen zu unterziehen.
- Der zuständige behördliche Träger ist demgegenüber gesetzlich verpflichtet, für den Bürger **Aufklärungs-** und **Beratungsleistungen** sowie sonstige Unterstützungshandlungen zur Durchsetzung seiner Ansprüche (z.B. nach §§ 13, 14, 17 SGB I) zu erbringen.

6 **3.** Mit Strafrechtsnormen hat das Opferentschädigungsrecht zwar gewisse Berührungspunkte, ansonsten jedoch **unterscheiden** sich **Verfahren nach dem Recht der sozialen Entschädigung** und **Strafverfahren** grundlegend. Insbesondere haben Entscheidungen von Strafverfolgungsbehörden oder Strafgerichten nur begrenzte Bindungswirkung für die Bearbeitung von Opferentschädigungsfällen.

☝ Der Blickwinkel des **SER/SGB XIV** ist **sozialrechtlich** ausgerichtet. Auch der Rechtsbegriff des „vorsätzlichen rechtswidrigen tätlichen Angriffs" (körperliche Gewalttat) i.S.d. § 13 Abs. 1 Nr. 1 SGB XIV (vormals § 1 Abs. 1 S. 1 OEG) ist eigenständig und ohne direkte Bezugnahme auf das StGB geregelt. Allerdings orientiert sich die sozialgerichtliche Rspr. an der im Strafrecht gewonnenen Bedeutung des auch dort – z.B. in §§ 113, 121 StGB – verwendeten rechtstechnischen Begriffs des „tätlichen Angriffs" (BSGE 108, 97; 56, 234, 235).

Unabhängig von der **Einleitung** oder dem Stand eines **Strafverfahrens** ist ein nach eigenem Vorbringen Geschädigter berechtigt, einen Antrag auf Leistungen nach dem SGB XIV zu stellen. Die für die Antragsbearbeitung zuständige Behörde ist ihrerseits nicht gehindert, derartige Ansprüche für materiell begründet zu halten, ohne dass ein (hinreichenden) Tatverdachts i.S.d. § 170 Abs. 1 StPO festgestellt sein muss.

Neu ist **seit dem 1.1.2024**, dass Opfer bei Vorliegen der Voraussetzungen des § 4 Abs. 1 SGB XIV Leistungen der Sozialen Entschädigung erhalten, wenn sie durch eine **psychische Gewalttat** eine gesundheitliche Schädigung erlitten haben (§ 13 Abs. 1 Nr. 2 SGB XIV). Die **psychische Gewalttat** ist in § 13 Abs. 1 Nr. 2 SGB XIV **legal definiert** als ein sonstiges vorsätzliches, rechtswidriges, unmittelbar gegen die freie Willensentscheidung einer Person gerichtetes schwerwiegendes Verhalten.

Anders als im OEG werden nach § 14 Abs. 2 SGB XIV **nunmehr auch** sog. **Schockschäden** bei Personen berücksichtigt, die in Folge des Miterlebens der Tat oder des Auffindens des Opfers eine gesundheitliche Schädigung erlitten haben. Ihnen gleichgestellt ist, wer durch die Überbringung der Nachricht vom Tode oder der schwerwiegenden Verletzung des Opfers eine gesundheitliche Schädigung erlitten hat.

4. Der **Verteidiger**, der einen Mandanten – oftmals als „Annex" der Beistandsleistung im Strafverfahren – zur Abwehr von Ansprüchen nach dem SER vertritt, sollte **sozialrechtliche Grundkenntnisse besitzen**. Neben dem SGB XIV gehören dazu bspw. der allgemeine Teil des SGB (SGB I) und das in SGB X geregelte sozialrechtliche Verwaltungsverfahren. 7

5. Bei einer **gerichtlichen Vertretung** ist zu **unterschieden**: 8

- wird der Mandant aufgrund des **gesetzlichen Forderungsübergangs** als Beklagter durch den Leistungsträger in Anspruch genommen, ist der **Zivilrechtsweg** gegeben;
- für Auseinandersetzungen nach dem SGB XIV – damit sind vor allem etwaige Streitigkeiten zwischen Opfer und Leistungsträger gemeint – sind die **Sozialgerichte** zuständig. In diesem Fall gilt das Prozessrecht des **SGG**.

6. Die mit dem OEG, seit dem 1.1.2024 mit dem SBG XIV, vom Staat übernommene Verantwortung, Bürger vor Schädigungen durch kriminelle Handlungen zu schützen, hat **geringe praktische Auswirkungen**. Im Jahr 2023 (Stand Februar 2025, Quelle: www.weisser-ring.de, Statistiken zur staatlichen Opferentschädigung) ereigneten sich nach der polizeilichen Kriminalstatistik des BKA insgesamt 214.099 – allerdings nicht zwangsläufig OEG-relevante – Gewalttaten. Dazu wurden 15.125 Anträge gestellt. Der Anteil aller auf Entschädigung nach dem OEG gestellten Anträge betrug bundesweit **7,06 %**. 9

7. Fast konträr zu der in der Vergangenheit relativ geringen Praxisrelevanz des OEG erscheint dessen **umfassender Regelungsbereich,** der durch das SGB XIV noch erweitert wird. Neben der Entschädigung für Opfer psychischer Gewalt enthält das SGB XIV einen breiten Leistungskatalog (§§ 29 ff. SGB XIV), wie z.B.: Schnelle Hilfen (Fallmanagement und Traumaambulanz), Krankenbehandlung, Leistungen zur Teilhabe, bei Pflegebedürftigkeit und Blindheit, Entschädigungszahlungen, Berufsschadensausgleich, besondere Leistungen im Einzelfall, Überführung und Bestattung, Härtefallregelung, 10

8. Ein Opferentschädigungsanspruch setzt den Nachweis einer aus **drei Gliedern** bestehenden **Kausalkette** voraus (§ 4 Abs. 1, 4 SGB XIV): 11

- der **schädigende Vorgang** in Gestalt des tätlichen Angriffs oder einer psychischen Gewalttat bezeichnet das erste Glied dieser Kette;
- die **gesundheitliche Schädigung**, die durch das schädigende Ereignis hervorgerufen wurde (Primärschaden), ist das zweite Glied;
- die **Schädigungsfolge**, die aufgrund der Schädigung eingetreten ist, stellt das dritte Glied dar.

Diese „3 Glieder der Kausalkette" sind von dem Geschädigten grds. im Wege des sog. **Vollbeweises** zu führen (BR-Drucks 351/19, 194; BT-Drucks 19/13824, 171). Anders der **Kausalitätsnachweis** selbst: Im Sozialen Entschädigungsrecht genügt für die Feststellung des **ursächlichen Zusammenhangs die (einfache) Wahrscheinlichkeit**. Es reicht insofern aus, wenn ärztlich-gutachtlich auf der Basis des aktuellen Stands der medizinischen Wissenschaft mehr für als gegen den Ursachenzusammenhang spricht (BT-Drucks 19/13824, 171, 250). Im SER gilt der **Beweismaßstab** der **Wahrscheinlichkeit** für die **Bewertung** eines **kausalen Zusammenhangs**. Mit § 4 Abs. 5 SGB wurde bei **psychischen Gesundheitsschäden** darüber hinaus eine **widerlegbare Vermutung** für einen Ursachenzusammenhang eingefügt, um insbesondere die Situation von Opfern sexueller Gewalt zu berücksichtigen (BeckOK-SozR/*Rasch*, SGB XIV, § 4 Rn 40). 12

Davon zu **unterscheiden** ist die **Ermittlung** von **Tatsachen**. Bei der Tatsachenermittlung ist grds. ein **Vollbeweis** erforderlich, der jedoch durch die Möglichkeit der **Glaubhaftmachung** von Tatsachen gemäß § 117 SBG XIV erleichtert wird. Für den Vollbeweis muss sich der Leistungsträger die volle Überzeugung vom Vorhandensein oder Nichtvorhandensein einer Tatsache verschaffen (BSG NJOZ 2014, 72); was allerdings keine absolute Gewissheit verlangt, sondern eine an Gewissheit grenzende Wahrscheinlichkeit ausreichen lässt (BSG NJOZ 2014, 72). Der kausale Zusammenhang ist dagegen eine Wertung, die nicht glaubhaft gemacht werden kann (BT-Drucks 19/13824, S. 171). 13

Anders als das zivilrechtliche Schadensersatzrecht beurteilt das SER eine **Ursachenbeziehung** nicht ex ante, generell und abstrakt nach der Adäquanztheorie, sondern **ex post, speziell und konkret** 14 (vgl. a. BSG NVwZ-RR 1997, 38). Das Soziale Entschädigungsrecht ist von dem schädigenden Ereignis ursächlich abhängig.

15 Konkret zu den Anforderungen und dem Umfang an einen Schadensbeweis sowie zu Fragen des Kausalzusammenhanges hat das BSG in einem Beschluss zu Beweiserleichterungen im **Impfschadenrecht** (BSG, Beschl. v. 2.2.2024 – B 9 V 10/23 B –) entschieden. Ein Versorgungsanspruch aufgrund eines Impfschadens setzt voraus, dass eine Schutzimpfung (1.) zu einer Impfkomplikation (2). führt, und diese wiederum den Impfschaden als dauerhafte gesundheitliche Schädigung (3.) verursacht. Für das Vorliegen der Punkte (1.), (2.) und (3.) der dreigliedrigen Kausalkette bedarf es jeweils des Vollbeweises.

Für den ursächlichen Zusammenhang zwischen den drei Gliedern der Kausalkette hingegen reicht der im Vergleich zum Vollbeweis abgesenkte Beweismaßstab der Wahrscheinlichkeit aus.

16 **9.** Als **Schädigungsfolgen** i.S.d. SGB XIV gelten körperliche, seelische, geistige oder Sinnesbeeinträchtigungen, die **kausal** aus der durch das schädigende Ereignis verursachten Gesundheitsstörung entstanden sind (§ 5 Abs. 1 S. 1 SGB XIV).

17 ☝ Ein dem beschuldigten/verurteilten Mandanten auf der Rechtsgrundlage des SER angelasteter „**schädigender Vorgang**" („tätlicher Angriff") (→ *Ansprüche, Opferentschädigung, tätlicher Angriff*, Teil I Rdn 24 ff.) entspricht im Regelfall dem, was von der Staatsanwaltschaft **als Straftat verfolgt** und später ggf. strafgerichtlich geahndet wird. Der im Opferentschädigungsrecht geltende Maßstab des Vollbeweises bei der Tatsachenermittlung unterscheidet sich aber von den Regeln des Streng- und Freibeweises im Strafrecht. Zugunsten der Opfer gelten daher im sozialrechtlichen Entschädigungsverfahren **Beweiserleichterungen**. Keine Anwendung findet dabei die zugunsten des Beschuldigten streitende **Unschuldsvermutung** oder auch der Grundsatz „in dubio pro reo".

18 **10.** Die **Verletzungshandlung** ist im **SER eigenständig** und ohne direkte Bezugnahme auf das StGB geregelt (z.B. BSGE 108, 97; BSG NJW 1991, 2590). Der „vorsätzliche, rechtswidrige tätliche Angriff" gem. § 1 Abs. 1 S. 1 OEG ist nach wie vor Maßstab für körperliche Gewalttaten. Er wird fortgeführt mit der seit dem 1.1.2024 geltenden Vorschrift des § 13 Abs. 1 Nr. 1 SGB XIV.

19 Zwar orientiert sich die Rspr. des BSG bei der Auslegung des Begriffs des „**tätlichen Angriffs**" an der im Strafrecht gewonnenen Bedeutung dieses dort ebenfalls verwendeten rechtstechnischen Begriffs (vgl. nur BSG NJW 2021, 876 ff. Rn 19; BSG, Urt. v. 7.4.2011 – B 9 VG 2/10 R). Jedoch hat sie sich von dessen subjektiven Merkmalen weitestgehend gelöst. Das BSG bewertet vielmehr das Vorliegen eines tätlichen Angriffs vornehmlich aus der **Sicht eines objektiven, vernünftigen Dritten**, so dass insbesondere ein sozial angemessenes Verhalten ausscheidet (BSGE 113, 205 = NJOZ 2014, 72; BSG, Urt. v. 24.9.2020 – B 9 V 3/18 R, BSGE 131, 61 = NJW 2021, 876 ff.).

Siehe auch: → *Ansprüche, Opferentschädigung, tätlicher Angriff*, Teil I Rdn 14 ff.; → *Ansprüche, Opferentschädigung, Versagung*, Teil I Rdn 65; → *Ansprüche, Opferentschädigung, Verfahrensrecht*, Teil I Rdn 76 ff.; → *Ansprüche, Zivilrecht, Allgemeines*, Teil I Rdn 94 m.w.N.

20 Ansprüche, Opferentschädigung, „tätlicher Angriff"

Das Wichtigste in Kürze:

1. Für einen Entschädigungsanspruch nach dem SGB XIV müssen zunächst die allgemeinen Tatbestandsmerkmale des § 13 Abs. 1 Nr. 1 (körperliche Gewalttat) oder Nr. 2 (psychische Gewalttat) SGB XIV erfüllt sein.
2. Zentrale Bedeutung für Opferentschädigungsfälle hat neben dem Begriff des „tätlichen Angriffs" als körperliche Gewalttat die psychische Gewalttat als ein gegen die freie Willensbildung einer Person gerichtetes schwerwiegendes Verhalten.

3. „Tätlicher Angriff“ nach dem Recht der sozialen Entschädigung ist vielschichtiger und weitreichender als der in einigen Strafrechtsnormen verwendete identische Begriff. Die psychische Gewalttat als Novum der Opferentschädigungsregelungen umfasst ebenfalls ein breites Spektrum.
4. Der Vorsatzbegriff des SGB XIV unterscheidet sich in mehrfacher Hinsicht von dem strafrechtlichen.
5. Das Recht der sozialen Entschädigung gebietet eine von Straf- und Zivilverfahren unabhängige Beweiswürdigung durch die Tatsachengerichte.
6. In der Rspr. haben unterschiedliche Fallgruppen strafbarer Handlungen Bedeutung für Ansprüche nach dem SGB XIV.

Literaturhinweise: S. die Hinweise bei → *Ansprüche, Opferentschädigung, Allgemeines,* Teil I Rdn 2. 21

1. Für einen Entschädigungsanspruch nach dem Recht der sozialen Entschädigung müssen zunächst die **allgemeinen Tatbestandsmerkmale** des § 13 Abs. 1 S. 1 SGB XIV erfüllt sein. Als Verletzungshandlungen kommen 22

- der **vorsätzliche, rechtswidrige tätliche Angriff** (§ 13 Abs. 1 Nr. 1 SGB XIV; Teil I Rdn 24 ff.) sowie
- **„ein sonstiges vorsätzliches, rechtswidriges, unmittelbar gegen die freie Willensentscheidung einer Person gerichtetes schwerwiegendes Verhalten“** (§ 13 Abs. 1 Nr. 2 SGB XIV) oder
- einer **Gewalttat gleichgestellte Handlungen** nach § 14 Abs. 1 Nr. 1- 6 SGB XIV in Betracht.

2. Zentrale Bedeutung für Entschädigungsfälle bei körperlicher Gewalt hat der **„tätliche Angriff“** nach § Abs. 13 Abs. 1 Nr. 1 SGB XIV, so dass die folgenden Ausführungen im Wesentlichen darauf beschränkt bleiben. Nach neuem, seit dem 11.1.2024 geltendem, Recht sind auch Opfer **psychischer Gewalttaten** nach § 13 Abs. 1 Nr. 2 SGB XIV zu entschädigen. § 14 Abs. 1 SGB XIV regelt Entschädigungstatbestände, die einer Gewalttat nach § 13 SGB XIV **gleichgestellt** sind. 23

Mit „vorsätzlicher **Beibringung** von **Gift**“ (§ 14 Abs. 1 Nr. 1 SGB XIV) sind die Fälle der §§ 224 Abs. 1 Nr. 1, 308, 314 Abs. 2 StGB gemeint.

Mit dem **„Fehlgehen** der **Gewalttat“** (§ 14 Abs. 1 Nr. 2 SGB XIV) wird der aberratio ictus umschrieben (BT-Drucks 19/13824, 176).

Die **„irrtümliche** Annahme des Vorliegens eines **Rechtfertigungsgrundes“** (§ 14 Abs. 1 Nr. 3 SGB XIV) meint den Fall des Erlaubnistatbestandsirrtums, wie er zuvor in § 1 Abs. 1 S. 2 OEG normiert war (BT-Drucks 19/13824, 176).

Die „wenigstens **fahrlässige Herbeiführung** einer Gefahr für Leib und Leben eines anderen durch ein mit **gemeingefährlichen Mitteln** begangenes Verbrechen“ (§ 14 Abs. 1 Nr. 4 SGB XIV) betrifft bspw. Fälle der Brandstiftung oder Sprengstoffanschläge und umfasst auch Kapitaldelikte.

Erweitert wurde die Gleichstellung mit einer Gewalttat schließlich auf Tatbestände der **„erheblichen Vernachlässigung** von **Kindern“** (§ 14 Abs. 1 Nr. 5 SGB XIV) sowie der „Herstellung, Verbreitung und öffentliche Zugänglichmachung von **Kinderpornografie** nach § 184b Abs. 1 S. 1 Nr. 1, 3 und 4 StGB“ (§ 14 Abs. 1 Nr. 6 SGB XIV).

3.a) „Tätlicher Angriff“ nach dem SGB XIV ist **vielschichtiger** und **weitreichender** als der in einigen Strafrechtsnormen (z.B. §§ 113, 121 **StGB**) verwendete identische Begriff. 24

Sozialrechtlich wird bei einem „tätlichen Angriff“ darauf abgestellt, dass der Angreifende in **„feindseliger Willensrichtung“** unmittelbar auf den Körper eines anderen gewaltsam und gezielt einwirkt, ohne dass ein Rechtfertigungsgrund vorliegt (BT-Drucks 7/2506, 13; BR-Drucks 351/19, 199; BT-Drucks 19/13824, 175; BeckOGK/*Karl*, SGB XIV § 13 Rn 27). Das Merkmal der feindseligen Willensrichtung dient – so das BSG (BSG, Urt. v. 7.4.2011 – B 9 VG 2/10 R) – im Opferentschädigungsrecht vor allem zur 25

Abgrenzung sozial adäquaten oder gesellschaftlich noch tolerierten Verhaltens von einem auf Rechtsbruch gerichteten Handeln des Täters.

☝ Die Frage, ob ein „tätlicher Angriff“ auch durch **Unterlassen** verwirklicht werden kann, wird nicht einheitlich beurteilt. Der Wortlaut des § 13 Abs. 1 SGB XIV deutet eher auf ein aktives Handeln als allein tatbestandsmäßige Alternative hin. Das BSG hat sich bislang nicht eindeutig positioniert. Das bloße Nichthandeln kann, soweit es eine Straftat darstellt, ausreichen (BSG NJW 1996, 1619 zur bedingt vorsätzlichen Übertragung von Krankheitserregern durch Aids-Infektion). In Betracht kommen allein **unechte Unterlassungsdelikte, keine echten**, wie z.B. unterlassene Hilfeleistung (Gelhausen/Weiner/*Weiner*, SGB XIV § 13 Rn 36).

26 **b)aa)** Angesichts einer fehlenden Kongruenz zwischen Opferentschädigungsrecht einerseits und Strafrecht andererseits kommt es für die Feststellung einer „feindseligen Willensrichtung“ nicht entscheidend darauf an, ob dahinter immer ein im strafrechtlichen Sinne vorsätzliches Handeln steht. Allgemein braucht der Täter für einen tätlichen Angriff i.S.d. SER nicht strafrechtlich wegen einer Vorsatztat verurteilt worden zu sein (BSG NJW 2021, 876 Rn 26). Allerdings müssen der tätliche Angriff und die psychische Gewalttat nach § 13 Abs. 1 SGB XIV **vorsätzlich**, also mit Wissen und Wollen, erfolgt sein, wobei **bedingter Vorsatz** ausreicht. Fahrlässiges Handeln ist vom Recht der Gewaltopferentschädigung grds. nicht erfasst (BeckOK-SozR/*Mushoff*, SGB XIV § 13 Rn 95; BT-Drucks. 7/2506, 14; BSG, Beschl. v. 23.3.2015 – B 9 V 48/14 B).

27 **bb)** Lässt sich eine „feindselige Willensrichtung“ bei einer über den natürlichen Vorsatz hinausgehenden Angriffshandlung nicht feststellen, kann – **alternativ** – darauf abgestellt werden, ob der Täter eine **mit Gewaltanwendung** (im Sinne einer gewaltsamen Einwirkung auf eine andere Person durch Einsatz körperlicher Mittel) **verbundene** strafbare **Vorsatztat** (zumindest einen strafbaren Versuch) begangen hat. Die einem derartigen Angriff innewohnende Feindseligkeit manifestiert sich insoweit durch die vorsätzliche Verwirklichung der Straftat als Akt der **Rechtsfeindlichkeit**, der vor allem als Feindlichkeit gegen das Strafgesetz zu verstehen ist (BSG NJOZ 2014, 72).

28 **cc)** Grds. haben **Eingriffe**, die die **körperliche Integrität** eines anderen beeinträchtigen, die Tendenz, diesen zum bloßen Objekt herabzuwürdigen und missachten damit seine Persönlichkeit. Sie sind somit als **rechtsfeindlich** anzusehen (LSG Bayern, Urt. v. 16.3.1990 – L 10 VG 1/89). In aller Regel wird eine solche Angriffshandlung den Tatbestand einer – jedenfalls versuchten – vorsätzlichen Straftat gegen das Leben oder die körperliche Unversehrtheit erfüllen (BSG NJW 2011, 1101 = BSGE 106, 01), sie muss es aber nicht.

29 **c)** Abweichend von dem im Strafrecht umstrittenen Gewaltbegriff i.S.d. § 240 StGB zeichnet sich der **tätliche Angriff** i.S.d. § 1 Abs. 1 S 1 OEG wie auch des § 13 Abs. 1 Nr. 1 SGB XIV durch eine **körperliche Gewaltanwendung** (Tätlichkeit) gegen eine Person aus, wirkt also körperlich (physisch) auf einen anderen ein (BSGE 108, 97; BSG, Urt. v. 24.9.2020 – B 9 V 3/18 R, BSGE 131, 61 = NJW 2021, 876).

30 **aa)** Die tatbestandsmäßigen Voraussetzungen dieser Vorschrift können allerdings **auch** dann **erfüllt** sein, wenn der **Täter keine nennenswerte Kraft aufwendet,** um einen Widerstand des Opfers zu überwinden, sondern sein Ziel dadurch erreicht, dass er den Widerstand seines Opfers durch Täuschung, Überredung oder sonstige Mittel ohne besonderen Kraftaufwand bricht oder gar nicht erst aufkommen lässt (BSG NJW 1996, 1620).

☝ Die Rspr. hat bisher **offengelassen**, ob hiervon auch Fälle von **Freiheitsberaubung** ohne aggressives Einwirken auf das Opfer – etwa durch Einsperren in einen umschlossenen Raum oder durch bloßes Blockieren von Ausgängen oder durch List umfasst sind (BSG, Urt. v. 30.11.2006 – B 9a VG 4/05 R).

In derartigen Fällen fehlt es zwar an der Einwirkung von Gewalt im Sinne eines „tätlichen Angriffs“ nach § 1 Abs. 1 S. 1 OEG. Zu beachten ist aber die aktuelle Rechtslage, wonach neben oder anstelle einer körperlichen Gewalttat nach § 13 Abs. 1 Nr. 1 SGB XIV auch eine psychische Gewalttat nach § 13 Abs. 1 Nr. 2 SGB XIV in Betracht kommen kann.

bb) Genaue Abgrenzungen sind zwar nach wie vor **schwierig**. Nach dem Urteil des BSG vom 16.12.2014 (B 9 V 1/13 R, BSGE 118, 63) erscheint allerdings geklärt, dass ein tätlicher Angriff i.S.d. Opferentschädigungsrechts eine unmittelbar auf den Körper eines anderen zielende, **gewaltsame physische Einwirkung** voraussetzt. Die bloße Drohung mit einer – wenn auch erheblichen -Gewaltanwendung oder Schädigung reicht damit für einen tätlichen Angriff nicht aus. Ein „tätlicher Angriff" liegt bspw. nicht bereits dann vor, wenn der Täter das Opfer vorsätzlich mit einer ungeladenen, täuschend echt aussehenden Schreckschusspistole bedroht (BSG 118, 63). 31

Die **Grenze** zur Gewalttat nach § 1 Abs. 1 OEG gilt jedenfalls immer dann als **überschritten**, wenn eine Person durch Mittel körperlicher Gewalt ihrer Freiheit beraubt und/oder dieser Zustand durch Tätlichkeiten aufrechterhalten wird (BSG, Urt. v. 2.10.2008 – B 9 VG 2/07 R). 32

☝ Opferentschädigungsansprüche sind i.d.R. nach aktueller Rechtslage nur dann unbegründet, wenn der Beschuldigte ohne Einsatz körperlicher Mittel auf das Opfer eingewirkt und darüber hinaus kein sonstiges vorsätzliches, rechtswidriges, unmittelbar gegen die freie Willensentscheidung einer Person gerichtetes schwerwiegendes Verhalten (§ 13 Abs. 1 Nr. 2 SGB XIV) gezeigt hat.

Als halbwegs gesichert vor einer Inanspruchnahme als Schädiger wird sich ein Beschuldigter/Verurteilter allenfalls betrachten können, wenn sich die auf das Opfer gerichtete Einwirkung – ohne Einsatz körperlicher Mittel – **allein** als **intellektuell** oder **psychisch vermittelte unwesentliche Beeinträchtigung** darstellt; also bspw. bei rein verbalen Attacken (BSG FamRZ 2011, 1868) oder bei Drohung mit einer ungeladenen Schreckschusspistole, auch wenn das Opfer die Waffe für echt hält (BSG, Urt. v. 16.12.2014 – B 9 V 1/13 R).

Insbesondere zur Frage einer **psychischen Gewalttat** nach § 13 Abs. 1 Nr. 2 SGB XIV bleibt die **Entwicklung** der sozialgerichtlichen Rspr. **abzuwarten**. Psychische Gewalttaten umfassen ein breites Spektrum. § 13 Abs. 2 SGB XIV nennt Regelbeispiele: sexueller Missbrauch (§§ 174 – 176d StGB), sexueller Übergriff, sexuelle Nötigung, Vergewaltigung (§§ 177, 178 StGB), Menschenhandel (§§ 232 – 233a StGB), Nachstellung (§ 238 Abs. 2 und 3 StGB), Geiselnahme (§ 239b StGB) räuberische Erpressung (§ 255 StGB).

4. Der **Vorsatzbegriff** des OEG/SER **unterscheidet** sich von dem **strafrechtlichen** in mehrfacher Hinsicht. 33

a) Während der Vorsatz im Strafrecht sowohl die Verletzungshandlung als auch das Bewusstsein, das körperliche Wohlbefinden zu beeinträchtigen oder die Gesundheit zu schädigen, umfassen muss (nur *Fischer/Anstötz*, § 223 Rn 53), **reicht** im SER **aus**, dass sich der **Vorsatz auf** die **Tat bezieht,** ohne zugleich auf den Körperschaden gerichtet zu sein. Opferentschädigung wird nicht wegen eines vorsätzlich beigebrachten Schadens, sondern wegen eines **Schadens** aus einem **vorsätzlichen Angriff** zugebilligt (BSG NJW 1991, 2590f.). Diese Grundsätze gelten bei der **psychischen Gewalttat entsprechend** (BeckOK-SozR/*Mushoff*, SGB XIV, § 13 Rn 99). 34

Darüber hinaus verlangt das Opferentschädigungsgesetz **nur** einen **natürlichen Vorsatz** des Täters, **nicht Verantwortlichkeit** im zivilrechtlichen Sinne § 828 Abs. 1 BGB, (BT-Drucks 7/2506, S. 14). 35

☝ Daher kann **auch** ein schuldunfähiges, aber **handlungsfähiges** Kind einen vorsätzlichen rechtswidrigen tätlichen Angriff i.S.d. § 1 Abs. 1 OEG begehen (BSG NJW 1999, 2207). Bei Anwendung des § 13 Abs. 1 Nr. 1 SGB XIV gilt dies weiterhin (BecoOK-SozR/*Mushoff*, SGB XIV, § 13 Rn 101).

b) Schließlich erfordert die Feststellung einer Gewalttat sowie deren Entschädigung weder, dass der Täter bekannt ist, noch dass er gezielt die Verletzung einer „bestimmten" Person in seinen Vorsatz aufgenom- 36 men hat (BSGE 81, 288). Es genügt, dass der Täter die Verletzung oder Tötung eines (beliebigen) anderen in seinen Vorsatz aufgenommen hat (BSG NJW 1999, 236). Die Verletzungshandlung muss lediglich mit der von einem wenigstens natürlichen Vorsatz umfassten **Zielrichtung** verbunden sein, **unmittelbar** auf den Körper einer anderen Person **einzuwirken** und mindestens **objektiv** eine **Gefährdung** des **Lebens** oder der **körperlichen Unversehrtheit** dieser Person herbeizuführen (BSG NJW 1991, 2590).

37 Es reicht aus, wenn der Täter bezogen auf den strafrechtlich relevanten Erfolg mit **bedingtem Vorsatz** (dolus eventualis) handelt. Auf den (bedingten) Vorsatz des Täters kann aus äußeren Umständen geschlossen werden. Dabei ist eine Beweiswürdigung nach den **Grundsätzen** des sog. **Anscheinsbeweises** nicht ausgeschlossen (BSGE 81, 288; 99, 236). So hat das BSG (NJW 1998, 925) einen vorsätzlichen tätlichen Angriff bei erheblichen Drohungen angenommen, die mit einer unmittelbaren Gewaltanwendung gegen eine Sache – das Schlagen gegen eine verschlossene Tür, hinter der sich das Opfer verbarg – einhergingen. Die Täter hatten dem Opfer gedroht, ihm den Schädel mit der Axt einzuschlagen. Als einziges Hindernis stand dem unmittelbaren körperlichen Zugriff auf das Opfer die Tür im Wege. Zum Vorsatz genügte hier der Wille der Täter, ihre Drohungen als ernstlich erscheinen zu lassen. Ausreichend war der beim Geschädigten hervorgerufene Eindruck, eine gewaltsame Einwirkung auf ihn stehe unmittelbar bevor, sowie die willentliche nachhaltige Einwirkung auf das der Verwirklichung der Drohung noch entgegenstehende Hindernis (Tür).

38 **5.** Das SER gebietet eine von **Straf-** und **Zivilverfahren unabhängige Beweiswürdigung** durch die Tatsachengerichte. Insoweit gelten folgende

39 **Beweisregeln**

- Nach § 20 Abs. 1 S. 1 SGB X, § 103 SGG müssen Verwaltung und Gerichte den entscheidungserheblichen Sachverhalt **von Amts wegen** erforschen. An das Vorbringen und die Beweisanträge der Beteiligten sind sie nicht gebunden.
- In einem sozialgerichtlichen Verfahren besteht **keine rechtliche Bindung** an die **Feststellungen anderer Gerichte**, etwa der Strafgerichte (LSG Baden-Württemberg, Beschl. v. 28.9.2018 – L 6 VG 2878/17 Rn 60). Ein Entschädigungsanspruch setzt nicht die Verurteilung des „Angreifers" wegen einer Straftat und nicht einmal die Strafbarkeit seines Verhaltens voraus (BSGE 60, 147). Eine Bindung besteht selbst dann nicht, wenn der Täter im Strafprozess freigesprochen wird.
- Für eine Leistung nach dem SER müssen **sämtliche anspruchsbegründenden Tatsachen erwiesen sein**. Fehlt es daran, geht dies zu Lasten des Antragstellers/Klägers nach den im Sozialrecht geltenden Grundsätzen der objektiven Beweis- oder Feststellungslast.
- Der Antragsteller trägt das Risiko des **Vollbeweises** für das schädigende Ereignis, die Schädigung und die Schädigungsfolge. Für den Ursachenzusammenhang reicht die einfache Wahrscheinlichkeit aus.
- Aus einem festgestellten äußeren Hergang darf auf die **innere Tatseite**, insbesondere den vorsätzlichen Angriff, geschlossen werden, auch wenn der Täter unbekannt bleibt (BSG NJW 1991, 2590 im Anschluss an BSGE 56, 234). Dies darf andererseits nicht zu der Annahme verleiten, dass Beweisschwierigkeiten im sozialrechtlichen Entschädigungsverfahren zu einer generellen Beweiserleichterung führen.
- **Beweisschwierigkeiten**, die typischerweise in der sozialen Entschädigung vorkommen, hat der Gesetzgeber bereits durch begrenzte Regeln **zugunsten des Geschädigten** entsprochen (LSG Bayern, Urt. v. 14.11.2006 – L 15 VG 23/05).
  - Zur Anerkennung einer Gesundheitsstörung als Schädigungsfolge i.S.v. § 4 Abs. 1, 4 SGB XIV genügt die **Wahrscheinlichkeit** des ursächlichen Zusammenhangs. Ein Vollbeweis ist nicht erforderlich.
  - Außerdem sind nach § 117 SGB XIV **Beweiserleichterungen** vorgesehen. Danach können die Angaben des Antragstellers, die sich auf die mit der Schädigung im Zusammenhang stehenden Tatsachen beziehen, ausreichen, wenn Unterlagen nicht vorhanden oder nicht zu beschaffen

oder ohne Verschulden des Antragstellers verloren gegangen sind. Die Angaben des Antragstellers sind der Entscheidung zugrunde zu legen, soweit sie nach den Umständen des Falles **glaubhaft** erscheinen. § 117 SGB XIV greift zugunsten der eigenen Angaben des Antragstellers aber erst, wenn andere Beweismittel objektiv nicht vorhanden sind (Gelhausen/Weiner/Weiner, SGB XIV § 13 Rn 92). Beweiserleichterungen bei der Kausalitätsprüfung psychischer Erkrankungen kommen insbesondere auch Opfern sexueller oder psychischer Gewalt zugute.

☝ Opferentschädigung kann also schon dann gewährt werden, wenn Unterlagen nicht vorhanden sind und allein die Angaben des Opfers zu dem anspruchsbegründenden Vorfall glaubhaft erscheinen. **Glaubhaftmachung** bedeutet das Dartun überwiegender Wahrscheinlichkeit, d.h. der guten Möglichkeit, dass der Vorgang sich so zugetragen hat, wobei durchaus gewisse Zweifel bestehen bleiben können (BSGE 113, 205 Rn 35). Beweiserleichterungen zugunsten des Opfers bedeuten aber nicht, dass etwa eine bloße medizinische Diagnose Rückschlüsse auf ein entschädigungspflichtiges Ereignis zulässt. **Erforderlich** ist eine **konkrete** und **originäre Erinnerung** des **Opfers** an die Tatbestandsmerkmale des ihn betreffenden „tätlichen Angriffs“ (*Doering-Striening*, ASR 2014, 234)

6. In der Rspr. haben **unterschiedliche Fallgruppen strafbarer Handlungen** Bedeutung. 40

a) Im Vordergrund stehen die Fälle **unmittelbarer Gewaltanwendung**, die i.d.R. auch als tätliche Angriffe nach dem OEG bzw. SER anerkannt werden. 41

aa) Eine **(versuchte) Vergewaltigung** stellt eine vorsätzlich und rechtswidrig begangene **psychische Gewalttat** i.S.d. Regelbeispiels des § 13 Abs. 1 Nr. 2, Abs. 2 SGB XIV dar, da es sich hierbei um ein unmittelbar gegen die freie Willensentscheidung einer Person gerichtetes Verhalten handelt. Entsprechend hatte sich bereits das BSG (BSG NVwZ-RR 1997, 38) im Hinblick auf § 1 Abs. 1 Nr. 1 OEG positioniert. 42

Das **BSG** hatte im Zusammenhang mit einer **Vergewaltigungstat** nach § 176 StGB (a.F.) darüber zu entscheiden, ob neben körperlichen Schäden auch die **Folgen einer seelischen Krankheit**, die in engem Anschluss an den belastenden Vorgang ausgebrochen ist, entschädigungspflichtig sind. Im konkreten Fall handelte es sich dabei um eine erlebnisreaktive länger andauernde Anpassungsstörung, ein depressives Syndrom mit vielfältigen organischen Störungen sowie um eine neurotische Persönlichkeitsentwicklung. Eine Entschädigung erkannte das BSG dem Grunde nach an, da ein rechtlich maßgebender ursächlicher Zusammenhang zwischen einer bestimmten seelischen Krankheit und einem bestimmten seelisch schädigenden Vorgang bestünde. 43

☝ Bestehen **Zweifel**, ob schon **vorher Krankheitssymptome** vorlagen oder ob andere Ursachen die Krankheit herbeigeführt haben, so geht das **nicht** zu **Lasten** des Opfers (BSG NVwZ-RR 1997, 38). Leistungen sind allerdings zu versagen, wenn der Geschädigte die Schädigung entweder selbst verursacht hat oder wenn es aus sonstigen, insbesondere aus in dem eigenen Verhalten des Anspruchstellers liegenden Gründen **unbillig** wäre, Entschädigung zu gewähren (LSG Baden-Württemberg Urt. v. 15.9.2022 – L 6 VG 1148/22 Rn 45). In derartigen Fällen geht nach dem im SER geltenden Grundsatz der objektiven Beweislast die fehlende Beweisbarkeit zu Lasten des Anspruchstellers (LSG Baden-Württemberg a.a.O.).

bb) Zur Gewaltanwendung in Fällen des **sexuellen Missbrauchs** hat das BSG schon 1995 (BSG, U. v. 18.10.1995 – 9 RVg 4/93) entschieden, dass eine Gewalttat i.S.d. OEG auch der „gewaltlose“ sexuelle Missbrauch eines Kindes sein kann. Eine **exhibitionistische** Handlung allein ist allerdings kein „tätlicher Angriff“ nach dem OEG (LSG Baden-Württemberg, Beschl. v. 27.1.2015 – L 6 VG 4102/13). Ist jedoch zumindest eine gezielte Einwirkung auf den Körper des Kindes anzunehmen, kann eine tätliche Beleidigung und damit eine körperliche Einwirkung i.S.v. § 13 Abs. 1 Nr. 2 SGB XIV vorliegen (Gelhausen/Weiner/*Weiner*, SGB XIV, § 13 Rn 45) 44

45 Verlangt in den Fällen des **sexuellen Missbrauchs von Kindern** nach **§ 176 StGB** der „tätliche Angriff“ keine direkte, gegen den Körper des Kindes gerichtete Gewaltanwendung, kann gleichwohl auf das Erfordernis körperlicher Handlungen nicht vollständig verzichtet werden.

46 Die besondere Schutzbedürftigkeit des Kindes aber, die Möglichkeit seiner „sekundären Viktimisierung“ sowie die Gefahr schwerwiegender seelischer Krankheiten machen ein **erweitertes Begriffsverständnis** des tätlichen Angriffs nach § 1 OEG bzw. nach § 13 Abs. 1 Nr. 1 SGB XIV notwendig. Danach ist für die „unmittelbare Einwirkung auf den Körper des Kindes“ entscheidend, dass die erfolgten sexuellen Handlungen strafbar sind, unabhängig davon, ob bei der Tatbegehung das gewaltsam handgreifliche oder das spielerische Moment im Vordergrund steht (BSG NJW 1996, 1620; Urt. v. 7.4.2011 – B 9 VG 2/10 R; Urt. v. 17.4.2013 – B 9 V 3/12 R).

47 Die in § 13 Abs. 2 SGB XIV aufgeführten Tatbestände, wie z.B. auch der **sexuelle Missbrauch (§§ 174–176d StGB)**, sind Straftaten gegen die sexuelle Selbstbestimmung i.S.d. 13. Abschnitts des StGB. Für sie ist kennzeichnend, dass der **Täter seinem Opfer seinen Willen aufzwingt** (BecoOK-SozR/*Mushoff*, SGB XIV, § 13 Rn 64).

48 Das Merkmal der **feindseligen Willensrichtung** richtet sich auf die Rechtsfeindlichkeit gegenüber der strafrechtlichen Ordnung und nicht zwingend auf eine feindselige Einstellung des Täters gegenüber dem Opfer. Eine Entschädigung wird nicht davon abhängig zu machen sein, welche Begehungsart der Täter gewählt hatte, also ob er mehr mit Zwang oder mehr mit List und unter Ausnutzung eines Vertrauensverhältnisses vorgegangen war. Selbst eine freundschaftliche Beziehung schließt die Annahme eines tätlichen Angriffs daher nicht aus, ebenso wenig die Initiative durch das Opfer (BeckOGK/*Karl*, SGB XIV, § 13 Rn 31; BSG, U. v. 18.10.1995 – 9 RVg 4/93 = BSG 1996, 302).

49 **cc)** Für sich genommen, sind **ärztliche Kunstfehler keine Gewalttaten** i.S.d. § 13 SGB XIV. Denn Kunstfehler sind sorgfaltswidrige Verstöße gegen die Regeln der ärztlichen Kunst, die lediglich eine Strafbarkeit wegen fahrlässiger Körperverletzung nach § 229 StGB oder fahrlässiger Tötung nach § 222 StGB begründen (vgl. dazu *Fischer*, § 222, Rn 9 ff.; 223 Rn 30). Jedoch ist ein als vorsätzliche Körperverletzung strafbarer ärztlicher Eingriff dann zugleich auch ein „tätlicher Angriff“ i.S.d. OEG bzw. SER, wenn er aus der Sicht eines verständigen Dritten **in keiner Weise** dem **Wohle** des **Patienten dient**. Der Vorsatz des Täters muss sich dabei nicht auf die eingetretene Schädigung beziehen (BSG Urt. v. 24.4.1991 – 9 RVg 1/89; Urt. v. 12.12.1995 – 9 RVg 1/94; BSG NJW 2011, 1101).

50 Besondere Bedeutung kann diese Problematik bei **ärztlichen Heileingriffen** erlangen, die mit einem **Aufklärungsmangel** verbunden sind. Grds. erfüllt jeder ärztliche Heileingriff den äußeren Tatbestand einer Körperverletzung i.S.v. §§ 223, 230 StGB, die darüber hinaus rechtswidrig ist, sofern eine wirksame Einwilligung des Patienten fehlt. Der Patient muss in der konkreten Situation einsichts- und urteilsfähig sein, um wirksam einwilligen zu können. Hängt die Rechtmäßigkeit des Eingriffs daher von der Einwilligung ab, kann diese nur wirksam erteilt werden, wenn der Patient in der gebotenen Weise über den Eingriff, seinen Verlauf, seine Erfolgsaussichten, seine Risiken und mögliche Behandlungsalternativen aufgeklärt worden ist (vgl. bspw. BGH NStZ-RR 2007, 340). Aufklärungsmängel können eine Strafbarkeit des Arztes wegen (vorsätzlicher) Körperverletzung aber nur begründen, wenn der Patient bei einer ordnungsgemäßen Aufklärung nicht in den Eingriff eingewilligt hätte. Das Fehlen einer „hypothetischen Einwilligung“ ist dem Arzt nachzuweisen (BGH NStZ-RR 2007, 340; BSG NJW 2011, 1101).

51 Ansprüche nach dem OEG hatte das BSG (NJW 2011, 1101) einer **stark übergewichtigen Patientin** zugesprochen, der ein Gynäkologe im Rahmen einer **kosmetischen Operation** Fett abgesaugte. Die Operation führte bei der Patientin zu erheblichen Gesundheitsstörungen. Obwohl die Patientin den Gynäkologen auf ihre Vorerkrankungen aufmerksam gemacht hatte, wies dieser sie vor den Eingriffen bewusst nicht darauf hin, dass mit einem erheblichen Gesundheitsrisiko, ggf. sogar mit Todesfolge, zu rechnen war. Die notwendige Aufklärung unterließ der Gynäkologe aus finanziellen Motiven, weil ihm klar war, dass die Patientin bei ordnungsgemäßer Aufklärung von den Operationen abgesehen hätte. Darüber hinaus täuschte er sie über seine Befähigung, die Eingriffe fachgerecht vornehmen zu können. Die an der

Patientin vorgenommenen Eingriffe waren insgesamt gesehen weder von einer objektiven noch einer subjektiven Heilungstendenz getragen.

dd) Im Zusammenhang mit einer **Aussetzung** (§ 221 Abs. 1 StGB) durch aktives Tun hatte das BSG die bloße Aufforderung gegenüber einem 83 Jahre alten Gehbehinderten, den Wagen zu verlassen, als Ausübung von körperlichem Zwang und damit als tätlichen Angriff angesehen, weil diese erzwungene Ortsveränderung das letzte Glied in einer Kette von Gewalttaten des fortgesetzt aggressiv handelnden Täters war (BSG NJW 1993, 880). Zuvor hatte der Täter während der Fahrt das Steuer übernommen und das Opfer gezwungen, ihm Brieftasche und Geldbörse auszuhändigen. 52

Der „Aussetzungsfall" hatte auch **Bedeutung** für **Art** und **Umfang** zu erbringender **Entschädigungsleistungen**. Zwar sind nach der sozialgerichtlichen Rspr. die auf der Flucht vor einer Gewalttat oder ihren Folgen erlittenen (Sturz-)Verletzungen grds. keine entschädigungspflichtigen Unfallverletzungen. In dem zu entscheidenden Fall war jedoch das Opfer von seinem sicheren Transportmittel getrennt und in einsamer Gegend zurückgelassen worden. Auf dem Fluchtweg vom Ort der Aussetzung bis zum Rettungsort war das Opfer u.a. mehrfach gestürzt und hatte sich dabei Brüche zugezogen. Gesundheit und Leben sah das BSG daher aufgrund der Gesamtumstände – auch unter Berücksichtigung der Gehbehinderung eines alten Menschen – als konkret gefährdet an. 53

☝ Der **Anwendungsbereich** für die Folgen eines tätlichen Angriffs nach dem OEG kann über den der **Vollendung** eines **Straftatbestandes hinausgehen**. In dem vom BSG entschiedenen Fall (BSG NJW 1993, 880) endete der durch den tätlichen Angriff in Gang gesetzte schädigende Vorgang nicht bereits mit Vollendung der Straftat nach § 221 StGB, also im Zeitpunkt der Aussetzung des Opfers, sondern erst mit dessen Eintreffen am Rettungsort nach vorangegangener Flucht.

b) Etwas **problematischer** erscheinen die **Fälle „mittelbarer" Gewaltanwendung** oder der Anwendung von Gewalt gegen **Sachen**. 54

aa) Relevant sind die Tatbestände der **Freiheitsberaubung** (§ 239 StGB) und **Nötigung (§ 240 StGB)**. Nach den Materialien zum OEG (BT-Drucks 7/2506, S 10) gilt die Grenze zur Gewalttat nach § 1 Abs. 1 OEG jedenfalls dann als überschritten, wenn eine Person durch Mittel körperlicher Gewalt ihrer Freiheit beraubt und/oder dieser Zustand durch Tätlichkeiten **aufrechterhalten** wird (BSG MDR 1996, 1048). Entsprechende Abgrenzungsfragen hatte das BSG u.a. im Zusammenhang mit den Straftatbeständen des § 239 StGB und des § 240 StGB zu klären. 55

So wurde in einem Fall der **Freiheitsberaubung** (§ 239 StGB) allein das **Versperren** des **Weges** und das Zurückstoßen und -drängen des Opfers zur Durchsetzung des Verbots, die Wohnung zu verlassen, als ausreichend angesehen, um das Vorliegen eines tätlichen Angriffs zu bejahen. Aus einem solchen Verhalten des Täters kann der Schluss auf eine drohende verstärkte Gewaltanwendung bei einem ggf. beabsichtigten Widerstand des Opfers gezogen werden und damit auf eine objektiv hohe Gefährdungslage für das Opfer (BSG, Urt. v. 30.11.2006 – B 9a VG 4/05 R). Ebenso begeht derjenige, der mit einem Hindernis absichtlich den Fahrweg eines anderen **Verkehrsteilnehmers blockiert** (Nötigung nach § 240 StGB), einen vorsätzlich rechtswidrigen tätlichen Angriff i.S.v. § 1 OEG; und zwar auch dann, wenn er sich nur einen groben Scherz erlauben will. Bei derartigen Konstellationen würden im Fall der Kollision erhebliche Verletzungsgefahren für das Opfer entstehen (BSG Urt. v. 12.12.1995 – 9 RVg 1/94). 56

☝ Ähnlich wie bei der Aussetzung nach § 221 StGB **endet** der durch den tätlichen Angriff auf das Opfer in Gang gesetzte schädigende Vorgang **nicht mit Vollendung** der **Freiheitsberaubung**, sondern schließt grds. die Flucht und einen etwaigen Sturz des Opfers als schädigendes Ereignis ein (BSG NJW 1993, 880. Von der Rspr. bislang **nicht eindeutig entschieden** sind Fälle von Freiheitsberaubung ohne aggressives Einwirken auf das Opfer – etwa durch Einsperren in einen umschlossenen Raum oder durch **bloßes Blockieren** von Ausgängen oder durch **List** (z.B. BSG, Urt. v. 2.10.2008 – B 8 VG 2/07 R).

Insbesondere auch in Fällen dieser Art könnte zugunsten des Opfers die seit dem 1.1.2024 geltende Entschädigungsregelung des § 13 Abs. 1 Nr. 2 SGB XIV (psychische Gewalttat) Bedeutung erlangen.

57 **bb)** Für die Frage, ob die Grenze zwischen einer bloßen **Bedrohung** nach § 241 StGB und einem tätlichen Angriff überschritten ist, muss nach der Rspr. des BSG **maßgeblich** auf die **objektiv hohe Gefährdung des Opfers** abgestellt werden. Eine feste Grenzziehung zwischen bloßer Drohung mit Gewalt und ihrer Anwendung wird häufig kaum möglich sein. Ein tätlicher Angriff wird umso eher zu bejahen sein, je größer die objektive Gefahr für Leib oder Leben des Bedrohten ist. (BSG, Urt. v. 2.10.2008 – B 9 VG 2/07 R; BSGE 81, 42, 43). Allerdings reicht nach der neueren Rspr. die bloße Drohung mit einer – wenn auch erheblichen – Gewaltanwendung oder Schädigung für einen tätlichen Angriff nicht aus. Ein tätlicher Angriff i.S.d. Opferentschädigungsrechts setzt vielmehr eine unmittelbar auf den Körper eines anderen zielende, gewaltsame physische Einwirkung voraus (BSGE 118, 63).

58 Zwar hatte das **BSG** mit diesem Urt. v. 16.12.2014 (BSGE 118, 63) die Voraussetzungen für die Annahme eines „tätlichen Angriffs" i.S.v. § 1 Abs. 1 S. 1 OEG bei Straftaten wie Nötigung (§ 240 StGB), Bedrohung (§ 241 StGB) und Erpressung (§ 253 StGB) erheblich eingeschränkt. Auf die vom BSG vorausgesetzte objektive Gefährlichkeit der Situation wird es nach der **aktuellen Rechtslage** aber nicht mehr entscheidend ankommen, da die räuberische Erpressung (§ 255 StGB) als weiterreichende Norm ausdrücklich in den Katalog des § 13 Abs. 2 SGB XIV aufgenommen wurde. Selbst wenn bei einer Bedrohung mit einer geladenen Schusswaffe und objektiv vorhandener Bedrohung kein tätlicher Angriff vorliegt (BSGE 118, 63), kommt eine **„psychische Gewalttat"** jedenfalls dann in Betracht, wenn sie einen ähnlichen Schweregrad aufweist wie eines der in § 13 Abs. 2 SGB XIV genannten Regelbeispiele („oder von mindestens vergleichbarer Schwere"). Bloße sog. **verbale Gewalt**, wie etwa in den Fällen der Beleidigung, Verleumdung oder Üblen Nachrede zählt allerdings nicht zu den psychischen Gewalttaten. **Mobbing** ist schon vom Wortlaut des § 13 Abs. 1 Nr. 2 SGB XIV nicht erfasst (BecoOK-SozR/*Mushoff*, SGB XIV, § 13 Rn 68).

59 **cc)** Mit der Aufnahme der **Nachstellung** (§ 238 Abs. 2 und 3 StGB) in den Regelbeispielkatalog des § 13 Abs. 2 SGB XIV ist die in der sozialgerichtlichen Rspr. bisher nicht eindeutig entschiedene Frage, ob „Stalking" als tätlicher Angriff zu beurteilen ist (bspw. BSGE 108, 97) zugunsten des Opfers als **„psychische Gewalttat"** geklärt; allerdings nur, soweit die **Voraussetzungen des § 238 Abs. 2 oder Abs. 3 StGB** vorliegen.

60 **Besonders schwere Fälle** der Nachstellung i.S.v. § 238 Abs. 2 StGB sind bspw. solche, bei denen der Täter durch die Tat eine Gesundheitsschädigung des Opfers, eines Angehörigen des Opfers oder einer anderen dem Opfer nahestehenden Person verursacht (§ 238 Abs. 2 Nr. 1 StGB) oder dem Opfer durch eine Vielzahl von Tathandlungen über einen Zeitraum von mindestens sechs Monaten nachstellt (§ 238 Abs. 2 Nr. 3 StGB).

61 **§ 238 Abs. 3 StGB** verlangt, dass der Täter durch die Tat (zumindest fahrlässig) den Tod des Opfers, eines Angehörigen oder einer nahestehenden Person verursacht.

62 Um eine **psychische Gewalttat i.S.v. § 13 Abs. 1 Nr. 2 SGB XIV** kann es sich nach der Gesetzesbegründung (BT-Drucks 19/13824, 176) im Einzelfall sogar handeln, wenn lediglich der Grundtatbestand des **§ 238 Abs. 1 StGB** verwirklicht ist: *„Die Aufzählung in § 13 Absatz 2 ist nicht abschließend. Hierdurch soll die Praxis die Möglichkeit erhalten, in den Fällen von mindestens vergleichbarer Schwere, wie den explizit genannten, Betroffene als Opfer von Gewalttaten anzuerkennen. Von vergleichbarer Schwere wie die genannten Beispielsfälle können im Einzelfall etwa eine Nachstellung im Sinne des § 238 Absatz 1 StGB oder erhebliche, gegen die geschädigte Person gerichtete Verhaltensweisen im Internet sein."*

Siehe auch: → *Ansprüche, Opferentschädigung, Allgemeines,* Teil I Rdn 1; → *Ansprüche, Opferentschädigung, tätlicher Angriff,* Teil I Rdn 24 ff.; → *Ansprüche, Opferentschädigung, Versagung*, Teil I Rdn 65; → *Ansprüche, Opferentschädigung, Verfahrensrecht*, Teil I Rdn 74 ff.

Ansprüche, Opferentschädigung, Versagung 63

Das Wichtigste in Kürze:

1. Trotz Vorliegens einer Schädigung i.S.v. § 4 Abs. 1 i.V.m. § 13 Abs. 1 SGB XIV kann eine Entschädigung nach § 17 SGB XIV versagt werden.
2. Nach § 17 Abs. 1 SGB XIV sind Leistungen **zwingend** zu versagen, wenn es aus in dem eigenen Verhalten der Antragstellerin oder des Antragstellers liegenden Gründen unbillig wäre, Leistungen der Sozialen Entschädigung zu erbringen. Ein **Ausschluss** von Leistungen gem. § 16 Abs. 1 SGB XIV ist gerechtfertigt, wenn das Verhalten des Tatopfers von der Rechtsordnung in gleicher Weise wie dasjenige des Angreifers missbilligt wird; insbesondere also dann, wenn der Geschädigte selbst Täter oder Teilnehmer einer Straftat war und in dieser Rolle das schädigende Ereignis (mit-)verursacht hat.
3. Nach § 17 Abs. 2 SGB XIV (bisher: § 2 Abs. 2 OEG) kommt auch ein **fakultativer** Ausschluss in Betracht. Leistungen können ganz oder teilweise versagt werden, wenn Geschädigte es unterlassen haben, das ihnen Mögliche und Zumutbare zur Aufklärung des Sachverhalts und zur Verfolgung der Täterin oder des Täters beizutragen.

1. Trotz Vorliegens einer tatbestandsmäßigen Schädigung i.S.d. SGB XIV kann eine **Entschädigung versagt** werden. Unterschieden wird zwischen zwingenden und fakultativen Versagungsgründen auf Grundlage einer Ermessensentscheidung. 64

2.a) Nach § 17 Abs. 1 SGB XIV (bis zum 31.12.2023: § 2 Abs. 1 S. 1 Alt. 2 OEG) sind Leistungen zu versagen, wenn es im Hinblick auf das **eigene Verhalten des Geschädigten unbillig** wäre, eine Entschädigung zu gewähren. Anders als nach OEG-Recht kommt es für die Beurteilung einer **zwingenden** Versagung nunmehr ausschließlich das Verhalten des Antragstellers an und nicht mehr darauf, ob nach „alter" Rechtslage (§ 2 Abs. S. 1. Alt. 1 OEG) Leistungen auch dann zwingend zu versagen waren, wenn der Geschädigte die Schädigung **(mit-) verursacht** hat (zur **Mitverursachung** BSG NJW 1980, 2326; BSG NJW 1999, 1573: der Geschädigte muss einen Beitrag zur Tat geleistet haben, der nach Umfang und Bedeutung dem des rechtswidrig handelnden Angreifers ungefähr vergleichbar ist). 65

Allerdings kommt in Fällen der **(Mit-)Verursachung** die Anwendung des **§ 16 Abs. 1 SGB XIV** in Betracht, wenn das Opfer das schädigende Ereignis in **vorwerfbarer Weise verursacht** hat. Die Verursachung ist im Sinne der Kausaltheorie der wesentlichen Bedingung zu verstehen, die geschädigte Person muss also eine wesentliche Bedingung für das schädigende Ereignis gesetzt haben. Dabei genügt nicht jegliche Bedingung. Vielmehr muss die geschädigte Person ein **Schuldvorwurf hinsichtlich der Setzung der Bedingung** treffen. Dies ist bspw. dann der Fall, wenn sie den Angriff selbst herausgefordert hat oder wenn sie Opfer einer Schlägerei geworden ist, in die sie nicht ohne eigenes Verschulden hereingezogen worden ist (BR-Drucks 351/19, 202). Der Begriff der **„Vorwerfbarkeit"** entstammt nicht dem StGB, sondern ist dem OWiG angenähert; vergleichbar etwa § 1 Abs. 1 OWiG, der auf eine persönliche Verantwortlichkeit für das eigene Verhalten gerichtet ist, und der eine Einsichtsfähigkeit und Steuerungsfähigkeit des Betroffenen umfasst (BeckOGK/*Karl*, SGB XIV, § 16 Rn 30, 33). 66

b)aa) „Unbillig" ist ein **unbestimmter Rechtsbegriff**, der richterlich voll überprüfbar ist. Er ist nach durchschnittlicher, sozialer, wirtschaftlicher oder technischer Anschauung mit einem hinreichend bestimmten Rechtsgehalt zu füllen und ihm ist damit der dem Willen des Gesetzgebers entsprechende Inhalt zu geben. Es müssen und können die besonderen Umstände des Einzelfalls berücksichtigt werden (Gelhausen/Weiner/Wersig/Härtel, SGB XIV § 17 Rn 5; BSGE 49, 104; BSGE 83, 62). 67

Zur **Auslegung** des unbestimmten Rechtsbegriffs der **Unbilligkeit** im Sinne der 2. Alt. des § 2 Abs. 1 S. 1 OEG hatte das BSG in ständiger Rspr. (BSGE 83, 62; 89, 75; 98, 178) **vier Fallgruppen** gebildet, die auch 68 im Hinblick auf die Neuregelung des SER mit der Vorschrift des § 17 Abs. 1 SGB XIV Fortbestand haben dürften (BT-Drucks 19/13824, 178):

- eine im Vorfeld der Tat liegende rechtsfeindliche Betätigung, mit der sich das spätere Opfer außerhalb der staatlichen Gemeinschaft stellt;
- die sozialwidrige, mit speziellen Gefahren verbundene Zugehörigkeit zum Kreis der Alkohol- oder Drogenkonsumenten, wenn die Tat aus diesem Milieu entstanden ist;
- das bewusste oder leichtfertige Eingehen einer Gefahr, der sich das Opfer ohne Weiteres hätte entziehen können, es sei denn, für dieses Verhalten läge ein rechtfertigender Grund vor;
- eine durch die Versorgung entstehende Begünstigung des Täters.

69 **bb)** Problematisch im Hinblick auf §§ 16 Abs. 2, 17 SGB XIV ist die Fortgeltung der bisherigen Rspr. zu Entschädigungsleistungen nach dem OEG in Fällen sogenannter **Gewaltbeziehungen**. So ging bspw. das LSG Berlin-Brandenburg (Urt. v.14.5.2014 – L 13 VG 22/11) von einem durch eigenes Fehlverhalten des Geschädigten begründeten Leistungsausschluss aus, da er als von seinem Partner Verletzter sich leichtfertig in die Gefahr einer Selbstschädigung begeben hatte. Nach den Gesetzesmaterialien zum SER sind demgegenüber Opfer von häuslicher Gewalt oder Partnerschaftsgewalt nicht grds. von der Leistungserbringung ausgeschlossen. Es ist jeweils eine Einzelfallprüfung vorzunehmen. Dabei ist bei der Prüfung, ob eine leichtfertige Selbstgefährdung vorliegt, ein **individueller Sorgfaltsmaßstab** anzulegen (BR-Drucks 351/19, 202).

70 **cc)** Besonderheiten gelten in Fällen der **Notwehr** und der **Putativnotwehr**.

- Nach der BSG-Rspr. sind dem Geschädigten Leistungen nach dem OEG nicht deshalb zu versagen, weil er einem rechtswidrigen Angriff in **Notwehr** begegnet ist und sein Handeln mit zu der Schädigung geführt hat (BSG NJW 1982, 596). An diese Rechtslage ändert die seit dem 1.1.2024 anzuwendende Vorschrift des § 13 Abs. 1 Nr. 1 SGB XIV mit der Formulierung („oder dessen rechtmäßige Abwehr") nichts.
- Auch in einem Fall der **Putativnotwehr** ändert sich im Kern nichts. Sofern derjenige, der sich gegen eine irrtümlich falsch bewertete Notwehrlage verteidigen will (Putativnotwehr), zu Schaden kommt, stehen dem sodann „Angegriffenen" nach der Gleichstellungsvorschrift des § 14 Abs. 1 Nr. 3 SGB XIV (Angriff in der irrtümlichen Annahme des Vorliegens eines Rechtfertigungsgrund) ggf. Leistungen zu (BeckOGK/*Karl*, SGB XIV § 13 Rn 98).
- Auf Grundlage des OEG hatte bereits das BSG (BSG NStZ-RR 1997, 156) einem in Putativnotwehr handelnden Geschädigten eine Entschädigung zugesprochen: Handelt das Opfer in der Vorstellung, einen ihm vermeintlich drohenden Angriff abzuwehren, und verursacht es dadurch eine an ihm begangene Gewalttat i.S.d. § 1 Abs. 1 Nr. 1 OEG, so muss sein Verhalten selbst dann nicht als wesentlich mitursächlich (§ 2 Abs. 1 1. Alt. OEG) für die Schädigung beurteilt werden, wenn es dabei rechtswidrig und fahrlässig handelt.

71 **3.** Nach § 17 Abs. 2 SGB XIV kommt auch ein **fakultativer Ausschluss** in Betracht. Leistungen können ganz oder teilweise versagt werden, wenn Geschädigte es unterlassen haben, das ihnen **Mögliche und Zumutbare zur Aufklärung des Sachverhalts und zur Verfolgung der Täterin oder des Täters** beizutragen.

72 Die zuständigen Behörden der sozialen Entschädigung sind häufig auf die Ermittlungsergebnisse der Strafverfolgungsbehörden angewiesen. Deshalb soll ein Antragsteller/Geschädigter soweit möglich und zumutbar zur Sachaufklärung und zur Täterverfolgung beitragen. Die Leistungsversagung ist jedoch keine zwingende Rechtsfolge, vielmehr hat die zuständige Verwaltungsbehörde ein **Ermessen** auszuüben (BR-Drucks 351/19, 203; BT-Drucks 19/13824, 178).

73 Auch wenn, wie schon im OEG, grds. von einer Mitwirkungspflicht des Geschädigten bei möglicher **Erstattung einer Strafanzeige** auszugehen ist, regelt § 17 Abs. 2 SGB XIV – insoweit anders als in § 2 Abs. 2 OEG – den Fall einer unterlassenen Strafanzeige nicht als fakultativen Versagungsgrund.

Unzumutbarkeit einer Anzeigenerstattung kommt bspw. bei einer verwandtschaftlichen, ehelichen oder eheähnlichen Beziehung zum Täter oder zur Täterin in Betracht. Unzumutbarkeit kann auch gegeben sein, wenn eine Anzeige für den Antragsteller/Geschädigten zu belastend ist oder wenn er minderjährig ist (BR-Drucks 351/19, 203; BT-Drucks 19/13824, 178).

Ansprüche, Opferentschädigung, Verfahrensrecht 74

Das Wichtigste in Kürze:

1. Das Antragsverfahren für den Anspruchsteller ist zu unterscheiden von dem Rückforderungsanspruch des Leistungsträgers gegen den Schädiger/Beschuldigten.
2. Die Versorgung nach dem OEG/SGB XIV obliegt den für die Durchführung zuständigen (Verwaltungs-)Behörden. Leistungen der Sozialen Entschädigung grds. nur auf Antrag erbracht. Ein Berechtigter kann selbst entscheiden, ob und wenn ja welche Leistungen er in Anspruch nehmen möchten.
3. Werden Regressansprüche gegen den Schädiger/Beschuldigten gerichtlich geltend gemacht, sind Zivilgerichte zuständig. Rechtsstreitigkeiten nach dem OEG/SER werden von den Gerichten der Sozialgerichtsbarkeit entschieden.
4. Werden Leistungen nach dem OEG/SGB XIV gewährt, ist der Leistungsträger berechtigt, gegen den Schädiger/Beschuldigten aufgrund eines gesetzlichen Forderungsübergangs Rückgriff zu nehmen.
5. Regressansprüche des Leistungsträgers gegen den Beschuldigten/Schädiger unterliegen der Verjährung. Die Verjährungsfrist beträgt bei deliktischen Ansprüchen (§§ 823 ff. BGB) grds. drei Jahre. Bei Schadensersatzansprüchen wegen vorsätzlicher Verletzung des Lebens, des Körpers, der Gesundheit, der Freiheit oder der sexuellen Selbstbestimmung beträgt die Verjährungsfrist 30 Jahre.

Literaturhinweise: S. die Hinweise bei → *Ansprüche, Opferentschädigung, Allgemeines,* Teil I Rdn 2. 75

1. Verfahrensrechtlich unterschieden werden muss 76

- zwischen dem Antragsverfahren des Geschädigten nach dem OEG/SGB XIV einerseits und
- dem Regressanspruch des Leistungsträgers gegen den Schädiger andererseits.
- Damit im Zusammenhang stehen etwaige Verteidigungsmöglichkeiten des Beschuldigten/Verurteilten bei Inanspruchnahme durch einen für die Opferversorgung zuständigen Leistungsträger.

2.a) Gem. §§ 112, 113 SGB XI obliegt die Versorgung nach dem OEG/SGB XIV den für die Durchführung **zuständigen (Verwaltungs-)Behörden**. Die örtliche Zuständigkeit wird von den Ländern bestimmt, § 113 Abs. 1 SGB XIV. Sachlich zuständig sind die nach Landesrecht bestimmten Behörden, § 112 S. 1 SGB XIV. Die bis zum 31.12.2023 geltende sachliche Zuständigkeit war durch § 6 Abs. 1 S. 1 OEG mit Verweis auf die zur Durchführung des Bundesversorgungsgesetzes (BVG) zuständigen Behörden geregelt. 77

b)aa) Das Entschädigungsverfahren beginnt mit der Stellung eines **Antrags** des Berechtigten. Der Antrag Ist grds. **weder form- noch fristgebunden** (§ 10 Abs. 1 SGB XIV). 78

☝ Auswirkungen hat allerdings der **Zeitpunkt** der **Antragstellung** auf den Beginn der Leistungserbringung. § 11 Abs. 1 SGB XIV bestimmt, dass auch bei Opfern von Gewalttaten die Antragsleistungen neben dem Antrag als materiell-rechtliche Voraussetzung die (allgemeinen) Leistungsvoraussetzungen (§ 10 SBG XIV) vorliegen müssen (BeckOGK/*Karl*, SGB XIV, § 11 Rn 8). Es gilt das **Monatsprinzip** (BSGE 120, 89); d.h., ein Antrag wirkt jeweils auf den Monatsersten zurück, selbst wenn der Antrag erst am Ende des Monats gestellt sein sollte. **Ausnahmsweise** eröffnet § 11 Abs. 2

SGB XIV eine **rückwirkende Leistungserbringung**, wenn der Antrag innerhalb eines Jahres nach dem schädigenden Ereignis gestellt wird.

79 **bb)** Die **Problematik rückwirkender Leistungserbringung** aufgrund verspäteter Antragstellung erlangt insbesondere bei **minderjährigen Opfern sexueller Gewalt** Bedeutung. Das BSG (NJW 2005, 2574) hatte sich mit einem Fall zu befassen, bei dem ein Mädchen über mehrere Jahre hinweg von ihrem Stiefvater schwer sexuell missbraucht wurde. Als das Opfer 15 Jahre alt war, wurde der Stiefvater angezeigt. Die letzte der insgesamt vier Taten hatte sich einige Monate vor Anzeigeerstattung ereignet. Nachdem der Stiefvater sieben Monate nach Beginn der Ermittlungen verurteilt wurde, dauerte es wiederum zehn Monate, bis die Geschädigte Beschädigtenversorgung nach dem OEG beantragte. Die Jahresfrist des § 60 Abs. 1 S. 2 BVG war zu diesem Zeitpunkt bereits abgelaufen. Das BSG hatte gleichwohl rückwirkend einen Anspruch der Klägerin anerkannt. Entsprechend § 60 Abs. 1 S. 3 BVG war die Klägerin ohne Verschulden gehindert, rechtzeitig Versorgung zu beantragen. Von dem Grundsatz, dass dem Minderjährigen ein Verschulden seines gesetzlichen Vertreters bei einer verspäteten Antragstellung zuzurechnen ist, machte das BSG eine Ausnahme. In dem konkreten Fall lag es in der Hand der sorgeberechtigten Eltern, die dem Gewalttäter familiär und durch gleichgelagerte Interessen eng verbunden waren, ihr Kind als Opfer einer Gewalttat von zügiger Entschädigung nach dem OEG auszuschließen (BSG, a.a.O.).

80 **3.** Für **Streitigkeiten** nach dem sozialen Entschädigungsrecht ist der **Rechtsweg** zu den Gerichten der **Sozialgerichtsbarkeit** gegeben, § 51 Abs. 1 Nr. 6 SGG. Rechtswegzuständig sind die Sozialgerichte ferner dann, wenn in einzelnen Gesetzen die entsprechende Anwendung des SGB XIV angeordnet wird; so etwa in Fällen des § 4 Abs. 1 S. 1 Häftlingshilfegesetz bei Berechtigten wegen der gesundheitlichen und wirtschaftlichen Folgen einer Schädigung, die sie infolge des Gewahrsams erlitten haben.

81 **a)** Lehnt die Versorgungsverwaltung einen Entschädigungsanspruch ab, hat der Geschädigte das Recht, dagegen eine **Anfechtungsklage** vor dem **SG** zu erheben.

82 **b)** Unter bestimmten Voraussetzungen kommt darüber hinaus die Möglichkeit eine **kombinierten Anfechtungs-, Verpflichtungs- und Leistungsklage** (§ 54 Abs. 1 S. 1 und Abs. 4 SGG) in Betracht. Die kombinierte Klage kann bspw. im (regulären) Verwaltungsverfahren gem. §§ 116 ff. SGB XIV nach einer ablehnenden Entscheidung im „erleichterten Verfahren" Bedeutung erlangen.

83 Das **„erleichterte Verfahren"** betrifft vor allem Leistungen der **„Schnellen Hilfen"** nach § 29 ff. SGB XIV. Die „Schnellen Hilfen" stellen mit ihrer Einführung seit dem 1.1.2024 ein Leistungsspektrum eigener Art dar und umfassen auch Leistungen in einer **Traumaambulanz** (§ 29 Abs. 1 SGB XIV). Die Traumaambulanz stellt z.B. Opfern von Gewalttaten, insbesondere sexuellen Missbrauchs, zeitnah im Anschluss an das schädigende Ereignis Leistungen in Gestalt einer psychotherapeutischen Intervention zur Verfügung, um den Eintritt psychischer Gesundheitsstörungen zu verhindern.

84 Schon vor Einführung des SER wurde die **kombinierte Anfechtungs-** und **Verpflichtungsklage** nach der Rspr. (BSG NJW 2011,1101) als zulässig angesehen, wenn eine vorliegende Gesundheitsstörung als Folge eines schädigenden Ereignisses nach § 1 Abs. 1 S 1 OEG festgestellt werden soll; namentlich also in Fällen, in denen der Grad der Schädigungsfolgen für einen Anspruch auf Gewährung von Beschädigtenrente nicht ausreichte (§ 31 Abs. 1 BVG).

85 **4.** Für einen **Beschuldigten** oder verurteilten Mandanten – im sozialversicherungsrechtlichen Sprachduktus regelmäßig als „Schädiger" bezeichnet – hat der **gesetzliche Forderungsübergang** wesentliche Bedeutung. Infolge der Legalzession des § 120 Abs. 1 SGB XIV i.V.m. § 116 Abs. 1 S. 1 SGB X geht ein Schadensersatzanspruch gegen den Schädiger auf den Kostenträger des sozialen Entschädigungsrechts über.

86 **a)** Der einer **körperlichen Gewalttat** nach § 13 Abs. 1 Nr. 1 SGB XIV oder einer **psychischen Gewalttat** nach § 13 Abs. 1 Nr. 2 SGB XIV Bezichtigte wird, selbst wenn er zugleich Beschuldigter in einem Strafverfahren ist, regelmäßig nicht (aktiv) an dem behördlich eingeleiteten sozialrechtlichen Entschädigungs-

verfahren beteiligt. Ihm stehen weder ein **Anhörungsrecht** noch **sonstige Rechte** zu. Andererseits obliegen ihm auch keinerlei Mitwirkungspflichten. Grund für diesen faktischen Ausschluss des (vermeintlichen) Schädigers im Zusammenhang mit dem behördlichen Verfahren nach dem SER ist, dass der Leistungsträger dem Nachweis für die behauptete **Schädigung** von **Amts wegen** nachzugehen hat und es weder auf eine Ermittlung des Täters (BSG, Urt. v. 4.2.1998 – B 9 VG 5/96R) noch auf dessen Schuldfähigkeit (BSG, Urt. v. 25.3.1999 – B 9 VG 1/98R) oder darauf ankommt, ob die Tat bewiesen wird.

b) Der Forderungsübergang soll dem Leistungsträger den Regress beim Schädiger hinsichtlich der Belastung mit Leistungen ermöglichen, die mit dem Schadenersatzanspruch gegen den Schädiger **deckungsgleich** sind (BGH NJW 2011, 3715). Dies betrifft Leistungen an Geschädigte gemäß § 4 Abs. 1 S. 1 SGB XIV wegen der anerkannten gesundheitlichen und der wirtschaftlichen Folgen einer gesundheitlichen Schädigung, die ursächlich auf ein schädigendes Ereignis i.S.v. § 1 Abs. 2 SGB XIV zurückzuführen ist. Vor allem Opfer einer Gewalttat (§ 13 Abs. 1 SGB XIV) erlangen durch die Schädigung zugleich einen zivilrechtlichen Schadensersatzanspruch gegen den Schädiger, der auch den Ausgleich solcher Einbußen umfasst, für die die Sozialleistungen nach dem SGB XIV gewährt werden (BeckOGK/*B. Schmidt*, SGB XIV, § 120 Rn 5). 87

c) Voraussetzung für den **gesetzlichen Forderungsübergang** gem. § 120 Abs. 1 SGB XIV i.V.m. § 116 Abs. 1 S. 1 SGB X ist, dass der Kostenträger aufgrund des Schadensereignisses Leistungen zu erbringen hat, die der Behebung eines Schadens der gleichen Art dienen und sich auf denselben Zeitraum wie der vom Schädiger zu leistende Schadensersatz beziehen (§ 116 Abs. 1 S. 1 SGB X). Erforderlich ist also eine **sachliche** wie **zeitliche Kongruenz**. 88

aa) Sachliche Kongruenz besteht, wenn sich die Ersatzpflicht des Schädigers und die Leistungsverpflichtung des Sozialversicherungsträgers ihrer Bestimmung nach decken. Hiervon ist auszugehen, wenn die Leistung des Versicherungsträgers und der vom Schädiger zu leistende Schadensersatz dem Ausgleich derselben Einbuße des Geschädigten dienen (BGH NZV 2015, 589 Rn 14). Ein **Schmerzensgeldanspruch** gem. § 847 BGB unterliegt demzufolge **nicht** der Legalzession auf den Leistungsträger. 89

bb) Zeitliche Kongruenz bedeutet, dass sich die Leistungen nach dem SER auf denselben Zeitraum beziehen müssen, für den Schadensersatzansprüche begründet sind, § 116 Abs. 1 S. 1 SGB X, (BGHZ 136, 78 (85). Auf Zeiträume, für die der Träger keine Entschädigungsleistungen erbringt, darf er nicht zurückgreifen. 90

cc) Im **Regelfall** erhält der Schädiger/Beschuldigte von dem Bestehen eines entsprechenden Sozialrechtsverhältnisses erst Kenntnis, wenn der Sozialleistungsträger bei ihm als Schadensersatzpflichtigem **Rückgriff** zu nehmen beabsichtigt. Dazu ist die Behörde nach der in § 120 Abs. 1 SGB XIV i.V.m. § 116 Abs. 1 SGB X vorgesehenen **Legalzession** berechtigt. 91

dd) Der **gesetzliche Forderungsübergang** nach § 116 Abs. 1 S. 1 SGB X setzt nicht voraus, dass dem Berechtigten Leistungen der Sozialen Entschädigung bereits gewährt worden sind. Vielmehr geht der Schadensersatzanspruch bereits auf den Träger über, wenn dieser „aufgrund des Schadensereignisses Sozialleistungen zu erbringen hat". Das kann schon im Moment des schädigenden Ereignisses der Fall sein (BeckOGK/*B. Schmidt*, SGB XIV, § 120 Rn 8) 92

Für einen bereits bei Schadenseintritt erfolgenden Rechtsübergang reicht schon die – wenn auch weit entfernte – Möglichkeit aus, dass eine Leistungspflicht des Versicherungsträgers gegenüber dem Verletzten irgendwie in Betracht kommt, die Leistungspflicht also nur nicht völlig unwahrscheinlich, d.h. geradezu ausgeschlossen sein darf (BGH NJW 2008, 1162; BGH NJW 2012, 3639 ff. Rn 10 m.w.N.). Dementsprechend **geringe Anforderungen** sind an die **Vorhersehbarkeit künftiger Versicherungsleistungen** zu stellen.

Dazu korrespondiert das **Recht** eines Anspruchstellers nach dem SGB XIV anzuerkennende **Schädigungsfolgen isoliert feststellen** zu lassen. Soweit der Geschädigte dies beantragt, ist ein **Grundbescheid** über das Vorliegen der Voraussetzungen eines Anspruchs auf Leistungen der Sozialen Entschädigung nach § 4 Abs. 1 S. 1 SGB XIV zu erlassen (s. dazu BT-Drucks 19/13824, 171). 93

94 **5.** Der nach § 120 Abs. 1 SGB XIV i.V.m. § 116 Abs. 1 S. 1 SGB X auf den Leistungsträger **übergegangene Anspruch** eines Geschädigten gegen den Schädiger unterliegt der regelmäßigen **dreijährigen Verjährung** nach § 195 BGB (OLG Dresden, Urt. v. 14.10.09 – 6 U 605/09; OLG Saarbrücken, Urt. v. 31.8.2010 – 4 U 550/09–158). Zu berücksichtigen ist allerdings auch, dass – unabhängig von Kenntnis oder grob fahrlässiger Unkenntnis über die Person des Schädigers – Ersatzansprüche nach §§ 823 ff. BGB spätestens nach **30 Jahren** verjähren, wenn sie auf Verletzung des Lebens, des Körpers, der Gesundheit oder der Freiheit beruhen.

95 Diese **Frist** wird **berechnet** ab der schadensverursachenden Handlung oder der Pflichtverletzung, auch wenn der Schaden **erst** später entsteht, (§ 199 Abs. 2 BGB). Da es für den Beginn der Verjährungsfrist auf die Kenntnis der den Anspruch begründenden Umstände ankommt, ist für diese Kenntnis innerhalb einer Behörde nicht auf einen beliebigen Mitarbeiter der Behörde abzustellen. Vielmehr kommt es auf den Kenntnisstand der für die Verfolgung von Regressansprüchen zuständigen Bediensteten, bei Vorhandensein mehrerer Abteilungen auf den Kenntnisstand der Mitarbeiter der Regressabteilung an (BeckOGK/*Kater*, SGB X, § 116 Rn 255; BGH NJW 2012, 2644; VersR 2014, 1395).

☝ Für einen **Beschuldigten** selbst erlangen **Ansprüche**, die ein (tatsächlich oder vermeintlich) durch ihn Geschädigter nach dem OEG/SGB XIV geltend macht, zunächst i.d.R. allenfalls **mittelbare Bedeutung**. Weder im Ermittlungs- noch im Hauptverfahren wird er von einem ihn als möglichen Schädiger betreffenden Entschädigungsverfahren Kenntnis erlangen; selbst wenn die zuständige Leistungsbehörde den maßgeblichen Sachverhalt bereits während des anhängigen Strafverfahrens eigenständig „ermittelt" (hat).

Auch dann, wenn der Schädiger/Beschuldigte keinerlei Kenntnis über die konkreten sozialversicherungsrechtlichen Folgen wegen der gegen den Geschädigten gerichteten körperlichen oder psychischen Gewalttat erlangt haben sollte, droht wenigstens innerhalb des regulären Verjährungszeitraums das „**Damoklesschwert**" eines **Regresses** durch den Versorgungsträger mit Forderungen in nicht selten erheblicher Größenordnung.

Einen „relativen Schutz" erfährt ein Beschuldigter/Schädiger allenfalls dadurch, dass der Träger von der **Geltendmachung des Ersatzanspruchs absehen kann, wenn diese keinen Erfolg verspricht**, also wirtschaftlich wertlos ist, § 120 Abs. 3 SGB XIV (vgl. a. BeckOG-SozR/*B. Schmidt*, SGB XIV, § 120 Rn 37, 41 m.w.N.).

Siehe auch: → *Ansprüche, Opferentschädigung, Allgemeines,* Teil I Rdn 1; → *Ansprüche, Opferentschädigung, tätlicher Angriff,* Teil I Rdn 24 ff.; → *Ansprüche, Opferentschädigung, Versagung,* Teil I Rdn 65.

96 Ansprüche, Zivilrecht, Allgemeines

Das Wichtigste in Kürze:

1. Spätestens mit Abschluss des Verfahrens, drängt den Mandanten die Frage, ob noch zivilrechtliche Forderungen gegen ihn erhoben werden können und welche das ggf. sind (Was kommt auf den Mandanten noch zu?).
2. Dem Strafverteidiger soll mit den Ausführungen an dieser Stelle ein Problembewusstsein für den Umfang von zivilrechtlichen Schadenersatzansprüchen gegen seinen Mandanten vermittelt werden, damit er sein Verteidigungsverhalten hierauf einrichten kann.
3. Der Umfang der Ansprüche, die auf den Mandanten zukommen können, reicht von einer wirtschaftlichen Erfüllbarkeit aus eigenen Mitteln oder einem Kredit des Mandanten bis hin zu der Gefährdung seiner wirtschaftlichen Existenz. Das Schaffen von negativen Anknüpfungstatsachen im Strafverfahren für einen Schadenersatzprozess soll vermieden werden.

4. Die Kenntnis der Regressansprüche von Versicherungen ist von grundlegender Bedeutung. Gerade bei Straßenverkehrsstraftaten gilt es, die Regressansprüche von Kfz Haftpflicht- und Kaskoversicherungen zu beachten. Bestehende Haftungsobergrenzen müssen dem Versicherer aufgezeigt werden. Schließlich können auch Regressansprüche der Rechtsschutzversicherung auf den Mandanten zukommen.

5. Bei Mittätern ist zu bedenken, dass diese im Außenverhältnis als Gesamtschuldner haften. Im Innenverhältnis der Mittäter untereinander kann die Haftung jedoch, gemessen an dem jeweiligen Tatbeitrag, zu einer unterschiedlichen Quote führen. Ebenso ist ein Mittäterexzess bei der Ausgleichung im Innenverhältnis zu berücksichtigen.

Literaturhinweise: **Buschbell**, Münchener Anwaltshandbuch Straßenverkehrsrecht, 6. Aufl. 2025; **Geigel**, Haftpflichtprozess, 29. Aufl. 2024; **Langheid/Wandt**, MüKo zum Versicherungsvertragsgesetz Bd. 1 – 3, 3. Aufl. 2024; **Luckey**, Personenschaden, 2013; **Prölss/Martin**, Versicherungsvertragsgesetz, 29. Aufl. 2015; **Säcker/Rixecker**, MüKo zum Bürgerlichen Gesetzbuch, Bd. 5, 9. Aufl. 2024; **Terbille/Höra**, Münchener Anwaltshandbuch Versicherungsrecht, 5. Aufl. 2022; s.a. die Hinweise bei den u.a. weiterführenden Stichwörtern. 97

1. Während eines Verteidigungsmandates, spätestens jedoch mit Abschluss des Verfahrens, drängt den Mandanten eine Frage, welche er früher oder später seinem Verteidiger stellt: **„Kommt da jetzt noch etwas auf mich zu?"** Den Mandanten beschäftigt die Frage, ob noch zivilrechtliche Forderungen gegen ihn erhoben werden können und welche das ggf. sind. Er will wissen, ob er solche Forderungen bedienen muss oder ob er sich gegen solche zur Wehr setzen kann. 98

☝ Von besonderer Bedeutung sind dabei die **unterschiedlichen Beweislastregeln** der StPO einerseits und der ZPO auf der anderen Seite.

- Beruft sich der Angeklagte im **Strafprozess** z.B. auf eine sein Handeln rechtfertigende Notwehrlage und kann eine solche nach der durchgeführten Beweisaufnahme nicht ausgeschlossen werden, dann ist nach dem Grundsatz in dubio pro reo von einer Notwehrlage auszugehen und der Angeklagte freizusprechen.
- Anders verhält es sich jedoch in dem sich daran anschließenden **Zivilprozess**, in welchem der Verletzte auf die Zahlung eines angemessenen Schmerzensgeldes klagt. Beruft sich hier der Mandant wiederum auf eine Notwehrlage, so hat er diese zu beweisen. Verbleiben nach der Beweisaufnahme Zweifel an dem Vorhandensein einer Notwehrlage oder lässt sich eine solche für den Zivilrichter nicht aufklären, verbleibt es also bei einem zivilprozessualen non liquet, so bleibt der Mandant beweisfällig und wird im Ergebnis verurteilt, da eine Notwehrlage nicht zur Überzeugung des Gerichts festgestellt werden konnte.

2. Auch wenn es im Rahmen einer solchen Abhandlung nicht gelingen kann, dem ausschließlich oder überwiegend als Strafverteidiger tätigen Rechtsanwalt ein umfassendes Wissen im Schadensersatz- und Versicherungsrecht zu vermitteln, so soll aber doch ein entsprechendes Problembewusstsein vermittelt werden. Der Strafverteidiger soll in die Lage versetzt werden, aufkommende zivilrechtliche Ersatzansprüche im Strafverteidigungsmandat zu erkennen und sein Verteidigungsverhalten hierauf einrichten zu können. Schadensersatzansprüche können dann minimiert und den Interessen des Mandanten umfassend Rechnung getragen werden. Hier ein **Gespür** für **mögliche Regressansprüche** von Dritten zu wecken und eine Verteidigung ggf. auch mit Augenmerk auf diese, für den Mandanten unter wirtschaftlichen Aspekten u.U. sogar bedeutendere Frage, zu ermöglichen, ist Anliegen dieses Kapitels. Der Strafverteidiger soll in die Lage versetzt werden, dem Mandanten entsprechende Fragen im Rahmen einer ersten Beratung beantworten zu können, sowie diesem, soweit gewollt, auch im zivilrechtlichen Verfahren zur Seite zu stehen. Es sollte nicht unterschätzt werden, dass diese wirtschaftlichen Fragen für einen Mandanten mindestens genauso bedeutend sind, wie die Frage nach dem Ausgang des Strafverfahrens. Gerade wenn Strafverfahren mit einer überschaubaren Geldstrafe ihr Ende finden, können zivilrechtliche Schadensersatz- und Regressansprüche den Betrag einer Geldstrafe um ein Vielfaches übersteigen. 99

☝ Wegen der **Abrechnung** von Zivilverfahren wird verwiesen auf → *Zivilverfahren, Abrechnung,* Teil J Rdn 510.

100 **3.a)** Tatsächlich kommen in vielen Strafverfahren zivilrechtliche Ansprüche auf den Mandanten zu. Der Umfang dieser Ansprüche reicht von **für** den **Mandanten,** ggf. unter **Aufnahme** eines **Kredites, erfüllbar** bis hin zu einem Umfang, der die **wirtschaftliche Existenz** des Mandanten **gefährden kann**. Hier liegt ein Problemfeld für Strafverteidiger, da sie etwaige Regressansprüche des Opfers einer Straftat und anderer Dritter bei ihrer Verteidigungstätigkeit bedenken müssen, um im Strafverfahren nicht für den Mandanten negative Anknüpfungstatsachen für einen zivilrechtlichen Schadensersatz- oder Regressprozess zu schaffen.

101 **b)** Zudem: Wenn auch die Möglichkeit der Geltendmachung von **Schmerzensgeldansprüchen** des Opfers einer Straftat weitgehend bekannt ist und auch bei der Verteidigung bedacht wird, so wird es doch schon problematischer, wenn der Umfang des Ersatzes von **Heilbehandlungskosten** zu klären ist oder gar die Frage der Kompensation eines erlittenen **Verdienstausfalles** bis hin zur Zahlung einer **lebenslangen Rente**. Auch gilt es zu bedenken, dass bei letalen Folgen für das Opfer einer Straftat, **Ansprüche von Hinterbliebenen** auf den Mandanten zukommen können. Derartige Ansprüche können, sofern auf Seiten des Mandanten kein diesen Schaden tragender Haftpflichtversicherer vorhanden ist, für diesen durchaus existenzgefährdende Größenordnungen annehmen (→ *Ansprüche, Zivilrecht, Erwerbsschaden,* Teil I Rdn 118; → *Ansprüche, Zivilrecht, Heilbehandlung*, Teil I Rdn 134; → *Ansprüche, Zivilrecht, Mitverschulden des Geschädigten*, Teil I Rdn 155; → *Ansprüche, Zivilrecht, Sachschaden*, Teil I Rdn 265; → *Ansprüche, Zivilrecht, Schmerzensgeld*, Teil I Rdn 276).

102 **4.** Ein Bereich schließlich wird meistens nicht bedacht oder, aufgrund der Komplexität der Rechtsmaterie, nicht richtig durchdrungen, nämlich die **Regressansprüche unterschiedlicher Versicherer**.

103 Gerade im Rahmen der Straßenverkehrsstraftaten ist stets der **Regress** des **Haftpflicht-** und des **Kaskoversicherers** zu bedenken. Die wohl häufigsten Verfahren sind solche der Gefährdung des Straßenverkehrs (§ 315c StGB) und des Unerlaubten Entfernens vom Unfallort (§ 142 StGB). Gerade hier gilt es, bestehende **Haftungsobergrenzen** herauszuarbeiten, soweit sie bestehen, um eine Inanspruchnahme des Mandanten weitestgehend zu begrenzen. Dies ist umso bedeutender, wenn Versicherer selbst bestehende Haftungsgrenzen, bspw. nach dem KfzPflVV, nicht zutreffend anwenden (→ *Ansprüche, Zivilrecht, Regress, Kfz-/Kaskoversicherung*, Teil I Rdn 179).

104 Schließlich ist ebenso zu bedenken, ob und ggf. in welchem Umfang dem **Rechtsschutzversicherer** Regressansprüche gegen den Mandanten zustehen. Gerade die versicherungsrechtlichen Regressfragen sind für den Strafverteidiger häufig problematisch und nicht einfach zu beantworten, da dieses vertiefte Kenntnisse des Versicherungsrechtes voraussetzt, einem Rechtsgebiet, welches nicht zum Pflichtfächerkanon der universitären Ausbildung zählt und mit dem sich ein ausschließlich als Strafverteidiger tätiger Rechtsanwalt i.d.R. nicht beschäftigt (→ *Ansprüche, Zivilrecht, Regress der Rechtsschutzversicherung*, Teil I Rdn 229).

☝ In allen Fragen eines versicherungsrechtlichen Regresses müssen unbedingt die dem Versicherungsvertrag zugrunde liegenden **Versicherungsbedingungen eingesehen** werden. Ohne Kenntnis der Versicherungsbedingungen kann eine Beratung des Mandanten nicht erfolgen! Wenn der Mandant diese nicht mehr besitzt, müssen sie bei dem Versicherer angefordert werden. Er ist zur Herausgabe der Bedingungen gesetzlich verpflichtet (§ 3 Abs. 4 VVG).

105 **5.** Letzlich ist noch zu bedenken, dass auch **Mittäter** untereinander Ausgleichsansprüche haben können, zumal sie als Gesamtschuldner haften. Die Haftungsverteilung im Innenverhältnis der Mittäter muss nicht immer zu gleichen Teilen erfolgen. Hier sind Differenzierungen nach dem jeweils geleisteten Tatbeitrag denkbar. Auch ist im Rahmen der **Ausgleichsansprüche** von **Mittätern untereinander** ggf. ein **Mittäterexzess** zu berücksichtigen (→ *Ansprüche, Zivilrecht, Regress, Kfz-/Kaskoversicherung*, Teil I Rdn 179).

☝ Da die auf den Verurteilten u.U. zukommenden Zahlungsverpflichtungen hoch sein können, sollte zunächst in Erfahrung gebracht werden, ob der **Mandant** eine **private Haftpflichtversicherung** unterhält. Die private Haftpflichtversicherung – auch hier müssen die Bedingungen zuvor eingesehen werden – begleicht die Ansprüche, wenn durch Fahrlässigkeit ein Mensch verletzt wird. Auch der Tod eines Menschen zählt innerhalb der privaten Haftpflichtversicherung zu den versicherten Personenschäden.

Die Leistungspflicht der privaten Haftpflichtversicherung bezieht sich sowohl auf die materiellen Schadensersatz- als auch auf die Schmerzensgeldansprüche! Die **Obergrenze** der **Leistungspflicht** des privaten Haftpflichtversicherers bildet die **vereinbarte Deckungssumme**.

In derartigen Fällen, sofern möglich, sollte der Verteidiger vor allem darauf achten, dass sein Mandant wegen einer fahrlässig begangenen Straftat verurteilt wird. Wenn die entsprechenden Folgen den Prozessbeteiligten und auch ggf. dem Nebenkläger dargelegt werden, insbesondere die Anspruchsdeckung des Geschädigten im Rahmen einer Fahrlässigkeitsverurteilung durch eine private Haftpflichtversicherung des Mandanten, eröffnen sich oftmals neue Verteidigungsmöglichkeiten und nicht selten verfolgen dann Verteidigung und Nebenklage ein gemeinsames Ziel im Hinblick auf den Schuldspruch.

Der private **Haftpflichtversicherer** ist **umgehend** mit **Mandatsübernahme** über den **Schadenfall** zu **unterrichten**. Werden hier Fristen versäumt, droht dem Verteidiger aus meiner Sicht ein Regressprozess.

Zur **Verdeutlichung** zwei 106

Beispiele:

Wird der Mandant wegen einer schweren Körperverletzung (§ 224 StGB) angeklagt, so ist, wenn stattdessen eine fahrlässige Körperverletzung ausgeurteilt wird, die Inanspruchnahme des privaten Haftpflichtversicherers eröffnet. Das kann ein für die wirtschaftliche Existenz des Mandanten entscheidendes Ergebnis darstellen.

Verletzt ein Fahrradfahrer eine andere Person fahrlässig (§ 230 StGB), so kommt auch hier die Leistungserbringung durch den privaten Haftpflichtversicherungsträger des Täters in Betracht. Insbesondere wenn die Person stürzt und sich erheblich verletzt, ist die private Haftpflichtversicherung oftmals der wirtschaftliche Rettungsanker des Mandanten.

Siehe auch: → *Ansprüche, Zivilrecht, Ansprüche von Tatbeteiligten gegeneinander*, Teil I Rdn 107; → *Ansprüche, Zivilrecht, Erwerbsschaden,* Teil I Rdn 118; → *Ansprüche, Zivilrecht, Heilbehandlungskosten*, Teil I Rdn 134; → *Ansprüche, Zivilrecht, Mitverschulden des Geschädigten*, Teil I Rdn 155; → *Ansprüche, Zivilrecht, Regress, Kfz-/Kaskoversicherung*, Teil I Rdn 179; → *Ansprüche, Zivilrecht, Regress der Rechtsschutzversicherung*, Teil I Rdn 229; → *Ansprüche, Zivilrecht, Sachschaden*, Teil I Rdn 265; → *Ansprüche, Zivilrecht, Schmerzensgeld*, Teil I Rdn 275.

Ansprüche, Zivilrecht, Ansprüche von Tatbeteiligten gegeneinander 107

Das Wichtigste in Kürze:

1. Jeder Tatbeteiligte haftet dem Geschädigten gegenüber im Außenverhältnis in Höhe des gesamten Schadens, §§ 830 Abs. 1 und 2, 840 Abs. 1 BGB. Unterschiedliche Tatbeiträge von Tatbeteiligten führen im Innenverhältnis zu einer die Tatbeiträge berücksichtigenden Haftungsquote.
2. Der Gesamtschuldnerausgleich zwischen den Tatbeteiligten richtet sich nach §§ 426 Abs. 1 S. 1, 254 Abs. 1 und 2, 242 Abs. 1 BGB. Maßgeblich ist der konkrete Tatbeitrag eines jeden Tatbeteiligten sowie sein Interesse an der Durchführung der Tat. Auch ist zu berücksichtigen, ob ein Mittäterexzess vorliegt.

3. Zahlt ein Tatbeteiligter dem Geschädigten mehr, als er im Gesamtschuldnerausgleich der Tatbeteiligten untereinander verpflichtet ist, hat er in Höhe der Differenz einen Ausgleichsanspruch gegenüber den übrigen Tatbeteiligten.
4. Für die gerichtliche Geltendmachung des Ausgleichsanspruches wird keine PKH bewilligt.

108 **Literaturhinweise: Barreto da Rosa**, Gesamtschuldnerische Haftung bei der Vermögensabschöpfung, NJW 2009, 1702; **Götz**, Schaden und Bereicherung in der Verletzerkette, GRUR 2001, 295; **Lemcke**, Haftung aus Verkehrsunfall mit mehreren Beteiligten, r+s 2009, 45; **Pfeiffer**, Gesamtschuldnerausgleich und Verjährung, NJW 2010, 23; **Säcker/Rixecker**, MüKo zum Bürgerlichen Gesetzbuch, Bd. 2, 9. Aufl. 2023; s.a. die Hinw. bei → *Ansprüche, Zivilrecht, Allgemeines*, Teil I Rdn 96.

109 **1.a)** Sind an einer Straftat mehrere Personen als Täter oder Teilnehmer beteiligt, so haftet ein jeder dem Geschädigten gegenüber im **Außenverhältnis** aus §§ 830 Abs. 1 und 2, 840 Abs. 1 BGB auf den gesamten Schaden (BGH, Beschl. v. 12.7.2022 – 6 StR 196/22, wistra 2022, 120; OLG Hamm NJW 2002, 1054; NJW-RR 2010, 755).

110 **b)** Im **Innenverhältnis** der Tatbeteiligten zueinander stellt sich dann die Frage, zu welchen Teilen die Tatbeteiligten haften. Da sie gesamtschuldnerisch haften, folgt die Haftungsverteilung im Innenverhältnis aus **§ 426 BGB**. Grds. haften danach alle Tatbeteiligten im Innenverhältnis zu gleichen Teilen, soweit nicht ein anderes bestimmt ist (§ 426 Abs. 1 S. 1 BGB). Eine andere Bestimmung kann sich insbesondere aus dem der Schadensersatzpflicht zugrunde liegenden Sachverhalt ergeben (Rdn 104 ff.).

111 **2.a)** Der **Gesamtschuldnerausgleich** zwischen mehreren Tatbeteiligten folgt aus §§ 426 Abs. 1 S. 1, 254 Abs. 1 und 2, 242 Abs. 1 BGB folgt. Aus dem der Schadensersatzpflicht zugrunde liegenden **Sachverhalt** kann jedoch eine **abweichende Haftungsverteilung** folgen, sofern der Sachverhalt dieses nahelegt. Die Rspr. hat hierzu im Wesentlichen die Kriterien des **Maßes** der **Schadensverursachung** und des **Grades des Verschuldens** eines jeden Tatbeteiligten entwickelt (BGH NJW 1969, 790; NJW 1998, 1137). In Bezug auf die konkrete Verteilung und Bestimmung der Haftungsquote eines jeden Tatbeteiligten untereinander wendet die Rspr. § 254 BGB an (BGHZ 17, 214; 59, 103; OLG Hamm NJW 2002, 1054). Insoweit gelten folgende

112 **Grundsätze**:

- **Entscheidend** ist dabei zunächst darauf **abzustellen**, ob ein Tatbeteiligter **Initiator** oder **Mittäter** der Tat war.
- **Bedeutend** kann auch sein, wie groß das **eigene Interesse** eines Tatbeteiligten am **Taterfolg** war, also z.B. der **Umfang** und die **Bedeutung seines Tatbeitrages**. Eine hohe oder geringe **Beteiligung** an der **Tatbeute** ist beim Gesamtschuldnerausgleich der Tatbeteiligten im Rahmen des § 254 BGB zu berücksichtigen. Dies folgt schon aus dem Rechtsgedanken des § 242 BGB. Niemand soll im Ergebnis um die Früchte seiner Straftat bereichert bleiben.
- Ebenso zu berücksichtigen ist die Frage, ob jemand lediglich **Teilnehmer** einer Straftat war und ob er einen **über-** oder **untergeordneten Tatbeitrag** erbracht hat.

113 Nach dem **OLG Hamm** (NJW 2002, 1054) soll der **Gehilfe** einer Straftat **i.d.R.** in Höhe von 1/4 im Verhältnis der Gesamtschuldner zueinander haften.

☝ Während des Strafverfahrens muss der **Verteidiger** daher darauf **achten**, sofern sein Mandant einen geringeren Beuteanteil erhalten und/oder einen geringeren Tatbeitrag erbracht hat, dass diese Umstände im Strafverfahren aufgeklärt werden und in die **Tatsachenfeststellungen** des Strafurteiles einfließen. Insbesondere bei einer verfahrensbeendenden Absprache i.S.d. § 257c StPO ist darauf zu achten und notfalls zu drängen, dass diese Umstände aufgeklärt und festgestellt werden. Andernfalls droht dem Mandanten bei dem Gesamtschuldnerausgleich eine höhere Haftungsquote und dem Verteidiger u.U. ein Regress, wenn im Zivilprozess die Einzelumstände nicht mehr aufgeklärt werden können. Gerade im Rahmen von Verständigungen sollte versucht werden, eine Erklärung der Mitangeklagten dahingehend zu erlangen, dass diese die Beute- und Tatbeteiligung des Mandanten, so sie von untergeordneter Bedeutung sind, bestätigen.

b) Auch ist ein Mittäterexzess bei dem Gesamtschuldnerausgleich zu berücksichtigen. Grds. haftet ein Mittäter auch für den Exzess eines anderen im Außenverhältnis, sofern ihm die durch den Exzess hervorgerufene Schadensentstehung zurechenbar ist (OLG Hamm NJWE-VHR 1998, 229, 230). Es erscheint jedoch nur sachgerecht, im Innenverhältnis denjenigen Mittäter, dem ein Exzess nachgewiesen werden kann, auch für die weiteren Folgen, die durch das Abweichen von dem gemeinsamen Tatplan entstanden sind, für diese Folgen allein einstehen zu lassen (BGH, Beschl. v. 12.7.2022 – 6 StR 196/22, wistra 2022, 120). 114

3.a) Gesamtschuldner haben wechselseitig die **Pflicht**, an der **Befriedigung** des **Gläubigers mitzuwirken**. Diese Verpflichtung ist auf eine Befreiung von dem Teil der Schuld gerichtet, den der Mitschuldner im Innenverhältnis zu tragen hat (BGHZ 47, 166; BGH NJW 1986, 3132). 115

b) Soweit ein Gesamtschuldner hinsichtlich einer Geldschuld dem Gläubiger gegenüber höhere Leistungen erbringt, als er gegenüber den anderen Gesamtschuldnern hinsichtlich des **Gesamtschuldnerausgleich** im Innenverhältnis schuldet, erlangt er wegen des **überschießenden Teils** einen auf Zahlung gerichteten **Ausgleichsanspruch** gegen die **übrigen gesamtschuldnerisch haftenden Tatbeteiligten**. Sofern er eine Zahlung noch nicht erbracht hat, er aber im Innenverhältnis in geringerem Maße haftet, kann er die übrigen Gesamtschuldner auf eine Freistellung im Innenverhältnis in Anspruch nehmen. Er kann Zahlung oder Freistellung insoweit gegenüber jedem gesamtschuldnerisch haftenden Tatbeteiligten verlangen, wie dessen Haftungsanteil im Innenverhältnis seinen eigenen Haftungsanteil **übersteigt**. Nur wenn er selbst Zahlungen erbracht hat, kann er die übrigen Gesamtschuldner auf Zahlung in Anspruch nehmen. Ansonsten ist er zunächst auf den Freistellungsanspruch beschränkt. 116

4. Für die **Geltendmachung** des **Ausgleichs-** oder **Freistellungsanspruches** wird dem klagenden Tatbeteiligten **keine PKH** gewährt. Die Bewilligung von PKH kann versagt werden, wenn der geltend gemachte Anspruch in einem Zusammenhang mit einer Straftat begründet wurde. Die Rspr. geht davon aus, dass es mutwillig ist, wenn für einen Ausgleichsanspruch aus dem Innenverhältnis im Zusammenhang mit einer Straftat staatliche Hilfe in Form von Prozesskostenhilfe in Anspruch genommen werden soll. Es sei nicht die Aufgabe der PKH, im Rahmen eines solchen strafrechtlich relevanten Verhaltens zwischen den Parteien eines Rechtsstreits, deren sittenwidriges und strafrechtlich relevantes Verhalten, das den Grund für den Streit gesetzt hat, zu unterstützen (AG Zittau, Urt. v. 29.5.2006 – 5 C 204/06). 117

☝ Wenn gegen den eigenen Mandanten ein solcher Anspruch erhoben werden sollte, so erfolgt dieses i.d.R. im Rahmen eines Antrages auf Gewährung von PKH, da der Kläger meistens wirtschaftlich nicht in der Lage ist, einen solchen Prozess zu finanzieren. Dann ist mit den obigen Argumenten im Rahmen der Anhörung zur Bewilligung der PKH dem Gericht darzulegen, dass die beabsichtigte Rechtsverfolgung mutwillig und insoweit daher PKH zu versagen ist. i.d.R. wird der Anspruch dann, soweit die Prozesskostenhilfe abgelehnt wird, nicht weiter verfolgt und es verbleibt bei der gesamtschuldnerischen Haftung zu gleichen Teilen.

Siehe auch: → *Ansprüche, Zivilrecht, Allgemeines*, Teil I Rdn 96 m.w.N.

Ansprüche, Zivilrecht, Erwerbsschaden 118

Das Wichtigste in Kürze:

1. Ist der Geschädigte in Folge der Straftat vorübergehend oder dauerhaft nicht in der Lage, seiner Erwerbstätigkeit nachzugehen, steht ihm der Ersatz des Erwerbsschadens zu.
2. Entgangenes Gehalt ist bei abhängig Beschäftigten zu erstatten. Es kann sowohl nach der Bruttolohnmethode als auch nach der modifizierten Nettolohntheorie berechnet werden.
3. Selbstständige können den entgangenen Gewinn ersetzt verlangen. Die Berechnung kann auf mehrere Berechnungsmethoden gestützt werden. Auch ein Personalmehrbedarf ist zu ersetzen.

4. Ein Vorteilsausgleich aufgrund ersparter berufsbedingter Aufwendung ist zu Lasten des Geschädigten vorzunehmen.
5. Tritt aufgrund der Verletzung eine Minderung der Erwerbsfähigkeit ein oder ist der Geschädigte durch die Tat erwerbsunfähig geworden, so steht dem Geschädigten eine Geldrente oder Kapitalabfindung zu. Eine zumutbare Erwerbstätigkeit muss sich der Geschädigte fiktiv anrechnen lassen.
6. Der Ersatz des Erwerbsschadens wird bis zu dem Zeitpunkt geschuldet, zu welchem die Erwerbstätigkeit, unter Außerachtlassung des Schadenereignisses, normalerweise geendet hätte.

119 **Literaturhinweise:** **Diederichsen**, Ansprüche naher Angehöriger von Unfallopfern, NJW 2013, 641; **Herkenhoff**, Erwerbsschadensermittlung bei Verletzung vor oder kurz nach dem Berufseinstieg, NZV 2013, 11; **Heß/Burmann**, Ermittlung unfallbedingter Erwerbsschäden, NJW-Spezial 2012, 393; **Höher/Mergner**, Mitwirkungspflichten des Geschädigten im Personenschaden, r+s 2012, 1; **Jahnke**, Haftpflichtereignis und Rückgriff der Drittleistungsträger – (nur) ein Überblick, r+s 2011, 43; s.a. die Hinw. bei → *Ansprüche, Zivilrecht, Allgemeines*, Teil I Rdn 96.

120 **1.** Ist dem Geschädigten als Folge der Verletzung ein wirtschaftlicher Nachteil in Form eines Erwerbsschadens entstanden, steht ihm ein Schadensersatzanspruch in Höhe des Ausfalles gegen den Schädiger zu (§§ 249, 842, 843 BGB). Dem Geschädigten sind **sämtliche finanziellen Nachteile** zu ersetzen, die in einem Zusammenhang mit der Beeinträchtigung seiner Arbeitskraft stehen und auf der Handlung des Schädigers beruhen. Allen Erwerbsschadensansprüchen gemeinsam ist die Voraussetzung, dass die Einschränkung oder der Wegfall der Arbeitskraft tatsächlich ihren Niederschlag in einem Vermögensschaden auf Seiten des Geschädigten findet (BGH NJW 1995, 1023).

☝ An dieser Stelle kann nur ein **Überblick** über die Erwerbsschadensersatzansprüche gegeben werden, da deren Umfang komplex und hierzu eine Fülle an Rspr. ergangen ist, die sich jeweils auch an den besonderen Umständen des Einzelfalles orientiert.

121 **2.a)** Bei **abhängig Beschäftigten** erfolgt in den ersten sechs Wochen der Arbeitsunfähigkeit die Lohnfortzahlung durch den Arbeitgeber. Soweit dieser die Leistungen in den ersten sechs Wochen erbracht hat, gehen die Ansprüche des Geschädigten auf Ersatz des Verdienstausfalls auf den Arbeitgeber über (§ 6 Abs. 1 EFZG). Erfolgt danach die Zahlung von Krankengeld durch die gesetzliche Krankenkasse, gehen die Ansprüche in Höhe des Leistungsbetrages auf diese über, § 116 Abs. 1 SGB X.

☝ Die **Differenz** zwischen dem üblich erwirtschafteten Nettolohn des Geschädigten und der Krankengeldzahlung kann der Geschädigte **selbst geltend machen**. Diese Ansprüche gehen nicht über.

122 **b)** Die **Berechnung** des **Verdienstausfalles** ist grds. nach **zwei Methoden** möglich, die beide von der Rspr. anerkannt werden. Beide Berechnungsmethoden verfolgen das **gleiche Ziel**, nämlich die Ermittlung des tatsächlich entstandenen Schadens (BGH NJW 1995, 389) und führen, richtig angewandt, zum selben Ergebnis (BGH, Urt. v. 8.6.2021 – VI ZR 924/20).

☝ Auch **entgangene Nebeneinkünfte** sowie **Trinkgelder** (z.B. bei Gastronomen, Friseuren), sind **erstattungsfähig** (BGH NJW 2002, 3769).

123 **aa)** Zum einen kann die Berechnung des Verdienstausfalles im Wege der **Bruttolohnberechnung** erfolgen. Ausgangspunkt bei dieser Berechnungsmethode ist der Bruttoverdienst des Geschädigten, da die Lohnbezüge in ihrer Gesamtheit das wirtschaftliche Einkommen des Geschädigten darstellen (BGH VersR 1973, 1028).

☝ Wählt der Geschädigte die Bruttolohnberechnungsmethode, so ist ihm **entgegenzuhalten**, dass er durch den Wegfall von Sozialabgaben und Steuern einen Vorteil erlangt, welcher im Wege des **Vor-**

teilsausgleiches zu Lasten des Geschädigten zu berücksichtigen ist. Dieser Einwand muss durch den Schädiger erhoben werden, andernfalls wird der Vorteilsausgleich nicht durchgeführt.

bb) Der Geschädigte kann seinen Verdienstausfall auch im Wege der **modifizierten Nettolohnmethode** geltend machen. Hiernach ist das fiktive Nettoeinkommen des Geschädigten zu berücksichtigen. Hierzu zählen auch die aus dem Schadensereignis ggf. erfolgenden Nachteile, vor allem auch etwaige auf Schadensersatzleistungen anfallende Steuern (BGH NJW 1980, 1788; NJW-RR 1988, 149). Die Nachteile sind vom Geschädigten vorzutragen und zu belegen. Grundlage für die Ermittlung des fiktiven Nettoeinkommens bilden in der Regel die von dem Arbeitgeber ausgezahlten Nettobeträge. 124

3.a) Selbstständige können den ihnen durch die Arbeitsunfähigkeit **entgangenen Gewinn** ersetzt verlangen. Ist der Geschädigte gegen einen Betriebsausfall versichert und erhält er darüber hinaus aus einer privaten Krankenversicherung ein Krankengeld, so ist zu beachten, dass die Ansprüche des Selbstständigen auf den Versicherer übergehen, sobald dieser die vertraglich geschuldete Leistung erbringt (§ 86 Abs. 1 S. 1 VVG). 125

b) Die Berechnung erfolgt i.d.R. dadurch, dass der Geschädigte die Entwicklung seines Betriebes und seiner Gewinne durch Vorlage der **Betriebsergebnisse** der **letzten Jahre** nachweist (BGH NJW 2001, 1640). Ein fixer Mindestzeitraum ist der Rspr. nicht zu entnehmen. Als ausreichend wurde es angesehen, wenn die **Betriebsergebnisse der letzten zwei bis drei Jahre** vor dem Schadenszeitpunkt vorgelegt wurden. 126

c) Stellt der Selbstständige zur Kompensation des Ausfalles seiner Arbeitskraft einen Vertreter ein oder leisten die vorhandenen Mitarbeiter einen erhöhten und zu vergütenden Mehreinsatz, so kann er diesen **Personalmehrbedarf** ebenfalls ersetzt verlangen (BGH NJW 1997, 941). 127

d) Behauptet der Geschädigte darüber hinaus, durch die Verletzung habe er ein **konkretes Geschäft nicht durchführen** können und ihm sei hierdurch, neben dem Verdienstausfall aufgrund der Vorjahresergebnisse, ein weiterer Ausfall entstanden, da es sich bspw. um einen hohen oder seltenen Geschäftsabschluss handelte, dessen entgangenen Gewinn er ersetzt verlangt, so muss er substantiiert die Umstände dieses Geschäftes darlegen und beweisen (BGH NJW 1964, 661). 128

☝ Ein entsprechender Vortrag des Geschädigten muss von dem Schädiger **bestritten** werden. Oftmals gerät der Geschädigte dann in Darlegungs- und Beweisschwierigkeiten, so dass er diese Schadensposition nicht zugesprochen bekommt.

4. In den Fällen, in denen der Geschädigte nicht in der Lage ist, seiner Beschäftigung nachzugehen, hat er sich hierdurch **ersparte berufsbedingte Aufwendungen** im Wege des **Vorteilsausgleiches** anrechnen zu lassen. In aller Regel wird der Vorteil durch eine **Schätzung** vorgenommen und bewegt sich, unter Berücksichtigung der Umstände des Einzelfalles, **zwischen fünf und zehn Prozent**. Der Geschädigte soll durch das Schadensereignis wirtschaftlich nicht besser gestellt werden, als er zuvor stand. 129

Zu den **berufsbedingt ersparten Aufwendungen** zählen z.B. 130

- ersparte Bekleidungskosten,
- eine geringere Abnutzung der während der Berufsausübung getragenen privaten Kleidung,
- die geringere Abnutzung des eigenen Kfz, da die Wege zwischen Wohnung und Arbeitsstätte entfallen,
- eingesparte Verpflegungskosten.

5. Erleidet der Geschädigte aufgrund der Verletzung eine erhebliche **Minderung** seiner **Erwerbsfähigkeit** oder wird er **erwerbsunfähig**, so steht ihm eine **Geldrente** zu (§ 843 Abs. 2 BGB). Sofern ein wichtiger Grund vorliegt, kann auch eine **Kapitalabfindung** anstelle der Geldrente verlangen werden (§ 843 Abs. 3 BGB). Allerdings ist der Geschädigte aufgrund seiner aus § 254 Abs. 2 S. 1 BGB folgenden Schadenminderungspflicht verpflichtet, die ihm noch verbleibende Arbeitskraft zur Einkommenserzielung einzusetzen (BGH NJW 1998, 3706). Kommt er dieser Verpflichtung nicht nach, ist ein **fiktives Einkommen** zu schätzen und mit dem geltend gemachten Erwerbsschaden zu verrechnen (BGH NJW 2007, 64). 131

☝ Seitens des **Schädigers** ist daher **einzuwenden**, dass bei dem Geschädigten noch eine Arbeitskraft vorhanden ist und dass er mit dieser ein Einkommen erzielen kann. Er hat darzulegen, welche Tätigkeit der Geschädigte noch ausüben könnte, dass ihm dieses auch zumutbar sei und er daraus ein Einkommen erzielen könnte, dessen ungefähre Größe nachvollziehbar angegeben werden muss. Dann obliegt es dem Geschädigten, diesen Einwand zu entkräften und darzulegen, aus welchen Gründen er keiner anderen Erwerbstätigkeit nachgehen kann oder ihm eine solche nicht zuzumuten sei.

132 **6.** Der Ersatz des Erwerbsschadens wird **bis** zu dem **Zeitpunkt geschuldet**, zu welchem die **Erwerbstätigkeit** unter Außerachtlassung des Schadenereignisses **normalerweise geendet hätte**. Insoweit gelten folgende

133 **Zeitpunkte**

- Bei **abhängig Beschäftigten** ist dies i.d.R. der Zeitpunkt, zu welchem das Ende der Erwerbstätigkeit von dem Gesetz vorgesehen ist (BGH NJW 1995, 3313).
- Bei **Selbstständigen** ist dieser Zeitpunkt ggf. durch Vergleiche mit anderen, in der gleichen Branche tätigen, Selbstständigen zu schätzen.

☝ Begehrt der Geschädigte dagegen für einen **darüber hinausgehenden Zeitraum** eine Rentenzahlung, so hat er substantiiert darzulegen und zu beweisen, aus welchen Gründen er der Erwerbstätigkeit für einen darüber hinausgehenden Zeitraum nachgegangen wäre. Ein diesbezüglicher Nachweis dürfte dem Geschädigten nur selten gelingen.

Siehe auch: → *Ansprüche, Zivilrecht, Allgemeines*, Teil I Rdn 96 m.w.N.

134 Ansprüche, Zivilrecht, Heilbehandlungskosten

Das Wichtigste in Kürze:

1. Alle zur Heilung notwendigen und erforderlichen Kosten sind zu erstatten. Eine fiktive Erstattung erfolgt nicht.
2. Ebenso sind Nebenkosten der Heilbehandlung zu erstatten, z.B. Fahrtkosten zur Heilbehandlung, Besuchskosten naher Angehöriger oder TV- und Telefonkosten bei stationärer Behandlung.
3. Bei einem stationären Aufenthalt muss sich der Verletzte je Kalendertag ersparte Eigenaufwendungen in Höhe von 10,00 EUR anrechnen lassen.
4. Die Krankenversicherungspflicht folgt aus § 193 Abs. 3 S. 1 VVG. Ein Verstoß hiergegen kann im Rahmen der Schadensminderungspflicht des Geschädigten Berücksichtigung finden.
5. Die Kosten der Heilbehandlung werden in aller Regel durch einen Kranken- **oder** Unfallversicherer getragen. Diesem stehen dann Erstattungs- bzw. Regressansprüche gegen den Schädiger zu.

135 **Literaturhinweise:** **Balke**, Die Erstattung von Heilbehandlungskosten, SVR 2013, 337; **Kleb-Braun**, Der Abzug häuslicher Ersparnisse bei Krankenhausbehandlung eines durch Fremdverschulden geschädigten Arbeitnehmers, NJW 1985, 663; **Kornes**, Der Regress des Sozialversicherungsträgers, der zivilrechtliche Schaden und das Schmerzensgeld, r+s 2002, 309; **Küppersbusch/Höher**, Ersatzansprüche bei Personenschaden, 14. Aufl. 2024; **Luckey**, Ersatz von Heilbehandlungskosten nach einem Verkehrsunfall, SVR 2011, 251; *ders.*, Heilbehandlungskosten – die „Reparatur des Menschen" oder doch „Stiefkind" im Personenschaden?, VRR 2014, 404; **Neumann-Duesberg**, Krankenbesuchskosten als Heilungskosten, NZV 1991, 455; **Seidel**, Der Ersatz von Besuchskosten im Schadensrecht, VersR 1991, 13; s.a. die Hinw. bei → *Ansprüche, Zivilrecht, Allgemeines*, Teil I Rdn 96.

136 **1.a)** Der Schädiger schuldet den Ersatz der zur **Heilung** des Verletzten entstandenen, **notwendigen** und **erforderlichen Kosten**. Welche Kosten dies jeweils sind, richtet sich nach der Betrachtung des **Einzelfalles**. Es ist ein großzügiger Maßstab anzulegen. Eine Begrenzung durch allgemeine Wirtschaftlichkeits-

erwägungen erfolgt bei der Heilung von Verletzungen nicht. Vielmehr dienen die medizinische Notwendigkeit und die bisherige Lebensführung des Verletzten als Maßstab. Dies kann in Ausnahmefällen dazu führen, dass auch bei einem gesetzlich Versicherten die privatärztlichen Behandlungskosten im Einzelfall erstattungsfähig sein können (BGH NJW 2006, 1271).

b) Die Frage, ob eine **Behandlung medizinisch notwendig** ist, muss im Streitfall durch ein **medizinisches SV-Gutachten** geklärt werden. Insbesondere wird, neben der erfolgreichen schulmedizinischen Behandlung und ihrer Kosten, auch Schadensersatz geschuldet für folgende 137

Schadenspositionen: 138

- Vergebliche oder **erfolglos gebliebene Behandlungen**, da die Frage der Notwendig- und Erforderlichkeit aus der ex ante Sicht zu beantworten ist
- Auch für **außerhalb** der **Schulmedizin liegende Behandlungsmethoden** (z.B. Heilpraktiker) wird Ersatz geschuldet, wenn die Behandlung als mit der Schulmedizin gleichwertig anzusehen ist oder eine schulmedizinische Behandlungsmöglichkeit nicht zur Verfügung steht und die alternativmedizinische Behandlung zur Heilung oder Linderung führen kann
- Wenn **nur** eine **Linderung** des Leidens und der Schmerzen, nicht jedoch eine völlige Genesung erreicht werden kann
- Ebenso kann für eine Behandlung im **Ausland** Kostenerstattung verlangt werden (BGH NJW 1969, 2281).

c) Hinsichtlich der **bisherigen Lebensführung** ist vor allem auf den **Versichertenstatus** des Verletzten abzustellen und insoweit muss aufgeklärt werden, ob er im Schadenszeitpunkt gesetzlich oder privat krankenversichert war. 139

☝ Ebenfalls sind die Kosten für **medizinische Hilfsmittel, Rehabilitationsmaßnahmen** und **Kuren** zu erstatten, sofern deren Entstehung auf die Tat des Schädigers zurückzuführen ist.

d) Die Heilbehandlungskosten können **nur konkret ersetzt verlangt** werden. Eine **fiktive Abrechnung** auf der Grundlage von Kostenkalkulationen oder Heil- und Behandlungsplänen ist dem Geschädigten **grds. verwehrt** (BGH NJW 1986, 1538). In dieser Entscheidung stellt der BGH ausdrücklich fest, dass die Herstellungskosten im Bereich der Personenschäden grds. zweckgebunden sind. 140

2. Auch die im Rahmen einer Heilbehandlung anfallenden sogenannten **Nebenkosten** sind von dem Schädiger zu erstatten. 141

a) Hierzu zählen zunächst vor allem die **Fahrten zur ärztlichen Behandlung**, unabhängig davon, ob diese ambulant oder stationär erfolgt. Hierbei ist die Schadensminderungspflicht des Verletzten zu beachten. Gegen die Übernahme von Taxikosten bestehen im Regelfall keine Bedenken. Der Schädiger ist insoweit darlegungs- und beweisbelastet, wenn er die Höhe oder Notwendigkeit der Fahrtkosten beanstanden will. Er hat dann eine gleichwertige und dabei wirtschaftlich günstigere Transportmöglichkeit darzulegen. 142

b) Bei **schweren Verletzungen** sind auch die Kosten zu erstatten, die anlässlich der **Besuche** von **nahen Angehörigen** entstanden sind. Dies folgt aus der Erwägung, dass bei schweren Verletzungen die Anwesenheit und der regelmäßige Besuch von nahen Angehörigen dem Heilungsprozess des Verletzten förderlich sind. Es sind dann sowohl die **Fahrtkosten** der nahen Angehörigen, als auch deren anlässlich des Besuches entstandener **Verdienstausfall** zu ersetzen, (BGH NJW 1989, 766; NJW 1990, 1037; OLG München, Urt. v. 23.12,2022 – 13 U 1972/18). Die nahen Angehörigen sind nicht selbst gegenüber dem Schädiger anspruchsberechtigt, da keines ihrer Rechtsgüter unmittelbar verletzt wurde. Erstattungsfähig ist vielmehr der **Aufwendungsersatz**, der seitens des Verletzten an die ihn besuchenden nahen Angehörigen geleistet wird. 143

☝ Selbst wenn diese, aus Gründen der Nähe zum Verletzten, auf einen solchen verzichten, was die Regel sein wird, **können** diese Positionen durch den Geschädigten **fiktiv abgerechnet** werden und sind vom Schädiger zu erstatten.

144 c) Bei einer **stationären Unterbringung** im Rahmen der Heilbehandlung sind auch die hierbei entstehenden Kosten für die Benutzung des **Telefons** und der **Fernsehvorrichtung** der stationären Einrichtung zu erstatten, wenn sie der Heilung förderlich waren (OLG Düsseldorf NJW-RR 1994, 352; LG Dortmund, Urt. v. 6.12.2002 – 3 O 323/02). Hierbei hat der **Geschädigte** die **Darlegungs-** und **Beweislast**, dass die Nutzung der Heilung förderlich war. Hiervon wird allerdings im Regelfall auszugehen sein.

145 **3.** Ist im Rahmen der Heilbehandlung oder Rehabilitation ein stationärer Aufenthalt erforderlich, so muss sich der Geschädigte bei einer **stationären Aufnahmeersparte Eigenaufwendungen** in Höhe von **10,00 EUR kalendertäglich** anrechnen lassen (OLG Brandenburg NJ 2019, 357; OLG Hamm NJW-RR 2001, 456). Insoweit findet also ein Vorteilsausgleich zugunsten des Schädigers statt. Zur Begründung wird angeführt, dass der Geschädigte im Rahmen einer stationären Aufnahme vollständig verpflegt wird und er daher Kosten für Nahrungsmittel, Haushaltsstrom etc im privaten Bereich einspart. Diese fiktiv zu berechnenden ersparten Eigenaufwendungen sind mit den seitens des Verletzten geltend gemachten Schadenersatzansprüchen, bspw. den Nebenkosten der Heilbehandlung, zu verrechnen.

146 **4.** Jede Person, die ihren Wohnsitz in der Bundesrepublik Deutschland hat, ist grds. **verpflichtet**, eine **Krankheitskostenversicherung** abzuschließen (§ 193 Abs. 3 S. 1 VVG). Hat ein Verletzter eine solche Versicherung nicht abgeschlossen, so wird er wohl grds. nur die Kosten einer Heilbehandlung ersetzt verlangen können, die durch einen Sozialträger zu tragen gewesen wären. Entscheidungen hierzu finden sich bisher, soweit überschaubar, noch nicht. Will der Geschädigte stattdessen, ohne den Nachweis der medizinischen Notwendigkeit als Ausnahmefall führen zu können, die Kosten einer privatärztlichen Heilbehandlung erstattet haben, so wird ihm die Darlegungs- und Beweislast obliegen, dass er auch vor dem schädigenden Ereignis stets privatärztliche Hilfe in Anspruch nahm und selbst die privatärztlichen Honorarrechnungen beglichen hat.

☝ Es erscheint dann allerdings vertretbar, sofern der Geschädigte zur **Finanzierung** der **Heilbehandlung** einen **Kredit** aufgenommen hat, diese **Finanzierungskosten** allenfalls zu einem Teil dem Schädiger aufzuerlegen und den Geschädigten insoweit auf seine Schadensminderungspflicht aus § 254 Abs. 2 S. 2 BGB zu verweisen. Wäre er seiner Versicherungspflicht aus § 193 Abs. 3 S. 1 VVG nachgekommen, hätte er den die Heilbehandlung finanzierenden Kredit nicht aufnehmen müssen. Da der Geschädigte selbst einer gesetzlichen Verpflichtung nicht nachgekommen ist, erscheint es nicht unzumutbar i.S.d. § 242 BGB, den Geschädigten auf die grds. jedem Geschädigten obliegende Schadensminderungspflicht aus § 254 Abs. 2 S. 2 BGB zu verweisen.

147 **5.** Die meisten Menschen in der Bundesrepublik sind entweder gesetzlich oder privat krankenversichert. In der Regel trägt dann der **Versicherer** zunächst die Heilbehandlungskosten und verlangt im Anschluss daran von dem Schädiger die **Erstattung** seiner **Aufwendungen**.

148 **a)** Soweit eine **private Krankheitskosten-** oder **Unfallversicherung** besteht, gehen die dem Geschädigten zustehenden Schadensersatzansprüche hinsichtlich der Heilbehandlungskosten in der Höhe auf den Versicherer über, in welcher er tatsächlich Leistungen ausgekehrt hat (**§ 86 Abs. 1 S. 1 VVG**). Der Anspruchsübergang erfolgt erst in dem Zeitpunkt, in welchem der Versicherer die vertraglich geschuldete Versicherungsleistung tatsächlich erbracht hat. Es gehen nur solche Schadenspositionen des Geschädigten auf den Versicherer über, die dieser aufgrund des Versicherungsvertrages als Ersatz schuldet. Oftmals verbleiben daher die sogenannten Nebenkosten der Heilbehandlung **in der** Person des Geschädigten bestehen.

☝ Verliert der Geschädigte hierdurch einen **Schadenfreiheitsrabatt** bei seinem Versicherer, kann er auch diesen ersetzt verlangen.

149 Der Geschädigte kann **nicht** im Rahmen einer Schadensminderungspflicht aus § 254 Abs. 2 S. 2 BGB darauf **verwiesen** werden, **zunächst** bei seinem **Versicherer** die **Heilbehandlungskosten zu regulieren**.

Der Geschädigte kann wählen, ob er sich zunächst an den Schädiger oder gleich an seinen Versicherer wendet. Der Leistungsantrag an den Versicherer mit der Folge des Anspruchsüberganges im Zeitpunkt der Leistung wird die Regel sein.

b) Bei **beihilfeberechtigten Beamten** gehen die Ansprüche auf den **Dienstherrn** nach § 76 BBG bzw. 150
dem jeweiligen Landesrecht i.V.m. den Beihilferegelungen über.

c)aa) Ist der Geschädigte **gesetzlich kranken-** und **unfallversichert**, so gehen die durch den gesetzlichen 151
Sozialversicherer zu tragenden Heilbehandlungskosten auf diesen gemäß **§ 116 SGB X** bereits im Zeitpunkt der schädigenden Handlung und nicht erst mit der tatsächlichen Leistungserbringung über (BGH NJW 2008, 2776).

bb) Soweit der **gesetzliche Sozialversicherer** den **Ersatz** von **ambulanten** ärztlichen **Heilmaßnahmen,** 152
Arzneimitteln und Verbandsmaterial verlangt, kann er, anstelle der tatsächlich von ihm geleisteten Beträge, seinen **Schadensersatzanspruch** gemäß § 116 Abs. 8 SGB X **pauschaliert** ersetzt verlangen. Wenn die pauschale Entschädigung verlangt wird, besteht Uneinigkeit darüber, ob er diese Wahl später wieder revidieren und konkreten Schadenersatz verlangen kann. Die wohl überwiegende Meinung (*Küppersbuch/Höher*, Rn 632) billigt dem Sozialversicherer dies zu, wenn er zuvor einen Vorbehalt erklärt oder sich der Gesundheitszustand des Verletzten nachträglich verschlechtert hat.

☝ Die Pauschalierungsmöglichkeit soll dem gesetzlichen Sozialversicherer eine Rationalisierung sowie kosten- und aufwendungsreduzierte Anspruchsverfolgung ermöglichen. Es **obliegt** dann dem **Schädiger**, einen **geringen Aufwand darzulegen** und nachzuweisen.

Die **Pauschalierung** erfolgt derart, dass **5 % des Durchschnittsentgeltes** der gesetzlichen **Rentenver-** 153
sicherung des vorletzten Jahres als pauschaler Schadensersatzbetrag verlangt werden kann, § 116 Abs. 8 SGB X i.V.m. § 18 Abs. 1 SGB IV. Das Durchschnittsentgelt wird jährlich für das vorangegangene Jahr durch die Bundesregierung festgelegt. Dieses ist dann auf den nächsthöheren, durch 420 teilbaren Betrag aufzurunden (§ 18 Abs. 1 SGB IV).

Beispiel 154
Im Jahr 2024 betrug das Durchschnittsentgelt der gesetzlichen Rentenversicherung 45.358,00 EUR. Dieses ist auf den nächsthöheren durch 420 teilbaren Betrag aufzurunden, also auf 45.360,00 EUR. Hiervon 5 % sind 2.268,00 EUR. Für Verletzungen aus dem Jahre 2015 kann der gesetzliche Sozialversicherer daher für die ambulanten Heilbehandlungsmaßnahmen und Hilfsmittel vom Schädiger pauschal 2.268,00 EUR fordern.

Siehe auch: → *Ansprüche, Zivilrecht, Allgemeines*, Teil I Rdn 96 m.w.N.

Ansprüche, Zivilrecht, Mitverschulden des Geschädigten 155

Das Wichtigste in Kürze:

1. Soweit ein Mitverschulden des Geschädigten nach § 254 Abs. 1 BGB vorliegt, ist dieses bei sämtlichen ihm zustehenden Ansprüchen zu berücksichtigen. Die Gründe für die Annahme eines Mitverschuldens sind in ihrer Vielzahl kaum zu überschauen und bedürfen im Ergebnis stets einer Abwägung im Einzelfall.
2. Die Mitverschuldenshandlung des Geschädigten muss vorsätzlich oder fahrlässig begangen und für die Schadensherbeiführung adäquat kausal gewesen sein.
3. Bei Eigentumsdelikten ist das Hervorrufen des Tatanreizes ein häufiges Kriterium für die Annahme eines Mitverschuldens. Bei Körperverletzungsdelikten hingegen kommt der Einwand der

Tatprovokation in Betracht. Auch die Überschreitung eines Notwehrrechtes kann zu einem Mitverschulden führen, nicht hingegen die angemessene Verteidigung gegen einen Angriff.

4. Nach der Rspr. kann auch der Umstand, jemanden zu einer Tat aus Eifersucht zu verleiten, als Mitverschulden im Einzelfall gewertet werden.
5. Als Rechtsfolge des Mitverschuldens bildet sich bei einem Vermögensschaden eine Schadensquote heraus. Bei Nichtvermögensschäden, in den meisten Fällen dem Schmerzensgeld, wird das Mitverschulden bei der Bemessung des angemessenen Entschädigungsbetrages berücksichtigt.
6. Ein Mitverschulden bei Mittätern/Teilnehmern einer Straftat führt zu einer Gesamtschau der Verursachungsbeiträge, jedoch nicht zu einer Einzelabwägung. Bei Nebentätern ist sowohl eine Gesamtschau also auch eine Einzelabwägung vorzunehmen.
7. Hinsichtlich der Umstände, aus denen sich ein Mitverschulden ergibt, ist der Beweismaßstab des § 286 Abs. 1 ZPO anzulegen. Hinsichtlich des Ausmaßes des Verschuldens gilt § 287 Abs. 1 ZPO.

156 **Literaturhinweise:** **Greger**, Mitverschulden und Schadensminderungspflicht – Treu und Glauben im Haftungsrecht?, NJW 1985, 1130; **Kraft**, Mitverschulden des Beifahrers bei Alkoholisierung des Fahrzeugführers, NZV 2014, 245; s.a. die Hinw. bei → *Ansprüche, Zivilrecht, Allgemeines*, Teil I Rdn 96.

157 **1.** Sofern der Nachweis des Mitverschuldens des Geschädigten gelingt, ist dessen Verursachungsbeitrag **bei allen** ihm zustehenden oder auf Dritte übergegangenen **Ansprüchen** zu **berücksichtigen**. In der Rspr. hat sich eine beinahe unüberschaubare Kasuistik hinsichtlich möglicher Mitverschuldenstatbestände entwickelt, so dass auf Seiten des Rechtsanwaltes des Beschuldigten durchaus mit einiger Kreativität und geschicktem Vortrag ein Mitverschuldenseinwand erhoben werden kann. Im Folgenden sollen zu den beiden häufigsten Straftaten, einerseits **Eigentums-** und andererseits **Körperverletzungsdelikte**, Ausführungen bezüglich möglicher **Mitverschuldenseinwände** gemacht werden.

☝ Gerade wenn **Ansprüche** auf **Sozialleistungsträgerübergegangen** sind, sollte, sofern greifbare Argumente für einen solchen vorliegen, der Mitverschuldenseinwand erhoben werden. Sozialleistungsträger sind bemüht, gerichtliche Streitigkeiten zu vermeiden und neigen i.d.R. dazu, rechtliche Auseinandersetzungen außerprozessual beizulegen. Hier kann die wirtschaftliche Belastung des Beschuldigten durch einen entsprechenden Vortrag und Abschluss eines **Vergleiches** mitunter deutlich reduziert werden.

158 **2.** Von einem **Mitverschulden** ist allgemein dann auszugehen, wenn der **Geschädigte** eine für sich und seine Rechtsgüter **vermeidbare Gefahrensituation geschaffen** hat. Ein Mitverschulden ist bereits dann anzunehmen, wenn diejenige Sorgfalt außer Acht gelassen wird, die ein ordentlicher und verständiger Mensch zur Vermeidung eigenen Schadens anzuwenden pflegt, ständige Rspr. (u.a. BGH NJW-RR 2010, 848 m.w.N.).

☝ Der Mitverschuldenseinwand bedarf stets der **Darlegung** und **Abwägung** der **Umstände** des **Einzelfalles**. Er folgt in seinem Grundgedanken aus § 242 BGB und hat in § 254 BGB seine Normierung gefunden.

Die **Mitverschuldenshandlung** muss

- **schuldhaft** erfolgen, wobei Fahrlässigkeit genügt, und
- **adäquat kausal** für den Schadenerfolg sein.

159 **3.a)** Das Schaffen eines **Tatanreizes** oder die **Vereinfachung der Tatdurchführung** sind bei **Eigentumsdelikten** die erfolgversprechendsten Mitverschuldenseinwände. Wer z.B. wertvollen Schmuck, teure Bekleidungsstücke oder elektronische Gebrauchsartikel offen sichtbar in seinem Fahrzeug zurücklässt und hierdurch bei einem Dieb den Entschluss zur Tat weckt, muss sich ein Mitverschulden anrechnen lassen. Gleiches gilt wenn bspw. vergessen wird, die Wohnungs- oder Balkontüre zu verschließen oder

den Fahrzeugschlüssel im Kofferraumschloss des Pkw stecken zu lassen (mit Rechtsprechungsnachweisen MüKo-BGB/*Oetker*, § 254 Rn 51).

☝ Der Verteidiger sollte **schon** im **Strafverfahren** die **Grundlagen** für einen **erfolgreichen zivilrechtlichen Mithaftungseinwand** schaffen. Denn die Umstände, die zu einem Mitverschuldenseinwand nach § 254 BGB führen, sind zugleich solche, die bei der Bemessung einer angemessenen Strafe zugunsten des Angeklagten ebenfalls zu berücksichtigen sind. Das Ermöglichen der Tat sowie das Hervorrufen des Tatentschlusses durch Schaffung günstiger Tatumstände, sind Gesichtspunkte, die im Rahmen der Strafzumessung zugunsten des Angeklagten berücksichtigt werden müssen.

Auch bei **Computerdelikten** wie dem Ausspähen von Daten kann der Umstand, dass der Geschädigte auf seiner Rechenanlage **keine Antivirensoftware** installiert oder diese nicht laufend aktualisiert hat, zu einem Mitverschulden führen. Das erscheint sachgerecht, denn es ist bspw. den Fällen des nicht ausreichenden Sicherns der Wohnungszugänge vergleichbar. 160

Die **fehlende Überwachung** von **Mitarbeitern**, um einer **Untreue** oder **Unterschlagung** vorzubeugen, kann ebenfalls zu einem Mitverschuldenseinwand führen, soweit dem Arbeitgeber ein **Organisationsverschulden** einschließlich **unzureichender Kontrollmaßnahmen** vorgeworfen werden kann (BAG NJW 1970, 1861). Wenn Organisationsfehler festzustellen sind, liege stets ein Anlass zur Prüfung vor, ob den geschädigten Arbeitgeber ein Mitverschulden trifft. Es sei daher in solchen Fällen wesentlich, ob eine ordentliche Organisation und eine dem Üblichen entsprechende Kontrolle durch den Arbeitgeber geeignet gewesen wären, den Schaden zu verhüten oder doch wenigstens zu verringern (BAG, a.a.O.). 161

b) Die **Tatprovokation** ist der häufigste Mitverschuldenseinwand im Rahmen von **Körperverletzungsdelikten**. Wenn der Geschädigte durch **Provokationen, Beleidigungen, Herumschubsen und Stoßen** oder ein sonstiges seinen Gegenüber herausforderndes Verhalten, diesen zu einer Körperverletzung erst verleitet, muss er sich sein Verhalten als Mitverschulden anrechnen lassen (OLG Hamm, Urt. v. 4.11.2016 – 9 U 135/15). Selbst die eher scherzhaft gemeinte Aufforderung, ihn zu schlagen oder eine Waffe gegen ihn zu gebrauchen, kann als eine das Mitverschulden begründende Handlung angesehen werden (OLG Hamm VersR 1983, 566). 162

Auch wer **ohne rechtfertigenden Grund bedrohlich** und in **drohender Haltung** auf eine **andere Person zugeht**, muss damit rechnen, dass diese sich mit allen Mitteln zur Wehr setzen und ihn möglicherweise auch erheblich verletzen wird (BGH, Urt. v. 21.2.1967 – VI ZR 151/65). Auch wenn ein Angegriffener sein **Notwehrrecht überschreitet**, muss sich der dann unter Umständen auch schwer verletzte Angreifer seinen Angriff als Mitverschulden vorhalten lassen (BGH NZV 2008, 85). 163

4. Ebenso kann der Umstand, dass der Verurteilte aus **Eifersucht** zu der Tat hingerissen worden war, im Einzelfall ein Mitverschulden begründen. So wurde ein Mitverschulden eines Mannes angenommen, der mit einer verheirateten Frau eine intime Beziehung hatte (OLG Köln NJW 1982, 2260). Der inzwischen getrennt lebende Ehegatte suchte ihn an seiner Wohnung auf und versuchte, in diese einzudringen. Das Opfer flüchtete in Panik aus dem Fenster seiner eigenen Wohnung und zog sich hierbei Frakturen am Fuß zu. Dieser habe durch sein ehebrecherisches Verhalten und seine ehewidrige Beziehung den Mitverschuldenstatbestand geschaffen. Das OLG hat ein Mitverschulden von einem Drittel angenommen (OLG Köln, a.a.O.). 164

Ebenfalls das OLG Köln hat allerdings ein Mitverschulden einer Ehefrau, die nach einem **heftigen verbalen Streit**, aufgrund des seitens ihres Ehemannes erhobenen und nicht näher belegten Vorwurfes des Ehebruches, durch Messerstiche des Ehemannes schwer verletzt wurde, nicht angenommen (OLG Köln NJW-RR 2002, 1392). Eine Mithaftung wegen einer **verbalen Provokation** käme allenfalls in engen Grenzen in Betracht, für die der Täter darlegungs- und beweispflichtig sei (OLG Köln, a.a.O.). Was indes unter solchen engen Grenzen zu verstehen sei, führt das OLG Köln nicht aus. 165

166 **5.** Bei der **Rechtsfolge** eines Mitverschuldens muss zwischen dem **Vermögensschaden** einerseits und dem **Nichtvermögensschaden** andererseits **differenziert** werden.

167 **a)** Bei einem **Vermögensschaden** wird eine Mitverschuldensquote ermittelt, welche der Geschädigte sich bezüglich aller Ansprüche entgegenhalten lassen muss. Bei **immateriellen Schäden** wird keine Quote ermittelt, sondern es wird der Grad des Mitverschuldens des Geschädigten bei der Ermittlung des angemessenen Entschädigungsbetrages berücksichtigt, so dass von dem so ermittelten Betrag ein weiterer quotenmäßiger Abzug nicht erfolgt. i.d.R. ist zunächst von dem Betrag auszugehen, welcher ohne die Berücksichtigung eines Mitverschuldens angemessen wäre. Dann wird, allerdings nur gedanklich, die Mitverschuldensquote gebildet und dieser Betrag um die Quote reduziert, so dass letztlich ein Einzelbetrag ausgewiesen wird.

168 Zur **Berechnung** des immateriellen Schadenersatzbetrages folgendes

Beispiel:

Werden zum Beispiel 10.000,00 EUR Schmerzensgeld grds. für angemessen erachtet und soll hierbei ein Mitverschulden des Geschädigten von 25 % berücksichtigen, so wird im Ergebnis ein Schmerzensgeld von 7.500,00 EUR ausgewiesen.

169 **b)** Bei der **Ermittlung** der **Mitverschuldensquote** beziehungsweise der Festlegung eines angemessenen immateriellen Schadensersatzbetrages sind die nachfolgenden **Kriterien** zu berücksichtigen.

- Ermittlung des **Mitverursachungsgrades** (§ 254 Abs. 1 BGB; Teil I Rdn 170),
- **Kausalität** der Mitwirkungshandlung für den Schadeneintritt (Teil I Rdn 171),
- Bestimmung des **Verschuldensmaßes** (Teil I Rdn 172 f.),
- **Abwägung** der Umstände des Einzelfalles (Teil I Rdn 177).

170 **aa)** Zunächst ist herauszuarbeiten, in welchem Maße eine Handlung des bei einer Straftat Geschädigten für die erlittene Schädigung mitursächlich war. Hierbei ist zunächst die **Mitwirkungshandlung** des **Geschädigten** herauszuarbeiten und darzustellen. Die Mitverschuldenshandlung des Geschädigten muss nicht gegen geltende Rechtsnormen verstoßen. Vielmehr genügt es, wenn ihm ein Verschulden bei der Schadensentstehung vorgeworfen werden kann. Am ehesten kommt man dem Begriff der Mitverschuldenshandlung mit dem aus dem Versicherungsrecht bekannten Begriff der Obliegenheiten nahe, sozusagen eine Obliegenheit in eigenen Angelegenheiten des Geschädigten. Verzichtet dieser bspw. auf Schutzmaßnahmen hinsichtlich seiner Rechtsgüter oder setzt er diese durch aktives Handeln einer ansonsten nicht bestehenden Gefahr aus, so soll er hierfür auch einstehen müssen. Daher ist zwingend die konkrete Handlung oder Unterlassung des Geschädigten aufzuzeigen, an die ein Mitverschulden geknüpft werden soll. Schließlich soll **diese Handlung** in einem späteren Schritt mit der Handlung des Beschuldigten im Rahmen der Abwägung des Einzelfalles in ein Verhältnis gebracht werden.

171 **bb)** Weiterhin muss die **Mitverschuldenshandlung** des Geschädigten **adäquat kausal für** den **Schadeneintritt** gewesen sein. Vereinfacht ausgedrückt kann man sagen, dass die verletzte Obliegenheit in eigener Sache auf Seiten des Geschädigten gerade den Zweck hatte, den Schaden wie er letztlich eingetreten ist zu verhindern. Bei der Kausalität ist zu beachten, dass im Zivilrecht die **Adäquanztheorie** zur Bestimmung der Kausalität heranzuziehen ist. Hiernach ist ein Verhalten kausal, wenn es ganz allgemein geeignet ist, einen Erfolg, wie er letztlich eingetreten ist, zu verursachen. Eigenartige, unwahrscheinliche oder besonders außergewöhnliche Geschehensabläufe haben dabei außer Betracht zu bleiben (BGH NJW 2002, 2232).

172 **cc)** Schließlich muss die **Mitverschuldenshandlung** durch den Geschädigten **schuldhaft begangen** worden sein. Nach § 276 Abs. 1 BGB sind dies grds. Vorsatz oder Fahrlässigkeit, wobei eine **fahrlässige Mitwirkungshandlung** zur Begründung eines Mitverschuldens **ausreichend** ist.

173 Dass der Geschädigte im Rahmen der §§ 827, 828 BGB **zurechnungsfähig** zum Handlungszeitpunkt gewesen sein muss, versteht sich von selbst. War der Geschädigte allerdings durch den übermäßigen

Konsum von Alkohol oder den Konsum von Drogen zum Zeitpunkt der Mitverschuldenshandlung **zurechnungsunfähig** i.S.d. § 827 BGB, so kommt dennoch seine **Haftung** nach § 829 BGB in Betracht, wenn dieses aus **Billigkeitsgründen** geboten erscheint. Dies ist stets eine **Abwägung im Einzelfall**, bei der auch die wirtschaftliche Leistungsfähigkeit der Beteiligten zu berücksichtigen ist. Bei einem **selbst verschuldeten Rauschzustand** wird in aller Regel eine **Mithaftung aus Billigkeitsgesichtspunkten**, trotz Vorliegens einer Unzurechnungsfähigkeit nach § 827 Abs. 1 BGB, **anzunehmen** sein.

dd) Letztlich werden alle zuvor erörterten und herausgearbeiteten **Einzelfallumstände** noch einmal einer **Gesamtabwägung** unterzogen. Hierbei wird auch das unterschiedliche Maß des Verschuldens der beteiligten Personen, bspw. vorsätzliches Handeln auf der einen und fahrlässiges Verhalten auf der anderen Seite, zu berücksichtigen sein. Auch fließen hier Umstände der jeweiligen Tatmotivation ein. 174

6.a) Sind **mehrere Täter** oder **Teilnehmer** an einer Straftat beteiligt, so hat sich jeder Mittäter/Teilnehmer einer Straftat den **Beitrag** des **anderen anrechnen** zu lassen (BGH NJW 1959, 1772). Dies folgt schon aus § 830 Abs. 1 und 2 BGB. Jeder Mittäter/Teilnehmer haftet dem Geschädigten gegenüber auf den ihm zustehenden Schadensersatzanspruch. Damit allerdings keine ungerechten Ergebnisse entstehen, wird eine Gesamtschau der Verursachungsbeiträge durchgeführt. Dazu folgendes 175

Beispiel: 176

A, B, C und D geraten in eine körperliche Auseinandersetzung mit E. Jeder der fünf Beteiligten, also auch E, trägt ein hälftiges Mitverschulden an der Auseinandersetzung. Die Kleidung und der Schmuck des E werden bei der Auseinandersetzung beschädigt. Es entsteht ein Sachschaden in Höhe von 2.000,00 EUR auf Seiten E.

Wenn nun E ein Mitverschulden in Höhe von 50 % angelastet wird, da er den Streit zu 50 % selbst verschuldet hat, so wäre indes unberücksichtigt, dass E sich vier Gegnern gegenübersah. Daher wird, bei gleichen Verschuldensanteilen, das Maß des Mitverschuldens durch die Anzahl der an der Streitigkeit Beteiligten bestimmt, so dass sich E ein Mitverschulden nur in Höhe von 20 % anlasten lassen muss und 1.600,00 EUR seines Schadens ersetzt verlangen kann.

b) Im Falle einer **Nebentäterschaft** wird, **zusätzlich zu einer Gesamtschau**, noch eine **Einzelfallabwägung** durchgeführt (BGH NJW 2006, 896, NJW 2011, 292, OLG Hamm NJW-RR 2020, 90). Diese Konstellation hat jedoch in der Regel für die Ansprüche gegen einen Beschuldigten keine Bedeutung. Sie betrifft Fälle, in denen ein Geschädigter von verschiedenen, unabhängig voneinander handelnden, Schädigern verletzt wird. Häufig sind solche Fälle im Straßenverkehr zu beobachten. Bspw. wird eine Person zum einen dadurch geschädigt, dass jemand auf deren Fahrzeug auffährt. Danach wird sie, während sie auf das Eintreffen der Polizei zur Unfallaufnahme wartet, von einem anderen vorbeifahrenden Fahrzeug erfasst und verletzt. 177

7. Im Rahmen eines Prozesses ist insoweit zu beachten, dass bezüglich der **Umstände** des **Einzelfalles**, an denen eine Haftung geknüpft werden soll, der Beweismaßstab des **§ 286 ZPO** anzulegen ist. Das bedeutet, dass alle für bedeutend erachteten Handlungsumstände vorgetragen, unter Beweis gestellt und im Bestreitensfalle auch bewiesen werden müssen. Stehen die Tatumstände dann einmal fest, ist dem Gericht zur Bestimmung einer **Haftungsquote** beziehungsweise der Ermittlung eines angemessenen Schadenersatzbetrages ein **Beurteilungsspielraum** nach **§ 287 ZPO** eröffnet (BGH NJW 1986, 2945). 178

Siehe auch: → *Ansprüche, Zivilrecht, Allgemeines*, Teil I Rdn 96 m.w.N.

179 Ansprüche, Zivilrecht, Regress der Kfz-Haftpflicht- und Kaskoversicherung

Das Wichtigste in Kürze:

1. Vor allem, wenn der Verteidiger ein Mandat aus dem straßenverkehrsstrafrechtlichen Bereich übernimmt, muss er immer bedenken und den Beschuldigten darüber informieren, dass nach der Beendigung des Verfahrens der Fahrzeugversicherer und ggf. auch der Rechtsschutzversicherer mit Regressansprüchen auf ihn zukommen werden.
2. Wenn der Versicherungsnehmer oder eine mitversicherte Person einen Schaden vorsätzlich und widerrechtlich herbeiführt, haftet der Kfz-Haftpflichtversicherer auch nach außen dem durch die Tat Geschädigten nicht (§ 103 VVG). Bei einer vorsätzlichen oder grob fahrlässigen Verletzung einer Obliegenheit aus dem Kfz – Haftpflichtversicherungsvertrag kann der Versicherer aus § 28 Abs. 2 VVG Regressansprüche gegen den Fahrer geltend machen.
3. Bei einer vorsätzlichen Obliegenheitsverletzung ist der Versicherer im Innenverhältnis leistungsfrei (§ 28 Abs. 2 S. 1 VVG).
4. Es ist zwischen Obliegenheitsverletzungen vor und nach dem Versicherungsfall zu unterscheiden. Für beide erfolgt, in unterschiedlicher Höhe, eine Haftungsbegrenzung aus dem KfzPflVV. Die einfache Unfallflucht ist keine besonders schwerwiegende Pflichtverletzung i.S.d. § 6 Abs. 3 KfzPflVV.
5. Der Regress bei einer Trunkenheitsfahrt, bei welcher ein Schaden entstanden ist (§ 315c StGB), ist der in der Praxis häufigste Fall einer Obliegenheitsverletzung.
6. Wird eine Obliegenheit grob fahrlässig verletzt, so kann der Versicherer seine Leistung entsprechend der Schwere des Verschuldens des Fahrers bezüglich der von ihm begangenen Obliegenheitsverletzung kürzen.
7. Beim unerlaubten Entfernen vom Unfallort (§ 142 StGB) ist das Prüfungsschema um die Hinweispflicht des Versicherers aus § 28 Abs. 4 VVG zu ergänzen.
8. Leistet die Kaskoversicherung gegenüber dem Versicherungsnehmer, so gehen alle Ansprüche des Versicherungsnehmers gegen den Schädiger auf den Versicherer über (§ 86 Abs. 1 S. 1 VVG).
9. Liegt eine Straftat zum Nachteil des Versicherers vor, gleich ob Haftpflicht oder Kasko, und hat der Versicherer Leistungen erbracht, so kann er diese in voller Höhe, auch beim Regress des Kraftfahrzeughaftpflichtversicherers, von dem Verurteilten ersetzt verlangen.
10. Die Regressansprüche verjähren nach drei Jahren.

180 **Literaturhinweise:** **Nugel/Wenker**, Update zum Regress des Kraftfahrtversicherers nach der VVG – Reform, NZV 2012, 463; **Schirmer**, Arglistiges Verhalten des VN im neuen VVG, r+s 2014, 533; **Stahl**, Quotenbildung nach dem VVG in der Kraftfahrtversicherung – Bemessungskriterien und Quotenmodelle, NZV 2009, 265; **Stiefel/Maier**, Kraftfahrtversicherung, 20. Aufl., 2026; **Wagner**, Regressansprüche des Kfz-Haftpflichtversicherers, NJ 2011, 45; s.a. die Hinw. bei → *Ansprüche, Zivilrecht, Allgemeines*, Teil I Rdn 96.

181 **1.** Vor allem, wenn der Verteidiger ein Mandat aus dem **straßenverkehrsstrafrechtlichen Bereich** übernimmt, muss er immer bedenken und den Beschuldigten darüber informieren, dass nach der Beendigung des Verfahrens der **Fahrzeugversicherer** und ggf. auch der **Rechtsschutzversicherer** mit **Regressansprüchen** auf ihn zukommen werden (→ *Ansprüche, Zivilrecht, Regress der Rechtsschutzversicherung*, Teil I Rdn 229).

☝ Den meisten Beschuldigten ist dies zunächst nicht bewusst, so dass sie schon zu Beginn der Mandatsübernahme darauf hingewiesen werden müssen. So haben sie schon zu einem frühen Zeitpunkt Gelegenheit, sich auf diese möglicherweise auf sie zukommende **finanzielle Mehrbelastung vorzubereiten**.

2.a) Wenn der Versicherungsnehmer oder eine mitversicherte Person einen **Schaden vorsätzlich** und **widerrechtlich** herbeiführt, haftet der **Kfz-Haftpflichtversicherer auch nach außen** dem durch die Tat Geschädigten **nicht** (§ 103 VVG). Das bedeutet, dass in derartigen Fällen der Fahrer den gesamten entstandenen Schaden selbst trägt. Zu denken ist hier an Fälle, in denen ein Fahrzeug dazu benutzt wird, einer anderen Person oder Sache Schaden zuzufügen, indem z.B. mit dem Fahrzeug eine andere Person vorsätzlich angefahren oder absichtlich gegen eine andere Sache gefahren wird (§ 315b StGB). Das Fahrzeug wird hierbei als Waffe oder Instrument der Schädigung, also bestimmungswidrig, eingesetzt. Es realisiert sich keine typische Gefahr aus dem Gebrauch des Kraftfahrzeuges, so dass die Versicherung leistungsfrei ist. 182

b) In Fällen, in denen vorsätzlich oder grob fahrlässig gegen **Obliegenheiten** aus dem **Versicherungsvertrag verstoßen** wird, haftet der Versicherer dem Geschädigten gegenüber aus § 116 Abs. 1 S. 1 VVG voll. Er kann jedoch im Innenverhältnis den **Fahrer** in **Regress** nehmen. Die für den Verteidiger bedeutsamen Fälle sind vor allem die **Trunkenheitsfahrt**, bei der ein **Schaden verursacht** wurde (§ 315c StGB), und das **unerlaubte Entfernen** vom Unfallort (§ 142 StGB). Hier stellt sich die Frage, ob sowie in welcher Höhe der Versicherer berechtigte Ansprüche gegen den Mandanten hat. 183

Voraussetzung für einen Regress des Versicherers ist zunächst, dass sich aus dem **Versicherungsvertrag** eine **Obliegenheit** ergibt. Der Versicherungsvertrag ist einzusehen. Die den Strafverteidiger besonders interessierenden Obliegenheiten nach den Allgemeinen Bedingungen für die Kfz-Versicherung (AKB) sind: 184

Obliegenheiten aus den AKB: 185

D.1.3 Führerscheinklausel

D.2.1 Fahruntüchtigkeit

D.2.2 illegale Rennen

E.1.3 Unfallflucht

☝ Wenn eine solche Obliegenheit vertraglich vereinbart ist, sie ergibt sich aus allen AKB, kann der Versicherer gegen den Fahrer Ansprüche aus **§ 28 Abs. 2 VVG** herleiten.

3. Bei einer **vorsätzlichen Obliegenheitsverletzung** ist der **Versicherer** im **Innenverhältnis leistungsfrei** (§ 28 Abs. 2 S. 1 VVG). Wird die Obliegenheit grob fahrlässig verletzt, folgt eine Kürzung der Leistung des Versicherers entsprechend der Quote des Verschuldens aus der grob fahrlässigen Obliegenheitspflichtverletzung. Der Fahrer kann jedoch, sofern er nicht arglistig gehandelt hat, den Kausalitätsgegenbeweis erbringen mit der Folge, dass dem Versicherer kein Regressanspruch zusteht (§ 28 Abs. 3 VVG). Schließlich muss der Versicherer noch auf die Folgen einer Obliegenheitsverletzung schriftlich hinweisen. Solche Hinweise sind in den AKB und den Schadenmeldeformularen enthalten. Das Verbot, sich von dem Unfallort zu entfernen (§ 142 StGB), ist eine **spontane Obliegenheitspflicht**, auf die nicht gesondert hingewiesen werden muss. 186

4.a) Es ist grds. zwischen **Obliegenheiten vor** und **nach** dem **Eintritt des Versicherungsfalles** zu unterscheiden. Eine Obliegenheit vor Eintritt des Versicherungsfalles ist z.B. das Verbot, im fahruntüchtigen Zustand das versicherte Kraftfahrzeug zu führen. Die Verpflichtung, an dem Unfallort zu verbleiben, ist eine Obliegenheit nach Eintritt des Versicherungsunfalles (Verkehrsunfall). Die **Unterscheidung ist bedeutend**, da für beide Fälle nach der Verordnung über den Versicherungsschutz in der Kraftfahrzeug – Haftpflichtversicherung **(KfzPflVV) unterschiedliche Haftungshöchstgrenzen** bestehen. 187

b) Bei der Verletzung einer **Obliegenheit vor Eintritt** des Versicherungsfalles ist die **Haftung** des Fahrers auf **5.000,00 EUR begrenzt (§ 5 Abs. 3 S. 1 KfzPflVV)**. Hat der Fahrer das Fahrzeug durch eine Straftat erlangt (Diebstahl, Gebrauchsanmaßung, Unterschlagung), so kann er sich auf eine Haftungsobergrenze nicht berufen und ist in voller Höhe regresspflichtig (§ 5 Abs. 3 S. 2 KfzPflVV). 188

189 **c)** Die Haftungsobergrenze für **Obliegenheitsverletzungen nach Eintritt** des Versicherungsfalles ist in **§ 6 Abs. 1 und 3 KfzPflVV** normiert. Insoweit gilt:

- Wird die Obliegenheit **vorsätzlich oder grob fahrlässig** verletzt, ist die Haftung des Fahrers auf **2.500,00 EUR** begrenzt (**§ 6 Abs. 1 KfzPflVV**).
- Liegt eine **besonders schwerwiegende, vorsätzliche Obliegenheitsverletzung** nach Eintritt des Versicherungsfalles vor, ist die Haftung des Fahrers auf **5.000,00 EUR** begrenzt (**§ 6 Abs. 3 KfzPflVV**).

190 Wenn **sowohl** eine **Obliegenheitsverletzung vor als auch nach** dem Versicherungsfall vorliegen, können beide Haftungsbegrenzungen **addiert** werden, so dass der Fahrer auf bis zu 10.000,00 EUR im Höchstfall in Anspruch genommen werden kann (BGH NJW 2006, 147; KG, Beschl. v. 9.3.2010 – 6 U 141/09). Ein typisches Beispiel hierfür ist die Trunkenheitsfahrt, bei der ein Unfall verursacht wird und sich der Fahrer sodann von der Unfallstelle entfernt und eine Unfallflucht begeht.

191 Die als **Rechtsfolge** der **grob fahrlässigen Obliegenheitsverletzung** zu bildende **Schadenquote** findet **auch** bei den **Haftungshöchstgrenzen** nach dem KfzPflVV **Anwendung**. Ist z.B. durch einen Unfall während einer Trunkenheitsfahrt ein Sachschaden in Höhe von 4.000,00 EUR entstanden und haftet der Fahrer wegen der grob fahrlässigen Obliegenheitsverletzung der Trunkenheitsfahrt mit einer Quote von 80 %, so hat er dem Versicherer 3.200,00 EUR zu erstatten. Seine Haftung ist gem. § 5 Abs. 3 S. 1 KfzPflVV zwar auf 5.000,00 EUR begrenzt. Das bedeutet aber nicht, dass er den Schaden der Versicherung bis zu einer Höhe von 5.000,00 EUR vollständig zu ersetzen hat. Vielmehr **schuldet er den Ausgleich nur in Höhe der festgestellten Verursachungsquote**, höchstens jedoch 5.000,00 EUR.

192 **d)** Für das in der Praxis bedeutsame **unerlaubte Entfernen vom Unfallort** (§ 142 StGB) gilt: Die „Unfallflucht" stellt eine Obliegenheitsverletzung nach Eintritt des Versicherungsfalles dar. Die Unfallflucht bei einem reinen Sachschaden, bei dem der Fahrer die Unfallstelle verlässt, ist eine einfache Obliegenheitsverletzung i.S.d. § 6 Abs. 1 KfzPflVV.

193 Ein **besonders schwerwiegendes Verhalten** liegt **nicht** vor, wenn das Gesamtverhalten des Täters nicht über die bei einer Unfallflucht üblichen Pflichtverstöße hinausgeht (BGH NJW 1982, 2323).

Auf die **Rspr.** des **BGH** muss der Verteidiger sowohl gegenüber der Versicherung als auch in einem etwaigen Regressprozess **ausdrücklich hinweisen** und sie darlegen. Ansonsten droht die Gefahr, dass von einer unzutreffenden Haftungsobergrenze ausgegangen wird (siehe OLG Celle, r+s 2014, 59). Dort wurde unzutreffend von einer Haftungsobergrenze des Fahrers von 5.000,00 EUR bei einer einfachen Verkehrsunfallflucht ausgegangen!

194 Die **Unfallflucht** ist erst **dann besonders schwerwiegend**, wenn **besondere Umstände** hinzutreten, die über das Maß des üblichen Pflichtverstoßes einer Unfallflucht hinausgehen. Dies sind z.B. das Zurücklassen einer verletzten Person oder das Beseitigen von Unfallspuren. In derartigen Fällen ist von einer besonders schwerwiegenden Pflichtverletzung auszugehen mit der Folge, dass die Haftung gem. § 6 Abs. 3 KfzPflVV auf 5.000,00 EUR begrenzt ist.

195 **5.a)** Der in der Praxis häufigste Fall ist die **Straßenverkehrsgefährdung** gem. **§ 315c StGB**. Es empfiehlt sich, das Bestehen von Regressansprüchen der Versicherung, gleich ob eine Obliegenheitsverletzung vor oder nach dem Versicherungsfall vorliegt, anhand des nachfolgenden Schemas zu prüfen.

196 Der Anspruch des Versicherers ergibt sich aus den **AKB**. Im Folgenden werden die AKB 2015 zugrunde gelegt. Die Regeln der AKB entsprechen jedoch dem § 28 VVG, so dass zur Vereinfachung im Nachfolgenden die Haftung anhand von § 28 VVG aufgezeigt wird.

197 **Prüfungsreihenfolge des Versicherungsregress:**

- Vorliegen einer Obliegenheitsverletzung,
- Verschulden – mindestens grobe Fahrlässigkeit (§ 28 Abs. 2 VVG),
- Kausalität der Obliegenheitsverletzung – nur bei Arglist entbehrlich (§ 28 Abs. 3 VVG).

b)aa) Zunächst muss festgestellt werden, dass der Fahrer **fahruntüchtig** war und in diesem Zustand einen Schaden verursacht hat. Die einschlägige Obliegenheit ergibt sich aus D.2.1 AKB. 198

> *D.2.1 AKB 2008* 199
>
> Das Fahrzeug darf nicht gefahren werden, wenn der Fahrer durch alkoholische Getränke oder andere berauschende Mittel nicht in der Lage ist, das Fahrzeug sicher zu führen. Außerdem dürfen Sie, der Halter oder der Eigentümer des Fahrzeugs, dieses nicht von einem Fahrer fahren lassen, der durch alkoholische Getränke oder andere berauschende Mittel nicht in der Lage ist, das Fahrzeug sicher zu führen.

bb) Keiner weiteren Differenzierung bedürfen die Fälle der **absoluten Fahruntüchtigkeit.** 200

Bei der **relativen Fahruntüchtigkeit** müssen **weitere Umstände hinzutreten**, aus denen ein Rückschluss auf die Fahruntüchtigkeit erfolgen kann. Hierzu zählen vor allem **grobe Fahrfehler**, etwa das Abkommen von einer weit einsichtigen, geraden Fahrbahn oder das Fahren von Schlangenlinien. Auch eine deutlich überhöhte Geschwindigkeit, ein zu spätes Abbremsen, das Auffahren auf ein stehendes Fahrzeug oder das Geradeauslenken in einer Kurve zählen hierzu. Selbst wenn eine Fahrsituation auch von einem Nüchternen nicht hätte beherrscht werden können, der Fahrer allerdings erst durch den Genuss von Alkohol, bspw. durch eine Enthemmung oder eine durch Alkohol hervorgerufene leichtsinnige Fahrweise, in eine solche Fahrsituation geraten ist, liegt eine Fahruntüchtigkeit vor (OLG Düsseldorf NJW-RR 2001, 101). 201

c) Weiterhin muss die **Obliegenheit** durch den Fahrer **schuldhaft verletzt** worden sein. Die für den Versicherer günstigste Schuldform auf Seiten des Fahrers ist, wenn dieser vorsätzlich gehandelt hat. Sie ist dann, ohne Bildung einer Quote, von der Leistungspflicht, innerhalb der Höchstgrenze aus dem KfzPflVV, von ihrer vertraglichen Leistungspflicht befreit. Den **Vorsatz** des Fahrers allerdings muss der **Versicherer beweisen**. Dieser Beweis ist in der Praxis für den Versicherer schwer zu führen und gelingt meistens nicht. Auch bei einem Blutalkoholgehalt von deutlich über 1,1 Promille ist nicht zwingend von einer vorsätzlichen Obliegenheitsverletzung des Fahrers auszugehen (Prölss/Martin/*Knappmann*, VVG, AKB 2008 D.2 Rn 2). In aller Regel wird sich der Fahrer noch, wenn auch grob fahrlässig, für fahrfähig halten. Bei einer **absoluten Fahruntüchtigkeit** des Fahrers wird allerdings eine **grobe Fahrlässigkeit unwiderlegbar vermutet** (BGH NJW 1989, 1612). 202

Wenn bei der **relativen Fahruntüchtigkeit weitere Umstände hinzutreten**, aus denen auf die Fahruntüchtigkeit geschlossen werden kann, ist ebenfalls von **grober Fahrlässigkeit** auszugehen. Grob fahrlässig handelt, wer die im Verkehr erforderliche Sorgfalt nach den gesamten Umständen des Einzelfalles in ungewöhnlich hohem Maße verletzt und unbeachtet lässt, was im gegebenen Fall jedem hätte einleuchten müssen. In subjektiver Hinsicht muss es sich um ein unentschuldbares Fehlverhalten handeln (BGH NJW 2003, 1118; SVR 2011, 430). 203

Dem **Fahrer** steht hierbei die **Möglichkeit** des **Beweises nur einfacher Fahrlässigkeit** gem. § 28 Abs. 2 S. 2 2. Halbs. VVG offen, mit der Folge, dass der Versicherer in voller Höhe zu leisten hätte, da nur die vorsätzliche oder grob fahrlässige Obliegenheitsverletzung einen Regress des Versicherers eröffnet. Ein solcher Gegenbeweis dürfte dem Fahrer allerdings nur in besonderen Ausnahmefällen gelingen. 204

> ☝ Wenn dieser Beweis geführt werden soll, muss umfassend zu den **Besonderheiten** des **Einzelfalles** vorgetragen und diese unter Beweis gestellt werden. Auch muss in subjektiver Hinsicht ein deutliches Abweichen vom Normalfall nach unten gegeben sein. Bei Alkoholfahrten ist auch die zivilgerichtliche Rspr. dem Fahrer gegenüber wenig entgegenkommend.

c) Die vorsätzliche oder grob fahrlässige **Obliegenheitsverletzung** (Fahren im fahruntüchtigen Zustand) muss für die **Entstehung** des **Schadens kausal** gewesen sein. Nur in Fällen des arglistig Handelnden ist der Kausalitätsnachweis entbehrlich (§ 28 Abs. 3 S. 2 VVG). Bei absoluter und auch bei relativer Fahruntüchtigkeit wird die Kausalität zwischen der Fahruntauglichkeit und der Schadensentstehung **vermutet**. 205

Dem Fahrer ist jedoch in beiden Fällen die Möglichkeit des Kausalitätsgegenbeweises eröffnet (§ 28 Abs. 3 S. 1 VVG), sofern er nicht arglistig gehandelt hat (§ 28 Abs. 3 S. 2 VVG).

206 Will der Fahrer den **Kausalitätsgegenbeweis** erbringen, also vortragen und beweisen, dass seine Fahruntüchtigkeit für die Entstehung des Schadens nicht kausal gewesen ist, muss er **konkrete Einzelumstände vortragen** und **beweisen**, aus denen sich ergibt, dass die Unfallursache unabhängig von seiner Alkoholisierung war. Die allgemeine Möglichkeit, dass auch einem Nüchternen der Fahrfehler hätte unterlaufen können, lässt die Vermutung der Kausalität unberührt (OLG Naumburg VersR 2005, 1233).

207 **Besondere Umstände** können **bspw.** Gegenstände auf der Fahrbahn sein, die einen Unfall verursacht haben (OLG Hamm, VersR 1986, 1185). Auch ist ein technischer Defekt, bspw. das Ablösen eines Reifens oder ein technisches Bremsversagen, als alkoholunabhängige Schadenursache denkbar.

In Verfahren der Straßenverkehrsgefährdung durch eine Trunkenheitsfahrt sollte daher, wenn es sich anhand der Umstände anbietet, im EV oder im Rahmen der Beweisaufnahme im Strafverfahren die Unfallursache ggf. auch durch ein **unfalltechnisches Rekonstruktionsgutachten** aufgeklärt werden. Ergeben sich Hinweise darauf, dass ein Unfall nicht im Zusammenhang mit der Alkoholisierung steht, so kann hierauf auch im versicherungsrechtlichen Regress der Kausalitätsgegenbeweis gestützt werden. Sofern eine Rechtsschutzversicherung auf Seiten des Beschuldigten besteht und eine Vorsatzverurteilung unwahrscheinlich erscheint, kann der Rechtsschutzversicherer um Deckung hinsichtlich eines durch den Beschuldigten einzuholenden verkehrsanalytischen Gutachtens ersucht werden. Die Rechtsschutzbedingungen sehen im Rahmen der Strafverteidigung die Kostenübernahme für solche Gutachten vor, wenn sie der Verteidigung des Beschuldigten dienen. Das Gutachten kann auch im Zivilverfahren genutzt werden.

208 **6.a)** Wird eine **Obliegenheit grob fahrlässig** verletzt, so kann der Versicherer seine **Leistung entsprechend** der **Schwere** des **Verschuldens** des Fahrers bezüglich der von ihm begangenen Obliegenheitsverletzung **kürzen** (§ 28 Abs. 2 S. 2 VGG).

209 **b)** Bei Vorliegen einer **absoluten Fahruntüchtigkeit** kann der Versicherer seine Leistung vollständig versagen – **Kürzung auf Null** (BGH NJW-RR 2012, 724). Allerdings sind hierzu die Umstände des Einzelfalles abzuwägen (BGH VR 2011, 430). Dies wird von den Versicherern insoweit vernachlässigt, als seit der Entscheidung des BGH ein Automatismus in Bezug auf eine vollständige Leistungskürzung auf Null bei Vorliegen einer absoluten Fahruntüchtigkeit bei den Versicherern zu beobachten ist. Diesem gilt es entgegenzutreten, und aus der Sicht des Verteidigers des Beschuldigten die besonderen Umstände des Einzelfalles herauszustellen, um eine Kürzung auf Null zu verhindern.

Die **Haftungsobergrenze** von **5.000,00 EUR** für den anlässlich der Trunkenheitsfahrt entstandenen Schaden **bleibt bestehen**. Aus einer wirtschaftlichen Betrachtung folgt allerdings, dass bei Schäden über 10.000,00 EUR der Streit um eine angemessene Kürzungsquote sinnentleert erscheint, da bei dieser Schadenshöhe selbst eine – wohl unrealistische – Haftungsquote von 50 % des Fahrers die Haftungshöchstgrenze des § 5 Abs. 3 KfzPflVV erreicht. Ein **Streit lohnt** insoweit **nur** dort, wo durch eine Quote eine **Haftung** des **Fahrers unter 5.000,00 EUR erreicht werden** kann.

210 Nach der Ansicht des **BGH** kommt insbesondere in den Fällen, in denen sich der **Schweregrad** der groben Fahrlässigkeit dem **Vorsatz annähert**, eine **Leistungskürzung** auf **Null** in Betracht (BGH NJW-RR 2012, 724). In dem der Entscheidung zugrunde liegenden Fall hatte der Fahrer eine Blutalkoholkonzentration von 2,10 ‰. Hieraus lässt sich folgern, dass gerade in den Bereichen, in denen die Grenze der absoluten Fahruntüchtigkeit gerade erreicht oder nur leicht überschritten ist, nicht automatisch von einer Leistungskürzung auf Null auszugehen ist. In der zitierten Entscheidung führt der BGH aus, dass entlastende Momente weder vorgetragen noch sonst ersichtlich waren. Entlastende Momente könnten ein ge-

ringer Schaden, eine kurze Wegstrecke oder ein kurzes Umparken des Fahrzeuges sein. Auch der Anlass der Fahrt kann hier Berücksichtigung finden, etwa wenn die Fahrt medizinisch veranlasst war oder ein naher Angehöriger erreicht werden sollte, der dringend Beistand oder Hilfe bedurfte (z.B. Krankenhausfahrt bei einem Notfall). Es ist Aufgabe des Rechtsanwaltes, die Einzelfallumstände darzulegen und unter Beweis zu stellen, um für den Fahrer eine günstige Schadenquote zu erzielen.

☝ Auch sollte der Verteidiger schon im **Strafverfahren** für eine **entsprechende** Tatsachenfeststellung Sorge tragen. Dies erleichtert die Argumentation gegenüber dem Versicherer.

c) Die Zulässigkeit einer Leistungskürzung auf Null hat der BGH nur im Zusammenhang mit der absoluten Fahruntauglichkeit ausgeführt. Hieraus folgt, dass sie im Zusammenhang mit einer **relativen Fahruntauglichkeit** wohl nicht in Betracht kommt und insoweit eine Schadensquote zu bilden ist. Je mehr entlastende Umstände vorgetragen werden, desto günstiger fällt die Quote für den Fahrer aus. Weder lässt sich hier auf Quotentabellen noch in der Höhe gesicherte Rspr. zurückgreifen. Es bleibt also stets eine **Entscheidung** im **Einzelfall.** 211

7.a) Auch beim **unerlaubten Entfernen** vom **Unfallort** (§ 142 StGB) ist das Prüfungsschema bei Rdn 190 eine gute Orientierungshilfe. Es gilt, wie dargelegt, für alle Obliegenheitsverletzungen. Die Haftung des Fahrers ist auf 2.500,00 EUR bzw. in besonders schwerwiegenden Fällen auf 5.000,00 EUR nach § 6 KfzPflVV begrenzt. 212

Da es sich bei der Unfallflucht um eine Obliegenheitsverletzung nach dem Versicherungsfall handelt, ist das Schema noch um die **Hinweispflicht** des Versicherers aus § 28 Abs. 4 VVG zu **ergänzen**. Hiernach muss der Versicherer darauf hinweisen, dass eine Obliegenheitsverletzung nach dem Versicherungsfall die Leistungsfreiheit oder eine Leistungskürzung des Versicherers zur Folge haben kann. Die Verpflichtung, an einem **Unfallort zu verbleiben** und die **Feststellungen** zum Unfallhergang und der beteiligten Personen **zu ermöglichen**, ist eine **Spontanpflicht**. Daher bedarf es des schriftlichen Hinweises des Versicherers nicht. 213

b) Die Obliegenheit, am **Unfallort** die **notwendigen Feststellungen zu ermöglichen**, ergibt sich aus **Abschnitt E.1.3 AKB 2008/E.1.1.3 AKB 2015**. Zwischen den AKB 2008 und den seit Januar 2015 vorliegenden AKB 2015 haben sich, wohl auch als eine Reaktion auf die noch aufzuzeigende Rspr. in Fällen des nächtlichen Unfalles auf einer Landstraße, Änderungen ergeben. Wie die Rspr. mit den geänderten AKB umgehen wird, bleibt abzuwarten. Neu abgeschlossenen Versicherungsverträgen werden die AKB 2015 zugrunde liegen. Für ältere Verträge gelten die zum Abschluss des Versicherungsvertrages vereinbarten AKB. Diese sind stets anzufordern und einzusehen. 214

Gegenüberstellung E.1.3 AKB 2008 und E.1.1.3 AKB 2015 215

- **E.1.3 AKB 2008**
  Sie sind verpflichtet, alles zu tun, was der Aufklärung des Schadenereignisses dienen kann. Dies bedeutet insbesondere, dass Sie unsere Fragen zu den Umständen des Schadenereignisses wahrheitsgemäß und vollständig beantworten müssen und den Unfallort nicht verlassen dürfen, ohne die erforderlichen Feststellungen zu ermöglichen.
  Sie haben unsere für die Aufklärung des Schadenereignisses erforderlichen Weisungen zu befolgen.
- **E.1.1.3 AKB 2015**
  Sie müssen alles tun, was zur Aufklärung des Versicherungsfalls und des Umfangs unserer Leistungspflicht erforderlich ist. Sie müssen dabei insbesondere folgende Pflichten beachten:
  Sie dürfen den Unfallort nicht verlassen, ohne die gesetzlich erforderlichen Feststellungen zu ermöglichen und die dabei gesetzlich erforderliche Wartezeit zu beachten (Unfallflucht).
  …
  Sie müssen uns Untersuchungen zu den Umständen des Schadenereignisses und zu unserer Leistungspflicht ermöglichen, soweit es Ihnen zumutbar ist.

216 Wird der Fahrer nicht wegen einer Verstoßes gegen § 142 StGB verurteilt, sondern das **Verfahren** gegen ihn **eingestellt**, so hat der **Versicherer** den **Nachweis** zu **erbringen**, dass gegen die **Obliegenheit** aus Abschnitt E der AKB verstoßen wurde. Für den Versicherer problematisch gestaltet sich dieser Nachweis nach der neueren Rspr. des BGH in Fällen, in denen dem Fahrer eine Unfallflucht nach § 142 Abs. 2 StGB vorgeworfen und das Verfahren eingestellt wurde (BGH NJW 2013, 936). Allein die unterlassene Erfüllung der Pflicht aus § 142 Abs. 2 StGB begründet keine Verletzung der in den AKB normierten Aufklärungsobliegenheit (BGH NJW 2013, 936; NJW-RR 2000, 553).

217 *Beispiel nach BGH NJW 2013, 936:*

A verursacht in der Nacht auf einer Landstraße einen Unfall. Er sieht vor sich Wild auf der Fahrbahn und weicht diesem aus, wobei er gegen einen Baum fährt. Er benachrichtigt den Pannenservice, lässt sein Fahrzeug von diesem abschleppen und sich selbst von einem Bekannten nach Hause fahren. Die Polizei oder den Eigentümer des Baumes benachrichtigt A nicht. Allerdings informiert er in den Morgenstunden seinen Versicherungsvertreter über das Unfallgeschehen. Das gegen A eingeleitete Strafverfahren wird eingestellt. Nach OLG Karlsruhe (r+s 2020, 630) liegt keine Verletzung der Aufklärungspflicht vor, wenn sich der Unfallverursacher zur Versorgung einer eigenen Verletzung vom Unfallort entfernt und nur ein geringer Sachschaden entstanden ist. Ebenso entschied das OLG Celle (Urt. v. 25.4.2019 – 8 U 210/18) im Falle eines Leitplankenschadens durch einen Unfall auf der Autobahn.

218 In solchen Fällen hält es der BGH für grds. möglich, dass die Aufklärungsobliegenheit aus den AKB nicht verletzt sein kann. Dies hängt von den Umständen des Einzelfalles ab. Hier ergibt sich ein Argumentationspotential für den Verteidiger des Fahrers gegenüber der Versicherung. Liegt keine Verletzung einer Obliegenheit vor, scheitert ein Regressanspruch des Versicherers. Der **BGH** (BGH NJW 2013, 936, 937, 938) führt dazu aus, dass bei nächtlichen Unfällen mit eindeutiger Haftungslage die Unverzüglichkeit je nach Sachverhalt noch zu bejahen sein kann, wenn der Unfallbeteiligte die Feststellungen bis zum frühen Vormittag des darauffolgenden Tages ermöglicht hat. Anders als in den Fällen des § 142 Abs. 1 StGB werde das Aufklärungsinteresse des Versicherers durch einen Verstoß gegen § 142 Abs. 2 StGB nicht in jedem Fall beeinträchtigt, weil sie ein Handeln des Versicherungsnehmers u.U. noch zu einem Zeitpunkt genügen lasse, zu dem Erkenntnisse bezüglich des Unfalls nicht mehr in gleicher Weise zu gewinnen seien. Dann aber seien die Interessen des Versicherers durch die unmittelbar an ihn oder seinen Agenten erfolgende Mitteilung mindestens ebenso gut gewahrt wie durch eine nachträgliche Benachrichtigung des Geschädigten. Der Versicherungsnehmer, der seinen Versicherer zu einem Zeitpunkt informiere, zu dem er durch Mitteilung an den Geschädigten eine Strafbarkeit nach § 142 Abs. 2 StGB noch hätte abwehren können, verletze deshalb allein durch die unterlassene Erfüllung der Pflicht nach § 142 Abs. 2 StGB keine Aufklärungspflicht" (BGH, a.a.O.).

☝ Die **Neufassung** und Erweiterung der Obliegenheitspflicht bei einem Verkehrsunfall in den **AKB 2015** dürfte eine **Reaktion** der Versicherungswirtschaft auf die Rspr. des BGH darstellen. Wie die Rspr. mit den AKB 2015 umgehen wird, bleibt abzuwarten.

219 **b)** Wenn sowohl der **objektive** als auch der **subjektive Tatbestand** des **§ 142 StGB** vorliegen, insbesondere wenn der Fahrer wegen einer Verkehrsunfallflucht verurteilt wurde, wird auch in versicherungsrechtlicher Hinsicht von einer zumindest **bedingt vorsätzlichen Obliegenheitsverletzung** des Fahrers auszugehen sein. Das Gebot, nach einem Verkehrsunfall die Unfallaufnahme durch die Polizei an Ort und Stelle abzuwarten, stellt auch bei eindeutiger Haftungslage eine elementare, allgemeine und jedem Versicherungsnehmer bekannte Pflicht dar (BGH NJW-RR 2000, 553). Das gilt nach dem BGH auch bei Vorliegen einer klaren Haftungslage, bei der unzweifelhaft eine Mitverursachung des Geschädigten nicht in Betracht kommt. Auch bei derartigen Konstellationen ist das Aufklärungsinteresse des Versicherers berührt. Das OLG Saarbrücken (NJW-RR 1996, 816) sah das noch anders und war die Vorinstanz der an-

gegebenen Entscheidung des BGH. Dieser hat mit deutlichen Worten die Rechtsauffassung des OLG Saarbrücken widerlegt. „Der Versicherungsnehmer handelt insoweit zumindest bedingt vorsätzlich in Bezug auf die Verletzung der Obliegenheitspflicht, da er zwischen der Verwirklichung des Tatbestands der Unfallflucht und der Verletzung der Aufklärungsobliegenheit gegenüber seinem Versicherer nicht zu trennen vermag" (BGH NJW-RR 2000, 553).

☝ Die Versicherung ist bei einer **vorsätzlich begangenen Obliegenheitsverletzung leistungsfrei** (§ 28 Abs. 2 S. 1 VVG9, sofern dem Fahrer nicht der Kausalitätsgegenbeweis nach § 28 Abs. 3 S. 1 VVG gelingt. Die Regresshöchstgrenzen aus § 6 KfzPflVV sind zu beachten.

c)aa) War das Verhalten des Fahrers weder für den Eintritt oder die Feststellung des Versicherungsfalles noch für die Feststellung oder den Umfang der Leistungspflicht des Versicherers ursächlich, so ist der Versicherer zur Leistung in voller Höhe verpflichtet (§ 28 Abs. 3 S. 1 VVG). Nur wenn der Fahrer arglistig gehandelt hat, ist ihm der **Kausalitätsgegenbeweis** verwehrt (§ 28 Abs. 3 S. 2 VVG). 220

Die Versicherer berufen sich bei einer Verkehrsunfallflucht häufig auf den **Arglisteinwand** und behaupten, wer eine Unfallflucht begehe, handele stets arglistig. Diese Auffassung ist **falsch**. Aus dem Vorliegen einer strafrechtlich festgestellten Verkehrsunfallflucht folgt nicht automatisch auch die Annahme eines arglistigen Verhaltens des Fahrers in Bezug auf die begangene versicherungsrechtliche Obliegenheitsverletzung (BGH NJW 2013, 936). Arglistig handelt derjenige, der bei der Verletzung der Aufklärungspflicht einen gegen die Interessen des Versicherers gerichteten Zweck verfolgt und weiß, dass sein Verhalten die Schadensregulierung möglicherweise beeinflussen wird (BGH NJW 2013, 936). Der BGH hat die gegenteilig vertretene Auffassung, nach der ein arglistiges Verhalten stets aus dem Vorliegen der Unfallflucht zu folgern sei, verworfen. Das muss schon deshalb gelten, weil andernfalls die in § 28 VVG geforderte Einzelfallbetrachtung nicht möglich wäre. 221

☝ Daher muss der Fahrer im Zeitpunkt des Entfernens von dem Unfallort **beabsichtigen**, den **Versicherer zu schädigen und auf dessen Regulierungsverhalten einzuwirken**, um arglistig zu handeln. Hiervon kann in aller Regel nicht ausgegangen werden.

Wer sich unerlaubt von einer Unfallstelle entfernt, will **i.d.R.** zunächst einmal **sich selbst vor einer Strafverfolgung schützen**, z.B. im Falle einer Trunkenheitsfahrt, oder handelt in einem psychischen Augenblicksversagen. Jedenfalls denkt er in dieser Situation in aller Regel nicht an seinen Versicherer, so dass er nicht arglistig handelt und ihm der Weg des Kausalitätsgegenbeweises eröffnet ist.

bb) Der **Fahrer** ist hinsichtlich des Kausalitätsgegenbeweises **beweispflichtig**. Dieser ist bei der Verletzung einer Anzeige- und Aufklärungspflicht, hierzu zählt die Verpflichtung, Feststellungen am Unfallort zu ermöglichen, erst dann erbracht, wenn sicher ist, dass dem **Versicherer** keine **Feststellungsnachweise erwachsen sind** (Prölss/Martin/*Knappmann*, VVG, AKB 2008 E.6 Rn 4). Verbleiben am Ende einer Beweisaufnahme Unklarheiten, so gehen diese zu Lasten des Fahrers. 222

Der Beweis kann dabei **so geführt werden**, dass der Fahrer zunächst die sich aus dem Sachverhalt ergebenden möglichen Feststellungsnachteile des Versicherers ausräumt. Dann kann er abwarten, welche Behauptungen der Versicherer sodann hinsichtlich der Art und des Ausmaßes eines Feststellungsnachweises aufstellt. Geschieht dies, hat er diese ebenfalls vollständig zu widerlegen (BGH NJW-RR 2001, 1031). 223

Den Versicherer interessiert vorrangig der Unfallhergang, wer das Fahrzeug zum Unfallzeitpunkt gesteuert hat und in welcher Verfassung der Fahrer war. Zumindest bei Vergehen nach **§ 142 Abs. 1 StGB** kann der **Kausalitätsgegenbeweis nur dann** gelingen, wenn **alsbald nach** dem **Unfallgeschehen** der **Fahrer ermittelt** und von der **Polizei persönlich aufgesucht** wurde. Unterlassen diese dann eine Überprüfung hinsichtlich der Frage, ob der Fahrer unter Einfluss von Alkohol oder Drogen stand und ist gesichert davon 224 auszugehen, dass auch der tatsächliche Fahrer ermittelt wurde, ist der **Kausalitätsgegenbeweiserfolgversprechend**, zumal wenn zusätzlich noch Zeugen den Unfallhergang gesehen haben und diesen schildern können. Die Schadenhöhe ergibt sich in aller Regel aus eingeholten Gutachten, so dass dem Versicherer hierdurch keine Aufklärungsmöglichkeiten hinsichtlich des Leistungsumfanges vereitelt werden. Der Versicherer wäre dann darlegungs- und beweispflichtig, sofern er behaupten sollte, bei einem Verbleiben des Fahrers vor Ort hätte der Versicherer weitere Aufklärungsmöglichkeiten gehabt. Solche sind im Regelfall nicht vorstellbar. Der Kausalitätsgegenbeweis wäre erbracht und der Versicherer müsste in voller Höhe, ohne Möglichkeit des Regresses gegen den Fahrer, leisten.

☝ Die **Umstände** des **Einzelfalles** sind daher **herauszuarbeiten**. Dies gilt insbesondere für die polizeiliche Ermittlung in Bezug auf den Täter und die Aufklärung des Unfallherganges. Erfolgt eine zeitnahe Aufklärung durch Zeugen und die Ermittlungstätigkeit der Polizei, ist ein Kausalitätsgegenbeweis erfolgversprechend.

225 **8. Leistet** die **Kaskoversicherung** gegenüber dem Versicherungsnehmer, so gehen **alle Ansprüche** des Versicherungsnehmers gegen den Schädiger auf den **Versicherer über** (§ 86 Abs. 1 S. 1 VVG). Der übergegangene Anspruch kann nicht gegen den Schädiger geltend gemacht werden, der im Zeitpunkt des Schadeneintritts mit dem Versicherungsnehmer in häuslicher Gemeinschaft gelebt hat (§ 86 Abs. 3 VVG). Eine Ausnahme hiervon gilt nur, wenn der Schaden vorsätzlich verursacht wurde. Entscheidend ist, dass der Schaden, also die Beschädigung des Fahrzeuges, vorsätzlich herbeigeführt wurde. Eine vorsätzliche Verletzung einer aus den AKB resultierenden Obliegenheit ist hierfür nicht ausreichend! Die Privilegierung aus § 86 Abs. 3 VVG dient dem Schutz des häuslichen Friedens.

226 **Anwendbar** ist § 86 Abs. 1 S. 1 VVG somit auf die Fälle, in denen Fahrer und Versicherungsnehmer personenverschieden sind. Verursacht der Fahrer bspw. im Zustand absoluter Fahruntüchtigkeit einen Schaden am Fahrzeug des Versicherungsnehmers und leistet der Kaskoversicherer daraufhin bedingungsgemäß an seinen Versicherungsnehmer, kann der Versicherer die ausgekehrte Leistung bei dem Fahrer regressieren. Dem Versicherungsnehmer zustehende Schadenersatzansprüche gegen den Fahrer, bspw. aus Vertrag oder deliktischer Haftung, sind auf den Versicherer übergegangen.

☝ Der **Fahrer haftet** in **voller Höhe** für den entstandenen Schaden. Die KfzPflVV findet nur auf Kraftfahrzeughaftpflichtverträge und nicht auf Kaskoverträge Anwendung.

227 **9.** Liegt eine **Straftat** zum **Nachteil** des **Versicherers** vor, gleich ob Haftpflicht oder Kasko, und hat der Versicherer Leistungen erbracht, so kann er diese in voller Höhe, auch beim Regress des Kraftfahrzeughaftpflichtversicherers, von dem Verurteilten ersetzt verlangen. Dies gilt auch für Kosten, die der Versicherer aufgewandt hat, um die Straftat zu seinem Nachteil zu beweisen (MAH-Versicherungsrecht/*Buschbell*, § 48 Rn 39). Insbesondere sind dies die Kosten für eingeholte Unfallrekonstruktions- und Plausibiltätsgutachten. Die Anspruchsgrundlage ist § 823 Abs. 2 BGB i.V.m. dem strafrechtlichen Schutzgesetz und auch § 826 BGB. Verlangt der Haftpflichtversicherer die Rückzahlung, gilt keine Höchstgrenze, sondern er kann Ersatz in voller Höhe begehren (§ 7 S. 1 KfzPflVV). Hauptanwendungsbereiche sind die Fälle des abgesprochenen Verkehrsunfalles und des Betruges zum Nachteil des Versicherers.

228 **10.** Die Regressansprüche **verjähren** nach drei Jahren (§ 195 BGB). Die Verjährung beginnt in dem Jahr, in welchem der Versicherer die Leistung erbracht hat (§ 116 Abs. 2 VVG, § 199 Abs. 1 Nr. 1 und Nr. 2 BGB).

Siehe auch: → *Ansprüche, Zivilrecht, Allgemeines*, Teil I Rdn 96 m.w.N.

Ansprüche, Zivilrecht, Regress der Rechtsschutzversicherung 229

Das Wichtigste in Kürze:

1. Bei einer Verkehrsordnungswidrigkeit besteht auch bei einer Verurteilung wegen Vorsatzes Deckungsschutz. Bei Ordnungswidrigkeiten, die nicht aus dem verkehrsrechtlichen Bereich stammen, bestehen nach den ARB 94, bei einer Verurteilung wegen einer Vorsatztat, Regressansprüche der Rechtsschutzversicherung. Bei den ARB 75, 2000, 2008 und 2012 bleibt die Deckung auch bei Vorsatz bestehen.
2. Alle ARB beinhalten bei einer Verurteilung wegen einer vorsätzlichen Straftat einen Regressanspruch des Rechtsschutzversicherers. Die Verhängung einer Strafe ist nicht erforderlich. Auch bei einem Absehen von Strafe nach § 60 StGB oder einer Verwarnung mit Strafvorbehalt nach § 59 StGB besteht ein Regressanspruch.
3. Wird ein Strafverfahren wegen des Vorwurfes einer vorsätzlich begangenen Straftat eingestellt, ist dennoch ein Regress der Rechtsschutzversicherung möglich.
4. Bei einem Wechsel des Verschuldensvorwurfes im Strafverfahren von einer fahrlässigen hin zu einer vorsätzlichen Begehungsweise, entfällt der Versicherungsschutz erst ab dem Zeitpunkt der Erteilung des Hinweises, nicht rückwirkend.
5. Es besteht auf Seiten des Rechtsschutzversicherers ein Leistungsausschluss, wenn der Rechtsschutzfall in einem ursächlichen Zusammenhang mit einer Straftat steht, ARB 94, 2000 und 2008, bzw. wenn der Versicherungsfall vorsätzlich und rechtswidrig herbeigeführt wurde (ARB 75 und 2012).
6. Die Beweislast für einen solchen Deckungsausschluss trägt der Rechtsschutzversicherer. Es besteht keine Bindungswirkung von Feststellungen eines zivilrechtlichen Vorprozesses oder des Strafurteiles.
7. Der Rechtsschutzversicherer ist mit Einwendungen zur Versagung der Deckung ausgeschlossen, wenn er die Deckung unbedingt erteilt hat, obwohl ihm Tatsachen bekannt waren, nach denen sich eine nur unter Vorbehalt erteilte Deckungszusage aufgedrängt hätte.
8. Dem Rechtsschutzversicherer ist keine Auskunft hinsichtlich einer Verurteilung wegen eines Vorsatzdeliktes durch den Verteidiger des Beschuldigten zu erteilen.
9. Die Regressansprüche verjähren in drei Jahren.

Literaturhinweise: **Freyschmidt/Nadeborn**, Was darf der (Strafrechtsschutz-)Versicherer wissen? Grundlagen und Grenzen des Auskunftsbegehrens gegenüber Strafverteidigern, StRR 2012, 364; **Harbauer**, Rechtsschutzversicherung, 10. Aufl. 2026; **Schirmer**, Die Obliegenheiten in der Rechtsschutzversicherung – Teil 1 und 2, r+s 1999, 1 und 45; **Tietgens**, Anwaltliche Beratungs-, Aufklärungs- und Auskunftspflichten in der Rechtsschutzversicherung, r+s 2005, 489; **Wendt**, Die Rechtsprechung des Bundesgerichtshofes zur Rechtsschutzversicherung – Der Rechtsschutzversicherer und sein durchschnittlicher Versicherungsnehmer, r+s 2012, 209; s.a. die Hinw. bei → *Ansprüche, Zivilrecht, Allgemeines*, Teil I Rdn 96. 230

1.a) Bei der Frage, ob ein **Rechtsschutzversicherer**, nach dem Abschluss des Straf- oder Ordnungswidrigkeitenverfahrens gegenüber dem Mandanten **Regress** nehmen kann, ist es unabdingbar, sich von dem Mandanten den **Versicherungsschein** und die dem Rechtsschutzversicherungsvertrag zugrunde liegenden Allgemeinen Rechtsschutzbedingungen (**ARB**) vorlegen zu lassen oder diese bei dem Rechtsschutzversicherer anzufordern. Der Gesamtverband der deutschen Versicherungswirtschaft e.V. gibt **Musterbedingungen** heraus, welche von den Versicherern in der Regel übernommen werden. Gleichwohl sind natürlich Abweichungen möglich und zulässig, so dass immer der konkrete Versicherungsschein nebst den darin vereinbarten Bedingungen des Versicherers eingesehen werden muss. Gerade für die Frage der Leistungsausschlüsse und Regressforderungen des Versicherers sind die dem Rechtsschutzvertrag zugrunde liegenden ARB entscheidend. **Versicherungsrecht** ist zu aller erst **Bedingungsrecht**. 231

232 Je nachdem wann der Mandant den Versicherungsvertrag abgeschlossen hat, können dem Vertrag alte ARB zugrunde liegen. Die bei **Abschluss** des **Versicherungsvertrages vereinbarten ARB** gelten für die **gesamte Vertragslaufzeit** und werden nicht durch neue Bedingungen des Versicherers ersetzt. Eine Ersetzung erfolgt auch dann nicht, wenn der Versicherer dem Mandanten seine neuen ARB zusendet. Die einseitige Abänderung des Versicherungsvertrages durch den Versicherer, in Form der Übersendung geänderter ARB, ist nicht möglich.

233 **b)aa)** Im Rahmen der Verteidigung einer **straßenverkehrsrechtlichen Ordnungswidrigkeit** ist die **Schuldform** in einem Urteil nach allen ARB **unbeachtlich**. Es besteht nach allen ARB auch im Falle der Verurteilung wegen einer vorsätzlich begangenen Ordnungswidrigkeit Deckungsschutz. Das ist insbesondere bei dem Vorwurf des Benutzens eines Mobiltelefons von Bedeutung, da dieser Vorwurf in aller Regel nur vorsätzlich begangen werden kann. Bei **allen übrigen Ordnungswidrigkeiten**, die nicht im Zusammenhang mit dem Straßenverkehr stehen, kommt es darauf an, welche ARB dem Rechtsschutzvertrag zugrunde liegen. Die ARB 75, 2000, 2008, 2012 und 2021 gewähren auch hier einen vollständigen Deckungsschutz.

234 **bb)** Eine **andere Regelung** findet sich jedoch in den **ARB 94**. Hiernach sind, im Falle der Verurteilung wegen einer vorsätzlichen Begehung einer Ordnungswidrigkeit außerhalb des Verkehrsrechtes, die seitens des Rechtsschutzversicherers geleisteten Zahlungen durch den Beschuldigten an diesen zurückzuerstatten (§ 2j) bb) ARB 94). Es besteht Rechtsschutz nach

- Musterbedingungen ARB 94 § 2j) Ordnungswidrigkeiten-Rechtsschutz
- für die Verteidigung wegen des Vorwurfes
  - einer verkehrsrechtlichen Ordnungswidrigkeit;
  - einer sonstigen Ordnungswidrigkeit.

235 Wird bestandskräftig oder rechtskräftig festgestellt, dass der Versicherungsnehmer die Ordnungswidrigkeit **vorsätzlich begangen** hat, ist er verpflichtet, dem **Versicherer** die **Kosten** zu erstatten, die dieser für die Verteidigung wegen des Vorwurfes eines vorsätzlichen Verhaltens getragen hat.

> ☝ Um einen **eigenen Regressprozess** zu **vermeiden**, den der Mandant gegen seinen Verteidiger anstrengen könnte, wenn dieser ihn nicht über die Regressmöglichkeit des Rechtsschutzversicherers informiert hat, sollte unbedingt in Erfahrung gebracht werden, welche ARB dem Rechtsschutzvertrag zugrunde liegen. Hat der Mandant die ARB 94 vereinbart und liegt eine Ordnungswidrigkeit außerhalb des straßenverkehrsrechtlichen Bereiches vor, muss der **Mandant** über die **Regressmöglichkeit informiert** werden. Diese **Aufklärung** des Mandanten sollte sich der Rechtsanwalt **schriftlich bestätigen** lassen, um späteren Streitigkeiten vorzubeugen.

236 Sofern ein Mandant nach den **ARB 94** seitens des Versicherers in Regress genommen wird, sollte diesem der **Einwand entgegen** gehalten werden, dass die Klausel **ARB 94 § 2j) intransparent** und für einen Versicherungsnehmer nicht verständlich ist (**§ 305c BGB**). Da nur in den ARB 94 eine Regressmöglichkeit des Versicherers aufgenommen wurde, spricht vieles dafür, dass diese Klausel für den Versicherungsnehmer überraschend und intransparent ist, woraus dann die Nichtigkeit der Klausel folgt. Zumindest eröffnet eine solche Argumentation gegenüber dem regressierenden Versicherer die Möglichkeit, Vergleichsgespräche zu führen.

237 **2.a)** Wird der Mandant wegen einer **vorsätzlich begangenen Straftat** verurteilt, beinhalten **alle ARB Regressansprüche** des **Versicherers** gegen den Mandanten. Dieser hat Zahlungen, die der Rechtsschutzversicherer geleistet hat, an diesen zu erstatten.

> ☝ Hierauf ist der Mandant bei **Übernahme** des **Mandates schriftlich hinzuweisen**, um späteren Behauptungen, er sei hierüber nicht durch seinen Verteidiger informiert worden, vorzubeugen.

Die Verhängung einer **Geld- oder Freiheitsstrafe** ist **nicht Voraussetzung für einen Regress** des Rechtsschutzversicherers. So kann der Mandant auch in Anspruch genommen werden, wenn eine Verwarnung mit Strafvorbehalt (§ 59 StGB) ausgeurteilt oder aber von der Verhängung einer Strafe abgesehen wurde (§ 60 StGB). **Entscheidend** ist, dass die gerichtliche Entscheidung auf eine **vorsätzliche Begehungsweise** gestützt wird. 238

b) Ist ein Verfahren allerdings im **Strafbefehlswege** erledigt worden, z.B. wegen einer Trunkenheitsfahrt nach § 316 StGB, und enthält der Strafbefehl **keine Feststellungen zur Schuldform**, so kann der Rechtsschutzversicherer den Nachweis einer Vorsatztat und damit eines Leistungsausschlusses für ihn nicht **mehr** führen mit der Folge, dass er **Deckung** zu **gewähren** hat (AG Düsseldorf r+s 1990, 91). 239

3.a) Wird ein Strafverfahren, das einen **verkehrsstrafrechtlichen Verstoß** zum Gegenstand hatte **eingestellt**, bleibt der **Deckungsschutz** bestehen. Bei verkehrsstrafrechtlichen Verfahren knüpfen alle ARB den Regressanspruch daran, dass gegen den Mandanten rechtskräftig festgestellt wurde, dass er das Delikt vorsätzlich begangen hat. Hieran fehlt es, zumindest aus versicherungsrechtlicher Sicht, wenn ein Verfahren ohne Urteil eingestellt wurde. 240

b) Problematisch ist es jedoch, wenn gegen den Mandanten wegen eines **anderen**, nicht aus dem Verkehrsstrafrecht stammenden **Deliktes**, ein Verfahren geführt wurde. Insoweit gilt: Auch wenn ein **Strafverfahren** wegen eines **Vorsatzdeliktes eingestellt** wird, **kann** der **Rechtsschutzversicherer regressieren!** Das folgt aus dem in allen ARB vereinbarten Leistungsausschluss bei einem Zusammenhang zwischen einer vorsätzlich begangenen Straftat und dem Versicherungsfall bzw. dem vorsätzlichen Herbeiführen des Versicherungsfalles. 241

☝ Daher sollte bei einer **Einstellung**, gleich nach welcher Vorschrift, von einer **Einlassung** zur **Sache** im Verfahren **Abstand** genommen werden. Für die Einstellung nach § 153a StPO ist eine Sacheinlassung keine Voraussetzung. Es ist lediglich die Zustimmung zur Verfahrenseinstellung zu erteilen. Sofern die anderen Verfahrensbeteiligten eine Einstellung daran knüpfen wollen, dass sich der Mandant zur Sache einlässt und den erhobenen Vorwurf einräumt, ist diesen darzulegen, dass er dieses zum einen nicht muss, da es der Gesetzeswortlaut nicht vorschreibt, und zum anderen er es auch nicht kann, um einem Regress des Rechtsschutzversicherers vorzubeugen. Die meisten Staatsanwälte und Richter sind für dieses Problem nicht sensibilisiert und rücken von der Erwartung einer Einlassung zur Sache ab, wenn ihnen der versicherungsrechtliche Hintergrund erläutert wird.

4.a) Wenn der **Verschuldensvorwurf** sich im **Laufe** eines **Strafverfahrens** dahingehend **ändert**, dass anstelle einer ursprünglich angenommenen fahrlässigen nunmehr der Hinweis erfolgt, dass auch eine Verurteilung wegen einer vorsätzlichen Begehungsweise in Betracht kommt, stellt sich die Frage, ob dann, sofern eine Verurteilung wegen Vorsatzes erfolgt, die Deckung rückwirkend entfällt oder inwieweit der Mandant gegenüber seinem Rechtsschutzversicherer regresspflichtig wird. 242

Beispiel: 243

Gegen den Mandanten wird zunächst wegen des Vorwurfes der fahrlässigen Straßenverkehrsgefährdung gem. § 315c StGB ermittelt. Der Verteidiger wird bereits im EV beauftragt. Die StA erhebt Anklage wegen einer fahrlässigen Begehungsweise und das Gericht erteilt im Eröffnungsbeschluss den Hinweis, dass auch eine Verurteilung wegen Vorsatzes in Betracht kommt. Der Mandant wird wegen vorsätzlicher Gefährdung des Straßenverkehrs (§ 315c StGB) verurteilt. Im Anschluss daran begehrt der Rechtsschutzversicherer von dem Mandanten die Rückzahlung sämtlicher von ihm erbrachten Zahlungen.

b) Die **Deckung entfällt** in derartigen Fällen **nicht rückwirkend**, sondern erst dann, wenn der Hinweis erteilt wird, also **ex nunc**. Gebühren, die bis zu dem erteilten Hinweis bereits entstanden sind, müssen von der Rechtsschutzversicherung getragen werden. Im Beispielsfall bei Rdn 236 bedeutet dies, dass 244 die Grundgebühr Nr. 4100 VV RVG und die Verfahrensgebühr im EV (Nr. 4104 VV RVG) von der Rechtsschutzversicherung getragen werden müssen, da diese Gebühren entstanden sind, als gegen den Mandanten wegen einer fahrlässigen Begehung ermittelt wurde und die Gebührentatbestände bereits zu diesem Zeitpunkt entstanden waren. Der günstigste Zeitpunkt für einen gerichtlichen Hinweis ist insoweit der Zeitpunkt nach den Plädoyers, da zu diesem Zeitpunkt bereits alle Gebühren des Verfahrens entstanden sind und zum Entstehungszeitpunkt gegen den Mandanten ein Fahrlässigkeitsvorwurf erhoben wurde.

245 **5.a)** Für den Rechtsschutzversicherer ist allerdings nach allen ARB ein **Leistungsausschluss** gegeben, wenn der **Rechtsschutzfall** in einem **ursächlichen Zusammenhang** mit einer **Straftat** steht (ARB 94, ARB 2000 und ARB 2008 – jeweils § 3 Abs. 5), oder wenn der **Versicherungsfall vorsätzlich und rechtswidrig herbeigeführt** wurde (ARB 75 – § 4 Abs. 2a) und ARB 2012 und 2021 – 3.2.21). Der Sinn und Zweck eines solchen Leistungsausschlusses liegt darin, dass damit die Leistungseinschränkung auf den eigentlichen Kern zurückgeführt wird, wonach nur kriminelles Verhalten des Versicherungsnehmers, wodurch eine Interessenwahrnehmung ausgelöst wird, nicht unter den Versicherungsschutz fallen soll (MAH-Versicherungsrecht/*Bultmann*, § 27 Rn 260). Der Begriff der Straftat ist eng auszulegen und gilt nur für Verbrechen oder Vergehen i.S.v. § 12 StGB, nicht für Ordnungswidrigkeiten gem. § 1 OWiG (MAH-Versicherungsrecht/*Bultmann*, a.a.O.).

246 **b)** Zwischen beiden **Leistungseinschränkungen** bestehen **Unterschiede**. Hauptsächlich von Bedeutung für Verteidiger ist der Leistungsausschluss in Fällen des fingierten Verkehrsunfalles und in sonstigen Fällen des Versicherungsbetruges. Hierbei erfolgt die Herbeiführung des Verkehrsunfalles, um den Haftpflichtversicherer unberechtigt in Anspruch zu nehmen.

247 **c) Vorsätzlich herbeigeführt** ist der **Versicherungsfall**, wenn ein aktives Handeln oder Unterlassen des Versicherungsnehmers einen Beitrag dazu geleistet hat, dass das Schadenereignis eingetreten ist (MAH-Versicherungsrecht/*Bultmann*, § 27 Rn 265). Nach Auffassung des BGH (VersR 1997, 1142) ist jedoch nicht erforderlich, dass bei der Begehung der Tat der Versicherungsnehmer auch in seinen Vorsatz mit aufnimmt, dass er später seinen Rechtsschutzversicherer auf Versicherungsschutz in Anspruch nehmen wird. Die Tat muss weiterhin auch rechtswidrig, allerdings nicht schuldhaft sein. Etwaige **Schuldausschließungsgründe** sind also **unbeachtlich** für einen Regressanspruch.

248 **d)** Ein **ursächlicher Zusammenhang mit** einer **Straftat** erfordert zunächst auch, dass auf Seiten des Versicherungsnehmers keine Schuldausschließungsgründe vorliegen dürfen. Schuldausschließungsgründe vereiteln einen Regress des Rechtsschutzversicherers. Bestehen Zweifel an der Schuldfähigkeit des Versicherungsnehmers, gehen diese zu Lasten des Versicherers (BGH NVersZ 99, 28; *Harbauer/Maier*, § 3 Rn 216). Dieses ist der **wesentliche Unterschied** bei den beiden unterschiedlich formulierten Leistungsausschlüssen. Auch muss der Versicherer darlegen und beweisen, dass ein Zusammenhang zwischen der Straftat und dem Versicherungsfall besteht.

249 **6.a)** Sofern der **Versicherer** einen **Leistungsausschluss behauptet**, muss er die **Umstände** des Ausschlusses **vollständig vortragen und unter Beweis stellen**. Fraglich ist insoweit, ob dem Versicherer **Beweiserleichterungen** zugutekommen, wenn der Versicherungsnehmer mit einer Zivilklage unterlegen ist und das Zivilgericht Feststellungen hinsichtlich eines Betruges durch den Versicherungsnehmer trifft. Erst recht stellt sich die Frage nach der **Bindungswirkung**, wenn der Versicherungsnehmer aufgrund des Rechtsschutzfalles wegen einer vorsätzlichen Straftat verurteilt wurde.

250 **b)aa)** Eine **Bindungswirkung** von **Tatsachenfeststellungen** eines **Zivilgerichtes**, auf die sich der Rechtsschutzversicherer beruft, besteht **nicht** (BGH NJW 1992, 1509. Das bedeutet, dass die Tatsachenfeststellungen des Zivilprozesses – z.B. bezüglich der Feststellungen eines fingierten Verkehrsunfalles – für den Regressprozess des Versicherers nicht bindend sind und er sich also nicht auf diese berufen kann. Er muss den Tatbestand der Leistungsausschlussklausel vollständig vortragen und, soweit diese im Prozess durch den Versicherungsnehmer bestritten werden, unter Beweis stellen. Über die strittigen Tatsachen ist dann eine erneute Beweisaufnahme durchzuführen.

bb) Ob hingegen eine **Bindungswirkung** bezüglich eines ergangenen **Strafurteiles** besteht, wird kontrovers diskutiert und ist bisher in der **Rspr. noch nicht** entschieden worden. Eine Bindungswirkung bejahen MüKo-VVG/*Obarowski*, Anhang zu § 125 Rn 205 mit dem Argument der unzulässigen Rechtsausübung des Versicherungsnehmers. Gegen eine Bindungswirkung sprechen sich *Harbauer/Maier*, § 3 Rn 221; MAH-Versicherungsrecht/*Bultmann*, § 27 Rn 262 aus. Die materielle Rechtskraft des Strafurteiles könne sich nicht auch auf den am Prozess nicht beteiligten Rechtsschutzversicherer erstrecken. 251

Da hier eine erhebliche Rechtsunsicherheit besteht, lässt sich bei geschickter Darlegung der für den Mandanten günstigen Rechtsansicht möglicherweise ein **Vergleich** mit dem **Rechtsschutzversicherer** erzielen. Diesem muss aufgezeigt werden, dass er, mangels Bindungswirkung des Strafurteiles, einen Zivilprozess mit einer unter Umständen langwierigen Beweisaufnahme führen muss. Demgegenüber kann ein wirtschaftliches Nachgeben im Rahmen eines Vergleiches für den Rechtsschutzversicherer akzeptabel sein, wenn damit eine sofortige Zahlung des Vergleichsbetrages verbunden ist.

7. Die **Deckungszusage** des Rechtsschutzversicherers ist ein **deklaratorisches Schuldanerkenntnis**. Hat er die Deckung ohne Einschränkungen und Bedingungen erteilt, obwohl ihm im Rahmen der Deckungsanfrage Tatsachen bekannt geworden oder mitgeteilt worden sind, aus denen sich seine Leistungsfreiheit ergibt oder aufdrängt, so kann er im Regressprozess mit diesen Einwendungen zur Versagung des Deckungsschutzes ausgeschlossen sein. 252

Beispiel: 253

Der Kläger verklagt seine Kaskoversicherung wegen eines angeblichen Kfz-Diebstahles. Die Klage wird in der I. Instanz abgewiesen und in den Urteilsgründen wird ausgeführt, dass das Gericht davon ausgeht, dass das Fahrzeug nicht gestohlen wurde und der Kläger einen Versicherungsbetrug begehen wolle. Dieser stellt das Urteil seiner Rechtsschutzversicherung zur Verfügung und beantragt Deckung für das Berufungsverfahren. Die Rechtsschutzversicherung gewährt unbedingte Deckung für das Berufungsverfahren. Der Kläger unterliegt erneut.

Die Rechtsschutzversicherung muss hier zwar nicht die Kosten der I. Instanz tragen, sondern kann diesbezüglich gegen den Versicherungsnehmer regressieren. Wohl hat sie aber die Kosten des Berufungsverfahrens zu tragen, da sie hierfür uneingeschränkte Deckung gewährte. Der Rechtsschutzversicherer kann sich nicht mit Erfolg auf einen Leistungsausschluss berufen, wenn er die Deckungszusage für das Berufungsverfahren seines Versicherungsnehmers ohne Vorbehalt erteilt hat, obwohl aufgrund der durch das erstinstanzliche Urteil offen gelegten gewichtigen Verdachtsmomente bei der gebotenen sorgfältigen Bearbeitung ein Vorbehalt zu erwarten gewesen wäre, wenn er die endgültige Kostenübernahme noch von einer Prüfung des Risikoausschlusses abhängig machen wollte (OLG Düsseldorf NVersZ 2002, 190).

Entscheidend ist hierbei, dass die Deckungszusage vorbehaltlos erteilt wurde. Erfolgte sie unter dem Vorbehalt der Rückforderung, sofern sich Tatsachen ergeben, die zu einem Leistungsausschluss führen (vorsätzliche Straftat des Versicherungsnehmers), so kann sich der Rechtsschutzversicherer im Regressprozess natürlich auf diese Tatsachen berufen sowie sie vortragen und unter Beweis stellen.

Es **empfiehlt** sich, sofern man mit der Abwicklung und Prozessführung eines Verkehrsunfalles oder Kaskoversicherungsfalles beauftragt wird, bei dem der Verdacht eines provozierten oder abgesprochenen Verkehrsunfalles bzw. ein Betrug zum Nachteil des Kaskoversicherers im Raume steht, die **Rechtsschutzversicherung vollständig** und **umfassend** zu **informieren** und auch während des gesamten Verfahrens informiert zu halten. Zum einen ergibt sich dies schon aus den vertraglichen Obliegenheitspflichten des Rechtsschutzversicherungsnehmers. Zum anderen kann sich der Rechtsschutzversicherer dann, zumindest was die Kosten einer zweiten Instanz betrifft, nicht auf seine Leistungsfreiheit berufen, wenn er für das Berufungsverfahren unbedingten Deckungsschutz gewährt hat. Unbedingt muss auch der Mandant hinsichtlich der Regressmöglichkeit des Versicherers durch seinen Rechtsanwalt aufgeklärt werden.

Der den Versicherungsnehmer im Rahmen eines Betrugsverfahrens beistehende Verteidiger sollte sich von dem Kollegen, welcher den Zivilprozess geführt hat, alle Unterlagen bezüglich der mit der Rechtsschutzversicherung geführten Korrespondenz vorlegen lassen, um den Beschuldigten des Betrugsverfahrens über mögliche Regressansprüche des Rechtsschutzversicherers umfassend beraten zu können.

254 **8.** Neuerdings verlangen Rechtsschutzversicherer, wenn sie eine vorläufige Deckung für eine Strafverteidigung erteilt haben, bei Abschluss des Verfahrens Auskunft über den Verfahrensausgang unter Berufung auf die Entscheidung des Bundesgerichtshofes vom 13.2.2020 (Urt. v. 13.2.2020 – IX ZR 90/19).

Wenn der Mandant wegen einer Fahrlässigkeitstat verurteilt wurde, dürfte eine entsprechende Auskunft im Interesse des Mandanten sein. Die Zustimmung des Mandanten ist hierzu einzuholen (vgl. a. *Freyschmidt/Nadeborn* StRR 2012, 364).

Erfolgte jedoch eine **Verurteilung wegen eines Vorsatzdeliktes**, wird der Rechtsschutzversicherer den Mandanten in Höhe der von ihm geleisteten Zahlungen in Regress nehmen. Der Rechtsschutzversicherer ist hinsichtlich seines Auskunftsbegehrens an seinen Versicherungsnehmer, in aller Regel der Mandant, zu verweisen.

255 Eine **Auskunft über den Verfahrensausgang** ist bei einer Verurteilung wegen eines vorsätzlich begangenen Deliktes nicht mehr im Interesse des Mandanten, da diese Auskunft die Grundlage für ein Regressieren des Rechtsschutzversicherers darstellt. Es versteht sich von selbst, dass es dem Rechtsanwalt des Beschuldigten verwehrt ist, hieran mitzuwirken. Selbst massive Anfragen des Rechtsschutzversicherers sind daher, unter Hinweis auf die Verschwiegenheitsverpflichtung aus § 43a BRAO, zurückzuweisen.

Zwischen dem **Rechtsschutzversicherer** und dem **Rechtsanwalt** besteht **keine vertragliche Beziehung**. Der Rechtsanwalt ist allein Vertreter der Interessen seines Mandanten und unterliegt der **Verschwiegenheitsverpflichtung** (*Freyschmidt/Nadeborn*, a.a.O.).

Eine Auskunft über den Verfahrensausgang darf in derartigen Fällen nur mit ausdrücklicher Einwilligung des Mandanten, der bereits bei Mandatsbeginn über die Konsequenzen einer möglichen Vorsatzverurteilung in Bezug auf Regressansprüche des Rechtsschutzversicherers aufzuklären ist, erteilt werden.

256 Zur eigenen Absicherung sollte sich der Verteidiger diese Erklärung schriftlich geben lassen sowie die Aufklärung über die Regressfolgen bei einer Auskunftserteilung, protokollieren und gegenzeichnen lassen.

Der von den **Rechtsschutzversicherungen** in Bezug auf eine konkludente Entbindung von der Schweigepflicht gegenüber dem Rechtsschutzversicherer zitierten Entscheidung des BGH (Urt. v. 13.2.2020 – IX ZR 90/19) lag eine Deckungszusage in einem Zivilprozess zugrunde. Der Bundesgerichtshof stellte jedoch nur eine teilweise konkludente Entbindung von der Schweigepflicht fest, nämlich ausschließlich soweit es abrechnungsrelevante Fragen betrifft.

Nach **Abschluss des Zivilprozesses** erstattete dort der Rechtsanwalt des Versicherungsnehmers einen Betrag an die Rechtsschutzversicherung ohne mitzuteilen, wie sich der Betrag zusammensetzt sowie woraus und von wem die Zahlung resultierte. Auch wurde kein Kostenfestsetzungsbeschluss übersandt.

257 Diesen Sachverhalt nahm der BGH zum Anlass, klarstellend auszuführen, dass in dem Moment, in dem der Versicherungsnehmer dem Rechtsanwalt die Korrespondenz hinsichtlich der Deckungszusage mit seinem Rechtsschutzversicherer überlässt, konkludent eine Entbindung von der Schweigepflicht dergestalt vorliegt, dass der Rechtsanwalt berechtigt und insoweit von seiner Schweigepflicht entbunden ist, dem Rechtsschutzversicherer alle Informationen zukommen zu lassen, **„soweit es die Abrechnung des Mandats betrifft"**.

258 Der BGH schränkt insoweit ausdrücklich die konkludente Schweigepflichtentbindungserklärung dahingehend ein, dass diese nicht etwa umfassend zu verstehen ist, sondern sich lediglich auf kostenrelevante

Bereiche bezieht, also die Mandatsabrechnung. Dies macht auch Sinn, da der Rechtsschutzversicherer, zumal wenn er ohne nähere Erklärung Beträge überwiesen bekommt, ein entsprechendes Auskunftsbegehren hat, um die Zahlung verbuchen und nachvollziehen zu können.

Unter Randziffer 14 der zitierten Entscheidung führt der BHG ausdrücklich aus, dass sich die Entbindung von der Schweigepflicht darauf bezieht, dass der Versicherungsnehmer „den Anwalt konkludent von der Verschwiegenheitsverpflichtung entbunden hat, **„soweit es die Abrechnung des Mandats betrifft“**.

Diese Auskünfte müssen einem Rechtsschutzversicherer erteilt werden. Er sollte Kopien der Gebührenrechnungen und Ladungen erhalten. Auch muss ihm bei Abschluss des Verfahrens mitgeteilt werden, ob Kostenerstattungsansprüche bspw. gegenüber der Staatskasse bestehen oder ob Zahlungen Dritter zu erwarten sind.

Auskünfte, die einen **Regress des Versicherers gegen den Versicherungsnehmer**, also dem Mandanten gegenüber, begründen sollen, sind von der konkludenten Schweigepflichtentbindungserklärung **grds. nicht umfasst**. 259

Etwas anderes erfolgt auch nicht aus der Entscheidung des Bundesgerichtshofes, der die **konkludente Schweigepflichtsentbindung ausdrücklich auf abrechnungsrelevante Umstände beschränkt**. Der Regress gegenüber dem Versicherungsnehmer ist jedoch kein abrechnungsrelevanter Tatbestand.

Zum einen greift für den Verteidiger insoweit die berufsrechtliche Verschwiegenheitsverpflichtung aus § 43a Abs. 2 BRAO und zum anderen ist § 203 StGB zu beachten, welcher einer Auskunftserteilung durch den Verteidiger ebenfalls entgegensteht.

Dem Rechtsschutzversicherer steht i.Ü. ein Auskunftsanspruch über den Verfahrensausgang zu, den er aus § 475 Abs. 4 StPO gegenüber der Staatsanwaltschaft selbst geltend machen kann. Danach ist einem Dritten die begehrte Auskunft zu erteilen, wenn er ein berechtigtes Interesse geltend macht. Ein etwaiger Regressanspruch stellt ein solches Interesse dar. Dann ist dem Dritten auch die verfahrensabschließende Entscheidung in anonymisierter Form mitzuteilen (BGH, Besch. v. 20.6.2018 – 5 AR (Vs) 112/17; NStZ 2018, 678). 260

Sollte eine Rechtsschutzversicherung gegenüber dem Verteidiger eine **Klage auf Auskunft über den Verfahrensausgang** erheben, dürfte einer solchen Klage das Rechtsschutzbedürfnis fehlen, da dem Rechtsschutzversicherer ein einfacherer Weg zur Erlangung der begehrten Auskunft aus § 475 Abs. 4 StPO zur Verfügung steht. Dieses sollte in einem Prozess eingewandt werden. 261

Häufig haben Rechtsschutzversicherer auch **Akteneinsicht bei der Staatsanwaltschaft** oder dem Gericht schon beantragt. Sollte die Versicherung ohne einen Rechtsanwalt beauftragt zu haben selbst einen Akteneinsichtsantrag stellen, wird dieser nach § 475 Abs. 1 StPO zurückgewiesen werden. Die Versicherer müssen sich auf § 475 Abs. 4 StPO berufen, dann erhalten sie die begehrte Auskunft. 262

Sollte es zu einer **Auskunftsklage des Versicherers gegen den Verteidiger** kommen, muss dieser eine erneute Akteneinsicht beantragen, um zu überprüfen, ob sich der Versicherer selbst schon an die Staatsanwaltschaft gewandt hat. In einem gegen den Autor geführten Prozess hat die Darlegung der obigen Rspr. sowie Ausführungen zu einem fehlenden Rechtsschutzbedürfnis dazu geführt, dass die Klage zurück genommen wurde (AG Duisburg, 513 C 1985/25), zumal der Versicherer selbst schon Akteneinsicht beantragt hatte aber diese nicht erhielt, da er sich selbst an das Gericht gewandt hatte und dieses den Antrag nach § 475 Abs. 1 StPO zurückwies. Somit war dem Versicherer ein schnellerer Weg zur begehrten Auskunft bekannt, er hatte nur den falschen gewählt. Daher dürfte es schon an einem Rechtsschutzbedürfnis gefehlt haben und die Klage bereits unzulässig gewesen sein 263

9. Die Regressansprüche **verjähren** nach drei Jahren (§ 195 BGB). Die Verjährung beginnt in dem Jahr, in welchem der Versicherer die Leistung erbracht hat (§ 199 Abs. 1 Nr. 1 und Nr. 2 BGB). 264

Siehe auch: → *Ansprüche, Zivilrecht, Allgemeines*, Teil I Rdn 96 m.w.N.

265 # Ansprüche, Zivilrecht, Sachschaden

Das Wichtigste in Kürze:

1. Bei der Beschädigung einer Sache ist der ursprüngliche Zustand wiederherzustellen. Der Geschädigte kann den dazu erforderlichen Betrag in Geld verlangen.
2. Grds. sind die Kosten der Herstellung des ursprünglichen Zustandes zu erstatten.
3. Bei einem Warendiebstahl ist nur der Einkaufspreis als Sachschaden zu ersetzen. Die Differenz zum Verkaufspreis wird als entgangener Gewinn erstattet, soweit keine Möglichkeit der zeitnahen Ersatzbeschaffung bestand.
4. Soweit bei bestehendem Vorschaden keine Schadensintensivierung vorliegt, wird Schadensersatz nicht geschuldet.
5. Sofern der Geschädigte den entstandenen Sachschaden mit einer Sachversicherung abgerechnet hat, stehen dieser Regressansprüche zu.

266 **Literaturhinweise:** S. die Hinw. bei → *Ansprüche, Zivilrecht, Allgemeines*, Teil I Rdn 96.

267 **1.** Nach **§ 249 Abs. 1 BGB** schuldet der Verurteilte die Herstellung des Zustandes, welcher vor seiner schädigenden Handlung bestand. Der Geschädigte kann den zur **Herstellung erforderlichen Geldbetrag** vom Verurteilten verlangen (§ 249 Abs. 2 S. 1 BGB). Einen hierauf anfallenden **Umsatzsteuerbetrag** hat er nur zu ersetzen, wenn deren tatsächlicher Anfall durch den Geschädigten nachgewiesen wurde (§ 249 Abs. 2 S. 2 BGB). In der Regel wird der Geschädigte entweder fiktiv abrechnen wollen oder aber eine Rechnung über die durchgeführte Reparatur vorlegen. Im letzteren Fall ist dann auch die in der Rechnung ausgewiesene Umsatzsteuer zu erstatten, wenn der Geschädigte nicht zum Vorsteuerabzug berechtigt ist.

268 **2.** Die in der Praxis wohl häufigsten Fälle sind die der **vorsätzlichen Sachbeschädigung** bei einem Aufbruch eines Pkw oder der **Vandalismusschaden** sowie der **Diebstahl**.

269 **a)** Grds. sind die **Kosten** der **Herstellung** des **ursprünglichen Zustandes** zu erstatten. Eine **Begrenzung** auf den **Wiederbeschaffungswert** des Fahrzeuges **erfolgt** in Fällen der vorsätzlichen Sachbeschädigung, anders als im Rahmen von Verkehrshaftpflichtfällen, **nicht**. Vielmehr folgt bei vorsätzlichen Sachbeschädigungen die Grenze der Schadenersatzpflicht aus den Unzumutbarkeitserwägungen des § 251 Abs. 2 S. 1 BGB. Nur wenn die Wiederherstellung mit unverhältnismäßigen Aufwendungen verbunden ist, kann der Schädiger den Geschädigten auf eine Ausgleichszahlung in Geld verweisen. Wann unverhältnismäßige Aufwendungen vorliegen, bedarf stets der Entscheidung im Einzelfall. Der Wiederbeschaffungswert einer beschädigten Sache bildet hierbei jedenfalls keine Obergrenze. Nach der Rspr. sind hierbei nicht nur die reinen Wertverhältnisse zu berücksichtigen, sondern insbesondere auch „der Grad des Verschuldens, weshalb dem Schädiger auch wirtschaftlich unverhältnismäßige Aufwendungen zuzumuten sein können" (OLG Celle NJW-RR 2004, 1681). In der zitierten Entscheidung wurden Wiederherstellungskosten, die den Wiederbeschaffungswert um 100 Prozent überschritten, als verhältnismäßig angesehen.

270 **b)** Auch eine durch eine Reparatur eingetretene **Wertverbesserung** ist **nicht** zugunsten des Schädigers im Wege des Vorteilsabzuges „**Neu für Alt**" durchzuführen, da eine solche dem Geschädigten nicht zumutbar erscheint. Schließlich erfolgte die Beschädigung der Sache durch eine vorsätzliche Straftat. Der Vorteilsabzug ist daher ausgeschlossen, wenn er sich als unbillig erweist (BGH NJW 1970, 2061).

271 **3.** Bei einem **Warendiebstahl** wird auf Seiten des Geschädigten in aller Regel eine Vorsteuerabzugsberechtigung vorliegen, so dass nur der **Nettowareneinkaufswert** zu ersetzen ist. Diesen hat der Geschädigte durch Vorlage seiner Einkaufsrechnung nachzuweisen. Will er darüber hinaus die Differenz zu dem Warenverkaufspreis ebenfalls geltend machen, so steht ihm diese als entgangener Gewinn zu (§ 252 S. 1 BGB). Allerdings hat der Geschädigte dann substantiiert darzulegen und auch unter Beweis zu stellen, zu welchem Preis er unter normalen Umständen die entwendete Ware verkauft hätte (§ 252 S. 2 BGB).

☝ Hier sollte der Verteidiger einwenden, dass dem Geschädigten kein Gewinn entgangen ist, da er zumindest bei Massenwaren die Möglichkeit der unverzüglichen Ersatzbeschaffung und insoweit durch neuen Materialeinkauf keine Gewinneinbußen hatte. Der Verlust der entwendeten Ware wird durch den Ersatz des Warennettoeinkaufswertes kompensiert.

4. Ist die beschädigte Sache bereits vor der **Sachbeschädigung** beschädigt gewesen, so ist Schadenersatz nur dann zu leisten, wenn durch die neuerliche Beschädigung eine **Intensivierung** des **vorhandenen Schadens** oder aber ein neuer, weiterer Schaden an der Sache eingetreten ist. 272

Beispiel: 273

Wird ein älteres Fahrzeug, dessen rechter Kotflügel mehrfach verbeult ist sowie Kratzer und Rostspuren aufweist, durch einen absichtlichen Tritt gegen diesen Kotflügel erneut dergestalt beschädigt, dass dem Kotflügel eine weitere Beule hinzugefügt wird, so hat der Schädiger die Kosten der Beseitigung der von ihm verursachten Beule nicht zu tragen. Auf Grund der vorhandenen Vorschäden war der Kotflügel bereits vor dem neuerlichen Schadenereignis erneuerungsbedürftig und die weitere Beule führte nicht zu einer **Intensivierung** des ohnehin schon vorhandenen Sachschadens.

5. Häufig hat der Geschädigte im Falle der Sachbeschädigung seinen Sachschaden bereits mit einer diesen ersetzenden Versicherung, z.B. Kasko- oder Hausratversicherung, reguliert. Dem **Versicherer** steht dann gegen den Schädiger ein **Regressanspruch** zu, da die Ansprüche des Geschädigten gegen den Schädiger mit Zahlung der Versicherungsleistung in dieser Höhe auf den Versicherer übergehen (§ 86 Abs. 1 S. 1 VVG). 274

☝ Soweit ein Geschädigter also Zahlung an sich verlangt, sollte er aufgefordert werden offenzulegen, ob er gegen die Beschädigung versichert ist und ob er Versicherungsleistungen erhalten hat, um einer doppelten Inanspruchnahme des Schädigers vorzubeugen. Hat der Geschädigte Versicherungsleistungen erhalten, so kann er selbst nur die ggf. noch weiterhin bestehenden Ansprüche verfolgen, die von der Versicherung nicht gedeckt sind.

Siehe auch: → *Ansprüche, Zivilrecht, Allgemeines*, Teil I Rdn 96 m.w.N.

Ansprüche, Zivilrecht, Schmerzensgeld 275

Das Wichtigste in Kürze:

1. Der Schmerzensgeldanspruch verfolgt eine Ausgleichs- und Genugtuungsfunktion zugunsten des Geschädigten. Er geht nicht auf dritte Leistungserbringer über.
2. Für Bagatellverletzungen wird kein Schmerzensgeld zugebilligt.
3. Bei sofortigem Todeseintritt nach der Verletzungshandlung besteht kein Anspruch auf Zahlung eines Schmerzensgeldes. Verstirbt das Opfer alsbald nach der Tat, kann ihm ein reduziertes Schmerzensgeld zustehen, welches von den Erben geltend gemacht werden kann.
4. Der Tod der Leibesfrucht (nasciturus) als Folge einer Gewalthandlung zum Nachteil der werdenden Mutter stellt für diese keine Körperverletzung dar. Ihr kann aber unter dem Gesichtspunkt des Schockschadens ein Schmerzensgeldanspruch zustehen.
5. Die sexuelle Selbstbestimmung ist als weiteres Rechtsgut in den Katalog des § 253 Abs. 2 BGB aufgenommen worden.
6. Die Bemessung der Höhe eines angemessenen Schmerzensgeldes erfolgt in Anlehnung an vergleichbaren Fällen aus der Rspr. sowie unter Zuhilfenahme von Schmerzensgeldtabellen. Ein

Vorteilsausgleich aufgrund von Leistungen einer Versicherung des Geschädigten findet nicht statt. Vorschäden des Verletzten sind zu berücksichtigen.

7. I.d.R. wird das Schmerzensgeld als einmaliger Kapitalbetrag erbracht. Nur bei schwersten Dauerschäden kommt zusätzlich auch eine Schmerzensgeldrente in Betracht.
8. Auch nahen Angehörigen eines Verstorbenen können in Ausnahmefällen Schmerzensgeldansprüche zustehen, sofern ihre Trauer über das normalerweise zu erwartende Maß hinausgeht. Darüber hinaus haben sie Anspruch auf Ersatz der Heilbehandlungskosten und auf Ersatz eines Verdienstausfalles. Ein Mitverschulden des Verstorbenen wird den Hinterbliebenen zugerechnet.
9. Ebenso steht ihnen der Ersatz des Ausfalles der Unterhaltsansprüche, die der Verstorbene hätte erbringen müssen, zu.
10. Der Anspruch auf Zahlung eines angemessenen Schmerzensgeldes verjährt nach drei Jahren ab dem Zeitpunkt, zu welchem das Opfer Kenntnis von der Tat und dem Täter erlangt hat.

276 **Literaturhinweise:** **Diederichsen**, Ansprüche naher Angehöriger von Unfallopfern, NJW 2013, 641; **Hacks/Wellner/Häcker/Kohake**, Schmerzensgeldbeträge, 44. Aufl. 2025; **Huber**, Schmerzensgeld ohne Schmerzen bei nur kurzzeitigem Überleben im Koma – eine sachlich gerechtfertigte Transferierung von Vermögenswerten an die Erben, NZV 1998, 345; **Jaeger**, Entwicklung der Rechtsprechung zu hohen Schmerzensgeldern, VersR 2013, 134; **Jaeger/Luckey**, Handbuch Schmerzensgeld, 12. Aufl. 2024; **Klinger**, Schmerzensgeld für Hinterbliebene von Verkehrsopfern? Verfassungsrechtliche Überlegungen unter Berücksichtigung der Rechtsprechung des Bundesgerichtshofes, NZV 2005, 290; **Nixdorf**, Mysterium Schmerzensgeld – Was ist das Besondere an den Ansprüchen auf Ersatz immaterieller Schäden?, NZV 1996, 89; **Notthoff**, Voraussetzungen der Schmerzensgeldzahlung in Form einer Geldrente, VersR 2003, 966; s.a. die Hinw. bei → *Ansprüche, Zivilrecht, Allgemeines*, Teil I Rdn 96.

277 **1.a)** § 254 Abs. 2 BGB normiert die Zahlung eines **angemessenen Schmerzensgeldes**, sofern der Körper, die Gesundheit, die Freiheit oder, durch den Gesetzgeber neu hinzugenommen, das Recht auf sexuelle Selbstbestimmung des Opfers verletzt wurde. Dem Schmerzensgeld kommt insoweit eine **Ausgleichs-** und, besonders bei vorsätzlich begangenen Straftaten, **Genugtuungsfunktion** zu.

☝ Es verbleibt in der Person des Geschädigten und **geht nicht** auf etwaige **dritte Leistungserbringer** (z.B. Sozialversicherungsträger oder Versicherungen) **über**.

278 Da eine tatsächliche Wiedergutmachung unmöglich ist, besteht der Sinn des Schmerzensgeldes zunächst in einem **Ausgleich** in **Bezug** auf die **erlittene Beeinträchtigung**, wenngleich dies nicht der einzige Zweck des Schmerzensgeldes ist (BGHZ 18, 149). Weiterhin kommt dem Schmerzensgeld auch ein **Sühnecharakter** zu, da vor allem ein vorsätzliches Verhalten des Täters auf Seiten des Opfers zu einem Sühnewunsch und zu einer Verbitterung führen kann. Der Schädiger schuldet dem Opfer aus diesem Gesichtspunkt heraus auch Genugtuung für das, was er ihm angetan hat (BGH, a.a.O.).

279 **b)** Hinsichtlich dieser, den Schmerzensgeldanspruch leitenden Funktionen lassen sich im Wesentlichen die nachfolgend stichwortartig aufgeführten **Kriterien** anführen:

280 **Kriterien der Ausgleichsfunktion**

- **Welche Verletzung** ist bei dem Opfer eingetreten (Primärverletzung)?
- Verbleibt bei dem Opfer ein **Dauerschaden** oder ist eine Minderung der Erwerbsfähigkeit eingetreten?
- Hat die Rechtsgutverletzung zu einer **psychischen Veränderung**, insbesondere zu einem psychischen Krankheitsbild, bei dem Opfer geführt?
- In welchem **Ausmaß** ist die tägliche **Lebensführung** des Opfers durch die Verletzung und/oder das psychische Krankheitsbild verändert?
- Liegen **Auswirkungen** im **sozialen Umfeld** des Opfers vor (z.B. Trennung des Lebenspartners aufgrund der Verletzung/Veränderung des Opfers, Rückzug des Opfers aus dem sozialen Leben, Abkehr des Freundeskreises etc.)?

Kriterien der Genugtuungsfunktion 281

- Die Genugtuungsfunktion wird in der Rspr. jedenfalls für **vorsätzlich** begangene Straftaten anerkannt. Bezüglich eines Fahrlässigkeitsvorwurfes liegen noch keine Entscheidungen vor.
- Ausgleich für **erlittenes Unrecht**. Die Genugtuungsfunktion ist nicht durch eine strafrechtliche Verurteilung des Täters ausgeglichen! Sie bleibt bezüglich der Genugtuungsfunktion unberücksichtigt (BGH NJW 1995, 781).
- **Maßstab** für den Ausgleich im Rahmen der Genugtuungsfunktion ist der **Grad** des **Verschuldens** auf Täterseite und die Art und Weise der Tatbegehung. Vor allem eine erniedrigende, quälende oder der Folter entsprechende Begehungsweise ist im Rahmen des Ausgleiches im Hinblick auf die Genugtuungsfunktion umfassend zu berücksichtigen.
- Schließlich ist auch die **wirtschaftliche Leistungsfähigkeit** des Täters dergestalt zu berücksichtigen, dass sie sich schmerzensgelderhöhend auswirkt, wenn der Täter dem Opfer gegenüber finanziell besser gestellt ist. Eine hinter dem Täter stehende eintrittspflichtige Versicherung bleibt hierbei unberücksichtigt. Entscheidend ist die eigene wirtschaftliche Leistungskraft des Täters, nicht seine ggf. vorhandene versicherungsrechtliche Abdeckung.

2. Bei **Bagatellschäden**, also Schäden, die nur eine geringfügige Verletzung des Körpers oder der Gesundheit darstellen, welche zu keiner wesentlichen Beeinträchtigung der Lebensführung geführt haben, wird ein **Schmerzensgeldanspruch versagt**, da ein finanzieller Ausgleich derartiger geringer Verletzungen im Einzelfall als unbillig erscheinen kann. Der **BGH** begründet das damit, es im Einzelfall gerechtfertigt sein kann, ein Schmerzensgeld zu versagen, wenn die erlittene Beeinträchtigung derart geringfügig ist, dass ein Ausgleich des sich aus ihr ergebenden immateriellen Schadens in Geld nicht mehr billig erscheint. Deshalb hält sich das Gericht im Rahmen seines ihm durch § 287 ZPO eingeräumten Ermessens, wenn es bei geringfügigen Verletzungen ohne wesentliche Beeinträchtigung der Lebensführung und ohne Dauerfolgen – den sogenannten Bagatellschäden – jeweils prüft, ob es sich **nur** um **vorübergehende**, im Alltagsleben **typische** und häufig auch aus anderen Gründen als einem besonderen Schadensfall entstehende Beeinträchtigungen des körperlichen und seelischen Wohlbefindens handelt, wie etwa Kopfschmerzen und Schleimhautreizungen, die im Einzelfall weder unter dem Blickpunkt der Ausgleichs- noch der Genugtuungsfunktion ein Schmerzensgeld als billig erscheinen lassen (BGH NJW 1992, 1043; NJW 2023, 983). 282

☝ Letztlich bleibt die Frage, ob eine **Bagatellverletzung** vorliegt, eine **Frage des Einzelfalles.** Soweit entsprechende Beeinträchtigungen auf Opferseite behauptet werden, müssen diese zunächst **substantiiert dargelegt** und unter **Beweis** gestellt werden. Es obliegt dann dem Verteidiger darzulegen, dass es sich bei den geschilderten Beeinträchtigungen um solche von nur vorübergehender Natur handelt, die auch ohne äußeren Anlass bei einer Vielzahl von Menschen auftreten können und sozusagen zum allgemeinen Lebensrisiko gehören.

3.a) Das Recht auf Leben ist bei den Rechtsgütern in § 253 Abs. 2 BGB nicht aufgeführt. Das **BGB** sieht für den **Tod** oder eine erlittene **Lebensverkürzung** einen **Schmerzensgeldanspruch nicht** vor. Die **Kosten** einer angemessenen, den bisherigen Lebensstandard des Verstorbenen berücksichtigenden, **Beerdigung** sind durch den Schädiger zu erstatten (§ 844 Abs. 1 BGB). 283

b) Stellt eine **Körperverletzung** gegenüber dem daraufhin alsbald eingetretenen Tod **keine abgrenzbare, eigenständige**, immaterielle Beeinträchtigung dar, kann ein Schmerzensgeldanspruch zu **verneinen** sein (BGH NJW 1998, 2741). **Hiervon** wird nach der Rspr. dann auszugehen sein, wenn der Verstorbene unmitttelbar nach oder durch die Verletzungshandlung das Bewusstsein verliert, das Ausmaß der erlittenen Verletzung also nicht realisieren kann sowie unmittelbar danach verstirbt. 284

c) Auch wenn das Opfer durch die Verletzungshandlung das **Bewusstsein verliert** und **innerhalb weniger Stunden danach verstirbt**, ohne das Bewusstsein wiedererlangt zu haben, kann die Zubilligung eines 285

Schmerzensgeldes abgelehnt werden, wenn die dem Tod vorausgegangene Verletzungshandlung keine eigenständige immaterielle Beeinträchtigung darstellt, sowie eine Differenzierung zwischen Verletzungshandlung einerseits und dem eingetretenen Tod andererseits aus Billigkeitsgesichtspunkten nicht erforderlich erscheint (BGH NJW 1998, 2741). An einer solchen eigenständigen immateriellen Bedeutung kann es fehlen, wenn der Tod alsbald nach der Verletzungshandlung eintrat, ohne dass das Opfer das Bewusstsein wiedererlangt hat und insoweit, aufgrund der Bewusstlosigkeit, das Ausmaß der eigenen Verletzung und den herannahenden eigenen Tod nicht mehr hat bemerken können.

286 **d)** Ist der Geschädigte nach der Verletzungshandlung **zunächst noch einige Zeit bei Bewusstsein** und kann demzufolge das Ausmaß seiner Verletzungen realisieren, so entsteht in seiner Person ein **Schmerzensgeldanspruch** selbst dann, wenn er aus medizinischen Gründen in ein künstliches Koma versetzt wird und in diesem, ohne das Bewusstsein wieder zu erlangen, mehrere Tage nach der Tat verstirbt. Allerdings wird der Umstand, dass das Opfer die Verletzungen nur kurze Zeit überlebt hat, mindernd in Bezug auf die Bestimmung eines angemessenen Schmerzensgeldes berücksichtigt, selbst wenn die Verletzungshandlung die Todesursache darstellt (BGH NJW 1976, 1147; 1998, 2741).

☝ Der in der Person des Verstorbenen entstandene **Schmerzensgeldanspruch** geht auf seine **Erben über** und kann von diesen geltend gemacht werden, sofern sie das Erbe nicht ausgeschlagen haben.

287 **4.** Wird eine **Gewalttat** zum **Nachteil** einer **werdenden Mutter** begangen und stirbt die Leibesfrucht in Folge der Gewalteinwirkung auf die Frau, so stellt der **Tod** der **Leibesfrucht** keine **Körperverletzung** zum **Nachteil** der **Frau** dar. Dies folgt daraus, dass die Leibesfrucht ein selbstständiges menschliches Leben ist und nicht etwa Bestandteil der Mutter oder gar Organ ihres Körpers (OLG Düsseldorf NJW 1988, 777).

288 Allerdings kann der **werdenden Mutter** ein **Schmerzensgeldanspruch** zustehen, wenn durch das Absterben der Leibesfrucht „ihre eigene körperliche Integrität oder Gesundheit geschädigt wird" (OLG Düsseldorf NJW 1988, 777). Wird z.B. anlässlich des Absterbens des Nasciturus ein **operativer Eingriff** bei der Frau notwendig und durchgeführt, der ansonsten nicht erforderlich gewesen wäre, **so** steht ihr wegen dieses Eingriffes in ihrer körperlichen Unversehrtheit ein eigener Schmerzensgeldanspruch zu.

☝ Auch kann der Frau ein Schmerzensgeldanspruch aus dem Gesichtspunkt eines **Schockschadens** zustehen.

289 **5.** Die in § 253 Abs. 2 BGB aufgeführten Rechtsgüter sind von dem Gesetzgeber um das **Recht** auf **sexuelle Selbstbestimmung** ergänzt und insoweit der schon lange als nicht mehr zeitgemäß angesehene § 847 BGB beseitigt worden. Wenn nach dem aufgehobenen § 847 BGB früher nur „Frauenspersonen" geschützt waren, gilt das Recht auf sexuelle Selbstbestimmung nach § 253 Abs. 2 BGB sowohl für Frauen, Männer als auch für Kinder.

290 Insoweit ist auch in der Rspr. die **Tendenz erkennbar**, sich mit der Verletzung des Rechtes auf sexuelle Selbstbestimmung **verstärkt auseinanderzusetzen** und Opfern ein höheres Schmerzensgeld zuzusprechen. Das LG Frankfurt (NJW 1998, 2294) hat einem Vergewaltigungsopfer bspw. ein Schmerzensgeld in Höhe von 50.000,00 EUR zugesprochen.

291 **6.a)** Hinsichtlich der **Bestimmung** der **Höhe** des **Schmerzensgeldanspruches** ist zunächst von den **Kriterien** der **Ausgleichs- und Genugtuungsfunktion** auszugehen. Maßgebend für die Höhe des Schmerzensgeldes sind im Wesentlichen die Schwere der Verletzungen, das durch diese bedingten Leiden, dessen Dauer, das Ausmaß der Wahrnehmung der Beeinträchtigung durch den Verletzten und der Grad des Verschuldens des Schädigers (BGH NJW 1998, 2741). Diese hat der Geschädigte substantiiert vorzutragen und unter Beweis zu stellen. Es obliegt dann dem Verteidiger, so hierfür Raum ist, das Vorliegen der vorgetragenen Verletzungen oder deren Ausmaß und Auswirkungen zu bestreiten.

Von diesen Kriterien ausgehend erfolgt die **Bestimmung** der Höhe des Schmerzensgeldes dann anhand vergleichbarer Fälle aus der Rspr. und unter Zuhilfenahme von sog. **Schmerzensgeldtabellen**, wie z.B. *Hacks/Wellner/Klein/Kohake*, Schmerzensgeldbeträge oder *Jaeger/Luckey*, Schmerzensgeld. Hierbei werden nur solche **Entscheidungen** zum Vergleich herangezogen, die **nicht älter als fünf bis höchstens zehn Jahre** sind. Zum einen ist der Aspekt der Geldentwertung entscheidend dafür, dass nur jüngere Vergleichsentscheidungen herangezogen werden und zum anderen besteht in der jüngeren Rspr. die Tendenz, höhere Schmerzensgelder als noch vor einigen Jahren zuzuerkennen. 292

☝ Es ist zu bedenken, dass die Rspr. bezüglich der Höhe von zuzuerkennenden Schmerzensgeldzahlungen derzeit im Fluss ist und eine deutliche Tendenz besteht, höhere Beträge als in den vergangenen Jahren zuzusprechen. Dennoch sollte der Verteidiger den Versuch unternehmen, **ältere Rspr.** anhand der Schmerzensgeldtabellen zu recherchieren und auf diese gestützt versuchen, ein **geringes Schmerzensgeld** zu erwirken.

b) Zahlungen die der Verletzte aufgrund privater Vorsorge, z.B. einer **Unfallversicherung**, erhalten hat, werden nicht mit dem Schmerzensgeldanspruch verrechnet. Ein **Vorteilsausgleich** findet **nicht statt** (BGH NJW1982, 1589. Der Verteidiger kann also nicht einwenden, der Schmerzensgeldanspruch des Geschädigten sei durch die Zahlung einer Versicherung des Geschädigten abgegolten. Die Ausgleichs- und vor allem die Genugtuungsfunktion des Schmerzensgeldes bleiben, trotz der Leistungen der eigenen Versicherung des Geschädigten, bestehen. 293

☝ Sofern im Rahmen einer **Einstellung** gegen Geldauflage oder als **Bewährungsauflage** Zahlungen an den Geschädigten zu erbringen sind, sollte der Verteidiger mit **aufnehmen** lassen, dass sich der Geschädigte diese von dem Beschuldigten stammenden **Zahlungen** auf seinen **Schmerzensgeldanspruch anrechnen** lassen muss. Da eine Anrechnung nicht automatisch erfolgt und von einer solchen gar abgesehen werden kann, sollte auf eine entsprechende Verrechnungsbestimmung seitens der Verteidigung hingewirkt werden.

Auch **Vorschäden** des **Verletzten** sind bei der Bemessung des Schmerzensgeldes dergestalt **zu berücksichtigen**, dass ein die Vorschädigung berücksichtigender angemessener Abschlag bei der Bemessung des Schmerzensgeldes vorzunehmen ist. 294

☝ In geeigneten Fällen sollte die **Frage thematisiert** werden, ob bei einer bestehenden Vorschädigung des Verletzten **überhaupt** eine **Intensivierung** des zuvor vorhandenen Zustandes durch die Tat hervorgerufen wurde oder eingetreten ist. So kann zumindest die Haftung des Beschuldigten für Folgeschäden in der Zukunft verhindert werden.

7. Das Schmerzensgeld wird als **einmaliger Kapitalbetrag** geleistet. Eine **zusätzliche Geldrente** wird nur bei Vorliegen von **schwersten Dauerschäden**, unter denen der Verletzte immer wieder leidet, zuerkannt (BGH NJW 1994, 1592). 295

8. Grds. ist im deutschen Schadenersatzrecht ein **Schmerzensgeldanspruch** für **Hinterbliebene nicht** vorgesehen, da es an einer unmittelbaren Rechtsgutverletzung auf Seiten der nahen Angehörigen fehlt. 296

a) Der **BGH** hat jedoch dann einen Schmerzensgeldanspruch von nahen Angehörigen bejaht, wenn deren **Trauer** zum einen einen medizinisch messbaren Grad erreicht hat, welcher zum anderen **über** das üblicherweise bei dem Tod eines nahen Angehörigen zu **erwartende Maß hinausgehen** muss. Vom Schutzzweck des § 823 Abs. 1 BGB sind nur solche Ausmaße erfasst, die in ihrer Art und Schwere das gewöhnlich bei einem Trauerfall zu erwartende Maß überschreiten (BGHZ 56, 163). Hierbei betont der BGH allerdings, dass die oft nicht leichten Nachteile für das gesundheitliche Allgemeinbefinden, die erfahrungsgemäß mit einem tief empfundenen Trauerfall verbunden sind, regelmäßig keine selbstständige Grundlage für einen Schadenersatzanspruch bilden (BGH, a.a.O.). 297

298 **b)** Insbesondere ist zu **unterscheiden**, ob der nahe Angehörige, der als **Schockschaden** ein Schmerzensgeld begehrt, den **Tod** des nahen Angehörigen **miterlebt** hat **oder** ob der **Schock nach der Mitteilung** des **Todes** eingetreten ist (BGH r+s 2015, 151).

299 Durch die vorgenommene Unterscheidung zwischen Miterleben einerseits und dem Erhalt einer **Todesnachricht** andererseits lässt sich die **Tendenz** des **BGH** erkennen, **zumindest** demjenigen, der bei dem **Tod** des **nahen Angehörigen** im Todeszeitpunkt vor Ort war und diesen **miterlebt** hat, ein Schmerzensgeld zuzubilligen, sofern das Miterleben zu einem psychischen Trauma führt, welche das gewöhnlich zu erwartende und insoweit auch vorübergehende Maß übersteigt. Das bedeutet auch, dass bei einem Trauma anlässlich der Übermittlung einer Todesnachricht, mangels visuellen Erlebens, auf Seiten des Opfers erhöhte Anforderungen an die Darlegungslast in Bezug auf das Ausmaß und die Schwere eines etwaigen Traumas zu stellen sein dürften.

300 **c)** Hier ist klarzustellen, dass der **Schockgeschädigte** nicht etwa einen mittelbaren Anspruch des Opfers, sondern vielmehr einen **eigenen Schadenersatzanspruch verfolgt** (*Diederichsen* NJW 2013, 641). Er ist durch den erlittenen Schock und dessen Folgen selbst in seiner Gesundheit beeinträchtigt. Ein Schockschaden ist allerdings ausgeschlossen, wenn das schädigende Ereignis ganz geringfügig ist und die psychische Reaktion des Geschädigten im konkreten Fall schlechterdings nicht mehr verständlich ist, weil sie im groben Missverhältnis zum Anlass steht (BGH NJW 2018, 3097; NJW 2023, 983).

301 **d)** Wenn ein entsprechender Anspruch durch das Gericht festgestellt wird, hat der **Schockgeschädigte** nicht nur **Anspruch** auf **Zahlung** eines **angemessenen Schmerzensgeldes** sondern auch auf **Ersatz** der **Heilbehandlungskosten**. War er durch die psychischen Folgen nicht in der Lage, seiner Erwerbstätigkeit für einen bestimmten Zeitraum nachzugehen, steht ihm auch der **Ersatz** seines **Verdienstausfalles** zu.

302 **e)** Sofern ein **Mitverschulden** des **Verstorbenen** festgestellt werden kann, wird sein Mitverschulden den **Hinterbliebenen** in entsprechender Anwendung des § 254 BGB über § 242 BGB **zugerechnet**. Dies folgt daraus, dass der Anspruch des Hinterbliebenen aus der engen persönlichen Beziehung zu dem Verstorbenen hergeleitet wird (BGHZ 56, 163; → *Ansprüche, Zivilrecht Mitverschulden des Geschädigten*, Teil I Rdn 155 ff.

303 Auch muss sich der **Schockgeschädigte** ein **eigenes Mitverschulden**, z.B. durch den **Abbruch** einer zumutbaren, auch psychotherapeutischen**, Behandlung** anrechnen lassen (BGH NJW 2015, 2264).

> ☝ Um die Position des Beschuldigten im zivilrechtlichen Schadenersatzprozess zu stärken, sollte bereits im Strafverfahren nach Möglichkeit dafür **gesorgt** werden, dass die **Urteilsgründe** zu einem **Mitverschulden** des Verstorbenen **Ausführungen enthalten**, z.B. hinsichtlich einer Tatprovokation oder Bewaffnung des Opfers. Da derartige Umstände für die Verteidigung in Bezug auf ein zu erwartendes Strafmaß ohnehin von Bedeutung sind, sollte hierbei auch die zivilrechtliche Bedeutung dieses Aspektes gesehen werden.
>
> Weiterhin müssen die **Ausführungen** des **Schockgeschädigten** zu den aus seiner Sicht vorhandenen Folgen des Schocks **bestritten** werden. Es muss versucht werden herauszuarbeiten, ohne hierbei zynisch zu argumentieren, dass es sich um gewöhnlich zu erwartende Folgen einer Todesnachricht handelt. Der Rechtsanwalt des Beschuldigten wird sich häufig dem Vorwurf des Bagatellisierens ausgesetzt sehen. Das muss dann ertragen werden, ohne selbst das Sachlichkeitsgebot zu verletzen. Auch muss die Frage erörtert werden, was der Schockgeschädigte denn selbst unternommen hat, um die psychischen Auswirkungen in einem überschaubaren Rahmen zu halten, ob er sich also bspw. rechtzeitig in eine Traumabehandlung begeben hat. Ein mögliches eigenes Mitverschulden des Schockgeschädigten muss herausgearbeitet werden. Die Anerkennung eines Schockschadens, darauf muss regelmäßig hingewiesen werden, hat nach der Rspr. einen Ausnahmecharakter!

304 **f)** Diesen Ausnahmecharakter hat der BGH stets betont und sieht **nur nahe Angehörige** als im Einzelfall anspruchsberechtigt an. I.d.R. wird der Bereich der nahen Angehörigen über leibliche Kinder, Ehegatten

und in häuslicher Gemeinschaft lebende Personen nicht hinausgehen. Ein Anspruch kann nur bei dem Tod eines Menschen in Betracht kommen (BGH NJW 2012, 1730).

9. Soweit der Verstorbene **Unterhaltsverpflichtungen** hatte, ist der von ihm geschuldete Unterhalt durch den Schädiger zu erbringen. Den Unterhaltsberechtigten steht insoweit ein **Schadenersatzanspruch** gegen den Schädiger zu (§ 844 Abs. 2 BGB). 305

10. Der Anspruch auf Zahlung eines angemessenen Schmerzensgeldes **verjährt** nach **drei Jahren** ab dem Zeitpunkt, zu welchem das Opfer Kenntnis von der Tat und dem Täter erlangt hat (§ 195 BGB). Die Verjährung beginnt mit dem Schluss des Jahres, in welchem die Kenntnis vorlag (§ 199 Abs. 1 und 2 BGB). 306

☝ Eine **Besonderheit** wurde durch das **StORMG** hinsichtlich der Ansprüche eingeführt, welche auf eine Verletzung des Rechtes der sexuellen Selbstbestimmung sowie auf vorsätzlichen Tötungs- und Körperverletzungsdelikten und freiheitsentziehenden Delikten beruhen. Die **Verjährung** dieser Ansprüche tritt erst **nach 30 Jahren** ein (§ 197 Abs. 1 Nr. 1 BGB). Die Verjährung beginnt in dem Zeitpunkt, in welchem die schädigende Handlung ausgeführt wurde (§ 199 Abs. 2 BGB).

Siehe auch: → *Ansprüche, Zivilrecht, Allgemeines*, Teil I Rdn 88 m.w.N.

StrEG-Entschädigung, Allgemeines 307

Das Wichtigste in Kürze:

1. Das StrEG stellt einen eigenständigen Teilbereich des Staatshaftungsrechts dar. Es regelt die Entschädigung von Personen, die durch Maßnahmen der Strafverfolgung, insbesondere durch Untersuchungshaft oder andere strafprozessuale Zwangsmaßnahmen, einen Schaden erlitten haben.
2. Als Teil des Haftungsrechts folgt das StrEG den zivilrechtlichen Haftungsmaßstäben der §§ 276 ff., 249 ff. BGB.
3. Das StrEG behandelt in seinem ersten Teil (§§ 1 – 9 StrEG) das sog. Grundverfahren.
4. Hat die Staatsanwaltschaft das Verfahren eingestellt, entscheidet grds. das Amtsgericht am Sitz der Staatsanwaltschaft über die Entschädigungspflicht (§ 9 Abs. 1 S. 1 StrEG).
5. Für die in §§ 1 und 2 StrEG genannten Fälle gelten die Ausschluss- und Versagungsgründe der §§ 5 und 6 StrEG.
6. Im sog. Betragsverfahren (§§ 10 – 13 StrEG) wird über die Höhe der Entschädigung entschieden.
7. Eine Auslegungshilfe bilden die bundeseinheitlichen Ausführungsvorschriften zum StrEG, die in Anlage C zu den RiStBV enthalten sind.

Literaturhinweise: Abramenko, Der Freispruch wegen eines nachträglichen Beweisverwertungsverbotes und die Entschädigung nach §§ 1, 2 StrEG, NStZ 1998, 176; BeckOK StPO, 54. Edition, Stand: 1.1.2025, **Burhoff**, Anwaltliche Vergütung für die Tätigkeit im strafrechtlichen Entschädigungsverfahren, RVGreport 2007, 372; **Demko**, Zur Unschuldsvermutung nach Art. 6 Abs. 2 EMRK bei Einstellung des Strafverfahrens und damit verknüpften Nebenfolgen, HRRS 2007, 286; **Eisenberg**, Verfassungswidrige Untersuchungshaftdauer und (Nicht-)Entschädigung (§ 6 Abs. 2 StrEG), GA 2014, 107; *ders.*, Zur Anwendung des Gesetzes über die Entschädigung für Strafverfolgungsmaßnahmen im Jugendstrafverfahren, GA 2004, 385; **Eisenberg/Reuther**, Zur Entschädigung für Strafverfolgungsmaßnahmen gegenüber Jugendlichen und Heranwachsenden, erörtert anhand eines mehrinstanzlichen aktuellen Verfahrens, ZKJ 2006, 490; **Grau/Blechschmidt**, Ersatzansprüche für Schäden durch strafprozessuale Maßnahmen – insbesondere Durchsuchungsaktionen und Beschlagnahmen, BB 2011, 2378; **Hofmann**, Zur systemwidrigen Entschädigungslosigkeit von erlittener Untersuchungshaft bei anschließender Verurteilung zu einer Bewährungsstrafe, StraFo 2007, 52; **König**, Anm. zu LG Berlin StraFo 2008, 311; **Kotz**, Entschädigung für die (vorläufige) Entziehung der Fahrerlaubnis bzw. Sicherstellung oder Beschlagnahme des Führerscheins, VRR 2009, 367; *ders.*, Entschädigung für Maßnahmen der Strafverfolgung, in: Widmaier/Müller/Schlothauer, Münchener Anwaltshandbuch Strafverteidigung, 2. Aufl, 2014, § 28; *ders.*, Hinweise zur Geltendmachung der Entschädigung für Strafverfolgungsmaßnahmen – Teil 1, StRR 2010, 164; Teil 2, StRR 2010, 204; Teil 3, StRR 2010, 244; *ders.*, Straßenverkehrsstraf- und ordnungswidrigkeitenrecht in Kotz/Rahlf, 308

Praxis des Betäubungsmittelstrafrechts [BtMPrax], 2013, Kap. 13 I; **Krumm**, Strafrechtliche Fahrerlaubnisentziehung: Die - wichtigsten Leitsätze 2012 bis Mitte 2013, SVR 2014, 94; **Kunz**, StrEG. Gesetz über die Entschädigung für Strafverfolgungsmaßnahmen, 4. Aufl. 2010 (zitiert: **Kunz**, StrEG); *ders.*; in: Vordermayer/von Heintschel-Heinegg, Handbuch des Staatsanwalts, 7. Aufl., 2023, Teil 8 (zitiert: HbStA-**Kunz**); *ders.*, Nutzungsausfallentschädigung für Computer, VuR 2011, 337; **D. Meyer**, Anm. zu OLG Jena NStZ-RR 2001, 160, JR 2001, 244; **D. Meyer**, Kommentar zum Gesetz über die Entschädigung für Strafverfolgungsmaßnahmen, 11. Aufl. 2020; **Montag/Busemann**, Höhere Haftentschädigung?, ZRP 2011, 223; **Sandherr**, Der Entschädigungsausschluss bei Trunkenheitsfahrten, insbesondere nach § 5 Abs. 2 StrEG, DAR 2007, 420; **Schaefer**, Entschädigung für Strafverfolgungsmaßnahmen, NJW-Spezial 2009, 344; **Schlick**, Die Rechtsprechung des BGH zu den öffentlich-rechtlichen Ersatzleistungen, Teil 1: Öffentlich-rechtliche Entschädigung, NJW 2009, 3139; *ders.*, NJW 2011, 3137; **Schlothauer/Weider**, Untersuchungshaft, Rn 1150 ff.; **W. Schütz**, Der Anspruch nach dem StrEG im Zivilprozess, StV 2008, 52.

309 **1.a)** Das **Gesetz über die Entschädigung für Strafverfolgungsmaßnahmen (StrEG)** bestimmt, unter welchen Voraussetzungen Personen, die durch Maßnahmen der Strafverfolgung – insbesondere durch Untersuchungshaft oder andere strafprozessuale Zwangsmaßnahmen – einen Schaden erlitten haben und sich nachträglich als zu Unrecht verfolgt oder inhaftiert herausstellen, einen Anspruch auf Entschädigung gegen den Staat haben. Das StrEG vom 8.3.1971 (BGBl I, S. 157; zuletzt geändert durch Art. 1 Drittes ÄndG vom 30.9.2020 [BGBl I S. 2049]), ist seit 1971 in Kraft und bildet einen eigenständigen Teilbereich des **Staatshaftungsrechts**. Ziel ist es, Betroffenen für erlittene Nachteile durch rechtswidrige oder unbegründete strafprozessuale Maßnahmen einen finanziellen Ausgleich zu gewähren.

☝ Eine **geplante Reform** des StrEG soll zu grundlegenden Änderungen des StrEG führen, insbesondere hinsichtlich der Fristen der Anspruchsanmeldung, und zwar sieht das Strafverfolgungsentschädigungsreformgesetz (StrERG, BT-Drucks. 20/14502) vor:

- Die Frist zur Antragstellung im Betragsverfahren (§ 10 Abs. 1 StrEG) soll von sechs Monaten auf ein Jahr verlängert werden.
- Die absolute Ausschlussfrist von einem Jahr (§ 12 StrEG) soll aufgehoben werden.
- Die Frist zur Klageerhebung gegen die Entscheidung über den Entschädigungsanspruch soll von drei auf sechs Monate verlängert werden.
- Auch soll die Möglichkeit zur Wiedereinsetzung in den vorigen Stand bei schuldloser Fristversäumnis eingeführt werden.

Das Gesetz war in der 20. Legislaturperiode in den Bundestag eingebracht, ist dann aber nicht wegen des Scheiterns der Ampelkoalition und der Auflösung des Bundestages nicht endgültig beraten worden. Es bleibt abzuwarten, ob die Änderungen in der 21. Legislaturperiode wieder aufgegriffen werden.

310 **Es** beruht auf folgendem **Grundgedanken**: Dem Beschuldigten, der einer durch das Verfahrensergebnis nicht gedeckten Strafverfolgungsmaßnahme ausgesetzt ist, wird im Allgemeininteresse, nämlich aus Gründen der Strafrechtspflege, ein Sonderopfer auferlegt. Dem Ausgleich der hierdurch verursachten Schäden dient die in dem Gesetz über die Entschädigung für Strafverfolgungsmaßnahmen normierte, **verschuldensunabhängige** Staatshaftung, die auf dem Gesichtspunkt der **Aufopferung** (vgl. dazu §§ 74, 75 Einl. ALR) bzw. des enteignenden Eingriffs beruht (BGHZ 72, 302; BayObLG, Beschl. v. 26.2.1986 – RReg. 4 St 256/85; LG Nürnberg-Fürth, Beschlu. v. 28.8.2024 – 18 Qs 15/24). Grds. hat der von einer Strafverfolgungsmaßnahme Betroffene Ermittlungsmaßnahmen der Strafverfolgungsorgane, zu denen diese aufgrund des Strafverfolgungsmonopols des Staates verpflichtet sind, im Interesse des Gesamten zur Aufklärung von Straftaten hinzunehmen. Da im Strafverfahren die Kollektivinteressen (des Staates und der Gesellschaft) und die Individualinteressen (des von einer Strafverfolgung Betroffenen) miteinander im Widerspruch stehen, ist die vom Gesetz getroffene **Interessenabwägung** symptomatisch für das in einem (demokratischen) Gemeinwesen allgemein gültige Verhältnis von Staat und Individuum. Ziel des Staates bei der Strafverfolgung ist es, nur den wirklichen Täter zu verfolgen und ihn mit einer gerechten Strafe zu belegen, den unschuldigen oder nicht zu überführten Tatverdächtigen aber möglichst bald aus dem Verfahren zu entlassen und zu rehabilitieren. Daher lässt es sich nicht immer vermeiden, dass ein Verfahren mit einem dem materiellen Recht inkongruenten Ergebnis endet. Diesem Rechtsgedanken trägt

das Gesetz über die Entschädigung für Strafverfolgungsmaßnahmen Rechnung, beschränkt sich aber darauf, dass ein Schadensausgleich nur für solche Vermögenseinbußen zu gewähren ist, die **unmittelbar** auf der vollzogenen Maßnahme beruhen (OLG Karlsruhe, Urt. v. 20.1.2005 – 12 U 334/04; LG München I, Urt. v, 29.10.2025 – 15 O 15353/23). Auch gewährt das StrEG einen Anspruch auf Entschädigung, wenn es zwar zu einer Verurteilung kommt, sich aber die Strafverfolgungsmaßnahme als „überschießend" herausstellt (§ 4 StrEG).

b) Ersatzansprüche aus **Amtshaftung** (§ 839 BGB, Art. 34 GG) wegen schuldhaften Fehlverhaltens der 311
Ermittlungsbehörden bleiben neben Entschädigungsansprüchen nach dem StrEG bestehen. Der Gesetzgeber hat die **subsidiäre Geltung** des § 2 Abs. 2 Nr. 4 StrEG auf die Fälle beschränkt, in denen für die dort genannten vorläufigen Strafverfolgungsmaßnahmen in einem (formellen) Gesetz eine eigene spezifische Entschädigungsregel vorgesehen wurde, wie z.B. für die Beschlagnahme in verschiedenen Landespressegesetzen (BGH, Urt. v. 9.11.1978 – III ZR 116/77, NJW 1979, 425).

2. Als Teil des Haftungsrechts folgt das StrEG den **zivilrechtlichen Haftungsmaßstäben** der **§§ 276 ff.,** 312
249 ff. BGB. Eine Entschädigung ist ausgeschlossen oder kann versagt werden, wenn der Verfahrensbetroffene eine entschädigungsfähige Strafverfolgungsmaßnahme (mit-)verursacht hat. Die Verteilung der Beweislast richtet sich nach den **Grundsätzen der ZPO**.

3. Das StrEG regelt im ersten Teil (§§ 1 – 9 StrEG) das sogenannte **Grundverfahren**. In diesem Verfah- 313
ren entscheidet das Gericht, das mit der Hauptsache befasst war (Tatgericht), im Rahmen seiner abschließenden Entscheidung darüber, **ob eine Entschädigungspflicht** besteht. Diese Zuständigkeit besteht deshalb, weil das Tatgericht aufgrund seiner besonderen Sachnähe am besten beurteilen kann,

- ob im betreffenden Verfahren eine Strafverfolgungsmaßnahme (§§ 1, 2 StrEG) durchgeführt wurde,
- in welchem haftungsrechtlichen Zusammenhang diese Maßnahme mit dem Verhalten des Betroffenen steht (§§ 5, 6 StrEG),
- und ob nach den Grundsätzen der materiellen Gerechtigkeit (§§ 3, 4 StrEG) eine Entschädigung geboten ist.

4. Hat die Staatsanwaltschaft das Verfahren eingestellt, **entscheidet** grds. das **Amtsgericht** am Sitz der 314
Staatsanwaltschaft über die Entschädigungspflicht (§ 9 Abs. 1 S. 1 StrEG). Statt dem Amtsgericht entscheidet das Gericht, das für die Eröffnung des Hauptverfahrens zuständig gewesen wäre, wenn die Staatsanwaltschaft die Anklage zurückgenommen hat (§ 9 Abs. 1 S. 2 Nr. 1 StrEG) oder der Generalbundesanwalt oder die Staatsanwaltschaft beim OLG das Verfahren eingestellt hat (§ 9 Abs. 1 S. 2 Nr. 2 StrEG).

5. Für die in §§ 1 und 2 StrEG genannten Fälle gelten die **Ausschluss- und Versagungsgründe** der §§ 5 315
und 6 StrEG. Liegen deren Voraussetzungen vor, ist eine Entschädigung nach Billigkeitsgesichtspunkten gemäß §§ 3 und 4 StrEG ausgeschlossen. § 5 StrEG regelt den vollständigen Ausschluss, § 6 StrEG die teilweise Versagung der Entschädigung.

Achtung!

Die Prüfung erfolgt – abweichend von der **Reihenfolge** der Gesetzesnormen – in folgender Reihenfolge:

- Zunächst ist zu klären, ob der Entschädigungsanspruch nach § 5 StrEG ausgeschlossen ist.
- Sodann ist zu prüfen, ob der Anspruch ganz oder teilweise gemäß § 6 StrEG versagt werden muss.
- Erst wenn weder ein Ausschluss noch eine Versagung vorliegt, ist zu prüfen, ob nach §§ 3 und 4 StrEG aus Billigkeitsgründen eine Entschädigung gewährt werden kann.

6. Im sog. **Betragsverfahren** (§§ 10 – 13 StrEG) wird über die **Höhe der Entschädigung** entschieden. 316
Sachlich zuständig ist hier die Landesjustizverwaltung. Gegen deren Entscheidung kann der Verfahrensbetroffene Klage zur Zivilkammer des Landgerichts erheben. § 7 StrEG regelt Umfang und Inhalt des Entschädigungsanspruchs. Er begrenzt den Ersatzanspruch auf den Vermögensschaden und nimmt hiervon den immateriellen Schaden lediglich für den Fall der Freiheitsentziehung aus.

317 **7.** Eine **Auslegungshilfe** bilden die **bundeseinheitlichen Ausführungsvorschriften** zum StrEG, die in Anlage C zu den RiStBV enthalten sind.

☝ Wegen der **Abrechnung** von **Entschädigungsverfahren** → *Entschädigungsverfahren, Abrechnung*, Teil J Rdn 51.

Siehe auch: → *StrEG-Entschädigung, Anspruchsanmeldung*, Teil I Rdn 318; → *StrEG-Entschädigung, Anwendungsbereich*, Teil I Rdn 336; → *StrEG-Entschädigung, Ausschluss, Obliegenheitsverletzung*, Teil I Rdn 348; → *StrEG-Entschädigung, Ausschluss, Verfahrensbezug*, Teil I Rdn 358; → *StrEG-Entschädigung, Ausschluss, Verhalten*, Teil I Rdn 374; → *StrEG-Entschädigung, Billigkeitsentscheidung nach Sanktion*, Teil I Rdn 408; → *StrEG-Entschädigung, Billigkeitsentscheidung nach Verfahrenseinstellung*, Teil I Rdn 436; → *StrEG-Entschädigung, Bußgeldverfahren*, Teil I Rdn 457; → *StrEG-Entschädigung, Deliktsspezifika*, Teil I Rdn 471; → *StrEG-Entschädigung, Entschädigungsklage*, Teil I Rdn 500; → *StrEG-Entschädigung, Fristen*, Teil I Rdn 516; → *StrEG-Entschädigung, Grundentscheidung, Allgemeines*, Teil I Rdn 535; → *StrEG-Entschädigung, Grundentscheidung, Anfechtung*, Teil I Rdn 558; → *StrEG-Entschädigung, Grundentscheidung, Staatsanwaltschaftliche Verfahrenseinstellung*, Teil I Rdn 571; → *StrEG-Entschädigung, Schaden*, Teil I Rdn 594; → *StrEG-Entschädigung, Strafverfolgungsmaßnahmen, andere*, Teil I Rdn 627; → *StrEG-Entschädigung, Unterhaltsberechtigte*, Teil I Rdn 656; → *StrEG-Entschädigung, Urteilsfolgen*, Teil I Rdn 666; → *StrEG-Entschädigung, Verfügung/Vererbung*, Teil I Rdn 684; → *StrEG -Entschädigung, Versagung, Allgemeines*, Teil I Rdn 691; → *StrEG-Entschädigung, Versagung, Aussageverhalten*, Teil I Rdn 696; → *StrEG-Entschädigung, Versagung, JGG-Verfahren*, Teil I Rdn 708; → *StrEG-Entschädigung, Versagung, Nichtverurteilung*, Teil I Rdn 714; → *StrEG-Entschädigung, Verzicht*, Teil I Rdn 729; → *Entschädigungsverfahren, Abrechnung*, Teil J Rdn 54.

318 StrEG-Entschädigung, Anspruchsanmeldung

Das Wichtigste in Kürze:

1. Das auf die Grundentscheidung folgende Betragsverfahren (§ 10 StrEG) ist ein dem Klageverfahren (§ 13 StrEG) vorgeschaltetes, rechtsförmliches Verwaltungsverfahren.
2. Aus der Grundentscheidung gemäß §§ 8, 9 StrEG folgt der Anspruchsumfang.
3. Der Anspruch kann nur namens und im Auftrag der von der Verfolgungsmaßnahme betroffenen Person, wie sie in der Grundentscheidung bezeichnet ist, geltend gemacht werden.
4. Die Anmeldung muss innerhalb der gesetzlichen Fristen erfolgen.
5. Bei der Anspruchsanmeldung ist zu prüfen, ob seitens der StA die in § 10 Abs. 1 S. 1 StrEG vorgeschriebene Belehrung erfolgt ist und dem Anspruchsberechtigten ordnungsgemäß bekannt gemacht wurde.
6. Die Belehrung ist durch Zustellung bekannt zu machen.
7. Im Falle einer Versäumung der Sechs-Monatsfrist ist der Antrag unzulässig.
8. Adressat der Anspruchsanmeldung ist die Staatsanwaltschaft, die die Ermittlungen im ersten Rechtszug geführt hat.
9. Obwohl keine bestimmte Form vorgeschrieben ist, kommt für den Antrag faktisch nur Schriftform in Betracht.
10. Hat sich der Antragsteller infolge des Vollzugs der Maßnahme angefallene Aufwendungen erspart, muss er sich diese im Wege der Vorteilsausgleichung anrechnen lassen.
11. Wird über den Antrag ohne zureichenden Grund nicht in angemessener Frist entschieden, soll Untätigkeitsklage erhoben werden können.

319 **Literaturhinweise:** S. die Hinw. bei → *StrEG-Entschädigung, Allgemeines*, Teil I Rdn 301.

1. Das **Betragsverfahren (§ 10 StrEG)** ist ein dem Klageverfahren (§ 13 StrEG) vorgeschaltetes, rechtsförmliches Verwaltungsverfahren (BGH NJW 1976, 1218; OLG Karlsruhe Beschl. v. 1.10.2020 – 6 VA 28/20). 320

☝ Da es – anders als das Grundverfahren – nicht mehr zum Strafverfahren zählt, benötigt der Rechtsanwalt eine **gesonderte, spezielle StrEG-Vollmacht**, soweit diese Bevollmächtigung nicht bereits in der Verteidigervollmacht enthalten ist.

2. Aus der **Grundentscheidung** gemäß §§ 8, 9 StrEG folgt der Anspruchsumfang. Aus ihr ergibt sich die Person des Anspruchsberechtigten, die entschädigungspflichtigen Verfolgungsmaßnahme(n) und den Zeitraum, für den ein Entschädigungsanspruch besteht (→ *StrEG-Entschädigung, Grundentscheidung, Allgemeines*, Teil I Rdn 535 m.w.N.). Eine wirksame Anspruchsanmeldung setzt die **Rechtskraft** der Grundentscheidung voraus (§ 10 Abs. 1 S. 1 StrEG). 321

3. Der Anspruch kann nur namens und im Auftrag der von der Verfolgungsmaßnahme betroffenen Person, wie sie in der Grundentscheidung bezeichnet ist, geltend gemacht werden (**Anspruchsbefugnis**). Eine Ausnahme hiervon besteht nur für den Fall, dass diese Person nach Rechtskraft der Grundentscheidung verstorben ist. Der Entschädigungsanspruch ist **vererblich**, sodass die Erben unter Vorlage des Erbscheins das Betragsverfahren betreiben können (*Kunz*, StrEG, § 13 Rn 16; *Meyer*, StrEG, Vorbem. §§ 10 – 13 Rn 13 m.w.N.). 322

4. Die Anmeldung muss **innerhalb** der **gesetzlichen Fristen** erfolgen. Nach aktuellem Stand (Juni 2025) sind dies folgende Fristen: 323

- Sechs-Monatsfrist seit Erhalt der Belehrung (§ 10 Abs. 1 S. 1 StrEG)
- Jahresfrist (Ausschlussfrist) des § 12 StrEG ab Rechtskraft der Grundentscheidung

☝ Eine geplante **Reform des StrEG** durch das noch nicht in Kraft getretene Strafverfolgungsentschädigungsreformgesetz (StrERG) sieht unter anderem folgende Änderungen der oben genannten Fristen vor:

- Die Frist zur Antragstellung im Betragsverfahren (§ 10 Abs. 1 StrEG) wird von sechs Monaten auf ein Jahr verlängert.
- Die absolute Ausschlussfrist von einem Jahr (§ 12 StrEG) wird aufgehoben.
- Die Frist zur Klageerhebung gegen die Entscheidung über den Entschädigungsanspruch wird von drei auf sechs Monate verlängert.
- Es wird die Möglichkeit zur Wiedereinsetzung in den vorigen Stand bei schuldloser Fristversäumnis eingeführt.

5.a) Bei der Anspruchsanmeldung ist zu **prüfen**, ob seitens der StA die in § 10 Abs. 1 S. 1 StrEG vorgeschriebene **Belehrung erfolgt** ist und dem Anspruchsberechtigten ordnungsgemäß bekannt gemacht wurde. Nach Anlage C zu den RiStBV Teil I A. III 1 hat die Belehrung „unverzüglich" zu erfolgen, so dass ein schuldhaftes Zögern für den Ablauf der Ausschlussfrist (§ 12 StrEG) verantwortlich sein und einen Anspruch aus § 839 BGB, Art. 34 GG auslösen kann. Dabei muss die StA den Antragsberechtigten nicht über alle Einzelheiten des Entschädigungsverfahrens, sondern **lediglich** über 324

- das Antragsrecht,
- die Fristen und
- die Stelle, bei der der Antrag anzubringen ist,

belehren (§ 10 Abs. 1 S. 3 StrEG).

☝ Der Hinweis darauf, dass selbstständige **Ansprüche** nach Fristablauf **nicht** mehr **nachgeschoben** werden können, ist nicht erforderlich (OLG München, Beschl. v. 28.11.2005 – 1 U 3275/05).

325 **b) Muster: Belehrung über die Anspruchsanmeldung auf Entschädigung**

▼

Die Entschädigungspflicht der Staatskasse ist seit dem rechtskräftig festgestellt. Der Anspruch auf Entschädigung kann nun innerhalb von sechs Monaten nach Zustellung dieses Schreibens bei der Staatsanwaltschaft bei dem Landgericht geltend gemacht werden. Er ist aber in jedem Fall ausgeschlossen, wenn seit dem Ablauf des Tages, an dem die Entschädigungspflicht rechtskräftig festgestellt ist, ein Jahr verstrichen ist, ohne dass ein Antrag im Betragsverfahren gestellt wurde.

Gegenstand der Entschädigung ist der durch die Strafverfolgungsmaßnahme verursachte Vermögensschaden, im Fall der Freiheitsentziehung aufgrund gerichtlicher Entscheidung auch der Schaden, der nicht Vermögensschaden ist. Entschädigung für Vermögensschaden wird nur geleistet, wenn der nachgewiesene Schaden den Betrag von fünfundzwanzig Euro übersteigt. Für den Schaden, der nicht Vermögensschaden ist, beträgt die Entschädigung fünfundsiebzig Euro für jeden angefangenen Tag der Freiheitsentziehung (auszugsweise nach HbStA/*Kunz*, Kapitel 50 Rn 4).

▲

326 **6.** Die Belehrung ist durch **Zustellung** bekannt zu machen. Diese erfolgt nach den §§ 166 ff. ZPO an den Anspruchsberechtigten selbst oder an dessen – gesondert bevollmächtigten – Verfahrensbevollmächtigten. Lässt sich die formgerechte Zustellung nicht nachweisen oder ist das Dokument unter Verletzung zwingender Zustellungsvorschriften zugegangen, so gilt es in dem Zeitpunkt als zugestellt, in dem das Dokument der Person, an die die Zustellung dem Gesetz gemäß gerichtet war oder gerichtet werden konnte, tatsächlich zugegangen ist (§ 189 ZPO; zur Zustellung Burhoff/Kotz/*Kotz*, RM, Teil A Rn 1860 ff.).

☝ Primäre Aufgabe des Verfahrensbevollmächtigten ist es deshalb, die **Fristen** zu **berechnen**. War er bereits als Verteidiger tätig, wird er den rechtskräftigen Abschluss des Grundverfahrens selbst feststellen und daraus den Ablauf der Ausschlussfrist des § 12 StrEG bestimmen können. Andernfalls muss er Akteneinsicht nehmen. Die Sechs-Monats-Frist des § 10 Abs. 1 S. 1 StrEG bestimmt sich nach der ZPO.

327 **7.** Im Falle einer Versäumung der Sechs-Monatsfrist ist der Antrag unzulässig. Gleichgültig, ob man sich auf § 44 S. 1 StPO (*Kunz*, StrEG, § 10 Rn 1) beruft oder die § 23 Abs. 1 VwVfG entsprechende Landesregelung anwendet (*Meyer*, StrEG, § 10 Rn 14), ist es eine unglückliche Formulierung, hier von „Nachsicht" zu sprechen, die die StA bei Fristversäumung üben könne (siehe aber *Kunz*, StrEG, § 10 Rn 13; *Schmitt/Köhler*, StrEG § 10 Rn 5). Ein Ermessen der Justizverwaltung besteht nämlich nicht (*Meyer*, StrEG § 10 Rn 15). Fehlt es am Verschulden, kommt jedoch ein Antrag auf Wiedereinsetzung in Betracht. Das **Verschulden** des **Verfahrensbevollmächtigten** muss sich der Anspruchsteller **zurechnen** lassen (BGH NJW 1976, 1218; zur Wiedereinsetzung Burhoff/*Burhoff*, RM, Teil B Rn 1521 ff.; *Burhoff*, EV, Rn 5640 ff.).

☝ Die **Versäumung** der Ausschlussfrist nach **§ 12 StrEG** ist **nicht heilbar**, eine Wiedereinsetzung kommt nicht in Betracht (*Schmitt/Köhler*, StrEG, § 12 Rn 1).

328 **8. Adressat** der Anspruchsanmeldung ist die Staatsanwaltschaft, die die Ermittlungen im ersten Rechtszug geführt hat. Dort muss der Antrag spätestens am letzten Tag der errechneten Frist eingehen.

329 **9.** Obwohl keine bestimmte Form vorgeschrieben ist, kommt für den Antrag faktisch nur **Schriftform** in Betracht.

330 **a)** Der BGH (NJW 1989, 2619) umschreibt die an den Antrag auf Entschädigung des Vermögensschadens zu stellenden **Anforderungen** wie folgt: Der Antragsteller ist grds. gehalten, innerhalb der Frist der §§ 10, 12 StrEG unter Angabe von Beweismitteln **Art** und **Umfang** der **Nachteile**, für die er Entschädigung begehre, **konkret** zu bezeichnen.

b) Die Anforderungen an die **Vollständigkeit** des Antrags dürften allerdings **nicht überspannt** werden. 331
So ist eine **Bezifferung** des Schadens nicht in jedem Falle erforderlich. Das Fehlen einzelner Angaben und Nachweise schadet nicht. Insgesamt muss der Antrag aber das Begehren des Berechtigten so konkret erkennen lassen, dass er die zuständige Justizverwaltungsbehörde in die Lage versetzt, sogleich in die erste Prüfung des Anspruchs einzutreten, wobei dem Antragsteller ggf. eine Ergänzung seiner Angaben und die Beibringung von Beweismitteln aufzugeben ist (BGH NJW 1989, 2619).

c) Zur Fristwahrung muss in Anlehnung an die Grundentscheidung jede (denkbare) **Schadensposition so** 332
genau wie möglich bezeichnet, berechnet, dargelegt und ggf. mit einem Beweisangebot versehen werden. Von der zulässigen **Ergänzung** fristgerecht erhobener Ansprüche ist das **Nachschieben selbstständiger Ansprüche** zu trennen. Waren bspw. innerhalb der Sechs-Monatsfrist im Hinblick auf eine entschädigungspflichtige Fahrerlaubnisentziehung nur entgangener Gewinn und notwendige Auslagen für die Beiziehung eines Rechtsanwalts geltend gemacht worden, sind Ansprüche auf Ersatz von Aufwendungen für einen Chauffeur auch dann verfristet, wenn sich der Anspruchsteller die Geltendmachung weiterer Schadenspositionen „vorbehalten" hatte (OLG München OLGR 2006, 313).

10. Hat sich der Antragsteller infolge des Vollzugs der Maßnahme angefallene **Aufwendungen erspart**, 333
muss er sich diese im Wege der **Vorteilsausgleichung** anrechnen lassen. Da die Landesjustizverwaltung von Gesetzes wegen verpflichtet ist, die Ersparnis von Amts wegen in Abzug zu bringen (Anlage C zu den RiStBV Teil B. II. Nr. 2b), ist es unschädlich ist, wenn im Entschädigungsantrag hierauf nicht eingegangen wird. Bei einer Kürzung verringert sich die dem Rechtsanwalt für seine Tätigkeit im Betragsverfahren i.d.R. zustehende Geschäftsgebühr. Wird neben dem immateriellen Schaden auch die Erstattung eines Vermögensschadens aufgrund der Freiheitsentziehung geltend gemacht, werden jedenfalls nach noch aktueller Rechtslage ersparte Aufwendungen für **Verpflegung und Unterkunft** auf den Vermögensschaden angerechnet (siehe Anlage C zu den RiStBV Teil B II 2.b). Der Haftkostenbeitrag für die Unterkunft wird jedoch dann nicht angerechnet, wenn der Antragsteller während der Zeit der Freiheitsentziehung seine Wohnung beibehalten hat, da in diesem Fall keine Ersparnis vorliegt. Die Haftkostenbeiträge werden jährlich durch das jeweilige Landesjustizministerium festgelegt.

Der Referentenentwurf des Strafverfolgungsentschädigungsreformgesetzes (StrERG) sieht vor, dass ersparte Aufwendungen für Unterkunft und Verpflegung während einer zu Unrecht erlittenen Freiheitsentziehung **nicht mehr** auf den Entschädigungsanspruch **anzurechnen** sind.

11. Wird über den Antrag ohne zureichenden Grund nicht in angemessener Frist entschieden, soll **Untätig-** 334
keitsklage erhoben werden können, entweder – in entsprechender Anwendung des § 75 VwGO – vor dem Zivilgericht (OLG Köln NStZ 1988, 508) oder vor dem Verwaltungsgericht (*Meyer*, StrEG, § 13 Rn 13).

12. Antragsmuster: Anmeldung Ansprüche auf Entschädigung für Strafverfolgungsmaßnahmen 335

▼

(Per BEA)

Münster, 31.5.2025

Staatsanwaltschaft bei dem
Landgericht Münster
Gerichtsstraße 6
48149 Münster

Ansprüche nach dem Gesetz über Entschädigung für Strafverfolgungsmaßnahmen für Herrn

Auf die anliegende Vollmacht nehme ich Bezug.

I. Das Amtsgerichts Münster – *Az* – hat am 9.4.2014 unter Freisprechung vom Vorwurf der Straßenverkehrsgefährdung entschieden, dass Herr wegen der vorläufigen Entziehung der Fahrerlaubnis für die Zeit vom 31.12.2014 bis 9.4.2015 zu entschädigen ist.

Diese Entscheidung wurde mit Ablauf des 16.4.2015 rechtskräftig. Die Belehrung durch die Staatsanwaltschaft wurde Herrn am 29.9.2015 zugestellt.

II. Aufgrund der vorläufigen Entziehung der Fahrerlaubnis entstanden aufseiten des Herrn folgende Vermögensschäden:

1. Der Anspruchsteller ist angestellter Vertreter der Firma für den Bereich Süddeutschland. Im Rahmen seiner Tätigkeit hat er Unternehmen der Branche vor Ort aufzusuchen und für seinen Prinzipal Vertragsabschlüsse zu tätigen.

■ **Beweis**: Arbeitsvertrag vom 14.11.2000, dort insb. § 4

Den ihm seitens der Firma für seine Tätigkeit zur Verfügung gestellten Pkw konnte er mangels der entzogenen Fahrerlaubnis nicht nutzen. Einen Fahrer konnte ihm die Firma nicht zur Verfügung stellen.

■ **Beweis**: Bestätigung des Geschäftsführers vom 10.4.2014

Um seine Vertretertätigkeit auch während der Zeit der vorläufigen Entziehung der Fahrerlaubnis ausüben zu können, benutzte er die Deutsche Bahn sowie Taxis. Zunächst erwarb er am 3.1.2015 eine BahnCard 50 für die zweite Klasse.

2. Im Einzelnen erwuchsen ihm folgende Aufwendungen:

BahnCard 50 % (ein Jahr)		255,00 EUR
7.1.2015		
Besuch Firma Ingolstadt Hin- und Rückfahrt DB	142,00 EUR	
Taxi Hauptbahnhof – Firma	11,00 EUR	
Taxi Firma – Hauptbahnhof	13,00 EUR	
Belege-Konvolut Anlage 3		
3.3.2015		
Besuch Firma Nürnberg Hin- und Rückfahrt DB	142,00 EUR	
Taxi Hauptbahnhof – Firma	9,00 EUR	
Taxi Firma – Hauptbahnhof	9,00 EUR	
Belege-Konvolut Anlage 4		
2.4.2015		
Besuch Firma Rosenheim Hin- und Rückfahrt DB	142,00 EUR	
Taxi Hauptbahnhof – Firma	7,50 EUR	
Taxi Firma – Hauptbahnhof	8,00 EUR	
Belege-Konvolut Anlage 5		
Mithin musste Herr aufwenden:		
Kosten für Fahrkarten	426,00 EUR	
Taxikosten	57,50 EUR	

Erstattungsfähig sind auch die Kosten für den Erwerb der BahnCard, da durch sie eine schadensmindernde Ersparnis von 426,00 EUR eingetreten ist.

Die hierfür beanspruchte Entschädigung beläuft sich damit auf	738,50 EUR.*

Notwendige Auslagen durch Einschaltung des Unterfertigten

1,3 Geschäftsgebühr Nr. 2300 VV RVG	104,00 EUR
Pauschale Nr. 7001 VV RVG	20,00 EUR
Umsatzsteuer Nr. 7008 VV RVG	23,56 EUR
Die diesbezügliche Entschädigung beläuft sich auf	147,56 EUR

3. Insgesamt wird der Entschädigungsanspruch mit **886,06 EUR** beziffert.
Rechtsanwalt

* Auch die notwendigen Auslagen im Zusammenhang mit der Anspruchsanmeldung stellen einen entschädigungsfähigen Schaden dar und müssen deshalb angemeldet werden.

▲

Siehe auch: → *StrEG-Entschädigung, Allgemeines*, Teil I Rdn 307 ff. m w. N.; → *StrEG-Entschädigung, Grundentscheidung, Allgemeines*, Teil I Rdn 535 ff. m.w.N.

StrEG-Entschädigung, Anwendungsbereich 336

Das Wichtigste in Kürze:

1. Grds. kann ein Anspruch jeder Person erwachsen, wenn sie von Maßnahmen deutscher Strafverfolgungsorgane betroffen wurde. Ein lediglich Verdächtiger sowie Mitbeschuldigte haben keine Ansprüche nach StrEG. Dritten – ausgenommen Unterhaltsberechtigte (§ 11 StrEG) – kann kein Entschädigungsanspruch nach StrEG zustehen.
2. Die Entschädigungspflicht beschränkt sich auf die Entschädigung für Verfolgungsmaßnahmen innerstaatlicher Organe, also auf deutsche Vollzugsmaßnahmen. Verfolgungsmaßnahmen ausländischer Staaten unterliegen nicht der Ersatzpflicht nach dem StrEG.
3. Gemäß § 2 Abs. 3 StrEG ist Entschädigung zu gewähren, wenn es sich um eine Maßnahme handelt, die im Ausland auf Ersuchen einer deutschen Behörde angeordnet wurde.
4. Auch dann, wenn die Ermittlungen von einem Delegierten Europäischen Staatsanwalt Deutschlands im Auftrag der Europäischen Staatsanwaltschaft (EUStA) im Ausland geführt wurden, kann das StrEG Anwendung finden, wenn die Strafverfolgungsmaßnahme von einem deutschen Gericht angeordnet wurde.

Literaturhinweise: S. die Hinw. bei → *StrEG-Entschädigung, Allgemeines*, Teil I Rdn 308. 337

1.a) Grds. kann ein Anspruch **jeder Person** erwachsen, wenn sie von Maßnahmen deutscher Strafverfolgungsorgane betroffen wurde (*Kunz*, StrEG, Einleitung Rn 35) und diese im Rahmen eines gegen die Person gerichteten Straf- oder Ordnungswidrigkeitenverfahrens vollzogen wurden. 338

☝ Der Antragsteller muss **Beschuldigter, Angeschuldigter, Angeklagter** oder **Verurteilter** (h.M.; BeckOK-StPO/*Cornelius*, § 1 StrEG Rn 4; *Kunz*, StrEG, Einleitung Rn 36; *Meyer*, StrEG, Einl. Rn 50; *Schmitt/Köhler*, vor § 1 StrEG Rn 2.) eines Ermittlungs- bzw. Strafverfahrens (OLG Hamm, Beschl. v. 21.3.2006 – 3 Ws 102/06; OLG Nürnberg NStZ-RR 2003, 62) oder **Betroffener** eines Ordnungswidrigkeitenverfahrens **und** als solcher Adressat der Maßnahme (OLG Hamburg, Beschl. v. 28.6.1993 – 2 Ws 322/93) gewesen sein.

339 **b)** Ein lediglich **Verdächtiger**, der nicht als Beschuldigter belehrt wurde – selbst wenn er später förmlich zum Beschuldigten wird – sowie **Mitbeschuldigte** haben keine Ansprüche nach StrEG. Dies gilt auch für denjenigen, bei dem eine **Durchsuchung** gem. **§ 103 StPO** erfolgt, selbst wenn er später zum Beschuldigten wird (OLG Hamm, Beschl. v. 21.3.2006 – 3 Ws 102/06). Nach anderer Ansicht (OLG Stuttgart NStZ 1994, 921) ist der Antragsteller, der nicht förmlich Beschuldigter in einem konkret gegen ihn gerichteten Strafverfahren war, entschädigungsrechtlich einem Beschuldigten gleichzustellen, wenn das Verfahren zunächst gegen „unbekannt" geführt, aber gemäß § 102 StPO beim Antragsteller als Verdächtigen durchsucht wurde.

340 **c)** Eine Entschädigung **Dritter** ist **nicht** im StrEG **vorgesehen**, selbst wenn sie von strafprozessualen Maßnahmen betroffen sind. Der Beschuldigte kann solche Ansprüche auch nicht aus abgetretenem Recht geltend machen (*Kunz*, StrEG, Einleitung Rn 36) Dritten kann daher – ausgenommen Unterhaltsberechtigter (§ 11 StrEG) – **kein Entschädigungsanspruch** nach dem StrEG zustehen (BGH, Urt. v. 13.9.2018 – III ZR 339/17). Insoweit handelt es sich um einen durch den Gesetzgeber bewusst in Kauf genommenen Ausschluss aus dem gesetzlichen Schutzbereich (OLG Saarbrücken MDR 2011, 914). Es kommt aber ein Anspruch aus enteignetem Eingriff in Betracht (BGH, Urt. v. 14.3.2013 – III ZR 253/12).

341 **Folgenden Dritten steht daher keine Entschädigung nach dem StrEG zu:**

- **Eigentümer** beschlagnahmter/sichergestellter **Gegenstände** (KG StraFo 2009, 437) wie Bargeld (LG Trier JurBüro 1994, 290) oder Presseerzeugnisse (BGH, Urt. v. 15.12.2016 – III ZR 387/14),
- **Einziehungsbeteiligte** (KG NJW 1978, 2406),
- **Fahrzeugeigentümer** (OLG Naumburg NJ 2007, 83),
- **Gesellschaften** (OLG Frankfurt NStZ-RR 2002, 320; OLG München, Beschl. v. 18.2.2013 – 4 VAs 56/12, zur GmbH OLG Nürnberg NStZ-RR 2003, 62 und zur sog. Ein-Mann-GmbH OLG Frankfurt, Urt. v. 18.3.2013 – 1 U 179, 12),
- **Minderheitsgesellschafter** (LG Stuttgart, Urt. v. 4.3.2008 – 15 O 315/07),
- **Wohnungsvermieter** (BGH, Urt. v. 14.3.2013 – III ZR 253/12; LG Rostock NJW-RR 2011, 878),
- Das OLG Stuttgart hat hingegen in seinem Urt. v. 15.6.2023 (Az.: 2 U 32/22) entschieden, dass eine **juristische Person**, wie eine GmbH, unter bestimmten Umständen einen **Anspruch auf Entschädigung** nach dem StrEG geltend machen kann. Dies gilt insbesondere dann, wenn die **GmbH faktisch einer natürlichen Person gleichgestellt** ist, etwa bei einer sogenannten „Ein-Mann-GmbH", bei der eine Person die alleinige Kontrolle über die Gesellschaft ausübt.

342 **d)** Dem **Vermieter** einer **Wohnung** kann für Schäden an seiner Wohnung, die im Zuge einer rechtmäßigen Durchsuchung der Wohnung im Rahmen eines strafrechtlichen Ermittlungsverfahrens gegen den Mieter entstanden sind, ein **Anspruch** aus **enteignendem Eingriff, aber nicht nach dem StrEG**, zustehen. Ausgeschlossen ist der Anspruch jedoch, wenn er weiß (oder davon erfahren hat oder es sich ihm aufdrängen musste), dass die Wohnung für die Begehung von Straftaten, z.B. die Lagerung von Diebesgut oder von Betäubungsmitteln benutzt wird oder werden soll, und er gleichwohl den Mietvertrag abschließt oder von seinem Kündigungsrecht keinen Gebrauch macht. Dann kommt es, von Bagatellfällen abgesehen, auf die Höhe des aus einer Substanzverletzung der Mietwohnung resultierenden Schadens nicht an, ebenso wenig wie es eine Rolle spielt, ob dem Vermieter möglicherweise Schadensersatzansprüche gegen seinen Mieter zustehen (BGH NJW 2013, 1736 m. Anm. *Kotz*, StRR 2013, 234).

343 **e)** Nur **Unterhaltsberechtigte können** als Dritte Entschädigungsansprüche nach dem StrEG geltend machen (§ 11 StrEG).

344 **2.** Die Normsetzungshoheit des Gesetzgebers beschränkt sich naturgemäß auf die Entschädigung für **Verfolgungsmaßnahmen innerstaatlicher Organe**, also auf **deutsche Vollzugsmaßnahmen**.

a) Auf den **Vollzugsort** der Maßnahme **kommt** es jedoch **nicht an**. Auch Maßnahmen im Ausland können eine Entschädigungspflicht auslösen (*Kunz*, StrEG, Einleitung Rn 34). Ausdrücklich geregelt ist dies in § 2 Abs. 3 StrEG bspw. für die Auslieferungshaft, wenn die Bundesrepublik Deutschland als ersuchender Staat den entsprechenden Antrag stellt und der ersuchte Staat den Verfahrensbetroffenen in Haft nimmt. 345

b) Umgekehrt folgt daraus, dass **Verfolgungsmaßnahmen ausländischer Staaten nicht** der **Ersatzpflicht** nach dem StrEG unterliegen. Wird ein Verfolgter aufgrund eines Auslandsersuchens in der Bundesrepublik in Haft genommen, handelt es sich nicht um Auslieferungshaft i.S.d. § 2 Abs. 3 StrEG (OLG Düsseldorf NStZ 1988, 371). Auch eine entsprechende Anwendung über § 77 IRG ist nicht möglich (BGH NJW 1984, 1309), da die Ausgangsvorschrift auf dem **Verursacherprinzip** beruht, weshalb bei der Vollstreckung von Auslieferungshaft angesichts der erheblich – insbesondere im Anwendungsbereich des Europäischen Haftbefehls, dem die Ausschreibung im SIS gleichsteht (§ 83a Abs. 2 IRG) – eingeschränkten Prüfungsmöglichkeit deutscher Behörden und Gerichte eine Verursachung der Haft in diesem Sinne im Regelfall nicht gegeben ist (KG NStZ-RR 2011, 207; OLG Köln NStZ-RR 2006, 151). Dies gilt auch, wenn das ausländische Ersuchen später zurückgenommen wird (OLG Hamburg NJW 1980, 1239). Eine entsprechende Anwendung von § 2 Abs. 3 StrEG kommt – verfassungsrechtlich unbedenklich (BVerfG, Beschl. v. 5.6.1992 – 2 BvR 1403/91) – nur **ausnahmsweise** in Betracht, wenn die Verfolgung von den Behörden der Bundesrepublik Deutschland zu vertreten ist (BGH NJW 1984, 1309; OLG Celle StraFo 2010, 431; OLG Hamm NStZ 1997, 246; LG Berlin StraFo 2008, 311), z.B. wenn eine Entscheidung über die Zulässigkeit der Auslieferung nicht beantragt wurde (BGH, Beschl. v. 9.6.1981 – 4 Ars 4/81, NStZ1981, 44; BGH, Besch. v. 17.1.1984 – 4 ARs 19/83, NJW 1984, 1309). 346

c) Für Strafverfolgungsmaßnahmen, die auf einer Anordnung der **Europäischen Staatsanwaltschaft** (EUStA) beruhen, ist das StrEG **nicht** anwendbar (§ 8 S. 1 EUStAG). Das deutsche Prozessgericht kann also über die entsprechenden Entschädigungsansprüche nicht entscheiden. Diese sind als Amtshaftungsansprüche vor dem EuGH geltend zu machen (*Ambos/König/Rackow*, Rechtshilferecht in Strafsachen, EUStA-VO, Art. 42 Rn 1159). Das StrEG ist allerdings anwendbar, wenn ein deutsches Gericht die Verfolgungsmaßnahme angeordnet hat, § 8 S. 2 EUStAG, auch wenn dies in einem Verfahren der Fall ist, das von der EUStA geführt wird. Wird ein Beschuldigter auf Antrag eines delegierten europäischen Staatsanwalts aufgrund eines internationalen Haftbefehls, den ein deutsches Gericht erlassen hat, inhaftiert und später freigesprochen (oder das Verfahren wird eingestellt) hat er grds. Anspruch auf Entschädigung nach dem StrEG. Voraussetzung ist, dass die Untersuchungshaft auf einer richterlichen Entscheidung eines deutschen Gerichts beruht. In diesem Fall ist es unerheblich, dass das Verfahren von der EuStA geführt wurde (vgl. Referentenentwurf des Bundesministeriums der Justiz und für Verbraucherschutz zum Entwurf eines Gesetzes zur Durchführung der Verordnung (EU) 2017/1939 des Rates vom 12.10.2017 zur Durchführung einer verstärkten Zusammenarbeit zur Errichtung der Europäischen Staatsanwaltschaft und zur Änderung weiterer Vorschriften). 347

Siehe auch: → *StrEG-Entschädigung, Allgemeines*, Teil I Rdn 307 m.w.N.

StrEG-Entschädigung, Ausschluss, Obliegenheitsverletzungen 348

Das Wichtigste in Kürze:

1. § 5 StrEG regelt die Voraussetzungen für den Ausschluss einer Entschädigung nach dem StrEG.
2. §§ 5 und 6 StrEG enthalten Ausschluss- und Versagungsgründe, die anstelle der in § 254 BGB geregelten Berücksichtigung des Mitverschuldens treten.
3. Gemäß § 5 Abs. 3 StrEG sind Verfolgungsmaßnahmen, die ergriffen wurden, weil der Verfahrensbetroffene einer ihm allgemein oder speziell auferlegten Pflicht nicht nachgekommen ist, von der Entschädigung ausgeschlossen (Obliegenheitsverletzung.

4. In § 5 Abs. 3 Alt. 1 StrEG ist der sog. Ladungsungehorsam geregelt.
5. Obliegenheitsverletzungen bei Haftverschonung regelt § 5 Abs. 3 Alt. 2 StrEG.

349 **Literaturhinweise:** S. die Hinw. bei → *StrEG-Entschädigung, Allgemeines*, Teil I Rdn 308.

350 **1.** § 5 StrEG regelt die Voraussetzungen für den **Ausschluss** einer Entschädigung wie folgt:

- **Abs. 1** enthält Ausschlussgründe im Hinblick auf Verfahrensausgang,
- **Abs. 2** verhaltensbedingte Ausschlussgründe im Ermittlungs- und Strafverfahren (→ *StrEG-Entschädigung, Ausschluss, Verhalten,* Teil I Rdn 374) und
- **Abs. 3** solche im Zusammenhang mit richterlichen Maßnahmen bei Außervollzugsetzung eines Haftbefehls (→ *StrEG-Entschädigung, Ausschluss, Obliegenheitsverletzung*, Teil I Rdn 348).

2. §§ 5 und 6 StrEG enthalten Ausschluss- und Versagungsgründe, die anstelle der in § 254 BGB geregelten Berücksichtigung des **Mitverschuldens** treten. Sie gelten für alle in den §§ 1 und 2 StrEG geregelten Entschädigungstatbestände. § 5 StrEG regelt den vollständigen Ausschluss der Entschädigung, wenn ein Ausschlussgrund vorliegt (**Alles oder Nichts-Prinzip;** *Kunz*, StrEG, § 5 Rn 3). Die Prüfung des § 5 StrEG geht der des § 6 StrEG vor. Die Ausschlussgründe sind im Grundverfahren zu prüfen und können bereits in diesem zu einer Zurückweisung des Anspruchs führen.

351 **3.** Gemäß § 5 Abs. 3 StrEG sind Verfolgungsmaßnahmen, die ergriffen wurden, weil der Verfahrensbetroffene einer ihm allgemein oder speziell auferlegten Pflicht nicht nachgekommen ist, von der Entschädigung ausgeschlossen (**Obliegenheitsverletzung**).

☝ Anders als in den Fällen des § 5 Abs. 2 StrEG (→ *StrEG-Entschädigung, Ausschluss, Verhalten*, Teil I Rdn 374) führt bereits **einfache bzw. leichte Fahrlässigkeit** zum Entschädigungsausschluss (OLG Saarbrücken NJW 1975, 791; *Kunz*, StrEG, Rn 112; *Meyer*, StrEG, Rn 86; *Schmitt/Köhler*, § 5 StrEG Rn 13). Ob ein Verschulden vorliegt, ist zivilrechtlich zu beurteilten (OLG Köln, Beschl. v. 1.8.2023 – 2 Ws 654/22; OLG Saarbrücken NJW 1975, 791).

352 **4.** In § 5 Abs. 3 Alt. 1 StrEG ist der **sog. Ladungsungehorsam** geregelt. Verletzt der Verfahrensbetroffene den Ladungsgehorsam, kann das Gericht, sofern das Erscheinen nicht mit einfacheren Mitteln sicher erreichbar ist, Vorführungs- oder Haftbefehl erlassen (*Schmitt/Köhler*, § 230 StPO Rn 19, 20, 21).

353 **a)** § 5 Abs. 3 Alt. 1 StrEG betrifft **nur** die **Inhaftnahme** eines Angeklagten nach §§ 230 Abs. 2, 231 Abs. 1 S. 2, 329 Abs. 4, 412 S. 1 StPO, **nicht** die **Vorführung** des Angeklagten vor den Richter nach §§ 134, 320 Abs. 2, 329 Abs. 4 StPO. Sie setzt eine ordnungsgemäße Ladung **vor** einen Richter durch einen Richter (*Meyer*, StrEG, § 5 Rn 87) zu einer Hauptverhandlung voraus. Zum sog. Ladungsungehorsam führt das Nichterscheinen nur dann, wenn die Ladung inhaltlich vollständig ist, die gesetzlich vorgeschriebenen Warnungen und Hinweise enthält (Burhoff/*Kotz/Grube*, RM, Teil A, Rn 1591 ff.), wirksam zugestellt (Burhoff/*Kotz/Grube*, RM, Teil A, Rn 1849 ff.) und die Ladungsfrist eingehalten (Burhoff/Kotz/*Kotz*, RM, Teil A, Rn 1893 ff.) wurde. Ein infolge Ausbleibens erlassener Haftbefehl wirkt **nicht über die Hauptverhandlung**, deren Durchführung in Anwesenheit des Angeklagten er sichern soll, hinaus (OLG Hamm, Beschl. v. 14.10.2008 – 3 Ws 357/08; *Kunz*, StrEG, § 5 Rn 114; *Schmitt/Köhler*, § 230 StPO Rn 23).

☝ In den Fällen der **§§ 329 Abs. 3, 412 S. 1 StPO** ist die **Verhaftung i.d.R. unzulässig**, wenn nur der Angeklagte gegen ein Urteil Berufung bzw. gegen den Strafbefehl Einspruch eingelegt hat, weil das Gericht von der jeweiligen Verwerfungsmöglichkeit vorrangig Gebrauch machen muss (OLG Brandenburg wistra 2012, 43 für § 329 Abs. 4 StPO a.F.).

354 **b)** Ladungsungehorsam liegt auch vor, wenn der Beschuldigte der Terminsladung im **Sicherungsverfahren** nicht Folge leistet (LG Arnsberg, Beschl. v. 24.7.2009 – II-2 KLs 5/09). Darauf, dass er zur Tatzeit

schuldunfähig war, kommt es bei der Frage nach der Entschädigung nicht an (KG, Beschl. v. 2.6.2000 – 3 Ws 192/00). Hatte dagegen ein nach § 230 Abs. 2 StPO erlassener Haftbefehl, aufgrund dessen Untersuchungshaft vollzogen wurde, keine Rechtsgrundlage, weil am selben Tag bereits die Vorführung angeordnet worden war, so steht dem Angeklagten wegen der Rechtswidrigkeit des Haftbefehls eine Entschädigung für die erlittene Untersuchungshaft zu (KG, Beschl. v. 3.7.2000 – 4 Ws 123/00).

5. Obliegenheitsverletzungen bei **Haftverschonung** regelt § 5 Abs. 3 Alt. 2 StrEG. 355

a) § 116 Abs. 1 S. 2 StPO enthält im Zusammenhang mit der **Außervollzugsetzung** des Haftbefehls die 356
Möglichkeit, dem Verfahrensbetroffenen die Anweisung, sich zu bestimmten Zeiten bei dem Richter, der Strafverfolgungsbehörde oder einer von ihnen bestimmten Dienststelle zu melden und/oder die Anweisung, den Wohn- oder Aufenthaltsort oder einen bestimmten Bereich nicht ohne Erlaubnis des Richters oder der Strafverfolgungsbehörde zu verlassen und/oder die Anweisung, die Wohnung nur unter Aufsicht einer bestimmten Person zu verlassen, zu erteilen. Verletzt er eine dieser Anweisungen, kann die Wiederinvollzugsetzung des Haftbefehls angeordnet werden (§ 116 Abs. 4 StPO; *Burhoff*, EV, Rn 4699 ff.).

b) Ein nur **scheinbarer Widerspruch** besteht darin, dass der Verfahrensbetroffene seinen Entschädigungs- 357
anspruch bereits bei einfacher Fahrlässigkeit verliert, während die Wiederinvollzugsetzung des Haftbefehls nur bei gröblicher Zuwiderhandlung gegen die auferlegten Pflichten (§ 116 Abs. 4 Nr. 1 StPO) erfolgen kann. Denn die Zuwiderhandlung muss objektiv gröblich, mithin in besonderem Maße gegen den Sinn der Anweisung verstoßen, was dem Verfahrensbetroffenen gar nicht bewusst zu sein braucht und demzufolge auch über seinen Verschuldensgrad nichts aussagt (*Kunz*, StrEG, § 5 Rn 117). Der Entschädigungsanspruch kann daher ausgeschlossen sein, wenn ein Beschuldigter trotz des im Außervollzugsetzungsbeschluss enthaltenen Kontaktverbots nachweislich mit einem Zeugen unmittelbar vor dessen Vernehmung in der Hauptverhandlung ein Gespräch führt (BVerfG, Beschl. v. 14.8.1997 – 2 BvR 1837/95).

Siehe auch: → *StrEG-Entschädigung, Allgemeines,* Teil I Rdn 307 m.w.N.

StrEG-Entschädigung, Ausschluss, Verfahrensbezug 358

Das Wichtigste in Kürze:

1. § 5 Abs. 1 StrEG enthält die Voraussetzungen für den Ausschluss einer Entschädigung im Hinblick auf den Verfahrensausgang und eine etwaige Zweckerreichung.
2. Die §§ 5 und 6 StrEG regeln kasuistisch den Ausschluss einer Entschädigung wegen mitwirkenden Verschuldens.
3. § 5 Abs. 1 Nr. 1 StrEG sieht einen Entschädigungsausschluss für den Fall der gerichtlichen Nichtanrechnung einer Freiheitsentziehung oder Entziehung der Fahrerlaubnis vor.
4. Nicht unmittelbar anwendbar ist § 5 Abs. 1 Nr. 1 StrEG, wenn das Verfahren nach einer Ermessensvorschrift eingestellt wird.
5. Durch § 5 Abs. 1 Nr. 2 StrEG wird eine Entschädigung für eine Freiheitsentziehung ausgeschlossen, wenn eine Maßregel der Besserung und Sicherung angeordnet oder von der Anordnung einer solchen wegen zwischenzeitlicher Zweckerreichung abgesehen wird.
6. § 5 Abs. 1 Nr. 3 StrEG regelt einen Entschädigungsausschluss für die vorläufige Entziehung der Fahrerlaubnis oder ein Berufsverbot, wenn eine endgültige Entziehung oder ein Berufsverbot auch ohne Verurteilung angeordnet wurde oder diese wegen anderweitiger Zweckerreichung unterblieben ist.
7. Nach § 5 Abs. 1 Nr. 4 StrEG ist eine Entschädigung für die vorläufige Beschlagnahme und den Arrest ausgeschlossen, wenn diese (ohne Verurteilung) endgültig angeordnet wurde oder diese Anordnung im Interesse der Rückgewinnungshilfe unterblieben ist.

Literaturhinweise: S. die Hinw. bei → *StrEG-Entschädigung, Allgemeines*, Teil I Rdn 308. 359

360 **1.** § 5 StrEG regelt die Voraussetzungen für den **Ausschluss** einer Entschädigung.

- **Abs. 1** enthält Ausschlussgründe im Hinblick auf Verfahrensausgang bzw. -zweck,
- Abs. **2** sieht verhaltensbedingte Ausschlussgründe im Ermittlungs- und Hauptverfahren vor (→ *StrEG-Entschädigung, Ausschluss, Verhalten,* Teil I Rdn 374) und
- **Abs. 3** enthält Ausschlussgründe im Zusammenhang mit richterlichen Maßnahmen bei Außervollzugsetzung eines Haftbefehls (→ *StrEG-Entschädigung, Ausschluss, Obliegenheitsverletzung*, Teil I Rdn 348).

361 **2.** Die Vorschriften der §§ 5 und 6 StrEG enthalten Ausschluss- und Versagungsgründe, die anstelle der in § 254 BGB geregelten Berücksichtigung des Mitverschuldens treten.

☝ Die Einordnung der Ausschluss- und Versagungstatbestände des StrEG als Spezialfälle des § 254 BGB ist umstritten. Teilweise wird in der Lit. vertreten, dass es sich um Ausgleichsfragen des öffentlichen Rechts handelt. Jedenfalls kann der Grundsatz des § 254 BGB nicht uneingeschränkt auf das Entschädigungsrecht nach dem StrEG als Aufopferungsanspruch aus dem Bereich des öffentlichen Rechts übertragen werden.

362 Die in § 5 Abs. 1 StrEG dargelegten Gründe schließen eine Entschädigung nach dem StrEG hinsichtlich der konkreten Maßnahme zwingend und vollumfänglich aus.

363 **3.a)** Der Ausschlussgrund des § 5 Abs. 1 Nr. 1 StrEG (**Nichtanrechnung auf die verhängte Strafe**) setzt eine zulässige vorläufige Strafverfolgungsmaßnahme voraus. Sie ist ein Pendant zu der ausnahmsweisen Nichtanrechnung anrechnungsfähiger Strafverfolgungsmaßnahmen im materiellen Strafrecht gemäß § 51 Abs. 1 S. 1, Abs. 3 S. 2, Abs. 5 StGB, §§ 52, 52a Abs. 1 S. 2 JGG (*Meyer*, StrEG, § 5 Rn 6). Die Anrechnungsregelung des § 51 Abs. 1 S. 1 StGB ist vorrangig zu berücksichtigen. Nach § 51 Abs. 1 S. 1 StGB, §§ 52a Abs. 1 S. 1 JGG sind Freiheitsentziehungen auf die ausgeurteilte Freiheits- oder Geldstrafe grds. von Amts wegen anzurechnen (BGH, Beschl, v. 20.8.2025 – 1 StR 325/25). Wenn und soweit eine Anrechnung erfolgt ist, kommt eine Entschädigung nie in Betracht, weil die Anrechnung bewirkt, dass die Strafverfolgungsmaßnahme im Umfang der Anrechnung **konsumiert** wird (*Kunz*, StrEG, § 5 Rn 12). Eine Anrechnung kann gemäß § 51 Abs. 1 S. 2 StGB unterbleiben, wenn diese „im Hinblick auf das Verhalten des Verurteilten nach der Tat nicht gerechtfertigt ist", also der Verurteilte nach der Tat durch sein Verhalten – etwa durch Flucht, Verschleierung, Täuschung, erneute Straftaten oder anderweitige erhebliche Erschwerung der Strafverfolgung – dazu beigetragen hat, dass die Freiheitsentziehung notwendig oder verlängert wurde. In diesem Fall ist konsequenterweise auch ein Anspruch auf Entschädigung nach dem StrEG ausgeschlossen.

364 Daher regelt § 5 Abs. 1 Nr. 1 StrEG den Ausschluss einer Entschädigung für den Fall, dass eine **Anrechnung** trotz Anrechnungsfähigkeit aufgrund **einer gerichtlichen Ermessensentscheidung unterbleibt**. Diese Nichtanrechnung auf die Strafe durch das Strafgericht indiziert ein mindestens als grob fahrlässiges Verhalten im Hinblick auf den Vollzug der Strafverfolgungsmaßnahme (*Meyer*, StrEG, § 5 Rn 6), so dass in der Folge auch die Entschädigung ausgeschlossen ist.

365 **c)** Für den **umgekehrten Fall**, in dem das Strafgericht von der Möglichkeit der Nichtanrechnung im Rahmen seines Ermessens keinen Gebrauch macht, kann es jedoch sachgerecht sein, wegen des dem Beschuldigten zurechenbaren Prozessverhaltens eine Entschädigung zu versagen.

366 **4.** Nicht unmittelbar anwendbar ist § 5 Abs. 1 Nr. 1 StrEG, wenn das Verfahren nach einer **Ermessensvorschrift** eingestellt wird, da dann über die Frage der Anrechnung nicht mehr entschieden werden kann. Streitig ist, ob bei der Prüfung, ob eine Billigkeitsentschädigung nach § 3 StrEG in Betracht kommt, § 5 Abs. 1 Nr. 1 StrEG mittelbar anzuwenden ist. Dies hätte die Folge, dass eine Entschädigung ausscheidet, wenn Gründe vorliegen, die hypothetisch zu einer Nichtanrechnung geführt hätten (bejahend *Kunz*, StrEG, § 5 Rn 15, verneinend *Schmitt/Köhler*, § 5 StrEG Rn 2, *Meyer*, StrEG, § 5 Rn 9).

367 **5.** Nach § 5 Abs. 1 Nr. 2 StrEG wird eine Entschädigung für eine Freiheitsentziehung ausgeschlossen, wenn eine **Maßnahme der Besserung und Sicherung** angeordnet wird oder von der Anordnung abge-

sehen wird, da der Zweck der Maßregel bereits anderweitig erreicht ist. Voraussetzung ist immer, dass eine rechtswidrige Tat nachgewiesen werden konnte (*Meyer*, StrEG, § 5 Rn 11).

a) Die **erste Alternative** des § 5 Abs. 1 Nr. 2 StrEG bestimmt, dass für eine freiheitsentziehende Maßnahme keine Entschädigung gewährt wird, wenn eine Maßregel der Besserung und Sicherung angeordnet wurde, selbst wenn es sich bei der freiheitsentziehenden Maßregel um Untersuchungshaft gehandelt hat (*Meyer*, StrEG, § 5 Rn 12). Auf freiheitsentziehende Maßnahmen in Verfahren nach dem **JGG** ist die Vorschrift nicht anzuwenden. Insoweit gilt der mildere § 6 Abs. 2 StrEG (KG NStZ 2010, 284; *Kunz*, StrEG, § 6 Rn 37). **368**

b) Von der ersten Tatbestandsalternative unterscheidet sich die **zweite Alternative** dadurch, dass die Maßregelanordnung nur deshalb unterbleibt, weil ihr Zweck bereits durch die vollzogene Freiheitsentziehung, auch in Verbindung mit einer etwaigen Therapie, erreicht wurde, z.B. wenn der Täter nicht mehr gefährlich ist (*Kunz*, StrEG, § 5 Rn 22 f.; *Meyer*, StrEG, § 5 Rn 14 ff.). **369**

6. Einen Entschädigungsausschluss bei **Entziehung** der **Fahrerlaubnis** und **Berufsverbot** regelt § 5 Abs. 1 Nr. 3 StrEG. **370**

a) § 5 Abs. 1 Nr. 3 Alt. 1 StrEG schließt die Entschädigung aus, wenn die **Entziehung** der **Fahrerlaubnis** endgültig angeordnet wurde. Die Vorschrift ist dann von Bedeutung, wenn die Maßregel im selbstständigen Verfahren, ohne dass es zu einer Verurteilung gekommen ist (z.B. bei Schuldunfähigkeit), angeordnet wurde. **371**

b) Dies gilt auch in den Fällen der Verhängung eines **vorläufigen Berufsverbots** (§ 132 StPO). Auch hier regelt die zweite Alternative, dass keine Entschädigung zu gewähren ist, wenn die Anordnung der Entziehung der Fahrerlaubnis oder des Berufsverbots unterbleibt, da bereits durch die vorläufige Maßnahme der Zweck erreicht ist, z.B. die Eignung zum Führen von Kraftfahrzeugen wieder vorliegt. Dies kann z.B. durch die Teilnahme an einer Nachschulung eingetreten sein (*Kunz*, StrEG, § 5 Rn 26). **372**

7. § 5 Abs. 1 Nr. 4 StrEG sieht einen Entschädigungsausschluss bei **endgültiger Arrest-** oder **Einziehungsanordnung** oder des **Unterbleibens aufgrund** des **Opferschutzes vor**. Wie in § 5 Abs. 1 Nr. 2 und 3 StrEG ist eine Entschädigung ausgeschlossen, wenn nach vorangegangener vorläufiger Maßnahme (§§ 111b bis 111d StPO) die endgültige **Einziehung** (§§ 74 ff. StGB) beschlagnahmter Gegenstände oder der **Verfall** (§§ 73 f. StGB) von Vermögenswerten angeordnet wurde. Hat man davon **abgesehen**, um nicht die Ansprüche der Tatopfer zunichtezumachen (§§ 73 Abs. 1 S. 2 StGB; 111b Abs. 5, 111g, 111h StPO), führt dies ebenfalls zu einem Ausschluss des Entschädigungsanspruchs des Verfahrensbetroffenen. **373**

StrEG-Entschädigung, Ausschluss, Verhalten **374**

Das Wichtigste in Kürze:

1. § 5 Abs. 2 S. 1 StrEG regelt den Ausschluss einer Entschädigung nach dem StrEG, wenn der Beschuldigte die Strafverfolgungsmaßnahme selbst verursacht oder zumindest ganz überwiegend mitverursacht hat.
2. § 5 StrEG entspricht inhaltlich § 254 BGB. Bei der Prüfung der Kausalität sind zivilrechtliche Grundsätze anzuwenden.
3. Zunächst ist zu prüfen, ob der Beschuldigte die Strafverfolgungsmaßnahme verursacht oder zumindest mitverursacht hat.
4. Die auf § 5 StrEG gestützte Versagung der Entschädigung stellt keinen Verstoß gegen die Unschuldsvermutung dar.
5. § 5 Abs. 2 S. 1 StrEG enthält einen Ausnahmetatbestand.
6. Die Beurteilung erfolgt nicht im Wege einer Ex-post-Betrachtung und ist unabhängig vom Ergebnis der Hauptverhandlung.
7. Das Verhalten des Verfahrensbetroffenen muss die Verfolgungsmaßnahme adäquat kausal verursacht haben.

8. In Fällen, in denen der Beschuldigte die Strafverfolgungsmaßnahme in vorwerfbarer Weise herbeigeführt und die Verfolgungsbehörde mit der Anordnung und zunächst auch beim Maßnahmenvollzug nicht fehlerhaft gehandelt hat, kann infolge Unterbrechung der Kausalkette von einem bestimmten Zeitpunkt an der weitere Vollzug der Verfolgungsmaßnahme grob fehlerhaft werden.
9. Nach der Feststellung der haftungsbegründenden Kausalität (Verursachung) ist zu prüfen, ob Verschulden anzunehmen ist. Der Beschuldigte muss die Maßnahme vorsätzlich oder grob fahrlässig verursacht haben.
10. Das Aussageverhalten des Beschuldigten kann zu einem Entschädigungsausschluss führen.
11. Ein Beschuldigter führt den Erlass des Haftbefehls (ggf. zusammen mit der Einleitung eines Auslieferungsverfahrens) schuldhaft herbei, wenn er sich ins Ausland absetzt, um sich dem Ermittlungsverfahren zu entziehen.
12. Entschädigung ist auch zu versagen, wenn der Beschuldigte verdunkelt.
13. Als Mitverursachungsbeitrag schließt § 5 Abs. 2 S. 2 StrEG ein Unterlassen hinsichtlich der Einlassung zur Sache und der Einlegung von Rechtsmitteln aus.
14. Auch Äußerungen außerhalb des Verfahrens können zum Ausschluss der Entschädigung führen.

375 **Literaturhinweise:** Siehe die Hinweise bei → *StrEG-Entschädigung, Allgemeines*, Teil I Rdn 308.

376 **1.** Wer durch zurechenbares v**orsätzliches/grob fahrlässiges Verhalten** eine (entschädigungspflichtige) **Strafverfolgungsmaßnahme** ausgelöst hat, hat nach Maßgabe des § 5 Abs. 2 StrEG keinen Anspruch auf Entschädigung, da derjenige keine solche verdient, der die Strafverfolgungsmaßnahme durch sein eigenes Verhalten ausgelöst hat (*Kunz*, StrEG, § 5 Rn 40).

377 **2.** § 5 StrEG entspricht **inhaltlich § 254 BGB**, ohne allerdings – anders als § 6 StrEG – den Raum für eine Schadensaufteilung zu eröffnen. Insoweit gilt auch in § 5 Abs. 2 StrEG das sog. **Alles-oder-Nichts-Prinzip** (OLG Karlsruhe MDR 1975, 250; *Kunz*, StrEG, § 5 Rn 3; *Meyer*, StrEG, § 5 Rn 5; a.A. OLG Hamm NJW 1975, 2033). Eine Quotelung kommt nicht in Betracht. Jedoch kann eine Entschädigung für einen **bestimmten Vollzugszeitraum** zugesprochen werden kann (BGH BeckRS 1986, 31101135). Infolge der Anwendbarkeit zivilrechtlicher Grundsätze trifft den Verfahrensbetroffenen auch eine **Schadensminderungspflicht**.

378 **3.** Zunächst ist zu **prüfen**, ob der Beschuldigte die Strafverfolgungsmaßnahme verursacht oder zumindest **mitverursacht** hat. Die Kausalität ist für jede Strafverfolgungsmaßnahme gesondert und nach zivilrechtlichen Grundsätzen zu prüfen (OLG Köln, Beschl. v. 1.8.2023 – 2 Ws 654/22).

379 **4.** Die auf § 5 StrEG gestützte Versagung der Entschädigung stellt keinen Verstoß gegen die Unschuldsvermutung dar, solange sie keine strafrechtliche Schuld feststellt, sondern nur zugrunde legt, dass dem von der Maßnahme Betroffenen eine (Mit-)Verursachung im zivilrechtlichen Sinne anzulasten ist (BGH, Beschl. v. 10.12.1986 – 3 StR 500/86 m.w.N.; BayObLG NJW 73, 1938; OLG Karlsruhe, Beschl. v. 9.7.1997 – 3 Ws 84/96, NStZ 1998, 211; OLG Rostock, Beschl. v. 8.11.2004 – I Ws 269/04; OLG Koblenz, Beschl. v. 22.8.2005 – 2 Ws 507/05).

380 **5. § 5 Abs. 2 S. 1 StrEG** enthält einen **Ausnahmetatbestand**. Deshalb ist bei der Beurteilung, ob der Beschuldigte eine Ursache zum Vollzug zu der Strafverfolgungsmaßnahme gesetzt hat, ein **strenger Maßstab** anzulegen, d.h. das Verhalten muss sicher feststehen. Es ist nicht ausreichend, dass sich der Verfolgte irgendwie verdächtig gemacht hat. Er muss vielmehr durch **festgestelltes** eigenes Verhalten einen wesentlichen Ursachenbeitrag zur Begründung des dringenden Tatverdachts geleistet haben (BVerfG NJW 1996, 1049). Im Zweifel ist zu seinen Gunsten zu entscheiden (BVerfG NJW 1996, 1049; KG, Beschl. v. 20.6.2011 – 4 Ws 48/11).

381 **6.** Die Beurteilung erfolgt **nicht** im Wege einer **Ex-post-Betrachtung** und ist unabhängig vom Ergebnis der Hauptverhandlung. Maßgeblich ist allein, wie sich der Sachverhalt der Strafverfolgungsbehörde in dem **Zeitpunkt** dargestellt hat, in dem die betreffende Maßnahme vollzogen bzw. aufrechterhalten wurde

(BGH, Beschl. v. 13.4.202 – 15 StR 14/21, OLG München, Beschl. v. 06.04.2022 – 1 Ws 161/22, 1 Ws 162/22, noch nicht veröffentlicht; KG, Beschl. v. 20.6.2011 –4 Ws 48/11; BVerfG NJW 1996, 1049).

☝ Aus rechtsstaatlichen Gesichtspunkten ist von diesem Prinzip dann **abzuweichen**, wenn der Verfahrensbetroffene infolge einer **Änderung der höchstrichterlichen Rspr.** zwischen Anklageerhebung und gerichtlicher Entscheidung freizusprechen ist. Dann muss der Staat, der einen Bürger wegen eines Verhaltens verfolgt, das bei richtiger, bindender höchstrichterlicher Rechtsauslegung niemals strafbar war, das damit für den Betroffenen ausgelöste finanzielle Risiko tragen und darf es nicht auf den – objektiv zu Unrecht – Verfolgten abwälzen (str.; bejahend OLG Düsseldorf NStZ 1990, 39 m. Anm. *Meyer*; verneinend *Kunz*, StrEG § 5 Rn 55).

7. Schließlich muss das Verhalten des Verfahrensbetroffenen die Verfolgungsmaßnahme **adäquat kausal verursacht** haben. Auch darf die Kausalität nicht unterbrochen sein. Die Frage, ob der Beschuldigte eine Strafverfolgungsmaßnahme vorsätzlich oder grob fahrlässig verursacht hat, stellt sich nämlich nur, wenn und solange die gesetzlichen Voraussetzungen für deren Anordnung oder Fortdauer vorgelegen haben. War das nicht oder nicht mehr der Fall, war das Verhalten des Beschuldigten für die Strafverfolgungsmaßnahme nicht oder nicht mehr ursächlich (OLG Düsseldorf, Beschl. v. 6.6.2012 – 1 Ws 111/12). 382

☝ Ein dem Beschuldigten nicht (mehr) zurechenbares Verhalten der Strafverfolgungsbehörden kann aber nicht bereits in jeder unrichtigen Sachbehandlung gesehen werden. Es muss sich um **grobe Fehler** in der Beweiswürdigung oder **gravierende Versäumnisse** bei der Beweiserhebung handeln. Bei möglichen Fehlern in der rechtlichen Beurteilung ist darauf abzustellen, ob die von der Staatsanwaltschaft oder dem Gericht vorgenommene rechtliche Würdigung **abwegig oder schlechthin unvertretbar** war oder die fehlerhafte Rechtsauffassung bei sorgfältiger Prüfung der Rechtslage offen zutage getreten wäre (KG NStZ-RR 2012, 30).

So **fehlt** es **an** der **Kausalität in folgenden** 383

Rechtsprechungsbeispielen:

- wenn die Verfolgungsmaßnahme ungeachtet eines schuldhaften Verhaltens des Beschuldigten ohnehin angeordnet und vollzogen worden wäre (BGH, Beschl. v. 3.3.1989 – 2 StR 564/88; OLG Karlsruhe NStZ-RR 2005, 255),
- wenn ein bereits bestehendes **Verfahrenshindernis nicht erkannt** wird (OLG Hamm MDR 1984, 253),
- wenn es schon bei Haftbefehlserlass an der Verfahrensvoraussetzung eines **wirksamen Strafantrages fehlte** (BGH NStZ-RR 2017, 264),
- wenn eine Durchsuchung lediglich auf **Vermutungen**, nicht auf Tatsachen gründete (LG Münster StV 1990, 81),
- wenn der bei der Verhaftung des Beschuldigten gegen ihn bestehende Tatverdacht, der schon kaum zu begründen war, auch noch für dringend erachtet wurde und **kein Haftgrund** vorlag (OLG Hamm, Beschl. v. 12.1.1979 – 1 Ws 174/78),
- wenn der Unrechts- und Schuldgehalt der Tat entgegen jeder kriminalistischen und forensischen Erfahrung **entschieden zu hoch eingeschätzt** und deshalb völlig ungerechtfertigt die Verhältnismäßigkeit zwischen Verfolgungsmaßnahme und Bedeutung der Tat einschließlich der Straferwartung bejaht wurde (KG NStZ-RR 2012, 30; OLG Stuttgart NJW 1977, 641),
- wenn die Verfolgungsmaßnahme allein oder überwiegend auf eine die Verurteilung **nicht stützende** Zeugenaussage zurückgeht, obwohl diese nicht verwertet werden kann (OLG Köln StraFo 2001, 146)
- wenn die Maßnahme allein aufgrund einer nicht verifizierbaren Drittaussage vollzogen wird (BGH BGHR StrEG § 5 Abs. 2 S. 1 Ursächlichkeit 1; LG Chemnitz wistra 2002, 320) und

- wenn die Maßnahme allein oder überwiegend aufgrund von **Bearbeitungsfehlern** der Strafverfolgungsbehörde angeordnet, vollzogen oder aufrechterhalten wurde oder Folge einer rechtsfehlerhaften Verfahrensweise ist, die bei sorgfältiger Prüfung ohne weiteres erkennbar war (OLG Jena NStZ-RR 2005, 125).

384 **8.** In Fällen, in denen der Beschuldigte die Strafverfolgungsmaßnahme in vorwerfbarer Weise herbeigeführt und die Verfolgungsbehörde mit der Anordnung und zunächst auch beim Maßnahmenvollzug nicht fehlerhaft gehandelt hat, kann infolge **Unterbrechung** der **Kausalkette von einem bestimmten Zeitpunkt an** der **weitere Vollzug** der Verfolgungsmaßnahme **grob fehlerhaft** werden (BGH BGHR StrEG § 5 Abs. 2 S. 1 Ursächlichkeit 2).

385 Davon wurde ausgegangen in folgenden

Fällen:

- wenn der **Tatverdacht** durch die weiteren Ermittlungen **entkräftet** wurde, z.B. nach Bekanntwerden des Ergebnisses der Blutprobe (BGH BGHR StrEG § 5 Abs. 2 S. 1 Ursächlichkeit),
- wenn Strafverfolgungsmaßnahmen über den Zeitpunkt hinaus andauern, in dem sie bei Berücksichtigung des Verhaltens des Beschuldigten und gewisser, durch den Instanzenzug eingetretener Verzögerungen von Amts wegen spätestens **hätten aufgehoben** werden müssen (OLG Düsseldorf MDR 1982, 870) und
- wenn der **Angeklagte** die Tat in der ersten Einlassung umfassend und in der zweiten teilweise bestritten und dabei **unwahre Angaben gemacht hat**, jedoch nichts vorgebracht hat, was auf einen größeren als den schließlich festgestellten Tatbeitrag hindeutet (In so einem Fall spricht nichts dafür, dass die im Urteil als widerlegt erachteten Behauptungen eine Verlängerung der Untersuchungshaft verursacht hätten, diese also bei Unterlassung der unzutreffenden Angaben **früher beendet** worden wäre (siehe BGH, Beschl. v. 2.5.1986 – 2 StR 141/86).

386 **9.** Nach der Feststellung der haftungsbegründenden Kausalität (Verursachung) ist zu prüfen, ob **Verschulden** anzunehmen ist. Der Beschuldigte muss die **Maßnahme vorsätzlich oder grob fahrlässig verursacht** haben.

387 **a)** Auch bei der Prüfung, ob Verschulden vorliegt, ist ein **zivilrechtlicher Maßstab** anzulegen (*Kunz*, StrEG, § 5 Rn 64). Dies kann im Bereich der Fahrlässigkeit zu gravierenden Unterschieden in der Beurteilung im Strafverfahren und im Entschädigungsverfahren führen. So kann grobe Fahrlässigkeit trotz eines vermeidbaren Verbotsirrtums oder bei einem Freispruch „in dubio pro reo" vorliegen (OLG Zweibrücken NStZ 1986,129).

388 **b) Vorsätzlich im zivilrechtlichen Sinne** handelt der Beschuldigte, wenn er sich den Erfolg seines Handelns (konkret eine strafrechtliche Verurteilung oder eine andere Verfolgungsmaßnahme) vorgestellt und ihn in Kenntnis der Pflichtwidrigkeit seiner Herbeiführung dennoch in seinen Willen aufgenommen hat. Bedingter Vorsatz reicht aus (*Meyer*, StrEG, § 5 Rn 46). Maßgeblich ist dabei nicht die strafrechtliche Verantwortlichkeit, sondern allein die Fähigkeit zur natürlichen Einsicht (KG VRS 100, 317). Ebenso wie einem Beschuldigten, der die Strafverfolgungsmaßnahme vorsätzlich oder grob fahrlässig veranlasst hat, soll auch demjenigen in entsprechender Anwendung des § 5 Abs. 2 S. 2 StrEG die Entschädigung versagt werden, der nicht aus der Untersuchungshaft entlassen werden will und sich aus diesem Grund weigert, eine Sicherheitsleistung zu erbringen, obwohl ihm dies möglich ist und zugemutet werden kann (BGH, Beschl. v. 24.10.1991 – 1 StR 381/91).

389 **c) Grob fahrlässig** i.S.d. §§ 276 Abs. 2, 277 BGB handelt, wer – zusammengefasst – diejenige Aufmerksamkeit bzw. Sorgfalt objektiv unbeachtet lässt, die ein ordentlicher und verständiger Mensch mit vergleichbaren Fähigkeiten in seiner Lage aufwenden würde, um sich vor materiellem und immateriellem Schaden durch den Vollzug einer Verfolgungsmaßnahme zu bewahren (OLG Düsseldorf JurBüro 1984, 1371; *Meyer*, StrEG, § 5 Rn 47). Sie ist nicht nach der Person des Verfahrensbetroffenen und seinen Fähigkeiten, sondern nach objektiven Maßstäben zu beurteilen (BGH BGHR StrEG § 5 Abs. 2 S. 1

Fahrlässigkeit, grobe 2). Der Strafrichter hat seine Beurteilung ausschließlich nach zivilrechtlichen Grundsätzen vorzunehmen (OLG Düsseldorf JurBüro 1991, 425 = OLGSt StrEG § 5 Nr. 3). **Leichte Fahrlässigkeit** vermag dagegen einen Anspruchsausschluss nach § 5 Abs. 2 StrEG nicht zu rechtfertigen, kann aber zur Versagung der Entschädigung nach §§ 6, 4 StrEG führen.

☝ Das dem Verfahrensbetroffenen zur Last gelegte **Tatverhalten** selbst ist **nicht geeignet**, die **Entschädigungspflicht zu versagen**, da § 5 Abs. 2 StrEG grds. nicht dazu dient, Ansprüche allein wegen des in der Tat selbst liegenden Verdachts zu versagen. Erforderlich ist vielmehr ein in besonderem Maße vorwerfbares Verhalten, da anderenfalls in jedem Fall, in dem es trotz zunächst bejahten Tatverdachts nicht zu einer Verurteilung kommt, eine Entschädigungspflicht versagt werden müsste (OLG Celle, Beschl. v. 5.6.2007 – 1 Ws 191, 192 u. 193/07; a.A. OLG Düsseldorf StV 1989, 29; NStE Nr. 6 zu § 5 StrEG).

d) Bei der Prüfung, ob eine Entschädigung für erlittene Strafverfolgungsmaßnahmen infolge **grob fahrlässigen Verschuldens** nach § 5 Abs. 2 S. 1 StrEG ausgeschlossen ist, muss allerdings geprüft werden, ob die **Einsichts-** oder **Steuerungsfähigkeit** des Beschuldigten im Zeitpunkt des ursächlichen Verhaltens erheblich eingeschränkt war. Die bei vorsätzlicher Verursachung einer Strafverfolgungsmaßnahme regelmäßig genügende natürliche Einsichtsfähigkeit reicht für die Annahme grober Fahrlässigkeit nicht aus (OLG Celle NStZ-RR 2011, 223 m. Anm. *Kotz* StRR 2011, 225). Befand sich der Verfahrensbetroffene zum Zeitpunkt der Anordnung der Unterbringung in einem die freie Willensbildung ausschließenden Zustand krankhafter Störung der Geistestätigkeit (§ 20 StGB), fehlt es an der gemäß §§ 276 Abs. 1 S. 1, 827 S. 1 BGB erforderlichen Verantwortlichkeit (LG München I StraFo 2008, 266). 390

10. Das **Aussageverhalten** des Beschuldigten kann zu einem Entschädigungsausschluss führen (z.B. OLG Köln, Beschl. v. 3.5.2017 – III-2 Ws 237/17; aber OLG Köln, Beschl. v. 1.8.2023 – 2 Ws 654/22, AGS 2023, 475). 391

a) Aufgrund der jedem Beschuldigten zustehenden Verteidigungsrechte ist nach § 5 Abs. 2 S. 2 StrEG die Entschädigung verhaltensbedingt dann nicht ausgeschlossen, wenn der Verfahrensbetroffene von seinem **Schweigerecht** Gebrauch gemacht (KG StraFo 2009, 129) oder es unterlassen hat, ein **Rechtsmittel** einzulegen. Das Aussageverhalten des Beschuldigten kann – auch wenn es sich teilweise um Verschweigen handelt – in bestimmten Fällen zum Entschädigungsausschluss führen: 392

Wer tatsächlich ein **Alibi** besitzt, muss sich alsbald darauf berufen und darf es nicht verschweigen (KG GA 1987, 405, *Meyer*, JurBüro 1991, 745 – 748, a.A. OLG Düsseldorf StV 1984, 472; BeckOK/*Cornelius* § 6 StrEG Rn 5; i. Erg. auch *Kunz*, StrEG, § 5 Rn 99). Er muss sich seines Alibis aber bewusst sein (OLG Stuttgart MDR 1984, 427). Dabei steht außer Zweifel, dass kein Beschuldigter strafverfahrensrechtlich verpflichtet ist, zu einem bestimmten Zeitpunkt Entlastungsbeweise beizubringen (BGH NStZ 2002, 161). Vorliegend geht es aber unter Entschädigungsgesichtspunkten um die Frage, ob auch ein verständiger Dritter in der Lage des Beschuldigten auf die **Vorlage entlastender Beweismittel** verzichten würde, wenn er dadurch materiellen und immateriellen Schaden durch den Vollzug einer Verfolgungsmaßnahme abwenden könnte. Im Ergebnis muss deshalb auch die Nichtbeibringung sachlicher Beweismittel zum Entschädigungsausschluss führen. Verschweigt der Verfahrensbetroffene unter Hinweis auf einen wahren Täter dessen Identität, kann zunächst nichts anderes gelten. Allerdings muss in diesen Fällen dem Beschuldigten die Preisgabe der Täteridentität zumutbar sein. 393

b) Ein **widerlegtes** oder **unglaubhaftes Alibi** zu Beginn eines Ermittlungsverfahrens kann verdachtsbegründend wirken und deshalb auch den Erlass eines Haftbefehls rechtfertigen. Es wird in diesem frühen Ermittlungsstadium als Verdachtsumstand gewertet und führt, wenn dem Beschuldigten entlastende Angaben möglich und zumutbar waren, wegen grob fahrlässigen Verhaltens zu einem Ausschluss der Entschädigung (KG StraFo 2009, 129 m.w.N.; OLG Karlsruhe NStZ-RR 2005, 255). Dies gilt umso mehr, wenn sich der Verfahrensbetroffene hierzu **Verdunkelungshandlungen** (OLG Karlsruhe MDR 1975, 251: Einwirken auf Zeugen) oder der **Vorlage gefälschter Beweismittel** (OLG Frankfurt NStZ-RR 1998, 394

341: Passvorlage mit falschen Aus-/Einreisedaten) bedient. Dem Verschweigen eines Alibis ist es in Fällen einer vorgeworfenen **Trunkenheitsfahrt** vergleichbar, wenn der Verfahrensbetroffene verschweigt, einen **Nachtrunk** genommen zu haben. Dies stellt eine grobe Fahrlässigkeit dar und führt zum Entschädigungsausschluss (OLG Frankfurt NJW 1978, 1017).

395 **c)** Das aktive **Bestreiten** des **Tatvorwurfs** ist in § 5 Abs. 2 S. 2 StrEG nicht aufgeführt und kann deshalb zum Entschädigungsausschluss führen. Insbesondere soll dies gelten, wenn der im Rahmen eines Vergabeverfahrens erhobene Vorwurf der Urkundenfälschung lediglich **pauschal bestritten** wird und Verdunkelungsgefahr bestand (OLG Frankfurt NStZ-RR 1999, 127). Zutreffend wird man aber davon auszugehen haben, dass pauschales Bestreiten dem Schweigen gleichzusetzen ist, weshalb es die Versagung der Entschädigung nicht rechtfertigt (*Kunz*, StrEG, § 5 Rn 98).

396 **d)** Die Entschädigung kann ganz oder teilweise versagt werden, wenn der Beschuldigte die Strafverfolgungsmaßnahme dadurch veranlasst hat, dass er sich selbst in wesentlichen Punkten **wahrheitswidrig, auffällig lückenhaft** oder im Widerspruch zu seinen späteren Erklärungen belastet oder wesentliche entlastende Umstände verschwiegen hat, obwohl er sich zur Beschuldigung geäußert hat. Zur Versagung der Entschädigungspflicht genügt es allerdings nicht, dass sich der Beschuldigte durch sein Aussageverhalten irgendwie verdächtig gemacht hat. Vielmehr muss er sich selbst in **wesentlichen** Punkten **wahrheitswidrig belastet** oder **wesentliche entlastende Umstände** verschwiegen haben (KG BeckRS 2009, 04407; Brandenburgisches OLG, Beschl. v. 5.12.2007 – 1 Ws 273/07). Ist der Beschuldigte freigesprochen, weil seine in der Berufungshauptverhandlung erstmalig vorgebrachte Einlassung nicht zu widerlegen war, so ist die Entschädigungspflicht ausgeschlossen, wenn er sowohl im Falle der Richtigkeit als auch im Falle der Unrichtigkeit seiner Einlassung die Strafverfolgungsmaßnahme grob fahrlässig verursacht hat.

☝ **Allein belastende Zeugenaussagen**, die im Widerspruch zur Einlassung des Beschuldigten stehen sowie vage Angaben über Verwicklung in Widersprüche bei dessen Vernehmung sind jedoch **kein Grund**, die Entschädigung zu versagen (BVerfG NJW 1996, 1049).

397 **e)** Ein **Geständnis** führt nur dann zum Entschädigungsausschluss, wenn es **unwahr** ist und dies in hohem Maße für die Annahme des dringenden Tatverdachts durch die Ermittlungsbehörden ursächlich war (KG VRS 100, 317; OLG Frankfurt NJW 1975, 1895; OLG Karlsruhe MDR 1977, 1041), selbst wenn es später widerrufen wird (OLG Düsseldorf JurBüro 1984, 1858). Auch wenn das Geständnis im Strafverfahren wegen eines **Beweisverwertungsverbots** unberücksichtigt bleiben musste und der Angeklagte deshalb freigesprochen wurde, ist die Entschädigung ausgeschlossen, da das strafprozessuale Verwertungsverbot ausschließlich dazu bestimmt ist, die Grundlagen der verfahrensrechtlichen Stellung des Beschuldigten zu sichern (OLG Karlsruhe NStZ 1998, 211).

398 **f)** Eine Entschädigung soll jedenfalls dann ausgeschlossen sein, wenn beim Verfahrensbetroffenen im Nachhinein eine **Alkoholhalluzinose** und – darauf basierend – die Unwahrheit des Geständnisses festgestellt wird (KG, Beschl. v. 15.8.2000 – 4 Ws 129/00). Dies soll jedenfalls dann gelten, wenn der Verfahrensbetroffene nicht ohne Verschulden in den Zustand geraten ist, der seine freie Willensbestimmung infolge Alkoholisierung ausschließt (OLG Frankfurt, Beschl. v. 28.6.1977 – 4 Ws 67/77). Behauptet der Unfallbeteiligte nach einer Selbstbezichtigung, diese sei aufgrund eines **Unfallschocks** erfolgt, muss er dafür auch dann Beweis antreten, wenn er im Strafverfahren freigesprochen wurde (OLG Zweibrücken NStZ 1986, 129).

399 **g)** Die **wahrheitswidrige Selbstbezichtigung** ist als Versagungsgrund ausdrücklich in § 6 Abs. 1 Nr. 1 Alt. 1 StrEG aufgeführt. Da sie i.d.R. aber Vorsatz des Verfahrensbetroffenen voraussetzt, führt sie bereits nach § 5 Abs. 2 StrEG als speziellere Vorschrift zum Entschädigungsausschluss (OLG Karlsruhe MDR 1977, 1041; a.A. OLG Schleswig NJW 1976, 1467). Belastet sich der Verfahrensbetroffene zu Unrecht selbst als Unfallbeteiligter, um auf diese Weise Ansprüche aus einem fingierten Unfall herleiten zu können, stehen ihm keine Ersatzansprüche für die vorläufige Entziehung der Fahrerlaubnis zu (OLG Hamm, Beschl. v. 12.1.1979 – 4 Ws 368/78).

h) Ob dann, wenn der spätere Beschuldigte in seiner **vorausgehenden Zeugenaussage** Umstände/Vorgänge verschwiegen hat, während er sich als Beschuldigter dagegen vollständig und zutreffend einlässt, eine Entschädigung nach dem StrEG ausgeschlossen ist, ist **umstritten**. Teilweise wird vertreten, dass die prozessuale Rolle des Beschuldigten im Zeitpunkt des ursächlichen Verhaltens ohne Bedeutung ist (OLG Frankfurt NStZ-RR 1999, 349; *Meyer*, StrEG, § 5 Rn 34; *Kunz*, StrEG, § 5 Rn 45). Das BVerfG (NJW 1996, 1049) hat diese Auslegung des § 5 Abs. 2 StrEG unbeanstandet gelassen. Teilweise wird jedoch vertreten, dass nach dem unzweideutigen Wortlaut des § 5 Abs. 2 S. 1 StrEG von der Vorschrift aber nur das Aussageverhalten einer Person erfasst wird, die **beschuldigt** wird (OLG Oldenburg NStZ 1992, 245). Für letztgenannte Ansicht spricht neben dem Wortlaut der Vorschrift der Umstand, dass auch in § 6 Abs. 1 StrEG vorausgesetzt wird, dass sich der Beschuldigte im Zeitpunkt der Einlassung, die zu einem Entschädigungsausschluss führt, bereits in der Rolle des Beschuldigten befunden hat. 400

11. Für die **Verursachung** der Maßnahme **durch Sich-Entziehen** gilt: 401

a) Ein Beschuldigter führt den **Erlass** des **Haftbefehls** (ggf. zusammen mit der Einleitung eines Auslieferungsverfahrens) schuldhaft herbei, wenn er sich ins **Ausland absetzt**, um sich dem Ermittlungsverfahren zu entziehen (KG, Beschl. v. 9.3.1999 – 4 Ws 24/99; OLG Hamburg MDR 1980, 79; LG Flensburg JurBüro 1984, 1861). Das Verhalten muss allein ursächlich für den Erlass des Haftbefehls gewesen sein, z.B. wenn nur dadurch die Fluchtgefahr begründet wurde (KG, Beschl. v. 9.3.1999 – 4 Ws 24/99). An der **Kausalität** zwischen Verhalten und Maßnahmevollzug **fehlt** es indessen, wenn diese verhaltensunabhängig angeordnet und vollzogen worden ist oder wäre (OLG Brandenburg, Beschl. v. 5.12.2007 – 1 Ws 273/07 [zu § 6 StrEG]; OLG Karlsruhe NStZ-RR 2005, 255; a.A. OLG Hamburg MDR 1980, 79). 402

b) Ein Beschuldigter, dem die Anklageschrift persönlich zugestellt wurde, führt den Erlass des Haftbefehls und den Vollzug von Untersuchungshaft grob fahrlässig herbei, wenn er nach einem Wohnungswechsel und darauffolgenden Aufenthalten an unbekannten Orten **keine Vorkehrungen** dafür trifft, dass ihn zu erwartende Mitteilungen des Gerichts erreichen können, und er **deswegen nicht zur Hauptverhandlung geladen** werden kann. In diesem Fall ist ihm bekannt, dass gegen ihn ein Strafverfahren anhängig und mit weiteren gerichtlichen Schreiben zu rechnen ist (OLG Koblenz, Beschl. v. 16.9.1982 – 1 Ws 590/82). 403

c) Wer **für** die **Strafverfolgungsbehörden nicht greifbar** ist, weil er in der Vergangenheit Strafverfolgungsmaßnahmen durch ständigen Wohnsitzwechsel und Sich-Verborgen-Halten erschwert hat, führt den Vollzug eines Haftbefehls grob fahrlässig herbei (KG, Beschl. v. 20.8.1999 – 4 Ws 132/99). Eine andere Ansicht vertritt das OLG Zweibrücken. Musste der Verfolgte in Kenntnis des gegen ihn erhobenen massiven Tatvorwurfs sowie seiner erheblichen einschlägigen strafrechtlichen Vorbelastung allein deswegen mit seiner Inhaftierung rechnen, stellt das Untertauchen in der damaligen Situation bei – aus seiner Sicht – unbegründetem Tatverdacht zumindest keine unvernünftige Reaktion i.S.d. § 276 BGB dar. Dies gelte jedenfalls dann, wenn der Beschuldigte nach seiner Verhaftung alles getan hat, um den Tatverdacht zu entkräften und so die Untersuchungshaft zu vermeiden bzw. abzukürzen (OLG Zweibrücken, Beschl. v. 25.3.2003 – 1 Ws 116/03). 404

12. Entschädigung ist auch zu versagen, wenn der Beschuldigte **verdunkelt**, also z.B. einen Zeugen unter Gewaltanwendung bedroht (KG Rpfleger 1999, 350) oder auf andere Weise verhaltensbedingt die Erweiterung des Haftbefehls um den Haftgrund der Verdunkelungsgefahr veranlasst (OLG Celle, Beschl. v. 5.6.2007 – 1 Ws 191/07 u.a.; OLG Karlsruhe MDR 1975, 251; zu Verdunkelungsmaßnahmen *Burhoff*, EV, Rn 4740 ff.). 405

13. Als **Mitverursachungsbeitrag** schließt § 5 Abs. 2 S. 2 StrEG ein **Unterlassen** hinsichtlich der Einl assung zur Sache und der Einlegung von Rechtsmitteln aus. Macht der Verfahrensbetroffene jedoch Angaben zur Sache, kann die Verfolgungsmaßnahme grds. auch durch **Unterlassen** (mit)verursacht werden. Allerdings muss das Unterlassen – soll es zum Entschädigungsausschluss führen – einer der in § 5 Abs. 2 StrEG inkriminierten aktiven Verhaltensweisen entsprechen. Verschweigt der Beschuldigte ein den Tatverdacht ausschließendes oder erschütterndes Alibi, kann dies grds. als grob fahrlässig gewertet werden. 406

407 14. Auch **Äußerungen außerhalb** des **Verfahrens** können zum Ausschluss der Entschädigung führen. Wer sich einem Dritten gegenüber damit **brüstet**, ein **Verbrechen begangen** zu haben, soll – wenn es diesbezüglich gegen ihn zu Strafverfolgungsmaßnahmen kommt – diese entschädigungslos hinnehmen müssen, da ihm habe bewusst sein müssen, dass das Gewicht der Tat den Erlass eines Haftbefehls rechtfertigen würde und er auch nicht darauf habe vertrauen dürfen, dass die Möglichkeit, seine Äußerungen könnten den Strafverfolgungsbehörden zur Kenntnis gelangen, ausgeschlossen ist (KG, Beschl. v. 25.11.1997 – 5 Ws 723/97). Anders verhält es sich bei abgehörten **Äußerungen** am **Telefon**. Die Versagung der Entschädigung für erlittene Untersuchungshaft kann nicht damit begründet werden, dass der Beschuldigte die Strafverfolgungsmaßnahme grob fahrlässig herbeigeführt hat, weil er über den überwachten Telefonanschluss eines Dritten mit verschiedenen Personen, darunter einer Person mit ebenfalls überwachtem Telefonanschluss, Telefongespräche geführt hat (OLG Karlsruhe, Beschl. v. 7.3.1988 – 4 Ss 33/87 zu § 5 StrEG).

Siehe auch: → *StrEG-Entschädigung, Allgemeines*, Teil I Rdn 307 m.w.N.

408 StrEG-Entschädigung, Billigkeitsentscheidung nach Sanktionierung

Das Wichtigste in Kürze:

1. § 4 StrEG gewährt einen Entschädigungsanspruch für Strafverfolgungsmaßnahmen trotz Verurteilung.
2. Bei einer Reihe von Straftaten, bei deren Aburteilung das Gericht zu einem Schuldspruch gelangt, kann es unter deliktsspezifischen bzw. strafzumessungsrechtlichen oder allgemein täterbezogenen Voraussetzungen von Strafe absehen.
3. Wie in einer derartigen Konstellation mit der Entschädigung für erlittene Strafverfolgungsmaßnahmen (§ 4 Abs. 1 Nr. 1 StrEG) umzugehen ist, ist bislang eine in der Praxis wenig relevante Frage.
4. Bei der Prüfung, ob ein Entschädigungsanspruch besteht, ist eine Gesamtbetrachtung erforderlich.
5. Im Unterschied zu § 4 Abs. 1 Nr. 1 StrEG sind Entschädigungsfragen im Zusammenhang mit überschießenden Verfolgungsmaßnahmen (§ 4 Abs. 1 Nr. 2 StrEG) von durchaus praktischer Relevanz.
6. Beim Fahrerlaubnisentzug kommt eine Entschädigung nach Billigkeitsgrundsätzen grds. in Betracht, wenn eine Entziehung der Fahrerlaubnis nicht ausgesprochen wird.
7. Entschädigungsfähig sind nach § 4 Abs. 2 StrEG Verfolgungsmaßnahmen, die im Rahmen eines strafrechtlichen Ermittlungsverfahrens vollzogen wurden, in dessen Verlauf sich zu einem späteren Zeitpunkt die rechtliche Würdigung des Tatgeschehens mit der Folge ändert, dass das Verfahren als Bußgeldverfahren fortgesetzt wird.

409 **Literaturhinweise:** Siehe die Hinweise bei → *StrEG-Entschädigung, Allgemeines,* Teil I Rdn 308.

410 **1. Während § 3 StrEG einen Entschädigungsanspruch im Falle der Verfahrenseinstellung vorsieht**, gewährt **§ 4 StrEG** einen Entschädigungsanspruch für Strafverfolgungsmaßnahmen **im Falle einer** Verurteilung.

Eine Entschädigung nach § 4 StrEG kommt daher im Zusammenhang mit

- dem **Absehen** von **Strafe** (Abs. 1 Nr. 1),
- der **Unverhältnismäßigkeit** der Strafverfolgungsmaßnahme (Abs. 1 Nr. 2) oder
- einem strafrechtlichen Ermittlungsverfahren, das in ein **Ordnungswidrigkeitenverfahren übergeleitet** wurde (Abs. 2)

in Betracht.

2. Bei einer Reihe von Straftaten, bei deren Aburteilung das Gericht zu einem **Schuldspruch** gelangt, kann es unter deliktsspezifischen (z.B. §§ 29 Abs. 5, 31 BtMG) bzw. strafzumessungsrechtlichen (z.B. §§ 46a, 46b StGB) oder allgemein täterbezogenen (§ 60 StGB) Voraussetzungen von **Strafe absehen** (Katalog bei *Schmitt/Köhler* § 153b StPO Rn 1). Die Vorschrift ist auf die Verwarnung mit Strafvorbehalt (§ 59 StGB) und die Straffreierklärung (§ 199 StGB) entsprechend anwendbar. 411

3. Wie in einer derartigen Konstellation mit der Entschädigung für erlittene Strafverfolgungsmaßnahmen (§ 4 Abs. 1 Nr. 1 StrEG) umzugehen ist, scheint bislang eine **in der Praxis wenig relevante Frage** zu sein, da – soweit ersichtlich – hierzu Rspr. nicht existiert (*Kunz*, StrEG, § 4 Rn 15; *Meyer*, StrEG, § 4 Rn 35). Lediglich das BayObLG hat darauf hingewiesen, dass der Anwendungsbereich der Vorschrift nur dann eröffnet sein kann, wenn keine Ausschlussgründe nach § 5 StrEG vorliegen (BayObLG NZV 1990, 399). 412

4. Bei der Prüfung, ob ein Entschädigungsanspruch besteht, ist eine **Gesamtbetrachtung** vorzunehmen, in der die Auswirkungen der vollzogenen Verfolgungsmaßnahme vor dem Hintergrund der Tatschuld bzw. Tatschwere zu beurteilen und zu den Gründen, die zum Absehen von Strafe geführt haben, in Beziehung zu setzen sind. Allein die Tatsache, dass die rechtskräftig gewordene Rechtsfolge geringer ausgefallen ist, als (ex post betrachtet) der Vollzug der vorläufigen Strafverfolgungsmaßnahmen, rechtfertigt noch keine Entschädigung nach Billigkeit, vielmehr muss ein **erhebliches Missverhältnis** vorliegen (*Meyer*, StrEG, § 4 Rn 13). Heranzuziehen sind nicht nur objektive, sondern auch subjektive Kriterien, insbesondere das dem Beschuldigten zurechenbare, nach zivilrechtlichen Grundsätzen zu bestimmende Verschulden hinsichtlich des Vollzugs der Strafverfolgungsmaßnahme oder die Auswirkungen des Vollzuges der Maßnahme auf die Person oder die Lebensverhältnisse des Beschuldigten (*Schmitt*/Köhler, § 4 StrEG Rn 5; BGH StV 2008, 369). Im Rahmen der erforderlichen Billigkeitsprüfung hat der BGH entschieden, dass der Vollzug der Untersuchungshaft bei einem **nicht vorbestraften Erstverbüßer** eine zusätzliche Härte darstellt, da bei dieser Haft – anders als beim Strafvollzug – i.d.R. die Gewährung von Vollzugslockerungen und eine Reststrafaussetzung nicht möglich ist (BGH StV 2008, 369). 413

5. Im Unterschied zu § 4 Abs. 1 Nr. 1 StrEG sind Entschädigungsfragen im Zusammenhang mit **überschießenden Verfolgungsmaßnahmen** (§ 4 Abs. 1 Nr. 2 StrEG) von durchaus praktischer Relevanz. 414

a) Die überwiegende Mehrzahl der entschiedenen Fälle betrifft freiheitsentziehende Maßnahmen (*Meyer*, StrEG, § 4 Rn 38). Einen weiteren Schwerpunkt bildet die (vorläufige) Entziehung der Fahrerlaubnis. 415

☝ Die Auslegung des § 4 Abs. 1 Nr. 2 StrEG, nach der das Gericht in Fällen, in denen die in der strafgerichtlichen Verurteilung angeordneten Rechtsfolgen geringer sind als die darauf gerichteten Strafverfolgungsmaßnahmen, eine Entschädigung gewähren kann, soweit dies nach den Umständen des Falles der Billigkeit entspricht, ist von **Verfassungs** wegen **nicht** zu **beanstanden** (BVerfG, Beschl. v. 30.7.2004 – 2 BvR 993/02).

b) Eine **Entschädigung** für die **erlittene Untersuchungshaft**, die gem. § 51 Abs. 1 S. 1 StGB auf die erkannte Strafe anzurechnen ist, kommt aber **nicht** in Betracht, wenn die Dauer der Untersuchungshaft die zur Bewährung ausgesetzte Freiheitsstrafe – bei vorliegender Verfahrenseinheit mit dem freigesprochenen Sachverhalt, aufgrund dessen die Untersuchungshaft angeordnet worden war – nicht übersteigt. Dann ist für eine Billigkeitsentschädigung kein Raum (BGH, Beschl. v. 3.5.1978 – 3 StR 143/78, BGHSt 28, 29). 416

Beispiel: 417

Der Angeklagte (V) wurde im Verfahren A zu einer Freiheitsstrafe von sechs Monaten verurteilt, deren Vollstreckung zur Bewährung ausgesetzt wurde.

Im Verfahren B, in dem 611 Tage Untersuchungshaft vollzogen worden waren, wurde V wegen Untreue in zwei Fällen und Betrugs (Einzelstrafe: 1 Jahr 6 Monate = 545 Tage) unter Einbeziehung der Bewährungsstrafe aus dem Verfahren A zu einer Gesamtfreiheitsstrafe von fünf Jahren verurteilt. Infolge rechtsstaatswidriger Verfahrensverzögerungen wurde dabei ein Zeitraum von 1 Jahr 6 Monaten für vollstreckt erklärt. Dieses Urteil wurde auf Revision des V im Hinblick auf die Verurteilungen wegen Untreue sowie im Ausspruch über die Gesamtfreiheitsstrafe mit den zugehörigen Feststellungen aufgehoben. Die weitergehende Revision bezüglich der Verurteilung wegen Betrugs wurde verworfen.

Das neue Tatgericht stellte das Verfahren hinsichtlich der beiden nach der Zurückverweisung noch nicht abgeurteilten Untreuetaten gemäß § 154 Abs. 1 Nr. 2, Abs. 2 StPO im Hinblick auf die rechtskräftige Verurteilung wegen Betrugs ein und bildete aus der verbliebenen Einzelstrafe für das Betrugsdelikt und der im Verfahren A verhängten sechsmonatigen Bewährungsstrafe nachträglich eine Gesamtstrafe von 1 Jahr und 10 Monaten.

V beantragte eine Entschädigung für 611 Tage Untersuchungshaft mit der Begründung, die verbliebene Einzelstrafe sei infolge Kompensation vollstreckt und könne deshalb auf die erlittene Untersuchungshaft nicht mehr angerechnet werden.

Das OLG Rostock (Beschl. v. 23.8.2012 – I Ws 155/12) hat für ein noch mögliches Entschädigungsverfahren darauf hingewiesen, dass die Entschädigungsvoraussetzungen nach § 4 StrEG nicht gegeben seien, da es im Ergebnis an einem Zurückbleiben der Rechtsfolge hinter der vollzogenen Maßnahme fehle. Die verbüßte Untersuchungshaft sei nämlich nicht nur auf die Einzelstrafe, sondern insgesamt auf die nachträglich gebildete Gesamtstrafe anzurechnen, was daraus folge, dass in entsprechender Anwendung von § 51 Abs. 1 S. 1 StGB auch verfahrensfremde Untersuchungshaft in Anrechnung zu bringen sei (vgl. zur Anrechnung BVerfG NStZ 1994, 607; 2000, 277; 2001, 501; BGHSt 43, 112, 116 m. Anm. *Stree* NStZ 1998, 134). Die Anrechnung scheitere auch nicht daran, dass es auf diese Weise zu einem Wegfall des zunächst „überschießenden" Teils der Untersuchungshaft komme (BGHSt 23, 297).

418 **c)** Mit dem Anrechnungsvorrang hängt auch die Frage zusammen, zu welchem Zeitpunkt die Billigkeitsentscheidung erfolgen kann, wenn gegen den nach **§ 27 JGG** verurteilten Beschuldigten eine Strafverfolgungsmaßnahme vollzogen worden war. Hierzu werden unterschiedliche Auffassungen vertreten:

- Eine Billigkeitsentscheidung ergeht **zusammen** mit der Verurteilung nach § 27 JGG bei gleichzeitigem Vorbehalt nach § 14 StrEG (*Meyer*, StrEG, § 4 Rn 6).
- Eine Billigkeitsentscheidung ist aus Rechtsgründen erst möglich **bei Verhängung** der Jugendstrafe bzw. Tilgung des Schuldspruchs gem. § 30 JGG (LG Offenburg NStZ-RR 2003, 351; *Kunz*, StrEG, § 4 Rn 14).

Die zuletzt genannte Meinung entspricht sowohl der Systematik des Entschädigungsrechts als auch dem Wesen der Billigkeitsentscheidung, da bis zu einer Entscheidung nach § 30 JGG nicht feststeht, ob und in welchem Umfang die Untersuchungshaft auf eine ggf. zu verhängende Jugendstrafe anzurechnen ist.

419 **d) Nicht jedes Zurückbleiben** des **Rechtsfolgenausspruchs** hinter der vollzogenen Strafverfolgungsmaßnahme führt zu einem Entschädigungsanspruch nach § 4 StrEG. Ein solcher ist z.B. nicht angezeigt, wenn sich aus den Strafzumessungserwägungen des tatrichterlichen Urteils ergibt, dass gerade der – überlange – Vollzug der Verfolgungsmaßnahme bereits zu einer Strafmilderung geführt hat (BGH NStZ 1998, 369 zur Annahme eines minder schweren Falles; BGH NStZ-RR 1998, 32 bei Verwarnung mit Strafvorbehalt, jeweils infolge der vollzogenen überschießenden Untersuchungshaft). Allerdings muss dies im Urteil tatsächlich zum Ausdruck gekommen sein. Fehlen diesbezügliche Ausführungen in den Urteilsgründen, entbehrt die Versagung einer Entschädigung der erforderlichen Tatsachengrundlage und ist damit willkürlich (BVerfG, Beschl. v. 30.7.2004 – 2 BvR 993/02).

420 Fällt die im Urteil ausgesprochene Sanktion geringer aus als die im Verlauf des Verfahrens bereits vollzogene Untersuchungshaft, so kann dem Angeklagten eine **Entschädigung versagt** werden, wenn die Dauer der Untersuchungshaft sowie deren **Konsequenzen ausdrücklich** und **substanziell** in die **Strafzumessung** eingeflossen sind (BGH, Beschl. v. 5.10.2021 – 3 StR 54/21, NStZ-RR 2022, 128).

421 Eine Entschädigung kann unbillig sein, wenn die Anordnung und Aufrechterhaltung der **Untersuchungshaft** unter Berücksichtigung des schwerwiegenden dringenden Tatverdachts und der bestehenden Flucht-

gefahr – welche durch die angebotene Kaution nicht ausgeräumt wurde – **geboten** war (BGH, Beschl. v. 12.2.1988 – 3 StR 555/87).

☝ Umgekehrt ist die Entschädigung **nicht allein deshalb** zu **versagen**, weil der Verurteilte **strafrechtlich vorbelastet** war und die Straftat während des Laufs einer Bewährung begangen hatte, wenn diese Umstände bereits dazu geführt hatten, dass er überhaupt zu einer Freiheitsstrafe verurteilt wurde (OLG Stuttgart NStZ-RR 1998, 95).

e) Ungeachtet der für jeden Einzelfall vorzunehmenden Gesamtbetrachtung ist der Rspr. die **Tendenz** zu entnehmen, dass es **i.d.R.** der Billigkeit entspricht, den Verurteilten zu entschädigen, wenn die **verhängte Strafe** in **keinem angemessenen Verhältnis** zur **vollzogenen Verfolgungsmaßnahme** steht (OLG Stuttgart StV 2002, 556). Das kann vorrangig durch eine Gegenüberstellung von Vollzugsdauer der Verfolgungsmaßnahme und der ausgeurteilten Rechtsfolge festgestellt werden. Die Entschädigung nach § 4 StrEG liegt umso näher, je weiter der Vollzug der Maßnahme die Rechtsfolge übersteigt (OLG Karlsruhe, Beschl. v. 15.1.1974 – 1 Ws 411/73), *Schmitt*/Köhler, § 4 StrEG Rn 4). 422

Ohne Bedeutung ist dabei der Anrechnungsmaßstab der im Ausland auf Ersuchen einer deutschen Strafverfolgungsbehörde vollzogenen Freiheitsentziehung, weil dieser allein für die Frage der Vollstreckung einer etwaigen Reststrafe Bedeutung hat und nicht zu einer entschädigungsfähigen überschießenden Maßnahme führen kann (OLG Celle, Beschl. v. 8.11.2010 – 1 Ws 533/10). 423

f) Im Einzelnen wurde **Haftentschädigung zuerkannt** in folgenden Fällen: 424

- überschießender Vollzug einer Freiheitsstrafe um 6 Monate (BGH, Beschl. v. 18.7.1974 – 4 StR 294/74),
- Verurteilung zu einer Geldstrafe von 20 Tagessätzen bei 227 Tagen Untersuchungshaft (OLG Düsseldorf, Beschl. v. 28.7.1988 – 1 Ws 353/88 – 354/88),
- Verurteilung zu 4 Wochen Dauerarrest bei Untersuchungshaft von fast 5 Monaten (OLG Stuttgart StV 2002, 556),
- Untersuchungshaft übersteigt die ausgeurteilte Freiheitstrafe um 3,5 Monaten (BGH StV 2008, 369),
- Verurteilung zu einer Geldstrafe von 80 Tagessätzen bei Untersuchungshaft von 161 Tagen (OLG Hamm StV 2008, 365),
- Verurteilung zu einer Jugendstrafe von 6 Monaten bei Untersuchungshaft von 8 ½ Monaten (OLG Oldenburg StraFo 2008, 444),
- Verurteilung zu einer Freiheitstrafe von 3 Monaten bei Untersuchungshaft von 5 Monaten 10 Tagen (BGH Beschl. v. 20.1.2009 – 3 StR 581/08),
- Verurteilung zu einer Freiheitsstrafe von 4 Monaten bei Untersuchungshaft von 2 Monaten (OLG Stuttgart NStZ-RR 1998, 95),
- Die Dauer der Untersuchungshaft übersteigt die verhängte Freiheitsstrafe um das Zweifache (OLG Hamm, Beschl. v. 9.12.2014 – 2 Ws 272/14),
- Auch für das BVerfG (Beschl. v. 30.7.2004 – 2 BvR 993/02) lag die Gewährung einer Billigkeitsentschädigung bei überschießender Untersuchungshaft von 4 Monaten und 2 Wochen nahe.

g) Keine Entschädigungspflicht hat OLG Hamm jedoch bei überschießender Untersuchungshaft angenommen, wenn **besondere Umstände** in der Person des Verurteilten zum Vollzug der Haft Anlass gegeben haben (OLG Hamm, Beschl. v. 3.4.1974 – 4 Ws 59/74, MDR 1974, 777). 425

☝ Die **Frage**, wann eine **Strafverfolgungsmaßnahme „überschießend"** ist, ist durch einen Vergleich der vorläufigen Strafverfolgungsmaßnahme mit der **Urteilsfolge** zu **klären**. Wie dies vorgenommen werden kann, ist umstritten. Teilweise wird vertreten, dass selbst dann, wenn ein formaler Vergleichsmaßstab vorhanden ist, eine Gleichsetzung des Vollzugs der vorläufigen Maßnahme mit der endgültigen Urteilsfolge nicht ohne weiteres möglich sei. So lasse sich Untersuchungshaft oder 426

Auslieferungshaft nicht bedenkenlos mit der erkannten Freiheitsstrafe gleichsetzen. Auch der Umrechnungsmaßstab des § 43 StGB sei für die Frage der Billigkeit kein geeigneter Maßstab (*Meyer*, StrEG, § 4 Rn 14, 15). Teilweise wird hingegen vertreten, dass ein numerischer Vergleich angezeigt sei (*Kunz*, StrEG, § 4 Rn 18 ff.). Bei einer ausgeurteilten Freiheitsstrafe mit der erlittenen Untersuchungshaft komme es nicht darauf an, ob die die Freiheitsstrafe zur Bewährung ausgesetzt wurde (*Kunz*, StrEG, § 4 Rn 19).

Bei einer Verurteilung zu einer **Geldstrafe** ist die **Zahl** der **Tagessätze** maßgebend (*Kunz*, StrEG, § 4 Rn 21, so auch OLG Karlsruhe, Beschl. v. 15.1.1974 – 1 Ws 411/73, NJW 1974, 1008).

Unstreitig ist immer eine **Gesamtabwägung** aller objektiven und subjektiven Umstände erforderlich.

427 **6.a)** Beim **Fahrerlaubnisentzug** kommt eine Entschädigung nach Billigkeitsgrundsätzen grds. in Betracht, wenn eine Entziehung der Fahrerlaubnis nicht ausgesprochen wird (OLG Stuttgart VerkMitt 1983, 45).

428 *Beispiel:*

F war bei einer festgestellten BAK von 0,93 ‰ wegen einer Straftat gemäß § 316 StGB verurteilt worden. Daneben wurde eine **Sperrfrist** für die Wiedererteilung der **Fahrerlaubnis** von 15 Monaten angeordnet. Im Berufungsverfahren wurde die Sperrfrist infolge Zeitablaufs auf drei Monate reduziert. Nach Aufhebung und Zurückverweisung durch das Revisionsgericht verurteilte die nunmehr zuständige Berufungsstrafkammer erneut wegen einer Straftat gemäß § 316 StGB. Im zweiten Revisionsverfahren hob das Revisionsgericht auch diese Verurteilung wieder auf, verurteilte selbst wegen einer Ordnungswidrigkeit nach §§ 24a, 25 StVG und verhängte daneben ein dreimonatiges Fahrverbot.

Das Gericht sprach hier für die Zeit der vorläufigen Fahrerlaubnisentziehung vom Ergehen der ersten Berufungsentscheidung an eine Entschädigung zu. Für den davor liegenden Zeitraum war die Entschädigung ausgeschlossen, da F die Maßnahme grob fahrlässig herbeigeführt hatte (BayObLG NZV 1990, 436 m. Anm. *Loos* JR 1990, 438).

429 **b)** Hatte sich der Angeklagte zwar durch die Tat als ungeeignet zum Führen von Kfz erwiesen, wurde ihm die Fahrerlaubnis gleichwohl nicht endgültig entzogen, weil im **Zeitpunkt** der Hauptverhandlung der **Eignungsmangel** aufgrund der Einwirkungen der vorläufigen Entziehung der Fahrerlaubnis bereits **wieder entfallen** war, ist eine Entschädigung für die vorläufige Verfolgungsmaßnahme nach § 5 Abs. 1 Nr. 3 StrEG an sich ausgeschlossen. Für die über den Wegfall des Eignungsmangels hinausreichende Dauer der vorläufigen Entziehung der Fahrerlaubnis kann in solchen Fällen nach § 4 StrEG Entschädigung zugesprochen werden, wenn die vorläufige Entziehung der Fahrerlaubnis, gemessen am endgültigen Ausgang des Verfahrens, unverhältnismäßig lange bestanden hat (BayObLG VRS 71, 386; LG Köln zfs 1980, 254; offen gelassen für einen ähnlichen Fall OLG Düsseldorf NZV 2001, 177).

430 **c)** Auch eine **fehlerhafte Sachbehandlung** durch das **Gericht** kann die Zuerkennung einer Billigkeitsentschädigung rechtfertigen. Das AG hatte es unterlassen, in seinem Urteil die Einziehung des Führerscheins anzuordnen. Das Berufungsgericht war wegen § 331 StPO daran gehindert, die versäumte Entscheidung nachzuholen, weshalb aus Rechtsgründen der Führerschein wieder hätte zurückgegeben werden müssen (OLG Stuttgart NJW 1977, 641).

431 **d)** Erfolgte die Beschlagnahme des Führerscheins nicht wegen unerlaubten Besitzes von **BtM**, derentwegen es zur Verurteilung kam, sondern ausschließlich im Hinblick auf den bestehenden Verdacht, das **Fahrzeug** sei beim unerlaubten Handeltreiben mit Heroin **als Mittel** zur **Tatbegehung** eingesetzt worden, und wurde der Beschuldigte im weiteren Verlauf des Verfahrens von diesem Tatvorwurf freigesprochen, liegt keine überschießende Verfolgungsmaßnahme mit der Folge einer Billigkeitsentschädigung nach § 4 Abs. 1 Nr. 2 StrEG vor, sondern es ist eine Entschädigung nach § 2 Abs. 1 i.V.m. Abs. 2 Nr. 5 StrEG zu gewähren (OLG Düsseldorf StraFo 2001, 434).

☝ Manche zu § 4 Abs. 1 Nr. 2 StrEG entschiedenen Fälle (Beispiele bei BeckOK-StPO/*Cornelius*, § 4 StrEG Rn 6.1 f.; *Kunz*, StrEG, § 4 Rn 34; *Meyer*, StrEG, § 4 Rn 49) enthalten eine Vermischung der Prüfungsmaßstäbe, die zu systematischen Unschärfen führt. Kommt es z.B. zum Zurückbleiben der Rechtsfolge hinter der vollzogenen Untersuchungshaft nur deshalb, weil der Verurteilte den ihm bei Außervollzugsetzung des Haftbefehls gemachten Auflagen zuwiderhandelt (BGHR StrEG § 4 Abs. 1 Nr. 2 Untersuchungshaft 3), liegt der Ausschlusstatbestand des § 5 Abs. 3 StrEG vor, der prioritär anzuwenden wäre. Eine Billigkeitsprüfung nach § 4 StrEG ist hier nicht angezeigt. 432

e) Ein grobes Missverhältnis zwischen Dauer der Verfolgungsmaßnahme und Vollstreckung der Maßregel scheidet in Fällen des **Fahrerlaubnisentzuges** aus, in denen es bei der Rückgabe des Führerscheins zu einer **geringfügigen Fristüberschreitung** kommt (OLG Frankfurt DAR 1973, 161: eine Woche). Billigkeitsgesichtspunkte sollen nicht zu einer Entschädigung führen, wenn der festgestellte BAK-Wert niedrig war, das Fahrverhalten des Beschuldigten aber berechtigten **Anlass zu weiteren Ermittlungen** in Richtung auf alkoholbedingte Fahrfehler gegeben hat (LG Flensburg DAR 1980, 281). 433

7. Entschädigungsfähig sind nach § 4 Abs. 2 StrEG Verfolgungsmaßnahmen, die im Rahmen eines **strafrechtlichen Ermittlungsverfahrens vollzogen** wurden, in dessen Verlauf sich zu einem späteren Zeitpunkt die rechtliche Würdigung des Tatgeschehens mit der Folge ändert, dass das Verfahren als **Bußgeldverfahren fortgesetzt** wird. 434

Ein typisches Beispiel dafür sind Fälle, in denen die Fahrerlaubnis wegen einer Trunkenheitsfahrt vorläufig entzogen wird, sich aber später herausstellt, dass es sich nur um eine Alkoholfahrt nach § 24a StVG handelt, für die lediglich ein Fahrverbot zu erwarten ist. Die Zeit des vorläufigen Entzugs wird dann zwar auf das spätere Fahrverbot angerechnet, führt aber nicht dazu, dass ein Anspruch auf Entschädigung nach dem StrEG ausgeschlossen ist (LG Koblenz, Beschl. v. 12.12.2008 – 1 Qs 305/08). 435

Siehe auch: → *StrEG-Entschädigung, Allgemeines*, Teil I Rdn 307.

StrEG-Entschädigung, Billigkeitsentscheidung nach Verfahrenseinstellung 436

Das Wichtigste in Kürze:

1. § 3 StrEG sieht auch bei einer Einstellung des Verfahrens nach einer Ermessensvorschrift eine Entschädigung vor, wenn es unbillig wäre, sie dem Betroffenen vorzuenthalten.
2. Verfahrenseinstellungen i.S.d. § 3 StrEG sind Entscheidungen, bei denen dem Gericht oder der StA Ermessen eingeräumt ist.
3. Umstritten ist, ob es sich bei einer Verfahrenseinstellung nach §§ 153a, 153b bis 153d, 154 oder 154b StPO um eine Ermessensentscheidung i.S.d. § 3 StrEG handelt.
4. Bei einer Verfahrensbeschränkung nach § 154a StPO kommt eine Entschädigung grds. nicht in Betracht.
5. „Billigkeit" ist ein unbestimmter Rechtsbegriff auf der Tatbestandseite einer Norm, mit dessen Hilfe im Einzelfall die Diskrepanz zwischen Recht und Gerechtigkeit ausgeglichen werden soll.
6. Sofern das Billigkeitserfordernis bejaht wurde, ist dem Gericht auf der Rechtsfolgenseite ein Ermessen hinsichtlich des „Ob" einer Entscheidung eingeräumt.

Literaturhinweise: Siehe die Hinweise bei → *StrEG-Entschädigung, Allgemeines*, Teil I Rdn 308. 437

1.a) Der in **§ 3** StrEG eingeräumte **Ermessensspielraum** korrespondiert mit dem im Rahmen der Verfahrenseinstellung bestehenden Ermessen der Strafverfolgungsorganen. Eine Entschädigung 438 kann im Rahmen des § 3 StrEG nur gewährt werden, wenn der potenzielle Schaden im Verhältnis zur Intensität des Vollzuges der Maßnahme im konkreten Fall in einem auffälligen Missverhältnis zueinanderstehen. (*Meyer*, StrEG, § 3 Rn 1).

439 **b)** Zur Prüfung einer Billigkeitsentschädigung nach § 3 StrEG bietet sich folgendes **Prüfungsschema** an:

- Wurde gegen den Verfahrensbetroffenen eine Strafvollzugsmaßnahme i.S.d. **§ 2 StrEG** vollzogen?
- Ist der Entschädigungsanspruch nach **§ 5 StrEG** ausgeschlossen oder nach **§ 6 StrEG** zu versagen?
- Wurde das Verfahren nach einer **Ermessensvorschrift endgültig** eingestellt?
- Wäre es **unbillig**, dem Verfahrensbetroffenen eine Entschädigung vorzuenthalten?

440 **2.a)** Verfahrenseinstellungen i.S.d. § 3 StrEG sind Entscheidungen, bei denen dem Gericht oder der StA **Ermessen** eingeräumt ist. Sie erfolgen i.d.R. durch **eine einzige Entscheidung**. Teilweise bedarf es jedoch einer **zweiten Entscheidung**, um das Verfahren zu beenden, auch wenn es sich bei der zweiten Entscheidung nicht mehr um eine Ermessensentscheidung handelt.

Die Ausschlussgründe der §§ 5 und 6 StrEG gehen vor.

441 **b) Einaktige Entscheidungen** sind Verfahrenseinstellungen nach

- § 153 StPO,
- § 153b StPO,
- § 153d StPO,
- § 153e StPO,
- § 153e StPO,
- § 154c StPO,
- § 383 Abs. 2 StPO,
- § 390 Abs. 5 StPO,
- § 45 JGG,
- § 47 JGG,
- § 398 AO und
- § 399 i.V.m. § 391 AO.

442 **c) Mehraktige Entscheidungen** sind Verfahrenseinstellungen nach

- § 153a StPO,
- § 154 StPO und
- § 154b StPO.

443 **3.a)** Umstritten ist, ob es sich bei einer Verfahrenseinstellung nach §§ 153a, 153b bis 153d, 154 oder 154b StPO um eine Ermessensentscheidung i.S.d. § 3 StrEG handelt, da nur die vorläufige Einstellung auf Ermessen beruht, nicht aber die endgültige (*Meyer*, StrEG, § 3 Rn 19). Richtigerweise hätte eine Aufteilung des **zweiaktigen Einstellungsvorgangs** in eine dem gerichtlichen Ermessen unterliegende vorläufige Einstellung und eine nicht mehr dem Ermessen unterliegende endgültige Einstellung, die zur Verneinung der Anwendbarkeit des § 3 StrEG führen würde, eine künstliche Aufspaltung eines zusammengehörigen Prozessvorgangs zur Folge und widerspräche zudem Sinn und Zweck des § 3 StrEG, der gerade alle Fälle der Ermesseneinstellung erfassen soll (OLG Stuttgart MDR 1991, 978; s. auch *Kunz*, StrEG, § 3 Rn 17 ff, *Meyer*, StrEG, § 3 Rn 19).

444 **b)** Die **Einstellung** nach **§ 153a StPO** kann zu einer Entschädigungsentscheidung erst dann führen, wenn sie – nach Erfüllung der Auflagen oder Weisungen (OLG Hamburg OLGSt StrEG § 3 Nr. 2) – durch gesonderten Beschluss endgültig eingestellt wird. In diesem Beschluss muss auch eine Entscheidung über die Entschädigung getroffen werden.

445 **c)aa)** Die **Verfahrenseinstellung** nach **§ 154 StPO** kann sowohl vorläufig als auch endgültig sein. Maßgeblich für die Frage, wann eine Entscheidung über die Entschädigung nach § 3 StrEG angezeigt ist, ist das Stadium des Bezugsverfahrens:

- Wurde das **Bezugsverfahren rechtskräftig** abgeschlossen, ist die Einstellungsentscheidung endgültig und muss nach § 3 StrEG zur Entschädigungsfrage Stellung nehmen (LG Flensburg JurBüro 1985, 1043).
- Ist das **Bezugsverfahren nicht rechtskräftig** abgeschlossen, wird die Einstellung nach § 154 StPO endgültig, wenn die Dreimonatsfrist des § 154 Abs. 4 StPO abgelaufen ist und das Verfahren nicht wieder aufgenommen werden kann (OLG Bremen NJW 1976, 2357; *Kunz*, StrEG, § 2 Rn 25 ff.). Ein weiterer (deklaratorischer) Beschluss ergeht in diesem Fall üblicherweise nicht, sodass auch keine Aussage über die Entschädigung getroffen werden kann. Über diese ist gesondert zu entscheiden (OLG Bremen NJW 1976, 2357).

bb) Vorrangig zu prüfen ist immer, ob für die praktisch wichtigen Fälle der erlittenen Untersuchungshaft nicht eine Anrechnung der verfahrensfremden Haft im Bezugsverfahren in Betracht kommt, die der Entschädigung vorgeht (OLG Frankfurt, Beschl. v. 17.12.1999 – 3 Ws 1122/99, NStZ-RR 2000, 159; Beschl. v. 26.6.2013 – 3 Ws 478/13; HBStA-*Weyde/Vietze*, Teil 8, Kapitel 46, Rn 20). 446

Beispiel:

Gegen den Beschuldigten wurden zwei Verfahren geführt. Im Verfahren A erging ein Unterbringungsbefehl, im Verfahren B ein Haftbefehl, aufgrund dessen der Beschuldigte in Spanien festgenommen und nach Deutschland ausgeliefert wurde. Dort wurde zunächst der Unterbringungsbefehl vollstreckt. Als dieser wegen Verletzung des Spezialitätsgrundsatzes aufgehoben werden musste, wurde der im Verfahren B erlassene Haftbefehl vollstreckt. Später wurde das Verfahren A im Hinblick auf die im Verfahren B zu erwartende Strafe nach § 154 Abs. 2 StPO eingestellt und dabei die Entschädigung nach § 3 StrEG versagt.

Es besteht kein Anspruch auf Entschädigung nach § 3 StrEG, da ein Ausgleich im Wege der Anrechnung auf die im Verfahren B zu vollstreckende Gesamtfreiheitsstrafe erfolgt ist (OLG Frankfurt NStZ-RR 2000, 159).

c) Eine **Verfahrenseinstellung** nach **§ 154b StPO** wird vorgenommen, wenn der Beschuldigte wegen der den Verfahrensgegenstand bildenden oder wegen einer anderen Straftat an einen anderen Staat ausgeliefert wird. Sie setzt voraus, dass das OLG die Auslieferung nach dem IRG für zulässig erklärt und die Bundes- oder Landesregierung sie sodann angeordnet hat. Die ebenfalls zunächst nur vorläufige Verfahrenseinstellung wird endgültig, wenn die Jahresfrist des § 154b Abs. 4 StPO verstrichen ist, ohne dass das Verfahren wieder aufgenommen wurde. 447

4. Bei einer **Verfahrensbeschränkung** nach **§ 154a StPO** kommt eine Entschädigung grds. nicht in Betracht (BGH BGHR StrEG § 5 Abs. 2 S. 1 Fahrlässigkeit, grobe 7; *Kunz*, StrEG, § 2, Rn 40 m.w.N). 448

5.a) Während die zwingende Verfahrenseinstellung (→ *StrEG-Entschädigung, Strafverfolgungsmaßnahmen, andere*, Teil I Rdn 595 ff.) zur Entschädigung für Verfolgungsmaßnahmen führt, sofern diese weder nach § 5 StrEG ausgeschlossen noch nach § 6 StrEG zu versagen ist, kommt die Entschädigung bei einer auf dem **Opportunitätsprinzip** beruhenden Einstellung des Verfahrens **nur** in Betracht, **soweit** dies der **Billigkeit** entspricht. Sie stellt mithin eine **Ausnahme** von der Regel der Nichtentschädigung dar (BeckOK-StPO/*Cornelius*, § 3 StrEG, Rn 4; *Kunz*, StrEG, § 3 Rn 27; *Schmitt*/Köhler, StrEG, § 3 Rn 2). 449

b) „Billigkeit" ist ein **unbestimmter Rechtsbegriff** auf der Tatbestandseite einer Norm (*Kunz*, StrEG, § 3 Rn 26; *Meyer*, StrEG, § 3 Rn 32), mit dessen Hilfe im Einzelfall die Diskrepanz zwischen Recht und Gerechtigkeit ausgeglichen werden soll. Billigkeitsregelungen sind Ausfluss des verfassungsrechtlich verankerten (Art. 20 Abs. 3 GG) Grundsatzes der **Verhältnismäßigkeit** (BGH GA 1975, 208). 450

☝ Die Entscheidung über die **Erstattung notwendiger Auslagen** gemäß § 467 Abs. 4 StPO und über eine **Entschädigung nach § 3 StrEG** kann unterschiedlich ausfallen. Die Kosten- und Auslagenregelung der StPO ist im Verhältnis zum StrEG nicht abschließend, vielmehr ist eine eigenständige Ent- 451 schädigungsentscheidung zulässig. Sie kann erforderlich sein, soweit eine Kosten- und Auslagenerstattung nicht möglich ist (OLG Hamburg OLGSt StrEG § 3 Nr. 2). Bei gleichen Ausgangsvoraussetzungen, nämlich der Verfahrenseinstellung nach einer Ermessensentscheidung, kann das Gericht nach § 467 Abs. 4 StPO vom Regelfall des § 467 Abs. 1 StPO absehen und die notwendigen Auslagen der Staatskasse überbürden. Lediglich bei der endgültigen Verfahrenseinstellung nach § 153a StPO kommt die Überbürdung der notwendigen Auslagen auf die Staatskasse nicht in Betracht (§ 467 Abs. 5 StPO). Dies gilt auch im Fall der Anklagerücknahme, wenn die StA das Verfahren nach einer Ermessensvorschrift einstellt (§ 467a Abs. 1 S. 2 StPO). Bei einer Einstellung nach § 153a StPO kann jedoch eine Billigkeitsentschädigung nach § 3 StrEG zugesprochen werden. Deshalb ist es durchaus möglich, dass die Entscheidungen nach §§ 467, 467a StPO und nach § 3 StrEG auseinanderfallen.

452 c) Ob in Fällen der ermessensbasierten Verfahrenseinstellung eine Entschädigung „recht und billig" ist, lässt sich nur anhand des **konkreten Einzelfalls** beurteilen, der sich im Hinblick auf die Auswirkungen der vollzogenen Verfolgungsmaßnahme von vergleichbaren oder ähnlich gelagerten Fallgestaltungen abheben muss (KG, Beschl. v. 23.1.2002 – 4 Ws 12/02; 1 AR 1424/96). Anhaltspunkt kann ein **grobes Missverhältnis** zwischen Maßnahmevollzug und dem daraus für den Verfahrensbetroffenen erwachsenen Schaden sein (LG Flensburg JurBüro 1985, 1043). Das wird man annehmen können, wenn zum Zeitpunkt der Einstellung des Verfahrens eine Rechtsfolge zu erwarten gewesen wäre, die deutlich geringer wäre als diejenige, die bereits durch den Vollzug einer vorläufigen Vollstreckungsmaßnahme vorweggenommen worden ist, wenn also der Vollzug der vorläufigen Maßnahme sich zum Zeitpunkt der Einstellung in der Rückschau als **grob unverhältnismäßig** herausstellt (OLG Braunschweig, Beschl. v. 13.11.2012 – Ws 321/12).

453 d) **Erforderlich** ist eine **Gesamtbetrachtung**. Bei dieser sind die Auswirkungen der vollzogenen Verfolgungsmaßnahme vor dem Hintergrund der **Tatschwere** und des zum Zeitpunkt der Verfahrenseinstellung **bestehenden Tatverdachts** zu berücksichtigen. Danach ist eine Entschädigung nach § 3 StrEG nicht veranlasst, wenn der nach dem letzten Erkenntnisstand vorliegende Tatverdacht dringend ist und nicht erheblich hinter dem zurückbleibt, der zu der Verfolgungsmaßnahme geführt hat (OLG Stuttgart MDR 1991, 978). Hebt der BGH ein freisprechendes Urteil mit der Begründung auf, das Tatgericht habe die Anforderungen an die für eine Verurteilung erforderlichen Überzeugungsbildung überspannt und daneben wesentliche Umstände außer Acht gelassen, die für eine Tatbeteiligung sprechen (BGH, Urt. v. 1.2.2007 – 4 StR 474/06), und stellt der neue Tatrichter das Verfahren im Hinblick auf die Verurteilung in einem anderen Verfahren nach § 154 Abs. 2 StPO ein, kann eine Entschädigung nach § 3 StrEG für einen Monat Untersuchungshaft mit der Begründung versagt werden, dass die einzelnen Maßnahmen sachgerecht und angesichts der Stärke des Tatverdachts sowie der Höhe der damals zu erwartenden Strafe verhältnismäßig waren (OLG Hamm, Beschl. v. 20.4.2009 – 2 Ws 105/09).

454 e) Eine Kollisionslage der StrEG-Versagung mit der **Unschuldsvermutung** besteht nicht, solange sich das Gericht auf eine Beschreibung der Verdachtsdichte beschränkt und sich dabei jeglicher Schuldfeststellung enthält, denn eine einer Straftat angeklagte Person hat weder nach Art. 6 Abs. 2 EMRK noch nach einer anderen Bestimmung der Konvention Anspruch auf Entschädigung für rechtmäßige Untersuchungshaft, wenn das gegen sie geführte Verfahren eingestellt wird. Deshalb stellt die Versagung von Entschädigung für sich genommen keine Verletzung der Unschuldsvermutung dar (EGMR EuGRZ 1987, 399; 1987, 410; NJW 2006, 1113 zur Entschädigung bei einer Verfahrenseinstellung nach § 153a StPO;OLG Hamm, Beschl. v. 20.4.2009 – 2 Ws 105/09).

455 f) **Beispiele** aus der **Rspr.**:

- Untersuchungshaft führt dabei zur Entschädigung nach § 3 StrEG, wenn sie ohne objektive Anhaltspunkte für einen dringenden Tatverdacht vollzogen worden war (OLG Karlsruhe, Beschl. v. 6.12.2006 – 3 Ws 346/05). Dagegen besteht bei fortbestehendem dringenden Tatverdacht kein Missverhältnis, wenn Untersuchungshaft für 36 Tage vollzogen wurde (OLG Hamm, Beschl. v. 20.4.2009 – I-2 Ws 105/09).

- In einem Ermittlungsverfahren wegen Unterhaltspflichtverletzung gemäß § 170 StGB wurde ein Missverhältnis mit der Begründung des hohen, knapp 10.000,00 EUR betragenden Unterhaltsrückstands unter Berücksichtigung des Umstandes verneint, dass der Beschuldigte es abgelehnt habe, Unterlagen freiwillig herauszugeben, so dass es zur Durchsuchung und Sicherstellung bzw. Beschlagnahme keine Alternative gegeben habe (OLG Hamburg Beschl. v. 28.6.1993 – 2 Ws 322/93).
- Dagegen ist eine Entschädigung nach Billigkeitsgesichtspunkten angezeigt, wenn die Verfahrenseinstellung gem. § 153 Abs. 1 StPO nach fünfjähriger Ermittlungsdauer damit begründet wird, das Ergebnis sei so dürftig, dass es zur Anklageerhebung nicht ausreiche (LG Essen, Beschl. v. 3.9.2010 – 56 Qs 15/10).
- Die vorläufige Entziehung der (tschechischen) Fahrerlaubnis führt bei einer Einstellung des Verfahrens nach § 153 StPO dann nicht zur Entschädigung nach § 3 StrEG, wenn dem Beschwerdeführer von der Verwaltungsbehörde und vor Gericht die Anerkennung des tschechischen Führerscheins versagt werden kann, sodass er im Ergebnis jedenfalls den objektiven Tatbestand des Fahrens ohne Fahrerlaubnis verwirklicht hätte (LG Flensburg SchlHA 2009, 171).

6. Sofern das Billigkeitserfordernis bejaht wurde, ist dem Gericht auf der Rechtsfolgenseite ein **Ermessen** hinsichtlich des „Ob" einer Entscheidung eingeräumt (*Meyer*, StrEG, § 3 Rn 44). Das Beschwerdegericht überprüft diese Entscheidung lediglich auf Ermessensfehler (OLG Braunschweig, Beschl. v. 13.11.2012 – Ws 321/12; OLG München MDR 1972, 1056). Die Ausübung des Ermessens muss daher in der Entscheidung begründet werden. Auch im Rahmen der Ermessensentscheidung ist zu berücksichtigen, dass eine Entschädigung die Ausnahme ist. Es müssen besondere Umstände vorliegen, die den konkreten Fall von der Masse ähnlicher Sachverhalte auffallend abheben. **Fiskalische Erwägungen** haben außen vor zu bleiben. 456

Siehe auch: → *StrEG-Entschädigung, Ausschluss, Obliegenheitsverletzungen,* Teil I Rdn 348; → *StrEG-Entschädigung, Ausschluss, Verfahrensbezug,* Teil I Rdn 358; → *StrEG-Entschädigung, Ausschluss, Verhalten,* Teil I Rdn 374; → *StrEG-Entschädigung, Strafverfolgungsmaßnahmen, andere*; Teil I Rdn 627; → *StrEG-Entschädigung, Versagung, Allgemeines,* Teil I Rdn 691 m.w.N.

StrEG-Entschädigung, Bußgeldverfahren 457

Das Wichtigste in Kürze:

1. Hinsichtlich einer Entschädigung wegen Verfolgungsmaßnahmen im Ordnungswidrigkeitsverfahren ist das StrEG entsprechend anwendbar. Nach § 110 OWiG gelten jedoch Besonderheiten.
2. Als entschädigungspflichtige Folgen i.S.d. § 1 StrEG kommen im Bußgeldverfahren grds. nur rechtskräftig verhängte Geldbußen und Nebenfolgen in Betracht. Verfolgungsmaßnahmen, die zur Entschädigungspflicht führen können, sind der dingliche Arrest, die Beschlagnahme, die Durchsuchung und die Sicherstellung.
3. Über die Entschädigungspflicht (Grundentscheidung) und die Höhe der Entschädigung entscheidet die Verwaltungsbehörde (§ 110 Abs. 3 OWiG).
4. Eine sinngemäße Anwendung von § 9 StrEG scheidet aus.
5. Vor Erlass des Bescheids ist der Betroffene anzuhören.
6. Die Entscheidung über die Entschädigungspflicht (Grundentscheidung) und über die Höhe der Entschädigung ergeht von Amts wegen mittels eines selbstständigen Bescheids.
7. Gegen die Grundentscheidung durch Bescheid der Verwaltungsbehörde ist der Antrag auf gerichtliche Entscheidung statthafter Rechtsbehelf. Gegen die Entscheidung des Gerichts kann sofortige Beschwerde eingelegt werden.

Literaturhinweise: Siehe die Hinweise bei → *StrEG-Entschädigung, Allgemeines,* Teil I Rdn 308. 458

459 **1.** Die Bestimmungen des StrEG finden im Ordnungswidrigkeitenverfahren bereits über § 46 Abs. 1 OWiG sinngemäß Anwendung. § 110 OWiG sieht jedoch ergänzende Regelungen vor.

460 **2.a)** Als entschädigungspflichtige Folgen i.S.d. § 1 StrEG kommen im Bußgeldverfahren nur rechtskräftig verhängte **Geldbußen** und **Nebenfolgen i**n Betracht (*Meyer*, StrEG, § 110 OWiG Rn 5). Die angeordnete Nebenfolgen müssen sich aus dem Bußgeldbescheid ergeben (§ 66 Abs. 1 Nr. 5 OWiG).

Nebenfolgen können sein:

- Abführung des Mehrerlöses
- Einziehung
- Fahrverbot
- Verfallsanordnung
- Verlust der Jagdausübungsbefugnis

461 **b) Andere Verfolgungsmaßnahmen**, die zur Entschädigungspflicht führen können (§ 2 Abs. 2 Nr. 4 StrEG), sind:

- dinglicher Arrest,
- Beschlagnahme,
- Durchsuchung,
- Sicherstellung.

☝ **Weitere Verfolgungsmaßnahmen** sind nach OWiG **nicht zulässig**, freiheitsentziehende Maßnahmen dürfen nach § 46 Abs. 3 OWiG nicht erfolgen.

462 **3.** Über die **Entschädigungspflicht** und die **Höhe** der **Entschädigung entscheidet** die **Verwaltungsbehörde** (§ 110 Abs. 3 OWiG), vorausgesetzt, sie hat das Verfahren durch Bußgeldbescheid oder durch Verfahrenseinstellung rechtskräftig abgeschlossen. Die Zuständigkeit der Verwaltungsbehörde endet, wenn die Akten von der Verwaltungsbehörde an die StA abgegeben wurden und diese das Verfahren nicht wieder an die Verwaltungsbehörde zurückgibt (*Meyer*, StrEG, § 110 OWiG, Rn 9). Dem rechtskräftigen Verfahrensabschluss stehen die Einspruchsrücknahme und die gerichtliche Verwerfung des Einspruchs als unzulässig gleich (KK-OWiG/*Hadamitzky*, § 110 Rn 27). Auch eine gerichtliche Entscheidung über eine Verfolgungsmaßnahme (§ 62 OWiG) entzieht der Verwaltungsbehörde bezüglich der Entschädigung nicht die Entscheidungskompetenz.

463 Eine **Entscheidungszuständigkeit der Verwaltungsbehörde fehlt** bezüglich aller nicht in § 2 Abs. 2 Nr. 4 StrEG aufgeführten Verfolgungsmaßnahmen. Wurde vor Abgabe der Sache an die Verwaltungsbehörde (§ 43 OWiG) durch den Ermittlungsrichter die vorläufige Entziehung der Fahrerlaubnis angeordnet (§ 111a StPO), ist die StA nach Rückerhalt der Akten gem. § 9 Abs. 1 StrEG zur Mitteilung über die Einstellung und zur Belehrung über das Antragsrecht verpflichtet (*Meyer*, StrEG, § 110 OWiG Rn 10) (→ *StrEG-Entschädigung, Grundentscheidung, Staatsanwaltschaftliche Verfahrenseinstellung*, Teil I Rdn 571).

464 **4.** Da die Verwaltungsbehörde im Bußgeldverfahren sowohl Verfolgungs- als auch Ahndungsinstanz ist, scheidet eine sinngemäße **Anwendung** von **§ 9 StrEG aus** (Göhler/*Thoma*, § 110 OWiG, Rn 28; KK-OWiG/*Hadamitzky*, § 110 Rn 34, *Kunz*, StrEG, § 18 Rn 12), § 110 OWiG enthält insoweit eine spezielle Regelung (*Meyer*, StrEG, § 9 Rn 3).

465 **5. Vor Erlass** des Bescheids ist der **Betroffene anzuhören** (*Kunz*, StrEG, § 18 Rn 12). Dies folgt aus der Verweisung auf § 8 Abs. 1 StrEG in § 110 Abs. 1 OWiG. Es sollte eine **Frist** zur **Stellungnahme** gesetzt werden. Eine gesetzliche Bestimmung hierzu fehlt jedoch (KK-OWiG/*Hadamitzky*, § 110 Rn 35; *Kunz*, StrEG, § 18 Rn 12; *Meyer*, StrEG, § 110 OWiG Rn 14). Welche Folgen eine fehlende Stellungnahme auslöst, ist umstritten. Teilweise wird vertreten, dass dann, wenn der Betroffene die Frist nicht einhält, aus Gründen der Rechtssicherheit und -klarheit sein Antragsrecht faktisch verwirkt sei (Göhler/*Thoma*, OWiG, § 110 Rn 28; *Meyer*, StrEG, § 110 OWiG Rn 16). Diese Ansicht wird teilweise – zu Recht – abge-

lehnt. Eine nicht fristgerechte Antragstellung bedeutet keinen Verzicht. § 110 OWiG sieht vor, dass nur sachliche Gründe von Gewicht es rechtfertigen können, die vorgeschriebene Entscheidung von Amts wegen zu unterlassen (*Kunz*, StrEG, § 18 Rn 13).

6. Die **Entscheidung** über die Entschädigungspflicht (Grundentscheidung) und über die Höhe der Entschädigung ergeht **von Amts wegen** mittels eines **selbstständigen Bescheids** (h.M.; *Kunz*, StrEG, § 18 Rn 12; Göhler/*Thoma,* OWiG, § 110 Rn 29; KK-OWiG/*Hadamitzky*, § 110 Rn 34). Der Bescheid ist **zuzustellen** (§ 110 Abs. 2 S. 1 OWiG). 466

Liegen keine Ausschluss- oder Versagungsgründe vor, ist **stets** eine **Grundentscheidung** über die Entschädigungspflicht zu treffen, unabhängig davon, ob bereits erkennbar ist, ob dem Betroffenen überhaupt ein zurechenbarer Schaden entstanden ist (KK-OWiG/*Hadamitzky*, § 110 Rn 36). 467

☝ Über die **Anfechtungsmöglichkeit** ist nach § 50 Abs. 2 OWiG zu **belehren**.

7.a) Gegen die Grundentscheidung durch Bescheid der Verwaltungsbehörde ist der **Antrag** auf **gerichtliche Entscheidung** statthafter Rechtsbehelf (§ 62 Abs. 1 OWiG), der bei der **Verwaltungsbehörde** zu stellen ist (§ 62 Abs. 2 S. 2 OWiG i.V.m. § 306 Abs. 1 StPO). Der Antrag muss nach § 62 Abs. 2 S. 2 OWiG i.V.m. § 306 Abs. 1 StPO **schriftlich** oder zur Niederschrift der Verwaltungsbehörde gestellt werden. 468

☝ Die **Antragsfrist** beträgt **zwei Wochen nach Zustellung** des Bescheids (§ 110 Abs. 2 S. 1 OWiG). Zuständig ist gemäß §§ 62 Abs. 2, 68 OWiG das Amtsgericht.

b) Gegen die **Entscheidung** des **Gerichts** kann **sofortige Beschwerde** (§ 310 StPO) eingelegt werden (§ 110 Abs. 2 S. 2 OWiG). 469

c) Im Betragsverfahren über die Höhe des Entschädigungsanspruchs entscheidet nach § 110 Abs. 3 OWiG, abweichend von § 10 Abs. 2 StrEG, nicht die Landesjustizverwaltung, sondern die Verwaltungsbehörde selbst, wenn der Entschädigungsbescheid dem Grunde nach rechtskräftig oder nach § 110 Abs. 2 OWiG abgeändert worden ist (KK-OWiG/*Hadamitzky*, § 110 Rn 41). 470

☝ Gegen die Entscheidung der Verwaltungsbehörde über die Höhe der Entschädigung steht dem Berechtigten nach § 13 StrEG der **Rechtsweg** zu den **ordentlichen Gerichten** offen, wenn der Anspruch ganz oder teilweise abgelehnt oder der Antrag wegen Fristversäumnis als unzulässig verworfen worden ist (*Meyer*, StrEG, § 110 OWiG Rn 18).

Siehe auch: → *StrEG-Entschädigung, Allgemeines,* Teil I Rdn 307 m.w.N.

StrEG-Entschädigung, Deliktsspezifika 471

Das Wichtigste in Kürze:

1. Das StrEG stellt in den §§ 5, 6 StrEG maßgeblich auf das Verhalten des Verfahrensbetroffenen ab; dabei können Verhaltensweisen auch bestimmten Deliktsgruppen zugeordnet werden.
2. Je nach Deliktsgruppe können sich Verhaltensweisen von Verfahrensbetroffenen auf die Entschädigungspflicht auswirken.

Literaturhinweise: Siehe die Hinweise bei → *StrEG-Entschädigung, Allgemeines*, Teil I Rdn 308. 472

1. Das StrEG stellt in den §§ 5, 6 StrEG **maßgeblich** auf das **Verhalten** des **Verfahrensbetroffenen** ab; dabei können Verhaltensweisen auch bestimmten Deliktsgruppen zugeordnet werden, wie sich aus folgender Rechtsprechungsübersicht ergibt (→ *StrEG-Entschädigung, Ausschluss, Verhalten*, Teil I Rdn 374). 473

474 2. Je nach **Deliktsgruppe** können sich Verhaltensweisen von Verfahrensbetroffenen auf die Entschädigungspflicht auswirken:

475 **Betäubungsmitteldelikte**

- Wer im grenznahen Ausland (Arnheim/NL) **Rauschgifthandel** in großem Stil betreibt, setzt selbst die Ursache für den Erlass eines Haftbefehls, seine Festnahme im Ausland, die Auslieferung an Deutschland und den Vollzug der U-Haft (OLG Düsseldorf NStZ 1989, 232 m. krit. Anm. *Schätzler*).
- Ausschließlich **verwandtschaftliche Beziehungen** zu einem Heroinhändler rechtfertigen die Versagung einer Entschädigung nicht (OLG Düsseldorf JurBüro 1985, 1356). Ein verhaltensbedingter Entschädigungsausschluss lässt sich auch nicht darauf stützen, dass jemand über den überwachten Telefonanschluss eines Dritten mit verschiedenen Personen, darunter einer Person mit ebenfalls überwachtem Telefonanschluss, **Telefongespräche** geführt hat (OLG Karlsruhe StV 1988, 447 [Ls.]).
- Wird die **Beschlagnahme** des **Führerscheins** nicht wegen unerlaubten Besitzes von Betäubungsmitteln, dessentwegen es zur Verurteilung kam, sondern ausschließlich im Hinblick auf den bestehenden Verdacht, das Fahrzeug könnte beim unerlaubten Handeltreiben mit Heroin als Mittel zur Tatbegehung eingesetzt worden sein, angeordnet, und der Beschuldigte im weiteren Verlauf des Verfahrens von diesem Vorwurf des Handeltreibens freigesprochen, liegt keine überschießende Verfolgungsmaßnahme (§ 4 Abs. 1 Nr. 2 StrEG), sondern ein Fall des § 2 Abs. 1 i.V.m. Abs. 2 Nr. 5 StrEG vor (OLG Düsseldorf StraFo 2001, 434).

476 **Betrug**

- Wird gegen jemand wegen Betrugsverdacht ermittelt, kann bereits die **Verschleierung** der **tatsächlichen Vermögensverhältnisse** den Ausschluss der Entschädigung rechtfertigen (OLG Schleswig, Beschl. v. 6.10.1978 – 1 Ws 360/76).
- Ein **Rechtsanwalt** kann sich des **Betrugsverdachts** aussetzen und damit im Zusammenhang stehende Strafverfolgungsmaßnahmen grob fahrlässig provozieren, wenn er wechselnde, sich widersprechende Angaben der Mitangeklagten und anderer Personen übernimmt, sie noch ausschmückt und objektiv falsche Erklärungen herbeiführt (BGH NJW 1974, 359).
- Haben sich bei einem Vorwurf des **Versicherungsbetrugs** Angaben des früheren Angeklagten in seiner Diebstahlsanzeige, der Schadensmeldung und seiner polizeilichen Vernehmung als Zeuge in der Folgezeit als unzutreffend bzw. unvollständig herausgestellt, kann dies zum Entschädigungsausschluss führen (KG, Beschl. v. 28.3.2001 – 3 Ws 615/00; 1 AR 1380/00).
- Macht ein **Versicherungsnehmer** Ansprüche geltend, weil sein Motorrad in einem Wassertümpel versenkt wurde, fehlt es an der Kausalität des Vorverhaltens, wenn er in seiner Schadensmeldung einen **Vorschaden verschwiegen** hatte (OLG Düsseldorf NJW 1992, 326).
- Der Vorwurf vorsätzlichen oder grobfahrlässigen Verhaltens scheitert an subjektiven Voraussetzungen, wenn der Geschädigte, der zugleich unter Betrugsverdacht steht, auf Drängen eines **V-Mannes** einen kleinen Teil des als gestohlen gemeldeten Schmucks auffinden lässt, um dadurch den Diebstahl selbst wie auch seine Ansprüche gegenüber der Versicherung zu untermauern (OLG Braunschweig StV 1991, 529).

477 **Geheimdienstliche Agententätigkeit**

- Wer **geheimhaltungsbedürftige Unterlagen** aus dem **Dienstbereich entfernt** und zu sich nach Hause mitnimmt, setzt sich in grob fahrlässiger Weise dem Verdacht geheimdienstlicher Agententätigkeit aus und muss verdachtsgestützte Strafverfolgungsmaßnahmen entschädigungslos hinnehmen (OLG Schleswig, Beschl. v. 4.8.1981 – 1 OJs 22/80).

Geldwäsche 478

- Ein Verhalten stellt sich als grob fahrlässig dar, wenn verabsäumt wird, nach § 12a ZollVG die bei sich geführten – hohen – **Bargeldmittel ordnungsgemäß** vor der **Einreise anzumelden**, das Mitsichführen nicht unverzüglich, sondern erst im Rahmen einer Durchsuchung offen zu legen, wobei die Geldmittel direkt am Körper werden, weil dadurch die Einleitung eines Strafverfahrens wegen Geldwäsche provoziert wird (LG Dortmund, Beschl. v. 6.5.2014 – 36 Qs 32/14, StRR 2014, 390).

Glücksspiel 479

- Darf ein Wettanbieter aufgrund einer verwaltungsbehördlichen Unterlassungsverfügung keine Sportwetten in das Ausland vermitteln, soll er durch sein grob fahrlässiges Verhalten die Durchsuchung mitverschuldet haben, wenn er es **unterlässt**, gegen den **Verwaltungsakt** einen **Rechtsbehelf einzulegen** (LG Berlin, Beschl. v. 21.8.2006 – 526 Qs 218/06), was vor dem Hintergrund des – hier zwar nicht unmittelbar einschlägigen (*Kunz*, StrEG, § 5 Rn 103), aber doch dem Entschädigungsrecht zugrunde liegenden allgemeinen Rechtsgedankens (§ 5 Abs. 2 S. 2 StrEG) – nicht zu überzeugen vermag.

Hehlerei 480

- Der Verfahrensbetroffene hat die Beschlagnahme von Waren wegen Verdachts der Hehlerei selbst verursacht, wenn er die ihn **entlastenden Einkaufsrechnungen** bei der Durchsuchung **nicht vorgelegt** hat, sodass eine Entschädigung ausgeschlossen ist (OLG Düsseldorf JurBüro 1989, 1301).

Körperverletzung 481

- Kann die Rechtswidrigkeit einer Tat nicht festgestellt werden, lässt sich die Entschädigung für den Vollzug einer Verfolgungsmaßnahme auch dann **nicht versagen**, wenn auch die Maßnahme wegen anderer (rechtswidriger) Taten hätte angeordnet werden können (KG, Beschl. v. 30.8.2000 – 4 Ws 151/00; 1 AR 982/00).
- Der Vorwurf grob fahrlässigen Verhaltens kann den Freigesprochenen nicht bereits deshalb treffen, weil er sich trotz **absehbarer Konfrontation** mit der gegnerischen Gruppierung auf eine Begleitung des Zeugen eingelassen und sich damit in eine für die Strafverfolgungsbehörden nicht von vornherein erkennbare Nothilfesituation gebracht hat. Wollte man in solchem erlaubten Tun bereits einen wesentlichen Ursachenbeitrag für die Annahme des dringenden Tatverdachts sehen, hieße dies, dem Angeklagten die Beweislast für den Rechtfertigungsgrund aufzubürden (BGH StraFo 2010, 87 m. Anm. *Kotz* StRR 2010, 65).

Kriminelle Vereinigung 482

- Im bloßen **Unterhalten** von **Kontakten** zu Personen, die **Mitglieder** einer **kriminellen Vereinigung** oder einer solchen Mitgliedschaft verdächtig sind, liegt noch kein grob fahrlässiges, Strafverfolgungsmaßnahmen verursachendes Verhalten, aufgrund dessen die Entschädigung für einen zu Unrecht erlittenen Freiheitsentzug versagt werden könnte (KG, Beschl. v. 9.7.1999 – 4 Ws 112/99).

Landfriedensbruch 483

- Wer weiterhin an einer **Demonstration teilnimmt**, obwohl sie beginnt, **gewalttätig** zu **verlaufen**, muss u.U. allein deshalb gegen ihn vollzogene Verfolgungsmaßnahmen entschädigungslos hinnehmen (OLG Düsseldorf MDR 1984, 1048).

Mord/Totschlag 484

- Hatte die Verdächtige, der vorgeworfen worden war, eine Rentnerin in deren Wohnung getötet und ihr sodann Bargeld und Wertgegenstände entwendet zu haben, durch **wechselnde** und in sich **wider-**

sprüchliche Angaben zur Herkunft der in ihrem Besitz befindlichen Wertgegenstände die Annahme eines dringenden Tatverdachts mit der Folge der vorläufigen Festnahme und Anordnung der U-Haft grob fahrlässig ganz überwiegend mitverursacht, ist eine Entschädigung ausgeschlossen (KG, Beschl. v. 2.4.1998 – 4 Ws 64/98; 1 AR 324/98).

- Gleiches gilt für denjenigen, der einen die **Verfolgungsmaßnahme rechtfertigenden Verdacht auf sich lenkt**, indem er wahrheitswidrige und widersprüchliche Aussagen tätigt und versucht, den Tatverdacht wegen Mordes auf Unbekannte zu lenken (KG, Beschl. v. 23.3.1998 – 4 Ws 54/98).
- Wer unter Mitnahme seiner Ehefrau neun Tage einfach **spurlos verschwindet** und dabei seine 13-jährige Stieftochter und seine dreijährige Tochter, ohne sich um ihre Versorgung zu kümmern, allein zurücklässt, beschwört, wenn es bekanntermaßen in der Ehe massive persönliche und wirtschaftliche Schwierigkeiten gab, den Verdacht eines Gewaltverbrechens – auch eines Tötungsdeliktes – herauf (AG Bonn JurBüro 2009, 604).

485 **Raub**

- Auch die im Ergebnis **straflose Vorbereitung** eines **Verbrechens** kann eine Verdachtslage begründen, die verhaltensbedingt eine Entschädigung für vollzogene **Verfolgungsmaßnahmen** ausschließt (AG Flensburg JurBüro 1986, 249).
- Entsteht der **Tatverdacht** jedoch **lediglich aufgrund anonymer Hinweise**, bestand zwischen dem Freigesprochenen und einem der Täter ein Bekanntschaftsverhältnis und führt eine erfolgte Wohnungsdurchsuchung zum Auffinden eines abgeschnittenen Damenstrumpfes, rechtfertigt dies nicht, die Entschädigung für den Vollzug der Verfolgungsmaßnahme zu versagen (OLG Düsseldorf JurBüro 1991, 425).
- Unterliegt der Verfahrensbetroffene einem **Tatbestandsirrtum**, führt dies ebenso wenig zu einem Entschädigungsausschluss (BGH GA 1987, 178).

486 **Sachbeschädigung**

- Verwendet ein Sprayer bei seinen **Graffitis** ein bestimmtes TAG (Signaturkürzel für das Pseudonym des Writers), rechtfertigt die Überführung wegen einer Sachbeschädigung Verfolgungsmaßnahmen auch bezüglich davor begangener Taten, bei denen dasselbe TAG verwendet wurde (LG Kaiserslautern, Beschl. v. 1.12.2008 – 5 Qs 133/08).

487 **Sexualdelikte**

- **Verschweigt** ein wegen Vergewaltigung Beschuldigter das Vorliegen einer intimen **Liebesbeziehung** zu der ihn belastenden Frau und bestreitet er im Rahmen seiner Einlassung wahrheitswidrig, mit dieser geschlechtlich verkehrt zu haben, so kann dies als grob fahrlässige Verursachung einer Strafverfolgungsmaßnahme die Entschädigung ausschließen (OLG Düsseldorf OLGSt StrEG § 5 Nr. 6).
- An sich straflose sexuelle Handlungen können den Verdacht der sexuellen Nötigung begründen, wenn der Verdächtige in ihrem Zusammenhang **gewalttätiges Verhalten** – Einschlagen auf den Sexualpartner – an den Tag legt (OLG Düsseldorf AnwBl 1987, 151).
- Unterliegt der Verdächtige im Fall des sexuellen Missbrauchs Widerstandsunfähiger einem **Tatbestandsirrtum**, rechtfertigt dies den Entschädigungsausschluss hingegen nicht (OLG Düsseldorf JurBüro 1984, 1371).

488 **Steuerhinterziehung**

- Wurde die Rechnung über eine Teillieferung nicht im Rechnungsausgangsbuch verbucht, jedoch eine danach erteilte Gesamtrechnung, die den Betrag für die Teillieferung mit umfasst, kann in der **Nichteintragung** der **Teilrechnung** eine grob fahrlässige Mitverursachung der dadurch ausgelösten

Durchsuchung und Beschlagnahme im Rahmen eines Ermittlungsverfahrens wegen Steuerhinterziehung nicht gesehen werden (OLG Düsseldorf Stbg 1991, 328).

Straßenverkehrsdelikte 489

Entschädigungsfragen stellen sich bei dieser Deliktsgruppe in den **weitaus überwiegenden Fällen** im Zusammenhang mit der **vorläufigen Entziehung** der **Fahrerlaubnis** (§§ 111a StPO).

■ **Alkoholfahrt** 490

– Wer **nach Genuss** von **Alkohol** ein Fahrzeug führt, setzt sich erfahrungsgemäß leicht dem Vorwurf grob fahrlässigen Verhaltens aus. Dies belegen die Entschädigungszahlungen, die die Landesjustizverwaltungen jährlich für zu Unrecht erfolgte Fahrerlaubnisentziehungen leisten müssen (*Kunz*, StrEG, § 2 Rn 68). Da ein generelles Alkoholverbot – ausgenommen bezüglich der Inhaber eines Führerscheins auf Probe – nicht existiert, ist *Meyers* (§ 5 Rn 62 Buchst. c) tendenziell generalisierende Auffassung, wer sich nach Alkoholgenuss ans Steuer setze, „verdiene“ regelmäßig keine Entschädigung, jedoch verfehlt. Es besteht kein Anlass, alkoholisierte Fahrzeugführer im Entschädigungsrecht anders als die übrigen Verfahrensbetroffenen zu behandeln. Insoweit gilt:

■ **Höhe der BAK** 491

– Ob der **Vorwurf grober Fahrlässigkeit** zu Recht erhoben wird, **korrespondiert** i.d.R. mit der festgestellten **Höhe** der **BAK**. Eine Aufrundung ist dabei unzulässig (OLG Köln DAR 1976, 81; a.A. wohl LG Flensburg MDR 1976, 954 m. Anm. *Meyer*). Liegt die BAK über dem Grenzwert der absoluten Fahrunsicherheit (1,1 ‰), erübrigt sich jegliche Diskussion über den Grad der Fahrlässigkeit (h.M.; *Meyer*, StrEG, § 5 Rn 60 m.w.N.) und führt auch dann zum Entschädigungsausschluss, wenn – aus welchen Gründen auch immer – Freispruch erfolgt (*Kunz*, StrEG, § 5 Rn 78). Bei einer BAK zwischen 0,5 ‰ und 1,09 ‰ hängt die Feststellung grob fahrlässigen Verhaltens – ebenso wie bei der Feststellung relativer Fahrunsicherheit (§ 316 StGB) – von zusätzlichen Verhaltensauffälligkeiten (sog. Ausfallerscheinungen) ab, die umso geringer ausfallen können, je näher die BAK an die Grenze zur absoluten Fahrunsicherheit heranreicht (OLG Düsseldorf MDR 1977, 866; *Kunz*, StrEG, § 5 Rn 80; *Meyer*, StrEG, § 5 Rn 61). Hierzu wird indes – zu Unrecht – die Auffassung vertreten, wer den Tatbestand des § 24a StVG verwirkliche, handle hinsichtlich des vorläufigen Fahrerlaubnisentzugs stets grob fahrlässig (LG Aachen BA 49, 112 = SVR 2012, 272 m. krit. Anm. *Sandherr*; AG Tiergarten BA 2018, 54). Eine festgestellte BAK bis 0,49 ‰ stellt an die Begründung grober Fahrlässigkeit nach § 5 Abs. 2 StrEG die höchsten Anforderungen. Bei einer BAK unter 0,3 ‰ kommt alkoholbedingte Fahrunsicherheit i.S. des § 316 StGB nicht in Betracht (*Fischer*, § 316 StGB Rn 31 m.w.N).

☝ *Meyers* Hinweis darauf, dass heutzutage jeder Kraftfahrer wisse (wissen müsse), dass bei einem positiven Alkoholtest Maßnahmen nach § 111a StPO angeordnet und vollzogen würden (§ 5 Rn 62 Buchst. c; so auch LG Krefeld DAR 1979, 337; DAR 1975, 25), beschreibt zwar zutreffend die Rechtswirklichkeit, beantwortet aber gerade nicht die Frage, ob der Fahrzeugführer bei einem zur einer BAK von unter 0,5 ‰ führenden Alkoholgenuss grob fahrlässig gehandelt und eine – vorschnell vollzogene – Führerscheinmaßnahme schuldhaft heraufbeschworen hat. Allein ein positiver Alkoholtest reicht zur Begründung grob fahrlässigen Verhaltens jedenfalls nicht aus (OLG Hamm NJW 1975, 790; OLG Zweibrücken BA 14, 266; LG Passau JurBüro 1987, 559; *Schmitt/Köhler*, § 5 StrEG Rn 12)

■ **Nachtrunk** 492

– Ein Nachtrunk darf **nur dann** als **grob fahrlässiges** und die Entschädigung ausschließendes Verhalten gewertet werden, wenn der Fahrzeugführer mit polizeilichen Ermittlungen rechnen muss; denn nur in diesem Fall intensiviert er in geradezu selbstschädigender Weise den gegen ihn aufgekommenen Tatverdacht (OLG Nürnberg NStZ-RR 1997, 189; *Kunz*, StrEG, § 5 Rn 84; *Meyer*, StrEG, § 5 Rn 64, jew. m.w.N). Auf der anderen Seite darf er einen Nachtrunk nicht verschweigen, da er andernfalls gegen die ihm obliegende Schadensminderungspflicht verstößt (OLG Frankfurt NJW 1978, 1017).

493 ■ **Drogenfahrt**

– **Wirkstoffgrenzen** bezüglich der Beeinträchtigung der Fahrsicherheit nach dem Konsum von anderen Substanzen als Alkohol **existieren nicht**. Fahruntüchtigkeit nach dem Genuss von Betäubungsmitteln ist allein aufgrund eines positiven Wirkstoffspiegels im Blut nach dem gegenwärtigen Stand der Wissenschaft (noch) nicht zu begründen (BtMPrax/*Kotz*, Rn 546 ff. m.w.N.; Ludovisy/Eggert/Burhoff/*Burhoff*, § 4 Rn 159 ff.).

☝ **Absolute Fahrunsicherheit** ist aus Rechtsgründen **nicht feststellbar** (BGHSt 44, 219; BGH NZV 2008, 528 m. Anm. *König*; NStZ-RR 2001, 173)!

■ Selbst in Fällen sog **Mischintoxikation**, wenn der Fahrzeugführer außer Alkohol auch Betäubungsmittel konsumiert hat, genügt zum Nachweis der Fahruntüchtigkeit nicht allein der Umstand, dass ein Zusammenwirken von Alkohol und Betäubungsmitteln zur Beeinträchtigung des Reaktionsvermögens und der Fähigkeit, die Verkehrslage richtig einzuschätzen, führen kann (KG, Beschl. v. 15.9.2011 – (3) 1 Ss 192/11 (73/11); OLG Düsseldorf NZV 1999, 174 m. Anm. *Hentschel* JR 1999, 476).

■ Vor diesem Hintergrund vertritt die **Rspr.**, zu § 5 StrEG gleichwohl apodiktisch die Auffassung, wer in so engem zeitlichen Zusammenhang mit dem Konsum von Betäubungsmitteln im Verkehr ein Fahrzeug führe, dass in einer ihm entnommenen Blutprobe ein in der Anlage zu § 24a Abs. 2 StVG aufgeführter **Wirkstoff im Vollblut** nachgewiesen werden könne, habe eine darauf gestützte vorläufige Entziehung der Fahrerlaubnis grob fahrlässig verursacht (BGH BGHR StrEG § 5 Abs. 2 S. 1, Fahrlässigkeit, grobe 7; BayObLG NJW 1994, 2427; OLG Düsseldorf NZV 1994, 490; *Schmitt/Köhler*, § 5 StrEG Rn 12). Diese Auffassung vermag bereits deshalb nicht zu überzeugen (*Kunz*, StrEG, § 5 Rn 81), weil nicht einzusehen ist, dass bei Beurteilung der drogenbedingten Fahrunsicherheit ein anderer Verschuldensmaßstab anzulegen sein soll als bei einer Alkoholfahrt. Deshalb müssen – gerade – bei einer Drogenfahrt auch hinsichtlich der Entschädigungsfrage in der Person des Fahrzeugführers oder in seinem Fahrverhalten Auffälligkeiten (BtMPrax/*Kotz*, Rn 548 f.) festgestellt worden sein, die den Schluss auf relative Fahrunsicherheit zulassen. Die Annahme drogenbedingter Ausfallerscheinungen kann dabei nicht allein darauf gestützt werden, dass der Beschuldigte vor einer Polizeikontrolle geflüchtet ist. Zwar mag auch dann, wenn der Täter sich einer Festnahme entziehen will, eine deutlich unsichere, waghalsige und fehlerhafte Fahrweise für eine (drogenbedingte) Fahruntüchtigkeit sprechen; es versteht sich jedoch nicht von selbst (BGH NStZ 2002, 304).

☝ Hinzu kommt noch, dass der **Anfangsverdacht** des Betäubungsmittelkonsums ohne Feststellung von Ausfallerscheinungen vor Ort ohnehin nur aufgrund durchgeführter **Drogen-Schnell-** oder **-Vor-Tests**, deren Zuverlässigkeit überwiegend abgelehnt wird (OLG Celle, Beschl. v. 25.6.2014 – 32 Ss 94/14, StraFo 2024, 437; OLG Hamm StV 1999, 430; OLG Jena StV 2006, 530; LG Bremen zfs 2004, 380; dazu allgemein BtMPrax/*Schütz*, Rn 131 ff.).

494 ■ **Fahren ohne Fahrerlaubnis**

– Zur vorläufigen Entziehung der Fahrerlaubnis kann es, auch wenn es seltsam klingen mag, bei einem Verdacht des Fahrens ohne Fahrerlaubnis (§ 21 StVG) kommen. Wurde ein österreichischer Führerschein sichergestellt, weil er **nicht** – wie nach früherem Recht (Umtausch nicht mehr erforderlich seit Inkrafttreten der EU/EWR–Führerscheinrichtlinie) – in einen deutschen

umgetauscht worden war, liegt weder darin noch in der teilweisen Unlesbarkeit der Urkunde ein Umstand, der die Versagung der Entschädigung rechtfertigen würde (LG Neuruppin NJW 1997, 2532).

- **Straßenverkehrsgefährdung** 495
  - Wer hinter dem vorausfahrenden Fahrzeug in einem **Abstand** von **nur 4 – 3 m** über eine Strecke von etwa 500 m hinterherfährt und dann mit einem Seitenabstand von nur 0,5 m überholt, legt eine Fahrweise an den Tag, die die vorläufige Entziehung seiner Fahrerlaubnis und die Beschlagnahme seines Führerscheins geradezu herausgefordert (OLG Düsseldorf, Beschl. v. 2.10.1989 – 5 Ss 365/89 – 140/89 I, [insoweit in NZV 1990, 80 nicht abgedruckt]).
  - Eine Entschädigung für die vorläufige Entziehung der Fahrerlaubnis ist ausgeschlossen, wenn der Unfallbeteiligte die vorläufige Entziehung zumindest grob fahrlässig dadurch verursacht hat, dass er trotz des von ihm angerichteten nicht unerheblichen Schadens den **Unfallort**, ohne Feststellungen zu seiner Person ermöglicht zu haben, **unverzüglich verlassen** hat (LG Aurich, Beschl. v. 6.7.2012 – 12 Qs 81/12, zfs 2013, 212).
  - Dies gilt umso mehr, wenn sich ein unter **Alkoholeinwirkung** stehender Kraftfahrer vom Unfallort entfernt und dadurch verhindert, dass der gegen ihn bestehende Verdacht einer Straftat nach § 315c Abs. 1 Nr. 1 Buchst. a StGB ausgeräumt wird (KG VRS 64, 373).
  - Wer sich **übermüdet** an das Steuer eines Fahrzeugs setzt und – um nicht einzuschlafen – in einer solchen Lautstärke Radio hört, dass er Unfallgeräusche nicht mehr wahrnehmen kann, handelt ebenfalls grob fahrlässig (OLG Düsseldorf NZV 1989, 364).
  - Eine Entschädigung soll auch versagt werden können, wenn im Zeitpunkt des Maßnahmevollzugs davon auszugehen ist, dass sich der Fahrzeugführer vom **Unfallort entfernt** hat, nachdem er aus seinem Fahrzeug ausgestiegen war und das beschädigte Fahrzeug in Augenschein genommen hatte (KG, Beschl. v. 23.12.1997 – Ws 751/97; 1 AR 1540/97).
  - Dagegen führt der Fahrzeugführer die Verfolgungsmaßnahme nicht schon dadurch grob fahrlässig herbei, dass er – nach Bekanntwerden von Ermittlungen – den **Führerschein freiwillig** auf der Polizeistation **abgibt** (LG Frankfurt NZV 1995, 164).
  - Bei **begründeten Zweifeln** an der Bemerkbarkeit des Unfalls kann dem Unfallbeteiligten kein zum Entschädigungsausschluss führender Vorwurf gemacht werden, (KG, Beschl. v. 30.6.1997 – 3 Ws 359/97; 1 AR 741/97).
  - Ebenso wenig handelt grob fahrlässig, wer sich nach ausreichend langer, aber **vergeblicher Wartezeit** von der Unfallstelle entfernt (BayObLG DAR 1974, 80 [*Rüth*]).

Untreue 496

- Wer ein **Geschäftsgebaren** an den Tag legt, das jeglichen **Regeln** über das Verhalten eines **ordentlichen Kaufmanns widerspricht** (z.B. fehlende Dokumentation von Geschäftsvorgängen), handelt grob fahrlässig im Sinne von § 5 Abs. 2 StrEG und kann deswegen für im Zusammenhang mit erhobenen Untreuevorwürfen erlittene Strafverfolgungsmaßnahmen keine Entschädigung verlangen (OLG Düsseldorf JMBl NW 1991, 262).

Urkundenfälschung 497

- Wird gegen einen Arzt wegen **Erstellens unrichtiger Gesundheitszeugnisse** ermittelt, handelt dieser grob fahrlässig, wenn er die Unterschrift „als von ihm stammend“ anerkennt, ohne dabei irgendwelche Relativierungen vorzunehmen (BGH StraFo 2008, 352).
- Besteht in einem **Vergabeverfahren** der Verdacht der Verfälschung von Mengen- und Preisangaben, kann ein lediglich pauschales Bestreiten der Tatvorwürfe grob fahrlässiges Handeln i.S.d. Entschädigungsrechts darstellen (OLG Frankfurt NStZ 1999, 127).

498 **Verbrechensverabredung**

- Wer in **persönlichen** oder **telefonischen Gesprächen** die Begehung eines (Tötungs-)Verbrechens verabredet, muss damit rechnen, dass der Inhalt des Gesprächs infolge Weitergabe durch den Gesprächspartner den Strafverfolgungsbehörden bekannt wird und Strafverfolgungsmaßnahmen nach sich zieht (OLG Düsseldorf NStE Nr. 11 zu § 5 StrEG).

499 **Verfassungswidrige Kennzeichen**

- Das **Verwenden** einer **Kennkarte** des **Deutschen Reiches** bei einer polizeilichen Verkehrskontrolle, die auf dem Deckblatt den Aufdruck „Deutsches Reich" und „Kennkarte" trägt und mit dem Reichsadler mit Hakenkreuz im Eichenlaubkranz versehen ist, in dem Wissen, dass diese nicht als Legitimationspapiers akzeptiert wird, ist als grob fahrlässige Verursachung der Strafverfolgungsmaßnahmen der Durchsuchung und Sicherstellung anzusehen (OLG München NStZ-RR 2010, 173 [Ls.]).

Siehe auch: → *StrEG-Entschädigung, Allgemeines*, Teil I Rdn 307 m.w.N.

500 StrEG-Entschädigung, Entschädigungsklage

Das Wichtigste in Kürze:

1. Ist der Antragsteller durch die Entscheidung der Landesjustizverwaltung beschwert, kann er den Rechtsweg beschreiten. Er ist stets beschwert, wenn seinem Antrag nicht oder nur teilweise entsprochen wurde.
2. Für die Entscheidung über Entschädigungsansprüche sind nach § 13 Abs. 1 S. 3 StrEG ohne Rücksicht auf den Wert des Streitgegenstands die Zivilkammern der LG zuständig.
3. Die Klage richtet sich gegen das Land, bei dessen Gericht das Strafverfahren im ersten Rechtszug anhängig war.
4. Für den Rechtsstreit besteht Anwaltszwang.
5. Die Klage ist innerhalb einer Frist von drei Monaten nach Zustellung der im Verwaltungsverfahren nach § 10 oder § 11 StrEG ergangenen Entscheidung zu erheben.
6. Der Regelfall einer Klage nach § 13 Abs. 1 StrEG ist die auf einen bezifferten Betrag gerichtete Leistungsklage.
7. Streitgegenstand können ausschließlich Nachteile und Schadenspositionen sein, die auch Gegenstand des verwaltungsrechtlichen Vorverfahrens (§§ 10, 11 StrEG) waren.
8. Für die Zulässigkeit der Klage muss eine gerichtlicher Grundentscheidung sowie eine Entscheidung im Verwaltungsverfahren vorliegen und die Sechsmonatsfrist im Verwaltungsverfahren sowie die dreimonatige Klagefrist gewahrt werden
9. Im Rahmen der Begründetheitsprüfung ist das LG an die Grundentscheidung über die Entschädigungspflicht und ihren Umfang gebunden. Geprüft wird der geltend gemachte Anspruch ohne Bindung an die rechtlichen oder tatsächlichen Feststellungen der Landesjustizverwaltung.

501 **Literaturhinweise:** Siehe die Hinweise bei → *StrEG-Entschädigung, Allgemeines*, Teil I Rdn 304.

502 **1.** Ist der Antragsteller durch die Entscheidung der Landesjustizverwaltung **beschwert**, was stets der Fall ist, wenn seinem Antrag nicht oder nur teilweise entsprochen wurde, kann er den Rechtsweg beschreiten. Neben § 13 StrEG sind die Bestimmungen des **GVG** und der **ZPO** anwendbar.

503 **2.** Für die Entscheidung über Entschädigungsansprüche sind nach § 13 Abs. 1 S. 3 StrEG ohne Rücksicht auf den Wert des Streitgegenstands die **Zivilkammern** der **LG ausschließlich zuständig**. Die **örtliche**

Zuständigkeit für die Klage richtet sich gem. § 18 ZPO nach dem Sitz der Behörde, die den beklagten Fiskus in dem Rechtsstreit zu vertreten hat.

3. Die Klage richtet sich gegen das **Land**, bei dessen Gericht das **Strafverfahren** im ersten Rechtszug **anhängig** war, oder, wenn das Verfahren bei Gericht noch nicht anhängig war, gegen das Land, dessen Gericht nach § 9 Abs. 1 StrEG über die Entschädigungspflicht dem Grunde nach entschieden hat (§ 15 Abs. 1 StrEG). Das Land wird im Rechtsstreit i.d.R. durch die Behörde vertreten, die die Entscheidung im Verwaltungsverfahren nach § 10 StrEG getroffen hat. 504

4. Für den Rechtsstreit besteht gemäß § 78 Abs. 1 ZPO **Anwaltszwang** (BGH NJW-RR 1993, 1021; OLG Nürnberg, Urt. v. 20.2.2008 – 4 U 1780/07). Das gilt auch für die Vertretungsbehörde des Fiskus. 505

5. Die Klage ist innerhalb einer **Frist** von **drei Monaten nach Zustellung** der im Verwaltungsverfahren nach § 10 oder § 11 StrEG ergangenen Entscheidung zu erheben (§ 13 Abs. 1 S. 2 StrEG). Die Frist ist eine **Ausschlussfrist** (BGH NJW 2007, 439), Wiedereinsetzung in den vorigen Stand ist nicht möglich (BGH NJW 2016, 2747). Ihre Versäumung hat die Unzulässigkeit der Klage auch dann zur Folge, wenn der Entscheidung nach § 10 oder § 11 StrEG die im Gesetz nicht vorgeschriebene Belehrung über das Klagerecht nicht beigefügt gewesen sein sollte (BGH Urt. v. 17.3.1983 – III ZR 154/81). 506

Die Klagefrist wird durch den rechtzeitigen Antrag auf Erlass eines **Mahnbescheids** bei alsbaldiger Abgabe nach Widerspruch an das Streitgericht ebenso gewahrt (LG Stuttgart v. 4.3.2008 – 15 O 315/07) wie umgekehrt durch Erhebung einer **„vorfristigen" Klage**, wenn der Anspruchsteller diese persönlich beim unzuständigen Amtsgericht erhebt, sofern der Rechtsstreit innerhalb der Frist an das zuständige Gericht verwiesen wird (OLG Nürnberg MDR 2008, 708). Schließlich ist die Frist auch eingehalten, wenn rechtzeitig ein Antrag auf **Prozesskostenhilfe** gestellt und die Klage unverzüglich nach der durch den Antragsteller nicht verzögerten Entscheidung über den Prozesskostenhilfeantrag zugestellt wird, vorausgesetzt, die Erklärung über die persönlichen und wirtschaftlichen Verhältnisse erfolgt formgerecht (§ 117 Abs. 4 ZPO) innerhalb der Frist (BGH NJW 2007, 439; OLG Jena v. 15.8.2011 – 4 U 424/11). 507

6. Der Regelfall einer Klage nach § 13 Abs. 1 StrEG ist die auf einen bezifferten Betrag gerichtete **Leistungsklage**. Konnte der Schaden im Verwaltungsverfahren noch nicht endgültig beziffert werden, wahrt auch die **Feststellungsklage** die Frist des § 13 Abs. 1 StrEG (OLG Bamberg OLGR 2009, 534). Hatte der Anspruchsteller im Verfahren nach den §§ 10, 11 StrEG nur Feststellung beantragt, kann er im Streitverfahren auf die Leistungsklage übergehen (*Meyer*, StrEG, § 13 Rn 15). 508

7. Streitgegenstand können ausschließlich Nachteile und Schadenspositionen sein, die auch Gegenstand des verwaltungsrechtlichen Vorverfahrens (§§ 10, 11 StrEG) waren (*Kunz*, StrEG § 13 Rn 10a). Deshalb kann ein Anspruchsgrund, der nicht bereits ganz oder teilweise Gegenstand des Vorverfahrens war, im Klageverfahren nach § 13 StrEG grds. nicht mehr nachgeschoben werden. 509

☝ **Anspruchserhöhende Ergänzungen** sind indessen **zulässig**. Hatte der Anspruchsteller im Verfahren nach § 10 StrEG Verdienstausfall geltend gemacht, kann er diesen im Klageverfahren um bislang nicht berücksichtigte Nacht- und Wochenendzuschläge erweitern, sofern die Frist des § 12 StrEG noch nicht abgelaufen ist (OLG Nürnberg MDR 2008, 708; a.A. *Meyer*, StrEG, § 13 Rn 14). Ob einzelne Schadenspositionen nachgeschoben werden können, ist umstritten (bejahend BGH, Urt. v. 8.6.1989 – III ZR 82/88, BGHZ 108, 14–20, verneinend *Meyer*, a.a.O.).

8. Die Klage ist **zulässig**, wenn folgende **Voraussetzungen** vorliegen: 510

- Vorliegen einer gerichtlichen Grundentscheidung nach § 8 oder § 9 StrEG
- Vorliegen einer im Verwaltungsverfahren nach § 10 oder § 11 StrEG ergangenen Entscheidung, mit der der nunmehr mit der Klage geltend gemachte Entschädigungsanspruch abgelehnt worden ist
- Wahrung der Sechsmonatsfrist für die Anmeldung der Entschädigungsforderung im Verwaltungsverfahren nach § 10 oder § 11 StrEG
- Wahrung der dreimonatigen Klagefrist nach § 13 Abs. 1 StrEG

511 **9.** Für die **Begründetheitsprüfung** gilt:

512 **a)** An die **Grundentscheidung** über die Entschädigungspflicht (§§ 8, 9 StrEG) und ihren Umfang (§§ 3 – 6 StrEG) ist das Streitgericht **gebunden** (BGH MDR 1979, 562). Die Bindungswirkung erstreckt sich auf den Anspruchsgrund, den anspruchsberechtigten Personenkreis und auf die Frage, für welche Strafverfolgungsmaßnahme(n) die Entschädigung zugebilligt wurde (BGH, Urt. v. 15.2.1979 – III ZR 164/77). Zudem bezieht sie sich auch auf den Zeitraum der zu entschädigenden Strafverfolgungsmaßnahme, die den Schaden ausgelöst hat (BGH NJW-RR 1991, 551) Eine Bindungswirkung soll – ausnahmsweise – dann entfallen, wenn die Grundentscheidung schlechthin gesetzeswidrig ist und damit ein „rechtliches Nullum" darstellt (*Meyer*, StrEG, Vorbem. §§ 10 – 13 Rn 8). Dies kann der Fall sein, wenn das Strafgericht seine Kompetenz überschritten und zur Entschädigungshöhe entschieden hat (*Kunz*, StrEG, § 10 Rn 19) oder seine Entscheidung eine im Gesetz nicht vorgesehene Rechtsfolge vorsieht (BGH, Urt. v. 15.2.1979 – III ZR 164/77; OLG Jena NStZ-RR 2001, 160).

Die Grundentscheidung ist jedoch unter Heranziehung ihrer Gründe **auslegungsfähig**, wenn sie einer ergänzenden Auslegung bedarf (BVerfG, Beschl. v. 19.11.1999 – 2 BvR 1793/94).

513 **b) Geprüft** wird der geltend gemachte Anspruch wie im Zivilrechtsstreit **ohne Bindung** an **die** rechtlichen oder tatsächlichen **Feststellungen** der Landesjustizverwaltung. Zur Wahrung der Ausschlussfrist aus § 13 Abs. 1 S. 2 StrEG bedarf es einer den Anforderungen des § 253 ZPO genügenden ordnungsgemäßen Klageerhebung. Gemäß § 253 Abs. 2 Nr. 2 ZPO ist die Angabe des Gegenstandes und Grundes des erhobenen Anspruchs erforderlich. Die pauschale Bezugnahme auf Verfahrensakten reicht jedenfalls dann nicht aus, wenn ein nur der Höhe nach, nicht aber inhaltlich näher bezeichneter Teil der im behördlichen Verfahren geltend gemachten Ansprüche im Klageverfahren weiterverfolgt wird (KG, Urt. v. 12.6.2015 – 9 U 67/14). Die Ansprüche müssen in sich schlüssig dargelegt werden. Die Beweislast obliegt dem Kläger.

514 Von der generellen Bindung an die Grundentscheidung (§§ 3 – 6 StrEG) zu trennen ist die **Prüfung der haftungsausfüllenden Kausalität**, die es dem Zivilgericht ermöglicht, die Schadenshöhe selbst zu berechnen. Das kann z.B. trotz uneingeschränkter Entschädigungspflicht zur Kürzung des geltend gemachten Anspruchs wegen Mitverschuldens (§ 254 BGB) führen.

515 **10. Muster: Entschädigungsklage**

▼

1.3

Landgericht Münster

– Zivilkammer –

Gerichtsstraße 6

48149 Münster

Klage

in Sachen

gegen

das Land Nordrhein-Westfalen

vertreten durch den Generalstaatsanwalt bei dem Oberlandesgericht Hamm

wegen Entschädigung (StrEG)

Wert: 193,00 EUR

Gerichtskosten: (Scheck)

Unter Bezugnahme auf die beigefügte Prozessvollmacht erhebe ich Klage gegen das Land Nordrhein-Westfalen und stelle folgende Anträge:

1. Das beklagte Land wird verurteilt, an den Kläger 193,00 EUR nebst 5 Prozentpunkten über dem Basiszinssatz hieraus seit zu bezahlen.

2. Das beklagte Land trägt die Kosten des Rechtsstreits.

3. Das Urteil ist gegen Sicherheitsleistung vorläufig vollstreckbar.

Begründung:

1. In dem gegen den Kläger geführten Strafverfahren lag dem Kläger zur Last, sich am in einer Straßenverkehrsgefährdung schuldig gemacht zu haben.

Das Amtsgericht Münster – *Az.* – hat am 9.4.2025 unter Freisprechung vom Vorwurf der Straßenverkehrsgefährdung entschieden, dass Herr wegen der vorläufigen Entziehung der Fahrerlaubnis für die Zeit vom 31.12.2024 bis 9.4.2025 zu entschädigen ist.

Diese Entscheidung wurde mit Ablauf des 16.4.2025 rechtskräftig. Die Belehrung durch die Staatsanwaltschaft wurde Herrn am 29.9.2025 zugestellt.

2. Mit Telefax-Schreiben an die Staatsanwaltschaft vom 27.12.2025, das dort am 27.12.2025 einging (Sendeprotokoll anbei), hatte ich unter Vollmachtsvorlage für meinen Mandanten Entschädigung wie folgt geltend gemacht:

Kosten für Fahrkarten	426,00 EUR
Taxikosten	57,50 EUR

Erstattungsfähig sind auch die Kosten für den Erwerb der BahnCard, da durch sie eine schadensmindernde Ersparnis von 426,00 EUR eingetreten ist.

Die hierfür beanspruchte Entschädigung beläuft sich damit auf 738,50 EUR.

Ferner wurde die Erstattung der notwendigen Auslagen in Höhe von 147,56 EUR gefordert.

Wie sich aus dem angefochtenen Bescheid der Justizverwaltung vom 7.1.2026 ergibt, erkannte sie die Kosten für den Kauf der BahnCard 50 nicht an. Herr hätte anstelle einer Bahncard 50 nur eine BahnCard 25 für 62 EUR kaufen dürfen.

Hierbei handelt es sich um einen – schon rechnerisch – nicht nachvollziehbaren Einwand. Denn mit einer Bahncard 25 wären an Fahrtkosten ausgehend vom vollen Fahrpreis von 284,00 EUR × 3 = 852,00 EUR bei Verwendung einer Bahncard 25 (852 × 75 % =) 639,00 EUR angefallen.

Bringt man hierfür die Differenz zwischen den Anschaffungskosten Kosten der Bahncard 50 und den der BahnCard 25 (255,00 EUR – 62,00 EUR) in Ansatz, ergibt sich ein Betrag von 193,00 EUR.

Zieht man diesen Betrag von den hypothetisch angefallenen Fahrtkosten bei Verwendung einer Bahncard 25 ab, ergibt sich ein Schadensbetrag von 639,00 EUR – 193,00 EUR = 446,00 EUR, also ein um 40,00 EUR höherer Schadensbetrag als derjenige, der geltend gemacht wurde.

Während sich demzufolge der zutreffende Erstattungsbetrag

auf 886,06 EUR

beläuft, hat die Justizverwaltung insgesamt lediglich erstattet: 693,06 EUR

Die Differenz zwischen beiden Beträgen in Höhe von 193,00 EUR ergibt den Klagebetrag.

Rechtsanwalt

▲

Siehe auch: → *StrEG-Entschädigung, Allgemeines,* Teil I Rdn 307 m.w.N.

516 StrEG-Entschädigung, Fristen

Das Wichtigste in Kürze:

1. Im Rahmen des Entschädigungsverfahrens sind fünf Fristen relevant.
2. Gem. § 222 ZPO gelten bei der Fristberechnung die Regelungen der §§ 187–193 BGB.
3. Gegen eine unzutreffende oder unterlassene Grundentscheidung kann innerhalb einer Woche nach Bekanntmachung sofortige Beschwerde (§ 311 Abs. 2 StPO) zum Ausgangsgericht eingelegt werden.
4. Hat die StA das Ermittlungsverfahren eingestellt, kann innerhalb einer Frist von einem Monat beim zuständigen Gericht Antrag auf Feststellung der Entschädigungspflicht gestellt werden.
5. § 10 Abs. 1 S. 1 StrEG räumt dem Verfahrensbetroffenen zur Anmeldung seines Anspruchs eine sechsmonatige Frist ein, die mit der Zustellung der Belehrung beginnt.
6. Bei der dreimonatigen Klagefrist (§ 13 Abs. 1 S. 2 StrEG) handelt es sich um eine (erste) Ausschlussfrist.
7. Wurde innerhalb der Jahresfrist kein Anspruch angemeldet (§ 10 Abs. 1 StrEG), kann dieser nicht mehr geltend gemacht werden (Ausschlussfrist).

517 **Literaturhinweise:** Siehe die Hinweise bei → *StrEG-Entschädigung, Allgemeines*, Teil I Rdn 307.

518 1. **Fünf Fristen** sind im Rahmen des Entschädigungsverfahrens zu beachten (zu möglichen Änderungen → *StrEG-Entschädigung, Allgemeines*, Teil I Rdn 309), nämlich

- bei **Anfechtung** der **Grundentscheidung** des Strafgerichts (§§ 8 Abs. 3, 9 Abs. 2 StrEG),
- bei **Anrufung** des **Gerichts** (§ 9 Abs. 1 S. 4 StrEG,
- bei **Anmeldung** des **Anspruchs** (§ 10 Abs. 1 StrEG,
- die **Klagefrist** (Ausschlussfrist) des § 13 Abs. 1 S. 2 StrEG und
- die **Jahresfrist** (Ausschlussfrist) des § 12 StrEG.

519 Der Verfahrensbetroffene muss sich gemäß § 85 Abs. 2 ZPO im Rahmen des StrEG das **Verschulden** seines Bevollmächtigten anrechnen lassen (BGH NJW 1976, 1218; OLG München, Beschl. v. 28.11.2005 – 1 U 3275/05; KG, Beschl. v. 23.5.2007 – 2 AR 57/07 – 1 W+SWs 55/07, NJW 2008, 94).

520 **2.** Gemäß § 222 ZPO gelten bei der **Fristberechnung** die Regelungen der §§ 187–193 BGB. Die Frist beginnt mit dem Tag der Zustellung und endet mit dem Ablauf des Tages des letzten Monats, der seiner Zahl nach dem Zustellungstag entspricht (§ 187 Abs. 2 BGB). **Fehlt dieser Tag** im letzten Monat (Zustellung 31.1.), endet die Frist mit dem letzten Tag des letzten Monats (28. oder 29.2.). Wurde in einem Schaltjahr am 29.2. zugestellt, läuft die Frist am 29.3. ab. Handelt es sich bei diesem Tag um einen **Sonntag,** einen **allgemeinen Feiertag** oder einen **Sonnabend (Samstag)**, endet sie mit Ablauf des nächsten Werktags (§ 222 Abs. 2 ZPO).

3.a) Nach § 8 Abs. 1 S. 1 StrEG entscheidet das Gericht über die Verpflichtung der Entschädigung (**Grundentscheidung**) in dem Urteil oder dem Beschluss, der das Verfahren abschließt. Nur dann, wenn die Entscheidung in der Hauptverhandlung nicht möglich ist, trifft das Gericht nach § 8 Abs. 1 S. 2 StrEG die Entscheidung außerhalb der Hauptverhandlung durch Beschluss. Der Anwendungsbereich der Vorschrift ist jedoch umstritten. Teilweise wird die Ansicht vertreten, die Grundentscheidung kann im Wege des isolierten Beschlussverfahren korrigiert (Odenthal, MDR 1990, 961–965) oder auch dann nachgeholt werden, wenn sie vergessen wurde (OLG Düsseldorf, Beschl. v. 28.1.1980 – 5 Ws 160/79). Dies ist indes nach zutreffender Ansicht nicht möglich. Aus Sinn und Zweck des StrEG sowie aus der Entstehungsgeschichte des § 8 Abs. 1 S. 2 StrEG folgt eindeutig, dass das isolierte Beschlussverfahren eine absolute Ausnahme sein soll. Es soll in erster Linie anwendbar sein, wenn das Strafverfahren bereits abgeschlossen werden könnte und nur noch durch noch aufzuklärende Umstände hinsichtlich der erforderlichen StrEG-Entscheidung verzögert würde. So könnte z.B. die notwendige Erhebung zusätzlicher Beweise zu den Entschädigungsgrundlagen nach §§ 4, 6 StrEG eine Aussetzung oder längere Unterbrechung erfordern. Wenn aber das Gericht einen Entschädigungsausspruch versehentlich unterlassen hat, ist eine **Nachholung** der unterbliebenen Entscheidung nicht möglich (mittlerweile gefestigte Rspr. des OLG München, Beschl. v. 10.1.2020, 3 Ws 1280/19; → *StrEG-Entschädigung, Grundentscheidung, Allgemeines* Teil I Rdn 535 ff. 521

b) Gegen eine unzutreffende oder unterlassene Grundentscheidung kann **innerhalb einer Woche** nach Bekanntmachung **sofortige Beschwerde** (§ 311 Abs. 2 StPO) zum Ausgangsgericht eingelegt werden (→ *StrEG-Entschädigung, Grundentscheidung, Anfechtung*, Teil I Rdn 530; zur sofortigen Beschwerde *Burhoff*, EV, Rn 4289; Burhoff/*Kotz/Hillenbrand*, RM, Teil A Rn 550 ff.). 522

☝ Die Praxis, statt Einlegung der sofortigen Beschwerde einen Antrag auf Nachholung der vergessenen Grundentscheidung beim Ausgangsgericht zu stellen, birgt das **Risiko**, dass eine Nachholung nicht für zulässig gehalten wird und zwischenzeitlich die sofortige Beschwerde verfristet ist (→ *StrEG-Entschädigung, Grundentscheidung, Allgemeines,* Teil I Rdn 535 ff.).

4. Hat die **StA** das **Ermittlungsverfahren eingestellt** (→ *StrEG-Entschädigung, Grundentscheidung, Staatsanwaltschaftliche Verfahrenseinstellung*, Teil I Rdn 571) kann innerhalb einer **Frist von einem Monat** beim zuständigen Gericht Antrag auf Feststellung der Entschädigungspflicht gestellt werden (§ 9 Abs. 4 StrEG). Die Frist beginnt gem. § 9 Abs. 1 S. 5 StrEG mit der **Zustellung** der **Belehrung**. 523

5. § 10 Abs. 1 S. 1 StrEG räumt dem Verfahrensbetroffenen zur **Anmeldung** seines **Anspruchs** eine **sechsmonatige Frist** ein, die mit der **Zustellung der Belehrung** beginnt. 524

6.a) Bei der **dreimonatigen Klagefrist** (§ 13 Abs. 1 S. 2 StrEG) handelt es sich um eine (erste) Ausschlussfrist (BGH NJW 2007, 439 [441]; LG Flensburg NJW-RR 1992, 695). Als Ausschlussfrist ist sie der Wiedereinsetzung in den vorigen Stand nicht zugänglich (OLG München OLGR 2006, 207). 525

b) Fristbeginn ist die (wirksame) Zustellung der Entscheidung der Justizverwaltung. Bezüglich des **Fristendes** gelten die Ausführungen oben unter Ziffer 2. Die Frist wird grds. auch gewahrt, wenn der Klageentwurf mit einem Antrag auf **Prozesskostenhilfe** verbunden ist, der die erforderlichen Angaben zu den persönlichen und wirtschaftlichen Verhältnissen des Antragstellers enthält (OLG München OLGR 2006, 207). 526

c)aa) Das **Fristende aufgrund Feiertags verlängert** sich nur dann, wenn der **Feiertag** am Sitz des Adressaten der Anmeldung allgemein und **gesetzlich anerkannt** ist. 527

bb) Folgende Feiertage sind **gesetzlich anerkannt**: 528

unbewegliche Feiertage in allen Bundesländern: 529

1. Januar	Neujahr
1. Mai	Tag der Arbeit
3. Oktober	Tag der deutschen Einheit

25. Dezember	1. Weihnachtsfeiertag
26. Dezember	1. Weihnachtsfeiertag

530 **bewegliche** Feiertage in allen Bundesländern:

Karfreitag
Ostermontag
Pfingstmontag
Christi Himmelfahrt.

531 **Länderregelungen** für **unbewegliche** Feiertage:

6. Januar	**Epiphanias/Hl. Drei Könige:** dieser Tag ist nur in **Baden-Württemberg, Bayern** und **Sachsen Anhalt** gesetzlicher Feiertag.
8. August	**Augsburger Friedensfest:** Dieser Tag ist nur im Stadtbezirk Augsburg gesetzlicher Feiertag.
15. August	**Mariä Himmelfahrt:** dieser Tag ist nur im Saarland gesetzlicher Feiertag, in Bayern in (1.700 von insgesamt 2.056) Gemeinden mit überwiegend katholischer Bevölkerung (so in den Regierungsbezirken Ober- und Niederbayern, auch in den Großstädten München, Augsburg, Würzburg, Regensburg, Ingolstadt; nicht in Nürnberg, Fürth und Erlangen.
31. Oktober	**Reformationstag:** dieser Tag ist nur in Bremen, Brandenburg, Hamburg, Niedersachsen, Mecklenburg-Vorpommern, Sachsen, Sachsen-Anhalt, Schleswig-Holstein und Thüringen gesetzlicher Feiertag.
1. November	**Allerheiligen:** Dieser Tag ist nur in Baden-Württemberg, Bayern, Nordrhein-Westfalen, Rheinland-Pfalz und Saarland gesetzlicher Feiertag.

532 **Länderregelungen für bewegliche Feiertage:**

Fronleichnam: Dieser Tag ist nur in Baden-Württemberg, Bayern, Hessen, Nordrhein-Westfalen, Rheinland-Pfalz und Saarland gesetzlicher Feiertag, in Sachsen und Thüringen nur in bestimmten Gemeinden.

Buß- und Bettag: Dieser Tag ist ausschließlich in Sachsen gesetzlicher Feiertag.

533 **7.a)** Wurde innerhalb der Jahresfrist kein Anspruch angemeldet (§ 10 Abs. 1 StrEG), kann dieser nicht mehr geltend gemacht werden (absolute Ausschlussfrist). Es ist dann **Anspruchsverwirkung (§ 12 StrEG)** eingetreten, so dass jeder Entschädigungsantrag unzulässig ist. Wiedereinsetzung kommt ebenso wenig in Betracht wie „Nachsicht" (*Kunz*, StrEG, § 12 Rn 2). Die Anforderungen an die Vollständigkeit des Antrags dürfen allerdings nicht überspannt werden. So ist eine Bezifferung der Schadenshöhe nicht in jedem Fall erforderlich. Das Fehlen einzelner Angaben und Nachweise schadet nicht.

534 **b) Fristbeginn** ist der Eintritt der **Rechtskraft** der – positiven – **Grundentscheidung** (§ 221 ZPO i.V.m. § 8 StrEG). Die Frist läuft auch, wenn die Belehrung über das Antragsrecht, die Antragfrist oder deren Zustellung unterblieben ist (BGH NJW 1989, 2619).

Beispiel:
In der nach Einspruch gegen den Strafbefehl durchgeführten Hauptverhandlung vom 16.9. wird dem Angeklagten für die Entziehung der Fahrerlaubnis eine Entschädigung zugesprochen. Die Rechtskraft dieser Entscheidung tritt mit Ablauf des 23.9. ein.
Fristende des § 12 StrEG ist entsprechend der Berechnung bei Monatsfristen (Zöller/*Stöber*, ZPO, § 222 Rn 7) der 23.9. des Folgejahres.

Siehe auch: → *StrEG-Entschädigung, Allgemeines*, Teil I Rdn 307 m.w.N.

StrEG-Entschädigung, Grundentscheidung, Allgemeines 535

Das Wichtigste in Kürze:
1. §§ 8, 9 StrEG regeln das gerichtliche Verfahren über den Grund des Entschädigungsanspruchs.
2. Zuständig für die Entscheidung ist in erster Linie das Tatgericht. Hat die StA das Ermittlungsverfahren eingestellt, richtet sich das Verfahren nach § 9 StrEG. Die Entscheidungszuständigkeit liegt in diesen Fällen beim Amtsgericht am Sitz der StA.
3. Stirbt der Angeklagte vor rechtskräftigem Abschluss des Verfahrens, kann gleichwohl noch eine Entschädigungspflicht des Staates bestehen.
4. Einer Entschädigungsentscheidung bedarf es nicht in jedem Fall, sondern im Anwendungsbereich des § 8 StrEG nur, sofern eine entschädigungspflichtige Verfolgungsmaßnahme vollzogen wurde.
5. Die gerichtliche Entscheidung über den Anspruchsgrund erfolgt im Regelfall zusammen mit der das Verfahren abschließenden Entscheidung (§ 8 Abs. 1 S. 1 StrEG).
6. Ist eine Entschädigungsentscheidung zusammen mit der das Verfahren abschließenden Entscheidung nicht möglich, kann sie ggf. zu einem späteren Zeitpunkt nachgeholt werden.
7. Jeder Verfahrensbetroffene, der eine Strafverfolgungsmaßnahme erlitten hat, kann auf eine Entschädigung nach dem StrEG verzichten.

Literaturhinweise: S. die Hinw. bei → *StrEG-Entschädigung, Allgemeines*, Teil I Rdn 308. 536

1.a) §§ 8, 9 StrEG regeln das **gerichtliche** Verfahren **über den** Grund des Entschädigungsanspruchs. 537
Über die Entschädigungspflicht entscheidet **stets das Gericht**, im Fall des § 8 StrEG **von Amts wegen**, nach Verfahrenseinstellung durch die StA (§ 9 StrEG) nur **auf Antrag**.

b) Hinweis für den Verteidiger! 538

Obwohl die Grundentscheidung nach § 8 StrEG von Amts wegen zu treffen ist und Teil I A. I. der Anlage C RiStBV die StA anhält, auf die Entscheidung bei Gericht hinzuwirken, obliegt es daneben dem Verteidiger, die Entschädigung des Mandanten im Blick zu behalten. Auch in den Fällen des § 8 StrEG **stellt** er deshalb **einen Entschädigungsantrag** und gibt nicht nur – im Hinblick auf die von Amts wegen zu treffende Entscheidung – eine Anregung. Schließlich hat er auch im Rahmen seines Schlussvortrags bezüglich anderer von Amts wegen zu treffenden Entscheidungen (Freispruch, Überbürdung der notwendigen Auslagen auf die Staatskasse) Anträge gestellt und eine Entscheidung nicht nur angeregt. Er sollte daher in allen Fällen, in denen eine Entschädigung in Betracht kommt, das Entscheidungsbegehren dabei nicht nur allgemein zum Ausdruck bringen („*Der Angeklagte ist für die gegen ihn vollzogenen Verfolgungsmaßnahmen zu entschädigen*“), sondern sie so detailliert beantragen, wie sie ausgesprochen werden soll.

539 **2.** Es gelten folgende

Zuständigkeitsregelungen:

- Zuständig für die Entscheidung ist in **erster** Linie der **Tatrichter**, da sie i.d.R. zusammen mit dem das Verfahren abschließenden Urteil **oder** Beschluss (§ 8 Abs. 1 S. 1 StrEG) ergeht.
- Hat die **StA** das **Ermittlungsverfahren eingestellt**, richtet sich das Verfahren nach § 9 StrEG. Die Entscheidungszuständigkeit liegt in diesen Fällen beim **AG** am Sitz der StA.
- Der Sitz des Finanzamts bestimmt die örtliche Zuständigkeit des AG, wenn Verfolgungsmaßnahmen im Rahmen eines **Steuerstrafverfahrens** erfolgt sind.
- Das **Berufungsgericht** hat über die Verpflichtung zur Entschädigung wegen einer überschießenden Strafverfolgungsmaßnahme erneut zu entscheiden, wenn die Hauptsacheentscheidung des erstinstanzlichen Gerichts infolge der endgültigen Einstellung des Strafverfahrens hinfällig wird (OLG Düsseldorf, Beschl. v. 5.7.1988, JMBl NW 1988, 251).
- Das **Revisionsgericht** ist nur dann zuständig, wenn es zugleich über eine vom Beschwerdeführer eingelegte zulässige Revision (BGH v. 9.5.2012 – 4 StR 649/11; NStZ-RR 2009, 253; NStZ-RR 2009, 96) oder eine vom Beschwerdeführer eingelegte Revision zu entscheiden hat, weil nur in diesem Falle der erforderliche enge Zusammenhang zwischen den Rechtsmitteln besteht (BGH BGHR StPO § 464 Abs. 3 Zuständigkeit 1).
- Das für die **Wiederaufnahme** des **Verfahrens** zuständige Gericht (§ 140a GVG) entscheidet auch über den Entschädigungsanspruch des Verfahrensbetroffenen (KK-StPO/*Tiemann*, § 140a GVG Rn 2).

☝ Sofern das AG seine Zuständigkeit für eine StrEG-Entscheidung, wenn keine Anklage erhoben wurde, mit Verweis auf eine Zuständigkeit des Landgerichts verneint, bleibt das Amtsgericht trotz Rechtskraft des ablehnenden Beschlusses zuständig. Denn durch eine **rechtsfehlerhafte Verneinung der** sachlichen **Zuständigkeit** kann das Gericht durch seine Entscheidung die gesetzlich geregelte Zuständigkeit nicht abändern und insbesondere keinen von der gesetzlichen Regelung abweichenden Instanzenzug eröffnen (OLG Düsseldorf MDR 1984, 338).

540 **3. Stirbt** der **Angeklagte** vor rechtskräftigem Abschluss des Verfahrens, kann gleichwohl noch eine Entschädigungspflicht des Staates bestehen (*Meyer*, StrEG, § 8 Rn 10). Zwar kann beim Tod eine Entscheidung im Strafverfahren nicht mehr ergehen, jedoch ist ein Beschluss gem. § 206a StPO zum ordnungsgemäßen Abschluss des Verfahrens geboten (BGH NJW 1999, 3644). Auch ist nach dem Tod des Beschuldigten noch über den Entschädigungsausspruch zu befinden (*Meyer*, StrEG, Vorbem. §§ 1 – 6 StrEG, Rn 18). Zuständig hierfür ist das Gericht, bei dem die Sache anhängig ist. Das ist das Tatgericht auch dann, wenn zum Zeitpunkt des Todes des Angeklagten zwar das Urteil schon ergangen, die Sache aber noch nicht beim Revisionsgericht anhängig geworden ist. Anhängig ist die Sache erst dann, wenn sie ihm gem. § 347 Abs. 2 StPO zur Entscheidung über eine Revision vorgelegt worden ist (BGH NJW 2012, 2822).

541 **4.** Im Unterschied zu § 464 Abs. 1, Abs. 2 StPO bedarf es einer Entschädigungsentscheidung **nicht in jedem Fall**, sondern im Anwendungsbereich des § 8 StrEG nur, sofern eine entschädigungspflichtige Verfolgungsmaßnahme vollzogen wurde (OLG Düsseldorf NJW 1999, 2830). In den Fällen des § 9 StrEG ist eine Entscheidung erforderlich, wenn zusätzlich der Verfahrensbetroffene einen entsprechenden Antrag gestellt hat. Dabei kommt es nicht darauf an, ob das Gericht selbst eine Entscheidung für „erforderlich" hält (missverständlich: *Meyer*, StrEG, § 8 Rn 5), denn unter den in §§ 8 Abs. 1 S. 1, 9 Abs. 1 StrEG genannten Voraussetzungen hat das Gericht eine Entscheidung zu treffen.

542 **5.a)** Die gerichtliche Entscheidung über den Anspruchsgrund erfolgt im **Regelfall zusammen mit** der das **Verfahren abschließenden Entscheidung** (§ 8 Abs. 1 S. 1 StrEG).

Eine Entscheidung kann jedoch nur ergehen, wenn das Ermittlungs- oder das Strafverfahren **abgeschlossen** ist und setzt daher voraus, dass mit dem Urteil (bzw. Strafbefehl), dem Einstellungsbeschluss des Gerichts oder der Einstellungsverfügung der StA der gesamte, sich aus den Akten ergebende Verfahrensstoff (§ 264 StPO) seine Erledigung gefunden hat. Damit scheidet eine Entschädigungsentscheidung bei **Teilfreisprüchen** (BGH, Beschl. v. 16.3.1984 – 2 StR 719/83) oder mehraktigen Einstellungsentscheidungen zunächst ebenso aus wie bei einem Urteil, mit dem die Verhängung von Jugendstrafe zur Bewährung ausgesetzt wurde (LG Offenburg NStZ-RR 2003, 351). Bei **Abtrennung** eines Verfahrensteils, der vom Haftbefehl mitumfasst ist, kann eine Entscheidung über die Entschädigung erst ergehen, wenn feststeht, ob die Strafverfolgungsmaßnahme durch das Ergebnis des gesondert weiterzuführenden Verfahrens gedeckt ist (KG, Beschl. v. 24.1.2000 – 4 Ws 10/00).

☝ Wurde die **Durchsuchung in mehreren Verfahren** angeordnet und gleichzeitig durchgeführt, kann die Entscheidung über die Entschädigung erst von demjenigen Gericht getroffen werden, das für den Abschluss des letzten Verfahrens zuständig ist (OLG Düsseldorf NStZ 1991, 141).

b) Die **(positive) Grundentscheidung** lautet dahingehend, dass der Verfahrensbetroffene 543

- *für die Dauer der vorläufigen Festnahme und der erlittenen Untersuchungshaft in der Zeit vom … bis zum …* oder
- *für die am … in der Zeit von … bis … durchgeführte Durchsuchung der Wohnung im Anwesen … und die in diesem Rahmen erfolgte Sicherstellung und Beschlagnahme der im Sicherstellungsverzeichnis auf Blatt … der Akten näher bezeichneten Gegenstände von … bis …*

zu entschädigen ist.

Die **(negative) Entscheidung** lässt sich entweder allgemein formulieren: *„Es wird festgestellt, dass der Angeklagte für … nicht zu entschädigen ist"* oder in der Weise, dass die Entschädigung ausgeschlossen ist (§ 5 StrEG) bzw. versagt (§ 6 StrEG) oder abgelehnt (§§ 3, 4 StrEG) wird. 544

☝ Zur Klarstellung sollte das Gericht in Fällen, in denen eine **Annexentscheidung** zusammen mit der Hauptentscheidung i.S.d. § 8 Abs. 1 S. 2 StrEG **nicht möglich** ist, die Entschädigungsentscheidung **zurückstellen**. Dies kann die Verteidigung anregen.

c) Die Grundentscheidung hat **konstitutive Wirkung** (*Kunz*, StrEG, § 8 Rn 9). Sie steht allerdings unter dem materiellen Vorbehalt, dass dem Verfahrensbetroffenen überhaupt ein Schaden entstanden ist, was jedoch erst im Verfahren nach den §§ 10, 13 StrEG nachgeprüft wird (BGHZ 103, 113 = NJW 1988, 1141). Sie ist für das nachfolgende Betragsverfahren bindend. Die Bindungswirkung der Entscheidung des Strafgerichts umfasst auch die Frage, welcher Art die Strafverfolgungsmaßnahme ist, für die Entschädigung zugebilligt wird, da es sich hierbei um ein wesentliches Element des Anspruchsgrundes handelt, über den der Strafrichter abschließend zu befinden hat. Vergisst der Tatrichter eine von mehreren Strafvollzugsmaßnahmen bei der Einbeziehung in seine positive Entscheidung, kann Entschädigung für den Vollzug dieser Maßnahme nicht geltend gemacht werden (OLG München, Urt. v. 28.4.2011 – 1 U 2652/10; OLG Hamm Beschl. v. 14.2.2023 – 5 Ws 11/23). 545

Die Ablehnung der Ersatzpflicht allein mit der **Begründung**, es sei **kein entschädigungsfähiger Schaden entstanden**, ist **unzulässig,** es **reicht** aus, dass ein **Schaden möglicherweise entstanden ist** (BGHZ 103, 113 = NJW 1988, 1141; OLG Bamberg NStZ 1989, 185; LG Flensburg JurBüro 1983, 1851; LG Krefeld DAR 1972, 79; AG Münster MDR 1973, 249; *Kunz*, StrEG, § 8 Rn 8; *Schmitt/Köhler*, § 8 StrEG Rn 1). Das ist der Fall, wenn irgendwann eine entschädigungspflichtige Maßnahme der in § 2 StrEG aufgeführten Art angeordnet und vollzogen worden ist (OLG Nürnberg, Beschl. v. 15.11.2005 – 1 Ws 1152/05 –, Rn 13). Die Befürworter der gegenteiligen Auffassung (OLG Düsseldorf MDR 1987, 80; NJW 1999, 2830; OLG Jena NStZ-RR 2005, 125; BeckOK-StPO/*Cornelius*, § 8 StrEG Rn 1.1.) berufen sich dabei unter anderem auf den Grundsatz der Verfahrenswirtschaftlichkeit (ausführlich: *Meyer*, StrEG, § 8 Rn 6), lassen dabei aber außer Betracht, dass nach der klaren Regelung des StrEG (§§ 8, 9, 13 Abs. 1 S. 1 StrEG) weder das Strafgericht über die Höhe des Anspruchs noch das 546

Zivilgericht über den Anspruch nach den Vorschriften des StrEG, insbesondere des § 2 Abs. 1 S. 4 i.V.m. § 4 Abs. 1 StrEG entscheiden darf (OLG Karlsruhe, Urt. v. 9.7.1987 – 12 U 29/87).

547 **d)** Die Grundentscheidung kann – i.V.m. der Hauptentscheidung – **Bindungswirkung** ausschließlich in Bezug auf

- die Person des Berechtigten,
- Art und Zeitraum der erlittenen Verfolgungsmaßnahme und
- etwaige Ausschluss- oder Versagungsgründe bzw. Billigkeitserwägungen (BGH JZ 1979, 353 = MDR 1979, 562; OLG Celle Urt. v. 18.3.2003 – 16 U 192/02)

entfalten.

548 **6.a)** Ist eine Entschädigungsentscheidung zusammen mit der das Verfahren abschließenden Entscheidung **nicht möglich**, kann sie zu einem späteren Zeitpunkt **nachgeholt** werden (§ 8 Abs. 1 S. 2 StrEG). Da die **Hauptentscheidung keinen Aufschub** duldet, darf sie aber im Falle der Entscheidungsfähigkeit nicht zugunsten der Schaffung einer Entscheidungsgrundlage für die StrEG-Entscheidung zurückgestellt werden, vielmehr ist letztere wegen noch erforderlicher Beweiserhebungen (OLG Düsseldorf NJW 1973, 1660) nachzuholen.

> *Beispiel:*
> Der Angeklagte soll freigesprochen werden, allerdings sind den Akten die Haftdaten nicht exakt zu entnehmen und müssten erst ermittelt werden.

549 **b) Umstritten** ist die **Nachholungsmöglichkeit**, wenn die Grundentscheidung unterlassen bzw. **vergessen** wurde oder **fehlerhaft** ist.

550 **aa)** Nach einer in Rspr. und Lit. vertretene Auffassung kann die Entscheidung nachgeholt werden, wenn sie versehentlich vergessen wurde (KG NStZ 2010, 284; OLG Celle NStZ-RR 2011, 264; OLG Düsseldorf NJW 1999, 2830; OLG Nürnberg NJW 2006, 1826, OLG Stuttgart, Beschl. v. 24.4.2001 – 2 Ws 61/2001) bzw. absichtlich (OLG Karlsruhe StV 1984, 474) über den Entschädigungsanspruch überhaupt nicht entschieden wurde.

551 Folgerichtig gelangen die Vertreter dieser Auffassung zu dem Ergebnis, bei (auch teilweisem) Unterbleiben der Entschädigungsentscheidung müsse **zunächst** deren **Nachholung beantragt** werden, bevor sofortige Beschwerde eingelegt werden kann (*Kunz*, StrEG, § 8 Rn 28 f. m.w.N.; widersprüchlich: *Schmitt/Köhler*, § 8 StrEG Rn 7 einerseits, a.a.O., Rn 19 andererseits, wonach im Falle des Unterlassens der Entscheidung sofortige Beschwerde zulässig sei). Die systematische Inkonsistenz der Auffassung öffnet einer verfahrensrechtlichen Beliebigkeit Tür und Tor, die darin gipfelt, dass der Verfahrensbetroffene die Entscheidung entweder durch Antrag auf Nachholung **oder** durch Einlegung der sofortigen Beschwerde erreichen können soll (LG Braunschweig NJW 1973, 210).

552 Im Ergebnis ist diese **Auffassung**, mag sie auch zu einer Art Meistbegünstigung des Verfahrensbetroffenen führen, **abzulehnen** (nunmehr gefestigte Rspr. KG NJW 2008, 94; KG StraFo 2009, 437; OLG Hamm, Beschl. v. 18.6.2013 – III-2 Ws 158/13; OLG München AnwBl 1998, 50; Beschl. v. 5.7.2022 – 2 Ws 330/22; OLG Oldenburg VRS 67, 37; LG Bautzen NStZ 1996, 446; LG Görlitz, Beschl. v. 5.1.2004 – 4 Qs 41/03; LG Saarbrücken NStZ-RR 2011, 262; BeckOK-StPO/*Cornelius*, § 8 Rn 6.1; *Meyer*, StrEG, § 8 Rn 18 ff.). Der Anwendungsbereich der Vorschrift kann nicht – jedenfalls nicht mit zulässigen Auslegungskriterien – in diesem Umfang erweitert werden kann. Bereits der Wortlaut, der von einer **verfahrensspezifischen** Unmöglichkeit ausgeht, spricht gegen jede Erweiterung. In Zusammenschau mit § 8 Abs. 1 S. 1 StrEG wird auch der Ausnahmecharakter der Vorschrift deutlich, auf den konkret in den Gesetzesmaterialien (BT-Drucks VI/460, S. 12) hingewiesen wird. Zwar ist dem Argumentationsansatz zuzustimmen, dass – anders als in Fällen des § 464 Abs. 2 StPO – das Schweigen des Gerichts nicht gleichbedeutend mit einer Entschädigungsversagung ist (OLG Celle NStZ-RR 2011, 264; OLG Stuttgart NStZ 2001, 496), was zunächst für die Zulässigkeit der Nachholung in größerem Umfang sprechen könnte. Die

unbeschränkte Nachholungsmöglichkeit (auch und gerade beim absichtlichen Unterbleiben der Entscheidung) lässt sich aber zumindest bei Kollegialgerichten nicht mehr mit dem Anspruch auf den gesetzlichen Richter (Art. 101 Abs. 1 S. 2 GG) vereinbaren. Schließlich ist es dem Verfahrensbetroffenen wie in den Fällen der unterlassenen Grundentscheidung zu den notwendigen Auslagen zuzumuten, die Korrektur mit Hilfe einer sofortigen Beschwerde herbeizuführen.

☝ **Unterbleibt** die **Entscheidung** zur Entschädigungsfrage ganz oder teilweise, ist nach der hier vertretenen Auffassung fristgerecht **sofortige Beschwerde** einzulegen (→ *StrEG-Entschädigung, Grundentscheidung, Anfechtung*, Teil I Rdn 558). Je nach der vom Beschwerdegericht vertreten Auffassung kann sie unzulässig sein (OLG Celle NStZ-RR 2011, 264). In diesem Fall wird das Gericht das Verfahren zumindest an das zuständige Tatgericht abgeben. Hier besteht jedoch das Risiko, dass die Beschwerde bei Eingang beim zuständigen Beschwerdegericht bereits verfristet ist.

c) Ebenso **umstritten** wie die Nachholung ist die Frage der **nachträglichen Ergänzung** oder **Korrektur** 553
der Grundentscheidung. Auch hier wird in Rspr. und Lit. vertreten, dass eine nachträgliche Ergänzung oder Korrektur zulässig sei und ein entsprechender Antrag an das die Grundentscheidung erlassende Gericht gestellt werden könne.

- Nach OLG Düsseldorf (Beschl. v. 28.1.1980 – 5 Ws 160/79) soll eine in der abschließenden Sachentscheidung versehentlich teilweise unterbliebene Entscheidung über die Entschädigungspflicht jedenfalls dann nachholbar sein, wenn den Entscheidungsgründen eindeutig zu entnehmen ist, dass das Gericht den Angeklagten ohne Einschränkung **entschädigen wollte**.
- Über den Wortlaut des Gesetzes hinaus könne auch dann im isolierten Beschlussverfahren über die Entschädigungsverpflichtung entschieden werden, wenn die Entschädigung im Urteilsspruch versehentlich nicht berücksichtigt worden ist. Dies gelte nicht in Fällen, in denen das freisprechende Urteil vollständig über die Frage der Entschädigung schweigt, sondern auch dann, wenn teilweise positiv entschieden wurde, eine weitere entschädigungsfähige Strafverfolgungsmaßnahme aber irrtümlich unberücksichtigt geblieben ist (OLG Düsseldorf, Beschl. v. 7.11.2000 – 1 Ws 532/00, Rn 3).
- Nach OLG Düsseldorf NStZ-RR 2001, 159 und *Kunz*, StrEG, § 8 Rn 30 soll auch eine nachträgliche Entscheidung möglich sein, wenn irrtümlich nicht über sämtliche in Betracht kommenden Verfolgungsmaßnahmen entschieden wurde. Eine Nachtragsentscheidung sei aber dann unzulässig, wenn sich aus der ersten Entscheidung ergibt, dass diese abschließend sein sollte (*Kunz*, StrEG, § 8 Rn 31).

Auch diese **Auffassung** ist aus den oben genannten Gründen **abzulehnen** (KG, Beschl. v. 10.3.2009 – 554
2 Ws 9/08; OLG Hamm, Beschl. v. 14.2.2023 – 5 Ws 11/23).

7. Jeder Verfahrensbetroffene, der eine Strafverfolgungsmaßnahme erlitten hat, kann auf eine **Entschädigung nach dem StrEG verzichten** (→ *StrEG-Entschädigung, Verzicht*, Teil I Rdn 729). Dies steht außer Zweifel, da er – je nach Verfahrensstadium – bereits die Herbeiführung einer Grundentscheidung (§ 9 StrEG) oder nach deren Ergehen die Geltendmachung des Entschädigungsanspruchs (§ 10 StrEG) unterlassen kann. **Umstritten** ist insoweit nur, ob die **verfahrensrechtlich Dispositionsbefugnis** so weit reicht, dass bei einem erklärten StrEG-Verzicht die **Grundentscheidung** nach § 8 Abs. 1 S. 1 StrEG **unterbleiben** darf, und der Betroffene mit seiner Verzichtserklärung das Gericht von dessen obligatorischer Entscheidungspflicht befreien kann (bejahend OLG Stuttgart, Beschl. v. 12.5.1992 – 3 Ws 60/92; BeckOK-StPO/*Cornelius*, § 8 StrEG Rn 4; *Kunz*, StrEG, § 8 Rn 21; *Meyer*, StrEG, Vorbem. §§ 1 – 6 Rn 14; § 8 Rn 8; verneinend KG VRS 72, 380; OLG München NJW 1973, 721; AG Pasewalk NStZ-RR 2004, 352; im Ergebnis wohl auch: BGH NJW 1990, 1000; *Schmitt/Köhler*, § 8 StrEG Rn 3). Zuzustimmen ist der Auffassung, dass eine Grundentscheidung des Strafgerichts nach § 8 StrEG in Bezug auf dessen eigene Ansprüche entbehrlich ist, wenn der Betroffene von Strafverfolgungsmaßnahmen auf Entschädigung nach dem StrEG verzichtet hat. Nur wenn Ansprüche Unterhaltsberechtigter nach § 11 StrEG in Betracht kommen, ist eine Grundentscheidung zu treffen (→ *StrEG-Entschädigung, Verzicht*, Teil I Rdn 715). 555

556 Ob eine Verzichtserklärung das **Rechtsschutzbedürfnis** für eine **Beschwerde** gegen die Versagung der Entschädigung entfallen lässt, ist **umstritten**.

557 **7. Antragsmuster: Entschädigungsantrag**

▼

Der Angeklagte ist für die vorläufige Festnahme in der Zeit vom bis erlittene Polizeihaft und für die in der Zeit vom bis erlittene Untersuchungshaft **oder**

für die Zeit der Beschlagnahme des Führerscheins der/des (Behörde) Nr. vom bis und die Zeit der vorläufigen Entziehung der Fahrerlaubnis vom bis zu entschädigen.

▲

Siehe auch: → *StrEG-Entschädigung, Allgemeines*, Teil I Rdn 307 m.w.N.; → *StrEG-Entschädigung, Grundentscheidung, Anfechtung*, Teil I Rdn 558; → *StrEG-Entschädigung, Grundentscheidung, Staatsanwaltschaftliche Verfahrenseinstellung*, Teil I Rdn 571.

558 StrEG-Entschädigung, Grundentscheidung, Anfechtung

Das Wichtigste in Kürze:

1. Die tatrichterliche Entscheidung über die Entschädigung ist unabhängig davon anfechtbar, ob auch die Hauptentscheidung angefochten werden kann (§ 8 Abs. 3 S. 1 StrEG).
2. Anfechtungsberechtigt ist u.a. der Verfahrensbetroffene, wenn die Entscheidung unterblieben ist bzw. die Entschädigung ganz oder teilweise ausgeschlossen, versagt oder abgelehnt wurde.
3. Neben Berufung oder Revision gegen das Urteil muss der Verurteilte auch sofortige Beschwerde gegen die Entschädigungsversagung einlegen, wenn diese abgeändert werden soll.
4. Über § 8 Abs. 3 S. 1 StrEG finden die allgemeinen Vorschriften über die Beschwerde (§§ 304 – 311a StPO) Anwendung. Für die sofortige Beschwerde gelten die allgemeinen Regeln.

559 **Literaturhinweise:** Siehe die Hinweise bei → *StrEG-Entschädigung, Allgemeines*, Teil I Rdn 308.

560 **1. Die tatrichterliche Entscheidung** über die Entschädigung ist unabhängig davon anfechtbar, ob auch die Hauptentscheidung angefochten werden kann (§ 8 Abs. 3 S. 1 StrEG). Die Grundentscheidung bzw. deren Unterbleiben ist nur mit der **sofortigen Beschwerde** anfechtbar (§ 8 Abs. 3 S. 1 StrEG, § 311 Abs. 1 StPO).

561 **2. Anfechtungsberechtigt** ist der **Verfahrensbetroffene**, wenn die Entscheidung unterblieben ist bzw. die Entschädigung ganz oder teilweise ausgeschlossen, versagt oder abgelehnt wurde. Die **StA ist anfechtungsberechtigt**, wenn Entschädigung (fälschlich) zugesprochen wurde, aber auch wenn sie unterlassen wurde, da die StA das Rechtsmittel weder zugunsten noch zuungunsten des **Entschädigungsberechtigten** einlegt, sondern mit ihm nur ihre Aufgabe wahrnimmt, eine Gerichtsentscheidung mit dem Gesetz in Einklang zu bringen, ohne dass es auf die Wirkung für oder gegen den **Entschädigungsberechtigten** ankommt (OLG Düsseldorf NJW 1999, 2830).

562 **3.a) Neben Berufung** oder **Revision** gegen das Urteil muss der Verurteilte **auch sofortige Beschwerde** gegen die Entschädigungsversagung einlegen, da diese andernfalls vom Rechtsmittelgericht nicht überprüft werden kann (OLG Frankfurt NJW 1974, 202; OLG Karlsruhe NJW 1972, 2323; *Schmitt/Köhler*, § 8 StrEG Rn 18).

563 *Beispiel:*

V wurde vom Amtsgericht verurteilt, das auch eine Entschädigung für die überschießende Untersuchungshaft ablehnte. Mit beiden Entscheidungen ist V nicht einverstanden. Er muss also gegen die Verurteilung Berufung oder Sprungrevision und sofortige Beschwerde gegen die Entschädigungsversagung einlegen.

▼

Gegen das Urt. v. lege ich **Berufung** und gegen die Ablehnung einer Entschädigung für die überschießende Untersuchungshaft **sofortige Beschwerde** ein. 564

▲

1.5

b) Wird gegen das Urteil nur ein **unbenanntes „Rechtsmittel"** eingelegt, schließt dies die sofortige Beschwerde nicht ein, vielmehr muss diese ausdrücklich erklärt werden (OLG Köln, Beschl. v. 26.9.2008 – 83 Ss 69/08). Lediglich für den Fall, dass die Berufung ganz oder teilweise Erfolg und damit der erstinstanzliche Entschädigungsausspruch keine Grundlage mehr hat, ist das Berufungsgericht ohne Vorliegen einer zulässigen sofortigen Beschwerde zu einer neuen Entscheidung über die Entschädigungspflicht berechtigt und verpflichtet (OLG Hamm, Beschl. v. 31.8.1990 – 4 Ws 326/90 u. 4 Ws 327/90). 565

4.a) Über § 8 Abs. 3 S. 1 StrEG finden die **allgemeinen Vorschriften** über die **Beschwerde** (§§ 304 – 311a StPO) Anwendung. Dies bedeutet im Einzelnen: 566

- Die erstinstanzielle OLG-Entscheidung ist nicht anfechtbar (§ 304 Abs. 4 S. 2 StPO).
- Hat das Beschwerdegericht entschieden, ist eine **weitere Beschwerde** nicht zulässig, da nach § 310 Abs. 1 StPO nur die Verhaftung und die einstweilige Unterbringung mit der weiteren Beschwerde angefochten werden können. Es handelt sich insoweit um eine eng auszulegende Ausnahmevorschrift, die nur Entscheidungen erfasst, bei der die Entziehung der persönlichen Freiheit selbst Gegenstand des Verfahrens ist (KG, Beschl. v. 24.6.1999 – 5 Ws 395/99; OLG Celle MDR 1977, 74; OLG Oldenburg VRS 67, 37). Die Frage, ob der Verfahrensbetroffene für die erlittene Untersuchungshaft zu entschädigen ist, gehört hierzu nicht und unterliegt daher dem Beschwerdeausschluss nach § 310 Abs. 2 StPO. Dies gilt auch dann, wenn der **Gegner** des ursprünglichen Beschwerdeführers durch die Beschwerdeentscheidung **erstmals beschwert** ist (*Schmitt/Köhler*, § 310 StPO Rn 1).

b) Die **Wertgrenze** des § 304 Abs. 3 StPO gilt dagegen im Entschädigungsverfahren nicht. Dies folgt zwanglos daraus, dass sich das Gericht im Grundverfahren mit der Schadenshöhe nicht zu beschäftigen hat und daher zum Beschwerdewert überhaupt nicht Stellung nehmen kann (KG JR 1981, 524; OLG München NJW 1973, 721; BeckOK-StPO/*Cornelius*, § 8 Rn 13; *Kunz*, StrEG, § 8 Rn 54; *Schmitt/Köhler*, § 8 StrEG Rn 20; a.A. OLG Düsseldorf MDR 1978, 781). In der Praxis wird diese Problematik kaum auftreten, da der Schaden im Grundverfahren in der Regel noch gar nicht bezifferbar ist (*Meyer*, StrEG, § 8 Rn 50). 567

c) Für die sofortige Beschwerde gelten die **allgemeinen Regeln** (§§ 311 f. StPO; zur sofortigen Beschwerde *Burhoff*, EV, Rn 4289 ff.; Burhoff/*Kotz/Hillenbrand*, RM, Teil A Rn 550 ff.). 568

aa) Die **sofortige Beschwerde** (§ 311 StPO) ist innerhalb der **Wochenfrist** einzulegen. Die Frist beginnt mit der **Bekanntmachung** der Entscheidung (§ 35 StPO), wenn diese in Anwesenheit des Verfahrensbetroffenen ergeht, andernfalls mit **Zustellung** an ihn oder den Verteidiger. Bei Zustellung an den Verteidiger gegen Empfangsbekenntnis kommt es nicht auf den tatsächlichen Zugang der Entscheidung an. Maßgeblich ist vielmehr der Zeitpunkt der Willensäußerung, das Schriftstück als zugestellt anzunehmen (KG StraFo 2009, 437). 569

☝ Ein **Verschulden** des Verteidigers ist für den Fall der **Fristversäumung** dem Antragsteller zuzurechnen, da es bei der Beschwerde gegen die Entschädigungsentscheidung nicht um die Anfechtung des Schuld- oder Rechtsfolgenausspruches geht, sondern um Angelegenheiten vermögensrechtlicher Art (OLG Karlsruhe, Beschl. v. 14.3.1980 – 3 Ws 56/80).

570 **b) Adressat** der sofortigen Beschwerde ist das **Ausgangsgericht** (iudex a quo; § 306 Abs. 1 StPO).

☝ Legt der vormalige Verteidiger die Beschwerde **fälschlich** beim Rechtsmittelgericht ein, ist sie unzulässig. Das Gericht, an das ein fristgebundenes Rechtsmittel fälschlicherweise übersandt wurde, ist nicht verpflichtet, das Rechtsmittelschreiben unter Anwendung von Eilmaßnahmen an das zuständige Gericht zu übersenden. Es ist lediglich die **Weiterleitung** im **normalen Geschäftsgang** erforderlich. Das gilt selbst dann, wenn sich der Eingabe neben dem korrekten Adressaten (für einen Juristen) sogleich entnehmen lässt, dass Fristversäumnis droht (OLG Karlsruhe, Beschl. v. 14.3.1980 – 3 Ws 56/80). Geht es beim zuständigen Gericht verspätet ein, ist es unzulässig. Wiedereinsetzung in den vorigen Stand kann in diesem Fall nicht gewährt werden, weil sich der Verfahrensbetroffene das Verschulden seines Bevollmächtigten zurechnen lassen muss (KG StRR 2011, 246).

Siehe auch: → *StrEG-Entschädigung, Allgemeines*, Teil I Rdn 307 m.w.N.

571 StrEG-Entschädigung, Grundentscheidung, staatsanwaltschaftliche Verfahrenseinstellung

Das Wichtigste in Kürze:

1. § 9 StrEG findet hinsichtlich aller Verfahrenseinstellungen der Staatsanwaltschaft Anwendung. Sofern die Staatsanwaltschaft das Verfahren eingestellt hat, gilt § 9 StrEG. Handelt es sich um eine gerichtliche Entscheidung, ist das Verfahren nach § 8 StrEG anzuwenden.
2. Von besonderer Bedeutung im Rahmen des § 9 StrEG ist die Verfahrenseinstellung mangels Tatnachweises.
3. Das Verfahren nach § 9 StrEG gilt auch, wenn das strafrechtliche Ermittlungsverfahren endgültig durch eine andere Behörde eingestellt wird.
4. § 9 Abs. 1 S. 5 StrEG normiert die Pflicht der StA, den Antragsberechtigten in der Mitteilung der Verfahrenseinstellung über sein Antragsrecht, die Frist und das zuständige Gericht zu belehren.
5. Über die Entschädigungspflicht entscheidet stets das Amtsgericht an seinem Hauptsitz.
6. Für die Anfechtung gelten die allgemeinen Regeln.

572 **Literaturhinweise:** Siehe die Hinweise bei → *StrEG-Entschädigung, Allgemeines*, Teil I Rdn 308.

573 **1.a)** In § 8 und § 9 StrEG ist das förmliche Verfahren über die grds. Entschädigungspflicht nach dem StrEG geregelt. **§ 9 StrEG** findet **hinsichtlich** aller Verfahrenseinstellungen der Staatsanwaltschaft Anwendung, sei es **mangels Tatnachweises** (§ 170 II StPO) oder aufgrund einer Ermessensentscheidung, sofern das Verfahren endgültig abgeschlossen ist. **Auch** wenn die Staatsanwaltschaft nach **§ 376 StPO** verfährt, ist § 9 StrEG einschlägig (*Schmitt/Köhler*, § 9 StrEG Rn 1; → *StrEG-Entschädigung, Billigkeitsentscheidung nach Sanktionierung*, Teil I Rdn 408; → *StrEG-Entschädigung, Billigkeitsentscheidung nach Verfahrenseinstellung*, Teil I Rdn 436).

574 **b)** Im Rahmen des Verfahrens nach § 9 StrEG ist zu **prüfen**

- ob gegen den Verfahrensbetroffenen eine andere Strafvollzugsmaßnahme i.S.d. **§ 2 StrEG** vollzogen wurde,
- ob der Entschädigungsanspruch nach **§ 5 StrEG** ausgeschlossen oder nach **§ 6 StrEG** zu versagen ist und
- ob das Verfahren **endgültig eingestellt** wurde.

575 **c)** Stellt die StA ein Verfahren, in dem zuvor eine entschädigungspflichtige Strafverfolgungsmaßnahme vollzogen wurde, ein, geschieht dies i.d.R. ohne Beteiligung des Gerichts, weshalb § 8 StrEG keine

Anwendung findet. Dies gilt auch, wenn das Verfahren nach **§ 153a StPO** eingestellt und hierzu die Zustimmung des Gerichts eingeholt worden ist. Eine **Grundentscheidung** zur Entschädigungspflicht kann die StA selbst **nicht treffen**. Zu deren Herbeiführung muss der Verfahrensbetroffene das **zuständige Gericht anrufen**.

☝ Das **Antragserfordernis** besteht **zwingend** (§ 9 Abs. 1 S. 2 StrEG).

2. Von besonderer Bedeutung im Rahmen des § 9 StrEG ist die **Verfahrenseinstellung mangels Tatnachweises**, da für die notwendigen Auslagen des Verfahrensbetroffenen, z.B. die Kosten für die Verteidigertätigkeit, bei Einstellung des Ermittlungsverfahrens nach § 170 Abs. 2 StPO keine Erstattungsregeln vorgesehen sind. In einem solchen Fall kann im Rahmen des Entschädigungsverfahrens nach dem StrEG unter bestimmten Voraussetzungen jedenfalls ein Teil der Anwaltskosten als Schaden anerkannt und erstattet werden. 576

3. Das Verfahren nach § 9 StrEG ist auch dann anzuwenden, wenn das strafrechtliche Ermittlungsverfahren endgültig durch **eine andere Behörde**, die kraft Gesetzes die Rechte und Pflichten wahrnimmt, die der Staatsanwaltschaft im Ermittlungsverfahren zustehen, eingestellt wird, z.B. eine Finanzbehörde (Finanzamt, Bundesamt für Finanzen, Hauptzollamt oder Familienkasse), *Kunz*, StrEG, § 9 Rn 4, 16. 577

Führt die **Verwaltungsbehörde** ein Ordnungswidrigkeitenverfahren und stellt es ein, findet die Vorschrift keine Anwendung, vielmehr gilt § 110 OWiG. Hier entscheidet die Verwaltungsbehörde selbst (→ *StrEG-Entschädigung, Bußgeldverfahren*, Teil I Rdn 457). 578

Zur Frage der Entschädigung **bei Einstellung** des **Ermittlungsverfahrens** und **Abgabe** an die **Verwaltungsbehörde** folgendes 579

Beispiel:

Der Beschuldigte wird von der Verkehrspolizei in einem auffälligen Zustand angetroffen, vermutet wird Alkoholisierung. Der Führerschein wird beschlagnahmt; es wird eine Blutprobe genommen und eine BAK von 2,2 Promille festgestellt. Daraufhin ergeht ein Beschluss nach § 111a StPO. Auf den Einwand des Beschuldigten, es müsse eine Verwechslung vorliegen, erfolgt eine Überprüfung, die zu einem Ergebnis von 0,2 Promille führt. Die StA stellt das EV nach § 170 Abs. 2 StPO ein und gibt die Sache an die Verwaltungsbehörde zur Verfolgung wegen § 1 StVO ab. Diese verhängt eine Geldbuße in Höhe von 20,00 EUR.

Zur Frage, wann hier eine entschädigungsrechtlich eine § 9 StrEG unterliegende Verfahrenseinstellung vorliegt, bestehen unterschiedliche Auffassungen. Für die Anwendbarkeit von § 9 StrEG bereits bei Verfahrenseinstellung und Abgabe an die Verwaltungsbehörde spricht sich *Schmitt/Köhler* (§ 9 StrEG Rn 2) aus, wobei die Staatsanwaltschaft darauf hinwirken solle, dass das Gericht über die Entschädigungspflicht erst nach Abschluss des Bußgeldverfahrens entscheidet. Eine Belehrung nach § 9 StrEG sei in diesem Fall ebenfalls zurückzustellen (*Kunz*, StrEG, § 9 StrEG Rn 8). Andererseits wird vertreten, dass eine endgültige Verfahrenseinstellung erst vorliege, wenn auch das Bußgeldverfahren abgeschlossen ist (*Meyer*, StrEG, § 9 Rn 7; *Kunz*, StrEG, § 9 Rn 8).

☝ Endet das Verwaltungsverfahren **vor Gericht**, erfolgt die Entschädigungsentscheidung gemäß **§ 8 StrEG**. Stellt die Verwaltungsbehörde das Verfahren endgültig ein, entscheidet sie eigenständig über die Entschädigung nach § 110 Abs. 1 OWiG.

4.a) § 9 Abs. 1 S. 5 StrEG normiert die **Pflicht der StA**, den Antragsberechtigten in der **Mitteilung der Verfahrenseinstellung** über sein Antragsrecht, die Frist und das zuständige Gericht zu **belehren**. Die Belehrung muss sich mit allen entschädigungspflichtigen Strafverfolgungsmaßnahmen befassen. 580

581 **b)** Bezüglich der **Mitteilung** über die **Anspruchsstellung** geben die bundeseinheitlichen Verwaltungsvorschriften in Anlage C RiStBV Teil A. II. 1. Folgendes vor:

„Stellt die StA ein Verfahren ein, in welchem gegen den Beschuldigten eine Strafverfolgungsmaßnahme im Sinne des § 2 StrEG vollzogen worden ist, so wird diesem die Mitteilung über die Einstellung zugestellt (§ 35 Abs. 2 S. 1 StPO).“

582 **c)** Neben der Mitteilung über die Verfahrenseinstellung hat eine **Belehrung** des Betroffenen zu erfolgen. Die entsprechende Verwaltungsanweisung in Anlage C RiStBV Teil A. II. 1. lautet:

„In der Einstellungsnachricht wird der Beschuldigte über sein Recht, einen Antrag auf Feststellung der Entschädigungspflicht der Staatskasse zu stellen, über die in § 9 Abs. 1 S. 4 StrEG vorgeschriebene Frist sowie über das nach § 9 Abs. 1 S. 1 und 2 StrEG zuständige Gericht belehrt.“

583 **d)** Im o.a. **Beispielsfall** (Teil I Rdn 579) muss die Belehrung durch die StA erfolgen, weil mit der vorläufigen Entziehung der Fahrerlaubnis eine **Strafverfolgungsmaßnahme** vollzogen worden war (BeckOK OWiG, *Graf*, § 110 Rn 1). Eine Entschädigungsentscheidung durch die Verwaltungsbehörde im Zusammenhang mit dem Verfahrensabschluss kommt nicht in Betracht, da die Ermächtigungsgrundlage des § 110 OWiG eine Entscheidung nur über andere Verfolgungsmaßnahmen i.S.d. § 2 Abs. 2 Nr. 4 StrEG (Arrest, Beschlagnahme, Durchsuchung und Sicherstellung) ermöglicht (KK-OWiG/*Hadamitzky*, § 110 Rn 28). Nach Abschluss ihres Verfahrens gibt die Verwaltungsbehörde die Akten deshalb an die StA zurück, die dann nach § 9 StrEG zu verfahren hat (*Kunz,* StrEG, § 9 Rn 9; zum umgekehrten Fall des Übergangs vom Bußgeld- zum Strafverfahren → *StrEG-Entschädigung, Grundentscheidung, Bußgeldverfahren*, Teil I Rdn 457.

▼

584 Sehr geehrte Frau/sehr geehrter Herr,

in dem gegen Sie durchgeführten strafrechtlichen Ermittlungsverfahren (Az.:) wurde am Ihr Führerschein beschlagnahmt und durch Beschluss des Amtsgerichts vom die Fahrerlaubnis vorläufig entzogen. Am wurde der Beschluss nach § 111a StPO aufgehoben und Ihnen der Führerschein wieder ausgehändigt.

Am wurde das **strafrechtliche Ermittlungsverfahren eingestellt** und die Sache an die Verwaltungsbehörde zur Verfolgung einer Ordnungswidrigkeit abgegeben.

Sofern Ihnen aufgrund der vorläufigen Fahrerlaubnisentziehung ein Vermögensschaden entstanden ist, haben Sie die Möglichkeit, **innerhalb eines Monats nach Zustellung dieser Mitteilung** beim zuständigen Gericht einen **Antrag auf Feststellung der Entschädigungspflicht** zu stellen. **Zuständig ist das Amtsgericht** (*Ort, Straße, Hausnummer*).

Gemäß § 7 StrEG wird eine Entschädigung für Vermögensschäden nur geleistet, wenn der nachgewiesene Schaden 25,00 EUR übersteigt.

Wird diese **Frist schuldhaft versäumt**, ist die Geltendmachung eines Entschädigungsanspruchs ausgeschlossen. Bei unverschuldeter Fristversäumung kann **Antrag auf Wiedereinsetzung in den vorigen Stand** gestellt werden.

gez. Staatsanwalt

▲

585 **e)** Das **Fehlen**

- entweder der Einstellungsmitteilung
- oder der Belehrung über die Frist
- oder der Belehrung über die Antragsmöglichkeit
- oder der Bekanntgabe des zuständigen Gerichts

führt **nicht** zur **Unwirksamkeit** des Informationsschreibens durch die StA, kann aber die Gewährung der **Wiedereinsetzung** in den vorigen Stand von Amts wegen rechtfertigen.

5.a) Über die Entschädigungspflicht entscheidet stets das **AG** an seinem Hauptsitz, nicht eine seiner Zweigstellen. Ausgenommen davon sind die in § 9 Abs. 1 S. 2 Nrn. 1, 2 StrEG aufgeführten Verfahrenskonstellationen (Teil I Rdn 589). 586

b) Maßgeblich für die **örtliche Zuständigkeit** des AG ist der **Sitz** der **StA**. Sitz der StA ist auch hier deren **Hauptsitz**, regelmäßig derjenige am übergeordneten Landgericht. 587

☝ Eine falsche Belehrung über die gerichtliche Zuständigkeit dürfte an sich nicht vorkommen. Bei **Unklarheiten** sollte der Antrag an das AG gerichtet werden, das sich am Ort des LG befindet, dessen StA das Ermittlungsverfahren geführt hatte.

Wird das **Steuer-Ermittlungsverfahren** durch die **Finanzbehörde** eingestellt, bestimmt sich die örtliche Zuständigkeit des AG durch den **Sitz der Finanzbehörde**, weil diese die Aufgaben einer StA wahrnimmt (§ 399 Abs. 1 AO). 588

c) Ausgenommen von der **Regelzuständigkeit** des AG sind Verfahren 589

- in denen die StA bereits Anklage erhoben, diese aber wieder zurückgenommen hatte (§ 9 Abs. 1 S. 2 Nr. 1 StrEG) oder
- der GBA/die StA bei dem OLG/GenStA das Verfahren in einer Strafsache eingestellt hat, für die das Oberlandesgericht im ersten Rechtszug zuständig ist (§ 9 Abs. 1 S. 2 Nr. 2 StrEG).

Grund für die anderweitige Regelung der Entscheidungszuständigkeit nach § 9 Abs. 1 S. 2 Nr. 1 StrEG ist, dass mit Erhebung der Anklage **ein anderes Gericht** als das AG **mit der Sache bereits befasst** war. In diesen Fällen tritt an die Stelle des Amtsgerichts das Gericht, das für die Eröffnung des Hauptverfahrens zuständig gewesen wäre. Diese Konstellation darf aber nicht damit verwechselt werden, dass die StA in einer Strafsache ermittelt, die, würde Anklage erhoben werden, in die sachliche Zuständigkeit des LG (§§ 74–74c GVG) gehören würde. Selbst wenn die StA in einem Mordverfahren ermittelt, dieses aber dann nach § 170 Abs. 2 StPO einstellt, verbleibt die Entscheidungszuständigkeit über die Entschädigungspflicht beim AG. 590

d) Bei Verfahren, die die in § 120 GVG aufgeführten Delikte zum Gegenstand haben (**Staatsschutzsachen**), entscheidet nach Verfahrenseinstellung durch den GBA/die StA beim OLG/GenStA das für **Staatsschutzdelikte zuständige OLG**. 591

6. Für die **Anfechtung** gelten die **allgemeinen Regeln**, und zwar 592

- Zur Berechnung der **Monatsfrist** → *StrEG-Entschädigung, Fristen*, Teil I Rdn 516.
- **Anfechtbar** sind nur amts- oder landgerichtliche Entscheidungen (→ *StrEG-Entschädigung, Grundentscheidung, Anfechtung*, Teil I Rdn 558 m.w.N.)
  – über die Entschädigungspflicht und
  – über die (Nicht-)Gewährung der Wiedereinsetzung in den vorigen Stand.
- Wegen § 304 Abs. 4 S. 2 StPO ist keine der beiden Entscheidungen eines **OLG** anfechtbar (BGHSt 26, 250).

6. Antragsmuster: Antrag auf Feststellung der Entschädigungspflicht (§ 9 StrEG) 593

▼

An das Amtsgericht

Antrag auf Feststellung der Entschädigungspflicht (§ 9 StrEG)

Unter dem Az.: hat die StA bei dem Landgericht gegen mich ein strafrechtliches Ermittlungsverfahren wegen Verdachts der Trunkenheit im Verkehr geführt. Nach Feststellung der tatsächlichen BAK von 0,2 Promille wurde das Verfahren eingestellt und die Sache an die Verwaltungsbehörde zur

Verfolgung einer Ordnungswidrigkeit abgegeben. Mein Führerschein wurde am beschlagnahmt, der Gerichtsbeschluss über die vorläufige Entziehung der Fahrerlaubnis vom wurde am aufgehoben, der Führerschein am zurückgegeben.

Die Mitteilung über die Einstellung des strafrechtlichen Ermittlungsverfahrens wurde mir am zugestellt.

Hiermit beantrage ich Entschädigung wegen der Beschlagnahme des Führerscheins und der vorläufigen Fahrerlaubnisentziehung für die Zeit vom bis zum

▲

Siehe auch: → *StrEG-Entschädigung, Allgemeines*, Teil I Rdn 307 m.w.N.; → *StrEG-Entschädigung, Billigkeitsentscheidung nach Verfahrenseinstellung*, Teil I Rdn 436; → *StrEG-Entschädigung, Grundentscheidung, Allgemeines*, Teil I Rdn 535; → *StrEG-Entschädigung, Grundentscheidung, Anfechtung*, Teil I Rdn 558.

594 StrEG-Entschädigung, Schaden

Das Wichtigste in Kürze:

1. Der Schadensbegriff des § 7 StrEG beinhaltet immateriellen Schäden im Falle der Freiheitsentziehung (§ 7 Abs. 3 StrEG), i.Ü. ausschließlich Vermögensschäden (§ 7 Abs. 1 StrEG).
2. Für Freiheitsentziehung entsteht pro angefangenem Tag ein Anspruch auf Entschädigung in Höhe von 75,00 EUR.
3. Unter Vermögensschaden i.S.d. hier maßgeblichen §§ 249 – 252 BGB ist jede durch die Strafverfolgungsmaßnahme verursachte Verschlechterung der wirtschaftlichen Lage des Verfolgten, die sich in Geldwert ausdrücken lässt, zu verstehen.
4. Auch Anwaltskosten (notwendige Auslagen) können zur entschädigen sein.
5. Die einschneidendste Folge einer Strafverfolgungsmaßnahme kann im Verlust des Arbeitsplatzes liegen.
6. Werden Gegenstände beschlagnahmt (sichergestellt), gepfändet oder mit einem Arrest belegt, löst diese Maßnahme die Entschädigungspflicht nicht nur durch die Entziehung der Nutzbarkeit, sondern auch dadurch aus, dass sie beschädigt werden oder in Verlust geraten können.
7. Bei Durchsuchungen entstehen häufig Kollateralschäden durch gewaltsames Öffnen von Türen oder Behältnissen, aber auch dadurch, dass die durchsuchten Räume in einem chaotischen oder schmutzigen Zustand hinterlassen werden.
8. Die Entschädigung wegen Entziehung der Fahrerlaubnis erstreckt sich auf tatsächlich erwachsene finanzielle Mehraufwendungen oder sonstige wirtschaftliche Nachteile.
9. Dritte, welche (mittelbar) durch den Vollzug von Strafverfolgungsmaßnahmen gegen einen Beschuldigten wirtschaftliche Nachteile erleiden, sind grds. nicht entschädigungsberechtigt.

595 **Literaturhinweise:** Siehe die Hinweise bei → *StrEG-Entschädigung, Allgemeines*, Teil I Rdn 308.

596 **1.** Der **Schadensbegriff** des § 7 StrEG beinhaltet immateriellen Schäden im Falle der Freiheitsentziehung (§ 7 Abs. 3 StrEG), im Übrigen ausschließlich Vermögensschäden (§ 7 Abs. 1 StrEG).

597 **Entschädigung** wird **nur** in **Geld** geleistet; Naturalrestitution scheidet aus (*Meyer*, StrEG, § 7 Rn 7). Für einen Vermögensschaden wird nur dann entschädigt, wenn der Schaden 25 EUR übersteigt (§ 7 Abs. 2 StrEG). Bei überholender Kausalität wird kein Schadensersatz geleistet (§ 7 Abs. 4 StrEG).

598 **2.** Für **Freiheitsentziehung** entsteht **pro angefangenem Tag** ein Anspruch auf Entschädigung in Höhe von **75,00 EUR**.

a) Die Entziehung der Freiheit muss **gerichtlich angeordnet** worden sein, was i.d.R. nur bei **Untersuchungshaft** oder **Unterbringung** der Fall ist. Dies gilt auch für im Ausland vollzogene **Auslieferungshaft** (Beck-OK-StPO/*Cornelius*, Rn 10). 599

b) Die **vorläufige Festnahme** (§ 127 Abs. 2 StPO) kann nach § 2 Abs. 2 Nr. 2 StrEG nur zur Entschädigung hinsichtlich eines Vermögensschadens führen. Die vorläufige Festnahme (§ 127 Abs. 1 StPO) und die Zuführung zur Identitätsfeststellung (§ 127 Abs. 1 S. 1 i.V.m. §§ 163b, 163c StPO) lösen keine Entschädigungspflicht aus (KG, Beschl. v. 9.11.2012 – 4 Ws 120/12, StRR 2013, 236 m. Anm. *Burhoff*). Die Inhaftierung aufgrund eines Auslandsersuchens fällt ebenso wenig unter den entschädigungsrechtlichen Begriff der Freiheitsentziehung. 600

c) Eine **Vorteilsausgleichung** findet **nicht** statt, wenn ausschließlich Anspruch auf Ersatz des immateriellen Schadens besteht (*Kunz*, StrEG, § 7 Rn 83; *Schmitt/Köhler*, § 7 StrEG Rn 8). Wird neben dem immateriellen zugleich auch Vermögensschaden geltend gemacht, werden gem. Teil I B II Nr. 2b der Ausführungsvorschriften zum StrEG (Anlage C der Richtlinien für das Strafverfahren und das Bußgeldverfahren – RiStBV) ersparte Aufwendungen für Unterkunft und Verpflegung in Abzug gebracht, der wie folgt lautet: 601

... 602

„b) Ausgaben, die die berechtigte Person infolge einer Haft für Unterkunft und Verpflegung erspart hat, werden allein bei der Geltendmachung von kongruenten Vermögensschäden (§ 7 Abs. 1 StrEG) und nur wie folgt angerechnet:

aa) Sind der berechtigten Person Ausgaben für Verpflegung und Unterkunft erspart geblieben, so wird je Tag ein Betrag in Höhe von 3/4 aus der Summe des Haftkostensatzes für Einzelunterbringung für Einzelunterbringung und des Haftkostensatzes für Verpflegung (Frühstück, Mittagessen und Abendessen) angerechnet.

bb) Sind ihr nur Ausgaben für Verpflegung oder nur Ausgaben für Unterkunft erspart geblieben, so wird je Tag ein Betrag in Höhe von 3/4 des Haftkostensatzes für Verpflegung (Frühstück, Mittagessen und Abendessen) bzw. des Haftkostensatzes für Einzelunterbringung angerechnet.

cc) Dabei werden der Aufnahme- und der Entlassungstag als ein Tag gerechnet.“

Dies setzt jedoch ein **Kongruenzverhältnis** voraus, d.h. der Vorteil kann nur mit derjenigen Schadensposition verrechnet werden, die ihr sachlich entspricht. Eine Anrechnung der Haftkosten auf die erstattungsfähigen Kosten für die Inanspruchnahme eines Rechtsanwalts scheidet daher aus (OLG Düsseldorf NStZ-RR 2006, 35; LG Frankfurt StV 1984, 473). 603

3.a) Unter **Vermögensschaden** ist grds. nach §§ 249 – 252 BGB **jede** durch die Strafverfolgungsmaßnahme verursachte **Verschlechterung der wirtschaftlichen Lage** des Verfolgten, die sich in Geldwert ausdrücken lässt, zu verstehen (*Kunz*, StrEG, § 7 Rn 8 m.w.N.). Allerdings gelten die §§ 249 – 252 BGB im Bereich des StrEG nur, soweit dies mit dem aufopferungsrechtlichen Ansatz des StrEG vereinbar ist. 604

b) Eingeschlossen sind **kausale Nachteile** im Fortkommen und Erwerb, vor allem der Verdienstausfall und der entgangene Gewinn, der nach dem gewöhnlichen Lauf der Dinge oder den besonderen Umständen des Falles hätte verwertet werden können. Durch die Strafverfolgungsmaßnahme muss der Schaden – **adäquat kausal** – beim dem in einem Strafverfahren Beschuldigten, Angeschuldigten, Angeklagten oder Verurteilten verursacht worden sein (*Schmitt/Köhler*, § 1 StrEG Rn 2). Ein Zurechnungszusammenhang kann dabei auch gegeben sein, wenn der Schaden unmittelbar erst durch ein weiteres Ereignis eintritt (BGH NJW 1988, 1141 für Kündigung des Arbeitsverhältnisses aufgrund vorläufiger Entziehung der Fahrerlaubnis), nicht aber, wenn der Schaden auch ohne die Strafverfolgungsmaßnahme eingetreten wäre (§ 7 Abs. 4). **Darlegungs- und beweisbelastet** ist der Betroffene von Strafverfolgungsmaßnahmen (BGH NJW 1988, 1141), die Schadenshöhe ist bei ausreichenden tatsächlichen Anhaltspunkten einer Schätzung durch das Gericht zugänglich (§ 287 ZPO). 605

606 Eine (**nur**) **mittelbare** Ursache **reicht** für einen Entschädigungsanspruch aber **nicht** aus; (nur) mittelbare Schäden, die nicht „durch", sondern (nur) „aus Anlass" der entschädigungspflichtigen Maßnahme entstanden sind (sog. **Reflexschäden**), unterfallen nicht mehr dem Schutzbereich der Bestimmungen des StrEG und sind deshalb auch nicht erstattungsfähig (BGH MDR 1979, **562; OLG Hamm MDR 1988, 414; OLG Jena, Beschl. v. 30.4.2012 – 4 W 94/12; OLG Karlsruhe** OLGR 2005, 125; OLG Nürnberg NStZ 2003, 62; OLG Schleswig JurBüro 2000, 208). Die gesetzgeberische Entscheidung, das StrEG nur auf bestimmte (unmittelbare) Folgen zu beschränken, ist zu respektieren. Es handelt sich dogmatisch um eine besondere Form des Aufopferungsanspruchs, es stand und steht dem Gesetzgeber frei, diesen Anspruch, der kein Verschulden voraussetzt, zu beschränken.

607 **4.a)** Auch **Anwaltskosten** (notwendige Auslagen) können zur entschädigen sein. Sie entstehen dem Verfolgten, wenn er sich anwaltlicher Hilfe bedient.

☝ Da der Entschädigung nach StrEG die spezialgesetzliche Regelung der §§ 467 ff. StPO vorgeht (BGH NJW 1975, 2341; 2009, 2682), stellt sich die Frage nur dort, wo notwendige Auslagen nach der StPO nicht erstattet werden können, **nicht** aber **schon** dann, wenn sie der Staatskasse nur **nicht überbürdet** werden (§ 467 Abs. 2 – 5 StPO).

608 **b)** Die **Einstellung** des **Ermittlungsverfahrens** nach **§ 170 Abs. 2 StPO** löst einen **materiell-rechtlichen Kostenerstattungsanspruch** aus, sofern anwaltlicher Beistand ausschließlich wegen der Strafverfolgungsmaßnahme in Anspruch genommen wurde. Da es tatsächlich aber einen Ausnahmefall darstellt, dass sich ein Beschuldigter ausschließlich hierfür anwaltlicher Hilfe bedient, sondern regelmäßig davon auszugehen ist, dass der Rechtsanwalt einen die Strafsache insgesamt umfassenden Verteidigungsauftrag erhalten hat, trifft man naturgemäß zumeist auf **Mischfälle**, in denen die ausgeübte Anwaltstätigkeit sowohl auf die Ausräumung des Tatvorwurfs als auch auf die Beendigung der Verfolgungsmaßnahme gerichtet ist. In derartigen Fällen lassen sich nur die ausscheidbaren Gebühren und Auslagen (z.B. nach Nr. 4102 VV RVG) feststellen. Im Übrigen ist der ersatzfähige Anteil nach **Maßgabe** des **§ 287 ZPO** zu **schätzen**. Dies gilt insbesondere dann, wenn die anwaltliche Tätigkeit „deckungsgleich" ist, das heißt wenn während des gesamten Zeitraums, in dem der Verteidiger für seinen Mandanten tätig geworden ist, sowohl das Ermittlungsverfahren lief als auch die entschädigungsfähige Strafverfolgungsmaßnahme aufrechterhalten wurde (BGH NJW 2009, 2682).

609 **c)** Anspruch auf Entschädigung in Höhe der Gebühren und Auslagen seines Rechtsanwalts hat der Verfahrensbetroffene nur, soweit die **Hinzuziehung** des **Rechtsanwalts** zur zweckentsprechenden Rechtsverteidigung gegen den – andauernden – Vollzug der entschädigungspflichtigen Maßnahme als **erforderlich** angesehen werden kann.

610 Erfolgt die **Einschaltung** des Rechtsanwalts **nach abgeschlossenem Maßnahmevollzug**, besteht kein Entschädigungsanspruch (LG Stuttgart NStZ-RR 2010, 128 [Ls.]). I.d.R. ist dies anzunehmen bei

- **Beschlagnahme/Sicherstellung**: Herausgabeverlangen nach erfolgter Maßnahme und während der Dauer der Sichtung (§ 110 StPO),
- **Durchsuchung**: Telefonische Beratung oder Beratung vor Ort,
- **Haft/vorläufige Festnahme**: Tätigkeit während der Zeit der Unfreiheit.

☝ Für die Tätigkeit im Verfahren auf **Feststellung** der **Rechtswidrigkeit** der **Maßnahme**, deren Auslagenerstattungsanspruch sich nach § 473a StPO richtet, ist keine Entschädigungsmöglichkeit nach StrEG gegeben.

611 **d)** Die **Geltendmachung** des **Entschädigungsanspruchs** nach **§ 10 StrEG** macht i.d.R. (Anlage C zu den RiStBV Teil I B. II 2g) die Einschaltung eines Rechtsanwalts notwendig, so dass die hierfür anfallenden Gebühren und Auslagen als Entschädigung verlangt werden können. Soweit als Schadenersatz **ausschließlich Haftentschädigung** (§ 7 Abs. 3 StrEG) gefordert wird, soll es aufgrund der Belehrungspflicht

(§ 10 Abs. 1 S. 3 StrEG) nicht notwendig sein, hierzu einen Rechtsanwalt einzuschalten (LG Flensburg NStZ-RR 1997, 190; LG Koblenz NStZ 2001, 500).

5. Die einschneidendste Folge einer Strafverfolgungsmaßnahme kann im **Verlust des Arbeitsplatzes** liegen. 612

a) Der Verfolgte muss darlegen und beweisen, dass es **wegen** der vollzogenen Verfolgungsmaßnahme (BGH NJW 1988, 1141; OLG Saarbrücken OLGR 2007, 947; OLG Schleswig NJW-RR 2004, 599) und **nicht nur gelegentlich** ihres Vollzugs (*Kunz*, StrEG, § 7 Rn 52 f. m.w.N.; *Meyer*, StrEG, § 7 Rn 17 „*Arbeitsplatz*" m.w.N.) beendet wurde. Dem Verfolgten wird zugemutet, die Kündigung vor dem Arbeitsgericht anzufechten (*Kunz*, StrEG, § 7 Rn 52 m.w.N.; *Meyer*, StrEG, § 7 Rn 17 „*Arbeitsplatz*" m.w.N.). Nur in diesem Fall kann er auch geltend machen, ihm sei wegen der Verfolgungsmaßnahme eine kündigungsbedingte Abfindung entgangen (OLG Koblenz OLGR 1999, 127). Der Kündigung steht es gleich, wenn der bereits fest vereinbarte Arbeitsantritt wegen der Verfolgungsmaßnahe nicht erfolgen konnte (OLG Hamm OLGR 2001, 129). 613

b) Zumeist kommt es infolge der Maßnahme zu Lohneinbußen, die wie Verdienstausfall nach der **modifizierten Bruttolohnmethode** berechnet werden (*Grünenberg* § 252 BGB Rn 8 ff.). Wird Lohn – etwa während der Dauer der Haft – trotz des Grundsatzes „*kein Lohn ohne Arbeit*" durch den Arbeitgeber fortgezahlt, scheidet ein Anspruch gegen die Staatskasse insoweit aus. Ersetzt werden nach der Systematik des StrEG nur tatsächliche Einbußen, die im Vermögen des betroffenen zurückbleiben; hätte er trotz überobligatorischer Lohnzahlung durch seinen Arbeitgeber einen StrEG-Ersatzanspruch, verbliebe in seinem Vermögen mehr, als er bei Erbringung der Arbeitsleistung vereinnahmt hätte. **Auslösungen** und **Spesen** rechnen nur dann zum Einkommen, wenn sie sich ungeachtet von durch Ortsabwesenheit verursachten Mehraufwand als einkommenserhöhend auswirken (*Kunz*, StrEG, § 7 Rn 62). Entschädigungsfähig kann auch die Einkommensminderung sein, die der Verfolgte aufgrund **Versetzung** auf einen geringer dotierten Arbeitsplatz erleidet (*Meyer*, StrEG, § 7 Rn 29 „*Mindereinkommen*" m.w.N.). Bezüglich **Arbeitslosengeld II** besteht kein Ersatzanspruch, da dieser auf den Leistungsträger übergeht. Schaden stellt auch die Differenz zwischen dem ursprünglich erzielten Arbeitsentgelt und dem **Arbeitslosengeld I** dar. Unter Umständen kann der Anspruch den Zeitraum bis zum Eintritt des Rentenalters umfassen (LG München I, Urt. v. 7.11.2007 – 9 O 7163/05, StRR 2008, 114). Entgangener Gewinn ist ggf. unter Abzug von Vorsorgeaufwendungen und Sozialleistungen erstattungsfähig (LG München I, a.a.O.). 614

c) Urlaub, der zur Überbrückung von U-Haft, wegen vorläufiger Entziehung der Fahrerlaubnis oder der Ableistung eines Fahrverbots genommen wird, stellt solange keinen entschädigungspflichtigen Schaden dar, solange keine Differenz zu den Arbeitgeberleistungen entsteht. Lediglich ein tatsächlich entgangenes **Urlaubsgeld** ist zu ersetzen (*Kunz*, StrEG, § 7 Rn 67 unter Bezugnahme auf *Matt* Rpfleger 1997, 466, 469). 615

d) Im Bereich der **Rentenversicherung** regelt § 205 SGB VI die Nachzahlung bei Strafverfolgungsmaßnahmen. 616

aa) Versicherte, für die ein Anspruch auf Entschädigung für Zeiten von Strafverfolgungsmaßnahmen nach StrEG rechtskräftig festgestellt ist, können **auf Antrag freiwillige Beiträge** für diese Zeiten nachzahlen. Wird für Zeiten der Strafverfolgungsmaßnahme, die bereits mit Beiträgen belegt sind, eine Nachzahlung von freiwilligen Beiträgen beantragt, sind die bereits gezahlten Beiträge denjenigen zu erstatten, die sie getragen haben. Wurde durch die entschädigungspflichtige Strafverfolgungsmaßnahme eine versicherungspflichtige Beschäftigung oder Tätigkeit unterbrochen, gelten die nachgezahlten Beiträge als Pflichtbeiträge. Die Erfüllung der Voraussetzungen für den Bezug einer Rente steht der Nachzahlung nicht entgegen. Der Antrag kann nur innerhalb eines Jahres nach Ablauf des Kalendermonats des Eintritts der Rechtskraft der die Entschädigungspflicht der Staatskasse feststellenden Entscheidung gestellt werden. Die Beiträge sind innerhalb einer von dem Träger der Rentenversicherung zu bestimmenden angemessenen Frist zu zahlen. 617

bb) Die durch die Strafverfolgungsmaßnahme erlittenen rentenversicherungsrechtlichen **Nachteile** werden regelmäßig dadurch **ausgeglichen**, dass dem Antragsteller nach Maßgabe des § 205 SGB VI 618

S. 2 – 4 der Betrag erstattet wird, der ohne die Strafverfolgungsmaßnahme an Beträgen zur gesetzlichen Rentenversicherung entrichtet worden wäre. Hat der Antragsteller freiwillige Beiträge zur Rentenversicherung für Zeiten von Strafverfolgungsmaßnahmen nachgezahlt, so sind ihm die hier gezahlten Beiträge zu erstatten. Hat er rechtzeitig einen Antrag auf Nachzahlung freiwilliger Beiträge gestellt, die Beiträge aber noch nicht an den Rentenversicherungsträger gezahlt, so sind die Beiträge unmittelbar an den Rentenversicherungsträger auszubezahlen. Hat der Antragsteller einen Antrag auf Nachzahlung freiwilliger Beiträge nicht rechtzeitig gestellt, unterbleibt ein Ausgleich.

619 **e)** Für die **Arbeitslosenversicherung** gilt § 26 Abs. 1 Nr. 4 SGB III. Danach sind versicherungspflichtig Gefangene, die Arbeitsentgelt, Ausbildungsbeihilfe oder Ausfallentschädigung (§§ 43 – 45, 176 und 177 StVollzG) erhalten oder Ausbildungsbeihilfe nur wegen des Vorrangs von Leistungen zur Förderung der Berufsausbildung nach diesem Buch nicht erhalten, wobei als Gefangene auch Personen gelten, die im Vollzug von Untersuchungshaft oder einstweilig nach § 126a Abs. 1 StPO untergebracht sind. Werde Beiträge zur Arbeitslosenversicherung durch das Land entrichtet, in dem sich die Einrichtung befindet, in der sich der Verfolgte aufhalten muss, fehlt es an einem Schaden.

620 **6.** Werden **Gegenstände beschlagnahmt** (sichergestellt) oder gepfändet, löst diese Maßnahme die Entschädigungspflicht nicht nur durch die Entziehung der Nutzbarkeit, sondern auch dadurch aus, dass sie beschädigt werden oder in Verlust geraten können.

621 Die Beschlagnahme von **Geschäftsunterlagen** kann zu einer massiven Beeinträchtigung des eingerichteten und ausgeübten Gewerbebetriebs führen, insbesondere wenn sie Originaldokumente oder Festplatten umfasst, ohne dass dem Betroffenen Kopien belassen werden. Entschädigung kann auch für die Beschlagnahme eines **Laptops** oder **PCs** verlangt werden (LG Stuttgart NStZ-RR 2010, 128 [Ls.]). Der Anspruch bei der Beschlagnahme eines **Pkw** richtet sich auf eine zu schätzende (§ 287 ZPO) Nutzungsausfallentschädigung, allerdings nicht in der pauschalierten Höhe nach den bei der Verkehrsunfallschadensregulierung gängigen Tabellen, sondern auf weit darunter liegende Sätze (Berechnungsmodell bei OLG Celle NJW 2004, 3347). Im Fall der Beschädigung ist der Betroffene in Höhe der Reparaturkosten, bei Verlust in Höhe des Zeitwerts zu entschädigen.

622 **7.** Bei **Durchsuchungen** entstehen häufig Kollateralschäden durch gewaltsames Öffnen von Türen oder Behältnissen, aber auch dadurch, dass die durchsuchten Räume in einem chaotischen oder verschmutzten Zustand hinterlassen werden. Für Beschädigungen von im Eigentum des Verfolgten stehende Gegenstände und die Wiederherstellung des ursprünglichen Zustands besteht ein Entschädigungsanspruch. Ist der Eigentümer jedoch bei der Durchsuchung anwesend und verweigert er die Öffnung verschlossener Räume oder Behältnisse, wird ihm ein Mitverursachungsanteil zugerechnet (*Kunz*, StrEG, § 7 Rn 34). Dritte, deren Eigentum beschädigt wird, haben keinen Anspruch nach StrEG. Die Kosten für die Beseitigung der Durchsuchungsfolgen müssen kausal auf die Maßnahme zurückgehen; eine Ersatzfähigkeit scheidet z.B. aus, wenn Verschmutzungen im Rahmen der ohnehin turnusmäßig erfolgenden Unterhaltsreinigung ohne Mehrkosten beseitigt werden können. Für Mehraufwand und Mehrkosten trägt der Anspruchsteller die Darlegungs- und Beweislast.

623 **8.** Die Verfolgungsmaßnahme der **Entziehung** der **Fahrerlaubnis** löst die Entschädigungspflicht i.d.R. als vorläufige Maßnahme nach § 111a StPO aus, **Entschädigung** für die endgültige Fahrerlaubnisentziehung kann nur nach deren Aufhebung im Wiederaufnahmeverfahren beansprucht werden. Der **Entschädigungsumfang** erstreckt sich dabei auf tatsächlich erwachsene finanzielle Mehraufwendungen oder sonstige wirtschaftliche Nachteile. **Mehraufwendungen** können aus der Entlohnung eines Aushilfsfahrers/Chauffeurs (BGH NJW-RR 1991, 551; *Kunz*, StrEG, § 7 Rn 44) oder der Benutzung öffentlicher Verkehrsmittel entstehen, wozu auch die Anschaffung einer Bahncard gehört (*Kunz*, StrEG, § 7 Rn 43; a.A. LG Flensburg DAR 1999, 279). Eine Nutzungsausfallentschädigung kann hier nicht verlangt werden, da – anders als bei der Beschlagnahme des Fahrzeugs – das Fahrzeug selbst benutzbar bleibt (h.M.; *Kunz*, StrEG, § 7 Rn 42 m.w.N). Auch die Kosten für die **Anmietung einer Garage** für die Dauer der vorläufigen Fahrerlaubnisentziehung sind nicht erstattungsfähig (LG Flensburg JurBüro 2002, 333 [*Meyer*]).

9. Dritte, welche (mittelbar) durch den Vollzug von Strafverfolgungsmaßnahmen gegen einen Beschuldigten wirtschaftliche Nachteile erleiden, sind grds. nicht entschädigungsberechtigt. „**Dritte**" i.d.S. ist auch eine **(Personen-)Gesellschaft**, die durch einen gegen ihre Gesellschafter gerichtete Strafverfolgungsmaßnahme einen Vermögensschaden erlitten hat. Die hier eintretenden Einbußen bewirken Nachteile, die sich unmittelbar nur im Gesellschaftsvermögen auswirken (z.B. durch eine Umsatzeinbuße), nicht jedoch im eigenen Vermögen des Entschädigungsberechtigten (OLG Nürnberg, Urt. v. 23.7.2012, 4 U 2315/11; LG München I, Urt. v. 23.1.2013 – 15 O 9627/11; BeckOK-StPO/*Cornelius*, § 7 StrEG Rn 11; LG München I, BeckRS 2025, Rn. 97 ff.). Es handelt sich hierbei um mittelbare Reflexschäden (OLG Brandenburg BeckRS 2020 Rn. 20; *Kunz*, StrEG, § 7 Rn 48). Dem Dritten steht die Möglichkeit offen, die bei ihm eingetretenen Nachteile unter dem Gesichtspunkt der (schuldhaften) Amtspflichtverletzung ersetzt zu verlangen (§ 839 BGB i.V.m. Art. 34 GG). **624**

Eine Ausnahme kann (BGH, Urt. v. 6.10.1988 – III ZR 143/87) allenfalls für die sogenannte **„Einmann-GmbH"** gelten, wenn eine Strafverfolgungsmaßnahme gegen deren Geschäftsführer gerichtet ist und dieser alleiniger Inhaber der GmbH ist (OLG Frankfurt NStZ-RR 2002, 320; LG Flensburg JurBüro 2002, 165). Wird durch eine Strafverfolgungsmaßnahme eine GmbH geschädigt, deren Alleingesellschafter der Beschuldigte ist, kommt ein eigener Anspruch des entschädigungsberechtigten Beschuldigten („gesellschafterfreundlicher Durchgriff") nur dann in Betracht, wenn die Maßnahme dessen eigenen Rechte, nicht jedoch schon dann, wenn sie allein Rechte der Gesellschaft beeinträchtigt hatte (OLG Nürnberg NStZ-RR 2003, 62). **625**

10. I.Ü. ist noch auf folgende „**Schadenspositionen**" hinzuweisen: **626**

- **Geldauflagen**
  Geldauflagen, die der Verfahrensbetroffene in Erfüllung eines Bewährungsbeschlusses (§ 56b Abs. 2 Nr. 2, 4 StGB) entrichtet hatte, stellen einen **ersatzfähigen Vermögensschaden** dar, wenn das Verfahren später nach § 153a StPO eingestellt wurde (OLG Stuttgart NJW 1997, 206).
- **Gemeinnützige Arbeit**
  - **Gemeinnützige Arbeit** anstelle der Vollstreckung einer Ersatzfreiheitsstrafe („Schwitzen statt Sitzen") generiert per se keinen Vermögensschaden (OLG Zweibrücken NJW 2004, 2314).
  - Dies gilt auch, wenn der Verfahrensbetroffene nach Ableistung der Arbeit im **Wiederaufnahmeverfahren freigesprochen** wurde (OLG Dresden StV 2003, 239; *Schmitt/Köhler*, § 7 StrEG Rn 2).
- **Gesundheitsschädigungen**
  Unmittelbare vollzugsbedingte Gesundheitsschädigungen lösen die **Entschädigungspflicht** für Aufwendungen zur Wiederherstellung der Gesundheit aus (*Meyer*, StrEG, § 7 Rn 23 „Gesundheitsschäden").
- **Reisekosten**
  Bei Reisekosten und anderen **Aufwendungen** für **Haftbesuche** ist zu differenzieren, und zwar: Ist der Verfahrensbetroffene den Besuchern (Ehefrau, Kinder) gegenüber unterhaltspflichtig, können die Aufwendungen erstattet verlangt werden (*Meyer*, StrEG, § 7 Rn 34). Bestreitet die Ehefrau die Kosten hingegen aus eigenen Mitteln, besteht kein Ersatzanspruch (OLG Düsseldorf NJW-RR 1993, 35).
- **Herausgabe an nichtberechtigten Dritten**
  Herausgabe beschlagnahmter (sichergestellter) Gegenstände, die entgegen § 111k StPO an einen nichtberechtigten Dritten (BGH NJW 1979, 425; LG Flensburg v. 28.5.2002 – 2 O 218/02) oder aber an einen **berechtigten Dritten** herausgegeben wurden, ohne zuvor dem Verfahrensbetroffenen als Eigentümer rechtliches Gehör gewährt zu haben (LG Flensburg v. 23.7.1991 – 2 O 286/91), können einen **Entschädigungsanspruch** auslösen.
- **Kreditaufnahme**
  Muss für eine Sicherheitsleistung (§ 116 Abs. 1 S. 2 Nr. 4 StPO) ein **Kredit** aufgenommen werden, stellen die dabei anfallenden Kosten wie auch die Zinsen einen Vermögensschaden dar (*Meyer*, StrEG, § 7 Rn 27 „Kaution"). U.U. zählt zum Schaden auch die Prämie für eine Restschuldversicherung (*Kunz*, StrEG, § 7 Rn 50).

- **Notveräußerung**
  Wird ein **Gegenstand** aufgrund richterlicher Anordnung **notveräußert** (§ 111l StPO), kann ein Schaden daraus entstehen, dass z.B. der Versteigerungserlös (§ 111l Abs. 5 StPO) den Zeit- oder Marktwert unterschreitet. In diesem Fall besteht der entschädigungsfähige Schaden in der Differenz (*Meyer*, StrEG, § 7 Rn 30 „Notveräußerung“).

Siehe auch: → *StrEG-Entschädigung, Allgemeines*, Teil I Rdn 307 m.w.N.

627 StrEG-Entschädigung, Strafverfolgungsmaßnahmen, andere

Das Wichtigste in Kürze:

1. Entschädigungspflichtig können über die in § 1 StrEG enthaltenen Urteilsfolgen hinaus die in § 2 StrEG abschließend aufgeführte weiteren Strafverfolgungsmaßnahmen sein.
2. Bei den in § 2 StrEG aufgeführten Strafverfolgungsmaßnahmen hängt die Entschädigungspflicht in erster Linie von der endgültigen Verfahrensbeendigung ab.
3. Die Entschädigungsfrage tritt nur auf, wenn der Angeklagte freigesprochen, die Eröffnung des Hauptverfahrens gegen den Angeschuldigten abgelehnt oder das Verfahren gegen den Beschuldigten, Angeschuldigten oder Angeklagten eingestellt wurde.
4. Untersuchungshaft umfasst vor allem Freiheitsentziehungen aufgrund eines Haftbefehls nach §§ 112, 112a, 230 Abs. 2 StPO.
5. Die in §§ 126a, 81 StPO sowie §§ 73, 109 Abs. 1 JGG geregelten Maßnahmen der einstweiligen Unterbringung/Unterbringung zur Beobachtung können ebenfalls eine Entschädigungspflicht auslösen.
6. Die vorläufige Festnahme nach § 127 Abs. 2 StPO durch eine Strafverfolgungsbehörde kann einen Entschädigungsanspruch auslösen, nicht dagegen die Festnahme des auf frischer Tat betroffenen Verdächtigen durch jedermann.
7. Bei Maßnahmen nach § 116 StPO können alle richterlichen Maßnahmen schadensauflösend sein.
8. § 2 Abs. 2 Nr. StrEG erfasst Beschlagnahme, Sicherstellung, Arrest, Vermögensbeschlagnahme und Durchsuchung.
9. Die vorläufige Entziehung der Fahrerlaubnis nach § 111a StPO stellt zusammen mit der ihr i.d.R. vorausgehenden Sicherstellung oder Beschlagnahme des Führerscheins neben der Untersuchungshaft und der vorläufigen Festnahme die für den Beschuldigten wirtschaftlich einschneidendste Strafverfolgungsmaßnahme dar.
10. Ebenfalls entschädigungsfähig ist das in § 132a StPO geregelte vorläufige Berufsverbot.
11. Da sich die Auswirkungen von Strafverfolgungsmaßnahmen auf den Verfahrensbetroffenen im Ausland von denen im Inland nicht unterscheiden, können schließlich die von deutschen Behörden dort veranlassten Maßnahmen ebenfalls eine Entschädigungspflicht auslösen. Dasselbe gilt für Maßnahmen, die von deutschen Gerichten auf Antrag des Europäischen Staatsanwalts veranlasst wurden.

628 **Literaturhinweise:** Siehe auch die Hinweise bei → *StrEG-Entschädigung, Allgemeines*, Teil I Rdn 308.

629 **1.a)** Entschädigungspflichtig können über die in § 1 StrEG enthaltenen Urteilsfolgen hinaus die in **§ 2 StrEG abschließend** aufgeführte **weiteren Strafverfolgungsmaßnahmen** sein.

630 **b)** Nach dem **Katalog** des § 2 Abs. 2 StrEG fallen unter die anderen Maßnahmen

- Unterbringung/Unterbringung zur Beobachtung,
- vorläufige Festnahme,
- gerichtliche Maßnahmen im Zusammenhang mit der Außervollzugsetzung eines Haftbefehls,

- Beschlagnahme/Sicherstellung,
- Arrest nach den §§ 111d und 111o der StPO
- Vermögensbeschlagnahme nach § 111p StPO,
- vorläufige Entziehung der Fahrerlaubnis,
- vorläufiges Berufsverbot.

☝ **Keine Maßnahme der Strafverfolgung** ist der Freiheitsentzug aufgrund eines **Sicherungshaftbefehls** (§ 453c StPO), da es sich hierbei um eine Maßnahme der Strafvollstreckung handelt (KG, Beschl. v. 25.2.2005 –5 Ws 67/05; JR 1981, 87; OLG Düsseldorf MDR 1982, 958; OLG Schleswig SchlHA 2004, 272).

c) Von **besonderer** Bedeutung ist die **Untersuchungshaft (§ 2 Abs. 1 StrEG)** (auch Teil I Rdn 641 ff.). Wie alle Maßnahmen muss auch die Untersuchungshaft **vollzogen** worden sein. Allein der Erlass eines Haftbefehls reicht nicht aus (KG, Beschl. v. 20.1.2009 – 4 Ws 118/08; OLG Bamberg NStZ 1989, 668). Vollzogen wird ein Haftbefehl, der im Zeitpunkt der Festnahme des Beschuldigten besteht. Dies gilt nicht erst von dessen Eröffnung nach §§ 114a, 115, 155a StPO an, sondern bereits mit der Ergreifung des Beschuldigten, da Rechtsgrundlage für die Festnahme des Beschuldigten in einem solchen Fall der erlassene Haftbefehl und nicht etwa § 127 Abs. 2 StPO ist. Vollzugsfolgen sind nur dann nach StrEG zu entschädigen, wenn **Anordnung** und **Vollzug rechtmäßig** erfolgt sind (OLG Düsseldorf StraFo 2000, 429; a.A. bei einem rechtswidrigen Haftbefehl nach § 230 Abs. 2 StPO offenbar KG, Beschl. v. 3.7.2000 – 4 Ws 123/00; 1 AR 746/00). **631**

☝ Andernfalls sind Ansprüche nach **Art 5 Abs. 5 EMRK** oder nach **§ 839 BGB, Art. 34 GG** geltend zu machen.

d) § 2 Abs. 3 StrEG enthält Maßnahmen mit **Auslandsbezug** und zwar **632**

- (vorläufige) Auslieferungshaft,
- Sicherstellung, Beschlagnahme und Durchsuchung im Ausland.

2. Bei den in § 2 StrEG aufgeführten Strafverfolgungsmaßnahmen hängt die Entschädigungspflicht in erster Linie von der **endgültigen Verfahrensbeendigung** ab (BGH, Beschl. v. 29.9.2011 – 3 StR 280/11; OLG Frankfurt NStZ-RR 2006, 159). Denn solange der Ausgang des Verfahrens nicht feststeht, können die Fragen nach Ausschlussgründen und Billigkeitserwägungen nicht endgültig beantwortet werden. **633**

3. Die Entschädigungsfrage tritt **nur** auf, wenn der Angeklagte **freigesprochen**, die **Eröffnung** des Hauptverfahrens gegen den Angeschuldigten **abgelehnt** oder das Verfahren gegen den Beschuldigten, Angeschuldigten oder Angeklagten **eingestellt** wurde. **634**

a) Für eine Entschädigung wegen **Freispruch** ist allein der Tenor der Entscheidung maßgeblich; auf die „Qualität" des Freispruchs kommt es nicht an (*Kunz*, StrEG, § 2 Rn 18). Bei Teilfreispruch besteht für die vollzogene Maßnahme nur dann ein Entschädigungsanspruch, wenn sie sich völlig isoliert auf den Verfahrensteil bezogen hat, der mit Freispruch beendet wurde (KG, Beschl. v. 28.1.2002 – 4 Ws 19/02; OLG Düsseldorf NStZ 1991, 141; OLG Schleswig SchlHA 2004, 272). War die Strafverfolgung zuvor gem. § 154a StPO beschränkt worden, muss sich die Prüfung, ob eine Entschädigung zu gewähren ist, auf den gesamten Sachverhalt erstrecken, der die Strafverfolgungsmaßnahmen ausgelöst hat, wozu auch diejenigen Teile des Anklagevorwurfs zählen, die infolge der ausgesprochenen Strafverfolgungsbeschränkung nicht Gegenstand des angefochtenen Urteils geworden sind (BGH NJW 1988, 2483). **635**

☝ Einem Freispruch steht es entschädigungsrechtlich gleich, wenn das Gericht die beantragte **Unterbringung** nach § 63 StGB **ablehnt** (OLG Hamm, Beschl. v. 26.7.1982 – 1 Ws 264/82; OLG Stuttgart NStZ-RR 2000, 190).

636 **b)** Neben der **Ablehnung** der **Eröffnung** des **Hauptverfahrens** (§ 204 StPO) wird die Entschädigungspflicht auch durch Ablehnung des Erlasses eines Strafbefehls (§ 408 Abs. 2 S. 1 StPO) und Ablehnung der Eröffnung des Sicherungsverfahrens (§ 414 StPO) ausgelöst (OLG Hamm, Beschl. v. 26.7.1982 – 1 Ws 264/82; OLG Stuttgart NStZ-RR 2000, 190). Bei lediglich teilweiser Zulassung der Anklage hängt die Frage der Entschädigung i.d.R. vom Ausgang des weiteren Verfahrens ab (*Kunz*, StrEG, § 3 Rn 41). Dies wird z.B. dann nicht der Fall sein, wenn eine u.a. auf sexuellen Missbrauch lautende Anklage lediglich wegen Beleidigung zugelassen wird.

637 **c)** Die in § 2 Abs. 1 StrEG angesprochene Verfahrenseinstellung betrifft nur – wie sich aus der Zusammenschau mit § 3 StrEG ergibt – die **zwingende Verfahrenseinstellung**, schließt daher eine solche, die auf der Anwendung des Opportunitätsprinzips beruht, aus (→ *StrEG-Entschädigung, Grundentscheidung, Staatsanwaltschaftliche Verfahrenseinstellung*, Teil I Rdn 571).

638 **aa)** Die an sich nicht endgültige Verfahrenseinstellung nach **§ 170 Abs. 2 StPO** führt dann zur Entschädigungspflicht, wenn die Einstellung subjektiv von dem Willen getragen ist, das Verfahren zu beenden. Stellt die StA das Strafverfahren nach § 170 Abs. 2 StPO ein und gibt es die Sache an die Verwaltungsbehörde zur selbstständigen Verfolgung als Ordnungswidrigkeit ab, liegt keine Verfahrenseinstellung i.S.v. § 2 StrEG vor (*Kunz*, StrEG, § 2 Rn 23); der Entschädigungsanspruch kann aber möglicherweise auf § 4 Abs. 2 StrEG gestützt werden (→ *StrEG-Entschädigung, Grundentscheidung, Staatsanwaltschaftliche Verfahrenseinstellung*, Teil I Rdn 571).

639 **bb)** Die Einstellung wegen eines **Verfahrenshindernisses (§§ 206a, 260 Abs. 3 StPO)** kann ebenfalls Entschädigungsansprüche auslösen. Eine Grundentscheidung wird in diesen Fällen i.d.R. aber erst ergehen können, wenn Verfolgungsverjährung eingetreten ist (OLG Frankfurt NStZ-RR 2006, 159), weil das Verfahren nur dann nicht mehr von neuem begonnen werden kann. Wird eine Verfolgungsmaßnahme vollzogen, obwohl die **Strafklage** bezüglich der Verdachtstat **verbraucht** ist, muss der Verfahrensbetroffene, wenn er die Maßnahme nicht adäquat kausal verursacht hat, entschädigt werden (BGH BGHR StrEG § 5 Abs. 2 S. 1 Fahrlässigkeit, grobe 3).

☝ Beim **Tod** des **Verfahrensbetroffenen** vor Eintritt der Rechtskraft sind (verfahrens-) abschließende Entscheidungen möglich und zu treffen (BGHSt 45, 108, 115 = NJW 1999, 3644), weshalb auch über den Entschädigungsanspruch zu befinden ist (h.M.; *Meyer*, Vorbem. §§ 1 – 6 Rn 18 f.).

640 **cc)** Bei Verfahrenseinstellungen nach **§ 206b StPO** gelten im Hinblick auf die Entschädigungsentscheidung dieselben Voraussetzungen wie unter Rdn 639 geschildert.

641 **4.a)aa) U-Haft** umfasst Freiheitsentziehungen aufgrund eines **Haftbefehls** nach §§ 112, 112a, 230 Abs. 2 (KG, Beschl. v. 3.7.2000 – 4 Ws 123/00), 236, 329 Abs. 3 StPO, 72 JGG. Werden in verschiedenen Sachen **mehrere Haftbefehle** erlassen, kann nur einer von ihnen vollzogen werden. Eine „Doppelhaft" ist ausgeschlossen. Wegen des nicht vollzogenen Haftbefehls wird Überhaft notiert; der Haftbefehl wird erst vollzogen, wenn die U-Haft in der anderen Sache beendet ist (vgl. *Schmitt/Köhler*, Vor § 112 Rn 13 f. m.w.N.). Entschädigung kann deshalb nur ab dem Zeitpunkt des einzelnen Haftbefehlsvollzugs beansprucht werden (OLG Hamm, Beschl. v. 17.6.2010 – 2 Ws 150/10; i.Ü. auch Teil I Rdn 631).

642 Ein Haftbefehl wird im Falle eines freisprechenden Urteils nicht von selbst gegenstandslos; er ist vielmehr **zwingend aufzuheben**, auch wenn sein Vollzug durch einen Haftverschonungsbeschluss ausgesetzt war. Neben dem Beschluss über die Aufhebung des Haftbefehls ist zusätzlich auch ein Beschluss über die Aufhebung der Aussetzungsentscheidung nötig und von Amts wegen zu treffen. Dies hat zur Folge, dass bis zur Aufhebung von Haftbefehl und Haftverschonung uneingeschränkt Haftentschädigung zu gewähren ist (OLG Düsseldorf NStZ 1999, 585 = StV 1999, 607).

643 **bb)** Da der Begriff der U-Haft auch die Haft zum Zweck der Sicherstellung der notwendigen Anwesenheit des Angeklagten in der Hauptverhandlung umfasst, kommt die sog. **Inverwahrnahme** (§ 231 StPO) unbeschadet ihrer rechtlichen Einordnung (*„äußere Verfahrensleitung"*, *„sitzungspolizeiliche Maßnahme"*)

dann, wenn die Frist des § 128 Abs. 1 S. 1 StPO überschritten wird, der Verhaftung nach § 230 Abs. 1 StPO gleich und ist wie diese als Unterfall der entschädigungspflichtigen Untersuchungshaft anzusehen (OLG Frankfurt NStZ-RR 2005, 96).

☝ Die Unterbringung eines **Jugendlichen** in einem **Erziehungsheim** (§ 71 Abs. 2 JGG) zur **Vermeidung** der **Untersuchungshaft** steht dieser gleich.

b) Nicht nach StrEG **erfasste Haftarten** sind 644

- **Abschiebungshaft** (§§ 62, 62a AufenthG), bei der es sich um eine Präventivmaßnahme handelt, die weder der Strafvollstreckung noch der Strafverfolgung dient, sondern eine Sicherungsmaßnahme für den Vollzug eines Verwaltungsaktes, also eine Verwaltungsmaßnahme darstellt, welche keine strafbare Handlung des Ausländers voraussetzt und in der Regel auch nicht im Zusammenhang mit einer solchen steht (BayObLG BayObLGR 1996, 13; OLG Hamm NVwZ-Beil. I 2001, 96; OLG Köln NVwZ 1997, 518),
- **Auslieferungshaft** aufgrund des Rechtshilfeersuchens eines anderen Staates,
- **Erzwingungshaft** gegen einen Zeugen (BGHSt 36, 236) oder Sachverständigen,
- **Ordnungshaft** (§ 178 Abs. 1 S. 1 GVG) oder
- **Sicherungshaft** (§ 453c Abs. 1 StPO, KG, Beschl. v. 25.2.2005 – 5 Ws 67/05; JR 1981, 87; OLG Düsseldorf MDR 1982, 958; OLG Schleswig SchlHA 2004, 272).

5. Die in §§ 126a, 81 StPO sowie §§ 73, 109 Abs. 1 JGG geregelten Maßnahmen der **einstweiligen Unterbringung/Unterbringung** zur **Beobachtung** (§ 2 Abs. 2 Nr. 1 StrEG, zu diesen Maßnahmen *Burhoff*, EV, 2271) können ebenfalls eine Entschädigungspflicht auslösen. Auch bei der einstweiligen Unterbringung in der **Sicherungsverwahrung** (§ 275a Abs. 5 S. 1 StPO) handelt es sich um eine Strafverfolgungsmaßnahme i.S.d. § 2 StrEG. Wie die U-Haft oder wie die einstweilige Unterbringung in einem psychiatrischen Krankenhaus bzw. in einer Entziehungsanstalt stellt sie einen längeren und nachhaltigen Eingriff in grundrechtlich abgesicherte Positionen des Betroffenen dar, zieht erfahrungsgemäß unmittelbare Vermögensschäden nach sich und kommt regelmäßig einer Vorwegnahme der im Falle späterer Verurteilung zulässigen Rechtsfolge nahe (BGH StraFo 2008, 266; OLG Koblenz NStZ 2007, 56; OLG Nürnberg OLGSt StrEG § 2 Nr. 3). 645

6. Nur die **vorläufige Festnahme** (§ 2 Abs. 2 Nr. 2 StrEG) nach § 127 Abs. 2 StPO durch 646

- Bundespolizei (§ 12 Abs. 1 und Abs. 3 BPolG),
- Bundeswehr (§ 6 Abs. 1 UZwGBw),
- Finanzbehörden (§§ 399 Abs. 2, 404 AO),
- Polizei,
- Staatsanwaltschaft,
- Verwaltungsbehörden (§ 13 WiStG, § 62 Abs. 1 OWiG),
- Zoll- und Zollfahndungsämter (§ 42 Abs. 2 AWG, § 33 MOG)

kann einen Entschädigungsanspruch auslösen, **nicht** dagegen die Festnahme des auf frischer Tat betroffenen Verdächtigen durch **jedermann** (§ 127 Abs. 1 StPO, *Meyer*, StrEG, § 2 Rn 42 ff.).

☝ Als **Verteidiger** ist darauf zu **achten**, dass in der Grundentscheidung Entschädigung nicht nur für den Vollzug von U-Haft, sondern auch für die Zeit der vorläufigen Festnahme zugesprochen wird, da andernfalls hierauf kein Anspruch besteht (LG Flensburg VersR 1997, 1291).

7. Auch die **Außervollzugsetzung** des **Haftbefehls** (§ 2 Abs. 2 Nr. 3 StrEG) durch Maßnahmen nach **§ 116 StPO** beinhaltet nicht selten Eingriffe in die Freiheitssphäre des Betroffenen, die einer ständigen Überprüfung bedürfen (BVerfGE 53, 152 = NJW 1980, 1448). Schadensauslösend können insoweit alle richterlichen Maßnahmen sein, gleichgültig, ob durch sie nach § 116 Abs. 1 StPO der Fluchtgefahr, nach § 116 Abs. 2 StPO der Verdunkelungsgefahr oder nach § 116 Abs. 3 StPO der Wiederholungsgefahr entgegengewirkt werden soll. Die in § 116 StPO genannten Anweisungen und Auflagen sind dort nur bei- 647 spielhaft aufgezählt. Am häufigsten werden als Vermögensschäden Aufwendungen geltend gemacht, die dem Beschuldigten durch die Erfüllung von Meldeauflagen (Fahrtkosten, Verdienstausfall) und durch die Erbringung von Sicherheiten (Kreditkosten) entstanden sind. Auch Anordnungen und andere Maßnahmen zur Abwendung der U-Haft gegen Jugendliche (§ 72 Abs. 1 JGG) werden von der Vorschrift erfasst (*Meyer*, StrEG, § 2 Rn 50; a.A. *Schmitt/Köhler*, § 2 StrEG Rn 6).

648 **8.a) § 2 Abs. 2 Nr. 4 StrEG** erfasst **Beschlagnahme, Sicherstellung, Arrest, Vermögensbeschlagnahme** und **Durchsuchung**. Die Vorschrift fasst die Entschädigungspflicht für diese Verfolgungsmaßnahmen zusammen, die sich gegen das Eigentum, das Vermögen oder die Nutzungsmöglichkeit von Gegenständen des Verfahrensbetroffenen richten. Gestattet der Beschuldigte die Durchsuchung freiwillig oder gibt er die sicherzustellende oder zu beschlagnahmende Sache freiwillig heraus, weil er der anderenfalls drohenden zwangsweisen Durchsuchung oder Beschlagnahme zuvorkommen will, sind diese Verfolgungsmaßnahmen gleichwohl entschädigungsfähig. § 2 Abs. 2 Nr. 4 StrEG ist insoweit **subsidiär**, als für die hier genannten Strafverfolgungsmaßnahmen eine Entschädigung dann ausgeschlossen ist, wenn sie in anderen Gesetzen (z.B. die Landespressegesetze bei Beschlagnahme von Druckwerken) geregelt ist.

☝ Werden die Person des Verfahrensbetroffenen, seine Wohnung, andere Räumlichkeiten oder das Fahrzeug **durchsucht** (§ 102 StPO), löst auch diese Maßnahme die Entschädigungspflicht aus (LG Essen, Beschl. v. 3.9.2010 – 56 Qs 15/10). Dies kann bspw. eine Ersatzpflicht in Bezug auf Beschädigungen oder auch wegen verursachter Verschmutzungen (Reinigungskosten) betreffen. Stets ist jedoch der Kausalitätsnachweis zu führen, „Sowieso-Kosten“ bleiben außer Betracht.

649 Gemeint ist hier der **dingliche Arrest** (§ 111d StPO); § 111o StPO und § 111p StPO sind gegenstandslos, nachdem das BVerfG (BVerfGE 105, 135 = NJW 2002, 1779) die **Vermögensstrafe** für **verfassungswidrig** erklärt hat.

650 **b)** Gegenstand dieser Vorschrift sind die **Sicherstellung** und **Beschlagnahme** nach §§ 94, 98 StPO (**Laptop**: OLG München StRR 2010, 425; **PC**: LG Stuttgart NStZ-RR 2010, 128), auch nach § 385 AO, ferner die Postbeschlagnahme nach §§ 99, 100 StPO, aber auch die Sicherstellung und Beschlagnahme zur Sicherung der Einziehung und des Verfalls oder zur Sicherung des Schadensersatzanspruchs des durch die Tat Geschädigten nach §§ 111b, 111c StPO. Hierher gehören weiter die Beschlagnahme von Beförderungsmitteln nach § 132 Abs. 3 StPO sowie die Vermögensbeschlagnahme nach §§ 290, 443 StPO. Der Vollzug von Sicherstellung und Beschlagnahme dauert an, bis die Sache zurückgegeben ist. Damit ist auch ein Schaden entschädigungsfähig, der an dem sichergestellten oder beschlagnahmten Gegenstand auf dem Rücktransport zum Beschuldigten entsteht oder der diesem dadurch erwächst, dass der Gegenstand versehentlich an einen Nichtberechtigten ausgehändigt wird (BGHZ 72, 302 = NJW 1979, 425).

651 **c)** Die Beschlagnahme eines **Führerscheins** unterliegt Abs. 2 Nr. 4, solange der Beschluss nach § 111a StPO nicht ergangen und bekannt gemacht (§ 35 StPO) ist; nach Ergehen des Beschlusses wird die Zeit der Beschlagnahme dem Zeitraum der vorläufigen Fahrerlaubnisentziehung (Abs. 2 Nr. 5) zugerechnet (*Kunz*, StrEG, § 2 Rn 65). Bei **Sicherstellung** eines freiwillig herausgegebenen Führerscheins ist ein richterlicher Beschluss entbehrlich (*Meyer*, StrEG, § 2 Rn 63 m.w.N); dies enthebt die Verfolgungsbehörden jedoch nicht von einer Entschädigungspflicht nach Abs. 2 Nr. 4. Ein in Deutschland ausgestellter **internationaler Führerschein** dient als Nachweis der Fahrerlaubnis im Ausland, weshalb er nicht Abs. 2 Nr. 4 unterfällt (AG Kassel NZV 1992, 499 m. Anm. *Meyer*). Ein **ausländischer Führerschein** kann beschlagnahmt werden, um darin die vorläufige Entziehung der Fahrerlaubnis zu vermerken (§ 111a Abs. 6 S. 2 StPO); die Entschädigungspflicht richtet sich dann nach Abs. 2 Nr. 5 (*Meyer*, StrEG, § 2 Rn 70).

652 **9.a)** Die **vorläufige Entziehung der Fahrerlaubnis** (Abs. 2 Nr. 5) nach § 111a StPO stellt zusammen mit der ihr i.d.R. vorausgehenden Sicherstellung oder Beschlagnahme des Führerscheins neben der U-Haft und der vorläufigen Festnahme die für den Beschuldigten wirtschaftlich einschneidendste und für den Fiskus teuerste Strafverfolgungsmaßnahme dar (zu in der Vergangenheit geleisteten Entschädigungen *Kunz*, StrEG, § 2 Rn 68). Dabei führt die Tatsache, dass die Zeit des vorläufigen Fahrerlaubnisentzugs auf das von der Ver-

waltungsbehörde im Bußgeldverfahren **verhängte Fahrverbot angerechnet** wird, nicht dazu, dass eine Entschädigung nach dem StrEG zu versagen ist (LG Koblenz, Beschl. v. 12.12.2008 – 1 Qs 305/08).

☝ Hat das Gericht von der vorläufigen Entziehung der Fahrerlaubnis nach § 111a Abs. 1 S. 2 StPO **bestimmte Arten von Fahrzeugen** ausgenommen (vgl. dazu *Burhoff*, EV, Rn 4327 ff.), kann die Entschädigung nur für den verbleibenden Bereich der vorläufigen Entziehung angeordnet.

b) Nicht um eine überschießende Verfolgungsmaßnahme (§ 4 Abs. 1 Nr. 2), sondern ebenfalls um einen Fall des § 2 Abs. 1 i.V.m. Abs. 2 Nr. 5 StrEG handelt es sich, wenn die **Beschlagnahme** des **Führerscheins** nicht wegen unerlaubten Besitzes von Betäubungsmitteln, dessentwegen es zur Verurteilung kam, sondern ausschließlich im Hinblick auf den bestehenden Verdacht, das Fahrzeug könnte beim unerlaubten Handeltreiben mit Heroin als Mittel zur Tatbegehung eingesetzt worden sein, erfolgte, und der Beschuldigte im weiteren Verlauf des Verfahrens von diesem Tatvorwurf aber freigesprochen wurde (OLG Düsseldorf StraFo 2001, 434). 653

10. Nach § Abs. 2 Nr. 6 StrEG ist das in § 132a StPO geregelte **vorläufige Berufsverbot** das i.d.R. dem endgültigen Berufsverbot nach § 70 StGB vorausgeht, ebenfalls entschädigungsfähig. Der auf ein vorläufiges Berufsverbot zurückzuführende Schaden kann beträchtlich sein. Entschädigungsfälle kommen in diesem Bereich nur selten vor, weil das vorläufige wie auch endgültige Berufsverbot durch die Gerichte nur ausnahmsweise verhängt wird. Die Maßnahme wird mit der Bekanntmachung (§ 35 StPO; i.d.R. Zustellung) des Anordnungsbeschlusses wirksam. Mit diesem Zeitpunkt beginnt auch ihr Vollzug. 654

11. Da sich die **Auswirkungen von Strafverfolgungsmaßnahmen** auf den Verfahrensbetroffenen im **Ausland** von denen im Inland nicht unterscheiden, können schließlich die von deutschen Behörden dort veranlassten Maßnahmen ebenfalls eine Entschädigungspflicht auslösen (§ 2 Abs. 3 StrEG). Bei freiheitsentziehenden Maßnahmen ist – im Gegensatz zu § 2 Abs. 2 StrEG – lediglich die (vorläufige) **Auslieferungshaft** und die ihr gleichstehende **Durchlieferungshaft** (*Meyer*, StrEG, § 2 Rn 80) entschädigungsfähig. Dabei muss allerdings feststellbar sein, zu welchem Zeitpunkt der Verfahrensbetroffene von den ausländischen Behörden in Haft genommen wurde (OLG Köln StraFo 2002, 175). Nicht zu ersetzen sind Kosten, die im Zusammenhang mit der Umgehung der Auslieferungshaft stehen (z.B. Reisekosten, die dadurch entstehen, dass im Rahmen einer Absprache mit der Strafverfolgungsbehörde ein Rückflug nach Deutschland erfolgt, um eine Auslieferungshaft im Ausland zu vermeiden). 655

Siehe auch: → *StrEG-Entschädigung, Allgemeines*, Teil I Rdn 307 m.w.N.; → *StrEG-Entschädigung, Schaden*, Teil I Rdn 594.

StrEG-Entschädigung, Unterhaltsberechtigte 656

Das Wichtigste in Kürze:

1. Kraft Gesetzes Unterhaltsberechtigte (§ 11 StrEG) gegenüber dem Verfahrensbetroffen sind die einzigen Dritten, die einen eigenständigen (akzessorischen) Anspruch auf Entschädigung nach dem Gesetz geltend machen können.
2. Der Anspruch nach § 11 StrEG setzt einen Entschädigungsanspruch des Unterhaltsverpflichteten voraus.
3. Der Ersatzanspruch ist der Höhe nach auf den entzogenen Unterhalt begrenzt.
4. Unterhaltsberechtigte sollen über ihren Anspruch belehrt werden.
5. Hinsichtlich der Geltendmachung des Anspruchs treffen den Unterhaltsberechtigten dieselben Pflichten wie sie auch dem Verfahrensbetroffenen selbst obliegen.

Literaturhinweise: Siehe die Hinweise bei → *StrEG-Entschädigung, Allgemeines*, Teil I Rdn 308. 657

658 **1. Kraft Gesetzes Unterhaltsberechtigte (§ 11 StrEG)** gegenüber dem Verfahrensbetroffen sind die einzigen Dritten, die einen eigenständigen (akzessorischen) Anspruch auf Entschädigung nach dem Gesetz geltend machen können (OLG Düsseldorf NJW-RR 1993, 35). Es sind dies folgende

659 **Unterhaltsberechtigte:**

- Ehegatten während der bestehenden Ehe (§§ 1360 ff. BGB),
- Ehegatten nach geschiedener Ehe (§§ 1569 ff. BGB),
- eheliche und anerkannte Kinder (§§ 1601 ff. BGB),
- Kinder für die eine Vaterschaft nicht besteht (§§ 1615a ff. BGB),
- Verwandte in gerader Linie (§ 1601 BGB),
- Lebenspartner (§§ 5, 12, 16 LPartG) sowie
- Unterhaltsberechtigte nach ausländischem Recht (Art. 18 EGBGB).

660 **2.** Der Anspruch nach § 11 StrEG **setzt** einen **Entschädigungsanspruch** des Unterhaltsverpflichteten **voraus** (OLG Oldenburg, Urt. v. 1.11.2013 – 6 U 154/13, RdL 2014, 171), der den Anspruch des Unterhaltsberechtigten der Höhe nach begrenzt (LG Flensburg JurBüro 1981, 1045). Demgemäß wirkt sich eine Teilversagung nach § 6 StrEG auf den Anspruch nach § 11 StrEG ebenso aus wie ein gegenüber dem Verfahrensbetroffenen angenommenes Mitverschulden (§ 254 BGB).

☝ Dagegen kann sich, da es sich bei § 11 StrEG um einen originären Ersatzanspruch gegen den Staat richtet, ein **Entschädigungsverzicht** des Verfahrensbetroffenen **nicht auswirken**. Auf eine **Grundentscheidung** kann, wenn Unterhaltsberechtigte in Betracht kommen, insoweit auch nicht verzichtet werden.

661 **3.a)** Der **Ersatzanspruch** ist der Höhe nach auf den **entzogenen Unterhalt begrenzt**. Hierzu ist auf die Ausführungsvorschriften zum StrEG (Anlage C der RiStBV) hinzuweisen, in welcher zur Entziehung des Unterhalts i.S.d. § 11 Abs. 1 S. 2 StrEG Folgendes ausgeführt ist:

662 *„3.a) Entzogen im Sinne des § 11 Abs. 1 und 2 StrEG ist der Unterhalt, wenn ihn die unterhaltspflichtige Person infolge der Strafverfolgungsmaßnahmen nicht leisten und die unterhaltsberechtigte Person ihn auch nicht nachträglich beanspruchen konnte (vgl. z.B. § 1613 BGB).*

b) Kommen Ansprüche von Unterhaltsberechtigten in Betracht, so widmet die Prüfungsstelle der Gefahr von Doppelzahlungen besondere Aufmerksamkeit. Aus diesem Grund kann es im Einzelfall zweckmäßig sein, die berechtigten Personen zu einer Erklärung aufzufordern, ob und ggf. in welcher Höhe sie im fraglichen Zeitraum anderen Personen zur Unterhaltsleistung verpflichtet waren oder gewesen wären. Im Interesse der Beschleunigung und Vereinfachung ist anzustreben, dass sich die Beteiligten auf eine bestimmte Aufteilung der Gesamtentschädigung einigen oder eine der beteiligten oder, eine dritte Person bevollmächtigen, die Gesamtentschädigung mit schuldbefreiender Wirkung für das Land in Empfang zu nehmen (vgl. § 362 Abs. 2 BGB).

c) Einigen sich die Beteiligten nicht und ist eine Prüfung der Unterhaltsansprüche mit Schwierigkeiten verbunden, verspricht sie kein eindeutiges Ergebnis oder hat eine durchgeführte Prüfung kein eindeutiges Ergebnis gehabt, so kommt die Hinterlegung (vgl. §§ 372 ff. BGB) des Entschädigungsbetrages in Betracht, soweit er unter den Beteiligten streitig ist und Zweifel an, ihrer Berechtigung bestehen."

663 **b)** Der Anspruch darf **nicht** gem. § 93 SGB XII **auf den Träger der Sozialhilfe übergegangen** sein.

664 **4.** Nach den Ausführungsvorschriften Abschnitt A. III. Nr. 2 sollen Unterhaltsberechtigte über ihren Anspruch auch **belehrt** werden:

„Ist der Staatsanwaltschaft bekannt, dass der Berechtigte anderen Personen kraft Gesetzes unterhaltspflichtig war, und besteht nach den Umständen die Möglichkeit, dass den Unterhaltsberechtig-

ten infolge der Strafverfolgungsmaßnahmen der Unterhalt entzogen worden ist (vgl. Abschnitt B II Nr. 3 Buchst. a), so stellt die Staatsanwaltschaft auch diesen Personen eine Belehrung über ihr Antragsrecht und die Frist zur Antragstellung zu (vgl. § 11 Abs. 2 StrEG).“

5. Hinsichtlich der **Geltendmachung** des Anspruchs treffen den Unterhaltsberechtigten dieselben Pflichten wie sie auch dem Verfahrensbetroffenen selbst obliegen: 665

- Fristeinhaltung bei Anmeldung des Anspruchs (§ 11 Abs. 2 StrEG),
- Schlüssige Darlegung des Anspruches in einer dem Zivilprozess entsprechenden Art und Weise, Angabe von Beweismitteln (§ 10 Abs. 2 S. 2 StrEG),
- Beachtung der Ausschlussfrist (§ 12 StrEG).

Siehe auch: → *StrEG-Entschädigung, Allgemeines*, Teil I Rdn 307 m.w.N.

StrEG-Entschädigung, Urteilsfolgen 666

Das Wichtigste in Kürze:

1. Im entschädigungsrechtlichen Sinn handelt es sich um eine Verurteilung, wenn ein schuldfeststellendes Straferkenntnis (Urteil, Strafbefehl, Gesamtstrafenbeschluss) ergangen ist.
2. Die Verurteilung oder Anordnung muss ursprünglich in Rechtskraft erwachsen sein.
3. Die Korrektur der ursprünglich rechtskräftigen Entscheidung muss auf verfahrensrechtlichem Weg erfolgt sein.
4. Die Verurteilung ist entfallen, wenn Schuld- und Rechtsfolgenausspruch endgültig beseitigt worden sind. Eine Milderung tritt ein, wenn der Rechtsfolgenausspruch zugunsten des Abgeurteilten geändert wurde.

Literaturhinweise: Siehe die Hinweise bei → *StrEG-Entschädigung, Allgemeines*, Teil I Rdn 308. 667

1. Eine **Verurteilung** im entschädigungsrechtlichen Sinne liegt vor, wenn ein **schuldfeststellendes Straferkenntnis** (Urteil, Strafbefehl, Gesamtstrafenbeschluss (h.M; *Kunz*, StrEG, § 1 Rn 8]) ergangen ist. 668

a) Hierbei kommt es **nicht darauf** an, ob eine **Sanktion verhängt** wurde. Deshalb zählen hierzu auch die Verwarnung mit Strafvorbehalt (§ 59 StGB), das Absehen von Strafe (§ 60 StGB), die Straffreierklärung (§§ 199, 233 StGB) und die Aussetzung der Verhängung der Jugendstrafe zur Bewährung (§ 27 JGG). Wer aufgrund eines zunächst als rechtskräftig behandelten Widerrufsbeschlusses eine zuvor zur Bewährung ausgesetzte Freiheitsstrafe verbüßt, steht demjenigen gleich, der aufgrund einer Verurteilung zu vollstreckbarer Freiheitsstrafe diese verbüßt (OLG Köln, Beschl. v. 23.8.2002 – III-2 Ws 372/02). 669

b) Maßregelanordnungen stehen **Verurteilungen gleich**. Insoweit kommen als Maßregeln der Besserung und Sicherung ohne gleichzeitigen Schuldspruch nach § 71 StGB in Betracht die Unterbringung in einem psychiatrischen Krankenhaus (§ 63 StGB), die Unterbringung in einer Erziehungsanstalt (§ 64 StGB), Entziehung der Fahrerlaubnis (§ 69 StGB) oder Verhängung eines Berufsverbots (§ 70 StGB). Steht die Schuldunfähigkeit des Beschuldigten bereits im Ermittlungsverfahren fest oder kann sie zumindest nicht ausgeschlossen werden, hat die Staatsanwaltschaft die Möglichkeit, die Maßregeln im Sicherungsverfahren (§§ 413 ff. StPO, § 71 StGB) anordnen zu lassen. 670

c) Ohne gleichzeitige Schuldfeststellung können als **Nebenfolgen** über den Verlust der Amtsfähigkeit, der Wählbarkeit und des Stimmrechtes i.S.d. § 45 StGB hinaus alle nach dem StGB und dem OWiG möglichen Rechtsfolgen, insbesondere Verfall (§§ 73 ff. StGB), Einziehung (§§ 74 ff. StGB) und Unbrauchbarmachung (§ 74d StGB) angeordnet werden. 671

2. Die Verurteilung oder Anordnung muss ursprünglich in **Rechtskraft** erwachsen sein. Dabei ist es für die Entstehung des Entschädigungsanspruchs im Fall der Verurteilung ausreichend, wenn diese wegen 672 einer von mehreren Taten i.S.d. § 264 StPO rechtskräftig wurde (*Meyer*, StrEG, § 1 Rn 25). Wird eine in einem noch nicht rechtskräftigen Strafurteil verhängte Freiheitsstrafe vollstreckt, scheiden Ansprüche nach StrEG aus; der Betroffene muss diese nach Art. 5 Abs. 5 EMRK oder nach § 839 BGB, Art. 34 GG geltend machen (OLG Hamm, Beschl. v. 10.11.2005 – 3 Ws 449/05). Die gilt auch für die Vollstreckung einer Ersatzfreiheitsstrafe aus einem nicht rechtkräftigen Strafbefehl (AG Zittau, Beschl. v. 19.6.2002 – 1 Cs 926 Js 15964/94).

673 **3.** Die **Korrektur** der ursprünglich rechtskräftigen Entscheidung muss auf **verfahrensrechtlichem Weg** erfolgt sein.

674 **a)** Ausdrücklich aufgeführt ist in § 1 Abs. 1 StrEG das **Wiederaufnahmeverfahren** (§§ 359 ff. StPO, 79 BVerfGG). Dabei kann die rechtskräftige Verurteilung nicht nur im Verfahren zugunsten des Verurteilten nach § 359 StPO, sondern auch im Wiederaufnahmeverfahren zu dessen Ungunsten nach § 362 StPO fortfallen oder gemildert werden, was nach § 373a Abs. 2 StPO auch für eine rechtskräftige Verurteilung durch Strafbefehl gilt (zum Wiederaufnahmeverfahren Burhoff/*Amelung*, RM, Teil B Rn 1102 ff.). Eine Beseitigung im Beschlussverfahren (§§ 371, 357, 354 Abs. 1 StPO) genügt (*Meyer*, StrEG, § 1 Rn 24).

675 **b) Andere Verfahren** können zur Beseitigung der Rechtskraft führen, sofern sie mit Hilfe von Verfahrensrecht deren Durchbrechung ermöglichen. In Betracht kommen:

- Das Revisionsgericht erstreckt sein aufhebendes Erkenntnis auf den nichtrevidierenden Mitangeklagten **(§ 357 StPO)** oder
- dem Abgeurteilten wird **Wiedereinsetzung** in den vorigen Stand (§§ 44 ff. StPO) gewährt [**str.**; wie hier: BayObLG MDR 1986, 609; KK-OWiG/*Hadamitzky*, § 110 Rn 5; *Kunz*, StrEG, § 1 Rn 21; *Schmitt/Köhler*, § 1 StrEG Rn 2; a.A. *Meyer*, StrEG, § 1 Rn 11; *ders.*, JurBüro 1987, 1603]).
- Das **BVerfG** hebt die strafgerichtliche Letztentscheidung auf (§ 95 Abs. 3 BVerfGG).

676 Im Unterschied zum Wiederaufnahmeverfahren führen diese Entscheidungen i.d.R. **nicht unmittelbar zu einem Entschädigungsanspruch**, da sich ein solcher erst aus dem weiteren (fach-)gerichtlichen Erkenntnis ergibt, wenn dieses zum Fortfall oder zur Milderung ursprünglich verhängter Sanktionen führt, da auch in derartigen Fällen die Entschädigungspflicht nicht zwingend besteht. So steht dem Verurteilten für den Vollzug von Strafhaft nach rechtskräftigem Widerruf der Strafaussetzung zur Bewährung zunächst kein Anspruch nach StrEG zu, wenn der Widerruf später auf sofortige Beschwerde nach Bewilligung von Wiedereinsetzung in den vorigen Stand oder in dem Verfahren zur nachträglichen Gewährung rechtlichen Gehörs (§ 33a StPO) aufgehoben wird (OLG Düsseldorf VRS 85, 118), solange die Strafaussetzung immer noch widerrufen werden kann (OLG Oldenburg MDR 1976, 166; OLG Saarbrücken NStZ 1992, 442; OLG Schleswig, Beschl. v. 15.9.1981 – 1 Ws 318/81).

677 **c) Maßregelerledigung**. Wird eine Maßregel nach § 67d Abs. 3 S. 1 StGB für erledigt erklärt, löst dies i.d.R. **keinen Ersatzanspruch** aus, da die Erledigterklärung den Bestand der rechtskräftigen Verurteilung nicht berührt (OLG Jena JurBüro 2010, 101; OLG Köln, Beschl v. 13.4.2012 – III-2 Ws 280–281/12). Maßnahmen der Vollstreckung unterfallen aber nicht dem Anwendungsbereich des § 1 Abs. 2 StrEG (KG, Beschl. v. 25.2.2005 – 5 Ws 67/05). Dies gilt auch für Fälle, in denen **Sicherungsverwahrung** aufgrund der Entscheidung des BVerfG (BVerfGE NJW 2011, 1931 m. Anm. *Kotz* StRR 2011, 312) für erledigt erklärt werden muss (OLG Celle NStZ 2011, 703; Nds.Rpfl 2012, 286; OLG Nürnberg NStZ-RR 2012, 223). Bei sog. **Fehleinweisungen** gilt nach § 67 Abs. 4 StGB der Vorrang der Anrechnung (BVerfG NJW 1995, 2405 = NStZ 1995, 174; ausführlich *Kunz*, StrEG, § 1 Rn 28; zur Erledigungserklärung → *Maßregeln, Erwachsene, Erledigterklärung*, Teil B Rdn 1064).

678 **d) Keine verfahrensrechtliche Korrektur** stellen ein Gnadenerweis (zur Gnade → *Gnade, Allgemeines,* Teil G Rdn 1 m.w.N.), die Amnestie nach rechtskräftigem Verfahrensabschluss, der Straferlass (§ 56g StGB, § 26a JGG; → *Bewährung, Straferlass*, Teil A Rdn 202), die Tilgung des Schuldspruchs (§ 30 Abs. 2 JGG) sowie die Beseitigung des Strafmakels durch Richterspruch (§§ 97, 100 JGG) dar. Ebenso

wenig löst es einen Entschädigungsfall aus, wenn zur Tilgung einer uneinbringlichen Geldstrafe und gleichzeitiger Vermeidung einer Ersatzfreiheitsstrafe nach dem Grundsatz „**Schwitzen statt Sitzen**" Arbeitsleistungen erbracht werden (OLG Dresden StV 2003, 239 m. Anm. *Meyer*).

4. Die **Verurteilung ist entfallen**, wenn Schuld- und Rechtsfolgenausspruch endgültig beseitigt sind. 679

a) Bei einer ursprünglich erfolgten Verurteilung wegen tatmehrheitlich begangener Straftaten entfällt sie zum Teil, wenn der Schuldspruch wegen einer einzelnen Tat entfällt. Für den Wegfall eines Teilakts bei ursprünglich tateinheitlicher Verurteilung gilt dies nicht (*Meyer*, StrEG, § 1 Rn 26). 680

☝ Der **Austausch** von **Sanktionen** (Aufhebung von Schuld- und Strafausspruch zugunsten der Anordnung einer Maßregel oder umgekehrt) stellt keinen Fortfall der Verurteilung dar.

b) Eine **Milderung** tritt ein, wenn der Rechtsfolgenausspruch zugunsten des Abgeurteilten geändert wurde. Dabei ist es gleichgültig, ob die geringere Rechtsfolge unter Anwendung des gleichen Strafgesetzes, auf das sie ursprüngliche gestützt war, festgesetzt worden ist oder ob ein milderes Strafgesetz angewendet wurde. Ob im Einzelfall eine Milderung vorliegt, bestimmt sich nach den gleichen Kriterien, die Rspr. und Lit. für das Verschlechterungsverbot nach §§ 331, 358 Abs. 2 StPO entwickelt haben. Wird eine ursprünglich verhängte Vollzugsstrafe **nunmehr** zur **Bewährung ausgesetzt**, stellt dies eine Milderung i.S. des § 1 StrEG dar (*Kunz*, StrEG, § 1 Rn 13; *Schmitt/Köhler*, § 331 Rn 17; a.A. *Meyer*, StrEG, § 1 Rn 27). Die Entschädigungspflicht für Urteilsfolgen wird auch dann ausgelöst, wenn aufgrund eines rechtskräftigen Strafbefehls eine Ersatzfreiheitsstrafe vollstreckt wurde, dem Angeklagten aber nachträglich Wiedereinsetzung in den vorigen Stand gegen die Versäumung der Einspruchsfrist gewährt und danach die Verurteilung gemildert worden ist (BayObLGSt 1986, 25). 681

Die Milderung braucht sich **nicht nur auf** die **Strafe** beziehen, sondern kann auch darin liegen, dass eine weniger einschneidende Maßregel der Besserung und Sicherung (§§ 61 ff. StGB) oder ein kürzeres Fahrverbot nach § 44 StGB verhängt wurde. Gleiches gilt, wenn eine Nebenfolge nach §§ 45 – 45b StGB von kürzerer Dauer verhängt wird oder wenn die Anordnung des Verfalls oder der Einziehung nach §§ 73 ff. StGB gegenüber der ursprünglichen Sanktion gemildert wird. 682

c) Keine Milderung liegt in der Ermäßigung der Strafe infolge **nachträglicher Bildung** einer **Gesamtstrafe**, da das Verfahren nach § 55 StGB nicht der Korrektur einer einmal ergangenen rechtskräftigen strafrechtlichen Entscheidung dient, sondern den Zweck verfolgt, Taten, über die bei gemeinsamer Aburteilung nach §§ 53, 54 StGB entschieden worden wäre, auch bei getrennter Aburteilung durch Einbeziehung in das letzte Urteil noch nachträglich so zu behandeln, dass der Täter im Ergebnis weder besser noch schlechter steht, wobei auch nicht in die ausgeurteilten Einzelstrafen eingegriffen, sondern lediglich über die Gesamtstrafe neu entschieden wird (LG Kassel NStZ 1994, 497). Ebenso wenig handelt es sich bei einer infolge **rechtsstaatswidriger Verfahrensverzögerung** erforderlichen **Kompensationsentscheidung** um eine Milderung, weil sie die Höhe der verhängten Strafe unberührt lässt und lediglich deren Vollstreckung betrifft (OLG Rostock, Beschl. v. 23.8.2012 – I Ws 155/12). 683

Siehe auch: → *StrEG-Entschädigung, Allgemeines*, Teil I Rdn 307 m.w.N.

StrEG-Entschädigung, Verfügung/Vererbung 684

Das Wichtigste in Kürze:

1. Der Verfahrensbetroffene kann über den Entschädigungsanspruch erst verfügen, wenn dieser rechtskräftig im Betragsverfahren durch das Zivilgericht festgestellt wurde.
2. Mit Rechtskraft der Grundentscheidung ist der Entschädigungsanspruch bereits vererblich.

Literaturhinweise: S. die Hinweise bei → *StrEG-Entschädigung, Allgemeines,* Teil I Rdn 308. 685

686 **1.** Der Verfahrensbetroffene kann über den Entschädigungsanspruch **erst** verfügen, wenn dieser **rechtskräftig** im **Betragsverfahren** durch das Zivilgericht **festgestellt** wurde (BGH, Urt. v. 7.11.2019 – III ZR 17/19, Rn 42).

687 **a) Rechtskraft tritt** ein mit Unanfechtbarkeit der gerichtlichen Entscheidung, so auch mit einem unwiderruflich geschlossenen Vergleich. Wird die Entscheidung der Landesjustizverwaltung nicht innerhalb der Frist des § 13 Abs. 1 StrEG angefochten, erlangt sie Bestandskraft, die der Rechtskraft gleichsteht. Damit wird zugleich zum Ausdruck gebracht, dass mit Eintritt der Rechtskraft des Entschädigungsurteils die Übertragbarkeit gegeben ist und folglich die Pfändung (siehe § 851 Abs. 1 ZPO) sowie die Aufrechnung gegen den Anspruch (s. § 394 S. 1 BGB) grds. möglich sind (BGH, Urt. v. 7.11.2019 – III ZR 17/19, Rn 42).

☝ **Vor diesem Zeitpunkt** vorgenommene Rechtshandlungen verstoßen gegen **§ 134 BGB**. Weder kann der

- **Anspruchsteller** den Anspruch wirksam abtreten oder ihn verpfänden (§ 1274 Abs. 2 BGB), noch können ihn
- **Gläubiger** pfänden (§ 851 ZPO) oder ihm gegenüber Aufrechnung erklären (§ 394 BGB).

688 **b) § 13 Abs. 2 StrEG** soll aber einer **Aufrechnung** (hier durch die Staatskasse) bereits dann nicht entgegenstehen, wenn die Entschädigungsbehörde einen bestimmten Entschädigungsbetrag unstreitig gestellt hat und die Justizkasse in Höhe bis zu diesem Betrag die Aufrechnung erklärt. Soweit das Anerkenntnis der Entschädigungsbehörde reiche, bestehe in dieser Fallkonstellation vor Bestandkraft der Verwaltungsentscheidung keine Besorgnis mehr, es könnte Einfluss von nicht erwünschter Dritter Seite genommen werden; auch für den Berechtigten bestehe Klarheit über die unstreitige Höhe seines Entschädigungsanspruchs (OLG Koblenz v. 11.2.2008 – 1 W 855/02, OLGR 2008, 415).

689 Könnte gegen den Entschädigungsanspruch mit der vorgenannten Begründung Aufrechnung erklärt werden, könnte dieser durch den Anspruchsteller auch **abgetreten** werden. Dies bedarf jedoch eines gesonderten Abtretungsvertrags, der sich **nicht** auf **§ 43 RVG** stützen lässt; denn diese Vorschrift schützt den vormaligen Verteidiger ausschließlich vor einer Beeinträchtigung seiner Verteidigervergütung, wobei sich das Aufrechnungsverbot ausschließlich auf den Erstattungsanspruch bezüglich der notwendigen Auslagen des vormals Angeklagten erstreckt. Der Entschädigungsanspruch nach StrEG ist von § 43 RVG nicht umfasst (LG Saarbrücken NJW-RR 2010, 1647).

690 **2.** Beim **Tod** des **Verfahrensbetroffenen** vor Eintritt der Rechtskraft sind (verfahrens-) abschließende Entscheidungen möglich und zu treffen (BGHSt 45, 108, 115 = NJW 1999, 3644), weshalb auch über den Entschädigungsanspruch zu befinden ist (h.M.; *Kunz*, StrEG, § 8 Rn 37; *Meyer*, StrEG, Vorbem. §§ 1 – 6 Rn 18 f.; *Schmitt/Köhler*, § 6 StrEG Rn 8). Dieser entsteht mit **Rechtskraft** der **Grundentscheidung**. Ab diesem Zeitpunkt ist er zwar noch nicht (rechtsgeschäftlich) übertragbar (§ 13 Abs. 2), aber **vererblich** (*Kunz*, StrEG, § 10 Rn 5; *Schmitt/Köhler*, § 10 StrEG Rn 3; *Meyer*, StrEG, Vorbem. §§ 10 – 13 Rn 13; OLG Oldenburg, Urt. v. 1.11.2013 – 6 U 154/13), da es weder im BGB eine entgegenstehende Vorschrift gibt noch im Öffentlichen Recht ein gegenteiliger Grundsatz existiert (BVerwG MDR 1965, 1020); seitens des Gesetzgebers ist die Vererblichkeit sogar beabsichtigt (BT-Drucks VI/460, S. 3 ff.). Auf welcher Grundlage der Erbanspruch beruht (gesetzlich oder aufgrund letztwilliger Verfügung), ist gleichgültig (siehe auch → *StrEG-Entschädigung, Grundentscheidung, Allgemeines,* Teil I Rdn 535 m.w.N.).

☝ Rechtskraft der Grundentscheidung ist allerdings dann **nicht erforderlich**, wenn der Entschädigungsanspruch seitens der Justizverwaltung **nicht bestritten** ist oder **anerkannt** wird. Gleiches gilt, wenn ein **Vergleich** geschlossen wurde.

Siehe auch: → *StrEG-Entschädigung, Allgemeines*, Teil I Rdn 307 m.w.N.

StrEG-Entschädigung, Versagung, Allgemeines 691

Das Wichtigste in Kürze:

1. Ist eine Entschädigung nicht nach § 5 StrEG ausgeschlossen, kann sie nach der Ermessensvorschrift des § 6 StrEG versagt werden.
2. Die in § 6 Abs. 1 StrEG enthaltenen Tatbestände sind bezüglich der Voraussetzungen, die zu einer Versagung der Entschädigung führen können, weitgehend der Auslagenerstattungsregelung des § 467 Abs. 3 S. 2 StPO nachgebildet
3. Anders als in § 5 StrEG kann das Gericht auch eine nur teilweise Entschädigung des Verfahrensbetroffenen anordnen.

Literaturhinweise: Siehe die Hinweise bei → *StrEG-Entschädigung, Allgemeines*, Teil I Rdn 308. 692

1. § 6 StrEG enthält eine **Auffang-** und **Spezialregelung**. Ist eine Entschädigung nicht nach § 5 StrEG ausgeschlossen, kann sie nach § 6 StrEG **versagt** werden (OLG Düsseldorf MDR 1988, 887). Die Ermessensvorschrift betrifft somit Fälle, die sich nicht unter § 5 StrEG subsumieren lassen. Abs. 2 regelt darüber hinaus einen Spezialfall zu § 5 Abs. 1 Nr. 2 StrEG im Bereich des Jugendstrafrechts. Ein mindestens grob fahrlässiges Verhalten des Verfahrensbetroffenen führt stets zum Entschädigungsausschluss nach § 5 StrEG (BGHSt 29, 168 = MDR 1980, 417). Zur Versagung der Entschädigung nach § 6 StrEG im Rahmen einer Ermessensentscheidung reicht bereits einfache Fahrlässigkeit aus (*Meyer*, StrEG, § 6 Rn 7). Im Gegensatz zu § 5 StrEG ist nach § 6 StrEG auch eine nur teilweise Versagung der Entschädigung (mit der Folge einer Quotelung) möglich. Im Verhältnis zu § 4 StrEG ist § 6 StrEG lex specialis (OLG Düsseldorf NStZ-RR 1997, 159 m.w.N.). 693

2. Die in § 6 Abs. 1 StrEG enthaltenen Tatbestände sind bezüglich der Voraussetzungen, die zu einer Versagung der Entschädigung führen können, weitgehend der **Auslagenerstattungsregelung** des **§ 467 Abs. 3 S. 2 StPO nachgebildet** (*Schmitt/Köhler*, § 6 StrEG Rn 2). Dort fehlt lediglich das in § 6 Abs. 1 Nr. 2 StrEG normierte Handeln des Beschuldigten im Zustand der Schuldunfähigkeit. Soweit die Tatbestände sich decken, kann für die Auslegung des § 6 Abs. 1 StrEG ergänzend auf die Kommentierung zu § 467 StPO verwiesen werden. Während der Angeklagte nach § 467 Abs. 3 S. 2 Nr. 1 StPO durch sein Verhalten die Erhebung der öffentlichen Klage veranlasst haben muss, verlangt § 6 Abs. 1 Nr. 1 StrEG, dass der Beschuldigte durch seine Verhaltensweise die Strafverfolgungsmaßnahme herbeigeführt hat. In § 467 Abs. 3 S. 2 Nr. 1 StPO muss der Angeklagte, um die Anklageerhebung zu veranlassen, durch sein tatbestandsmäßiges Handeln (Unterlassen) den Tatverdacht gegen sich begründet oder bestärkt haben. Durch eine solche Begründung oder Bestärkung des Tatverdachts kann der Beschuldigte zwar nach § 6 Abs. 1 Nr. 1 StrEG ebenfalls die Anordnung, den Vollzug und/oder dessen Fortdauer der Strafverfolgungsmaßnahme herbeiführen; er kann die Maßnahme jedoch auch dadurch auslösen, dass er durch sein Verhalten nicht den Tatverdacht selbst begründet/bestärkt, sondern eine spezielle, strafprozessuale Voraussetzung für die Verfolgungsmaßnahme oder die Fortdauer ihres Vollzugs geschaffen, etwa durch sein unwahres Vorbringen den Verdacht der Flucht (§ 112 Abs. 2 Nr. 2 StPO) begründet hat. 694

3. Anders als in § 5 StrEG kann das Gericht auch eine nur **teilweise Entschädigung** des Verfahrensbetroffenen anordnen. Dies liegt insbesondere in Fällen nahe, in denen die Kausalität zwischen dessen Verhalten und dem Vollzug der Verfolgungsmaßnahme zu irgendeinem Zeitpunkt entfallen ist (*Kunz*, StrEG, § 6 Rn 39 m.w.N.). So hat der BGH Entschädigung nur für den Teil der Untersuchungshaft zugesprochen, die der Verurteilte nach Verkündung des angefochtenen Urteils verbüßt hat, in dem über die Frage des Strafklageverbrauchs auf Einwand der Verteidigung ausdrücklich entschieden wurde (BGH NJW 1989, 726). 695

Siehe auch: → *StrEG-Entschädigung, Allgemeines*, Teil I Rdn 307 m.w.N.; → *StrEG-Entschädigung, Versagung, Aussageverhalten*, Teil I Rdn 696; → *StrEG-Entschädigung, Versagung, JGG-Verfahren*, Teil I Rdn 708; → *StrEG-Entschädigung, Versagung, Nichtverurteilung*, Teil I Rdn 714.

696 StrEG-Entschädigung, Versagung, Aussageverhalten

Das Wichtigste in Kürze:

1. Ist der Entschädigungsanspruch wegen des Aussageverhaltens nicht bereits nach § 5 Abs. 2 StrEG ausgeschlossen, muss anhand von § 6 Abs. 1 Nr. 1 StrEG geprüft werden, ob die Entschädigung zu versagen ist.
2. Unter die wahrheitswidrige Selbstbelastung fällt insbesondere die Ablegung eines falschen Geständnisses.
3. § 6 Abs. 1 Nr. 1 StrEG wegen „Teilschweigens" ist nur anwendbar, wenn der Beschuldigte einen wesentlich entlastenden Umstand verschweigt. Diese Zurechnung ist nicht nur eine objektive, sondern eine verschuldete.
4. Unter das Verschweigen eines wesentlichen entlastenden Umstands kann auch die Nichtbenennung des wahren Täters fallen.
5. Die an sich entschädigungsfähige Maßnahme muss durch den Beschuldigten in fahrlässiger Weise überwiegend mitverursacht worden sein.

697 **Literaturhinweise:** Siehe die Hinweise bei → *StrEG-Entschädigung, Allgemeines*, Teil I Rdn 308.

698 **1.** Ist der Entschädigungsanspruch wegen des Aussageverhaltens nicht bereits nach § 5 Abs. 2 StrEG ausgeschlossen, muss anhand von § 6 Abs. 1 Nr. 1 StrEG geprüft werden, ob Entschädigung zu versagen ist. Zur Entschädigungsversagung führen dabei

- eine wahrheitswidrige bzw. widersprüchliche **Selbstbelastung** in wesentlichen Punkten (Alternative 1) oder
- ein **Teilschweigen** bezüglich wesentlich entlastender Umstände (Alternative 2)

wenn die Strafverfolgungsmaßnahme gegen den Anspruchsberechtigten dadurch **adäquat kausal** verursacht wurde. Dem Aussageverhalten kommt jedoch nur dann Bedeutung zu, wenn es in der prozessualen Rolle eines Beschuldigten, Angeschuldigten, Angeklagten oder Verurteilten an den Tag gelegt wurde (h.M. *Kunz*, StrEG, § 6 Rn 5; *Meyer*, StrEG, § 6 Rn 6; *Schmitt/Köhler*, § 6 StrEG Rn 4).

699 **Schweigen** darf **nicht** zum **Nachteil** des Verfahrensbetroffenen gewertet werden (*Meyer*, StrEG, § 6 Rn 9). Dies gilt auch dann, wenn der Beschuldigte zunächst von seinem Schweigerecht Gebrauch macht und sich erst zu einem späteren Zeitpunkt zur Sache einlässt; denn die (auch nur zweitweise) Inanspruchnahme des Schweigerechts darf im Strafverfahren nicht zu Lasten des Beschuldigten gewertet werden und führt trotz des Umstandes, dass für den Ausschluss der Entschädigung der zivilrechtliche Haftungsmaßstab zugrunde zu legen ist, wegen seiner ausdrücklichen Berücksichtigung in §§ 5 Abs. 2 S. 2, 6 Abs. 1 Nr. 1 StrEG von vornherein nicht zur Versagung der Entschädigung (KG StraFo 2009, 129).

700 **2.** Klassischer Fall einer **wahrheitswidrigen** Selbstbelastung ist die Ablegung eines **falschen Geständnisses**. Dies wird jedoch i.d.R. im Rahmen der Prüfung des § 6 Abs. 1 Nr., 1 StrEG deshalb keine Rolle spielen, weil eine Entschädigung bereits nach § 5 Abs. 2 StrEG ausgeschlossen ist. **Widersprüchlich** verhält sich ein Beschuldigter im Rahmen seiner Einlassung, wenn er den Tatvorwurf zunächst gesteht, das Geständnis später jedoch widerruft (AG Hann. Münden StraFo 1997, 273) bzw. – in wesentlichen Punkten – mindestens zwei Aussagen tätigt, die sich inhaltlich gegenseitig ausschließen. Einen Grenzfall stellt es dar, wenn sich der Beschuldigte zunächst auf ein – falsches – Alibi beruft, später einen Geschehensablauf schildert, der zum Freispruch wegen nicht auszuschließender Notwehr führt (KG StraFo 2009, 129): Hier dürfte die Kausalität ausscheiden, wenn der dringende Tatverdacht und die entschädigungspflichtigen Maßnahmen nicht auf dem falschen Alibi, sondern auf anderen Beweismitteln (z.B. Zeugenaussagen Dritter) beruhen (zu allem a. OLG Köln, Beschl. v. 1.8.2023 – III-2 Ws 654/22, NStZ-RR 2023, 359 = AGS 2023, 475).

3. § 6 Abs. 1 Nr. 1 StrEG wegen „**Teilschweigens**" ist sowohl seinem Wortlaut als auch seinem Sinngehalt nach nur anwendbar, wenn der Beschuldigte einen wesentlich entlastenden Umstand verschweigt, obwohl er sich – gleichzeitig – zur Sache einlässt. Das betrifft nicht den Fall, dass sich der Verfahrensbetroffene erst als Angeklagter gegenüber dem Gericht äußert, während er bis dahin geschwiegen hatte (*Kunz*, StrEG, § 6 Rn 11; a.A. *Meyer*, StrEG, § 6 Rn 20). 701

☝ Der Vorwurf des Verschweigens führt nur dann zur Versagung von Entschädigungsansprüchen, wenn der Beschuldigte die **Umstände**, die er verschwiegen haben soll, auch **gekannt** hat (OLG Hamm StV 2008, 365; *Kunz*, StrEG, § 6 Rn 10; *Meyer*, StrEG, § 6 Rn 26). Das Verteidigungsverhalten muss **verschuldet** worden sein, der Beschuldigte muss also erkannt haben, dass der verschwiegene Umstand ihn entlasten kann (OLG Köln, Beschl. v. 20.7.2021 – 2 Ws 317/21).

Gemeint ist hier, dass der den Tatvorwurf bestreitende Verfahrensbetroffene z.B. verschweigt, zur Tatzeit an einem „Schäferstündchen" mit seiner Geliebten teilgenommen zu haben (KG GA 1987, 405). Einen wesentlich entlastenden Umstand stellt auch der Teil des Tatgeschehens dar, dem ein **Rechtfertigungsgrund** zu entnehmen ist. Am Verschweigen fehlt es in diesem Fall aber, wenn der Beschuldigte von Anfang an ein bestimmtes Kerngeschehen schildert und sich dahingehend einlässt, er habe in der von ihm als bedrohlich empfundenen Situation „aus Angst" zugeschlagen; denn er bringt damit zum Ausdruck, in einer **Notwehr**lage gehandelt zu haben (OLG Köln StraFo 2002, 337). 702

☝ Beim Verschweigen wesentlich entlastender Umstände kann sich der Verfahrensbetroffene zu seiner Rechtfertigung nicht darauf berufen, damit dem **Rat seines Verteidigers** gefolgt zu sein, da allein er selbst für sein Verteidigungskonzept einzustehen hat (OLG Düsseldorf NStZ-RR 1996, 223).

4.a) Bestreitet der Verfahrensbetroffene in Bezug auf seine eigene Person – zutreffend/nicht widerlegbar – den Tatvorwurf, **verschweigt** aber gleichzeitig **den wahren Täter**, wirft dies eine Reihe von Fragen auf. 703

Dies verdeutlicht folgendes 704

Beispiel:

Der Verfahrensbetroffene wird als Fahrzeughalter ermittelt; die Besatzung eines Streifenwagens trifft ihn an, als er – ersichtlich alkoholisiert – gerade seine Wohnung betreten will. Mit dem Vorwurf einer Unfallfahrt konfrontiert, lässt er sich dahingehend ein, zusammen mit Freunden feucht-fröhlich gefeiert zu haben und danach in deren Begleitung zu Fuß nachhause gegangen zu sein. Seine Fahrzeugschlüssel habe er einem Freund ausgeborgt; er sei jedenfalls nicht gefahren. Weder seine Begleiter noch den Empfänger der Fahrzeugschlüssel macht er namhaft.

Im Beispielsfall hat das OLG Rostock (Beschl. v. 8.11.2004 – I Ws 269/04) die Versagung der Entschädigung primär darauf gestützt, dass der Beschuldigte die Identität des Schlüsselempfängers nicht preisgegeben – und sekundär – auch die ihn nachhause begleitenden Freunde nicht namhaft gemacht habe.

b) Ob die Nichtpreisgabe der **Identität** des wahren Täters das Verschweigen eines **wesentlichen Entlastungsumstands** darstellt, ist **umstritten**. Hat der Verfahrensbetroffene nämlich von vorneherein klargestellt, dass ein anderer der Täter gewesen soll, leitet er, auch wenn er den Namen des Täters nicht nennt, die Ermittlungen nicht in die falsche Richtung, weshalb ihn an den gleichwohl gegen ihn gerichteten Strafverfolgungsmaßnahmen kein mitwirkendes, die Versagung einer Entschädigung rechtfertigendes Verschulden trifft (KG, Beschl. v. 19.1.1997 – 3 Ws 661/96). Die Identität des wahren Täters stellt keinen wesentlichen Umstand i.S.d. Vorschrift dar (LG Münster zfs 2001, 566). Denn es besteht keine grds. Pflicht, Dritte als Täter zu benennen. 705

Sieht man im Verschweigen der Identität des wahren Täters das Verschweigen eines wesentlichen Entlastungsumstands (OLG Hamm MDR 1977, 1042; OLG Oldenburg StraFo 2005, 384; OLG 706

Rostock, Beschl. v. 8.11.2004 – I Ws 269/04; LG Aachen MDR 1992, 288), ist in die Würdigung des Aussageverhaltens die Frage einzubeziehen, ob es dem Verfahrensbetroffenen **zumutbar** war, „Ross und Reiter" (OLG Rostock, Beschl. v. 8.11.2004 – I Ws 269/04) zu benennen. Die **Zumutbarkeit** wird zu Recht verneint, wenn die **Täterschaft** eines **Angehörigen** i.S.d. § 52 StPO offenbart werden müsste (LG Münster MDR 1972, 261; AnwBl 1974, 227). Bejaht man aber in diesem Zusammenhang den Schutz höherwertiger menschlicher Bindungen, ist zumindest bei einem Vergehen kein Grund dafür ersichtlich, etwa das vergleichbare besondere Vertrauensverhältnis zwischen Freunden davon auszunehmen (OLG Düsseldorf JurBüro 1983, 1849; OLG Hamm MDR 1977, 1042; OLG Schleswig SchlHA 1982, 107 [*Ernesti/Jürgensen*]).

707 **5.** Die an sich entschädigungsfähige Maßnahme muss durch den Beschuldigten in fahrlässiger Weise **überwiegend** (*Schmitt/Köhler*, § 6 StrEG Rn 2; a.A. *Meyer*, StrEG, § 6 Rn 14) **mit verursacht** (*Kunz*, StrEG, § 6 Rn 4; *Meyer*, § 6 Rn 13 f.) worden sein. Zu klären ist daher, ob der Beschuldigte die Strafverfolgungsmaßnahme oder ihre Fortdauer **hätte verhindern können**, wenn er die später von ihm vorgetragenen, ihn entlastenden wesentlichen Umstände rechtzeitig vorgebracht hätte (KG, Beschl. v. 20.3.2000 – 4 Ws 41/00). Wäre eine – vorwiegend auf Sachbeweise gestützte – Verfolgungsmaßnahme unabhängig vom Aussageverhalten des Beschuldigten ohnehin vollzogen worden, darf die Entschädigung nicht versagt werden (OLG Oldenburg StraFo 2005, 384). Allein der Umstand, dass sich der Beschuldigte irgendwie verdächtig gemacht hat, reicht zur Versagung der Entschädigung nicht aus (OLG Brandenburg, Beschl. v. 5.12.2007 – 1 Ws 273/07; OLG Düsseldorf JurBüro 1991, 425).

Siehe auch: → *StrEG-Entschädigung, Allgemeines*, Teil I Rdn 307.

708 StrEG-Entschädigung, Versagung, JGG-Verfahren

Das Wichtigste in Kürze:

1. § 6 Abs. 2 StrEG enthält eine jugendstrafrechtliche Spezialregelung.
2. Der Jugendrichter muss dem Anspruch wegen des Vorrangs des das JGG beherrschenden Erziehungsgedankens nicht entsprechen, wenn dies erzieherisch nachteilig wäre.
3. Der Entschädigungsanspruch ist dann jedoch in der Entscheidung sanktionsmildernd zu berücksichtigen.

709 **Literaturhinweise:** **Eisenberg**, Verfassungswidrige Untersuchungshaftdauer und (Nicht-)Entschädigung (§ 6 Abs. 2 StrEG). GA 2014, 107; s.a. die Hinw. bei → *StrEG-Entschädigung, Allgemeines*, Teil I Rdn 308.

710 **1. § 6 Abs. 2 StrEG** enthält eine **jugendstrafrechtliche Spezialregelung**. Die ausschließlich auf **Freiheitsentziehungen** anwendbare Vorschrift ist **lex specialis** zu **§ 5 Abs. 1 Nr. 2 StrEG** und – soweit das Ermessen des Jugendrichters erweitert wird – gegenüber **§ 4 Abs. 1 Nr. 2 StrEG** (*Meyer*, StrEG, § 6 Rn 44). Die Nichtanrechnung der freiheitsentziehenden Maßnahme nach § 5 Abs. 1 Nr. 1 StrEG bleibt von ihr unberührt (*Kunz*, StrEG, § 6 Rn 39; *Meyer*, StrEG, § 6 Rn 45).

711 **2.** Liegt eine Konstellation vor, die bei einem Erwachsenen einen Entschädigungsanspruch auslösen würde, muss der Jugendrichter dem Anspruch wegen des Vorrangs des das JGG beherrschenden **Erziehungsgedankens** dann nicht entsprechen, wenn dies erzieherisch nachteilig wäre. Denn der Grundgedanke des JGG erfasst nicht nur Sanktionen im technischen Sinne, sondern auch die Entschädigungsfrage (BVerfG, Beschl. v. 7.12.2005 – 2 BvR 28/05 m. krit. Anm. *Eisenberg/Reuther*, S. 491).

712 *Beispiel:*

Jugendkammer und Strafsenat hatten den Antrag auf Aufhebung des Haftbefehls abgelehnt, wogegen der Angeklagte Verfassungsbeschwerde einlegte, aufgrund derer vom BVerfG der OLG-Beschluss aufgehoben und die Sache an den Strafsenat zurückverwiesen worden war. Begründet wurde die Aufhebung damit, dass der ursprüngliche Haftfortdauerbeschluss der Jugendkammer rechtswidrig gewesen sei. Durch verfahrensabschließendes Urteil der Jugendkammer wurde der Angeklagte zu einem Jugendarrest von vier Wochen verurteilt, mit der Maßgabe, dass dieser im Hinblick auf die erlittene Untersuchungshaft in voller Höhe nicht vollstreckt werde. Gleichzeitig wurde eine Entschädigung für den Vollzug der Untersuchungshaft für die Zeit, die nicht durch die Anrechnung auf den Arrest erledigt war, ebenso wie für die erlittene Durchsuchungsmaßnahme versagt (OLG Stuttgart, Beschl. v. 25.9.2013 – 4b Ws 1/13).

3. Allerdings hat er den **Entschädigungsanspruch** in seinem Urteil **sanktionsmildernd** zu berücksichtigen, da der Anspruch nur auf diese Weise konsumiert wird. Betroffen sind davon Fälle, in denen das Gericht einerseits anerkennt, dass die freiheitsentziehende Maßnahme durch eine gewisse „Schockwirkung" zur Läuterung des Beschuldigten geführt hat und ursprünglich ins Auge gefasste Sanktionen deshalb unterbleiben können, andererseits der Betroffene nicht den Eindruck vermittelt bekommen soll, er müsse für sein die Verfolgungsmaßnahme auslösendes Verhalten auch noch belohnt werden (*Meyer*, StrEG, § 6 Rn 42 f.). 713

Siehe auch: → *StrEG-Entschädigung, Allgemeines,* Teil I Rdn 307.

StrEG-Entschädigung, Versagung, Nichtverurteilung wegen Schuldunfähigkeit oder Verfahrenshindernis 714

Das Wichtigste in Kürze:

1. § 6 Abs. 1 Nr. 2 StrEG ermöglicht die Versagung einer Entschädigung, wenn der Täter im Zustand der Schuldunfähigkeit gehandelt hat oder weil ein Verfahrenshindernis besteht und es aus diesen Gründen zu einer Nichtverurteilung oder zu einer Verfahrenseinstellung kommt.
2. In beiden Fällen muss das Gericht zunächst feststellen, dass der Vollzug der Verfolgungsmaßnahme durch den Verfahrensbetroffenen – zumindest leicht – fahrlässig (mit)verursacht wurde.
3. Muss das Verfahren wegen eines Verfahrenshindernisses eingestellt werden, ist der Anwendungsbereich des § 6 Abs. 1 Nr. 2, 2. Alt. StrEG erst dann eröffnet, wenn die Entschädigung nicht bereits durch § 5 Abs. 2 S. 1 StrEG ausgeschlossen ist.
4. Eine entsprechende Anwendung des § 6 Abs. 1 Nr. 2, 2. Alt. StrEG scheidet aus, wenn das Verfahren unter Berücksichtigung geänderter höchstrichterlicher oder obergerichtlicher Rspr. eingestellt wird.

Literaturhinweise: S. d. Hinw. bei → *StrEG-Entschädigung, Allgemeines,* Teil I Rdn 308. 715

1. § 6 Abs. 1 Nr. 2 StrEG ermöglicht die Versagung einer Entschädigung unter **zweierlei Voraussetzungen**, nämlich bei einer Nichtverurteilung wegen – nicht ausschließbaren – Handelns im Zustand der **Schuldunfähigkeit** und bei einer Nichtverurteilung wegen Einstellung des Verfahrens infolge eines **Verfahrenshindernisses.** 716

2. In beiden Fällen muss das Gericht zunächst feststellen, dass der Vollzug der Verfolgungsmaßnahme durch den Verfahrensbetroffenen – zumindest leicht – fahrlässig (mit)verursacht wurde. Ist das nicht der Fall, steht dem Betroffenen eine Entschädigung zu. 717

a) Die Entschädigung kann (nur) versagt werden, wenn der **einzige Grund** für die Nichtverurteilung in der fehlenden **Schuldfähigkeit** (dasselbe gilt bei fehlender Reife nach § 3 JGG) des Verfahrensbetroffenen liegt (h.M.; BeckOK-StPO/*Cornelius*, § 6 StrEG Rn 6; *Kunz*, StrEG, § 6 Rn 24; *Meyer*, StrEG, § 6 Rn 31; *Schmitt/Köhler*, § 6 StrEG Rn 6). Dies gilt auch für den Fall, dass sichere Feststellungen, der Beschuldigte 718 habe im Zustande der Schuldunfähigkeit gehandelt, nicht getroffen werden konnten, es jedoch nach dem Ergebnis der Hauptverhandlung feststeht, dass entweder die Voraussetzungen des § 63 StGB vorlagen oder eine volle oder allenfalls nach § 21 StGB verminderte Schuldunfähigkeit gegeben war, und die Abweisung des Antrags auf Unterbringung ebenso wie die Überleitung in das Strafverfahren lediglich deshalb unterblieben ist, weil nicht zu klären war, welche der beiden Voraussetzungen vorlag (LG Kiel, Beschl. v. 6.12.1989 – VII KLs 49/88).

Ob die **Versagung** der Entschädigung die **Regelfolge** sein muss (BeckOK-StPO/*Cornelius*, § 6 StrEG Rn 6; *Schmitt/Köhler*, § 6 StrEG Rn 2), kann dem Gesetzeswortlaut nicht entnommen werden.

719 **b)** Die zu treffende **Ermessensentscheidung** muss sich mit dem Schweregrad der rechtswidrigen Tat, der Beeinträchtigung des Rechtsfriedens und dem Ausmaß des dem Verfahrensbetroffenen auferlegten **Sonderopfers** (BGH NStZ-RR 2010, 296; OLG Köln StraFo 2012, 41; OLG Stuttgart NStZ-RR 2000, 190) auseinandersetzen. Scheidet die Anordnung einer Unterbringung nach § 63 StGB aus, weil eine geeignete Anlasstat nicht nachweisbar ist, reduziert sich das Ermessen auf Null; eine Entschädigung ist zu gewähren (KG, Beschl. v. 15.5.2012 – 4 Ws 57/12; 14). Im Übrigen kann die Entschädigung nicht versagt werden, wenn der Unrechtsgehalt der Tat vergleichsweise gering ist, der Rechtsfrieden kaum in nennenswertem Umfang gestört wurde und das Maß des zu erleidenden Sonderopfers infolge der Verurteilung zu einer Freiheitsstrafe beträchtlich war (OLG Hamm NJW 2012, 3046).

720 **3.a)** Erfolgt die Nichtverurteilung ausschließlich deshalb, weil das Verfahren wegen eines **Verfahrenshindernisses** eingestellt werden muss, ist der Anwendungsbereich des § 6 Abs. 1 Nr. 2, 2. Alt. StrEG erst dann eröffnet, wenn die Entschädigung nicht bereits durch § 5 Abs. 2 S. 1 StrEG ausgeschlossen ist. Dies hat der BGH (BGHSt 29, 168 vgl. a. KG NStZ-RR 2012, 31) ausdrücklich zwar nur für die Frage der Verfolgungsverjährung entschieden; aus den Gesetzesmaterialien ergibt sich aber, dass der **Vorrang** des **§ 5 Abs. 2 S. 1StrEG** auch hinsichtlich dieses Entschädigungstatbestands durch § 6 Abs. 1 nicht beseitigt werden sollte (I. Erg. ebenso: *Kunz*, StrEG, § 5 Rn 110). Scheitert die **wahlweise Verurteilung** an der rechtsethischen und psychologischen Vergleichbarkeit beider Delikte, steht dieser Umstand einem Verfahrenshindernis gleich (OLG Karlsruhe MDR 1981, 430).

721 **b)** Der Sache nach liegt die Problematik bei der nach § 6 Abs. 2 StrEG zu treffenden Entscheidung – wie bei derjenigen des **§ 467 Abs. 3 S. 2 Nr. 2 StPO**, der infolge der identischen Ausgangssituation hier als Auslegungshilfe herangezogen werden kann (OLG Bamberg, Beschl. v. 20.7.2010 – 1 Ws 218/10 [insoweit in NStZ-RR 2011, 176 nicht abgedruckt]; OLG Celle, Beschl. v. 5.6.2007 – 1 Ws 191/07, 1 Ws 192/07, 1 Ws 193/07) – in dem vom Gericht zu vollziehenden Spagat zwischen der prognostischen Beurteilung des Verfahrensausgangs einerseits und der **Unschuldsvermutung** andererseits. Denn auch die Annexentscheidung nach § 6 StrEG darf keine Zuweisung strafrechtlicher Schuld vornehmen (EGMR NJW 1988, 3257), wenn das Verfahren nicht bis zur Schuldspruchreife gediehen war (BVerfG NJW 1987, 2427; NJW 1990, 2741; NJW 1992, 1612; NStZ 1992, 289; NStZ-RR 1996, 45). Diese kann erst nach Durchführung der Hauptverhandlung eintreten; dem Angeklagten muss das letzte Wort erteilt worden sein (BGH NJW 2000, 1427 m.w.N.). Soweit *Hilger*, NStZ 2000, 332; LR-*Hilger*, § 467 StPO Rn 60) die durch die Rspr. erfolgende Anknüpfung an die **Dichte** des **Tatverdachts** (BeckOK-StPO/*Cornelius*, § 6 StrEG Rn 7) zumindest als mittelbare Verletzung der Unschuldsvermutung kritisiert, hätte diese Auffassung zur Konsequenz, dass es zu einer Versagung der Entschädigung nur in Fällen kommen könnte, in denen das Verfahrenshindernis erst bei der Urteilsberatung festgestellt wird (ebenso: OLG Hamm NJW 1986, 734).

☝ § 6 Abs. 1 Nr. 2 StrEG verlangt eine **Ermessensentscheidung** bezüglich der Entschädigungsfrage jedoch für **sämtliche Fälle** der **Verfahrenseinstellung**, und zwar unabhängig davon, zu welchem Zeitpunkt das Verfahrenshindernis eingetreten ist und in welchem Verfahrensstadium es zur Einstellung geführt hat. Hierzu bedarf es verfahrensbezogener Anknüpfungspunkte, die im Ergebnis nur der Tatverdacht liefern kann, da allein er die Voraussetzung für das Eingreifen der Unschuldsvermutung bildet: Erst wenn ein Tatverdacht besteht, entfaltet die Unschuldsvermutung ihre Wirkungen, aber nicht notwendigerweise dahingehend, dass sie den Tatverdacht beseitigt (SK-StPO/*Meyer*, Art. 6 EMRK Rn 305 ff. m.w.N.).

c) In den diesbezüglichen Formulierungen ist die **Rspr. uneinheitlich**. Die Formulierung, „bei Würdigung des bisherigen Prozessgeschehens überwiegen … die Umstände, welche die Unschuldsvermutung entkräften, derart, dass eine Verurteilung deutlich wahrscheinlicher ist als ein Freispruch", beschreibt – auch wenn die Ausdrücke zweideutig sind – letztlich nur eine Verdachtslage und enthält insoweit keine gegen die Unschuldsvermutung verstoßende Schuldfeststellung (EGMR NJW 1988, 3257). 722

d) Die Ermessensausübung wird zunächst davon beeinflusst, wann das Verfahrenshindernis ein- bzw. zu Tage getreten ist. Besteht das **Verfahrenshindernis von Anfang an**, kann auch der Tatverdacht nicht in prozessordnungsgemäßer Weise bewertet werden (OLG Hamm wistra 2006, 359; *Kunz*, StrEG, § 6 Rn 30; *Meyer*, StrEG, § 6 Rn 40); die Entschädigung ist (unter Ermessenreduzierung auf Null) zu gewähren. 723

Tritt das Hindernis irgendwann **im Verlauf des Verfahrens** ein, hängt die Beantwortung der Entschädigungsfrage maßgeblich davon ab, ob das Verfahrenshindernis der Sphäre des Verfahrensbetroffenen oder derjenigen der Strafverfolgungsorgane zuzurechnen ist. Danach kann Entschädigung wegen Eintritt der **Verfolgungsverjährung** nicht versagt werden, wenn diese bereits bei Vollzug der Verfolgungsmaßnahme absehbar war (*Kunz*, StrEG, § 6 Rn 33; *Meyer*, StrEG, § 6 Rn 40). 724

e) Fehlt bei einem Antragsdelikt der erforderliche **Strafantrag**, entbehrt das gesamte Verfahren in gleicher Weise einer rechtlichen Grundlage. Dies muss auch gelten, wenn der erforderliche Antrag nicht formgerecht gestellt wurde (a.A. OLG Hamm NJW 1986, 734; *Kunz*, StrEG, § 6 Rn 31). Er fehlt in diesem Sinne auch, wenn es zur Verurteilung wegen eines Antragsdelikts erst nach Änderung der rechtlichen Würdigung kommt (*Meyer*, StrEG, § 6 Rn 40), da eine solche bereits vor Vollzug der Verfolgungsmaßnahme hätte vorgenommen werden können. Haben sich dagegen Angeklagter und Anzeigeerstatter im Rahmen des Täter-Opfer-Ausgleichs geeinigt und nimmt Letzterer im Berufungsrechtszug den Strafantrag zurück, besteht kein Anlass, Entschädigung zu gewähren. 725

f) Verhandlungsunfähigkeit ist zwar ein Umstand, der weder vorhersehbar ist noch in die Sphäre der Verfolgungsorgane fällt; die Verfahrenseinstellung (§§ 206a, 260 Abs. 3 StPO) ist jedoch zwingend (KG, Beschl. v. 7.12.1998 – 4 Ws 190/98; *Meyer*, StrEG, § 6 Rn 37), weshalb sie i.d.R. keinen Ausschluss des Entschädigungsanspruchs zu begründen vermag (*Kunz*, StrEG, § 6 Rn 31). 726

g) Stirbt der **Angeklagte nach Freispruch** in erster Instanz, ohne dass Ausschlussgründe nach § 5 Abs. 2 StrEG vorliegen, wird das Verfahren in der Rechtsmittelinstanz nach § 206a StPO eingestellt; die Nichtverurteilung beruht in diesem Fall nicht allein auf dem durch Tod eingetretenen Verfahrenshindernis, sondern auf der zum Freispruch führenden Hauptverhandlung (OLG Schleswig SchlHA 2007, 293). Im umgekehrten Fall (erstinstanzliche Verurteilung) würde dagegen das Verfahrenshindernis den ausschließlichen Grund für die Nichtverurteilung darstellen. 727

4. Eine entsprechende Anwendung des § 6 Abs. 1 Nr. 2, 2. Alt. StrEG scheidet auch dann aus, wenn das Verfahren unter Berücksichtigung **geänderter höchstrichterlicher oder obergerichtlicher Rspr.** eingestellt wird. Die Änderung der Rspr. begründet kein Verfahrenshindernis (*Meyer*, StrEG, § 6 Rn 38). 728

Siehe auch: → *StrEG-Entschädigung, Allgemeines*, Teil I Rdn 307.

729 # StrEG-Entschädigung, Verzicht

Das Wichtigste in Kürze:

1. Betroffene von Strafverfolgungsmaßnahmen können wirksam auf die StrEG-Entschädigung verzichten. Der Geltendmachung des Anspruches steht dann eine materiell-rechtliche Einwendung entgegen.
2. Der Verzicht kann nicht nur im Betragsverfahren, sondern auch im Strafverfahren erklärt werden. Er bedarf keiner bestimmten Form.
3. Im Falle eines wirksamen Verzichts kann die StrEG-Grundentscheidung unterbleiben (strittig). Lediglich dann, wenn anspruchsberechtigte Unterhaltsberechtigte in Betracht kommen, ist trotz Verzichts eigene Grundentscheidung zu treffen (kein Vertrag zu Lasten Dritter).

730 **Literaturhinweise:** S. die Hinw. bei → *StrEG-Entschädigung, Allgemeines*, Teil I Rdn 308.

731 **1.** Jeder Verfahrensbetroffene, der eine Strafverfolgungsmaßnahme erlitten hat, kann auf StrEG-Entschädigung **verzichten**. Der Geltendmachung des StrEG-Anspruchs steht dann eine materiell-rechtliche Einwendung entgegen. **Voraussetzung** für einen solchen Verzicht, der nicht erst im Betragsverfahren, sondern auch schon im Strafverfahren (d.h. auch **vor Erlass einer Grundentscheidung** nach § 8 Abs. 1 S. 1 StrEG) erklärt werden kann, ist jedoch eine hinreichend bestimmte Verzichtserklärung. Sie bedarf zu Ihrer Wirksamkeit **keiner bestimmten Form** und kann auch mündlich zu Protokoll erklärt werden.

732 Für die **Zulässigkeit** eines Verzichts spricht bereits, dass der Betroffene von Strafverfolgungsmaßnahmen die Geltendmachung des Entschädigungsanspruchs (§ 10 StrEG) unterlassen kann, d.h. ihm alleine kommt die **Dispositionsbefugnis** über die Geltendmachung von Ansprüchen gegen die Staatskasse zu. Eine Vorschrift, welche die Möglichkeit eines Verzichts grds. in Zweifel ziehen könnte, existiert im StrEG nicht.

☝ Lediglich im Anwendungsbereich des § 11 StrEG, der dem **gesetzlich Unterhaltsberechtigten** des von Strafverfolgungsmaßnahmen Betroffenen **ein eigenes Antragsrecht** einräumt und einen Verzicht durch den Verfahrensbetroffenen insoweit als „Vertrag zu Lasten Dritter" erscheinen lässt, ist der Verzicht beschränkt. **Insoweit besteht die Notwendigkeit einer Grundentscheidung fort.**

733 *Beispiel:*

In der HV, zu der der Angeklagte aus U-Haft vorgeführt wird, zeichnet sich schon bald ab, dass es der erhobenen Anklage an Substanz fehlt. Der Vorsitzende regt eine Verfahrenseinstellung nach § 153 StPO an. Der Sitzungsvertreter der StA verlässt den Verhandlungssaal, um beim Sachbearbeiter rückzufragen und erscheint wieder mit der Erklärung, der vom Gericht vorgeschlagenen Sachbehandlung werde zugestimmt mit der Maßgabe, dass der Angeklagte auf einen Anspruch nach StrEG verzichte. Der Vorsitzende nickt mit dem Kopf. Der Angeklagte (gesetzlich Unterhaltsberechtigte existieren nicht) nimmt dieses Angebot an.

734 **2. Unterschiedliche Auffassungen** bestehen dazu, ob die **verfahrensrechtliche Dispositionsbefugnis** des Angeklagten so **weit reicht**, dass die Grundentscheidung nach § 8 Abs. 1 S. 1 StrEG bei wirksamer Verzichtserklärung unterbleiben darf, er das Gericht mithin von dessen Entscheidungspflicht befreien kann.

735 **a) Bejaht** wurde dies vom OLG Stuttgart (Justiz 1992, 361 = MDR 1992, 897) in einem Fall, in dem der Angeklagte „keine Bedingungen gestellt" hatte. Auch in der Literatur wird überwiegend die Auffassung vertreten, ein derartiger Verzicht auf die Grundentscheidung sei zulässig und wirksam (BeckOK-StPO/*Cornelius*, § 8 StrEG Rn 3; *Kunz*, StrEG, § 8 Rn 21; *Meyer*, StrEG, Vorbem. §§ 1 – 6 Rn 14; § 8 Rn 8).

b) Zuzugestehen ist der kritischen – auch in der Vorauflage vertretenen – Gegenansicht zwar, dass das Verfahrensergebnis mit einer konkludenten Verständigung i.S.v. **§ 257c StPO** vergleichbar ist. Intransparente, unkontrollierbare „Deals", informelle Absprachen, Vereinbarungen und „gentlemen's agreements" sind im Strafprozess jedoch von Verfassungs wegen ausgeschlossen (BVerfG NJW 2013, 1058). Gleichwohl muss den Ausschlag geben, dass der Angeklagte das Recht hat, grds. über seinen eigenen Entschädigungsanspruch frei zu disponieren. Warum eine derartige Verfahrensgestaltung – wie *Seebode* zehn Jahre nach Inkrafttreten des StrEG festgestellt hat (NStZ 1982, 144, 147) – den Strafprozess auf den Kopf stellen soll, ist nicht erkennbar. Soweit der Verzicht wirksam ist, kann somit die Entscheidung nach § 8 Abs. 1 Satz 1 StrEG unterbleiben. 736

Wie oben ausgeführt, gilt jedoch einschränkend, dass der Verzicht nur wirksam ist, soweit er Ansprüche gesetzlich Unterhaltsberechtigter (§ 11 StrEG) weder beschränkt noch ausschließt. Da gesetzlich Unterhaltsberechtigte des von Strafverfolgungsmaßnahmen Betroffenen über ein eigenes Antragsrecht verfügen, kann der Verzicht des Betroffenen eine Grundentscheidung nicht überflüssig machen, er ist unwirksam.

☝ Hat der Betroffene von Strafverfolgungsmaßnahmen auf Entschädigung nach dem StrEG verzichtet, ist eine Grundentscheidung des Strafgerichts nach § 8 StrEG in Bezug auf dessen eigene Ansprüche entbehrlich. Kommen Unterhaltsberechtigte nach § 11 StrEG in Betracht, ist eine Grundentscheidung zu treffen.

Zwar legt der Wortlaut des § 8 Abs. 1 S. 1 StrEG nahe, dass eine Grundentscheidung auch dann zu treffen ist, wenn der Angeklagte im Grundverfahren vor den Strafgerichten erklärt, er mache keinen Schaden geltend oder er verzichte auf etwaige Ansprüche (KG VRS 72, 380; OLG Düsseldorf MDR 1989, 92 m. Anm. *Meyer*, JurBüro 1990, 797; NJW 1999, 2830; OLG München NJW 1973, 721; AG Pasewalk NStZ-RR 2004, 352; *Schmitt/Köhler*, § 8 StrEG Rn 3). Eine Grundentscheidung ist jedoch nur zu treffen, wenn StrEG-entschädigungspflichtige Maßnahmen überhaupt in Betracht kommen. Liegt ein wirksamer Verzicht vor, ist das jedoch nicht (mehr) der Fall. Aus § 8 Abs. 1 S. 1 StrEG folgt somit nicht, dass trotz wirksamen Verzichts eine Grundentscheidung zu treffen wäre. 737

3. Liegt kein wirksamer Verzicht vor, kann das Unterlassen der von § 8 Abs. 1 StrEG geforderten Entscheidung mit der **sofortigen Beschwerde** angefochten werden (OLG Düsseldorf NJW 1999, 2830; OLG München NJW 1973, 721; → *StrEG-Entschädigung, Grundentscheidung, Anfechtung,* Teil I Rdn 558; zur sofortigen Beschwerde *Burhoff*, EV, Rn 3366; Burhoff/*Kotz/Hillenbrand*, RM, Teil A Rn 550 ff.). 738

Siehe auch: → *StrEG-Entschädigung, Allgemeines*, Teil I Rdn 307 m.w.N.

Verfahrensverzögerung, Entschädigung 739

Das Wichtigste in Kürze:

1. Der Gesetzgeber hat im sog. „Gesetz über den Rechtsschutz bei überlangen Gerichtsverfahren und strafrechtlichen Ermittlungsverfahren" v. 24.11.2011 in den §§ 198, 199 GVG eine Entschädigungsregelung eingeführt.
2. Vorgesehen ist ein zwei-stufiges Verfahren.
3. Wegen der Zweistufigkeit des (Entschädigungs)Verfahrens spielen Umfang und Höhe eines Entschädigungsanspruchs erst im eigentlichen Entschädigungsprozess eine Rolle.
4. Einen Entschädigungsanspruch muss der Betroffene auf der zweiten Stufe im Entschädigungsprozess klageweise durchsetzen.

740 **Literaturhinweise:** **Althammer/Schäuble**, Effektiver Rechtsschutz bei überlanger Verfahrensdauer – Das neue Gesetz aus zivilrechtlicher Perspektive, NJW 2012, 1; **Broß**, Verfahrensdauer und Verfassungsrecht, StraFo 2009, 10; **Burhoff**, Verfahrensverzögerung, überlange Gerichtsverfahren und Verzögerungsrüge – die Neuregelungen im GVG, StRR 2012, 4; *ders.*, Verfahrensverzögerung, überlange Gerichtsverfahren und Verzögerungsrüge – die Neuregelungen im GVG, VRR 2012, 44; *ders.*, Entschädigung für überlange Straf- und Bußgeldverfahren – die Neuregelungen im GVG. ZAP F. 22, S. 591; **Gaede**, Das Recht auf Verfahrensbeschleunigung gem. Art. 6 Abs. 1 S. 1 EMRK in Steuer- und Wirtschaftsstrafverfahren, wistra 2004, 166; *ders.*, Licht und Schatten – Verfahrensabschnittsbezogene Prüfung des Rechts auf Verfahrensbeschleunigung (Art. 6 Abs. 1 Satz 1 EMRK) und Außerachtlassung der völkerrechtlichen Organisationspflicht durch den BGH, HRRS 2005, 377; **Geipel**, Das Gesetz über den Rechtsschutz bei überlangen Gerichtsverfahren aus zivilrechtlicher Sicht, ZAP F. 13, S. 1767; **Gercke/Heinisch**, Auswirkungen der Verzögerungsrüge auf das Strafverfahren, NStZ 2012, 300; **Goebel**, Verzögerungsrüge in Kostenfestsetzungsverfahren, FMP 2019, 107; **Graf**, Rechtsschutz bei überlangen Gerichtsverfahren und strafrechtlichen Ermittlungsverfahren, NZWiSt 2012, 221; **Keller/Meyer-Mews**, Anforderungen an das Beschleunigungsgebot in Haftsachen während der Hauptverhandlung und nach dem Urteil, StraFo 2005, 353; **Kotz**, Auch wer schläft, sündigt!, ZRP 2011, 85; *ders.*, Verzögerungsrüge als Fallbeil für die Untätigkeitsbeschwerde, StRR 2012, 207; **Kraatz**, Gedanken zur Strafzumessungslösung bei rechtsstaatswidriger Verfahrensverzögerung, JR 2006, 403; **Krehl/Eidam**, Die überlange Dauer von Strafverfahren, NStZ 2006, 1; **Laue**, Das öffentliche Interessen an der Beschleunigung des Strafverfahrens, GA 2005, 648; **Mack/Wollweber**, Neues Gesetz zur Entschädigung bei überlangen Gerichts- und Steuerstrafverfahren, Stbg 2012, 1; **Maier/Percic**, Aus der Rechtsprechung zur Verletzung des Beschleunigungsgebots aus Art. 6 I 1 EMRK – 1. Teil, NStZ-RR 2009, 297; **Nack**, Verfahrensverzögerung und Beschleunigungsgebot, in: Festschrift BRAK, 2006, S. 425; **Niemöller**, Videant iudices … Bemerkungen zu einem Streit zwischen BVerfG und BGH, DRiZ 2006, 229; **Ossenbühl**, Staatshaftung bei überlangen Gerichtsverfahren, DVBl 2012, 857; **Paeffgen**, Irrungen und Wirrungen im Bereich der Strafzumessungskürzung bei Verstößen gegen die Verfahrensgerechtigkeit, namentlich gegen das Beschleunigungsgebot, StV 2007, 487; *ders.*, Zur historischen Entwicklung des „Beschleunigungsdenkens" im Straf(prozeß)recht, GA 2014, 275; **Peglau**, Behandlung rechtsstaatswidriger Verfahrensverzögerung (Art. 6 I 1 EMRK) in der Rechtsprechung, JuS 2006, 704; **Rinklin**, Rechtsprechungsübersicht zur (rechtsstaatswidrige) Verfahrensverzögerung und deren Auswirkung auf das Straf- und Bußgeldverfahren – Teil 1, StRR 2015, 44; *ders.*, Rechtsprechungsübersicht zur (rechtsstaatswidrige) Verfahrensverzögerung und deren Auswirkung auf das Straf- und Bußgeldverfahren – Teil 1, StRR 2015, 84; **Scheffler**, Systemwechsel ohne System – Eine Besprechung des Beschlusses des Großen Senats vom 17.1.2008, ZIS 2008, 269; **Schmidt/Sommerfeld**, Ursachen für Verfahrensverzögerungen aus der Sicht der Staatsanwaltschaft, in: Jehle/Hoch (Hrsg.), Oberlandesgerichtliche Kontrolle langer Untersuchungshaft. Erfahrungen, Probleme, Perspektiven, 1998, S. 81; **Schmitt**, Die überlange Verfahrensdauer und das Beschleunigungsgebot in Strafsachen, StraFo 2008, 313; **H. Schneider**, Kosten in Rechtsschutzverfahren bei überlangen Gerichtsverfahren, AGS 2012, 53; *ders.*, Anwaltskosten in Entschädigungsklage wegen überlanger Verfahren, JurBüro 2023, 337; **N. Schneider**, Abrechnung in Verfahren nach dem Gesetz über den Rechtsschutz bei überlangen Gerichtsverfahren, RVGreport 2012, 82; **Sommer**, Die Verzögerungsrüge: „Auf der Suche nach der verlorenen Zeit", StV 2012, 107; **Steinbeiß-Winkelmann**, Rechtsschutz bei überlangen Gerichtsverfahren Zum neuen Gesetzentwurf der Bundesregierung, ZRP 2010, 205; *dies.*, Amtshaftungsansprüche wegen überlanger Verfahrensdauer, NJW 2014, 1276; **Steinbeiß-Winkelmann/Sporrer**, Rechtsschutz bei überlangen Gerichtsverfahren Eine Zwischenbilanz anhand der Rechtsprechung, NJW 2014, 177; **Trurnit**, Das Beschleunigungsgebot und die Konsequenzen einer überlangen Verfahrensdauer im Strafprozess, StraFo 2005, 358; **Volkmer**, Geldentschädigung bei überlanger Verfahrensdauer?, NStZ 2008, 608; **Weider**, Zuordnung der Verfahrensverzögerungen zu einzelnen Verfahrensbeteiligten aus der Sicht des Rechtsanwalts, in: Jehle/Hoch (Hrsg.), Oberlandesgerichtliche Kontrolle langer Untersuchungshaft. Erfahrungen, Probleme, Perspektiven, 1998, S. 107; **Wittling-Vogel/Ulick**, Kriterien für die Bewertung der Verfahrensdauer nach Art. 6 Abs. 1 EMRK, DRiZ 2008, 87; **Ziegert**, Die überlange Verfahrensdauer Strafzumessungs- vs. Strafvollstreckungslösung, StraFo 2008, 321; s.a. die Hinw. bei **Burhoff**, EV, Rn 5347 und **Burhoff**, HV, Rn 3387.

741 **1.** Der Gesetzgeber hat im sog. „Gesetz über den Rechtsschutz bei überlangen Gerichtsverfahren und strafrechtlichen Ermittlungsverfahren" v. 24.11.2011 (BT-Drucks 17/3802) für Verfahrensverzögerungen mit den §§ 198, 199 GVG eine Entschädigungsregelung eingeführt). Eine (potentielle) **Entschädigung** hängt nach § 198 Abs. 3 GVG davon ab, dass im Laufe des Verfahrens eine sog. **Verzögerungsrüge** erhoben wird (Teil I Rdn 742; *Burhoff*, EV, Rn 5346 ff.; *Burhoff*, HV, Rn 34187 ff.). Diese Regelung gilt für alle Verfahren und – im Strafverfahren – für alle Verfahrensstadien. Im nachfolgenden soll ein kurzer Überblick über die im Rahmen der Nachsorge auftretenden Problem/Fragen gegeben werden. Die Ausführungen befassen sich nicht mit den materiellen Voraussetzungen für eine Entschädigung und auch nicht mit der Verzögerungsrüge als formelle Voraussetzung für einen Entschädigungsanspruch. Insoweit wird verwiesen auf *Burhoff*, EV, Rn 5346 ff. und *Burhoff*, HV, Rn 3386 ff.

2. Vorgesehen ist ein **zwei-stufiges Verfahren**: 742

- Auf der **ersten Stufe** müssen die Betroffenen nach § 198 Abs. 3 GVG das (Ausgangs)Gericht, das nach ihrer Ansicht zu langsam arbeitet, mit einer **Rüge** auf die **Verzögerung hinweisen**. Das soll helfen, überlange Verfahren von vornherein zu vermeiden, da die Richter so durch diese Verzögerungsrüge die Möglichkeit erhalten Abhilfe zu schaffen. Andererseits ist diese Rüge Voraussetzung für die spätere Entschädigungsklage, bereitet diese also vor.
- Auf der **zweiten Stufe** kann dann eine **Entschädigungsklage** erhoben werden (§ 198 Abs. 1 GVG) (Teil I Rdn 751).

3. Wegen der Zweistufigkeit des (Entschädigungs)Verfahrens (Teil I Rdn 742) spielen **Umfang und Höhe** eines **Entschädigungsanspruchs** im sog. Ausgangsverfahren zunächst keine wesentliche Rolle. Das ist erst im eigentlichen Entschädigungsprozess der Fall. 743

a) Allgemein ist die **Höhe** des Entschädigungsanspruchs in **§ 198 Abs. 1** und **2 GVG** geregelt. Danach wird derjenige, der infolge der unangemessen langen Dauer des Verfahrens einen Nachteil erlitten hat, angemessen entschädigt. Der Regierungsentwurf hatte in § 198 Abs. 1 S. 1 GVG noch eine einheitliche Anspruchsgrundlage vorgesehen, die für materielle Nachteile vollen Ersatz nach den Grundsätzen der §§ 249 ff. BGB vorsah und für immaterielle Nachteile einen angemessenen Ausgleich, für den in § 198 Abs. 3 S. 3 GVG eine Pauschale normiert wurde. Die Gesetz gewordene Fassung des § 198 Abs. 1 GVG spricht nur noch von einer **„angemessenen Entschädigung“** (dazu *Altenhammer/Schäuble* NJW 2012, 1, 4 m. Hinw. auf die Rspr. des EGMR zum Begriff der „angemessenen Entschädigung“; OVG Sachsen-Anhalt, Urt. v. 25.7.2012 – 7 KE 1/11, für ein verwaltungsgerichtliches Verfahren). Insoweit gilt: 744

b) Zu ersetzen sind zunächst die kausal durch die Verfahrensverzögerung entstandenen **materiellen Nachteile**. Allerdings wird nur eine „angemessene Entschädigung“ gewährt. Das zur Folge hat, dass nach den allgemeinen Regeln des Schadensersatzrecht entgangener Gewinn nicht zu ersetzen ist (zur Begründung dieser Einschränkung BT-Drucks 17/3208, S. 34 und BT-Drucks 17/7217, S. 39; s. auch EGMR, Urt. v. 25.3.2010 – 485/09). Weitere Folge kann wohl auch sein, dass nicht zwingend ein vollständiger Ersatz eingetretener materieller Nachteile erfolgen muss (*Althammer/Schäuble* NJW 2012, 1, 3 m.w.N.). Hier sind u.a. zu erwähnen, die mit einem **Wohnungsverlust** zusammenhängenden Kosten, die mit einem **Arbeitsplatzverlust**/Kündigung zusammenhängenden Kosten/Nachteile, die **Insolvenz** einer Firma des Betroffenen und auch infolge der Verzögerung eingetretene erhöhte **Anwaltskosten**. Bei der **Bemessung** der „angemessenen Entschädigung“ kann neben der Höhe des entstandenen Schadens im Zweifel auch berücksichtigt werden, wie schwerwiegend die Verzögerung war und ob die Schäden unmittelbar oder lediglich mittelbar entstanden sind (BT-Drucks 17/3802, S. 34). 745

☝ **Voller Schadensersatz** nach den Grundsätzen der **schuldhaften Amtspflichtverletzung** ist neben der Regelung in § 198 GVG aber nicht ausgeschlossen (Teil I Rdn 744; dazu auch *Altenhammer/Schäuble* NJW 2012, 1, 4).

c)aa) Zu ersetzen sind zudem kausale **immaterielle Nachteile** (§ 198 Abs. 1 u. 2 GVG; vgl. zur Kritik an dieser dem deutschen Rechtssystem an sich fremden Regelung *Altenhammer/Schäuble* NJW 2012, 1, 4). Hier sind zu erwähnen (vgl. a. BT-Drucks 17/3208, S. 37): **psychische Beeinträchtigungen**, die durch die lange Verfahrensdauer hervorgerufen worden sind, (weitere) **Rufschädigungen** durch das zu lange Verfahren, **Entfremdung** von dem Verfahrensbeteiligten nahestehenden Personen, wie z.B. von Kindern aufgrund zu langer U-Haft (*Altenhammer/Schäuble*, a.a.O. für den familienrechtlichen Sorgerechtsstreit). In § 198 Abs. 2 S. 1 GVG wird **vermutet**, dass im Fall einer unangemessenen Verfahrensdauer von einem Nachteil, der nicht Vermögensnachteil ist, ausgegangen werden muss. Die Entschädigung beträgt in diesem Fall **1.200 EUR für jedes Jahr** der **Verzögerung**. Angeknüpft worden ist hier an die Rspr. des EGMR (NJW 2007, 1259). Für Zeiträume unter einem Jahr erfolgt eine zeitanteilige Berechnung (BT-Drucks 17/3802, S. 20). Die Gewährung einer höheren oder auch niedrigeren Ent- 746 schädigung für eine Verfahrensverzögerung als die gesetzliche Entschädigung ist grds. möglich, setzt aber einen atypischen Sonderfall voraussetzen, dessen Darlegung und Nachweis dem Kläger obliegt (BGH, Urt. v. 15.12.2022 – III ZR 192/21, NJW 2023, 1578; OLG München, Urt. v. 16.10.2024 – 22 EK 3/24 e). Dazu ist erforderlich, dass sich das zu beurteilende Verfahren durch eine oder mehrere entschädigungsrelevante Besonderheiten in tatsächlicher und rechtlicher Hinsicht von anderen Verfahren dieser Art abhebt, so dass die konkreten Auswirkungen der überlangen Verfahrensdauer die Pauschalhöhe als unbillig erscheinen lassen (OLH München, a.a.O.).

☝ Diese **Vermutung** ist **widerlegbar** (BT-Drucks 17/3802, S. 19; dazu KG DAR 2016, 205; OLG Zweibrücken NJW 2017, 1328). Das kann z.B. der Fall sein, wenn das verzögerte Ausgangsverfahren für den Entschädigungskläger eine äußerst geringe Bedeutung hatte, die es ausgeschlossen erscheinen lässt, dass ein Nachteil in Gestalt einer seelischen Beeinträchtigung entstanden sein kann (OLG Hamm, Urt. v. 10.8.2016 – 11 EK 5/15; OLG Rostock, Urt. v. 21.9.2022 – 23 EK 1/22, NJ 2022, 515; LSozG Bayern JurBüro 2016, 265) oder in einem Kostenfestsetzungsverfahren (KG, a.a.O.; OLG Zweibrücken, a.a.O.). Bei einem außergewöhnlich geringen wirtschaftlichen Interesse am Ausgang des überlang dauernden Verfahrens kann gem. § 198 Abs. 2 S. 4 GVG die Entschädigung aus **Billigkeitsgründen herabgesetzt** werden (OLG Hamm, a.a.O.; OLG Rostock, a.a.O.).

747 **bb)** Nach § 198 Abs. 2 S. 2 GVG ist eine Entschädigung für immaterielle Nachteile **ausgeschlossen**, soweit nach den Einzelfallumständen eine Wiedergutmachung auf andere Weise ausreichend ist. Diese Regelung ist in § 198 Abs. 4 GVG allgemein und in § 199 Abs. 3 GVG für das Strafverfahren besonders modifiziert. Wenn es sich bei dem Fall, in dem die Verfahrensverzögerung entstanden ist, um einen Fall mit Grundrechtsbezug handelt, genügt die bloße Feststellung der entstandenen Verfahrensverzögerung als Wiedergutmachung allerdings nicht aus (OLG München, Urt. v. 16.10.2024 – 22 EK 3/24 e).

☝ Der Anspruch auf **Ersatz** eines **Vermögensnachteils** (Teil I Rdn 745) wird von dieser Ausschlussregelung **nicht berührt**. Für den Anspruch eines Beschuldigten eines Strafverfahrens auf Entschädigung wegen Vermögensnachteilen sieht § 199 GVG keine Besonderheiten vor. Insoweit gilt § 198 GVG ohne Modifikationen; insbesondere ist hier auch eine Verzögerungsrüge erforderlich.

Ausdrücklich benannt sind **zwei Wiedergutmachungsformen**:

748 **(1)** Zum einen regelt **§ 198 Abs. 4 GVG** – in Anlehnung an die Rspr. des EGMR – die Möglichkeit einer **Feststellung** der **überlangen Verfahrensdauer** durch das Entschädigungsgericht bei gleichzeitiger Freistellung des Klägers von den Kosten des Entschädigungsrechtsstreits (OLG Schleswig, Urt. v. 26.6.2020 – 17 EK 2/19, MDR 2020, 1317; OVG Sachsen-Anhalt, Urt. v. 25.7.2012 – 7 KE 1/11, für ein verwaltungsgerichtliches Verfahren; s.a. BVerfG, Beschl. v. 11.12.2023 – 2 BvR 739/17 – Vz 5/23, NJW 2024, 1331). Die Rspr. geht davon aus, dass nur dann, wenn nach den Umständen des Einzelfalls Wiedergutmachung auf andere Weise nicht ausreichend ist, insbesondere durch die an keinen Antrag gebundene Feststellung einer unangemessen langen Verfahrensdauer, eine Entschädigungszahlung beansprucht werden kann (z.B. für Kostenfestsetzungsverfahren OLG Karlsruhe, Urt. v. 16.10.2018 – 16 EK 10/18, AGS 2019, 556 m. Anm. *Burhoff* StRR 4/2019, 24; OLG Oldenburg, Urt. v. 27.5.2020 – 15 EK 3/19 [7 Monate zu lang]; LSG Hessen, Urt. v. 1.8.2018 – L 6 SF 2/18 EK SB, AGS 2019, 427; LSG Schleswig-Holstein, Urt. v. 30.11.2018 – L 12 SF 71/17 EK)

749 **(2)** Zum anderen knüpft **§ 199 Abs. 3 GVG** an die im Strafverfahren von der Rspr. praktizierte **Kompensation** an (grundlegend BGHSt 52, 124; vgl. a. *Burhoff*, HV, Rn 3418 ff. m.w.N.). Danach wird eine der Justiz zuzurechnende Verfahrensverzögerung zugunsten des Beschuldigten durch die ggf. angewendete sog. **Strafvollstreckungslösung** ausreichend kompensiert (§ 199 Abs. 3 S. 1 GVG). Die **Entscheidung** des **Strafgerichts** hat eine sog **Feststellungswirkung**. Das Entschädigungsgericht ist nach § 199 Abs. 3 S. 2 GVG, wenn der Beschuldigte/Verurteilte später Entschädigung begehrt, hinsichtlich der Beurteilung

der Verfahrensdauer an die Entscheidung des Strafgerichts gebunden. Damit werden widersprüchliche Beurteilungen der Strafgerichte und der Entschädigungsgerichte zu ein- und derselben Frage vermieden. Dies gilt auch, sofern das Strafgericht im Verfahren gegen den Verurteilten die Verfahrensdauer im Ergebnis als angemessen eingestuft und daher keine Kompensation vorgenommen hat (BT-Drucks 17/3802, S. 24). Kompensation kann ggf. auch durch eine Einstellung des Verfahrens eintreten. Ist diese nicht nach außen gesondert begründet, ist für eine Kompensation allerdings Voraussetzung, dass die Art der „Berücksichtigung" nach dem Kontext des Einzelfalls hinreichend identifizierbar und die unangemessene Verfahrensdauer ein prägender Grund für die Einstellung ist; auch muss die Einstellung sich für die oder den Beschuldigten vorteilhaft, mithin „zugunsten", auswirken (OLG Schleswig, Urt. v. 26.6.2020 – 17 EK 2/19, MDR 2020, 1317).

☝ Die Anwendung der **Vollstreckungslösung** des BGH (BGHSt 52, 124) setzt nun aber nicht voraus, dass zuvor die Verzögerungsrüge erhoben worden ist (dazu eingehend/zutreffend *Gercke/Heinisch* NStZ 2012, 300, 303 f; *Arnoldi* StRR 2013, 97 in der Anm. zu BGH StRR 2013, 96 und *Rinklin* StRR 2015, 64 in der Anm. zu BGH StV 2015, 154 [Ls.], wo das allerdings jeweils erwogen worden ist; a.A. LG Düsseldorf, Urt. v. 5.12.2017 – 1 Ks 11/17, NStZ 2018, 623; offenbar *Sommer* StV 2012, 107, 110). Dafür spricht schon, dass anderenfalls die Neuregelung zu weniger „Rechtsschutz" führen würde, das Gegenteil war aber beabsichtigt.

Zur **Kompensation** durch die Strafvollstreckungslösung ist auf Folgendes **hinzuweisen:** 750

- Neben einer anderen Wiedergutmachung ist ein bestehender Anspruch nach § 198 GVG wegen immaterieller Nachteile **ausgeschlossen**, was die Bedeutung der Entschädigungsregelung für das Strafverfahren reduziert. Größerer Bedeutung könnte der Entschädigungslösung allerdings in Jugendstrafverfahren zukommen, sofern der BGH an seiner restriktiven Rspr. zur Ablehnung eines bezifferten Abschlags von der erzieherisch bestimmten Jugendstrafe (vgl. u.a. BGH NStZ 2010, 94 m.w.N.; offen gelassen von BGH NStZ 2011, 524) festhält, die der Große Senat in BGHSt 52, 124 auch für das Vollstreckungsmodell nicht ausgeschlossen hat (dazu auch *Eisenberg*, § 18 Rn 15e; BVerfG, Beschl. v. 5.11.2023 – 2 BvR 1579/11, NJW 2014, 532).
- **Fraglich** ist, wie die Vollstreckungslösung des BGH ggf. im **vorbereitenden Verfahren** Anwendung finden soll. Die Gesetzesbegründung (BT-Drucks 17/3802, S. 24) geht insoweit davon aus, dass auch die StA eine Kompensation feststellen kann. Wie das allerdings in der Praxis geschehen soll, bleibt im Dunklen.
- Ein Anspruch aus § 198 GVG auf **Entschädigung** wegen **immaterieller Nachteile** kommt aber gleichwohl in bestimmten **Konstellationen** auch für den Verurteilten/Beschuldigten eines Strafverfahrens in Betracht. Dies betrifft insbesondere alle Fälle, in denen die Verfahrensverzögerung unmittelbar durch das Strafgericht oder die StA nicht kompensiert werden kann. Das wichtigste Beispiel dafür sind die Fälle des **Freispruchs** (*Schmitt/Köhler*, § 199 Rn 3) und der Verhängung einer Jugendstrafe, die aufgrund des Erziehungsgedankens nicht vollstreckt wird. Zu denken ist außerdem an **Einstellungen** des Verfahrens, die nicht aufgrund einer eingetretenen Verfahrensverzögerung, sondern schon aus anderen Gründen erfolgen.

☝ Soweit danach Entschädigungsansprüche aus § 198 GVG wegen immaterieller Nachteile infolge eines überlangen Strafverfahrens möglich sind, gelten insoweit auch die Anforderungen des § 198 Abs. 3 GVG. Entschädigung kann folglich in diesen Konstellationen **auch** nur beansprucht werden, wenn der Beschuldigte im **Strafverfahren** eine **Verzögerungsrüge** gem. § 198 Abs. 3 GVG erhoben hat (BT-Drucks 17/3802, S. 24).

4. Einen Entschädigungsanspruch muss der Betroffene auf der zweiten Stufe im Entschädigungsprozess **klageweise** durchsetzen (zu den Kosten *H. Schneider* AGS 2012, 53; *ders.*, JurBüro 2023, 337; *N. Schneider* 751

RVGreport 2012, 82; *Burhoff/Burhoff*, RM, Teil D Rn 465 ff.; → *Verfahrensverzögerung/Verzögerungsrüge, Abrechnung*, Teil J Rdn 396).

752 Dazu folgender (Verfahrens)**Überblick**:

- **Zuständig** für die Klage ist nach § 201 GVG – entsprechend der Haftungsregelung in § 200 GVG – entweder das OLG, in dessen Bezirk das Ausgangsverfahren geführt worden ist (Abs. 1 S. 1), oder, wenn der Bund haftet, wie z.B. bei einer Verfahrensverzögerung beim BGH, der BGH (Abs. 1 S. 2).
- Die Klage kann nach § 198 Abs. 5 GVG frühestens **sechs Monate** nach Erhebung der Verzögerungsrüge erhoben werden. Sie muss **spätestens sechs Monate nach Eintritt der Rechtskraft** der Entscheidung, die das Ausgangsverfahren beendet oder einer anderen Erledigung des Ausgangsverfahrens, wie z.B. einer Einstellung, erhoben werden. Die Sechsmonatsfrist für die Klageerhebung beginnt im Fall der Erledigung durch Einstellung des Verfahrens (dazu *Burhoff*, HV, Rn 2238), mit dem Zeitpunkt der Verfügung der StA nach § 170 Abs. 2 S. 1 StPO. Es kommt nicht auf das Datum der späteren Bekanntgabe an den Beschuldigten nach § 170 Abs. 2 S. 1 StPO an. Wird eine Einstellungsverfügung dem zuständigen Abteilungsleiter der StA zur Billigung vorgelegt, erlangt sie Wirkung erst mit dem Datum der Billigung (zu allem OLG Bremen, Urt. v. 20.10.2021 – 1 EK 2/19, StV-S 2022, 22).

☝ Es handelt sich insoweit um eine **absolute Ausschlussfrist**, die unabhängig von der Kenntnis des Beschuldigten/Angeklagten vom Fristbeginn beginnt (vgl. aber BGHZ 43, 235, 237).

- Wird die Entschädigungsklage vor Eintritt der Rechtskraft erhoben, besteht nach § 200 Abs. 3 S. 2 GVG die Pflicht, das Entschädigungsverfahren **auszusetzen**, solange das Strafverfahren noch nicht rechtskräftig abgeschlossen ist. Dies ist nicht, wie sonst nach § 200 Abs. 3 S. 1 GVG in das Ermessen des (Entschädigungs)Gerichts gestellt.
- Für den Entschädigungsprozess gelten die Vorschriften über den **erstinstanzlichen Zivilprozess** vor den **LG**. Beim OLG besteht Anwaltszwang (§ 78 Abs. 1 S. 1 ZPO). Vor dem BGH müssen sich die Parteien durch einen beim BGH zugelassenen Rechtsanwalt vertreten lassen.
- Sowohl im Verfahren vor dem OLG als auch in dem vor dem BGH gilt der **Beibringungsgrundsatz**. Der Kläger/Beschuldigte/Angeklagte muss also zum einen vortragen und im Bestreitensfall beweisen, dass er im Ausgangsverfahren eine Verzögerungsrüge erhoben hat, die den Voraussetzungen des § 198 Abs. 3 GVG genügt (dazu Rdn 742; *Burhoff*, EV, Rn 5346 ff.; *Burhoff*, HV, Rn 3418 ff.). Zum anderen muss der Kläger die Tatsachen, die eine unangemessene Dauer des Ausgangsverfahrens begründen, vortragen und ggf. beweisen (BT-Drucks 17/3802, S. 21, 25). Soweit es hierbei auf Umstände ankommt, die in den Bereich der Justiz fallen und dem Einblick des Klägers entzogen sind, gelten die allgemeinen Grundsätze zum Umfang der Darlegungslast (BT-Drucks 17/3802, S. 25).
- Gegen die Entscheidung des OLG findet die **Zulassungsrevision** zum BGH statt. Das OLG hat die Revision zuzulassen, wenn die Rechtssache grds. Bedeutung hat oder die Fortbildung des Rechts oder die Sicherung einer einheitlichen Rspr. eine Entscheidung des Revisionsgerichts erfordert (§ 543 Abs. 2 ZPO). Gegen die Nichtzulassung der Revision durch das OLG ist in entsprechender Anwendung von § 544 ZPO die Nichtzulassungsbeschwerde möglich.
- Gegen die Zurückweisung eines **PKH-Gesuchs** (zum erforderlichen Umfang der Begründung OLG Frankfurt NJW 2013, 1249) durch das (erstinstanzlich zuständige) OLG ist nicht die sofortige Beschwerde, sondern nur – nach Maßgabe des § 547 ZPO – die Rechtsbeschwerde statthaft (BGH NJW 2012, 2449; OLG Celle Nds.Rpfl 2012, 306).

Siehe auch: → *StrEG-Entschädigung, Allgemeines*, Teil I Rdn 307 m.w.N.; → *Verfahrensverzögerung/Verzögerungsrüge, Abrechnung*, Teil J Rdn 396; → *Zivilverfahren, Abrechnung*, Teil J Rdn 510.

Teil J: Vergütung und Kosten

Allgemeine Gebührenfragen, Allgemeines 1

Literaturhinweise: **Aly**, Die vergütungsrechtlichen Folgen der vorzeitigen Mandatsbeendigung, AnwBl. 2022, 220; **Bereska**, Stundensatzvereinbarungen mit Verbrauchern jetzt überprüfen!, AnwBl. 2023, 150; **Burhoff**, Anwaltliche Vergütung für die Tätigkeit im strafrechtlichen Entschädigungsverfahren, RVGreport 2007, 372; *ders.*, Die anwaltliche Vergütung in der Strafvollstreckung, StRR 2010, 93; *ders.*, Verfahrensverzögerung, überlange Gerichtsverfahren und Verzögerungsrüge – die Neuregelungen im GVG, StRR 2012, 4; *ders.*, Wehret den Anfängen, oder: Unschönes aus der Praxis zum neuen § 58 Abs. 3 Satz 1 RVG, RVGreport 2014, 370; *ders.*, Die Erstattung/Festsetzung der Verfahrensgebühr für das strafverfahrensrechtliche Rechtsmittelverfahren im Fall der Rechtsmittelrücknahme der Staatsanwaltschaft, RVGreport 2014, 410; *ders.*, Besonderheiten der Vergütung des Pflichtverteidigers/-beistands im Strafverfahren, RVGreport 2015, 406; *ders.*, Anwaltsvergütung für die Tätigkeit als Zeugenbeistand im Strafverfahren, RVGreport 2016, 122; *ders.*, Die Vergütung des „Terminsvertreters" im Strafverfahren, RVGreport 2017, 242; *ders.*, Die Vergütung des Rechtsanwalts in Verfahren nach dem Strafvollzugsgesetz; RVGreport 2020, 122; *ders.*, Die Vergütung des Rechtsanwalts in Verfahren nach §§ 23 ff. EGGVG, RVGreport 2020, 162; *ders.*, Die Grundgebühr im Straf- und Bußgeldverfahren – ein Update, AGS 2021, 443; *ders.*, Die Verfahrensgebühr in Straf- bzw. Bußgeldverfahren (Vorbem. 4 Abs. 2 und Vorbem. 5 Abs. 2 VV) – ein Update, AGS 2022, 1; *ders.*, Die Terminsgebühr in Straf- bzw. Bußgeldverfahren (Vorbem. 4 Abs. 3 und Vorbem. 5 Abs. 3 VV) – ein Update, AGS 2022, 97; *ders.*, Geplatzter Termin" im Strafverfahren, oder: Verdient der Rechtsanwalt eine Terminsgebühr (Vorbem. 4 Abs. 3 S. 2 VV)?, AGS 2022, 193; *ders.*, Die (Vernehmungs-)Terminsgebühr Nrn. 4102, 4103 VV – ein Update, AGS 2022, 241; *ders.*, Die Abrechnung der anwaltlichen Tätigkeit in mehreren Strafverfahren – Teil 1: Verbindung von Verfahren, AGS 2022, 433; *ders.*, Die Abrechnung der anwaltlichen Tätigkeit in mehreren Strafverfahren – Teil 2: Trennung von Verfahren, AGS 2023, 1; *ders.*, Der (Haft-)Zuschlag nach Vorbem. 4 Abs. 4 VV RVG, AGS 2023, 123; *ders.*, Die Abrechnung von Beschwerden in Straf- und Bußgeldsachen, AGS 2023, 241; *ders.*, Die Abrechnung (förmlicher/formloser) Rechtsbehelfe im Straf- und Bußgeldverfahren, AGS 2023, 487; *ders.*, Vorschuss vom Auftraggeber (§ 9 RVG), AGS 2024, 339; *ders.*, Vorschuss aus der Staatskasse nach § 47 RVG, AGS 2024, 440; *ders.*, Bemessung der Rahmengebühren im Strafverfahren (§ 14 RVG), ZAP 2025, 43; *ders.*, Auslagenerstattung nach Einstellung des (Straf-/Bußgeld-)Verfahrens wegen eines Verfahrenshindernisses, AGS 2025, 298; *ders.*, Bemessung der Rahmengebühren im Bußgeldverfahren (§ 14 RVG), ZAP 2025, 759; *ders.* Angelegenheiten in Straf- und Bußgeldsachen – Teil 1 Dieselbe Angelegenheit (§ 16 RVG), AGS 2025, 529; *ders.*, Angelegenheiten in Straf- und Bußgeldsachen – Teil 2: Verschiedene und besondere Angelegenheiten (§§ 17, 18 RVG), AGS 2026, 49; **Burhoff/Volpert**, RVG Straf- und Bußgeldsachen, 7. Aufl., 2026; **Kotz**, (Haft-) Zuschlag bei stationärem Therapieaufenthalt des Mandanten, JurBüro 2010, 403; **Kotz/Voigt**, Vergütung nach dem RVG und Kostenrecht, in: MAH § 42; **Lissner**, Gebühren in der Strafvollstreckung, AGS 2013, 445; *ders.*, Strafvollstreckung – ein Fall der Beratungshilfe?, AGS 2022, 337; **Ritter**, Zur Zeithonorarabrechnung und Lesegeschwindigkeit, NJW 2015, 1147; **Volpert**, Verkehrsstrafsachen: Die Vergütung des Verteidigers in der Strafvollstreckung, VRR 2005, 179; *ders.*, Der Auslagenerstattungsanspruch des gerichtlich beigeordneten oder bestellten Rechtsanwalts – Teil 1, StRR 2008, 55; *ders.*, Der Auslagenerstattungsanspruch des gerichtlich beigeordneten oder bestellten Rechtsanwalts – Teil 2, StRR 2008, 95; *ders.*, Der Auslagenerstattungsanspruch des gerichtlich beigeordneten oder bestellten Rechtsanwalts – Teil 3, StRR 2008, 212; *ders.*, Der Auslagenerstattungsanspruch des gerichtlich beigeordneten oder bestellten Rechtsanwalts – Teil 4, StRR 2008, 293; *ders.*, Das Kostenfestsetzungsverfahren gegen die Staatskasse gem. § 464b StPO – Teil 1, StRR 2008, 412; *ders.*, Das Kostenfestsetzungsverfahren gegen die Staatskasse gem. § 464b StPO – Teil 2, StRR 2009, 16; *ders.*, Das Kostenfestsetzungsverfahren gegen die Staatskasse gem. § 464b StPO – Teil 3, StRR 2009, 52; *ders.*, Die Erstattungspflicht der Staatskasse bei der Kostenfestsetzung gem. § 464b StPO – Teil 1, StRR 2009, 132; *ders.*, Die Erstattungspflicht der Staatskasse bei der Kostenfestsetzung gem. § 464b StPO – Teil 2, StRR 2009, 214; *ders.*, Die Erstattungspflicht der Staatskasse bei der Kostenfestsetzung gem. § 464b StPO – Teil 3, StRR 2009, 293; *ders.*, Praktische Fragen und Probleme bei der Vergütung gerichtlich bestellter oder beigeordneter Rechtsanwälte, StRR 2011, 378; *ders.*, Vergütung des Rechtsanwalts im Verfahren nach dem Strafvollzugsgesetz, RVGreport 2012, 362; **Winkler**, Die Zeit – kein Bewertungskriterium des § 14 RVG? – Anmerkung zu LSG Niedersachsen-Bremen AGS 2019, 461, AGS 2019, 549; s. i.Ü. auch die Hinw. in **Burhoff/Volpert**, RVG Straf- und Bußgeldsachen, 7. Aufl. 2026, bzw. **Gerold/Schmidt**, RVG, 27. Aufl. 2025, bei den jeweiligen Vergütungsziffern und bei den u.a. Stichwörtern. 2

Die nachfolgenden Ausführungen zu den vergütungsrechtlichen Fragen geben – schon aus Platzgründen – nur einen **ersten Überblick** über die wichtigsten mit der anwaltlichen Vergütung im Bereich der „Nachsorge" im Strafverfahren zusammenhängende Probleme. Sie erheben keinen Anspruch auf Vollständigkeit. Ziel der Ausführungen ist es, einen **Einstieg** in die ggf. anstehenden Vergütungsfragen zu ermöglichen und weiterführende und vertiefende Hinweise zur Lösung der vergütungsrechtlichen Problematik zu ge- 3 ben. Dazu wird insbesondere verwiesen auf *Burhoff/Volpert*, RVG Straf- und Bußgeldsachen, 7. Aufl. 2026; *Schneider*/Volpert, AnwaltKommentar RVG, 9. Aufl. 2021, und *Gerold/Schmidt*, RVG, 27. Aufl. 2025.

☝ Außerdem verweise ich auf meine Homepage **www.burhoff.de**. Dort sind nicht nur die von mir in den letzten Jahren u.a. im AGS/RVGreport oder StRR erschienenen gebührenrechtlichen Beiträge im Volltext eingestellt, sondern unter „RVG Entscheidungen" auch zahlreiche Entscheidungen, insbesondere zu den Gebühren der Teile 4 und 5 VV RVG.

Siehe auch: → *Allgemeine Gebührenfragen, Besonderheiten Pflichtverteidiger*, Teil J Rdn 4; → *Allgemeine Gebührenfragen, Wahlverteidiger*, Teil J Rdn 26; → *Beschwerde, Gebühren*, Teil J Rdn 41; → *Einzeltätigkeiten, Abrechnung*, Teil J Rdn 45; → *Entschädigungsverfahren, Abrechnung*, Teil J Rdn 54; → *Gerichts- und Verfahrenskosten, Allgemeines*, Teil J Rdn 98; → *Kostenfestsetzung gem. § 464b StPO, Allgemeines*, Teil J Rdn 200 m.w.N.; → *Strafvollstreckung, Allgemeines*, Teil J Rdn 422; → *Verfahrensverzögerung/Verzögerungsrüge, Abrechnung*, Teil J Rdn 396; → *Vergütung im Strafvollzug*, Teil J Rdn 400; → *Verwaltungsverfahren, Abrechnung*, Teil J Rdn 467; → *Zivilverfahren, Abrechnung*, Teil J Rdn 510.

4 Allgemeine Gebührenfragen, Besonderheiten Pflichtverteidiger

Das Wichtigste in Kürze:

1. Nach Vorbem. 4 Abs. 1 VV RVG gelten für den Pflichtverteidiger grds. die allgemeinen Gebührenvorschriften des RVG für die Vertretung des Mandanten im Strafverfahren.
2. Auch der Pflichtverteidiger kann mit dem Mandanten eine Vergütungsvereinbarung treffen.
3. Grundlage des Gebührenanspruchs des Pflichtverteidigers gegen die Staatskasse (§ 55 RVG) und ggf. gegen den Beschuldigten (§ 52 RVG) ist allein die gerichtliche Bestellung.
4. Für den Gebührenanspruch des Pflichtverteidigers gelten einige Besonderheiten.
5. Die dem Pflichtverteidiger aus der Staatskasse zu gewährende Vergütung wird gem. § 55 RVG auf Antrag vom Urkundsbeamten des Gerichts des ersten Rechtszugs festgesetzt.
6. § 52 RVG räumt dem Pflichtverteidiger einen Gebührenanspruch gegen den Verurteilten ein.
7. § 58 Abs. 3 S. 1, 2 RVG regelt die Frage, wie Vorschüsse bzw. Zahlungen, die der Pflichtverteidiger vor oder nach seiner Beiordnung vom Beschuldigten oder für diesen von einem Dritten erhalten hat, zu behandeln sind.
8. Für den Pflichtverteidiger von besonderer praktischer Bedeutung ist die Pauschgebühr nach § 51 RVG.

5 **Literaturhinweise:** **Burhoff**, 10 Jahre RVG – Rückblick und Ausblick zu den Teilen 4 und 5 VV RVG, oder auch: Was man sich noch wünschen könnte, RVGreport 2014, 250; *ders.*, Besonderheiten der Vergütung des Pflichtverteidigers/-beistands im Strafverfahren, RVGreport 2015, 406; *ders.*, Die Pauschgebühr des Strafverteidigers nach §§ 42, 51 RVG – eine Bestandsaufnahme der Rechtsprechung ab 2014, AGS 2022, 385; *ders.*, Vorschuss aus der Staatskasse nach § 47 RVG, AGS 2024, 440; *ders.*, Die Abrechnung von Beschwerden in Straf- und Bußgeldsachen, AGS 2023, 241; *ders.*, Abrechnung des Pflichtverteidigers bei Vorführungen und anderen Einzelterminen, AGS 2025, 391; **Enders**, Honorarvereinbarung des Strafverteidigers und spätere Bestellung zum Pflichtverteidiger, JurBüro 2002, 409; **Gaede**, Pauschvergütung Ade? – Die Zumutbarkeit bei der Vergütung des Pflichtverteidigers, StRR 2007, 89; **Georg**, Die Anrechnung von Vorschüssen bei der Festsetzung der Vergütung des Pflichtverteidigers, Rpfleger 2023, 198; **Kotz**, Das Leid mit dem Längenzuschlag – Aspekte zu Nr. 4110f., 4116f., 4122f., 4128f., 4134f. VV RVG, NStZ 2009, 414; **Schlaak**, Die Vergütung des Pflichtverteidigers, 2023; **H. Schneider**, Längenzuschlag des Pflichtverteidigers in Strafsachen, JurBüro 2018, 225; **N. Schneider**, Umfang der Rückwirkung einer Pflichtverteidigerbestellung, StraFo 2014, 410; *Volpert*, Praktische Fragen und Probleme bei der Vergütung gerichtlich bestellter oder beigeordneter Rechtsanwälte, StRR 2011, 378; s.a. die Hinw. bei → *Allgemeine Gebührenfragen, Allgemeines*, Teil J Rdn 1, und bei → *Allgemeine Gebührenfragen, Wahlverteidiger*, Teil J Rdn 23 und den u.a. weiterführenden Stichwörtern.

1. Auch in der strafverfahrensrechtlichen Nachsorge kann noch eine Bestellung des Rechtsanwalts zum Pflichtverteidiger in Betracht kommen (→ *Bewährung, Widerruf, notwendige Verteidigung,* Teil A Rdn 338; → *Erwachsene, Freiheitsstrafe ohne Bewährung, Pflichtverteidiger*, Teil B Rdn 300; → *Maßregeln, Erwachsene, Pflichtverteidiger*, Teil B Rdn 1100; → *Maßregelvollzug, Pflichtverteidigerbestellung,* Teil C Rdn 116; → *Soldaten, Disziplinarverfahren, Pflichtverteidiger*, Teil H Rdn 1129; s.a. → *Erwachsene, Geldsanktionen, ausländische, Beistand*, Teil B Rdn 330). Ist der Rechtsanwalt zum Pflichtverteidiger bestellt, gelten nach Vorbem. 4 Abs. 1 VV RVG für ihn grds. die **allgemeinen Gebührenvorschriften** des RVG für die Vertretung des Mandanten im Strafverfahren. Damit gelten die für den Vergütungsanspruch des Wahlanwalts bei → *Allgemeine Gebührenfragen, Wahlverteidiger*, Teil J Rdn 23 ff., und bei den übrigen Stichwörtern gemachten Ausführungen grds. für die Vergütung des Pflichtverteidigers (auch noch *Burhoff*, EV, Rn 3691 ff.). 6

2. Auch der Pflichtverteidiger ist berechtigt, mit dem Mandanten eine **Vergütungsvereinbarung** zu treffen (*Dahs*, Rn 1198; BGH AnwBl 1980, 465; allgemein zur Vergütungsvereinbarung → *Allgemeine Gebührenfragen, Wahlverteidiger*, Teil J Rdn 23 ff.; s. auch Burhoff/Volpert/*Burhoff*, RVG, Teil A Rn 2420 ff.). § 3a Abs. 3 und 4 RVG schließen das nicht aus, sie beziehen sich nur auf PKH und Beratungshilfe (BGH, Urt. v. 13.12.2018 – IX ZR 216/17, NJW 2019, 676 m. Anm. *Hansens* RVGreport 2019, 130). 7

Der Rechtsanwalt darf aber seine **Tätigkeit** als Pflichtverteidiger **nicht** von der Vereinbarung oder Zahlung eines Honorars **abhängig** machen (BGH, Urt. v. 13.12.2018 – IX ZR 216/17, NJW 2019, 676 zur „Freiwilligkeit"). Auch darf er den Beschuldigten ungeachtet dessen erklärter Ablehnung nicht wiederholt bedrängen, eine Vergütungsvereinbarung abzuschließen, die die gesetzlichen Gebühren um ein Mehrfaches übersteigen würde, und hierbei zum Ausdruck bringen, ohne den Abschluss dieser Vereinbarung sei seine Motivation, für den Angeklagten tätig zu werden, eingeschränkt; in dem Fall kann er gem. § 143 StPO entpflichtet werden (KG StV 2013, 142 m. Anm. *Burhoff* StRR 2012, 261 für § 143 StPO a.F.; ähnlich LG Marburg NStZ-RR 2012, 317 [Ls.] m. Anm. *Burhoff* StRR 2012, 350; zur Entpflichtung *Burhoff*, EV, Rn 3642). Wenn der Verteidiger als **Wahlverteidiger** eine Honorarvereinbarung getroffen hat und er **später** zum **Pflichtverteidiger** bestellt wird, kann er gem. § 628 BGB einen entsprechenden Teil des Honorars für die bis dahin geleistete Arbeit beanspruchen (*Dahs*, Rn 1198 m.w.N.; auch *Enders* JurBüro 2002, 409). 8

☝ Der Verteidiger sollte auf jeden Fall einen **Hinweis** in die Vereinbarung aufnehmen, dass sie **freiwillig** abgeschlossen wird.

Erforderlich ist auch die **Belehrung** des Mandanten darüber, dass der Pflichtverteidiger **auch ohne Abschluss** der Vereinbarung zur **Fortführung** der Pflichtverteidigung **gesetzlich verpflichtet** ist (so ausdrücklich BGH, Urt. v. 13.12.2018 – IX ZR 216/17, NJW 2019, 676 m. Anm. *Hansens* RVGreport 2019, 130).

3. Grundlage des Gebührenanspruchs des Pflichtverteidigers gegen die Staatskasse (§ 55 RVG) und ggf. gegen den Beschuldigten (§ 52 RVG) ist allein die **gerichtliche Bestellung**. Dabei ist es unerheblich, ob der Verurteilte mit der Beiordnung des Pflichtverteidigers einverstanden war und ob er dem Verteidiger Vollmacht erteilt (zur Festsetzung gegen die Staatskasse gem. §§ 55, 56 RVG → *Vergütungsfestsetzung gem. § 55 RVG*, Teil J Rdn 356 m.w.N.; s.a. Burhoff/Volpert/*Volpert*, RVG, Teil A Rn 838 ff.; Burhoff/*Volpert*, RM, Teil D Rn 488 ff., und zu § 52 RVG die Komm. bei Burhoff/Volpert/*Volpert*, RVG, a.a.O.). 9

Der Anspruch des Pflichtverteidigers auf (seine) gesetzliche Vergütung und der Anspruch gegen den Angeklagten auf Erstattung der Wahlanwaltsgebühren sind, was immer wieder übersehen wird (wie z.B. OLG Schleswig, Beschl. v. 16.7.2020 – 1 AR 8/20, JurBüro 2021, 31 m. Anm. *Burhoff* RVGreport 2020, 381), **unterschiedliche Ansprüche**. Nach Festsetzung der Wahlverteidigervergütung und Aufrechnung der Staatskasse gegen den Erstattungsanspruch des Angeklagten kann daher dem Antrag auf Festsetzung der Pflichtverteidigervergütung nicht entgegengehalten werden, eine Auszahlung der Pflichtverteidiger- 10 vergütung komme nicht mehr in Betracht, da das zu einer Doppelbelastung der Staatskasse führe (BVerfG NJW 2009, 2735; OLG Frankfurt JurBüro 2011, 34; LG Magdeburg RVGreport 2014, 343).

11 **4.** Hinzuweisen ist auf folgende **Besonderheiten**:

a) Nach Vorbem. 4 Abs. 1 VV RVG erhält der Pflichtverteidiger grds. die gleichen Gebühren wie ein Wahlverteidiger, sein Gebührenanspruch ist jedoch der **Höhe** nach **beschränkt**. Der Pflichtverteidiger erhält nämlich – ohne Rücksicht auf den Umfang seiner Tätigkeit – nur 80 % der sog. Mittelgebühr eines Wahlanwalts. Diese Gebühr lässt sich im RVG unmittelbar aus dem VV RVG entnehmen. Diese Beschränkung ist nach der Rspr. des BVerfG verfassungsrechtlich nicht zu beanstanden (BVerfG NJW 2005, 3699 m. Anm. *Burhoff* RVGreport 2005, 467). Der Pflichtverteidiger erhält auch **Auslagen** nach Teil 7 VV RVG (zu Auslagen allgemein → *Gerichts- und Verfahrenskosten, Auslagen*, Teil J Rdn 98; eingehend Burhoff/Volpert/*Volpert*, RVG, Rn 208 ff.).

12 **b)** Ist der Pflichtverteidiger in mehreren (Vollstreckungs)Verfahren tätig, die dann noch miteinander **verbunden** werden, muss er die mit der Erstreckung nach § 48 Abs. 6 S. 3 RVG zusammenhängenden Fragen im Blick haben (wegen der Einzelh. Burhoff/Volpert/*Burhoff*, RVG, § 48 Abs. 6 RVG 1 ff.; Gerold/Schmidt/*Burhoff*, § 48 RVG 171 ff.; *N. Schneider* StraFo 2014, 410). Im Rahmen des § 48 Abs. 6 RVG (früher Abs. 5) war bis zum Inkrafttreten des **KostRÄndG 2021** v. 21.12.2020 (BGBl I, S. 3229) am 1.1.2021 umstritten, ob ein anwaltlicher Vergütungsanspruch für frühere Tätigkeiten in RVG, die vor der Beiordnung hinzuverbunden wurden, bereits aus § 48 Abs. 6 S. 1 RVG folgt und ob dementsprechend der Anwendungsbereich des § 48 Abs. 6 S. 3 RVG auf Fälle beschränkt ist, in denen nach einer Beiordnung noch weitere RVG hinzuverbunden werden. Zutreffend war es davon, auszugehen, dass dann, wenn RVG zunächst verbunden werden und erst danach die anwaltliche Bestellung oder Beiordnung in dem nunmehr verbundenen RVG, **§ 46 Abs. 6 S. 1 RVG** unmittelbar gilt und ein **Erstreckungsantrag** in den Fällen nicht erforderlich ist (s. Gerold/Schmidt/*Burhoff* [24. Aufl.], § 48 Rn 205; Burhoff/Volpert/*Burhoff*, RVG, § 48 Rn 1 ff., jew. m.w.N.; a.A. [früher] u.a. OLG Braunschweig NStZ-RR 2014, 232; OLG Celle, Beschl. v. 4.9.2019 – 2 Ws 253/19, StraFo 2019, 526 m. Anm. *Burhoff* RVGreport 2020, 93; OLG Hamburg StraFo 2018, 41; OLG Koblenz StraFo 2012, 290 m. abl. Anm. *Burhoff* StRR 2012, 319; OLG Oldenburg NStZ-RR 2011, 261 m. abl. Anm. *Burhoff* RVGreport 2011, 220; OLG Zweibrücken NStZ-RR 2018, 64; ähnlich OLG Rostock StRR 2009, 279; *Fromm* JurBüro 2013, 228, 230 für Teil 5 VV RVG). Diese Frage hat das KostRÄndG 2021 im Sinne der zutreffenden h.M./Auffassung entschieden. Die Gesetzesbegründung (BT-Drucks 19/23484, S. 78 f.) geht davon aus, dass keine Gründe ersichtlich seien, warum das Gericht nach § 46 Abs. 6 S. 3 RVG die Erstreckungswirkung ausdrücklich anordnen sollte. Damit gilt § 48 Abs. 6 S. 3 RVG nur für die Fälle der nach der Beiordnung oder Bestellung erfolgten Verfahrensverbindungen (so jetzt auch OLG Koblenz, Beschl. v. 19.2.2025 – 6 Ws 651/24, AGS 2025, 161; LG Hildesheim, Beschl. v. 31.1.2022 – 22 Qs 1/22; LG Nürnberg-Fürth, Beschl. v. 25.6.2024 – 13 Qs 17/24 AGS 2024, 354 = JurBüro 2025, 25; LG Magdeburg, Beschl. v. 7.2.2025 – 29 Qs 4/25, AGS 2025, 167; LG Osnabrück, Beschl. v. 27.12.2023 – 1 Qs 70/23, AGS 2024, 113).

13 In der Rspr. wird zutreffend davon ausgegangen, dass die **Aufhebung** der **Pflichtverteidigerbestellung** auf die Beschwerde der StA nicht dazu führt, dass die Bestellung von Anfang an entfällt. Vielmehr tritt diese Wirkung erst zu dem Zeitpunkt der Aufhebungsentscheidung ein (OLG Nürnberg, Beschl. v. 18.7.2023 – Ws 133/23, NJW 2023, 2737 m. Anm. *Burhoff* AGS 2023, 55; LG Braunschweig, Beschl. v. 17.7.2025 – 4 Qs 178/25, AGS 2025, 408). Damit behält der Rechtsanwalt dann aber nach § 45 Abs. 3 S. 1 den Anspruch auf Vergütung seiner Tätigkeit mit der weiteren Konsequenz, dass gem. § 48 Abs. 6 S. 1 auch die Tätigkeiten vor seiner Bestellung zu vergüten sind (OLG Nürnberg, a.a.O.; LG Braunschweig, a.a.O.; a.A. LG Amberg, Beschl. v. 5.12.2022 – 11 Qs 79/22, AGS 2023, 116).

14 **c)** Der Pflichtverteidiger erhält im Erkenntnisverfahren nach den Nrn. 4128, 4129, 4134, 4135 VV RVG einen sog. **„Längenzuschlag"** zur Terminsgebühr für die HV, wenn diese mehr als fünf bis zu acht bzw. mehr als acht Stunden gedauert hat. Ein solcher Längenzuschlag ist bei den Terminsgebühr in Teil 4 Abschnitt 2 VV RVG für den Bereich der Strafvollstreckung nicht vorgesehen. Damit hatte sich der durch

das KostRÄndG 2021 v. 21.12.2020 (BGBl I, S. 3229) erledigte Streit, ob bei der Feststellung der maßgeblichen Terminsdauer ggf. Wartezeiten des Verteidigers vor bzw. während des Termins zu berücksichtigen sind bzw. ob Pausen von der Termins-Zeit abgezogen werden müssen, für diese Verfahren keine Bedeutung (eingehend zur **Neuregelung** mit Beispielen Burhoff/Volpert/*Burhoff*, RVG, Vorbem. 4.1 VV Rn 45 ff.; Gerold/Schmidt/*Burhoff*, VV Vorb. 4.1 Rn 12 ff., jeweils m.w.N.).

4. Die dem Pflichtverteidiger aus der **Staatskasse** zu gewährende Vergütung wird gem. § 55 RVG auf Antrag vom Urkundsbeamten des Gerichts des ersten Rechtszugs **festgesetzt** (wegen der Einzelh. der Festsetzung Burhoff/Volpert/*Volpert*, RVG, Teil A Rn 2360 ff.], und Teil A: Rn 1336 ff., sowie *Volpert* StRR 2011, 378; → *Vergütungsfestsetzung gem. § 55 RVG*, Teil J Rdn 356). 15

☝ Bei der Festsetzung muss der Rechtsanwalt **angeben**, ob und welche **Vorschüsse** von Mandanten oder Dritten gezahlt worden sind (§ 55 Abs. 5 S. 2 RVG). Das ist unabhängig davon, ob diese anzurechnen sind oder nicht (zur Anrechnung Teil J Rdn 14).

5. § 52 RVG räumt dem Pflichtverteidiger einen **Gebührenanspruch gegen** den **Verurteilten** ein, der von einem Vertragsverhältnis zwischen dem Rechtsanwalt und dem Verurteilten unabhängig ist. Dieser Anspruch kann jedoch nur insoweit geltend gemacht werden, als dem Beschuldigten ein Erstattungsanspruch gegen die Staatskasse zusteht und das Gericht auf Antrag die Leistungsfähigkeit des Beschuldigten feststellt (wegen der Einzelh. Burhoff/Volpert/*Volpert*, RVG, § 52 Rn 1 ff.; Gerold/Schmidt/*Burhoff*, § 52 Rn 1 ff.). 16

6. § 58 Abs. 3 S. 1, 2 RVG regelt die Frage, wie **Vorschüsse** bzw. **Zahlungen**, die der Pflichtverteidiger vor oder nach seiner Beiordnung vom Beschuldigten oder für diesen von einem Dritten erhalten hat, zu behandeln sind. Die Vorschrift bestimmt, ob und in welchem Umfang die empfangenen Beträge auf die Pflichtverteidigergebühren zu **verrechnen** sind (Einzelh. bei Burhoff/Volpert/*Volpert*, RVG, § 58 Abs. 3 Rn 1 ff.; Gerold/Schmidt/*Burhoff*, § 58 Rn 54 ff.). Anrechenbar ist nur der – um die Umsatzsteuer verminderte – **Nettovergütungsbetrag** (OLG Düsseldorf JurBüro 1987, 1800; OLG Hamm StV 1996, 334; OLG Schleswig StV 1996, 335 [Ls.]; OLG Stuttgart JurBüro 1996, 134; OLG Zweibrücken StV 1998, 93, jeweils noch zur BRAGO). 17

Nach den Änderungen des **§ 58 Abs. 3** RVG durch das 2. KostRMoG sind Zahlungen und Vorschüsse, die der Rechtsanwalt „in einer **gebührenrechtlichen Angelegenheit**" erhalten hat, (nur) auf die von der Staatskasse für diese Angelegenheit zu zahlenden Gebühren anzurechnen (dazu Gerold/Schmidt/*Burhoff*, § 58 Rn 59 ff.; Burhoff/Volpert/*Volpert*, § 58 Rn 18 ff.; s. auch KG StraFo 2017, 172 = NStZ-RR 2017, 159 = AGS 2017, 461; OLG Brandenburg, Beschl. v. 19.1.2023 – 2 Ws 165/22 (S); LG Berlin RVGreport 2016, 258; AG Osnabrück, RVGreport 2019, 258). 18

☝ Wenn der Rechtsanwalt also die Zahlung eines Vorschusses vereinbart (§ 9 RVG), muss er, wenn er die Anrechnung ausschließen will, auf jeden Fall in die Vereinbarung **aufnehmen**, **für welche Angelegenheit** gezahlt werden soll (zum Begriff der Angelegenheiten *Burhoff* RVGreport 2014, 210 u. 290; Burhoff/Volpert/*Burhoff*, RVG, Teil A Rn 101 ff.). Die Vorschussvereinbarung muss daher **entsprechend formuliert** werden, also dass z.B. der Vorschuss für das „Strafvollstreckungsverfahren Az. … (Nr. 4200 VV RVG)" gezahlt wird (→ *Strafvollstreckung, Allgemeines*, Teil J Rdn 267 m.w.N.).

7.a) Für den Pflichtverteidiger von besonderer praktischer Bedeutung ist die Pauschgebühr nach **§ 51 RVG**. Nach § 51 RVG steht dem Pflichtverteidiger, der in einem „**besonders umfangreichen**" oder „besonders **schwierigen**" Verfahren tätig geworden ist, eine **Pauschvergütung** zu, wenn – so die Formulierung in § 51 Abs. 1 RVG – die gesetzlichen Gebühren „(…) *nicht zumutbar sind*". Es ist an dieser Stelle kein Raum, alle mit der Pauschvergütung zusammenhängenden Fragen zu behandeln. Insoweit verweise ich auf Burhoff/Volpert/*Burhoff*, RVG, § 51 Rn 1 ff. sowie auf Gerold/Schmidt/*Burhoff*, § 51 Rn 1 ff. und auf *Burhoff*, EV, Rn 3691 ff. 19

20 **b) Hinzuweisen** ist hier auf Folgendes (i.Ü. u.a. *Burhoff* StraFo 2022, 450 und die jährlichen Rspr.-Übersichten in AGS, zuletzt 2025, 4):

21 **aa)** Grds. kann auch im Bereich der „Nachsorge" eine Pauschgebühr gewährt werden, wenn das Verfahren „besonders umfangreich" oder „besonders schwierig" war. Das gilt insbesondere für Strafvollstreckungsverfahren.

☝ Für die Bewilligung einer Pauschgebühr gelten **die allgemeinen Regeln** (Burhoff/Volpert/*Burhoff*, RVG, § 51 Rn 11 ff. und das „ABC der Pauschgebühr" bei den Rn 108 ff.).

22 **bb)** Für die Tätigkeit des Pflichtverteidigers war es schon zu § 99 BRAGO übereinstimmende Meinung in der obergerichtlichen Rspr., dass in Strafvollstreckungssachen, insbesondere im Verfahren nach § 57a StGB, dem Pflichtverteidiger, der dem Verurteilten erstmals in diesem Verfahren beigeordnet worden war, sowohl wegen der „besonderen Schwierigkeit" als auch wegen des „besonderen Umfangs" eine Pauschgebühr zustehen konnte (OLG Hamm, StV 1994, 501 m. Anm. *Budde*; StV 1996, 618; OLG Koblenz, NStZ 1990, 345). Diese (alte) **Rspr.** ist grds. auf **§ 51 RVG anzuwenden**. Allerdings ist dabei zu berücksichtigen, dass das RVG in den Nrn. 4200 ff. VV RVG bzw. ggf. in den Nrn. 4300 ff. VV RVG nun spezielle Gebührentatbestände für den im Strafvollstreckungsverfahren tätigen Pflichtverteidiger enthält. Allerdings darf nicht übersehen werden, dass der Rechtsanwalt auch dann, wenn er an mehreren mündlichen Anhörungen des Verurteilten im Vollstreckungsverfahren teilgenommen hat, immer nur eine Terminsgebühr entsteht (→ *Strafvollstreckung, Terminsgebühr*, Teil J Rdn 304 m.w.N.). Das ist bei der Gewährung einer Pauschgebühr zu berücksichtigen (OLG Hamm, AGS 2007, 618 m. Anm. *Burhoff* RVGreport 2007, 426), führt aber nicht automatisch zur Bewilligung einer Pauschgebühr (OLG Hamm, 18.7.2008 – 5 [s] Sbd. X 47/08).

23 Die **„besondere Schwierigkeit"** ist im **Strafvollstreckungsverfahren** angenommen worden, wenn die Persönlichkeit des Verurteilten (besonders) schwierig ist und der Pflichtverteidiger sich nicht nur mit einem fachwissenschaftlichen Gutachten über die Persönlichkeit des Verurteilten auseinandersetzen, sondern auch die umfangreichen Akten und Beiakten einsehen musste (OLG Hamm, JurBüro 2001, 641). Sie ist abgelehnt worden bei einem Streit um die Vollstreckungsreihenfolge einer lebenslangen Freiheitsstrafe und einer Unterbringung in einem psychiatrischen Krankenhaus (OLG Hamm, 10.8.2006 – 2 [s] Sbd IX-77/06).

☝ In **Strafvollstreckungsverfahren** wird zudem darauf abzustellen sein, dass der Gesetzgeber dem besonderen Schwierigkeitsgrad der in Nr. 4200 VV RVG eingeordneten Strafvollstreckungsverfahren schon dadurch Rechnung getragen hat, dass der Verteidiger hier höhere (gesetzliche) Gebühren erhält als in „sonstigen" Strafvollstreckungsverfahren (OLG Hamm, Beschl. v. 10.8.2006 – 2 (s) Sbd. IX 77/06; RVGreport AGS 2007, 618; auch OLG Celle, RVGreport 2016, 214 = JurBüro 2016, 373; s.a. noch KG, Beschl. v. 23.9.2024 – 1 AR 1/24, AGS 2024, 496).

24 **cc)** Über den Pauschgebührenantrag **entscheidet** nach § 51 Abs. 2 S. 1 RVG grds. das **OLG**, zu dessen Bezirk das Gericht gehört, bei dem das Verfahren (in erster Instanz) anhängig war. Ist allerdings der Pflichtverteidiger erst vom **BGH** für das Beschwerdeverfahren bestellt worden, muss nach § 51 Abs. 2 S. 2 RVG dieser auch über die Gewährung der Pauschgebühr entscheiden, soweit es um die Tätigkeit vor dem BGH und die Vorbereitung des Termins geht (wegen der Einzelh. betreffend Revisionshauptverhandlung BGHSt 23, 324; zuletzt BGH NJW 2012, 167 m. Anm. *Burhoff* StRR 2012, 77).

25 Der Anspruch auf Pauschgebühr unterliegt der normalen/kurzen **Verjährung** von **drei Jahren** nach § 195 BGB (KG RVGreport 2011, 109; OLG Köln NStZ 2006, 410). Die **Verjährungsfrist beginnt** gem. § 199 BGB mit dem Ende des Jahres, in dem der Pauschgebührenanspruch entstanden ist, also grds. mit rechtskräftigem Abschluss des gesamten Verfahrens (zu allem [z.T. unter Aufgabe der früheren Rspr. zum alten Recht] KG StraFo 2015, 307 m. Anm. *Burhoff* StRR 2015, 237 [Aufgabe der alten Rspr.]; OLG

Bamberg, Beschl. v. 26.8.2016 – 10 AR 10/16; NStZ-RR 2017, 392 m. Anm. *Burhoff* RVGreport 2018, 51; OLG Braunschweig RVGreport 2016, 302; OLG Celle RVGreport 2016, 416; OLG Düsseldorf NStZ-RR 2006, 224; OLG Hamm NStZ 1997, 41; OLG Jena StraFo 1997, 253; OLG Köln, a.a.O.; RVGreport 2006, 148, jeweils m.w.N.). Der Lauf der Verjährungsfrist ist nicht während der Dauer des „normalen“ Festsetzungsverfahrens gehemmt (OLG Hamm StraFo 1998, 35). Die Verjährungsfrist wird durch den (fristgerechten) Eingang eines Pauschgebührenantrags beim OLG **unterbrochen** (OLG Braunschweig RVGreport 2016, 302). Die Beweislast für den (fristgemäßen) Eingang des Antrags beim OLG trägt der Antragsteller (KG RVGreport 2011, 176 m.w.N. m. Anm. *Burhoff* StRR 2011, 162). Der Eingang bei einem unzuständigen Gericht, wie z.B. dem LG, unterbricht/hemmt die Verjährung nicht (OLG Braunschweig JurBüro 2019, 298; OLG Hamm, Beschl. v. 27.2.2024 – III-5 AR 7/24, AGS 2024, 163; vgl. zu den Verjährungsfragen auch Gerold/Schmidt/*Burhoff*, RVG, § 51 Rn 52 und Burhoff/Volpert/*Burhoff*, RVG; § 51 Rn 91 ff.).

Siehe auch:.→ *Allgemeine Gebührenfragen, Allgemeines*, Teil J Rdn 1 m.w.N.; → *Allgemeine Gebührenfragen, Wahlverteidiger*, Teil J Rdn 23 m.w.N.; → *Strafvollstreckung, Gebühren, Allgemeines*, Teil J Rdn 267 m.w.N.; → *Vergütungsfestsetzung gem. § 55 RVG*, Teil J Rdn 350.

Allgemeine Gebührenfragen, Wahlverteidiger 26

Das Wichtigste in Kürze:

1. Die (gesetzlichen) Gebühren des (Wahl-) Verteidigers richten sich auch für die Tätigkeiten im Rahmen der strafverfahrensrechtlichen „Nachsorge“ grds. nach Teil 4 VV RVG.
2. Nach Vorbem. 4 Abs. 1 VV RVG entstehen die Gebühren des Teil 4 für Wahlanwalt, Pflichtverteidiger und sonstige Vertreter und Beistände von Verfahrensbeteiligten.
3. Grundlage des gegen den Mandanten bestehenden Honoraranspruchs ist der mit diesem abgeschlossene Geschäftsbesorgungsvertrag.
4. Der Rechtsanwalt/Verteidiger erhält für seine Tätigkeit als Wahlanwalt Rahmengebühren.
5. Reichen die gesetzlichen Rahmengebühren nicht aus, hat der Wahlanwalt die Möglichkeit eine Pauschgebühr nach § 42 RVG zu beantragen.
6. Nach § 3a RVG kann der (Wahl-) Verteidiger ohne besondere Voraussetzungen grds. ein die gesetzlichen Gebühren übersteigendes Honorar vereinbaren.
7. Gem. § 9 RVG kann der Verteidiger von seinem Mandanten einen angemessenen (Honorar-) Vorschuss auf die voraussichtlich entstehenden Gebühren und Auslagen verlangen.

Literaturhinweise: **Aly**, Die vergütungsrechtlichen Folgen der vorzeitigen Mandatsbeendigung, AnwBl. 2022, 220; **Burhoff**, Verfahrensverzögerung, überlange Gerichtsverfahren und Verzögerungsrüge – die Neuregelungen im GVG, StRR 2012, 4; *ders.*, 10 Jahre RVG – Rückblick und Ausblick zu den Teilen 4 und 5 VV RVG, oder auch: Was man sich noch wünschen könnte, RVGreport 2014, 250; *ders.*, Abrechnung von Tätigkeiten des Rechtsanwalts in Verfahren nach §§ 23 ff. EGGVG, RVGreport 2020, 162; *ders.*, Die Grundgebühr im Straf- und Bußgeldverfahren – ein Update, AGS 2021, 443; *ders.*, Die Verfahrensgebühr in Straf- bzw. Bußgeldverfahren (Vorbem. 4 Abs. 2 und Vorbem. 5 Abs. 2 VV) – ein Update, AGS 2022, 1; *ders.*, Die Terminsgebühr in Straf- bzw. Bußgeldverfahren (Vorbem. 4 Abs. 3 und Vorbem. 5 Abs. 3 VV) – ein Update, AGS 2022, 97; *ders.*, Geplatzter Termin“ im Strafverfahren, oder: Verdient der Rechtsanwalt eine Terminsgebühr (Vorbem. 4 Abs. 3 S. 2 VV)?, AGS 2022, 193; *ders.*, Vorschuss vom Auftraggeber (§ 9 RVG), AGS 2024, 339; *ders.*, Die Abrechnung von Beschwerden in Straf- und Bußgeldsachen, AGS 2023, 241; *ders.*, Die Abrechnung (förmlicher/formloser) Rechtsbehelfe im Straf- und Bußgeldverfahren, AGS 2023, 487; *ders.*, Bemessung der Rahmengebühren im Strafverfahren (§ 14 RVG), ZAP 2025, 43; *ders.*, Bemessung der Rahmengebühren im Bußgeldverfahren (§ 14 RVG), ZAP 2025, 759; **El-Auwad**, Anwaltsverträge: Widerruf des Mandats nach Fernabsatzrecht? Das Verbraucherrecht gilt grundsätzlich auch in der Mandatsbeziehung, AnwBl. 2017, 971; **Enders**, Honorarvereinbarung des Strafverteidigers und spätere Bestellung zum Pflichtverteidiger, JurBüro 2002, 409; *ders.*, Umfang der anwaltlichen Tätigkeit, JurBüro 2004, 459; *ders.*, Schwierigkeit der anwaltlichen Tätigkeit, JurBüro 2004, 515; **Freiherr von Falkenhausen**, Wann ist ein Stundensatz unethisch?, AnwBl. 2019, 590; **Günther**, Zeitabrechnung 27 und Zeittaktklauseln in Vergütungsvereinbarungen, NJW 2019, 2591; **Hauskötter**, Muster für eine Stundensatzvereinbarung, RVGprofessionell 2006, 109; *ders.*, Vergütungsvereinbarungen, Formvorschriften und Wirksamkeitsvoraussetzungen, RVGprofessionell 2006, 131; **Henke**, Urteilsanmerkung zu BGH vom 27.1.2005 – IX ZR 273/02 – Fünffache Überschreitung der gesetzlichen Vergütung unangemessen, AnwBl 2005, 585; **Jungbauer**, Vergütungsvereinbarungen in der anwaltlichen Praxis, JurBüro 2006, 171; **Meixner**, Anwaltsvertrag mit Vergütungsvereinbarung: Gestaltungsmöglichkeiten des § 4 Abs. 1 S. 2 RVG, ZAP F. 26, S. 85; **Onderka**, So bestimmen Sie Ihren Gebührenrahmen richtig, RVGprofessionell 2004, 56; *dies.*, Was Sie bei Honorarvereinbarungen nach § 4 RVG beachten müssen, RVGprofessionell 2005, 38; **Otto**, Die angemessenen Rahmengebühr nach dem RVG, NJW 2006, 1472; **Tsambikakis**, Die Vergütungsvereinbarung in Strafsachen, StraFo 2005, 446; s. i.Ü. auch die Hinw. bei → *Allgemeine Gebührenfragen, Allgemeines*, Teil J Rdn 1, und in Burhoff/Volpert, RVG Straf- und Bußgeldsachen, 7. Aufl. 2026, bzw. **Gerold/Schmidt**, RVG, 27. Aufl. 2025, bei den jeweiligen Vergütungsziffern.

28 **1.** Die **(gesetzlichen) Gebühren** des (Wahl-) Verteidigers richten sich auch für die im Rahmen strafverfahrensrechtlicher „Nachsorge" erbrachten Tätigkeiten grds. nach **Teil 4 VV RVG.**

29 **2.** Nach Vorbem. 4 Abs. 1 VV RVG entstehen die Gebühren des Teil 4 für **Wahlanwalt, Pflichtverteidiger** und sonstige Vertreter und Beistände von Verfahrensbeteiligten (zum persönlichen Geltungsbereich des Teil 4 VV Burhoff/Volpert/*Burhoff*, RVG, Vorbem. 4 VV Rn 26 ff.).

30 **3.** Grundlage des gegen den Mandanten bestehenden Honoraranspruchs ist der mit diesem abgeschlossene **Geschäftsbesorgungsvertrag** (*Burhoff*, EV, Rn 5227 ff.).

31 **4.a)** Der Rechtsanwalt/Verteidiger erhält für seine Tätigkeit als **Wahlanwalt Rahmengebühren** (zum Pflichtverteidiger → *Allgemeine Gebührenfragen, Pflichtverteidiger, Besonderheiten*, Teil J Rdn 4). Die Bemessung der konkreten Gebühr innerhalb des vorgegebenen Gebührenrahmens richtet sich nach **§ 14 Abs. 1 RVG** (vgl. eingehend Burhoff/Volpert/*Burhoff*, RVG, Teil A Rn 1747 ff., und die Zusammenstellung der Rspr. in den jährlichen Rspr.-Übersichten in AGS, zuletzt AGS 2025, 4).

32 **b) Grundlage** der Bestimmung der angemessenen Gebühr sind die in **§ 14 Abs. 1 RVG aufgeführten Kriterien** (vgl. z.B. KG StV 2006, 198, und Burhoff/Volpert/*Burhoff*, RVG, Teil A: Rahmengebühren [§ 14], Rn 1774 ff.; *Enders* JurBüro 2004, 459; *Otto* NJW 2006, 1472 ff.; *Burhoff* RVGreport 2007, 252; *ders.*, ZAP 2025, 43; *ders.*, ZAP 2025, 759;). Das Vorliegen der Voraussetzungen der notwendigen Verteidigung und der Beiordnung als Pflichtverteidiger begründen im Erstattungsfall also nicht automatisch die Festsetzung der Gebühren mindestens in Höhe der Mittelgebühr (LG Magdeburg, Beschl. v. 24.8.2023 – 25 Qs 273 Js 5753/22 (49/23), AGS 2023, 498; LG Kiel RVGreport 2016, 335).

> ☝ Die Aufzählung ist **nicht abschließend**. Auch andere Umstände können bei der Bestimmung der Gebühr berücksichtigt werden. Diese anderen Kriterien stehen gleichwertig neben den in § 14 Abs. 1 RVG erwähnten (Burhoff/Volpert/*Burhoff*, RVG, Teil A Rn 1814 f. m.w.N.; AnwKomm-RVG/*N. Schneider*, § 14 Rn 23).

33 **c)** Im Einzelnen gilt:

- Mit **„Umfang** der **anwaltlichen Tätigkeit"** ist vor allem der **zeitliche Aufwand** gemeint, den der Rechtsanwalt/Verteidiger auf die Führung des Mandats verwendet hat. Dazu zählen nicht nur die Zeiten, die der Verteidiger faktisch an bzw. in der Sache gearbeitet hat, sondern **auch** der **nutzlos erbrachte Aufwand** (Burhoff/Volpert/*Burhoff*, RVG, Vorbem. 4 VV Rn 93 ff.; wegen der Einzelh. zum Umfang der anwaltlichen Tätigkeit Burhoff/Volpert/*Burhoff*, RVG, Teil A Rn 1821 ff.).
- Bei der **„Schwierigkeit** der **anwaltlichen Tätigkeit"** geht es um die qualitativen Anforderungen an die Arbeit des Verteidigers in rechtlicher und tatsächlicher Hinsicht (vgl. dazu Burhoff/Volpert/*Burhoff*, RVG, Teil A: Rahmengebühren [§ 14], Rn 1827 ff.; *Enders* JurBüro 2004, 516). Die Schwierigkeit muss allerdings nicht erheblich sein. Es reicht bei der Anwendung von § 14 Abs. 1 RVG aus, wenn die Sache etwas verwickelter als üblich ist. Für die Frage der „Schwierigkeit der anwaltlichen Tätigkeit" kommt es darauf an, ob es sich um eine **generell schwierige Sache** gehandelt hat.

☝ In **Strafvollstreckungsverfahren** wird darauf abzustellen sein, dass der Gesetzgeber dem besonderen Schwierigkeitsgrad der in Nr. 4200 VV RVG eingeordneten Strafvollstreckungsverfahren schon dadurch Rechnung getragen hat, dass der Verteidiger hier höhere (gesetzliche) Gebühren erhält als in „sonstigen" Strafvollstreckungsverfahren (OLG Hamm, Beschl. v. 10.8.2006 – 2 (s) Sbd. IX 77/06; AGS 2007, 618 m. Anm. *Burhoff* RVGreport 2007, 426 für die Pauschgebühr nach § 51 RVG).

- Bei der Bewertung der **Bedeutung** der **Angelegenheit** ist auf die **individuelle Bedeutung** für den **Mandanten** abzustellen (AnwKomm-RVG/*N. Schneider*, § 14 Rn 40; s. i.Ü. Burhoff/Volpert/*Burhoff*, RVG, Teil A Rn 1831 ff.; OLG Schleswig RVGreport 2017, 173; LG Essen, Beschl. v. 18.9.2015 – 57 Qs 117/15, RVGreport 2015, 457; LG Hechingen RVGreport 2019, 376; LG Ravensburg, Beschl. v. 22.5.2022 – 1 Qs 19/22, AGS 2022, 304).
- Von Bedeutung sind auch die **Vermögens-** und **Einkommensverhältnisse** des Mandanten. Auszugehen ist von den **durchschnittlichen Vermögensverhältnissen** in der Bundesrepublik Deutschland.
- Ausdrücklich erwähnt wird in § 14 Abs. 1 S. 3 RVG schließlich das **Haftungsrisiko** des Rechtsanwalts/Verteidigers. Berücksichtigt wird danach nicht nur ein besonderes Haftungsrisiko, sondern, da der Rechtsanwalt als Verteidiger für seine Tätigkeit **(Betrags-) Rahmengebühren** erhält, **jedes Haftungsrisiko** (wegen der Einzelh. Burhoff/Volpert/*Burhoff*, RVG, Teil A: Rahmengebühren [§ 14], Rn 1844 ff.). Ein **geringes Haftungsrisiko** des Rechtsanwalts kann daher nicht als sich gebührenmindernd auswirkendes Bemessungskriterium i.S. des § 14 Abs. 1 S. 3 RVG herangezogen werden (LG Potsdam NStZ-RR 2015, 63).

d) Bei der Bemessung der konkreten Gebühr muss der Verteidiger die o.a. Kriterien (Teil J Rdn 31 ff.) zugrunde legen und bestimmen, welche Gebühr seine Tätigkeit angemessen entlohnt. Die Bestimmung wird (nur) vom „**billigem Ermessen**" und dem **Betragsrahmen begrenzt** (KG StV 2006, 198; Burhoff/Volpert/*Burhoff*, RVG, Teil A: Rahmengebühren [§ 14], Rn 1863 ff. m.w.N.). Die vom Verteidiger bestimmte Gebühr ist erst dann nicht mehr bindend, wenn sie um mehr als 20 % von der an sich angemessenen Gebühr abweicht (dazu in Fortführung der obergerichtlichen Rspr. zu § 12 BRAGO u.a. KG, a.a.O.; OLG Düsseldorf StRR 2011, 119; OLG Hamm StV 2007, 427 [Ls.]; RVGreport 2013, 71 m. Anm. *Hansens*; RVGreport 2017, 468, insoweit nicht in NStZ-RR 2017, 360 [Ls.]; OLG Karlsruhe RVGreport 2017, 386; OLG Koblenz, Beschl. v. 10.9.2007 – 1 Ws 191/07; OLG Köln AGS 2008, 32; AGS 2008, 76; OLG Oldenburg, Beschl. v. 12.2.2021 – 1 Ws 41/21, AGS 2021, 272; OLG Schleswig, RVGreport 2017, 173; LG Aachen, Beschl. v. 26.5.2021 – 60 Qs 18/21, JurBüro 2021, 628; Beschl. v. 20.9.2021 – 60 Qs 46/21, AGS 2021, 545; LG Leipzig, Beschl. v. 6.1.2023 – 5 Qs 66/22, AGS 2023, 220: wegen weiterer Nachw. Burhoff/Volpert/*Burhoff*, RVG, Teil A: Rahmengebühren [§ 14], Rn 1869 ff.). An eine einmal getroffene Bestimmung der angemessenen Gebühr ist der Rechtsanwalt gebunden (BGH NJW 2013, 3102; Urt. v. 29.10.2020 – IX ZR 264/19, AGS 2021, 262 m. Anm. *N. Schneider* OLG Bamberg StRR 2011, 240 m. Anm. *Burhoff*; OLG Celle StraFo 2008, 398 = RVGreport 2008, 382 = AGS 2008, 546; OLG Jena StRR 2008, 158; OLG Karlsruhe RVGreport 2013, 188). 34

5. Reichen die gesetzlichen Rahmengebühren nicht aus, hat der Wahlanwalt die Möglichkeit eine **Pauschgebühr** zu beantragen. Nach **§ 42 RVG** kommt diese in „besonders schwierigen" oder „besonders umfangreichen" Verfahren in Betracht. Insoweit gilt grds. dasselbe wie beim Pflichtverteidiger (→ *Allgemeine Gebührenfragen, Besonderheiten, Pflichtverteidiger*, Teil J Rdn 19 ff., m.w.N.). Die Pauschgebühr für den Wahlanwalt ist allerdings auf das Doppelte der Wahlanwaltshöchstgebühr begrenzt. 35

☝ Der Antrag an das OLG (§ 42 Abs. 1 S. 1 RVG) ist vor allem deshalb interessant, weil die vom **OLG festgestellte Gebühr** für ein Kostenfestsetzungsverfahren, das Vergütungsfestsetzungsverfahren (§ 11 RVG) und für Rechtsstreit des Rechtsanwalts auf Zahlung der Vergütung **bindend** ist (§ 42 Abs. 4 RVG; zu allem Burhoff/Volpert/*Burhoff*, RVG, § 42 Rn 1 ff.; Burhoff/Volpert/*Volpert*, RVG, § 52 Rn 109 ff.).

36 **6.a)** Nach § 3a RVG kann der (Wahl-) Verteidiger ohne besondere Voraussetzungen ein die gesetzlichen Gebühren übersteigende **Vergütung vereinbaren** (für den Pflichtverteidiger → *Pflichtverteidiger, Besonderheiten, Pflichtverteidiger*, Teil J Rdn 4). Diese Vereinbarung ist auch im Strafvollstreckungverfahren in vielen Fällen auch (immer noch) notwendig, da die Tätigkeit des Verteidigers mit den gesetzlichen Gebühren zumindest auch in diesen Fällen nur unzureichend honoriert wird (zur Vergütungsvereinbarung und späteren Bestellung zum Pflichtverteidiger *Enders* JurBüro 2002, 409).

37 **b) Hinweise für den Verteidiger!**

Für die **Vereinbarung** einer Vergütung ist auf Folgendes hinzuweisen (Burhoff/Volpert/*Burhoff*, RVG, Teil A: Vergütungsvereinbarung [§ 3a], Rn 2408 ff.; *Burhoff*, EV, Rn 2782 ff., jeweils m.w.N.):

- Die Vergütungsvereinbarung bedarf nach § 3a Abs. 1 S. 1 RVG lediglich der **Textform (§ 126b BGB)**. Der Verteidiger sollte aber aus Beweisgründen von Fax, Computerfax und/oder E-Mail/SMS Abstand nehmen (zur Textform BGH AGS 2012, 118; wegen der Einzelh. zur Form Burhoff/Volpert/*Burhoff*, RVG, Teil A Rn 2430 ff.; s.a. die Komm. zu § 3a bei Gerold/Schmidt/*Mayer*, a.a.O., und bei AnwKomm-RVG/*N. Schneider*, a.a.O.).
- Die Vergütungsvereinbarung darf **nicht in** der **Vollmacht** enthalten sein. Üblich ist in der Praxis zwar die Verwendung einer vorformulierten Vergütungsvereinbarung, allerdings sollte der Verteidiger wegen der sich daraus ergebenden Anwendbarkeit der Vorschriften über die Allgemeinen Geschäftsbedingungen (s. § 310 Abs. 3 BGB besser **individuelle Vereinbarungen** schließen (Burhoff/Volpert/*Burhoff*, RVG, Teil A: Vergütungsvereinbarung, [§ 3a], Rn 2442 m.w.N.).
- Die Erklärung muss nach § 3a Abs. 1 S. 2 RVG als **Vergütungsvereinbarung** oder in vergleichbarer Weise bezeichnet sein (Burhoff/Volpert/*Burhoff*, RVG, Teil A Rn 2441 f.).
- Die Vergütungsvereinbarung muss sich nach § 3a Abs. 1 S. 2 RVG von anderen Vereinbarungen **deutlich absetzen** (vgl. dazu u.a. BGH NJW 2004, 2818; OLG Düsseldorf, Urt. v. 7.11.2023 – 24 U 116/22, AGS 2024, 107; OLG Karlsruhe AGS 2015, 114 m. Anm. Burhoff RVGreport 2015, 297; wegen der Einzelh. Gerold/Schmidt/*Mayer*, § 3a Rn 9 ff.; Burhoff/Volpert/*Burhoff*, RVG, Teil A: Vergütungsvereinbarung, [§ 3a], Rn 2442 ff.).
- § 3a Abs. 1 S. 3 RVG schreibt vor, dass die Vergütungsvereinbarung einen **Hinweis** darauf zu enthalten hat, dass die gegnerische Partei, ein Verfahrensbeteiligter oder die Staatskasse im Fall der Kostenerstattung regelmäßig **nicht** mehr als die gesetzliche Vergütung **erstatten** muss (Burhoff/Volpert/*Burhoff*, RVG, Teil A: Vergütungsvereinbarung, [§ 3a], Rn 2446 ff.).
- Der Verteidiger sollte beim Abschluss einer Vergütungsvereinbarung immer auch im Blick haben, dass nach der wohl h.M. in der Rspr. auf den Anwaltsvertrag die Regelungen des **Fernabsatzrechts** angewendet werden können (dazu BGH NJW 2018, 690; Urt. v. 19.11.2020 – IX ZR 133/19. AGS 2021, 90 = NJW 2021, 304 = MDR 2021, 89; AG Brandenburg RVGreport 2018, 119; AG Düsseldorf AnwBl. 2017, 92; AG Kleve, Urt. v. 18.5.2017 – 35 C 434/16; AG Offenbach, Urt. v. 9.10.2013 – 380 C 45/13; s.a. noch BGH NJW 2017, 1024; aus der Lit. *Ernst* NJW 2014, 817; *Bräuer* AnwBl. 2015, 970; *Härting* NJW 2016, 2937; *El-Auwad* AnwBl. 2017, 971; *Kilian* AnwBl. 2018, 224; zum Vertragsschluss in der JVA und zum Widerruf noch LG Bochum AGS 2017, 370; zum mehrstufigen Anwaltsvertrag AG Mannheim, Urt. v. 23.6.2023 – 17 C 1517/23, AGs 2023, 467). Dafür reicht aber nicht allein ein z.B. per E-Mail zustande gekommener Anwaltsvertrag aus (zu allem Burhoff/Volpert/*Burhoff*, RVG, Teil A Rn 2422 f.).

☝ Beim **Pflichtverteidiger** ist die **Belehrung** des Mandanten darüber erforderlich, dass der Pflichtverteidiger **auch ohne Abschluss** der Vereinbarung zur **Fortführung** der Pflichtverteidigung **gesetzlich verpflichtet** ist (so ausdrücklich BGH, Urt. v. 13.12.2018 – IX ZR 216/17, NJW 2019, 676 m. Anm. *Hansens* RVGreport 2019, 130). Das folgert der BGH (a.a.O.) aus der Stellung des Pflichtverteidigers (§§ 48, 49 BRAO), der die Interessen des Beschuldigten wahrzunehmen hat und aus der

Interessenlage des Beschuldigten. Unterlässt der Pflichtverteidiger diesen Hinweis, führt das zwar nicht zur Unwirksamkeit der Vergütungsvereinbarung (BGH, a.a.O.), es kann sich aber ein **Anspruch** aus **culpa** in **contrahendo** (§§ 280 Abs. 1, 311 Abs. 2, 241 Abs. 2 BGB) ergeben, der dann zur Rückzahlung der ggf. bereits gezahlten Vergütung führt. Die Kenntnis des Mandanten darüber, dass der Pflichtverteidiger auch ohne den Abschluss der Honorarvereinbarung zur Verteidigung verpflichtet ist, ist nach Auffassung des BGH (a.a.O.) deshalb erforderlich, weil er sonst nicht über den Abschluss der Vergütungsvereinbarung entscheiden kann.

c) Hinsichtlich der **Höhe** der vereinbarten Vergütung muss der Verteidiger die sich aus § 138 BGB und dem Berufsrecht, das in § 21 BORA die Regelung des § 3a RVG ergänzt, ergebenden Grenzen beachten. In dem Zusammenhang ist dann auch die sog. „**Quotienten-Rspr.**" des BGH zu berücksichtigen (BGH NJW 2005, 2142 m. abl. Anm. von u.a. *Madert/Schneider* AGS 2005, 383 ff., *Henke* AnwBl. 2005, 585; *Tsambikakis* StraFo 2005, 446; ähnlich OLG Frankfurt StraFo 2006, 127 m. Anm. *Madert* und *Hauskötter* zur Vereinbarung einer Vergütung für die Revisionsinstanz). Der BGH geht in dieser Entscheidung grds. davon aus, dass dann, wenn der Rechtsanwalt bei Strafverteidigungen eine **Vergütung** vereinbart, die **mehr** als das **Fünffache** über den gesetzlichen Höchstgebühren liegt, eine tatsächliche Vermutung dafür spricht, dass die Vergütung **unangemessen hoch** und das Mäßigungsgebot des § 3a Abs. 2 RVG verletzt ist. Die Vermutung einer unangemessen hohen Vergütung kann allerdings durch den Rechtsanwalt aber entkräftet werden. Voraussetzung für die Entkräftung der Vermutung ist, dass die vereinbarte Vergütung im konkreten Fall unter Berücksichtigung aller Umstände des § 14 Abs. 1 RVG angemessen ist (BGH NJW 2010, 1364 m. Anm. *Burhoff* StRR 2010, 236; NJW 2011, 63 m. Anm. *Schons* AGS 2011, 9 und Anm. *Lübbersmann* StRR 2011, 161; wegen der Einzelh. vgl. a. Burhoff/Volpert/*Burhoff*, RVG, Teil A Rn 2453 ff.; Gerold/Schmidt/*Mayer*, § 3a Rn 21 ff.; OLG Frankfurt StraFo 2006, 127 wo die für das Revisionsverfahren vereinbarte Vergütung die gesetzlichen Gebühren um fast das 30-fache überstieg). 38

Deshalb ist es nach wie vor dringend geboten, alle für den Mandanten **erbrachten Tätigkeiten zeitlich** zu **erfassen**, um damit ggf. die vereinbarte Vergütung der Höhe nach belegen zu können.

Die o.a. Rspr. des BGH (BGH NJW 2005, 2142) gilt nicht für die Vereinbarung einer Zeitvergütung (so auch BVerfG StV 2010, 89 m. Anm. *Burhoff* StRR 2009, 318; OLG Hamm StV 2007, 473; zweifelnd auch schon BGH NJW 2009, 3301; AnwKomm-RVG/*Onderka*, § 3a Rn 114). Deshalb sollte der Verteidiger trotz der Modifikation in der BGH-Rspr. **Zeithonorare vereinbaren**.

d) Muster einer Vergütungsvereinbarung 39

▼

Das nachfolgende Muster für eine Vergütungsvereinbarung nach Stundensatz ist mit freundlicher Genehmigung entnommen *N. Schneider*, a.a.O., Rn 3075; vgl. a. noch *Burhoff*, EV, Rn 2313).

Vergütungsvereinbarung

zwischen

Herrn Rechtsanwalt ______,

– im Folgenden Anwalt,

und

Herrn ______,

– im Folgenden Auftraggeber.

1. Inhalt des Mandats

Der Auftraggeber beauftragt den Anwalt, ihn im Verfahren wegen des Widerrufs der Strafaussetzung zur Bewährung aus dem Urteil des LG Musterstadt vom (Az: LG Musterstadt 5 KLs 115 Js 1860/25) zu verteidigen. Der Verteidigerauftrag erstreckt sich auf das gesamte Widerrufsverfahren einschließlich sämtlicher Nebenverfahren, insbesondere auch von Beschwerdeverfahren etc.

2. Vergütung

Für die unter Nr. 1 genannten Tätigkeiten erhält der Anwalt anstelle der gesetzlichen Gebühren eine Vergütung i.H.v. 350,00 EUR (in Worten: dreihundertfünfzig EUR) je Stunde.

Abgerechnet wird für jede angefangene halbe Stunde.

Der vereinbarte Stundensatz gilt auch für Fahrt- und Wartezeiten.

Lässt der Rechtsanwalt einzelne Tätigkeiten durch einen anderen Anwalt oder andere juristische Mitarbeiter ausführen, werden hierfür folgende Stundensätze in Rechnung gestellt:

- für Sozien des Rechtsanwalts 350,00 EUR (in Worten: dreihundertfünfzig EUR) je Stunde,
- für einen in der Kanzlei des Rechtsanwalts angestellten Rechtsanwalt 250,00 EUR (in Worten: zweihundertfünfzig EUR) je Stunde.

3. Auslagen

Anstelle der gesetzlichen Auslagen erhält der Rechtsanwalt

- je Ablichtung eine Vergütung i.H.v. 1,00 EUR (in Worten: ein EUR),
- eine Postentgeltpauschale i.H.v. 5 % der vereinbarten Vergütung, maximal jedoch 600,00 EUR (in Worten: sechshundert EUR),
- Fahrtkosten für die Reise mit dem Pkw i.H.v. 0,60 EUR (in Worten: sechzig Cent) je gefahrenem Kilometer,
- für Geschäftsreisen ein Abwesenheitsentgelt bei einer Abwesenheit,

  von bis zu vier Stunden i.H.v. 75,00 EUR (in Worten: fünfundsiebzig EUR),

  von bis zu acht Stunden i.H.v. 125,00 EUR (in Worten: einhundertfünfundzwanzig EUR),

  mehr als acht Stunden i.H.v. 150,00 EUR (in Worten: einhundertfünfzig EUR).

Hinzu kommt die gesetzliche Umsatzsteuer zu dem zum Zeitpunkt Fälligkeit der Leistung des Auftraggebers maßgeblichen gesetzlichen Umsatzsteuersatz.

Soweit der Rechtsanwalt im Verlaufe des Mandats Kosten verauslagt, insbesondere Gerichtskosten, Gerichtsvollzieherkosten, Gebühren für Meldeamts- und Registeranfragen, Aktenversendungspauschalen etc., sind diese vom Auftraggeber auf Anforderung zu erstatten.

Zusätzlich sind vom Auftraggeber Kosten für die Anschaffung erforderlicher Spezialliteratur und Datenbankrecherchen zu erstatten.

4. Mindestvergütung

Unabhängig von den Vereinbarungen unter Nr. 2 ist mindestens die gesetzliche Vergütung geschuldet.

5. Vorschüsse

Der Rechtsanwalt ist jederzeit berechtigt, angemessene Vorschüsse zu verlangen.

6. Fälligkeit

Über die geleisteten Stunden wird dem Auftraggeber monatlich eine Abrechnung erteilt. Die danach jeweils abgerechnete Vergütung wird mit Erteilung der Abrechnung fällig.

7. Genehmigung von Zwischenabrechnungen

Die vom Rechtsanwalt abgerechneten Zeiten gelten als anerkannt, wenn der Auftraggeber nicht binnen einer Frist von vier Wochen der Abrechnung widerspricht.

Der Rechtsanwalt wird dem Auftraggeber zu Beginn der Widerspruchsfrist auf die vorgesehene Genehmigung durch widerspruchslosen Fristablauf besonders hinweisen.

8. Hinweise an den Auftraggeber

Der Auftraggeber wird darauf hingewiesen, dass

- die vereinbarte Vergütung die gesetzliche Vergütung übersteigt,
- die vereinbarte Vergütung, soweit sie die gesetzliche Vergütung übersteigt, im Obsiegensfalle von der Staatskasse nicht zu erstatten ist,
- die vereinbarte Vergütung, soweit sie die gesetzliche Vergütung übersteigt, vom Rechtsschutzversicherer nicht übernommen wird,
- der Verteidiger im Falle einer Bestellung als Pflichtverteidiger auch ohne Abschluss dieser Vereinbarung zur weiteren Verteidigung verpflichtet ist.

9. Kostenerstattungsansprüchen

Bis zur Höhe der dem Rechtsanwalt nach dieser Vereinbarung zustehenden Vergütung werden ihm bereits jetzt eventuelle Kostenerstattungsansprüche gegen Dritte (insbesondere gegen die Staatskasse) zur Sicherung seiner Vergütungsansprüche abgetreten. Der Rechtsanwalt ist berechtigt, die Erstattungsansprüche einzuziehen und auf seine Vergütungsansprüche zu verrechnen.

, den

Auftraggeber Rechtsanwalt

▲

7. Gem. § 9 RVG kann der Verteidiger von seinem Mandanten einen **angemessenen (Honorar-) Vorschuss** 40
auf die voraussichtlich entstehenden Gebühren und Auslagen verlangen (wegen der Einzelh. die Komm. bei Burhoff/Volpert/*Burhoff*, RVG, Teil A Rn 2620 ff.; *Burhoff* AGS 2024, 339). Entschließt er sich dazu, sollte er darüber eine schriftliche (Honorar-) Vereinbarung treffen. Bei der **Bemessung** des angemessenen Vorschusses können die gesamten voraussichtlich anfallenden Gebühren in Höhe der Mittelgebühr zugrunde gelegt werden. Es kann zudem Vorschuss auch auf solche Gebühren verlangt werden, deren Berechnungsvoraussetzungen erst im weiteren Verlauf der zu erwartenden anwaltlichen Tätigkeit vorliegen (zu allem Burhoff/Volpert/*Burhoff*, RVG, Teil A Rn 2620 ff.; *Burhoff* AGS 2024, 339 ff., jew. m.w.N.).

Siehe auch: → *Allgemeine Gebührenfragen, Allgemeines*, Teil J Rdn 1 m.w.N.; → *Allgemeine Gebührenfragen, Pflichtverteidiger, Besonderheiten*, Teil J Rdn 4 m.w.N.

41 Beschwerde, Gebühren

42 **Literaturhinweise:** **Burhoff**, Die Gebühren in der Strafvollstreckung, RVGreport 2007, 8; *ders.*, Die anwaltliche Vergütung in der Strafvollstreckung, StRR 2010, 93; *ders.*, Neuerungen für die Abrechnung im Straf-/Bußgeldverfahren nach dem 2. KostRMoG, RVGreport 2013, 330; *ders.*, Die wichtigsten Änderungen und Neuerungen für die Abrechnung im Straf-/Bußgeldverfahren durch das 2. KostRMoG, StraFo 2013, 397; *ders.*, Die Abrechnung von Beschwerden in Straf- und Bußgeldsachen, AGS 2023, 241; *ders.*, Die Abrechnung (förmlicher/formloser) Rechtsbehelfe im Straf- und Bußgeldverfahren, AGS 2023, 487; **D. Meyer**, Gegensätzliche Auslagenentscheidungen im gleichen Gebührenrechtszug in Straf- (Bußgeld-)verfahren, JurBüro 1983, 32; *ders.*; Zur Tragweite des Kosten- und Auslagenanspruchs einer strafprozessualen Zwischenbeschwerde, JurBüro, 1990, 9; **Mümmler**, Zur Erstattung der Kosten eines Beschwerdeverfahrens im Rahmen eines Strafverfahrens, JurBüro 1978, 1352; *ders.*, Zur Gebühr des Rechtsanwalts bei Beschwerden im Strafverfahren, JurBüro 1990, 878, *ders.*, Die Gebühren des Rechtsanwalts als Verteidiger im Beschwerdeverfahren, JurBüro 1969, 481; *ders.*, Nochmals zur Erstattung der Gebühren des anwaltlichen Verteidigers im Beschwerdeverfahren, JurBüro 1973, 701; **Volpert**, Die Vergütung im Beschwerdeverfahren in Straf- und Bußgeldsachen, VRR 2006, 453; *ders.*, Verkehrsstrafsachen: Die Vergütung des Verteidigers in der Strafvollstreckung, VRR 2005, 179; s.a. die Hinw. bei → *Allgemeine Gebührenfragen, Allgemeines*, Teil J Rdn 2 und den weiterführenden Stichwörtern.

43 Eine der Fragen, die bei der Abrechnung in Straf- bzw. Bußgeldsachen die meisten **Schwierigkeiten** bereitet, ist die nach der Abrechnung von (erfolgreichen) Beschwerden. Die Problematik stellt sich in allen Verfahrensstadien, also auch in der „Nachsorge". Das liegt u.a. daran, dass bei erfolgreichen Beschwerden häufig auch hier eine Kostengrundentscheidung getroffen wird, die die dem Verurteilten in einem Beschwerdeverfahren entstandenen notwendigen Auslagen der Staatskasse auferlegt. Dann stellt sich bei der Abrechnung die Frage, wie diese gegenüber der Staatskasse geltend gemacht werden können.

44 Für die Abrechnung von Beschwerdeverfahren gelten allerdings in diesem Verfahrensstadium keine Besonderheiten, sondern die allgemeinen Grundsätze für die Abrechnung von Beschwerden im Strafverfahren. Um Wiederholungen zu vermeiden, soll daher Bezug genommen werden auf die Ausführungen bei Burhoff/*Burhoff*, RM, Teil D Rn 134 ff., auf Burhoff/Volpert/*Volpert*, Teil A: Beschwerdeverfahren, Abrechnung, Rn 574 ff. und auch auf *Burhoff* AGS 2024, 241.

☝ Wegen der **Besonderheiten** bei der Abrechnung der Beschwerde im **Strafvollstreckungsverfahren** wird verwiesen auf → *Strafvollstreckung, Beschwerde*, Teil J Rdn 334.

Siehe auch: → *Allgemeine Gebührenfragen, Allgemeines*, Teil J Rdn 1.

45 Einzeltätigkeiten, Allgemeines

Das Wichtigste in Kürze:

1. Die Vergütung des Rechtsanwalts, der keinen vollen Verteidigungs- oder Vertretungsauftrag erhalten hat, sondern der nur mit einer einzelnen Tätigkeit beauftragt ist, ist in Teil 4 Abschnitt 3 VV RVG geregelt.
2. Beim Vollverteidiger oder Vollvertreter werden einzelne Tätigkeiten durch die in Teil 4 Abschnitt 1 bzw. Abschnitt 2 VV RVG geregelten Gebühren entgolten.
3. Nur wenn der Rechtsanwalt in der Strafvollstreckung nur mit einzelnen Tätigkeiten beauftragt ist, gilt Teil 4 Abschnitt 3 VV RVG mit den Gebühren nach Nr. 4300 Ziff. 3, 4301 Ziff. 6 VV RVG.

4. Maßgeblich für die Anwendung von Teil 4 Abschnitt 3 VV RVG bist, ob eine inhaltliche Beschränkung der anwaltlichen Tätigkeit vorliegt, auf eine Beschränkung in zeitlicher Hinsicht kommt es nicht an.
5. Teil 4 Abschnitt 3 VV RVG erfasst zum Einen die Einzeltätigkeit durch einen nicht mit der Verteidigung oder Vertretung beauftragten Rechtsanwalt und zum anderen die Einzeltätigkeit durch einen „Vollverteidiger" oder „Vollvertreter" außerhalb des Abgeltungsbereichs der Verteidiger- bzw. Vertretergebühren.
6. Die in Nr. 4300 – 4303 VV RVG geregelten Verfahrensgebühren entstehen nach Vorbem. 4 Abs. 2 VV RVG für das Betreiben des Geschäfts einschließlich der Information hinsichtlich des Einzelauftrags; eine Grundgebühr ist nicht vorgesehen.

Literaturhinweise **Burhoff**, Vergütung bei Straf- und Bußgeldsachen nach dem RVG, RVGreport 2004,16; *ders.*, Einzeltätigkeiten richtig abrechnen, RVGprofessionell 2005, 52; *ders.*, Die Abrechnung der Tätigkeit des Zeugenbeistands im Strafverfahren, RVGreport 2006, 81; *ders.*, Die Gebühren in der Strafvollstreckung, RVGreport 2007, 8; *ders.*, Anwaltliche Vergütung für die Tätigkeit im strafrechtlichen Entschädigungsverfahren, RVGreport 2007, 273; *ders.*, Abrechnung der Tätigkeit des Zeugenbeistands im Straf- und OWi-Verfahren, StRR 2007, 220; *ders.*, Die anwaltliche Vergütung im Strafbefehlsverfahren, RVGreport 2008, 201; *ders.*, Abrechnung des Antrags auf gerichtliche Entscheidung gem. § 111f Abs. 5 StPO, RVGreport 2010, 441; *ders.*, Abrechnung der Tätigkeiten des Terminsvertreters im Strafverfahren, RVGprofessionell 2010, 153; *ders.*, Die anwaltliche Vergütung in der Strafvollstreckung, StRR 2010, 93; *ders.*, Die Abrechnung von Beschwerden in Straf- und Bußgeldsachen, RVGreport 2012, 12; *ders.*, Die Abrechnung förmlicher oder formloser Rechtsbehelfe im Straf- und Bußgeldverfahren, RVGreport 2013, 213; *ders.*, Abrechnung im Bußgeldverfahren: Verfahren wegen Akteneinsicht und eines damit verbundenen Rechtsmittels, StRR 2013, 294; *ders.*, Straf- und Bußgeldsachen: Besonderheiten für die Beschwerdeabrechnung, RVGprofessionell 2014, 30; *ders.*, Die Gebühren des Vollverteidigers in der Strafvollstreckung, RVGprofessionell 2023, 61; *ders.*, Die Gebühren für Einzeltätigkeiten in der Strafvollstreckung, RVGprofessionell 2023, 84; **Enders/Mümmler**, Anwaltsgebühren für die Erstattung einer Strafanzeige/Vertretung der Anzeigenerstatterin, JurBüro 1998, 69; **Hansens**, Aktuelle Änderungen des RVG – Teil 1, RVGreport 2007, 81; **Kotz**, Eine Lanze für den Underdog – Zur Vergütungslage des bestellten Terminsvertreters in Strafsachen, StraFo 2008, 412; **Madert**, Die Gebühren in Strafsachen für einzelne Tätigkeiten – §§ 91, 92 BRAGO, AnwBl. 1982, 176; **Meyer**, Rechtfertigt die Mehrtätigkeit des Verteidigers im Grundverfahren des StrEG eine Gebührenerhöhung nach §§ 88, 89 BRAGO?, JurBüro 1992, 4; **Mümmler**, Beistandsleistung für die Eltern einer Getöteten in einer Jugendgerichtssache, JurBüro 1984, 505; **Schneider**, Anwaltsgebühren im Verfahren über die Erinnerung nach § 766 ZPO – Bisheriges und neues Recht, RVGreport 2007, 87; **Volpert**, Die richtige Abrechnung der Tätigkeit im Verfahren nach dem Strafrechtsentschädigungsgesetz, BRAGOprofessionell 2003, 91; *ders.*, Die Vergütung im Beschwerdeverfahren in Straf- und Bußgeldsachen, VRR 2006, 453; *ders.*, Vergütung des Rechtsanwalts in Verfahren nach dem Strafvollzugsgesetz, RVGreport 2012, 362; s.a. die Hinweise bei → *Allgemeine Gebührenfragen, Allgemeines*, Teil J Rdn 1 und bei → *Beschwerde, Gebühren*, Teil J Rdn 41. 46

1. Die Vergütung des Rechtsanwalts, der **keinen vollen Verteidigungs-** oder **Vertretungsauftrag** erhalten hat, sondern der nur mit einer einzelnen Tätigkeit beauftragt ist, ist in **Teil 4 Abschnitt 3 VV RVG** geregelt (Gebühren Nr. 4300 ff. VV RVG). Teil 4 Abschnitt 3 VV RVG findet daher nur Anwendung, wenn dem Rechtsanwalt sonst nicht die Verteidigung oder Vertretung übertragen ist. Bei den Regelungen in Nrn. 4300 ff. VV RVG handelt es sich daher um subsidiäre Regelungen für bloße Einzeltätigkeiten (OLG Düsseldorf StraFo 2008, 441; a.A. OLG Düsseldorf JurBüro 2009, 255). Dem Rechtsanwalt muss daher ein **Einzelauftrag** und nicht ein **umfassendes Mandat** erteilt worden sein. Die in **Teil 4 Abschnitt 3 VV** RVG aufgeführten Gebühren für einzelne Tätigkeiten entstehen nur für den Rechtsanwalt, dem sonst die Verteidigung oder Vertretung nicht übertragen ist und dessen Tätigkeit sich **auftragsgemäß** auf **einzelne Tätigkeiten** beschränkt hat (Burhoff/*Volpert*, RVG, Vorbem. 4.3 VV RVG Rn 7). 47

☝ Die grds. Regelungen in der **Vorbem. 4 VV RVG** gelten auch für die in Teil 4 Abschnitt 3 VV RVG geregelten Gebühren für Einzeltätigkeiten. Das **Beschwerdeverfahren** gilt nach Vorbem. 4.3 Abs. 3 S. 3 VV RVG als **besondere Angelegenheit**.

2. Nimmt der **Vollverteidiger** oder der **sonstige Vertreter**, dem die Vertretung vollständig übertragen worden ist, einzelne Tätigkeiten wahr, werden diese Tätigkeiten durch die in Teil 4 Abschnitt 1 bzw. Ab- 48 schnitt 2 VV RVG geregelten Gebühren entgolten (Vorbem. 4.1 Abs. 2 VV RVG und Vorbem. 4.1 VV RVG). Der mit der **Vollverteidigung** oder **Vollvertretung** beauftragte bzw. der entsprechend gerichtlich bestellte oder beigeordnete Rechtsanwalt erhält die Gebühren nach Teil 4 Abschnitt 1 und 2 VV RVG daher auch dann, wenn er nur einzelne Tätigkeiten bzw. Beistandsleistungen erbringt (OLG Köln StV 2010, 68; OLG Oldenburg StraFo 2010, 430 m. Anm. *Burhoff* RVGreport 2011, 24; Burhoff/*Volpert*, RVG, Vorbem. 4.3 VV Rn 6).

☝ **Maßgeblich** für die **Abgrenzung** ist beim **Wahlanwalt** der **Umfang** bzw. der **Inhalt des erteilten Auftrags** und beim **Pflichtverteidiger** bzw. dem gerichtlich bestellten oder beigeordneten Rechtsanwalt der **Umfang** der **gerichtlichen Bestellung** (OLG Dresden AGS 2007, 618 m. Anm. *Burhoff* StRR 2007, 203; OLG Düsseldorf JurBüro 2009, 255; OLG Oldenburg StraFo 2010, 430; OLG Stuttgart, Beschl. v. 23.1.2023 – 4 Ws 13/23, AGS 2023, 162 = StRR 3/2023, 38; Burhoff/*Volpert*, RVG, Vorbem. 4.3 VV Rn 7; Hartung/Römermann/*Schons*, RVG, Vorbem. 4.3 VV Rn 7; Gerold/Schmidt/*Burhoff*, RVG, VV Vorb. 4.3 Rn 1) bzw. die Übertragung der entsprechenden Aufgaben mit der Beiordnung (KG NStZ-RR 2009, 327 m. Anm. *Burhoff* StRR 2009, 398). Für die Abgrenzung zwischen einem „Vollverteidiger" und einem mit einer Einzeltätigkeit beauftragten Rechtsanwalt ist bei einem Pflichtverteidiger gemäß § 48 Abs. 1 der Wortlaut der Verfügung des Vorsitzenden oder des Gerichtsbeschlusses maßgebend, durch den die Bestellung erfolgt ist (OLG Stuttgart, Beschl. v. 23.1.2023 – 4 Ws 13/23, AGS 2023, 162 = StRR 3/2023, 38). Auf den Umfang der Tätigkeiten kommt es nicht an (OLG Oldenburg, a.a.O.), ebenso wenig auf die tatsächlich erbrachten Tätigkeiten.

49 **3.** Wird der Rechtsanwalt in der **Strafvollstreckung** nur mit **einzelnen Tätigkeiten** beauftragt, gilt Teil 4 Abschnitt 3 VV RVG mit den **Nr. 4300 Ziff. 3, 4301 Ziff. 6 VV RVG**. Die Gebührentatbestände in den Nrn. 4200 ff. VV RVG (Teil 4 Abschnitt 2 VV RVG) sind also nur anwendbar, wenn der Rechtsanwalt als voller Verteidiger in der Strafvollstreckung tätig wird (s. dazu → *Strafvollstreckung, Einzeltätigkeiten*, Teil J Rdn 344).

50 **4.** Teil 4 Abschnitt 3 VV RVG regelt die Gebühren für Einzeltätigkeiten, „**ohne** dass dem Rechtsanwalt **sonst** die Verteidigung oder Vertretung übertragen ist". Eine Beschränkung der Pflichtverteidigerbestellung in zeitlicher Hinsicht (z.B. gem. § 408b StPO für das Strafbefehlsverfahren, vgl. dazu Burhoff/*Burhoff*, RVG, Vorbem. 4.1 VV RVG Rn 27, m.w.N., für bestimmte Hauptverhandlungstermine – Terminsvertreter, Burhoff/*Burhoff*, RVG, Vorbem. 4.1 VV RVG Rn 23 und Nr. 4100 VV RVG Rn 8 ff., oder in der Strafvollstreckung für das **Überprüfungsverfahren gem. § 67e StGB**, → *Strafvollstreckung, Verfahrensgebühr*, Teil J Rdn 371 f.) ist keine Einschränkung der Aufgaben i.S.v. Vorbem. 4.3 Abs. 1 VV RVG. **Maßgeblich** ist, ob eine **inhaltliche Beschränkung** der anwaltlichen Tätigkeit vorliegt (OLG Dresden AGS 2007, 618; OLG Düsseldorf StraFo 2008, 441; Burhoff/*Volpert*, RVG, Vorbem. 4.3 VV Rn 8; OLG Karlsruhe, Beschl. v. 9.2.2023 – 2 Ws 13/23, AGS 2023, 164 = NStZ-RR 2023, 159 = StRR 3/2023, 35; OLG Nürnberg, Beschl. v. 13.11.2014 – 2 Ws 553/14, StraFo 2015, 39 = AGS 2015, 29; a.A. OLG Stuttgart, Beschl. v. 23.1.2023 – 4 Ws 13/23, AGS 2023, 162 = StRR 3/2023, 38, das auch auf eine zeitliche Beschränkung abstellen will).

51 **5.**Durch diese Formulierung in Vorbem. 4.3 Abs. 1 VV RVG werden folgende **Fallgruppen** erfasst (AnwKomm-RVG/*N. Schneider*, VV Vorb. 4.3 Rn 2, 3; Burhoff/*Volpert*, RVG, Vorbem. 4.3 VV Rn 8):

- **Einzeltätigkeit** durch einen **nicht mit der Verteidigung** oder **Vertretung beauftragten Rechtsanwalt:** Erfasst wird **nur** die **einzelne Tätigkeit** durch einen Rechtsanwalt, der **nur** mit dieser Tätigkeit beauftragt, also nicht zum Verteidiger oder sonstigen Vertreter bestellt worden ist (LG Hildesheim Nds.Rpfl. 2007, 190; LG Koblenz, JurBüro 2010, 32). Es handelt sich um eine einzelne Tätigkeit aus dem Aufgabenbereich eines „Vollverteidigers" oder „Vollvertreters" (Burhoff/*Volpert*, RVG, Vorbem. 4.3 VV Rn 8 ff.; AnwKomm-RVG/*N. Schneider*, VV Vorb. 4.3 Rn 2; Gerold/Schmidt/*Burhoff*, RVG, VV Vorb. 4.3 Rn 4; vgl. zu diesen Tätigkeiten Nr. 4300 – 4302 VV RVG:

z.B. Einlegung eines Rechtsmittels – Nr. 4302 VV RVG; Anfertigung der Revisionsbegründung – Nr. 4300 Ziff. 1 VV RVG).

- **Einzeltätigkeit** durch **„Vollverteidiger"** oder **„Vollvertreter" außerhalb** des **Abgeltungsbereichs** der **Verteidiger- bzw. Vertretergebühren:** Auch Tätigkeiten des „Vollverteidigers" oder „Vollvertreters" können von Teil 4 Abschnitt 3 VV RVG erfasst werden, soweit die Tätigkeiten nicht durch die in Teil 4 Abschnitt 1 VV RVG geregelten Gebühren für die Tätigkeit als „Vollverteidiger" oder „Vollvertreter" nach Vorbem. 4.1 Abs. 2 VV RVG entgolten werden (LG Koblenz JurBüro 2010, 32). Insoweit ist Teil 4 Abschnitt 3 VV RVG dann auch für den Vollverteidiger oder den Vollvertreter anwendbar (Burhoff/*Volpert*, RVG, Vorbem. 4.3 VV Rn 11 ff.; AnwKomm-RVG/*N. Schneider*, VV Vorb. 4.3 Rn 3; Gerold/Schmidt/*Burhoff*, RVG, VV Vorb. 4.3 Rn 6; vgl. zu diesen Tätigkeiten Nr. 4300 – 4304 VV RVG; vgl. a. OLG Düsseldorf AGS 2009, 14 = MDR 2009, 654 = AnwBl. 2009, 312). So ist das **DNA-Feststellungsverfahren** gem. § 81g Abs. 5, 4 ff. StPO ein besonderes Verfahren zur Erleichterung der Ermittlungstätigkeit für den eventuellen Fall einer erneuten Täterschaft des Beschuldigten, in dem der den Beschuldigten vertretende Rechtsanwalt nicht als Verteidiger auftreten kann (→ *Daten, Allgemeines, Begriff*, Teil D Rdn 1). Bei der Tätigkeit in diesem Verfahren handelte sich um eine unter **Nr. 4302 Ziff. 3 VV RVG** fallende Beistandsleistung (Burhoff/*Volpert*, RVG, Vorbem. 4.3 VV Rn 14 und Nr. 4302 VV Rn 19; Gerold/Schmidt/*Burhoff*, RVG, VV Vorb. 4.3 Rn 6; noch zur BRAGO LG Bielefeld StraFo 2002, 340; LG Potsdam NJW 2003, 3001). Keine gesonderte Verfahrensgebühr nach Nr. 4302 Nr. 2 VV RVG für den Verteidiger entsteht aber für das Einreichen eines Antrags auf gerichtliche Entscheidung, mit dem die **Rechtmäßigkeit** einer **Ermittlungsmaßnahme** überprüft bzw. deren Rechtswidrigkeit festgestellt werden soll (§ 98 Abs. 2 S. 2 StPO). Hier ist der auf die Tätigkeit im Feststellungsverfahren entfallende Aufwand durch die im Ermittlungsverfahren entstehende Grundgebühr Nr. 4100 VV RVG und insbesondere die Verfahrensgebühr Nr. 4104 VV RVG abgegolten (Burhoff/*Volpert*, RVG, Vorbem. 4.3 VV Rn 14; a.A. aber LG Potsdam NStZ-RR 2014, 126 m. abl. Anm. *Burhoff* StRR 2014, 278).

6.a) Bis auf die aus der Staatskasse zu zahlende **Festgebühr** nach Nr. 4304 VV i.H.v. 4.197,00 EUR sind die in Nrn. 4300 – 4303 VV aufgeführten Gebühren einheitlich als **Verfahrensgebühren** ausgebildet worden. Bei den in Teil 4 Abschnitt 3 VV RVG geregelten Gebühren handelt es sich **teilweise** um **„Einzelaktgebühren"**, z.B. die Verfahrensgebühr Nr. 4302 Ziff. 1 VV RVG für die Einlegung der Berufung oder Revision, teilweise aber auch um „echte Verfahrensgebühren", die die gesamte Tätigkeit in einem Verfahrensabschnitt abgelten (z.B. Verfahrensgebühr Nr. 4301 Ziff. 5 VV RVG für die Beistandsleistung im gerichtlichen Verfahren zur Erzwingung der Anklage; AnwKomm-RVG/*N. Schneider*, VV Vorb. 4.3 Rn 1; Burhoff/*Volpert*, RVG, Vorbem. 4.3 VV Rn 40). Die in Nrn. 4300 – 4303 VV RVG aufgeführten Verfahrensgebühren haben **Pauschgebührencharakter**. Sie gelten sämtliche vom Rechtsanwalt entfaltete Tätigkeiten ab, die zur Erledigung des erteilten Auftrags erforderlich waren (so auch Gerold/Schmidt/*Burhoff*, RVG, VV Vorb. 4.3 Rn 9; Burhoff/*Burhoff*, RVG, Vorbem. 4.1 VV Rn 32 ff.; Burhoff/*Volpert*, RVG, Vorbem. 4.3 VV Rn 40). 52

b) Das bedeutet, dass die allgemeine Regelung in **Abs. 2 der Vorbem. 4 VVRVG** über den **Abgeltungsbereich** der **Verfahrensgebühr** Anwendung findet. Die jeweilige Verfahrensgebühr entsteht daher für das Betreiben des Geschäfts einschließlich der Information hinsichtlich des Einzelauftrags (s. die Komm. zu Vorbem. 4 VV Rdn 31 ff.; AnwKomm-RVG/*N. Schneider*, VV Vorb. 4.3 Rn 34; Gerold/Schmidt/*Burhoff*, RVG, VV Vorb. 4.3 Rn 9; Burhoff/*Volpert*, RVG, Vorbem. 4.3 VV Rn 40). 53

☝ Eine **Grundgebühr** nach Nr. 4100 VV RVG entsteht für den nur mit einer Einzeltätigkeit beauftragten Rechtsanwalt **nicht** (OLG Düsseldorf AGS 2009, 14; OLG Köln NStZ-RR 2007, 287 m. Anm. *Burhoff* RVGreport 2007, 306; OLG Schleswig SchlHA 2007, 278; *Burhoff* RVGreport 2013, 213; Gerold/Schmidt/*Burhoff*, RVG, VV Vorb. 4.3 Rn 10; AnwKomm-RVG/*N. Schneider*, VV Vorb. 4.3 Rn 36; Burhoff/*Volpert*, RVG, Vorbem. 4.3 VV Rn 41).

Siehe auch: → *Beschwerde, Gebühren*, Teil J Rdn 41 ff. → *Strafvollstreckung, Einzeltätigkeiten*, Teil J Rdn 344 ff.; → *Strafvollstreckung, Allgemeines*, Teil J Rdn 319; → *Strafvollstreckung, Verfahrensgebühr*, Teil J Rdn 371 ff.

54 Entschädigungsverfahren, Abrechnung

Das Wichtigste in Kürze:

1. Das Strafrechtsentschädigungsverfahren besteht zum einen aus dem Grundverfahren (§§ 1 bis 9 StrEG) und zum anderen aus dem Betragsverfahren.
2. Die Tätigkeit im Grundverfahren ist mit den zuvor verdienten Verteidigergebühren abgegolten; Mehraufwand kann nur im Rahmen der Gebührenbemessung gem. § 14 Abs. 1 RVG berücksichtigt werden.
3. Die Gegenauffassung wendet auf die Tätigkeit im Grundverfahren Nr. 4143, 4144 entsprechend an.
4. Die Tätigkeit des Verteidigers im Beschwerdeverfahren gegen die Grundentscheidung ist mit den Gebühren für das Strafverfahren abgegolten.
5. Für den im vorhergehenden Strafverfahren tätigen Verteidiger ist die Einzeltätigkeit im **Grundverfahren** noch mit den zuvor verdienten Verteidigergebühren nach Nr. 4100 ff. VV RVG abgegolten.
6. Die Vergütung des nur mit einer **Einzeltätigkeit** beauftragten Rechtsanwalts im **Betragsverfahren** nach dem StrEG richtet sich nach Nr. 4302 VV RVG.
7. Im Betragsverfahren entsteht die Geschäftsgebühr Nr. 2300 VV RVG RVG.
8. Im Klageverfahren entstehen Gebühren nach Teil 3 VV RVG RVG.

55 **Literaturhinweise** **Burhoff**, Anwaltliche Vergütung für die Tätigkeit im strafrechtlichen Entschädigungsverfahren, RVGreport 2007, 273; **Meyer**, Rechtfertigt die Mehrtätigkeit des Verteidigers im Grundverfahren des StrEG eine Gebührenerhöhung nach §§ 88, 89 BRAGO?, JurBüro 1992, 4; **Volpert**, Die richtige Abrechnung der Tätigkeit im Verfahren nach dem Strafrechtsentschädigungsgesetz, BRAGOprofessionell 2003, 91; s.a. die Hinw. bei → *Allgemeine Gebührenfragen, Allgemeines*, Teil J Rdn 2, und den weiterführenden Stichwörtern.

56 **1.a)** Gegenstand der Entschädigung nach dem StrEG ist u.a. der durch eine Strafverfolgungsmaßnahme verursachte Vermögensschaden, § 7 Abs. 1 StrEG. Das StrEG sieht die Gewährung einer Entschädigung aus der Staatskasse für Schäden vor,

- die durch eine rechtskräftige **strafgerichtliche Verurteilung** (§ 1 StrEG) oder
- durch den **Vollzug einer vorläufigen Strafverfolgungsmaßnahme** (z.B. U-Haft, Unterbringung, vorläufige Festnahme nach § 127a StPO, vorläufige Entziehung der Fahrerlaubnis, vgl. Aufzählung in § 2 StrEG) vor dem rechtskräftigen Abschluss des Verfahrens (§§ 2 bis 4 StrEG) entstanden sind (*Meyer*, StrEG, § 2 Rn 1; wegen der materiellen Einzelh. → *StrEG-Entschädigung, Allgemeines*, Teil I Rdn 307 m.w.N.).

57 **b)** Das **Strafrechtsentschädigungsverfahren** besteht zum einen aus dem **Grundverfahren** (§§ 1 bis 9 StrEG) und zum anderen aus dem **Betragsverfahren** (§§ 10 ff. StrEG). Während das Grundverfahren zur Feststellung der grundsätzlichen Entschädigungspflicht der Staatskasse dient (§§ 8 und 9 StrEG), wird im Betragsverfahren die Höhe der dem Beschuldigten zu gewährenden Entschädigung festgesetzt (→ *StrEG-Entschädigung, Grundentscheidung, Allgemeines*, Teil I Rdn 535 m.w.N.).

58 Es gelten **unterschiedliche Zuständigkeiten** und damit **unterschiedliche Vergütungsbestimmungen:**

- Die Feststellung der Entschädigungspflicht der Staatskasse im **Grundverfahren** erfolgt nach § 8 Abs. 1 StrEG durch das **Strafgericht** zusammen mit der Kosten- und Auslagenentscheidung für das Hauptsacheverfahren in der das Strafverfahren abschließenden Entscheidung. Das Grundverfahren ist somit Teil des Hauptsacheverfahrens (vgl. hierzu im Einzelnen *Meyer*, StrEG, A 11 zu § 8 ZSEG).

- Gegen die Entscheidung über die Entschädigungspflicht ist gem. § 8 Abs. 3 StrEG die **sofortige Beschwerde** gegeben.
- Über die **Höhe** der dem Beschuldigten zu gewährenden Entschädigung entscheidet im selbstständigen Betragsverfahren **(Höheverfahren)** gem. § 10 Abs. 2 StrEG die **Landesjustizverwaltung**.
- Ist der Beschuldigte mit der Entscheidung der Landesjustizverwaltung nicht einverstanden, ist gem. § 13 Abs. 1 StrEG der **ordentliche Rechtsweg** zu den Zivilgerichten (LG) gegeben (**Klageverfahren;** → *StrEG-Entschädigung, Entschädigungsklage*, Teil I Rdn 500).

2.a) Das Schrifttum wendet auf die Tätigkeit des Verteidigers im **Grundverfahren** nach dem Gesetz über die Entschädigung von Strafverfolgungsmaßnahmen (§§ 1–9 StrEG) überwiegend die **Nrn. 4143, 4144 VV RVG** entsprechend an (vgl. hierzu Burhoff/Volpert/*Burhoff*, RVG, Nr. 4143 VV Rn 10; AnwKomm-RVG/*N. Schneider*, VV RVG 4143 – 4144 Rn 8; Gerold/Schmidt/*Burhoff*, RVG, VV 4143, 4144 Rn 9; Hartung/Römermann/*Schons*, RVG, VV 4143, 4144 Rn 8; a.A. Ahlmann u.a./*Kapischke*, VV RVG 4143 Rn 10). 59

b) Gegen die **Anwendung** von **Nr. 4143 VV RVG** spricht aber, dass eine Kostenvorschrift analog angewendet wird, obwohl keine planwidrige Regelungslücke besteht. Deshalb ist es zutreffend davon auszugehen, dass die Tätigkeit des Verteidigers im **Grundverfahren** nach dem StrEG wegen Vorbem. 4.1 Abs. 2 S. 1 VV RVG RVG mit den Verteidigergebühren nach Nrn. 4100 ff. VV RVG **abgegolten** ist (OLG Brandenburg, Urt. v. 29.1.2020 – 4 U 172/19; OLG Düsseldorf, Beschl. v. 28.10.2010 – III-5 Ws 17/10, AGS 2011, 70; OLG Frankfurt, Beschl. v. 26.4.2007 – 2 Ws 36/07, NStZ-RR 2007, 223 m. Anm. *Burhoff* RVGreport 2007, 390; OLG Köln NStZ-RR 2010, 64; AGS 2009, 483; Burhoff/Volpert/*Volpert*, RVG, Vorbem. 4.3 Rn 24). Das gilt im Übrigen auch für die Tätigkeit des Verteidigers im **Beschwerdeverfahren** gem. **§ 8 Abs. 3 StrEG** gegen die Grundentscheidung (OLG Düsseldorf, Beschl. v. 28.10.2010 – III-5 Ws 17/10, AGS 2011, 70; AG Koblenz AGkompakt 2011, 8; Burhoff/Volpert/*Volpert*, RVG, Vorbem. 4.3 Rn 24). Das Grundverfahren stellt für den Verteidiger lediglich einen **unselbstständigen Annex** zum Strafverfahren dar. 60

☝ Die im Grundverfahren erbrachte (Mehr-)Tätigkeit kann allenfalls im Rahmen der Gebührenbemessung der Verteidigergebühren gem. **§ 14 Abs. 1 RVG** Berücksichtigung finden (OLG Brandenburg, Urt. v. 29.1.2020 – 4 U 172/19; OLG Frankfurt, Beschl. v. 26.4.2007 – 2 Ws 36/07, NStZ-RR 2007, 223).

3. Legt dagegen der **Verteidiger** gegen die Entscheidung des Strafgerichts gem. § 8 Abs. 3 StrEG **sofortige Beschwerde** ein, entsteht für die Tätigkeit im Beschwerdeverfahren wegen Vorbem. 4.1 Abs. 2 S. 1 VV RVG für ihn **keine besondere Gebühr** (OLG Düsseldorf, Beschl. v. 28.10.2010 – III-5 Ws 17/10, AGS 2011, 70; LG Düsseldorf, Beschl. v. 31.8.2015 – 14 Qs 34/15; AG Koblenz AGkompakt 2011, 8; Burhoff/Volpert/*Volpert*, RVG, Vorbem. 4.3 Rn 24). Die Tätigkeit des Verteidigers im Beschwerdeverfahren nach § 8 Abs. 3 StrEG wird mit den Gebühren für das Strafverfahren abgegolten (vgl. a. § 19 Abs. 1 S. 2 Nr. 10a RVG; → *Beschwerde, Gebühren*, Teil J Rdn 41). 61

☝ Die im Rahmen des Beschwerdeverfahrens gegen die Grundentscheidung vom Verteidiger entfaltete anwaltliche Tätigkeit kann jedoch bei der Bemessung der Gebühr(en) für das Strafverfahren nach **§ 14 RVG** berücksichtigt werden (s.a. Burhoff/Volpert/*Volpert*, RVG, Teil A Rn 579; → *Beschwerde, Gebühren*, Teil J Rdn 41 ff.).

4.a)aa) Macht der Rechtsanwalt für den Mandanten die im Grundverfahren zugesprochene **Entschädigung** gem. § 10 StrEG bei der Landesjustizverwaltung geltend (**Betragsverfahren**), entsteht die **Ge-** 62

schäftsgebühr Nr. 2300 VV RVG, im gerichtlichen Verfahren gilt **Teil 3 VV RVG** (so auch AnwKomm-RVG/*N. Schneider*, VV 4143 – 4144 Rn 8; Gerold/Schmidt/*Burhoff*, RVG, VV 4143, 4144 Rn 9; Burhoff/Volpert/*Volpert*, RVG, Nr. 4302 VV Rn 41; → *Verwaltungsverfahren, Abrechnung*, Teil J Rdn 467). Die im Grundverfahren und im Betragsverfahren entstandenen Gebühren darf der Rechtsanwalt **anrechnungsfrei** behalten.

☝ Die Vergütung des nur mit einer **Einzeltätigkeit** beauftragten Rechtsanwalts im **Höheverfahren** nach dem StrEG richtet sich nach Nr. 4302 VV RVG (ausf. Burhoff/Volpert/*Volpert*, RVG, Nr. 4302 VV Rn 34 ff.; → *Einzeltätigkeiten, Allgemeines*, Teil J Rdn 45 ff.; → *Strafvollstreckung, Einzeltätigkeiten*, Teil J Rdn 290 ff.).

63 **bb)** Hält man für das **Grundverfahren Nr. 4143 VV RVG** für anwendbar (Teil I Rdn 63), **beschränkt** sich diese Anwendung aber auf die **Vergütung** für das **Grundverfahren** nach dem StrEG (§§ 1 – 9 StrEG). Während das Grundverfahren zur Feststellung der grds. Entschädigungspflicht der Staatskasse dient (§§ 8 und 9 StrEG), wird im **Betragsverfahren** (§§ 10 ff. StrEG) die Höhe der dem Beschuldigten zu gewährenden Entschädigung festgesetzt. Die Tätigkeit im **Betragsverfahren** ist also nicht mit den Verteidigergebühren abgegolten (vgl. a. OLG Brandenburg, Urt. v. 29.1.2020 – 4 U 172/19).

64 **b)** Als **Gegenstandswert** ist der **Geschäftsgebühr Nr. 2300 VV RVG** nicht nur der von der Landesjustizverwaltung tatsächlich zuerkannte Entschädigungsbetrag zugrunde zu legen (so aber noch OLG München OLGR München 2005, 823; LG Flensburg JurBüro 1997, 501; *Meyer* JurBüro 1981, 801, 808), sondern die Höhe des von Gesetzes wegen zu erstattenden Entschädigungsbetrages (BGH NJW 2009, 2682). Danach ist dem Erstattungsanspruch des Geschädigten hinsichtlich der ihm entstandenen vorgerichtlichen Anwaltskosten im Verhältnis zum Schädiger grds. der Gegenstandswert zugrunde zu legen, der der berechtigten Schadensersatzforderung entspricht (vgl. hierzu BGH, Urt. v. 27.11.2024 – VIII ZR 278/23; Urt. v. 27.5.2020 – VIII ZR 45/19, MDR 2020, 845; NJW 2009, 2682; NJW 2008, 1888).

65 **5.** Ist der Beschuldigte mit der Entscheidung der Landesjustizverwaltung über die **Höhe** seiner **Entschädigung nicht einverstanden**, steht ihm gegen die Entscheidung gem. § 13 Abs. 1 S. 1 StrEG der **ordentliche Rechtsweg** zu (**Klageverfahren**). Zuständig für die Entscheidung über die Klage ist das LG ohne Rücksicht auf den Wert des Streitgegenstands, § 13 Abs. 1 S. 2 StrEG. Dem Rechtsanwalt stehen für dieses Klageverfahren die **Gebühren** des **Teil 3 VV RVG** zu (1,3 Verfahrensgebühr Nr. 3100 VV RVG, 1,2 Terminsgebühr Nr. 3104 VV RVG; → *Zivilverfahren, Abrechnung*, Teil J Rdn 510 ff.). Der **Streitwert** bestimmt sich nach dem mit der Klage verlangten Betrag. Die im Verfahren vor der Landesjustizverwaltung nach Nr. 2300 VV RVG entstandene Geschäftsgebühr ist unter Beachtung der Voraussetzungen von Vorbem. 3 Abs. 4 VV RVG auf die im Klageverfahren entstandene Verfahrensgebühr Nr. 3100 VV RVG **anzurechnen** (Burhoff/Volpert/*Volpert*, RVG, Nr. 4302 VV Rn 42).

66 **6.** Bei **Einzeltätigkeiten** gilt Folgendes:

a) Wird der Rechtsanwalt nur zur Abwehr einer vorläufigen Strafverfolgungsmaßnahme beauftragt **oder** wird dem Rechtsanwalt nur die **Vertretung** im **Grundverfahren** als Einzeltätigkeit übertragen, entsteht für seine Tätigkeit eine Gebühr nach Nr. 4302 Ziff. 3 VV RVG (AnwKomm-RVG/*N. Schneider*, VV 4302 Rn 13; wohl auch Gerold/Schmidt/*Burhoff*, VV Vorb. 4.3 Rn 6). Das setzt aber voraus, dass keine Tätigkeit als Verteidiger im vorhergehenden Strafverfahren erfolgt ist. Die Einzeltätigkeit im Grundverfahren ist dann mit den zuvor verdienten Verteidigergebühren nach Nr. 4100 ff. VV RVG abgegolten (OLG Brandenburg, Urt. v. 29.1.2020 – 4 U 172/19; OLG Düsseldorf, Beschl. v. 28.10.2010 – III-5 Ws 17/10, AGS 2011, 70; OLG Frankfurt, Beschl. v. 26.4.2007 – 2 Ws 36/07, NStZ-RR 2007, 223 = AGS 2007, 619).

67 **b)** Erhält der Rechtsanwalt besondere Aufträge zur Abwehr der Strafverfolgungsmaßnahme **und** zur **Vertretung** im **Grundverfahren**, dürfte er nach der Vorbem. 4.3 Abs. 3 S. 1 VV Anspruch auf zwei Gebühren nach Nr. 4302 Ziff. 3 VV haben, weil er zwei verschiedene Einzeltätigkeiten für den Beschuldigten

wahrgenommen hat (Burhoff/Volpert/*Volpert*, RVG, Vorbem. 4.3 VV Rn 50 f.). Vorbem. 4.3 Abs. 2 S. 2 VV RVG i.V.m. § 15 Abs. 6 RVG ist zu beachten (Burhoff/Volpert/*Volpert*, RVG, Vorbem. 4.3 VV Rn 72 ff.).

☝ Der **erhöhte Umfang** der Tätigkeit im Rahmen der Abwehr der Strafverfolgungsmaßnahme und der Tätigkeit im Grundverfahren kann gem. § 14 RVG bei der Bemessung der Gebühr nach Nr. 4302 Ziff. 3 VV RVG berücksichtigt werden.

c) Der für das Grundverfahren beauftragte Rechtsanwalt erhält neben der Gebühr nach Nr. 4302 Ziff. 3 VV RVG für das Grundverfahren für die Einlegung der Beschwerde gem. § 8 Abs. 3 StrEG gegen die Grundentscheidung eine weitere Gebühr nach Nr. 4302 Ziff. 1 VV RVG. Denn nach Abs. 3 S. 3 der Vorbem. 4.3 VV RVG gilt das **Beschwerdeverfahren** hinsichtlich einer einzelnen Tätigkeit als **besondere Angelegenheit**. 68

☝ Legt dagegen der **Verteidiger** gegen die Entscheidung des Strafgerichts gem. § 8 Abs. 3 StrEG sofortige Beschwerde ein, entsteht für die Tätigkeit im Beschwerdeverfahren wegen Vorbem. 4.1 Abs. 2 S. 1 VV RVG für ihn keine besondere Gebühr (Teil I Rdn 65).

Siehe auch: → *Beschwerde, Gebühren*, Teil J Rdn 41 ff.; → *Einzeltätigkeiten, Allgemein*, Teil J Rdn 45 ff.; → *Strafvollstreckung, Einzeltätigkeiten*, Teil J Rdn 344 ff.; → *Verwaltungsverfahren, Abrechnung*, Teil J Rdn 467 ff.; → *Zivilverfahren, Abrechnung*, Teil J Rdn 510 ff.

Fahrerlaubnisfragen, Abrechnung 69

Literaturhinweise: **Breyer**, Die Vergütung des Verteidigers bei Entziehung der Fahrerlaubnis oder Fahrverbot, RVG-B 2005, 72; **Krause**, Zusätzliche Gebühr nach Nr. 4142 VV RVG, auch bei Entziehung einer Fahrerlaubnis, JurBüro 2006, 118; **Pießkalla**, Die Streitwertbemessung bei MPU-Anordnungen, VRR 2013, 90; **N. Schneider**, Kostenrechtliche Besonderheiten bei Verteidigung gegen den Vorwurf der Verkehrsunfallflucht, DAR 2014, 764. 70

1.a) Eine **Geschäftsgebühr Nr. 2300 VV RVG** kann entstehen für die auftragsgemäße Tätigkeit gegenüber der **Straßenverkehrsbehörde** betr. **Fahrerlaubnisfragen** (z.B. Wiedererlangung der Fahrerlaubnis, Vertretung des Mandanten im Rahmen der Anordnung einer medizinisch-psychologischen Begutachtung zur Fahreignung [MPU], *Pießkalla* VRR 2013, 90; → *Verwaltungsverfahren, Abrechnung*, Teil J Rdn 467). Die **Regelgebühr/Kappungsgrenze** richtet sich ausschließlich nach Anm. Abs. 1 zu Nr. 2300 VV RVG. Anm. Abs. 2 zu Nr. 2300 VV RVG (Inkassodienstleistung, die eine unbestrittene Forderung betrifft) ist nicht einschlägig (zum Begriff Inkassodienstleitung § 2 Abs. 2 RDG). 71

b) Der Geschäftswert ist insoweit nach **§ 23 Abs. 1 S. 3 RVG** zu bestimmen (→ *Verwaltungsverfahren, Abrechnung*, Teil J Rdn 467). Bei der **außergerichtlichen Vertretung** des Mandanten im Rahmen von Fragen **der Fahrerlaubnis** (z.B. bei der Vertretung des Mandanten im Rahmen der Anordnung einer medizinisch-psychologischen Begutachtung zur Fahreignung [MPU], *Pießkalla* VRR 2013, 90) kann wegen §§ 23 Abs. 1 S. 3 RVG, 52 GKG auf den **Streitwertkatalog 2025** i.d.F. der am 21.2.2025 beschlossenen Änderungen für die Verwaltungsgerichtsbarkeit zurückgegriffen werden (https://www.bverwg.de/rechtsprechung/streitwertkatalog und https://www.bverwg.de/user/data/media/streitwertkatalog.pdf). Der Streitwertkatalog enthält allerdings lediglich Empfehlungen und bindet die Gerichte bei der Streitwertfestsetzung nicht (z.B. BVerfG NVwZ-RR 1994, 107; BayVGH, Beschl. v. 11.7.2003 – 25 C 03.1464, NVwZ-RR 2004, 158; OVG Münster, Beschl. v. 14.1.2025 – 16 E 714/24 m.w.N.; OVG Lüneburg, Beschl. v. 15.10.2019 – 12 ME 162/19). Der Streitwertkatalog enthält lediglich in Gestalt von Richtwerten Empfehlungen für die verwaltungsgerichtliche Praxis, die den dort für die unterschiedlichen öffentlich-rechtlichen Rechtsgebiete versammelten „Richtwerten“ aus Gründen der Praktikabilität einerseits, der 72

Rechtssicherheit sowohl der Rechtssuchenden als auch der Gerichte andererseits regelmäßig folgt (NK-GK/*Hofmann-Hoeppel/Luber/Schäfer*, GKG, § 52 Rn 16).

73 **c)** Der im Streitwertkatalog erwähnte **Auffangwert** beträgt gem. **§ 52 Abs. 2 GKG 5.000,00 EUR** (vgl. a. § 23 Abs. 1 S. 3 RVG, *Pießkalla* VRR 2013, 90). Insoweit werden im Bereich des Verkehrsrechts (Nr. 46 des Katalogs) folgende Werte empfohlen:

- Ziffer 46.1, Fahrerlaubnis Klasse A: Auffangwert
- Ziffer 46.2, Fahrerlaubnis Klasse A M, A 1, A 2: halber Auffangwert
- Ziffer 46.3, Fahrerlaubnis Klasse B, BE: Auffangwert
- Ziffer 46.4, Fahrerlaubnis Klasse C, CE: eineinhalbfacher Auffangwert
- Ziffer 46.5, Fahrerlaubnis Klasse C 1, C1E: Auffangwert
- Ziffer 46.6, Fahrerlaubnis Klasse D, DE: eineinhalbfacher Auffangwert
- Ziffer 46.7, Fahrerlaubnis Klasse D 1, D1E: Auffangwert
- Ziffer 46.8, Fahrerlaubnis Klasse L: halber Auffangwert
- Ziffer 46.9, Fahrerlaubnis Klasse T: halber Auffangwert
- Ziffer 46.10, Fahrerlaubnis zur Fahrgastbeförderung: doppelter Auffangwert
- Ziffer 46.11, Fahrtenbuchauflage: 500,00 EUR je Monat
- Ziffer 46.12, Teilnahme an Aufbauseminar: halber Auffangwert
- Ziffer 46.13, Verlängerung der Probezeit: halber Auffangwert
- Ziffer 46.14, Verbot des Fahrens erlaubnisfreier Fahrzeuge: Auffangwert
- Ziffer 46.15, Verkehrsregelnde Anordnung: Auffangwert
- Ziffer 46.16, Sicherstellung, Stilllegung eines Kraftfahrzeugs: halber Auffangwert

☝ Die sich aus den Ziffern 46.1 bis 46.9 ergebenden Werte sind gem. § 39 Abs. 1 GKG für den Streitwert **zusammenzurechnen**, wenn den Fahrerlaubnisklassen eine eigenständige wertmäßige Bedeutung zukommt. Fahrerlaubnisklassen, die gemäß § 6 Abs. 3 FeV von den heranzuziehenden Fahrerlaubnisklassen eingeschlossen oder ihnen gleichwertig sind, können nicht berücksichtigt werden (OVG Bautzen, Beschl. v. 27.5.2025 – 6 E 35/25, wonach die Fahrerlaubnisklassen B/BE und C1/C1E jeweils gesondert mit dem Auffangwert von 5.000 EUR zu berücksichtigen sind, da sie sich ergänzen und nicht die Fahrerlaubnisklassen C1/C1E die Fahrerlaubnisklasse B einschließt).

74 Das **OVG Münster** sowie das **OVG Hamburg** setzen den Streitwert in Hauptsacheverfahren wegen der Entziehung oder Erteilung einer Fahrerlaubnis – unter (teilweiser) Abweichung von dem lediglich Empfehlungen enthaltenden Streitwertkatalog für die Verwaltungsgerichtsbarkeit sowie der Rspr. anderer Obergerichte – regelmäßig auf den Auffangbetrag in Höhe von 5.000 EUR fest und zwar unabhängig von der jeweils im Streit stehenden Fahrerlaubnisklasse und auch unabhängig vom Vorhandensein einer Mehrzahl von Fahrerlaubnisklassen. Denn erfahrungsgemäß treten die jeweils betroffenen Fahrerlaubnisklassen gegenüber dem Interesse an der Erhaltung oder Wiederherstellung der individuellen Möglichkeit, am motorisierten Straßenverkehr teilnehmen zu können, in den Hintergrund (OVG Hamburg, Beschl. v. 29.11.2023 – 4 Bs 39/23; OVG Münster, Beschl. v. 14.1.2025 – 16 E 714/24 m.w.N.).

☝ Wenn der **Streit** nicht grds. die Fahreignung oder Fahrbefähigung des Rechtsschutzsuchenden betrifft, sondern z.B. **nur** über die **näheren Modalitäten** des **Fahrerlaubniserwerbs** – mit oder ohne Prüfung – zu entscheiden ist, wird teilweise eine – mit einer geminderten Bedeutung des Streitstandes korrespondierende – Halbierung des Auffangwerts vorgenommen (so OVG Münster, Beschl. v. 20.3.2025 – 16 E 782/23).

75 **2.** Der Streitwertkatalog für die Verwaltungsgerichtsbarkeit dürfte jedenfalls dann uneingeschränkt anwendbar sein, wenn ein Anspruch auf Erteilung, Wiedererteilung, Umschreibung oder die Entziehung der **Fahrerlaubnis** im Streit steht (*Pießkalla* VRR 2013, 90). Für den **einstweiligen bzw. vorläufigen**

Rechtsschutz bestehen **Sonderregelungen**, die zu einer erheblichen Reduzierung des Gegenstandswerts führen können (*Pießkalla* VRR 2013, 90). Nach Ziffer 1.5 des Streitwertkatalogs beträgt der Streitwert in Verfahren des vorläufigen Rechtsschutzes in der Regel die Hälfte, in den Fällen des § 80 Abs. 2 S. 1 Nr. 1 VwGO und bei sonstigen auf bezifferte Geldleistungen gerichteten Verwaltungsakten ein Viertel des für das Hauptsacheverfahren anzunehmenden Streitwerts. In Verfahren des vorläufigen Rechtsschutzes, die die Entscheidung in der Sache ganz oder zum Teil vorwegnehmen, kann der Streitwert bis zur Höhe des für das Hauptsacheverfahren anzunehmenden Streitwerts angehoben werden.

Wird die **Hauptsache vorweggenommen**, z.B. wenn die vorläufige Neuerteilung einer Fahrerlaubnis begehrt wird, kommt ggf. keine Reduzierung nach Ziffer 1.5 des Streitwertkatalogs in Betracht (OVG Bautzen, Beschl. v. 27.5.2025 – 6 E 35/25; OVG Münster, Beschl. v. 20.3.2025 – 16 E 782/23). 76

☝ Anpassungen des Gegenstandswerts nach oben können nach allerdings umstrittener Auffassung bei **beruflicher Nutzung** der **Fahrerlaubnis** erforderlich sein (OVG Lüneburg, Beschl. v. 15.10.2019 – 12 ME 162/19; OVG Münster, Beschl. v. 23.10.2014 – 16 E 1052/14, NVwZ-RR 2015, 319; *Pießkalla* VRR 2013, 90; a.A. BayVGH, Beschl. v. 13.11.2008 – 11 C 08.2912; VGH Mannheim, Beschl. v. 6.4.2017 – 10 S 342/17).

3. Auf den Streitwertkatalog für die Verwaltungsgerichtsbarkeit wird in der Praxis auch dann zurückgegriffen, wenn der Mandant zwar noch **keinen Entziehungs-** oder **Versagungsbescheid** erhalten hat, aber von der Behörde nach § 46 Abs. 3 FeV i.V.m. §§ 11 – 13 FeV aufgefordert worden ist, wegen vermeintlich bestehender Zweifel an der Fahreignung innerhalb gesetzter Frist ein **medizinisch-psychologisches Gutachten** beizubringen und zugleich – wie es regelmäßig der Fall ist – für den Fall der Nichtvorlage die Entziehung aller bestehenden Fahrerlaubnisklassen angedroht wird (§§ 46 Abs. 4, 11 Abs. 8 FeV (so *Pießkalla* VRR 2013, 90). 77

☝ Auch die anwaltliche Tätigkeit im Rahmen der Prüfung und versuchten Abwehr der MPU-Anordnung (Ziel: Rücknahme oder Modifikation durch die Fahrerlaubnisbehörde) richtet sich gebührenrechtlich nach § 23 RVG in Verbindung mit dem gültigen Streitwertkatalog für die Verwaltungsgerichtsbarkeit (*Pießkalla* VRR 2013, 90).

4. Fahrerlaubnisfragen können vergütungsrechtlich auch in folgenden Fällen eine Rolle spielen: 78

- Bei der **Beschwerde** gegen die **Entziehung** der **Fahrerlaubnis** gem. § 111a StPO:
  Die anwaltliche Tätigkeit in diesem Beschwerdeverfahren wird wegen § 19 Abs. 1 S. 2 Nr. 10a RVG, Vorbem. 4.1 Abs. 2 S. 1 VV RVG durch die in Teil 4 Abschnitt 1 VV RVG geregelten Gebühren abgegolten. Ist die Beschwerde erfolgreich und werden die notwendigen Auslagen des Beschwerdeverfahrens der Staatskasse auferlegt, erfolgt die Ermittlung eines etwaigen Erstattungsbetrages im Kostenfestsetzungsverfahren gem. § 464b StPO (→ *Kostenfestsetzungsverfahren gem. § 464b StPO, Verfahren*, Teil J Rdn 283 ff.) nach der Differenztheorie (→ *Kostenfestsetzung gem. § 464b StPO, Besonderheiten beim Teilfreispruch*, Teil D Rdn 227 ff.; ausf. Burhoff/Volpert/*Volpert*, RVG, Beschwerdeverfahren, Abrechnung, Rn 576 ff. m.w.N.; vgl. a. Burhoff/*Burhoff*, RM, Teil D Rn 134).
- Bei der **zusätzlichen Verfahrensgebühr** nach **Nr. 4142 VV RVG**:
  Die Entziehung der Fahrerlaubnis (Maßregel gem. § 61 Nr. 5 StGB) ist keine Einziehung i.S.v. Nr. 4142 VV RVG und auch keine verwandte Maßnahme. Tätigkeiten in Bezug auf die Entziehung der Fahrerlaubnis können daher nur bei der Gebührenbemessung gem. § 14 Abs. 1 RVG oder bei besonders umfangreichen Tätigkeiten ggf. durch eine Pauschgebühr gem. §§ 42, 51 RVG berücksichtigt werden (OLG Koblenz, Beschl. v. 13.2.2006 – 2 Ws 98/06, AGS 2006, 236 m. Anm. *Volpert* = RVGreport 2006, 191; ausf. Burhoff/Volpert/*Burhoff*, RVG, Nr. 4142 VV Rn 9 m.w.N.; a.A., Entstehung der zusätzlichen Gebühr nach Nr. 4142 VV RVG, *Krause* JurBüro 2006, 118 und *Toussaint*, KostG, Nr. 4142 VV RVG Rn 5). Die zusätzliche Verfahrensgebühr entsteht damit zwar nicht durch

die auf die Entziehung der Fahrerlaubnis, ggf. aber durch die auf die **Einziehung** des **Führerscheins (Papier, Führerscheinformular)** gerichtete Verteidigertätigkeit (AG Freiburg (Breisgau), Urt. v. 6.11.2020 – 4 C 1193/20; a.A. OLG Koblenz, Beschl. v. 13.2.2006 – 2 Ws 98/06, AGS 2006, 236; LG Amberg, Beschl. v. 18.5.2022 – 11 Qs 9/22, AGS 2022, 314; AG Frankfurt, Beschl. v. 3.3.2023 – 993 Cs 443 Js 2095/20 (41/23), AGS 2023, 171). Dies setzt aber nach Abs. 2 der Anm. zu Nr. 4142 VV RVG voraus, dass der Gegenstandswert mindestens 30,00 EUR beträgt. Das Führerscheinformular, in dem sich die Erlaubnis zum Führen von Kraftfahrzeugen verkörpert, hat einen Vermögenswert. Der ist danach zu bemessen, welche finanziellen Mittel der Betroffene aufwenden muss, um von der Verwaltungsbehörde ein neues Fahrerlaubnisformular zu erlangen. Das ist nicht der Preis, der ggf. für Fahrstunden und Fahrerlaubnisprüfung zu zahlen ist, sondern der, der als Verwaltungsgebühr bei der Behörde anfällt (Burhoff/Volpert/*Burhoff*, RVG, Nr. 4142 VV Rn 9; *Burhoff*, Anm. zu OLG Koblenz, Beschl. v. 13.2.2006 – 2 Ws 98/06, RVGreport 2006, 191; *Volpert* VRR 2006, 238 Anm. zu OLG Koblenz, Beschl. v. 13.2.2006 – 2 Ws 98/06, AGS 2006, 236; vgl. aber a. Gerold/Schmidt/*Burhoff*, RVG, Anhang VII Rn 20, Auffangwert gem. § 52 Abs. 2 GKG 5.000,00 EUR).

- In der **Strafvollstreckung**:
  Verfahren über die **vorzeitige Aufhebung** der **Sperre** für die Erteilung einer neuen Fahrerlaubnis (Verkürzung der Sperrfrist, § 69a Abs. 7 StGB) lösen die Verfahrensgebühr Nr. 4204 VV RVG und ggf. die Terminsgebühr Nr. 4206 VV RVG aus (Burhoff/Volpert/*Volpert*, RVG, Nr. 4204 VV Rn 3; → *Strafvollstreckung, Verfahrensgebühr*, Teil J Rdn 371 ff.

Siehe auch: → *Entschädigungsverfahren, Abrechnung*, Teil J Rdn 55 ff.; → *Kostenfestsetzung gem. § 464b StPO, Besonderheiten beim Teilfreispruch*, Teil D Rdn 227 ff.; → *Kostenfestsetzungsverfahren gem. § 464b StPO, Verfahren*, Teil J Rdn 283 ff.;→ *Strafvollstreckung, Verfahrensgebühr*, Teil J Rdn 371 ff.; → *Vergütung im Strafvollzug*, Teil J Rdn 400 ff.; → *Vergütung in Verfahren nach §§ 23 ff. EGGVG*, Teil J Rdn 419 ff.; → *Zivilverfahren, Abrechnung*, Teil J Rdn 510 ff.

79 Gerichts- und Verfahrenskosten, Aktenversendungspauschale

Das Wichtigste in Kürze:

1. Die Aktenversendungspauschale entsteht nur bei einer Aktenversendung auf Antrag.
2. Die Aktenversendungspauschale entsteht je Sendung, bei der Versendung mehrerer Akten an den Rechtsanwalt in einer Sendung daher insgesamt nur einmal.
3. Eine Versendung liegt vor, wenn die Akten tatsächlich von der Akten führenden Stelle an einen anderen Ort geschickt bzw. versandt werden müssen.
4. Voraussetzung für die Erhebung der Aktenversendungspauschale ist, dass der Justiz bare Auslagen (reine Versandkosten und dadurch bedingte Transportkosten) anlässlich der Aktenversendung entstanden sind.
5. Die Aktenversendungspauschale entsteht, wenn auf den konkreten Versendungsvorgang im Einzelfall bezogene und gesondert bezifferbare Geldleistungen für Transport und Verpackung angefallen sind, für die die Justiz in Vorleistung getreten ist.
6. Kostenschuldner der Aktenversendungspauschale ist gem. § 28 Abs. 2 GKG nur der Rechtsanwalt, weil nur er Akteneinsicht nehmen kann.

80 **Literaturhinweise: Bach**, Auslagen: Akteneinsicht des Verteidigers: Papierakten oder elektronisch gespeicherte Daten, PStR 2021, 257; **Burhoff**, Zum Abgeltungsbereich der Aktenversendungspauschale der Nr. 9003 GKG KostVerz, RVGreport 2006, 41; *ders.*, Auslagen: Rechtsprechungsübersicht 2022 zur Aktenversendungspauschale, RVG prof. 2022, 100; **Euba**, Die neue Aktenversendungspauschale im Meinungsstreit, ZAP, Fach 24, S. 937; *ders.*, Gesonderte Erstattungsfähigkeit der Aktenver-

sendungspauschale nach Nr. 9003 GKG-KostVerz., § 107 Abs. 5 OWiG, AGS 2012, 505; **Just**, Aktenversendungspauschale und Umsatzsteuer, NJ 2009, 282; **Onderka**, In welchen Fällen ist die Erhebung der Aktenversendungspauschale zulässig, RVG prof. 2006, 5; *dies.*, Aktenversendungspauschale: Änderungen geplant, RVG prof. 2006, 50; **Rahmlow**, Die Zahlung der Aktenversendungspauschale durch die elektronische Kostenmarke, StRR 2012, 415; **Volpert**, Die Aktenversendungspauschale in Verkehrssachen, VRR 2005, 296; *ders.*, Aktuelle Fragestellungen zur Aktenversendungspauschale, NJW 2016, 218.

1.a) Für die **antragsgemäße Aktenversendung** durch die StA oder das Gericht entsteht die in **Nr. 9003 KV GKG** geregelte Aktenversendungspauschale i.H.v. 12,00 EUR je Sendung. Eine Aktenversendung i.S.v. Nr. 9003 KV GKG liegt nur vor, wenn Akten auf Antrag versandt werden. Akten i.S.d. Auslagentatbestands sind dabei mehr als einzelne lose Dokumente oder Anlagen mit oder ohne Kopien. Akten i.S.v. Nr. 9003 KV GKG sind allerdings auch Aktenteile und Beiakten (OVG Münster NJW 2013, 2378). Eine Akte besteht deshalb aus mehreren zusammengefassten Dokumenten nebst Anlagen sowie aus Beiakten. Eine Akte kann aber durchaus auch aus einem einzigen Blatt bestehen (NK-GK/*Volpert*, Nr. 9003 KV GKG Rn 19). 81

☝ Auf die Entstehung der Aktenversendungspauschale im Falle der antragsgemäßen Aktenversendung muss nicht hingewiesen werden (AG Düsseldorf, Beschl. v. 3.9.2010 – 122 AR 51 Js 4753/09 – 396/10, n.v.).

b) Nr. 9003 KV GKG gilt nur für die Übersendung einer **aus Papier** bestehenden Akte (vgl. a. BT-Drucks 18/9416, S. 80, 99). **Elektronisch geführte Akten** können nicht i.S.v. Nr. 9003 KV GKG versandt werden, sondern werden eingesehen. Die Einsicht in die Akten ist grds. durch die Gebühren des zugrunde liegenden Verfahrens abgegolten (Vgl. BT-Drucks 18/9416, S. 80). Die Aktenversendungspauschale entsteht daher **weder** für die **Einsichtnahme** in die **Papierakte** noch für die Einsichtnahme in die **elektronische Akte**, sondern nur für die Versendung einer Papierakte (LG Düsseldorf, Beschl. v. 3.4.2018 – 1 AR 12/18; AG Frankfurt, Beschl. v. 14.8.2020 – 976 OWi 94/20). Die Gewährung der Akteneinsicht erfolgt bei der elektronischen Akte durch Bereitstellung des Inhalts der Akten zum Abruf (§ 32f Abs. 1 S. 1 StPO). 82

Für die Einsichtnahme in die elektronische Akte kann nur unter den in Anm. Abs. 4 zu Nr. 9000 KV GKG aufgeführten Voraussetzungen eine **Dokumentenpauschale** anfallen. Bei der Gewährung der Einsicht in Akten wird eine Dokumentenpauschale danach nur erhoben, wenn auf besonderen Antrag ein Ausdruck einer elektronischen Akte oder ein Datenträger mit dem Inhalt einer elektronischen Akte übermittelt wird (§ 32f Abs. 1 S. 3 StPO). Eine Dokumentenpauschale fällt für die Akteneinsichtsgewährung nur dann an, wenn auf einen entsprechenden, besonderen Antrag hin ein (Papier-)Ausdruck einer elektronischen Akte oder ein Datenträger mit dem Inhalt einer elektronischen Akte übersandt wird (§ 32f Abs. 1 S. 3 StPO). Es kommt damit für die Entstehung der Dokumentenpauschale entscheidend darauf an, dass ein Ausdruck einer elektronischen Akte oder die Übermittlung eines Datenträgers mit dem Inhalt einer elektronischen Akte explizit so beantragt worden ist (zur konkludenten Antragstellung auch OLG Koblenz, Beschl. v. 3.5.2016 – 13 UF 369/15). Eine Dokumentenpauschale soll nur in diesen beiden Fällen entstehen, da in diesen Fällen der besondere Aufwand durch einen Antrag des Einsichtnehmenden verursacht wird. Wählt im Einzelfall die Einsicht gewährende Stelle den Weg der Übermittlung eines Datenträgers mit dem Inhalt der elektronischen Akte, weil z.B. das Bereitstellen des Inhalts einer Akte zum Abruf nicht möglich ist, entsteht keine Dokumentenpauschale. Denn die Übermittlung eines Datenträgers mit dem Inhalt der elektronischen Akte ist so nicht beantragt, sondern von dem Gericht selbstständig veranlasst worden und soll deshalb auslagenfrei bleiben (BT-Drucks 18/9416, 80). 83

2. Die Pauschale entsteht **je Sendung**. Erhält der Rechtsanwalt daher **mehrere Akten in einer Sendung**, entsteht die Pauschale nach dem Wortlaut nur einmal in Höhe von 12,00 EUR, auch wenn verschiedene Verfahren betroffen sind (vgl. BayLSG AGS 2018, 402 = RVGreport 2018, 396, m. zust. Anm. *Hansens*; BSG RVGreport 2015, 356 = AGS 2015, 398; NK-GK/*Volpert*, Nr. 9003 KV GKG Rn 21). Allerdings führt das zu praktischen Problemen, weil dem für die Erhebung der Pauschale zuständigen Justizbedиens- 84 teten die Zusammenfassung der Akten in einer Sendung bekannt sein muss. Wird die Akte in mehreren Teilen versandt, liegen zwar mehrere Sendungen vor. Die Pauschale entsteht aber für diese mehreren Sendungen nur dann mehrfach, wenn die Versendung in Teillieferungen auch so beantragt worden ist, die Akten gemeinsam verpackt und mit einem einheitlichen Übersendungsschreiben an denselben Antragsteller versandt werden (BSG RVGreport 2015, 356 m. Anm. *Hansens*). Gegen die Erhebung der Aktenversendungspauschale im Strafverfahren bestehen **keine verfassungsrechtlichen Bedenken** (BVerfG NJW 1996, 2222; NStZ 1997, 42; OLG Düsseldorf NStZ-RR 2016, 64; AGS 2015, 572 = RVGreport 2016, 156; OLG Koblenz NStZ-RR 1996, 96; OVG Münster NJW 2013, 1619 [Ls.]), berührt die Berufsfreiheit des RA nicht (OLG Koblenz, MDR 1997, 202) und schränkt das Akteneinsichtsrecht selbst in seinem gesetzlich bestimmten Umfang nicht ein. Insbesondere verletzt sie weder den Anspruch auf rechtliches Gehör (Art. 103 GG) noch das Recht auf ein rechtsstaatlich faires Verfahren (Art. 2 Abs. 1, Art. 20 Abs. 3 GG). Denn die Erhebung der Pauschale kann dadurch vermieden werden, dass die Akten bei dem Gericht selbst abgeholt oder dort eingesehen werden (BVerfG, a.a.O.).

85 **3.** Für eine **Versendung** i.S.v. Nr. 9003 KV GKG gelten folgende **Grundsätze**:

86 **Von der aktenführenden Stelle verschiedener Ort (anderer Ort):**

- Die Aktenversendungspauschale soll pauschal die Aufwendungen abgelten, die dadurch entstehen, dass Akteneinsichten an einem **anderen Ort** als dem der Akten führenden Stelle gewünscht und dadurch Versendungen notwendig werden (OLG Bamberg AGS 2014, 514; AG Stuttgart StraFo 2008, 352 = AGS 2008, 497). Eine **Versendung** liegt deshalb vor, wenn die Akten tatsächlich von der Akten führenden Stelle an einen **anderen Ort** geschickt bzw. versandt werden müssen (KG, Beschl. v. 30.4.2024 – 5 AR 8/24, AGS 2024, 273; OLG Bamberg RVGreport 2015, 159 = AGS 2014, 514; NK-GK/*Volpert*, Nr. 9003 KV GKG Rn 9; *Notthoff* AnwBl. 1995, 540; *Brüssow* StraFo 1996, 30 f.; *Volpert* VRR 2005, 296).
- Die Akten müssen das Gebäude der aktenführenden Stelle (z.B. Gerichtsgebäude) **verlassen** und an einen außerhalb des (Gerichts-) Gebäudes liegenden Ort zum Adressaten gebracht werden (OLG Koblenz AGS 2013, 83 m. Anm. *Burhoff* RVGreport 2013, 327; OVG Koblenz NJW 2013, 2137). Auf die Entfernung kommt es dabei ebenso wenig an wie auf die Frage, ob die Akten innerhalb des Ortes oder Gerichtsbezirks versandt werden (noch zu Nr. 9003 KV GKG a.F. OLG Düsseldorf StRR 2010, 277 für 200 Meter Luftlinie zwischen Gericht und StA; LG Frankenthal MDR 1996, 104; NK-GK/*Volpert*, Nr. 9003 KV GKG Rn 9).
- Die Aktenversendungspauschale entsteht **auch**, wenn der eine Aktenversendung Beantragende den **Aktenversendungsantrag zurücknimmt, nachdem** die Akte bereits durch die Geschäftsstelle zur Übersendung in den Geschäftsgang gegeben worden ist. Es besteht generell keine Verpflichtung der aktenversendenden Stelle, nachzuforschen, wo sich die Akte gerade befindet, und zu versuchen, die sich bereits auf den Weg gebrachte Akte anzuhalten oder gar wieder zurückzuholen (KG, Beschl. v. 30.4.2024 – 5 AR 8/24, AGS 2024, 273).

87 **Abholung aus Gerichtsfach der aktenführenden Stelle:**

- Es liegt **keine Versendung** vor, wenn die Akten von dem Akten führenden Gericht/Prozessgericht in das bei diesem Gericht vorhandene bzw. geführte **Gerichtsfach** des Rechtsanwalts eingelegt und die Akten dort vom Rechtsanwalt oder seinem Personal **abgeholt** werden (OLG Bamberg AGS 2014, 514; 2015, 278 m. Anm. *Burhoff* RVGreport 2015, 235; OLG Naumburg, Beschl. v. 26.1.2012 – 1 Ws 568/11 = NStZ-RR 2012, 192 [Ls.]; OLG Saarbrücken, Beschl. v. 14.10.2015 – 1 Ws 164/15; OVG Koblenz NJW 2013, 2137; LAG Schleswig NJW 2007, 2510; LG Chemnitz StraFo 2010, 261; LG Detmold NJW 1995, 2801; LG Münster AnwBl. 1995, 378; NK-GK/*Volpert*, Nr. 9003 KV GKG Rn 10; *Burhoff*, EV, 333; *Meyer*, GKG, KV 9003 Rn 44; inzidenter auch BVerfG NJW 1996, 2222; NStZ 1997, 42; OLG Koblenz NStZ-RR 1996, 96; OVG Münster NJW 2013, 1619 [Ls.]; a.A. OLG

Koblenz AGS 2013, 83). Es fallen insbesondere auch **keine baren Auslagen** an **Transport**- und **Verpackungskosten** an (auch Teil J Rdn 79). Das **Bereitlegen der Akten** auf der Geschäftsstelle zur Abholung durch den Rechtsanwalt oder das **Einlegen der Akten in das Gerichtsfach** des Anwalts zur Abholung bei der aktenführenden Behörde ist keine Versendung; die Abholung ist keine Versendung (OVG Koblenz JurBüro 2013, 595; a.A. OLG Koblenz NStZ-RR 2013, 125).

Versendung an Gerichtsfach durch externen Dienstleister: 88

- Die Aktenversendungspauschale **entsteht**, wenn die Akten von der aktenführenden Stelle durch einen externen Dienstleister (z.B. Post AG, DHL Paket GmbH) an ein Gericht **an einen anderen Ort** versandt werden, weil der um Akteneinsicht ersuchende Rechtsanwalt dort sein Gerichtsfach hat (OLG Bamberg AGS 2015, 278; OLG Celle, Beschl. v. 16.2.2016 – 2 W 32/16; OLG Düsseldorf, Beschl. v. 27.8.2015 – 4 Ws 117/15; OLG Köln RVGreport 2015, 355; OLG Nürnberg AGS 2016, 84 = StraFo 2016, 87; LG Saarbrücken, Beschl. v. 2.7.2015 – 2 Qs 27/15; Beschl. v. 24.7.2015 – 6 Qs 129/15; VG Saarbrücken, Beschl. v. 14.7.2015 – 3 K 268/15; LG Kleve RVGreport 2015, 278). Die Kosten des externen Dienstleisters fallen unabhängig davon an, ob die Akte in die auswärtigen Kanzleiräume des Rechtsanwalts oder in das auswärtige Gerichtsfach transportiert wird (OLG Bamberg, a.a.O.). Erfolgt der Transport aber justizintern, entsteht die Pauschale nicht (OLG Köln StraFo 2015, 40; LG Görlitz, Beschl. v. 6.5.2014 – 13 Qs 100/14; VG Saarbrücken, a.a.O.).
- Für die Entstehung der Aktenversendungspauschale reicht es auch aus, wenn der Aktentransport aufgrund vertraglicher Vereinbarungen der beteiligten Dienststellen durch den **örtlichen Anwaltverein** erfolgt und dieser für jede beförderte Sendung einen bestimmten Geldbetrag erhält (OLG Köln RVGreport 2015, 355).

Gemeinsames Justizzentrum: 89

- Wenn die Akten von dem Akten führenden AG in das Gerichtsfach des Rechtsanwalts bei dem LG bzw. die Akten von der StA in das Gerichtsfach des Rechtsanwalts bei dem LG eingelegt werden und sich AG und LG bzw. StA und LG in einem gemeinsamen Gebäude (Justizzentrum) befinden, liegt **keine Versendung** an einen außerhalb des Gerichtsgebäudes liegenden Ort vor (vgl. hierzu OLG Naumburg NStZ-RR 2012, 192 [Ls.]; LG Chemnitz StraFo 2010, 261; LG Göttingen NJW-RR 1996, 190; AG Ahaus AnwBl. 1995, 154, 379; AG Moers AGS 2000, 160; AG Münster AnwBl. 1995, 379; AG Osnabrück JurBüro 1995, 315; OVG Koblenz NJW 2013, 2137; NK-GK/*Volpert*, Nr. 9003 KV GKG Rn 15; *Meyer*, GKG, KV 9003 Rn 44; vgl. a. LG Münster, AnwBl. 1995, 378).
- Außerdem fallen auch hier **keine baren Auslagen** an **Transport**- und **Verpackungskosten** an. Die Aktenversendungspauschale entsteht aber, wenn die StA die Aktenversendung über das Gerichtsfach des Rechtsanwalts bei dem räumlich getrennten AG oder LG unter Zuhilfenahme eines externen Dienstleisters vornimmt. Sie entsteht nur dann nicht, wenn der Transport durch die Justiz selbst erledigt wird (OLG Bamberg AGS 2015, 278; OLG Koblenz JurBüro 2014, 379; OLG Köln StraFo 2015, 40; LG Arnsberg AGS 2015, 77; LG Görlitz, Beschl. v. 6.5.2014 – 13 Qs 100/14).

☝ **Beantragt** der Rechtsanwalt **gebührenfreie Akteneinsicht** über sein Gerichtsfach bei der die Akten führenden Behörde, wird ihm die Akte aber dennoch gebührenpflichtig auf dem Postweg übersandt, kann ihm die Aktenversendungspauschale im Ergebnis nicht in Rechnung gestellt werden (AG Stuttgart StraFo 2008, 352; [ähnlich] OLG Köln AGS 2009, 339; LG Chemnitz StraFo 2010, 261). Voraussetzung für die Nichterhebung der Aktenversendungspauschale ist aber eine gerichtliche Entscheidung gem. § 21 Abs. 2 S. 1 GKG bzw. vor einer gerichtlichen Entscheidung eine Anordnung im Verwaltungsweg, § 21 Abs. 2 S. 2, 3 GKG. Die Entscheidung gem. § 21 GKG kann vom RA im Wege der Erinnerung gem. § 66 GKG gegen den Ansatz der Aktenversendungspauschale erreicht werden. Der Kostenbeamte ist gem. § 11 KostVfg. nicht befugt, vom Ansatz der Aktenversendungspauschale abzusehen.

90 **4.** Im Rahmen des Gesetzgebungsverfahrens zum 2. KostRMoG (v. 23.7.2013, BGBl I, S. 2586) hat die Bundesregierung ausdrücklich darauf hingewiesen, dass die Pauschale nicht die Personal- und Sachkosten der Gerichte für die Prüfung des Akteneinsichtsrechts, das Heraussuchen der Akte, die Versendung und die Rücklaufkontrolle sowie den Kosteneinzug abgelten soll (so aber z.B. noch OLG Celle AGS 2007, 261; OLG Düsseldorf StRR 2010, 277; OLG Hamm NStZ 2006, 410; vgl. ausf. Burhoff/Volpert/*Volpert*, RVG, Teil A Rn 1138). Die Pauschale soll vielmehr nur die **reinen Versandkosten** und die dadurch bedingten **Transportkosten** abgelten (BT-Drucks 17/11471 neu, S. 345, 308) und bei der Aktenversendung anfallende **bare Auslagen** der **Justiz** ersetzen (BT-Drucks 17/13537, S. 268; BayLSG AGS 2018, 402 = RVGreport 2018, 396, m. zust. Anm. *Hansens*; OLG Bamberg RVGreport 2015, 235 = AGS 2015, 278; OLG Celle, AGS 2016, 224 = JurBüro 2016, 302; OLG Düsseldorf NStZ-RR 2016, 64; AGS 2015, 572; OLG Koblenz AnwBl 2014, 657; OLG Köln AGS 2014, 513; StraFo 2015, 40; OLG Nürnberg AGS 2016, 84 = StraFo 2016, 87 = RVGreport 2016, 200; OLG Saarbrücken, Beschl. v. 14.10.2015 – 1 Ws 164/15).

91 **5.a)** Liegt eine Versendung vor (Teil J Rdn 75 ff.), fällt die Aktenversendungspauschale nach wohl h.M. nur an, wenn auf den **konkreten Versendungsvorgang** im **Einzelfall** bezogene und **gesondert bezifferbare** Geldleistungen für Transport und Verpackung angefallen sind, für die die Justiz **in Vorleistung** getreten ist (OLG Bamberg RVGreport 2015, 235 = AGS 2015, 278; OLG Celle, Beschl. v. 16.2.2016 – 2 W 32/16; OLG Düsseldorf, Beschl. v. 27.8.2015 – 4 Ws 117/15; OLG Koblenz JurBüro 2014, 379; OLG Köln StraFo 2015, 40; RVGreport 2015, 355; OLG Nürnberg AGS 2016, 84 = StraFo 2016, 87; LG Arnsberg AGS 2015, 77; LG Saarbrücken, Beschl. v. 24.7.2015 – 6 Qs 129/15).

92 **b)** Die Auslagen müssen von der Justiz nicht bar gezahlt werden, eine **bargeldlose Zahlung reicht** aus (OLG Celle AGS 2016, 224 = JurBüro 2016, 302; OLG Düsseldorf NStZ-RR 2016, 64; AGS 2015, 572 = RVGreport 2016, 156; OLG Saarbrücken JurBüro 2016, 31 = RVGreport 2015, 478). Es müssen bare oder unbare Geldleistungen für justizfremde Dritte anfallen, die mit dem Aktentransport im Zusammenhang stehen (OLG Düsseldorf NStZ-RR 2016, 64; AGS 2015, 572 = StRR 2015, 363 = RVGreport 2016, 156; OLG Saarbrücken JurBüro 2016, 31 = RVGreport 2015, 478). Transportleistungen, die durch Justizpersonal aus eigenen Sachmitteln bestritten werden, reichen nicht aus. Fallen nur justizinterne Personal- und Sachkosten an, entsteht die Aktenversendungspauschale nicht (OLG Celle AGS 2016, 224 = JurBüro 2016, 302; OLG Düsseldorf NStZ-RR 2016, 64; AGS 2015, 572 = RVGreport 2016, 156). Zu den baren Auslagen der Justiz gehören daher nicht die Kosten für den **Kraftstoff** eines Dienstfahrzeugs (Benzinkosten; OLG Koblenz AnwBl 2014, 657 = JurBüro 2014, 379; OLG Köln RVGreport 2015, 197 = AGS 2014, 513 = StraFo 2015, 40; AGS 2016, 120; LG Arnsberg AGS 2015, 77; a.A. LG Kleve JurBüro 2015, 419 = RVGreport 2015, 278). Die Entstehung von bloßen Verpackungskosten ohne Transportkosten reicht für die Aktenversendungspauschale nicht aus. Gemeint sind nur die durch eine Versendung erforderlich werdenden Verpackungskosten (vgl. a. OLG Celle, a.a.O.).

93 **c)** Auch bei einer **Aktenversendung durch Dritte** (z.B. durch die Deutsche Post AG, DHL Paket GmbH; externe Kurierdienste, auch örtliche Anwaltvereine, OLG Köln RVGreport 2015, 355) bzw. die Service GmbH eines Anwaltvereins (OLG Köln AGS 2016, 120; OLG Saarbrücken JurBüro 2016, 31 = RVGreport 2015, 478) ist für die Entstehung der Aktenversendungspauschale zu fordern, dass auf den konkreten Versendungsvorgang im **Einzelfall** bezogene und **gesondert bezifferbare** Geldleistungen für Transport und Verpackung angefallen sind, für die die Justiz **in Vorleistung** getreten ist (OLG Bamberg RVGreport 2015, 235 = AGS 2015, 278; OLG Celle, Beschl. v. 16.2.2016 – 2 W 32/16; OLG Düsseldorf AGS 2015, 572 RVGreport 2016, 156; NStZ-RR 2016, 64; OLG Koblenz AnwBl 2014, 657 = JurBüro 2014, 379; OLG Köln RVGreport 2015, 355; RVGreport 2015, 197 = AGS 2014, 513 = StraFo 2015, 40; AGS 2016, 120; OLG Nürnberg AGS 2016, 84 = StraFo 2016, 87 = RVGreport 2016, 200; LG Saarbrücken, Beschl. v. 24.7.2015 – 6 Qs 129/15). Zwar werden externe Dienstleister der Justiz im Regelfall für alle innerhalb eines bestimmten Zeitraums durchgeführte Leistungen eine Sammelrechnung erteilen, aus der die Kosten für einen bestimmten Aktentransport nicht unmittelbar entnommen werden können bzw. aus der sich lediglich die Anzahl der versandten Pakete an einem bestimmten Tag und die hierdurch entstandenen Ge-

samtkosten sowie die Einzelkosten pro Paket ablesen lassen. Auf die sofortige Feststellbarkeit der Kosten einer konkreten Aktenversendung kommt es aber für die Entstehung der Aktenversendungspauschale nicht an, weil hier feststeht, dass die Aktenversendung konkrete bare Auslagen ausgelöst hat. Das Gericht kann nämlich anhand der Aufzeichnungen der Poststelle des Gerichts (Wachtmeisterei) feststellen, welche Akte (Aktenzeichen) an welchem Tag versandt worden ist, so dass die Transportkosten für den Einzelfall ohne Weiteres beziffert werden können. Die Erhebung der Aktenversendungspauschale ist hierdurch ermöglicht, weil auf den konkreten Versendungsvorgang im Einzelfall bezogene und neben anfallenden Gebühren für Transport und Verpackung ermittelt werden können (so auch OLG Bamberg AGS 2015, 278; OLG Düsseldorf AGS 2015, 572; NStZ-RR 2016, 64; so im Ergebnis auch OLG Saarbrücken, Beschl. v. 14.10.2015 – 1 Ws 164/15).

Es kommt damit **nicht darauf an**, ob die Akten von dem **externen Dienstleister allein** oder **zusammen** 94
mit anderen Akten transportiert werden und ob der Aktentransport ohnehin im Rahmen eines regulären, unabhängig von der Akteneinsichtsgewährung eingerichteten Kurierdienstes durch den justizexternen Dienstleister erfolgt (in diesem Sinne schon zu Nr. 9003 KV GKG a.F. OLG Düsseldorf StRR 2010, 277; OLG Köln MDR 2009, 955 = AGS 2009, 339). Denn es fallen für den Einzelfall (einzelne Sendung) bezifferbare bare Transportkosten an. Es reicht auch aus, wenn die Justiz mit dem externen Dienstleister z.B. eine **Monatspauschale für Aktentransporte** vereinbart hat und die Transportkosten für eine einzelne Akte durch das Dividieren des Monatsbetrags durch die Anzahl der in diesem Monat transportierten Akten bezifferbar ist (OLG Düsseldorf AGS 2015, 572 = RVGreport 2016, 156; NStZ-RR 2016, 64; OLG Köln AGS 2016, 120; LG Saarbrücken, Beschl. v. 2.7.2015 – 2 Qs 27/15; Beschl. v. 24.7.2015 – 6 Qs 129/15; hierzu auch *Hansens* in der Anm. zu OLG Köln RVGreport 2015, 355).

☝ Im Ergebnis ist es also unerheblich, ob die Bezahlung des justizexternen Dienstleisters dergestalt erfolgt, dass dieser jedes einzelne Paket gesondert in Rechnung stellt oder ob er eine aufgrund des zu erwartenden Transportaufkommens kalkulierte Pauschale für bestimmte Abrechnungszeiträume erhält, wenn der auf die einzelne Akte entfallende Anteil der Transportkosten sich ausgehend von dem vereinbarten Pauschalpreis durch Division ermitteln ließe (OLG Köln, a.a.O.; OLG Saarbrücken JurBüro 2016, 31 = RVGreport 2015, 478). Der auf die einzelne Versendung konkret entfallende Betrag muss aber weder in der Akte festgehalten noch dem Kostenschuldner mitgeteilt werden können. Der Sinn der Pauschale würde dadurch konterkariert (OLG Düsseldorf AGS 2015, 572 = RVGreport 2016, 156; OLG Düsseldorf NStZ-RR 2016, 64). Es reicht für den Anfall der Aktenversendungspauschale also aus, wenn die Aktenversendung durch einen externen Dienstleister erfolgt (OLG Düsseldorf AGS 2015, 572 = RVGreport 2016, 156; NStZ-RR 2016, 64).

d) Problematisch ist allerdings, dass dem für die Erhebung der Aktenversendungspauschale zuständigen 95
Bediensteten jeweils bekannt sein muss, ob der Transport im Einzelfall von einem externen oder einem justizinternen Kurierdienst durchgeführt wird. Der Sinn und Zweck einer Pauschale besteht aber gerade darin, nicht im Einzelfall nachträglich zu prüfen, auf welche Weise der Transport denn nun tatsächlich stattgefunden hat (OLG Düsseldorf AGS 2015, 572 = = RVGreport 2016, 156; NStZ-RR 2016, 64; LG Kleve RVGreport 2015, 278; im Ergebnis auch OLG Saarbrücken JurBüro 2016, 31 = RVGreport 2015, 478; NK-GK/*Volpert*, Nr. 9003 KV GKG Rn 13; *Hansens* in der Anm. zu OLG Köln RVGreport 2015, 355; Burhoff/Volpert/*Volpert*, RVG, Teil A Rn 1143). Es hilft auch nicht recht weiter, dass die Beförderungsart in der Akte notiert wird (so *Hansens*, a.a.O.). Denn die die Versendung veranlassende Servicekraft weiß in der Regel nicht, welcher Transportart in der Poststelle (Wachtmeisterei) dann konkret gewählt wird. Wird davon ausgegangen, dass der Kostenbeamte die Transportart im Einzelfall häufig (nachträglich) nicht feststellen kann, hat die Aktenversendungspauschale praktisch keinen Anwendungsbereich mehr (vgl. a. OLG Celle AGS 2016, 224 = JurBüro 2016, 302 [Unklarheit darüber, wie der Transport vom LG zum Gerichtsfach des Rechtsanwalts beim AG an einem anderen Ort stattgefunden hat]). Allerdings reicht es nach Auffassung des KG (Beschl. v. 30.4.2024 – 5 AR 8/24, AGS 2024, 273) für die Entstehung der Aktenversendungspauschale

aus, wenn der eine Aktenversendung Beantragende den Aktenversendungsantrag zurücknimmt, nachdem die Akte bereits durch die Geschäftsstelle zur Übersendung in den Geschäftsgang gegeben worden ist. Es bestehe generell keine Verpflichtung der aktenversendenden Stelle, nachzuforschen, wo sich die Akte gerade befindet und zu versuchen, die sich bereits auf den Weg gebrachte Akte anzuhalten oder gar wieder zurückzuholen. Feststellungen zur Transport- bzw. Beförderungsart hat das KG nicht getroffen, sondern nur darauf abgestellt, dass die Akte aufgrund des Versendungsantrags in den Geschäftsgang gelangt ist.

☝ Die Aktenversendungspauschale entsteht **nicht**, wenn **nur andere Aufwendungen** als Transport- und Verpackungskosten angefallen sind.
Die Entstehung von Verpackungskosten **ohne Transportkosten** reicht für die Aktenversendungspauschale nicht aus, weil Nr. 9003 KV GKG nur die durch eine Versendung erforderlich werdenden Verpackungskosten meint (NK-GK/*Volpert*, Nr. 9003 KV GKG Rn 25; in diese Richtung OLG Naumburg NStZ-RR 2012, 192 [Ls.]).

96 **6.** Gem. § 28 Abs. 2 GKG ist **Kostenschuldner** der Aktenversendungspauschale nur derjenige, der die Versendung beantragt hat.

97 Insoweit gilt folgende

Übersicht Kostenschuldner:

- In **Strafsachen** ist der **Verteidiger** selbst Schuldner der Auslagenpauschale, weil nur er gem. § 147 StPO Akteneinsicht nehmen kann (BVerfG NJW 1995, 3177; NJW 1996, 2222; BGH NJW 2011, 3041; BVerwG RVGreport 2010, 304 = AGS 2010, 383 = JurBüro 2010, 476; BSG RVGreport 2015, 356 = AGS 2015, 398; KG, Beschl. v. 30.4.2024 – 5 AR 8/24, AGS 2024, 273; OLG Bamberg StraFo 2009, 350; OLG Düsseldorf AGS 2015, 572 = StRR 2015, 363; NStZ-RR 2016, 64; OLG Koblenz NStZ-RR 1996, 96; OLG Naumburg NStZ-RR 2012, 192 [Ls.]; LG Chemnitz StraFo 2010, 261; LG Baden-Baden JurBüro 1995, 543; LG Göttingen StV 1996, 166; AG Neustadt/Weinstraße AGS 2008, 337; AG Starnberg AGS 2009, 113; *Volpert* VRR 2005, 296; **a.A.** z.B. OLG Naumburg RVGreport 2012, 70 = AGS 2011, 598; OLG Düsseldorf JurBüro 2008, 375).
- Auch der **Pflichtverteidiger** ist gem. § 28 Abs. 2 GKG alleiniger Kostenschuldner der Aktenversendungspauschale (BGH NJW 2011, 3041; OLG Bamberg StraFo 2009, 350; OLG Düsseldorf AGS 2002, 61; OLG Koblenz MDR 1997, 202; LG Koblenz StraFo 2001, 147; AG Mainz NStZ-RR 1999, 128; *Burhoff*, EV, Rn 438).
- Der **Verurteilte** kann für die von seinem Rechtsanwalt geschuldete Aktenversendungspauschale nicht nach § 29 Nr. 1 GKG von der Staatskasse als Entscheidungsschuldner in Anspruch genommen werden. Denn § 28 Abs. 2 GKG begründet nach seinem Wortlaut eine alleinige und ausschließliche Kostenschuldnerschaft des Rechtsanwalts (Burhoff/Volpert/*Volpert*, RVG, Teil A Rn 1199).

☝ Weil der **Pflichtverteidiger** gem. §§ 45, 46 RVG stets Anspruch auf Erstattung einer von ihm gezahlten Aktenversendungspauschale aus der Staatskasse hat (s. dazu Burhoff/Volpert/*Volpert*, RVG, Teil A Rn 296 ff.), erscheint es sinnvoll, dem Pflichtverteidiger die Aktenversendungspauschale **erst gar nicht in Rechnung zu stellen**. Hierdurch wird unnötiger Bearbeitungsaufwand vermieden. Außerdem besteht dann auch nicht die Gefahr, dass die in der späteren Pflichtverteidigervergütung enthaltene Pauschale dem Verurteilten gem. Nr. 9007 KV GKG unberechtigt in Rechnung gestellt wird (NK-GK/*Volpert*, Nr. 9007 KV GKG Rn 5 f).

Siehe auch: → *Gerichts- und Verfahrenskosten, Allgemeines*, Teil J Rdn 98 ff.; → *Gerichts- und Verfahrenskosten, Auslagen*, Teil J Rdn 114 ff.; → *Gerichts- und Verfahrenskosten, Gebühren*, Teil J Rdn 149 ff.

Gerichts- und Verfahrenskosten, Allgemeines 98

Das Wichtigste in Kürze:

1. Die Zuständigkeit für die Aufstellung des Kostenansatzes ist in § 19 Abs. 2 GKG geregelt.
2. Durch den Kostenansatz werden die Verfahrenskosten (Gebühren und Auslagen der Staatskasse, § 464a Abs. 1 S. 1 StPO) erhoben.
3. Die Verfahrenskosten bestehen neben den Gerichtskosten auch aus den Kosten des Ermittlungsverfahrens und der Strafvollstreckung.
4. Kostenschuldner ist gem. § 29 Nr. 1 GKG derjenige, der rechtskräftig kostenpflichtig verurteilt worden ist.
5. Die Kostenrechnung muss zur Erfüllung des sogen. Transparenzgebotes den in § 24 KostVfg. genannten inhaltlichen Anforderungen entsprechen.

Literaturhinweise **Bach**, Auslagen: Akteneinsicht des Verteidigers: Papierakten oder elektronisch gespeicherte Daten, PStR 2021, 257; **Burhoff**, Zum Abgeltungsbereich der Aktenversendungspauschale der Nr. 9003 GKG KostVerz, RVGreport 2006, 41; *ders.*, Sachverständigenkosten in der Strafvollstreckung sind keine vom Beschuldigten zu tragenden Verfahrenskosten, BRAGOprofessionell 2000, 150; *ders.*, Auslagen: Rechtsprechungsübersicht 2022 zur Aktenversendungspauschale, RVGprof. 2022, 100; **Euba**, Die neue Aktenversendungspauschale im Meinungsstreit, ZAP, Fach 24, S. 937; **Just**, Aktenversendungspauschale und Umsatzsteuer, NJ 2009, 282; **Lappe**, Erstattung der Kosten des Nebenklagebeistands, Rpfleger 2003, 166; **Meyer**, Ansatz von Sicherstellungskosten (KV-GKG Nr. 9009 lit. a) im Falle eines Verzichts des angeklagten Eigentümers der Sache auf Rückgabe zugunsten der Staatskasse, JurBüro 1997, 619; **Neumann**, Die Kostentragungspflicht des verurteilten Angeklagten hinsichtlich der Gebühren und Auslagen des „Zwangsverteidigers", NJW 1991, 261; **Rick**, Gerichtsgebühren für berufsgerichtliche Verfahren, UmwBl. 2007, 213; **Schons**, Vorsicht Falle – Umsatzsteuerprobleme der etwas anderen Art, AGS 2007; 109; **Onderka**, In welchen Fällen ist die Erhebung der Aktenversendungspauschale zulässig, RVGprofessionell 2006, 5; *dies.*, Aktenversendungspauschale: Änderungen geplant, RVGprofessionell 2006, 50; **Rahmlow**, Die Zahlung der Aktenversendungspauschale durch die elektronische Kostenmarke, StRR 2012, 415; **Volpert**, Die Aktenversendungspauschale in Verkehrssachen, VRR 2005, 296; *ders.*, Aktuelle Fragestellungen zur Aktenversendungspauschale, NJW 2016, 218; *ders.*, Vergütung und Gerichtskosten bei der psychosozialen Prozessbegleitung, RVGreport 2017, 202. 99

1.a) Im Rahmen des gem. § 19 Abs. 2 GKG aufzustellenden Kostenansatzes wird festgelegt, in welcher Höhe der Kostenschuldner die Verfahrenskosten zu tragen hat. Die **sachliche** und **örtliche Zuständigkeit** für den Kostenansatz ist in § 19 Abs. 2 GKG geregelt. **Funktionell** ist i.d.R. ein Beamter des mittleren Justizdienstes zuständig. 100

b) Wenn eine gerichtliche Entscheidung durch die StA zu vollstrecken ist, werden die Kosten bei der StA angesetzt. In Jugendgerichtssachen, in denen eine Vollstreckung einzuleiten ist, werden die Kosten bei dem AG angesetzt, dem der Jugendrichter angehört, der die Vollstreckung einzuleiten hat (§ 84 JGG); ist daneben die StA Vollstreckungsbehörde, werden die Kosten bei dieser angesetzt. Im Übrigen werden die Kosten in diesen Verfahren bei dem Gericht des ersten Rechtszugs angesetzt. Die Kosten des Rechtsmittelverfahrens vor dem BGH werden stets bei dem BGH angesetzt. 101

2. Gem. § 464a Abs. 1 S. 1 StPO sind **Kosten** des Verfahrens (Verfahrenskosten) die **Gebühren** und **Auslagen** der **Staatskasse**. Hierzu gehören gem. § 464a Abs. 1 S. 2 StPO auch die durch die Vorbereitung der öffentlichen Klage entstandenen sowie die Kosten der Vollstreckung einer Rechtsfolge der Tat. Kosten des Verfahrens i.S.v. § 464a Abs. 1 StPO sind an eine rechtskräftige gerichtliche (Grund-)Entscheidung, insbesondere ein rechtskräftiges Straferkenntnis anknüpfende und für alle Rechts-züge nach der erkannten Strafe zu bemessenden Gebühren und Auslagen der Staatskasse, soweit das Kostenverzeichnis zum Gerichtskostengesetz in Nrn. 9000 ff. einen Auslagenersatz ausdrücklich vorsieht (OLG Hamm, Beschl. v. 23.2.2010 – 3 Ws 301/09; vgl. a. OLG Frankfurt, Beschl. v. 14.12.2022 – 2 Ws 2/22). 102

103 **3.** Es ist daher zu unterscheiden zwischen:

- den Auslagen z.B. der Polizei oder der StA für die Anklagevorbereitung (**Ermittlungskosten**),
- den **Gerichtskosten**: Die Gerichtskosten bestehen nach § 1 Abs. 1 S. 1 GKG aus den Gebühren und Auslagen des Gerichts. § 3 Abs. 2 GKG verweist wegen der Höhe der Gebühren und Auslagen auf das dem GKG als Anlage beigefügte KV (Teil 3 und 9 KV GKG), und
- den **Kosten** der **Vollstreckung**.

☝ **Erfasst** ist damit das **gesamte Verfahren** vom Beginn der Ermittlungen bis zur Vollstreckung einer Verurteilung.

104 **4.** Das **Gericht** entscheidet über die Verpflichtung zur Tragung der Verfahrenskosten dem Grunde nach gem. § 464 Abs. 1 StPO im Urteil, im Strafbefehl oder in der eine Untersuchung einstellenden Entscheidung (sog. **Kostengrundentscheidung**). Derjenige, dem die Verfahrenskosten vom Gericht auferlegt werden, schuldet der Staatskasse gem. § 29 Nr. 1 GKG die Verfahrenskosten (Kostenschuldner). In Strafsachen können Kosten von dem **Kostenschuldner** aber nur erhoben werden, wenn die Kostenentscheidung in Rechtskraft erwachsen ist (§ 8 GKG, vgl. a. § 449 StPO; KG, Beschl. v. 16.3.2015 – 1 Ws 8/15, Rpfleger 2015, 727; OLG Celle, Beschl. v. 10.2.2020 – 2 Ws 43/20, StraFo 2020, 171).

105 **5.** Der **notwendige Inhalt** der vom Kostenbeamten aufzustellenden **Kostenrechnung** ist in § 24 KostVfg. geregelt. Der Kostenrechnung muss mit der gebotenen Bestimmtheit entnommen werden können, welche Kosten von wem in welcher Höhe erhoben werden. Diese Angaben ermöglichen dem Kostenschuldner im Regelfall die Überprüfung des Kostenansatzes. Die Kostenrechnung muss nachprüfbar und nachvollziehbar gestaltet sein (**Transparenzgebot**, BGH AGS 2016, 176 = MDR 2016, 302; OLG Celle StraFo 2014, 262 = NStZ-RR 2014, 264 = RVGreport 2014, 326; s.a. OLG Frankfurt, Beschl. v. 14.8.2024 – 2 Ws 112/23, JurBüro 2024, 598; Beschl. v. 14.12.2022 – 2 Ws 2/22; Beschl. v. 11.11.2021 – 2 Ws 52/19; OLG Köln, Beschl. v. 11.10.2010 – 2 Wx 146/10; Beschl. v. 24.1.2011 – 2 Wx 18/11; OLG München NStZ-RR 2014, 63 m. Anm. *Burhoff* StRR 2014, 314; OLG Schleswig SchlHA 2012, 111).

106 **6.** Der Kostenrechnung muss mit der gebotenen Bestimmtheit entnommen werden können, welche Kosten von wem in welcher Höhe erhoben werden. Deshalb können weitere Angaben erforderlich werden, so z.B. bei der Ausscheidung von Mehrkosten infolge **Teilverurteilung/Teilfreispruchs**. Hier kann es für die Nachprüfbarkeit der Kostenrechnung durch den Kostenschuldner erforderlich sein, die Kostenansätze bei Vollverurteilung und bei Teilverurteilung und den abgesetzten Differenzbetrag zu benennen. Die abgesetzten Ansätze sind gegenstandsmäßig kurz zu bezeichnen; eine Verweisung auf Blattzahlen von Akten genügt nicht (OLG Schleswig SchlHA 2012, 111). Es muss ggf. auch erkennbar werden, dass alle in Ansatz gebrachten Kosten in einem unter § 464a StPO fallenden Zusammenhang mit dem Strafverfahren des kostenpflichtig Verurteilten stehen. Ist die Verwendung gem. § 100a StPO erlangter, personenbezogener Daten in anderen Strafverfahren unmittelbar zu Beweiszwecken nicht zulässig, so können auch die dadurch verursachten Kosten nicht zum Gegenstand der Verfahrenskosten des allenfalls mittelbar von Erkenntnissen aus der Anordnung nach § 100a StPO berührten anderen Strafverfahrens wegen einer Nichtkatalogtat gemacht werden (OLG München NStZ-RR 2014, 63).

107 Werden in Strafsachen **Auslagen** in die Kostenrechnung eingestellt, kann vom **Kostenschuldner** eine **Einzelaufstellung** der von ihm geforderten Auslagen **verlangt** werden (OLG Celle StraFo 2014, 262 = NStZ-RR 2014, 264). Werden nicht allen **Mitverurteilten** Auslagen entsprechend § 466 StPO, § 33 GKG anteilig nach Kopfteilen in Rechnung gestellt, muss den Kostenschuldnern mitgeteilt werden, aus welchen Gründen das Ermessen (§ 8 Abs. 4 KostVfg) dahingehend ausgeübt worden ist, die Auslagen nicht auf alle Mitverurteilten zu verteilen (OLG Celle StraFo 2014, 262 = NStZ-RR 2014, 264).

108 **Voraussetzung für** den **Auslagenansatz** (Teil 9 KV GKG) ist, dass die Kosten von der Staatskasse berechtigterweise vorverauslagt worden sind. Berechtigterweise zur Kostentragung verpflichtet ist die Staatskasse dann, wenn den Kosten ein gesetzmäßiger Auftrag durch die Strafverfolgungsbehörden zu-

grunde liegt (Kostenbegründung), die beauftragte Leistung auftragsgemäß erbracht worden ist (Kostenumfang), und die geltend gemachten Kosten den gesetzlichen Kostenansätzen entsprechen (Kostenhöhe; OLG Frankfurt, Beschl. v. 14.8.2024 – 2 Ws 112/23, JurBüro 2024, 598; Beschl. v. 14.12.2022 – 2 Ws 2/22; Beschl. v. 11.11.2021 – 2 Ws 52/19).

☝ Gem. § 5b GKG hat jede Kostenrechnung eine **Belehrung** über den statthaften Rechtsbehelf (Erinnerung, § 66 GKG) sowie über die Stelle, bei der diese einzulegen ist, über deren Sitz und über die einzuhaltende Form und Frist zu enthalten (Burhoff/Volpert/*Volpert*, RVG, Teil A Rn 1888 ff.).

7.a) Ob der Kostenschuldner **zahlungsfähig** ist, ist bei der Aufstellung des Kostenansatzes durch den Kostenbeamten nach der Regelung in § 10 der Kostenverfügung nur bei offenkundigem oder dem Kostenbeamten sonst bekannten Zahlungsunvermögen des Kostenschuldners zu berücksichtigen (BVerfG JR 2006, 480). Für die Bewertung der Rechtmäßigkeit des Kostenansatzes ist es unerheblich, ob der Kostenbeamte nach § 10 KostVfg vom Ansatz der Kosten hätte absehen dürfen, denn es besteht kein Anspruch des Kostenschuldners auf Beachtung dieser Verwaltungsvorschrift (BGH, Beschl. v. 26.4.2021 – 6 StR 326/20, NStZ-RR 2021, 230). Allerdings bindet diese Verwaltungsbestimmung die Gerichte im Rahmen der Anfechtung des Kostenansatzes gem. § 66 GKG nicht (BGH, Beschl. v. 13.4.2011 – 5 StR 406/09). Gegen den Kostenansatz spricht auch nicht das **Resozialisierungsgebot**. Denn den Interessen des Kostenschuldners kann im Rahmen der Beitreibung der Kostenforderung noch sachgerecht durch Stundung, Ratenzahlung, Niederschlagung und Erlass Rechnung getragen werden (BVerfG JR 2006, 480; BGH, Beschl. v. 26.4.2021 – 6 StR 326/20, NStZ-RR 2021, 230; BGH, Beschl. v. 27.8.2020 – 3 StR 158/20; Beschl. v. 13.4.2011 – 5 StR 406/09). 109

b) Nach dem Beschl. des **BVerfG** v. 28.12.2019 – 2 BvR 211/19, StRR 4/2021, 2 [Ls.] bieten die einschlägigen gesetzlichen Regelungen hinreichend Möglichkeit, von der **Kostenauferlegung** oder -beitreibung der Kosten des Strafverfahrens **abzusehen**, wenn im Einzelfall die Höhe der Kosten und Auslagen **außer** Verhältnis zur **verhängten Strafe** steht, sodass sich die Auferlegung der Kosten mit Rücksicht auf die wirtschaftlichen Verhältnisse des Verurteilten als übermäßige Belastung erweist. Demnach kann sich die Auferlegung von Verfahrenskosten als unverhältnismäßig erweisen (Art. 20 Abs. 3 i.V.m. Art. 2 Abs. 1 GG), wenn die Kostenbelastung eine vom Verurteilten bereits erfüllte Geldauflage (§ 56b Abs. 1, Abs. 2 S. 1 Nr. 4 StGB) erheblich übersteigt. Mit der Frage der Verhältnismäßigkeit der Kostenbelastung müssen sich die Gerichte insbesondere dann befassen, wenn die Höhe der Kostenbelastung – wie hier – bereits für das Tatgericht erkennbar war, jedoch keine Anhaltspunkte dafür bestehen, dass es diese Belastung bei der Bemessung der Geldauflage gem. § 56b StGB in Erwägung gezogen hat. 110

Daraus ergibt sich, dass unter dem **Gesichtspunkt** der **Verhältnismäßigkeit** nicht von vornherein Bedenken gegen die strafprozessrechtlichen Kostenregelungen einschließlich des darin verankerten Veranlassungsprinzips bestehen. Eine außergewöhnlich hohe Kostenbelastung kann jedoch im **Rahmen** der **Strafzumessung** als Tatfolge i.S.v. § 46 Abs. 2 StGB **berücksichtigt** werden. Steht im Einzelfall die Höhe der Kosten und Auslagen außer Verhältnis zur verhängten Strafe, sodass sich die Auferlegung der Kosten mit Rücksicht auf die wirtschaftlichen Verhältnisse des Verurteilten als übermäßige Belastung erweist, bieten die einschlägigen gesetzlichen Regelungen hinreichend Möglichkeit, von der Kostenauferlegung oder -beitreibung abzusehen. Bei Geldstrafen bieten § 459d Abs. 2 StPO, im Jugendstrafverfahren § 74, § 109 Abs. 2 S. 1 JGG, allgemein § 10 der Kostenverfügung (KostVfG), die landesrechtlichen Vorschriften über die Beitreibung (in NRW § 123 Abs. 3 des Gesetzes über die Justiz im Land Nordrhein-Westfalen – JustG NRW und § 59 Abs. 1 Nr. 3 der Landeshaushaltsordnung Nordrhein-Westfalen) hierfür hinreichende Möglichkeiten. Eine Berücksichtigung der Interessen des Kostenschuldners ist deshalb auch noch im Beitreibungsverfahren nach den jeweiligen landesrechtlichen Vorschriften möglich (Stundung, Ratenzahlung, Niederschlagung und Erlass; BVerfG, Beschl. v. 27.6.2006 – 2 BvR 1392/02, BVerfGK 8, 285). 111

Die **Erwägungen** des BVerfG müssen vom Gericht im **Rahmen** der **Kostenentscheidung** gem. §§ 464 ff. StPO **berücksichtigt** werden. Der für den Kostenansatz (§ 19 GKG) zuständige Kostenbeamte 112 muss die Verfahrenskosten in voller Höhe erheben, wenn das Gericht keine entsprechende Einschränkung in der Kostenentscheidung vorgenommen hat. Der Kostenbeamte ist nicht befugt, Kosten außer Ansatz zu lassen, die er selbst für nicht verhältnismäßig hält. Das Gericht dürfte die unterbliebene Berücksichtigung der verfassungsrechtlichen Vorgaben im Erinnerungsverfahren gem. § 66 GKG gegen den Kostenansatz nachholen können (so LG Düsseldorf, Beschl. v. 12.6.2024 – 004 KLs – 80 Js 827/19 – 1/22; LG Düsseldorf, Beschl. v. 08.09.2025 – 007 Ks-50 Js 367/20–1/20, AGS 2025, 475).

113 **8.** Die vom Verurteilten zu tragenden Verfahrens- und Gerichtskosten werden § 8 GKG mit Rechtskraft des Urteils **fällig**. Der Beschuldigte ist zur Zahlung eines **Gebührenvorschusses** nicht verpflichtet. Dasselbe gilt für die Erhebung eines **Auslagenvorschusses** (§ 17 Abs. 4 S. 2, 3, Abs. 2, 3 GKG). Dies gilt sowohl für das Offizialverfahren als auch das Privatklageverfahren. Vorschusspflicht besteht ggf. für den Privatkläger, den Widerkläger und den Nebenkläger, wenn er Berufung oder Revision eingelegt hat (§ 17 Abs. 4 S. 1 GKG).

Siehe auch: → *Gerichts- und Verfahrenskosten, Auslagen,* Teil J Rdn 114; → *Gerichts- und Verfahrenskosten, Gerichtsgebühren*, Teil J Rdn 149; → *Gerichts- und Verfahrenskosten, Aktenversendungspauschale*, Teil J Rdn 79; → *Gerichts- und Verfahrenskosten, Kostenverteilung bei Teileinstellungen*, Teil J Rdn 167; → *Gerichts- und Verfahrenskosten, Kostenverteilung bei wechselseitigen Rechtsmitteln,* Teil J Rdn 175; → *Gerichts- und Verfahrenskosten, Teilfreispruch,* Teil J Rdn 180.

114 Gerichts- und Verfahrenskosten, Auslagen

Das Wichtigste in Kürze:

1. Die in Strafsachen zu erhebenden Auslagen sind abschließend in Teil 9 KV GKG geregelt.
2. Der Verurteilte trägt auch die im EV angefallenen Auslagen, allerdings begrenzt auf die in Nr. 9000 bis 9011 KV GKG enthaltenen Höchstbeträge.
3. Mitverurteilte haften für die durch dieselbe Tat verursachten Auslagen gem. § 466 S. 1 StPO als Gesamtschuldner. Ausgenommen von der gesamtschuldnerischen Haftung sind die in § 466 S. 2 StPO aufgeführten Auslagen.
4. Erläuterung von einzelnen ausgewählten Auslagentatbeständen.
5. Der Verurteilte schuldet auch die in der Strafvollstreckung angefallenen Auslagen, weil sie gem. § 464a Abs. 1 StPO zu den Verfahrenskosten gehören.
6. Im Rahmen des Strafvollzugs angefallene Auslagen erhebt nicht das Gericht bzw. die Staatsanwaltschaft gem. § 19 GKG, sondern ggf. die Justizverwaltung (JVA).

115 **Literaturhinweise:** S. die Hinw. bei → *Gerichts- und Verfahrenskosten, Allgemeines*, Teil J Rdn 98.

116 **1.** Die **Auslagenvorschriften** für das **Straf-** und **Bußgeldverfahren** befinden sich in **Teil 9 KV GKG** (Nrn. 9000 – 9019 KV GKG). Es können nur die dort ausdrücklich geregelten Auslagen erhoben werden. Diese Auslagenbestimmungen erfassen die im EV, im gerichtlichen Verfahren sowie die im Rahmen der Vollstreckung angefallenen Auslagen (§ 464a Abs. 1 StPO). Kosten des Verfahrens i.d.S. sind an eine rechtskräftige gerichtliche (Grund-)Entscheidung, insbesondere ein rechtskräftiges Straferkenntnis anknüpfende und für alle Rechtszüge nach der erkannten Strafe zu bemessenden Gebühren und Auslagen der Staatskasse, soweit das Kostenverzeichnis zum GKG in Nrn. 9000 ff. einen Auslagenersatz ausdrücklich vorsieht (OLG Hamm, Beschl. v. 23.2.2010 – 3 Ws 301/09). Diese Auslagenbestimmungen erfassen die im Ermittlungsverfahren, im gerichtlichen Verfahren sowie die im Rahmen der Vollstreckung angefallenen Auslagen (§ 464a Abs. 1 StPO; OLG Celle, Beschl. v. 10.2.2020 – 2 Ws 43/20, StraFo 2020, 171). Auch Auslagen können wie Gebühren nur erhoben werden, wenn eine rechtskräftige Strafentscheidung (Verurteilung) vorliegt.

☝ Beim Kostenansatz (§ 19 GKG) kommt es nicht darauf an, ob Auslagen verursachende Maßnahmen zugunsten oder zulasten des Kostenschuldners verlaufen sind. Das kann nur das Gericht bei der Kostenentscheidung gem. § 465 Abs. 2 StPO beachten. In den **Kostenansatz** sind grds. **sämtliche Auslagen** aufzunehmen, die der Tat zugeordnet werden können, wegen der Kostenschuldner rechtskräftig verurteilt worden ist (§§ 465 Abs. 1 StPO, 29 Nr. 1 GKG).

2.a) Zu den vom Kostenschuldner zu tragenden Verfahrenskosten gehören nach § 464a Abs. 1 S. 2 StPO auch die durch die **Vorbereitung der öffentlichen Klage** entstandenen Kosten (OLG Celle, Beschl. v. 10.2.2020 – 2 Ws 43/20, StraFo 2020, 171; OLG Dresden, Beschl. v. 26.8.2019 – 2 Ws 334/19; OLG Düsseldorf, Beschl. v. 12.12.2012 – III-1 Ws 286/12; OLG Frankfurt, Beschl. v. 11.11.2021 – 2 Ws 52/19; Beschl. v. 26.5.2020 – 2 Ws 89 – 91/19, RVGreport 2020, 398; OLG Hamm, Beschl. v. 23.2.2010 – 3 Ws 301/09; OLG Koblenz, Beschl. v. 16.7.2010 – 1 Ws 189/10, NStZ-RR 2010, 359; LG Cottbus RVGreport 2020, 273; LG Düsseldorf, Beschl. v. 16.11.2018 – 4 Qs 69/18). Erfasst sind die durch die Tataufklärung (auch in sich nicht bestätigender Verdachtsrichtung, OLG Schleswig SchlHA 2003, 206), Täterergreifung und zur Aufklärung der Tatbeteiligung des Angeklagten angefallenen Auslagen (s. Nr. 9015, 9016 KV GKG; vgl. hierzu BGH NJW 2000, 1128; KG NStZ-RR 2009, 190 m. Anm. *Burhoff* StRR 2009, 198; OLG Frankfurt, Beschl. v. 11.11.2021 – 2 Ws 52/19; OLG Hamm, Beschl. v. 23.2.2010 – 3 Ws 301/09; OLG Köln StV 2005, 279; OLG Saarbrücken JurBüro 2018, 598). 117

b) Unter § 464a Abs. 1 S. 2 StPO fallen Aufwendungen aller Behörden, die vor Anklageerhebung im Rahmen der Strafverfolgung tätig geworden sind (z.B. OLG Koblenz NStZ-RR 1996, 64, zu den Reisekosten der im EV im Auftrag der Staatsanwaltschaft tätig gewordenen Zollfahndung; OLG Koblenz NStZ 1995, 563 zu den Auslagen der Steuerfahndung im EV; OLG Schleswig SchlHA 2003, 206, für im EV angefallene Dolmetscherkosten). Grundlage für den Ansatz der Auslagen des EVs in der Kostenrechnung ist Nr. 9015 KV GKG (LG Berlin I, Beschl. v. 11.4. 2024 – 525 Qs 46/24, StraFo 2024, 226). Danach sind Auslagen der in den Nrn. 9000 bis 9014 KV GKG bezeichneten Art zu erheben, soweit sie durch die Vorbereitung der öffentlichen entstanden sind, vgl. a. § 5 Abs. 3, 4 KostVfg. (OLG Celle RVGreport 2020, 188 = StRR 2020, Sonderausgabe Mai, 12 = StraFo 2020, 171). 118

☝ Sind von der Ermittlungsbehörde bei **Sicherstellung** bzw. **Beschlagnahme** von Beweismitteln im Rahmen einer Durchsuchung antragsgemäß **Kopien** der sichergestellten Unterlagen für den Beschuldigten gefertigt worden, können diese Kopien dem Beschuldigten nur bei rechtskräftiger Verurteilung als Dokumentenpauschale nach Nrn. 9015, 9000 KV GKG in Rechnung gestellt werden (Erlass des BMF v. 19.4.2010 – III A 6 – SV 3300/09/10002, StRR 2011, 77).

c) Die Auslagen müssen in einem sachlichen Zusammenhang mit der Tat stehen, wegen derer eine Verurteilung erfolgt. Beim **Kostenansatz** kommt es aber grds. nicht darauf an, ob Auslagen verursachende Maßnahmen **zugunsten** oder **zulasten** des Kostenschuldners verlaufen sind. Das kann das Gericht bei der Kostenentscheidung gem. § 465 Abs. 2 StPO beachten, insbesondere bei einem fiktiven Teilfreispruch (OLG Karlsruhe, Beschl. v. 30.11.2018 – 3 Ws 576/18). In den Kostenansatz sind grds. sämtliche Auslagen aufzunehmen, die der Tat zugeordnet werden können, wegen der Kostenschuldner rechtskräftig verurteilt worden ist (§§ 465 Abs. 1 StPO, 29 Nr. 1 GKG; OLG Hamm, Beschl. v. 23.2.2010 – 3 Ws 301/09). 119

Unerheblich ist daher bspw., wenn die **Überwachung** der **Telekommunikation** (auch) wegen des **Verdachts weiterer Straftaten** des Angeklagten angeordnet und durchgeführt worden ist. Tatbezogene Auslagen sind auch insoweit zu erheben, als sie durch Ermittlungen in eine sich nicht bestätigende Verdachtsrichtung (OLG Schleswig SchlHA 2003, 206), seien es tateinheitliche Gesetzesverletzungen oder Taten, die Gegenstand des Ermittlungsverfahrens waren, in denen es jedoch nicht zur Anklage gekommen ist oder in denen das Verfahren eingestellt worden ist, aufgewendet worden sind (OLG Düsseldorf, Beschl. v. 12.12.2012 – III-1 Ws 286/12). Das gilt insbesondere dann, wenn die Überwachung der Telekommuni- 120 kation nicht im Hinblick auf bereits konkretisierbare Taten angeordnet worden ist, wegen derer der Beschwerdeführer dann jedoch nicht verurteilt worden ist. Wenn daher auch Gespräche abgehört worden sind, die für die spätere Verurteilung des Beschwerdeführers keine Rolle gespielt haben, führt dies nicht dazu, dass insoweit Auslagen nicht zu erheben sind (OLG Schleswig SchlHA 2003, 206). Ob insbesondere dann etwas anderes gilt, wenn die insoweit entstandenen Kosten in einem **krassen Missverhältnis** zu der dem Angeklagten im Ergebnis zum Vorwurf gemachten Taten stehen, ob dies also über eine nicht in der gerichtlichen Kostenentscheidung vorgenommene Auslagenteilung in der Kostengrundentscheidung gemäß § 465 Abs. 2 StPO hinaus beim Kostenansatz gem. § 19 GKG berücksichtigt werden kann bzw. muss, ist umstritten (verneinend: OLG Düsseldorf, Beschl. v. 12.12.2012 – III-1 Ws 286/12; bejahend LG Cottbus, Beschl. v. 8.4.2020 – 22 Qs 203/19, RVGreport 2020, 273; offen gelassen: OLG Schleswig SchlHA 2003, 206; vgl. a. OLG München RVGreport 2014, 481 = StRR 2014, 31). Wird der Auffassung gefolgt, dass eine entsprechende Prüfung im Kostenansatzverfahren erfolgen muss, wird diese häufig erst im Erinnerungs- und Beschwerdeverfahren gem. § 66 GKG gegen diesen Kostenansatz durchgesetzt werden können. Hier ist die Kostenrechnung sowohl unter rechtlichen als auch tatsächlichen Gesichtspunkten ohne Bindung an die Auffassung des Kostenbeamten und der beteiligten Strafverfolgungs- und Ermittlungsbehörden zu untersuchen (BVerfG NJW 1970, 853; OLG Koblenz NStZ-RR 2010, 359).

121 **d)** Der Ansatz der im EV angefallenen Auslagen ist nach Nr. 9015 KV GKG **begrenzt** durch die **Höchstsätze** für die **Auslagen** nach Nrn. 9000 bis 9011 KV GKG. Voraussetzung insbesondere für die Berücksichtigung von im EV angefallenen Sachverständigen, Übersetzer-, Dolmetscherkosten und Zeugenauslagen ist deshalb, dass diese Beträge die nach dem JVEG vorgesehenen Beträge (vgl. Nr. 9005 KV GKG) nicht übersteigen (KG NStZ-RR 2009, 190; OLG Koblenz NStZ-RR 2010, 359; Beschl. v. 21.1.2010 – 2 Ws 21/10; LG Berlin I, Beschl. v. 11.4.2024 – 525 Qs 46/24, StraFo 2024, 226; vgl. a. OLG Frankfurt, Beschl. v. 14.12.2022 – 2 Ws 2/22).

☝ Dem Kostenschuldner müssen spätestens im **Erinnerungsverfahren** gegen den Kostenansatz gem. § 66 GKG die zur Prüfung des Kostenansatzes notwendigen **Tatsachen** und **Unterlagen bekannt gegeben** werden (OLG Düsseldorf, 24.6.1999 – 1 Ws 736/99, n.v.; vgl. zur Prüfungspflicht auch OLG Frankfurt, Beschl. v. 14.12.2022 – 2 Ws 2/22; OLG Koblenz NStZ-RR 2010, 359).

122 **3.a)** Werden **Mitangeklagte** in einem gemeinsamen Verfahren wegen derselben Tat i.S.d. § 264 StPO verurteilt, haften sie gem. § 466 S. 1 StPO, § 31 Abs. 1 GKG (vgl. bei der Privatklage auch § 471 Abs. 4 StPO, bei der Nebenklage § 472 StPO) grds. für alle tatbezogenen Auslagen als **Gesamtschuldner** (OLG Karlsruhe StV 2006, 34; OLG Koblenz JurBüro 2006, 323; NStZ-RR 2002, 160 = StraFo 2002, 246). Für die **gesamtschuldnerische Auslagenhaftung** nach § 466 StPO ist es nicht erforderlich, dass die Verurteilung im selben Urteil erfolgt ist (OLG Karlsruhe StV 2006, 34; NK-GK/*Volpert*, § 33 GKG Rn 7).

123 Ob und in welchem Umfang der Kostenbeamte die Auslagen von den Verurteilten einfordert, steht nach § 8 Abs. 4 KostVfg in seinem pflichtgemäßen Ermessen (LG Dresden NStZ-RR 2012, 327; *Schmitt/Köhler*, § 466 Rn 2). Daher kann die Anforderung z.B. nach **Kopfteilen** erfolgen (OLG Karlsruhe Justiz 2006, 13 = StV 2006, 34; OLG Koblenz JurBüro 2006, 323). Bei gesamtschuldnerischer Auslagenhaftung erfolgt eine Inanspruchnahme für vorbehaltene und bei anderen Schuldnern erfolglos angeforderte Kopfteile nicht als Zweitschuldner i.S.v. § 31 Abs. 2 GKG, sondern als Mitschuldner/Erstschuldner gem. § 29 Nr. 1 GKG (OLG Koblenz JurBüro 2006, 323).

124 **b)** Die Tat i.S.v. § 466 S. 1 StPO ist in einem weiteren Sinne zu verstehen. **Entscheidend** ist, dass **mehrere Verurteilte** für Auslagen nur insoweit als Gesamtschuldner haften, soweit diese Auslagen **dieselbe Tat** im prozessualen Sinne, also den gesamten der Anklage insoweit zugrunde liegenden historischen Lebensvorgang betreffen. Die Mitwirkung an einem – prozessual – selbstständigen Einzelakt im Rahmen eines zusammenhängenden Gesamtgeschehens genügt dafür nicht (OLG Karlsruhe StV 2006, 34). Der Begriff „dieselbe Tat“ geht über die Teilnahmeformen der §§ 25 ff. StGB hinaus, verlangt aber einen inneren und äußeren Zusammenhang und setzt innerhalb eines geschichtlichen Vorgangs ein Mitwirken in

derselben Richtung voraus (BGH NJW 1951, 324). Die Teilnahme als Anstifter, Gehilfe sowie die Mittäter- und Nebentäterschaft reichen zur Bejahung derselben Tat aus.

Bei Diebstahl und Hehlerei, Vorteilsannahme und Bestechlichkeit sowie Vorteilsgewährung und Beste- 125
chung, bei Begünstigung und Strafvereitelung sowie bei **Beteiligung mehrerer** an einer **Schlägerei** liegt dieselbe Tat vor. Bei Körperverletzung und unterlassener Hilfeleistung sowie Meineid und Prozessbetrug handelt es sich dagegen um verschiedene Taten (*Schmitt/Köhler*, § 466 Rn 1). Die Mitwirkung an einem in den Fortsetzungszusammenhang fallenden Teilakt des von dem Mitverurteilten begangenen Verbrechens führt keine Tatidentität i.S.v. § 466 StPO herbei, so dass eine über den Einzelakt hinausgehende Mithaftung für Auslagen nicht begründet wird (OLG Düsseldorf JurBüro 1989, 846).

c) Ausgenommen von der gesamtschuldnerischen Haftung sind die in **§ 466 S. 2 StPO** aufgeführten Kos- 126
ten (OLG Karlsruhe StV 2006, 34; OLG Koblenz JurBüro 2006, 323; NStZ-RR 2002, 160 = StraFo 2002, 246). Zu diesen Kosten **gehören**:

- die Pflichtverteidigerkosten (vgl. Nr. 9007 KV GKG),
- Dolmetscherkosten (vgl. Nr. 9005 KV GKG),
- Übersetzerkosten dürften ebenfalls erfasst sein,
- Haft- und Vollstreckungskosten (Nr. 9011 KV GKG),
- Kosten der einstweiligen Unterbringung oder der **Untersuchungshaft** (Nr. 9011 KV GKG, § 73 GKG),
- durch **Untersuchungshandlungen** ausschließlich gegen einen Mitangeklagten angefallene Auslagen (z.B. § 81a StPO für eine Blutentnahme).

☝ Die gesamtschuldnerische Haftung gem. § 466 S. 1 StPO erstreckt sich daher **nicht** auf Auslagen, die wegen weiterer selbstständiger Taten entstanden sind, an welchen ein **Verurteilter nicht** beteiligt war und gegen den insoweit auch keine Ermittlungen geführt worden sind (OLG Karlsruhe StV 2006, 34; LG Bonn StraFo 2004, 255). Frühere Beschuldigte, die nicht verurteilt worden sind oder gegen die nach Abtrennung gesonderte Verfahren geführt wurden, sind keine Gesamtschuldner i.S.v. § 466 S. 1 StPO (OLG Koblenz JurBüro 2006, 323).

4. Für einzelne **ausgewählte Auslagentatbestände** gilt Folgendes: 127

a) Nach Abs. 4 der Anm. zu Nr. 9005 KV GKG können **Dolmetscher-** und **Übersetzerkosten** für einen der deutschen Sprache nicht mächtigen Beschuldigten grds. nicht erhoben werden, wenn Erklärungen oder Schriftstücke übertragen worden sind, auf deren Verständnis der Beschuldigte zu seiner Verteidigung angewiesen oder soweit dies zur Ausübung seiner strafprozessualen Rechte erforderlich war (Art. 6 Abs. 3 Buchst. e) EMRK; EGMR NJW 1979, 1091; NJW 1985, 1273; BVerfG NJW 2004, 50 = NStZ 2004, 161; BGH FGPrax 2010, 154; NJW 2001, 309 = NStZ 2001, 107 = StraFo 2001, 54; OLG Düsseldorf MDR 1981, 74). Im Fall der kostenpflichtigen Verurteilung des Angeklagten muss das in der Kostenentscheidung nicht ausdrücklich angeordnet werden (KK-StPO/*Gieg*, § 464c Rn 2). Eine Ausnahme hiervon gilt in den Fällen der §§ 464c, 467 Abs. 2, 467a Abs. 1 S. 2 StPO. Im Fall einer Kostenentscheidung nach § 467 Abs. 2 StPO werden hiervon auch die durch eine schuldhafte Säumnis angefallenen Dolmetscher- und Übersetzerkosten erfasst. Eine ausdrückliche Erwähnung ist nicht erforderlich (KK-StPO/*Gieg*, § 464c Rn 4). Allerdings erfolgt nicht jedwede Inanspruchnahme von Dolmetschern gegenüber fremdsprachigen Beschuldigten unentgeltlich. Art. 6 Abs. 3 Buchst. e) EMRK gewährt insoweit lediglich Mindestrechte, um die Beteiligung an der auf Deutsch geführten Verhandlung zu ermöglichen (BVerfG NJW 2004, 1095). Art. 6 Abs. 3 Buchst. e) EMRK enthält daher kein Recht des Angeklagten, umfassend von jeglichen Dolmetscherkosten freigestellt zu werden (OLG Schleswig SchlHA 2003, 206; vgl. a. noch OLG Dresden RVGreport 2011, 359 = StRR 2011, 362; vgl. a. Burhoff/Volpert/*Volpert*, RVG, Teil A Rn 635 ff.). So hat der Beschuldigte z.B. nur Anspruch auf kostenfreie Übersetzung der Teile der Verfahrensakte, deren Kenntnis zur ordnungsgemäßen Verteidigung erforderlich ist (vgl. a. OLG Dresden RVGreport 2011, 359 = StRR 2011, 362).

☝ **Zustellungsauslagen** (Nr. 9002 KV GKG) für die **Ladung** eines solchen **Dolmetschers** werden ebenfalls **nicht** erhoben (LG Koblenz StraFo 1997, 153).

Dolmetscher- und Übersetzerkosten, die dadurch entstanden sind, dass z.B. für fremdsprachige **Zeugen** oder **Sachverständige** Erklärungen oder Schriftstücke übertragen bzw. übersetzt worden sind, sind dagegen vom Kostenschuldner zu erheben. Wird ein **ehemals Beschuldigter** später als Zeuge in dem Strafverfahren vernommen, sind nur die anlässlich der Zeugenvernehmung angefallene Dolmetscher- und Übersetzerkosten zu erheben (OLG Celle NStZ 2001, 221 = Rpfleger 2001, 147).

128 Im Einzelnen gilt:

Briefkontrolle und Besuchsüberwachung:

Art. 6 Abs. 3 Buchst. e) EMRK garantiert die unentgeltliche Gestellung eines Dolmetschers zwar nur für Erklärungen und Schriftstücke, auf die der Beschuldigte zu seiner Verteidigung angewiesen ist. Gleichwohl sind Dolmetscher- und Übersetzungskosten, die während der U-Haft im Rahmen der Briefkontrolle und der Besuchsüberwachung anfallen, **von** dem **Beschuldigten** nach seiner Verurteilung **nicht** zu **erstatten**. Dem fremdsprachigen Beschuldigten muss wie dem deutschen Beschuldigten die Möglichkeit eingeräumt werden, kostenfrei Kontakt zur Außenwelt zu halten. Denn der Besuchsverkehr unterliegt bereits aus Gründen der Anstaltssicherheit und -ordnung einer derart starken Einschränkung, dass die mangelnden Sprachkenntnisse des Gefangenen nicht zu einer noch weiter gehenden Beschränkung des Besuchsrechts führen dürfen (BVerfG NJW 2004, 1095; OLG Celle StraFo 2016, 23 = JurBüro 2016, 139; OLG Düsseldorf NStZ 1994, 403; StV 1991, 523; OLG Frankfurtn StV 1986, 24; LG Düsseldorf, Beschl. v. 2.3.2011 – 7 Qs 12/11, RVGreport 2011, 356; LG Stuttgart NStZ 2002, 83 auch bei einer Besuchszusammenführung des Angeklagten mit seiner mitangeklagten Lebensgefährtin; a.A. vor der Entscheidung des BVerfG z.B. OLG Bamberg StraFo 2000, 34; OLG Koblenz StV 1997, 429). Unerheblich ist, ob der Beschuldigte oder die ihn besuchenden Ehegatten oder nahen Familienangehörigen der deutschen Sprache nicht mächtig sind (OLG Celle StraFo 2016, 23 = JurBüro 2016, 139). Unverhältnismäßig hohe oder objektiv überflüssige Übersetzungskosten im Rahmen des Briefverkehrs (BVerfG NJW 2004, 1095) oder durch unbeschränkte Besuche in seiner Heimatsprache durch seine Angehörigen verursachte unverhältnismäßig hohe Dolmetscherkosten (OLG Schleswig SchlHA 1995, 4) soll der Verurteilte allerdings selbst tragen müssen.

129 **Telefonüberwachung:**

Im Rahmen der Telefonüberwachung im EV angefallene Dolmetscher- bzw. Übersetzerkosten sind von dem rechtskräftig **Verurteilten** zu trage,n (BVerfG NJW 2004, 1095; OLG Düsseldorf, Beschl. v. 12.12.2012 – 1 Ws 286/12; OLG Karlsruhe Beschl. v. 31.8.2005 – 1 Ws 135/05, StV 2006, 34; OLG Koblenz JurBüro 2001, 102; LG Düsseldorf, Beschl. v. 4.7.2012 – 3 KLs 21/10; LG Flensburg, Beschl. v. 20.2.2002 – II Qs 8/02). Die Kostentragungspflicht besteht auch dann, wenn es nicht zur Anklage gekommen und das Verfahren auf Kosten des Angeklagten eingestellt worden ist (OLG Schleswig SchlHA 2003, 206). Auch wenn die Überwachung der Telekommunikation (auch) wegen des Verdachts weiterer Straftaten der Angeklagten angeordnet und durchgeführt worden ist, werden diese Kosten vom Verurteilten geschuldet. Tatbezogene Kosten sind auch insoweit zu erstatten, als sie durch Ermittlungen in eine sich nicht bestätigende Verdachtsrichtung, seien es tateinheitliche Gesetzesverletzungen oder Taten, die Gegenstand des EVs waren, in denen es jedoch nicht zur Anklage gekommen ist oder in denen das Verfahren eingestellt worden ist, aufgewendet worden sind (OLG Düsseldorf, Beschl. v. 12.12.2012 – 1 Ws 286/12).

☝ Die Kosten der Telefonüberwachung werden von dem Kostenschuldner aber **nur** i.H.d. nach dem **JVEG zu zahlenden Beträge** geschuldet. Wird eine schriftliche Übersetzung des Wortlauts geführter Telefonate gefertigt, richtet sich die Vergütung nach § 11 JVEG. Das gilt auch, wenn das zu übersetzende Material als Tonträger- oder Telekommunikationsaufzeichnung vorliegt. Daneben kommt kein Zeithonorar für den Übersetzer in Betracht (OLG Düsseldorf, Beschl. v. 19.4.2010 – 1 Ws 23/10; OLG Schleswig JurBüro 2015, 598).

Strafvollstreckung: 130

Es ist **umstritten**, ob in der Strafvollstreckung (z.B. im Verfahren zur Aussetzung des Strafrestes zur Bewährung angefallene Dolmetscher- und Übersetzerkosten) vom Verurteilten zu tragen sind, weil dieses Verfahren keine Entscheidungen mehr im Hinblick auf die Stichhaltigkeit der Anklage betrifft und deshalb auch von Art. 6 Abs. 3 Buchst. e EMRK nicht mehr erfasst ist (LG Dresden, Beschl. v. 8.4.2019 – 3 Qs 11/19; AG Montabaur StraFo 1997, 283 = NStZ 1997, 616; a.A. LG Kassel StraFo 2013, 130). Auch wenn die EMRK auf Verfahren in der Strafvollstreckung nicht für anwendbar gehalten wird, dürfte einer Kostentragungspflicht des Verurteilten insoweit aber letztlich das Diskriminierungs-gebot in Art. 3 Abs. 3 S. 1 GG entgegenstehen (LG Dresden, Beschl. v. 8.4.2019 – 3 Qs 11/19; LG Kassel StraFo 2013, 130). Denn der fremdsprachige Verurteilte erleidet gegenüber einem deutschsprachigen Verurteilten einen Nachteil aufgrund seiner Sprachunkundigkeit, wodurch der Schutzbereich des Art. 3 Abs. 3 S. 1 GG betroffen ist. Wenn Dolmetscher- und Übersetzerkosten einem deutschsprachigen Verurteilten daher nicht entstanden wären, ist der fremdsprachige Verurteilte damit ebenfalls nicht zu belasten (LG Dresden, Beschl. v. 8.4.2019 – 3 Qs 11/19; LG Kassel StraFo 2013, 130).

Übersetzung eines Rechtshilfeersuchens einer ausländischen Strafverfolgungsbehörde: 131

Muss zur Bearbeitung eines **Rechtshilfeersuchens** eine ausländische Strafakte für den **deutschen Angeklagten** übersetzt werden, **trägt** dieser in entsprechender Anwendung von § 464c StPO die hierdurch angefallenen Übersetzungskosten nicht (LG Trier NStZ-RR 2009, 159). Übersetzungskosten für Rechtshilfeersuchen des deutschen Gerichts ins Ausland sind dagegen anzusetzen (OLG Frankfurt NStZ-RR 1998, 158).

b) Zu den umlagefähigen und damit vom **Verurteilten** zu **tragenden Aufwendungen** der Strafverfolgungsbehörden gehören auch die Kosten einer **Telefonüberwachung** (LG Cottbus RVGreport 2020, 273; eingehend *Burhoff*, EV, Rn 4523 m.w.N. aus der Rspr.). Diese JVEG-Beträge (§ 23 Abs. 1 JVEG und die zum 1.6.2025 durch das KostBRÄG 2025 neu gefasste Anlage 3 zu § 23 Abs. 1 JVEG) werden nach Nr. 9005 KV GKG in voller Höhe erhoben (OLG Celle NStZ 2001, 221; OLG Koblenz NStZ-RR 2002, 160 = StraFo 2002, 246; a.A. LG Hamburg JurBüro 1989, 1719), bei der Telefonüberwachung im Ermittlungsverfahren i.V.m. Nr. 9015 KV GKG, OLG Düsseldorf, Beschl. v. 12.12.2012 – III-1 Ws 286/12; LG Cottbus RVGreport 2020, 273; LG Düsseldorf, Beschl. v. 4.7.2012 – 3 KLs 21/10). Der Kostenschuldner haftet nicht für die Kosten der Hilfsmittel, die für die Durchführung der Telefonüberwachung beschafft wurden (Mietkosten der Polizei für Computeranlage; OLG Celle, a.a.O.). Die Kosten der Telefonüberwachung hat der Verurteilte aber nicht zu tragen, wenn eine groß angelegte Telefonüberwachung gerade nicht den Ermittlungen gegen den Verurteilten, sondern der Feststellung der organisatorischen Struktur einer Bande diente, um Hintermänner zu ermitteln und ihnen Straftaten nachzuweisen (LG Bonn StraFo 2004, 255). 132

c) Erstellt ein **Wirtschaftsreferent** der StA für das Gericht oder die StA ein **Gutachten**, sind diese Kosten **als fiktive Kosten** des Verfahrens **gegen** den **Verurteilten** auszusetzen (KG NStZ-RR 2009, 190; OLG Koblenz NStZ-RR 1998, 127; LG Dresden NStZ-RR 2012, 327; LG Trier NStZ-RR 1998, 256; vgl. a. OLG Koblenz NStZ-RR 2010, 359 und Beschl. v. 21.1.2010 – 2 Ws 21/10 sowie OLG Frankfurt, Beschl. v. 11.11.2021 – 2 Ws 52/19, jeweils zu den Kosten für eine von der StA als Sachverständige zugezogene 133

Arzthelferin). Das gilt aber nur, wenn tatsächlich eine Tätigkeit als Sachverständiger und nicht lediglich als Ermittlungsgehilfe vorliegt. Das ist dann der Fall, wenn losgelöst von der eigentlichen Ermittlungstätigkeit der Auftrag erteilt wird, eigenverantwortlich und frei von jeder Beeinflussung ein Gutachten zu einem bestimmten Beweisthema zu erstatten (KG, a.a.O.; OLG Koblenz, a.a.O., NStZ-RR 2010, 359; auch BGH NStZ 1984, 215; OLG Schleswig NStZ-RR 2017, 127 = StV 2017, 660). Eine seitens der Strafverfolgungsbehörde herangezogene Arzthelferin ist nur dann als Sachverständige anzusehen, wenn sie nicht nur eine Sichtung von Unterlagen einer Arztpraxis vorgenommen hat, sondern unter Einsatz geeigneter Rechercheprogramme und ihres Fachwissens ermittlungsrelevante Tatsachen fest- und zusammengestellt hat (OLG Frankfurt, Beschl. v. 11.11.2021 – 2 Ws 52/19; OLG Koblenz NStZ-RR 2010, 359; OLG Schleswig NStZ-RR 2017, 127 = StV 2017, 660). Maßgebend ist grds. die Anzahl der vom Wirtschaftsreferenten angegebenen Stunden. Gem. § 8 Abs. 2 S. 1 JVEG ist jede Stunde der erforderlichen Zeit einschließlich notwendiger Reise- und Wartezeiten zu berücksichtigen. Die Zuordnung in die Honorargruppe 6.1 gem. § 9 Abs. 1 JVEG (147,00 EUR) ist nicht zu beanstanden, wenn das Gutachten auf dem Gebiet der Unternehmensbewertung, Betriebsunterbrechungs- und -verlagerungsschäden erstellt worden ist (KG Rpfleger 2015, 727 = wistra 2015, 402). Entsprechendes gilt, wenn in Bayern der gerichtsärztliche Dienst (Landgerichtsarzt; Bayerisches Gesetz über den öffentlichen Gesundheits- und Veterinärdienst, die Ernährung und den Verbraucherschutz sowie die Lebensmittelüberwachung [Gesundheitsdienst- und Verbraucherschutzgesetz – GDVG] vom 24.7.2003 [GVBl. 2003, S. 452]) ein Gutachten in einer Strafsache erstellt. Unerheblich für den Ansatz in der Kostenrechnung ist, wenn dem Wirtschaftsreferenten wegen § 1 Abs. 2 S. 2 JVEG (Erstattung eines Gutachtens in Erfüllung von Dienstaufgaben) tatsächlich keine Vergütung gezahlt wird (vgl. Abs. 2 der Anm. zu Nr. 9005 KV GKG; KG, a.a.O.).

134 **d)aa)** Nach Nr. 9007 KV GKG schuldet der Verurteilte der Staatskasse die an Rechtsanwälte zu zahlenden Beträge (**Rechtsanwaltskosten**) mit Ausnahme der nach § 59 RVG auf die Staatskasse übergegangenen Ansprüche. Da nach § 59 RVG ein Anspruchsübergang auf die Staatskasse nur stattfindet, wenn ein Rechtsanwalt im Wege der **Prozesskostenhilfe** beigeordnet worden ist (s. Burhoff/Volpert/*Volpert*, RVG, Teil A Rn 2190 ff.), gehören die aus der Staatskasse sonst an beigeordnete oder bestellte Rechtsanwälte gezahlten Beträge zu den nach Nr. 9007 KV GKG in der Gerichtskostenrechnung anzusetzenden Beträgen. Nach § 59 übergegangene Beträge werden durch den Anspruchsübergang auf die Staatskasse aber nicht zu Gerichtskosten i.S.v. § 19 GKG und sind deshalb in der Gerichtskostenrechnung gesondert aufzuführen (OLG Düsseldorf, Beschl. v. 17.2.2011 – 10 WF 32/10).

135 Im Einzelnen gilt:

- Unter Nr. 9007 KV GKG fällt die **Pflichtverteidigervergütung**. Daher sind die an den Pflichtverteidiger aus der Staatskasse gezahlten Beträge als Auslagen vom rechtskräftig Verurteilten zu erheben. Hierunter fällt auch die aus der Staatskasse im Verfahren gem. § 55 RVG gezahlte und zuvor vom OLG festgesetzte Pauschgebühr gem. § 51 RVG. Die Pflichtverteidigervergütung gehört zu den Kosten des Verfahrens i.S.v. § 464a Abs. 1 StPO (Gebühren und Auslagen der Staatskasse, Verfahrenskosten) und nicht zu den notwendigen Auslagen eines Beteiligten gem. § 464a Abs. 2 StPO (BVerfG NJW 2003, 196 = NStZ 2003, 319; LG Koblenz NStZ-RR 1999, 128). Werden daher z.B. in einer Einstellungsentscheidung gem. § 154 Abs. 2 StPO die Kosten der Staatskasse auferlegt, von der Auferlegung der entstandenen notwendigen Auslagen zu Lasten der Staatskasse aber abgesehen (§ 467 Abs. 4 StPO), kann die zu den Verfahrenskosten gehörende Pflichtverteidigervergütung nicht über Nr. 9007 KV GKG in Rechnung gestellt werden (NK-GK/Volpert, KV 9007 GKG Rn 4).
- Auch die Vergütung, die an den dem **Nebenkläger** gem. §§ 397a Abs. 1, 406g StPO bestellten **Beistand** gezahlt worden ist, fällt unter Nr. 9007 KV GKG (vgl. a. KG JurBüro 2009, 656; LG Meiningen, Beschl. v. 11.1.2013 – 2 Qs 2/13). Für den bereits vor Erhebung der Anklage einstweilen bestellten Beistand gem. § 406g Abs. 4 StPO gilt das aber nur, wenn später keine PKH bewilligt wird. Erfolgt später Beiordnung im Rahmen der PKH, gilt für die Einziehung § 59 RVG. Nicht unter Nr. 9007 KV GKG fällt die dagegen an den im Wege der PKH beigeordneten Nebenkläger-Vertreter gezahlte

Vergütung, für deren Einziehung § 59 RVG gilt (zu weiteren Einzelheiten vgl. die Komm. bei NK-GK/*Volpert*, Nr. 9007 KV GKG Rn 13 ff.).

- Unter Nr. 9007 KV GKG fällt auch die an den gem. § 68b Abs. 2 StPO beigeordneten **Zeugenbeistand** aus der Staatskasse gezahlte Vergütung (OLG Düsseldorf, Beschl. v. 6.11.2009 – III-1 Ws 562/09; Beschl. v. 29.5.2013 – III-1 Ws 42/13). Diese Vergütung gehört zu den Verfahrenskosten i.S.v. § 464a Abs. 1 StPO (OLG Düsseldorf, a.a.O.).

Vergütungen, die aus der Staatskasse für die Vertretung im **Adhäsionsverfahren** (§§ 404 ff. StPO) zu zahlen sind (zusätzliche Verfahrensgebühr Nr. 4143 – 4145 VV RVG, ggf. Einigungsgebühr Nr. 1000, 1003 und 1004 VV RVG, zzgl. Auslagen nach Teil 7 VV RVG), werden nicht gem. Nr. 9007 KV GKG, sondern ggf. nur nach § 59 RVG eingezogen (NK-GK/*Volpert*, Nr. 9007 KV GKG Rn 16). Denn nach § 404 Abs. 5 StPO ist für das Adhäsionsverfahren PKH zu bewilligen und ein Rechtsanwalt beizuordnen; dem Angeklagten soll sein Verteidiger beigeordnet werden. Die Pflichtverteidigerbestellung erstreckt sich nach inzwischen wohl h.M. in der Rspr. auch auf das Adhäsionsverfahren (vgl. BGH, Beschl. v. 27. 7.2021 – 6 StR 307/21, AGS 2021, 431 = StraFo 2021, 473 = NJW 2021, 2901; Urt. v. 30. 6.2022 – 1 StR 277/21, NStZ-RR 2022, 336; OLG Bamberg, Beschl. v. 5.9.2024 – 1 Ws 187/24, AGS 2024, 554 = JurBüro 2024, 581 = NStZ-RR 2025, 95; OLG Brandenburg, Beschl. v. 24.1.2022 – 1 Ws 108/21 (S), AGS 2022, 211; OLG Dresden, Beschl. v. 21.12.2023 – 2 Ws 298/23, AGS 2024, 90 a.A. BGH, Beschl. v. 8.12.2021 – 5 StR 162/21; LG Osnabrück, Beschl. v. 5.9.2022 – 18 KLs 5/22, AGS 2023, 46 = JurBüro 2022, 638, unter Auseinandersetzung mit der BGH-Rspr.). Erhält der Pflichtverteidiger die auf das Adhäsionsverfahren entfallenden Gebühren (Nr. 4143 f. VV, Nr. 1000 ff. VV RVG) und Auslagen aufgrund der angenommenen Erstreckung der Pflichtverteidigerbestellung auf das Adhäsionsverfahren aus der Staatskasse, kann die Vergütung im Ergebnis auch über Nr. 9007 KV GKG eingezogen werden. Wenn die Festsetzung und Erstattung einer Vergütung für das Adhäsionsverfahren aus der Staatskasse auf einer Beiordnung im Wege der PKH gem. § 404 Abs. 5 StPO beruht, werden die Gebühren (Nr. 4143 f. VV RVG, Nr. 1000 ff. VV RVG) und Auslagen aber nicht über Nr. 9007 KV GKG, sondern ggf. nach § 59 RVG als auf die Staatskasse übergegangener Anspruch vom Kostenschuldner eingezogen (NK-GK/*Volpert*, Nr. 9007 KV GKG Rn 22).

> Erfolgt keine ausdrückliche Beiordnung im Wege der Prozesskostenhilfe gem. § 404 Abs. 5 StPO, sondern wird die Pflichtverteidigerbestellung ausdrücklich auf das Adhäsionsverfahren **lediglich erstreckt** (OLG Düsseldorf, Beschl. v. 18.5.2017 – III-1 Ws 33 – 34/17), gilt die Forderungssperre gem. § 122 Abs. 1 Nr. 1 Buchst. b ZPO i.V.m. § 404 Abs. 5 StPO mangels Vorliegen einer Beiordnung im Wege der Prozesskostenhilfe nicht. Die im Adhäsionsverfahren angefallene und aus der Staatskasse gezahlte Vergütung (zusätzliche Verfahrensgebühr Nr. 4143, 4144 VV RVG zzgl. Auslagen, ggf. Einigungsgebühr Nr. 1000, 1003 VV RVG) kann dann gegen den Kostenschuldner geltend gemacht werden.

bb) Art. 6 Abs. 3 Buchst. c) EMRK steht der Geltendmachung von Pflichtverteidigerkosten gegen den Verurteilten nach Nr. 9007 KV GKG **nicht entgegen** (BVerfG, Beschl. v. 4.1.1990 – 2 BvR 1720/89; OLG Düsseldorf, Beschl. v. 3.6.2019 – III-1 Ws 275/18; Rpfleger 1984, 115; OLG Koblenz AnwBl. 1999, 239; OLG Oldenburg JurBüro 1982, 742; OLG Zweibrücken NJW 1991, 309; LG Düsseldorf, Beschl. v. 26.11.2018 – 014 KLs 10/12; vgl. hierzu auch BVerfG NJW 2003, 196). Das gilt auch für den mittellosen verurteilten Angeklagten (BVerfG, a.a.O.; OLG Hamm NStZ-RR 2000, 160; OLG Köln JurBüro 1991, 855; a.A. OLG Düsseldorf NStZ 1985, 370). Das ergibt sich schon daraus, dass die in Art. 6 Abs. 3 Buchst. e EMRK geregelte unentgeltliche Unterstützung durch einen Dolmetscher ausdrücklich in die insoweit durch Abs. 4 der Anm. zu Nr. 9005 KV GKG angeordnete Auslagenfreiheit übernommen worden ist. 136

☝ Sind dem Pflichtverteidiger die durch die Zuziehung eines Dolmetschers für Gespräche mit dem Mandanten entstandenen Dolmetscherkosten gem. § 46 RVG von der Staatskasse erstattet worden (s. dazu Burhoff/*Volpert*, RVG, Teil A: Auslagen aus der Staatskasse [§ 46 Abs. 1 und 2], Rn 300 ff.), dürfen die in der **Pflichtverteidigervergütung** als Auslagen **enthaltenen Dolmetscherkosten** vom Verurteilten **nicht** nach Nr. 9007 KV GKG **angefordert** werden. Es muss gewährleistet werden, dass der Beschuldigte mit Dolmetscherkosten für Gespräche mit seinem Verteidiger nicht belastet wird, weil er von diesen Kosten befreit ist (Art. 6 Abs. 3 Buchst. e) EMRK). Auch aus Nr. 9005 Nr. 4 KV GKG folgt, dass die Staatskasse diese Dolmetscherkosten tragen muss (OLG Karlsruhe StraFo 2009, 527; OLG München StraFo 2008, 88; NK-GK/Volpert, Nr. 9007 KV GKG Rn 9). Aus dem Gesamtbetrag der vom Verurteilten nach Nr. 9007 KV GKG geschuldeten Pflichtverteidigerkosten müssen die Dolmetscherkosten bzw. Übersetzerkosten herausgenommen bzw. herausgerechnet werden (OLG Düsseldorf MDR 1981, 74; OLG München NJW 1982, 2739 = MDR 1982, 956 = Rpfleger 1982, 397).

137 cc) Der **Pflichtverteidiger** ist in Straf- und Bußgeldsachen gem. § 28 Abs. 2 GKG **alleiniger Kostenschuldner** der nach Nr. 9003 KV GKG zu erhebenden Aktenversendungspauschale (BGH NJW 2011, 3041 = AGS 2011, 262 = Rpfleger 2011, 563 = RVGreport 2011, 215). Die Kostenhaftung nach § 28 Abs. 2 GKG ist eine ausschließliche Haftung (BGH, a.a.O.). Eine Haftung aus § 29 Nr. 1 GKG (Kostenauferlegung) durch den Verurteilten ist daneben nicht möglich (BGH, a.a.O.). Aus dem Auslagentatbestand in Nr. 9007 KV GKG folgt nichts anderes. Denn die Auslagenerhebung nach diesem Tatbestand setzt einen Kostenschuldner voraus, der für die als gerichtliche Auslage nach Nr. 9003 KV GKG zu erhebende Aktenversendungspauschale nur in § 28 Abs. 2 GKG bestehen kann (ausschließliche Haftung). Der Verurteilte kann deshalb für die von seinem Rechtsanwalt geschuldete Aktenversendungspauschale nicht nach § 29 Nr. 1 GKG von der Staatskasse als Entscheidungsschuldner in Anspruch genommen werden. Wird dem Pflichtverteidiger die vorher von ihm verauslagte Aktenversendungspauschale gem. § 46 RVG aus der Staatskasse erstattet, muss im Rahmen des Gerichtskostenansatzes gegen den Verurteilten sichergestellt werden, dass die Pauschale zuvor aus der in die Kostenrechnung nach Nr. 9007 KV GKG einzustellenden Vergütung heraus gerechnet wird.

☝ Weil der Pflichtverteidiger gem. §§ 45, 46 RVG gegen die Staatskasse Anspruch auf Erstattung der von ihm zuvor an die Staatskasse gezahlten Aktenversendungspauschale aus der Staatskasse hat, ist es sinnvoll, dem Pflichtverteidiger die Aktenversendungspauschale erst gar nicht in Rechnung zu stellen. Hierdurch wird unnötiger Bearbeitungsaufwand vermieden. Außerdem besteht dann auch nicht die Gefahr, dass die in der späteren Pflichtverteidigervergütung enthaltene Pauschale dem Verurteilten gem. Nr. 9007 KV GKG in Rechnung gestellt wird.

138 e) Der Verurteilte darf zwar grds. nicht mit Pflichtverteidigerkosten belastet werden, die durch **verspätete Entpflichtung** des Pflichtverteidigers, z.B. aufgrund der Bestellung eines Wahlverteidigers, entstanden sind (OLG Düsseldorf JurBüro 1996, 655). Der Kostenbeamte kann diese Kosten aber nur aufgrund einer gerichtlichen Entscheidung nach § 21 GKG (**unrichtige Sachbehandlung**) außer Ansatz lassen. Der Einwand unrichtiger Sachbehandlung kann im Erinnerungsverfahren gem. § 66 GKG erhoben werden (OLG Bamberg JurBüro 1988, 199; OLG Dresden NStZ-RR 2013, 392; OLG Düsseldorf JurBüro 1983, 1536; OLG Zweibrücken NJW 1991, 309). Allerdings können die Kosten nach § 21 GKG wegen **unrichtiger Sachbehandlung** (vgl. hierzu BGH, Beschl. v. 6.6.1994 – 5 StR 180/94, zu den Kosten eines zweiten Pflichtverteidigers) nur dann niedergeschlagen werden, wenn Gesichtspunkte der Verfahrenssicherung oder sonstige Gründe für die Beibehaltung der Bestellung keine Rolle gespielt haben (OLG Düsseldorf JurBüro 1996, 655; LG Bremen StV 1993, 654). Daher können auf den Verurteilten auch die Kosten zukommen, die durch zusätzliche Bestellung eines Pflichtverteidigers trotz bereits vorhandenem Wahlverteidiger (BVerfG NJW 1984, 2403; OLG Düsseldorf JurBüro 1983, 1536; OLG Hamm, Beschl. v.

16.1.1990 – 1 Ws 394/89; OLG Zweibrücken, a.a.O.) oder durch Bestellung von mehreren Pflichtverteidigern angefallen sind (LG Göttingen JurBüro 1993, 483).

Ist dem Angeklagten **neben** dem **Wahlverteidiger** ein **Pflichtverteidiger** nur wegen der **Vielzahl** der ihm zur Last gelegten **Straftaten**, derentwegen aber letztlich (Teilfreispruch) Freispruch erfolgt ist, bestellt worden (vgl. a. § 144 StPO) und hätten die Taten, die zur Verurteilung geführt haben, die Bestellung des Pflichtverteidigers neben dem Wahlverteidiger nicht gerechtfertigt, so dürfen die Pflichtverteidigerkosten nicht in Ansatz gebracht werden (OLG Düsseldorf JurBüro 1985, 733 = StV 1985, 142 = MDR 1985, 518). **139**

f) Der Verurteilte schuldet nach Nr. 9009 Ziff. 1, 9015 KV GKG die an Dritte zu zahlenden Beträge für den **Transport** und die **Verwahrung von Sachen** (**Lagerkosten**; KG, Beschl. v. 12.9.2001 – 1 AR 619/01; OLG Koblenz NStZ-RR 1998, 128; LG Berlin, Beschl. v. 25.5.2010 – 510 Qs 65/10). **Grundlage** für den Ansatz ist Nr. 9009 Ziff. 1 KV GKG, der über Nr. 9015 KV GKG auch für bereits im Ermittlungsverfahren angefallene Lagerkosten gilt (§ 464 Abs. 1 S. 2 StPO). Die Unterstellung eines beschlagnahmten Pkw in einer justizeigenen Garage löst keine Lagerkosten aus. Es können z.B. Sachen für eine spätere Einziehung im Strafverfahren transportiert werden. Dann sind sowohl die **Transport-** als auch die **Lagerkosten** Auslagen nach Nr. 1. Bei der Polizei angefallene Kosten für das **Abschleppen** eines Kraftfahrzeugs können als Auslagen nach Nr. 9009 Nr. 1 KV GKG (i.V.m. Nr. 9015 KV GKG) zu erheben sein, wenn diese Kosten als Verfahrenskosten i.S.v. § 464a Abs. 1 StPO qualifiziert werden können. Das kann bei Abschleppkosten aber z.B. dann fraglich sein, wenn diese nur durch das Aufräumen einer Unfallstelle angefallen sind. Kosten, die z.B. durch das Abschleppen eines Kraftfahrzeugs zu einer kriminaltechnischen Untersuchung entstanden sind, werden daher ohne Weiteres als Verfahrenskosten i.S.v. § 464a Abs. 1 StPO unter Nr. 9009 Nr. 1 KV GKG fallen. Werden Sachen mit der **Post** befördert, werden die dadurch für **Postdienstleistungen** zu zahlenden Entgelte allerdings nicht erhoben. Frachtkosten der Deutschen Bahn AG werden dagegen erhoben. **140**

Verwahrungskosten können aber **nur bis zur Rechtskraft** zuzüglich einer angemessenen Frist zur Abholung der Sache in der Rechnung berücksichtigt werden (OLG Koblenz NStZ-RR 1998, 128; *Meyer* JurBüro 1997, 619). Denn bei Einziehung wird der Staat gem. § 75 StGB Eigentümer der Sache; bei Aufhebung der Beschlagnahme sind die Sachen zurückzugeben. Nach diesem Zeitpunkt anfallende Aufbewahrungskosten schuldet der Verurteilte allenfalls aus einem anderen Rechtsgrund (Verwahrungsvertrag; NK-GK/*Volpert*, Nr. 9009 KV GKG Rn 6). Tritt die Rechtskraft im Laufe eines Monats ein, sind die vom Verurteilten zu tragenden Lagerkosten für diesen Monat entsprechend tageweise zu berechnen (NK-GK/*Volpert*, Nr. 9009 KV GKG Rn 8). **141**

☝ Lagerkosten sind **auch dann nur bis** zur **Rechtskraft** vom Verurteilten zu tragen, wenn er im Laufe des Verfahrens auf die **Rückgabe** der **Sache verzichtet** hat und eine Einziehungsanordnung dadurch entbehrlich geworden ist. Denn mit der Verzichtserklärung allein wird der Staat noch nicht Eigentümer (§§ 958, 959 BGB), sodass auch hier auf die Rechtskraft abgestellt werden muss (OLG Koblenz NStZ-RR 1998, 128; *Meyer* JurBüro 1997, 619; *Meyer*, GKG, KV 9009 Rn 64). Wird ein dem Verurteilten nicht gehörender Gegenstand unnötig lange sichergestellt, sind die durch die Verwahrung angefallenen Auslagen nicht vom Kostenschuldner einzufordern, wenn eine Entscheidung gem. § 21 GKG ergeht (KG, Beschl. v. 12.9.2001 – 1 AR 619/01 – 3 Ws 301/01; vgl. zu überhöhten Unterstellkosten für einen Pkw auch OLG Köln StraFo 2009, 349). Entsprechendes kann gelten, wenn der Gegenstand nahezu wertlos war (KG, a.a.O.).

g) An Dritte – auch im EV – gezahlte Beträge für die **Durchsuchung** oder **Untersuchung** von Räumen werden nach Nr. 9009 Ziff. 3 KV GKG als Auslagen vom Verurteilten erhoben. Erfasst sind auch **die** Auslagen für Maßnahmen, die die Durchsuchung oder Untersuchung vorbereiten, also z.B. für einen Schlüsseldienst (NK-GK/*Volpert*, Nr. 9009 KV GKG Rn 11). Auch die Kosten für das Wiedereinräumen nach Durchsuchung schuldet der in die Kosten Verurteilte (LG Flensburg JurBüro 1997, 147). **142**

143 **h)** Kosten für **Sachverständige** fallen und Nr. 9005 KV GKG, ggf. i.V.m. Nr. 19015 KV GKG (Ermittlungsverfahren). Die Aufgabe eines **Sachverständigengutachtens** besteht darin, dem Richter oder Staatsanwalt die Kenntnis von Erfahrungssätzen zu vermitteln und ggf. aufgrund solcher Erfahrungssätze Tatsachen zu ermitteln. Als Sachverständiger beauftragt wird ein Dritter, wenn er aufgrund besonderer Sachkunde eine Bewertung von Anknüpfungs- oder Befundtatsachen anhand wissenschaftlicher Erkenntnisse oder Erfahrungssätze vornehmen soll (BGH NJW 1951, 771; StraFo 2011, 147; OLG Frankfurt, Beschl. v. 11.11.2021 – 2 Ws 52/19; Beschl. v. 26.5.2020 – 2 Ws 89 – 91/19, RVGreport 2020, 398; OLG Saarbrücken JurBüro 2028, 598; OLG Schleswig NStZ-RR 2017, 127 = StV 2017, 6603; LG Dresden, Beschl. v. 8.9.2020 – 16 Qs 37/20; LG Dresden, Beschl. v. 1.4.2019 – 16 Qs 89/18). Die bloße Vornahme einer organisatorischen oder technischen Dienstleistung allein reicht nicht, mag auch hierfür umfangreiches Expertenwissen erforderlich sein.

144 Deshalb wurde die von der Polizei von einem Privatunternehmen eingeholte technische Unterstützung bei der **Wiederherstellung von vermutlich gelöschten Computerdateien** nicht als die Erstattung eines Sachverständigengutachtens angesehen, sondern als bloße technische Dienstleistung. Erforderlich ist, dass er aufgrund besonderer Sachkunde eine Bewertung von Anknüpfungs- oder Befundtatsachen anhand wissenschaftlicher Erkenntnisse oder Erfahrungssätze vornehmen soll (BGH, Beschl. v. 2.3.2011 – 2 StR 275/10; OLG Frankfurt, Beschl. v. 11.11.2021 – 2 Ws 52/19; OLG Schleswig NStZ-RR 2017, 127 = StV 2017, 660; LG Düsseldorf, Beschl. v. 16.11.2018 – 4 Qs 69/18). Die bloße Sichtung, Ordnung und Sortierung von Dateien ist gem. § 110 Abs. 1 u. 3 StPO Aufgabe der Ermittlungsbehörden (OLG Schleswig NStZ-RR 2017, 127 = StV 2017, 660 = StRR 8/2017, 23; LG Dresden, Beschl. v. 8.9.2020 – 16 Qs 37/20; LG Dresden, Beschl. v. 1.4.2019 – 16 Qs 89/18). Auch die **Kosten** der **Auswertung beschlagnahmter Datenträger** durch einen externen Dienstleister können nicht als Auslagen für ein Sachverständigengutachten i.S.v. Nr. 9005 KV angesetzt werden, wenn dieses Gutachten nur eine technische Dienstleistung zur Erleichterung der Durchsicht des Datenbestandes im Ermittlungsverfahren darstellt (OLG Saarbrücken JurBüro 2018, 598; OLG Schleswig NStZ-RR 2017, 127 = StV 2017, 660; LG Dresden, Beschl. v. 8.9.2020 – 16 Qs 37/20; LG Dresden, Beschl. v. 1.4.2019 – 16 Qs 89/18; LG Hamburg RVGreport 2020, 77; LG Nürnberg-Fürth, Beschl. v. 17.6.2024 – 12 Qs 19/24, AGS 2024, 377 = StraFo 2024, 314). Werden aber Datenträger auftragsgemäß ausgelesen, versteckte oder unformatierte Partitionen sowie verwaiste Verzeichnisse und Dateien ermittelt, gelöschte Inhalte wiederhergestellt und die vorgefundenen Daten analysiert und mithilfe spezifischer Fachkenntnisse und unter Verwendung spezieller, nicht jedermann zur Verfügung stehender Techniken (insb. Software) der Datenbestand im Hinblick auf potentiell strafrechtlich relevante Mediendateien und Anzeichen für Löschungen deren Spuren untersucht, liegt eine Tätigkeit als Sachverständiger vor. Auch das Auslesen von Protokolldateien und Arbeitsspeichern, um das Kommunikationsverhalten festzustellen und die Bestimmung der Zeitpunkte und Quellen beziehungsweise Adressaten der Übersendung und des Empfangs ermittlungsrelevanter Daten ist Sachverständigentätigkeit (LG Dresden, Beschl. v. 8.9.2020 – 16 Qs 37/20; Beschl. v. 1.4.2019 – 16 Qs 89/18; LG Nürnberg-Fürth, Beschl. v. 17.6.2024 – 12 Qs 19/24, AGS 2024, 377 = StraFo 2024, 314). Auch wenn es um mehr geht, als gelöschte Dateien sichtbar zu machen, sondern unter anderem darum derartige inkrimierte Daten zunächst einmal ausfindig zu machen, mögliche Verbreitungshandlungen nachzuweisen und festgestellte Dateien mit einem Bild abzugleichen, liegt Sachverständigentätigkeit vor (LG Düsseldorf, Beschl. v. 16.11.2018 – 4 Qs 69/18).

145 Kosten für einen im Ermittlungsverfahren herangezogenen Sachverständigen, der wegen des Verdachts des Besitzes/der **Verbreitung kinderpornographischer Dateien** bei dem Beschuldigten sichergestellte Datenträger unter Einsatz **spezieller forensischer Software** und unter Anwendung besonderer Fachkenntnisse auf dem Gebiet der IT-Forensik ausgewertet und bewertet hat, können dem Kostenschuldner daher nach Nr. 9005 KV GKG als an Sachverständige nach dem JVEG zu zahlende Beträge in Rechnung gestellt werden (OLG Saarbrücken, a.a.O.; LG Düsseldorf, Beschl. v. 16.11.2018 – 4 Qs 69/18; LG Nürnberg-Fürth, Beschl. v. 17.6.2024 – 12 Qs 19/24, AGS 2024, 377 = StraFo 2024, 314). Wenn diese Kosten

nicht als Sachverständigenkosten i.S.v. Nr. 9005 KV als nach dem JVEG zu zahlende Beträge angesehen werden können und in die Kostenrechnung deshalb nicht eingestellt werden dürfen, scheidet im Verhältnis des Unternehmens zur Staatskasse auch die Anwendung des JVEG aus. Denn das JVEG regelt gem. § 1 Abs. 1 S. 1 Nr. 1 JVEG die Vergütung der Sachverständigen. Im Verfahren gem. § 4 JVEG muss deshalb die Vergütungspflicht für diese Tätigkeiten geklärt werden.

5. Kosten einer **Vollstreckung** der Rechtsfolge der Tat sind **Verfahrenskosten** i.S.v. § 464a Abs. 1 S. 2 StPO und werden deshalb von der Kostenentscheidung des Strafverfahrens (§§ 464, 465 StPO) erfasst. Der Verurteilte muss daher auch für diese Kosten der **Strafvollstreckung** aufkommen, weil sie Folge seines delinquenten Verhaltens sind (OLG Frankfurt NStZ 2010, 719; OLG Karlsruhe StraFo 2003, 290; OLG Köln StV 2005, 279; OLG Nürnberg NStZ-RR 1999, 190). Der Verurteilte trägt somit nach § 464a Abs. 1 S. 2 StPO die Kosten der Vollstreckung einer Strafe oder einer Maßregel der Besserung und Sicherung. Das ist verfassungsrechtlich nicht zu beanstanden (BVerfG RuP 2007, 42). **146**

Daher sind z.B. die in einem Verfahren zur Prüfung der Frage der bedingten Entlassung des Verurteilten gem. § 454 StPO (§§ 57, 67e StGB) anfallenden **Gutachterkosten** (kriminalprognostische Gutachten) n 905KG vom Verurteilten zu tragen (BGH NJW 2000, 1128; OLG Düsseldorf JMBl. NW 2007, 153; OLG Frankfurt NStZ 2010, 719; OLG Karlsruhe StraFo 2003, 290; OLG Koblenz StraFo 2005, 348; OLG Köln StV 2005, 279; a.A. OLG Hamm NStZ 2001, 167). **147**

6. Sind Kosten nicht in einem gerichtlichen Verfahren nach der StPO/JGG oder dem StVollzG, sondern anlässlich bzw. während des **Straf- oder Maßregelvollzugs** angefallen, werden sie zwar von der Kostenentscheidung des Strafverfahrens erfasst, weil sie zu den Verfahrenskosten i.S.v. § 464a Abs. 1 S. 2 StPO gehören (OLG Karlsruhe NStZ-RR 2007, 389; OLG Koblenz JurBüro 1991, 419; OLG Nürnberg NStZ-RR 1999, 190). Sie können dem Verurteilten aber nicht durch Kostenrechnung gem. § 19 GKG in Rechnung gestellt werden, weil das GKG insoweit nicht gilt, § 1 Abs. 1 GKG. Die Vollstreckung einer Strafe oder Maßregel ist eine Aufgabe der **Justizverwaltung**, die die damit verbundenen Kosten gem. § 50 StVollzG in Form eines Haftkostenbeitrags vom Verurteilten erhebt (OLG Koblenz JurBüro 1991, 419). **148**

Siehe auch: → *Gerichts- und Verfahrenskosten, Allgemeines*, Teil J Rdn 98; → *Gerichts- und Verfahrenskosten, Gerichtsgebühren*, Teil J Rdn 149; → *Gerichts- und Verfahrenskosten, Aktenversendungspauschale*, Teil J Rdn 79; → *Gerichts- und Verfahrenskosten, Kostenverteilung bei Teileinstellungen*, Teil J Rdn 167; → *Gerichts- und Verfahrenskosten, Kostenverteilung bei wechselseitigen Rechtsmitteln*, Teil J Rdn 175; → *Gerichts- und Verfahrenskosten, Teilfreispruch*, Teil J Rdn 180.

Gerichts- und Verfahrenskosten, Gerichtsgebühren 149

Das Wichtigste in Kürze:

1. Die Gerichtsgebühren ergeben sich abschließend aus Teil 3 KV GKG.
2. Für alle Rechtszüge richtet sich die Gebühr grds. nach der rechtskräftig erkannten Strafe.
3. Bei rechtskräftiger Anordnung einer Maßregel der Besserung und Sicherung fallen gesonderte Gebühren an.
4. Bei rechtskräftiger Verurteilung mehrerer Angeklagter ist die Gebühr nach Maßgabe der gegen jeden Angeklagten verhängten Strafe zu erheben.

Literaturhinweise: S. die Hinw. bei → *Gerichts- und Verfahrenskosten, Allgemeines*, Teil J Rdn 98. **150**

1. Die **Gerichtsgebühren** für das Strafverfahren sind ausschließlich in **Teil 3 KV GKG** geregelt (Nrn. 3110 – 3900 KV GKG). Enthält das KV GKG keinen Gebührentatbestand, ist das Verfahren gerichtsgebührenfrei. Es können somit nur die dort ausdrücklich und abschließend geregelten Gebühren er- **151**

hoben werden. Eine Gebühr kann nur erhoben werden, wenn eine **rechtskräftige Strafentscheidung** vorliegt. Wird das Urteil nicht rechtskräftig, kann keine Gebühr erhoben werden. Im Fall eines Freispruchs des Beschuldigten können daher keine Gerichtsgebühren und auch keine Auslagen erhoben werden.

152 **2.** Nach Vorbem. 3.1 KV GKG bemessen sich die Gerichtsgebühren für alle Rechtszüge nach der **rechtskräftig erkannten Strafe**. In jedem Rechtszug wird somit eine Gebühr auf der Grundlage der rechtskräftig erkannten Strafe erhoben. Hat das Verfahren mehrere Instanzen durchlaufen, ist Berechnungsgrundlage für die Gebühren stets die abschließend in Rechtskraft erwachsene Strafe. Auf die in vorhergehenden Instanzen verhängten, aber nicht rechtskräftig gewordenen Strafen kommt es nicht an. Bei **Strafbefehlen** richten sich die Gebühren nach Nr. 3118 und 3119 KV GKG. Daneben wird nach Vorbem. 3.1 Abs. 4 KV GKG für alle Rechtszüge bei rechtskräftiger Anordnung einer Maßregel der Besserung und Sicherung eine gesonderte Gebühr erhoben. Für die Gebührenberechnung ist es unerheblich, ob die rechtskräftige Strafe zur Bewährung ausgesetzt worden ist.

153 **3.** Im **erstinstanzlichen Verfahren** entstehen die Gebühren nach Nrn. 3110 – 3119 KV GKG und im **Berufungsverfahren** gelten Nr. 3120 und 3121 KV GKG. Hier kommt es darauf an, ob das Berufungsverfahren mit oder ohne Urteil erledigt worden ist. Die Gebühren nach Nrn. 3110 – 3119 KV GKG entstehen im Berufungsverfahren bei Erledigung durch Urteil mit einem Satz von 1,5 bei Erledigung ohne Urteil mit einem Satz von 0,5. Im **Revisionsverfahren** gelten Nr. 3130 und 3131 KV GKG. Hier kommt es darauf an, ob das Revisionsverfahren mit oder ohne Urteil bzw. Beschluss nach § 349 Abs. 2 oder 4 StPO erledigt worden ist. Die Gebühren nach Nrn. 3110 – 3119 KV GKG entstehen im Revisionsverfahren bei Erledigung durch Urteil oder Beschluss nach § 349 Abs. 2 oder 4 StPO mit einem Satz von 2,0, bei Erledigung ohne Urteil oder Beschluss nach § 349 Abs. 2 oder 4 StPO mit einem Satz von 1,0.

154 **4.** Betrifft die Strafsache **mehrere Angeschuldigte**, ist die Gebühr nach Vorbem. 3.1 Abs. 6 KV GKG nach Maßgabe der gegen jeden Angeklagten rechtskräftig erkannten Strafe zu erheben.

155 **5.** Für die Gebührenberechnung bei der **Gesamtstrafenbildung** ist wie folgt zu differenzieren:

- Wird die Gesamtstrafe ausschließlich aus Taten gebildet, die im Verfahren angeklagten worden sind, berechnet sich die Gebühr nach der rechtskräftigen Gesamtstrafe.
- Bei der **nachträglichen Gesamtstrafenbildung** nach **§ 55 Abs. 1 StGB**, § 31 Abs. 2 JGG bemisst sich die Gebühr in dem Verfahren nach dem Maß der Strafe, um das die Gesamtstrafe die frühere Strafe übersteigt, Vorbem. 3.1 Abs. 5 S. 1, 2 KV GKG. In den Verfahren, in denen die jetzt einbezogene(n) Strafe(n) verhängt wurden, bleiben die Gebühren bestehen.
- Im Fall der **nachträglichen Gesamtstrafenbildung** gem. **§ 460 StPO** und § 66 JGG verbleibt es bei den Gebühren für die früheren, bereits abgeschlossenen Verfahren; Vorbem. 3.1 Abs. 5 S. 2, 3 KV GKG.

156 **6.** Ist ausnahmsweise neben einer **Freiheits- auch auf Geldstrafe** erkannt worden, fällt nur eine einheitliche Gebühr an. Die Geldstrafe ist dann gem. Vorbem. 3.1 Abs. 2 KV FamGKG in eine Freiheitsstrafe umzurechnen.

157 **7.** Ist neben einer Geldstrafe eine **Geldbuße** festgesetzt worden, werden gesonderte Gebühren erhoben, Vorbem. 3.1 Abs. 4 KV GKG.

158 **8.** Im **Privatklageverfahren** richten sich die Gebühren nach Nrn. 3310 – 3341 KV GKG. Die Vorschusspflicht des Privatklägers für bestimmte Gebühren ist in § 16 Abs. 1 GKG geregelt. Die Vorschusspflicht für Auslagen ergibt sich aus § 17 Abs. 4 S. 1 GKG.

159 **9.** Bei der **Nebenklage** richten sich die Gebühren nach Nrn. 3510 – 3531 KV GKG. Nach Vorbem. 3.5 KV GKG ist Voraussetzung für die Erhebung dieser Gebühren, dass diese dem Nebenkläger auferlegt worden sind. Die Vorschusspflicht des Nebenklägers für bestimmte Gebühren ergibt sich aus § 16 Abs. 2 GKG; für Auslagen aus § 17 Abs. 4 S. 1 GKG.

160 **10.** Das Verfahren über vermögensrechtliche Ansprüche (**Adhäsionsverfahren**) wegen eines aus der Straftat erwachsenen vermögensrechtlichen Anspruchs ist **sachlich gerichtsgebührenfrei**, wenn der An-

trag zurückgenommen oder der Antrag vom Gericht zurückgewiesen wird. Die Gerichtsgebühr Nr. 3700 KV GKG fällt für diese Verfahren nur an, wenn dem Antrag im **Urteil** stattgegeben wird. Wird der Antrag zurückgewiesen oder zurückgenommen, fällt eine Gerichtsgebühr nicht an. Auch ein **Vergleich** lässt die Gebühr nicht entstehen (KG AGS 2016, 6 = RVGreport 2015, 348 = StRR 2015, 438; OLG Celle, AGS 2015, 72 = RVGreport 2015, 155; NK-GK/*Volpert*, Nr. 3700 KV GKG Rn 2). Wird dem Antrag durch Urteil teilweise stattgegeben, fällt eine Gebühr nach Nr. 3700 KV GKG an. Nach der Anm. zu Nr. 3700 KV GKG berechnet sich diese Gebühr nach dem **Wert des zuerkannten Anspruchs** (OLG Jena, JurBüro 2005, 479; NK-GK/*Volpert*, Nr. 3700 KV GKG Rn 11, 15 ff.). Zur Berechnung des Wertes für die Gerichtsgebühr sowie zur antragsgemäßen Festsetzung des Gegenstandswerts gem. § 33 → *Wertfestsetzung gem. §§ 32, 33 RVG*, Teil J Rdn 480 ff.).

11. Die Gerichtsgebühren im **Strafvollzugsverfahren** richten sich nach den Nrn. 3810 – 3900 KV GKG. 161
Es fallen keine Festgebühren, sondern Wertgebühren an. Die Berechnung des Wertes für diese Gebühren richtet sich nach § 60 GKG (→ *Vergütung im Strafvollzug*, Teil J Rdn 400; → *Wertfestsetzung gem. §§ 32, 33 RVG*, Teil J Rdn 480 f.).

12. Für das Verfahren über die **Einziehung und verwandte Maßnahmen** sind Gerichtsgebühren als Fest- 162
gebühren grds. nur für das dagegen gerichtete Rechtsmittelverfahren und das Wiederaufnahmeverfahren vorgesehen (vgl. Nrn. 3410 – 3451 KV GKG). Das erstinstanzliche Verfahren ist sachlich gerichtsgebührenfrei (NK-GK/*Volpert*, Nr. 3410–3441 KV GKG Rn 2). Als Ausnahme hiervon löst die Zurückweisung eines von dem Privatkläger gestellten Antrags nach § 440 StPO in der ersten Instanz die Festgebühr Nr. 3410 KV GKG i.H.v. 42,50 EUR aus.

13. Die Gebühren für **sonstige Beschwerdeverfahren** in Strafsachen finden sich in Nrn. 3600 – 3602 KV 163
GKG. Nach Vorbem. 3.6 KV GKG bestimmen sich die Gebühren bei Beschwerden im Kostenfestsetzungsverfahren in Straf- und Bußgeldsachen nach den für das Kostenfestsetzungsverfahren in Teil 1, Hauptabschnitt 8 geregelten Gebühren (Nr. 1812 KV GKG). Danach fällt auch im Strafverfahren eine Festgebühr nach Nr. 1812 KV GKG i.H.v. 72,00 EUR an, wenn die Beschwerde gegen einen Kostenfestsetzungsbeschluss (§ 464b StPO) verworfen oder zurückgewiesen wird.

Durch die Regelung in § 1 Abs. 4 GKG ist für die Verfahren über die Beschwerde und die weitere Be- 164
schwerde gegen die **Streitwertfestsetzung** nach § 33 RVG (vgl. hierzu Burhoff/Volpert/*Volpert*, RVG, Teil A Rn 1017, 1097 klargestellt, dass auch insoweit bei Verwerfung oder Zurückweisung der Beschwerde eine Festgebühr i.H.v. 72,00 EUR anfällt. Beschwerdeverfahren gegen die Wertfestsetzung nach §§ 32 Abs. 2 RVG, 68 GKG (s. → *Vergütung im Strafvollzug*, Teil J Rdn 400) sowie des Wertfestsetzungsverfahrens nach § 33 RVG (§ 33 Abs. 9 S. 1 RVG; → *Wertfestsetzung gem. §§ 32, 33 RVG*, Teil J Rdn 480 ff.) sind jedoch **kostenfrei**.

Weil der Verteidiger durch die Abtretung des Erstattungsanspruchs des Freigesprochenen/Angeklagten 165
Gläubiger des Anspruchs auf Erstattung notwendiger Auslagen gegen die Staatskasse wird, erhebt er im **eigenen Namen** sofortige Beschwerde gegen den **Kostenfestsetzungsbeschluss** (OLG Karlsruhe AGS 2016, 170 und 218 = RVGreport 2016, 222; LG Köln RVGreport 2014, 361 = StRR 2014, 257; vgl. a. LG Duisburg RVGreport 2016, 392; AG Passau StraFo 2011, 419). Daher wird er im Falle der Zurückweisung der Beschwerde unter Auferlegung der Kosten gem. §§ 22 Abs. 1, 29 Nr. 1 GKG persönlich Kostenschuldner der Gebühr nach Vorbem. 3.6, Vorbem. 4.4 i.V.m. Nr. 1812 KV GKG über 72,00 EUR (LG Düsseldorf StRR 3/2017, 4; NK-GK/*Volpert*, Vorbem. 3.6 KV GKG Rn 4 und § 29 GKG Rn 51).

14. Die Gerichtsgebühren bei **psychosozialer Prozessbegleitung** ergeben sich aus Nr. 3150 – 3152 KV 166
GKG. Die Kosten für die psychosoziale Prozessbegleitung (vgl. hierzu § 6 PsychPbG: Vergütungsanspruch des Prozessbegleiters gegen die Staatskasse) werden durch eine Erhöhung der Gerichtsgebühren

- nach Nr. 3110 – 3116 und 3118 KV GKG im **Vorverfahren** und in der **ersten Instanz** um 623,00 EUR (Nr. 3150 KV GKG) bzw. 444,00 EUR (Nr. 3151 KV GKG) und
- nach Nr. 3120 und 3121 KV GKG im **Berufungsverfahren** um 252,00 EUR (Nr. 3152 KV GKG)

in Strafverfahren mit psychosozialer Prozessbegleitung **pauschal** abgegolten (s. Burhoff/Volpert, RVG, Teil A: Psychosoziale Prozessbegleitung, Abrechnung, Rn 1688 ff.).

Siehe auch: → *Gerichts- und Verfahrenskosten, Allgemeines,* Teil J Rdn 98; → *Gerichts- und Verfahrenskosten, Auslagen,* Teil J Rdn 114; → *Vergütung im Strafvollzug,* Teil J Rdn 400; → *Wertfestsetzung gem. §§ 32, 33 RVG,* Teil J Rdn 480.

167 Gerichts- und Verfahrenskosten, Kostenverteilung bei Teileinstellungen

168 **Literaturhinweise:** S. die Hinw. bei → *Gerichts- und Verfahrenskosten, Allgemeines*, Teil J Rdn 98.

169 **1.a)** Bei der Teileinstellung auf Kosten der Staatskasse und kostenpflichtiger Verurteilung im Übrigen erfolgt die Feststellung der vom Verurteilten zu tragenden Verfahrenskosten unter Berücksichtigung der zum teilweisen Freispruch entwickelten Differenztheorie (OLG Dresden NStZ-RR 2003, 224; OLG Schleswig, Beschl. v. 10.8.2011 – 2 Ws 324/11 [115/11]).

170 **b)** Bei der Teileinstellung auf Kosten der Staatskasse und kostenpflichtiger Verurteilung im Übrigen bedingt die Anwendung der Differenztheorie die Vornahme von **zwei Schritten** (NK-GK/*Volpert*, § 29 GKG Rn 46 ff.):

1. **Zunächst** sind die bei **Vollverurteilung „an sich" angefallenen Kosten** zu **ermitteln** und diesen sodann die durch die erfolgte Verurteilung veranlassten (fiktiven) Kosten einander gegenüber zu stellen, um dann als Differenz die ausscheidbaren Mehrkosten zu ermitteln und absetzen zu können (OLG Schleswig, Beschl. v. 10.8.2011 – 2 Ws 324/11 [115/11]).
2. Bei den **Pflichtverteidigerkosten** (Nr. 9007 KV GKG) ist zunächst zu prüfen, ob bei einem fiktiven Verfahren ohne die eingestellten und nur wegen der letztlich zur Verurteilung führenden Taten Anklage statt beim LG ausgehend von der Straferwartung (§ 24 GVG) nur beim AG zu erheben gewesen wäre und deshalb anstelle der Gebühren nach Nr. 4112 ff. VV RVG die niedrigeren Gebühren nach Nr. 4106 ff. VV RVG angefallen wären. Anschließend ist insbesondere festzustellen, ob im Fall einer weniger umfassenden Anklage das Verfahren abgekürzt worden wäre, insbesondere wenn der Verurteilte von Anfang an hinsichtlich der später verurteilten Taten umfassend geständig gewesen wäre. Wenn sich der Verurteilte z.B. in der Hauptverhandlung an den ersten Sitzungstagen nicht zu den Tatvorwürfen eingelassen hat, sondern dies erstmals an einem späteren Sitzungstag geschieht, kann zugunsten des Verurteilten bestenfalls davon ausgegangen werden, dass das Verfahren nach seiner Einlassung im späteren Sitzungstag hätte abgeschlossen werden können, wenn die Vorwürfe entsprechend beschränkt gewesen wären. Es ist zu prüfen, ob die Hauptverhandlung eine geringere Zahl von Tagen in Anspruch genommen hätte, wenn die Taten, derentwegen die Einstellung erfolgte, nicht Gegenstand des Verfahrens gewesen wären. Hierbei kommt es nicht darauf an, an welchen Verhandlungstagen welche Tatvorwürfe erörtert oder welche Zeugen vernommen worden sind. Vielmehr ist überschlägig zu berechnen, wie viele Verhandlungstage durch den weggefallenen Teil des Anklagevorwurfs eingespart worden wären (OLG Brandenburg, Beschl. v. 30.1.1997 – 2 Ws 154/96). Es kommt auch nicht darauf an, ob die auf Kosten der Staatskasse eingestellten Taten bei der Beweisaufnahme breiten Raum eingenommen haben. Etwas anderes könnte nur dann gelten, wenn an einem oder mehreren der Hauptverhandlungstage die Beweisaufnahme ausschließlich den eingestellten Taten gegolten hätte (OLG Köln, Beschl. v. 4.1.2013 – III-2 Ws 859/12, 2 Ws 859/12).

171 **2.** Enthält eine Einstellungsentscheidung **keine Kostenentscheidung**, gilt für die Anforderung der Verfahrens- und Gerichtskosten (§ 19 GKG) vom Verurteilten (§ 29 Nr. 1 GKG) Folgendes:

172 Wird das Verfahren **teilweise eingestellt**, enthält der Einstellungsbeschluss aber **keine Kostenentscheidung**, erfasst die im späteren Urteil getroffene Kostenentscheidung ausschließlich die Kosten, welche

durch die Verfahrensteile angefallen sind, die nach der Einstellung noch Gegenstand des Urteils waren (BGH StraFo 2012, 207; OLG Celle, Beschl. v. 7.8.2012 – 1 Ws 293/12, NJW 2013, 486). Deshalb sind diejenigen Kosten, die durch den im Wege der Einstellung nach § 154 Abs. 2 StPO erledigten Verfahrensteil veranlasst waren, nicht von der Kostenentscheidung im Urteil erfasst und können dem Verurteilten nicht in Rechnung gestellt werden; insoweit fehlt es an der Grundlage für den Kostenansatz (BGH, a.a.O.; OLG Celle, a.a.O.).

3. Eine **im Einstellungsbeschluss unterbliebene** Kostenentscheidung kann auch **nicht nachgeholt** werden (BGH StraFo 2012, 207). Nur wenn der **Einstellungsbeschluss** unmittelbar vor dem Urteil verkündet wird, können Einstellungsbeschluss und Urteil als Teile einer **einheitlichen** Endentscheidung angesehen werden und liegt eine Kostenentscheidung für das gesamte Verfahren vor (BGH, a.a.O.; StV 2001, 437; OLG Celle, Beschl. v. 7.8.2012 – 1 Ws 293/12, NJW 2013, 486). 173

4. Wird das Verfahren gegen einen **Mitangeklagten** auf Kosten der Staatskasse **eingestellt**, schuldet der kostenpflichtig **verurteilte andere Angeklagte sämtliche Verfahrenskosten**, soweit diese nicht ausschließlich dem früheren Mitangeklagten zugerechnet werden können. Insbesondere verringert sich die Kostenschuld des Verurteilten nicht um einen fiktiv auf den früheren Mitangeklagten entfallenden Kopfteil, weil dieser im Falle seiner Verurteilung gesamtschuldnerisch mitgehaftet hätte (LG Dresden NStZ-RR 2012, 327). 174

Siehe auch: → *Gerichts- und Verfahrenskosten, Allgemeines*, Teil J Rdn 98 m.w.N.; → *Gerichts- und Verfahrenskosten, Kostenverteilung bei wechselseitigen Rechtsmitteln*, Teil J Rdn 175; → *Gerichts- und Verfahrenskosten, Teilfreispruch*, Teil J Rdn 180.

Gerichts- und Verfahrenskosten, Kostenverteilung bei wechselseitigen Rechtsmitteln 175

Literaturhinweise: S. die Hinw. bei → *Gerichts- und Verfahrenskosten, Allgemeines*, Teil J Rdn 98. 176

1.a) Wird sowohl von der **StA** als auch vom **Angeklagten** Berufung eingelegt und werden vom Berufungsgericht die Kosten der durch die Berufung der StA entstandenen Kosten der Staatskasse, die durch die Berufung des Angeklagten verursachten Kosten dagegen diesem auferlegt, gilt für die Anforderung der Verfahrens- und Gerichtskosten (§ 19 GKG) vom Verurteilten (§ 29 Nr. 1 GKG) Folgendes: 177

- Eine Quotelung oder Aufteilung der **Gerichtsgebühr** für das Berufungsverfahren (Nr. 3120 KV GKG) nicht vorzunehmen. Denn nach Vorbem. 3.1 Abs. 1 KV GKG bemisst sich die Gerichtsgebühr für alle Rechtszüge nach der rechtskräftig erkannten Strafe. Der rechtskräftig Verurteilte schuldet damit auf dieser Grundlage berechnete Gebühren.
- Hinsichtlich der **Auslagen** nach Teil 9 KV GKG ist im Kostenansatzverfahren gem. § 19 GKG zu entscheiden, welche Kosten der Staatskasse und welche dem Verurteilten zur Last fallen (vgl. insoweit zu den notwendigen Auslagen OLG Schleswig SchlHA 2003, 207 und SchlHA 2005, 264; *Schmitt/Köhler*, § 473 Rn 18).

2. Im **Kostenansatzverfahren** (§ 19 GKG) ist deshalb zu **prüfen**, ob die Berufung der StA Mehrkosten ausgelöst hat, die von der Staatskasse zu tragen sind (OLG Schleswig SchlHA 2003, 207; *Schmitt/Köhler*, § 473 Rn 18). Entscheidend ist dabei, ob Auslagen ermittelt werden können, die gerade und allein durch die Berufung der Staatsanwaltschaft angefallen sind. Nur diese sind von der Staatskasse zu tragen und nicht gegen den Verurteilten in Ansatz zu bringen (OLG Bamberg JurBüro 1987, 1840; OLG Celle, Beschl. v. 6.8.2013 – 1 Ws 192/13; OLG Hamburg NJW 1975, 130; AG Osnabrück JurBüro 1992, 349; NK-GK/*Volpert*, § 29 GKG Rn 44). 178

179 **3.** Deshalb gilt:

- Auf die Berufung der StA entfallen nur die Auslagen, die **ausscheidbar** und **ausschließlich** der **Berufung** der **StA** zuzurechnen sind (OLG Celle, Beschl. v. 6.8.2013 – 1 Ws 192/13).
- Handelt es sich um Auslagen, die **unausscheidbar** auch dem **erfolglosen Rechtsmittel** des **Angeklagten** zuzurechnen sind, so hat der Verurteilte sie vollständig zu tragen, ohne dass insoweit Billigkeitserwägungen greifen oder eine Quotelung stattfindet (OLG Bamberg JurBüro 1987, 1840; OLG Celle, a.a.O.).
- Weil die Berufungen der StA und des Angeklagten kostenrechtlich getrennt zu betrachten sind, hat der **Verurteilte** die **Kosten** seiner **erfolglosen Berufung** unabhängig vom Erfolg der Berufung der StA zu tragen (OLG Braunschweig, Beschl. v. 23.5.2013 – 1 Ws 59/13).

Siehe auch: → *Gerichts- und Verfahrenskosten, Allgemeines*, Teil J Rdn 98 m.w.N.; → *Gerichts- und Verfahrenskosten, Kostenverteilung bei Teileinstellungen*, Teil J Rdn 167; → *Gerichts- und Verfahrenskosten, Teilfreispruch*, Teil J Rdn 180.

180 Gerichts- und Verfahrenskosten, Teilfreispruch

Das Wichtigste in Kürze:

1. Die Gebühren richten sich bei einem Teilfreispruch nach der rechtskräftig erkannten Strafe.
2. Bei Auslagen kann die Verteilung auf die verurteilten und freigesprochenen Taten entweder nach der Differenztheorie oder nach Bruchteilen gem. § 464d StPO erfolgen.
3. Bei der Auslagenverteilung nach Bruchteilen ist keine rein rechnerische Quotelung vorzunehmen.
4. Pflichtverteidigerkosten sind von dem bereits durch einen Wahlverteidiger vertretenen Verurteilten dann nicht zu tragen, wenn die verurteilten Taten die Bestellung eines Pflichtverteidigers nicht gerechtfertigt hätten.

181 **Literaturhinweise:** S. die Hinw. bei → *Gerichts- und Verfahrenskosten, Allgemeines*, Teil J Rdn 98.

182 **1.** Ist der Angeklagte teilweise freigesprochen worden, richten sich die Gebühren nach Vorbem. 3.1 KV GKG für alle Rechtszüge nach der rechtskräftig erkannten Strafe. Die Berechnung der vom Verurteilten zu zahlenden **Gerichtsgebühr** bereitet bei einem Teilfreispruch damit **keine Probleme**.

183 **2.a)** Dagegen bereitet die Ermittlung der vom Verurteilten zu tragenden **Auslagen** des Ermittlungs- und des Hauptverfahrens insbesondere in umfangreichen Strafverfahren mit vielen Auslagenpositionen häufig **größere Probleme**:

184 **b)** Hat das Gericht die Verfahrenskosten **nicht** gem. § 464d StPO nach **Bruchteilen** verteilt, muss der Angeklagte nämlich kostenmäßig so gestellt werden, wie er gestanden hätte, wenn allein die zur Verurteilung führende(n) Tat(en) Gegenstand des Verfahrens gewesen wäre(n). Der Verurteilte ist deshalb von allen Mehrkosten freizustellen, die durch Taten veranlasst worden sind, die zum Freispruch geführt haben.

185 Im Rahmen der **Differenztheorie** (vgl. hierzu z.B. BGHSt 25, 109; KG StraFo 2009, 260; OLG Celle, RVGreport 2016, 432 = Nds.Rpfl 2017, 18 = Rpfleger 2017, 179; OLG Dresden NStZ-RR 2003, 224; OLG Düsseldorf MDR 1991, 370; OLG Hamm, Beschl. v. 5.5.2009 – 2 Ws 29/09; *Schmitt/Köhler*, § 465 Rn 8 f.; NK-GK/*Volpert*, § 29 GKG Rn 39) muss somit auf ein **fiktives Verfahren** nur wegen der rechtskräftig verurteilten Taten abgestellt werden und bei jeder Auslagenposition geprüft werden, ob diese auch in diesem fiktiven Verfahren angefallen wäre (OLG Hamm, Beschl. v. 5.5.2009 – 2 Ws 29/09 für Sachverständigenkosten; OLG Köln StRR 2010, 437; OLG Rostock StRR 2011, 120). Es bedarf insoweit einer Würdigung aller Umstände des Einzelfalles unter Berücksichtigung insbesondere der Art und Schwere der einzelnen Schuldvorwürfe, der Bedeutung der einzelnen Schuldvorwürfe für den Angeklagten sowie des Umfanges und der Schwierigkeit der Beweisaufnahme (OLG Düsseldorf, Beschl. v. 29.5.2013 – III-1 Ws 42/13, n.v.).

☝ Die Ermittlung der bei einem Teilfreispruch vom Verurteilten zu tragenden Kosten des Verfahrens (§ 464a Abs. 1 StPO) erfolgt dabei nicht im Kostenfestsetzungsverfahren gem. § 464b StPO, sondern im Kostenansatzverfahren gem. § 19 GKG (OLG Rostock StRR 2011, 120; NK-GK/*Volpert*, § 29 GKG Rn 39).

c) Ist dem Angeklagten **neben** einem bereits vorhandenen **Wahlverteidiger** ein **Pflichtverteidiger** nur wegen der Vielzahl der ihm zur Last gelegten Straftaten bestellt worden und hätten die Taten, die nach dem Teilfreispruch noch den Gegenstand der Verurteilung bilden, die zusätzliche Bestellung des Pflichtverteidigers für sich allein nicht gerechtfertigt, so scheidet eine Kostenhaftung des Angeklagten aus. In einem derartigen Fall sind nämlich die gesamten Kosten der Pflichtverteidigung Mehrkosten, die nicht entstanden wären, wenn die Anklage nur auf die Taten beschränkt gewesen wäre, die zur Verurteilung geführt haben. Es wäre dann unbillig, den Angeklagten auch nur mit einem geringen Teil der Pflichtverteidigerkosten zu belasten, der seiner Verurteilung entspricht (OLG Düsseldorf JurBüro 1985, 733 = StV 1985, 142 = MDR 1985, 518; Beschl. v. 29.5.2013 – 1 Ws 42/13; NK-GK/*Volpert*, § 29 GKG Rn 40). 186

d) Das Gericht kann die gerichtlichen Auslagen gem. **§ 464d StPO** in der Kostenentscheidung auch **nach Bruchteilen** verteilen (BGH StraFo 2005, 438). Allerdings kann auch der **Kostenbeamte** im Kostenansatzverfahren gem. § 19 GKG wie der **Rechtspfleger** im Kostenfestsetzungsverfahren eine Auslagenverteilung nach Bruchteilen gem. § 464d StPO vornehmen (OLG Dresden NStZ-RR 2003, 224; a.A. OLG Köln StRR 2010, 437 [nur Differenztheorie]; LG Osnabrück Nds.Rpfl. 1999, 296). Hierbei sind allerdings die Grundsätze der **Differenztheorie** zu beachten. Die Quotelung dient also zur Vereinfachung der Anwendung der Differenztheorie (OLG Dresden NStZ-RR 2003, 224). 187

3. Bei der Verteilung von Auslagen der Staatskasse **nach Bruchteilen** scheidet eine lediglich auf das reine Zahlenverhältnis von Freispruchs- bzw. Verurteilungsfällen abstellende Betrachtungsweise allerdings aus. Eine unter Berufung auf § 464d StPO vorgenommene **rein rechnerische Quotelung**, die sich allein an der Anzahl der Fälle der Verurteilung einerseits und des Freispruchs andererseits orientiert, ist nicht sachgerecht (OLG Dresden NStZ-RR 2003, 224; OLG Karlsruhe NStZ 1998, 317; Beschl. v. 16.2.2017 – 2 Ws 34/17). 188

☝ Deshalb kommt die Möglichkeit einer **Bruchteilsverteilung** gerade nicht in den unübersichtlichen, tatsächlich komplizierten Fällen, sondern in den **einfachen**, **leicht überschaubaren Fällen** in Betracht, in denen ohne Nachrechnung der tatsächlich angefallenen Auslagen im Einzelnen eine sachgemäße Schätzung möglich ist (OLG Köln StRR 2010, 437; NK-GK/*Volpert*, § 29 GKG Rn 42).

4. Gem. § 465 Abs. 2 StPO können aus Billigkeitsgründen besondere Auslagen der Staatskasse ganz oder teilweise der Staatskasse auferlegt werden können, wenn Untersuchungen zugunsten des Angeklagten ausgegangen sind. Die Möglichkeit, eine von § 465 Abs. 1 StPO abweichende Billigkeitsentscheidung zu treffen, besteht vor allem in den Fällen des sog. fiktiven Teilfreispruchs, d.h. bei der Nichtverurteilung wegen einzelner abtrennbarer Teile einer Tat. Dann können die Mehrauslagen, die bei einer von vornherein erfolgten Begrenzung des Schuldvorwurfs auf den Umfang der späteren Verurteilung nicht entstanden wären, nach Billigkeit ganz oder teilweise der Staatskasse auferlegt werden (OLG Karlsruhe, Beschl. v. 30.11.2018 – 3 Ws 576/18). Deshalb können bspw. die im Strafverfahren angefallenen Auslagen der Staatsklasse auferlegt werden, wenn sich ergibt, dass sich der Beschuldigte gegen die Verhängung eines Bußgeldes wegen einer Ordnungswidrigkeit nicht gewehrt hätte (OLG Karlsruhe, a.a.O.). Die Feststellung gem. § 465 Abs. 2 StPO trifft allein das Gericht, nicht der Kostenbeamte im Kostenansatzverfahren nach § 19 Abs. 2. 189

Siehe auch: → *Gerichts- und Verfahrenskosten, Allgemeines*, Teil J Rdn 98 m.w.N.; → *Gerichts- und Verfahrenskosten, Kostenverteilung bei Teileinstellungen*, Teil J Rdn 167; → *Gerichts- und Verfahrenskosten, Kostenverteilung bei wechselseitigen Rechtsmitteln*, Teil J Rdn 175.

190 # Kostenfestsetzung gem. § 464b StPO, Abrechnung

Das Wichtigste in Kürze:

1. Das Kostenfestsetzungsverfahren gem. § 464b StPO und das Erinnerungsverfahren gem. § 11 Abs. 2 RPflG sind gerichtsgebührenfrei.
2. Im Falle der Verwerfung oder Zurückweisung einer sofortigen Beschwerde gegen einen Kostenfestsetzungsbeschluss entsteht eine Gerichtsgebühr in Höhe von 60,00 EUR.
3. Die Tätigkeit im Kostenfestsetzungsverfahren ist für den Verteidiger mit den vorher verdienten Verteidigergebühren abgegolten.
4. Wird der Rechtsanwalt für den Mandanten erstmals bzw. nur im Kostenfestsetzungsverfahren tätig, entsteht eine Verfahrensgebühr nach Nr. 4302 Ziff. 2 VV RVG.
5. Weil im Erinnerungs- und Beschwerdeverfahren eine 0,5 Verfahrensgebühr nach Nr. 3500 VV RVG entsteht, muss der Gegenstandswert gem. § 33 RVG festgesetzt werden.
6. Im Kostenfestsetzungsverfahren findet keine Kostenerstattung statt. Die Erinnerungs-/Beschwerdeentscheidung ist mit einer Kostenentscheidung zu versehen.

191 **Literaturhinweise:** S. die Hinw. bei den u.a. Stichwörtern und bei → *Kostenfestsetzung gem. § 464b StPO, Allgemeines*, Teil J Rdn 200.

192 **1.** Das Kostenfestsetzungsverfahren ist **gerichtsgebührenfrei**. Es fallen ggf. Zustellungsauslagen an (Nr. 9002 KV GKG). Das Erinnerungsverfahren gem. § 11 Abs. 2 RPflG gegen einen Kostenfestsetzungsbeschluss (s. dazu Burhoff/*Volpert*, RM, Teil D Rn 523 ff.) ist gem. § 11 Abs. 4 RPflG ebenfalls gerichtsgebührenfrei.

193 **2.a)** Nach Vorbem. 3.6 KV GKG bestimmen sich die Gebühren bei **Beschwerden** im Kostenfestsetzungsverfahren in Strafsachen (s. dazu Burhoff/*Volpert*, RM, Teil D Rn 488 ff.) nach den für das Kostenfestsetzungsverfahren in Teil 1, Hauptabschnitt 8 KV GKG geregelten Gebühren. Danach fällt auch im Strafverfahren eine Festgebühr nach Nr. 1812 KV GKG i.H.v. 72,00 EUR an, wenn die sofortige Beschwerde gegen einen Kostenfestsetzungsbeschluss **verworfen** oder **zurückgewiesen** wird (OLG Rostock JurBüro 2016, 360 = AGS 2016, 350). Wird die Beschwerde nur teilweise verworfen oder zurückgewiesen, kann das Gericht die Gebühr nach billigem Ermessen auf die Hälfte ermäßigen oder bestimmen, dass eine Gebühr nicht zu erheben ist (Anm. zu Nr. 1812 KV GKG). Eine Ermäßigung auf einen anderen Anteil bzw. Prozentsatz ist nicht möglich. Wenn die Beschwerde größtenteils zurückgewiesen wird, besteht kein Anlass für eine Gebührenermäßigung (LG Koblenz JurBüro 2010, 95; NK-GK/*Volpert*, Vorbem. 3.6 KV GKG Rn 2). Bei einer **erfolgreichen Beschwerde** ist das Beschwerdeverfahren **gerichtsgebührenfrei**.

☝ Die Gebühr Nr. 1812 KV GKG entsteht trotz Vorbem. 3.1 Abs. 1 KV GKG (Gebühren nur bei rechtskräftiger Verurteilung zu Strafe) auch bei der Verwerfung oder Zurückweisung einer sofortigen Beschwerde gegen einen aufgrund **Freispruchs** des Angeklagten ergangenen Kostenfestsetzungsbeschluss (NK-GK/*Volpert*, Vorbem. 3.6 KV GKG Rn 3 ff.).

Die **Staatskasse** kann mit ihrem Anspruch auf Zahlung der Gebühr Nr. 1812 KV GKG nebst (Zustellungs-)Auslagen nach Nr. 9002 KV GKG die **Aufrechnung** gegen den Anspruch des Freigesprochenen auf Erstattung seiner notwendigen Auslagen erklären.

194 **b)** Weil der **Verteidiger** durch die **Abtretung** des Erstattungsanspruchs des Freigesprochenen /Angeklagten Gläubiger des Anspruchs auf Erstattung notwendiger Auslagen gegen die Staatskasse wird, erhebt er im eigenen Namen sofortige Beschwerde gegen den Kostenfestsetzungsbeschluss (OLG Karlsruhe AGS 2016, 170 und 218 = RVGreport 2016, 222; OLG Naumburg, Beschl. v. 8.10.2025 – 1 Ws 307/25, AGS 2025, 523; OLG Saarbrücken, Beschl. v. 20.4.2013 – 5 W 6/13; LG Köln RVGreport

2014, 361; vgl. a. OLG Rostock RVGreport 2018, 307 = AGS 2018, 330; OLG Stuttgart RVGreport 2018, 426 = AGS 2018, 459 = JurBüro 2019, 255; LG Duisburg RVGreport 2016, 392; LG Düsseldorf, Beschl. v. 8.7.2019 – 61 Qs 42/19; AG Hamburg-Harburg, Beschl. v. 24.4.2023 – 664 Ds 4/22 jug.; AG Passau, StraFo 2011, 419). Daher wird er im Falle der **Zurückweisung** der **Beschwerde** unter Auferlegung der Kosten gem. §§ 22 Abs. 1, 29 Nr. 1 GKG persönlich **Kostenschuldner** der Gebühr nach Vorbem. 3.6, Vorbem. 4.4 i.V.m. Nr. 1812 KV GKG über 72,00 EUR (LG Düsseldorf RVGreport 2017, 194; NK-GK/*Volpert*, Vorbem. 3.6 KV GKG Rn 4).

3. Die Tätigkeit des Rechtsanwalts im **Kostenfestsetzungsverfahren** gem. § 464b StPO gehört nach § 19 Abs. 1 S. 2 Nr. 14 RVG, Vorbem. 4.1 Abs. 2 VV RVG für den Verteidiger bzw. den sonstigen Vertreter eines Beteiligten zum **Rechtszug** und wird mit den dort verdienten Gebühren (Teil 4 Abschnitt 1 VV RVG) abgegolten (LG Koblenz JurBüro 2010, 32; Burhoff/Volpert/*Burhoff*, RVG, Teil A Rn 2032 ff.; Burhoff/Volpert/*Volpert*, RVG, Teil A Rn 1377; AnwKomm-RVG/*N. Schneider*, VV Vorb. 4 Rn 65). 195

4. Wird der **Rechtsanwalt** für den Mandanten **erstmals** bzw. **nur im Kostenfestsetzungsverfahren** tätig, gilt § 19 Abs. 1 S. 2 Nr. 14 RVG nicht. Es entsteht daher für die Tätigkeit im Kostenfestsetzungsverfahren eine Verfahrensgebühr nach **Nr. 4302 Ziff. 2 VV RVG** (Burhoff/Volpert/*Volpert*, RVG, Nr. 4302 VV Rn 14; AnwKomm-RVG/*N. Schneider*, VV Vorb. 4 Rn 67). 196

5.a) Wird der **Rechtsanwalt** im **Erinnerungs- und Beschwerdeverfahren** gegen einen Kostenfestsetzungsbeschluss tätig, erhält er nach Vorbem. 4 Abs. 5 Nr. 1 VV RVG Gebühren nach **Teil 3 VV RVG**. Es entsteht also die 0,5 Verfahrensgebühr nach **Nr. 3500 VV RVG** und ggf. eine 0,5 Terminsgebühr nach Nr. 3513 VV RVG. Hierbei handelt es sich um Wertgebühren (s. Burhoff/*Burhoff*, RVG, Vorbem. 4 VV Rn 117 ff.). 197

b) Da das Erinnerungsverfahren sachlich gerichtsgebührenfrei ist und im Beschwerdeverfahren als Gerichtsgebühr ggf. nur eine Festgebühr Nr. 1812 KV GKG anfällt bzw. das Verfahren ggf. sachlich gerichtsgebührenfrei ist, muss der **Gegenstandswert** für die Anwaltsgebühren gem. **§ 33 RVG** festgesetzt werden (*Schmitt/Köhler*, § 464b Rn 10; Burhoff/*Volpert*, RVG, Teil A: Kostenfestsetzung und Erstattung in Strafsachen, Rn 1567 ff.). Der Rechtsanwalt und die anderen in § 33 Abs. 2 genannten Antragsberechtigten können gem. § 33 RVG einen **Antrag** auf **Festsetzung** des **Gegenstandswerts** stellen (→ *Wertfestsetzung gem. §§ 32, 33 RVG*, Teil J Rdn 480). 198

☝ Der **Wert bemisst** sich nach dem Umfang der im Erinnerungs- oder Beschwerdeverfahren mit dem Rechtsmittel verfolgten Abänderung des Kostenfestsetzungsbeschlusses (Burhoff/Volpert/*Burhoff*, RVG, Vorbem. 4 VV Rn 120; OLG Hamm Rpfleger 1999, 436; OLG Schleswig SchlHA 2006, 300; LG Koblenz, Beschl. v. 5.12.2011 – 3 Qs 65/11).

6. Im **Kostenfestsetzungsverfahren** findet **keine Kostenerstattung** statt. Die Erinnerungs- bzw. die Beschwerdeentscheidung ist mit einer **Kostenentscheidung** zu versehen. Für die Kostenentscheidung gelten § 467 Abs. 1 StPO (entspr.; OLG Nürnberg, Beschl. v. 6.11.2013 – 2 Ws 419/13, AGS 2014, 18 = StraFo 2014, 37) bzw. § 473 Abs. 4 StPO (vgl. hierzu BGH NJW 2003, 763; OLG Celle StV 2001, 635; OLG Düsseldorf NStZ-RR 2012, 160; OLG Hamm AGS 2005, 40; OLG Jena JurBüro 2012, 148; LG Kleve AGS 2012, 64 = RVGreport 2012, 31; LG Koblenz, Beschl. v. 5.12.2011 – 3 Qs 65/11; *Schmitt/Köhler*, § 464b Rn 10). 199

☝ Wenn die **sofortige Beschwerde (teilweise) erfolgreich** war, steht dem Anspruch auf Erstattung notwendiger Auslagen für das Beschwerdeverfahren gegen die Staatskasse (§ 473 Abs. 4 StPO) deren Anspruch auf Zahlung der Gerichtsgebühr Nr. 1812 KV GKG über 72,00 EUR gegenüber. Insoweit kann die Staatskasse die **Aufrechnung** erklären, was durch eine **Abtretung** des **Erstattungsanspruchs** entsprechend **§ 43 RVG** ggf. verhindert werden kann (ausf. Burhoff/Volpert/*Volpert*, RVG, § 43 Rn 1 ff.).

Siehe auch: → *Kostenfestsetzung gem. § 464b StPO, Allgemeines,* Teil J Rdn 200 m.w.N.; → *Wertfestsetzung gem. §§ 32, 33 RVG,* Teil J Rdn 480.

200 Kostenfestsetzung gem. § 464b StPO, Allgemeines

Das Wichtigste in Kürze:

1. Gegenstand des Kostenfestsetzungsverfahrens gem. § 464b StPO sind nicht die Verfahrenskosten, sondern die notwendigen Auslagen eines Beteiligten.
2. Grundlage der Kostenfestsetzung ist eine rechtskräftige Entscheidung, in der die notwendigen Auslagen einem Beteiligten auferlegt werden.
3. In der Strafvollstreckung kommt eine Erstattung von notwendigen Auslagen nur für ein Beschwerdeverfahren, nicht aber für das erstinstanzliche Strafvollstreckungsverfahren in Frage.
4. Der rechtskräftig festgestellte Erstattungsanspruch des Freigesprochenen gegen die Staatskasse unterliegt der 30-jährigen Verjährungsfrist.
5. Im Kostenfestsetzungsverfahrens gem. § 464b StPO werden die einem Beteiligten entstandenen notwendigen Auslagen geprüft und betragsmäßig festgesetzt.
6. Bei der Erstattung notwendiger Auslagen im Strafverfahren ist die allgemeine Pflicht zur kostenschonenden Prozessführung zu beachten.
7. Die zu erstattenden notwendigen Auslagen müssen in der Person des erstattungsberechtigten Beteiligten angefallen sein.

201 **Literaturhinweise:** **Bechtel**, Die Erstattungsfähigkeit von Rechtsgutachten im Strafverfahren, StV 2020, 266; **Burhoff**, Erstattungsfähigkeit von Kosten für Privatgutachten im Straf- oder Bußgeldverfahren, AGS 2023, 193; **Chemnitz**, Ersatz und Erstattung von Anwaltsgebühren in eigener Sache, AGS 2000, 103; **Enders**, Verzinsung von festgesetzten Kosten, DJB 2002, 453; **Fromm**, Immer Ärger mit dem Bezirksrevisor – Zur Höhe der anwaltlichen Vergütung bei Freisprüchen in Bußgeldverfahren, DAR 2010, 489; *ders.*, Die Kostenfestsetzung bei Freispruch in Fällen der notwendigen Verteidigung, JurBüro 2014, 1708; **Hillenbrand**, Das neue Recht der Pflichtverteidigung, ZAP F. 22, S. 983; *ders.*, Das neue Recht der Pflichtverteidigung – Teil I, StRR 2/2020, 4; *ders.*, Das neue Recht der Pflichtverteidigung – Teil II, StRR 3/2020, 4; **Jakubetz**, Die Rechtsprechung zur Erstattungsfähigkeit von Kosten für ein Privatgutachten im Prozess, JurBüro 1999, 564; **Madert**, Zur Erstattung der Kosten eines Wahlverteidigers und eines Pflichtverteidigers nach Freispruch, AGS 2003, 419; **Magold**, Die Kostentragungspflicht des verurteilten Angeklagten, LIT Verlag, Berlin 2009; **Meyer**, Zum Auslagenerstattungsanspruch des Verurteilten im Falle eines unechten Teilfreispruchs – Marginalien zur Anwendung des § 465 Abs. 2 StPO, JurBüro 1994, 518; *ders.*, Zur Tragweite des Kosten- und Auslagenausspruchs einer strafprozessualen Zwischenbeschwerde, JurBüro 1990, 9; *ders.*, Zur Zulässigkeit der Erinnerung der Staatskasse gegen einen Kostenfestsetzungsbeschluss nach Anhörung gem. Nr. 145 RiStBV, JurBüro 1990, 287; *ders.*, Keine Erstattung von Kosten des Verteidigers für Privatgutachten, durch das er sich sachkundig macht, nach § 464a StPO, JurBüro 1990, 1385; **Mümmler**, Zur Auslagenerstattung bei verspätetem Vorbringen entlastender Umstände durch Angeklagten, JurBüro 1989, 844; *ders.*, Erstattungsfähigkeit von Reisekosten bei Freispruch in Strafsachen DJB 1997, 240; *ders.*, Erstattung der notwendigen Auslagen des Nebenklägers bei endgültiger Einstellung nach § 153a Abs. 1 S. 4 StPO, JurBüro 1996, 124; **Neumann**, Die Kostentragungspflicht des verurteilten Angeklagten hinsichtlich der Gebühren und Auslagen des „Zwangsverteidigers", NJW 1991, 261; **Popp**, Zu den Rechtsbehelfen gegen Kostenfestsetzungsbeschlüsse in Strafsachen, Rpfleger 2004, 82; **N. Schneider**, Reisekosten des auswärtigen Anwalts, AnwBl. 2010, 512; **Sommermeyer**, Die Bestimmung der erstattungsfähigen Verteidigergebühren beim fiktiven und echten Teilfreispruch, MDR 1991, 931; **Staub**, Das „Privatgutachten" bei der Verteidigung im Verkehrsstraf- und Ordnungswidrigkeitenverfahren, DAR 2020, 169; **Volpert**, Wahlanwaltsgebühren für gerichtlich bestellte oder beigeordnete Anwälte nach §§ 52, 53 RVG, RVGreport 2004, 133; *ders.*, Abrechnung der Wahlanwaltsgebühren durch den Pflichtverteidiger bei Freispruch des Mandanten – § 52 RVG, RVGreport 2004, 214. *ders.*, Abtretung von Kostenerstattungsansprüchen in der Strafprozessvollmacht, VRR 2007, 57; *ders.*, Die Kostenfestsetzung bei Freispruch oder Teilfreispruch des Mandanten – Teil 1: Das Verfahren, RVGreport 2007, 289; *ders.*, Die Kostenfestsetzung bei Freispruch oder Teilfreispruch des Mandanten – Teil 2: Besonderheiten beim Teilfreispruch, RVGreport 2007, 444; *ders.*, Das Kostenfestsetzungsverfahren gem. § 464b StPO gegen die Staatskasse (Teile 1 bis 3), StRR 2008, 412; StRR 2009, 16 und 52; *ders.*, Pflichtverteidiger und Freispruch – Worauf ist bei der Geltendmachung von Wahlverteidigergebühren zu achten?,

RVGreport 2012, 162; *ders.*, Die Erstattung von Reisekosten an den Freigesprochenen im Rahmen der notwendigen Auslagen/Höhe von Reisekosten, StRR 2013, 210; *ders.*, Das Kostenfestsetzungsverfahren in Strafsachen – Kosten- und Auslagengrundentscheidung – Teil 1, AGS 2021, 289; *ders.*, Das Kostenfestsetzungsverfahren in Strafsachen – Kosten und Auslagengrundentscheidung – Teil 2, AGS 2021, 529.

1.a) Im Kostenfestsetzungsverfahren in Strafsachen nach § 464b StPO wird auf Antrag eines Beteiligten vom Gericht des ersten Rechtszugs die Höhe der Kosten und Auslagen festgesetzt, die ein Beteiligter einem anderen Beteiligten zu erstatten hat. Funktionell zuständig für den Erlass des Kostenfestsetzungsbeschlusses ist gem. § 21 Nr. 1 RPflG i.V.m. §§ 464b S. 3; 103 ff. ZPO der Rechtspfleger (BGH, Beschl. v. 27.11.2018 – 2 ARs 314/18, RVGreport 2020, 73 = Rpfleger 2019, 223). Da im Kostenfestsetzungsverfahren nur eine Entscheidung über die Höhe der zu erstattenden Kosten getroffen wird, muss gem. § 464 Abs. 1, 2 StPO eine Entscheidung darüber vorliegen, von wem die Kosten zu tragen sind (**Kosten- und Auslagengrundentscheidung**). Das Kostenfestsetzungsverfahren gem. § 464b StPO hat allein die Aufgabe, ziffernmäßig die Höhe der notwendigen Auslagen festzusetzen, bezüglich deren eine rechtskräftige gerichtliche Grundentscheidung vorliegt (LG Aachen, Beschl. v. 20.9.2021 – 60 Qs 46/21, AGS 2021, 545). Im Fall des Freispruchs werden die notwendigen Auslagen des Angeklagten der Staatskasse auferlegt. Das Kostenfestsetzungsverfahren richtet sich in diesem Fall gegen die Staatskasse. Werden die notwendigen Auslagen des Nebenklägers oder des Privatklägers dem Verurteilten auferlegt, richtet sich das Kostenfestsetzungsverfahren gegen den Verurteilten (zum Umfang der Erstattungspflicht ausf. Burhoff/Volpert/*Volpert*, RVG, Teil A Rn 1408 ff.). 202

b) Für die Kostenfestsetzung muss zwischen den **Kosten des Verfahrens** (§ 464a Abs. 1 StPO) und den **notwendigen Auslagen** (§ 464a Abs. 2 StPO) unterschieden werden (z.B. LG Arnsberg AGS 2009, 484). 203

☝ **Gegenstand** des **Kostenfestsetzungsverfahrens** gem. § 464b StPO sind die **notwendigen Auslagen** eines Beteiligten.

Hinsichtlich der für die Kostenfestsetzung erforderlichen **Kostengrundentscheidung** gilt: 204

a) Voraussetzung für einen Erstattungsanspruch eines Beteiligten ist eine Kostenentscheidung, in der die notwendigen Auslagen eines Beteiligten einem anderen Beteiligten **rechtskräftig auferlegt** worden sind (KK-*Gieg*, § 464b Rn 2; vgl. a. § 449 StPO). Die Entscheidung darüber, welche Kosten zu den notwendigen Auslagen eines Beteiligten gehören und in welcher Höhe sie zu erstatten sind, erfolgt im Kostenfestsetzungsverfahren. Auch der Inhalt einer fehlerhaften oder sogar grob gesetzwidrigen Kostenentscheidung ist bindend und jeder Abänderung oder Ergänzung entzogen, soweit es sich nicht um eine nichtige Kostenentscheidung handelt (OLG Karlsruhe, JurBüro 2019, 538; LG Koblenz StRR 2010, 3; KK-*Gieg*, § 464b Rn 2; *Schmitt/Köhler*, § 464b Rn 2). 205

☝ Eine Entscheidung über die Verpflichtung zur Tragung von notwendigen Auslagen ist **überflüssig**, wenn es nach dem Gesetz selbstverständlich ist, wer die notwendigen Auslagen zu tragen hat. Im Fall seiner Verurteilung oder Verwerfung seines Rechtsmittels ist es selbstverständlich, dass der Angeklagte seine notwendigen Auslagen zu tragen hat. Eine entsprechende Feststellung ist daher überflüssig (BGHSt 36, 27; *Schmitt/Köhler*, § 464 Rn 10).

b) Fehlt eine **Entscheidung** darüber, wer die notwendigen Auslagen zu tragen hat, verbleiben die notwendigen Auslagen bei demjenigen, dem sie entstanden sind (vgl. u.a. OLG Düsseldorf NStZ-RR 2012, 160; OLG Karlsruhe JurBüro 2019, 538; LG Braunschweig Nds.Rpfl 2012, 252; LR-*Kurtze*, § 464 Rn 24, m.w.N.; *Schmitt/Köhler*, § 464 Rn 12). Dann trägt jeder der Beteiligten seine notwendigen Auslagen selbst (*Schmitt/Köhler*, § 464 Rn 12 und § 472 Rn 10). 206

☝ Eine **nachträgliche Ergänzung** oder Berichtigung der Auslagenentscheidung ist **unzulässig** (BGH NStZ-RR 1996, 352; OLG Karlsruhe JurBüro 2019, 538; OLG Koblenz StraFo 2003, 425; *Schmitt/Köhler*, § 464 Rn 12 und § 472 Rn 10).

207 **c)aa)** Eine **Ergänzung** oder **Berichtigung** einer unvollständigen Kostenentscheidung ist **ausgeschlossen** (BGH NStZ-RR 1996, 352; OLG Karlsruhe JurBüro 2019, 538; OLG Koblenz StraFo 2003, 425; OLG Zweibrücken, Beschl. v. 15.4.2025 – 1 ORs 1 SRs 5/24). Eine Korrektur ist allein auf eine nach § 464 Abs. 3 S. 1 StPO ordnungsgemäß erhobene sofortige Beschwerde hin möglich. Deshalb ist es ausgeschlossen, unvollständige Grundentscheidungen oder Fehler in der gerichtlichen Grundentscheidung des erkennenden Gerichts in diesem Verfahren zu korrigieren (KG NStZ-RR 2004, 190; OLG Rostock 1.3.2007 – I Ws 413/06 – I Ws 425/06 – I Ws 426/06; OLG Zweibrücken, Beschl. v. 15.4.2025 – 1 ORs 1 SRs 5/24; LG Arnsberg, Beschl. v. 10.6.2008 – 2 Qs 11/08 jug; AG Koblenz AGS 2004, 167; LR-*Kurtze*, § 464 Rn 29; KK-*Gieg*, § 464 Rn 4; *Schmitt/Köhler*, § 464 Rn 12 m.w.N.; Burhoff/Volpert/*Volpert*, RVG, Teil A Rn 1383 ff.; a.A. wohl OLG Nürnberg, Beschl. v. 4.12.2013 – 2 Ws 642/13). Werden bei einem Teilfreispruch die Kosten des Verfahrens und die notwendigen Auslagen dem Verurteilten auferlegt, soweit er verurteilt worden ist, fehlt aber die Entscheidung darüber, dass die Staatskasse die auf den freigesprochenen Teil entfallenden notwendigen Auslagen trägt, ist für eine Festsetzung von notwendigen Auslagen gegen die Staatskasse kein Raum (LG Braunschweig Nds.Rpfl 2012, 252).

208 Eine Korrekturmöglichkeit besteht ggf. im Verfahren nach **§ 33a StPO** (OLG Düsseldorf JurBüro 1993, 555; OLG Zweibrücken, Beschl. v. 15.4.2025 – 1 ORs 1 SRs 5/24, wenn ein Gehörsverstoß unter dem Gesichtspunkt einer Überraschungsentscheidung vorliegt; *Schmitt/Köhler*, § 464 Rn 12; abl. LG Potsdam AGS 2015, 438 = JurBüro 2015, 367 = Rpfleger 2015, 424). Das soll auch dann gelten, wenn die Kostengrundentscheidung offensichtlich fehlerhaft ist (LG Zweibrücken NStZ-RR 2008, 359 = Rpfleger 2008, 595 = JurBüro 2008, 537, wenn bei Freispruch von einer Auferlegung der notwendigen Auslagen auf die Staatskasse abgesehen worden ist).

209 **bb)** Sind im Fall des Freispruchs die notwendigen Auslagen des Angeklagten **nicht der Staatskasse auferlegt** worden, soll der nach § 464b StPO gestellte Kostenfestsetzungsantrag als **sofortige Beschwerde** gegen die Auslagenentscheidung des Urteils anzusehen sein (so z.B. OLG Düsseldorf JMBl NW 1990, 249; OLG Hamm StraFo 2005, 347; OLG Stuttgart StV 1993, 651 = NStZ 1993, 507; LG Koblenz AGS 1998, 151).

210 Dazu gilt: Es ist zu berücksichtigen, dass das Kostenfestsetzungsverfahren nur zur betragsmäßigen Festsetzung der zu erstattenden notwendigen Auslagen dient. Das Kostenfestsetzungsverfahren kann daher grds. nicht dem Zweck dienen, unvollständige Kostengrundentscheidungen zu korrigieren (KG, Beschl. v. 14.8.2007 – 1 AR 1086/07). Der Kostenfestsetzungsantrag kann daher **allenfalls dann** als **sofortige Beschwerde** gegen die fehlerhafte Kostengrundentscheidung (fehlende Überbürdung der notwendigen Auslagen des Angeklagten auf die Landeskasse) behandelt werden,

- wenn der **Antrag innerhalb** der **Beschwerdefrist** gestellt worden ist (KG NStZ-RR 2004, 190; Beschl. v. 14.8.2007 – 1 AR 1086/07; LG Arnsberg, Beschl. v. 10.6.2008 – 2 Qs 11/08 jug; AGS 2017, 184 = StRR 2/2017, 2 [LS]; LG Koblenz AGS 1998, 151; so wohl auch LG Zweibrücken NStZ-RR 2008, 359) und
- im Antrag in irgendeiner Weise zugleich diese Kostengrundentscheidung beanstandet worden ist, aus dem Antrag also ein **Anfechtungswille** hervorgeht (OLG Celle JurBüro 2011, 595 = RVGreport 2012, 355; OLG Hamm, Beschl. v. 14.11.2023 – III-3 Ws 376/23, AGS 2024, 41). Hierzu reicht es nicht aus, wenn im Kostenfestsetzungsantrag lediglich beantragt ist, die notwendigen Auslagen der Landeskasse aufzuerlegen und nicht erkennbar ist, dass das Fehlen der erforderlichen Auslagenentscheidung bemerkt wurde. Zu dem Festsetzungsbegehren als solchem müssen innerhalb der Anfechtungsfrist somit weitere Umstände hinzutreten, die auf einen **Anfechtungswillen** im Hinblick auf die Grundentscheidung hindeuten (KG NStZ-RR 2004, 190; Beschl. v. 14.8.2007 – 1 AR 1086/07; OLG

Celle JurBüro 2011, 595 = RVGreport 2012, 355; JurBüro 2013, 643; OLG Düsseldorf, Beschl. v. 23.3.2010 – III-1Ws 78/10; OLG Hamm, Beschl. v. 14.11.2023 – III-3 Ws 376/23, AGS 2024, 41; LG Arnsberg AGS 2017, 184; Burhoff/Volpert/*Volpert*, RVG, Teil A Rn 1387). Denn die regelmäßige Auslegung eines Kostenfestsetzungsantrags als Anfechtung der Kostengrundentscheidung würde den Anwendungsbereich des § 300 StPO in unzulässiger Weise aus-weiten und die Rechtsanwendung in diesem Bereich überspannen (OLG Celle, a.a.O.). Ergibt sich aus den im Rahmen des Kostenfestsetzungsantrags abgegebenen Erklärungen kein Anfechtungswille, liegt kein Fall des § 300 StPO vor. Denn dann ist keine Rechtsmittelerklärung gegeben, die ausgelegt oder umgedeutet werden könnte. Weist daher erst das Gericht im Kostenfestsetzungsverfahren auf das Fehlen einer Kostengrundentscheidung hin, kann der Kostenfestsetzungsantrag nicht als Beschwerde angesehen werden (OLGR Rostock 2008, 485). Auch wenn Kostenfestsetzung auf der Basis der (nicht) ergangenen Kostengrundentscheidung begehrt wird, fehlt es an einem Anfechtungswillen im Kostenfestsetzungsantrag (OLG Celle JurBüro 2013, 643; OLG Hamm, Beschl. v. 14.11.2023 – III-3 Ws 376/23, AGS 2024, 41; LG Arnsberg AGS 2017, 184). Auch wenn die Beteiligten auf **Rechtsmittel** gegen die Kostengrundentscheidung **verzichtet** haben, kann der Kostenfestsetzungsantrag nicht mehr als sofortige Beschwerde gegen die Kostenentscheidung angesehen werden (LG Wuppertal JurBüro 2008, 93).

☝ Es **empfiehlt** sich daher für den Rechtsanwalt, neben dem sachlichen Urteilsinhalt auch die **Kostenentscheidung** daraufhin zu **überprüfen**, ob sie sich mit den notwendigen Auslagen des anwaltlich vertretenen Beteiligten befasst (so auch *Burhoff* StRR 2011, 389 in der Anm. zu OLG Celle JurBüro 2011, 595 = RVGreport 2012, 355). Hierbei ist zu beachten, dass für die Einlegung der sofortigen Beschwerden gem. §§ 464a Abs. 3, 311 Abs. 2 StPO eine Frist von einer Woche gilt. Für die Staatskasse ist nicht der Bezirksrevisor, sondern die Staatsanwaltschaft beschwerdebefugt (OLG Düsseldorf JMBl. NRW 1979, 67).

d) Werden nur die **Kosten** des **Verfahrens** (§ 464a Abs. 1 StPO) der Staatskasse auferlegt bzw. wird der **211**
Angeklagte auf **Kosten** der **Staatskasse freigesprochen**, ist umstr., ob dann auch die notwendigen Auslagen des Angeklagten von der Staatskasse zu tragen sind. Dazu gilt:

aa) Die Festsetzung und Erstattung der notwendigen Auslagen des Angeklagten nach Freispruch bzw. **212**
Einstellung aus der Staatskasse setzt voraus, dass die notwendigen Auslagen ausdrücklich der Staatskasse auferlegt worden sind. Da § 464 Abs. 1 und 2 StPO zwischen den Verfahrenskosten einerseits und den notwendigen Auslagen andererseits unterscheidet (OLG Karlsruhe JurBüro 2019, 538; LG Arnsberg AGS 2009, 484; LG Potsdam AGS 2015, 438 = JurBüro 2015, 367 = Rpfleger 2015, 424), kann nach h.M. die Überbürdung der Verfahrenskosten auf die Landeskasse **nicht dahin ausgelegt** werden, dass damit auch die notwendigen Auslagen der Landeskasse auferlegt worden sind (KG NStZ 2004, 190; OLG Düsseldorf JurBüro 1986, 407; Beschl. v. 20.12.2005 – III-2 Ws 225 und 357/05, n.v.; Beschl. v. 31.1.2006 – III-1 Ws 448/05 und 36/06, n.v., bei Auferlegung der Kosten der Revision, anders noch JurBüro 1988, 1071; OLG Karlsruhe NStZ-RR 1997, 157; OLG Rostock, Beschl. v. 1.3.2007 – I Ws 413/06 – I Ws 425/06 – I Ws 426/06; OLG Stuttgart StV 1993, 651; LG Braunschweig Nds.Rpfl 2012, 252; LG Kaiserslautern RVG-Letter 2005, 55; LG Koblenz NStZ-RR 2003, 191; LG Potsdam AGS 2014, 435 = JurBüro 2014, 491; AGS 2015, 438 = JurBüro 2015, 367; LG Wuppertal JurBüro 2008, 93 für den Fall der Auferlegung der Berufungskosten; LR-*Kurtze*, § 464 Rn 24, 25; KK-*Gieg*, § 464 Rn 4 und 6; *Schmitt/Köhler*, § 464 Rn 12; § 467 Rn 20; Burhoff/Volpert/*Volpert*, RVG, Teil A Rn 1391 ff.; **a.A.** OLG Düsseldorf StV 1994, 493; OLG Köln StraFo 1997, 285; OLG Naumburg NStZ-RR 2001, 189; OLG Oldenburg StV 2003, 174; LG Göttingen, Beschl. v. 22.10.2008 – 1 Qs 125708; LG Stendal zfs 1995, 149). Das gilt auch dann, wenn es sich zweifelsfrei um einen obligatorischen Überbürdungsfall (§§ 467 Abs. 1, 473 StPO) handelt und keine Anhaltspunkte für Ausnahmetatbestände vorliegen oder

wenn in der Kostenentscheidung ausdrücklich auf § 467 Abs. 1 StPO verwiesen wird (LR/*Kurtze*, § 464 Rn 24 ff.; *Schmitt/Köhler*, § 467 Rn 20).

213 Zur Auslegung können auch **nicht** die **gesetzlichen Regelungen** der StPO zur Kosten- und Auslagentragung in §§ 464 ff. StPO **herangezogen** werden. Denn nicht die gesetzliche Norm, sondern erst der ausdrückliche Ausspruch des Gerichts über die Tragung der Verfahrenskosten und der notwendigen Auslagen bildet die Grundlage für die Kostenfestsetzung (LG Potsdam AGS 2015, 438 = JurBüro 2015, 367 = Rpfleger 2015, 424; KK-StPO/*Gieg*, § 464 Rn 4). Einstellungsentscheidungen, in denen nur die Verfahrenskosten der Staatskasse auferlegt werden, können im Übrigen auch deshalb nicht erweiternd für die notwendigen Auslagen herangezogen werden, weil in Einstellungsentscheidungen gem. § 467 Abs. 4 StPO davon abgesehen werden kann, die notwendigen Auslagen der Staatskasse aufzuerlegen (LG Potsdam, a.a.O.).

214 **bb)** Auch wenn der **Freispruch auf Kosten** der **Staatskasse** erfolgt ist, liegt keine die Staatskasse belastende Auslagenentscheidung vor (OLG Köln, Beschl. v. 14.1.2013 – III-2 Ws 308/11, AGS 2013, 305; OLG Rostock, Beschl. v. 1.3.2007 – I Ws 413/06 – I Ws 425/06 – I Ws 426/06; LG Koblenz, Beschl. v. 1.2.2003 – 1 Qs 178/02, AGS 2003, 267 = NStZ-RR 2003, 191; LR-*Kurtze*, § 464 Rn 26; KK-*Gieg*, § 464 Rn 6; *Schmitt/Köhler*, § 464 Rn 20; Burhoff/Volpert/*Volpert*, RVG, Teil A Rn 1391 ff.; a.A. vgl. OLG Düsseldorf StV 1995, 146; OLG Naumburg NStZ-RR 2001, 189; LG Oldenburg StV 2003, 174). Wenn in der Kostenentscheidung formuliert ist, dass der Angeklagte „auf Kosten der Staatskasse freigesprochen" wird, kann das nicht dahin ausgelegt werden, dass der Freigesprochene mit keinerlei auf das Verfahren bezogenen notwendigen Auslagen belastet werden soll (LG Potsdam AGS 2015, 438 = JurBüro 2015, 367 = Rpfleger 2015, 424; Burhoff/Volpert/*Volpert*, RVG, Teil A Rn 1391 ff.; so aber OLG Düsseldorf StV 1995, 146; OLG Naumburg NStZ-RR 2001, 189; OLG Oldenburg StV 2003, 174). Denn das Fehlen eines entsprechenden Ausspruches über die notwendigen Auslagen kann auch bewusst erfolgt sein. Der Freispruch auf Kosten der Staatskasse kann daher auch die (konkludente) Ablehnung der Überbürdung der notwendigen Auslagen auf die Staatskasse beinhalten (OLG Rostock, a.a.O.). Ob eine Kostenentscheidung auch die notwendigen Auslagen umfasst, darf im Kostenfestsetzungsverfahren nicht im Wege der Auslegung festgestellt werden.

215 **cc)** Wenn das Gericht die notwendigen Auslagen (rechtskräftig) der Staatskasse auferlegt, ohne dabei wegen **prozessualen Fehlverhaltens** oder **sonstigen prozessualen Besonderheiten** eine **einschränkende Bestimmung** – z.B. nach den Ausnahmen des § 467 Abs. 2 bis Abs. 5 StPO – zu treffen, so steht fest, dass kein Teil seiner Auslagen dem ehemaligen Angeklagten zur Last fallen soll (*Schmitt/Köhler*, § 467, Rn 20 m.w.N.). Es ist ausgeschlossen, unvollständige oder fehlerhafte Grundentscheidungen des erkennenden Gerichts zu den notwendigen Auslagen im Kostenfestsetzungsverfahren gem. § 464b StPO zu korrigieren (LG Aachen, Beschl. v. 20.9.2021 – 60 Qs 46/21, AGS 2021, 545). Dies **bedeutet** bspw.:

- Wenn ein in erster Instanz Verurteilter mit seiner Berufung einen Freispruch erzielt und die notwendigen Auslagen der Staatskasse auferlegt werden, fallen die Kosten beider Instanzen und die gesamten notwendigen Auslagen des Freigesprochenen nach Maßgabe des § 467 StPO der Staatskasse zur Last (OLG Stuttgart Rpfleger 2018, 637; KK-StPO/*Gieg*, § 473, Rn 5).
- Legt ein Angeklagter gegen ein gemäß § 328 Abs. 2 StPO (Zurückverweisung) ergangenes Urteil Revision ein und nimmt er diese später wieder zurück, so trägt bei einem späteren Freispruch mit einer rechtskräftigen Auslagenentscheidung gem. § 467 Abs. 1 StPO die Staatskasse auch die in dem (zurückgenommenen) Revisionsverfahren entstandenen Kosten und notwendigen Auslagen des ehemaligen Angeklagten (OLG Stuttgart Rpfleger 2018, 637). Bei der Zurückverweisung einer Sache gemäß § 328 Abs. 2 StPO trifft das Rechtsmittelgericht gerade keine Entscheidung über die Kosten, sondern überträgt diese dem neu mit der Sache befassten Gericht, weil der endgültige Erfolg des Rechtsmittels, auf den § 473 StPO abstellt, bis zum Vorliegen der neuen Sachentscheidung ungewiss ist; maßgeblich für die Kosten des gesamten Verfahrens ist deshalb das letzte (rechtskräftige) Urteil.

Wird der ehemalige Angeklagte letztlich freigesprochen, so gilt § 467 StPO (OLG Stuttgart, a.a.O.; KK-StPO/*Gieg*, § 473 Rn 1; *Schmitt/Köhler*, § 473 Rn 7).

- Die in einem sog. **unselbstständigen Zwischenverfahren** getroffene Kosten- und Auslagenentscheidung zu Lasten des Angeklagten schränkt die im freisprechenden rechtskräftigen Urteil vorgesehene Auslagenersatzverpflichtung der Staatskasse nicht ein. Wenn deshalb z.B. ein Beschuldigter, der einen gegen ihn erlassenen Haftbefehl erfolglos (unter Auferlegung der Kosten und notwendigen Auslagen) mit der **Haftbeschwerde** angefochten hat, dann aber nach Durchführung des Hauptverfahrens unter Aufhebung des Haftbefehls freigesprochen wird, erhält auch die auf das Beschwerdeverfahren entfallenden notwendigen Auslagen ersetzt (OLG Hamm StraFo 2009, 261; OLG Stuttgart, a.a.O.).
- Werden nach erstinstanzlicher kostenpflichtiger Verurteilung in einem Berufungsurteil die Kosten des Berufungsverfahrens und die notwendigen Auslagen des Angeklagten der Staatskasse auferlegt, sind die in beiden Instanzen angefallenen notwendigen Auslagen aus der Staatskasse zu erstatten. § 467 Abs. 1 StPO nimmt keine Differenzierung von notwendigen Auslagen nach Instanzen vor (LG Bad Kreuznach JurBüro 2018, 480).
- Gem. § 467 Abs. 2 StPO werden die notwendigen Auslagen, die der Angeschuldigte durch eine **schuldhafte Säumnis** verursacht hat, der Staatskasse nicht auferlegt. Werden aber unter Missachtung dieser Regelung die notwendigen Auslagen uneingeschränkt der Staatskasse auferlegt, ist das nach wohl h.M. für das Kostenfestsetzungsverfahren bindend und kann dort nicht korrigiert werden (LG Aachen, Beschl. v. 20.9.2021 – 60 Qs 46/21, AGS 2021, 545; LG Mühlhausen, Beschl. v. 11.12.2002 – 3 Qs 366/02, StraFo 2003, 435; a.A. LG Aachen, Beschl. v. 26.5.2021 – 60 Qs 18/21; AG Tiergarten, Beschl. v. 11.1.2016 – 232b Ds 10/15, AGS 2016, 207).

e) Die Kostengrundentscheidung darf im Kostenfestsetzungsverfahren **nicht** mehr darauf **überprüft** werden, ob sie der **Sach-** und **Rechtslage entspricht**. Auch eine fehlerhafte oder sogar grob gesetzwidrige Kostenentscheidung ist daher für den **Rechtspfleger** im Kostenfestsetzungsverfahren **bindend** und jeder Abänderung oder Ergänzung entzogen (OLG Hamm, Beschl. v. 19.8.2014 – III-2 Ws 140/14; OLG Karlsruhe JurBüro 2019, 538; LG Aachen, Beschl. v. 20.9.2021 – 60 Qs 46/21, AGS 2021, 545). 216

> ✍ Werden daher z.B. die **notwendigen Auslagen** des **Nebenklägers** der Staatskasse auferlegt, ist diese gesetzlich nicht vorgesehene Entscheidung (BGH StV 2012, 215 = NStZ-RR 2012, 156; NStZ-RR 2015, 44; Beschl. v. 11.4.2013 – 5 StR 261/12) für das Kostenfestsetzungsverfahren nach h.M. bindend und kann nicht mehr auf Gesetzmäßigkeit überprüft werden (OLG Düsseldorf Rpfleger 1994, 81; OLG Saarbrücken NStZ-RR 2001, 383; OLG Zweibrücken StV 2004, 30; LG Düsseldorf Rpfleger 2003, 619; LG Hanau Rpfleger 2000, 183; LG Koblenz StRR 2010, 3 [Ls.]; LG Saarbrücken NStZ-RR 2001, 383; a.A. LG Mainz Rpfleger 1995, 311; LG Hannover Nds. Rpfl. 1994, 167; s. auch OLG Oldenburg Rpfleger 1991, 521, für den Fall der Auferlegung der tatsächlichen und nicht der notwendigen Auslagen des Angeklagten auf die Staatskasse). Allerdings kann hier die Festsetzung einer geringeren Gebühr (§ 14 Abs. 1 RVG) gerechtfertigt sein (vgl. hierzu LG Düsseldorf Rpfleger 2003, 619; Burhoff/Volpert/*Volpert*, RVG, Teil A Rn 1391 ff.).

3.a) Nach überwiegender Ansicht in Rspr. und Lit. ist in **Verfahren** der **Strafvollstreckung** nach §§ 453 ff. StPO für den **ersten Rechtszug keine Kosten(grund)entscheidung** zu treffen. Beschlüsse, durch die im Strafvollstreckungsverfahren Anträge des Verurteilten oder der StA abgelehnt werden, sind einer Kosten- und Auslagenentscheidung nicht zugänglich, da sie weder verfahrensabschließende Beschlüsse (in dem Sinne, dass sie den Entscheidungen nach § 464 Abs. 1 StPO gleichzustellen wären) darstellen, noch in einem selbstständigen Zwischenverfahren ergangen sind. 217

In der Strafvollstreckung bleibt deshalb die auf § 465 StPO gestützte **Kostengrundentscheidung** des **Urteils maßgebend**, in der dem Verurteilten die Verfahrenskosten und seine notwendigen Auslagen auferlegt worden sind (KG NStZ 1989, 490; NStZ-RR 2012, 359; OLG Braunschweig NStZ-RR 2001, 185; OLG Celle StV 2006, 30; OLG Frankfurt NStZ-RR 2005, 253; OLG Hamm NStZ 1984, 332; 218

OLG Karlsruhe NStZ 1998, 272; OLG Köln NStZ 1999, 534; Gerold/Schmidt/*Burhoff*, VV Einl. Vorb. 4.2 Rn 21; *Schmitt/Köhler*, § 464 Rn 11; vgl. a. OLG Düsseldorf NStZ-RR 2012, 160; Burhoff/Volpert/*Volpert*, RVG, Vorbem. 4.2 VV Rn 63; a.A. OLG Hamm NStZ 1984, 288; LR-*Kurtze*, § 464 Rn 8).

219 **b)** Etwas **anderes** gilt nur für die Kosten des **Beschwerdeverfahrens** und die ggf. in diesem dem Beschwerdeführer entstandenen notwendigen Auslagen (OLG Düsseldorf JMBl. NRW 1991, 59; OLG Frankfurt NStZ RR 2005, 253; Gerold/Schmidt/*Burhoff*, VV Vorbem. 4.2 Rn 21; *Schmitt/Köhler*, § 464 Rn 11; Burhoff/Volpert/*Volpert*, RVG, Vorbem. 4.2 VV Rn 64). Insoweit handelt es sich um eine das Verfahren – das Beschwerdeverfahren – abschließende Entscheidung i.S.d. § 464 Abs. 1 StPO. Für die Kostenentscheidung gilt § 473 StPO. War die Beschwerde des Verurteilten erfolgreich, ist die Staatskasse danach zur Tragung der notwendigen Auslagen des Verurteilten verpflichtet. Zu den notwendigen Auslagen gehören die nach Teil 4 Abschnitt 2 VV RVG berechneten Gebühren des Verteidigers im Strafvollstreckungsverfahren.

☝ Aus dem Umstand, dass die erstinstanzlichen notwendigen Auslagen von der Auslagenentscheidung des Beschwerdegerichts nicht erfasst sind, kann nicht geschlossen werden, dass diese nun von der Staatskasse zu tragen sind. Denn der Grundsatz, dass bei **Fehlen** einer **Kostenentscheidung** die Staatskasse die Kosten trägt, gilt allenfalls für die Verfahrenskosten nach § 464a Abs. 1 StPO. Fehlt eine Entscheidung über die notwendigen Auslagen (§ 464a Abs. 2 StPO), verbleiben diese bei demjenigen, dem sie entstanden sind). Deshalb trägt der Verurteilte seine in der erstinstanzlichen Strafvollstreckung angefallenen notwendigen Auslagen stets selbst (*Schmitt/Köhler*, § 464 Rn 12; Burhoff/Volpert/*Volpert*, RVG, Vorbem. 4.2 VV Rn 65).

220 **4.** Der **rechtskräftig festgestellte Erstattungsanspruch** des Freigesprochenen gegen die Staatskasse unterliegt der **30-jährigen Verjährungsfrist** (§ 197 Abs. 1 Nr. 3 BGB; BGH NJW 2006, 1962 = AGS 2007, 219 = RVGreport 2006, 233, für zivilprozessuale Kostenerstattungsansprüche; KG, Beschl. v. 21.11.2007 – 1 Ws 245/07; RVGreport 2017, 226 = JurBüro 2017, 129 für den Erstattungsanspruch des Nebenklägerbeistands gegen den Verurteilten gem. § 53 Abs. 2 S. 1; OLG Oldenburg NStZ 2006, 411; LG Düsseldorf, Beschl. v. 12.5.2017 – 61 Qs 5/17; LG Zweibrücken NStZ-RR 2006, 128). Der Erstattungsanspruch kann ggf. aber schon schon vor Eintritt der Verjährung verwirkt sein, wenn der Berechtigte den Anspruch lange Zeit hindurch nicht geltend gemacht hat (Zeitmoment) und sich die Staatskasse hierauf eingerichtet hat und sich auch darauf einrichten durfte, dass dieses Recht auch in Zukunft nicht geltend gemacht werde (Umstandsmoment). Das OLG Oldenburg (a.a.O.) hat die Verwirkung dabei für den Fall bejaht, dass der Verteidiger den abgetretenen Erstattungsanspruch erst nach 18 Jahren geltend gemacht hat, weil das taten- und kommentarlose Verstreichenlassen dieses Zeitraums durch den Verteidiger für die Staatskasse den Eindruck erweckt hat, dass ein Erstattungsantrag nicht mehr geltend gemacht werden soll. Allerdings muss zur Verwirkung des Anspruchs auf Erstattung notwendiger Auslagen neben das Zeitmoment das Umstandsmoment treten. Angesichts der für rechtskräftig festgestellte Auslagenerstattungsansprüche geltenden 30-jährigen Verjährungsfrist (§ 197 Abs. 1 Nr. 3 BGB) darf die Staatskasse nicht davon ausgehen, dass kein Erstattungsanspruch mehr geltend gemacht wird, wenn der Erstattungsberechtigte innerhalb der Verjährungsfrist lediglich keinen Festsetzungsantrag stellt (hier: 3 Jahre nach Rechtskraft; LG Düsseldorf, Beschl. v. 12.5.2017 – 61 Qs 5/17).

221 **5.** Werden im Fall der notwendigen Verteidigung gem. **§ 145 Abs. 4 StPO** dem Verteidiger die durch sein Ausbleiben entstandenen Kosten auferlegt, ist über die **Höhe** der vom Wahl- oder Pflichtverteidiger zu erstattenden Kosten im Kostenfestsetzungsverfahren nach § 464b StPO zu entscheiden (OLG Köln StV 2001, 389 = StraFo 2001, 290; *Schmitt/Köhler*, § 145 Rn 24; LR-*Jahn*, § 145 Rn 37). Die Kostentragungspflicht nach § 145 Abs. 4 StPO entfällt bei notwendiger Verteidigung auch nicht deshalb, weil der Verteidiger das Wahlmandat niedergelegt hat (OLG Köln StRR 2011, 82).

222 **6. Gegenstand** des **Kostenfestsetzungsverfahrens** gem. § 464b StPO ist die Prüfung und **betragsmäßige Festsetzung** der einem Beteiligten entstandenen **notwendigen Auslagen**. Notwendige Auslagen

sind die einem Verfahrensbeteiligten (z.B. Beschuldigter, Privatkläger, Nebenkläger) entstandenen vermögenswerten Aufwendungen, die zur zweckentsprechenden Rechtsverfolgung oder Rechtsverteidigung erforderlich waren. Welche Aufwendungen zu den notwendigen Auslagen gehören, ergibt sich aus der **nicht abschließenden** Aufzählung in § 464a Abs. 2 StPO.

7. Auch bei der Erstattung notwendiger Auslagen im Strafverfahren ist die allgemeine **Pflicht zur kostenschonenden Prozessführung** zu beachten (OLG Celle StraFo 2013, 41; JurBüro 2012, 136). Es gibt keinen allgemeinen Grundsatz, dass einem Freigesprochenen sämtliche Auslagen erstattet werden müssen (OLG Celle StraFo 2013, 41; *Schmitt/Köhler*, § 464a Rn 5). Von der Erstattungspflicht sind insbesondere Auslagen ausgenommen, die eine wirtschaftliche denkende Person nicht aufgewandt hätte (KG StraFo 2012, 380). 223

☝ Die Erstattungspflicht der Staatskasse hat nicht zur Folge, dass unter allen Umständen sämtliche Auslagen eines Angeklagten zu erstatten sind (BVerfG NJW 2004, 3319; KG StraFo 2012, 380 = RVGreport 2012, 429 = StRR 2012, 236). Deshalb können dem **freigesprochenen** Angeklagten Kosten entstanden sein, die **nicht erstattungsfähig** sind (KG StraFo 2012, 380).

8. Die Auslagen müssen in der **Person** des **erstattungsberechtigten Beteiligten** angefallen sein. Die Erstattungsfähigkeit wird nicht dadurch ausgeschlossen, dass der Beteiligte wegen dieser notwendigen Auslagen auch einen Dritten, z.B. eine Rechtsschutzversicherung, einen Berufsverband oder den **Arbeitgeber** in Anspruch nehmen kann (KK-*Gieg*, § 464a Rn 6; *Schmitt/Köhler*, § 464a Rn 8). 224

☝ **Versicherungsbeiträge** für eine Rechtsschutzversicherung oder Beiträge für den Berufsverband sind keine notwendigen Auslagen (*Schmitt/Köhler*, § 464a Rn 8).

9. Auch der Umstand, dass im Fall des **unentschuldigten Ausbleibens** eines **Zeugen** zum Termin diesem die durch sein Ausbleiben entstandenen Kosten auferlegt worden sind, hindert die Kostenfestsetzung der dem freigesprochenen Beschuldigten insoweit entstandenen notwendigen Auslagen gegen die Staatskasse nicht (*Schmitt/Köhler*, § 467 Rn 2). Diese notwendigen Auslagen können dann aber auf Antrag der Staatskasse (Bezirksrevisor) im Kostenfestsetzungsverfahren gem. § 464b StPO gegen den Zeugen festgesetzt werden (LG Berlin JurBüro 2005, 425 = NStZ-RR 2005, 288; *Schmitt/Köhler*, § 51 Rn 14). 225

Siehe auch: → *Kostenfestsetzung gem. § 464b StPO, Besonderheiten beim Teilfreispruch*, Teil J Rdn 246 ff.; → *Kostenfestsetzung gem. § 464b StPO, Abrechnung*, Teil J Rdn 190; → *Kostenfestsetzung gem. § 464b StPO, Umfang der Erstattungspflicht*, Teil J Rdn 240; → *Kostenfestsetzung gem. § 464b StPO, Verfahren*, Teil J Rdn 283.

Kostenfestsetzung gem. § 464b StPO, Besonderheiten beim Teilfreispruch 226

Das Wichtigste in Kürze:

1. Bei einem Teilfreispruch des Angeklagten ist zunächst zwischen einem echten/effektiven Teilfreispruch und einem unechten Teilfreispruch zu unterscheiden.
2. Bei beiden Arten des Teilfreispruchs kann die Ermittlung des Erstattungsbetrages nach der Differenztheorie oder gem. § 464d StPO durch eine Auslagenverteilung nach Bruchteilen erfolgen; welche Methode angewandt wird, steht im Ermessen des Rechtspflegers/Gerichts.
3. Bei der Ermittlung des Erstattungsbetrags nach der Differenztheorie wird von dem gesamten Wahlverteidigerhonorar das fiktive Honorar abgezogen, das in einem Verfahren nur wegen der letztlich zur Verurteilung führenden Taten entstanden wäre; eine etwaige Differenz bildet den Erstattungsbetrag.

4. Bei der Stellung des Kostenfestsetzungsantrags nach einem Teilfreispruch ist deshalb eine Abrechnung mit der Gesamtvergütung und eine Abrechnung mit der fiktiven Vergütung einzureichen.
5. Die Ermittlung des Erstattungsbetrages kann auch durch eine Verteilung der notwendigen Auslagen nach Bruchteilen gem. § 464d StPO erfolgen, die auch der Rechtspfleger im Kostenfestsetzungsverfahren vornehmen kann.
6. Eine rein rechnerische Verteilung der notwendigen Auslagen nach der Anzahl der freigesprochenen und Verurteilten Fälle ist nicht sachgerecht.
7. Der Aufrechnung der Staatskasse mit Verfahrenskosten gegen den Anspruch auf Erstattung notwendiger Auslagen kann durch dessen Abtretung an den Verteidiger unter den in § 43 RVG genannten Voraussetzungen begegnet werden.

227 **Literaturhinweise: Meyer**, Zum Auslagenerstattungsanspruch des Verurteilten im Falle eines unechten Teilfreispruchs – Marginalien zur Anwendung des § 465 Abs. 2 StPO, JurBüro 1994, 518; **Sommermeyer**, Die Bestimmung der erstattungsfähigen Verteidigergebühren beim fiktiven und echten Teilfreispruch, MDR 1991, 931; **Volpert**, Die Kostenfestsetzung bei Freispruch oder Teilfreispruch des Mandanten – Teil 1: Das Verfahren, RVGreport 2007, 289; *ders.*, Die Kostenfestsetzung bei Freispruch oder Teilfreispruch des Mandanten – Teil 2: Besonderheiten beim Teilfreispruch, RVGreport 2007, 444. s. i.Ü. die Hinw. bei den u.a. Stichwörtern und bei → *Kostenfestsetzung gem. § 464b StPO, Allgemeines*, Teil J Rdn 200.

228 **1.a)** Wird der Angeklagte freigesprochen, fallen die Kosten des Verfahrens und die notwendigen Auslagen des Angeschuldigten gem. § 467 Abs. 1 StPO der Staatskasse zur Last. Wird der Angeklagte verurteilt, ist es selbstverständlich, dass er seine notwendigen Auslagen zu tragen hat, sodass eine entsprechende Feststellung daher überflüssig ist (BGHSt 36, 27; *Schmitt/Köhler*, § 464 Rn 10). Nicht selten kommt es jedoch vor, dass der Angeklagte **nicht** im **vollen Umfang** der zugelassenen Anklage verurteilt wird, weil ihm ein Teil der Vorwürfe nicht nachgewiesen werden kann oder ein Teil der Vorwürfe unbegründet ist.

229 **b)** Es ist wie folgt zu **unterscheiden**:

- Ein **echter oder effektiver Teilfreispruch** liegt vor, wenn mehrere Taten in **Tatmehrheit** (§ 53 StGB) angeklagt wurden, die am Ende teilweise zu einer Verurteilung und teilweise zum Freispruch führten (OLG Koblenz StV 1998, 610; *Meyer* JurBüro 1994, 518). Die nach § 467 Abs. 1 StPO zu treffende Kostenentscheidung lautet dann wie folgt (OLG Düsseldorf Rpfleger 1996, 303):

  „Der Angeklagte hat die Kosten des Verfahrens zu tragen, soweit er verurteilt worden ist; soweit er freigesprochen worden ist, trägt die Staatskasse die Kosten des Verfahrens und die notwendigen Auslagen des Angeklagten."

- Ein **unechter Teilfreispruch** liegt vor, wenn bei einem **tateinheitlich** (§ 52 StGB) zu behandelnden Vorwurf einzelne Teile nicht zu einer Verurteilung führen (OLG Hamm, Beschl. v. 17.4.2007 – 4 Ws 97/07; OLG Koblenz StV 1998, 610; *Meyer* JurBüro 1994, 518). Nach § 465 Abs. 2 StPO hat das Gericht, wenn der Angeklagte wegen einzelner abtrennbarer Teile einer Tat oder wegen einzelner von mehreren Gesetzesverletzungen nicht verurteilt wird, die entstandenen notwendigen Auslagen (§ 465 Abs. 2 S. 3 StPO) teilweise oder auch ganz der Staatskasse aufzuerlegen, wenn es unbillig wäre, den Angeklagten damit zu belasten (*Schmitt/Köhler*, § 465 Rn 7).

230 **2.** Sowohl beim echten als auch beim unechten Teilfreispruch kann die Ermittlung eines etwaigen Erstattungsbetrags im Kostenfestsetzungsverfahren gem. § 464b StPO sowohl nach der **Differenztheorie** als auch durch **Quotelung** gem. **§ 464d StPO** erfolgen (KG StraFo 2009, 260; OLG Brandenburg, Beschl. v. 13.7.2022 – 1 Ws 136/21; OLG Celle RVGreport 2016, 429; OLG Dresden, NStZ-RR 2003, 224; OLG Düsseldorf MDR 1991, 370; OLG Hamm, Beschl. v. 5.5.2009 – 2 Ws 29/09; OLG Karlsruhe JurBüro 2017, 487; OLG Koblenz Beschl. v. 10.9.2007 – 1 Ws 191/07; LR-*Kurtze*, § 464d Rn 3, § 465 Rn 31, 40; *Schmitt/Köhler*, § 464d Rn 2). Es steht nach h.M. im **pflichtgemäßen Ermessen** des Gerichts/Rechtspflegers, ob die Differenztheorie oder die Auslagenverteilung nach Bruchteilen gem. § 464d StPO

angewandt wird (KG, a.a.O.; AGS 2012, 392; OLG Celle, Beschl. v. 19.10.2011 – 2 Ws 174/11; RVGreport 2016, 429; OLG Düsseldorf StV 2001, 634; OLG Hamm Rpfleger 1999, 436; OLG Karlsruhe NStZ 1998, 317; OLG Koblenz StV 1998, 610 und auch noch AGS 2000, 88; LG Berlin I, Beschl. v. 9.4.2025 – 511 Qs 37/25; LG Detmold, Beschl. v. 20.11.2017 – 21 Qs 98/17; LR-*Kurtze*, a.a.O.; a.A. OLG München RVGreport 2017, 231 [Anwendung der Differenztheorie, wenn keine Quotelung erfolgt ist]; LG Frankfurt NStZ-RR 1997, 191; LG Leipzig StV 2000, 435).

3. Nach der **Differenztheorie** soll der Verurteilte bei einem Teilfreispruch kostenmäßig so gestellt werden soll, wie er gestanden hätte, wenn allein die zur Verurteilung führende Tat Gegenstand des Verfahrens gewesen wäre. Er soll von allen Mehrkosten freigestellt werden, die durch den freigesprochenen Teil veranlasst sind (OLG Celle RVGreport 2016, 429 = Sonderausgabe StRR 12/2016, 2; OLG Frankfurt NStZ-RR 2008, 264; OLG Karlsruhe NStZ 1998, 317; OLG Hamm Rpfleger 1999, 436; OLG Karlsruhe NStZ 1998, 317). Von dem **gesamten Wahlverteidigerhonorar** ist daher das **fiktive Honorarabzuziehen**, das entstanden wäre, wenn nur die zur Verurteilung führende(n) Tat(en) Gegenstand des Mandats gewesen wäre(n); eine **etwaige Differenz** ist dem Verurteilten zu erstatten (KG AGS 2012, 392; OLG Celle, a.a.O.; OLG Düsseldorf StV 2001, 634; StRR 2010, 276; OLG Hamm, Beschl. v. 17.4.2007 – 4 Ws 97/07; OLG Köln NStZ-RR 2004, 384; AG Koblenz JurBüro 2008, 313). 231

Bei der Bestimmung des vom Gesamthonorar abzuziehenden Teiles muss **fiktiv**, also unabhängig vom tatsächlichen Verlauf des Verfahrens, ermittelt werden, welche Gebühren angefallen wären, wenn von vornherein nur die Vorwürfe erhoben worden wären, für die der Angeklagte später verurteilt worden ist. Bei der Bemessung der fiktiven Auslagen sind alle Umstände des Einzelfalles, insbesondere die Art und Schwere der einzelnen Schuldvorwürfe, auch in ihrer Bedeutung für den Angeklagten, zu berücksichtigen. Dabei ist auch maßgeblich, ob das Hauptverfahren bei einer von vornherein auf die verurteilten Taten beschränkten Anklage vor einem Gericht niedrigerer Ordnung eröffnet worden wäre und ob die Verhandlung weniger Zeit (Tage) in Anspruch genommen hätte (OLG Celle Nds.Rpfl. 1987, 260; RVGreport 2016, 429; OLG Hamm, Beschl. v. 21.12.2006 – 4 Ws 544/06). Denkbar ist es auch zu berücksichtigen, dass notwendige Auslagen von der Staatskasse zu tragen sind, wenn beim Vorwurf einer Straftat und einer Ordnungswidrigkeit eine Verteidigung wegen der Ordnungswidrigkeit nicht erfolgt wäre (LG Berlin I, Beschl. v. 9.4.2025 – 511 Qs 37/25). 232

4. Der Verteidiger muss deshalb bei **Stellung** des **Kostenfestsetzungsantrags** gem. § 464b StPO für den Mandanten somit **zwei getrennte Abrechnungen** vornehmen (**Gesamtverteidigung** und **fiktive Vergütung**). 233

Soweit **vertreten** wird, dass die **Kostenfestsetzung** nach der Differenztheorie als **undurchführbar abzulehnen** ist, wenn trotz gerichtlicher Aufforderung die beiden Gebührenbestimmungen zu Gesamtverteidigervergütung und fiktivem Honorar unterbleiben (LG Koblenz StraFo 1998, 72), ist diese Ansicht abzulehnen (LG Hildesheim JurBüro 2015, 194 = RVGreport 2015, 152 = StRR 2015, 199. Der Rechtspfleger muss dann entscheiden, ob die Anmeldung das gesamte oder nur das auf den freigesprochenen Teil entfallende Wahlverteidigerhonorar betrifft (LG Hildesheim JurBüro 2015, 194 = RVGreport 2015, 152 = StRR 2015, 199). Im Zweifel wird davon auszugehen sein, dass eine Anmeldung für das gesamte Verfahren vorliegt. Gegen die Ablehnung des Antrags spricht auch, dass das Gericht im Kostenfestsetzungsverfahren bei der Festsetzung der fiktiven Vergütung für den nur durch die Verurteilung abgedeckten Tätigkeitsbereich des Verteidigers ohnehin nicht an dessen Bestimmung gem. § 14 RVG gebunden ist (OLG Düsseldorf Rpfleger 2002, 330). 234

☝ Die Anwendung der Differenztheorie kann auch dazu führen, dass das **Gesamthonorar** zu erstatten ist oder dass sich **überhaupt** kein **Erstattungsbetrag** ergibt, weil sich die Verteidigung schwerpunktmäßig auf die abgeurteilten Taten bezogen hat (s. ausf. Burhoff/Volpert/*Volpert*, RVG, Teil A Rn 1581 ff.).

Die gesamte angemeldete Vergütung kann z.B. erstattungsfähig sein, wenn sich die Verteidigung von Anfang an auf die freigesprochenen Vorwürfe beschränkt hat oder sich der Teilfreispruch auf eine **Verkehrsstraftat** bezieht und sich der Angeklagte wegen der **straßenverkehrsrechtlichen Ordnungswidrigkeit**, derentwegen er nur verurteilt wurde, nicht verteidigt hätte (*Schmitt/Köhler*, § 465 Rn 9; vgl. a. OLG Köln StRR 2010, 437 betreffend Verfahrenskosten).

235 **5.a)** Das **Gericht** kann im Fall des Teilfreispruchs in der Kostengrundentscheidung gem. **§ 464d StPO** die Kosten des Verfahrens und die notwendigen Auslagen aber stets auch nach **Bruchteilenverteilen** (vgl. hierzu BGH StraFo 2005, 438 [zugelassene Anklage wegen Vergewaltigung in Tateinheit mit gefährlicher Körperverletzung, Verurteilung wegen gefährlicher Körperverletzung, Freispruch wegen Vergewaltigung, die Staatskasse trägt die notwendigen Auslagen des Angeklagten zu drei Vierteln]; *Schmitt/Köhler*, § 464d Rn 1, 2). Wenn das Gericht nach einem Teilfreispruch in der Kostengrundentscheidung keine Auslagenverteilung nach Bruchteilen vorgenommen hat, kann diese Verteilung auch noch vom **Rechtspfleger** im **Kostenfestsetzungsverfahren** vorgenommen werden (KG StraFo 2009, 260; RVGreport 2011, 174; OLG Brandenburg, Beschl. v. 13.7.2022 – 1 Ws 136/21; OLG Braunschweig NStZ-RR 2014, 263 = RVGreport 2014, 317; OLG Celle RVGreport 2016, 429 = StRR 12/2016, Sonderausgabe, S. 2; OLG Dresden NStZ-RR 2003, 224; OLG Hamm Rpfleger 1999, 436; OLG Karlsruhe NStZ 1998, 317; OLG Koblenz StV 1998, 610; OLG Köln NStZ-RR 2004, 384; 2010, 31; OLG Rostock, Beschl. v. 8.11.2010 – 1 Ws 260/10; LG Berlin I, Beschl. v. 9.4.2025 – 511 Qs 37/25; LG Detmold, Beschl. v. 20.11.2017 – 21 Qs 98/17; *Schmitt/Köhler*, § 464d Rn 2 und § 464b Rn 1; *Schmitt/Köhler*, § 464d Rn 2 und § 464b Rn 1; a.A. LG Koblenz JurBüro 2009, 317; LG Oldenburg Nds.Rpfl. 1999, 296; offen gelassen von OLG Celle, Beschl. v. 19.10.2011 – 2 Ws 174/11).

☝ Ist die Quotelung aber bereits in der **Kostengrundentscheidung** erfolgt, ist sie für das Kostenfestsetzungsverfahren **bindend**.

236 **b)** Eine **Quotelung** kommt in erster Linie für einfache und **leicht überschaubare Fälle** in Betracht (BGH NStZ 2000, 499; OLG Celle, Beschl. v. 19.10.2011 – 2 Ws 174/11; OLG Düsseldorf StV 2001, 634; OLG Karlsruhe NStZ 1998, 317; Beschl. v. 16.2.2017 – 2 Ws 34/17, JurBüro 2017, 487; KK-*Gieg*, § 464d Rn 3). Aber auch bei nicht einfachen und leicht überschaubaren Fällen ist die Auslagenverteilung nach Bruchteilen im Kostenfestsetzungsverfahren zulässig (OLG Köln NStZ-RR 2004, 384; vgl. hierzu KG StraFo 2009, 260). Die Quotelung kann auch aufgrund nicht oder nur schwer rechnerisch trennbarer Auslagen ermessensgerecht sein (KG StraFo 2009, 260 = RVGreport 2009, 231; OLG Dresden NStZ-RR 2003, 224; OLG Karlsruhe JurBüro 2017, 487; OLG Köln NStZ-RR 2004, 384 = JMBl. NRW 2004, 251).

237 **6.** Eine **rein rechnerische Quotelung**, die sich allein an der **Anzahl der Fälle** der **Verurteilung** einerseits und des **Freispruchs** andererseits orientiert, ist jedoch **nicht sachgerecht** (OLG Karlsruhe NStZ 1998, 317; OLG Karlsruhe, Beschl. v. 16.2.2017 – 2 Ws 34/17, JurBüro 2017, 487). Es sind vielmehr alle Umstände des Einzelfalls zu berücksichtigen (vgl. hierzu BGH StraFo 2005, 438). Daher sind die zur Verurteilung und zum Freispruch führenden Verfahrensteile angemessen zueinander ins Verhältnis zu setzen, was nach den Grundsätzen der Differenztheorie erfolgen kann (OLG Celle, Beschl. v. 19.10.2011 – 2 Ws 174/11; OLG Dresden, NStZ-RR 2003, 224; OLG Karlsruhe NStZ 1998, 317; vgl. a. OLG Köln StRR 2010, 437 betreffend Verfahrenskosten). Der sich bei Anwendung der Differenztheorie ergebende Erstattungsbetrag kann daher ggf. als Korrektiv herangezogen werden (OLG Celle, Beschl. v. 19.10.2011 – 2 Ws 174/11; OLG Karlsruhe JurBüro 2017, 487; OLG Köln NStZ-RR 2004, 384). Entscheidend für die Gewichtung sind Umfang und Schwierigkeit der Verteidigung gegen die einzelnen Tatvorwürfe (KG RVGreport 2011, 174). Bei der Auslagenverteilung kann auch eine vom Gericht in der Kostenentscheidung vorgenommene Ermäßigung der Gerichtsgebühr ein Anhaltspunkt sein (vgl. Vorbem. 3 Abs. 1 KV GKG, § 473 Abs. 4 StPO).

7. Bei einem **Teilfreispruch** steht dem Beschuldigten ein Anspruch auf Erstattung notwendiger Auslagen gegen die Staatskasse zu. Dem Erstattungsanspruch steht in den o.g. Fällen allerdings der Anspruch der Staatskasse gegen den Angeklagten auf **Zahlung der Verfahrenskosten** des vorliegenden oder auch eines anderen Verfahrens und ggf. der Geldstrafe gegenüber. Mit diesem Anspruch wird die Staatskasse (Gerichtskasse bzw. Staatsanwaltschaft) i.d.R. die **Aufrechnung** erklären. Der Aufrechnung kann durch eine **rechtzeitige Abtretung** des Anspruchs auf Erstattung notwendiger Auslagen durch den Angeklagten an den Verteidiger unter den in **§ 43 RVG** genannten Voraussetzungen begegnet werden (vgl. zu den Einzelh. Burhoff/Volpert/*Volpert*, RVG, § 43 Rn 13 ff.). 238

8. Neben den **Pflichtverteidigergebühren** aus der Staatskasse kann der Pflichtverteidiger für die von seiner Bestellung umfassten Tätigkeiten gem. § 52 RVG **Wahlverteidigergebühren** von seinem Mandanten verlangen, wenn diesem z.B. im Fall des Freispruchs ein Anspruch auf Erstattung notwendiger Auslagen (§ 467 Abs. 1 StPO) gegen die Staatskasse zusteht (§ 52 Abs. 2 S. 1 Halbs. 1 RVG) oder ein erfolgreiches Feststellungsverfahren nach § 52 Abs. 2 S. 1 Halbs. 2, S. 2, Abs. 3 RVG durchgeführt worden ist (OLG Bamberg StraFo 2009, 350 = AGS 2009, 320; OLG Düsseldorf StRR 2010, 276; OLG Koblenz, Beschl. v. 10.9.2007 – 1 Ws 191/07). Auch beim Teilfreispruch steht dem Beschuldigten nach Anwendung der Differenztheorie oder nach Quotelung gem. § 464d StPO ggf. ein Anspruch auf Erstattung von Wahlverteidigergebühren gegen die Staatskasse zu. Deswegen kann der Pflichtverteidiger in Höhe dieses Erstattungsanspruchs gem. § 52 Abs. 2 S. 1 Halbs. 1 RVG Wahlverteidigergebühren gegen den Beschuldigten geltend machen (zu den damit verbundenen Fragen siehe ausf. Burhoff/*Volpert/Volpert*, RVG, § 52 Rn 80 ff.). 239

Siehe auch: → *Kostenfestsetzung gem. § 464b StPO, Allgemeines,* Teil J Rdn 200 m.w.N.

Kostenfestsetzung gem. § 464b StPO, Umfang der Erstattungspflicht 240

Das Wichtigste in Kürze:

1. Im Kostenfestsetzungsverfahren gem. § 464b StPO ist die gesetzliche Vergütung eines Rechtsanwalts (gesetzliche Gebühren und Auslagen nach dem RVG) erstattungsfähig.
2. Für die Erstattungsfähigkeit der Reisekosten eines auswärtigen Rechtsanwalts muss grds. zwischen vier verschiedenen Fallkonstellationen unterschieden werden.
3. Werden anwaltliche Reisekosten nicht als erstattungsfähig anerkannt, sind diese stets in Höhe fiktiver Informationsreisekosten des Angeklagten zu einem Verteidiger am Ort des Prozessgerichts bzw. zu einem im Bezirk des Prozessgerichts niedergelassenen Verteidiger erstattungsfähig.
4. Ein besonderes Vertrauensverhältnis zwischen Verteidiger und Beschuldigtem reicht allein nicht aus, um die Erstattungsfähigkeit von anwaltlichen Reisekosten zu rechtfertigen.
5. Die Kosten mehrerer Verteidiger werden außer bei einem notwendigen Verteidigerwechsel nur insoweit erstattet, als sie die Kosten eines Verteidigers nicht überschreiten oder in der Person des Rechtsanwalts ein Wechsel eintreten musste.
6. Werden mehrere Pflichtverteidiger bestellt, kann jeder dieser Pflichtverteidiger vom Beschuldigten im Falle seines Freispruchs (ggf. über § 52 Abs. 1 RVG) aus der Staatskasse die Zahlung der Wahlverteidigergebühren fordern.
7. Auch beim Zusammentreffen von Pflicht- und Wahlverteidigung sind grds. insgesamt nur die Kosten für einen Verteidiger zu erstatten.
8. Verteidigt sich ein Rechtsanwalt in einer Strafsache selbst, besteht nach h.M. im Falle des Freispruchs kein Anspruch auf Erstattung notwendiger Auslagen aus der Staatskasse.

9. Der Anspruch auf Erstattung notwendiger Auslagen umfasst auch die Entschädigung eines Beteiligten für eine notwendige Zeitversäumnis (zB. Verdienstausfall) und der Fahrtkosten für notwendige Reisen.

10. Als notwendige Auslagen können auch weitere Auslagen wie Dolmetscher- oder Übersetzerkosten oder Kosten für ein Privatgutachten erstattungsfähig sein.

241 **Literaturhinweise:** **Chemnitz**, Ersatz und Erstattung von Anwaltsgebühren in eigener Sache, AGS 2000, 103; **Jakubetz**, Die Rechtsprechung zur Erstattungsfähigkeit von Kosten für ein Privatgutachten im Prozess, JurBüro 1999, 564; **Madert**, Zur Erstattung der Kosten eines Wahlverteidigers und eines Pflichtverteidigers nach Freispruch, AGS 2003, 419; **Magold**, Die Kostentragungspflicht des verurteilten Angeklagten, LIT Verlag, Berlin 2009; **Meyer**, Zum Auslagenerstattungsanspruch des Verurteilten im Falle eines unechten Teilfreispruchs – Marginalien zur Anwendung des § 465 Abs. 2 StPO, JurBüro 1994, 518; *ders.*, Zur Tragweite des Kosten- und Auslagenausspruchs einer strafprozessualen Zwischenbeschwerde, JurBüro 1990, 9; *ders.*, Keine Erstattung von Kosten des Verteidigers für Privatgutachten, durch das er sich sachkundig macht, nach § 464a StPO, JurBüro 1990, 1385; **Mümmler**, Erstattungsfähigkeit von Reisekosten bei Freispruch in Strafsachen DJB 1997, 240; *ders.*, Erstattung der notwendigen Auslagen des Nebenklägers bei endgültiger Einstellung nach § 153a Abs. 1 S. 4 StPO, JurBüro 1996, 124; **Neumann**, Die Kostentragungspflicht des verurteilten Angeklagten hinsichtlich der Gebühren und Auslagen des „Zwangsverteidigers", NJW 1991, 261; **N. Schneider**, Reisekosten des auswärtigen Anwalts, AnwBl. 2010, 512; **Volpert**, Wahlanwaltsgebühren für gerichtlich bestellte oder beigeordnete Anwälte nach §§ 52, 53 RVG, RVGreport 2004, 133; *ders.*, Abrechnung der Wahlanwaltsgebühren durch den Pflichtverteidiger bei Freispruch des Mandanten – § 52 RVG, RVGreport 2004, 214; *ders.*, Das Kostenfestsetzungsverfahren gem. § 464b StPO gegen die Staatskasse (Teile 1 bis 3), StRR 2008, 412; StRR 2009, 16 und 52; *ders.*, Pflichtverteidiger und Freispruch – Worauf ist bei der Geltendmachung von Wahlverteidigergebühren zu achten?, RVGreport 2012, 162; *ders.*, Die Erstattung von Reisekosten an den Freigesprochenen im Rahmen der notwendigen Auslagen/Höhe von Reisekosten, StRR 2013, 210; s. i.Ü. die Hinw. bei den u.a. Stichwörtern und bei → *Kostenfestsetzung gem. § 464b StPO, Allgemeines*, Teil J Rdn 200.

242 **1.** Hinsichtlich der im Kostenfestsetzungsverfahren gem. § 464b StPO zu berücksichtigenden **Kosten eines Rechtsanwalts** (§ 464a Abs. 2 Nr. 2 StPO) gilt insbesondere Folgendes:

243 **a)** Im Kostenfestsetzungsverfahren wird gem. § 464b StPO insbesondere über die Erstattung der Gebühren und Auslagen des Rechtsanwalts entschieden, den der jeweilige Beteiligte mit seiner Verteidigung bzw. Vertretung beauftragt hat. Nach § 464a Abs. 2 Nr. 2 StPO, § 91 Abs. 2 ZPO wird nur die **gesetzliche Vergütung** bestehend aus den **gesetzlichen Gebühren** und **Auslagen** erstattet, also die im RVG geregelten Gebühren und Auslagen (*Schmitt/Köhler*, § 464a Rn 11). Eine aufgrund einer Vergütungsvereinbarung (§ 3a RVG) geschuldete Vergütung kann nicht Gegenstand des Kostenfestsetzungsverfahrens sein (BVerfG NJW 1985, 727; BGH Rpfleger 1979, 412; AnwKomm-RVG/*N. Schneider*, VV Vorb. 4 Rn 122). Auch wenn das Verfahren besonders umfangreich oder schwierig war, besteht keine Ausnahme (*Schmitt/Köhler*, § 464 Rn 11).

244 **b)** Die in Teil 4 VV RVG geregelten **gesetzlichen Gebühren** eines **Wahlanwalts** bestehen i.d.R. aus **Betragsrahmengebühren**. Die Gebühren sind innerhalb des vorgesehenen Rahmens nach § 14 RVG zu bemessen. Im Fall der Erstattung aus der Staatskasse ist auch das Gericht zunächst an die Gebührenbestimmung des Verteidigers gebunden. Hiervon kann nur bei unbilliger Gebührenbestimmung abgewichen werden (wegen der Bestimmung der Höhe der zu erstattenden Gebühren durch den Anwalt – Mindest- und Höchstgebühr, Mittelgebühr, Kompensationstheorie, Toleranzgrenzen – Burhoff/Volpert/*Burhoff*, RVG, Teil A Rn 1849 ff.; zur Einholung eines Gutachtens des Vorstands der Rechtsanwaltskammer → *Kostenfestsetzung gem. § 464b StPO, Verfahren*, Teil J Rdn 283).

245 Die zu erstattenden **Auslagen** ergeben sich aus Teil 7 VV RVG. Ferner besteht Anspruch auf Ersatz der entstandenen **Aufwendungen** gem. § 675 i.V.m. § 670 BGB, Vorbem. 7 Abs. 1 S. 2 VV RVG (zur **Aktenversendungspauschale** → *Gerichtskosten, Aktenversendungspauschale*, Teil J Rdn 79 ff.).

246 Der **Wahlverteidiger** als Kostenschuldner der Aktenversendungspauschale (§ 28 Abs. 2 GKG, § 107 Abs. 5 OWiG; BGH NJW 2011, 3041 = RVGreport 2011, 215; KG, Beschl. v. 30.4.2024 – 5 AR 8/24, AGS 2024, 273; OVG Münster, Beschl. v. 19.1.2024 – 10 E 780/23, AGS 2024, 126) kann die verauslagte Aktenversendungspauschale seinem Mandanten nach Vorbem. 7 Abs. 1 VV RVG, §§ 675, 670 BGB in

Rechnung stellen (BVerfG NJW 1995, 3177; BGH NJW 2011, 304; KG, RVGreport 2009, 154; LG Potsdam NStZ-RR 2013, 31; LG Zweibrücken RVGreport 2012, 218), der sie dann im Fall des Freispruchs im Rahmen der notwendigen Auslagen gem. §§ 464a Abs. 2, 464b StPO, 46 OWiG gegen die Staatskasse geltend machen kann (KG zfs 2009, 169; OLG Düsseldorf BRAGOreport 2002, 79 = JurBüro 2002, 307 = AGS 2002, 61; OLG Koblenz StraFo 2001, 147; OLG Naumburg, AGS 2011, 598; LG Berlin, Beschl. v. 16.5.1997 – 510 Qs 46/07; LG Mainz NJW-RR 2008, 151 = JurBüro 2007, 597; LG Ravensburg AnwBl. 1995, 153; AG Leipzig NStZ-RR 2000, 319).

Das gilt für den **auswärtigen** wie auch den am **Gerichtsort ortsansässigen** Verteidiger, der durch den am Gerichtsort wohnenden Angeklagten beauftragt worden ist, weil das Recht auf Akteneinsicht vernünftigerweise und sachdienlich nur durch Aktenübersendung ausgeübt werden kann (LG Köln, Beschl. v. 24.1.2024 – 110 Qs 8/24; AG Köln, AGS 2014, 103; Beschl. v. 8.6.2018 – 707 Ds 101/15, RVGreport 2018, 347; Beschl. v. 13.3.2024 – 651 Ds 256/23, StRR 11/2024, 5 [Ls]; AG Tiergarten, Beschl. v. 17.3.2025 – 288 OWi 1156/24; Beschl. v. 10.12.2024 – 350 Gs 264 Js 4190/22 464/24; VGH Berlin, Beschl. v. 18.5.2022 – 91/21, AGS 2022, 557 = StraFo 2023, 27, anders aber – bei einer anders gelagerten Begründung des AG VGH Berlin, Beschl. v. 13.5.2025 – VerfGH 94/23; **a.A.** AG Köln, Beschl. v. 10.9.2024 – 581 Cs 391/23, AGS 2024, 511; AG Tiergarten, Beschl. v. 12.11.2024 – 332a OWi 64/22). Aus § 28 Abs. 2 GKG ergibt sich nichts anderes (so aber LG Berlin, Beschl. v. 5.3.2018 – 534 Qs 21/18; AG Tiergarten, Beschl. v. 12.7.2023 – (327 Ds) 232 Js 312/19 29207 V (10/19), AGS 2023, 407, aufgehoben durch VGH Berlin, Beschl. v. 18.5.2022 – 91/21, AGS 2022, 557 = StraFo 2023, 27; AG Starnberg AGS 2009, 113), weil die Bestimmung nur die Kostenschuldnerschaft des Rechtsanwalts für die Pauschale gegenüber der Staatskasse regelt, nicht aber die Frage, ob der Mandant die ihm zulässig vom Rechtsanwalt nach §§ 675, 670 BGB in Rechnung gestellte Pauschale als notwendige Auslage fordern kann. Auch der am Gerichtsort ortsansässige Verteidiger hat Anspruch auf Ersatz der von ihm aufgewendeten Aktenversendungspauschale, wenn ihm diese entsprechend § 32f Abs. 2 S. 3 StPO auf besonderen Antrag zur Einsichtnahme in seine Geschäftsräume oder in seine Wohnung übersandt werden. Wenn der Verteidiger strafprozessual die Möglichkeit hat, die Übersendung der Akten zu beantragen, was dann i.d.R. erfolgen muss, dann ist die dadurch von der Staatskasse verlangte Aktenversendungspauschale eine Aufwendung, die der Verteidiger im Interesse des vertretenen Mandanten erbracht hat und deren Erstattung er verlangen kann. Es handelt sich nicht um Kosten einer vom ortsansässigen Anwalt zu tragenden Serviceleistung (siehe dazu VGH Berlin, Beschl. v. 18.5.2022 – 91/21, AGS 2022, 557 = StraFo 2023, 27; *Burhoff*, EV, Rn 440; vgl. aber im Gegensatz dazu auch VGH Berlin, Beschl. v. 13.5.2025 – VerfGH 94/23 [Soweit im Beschl. v. 18.5.2022 (VerfGH 91/21) in einem anderen Fall die Versagung einer Aktenversendungspauschale als Verstoß gegen das Willkürverbot angesehen hat, lag dies an der anderslautenden Begründung der dort angefochtenen Entscheidung]). 247

☝ Weil die Aktenversendungspauschale und die darauf entfallende Umsatzsteuer zur gesetzlichen Vergütung des Rechtsanwalts gehört, besteht auch insoweit die Einstandspflicht der **Rechtsschutzversicherung** (BGH NJW 2011, 3041 = RVGreport 2011, 215; *Burhoff*, EV, Rn 440 ff.).

c) Ist der Angeklagte (nur) durch einen **Pflichtverteidiger ohne Auftragsverhältnis** vertreten worden, kann dieser gem. § 52 Abs. 1 RVG vom Beschuldigten nur **Wahlverteidigergebühren**, jedoch **keine Auslagen** nach Teil 7 VV RVG fordern (Burhoff/Volpert/*Volpert*, RVG, § 52 Rn 22 m.w.N.). Daher erstreckt sich der Anspruch des Beschuldigten auf Erstattung seiner notwendigen Auslagen im Fall seines Freispruchs nicht auf Auslagen und Aufwendungen i.S.v. Teil 7 VV RVG, weil ihm insoweit wegen § 52 Abs. 1 S. 1 RVG überhaupt keine Aufwendungen entstehen können (OLG Düsseldorf StRR 2010, 276; Burhoff/Volpert/*Volpert*, a.a.O.). Eine Notwendigkeit zur Gewährung eines Erstattungsanspruchs hinsichtlich der Auslagen und Aufwendungen besteht insoweit auch nicht, weil der Pflichtverteidiger seine Auslagen und Aufwendungen bereits im Festsetzungsverfahren nach § 55 RVG aus der Staatskasse erhält 248

(OLG Düsseldorf, a.a.O.; Burhoff/*Volpert*, a.a.O.; zum Auslagenerstattungsanspruch des Pflichtverteidigers auch Burhoff/Volpert/*Volpert*, RVG, Teil A Rn 216 ff.).

249 **d)** Auf welchem **Rechtsgrund** die **Zahlungspflicht** der erstattungsberechtigten Partei gegenüber dem Rechtsanwalt beruht, ist **ohne Bedeutung** (OLG Düsseldorf StraFo 2002, 370). Da der Beschuldigte nach § 137 Abs. 1 StPO in jeder Lage des Verfahrens einen Verteidiger zuziehen kann, ist im Kostenfestsetzungsverfahren nicht zu prüfen, ob die **Zuziehung** des **Rechtsanwalts notwendig** oder der Bedeutung des Falles angemessen war (OLG Düsseldorf StRR 2012, 397). Das gilt auch für den Rechtsanwalt, den ein anderer Beteiligter (z.B. der Privat- oder Nebenkläger) mit seiner Vertretung beauftragt hat (KK-*Gieg*, § 464a Rn 10; *Schmitt/Köhler*, § 464a Rn 8).

250 Die Gebühren und Auslagen eines Rechtsanwalts für eine nach der **StPO zulässigeTätigkeit** (OLG Düsseldorf JurBüro 2012, 358 = Rpfleger 2012, 463 = RVGreport 2013, 232; *Schmitt/Köhler*, § 464a Rn 9) gehören daher **immer** zu den **notwendigen Auslagen** des Erstattungsberechtigten, soweit sie nach § 91 Abs. 2 ZPO zu erstatten sind. Es kann daher von dem erstattungspflichtigen Beteiligten bspw. nicht eingewandt werden, dass der erstattungsberechtigte Beteiligte sich hätte selbst verteidigen können. Nimmt der Rechtsanwalt (auch der Vertreter des Nebenklägers) die vom Gericht anberaumten HV-Termine wahr, sind die dadurch entstehenden Terminsgebühren als Bestandteil der gesetzlichen Vergütung des Rechtsanwalts (§§ 464a Abs. 2 Nr. 2 StPO, 91 Abs. 2 ZPO) erstattungsfähig (OLG Düsseldorf, a.a.O.). Die Erstattung von **Terminsgebühren** kann deshalb nicht mit der Begründung abgelehnt werden, die Teilnahme an bestimmten Terminen sei nicht erforderlich gewesen (OLG Düsseldorf, a.a.O.). Die Ausnahmeregelung in § 109a Abs. 1 OWiG spricht im Übrigen dafür, dass der Katalog der in § 91 Abs. 2 ZPO genannten Kriterien für die Beurteilung der Erstattungsfähigkeit abschließend und einer Erweiterung damit nicht zugänglich ist (OLG Düsseldorf, a.a.O.).

☝ § 464a Abs. 2 Nr. 2 StPO setzt damit **keine konkrete Notwendigkeit** der gebührenauslösenden Tätigkeit des Rechtsanwalts voraus (OLG Düsseldorf, a.a.O.).

251 **e)** Eine Einschränkung des Grundsatzes der Erstattungsfähigkeit der Gebühren und Auslagen eines Rechtsanwalts besteht auch dann, wenn der Rechtsanwalt zwar eine zulässige, aber **zwecklose Tätigkeit** erbracht hat. Das soll z.B. der Fall sein, wenn der Verteidiger zu einem wegen schuldhafter **Abwesenheit des Angeklagten** abgesagten Termin erscheint (LG Krefeld JurBüro 1986, 1539; LG Osnabrück Nds.Rpfl. 1997, 312; AG Koblenz NStZ-RR 2007, 327; *Schmitt/Köhler*, § 464a Rn 10; kritisch OLG Düsseldorf, JurBüro 2012, 358 = Rpfleger 2012, 463 = RVGreport 2013, 232; vgl. zur Terminsgebühr für den sog. geplatzten Termin Burhoff/Volpert/*Burhoff*, RVG, Vorbem. 4 VV Rn 93 ff.; a.A. LG Mühlhausen StraFo 2003, 435). Da im Kostenfestsetzungsverfahren gem. § 464b StPO über die Notwendigkeit von Kosten zu entscheiden ist, ist hiervon auch die Prüfung der Notwendigkeit von Terminswahrnehmungen umfasst (Burhoff/*Volpert*, RVG, Teil A Rn 1408 ff.).

252 Hiergegen wird aber zutr. eingewandt, dass bei schuldhafter Säumnis des Angeklagten im Hauptverhandlungstermin eine Kürzung des Erstattungsanspruchs nur vorgenommen werden kann, wenn der Erstattungsanspruch bereits gem. § 467 Abs. 2 StPO in der Kosten- und Auslagengrundentscheidung beschränkt worden ist (OLG Düsseldorf, Beschl. v. 9.3.1988 – 1 Ws 193/88; OLG Zweibrücken Rpfleger 1979, 344; LG Aachen, Beschl. v. 20.9.2021 – 60 Qs 46/21, AGS 2021, 545; LG Mühlhausen, Beschl. v. 11.12.2002 – 3 Qs 366/02, StraFo 2003, 435; LG Wuppertal JurBüro 1984, 1059; a.A. LG Aachen, Beschl. v. 26.5.2021 – 60 Qs 18/21; AG Tiergarten, Beschl. v. 11.1.2016 – 232b Ds 10/15, AGS 2016, 207).

253 **f)** Die Frage, ob im Fall der **Berufungs- oder Revisionsrücknahme** durch die **StA** die durch die Tätigkeit des Verteidigers vor Begründung der Berufung oder Revision der StA entstandenen Gebühren und Auslagen erstattungsfähig sind, ist umstritten. Nach wohl h.M. besteht **keine Erstattungsfähigkeit** (s. ausf. m.w.N., aber a.A. Burhoff/Volpert//*Burhoff*, RVG, Nr. 4124 VV Rn 29 ff., Nr. 4130 VV Rn 27, jeweils m.w.N.; *ders.*, RVGreport 2014, 410; Burhoff/Volpert/*Volpert*, RVG, Nr. 4300 VV Rn 37 ff. und

Nr. 4301 VV Rn 52 f., m.w.N.; abl. z.B. KG RVGreport 2010, 351 m. abl. Anm. *Burhoff*; OLG Koblenz NStZ-RR 2014, 327, für die Berufungsrücknahme).

2.a) Der Rechtsanwalt hat gegen seinen Auftraggeber grds. Anspruch auf Erstattung der angefallenen **Reisekosten** nach Nrn. 7003 ff. VV RVG. Für die Erstattungspflicht im Kostenfestsetzungsverfahren gem. § 464b StPO gegen die Staatskasse gilt gem. §§ 464a Abs. 2 Nr. 2 StPO, 91 Abs. 2 S. 1 ZPO der Grundsatz, dass die dem Freigesprochenen entstandenen Reisekosten eines im Bezirk des Prozessgerichts nicht niedergelassenen und am Ort des Prozessgerichts auch nicht wohnenden, also des sog. nicht ortsansässigen Rechtsanwalts nur insoweit erstattungsfähig sind, als die **Zuziehung** zur zweckentsprechenden Rechtsverfolgung oder Rechtsverteidigung **notwendig** war (OLG Braunschweig StraFo 2019, 437 = RVGreport 2019, 391). Aus dem grundgesetzlich garantierten Anspruch auf ein faires Verfahren folgt somit nicht, dass einem Freigesprochenen in jedem Fall die Auslagen für seinen auswärtigen Wahlverteidiger zu erstatten sind (LG Dresden 9.2.2010 – 15 Qs 63/09; LG Koblenz JurBüro 2010, 32; LG Neuruppin, Beschl. v. 16.9.2003 – 12 Qs 27/03). Weil sich in Strafsachen über § 464a Abs. 2 Nr. 2 StPO die Erstattungsfähigkeit anwaltlicher Reisekosten wie in Zivilsachen nach § 91 Abs. 2 S. 1 ZPO richtet, sind auch in Strafsachen insbesondere die vom BGH für die Erstattungsfähigkeit anwaltlicher Reisekosten in Zivilsachen entwickelten **Erstattungsgrundsätze** anzuwenden. 254

b) Im **Einzelnen** muss für die Erstattungsfähigkeit der Reisekosten zwischen **vier verschiedenen Fallkonstellationen** unterschieden werden (ausf. Burhoff/*Volpert*, RVG, Teil A Rn 1426 ff.): 255

- Der Angeklagte beauftragt einen Rechtsanwalt an einem Ort innerhalb des Bezirks des Prozessgerichts, aber nicht am Ort des Prozessgerichts selbst (Teil J Rdn 256).
- Der Angeklagte wohnt nicht am Ort des Prozessgerichts und beauftragt einen Rechtsanwalt an seinem Wohnort oder in dessen Nähe mit der Verteidigung (**auswärtiger Angeklagter mit Verteidiger an seinem Wohnort**, Teil J Rdn 257).
- Der Angeklagte wohnt am Ort des Prozessgerichts und beauftragt einen Rechtsanwalt, der nicht in dem Bezirk des Prozessgerichts niedergelassen ist und am Ort des Prozessgerichts auch nicht wohnt, mit seiner Verteidigung (**Angeklagter am Prozessgericht mit auswärtigem Verteidiger**, Teil J Rdn 258).
- Der Angeklagte wohnt nicht am Ort des Prozessgerichts und beauftragt einen Rechtsanwalt außerhalb seines Wohnorts, der nicht in dem Bezirk des Prozessgerichts niedergelassen ist und am Ort des Prozessgerichts auch nicht wohnt, mit der Verteidigung (**auswärtiger Angeklagter mit Rechtsanwalt an einem dritten Ort**, Teil J Rdn 259).

Für die Beurteilung der Erstattungsfähigkeit gilt Folgendes: 256

Angeklagter mit Rechtsanwalt an einem Ort innerhalb des Bezirks des Prozessgerichts:

- Beauftragt der Angeklagte einen Rechtsanwalt an einem Ort innerhalb des Bezirks des Prozessgerichts, aber nicht am Ort des Prozessgerichts selbst, sind dessen Reisekosten uneingeschränkt erstattungsfähig. Das folgt aus einem Umkehrschluss aus § 464a Abs. 2 Nr. 2 StPO, § 91 Abs. 2 S. 1 Halbs. 2 ZPO, der eine Notwendigkeitsprüfung nur dann verlangt, wenn ein außerhalb des Gerichtsbezirks ansässiger Rechtsanwalt beauftragt wird (BGH AGS 2018, 319 = NJW 2018, 2572 = RVGreport 2018, 341; AGS 2019, 42 = RVGreport 2019, 106 = NJW 2019, 681; LG Chemnitz StRR 2014, 4). Die Erstattungsfähigkeit von Reisekosten unterliegt nach dem Wortlaut des § 91 Abs. 2 S. 1 ZPO nur dann einer Notwendigkeitsprüfung, wenn der Rechtsanwalt weder am Gerichtsort wohnt noch im Bezirk des Prozessgerichts niedergelassen ist. Reisekosten eines im Gerichtsbezirk – nicht notwendig am Gerichtsort – niedergelassenen oder wohnhaften Rechtsanwalts sind dagegen ausnahmslos zu erstatten (BGH AGS 2018, 319 = NJW 2018, 2572 = RVGreport 2018, 341; LG Chemnitz StRR 9/2014, 4; LG Heilbronn AGS 2017, 102 = RVGreport 2017, 174; AG Aschaffenburg AGS 2017, 493).

257 **Auswärtiger Angeklagter mit Rechtsanwalt an seinem Wohnort:**

- Wohnt der Angeklagte nicht am Ort des Prozessgerichts und beauftragt einen Rechtsanwalt an seinem Wohnort oder in dessen Nähe mit der Verteidigung, sind unter Zugrundelegung der ständigen Rspr. des **BGH** in **Zivilsachen** (BGH NJW 2003, 898; 2007, 2048; 2008, 2122; NJW-RR 2005, 1662; RVGreport 2010, 156; NJW 2008, 2122 = RVGreport 2008, 267 = AGS 2008, 368; NJW 2007, 2048 = MDR 2007, 802 = RVGreport 2007, 235; AGS 2019, 42 = RVGreport 2019, 106 = NJW 2019, 681) auch in Strafsachen die hierdurch anfallenden Reisekosten des Verteidigers zum Ort des Prozessgerichts erstattungsfähig (so auch OLG Köln NStZ-RR 2010, 31; OLG Nürnberg StRR 2011, 203; LG Chemnitz StRR 2014, 4 [LS]; LG Flensburg SchlHA 2016, 187; LG Kiel, RVGreport 2016, 335; LG Potsdam NStZ-RR 2013, 327; AnwKomm-RVG/*N. Schneider*, VV Vorb. 4 Rn 123; vgl. a. LG Flensburg JurBüro 1984, 1537, wenn der Angeklagte weit entfernt vom Gerichtsort wohnt; LR-*Kurtze*, § 464b Rn 46 [bei Strafverfahren von einigem Gewicht, in denen der auswärtige Angeklagte den an seinem Wohnort ansässigen Vertrauensanwalt beauftragt hat]; Burhoff/Volpert/*Volpert*, RVG, Teil A Rn 1430). Das erscheint vor allem deshalb vertretbar und zutreffend, weil § 464a Abs. 2 Ziff. 2 StPO § 91 Abs. 2 S. 1 ZPO in Bezug nimmt und diese Bestimmung damit auch in Strafsachen Erstattungsgrundlage ist. Besonderheiten des Strafverfahrens stehen dem nicht entgegen, zumal die Kommunikation zwischen Angeklagtem und Verteidiger in diesen Fällen erheblich erleichtert ist (OLG Köln NStZ-RR 2010, 31; a.A. LG Neuruppin, Beschl. v. 16.9.2003 – 12 Qs 27/03).

258 **Angeklagter am Sitz des Prozessgerichts mit auswärtigem Verteidiger:**

- Wohnt der Angeklagte am Sitz des Prozessgerichts und beauftragt er einen auswärtigen Rechtsanwalt (Anwalt, der nicht in dem Bezirk des Prozessgerichts niedergelassen ist und am Ort des Prozessgerichts auch nicht wohnt) mit seiner Verteidigung, fehlt nach der ständigen Rspr. des **BGH** in **Zivilsachen** die Notwendigkeit für die Beauftragung regelmäßig und sind die anwaltlichen Reisekosten nicht erstattungsfähig (Partei klagt oder wird verklagt an ihrem eigenen Gerichtsstand, beauftragt mit ihrer Vertretung jedoch einen auswärtigen Rechtsanwalt: BGH AGS 2019, 42 = RVGreport 2019, 106 = NJW 2019, 681; NJW-RR 2012, 697 = AGS 2012, 434 = RVGreport 2012, 191; NJW 2003, 901 = AGS 2003, 368 = JurBüro 2003, 205). Die Erstattungsfähigkeit der Reisekosten des auswärtigen Rechtsanwalts wird aber dann nicht verneint werden können, wenn die ordnungsgemäße Verteidigung einen Rechtsanwalt mit **besonderen Kenntnissen** auf diesem **Spezialgebiet** oder **abgelegenen Rechtsgebiet** erforderte und ein Anwalt mit solchem Spezialwissen am Gerichtsort nicht vorhanden ist (vgl. für Zivilsachen: BGH NJW 2003, 901 = AGS 2003, 368 = JurBüro 2003, 205; NJW-RR 2012, 697 = AGS 2012, 434 = RVGreport 2012, 191; OLG Jena StV 2001, 242 für Fachanwalt für Steuerrecht bei Anklageerhebung durch eine StA Schwerpunktabteilung für Wirtschaftsstrafsachen; StraFo 2012, 163; OLG Köln Rpfleger 2003, 685; NStZ-RR 2010, 31; LG Bochum StRR 2010, 117; LG Duisburg StRR 2013, 308, bejaht bei dem Vorwurf der sexuellen Nötigung; LG Hannover Nds.Rpfl 2015, 241, bei Strafverfahren auf der Grundlage des Aufenthaltsgesetzes/Ausländerrecht; LG Koblenz NStZ 2003, 619; LG Zweibrücken JurBüro 2013, 35; KK-*Gieg*, § 464a Rn 12), der Tatvorwurf massiv in die **berufliche und wirtschaftliche Existenz** des Angeklagten eingreift (OLG Braunschweig StraFo 2019, 437 = RVGreport 2019, 391 [Göttinger Transplantationsskandal]; OLG Naumburg StraFo 2009, 128, beim Tatvorwurf der Verletzung von Dienstgeheimnissen; OLG Stuttgart RVGreport 2018, 26 = JurBüro 2018, 146, Vorwurf der Markmanipulation gegen einen Finanzvorstand; LG Hamburg RVGreport 2019, 25; LG Kassel StraFo 1999, 33), es sich um einen **schwerwiegenden Vorwurf** (OLG Braunschweig StraFo 2019, 437 = RVGreport 2019, 391; OLG Köln AGS 1993, 60; NStZ-RR 2010, 31; OLG Nürnberg StRR 2011, 203; LG Zweibrücken JurBüro 2013, 35), insbesondere eine **Schwurgerichtssache** handelte (OLG Braunschweig StraFo 2019, 437 = RVGreport 2019, 391; OLG Celle StV 1993, 135; OLG Düsseldorf MDR 1986, 958; OLG Köln, a.a.O.; LG Hamburg RVGreport 2019, 25). Aber auch in Verfahren der „mittleren" Kriminalität wird teilweise die Beauftragung eines auswärtigen Verteidigers zur zweckentsprechenden Rechtsverfolgung i.S.v. §§ 464a Abs. 2 Nr. 2 StPO, 91 Abs. 2 S. 1 ZPO für erforderlich gehalten, wenn die Verhängung einer Freiheitsstrafe zu erwarten oder jedenfalls nicht unwahrscheinlich ist (LG Dessau StraFo 1999, 395; LG Kassel StraFo 1999, 33 [bei existenzgefährdender Lage]; AG Wuppertal StV 1991, 120, Straftat mit politischem Hintergrund; LR-*Kurtze*, § 464a Rn 46). Konnte der Beschuldigte zum Zeitpunkt der Beauftragung des Verteidigers noch davon ausgehen, dass die HV am Kanzleisitz des Verteidigers stattfindet, sind die Mehrkosten ebenfalls erstattungsfähig (OLG Celle StV 1986, 208; *Schmitt/Köhler*, § 464a Rn 12; s. im Übrigen ausf. Burhoff/Volpert/*Volpert*, Teil A Rn 1432 ff.).

Auswärtiger Angeklagter mit Rechtsanwalt an einem dritten Ort: 259

- Die Reisekosten des auswärtigen Verteidigers sind im Regelfall nicht erstattungsfähig, wenn sich dieser nicht am Wohnort des Beschuldigten, sondern an einem dritten Ort befindet. Auch hier (Teil J Rdn 257) kann auf die Rspr. des BGH zur Erstattungsfähigkeit der Reisekosten in Zivilsachen zurückgegriffen werden. Diese verneint in diesem Fall regelmäßig die Erstattungsfähigkeit der Reisekosten (BGH NJW 2003, 901; 2011, 3520; NJW 2011, 3521; NJW-RR 2004, 858; 2009, 283; RVGreport 2012, 112; s.a. OLG Köln NStZ-RR 2010, 31; LG Hamburg RVGreport 2019, 25).

☝ Konnte der Beschuldigte zum **Zeitpunkt** der **Beauftragung** des **Verteidigers** aber noch davon ausgehen, dass die HV am Kanzleisitz des Verteidigers stattfindet, wird der Erstattung der Reisekosten jedenfalls bei bereits erfolgter Einarbeitung des Verteidigers nicht entgegengehalten werden können, dass ein Verteidigerwechsel hätte vorgenommen werden müssen (OLG Celle, StV 1986, 208; vgl. a. AG Lemgo StRR 2014, 260).

3. Werden die Reisekosten des Verteidigers an einem dritten Ort (Teil J Rdn 259) nicht anerkannt, sind diese aber stets in Höhe **fiktiver Informationsreisekosten** des Angeklagten zu einem Verteidiger am Ort des Prozessgerichts bzw. zu einem im Bezirk des Prozessgerichts niedergelassenen Verteidiger (§ 464a Abs. 2 Nr. 2 StPO, § 91 Abs. 2 S. 1 ZPO) zu berücksichtigen. Die Berechnung der **fiktiven Reisekosten** richtet sich nach dem JVEG (OLG Düsseldorf NStZ-RR 2000, 320 = AnwBl. 2001, 577). Die Zahl der erstattungsfähigen fiktiven Informationsreisen wird davon abhängen, welchen Umfang und welche Bedeutung das Verfahren hatte. 260

☝ Weil der Angeklagte einen Verteidiger an seinem Wohnort beauftragen darf, sind im Ergebnis die **Reisekosten** des **Verteidigers** an einem **dritten Ort** i.H.d. fiktiven Reisekosten eines Verteidigers am Wohnort des Angeklagten erstattungsfähig (OLG Köln NStZ-RR 2010, 31; vgl. a. BGH NJW-RR 2004, 858; OLG Köln JurBüro 2004, 435; OLG Oldenburg NJW-RR 2008, 1305; LG Potsdam NStZ-RR 2013, 327).

4.a) Als **nicht ausreichend** für die Bejahung der Erstattungsfähigkeit wird – nach allerdings umstrittener Ansicht – allein der Umstand angesehen, dass der auswärtige Verteidiger für den Beschuldigten der **Rechtsanwalt** seines **Vertrauens** ist oder dass er allgemein über den Ruf verfügt, über besonders gute Rechtskenntnisse zu verfügen (so für Zivilsachen z.B. BGH NJW-RR 2012, 697 = AGS 2012, 434 = RVGreport 2012, 191; für Strafsachen OLG Düsseldorf NStZ 1981, 451; OLG Jena StV 2001, 242; OLG Köln NJW 1992, 586; OLG Stuttgart RVGreport 2018, 26 = JurBüro 2018, 146; RVGreport 2018, 141 = JurBüro 2018, 134; LG Bochum StRR 2010, 117; LG Hamburg RVGreport 2019, 25; *Schmitt/Köhler*, § 464a Rn 12; KK-*Gieg*, § 464a Rn 12). Auch der Umstand, dass der Angeklagte ständig mit dem beauftragten auswärtigen Verteidiger zusammenarbeitet bzw. dieser in der Sache bereits vorprozessual tätig war, rechtfertigt kein Abweichen von der Regel (OLG Stuttgart RVGreport 2018, 26 = JurBüro 2018, 146; RVGreport 2018, 141 = JurBüro 2018, 134; so für Zivilsachen BGH NJW 2003, 901 = AGS 2003, 368 = 261

JurBüro 2003, 205). Eine andere Beurteilung kann sich aber ergeben, wenn der Beschuldigte zur Verteidigung gegen einen **Vorwurf** von **erheblichem Gewicht** (z.B. Schwurgerichtssache) einen Rechtsanwalt seinen Vertrauens zuzieht, zu dem bereits ein **gewachsenes Vertrauensverhältnis** besteht (BGH NJW 1997, 3385 = NStZ 1998, 49 = StV 1997, 564 = StraFo 1998, 17 [besonderes Vertrauensverhältnis zwischen Rechtsanwalt und Angeklagtem und lange Untersuchungshaft in weiter Entfernung vom Gerichtsort]; OLG Köln Rpfleger 2003, 685; NStZ-RR 2010, 31; OLG Jena StV 2001, 242; OLG Nürnberg StRR 2011, 203; LG Hamburg RVGreport 2019, 25; LG Tübingen, Beschl. v. 15.6.2016 – 9 Qs 37/16; AG Lemgo RVGreport 2014, 238).

☝ Das gilt ferner auch bei einem **schwerwiegenden Sexualdelikt**, weil sich der Angeklagte gegenüber dem Verteidiger i.d.R. zu außerordentlich sensiblen Fragen äußern und seinen Intimbereich offenbaren muss (OLG Celle NStZ-RR 2004, 384; OLG Köln JurBüro 1994, 30; LG Darmstadt StraFo 1999, 394; LG Dessau StraFo 1999, 395). Ebenso kommt dem Gesichtspunkt des Vertrauensverhältnisses zu dem Verteidiger besonderes Gewicht zu, wenn der Tatvorwurf massiv in die berufliche und wirtschaftliche Existenz des Angeklagten eingreift (OLG Braunschweig StraFo 2019, 437 = RVGreport 2019, 391 [Göttinger Transplantationsskandal]; OLG Naumburg StraFo 2009, 128 = AGS 2009, 308, beim Tatvorwurf der Verletzung von Dienstgeheimnissen; OLG Stuttgart RVGreport 2018, 26 = JurBüro 2018, 146, Vorwurf der Markmanipulation gegen einen Finanzvorstand; LG Hamburg RVGreport 2019, 25).

262 **b)** Zu § 142 Abs. 1 StPO a.F. wurde teilweise die Auffassung vertreten, dass das Entfallen des Merkmals der „Ortsansässigkeit" in § 142 Abs. 1 StPO a.F. beim Pflichtverteidiger auch Auswirkungen für die Wahlverteidigung hat. Wenn nämlich für die Bestellung eines auswärtigen Pflichtverteidigers nur noch darauf abgestellt werde, ob der Bestellung des vom Beschuldigten benannten Rechtsanwalts „wichtige Gründe" entgegenstünden, wobei dem **„Anwalt des Vertrauens" besonderes Gewicht** eingeräumt worden sei (vgl. dazu *Burhoff*, StRR 2009, 364, 367; *Burhoff*, EV, Rn 3429 ff. m.w.N.), werde man auch bei der Erstattung der Wahlverteidigervergütung gem. § 464b StPO dem Beschuldigten nicht mehr entgegenhalten dürfen, dass er einen „auswärtigen Anwalt des Vertrauens" gewählt habe (OLG Nürnberg StRR 2011, 203 = RVGreport 2011, 189; OLG Stuttgart RVGreport 2018, 26 = JurBüro 2018, 146; AG Witten AGS 2010, 326 = RVGreport 2010, 234; so wohl auch LG Dresden, Beschl. v. 9.2.2010 – 15 Qs 63/09). Nach Auffassung des OLG Nürnberg (RVGreport 2011, 189, m. zust. Anm. *Burhoff* = NStZ-RR 2011, 127) dürfen vor diesem Hintergrund die als Wahlverteidiger geltend gemachten Auslagen (Reisekosten) nicht hinter den Auslagen des Pflichtverteidigers zurückbleiben, wenn der als Wahlanwalt für den Angeklagten tätige Rechtsanwalt gem. §§ 141, 142 StPO a.F. als Pflichtverteidiger hätte bestellt werden können (OLG Stuttgart RVGreport 2018, 26 = JurBüro 2018, 146; ähnlich LG Neuruppin, Beschl. v. 30.1.2013 – 11 Ws 89/12).

263 Zunächst ist **festzuhalten**, dass es für die Erstattungsfähigkeit der Reisekosten eines auswärtigen Wahlverteidigers (nicht im Bezirk des Prozessgerichts niedergelassener Rechtsanwalt) nach §§ 464a Abs. 2 Nr. 2 StPO, 91 Abs. 2 ZPO auf § 142 Abs. 5 StPO (§ 142 Abs. 1 StPO a.F.) nicht ankommt, wenn der nicht am Gerichtsort wohnende Be-schuldigte einen Verteidiger an seinem Wohnort beauftragt. Denn in diesen Fällen ist im Regelfall ohnehin von der Erstattungsfähigkeit der Reisekosten auszugehen (so auch OLG Nürnberg = RVGreport 2011, 189 = NStZ-RR 2011, 127). Beauftragt der nicht am Gerichtsort wohnende Beschuldigte einen Rechtsanwalt am dritten Ort mit seiner Verteidigung, sind dessen Reisekosten zumindest i.H.d. fiktiven Reisekosten eines Verteidigers am Wohnort des Beschuldigten erstattungsfähig.

264 **c)** Die Frage, welche Bedeutung § 142 Abs. 5 StPO (§ 142 Abs. 1 StPO a.F.) für die Reisekosten eines auswärtigen Wahlverteidigers hat, erlangt daher im Wesentlichen nur Bedeutung in den Fällen, in denen der **am Gerichtsort wohnende Beschuldigte** einen **auswärtigen Rechtsanwalt** mit der Verteidigung beauftragt (Teil J Rdn 258).

Insoweit gilt: 265

- Dem steht schon entgegen, dass bei der Pflichtverteidigerbestellung der Vorsitzende **prüft**, ob der Bestellung des auswärtigen Pflichtverteidigers ein wichtiger Grund entgegensteht. Diese gerichtliche **Prüfung** muss auch bei der Wahlverteidigung erfolgen. Sie wird hier durch die Notwendigkeitsprüfung gem. §§ 464a Abs. 2 Nr. 2 StPO, 91 Abs. 2 S. 1 ZPO im Kostenfestsetzungsverfahren sichergestellt.
- Die Regelungen zur Erstattung in §§ 464a Abs. 2 Nr. 2 StPO, 91 Abs. 2 S. 1 ZPO werden durch § 142 Abs. 5 StPO (§ 142 Abs. 1 StPO a.F.) **nicht überflüssig**. Allein aufgrund des Umstands, dass nach § 142 Abs. 5 StPO (§ 142 Abs. 1 StPO a.F.) die Bestellung eines vom Beschuldigten benannten Verteidigers nur dann abzulehnen ist, wenn ein wichtiger Grund entgegensteht, kann m.E. nicht pauschal der Schluss gezogen werden, dass der Beschuldigte, dem kein Pflichtverteidiger zur Seite steht, mit erstattungsrechtlich zwingender Konsequenz einen **Wahlverteidiger** an einem **beliebigen Ort hinzuziehen** darf (LG Düsseldorf AGS 2011, 206; LG Kiel RVGreport 2016, 335). Dem steht schon entgegen, dass bei der Pflichtverteidigerbestellung der Vorsitzende prüft, ob der Bestellung des auswärtigen Pflichtverteidigers ein wichtiger Grund entgegensteht. Diese gerichtliche Prüfung muss auch bei der Wahlverteidigung erfolgen. Sie wird hier durch die Notwendigkeitsprüfung gem. §§ 464a Abs. 2 Nr. 2 StPO, 91 Abs. 2 S. 1 ZPO im Kostenfestsetzungsverfahren sichergestellt.
- Es gibt **keinen allgemeinen Rechtsgrundsatz**, dass der Wahlverteidiger nicht schlechter gestellt werden darf als der Pflichtverteidiger (LG Düsseldorf AGS 2011, 206; so aber AG Witten AGS 2010, 326 m. zust. Anm. *Burhoff* RVGreport 2010, 234 und zust. Anm. *Hansens* zfs 2010, 468). Das zeigen schon die unterschiedlichen Gebührensysteme (Festgebühren und Betragsrahmengebühren, die unter den Festgebühren liegen können). Außerdem wird der Wahlverteidiger hinsichtlich der Reisekosten auch nicht schlechter gestellt als der Pflichtverteidiger. Der auswärtige Pflichtverteidiger hat insoweit einen eigenständigen Vergütungsanspruch gegen die Staatskasse (§§ 46, 55 RVG), der von dieser zwingend zu erfüllen ist. Der Wahlverteidiger hingegen erhält die Reisekosten von seinem Mandanten, sodass er wirtschaftlich nicht schlechter gestellt ist. Bei der Kostenfestsetzung gem. §§ 464a Abs. 2, 464b StPO wird anders als im Festsetzungsverfahren des Pflichtverteidigers gem. § 55 RVG nicht über den eigenen Vergütungsanspruch des Verteidigers, sondern über den Anspruch des Mandanten auf Erstattung der ihm entstandenen Verteidigerkosten entschieden wird. Für diesen Erstattungsanspruch gelten die Notwendigkeitskriterien aus § 91 Abs. 2 ZPO (LG Düsseldorf AGS 2011, 206; LG Kiel RVGreport 2016, 335).

> ☝ Wird ein **auswärtiger Rechtsanwalt** zum **Pflichtverteidiger** bestellt, sind die im Kostenfestsetzungsverfahren neben den Wahlverteidigergebühren geltend gemachten Tage- und Abwesenheitsgelder (vgl. Nr. 7005 VV RVG) als notwendige Auslagen des Angeklagten aus der Staatskasse zu erstatten. Es ist in diesem Fall nicht zu prüfen, ob die Inanspruchnahme eines auswärtigen Rechtsanwalts notwendig war (OLG Düsseldorf NStZ 1997, 605; OLG Stuttgart RVGreport 2018, 26 = JurBüro 2018, 146; LG Magdeburg, StraFo 2008, 131; vgl. a. OLG Düsseldorf StV 2000, 434 zu den Kosten der Besuche des freigesprochenen Angeklagten bei seinem auswärtigen Pflichtverteidiger; vgl. a. BVerfG StV 2001, 241 = NStZ 2001, 211 = NJW 2001, 1269 = AGS 2001, 63).

5.a) Im Rahmen der notwendigen Auslagen werden gem. §§ 464a Abs. 2 Nr. 2 StPO, 91 Abs. 2 S. 2 ZPO grds. nur die Kosten für einen Wahlverteidiger erstattet. Die Kosten **mehrerer Verteidiger** werden danach außer bei einem **notwendigen Verteidigerwechsel** nur insoweit erstattet, als sie die Kosten eines Verteidigers nicht überschreiten oder in der Person des Rechtsanwalts ein Wechsel eintreten musste (BVerfG NStZ 1984, 561 = StV 1984, 344 = JurBüro 1985, 697; NJW 2004, 3319; OLG Brandenburg NStZ-RR 2013, 95; OLG Brandenburg, Beschl. v. 14.4.2022 – 2 Ws 19/22 (S); OLG Braunschweig StraFo 2019, 437 = RVGreport 2019, 391 = StRR 7/2019, 2; OLG Bremen, Beschl. v. 26.2.2018 – 1 Ws 140/17; OLG Celle StraFo 2018, 525 = RVGreport 2019, 109 = JurBüro 2018, 593; JurBüro 2019, 266

363 = Rpfleger 2019, 544; OLG Celle, Beschl. v. 19.12.2024 – 2 Ws 344/24 + 2 Ws 345/24, StraFo 2025, 163; OLG Düsseldorf, Beschl. v. 26.4.2011 – III-1 Ws 27/10, n.v.; OLG Dresden StraFo 2007, 126; OLG Hamm, Beschl. v. 7.5.2009 – 4 Ws 56/09; RVGreport 2015, 29; Beschl. v. 9.2.2017 – III1 Ws 457/16; JurBüro 2017, 638; OLG Jena StraFo 2012, 163 = JurBüro 2012, 148; OLG Rostock RVGreport 2017, 63; RVGreport 2018, 307 = AGS 2018, 330; vgl. a. OLG Dresden StraFo 2007, 126; OLG Köln, Beschl. v. 31.1.2008 – 2 Ws 47/08; OLG Oldenburg NStZ-RR 2010, 63; OLG Rostock RVGreport 2017, 63; AGS 2018, 330 = JurBüro 2018, 353). § 137 StPO ändert daran erstattungsrechtlich nichts (BVerfG NJW 2004, 3319; OLG Celle StraFo 2018, 525 = RVGreport 2019, 109 = JurBüro 2018, 593; JurBüro 2019, 363 = Rpfleger 2019, 544; OLG Düsseldorf NStZ-RR 2002, 317; Beschl. v. 26.4.2011 – III-1 Ws 27/10, n.v.; OLG Hamm RVGreport 2017, 307; OLG Nürnberg NStZ-RR 2000, 163; LG Kassel AGS 2008, 579; LR-*Kurtze*, § 464b Rn 32). Allerdings können einem Freigesprochenen die notwendigen Auslagen für zwei Wahlverteidiger zu erstatten sein, wenn seine Verteidigung ausnahmsweise im Hinblick auf Umfang, Schwierigkeit und Komplexität des Strafverfahrens durch nur einen Wahlverteidiger schlechterdings nicht zu bewältigen war, die Verteidigung deshalb das arbeitsteilige Zusammenwirken von zwei Wahlverteidigern erforderte (OLG Braunschweig StraFo 2019, 437 = RVGreport 2019, 391= JurBüro 2020, 29 [sog. Göttinger Transplantationsskandal]).

267 **b)** Für die **Erstattungsfähigkeit** der durch einen Anwaltswechsel **angefallenen Mehrkosten** gilt:

- Der Anwaltswechsel darf weder vom Rechtsanwalt noch von dem Beteiligten verschuldet worden sein (OLG Düsseldorf StV 2003, 175; OLG Hamm StV 1989, 116; Beschl. v. 9.2.2017 – 1 Ws 457/16; OLG Frankfurt NStZ-RR 2000, 64; OLG Köln JurBüro 2002, 595; OLG Rostock RVGreport 2017, 63; LG Detmold, Beschl. v. 20.10.2014 – 4 Qs 134/14; LG Kleve StRR 2012, 159; KK-*Gieg*, § 464a Rn 13).
- In der Person des Rechtsanwalts muss dann ein Wechsel eintreten, wenn die zwingenden Gründe hierfür in der Person des Verteidigers und nicht des Beschuldigten liegen (OLG Hamm RVGreport 2017, 307). Ein **notwendiger Anwaltswechsel** liegt jedenfalls vor, wenn der erste Rechtsanwalt seine Zulassung zur Anwaltschaft aus achtenswerten Gründen zurückgegeben hat und das bei Übernahme des Mandats noch nicht absehbar war (BGH AGS 2012, 544). Ein notwendiger Anwaltswechsel liegt auch bei **Tod** und **schwerer Erkrankung** des Verteidigers vor (OLG Köln AGS 2011, 321).
- **Wirtschaftliche Schwierigkeiten** eines Rechtsanwalts stellen regelmäßig keinen achtenswerten Grund für die Aufgabe der Zulassung dar. Der Rechtsanwalt hat vielmehr seine für die Aufrechterhaltung des Kanzleibetriebs erforderliche Leistungsfähigkeit sicherzustellen (BGH AGS 2013, 93 zu § 91 Abs. 2 S. 2 ZPO). Allerdings kann in Fällen, in denen die wirtschaftlichen Schwierigkeiten auf unvorhersehbaren persönlichen Gründen beruhen, eine abweichende Beurteilung geboten sein (vgl. dazu BGH, a.a.O. zu § 91 Abs. 2 S. 2 ZPO). Einen notwendigen Anwaltswechsel hat das OLG Hamm bejaht (NJW 1983, 1810), wenn Fürsorgepflichten dem Verteidiger in einem schwierigen und für den Angeklagten besonders bedeutungsvollen Verfahren gebieten, das Mandat niederzulegen und an einen besonders in Strafsachen versierten Rechtsanwalt zur Fortführung der Verteidigung abzugeben.
- Nach Auffassung des OLG Hamburg (NJW 1991, 1191 = JurBüro 1991, 715) liegt **kein notwendiger Anwaltswechsel** vor, wenn eine Angeklagte wegen unverschuldeter Verhinderung ihrer Verteidigerin nur deshalb eine andere Rechtsanwältin mit ihrer weiteren Verteidigung beauftragt hat, weil der amtlich bestellte Vertreter ihrer ursprünglichen Verteidigerin ein Mann war und wenn die angeklagte Tat oder die Tatumstände keinen konkret geschlechtlichen Bezug aufwiesen.
- **Kein notwendiger Anwaltswechsel** liegt vor, wenn der Angeklagte dem Wahlverteidiger das **Mandant entzieht** und einen anderen Verteidiger bestellt, von dem er eine bessere Verteidigung erwartet (OLG Hamm RVG prof. 2009, 112; LG Kassel AGS 2008, 579; vgl. a. LG Duisburg AGS 2005, 446) oder wenn erstinstanzlich eine Verurteilung zu einer Freiheitsstrafe ohne Bewährung erfolgte (LG Kleve StRR 2012, 159).

- Ein notwendiger Anwaltswechsel liegt nicht vor, wenn der Verteidigerwechsel durch mangelnde Vorschusszahlung oder durch Vertrauensverlust des Angeklagten motiviert war (LG Detmold, Beschl. v. 20.10.2014 – 4 Qs 134/14). Auch der **Wechsel des Haftorts** stellt keinen zwingenden Grund für einen Verteidigerwechsel dar, soweit nicht ersichtlich ist, dass der erste Verteidiger des Mandats z.B. aufgrund der räumlichen Entfernung seines Kanzleisitzes vom neuen Haftort nicht weitergeführt hätte (OLG Hamm RVGreport 2017, 307).
- Im Fall des **Anwaltswechsels nach Abschluss** der **ersten Instanz** bzw. bei einem Wechsel des Verteidigers zwischen zwei Instanzen fallen Mehrkosten insbesondere dadurch an, dass sowohl für den bisherigen als auch für den neuen Verteidiger die **Grundgebühr Nr. 4100 VV RVG** entsteht (KG StRR 2008, 427; OLG Bamberg NJW 2006, 1536; OLG Brandenburg NStZ-RR 2009, 64; OLG Bremen RVGreport 2013, 434 zum Pflichtverteidiger; OLG Düsseldorf StraFo 2007, 156; OLG Frankfurt StV 2008, 128; OLG Köln StraFo 2008, 348 LG Kleve StRR 2012, 159). Denn die Grundgebühr entsteht nicht verfahrensbezogen, sondern personenbezogen (Burhoff/Volpert/*Burhoff*, RVG, Nr. 4100 VV Rn 17). Auch hier muss für jeden Einzelfall darauf abgestellt werden, ob in der Person des Verteidigers ein Wechsel eintreten musste (vgl. a. OLG Frankfurt NJW 2005, 377; LG Duisburg AGS 2005, 446; Burhoff/Volpert/*Burhoff*, RVG, Nr. 4100 VV Rn 17). Das gilt auch, wenn in der ersten Instanz ein Pflichtverteidiger und in der Berufungsinstanz ein Wahlverteidiger tätig war (LG Kleve StRR 2012, 159).

6. Werden für den Beschuldigten aus Gründen der **gerichtlichen Fürsorge** oder zur **Sicherung** des **Verfahrensfortgangs** gem. **§ 144 StPO bis zu drei Pflichtverteidiger** bestellt, kann jeder dieser Pflichtverteidiger vom Beschuldigten gem. § 52 Abs. 1 RVG bei Erfüllung der dort genannten Voraussetzungen die Zahlung der Wahlverteidigergebühren fordern. Da dem Beschuldigten somit Wahlgebühren für beide Pflichtverteidiger entstehen, sind im Rahmen der notwendigen Auslagen die **Wahlgebühren beider Verteidiger**, ggf. gem. § 52 Abs. 1 S. 2 RVG um die aus der Staatskasse gezahlten Pflichtverteidigergebühren gemindert (vgl. dazu Burhoff/Volpert/*Volpert*, RVG, § 52 Rn 28 ff.), aus der Staatskasse zu erstatten (vgl. hierzu auch Burhoff/Volpert/*Volpert*, RVG, § 52 Rn 106 ff.; BVerfG NStZ 1984, 561; OLG Brandenburg NStZ-RR 2013, 95; OLG Brandenburg, Beschl. v. 14.4.2022 – 2 Ws 19/22 (S); OLG Celle StraFo 2018, 525 = RVGreport 2019, 109 = JurBüro 2018, 593; JurBüro 2019, 363 = Rpfleger 2019, 544 = RVGreport 2019, 300; Beschl. v. 19.12.2024 – 2 Ws 344/24 + 2 Ws 345/24, StraFo 2025, 163; OLG Düsseldorf StV 2006, 32; OLG Dresden StraFo 2007, 126; OLG Hamm RVGreport 2015, 29; OLG Jena StraFo 2012, 163 = JurBüro 2012, 148; OLG Rostock StV 1997, 33; a.A. OLG Hamburg JurBüro 1994, 295). 268

Dies beruht auf der **Erwägung**, dass der **freigesprochene Angeklagte**, bei dem der allgemeine Gesichtspunkt einer Verursachung des Strafverfahrens durch vorangegangenes strafbares Verhalten als Grund für eine finanzielle Haftung ausscheidet, **nicht** für **Kosten aufkommen** soll, die allein durch die Schwierigkeit oder den Umfang des Verfahrens oder aus anderen, von ihm selbst **nicht** zu **vertretenden Gründen** entstanden sind (BVerfG StV 1984, 344 = NStZ 1984, 561 = JurBüro 1985, 697; OLG Brandenburg NStZ-RR 2013, 95; OLG Celle StraFo 2018, 525 = RVGreport 2019, 109 = JurBüro 2018, 593; JurBüro 2019, 363 = Rpfleger 2019, 544 = RVGreport 2019, 300; OLG Köln, Beschl. v. 31.1.2008 – 2 Ws 47/08). Ansonsten könnte der den Kostenfestsetzungsantrag zuerst stellende Verteidiger die Wahlverteidigervergütung in voller Höhe aus der Staatskasse liquidieren, während sich der andere Wahlverteidiger entweder mit den gesetzlichen Gebühren begnügen oder das Feststellungsverfahren nach § 52 Abs. 2 RVG durchführen muss mit der Folge, dass der freigesprochene Mandant für den Fall seiner wirtschaftlichen Leistungsfähigkeit doch wieder mit Kosten belastet wird, deren Verursachung ihm nicht zuzurechnen ist (OLG Düsseldorf StraFo 2005, 349 = StV 2006, 32 = JurBüro 2005, 422). 269

7.a) Auch beim **Zusammentreffen** von **Pflicht-** und **Wahlverteidigung** sind **grds.** insgesamt **nur** die Kosten für **einen Verteidiger** zu erstatten. Es gilt der **Grundsatz**, dass die Kosten für den Wahlverteidiger **nicht erstattungsfähig** sind, wenn trotz bestehenden Wahlmandats ein Pflichtverteidiger bestellt worden ist, weil die **Verteidigerbestellung** aus **Gründen** erfolgt ist, die der **Freigesprochene** oder sein 270

Wahlverteidiger zu **vertreten** (OLG Hamm RVGreport 2015, 29; Burhoff/Volpert/*Volpert*, RVG, § 52 Rn 107 m.w.N.).

271 **b)** Von diesem Grundsatz bestehen folgende **Ausnahmen**:

- Wenn der Pflichtverteidiger **ohne Verschulden** des Freigesprochenen oder seines Wahlverteidigers, etwa zur Sicherung des Verfahrens bestellt worden ist, muss die Staatskasse die **vollen Pflichtverteidigerkosten** und die **vollen Wahlverteidigerkosten** tragen (OLG Brandenburg, Beschl. v. 14.4.2022 – 2 Ws 19/22 (S); OLG Celle StraFo 2018, 525 = RVGreport 2019, 109 = JurBüro 2018, 593; JurBüro 2019, 363 = Rpfleger 2019, 544 = RVGreport 2019, 300; OLG Celle, Beschl. v. 19.12.2024 – 2 Ws 344/24 + 2 Ws 345/24, StraFo 2025, 163; OLG Hamm RVGreport 2015, 29; OLG Jena StraFo 2012, 163 = JurBüro 2012, 148; OLG Rostock RVGreport 2017, 63). Eine Anrechnung der Pflichtverteidigergebühren gem. § 52 Abs. 1 S. 2 RVG auf die Wahlverteidigergebühren des anderen Rechtsanwalts findet nicht statt. Die Staatskasse ist darüber hinaus auch zur Erstattung der Differenz zwischen den Pflicht- und Wahlverteidigerkosten des Pflichtverteidigers (§ 52 Abs. 1 RVG) verpflichtet. Die Staatskasse trägt dann im Ergebnis die Aufwendungen für zwei Wahlverteidiger und nicht nur für einen Pflicht- und einen Wahlverteidiger.
- Bei einem Freispruch sind die gesamten Kosten des Wahlverteidigers neben den Gebühren des Pflichtverteidigers **erstattungsfähig**, wenn das Gericht die **Bestellung** des Pflichtverteidigers nicht oder **nicht rechtzeitig zurückgenommen** (§ 143 StPO) oder aus Fürsorgegründen oder zur Sicherung des Verfahrens die zusätzliche Beiordnung eines Pflichtverteidigers oder die Beibehaltung seiner Beiordnung für notwendig gehalten hat (KG StV 2003, 175; OLG Hamm RVGreport 2015, 29; OLG Oldenburg NStZ-RR 2010, 63; OLG Schleswig SchlHA 2011, 207; Burhoff/Volpert/*Volpert*, RVG, § 52 Rn 113, m.w.N.). Hat der Vorsitzende aus eigener Veranlassung neben dem Wahlverteidiger einen (weiteren) Pflichtverteidiger bestellt, so hat der Beschuldigte im Fall eines Freispruchs Anspruch auf Erstattung der Wahlverteidigerkosten auch des (weiteren) Pflichtverteidigers (OLG Hamm RVGreport 2015, 29; OLG Köln StraFo 1998, 250 = AGS 1998, 149 = StV 1998, 621, vgl. aber OLG Köln JurBüro 2002, 595 = Rpfleger 2003, 97).
- Wird **zusätzlich** ein **Wahlverteidiger** tätig, **obwohl** bereits ein **Pflichtverteidiger** bestellt ist, sind grds. nur die notwendigen Auslagen für einen Wahlverteidiger erstattungsfähig, wenn die Aufrechterhaltung der Pflichtverteidigerbestellung in einem dem Beschuldigten oder seinem Wahlverteidiger zuzurechnenden Verhalten ihre Ursache hat (OLG Düsseldorf, Beschl. v. 26.4.2011 – III-1 Ws 27/10; OLG Hamm RVGreport 2015, 29; OLG Rostock RVGreport 2017, 63).

272 **8.a) Verteidigt** sich ein **Rechtsanwalt** in einem **Strafverfahren selbst**, spricht **für** die **Erstattungsfähigkeit** einer Verteidigervergütung als notwendige Auslagen, dass § 464b Abs. 2 Nr. 2 StPO auf § 91 Abs. 2 S. 3 ZPO verweist. Danach sind dem in eigener Sache tätigen Rechtsanwalt die Gebühren und Auslagen zu erstatten, die er als Gebühren und Auslagen eines bevollmächtigten Rechtsanwalts erstattet verlangen könnte. Die Befürworter der Erstattungsfähigkeit berufen sich auf diese eindeutige gebührenrechtliche Verweisung und gehen deshalb davon aus, dass ein sich selbst vertretender Rechtsanwalt sowohl im Zivil- als auch im Strafprozess gebührenrechtlich als Bevollmächtigter zu behandeln ist (vgl. aus der Rspr. OLG Frankfurt NJW 1993, 1991; LG Münster AnwBl. 1999, 616; LG Göttingen Nds.Rpfl. 1992, 120; vgl. a. BGH NJW 2011, 232 zur Erstattungspflicht für den Rechtsschutzversicherer des Rechtsanwalts in Zivilsachen).

273 **b) Gegen** die **Erstattungsfähigkeit** bei der **Selbstverteidigung** spricht, dass die Anwendung von § 91 Abs. 2 S. 3 ZPO voraussetzt, dass es dem Rechtsanwalt überhaupt rechtlich gestattet ist, in eigener Sache aufzutreten. Während im Zivilprozess § 78 Abs. 6 ZPO dem Rechtsanwalt die Selbstvertretung erlaubt, ist im Strafverfahren der Status des Verteidigers als unabhängiges Organ der Rechtspflege mit der Stellung des Beschuldigten unvereinbar (BVerfG NJW 1980, 1677; 1994, 242; NStZ 1988, 282; BGH NJW 2011, 232; OLG Nürnberg NStZ-RR 2000, 163; LG Düsseldorf StRR 2009, 439; LG Potsdam NStZ-RR 2014, 125). Wenn das Strafprozessrecht somit die Selbstverteidigung des Rechtsanwalts ausschließt, kann

er kostenrechtlich nicht wie ein Verteidiger behandelt werden (BVerfG NJW 1994, 242). § 91 Abs. 2 S. 3 ZPO stellt eine eng auszulegende vorrangige Sonderregelung für den Fall dar, dass ein einzelner Rechtsanwalt rechtlich zulässig in eigener Sache als Partei des Zivilprozesses tätig geworden ist (LG Berlin NJW 2007, 1477). Einem Rechtsanwalt werden daher für seine „Verteidigung" in eigener Sache keine Gebühren/Auslagen ersetzt, da Beschuldigten- und Verteidigerrolle prozessual miteinander unvereinbar sind. Die Regelung in § 91 Abs. 2 S. 3 ZPO ist auf den Zivilprozess zugeschnitten und im Strafverfahren nicht anwendbar (BVerfG NJW 1980, 1677; NJW 1994, 242; NStZ 1988, 282; OLG Nürnberg NStZ-RR 2000, 163; LG Berlin NJW 2007, 1477; LG Düsseldorf StRR 2009, 439; LG Göttingen JurBüro 1991, 850; LG Potsdam NStZ-RR 2014, 125; vgl. a. BGH NJW 2011, 232 [keine Erstattungspflicht für den Rechtsschutzversicherer des Rechtsanwalts in Straf- und Bußgeldsachen]).

9.a) Nach § 464a Abs. 2 Nr. 1 StPO gehört zu den notwendigen Auslagen auch die **Entschädigung** eines Beteiligten für eine **notwendige Zeitversäumnis** nach den Vorschriften des **JVEG**, die für die Entschädigung von Zeugen gelten. Die Verweisung in § 464a Abs. 2 Nr. 1 StPO stellt lediglich eine den Umfang und die Höhe der Entschädigung betreffende Rechtsfolgenverweisung und keine Rechtsgrundverweisung dar (OLG Düsseldorf StV 2000, 434). Erstattungsfähig ist daher nicht nur die Entschädigung für Zeitversäumnis (**Verdienstausfall**, vgl. §§ 20–22 JVEG) infolge Heranziehung durch das Gericht und die StA, sondern auch infolge polizeilicher Vorladungen, Beschaffung von Beweismaterial (KK-*Gieg*, § 464a Rn 8) und Reisen zum Verteidiger (OLG Düsseldorf, a.a.O.; OLG Zweibrücken StV 1996, 612 = MDR 1996, 318 = JurBüro 1996, 198). Die Terminswahrnehmung während eines **bezahlten Urlaubs** bewirkt keinen erstattungsfähigen Verdienstausfall (BGH NJW-RR 2012, 761; *Schmitt/Köhler*, § 464a Rn 6; a.A. OLG Karlsruhe Justiz 1987, 156). Es kann allenfalls die Entschädigung nach § 20 JVEG gewährt werden (BGH, a.a.O.). Der Freigesprochene kann im Kostenfestsetzungsverfahren auch keinen Verdienstausfall mit der Begründung geltend machen, er habe während der laufenden HV keine Chance auf dem Arbeitsmarkt gehabt (OLG Düsseldorf JMBl. NRW 2006, 126 = JurBüro 2006, 260). Materielle Schadensersatzansprüche sind im Kostenfestsetzungsverfahren ausgeschlossen (BGH, a.a.O. [Das Entschädigungssystem des JVEG kann auch im Rahmen der Kostenerstattung nach § 91 ZPO nicht mit einer Schadensersatzregelung gleichgestellt werden]). 274

b) Auch die Höhe der einem Beteiligten zu erstattenden **Fahrtkosten** z.B. zu Terminen richtet sich nach den Bestimmungen des JVEG, auch wenn der Verweis auf das JVEG in § 464a Abs. 2 Nr. 1 StPO nur für die Zeitversäumnis gilt (so auch – teilweise ohne nähere Begründung – OLG Celle StraFo 2013, 41; OLG Düsseldorf StV 2000, 434; LG Koblenz JurBüro 2010, 32; LG Potsdam NStZ-RR 2013, 327; *Schmitt/Köhler*, § 464a Rn 15). Bei Fahrten mit dem Pkw werden daher entsprechend § 5 JVEG 0,35 EUR/km entschädigt. Die **Fahrten zum HV-Termin** sind grds. erstattungsfähig (OLG Celle, a.a.O.; LG Potsdam, a.a.O.). 275

> ☝ Dem Anspruch des Freigesprochenen auf Ersatz seiner Reisekosten steht dabei grds. nicht entgegen, dass er dem Gericht nicht unverzüglich angezeigt hat, dass er zum **HV-Termin von** einem anderen als dem in der Ladung angegebenen **Ort anreist** (§ 5 Abs. 5 JVEG). Denn das Gericht hätte die Ladung in jedem Fall aufrechterhalten müssen, weil gegen einen ausgebliebenen Angeklagten gem. § 230 Abs. 1 StPO eine HV nicht stattfinden kann. Die fehlende Anzeige steht also der Erstattungspflicht nicht entgegen (OLG Celle StraFo 2013, 41; LG Potsdam NStZ-RR 2013, 327).

10. Die **Aufzählung** der notwendigen Auslagen in § 464a Abs. 2 StPO ist **nicht abschließend**. 276

a) Daher können auch weitere notwendige Auslagen erstattungsfähig sein. Hierzu können z.B. **Dolmetscher- oder Übersetzerkosten** gehören (s. dazu Burhoff/Volpert/*Volpert*, RVG, Teil A, Rn 635 ff. 277

b) Kosten eines **Privatgutachtens** sind im Regelfall nicht erstattungsfähig, weil die Beweiserhebung aufgrund des geltenden Amtsermittlungsprinzips Sache der Staatsanwaltschaft bzw. des Gerichts ist. Vorrangig sind daher insbesondere Beweisanträge zu stellen (KG StraFo 2012; OLG Celle StV 2006, 32; OLG Stuttgart NStZ-RR 2003, 127; LG Aachen RVGreport 2019, 71; LG Berlin, Beschl. v. 5.3.2018 – 534 Qs 278

21/18; LG Cottbus, Beschl. v. 22.6.2017 – 22 Qs 85/17; LG Duisburg RVGreport 2013, 156; KK-*Gieg*, § 464a Rn 7; *Schmitt/Köhler*, § 464 Rn 16; a.A. z.B. *Dahs* NStZ 1991, 354).

279 Deshalb setzt ein **Erstattungsanspruch** grds. **voraus**, dass alle prozessualen Mittel zur Erhebung des gewollten Beweises ausgeschöpft worden sind und dass sich der Angeklagte nicht mehr anders verteidigen konnte (vgl. u.a. KG StraFo 2012, 380; OLG Düsseldorf StV 1994, 500; OLG Hamburg, NStZ 1983, 284 LG Aachen RVGreport 2019, 71; LG Berlin, Beschl. v. 5.3.2018 – 534 Qs 21/18; LG Cottbus, Beschl. v. 22.6.2017 – 22 Qs 85/17; LG Oldenburg AGS 2019, 94 = JurBüro 2019, 309; LG Potsdam, Beschl. v. 5.6.2020 – 24 Qs 28/20; LG Saarbrücken StraFo 2009, 174 = RVGreport 2009, 424). Auch die Kosten eines Privatgutachtens können unter strengen Voraussetzungen erstattungsfähig sein, wobei sich die Erforderlichkeit aus einer Betrachtung „ex ante" aus der Sicht des Angeklagten bei verständiger Betrachtung der Beweislage zum Zeitpunkt des Gutachtenauftrags beurteilt (OLG Düsseldorf NStZ 1997, 511; LG Aachen RVGreport 2019; LG Dresden NStZ-RR 2010, 61; LG Duisburg RVGreport 2013, 156; LG Wuppertal AGS 2016, 38 = DAR 2016, 237; AGS 2019, 254; RVGreport 2018, 223; ui allem *Burhoff* AGS 2023, 193 m.w.N.).

280 **Unerheblich** ist, ob sich das **Gutachten** tatsächlich auf den **Prozess ausgewirkt** hat (OLG Celle StV 2006, 32; OLG Düsseldorf, Beschl. v. 18.10.2006 – III-1 Ws 207/06; OLG Stuttgart NStZ-RR 2003, 127; LG Wuppertal AGS 2019, 254 = DAR 2019, 477 = RVGprofessionell 2019, 21 = RVGreport 2019, 146). Hat es sich aber entscheidungserheblich zugunsten des Angeklagten ausgewirkt bzw. hat das Gericht seine Entscheidung darauf gestützt, wird die Erstattungsfähigkeit häufig zu bejahen sein (KG StraFo 2012, 380; LG Cottbus StRR 2009, 145; LG Dresden NStZ-RR 2010, 61; LG Wuppertal AGS 2019, 254 = DAR 2019, 477 = RVGreport 2019, 146; LG Wuppertal AGS 2016, 38 = DAR 2016, 237, wenn die Einholung aus Gründen der Waffengleichheit notwendig war und das Verfahren in besonderem Maße gefördert hat; zur Erstattungsfähigkeit eines vor der Hauptverhandlung im Bußgeldverfahren eingeholten Sachverständigengutachten [zu einem Messverfahren] LG Dessau-Roßlau, Beschl. v. 4.5.2023 – 6 Qs 394 Js 26340/21 (56/23), AGS 2023, 398; LG Hannover DAR 2019, 358 = RVGreport 2019, 429; LG Münster, Beschl. v. 14.6.2024 – 12 Qs 16/24, AGS 2024, 493; LG Oldenburg, Beschl. v. 28.3.2022 – 5 Qs 108/20, AGS 2022, 272; LG Oldenburg AGS 2019, 94 = JurBüro 2019, 309 = RVGreport 2019, 145; LG Saarbrücken, Beschl. v. 29.6.2020 – 8 Qs 69/20, RVGreport 2020, 463; LG Zweibrücken, Beschl. v. 2.12.2020 – 1 Qs 33/20, AGS 2021, 81; LG Zwickau, Beschl. v. 19.7.2024 – 1 Qs 77/24, AGS 2024, 781; AG Ratingen, Beschl. v. 25.11.2022 – 20 OWi 413/21, AGS 2023, 27; AG Senftenberg VRR 4/2017 3, [LS; aufgehoben durch LG Cottbus, Beschl. v. 22.6.2017 – 22 Qs 85/17]; s. aber auch LG Aachen, Beschl. v. 30.9.2019 – 66 Qs 58/19: LG Essen DAR 2020, 155; zu allem auch *Burhoff* AGS 2023, 193; *Staub* DAR 2020, 169).

281 Die **Erstattungsfähigkeit** ist jedenfalls auch dann gegeben, wenn die Kosten bei einer Beweiserhebung durch das Gericht **ebenfalls angefallen** wären bzw. andere gerichtliche **Auslagen erspart** haben (LG Dresden NStZ-RR 2010, 61). Die Kosten sind auch dann erstattungsfähig, wenn der Angeklagte bei verständiger Würdigung des Sach- und Streitstands annehmen musste, dass sich ohne die private Heranziehung eines (weiteren) Sachverständigen seine Prozesslage alsbald verschlechtern wird (vgl. hierzu BVerfG NJW 2006, 136; OLG Düsseldorf NStZ 1997, 511; LG Aachen RVGreport 2019, 71; LG Berlin, Beschl. v. 5.3.2018 – 534 Qs 21/18; LG Cottbus, Beschl. v. 22.6.2017 – 22 Qs 85/17; LG Oldenburg AGS 2019, 94 = JurBüro 2019, 309) oder wenn es sich um komplizierte technische Fragen oder um ein sehr abgelegenes Rechtsgebiet gehandelt hat, sodass die Einholung des Gutachtens angesichts der Erkenntnislage und im Hinblick auf einen etwaigen Informationsvorsprung der Staatsanwaltschaft im Interesse einer effektiven Verteidigung geboten erschien (OLG Koblenz NStZ-RR 2000, 64, das die Erstattungsfähigkeit bejaht, wenn das Privatgutachten trotz der umfassenden Beweisantragsrechte des Angeklagten ausnahmsweise als unbedingt notwendig anzusehen ist; LG Cottbus NZV 2005, 435 zur Erstattungsfähigkeit der Kosten eines Gutachtens zur Widerlegung einer Geschwindigkeitsmessung).

Hinsichtlich der **Frage** der **Angemessenheit** der Kosten für einen Privatgutachter dürfen die Sätze des **JVEG nicht unmittelbar** herangezogen werden, da dieses lediglich das dem gerichtlichen Sachverständigen zustehende Honorar regelt. Auch eine entsprechende Anwendung kommt nicht in Betracht, weil nicht davon ausgegangen werden kann, dass es einer Partei in der Regel möglich sein wird, einen geeigneten Sachverständigen zu den im JVEG vorgesehenen Vergütungssätzen zu gewinnen (vgl. z.B. BGH NJW 2007, 1532 = RVGreport 2007, 279 = JurBüro 2007, 317; LG Oldenburg AGS 2019, 94 = JurBüro 2019, 309; LG Wuppertal RVGreport 2018, 223). Die **erstattungsfähige Höhe** der Sachverständigenkosten wird aber **häufig** durch die Sätze des **JVEG begrenzt** (LG Dresden, Beschl. v. 7.10.2009 – 5 Qs 73/09; LG Wuppertal AGS 2016, 38 = DAR 2016, 237; anders aber RVGreport 2018, 223) bzw. die Sätze des JVEG sind als Richtlinie heranzuziehen, auf deren Grundlage der mit dem Sachverständigen vereinbarte Stundensatz einer Plausibilitätsprüfung zu unterziehen ist (KG StraFo 2012, 380 = RVGreport 2012, 429 m. krit. Anm. *Burhoff*; LG Oldenburg AGS 2019, 94 = JurBüro 2019, 309; vgl. a. LG Wuppertal AGS 2016, 38 = DAR 2016, 237; RVGreport 2018, 223). Weichen die Stundensätze des Privatgutachters ganz erheblich von den im JVEG vorgesehenen Sätzen ab, so bedarf es einer besonderen Darlegung ihrer Notwendigkeit (BGH, a.a.O.; LG Wuppertal, a.a.O.). Bei einem Abweichen um mehr als 20 % vom Stundensatz der einschlägigen Honorargruppe des JVEG wird für die Plausibilitätsprüfung eine besondere Darlegungspflicht angenommen (KG, a.a.O.; LG Berlin, Beschl. v. 5.3.2018 – 534 Qs 21/18; vgl. a. LG Oldenburg AGS 2019, 94 = JurBüro 2019, 309). Die Heranziehung der JVEG-Sätze ist sachgerecht, weil auch ein von der Staatsanwaltschaft oder dem Gericht zugezogener Sachverständiger hiernach abgerechnet hätte (LG Wuppertal AGS 2016, 38 = DAR 2016, 237). 282

Siehe auch: → *Gerichtskosten, Aktenversendungspauschale*, Teil J Rdn 79; → *Kostenfestsetzung gem. § 464b StPO, Allgemeines,* Teil J Rdn 200 m.w.N.

Kostenfestsetzung gem. § 464b StPO, Verfahren 283

Das Wichtigste in Kürze:

1. Die Kostenfestsetzung erfolgt nur auf Antrag des Erstattungsberechtigten oder des Erstattungspflichtigen.
2. Dem Antrag ist eine Kostenberechnung beizufügen und die Ansätze sind ggf. glaubhaft zu machen.
3. Die Vertretungs- und Geldempfangsvollmacht für das Kostenfestsetzungsverfahren kann bereits in der Strafprozessvollmacht enthalten sein.
4. Eine in der Strafprozessvollmacht enthaltene Vertretungs- und Geldempfangsvollmacht erlischt i.d.R. nicht durch die Bestellung zum Pflichtverteidiger.
5. Bei wirksamer Abtretung des Anspruchs auf Erstattung notwendiger Auslagen ist der Verteidiger im Kostenfestsetzungsbeschluss als Erstattungsberechtigter aufzuführen.
6. Zuständig für die Festsetzung ist gem. § 464b S. 3 StPO, § 103 ZPO, § 21 Nr. 1 RPflG grds. der Rechtspfleger des Gerichts des ersten Rechtszugs.
7. Im Kostenfestsetzungsverfahren ist der Gegenseite grds. rechtliches Gehör zu gewähren.
8. Ein Gutachten des Vorstands der Rechtsanwaltskammer ist im Kostenfestsetzungsverfahren grds. nicht einzuholen.
9. Zu den Prüfungspflichten des Rechtspflegers im Kostenfestsetzungsverfahren.
10. Der Rechtsanwalt ist grds. an sein einmal bei der Bestimmung der Rahmengebühren ausgeübtes Ermessen im Kostenfestsetzungsverfahren gebunden.
11. Dem Rechtsanwalt steht eine Toleranzgrenze i.H.v. 20 % hinsichtlich der vom Gericht für angemessen gehaltenen Gebühren zu; die Toleranzgrenze ist aber keine Bemessungskriterium für die Gebühren.

12. Der Kostenfestsetzungsbeschluss ist zu begründen und mit einer Rechtsmittelbelehrung zu versehen.
13. Der Kostenfestsetzungsbeschluss ist von Amts wegen zuzustellen.
14. Auf Antrag wird die Verzinsung des Erstattungsbetrages ab Anbringung des Kostenfestsetzungsantrages, frühestens aber ab Rechtskraft angeordnet.
15. Die Beantragung einer Pauschgebühr gem. § 42 oder § 51 RVG kann ausgeschlossen sein, wenn bereits die Kostenfestsetzung gem. § 464b StPO beantragt bzw. sogar bereits ein Kostenfestsetzungsbeschluss ergangen ist.

284 **Literaturhinweise:** s. die Hinw. bei → *Kostenfestsetzung gem. § 464b StPO, Allgemeines*, Teil J Rdn 200.

285 **1.a)** Nach § 464b S. 3 StPO gelten für das Kostenfestsetzungsverfahren die **Vorschriften** der **ZPO** über die Höhe des Zinssatzes im Fall der Anbringung des Verzinsungsantrags (§ 464b S. 2 StPO), über das Verfahren und die Vollstreckung der Entscheidung entsprechend.

286 **b)** Die Kostenfestsetzung erfolgt nach § 464b S. 1 StPO nur **auf Antrag** eines Beteiligten. **Antragsberechtigt** sind der sich aus der Kostengrundentscheidung ergebende Erstattungsberechtigte und sein Rechtsnachfolger (OLG Dresden, Beschl. v. 28.8.2000 – 2 AR 75/00 – 3 Ws 352/00; OLG Düsseldorf StRR 2010, 276; OLG Stuttgart AGS 2018, 459 = RVGreport 2018, 426 = JurBüro 2019, 255; LG Düsseldorf, Beschl. v. 8.7.2019 – 061 Qs 42/19), aber auch der Erstattungspflichtige (z.B. Staatskasse), weil dieser auch ein Interesse an der Feststellung der Höhe seiner Zahlungspflicht haben kann. Der Verteidiger bzw. der Rechtsanwalt eines anderen Beteiligten (z.B. Neben- oder Privatkläger) stellt den Antrag im Zweifel namens des Erstattungsberechtigten (*Schmitt/Köhler*, § 464b Rn 2).

287 **2.a)** Für die **Form** und den **Inhalt** des nach § 464b S. 1 StPO erforderlichen Kostenfestsetzungsantrags (KFA) gelten gem. § 464b S. StPO die **§§ 103 Abs. 2, 104 Abs. 2 ZPO**. Der Antrag kann daher schriftlich oder zu Protokoll der Geschäftsstelle eines jeden AG (§ 129a ZPO) gestellt werden. Es ist die Beifügung eine Kostenberechnung erforderlich und es sind die einzelnen Ansätze ggf. glaubhaft zu machen (KG Rpfleger 2017, 116 = RVGreport 2017, 18; LG Bad Kreuznach, Beschl. v. 26.2.2020 – 2 Qs 18/20; KK-*Gieg*, § 464b Rn 3). Die Glaubhaftmachung ist z.B. dann erforderlich, wenn die Entstehung einzelner Gebühren nicht aktenkundig ist. Zwar ist es nicht erforderlich, dass sich die Entstehung einer Gebühr aus der Gerichtsakte ergibt.

☝ Zur Vermeidung von Rückfragen des Gerichts oder gar der Absetzung einer Gebühr sollte ggf. zur **Gebührenentstehung vorgetragen** werden.

288 **b)** Der Kostenfestsetzungsantrag kann als **elektronisches Dokument** eingereicht werden. Gem. § 12b RVG sind die verfahrensrechtlichen Vorschriften über die elektronische Akte und über das elektronische Dokument für das Verfahren anzuwenden, in dem der Rechtsanwalt die Vergütung erhält. Verteidiger und Rechtsanwälte **sollen** gem. § 32d S. 1 StPO den Strafverfolgungsbehörden und Gerichten Schriftsätze und deren Anlagen sowie schriftlich einzureichende Anträge und Erklärungen als elektronisches Dokument übermitteln. Die strenge Einreichungspflicht aus § 32d S. 2 StPO gilt nicht, weil danach nur die Berufung und ihre Begründung, die Revision, ihre Begründung und die Gegenerklärung sowie die Privatklage und die Anschlusserklärung bei der Nebenklage als elektronisches Dokument übermittelt werden müssen.

289 **3.a)** Da das Kostenfestsetzungsverfahren nach § 464b StPO nicht mehr zum Strafverfahren gehört, ist hierfür grds. eine **besondere Vertretungsvollmacht** erforderlich, die aber bereits zusammen mit der Strafprozessvollmacht erteilt werden bzw. in der dieser enthalten sein kann (*Schmitt/Köhler*, § 464b Rn 2; LR-*Kurtze*, § 464b Rn 4 f.; OLG Dresden, a.a.O.; OLG Stuttgart AGS 2018, 459 = RVGreport 2018, 426 = JurBüro 2019, 255; LG Düsseldorf, Beschl. v. 9.11.2015 – 17 Qs 47/15; AG Koblenz, 5.2.2007 – 2010 – Js 45496/04 – 29 Ds; a.A. OLG München Rpfleger 1968, 32). Die vom Beschuldigten

ausdrücklich auch für das Kostenfestsetzungsverfahren erteilte Vollmacht gilt gem. §§ 168, 172, 657 BGB über den Tod des Beschuldigten hinaus (KG StraFo 2013, 305 = JurBüro 2013, 362; a.A. OLG München NJW 2003, 1133). Das gilt auch für die vom **Nebenkläger** erteilte Vertretungsvollmacht, den Vertreter jedenfalls zur Stellung von Kosten- und Auslagenerstattungsanträgen sowie zur Einlegung von Beschwerden gegen ablehnende Entscheidungen ermächtigt (KG, Beschl. v. 22.1.2024 – 3 Ws 66 – 67/23, AGS 2024, 143).

☝ In der Vollmacht sollte dem Verteidiger auch eine **Geldempfangsvollmacht** erteilt werden. Macht der Verteidiger aufgrund einer Abtretung die beim frei gesprochenen Mandanten entstandenen Gebühren und Auslagen **im eigenen Namen** geltend, bedarf es einer gesonderten zusätzlichen Vollmacht des Mandanten zur Stellung des Kostenfestsetzungsantrages nicht (LG Braunschweig, Beschl. v. 8.6.2021 – 2b Qs 160/21, AGS 2021, 311; AG Hamburg-Harburg, Beschl. v. 25.4.2023 – 664 Ds 4/22 jug).

b) Nach der zivilgerichtlichen Rspr. des BGH (z.B. BGH, Beschl. v. 14.7.2011 – V ZB 237/10, NJW 2011, 3722) ist zum Nachweis der Bevollmächtigung gemäß § 80 Abs. 1 ZPO das **Original** der **Vollmachtsurkunde** vorzulegen. Schriftstücke, die lediglich einen durch technische Übertragungsverfahren hergestellten Abdruck der Originalurkunde enthalten (Telefaxe, Fotokopien), reichen hierfür nicht aus (BGH, NJW 1994, 2298 = MDR 1994, 938). Das KG (Beschl. v. 12.1.2024 – 1 Ws 122/23, AGS 2024, 186) hält dem folgend die Vorlage einer **Kopie** der Vollmacht oder ein elektronisches Dokument in Form eines Scans des schriftlichen Originals zum Nachweis der Vollmacht im strafprozessualen Kostenfestsetzungsverfahren nicht für ausreichend, weil zu den nach § 464b S. 3 StPO im Kostenfestsetzungsverfahren entsprechend anzuwendenden Vorschriften der ZPO insbesondere auch § 80 S. 1 ZPO gehört. **290**

Das kann allerdings **nicht ohne Weiteres** auf die **Geldempfangsvollmacht** für das Kostenfestsetzungsverfahren gem. § 464b StPO übertragen werden: **291**

- Über § 464b S. 3 StPO sind die zivilprozessualen Vorschriften nur entsprechend anzuwenden. Wenn die **Strafprozessvollmacht nebst Geldempfangsvollmacht** dem Gericht als Telefax **schon im Hauptverfahren vorlag** und als ausreichend angesehen worden, ist die Vollmacht im Kostenfestsetzungsverfahren nicht mehr zu prüfen (LG Duisburg StraFo 2003, 104 = AGS 2003, 219; vgl. a. Zöller/*Herget*, ZPO, §§ 103, 104 Rn 21 „Vollmacht"; OLG Bamberg JurBüro 1977, 1439; OLG München Rpfleger 1968, 32). Außerdem bedarf es im Strafprozess nur im Rahmen einzelner Verfahrenshandlungen der Vorlage einer schriftlichen Vollmacht, grds. daher also nicht (*Schmitt/Köhler*, vor § 137 Rn 8). Wenn auch keinerlei greifbare Anhaltspunkte dafür ersichtlich sind, dass die Vollmacht widerrufen worden ist oder ein nicht mehr mandatierter Verteidiger zu Unrecht einen Festsetzungsantrag stellt, darf ein Kostenfestsetzungsantrag nicht allein deshalb zurückgewiesen werden, weil der Verteidiger statt einer Originalvollmacht lediglich die Kopie einer per Telefax erteilten schriftlichen Vollmacht vorgelegt hat, wenn die Vollmacht ausdrücklich auch das Kostenfestsetzungsverfahren und Geldempfangsvollmacht umfasst, dem Gericht schon als Fax im Erkenntnisverfahren vorgelegen hat und damit im Hauptverfahren als ausreichend angesehen worden ist (LG Duisburg, a.a.O.).
- Im (künftigen) **elektronischen Rechtsverkehr** in Straf- und Bußgeldsachen wird sich im Lichte der Rspr. des KG (Beschl. v. 12.1.2024 – 1 Ws 122/23, AGS 2024, 186) dann auch die Frage stellen, wie die Vollmacht als elektronisches Dokument eingereicht werden soll. Die Einreichung als Original scheidet hier schon von vornherein aus. Gem. § 32a Abs. 3 StPO müsste die Vollmacht dann als elektronisches Dokument mit einer qualifizierten elektronischen Signatur des Freigesprochenen versehen sein oder von diesem signiert und auf einem sicheren Übermittlungsweg z.B. über das eBO (elektronisches Bürger- und Organisationenpostfach) eingereicht werden.

☝ Alle **Vollmachtsprobleme** können durch eine **frühzeitige Abtretung** des Erstattungsanspruchs (§ 43 RVG) **vermieden** werden.

Eine anwaltliche Versicherung reicht als **Vertretungsnachweis** nicht aus. Die anwaltliche Versicherung ist im Kostenfestsetzungsverfahren gem. §§ 464b StPO, 104 Abs. 2 S. 2 ZPO nur hinsichtlich des Entstehens von Post- und Telekommunikationsentgelten nach Nr. 7001, 7002 VV RVG zugelassen. Sie kann den Nachweis der Vertretungs- und Geldempfangsvollmacht nicht ersetzen.

292 **4.** Ob der **Pflichtverteidiger** zur Stellung des KFA für den Angeklagten eine **besondere Vollmacht** benötigt, weil eine ggf. zuvor erteilte Strafprozessvollmacht durch die Pflichtverteidigerbestellung erloschen ist (BGH, NStZ 1991, 94), hängt davon ab, ob eine Vollmacht für das Kostenfestsetzungsverfahren bereits zusammen mit der Strafprozessvollmacht erteilt worden bzw. in dieser enthalten ist (LG Kiel NStZ 2003, 52; *Schmitt/Köhler*, § 464b Rn 2; KK-*Gieg*, § 464b Rn 3). Dann ist nämlich zwischen dem Erlöschen der Strafprozessvollmacht durch die Pflichtverteidigerbestellung einerseits und der Vollmacht für das Kostenfestsetzungsverfahren andererseits zu unterscheiden. Denn wenn der Freigesprochene dem Verteidiger eine Vollmachtsurkunde u.a. für das Kostenfestsetzungsverfahren ausgehändigt hat und dieser sie der Staatskasse vorlegt, bleibt die Vertretungsmacht gem. § 172 BGB bestehen, bis die Vollmachtsurkunde dem Freigesprochenen zurückgegeben oder für kraftlos erklärt wird (KG StraFo 2013, 305; OLG Hamm NStZ-RR 2008, 96; OLG Stuttgart AGS 2018, 459 = RVGreport 2018, 426 = JurBüro 2019, 255; LG Karlsruhe, StV 2001, 635). Aus dem Umstand, dass die Verteidigungsvollmacht für das Strafverfahren durch die Pflichtverteidigerbestellung erloschen ist, lässt sich daher **nicht** ohne Weiteres **schließen**, dass der Angeklagte auch das **Erlöschen** der **Vollmacht** für das nach Abschluss des Strafverfahrens durchzuführende Kostenfestsetzungsverfahren gewollt hat (KG StraFo 2013, 305 = JurBüro 2013, 362; OLG Hamm NStZ-RR 2008, 96; OLG Stuttgart AGS 2018, 459 = RVGreport 2018, 426 = JurBüro 2019, 255; LG Karlsruhe StV 2001, 635).

☝ Um Schwierigkeiten zu vermeiden, sollte sich der Pflichtverteidiger den **Erstattungsanspruch** des Angeklagten bereits in der **Strafprozessvollmacht abtreten** lassen. Denn aufgrund der Abtretung kann der Pflichtverteidiger den Anspruch auf Erstattung notwendiger Auslagen – in den Grenzen des § 52 RVG (vgl. hierzu Burhoff/Volpert/*Volpert*, RVG, § 52 Rn 1 ff.) – im eigenen Namen geltend machen. Gleichzeitig ist er bei Teilfreispruch vor einer **Aufrechnung** der Gerichtskasse mit den Verfahrenskosten geschützt (vgl. hierzu Burhoff/Volpert/*Volpert*, RVG, § 43 Rn 19 ff., 45 ff. und die Kommentierung zu § 43 RVG bei Gerold/Schmidt/*Burhoff*; s.a. Teil I Rdn 253).

293 **5.** Die **Abtretung** von **Kostenerstattungsansprüchen** durch den Mandanten an den Rechtsanwalt für den Fall, dass die notwendigen Auslagen der Staatskasse auferlegt werden, ist grds. zulässig (§ 43 RVG). Die Berechtigung zur Geltendmachung des Erstattungsanspruchs richtet sich nicht nach prozessualen, sondern nach materiellen Grundsätzen (LG Düsseldorf, Beschl. v. 8.7.2019 – 061 Qs 42/19). Der Verteidiger ist aufgrund der Abtretung des Kostenerstattungsanspruchs als Rechtsnachfolger des erstattungsberechtigten Mandanten im eigenen Namen antrags- und beschwerdeberechtigt (OLG Düsseldorf StRR 2010, 276; OLG Hamm StraFo 2009, 261; OLG Karlsruhe AGS 2016, 170 und 218 = RVGreport 2016, 222; OLG Koblenz StraFo 2018, 402; OLG Nürnberg Rpfleger 2014, 694; OLG Rostock RVGreport 2018, 307 = AGS 2018, 330; OLG Stuttgart AGS 2018, 459 = RVGreport 2018, 426 = JurBüro 2019, 255; LG Düsseldorf, Beschl. v. 8.7.2019 – 061 Qs 42/19 LG Köln, RVGreport 2014, 361). Die Kostenfestsetzung erfolgt deshalb für den Verteidiger. Statt des Freigesprochenen ist somit der Verteidiger als erstattungsberechtigter Gläubiger im Rubrum des Kostenfestsetzungsbeschlusses aufzuführen (OLG Düsseldorf StRR 2010, 276; StraFo 2014, 527; OLG Koblenz Rpfleger 1974, 403 = MDR 1974, 1038; StraFo 2018, 402; OLG Stuttgart AGS 2018, 459 = RVGreport 2018, 426 = JurBüro 2019, 255; LG Düsseldorf AGS 2007, 34; Beschl. v. 8.7.2019 – 061 Qs 42/19; LG Duisburg JurBüro 2006, 373 [1. StrK]; *Schmitt/Köhler*, StPO, § 464b Rn 2; KK StPO/*Gieg*, § 464b Rn 3; Löwe/Rosenberg/*Kurtze*, § 464b Rn 5; Gerold/

Schmidt/*Burhoff*, § 43 Rn 30; im Ergebnis wohl auch KG RVGreport 2006, 71; OLG Düsseldorf JurBüro 2006, 260 = JMBl. NRW 2006, 126; vgl. a. OLG Karlsruhe AGS 2016, 170 und 218 = JurBüro 2016, 194 = RVGreport 2016, 222). Eine vorherige **Umschreibung** der Auslagenentscheidung entsprechend **§ 727 ZPO** ist hierfür nicht erforderlich (ausf. Burhoff/Volpert/*Volpert*, RVG, § 43 Rn 45 ff., m.w.N.).

☝ Macht der Verteidiger aufgrund einer Abtretung die beim frei gesprochenen Mandanten entstandenen Gebühren und Auslagen im eigenen Namen geltend, bedarf es einer gesonderten zusätzlichen Vollmacht des Mandanten zur Stellung des Kostenfestsetzungsantrages nicht (LG Braunschweig, Beschl. v. 8.6.2021 – 2b Qs 160/21, AGS 2021, 311; AG Hamburg-Harburg, Beschl. v. 25.4.2023 – 664 Ds 4/22 jug).

6. Hinsichtlich der **Zuständigkeit** für die **Kostenfestsetzung** gilt: 294

- **Zuständig** für die Festsetzung ist gem. § 464b S. 3 StPO, § 103 ZPO, § 21 Nr. 1 RPflG der **Rechtspfleger** des **Gerichts** des **ersten Rechtszugs**.
- Bei der **Zurückverweisung** an ein anderes Gericht gem. § 354 Abs. 3 StPO ist der **Rechtspfleger** des **zuerst** mit der Sache **befassten Gerichts** zuständig (BGH NStZ 1991, 145; KG NStZ-RR 2014, 160; LR-*Kurtze*, § 464b Rn 8; a.A. OLG München JurBüro 1987, 1196).
- Bei **Einstellung** des Verfahrens durch die **StA** ist der Kostenfestsetzungsbeschluss ebenfalls vom Rechtspfleger des erstinstanzlichen Gerichts zu erlassen. Das Strafverfahren kennt anders als das Bußgeldverfahren keinen Kostenfestsetzungsbeschluss der StA (OLG Stuttgart Rpfleger 2003, 20).
- Im **Wiederaufnahmeverfahren** ist umstritten, ob das die Wiederaufnahme durchführende Gericht das erstinstanzliche Gericht und damit das für die Kostenfestsetzung zuständige Gericht ist (bejahend LG Karlsruhe StraFo 2008, 265; a.A. Zuständigkeit des zeitlich zuerst mit dem Verfahren befassten Gerichts: OLG Hamm Rpfleger 2003, 96; OLG Brandenburg NStZ-RR 2010, 263; LG Düsseldorf, Beschl. v. 5.10.2010 – 1 AR 5/10, n.v.). Die zuletzt genannte Auffassung erscheint zutreffend, weil ein erfolgreich durchgeführtes Wiederaufnahmeverfahren – einhergehend mit der Beseitigung der ursprünglich eingetretenen erstinstanzlichen Rechtskraft – in seiner Wirkung mit einer Zurückverweisung im Revisionsverfahren vergleichbar ist und somit im Ergebnis eine Fortsetzung des ursprünglichen Hauptverfahrens darstellt.
- Bei der Kostenfestsetzung in **Strafvollstreckungssachen** ist Gericht der ersten Instanz das LG, dem die StVK angehört.

7. Im Kostenfestsetzungsverfahren ist dem Antragsgegner grds. **rechtliches Gehör** zu gewähren. Nach Nr. 145 Abs. 1 RiStBV soll der Rechtspfleger bei einem gegen die Staatskasse gerichteten Festsetzungsantrag vor der Entscheidung den Vertreter der Staatskasse (Bezirksrevisor) hören. 295

8. Nach § 14 Abs. 2 S. 1 RVG ist das Gericht verpflichtet (BT-Drucks 15/1971, S. 190), im Rechtsstreit ein **Gutachten** des **Vorstands** der **Rechtsanwaltskammer** einzuholen, soweit die Höhe der Gebühr streitig ist. Mit dem Rechtsstreit ist aber nach h.M. nur der Gebühren- bzw. Honorarprozess zwischen dem Rechtsanwalt und seinem Mandanten gemeint, nicht aber das Kostenfestsetzungsverfahren gem. § 464b StPO (BSG NJW 2010, 1400; BVerwG JurBüro 1982, 857; LG Berlin JurBüro 1982, 1028; LG Nürnberg-Fürth JurBüro 1985, 869; Burhoff/Volpert/*Burhoff*, RVG, Teil A Rn 1878 ff. und Burhoff/Volpert/*Volpert*, RVG, Teil A Rn 1504 ff.). Denn § 14 RVG betrifft naturgemäß nur das Vergütungsverhältnis zwischen Rechtsanwalt und Mandant (BGH DVBl 1969, 204; BFH RVGreport 2006, 20; BVerwG RVGreport 2006, 21; BSG JurBüro 1984, 1511; AG Völklingen AGS 2007, 235; AG Mainz AGS 2006, 371; AG Köln AGS 2006, 71; a.A. *Schons* NJW 2005, 1024 und 3089; LG Düsseldorf, Beschl. v. 24.9.2009 – 12 Qs 48/08.). 296

Im gegen die Staatskasse gerichteten Kostenfestsetzungsverfahren gem. § 464b StPO ist daher ein **Gutachten nicht** einzuholen. Denn bei dem Kostenfestsetzungsverfahren handelt es sich nicht um einen Rechtsstreit zwischen dem Rechtsanwalt und seinem Mandanten (BSG NJW 2010, 1400 = AGS 2010, 297

233; BVerwG JurBüro 1982, 857; LG Berlin JurBüro 1982, 1028; LG Nürnberg-Fürth JurBüro 1985, 869). Soweit daher die Einholung des Gutachtens im Kostenfestsetzungsverfahren im Schrifttum teilweise für angebracht bzw. sinnvoll gehalten wird, weil die Kostenfestsetzungsinstanzen ansonsten ein wertvolles Erkenntnismittel ausschlagen (Gerold/Schmidt/*Mayer*, § 14 Rn 64), kann dem aufgrund des entgegenstehenden Gesetzeswortlauts nicht gefolgt werden (BFH RVGreport 2012, 340 m. Anm. *Hansens*; LG Mainz AGS 2015, 391). Im Übrigen wäre es angesichts der großen Zahl von Kostenfestsetzungsverfahren auch nicht praktikabel, wenn der Rechtspfleger immer dann ein Gutachten einholt, wenn er einen geringeren als den beantragten Betrag festsetzen möchte (so aber Gerold/Schmidt/*Mayer*, a.a.O.).

298 **9.** Für die **Prüfung durch den Rechtspfleger** im Kostenfestsetzungsverfahren gem. § 464b StPO gilt:

299 **a)** Der Rechtspfleger hat zunächst festzustellen, ob einer **Entscheidung** über die notwendigen Auslagen vorliegt, die eine Kostenfestsetzung ermöglicht.

300 **b)** Ferner ist zu prüfen, ob die im Kostenfestsetzungsverfahren zur Erstattung angemeldeten Rechtsanwaltskosten **entstanden** sind und ob sie erforderlich waren. Da nach § 464b S. 3 StPO für die Festsetzung § 104 Abs. 2 ZPO entsprechend gilt, sind die einzelnen Ansätze **darzulegen** und **glaubhaft** zu machen, insbesondere, wenn sich die jeweiligen **Gebührentatbestände** oder etwaigen **Auslagen** nicht aus der Gerichts- bzw. Verfahrensakte ergeben, streitig oder nicht anderweitig für den Rechtspfleger ohne Weiteres ersichtlich sind (BGH NJW 2007, 2493 = AGS 2007, 322 = RVGreport 2007, 274, für das Kostenfestsetzungsverfahren gem. §§ 103 ff. ZPO; KG RVGreport 2017, 18 = Rpfleger 2017, 116). Es muss dargelegt werden, dass eine Gebühr oder eine Auslage tatsächlich angefallen ist und dass die Ansätze erforderlich waren (KG Rpfleger 2017, 116 = RVGreport 2017, 18). Diese Prüfung beschränkt sich im Wesentlichen darauf, ob die zur Erstattung angemeldeten Kosten nach dem konkreten Verfahrensablauf und den einschlägigen Vorschriften des RVG entstanden und erstattungsfähig sind. Nur Einwände, deren tatsächliche Voraussetzungen unstreitig sind oder vom Rechtspfleger ohne Schwierigkeiten aus den Akten zu ermitteln sind, können ausnahmsweise auch im Kostenfestsetzungsverfahren erhoben und beschieden werden (BGH NJW-RR 2007, 422). Diese prozessuale Prüfungsbefugnis ist notwendige Folge daraus, dass mit dem Kostenfestsetzungsbeschluss die betragsmäßige Umsetzung der Kostengrundentscheidung erreicht werden soll (OLG Saarbrücken MDR 2011, 572). Damit ggf. verbundene materiell-rechtliche Fragen sind vom Rechtspfleger nicht zu entscheiden. Die Prüfung hat unter rein prozessualen und gebührenrechtlichen Gesichtspunkten zu erfolgen. Insbesondere ist deshalb nicht zu prüfen, ob der erstattungsberechtigte Beteiligte seinem Rechtsanwalt die geltend gemachte Vergütung im Innenverhältnis nach den dort bestehenden vertraglichen Beziehungen auch **tatsächlich schuldet** (BGH NJW-RR, a.a.O.; OLG Saarbrücken, a.a.O.) oder ob er die geltend gemachten Kosten bereits **tatsächlich gezahlt** hat (KG RVGreport 2014, 400).

☝ Auch die Beachtung der **Hinweispflicht** gem. **§ 49b Abs. 5 BRAO** bei Wertgebühren (s. dazu Burhoff/Volpert/*Burhoff*, RVG, Teil A Rn 1330 ff.) ist daher einer Überprüfung in der Kostenfestsetzung entzogen (BGH, a.a.O.; OLG Saarbrücken, a.a.O.).

301 **c)aa)** Die Wahlgebühren des Rechtsanwalts in Strafsachen bestehen im Wesentlichen aus **Betragsrahmengebühren.** Die Gebühren sind vom Rechtsanwalt innerhalb des jeweils im Gebührentatbestand vorgesehenen Rahmens nach § 14 RVG zu bemessen (vgl. zur Bestimmung der Höhe der Gebühren und zu den Begriffen Mindest- und Höchstgebühr, Mittelgebühr, Kompensationstheorie und Toleranzgrenze Burhoff/Volpert/*Burhoff*, RVG, Teil A Rn 1867 ff.). Der Rechtspfleger prüft für jede einzelne Gebühr, ob sie sich innerhalb des in Teil 4 VV RVG vorgesehen Gebührenrahmens hält und nicht unbillig ist und ob sie erstattungsfähig ist (OLG Düsseldorf Rpfleger 2004, 120; OLG Karlsruhe AGS 2017, 504 = JurBüro 2017, 523; LG Flensburg SchlHA 2016, 187).

☝ Es ist **nicht ausgeschlossen**, dass die dem Freigesprochenen zu erstattenden Wahlverteidigergebühren (§ 14 Abs. 1 RVG) die **Pflichtverteidigergebühren unterschreiten** (vgl. z.B. LG Osnabrück Nds.Rpfl. 2008, 228). Das folgt aus der unterschiedlichen Struktur der Wahlanwaltsgebühren und der Gebühren des gerichtlich bestellten Rechtsanwalts.

bb) Von der vom Verteidiger getroffenen **Gebührenbestimmung** darf vom Rechtspfleger gem. § 14 Abs. 1 S. 4 RVG nur dann **abgewichen** werden, wenn die Gebühr von einem Dritten zu ersetzen und sie **unbillig** ist (Burhoff/Volpert/*Burhoff*, RVG, Teil A Rn 1867 ff.). Im Unterschied zu der in § 14 Abs. 1 S. 1 RVG enthaltenen Regelung ist die Billigkeit der Bestimmung kein anspruchsbegründendes Merkmal des anwaltlichen Gebührenanspruchs, sondern die Unbilligkeit ist eine Einwendung des Dritten im Rahmen des Erstattungsverfahrens (BGH RVGreport 2011, 145). Deshalb trägt nicht der Rechtsanwalt, sondern der Dritte die Darlegungs- und Beweislast dafür, dass es an der Billigkeit fehlt (BGH, a.a.O.; OLG Düsseldorf JurBüro 2012; LG Wuppertal RVGreport 2020, 221 = JurBüro 2020, 357). Nach oben darf von der Gebührenbestimmung grds. nicht abgewichen werden (KK-*Gieg*, § 464b Rn 3 m.w.N.). 302

cc) Der **Rechtspfleger** ist bei der Entscheidung an den gestellten Kostenfestsetzungsantrag **gebunden** und darf keinen höheren als den beantragten Gesamtbetrag festsetzen (§ 308 ZPO). Umstritten ist jedoch, ob auch einzelne Rechnungspositionen nicht überschritten werden dürfen, also ein von dem Kostenfestsetzungsantrag abweichender Austausch einzelner Rechnungspositionen zulässig ist (dafür: LG Flensburg JurBüro 1984, 548; LR-*Kurtze*, § 464b Rn 8; dagegen: KK-*Gieg*, § 464b Rn 3; vgl. a. OLG Düsseldorf Rpfleger 2004, 120). Im Rahmen des insgesamt beantragten Betrages dürfte jedenfalls ein Tausch dahin vorgenommen werden können, dass statt einer geforderten, aber nicht oder nicht in der geforderten Höhe entstandenen Gebühr eine andere, bisher nicht geforderte, aber entstandene Gebühr berücksichtigt wird (OLGR Karlsruhe AGS 2004, 68). Allerdings darf auch hierbei wegen § 308 Abs. 1 ZPO der verlangte Gesamtbetrag nicht überschritten werden. Zudem dürften nicht erstattungsfähige, tatsächlich entstandenen Kosten durch erstattungsfähige, nicht entstandene fiktive Kosten ersetzt werden können, wenn diese nur durch den Anfall der nicht erstattungsfähigen entstandene Kosten vermieden wurden. Ansonsten sind fiktive Kosten aber nicht erstattungsfähig. 303

Der Rechtspfleger ist bei seiner Entscheidung an die Stellungnahme des Vertreters der **Staatskasse nicht gebunden** (§§ 9, 21 RPflG). Das gilt auch, wenn dieser einem Kostenfestsetzungsantrag ausdrücklich zugestimmt hat (KG MDR 1982, 251; OLG Karlsruhe JurBüro 1986; *Meyer* JurBüro 1992, 664; a.A. LG Essen Rpfleger 1992, 363). 304

☝ Der vom Gericht erlassene Kostenfestsetzungsbeschluss hat keine Bindungswirkung für die dem Freigesprochenen ggf. noch durch seine **Rechtsschutzversicherung** zu erstattenden Kosten (AG Charlottenburg AGS 2010, 466; AG Wiesbaden AGS 2008, 626; a.A. aber AG Aachen RVGreport 2009, 79; AG Bremen AGS 2010, 571, m. abl. Anm. *Schneider*; AG Dresden AGS 2010, 571). Denn der Vergütungsanspruch des Rechtsanwalts gegen seinen Mandanten bzw. die dahinter stehende Rechtsschutzversicherung kann hinter dem Erstattungsanspruch gegen die Staatskasse, dessen Höhe nach §§ 464a Abs. 2 Nr. 2 StPO, 91 Abs. 2 ZPO zu beurteilen ist, zurückbleiben. Andererseits kommt es für die Höhe der von der Staatskasse zu erstattenden notwendigen Auslagen auch nicht darauf an, in welcher Höhe die Rechtsschutzversicherung geleistet hat.

10.a) Der **Rechtsanwalt** ist grds. an sein im Kostenfestsetzungsantrag einmal gem. § 14 Abs. 1 RVG **ausgeübtes Ermessen** bei der Gebührenbestimmung **gebunden**, sobald die entsprechende Kostenberechnung (Kostenfestsetzungsantrag) dem Gericht zugegangen ist (BGH NJW 2013, 3102; OLG Celle RVGreport 2020, 55 = AGS 2020, 146; OLG Hamburg, Beschl. v. 29.6.2010 – 9 W 29/10; OLG Köln AGS 2009, 525). 305

306 **b) Ausnahmen** von diesem Grundsatz sind möglich, wenn

- er sich im Antrag ausdrücklich eine Abweichung von der Gebührenbestimmung **vorbehalten** hat (OLG Bamberg AGS 2011, 228; OLG Celle StraFo 2008, 398; OLG Hamburg, Beschl. v. 29.6.2010 – 9 W 29/10; OLG Jena AGS 2011, 287; vgl. a. BGH MDR 1987, 825; OLG Köln RVGreport 2010, 138; Burhoff/Volpert/*Burhoff*, RVG, Teil A Rn 1863 ff.),
- er vom Mandanten über einen oder mehrere Bemessungsfaktoren (z.B. die Vermögensverhältnisse) **getäuscht** worden ist (OLG Hamburg, a.a.O.; Gerold/Schmidt/*Mayer*, § 14 Rn 4),
- wenn sich **nachträglich wesentliche Änderungen** hinsichtlich der für die Bestimmung des Gebührensatzes maßgeblichen Umstände ergeben haben, die bei Rechnungsstellung noch nicht bekannt gewesen sind (OLG Hamburg, a.a.O.; OLG Köln, a.a.O.);
- **nicht hingegen**, wenn der Rechtsanwalt erkennbar entstandene Gebühren(tatbestände) **fehlerhaft (nicht) geltend** gemacht hat (OLG Celle, Beschl. v. 14.11.2019 – 3 Ws 323/19, RVGreport 2020, 55).

☝ Allerdings hat der Rechtsanwalt, der einen Antrag auf **Festsetzung** der **Mindestgebühren** nach **§ 11 RVG** gestellt hat (§ 11 Abs. 8 S. 1 RVG), sein Bestimmungsrecht abschließend wahrgenommen und ist nicht berechtigt, eine weitere Gebührenforderung durchzusetzen (BGH RVGreport 2013, 397).

307 **11.a)** Dem Rechtsanwalt wird von der h.M. in Schrifttum und Rspr. bei der Gebührenbemessung eine **Toleranzgrenze** in Höhe von 20 % eingeräumt (vgl. z.B. BGH NJW 2011, 1603; AGS 2012, 221; KG StV 2006, 198; RVGreport 2011, 174; AGS 2012, 392; OLG Düsseldorf RVGreport 2011, 57; JurBüro 2012, 358; OLG Hamm RVGreport 2015, 29; OLG Karlsruhe AGS 2017, 504 = JurBüro 2017, 523; RVGreport 2019, 218 = JurBüro 2019, 299 = StRR 8/2019, 34; OLG Köln AGS 2008, 32). Maßgebend ist dabei nicht die vom Rechtsanwalt bestimmte Gebühr abzgl. 20 %, sondern die vom Gericht für angemessen gehaltene Gebühr zuzüglich 20 % (KG RVGreport 2011, 174).

308 **b)** Der Rechtsanwalt übt das ihm zustehende **Ermessen** bei der Gebührenbestimmung nicht aus, wenn er nur auf die von der Staatskasse für angemessen erachteten Gebühren 20 % aufgeschlagen hat. Hier erfolgt keine Ermessensbestimmung auf der Grundlage der in § 14 Abs. 1 RVG aufgeführten Bemessungskriterien (die Toleranzgrenze ist kein Bemessungskriterium) aufgrund der maßgebenden Umstände des Einzelfalls (OLG Düsseldorf StraFo 1998, 249; LG Tübingen, Beschl. v. 15.6.2016 – 9 Qs 37/16).

309 **12.** Der vom Rechtspfleger erlassene **Kostenfestsetzungsbeschluss** ist nachvollziehbar zu **begründen** (§ 34 StPO; vgl. OLG Bremen, Beschl. v. 29.10.2020 – 1 Ws 71/20, AGS 2021, 87; OLG Düsseldorf AGS 2001, 183; LG Zweibrücken AGS 2012, 433). Der Beschluss muss aus sich heraus verständlich sein und die Beteiligten in die Lage versetzen, die tragenden Erwägungen des Gerichts nachzuvollziehen und eine Überprüfung der Entscheidung mindestens im Hinblick auf zwischen den Beteiligten umstrittene Positionen ermöglichen (OLG Bremen, a.a.O.). Betrifft der Kostenfestsetzungsbeschluss zweifelhafte Positionen oder schwierige Fragestellungen, sollte die Entscheidung eingehend begründet werden. Die Begründung ist auch deshalb erforderlich, weil der Kostenfestsetzungsbeschluss Vollstreckungstitel in Sinne von § 794 Abs. 1 Nr. 2 ZPO und als solcher der formellen und materiellen Rechtskraft fähig ist (BGH, Beschl. v. 10.3.2011 – IX ZB 104/09, AGS 2011, 566); deshalb ist besonderes Augenmerk auf einen vollstreckungsfähigen Inhalt und insbesondere die richtige Bezeichnung des Forderungsinhabers zu legen (LG Düsseldorf, Beschl. v. 8.7.2019 – 61 Qs 42/19). Der Kostenfestsetzungsbeschluss sollte insbesondere bei umfangreicheren Absetzungen die Einzelansätze gegenüberstellen, sodass die Festsetzung klar, übersichtlich und aus sich heraus verständlich ist.

☝ Hat der Rechtspfleger seine Bedenken gegen den Anfall und/oder die Erstattungsfähigkeit einzelner Kostenpositionen in einer an die Verfahrensbeteiligten übermittelten Verfügung mitgeteilt, so genügt für die Begründung in dem Kostenfestsetzungsbeschluss auch eine Bezugnahme auf diese Verfügung. Eine fehlende oder diesen Anforderungen nicht genügende Begründung muss der Rechtspfleger spätestens in seiner (Nicht-)Abhilfeentscheidung nachholen (Hansens, Anm. zu OLG Bremen, Beschl. v. 29.10.2020 – 1 Ws 71/20, AGS 2021, 87).

Der Kostenfestsetzungsbeschluss ist entsprechend § 35a StPO mit einer **Rechtsmittelbelehrung** zu versehen, in der auf die einzuhaltende Beschwerde- bzw. Rechtsmittelfrist hinzuweisen ist (OLG München StV 2001, 633; OLG Hamm AGS 2005, 40; LG Bautzen Rpfleger 2000, 183; *Schmitt/Köhler*, § 464b Rn 3; LR-*Kurtze*, § 464b Rn 8). 310

☝ Eine **fehlerhafte** bzw. **unterbliebene Rechtsmittelbelehrung** hinsichtlich der einzuhaltenden Beschwerdefrist kann die Gewährung der **Wiedereinsetzung** in den vorigen Stand (§§ 44, 45 StPO) rechtfertigen (BVerfG, Beschl. v. 16.10.2014 – 2 BvR 718/14; OLG Hamm AGS 2013, 254 = RVGreport 2013, 71, zur sofortigen Beschwerde des Beistands des Nebenklägers; OLG Hamm AGS 2005, 40; 2013, 254 zur sofortigen Beschwerde des Beistands des Nebenklägers; OLG München StV 2001, 633; LG Hildesheim JurBüro 2015, 194 = RVGreport 2015, 152; LG Potsdam AGS 2015, 438 = JurBüro 2015, 367 = Rpfleger 2015, 424; vgl. a. BGH NJW 1982, 532 = NStZ 1981, 487 = StV 1981, 533).

13. Der Kostenfestsetzungsbeschluss ist dem Gegner des Antragstellers gem. § 464b S. 3 StPO, § 104 Abs. 2 S. 3 ZPO **von Amts wegen zuzustellen**, wenn dem Antrag ganz oder teilweise entsprochen worden ist. Dem Vertreter der Staatskasse ist der Kostenfestsetzungsbeschluss gem. Nr. 145 Abs. 2 RiStBV, § 464b S. 3 StPO, § 212a ZPO zuzustellen. Wenn der Rechtspfleger bei der Festsetzung der Stellungnahme des Vertreters der Staatskasse entspricht, ordnet er nach Nr. 145 Abs. 4 S. 1 RiStBV gleichzeitig mit dem Erlass des Kostenfestsetzungsbeschlusses die Auszahlung an. Dem Antragsteller ist der Kostenfestsetzungsbeschluss gem. § 464b S. 3 StPO, § 104 Abs. 2 S. 4 ZPO nur dann von Amts wegen zuzustellen, wenn sein Antrag ganz oder teilweise zurückgewiesen worden ist. Ansonsten erfolgt eine formlose Übersendung. 311

☝ Der Kostenfestsetzungsbeschluss ist mit der **sofortigen Beschwerde** gem. § 304 ff. StPO, bei Unterschreitung des erforderlichen Beschwerdewerts i.H.v. 300,01 EUR mit der **sofortigen Erinnerung** gem. § 11 Abs. 2 RPflG anfechtbar (s. ausf. Burhoff/Volpert/*Volpert*, RVG, Teil A Rn 1537 ff.; Burhoff/*Volpert*, RM, Teil D Rn 270 ff. u. 312 ff.).

14.a) Nach § 464b S. 2 StPO ist auf Antrag anzuordnen, dass der Festsetzungsbetrag von der **Anbringung** des **Festsetzungsantrags an** zu **verzinsen** ist. Anbringung bedeutet der Eingang des Antrags bei Gericht, nicht der Eingang beim Gegner (BGH AGS 2006, 515 = RVGreport 2007, 152 = NJW 2006, 1140; AGS 2016, 31 = NJW 2016, 165). Soweit teilweise vertreten wird, die Verzinsung des prozessualen Kostenerstattungsanspruchs beginne nicht bereits am Tag des Eingangs des Kostenfestsetzungsantrags bei Gericht, sondern erst an dem darauffolgenden Tag entsprechend §§ 42 f. StPO, § 187 Abs. 1 BGB (so LG Hamburg, Beschl. v. 29.11.2019 – 628 Qs 37/19 = AGS 2020, 148), kann dem aufgrund des klaren Wortlauts von § 464b S. 2 StPO nicht gefolgt werden. Insbesondere geht es bei der Anordnung der Verzinsung nach § 464b S. 3 StPO nicht um die Berechnung einer Frist i.S.v. § 42 StPO. Die Verzinsung kann frühestens ab **Rechtskraft** der Kostengrundentscheidung angeordnet werden, auch wenn der Verzinsungsantrag vor diesem Zeitpunkt eingereicht worden ist (*Schmitt/Köhler*, § 464b Rn 2; KK-StPO/*Gieg*, § 464b Rn 3; LG Frankenthal JurBüro 1984, 723; **a.A.** LG Neuruppin, Beschl. v. 24.1.2012 – 11 Qs 74/11, für den Erstattungsanspruch des Adhäsionsklägers gegen den Verurteilten). Der Antrag auf Verzinsung des Festsetzungsbetrags kann auch nachträglich gestellt werden. Maßgeblicher Zeitpunkt für den Beginn der Verzinsung ist dann nicht die Einreichung des Verzinsungsantrags, sondern des **Festsetzungsantrags** (VG München, Beschl. v. 10.8.2015 – M 10 M 14.4788). 312

313 Die **Höhe** der **Verzinsung** beträgt gem. § 464b S. 3 StPO, § 104 Abs. 1 S. 2 ZPO 5 % über dem Basiszinssatz nach § 247 BGB (hierzu www.Bundesbank.de). Die Verzinsung kann frühestens ab Rechtskraft der Kostengrundentscheidung angeordnet werden, auch wenn der Verzinsungsantrag vor diesem Zeitpunkt eingereicht worden ist (*Schmitt/Köhler*, § 464b Rn 2; KK-*Gieg*, § 464b Rn 3; LG Frankenthal JurBüro 1984, 723).

314 **b)** Der **Antrag** auf Verzinsung des Festsetzungsbetrags kann auch **nachträglich** gestellt werden. **Maßgeblicher Zeitpunkt** für den Beginn der Verzinsung ist dann nicht die Einreichung des Verzinsungsantrags, sondern des Festsetzungsantrags (VG München, Beschl. v. 10.8.2015 – M 10 M 14.4788). Voraussetzung für die Verzinsung der festgesetzten Kosten ab dem Zeitpunkt der Anbringung des Festsetzungsantrags ist aber, dass der Antrag den Anforderungen des § 103 Abs. 2 S. 2 ZPO entspricht (§ 464b S. 3 StPO; LG Berlin, Beschl. v. 5.3.2018 – 534 Qs 21/18). Jedenfalls im Fall erheblicher Verzögerungen bei der Einreichung der für die Festsetzung erforderlichen Belege ist für den Beginn der Verzinsung auf die Fälligkeit der Hauptforderung abzustellen. Das ist der Zeitpunkt, zu dem die Nachweise bei dem Gericht eingegangen sind (KG, Beschl. v. 11.11.2010 – 1 Ws 157/10). Denn Zweck der Verzinsung ist es, dem Erstattungsberechtigten einen Ausgleich für den Zinsverlust während der Dauer des Kostenfestsetzungsverfahrens zu verschaffen. Das kann aber nur gelten, soweit der Berechtigte keinen Einfluss auf die Dauer des Verfahrens hat. Vom Berechtigten zu vertretende oder verschuldete erhebliche Verzögerungen des Kostenfestsetzungsverfahrens führen zu einer Verschiebung des Verzinsungsbeginns (KG, Beschl. v. 11.11.2010 – 1 Ws 157/10 [18 Monate zwischen Einreichung des Kostenfestsetzungsantrages und der dem Berechtigten von Anfang an vorliegenden Belege, um deren Einreichung er unmittelbar nach Stellung des Kostenfestsetzungsantrages gebeten worden ist]; LG Berlin, Beschl. v. 5.3.2018 – 534 Qs 21/18). Geringfügige Verzögerungen, die auf einem üblichen Verfahrensablauf beruhen, führen also nicht zu einer Verschiebung des Verzinsungsbeginns (LG Berlin, a.a.O.).

☝ Hat der freigesprochene Angeklagte seinen Anspruch auf Erstattung notwendiger Auslagen gegen die Staatskasse an seinen Verteidiger **abgetreten**, ist i.d.R. davon auszugehen, dass **auch** die **künftigen Zinsen** abgetreten worden sind, die ohne die Abtretung nach § 464b S. 2 StPO zugunsten des Freigesprochenen festzusetzen wären. Daher sind die Wahlverteidigergebühren, die der Pflichtverteidiger nach § 52 von dem freigesprochenen Beschuldigten verlangen kann, entsprechend § 464b S. 2 StPO zu verzinsen, wenn der Pflichtverteidiger den dem freigesprochenen Beschuldigten gegen die Staatskasse zustehenden Wahlverteidigergebühren aus abgetretenem Recht geltend macht (OLG Düsseldorf JurBüro 2006, 260; Beschl. v. 5.1.2011 – III-1 Ws 322/10).

315 **15.a)** Gem. **§ 42 Abs. 1 RVG** kann dem Rechtsanwalt auf Antrag durch das OLG eine **Pauschgebühr** für das ganze Verfahren oder für einzelne Verfahrensabschnitte durch unanfechtbaren Beschluss bewilligt werden, wenn die in Teil 4 VV RVG bestimmten Gebühren eines Wahlanwalts wegen des besonderen Umfangs oder der besonderen Schwierigkeit nicht zumutbar sind. Die Pauschgebühr darf das Doppelte der für die Gebühren eines Wahlanwalts geltenden Höchstbeträge nach Teil 4 VV RVG nicht übersteigen.

316 **b)** Der **gerichtlich bestellte oder beigeordnete Rechtsanwalt** kann den Antrag nur unter den Voraussetzungen des § 52 Abs. 1 S. 1, Abs. 2 RVG, auch in Verbindung mit § 53 Abs. 1 RVG, stellen. Auch der Pflichtverteidiger/-beistand kann damit einen Feststellungsantrag nach § 42 RVG stellen, wenn

- der Angeklagte **freigesprochen** worden ist und ihm deshalb ein Erstattungsanspruch gegen die Staatskasse zusteht (OLG Düsseldorf NStZ-RR 2013, 63), oder
- wenn das Gericht des ersten Rechtszugs (Rechtspfleger) auf Antrag des Verteidigers feststellt, dass der Beschuldigte ohne Beeinträchtigung des für ihn und seine Familie notwendigen Unterhalts zur Zahlung oder zur Leistung von Raten in der Lage ist.

317 **c)** Ein Antrag auf Feststellung einer Pauschgebühr nach § 42 RVG ist aber jedenfalls dann **nicht mehr zulässig**, wenn die gesetzlichen Gebühren bereits **festgesetzt** sind (OLG Bamberg RVGreport 2011,

176; OLG Düsseldorf StRR 2013, 238; OLG Jena RVGreport 2008, 25; JurBüro 2010, 642; OLG Köln, Beschl. v. 4.2.2009 – 2 ARs 2/08).

d) Teilweise wird ein Antrag auf Feststellung einer Pauschgebühr nach § 42 RVG auch bereits dann für **unzulässig** gehalten, wenn der Verteidiger nach Ausübung seines Ermessens zur Bestimmung der angefallenen Gebühren Kostenfestsetzung **beantragt** hat (KG AGS 2012, 336; OLG Celle StraFo 2008, 398; OLG Düsseldorf StRR 2013, 238; OLG Hamm, Beschl. v. 26.6.2012 – III-5 RVGs 80/12). Denn der Rechtsanwalt hat durch den Kostenfestsetzungsantrag sein ihm in § 14 Abs. 1 RVG eingeräumtes Ermessen ausgeübt. Für einen nachträglichen Pauschgebührenantrag nach § 42 Abs. 1 RVG ist dann kein Raum mehr. Bei der Pauschgebühr gem. § 42 Abs. 1 RVG handelt es sich um eine Gebühr, deren Erstattung der freigesprochene Angeklagte als von ihm an seinen Wahlanwalt zu zahlende Gebühr aus der Staatskasse über § 52 Abs. 1 RVG verlangen kann. 318

☝ Soll eine Pauschgebühr gem. § 42 RVG geltend gemacht werden, kommt es daher auf die **richtige Reihenfolge** der **Anträge** an. Ist bereits die Kostenfestsetzung gem. § 464b StPO beantragt bzw. sogar bereits ein Kostenfestsetzungsbeschluss ergangen, schließt das die Beantragung der Pauschgebühr aus.

Siehe auch: → *Kostenfestsetzung gem. § 464b StPO, Allgemeines,* Teil J Rdn 200 m.w.N.

Strafvollstreckung, Allgemeines 319

Das Wichtigste in Kürze:

1. Die Gebühren des Verteidigers im Strafvollstreckungsverfahren sind in Teil 4 Abschnitt 2 VV RVG geregelt. Es entstehen Verfahrens- und Terminsgebühren.
2. Nrn. 4200 – 4207 VV RVG gelten für den Rechtsanwalt, der im Rahmen der Vollstreckung von Kriminalstrafen und strafrechtlichen Maßnahmen als Verteidiger tätig wird.
3. Auch die in §§ 453 und 463 StPO geregelten Verfahren auf Widerruf einer Strafaussetzung zur Bewährung oder Widerruf der Aussetzung einer Maßregel der Besserung und Sicherung zur Bewährung fallen daher unter die Strafvollstreckung und damit unter Nrn. 4200 – 4207 VV RVG.
4. Auch die Vollstreckung von Entscheidungen gegen Jugendliche und Heranwachsende wird von Teil 4 Abschnitt 2 VV RVG erfasst.
5. Die Tätigkeit im Rahmen der nachträglichen Entscheidung über die Bewährungsaussetzung gem. § 57 JGG gehört noch nicht zur Strafvollstreckung und kann lediglich eine allgemeine Terminsgebühr nach Nr. 4102 VV RVG auslösen.
6. Teil 4 Abschnitt 2 VV RVG gilt nicht im Verfahren über die Aussetzung der Verhängung der Jugendstrafe zur Bewährung nach § 27 JGG.
7. Für Tätigkeiten des Rechtsanwalts im Strafvollzug entstehen Gebühren nach Teil 2 bzw. Teil 3 VV RVG.
8. Die Vergütung im gerichtlichen Verfahren nach §§ 23 ff. EGGVG richtet sich nach Teil 3 VV RVG.
9. Wird der Rechtsanwalt in der Strafvollstreckung nur mit einzelnen Tätigkeiten beauftragt, gilt Teil 4 Abschnitt 3 VV RVG.

Literaturhinweise: **Burhoff**, Die Gebühren in der Strafvollstreckung, RVGreport 2007, 8; *ders.*, Die anwaltliche Vergütung in der Strafvollstreckung, StRR 2010, 93; *ders.*, Abrechnung von Strafverfahren nach dem RVG – erste Erfahrungen, aktuelle Fragen und Brennpunkte, StV 2006, 207; *ders.*, Die Abrechnung förmlicher oder formloser Rechtsbehelfe im Straf- und Bußgeldverfahren, RVGreport 2013, 213; *ders.*, Richtig abrechnen in der Strafvollstreckung, RVGprofessionell 2013, 69; *ders.*, Die Vergütung des Verteidigers in der Strafvollstreckung, RVGreport 2020, 82; *ders.*, Die Vergütung des Rechtsanwalts in 320

Verfahren nach dem Strafvollzugsgesetz; RVGreport 2020, 122; *ders.*, Die Vergütung des Rechtsanwalts in Verfahren nach §§ 23 ff. EGGVG, RVGreport 2020, 162; **Klüsener**, Die Grundgebühr im Strafverfahren, JurBüro 2016, 561; **Lissner**, Gebühren in der Strafvollstreckung, AGS 2013, 445; **Volpert**, Verkehrsstrafsachen: Die Vergütung des Verteidigers in der Strafvollstreckung, VRR 2005, 179; *ders.*, Tätigkeiten im Strafvollzug richtig abrechnen, RVGprofessionell 2006, 214; *ders.*, Vergütung des Rechtsanwalts im Verfahren nach dem Strafvollzugsgesetz, RVGreport 2012, 362; **Zieger**, Vernachlässigte Tätigkeitsfelder der Verteidigung, insbesondere Strafvollstreckung und Vollzug, StV 2006, 375.

321 **1.** Die Gebühren des Verteidigers im Strafvollstreckungsverfahren sind in **Teil 4 Abschnitt 2 VV RVG** geregelt. Die Gebührentatbestände entsprechen der Struktur der strafverfahrensrechtlichen Gebühren in Teil 4 Abschnitt 1 VV RVG, da der Verteidiger ebenso wie dort eine **Verfahrensgebühr** und eine **Terminsgebühr** erhält. Eine **Grundgebühr** (Nr. 4100 VV RVG) entsteht für den Rechtsanwalt in der Strafvollstreckung allerdings nicht (→ *Strafvollstreckung, Grundgebühr*, Teil J Rdn 352).

☝ Die Gebührentatbestände gelten **auch** für den gerichtlich **bestellten** oder **beigeordneten Rechtsanwalt**.

322 **2.a)** Die Aufgaben in der Strafvollstreckung sind im 1. Abschnitt des 7. Buches der StPO unter dem Sammelbegriff „Strafvollstreckung" zusammengefasst (§§ 449 – 463d StPO). Erfasst wird daher die unter den Abschnitt „Strafvollstreckung" der StPO fallende Tätigkeit des Verteidigers, die sich an die rechtskräftige Strafentscheidung anschließt (OLG Hamm StRR 2009, 39; Burhoff/Volpert/*Volpert*, RVG, Vorbem. 4.2 VV Rn 5; so auch Gerold/Schmidt/*Burhoff*, VV Einl. Vorbem. 4.2 Rn 8). Die Nrn. 4200 – 4207 VV RVG gelten damit für den Rechtsanwalt, der im Rahmen der **Vollstreckung** von **Kriminalstrafen** und **strafrechtlichen Maßnahmen** tätig wird (Gerold/Schmidt/*Burhoff*, VV Einl. Vorbem. 4.2 Rn 8; Burhoff/*Volpert*, RVG, Vorbem. 4.2 VV Rn 5).

323 **b)** Teil 4 Abschnitt 2 VV RVG **gilt** daher **nicht**, wenn

- eine gerichtliche Entscheidung nach dem Gesetz über **Ordnungswidrigkeiten** (OWiG; Teil 5 VV RVG),
- **Ordnungs-** und **Zwangshaft** in Straf- und Bußgeldsachen (Vorbem. 4.1 VV RVG und Teil 4 Abschnitt 3 VV RVG),
- eine **Disziplinarmaßnahme** nach den Disziplinargesetzen (Teil 6 Abschnitt 2 VV RVG) oder
- eine **europäische Geldsanktion** (s. dazu Vorbem. 6.1.1 VV RVG)

vollstreckt wird (*Burhoff* RVGreport 2007, 8, 9; *ders.*, RVGreport 2020, 82 f.; Burhoff/Volpert/*Volpert*, RVG, Vorbem. 4.2 VV Rn 10).

324 **c)** Zur Strafvollstreckung gehören alle **Maßnahmen** und **Anordnungen**, die auf die Vollstreckung der von einem Strafgericht erlassenen Entscheidungen gerichtet sind. Zu diesen Entscheidungen gehören:

- Urteile (§§ 260 ff., 417 ff. StPO),
- Strafbefehle (§§ 409, 410 StPO),
- Urteile im Sicherungsverfahren (§§ 413 ff. StPO),
- Beschlüsse im Einziehungsverfahren (§§ 441, 442 StPO),
- Beschlüsse über nachträglich gebildete Gesamtstrafen (§ 460 StPO),
- Beschlüsse über die Verurteilung zu der vorbehaltenen Strafe (§ 59b Abs. 1 StGB).

325 **3.** Geregelt sind in §§ 449 ff. StPO aber nicht nur die Aufgaben der Strafvollstreckung im engeren Sinne, sondern auch **weitere Maßnahmen** und **Anordnungen**, die auf Verwirklichung, Abänderung (z.B. § 459a StPO), befristete oder endgültige Aufhebung (§§ 455, 456a StPO) der von einem Strafgericht erlassenen Entscheidung gerichtet sind (*Burhoff* RVGreport 2007, 8, 9; *ders.* RVGreport 2020, 82 f.). So behandeln bspw. die §§ 453, 453a und 453b StPO nicht die Strafvollstreckung, sondern enthalten Bestimmungen, die die Resozialisierung des Verurteilten fördern sollen. § 463 StPO betrifft nicht die Vollstreckung einer Strafe, sondern die Vollstreckung von Maßregeln der Besserung und Sicherung. Auch die in §§ 453 und 463 StPO geregelten Verfahren auf Widerruf einer Strafaussetzung zur Bewährung oder Wi-

derruf der Aussetzung einer Maßregel der Besserung und Sicherung zur Bewährung fallen daher unter die Strafvollstreckung und damit unter Nrn. 4200 – 4207 VV RVG (arg. e Nr. 4300 Ziff. 3 VV RVG; BT-Drucks 15/1971, S. 229; vgl. a. Burhoff/Volpert/*Volpert*, RVG, Vorbem. 4.2 VV Rn 6; vgl. dazu auch die Ausführungen in Teil A und B).

4.a) Auch die Vollstreckung von Entscheidungen gegen **Jugendliche** und **Heranwachsende** wird von Teil 4 Abschnitt 2 VV RVG erfasst (*Burhoff* RVGreport 2007, 8, 9; *ders.* StRR 2010, 93; Burhoff/Volpert//*Volpert*, RVG, Vorbem. 4.2 VV Rn 11). Der Verteidiger oder sonstige Vollvertreter erhält für die Tätigkeit im Rahmen der Strafvollstreckung gegen Jugendliche und Heranwachsende ebenfalls die in diesem Abschnitt geregelten Gebühren. Die Vollstreckung richtet sich in erster Linie nach den Bestimmungen des JGG (§§ 82 – 89a JGG). Daneben finden auch die Vorschriften der StPO über die Strafvollstreckung (§§ 449 ff. StPO) Anwendung, soweit ihre Anwendung nicht durch das JGG ausgeschlossen ist (§ 2 JGG; vgl. die Ausführungen zum JGG-Verfahren in Teil A und Teil B). 326

b) Zu den Entscheidungen, die nach dem **JGG** vollstreckt werden, gehören z.B.: 327

- Urteile gegen Jugendliche und Heranwachsende,
- Beschlüsse über die Vollstreckung einer Einheitsstrafe (§ 56 JGG),
- Beschlüsse über die Bildung einer Einheitsstrafe (§ 66 JGG).

5. Bei der **nachträglichen Entscheidung** über die **Bewährungsaussetzung** gem. **§ 57 JGG** handelt es sich um eine Entscheidung, die geeignet ist, den Inhalt des an sich rechtskräftig gewordenen Urteils zu ergänzen oder abzuändern (OLG Karlsruhe StV 1998, 348; → *JGG-Verfahren, nachträgliche Entscheidungsergänzung*, Teil A Rdn 519 ff.). Die Tätigkeit im Rahmen dieser Entscheidung gehört noch **nicht** zur **Strafvollstreckung** (OLG Karlsruhe StV 1998, 348; LG Mannheim AGS 2008, 179; Burhoff/Volpert/*Volpert*, RVG, Vorbem. 4.2 VV Rn 13; so auch Gerold/Schmidt/*Burhoff*, RVG, VV Einl. Vorbem. 4.2 Rn 10; a.A. *Mertens/Stuff*, Rn 324, Fn 166). Das bedeutet, dass die Tätigkeit insoweit für den Verteidiger mit den Gebühren des Strafverfahrens nach Teil 4 Abschnitt 1 VV RVG abgegolten ist (Vorbem. 4.1 Abs. 2 VV RVG) und ggf. über § 14 Abs. 1 RVG geltend gemacht werden muss. 328

> ☝ Es entsteht ggf. noch eine **allgemeine Terminsgebühr** nach Abschnitt 1 des Teils 4 VV RVG (Nr. 4102 Ziff. 1 VV RVG), wenn der Verteidiger einen gerichtlichen Termin (§ 57 Abs. 1 S. 2 Halbs. 2 JGG) wahrnimmt (LG Mannheim AGS 2008, 179; Burhoff/Volpert/*Volpert*, RVG, Vorbem. 4.2 VV Rn 13; so auch Gerold/Schmidt/*Burhoff*, RVG, VV Einl. Vorbem. 4.2 Rn 10). Eine Terminsgebühr für einen Hauptverhandlungstermin kann nicht entstehen (LG Mannheim, a.a.O.).

6. Teil 4 Abschnitt 2 VV RVG gilt **nicht** im Verfahren über die **Aussetzung** der **Verhängung** der **Jugendstrafe** zur **Bewährung** nach **§ 27 JGG**. Es handelt sich nicht um Strafvollstreckung i.S.v. Teil 4 Abschnitt 2 VV RVG, da eine zu vollstreckende strafrechtliche Erkenntnis noch nicht vorliegt. Vielmehr wird hier das ursprüngliche Erkenntnisverfahren fortgesetzt mit der Folge, dass der Rechtsanwalt für die Teilnahme an dem weiteren Termin eine weitere Terminsgebühr für die Hauptverhandlung nach Teil 4 Abschnitt 1 VV RVG erhält (Burhoff/Volpert/*Volpert*, RVG, Vorbem. 4.2 VV Rn 14). 329

7. Für Tätigkeiten des Rechtsanwalts im **Strafvollzug** entstehen Gebühren nach **Teil 2** bzw. **Teil 3 VV RVG** (→ *Vergütung im Strafvollzug*, Teil J Rdn 333). Strafvollstreckung bedeutet die Herbeiführung und Überwachung der Durchführung des Urteilsinhalts, **Strafvollzug** nach dem Strafvollzugsgesetz (StVollzG) die **praktische Durchführung**. Die Strafvollstreckung umfasst den Bereich von der Rechtskraft des Urteils (§ 449 StPO) bis zum Strafantritt mit anschließenden Überwachungsaufgaben (OLG Hamm RVGreport 2009, 149), der **Strafvollzug** den Abschnitt von der **Aufnahme** des **Verurteilten bis** zur **Entlassung**. 330

☝ Unter den Strafvollzug fallen nur **freiheitsentziehende Maßnahmen** (Freiheitsstrafe, freiheitsentziehende Maßregeln der Besserung und Sicherung, Strafarrest, Jugendstrafe), nicht aber die Geldstrafe.

331 **8.a)** Gegen **Maßnahmen** der **Vollstreckungsbehörde** (= Verwaltungsentscheidungen/Justizverwaltungsakte) im Zusammenhang mit der Strafvollstreckung ist grds. der Rechtsweg der eingeschränkten Rechtskontrolle nach § 21 StrVollstrO, §§ 23 ff. EGGVG gegeben, sofern die Maßnahmen nicht ausnahmsweise aufgrund gesetzlicher Anordnung in §§ 449 ff. StPO der umfassenden Beurteilung durch das Gericht (LG/Strafvollstreckungskammer) unterliegen (BGH NJW 1991, 2030; OLG Hamm StV 2010, 696; OLG Jena NStZ-RR 2010, 61; OLG Köln NStZ-RR 2010, 157). Die Vergütung im **gerichtlichen Verfahren** nach **§§ 23 ff. EGGVG** richtet sich nach **Teil 3 VV RVG**. Nur die Tätigkeit vor der Staatsanwaltschaft bzw. der Generalstaatsanwaltschaft vor dem gerichtlichen Verfahren gem. §§ 23 ff. EGGVG wird durch die Verfahrensgebühr Nrn. 4204, 4205 VV RVG abgegolten RVG (→ *Vergütung in Verfahren nach §§ 23 ff. EGGVG,* Teil J Rdn 419 ff.).

332 **b)** Gem. §§ 23 ff. EGGVG werden **insbesondere angefochten** (Burhoff/*Volpert*, RVG, Vorbem. 4.2 Rn 16 f.):

- die Entscheidung der Vollstreckungsbehörde über die Zurückstellung der Strafvollstreckung gem. **§ 35 BtMG** (OLG Hamm StV 2010, 696; OLG Jena RVGreport 2017, 23; OLG Köln NStZ-RR 2010, 157; OLG Zweibrücken StraFo 2010, 515; LG Wiesbaden, Beschl. v. 11.9.2014 – 2 Qs 69/14);
- der **Widerruf** einer **Verfügung**, mit der dem Verurteilten gestattet worden war, die Vollstreckung der Ersatzfreiheitsstrafe durch gemeinnützige Arbeit abzuwenden (OLG Jena NStZ-RR 2010, 61);
- die **Ablehnung** eines Antrages nach **§ 456a StPO** (Absehen von der weiteren Vollstreckung aufgrund Abschiebung.

333 **9.** Wird der Rechtsanwalt in der Strafvollstreckung nur mit **einzelnen Tätigkeiten** beauftragt, gilt Teil 4 Abschnitt 3 VV RVG mit den Nr. 4300 Ziff. 3, 4301 Ziff. 6 VV RVG (→ *Strafvollstreckung, Einzeltätigkeiten,* Teil J Rdn 344).

Siehe auch: → *Strafvollstreckung, Einzeltätigkeiten*, Teil J Rdn 344; → *Strafvollstreckung, Grundgebühr*, Teil J Rdn 352; → *Strafvollstreckung, Terminsgebühr,* Teil J Rdn 357; → *Strafvollstreckung, Verfahrensgebühr,* Teil J Rdn 371; → *Vergütung in Verfahren nach §§ 23 ff. EGGVG*, Teil J Rdn 419.

334 Strafvollstreckung, Beschwerde

Das Wichtigste in Kürze:

1. Im Beschwerdeverfahren in der Strafvollstreckung erhält der Rechtsanwalt die Gebühren besonders.
2. Die Gebühren im Beschwerdeverfahren richten sich nach Nr. 4200 – 4207 VV RVG, weil insoweit keine besonderen Gebührenregelungen vorhanden sind.
3. Nur im Beschwerdeverfahren gegen die Entscheidung in der Hauptsache entstehen die Gebühren gesondert.
4. Im Beschwerdeverfahren fällt eine gesonderte Postentgeltpauschale nach Nr. 7002 VV RVG an.

335 **Literaturhinweise:** S. die Hinw. bei den u.a. Stichwörtern, bei → *Strafvollstreckung, Allgemeines*, Teil J Rdn 319, und bei → *Beschwerde, Gebühren*, Teil J Rdn 41.

336 **1.** Gem. Vorbem. 4.2 VV RVG erhält der Rechtsanwalt im Verfahren über die **Beschwerde** gegen die Entscheidung **in** der **Hauptsache** die Gebühren des Teils 4, Abschnitt 2 VV RVG **besonders**. Die insoweit

erbrachten Tätigkeiten sind also nicht wie sonst das strafrechtliche Beschwerdeverfahren aufgrund des Pauschalcharakters der Gebühren nach der Vorbem. 4.1 Abs. 2 S. 1 VV RVG durch die Gebühren im Ausgangsverfahren mit abgegolten (OLG Brandenburg AGS 2013, 276; OLG Braunschweig StraFo 2009, 220; OLG Düsseldorf RVGreport 2011, 22; OLG Frankfurt NStZ-RR 2005, 253; OLG Schleswig AGS 2005, 444; LG Berlin RVGreport 2016, 145 = AGS 2016, 172; LG Düsseldorf AGS 2007, 352; Burhoff/VolpertBurhoff, RVG, Vorbem. 4.1 VV Rn 26; Burhoff/Volpert/*Volpert*, RVG, Vorbem. 4.2 VV Rn 51; *Volpert* VRR 2006, 453; Gerold/Schmidt/*Burhoff*, RVG, VV Vorbem. 4.2 Rn 1; AnwKomm-RVG/*N. Schneider*, VV Vorbem. 4.2, VV 4200 – 4207 Rn 34 ff.).

☝ Die **Einlegung** der **Beschwerde** ist für den im erstinstanzlichen Strafvollstreckungsverfahren bereits tätigen Verteidiger gem. § 19 Abs. 1 S. 2 Nr. 10 RVG noch mit den Gebühren dieses Verfahrens abgegolten ist (LG Berlin RVGreport 2016, 145 = AGS 2016, 172; Gerold/Schmidt/*Burhoff*, VV Vorbem. 4.2 Rn 3; AnwKomm-RVG/*N. Schneider*, VV Vorbem. 4.2, VV 4200 – 4207 Rn 9 und 34; Burhoff/Volpert/*Burhoff*, RVG, Teil A: Rechtszug [§ 19], Rn 2032 ff.).

2.a) Die **Gebühren** im Beschwerdeverfahren richten sich nach **Nr. 4200 – 4207 VV RVG**, weil insoweit **keine besonderen Gebührenregelungen** vorhanden sind (OLG Frankfurt NStZ-RR 2005, 253; OLG Schleswig AGS 2005, 444; LG Berlin RVGreport 2016, 145 = AGS 2016, 172; LG Düsseldorf AGS 2007, 352; LG Magdeburg StraFo 2010, 172; Gerold/Schmidt/*Burhoff*, RVG, VV Vorbem. 4.2 Rn 5; Burhoff/Volpert/*Volpert*, RVG, Vorbem. 4.2 VV Rn 52). Ist der Rechtsanwalt in einem der in Nr. 4200 VV RVG genannten Verfahren tätig (→ *Strafvollstreckung, Verfahrensgebühr*, Teil J Rdn 371), erhält er für die Tätigkeit im Beschwerdeverfahren also Gebühren nach Nrn. 4200 – 4203 VV RVG und nicht nach Nr. 4204 VV RVG, weil die Tätigkeiten im Hauptverfahren und im Beschwerdeverfahren gleichgestellt sind (OLG Frankfurt, a.a.O.; OLG Schleswig, a.a.O.; LG Magdeburg, a.a.O.). In sonstigen Verfahren der Strafvollstreckung (s. dazu → *Strafvollstreckung, Verfahrensgebühr*, Teil J Rdn 371) gelten im Beschwerdeverfahren Nrn. 4204 – 4207 VV RVG. 337

b) Für die Tätigkeit in der **Beschwerdeinstanz** gelten **alle** in Teil 4 Abschnitt 2 VV RVG aufgeführten **Gebührentatbestände**. Ist in der ersten Instanz bspw. eine Verfahrensgebühr Nr. 4200 Ziff. 2 VV RVG entstanden, fällt diese Verfahrensgebühr auch im Beschwerdeverfahren an (Gerold/Schmidt/*Burhoff*, Vorbem. 4.2 Rn 5; vgl. a. OLG Karlsruhe StRR 8/2019, 34 = JurBüro 2019, 299 = RVGreport 2019, 218). Ist in der ersten Instanz z.B. eine Verfahrensgebühr Nr. 4204 VV RVG entstanden, entsteht diese Verfahrensgebühr auch im Beschwerdeverfahren (Gerold/Schmidt/*Burhoff*, RVG, Vorbem. 4.2 Rn 5; Burhoff/*Volpert*, RVG, Vorbem. 4.2 VV Rn 52; vgl. a. OLG Karlsruhe JurBüro 2019, 299 = RVGreport 2019, 218). 338

☝ Eine Gebühr nach **Nr. 4302 VV RVG** für die Tätigkeit im Beschwerdeverfahren entsteht nur dann, wenn der Rechtsanwalt mit der Einlegung einer **Beschwerde** als **Einzeltätigkeit** beauftragt war (OLG Frankfurt NStZ-RR 2005, 253 = AGS 2006,76 = RVGreport 2007, 35; OLG Karlsruhe StRR 8/2019, 34 = JurBüro 2019, 299 = RVGreport 2019, 218; vgl. a. LG Berlin RVGreport 2016, 145 = AGS 2016, 172; a.A. LG Osnabrück RVGreport 2020, 346; s. *dazu* → *Strafvollstreckung, Einzeltätigkeiten*, Teil J Rdn 344).

3.a) Die gesonderte Entstehung der Gebühren gilt nur für ein Beschwerdeverfahren, das gegen die Entscheidung **in der Hauptsache** gerichtet ist (OLG Düsseldorf RVGreport 2011, 22; Gerold/Schmidt/*Burhoff*, RVG, VV Vorbem. 4.2 Rn 3; Burhoff/Volpert/*Volpert*, RVG, Vorbem. 4.2 VV Rn 56). Wird nicht die Hauptsacheentscheidung des Gerichts, sondern eine **„Nebenentscheidung“** oder **„Zwischenentscheidung“** angefochten, ist die Tätigkeit des Rechtsanwalts mit den erstinstanzlichen Gebühren abgegolten (Burhoff/Volpert/*Volpert*, RVG, Vorbem. 4.2 VV Rn 56; so auch Gerold/Schmidt/*Burhoff*, RVG, VV Vorbem. 4.2 Rn 4; AnwKomm-RVG/*N. Schneider*, VV Vorbem. 4.2, VV 4200 – 4207 Rn 8). 339

340 **b)** Eine Hauptsacheentscheidung liegt bspw. vor, wenn die StVK eine Strafaussetzung zur Bewährung widerruft (§ 453 Abs. 2 StPO) oder die Aussetzung des Restes einer Freiheitsstrafe ablehnt (§ 454 Abs. 3 StPO; *Burhoff* RVGreport 2007, 8, 12 und StRR 2010, 93). **Keine** Beschwerde gegen eine **Hauptsacheentscheidung** liegt vor, wenn gegen den im Strafvollstreckungsverfahren ergangenen **Kostenfestsetzungsbeschluss** Beschwerde eingelegt wird (*Burhoff* RVGreport 2007, 8, 12 und StRR 2010, 93). Der Rechtsanwalt erhält hierfür nicht die Gebühren nach Teil 4 Abschnitt 2 VV RVG besonders, sondern über Vorbem. 4 Abs. 5 Ziff. 1 VV RVG nach Teil 3 VV RVG (→ *Kostenfestsetzung gem. § 464b StPO, Abrechnung,* Teil J Rdn 190 ff.; → *Beschwerde, Gebühren*, Teil J Rdn 41 m.w.N.).

341 **4.** Vorbem. 4.2 VV RVG bestimmt zwar, dass im Beschwerdeverfahren in der Strafvollstreckung die Gebühren besonders entstehen, **nicht** aber, dass das Beschwerdeverfahren eine besondere Angelegenheit bildet. Die Entstehung einer **gesonderten Postentgeltpauschale** Nr. 7002 VV RVG (**Auslage**, § 1 Abs. 1 S. 1 RVG) im Beschwerdeverfahren war früher umstritten (abl. LG Düsseldorf StRR 2007, 83 = AGS 2007, 352; Beschl. v. 1.4.2010 – 51 StVK 10/09; im Ergebnis wohl auch OLG Düsseldorf RVGreport 2011, 22; **bejahend**, allerdings teilweise ohne nähere Begründung, OLG Brandenburg AGS 2013, 276 = RVGreport 2013, 268; OLG Braunschweig StraFo 2009, 220 = AGS 2009, 327 = RVGreport 2009, 311; OLG Schleswig AGS 2005, 444 = RVGreport 2006, 153 = SchlHA 2006, 300; LG Magdeburg StraFo 2010, 172 = AGS 2010, 429 = RVGreport 2010, 183).

342 Der **Streit** über die Entstehung einer gesonderten Postentgeltpauschale für das strafvollstreckungsrechtliche Beschwerdeverfahren ist durch § 19 Abs. 1 S. 2 Nr. 10a RVG **erledigt**. Wenn Vorbem. 4.2 VV RVG als Regelung mit besonderen Gebührentatbeständen für die Beschwerde in der Strafvollstreckung verstanden wird, gehören Tätigkeiten in diesem Beschwerdeverfahren gem. § 19 Abs. 1 S. 2 Nr. 10a RVG nicht mehr zum vorhergehenden Rechtszug und bildet das Beschwerdeverfahren deshalb eine neue gebührenrechtliche Angelegenheit, in der neben besonderen Gebühren auch eine weitere Postentgeltpauschale entsteht (Anm. zu Nr. 7002 VV RVG; Burhoff/Volpert/*Volpert*, RVG, Vorbem. 4.2 VV Rn 59 f.; Gerold/Schmidt/*Burhoff*, VV Vorb. 4.2 Rn 8; *Hansens*, in der Anm. zu OLG Brandenburg RVGreport 2013, 268; AnwKomm-RVG/*N. Schneider*, VV Vorb. 4.2, VV 4200 – 4207 Rn 37; Ahlmann u.a./*Kapischke*, VV Vorbem. 4.2 Rn 14). Denn gem. § 17 Nr. 1 sind das Verfahren über ein Rechtsmittel und der vorausgegangene Rechtszug verschiedene Angelegenheiten. Aus § 15 Abs. 2 ergibt sich, dass der Rechtsanwalt die Gebühren in verschiedenen Angelegenheiten mehrfach fordern kann.

343 Die ausdrückliche Erwähnung der Beschwerdeverfahren mit besonderen Gebührentatbeständen in § 19 Abs. 1 S. 2 Nr. 10a RVG neben den Beschwerdeverfahren, für die etwas anderes bestimmt ist, lässt darauf schließen, dass der Gesetzgeber diese Beschwerdeverfahren nicht als zum Rechtszug oder dem Verfahren gehörend bzw. mit dem Rechtszug oder Verfahren zusammenhängend ansieht. Denn die ausdrückliche Erwähnung der Beschwerdeverfahren mit besonderen Gebührentatbeständen ergibt keinen Sinn, wenn damit nur geregelt werden soll, dass diese Verfahren zum Rechtszug gehören. Es ist insoweit vielmehr davon auszugehen, dass Beschwerdeverfahren in Strafsachen nur dann mit den Gebühren des Rechtszugs abgegolten sein sollen, wenn dort **keine besonderen Gebührentatbestände** vorgesehen sind. Das Fehlen des Worts „keine" dürfte auf einem **Redaktionsversehen** des Gesetzgebers beruhen. Im Übrigen ist es im Rahmen von § 19 Abs. 1 S. 2 Nr. 10a RVG unerheblich, ob das VV RVG ausdrücklich Beschwerdegebührentatbestände enthält oder wie in Vorbem. 4.2 VV Gebührentatbestände für anwendbar erklärt.

Siehe auch: → *Strafvollstreckung, Allgemeines*, Teil J Rdn 319 m.w.N.

344 Strafvollstreckung, Einzeltätigkeiten

345 **Literaturhinweise:** S. die Hinw. bei den u.a. Stichwörtern und bei → *Strafvollstreckung, Allgemeines*, Teil J Rdn 319.

346 **1.** Die Vergütung des Anwalts in der Strafvollstreckung richtet sich grds. nicht nach den Vorschriften der **Nr. 4300 ff. VV RVG**. Die Anwendung dieser Vorschriften ist durch die vorrangigen besonderen Bestim-

mungen der Nr. 4200 ff. VV RVG **grds. ausgeschlossen** (OLG Jena RVGreport 2006, 470 = AGS 2006, 287; JurBüro 2006, 366; Burhoff/Volpert/*Volpert*, RVG, Vorbem. 4.3 VV Rn 21; AnwKomm-RVG/*N. Schneider*, VV 4301 Rn 28, 29).

2.a) Wird der Rechtsanwalt in der **Strafvollstreckung** nur mit **einzelnen Tätigkeiten** beauftragt, gilt Teil 4 Abschnitt 3 VV RVG. Danach entstehen Verfahrensgebühren nach 347

- **Nr. 4300 Ziff. 3 VVRVG** für die Anfertigung oder Unterzeichnung einer Schrift in Verfahren nach den §§ 57a und 67e StGB und
- nach **Nr. 4301 Ziff. 6 VV RVG** für die sonstigen Tätigkeiten in der Strafvollstreckung.

b) Daher richtet sich die Vergütung des Rechtsanwalts z.B. dann nach **Teil 4 Abschnitt 2 VVRVG** und nicht nach Teil 4 Abschnitt 3 VV RVG, wenn er mit der gesamten Vertretung im Verfahren über den **Antrag** auf **vorzeitige Aufhebung** der **Sperre** für die Wiedererteilung der Fahrerlaubnis gem. § 69a Abs. 7 StGB oder im Verfahren über den Antrag des Verurteilten auf **Aufschub** der **Strafvollstreckung** nach § 456 StPO beauftragt ist (→ *Strafvollstreckung, Verfahrensgebühr*, Teil J Rdn 371; → *Fahrerlaubnis, Sperrfrist, Allgemeines,* Teil A Rdn 444; → *Erwachsene, Freiheitsstrafe ohne Bewährung, Strafaufschub*, Teil B Rdn 306 ff. m.w.N.). 348

3. Die Bestimmungen in Teil 4 Abschnitt 3 VV RVG finden nur Anwendung auf den Rechtsanwalt, der **nicht Verteidiger** ist (Vorbem. 4 Abs. 1 VV RVG). Die Tätigkeiten des **Verteidigers** in der Strafvollstreckung fallen demgegenüber unter die Gebührenregelungen in **Teil 4 Abschnitt 2 VV RVG**, also unter Nrn. 4200 – 4207 VV RVG (→ *Strafvollstreckung, Verfahrensgebühr*, Teil J Rdn 371; → *Strafvollstreckung, Terminsgebühr,* Teil J Rdn 357; Burhoff/Volpert/*Volpert*, RVG, Vorbem. 4.2 VV Rn 19 und Vorbem. 4.3 VV Rn 21; *Burhoff* RVGreport 2004, 16; Gerold/Schmidt/*Burhoff*, RVG, Einl. VV Vorbem. 4.2 Rn 12 und VV Vorb. 4.3 Rn 6; AnwKomm-RVG/*N. Schneider*, VV Vorbem. 4.2, VV 4200 – 4207 Rn 1). Das ist der Fall, wenn dem Rechtsanwalt ein **umfassendes Mandat** erteilt ist. Der Rechtsanwalt muss deshalb zur Anwendung der in Abschnitt 2 von Teil 4 VV RVG geregelten Gebühren aufgrund des ihm erteilten **umfassenden Mandats** als Verteidiger bzw. Vollvertreter anzusehen sein (OLG Karlsruhe = JurBüro 2019, 299 = RVGreport 2019, 218). 349

☝ Voraussetzung für die **Anwendung** der in **Abschnitt 3** von Teil 4 RVG geregelten Gebühren ist, dass dem Rechtsanwalt **lediglich** ein **Einzelauftrag** und nicht ein umfassendes Mandat erteilt worden ist.

4. Keine Einzeltätigkeit liegt vor, wenn der Rechtsanwalt mit der Vertretung im **Überprüfungsverfahren** nach **§ 67e StGB** beauftragt oder hierfür gerichtlich bestellt worden ist (→ *Strafvollstreckung, Verfahrensgebühr,* Teil J Rdn 371; → *Maßregeln, Erwachsene, Allgemeines*, Teil B Rdn 969 m.w.N.). 350

☝ **Verteidigertätigkeit** i.S.v. Teil 4 Abschnitt 2 VV RVG kann auch dann vorliegen, wenn der Rechtsanwalt erst im Verfahren über den Widerruf der Strafaussetzung (§ 56f StGB) beauftragt worden ist (OLG Frankfurt NStZ-RR 2005, 253; OLG Karlsruhe JurBüro 2019, 299 = RVGreport 2019, 218; → *Strafvollstreckung, Verfahrensgebühr*, Teil J Rdn 371).

5. Ist der Rechtsanwalt mit der Vertretung im **gesamten Beschwerdeverfahren** in der Strafvollstreckung beauftragt worden, fallen die Gebühren des Beschwerdeverfahrens nach Nr. 4200 VV RVG ff. an (vgl. hierzu OLG Karlsruhe = JurBüro 2019, 299 = RVGreport 2019, 218; Burhoff/Volpert/*Volpert*, RVG, Vorbem. 4.2 VV Rn 20 und Vorbem. 4.3 VV Rn 20; Gerold/Schmidt/*Burhoff*, RVG, Einl. VV Vorbem. 4.2 Rn 12; → *Strafvollstreckung, Beschwerde,* Teil J Rdn 334). Die Verfahrensgebühr Nr. 4302 VV RVG fällt insoweit nur an, wenn der Rechtsanwalt lediglich mit einer **Einzeltätigkeit** beauftragt worden ist, z.B. nur der Einlegung der Beschwerde gegen den Widerruf der Strafaussetzung zur Bewährung, aber nicht mit der weiteren Vertretung im Beschwerdeverfahren (Gerold/Schmidt/*Burhoff*, 351

RVG, Einl. VV Vorbem. 4.2 Rn 12; Burhoff/Volpert/*Volpert*, RVG, Vorbem. 4.2 VV Rn 20 und Vorbem. 4.3 VV Rn 20).

Siehe auch: → *Strafvollstreckung, Allgemeines*, Teil J Rdn 319 m.w.N.

352 Strafvollstreckung, Grundgebühr

353 **Literaturhinweise:** **Burhoff**, Die Grundgebühr im Straf- und Bußgeldverfahren, AGS 2021, 443; **Lissner**, Gebühren in der Strafvollstreckung, AGS 2013, 445; s. i.Ü. die Hinw. bei den u.a. Stichwörtern und bei → *Strafvollstreckung, Allgemeines*, Teil J Rdn 319.

354 **1.** Der in der Strafvollstreckung tätige und insoweit nicht lediglich mit einer Einzeltätigkeit beauftragte Rechtsanwalt (→ *Strafvollstreckung, Allgemeines*, Teil J Rdn 319 ff.; → *Strafvollstreckung, Einzeltätigkeiten*, Teil J Rdn 344 ff.) erhält seine Vergütung nach Teil 4 Abschnitt 2 VV RVG. Es entsteht eine **Verfahrensgebühr** nach Nr. 4200 (4201) VV RVG oder nach Nr. 4204 (4205) VV RVG und bei Teilnahme an einem gerichtlichen Termin (Vorbem. 4 Abs. 3 S. 1 VV RVG) ggf. eine **Terminsgebühr** nach Nr. 4202 (4203) oder 4206 (4207) VV RVG (→ *Strafvollstreckung, Verfahrensgebühr*, Teil J Rdn 371; → *Strafvollstreckung, Terminsgebühr*, Teil J Rdn 357).

355 **2.** Eine **Grundgebühr** nach Nr. 4100 VV RVG entsteht für die Tätigkeit des Verteidigers oder sonstigen Vertreters im Strafvollstreckungsverfahren **nicht**. In Teil 4 Abschnitt 2 VV RVG ist keine Grundgebühr vorgesehen. Die **Systematik** des **RVG** verbietet den Rückgriff auf die in Teil 4 Abschnitt 1 VV RVG geregelte Grundgebühr (Burhoff/Volpert/*Burhoff*, RVG, Nr. 4100 VV Rn 5, auch zur möglichen Auswirkung auf die Höhe der Verfahrensgebühr in der Strafvollstreckung; Burhoff/Volpert/*Volpert*, RVG, Vorbem. 4.2 VV Rn 30; KG NStZ-RR 2005, 127; RVGreport 2008; OLG Schleswig StV 2006, 206; LG Berlin AGS 2007, 562; *Burhoff* RVGreport 2007, 8, 10 und StRR 2010, 93; Gerold/Schmidt/*Burhoff*, RVG, VV Einl. Vorbem. 4.2 Rn 13; AnwKomm-RVG/*N. Schneider*, VV Vorbem. 4.2, VV 4200 – 4207 Rn 16 und 28; Hartung/Römermann/*Schons*, RVG, VV Vorbem. 4.2 – 4207 Rn 4; Ahlmann u.a./*Kapischke*, RVG, VV Vorb. 4.2 Rn 10; *Lissner* AGS 2013, 445; vgl. hierzu auch BT-Drucks 15/1971, S. 229; a.A. MAH Hermann/*Hellwig*, § 23 Rn 44; a.A. ohne nähere Begründung OLG Frankfurt StRR 2014, 277 m. abl. Anm. *Burhoff*).

☝ Die **erstmalige Einarbeitung** in die Strafvollstreckungsangelegenheit wird daher durch die in Teil 4 Abschnitt 2 VV enthaltenen **Verfahrensgebühren** abgegolten (Burhoff/Volpert/*Volpert*, RVG, Vorbem. 4.2 VV Rn 30).

356 **3.** Auch die allgemeine **Terminsgebühr** nach **Nrn. 4102, 4103 VV** RVG kann in der Strafvollstreckung aus den o.g. Gründen **nicht** anfallen (Gerold/Schmidt/*Burhoff*, RVG, VV Einl. Vorbem. 4.2 Rn 16; *Lissner* AGS 2013, 445; Burhoff/Volpert/*Volpert*, RVG, Vorbem. 4.2 VV Rn 31).

Siehe auch: → *Strafvollstreckung, Allgemeines*, Teil J Rdn 319 m.w.N.

357 Strafvollstreckung, Terminsgebühr

Das Wichtigste in Kürze:

1. In der Strafvollstreckung entstehen abhängig von der Art des Verfahrens die Terminsgebühren nach Nr. 4202 oder Nr. 4206 VV RVG. Ist der Verurteilte nicht auf freiem Fuß, entstehen diese Terminsgebühren mit Zuschlag (Nr. 4203, 4207 VV RVG).
2. Der Rechtsanwalt erhält die Terminsgebühr nur für die Teilnahme an einem gerichtlichen Termin.
3. Ausreichend für das Entstehen der Terminsgebühr ist die bloße Anwesenheit des Rechtsanwalts im Termin.

4. Der Wahlanwalt erhält die Terminsgebühr als Betragsrahmengebühr, der Pflichtverteidiger erhält die Terminsgebühr als Festgebühr.
5. Nimmt der Rechtsanwalt im Strafvollstreckungsverfahren in derselben Instanz an mehreren gerichtlichen Terminen teil, entsteht die Terminsgebühr insgesamt nur einmal.
6. Die Terminsgebühr nach Nr. 4202, 4203 VV RVG entsteht nur in den in Nr. 4200 VV RVG ausdrücklich aufgeführten Verfahren.
7. In mehreren Überprüfungsverfahren gem. § 67e StGB fällt die Terminsgebühr jeweils gesondert an.
8. Längenzuschläge zur Terminsgebühr fallen in der Strafvollstreckung nicht an.

Literaturhinweise: S. die Hinw. bei den u.a. Stichwörtern und bei → *Strafvollstreckung, Allgemeines*, Teil J Rdn 319. **358**

1.a) Der in der Strafvollstreckung tätige und insoweit nicht lediglich mit einer Einzeltätigkeit beauftragte Rechtsanwalt (→ *Strafvollstreckung, Allgemeines*, Teil J Rdn 319; s. → *Strafvollstreckung, Einzeltätigkeiten*, Teil J Rdn 344) erhält seine Vergütung nach Teil 4 Abschnitt 2 VV RVG. Es entsteht eine Verfahrensgebühr nach Nr. 4200 (4201) VV RVG oder nach Nr. 4204 (4205) VV RVG (s. → *Strafvollstreckung, Verfahrensgebühr*, Teil J Rdn 371 ff.) und bei **Teilnahme** an einem **gerichtlichen Termin** (Vorbem. 4 Abs. 3 S. 1 VV RVG) eine **Terminsgebühr** nach Nrn. 4202, 4203 oder 4206, 4207 VV RVG. **359**

b) In den für den Verurteilten **besonders bedeutsamen Verfahren** in der Strafvollstreckung (OLG Hamm AGS 2007, 618 = AGS 2008, 176 = RVGreport 2007, 426) entsteht die Terminsgebühr nach Nr. 4202 VV RVG. Nr. 4206 VV RVG regelt die Terminsgebühr in den sonstigen – nicht in Nr. 4200 VV RVG genannten – **weniger bedeutsamen Verfahren** in der Strafvollstreckung. **360**

☝ Ist der Verurteilte **nicht auf freiem Fuß**, entstehen die Terminsgebühren nach Nr. 4202 und Nr. 4206 VV RVG mit **Zuschlag** (Vorbem. 4 Abs. 4 VV RVG), Nr. 4203 und Nr. 4207 VV RVG. In den Fällen der Nr. 4200 Ziff. 1 und 2 VV RVG wird sich der Verurteilte nicht auf freiem Fuß befinden, sodass insoweit im Regelfall nur der Anfall der Terminsgebühr Nr. 4203 VV mit **Zuschlag** statt der Terminsgebühr Nr. 4202 VV RVG möglich ist (Burhoff/Volpert/*Volpert*, RVG, Nr. 4200 VV Rn 21).

2. Der Rechtsanwalt erhält die Terminsgebühr Nr. 4202 VV **nur** für die **Teilnahme** an einem **gerichtlichen Termin** (Vorbem. 4 Abs. 3 VV RVG). Die Teilnahme an anderen als gerichtlichen Terminen (z.B. Termine bei der StA, Besprechungstermine mit anderen Verfahrensbeteiligten) ist durch die Verfahrensgebühr Nr. 4200 bzw. Nr. 4204 VV RVG abgegolten (*Burhoff* RVGreport 2007, 8, 10 und StRR 2010, 93; Burhoff/Volpert/*Volpert*, RVG, Nr. 4202 VV Rn 3; allgemein zum Abgeltungsbereich der Terminsgebühr Burhoff/Volpert/*Burhoff*, RVG, Vorbem. 4 VV Rn 60 ff.). Die Terminsgebühr erfasst auch die **Vorbereitung** des konkreten gerichtlichen Termins (Burhoff/ Volpert/*Burhoff*, RVG, Vorbem. 4 VV Rn 40, 62 m.w.N.). Das ergibt sich aus der Gesetzesbegründung, in der die Entstehung der Terminsgebühr für einen Termin, der nicht stattfindet, mit dem nicht unerheblichen Zeitaufwand für die Terminsvorbereitung begründet wird (BT-Drucks 15/1971, S. 221). **361**

☝ Die Teilnahme an **anderen** als gerichtlichen **Terminen** muss gem. **§ 14 RVG** bei der Bemessung der jeweiligen Verfahrensgebühr berücksichtigt werden.

3.a) Voraussetzung für das Entstehen der Terminsgebühr ist, dass ein gerichtlicher Termin stattgefunden und der Rechtsanwalt daran teilgenommen hat. **Ausreichend** für das Entstehen der Gebühr ist die **bloße Anwesenheit** des Rechtsanwalts im Termin. Er muss z.B. keine Anträge gestellt und auch nicht zu bestimmten Fragen Stellung genommen haben (arg. e Vorbem. 4 Abs. 3 S. 2 VV RVG). Der Rechtsanwalt muss auch nicht bis zum Ende des Termins anwesend sein. Unerheblich ist auch, ob der **Verurteilte** anwesend war (*Burhoff* RVGreport 2007, 8, 10; Burhoff/Volpert/*Volpert*, RVG, Nr. 4202 VV Rn 5; s. auch **362**

Burhoff/Volpert/*Burhoff*, RVG, Vorbem. 4 VV Rn 68 f.). Es findet auch Vorbem. 4 Abs. 3 S. 2 u. 3 VV RVG Anwendung („**geplatzter Termin**", vgl. hierzu Burhoff/Volpert/*Burhoff*, RVG, Vorbem. 4 VV Rn 93 ff.).

363 **b)** Gem. § 463e StPO kann die mündliche Anhörung des Verurteilten auch dadurch erfolgen, dass das Gericht bestimmt, dass er sich bei der mündlichen Anhörung an einem anderen Ort als das Gericht aufhält und die Anhörung zeitgleich in **Bild** und **Ton** an den Ort, an dem sich der Verurteilte aufhält, und in das Sitzungszimmer übertragen wird. Das Gericht soll die Bild- und Tonübertragung nur mit der Maßgabe anordnen, dass sich der Verurteilte bei der mündlichen Anhörung in einem Dienstraum oder in einem Geschäftsraum eines Verteidigers oder Rechtsanwalts aufhält. Auch hier nimmt der Rechtsanwalt an einem gerichtlichen Termin teil, so dass die Terminsgebühr entsteht (Vorbem. 4 Abs. 4 VV RVG; Burhoff/ Volpert/*Volpert*, RVG, Nr. 4202 VV Rn 6; Gerold/Schmidt/*Burhoff*, VV 4200 – 4207 Rn 7; Ahlmann u.a./ *Kapischke*, VV 4202 Rn 4; vgl. a. OLG Celle, Beschl. v. 22.6.2021 – 2 Ws 154/21, NStZ-RR 2021, 243).

364 **c)** Hat der Verteidiger im Strafvollstreckungsverfahren (z. b. im Verfahren betreffend den Widerruf einer Bewährung) an einem Termin zur Verkündung eines nach § 453c StPO erlassenen (Sicherungs)Haftbefehl teilgenommen, entsteht die Terminsgebühr VV 4202 f. VV RVG (AG Görlitz, Beschl. v. 26.10.2022 – BwR 8 Ds 140 Js 18795/15 (2), AGS 2022, 514; Gerold/Schmidt/*Burhoff*, VV 4200 – 4207 Rn 7). Die insoweit geltenden Einschränkungen für die Entstehung der allgemeinen Terminsgebühr VV 4102 f. VV RVG, deren Entstehung bei der bloßen Teilnahme an der Verkündung eines Haftbefehls ohne Verhandlung abgelehnt wird (Burhoff/ Volpert/*Burhoff*, RVG, VV 4102 Rn 33 ff.), gelten bei der Terminsgebühr Nr. 4202 VV RVG nicht, weil der Tatbestand anders als bei der Gebühr Nr. 4102 VV RVG kein Verhandeln voraussetzt (Burhoff/Volpert/*Volpert*, RVG. VV 4202 Rn 7).

365 **4.a)** Der **Wahlanwalt** erhält eine **Betragsrahmengebühr,** der gerichtlich bestellte (**Pflichtverteidiger**) oder beigeordnete Rechtsanwalt erhält aus der Staatskasse eine **Festgebühr**.

366 Bei der Bemessung der Höhe der Gebühr des **Wahlanwalts** sind über **§ 14 RVG** die **Besonderheiten** des jeweiligen **Einzelfalls** zu berücksichtigen. Die Höhe der Gebühr ist also von den vom Rechtsanwalt erbrachten Tätigkeiten abhängig (Burhoff/ Volpert/*Burhoff*, RVG Vorbem. 4 VV Rn 42 ff.; allgemein Burhoff/ Volpert/*Burhoff*, RVG, Teil A Rn 1803 ff.). Bei der Terminsgebühr wird, da durch sie der zeitliche Aufwand vergütet werden soll, den der Rechtsanwalt durch die Teilnahme an einem gerichtlichen Termin im Strafvollstreckungsverfahren hat, die zeitliche Dauer des Termins von erheblicher Bedeutung sein (vgl. dazu Burhoff/ Volpert/*Burhoff*, RVG, Vorbem. 4 VV Rn 68 ff. und BT-Drucks 15/1971, S. 224).

367 **b)** Reicht der für den Wahlanwalt vorgesehene Betragsrahmen wegen des erheblichen Umfangs der erbrachten Tätigkeiten nicht mehr aus, um die erbrachten Tätigkeiten zumutbar zu entlohnen, kann der Wahlanwalt Feststellung einer **Pauschgebühr** nach § 42 RVG beantragen. Der gerichtlich bestellte oder beigeordnete Rechtsanwalt hat die Möglichkeit, eine Pauschgebühr nach § 51 RVG zu beantragen.

368 **5.** Nimmt der Rechtsanwalt im Strafvollstreckungsverfahren in derselben Instanz an **mehreren gerichtlichen** Terminen teil, entsteht die Terminsgebühr nach der gesetzlichen Regelung insgesamt **nur einmal**. In Anbetracht dieser eindeutigen – von sonstigen Gebührentatbeständen in Teil 4 VV RVG gerade abweichenden – Regelung ist für die **mehrfache Gewährung** einer Terminsgebühr im Rahmen desselben Strafvollstreckungsverfahrens, insbesondere auch im Überprüfungsverfahren nach § 67e StGB **kein Raum** (KG RVGreport 2006, 353; OLG Düsseldorf AGS 2018, 121; OLG Hamm AGS 2008, 176; OLG Koblenz AGS 2011, 373 = Rpfleger 2011, 346; OLG Schleswig AGS 2005, 444; 2011, 371; LG Magdeburg StraFo 2010, 172 m. Anm. *Burhoff* StRR 2010, 279; LG Neubrandenburg, Beschl. v. 6.3.2012 – 527 Js 14594/09; LG Osnabrück Nds.Rpfl. 2007, 166; Burhoff/ Volpert/*Volpert*, RVG, Nr. 4202 VV Rn 12; Gerold/ Schmidt/*Burhoff*, RVG, VV 4200 – 4207 Rn 8; AnwKomm-RVG/*N. Schneider*, VV 4200 – 4207 Rn 24; Ahlmann u.a./*Kapischke*, VV 4202 Rn 5). Eine Regelung wie bei den in Teil 4, Abschnitt 1 VV RVG geregelten Terminsgebühren, wonach die „Terminsgebühr je Hauptverhandlungstag" entsteht (vgl. a. Anm. zu Nr. 4102 VV RVG), ist in Teil 4 Abschnitt 2 VV RVG nicht getroffen worden. Vielmehr wird in den Regelungen für die Terminsgebühr in Nrn. 4202, 4203 VV RVG nur pauschal auf die in Nr. 4200 VV

RVG genannten Verfahren Bezug genommen. Es verbleibt daher bei dem in §§ 15 Abs. 2, 17 Nr. 1 RVG aufgestellten Grundsatz, dass die Gebühr in derselben Angelegenheit in jedem Rechtszug nur einmal gefordert werden kann. Dies entspricht der Regelung für die Terminsgebühr in den von Teil 3 VV RVG erfassten Verfahren (BT-Drucks 15/1971, S. 212).

☝ Die Teilnahme an mehreren Terminen in der Strafvollstreckung muss der **Wahlverteidiger** ggf. gem. § 14 RVG bei der Bemessung der Terminsgebühr berücksichtigen. Dem **Pflichtverteidiger** bleibt die Möglichkeit, deswegen die Festsetzung einer **Pauschgebühr** zu beantragen (OLG Hamm, a.a.O.; vgl. a. OLG Koblenz AGS 2011, 373 = Rpfleger 2011, 346).

6. Die Terminsgebühr nach Nrn. 4202, 4203 VV RVG mit **Zuschlag** entsteht nur in den in Nr. 4200 VV RVG ausdrücklich aufgeführten Verfahren (→ *Strafvollstreckung, Verfahrensgebühr*, Teil J Rdn 371 ff.; so auch Gerold/Schmidt/*Burhoff*, RVG, VV 4200 – 4207 Rn 3; Hartung/Römermann/*Schons*, RVG, VV Vorbem. 4.2 – 4207 Rn 7). Für sonstige Verfahren in der Strafvollstreckung, die nicht in Nr. 4200 VV RVG genannt sind, fällt keine Terminsgebühr nach Nrn. 4202, 4203 VV RVG, sondern nach Nrn. 4206, 4207 VV RVG an (→ *Strafvollstreckung, Verfahrensgebühr*, Teil J Rdn 371). 369

7. Für den Rechtsanwalt stellt jedes **neue Überprüfungsverfahren** gem. **§ 67e StGB** eine **neue Angelegenheit** i.S.v. § 15 Abs. 1 und 2 RVG dar, in der die Terminsgebühr erneut anfallen kann (→ *Strafvollstreckung, Verfahrensgebühr*, Teil J Rdn 371). 370

Siehe auch: → *Strafvollstreckung, Allgemeines*, Teil J Rdn 319 ff. m.w.N.

Strafvollstreckung, Verfahrensgebühr 371

Das Wichtigste in Kürze:

1. In der Strafvollstreckung entstehen abhängig von der Art des Verfahrens die Verfahrensgebühren nach Nr. 4200 oder Nr. 4204 VV RVG. Ist der Verurteilte nicht auf freiem Fuß, entstehen diese Verfahrensgebühren mit Zuschlag (Nr. 4201, 4205 VV RVG).
2. Der Rechtsanwalt erhält die Verfahrensgebühr für das Betreiben des Geschäfts einschließlich der Information.
3. Die Verfahrensgebühr ist eine Pauschgebühr, die alle Tätigkeiten des Rechtsanwalts in dem jeweiligen Strafvollstreckungsverfahren abgilt.
4. Der Wahlanwalt erhält die Verfahrensgebühr als Betragsrahmengebühr, der Pflichtverteidiger erhält die Verfahrensgebühr als Festgebühr.
5. Die Verfahrensgebühr nach Nr. 4200, 4201 VV RVG entsteht nur in den in dieser Vergütungsnummer ausdrücklich aufgeführten Verfahren.
6. Für sonstige Verfahren in der Strafvollstreckung, die nicht in Nr. 4200 VV RVG genannt sind, fällt eine Verfahrensgebühr nach Nr. 4204 VV RVG an.

Literaturhinweise: S. die Hinw. bei den u.a. Stichwörtern und bei → *Strafvollstreckung, Allgemeines*, Teil J Rdn 319. 372

1.a) Der in der Strafvollstreckung tätige und insoweit nicht lediglich mit einer Einzeltätigkeit beauftragte Rechtsanwalt (→ *Strafvollstreckung, Allgemeines*, Teil J Rdn 319 ff.; s. → *Strafvollstreckung, Einzeltätigkeiten*, Teil J Rdn 344 ff.) erhält seine Vergütung nach Teil 4 Abschnitt 2 VV RVG. Es entsteht eine **Verfahrensgebühr** nach Nrn. 4200, 4201 VV RVG oder nach Nrn. 4204, 4205 VV RVG und (→ *Strafvollstreckung, Terminsgebühr*, Teil J Rdn 357). 373

b) Für die Tätigkeit in der Strafvollstreckung erhält der Rechtsanwalt in den für den Verurteilten **besonders bedeutsamen Verfahren** in der Strafvollstreckung (OLG Hamm AGS 2007, 618 = AGS 2008, 176 = 374

RVGreport 2007, 426) die Verfahrensgebühr nach **Nr. 4200 VV RVG**. Die Verfahrensgebühr nach Nr. 4200 VV RVG entsteht nur in den in dieser Vergütungsnummer **ausdrücklich aufgeführten Verfahren** (OLG Dresden JurBüro 2017, 194). Für diese Verfahren ist wegen ihrer Bedeutung und des i.d.R. höheren Zeitaufwandes des Verteidigers ein höherer Gebührenrahmen vorgesehen als in **Nr. 4204 VV RVG** für die **sonstigen Verfahren** in der **Strafvollstreckung**. Nr. 4204 VV RVG regelt die Verfahrensgebühr in den sonstigen – nicht in Nr. 4200 VV RVG genannten – Verfahren in der Strafvollstreckung.

☝ Ist der Verurteilte **nicht auf freiem Fuß**, entstehen die Verfahrensgebühren nach Nr. 4200 und Nr. 4204 VV RVG mit **Zuschlag** (Vorbem. 4 Abs. 4 VV RVG), vgl. Nr. 4201 und Nr. 4205 VV RVG. In den Fällen der Nr. 4200 Ziff. 1 und 2 VV RVG wird sich der Verurteilte immer nicht auf freiem Fuß befinden, sodass insoweit im Regelfall nur der Anfall der Verfahrensgebühr Nr. 4201 VV mit Zuschlag statt der Verfahrensgebühr Nr. 4200 VV RVG möglich ist (Burhoff/ Volpert/*Volpert*, RVG, Nr. 4200 VV Rn 18).

375 **2.** Der Rechtsanwalt erhält die Verfahrensgebühr in der Strafvollstreckung nach Vorbem. 4 Abs. 2 VV RVG für das **Betreiben** des **Geschäfts einschließlich** der **Information**. Die Gebühr entsteht mit der ersten Tätigkeit des Rechtsanwalts, die auf die Ausführung des Auftrages gerichtet ist, bspw. der Informationsaufnahme (*Burhoff* RVGreport 2007, 8, 10 und StRR 2010, 93). Für die Entstehung reicht es aus, wenn der Rechtsanwalt im Rahmen der Ausführung des Auftrags eine erste Tätigkeit entfaltet hat.

376 **3.a)** Durch die **Verfahrensgebühr** werden **alle Tätigkeiten** des Rechtsanwalts in den in Nrn. 4200, 4204 VV RVG aufgeführten Verfahren in der Strafvollstreckung abgegolten (**Pauschalgebühr**), soweit dafür keine besonderen Gebühren vorgesehen sind. Als besondere Gebühr ist die Terminsgebühr vorgesehen (Nr. 4202, 4203, 4206 und 4207 VV RVG), die der Rechtsanwalt für die Teilnahme an gerichtlichen Terminen erhält (→ *Strafvollstreckung, Terminsgebühr*, Teil J Rdn 357). Die Verfahrensgebühr entsteht als Pauschalgebühr für alle im ersten Rechtszug des Strafvollstreckungsverfahrens entfalteten Tätigkeiten **nur einmal** (§§ 15 Abs. 2, 17 Nr. 1 RVG).

☝ Die Verfahrensgebühr gilt auch die **erstmalige Einarbeitung** in den Rechtsfall ab, weil eine **Grundgebühr** (Nr. 4100 VV RVG) in der Strafvollstreckung **nicht** entsteht (→ *Strafvollstreckung, Grundgebühr*, Teil J Rdn 352).

377 **b)** Folgende **allgemeine Tätigkeiten** werden von der Verfahrensgebühr **erfasst**:

- die **erstmalige Einarbeitung** in den Rechtsfall, da keine Grundgebühr entsteht,
- Aufnahme der Information,
- allgemeine Beratung des Mandanten,
- **Akteneinsicht**,
- Schriftverkehr,
- Beschaffung von Informationen,
- **Besprechungen** mit Verfahrensbeteiligten,
- eigene Ermittlungen des Rechtsanwalts,
- **JVA-Besuche**.

378 **4.** Der in der Strafvollstreckung tätige **Wahlanwalt** erhält die Verfahrensgebühr als **Betragsrahmengebühr,** der gerichtlich **bestellte** oder **beigeordnete Rechtsanwalt** (Pflichtverteidiger) erhält die Verfahrensgebühr als **Festgebühr**.

379 Bei der Bemessung der Höhe der Gebühr sind über § 14 RVG insbesondere die Besonderheiten des jeweiligen **Einzelfalls** zu berücksichtigen. Die Höhe der Gebühr ist also von den vom Rechtsanwalt erbrachten Tätigkeiten abhängig (Burhoff/ Volpert/*Burhoff*, RVG, Vorbem. 4 VV Rn 42 ff.; allgemein Teil A Rn 1812 ff.; vgl. a. OLG Celle AGS 2016, 443 = RVGreport 2016, 214 = JurBüro 2016, 373).

Reicht beim Wahlanwalt der vorgesehene Betragsrahmen nicht aus, kommt die Feststellung einer **Pauschgebühr** nach § 42 RVG in Betracht. Der gerichtlich bestellte oder beigeordnete Rechtsanwalt hat die Möglichkeit, eine Pauschgebühr nach § 51 RVG zu beantragen (zur Pauschgebühr nach den §§ 42, 51 RVG → *Allgemeine Gebührenfragen, Besonderheiten Pflichtverteidiger*, Teil J Rdn 19 und die Komm. zu den Vorschriften bei Burhoff/Volpert/*Burhoff*, RVG). 380

5.a) Die Verfahrensgebühr nach Nrn. 4200, 4201 VV RVG mit Zuschlag entsteht nur in den in dieser Vergütungsnummer **ausdrücklich aufgeführten Verfahren** (so auch Gerold/Schmidt/*Burhoff*, RVG, VV 4200 – 4207 Rn 3; Hartung/Römermann/*Schons*, RVG, VV Vorbem. 4.2 – 4207 Rn 7). 381

b) Die Verfahrensgebühr Nr. 4200 **Ziff. 1** VV RVG erfasst folgende Verfahren, in denen es um die **Erledigung** einer **freiheitsentziehenden Maßregel** der **Besserung** und **Sicherung** geht (OLG Koblenz StraFo 2018, 402; ausf. Burhoff/Volpert/*Volpert*, RVG, Nr. 4200 VV Rn 4 ff.): 382

- Verfahren, in denen das Gericht gem. § 67c Abs. 2 S. 5 StGB, §§ 463 Abs. 5 und 462 StPO die Maßregel **für erledigt erklärt**, weil der Zweck der Maßregel erreicht ist, z.B. wenn deren Ziel der erfolgreichen Suchtbehandlung erreicht wurde (→ *Maßregeln, Erwachsene, Erledigterklärung*, Teil B Rdn 1064),
- Verfahren, in denen das Gericht gem. § 67d Abs. 3 StGB, §§ 463 Abs. 3 S. 3 bis 5, 454 Abs. 2 StPO bei Vorliegen der dort aufgeführten Voraussetzungen die **Sicherungsverwahrung für erledigt erklärt**, wenn zehn Jahre der Unterbringung in der Sicherungsverwahrung vollzogen worden sind (vgl. hierzu vgl. hierzu OLG Koblenz StraFo 2018, 402; → *Maßregeln, Erwachsene, Erledigterklärung*, Teil B Rdn 1064),
- Verfahren, in denen das Gericht gem. § 67d Abs. 4 StGB die Unterbringung in der **Entziehungsanstalt** für erledigt erklärt, weil die Voraussetzungen des § 64 S. 2 StGB nicht mehr vorliegen, also eine hinreichend konkrete Aussicht auf einen Behandlungserfolg nicht mehr besteht,
- Verfahren, in denen das Gericht gem. § 67d Abs. 6 StGB die Unterbringung in einer **Entziehungsanstalt** für **erledigt erklärt**, wenn deren Voraussetzungen nicht mehr vorliegen bzw. die weitere Vollstreckung unverhältnismäßig wäre (vgl. wegen der in § 67d Abs. 6 StGB bestimmten Frist auch BVerfG NStZ 1994, 578;→ *Maßregeln, Erwachsene, Erledigterklärung*, Teil B Rdn 1064),
- Verfahren über die Aussetzung der Vollstreckung der Unterbringung nach **§ 67c Abs. 1 StGB**, §§ 463 Abs. 3 S. 1 und 3, 454 StPO, wenn die Strafe vor der Maßregel vollzogen wird (→ *Maßregeln, Erwachsene, Bewährung*, Teil B Rdn 1014),
- Verfahren über die Aussetzung der Vollstreckung der Unterbringung nach **§ 67c Abs. 2 StGB**, §§ 463 Abs. 5 und 462 StPO, wenn auch drei Jahre nach Rechtskraft der Entscheidung die Maßregel noch nicht einmal teilweise vollzogen worden ist, ohne dass ein Fall von § 67c Abs. 1 oder § 67b StGB vorliegt (→ *Maßregeln, Erwachsene, Bewährung*, Teil B Rdn 1014),
- Verfahren über die Aussetzung der weiteren Vollstreckung der Unterbringung nach **§ 67d Abs. 2 StGB**, §§ 463 Abs. 3, 454 StPO, wenn zu erwarten ist, dass der Untergebrachte außerhalb des Maßregelvollzugs keine rechtswidrigen Taten mehr begehen wird (→ *Maßregeln, Erwachsene, Bewährung*, Teil B Rdn 1014).
- **Überprüfungsverfahren** gem. **§ 67e StGB** (KG NStZ-RR 2005, 127; OLG Frankfurt NStZ-RR 2005, 253; OLG Jena RVGreport 2006, 470; OLG Karlsruhe JurBüro 2019, 299 = RVGreport 2019, 218; OLG Koblenz AGS 2011, 373 = Rpfleger 2011, 346; OLG Schleswig StV 2006, 206; AGS 2005, 444; Gerold/Schmidt/*Burhoff*, RVG, VV 4200 – 4207 Rn 3; Burhoff/ Volpert/*Volpert*, RVG, Nr. 4200 VV Rn 13; → *Maßregeln, Erwachsene, Überprüfung*, Teil B Rdn 1162).

☝ Für den Rechtsanwalt stellt jedes neue Überprüfungsverfahren eine **neue Angelegenheit** i.S.v. § 15 Abs. 1 und 2 RVG dar (KG, a.a.O.; OLG Frankfurt, a.a.O.; OLG Jena, a.a.O.; OLG Karlsruhe, a.a.O.; OLG Koblenz, a.a.O.; OLG Schleswig, a.a.O.; OLG Zweibrücken NStZ 2010, 470; Gerold/Schmidt/*Burhoff*, RVG, Einl. Vorb. 4.2 VV Rn 4; Burhoff/ Volpert/*Volpert*, RVG, Vorbem. 4.2 VV Rn 36). Er kann die Verfahrensgebühr nach Nrn. 4200 Ziff. 1, 4201 VV RVG und ggf. die Terminsgebühr Nrn. 4202, 4203 VV RVG daher für jedes Überprüfungsverfahren fordern. Auch die **Postentgeltpauschale** Nr. 7002 VV RVG entsteht jeweils gesondert (vgl. die Anm. zu Nr. 7002 VV RVG).

Die **Pflichtverteidigerbestellung** muss für **jedes** Überprüfungsverfahren **erneut** erfolgen (Burhoff/Volpert/*Volpert*, RVG, Vorbem. 4.2 VV Rn 49, m.w.N.). Vorsorglich sollte daher für jedes **neue Überprüfungsverfahren** die Bestellung zum Pflichtverteidiger **ausdrücklich beantragt** werden.

383 **c)** Die Verfahrensgebühr Nr. 4200 **Ziff. 2** VV RVG erfasst die Verfahren, in denen es um die **Aussetzung** der Vollstreckung des Restes einer **zeitigen Freiheitsstrafe** (§ 38 StGB) oder einer **lebenslangen Freiheitsstrafe** zur Bewährung geht (ausf. Burhoff/ Volpert/*Volpert*, RVG, Nr. 4200 VV Rn 7 ff.):

- Verfahren nach **§ 57 StGB** und **§ 454 StPO** für die zeitige Freiheitsstrafe, auch nach **§ 36 BtMG** (→ *BtM-Verfahren, Zurückstellung, Allgemeines*, Teil B Rdn 97 m.w.N.; → *Erwachsene, Freiheitsstrafe ohne Bewährung, Allgemeines*, Teil B Rdn 263 m.w.N.),
- Verfahren nach **§§ 57b, 58 StGB** und § 454 StPO für die lebenslange Freiheitsstrafe (hierzu OLG Rostock RVGreport 2018, 334; → *Erwachsene, Freiheitsstrafe ohne Bewährung, Allgemeines*, Teil B Rdn 263 m.w.N.),
- Verfahren nach **§§ 67 Abs. 5**, 57 Abs. 1 S. 1 Nr. 2 und 3 StGB und § 454 StPO, wenn die Maßregel vor der Strafe vollzogen wird,
- Verfahren über die Festsetzung der **Mindestverbüßungsdauer** einer lebenslangen Freiheitsstrafe sind kostenrechtlich als Teil des Verfahrens über die Aussetzung des Restes einer zeitigen Freiheitsstrafe oder einer lebenslangen Freiheitsstrafe nach Nr. 4200 Ziff. 2 VV RVG anzusehen, sodass Nr. 4200 Ziff. 2 VV RVG gilt (KG StraFo 2011, 377 m. Anm. *Burhoff* StRR 2011, 247),
- Verfahren nach § 88 JGG, in denen es um die Aussetzung des Restes der **Jugendstrafe** zur Bewährung geht,
- Verfahren gem. § 57a StGB und § 454 StPO, die die Aussetzung der Vollstreckung des Restes einer **Gesamtstrafe** zur Bewährung betreffen (so auch Hartung/Römermann/*Schons*, RVG, VV Vorbem. 4.2 – 4207 Rn 11).

384 **d)** Die Verfahrensgebühr Nr. 4200 **Ziff. 3** VV RVG gilt für die **Verfahren** über den **Widerruf** der **Aussetzung** einer Strafe oder einer Maßregel der Besserung und Sicherung zur Bewährung. Bei den Maßregeln können nur die freiheitsentziehenden Maßregeln sowie das Berufsverbot gem. § 70a StGB zur Bewährung ausgesetzt werden, sodass sich das Widerrufsverfahren auch nur auf diese Maßregeln beziehen kann.

385 Im Einzelnen werden daher erfasst.

- Verfahren über den Widerruf einer Strafaussetzung zur Bewährung nach **§ 56f StGB**, § 453 StPO (OLG Frankfurt NStZ-RR 2005, 253 = RVGreport 2007, 35 = AGS 2006, 76; OLG Karlsruhe = JurBüro 2019, 299 = RVGreport 2019, 218),
- Verfahren über den Widerruf der Aussetzung einer freiheitsentziehenden Maßregel der Besserung und Sicherung zur Bewährung nach **§ 67g StGB**, §§ 463 Abs. 5 und 462 StPO,
- Verfahren über die befristete Wiederinvollzugsetzung einer ausgesetzten Unterbringungsmaßregel nach §§ 63, 64 StGB (**Krisenintervention** gem. § 67h StGB; OLG Dresden NStZ-RR 2012, 326 m. Anm. *Burhoff* StRR 2012, 477; → *Maßregeln, Erwachsene, Krisenintervention*, Teil B Rdn 1092),
- Verfahren über den Widerruf der Aussetzung eines Berufsverbots zur Bewährung nach **§ 70b StGB**, §§ 463 Abs. 5 und 462 StPO.

386 **6.** Für **sonstige Verfahren** in der **Strafvollstreckung**, die nicht in Nr. 4200 VV RVG genannt sind, fällt eine Verfahrensgebühr nach **Nr. 4204 VV RVG** an. Die Verfahrensgebühr Nr. 4204 VV RVG erfasst folgende Verfahren (ausf. Burhoff/Volpert/*Volpert*, RVG, Nr. 4204 VV Rn 3 ff.; vgl. a. KG StraFo 2011,

377 = RVGreport 2011, 343; OLG Karlsruhe JurBüro 2019, 299 = RVGreport 2019, 218; *Burhoff*, RVGreport 2007, 8, *ders.*, StRR 2010, 93 und *ders.*, RVGreport 2020, 82):

a) 387

- Verfahren zur Aussetzung eines **Berufsverbotes** zur Bewährung (§§ 61 Nr. 6, 70a StGB, §§ 463 Abs. 5 und 462 StPO; KG StraFo 2011, 377 = RVGreport 2011, 343); der Widerruf der Aussetzung eines Berufsverbots zur Bewährung nach § 70b StGB wird aber von Nr. 4200 Ziff. 3 VV erfasst,
- Verfahren über nachträgliche Entscheidungen über eine **Verwarnung** mit **Strafvorbehalt**, §§ 56a bis 56g, 58, 59a, 59b StGB, § 453 Abs. 1 StPO (KG StraFo 2011, 377 = RVGreport 2011, 343; OLG Karlsruhe JurBüro 2019, 299 = RVGreport 2019, 218; → *Bewährung, Verwarnung mit Strafvorbehalt*, Teil A Rdn 236),
- Verfahren über die Gewährung von **Zahlungserleichterungen** nach §§ 450a StPO, 42 StGB (OLG Karlsruhe JurBüro 2019, 299 = RVGreport 2019, 218; *Volpert* VRR 2005, 179; → *Erwachsene, Geldstrafen, Allgemeines*, Teil B Rdn 375 m.w.N.),
- Verfahren über **Einwendungen** gegen Entscheidungen der Vollstreckungsbehörde gem. **§ 459h StPO** (OLG Karlsruhe JurBüro 2019, 299 = RVGreport 2019, 218), also Einwendungen gegen
  – die Entscheidung der Vollstreckungsbehörde über die Bewilligung von Zahlungserleichterungen bei Geldstrafen gem. § 459a StPO, § 42 StGB,
  – die Entscheidung der Vollstreckungsbehörde über die Beitreibung einer Geldstrafe gem. § 459c StPO,
  – Anordnungen der Vollstreckungsbehörde bzgl. der Vollstreckung einer Ersatzfreiheitsstrafe gem. § 459e StPO,
  – Anordnungen der Vollstreckungsbehörde bzgl. der Vollstreckung von Nebenfolgen (z.B. Verfall und Einziehung), §§ 462 Abs. 1 S. 1, 459g und 459h StPO,
- **Verfahren** nach **§§ 458 und 462 StPO** (Einwendungen gegen die Zulässigkeit der Strafvollstreckung oder Zweifel über die Auslegung eines Strafurteils oder über die Berechnung der erkannten Strafe; OLG Karlsruhe JurBüro 2019, 299 = RVGreport 2019, 218),
- Verfahren zur **nachträglichen Bildung** einer **Gesamtstrafe** gem. § 460 StPO, und zwar auch bei nachträglicher Bildung einer Gesamtstrafe nach den §§ 460, 462 StPO in den Fällen, in denen das Revisionsgericht das Urteil gem. § 354 Abs. 1b S. 1 StPO nur wegen Gesetzesverletzung bei der Bildung einer Gesamtstrafe gem. §§ 53, 54, 55 StGB mit der Maßgabe aufgehoben hat, dass eine nachträgliche gerichtliche Entscheidung über die Gesamtstrafe nach den §§ 460, 462 StPO zu treffen ist (s. dazu Teil J Rdn 388 f.),
- Verfahren über den Antrag des Verurteilten auf **Aufschub** der Strafvollstreckung nach § 456 StPO (OLG Karlsruhe JurBüro 2019, 299 = RVGreport 2019, 218; → *Erwachsene, Freiheitsstrafe ohne Bewährung, Strafaufschub/-unterbrechung*, Teil B Rdn 306),
- Verfahren über die **vorzeitige Aufhebung** der **Sperre** für die Erteilung einer neuen Fahrerlaubnis (Verkürzung der Sperrfrist, § 69a Abs. 7 StGB; OLG Karlsruhe JurBüro 2019, 299 = RVGreport 2019, 218; *Volpert* VRR 2005, 179, so auch *Mertens/Stuff*, Rn 329; → *Fahrerlaubnis, Entziehung, Allgemeines*, Teil A Rdn 444 m.w.N.),
- Verfahren nach **§ 35 BtMG** über die Zurückstellung der Strafvollstreckung (OLG Jena RVGreport 2017, 23; OLG Karlsruhe JurBüro 2019, 299 = RVGreport 2019, 218; OLG Zweibrücken StraFo 2010, 515), nicht aber ein sich anschließendes gerichtliches Verfahren nach §§ 23 ff. EGGVG, für das Teil 3 VV RVG gilt (→ *Vergütung im Strafvollzug*, Teil J Rdn 400; → *Vergütung in Verfahren nach §§ 23 ff. EGGVG*, Teil J Rdn 419 ff.),
- **Verfahren** nach **§ 456a StPO**, in denen die Vollstreckungsbehörde von der Vollstreckung einer Freiheitsstrafe, einer Ersatzfreiheitsstrafe oder einer Maßregel der Besserung und Sicherung absehen kann, wenn der Verurteilte wegen einer anderen Tat einer ausländischen Regierung ausgeliefert, an einen internationalen Strafgerichtshof überstellt oder wenn er aus dem Geltungsbereich dieses

Bundesgesetzes ausgewiesen wird, nicht aber ein sich anschließendes gerichtliches Verfahren nach §§ 23 ff. EGGVG, für das Teil 3 VV RVG gilt (→ *Vergütung in Verfahren nach §§ 23 ff. EGGVG*, Teil J Rdn 419),

- Verfahren über Anträge auf Nichtentfallen der **Führungsaufsicht** gem. § 68f StGB und/oder Weisungen gem. § 68b StGB während der Führungsaufsicht (OLG Karlsruhe JurBüro 2019, 299 = RVGreport 2019, 218; → *Führungsaufsicht, Allgemeines*, Teil B Rdn 483 m.w.N.),
- Verfahren gem. **§ 56f Abs. 2 StGB**, in denen es um **die Verlängerung der Bewährungszeit** geht (so auch *Mertens/Stuff*, Rn 329; → *Bewährung, Allgemeines*, Teil A Rdn 1 m.w.N.):
- Vollstreckungsverfahren gegen **Jugendliche** und **Heranwachsende** nach §§ 83 ff. JGG mit Ausnahme der Verfahren nach **§ 88 JGG** (→ *Jugendliche, Vollstreckung, Allgemeines*, Teil B Rdn 738 m.w.N.),
- Tätigkeiten im Hinblick auf eine **Einziehung gem. §§ 73 ff. StGB**, die nach rechtskräftigem Abschluss des Hauptverfahrens erbracht werden, fallen nicht unter Nr. 4142 VV RVG, sondern sind sonstige und Nr. 4204 VV RVG unterfallende Tätigkeiten in der Strafvollstreckung (OLG Köln RVGreport 2018, 423; Gerold/Schmidt/*Burhoff*, VV 4200 – 4207 Rn 4),
- Tätigkeiten beim **Straferlass** nach Art. 313 Abs. 1 EGStGB für vor dem 1.4.2024 verhängte aber noch nicht vollstreckte rechtskräftige Strafen nach dem BtMG, die nach dem Konsumcannabisgesetz (KCanG) oder dem Medizinal-Cannabisgesetz (MedCanG) nicht mehr strafbar und auch nicht mit Geldbuße bedroht sind (s. dazu Rdn 390 ff.).

☝ **Nicht** unter Nr. 4204 VV RVG fallen Verfahren über die nachträgliche Bewährungsaussetzung gem. **§ 57 JGG** oder über die Aussetzung der Verhängung der Jugendstrafe zur Bewährung nach **§ 27 JGG oder** über die **Ergänzung rechtskräftiger Entscheidungen bei mehrfacher Verurteilung gem. § 66 JGG**, weil diese Verfahren noch nicht zur Strafvollstreckung gehören (OLG Karlsruhe StV 1998, 348; LG Mannheim AGS 2008, 179; s. dazu ausführlich Burhoff/Volpert/*Volpert*, RVG, Vorbem. 4.2 Rn 13).

388 **b)** Die Tätigkeit in Verfahren zur **nachträglichen Bildung einer Gesamtstrafe** gem. **§ 460 StPO**, auch in den Fällen des § 354 Abs. 1b StPO, fällt nach wohl h.M. unter Nr. 4204 VV RVG (so auch KG StraFo 2011, 377 = RVGreport 2011, 343; RVGreport 2020, 63 = JurBüro 2020, 23; OLG Bamberg RVGreport 2020, 63 = JurBüro 2020, 23; OLG Brandenburg RVGreport 2018, 385 = AGS 2018, 494; OLG Karlsruhe JurBüro 2019, 299 = RVGreport 2019, 218; LG Osnabrück, Beschl. v. 2.6.2020 – 2 Qs 26/20, RVGreport 2020, 346; *Burhoff*, RVGreport 2007, 8; *ders.* StRR 2010, 93; *ders.* RVGreport 2020, 82; *Mertens/Stuff/Mück*, Rn 301; Hartung/Schons/Enders/*Hartung*, Nr. 4200 – 4207 Rn 24; Hartung/Römermann/Schons, VV Vorbem. 4.2 – 4207 Rn 20; Ahlmann u.a./*Kapischke*, VV 4204 Rn 4; *Toussaint*, RVG, VV 4204 Rn 3). Die **Gegenauffassung** (LG Bonn, Beschl. v. 31.8.2021 – 29 Qs 6/21, AGS 2021, 457; LG Bonn RVGreport 2017, 297; NK-GK/*Stollenwerk*, VV 4200–4207 Rn 13) sieht die Tätigkeit im Verfahren gem. § 460 StPO für den bereits als Verteidiger im Erkenntnisverfahren tätigen Rechtsanwalt mit den dort verdienten Gebühren nach Nr. 4100 ff. VV RVG abgegolten. Das wird im Wesentlichen damit begründet, dass im Jugendstrafrecht mit dem Verfahren gem. § 66 JGG ein dem Verfahren nach § 460 StPO vergleichbares Verfahren existiert, das im JGG aber nicht der Strafvollstreckung zugeordnet wird. Es könne deshalb für die Vergütung nicht auf die systematische Stellung einer Norm im Abschnitt Strafvollstreckung der StPO oder des JGG abgestellt werden, sondern es komme darauf an, ob ein Verfahren ein Nachverfahren zum Erkenntnisverfahren darstelle. Das Verfahren nach § 460 StPO sei wie die Verfahren nach §§ 27, 57 und 66 JGG ein solches Nachverfahren und falle deshalb wie diese nicht unter Nr. 4204 VV RVG.

389 Der Gesetzgeber hat den **Begriff** der **„Strafvollstreckung“** i.S.d. Teils 4 Abschnitt 2 VV RVG **nicht** im **streng strafrechtsdogmatischen Sinn**, sondern als Verweis auf die §§ 449 ff. StPO verstanden. Das ergibt sich schon daraus, dass er in Nr. 4200 Ziff. 1 VV RVG unter der Überschrift „Gebühren in der Straf-

vollstreckung" Vergütungen des Verteidigers in Verfahren regelt, die sich gerade nicht als Strafvollstreckung, sondern vielmehr als solche der Vollstreckung einer Maßregel darstellen. Die Gesetzessystematik spricht dafür, dass der Gesetzgeber den Begriff der Strafvollstreckung i.S.d. RVG mit den §§ 449 ff. StPO gleichgesetzt hat (Kostenrecht ist Folgerecht), so dass auch die nachträgliche Gesamtstrafenbildung gem. § 460 StPO hiervon erfasst ist (so zutr. OLG Bamberg RVGreport 2020, 63 = JurBüro 2020, 23).

c) Für vor dem 1.4.2024 verhängte rechtskräftige Strafen nach dem Betäubungsmittelgesetz, die nach dem **Konsumcannabisgesetz** (KCanG) oder dem **Medizinal-Cannabisgesetz** (MedCanG) nicht mehr strafbar und auch nicht mit Geldbuße bedroht sind, ist ein **Straferlass** vorgesehen. Durch Art. 13 CanG wurde Art. 316p EGStGB eingefügt, wonach insoweit die generelle Amnestie-Regelung in Art. 313 EGStGB entsprechend anzuwenden ist. Art. 313 Abs. 1 S. 1 EGStGB sieht vor, dass rechtskräftig verhängte Strafen wegen solcher Taten, die nach neuem Recht nicht mehr strafbar und auch nicht mit Geldbuße bedroht sind, mit Inkrafttreten des neuen Rechts erlassen werden, soweit sie noch nicht vollstreckt sind (vgl. auch BGH, Beschl. v. 26.6.2024 – 3 StR 177/24; OLG Celle, Beschl. v. 28.5.2024 – 1 ORs 13/24; LG Aachen, Beschl. v. 29.4.2024 – 69 KLs 17/19). Die Rechtswirkungen des Straferlasses nach Art. 313 Abs. 1 EGStGB treten dabei unmittelbar kraft Gesetzes (ipso jure) ein, ohne dass es einer Entscheidung der Vollstreckungsbehörde bedarf. Deshalb hat eine Entscheidung der Vollstreckungsbehörde, dass Vollstreckungsmaßnahmen einzustellen sind, nur deklaratorischer Charakter (OLG Stuttgart, Beschl. v. 28.5.2024 – 1 ORs 24 SRs 167/24; s. auch BGH, Beschl. v. 26.6.2024 – 3 StR 177/24; vgl. a. LG Kleve, Beschl. v. 6.5.2024 – 181 StVK 74/24, das hinsichtlich einer noch nicht vollständig vollstreckten Entscheidung ein Überprüfungsverfahren vor der Strafvollstreckungskammer durchgeführt hat). 390

Bei Tateinheit (§ 52 StGB) von weiterhin strafbaren und seit dem 1.4.2024 straflosen Handlungen ist gem. Art. 316p, 313 Abs. 3 EGStGB eine **Neufestsetzung der Strafe** erforderlich. Auch eine bei Tatmehrheit (§ 53 StGB) gebildete Gesamtstrafe muss gem. Art. 316p, 313 Abs. 4 EGStGB neu festgesetzt werden, wenn eine seit 1.4.2024 straflose Tat Teil der Gesamtstrafe ist. Für die Neufestsetzung der Strafe oder der Gesamtstrafe ist nach derzeit wohl h.M. das erkennende Gericht und nicht die Strafvollstreckungskammer zuständig (OLG Dresden, Beschl. v. 7.6.2024 – 2 Ws 95/24, NStZ-RR 2024, 346; OLG Jena, Beschl. v. 17.6.2024 – 1 Ws 190/24; OLG Köln, Beschl. v. 18.6.2024 – 2 Ws 319/24;OLG Nürnberg, Beschl. v. 26.6.2024 – Ws 420/24; OLG Schleswig, Beschl. v. 1.8.2024 – 1 Ws 123/24; OLG Stuttgart, Beschl. v. 6.6.2024 – 4 Ws 167/24; LG Aachen, Beschl. v. 29.4.2024 – 69 KLs 17/19; a.A. LG Karlsruhe, Beschl. v. 15.5.2024 – 20 StVK 228/24; LG Trier, Beschl. v. 3.4.2024 – 10 StVK 189/24). In der Sache geht es nicht um Zweifel über die Berechnung einer bereits „erkannten Strafe" (§ 458 Abs. 1 StPO) oder um Gesichtspunkte, die dem Strafvollstreckungsverfahren zugeordnet werden können, sondern um eine Rechtskraftdurchbrechung und Neufestsetzung der originären Strafe und damit um eine dem Tatgericht zuzuordnende Strafzumessungsentscheidung, die der Vollstreckung vorgelagert ist. 391

Der Akt der Strafzumessung ist typischerweise Teil des Erkenntnisverfahrens und dem erkennenden Gericht und nicht etwa der Strafvollstreckungskammer zugewiesen (z.B. OLG Stuttgart, Beschl. v. 6.6.2024 – 4 Ws 167/24, NJW-Spezial 2024, 474; OLG Köln, Beschl. v. 18.6.2024 – 2 Ws 319/24). Vor diesem Hintergrund spricht vieles dafür, dass die Tätigkeit des Verteidigers bei der Neufestsetzung der Strafe bzw. einer Gesamtstrafe nach Art. 316p, 313 Abs. 3, 4 EGStGB **keine Gebühren** in der **Strafvollstreckung** nach Teil 4 Abschnitt 2 VV RVG auslöst (Nrn. 4200 ff. VV RVG), sondern als Teil des Erkenntnisverfahrens Teil 4 Abschnitt 1 VV RVG (Nrn. 4100 ff. VV RVG) unterfällt (*Volper*, AGS 2024, 385; *Volpert* StRR 11/2024, 6). 392

Eine etwaige Tätigkeit des Verteidigers gegenüber der Vollstreckungsbehörde im Hinblick auf den Straferlass (LG Kleve, Beschl. v. 6.5.2024 – 181 StVK 74/24 wird man aber systematisch der **Strafvollstreckung** zuordnen müssen. Hierfür spricht, dass Art. 313 Abs. 5 EGStGB bei Zweifeln über die sich aus Art. 313 Abs. 1 EGStGB ergebenden Rechtsfolgen die §§ 458 und 462 StPO für sinngemäß anwendbar erklärt. Daher entsteht bei einem umfassenden Vertretungsauftrag für die Strafvollstreckung für die Tätigkeit im deklaratorischen Straferlassverfahren die Verfahrensgebühr für sonstige Verfahren in der Straf- 393 vollstreckung nach Nrn. 4204 f. VV RVG. Liegt nur ein Auftrag für eine **einzelne Tätigkeit** in der Strafvollstreckung vor, zum Beispiel für das Schreiben an die Staatsanwaltschaft mit dem Antrag auf Einstellung der Vollstreckung, entsteht die Verfahrensgebühr für eine einzelne Tätigkeit nach Nr. 4301 Nr. 6 VV RVG (*Volpert* AGS 2024, 385; *Volpert* StRR 11/2024, 6).

394 **b)** Auch **gerichtliche Verfahren** nach **§§ 23 ff. EGGVG** zur Überprüfung von Maßnahmen der Vollstreckungsbehörde werden nicht von Nr. 4204 VV RVG erfasst; insoweit gilt Teil 3 VV RVG (→ *Vergütung in Verfahren nach §§ 23 ff. EGGVG*, Teil J Rdn 419).

Siehe auch: → *Strafvollstreckung, Allgemeines*, Teil J Rdn 319 m.w.N.

395 Verfahrensverzögerung/Verzögerungsrüge, Abrechnung

396 **Literaturhinweise:** **Burhoff**, Verfahrensverzögerung, überlange Gerichtsverfahren und Verzögerungsrüge – die Neuregelungen im GVG, StRR 2012, 4; *ders.*, Verfahrensverzögerung, überlange Gerichtsverfahren und Verzögerungsrüge – die Neuregelungen im GVG, VRR 2012, 44; *ders.*, Entschädigung für überlange Straf- und Bußgeldverfahren – die Neuregelungen im GVG, ZAP F. 22, S. 591; **H. Schneider**, Kosten in Rechtsschutzverfahren bei überlangen Gerichtsverfahren, AGS 2012, 53; *ders.*, Anwaltskosten in Entschädigungsklage wegen überlanger Verfahren, JurBüro 2023, 337; **N. Schneider**, Abrechnung in Verfahren nach dem Gesetz über den Rechtsschutz bei überlangen Gerichtsverfahren, RVGreport 2012, 82; s.a. die Hinw. bei → *Allgemeine Gebührenfragen, Allgemeines*, Teil D Rdn 2, bei → *Verfahrensverzögerung/Verzögerungsrüge*, Teil I Rdn 740, und bei den u.a. Stichwörtern.

397 **1.a)** Ist der Rechtsanwalt **Vollverteidiger** i.S.v. Teil 4 Abschnitt 1 bzw. Teil 5 Abschnitt 1 VV RVG, sind besondere Gebühren für die in Zusammenhang mit einer Verzögerungsrüge stehenden Tätigkeiten nicht vorgesehen. Diese werden vielmehr von der jeweiligen Verfahrensgebühr Nr. 4124, 4130, 5113 VV RVG abgegolten (Gerold/Schmidt/*Burhoff*, VV Vorb. 4 Rn 14; *Burhoff* StRR 2012, 4; *ders.*, VRR 2012, 44). Es handelt sich bei diesen Tätigkeiten um „Betreiben des Geschäfts" i.S.d. Vorbem. 4 Abs. 2 bzw. Vorbem. 5 Abs. 2 VV RVG).

☝ Das gilt insbesondere **auch** für die mit einer **Verzögerungsrüge** nach § 198 Abs. 3 GVG zusammenhängenden Tätigkeiten (Burhoff/*Burhoff*, RM, Teil B Rn 1075 ff.; *Burhoff*, EV, Rn 5346 ff.).

398 **b)** Ist der Rechtsanwalt nicht (Voll-)Verteidiger, sondern z.B. nur mit der Erhebung der Verzögerungsrüge nach § 198 Abs. 3 GVG beauftragt, entsteht für diese **Einzeltätigkeit** im Strafverfahren die Nr. 4302 Ziff. 2 VV RVG und im Bußgeldverfahren die Nr. 5200 VV RVG. Es gelten die allgemeinen Regeln (→ *Einzeltätigkeiten, Allgemeines,* Teil J Rdn 42 ff.).

399 **2.** Kommt es nach Abschluss des Straf- oder Bußgeldverfahrens zum **Entschädigungsprozess** (→ *Verfahrensverzögerung, Entschädigung*, Teil I Rdn 739 ff.; *Burhoff* StRR 2012, 4; *ders.*, VRR 2012, 44; *ders.*, ZAP F. 22, S. 591), gelten für diesen die **allgemeinen Regeln**. D.h., dass die Abrechnung nach **Teil 3 VV RVG** erfolgt. Abgerechnet wird nach Teil 3 Abschnitt 3 Unterabschnitt 2 VV RVG, also nach den besonderen erstinstanzlichen Verfahren (eingehend zur Abrechnung des Entschädigungsprozesses auch *H. Schneider* AGS 2012, 53 und JurBüro 2023, 337; *N. Schneider* RVGreport 2012, 82).

Siehe auch: → *Verfahrensverzögerung, Entschädigung*, Teil I Rdn 739, m.w.N.; → *Allgemeine Gebührenfragen, Allgemeines*, Teil J Rdn 1, m.w.N.

Vergütung im Strafvollzug 400

Das Wichtigste in Kürze:

1. Gerichtliche Verfahren nach den §§ 109 – 115 StVollzG werden nach Teil 3 VV RVG abgerechnet.
2. Für die außergerichtliche Vertretung bzw. die Vertretung im Verwaltungsverfahren entsteht die Geschäftsgebühr nach Nr. 2300 VV RVG.
3. Der Gegenstandswert für die Geschäftsgebühr bestimmt sich nach § 23 Abs. 1 S. 3 oder § 23 Abs. 3 S. 2 RVG.
4. Im gerichtlichen Verfahren vor der StVK entsteht die 1,3 Verfahrensgebühr Nr. 3100 VV RVG.
5. Die 1,2 Terminsgebühr Nr. 3104 VV RVG kann für Besprechungen mit dem Ziel der Verfahrensvermeidung oder Verfahrenserledigung anfallen.
6. Die Tätigkeit im Rahmen einer einstweiliges Anordnung nach § 114 Abs. 2 S. 2 StVollzG bildet eine besondere Angelegenheit.
7. Im Rechtsbeschwerdeverfahren entsteht eine 1,6 Verfahrensgebühr nach Nr. 3200 VV RVG.
8. Der Gegenstandswert im gerichtlichen Verfahren bestimmt sich nach § 23 Abs. 1 S. 1 RVG i.V.m. §§ 60, 52 Abs. 1 bis 3 GKG.
9. Im gerichtlichen Verfahren kann Prozesskostenhilfe bewilligt und in gem. §§ 109 Abs. 2 S. 1, 119a Abs. 6 StVollzG von Amts wegen ein Rechtsanwalt beigeordnet werden.
10. Bei Bewilligung von Beratungshilfe für eine Strafvollzugsangelegenheit entsteht die Beratungsgebühr Nr. 2501 VV RVG.

Literaturhinweise: **Burhoff**, Die Abrechnung (förmlicher/formloser) Rechtsbehelfe im Straf- und Bußgeldverfahren, StRR 2012, 172; *ders.*, Die Vergütung des Rechtsanwalts in Verfahren nach dem Strafvollzugsgesetz, RVGreport 2020, 122; *ders.*, Die Vergütung des Rechtsanwalts in Verfahren nach §§ 23 ff. EGGVG, RVGreport 2020, 162; *ders.*, Die Abrechnung (förmlicher/formloser) Rechtsbehelfe im Straf- und Bußgeldverfahren, AGS 2023, 487; **Korte**, Beratungshilfe für die Verteidigung im Strafvollzug, StV 1982, 448; **Mümmler**, Zur rechtlichen Einordnung von Angelegenheiten des Strafvollzugs, JurBüro 1987, 613; **Volpert**, Tätigkeiten im Strafvollzug richtig abrechnen, RVGprofessionell 2006, 214; *ders.*, Beratungshilfegebühren in Angelegenheiten des Strafrechts, StRR 2010, 333; *ders.*, Vergütung des Rechtsanwalts in Verfahren nach dem Strafvollzugsgesetz, RVGreport 2012, 362; **Zieger**, Vernachlässigte Tätigkeitsfelder der Verteidigung, insbesondere Vollstreckung und Vollzug, StV 2006, 375. 401

1. Bei den **Verfahren** nach den **§§ 109 – 115 StVollzG** handelt es sich der Sache nach an sich um Strafsachen. Dennoch ist Teil 4 VV RVG nicht auf diese Verfahren anwendbar, sondern **Teil 3 VV RVG**. Dieser gilt nach seiner Überschrift ausdrücklich (auch) für gerichtliche Verfahren nach dem StVollzG (KG StV 2008, 374; LG Marburg StraFo 2006, 216; *Volpert* RVGreport 2012, 362) und ähnliche Verfahren. Bei den ähnlichen Verfahren handelt es sich u.a. um die Verfahren nach den §§ 23 ff. EGGVG (OLG Zweibrücken StraFo 2010, 515; [inzidenter] OLG Jena RVGreport 2017, 23; LG Wiesbaden, Beschl. v. 11.9.2014 – 2 Qs 69/14; *Burhoff* StRR 2012, 172; *ders.* RVGreport 2013, 213; Burhoff/*Burhoff*, RM, Teil D Rn 46 ff.), für die das RVG in Teil 6 VV RVG keine besondere Regelung getroffen hat (vgl. a. Vorbem. 3 Abs. 7 VV RVG). 402

2.a) In Betracht kommt zunächst eine **außergerichtliche Vertretung** des Verurteilten bzw. dessen **Vertretung** im **Verwaltungsverfahren**. Dem schließt sich die (gerichtliche) Überprüfung von Maßnahmen an. Diese ist auf dem Gebiet des Strafvollzugs in den §§ 109 – 121b StVollzG geregelt. Zuständig ist hier zunächst die StVK, die ohne mündliche Verhandlung entscheidet (§ 115 Abs. 1 StVollzG). Gegen deren Entscheidung kann nach § 116 Abs. 1 StVollzG Rechtsbeschwerde eingelegt werden, über die das OLG entscheidet. Für diese Verfahren gilt nach Vorbem. 3.2.1 Nr. 4 VV RVG der Teil 3 Abschnitt 2 Unterabschnitt 1 VV RVG entsprechend (→ *Strafvollzug, Erwachsene, gerichtliche Entscheidung, Allgemeines*, Teil C Rdn 190 m.w.N.). 403

404 **b)** Die außergerichtliche Vertretung bzw. die Vertretung im Verwaltungsverfahren ist weder nach Teil 4 Abschnitt 2 VV RVG (Strafvollstreckung) noch nach Teil 4 Abschnitt 3 VV RVG (Einzeltätigkeiten) abzurechnen, weil im Strafvollzug der Bereich der Strafvollstreckung bereits verlassen ist und die Regelung für die Einzeltätigkeiten in den Nrn. 4300 ff. VV RVG bei Übertragung der vollen Vertretung nicht in Betracht kommen. Selbst bei einer Einzeltätigkeit im Strafvollzug sind Nrn. 4300 ff. VV RVG aber unanwendbar, weil das RVG insoweit eine vorrangige Regelung enthält (*Burhoff* RVGreport 2020, 122; *Volpert* RVGreport 2012, 362). Für die Tätigkeit im Strafvollzug außerhalb eines gerichtlichen Verfahrens oder eines Verwaltungsverfahrens, das dem gerichtlichen Verfahren nach § 109 StVollzG vorhergeht, entsteht somit eine **Geschäftsgebühr** nach **Nr. 2300 VV RVG** (AnwKomm-RVG/*N. Schneider*, VV Vorbem. 4.3 Rn 4 und 5; Gerold/Schmidt/*Müller-Rabe*, RVG, Vorbem. 3.2.1 VV Rn 59; ausf. Burhoff/Volpert/*Burhoff/Volpert*, RVG, Teil A Rn 2312 ff.; *Volpert* RVGreport 2013, 362; → *Verwaltungsverfahren, Abrechnung,* Teil J Rdn 467). Eine Kappung der Geschäftsgebühr nach Abs. 2 der Anm. zu Nr. 2300 VV RVG (0,5 – 1,3 Gebühr bei **Inkassodienstleistung** für eine unbestrittene Forderung) kommt nicht in Betracht.

☝ Ist der Anwalt in einer Strafvollzugssache sowohl außergerichtlich als auch in einem gerichtlichen Verfahren tätig, gelten für die **Anrechnung** der **Geschäftsgebühr** auf die Verfahrensgebühr Nr. 3100 VV RVG die Anrechnungsregelungen der **Vorbem. 3 Abs. 4 VV RVG** und **§ 15a RVG** (Gerold/Schmidt/*Müller-Rabe*, RVG, Vorbem. 3.2.1 VV Rn 59; *Volpert* RVGreport 2013, 362).

405 **3.** Für die Berechnung des **Gegenstandswerts** für die **Geschäftsgebühr Nr. 2300 VV RVG** im außergerichtlichen Bereich bzw. im Verwaltungsverfahren gilt (ausf. Burhoff/Volpert/*Burhoff/Volpert*, RVG, Teil A Rn 2331 ff.):

- Kann die Tätigkeit auch **Gegenstand** eines **gerichtlichen Verfahrens** nach dem StVollzG sein, gelten nach § 23 Abs. 1 S. 3 RVG die Wertvorschriften in §§ 60, 52 Abs. 1 bis 3 GKG entsprechend. Es gilt ein Regelstreitwert von 5.000,00 EUR, wenn der Sach- und Streitstand für die Bestimmung des Streitwerts keine genügenden Anhaltspunkte bietet (Teil J Rdn 344).
- Kann der Gegenstand der außergerichtlichen Tätigkeit im Strafvollzug **nicht Gegenstand** eines **gerichtlichen Verfahrens** sein, beträgt der Gegenstandswert gem. § 23 Abs. 3 S. 2 RVG 5.000,00 EUR, wenn keine genügenden tatsächlichen Anhaltspunkte vorhanden sind oder es sich um einen nichtvermögensrechtlichen Gegenstand handelt.

☝ Die Wertfestsetzung gem. § 33 RVG ist ausgeschlossen, weil kein gerichtliches Verfahren anhängig ist (→ *Wertfestsetzung gem. §§ 32, 33 RVG,* Teil J Rdn 480). Der Auftraggeber und der Anwalt müssen sich über den Gegenstandswert einigen (Gerold/Schmidt/*Mayer*, RVG, § 33 Rn 5).

406 **4.** Im **erstinstanzlichen** Verfahren vor der **StVK** entsteht zunächst für das Betreiben des Geschäfts einschließlich der Information (Vorbem. 3 Abs. 2 VV RVG) eine **Verfahrensgebühr** nach **Nr. 3100 f. VV RVG** (KG StV 2008, 374; OLG Stuttgart, Beschl. v. 31.1.2020 – V 4 Ws 22/20, JurBüro 2020, 259; LG Marburg StraFo 2006, 216). In den Fällen der Nr. 3101 Ziff. 1 VV RVG (vorzeitige Auftragsbeendigung) beträgt der Satz der Verfahrensgebühr lediglich 0,8 (→ *Zivilverfahren, Abrechnung*, Teil J Rdn 510).

407 **5.** Eine Terminsgebühr für die **Teilnahme** an **gerichtlichen Terminen** (Vorbem. 3 Abs. 3 VV RVG) kann grds. nicht entstehen, da die StVK ohne mündliche Verhandlung entscheidet (§ 115 Abs. 1 StVollzG). Findet aber ein gerichtlicher Beweisaufnahmetermin statt, entsteht für die Teilnahme an diesem Termin die Terminsgebühr (OLG Stuttgart, Beschl. v. 31.1.2020 – V 4 Ws 22/20, JurBüro 2020, 259). Auch kann eine **1,2 Terminsgebühr Nr. 3104 VV RVG** nach Vorbem. 3 Abs. 3 S. 3 Nr. 2 VV RVG für **Besprechungen** mit dem Ziel der **Verfahrensvermeidung** oder **Verfahrenserledigung** mit der Vollzugsbehörde bzw. der zuständigen Aufsichtsbehörde entstehen (§ 111 StVollzG; Burhoff/Volpert/*Burhoff/*

Volpert, RVG, Teil A Rn 2324 ff.; *Burhoff* RVGreport 2020, 122; *Volpert* RVGreport 2012, 362, 363; (→ *Zivilverfahren, Abrechnung*, Teil J Rdn 510 ff.).

☝ Auch in Verfahren über eine **Rüge** wegen **Verletzung** des Anspruchs auf **rechtliches Gehör** kommt eine Terminsgebühr nach Nr. 3331 VV RVG infrage.

6. Nach **§ 114 Abs. 2 S. 2 StVollzG** kann das Gericht eine **einstweilige Anordnung** erlassen. Ob die Tätigkeit im Rahmen der einstweiligen Anordnung nach § 114 Abs. 2 S. 2 StVollzG als besondere Angelegenheit anzusehen war, war früher umstritten, weil die Bestimmung nur für einstweilige Anordnungen in der Zivil-, Verwaltungs- und Finanzgerichtsbarkeit für anwendbar gehalten wurde (OLG Frankfurt, Beschl. v. 31.8.2006 – 2 Ws 44/06; s. auch BT-Drucks 15/1971, S. 191 ff.). Die Tätigkeit wurde dann also von der Verfahrensgebühr Nr. 3100 VV RVG abgegolten. Die a.A. wendete § 17 Nr. 4b RVG entsprechend an, weil § 114 Abs. 2 S. 2 Halbs. 2 StVollzG auf die einstweilige Anordnung in der Verwaltungsgerichtsbarkeit nach § 123 VwGO verweist (KG StraFo 2008, 132 = AGS 2008, 227 = StV 2008, 374; LG Marburg StraFo 2006, 216 = AGS 2007, 81. 408

In den Motiven zur Änderung des § 17 Nr. 4b RVG durch das 2. KostRMoG v. 23.7.2013 (BGBl 2013, 2586) geht der Gesetzgeber davon aus, dass die Regelung sämtliche Verfahren über den einstweiligen Rechtsschutz betrifft (BT-Drucks 17/11471, S. 267). Vor diesem Hintergrund wird die **Tätigkeit** im Rahmen der **einstweiligen Anordnung** nach § 114 Abs. 2 S. 2 StVollzG nun auf jeden Fall als **besondere Angelegenheit** angesehen werden müssen. Das gilt insbesondere auch deshalb, weil im Wortlaut von § 17 Nr. 4b RVG die Wörter „einen Antrag auf" gestrichen worden sind und der Gesetzgeber damit zum Ausdruck bringen wollte, dass auch Verfahren auf Erlass einer einstweiligen Anordnung von Amts wegen eine besondere Angelegenheit bilden (Burhoff/Volpert/*Burhoff/Volpert*, RVG, Rn 2327; Gerold/Schmidt/*Müller-Rabe*, § 17 Rn 78). 409

☝ Im Verfahren auf Erlass einer einstweiligen Anordnung entstehen die Gebühren ebenfalls nach Teil 3 VV RVG (Verfahrensgebühr Nr. 3100, 3101 VV RVG, Terminsgebühr Nr. 3104 VV RVG; (→ *Zivilverfahren, Abrechnung*, Teil J Rdn 510 ff.).

7. Legt der Betroffene bzw. der Rechtsanwalt gegen die Entscheidung der StVK nach § 116 StVollzG **Rechtsbeschwerde** ein, richten sich die entstehenden Gebühren gem. Vorbem. 3.2.1 Nr. 4 VV RVG nach **Teil 3 Abschnitt 2 Unterabschnitt 1 VV RVG** (*Burhoff* RVGreport 2020, 122; *Volpert* RVGreport 2013, 362, 363; Gerold/Schmidt/*Müller-Rabe*, RVG, Vorbem. 3.2.1 VV Rn 57 ff.). Es entsteht eine 1,6 Verfahrensgebühr nach Nr. 3200 VV RVG. Eine Terminsgebühr entsteht nicht, da das OLG ohne mündliche Verhandlung entscheidet. 410

☝ Im Falle der **Zurückverweisung** durch das OLG an die StVK nach § 119 StVollzG bildet das dann folgende Verfahren gem. § 21 Abs. 1 RVG eine **neue Angelegenheit**. Nach Vorbem. 3 Abs. 6 VV RVG ist aber bei Zurückverweisung an die StVK, die bereits mit der Sache befasst war, die dort entstandene Verfahrensgebühr auf die Verfahrensgebühr für das Verfahren nach Zurückverweisung anzurechnen (Burhoff/Volpert/*Burhoff/Volpert*, RVG, Teil A Rn 2328). Bei dieser Gebührenanrechnung ist § 15a RVG zu beachten. Es kann daher durch die Zurückverweisung lediglich hinsichtlich der Terminsgebühr ein weiterer Gebührenanspruch entstehen (*Volpert* RVGreport 2012, 362, 363).

8.a) Für die Bestimmung des **Geschäftswerts** im **gerichtlichen Verfahren** gilt: Gem. § 23 Abs. 1 S. 1 RVG bestimmt sich der Wert nach **§§ 60, 52 Abs. 1 bis 3 GKG**, für das Verfahren über den Antrag auf Aussetzung des Vollzugs einer Maßnahme der Vollzugsbehörde oder auf Erlass einer einstweiligen Anordnung nach § 114 Abs. 2 StVollzG nach §§ 60, 51 Abs. 1 und 2 GKG. Soweit nichts anderes bestimmt ist, wird der Wert nach **pflichtgemäßem Ermessen** bestimmt. Maßgeblich ist die sich aus dem Antrag des Antragstellers für ihn ergebende Bedeutung der Sache, die subjektive Einschätzung des Strafgefangenen, welche Bedeu- 411 tung die Sache für ihn hat (Affektionsinteresse), soll dagegen nach Auffassung des OLG Rostock außer Betracht bleiben (OLG Rostock JurBüro 2017, 532; vgl. a. noch OLG Karlsruhe RVGreport 2018, 431 m Anm. *Hansens*). Entsprechendes soll für Umfang und Schwierigkeit der anwaltlichen Tätigkeit in derartigen Verfahren gelten (OLG Rostock, a.a.O.; OVG Lüneburg JurBüro 2014, 191).

412 **b)** Mangels genügender Anhaltspunkte ist der Streitwert mit 5.000,00 EUR anzunehmen, §§ 60, 52 Abs. 2 GKG. Sonst ist gem. §§ 60, 52 Abs. 3 S. 1 GKG die beantragte, bezifferte Geldleistung maßgebend (OLG Jena, Beschl. v. 12.9.2024 – 2 Ws 496/23; hierzu auch NK-GK/*N. Schneider*, § 60 GKG Rn 4 ff.). Der in § 52 Abs. 2 GKG genannte Betrag von 5.000,00 EUR ist aber nur ein **subsidiärer Ausnahmewert**, wenn der Sach- und Streitstand keine genügenden Anhaltspunkte bietet, um den Streitwert gem. §§ 60, 52 Abs. 1 GKG zu bestimmen. Daher ist der Streitwert in Strafvollzugssachen angesichts der geringen finanziellen Leistungsfähigkeit der meisten Gefangenen niedriger als auf 5.000,00 EUR festzusetzen, um zu gewährleisten, dass die Anrufung des Gerichts für den Betroffenen nicht mit einem unzumutbar hohen Kostenrisiko verbunden ist. Andererseits muss auch darauf geachtet werden, dass die gesetzlichen Gebühren hoch genug sind, um die Tätigkeit des Verteidigers wirtschaftlich vertretbar erscheinen zu lassen und dem Gefangenen so die Inanspruchnahme anwaltlichen Beistandes zu ermöglichen (KG AGS 2007, 353 = RVGreport 2007, 312 = JurBüro 2007, 532; NStZ-RR 2002, 62; KG, Beschl. v. 22.2.2022 – 2 Ws 101/21 Vollz, AGS 2022, 573; OLG Hamm, Beschl. v. 18.5.2004 – 1 Vollz (Ws) 75/04; Beschl. v. 22.3.2022 – III-5 Ws 393/21, StV 2023, 118; Beschl. v. 11.2.2020 – III-3 Ws 550/19; OLG Karlsruhe RVGreport 2016, 232 = StRR 1/2017, S. 22 = AGS 2016, 428; OLG Koblenz StraFo 2013, 305; OLG München StraFo 2017, 40; OLG Rostock JurBüro 2017, 532; OLG Stuttgart, Beschl. v. 31.1.2020 – V 4 Ws 22/20, JurBüro 2020, 259; LG Hamburg, Beschl. v. 22.5.2023 – 637 Vollz 14/23; NK-GK/*N. Schneider*, § 60 GKG Rn 7).

413 **c)** Nach §§ 63 Abs. 2, 65 GKG wird der Wert in gerichtlichen Verfahren nach dem StVollzG **von Amts wegen vom Gericht festgesetzt** (OLG Jena, Beschl. v. 12.9.2024 – 2 Ws 496/23; NK-GK/*N. Schneider*, § 60 GKG Rn 8). Diese Wertfestsetzung für die Gerichtsgebühren Nrn. 3810 ff. KV GKG ist nach § 32 Abs. 1 RVG auch für die Gebühren des Rechtsanwalts im gerichtlichen Verfahren nach dem StVollzG maßgebend (vgl. a. § 23 Abs. 1 S. 1 RVG). Für die Beschwerde gegen die Wertfestsetzung gelten §§ 32 Abs. 2 RVG, 68 GKG (z.B. KG, Beschl. v. 22.2.2022 – 2 Ws 101/21 Vollz, AGS 2022, 573; OLG Hamm, Beschl. v. 22.3.2022 – III-5 Ws 393/21, StV 2023, 118; OLG Karlsruhe RVGreport 2016, 232 = AGS 2016, 428; NK-GK/*N. Schneider*, § 60 GKG Rn 8).

414 Die Festsetzung des Gegenstandswerts in der Strafvollzugssache **kann isoliert** und nicht nur zusammen mit der Hauptsacheentscheidung bzw. der Kostenentscheidung **angefochten** werden (KG, Beschl. v. 22.2.2022 – 2 Ws 101/21 Vollz, AGS 2022, 573; OLG Hamm, Beschl. v. 11.2.2020 – III-3 Ws 550/19; so auch noch OLG Karlsruhe RVGreport 2016, 232 = AGS 2016, 428; OLG Stuttgart, Beschl. v. 31.1.2020 – V 4 Ws 22/20, JurBüro 2020, 259).§ 1 Abs. 5 GKG und **§ 1 Abs. 3** RVG regeln ausdrücklich, dass die Vorschriften des RVG über die Beschwerde den für das jeweilige Verfahren geltenden Vorschriften vorgehen (zur örtlichen Zuständigkeit zur Entscheidung einer Streitwertbeschwerde in NRW s. OLG Düsseldorf ZfStrVo 2013, 57). Deshalb ist ältere Rspr. aus der Zeit vor dem Inkrafttreten des 2. KostRMoG zum 1.8.2013 nicht mehr anwendbar (z.B. OLG Stuttgart RVGreport 2006, 157 m. abl. Anm. *Hansens*; OLG Koblenz NStZ 1982, 48; zutr. dagegen KG AGS 2007, 353 = RVGreport 2007, 312 = JurBüro 2007, 532; OLG Hamm NStZ 1989, 495; 18.5.2004 – 1 Vollz [Ws] 75/04).

> ☝ Nach § 32 Abs. 2 S. 1 RVG kann der Rechtsanwalt die Wertfestsetzung aus eigenem Recht mit der **Beschwerde** nach § 68 GKG anfechten (dazu KG AGS 2007, 353 = RVGreport 2007, 312 = JurBüro 2007, 532; Beschl. v. 22.2.2022 – 2 Ws 101/21 Vollz, AGS 2022, 573; OLG Hamm, Beschl. v. 22.3.2022 – III-5 Ws 393/21, StV 2023, 118; OLG Karlsruhe RVGreport 2016, 232 = StRR 1/2017, 22 = AGS 2016, 428; OLG Stuttgart JurBüro 2020, 259 = Justiz 2020, 129 unter Aufgabe früher entgegenstehender Rspr.; *Onderka*, RVGprofessionell 2005, 7). Das Beschwerdeverfahren ist gem. § 68 Abs. 3 GKG **gerichtsgebührenfrei**.

d) Auf folgende Wertfestsetzungen ist exemplarisch hinzuweisen: 415

- für eine Woche **Arrest** ein Streitwert von 500,00 EUR (AnwK-StVollzG/Kamann/Spaniol, 6. Aufl. 2012, § 52 StVollzG Rn 11),
- für die **Nutzung** eines **Lese-/Schreibcomputers** durch einen sehbehinderten Strafgefangenen ein Streitwert von 500,00 EUR (OLG Celle, Beschl. v. 7.1.2019 – 3 Ws 321/18 [StrVollz]),
- für drei **Disziplinarmaßnahmen** – Entzug des Radio- und Fernsehempfangs, der Gegenstände für eine Beschäftigung in der Freizeit, wie Radio und TV-Gerät und getrennte Unterbringung in der Freizeit – jeweils für sieben Tage 1.000,00 EUR (KG, Beschl. v. 28.1.2011 – 2 Ws 383/11 Vollz),
- für eine **unzulässige Fesselung** während eines Krankenhausaufenthalts für die Dauer der Abwesenheit der Vollzugsbeamten 1.000,00 EUR (OLG Karlsruhe RVGreport 2016, 232 = StRR 1/2017, 22 = AGS 2016, 428),
- für die Überprüfung der Ordnungsgemäßheit der **anstaltsärztlichen Behandlung** 1.000,00 EUR (OLG Celle, Beschl. v. 24.1.2019 – 3 Ws 317/18 [StrVollz]),
- für ein gerichtliches Verfahren über einen Antrag auf **Lockerungen** in Form von unbegleiteten Tagesausgängen eines Maßregelpatienten 400,00 EUR (OLG Celle AGS 2010, 224),
- **erste Vollzugslockerungen** nach Vollzug von zwölf Jahren lebenslanger Freiheitsstrafe 4.000,00 EUR (OLG München StraFo 2017, 40 im Hinblick auf die erforderliche Vertretung durch einen Rechtsanwalt),
- für ein gerichtliches Verfahren mit dem Ziel, möglichst bald in den **offenen Vollzug** überwiesen zu werden oder sonst in den **Genuss** von **Lockerungen** zu gelangen und kann die Entscheidung allenfalls noch für eineinhalb Jahre Wirkung entfalten, entspricht eine Festsetzung des Streitwerts gem. § 52 Abs. 1 in Verbindung mit § 60 GKG auf 500,00 EUR der Bewertung in vergleichbaren Fällen und trägt damit auch dem Grundsatz Rechnung, dass eine möglichst einheitliche Praxis der Gerichte bei der Streitwertbemessung anzustreben ist, um das Kostenrisiko für die Gefangenen überschaubar zu machen (OLG Hamm, Beschl. v. 11.2.2020 – III-3 Ws 550/19),
- im **Prüfverfahren** nach **§ 119a StVollzG** (gerichtliche Kontrolle bei angeordneter oder vorbehaltener Sicherungsverwahrung) 2.000,00 EUR (OLG Karlsruhe Justiz 2016, 89) oder aber i.d.R. den Auffangwert des § 52 Abs. 2 GKG in Höhe von 5.000,00 EUR (OLG Frankfurt NStZ-RR 2016, 296),
- für **Rückverlegung** in den **offenen Vollzug** bei verbleibender Vollzugsdauer von (voraussichtlich) viereinhalb Jahren 2.000,00 EUR (KG RVGreport 2014, 323),
- bei Anfechtung eines Vollzugsplans beträgt der Streitwert 1.500,00 EUR (KG, Beschl. v. 22.2.2022 – 2 Ws 101/21 Vollz, AGS 2022, 573),
- der Streitwert für das Rechtsbeschwerdeverfahren betreffend die **Rechtmäßigkeit** einer **dreimonatigen Zwangsmedikation** (zweimalige Injektion) ist gemäß § 17a MRVG NW auf 2.000,00 EUR festzusetzen (OLG Hamm, Beschl. v. 25.3.2021 – III-4 Ws 53/21, AGS 2021, 234),
- für ein Strafvollzugsverfahrens mit dem Antrag des Betroffenen, von einer **Strafvollzugsanstalt** in eine andere **zurückverlegt** zu werden, wenn die beiden Vollzugsanstalten nur 35 km voneinander entfernt liegen und der Betroffene nicht geltend macht, dass ihn die Verlegung in persönlicher, sozialer oder beruflicher Weise besonders nachteilig getroffen hat, und wenn die Restfreiheitsstrafe nur noch rund fünf Monate betrug, 250,00 EUR (OLG Hamm RVGreport 2004, 359),
- für Anfechtung der **Verlegung** in eine **andere JVA** 800,00 EUR (KG RVGreport 2015, 34; anders aber LG Hamburg, Beschl. v. 22.5.2023 – 637 Vollz 14/23, StV 2025, 60, wonach sich die Festsetzung des Gegenstandswertes danach zu orientieren hat, welche Auswirkungen die Verlegung nach dem Vorbringen des Betroffenen für diesen hat. Insoweit ist neben der gegebenenfalls wechselnden Vollzugsform (offener/geschlossener Vollzug) und den geografischen Gegebenheiten (Entfernungsverhältnisse) insbesondere die (Rest-)Vollzugsdauer von 3,5 Jahren von Bedeutung: 3.000,00 EUR),
- für Verfahren über **Vollzugs-/Behandlungsplan** im Maßregelvollzug 4.000,00 EUR (OLG Hamm, Beschl. v. 6.10.2016 – 1 Vollz (Ws) 281/16; Beschl. v. 22.3.2022 – III-5 Ws 393/21, StV 2023, 118) bzw. nur 2.000 EUR (OLG Rostock JurBüro 2017, 532),

- das **OLG Hamburg**, Beschl. v. 28.7.2022 – 5 Ws 42/22 Vollz, StV 2023, 119, m.w.N. geht bei der Festsetzung des Streitwerts für Verfahren, in denen um Vollzugslockerungen gestritten wird, in ständiger Rspr. von folgenden **Grundsätzen** aus:
  - bei Verfahren auf Verlegung in den offenen Vollzug ist das Interesse mit 4.000,00 EUR zu bemessen;
  - Dieser Wert ist auch dann in Ansatz zu bringen, wenn das Begehren auf eine Lockerungsform abzielt, die mit vergleichbaren Freiheitsgraden verbunden ist;
  - Will der Antragsteller eine Lockerungsform mit geringeren Freiheitsgraden erreichen (Ausführungen, Begleitausgänge) so ist – sofern es um das „Ob" der Gewährung und nicht lediglich um die konkrete Ausgestaltung im Einzelfall geht – von einem Wert in Höhe von 2.000,00 EUR auszugehen;
  - Stehen dagegen lediglich Einzelheiten der Ausgestaltung einer im Grundsatz bewilligungsfähigen Lockerung im Streit, sind lediglich 500,00 EUR zu veranschlagen;
  - Bleibt das Antragsbegehren hinter diesen Zielen zurück, weil der Antragsteller nicht unmittelbar die Verpflichtung zur Gewährung der jeweiligen Vollzugslockerung begehrt, sondern stattdessen – gleichsam als Vorstufe dazu – nur beantragt, die einschlägigen Abschnitte des Resozialisierungsplans aufzuheben und den Antragsteller unter Beachtung der Rechtsauffassung des Gerichts neu zu bescheiden, so ist dieses Interesse mit der Hälfte des jeweiligen Werts zu bemessen.

416 **9.a)** Nach § 120 Abs. 2 StVollzG kommt in den **gerichtlichen Verfahren** nach **§§ 109** und **116 StVollzG** die Bewilligung von **Prozesskostenhilfe** nebst Beiordnung eines Rechtsanwalts in Betracht. Dazu ist die Einreichung eines Antrags mit der Erklärung über die persönlichen und wirtschaftlichen Verhältnisse des Strafgefangenen erforderlich (→ *Strafvollzug, Antrag auf gerichtliche Entscheidung, PKH/Beiordnung,* Teil C Rdn 351 m.w.N.). Die **Ablehnung** von **PKH** mit der Begründung mangelnder Erfolgsaussicht ist stets – unabhängig vom Streitwert – **unanfechtbar** (KG, Beschl. v. 16.2.2019 – 5 Ws 20/18 Vollz).

Gem. §§ 109 Abs. 3 S. 1, 119a Abs. 6 S. 1 kann dem Antragsteller ferner für ein gerichtliches Verfahren **von Amts wegen** ein Rechtsanwalt beigeordnet werden.

417 **b)** Vergütungsrechtlich gilt für diese Beiordnung von Amts wegen:

- Gem. **§ 45 Abs. 2 RVG** kann der Rechtsanwalt, der nach § 109 Abs. 3 oder § 119a Abs. 6 des Strafvollzugsgesetzes beigeordnet ist, eine Vergütung aus der Landeskasse verlangen, wenn der zur Zahlung Verpflichtete (§ 39 oder § 40 RVG) mit der Zahlung der Vergütung im Verzug ist.
- **39 Abs. 2 RVG** stellt für den Rechtsanwalt, der nach § 109 Abs. 3 oder § 119a Abs. 6 StVollzG einer Person beigeordnet ist, klar, dass dieser von dieser Person die Vergütung eines zum Verfahrensbevollmächtigten bestellten Rechtsanwalts und einen Vorschuss verlangen kann.
- Gem. **§ 47 Abs. 1 S. 2 RVG** kann der Rechtsanwalt, der nach § 109 Abs. 3 oder § 119a Abs. 6 StVollzG beigeordnet ist, einen **Vorschuss** nur verlangen kann, wenn der zur Zahlung Verpflichtete (§ 39 oder § 40 RVG) mit der Zahlung des Vorschusses im Verzug ist.

418 **10.** Es ist umstritten, ob Angelegenheiten des Strafvollzugs dem **Verwaltungsrecht** oder dem **Strafrecht** zuzuordnen sind. Es gilt:

- Werden sie dem **Verwaltungsrecht** zugeordnet, kann im Rahmen der **Beratungshilfe** Beratung und Vertretung gewährt werden (§ 2 Abs. 2 BerHG) und damit auch eine **Geschäftsgebühr Nr. 2503 VV RVG** entstehen (so LG Berlin JurBüro 1986, 401; LG Lübeck StV 1989, 405; AG Frankfurt StV 1993, 146; AG Werl, Beschl. v. 7.4.1997 – 5 II 165/96, AGS 1998, 12; *Zieger* StV 2006, 375, 377; *Korte* StV 1982, 448; *Volpert* RVGreport 2013, 362, 365).
- Werden sie dagegen dem **Strafrecht** zugeordnet, kann nur Beratung gewährt und nur eine **Beratungsgebühr Nr. 2501 VV RVG** verlangt werden (so LG Göttingen Nds.Rpfl. 1983, 161; AG Mainz Rpfleger 1990, 78; Poller/Härtl/*Köpf*, Gesamtes Kostenhilferecht, 3. Aufl., § 2 BerHG Rn 44; Groß, § 2 BerHG Rn 16 – 25). Für die Zuordnung zum **Strafrecht** spricht, dass gerichtliche Entscheidungen

in Strafvollzugssachen durch die StVK, nicht aber durch das VG getroffen werden (§ 110 StVollzG). Das gilt auch bei Entscheidung in einem Verwaltungsvorverfahren gem. § 109 Abs. 3 StVollzG (*Volpert* StRR 2010, 333).

Siehe auch: → *Vergütung in Verfahren nach § 23 ff. EGGVG*, Teil J Rdn 419; → *Verwaltungsverfahren, Abrechnung*, Teil J Rdn 467; → *Wertfestsetzung gem. §§ 32, 33 RVG*, Teil J Rdn 480; → *Zivilverfahren, Abrechnung,* Teil J Rdn 510 ff.

Vergütung in Verfahren nach §§ 23 ff. EGGVG 419

Das Wichtigste in Kürze:

1. Bei der Anfechtung von Justizverwaltungsakten nach §§ 232 ff. EGGVG handelt es sich gebührenrechtlich um „ähnliche Verfahren" i S. der Überschrift zu Teil 3 VV RVG.
2. Verfahren nach § 35 BtMG gegenüber der StA werden nach Nrn. 4204 f. VV RVG, ggf. folgende gerichtliche Verfahren nach §§ 23 ff. EGGVG werden nach Teil 3 VV RVG abgerechnet.
3. Im Verfahren nach §§ 23 ff. EGGVG vor dem OLG entsteht eine 1,3 Verfahrensgebühr Nr. 3100 VV RVG.
4. Der Gegenstandswert im gerichtlichen Verfahren bestimmt sich nach § 36 GNotKG.

Literaturhinweise: **Burhoff**, Die Abrechnung (förmlicher/formloser) Rechtsbehelfe im Straf- und Bußgeldverfahren, StRR 2012, 172; *ders.*, Die Vergütung des Rechtsanwalts in Verfahren nach §§ 23 ff. EGGVG, RVGreport 2020, 162; *ders.*, Die Abrechnung (förmlicher/formloser) Rechtsbehelfe im Straf- und Bußgeldverfahren, AGS 2013, 487; **Volpert**, Tätigkeiten im Strafvollzug richtig abrechnen, RVGprofessionell 2006, 214; *ders.*, Beratungshilfegebühren in Angelegenheiten des Strafrechts, StRR 2010, 333; *ders.*, Vergütung des Rechtsanwalts in Verfahren nach dem Strafvollzugsgesetz, RVGreport 2012, 362; **Zieger**, Vernachlässigte Tätigkeitsfelder der Verteidigung, insbesondere Vollstreckung und Vollzug, StV 2006, 375. 420

1.a) Die Verfahren nach den §§ 23 ff. EGGVG betreffen u.a. die Entscheidung über die Rechtmäßigkeit der Anordnung von Justizbehörden zur Regelung einer einzelnen Angelegenheit auf dem Gebiet der Strafrechtspflege (§ 23 Abs. 1 S. 1 EGGVG). Bei der Anfechtung von Justizverwaltungsakten nach den §§ 23 ff. EGGVG handelt es sich gebührenrechtlich um „ähnliche Verfahren" i.S.d. Überschrift zu **Teil 3 VV RVG** (OLG Jena, RVGreport 2017, 23; OLG Zweibrücken NStZ- StraFo 2010, 515; LG Wiesbaden, Beschl. v. 11.9.2014 – 2 Qs 69/14). Die Abrechnung dieser Verfahren erfolgt deshalb nach Teil 3 VV RVG (*Volpert* RVGreport 2012, 362; Burhoff/*Burhoff*, RM, Teil D Rn 46; → *Zivilverfahren, Abrechnung*, Teil J Rdn 510; zu den Verfahren nach den §§ 23 ff. EGGVG → *Strafvollzug, Erwachsene, gerichtliche Entscheidung, Allgemeines,* Teil C Rdn 190 m.w.N. u.a. Burhoff/*Schmidt-Clarner*, RM, Teil B Rn 323 ff.). 421

b) Fraglich ist, wie Verfahren betreffend die **Zurückstellung** der **Strafvollstreckung** nach **§ 35 BtMG** hinsichtlich betäubungsmittelabhängiger Straftäter abgerechnet werden (→ *BtM-Verfahren, Zurückstellung, Allgemeines*, Teil B Rdn 97 m.w.N.). Insoweit ist zu unterscheiden (vgl. dazu OLG Zweibrücken StraFo 2010, 515; LG Wiesbaden, Beschl. v. 11.9.2014 – 2 Qs 69/14): 422

- Für das **Verfahren** gegenüber der **StA** sind die **Nrn. 4204 f. VV RVG** abzurechnen, eine Geschäftsgebühr Nr. 2300 VV RVG kann nach Vorbem. 2.3 Abs. 2 VV RVG nicht anfallen (vgl. a. Burhoff/*Volpert*, RVG, Nr. 4204 VV Rn 20; Gerold/Schmidt/*Burhoff*, RVG, VV 4204 – 4207 Rn 4; Burhoff/*Burhoff*, RM, Teil D Rn 49).
- Wird die ablehnende Entscheidung der StA im **Verfahren** nach den **§§ 23 ff. EGGVG** angegriffen, fallen für die Tätigkeiten in diesem gerichtlichen Verfahren **dann noch** die Gebühren nach **Teil 3 VV RVG** an (OLG Zweibrücken, a.a.O.; LG Wiesbaden, Beschl. v. 11.9.2014 – 2 Qs 69/14). Diese sind nicht etwa durch die Gebühren nach Teil 4 Abschnitt 2 VV RVG abgegolten (Burhoff/*Burhoff*, a.a.O.). Die Gebühren nach Teil 3 VV RVG entstehen also zusätzlich zu etwaigen Gebühren für

die Tätigkeit im Strafverfahren. Teil 4 Abschnitt 2 VV RVG gilt nicht, weil das Überprüfungsverfahren gem. §§ 23 ff. EGGVG nicht zur Strafvollstreckung im eigentlichen Sinne zählt (vgl. hierzu auch BGH StraFo 2010, 473).

423 **2.a)** Das Verfahren nach den §§ 23 ff. EGGVG wird durch einen Antrag auf gerichtliche Entscheidung eingeleitet (→ *Strafvollzug, Erwachsene, gerichtliche Entscheidung, Allgemeines,* Teil C Rdn 180 m.w.N.; *Burhoff*, EV, 622; Burhoff/*Schmidt-Clarner*, RM, Teil B Rn 323 ff.). Über diesen Antrag entscheidet das zuständige OLG ohne mündliche Verhandlung (§ 29 Abs. 2 EGGVG i.V.m. §§ 304 ff. StPO). Die Entscheidung des OLG ist unanfechtbar.

☝ In den Verfahren nach den §§ 23 ff. EGGVG kann **PKH** gewährt werden. In § 29 Abs. 3 EGGVG und in § 120 Abs. 2 StVollzG wird auf die §§ 114 ff. ZPO verwiesen (→ *Strafvollzug, Erwachsene, gerichtliche Entscheidung, Prozesskostenhilfe/Beiordnung,* Teil C Rdn 361; Burhoff/*Schmidt-Clarner*, RM, Teil B Rn 475).

424 **b)** Im Verfahren nach den §§ 23 ff. EGGVG entsteht eine **1,3 Verfahrensgebühr** nach **Nr. 3100 VV RVG** (OLG Jena, RVGreport 2017, 23; OLG Zweibrücken StraFo 2010, 515; LG Wiesbaden, Beschl. v. 11.9.2014 – 2 Qs 69/14). Diese entsteht für das Betreiben des Geschäfts einschließlich der Information (Vorbem. 3 Abs. 2 VV RVG; vgl. dazu Burhoff/Volpert/*Burhoff*, RVG, Vorbem. 4 VV Rn 37 ff.). Die Verfahrensgebühr deckt sämtliche Tätigkeiten des Rechtsanwalts/Verteidigers im Zusammenhang mit dem Antrag auf gerichtliche Entscheidung ab. Dazu gehören die Informationserteilung ebenso wie die Vorbereitung, Fertigung und Erstellung des Antrags. Auch die Entgegennahme der Entscheidung des OLG und deren Besprechung mit dem Mandanten werden von der Gebühr erfasst (vgl. a. Burhoff/*Burhoff*, RM, Teil D Rn 51). Endet das Verfahren, bevor der Rechtsanwalt den Antrag auf gerichtliche Entscheidung beim OLG eingereicht hat, erhält er die Verfahrensgebühr nach Nr. 3101 VV RVG nur i.H.v. 0,8. **Terminsgebühren** können nicht entstehen, da das OLG ohne mündliche Verhandlung entscheidet (→ *Zivilverfahren, Abrechnung*, Teil J Rdn 510).

425 **3.** Die Gebühr ist aus der Tabelle zu § 13 RVG abzulesen. In Verfahren über die Anfechtung von Justizverwaltungsakten nach den §§ 23 bis 29 EGGVG entstehen nach § 1 Abs. 2 Nr. 19 GNotKG, Vorbem. 1.5.3 KV GNotKG die als Wertgebühren ausgestalteten Gerichtsgebühren nach Nrn. 15300 f. KV GNotKG. Die Gebührenhöhe richtet sich nach dem **Gegenstandswert**. Insoweit gilt **§ 36 GNotKG** (OLG Celle NStZ-RR 2014, 64 = JurBüro 2014, 85).

426 Insoweit gilt Folgendes:

- Gem. § 36 Abs. 1 GNotKG wird der Gegenstandswert, soweit er sich in einer **vermögensrechtlichen Angelegenheit** nicht aus den Vorschriften des GNotKG ergibt und er auch sonst nicht feststeht, nach billigem Ermessen bestimmt.
- Gem. § 36 Abs. 2 GNotKG wird er, soweit sich in einer **nichtvermögensrechtlichen Angelegenheit** nicht aus den Vorschriften des GNotKG ergibt, unter Berücksichtigung aller Umstände des Einzelfalls, insbesondere des Umfangs und der Bedeutung der Sache, der Vermögens- und Einkommensverhältnisse der Beteiligten, nach billigem Ermessen bestimmt, jedoch nicht über 1.000.000,00 EUR.
- Bestehen **keine genügenden Anhaltspunkte** für eine Bestimmung des Werts, ist nach § 36 Abs. 3 GNotKG von einem Regelwert von 5.000,00 EUR auszugehen (OLG Celle NStZ-RR 2014, 64 = JurBüro 2014, 85). Er kann nach Lage des Falls niedriger oder höher festgesetzt werden, darf jedoch die Grenze von 1.000.000,00 EUR nicht überschreiten (zur Festsetzung des Gegenstandswertes → *Wertfestsetzung gem. §§ 32, 33 RVG*, Teil J Rdn 480).

☝ Der Gegenstandwert wird vom OLG nach § 79 Abs. 1 GNotKG von Amts wegen durch **Beschluss** festgesetzt. Der Beschluss ist nach § 83 Abs. 1 S. 5 i.V.m. § 81 Abs. 3 S. 3 GNotKG **unanfechtbar**.

Setzt das Gericht den Geschäftswert gem. § 79 GNotKG für die Gerichtsgebühr nach Nrn. 15300 f. KV GNotKG fest, ist diese Festsetzung gem. § 32 Abs. 1 RVG auch für die Anwaltsgebühren maßgebend.

Siehe auch: → *Vergütung im Strafvollzug*, Teil J Rdn 400; → *Verwaltungsverfahren, Abrechnung*, Teil J Rdn 467; → *Wertfestsetzung gem. §§ 32, 33 RVG*, Teil J Rdn 480; → *Zivilverfahren, Abrechnung*, Teil J Rdn 510.

Vergütungsfestsetzung gem. § 55 RVG 427

Das Wichtigste in Kürze:

1. § 55 RVG regelt die Zuständigkeit sowie das Verfahren zur Festsetzung der Vergütung des bestellten oder beigeordneten Rechtsanwalts gegen die Staatskasse.
2. An dem Festsetzungsverfahren sind nur der Rechtsanwalt und die Staatskasse beteiligt.
3. Die aus der Staatskasse zu erstattende Vergütung wird nur auf Antrag festgesetzt.
4. Die einzelnen Gebühren- und Auslagenansätze sind ggf. darzulegen und glaubhaft zu machen, wenn sie nicht aktenkundig sind.
5. Der Vergütungsanspruch umfasst auch die Umsatzsteuer (Nr. 7008 VV RVG); Angaben zur Vorsteuerabzugsberechtigung sind nicht erforderlich.
6. Im Vergütungsantrag müssen Angaben zu etwaigen vom Mandanten oder Dritten bis zum Tag der Antragstellung erhaltene Zahlungen abgegeben werden.
7. Nach Stellung des Festsetzungsantrages erhaltene Zahlungen sind aufgrund gesetzlicher Verpflichtung unverzüglich anzuzeigen; im Festsetzungsantrag ist keine Erklärung erforderlich, dass diese Zahlungen angezeigt werden.
8. Der Urkundsbeamte hat bei der Vergütungsfestsetzung bestimmte gesetzlich und durch Verwaltungsbestimmungen vorgesehene Punkte zu beachten.
9. Die Staatskasse zahlt auf den festgesetzten Vergütungsbetrag keine Zinsen.
10. Bei Festsetzung eines zu hohen Betrages kann eine Änderung zum Nachteil des Rechtsanwalts nicht von Amts wegen, sondern nur auf eine erfolgreiche Erinnerung (§ 56 RVG) der Staatskasse hin erfolgen.
11. Irrtümlich nicht geltende gemachte Vergütungsbeträge können aus der Staatskasse nachgefordert werden, wenn über eine Kürzung der Vergütung nicht bereits bestandskräftig gerichtlich entschieden wurde.
12. Über den Antrag auf Festsetzung einer fälligen Vergütung (§ 8 Abs. 1 RVG) ist grds. unverzüglich eine Entscheidung zu treffen.
13. Eine Erhöhung oder Verringerung der Vergütung kann nur im Erinnerungs- oder Beschwerdeverfahren gem. § 56 RVG erreicht werden.

428

Literaturhinweise: **Al-Jumaili**, Festsetzung der Pflichtverteidigervergütung, § 98 BRAGO, JurBüro 2000, 516; *dies.*, Vergütungsansprüche des gerichtlich bestellten Rechtsanwalts, JurBüro 2000, 172, 175; **Burhoff**, Besonderheiten der Vergütung des Pflichtverteidigers/-beistands im Strafverfahren, RVGreport 2015, 406; *ders.*, Geplante Änderungen bei der Anwaltsvergütung durch das KostRÄG 2021 – Teil 2, RVGreport 2020, 402; Vorschuss aus der Staatskasse (§ 47 RVG), AGS 2024, 440; *ders.*, Vorschuss auf eine Pauschgebühr (§ 51 Abs. 1 Satz 5 RVG), AGS 2025, 529; **Enders**, Vorschuss von PKH-Mandanten, JurBüro 2003, 225; **Fromm**, Die Vergütung des gerichtlich bestellten oder beigeordneten Rechtsanwalts in Strafsachen, JurBüro 2015, 173; **Hansens**, Gebührenerhöhung nach Nr. 1008 VV RVG bei Mindestgebühren, RVGreport 2005, 372; *ders.*, Verwaltungsvorschriften für Prozesskostenhilfe und Beratungshilfe, RVGreport 2005, 405; **Hillenbrand**, Das neue Recht der Pflichtverteidigung, ZAP F. 22, S. 983; *ders.*, Das neue Recht der Pflichtverteidigung – Teil I, StRR 2/2020, 4; *ders.*, Das neue Recht der Pflichtverteidigung – Teil II, StRR 3/2020, 4; **Korte**, Beratungshilfe für die Verteidigung im Strafvollzug?, StV 1982,

448; **Kroiß**, Die Vergütung des Pflichtverteidigers nach dem RVG, RVG-Letter 2004, 134; **Lappe**, Erstattung der Kosten des Nebenkläger-Beistands, Rpfleger 2003, 116; **Neumann**, Entscheidungsmöglichkeiten des Gerichts bei Erinnerung gegen einen zurückgewiesenen Festsetzungsantrag, JurBüro 1999, 400; **H. Schneider**, Die Rechtsbehelfsbelehrung in den kostenrechtlichen Verfahren, AGS 2014, 106; *ders.*, Terminsreisekosten in Familien- und Zivilsachen, RVGprofessionell 2006, 51; *ders.*, Die Erstattung von Dolmetscherkosten für Verteidigergespräche, RVGreport 2011, 322; *ders.*, Die Rechtsbehelfsbelehrung gem. § 12c RVG, RVGreport 2013, 210; *ders.*, Rechtsbehelfsbelehrungen gem. § 12c RVG und § 5b GKG in den strafrechtlichen Kostenverfahren, StRR 2014, 244; *ders.*, Anwaltsvergütung und Gerichtskosten bei der psychosozialen Prozessbegleitung, RVGreport 2017, 202; *ders.*, Geplante Änderungen bei der Anwaltsvergütung durch das KostRÄG 2021 – Teil 1, RVGreport 2020, 362, 368; *ders.*, Kostenrechtsänderungsgesetz 2021 – Die wichtigsten geplanten Änderungen im RVG, AGS 2020, 445; **N. Schneider**, Gebührenerhöhung nach Nr. 1008 VV in der Beratungshilfe, ZAP, Fach 24, S. 889; *ders.*, Anforderung an eine ordnungsgemäße Abrechnung nach dem RVG, AnwBl. 2004, 510; *ders.*, Anforderungen an eine ordnungsgemäße Abrechnung der anwaltlichen Vergütung, RVGreport 2012, 322; **Volpert**, Erstattung der Dolmetscherkosten für vorbereitende Gespräche des Verteidigers, BRAGOprofessionell 2003, 165; **Wielgoss**, Vergütung für die Beratungshilfe im Strafrecht, JurBüro 1998, 580; **Zieger**, Vernachlässigte Tätigkeitsfelder der Verteidigung, insbesondere Vollstreckung und Vollzug, StV 2006, 375.

429 **1.a)** In **§ 55 RVG** ist die **Zuständigkeit** sowie das **Verfahren** zur **Festsetzung der Vergütung** der in Strafsachen vom Gericht oder der StA (§ 59a Abs. 1 RVG) **beigeordneten** und **bestellten** Rechtsanwälte sowie der im Rahmen der **Beratungshilfe** tätigen Anwälte gegen die Staatskasse geregelt. Es handelt sich um einen **eigenen, öffentlich rechtlichen Vergütungsanspruch** gegen die Staatskasse (§ 45 RVG; KG AGS 2014, 405 = RVGreport 2014, 391 = JurBüro 2015, 25; OLG Düsseldorf AGS 2016, 485 = JurBüro 2016, 580 = Rpfleger 2017, 96; OLG Hamburg NStZ-RR 2012, 390 = RVGreport 2012, 457; AGS 2013, 428 = RVGreport 2013, 348 = MDR 2013, 1194; OLG Koblenz NStZ-RR 2014, 327; OLG Köln NStZ-RR 2015, 294 = RVGreport 2015, 383; OLG München, Beschl. v. 6.4.2009 – 6 Ws 2/09; AGS 2016, 528 = RVGreport 2016, 456 = JurBüro 2016, 632; OLG Nürnberg RVGreport 2014, 436 = Rpfleger 2014, 694). Es handelt es sich um ein dem Urkundsbeamten der Geschäftsstelle übertragenes justizförmiges Verwaltungs- und Betragsfestsetzungsverfahren (BGH, Beschl. v. 8.2.2023 – 2 ARs 302/22, AGS 2023, 350; OLG Düsseldorf AGS 2008, 195, 2008, 195; LG Düsseldorf, Beschl. v. 23.9.2019 – 014 KLs 10/12), in dem sich der beigeordnete oder bestellte Rechtsanwalt einerseits und die Staatskasse andererseits gegenüberstehen (LSG NRW, Beschl. v. 30.4.2018 – L 9 AL 223/16 B; Beschl. v. 9.9.2015 – L 16 KR 716/14). Es wird über den Vergütungsanspruch (vgl. dazu § 1 Abs. 1 S. 1 RVG: Gebühren und Auslagen) entschieden, der dem beigeordneten oder bestellten Rechtsanwalt oder dem Beratungshilfeanwalt nach §§ 44, 45 RVG gegen die Staatskasse zusteht. Das Verfahren nach § 55 RVG ist ein vereinfachtes Betragsfestsetzungsverfahren (KG, Beschl. v. 4.11.2011 – 1 Ws 133/10; LG Düsseldorf, Beschl. v. 23.9.2019 – 014 KLs 10/12). Nach einer Auffassung stellt die Festsetzung keinen originären **Verwaltungsakt**, sondern einen Akt der Rspr. im weiteren funktionellen Sinne dar (OLG Naumburg NJW 2003, 2921; LG Düsseldorf, Beschl. v. 23.9.2019 – 014 KLs 10/12). Der BGH (Beschl. v. 8.2.2023 – 2 ARs 302/22, AGS 2023, 350) sieht das Festsetzungsverfahren dagegen als eine Aufgabe der Justizverwaltung an. Das Verfahren nach § 55 RVG ist ein vereinfachtes Betragsfestsetzungsverfahren (KG, Beschl. v. 4.11.2011 – 1 Ws 133/10; LSG Berlin-Brandenburg, Beschl. v. 30.4.2024 – L 39 SF 52/23 B E).

☝ Der Urkundsbeamte muss bei der Festsetzung die **bundeseinheitlich geltenden Verwaltungsbestimmungen** (z.B. für den Bund die Verwaltungsvorschrift über die Festsetzung der aus der Staatskasse zu gewährenden Vergütung der Rechtsanwälte v. 19.7.2005, BAnz 2005 Nr. 147, S. 1997; für NRW Festsetzung der aus der Staatskasse zu gewährenden Vergütung der Rechtsanwälte, AV d. JM v. 30.6.2005 (5650 – Z. 20) – JMBl. NRW, S. 181). Von den Bundesländern können ergänzende Bestimmungen erlassen werden. Diese Verwaltungsbestimmungen gelten zwar unmittelbar nur für die internen Abläufe im Rahmen der Justiz, wirken sich aber auch auf die gerichtlich beigeordneten und bestellten Rechtsanwälte aus (*Hansens* RVGreport 2005, 405).

b) § 55 RVG betrifft **nur** den **eigenen, öffentlich-rechtlichen Vergütungsanspruch** des **Rechtsanwalts** (→ Rdn 429) gegen die Staatskasse und keinen Erstattungsanspruch seines Mandanten gegen einen Dritten (§§ 464a ff. StPO, 46 OWiG; → *Kostenfestsetzung gem. § 464b StPO, Allgemeines*, Teil J Rdn 200). 430

Dem beigeordneten oder bestellten Rechtsanwalt können neben dem aus der Beiordnung oder Bestellung herrührenden Vergütungsanspruch gegen die Staatskasse noch Ansprüche gegen andere Beteiligte zustehen (vgl. a. OLG Düsseldorf AGS 2016, 485 = JurBüro 2016, 580 = Rpfleger 2017, 96; OLG Hamburg AGS 2013, 428 = RVGreport 2013, 348 = MDR 2013, 1194; OLG München AGS 2016, 528 = RVGreport 2016, 456 = JurBüro 2016, 632), §§ 52, 53 RVG. Mit **§ 126 ZPO** hat der Gesetzgeber ferner ein **eigenes Liquidationsrecht** des im Wege der PKH beigeordneten Anwalts im Verhältnis zum erstattungspflichtigen Gegner des Mandanten, das die **Möglichkeit der direkten Abrechnung** mit ihm **ohne Mitwirkung der Partei** eröffnet. Das Liquidationsrecht des Anwalts im eigenen Namen besteht in **Strafsachen** in entsprechender Anwendung des § 126 ZPO bspw. auch für den im Wege der Prozesskostenhilfe beigeordneten **Nebenklägervertreter** gegenüber dem Verurteilten oder des dem Nebenkläger zum Beistand bestellten Rechtsanwalts gegen den Verurteilten (KG StRR 2007, 119; OLG Hamm AGS 2013, 254 = RVGreport 2013, 71; LG Itzehoe AGS 2008, 233). Nach **Abtretung** des Anspruchs auf Erstattung notwendiger Auslagen gegen die Staatskasse kann der Pflichtverteidiger auch im eigenen Namen Wahlverteidigergebühren im Kostenfestsetzungsverfahren gem. § 464b StPO gegen die Staatskasse geltend machen. 431

☝ Auch für die gem. § 51 RVG in Strafsachen vom OLG festgesetzte **Pauschgebühr** ist vor der Auszahlung durch den Urkundsbeamten ein Festsetzungsantrag zu stellen und im Verfahren gem. § 55 RVG festzusetzen. Eine Auszahlung allein aufgrund der Bewilligung durch das OLG ist nicht möglich (KG NJW 2009, 456 = StraFo 2008, 529 = AGS 2009, 178).

Das Verfahren zur Festsetzung des Vorschusses gem. **§ 47** RVG richtet sich **ebenfalls** nach **§ 55 RVG** (*Burhoff* AGS 2024, 440; Gerold/Schmidt/*Müller-Rabe*, § 47 Rn 7). Das ergibt sich bereits aus dem klaren Wortlaut von § 55 Abs. 1 S. 1 RVG. Deshalb muss der beigeordnete oder bestellte Rechtsanwalt in seinem Antrag auf Festsetzung des Vorschusses insbesondere auch gem. § 55 Abs. 5 S. 2 RVG angeben, ob und welche Zahlungen er bis zum Tag der Beantragung des Vorschusses erhalten hat (*Burhoff* AGS 2024, 440). Insbesondere vorschussweise geltend gemachte Auslagen sind gem. §§ 55 Abs. 5 S. 1 RVG, 104 Abs. 2 S. 1 und 2 ZPO ggf. darzulegen und glaubhaft zu machen. Eine anwaltliche Versicherung reicht nur für vorschussweise verlangte Entgelte für Post- und Telekommunikationsentgelte aus, §§ 55 Abs. 5 S. 1 RVG, 104 Abs. 2 S. 2 ZPO, nicht aber für andere Auslagen (OLG Köln NStZ-RR 2014, 64 = RVGreport 2014, 105).

2. Beteiligt am Festsetzungsverfahren sind nur der **beigeordnete** oder **bestellte** Rechtsanwalt und die **Staatskasse** (BVerfG RVGreport 2019, 215; KG JurBüro 2010, 590; LSG Thüringen, AGS 2015, 415 = RVGreport 2015, 421; Beschl. v. 26.8.2016 – L 6 SF 177/16 B; Beschl. v. 26.10.2016 – L 6 SF 1162/16 B; LSG Nordrhein-Westfalen ASR 2010, 91; Beschl. v. 9.9.2015 – L 16 KR 716/14 B; Beschl. v. 9.3.2017 – L 9 SO 625/16 B; Beschl. v. 30.4.2018 – L 9 AL 223/16 B; OLG Saarbrücken RVGreport 2020, 116 = JurBüro 2020, 75; SG Berlin RVGreport 2009, 305). Die Vergütungsfestsetzung entfaltet für andere Personen **keine Rechtskraftwirkung** (LSG Thüringen AGS 2015, 415 = RVGreport 2015, 421; Beschl. v. 26.8.2016 – L 6 SF 177/16 B). Der Vertreter der Staatskasse (Bezirksrevisor) ist im Festsetzungsverfahren ein mit eigenen Rechten ausgestatteter Beteiligter. Er kann sich auf eine eigene Rechtsstellung und dieselben prozessualen Rechte wie der Rechtsanwalt berufen (LSG Nordrhein-Westfalen, Beschl. v. 8.9.2011 – L 1 KR 129/11 B). 432

Die von dem beigeordneten oder bestellten Rechtsanwalt vertretene **Partei** oder deren **Gegner** ist an dem Festsetzungsverfahren nicht beteiligt (BVerfG RVGreport 2019, 215; LSG NRW, Beschl. v. 30.4.2018 – L 9 AL 223/16 B; Beschl. v. 9.9.2015 – L 16 KR 716/14 B; OLG Saarbrücken RVGreport 2020, 116 = JurBüro 2020, 75; OVG Münster, Beschl. v. 6.3.2012 – 17 E 1204/11). Das ist verfassungsrechtlich 433 auch nicht zu beanstanden, weil die Partei gemäß § 122 Abs. 1 Nr. 3 ZPO vor der Geltendmachung von Vergütungsansprüchen durch den im Wege der Prozesskostenhilfe beigeordneten Rechtsanwalt geschützt ist (BGH NJW 2011, 229; OLG Jena, Beschl. v. 24.1.2013 – 9 W 32/13). Hält der Verurteilte oder der sonst in die Kosten verurteilte Beteiligte die nach § 55 RVG festgesetzte Vergütung für zu hoch, können sie diese im Rahmen des Kostenansatzes (§ 19 GKG) nach Anspruchsübergang gem. § 59 RVG oder nach Anforderung gem. Nr. 9007 KV GKG mit der Erinnerung gem. § 66 GKG anfechten (KG, a.a.O.; s. dazu Burhoff/Kotz/*Volpert*, RM, Teil D Rn 222 ff.).

434 **3.** Der beigeordnete oder bestellte Rechtsanwalt muss einen **Festsetzungsantrag** stellen (LSG NRW, Beschl. v. 9.3.2017 – L 9 SO 625/16 B). Insoweit gilt (ausf. Burhoff/Volpert/*Volpert*, RVG, Teil A Rn 868 ff.):

435 **Zuständige Stelle**

- Der Antrag ist grds. beim **erstinstanzlichen Gericht** einzureichen. Das gilt gem. § 59a Abs. 1 S. 1 RVG auch bei der Bestellung eines Pflichtverteidigers durch die **Staatsanwaltschaft** nach § 142 Abs. 4 StPO bei besonderer Eilbedürftigkeit. Ist das Verfahren **nicht gerichtlich anhängig** geworden, ist der Antrag gem. § 55 Abs. 1 S. 2 RVG bei dem Gericht zu stellen, das den Verteidiger bestellt hat. Ist gem. § 142 Abs. 4 StPO wegen besonderer Eilbedürftigkeit ein Pflichtverteidiger von der Staatsanwaltschaft bestellt worden, das Verfahren aber nicht gerichtlich anhängig geworden, tritt an die Stelle des Gerichts des ersten Rechtszugs gem. § 59a Abs. 1 S. 2 RVG das Gericht, das für die gerichtliche Bestätigung der Bestellung (§ 142 Abs. 4 S. 2 StPO) zuständig ist.
- Im Fall der **Verweisung** oder **Abgabe** des Verfahrens ist der Antrag bei dem neuen Gericht einzureichen.
- Bei der Bestellung eines **Zeugenbeistands** durch die **StA** ist der Festsetzungsantrag gem. §§ 59a Abs. 2 S. 1, 55 Abs. 1 S. 1 RVG bei der StA zu stellen.

436 **Antragsberechtigung**

- Neben dem Rechtsanwalt kann auch dessen **Rechtsnachfolger** den Antrag stellen (OLG Düsseldorf AGS 1998, 43). Dem **Vertreter des Rechtsanwalts** i.S.v. § 5 RVG steht kein eigener Anspruch gegen die Staatskasse zu (OLG Koblenz, Beschl. v. 16.10.2012 – 2 Ws 759/12). Ein anderer Rechtsanwalt kann den Anspruch des beigeordneten oder bestellten Rechtsanwalts deshalb grds. nur geltend machen, wenn Rechtsnachfolge z.B. durch **Abtretung** vorliegt (OLG Koblenz StRR 2013, 304; vgl. aber OLG Celle RVGreport 2009, 226 und OLG Rostock RVGreport 2012, 186 zur Anscheinsvollmacht bzw. Einziehungsermächtigung für den Vertreter des Pflichtverteidigers gegenüber der Staatskasse).
- Die **Abtretung** des **Vergütungsanspruchs** an einen **anderen Rechtsanwalt** ist berufsrechtlich ohne Einschränkungen möglich und in ihrer Wirksamkeit auch nicht von der Zustimmung des Mandanten (§ 49b Abs. 4 BRAO) abhängig (BGH NJW 2007, 1196; s. dazu auch BurhoffVolpert/*Burhoff*, RVG, Teil A Rn 13 ff.). Bei der Geltendmachung des abgetretenen Vergütungsanspruchs durch den Zessionar (OLG Hamm RVGreport 2008, 218) sind §§ 409, 410 BGB zu beachten (KG RVGreport 2010, 65; OLG Düsseldorf JurBüro 2008, 650; OLG Saarbrücken, RVGreport 2013, 272 = JurBüro 2013, 415), so dass die Staatskasse verlangen kann, dass ihr die **Abtretungsunterlagen** im **Original** vorgelegt werden (KG, a.a.O.; Gerold/Schmidt/*Müller-Rabe*, RVG, § 45 Rn 119; wohl auch OLG Düsseldorf NJW 2009, 1614; vgl. a. BGH NJW 1992, 829, Urkundenbeweis bei einer Privaturkunde ausschließlich durch Vorlegung der Originalurkunde gem. § 420 ZPO). Der Staatskasse müssen die Einwilligungserklärung des Mandanten (wenn die Abtretung nicht an einen Rechtsanwalt erfolgt ist; Burhoff/Volpert/*Burhoff*, RVG, Teil A Rn 13 ff.) und die Abtretungsurkunde oder die Abtretungsanzeige des Rechtsanwalts vorgelegt werden (Gerold/Schmidt/*Müller-Rabe*, § 45 Rn 120). Die Vergütungsfestsetzung kann allerdings nicht von der Vorlage des Originals der Einwilligungserklärung

des Mandanten zur Abtretung abhängig gemacht werden; die Vorlage einer beglaubigten Kopie der Einwilligungserklärung reicht aus (OLG Saarbrücken RVGreport 2013, 271 = JurBüro 2013, 415).

Antragsform-/-inhalt 437

- Der Festsetzungsantrag kann **formlos** gestellt werden (KG AGS 2014, 405 = RVGreport 2014, 391 = JurBüro 2015, 25; OLG Saarbrücken RVGreport 2013, 272 = JurBüro 2013, 415. Der Festsetzungsantrag kann daher **schriftlich** oder zu **Protokoll der Geschäftsstelle** gestellt werden. Der schriftlich gestellte Antrag muss dabei nicht der Schriftform des § 126 Abs. 1 BGB entsprechen, der eine eigenhändige Unterzeichnung des Antrags, also eine Original-Unterschrift fordert (vgl. OLG Brandenburg, Beschl. v. 14.12.2000 – 1 W 13/00, für das Kostenfestsetzungsverfahren gem. §§ 103 ff. ZPO; offen gelassen KG AGS 2014, 405 = RVGreport 2014, 391 = JurBüro 2015, 25). Ein nur per **E-Mail** gestellter Antrag reicht gem. § 12b RVG nicht aus, weil im Strafverfahren noch keine Zulassung der Einreichung von Anträgen und Erklärungen als elektronisches Dokument durch entsprechende Rechtsverordnung erfolgt ist (vgl. zur Erinnerung gem. § 66 GKG gegen den Kostenansatz durch E-Mail BGH NJW-RR 2009, 357; BayVGH RVGreport 2008, 359 m. zust. Anm. *Hansens*; OLG Hamm RVGreport 2013, 120, m. zust. Anm. *Burhoff*; OLG Oldenburg NJW 2009, 536).
- Die **elektronische Einreichung** des Festsetzungsantrags gem. § 55 RVG richtet sich nach § 12b S. 1 RVG. Danach sind in Verfahren nach dem RVG die verfahrensrechtlichen Vorschriften über die elektronische Akte und über das elektronische Dokument für das Verfahren anzuwenden, in dem der Rechtsanwalt die Vergütung erhält. Gem. § 32d S. 1 StPO sollen Verteidiger und Rechtsanwälte den Strafverfolgungsbehörden und Gerichten Schriftsätze und deren Anlagen sowie schriftlich einzureichende Anträge und Erklärungen als elektronisches Dokument übermitteln. Nur die Berufung und ihre Begründung, die Revision, ihre Begründung und die Gegenerklärung sowie die Privatklage und die Anschlusserklärung bei der Nebenklage müssen sie gem. § 32d S. 3 StPO als elektronisches Dokument übermitteln. Deshalb besteht für Verteidiger und Rechtsanwälte in dem Festsetzungsverfahren gem. § 55 RVG lediglich die Möglichkeit, aber nicht die Verpflichtung, Anträge und Schriftsätze als elektronisches Dokument einzureichen.
- Ob bei der Antragstellung die **Form** des **§ 10 RVG** gewahrt sein muss, ist **nicht eindeutig geklärt**. Die Bundesländer haben Regelungen, die vorschreiben, dass der Festsetzungsantrag mit der Berechnung der Gebühren und Auslagen (§ 10 RVG) bei der Geschäftsstelle einzureichen ist (z.B. die AV d. JM v. 30.6.2005 (5650 – Z. 20) – JMBl. NRW S. 181 – i.d.F. v. 10.11.2023; andere Bundesländer haben eine gleichlautende Regelung). Nach der Rspr. (u.a. KG AGS 2014, 405 m. Anm. *Burhoff* RVGreport 2014, 391) muss die Form des § 10 RVG hingegen nicht gewahrt sein (dem KG folgende Gerold/Schmidt/*Burhoff*, § 10 Rn 3 m.w.N.; a.A. Hansens/Braun/Schneider/*Hansens*, Teil 7, Rn 141). Dafür spricht einiges, da in § 55 RVG eine besondere Form für den Antrag nicht vorgeschrieben ist.

> ☝ Im Hinblick auf die Länderregelung kann zur Vermeidung von Beanstandungen/Rückfragen nur dringend **angeraten** werden, die **Form** des § 10 RVG zu **wahren** (dazu *N. Schneider,* RVGreport 2012, 322; Gerold/Schmidt/*Burhoff*, § 10 Rn 1 ff.; und Burhoff/Volpert/*Burhoff*, RVG, Teil A Rn 547 ff.).

- Die Stellung des Antrages per **Telefax** reicht hingegen aus. § 10 Abs. 1 S. 1 RVG – **eigenhändige Unterschrift** auf dem Originaldokument – gilt nicht, weil für den Antrag gem. § 55 RVG keine besondere Form vorgeschrieben ist (KG AGS 2014, 405; zur Erinnerung gem. § 66 GKG BGH NJW 2015, 1527 = MDR 2015, 533; BGH NJW 2008, 2649). Eine nur in Kopie wiedergegebene, **eingescannte Unterschrift** reicht ebenfalls aus (zur Erinnerung gem. § 66 GKG BGH NJW 2015, 1209; BGH AGS 2015, 226 = RVGreport 2015, 169).

- Nach den bundeseinheitlichen Verwaltungsbestimmungen über die Festsetzung ist auch die Verwendung **amtlicher Antragsvordrucke nicht vorgeschrieben** (OLG Frankfurt JurBüro 1992, 683; LAG Hamm AnwBl. 1985, 106).

☝ **Formlos** oder mithilfe von EDV-Anlagen erstellte Festsetzungsanträge sollen aber inhaltlich den amtlichen Vordrucken entsprechen. Einer **zweifachen Einreichung** des Festsetzungsantrags bedarf es jedenfalls dann nicht, wenn der Antrag elektronisch bearbeitet wird.

438 **Beifügung einer Berechnung gem. § 10 RVG**

- Die **Verwaltungsbestimmungen** sehen vor, dass der Festsetzungsantrag **mit** der **Berechnung** der Gebühren und Auslagen (§ 10 RVG) einzureichen ist. Ob aus dem Klammerzusatz (§ 10 RVG) geschlossen werden kann, dass der Rechtsanwalt im Verfahren gem. § 55 RVG zur Einreichung einer § 10 Abs. 2 RVG entsprechenden Berechnung verpflichtet ist, kann in Zweifel gezogen werden, wenn davon ausgegangen wird, dass § 10 RVG nur im Innenverhältnis des Rechtsanwalts zum Mandanten gilt (KG AGS 2014, 405 = RVGreport 2014, 391 = JurBüro 2015, 25; bejahend BGH, Beschl. v. 13.9.2018 – I ZB 16/18; OLG Brandenburg, Beschl. v. 14.12.2000 – 1 W 13/00, für das Kostenfestsetzungsverfahren gem. §§ 103 ff. ZPO; OLG Frankfurt, Beschl. v. 12.5.2014 – 20 W 236/13). Allerdings muss auch der gegen die Staatskasse gerichtete Festsetzungsantrag konkrete Angaben dazu enthalten, was festgesetzt werden soll. Deshalb müssen letztlich wie in § 10 Abs. 2 RVG die Beträge der einzelnen Gebühren und Auslagen, Vorschüsse (§ 55 Abs. 5 S. 2 RVG), eine kurze Bezeichnung des jeweiligen Gebührentatbestands, die Bezeichnung der Auslagen sowie die angewandten Nummern des Vergütungsverzeichnisses und bei Gebühren, die nach dem Gegenstandswert berechnet sind, auch diese ausgewiesen werden (BGH, Beschl. v. 13.9.2018 – I ZB 16/18; OLG Brandenburg, Beschl. v. 14.12.2000 – 1 W 13/00, für das Kostenfestsetzungsverfahren gem. §§ 103 ff. ZPO; OLG Frankfurt, Beschl. v. 12.5.2014 – 20 W 236/13). Es ist in dem als **Antragsverfahren** ausgestalteten Verfahren gem. § 55 RVG nicht Aufgabe des Urkundsbeamten, den Vergütungsanspruch des Rechtsanwalts **von Amts wegen** zu ermitteln.

439 **Fälligkeit/Verjährung**

- Die aus der Staatskasse beanspruchte Vergütung muss **fällig** sein, § 8 Abs. 1 RVG (Burhoff/Volpert/*Burhoff*, RVG, Teil A Rn 768 ff.). Der Rechtsanwalt hat aber nach § 47 Abs. 1 RVG das Recht, einen **Vorschuss** zu verlangen (vgl. die Erläuterungen in Burhoff/Burhoff/*Volpert*, RVG, Teil A Rn 2580 ff.).
- Der Vergütungsanspruch gegen die Staatskasse **verjährt** entsprechend der allgemeinen Verjährungsregelung in § 196 Nr. 15 BGB in **drei Jahren** (KG JurBüro 1987, 1805; OLG Düsseldorf AGS 2008, 397; OLGR Düsseldorf 2008, 405; LG Cottbus AGS 2018, 337 = RVGreport 2018, 215). Die Verjährungsfrist beginnt nach § 199 Abs. 1 BGB mit dem Ablauf des Kalenderjahrs, in dem die Vergütung fällig geworden ist (OLG Hamm StraFo 1996, 189; LG Cottbus AGS 2018, 337 = RVGreport 2018, 215 vgl. a. OLG Hamm NStZ-RR 2001, 190; zur Erhebung der Verjährungseinrede durch die Staatskasse Burhoff/Volpert/*Volpert*, RVG, Teil A Rn 902 f.; zur etwaigen **Verwirkung** des Anspruchs des Rechtsanwalts Burhoff/Volpert/*Volpert*, RVG, Teil A Rn 902 f.).

440 **4.a)** Nach § 55 Abs. 5 S. 1 RVG und § 104 Abs. 2 ZPO ist die **Darlegung** und **Glaubhaftmachung** der einzelnen Ansätze erforderlich. Das gilt insbesondere dann, wenn sich die jeweiligen Gebührentatbestände oder etwaigen Auslagen nicht aus der Gerichts- bzw. Verfahrensakte ergeben, streitig oder nicht anderweitig für den Urkundsbeamten ohne Weiteres ersichtlich sind (BGH NJW 2007, 2493 für das Kostenfestsetzungsverfahren gem. §§ 103 ff. ZPO; KG Rpfleger 2017, 116 = RVGreport 2017, 18; OLG Brandenburg, Beschl. v. 14.12.2000 – 1 W 13/00, für das Kostenfestsetzungsverfahren gem. §§ 103 ff. ZPO; LG Bad Kreuznach, Beschl. v. 26.2.2020 – 2 Qs 18/20). Auch bei Zweifeln an der **Urheberschaft**

oder **inhaltlichen Richtigkeit** eines Antrags kann der Urkundsbeamte weitere Auskünfte zur Glaubhaftmachung einholen und die **Vorlage von Originaldokumenten** verlangen (KG AGS 2014, 405 = RVGreport 2014, 391 = JurBüro 2015, 25).

b) Im **Einzelnen** gilt insoweit Folgendes: 441

Eidesstattliche Versicherung/anwaltliche Versicherung 442

- Zur Glaubhaftmachung ist es lediglich erforderlich, dass die tatsächlichen Voraussetzungen des geltend gemachten Kostentatbestandes mit überwiegender Wahrscheinlichkeit feststehen. Es bedarf keiner vollständigen Gewissheit, wohl aber der Erkenntnis, dass Zweifel an der Richtigkeit der Darstellung nicht angebracht sind. Um einen derartigen Sachstand herbeizuführen, kann sich der Anwalt grds. sämtlicher Nachweismöglichkeiten bedienen (OLG Köln NStZ-RR 2014, 64 = RVGreport 2014, 105). Zulässige Beweismittel sind alle üblichen Beweismittel, sofern sie präsent sind, sowie die Versicherung an Eides statt und auch die anwaltliche Versicherung. Zur Glaubhaftmachung können gem. § 294 Abs. 1 ZPO alle Beweismittel einschließlich der **eidesstattlichen Versicherung** verwendet werden (BGH NJW 2007, 2493; AGS 2011, 568; ausf. Burhoff/Volpert/*Volpert*, RVG, Teil A Rn 907 ff.).
- Eine **anwaltliche Versicherung** kann über § 104 Abs. 2 S. 1 ZPO hinaus zwar auch für andere Kosten als Post- oder Telekommunikationsentgelte ein zulässiges Mittel der Glaubhaftmachung gem. § 294 ZPO sein. Voraussetzung ist aber, dass sie eigene Wahrnehmungen des Anwalts bestätigt (BayObLG WuM 1994, 296; OLG Köln MDR 1986, 152). Allerdings muss die anwaltliche Versicherung anders als bei den Post- oder Telekommunikationsentgelten (Nr. 7001, 7002 VV RVG) von der Staatskasse nicht zwingend als genügend für die Glaubhaftmachung anerkannt werden (KG Rpfleger 2017, 116 = RVGreport 2017, 18; OLG Düsseldorf, Beschl. v. 22.9.2014 – III-1 Ws 246/14, III-1 Ws 272/14, 1 Ws 246/14, 1 Ws 272/14; RVGreport 2009, 264 = JurBüro 2009, 370; OLG Köln NStZ-RR 2014, 64 = RVGreport 2014, 105; LG Bad Kreuznach, Beschl. v. 26.2.2020 – 2 Qs 18/20; LG Münster, Beschl. v. 4.9.2020 – 20 Qs-62 Js 11968/18–9/20). Eine anwaltliche Versicherung reicht zur Glaubhaftmachung damit nicht in jedem Fall aus. Das ergibt sich aus dem Umkehrschluss zu § 104 Abs. 2 S. 2 ZPO (OLG Düsseldorf StRR 2015, 39; OLG Köln NStZ-RR 2014, 64). So kann es für die Erstattung der **Aktenversendungspauschale** z.B. ausreichen, wenn der Rechtsanwalt eine Ablichtung der Anforderung der Pauschale vorlegt und im Übrigen anwaltlich versichert, die Pauschale eingezahlt zu haben (AG Gummersbach, a.a.O.; vgl. aber auch LG Potsdam NStZ-RR 2013, 31, das in dem entschiedenen Fall einen Zahlungsnachweis verlangt hat). 104 Abs. 2 S. 1 und 2 ZPO lässt sich über die geregelten Ausnahmefälle hinaus eine Beschränkung der Mittel der Glaubhaftmachung für die Vergütungsfestsetzung nicht entnehmen (OLG Köln NStZ-RR 2014, 64 = RVGreport 2014, 105).

Glaubhaftmachung 443

- Es ist im Einzelfall und angepasst an die konkreten Umstände zu beurteilen, ob entstandene Kosten hinreichend glaubhaft gemacht sind. Bei der erforderlichen Abwägung spielen die tatsächlich zur Verfügung stehenden Beweismittel, die Höhe der geltend gemachten Kosten, die Bedeutung der Angelegenheiten und Zumutbarkeitserwägungen eine Rolle. Bei **ungewöhnlich hohen Kosten** dürfen auch **hohe Anforderungen** an die Darlegung und Glaubhaftmachung gestellt werden (OLG Düsseldorf StRR 2015, 39; OLG Köln NStZ-RR 2014, 64 für die durch Ausdrucke aus der **elektronischen Zweitakte** geltend gemachte **Dokumentenpauschale**). Denn bei besonders hohen Kosten hat die Staatskasse ein besonderes Interesse an der Überprüfung, um eine unangebrachte Belastung der Staatskasse zu verhindern (OLG Düsseldorf und OLG Köln, a.a.O.). Das gilt vor allem dann, wenn Belege für geltend gemachte Kosten greifbar bzw. beim Antragsteller vorhanden sind, die Glaubhaftmachung also weder mit besonderen Schwierigkeiten verbunden noch unzumutbar ist (OLG Düsseldorf und OLG Köln, a.a.O.).

- Dazu kann die Vorlage einer **Kopier-** oder **Ausdruckliste** gehören, die das tatsächlich in Ansatz gebrachte Kopier- oder Druckvolumen unter Bezeichnung der im Einzelnen kopierten oder ausgedruckten Seiten oder Dateien sowie ihres Umfangs nachvollziehbar aufschlüsselt (OLG Düsseldorf, Beschl. v. 22.9.2014 – III-1 Ws 246/14, Beschl. v. 22.8.2014 – III-1 Ws 272/14; Beschl. v. 22.9.2014 – III-1 Ws 261/14; Beschl. v. 22.9.2014 – III-1 Ws 236/14).
- Ein Mittel der Glaubhaftmachung kann auch die **Besichtigung** bzw. **Inaugenscheinnahme** umfangreicher Ausdrucke in den Büroräumen des Anwalts oder einem externen Lagerraum durch den Urkundsbeamten sein (OLG Düsseldorf, Beschl. v. 22.9.2014 – III-1 Ws 246/14, Beschl. v. 22.8.2014 – III-1 Ws 272/14; Beschl. v. 22.9.2014 – III-1 Ws 261/14; Beschl. v. 22.9.2014 – III-1 Ws 236/14; OLG Köln NStZ-RR 2014, 64 = RVGreport 2014, 105). Die Inaugenscheinnahme verstößt auch nicht gegen § 203 StGB (OLG Düsseldorf, a.a.O.; OLG Köln, a.a.O.). Die Offenbarung bzw. Mitteilung an schweigepflichtige Personen unterfällt dann nicht § 203 StGB, wenn der Mitteilungsempfänger dem Kreis der zum Wissen Berufenen angehört und die Mitteilung im Rahmen des Berufs geboten ist (*Fischer*, StGB, § 203 Rn 30b). Das ist für den für das Festsetzungsverfahren gem. § 55 RVG zuständigen Urkundsbeamten erfüllt. Die Regelung in § 55 Abs. 5 S. 1 RVG befreit den Anwalt gegenüber dem Gericht gerade von der Verschwiegenheitspflicht. § 55 Abs. 5 S. 1 RVG enthält eine gesetzliche Offenbarungspflicht, die im Rahmen von § 203 StGB einen Rechtfertigungsgrund darstellt (vgl. a. *Fischer*, StGB, § 203 Rn 37; OLG Köln, Beschl. v. 19.6.2018 – 1 RVs 129/18). Schließlich kommt es im Rahmen von § 55 Abs. 5 S. 1 RVG auch nicht auf die Mitteilung detaillierter inhaltlicher Informationen, sondern nur auf die Mitteilung äußerer Merkmale an, die eine geltend gemachte Gebühr oder Auslage für einen Dritten nachvollziehbar machen (OLG Köln RVGreport 2014, 105 = NStZ-RR 2014, 64).
- Ein Ansatz ist glaubhaft dargelegt, wenn der Erklärungsempfänger bei objektivierender Betrachtung und freier verständiger Würdigung des gesamten Vorbringens die Einschätzung gewinnt, dass der anspruchsauslösende Tatbestand höchstwahrscheinlich zutreffend vorgetragen ist. Für die **Wahrscheinlichkeitsfeststellung** gilt der Grundsatz der freien Würdigung des gesamten Vorbringens; Grundlage der Entscheidung ist ein den konkreten Umständen angepasstes Maß an Glaubhaftigkeit (OLG Düsseldorf JurBüro 2009, 370; OLG Köln NJW 2014, 28; LG Münster, Beschl. v. 4.9.2020 – 20 Qs-62 Js 11968/18–9/20).

☝ Die Darlegung und Glaubhaftmachung einzelner Ansätze wird auch nicht mit dem Hinweis auf die **Verschwiegenheitspflicht** abgelehnt werden können. Denn zum einen befreit die Regelung in § 55 Abs. 5 S. 1 RVG den Anwalt gegenüber dem Gericht gerade von der Verschwiegenheitspflicht. Zum anderen sind auch der Urkundsbeamte sowie die sonstigen mit der Festsetzung befassten Bediensteten, auch der Vertreter der Staatskasse, zur Verschwiegenheit verpflichtet. Schließlich kommt es im Rahmen von § 55 Abs. 5 S. 1 RVG auch nicht auf die Mitteilung detaillierter inhaltlicher Informationen, sondern nur auf die Mitteilung äußerer Merkmale an, die eine geltend gemachte Gebühr oder Auslage für einen Dritten nachvollziehbar machen.

444 **Vorlage von Beweismitteln**

- Ggf. kann der Urkundsbeamte die **Vorlage aussagekräftiger Beweismittel** verlangen, z.B. auch von Originaldokumenten (KG AGS 2014, 405 = RVGreport 2014, 391 = JurBüro 2015, 25; Rpfleger 2017, 116 = RVGreport 2017, 18) und von **Kopien** aus der **Handakte** (KG Rpfleger 2017, 116 = RVGreport 2017, 18; LG Göttingen JurBüro 1986, 242; Burhoff/Volpert/*Volpert*, RVG, Teil A Rn 907 ff.: a.A. – keine Vorlage der Handakte – LG Hannover JurBüro 1986, 241; Gerold/Schmidt/*Müller-Rabe*, § 55 Rn 34; zur Vorlage des Aktenauszugs bei der Dokumentenpauschale auch Burhoff/Volpert/*Volpert*, RVG, Teil A Rn 251), bei Reisekosten von **Fahrkarten** und **Quittungen** (OLG Brandenburg, Beschl. v. 14.12.2000 – 1 W 13/00), bei umfangreichen Ablichtungen eine **Rech-**

nung des Kopiergeschäfts. Ein Mittel der Glaubhaftmachung kann auch die Besichtigung bzw. Inaugenscheinnahme umfangreicher Ausdrucke aus einer elektronischen Zweitakte in den Büroräumen des Anwalts sein (OLG Düsseldorf StRR 2015, 39; OLG Köln NStZ-RR 2014, 64).

- Nur wenn dem Anwalt greifbare Belege fehlen, bleibt die anwaltliche Versicherung der Richtigkeit der Angaben. Allerdings genügt nur hinsichtlich der einem Rechtsanwalt erwachsenen Auslagen für **Post-** und **Telekommunikationsdienstleistungen** (Nrn. 7001, 7002 VV RVG) gem. §§ 55 Abs. 5 S. 1 RVG, 104 Abs. 2 S. 2 ZPO die Versicherung des Rechtsanwalts, dass diese Auslagen entstanden sind (OLG Düsseldorf StRR 2015, 39; LG Aachen AnwBl. 1999, 58; AG Koblenz FamRZ 2007, 233; AG Magdeburg JurBüro 2005, 651; VG Meiningen RVGreport 2004, 151; LAG Hessen MDR 2001, 598).

☝ Auch wenn für bestimmte Auslagen und Aufwendungen eine **Feststellungsentscheidung gem. § 46 Abs. 2 RVG** getroffen worden ist (s. dazu Burhoff/Volpert/*Volpert*, RVG, Teil A Rn 228 ff.) ist die tatsächliche Entstehung und die Höhe der betroffenen Auslagen noch darzulegen und glaubhaft zu machen (OLG Düsseldorf StRR 2015, 39). Denn die Prüfung der Entstehung von Auslagen wird durch die Feststellung der Erforderlichkeit gem. § 46 Abs. 2 RVG nicht ersetzt (OLG Düsseldorf NStZ-RR 2015, 64 = RVGreport 2016, 64; Beschl. v. 22.9.2014 – III-1 Ws 261/14; Beschl. v. 22.9.2014 – III-1 Ws 236/14; Beschl. v. 22.9.2014 – III-1 Ws 307/14; OLG Köln, NStZ-RR 2014, 64 = RVGreport 2014, 105; OLG München, Beschl. v. 7.12.2022 – 4 Ws 23/22, AGS 2023, 118). Die Feststellung verhält sich nur zu der Frage der Erforderlichkeit von Auslagen oder Aufwendungen. Die Prüfung, ob diese tatsächlich und wenn ja in welcher Höhe entstanden sind, ist noch vom Urkundsbeamten anzustellen (BFH RVGreport 2008, 33; OLG Düsseldorf, Beschl. v. 22.9. 2014 – III-1 Ws 261/14; Beschl. v. 22.9.2014 – III-1 Ws 236/14; Beschl. v. 22.9.2014 – III-1 Ws 307/14; OLG München, Beschl. v. 7.12.2022 – 4 Ws 23/22, AGS 2023, 118; *Hansens*, Anm. zu OLG Celle zfs 2012, 647).

5.a) Der Rechtsanwalt kann von der Staatskasse die Erstattung der auf seine Umsatzsteuer entfallenden 445
Vergütung stets verlangen, wenn seine Leistung nach den Bestimmungen des UStG umsatzsteuerpflichtig ist (Anm. zu Nr. 7008 VV RVG: wenn die Umsatzsteuer nicht nach § 19 Abs. 1 UStG unerhoben bleibt; OLG Braunschweig AGS 2017, 525; OLG Düsseldorf AGS 2016, 485 = JurBüro 2016, 580 = Rpfleger 2017, 96; OLG Frankfurt AGS 2018, 146 = JurBüro 2018, 264 = RVGreport 2018, 177; OLG Hamburg AGS 2013, 428 = RVGreport 2013, 348 = MDR 2013, 1194; OLG München AGS 2016, 528 = RVGreport 2016, 456 = JurBüro 2016, 632; OVG Berlin-Brandenburg AGS 2016, 26 = RVGreport 2016, 65; LAG Rheinland-Pfalz, JurBüro 1997, 29; AnwKomm-RVG/*N. Schneider*, VV 7008 Rn 68; AnwKomm-RVG/*Volpert*, § 55 Rn 34 f.; Gerold/Schmidt/*Müller-Rabe*, § 46 Rn 77; a.A. OLG Celle, AGS 2014, 80, m. abl. Anm. *N. Schneider* = RVGreport 2014, 20, m. abl. Anm. *Hansens* = JurBüro 2014, 31 = MDR 2013, 1434). Auf eine etwaige Vorsteuerabzugsberechtigung des Mandanten des Rechtsanwalts kommt es nicht an, weil die Staatskasse als Vergütungsschuldnerin an dessen Stelle tritt und der Schuldner der Umsatzsteuer hierdurch wechselt (OLG Düsseldorf, a.a.O.; OLG Hamburg, a.a.O.; OLG München, a.a.O.). Der Umstand, dass der Mandant aufgrund Vorsteuerabzugsberechtigung keine Umsatzsteuer an seinen Anwalt zahlen muss, gibt keinen Anlass, die Staatskasse als Schuldnerin des Vergütungsanspruchs gemäß § 45 RVG von ihrer Verpflichtung zur Zahlung von Umsatzsteuer zu entheben.

Ob eine **Erklärung zur Vorsteuerabzugsberechtigung** bei Umsatzsteuerbeträgen nach § 104 Abs. 2 446
S. 3 ZPO im Rahmen von § 55 RVG gegenüber der Staatskasse abzugeben ist, war früher umstritten (OLG Braunschweig AGS 2017, 525; OLG Frankfurt AGS 2018, 146 = JurBüro 2018, 264 = RVGreport 2018, 177; OLG Hamburg AGS 2013, 428 = RVGreport 2013, 348 = MDR 2013, 1194; OLG München AGS 2016, 528 = RVGreport 2016, 456 = JurBüro 2016, 632). Das KostRÄG 2021 v. 21.12.2020 (BGBl I, S. 3229) hat durch die Ersetzung des Verweises auf § 104 Abs. 2 ZPO in § 55 Abs. 5 S. 1 RVG lediglich auf § 104 Abs. 2 S. 1 und 2 ZPO ausdrücklich klargestellt, dass im Festsetzungsverfahren gem. § 55 RVG gegen die Staatskasse **keine Erklärung** zur **Vorsteuerabzugsberechtigung** abzugeben ist.

447 **6.a)** Der Antrag hat gem. **§ 55 Abs. 5 S. 2 RVG** die Erklärung zu enthalten, ob und welche **Zahlungen** der Rechtsanwalt bis zum Tage der Antragstellung erhalten hat. Die Abgabe der Zahlungserklärung auf einem per **Telefax** eingereichten Antrag reicht aus. Die **eigenhändige Unterschrift** auf dem Originaldokument entsprechend § 10 Abs. 1 S. 1 RVG kann nicht gefordert werden, weil für den Antrag gem. § 55 RVG keine besondere Form vorgeschrieben ist (KG AGS 2014, 405). Eine ausreichende Zahlungserklärung kann deshalb auch in einem elektronisch eingereichten Festsetzungsantrag enthalten sein, wenn die Vorgaben aus § 12b S. 1 RVG und § 32a StPO eingehalten werden. Es sind Zahlungen des **Mandanten**, der **Staatskasse** (z.B. gem. § 47 RVG erhaltene Vorschüsse oder im Rahmen der Beratungshilfe erhaltene Zahlungen) sowie Zahlungen von **Dritten** im Festsetzungsantrag anzuzeigen. Dritte können z.B. Familienangehörige des Mandanten oder dessen unterlegener Gegner sein. Von der Anzeigepflicht umfasst sind alle Zahlungen, die „irgendwie" mit der Vergütung des Anwalts in der konkreten Angelegenheit zu tun haben könnten. Der Anwalt ist deshalb verpflichtet, auch solche Zahlungen anzugeben, die seiner Auffassung nach für eine Anrechnung nach § 58 Abs. 3 RVG nicht infrage kommen. Dasselbe gilt für Zahlungen, die er seiner Meinung nach unter Berücksichtigung der Anrechnungsreglung in § 58 Abs. 3 RVG behalten darf. Die Entscheidungskompetenz liegt ausschließlich beim Urkundsbeamten der Geschäftsstelle (OLG Düsseldorf JurBüro 1991, 1091; OLG Hamburg JurBüro 1987, 551). Auch Zahlungen oder Vorschüsse, für die ausdrücklich oder stillschweigend eine Rückzahlung vom Rechtsanwalt mit dem Einzahler vereinbart worden ist, müssen angezeigt werden (LG Deggendorf AGS 2019, 333 = RVGreport 2019, 216). Da § 58 Abs. 3 S. 1 RVG bei der Prüfung der Anrechnung oder Rückzahlung auf die in einer gebührenrechtlichen Angelegenheit erhaltenen Zahlungen abstellt, ist in der Zahlungserklärung mitzuteilen, für welche gebührenrechtliche Angelegenheit die Zahlung erfolgt ist.

☝ Verletzt der Rechtsanwalt die Anzeigepflicht, kann ein Verstoß gegen Berufspflichten vorliegen (OLG Hamm NJW-RR 2016, 885; AnwGH Baden-Württemberg NJW-RR 1998, 1374, noch zu § 101 Abs. 3 BRAGO). Auch eine strafrechtliche Relevanz kann vorliegen (OLG Hamm, a.a.O.).

448 **b)** Das **Erklärungserfordernis** gilt **auch** in folgenden Fällen:

- **Auch** der **Antrag** auf Festsetzung der gem. § 51 RVG bewilligten **Pauschgebühr** muss die Erklärung gem. § 55 Abs. 5 S. 2 über erhaltene Zahlungen enthalten (OLG Karlsruhe AGS 2013, 172 = StraFo 2012, 290).
- Nach **Abtretung** des Vergütungsanspruchs an einen anderen Rechtsanwalt muss sich auch dieser zu erhaltenen Zahlungen erklären.
- **Zahlt** der Rechtsanwalt erhaltene Zahlungen an den Mandanten oder einen **Dritten zurück**, um den Anspruch gegen die Staatskasse uneingeschränkt geltend machen zu können, sind auch diese Zahlungen im Festsetzungsantrag anzuzeigen. Auch unter einem Vorbehalt oder aufgrund einer besonderen Absprache erhaltene Zahlungen sind im Festsetzungsantrag anzuzeigen.
- Auch Zahlungen, die für ein bestimmtes gerichtliches Verfahren eingezahlt, vom Anwalt aber auf **andere Verfahren verrechnet** wurden, sind anzugeben (LG Düsseldorf StRR 2010, 358).

☝ Es reicht nicht aus, im Festsetzungsantrag lediglich zu erklären, keine für eine Anrechnung bedeutsamen Zahlungen erhalten zu haben. Es ist **ohne Einschränkung** anzugeben, **ob** und **welche** Zahlungen der Rechtsanwalt erhalten hat. Hierdurch ist klargestellt, dass alle etwaigen Zahlungen und Vorschüsse anzugeben sind und die Anrechnungsprüfung ausschließlich durch das Gericht vorzunehmen ist (LG Deggendorf AGS 2019, 333 = RVGreport 2019, 216).

449 **7.** Gem. **§ 55** Abs. 5 S. 4 RVG sind **nach Beantragung** der **Festsetzung erhaltene Zahlungen** unverzüglich **anzuzeigen**. Es handelt sich hierbei um eine **gesetzliche Verpflichtung**, zu der sich der Rechtsanwalt nicht ausdrücklich erklären muss. Eine Erklärungspflicht besteht nur für die bis zur Stellung des Festsetzungsantrags erhaltenen Zahlungen (so OLG Düsseldorf, Beschl. v. 22.5.2007 – III-1Ws 175/07 n.v.;

LG Düsseldorf, 5.4.2007 – Ia – 3/05, n.v.; AG Braunschweig AGS 2018, 175 = RVGreport 2018, 215; s. ausf. Burhoff/Volpert/*Volpert*, RVG, Teil A Rn 923 ff.).

☝ Auch wenn ggf. eine gesetzliche Verpflichtung zur Abgabe einer Erklärung über die Anzeige nachträglicher Zahlungen im Festsetzungsantrag verneint wird, sollte diese Erklärung zur **Beschleunigung** des **Festsetzungsverfahrens** gleichwohl abgegeben werden. Der Urkundsbeamte wird nämlich i.d.R. eine entsprechende Erklärung einfordern, weil die amtlichen Festsetzungsvordrucke eine Erklärung des Rechtsanwalts zu nachträglichen Zahlungen vorsehen und formlos oder mithilfe von EDV-Anlagen erstellte Festsetzungsanträge den amtlichen Vordrucken entsprechen sollen.

8. Für die **Vergütungsfestsetzung** durch den Urkundsbeamten der Geschäftsstelle gilt (s. ausf. Burhoff/ 450
Volpert/*Volpert*, RVG, Teil A Rn 938 ff.):

a) Der Urkundsbeamte prüft insbesondere, ob die entfaltete Tätigkeit vom zeitlichen und gegenständli- 451
chen **Umfang** der Beiordnung/Bestellung gedeckt ist (dazu ausf. Burhoff/Volpert/*Volpert*, RVG, Teil A Rn 2213 ff.), ob die Vergütung nach § 49 RVG bei **Wertgebühren** richtig berechnet ist, ob die berechneten **Auslagen** entstanden und zur sachgemäßen Durchführung der Angelegenheit erforderlich waren (§ 46 RVG), ob **Zahlungen/Vorschüsse**, auch aus der Staatskasse gem. § 47 RVG, richtig angerechnet werden (§ 58 Abs. 3 RVG).

b) Der Urkundsbeamte darf bei der Festsetzung innerhalb des zur Festsetzung und Auszahlung beantrag- 452
ten Gesamtbetrages anstelle einer geltend gemachten, nicht entstandenen Position eine **nicht geforderte** entstandene Position bei der Festsetzung **berücksichtigen** (Austausch von Positionen, § 308 ZPO).

Ein in den Geschäftsbetrieb gelangter Festsetzungsbeschluss darf aber als Hoheitsakt mit Außenwirkung 453
von dem Urkundsbeamten **nicht** eigenmächtig zum Nachteil des Anwalts oder der Staatskasse **von Amts wegen abgeändert**, wohl aber gem. § 319 ZPO berichtigt oder (auf Antrag) gem. § 321 ZPO ergänzt werden. Der Urkundsbeamte darf eine Festsetzung nur auf eine Erinnerung hin (§ 56 RVG) abändern (Bay.LSG, Beschl. v. 12.9.2012 – L 15 SF 327/10 B E; OLG Bremen AGS 2007, 207; OLG Düsseldorf OLGR Düsseldorf 2008, 614; OLG Hamm AGS 2016, 530 = RVGreport 2016, 342).

c) Der Urkundsbeamte ist bei der Festsetzung **nicht weisungsgebunden** (vgl. zur selbstständigen Stellung 454
des Urkundsbeamten OLGR Frankfurt 2002, 167; OLG Naumburg NJW 2003, 2921; Zöller/*Gummer*, ZPO, § 153 GVG Rn 11) und nicht zur Vertretung der Interessen der Staatskasse berufen.

d) Der Pflichtverteidiger übernimmt durch seine gerichtliche Bestellung und aus dem durch die Bestel- 455
lung begründeten öffentlich-rechtlichen Schuldverhältnis die Verpflichtung, im Interesse der Allgemeinheit **keine Auslagen** (§ 46 RVG), aber auch **keine Gebühren** durch **unnötiges Verteidigungshandeln** auszulösen (KG JurBüro 2012, 471; OLG Koblenz NStZ-RR 2014, 327; OLG Köln NStZ-RR 2015, 294 = AGS 2015, 511 = RVGreport 2015, 383). Außerdem gilt der Grundsatz, dass der Pflichtverteidiger nicht besser gestellt werden soll als ein vom Angeklagten beauftragter Wahlverteidiger, dessen Gebühren von der Staatskasse zu erstatten sind (KG, a.a.O.; OLG Köln, a.a.O.).

Aus dieser Verpflichtung wird in der neueren Rspr. gefolgert, dass auch der Pflichtverteidiger keinen An- 456
spruch gem. § 55 RVG gegen die Staatskasse erwirbt, wenn er im Hinblick auf eine von der **Staatsanwaltschaft eingelegte Berufung** vor deren Begründung tätig wird (KG, Beschl. v. 19.5.2011 – 1 Ws 168/10, RVGreport 2012, 187; OLG Hamm, Beschl. v. 13.4.2021 – III-4 Ws 22/21, AGS 2021, 313; OLG Koblenz, Beschl. v. 21.8.2014 – 2 Ws 376/14, NStZ-RR 2014, 327; OLG Koblenz, Beschl. v. 17.7.2014 – 7 WF 355/14; OLG Köln, Beschl. v. 3.7.2015 – III-2 Ws 400/15, AGS 2015, 511; OLG Stuttgart, Beschl. v. 22.2.2021 – 2 Ws 246/20, AGS 2021, 171; LG Köln Rpfleger 2014, 624 = RVGreport 2014, 360; a.A. LG Aurich RVGreport 2015, 266). Für den Anspruch des Pflichtverteidigers auf Erstattung von **Auslagen** folgt aus § 46 Abs. 1 RVG, dass Auslagen nicht vergütet werden, wenn sie zur sachgemäßen Durchführung der Angelegenheit nicht erforderlich waren. Für den **Gebührenanspruch** existiert keine vergleichbare ausdrückliche Regelung. Ob die Prüfung, ob eine gebührenauslösende Tätigkeit erforderlich war, im

Verfahren gem. § 55 RVG vor dem Urkundsbeamten stattfinden darf, ist deshalb mindestens zweifelhaft (abl. Gerold/Schmidt/*Müller-Rabe*, § 55 Rn 53). Hiergegen spricht, dass in dem vereinfachten justizförmigen Verwaltungsverfahren des § 55 RVG durch den Urkundsbeamten anwaltliche Tätigkeiten in einem gerichtlichen Verfahren ex post auf ihre Erforderlichkeit hin überprüft werden, ohne dass hierfür eine ausdrückliche gesetzliche Regelung existiert. Die in § 52 Abs. 1 S. 2 RVG vorgeschriebene Verknüpfung von Wahl- und Pflichtgebühren kann aber auch zum Schluss führen, dass Pflicht- und Wahlverteidigergebühren im Hinblick auf die Erstattungsfähigkeit denselben Grundsätzen folgen (so LG Köln, Beschl. v. 18.6.2014 – 105 Qs 146/14).

457 **e)** Der Urkundsbeamte ist zwar grds. nicht daran gehindert, durch entsprechende **Zwischenverfügungen** auf die Stellung eines Antrags hinzuwirken, dem dann ohne Einschränkungen entsprochen werden kann. Gleichwohl darf hierbei nicht aus den Augen verloren werden, dass über Festsetzungsanträge im Allgemeinen unverzüglich zu befinden ist (vgl. hierzu Rdn 385 ff.). Danach kann es erforderlich sein, unstreitige Beträge vorab festzusetzen und anzuweisen oder im Fall der erforderlichen Versendung von Akten, z.B. wegen der Einlegung eines Rechtsmittels, die Festsetzung noch vor der Aktenversendung vorzunehmen.

458 Die Entscheidung über den Festsetzungsantrag erfolgt durch **(Festsetzungs-)Beschluss** (Gerold/Schmidt/*Müller-Rabe*, RVG, § 55 Rn 56; HK-RVG/*Kießling*, § 55 Rn 52; Hartung/Schons/Enders/*Hartung*, § 55 Rn 46; Ahlmann u.a./*Ahlmann*, § 55 Rn 36; vgl. a. OLG Naumburg RVGreport 2012, 102 [Beschluss, Verfügung oder Auszahlungsanordnung]).

459 Gem. § 12c RVG hat jede **anfechtbare Entscheidung** eine **Belehrung** über den **statthaften Rechtsbehelf** sowie über das Gericht, bei dem dieser Rechtsbehelf einzulegen ist, über dessen Sitz und über die einzuhaltende Form und Frist zu enthalten. Wenn dem Antrag des gerichtlich beigeordneten oder bestellten Rechtsanwalts auf Festsetzung seiner Vergütung gem. § 55 RVG **in voller Höhe** entsprochen wird, ist keine Rechtsbehelfsbelehrung erforderlich, weil die antragsgemäße Festsetzung mangels Beschwer nicht anfechtbar ist. Wird nicht antragsgemäß festgesetzt oder der Festsetzungsantrag vollständig zurückgewiesen, dürfte ebenfalls kein praktischer Bedarf oder ein schutzwürdiges Interesse an einer Belehrung des ohnehin rechtskundigen Rechtsanwalts über die Rechtsbehelfsmöglichkeit des § 56 Abs. 1 RVG bestehen (Stellungnahme des Bundesrats BT-Drucks 17/10490, S. 30; s. zu weiteren Einzelheiten Burhoff/Volpert/*Volpert*, RVG, Teil A Rn 1888 ff.; *Volpert* StRR 2014, 244).

460 Wird dem **Festsetzungsantrag entsprochen**, ist keine Mitteilung an den Rechtsanwalt erforderlich. Dieser erhält eine indirekte Benachrichtigung durch die Gutschrift der Vergütung auf seinem Konto. Soweit die Entscheidung von dem Antrag abweicht, ist die Absetzung zu begründen und ihr Inhalt dem Rechtsanwalt schriftlich mitzuteilen.

> ☝ Eine **Zustellung** der Festsetzung ist weder an den Anwalt noch an die Staatskasse erforderlich, da die **Erinnerung** gegen die Festsetzung (§ 56 Abs. 1 RVG) **nicht fristgebunden** ist (Burhoff/*Volpert*, RVG, Teil A Rn 1904 ff.; Burhoff/*Volpert*, RM, Teil D Rn 523 ff.).

461 **9.** Eine **Verzinsung** der Vergütung erfolgt **nicht**, weil in § 55 Abs. 5 S. 1 RVG § 104 Abs. 1 S. 2 ZPO nicht für entsprechend anwendbar erklärt worden ist (BayLSG, Beschl. v. 8.5.2013 – L 15 SF 104/12 B; LSG Thüringen AGS 2015, 415 = RVGreport 2015, 421; VG Ansbach, Beschl. v. 24.4.2007 – AN 19 M 07.00266; AG Neuss RVGreport 2008, 142).

462 **10.** Ist für den beigeordneten oder bestellten Rechtsanwalt ein **zu hoher Betrag festgesetzt** worden, kann der Urkundsbeamte seine Festsetzung(en) nicht **von Amts wegen ändern** und die Festsetzung des Rückforderungsbetrags der Staatskasse vornehmen (BayLSG, Beschl. v. 12.9.2012 – L 15 SF 327/10 B E; OLG Bremen AGS 2007; OLG Düsseldorf OLGR Düsseldorf 2008, 614; OVG Hamburg AGS 2015, 90 = Rpfleger 2013, 544; OLG Hamm AGS 2016, 530 = RVGreport 2016, 342). Es ist vielmehr erforderlich, dass der zuständige Vertreter der Staatskasse Erinnerung oder auch Beschwerde gem. § 56 RVG mit dem

Ziel einlegt, eine Verringerung der Vergütung zu erreichen (OLG Bremen a.a.O.; OLG Frankfurt JurBüro 1991, 1649). Wird die Vergütung im Erinnerungs- oder Beschwerdeverfahren auf einen geringeren Betrag festgesetzt, wird der zu viel gezahlte Betrag gem. § 1 Abs. 1 Nr. 8 JBeitrO beigetrieben.

☝ Der Rechtsanwalt kann sich bei einer Rückforderung durch die Staatskasse **nicht** auf **Entreicherung** berufen, weil auf den öffentlich-rechtlichen Erstattungsanspruch der Staatskasse § 818 Abs. 3 BGB nicht anwendbar ist (KG NJW 2009, 456 für Pauschgebühr nach § 51 RVG; OLG Celle AnwBl. 1981, 455; OLG Düsseldorf AnwBl. 1991, 409; OLG Zweibrücken JurBüro 1983, 722; LG Düsseldorf, Beschl. v. 29.8.2019 – 014 KLs 10/12; LG Kleve, Beschl. v. 27.6.2016 – 4 T 363/15).

11. Der **Rechtsanwalt** kann **irrtümlich nicht erhobene Beträge** aus der Staatskasse **nachfordern** (OLG Köln NJW-RR 2011, 1294; OLG Schleswig FamRZ 2009, 451). Nachforderungen sind jedenfalls innerhalb der in § 20 GKG geregelten **Nachforderungsfrist** zulässig (OLG Schleswig, a.a.O.). Nur wenn über eine Kürzung der Vergütung bereits bestandskräftig gerichtlich entschieden wurde (z.B. gem. §§ 56 Abs. 2 S. 1, 33 Abs. 4 S. 3 RVG durch abschließende Entscheidung des OLG), kommt keine Nachliquidation mehr in Betracht (zur Kostenfestsetzung gem. §§ 103 ff. ZPO BGH NJW 2011, 1367; OLG Köln RVGreport 2009, 354; OLG München NJW-RR 2004, 69). 463

☝ Die Rechts- bzw. **Bestandskraft** einer Vergütungsfestsetzung gem. § 55 RVG bezieht sich nur auf die im Festsetzungsantrag geforderten und abschließend beschiedenen Beträge (BGH NJW 2011, 1367). Wenn daher eine abschließende negative Entscheidung über eine zur Festsetzung angemeldete Kostenposition getroffen worden ist, ist die Nachliquidation ausgeschlossen (zur Kostenfestsetzung gem. §§ 103 ff. ZPO BGH NJW 2011, 1367 = AGS 2010, 580 = RVGreport 2011, 28; OLG Köln RVGreport 2009, 354; OLG München NJW-RR 2004, 69 = AGS 2004, 36 = RVGreport 2004, 77; zur Umsatzsteuer OLG Düsseldorf AGS 2006, 201 und OLG Stuttgart, RVGreport 2009, 312). Die Rechts- bzw. Bestandskraft einer Vergütungsfestsetzung gem. § 55 RVG bezieht sich damit nur auf die im Festsetzungsantrag geforderten und abschließend beschiedenen Beträge. Wenn daher eine abschließende negative Entscheidung über eine zur Festsetzung angemeldete Kostenposition getroffen worden ist, ist die Nachliquidation ausgeschlossen.

12.a) Über den Antrag auf Festsetzung einer fälligen Vergütung (§ 8 Abs. 1 RVG) ist grds. **unverzüglich** eine **Entscheidung** zu treffen. Verzögert sich diese, erfolgt keine Kompensation durch Verzinsung des Vergütungsbetrages für die Zeit ab Anbringung des Festsetzungsantrags bis zur Entscheidung (Teil J Rdn 461). Die zur Festsetzung der Vergütung der gerichtlich bestellten und beigeordneten Anwälte erlassenen **Verwaltungsbestimmungen** der Länder (hierzu z.B. in NRW AV d. JM v. 20.3.1987 i.d.F. v. 8.6.2004, 5601 – I B. 3) schreiben teilweise vor, dass über Festsetzungsanträge im Allgemeinen unverzüglich zu befinden ist. Werden zu Teilansprüchen der beantragten Vergütungen längerfristige Aufklärungen oder gerichtliche Entscheidungen erforderlich, so sollen ferner i.d.R. die unstreitigen Beträge – soweit es sich hierbei nicht um verhältnismäßig niedrige Beträge handelt – schon vorab festgesetzt und zur Auszahlung angewiesen werden. Eine Festsetzung soll insbesondere auch vor einer absehbaren Versendung der Akten wegen eines Rechtsmittels erfolgen. 464

b) Es bestehen folgende **Möglichkeiten**, auf eine **zögerliche Bearbeitung** des Festsetzungsantrages zu **reagieren** (ausf. Burhoff/Volpert/*Volpert*, RVG, Teil A Rn 987 ff.: 465

- Wird auf den Festsetzungsantrag oder den Vorschussantrag (§ 47 RVG) **nicht reagiert**, kann das jedenfalls nach längerem Zeitablauf einer Ablehnung der Festsetzung gleich kommen. Hiergegen kann **Erinnerung** gem. § 56 RVG eingelegt werden (AG Duisburg Rpfleger 2009, 521 zur PKH; Gerold/Schmidt/*Müller-Rabe*, § 47 Rn 9). Wird auch auf diese Erinnerung nicht reagiert, dürfte hiergegen wegen des in **§ 198 GVG** geregelten gesonderten Entschädigungsanspruchs die **Untätigkeitsbeschwerde** nicht mehr möglich sein (hierzu Zöller/*Heßler*, § 567 Rn 21, m.w.N.).

- Erfolgt die Festsetzung deshalb nicht, weil die Akten wegen Einlegung eines Rechtsmittels versandt sind, sollte der Urkundsbeamte darauf hingewiesen werden, dass die **Akten** nach den einschlägigen Verwaltungsbestimmungen (Rdn 385) **kurzfristig** zur Durchführung der Festsetzung **zurückzufordern** sind. Dem Urkundsbeamten wird aber keine Untätigkeit vorgeworfen können, wenn er die zur Bearbeitung des Festsetzungsantrages erforderlichen Akten vergeblich bei dem Rechtsmittelgericht angefordert hat.

☝ Der Rückforderung der Akten kann **Nr. 167 RiStBV entgegenstehen**: Danach ist bei Revisionen in Straf- und Bußgeldsachen zu erwägen, ob die Vergütungsangelegenheit bis zur Rückkunft der Akten aus der Revisionsinstanz zurückgestellt werden kann.

- Wird trotz der geltenden Verwaltungsbestimmungen die Festsetzung vom Urkundsbeamten abgelehnt, weil die Akten dem Rechtsmittelgericht zu übersenden sind, sollte auf die Anlage eines **Kostenheftes** hingewirkt werden, in das Kopien der zur Festsetzung erforderlichen Aktenbestandteile aufzunehmen sind.
- Häufen sich verspätete Zahlungen der Staatskasse, kann auch in Erwägung gezogen werden, dem durch **Abtretung** der **Vergütungsansprüche** an eine **Verrechnungsstelle** zu begegnen (hierzu Burhoff/Volpert/*Burhoff*, RVG, Teil A Rn 13 ff.).
- Dem beigeordneten oder bestellten Rechtsanwalt ist es bei verzögerter Bearbeitungsdauer nicht verwehrt, mit seinen gegen die Staatskasse gerichteten Vergütungsforderungen die **Aufrechnung** gegen **Umsatzsteuerforderungen** des Finanzamtes zu erklären (vgl. dazu *Burhoff* RVGreport 2010, 362). Deshalb kann mit dem Vergütungsanspruch gegen die Forderung aus dem Steuerschuldverhältnis i.S.d. § 37 AO aufgerechnet werden, weil Hauptforderung und Gegenforderung von Behörden derselben Körperschaft verwaltet werden (hierzu BFH DStZ 2007, 582). Wegen § 226 Abs. 4 AO ist damit auch die gem. §§ 226 Abs. 1 AO, § 395 BGB für eine Aufrechnung gegen eine Forderung des Bundes oder eines Landes erforderliche Kassenidentität gewahrt (BFH BFH/NV 1990, 334; NVwZ-RR 1990, 523). Der Steuerpflichtige darf mit zivil- und öffentlich-rechtlichen Gegenansprüchen aller Art gegen öffentlich-rechtliche Ansprüche aufrechnen, sofern sie unbestritten oder rechtskräftig festgestellt sind (BFH NVwZ 1984, 468; BFH/NV 2005, 1759).

466 **13.** Eine Änderung der Festsetzung von Amts wegen durch den Urkundsbeamten kommt nicht in Betracht (BayLSG, Beschl. v. 12.9.2012 – L 15 SF 327/10 B E; OLG Bremen AGS 2007, 207; OLG Düsseldorf OLGR Düsseldorf 2008, 614; OVG Hamburg AGS 2015, 90 = Rpfleger 2013, 544; OLG Hamm AGS 2016, 530 = RVGreport 2016, 342). Eine **Erhöhung** oder **Verringerung** der Vergütung kann daher nur durch Einlegung der **Erinnerung** oder **Beschwerde** gem. § 56 RVG gegen die Vergütungsfestsetzung durch den Rechtsanwalt bzw. den Vertreter der Staatskasse erreicht werden (s. dazu Burhoff/*Volpert*, RVG, Teil A Rn 1904 ff.; Burhoff/*Volpert*, RM, Teil D Rn 573 ff.).

Siehe auch: → *Kostenfestsetzung gem. § 464b StPO, Allgemeines*, Teil J Rdn 200 m.w.N.

467 Verwaltungsverfahren, Abrechnung

Das Wichtigste in Kürze:

1. Bei der auftragsgemäßen Vertretung in einem Verwaltungsverfahren bzw. einem behördlichen Verfahren richtet sich die Vergütung nach Teil 2 VV RVG.
2. In einer Strafsache i.S.v. Teil 4 VV RVG kann keine Geschäftsgebühr anfallen.
3. Eine Geschäftsgebühr nach Nr. 2300 f. VV RVG kommt insbesondere im Verfahren nach dem StVollzG und im Höheverfahren nach dem StrEG in Betracht.

4. Die Geschäftsgebühr entsteht nach Vorbem. 2.3 Abs. 3 VV RVG als Pauschgebühr für das Betreiben des Geschäfts einschließlich der Information.
5. Die Bemessung der Geschäftsgebühr Nr. 2300 VV RVG innerhalb des vorgesehenen Rahmens von 0,5 – 2,5 erfolgt gem. § 14 RVG.
6. Eine Geschäftsgebühr für eine Inkassodienstleitung betr. eine unbestrittene Forderung (Abs. 2 der Anm. zu Nr. 2300 VV RVG: 0,5 – 1,3) kommt in Verwaltungsverfahren nicht in Betracht.
7. Die Höhe der Geschäftsgebühr ist nach der Bestimmung des Gebührensatzes und des Gegenstandswerts aus der Tabelle zu § 13 RVG abzulesen.
8. Die Bestimmung des Gegenstandswerts erfolgt gem. § 23 Abs. 1 S. 3, Abs. 3 RVG.

Literaturhinweise: **Pießkalla**, Die Streitwertbemessung bei MPU-Anordnungen, VRR 2013, 90; **Volpert**, Tätigkeiten im Strafvollzug richtig abrechnen, RVGprofessionell 2006, 214; *ders.*, Vergütung des Rechtsanwalts im Verfahren nach dem Strafvollzugsgesetz, RVGreport 2012, 362; **Zieger**, Vernachlässigte Tätigkeitsfelder der Verteidigung, insbesondere Strafvollstreckung und Vollzug, StV 2006, 375. 468

1. Bei der auftragsgemäßen **Vertretung** in einem **Verwaltungsverfahren** bzw. einem **behördlichen Verfahren** richtet sich die Vergütung nach **Teil 2 VV RVG**. Das ergibt sich aus der Überschrift zu Teil 2 VV RVG (Außergerichtliche Tätigkeiten einschließlich der Vertretung im Verwaltungsverfahren). Für die Vertretungstätigkeit gilt dabei Abschnitt 3 von Teil 2 VV RVG. 469

Es können deshalb die in Nr. 2300 f. VV RVG geregelten **Geschäftsgebühren** entstehen: 470

- 0,5–2,5 Geschäftsgebühr Nr. 2300 VV RVG,
- 0,3 Geschäftsgebühr Nr. 2301 VV RVG, wenn sich der Auftrag auf ein Schreiben einfacher Art beschränkt; nach der Anm. zu Nr. 2301 VV RVG handelt es sich um ein Schreiben einfacher Art, wenn dieses weder schwierige rechtliche Ausführungen noch größere sachliche Auseinandersetzungen enthält. Maßgeblich für die Bestimmung, ob dem Rechtsanwalt für seine außergerichtliche Tätigkeit eine Geschäftsgebühr Nr. 2300 VV RVG oder nur eine 0,3 Geschäftsgebühr Nr. 2301 VV RVG zusteht, ist nicht die Tätigkeit des Rechtsanwalts nach außen, sondern der Inhalt des ihm erteilten Auftrags. Anspruch auf die Geschäftsgebühr nach Nr. 2300 VV RVG hat ein Rechtsanwalt nur dann, wenn auftragsgemäß dem erstellten einfachen Schreiben umfangreiche Prüfungen oder Überlegungen vorausgegangen sind (BGH, Beschl. v. 14.3.2019 – 4 StR 426/18, StraFo 2019, 297).
- Eine Geschäftsgebühr für eine **Inkassodienstleitung** betr. eine unbestrittene Forderung (Abs. 2 der Anm. zu Nr. 2300 VV RVG: 0,5 – 1,3) dürfte in Verwaltungsverfahren nicht in Betracht kommen. Inkassodienstleistung ist gem. § 2 Abs. 2 RDG die Einziehung fremder oder zum Zweck der Einziehung auf fremde Rechnung abgetretener Forderungen, wenn die Forderungseinziehung als eigenständiges Geschäft betrieben wird, einschließlich der auf die Einziehung bezogenen rechtlichen Prüfung und Beratung.

☝ Eine Geschäftsgebühr ist ggf. nach Vorbem. 3 Abs. 4 VV RVG, § 15a Abs. 1, 3 RVG auf die Verfahrensgebühr für ein nachfolgendes gerichtliches Verfahren **anzurechnen** (→ *Zivilverfahren, Abrechnung*, Teil J Rdn 510).

2. Die in Nr. 2300 f. VV RVG geregelten Geschäftsgebühren können gem. Vorbem. 2.3 Abs. 2 VV RVG **nicht** in den in den Teilen 4 – 6 VV RVG geregelten Angelegenheiten entstehen. In einer **Strafsache** i.S.v. Teil 4 VV RVG kann deshalb keine Geschäftsgebühr nach Nr. 2300 f. VV RVG anfallen. Insbesondere im vorbereitenden Verfahren bzw. im EV kommt deshalb für die Tätigkeit gegenüber der Polizei/StA keine Geschäftsgebühr in Betracht, sondern insbesondere die Verfahrensgebühr Nr. 4104/4105 VV RVG. 471

☝ **Strafsachen** i.S.v. **Teil 4 VV RVG** sind alle Verfahren, die als Strafverfahren ausgestaltet sind, d.h. alle Verfahren nach der StPO, dem JGG und landesrechtlichen Strafvorschriften sowie die sonstigen

Verfahren, für die in Teil 4 VV RVG vergütungsrechtliche Regelungen getroffen worden sind (Burhoff/Volpert/*Burhoff*, RVG, Vorbem. 4 VV Rn 2). Deshalb ist z.B. die Tätigkeit im Gnadenverfahren nicht nach Nr. 2300 f. VV RVG, sondern nach Nr. 4303 VV RVG abzurechnen.

472 **3.** Für die **Entstehung** einer **Geschäftsgebühr** nach Nr. 2300 f. VV RVG gilt:

- Eine Geschäftsgebühr nach Nr. 2300 f. VV RVG kommt insbesondere im **Verfahren** nach dem **StVollzG** in Betracht (Burhoff//Volpert/*Burhoff/Volpert*, RVG, Teil A Rn 2312 ff.; → *Vergütung im Strafvollzug*, Teil J Rdn 400).
- Auch wenn **vermögensrechtliche Ansprüche** (Adhäsionsansprüche) zunächst auftragsgemäß außergerichtlich verfolgt werden, kann hierfür die Geschäftsgebühr Nr. 2300 VV RVG anfallen (Burhoff/Volpert/*Burhoff*, RVG, Nr. 4143 VV Rn 47).
- Wenn der Rechtsanwalt für den Mandanten die im **Grundverfahren** zugesprochene **Entschädigung** gem. § 10 StrEG bei der **Landesjustizverwaltung** geltend macht (**Betragsverfahren**), entsteht die Geschäftsgebühr Nr. 2300 VV RVG (→ *Entschädigungsverfahren, Abrechnung*, Teil J Rdn 54).
- Eine Geschäftsgebühr Nr. 2300 VV RVG kann auch anfallen für die Tätigkeit gegenüber der Straßenverkehrsbehörde betr. **Fahrerlaubnisfragen** (z.B. Wiedererlangung der Fahrerlaubnis, Vertretung des Mandanten im Rahmen der Anordnung einer medizinisch-psychologischen Begutachtung zur Fahreignung [MPU]; vgl. a. *Pießkalla*, VRR 2013, 90; → *Fahrerlaubnisfragen, Abrechnung*, Teil J Rdn 69 ff.).

☝ Für die Tätigkeit in einem behördlichen Verwaltungsverfahren kommt auch die Bewilligung von **Beratungshilfe** in Frage (§ 2 Abs. 2 BerHG). Bei Bewilligung von Beratungshilfe richten sich die Gebühren allerdings nach Teil 2 Abschnitt 5 VV RVG (Nr. 2500 ff. VV RVG; ausf. Burhoff/Volpert/*Volpert*, RVG, Teil A Rn 382 ff.; Burhoff/Volpert/*Burhoff/Volpert*, RVG, Teil A: Verfahren nach dem Strafvollzugsgesetz und ähnliche Verfahren, Rn 2312 ff.; vgl. a. *Volpert* StRR 2010, 333; → *Vergütung im Strafvollzug*, Teil J Rdn 400).

473 **4.a)** Der Rechtsanwalt erhält die Geschäftsgebühr nach **Vorbem. 2.3 Abs. 3 VV RVG** für das **Betreiben** des **Geschäfts einschließlich** der **Information** (**Betriebsgebühr**; Gerold/Schmidt/*Mayer*, RVG, VV 2300 Rn 14). Die Gebühr entsteht mit der ersten Tätigkeit des Rechtsanwalts, die auf die Ausführung des Auftrages gerichtet ist, bspw. der Informationsaufnahme (Gerold/Schmidt/*Mayer*, RVG, VV 2300 Rn 14). Für die Entstehung reicht es aus, wenn der Rechtsanwalt im Rahmen der Ausführung des Auftrags eine erste Tätigkeit entfaltet hat; die Auftragserteilung allein reicht zur Entstehung nicht aus (Gerold/Schmidt/*Mayer*, RVG, VV 2300 Rn 13).

474 **b)** Durch die Geschäftsgebühr werden **alle Tätigkeiten** abgegolten. Es handelt sich um eine (**Pauschalgebühr**). Neben der Geschäftsgebühr sind **keine weiteren Gebühren** vorgesehen. Insbesondere ist in Teil 2 VV RVG keine Terminsgebühr für Besprechungen mit Dritten vorgesehen (Gerold/Schmidt/*Mayer*, RVG, VV 2300 Rn 14). Die in Vorbem. 3 Abs. 3 VV RVG vorgesehene Terminsgebühr für die Mitwirkung an Besprechungen (→ *Zivilverfahren, Abrechnung*, Teil J Rdn 510) kann nicht entstehen, weil Entstehungsvoraussetzung nach Vorbem. 3 Abs. 1 VV RVG die Erteilung eines Vertretungsauftrags in einem gerichtlichen Verfahren ist.

☝ Die Geschäftsgebühr entsteht als Pauschgebühr für alle im behördlichen Verwaltungsverfahren entfalteten Tätigkeiten **nur einmal** (§§ 15 Abs. 2, 17 Nr. 1 RVG).

475 **c)** Insbesondere **folgendeTätigkeiten** werden von der Geschäftsgebühr **erfasst:**

- die erstmalige Einarbeitung in den Rechtsfall, da keine Grundgebühr entsteht,
- **Aufnahme** der **Information**,

- allgemeine **Beratung** des Mandanten,
- **Einsicht** in Behördenakten,
- **Schriftverkehr**,
- Beschaffung von Informationen,
- Besprechungen mit dem Mandanten oder mit Dritten,
- eigene Ermittlungen des Rechtsanwalts,
- **JVA-Besuche**.

5. Die **Bemessung** der **Geschäftsgebühr** Nr. 2300 VV RVG innerhalb des vorgesehenen Rahmens von **0,5 – 2,5** erfolgt gem. **§ 14 RVG**. Bei der Bemessung der Höhe der Gebühr sind über § 14 RVG insbesondere die Besonderheiten des jeweiligen **Einzelfalls** zu berücksichtigen. Die Höhe der Gebühr ist also insbesondere von den vom Rechtsanwalt erbrachten Tätigkeiten (Burhoff/Volpert/*Burhoff*, Teil A Rn 1803 ff.) bzw. deren Umfang abhängig (Gerold/Schmidt/*Mayer*, RVG, VV 2300 Rn 13). 476

☝ Bei der Bemessung der Geschäftsgebühr ist die Anm. zu **Nr. 2300 VV RVG** zu **beachten**. Danach kann eine Geschäftsgebühr von mehr als 1,3 nur gefordert werden, wenn die Tätigkeit umfangreich oder schwierig war (**Kappungsgrenze**; Schwellenwert; Regelgebühr).

6. Die Geschäftsgebühr Nr. 2300 VV RVG ist zwar eine Rahmengebühr (**Satzrahmengebühr**). Nach Bestimmung des Gebührensatzes innerhalb des vorgesehenen Rahmens von 0,5 – 2,5 ist die Geschäftsgebühr aber eine **Wertgebühr**, deren Höhe nach dem maßgebenden Geschäftswert aus der **Tabelle zu § 13 RVG** abzulesen ist. 477

7.a) Der Geschäftswert ist nach **§ 23 Abs. 1 S. 3 RVG** zu bestimmen. Danach gelten die Wertvorschriften des GKG oder des FamGKG entsprechend für die Tätigkeit **außerhalb** eines **gerichtlichen Verfahrens**, wenn der Gegenstand der Tätigkeit auch Gegenstand eines gerichtlichen Verfahrens sein könnte. Wird das verneint, gilt **§ 23 Abs. 3 RVG**. Es gelten für den Gegenstandswert die Bewertungsvorschriften des GNotKG (§§ 46 – 54 GNotKG) und die §§ 37, 38, 42 – 45 sowie 99 – 102 GNotKG entsprechend. Soweit sich der Gegenstandswert aus diesen Vorschriften nicht ergibt und auch sonst nicht feststeht, ist er nach billigem Ermessen zu bestimmen; in Ermangelung genügender tatsächlicher Anhaltspunkte für eine Schätzung und bei nichtvermögensrechtlichen Gegenständen ist der Gegenstandswert mit 5.000,00 EUR, nach Lage des Falles niedriger oder höher, jedoch nicht über 500.000,00 EUR anzunehmen (→ *Vergütung im Strafvollzug*, Teil J Rdn 400). 478

b) Bei der außergerichtlichen Vertretung des Mandanten im Rahmen von **Fragen** der **Fahrerlaubnis** (z.B. bei der Vertretung des Mandanten im Rahmen der Anordnung einer medizinisch-psychologischen Begutachtung zur Fahreignung [MPU], *Pießkalla* VRR 2013, 90) kann wegen § 23 Abs. 1 S. 3 RVG auf den **Streitwertkatalog 2025** i.d.F der am 21.2.2025 beschlossenen Änderungen für die Verwaltungsgerichtsbarkeit zurückgegriffen werden (https://www.bverwg.de/rechtsprechung/streitwertkatalog und https://www.bverwg.de/user/data/media/streitwertkatalog.pdf) (→ *Fahrerlaubnisfragen, Abrechnung*, Teil J Rdn 69 ff.). 479

Siehe auch: → *Entschädigungsverfahren, Abrechnung*, Teil J Rdn 55; → *Fahrerlaubnisfragen*, Abrechnung, Teil J Rdn 69; → *Vergütung im Strafvollzug*, Teil J Rdn 400; → *Vergütung in Verfahren nach §§ 23 ff. EGGVG*, Teil J Rdn 419; → *Zivilverfahren, Abrechnung*, Teil J Rdn 510.

480 # Wertfestsetzung gem. §§ 32, 33 RVG

Das Wichtigste in Kürze:

1. Auch in Strafsachen fallen in bestimmten Fällen Gebühren an, die sich nach einem Gegenstandswert richten und nach dessen Feststellung aus der Tabelle zu §§ 13, 49 RVG anzulesen sind.
2. § 32 RVG ist für die Wertfestsetzung einschlägig, wenn sich der Gegenstandswert für die Anwaltsgebühren nach den für die Gerichtsgebühren geltenden Wertvorschriften richtet.
3. § 33 RVG ist für die Wertfestsetzung anzuwenden, wenn sich die Anwaltsgebühren nicht nach dem für die Gerichtsgebühren maßgebenden Wert richten oder es an einem solchen Wert fehlt.
4. § 33 RVG gilt nur, wenn die Gebühren in einem anhängigen gerichtlichen Verfahren angefallen sind.
5. Eine Wertfestsetzung gem. § 33 RVG gilt nur für den Anwalt, der den Antrag auf Wertfestsetzung gestellt hat.
6. § 33 RVG ist anwendbar, wenn Gerichtsgebühren als Festgebühren entstehen, ein gerichtliches Verfahren sachlich gerichtsgebührenfrei ist, wenn der für die gerichtliche Tätigkeit maßgebende Wert sich nicht mit dem Wert für die anwaltliche Tätigkeit deckt oder im RVG besondere Wertvorschriften für die anwaltliche Tätigkeit vorhanden sind.

481 **Literaturhinweise:** **Al-Jumaili**, Festsetzung der Pflichtverteidigervergütung, § 98 BRAGO, JurBüro 2000, 516; **Burhoff**, Zusätzliche Verfahrensgebühr Nr. 4151/5116 VV RVG bei anwaltlicher Tätigkeit im Hinblick auf Einziehung und verwandte Maßnahmen, ZWH 2022, 309; *ders.*, Gegenstandswerte in Straf- und Bußgeldverfahren für die zusätzlichen Verfahrensgebühren Nr. 4142/5116 RVG-VV, ZWH 2025, 54; *ders.*, Zusätzliche Verfahrensgebühren Nrn. 4142/5116 VV – ein weiteres Update, AGS 2024, 193; **Hansens**, Folgen einer unterbliebenen oder fehlerhaften Rechtsbehelfsbelehrung, AGS 2021, 104; **Kroiß**, Die Wertfestsetzung für die Rechtsanwaltsgebühren nach § 33 RVG, RVG-Letter 2004, 74; **Onderka**, Wertfestsetzungen nach § 25 GKG und § 10 BRAGO erfolgreich angreifen, BRAGOprofessionell 2003, 7; **Petershagen**, Die Besetzung von Kollegialgerichten nach den Zuständigkeitsregelungen des Kostenrechtsmodernisierungsgesetzes, JurBüro 2009, 64; **H. Schneider**, Die Rechtsbehelfsbelehrung in den kostenrechtlichen Verfahren, AGS 2014, 106; **N. Schneider**, Gegenstandswerte in der Zwangsvollstreckung, AGS 2010, 469; *ders.*, Ermittlung und Festsetzung des Gegenstandswerts für die Anwaltsgebühren, ZAP Fach 24, S. 1055; *ders.*, Die Wertfestsetzung in einfachen Beschwerdeverfahren; NJW-Spezial 2010, 539; **Volpert**, Die Bedeutung der Wertfestsetzung bei den Gerichtsgebühren für die Anwaltsgebühren, RVGreport 2004, 170; *ders.*, Die Wertfestsetzung für die Rechtsanwaltsgebühren – § 33 RVG, RVGreport 2004, 417: *ders.*, Die Rechtsbehelfsbelehrung gem. § 12c RVG, RVGreport 2013, 210; *ders.*, Rechtsbehelfsbelehrungen gem. § 12c RVG und § 5b GKG in den strafrechtlichen Kostenverfahren, StRR 2014, 244.

482 **1.a)** Auch in Strafsachen können neben den Betragsrahmengebühren in bestimmten Fällen Gebühren entstehen, die sich nach dem **Gegenstandswert** richten (**Wertgebühren**), und zwar z.B. für die Tätigkeit

- im **Erinnerungs-** und **Beschwerdeverfahren** gegen den (Gerichts-)**Kostenansatz** (§§ 19, 66 GKG) und gegen einen **Kostenfestsetzungsbeschluss** (Vorbem. 4 Abs. 5 Nr. 1 VV RVG); die Gebühren richten sich hier nach **Teil 3 VV RVG**, es entsteht also die 0,5 Verfahrensgebühr nach Nr. 3500 VV RVG und ggf. eine 0,5 Terminsgebühr nach Nr. 3513 VV RVG,
- in der **Zwangsvollstreckung** aus Entscheidungen, die über einen aus der Straftat erwachsenen vermögensrechtlichen Anspruch oder über die Erstattung von Kosten (Kostenfestsetzungsbeschluss) ergangen sind und für das Beschwerdeverfahren gegen diese Entscheidung (Vorbem. 4 Abs. 5 Nr. 2 VV RVG); die Gebühren richten sich auch hier nach **Teil 3 VV RVG**, es entsteht also nach Nr. 3309 VV RVG eine 0,3 Verfahrensgebühr und nach Nr. 3310 VV RVG ggf. eine 0,5 Terminsgebühr,
- des Rechtsanwalts bei der **Einziehung** und verwandten Maßnahmen (Nr. 4142 VV RVG),
- im Verfahren über **vermögensrechtliche Ansprüche** (**Adhäsionsverfahren**, Nr. 4143 VV RVG und Nr. 4144 VV RVG),

- im Verfahren über die Beschwerde gegen den Beschluss, mit dem nach § 406 Abs. 5 S. 2 StPO von einer Entscheidung abgesehen wird (sofortige Beschwerde im **Adhäsionsverfahren**); es entsteht die Verfahrensgebühr Nr. 4145 VV RVG,
- im Verfahren über einen Antrag auf gerichtliche Entscheidung oder über die Beschwerde gegen eine den Rechtszug beendende Entscheidung nach § 25 Abs. 1 S. 3 bis 5, § 13 StrRehaG (Nr. 4146 VV RVG).

b) Darüber hinaus kann nach Vorbem. 1 VV RVG die Einigungsgebühr nach Nrn. 1000, 1003 und 1004 483
VV RVG sowie die Gebührenerhöhung für die Vertretung mehrerer Auftraggeber nach Nr. 1008 VV RVG entstehen. Diese Gebühren richten sich ebenfalls nach dem Gegenstandswert. Wertgebühren nach Teil 3 VV RVG entstehen auch bei der Vertretung in Verfahren nach dem **Strafvollzugsgesetz** und in **Verfahren** nach **§§ 23 EGGVG** (→ *Vergütung im Strafvollzug*, Teil J Rdn 400; → *Vergütung in Verfahren nach § 23 EGGVG*, Teil J Rdn 418).

> ☝ Die Gebühren des Rechtsanwalts sind in diesen Fällen aus der **Gebührentabelle** des **§ 13 RVG** oder im Fall der Bestellung oder Beiordnung aus der Gebührentabelle des **§ 49 RVG** abzulesen.

2.a) § 32 RVG regelt die Wertfestsetzung für die Fälle, in denen sich in gerichtlichen Verfahren der Ge- 484
genstandswert für die Anwaltsgebühren nach den für die Gerichtsgebühren geltenden Wertvorschriften richtet. § 32 RVG ist deshalb einschlägig für das gerichtliche **Verfahren** nach dem **StVollzG**, in dem die Gerichtsgebühren nach Nrn. 3810 bis 3812 KV GKG (Verfahren nach §§ 109 und 114 Abs. 2 StVollzG) bzw. Nrn. 3820 und 3821 KV GKG (Rechtsbeschwerdeverfahren) als Wertgebühren anfallen. Der Wert bestimmt sich für gerichtliche Verfahren nach dem StVollzG nach §§ 60 und 52 Abs. 1 bis 3 GKG, für das Verfahren über den Antrag auf Aussetzung des Vollzugs einer Maßnahme der Vollzugsbehörde oder auf Erlass einer einstweiligen Anordnung nach § 114 Abs. 2 StVollzG nach §§ 60, 51 Abs. 1 und 2 GKG.

b) Die gem. §§ 63 Abs. 2, 65 GKG von Amts wegen vorzunehmende Wertfestsetzung für die Gerichts- 485
gebühren Nrn. 3810 KV GKG (NK-GK/*N. Schneider*, § 65 GKG Rn 1) ist nach § 32 Abs. 1 RVG für die Gebühren des Rechtsanwalts im gerichtlichen Verfahren nach dem StVollzG maßgebend (vgl. a. § 23 Abs. 1 S. 1 RVG und OLG Düsseldorf ZfStrVo 2013, 57). Für das **Verfahren** bei der Wertfestsetzung ist **§ 63 Abs. 3 GKG entsprechend** anzuwenden. Die Streitwertfestsetzung für die Gerichtsgebühren gem. §§ 63 Abs. 2, 65 GKG erfolgt stets **von Amts wegen** (OLG Düsseldorf, Beschl. v. 4.4.2022 – I-12 W 5/22, NJW-RR 2022, 935). Nach **§ 32 Abs. 2 S. 1 RVG** kann der Rechtsanwalt diese Wertfestsetzung **aus eigenem Recht** mit der Beschwerde nach § 68 GKG anfechten (dazu KG AGS 2007, 353; NK-GK/*N. Schneider*, § 60 GKG Rn 8). Wegen § 1 Abs. 5 GKG und § 1 Abs. 3 RVG kann diese Wertfestsetzung auch isoliert ohne die Hauptsacheentscheidung angefochten werden (ausf. Burhoff/*Burhoff/Volpert*, RVG, Teil A: Verfahren nach dem Strafvollzugsgesetz und ähnliche Verfahren, Rn 2328 ff.; → *Vergütung im Strafvollzug*, Teil J Rdn 400; *zur* Wertberechnung für die Geschäftsgebühr Nr. 2300 VV RVG, wenn der Rechtsanwalt in einer Strafvollzugsangelegenheit außergerichtlich bzw. im Verwaltungsverfahren tätig ist, → *Vergütung im Strafvollzug*, Teil J Rdn 405).

3. Im Verfahren nach **§ 33 RVG** wird demgegenüber der Wert festgesetzt, wenn sich die Anwaltsgebüh- 486
ren nicht nach dem für die Gerichtsgebühren maßgebenden Wert richten oder es an einem solchen Wert fehlt. Eine Festsetzung nach § 33 RVH erfolgt nur **auf Antrag** und anders als die Wertfestsetzung gem. §§ 63 Abs. 2, 65 GKG, die gem. § 32 Abs. 1 RVG auch für alle Anwälte maßgebend ist, niemals von Amts wegen (OLG Düsseldorf, Beschl. v. 4.4.2022 – I-12 W 5/22, NJW-RR 2022, 935). § 33 RVG bildet deshalb eine **Ergänzung** zu § 32 Abs. 1 RVG und regelt die Wertfestsetzung für die Anwaltsgebühren in den von § 32 Abs. 1 RVG nicht erfassten Fällen (Burhoff/Volpert/*Volpert*, RVG, Teil A Rn 1019 ff.).

Voraussetzung für eine **selbstständige gerichtliche Wertfestsetzung** auf Antrag des Rechtsanwalts 487
gem. § 33 RVG ist, dass § 32 RVG eine Regelungslücke hinterlässt, also der für die Gerichtsgebühren

festgesetzte Wert für die Anwaltsgebühren nicht maßgebend ist oder es an einem solchen Wert überhaupt fehlt. § 33 RVG schließt damit auf Antrag eine Lücke in allen Fällen, in denen der Gegenstandswert für die Anwaltsgebühren von dem Streitwert für die Gerichtsgebühr abweicht (BGH NJW-RR 2018, 700 = RVGreport 2018, 150 = AGS 2018, 60; Beschl. v. 29.7.2024 – VI ZR 381/20; Beschl. v. 29.8.2023 – VIII ZR 227/22; Beschl. v. 19.12.2024 – KZR 60/23). Wird die gesamte Tätigkeit des Rechtsanwalts bereits von der gerichtlichen Wertfestsetzung nach § 32 Abs. 1 RVG erfasst, ist eine Wertfestsetzung nach § 33 RVG nicht erforderlich und auch nicht möglich (BGH, Beschl. v. 29.7.2024 – VI ZR 381/20; Beschl. v. 4.6.2024 – VIII ZR 292/22, AGS 2024, 430; Beschl. v. 19.12.2024 – KZR 60/23).

☝ Es besteht für den Rechtsanwalt somit **kein Wahlrecht** zwischen den Wertfestsetzungen nach § 32 RVG und § 33 RVG. § 33 RVG ist nur anwendbar, wenn der für die Gerichtsgebühr festgesetzte Streitwert nicht identisch ist mit dem Gegenstandswert für die Anwaltsgebühr (BGH, Beschl. v. 19.12.2024 – KZR 60/23) und die Wertfestsetzung auch beantragt wird.

488 **4. § 33 RVG** ist nur **anwendbar**, wenn die Gebühren für die Tätigkeit des Rechtsanwalts in einem **anhängigen gerichtlichen Verfahren** angefallen sind. Wird der Anwalt nur außerhalb eines gerichtlichen Verfahrens tätig oder findet ein gerichtliches Verfahren nicht statt, kann der Anwalt keine Wertfestsetzung nach § 33 RVG beantragen (BGH NJW-RR 2018, 700 = RVGreport 2018, 150 = AGS 2018, 60; Burhoff/Volpert/*Volpert*, RVG, Teil A Rn 1019).

☝ Der Anwalt und der Auftraggeber müssen sich dann auf den Gegenstandswert für die anwaltliche Tätigkeit einigen (OLG Düsseldorf JurBüro 2010, 84). Kommt eine Einigung nicht zustande, ist über den Gegenstandswert als Vorfrage im Gebührenprozess zu entscheiden bzw. der Gegenstandswert ist im Gebührenprozess durchzusetzen (OLG Karlsruhe AGS 2015, 420 = MDR 2015, 1095).

489 **5.** Die Wertfestsetzung nach § 33 RVG gilt **nur** für die Wertgebühr des Anwalts, der den **Antrag** auf **Festsetzung** des **Wertes** gestellt hat bzw. der von dem Festsetzungsantrag der anderen nach § 33 Abs. 2 S. 2 RVG Antragsberechtigten erfasst ist (KG, Beschl. v. 17.5.2021 – 20 W 19/21, AGS 2021, 281; OLG Düsseldorf, Beschl. v. 1.2.2018 – I-10 W 414/17, AGS 2018, 184; OLG Düsseldorf RVGreport 2009, 138 = JurBüro 2008, 592; OLG Hamm, Beschl. v. 13.2.2024 – I-10 U 9/22). Sie erstreckt sich nicht wie die Wertfestsetzung nach § 32 Abs. 1 RVG, §§ 63 Abs. 2, 65 GKG auf alle an dem gerichtlichen Verfahren beteiligten Anwälte (s. ausf. Burhoff/Volpert/*Volpert*, RVG, Teil A Rn 1051 ff.).

490 **6.a)** Ein **Antrag** gem. § 33 RVG auf Festsetzung des Gegenstandswertes für die Anwaltsgebühren **kommt** damit **in Betracht**, wenn

- Gerichtsgebühren als Festgebühren entstehen,
- ein gerichtliches Verfahren sachlich gerichtsgebührenfrei ist,
- der für die gerichtliche Tätigkeit maßgebende Wert sich nicht mit dem Wert für die anwaltliche Tätigkeit deckt oder
- im RVG besondere Wertvorschriften für die anwaltliche Tätigkeit vorhanden sind.

491 **b)** Erfasst sind damit insbesondere im Bereich der Nachsorge **folgende Fälle** (ausf. Burhoff/Volpert/*Volpert*, RVG, Teil A Rn 1026 ff.):

- Tätigkeit im **Erinnerungs-** und **Beschwerdeverfahren** gegen einen **Kostenfestsetzungsbeschluss** (Vorbem. 4 Abs. 5 Nr. 1 VV RVG): Nach den Vorbem. 3.6 und 4.4 KV GKG bestimmen sich die Gebühren bei Beschwerden im Kostenfestsetzungsverfahren in Straf- und Bußgeldsachen nach den für das Kostenfestsetzungsverfahren in Teil 1, Hauptabschnitt 8 geregelten Gebühren (Nr. 1812 KV GKG). Danach fällt im Strafverfahren eine **gerichtliche Festgebühr** nach Nr. 1812 KV GKG i.H.v. 72,00 EUR an, wenn die Beschwerde gegen einen Kostenfestsetzungsbeschluss verworfen oder zurückgewiesen wird. Für die Gebühren des Anwalts nach **Nrn. 3500, 3513 VV RVG** ist ggf. die Wertfestsetzung gem. § 33 RVG erforderlich.

- Tätigkeit im Verfahren über die **Erinnerung** und **Beschwerde** gegen den (Gerichts-) **Kostenansatz**, das gem. § 66 Abs. 8 GKG sachlich gerichtsgebührenfrei ist. Für die Gebühren des in diesen Verfahren tätigen Anwalts nach **Nrn. 3500, 3513 VV RVG** ist ggf. die Wertfestsetzung gem. § 33 RVG erforderlich.
- Tätigkeit in der **Zwangsvollstreckung** aus Entscheidungen, die über einen aus der Straftat erwachsenen vermögensrechtlichen Anspruch oder über die Erstattung von Kosten (Kostenfestsetzungsbeschluss) ergangen sind und im Beschwerdeverfahren in der Zwangsvollstreckung (Vorbem. 4 Abs. 5 Nr. 2 VV RVG; OLG Hamm AGS 2008, 175 = RVGprofessionell 2008, 133): Bei der Zwangsvollstreckung werden nach Nrn. 2110 KV GKG als **Gerichtsgebühren Festgebühren** erhoben. Das gilt nach Nr. 2121 KV GKG auch im Beschwerdeverfahren in der Zwangsvollstreckung, wenn die Beschwerde verworfen oder zurückgewiesen wird (Festgebühr 36,00 EUR). Im Übrigen sind hierfür im RVG mit § 25 RVG und § 23 Abs. 2 RVG auch **besondere Wertvorschriften** vorgesehen. Für die Gebühren des Anwalts nach **Nrn. 3309, 3310 VV RVG** ist ggf. die Wertfestsetzung gem. § 33 RVG erforderlich.

☝ Zur Wertfestsetzung gem. § 32 Abs. 1 RVG, § 63 Abs. 2 GKG oder gem. § 33 RVG im Adhäsionsverfahren siehe ausf. Burhoff/Volpert/*Volpert*, RVG, Teil A Rn 1019 ff.

7. Für das **Wertfestsetzungsverfahren** gem. § 33 RVG gilt (s. Burhoff/Volpert/*Volpert*, RVG, Teil A Rn 1051 ff.): 492

a) Der **Antrag** auf **Wertfestsetzung** kann nach §§ 33 Abs. 7 S. 1, 129a ZPO ohne Mitwirkung eines Bevollmächtigten zu Protokoll des Urkundsbeamten der Geschäftsstelle eines jeden AG oder schriftlich gestellt werden. Für die Einreichung als elektronisches Dokument gilt nach § 12b S. 1 RVG § 32d S. 1 StPO. Danach sollen Verteidiger und Rechtsanwälte den Strafverfolgungsbehörden und Gerichten Schriftsätze und deren Anlagen sowie schriftlich einzureichende Anträge und Erklärungen als elektronisches Dokument übermitteln. Einreichungspflicht entsprechend § 32d S. 2 StPO besteht nicht, weil es nicht um die Berufung und ihre Begründung, die Revision, ihre Begründung und die Gegenerklärung sowie die Privatklage und die Anschlusserklärung bei der Nebenklage geht. Anwaltszwang besteht nicht, § 78 Abs. 3 ZPO. 493

Der **Antrag** nach § 33 Abs. 1 RVG muss **nicht beziffert** gestellt werden. Zwar gilt im Verfahren nach § 33 RVG der Beibringungsgrundsatz. Der Antragsteller muss die Tatsachen vortragen, auf die es für die Wertfestsetzung ankommt, soweit sie sich nicht ohnehin aus den Akten ergeben. Der Angabe eines bestimmten Wertes, dessen Festsetzung beantragt werden soll, bedarf es dafür aber nicht (OLG Celle, Beschl. v. 25.4.2025 – 24 U 212/22; LAG Baden-Württemberg, Beschl. v. 7.7.2006 – 3 Ta 114/06; OVG Bautzen, Beschl. v. 20.8.2009 – 5 E 70/09; Gerold/Schmidt/*Mayer*, RVG, § 33 Rn 9; Ahlmann u.a./*Rech*, RVG, § 33 Rn 43). 494

Antragsberechtigt sind gem. § 33 Abs. 2 S. 2 RVG 495

- nicht nur der **Rechtsanwalt** (LG Cottbus, Beschl. v. 22.1.2018 – 22 Wi Qs 16/17), sondern auch
- der **Auftraggeber**,
- ein **erstattungspflichtiger Gegner** (OLG Düsseldorf AGS 2018, 184) und
- in den Fällen der §§ 45, 59a RVG (Beiordnung oder Bestellung eines Rechtsanwalts) die Staatskasse (OLG München NStZ-RR 2011, 32).

Sind **mehrere Rechtsanwälte** tätig geworden, kann jeder Rechtsanwalt den Antrag auf Wertfestsetzung wegen seiner Gebühren stellen (OLG Düsseldorf RVGreport 2009, 138). Voraussetzung ist, dass eine Erhöhung des Wertes beantragt wird (OLG Schleswig SchlHA 2006, 300). Der Auftraggeber kann an einer Wertfestsetzung Interesse haben, wenn es zu Meinungsverschiedenheiten über die Berechnung der Anwaltsgebühren gekommen ist. Der Auftraggeber kann aber nur eine Ermäßigung des Wertes geltend machen (OLG Schleswig SchlHA 2003, 300). Der Gegner kann die Wertfestsetzung beantragen, wenn im 496

Kostenfestsetzungsverfahren (§ 464b StPO) die Erstattung der Gebühren von ihm gefordert wird. Die Staatskasse ist zur Antragstellung berechtigt, sofern sie nach §§ 45, 59a RVG Wertgebühren an den im Wege der PKH beigeordneten oder sonst bestellten oder beigeordneten Rechtsanwalt zahlen muss.

497 **b)** Der Antrag muss die zur Begründung der **Zulässigkeit** des Verfahrens gem. § 33 RVG und der sachlichen Berechtigung der verlangten Wertfestsetzung erforderlichen **tatsächlichen Angaben** enthalten.

498 Voraussetzung für die Stellung des Antrags ist nach § 33 Abs. 2 S. 1 RVG die **Fälligkeit** der Vergütung, § 8 Abs. 1 RVG (OLG Hamm AGS 2008, 175). Es kann daher nicht für eine **vorschussweise** zu erhebende Gebühr (§§ 9, 47 RVG) Wertfestsetzung nach § 33 RVG beantragt werden, um eine Berechnungsgrundlage nur für den Vorschuss zu erlangen (LAG Schleswig-Holstein NZA-RR 2006, 320). Auch wenn die Gebühren schon gezahlt worden sind, kann ein Rechtsschutzbedürfnis für die Wertfestsetzung bestehen, z.B. wenn die Höhe der Gebühren bestritten und der zu viel gezahlte Betrag zurückgefordert oder der Wert im Kostenfestsetzungsverfahren beanstandet wird (§ 107 ZPO).

499 Weitere Zulässigkeitsvoraussetzung für den Antrag nach § 33 RVG ist das **Rechtsschutzbedürfnis** des Antragstellers. Denn über den Wortlaut hinaus muss nach allgemeinen Grundsätzen für jedes Rechtsschutzbegehren an ein Gericht auch eine materielle Beschwer – ein Rechtsschutzbedürfnis – des Antragstellers vorliegen (BGH AGS 2017, 286 = RVGreport 2017, 215; KG AGS 2009, 224 = RVGreport 2008, 429 und LG Saarbrücken, Beschl. v. 10.1.2012 – 2 Qs 18/11, jeweils zur Stellung eines Wertfestsetzungsantrages, wenn die Verteidigertätigkeit keine Wertgebühr nach Nr. 4142 VV RVG auslöst).

☝ **Auch** wenn die **Gebühren schon gezahlt** worden sind, kann ein **Rechtsschutzbedürfnis** für die Wertfestsetzung bestehen, z.B. wenn die Höhe der Gebühren bestritten und der zu viel gezahlte Betrag zurückgefordert oder der Wert im Kostenfestsetzungsverfahren beanstandet wird.

500 **d)aa)** Die **Entscheidung** über den Antrag erfolgt gem. § 33 Abs. 1 und 8 RVG durch **begründeten Beschluss** nur für den jeweiligen Rechtszug. Über den Antrag entscheidet nach wohl h.M. gem. § 33 Abs. 8 S. 1 RVG das Gericht grds. durch eines seiner Mitglieder als **Einzelrichter** (BGH, Beschl. v. 9.8.2021 – GSZ 1/20, AGS 2021, 471 = NJW 2021, 3191; Beschl. v. 5.7.2024 – 3 StR 201/23, NStZ-RR 2024, 328; Beschl. v. 3.6.2024 – I ZB 42/23, AGS 2024, 330). Aus dem klaren Wortlaut des § 33 Abs. 8 S. 1 RVG ergibt sich, dass der Gesetzgeber bei der Einführung des Einzelrichterprinzips nicht zwischen Strafsachen und den übrigen Angelegenheiten der ordentlichen Gerichtsbarkeit unterschieden hat. § 1 Abs. 3 RVG stellt **ausdrücklich klar**, dass die **Vorschriften** des **RVG** über die Beschwerde den für das jeweilige Verfahren geltenden Vorschriften **vorgehen** (BGH, Beschl. v. 9.8.2021 – GSZ 1/20, AGS 2021, 471 = NJW 2021, 3191; Beschl. v. 3.6.2024 – I ZB 42/23, AGS 2024, 330). Dieser Grundsatz gilt nicht nur für das Beschwerdeverfahren gegen die Wertfestsetzung, sondern auch das erstinstanzliche Wertfestsetzungsverfahren. Die Entscheidung ergeht gem. § 33 Abs. 8 S. 3 RVG stets **ohne** Mitwirkung **ehrenamtlicher Richter**.

501 **Sachlich** und **örtlich zuständig** für die Festsetzung ist nach § 33 Abs. 1 RVG das Gericht des Rechtszugs. Das ist dasjenige Gericht, bei dem das Verfahren in dem Rechtszug anhängig war, für den der Rechtsanwalt eine Vergütung fordert, ggf. also auch der BGH (BGH, Beschl. v. 5.7.2024 – 3 StR 201/23, NStZ-RR 2024, 328; NJW-RR 2016, 831 = RVGreport 2016, 266). Ist der Rechtsanwalt in mehreren Rechtszügen tätig geworden, erfolgt die Festsetzung durch das jeweils zuständige Instanzgericht für jeden Rechtszug gesondert. Es sind dann mehrere Wertfestsetzungsbeschlüsse notwendig. Handelt es sich um ein Hauptsacheverfahren vor dem **Rechtspfleger** (z.B. in der Zwangsvollstreckung, § 4 Abs. 1 RPflG; Vorbem. 4 Abs. 5 Nr. 2 VV), ist dieser funktionell für die Wertfestsetzung zuständig. Zur örtlichen Zuständigkeit für eine Entscheidung über eine Streitwertbeschwerde in einer Strafvollzugssache in NRW OLG Düsseldorf, Beschl. v. 7.8.2012 – III 2 Ws 268/12 = ZfStrVo 2013, 57.

502 **bb)** Zwar ist in § 33 RVG nicht ausdrücklich bestimmt, dass das Gericht vor seiner Entscheidung alle Beteiligten anhören muss. Die **Anhörungspflicht** ergibt sich aber bereits aus Art. 103 GG. Wer Beteiligter

ist, ergibt sich aus dem konkreten Verfahren. Stellt z.B. die Staatskasse den Festsetzungsantrag, besteht kein Anlass, hierzu den erstattungspflichtigen Gegner der PKH-Partei anzuhören.

cc) Das Gericht kann nach § 33 Abs. 3 S. 2 RVG in dem Beschluss über die Wertfestsetzung die **Beschwerde zulassen**, wenn die zur Entscheidung stehende Frage von grundsätzlicher Bedeutung ist. Die Zulassung kann nach herrschender Meinung nur gleichzeitig mit der Hauptsacheentscheidung und nicht in einem nachträglichen besonderen Beschluss erfolgen (dazu Burhoff/Volpert/*Volpert*, RVG, Teil A Rn 1945 ff.; Burhoff/*Volpert*, RM, Teil D Rn 573 ff.). 503

Nach § 12c RVG hat jede anfechtbare Entscheidung eine Belehrung über den statthaften (befristeten oder unbefristeten) Rechtsbehelf sowie über das Gericht, bei dem dieser Rechtsbehelf einzulegen ist, über dessen Sitz und über die einzuhaltende Form und Frist zu enthalten. Eine **Rechtsbehelfsbelehrung** kann deshalb gem. § 12c bei bestimmten Entscheidungen im Verfahren auf Festsetzung des Gegenstandswerts gem. § 33 RVG erforderlich sein (ausf. *Volpert* RVGreport 2013, 210 und StRR 2014, 244). 504

Unterliegt die Wertfestsetzung der Anfechtung mit der **befristeten Beschwerde**, ist der Beschluss zu begründen und **förmlich zuzustellen** (§ 33 Abs. 3 S. 3 RVG). Der Beschluss ist mit der befristeten Beschwerde anfechtbar und daher förmlich zuzustellen, wenn der Beschwerdewert 300,00 EUR übersteigt, also mindestens 300,01 EUR beträgt. Wird der Beschwerdewert nicht erreicht, ist der Beschluss gleichwohl förmlich zuzustellen, wenn das Gericht in der Wertfestsetzung wegen der grds. Bedeutung der zur Entscheidung stehenden Frage die Beschwerde zulässt (§ 33 Abs. 3 S. 2 RVG). Die Zustellung an den Rechtsanwalt hat i.d.R. per Empfangsbekenntnis, an den Vertreter der Staatskasse i.d.R. durch Vorlage der Akten (§ 41 StPO) zu erfolgen. 505

> ☝ Ohne Zustellung wird die in § 33 Abs. 3 S. 3 RVG geregelte **Beschwerdefrist** nicht in Gang gesetzt (OLG Brandenburg NStZ-RR 2010, 92; OLG München NStZ-RR 2011, 32).

8. Für den **Gegenstandswert** gilt insbesondere (ausf. Burhoff/Volpert/*Volpert*, RVG, Teil A Rn 1071 ff.): 506

- Bei der **Erinnerung/Beschwerde** gegen den **Gerichtskostenansatz** (§ 66 GKG) bemisst sich der Wert für die Anwaltsgebühren nach Nrn. 3500, 3513 VV RVG (Vorbem. 4 Abs. 5 Nr. 1 VV RVG) nach dem Umfang der im Erinnerungs- oder Beschwerdeverfahren mit dem Rechtsmittel verfolgten Abänderung des Kostenansatzes (Burhoff/Volpert/*Burhoff*, RVG, Vorbem. 4 VV Rn 125 f.; AnwKomm-RVG/*N. Schneider*, VV Vorb. 4 Rn 92).
- Bei der **Erinnerung/Beschwerde** gegen einen **Kostenfestsetzungsbeschluss** (§ 464b StPO) bemisst sich der Wert für die Anwaltsgebühren nach Nrn. 3500, 3513 VV RVG (Vorbem. 4 Abs. 5 Nr. 1 VV RVG) nach dem Umfang der im Erinnerungs- oder Beschwerdeverfahren mit dem Rechtsmittel verfolgten Abänderung des Kostenfestsetzungsbeschlusses (Burhoff/Volpert/*Burhoff*, RVG, Vorbem. 4 VV Rn 120; AnwKomm-RVG/*N. Schneider*, VV Vorb. 4 Rn 82).
- Es wird für den Gegenstandswert im **Strafvollzug** verwiesen auf → *Vergütung im Strafvollzug*, Teil J Rdn 411 f.
- Im Verfahren nach dem **strafrechtlichen Rehabilitierungsgesetz** (StrRehaG) richtet sich In der **Zwangsvollstreckung** (Vorbem. 4 Abs. 5 Nr. 2 RVG) der Gegenstandwert für die Gebühren nach Nrn. 3309, 3310 RVG nach § 25 RVG (Burhoff/Volpert/*Volpert*, RVG, Teil A, Rn 1081 ff.).

9. Wird davon ausgegangen, dass der **Urkundsbeamte** im Festsetzungsverfahren gem. § 55 RVG bzw. der **Rechtspfleger** im Kostenfestsetzungsverfahren gem. § 464b StPO lediglich zu prüfen hat, dass die geltend gemachten Kosten das vorliegende Verfahren betreffen, entstanden sind und notwendig waren (BGH NJW-RR 2014, 892), kann eine Wertfestsetzung durch den Urkundsbeamten oder Rechtspfleger in diesen Verfahren nicht erfolgen. Die Wertfestsetzung bleibt vielmehr den Verfahren gem. §§ 32, 33 RVG vorbehalten. Daher muss der Urkundsbeamte oder Rechtspfleger das Festsetzungsverfahren zumindest dann **aussetzen**, wenn der vom Urkundsbeamten oder Rechtspfleger in den Raum gestellte Wert für 507 eine Wertgebühr beanstandet wird (BGH, Beschl. v. 20.3.2014 – IX ZB 288/11, AGS 2014, 246; NJW-RR 2018, 700 = RVGreport 2018, 150 = AGS 2018, 60; OLG Düsseldorf AGS 2010, 568).

508 **10.a)** Im Verfahren über die **Beschwerde** (§ 33 Abs. 3 RVG) bzw. über die weitere Beschwerde (§ 33 Abs. 6 RVG) **gegen** eine **Wertfestsetzung** für die Anwaltsgebühren entsteht eine Gerichtsgebühr nach Nr. 1812 KV GKG i.H.v. 72,00 EUR, soweit die Beschwerde verworfen oder zurückgewiesen wird. Nur das Verfahren über den Antrag ist gem. § 33 Abs. 9 S. 1 RVG gerichtsgebührenfrei, nicht aber ein Beschwerdeverfahren (OLG Hamm AGS 2008, 175; RVGreport 2013, 31; LAG Hamburg LAGreport 2005, 352; LAG Kiel, Beschl. v. 19.12.2005 – 2 Ta 220/05; LAG Köln, Beschl. v. 7.9.2007 – 10 Ta 224/07; NK-GK/*Fölsch*, Nr. 1812 KV GKG Rn 12; *N. Schneider*, NJW 2007, 325). Nr. 1812 KV GKG gilt auch für die **weitere Beschwerde** (OLG Düsseldorf AGS 2012, 167 = RVGreport 2012, 189 = NJW-RR 2012, 764). Das vom Rechtsanwalt aus eigenem Recht betriebene Beschwerdeverfahren gegen die Wertfestsetzung nach § 32 Abs. 2 RVG, § 68 GKG ist jedoch gerichtsgebührenfrei, § 68 Abs. 3 GKG.

509 **b)** Hinsichtlich der **Anwaltskosten** gilt Folgendes:

- Stellt der Anwalt den Festsetzungsantrag nach § 33 Abs. 1 und 2 RVG im eigenen Namen, stellt sich die Frage nach der anfallenden Gebühr nicht, da kein Erstattungsschuldner vorhanden ist (OLG Karlsruhe NStZ-RR 2011, 390).
- **Vertritt** der Anwalt den Auftraggeber bereits **im Hauptsacheverfahren** und wird er für diesen zudem im Wertfestsetzungsverfahren tätig (§ 33 Abs. 2 S. 2 RVG), entstehen für die Tätigkeit im Wertfestsetzungsverfahren keine zusätzlichen Gebühren, weil diese Tätigkeit mit den Gebühren des Hauptsacheverfahrens abgegolten ist, § 19 Abs. 1 S. 2 Nr. 3 RVG (Gerold/Schmidt/*Müller-Rabe*, § 19 Rn 39). Unerheblich ist, ob der Festsetzungsantrag im Laufe des Hauptsacheverfahrens oder erst nach dessen Rechtskraft gestellt worden ist (Gerold/Schmidt/*Müller-Rabe*, § 19 Rn 45). Allenfalls kann eine im Hauptsacheverfahren noch nicht entstandene Gebühr im Wertfestsetzungsverfahren anfallen (Gerold/Schmidt/*Müller-Rabe*, § 19 Rn 43).
- Wird der Rechtsanwalt für den Mandanten **erstmals** bzw. **nur** im **Wertfestsetzungsverfahren** tätig, gilt § 19 Abs. 1 S. 2 Nr. 3 RVG nicht. Es entsteht daher für die Tätigkeit im Wertfestsetzungsverfahren zumindest in den in Teil 3 VV RVG geregelten Angelegenheiten eine 0,8 Verfahrensgebühr nach Nr. 3403 VV RVG, ggf. auch eine 0,3 Verfahrensgebühr Nr. 3404 VV RVG (Gerold/Schmidt/*Müller-Rabe*, § 19 Rn 43) **A.A.** ist Gerold/Schmidt/*Mayer* (§ 33 Rn 12). Danach soll eine 0,3 Geschäftsgebühr Nr. 2301 VV RVG entstehen. Dem kann jedoch nicht gefolgt werden, weil der Rechtsanwalt in einem gerichtlichen Verfahren und nicht außergerichtlich tätig wird.

Siehe auch: → *Gerichts- und Verfahrenskosten, Gebühren*, Teil J Rdn 149 ff.; → *Vergütung im Strafvollzug*, Teil J Rdn 400.

510 Zivilverfahren, Abrechnung

511 **1.** Zivilsachen sind gem. § 13 GVG bürgerliche Rechtsstreitigkeiten, Familiensachen und die Angelegenheiten der freiwilligen Gerichtsbarkeit, die vor die ordentlichen Gerichte gehören. Aus der Überschrift zu Teil 3 VV RVG ergibt sich, dass Zivilsachen nach **Teil 3 VV RVG** abzurechnen sind. Nach Teil 3 VV RVG richtet sich daher die Vergütung im Klageverfahren gem. § 13 Abs. 1 S. 1 StrEG (→ *Entschädigungsverfahren, Abrechnung*, Teil J Rdn 54 ff.).

512 **2.** Im **erstinstanzlichen** gerichtlichen Verfahren entsteht für das Betreiben des Geschäfts einschließlich der Information (Vorbem. 3 Abs. 2 VV RVG) eine **1,3 Verfahrensgebühr** nach **Nr. 3100 VV RVG**. In den Fällen der Nr. 3101 Nr. 1 und Nr. 2 VV RVG beträgt der Satz der Verfahrensgebühr lediglich 0,8, wenn

- der Auftrag endet, bevor der Rechtsanwalt die Klage, den ein Verfahren einleitenden Antrag oder einen Schriftsatz, der Sachanträge, Sachvortrag, die Zurücknahme der Klage oder die Zurücknahme des

Antrags enthält, eingereicht oder bevor er einen gerichtlichen Termin wahrgenommen hat (**vorzeitige Auftragsbeendigung**), oder

- soweit Verhandlungen vor Gericht zur Einigung der Parteien oder der Beteiligten oder mit Dritten über in diesem Verfahren nicht rechtshängige Ansprüche geführt werden; der Verhandlung über solche Ansprüche steht es gleich, wenn beantragt ist, eine Einigung zu Protokoll zu nehmen oder das Zustandekommen einer Einigung festzustellen (§ 278 Abs. 6 ZPO; **Mehrvergleichsverhandlungen**).

☝ Aus dem **Umkehrschluss** zu Nr. 3101 Nr. 1 VV RVG (arg. e) ergibt sich daher, welche Tätigkeiten der Rechtsanwalt entfalten muss, um die 1,3 Verfahrensgebühr zu verdienen.

3. In der **Berufungsinstanz** entsteht ebenfalls für das Betreiben des Geschäfts einschließlich der Information (Vorbem. 3 Abs. 2 VV RVG) eine 1,6 Verfahrensgebühr nach Nr. 3200 VV RVG. 513

4. Die für eine Tätigkeit im außergerichtlichen Verfahren ggf. angefallene **Geschäftsgebühr** nach Nr. 2300 VV RVG ist nach Vorbem. 3 Abs. 4 VV RVG zur Hälfte, jedoch höchstens mit einem Gebührensatz von 0,75, auf die Verfahrensgebühr des gerichtlichen Verfahrens **anzurechnen**. Sind mehrere anzurechnende Gebühren entstanden, ist für die Anrechnung die zuletzt entstandene Gebühr maßgebend. Bei einer wertabhängigen Gebühr erfolgt die Anrechnung nach dem Wert des Gegenstands, der auch Gegenstand des gerichtlichen Verfahrens ist. 514

b) Die Gebührenanrechnung nach Vorbem. 3 Abs. 4 VV RVG setzt voraus (Burhoff/Volpert/*Volpert*, RVG, Teil A Rn 200 ff.): 515

- **Personeller Zusammenhang**: Die anzurechnenden Gebühren (Geschäfts- und Verfahrensgebühr) müssen für denselben Rechtsanwalt angefallen sein (BGH RVGreport 2010, 109; OLG Koblenz AGS 2009, 105; OLG München NJW 2009, 1220).
- **Sachlicher Zusammenhang**: Gegenstandsidentität zwischen außergerichtlicher und gerichtlicher Tätigkeit (Vorbem. 3 Abs. 4 S. 5 VV RVG).
- **Zeitlicher Zusammenhang** zwischen außergerichtlicher und gerichtlicher Vertretung: vgl. § 15 Abs. 5 S. 2 RVG (zwei Jahre).

☝ Liegen diese Anrechnungsvoraussetzungen vor, sind bei der Anrechnung § **15a Abs. 1 RVG** (Innenverhältnis zum Mandanten) und **§ 15a Abs. 3 RVG** (Außenverhältnis des Mandanten zu einem erstattungspflichtigen Beteiligten) zu beachten (Burhoff/Volpert/*Volpert*, RVG, Teil A Rn 203 ff.). Sind mehrere Gebühren aus verschiedenen gebührenrechtlichen Angelegenheiten auf dieselbe Gebühr anzurechnen, ist bei der Anrechnung § 15a Abs. 2 RVG zu beachten.

5.a) Für welche Tätigkeiten der Rechtsanwalt im Zivilverfahren eine **Terminsgebühr** erhält, ist zunächst in Vorbem. 3 Abs. 3 VV RVG geregelt. Danach entsteht die Terminsgebühr sowohl für die Wahrnehmung von **gerichtlichen Terminen** als auch für die Wahrnehmung von **Besprechungen**, wenn nichts anderes bestimmt ist. Sie entsteht jedoch nicht für die Wahrnehmung eines gerichtlichen Verkündungstermins. Die Terminsgebühr für Besprechungen entsteht für die Mitwirkung an Besprechungen mit Dritten, die auf die **Vermeidung** oder **Erledigung** des Verfahrens gerichtet sind. 516

b) Neben Vorbem. 3 Abs. 3 VV RVG enthält Teil 3 VV RVG noch **weitere Entstehungstatbestände** für die Terminsgebühr: 517

- **Terminsgebühr** im **schriftlichen Verfahren**: Nach Abs. 1 Nr. 1 der Anmerkung zu Nr. 3104 VV RVG entsteht die Terminsgebühr auch, wenn in einem Verfahren, für das mündliche Verhandlung oder ein Erörterungstermin vorgeschrieben ist, im Einverständnis mit den Parteien oder Beteiligten oder gemäß § 307 ZPO oder § 495a ZPO ohne mündliche Verhandlung oder Erörterung entschieden oder in einem solchen Verfahren mit oder ohne Mitwirkung des Gerichts ein Vertrag i.S.d. Nr. 1000 VV RVG geschlossen wird.

- **Terminsgebühr** bei **Mehrvergleichen**: Ferner ergibt sich aus Abs. 2 und 3 der Anmerkung zu Nr. 3104 VV RVG, dass eine Terminsgebühr auch für Verhandlungen zur Einigung über in dem Verfahren nicht rechtshängige Ansprüche entsteht.
- **Terminsgebühr** in der **Zwangsvollstreckung**: Die Terminsgebühr entsteht hier für die Teilnahme an einem gerichtlichen Termin, einem Termin zur Abgabe der Vermögensauskunft oder zur Abnahme der eidesstattlichen Versicherung, Anm. zu Nr. 3310 VV RVG.

518 **c)** Die **Terminsgebühr** entsteht in der ersten Instanz nach Nr. 3104 VV RVG grds. mit einem S. von 1,2. In den in Nr. 3105 VV RVG aufgeführten Ausnahmefällen beträgt der **Gebührensatz** lediglich 0,5. Im Berufungsverfahren beträgt die Terminsgebühr Nr. 3202 VV RVG wie in der ersten Instanz 1,2.

519 **8.** Für die Bestimmung des **Geschäftswerts** im **gerichtlichen Verfahren** gilt § 23 Abs. 1 S. 1, 2 RVG. Soweit sich die Gerichtsgebühren nach dem Wert richten, bestimmt sich der Gegenstandswert im gerichtlichen Verfahren nach den für die Gerichtsgebühren geltenden Wertvorschriften. In Verfahren, in denen Kosten nach dem GKG erhoben werden, sind die Wertvorschriften des GKG entsprechend anzuwenden, wenn für das Verfahren keine Gerichtsgebühr oder eine Festgebühr bestimmt ist (→ *Wertfestsetzung gem. §§ 32, 33 RVG*, Teil J Rdn 480).

Siehe auch: → *Entschädigungsverfahren, Abrechnung*, Teil J Rdn 54; → *Wertfestsetzung gem. §§ 32, 33 RVG,* Teil J Rdn 480.

Stichwortverzeichnis

Die Zahlen verweisen auf die Randnummern.

Abrechnung
- Fahrerlaubnis **J** 69 ff.
- Gebühren **J** 510 ff.
- Verwaltungsverfahren **J** 467 ff.

Abschiebung H 101 ff.
- Haft **H** 125 ff.
  - Rechtsprechungsbeispiele **H** 149
  - Verfahren/Vollzug **H** 140 ff.
- Kosten **H** 111 ff.

Aktenversendungspauschale J 79 ff.
Anfechtungsantrag C 218
Antrag auf gerichtliche Entscheidung
- Begründung **C** 329
- Fortfeststellungsantrag **C** 344
- kein Anwaltszwang **C** 324
- Schriftform/Niederschrift **C** 325

Apotheker H 7 ff.
- Approbation
  - Rücknahme/Widerruf/Ruhen **H** 27 ff.
- Entziehung
  - Betriebserlaubnis **H** 20 ff.
- Folgen
  - hochschulrechtliche **H** 24 ff.
- Schadensersatz
  - Patient/Geschädigter **H** 42 ff.
- Unwürdigkeit **H** 37
- Unzuverlässigkeit **H** 38 ff.
- Verfahren
  - berufsrechtliches **H** 11 ff.

Approbationsverlust
- Apotheker **H** 27 ff.
- Humanmediziner **H** 80 ff.
- Tierarzt **H** 1320 ff.
- Zahnarzt **H** 1492 ff.

Arbeitsentgelt C 26
Arrest
- Jugendarrest **B** 805 ff., **C** 823 ff.
  - Absehen von Vollstreckung **B** 818
  - Vollstreckungsverbot **B** 815
- Koppelungsarrest **A** 167
- Ungehorsamsarrest **A** 165

Asyl-/Flüchtlingsrecht H 173 ff.
Aufbewahrungsfristen D 112 ff.
Aufenthalt
- Wohnsitzwechsel **A** 258 ff.

Aufenthaltsrecht
- Abwägung **H** 257 ff.
- Aufenthaltstitel **H** 195 ff.
- Auflagen
  - Nebenbestimmungen **H** 227 ff.
- Ausweisung **H** 244 ff.
- Ausweisungs-/Bleibeinteressen **H** 259 ff.
- Duldung **H** 302 ff.
- Einreise-/Aufenthaltsverbot **H** 339 ff.
  - Befristung **H** 358 ff.
- Türkei **H** 183 ff.
- Verfahrensbesonderheiten **H** 289 ff.
- Verlust Aufenthaltstitel **H** 314 ff.

Aufklärungsrüge C 603 f.
Auflagen H 227 ff.
Ausgang A 668 ff.
Auslagen J 114 ff., 276 ff.
Ausländer H 155 ff.
- Asyl-/Flüchtlingsrecht **H** 173 ff.
- Ausweisung **B** 252 ff.
- Duldung **H** 302 ff.
- Einbürgerung **H** 327 ff.
- Freizügigkeitsrecht/Unionsbürger **H** 385 ff.
  - Verlustfeststellung **H** 397 ff.
  - Wahrscheinlichkeitsprognose **H** 413
  - Zusammenstellung **H** 390
- Gesetzesnovellen **H** 420 ff.
- Mandatsübernahme **H** 166
- Rechtsmittel **H** 427 ff.
  - Eilverfahren **H** 438 ff.

Auslieferung B 252 ff.
Auslieferungshaft C 200
Außenbeschäftigung A 668 ff.

Bargeld C 74
Beamte
- Disziplinarverfahren **H** 462 ff.
- Fragen
  - formelle **H** 475 ff.
  - materielle **H** 504 ff.
- Statusverlust qua Gesetz **H** 525 ff.

Berufsverbot A 264 ff., **B** 1 ff.
- Aufschub
  - Aussetzung **B** 19 ff.
- Berufsgruppen
  - Auswirkungen **B** 37 ff.
  - Überblick **B** 55
- Bewährung **B** 56 ff.
  - Widerruf **B** 75 ff.
- Bindungswirkung **B** 12 ff.
- Grundsätze **B** 10 ff.
- Nebenfolgen **B** 78 ff.
- Rechtsmittel **B** 28 ff.
- Voraussetzungen **B** 88 ff.

Beschwerde
- Daten **D** 276 ff.
- Gebühren **J** 41 ff.

– Statthaftigkeit **D** 280
– Strafvollstreckung **J** 334 ff.
Besitz
– genehmigter **C** 405
Besuch
– Maßregelvollzug **C** 43
– Strafvollzug **C** 413
Bewährung A 1 ff., **B** 1014 ff.
– Anrechnung Leistungen **A** 328 ff.
– Aussetzung Restfreiheitsstrafe **B** 270 ff.
  – Halbstrafe **B** 276 ff.
  – lebenslang **B** 287 ff.
  – Zweidrittel **B** 293 ff.
– Berufsverbot **B** 56 ff.
  – Widerruf **B** 75 ff.
– Bewährungszeit **A** 72 ff.
– BtM-Verfahren **B** 170 ff.
– Entscheidungen
  – nachträgliche **A** 190 ff.
– Erwachsene **A** 3 ff.
– Gesetzeswidrigkeit **A** 107 ff.
– Maßregeln **B** 1014 ff.
  – Zuständigkeit **B** 1049
– Straferlass **A** 202 ff.
– Straffälligkeit
  – neuerliche **A** 351 ff.
– Überwachung **A** 226 ff.
– Veränderung Verhältnisse
  – prognoserelevante **A** 192
– Verteidigung
  – notwendige/Beiordnung **A** 402 f.
– Verwarnung mit Strafvorbehalt **A** 236 ff.
– Weisungen **A** 131 ff., 249 ff.
– Zeitdauer **A** 176 ff.
Bewährungsauflage A 9 ff.
– Anforderungen
  – unzumutbare **A** 25 ff.
– Arbeitsauflage **A** 34
– Bestimmtheit **A** 30 ff.
– Jugendliche **A** 131 ff.
– Leistungen
  – gemeinnützige **A** 23
– mehrere **A** 15 ff.
– Staatskasse **A** 24
– Verstoß **A** 340 ff.
– Weisungen **A** 37
– Wiedergutmachung **A** 16 ff.
Bewährungsbeschluss A 39 ff.
– Belehrungspflicht **A** 43 f.
– Berufungsverfahren **A** 44 f.
– Nachholung **A** 48 ff.
– Rechtsmittel **A** 53 ff.
– Revision **A** 46
– unterbliebener **A** 47 ff.
– Verschlechterungsverbot **A** 60
Bewährungshilfe/-helfer A 36 ff., 61 ff.
– Bericht **A** 70, 141
– Dauer **A** 64 ff.
– Einzelfallprüfung **A** 65 ff.
– Jugendliche **A** 139 ff.
– Überwachung
  – Auflagen/Weisungen **A** 36 ff., 68 f.
– Weisungsgebundenheit **A** 71
– Widerruf Bewährung **A** 318
Bewährungsweisungen und -auflagen
– Unzumutbarkeit **A** 135 ff.
BtM-Verfahren
– Anrechnung Therapiezeiten **B** 102 ff.
  – ambulante Therapie **B** 111 ff.
– Bewährung **B** 170 ff.
– Zurückstellung **B** 97 ff.
  – Antragsmuster **B** 127 ff.
  – Antragsvoraussetzungen **B** 130 ff.
  – Aussetzung Strafrecht **B** 170 ff.
  – Beispielsfälle **B** 220
  – Jugendliche **B** 134
  – Kausalzusammenhang **B** 148 ff.
  – Mitteilungs-/Nachweispflichten **B** 185 ff.
  – Nachweisanforderungen **B** 151 ff.
  – Rechtsmittel **B** 191 ff.
  – Verfahren **B** 212 ff.
  – Widerruf **B** 226 ff.
Bundeszentralregister E 1 ff.
– Auskunft **E** 16 ff.
  – Arten **E** 20
  – auskunftsberechtigte Behörden **E** 26
  – Behördenauskunft **E** 29 ff., 38
  – Selbstauskunft **E** 40 ff.
– Eintragung **E** 51 ff.
  – Entfernung **E** 90 ff., 96 ff., 126 f.
  – Registervergünstigungen **E** 105 ff.
  – Tilgung **E** 123 ff.
  – Tilgungsfristen **E** 138 ff.
  – Verurteilungen, ausländische **E** 72 ff.
  – Verwertungsverbot **E** 156 ff.
– Führungszeugnis **E** 175 ff.
  – Behördenführungszeugnisse **E** 184 ff.
  – einfaches **E** 180 f., 218 ff.
  – erweitertes **E** 182, 238 ff.
  – europäisches **E** 183, 255 ff.
– Rechtsschutz
  – Registerbehörden **E** 279 ff.
– Strafnachrichtenaustausch **E** 268 ff.
Bußgeldverfahren I 457 ff.

Daten D 1 ff.
– Begriff **D** 1 ff.
– Benachrichtigungspflichten **D** 119 ff.
– Bestandsdaten **D** 98 ff.
– Datenabgleich
  – Anordnungsvoraussetzungen **D** 25 ff.

- Rasterfahndung **D** 29 ff.
- Schleppnetzfahndung **D** 41 ff.
- Verwendungsbeschränkungen **D** 47 ff.
- Datengewinnung
  - IMSI-Catcher **D** 97
  - Landesrecht **D** 103 ff.
  - präventive **D** 64 ff.
  - repressive **D** 71 ff.
  - SMS, stille **D** 96 f.
- Datenschutz **D** 177 ff.
  - Bundesrecht **D** 185 ff.
  - Internationaler **D** 177 ff.
  - Landesrecht **D** 193 ff.
  - Überwachung **D** 197 ff.
- Dokumentationspflichten **D** 119 ff.
- Einwilligung **D** 53 ff.
  - Freiwilligkeit **D** 60
  - Strafvollzug **D** 63 ff.
  - Widerruf **D** 62
- genetische **D** 6 ff., 71 ff., 219 ff.
- Löschung
  - Aufbewahrungsfristen **D** 112 ff.
  - Spezialregelungen **D** 157 ff.
  - Strafverfahrensdateien **D** 136 ff.
  - Verfahrensregister **D** 136 ff.
  - Vorschriften **D** 156 f.
- medizinische **D** 13 ff., 78 ff.
- personenbezogene **D** 229 ff.
- Rechtsschutz **D** 241 ff.
  - Beschwerde **D** 276 ff.
  - Entscheidung, gerichtliche **D** 248 ff.
  - Klage, verwaltungsgerichtliche **D** 298 ff.
  - Verfassungsbeschwerde **D** 286 ff.
- Rückgabe **D** 168 ff.
- soziale **D** 18 ff., 50, 83 ff.
- Sperrung **D** 144 f.
- Übermittlung
  - automatische **D** 204 ff.
  - Forschungszwecke **D** 210 ff.
  - Strafverfahren, künftige **D** 210 ff.
- Umwidmung **D** 219 ff.
  - Daten, personenbezogene **D** 229 ff.
- Verkehrsdaten **D** 93 ff.
- Vorratsdatenspeicherung **D** 162 ff.

Datenschutz
- Maßregelvollzug **C** 53
- Strafvollzug **C** 426

Defektvoraussetzungen
- psychiatrisches Krankenhaus
  - Bewusstseinsstörung **B** 1142
  - Defekt **B** 1141
  - Intelligenzminderung **B** 1143
  - krankhafte seelische Störung **B** 1142
  - Psychosen **B** 1142
  - schwere andere seelischeStörung **B** 1144

Disziplinarmaßnahmen
- Soldaten **H** 1199 ff.

Disziplinarverfahren H 475 ff., 1151 ff.

Dokumentations-/Benachrichtigungspflichten D 119 ff.

Drogen
- Drogenbesitz **H** 546 ff.
- Drogenfahrt **H** 573 ff.
- Drogenkonsum **H** 576 ff.

Duldung H 302 ff.

Durchsuchung
- Strafvollzug **C** 458

Ehegatte
- Eheaufhebung **H** 737 ff.
- Ehewohnung **H** 747 ff.
- Feststellung Bestand Ehe **H** 761 ff.
- Gewaltschutz **H** 766 ff.
- Güterrecht **H** 777 ff.
- Haushaltssache **H** 799 ff.
- Trennungsjahr **H** 822 ff.
- Unterhalt **H** 826 ff.
- Versorgungsausgleich **H** 834 ff.

Eigengeld C 77

Einkauf
- Recht auf **C** 42

Einstweiliger Rechtsschutz
- Vorwegnahme der Hauptsache **C** 287

Einzeltätigkeit J 45 ff., 344 ff.

Entlassung H 1204 ff.
- Strafvollzug **C** 466

Entziehungsanstalt B 1052 ff., **C** 7

Erledigung C 291 ff.

Ermittlungsverfahren F 28 ff.

Ersatzfreiheitsstrafe B 401 ff., 409 ff.

Erwerbsschaden I 118 ff.

Erziehungsregister E 292 ff.
- Auskunft **E** 306 ff.
- Eintragungen **E** 304
- Löschung **E** 318 ff.
- Rechtsschutz **E** 326 ff.

Fahreignungsregister E 332 ff., **H** 671, 698 ff.
- Auskunft **E** 347 ff.
- Fahreignungs-Bewertungssystem **E** 358 ff.
- Fahrerlaubnisentziehung **E** 383 ff.
- Fahrerlaubnisrecht **H** 671, 698 ff.
- Löschung **E** 400 ff.
- Punktesystem **E** 358 ff.
- Rechtsschutz **E** 390 ff.
- Tattagssystem **E** 378
- Tilgung **E** 400 ff.
- Tilgungsfristen **E** 406 ff.
- Umrechnungstabelle **E** 389

Fahrerlaubnisrecht
- Abrechnung **J** 69 ff.
- Aggressionspotential **H** 579 ff.
- Bundeszentralregister **H** 670 ff.
- Drogenbesitz **H** 546 ff.
- Drogenfahrt **H** 573 ff.
- Drogenkonsum **H** 576 ff.
- Einzelfälle **H** 543 ff.
- Entzug Fahrerlaubnis **A** 444 ff., **B** 468 ff., **E** 383 ff.
  - Nachschulungsmaßnahmen **A** 467 ff.
  - Rechtsprechungsübersicht **A** 471
- Erreichen Punktegrenze **H** 555 ff.
- Fahrt unter Alkohol **H** 558 ff.
- Fahrt unter Cannabis **H** 570 ff.
- Fahrverbot **A** 517 ff.
  - Fristberechnung **A** 526 ff.
  - Vollstreckung **B** 476 ff.
- Gebühren **J** 69 ff.
- Gutachten **H** 582 ff.
  - Interventions-/Beratungsmöglichkeiten **H** 599 ff.
- Interventions-/Beratungsmöglichkeit
  - Gutachten **H** 599 ff.
  - Maßnahmen zum Nachweis **H** 603
  - Maßnahmen, eignungsherstellende **H** 604
  - Punktebereich **H** 602
- Sperrfrist
  - Abkürzung **A** 450 ff.
  - Aufhebung **A** 459 ff.
  - Berechnung **A** 481 ff.
  - nachträgliche Ausnahme **A** 491 ff.
  - nachträgliche Gesamtstrafenbildung **A** 504 ff.
- Verstöße
  - erhebliche/wiederholte Verkehrsrecht **H** 552 ff.
- verwaltungsrechtliche Maßnahmen **H** 615 ff.
  - Eignungsherstellung **H** 626 ff.
  - Verfahrenstaktik **H** 634 ff.
- Verwertungsregelungen **H** 661 ff.
  - altes Recht (bis 30.4.2014) **H** 680 ff.
  - FAER **H** 698 ff.
  - Überführung **H** 709 ff.

Fahrerlaubnisregister **E** 429 ff., **H** 672
- Fristen **H** 684 ff.
- Hemmung **H** 688 ff.
- örtliches **E** 431
- Zentrales **E** 431

Familie **H** 732 ff.
- Ehegatte **H** 737 ff.
- Kind **H** 842 ff.
- Lebenspartner **H** 877 ff.
- Unterhaltsberechtigte **I** 656 ff.

Folgen
- hochschulrechtliche **H** 24 ff., 77 ff.

Freigang **A** 668 ff.

Freiheitsstrafe **B** 263 ff.
- Ablehnung Rechtspfleger **B** 248 ff.
- Absehen
  - Auslieferung/Ausweisung **B** 252 ff.
- Aussetzung zur Bewährung **B** 270 ff.
  - Halbstrafe **B** 276 ff.
  - lebenslang **B** 287 ff.
  - Zweidrittel **B** 293 ff.
- Ersatzfreiheitsstrafe **B** 401 ff.
- Pflichtverteidiger **B** 304 ff.
- Sicherungsverwahrung **A** 563 ff.
- Strafaufschub/-unterbrechung **B** 306 ff.
- Strafzeitberechnung **B** 321 ff.

Führungsaufischt
- Jugendliche
  - Vollstreckung/Vollzug **B** 772

Führungsaufsicht **B** 483 ff.
- Beendigung **B** 490 ff.
- Dauer **B** 507 ff.
- Eintritt **B** 531 ff.
- Heranwachsende **B** 558 ff.
- Jugendliche **B** 558 ff.
- Prognoseentscheidung **B** 556 f.
- Rechtsschutz **B** 565 ff.
- Ruhen **B** 490 ff.
- Strafbarkeit **B** 582 ff.
  - Beispielfälle **B** 587
- Verfahren **B** 600 ff.
- Verfahrensbeteiligte **B** 616 ff.
- Weisungen **B** 637 ff.

Gebühren **J** 1 ff.
- Abrechnung **J** 510 ff.
- Beschwerde **J** 41 ff.
- Einzeltätigkeiten **J** 45 ff., 344 ff.
- Entschädigungsverfahren **J** 54 ff.
- Fahrerlaubnisrecht **J** 69 ff.
- Pflichtverteidiger **J** 4 ff.
- Verfahren nach §§ 23 ff. EGGVG **J** 419 ff.
- Vergütungsfestsetzung **J** 427 ff.
- Vergütungsvereinbarung **J** 39 f.
- Verwaltungsverfahren **J** 467 ff.
- Wahlverteidiger **J** 26 ff.

Gegenüberstellung **I** 215

Gehör
- rechtliches **C** 599 f.

Geld
- Maßregelvollzug **C** 71

Geldsanktionen
- ausländische **B** 328 ff.
  - Beistand **B** 333 ff.
  - Halterhaftung **B** 339 ff.
  - Verfahrensgang **B** 343 ff.
  - Zulässigkeit **B** 354 ff.
  - Zuständigkeit **B** 369 ff.

Geldstrafen **B** 375 ff.
- Absehen von Vollstreckung **B** 373 ff.

– Beitreibung **B** 383 ff.
  – Ausländer **B** 390 ff.
  – Gefangenengelder **B** 395 ff.
– Ersatzfreiheitsstrafe **B** 401 ff., 409 ff.
– Zahlungserleichterungen **B** 417 ff.
Gerichtsgebühren J 149 ff.
Gesamtstrafenbildung
– nachträgliche **A** 504 ff., 544 ff.
Gesundheitsfürsorge C 82
– unmittelbarer Zwang **C** 122
Gesundheitsvorsorge
– Schweigepflichtentbindung **C** 500
– Strafvollzug **C** 493
Gewerbetreibende H 880 ff.
– Folgen
  – vergabe-/wettbewerbsrechtliche **H** 897 ff.
– Haftung
  – zivil-/steuerrechtlich **H** 883 ff.
– Inhabilität
  – Geschäftsführer/Vorstand **H** 892 ff.
– Verlust Gewerbeerlaubnis **H** 901 ff.
Gnade G 1 ff.
– Entscheidung **G** 16 ff.
– Fragen
  – formelle **G** 26 ff.
  – materielle **G** 83 ff.
– Gnadenverfahren **G** 65 ff.
– Gründe **G** 97 ff.
– Grundlagen
  – gesetzliche **G** 31 ff.
– Historie **G** 1 ff.
– Unbilligkeit **G** 91
– Vollstreckung **G** 74 ff.
– Vorgehen gegen Strafe **G** 51 ff.
Gutachten
– Fahrerlaubnisrecht **H** 582 ff.
  – Interventions-/Beratungsmöglichkeiten **H** 599 ff.
– Prognosegutachten
  – Anforderungen **B** 1264

Halterhaftung B 339 ff.
Hausgeld C 76
Heilberuf
– akademischer **H** 1 ff.
Humanmediziner H 45 ff.
– Approbation
  – Rücknahme/Widerruf/Ruhen **H** 80 ff.
– Entzug Kassenzulassung **H** 60 ff.
– Erstattungsverfahren **H** 73 f.
– Folgen, hochschulrechtliche **H** 77 ff.
– Schadensersatz
  – Patient/Geschädigter **H** 95 ff.
– Schließung Praxis **H** 98 ff.
– Verfahren
  – berufsrechtliches **H** 50 ff.

Jäger H 912 ff.
– Jagdschein **H** 934 ff.
  – Entzug/Einziehung **H** 951 ff.
  – Versagung **H** 972 ff.
– Jagdwilderei **H** 950
– Jägerprüfung **H** 920 ff.
Jugendliche
– Auflagen **A** 131 ff.
– Außenkontakte **C** 805 ff.
– Bewährung **A** 84 ff.
  – Anfechtung Entscheidungen **A** 102 ff.
  – Bewährungsplan **A** 93 ff.
  – Gesetzeswidrigkeit **A** 107 ff.
  – Überblick **A** 87 ff.
  – Widerruf **A** 145 ff.
  – Zeit/Dauer **A** 176 ff.
– Bewährung,
  – nachträgliche Bewährungsaussetzung **A** 98
– Bewährungshilfe/-helfer **A** 139 ff.
– BtM-Verfahren **B** 134
– Einheitsstrafenprinzip **A** 544
– Einzelverpflichtungen **C** 775
– Entscheidungsergänzung
  – nachträgliche **A** 544 ff.
– Entziehungsanstalt **C** 165
– Erziehungsberechtigte **A** 95 ff.
– Erziehungsmaßregel
  – Zuchtmittel **B** 773 ff.
– Freiheitsstrafe **B** 847 ff.
– Führungsaufsicht **B** 558 ff.
– Grundaussagen **C** 804
– Grundsätze **C** 799
– Hard-law **C** 765
– Jugendarrest **B** 805 ff., **C** 823 ff.
  – Teilvollstreckung **B** 875
  – Therapie statt Strafe **B** 867
  – Vollstreckungsverbot **B** 815
  – Zurückstellung nach § 35 BtMG **B** 867
– Jugendstrafe **B** 825 ff., 928 ff.
– Maßregelvollzug **C** 161
– Rechtsschutz **C** 860 ff.
– Reststrafenaussetzung **B** 828 ff.
– Sicherungsmaßnahmen **C** 816
– Sicherungsverwahrung **B** 888 ff.
– Soft-law **C** 766
– Straferlass **A** 126 ff.
– Strafmakelbeseitigung **B** 908 ff.
– StrEG-Entschädigung **I** 708 ff.
– Ungehorsamsarrest **A** 165, 167
– Unterbringung **C** 163
– Unterbringung in Suchtklinik **C** 166
– Vollstrecklungsleiter **B** 745
– Vollstreckung/Vollzug **B** 738 ff., 745, 756
  – Bußgeldentscheidungen **B** 766
  – Kriterien **B** 937 ff.
  – Nachverfahren **B** 940 ff.

  - Rechtsmittel **B** 884 ff.
  - Zuständigkeit **B** 951 ff.
- weiblich Gefangene **C** 772
- Weisungen **A** 131 ff.

Kinder
- Gewaltschutz **H** 842 ff.
- Sorgerecht **H** 846 ff.
- Umgangsrecht **H** 858 ff.
- Unterhalt **H** 863 ff.

Kleidung **C** 89
- Strafvollzug **C** 504

Kosten
- Abschiebung **H** 111 ff.
- Aktenversendungspauschale **J** 79 ff.
- Auslagen **J** 114 ff., 276 ff.
- Gerichtsgebühren **J** 149 ff.
- Kostenfestsetzung
  - Anwaltswechsel **J** 266 ff.
  - Erstattungsanspruch **J** 240 ff.
  - nach § 464b StPO **J** 190 ff.
  - Teilfreispruch **J** 226 ff.
  - Verfahren **J** 283 ff.
- Kostengrundentscheidung **J** 104
- Rechtsmittel **J** 175 ff.
- Teileinstellungen **J** 167 ff.
- Teilfreispruch **J** 180 ff.
- Vorschuss **J** 113

Langzeitausgang **A** 668 ff.

Maßnahmen
- anwaltsgerichtliche **H** 1131 ff.
- Disziplinarmaßnahmen **H** 1199 ff.
- verwaltungsrechtliche **H** 615 ff.
- vollzugsöffnende **A** 668 ff.
- vorläufige **A** 403 ff.

Maßregeln **B** 969 ff.
- Anrechnung **B** 987 ff.
- Aufsichtsstellen **B** 1004 ff.
- Bewährung **B** 1014 ff.
- Entziehungsanstalt **B** 1052 ff.
- Erledigterklärung **B** 1064 ff.
- Jugendliche **B** 773 ff., 1269 ff.
- Krankenhaus
  - psychiatrisches **B** 1135 ff.
- Krisenintervention **B** 1092 ff.
- Organisationshaft **B** 1115 ff.
- Pflichtverteidigung **B** 1121 ff.
- Rechtsschutz **B** 1155 ff.
- Sicherungsverwahrung **A** 559 ff.
- Überprüfung **B** 1162 ff.
- Überweisung **B** 1189 ff.
- Verfahren **B** 1240 ff.
- Vollstreckungsreihenfolge **B** 1197 ff.
- Vollzug/Vollziehung
  - Grundlagen **C** 1 ff.
- Widerruf **B** 1014 ff.
- Zuständigkeit **B** 1240 ff.

Maßregelvollzug
- Arbeitsentgelt **C** 26
- Arbeitspflicht **C** 24
- Arbeitstherapie **C** 28
- Arbeitstraining **C** 29
- Bargeld **C** 74
- Behandlungsplan **C** 30
- berufliche Maßnahmen **C** 52
- Besitz persönlicher Gegenstände **C** 36
- Besuch **C** 43
- Bildung **C** 48
- Datenschutz **C** 53
- Disziplinarsachen **C** 60
- Durchsuchung **C** 65
- erkennungsdienstliche Maßnahmen **C** 57
- Erwachsene
  - Arbeit **C** 21
- Gehorsamspflicht **C** 20
- Geld **C** 71
- Gesundheitsfürsorge **C** 82
- Hausordnung **C** 20
- Jugendliche **C** 161
- Kleidung **C** 89
- Krankenakten **C** 59
- Mobiltelefon **C** 126
- offener Vollzug **C** 151
- Post **C** 94
- psychiatrisches Krankenhaus **C** 6
- Rechtsschutz **C** 100
- Religionsausübung **C** 109
- Selbstverpflegung **C** 146
- Sicherungsmaßnahmen **C** 116
- Teilnahme an religiösen Veranstaltungen **C** 113
- Telefongespräche **C** 126
- Telekommunikation **C** 123
- unmittelbarer Zwang **C** 116
- Unterbringung **C** 128
- Verlegung **C** 136
- Verpflegung **C** 142
- Vollzugsform **C** 147
- Vollzugslockerungen **C** 152

Medien **F** 1 ff.
- Effekte
  - reziproke **F** 14
- Einfluss auf Strafverfahren **F** 9 ff.
- Ermittlungsverfahren **F** 28 ff.
- Handlungsmöglichkeiten Verteidiger **F** 31 ff.
- Öffentlichkeitsarbeit
  - Justiz **F** 53 ff.
  - Verteidigung **F** 67 ff.

– Third-Person-Effect **F** 13
– Überzeugungsbildung, richterliche **F** 19
Mitteilungs-/Nachweispflichten B 185 ff., 442 ff.

Nebenfolgen B 78 ff.
Nebenstrafen A 517 ff.

Öffentlichkeitsarbeit
– Justiz **F** 53 ff.
– Verteidigung **F** 67 ff.
Öffentlichkeitsgrundsatz F 1 ff.
Opferentschädigung I 1 ff.
– Angriff
  – tätlicher **I** 20 ff.
– Beweisregeln **I** 39 ff.
– Verfahrensrecht **I** 74 ff.
– Versagung **I** 63 ff.

Paket
– Empfang **C** 521
Persönliche Gegenstände C 39
Pflichtverteidigung B 1121 ff.
– Freiheitsstrafe **B** 304 ff.
– Gebühren **J** 4 ff.
– Grundsätze **B** 1127
– Jugendliche/Vollstreckung/Vollzug **B** 756 ff.
– Sicherungsverwahrung **A** 610 ff.
– Vollzug **C** 361 ff.
Post
– Maßregelvollzug **C** 94
– Strafvollzug **C** 510
Prozesskostenhilfe C 361 ff.

Rasterfahndung D 29 ff.
Rechtsanwalt
– berufsrechtliche Verfahren
  – Folgen **H** 1037 ff.
  – Rügeverfahren **H** 1013 ff.
  – Selbstreinigungsverfahren **H** 1025 ff.
  – Überblick **H** 999 ff.
– Strafrecht **H** 992 ff.
  – Verfolgungsverjährung **H** 1061 ff.
  – Vollstreckung **H** 1131 ff.
– Zivilrecht
  – Pflichten **H** 1115 ff.
  – Rechtsverhältnis zum Mandant **H** 1089 ff.
  – Weisungen **H** 1136 ff.
Rechtsbehelf
– Maßregelvollzug Jugendliche **C** 168
Rechtsbeschwerde
– Anforderungen
  – inhaltliche **C** 590 ff.
– Aufklärungsrüge **C** 603 f.
– Beschwer **C** 540 ff.
– Beteiligte **C** 552 ff.
– Checkliste **C** 557 ff.
– Form **C** 570 ff.
– Frist **C** 582 ff.
– Gehör
  – rechtliches **C** 599 f.
– Grundsätze **C** 589
– Rechtsschutz
  – einstweiliger **C** 560 ff.
– Strafvollzug **C** 522
– Zulässigkeit **C** 607
Rechtsmittel A 53 ff., **B** 1155 ff.
– Ausländer **H** 427 ff.
  – Eilverfahren **H** 438 ff.
– Berufsverbot **B** 28 ff.
– Berufungsverfahren **A** 44 f.
– Beschränkung
  – instanzielle **A** 110 f.
– Bewährung
  – Jugendliche **A** 102 ff.
  – nachträgliche Entscheidungen **A** 200 f.
  – Sicherungshaftbefehl **A** 423 f.
  – Widerruf **A** 319 ff.
– BtM-Verfahren **B** 191 ff.
– Disziplinarverfahren **H** 1173 ff.
– Erziehungsregister **E** 326 ff.
– Fahreignungsregister **E** 390 ff.
– Führungsaufsicht **B** 565 ff.
– Jugendliche **C** 860 ff.
– Kosten **J** 175 ff.
– Maßnahmen der Registerbehörden **E** 279 ff.
– Rechtsschutz
  – einstweiliger **C** 560 ff.
– Revision **A** 46
– Strafaufschub/-unterbrechung **B** 310
– Straferlass **A** 210
– Strafvollzug **C** 860 ff.
– Verteidigung
  – notwendige **A** 402 f.
– Vollzug **B** 884 ff.
– wechselseitige **J** 175 ff.
Rechtsschutzversicherung I 229 ff.
Religionsausübung C 109
– Speisevorschriften **C** 115

Schadensersatz
– Patient
  – Geschädigter **H** 42 ff., 95 ff., 1334 ff., 1507 ff.
Schleppnetzfahndung D 41 ff.
Schriftwechsel
– Recht auf **C** 97
Sicherungshaftbefehl A 414 ff.
Sicherungsmaßnahmen
– Strafvollzug **C** 626
Sicherungsverwahrung A 563 ff.
– Abstandsgebot **A** 559 ff.
– angeordnete **C** 650
– Fortdauer der Unterbringung **A** 566 ff.

- Gefahrenprognose **A** 582 ff.
- Grundsätze **A** 589 ff.
- nachträgliche **A** 594 ff.
- Pflichtverteidigung **A** 610 ff.
- Reformen **B** 974 ff.
- Überprüfungsfrist **B** 905 ff.
- Überprüfungsverfahren **A** 566 ff.
- Unterbringung **A** 658 ff.
  - Einzelfragen **A** 663 ff.
  - Therapieunterbringung **A** 627 ff.
- Vollzug/Vollziehung **A** 631 ff.
  - Ausgang **A** 668 ff.
  - Außenbeschäftigung **A** 668 ff.
  - Außenkontakte **A** 639 ff.
  - Begleitausgang **A** 668 ff.
  - Entlassungsvorbereitung **A** 647
  - Freigang **A** 668 ff.
  - gerichtliche Entscheidung **A** 635 ff.
  - Grundsätze **A** 648 ff.
  - Jugendliche **B** 888 ff.
  - Landesrecht **A** 653 ff.
  - Langzeitausgang **A** 668 ff.
  - offener **A** 668 ff.
  - vollzugsöffnende Maßnahmen **A** 668 ff.
  - Vollzugsplankonferenz **A** 672 ff.
- vorbehaltene **A** 681 ff., **C** 650

Soldat
- Beschlagnahme **H** 1178 ff.
- Disziplinarmaßnahmen **H** 1199 ff.
  - gerichtliche **H** 1235 ff.
- Disziplinarverfahren **H** 1151 ff.
  - Pflichtverteidiger **H** 1169 ff.
  - Rechtsmittel **H** 1173 ff.
- Durchsuchung **H** 1178 ff.
- Entlassung
  - Berufssoldaten **H** 1204 ff.
  - Dienstleistungspflichtige **H** 1219 ff.
  - Reservisten **H** 1225 ff.
  - Soldaten auf Zeit **H** 1230 ff.
- Verlust Rechtsstellung **H** 1253 ff.
- Wehrstrafrecht **H** 1258 ff.

Sozialtherapie
- Strafvollzug **C** 642

Staatskasse **A** 24

Strafaufschub/-unterbrechung **B** 306 ff.

Strafbefehl **A** 365

Straferlass **A** 202 ff.
- Bewährung **A** 202 ff.
- Jugendliche **A** 126 ff.
- Rechtsmittel **A** 210
- Widerruf **A** 211 ff.

Strafvollstreckung/-vollzug **J** 319 ff.
- Amtsermittlung **C** 202
- Antrag
  - Frist **C** 336 ff.
- Beschwerde **J** 334 ff.
- Datengewinnung
  - Landesrecht **D** 103 ff.
- Dispositionsmaxime **C** 202
- Einwilligung Datengewinnung **D** 63 ff.
- Entscheidung **C** 210 ff.
  - Erledigung **C** 291 ff.
  - PKH/Beiordnung **C** 361 ff.
  - Zuständigkeit **C** 371 ff.
- Ermessen **C** 209
- Gebühren **J** 334 ff.
- Grundgebühr **J** 352 ff.
- Rechtsbegriffe
  - unbestimmte **C** 208
- Terminsgebühr **J** 357 ff.
- Verfahrensgebühr **J** 371 ff.
- Vergütung **J** 400 ff.
- Verhandlung
  - mündliche **C** 206 f.
- Verwaltungsstreitverfahren **C** 201
- Wiederaufnahmeverfahren **C** 214

Strafvollzug
- Antrag auf gerichtliche Entscheidung **C** 190
  - Anforderungern **C** 321
  - Checkliste **C** 277
  - Kosten/Streitwert **C** 351
  - Kostentragungspflicht **C** 353
- Arbeit **C** 383
- Arbeitsbedingungen **C** 388
- Arbeitspflicht **C** 387
- Bargeld **C** 476
- Begünstigungen **C** 184
- Besitz **C** 396
  - erlaubte Gegenstände **C** 404
  - verbotene Gegenstände **C** 403
- Besuch **C** 413
- Bildung **C** 421
- Bücher **C** 401
- Datenschutz **C** 426
- Dienstaufsichtsbeschwerde **C** 195
- Disziplinarsachen **C** 446
- Durchsuchung **C** 458
- Eigengeld **C** 484
- Einstweiliger Rechtsschutz **C** 280
- Entlassung **C** 466
- Erwachsene **C** 169
- Geld **C** 473
- Gesundheitsvorsorge **C** 493
- Hausgeld **C** 478
- Jugendliche **C** 760
- Kleidung **C** 504
- länderspezifische Besonderheiten **C** 173
- materielles Recht **C** 171
- Meinungsäußerung **C** 242
- Paket **C** 521
- Post **C** 510
- Rechtsbeschwerde **C** 522

- Sicherungsmaßnahmen **C** 626
- Sicherungsverwahrung **C** 650
- soziale Hilfen **C** 635
- Sozialtherapie **C** 642
- Taschengeld **C** 481
- Telekommunikation **C** 677
- Überbrückungsgeld **C** 482
- unmittelbarer Zwang **C** 685
- Unmutsbekundung **C** 242
- Untätigkeitsbeschwerde **C** 529
- Unterbringung **C** 691
- Verfahrensbeteiligte **C** 262
- Verlegung **C** 704
- Verpflegung **C** 716
- Verteidigerbesuch **C** 419
- Vollzugsform **C** 722
- Vollzugslockerungen **C** 732
- Vollzugsplan **C** 748
- Zeitschriften **C** 401

StrEG-Entschädigung I 307 ff.
- Anspruchsanmeldung **I** 318 ff.
- Antrag **I** 557
- Anwendungsbereich **I** 336 ff.
- Ausschluss **I** 348 ff.
- Billigkeitsentscheidung **I** 408 ff., 436 ff.
- Bußgeldverfahren **I** 457 ff.
- Deliktsspezifika
  - Einzeldelikte **I** 471 ff.
- Entschädigungsklage **I** 500 ff.
- Entschädigungsverfahren **J** 54 ff.
- Fristen **I** 516 ff.
  - Feiertage **I** 529 ff.
- Grundentscheidung **I** 535 ff.
  - Anfechtung **I** 558 ff.
  - Verfahrenseinstellung, staatsanwaltschaftliche **I** 571 ff.
- Obliegenheitsverletzung **I** 348 ff.
- Rechtsprechungsbeispiele **I** 383
- Schaden **I** 594 ff.
- Strafverfolgungsmaßnahmen **I** 627 ff.
- Unterhaltsberechtigte **I** 656 ff.
- Urteilsfolgen **I** 666 ff.
- Verfahrensbezug **I** 358 ff.
- Verfügung
  - Vererbung **I** 684 ff.
- Verhalten **I** 374 ff.
- Versagung **I** 691 ff.
  - Aussageverhalten **I** 696 ff.
  - JGG-Verfahren **I** 708 ff.
  - Nichtverurteilung **I** 714 ff.
- Verzicht **I** 729 ff.
- Zuständigkeit **I** 539

Streitwert
- Rechtsschutz
  - Maßregelvollzug **C** 106

Taschengeld C 79

Telekommunikation
- Maßregelvollzug **C** 123
- Strafvollzug **C** 677

Tierarzt
- Approbation
  - Rücknahme/Widerruf/Ruhen **H** 1320 ff.
- Folgen
  - berufsrechtliche **H** 1316 ff.
- Schadensersatz
  - geschädigter Halter **H** 1334 ff.
- Verfahren
  - berufsrechtliches **H** 1306 ff.

Überbrückungsgeld C 78

Überstellungsersuchen B 718 ff.

Untätigkeitsbeschwerde
- Strafvollzug **C** 529

Unterbringung
- Auswahl der Anstalt **C** 132
- geschlechtsspezifische **C** 134
- Kosten **C** 80
- Mindestgröße des Zimmers **C** 133

Verfahren
- Abschiebehaft **H** 140 ff.
- Aufenthaltsrecht **H** 289 ff.
- berufsrechtliches
  - Apotheker **H** 11 ff.
  - Humanmediziner **H** 50 ff.
  - Tierarzt **H** 1306 ff.
  - Zahnarzt **H** 1462 ff.
- Berufungsverfahren **A** 44 f.
- Bußgeldverfahren **I** 457 ff.
- Eilverfahren **H** 438 ff.
- Entschädigungsverfahren **J** 54 ff.
- Ermittlungsverfahren **F** 28 ff.
- Erstattungsverfahren **H** 73 f., 1485 ff.
- Führungsaufsicht **B** 600 ff.
- Gnadenverfahren **G** 65 ff.
- JGG-Verfahren **I** 708 ff.
- Kostenfestsetzung **J** 283 ff.
- Maßregeln **B** 1240 ff.
- Nachverfahren **B** 940 ff.
- Rügeverfahren **H** 1013 ff.
- StrEG-Vefrahren **J** 54 ff.
- Überprüfungsverfahren **A** 566 ff.
- Verwaltungsstreitverfahren **C** 201
- Verwaltungsverfahren **J** 467 ff.
- Verzögerungsrüge
  - Verfahrensverzögerung **I** 739 ff.
- Wiederaufnahmeverfahren **C** 214

Verfahrensverzögerung/Verzögerungsrüge
- Abrechnung
  - Einzeltätigkeit **J** 398
  - Entschädigungsprozess **J** 399
  - Vollverteidiger **J** 397

Verfassungsbeschwerde D 286 ff.
Vergütung J 400 ff.
- Festsetzung **J** 427 ff.
- Verfahren nach §§ 23 ff. EGGVG **J** 419 ff.
- Vergütungsvereinbarung **J** 39 f.

Verlegung
- gegen den Willen **C** 139
- Strafvollzug **C** 704
- wohnugsnahe Einrichtung **C** 140

Verpflegung
- Strafvollzug **C** 716

Verpflichtungsantrag C 221
Verschlechterungsverbot A 60, 111
Verteidiger F 31 ff., **J** 26
Verteidigung, notwendige
- Beiordnug
  - Bewährung **A** 402 f.
  - Rechtsmittel **A** 402 f.
  - Sicherungsverwahrung **A** 610 ff.
  - Strafvollzug **C** 361 ff.
  - Widerruf Bewährung **A** 387 ff.

Verwaltungsverfahren J 467 ff.
Verwarnung mit Strafvorbehalt A 236 ff.
Verzögerungsrüge
- Verfahrensverzögerung **I** 739 ff.

Videoüberwachung C 58
Vollzug/Vollstreckung B 432 ff.
- Aktenführung/-einsicht **B** 423 ff.
- Entscheidung
  - ausländische **B** 687 ff.
- Fahrerlaubnisentzug **B** 468 ff.
- Fahrverbot **B** 476 ff.
- Geldstrafen **B** 373 ff.
- Hindernisse **B** 450 ff.
- im Ausland **B** 712 ff.
- internationale **B** 681 ff.
- Maßregeln **C** 1 ff.
- Mitteilungspflichten **B** 442 ff.
- offener **A** 668 ff.
- Übersicht **B** 441
- Überstellungsersuchen **B** 718 ff.
- Vollstreckungsreihenfolge **B** 1197 ff.
- Zulässigkeit **B** 694

Vollzugslockerung C 732
Vollzugsplan
- Jugendliche **C** 781

Vornahmeantrag C 225
Vorratsdatenspeicherung D 162 ff.
Vorschuss J 113

Waffenbesitzer H 1337 ff.
- Unzuverlässigkeit **H** 1353 f.
- Waffenbesitzkarte
  - Widerruf/Rücknahme **H** 1370 ff.
- waffenrechtliche Zuverlässigkeit **H** 1381 ff.
  - Rechtsprechung **H** 1403, 1408 f., 1412 f.
- Waffenschein
  - kleiner **H** 1416 ff.

Wahlverteidiger J 26 ff.
Wehrstrafrecht H 1258 ff.
Weisungen
- Alkohol-/Drogenverbot **B** 659 ff.
- Anordnungen
  - Kraftfahrzeug **B** 653
- Arbeitsplatz **B** 656 f.
- Aufenthalt
  - Wohnsitzwechsel **A** 258 ff.
- Aufenthaltsgebot **B** 644 ff.
- Aufenthaltsort **B** 642 f.
- Berufsverbot **A** 264 ff.
- Besitzverbot **B** 652
- Bewährung **A** 249 ff.
- Einwilligung **A** 257
- Finanzverhalten **A** 269
- Freizeitverhalten **A** 268
- Führungsaufsicht **B** 637 ff.
- Fußfessel
  - elektronische **B** 666 ff.
- Grundrechtsverstoß **A** 277
- Heimunterbringung **A** 138
- Jugendliche **A** 131 ff., 138
- Kontaktaufnahme
  - Therapeut **B** 664 f.
- Kontaktgebot **B** 647 f.
- Kontaktverbot **A** 271
- Meldegebot
  - Erwerbslosigkeit **B** 655
- Meldepflicht **A** 270
- Nutzungsverbot **B** 652
- Rechtsanwälte **H** 1136 ff.
- spezialpräventive **A** 278 f.
- Tätigkeitsgebot **B** 649 ff.
- Verstoß **A** 426 ff.
- Wohnort **B** 642 f.
- Wohnungswechsel **B** 656 f.

Wertfestsetzung J 480 ff.
Widerruf
- Bewährung **A** 145 ff., 298 ff.
  - Absehen von **A** 286 ff.
  - Anrechnung Leistungen **A** 328 ff.
  - Auflagenverstoß **A** 340 ff.
  - Berufsverbot **B** 75 ff.
  - Bewährungshilfe/-helfer **A** 318
  - Rechtsmittel **A** 319 ff.
  - Sicherungshaftbefehl **A** 414 ff.
  - Strafbefehl **A** 365

  - Straffälligkeit **A** 351 ff.
  - Verteidigung **A** 387 ff.
  - vorläufige Maßnahme **A** 403 ff.
  - Weisungsverstoß **A** 426 ff.
  - Zuständigkeit **A** 310 ff.
- Straferlass **A** 211 ff.
- Vertrauensschutz **A** 306
- Zurückstellung BtM-Verfahren **B** 226 ff.

Wiederaufnahmeverfahren C 214

Zahnarzt
- Approbation
  - Rücknahme/Widerruf/Ruhen **H** 1492 ff.
- Erstattungsverfahren **H** 1485 ff.
- Folgen, hochschulrechtliche **H** 1488 ff.
- Schadensersatz
  - Patient/Geschädigter **H** 1507 ff.
- Schließung Praxis **H** 1510 ff.
- Verfahren
  - berufsrechtliches **H** 1462 ff.
- Zulassungsentzug **H** 1473 ff.

Zivilrecht I 96 ff.
- Erwerbsschaden **I** 118 ff.
- Heilbehandlungskosten **I** 134 ff.
  - Schadenspositionen **I** 138 ff.
- Mitverschulden Geschädigter **I** 155 ff.
- Sachschaden **I** 265 ff.
- Schmerzensgeld **I** 275 ff.
- Tatbeteiligte gegeneinander **I** 107 ff.
  - Grundätze **I** 112 ff.
- Versicherungsregress
  - Gegenüberstellung **I** 215
  - Kfz-Haftpflicht-/Kaskoversicherung **I** 179 ff.
  - Obliegenheiten **I** 185
  - Prüfungsreihenfolge **I** 197
  - Rechtsschutzversicherung **I** 229 ff.

Zulässigkeit
- Geldsanktionen
  - ausländische **B** 354 ff.
- Vollstreckung **B** 694

Zuständigkeit
- Bewährung
  - nachträgliche Entscheidungen **A** 199
  - Sicherungshaftbefehl **A** 422
  - Widerruf **A** 310 ff.
- Geldsanktionen
  - ausländische **B** 369 ff.
- Maßregeln **B** 1240 ff.
- Rasterfahndung **D** 34 ff.
- Rechtspflegergeschäfte **B** 968
- Strafaufschub **B** 310
- Strafunterbrechung **B** 310
- Strafvollzug **C** 371 ff.
- StrEG-Entschädigung **I** 539
- Vollstreckung **B** 951 ff.
- Vollzug **B** 951 ff.
- Zuweisungen **B** 954 ff.

Zwangsbehandlung C 87

Benutzerhinweise für den Download

Zur Nutzung des PDF-Musterverzeichnisses benötigen Sie einen **lokal installierten PDF-Reader**, da die Funktionalität über das reine Anzeigen einer PDF-Seite hinausgeht.

Den Download-Link (URL) finden Sie auf der Seite 4 (IV) des Werks (Impressum). Über diesen Link stellen wir Ihnen sämtliche im Werk enthaltenen Muster und Formulierungsbeispiele zur Verfügung. Zur Nutzung der Muster/Formulierungsbeispiele gehen Sie auf den Download-Link und laden die dort abgelegte zip-Datei auf Ihr Laufwerk herunter. Um den Ordner zu entpacken, klicken Sie mit der rechten Maustaste auf die Datei, wählen „**Alle extrahieren**" und folgen dann den Anweisungen. Die Nutzung der Muster ist unabhängig vom Betriebssystem Ihres Rechners.

Durch das Extrahieren werden ein **PDF-Musterverzeichnis** sowie die **Worddateien** der jeweiligen Muster auf dem von Ihnen gewählten Laufwerk Ihres Rechners abgelegt.

Zur Nutzung des PDF-Musterverzeichnisses benötigen Sie einen kostenlosen PDF-Reader. Das Musterverzeichnis gibt Ihnen einen Überblick über die enthaltenen Muster und erleichtert Ihnen den Zugang zu den Mustertexten. Beim Anklicken des gewünschten Musters in dem PDF-Musterverzeichnis öffnet sich der Text direkt in Microsoft Word oder in dem bei Ihnen eingesetzten Textverarbeitungsprogramm. Dann können Sie die Word-Datei direkt bearbeiten und unter einem neuen Dateinamen abspeichern. Bei Nutzern von Microsoft Word können Sicherheitshinweise auf dem Bildschirm erscheinen. Dort müssten Sie die Nutzung ggf. zulassen. Dies wird in den verschiedenen Wordversionen und Textverarbeitungsprogrammen unterschiedlich gehandhabt. In den einzelnen Word-Dateien sind keine Makros o.ä. eingebunden. Damit die Navigation über das PDF-Musterverzeichnis funktioniert dürfen der Ordner „Muster-Doks" und die ursprünglich gelieferten Dateien nicht umbenannt werden. Speichern Sie die bearbeiteten Worddateien daher stets unter einem neuen Dateinamen ab.

Die in einigen Word-Mustertexten vorhandenen **Formularfelder** können Sie markieren und überschreiben. Sie können sich die Bearbeitung erleichtern, indem Sie diese Formularfelder mit dem Default-Tastaturkürzel Ihres Textbearbeitungsprogrammes ansteuern. Für Microsoft Word ist dies i.d.R. das Tastaturkürzel F11, um zum nächsten Feld zu springen und „UMSCHALT+F11", um zum vorherigen zu springen. Diese Tastaturkürzel werden von der Arbeitsumgebung Ihres Textverarbeitungsprogramms und nicht durch die bereitgestellten Word-Muster-Dateien definiert. Daher können die Tastaturkürzel in alternativen Betriebssystemen und/oder Textbearbeitungsprogrammen (z.B. LibreOffice Writer) abweichen.

Bearbeiten der Muster/Formulierungsbeispiele mit einer anderen Textverarbeitung und/oder einem anderen Betriebssystem

Wenn Sie kein Microsoft Word, sondern ein anderes Textverarbeitungsprogramm auf Ihrem Rechner installiert haben, können Sie die Dateien trotzdem aufrufen und bearbeiten. Gehen Sie dazu direkt auf das gewünschte Muster in dem abgelegten Ordner „Muster-Doks". Über diesen Weg können Sie auch auf die Word-Dateien zugreifen, wenn Sie nicht über das mitgelieferte PDF-Musterverzeichnis navigieren möchten. Jedem Mustertext ist eine Nummer zugewiesen, die in dem Download-Symbol neben dem jeweiligen Formular/Mustertext im Buch abgedruckt ist. Über den Dateinamen (p = Paragraf und m = Muster) lässt sich die gewünschte Mustertext-Datei auffinden.